第三冊目録

禮制部

禮義分部

論說

（魏）王弼注 （唐）孔穎達正義《周易正義·震》 ䷲震下震上。

震：亨。懼以成，則是以亨。疏：正義曰：震，動也。此象雷之卦，天之威動，故以震爲名。震既威動，莫不驚懼。驚懼以威，則物皆整齊，由懼而獲通，所以震有亨德，故曰震亨也。震來虩虩，笑言啞啞。震之爲義，威至而後乃懼也，故曰震來虩虩，恐懼之貌也。震者，驚駭怠惰以肅解慢者也，故震來虩虩，恐致福也。笑言啞啞，後有則也。疏：正義曰：虩虩，恐懼之貌也。啞啞，笑語之聲也。震之爲用，天之威怒，所以肅整怠慢，故迅雷風烈，君子爲之變容，施之於人事，則是威嚴之教行於天下也。故震之來也，莫不恐懼，故曰震來虩虩也。物既恐懼，不敢爲非，保安其福，遂至笑語之盛，故口笑言啞啞也。震驚百里，不喪匕鬯。威震驚乎百里，則是可以不喪匕鬯矣。匕，所以載鼎實；鬯，香酒，奉宗廟之盛也。疏：震驚百里，不喪匕鬯。正義曰：匕，所以載鼎實；鬯，香酒也。奉宗廟之盛者也。震卦施之於人，又爲長子，長子則正體於上，將所傳重，出則撫軍，守則監國，威震驚於百里，可以奉承宗廟，彝器粢盛，守而不失也，故曰震驚百里，不喪匕鬯。注威震驚乎百里至宗廟之盛也。正義曰：先儒皆云：雷之發聲，聞乎百里。故古帝王制國，公侯地方百里，故以象焉。竊謂天之震雷，不應止聞百里，蓋以古之啓土，百里爲極。文王作《繇》在殷時，明長子威震於一國，故以百里言之也。匕所以載鼎實，鬯香酒者，陸績云：匕者棘匕，橈鼎之器。先儒皆云：匕形似畢，但不兩岐耳。以棘木爲之，長三尺，刊柄與末。《詩》云有捄棘匕是也。用棘者，取其赤心之義。祭祀之禮，先烹牢於鑊，既納諸鼎而加冪焉。將薦乃舉冪，而以匕出之，升于俎上，故曰匕所以載鼎實也。鬯者，鄭玄之義，則爲秬黍之酒，其氣調暢，故謂之鬯。《詩傳》則爲鬯是香草。案：王度《記》云：天子鬯，諸侯薰，大夫蘭。以例而言之，則鬯是草明矣。今特言匕鬯者，鄭玄云：人君於祭祀之禮，尚牲薦鬯而已，其餘不足觀也。

《象》曰：震，亨。震來虩虩，恐致福也。笑言啞啞，後有則也。震驚百里，驚遠而懼邇也。威靈驚乎百里，則惰者懼於近也。疏：《象》曰震亨至懼邇也。正義曰：震亨者，卦之名德。但舉經而不釋名德所由者，正明由懼得通，故曰震亨，更无他義。或本无此二字。震來虩虩，恐致福也者，威震之來，初雖恐懼，能因懼自修，所以致福也。笑言啞啞，後有則也者，因前恐懼自修，未敢寬逸，致福之後，方有笑言。以曾經戒懼，不敢失則，必時然後言，樂然後笑，故曰笑言啞啞，後有則也。震驚百里，驚遠而懼邇者，言威震驚於百里之遠，則惰者恐懼於近也。出，可以守宗廟社稷，以為祭主也。明所以堪長子之義也。不喪匕鬯，則己出可以守宗廟。疏：出可以守宗廟至爲祭主也。正義曰：釋不喪匕鬯之義也。出，謂君出巡狩等事也。君出，則長子留守宗廟社稷，攝祭主之禮事也。注己出。正義曰：己出謂君也。

《象》曰：洊雷，震。君子以恐懼脩省。疏：正義曰：洊者，重也，因仍也。雷相因仍，乃爲威震也。此是重震之卦，故曰洊雷震也。君子以恐懼修省者，君子恒自戰戰兢兢，不敢懈惰，今見天之怒，畏雷之威，彌自脩身省察己過，故曰君子以恐懼脩省也。

《周易正義·渙》 ䷺坎下巽上。渙：亨。王假有廟，利涉大川，利貞。疏：正義曰：渙亨者，渙，卦名也。《序卦》曰：説而後散之，故受之以渙。然則渙者，散釋之名。《雜卦》曰：渙，離也。此又渙是離散之號也。蓋渙之爲義，小人遭難，離散奔进而逃避也。大德之人，能於此時建功立德，散難釋險，故謂之爲渙；能釋險難，所以爲亨：故曰渙，亨。王假有廟者，王能渙難而亨，可以至於建立宗廟，故曰王假有廟也。利涉大川者，德洽神人，可濟大難，故曰利涉大川。利貞者，大難既散，宜以正道而柔集之，故曰利貞。【略】

《象》曰：風行水上，渙，先王以享于帝，立廟。疏正義曰：風行水上，渙者，風行水上，激動波濤，散釋之象，故曰風行水上，渙。先王以享于帝立廟者，先王以渙然无難之時，享于上帝，以告太平，建立宗廟，以祭祖考，故曰先王以享于帝，立廟也。

《周易正義·既濟》 既濟【略】九五：東鄰殺牛，不如西鄰之禴祭，實受其福。牛，祭之盛者也。禴，祭之薄者也。居既濟之時，而處尊位，物皆盛矣，將何爲焉？其所務者，祭祀而已。祭祀之盛，莫盛脩德，故沼沚之毛，蘋蘩之菜，可羞於鬼神，故黍稷非馨，明德惟馨，是以東鄰殺牛，不如西鄰之禴祭，實受其福也。疏：九五東鄰至受其福。正義曰：牛，祭之盛者也。禴，殷春祭之名，祭之薄者也。九五居既濟之時，而處尊位，物既濟矣，將何爲焉？其所務者，祭祀而已。祭祀之盛，莫盛脩德。九五履正居中，動不爲妄，脩德者也。苟能脩德，雖薄可饗。假有東鄰不能脩德，雖復殺牛至盛，不爲鬼神歆饗；不如我西鄰禴祭雖薄，能脩其德，故神明降福，故曰東鄰殺牛，不如西鄰之禴祭，實受其福也。注沼沚之毛至鬼神。正義曰：沼沚之毛，蘋蘩之菜，可羞於鬼神者，並略《左傳》之文也。《象》曰：東鄰殺牛，不如西鄰之時也。在於合時，不在於豊也。疏：正義曰：不如西鄰之時者，神明饗德，能脩德致敬，合於祭祀之時雖薄降福，故曰時也。注在於合時。正義曰：在於合時者，《詩》云：威儀孔時。言周王廟中，羣臣助祭，並皆威儀肅敬，甚得其時。此合時之義，亦當如彼也。實受其福，吉大來也。疏：正義曰：吉大來者，非惟當身。福流後世。

（清）孫星衍《尚書今古文注疏・洪範》　二，五事：一曰貌，二曰言，三曰視，四曰聽，五曰思。注：史遷無二字。今文《尚書》歐陽說：肝，木也。心，火也。脾，土也。肺，金也。腎，水也。古《尚書》說：脾，木也。肺，火也。心，土也。肝，金也。腎，水也。鄭康成曰：此數本諸陰陽昭明人相見之次也。《五行傳》曰：貌屬木，言屬金，視屬火，聽屬水，思屬土。疏：史公無二字者，《說苑・修文篇》云：《書》曰：五事：一曰貌。貌者，男子之所以恭敬，婦人之所以姣好，行步中矩，折旋中規，立則磬折，拱則抱鼓。五事上亦無二字，與史公同。今古文說，見《月令》疏引《異義》云。許與古《尚書》同，鄭駁之。《五行大義》引《孝經援神契》云：肝仁，故目視；肺義，故鼻候；心禮，故耳司；腎智，故竅寫；脾信，故口誨。案：肝仁、肺義、心禮、腎智、脾信。是肝為木，肺為金，心為火，腎為水，脾為土，同今文說。《白虎通・情性篇》云：五藏：肝仁，肺義，心禮，腎智，脾信也。古文以心為土者，鄭注《大傳》云：心明曰聖。又云：兼四而明，則所謂聖者，包貌、言、視、聽。是土之位也。心為思，則脾為貌，肺為視，肝為言，腎為聽也。鄭注見《書》疏。云此數本諸陰陽昭明人相見之次者，江氏聲云：人相見，先見其貌。既見，則必有言。因其言，則可以知其所視、所聽，且可以知其所思。是人相見之次也。引《五行傳》者，《五行傳》，伏生所作，劉向又作《五行傳論》，俱見《漢書・五行志》。貌曰恭，言曰從，視曰明，聽曰聰，思曰睿。注：馬融曰：發言當使可從。睿，通也。鄭康成曰：此恭、明、聰、睿，行之於我身。其從，則是彼人從我，以與上下違者。我是而彼從，亦我所為不乖剌也。睿，通於政事。《五行傳》思為思心，睿為容。疏：《春秋繁露・五行五事篇》云：王者貌曰恭，恭者，敬也。言曰從，從者可從。視曰明，明者知賢不肖者，分明黑白也。聽曰聰，聰者能聞事而審其意也。思曰容，容者言無不容。《漢書・五行志》云：言之不從，從，順也。《春秋左氏》文十四年《傳》：宣子曰：其詞順。《禮記・冠義》云：順詞令。是言取其順，自我言之也。馬注見《史記集解》及《釋文》。云發言當使可從，自人從言之。云睿通者，《說文》云：睿，深通川也。鄭注見《書》疏及《詩・凱風》疏。江氏聲云：馬、鄭皆解從為聽從，則從是就人說，與恭、明、聰、睿，就己身說者不同。鄭欲明其不異，故反復以決之，云此恭、明、聰、睿，行之于我身。其從，則是彼人從我，似與上下違者。此特設難詞也。乃後解之云：我是而彼從，亦我所爲不乖剌也。竊以為費詞。解為從順，則差勝也。今用江說。云睿通于政事者，韋昭注《楚語》云：睿，明也。《書》曰：睿作聖。馬、鄭皆用古文《尚書》說。孔壁本亦作睿，而今文《尚書》作思曰容。《尚書大傳》云：次五事曰思心。思心之不容，是謂不聖。高誘注《戰國策》引《五行傳》曰：思心之不容，是謂不聖。《春秋繁露・五行五事篇》云：五曰思，思曰容，容者言無不容。容作聖，聖者，設也。王者心寬大無不容則聖，能施設。事各得其宜也。《說苑・君道篇》：齊宣王謂尹文曰：人君之事何如？尹文對曰：人君之事，無為而能容下。夫事寡易從，法省易因，故民不以政獲罪也。大道容衆，大德容下，聖人寡為，而天下理矣。《書》曰：容作聖。宣王曰：善。可見先秦古書，俱如今文說也。《漢書・五行志》曰，經曰：五事，五事：五曰思心，思心曰容，容作聖。傳曰：思心之不容，是謂不聖。思心者，心思慮也。容，寬也。孔子曰：居上不寬，吾何以觀之哉？言上不寬大寬容臣下，則不能居聖位。此容字，今本誤作睿，注：應劭曰：容，通也。古文作睿，言古文《尚書》與此異也。《詩・小旻》鄭箋云：《書》曰：睿作聖，明作哲，聰作謀，恭作肅，從作乂。詩人之意欲王敬用五事，以明天道。又鄭注《大傳》云：容，當為睿。睿，通也。心明曰聖。孔子說休徵曰：聖，通也。兼四而明，則所謂聖者，包貌、言、視、聽而載之以思心者，通以持之。君思心不通，則是不能心明其事也。此鄭引古文《尚書》，不從今文說也。

（漢）韓嬰《韓詩外傳》卷四　禮者，治辯之極也，強國之本也，威行之道也，功名之統也。王公由之，所以一天下也。不由之，所以隕社稷也。是故堅甲利兵不足以為武，高城深池不足以為固，嚴令繁刑不足以為威，由其道則行，不由其道則廢。昔楚人蛟革犀兕以為甲，堅如金石，宛鉅鐵釶，慘若蜂蠆。

（漢）韓嬰《韓詩外傳》卷五　禮者則天地之體，因人之情而為之節文者也。無禮，何以正身？無師，安知禮之是也？禮然而然，是情安於禮也。師云而云，是知若師也。情安禮，知若師，則是君子之道，言中倫，行中理，天下順矣。《詩》曰：不識不知，順帝之則。

（漢）鄭玄注　（唐）賈公彥疏《儀禮注疏・士冠禮》　前期三日，筮賓，如求日之儀。前期三日，空二日也。筮賓，筮其可使冠子者，賢者恒吉。《冠義》曰：古者冠禮筮日筮賓，所以敬冠事，敬冠事所以重禮，重禮所以為國本。

疏：【略】云重禮所以為國本者，《詩》云：人而無禮，胡不遄死。《禮運》云：治國不以禮，猶無耜而耕也。故云重禮所以為國本也。

又：死而謚，今也。古者生無爵，死無謚。今，謂周衰，記之時也。古，謂殷。殷士生不為爵，死不為謚。周制以士為爵，死猶不為謚耳，下大夫也。今記之時，士死則謚之，非也。謚之，由魯莊公始也。疏：死而至無謚。注今謂至始也。釋曰：記人記此者，欲見自上所陳冠禮以士為本者，由無生而貴，皆從士賤者而升也。云死而謚今也者，據士生時雖有爵，所不合有謚，若死而謚之，正謂今周衰之時也。云古者生無爵死無謚者，古謂殷以前，夏之時，士生無爵，死無謚，是士賤。今古皆不合有謚也。鄭云今謂周衰，記之時也者，以記者自云今也，明還據周衰記之時。案《禮運》云：孔子曰：我觀周道，幽、厲傷之。是周衰也。自此已後，始有作記，故云周衰記之時也。云古謂殷者，周時士有爵，故知古謂殷。云殷士生不為爵，死不為謚者，對周士生有爵，死猶不謚也。云周制以士為爵，死猶不謚耳，下大夫也者，案《周禮·掌客》職云：羣介、行人、宰史，以其爵等爲之牢禮之陳數。鄭注云：以命數則參差難等，畧於臣，用爵而已。羣介、行人皆士，故知周士有爵，雖有爵，死猶不謚。卿大夫已上則有謚也。云今記之時，士死則謚之，非也者，解經死而謚，今也。云謚之由魯莊公始也者，案《禮記·檀弓》云：魯莊公及宋人戰于乘丘。縣賁父御，十國爲右，馬驚敗績，公墜，佐車授綏，公曰：末之卜也。縣賁父曰：他日不敗績，而今敗績，是無勇也。遂死之。圉人浴馬，有流矢在白肉。公曰：非其罪也。遂誄之。士之有誄，自魯莊公始也。若然，作記前莊公誄士，至記時亦行之，故此禮云死而謚今也，故鄭云今謂周衰之時也。案《郊特牲》云：死而謚之，今也。古者生無爵，死無謚。鄭注云：古謂殷以前也。大夫以上乃謂之爵，死有謚也。以此而言，則殷大夫以上死有謚。而《檀弓》云幼名，冠字，五十伯仲，死謚，周道也者，殷已前皆因生號為謚，若堯、舜、禹、湯之屬是也。因生號以謚，故不得謚名。周禮死則別為謚，故云死謚周道也。

（元）葉知本《五服圖解序》 愚少年學於西蜀朱季明先生，嘗曰：吾儒之學，有關於民彝世教者，皆當講明。一日，論喪禮曰：喪服之制，降殺五等，聖人之意淵矣哉！人以仁爲心，仁莫大於孝弟。推其孝弟之心，則宗姻内外尊卑小大之別，其恩義之輕重厚薄，聖人皆於五服見之，非聖人彊爲之也，蓋因人心天理不容已者而品節之以立教耳。烏有反哺之愛，鴈有終身之孤，蛺有相戀之感，禽蟲猶爾，而况於人乎？宋時監察御史李定不服所生母喪，東坡諸賢指爲不孝。混一後江南俗薄，儒官有不服父母喪者，近年爲儒、爲吏急於進取，執《唐律》八母之説，皆以所生母爲無服，豈知文公《家禮》明載，齊衰條下匿而不用，是禽犢之不如也。夫喪制有正、有從、有義、有報，禮疑從厚，皆出於人心之天。不然，雖衰絰在身，亦不免蠶績蟹匡之譏也。自喪制不修，家不知有恩義重輕而彝倫斁，民不知有孝弟禮節而風俗壞，官不知有綱常名教而刑法繁。可歎也已。

（漢）鄭玄注 （唐）孔穎達等正義《禮記正義·禮運》 夫禮之初，始諸飲食，其燔黍捭豚，汙尊而抔飲，蕢桴而土鼓，猶若可以致其敬於鬼神。言其物雖質畧，有齊敬之心，則可以薦羞於鬼神，鬼神饗德不饗味也。中古未有釜、甑，釋米捭肉，加於燒石之上而食之耳，今北狄猶然。汙尊，鑿地為尊也。抔飲，手掬之也。蕢讀為凷，聲之誤也。凷，堛也，謂摶土為桴也。土鼓，築土為鼓也。燔音煩。捭，卜麥反，注作擗，又作擘，皆同。污尊，烏華反，注同，一音作烏。抔，步侯反。蕢，依注音凷，苦對反，又苦怪反，土塊也。桴音浮，鼓搥。齊，側皆反。釜，本又作鬴，音父。甑，即孕反。燒，如字，又舒照反。鑿，在洛反。掬，九六反，本亦作臼，音蒲侯反。堛，普逼反。摶，徒端反。築，徐音竹。及其死也，升屋而號，告曰：皐某復！招之於天。號音戶毛反。皐音羔。然後飯腥而苴孰，飯以稻米，上古未有火化。苴孰，取遺奠有火利也。苴或為俎。飯，扶晚反，注同。腥音星。苴，子餘反，苞也，徐争初反。遣，弃戰反。故天望而地藏也。體魄則降，知氣在上。地藏謂葬。知音智。故死者北首，首，陰也。首，手又反。注同。生者南鄉。鄉，陽也。鄉，許亮反，注同。皆從其初。謂今行之然也。疏：夫禮至飲食。正義曰：此一節論上代物雖質畧，以其齊敬，可以致祭神明。夫禮之初，始諸飲食者，從此以下，至禮之大成，皆是二書所見之事。夫者，發語之端。禮，謂吉禮，此吉禮元初始諸飲食。諸，於也。始於飲食者，欲行吉禮，先以飲食為本。但中古之時，飲食質畧，雖有火化，其時未有釜甑也。其燔黍捭豚者，燔黍者，以水桃釋黍米，加於燒石之上以燔之，故云燔黍。或捭析豚肉，加於燒石之上而孰之，故云捭豚。汙尊而抔飲者，謂鑿池汙下而盛酒，故云汙尊，以手掬之而飲，故云抔飲。蕢桴者，又摶土凷為桴。皇氏云桴謂擊鼓之物，故云蕢桴。土鼓，築土為鼓，故云土鼓。猶若可以致其敬於鬼神者，言上來之物，非但可以事生，若，如也，言猶如此，亦可以致其恭敬於鬼神，以鬼神享德，不享味也。注中古至鼓也。正義曰：伏犧為上古，神農為中古，五帝為下古。若《易》歷三古，則伏犧為上古，文王爲中古，孔子爲下古，故《易緯》云：蒼牙通靈，昌之成運，孔演命明道經。蒼牙則伏犧也，昌則文王也，孔則孔子也。故《易·繫辭》云：《易》之興也，其於中古乎？謂文王也。若三王對五帝，則五帝亦為上古，故《士冠禮》云：大古冠布，下云：三王共皮弁。則大古五帝時，大古亦上古也。不同者，以其文各有所對，故上古、中古不同也。此云中古者，謂神農也。知者，以《明堂位》云：土鼓、葦籥，伊耆氏之樂。又《郊特牲》云：伊耆氏始為蜡。是報田之祭。伊耆氏始爲蜡，則於時始為田也。今此云蕢桴土鼓，故知此謂神農也。蕢讀為凷者，以經中蕢字，乃是草名，不可為桴。桴與土鼓相連，凷是土之流類，故讀為凷。凷，塩也，《廣雅》文。土鼓，築土為鼓者，以與汙尊抔飲相連，貴尚質素，故知築土為鼓，周代極文而不爾也。故杜注《周禮・籥章》云：以瓦為匡，不須築土。或以為桴，則摶拊也。謂摶土為摶拊，以手擊之而為樂。其築土為鼓，先儒未詳，蓋築地以當鼓節。不云築地鼓者，以經稱土鼓，故言築土，順經文也。經云禮之初，始諸飲食，謂祭祀之禮，故始諸飲食。其人情之禮，起則遠矣。故昭二十六年《左傳》云禮之可以為國也久矣，與天地並是也。及其至其初。正義曰：上言古代質素，此言後世漸文，謂五帝以下至於三王，及其身之死也，升上屋而號呼，告曰臯某復者，謂北面告天曰臯。臯，引聲之言。某，謂死者名。令其反復魄，復魄不復，然後浴尸而行含禮。於含之時，飯用生稻之米，故云飯腥，用上古未有火化之法。苴孰者，至欲葬設遣奠之時，而用苞裹孰肉，以遣送尸，法中古脩火化之利也。熊氏云，升屋而號，為五帝時，或為三王時。皇氏云：中古也。中古未有宮室，皇説非也。故天望而地藏也者，天望，謂始死望天而招魂。地藏，謂葬地以藏尸也。體魄則降，知氣在上者，覆釋所以天望地藏之意。所以地藏者，由體魄則降故也，故以天望招之於天，由知氣在上故也。故死者北首，生者南鄉者，體魄降入於地為陰，故死者北首，歸陰之義。死者既歸陰，則生者南鄉歸陽也。皆從其初者，謂今世飯腥苴孰，與死者北首生者南鄉之等，非是今時始為此事，皆取法於上古中古而來，故云皆從其初。前文云燔黍捭豚，謂中古之時。次云及其死也，似還論中古之死，但中古神農，未有宮室，上棟下宇。及在五帝以來，此及其死也，而云升屋，則非神農時也。故熊氏云及其死也，以為五帝時，或為三王時。皇氏以為及其死也，還論中古時；飯腥苴孰，謂五帝時，故云然後，其義非也。

（清）孫希旦《禮記集解・禮運》故先王秉蓍龜，列祭祀，瘞繒，宣祝嘏辭説，設制度。故國有禮，官有御，事有職，禮有序。《釋文》：瘞，於例反，一音於器反。繒，本又作增，同似仍反，又則登反。鄭注：繒，或作贈。瘞埋也。繒，帛也。瘞帛以降神，地祇之祭也。宣祝嘏辭説，宗廟之祭也。二者皆列祭祀之事也。制度，城郭、宮室、車旗之屬也。秉蓍龜以決其嫌疑，列祭祀以盡其昭假，而禮達於上矣；設立制度以治民，而禮達於下矣。御，治也。惟上下一於禮，故官有所御，而事得其職，所行之禮莫不順其次序也。自此以下，申以禮示之，故天下國家可得而正之意，而極言其功效之盛也。

《禮記正義・禮器》君子之於禮也，有所竭情盡慎，致其敬而誠若，謂以少小下素為貴也。若，順也。有美而文而誠若。謂以多大高文為貴也。疏：君子至誠若。正義曰：此經覆明上以少小下素之義，有所竭情盡慎致其敬而誠若者，謂所以少小下素為貴者，當求諸於內，內所求竭己情，盡其戒慎，致其恭敬，而行至誠和順，故以少小下素為貴也。有美而文而誠若，此一經明多大高文為貴之義。有美而文者，謂有威儀之美，而文章顯著，而行至誠和順者，章之於外，故須多大高文也。言內行誠順，則以少小下素求諸內也，外行誠順，則以多大高文章之外也。

（清）孫希旦《禮記集解・內則》禮始於謹夫婦，為宮室，辨外內，男子居外，女子居內。深宮固門，閽、寺守之，男不入，女不出。《釋文》：閽音昏。

有夫婦然後有父子，有父子然後有君臣，有君臣然後有上下，有上下然後禮義有所錯，故禮以謹夫婦為始。為宮室，辨外內者，燕寢在內，正寢在外也。宮深則內外之勢遠，門固則出入之限嚴。《周禮・閽人》：掌守中門之禁。《寺人》：掌內人之禁令。大夫士之掌門禁者亦謂之閽，《檀弓》閽者止之是也。

《禮記正義・樂記》大樂與天地同和，大禮與天地同節。言順天地之氣與其數。和，故百物不失；不失其性。節，故祀天祭地。成物有功報焉。明則有禮樂，教人者。幽則有鬼神。助天地成物者也。《易》曰：是故知鬼神之情狀，與天地相似。《五帝德》説黃帝德曰：死而民畏其神者百年。《春秋傳》曰：若敖氏之鬼。然則聖人之精氣謂之神，賢知之精氣謂之鬼。敖，五羔反。賢知，音智。如此，則四海之內，合敬同愛矣。禮者，殊事合敬者也。樂者，異文合愛者也。禮樂之情同，故明王以相沿也。沿，猶因述也。孔子曰：殷因於夏禮，所損益可知也。周因於殷禮，所損益可知也。沿或作緣。沿，悦專反，因也，述也。故事與時並，舉事在其時也。《禮器》曰：堯授舜，舜授禹，湯放桀，武王伐紂，時也。名與功偕。為名在其功也。偕，猶俱也。堯作《大章》，舜作《大韶》，禹作《大夏》，湯作《大濩》，武王作《大武》，名因其得天下之大功。偕，古諧反，俱也。濩，戶故反，下同。疏：大樂至功偕。正義曰：此一節明禮樂與天地合德，明王用之，相因不改，功名顯著。大樂與天地同和者。天地氣和，而生萬物。大樂之體，順陰陽律呂，生養萬物，是大樂與天地同和也。大禮與天地同節者。天地之形，各有高下大小為限節。大禮辨尊卑貴賤，與天地相似，是大禮與天地同節也。和故百物不失者。以大樂與天地同和，能生成百物，故不失其性也。節故祀天祭地者。以大禮與天地同節，有尊卑上下，報生成之功，故祀天祭地。明則有禮樂者。聖王既能使禮樂與天地同和節，又於顯明之處尊崇禮樂以教人。幽則有鬼神者。幽冥之處，尊敬鬼神以成物也。如此則四海之內合敬愛矣者。聖人若能如此上事行禮樂得所，以治天下，故四海之內合其敬愛；以行禮得所，故四海之內齊同其愛矣。禮者殊事合敬者也者。尊卑有別，是殊事；俱行於禮，是合敬也。樂者異文合愛者也者。宮商別調，是異文；無不歡愛，是合愛也。

禮樂之情同，故明王以相沿也者。禮樂之狀，質文雖異，樂情主和，禮情主敬，致治是同，以其致治情同，故明王所以相因述也。言前代後代，同禮樂之情，因時質文，或有損益，故云以相沿也。沿，謂因而增改也。故事與時並者。事，謂聖人所為之事，與所當時而並行，若堯、舜揖讓之事，與淳和之時而並行，湯、武干戈之事，與澆薄之時而並行。此一句明禮也。名與功偕者。名，謂樂名。偕，俱也。言聖王制樂之名，與所建之功而俱作也。若堯之《大章》，舜之《大韶》。堯章明之功，舜紹堯之德，及禹、湯等樂名，皆與功俱立也。此一句明樂，聖王雖同禮樂之情，因而脩述，但時與功不等，故禮與樂亦殊。注言順至其數。正義曰：天地與陰陽生養為氣，樂有六律、六呂，調和生養，是順天地之氣，解經同和也。云與其數，謂天有日月星辰，地有山川高下，其數不同，故云與其數，解經同節也。注成物有功報焉。正義曰：言天地春夏生物，秋冬成物。獨云成物者。對則生、成有異。揔而言之，生亦成也，故云成物有功，下注云助天地成物是也。注易曰至之鬼。正義曰：引《易》曰：是知故知鬼神之情狀，與天地相似者，《易·上繫辭》云：精氣為物，游魂為變，是故知鬼神之情狀，與天地相似。注云精氣謂七八，游魂謂九六。游魂謂之鬼，物終所歸。精氣謂之神，物生所信也。言木火之神，生物東南。金水之鬼，終物西北。二者之情，其狀與春夏生物、秋冬終物相似。云《五帝德》説黃帝德曰：死而民畏其神者百年，案《大戴禮·五帝德篇》云：宰我問孔子曰：黃帝三百年，請問黃帝人也？抑非人也？何以至三百年乎？孔子曰：生而民利其德百年，死而民畏其神百年，亡而民用其教百年。云《春秋傳》曰：若敖氏之鬼，引《春秋》者宣四年《左傳》：楚司馬子良生子越椒，初生，令尹子文請殺之。其父子良不可，子文以為大慼，曰：鬼猶求食，若敖氏之鬼不其餒而。云聖人之精氣謂之神者，則黃帝是也。言聖人氣強，能引生萬物，故謂之神。云賢知之精氣謂之鬼者，則若敖氏是也。氣劣於聖，但歸終而已，故謂之鬼。熊氏云《繫辭》鬼神者，謂七八九六，自然之鬼神。又聖人賢人鬼神，與自然鬼神俱能助天地而成物，故鄭揔引之也。又鄭注《祭法》七祀謂鬼神司察小過，引此幽則有鬼神，然則有天地自然之鬼神，有聖人賢人之鬼神，有七祀之鬼神。崔氏云：明人君及臣，生則有禮樂化民，死則為鬼神以成物。此唯據聖人賢人之鬼神也。與鄭引《易·繫辭》不合，其義非也。注沿猶至知也。正義曰：五帝三王同用禮樂，是因也，就而損益，是述也。故引《論語》損益之事以解之。損益者，則下文事與時並，名與功偕是也。

又：及夫禮樂之極乎天而蟠乎地，行乎陰陽而通乎鬼神，窮高極遠而測深厚。極，至也。蟠，猶委也。高遠，三辰也。深厚，山川也。言禮樂之道，上至於天，下委於地，則其間無所不之。蟠，步丹反，或蒲河反，注同。疏：及夫至深厚。正義曰：此一節盛説禮樂之大。極乎天者，極，至也。言禮樂上至乎天。而蟠乎地者，蟠，委也。言禮樂下委於地。禮法天地高下，是禮至委於天地。樂法地氣上升，天氣下降，是樂至委於天地。天高故言至，地下故言委。行乎陰陽者，禮法動靜有常，樂法陰陽相摩，是禮樂行乎陰陽。陰陽和，四時玉燭，應於禮樂，是禮樂行乎陰陽。而通乎鬼神者。禮樂用之以祭鬼神，是通乎鬼神也。窮高極遠者。窮，盡也。高遠，謂天之三光，三光應禮樂而明，是禮樂盡三光之道也。而測深厚者。測，知也。深厚，謂地之山川。山川應禮樂而出瑞應，是測深厚。此經盛論禮樂之大厚，雖取象於天地功德，又能徧滿於天地之間。《禮運》云天降膏露，是極乎天也。地出醴泉，是蟠乎地也。日月歲時無易，百穀用成，是行乎陰陽也。作樂一變，以至六變，百神俱至，是通乎鬼神也。《孝經緯》云景星出，是窮高極遠也。《禮運》云山出器車，魚鮪不淰，是測深厚也。言禮樂無所不至。

（清）孫希旦《禮記集解·祭統》 凡治人之道，莫急於禮；禮有五經，莫重於祭。

鄭氏曰：禮有五經，謂吉、凶、賓、軍、嘉也。莫重於祭，以吉禮為首也。

（清）孫希旦《禮記集解·仲尼燕居》 子貢越席而對曰：敢問何如？子曰：敬而不中禮謂之野，恭而不中禮謂之給，勇而不中禮謂之逆。子曰：給奪慈仁。《釋文》：中，竹仲反。

三子侍座，以齒為序，子貢居子張之次，越子張之席而先對也。敬以主於中者言，恭以見於貌者言。敬而不中禮，則質勝其文，故失於鄙野。恭而不中禮，則文過其質，故失於便給。勇而不中禮，則不度於禮義而妄動，故失於逆亂。然野與亂，猶為徑情直行之失，給則有務外説人之意，故足以奪其本心慈仁之德，張釋之所謂徒文具而無惻怛之意也。就三子言之，則子張之辟，於給為近與？

又：子貢退，言游進曰：敢問禮也者，領惡而全好者與？子曰：然。然則何如？子曰：郊、社之義，所以仁鬼神也。嘗、禘之禮，所以仁昭穆也。饋、奠之禮，所以仁死喪也。射、鄉之禮，所以仁鄉黨也。食、饗之禮，所以仁賓客也。

領猶治也。惡者氣質之偏，好者德性之美。領惡、全好，猶《禮器》之言釋回增美也。仁者，謂行之以至誠惻怛之意，而不徒以其文也。射，謂鄉射。鄉，謂鄉飲酒。吳氏澄曰：上言以禮制中，損其過，益其不及，蓋因其氣質之偏而除治之，所謂領惡也。此言仁鬼神至仁賓客，蓋因其德性之美而充周之，所謂全好也。

又：子貢越席而對曰：敢問夔其窮與？子曰：古之人與！古之人也。達於禮而不達於樂，謂之素；達於樂而不達於禮，謂之偏。夫夔達於樂而不達於禮，是以傳於此名也，古之人也。

輔氏廣曰：達，謂窮盡其義而無不至也。愚謂子貢以夔達於樂而不達於禮，故疑其窮。然夔之於禮，非全不達，特不如其於樂深耳，可謂之偏，未可謂之窮也。再言古之人者，深明其未可以輕議也。

（清）孫希旦《禮記集解・坊記》 子云：天無二日，土無二王，家無二主，尊無二上，示民有君臣之別也。《春秋》不稱楚、越之王喪，禮，君不稱天，大夫不稱君，恐民之惑也。《詩》云：相彼盍旦，尚猶患之。

鄭氏曰：楚、越之君，僭號稱王，不稱其喪，謂不書葬也。《春秋傳》曰：吳、楚之君不書葬，辟基僭號也。臣者天君，稱天子為天王，稱諸侯不言天公，辟王也。大夫有臣者稱之曰主，不言君，辟諸侯也。此皆為使民疑惑，不知孰者尊也。盍旦，夜鳴求旦之鳥也。求不可得。人猶惡其反晝夜而亂昏明，況於臣之僭君也？孔氏曰：此逸《詩》也。夜是闇時，盍旦必欲求明，欲反夜而為晝，猶臣之奢僭，欲反臣而為君。愚謂大夫之家臣，稱大夫亦曰君。《左傳》司徒老祁、慮癸謂南蒯曰羣臣不忘其君，此謂季氏為君也。又晉祁盈之臣曰慭使吾君聞勝與臧之死也以為快，此稱盈為君也。又宋司馬命其徒攻桓氏，其新臣曰從吾君之命，此稱皇野為君也，然但稱於其臣，至他人稱之則不然，故曰大夫不稱君。

又： 子云：敬則用祭器，故君子不以菲廢禮，不以美没禮。故食禮，主人親饋則客祭，主人不親饋則客不祭。故君子苟無禮，雖美不食焉。《易》曰：東鄰殺牛，不如西鄰之禴祭寔受其福。《詩》云：既醉以酒，既飽以德。以此示民，民猶爭利而忘義。

鄭氏曰：祭器，籩、豆、鉶之屬也。有敬事於賓客則用之，謂饗食也。盤、盂之屬為燕器。不以菲廢禮，不以美没禮，言不可以其薄不及禮而不行禮，亦不可以其美禮而去禮。引《易》，以喻奢而慢，不如儉而敬也。引《詩》，言君子饗、燕，非專為酒肴，亦以觀威儀，講德美。愚謂食有宜於菲而薄者，有宜於美而豐者，而莫不以禮為重焉。食薄而禮不行，則禮廢不存矣。食美而禮不逮，則禮没而不見矣。食者利之所在，禮者義之所出，君子於飲食之際，務於行禮，而不惟其物之厚薄，凡以重義而輕利而已。

（清）孫希旦《禮記集解・表記》 子曰：事君可貴可賤，可富可貧，可生可殺，而不可使為亂。

呂氏大臨曰，臣之事君，富貴、貧賤、生殺，唯君所命，其不可奪者，吾之理義而已。凡違乎理義者，皆亂也。

（晉）杜預注 （唐）孔穎達等正義《春秋左傳正義》卷四《隱公十一年》 禮，經國家，定社稷，序民人，利後嗣者也。許無刑而伐之，服而舍之，刑，法也。厭，於豔反。疏：禮經至嗣者也。正義曰：經謂紀理之，若《詩》之經營，經始也。國家非禮不治，社稷得禮乃安，故禮所以經理國家，安定社稷。以禮教民則親戚和睦，以禮守位則澤及子孫，故禮所以次序民人，利益後嗣。經國家，猶《詩序》之言經夫婦也。度德而處之，量力而行之，相時而動，無累後人，我死，乃亟去之，無累後人。度，待洛反。量音良，下同。相，息亮反。累，劣偽反，注同。可謂知禮矣。

《春秋左傳正義》卷五《桓公二年》 夫名以制義，名之必可言也。義以出禮，禮從義出。禮以體政，政以禮成。政以正民，是以政成而民聽。易則生亂。反易禮義，則亂生也。疏：夫名至生亂。正義曰：出曰爲名，合宜爲義。人之出言使合於事宜，故云名以制義。杖義而行，所以生出禮法，故云義以出禮。復禮而行，所以體成政教，故云禮以體政。以禮爲政，以正下民。故云政以正民。今晉侯名子不得其宜，禮教無所從出。政不以禮，則民各有心，故爲始兆亂也。嘉耦曰妃，怨耦曰仇，古之命也。自古有此言。耦，五口反。妃，芳非反。今君命大子曰仇，弟曰成師，始兆亂矣，兄其替乎！穆侯愛少子桓叔，俱取於戰以爲名，所附意異，故師服知桓叔之黨必盛於晉以傾宗國，故因名以諷諫。替，他計反，廢也。少，詩照反。諷，芳鳳反。疏：注穆侯至諷諫。正義曰：大子與桓叔雖並因戰爲名，而所附意異。仇，取於戰相仇怨；成師，取能成師衆。緣名求義，則大子多怨仇，而成師有徒衆。穆侯本立此名。未必先生此意。但寵愛少子，於時已著，師服知桓叔將盛，故推出此理，因解其名以爲諷諫，欲使之強幹弱枝耳。人臣規諫，若無端緒，憑何致言以申己志？非謂人之立名必將有驗，而何休謂左氏後有興亡，由立名善惡。引后稷名棄，爲《膏肓》，以難左氏，非也。

又： 師服曰：吾聞國家之立也，本大而末小，是以能固。故天子建國，立諸侯也。諸侯立家，卿大夫稱家臣。卿置側室，側室，衆子也，得立此一官。疏：注側室至一官。正義曰：《禮記・文王世子》云公若有出疆之政，庶子守公宮，正室守大廟。鄭玄云：正室，適子也，正室是適子，故知側室是衆子，言其在適子之旁側也。文十二年《傳》曰：趙有側室曰穿。是卿得立此官也。卿之家臣，其數多矣，獨言立此一官者，其餘諸官，事連於國，臨時選用，異姓皆得爲之。其側室一官，必用同族，是卿廕所及，唯知宗事，故特言之。案《世族譜》，趙穿是夙之庶孫，於趙盾爲從父昆弟，而爲盾側室。然選其宗之庶者而爲之。未必立卿之親弟。大夫有貳宗，適子爲小宗，次子爲貳宗，以相輔貳。適，丁歷反。爲小宗，本或作爲大宗，誤。疏：注適子至輔貳。正義曰：禮有大宗、小宗。天子諸侯之庶子謂之別子，及異姓受族爲後世之始祖者，世適承嗣，百世不遷，謂之大宗。爲父後者，諸弟宗之，五世則遷，謂之小宗。五世遷者，謂高祖以下，喪服未絶。其繼高祖之適，則緦服之內共宗之。其繼曾祖之適，則小功之内共宗之。繼祖、繼禰所宗及亦然。故鄭玄《喪服小記》注云：小宗有四，或繼高祖，或繼曾祖，或繼祖，或繼禰，皆至五世則遷。以緦服既窮，不相宗敬，故疏即遞遷也。《禮記大傳》曰：有百世不遷之宗，有五世則遷之宗。百世不遷者，別子之後也，宗其繼別子之所自出者，百世不遷者也。宗其繼高祖者，五世則遷者也。是言大宗、小宗之別也。大夫身是適子，爲小宗，故其次者爲貳宗，以相輔助爲副貳，亦立之爲此官也。杜知非大宗而云小宗者，以其大夫不必皆是大宗，據爲小宗者多，故杜言之也。若大夫身爲大宗，亦止得立貳宗官耳。《禮記》據公族爲説，故言別子爲祖主，説諸侯庶子耳。其實異姓受族，亦爲始祖，其繼者，亦是大宗。但《記》文不及之耳。沈云適子爲小宗，謂是大夫之身爲小宗，次者爲貳宗，謂大夫庶弟貳宗，以側室爲例，皆是官名，與五宗別。士有隸子弟，士卑，自以其子弟爲僕隸。庶人、工、商，各有分親，皆有等衰。庶人無復尊卑，以親疏爲分別也。衰，殺也。分，扶問反，又如字。親，七刃反，又如字。衰，初危反，注同。復，扶又反。別，彼列反；殺，所界反。是以民服事其上，而下無覬覦。下不冀望上位。覬音冀。覦，羊朱反；《字林》，羊住反；《説文》云，欲也。今晉，甸侯也，而建國。本既弱矣，其能久乎？諸侯而在甸服者。甸，徒練反。疏：注諸侯至服者。正義曰：周公斥大九州，廣土萬里，制爲九服，邦畿方千里。其外每五百里謂之一服。侯、甸、男、采、衛、要六服爲中國。夷、鎮、蕃三服爲夷狄。《大司馬》謂之九畿，言其有期限也。《大行人》謂之九服，言其服事王也。如其數計，甸服内畔，尚去京師千里。晉距王城不容此數，而得在甸服者，《周禮》設法耳。土地之形，不可方平如圖，未必每服皆如其數也。《地理志》云：初雒邑與宗周通封畿，東西長，南北短，短長相覆爲千里。是王畿不正方也。《志》又云東都方六百里，半之爲三百里，外有侯服五百里，爲八百里。計晉都在大原，去洛邑近八百里也，畿既不方，服必差改，故晉在甸服也。

《春秋左傳正義》卷九《莊公十一年》 臧文仲曰：宋其興乎！臧文仲，魯大夫。禹、湯罪己，其興也悖焉；悖，盛貌。悖，蒲忽反，一作勃，同。桀、紂罪人，其亡也忽焉。忽，速貌。紂，直久反。疏：禹、湯罪己，桀、紂罪人。正義曰：《湯誥》云：其爾萬方有罪，在予一人。是罪己也。《泰誓》數紂之罪，云：焚炙忠良，刳剔孕婦。是罪人也。禹、桀之時書多亡矣，固亦應有此事。沈引《帝王世紀》云：禹見罪人，下車泣之。是罪己也。桀殺關龍逢，是罪人也。且列國有凶，稱孤，禮也。列國，諸侯。無凶則常稱寡人。疏：注列國至寡人。正義曰：列國，謂大國也。《曲禮》曰：庶方小侯，自稱曰孤。諸侯與民言，自稱曰寡人。其在凶服，曰適子孤。鄭玄云：與臣言亦自謂寡人。是無凶則常稱寡人，有凶則稱孤也。言懼而名禮，其庶乎！言懼，罪己；名禮，稱孤；其庶，庶幾於興。

《春秋左傳正義》卷一二《僖公五年》 公曰：吾享祀豐絜，神必據我，據猶安也。享，興兩反。對曰：臣聞之，鬼神非人實親，惟德是依。故《周書》曰：皇天無親，惟德是輔。《周書》，逸《書》。又曰：黍稷非馨，明德惟馨。馨，香之遠聞。聞音問，又如字。又曰：民不易物，惟德繄物。黍、稷、牲、玉，無德則不見饗，有德則見饗，言物一而異用。繄，烏兮反，是也。疏：周書至繄物。正義曰：皇天無親，惟德是輔，《蔡仲之命》文也。黍稷非馨，明德惟馨，《君陳》文也。人不易物，惟德其物，《旅獒》文也。杜不見古文，故以爲逸《書》。此傳與《書》異者，其作繄，師授不同。字改易耳，其意亦不異也。民不易物者，設有二人，俱以物祭，其祭相似，不改易此物，唯有德者繄此乃是物。無德而薦，神所不享，則此物不是物也。如是，則非德民不和，神不享矣。神所馮依，將在德矣。若晉取虞，而明德以薦馨香，神其吐之乎？

《春秋左傳正義》卷一九《文公七年》 晉郤缺言於趙宣子曰：日衛不睦，故取其地。日，往日。取衛地在元年。今已睦矣，可以歸之。叛而不討，何以示威？服而不柔，何以示懷？柔，安也。非威非懷，何以示德？無德，何以主盟？子爲正卿，以主諸侯，而不務德，將若之何？《夏書》曰：逸《書》。戒之用休，有休則戒之以勿休。休，許虯反，注同。董之用威。董，督也。有罪則督之以威刑。勸之以九歌，勿使壞。九功之德皆可歌也，謂之九歌。六府三事，疏：夏書至三事。正義曰：此《虞書·大禹謨》之文也，以其夏禹之言，故傳謂之夏書。勿使壞以上，皆彼正文。唯彼言俾勿壞，俾亦使也，一字別耳。彼上文云：水火金木土穀惟修，正德利用厚生惟和，九功惟敘，九敘惟歌，乃次此辭，下云：帝曰：六府三事允治，郤缺令宣子脩德行禮，使人歌樂，故先引勸之以九歌，然後郤言六府三事。謂之九功，水、火、金、木、土、穀，謂之六府。正德、利用、厚生，謂之三事。義而行之，謂之德禮。德，正德也。禮以制財用之節，又以厚生民之命。無禮不樂，所由叛也。疏：無禮至叛也。正義曰：在上爲政無禮，則民不樂，是叛之所由。若吾子之德，莫可歌也，其誰來之？來猶歸也。樂音洛。盍使睦者歌吾子乎？宣子説之。爲明年晉歸鄭衛田張本。盍，戶臘反。疏：注爲明至張本。正義曰：鄭往前侵衛田，今晉令鄭歸還衛田也。言歸鄭衛田者，謂晉歸以鄭所取衛田，故杜下注云匡，本衛邑，中屬鄭。今晉令鄭還衛是也。然晉亦還衛田，獨言鄭還衛田者，以鄭歸衛田爲主，遂略之。劉炫以爲歸鄭及歸衛田，經傳文歸衛不歸鄭，而規杜氏，非也。

《春秋左傳正義》卷一九下《文公十五年》 惠伯曰：喪，親之終也。惠伯，叔彭生，雖不能始，善終可也。史佚有言曰：兄弟致美。各盡其美，義乃終。佚音逸。救乏、賀善、弔災、祭敬、喪哀，情雖不同，毋絶其愛，親之道也，子無失道，何怨於人？襄仲説，帥兄弟以哭之。他年，其二子來，敖在莒所生。毋音無，説音悦。疏：祭敬至道也。正義曰：祭敬者，謂助祭於兄弟之家盡其敬也。喪哀者，謂兄弟死喪之事竭其哀也。情雖不同，謂内相怨恨，情雖不能和同，當無絶其愛，是相親之道也。孟獻子愛之，聞於國。獻子，穀之子仲孫蔑。聞音問，或如字，下同。蔑，亡結反。或譖之曰：將殺子。獻子以告季文子。二子曰：夫子以愛我聞，我以將殺子聞，不亦遠於禮乎？遠禮不如死。一人門于句鼆，一人門于戾丘，皆死。句鼆、戾丘，魯邑。有寇攻門，二子禦之而死。遠，于萬反，下同。句，七侯反。鼆，又作黽，莫幸反。戾，力計反。疏：注句鼆至而死。正義曰：句鼆、戾丘有寇攻門不書者，服虔云魯國中小寇，非異國侵伐，故不書也。

《春秋左傳正義》卷二一《宣公四年》曰：仁而不武，無能達也。初稱畜老，仁也。不討子公，是不武也。故不能自通於仁道而陷弑君之罪。凡弑君，稱君，君無道也；稱臣，臣之罪也。稱君，謂唯書君名而稱國以弑，言衆所共絶也。稱臣者，謂書弑者之名以示來世，終爲不義。改殺稱弑，辟其惡名，取有漸也，書弑之義，《釋例》論之備矣。疏：凡弑至之罪。正義曰：《晉語》云：趙宣子曰：大者天地，其次君臣，則君臣之交，猶父子也，君無可弑之理，而云弑君，稱君，君無道者，弑君之人固爲大罪，欲見君之無道，罪亦合弑，所以懲創將來之君，兩見其義，非赦弑君之人，以弑之爲無罪也。《釋例》曰：天生民而樹之君，使司牧之，羣物所以繫命，故戴之如天，親之如父母，仰之如日月，事之如神明。其或受雪霜之嚴，雷電之威，則奉身歸命，有死無貳。故傳曰：君，天也，天可逃乎？此人臣所執之常也。然本無父子自然之恩，末無家人習翫之愛，高下之隔縣殊，壅塞之否萬端，是以居上者，降心以察下，表誠以感之，然後能相親也。若亢高自肆，羣下絶望，情義圮隔，是謂路人，非君臣也。人心苟離，則位號雖有，無以自固。故傳例曰：凡弑君，稱君，君無道；稱臣，臣之罪。稱君者唯書君名，而稱國、稱人以弑，言衆之所共絶也。稱臣者，謂書弑者之名，以垂來世。終爲不義，而不可赦也。然君雖不君，臣不可以不臣，故宋昭之惡，罪及國人，晉荀林父討宋曰：何故弑君？猶立文公而還。深見貶削。懷諸賊亂以爲心者，固不容於誅也。若鄭之歸生，齊之陳乞，楚之公子比，雖本無其心，《春秋》之義，亦同大罪。是以君子慎所以立也，諸侯不受先君之命而篡立，得與諸侯會者，則以成君書之，齊商人蔡侯班之屬是也。若未得接於諸侯，則不稱爵。楚公子棄疾殺公子比，蔡人殺陳佗，齊人殺無知，衛人殺州吁，公子瑕之屬是也，諸侯篡立，雖以會諸侯爲正，此列國之制也。至於國内，策名委質，即君臣之分已定，故殺不成君者，亦與成君同義。傳曰：會于平州，以定公位。又云：若有罪，則君列諸會矣。此以會爲斷也。經書趙盾弑君，而傳云靈公不君，又以明於例此弑宜稱君也。弑非趙盾而經不變文者，以示良史之意，深責執政之臣，傳特見仲尼曰：越竟乃免，明盾亦應受罪也。醫不三世，不服其藥，古之慎戒也。人子之孝，當盡心嘗禱而已，藥物之齊，非所習也。許止身爲國嗣，國非無醫，而輕果進藥，故罪同於弑。二者雖原其本心，而《春秋》不赦，蓋爲教之遠防也。楚靈無道於民，於例當稱國以弑，公子比首兵自立，楚衆散歸，而靈王縊死，故以比爲弑王也。比既得國，國人驚亂，棄疾從而扇之，比懼自殺，皆棄疾之由。故書公子棄疾殺公子比也。《左氏》義例止此而已，其餘小異，皆從赴也，劉、賈、許、潁以爲君惡及國朝，則稱國以弑君；惡及國人，則稱人以弑。案傳鄭靈、宋昭，經文異而例同，故重發以同之，子弑其父，又嫌異於他臣，亦重明其不異。既不碎，別國之與人，而傳云：莒紀公多行無禮於國，大子僕因國人以弑之。經但稱國不稱人，知國之與人，雖言別而事一也。杜言小異。從赴者，宋之蒙澤，楚之乾谿，俱是國内，而弑捷不書蒙澤。齊商人、衛州吁俱是公子，而州吁不稱公子，諸如此類，所有不同，皆從赴也。此弑君之例，有君罪、臣罪之異。而諸侯出奔，皆不書逐君之人以罪臣者，以君之見弑，未必皆爲無道，故立臣罪之文，以見君有無罪死者。國君而被臣逐，悉是不能固位，其罪皆在於君。故杜諸侯出奔，例云諸侯奔者，皆迫逐而苟免，非自出也。仲尼之經更没逐者主名，以自奔爲文者，責其不能自安自固，所犯非徒所逐之臣也。蔡侯、宋雖無罪，據其失位出奔，亦其咎也。是説逐君無罪臣之文意也。

《春秋左傳正義》卷四六《昭公十三年》國家之敗，有事而無業，事則不經。業，貢賦之業。有業而無禮，經則不序。須禮而有次序。有禮而無威，序則不共。禮須威嚴而後共。有威而不昭，共則不明。威須昭告神明，而後信義著。不明弃共，百事不終，所由傾覆也。信義不明則弃威，不威弃禮。無禮無經，無經無業，故百事不成。覆，芳服反。是故明王之制，使諸侯歲聘以志業，志，識也。歲聘以脩其職業。間朝以講禮，三年而一朝，正班爵之義，率長幼之序。間，間廁之間。長，丁丈反。再朝而會以示威，六年而一會，以訓上下之則，制財用之節。再會而盟以顯昭明。十二年而一盟，所以昭信義也。凡八聘四朝再會，王一巡守，盟于方嶽之下。守，手又反。嶽音岳。志業於好，聘也。好，呼報反，下注同好同。講禮於等，朝也。示威於衆，會也，昭明於神，盟也。自古以來，未之或失也。

《春秋左傳正義》卷五一《昭公二十五年》君子貴其身，而後能及人，是以有禮。唯禮可以貴身，貴身故尚禮。今夫子卑其大夫而賤其宗，是賤其身也，賤人，人亦賤己。能有禮乎？無禮，必亡。

《春秋左傳正義》卷五三《昭公三十年》 禮也者，小事大、大字小之謂。事大在共其時命，隨時共所求。共音恭，注及下同。字小在恤其所無。以敝邑居大國之間，共其職貢，與其備御不虞之患，豈忘共命？言不敢忘共命，以所備御者多，不及辦之。御，魚呂反，注同。辦，皮莧反。先王之制：諸侯之喪，士弔，大夫送葬；唯嘉好、聘享、三軍之事於是乎使卿。

《春秋左傳正義》卷五六《定公十五年》 子貢曰：以禮觀之，二君者，皆有死亡焉。夫禮，死生存亡之體也，將左右周旋，進退俯仰，於是乎取之。朝、祀、喪、戎，於是乎觀之。今正月相朝，而皆不度，不合法度。心已亡矣。嘉事不體，何以能久？嘉事，朝禮。高仰，驕也；卑俯，替也。驕近亂，替近疾。君為主，其先亡乎？

（清）蘇輿《春秋繁露義證》卷四《王道》 《春秋》立義：《春秋》為立義之書，非改制之書，故曰其義竊取。鄭玄釋《廢疾》云：孔子雖有聖德，不敢顯然改先王之法，蓋制宜從周，義以救敝。制非王者不議，義則儒生可立。故有舍周從殷者，有因東遷後之失禮而矯之者，有參用四代者，存其義以俟王者之取法刱制。《傳》所云制《春秋》之義，以俟後聖者也。孔子志在《春秋》，但志之而已。此篇所舉，確為《春秋》特立之義，餘以此慎推之可也。《淮南・氾論訓》：夫絃歌鼓舞以為樂，盤旋揖讓以修禮，厚葬久喪以送死，孔子之所立也。而墨子非之。立，亦謂立義也。何氏注《傳》，輒云《春秋》之制，其實皆義而已。定八年注：定公從季氏假馬，孔子曰：君之於臣，有取無假。而君臣之義立。《易緯》引孔子語，美帝乙之嫁妹：順天地之道，以立嫁娶之義。義立則妃匹正，妃匹正則王化全。《太史公自序》云：周家既衰，諸侯恣行，仲尼悼禮廢樂崩，進修經術，以達王道，匡亂世，反之於正。見其文辭，為天下制義法。又《十二諸侯年表》云：孔子明王道，上記隱，下至哀之獲麟。約其文辭，去其煩重，以制義法。竝得聖人之旨。而杜預説《左氏》，以《春秋》多因周公舊例，立義之旨不明，孔子之道不章矣。《論衡・超奇篇》：孔子得史記以作《春秋》。及其立義刱意，褒貶誅賞，不復因史記者，眇思自出於胸中也。程子《春秋傳》，立義二字屢見，蓋本於此。又程子云：上古之時，自伏羲、堯、舜，歷夏商，以至於周，或文或質，因襲損益，其變既極，其法既詳，於是孔子參酌其宜，以為百王法度之中制，斷之以義。此其所以《春秋》作也。所云參酌中制，亦祇是立義耳。語又見《盟會要》、《正貫》等篇。天子祭天地，諸侯祭社稷，諸山川不在封內不祭。僖三十一年《傳》：天子祭天，諸侯祭土。天子有方望之事，無所不通。諸侯山川有不在其封內者，則不祭也。何注：諸侯祭境內山川，故魯郊非禮。案：此與《王制》合。《傳》言祭土，此言祭社稷，是釋土為社稷。土為本名，社稷其神耳。有天子在，諸侯不得專地，桓九年《傳》。《漢書・匡衡傳》：《春秋》之義，諸侯不得專地，所以壹統尊法制也。不得專封，僖元年《傳》。天啟本無得字，凌本同。不得專執天子之大夫，隱七年戎伐凡伯於楚丘以歸，《傳》：凡伯者何？天子之大夫也。此聘也，其言伐之何？執之也。執之則其言伐之何？大之也。據此則董亦以戎為衛。何注：中國者，禮義之國也，執者，治文也，君子不使無禮義制治有禮義。不得舞天子之樂，隱五年《傳》。不得致天子之賦，不得適天子之貴。《翟方進傳》：《春秋》之義，王人微者，序乎諸侯之上，尊王命也。盧云：適，與敵同。君親無將，將而誅。莊三十二年《傳》。大夫不得世，昭三十二年。《五經異義》引《公羊》、《穀梁》説：卿大夫世，則權并一姓，妨塞賢路，專政犯君，故經譏周、尹氏、齊崔氏也。隱二年何注大同。《白虎通・封公侯篇》：大夫不世位何？股肱之臣任事者也。為其專權擅勢，傾覆國家。《左氏》説亦以為卿大夫得世禄，不得世位。孟子告滕文公，亦只言世禄。世禄者文王之制。按隱元年何注：《春秋》時廢選舉之務，置不肖於位。然則譏世卿所以重選舉也。漢魏相論宜損奪霍氏事奏，言《春秋》譏世卿。大夫不得廢置君命。命，字疑衍。文十四年《傳》：大夫之義，不得專廢置君也。立適，以長不以賢，立子以貴不以長。隱元年《傳》。《白虎通・封公侯篇》：曾子問曰：立適以長不以賢何？以言為賢不肖不可知也。《尚書》：惟帝其難之。立子以貴不以長，防愛憎也。光武建武十九年，立東海王為皇太子，詔云：《春秋》之義，立子以貴。凌本無立子二字。立夫人以適不以妾。僖八年用致夫人，《傳》夫人何以不稱姜氏，譏以妾為妻也。僖二十年西宮災，何注：僖公以齊媵為適，楚女廢在西宮，而不見恤，悲愁怨曠之所生也。《漢書・五行志》：仲舒以為釐娶於楚，而齊媵之，脅公使立以為夫人。西宮者小寢，夫人之居也。若曰：妾何為此宮？誅去之意也。劉向説略同。案《白虎通・嫁娶篇》云：適夫人死，更立夫人者，不敢以卑賤承宗廟。自立其娣者，尊大國也。《春秋傳》曰：叔姬歸於紀。叔姬者，伯姬之娣也。伯姬卒，叔姬升於嫡，經不譏也。或曰：嫡死不復更立，明嫡無二，防篡殺也。祭宗廟，攝而已。以禮不聘為妾，明不升。隱七年叔姬歸於紀，何注：叔姬者，伯姬之媵也。媵賤書者，後為嫡，終有賢行。紀侯為齊所滅，紀季以酅入於齊。叔姬歸之，能處隱約，全竟婦道，故重録之。又宣十六年郯伯姬來歸，注：嫁不書者，為媵也。來歸書者，後為嫡也。與《白虎通》前説合。案：録之所以廣人類之恩，譏之所以示人倫之正，義可兩存。范寧譏《公羊》以妾母稱夫人為合，不知其譏以妾為妻也。齊桓陽穀之會，固曰無以妾為妻。則知春秋時蓋已患此。考《呂覽・當務篇》，紂母之生微子啟與仲衍也，尚為妾，已而為妻而生紂。是又不始於《春秋》。殷以此亡，尤可為鑒。其後魯哀立荊母，既致有陘之孫，霍光尊婢顯，亦取滅族之誅。為人君臣者，所以宜知《春秋》也。漢孔鄉侯傅晏元壽二年坐亂妻妾位免，徙合浦。見《外戚恩澤侯表》。《唐律》戶婚亦有以妾為妻條，並與《春秋》義合。天子不臣母后之黨。桓二年紀侯來朝，何注：紀稱侯者，天子將娶於紀，與之奉祖廟，傳之無窮，重莫大焉，故封之百里。月者，明當尊而不臣，所以廣孝敬也。《白虎通·王者不臣篇》：不臣妻父母何？妻者，與己一體，恭承宗廟，欲得其歡心，上承先祖，下繼萬世，傳之無窮，故不臣也。《春秋》曰：紀季歸於京師。父母之於子，雖為王后，尊不加於父母，知王者不臣也。又譏宋三世內娶於國中，謂無臣也。義又見《嫁娶篇》。《漢書·外戚恩澤侯表序》云：后母據《春秋》褒杞之義，帝舅緣《大雅》申伯之意，寖廣博矣。《王莽傳》：有司皆白古者天子封后父百里，尊而不臣，以重宗廟，孝之至也。《後漢·李固傳》：今梁氏戚為椒房，禮所不臣。獻帝皇后父伏完朝賀，公庭議禮，鄭玄言：天子所不臣三，其一后之父母也。天子尚有不臣者，況於后乎？並用此義。又魏廢帝景元元年，燕王表賀冬至，稱臣。詔曰：古之王者，或有不臣，今王宜依此義，表不稱臣乎。案：廢帝為燕王宇之子，故以稱臣為疑。以古無明文，引此推例耳。親近以來遠，天啟本近作迎，無遠字。未有不先近而致遠者也。《管子·版法解》：愛施之德，雖行而無私，內行不修，則不能朝遠方之君。是故正君臣上下之義，飾父子兄弟夫婦之義，飾男女之別，別疏數之差，使君德臣忠，父慈子孝，兄愛弟敬，禮義章明。如此則近者親之，遠者歸之，故曰召遠在修近。天啟本無也字。官本未有上有故字。云：他本脱遠、故二字。故內其國而外諸夏，內諸夏而外夷狄，言自近者始也。成十五年《傳》：曷為殊會吳？外吳也。《春秋》內其國而外諸夏，內諸夏而外夷狄。王者欲一乎天下，曷為以內外之辭言之。言自近者始也。何注：明當先正京師，乃正諸夏，諸夏正，乃正夷狄，以漸治之。

諸侯來朝者得褒，官本云：他本侯誤作夏。邾婁儀父稱字，《後漢·李固傳》：《春秋》褒儀父以開義路，貶無駭以閉利門。滕薛稱侯，隱十一年。荊得人，莊二十三年《傳》，荊何以稱人？始能聘也。介葛盧得名。僖二十九年。內出言如，諸侯來曰朝，大夫來曰聘，隱十一年滕侯薛侯來朝，《傳》：諸侯來曰朝，大夫來曰聘。何注：《春秋》王魯。王者無朝諸侯之義也。故內適外言如，外適內言朝聘，所以別外尊內也。王道之意也。董子以尊內得王道之意，何休遂以為王魯。天啟本無也字。誅惡而不得遺細大，盧云：但當云不得遺細。而此及上文皆兼大言之者，文便耳。猶言急兼言緩急，言無兼言有無是也。諸侯不得為匹夫興師，定四年《傳》：伍子胥復曰：諸侯不為匹夫興師。不得執天子之大夫，執天子之大夫與伐國同罪，執凡伯言伐。獻八佾，諱八言六。鄭魯易地，諱易言假。桓元年鄭伯以璧假許田，《傳》：其言以璧假之何？易之也。易之則其言假之何？為恭也。晉文再致天子，諱致言狩。僖二十八年天王狩于河陽，《傳》：狩不書，此何以書？不與再致天子也。桓公存邢、衛、杞，不見《春秋》，內心予之，行法絶而不予，僖元年《傳》所謂實與而文不與也。以聖心言之，當與。以王法言，則不當予。故不見於經。止亂之道也，非諸侯所當為也。防臣下逼上專恣之漸也。誅細惡以止亂，《春秋》之義，即制禮之意。是故敬君者不蹙馬芻，厚別者勿同椸枷。齊女高節，不轉於同庖；箕子知微，先唏於象箸。此義不明，而治尚簡率，天下之亂，釀於無形者多矣。故曰：百變之源，皆出嫌疑纖微，以漸浸稍長至於大。又曰：微邪者，大邪之所生也。《管子·權修》。夫寢處者一畝之宮，而必欲厚藩垣以資禁衛。廁足者數寸之土，而不容塹廣大而致黃泉。知此而聖人止亂之意幾可論矣。《春秋》之義，臣不討賊，非臣也。子不復讎，非子也。故誅趙盾賊不討者，不書葬，臣子之誅也。誅猶責。許世子止不嘗藥，而誅為弒父，楚公子比脅而立，而不免於死。俞云：此本作楚公子比脅而立，而不免於誅絶。今誅絶二字，傳寫誤入下文，淺人遂臆補死字耳。下文云：齊桓晉文擅封，致天子。誅絶、繼絶、存亡，侵伐、會同，常為本主。按擅封是一事，致天子是一事，繼絶、存亡是一事，其間不得有誅絶二字。明是上文奪去，誤著於彼。輿案：死，即誅也。《玉杯篇》今視其比，皆不當死，與此文正一律，下文誅亂又是一事，俞據誤文移之耳。齊桓晉文擅封，致天子，誅亂、天啟本作誅絶，凌本同。繼絶、存亡，官本云：一作繼世。侵伐會同，常為本主。此間疑有脱文。曰：桓公救中國，攘夷狄，卒服楚，至為王者事。僖四年《傳》：楚有王者則後服，無王者則先叛，夷狄也，而亟病中國。南夷與北狄交，中國不絶若綫。桓公救中國而攘夷狄，卒服荊，以此為王者之事也。晉文再致天子，皆止不誅，不與之而已，未嘗誅也。善其牧諸侯，盧云：牧，本亦作救。奉獻天子而服周室，《春秋》予之為伯，誅意不誅辭之謂也。防其逼上之漸，故誅意。録其尊主之功，故不誅辭。予伯者，《春秋》不得已之苦衷也。後世有功王室之臣，或遂終於篡竊，知《春秋》慮患深矣。

魯隱之代桓立，隱元年《傳》：故凡隱之立，為桓立也。祭仲之出忽立突，仇牧、孔父、荀息之死節，公子目夷不與楚國，此皆執權存國，以存國為主，故許其權。義亦見《玉英篇》。行正世之義，守惓惓之心，《春秋》嘉氣義焉，氣，疑其之誤。凌本作義氣，亦非。故皆見之，《春秋》見其名，《傳》見其事。復正之謂也。復正猶言反之正。亦見《正貫篇》。夷狄邾婁人、牟人、葛人，為其天王崩而相朝聘也，此其誅也。桓十五年：天王崩。邾婁人、牟人、葛人來朝。《傳》：皆何以稱人？夷狄之也。何注：桓公行惡，而三人俱朝事之。三人為衆，衆足責，故夷狄之。與董説異。孔廣森云：襄元年，簡王崩。於時邾婁來朝，罃剽交聘而不復狄者，亦貶重從同之例。殺世子母弟直稱君，明失親親也。僖五年晉侯殺其世子申生，《傳》：曷為直稱晉侯以殺？殺世子母弟直稱君者，甚之也。何注：甚之者，惡殺親親也。《春秋》公子貫於先君，唯世子母弟以今君録，親親也。今捨國體直稱君，知以親親責之。襄二十六年宋公殺其世子痤，何注：痤有罪，故平公書葬。襄三十年天王殺其弟年夫，何注：王者得專殺，書者，惡失親親也。未三年不去王者，方惡不思慕而殺弟，不與子行也。不從直稱君者，舉重也。莒殺意恢，以失子行録。設但殺弟，不能書是也。不為諱者，年夫有罪。輿案：世子痤、年夫事不詳《傳》。以直稱君之例推之，則痤與年夫同為無惡。莒殺意恢不稱君，則知罪在意恢。《春秋》之義，貴人道，防亂端，二者並重。義在防亂，則雖季子殺母兄，亦為之諱，義在重人，則雖天王殺弟，同直稱爵。《白虎通・誅伐篇》：父殺其子當誅何？以為天地之性人為貴，人皆天所生也，託父母氣而生耳。王者以養長而教之，故父不得專也。《春秋傳》曰：晉侯殺其世子申生。直稱君者，甚之也。《白虎通》舉申生為例，以子無罪者言也。《康誥》稱于父不能字厥子，乃疾厥子，刑茲無赦。則知文王之法，殺子有刑。《後漢・楊終傳》：《春秋》殺太子母弟，直稱君，甚惡之，坐失教也。終治《公羊》學，補出失教義，是知子弟無罪，父兄不得殺子弟。雖有罪，父兄抑不忍辭其咎，所以明親親也。聖人仁天下之義，至此而盡矣。《唐律》：子孫違犯教令，而祖父母父母毆殺者，徒一年半，以刃殺者，徒二年。故殺者，各加一等。嫡繼慈養殺者，又加一等。《明律》改一年半為滿杖，二年為一年。嫡繼慈養殺致失嗣者絞，較唐為重。違教與故殺，律分輕重，得《春秋》意。宋律：父殺子，徒一年。程子云：以理考之，當徒二年。雖是子，亦天子之民也。不當殺而專殺之，是違制也。違制徒二年。今律祖父母父母故殺子孫，杖六十，徒一年。其有刑一也。僖元年夫人氏之喪至自齊，何注：貶置氏者，殺子差輕於殺夫，別順逆也。是又可得尊卑等差之義矣。魯季子之免罪，吴季子之讓國，明親親之恩也。免罪，謂緩追慶父。見《精華篇》。閽殺吴子餘祭，見刑人之不可近。襄二十九年《傳》：君子不近刑人，近刑人，輕死之道也。《白虎通・五刑篇》：古者刑殘之人，公家不出，大夫不養，士與遇路不與語，放諸墝埆不毛之地，與禽獸伍。凌云：殺，當作弑。鄭伯髡原卒於會，諱弑，痛強臣專君，君不得為善也。襄七年《傳》：曷為不言其大夫弑之？為中國諱也。曷為為中國諱？鄭伯將會諸侯於鄬，其大夫諫曰：中國不足歸也，則不若與楚。鄭伯曰：不可。其大夫曰：以中國為義，則伐我喪。以中國為強，則不若楚。於是弑之。盧云：他本從《左氏》作髡頑，非。今從程本。衛人殺州吁，隱四年《傳》：其稱人何，討賊之義也。齊人殺無知，莊九年。明君臣之義，守國之正也。衛人立晉，美得衆也。君將不言率師，重君之義也。隱五年衛師入盛，《傳》：君將不言率師，舉其重者也。正月，公在楚，臣子思君，無一日無君之意也。襄二十九年公在楚，《傳》：何言乎公在楚？正月以存君也。凌本意作義。誅受令，疑當作誅不受令。恩衛葆，以正囹圄之平也。盧云：文疑有誤脱。俞云：莊六年經齊人歸衛寶，惟《左氏》經作衛俘，而《傳》亦作衛寶。杜注云：《公羊》、《穀梁》經《傳》皆言寶，此《傳》亦言寶，惟此經言俘，疑經誤。然《公羊傳》文曰：此衛寶也，則齊人曷為來歸之？衛人歸之也。其文雖是寶，其義則皆可通。何注：寶者，玉物之凡名。於是始定為寶玉字矣。董子固傳《公羊》之學者，而此有恩衛葆之文，葆之與寶，固得通用。然葆從保聲，保從采省，采即古文孚字也。則葆之與俘，亦得通用。若是衛葆，不得言恩，其下又言以正囹圄之平也，則其為俘囚明矣。竊謂字當作葆，義當從俘，何注未得斯旨。輿案：《金縢》：無隊天之降寶命。《魯世家》寶作葆。《易・繫辭》：聖人之大寶曰位。《釋文》引孟喜本作保。《留侯世家》集解引徐廣曰：《史記》珍寶字皆作葆。竝葆寶字同之證。《漢・五行志》載桓公六年秋螟，仲舒以為先是齊侯會諸侯納朔，許諸侯賂，齊人歸衛葆，魯受之，貪利應也。俞以葆義為俘囚，不合董義。胡安國《春秋》説，援俘厥寶玉為説，以合經文。黃震謂以俘獲為賂。然與正囹圄句仍未合，當如盧説闕疑。言圍成，甲午祠兵，以別迫脅之罪，誅意之法也。莊八年：甲午祠兵。夏，師及齊師圍成，成降於齊師。《傳》：何言乎祠兵？為久也。曷為為久？吾將以甲午之日，然後祠兵於是。何注：諱如久留，使若無欲滅同姓之意。又云：言及者，起魯實欲滅之。案：此所謂不誅辭而誅意也。作南門，僖二十年。刻桷，丹楹，莊二十二年、二十四年。作雉門及兩觀，定二年。築三臺，莊三十一年：築臺于郎，于薛，于秦。新延廄，莊二十九年。譏驕溢不恤下也。《後漢書・楊終傳》：魯文公毀泉臺，《春秋》譏之曰：先祖為之，而已毀之，不如勿居而已。以其無妨害於民也。襄公作三軍，昭公舍之，君子大其復古，以為不舍則有害於民也。王應麟云：春秋重民力，謹土功，新一廄，築一臺，必書之示人君不可縱欲以病民也。《玉海》百六十。故臧孫辰請糴於齊，孔子曰：君子為國，必有三年之積。一年不熟乃請糴，失君之職也。莊二十八年《傳》。誅犯始者，省刑，絶惡疾始也。疾始，如疾始滅，譏始不親迎之類。官本云：他本無疾字。案：亦通。言誅犯始者，所以免人罪戾，絶惡於未萌。故曰省刑，絶惡始也。大夫盟於澶淵，刺大夫之專政也。襄三十年《傳》：卿則其稱人何？卿不得憂諸侯也。諸侯會同，賢為主，賢賢也。如齊桓晉文是。《春秋》紀纖芥之失，反之王道。《説苑・至公篇》：退而修《春秋》，采毫毛之善，貶纖芥之惡。人事浹，王道備。追古貴信，結言而已，追古，卽反古意。不至用牲盟而後成約。故曰：齊侯衛侯胥命於蒲。《傳》曰：古者不盟，結言而退，桓三年。《荀子·大略篇》云：故《春秋》善胥命，而《詩》非屢盟，其心一也。宋伯姬曰：婦人夜出，傅母不在，不下堂。襄三十年《傳》。《列女·宋恭伯姬傳》：君子曰：禮，婦人不得傅母，夜不下堂，行必以燭。伯姬之謂也。《詩》云：淑慎爾止，不愆於儀。伯姬可謂不失儀矣。《漢書·張敞傳》，奏諫皇太后遊獵云：禮，君母出門則乘輜軿，下堂則從傅母，《藝文類聚》二十三引魏荀爽《女誡》云：聖人制禮以隔陰陽，七歲之男，王母不抱，七歲之女，王父不持。親非父母，不與同車，親非兄弟，不與同筵。是故宋伯姬遭火不下堂，知必為災，傅母不來，遂成於灰。《春秋》書之，以為高也。唐獨孤及議盧奕謚云：伯姬待母而火死，先禮後身也。曰：古者周公東征，則西國怨。盧云：見僖四年《傳》。亦當并引西征則東國怨一句，文脱耳。凌云：曰上當有傳字。輿案：《荀子·王制篇》：故周公南征而北國怨，曰：何獨不來也。東征而西國怨，曰：何獨後我也？又見《呂覽·古樂篇》。桓公曰：無貯粟，無鄣谷，無易樹子，無以妾為妻。僖三年《傳》。宋襄公曰：不鼓不成列，不阨人。僖二十二年《傳》。莊王曰：莊王上當有楚字，古者杅不穿，皮不蠹，則不出。宣十二年何注：杅，飲水器。穿，敗也。皮，裘也。蠹，壞也。言杅穿皮蠹，乃出四方。古者出四方朝聘征伐，皆當多少圖有所喪費，然後乃行爾。喻已出征伐，士卒死喪固其宜也，不當以是故滅鄭。姚鼐云：杅，蓋杆之誤，卽干楯也。言甲楯不必堅強，欲以德禮勝人。孔廣森云：杅，盂也。皮所以為幣。杅積而穿，器有餘也。皮藏而蠹，幣有餘也。此與《漢書》粟陳腐不可食，錢貫朽不可校，其喻相類。言師出則費財，故國必餘富，然後敢從四方之事。王闓運云：杅，牟也。《禮記》所謂教枠，夏日所用。皮，冬日之服。言出必經時也。案：孔説為長。姚説迂甚。君子篤於禮，薄於利，要其人不要其土，告從不赦，不祥。盧云：見宣十二年《傳》。不祥，作不詳。何注云：善用心曰詳。然詳古亦與祥通用，或此書自作祥字。凌云：祥、詳通作。《淮南·説林訓》六畜生多耳目者不詳，高注：詳，善也。《爾雅》：祥，善也。強不陵弱。齊頃公弔死視疾，成八年《傳》。孔父正色而立於朝，人莫過而致難乎其君，桓二年《傳》。齊國佐不辱君命而尊齊侯，見成二年《傳》。此《春秋》之救文以質也。義見《玉杯篇》。太史公《高祖贊》曰：夏之政忠，忠之敝，小人以野，故殷人承之以敬。敬之敝，小人以鬼，故周人承之以文。文之敝，小人以僿，故救僿莫如以忠。三王之道若循環，終而復始。周秦之間，可為文敝矣。秦政不改，反酷刑法，豈不謬乎？《後漢·張敏傳》：臣聞師言，救文莫如質。竝用《春秋》説。案：文質有以禮言者，有以政言者。孔子筮賁而不樂，林放問本而深贊，以禮言也。史公酷刑之説，此篇亡亂之鑒，以政言也。強暴之過謂之文敝，則知寬柔之過謂之質敝，可以得其相救之用矣。救文以質，見天下諸侯所以失其國者亦有焉。以下言不從質之失。潞子欲合中國之禮義，離乎夷狄，未合乎中國，所以亡也。宣十五年《傳》。吳王夫差行強於越，臣人之主，妾人之妻，《史記·越王勾踐世家》：勾踐令大夫種行成于吳。曰：君王亡臣勾踐，使陪臣種敢告下執事：勾踐請為臣，妻為妾。主，天啟本作王。卒以自亡，宗廟夷，社稷滅。其可痛也。孫詒讓云：其，當為甚。官本云：夷，他本作失。長王投死，於戲，豈不哀哉！事竝見《史記·吳世家》。晉靈行無禮，處臺上彈羣臣，枝解宰人而棄之，宣六年《傳》。天啟本無之字，凌本同。漏陽處父之謀，使陽處父死。文六年《傳》。及患趙盾之諫，欲殺之，卒為趙盾所弒。盧云：弒靈公者趙穿，此蓋從《春秋》所書。官本作趙穿，弒，作殺，云：穿，他本誤作盾。殺當作弒。晉獻公行逆理，殺世子申生，張斐《律表》云：逆節絕理，謂之不道。案：申生雖為自殺，然因獻公而死，故以殺歸之。事見《左》、《穀》及《説苑·節士篇》，畧有異同。以驪姬立奚齊、卓子，立下疑有故字。皆殺死，國大亂，四世乃定，奚齊、卓子、惠公，至重耳乃定。《淮南·精神訓》：獻公豔驪姬之美，而亂四世。幾為秦所滅，事在僖十五年。天啟本無滅字，注云：此下疑少一字。從驪姬起也。天啟本注云：從，一作徒，非。楚平王行無度，天啟本作昭王，非。凌本同。殺伍子胥父兄。蔡昭公朝之，因請其裘，昭公不與。定四年《傳》。吳王非之。《白虎通·號篇》：蔡侯無罪，而拘於楚。吳有憂中國心，興師伐楚，諸侯莫敢不至。舉兵加楚，大敗之。君舍乎君室，大夫舍乎大夫室，妻楚王之母，定四年《傳》。天啟本王作君，凌本同。貪暴之所致也。晉厲公行暴道，殺無罪人，一朝而殺大臣三人。明年，臣下畏恐，晉國殺之。成十七年：晉殺其大夫郤錡、郤州、郤至。十八年：晉殺其大夫胥童。庚申，晉弒其君州蒲。何注：厲公猥殺四大夫，臣下人人恐見及，以至此禍。陳侯佗淫乎蔡，蔡人殺之。桓六年《傳》。古者諸侯出疆必具左右，備一師，以備不虞。《後漢·光武十王臨淮懷公衡傳》：顯宗報曰：凡諸侯出境，必備左右。官本云：一，他本作二。今陳侯恣以身出入民間，至死閭里之庸，甚非人君之行也。閭里之庸，謂閭里傭作之人。庸，與傭同，或稱市傭，或稱里傭，以地別耳。《史記·田敬仲完世家》：厲公既立，娶蔡女，蔡女淫於蔡人，數歸。厲公亦數如蔡。桓公之少子林，怨厲公殺其父與兄，乃令蔡人誘厲公而殺之。林自立，是為莊公。厲公之殺，以淫出國。故《春秋》曰：蔡人殺陳佗。罪之也。又見《陳世家》。桓十一年何注：蔡侯，稱叔者，不能防正其姑姊妹，使淫於陳佗。陳侯，各本竝誤作蔡侯，今正。官本云：他本無民閒二字。宋閔公矜婦人而心妬，與大夫萬博。萬譽魯莊公曰：天下諸侯宜為君者，唯魯侯爾。閔公妬其言，曰：此虜也，爾虜焉故。魯侯之美惡乎至？盧云：此依《公羊》莊十二年《傳》文。《韓詩外傳》八作爾虜焉知魯侯之美惡乎，為一句，無至字。此書舊本至作致，餘與《外傳》同。惡，當音烏落切。今《大典》本有至字。自當從《公羊》以故字、至字句絕。惡，音烏。俞云：按莊十二年《公羊傳》作爾虜焉故，魯侯之美惡乎至？《傳》文故字蓋知字之誤。此文致字當從《傳》作至，古字通也。爾虜焉知，四字為句，魯侯之美惡乎至，七字為句。惡，音烏。至，猶甚也。輿案：故，作知，至，作致，是。致，屬下讀。於義為長。萬怒，搏閔公絕脰。此以與臣博之過也。《說文》：博，局戲也，六箸十二棊也。事見莊十二年《傳》。何注：《傳》本道此者，極其禍生於博戲，相慢易也。古者人君立於陰，大夫立於陽，所以別位，明貴賤。如君南面，臣北面，君西面則臣東面，不同嚮而立。《禮·郊特牲》：君之南鄉，答陽之義也。臣之北面，答君也。《白虎通·天地篇》：所以左旋右周者，猶君臣相對之義也。又云：日月五星，比天為陰。故左行右行者，猶臣對君也。案：此知古者正朝，君臣皆立，今所傳《周公輔成王圖》可證。坐朝見《荀子》，殆起於戰國人君之佚志與？今與臣相對而博，置婦人在側，此君臣無別也。故使萬稱他國卑閔公之意，他國下疑有君字，卑上疑有有字。閔公藉萬而身與之博，下君自置。謂失其君之尊。有辱之婦人之房，有、又同。俱而矜婦人，俱，謂與同處。獨得殺死之道也。《春秋傳》曰：大夫不適君。遠此逼也。宣十二年《傳》：大夫不敵君。敵、適同。官本云：他本逼作過。梁內役民無已。役，天啟本注云：一作取。其民不能堪，使民比地為伍，一家亡，五家殺刑。僖十九年《傳》：其自亡奈何？魚爛而亡也。何注：梁君隆刑峻法，一家犯罪，四家坐之。一國之中，無不被刑者。案：《史記·高祖紀》集解，張晏云：秦法一人犯罪，舉家及鄰伍坐之，蓋本梁法。《周禮·地官》：令五家為比，使之相保。先鄭注：保，猶任也。疏云：使五家為一比，則有下士為比長主之，使五家相保，不為罪過。蓋有勸善之意，而無坐惡之條，今逃亡連坐，違周法矣。五家，當從何注作四家，其一家亡者，不能追坐，故下文云先亡者封。其民曰：先亡者封，後亡者刑。君者將使民以孝於父母，順於長老，守丘墓，承宗廟，世世祀其先。今求財不足，行罰如將不勝，殺戮如屠，天啟本注云：屠，一作從。仇讐其民，魚爛而亡，盧云：本作則亡，《大典》作而止。輿案：《大典》本止為亡之誤。則，作而是。今從官本改。國中盡空。《春秋》曰：梁亡。亡者自亡也，非人亡之也。上敍陳、宋、梁三事，文體一律，疑與下為別一篇文。虞公貪財，不顧其難，快耳悅目，受晉之璧、屈產之乘，假晉師道，還以自滅。僖二年《傳》：虞公終假之道以取虢，還四年反取虞。宗廟破毀，社稷不祀，身死不葬，僖五年：晉人執虞公。貪財之所致也。故《春秋》以此見物不空來，寶不虛出，自內出者，無匹不行，自外至者，無主不止，盧云：此二句見宣三年《傳》，是論祭天地宗廟之事耳。以證虞事。殊不倫，必有舛誤。輿案：二句又見《白虎通·郊祀篇》，自是古語，不必專論祭祀，蓋亦內感外應之旨。《傳》引以見配祖之意。祖者，誠之所及，天則藉祖以達其誠耳。此文亦謂功效之相因，先有欲利之緣，然後有取敗之道。故上云物不空來，寶不虛出，下云此其應也。《莊子·天運篇》：中無主而不止，外無止〔當爲匹。〕而不行。由中出者不受於外，聖人不出。由外入者無主於中，聖人不隱。名，公器也，不可多取。又《則陽篇》云：是以自外入者，有主而不執。由中出者，有匹而不距。《淮南·原道訓》：故從外入者，無主於中不止。從中出者，無應於外不行。與此處文義正合，不必定屬祭祀言。此其應也。楚靈王行強乎陳蔡，昭八年，楚滅陳。十一年，滅蔡。意廣以武，不顧其行，句。慮所美，內罷其衆。所美卽物女。罷，讀為疲。慮，字疑誤。乾谿有物女，俞云：《漢書·郊祀志》：有物曰蛇。注：物謂鬼神，《東平思王宇傳》：或明鬼神，信物怪，注：物亦鬼。然則物女殆亦鬼神之類。輿案：《張良傳·贊》：太史公曰：學者多言無鬼神，然言有物。物怪與鬼神對舉，不得卽以爲鬼神。水盡則女見，水滿則不見。靈王舉發其國而役，三年不罷，昭十三年：靈王為無道，作乾谿之臺，三年不成。楚國大怨。官本云：他本怨作怒。有行暴意，有、又同。殺無罪臣成然，據《左》昭十三年《傳》：靈王奪成然邑，而使為郊尹。四族入楚，蔓成然其一也。昭十四年，平王殺之。今云靈王殺，與《左》異。《史記·楚世家》：鄖公之弟懷曰：平王殺吾父。《集解》：服虔曰：父，蔓成然。是古文說以為平王殺也。楚國大憊。憊，憒也。公子棄疾卒令靈王父子自殺而取其國。《左》昭十三年《傳》：王聞羣公子之死也，自投於車下。凌本無父子二字。虞不離津澤，農不去疇土，而民相愛也。言取之易。凌本無而民相愛也五字。此非盈意之過耶？盈意，猶言縱欲滿志。魯莊公好宮室，一年三起臺。夫人內淫兩弟，凌云：謂牙與慶父。輿案：見莊二十七年《傳》。《漢書·五行志》：嚴公十八年日食，仲舒以為宿在東壁，魯象也。後公子慶父叔牙果通于夫人，以弒公。又：嚴公二十六年日食，劉向以為時戎侵曹，魯夫人淫于慶父叔牙，將以殺君。故比年再蝕以見戒。又云：公子慶父叔牙果通于夫人劫公。弟兄子父相殺。莊公殺公子牙，是兄弟相殺。慶父殺子般閔公，是子父相殺。古者從父與兄弟之子通稱父子。故蕭同姪子，《左氏傳》直稱叔子。《漢・疏廣傳》父子竝為師傳，《蔡邕傳》欲陷臣父子，是也。國絶莫繼，為齊所存，閔二年：齊高子來盟，《傳》：莊公死，子般弑，閔公弑，比三君死，曠年無君。設以齊取魯，曾不興師，徒以言而已矣。桓公使高子將南陽之甲，立僖公而城魯。《管子・小匡篇》：魯有夫人、慶父之亂，而二君弑死，國絶無後。桓公聞之，使高子存之。男女不淫，馬牛選具，執五以見，請為關內之侯，而桓公不使也。夫人淫之過也。妃匹貴妾，可不慎邪？此皆內自強從心之敗己，謂私心自用，不稽古，不從賢。見自強之敗，尚有正諫而不用，卒皆取亡。曹羈諫其君曰：戎衆以無義，君無自適。莊二十四年經：戎侵曹，《傳》，曹羈諫曰：戎衆以無義，君請勿自敵也。曹伯曰：不可。適，與敵同。適，天啟本注云：一作敵。君不聽，果死戎寇。伍子胥諫吳王，以為越不可不取。吳王不聽，至死伍子胥。致子胥於死。還九年，越果大滅吳國。據《史記・吳世家》，夫差十一年子胥死，二十三年越滅吳，則去子胥死十二年矣。秦穆公將襲鄭，百里、蹇叔諫曰：千里而襲人者，未有不亡者也。穆公不聽。師果大敗殽中，匹馬隻輪無反者。俞云：僖三十三年《公羊傳》匹馬雙輪無反者，《釋文》：一本作易輪。董仲舒云：車皆不還，故不得易輪轍。然則董子原文必作易輪。今作隻者，後人所改也。惟不易輪轍之義，殊為迂曲，而董子所見《傳》文如此，必當有説。今按易者析之叚字，析、易疊韻，故蝘蜓名蜥蜴，而《詩・節南山》胡為虺蜴，《説文》蟲部引作胡為虺蜥。然則易之通作析。猶蜴之通作蜥矣。《説文》木部：析，破木也。其字亦或作㭊。《張選碑》陽氣厥㭊是也。又或作所，《魯峻碑》斨薪弗荷是也。㭊、斨竝從片，則析輪猶片輪也，與馬之稱匹，正同一律，較隻輪之文為優矣。興案：《釋文》所引，不似今董子文。晉假道虞，盧云：本或重道字。凌云：下道字讀導。虞公許之。宮之奇諫曰：脣亡齒寒，虞虢之相救，非相賜也。虢，當從《傳》作郭。君請勿許。虞公不聽，後虞果亡於晉。僖二年《傳》。案：此事一篇兩見。於下各本脱晉字，今補。《春秋》明此，存亡道可觀也，《春秋》之文，非徒為譏刺而已，將使後之王者觀其效以審其原，察其文而修其實，有以得存亡之樞要也。凌云：道上當有之字。觀乎蒲社，蒲，天啟本作薄。知驕溢之罰。觀乎許田，知諸侯不得專封。觀乎齊桓、晉文、宋襄、楚莊，知任賢奉上之功。觀乎魯隱、祭仲、叔武、孔父、荀息、仇牧、吳季子、公子目夷，知忠臣之效。僖二十八年《傳》，何賢乎叔武？讓國也。觀乎楚公子比，知臣子之道，效死之義。觀乎潞子，知無輔自詛之敗。盧云：詛字或是沮字。凌云：《釋名》，詛，阻也。俞云：詛，當讀為作，言無無輔而自作也。《詩・蕩篇》侯作侯祝，《釋文》：作本作詛。蓋作、詛雙聲，古得通用耳。觀乎公在楚，知臣子之恩。觀乎漏言，知忠道之絶。臣效忠而君漏言以喪其身，則敢言者少，故曰忠道絶。觀乎獻六羽，天啟本無獻字。知上下之差。觀乎宋伯姬，知貞婦之信。觀乎吳王夫差，知強陵弱。下有脱文。觀乎晉獻公，知逆理近色之過。觀乎楚昭王之伐蔡，知無義之反。觀乎晉厲之妄殺無罪，知行暴之報。觀乎陳佗宋閔，知妬淫之禍。天啟本妬作嫉，凌本同。觀乎虞公、梁亡，知貪財枉法之窮。觀乎楚靈，知苦民之壤。盧云：壤，猶傷也。隱三年日有食之。《穀梁傳》曰：吐者外壤，食者內壤。闕然不見其壤，有食之者也。一曰壤與傷通。觀乎魯莊之起臺，知驕奢淫泆之失。觀乎衛侯朔，知不卽召之罪。觀乎執凡伯，知犯上之法。觀乎晉郤缺之伐邾婁，知臣下作福之誅。文十四年：晉人納接菑于邾婁，弗克納，《傳》：此晉郤缺也。其稱人何？貶。曷為貶？不與大夫專廢置君也。觀乎公子翬，知臣窺君之意。隱四年《傳》：公子翬諂乎隱公，謂隱公曰：百姓安子，諸侯説子，盍終為君矣。隱公曰：否。吾使修塗裘，吾將老焉。公子翬恐若其言聞乎桓，於是謂桓公曰：吾為子口隱矣，隱曰：吾不反也。桓曰：然則奈何？曰：請作難，弑隱公。於鍾巫之祭焉，弑隱公也。天啟本注云：窺，一作規。觀乎世卿，知移權之敗。隱三年：尹氏卒。《傳》：譏世卿。世卿，非禮也。注：為其秉政久，恩德廣大，小人居之，必奪君之威權。故尹氏立王子朝，齊崔氏弑其君光，君子疾其末則正其本。故明王視於冥冥，聽於無聲，天覆地載，天下萬國，莫敢不悉靖其職受命者，其，天啟本作共，是。凌本同。案：《鹽鐵論・孝養篇》：《春秋》曰：士守一不移，循理不外援，共其職而已。悉靖二字，疑有一誤。不示臣下以知之至也。朝廷宣示風旨，一秉於正而已。縱一己之欲，與干百姓之譽，其敝皆足啟民臣輕侮之漸，褻主尊而長亂萌。明王不示人知，非徒為不可測也，以抑天下之囂凌而圖治安也。《莊子・天地篇》論王德云：視乎冥冥，聽乎無聲。冥冥之中，獨見曉焉，無聲之中，獨聞和焉，故深之又深，而能物焉，神之又神，而能精焉。《淮南・俶真訓》：是故聖人託其神於靈府，而歸於萬物之初。視於冥冥，聽於無聲。冥冥之中，獨見曉焉，寂寞之中，獨有照焉。其用之也，不以用。其不用也，而後能用之。其知也乃不知，其不知也而後能知之也。與此文意大同。故道同則不能相先，情同則不能相使，此其教也。養其威而不褻，順於理而勿肆，嚴上下之差，定是非之正，道自高，情自善矣。若以智術相勝，使天下有輕量朝廷之思，雖故示不測，而人終得而測之。貌相為使而情不屬，罔以馭羣倫，保至尊，非古明王之教也。《管子・明法解》：主行臣道則亂，臣行主道則危。故上下無分，君臣共道，亂之本也。故《明法》曰：君臣共道則亂。《莊子・天道篇》：上无為也，下亦无為也，是下與上同德，下與上同德則不臣。下有為也，上亦有為也，是上與下同道，上與下同道則不主。上必無為而用天下，下必有為為天下用，此不易之道也。《淮南·主術訓》：君臣異道則治，同道則亂，各得其宜，處其當，則上下有以相使也。竝與此義相發。由此觀之，未有去人君之權，能制其勢者也；移權於臣，則有僭竊之患，移權於民，亦啟争奪之禍。天下有重臣，亦有權臣。天下有賢民，亦有莠民，大權下移，必為強者所持，良懦無以自立，相忌相殘，而內難以作，民受其殃矣。迨釀亂已深，朝廷卽欲制之，勢已去而威令不行，蓋無倖者。故曰：為人君者，固守其德，以附其民；固執其權，以正其臣。本書《保位權》。管子亦云：威下繫於民，而求上之無危，不可得也。《重令》。又云：人君失勢，則臣制之矣。《法法》。是以衛侯之結寧氏，祭則寡人；唐世之立節使，遣問軍中。君若贅旒，亂亡相屬，可以鑒矣。未有貴賤無差，能全其位者也。故君子慎之。貴賤平等，大亂之由。盧云：此篇逐便卽言，錯雜無次，疑出後人所采輯。輿案：自故明王以下，疑是《立元神篇》文。

（清）蘇輿《春秋繁露義證》卷一四《郊語》 今爲其天子，而闕然無祭於天，天何必善之！其天二字，當有一衍。錢云：此下似當接《郊祀篇》中周宣王時一條。此下所聞曰云云，似非論郊之文。俞云：按《郊語》、《郊義》、《郊祭》、《郊祀》四篇，實止一篇。殆由後人欲取足《崇文總目》八十二篇之數，以意妄分之耳。其文多錯亂，盧註訂正已多。上文今郊事天之義，此聖人故以下文脱，當云此古聖人文章之最重者也。盧以《郊祭篇》故古之聖王文章之最重者也接之，文氣一貫，於是自篇首至此，文始可讀。然至此處天何必善之下接所聞曰天下和平云云，仍有脱誤。今考定其文，合四篇爲一，録之如下云：今爲其天子，而闕然無祭，天何必善之？《春秋》之義，國有大喪者，止宗廟之祭而不止郊祭，不敢以父母之喪，廢事天地之禮也。父母之喪，至哀痛悲苦也，尚不敢廢郊也，孰足以廢郊者？故其在禮亦曰：喪者不祭，惟祭天，爲越喪而行事。夫古之畏敬天而重天郊如此甚也，今羣臣學士不探察，曰：萬民多貧，或頗饑寒，足郊乎？是何言之誤？天子父母事天，而子孫畜萬民，民未徧飽，無用祭天者，是猶子孫未得食，無用食父母也。言莫逆於是。是其去禮遠也。先貴而後賤，孰貴於天子？天子不可不祭天也，無異人之不可不食父。爲人子而不事父者。天下莫能以爲可，今爲天之子而不事天，何以異是？是故天子每至歲首，必先郊祭以享天，乃敢爲地行子禮也；每將興師，必先郊祭以告天，乃敢征伐行子之道也。文王受天命而王天下，先郊乃敢行事而興師伐崇。其詩曰：芃芃棫樸，薪之槱之。濟濟辟王，左右趨之。濟濟辟王，左右奉璋。奉璋峩峩，髦士攸宜。此郊辭也。其下曰：淠彼涇舟，蒸徒檝之。周王于邁，六師及之。此伐辭也。其下曰：文王受命，有此武功。既伐于崇，作邑于豐。以此辭者見文王受命則郊，郊乃伐崇，伐崇之時，何遽平乎？已受命而王，必先祭天，乃行王事，文王之伐崇是也。《詩》曰：濟濟辟王，左右奉璋。奉璋峩峩，髦士攸宜。此文王之郊也。其下之辭曰：淠彼涇舟，蒸徒檝之，周王于邁，六師及之。此文王之伐崇也。上言奉璋，下言伐崇，以是見文王之先郊而後伐也。文王受命則郊，郊乃伐崇。崇國之民，方困於暴亂之君，未得被聖人德澤，而文王已郊矣，安在德未洽者不可以郊乎？所聞曰：天下和平，則災害不生。今災害生，見天下未和平也。天下所未和平者，天子之教化不行也。《詩》曰：有覺德行，四國順之。覺者著也，王者有明著之德行於世，則四方莫不響應，風化善於彼矣。故曰：悅有慶賞，嚴於刑罰，疾於法令。周宣王時，天下旱，歲惡甚，王憂之。其詩曰：倬彼雲漢，昭回于天。王曰嗚呼！何辜今之人，天降喪亂，饑饉薦臻。靡神不舉，靡愛斯牲，圭壁既卒，寧莫我聽。旱既太甚，蘊隆蟲蟲。不殄禋祀，自郊徂宮。上下奠瘞，靡神不宗。后稷不克，上帝不臨。耗斁下土，寧丁我躬。宣王自以爲不能乎后稷，不中乎上帝，故有此災。有此災，愈恐懼而謹事天，天若不予是家者，是家安得立為天子？立爲天子者，天予是家。天予是家者，天使是家。天使是家者，是天之所予也，天之所使也。天已予之，天已使之，其間不可以接天，何哉？故《春秋》凡譏郊，未嘗譏君德不成于郊也。及不郊而祭山川，失祭之敍，逆於禮，故必譏之。以此觀之，不祭天者，乃不可祭小神也。郊因先卜，不吉不敢郊。百神之祭不卜，而卜郊，郊祭最大也。《春秋》譏喪祭，不譏喪郊，郊不辟喪，喪尚不辟，況他物？《春秋》之法？王者歲一祭天於郊，四祭於宗廟。宗廟因於四時之易，郊因於新歲之初。聖人有以起之，其於祭不可不親也。天者，百神之君也，王者之所最尊也。以最尊天之故，故易始歲更紀，卽以其初郊。郊必以正月上辛者，言其所最尊，首一歲之事，每更紀以郊，郊祭首之，先貴之義，尊天之道也。郊祝曰：皇皇上帝，照臨下土，集地之靈，降甘風雨，庶物羣生，各得其所。靡今靡古，維予一人，某敬拜皇天之祜。夫不自爲言，而爲庶物羣生言，以人心庶天無尤也。天無尤焉，而辭順恭，宜可喜也。右郊祀九句者，陽數也。又按《郊祀》之辭，舊有脱誤，今從盧校本。

（清）王夫之《讀四書大全説》卷四《論語·學而篇》 禮之爲節，具足於喜怒哀樂之未發；而發皆中節，則情以率夫性者也。敬者人事也，和者天德也。繇人事以達天德，則敬以爲禮之本，而因以得和。和者德之情也，樂者情之用也。推德以起用，則和以爲樂之所自生，而樂以起。此禮樂相因一致之理有然者，故程、范得並言樂而不悖。而有子則固曰：禮原中天下之節，有節則必有和，節者皆以和也；是以禮之用於天下者，使人繇之而人皆安之，非其情之所不堪，亦非其力之所待勉，斯以爲貴。故制禮者當知此意，勿過爲嚴束以強天下，而言禮者不得視禮爲嚴束天下之具而賤之。勿過爲嚴束以強天下，先生之道所以無弊，而無小大之可或踰。不得視爲嚴束天下之具而賤之，則以先生之道既盡其美，而小大皆不能踰。原非可云前識之華，忠信之薄也。

又：有子大旨，只是重禮。前三句謂能知禮意，則洵爲貴美而不可廢。後四句則以爲能達禮意，而或廢禮者之防。若夫不知禮之用而可貴者，唯以和故，乃貿貿然以禮爲程限，而深其畏葸，以自役而役人，則必將見禮之不足貴，而與於無禮之甚者矣。知其用於天下之本旨，則禮未嘗不可損益，以即乎人心；而知人心必於禮得和，而舍禮無和，則雖有可損益，而必不可過乎其節。此斟酌百王、節文自性者所必謹也。

（魏）何晏等注　（宋）邢昺疏《論語注疏・八佾》　三家者以《雍》徹。注：馬曰：三家，謂仲孫、叔孫、季孫。《雍》，《周頌・臣工》篇名。天子祭於宗廟，歌之以徹祭，今三家亦作此樂。子曰：相維辟公，天子穆穆，奚取於三家之堂？注：包曰：辟公，謂諸侯及二王之後。穆穆，天子之容貌。《雍》篇歌此者，有諸侯及二王之後來助祭故也。今三家但家臣而已，何取此義而作之於堂邪？疏：正義曰：此章譏三家之僭也。三家者以《雍》徹者，此弟子之言，將論夫子所譏之語，故先設此文以為首引。三家，謂仲孫、叔孫、季孫。《雍》，《周頌・臣工》篇名。天子祭於宗廟，歌之以徹祭。今三家亦作此樂以徹祭，故夫子譏之。子曰相維辟公，天子穆穆，奚取於三家之堂者。此夫子所譏之語也。先引《詩》文，後言其不可取之理也。相維辟公，天子穆穆者。此《雍》詩之文也。相，助也；維，辭也；辟公，謂諸侯及二王之後；穆穆，天子之容貌。《雍》篇歌此者，有諸侯及二王之後來助祭故也。今三家但臣而已，何取此義而作之於堂乎？注馬曰至此樂。正義曰：三孫同是魯桓公之後，桓公適子莊公為君，庶子公子慶父、公子叔牙、公子季友。仲孫是慶父之後，叔孫是叔牙之後，季孫是季友之後。其後子孫皆以其仲叔、季為氏，故有此氏。並是桓公子孫，故俱稱孫也。至仲孫氏後世改仲曰孟。孟者，庶長之稱也。言己是庶，不敢與莊公為伯仲叔季之次，故取庶長為始也。云《雍》《周頌・臣工》篇名者。即《周頌・臣工之什》第七篇也。云天子祭於宗廟，歌之以徹祭者，案《周禮・樂師》云：及徹，帥學士而歌徹。鄭玄云：徹者，歌《雍》。又《小師》云：徹歌。鄭云：於有司徹而歌《雍》。是知天子祭於宗廟，歌之以徹祭也。今三家亦作此樂，故夫子譏之也。注包曰至堂邪。正義曰：云辟公謂諸侯及二王之後者，此與《毛傳》同。鄭玄以辟為卿士，公謂諸侯為異，餘亦同也，云穆穆天子容貌者，《曲禮》云：天子穆穆。《爾雅・釋詁》云：穆穆，美也。是天子之容貌，穆穆然美也。云《雍》篇歌此者，有諸侯及二王之後來助祭故也者。將言無諸侯及二王之後助祭，則不可歌也。云今三家但家臣而已，何取此義而作之於堂邪者。卿大夫稱家。家臣，謂家相邑宰之屬來助祭耳，何取此《雍》詩之義而奏作於堂邪？邪，語辭。魯用天子禮樂以《雍》徹，由是三家僭之也。

又：季氏旅於泰山。子謂冉有曰：女弗能救與？馬曰：旅，祭名也。禮，諸侯祭山川在其封内者。今陪臣祭泰山，非禮也。冉有，弟子冉求，時仕於季氏。救，猶止也。對曰：不能。子曰：嗚呼！曾謂泰山不如林放乎？包曰：神不享非禮。林放尚知問禮，泰山之神反不如林放邪？欲誣而祭之。正義曰：此章譏季氏非禮祭泰山也。季氏旅於泰山者。旅，祭名也。禮，諸侯祭山川在其封内者。今陪臣祭泰山，非禮也。子謂冉有曰女弗能救與者，冉有，弟子冉求，時仕於季氏。救，猶止也。夫子見季氏非禮而祭泰山，故以言謂弟子冉有曰：女既臣於季氏，知其非禮，即合諫止。女豈不能諫止與？與，語辭。對曰不能者。言季氏僭濫，已不能諫止也。子曰嗚呼曾謂泰山不如林放乎者。孔子歎其失禮，故曰嗚呼。曾之言則也。夫神不享非禮，林放尚知問禮，況泰山之神，豈反不如林放乎？而季氏欲誣罔而祭之也？言泰山之神必不享季氏之祭。若其享之，則是不如林放也。注馬曰至止也。正義曰：云旅祭名者，《周禮・大宗伯》職云：國有大故，則旅上帝及四望。鄭注云：故，謂凶烖。旅，陳也，陳其祭事以祈焉，禮不如祀之備也。故知旅祭名也。云禮諸侯祭山川在其封内者，《王制》云諸侯祭名山大川之在其地者是也。云今陪臣祭泰山，非禮也者，陪，重也。諸侯既為天子之臣，故謂諸侯之臣為陪臣。泰山在魯封内，故魯得祭之。今季氏亦祭，故云非禮。云冉有弟子冉求者，《史記・弟子傳》云：冉求字子有，少孔子二十九歲。鄭玄曰：魯人。

又：子曰：夏禮，吾能言之，杞不足徵也。殷禮，吾能言之，宋不足徵也。注：包曰：徵，成也，杞、宋，二國名，夏、殷之後。夏殷之禮，吾能說之，杞、宋之君不足以成也。文獻不足故也。足，則吾能徵之矣。注：鄭曰：獻，猶賢也。我不以禮成之者，以此二國之君文章賢才不足故也。疏：正義曰：此章言夏、商之後不能行先王之禮也。夏禮吾能言之，杞不足徵也。殷禮，吾能言之，宋不足徵也者。徵，成也。杞、宋二國，言夏殷之後也。孔子言，夏、殷之禮，吾能說之，但以杞、宋之君闇弱，不足以成之也。文獻不足故也。足則吾能徵之矣者。此又言不足徵之意。獻，賢也。孔子言，我不以禮成之者，以此二國之君文章賢才不足故也。注包曰至成也。正義曰：徵，成，《釋詁》文。云杞、宋二國名，夏殷之後者，《樂記》云：武王克殷，下車而封夏后氏之後於杞，封殷之後於宋是也。

又：或問禘之說。子曰：不知也。注：孔曰：答以不知者，為魯諱。知其說者之於天下也，其如示諸斯乎！指其掌。注：包曰：孔子謂或人，言知禘禮之說者，於天下之事，如指示掌中之物，言其易了。疏：正義曰：此章言諱國惡之禮也。或問禘之説者。或人問孔子，禘祭之禮其説何如？子曰不知也者。孔子答言，不知禘禮之説。答以不知者，為魯諱。諱國惡，禮也。若其説之，當云禘之禮，序昭穆。時魯躋僖公，亂昭穆，説之則彰國之惡，故但言不知也。知其説者之於天下也，其如示諸斯乎也者。諸，於也；斯，此也。孔子既答或人以不知禘禮之説，若不更説，恐或人以為己實不知，無以明其諱國惡，且恐後世以為禘祭之禮，聖人不知，而致廢絶，更為或人言此也。言我知禘禮之説者，於天下之事中，其如指示於此掌中之物。言其易了也。指其掌者，此句弟子作《論語》時言也。當時孔子舉一手伸掌，以一手指之，以示或人？曰：其如示諸斯乎！弟子等恐人不知示諸斯謂指示何等物，故著此一句，言是時夫子指其掌也。

又：子入太廟，注：包曰：太廟，周公廟。孔子仕魯，魯祭周公而助祭也。每事問。或曰：孰謂鄹人之子知禮乎？入太廟，每事問。注：孔曰：鄹，孔子父叔梁紇所治邑。時人多言孔子知禮，或人以為知禮者不當復問。子聞之，曰：是禮也。注：孔曰：雖知之，當復問，慎之至也。疏：正義曰：此章言夫子慎禮也。子入太廟者。子，謂孔子。太廟，周公廟。孔子仕魯，魯祭周公而助祭，故得入之也。每事問者。言太廟之中，禮器之屬，每事輒問於令長也。或曰：孰謂鄹人之子知禮乎，入太廟，每事問者。孰，誰也。鄹人，魯鄹邑大夫孔子父叔梁紇也。或有人曰：誰謂鄹大夫之子知禮者也？時人多言孔子知禮，或人以為，知禮者不當復問，何為入太廟而每事問乎？意以為孔子不知禮。子聞之，曰是禮也者。孔子聞或人之譏，乃言其問之意，以宗廟之禮當須重慎，不可輕言，雖已知之，更當復問，慎之至也。注包曰至助祭也。正義曰：云太廟，周公廟者，文十三年《公羊傳》曰：周公稱太廟，魯公稱世室，羣公稱宮。故知太廟，周公廟也。云孔子仕魯者，《史記・孔子世家》云：孔子貧且賤。及長，嘗為季氏吏，料量平。嘗為司職吏而畜蕃息。由是為司空。其後定公以孔子為中都宰，一年，四方皆則之。由中都宰為司空，由司空為大司寇，攝相事。是仕魯，由是故得與助祭也。注孔曰至復問。正義曰：云鄹孔子父叔梁紇所治邑者，古謂大夫守邑者，以邑冠之，呼為某人。孔子父，鄹邑大夫，《左傳》稱鄹人紇，故此謂孔子為鄹人之子也。《左傳》成二年云：新築人仲叔于奚。杜注云：于奚守新築大夫。即此類也。

又：定公問：君使臣，臣事君，如之何？注：孔曰：定公，魯君謚。時臣失禮，定公患之，故問之。孔子對曰：君使臣以禮，臣事君以忠。疏：正義曰：此章明君臣之禮也。定公問君使臣，臣事君，如之何者。定公，魯君也。時臣失禮，君不能使，定公患之，故問於孔子曰：君之使臣，及臣之事君，當如之何也？孔子對曰君使臣以禮，臣事君以忠者。言禮可以安國家。定社稷，止由君不用禮，則臣不竭忠，故對曰：君之使臣以禮，則臣必事君以忠也。注孔曰至問之。正義曰：云定公，魯君謚者，《魯世家》云：定公名宋，襄公之子，昭公之弟。以敬王十一年即位。《謚法》安民大慮曰定。

（清）劉寶楠《論語正義・八佾》 林放問禮之本。注：鄭曰：林放，魯人。子曰。大哉問！禮，與其奢也，寧儉。喪，與其易也，寧戚。注：包曰：易，和易也。言禮之本意失於奢，不如儉；喪失於和易，不如哀戚。正義曰：本者，萬物之始。先王制禮，緣人情世事而為之，節文以範圍之。《荀子・天論》言文質一廢一起，應之以貫。貫者。言以禮為條貫也。《禮運》云：故禮之不同也，不豐也，不殺也。所以持情而合危也。《禮器》云：孔子曰：禮不同、不豐、不殺，蓋言稱也。又曰：先王之制禮也，不可多也，不可寡也，唯其稱也。不同者，禮之差等。禮貴得中，凡豐殺，卽為過中不及中也。過中不及中，俱是失禮。然過中失大，不及中失小，是故文家多失在過中，質家多失在不及中。《表記》言：周之敝，利而巧，文而不慚，賊而蔽；殷之敝，蕩而不靜，勝而無恥；夏之敝，惷而愚，喬而野，朴而不文。則以周尚文，殷質不能勝文。夏尚忠，忠者，質之至也。文質均有所敝，然二者相較，則寧從其失小者取之，所謂權時為進退也。質有其禮，儉戚不足以當之，而要皆與禮之本相近，蓋禮先由質起，故質為禮之本也。《禮・三正記》曰：帝王始起，先質後文者，順天地之道、本末之義、先後之序也。事莫不先有質性，乃後有文章也。《大戴記・禮三本》云：凡禮始於脱，成於文，終於隆。故至備，情文俱盡；其次，情文迭興；其下，復情以歸太一。太一者，至質無文，然為禮之本。當夫子時，奢僭失禮，大非文、周制作之舊，故夫子屢言從周。從周者，從乎文、周之所制以修明之而已，然世變已亟，或猶慮從周不足以勝之，則惟欲以質救文。春秋今文家以夫子作《春秋》，欲變周從殷，卽此義也。林放意亦欲以質救文，故夫子聞其所問，深美大之。大之者，大其有維世之意，撥亂反正，不失仁術也。云與其，又云寧者，與猶許也。《説文》：寧，所願也。先為與之，後復有所願，抑揚之詞，不得已之思也。禮對喪言之，則禮謂凡賓嘉諸禮也。奢者，《爾雅・釋詁》：奢，勝也。《説文》：奢，張也。勝、張皆夸大之意。喪者，《白虎通・崩薨篇》：喪者，亡也。人死謂之喪何？言其喪亡不可復見也。天子下至庶人，俱言喪何？欲言身體髮膚，俱受之父母，其痛一也。易者，先兄五河君《經義説略》：《爾雅》：弛，易也。展轉相訓，則易亦訓弛。言喪禮徒守儀文之節，而哀戚之心浸以怠弛，則禮之本失矣。《雜記》孔子曰：少連、大連善居喪，三日不怠，三月不懈。不怠不懈，卽不弛之義。故下文云：期悲哀，三年憂。言其戚也。蓋易者哀不足，戚者哀有餘。《檀弓》子路曰：吾聞諸夫子，喪禮與其哀不足而禮有餘也，不若禮不足而哀有餘也。義與此同。謹案：《淮南・本經訓》：處喪有禮矣，而哀為主。高誘注引此文。《隋書・高祖紀下》：喪與其易也，寧在於戚，則禮之本也。禮有其餘，未若於哀，則情之實也。並以易為禮有餘。鄭此注但云易簡，未明其義。陳氏鱣《古訓》曰：《檀弓》：子思曰：喪三日而殯。凡附於身者，必誠必信，勿之有悔焉耳矣。時人治喪，以薄為其道，失之簡略，故夫子以為寧戚，言必盡哀盡禮也。陳氏之言，或得鄭義，然少迂曲，未為當也。俞炎《書齋夜話》：易字疑是具字，《檀弓》喪具君子恥具，具與易蓋相似也。此亦可備一説。注林放魯人。正義曰：《蜀禮殿圖》以林放為孔子弟子，鄭以《弟子傳》無林放，故不云弟子。其以為魯人，亦當別有據。《元和姓纂》謂比干之後，逃難長林之下，遂姓林氏，鄭樵《通志》謂周平王世子林開之後，皆出附會，不足據也。注易和易也。正義曰：《詩・何人斯》傳：易，説也。《郊特牲》注：易，和説也。陳氏鱣曰：包以為和易，意與戚相反，然世情當不至此。

又：每事問。或曰：孰謂鄹人之子知禮乎？入太廟，每事問。注：孔曰：鄹，孔子父叔梁紇所治邑。時人多言孔子知禮，或人以為知禮者不當復問。子聞之，曰：是禮也。注：孔曰：雖知之，當復問，慎之至也。正義曰：《三蒼》云：每，非一定之辭也。事謂犧牲服器及禮儀諸事也。魯祭太廟，用四代禮樂，多不經見，故夫子每事問之，以示審慎。《論衡・知實篇》解此文云：不知故問，為人法也。是也。莊氏述祖《別記》謂魯祭非禮，夫子此問，即簿正祭器之事，不知魯僭禮在羣公廟，不在太廟，莊氏誤也。閻氏若璩《釋地》引顧瑞屏説：每事問，當在宿齋時。若正祭，雍雍肅肅，無容得每事問也。注鄹孔子父叔梁紇所治邑。正義曰；《説文》云：郰，魯下邑，孔子鄉。《史記・世家》孔子生魯昌平鄉陬邑。陬與郰偏旁互易，《論語》作鄹，當是或體。杜注《左傳》云：郰邑在魯縣東南莝城。莝城在今曲阜與鄒縣界。《水經・泗水》注：漷水又逕魯國鄒山而西南流，《春秋傳》所謂嶧山也。邾文公之所遷，叔梁紇之邑也，孔子生於此。《左》昭九年疏引《論語》作鄒人，此由鄒、郰聲近，地又相接，故以鄒為即叔梁紇邑。實則《説文》郰是孔子鄉，而鄒下但言魯縣，古邾國，不為孔子鄉，則鄒、郰地異，文亦異矣。《左》襄十年《傳》：偪陽人啓門，諸侯之士門焉。郰人紇抉之，以出門者。杜注：紇，郰邑大夫，仲尼父叔梁紇也。與孔此注同。《潛夫論・志氏姓》云：伯夏生叔梁紇，為鄹大夫，故曰鄹叔紇。是鄹人為鄹大夫，漢人相傳有此説也。《左傳》孔疏云：古稱邑大夫，多以邑冠人。邢疏引《左傳》新築人仲叔於奚證之，是也。段氏玉裁《説文注》：謂郰人，是舉所居之地，非為所治邑。鄹大夫之文，始見王肅私定《家語》。孔氏《論語注》，乃肅輩偽託者，似不足信。段氏此辨甚是。然其誤自《潛夫》已然。亦非始王肅也。注雖知之，當復問，慎之至也。正義曰：注以夫子不知故問，然云每事，容亦有所已知者，今猶復問於人，故為慎也。《繁露・郊事對》義正如此。

《論語注疏・述而》 陳司敗問：昭公知禮乎？注：孔曰：司敗，官名，陳大夫。昭公，魯昭公。孔子曰：知禮。孔子退，揖巫馬期而進之，曰：吾聞君子不黨，君子亦黨乎？君取於吳，為同姓，謂之吳孟子。君而知禮，孰不知禮？注：孔曰：巫馬期，弟子，名施。相助匿非曰黨。魯、吳俱姬姓，禮同姓不昏，而君取之，當稱吳姬，諱曰孟子。巫馬期以告。子曰：丘也幸，苟有過，人必知之。注：孔曰：以司敗之言告也。諱國惡，禮也。聖人道弘，故受以為過。音義：敗，如字。孔云司敗，官名，陳大夫也。鄭以司敗為人名，齊大夫。揖，伊入反。《説文》云攘也，一云手著胸曰揖。巫音無，為同之，為，于偽反。疏：正義曰：此章記孔子諱國惡之禮也。陳司敗問昭公知禮乎者。陳大夫為司寇之官，舊聞魯昭公有違禮之事，故問孔子，昭公知禮乎。孔子曰知禮者。答言昭公知禮也。孔子退，揖巫馬期而進之，曰吾聞君子不黨，君子亦黨乎者。相助匿非曰黨。孔子既答司敗而退去，司敗復揖弟子巫馬期而進之，問曰：我聞君子不阿黨，今孔子言昭公知禮，乃是君子亦有黨乎？君取於吳，為同姓，謂之吳孟子。君而知禮，孰不知禮者。孰，誰也。魯、吳俱姬姓。禮同姓不昏，而君取之，當稱吳姬，為是同姓，諱之，故謂之吳孟子。若以魯君昭公而為知禮，又誰不知禮也？巫馬期以告，子曰丘也幸，苟有過，人必知之者。巫馬期以司敗之言告孔子也。孔子初言昭公知禮，是諱國惡也。諱國惡，禮也。但聖人道弘，故受以為過，言丘也幸，苟有過，人必知之也。注司敗，官名，陳大夫。正義曰：文十一年《左傳》云：楚子西曰：臣歸死於司敗也。杜注陳、楚名司寇為司敗也。《傳》言歸死於司敗，知司敗主刑之官，司寇是也。此云陳司敗，楚子西亦云司敗，知陳、楚同此名也。

《論語注疏・泰伯》 子曰：恭而無禮則勞，慎而無禮則葸，注：葸，畏懼之貌，言慎而不以禮節之，則常畏懼。勇而無禮則亂，直而無禮則絞。注：馬曰：絞，絞刺也。君子篤於親則民興於仁，故舊不遺則民不偷。注：包曰：興，起也。君能厚於親屬，不遺忘其故舊，行之美者，則民皆化之，起為仁厚之行，不偷薄。音義：葸，絲里反。何云畏懼貌，鄭云殼質貌。絞，古卯反。馬云刺也，七肆反。鄭云急也。偷，他侯反。行，下孟反，下同。疏：正義曰：此章貴禮也。子曰恭而無禮則勞者。勞謂困苦，言人為恭孫，而無禮以節之，則自困苦。慎而無禮則葸者。葸，畏懼之貌。言慎而不以禮節之，則常畏懼也。勇而無禮則亂者。亂謂逆惡。言人勇而不以禮節之，則為亂矣。直而無禮則絞者。正曲為直。絞謂絞刺也。言人而為直，不以禮節，則絞刺人之非也。君子篤於親則民興於仁，故舊不遺則民不偷者。君子，人君也。篤，厚也。興，起也。偷，薄也。言君能厚於親屬，則民化之，起為仁行，相親友也。君不遺忘其故舊，故民德歸厚不偷薄也。

《論語注疏・子罕》 子曰：麻冕，禮也。今也純，儉，吾從衆。注：孔曰：冕，緇布冠也，古者績麻三十升布以為之。純，絲也。絲易成，故從儉。拜下，禮也。今拜乎上，泰也。雖違衆，吾從下。注：王曰：臣之與君行禮者，下拜然後成禮。時臣驕泰，故於上拜。今從下，禮之恭也。疏：正義曰：此章記孔子從恭儉。子曰麻冕，禮也。今也純，儉，吾從衆者。冕，緇布冠也。古者績麻三十升布以爲之，故云麻冕，禮也。今也，謂當孔子時。純，絲也。絲易成，故云純，儉。用絲雖不合禮，以其儉易，故孔子從之也。拜下，禮也。今拜乎上，泰也。雖違衆，吾從下者。禮，臣之與君行禮者，下拜然後升成拜，是禮也。今時之臣，皆拜於上長驕泰也。孔子以其驕泰則不孫，故違衆而從下拜之禮也。下拜，禮之恭故也。注孔曰至從儉之。正義曰：云冕，緇布冠也者。冠者，首服之大名；冕者，冠中之別號，故冕得為緇布冠也。《士冠禮》曰：陳服，緇布冠頍項青組，纓屬于頍。記曰：始冠緇布之冠也。大古冠布，齊則緇之，其緌也，孔子曰：吾未之聞也。冠而敝之，可也。云古者績麻三十升布以為之者，鄭注《喪服》云：布八十縷為升。注王曰至恭也。正義曰：云臣之與君行禮者，下拜然後升成禮者。案《燕禮》，君燕卿大夫之禮也。其禮云：公坐取大夫所媵觶興，以酬賓。賓降西階下，再拜稽首。公命小臣辭，賓升成拜。鄭注：升成拜，復再拜稽首也。先時君辭之，於禮若未成然。又《覲禮》：天子賜侯氏以車服。諸公奉篋服，如命書于其上。升自西階東面，太史氏右。侯氏升西面立，大史述命。侯降兩階之間，北面再拜稽首，升成拜。皆是臣之與君行禮，下拜然後升成禮也。

（清）劉寶楠《論語正義・鄉黨》　凶服者式之。式負版者。注：孔曰：凶服者，送死之衣物。負版者，持邦國之圖籍。正義曰：【略】負版者，《説文》云：版，判也。判木為片，名之為版。段氏玉裁改判為片，非也。版又名方，《中庸》云：文武之政，布在方策。鄭注：方，版也。《聘禮記》：百名以上書于策，不及百名書于方。策以竹為之，方以木爲之。稱方者，當謂其形正方也。鄭此注云：版謂邦國圖籍也。負之者，賤隸人也。圖籍者，惠氏士奇《禮説》：古者邦國土地、人民、戶口、車服、禮器，皆有圖，丹書之以為信，謂之丹圖。如民約，則書於戶口圖；地約，則書於土地圖，器約，則書於禮器圖。此《司約》所謂小約劑書於丹圖者與？籍卽典籍之籍，孟子言諸侯去其籍，晉有籍氏，籍兼方策二者而言，圖籍非止一物，申鄭義者未能備矣。

《論語注疏・先進》　顏淵死，門人欲厚葬之。子曰：不可。注：禮，貧富有宜。顏淵貧，而門人欲厚葬之，故不聽。門人厚葬之。子曰：回也視予猶父也，予不得視猶子也。非我也，夫二三子也。注：馬曰：言回自有父，父意欲聽門人厚葬，我不得割止，非其厚葬，故云耳。疏：正義曰：顏淵死，門人欲厚葬之者。門人，顏淵之弟子，以其師有賢行，故欲豐厚其禮以葬之也。子曰不可者。禮，貧富有宜。顏淵貧，而門人欲厚葬，故不聽之，曰不可也。門人厚葬之者。初咨孔子，孔子不聽，門人故違孔子，而卒厚葬之也。子曰回也視予猶父也者。此下孔子非其厚葬之語也。言回也師事於己，視己猶如其父也。予不得視猶子也者。言回自有父存，父意欲聽門人厚葬，我不得割止之，故曰予不得視猶子也。非我也，夫二三子也者。言厚葬之事，非我所為，夫門人二三子為之也。非其厚葬，故云耳。

《論語注疏・憲問》　子張曰：《書》云：高宗諒陰，三年不言。何謂也？注：孔曰：高宗，殷之中興王武丁也。諒，信也。陰，猶默也。子曰：何必高宗，古之人皆然。君薨，百官總己，注：馬曰：己，百官。以聽於冢宰三年。注：孔曰：冢宰，天官卿，佐王治者，三年喪畢，然後王自聽政。疏：正義曰：此章論天子諸侯居喪之禮也。子張曰：《書》云高宗諒陰，三年不言。何謂也者。高宗諒陰，三年不言，《周書・無逸篇》文也。高宗，殷王武丁也。諒，信也。陰，默也。言武丁居父憂，信任冢宰，默而不言三年矣。子張未達其理，而問於夫子也。子曰：何必高宗，古之人皆然。君薨，百官總己，以聽於冢宰三年者。孔子答言：何必獨高宗，古之人皆如是。諸侯死曰薨。言君既薨，新君即位，使百官各總己職，以聽使於冢宰，三年喪畢，然後王自聽政。注孔曰至默也。正義曰：云高宗，殷之中興王武丁也者。孔安國云：盤庚弟小乙子名武丁，德高可尊。故號高宗。《喪服四制》引《書》云：高宗諒陰，三年不言，善之也。王者莫不行此禮，何以獨善之也？曰：高宗者，武丁。武丁者，殷之賢王也，繼世即位，而慈良於喪。當此之時，殷衰而復興，禮廢而復起，故載之於書中而高之，故謂之高宗。三年之喪，君不言也。是説不言之意也。云諒，信也，陰，默也者。謂信任冢宰，默而不言也。《禮記》作諒闇，鄭玄以為凶廬，非孔義也，今所不取。注孔曰至聽政。正義曰：云冢宰，天官卿，佐王治者者。案《周禮・天官》：大宰之職，掌建邦之六典，以佐王治邦國。《叙官》云：乃立天官冢宰，使帥其屬，而掌邦治，以佐王均邦國。治官之屬，大宰卿一人。鄭注引此文云：君薨，百官總己，以聽於冢宰。言冢宰於百官無所不主。《爾雅》曰：冢，大也。冢宰，大宰也。變冢言大，進退異名也。百官總焉，則謂之冢；列職於王，則稱大。冢，大之上也。山頂曰冢，故云冢宰，天官卿，佐王治者也。云三年喪畢，然後王自聽政者。謂卒哭除服之後，三年心喪已畢，然後王自聽政也。知非衰麻三年者，《晉書・杜預傳》云：太始十年，元皇后崩，依漢、魏舊制，既葬，帝及羣臣皆除服。疑皇太子亦應除否，詔諸尚書會僕射盧欽論之。唯預以為，古者天子諸侯三年之喪始服齊斬，既葬，除喪服，諒闇以居，心喪終制，不與士庶同禮。於是盧欽、魏舒問預證據。預曰：《春秋》，晉侯享諸侯，子產相鄭伯，時簡公未葬，請免喪以聽命，君子謂之得禮。宰咺歸惠公仲子之賵，《傳》曰弔生不及哀。此皆既葬除服諒陰之證也。書傳之説既多，學者未之思耳。《喪服》，諸侯為天子亦斬衰，豈可謂終服三年也，預又作議曰：周景王有后、世子之喪，既葬，除喪而宴樂。晉叔向譏之曰：三年之喪，雖貴遂服，禮也。王雖不遂，宴樂以早。此亦天子喪事見於古也。稱高宗不言喪服三年，而云諒陰三年，此釋服心喪之文也。譏景王不譏其除喪，而譏其宴樂早，則既葬應除，而違諒闇之節也。堯喪，舜諒闇三年，故稱遏密八音。由此言之，天子居喪，齊斬之制，非杖經帶，當遂其服。既葬而除，諒闇以終之，三年無改於父之道，故曰：百官總己以聽冢宰。喪服既除，故更稱不言之美，明不復寢苫枕凷，以荒大政也。《禮記》云：三年之喪，自天子達。又云：父母之喪，無貴賤一也。又云：端衰喪車皆無等。此通謂天子居喪，衣服之制同於凡人，心喪之禮終於三年，亦無服喪三年之文。天子之位至尊，萬機之政至大，羣臣之衆至廣，不得同之於凡人。故大行既葬，祔祭於廟，則因疏而除之。己不除則羣臣莫敢除，故屈己以除之，而諒闇以終制，天下之人皆曰我王之仁也。屈己以從宜，皆曰我王之孝也。既除而心喪，我王猶若此之篤也。凡我臣子，亦安得不自勉以崇禮。此乃聖制移風易俗之本也。議奏，皇太子遂除衰麻而諒闇終喪。是知三年喪畢，謂心喪畢，然後王自聽政也。

《論語注疏·陽貨》 子曰：禮云禮云，玉帛云乎哉？注：鄭曰：玉，圭璋之屬。帛，束帛之屬。言禮非但崇此玉帛而已，所貴者，乃貴其安上治民。樂云樂云，鐘鼓云乎哉？注：馬曰：樂之所貴者，移風易俗，非謂鐘鼓而已。疏：正義曰：此章辨禮樂之本也。子曰禮云禮云，玉帛云乎哉者，玉，圭璋之屬，帛，束帛之屬，皆行禮之物也。言禮之所云，豈在此玉帛云乎者哉？言非但崇此玉帛而已，所貴者，在於安上治民。樂云樂云，鐘鼓云乎哉者，鐘鼓，樂之器也。樂之所貴者，貴其移風易俗，非謂貴此鐘鼓鏗鏘而已，故孔子歎之。重言之者，深明禮樂之本不在玉帛鐘鼓也。

（清）劉寶楠《論語正義·陽貨》 子曰：禮云禮云，玉帛云乎哉？注：鄭曰：玉，圭璋之屬，帛，束帛之屬。言禮非但崇此玉帛而已，所貴者，乃貴其安上治民。樂云樂云，鐘鼓云乎哉？注：馬曰：樂之所貴者，移風易俗，非謂鐘鼓而已。

正義曰：【略】《荀子·大略篇》：《聘禮》志曰幣厚則傷德，財侈則殄禮。禮云禮云，玉帛云乎哉？是言禮不重玉帛也。《漢書·禮樂志》：樂以治內而為同，禮以修外而為異。同則和親，異則畏敬。畏敬之意難見，則著之於享獻辭受，登降跪拜。和親之説難形，則發之於詩歌詠言，鐘石筦弦。蓋嘉其敬意而不及其財賄，美其歡心而不流其聲音。故孔子曰：禮云禮云，玉帛云乎哉？樂云樂云，鐘鼓云乎哉？此禮樂之本也。案：此謂敬為禮本，和為樂本也。《禮記·仲尼燕居》云：師！爾以為必鋪几筵，升降酌獻酬酢，然後謂之禮乎？爾以為必行綴兆、興羽籥、作鐘鼓，然後謂之樂乎？言而履之，禮也；行而樂之，樂也。亦與此章義相發。皇疏引繆播曰：玉帛，禮之用，非禮之本。鐘鼓者，樂之器，非樂之主。假玉帛以達禮，禮達則玉帛可忘；借鐘鼓以顯樂，樂顯則鐘鼓可遺。以禮假玉帛於求禮，非深乎禮者也，以樂託鐘鼓求樂，非通乎樂者也。

又： 宰我問：三年之喪，期已久矣。君子三年不為禮，禮必壞；三年不為樂，樂必崩。舊穀沒，新穀既升，鑽燧改火，期可已矣。注：馬曰：《周書·月令》有更火之文：春取榆柳之火，夏取棗杏之火，季夏取桑柘之火，秋取柞楢之火，冬取槐檀之火。一年之中，鑽火各異木，故曰改火也。正義曰：三年喪期，鄭君以為二十七月，王肅以為二十五月。《儀禮·士虞禮》云：朞而小祥。又朞而大祥，中月而禫。是月也吉祭，猶未配。注：中猶間也，與大祥間一月，自喪至此，凡二十七月。胡氏培翬《正義》：三年之喪，二十五月而大祥，二十七月而禫。猶期之喪十三月而大祥，十五月而禫。皆與大祥間隔一月也。《檀弓》曰：祥而縞，是月禫，徙月樂。祥而縞，謂二十五月也；是月禫，二十七月也；徙月樂，二十八月也。戴德《喪服變除禮》云：二十五月大祥，二十七月而禫。《白虎通》云：二十七月而禫，通祭宗廟，去喪之殺也。自王肅誤讀祥而縞，是月禫之文，以禫亦在二十五月，祥禫同月。又以《士虞禮》中月而禫爲月中而禫，謂在祥月之中。與鄭異説，非也。案：二十五月之説，見《禮·三年問》及《公羊》閔二年《傳》。或彼文止據大祥為再期，未數禫月也。梁氏玉繩《瞥記》：閔二年：吉禘于莊公。《傳》云：譏始不三年也。文二年：公子遂如齊納幣。《傳》云：譏喪娶也。蓋周衰禮廢，三年之喪久已不行。《論語》宰我問三年喪，疏引繆協謂：宰我思啓憤於夫子，以戒將來，義在屈己明道。此解極確，與齊宣王欲短喪不同。案：《詩·素冠序》：刺不能三年也。檜為鄭武公所滅，此詩當作於平王之世。又《公羊》哀五年《傳》：秋九月癸酉，齊侯處臼卒。六年《傳》：秋七月，除景公之喪。是三年之喪，當時久不行。故滕文公問孟子，定為三年之喪，而父兄百官皆不欲。且云：吾宗國魯先君莫之行，吾先君亦莫之行。魯先君，則文公以來之謂也。然《檀弓》言子夏、閔子騫皆三年喪畢，見於夫子，是聖門之徒皆能行之。宰我親聞聖教，又善為説辭，故舉時人欲定親喪為期之意，以待斥於夫子。其謂君子三年不為禮，禮必壞；三年不為樂，樂必崩，此亦古成語，謂人久不為禮樂，則致崩壞，非為居喪者言。而當時短喪者或據為口實，故宰我亦直述其語，不為諱隱也。期已久矣，期讀如其，《釋文》云：期音基，下同。一本作其。一本是也。其已久矣，謂三年太久。《史記·弟子列傳》作不已久乎，可證也。下文期可已矣，方讀如基，與期已久矣之期，文同義異。盧氏文弨《考證》反疑其為朞之誤，非也。《説文》云：穀，續也。百穀之總名。沒，盡也。鄭注云：升，成也。言舊穀已盡，新穀已成，明期是周歲，天道將復始也。燧者，《左》文十年《傳》：命夙駕載燧。杜注：燧，取火者。《禮·內則》事佩有木燧、金燧。鄭注：木燧，鑽火也。金燧，可取火於日。《考工記·輈人》鑒燧之齊。鄭注：鑒燧，取水火於日月之器也。此卽金燧之制，與木燧名同。《世本》云：造火者燧人。因以爲名也。周氏柄中《典故辨正》：鑽燧之法，書傳不載。揭子宣《璇璣遺述》云：如榆剛取心一段為鑽，柳剛取心方尺為盤，中鑿眼，鑽頭大，旁開寸許，用繩力牽如車，鑽則火星飛爆出竇，薄煤成火矣。此即《莊子》所謂木與木相摩則燃者，古人鑽燧之法，意亦如此。今案揭説頗近理。若然，則春取榆柳者，正用兩木，一為鑽，一為燧也。其棗杏桑柘，意亦然矣。徐氏頲改火解：改火之典，昉於上古，行於三代，迄於漢，廢於魏、晉以後，復於隋而仍廢。《尸子》曰燧人上觀星辰，察五木以為火。故曰昉於上古也。周監二代，《周禮》有司爟行火之政令，故曰行於三代也。漢武帝時，別置火令、丞中興省之，然《續漢志》曰：冬至鑽燧改火。故曰迄於漢。隋王劭以改火之義近代廢絶，引東晉時有以雒陽火渡江者，世世事之，非見絀於魏、晉後乎？隋文從劭請而復之，然其後不見踵行者，蓋視為具文而已，故曰復於隋而仍廢者也。案：《周官·司爟》云：四時變國火，以救時疾。《管子·禁藏篇》：鑽燧易火，所以去茲毒也。蓋四時之火，各有所宜，若春用榆柳，至夏仍用榆柳便有毒，人易以生疾，故須改火以去茲毒，即是以救疾也。注周書至火也。正義曰。《周書·月令篇》。今亡，《漢書·藝文志》：《周書》七十一篇。劉向云：周時誥誓號令，蓋孔子所論百篇之餘。《周禮·司爟》疏引鄭此注、《周書》曰云云，與馬注同。漢人皆見《周書》，則《隋書·經籍志》繫之《汲冢》，謂與《竹書》並出晉世，誤也。先鄭《司爟》注引鄹子同，亦本《周書》。榆、柳、棗、杏、桑、柘、柞、楢、槐、檀，皆木名，《説文》：柘，桑也。疑柘是桑之屬。又《説文》樜下云：樜木出發鳩山。而《北山經》發鳩之山，其上多柘木。則樜、柘通也。此木今不知所指。鄭《詩箋》云：柞，櫟也。櫟今之皁斗。陸機引《三蒼》：棫即柞也。《爾雅·釋木》：棫，白桵。郭注以為小木叢生。二説各異。然高誘注《淮南·時則訓》云：木不出火，惟櫟為然。則以柞為棫近之矣。《説文》：楢，柔木也。工官以為耎輪。郭注《中山經》又云：楢，剛木也，中車材。段氏玉裁《説文注》，謂此木堅韌，故剛柔異稱而同實是也。皇疏云：榆柳色青，春是木，木色青，故春用榆柳也。棗杏色赤，夏是火，火色赤，故夏用棗杏也。桑柘色黄，季夏是土，土色黄，故季夏用桑柘也。柞楢色白，秋是金，金色白，故秋用柞楢也。槐檀色黑，冬是水，水色黑，故冬用槐檀也。案：《淮南·時則訓》：春爨萁燧火，夏秋爨柘燧火，冬爨松燧火。此與《周書》不同。又《天文訓》云：冬至甲子受制，木用事，火烟青，七十二日；戊子受制，土用事，火烟黄，七十二日。庚子受制，金用事，火烟白，七十二日；丙子受制，火用事，火烟赤，七十二日；壬子受制，水用事，火烟黑，七十二日。其次土，先於金，金先於火。周氏柄中以董子《繁露》證之，木令後當次火，火令後當次土，今文錯誤。其説甚確。《管子·幼官篇》又云：春以羽獸之火爨，夏以毛蟲之火爨，秋以介蟲之火爨，冬以鱗蟲之火爨，中央以倮蟲之火爨。周氏柄中云：《月令》：春，其蟲鱗；夏，其蟲羽；秋，其蟲毛；冬，其蟲介。蓋冬至後改春火，春其蟲鱗，而時則猶冬也，故曰冬以鱗獸之火爨，其實木用事，乃春火也。由此推之，春改夏火，夏其蟲羽，故曰春以羽獸之火爨。夏改秋火，秋其蟲毛，故曰夏以毛獸之火爨。秋改冬火，其蟲介，故曰秋以介蟲之火爨。《月令》以四時之正言，《管子》以改火之始言，故異耳。

（宋）朱熹《四書章句集注·孟子集注·梁惠王章句下》 齊宣王問曰：人皆謂我毀明堂。毀諸？已乎？趙氏曰：明堂，太山明堂。周天子東巡守朝諸侯之處，漢時遺址尚在。人欲毀之者，蓋以天子不復巡守，諸侯又不當居之也。王問當毀之乎？且止乎？孟子對曰：夫明堂者，王者之堂也。王欲行王政，則勿毀之矣。夫，音扶。明堂，王者所居，以出政令之所也。能行王政，則亦可以王矣。何必毀哉？

（清）焦循《孟子正義·梁惠王章句下》 齊宣王問曰：人皆謂我毀明堂，毀諸，已乎？注：謂泰山下明堂，本周天子東巡狩朝諸侯之處也。齊侵地而得有之，人勸宣王，諸侯不用明堂可毀壞，故疑而問於孟子，當毀之乎？已，止也。疏：注謂泰至毀壞。正義曰：閻氏若璩《釋地》云：《封禪書》：初天子封太山，太山東北阯。古時有明堂處。是古明堂至漢武帝時猶有遺蹤。《釋地續》云：《左傳》隱八年，鄭伯使宛來歸祊，不祀泰山也。注云：鄭桓公封鄭，有助祭泰山湯沐邑，在祊。祊在琅邪國費縣東南，鄭以天子不能復巡狩，故欲以祊易於魯，以從魯所宜。計爾時距東遷五十六年，泰山下湯沐邑，鄭尚能守之，則明堂仍為周天子所有，齊焉敢侵？不知歲何時而為齊得。又至宣王時，不復東巡者四百四十年矣，人咸謂齊毀明堂，無王愈可知。孔氏廣森《經學卮言》云：此非如國中明堂為五室十二堂之制。《荀子》曰：築明堂于塞外而朝諸侯。楊倞注云：明堂，壇也。謂巡狩至方嶽之下，會諸侯，為宫方三百步，四門，壇十有二尋，深四尺，加方明于壇上，蓋其堂祀方明，故以明堂名之。而朝事義言方明之下，公侯伯子男覲位亦並與明堂位同。漢時公玉帶上《明堂圖》，中有一殿，四面無壁，近泰山明堂之遺象。金氏榜《禮箋》云：巡狩則方岳之下覲其方之羣后，亦曰明堂。孟子書齊宣王曰人皆謂我毀明堂，《左氏傳》為王宫於踐土，亦其類也。宋吴仁傑《兩漢刊誤補遺》並主斯説，此皆用趙氏義。毛氏奇齡《四書賸言》云：明堂在魯地，而後為齊有，不知所始。若謂泰山明堂，因巡狩而設，則西南諸嶽其有無明堂，不見經傳。且欲行王政，而但以文王治岐為言，其於立言之意，亦多不合。不知此即出王配帝所也。古明堂之制，原為饗帝而設，自黄帝以來，唐虞夏商俱有之。但饗帝必有配，后稷既配天於郊，而文王則配天於明堂。且天子繼祖為宗，必有宗祀，而周制以文王當之。《孝經》所云宗祀文王於明堂者，是宗祖之祭。《周頌·我將詩小序》所云祀文王於明堂，則配帝之祭也。特魯本侯國，諸侯不敢祖天子，則祖文宗武，非魯宜有，而獨文王以出王之故，大宗之國，不祖而宗，因特立周廟在祖廟之外，而又以文當配帝，特設明堂為出王配帝之所。蓋天子二郊，既祭昊天上帝，而於明堂則兼及五帝，原是殺禮，故明堂九室，祇以中央太室與東西南北之太廟，合名五室，而祀方明於其中，故天子祖文王於明堂，而魯則得以大宗宗之；天子以歲祭饗上帝於明堂，而魯亦得以四時迎氣，五方饗帝，十二月聽朔降及之。蓋周郊在二至，而魯郊祇在孟春祈穀，季秋報享。鎬京明堂，並祀文武；而泰山明堂，則祇祀文王。《孝經》所謂嚴父配天，則周公其人者，專指此泰山明堂為言。若然，則其舉文王治岐，亦即因祭文王而推本及之。以治岐者，亦宗祀所自來也。《春秋》文公十六年毀泉臺，注云：毀，壞之也。故趙氏以壞釋毀。注已止也。正義曰：《毛詩》傳箋、鄭氏《禮》注、韋昭《國語》注、高誘《戰國策》、《吕氏春秋》、《淮南子》注皆然，不勝數。

孟子對曰：夫明堂者，王者之堂也。王欲行王政，則勿毀之矣。注：言王能行王道者，則可無毀也。疏：夫明堂者王者之堂也。正義曰：阮氏元《明堂論》云：粵惟上古，水土荒沈，橧穴猶在，政教朴略，宫室未興。神農氏作，始為帝宫，上圓下方，重蓋以茅，外環以水，足以禦寒暑，待風雨，實惟明堂之始。明堂者，天子所居之初名也。是故祀上帝則於是，祭先祖則於是，朝諸侯則於是，養老尊賢教國子則於是，饗射獻俘馘則於是，治天文告朔則於是，抑且天子寢食恒於是，此古之明堂也。黄帝堯舜氏作，宫室乃備，洎夏商周三代，文治益隆，於是天子所居，在邦畿王城之中，三門三朝，後曰路寢，四時不遷。路寢之制，準郊外明堂四方之一，鄉南而治，故路寢猶襲古號曰明堂。若於祭昊天上帝，則有圓丘；祭祖考，則有應門內左之宗廟；朝諸侯，則有朝廷；養老尊賢教國子獻俘馘，則有辟雍學校，其地既分，其禮益備，故城中無明堂也。然而聖人事必師古，禮不忘本，於近郊東南，別建明堂，以存古制，藏古帝治法册典於此；或祀五帝，布時令，朝四方諸侯，非常典禮，乃於此行之，以繼古帝王之蹟。譬之上古衣裳未成，始有韍皮；椎輪初制，惟尚越席；後世聖人，采備繪繡，無廢赤芾之垂；車成金玉，不增大路之飾，此後世之明堂也。自漢以來，儒者惟蔡邕、盧植，實知異名同地之制，尚昧上古中古之分。後之儒者，執其一端，以蔽衆説，分合無定，制度鮮通，蓋未能融洽經傳，參驗古今，二千年來，遂成絶學。試執吾言，以求之經史百家，有相合無相戾者，别勒成書，以備稽覽，括其大指，著於斯篇。

（宋）朱熹《四書章句集注・孟子集注・滕文公章句上》　然友反命，定為三年之喪。父兄百官皆不欲，曰：吾宗國魯先君莫之行，吾先君亦莫之行也，至于子之身而反之，不可。且《志》曰：喪祭從先祖。曰：吾有所受之也。父兄，同姓老臣也。滕與魯俱文王之後，而魯祖周公為長。兄弟宗之，故滕謂魯為宗國也。然謂二國不行三年之喪者，乃其後世之失，非周公之法本然也。

（清）焦循《孟子正義・滕文公章句上》　滕定公薨，世子謂然友曰：昔者孟子嘗與我言於宋，於心終不忘。今也不幸，至於大故，吾欲使子問於孟子，然後行事。注：定公，文公父也。然友，世子之傅也。大故，謂大喪也。疏：注然友世子之傅也。正義曰：《説文》人部云：傅，相也。《禮記・文王世子》云：太傅在前，少傅在後。是世子有傅相也。注大故謂大喪也。正義曰：《禮記・曲禮》云君無故玉不去身，注云：故，謂災患喪病。《周禮・春官・大宗伯》國有大故，注云：故，謂凶裁。

然友之鄒，問於孟子，注：孟子歸在鄒也。疏：注孟子歸在鄒也。正義曰：孟子蓋自宋歸鄒也。《史記》正義云：今鄒縣，去徐州滕縣四十餘里。蓋往反不過大半日，故可問而後行事。

孟子曰：不亦善乎！親喪固所自盡也。注：不亦者，亦也。問此亦其善也。疏：注不亦至善也。正義曰：亦，重也。世子本善，今又問此，不重見其善乎。曾子曰：生事之以禮，死葬之以禮，祭之以禮，可謂孝矣。注：曾子傳孔子之言，孟子欲令世子如曾子之從禮也。時諸侯皆不行禮，故使獨行之也。疏：注曾子至之也。正義曰：曾子之言，見《論語・為政》第二，乃孔子對樊遲之言，故云傳孔子之言也。翟氏灝《考異》云：《四書辨疑》言曾字本是孔字，蓋後人傳寫之誤。按《大戴禮・曾子本孝篇》：孝子之於親也，生則有義以輔之，死則哀以涖焉，祭祀則涖之以敬。曾子固嘗誦此告門人矣。下文齊疏數語，亦明出自曾子。《祭義》：樂正子春云：吾聞曾子，曾子聞諸夫子。彼原其詳，此從其省，孟子學由曾子遞傳，據所及聞，曾字何足疑焉。曾子從禮，故欲世子亦如曾子之從禮。云諸侯皆不行禮，故使獨行之，解上故所自盡之意，自盡即獨行也。諸侯之禮，吾未之學也。雖然，吾嘗聞之矣：三年之喪，齊疏之服，飦粥之食，自天子達於庶人，三代共之。注：孟子言我雖不學諸侯之禮，嘗聞師言，三代以前，君臣皆行三年之喪。齊疏，齊衰也。飦，糜粥也。疏：注嘗聞師言至粥也。正義曰：《禮記・檀弓》云：穆公之母卒，使人問於曾子曰：如之何？對曰：申也聞諸申之父曰：哭泣之哀，齊斬之情，饘粥之食，自天子達。是孟子亦述曾子之言，蓋嘗聞諸師者也。阮氏元《校勘記》云：齊疏之服，閩、監、毛三本、孔本齋作齊，韓本作齌。按《音義》出齌，作齊，經典假借字也。作齌者，正字也。作齋者，齌之誤。《儀禮・喪服》首章云斬衰裳、苴絰、杖、絞帶，冠繩纓、菅屨者，次章云疏衰裳齊、牡麻絰、冠布纓、削杖、布帶、疏屨三年者，三章云疏衰裳齊、牡麻絰、冠布纓、削杖、布帶、疏屨期者，傳云：斬者何？不緝也。齊者何？緝也。注云：凡服，上曰衰，下曰裳。疏，猶麤也。按此自齊衰三年以下，皆用疏衰，故趙氏以齊衰釋齊疏也。襄公十七年《左傳》云：齊晏桓子卒，晏嬰麤縗斬，其老曰：非大夫之禮也。曰：唯卿為大夫。《禮記・雜記》云：大夫為其父母兄弟之未為大夫者之喪服如士服，士為其父母兄弟之為大夫者之喪服如士服。注引晏嬰麤衰斬以証云：言己非大夫，故為父服士服耳。麤衰斬者，其縷在齊斬之間，謂縷如三升半而三升不緝也，斬衰以三升為正，微細焉，則屬於麤也。然則士與大夫為父服異者，有麤衰斬、枕草矣。其為母五升縷而四升，為兄弟六升縷而五升乎？惟大夫以上，乃能備儀盡飾；士以下，則以臣服君之斬衰為其父，以臣從君而服之齊衰為其母與兄弟，亦勉人為高行也。按斬衰不稱疏，齊衰以下乃稱疏，此天下諸侯大夫之禮。士既降於大夫，則斬亦用疏，此晏嬰用士禮，所以稱麤衰斬也。孟子言未學諸侯之禮，則所言乃士禮，其稱齊疏內原包有斬衰。孟子言齊疏，猶曾申言齊斬耳。孔氏《雜記》正義云：士與大夫為父異，大夫以上斬衰、枕凷，士則疏衰、枕草。是也。《檀弓》釋文云：饘，本作飦。是飦、饘字通。《説文》食部云：饘，糜也。周謂之饘，宋、衛謂之餰。又鬻部云：鬻，鬻也。重文餰飦鍵。又云：鬻，鍵也。鬻，鍵也。《爾雅・釋言》云：餬，饘也。餬即鬻，粥即鬻。劉熙《釋名・飲食》云：糜，煑米使糜爛也。粥，濁於糜粥粥然也。蓋今俗以整米煑為粥，粉米煑為餬，古之饘，即今之粥，古之粥，則今之餬。饘為糜，飦為粥，而糜亦通稱餬，粥亦通稱饘。趙氏釋飦為糜粥，則粥之清而稀者，異於餬之濁而膏者，是飦宜爲饘也。趙注飦糜粥也，汲古本作糜，孔本作䴢，《音義》出䴢，云：字亦作䴢，音義與糜同，按《説文》有糜字，無䴢䴢字。

然友反命，定為三年之喪。父兄百官皆不欲，曰：吾宗國魯先君莫之行，吾先君亦莫之行也。至於子之身而反之，不可。注：父兄百官，滕之同姓異姓諸臣也。皆不欲使世子行三年。滕、魯同姓，俱出文王；魯，周公之後；滕，叔繡之後。敬聖人，故宗魯者也。疏：定為至之喪。正義曰：毛氏奇齡《賸言》云：滕文公問孟子，始定為三年之喪，豈戰國諸侯，皆不行三年喪乎？若然，則齊宣欲短喪，何與？然且曰吾宗國魯先君不行，吾先君亦不行，則是魯周公、伯禽、滕叔繡，並無一行三年之喪者。往讀《論語》子張問高宗三年不言，夫子曰：何必高宗，古之人皆然。遂疑子張此問，夫子此答，其周制當必無此事可知。何則？子張以高宗為創見，而夫子又言古之人，其非今制昭然也。及讀《周書・康王之誥》，成王崩，方九日，康王遽即位冕服，出命令誥諸侯，與三年不言絶不相同。然猶曰此天子事耳。後讀《春秋傳》，晉平公初即位，改服命官，而通列國盟戒之事。始悟孟子所定三年之喪，引三年不言為訓，而滕文奉行，即又曰五月居廬，未有命戒，是皆商以前之制，並非周制。周公所制禮，並未有此。故侃侃然曰周公不行，叔繡不行，悖先祖，違授受，歷歷有辭，而世讀其書而通不察也。蓋其云定三年之喪，謂定三年之喪制也。然則孟子何以使行商制？曰：使滕行助法，亦商制也。顧氏棟高《春秋大事表》云：滕文公欲行三年之喪，父兄百官，羣然駭怪。孟子去孔子之世未百年，而當日之習尚如此，則其泯焉廢墜，豈一朝夕之故哉。余嘗詳考《左氏傳》，而知天子諸侯喪紀，已廢絶於春秋時無疑也。蓋自周道陵遲，皇綱解紐，有以諸侯不奔天子之喪，不會天王之葬，而甘僕僕於晉楚者矣。有以天子貧之，不備喪具，至七年乃葬，於魯求賻求金；甚至景王三月而葬，以天子而用大夫之禮者矣。逮子朝作亂，王室如沸，奉周之典籍以奔楚，而周天子之禮遂亡。列國不守侯度，其侈者如宋文公之椁有四阿，棺有翰檜，儼然用王禮；鄭而苟簡不備者，如晉欒書以車一乘，葬公於東門之外；齊崔杼葬莊公，四翣不蹕，封不與知，公卿不備位；魯號秉禮，而葬昭公於墓道之南；《檀弓》載孟敬子之言，明知食粥為天下之達禮，而居然食食；其餘列國，尤放肆不軌，由是惡其害己，而皆去其籍，而諸侯之禮亦亡。孔子以大聖人而不得位，退與門弟子講習於杏壇之上，故孺悲曾學士喪禮於孔子，而天子諸侯之禮，無由釐正。《三傳》之所記，僅存什一於千百，至孟子時，有士之君，靦焉人面，以三年之喪之達禮，而怪駭為不經，杞、宋之無徵，豈獨為夏殷之禮嘆哉！吾宗國魯先君莫之行。正義曰：閻氏若璩《釋地續》云：漢梅福有言，諸侯奪宗，如淳曰：奪宗，始封之君尊為諸侯，則奪其舊為宗子之事也。蓋大小宗法，大夫士有之，諸侯則絶。然亦間有見於諸侯者，如魯與邢、凡、蔣、茅、胙、祭同出於周公，故稱六國為同宗。襄十二年：凡諸侯之喪，同宗臨於祖廟。是管、蔡、郕、霍、衛、毛、聃、郜、雍、曹、滕、畢、原、酆、郇，與魯同出於文王，皆稱魯為宗國，滕父兄百官所謂吾宗國魯先君是。趙氏注云：魯，周公之後。滕，叔繡之後。敬聖人，故宗魯。真得其旨矣。毛氏奇齡《經問》云：古者立宗法，國君無宗，祇以相傳之諸君為宗，故除一祖外，餘皆為宗，不立小宗。若天子諸侯之弟，則不敢與天子諸侯為一宗，而別為宗族，使天子諸侯之嫡弟一人立為大宗，而諸兄弟之為小宗者宗之。如魯，周公之弟皆宗周公，而稱魯國為宗國。然人孰無父，周公不敢祖王季，而可立文王之廟於魯國；鄭桓公不敢祖夷王，而可立厲王之廟於鄭國。不敢祖，非不敢父也。故《大傳》云：宗其繼別子之所自出者，百世不遷者也。夫別子，宗子也。別子所自出，則宗子之父也。繼宗子之父，而可有百世不遷之廟，則父君矣。趙氏注云：滕與魯，皆出自文王。此據《春秋》魯以文王名出王，以文王之廟名出王廟而言，此正是宗法。特其稱宗聖，則不可解，或者周公以宗子而為聖人，當時或原有宗聖之稱，亦未可知。或曰：宗國者，同宗之稱，滕可稱魯，魯亦可稱滕。則不然。《國語》舟之僑曰：宗國既卑，諸侯遠己，內外無親，其誰救之。專以宗國指魯言，宗在故也。哀八年，公山不狃對叔孫輒曰：以小惡而覆宗國，不亦難乎。哀十五年，子貢見公孫成曰：利不可得而喪宗國，將焉用之。皆指魯國言，宗在故也。宗法，自天子諸侯外，固以庶子宗嫡子。倘皆庶，則以長庶為別子，而諸庶子皆宗之。倘皆嫡，則祇以次嫡爲別子，而其餘諸嫡皆宗之。周公為武王母弟之弟二人，不當為宗，無如長伯邑考早卒，次武王為天子，次管叔已辟，則周公升為次嫡，即別子矣。程氏瑶田《通藝録宗法・小紀》云：宗法載《大傳》及《喪服小記》，列其節目，明其指歸。大宗小宗之名，有遷與不遷之別，又為之通宗道之窮，究立宗之始，此所謂宗法也。宗法者，大夫士別於天子諸侯者也。公子不得禰先君，公孫不得祖諸侯矣。使無宗法，則支分派衍無所統，諸侯將無以治其國，天子將無以治其天下。故宗法者，為大夫士立之，以上承夫天子諸侯，而治其家者也。若夫太戊之稱中宗，傳以為殷家中世，尊其德也。武丁之稱高宗，傳以為德高可尊也。皆與宗法無與。至於《公劉》之詩，雖毛氏傳以謂為之大宗，而鄭箋則曰羣臣尊之。所以易傳者，以國君尊族人，不敢以其戚戚君，不當有大小宗之名也。故毛公於《板》之詩，亦曰王者，天下之大宗。而鄭氏亦易之，以為大宗，王同姓之適子。同姓之適子，所謂繼別為宗者也。若天子諸侯，則固絶其宗名矣。維宗子維城，鄭氏以為王之適子。蓋宗者，主也。即《震・象傳》所謂守宗廟社稷以為祭主，《春秋傳》里克所謂太子奉冢祀社稷之粢盛，而士蔿以為修德以固宗子者也。皆非宗法之謂。《祭法》：有虞氏宗堯，夏后氏宗禹，殷人宗湯，周人宗武王。此祭上帝於明堂，尊之以配食，《孝經》所謂宗祀文王於明堂以配上帝是也。蓋宗之言尊也，凡有所尊，皆可以宗。《孟子》稱滕之父兄百官曰吾宗國魯先君，亦謂兄弟之國尊之，豈得以宗法例之哉！且志曰：喪祭從先祖。曰：吾有所受之也。注：父兄百官且復言也。志，記也。《周禮》小史掌邦國之志，曰喪祭之事，各從其先祖之法。言我轉有所承受之，不可於己身獨改更也。一説吾有所受之，世子言我受之於孟子也。疏：注父兄百官且復言也。正義曰：阮氏元《校勘記》云：且志曰，此與《左傳》且諺曰：匪宅是卜，惟鄰是卜。文法正同。依注疑且字下奪曰字，《左傳》亦然。注志記至子也。正義曰：劉熙《釋名・釋典藝》云：記，紀也。紀識之也。《周禮・保章氏》注云：志，古文識。志之為記，即記之為識也。小史屬春官，鄭司農云：志，謂記也。《春秋傳》所謂《周志》，《國語》所謂《鄭書》之屬是也。小史所掌之志，記世系昭穆之事，容有喪祭從先祖云云，故趙氏引以為證，實不知為何書也。《儀禮・喪服》云受以小功衰，注云：受，猶承也。故以承釋受，承受則遵而從之，故不改更也。閻氏若璩《釋地又續》云：吾有所受之也，為世子答父兄百官語。吾與下謂然友曰吾字，正一人。此解首發於趙氏。按趙氏前説，以此言父兄百官之言，受是承受先祖。然則句上不應加曰字。加曰字則自明其為世子答言。言定為三年之喪，非我臆見，吾受之於孟子，孟子則聞之於師説也，故下謂然友曰上，更不加世子，否則謂然友竟似父兄百官謂然友矣。趙氏不以前説為安，故稱一説，蓋前説當時相傳之説，一説則趙氏所折衷也。

謂然友曰：吾他日未嘗學問，好馳馬試劍，今也父兄百官不我足也，恐其不能盡於大事，子為我問孟子。注：父兄百官見我他日所行，謂我志行不足，似恐我不能盡大事之禮，故止我也。為我問孟子，當何以服其心，使信我也。疏：恐其不能盡於大事。正義曰：趙氏以其字乃指他人之辭。若世子自恐，不當用其字，直云恐不能盡於大事可矣。今云恐其不能，是連上句一貫，乃父兄百官恐世子且不我足也，連下意乃足也。

然友復之鄒問孟子，孟子曰：然，不可以他求者也。孔子曰：君薨，聽於冢宰。歠粥，面深墨，即位而哭，百官有司莫敢不哀，先之也。注：孟子言，如是，不可用他事求也。喪尚哀，惟當以哀戚感之耳。國君薨，委政冢宰大臣，嗣君但盡哀情，歠粥不食，顏色深墨。深，甚也。墨，黑也。即喪位而哭，百官有司莫敢不哀者，以君先哀故也。疏：注孟子至故也。正義曰：以如是釋然字，以用字釋以字。他為他事，虚言之以起下文也。《論語・子張篇》云喪思哀，《為政篇》云喪與其易也寧戚，《禮記・少儀》云喪事主哀，《莊子・漁父篇》云處喪以哀為主，是喪尚哀也。《論語・憲問篇》云：子張曰：《書》云：高宗諒陰，三年不言，何謂也？子曰：何必高宗，古之人皆然。君薨，百官總己，以聽於冢宰三年。集解孔氏云：冢宰，天官卿，佐王治者也。三年喪畢，然後王自聽政也。《禮記・檀弓》云：子張問曰：《書》云：高宗三年不言，言乃讙。有諸？仲尼曰：胡為其不然也？古者天子崩，王世子聽於冢宰三年。注云：冢宰，天官卿，貳王事者。三年之喪，使之聽朝。《尚書大傳》亦引《書》曰：高宗梁闇，三年不言。子張曰：何謂也？孔子曰：古者君薨，世子聽於冢宰三年，不敢服先王之服，履先王之位而聽焉。是君薨聽於冢宰為孔子之言也。《禮記・曲禮》云食居人之左，注云：食，飯屬也。《説文》歠部云：歠，飲也。重文吷。歠粥不食，謂但飲粥不飯也。深、甚音近相通。《國策・秦策》云三國之兵深矣，高誘注云：深，猶盛也。盛、甚義皆為多。《吕氏春秋・禁塞篇》云害莫深焉，高誘注云：深，重也。惟其甚，故重義亦同也。哀十三年《左傳》云：肉食者無墨，今吴王有墨，國勝乎？《國語・吴語》云：臣觀吴王之色，類有大憂。注引《左傳》云：墨，黑氣也。蓋心憂痛不舒，則色形於面，居喪哀戚之甚，故面上晦黑深重也。《士喪禮》云：有大夫，則特拜之。即位如西階下，庶兄弟襚，使人以將命於室，主人拜於位。設明衣裳，主人入即位。奉尸侇於堂。男女如室位，踊無算，主人拜賓，即位，踊。卒塗，祝取銘置於肂，主人復位，踊，襲。闔門，主人揖就次。三日成服，朝夕哭，不辟子卯。婦人即位於堂，南上，哭。丈夫即位於門外，西面北上。辟門。是自始死以至朝夕哭，皆有位，所謂喪位也。是時父兄百官俱在，故主人即位哭，則衆主人、衆兄弟、衆賓無不感而哭矣。上有好者，下必有甚焉者矣。君子之德，風也。小人之德，草也。草尚之風必偃。是在世子。注：上之所欲，下以為俗。尚，加也。偃，伏也。以風加草，莫不偃伏也。是在世子以身帥之也。疏：注上之至之也。正義曰：《禮記・緇衣篇》云：子曰：下之事上也，不從其所令，從其所行。上好是物，下必有甚者矣。注云：甚者，甚於君也。《論語・顔淵篇》云：孔子曰：子欲善，而民善矣。君子之德風，小人之德草，草上之風必偃。集解孔氏曰：偃，仆也。加草以風，無不仆者。猶民之化於上也。《釋文》云：尚，本或作上。

是陸德明所見《論語》作草尚之風，與《孟子》同。趙氏以加解尚，與孔氏同也。《説文》人部云：偃，僵也。《淮南子・説山訓》云：致釋駕而僵，注云：僵，仆也。趙氏以僵仆乃僨斃之義，於小人向化之義不合，故改訓為伏。《易・繫辭》釋文引孟喜、京房云：伏，服也。伏地猶仆地。伏為服，則從化之象也。必偃以上，皆孟子述孔子之言。是在世子為孟子勉世子之言。

然友反命，世子曰：然，是誠在我。注：世子聞之，知其在身，欲行之也。

五月居廬，未有命戒，百官族人可謂曰知，注：諸侯五月而葬，未葬居倚廬於中門之内也。未有命戒，居喪不言也。異姓同姓之臣可謂曰，知世子之能行禮也。疏：百官族人可謂曰知。正義曰：《説文》可部云：可，肯也。《爾雅・釋言》云：肯，可也。始而云至於子之身而反之，不可，是不肯謂之曰知也。至是乃肯謂曰知，心服而首肯之也。注諸侯至禮也。正義曰：隱公元年《左傳》云：天子七月而葬，同軌畢至；諸侯五月，同盟至；大夫三月，同位至；士踰月，外姻至。是諸侯五月而葬也。《儀禮・喪服》斬衰章傳云：居倚廬，寢苫枕塊，哭晝夜無時。歠粥，朝一溢米，夕一溢米。寢不脱經帶。既虞，翦屏柱楣，寢有席。注云：楣謂之梁，柱楣所謂梁闇。舍外寢於中門之外，屋下壘墼為之，不塗塈，所謂堊室也。《既夕記》云居倚廬，注云：倚木為廬，在中門外，東方北戶。賈氏疏云：北戶者，以倚東壁為廬，一頭至北，明北戶鄉陰。至既虞之後，柱楣翦屏，乃西鄉開戶也。按既虞之後，始有楣有柱。謂之堊室，以其雖有梁楣，而冥闇不高明，故亦謂之梁闇，卽諒陰也。其未葬之前，無柱無楣，但用兩木斜倚於東壁，作塹堵形。向西順斜倚之木，以草為屏，故名倚廬。高宗三年不言，謂既葬居梁闇中，故云高宗諒陰。滕文五月居廬，謂未葬居倚廬中。在高宗三年居梁闇，則未葬之七月居倚廬可知。滕文既定三年之喪，則未葬居倚廬，其既葬亦居梁闇可知。何以知之？方父兄百官不可時，且必使然友之鄒，反復咨問，至是百官族人無不感悦，則孟子之言已驗，世子之心益堅，五月既葬，豈反自怠乎？或謂文公僅能五月未葬前守諒陰之制，洵坐井之見耳。可謂曰知，趙氏增成其義云可謂曰知世子之能行禮也，是知謂百官族人自謂其知，始時皆不欲其行三年之喪，以為不可；至是首肯而謂之曰：吾今乃知。知，猶覺也，亦解也。若曰吾始聞其定行三年之喪，不以為可者，不解其義也，今則解矣。知如字平聲。或讀若智，非也。《孟子》之文，微奧通神，每同《左傳》、《檀弓》。可謂曰知，曰字是矣。及至葬，四方來觀之，顔色之戚，哭泣之哀，弔者大悦。注：四方諸侯之賓來弔會者，見世子之憔悴哀戚，大悦其孝行之高美也。

（宋）朱熹《四書章句集注・孟子集注・離婁章句下》 孟子不與右師言，右師不悦。曰：諸君子皆與驩言，孟子獨不與驩言，是簡驩也。簡，略也。

孟子聞之，曰：禮，朝廷不歷位而相與言，不踰階而相揖也。我欲行禮，子敖以我為簡，不亦異乎？朝，音潮。是時齊卿大夫以君命弔，各有位次。若周禮，凡有爵者之喪禮，則職喪涖其禁令，序其事，故云朝廷也。歷，更涉也。位，他人之位也。右師未就位而進與之言，則右師歷己之位矣；右師已就位而就與之言，則己歷右師之位矣。孟子右師之位又不同階，孟子不敢失此禮，故不與右師言也。

（清）王夫之《讀四書大全説》卷九《孟子・萬章下篇》 不敢見，禮也；不可召，義也。一章之中，縱説横説，乃於義禮二字，條理則自分明。如云且，云何敢，云奚可，云豈敢，云況乎，直恁清出。

禮有常經，義繇事制。唯合夫義之宜者，則雖禮之所無，而禮自可以義起。如君欲有謀則就之，堯與舜迭爲賓主，一合於尊賢之義，則當其行之，不患乎禮之不中於節文，而不必引君尊臣卑之禮以守其不敢矣。若禮所本有，則義卽不宜，而一以禮之經爲宜。如孔子非魯君之所可召，而召必赴焉，則禮有其常，爲禮屈而非爲勢屈，於義固宜，抑不必據不可召之義以自亢矣。

禮義相爲錯綜以成經緯，固有合一之理。乃聖賢審物度己，則必既求之禮，又求之義，雖求之義，亦必求之禮，無不可者，而後決然以行其志。此孟子所以不陷於一偏，其以養君子之剛大者，卽以定人道之高卑。乃知王前、士前、貧賤驕人之説，苟自矜厲以虧典禮。而躡屩王門者，既以自辱其身，而犯上干主，其越禮踰分，亦已甚矣。《註》、《録》未悉。

（清）焦循《孟子正義・告子章句下》 任人有問屋廬子曰：禮與食孰重？注：任國之人問孟子弟子屋廬連。同二者何為重。疏：【略】

曰：禮重。注：答曰禮重。

色與禮孰重？曰：禮重。注：重如上也。

曰：以禮食則飢而死，不以禮食則得食，必以禮乎？親迎則不得妻，不親迎則得妻，必親迎乎？注：任人難屋廬子，云若是則必待禮乎。疏：以禮食。正義曰：閻氏若璩《釋地三續》云：所謂禮食者，《坊記》云：故食禮主人親饋則客祭，主人不親饋則客不祭。故君子苟無禮，雖美不食焉。按襄公三年《左傳》云：晉侯以魏絳為能以刑佐民矣，反役，與之禮食，使佐新軍。《國語・晉語》亦有此文，韋昭注云：禮食，公食大夫之禮。孔氏《左傳》正義云：與之禮食者，若公食大夫禮以大夫為賓，公親為之特設禮食。《儀禮・公食大夫禮》：宰夫自東房授醯醬，公設之。公立于序内西鄉。注云：不立阼階上，示親饌。又：大羹湆不和，實于鐙。宰右執鐙，左執蓋，由門入，升自阼階，盡階不升堂，授公，公設之于醬西。又：宰夫授公飯粱，公設之于湆西。此卽親饋之禮也。又：賓升席坐，取韭菹以辯擩于醢，上豆之閒祭。云云。又：賓坐席末取粱卽稻，祭于醬湆閒。此卽主人親饋則客祭之禮也。親迎。正義曰：周氏柄中《辨正》云：親迎之禮，自諸侯至士庶皆行之。天子之親迎，則禮無明文。《左氏》謂天子不親迎，《公羊》謂天子亦親迎，後儒或從《左氏》，或從《公羊》，愚獨取唐陸淳尊無二上不當親迎之説，以為定論。或言無禮文可徵，不知禮固有卽此可以通彼者。《士昏禮》父醮子而命之迎，若宗子父母皆没，則不親迎，以無命之者也。由此推之，則天子之不親迎可知矣。或問：然則諸侯卽位而娶，無命之者，亦不親迎乎？曰：是不然。諸侯雖無父命，有王命。古者諸侯之娶，告於天子，天子命之，故《雜記》云：夫人之不命於天子，自魯昭始也。夫有天子之命，則親迎焉宜也。若天子，則真無命之者也。

屋廬子不能對。明日之鄒，以告孟子。

孟子曰：於！答是也何有。注：於，音烏，歎辭也。何有，為不可答也。

疏：注於音至答也。正義曰：【略】《論語·里仁篇》能以禮讓為國乎何有，何氏注云：何有，言不難也。《雍也篇》於從政乎何有，皇氏疏引衛瓘云：何有者，有餘力也。若以《雍也篇》於從政乎何有，則於如字不讀烏。若曰於答此任人之説，何難之有？趙氏言何有為不可答也，則謂任人設難為不可答，正與何氏解何有為不難者相反。《後漢書·曹世叔妻傳》引《論語》曰能以禮讓為國，於從政乎何有，注云：何有，言若無有，此似與趙氏之意相近。蓋趙氏謂揣本齊末，知其大小輕重乃可言，可言卽可答。此歎其不可答，謂未能揣本齊末、知其大小輕重也。以何有為不可答，故斷於字為句，而以為歎辭也。不揣其本而齊其末，方寸之木，可使高於岑樓。金重於羽者，豈謂一鉤金與一輿羽之謂哉、？取食之重者，與禮之輕者而比之，奚翅食重！取色之重者，與禮之輕者而比之，奚翅色重！注：孟子言夫物當揣量其本，以齊等其末，知其大小輕重，乃可言也，不節其數，累積方寸之木，可使高以岑樓。岑樓，山之鋭嶺者。寧可謂寸木高於山邪？金重於羽，謂多少同而金重耳。一帶鉤之金，豈重一車羽邪？如取食色之重者，比禮之輕者，何翅食色重哉？翅，辭也。若言何其不重也。疏：【略】往應之曰：紾兄之臂而奪之食則得食，不紾則不得食，則將紾之乎？踰東家牆而摟其處子則得妻，不摟則不得妻，則將摟之乎？注：教屋廬子往應任人如是。紾，戾也。摟，牽也。處子，處女也。則是禮重、食色輕者也。【略】《章指》言：臨事量宜，權其輕重，以禮為先，食色為後，若有偏殊，從其大者。屋廬子未達，故譬摟紾也。

（清）江藩《國朝漢學師承記》卷二《惠松崖》 因學《易》而悟明堂之法，撰《明堂大道録》八卷、《禘説》二卷。大略謂《説卦》帝出乎震，帝者，五帝也，在太微之中，五德相次以成四時，聖人法之，立明堂爲治天下之大法。明堂有五室四堂，室以祭天，堂以布政。王者承天統物，各於其方以聽事，謂之明堂月令，今所傳《月令》是也。古之聖人，生有配天之德，没有配天之祭，故太皞以下歷代稱禘，太皞以木德，炎帝以火德，黄帝以土德，少皞以金德，顓頊以水德。王者行大享之禮於明堂，謂之禘、祖、宗，其郊則行之南郊。禘、郊、祖、宗四大祭，而總謂之禘者，禘其祖之所自出故也。【略】自明堂之制不詳，而禘禮亦廢。鄭氏知圜丘方丘之爲禘，而不知爲明堂六帝。王肅又誤據魯禘，改禘爲宗廟之祭，無配天之事，此魏明所以庨漢四百餘年廢無禘祀也。禘行於明堂，明堂之法本於《易》。《中庸》言至誠可以贊化育，與天地參，此明堂配天之義也。

（清）江藩《國朝漢學師承記》卷三《錢大昕》 論婦人七出之説曰：七出之文，先王所以扶陽抑陰，而家道所以不至於窮而乖也。夫父子兄弟，以天合者也；夫婦，以人合者也。以天合者，無所逃於天地之間，而以人合者，可制以去就之義。堯舜之道不外乎孝弟，而孝弟之衰自各私其妻始。妻之於夫，其初固路人也，以室家之恩聯之，其情易親，至於夫之父母，夫之兄弟姊妹，夫之兄弟之妻，皆路人也，非有一日之恩，第推夫之親以親之，其情固已不相屬矣。況婦人之性，貪而吝，柔而狠，而築里姑姊之倫，亦婦人也，同居而志不相得，往往有之，其真能安於義命者，十不得一也。先王設爲可去之義，義合則留，不合則去，俾能執婦道者可守從一之貞，否則寧割伉儷之愛，勿傷骨肉之恩。故嫁曰歸，出亦曰歸。以此坊民，恐其孝衰於妻子也。然則聖人於女子，抑之不已甚乎？曰：去婦之義，非徒以全丈夫，亦所以保匹婦。後世閭里之婦，失愛於舅姑，讒閒於叔妹，抑鬱而死者有之，或其夫淫酗凶悍，寵溺嬖媵，凌迫而死者有之。準之古禮，固有可去之義，亦何必束縛之，禁錮之，置之必死之地以爲快乎！先儒戒寡婦之再嫁，以謂餓死事小，失節事大。予謂全一女子之名，其事小；得罪於父母兄弟，其事大。故父母兄弟不可乖，而妻則可去，去而更嫁，不謂之失節。使其過在婦歟，不合而嫁，嫁而仍窮，自作之孽不可逭也；使其過不在婦歟，出而嫁於鄉里，猶不失爲善婦，不必強而留之，使夫婦之道苦也。自七出之法不行而牝雞之司晨日熾，夫之制於婦者隱忍而不能去，甚至於破家絕嗣。而有司之斷斯獄者，猶欲合之。知女子不可事二夫，而不知失婦道者雖事一夫，未可以言烈也；知臣之不可事二君，而不知失臣節者雖事一君，未可以言忠也。此未諭先王制禮之意也。

（宋）劉恕《資治通鑑外紀》卷七《周紀五·靈王》 晉悼公與司馬侯升臺而望曰：樂夫？對曰：臨下之樂則樂矣，德義之樂未也。公曰：何謂德義？對曰：諸侯之為曰在君側，以其善行，以其惡戒，可謂德義矣。公曰：孰能？對曰：羊舌肹習《春秋》，乃召叔向使傅太子彪。

又： 劉恕曰：太伯、仲雍，南之勾吴，而季歷嗣周。季札有三兄，故不敢當吴君。夫適庶之分不明，則争篡之禍迭起。君子思患而豫防，遠利以全身，及闔廬弑王僚，季札曰：非我生亂，立者從之，先人之道也。蠻夷之人，仲尼稱之。豈不以其知而能守節哉。

（宋）羅泌《路史》卷五《前紀五·因提紀·遂人氏》 人滋反醇，情欲蠢動好嗜，外迫則冒禮而忘形，以賤其神。乃制男子三十而取，女子二十而歸。一云女二十五，王充以為法制張設，未必奉行陋也。《逸禮·本命篇》云太古男五十而娶，女三十而嫁。中古男三十而室，女二十而嫁。《地官》媒氏掌萬民之判，男三十而娶，女二十而嫁，蓋本乎此。《書大傳》孔子之説亦然。《白虎通》謂男三十筋骨堅強，任為人父；女二十肌膚克盛，任為人母，合為五十，應大衍之數以生萬物也。陽奇而舒故三終，陰偶而促故再終，三天兩地之道。以息其民，為之進退，以耻其凡。是故父老而慈，子壽而孝，著之世姓。而法自是作，禮繇此顯矣。【略】《禮記》䟽云尊卑之禮起於遂皇氏。云禮有三起，禮事起於遂皇，禮名起於皇帝。《通歷》《通典》等皆謂燧皇始有夫婦之道，蓋始著其禮爾。孔演《明通經》注云：燧皇謂人皇，在伏羲前，風姓，始王天下者，是燧人已著姓名。

又： 遂人之言久矣，不得而聞矣，舍者君君臣臣，父父子子，兄兄弟弟，夫夫婦婦而已矣。聖人之道，造端乎夫婦，夫婦正而天下定，是故遂人之制，男女必致其詳，紖觀乎此，然後知後世婚娶之道生也。

（宋）羅泌《路史》卷四〇《餘論三·鸞翳》 《山海經》云女牀之山有鳥焉，狀如翟，而五彩以文，名曰鸞鳥。見則天下安寧。軒轅之丘，沃旻之國。鳳鳥自歌，鸞鳥自舞。《元命苞》云火離鸞鸞。《運斗樞》言天樞得則鸞集。《演孔圖》謂官以賢舉則在野，帝軒題象，鸞鳥來儀。周公歸政制禮，而鸞復見。

（唐）杜佑《通典》卷八六《禮四六·凶禮八·葬儀》 孔子曰：衛人之祔也，離之；魯人之祔也，合之。善夫！孔子合葬於防。

《史記》卷二三《禮書》 太史公曰：洋洋美德乎！宰制萬物，役使羣衆，豈人力也哉？余至大行禮官，觀三代損益，乃知緣人情而制禮，依人性而作儀，其所由來尚矣。

人道經緯萬端，規矩無所不貫，誘進以仁義，束縛以刑罰，故德厚者位尊，禄重者寵榮，所以總一海内而整齊萬民也。人體安駕乘，爲之金輿錯衡以繁其飾，目好五色，爲之黼黻文章以表其能；耳樂鐘磬，爲之調諧八音以蕩其心；口甘五味，爲之庶羞酸鹹以致其美；情好珍善，爲之琢磨圭璧以通其意。故大路越席，皮弁布裳，朱弦洞越，大羹玄酒，所以防其淫侈，救其彫敝。是以君臣朝廷尊卑貴賤之序，下及黎庶車輿衣服宫室飲食嫁娶喪祭之分，事有宜適，物有節文。仲尼曰：禘自既灌而往者，吾不欲觀之矣。

又： 禮由人起。人生有欲，欲而不得則不能無忿，忿而無度量則争，争則亂。先王惡其亂，故制禮義以養人之欲，給人之求，使欲不窮於物，物不屈於欲，二者相待而長，是禮之所起也。故禮者養也。稻粱五味，所以養口也；椒蘭芬茝，所以養鼻也；鐘鼓管弦，所以養耳也；刻鏤文章，所以養目也；疏房牀第几席，所以養體也；故禮者養也。

君子既得其養，又好其辨也。所謂辨者，貴賤有等，長少有差，貧富輕重皆有稱也。故天子大路越席，所以養體也；側載臭茝，所以養鼻也；前有錯衡，所以養目也；和鸞之聲，步中《武象》，驟中《韶濩》，所以養耳也；龍旂九斿，所以養信也；寢兕持虎，鮫韅彌龍，所以養威也。故大路之馬，必信至教順，然后乘之，所以養安也。孰知夫（士）出死要節之所以養生也，孰知夫輕費用之所以養財也，孰知夫恭敬辭讓之所以養安也，孰知夫禮義文理之所以養情也。

人苟生之爲見，若者必死；苟利之爲見，若者必害；怠惰之爲安，若者必危；情勝之爲安，若者必滅。故聖人一之於禮義，則兩得之矣；一之於情性，則兩失之矣。

又：天地者，生之本也；先祖者，類之本也；君師者，治之本也。無天地惡生？無先祖惡出？無君師惡治？三者偏亡，則無安人。故禮，上事天，下事地，尊先祖而隆君師，是禮之三本也。

故王者天太祖，諸侯不敢懷，大夫士有常宗，所以辨貴賤。貴賤治，得之本也。郊疇乎天子，社至乎諸侯，函及士大夫，所以辨尊者事尊，卑者事卑，宜鉅者鉅，宜小者小。故有天下者事七世，有一國者事五世，有五乘之地者事三世，有三乘之地者事二世，有特牲而食者不得立宗廟，所以辨積厚者流澤廣，積薄者流澤狹也。

又：凡禮始乎脱，成乎文，終乎税。故至備，情文俱盡；其次，情文代勝；其下，復情以歸太一。天地以合，日月以明，四時以序，星辰以行，江河以流，萬物以昌，好惡以節，喜怒以當。以爲下則順，以爲上則明。

又：禮之貌誠深矣，堅白同異之察，入焉而弱。其貌誠大矣，擅作典制褊陋之説，入焉而望。其貌誠高矣，暴慢恣睢，輕俗以爲高之屬，入焉而隊。故繩誠陳，則不可欺以曲道；衡誠縣，則不可欺以輕重；規矩誠錯，則不可欺以方員；君子審禮，則不可欺以詐僞。故繩者，直之至也；衡者，平之至也；規矩者，方員之至也；禮者，人道之極也。然而不法禮者不足禮，謂之無方之民；法禮足禮，謂之有方之士。禮之中，能思索，謂之能慮；能慮勿易，謂之能固。能慮能固，加好之焉，聖矣。天者，高之極也；地者，下之極也；日月者，明之極也；無窮者，廣大之極也；聖人者，道之極也。

以財物爲用，以貴賤爲文，以多少爲異，以隆殺爲要。文貌繁，情欲省，禮之隆也；文貌省，情欲繁，禮之殺也；文貌情欲相爲內外表裏，並行而雜，禮之中流也。君子上致其隆，下盡其殺，而中處其中。步驟馳騁廣騖不外，是以君子之性守宮庭也。人域是域，士君子也。外是，民也。於是中焉，房皇周浹，由（直）得其次序，聖人也。故厚者，禮之積也；大者，禮之廣也；高者，禮之隆也；明者，禮之盡也。

《史記》卷一一二《平津侯主父列傳》　偃説上曰：古者諸侯不過百里，彊弱之形易制。今諸侯或連城數十，地方千里，緩則驕奢易爲淫亂，急則阻其彊而合從以逆京師。今以法割削之，則逆節萌起，前日鼂錯是也。今諸侯子弟或十數，而適嗣代立，餘雖骨肉，無尺寸地封，則仁孝之道不宣。願陛下令諸侯得推恩分子弟，以地侯之。彼人人喜得所願，上以德施，實分其國，不削而稍弱矣。於是上從其計。又説上曰：茂陵初立，天下豪桀并兼之家，亂衆之民，皆可徙茂陵，內實京師，外銷姦猾，此所謂不誅而害除。上又從其計。

《漢書》卷一〇《成帝紀》　又曰：聖王明禮制以序尊卑，異車服以章有德，雖有其財，而無其尊，不得踰制，故民興行，上義而下利。方今世俗奢僭罔極，靡有厭足。公卿列侯親屬近臣，四方所則，未聞修身遵禮，同心憂國者也。或乃奢侈逸豫，務廣第宅，治園池，多畜奴婢，被服綺縠，設鐘鼓，備女樂，車服嫁娶葬埋過制。吏民慕效，寖以成俗，而欲望百姓儉節，家給人足，豈不難哉！《詩》不云乎？赫赫師尹，民具爾瞻。其申敕有司，以漸禁之。青緑民所常服，且勿止。列侯近臣，各自省改。司隸校尉察不變者。

《漢書》卷二二《禮樂志二》　《六經》之道同歸，而《禮樂》之用爲急。治身者斯須忘禮，則暴嫚入之矣；爲國者一朝失禮，則荒亂及之矣。人函天地陰陽之氣，有喜怒哀樂之情。天稟其性而不能節也，聖人能爲之節而不能絶也，故象天地而制禮樂，所以通神明，立人倫，正情性，節萬事者也。

人性有男女之情，妒忌之別，爲制婚姻之禮；有交接長幼之序，爲制鄉飲之禮；有哀死思遠之情，爲制喪祭之禮；有尊尊敬上之心，爲制朝覲之禮。哀有哭踊之節，樂有歌舞之容，正人足以副其誠，邪人足以防其失。故婚姻之禮廢，則夫婦之道苦，而淫辟之罪多；鄉飲之禮廢，則長幼之序亂，而爭鬬之獄蕃；喪祭之禮廢，則骨肉之恩薄，而背死忘先者衆；朝聘之禮廢，則君臣之位失，而侵陵之漸起。故孔子曰：安上治民，莫善於禮；移風易俗，莫善於樂。禮節民心，樂和民聲，政以行之，刑以防之。禮樂政刑四達而不誖，則王道備矣。

樂以治內而爲同，禮以修外而爲異；同則和親，異則畏敬；和親則無怨，畏敬則不爭。揖讓而天下治者，禮樂之謂也。二者並行，合爲一體。畏敬之意難見，則著之於享獻辭受，登降跪拜；和親之説難形，則發之於詩歌詠言，鐘石筦弦。蓋嘉其敬意而不及其財賄，美其歡心而不流其聲音。故孔子曰：禮云禮云，玉帛云乎哉？樂云樂云，鐘鼓云乎哉？此禮樂之本也。故曰：知禮樂之情者能作，識禮樂之文者能述，作者之謂聖，述者之謂明。明聖者，述作之謂也。

王者必因前王之禮，順時施宜，有所損益，卽民之心，稍稍制作，至太平而大備。周監於二代，禮文尤具，事爲之制，曲爲之防，故稱禮經三百，威儀三千。於是教化浹洽，民用和睦，災害不生，禍亂不作，囹圄空虛，四十餘年。孔子美之曰：郁郁乎文哉！吾從周。及其衰也，諸侯踰越法度，惡禮制之害己，去其篇籍。遭秦滅學，遂以亂亡。

又： 至文帝時，賈誼以爲漢承秦之敗俗，廢禮義，捐廉恥，今其甚者殺父兄，盜者取廟器，而大臣特以簿書不報期會爲故，至於風俗流溢，恬而不怪，以爲是適然耳。夫移風易俗，使天下回心而鄉道，類非俗吏之所能爲也。夫立君臣，等上下，使綱紀有序，六親和睦，此非天之所爲，人之所設也。人之所設，不爲不立，不修則壞。漢興至今二十餘年，宜定制度，興禮樂，然後諸侯軌道，百姓素樸，獄訟衰息。乃草具其儀，天子説焉。而大臣絳、灌之屬害之，故其議遂寢。

《後漢書》志四《禮儀志上》 夫威儀，所以與君臣，序六親也。若君亡君之威，臣亡臣之儀，上替下陵，此謂大亂。大亂作，則羣生受其殃，可不慎哉！故記施行威儀，以爲《禮儀志》。

《宋書》卷五六《孔琳之傳》 時責衆官獻便宜，議者以為宜修庠序，卹典刑，審官方，明黜陟，舉逸拔才，務農簡調。琳之於衆議之外，別建言曰：

夫璽印者，所以辯章官爵，立契符信。官莫大於皇帝，爵莫尊於公侯。而傳國之璽，歷代迭用，襲封之印，奕世相傳，貴在仍舊，無取改作。今世唯尉一職，獨用一印，至於內外羣官，每遷悉改，討尋其義，私所未達。若謂官各異姓，與傳襲不同，則未若異代之為殊也。若論其名器，雖有公卿之貴，未若帝王之重。若以或有誅夷之臣，忌其凶穢，則漢用秦璽，延祚四百，未聞以子嬰身戮國亡，而棄之不佩。帝王公侯之尊，不疑於傳璽，人臣衆僚之卑，何嫌於卽印。載籍未聞其説，推例自乖其准。而終年刻鑄，喪功消實，金銀銅炭之費，不可稱言，非所以因循舊貫易簡之道。愚謂衆官卽用一印，無煩改作。若有新置官，又官多印少，文或零失，然後乃鑄，則仰裨天府，非唯小益。

又曰：凶門栢裝，不出禮典，起自末代，積習生常，遂成舊俗。爰自天子，達于庶人，誠行之有由，卒革必駭。然苟無關於情，而有愆禮度，存之未有所明，去之未有所失，固當式遵先典，釐革後謬，況復兼以游費，實為民患者乎。凡人士喪儀，多出閭里，每有此須，動十數萬，損民財力，而義無所取。至於寒庶，則人思自竭，雖復室如懸磬，莫不傾產殫財，所謂葬之以禮，其若此乎。謂宜謹遵先典，一罷凶門之式，表以素扇，足以示凶。

又曰：昔事故飢荒，米穀綿絹皆貴，其後米價登復，而絹于今一倍。綿絹既貴，蠶業者滋，雖懃厲兼倍，而貴猶不息。愚謂致此，良有其由。昔事故之前，軍器正用鎧而已，至於袍襖裲襠，必俟戰陣，實在庫藏，永無損毀。今儀從直衛及遨羅使命，或有防衛送迎，悉用袍襖之屬，非唯一府，衆軍皆然。綿帛易敗，勢不支久。又晝以禦寒，夜以寢臥，曾未周年，便自敗裂。每絲緜新登，易折租以市，又諸府競收，動有千萬，積貴不已，實由於斯，私服為之艱匱，官庫為之空盡。愚謂若侍衛所須，固不可廢，其餘則依舊用鎧。小小使命送迎之屬，止宜給仗，不煩鎧襖。用之既簡，則其價自降。

又曰：夫不恥惡食，唯君子能之。肴饌尚奢，為日久矣。今雖改張是弘，而此風未革。所甘不過一味，而陳必方丈，適口之外，皆為悅目之費，富者以之示夸，貧者為之殫產，衆所同鄙，而莫能獨異。愚謂宜粗為其品，使奢儉有中，若有不改，加以貶黜，則德儉之化，不日而流。

《南齊書》卷九《禮志上》 禮儀繁博，與天地而為量，紀國立君，人倫攸始。三代遺文，略在經誥，蓋秦餘所亡逸也。漢初叔孫通制漢禮，而班固之志不載。及至東京，太尉胡廣撰《舊儀》，左中郎蔡邕造《獨斷》，應劭、蔡質咸綴識時事，而司馬彪之書不取。魏氏籍漢末大亂，舊章殄滅，侍中王粲、尚書衛覬集創朝儀，而魚豢、王沈、陳壽、孫盛竝未詳也。吳則太史令丁孚拾遺漢事，蜀則孟光、許慈草建衆典。晉初司空荀顗因魏代前事，撰為《晉禮》，參考今古，更其節文，羊祜、任愷、庾峻、應貞竝共刪集，成百六十五篇。後摯虞、傅咸纘續此製，未及成功，中原覆没，今虞之《決疑注》，是遺事也。江左僕射刁協、太常荀崧，補緝舊文，光禄大夫蔡謨又踵修輯朝故。宋初因循改革，事係羣儒，其前史所詳，竝不重述。永明二年，太子步兵校尉伏曼容表定禮樂。於是詔尚書令王儉制定新禮，立治禮樂學士及職局，置舊學四人，新學六人，正書令史各一人，幹一人，秘書省差能書弟子二人。因集前代，撰治五禮，吉、凶、賓、軍、嘉也。文多不載。若郊廟庠序之儀，冠婚喪紀之節，事有變革，宜録時事者，備今志。其輿輅旗常，與往代同異者，更立别篇。

《梁書》卷二《武帝紀中》　又詔曰：禮闈文閣，宜率舊章，貴賤既位，各有差等，府仰拜伏，以明王度，濟濟洋洋，具瞻斯在。頃因多難，治綱弛落，官非積及，榮由幸至。六軍尸四品之職，青紫治白簿之勞。振衣朝伍，長揖卿相，趨步廣闥，並驅丞郎。遂冠履倒錯，珪甑莫辨。静言疚懷。思返流弊。且翫法惰官，動成逋弛，罰以常科，終未懲革。夫檟楚申威，蓋代斷趾，笞捶有令，如或可從。外詳共平議，務盡厥理。

《梁書》卷二五《徐勉傳》　普通六年，上修五禮表曰：

臣聞立天之道，曰陰與陽；立人之道，曰仁與義。故稱導之以德，齊之以禮。夫禮所以安上治民，弘風訓俗，經國家，利後嗣者也。唐虞三代，咸必由之。在乎有周，憲章尤備，因殷革夏，損益可知。雖復經禮三百，曲禮三千，經文三百，威儀三千，其大歸有五，卽宗伯所掌典禮：吉為上，凶次之，賓次之，軍次之，嘉為下也。故祠祭不以禮，則不齊不莊；喪紀不以禮，則背死忘生者衆；賓客不以禮，則朝覲失其儀；軍旅不以禮，則致亂於師律；冠婚不以禮，則男女失其時。為國修身，於斯攸急。

《魏書》卷一八《太武五王傳・臨淮王》　孝友又言：今人生為皁隸，葬擬王侯，存没異途，無復節制，崇壯丘壠，盛飾祭儀，隣里相榮，稱為至孝。又夫婦之始，王化所先，共食合瓢，足以成禮。而今之富者彌奢，同牢之設，甚於祭槃。累魚成山，山有林木，林木之上，鸞鳳斯存。徒有煩勞，終成委棄，仰惟天意，其或不然。請自茲以後，若婚葬過禮者，以違旨論，官司不加糾劾，卽與同罪。

《魏書》卷五三《李孝伯傳》　于時民多絶戶而爲沙門，瑒上言：禮以教世，法導將來，跡用既殊，區流亦別。故三千之罪，莫大不孝，不孝之大，無過於絶祀。然則絶祀之罪，重莫甚焉。安得輕縱背禮之情，而肆其向法之意也？正使佛道，亦不應然，假令聽然，猶須裁之以禮。一身親老，棄家絶養，既非人理，尤乖禮情，堙滅大倫，且闕王貫。交缺當世之禮，而求將來之益，孔子云未知生，焉知死，斯言之至，亦爲備矣。安有棄堂堂之政，而從鬼教乎！又今南服未静，衆役仍煩，百姓之情，方多避役。若復聽之，恐捐棄孝慈，比屋而是。沙門都統僧暹等忿瑒鬼教之言，以瑒爲謗毀佛法，泣訴靈太后，太后責之。瑒自理曰：竊欲清明佛法，使道俗兼通，非敢排棄真學，妄爲訾毀。且鬼神之名，皆通靈達稱，自百代正典，敍三皇五帝，皆號爲鬼。天地曰神祇，人死曰鬼。《易》曰知鬼神之情狀，周公自美，亦云能事鬼神，《禮》曰明則有禮樂，幽則有鬼神。是以明者爲堂堂，幽者爲鬼教。佛非天非地，本出於人，應世導俗，其道幽隱，名之爲鬼，愚謂非謗。且心無不善，以佛道爲教者，正可未達衆妙之門耳。靈太后雖知瑒言爲允，然不免暹等之意，猶罰瑒金一兩。

《魏書》卷六二《李彪傳》　彪又表曰：臣聞昔之哲王，莫不亹亹孜孜，思納讜言，以康黎庶。是以訪童問師，不避淵澤；詢謀諮善，不棄芻蕘。用能光茂實於竹素，播徽聲於金石。臣屬生有道，遇無諱之朝，敢修往式，竊揆時宜，謹冒死上封事七條。狂瞽之言，伏待刑戮。

其一曰：自太和建號，踰于一紀，典刑德政，可得而言也。立圓丘以昭孝，則百神不乏饗矣；舉賢才以酬諮，則多士盈朝矣；開至誠以軌物，則朝無佞人矣；敦六順以教人，則四門無凶人矣；制冠服以明秩，則典式復彰矣；作雅樂以協人倫，則人神交慶矣；深慎罰以明刑，則庶獄得衷矣；薄服味以示約，則儉德光昭矣；單宮女以配鰥，則人無怨曠矣；傾府藏以賑錫，則大賚周渥矣；省賦役以育人，則編戶巷歌矣；宣德澤以懷遠邇，則華荒抃舞矣；垂至德以暢幽顯，則禎瑞效質矣。生生得所，事事惟新，巍巍乎猶造物之曲成也。然臣愚以為行儉之道，猶自闕如。何者？今四人豪富之家，習華既深，敦樸情淺，未識儉素之易長，而行奢靡之難久。壯制第宅，美飾車馬，僕妾衣綾綺，土木被文繡，僭度違衷者衆矣。古先哲王之為制也，自天子以至公卿，下及抱關擊柝，其宮室車服各有差品，小不得踰大，賤不得踰貴。夫然，故上下序而人志定。今時浮華相競，情無常守，大為消功之物，巨制費力之事，豈不謬哉！消功者，錦繡彫文是也；費力者，廣宅高宇、壯制麗飾是也。其妨男業、害女工者，焉可勝言哉！漢文時，賈誼上疏云今之王政可為長太息者六，此卽是其一也。夫上之所好，下必從之。故越王好勇而士多輕死，楚靈好瘠而國有飢人。今二聖躬行儉素，詔令殷勤，而百姓之奢猶未革者，豈楚越之人易變如彼，大魏之士難化如此？蓋朝制弗宣，人未見德，使之然耳。臣愚以為第宅車服，自百官以至于庶人，宜為其等制，使貴不逼賤，卑不僭高，不可以稱其侈意，用違經典。今或者以為習俗日久，不可卒革，臣謹言古人革之之漸。昔子產為政一年，百姓歌之曰：我有田疇，子產伍之，我有衣冠，子產貯之，孰殺子產，吾其與之。及三年，乃改歌曰：我有田疇，子產殖之，我有子弟，子產誨之，子產若死，其誰繼之。然則鄭人之智，豈前昏而後明哉？且從政者須漸，受化者難頓故也。今若為制以差品之，始末之情，魏士與鄭人同矣。既同鄭人，是為卒有善歌，豈可憚其初怨而不為終善哉？夫尚儉者開福之源，好奢者起貧之兆。然則儉約易以教行，華靡難以財滿，是以聖人留意焉，賢人希準焉。故夏禹卑宫室而惡衣服，殷湯寢黃屋而乘輅輿。此示儉於後王，後王所宜觀其意而取折衷也。孔子為魯司寇，乘柴車而駕駑馬；晏嬰為齊正卿，冠濯冠而衣故裘。此示儉於後臣，後臣所宜識其情而消息之也。前志云：作法於涼，其弊猶貪。此言雖略，有達治道。臣之瞽言，儻或可採，比及三年，可以有成。有成則人務本，人務本則奢費除，奢費除則穀帛豐，穀帛豐則人逸樂，人逸樂則皇基固矣。

其二曰：《易》稱：主器者，莫若長子。《傳》曰：太子奉冢嫡之粢盛。然則祭亡主則宗廟無所饗，冢嫡廢則神器無所傳。聖賢知其知此，故垂誥以為長世之法。昔姬王得斯道也，故恢崇儒術以訓世嫡，世嫡於是乎習成懿德，用大協於黎蒸，是以世統生人，載祀八百。逮嬴氏之君於秦也，殆棄德政，坑焚儒典，弗以義方教厥冢子，於是習成凶德，肆虐以臨黔首，是以饗年不永，二世而亡。亡之與興，其道在於師傅，師傅之損益，可得而言。益者，周公傅成王，教以孝仁禮義，逐去邪人，不使見惡人，選天下之端士、孝悌博聞有道術者以為衛翼。衛翼良，成王正，周道之所以長久也。損者，趙高傅胡亥，教以刑戮斬劓及夷人族；逐去正人，不得見善士，諂佞讒賊者為其左右。左右邪，胡亥僻，秦祚之所以短促也。夫皇天，輔德者也，豈私周而疏秦哉？由所行之道殊，故禍福之途異耳。昔光武議為太子置傅，以問其羣臣，羣臣望意，皆言太子舅執金吾、新陽侯陰就可，博士張佚正色曰：今立太子為陰氏乎？為天下乎？卽為陰氏，則陰侯可；為天下，則固宜用天下之賢才。光武稱善，曰：置傅，以輔太子也。今博士不難正朕，况太子乎？卽拜佚為太子太傅，漢明卒為賢主。然則佚之傅漢明，非迺生之漸也，尚或有稱，而况迺生訓之以正道，其為益也固以大矣。故《禮》曰太子生，因舉以禮，使士負之，有司齊肅端冕，見于南郊，明冢嫡之重，見乎天也。過闕則下，過廟則趨，明孝敬之道也。然古之太子，自為赤子，而教固以行矣。此則遠世之鏡也。高宗文成皇帝慨少時師不勤教，嘗謂羣臣曰：朕始學之日，年尚幼冲，情未能專，既臨萬機，不遑温習，今而思之，豈唯予咎，抑亦師傅之勤。尚書李訢免冠而謝，此則近日之可鑒也。伏惟太皇太后翼贊高宗，訓成顯祖，使巍巍之功邈乎前王。陛下幼蒙鞠誨，聖敬之躋，及儲宫誕育，復親撫誥，日省月課，實勞神慮。今誠宜準古立師傅以訓導太子，訓導正則太子正，太子正則皇家慶，皇家慶則人幸甚矣。

其三曰：臣聞國本黎元，人資粒食，是以昔之哲王莫不勤勸稼穡，盈畜倉廩。故堯湯水旱，人無菜色者，蓋由備之有漸，積之有素。暨於漢家，以人食少，乃設常平以給之；魏氏以兵糧乏，制屯田以供之。用能不匱當時，軍國取濟。又《記》云：國無三年之儲，謂國非其國。光武以一畝不實，罪及牧守。聖人之憂世重穀，殷勤如彼；明君之恤人勸農，相切若此。頃年山東饑，去歲京師儉，內外人庶出入就豐，既廢營產，疲而乃達，又於國體實有虛損。若先多積穀，安而給之，豈有驅督老弱餬口千里之外？以今况古，誠可懼也。臣以爲宜析州郡常調九分之二，京都度支歲用之餘，各立官司，年豐糴積於倉，時儉則加私之二，糶之於人。如此，民必力田以買官絹，又務貯財以取官粟，年登則常積，歲凶則直給。又別立農官，取州郡户十分之一以為屯民，相水陸之宜，料頃畝之數，以贓贖雜物餘財市牛科給，令其肆力。一夫之田，歲責六十斛，蠲其正課并征戍雜役。行此二事，數年之中，則穀積而人足，雖災不為害。臣又聞前代明主，皆務懷遠人，禮賢引滯。故漢高過趙，求樂毅之胄；晉武廟定，旌吴蜀之彦。臣謂宜於河表七州人中，擢其門才，引令赴闕，依中州宜比，隨能序之。一可以廣聖朝均新舊之義，二可以懷江漢歸有道之情。

其四曰：昔帝舜命咎繇惟刑之恤，周公誥成王勿誤于庶獄，斯皆君臣相誡，重刑之至也。今二聖哀矜罪辜，小大之情，讞決之日，多從降恕，時不得已，必垂惻隱，雖前王之勤聽肆赦，亦如斯而已。至若行刑犯時，愚臣竊所未安。漢制，舊斷獄報重，常盡季冬，至孝章時改盡十月，以育三微。後歲旱，論者以十月斷獄，陰氣微，陽氣泄，以故致旱。事下公卿，尚書陳寵議：冬至陽氣始萌，故十一月有射干、芸、荔之應，周以為春；十二月陽氣上通，雉雊雞乳，殷以為春；十三月陽氣已至，蟄蟲皆震，夏以為春。三微成著，以通三統，三統之月，斷獄流血，是不稽天意也。《月令》：仲冬之月，身欲寧，事欲靜。以起隆怒，不可謂寧；以行大刑，不可謂靜。章帝善其言，卒以十月斷。今京都及四方斷獄報重，常竟季冬，不推三正以育三微。寬宥之情，每過於昔；遵時之憲，猶或闕然。豈所謂助陽發生、垂奉微之仁也？誠宜遠稽周典，近採漢制，天下斷獄，起自初秋，盡於孟冬，不於三統之春，行斬絞之刑。如此，則道協幽顯，仁垂後昆矣。

其五曰：古者，大臣有坐不廉而廢者，不謂之不廉，乃曰簠簋不飾。此君之所以禮貴臣，不明言其過也。臣有大譴，則白冠氂纓，盤水加劍，造請室而請死，此臣之所以知罪而不敢逃刑也。聖朝賓遇大臣，禮同古典。自太和以降，有負罪當陷大辟者，多得歸第自盡。遣之日，深垂隱愍，言發悽淚，百官莫不見，四海莫不聞。誠足以感將死之心，慰戒厲之情。然恩發至衷，未著永制，此愚臣所以敢陳末見。昔漢文時，人有告丞相周勃謀反者，逮繫長安獄，頓辱之與皂隸同。賈誼乃上書，極陳君臣之義，不宜如是。夫貴臣者，天子為其改容而體貌之，吏人為其俯伏而敬貴之。其有罪過，廢之可也，賜之死可也。若束縛之，輸之司寇，榜笞之，小吏詈罵之，殆非所以令衆庶見也。及將刑也，臣則北面再拜，跪而自裁。天子曰：子大夫自有過耳，吾遇子有禮矣。上不使人抑而刑之也。孝文深納其言，是後大臣有罪，皆自殺不受刑。至孝武時，稍復入獄，良由孝文行之當時，不為永制故耳。伏惟聖德慈惠，豈與漢文比隆哉。今天下有道，庶人不議之時，臣安可陳瞽言於朝，但恐萬世之後，繼體之主有若漢武之事焉。夫道貴長久，所以樹之風聲也；法尚不虧，所以貽厥孫謀也，焉得行恩當時，而不著長世之制乎？

其六曰：《孝經》稱：父子之道天性。《書》云：孝乎，惟孝友于兄弟。二經之旨，蓋明一體而同氣，可共而不可離者也。及其有罪，罪不相及者，乃君上厚恩也。至若有懼，懼應相連者，固自然之恒理也。無情之人，父兄繫獄，子弟無慘惕之容；子弟逃刑，父兄無愧恧之色。宴安榮位，遊從自若，車馬仍華，衣冠猶飾，寧是同體共氣、分憂均戚之理也？昔秦伯以楚人圍江，素服而示懼；宋仲子以失舉桓譚，免冠而謝罪。然則子弟之於父兄，父兄之於子弟，惟其情至，豈與結盟相知者同年語其深淺哉？二聖清簡風俗，孝慈是先。臣愚以為父兄有犯，宜令子弟素服肉袒，詣闕請罪；子弟有坐，宜令父兄露板引咎，乞解所司。若職任必要，不宜許者，慰勉留之。如此，足以敦厲凡薄，使人知有所耻矣。

其七曰：《禮》云：臣有大喪，君三年不呼其門。此聖人緣情制禮，以終孝子之情者也。周季陵夷，喪禮稍亡，是以要絰即戎，素冠作刺，逮于虐秦，殆皆泯矣。漢初，軍旅屢興，未能遵古。至宣帝時，民當從軍屯者，遭大父母、父母死，未滿三月，皆弗徭役；其朝臣喪制，未有定聞。至後漢元初中，大臣有重憂，始得去官終服。暨魏武、孫、劉之世，日尋干戈，前世禮制復廢而不行。晉時，鴻臚鄭默喪親，固請終服，武帝感其孝誠，遂著令以為常。聖魏之初，撥亂返正，未遑建終喪之制。今四方無虞，百姓安逸，誠是孝慈道洽，禮教興行之日也。然愚臣所懷，竊有未盡。伏見朝臣丁父憂者，假滿赴職，衣錦乘軒，從郊廟之祀，鳴玉垂緌，同節慶之醼，傷人子之道，虧天地之經。愚謂如有遭大父母、父母喪者，皆聽終服。若無其人有曠庶官者，則優旨慰喻，起令視事，但綜司出納敷奏而已，國之吉慶，一令無預。其軍戎之警，墨縗從役，雖愆於禮，事所宜行也。如臣之言少有可採，願付有司別為條制。

高祖覽而善之，尋皆施行。

《舊唐書》卷九八《源乾曜傳》　乾曜上疏曰：夫聖王之教天下也，必制禮以正人情，人情正則孝於家，忠於國。此道不替，所以理也。所以君子三年不為禮，禮必壞；三年不為樂，樂必崩。竊以古之擇士，先觀射禮，以明和容之義，非取一時之樂。夫射者，別正邪，觀德行，中祭祀，辟寇戎。古先哲王，莫不遞襲。臣竊見數年已來，射禮便廢，或緣所司惜費，遂令大射有虧。臣愚以為所費者財，所全者禮。故孔子云：爾愛其羊，我愛其禮。今乾坤再闢，日月貞明，臣望大射之儀，春秋不廢，聖人之教，今古常行，則天下幸甚。

(唐)劉肅《大唐新語》卷七《知微》 魏王泰有寵於太宗，所給月料逾於太子。褚遂良諫曰：聖人制禮，尊嫡卑庶。故立嫡以長，謂之儲君，其所承也重矣。俾用物不計，與王者共之。庶子雖賢，不是正嫡。先王所以塞嫌疑之漸，除禍亂之源。伏見儲君料物翻少魏王，陛下非所以愛子也。文多不盡載，大宗納之。

(宋)王溥《唐會要》卷三七《五禮篇目》 蘇氏曰：五禮等威，三代沿革。蓋上聖有作，情必備于吉凶；後世遵行，事豈變于文質。源清則流永，根正則苗長。我唐始基，刊定禮樂，去亡隋之繁雜，備前古之雅正，作萬代法，成四海儀，光闡皇猷，永固帝業。而修禮官不達睿旨，坐守拘忌，近移凶禮，寘於末篇，斯為妄矣。房梁公、魏鄭公庶務自殷，一心有限，雖統其事，無暇參詳，為禮官所誤。不然者，白圭無斯玷矣。暨乎永徽之初，再修典禮，遂刪去國恤禮，以為預凶事，非臣子之所宜言，此又乖也。且禮有天子卽位，為椑，歲一漆而藏焉；漢則三分租賦，而一奉陵寢。周、漢之制，豈謬誤耶？是正禮也。且東園秘器，曾不廢於有司，國恤禮文，便謂預於凶事，何貴耳而賤目、背實而向聲？有以見敬宗、義府之大妄也。

(宋)王溥《唐會要》卷四六《封建雜録上》 貞觀二年十二月十六日，太宗以宇內清晏，思以致理，謂公卿曰：朕欲使子孫長久，社稷永安，其理如何？尚書右僕射宋國公瑀對曰：臣觀前代，國祚所以長久者，莫不封建諸侯，以為磐石之固。秦并六國，罷侯置守，二世而亡；漢有天下，眾建藩屏，年踰四百；魏晉廢之，不能永久。封建之法，實可遵行。上然之，始議分封裂土之制。禮部侍郎李百藥論曰：周氏以鑒夏殷之長久，遵黄唐之並建，維城磐石，深根固本，雖王綱馳廢，而枝幹相持，故使逆節不生，宗祀不絕。秦氏背師古之訓，棄先王之道，踐華恃險，罷侯置守，子弟無尺土之邑，兆庶罕共理之憂，故一夫號澤，七廟隳祀。臣以為自古皇王，君臨宇內，莫不受命上元，飛名帝籙。締搆遇興王之運，殷憂屬啓聖之期。雖魏武攜養之資，漢高徒役之賤，非止意有覬覦，推之亦不能去也。若其獄訟不歸，菁華已竭，雖帝堯之光被四表，大舜之上齊七政，非止情存揖讓，守之亦不可固焉。以放勳、重華之德，尚不能克昌厥後，是知祚之長短，必在天時，政或盛衰，有關人事。宗周卜世三十，卜年七百，雖淪胥之道斯極，而文武之器猶在，斯則龜鼎運祚，已懸定於杳冥也。至使南征不返，東遷避逼，禋祀如綫，郊畿不守，此乃陵夷之漸，有累於封建焉。暴秦運距閏餘，數終百六。受命之主，德異禹湯；繼世之君，才非啓誦。借使李斯、王綰之輩，咸開四履，將閭、子嬰之徒，俱啓千乘，豈能逆帝王之勃興，抗龍顏之祚命耶！然則得失成敗，各有由焉。而著述之家，多守常轍，莫不情忘今古，理蔽澆淳，欲以百王之季，行三代之法。天下五服之內，盡封諸侯；王畿千里之間，俱為采地。是以結繩之化，行虞夏之朝；用象刑之典，理劉曹之末。鍥船求劍，未見其可；膠柱成文，彌所多惑。徒知問鼎請隧，有懼霸王之師；白馬素車，無復藩籬之援。不悟望夷之釁，未堪羿浞之災；復思高貴之殃，寧異申鄫之酷。此乃欽明昏亂，自繫安危，固非守宰公侯，以成興廢。且數代之後，王室寖微，自藩屏化為仇敵。家殊俗，國異政，強凌弱，眾暴寡，疆埸彼此，干戈侵伐。狐駘之役，女子盡髽；崤陵之師，隻輪不返。斯蓋略舉一隅，其餘不可勝數，陸士衡方規規然云：嗣王委其九鼎，凶族據其大邑，天下晏然，以理待亂。斯言謬也！而設官分職，任賢使能，以循良之才，膺共理之寄，刺郡分竹，何代無人。至使地或呈祥，天不愛寶，人稱父母，政比神明。曹元首方區區然稱與人共其樂者，人必憂其憂；與人同其安者，人必拯其危。豈容委以侯伯，則同其安危；任之牧宰，則殊其憂樂。何斯言之妄也！封君列國，藉慶門資，忘先業之艱難，輕自然之崇貴，莫不代增淫虐，時益驕侈。離宮別館，切漢凌雲，或刑人力而將盡，或召諸侯而共樂。陳靈則君臣悖禮，共侮徵舒；衛宣則父子聚麀，終誅壽朔。乃云為己思理，豈若是乎？內外羣官，選自朝廷，擢士庶以任之，澄水鏡以鑒之，年勞優其階品，考績明其黜陟。爵非代及，用賢之路斯廣；人無定主，附下之情不固。此乃愚智所辨，安可惑哉！至如滅國殺君，亂常干紀，春秋二百年間，略無寧歲。次睢咸秩，遂用玉帛之君，魯道有蕩，每等衣裳之會。縱使西漢哀平之際，東漢桓靈之時，下吏淫暴，必不至此。為政之理，可以一言蔽焉。陛下獨照宸衷，永懷前古，將復五等，而修舊制，建萬國而親諸侯。竊以漢魏以還，餘風之弊未盡；勛華既往，至公之道斯革。請待琢琱成朴，以質代文，刑措之教一行，登封之禮云畢，然後定疆理之制，議山河之賞，未為晚焉。中書侍郎顔師古《論封建表》曰：伏聞前年，陛下親發聖慮，特降明勅，博問卿士，議欲封建。既合事宜，實惟理要。然而議者不一，各執異端。或欲追法殷周，遠遵上古，天下之地，盡為封國，庶姓羣官，皆錫茅社；或云凋弊之後，人稀土廣，封建之事，蓋未可行。此皆不臻至理，兩失其衷。臣愚以為當今之要，莫如量其遠近，分置王國，均其戶邑，强弱相濟。畫野分疆，不得過大，間以州縣，雜錯而居，互相維持，永無傾奪。使各守其境，而不能為非；協力同心，則足扶京室。陛下然後分命諸子，各就封之。為置官寮，皆一省選用，法令之外，不得擅作威刑，朝貢禮儀，具為條式。一定此制，萬代永久，則狂狡絶暴慢之心，本朝無怵惕之慮。特進魏徵議曰：臣聞三代之利建藩屏，保乂皇家；兩漢之大啓山河，同奬王室。故楚國不恭，齊桓有召陵之舉；諸吕構難，朱虚奮北軍之謀。九鼎危而復安，諸侯傲而還肅。比夫秦之孤立，子弟為匹夫，魏氏虚名，藩捍若囹圄，豈可同年而語哉！至於同憂共樂之談，百足不僵之義，曹冏六代，陸機五等，論之詳矣。陛下發明詔，封五等，事雖盡善，時卽未遑，何也？自隋氏亂離，百殃俱起，黎元塗炭，十不一存。始蒙敷至仁以流元澤，沐春風而霑夏雨，一朝棄之，為諸侯之隸，衆心未定，或致逃亡，其未可一也；既立諸侯，當建社稷，禮樂文物，儀衛左右，頓闕則理必不安，粗修則事有未暇，其未可二也；大夫卿士，咸資禄俸，薄賦則官府困窮，厚斂則人不堪命，其未可三也；王畿千里，地税不多，至於貢賦所資，在於侯甸之外，今並分為國邑，京師府藏必虚，諸侯朝宗，無所取給，其未可四也；今燕、秦、趙、代，俱帶蕃夷，黠羌旅拒，匈奴未滅，追兵内地，遠赴邊庭，不堪其勞，將有他變，難安易動，悔或不追，其不可五也。原夫聖人舉事，貴在相時，時或未可，理資通變。敢進芻蕘之議，惟明主擇焉。六年，監察御史馬周上疏曰：伏見詔書，令宗室勳賢，作鎮藩部，貽厥子孫，嗣守其政，非有大故，則無黜免。臣竊惟陛下封之者，愛之重之，欲其胤裔承守，而與國無疆也。臣以為如詔旨者，陛下思所以安存之，富貴之，然後使為世官也。古者以堯舜之父，猶有朱均之子，儻有孩童嗣職，萬一驕愚，則兆庶被其殃，而國家受其敗。正欲絶之，則子文之理猶在；正欲留之，而欒黶之惡已彰。與其毒害於見存之百姓，則寧使割恩於已亡之一臣明矣！然則向所謂愛之者，乃適所以傷之也。臣謂宜賦以茅土，酧其戶邑，必有材器，隨器方授，則雖其翰翮非强，亦可以獲免凶累。昔漢光武不任功臣以吏事，所以終全其代者，良得其術也。願陛下深思其宜，使夫得奉天恩，而子孫終其福禄也。

（宋）李燾《續資治通鑑長編》卷一八八《宋仁宗嘉祐三年》　知制誥劉敞言：天明雖有可畏之道，然亦當稽古率禮，然後爲允。按三代之典，日食無預避之事。左氏傳稱避移時，曾子問諸侯入門不得行禮者，日食居其一，此皆睹有變而戒，非蚤備也。先王制禮，過之者猶不及。其制法先時者與不及時者，均貴得中而已。漢、唐素服寢兵，欲朝會，不視事，及求直言，大率皆在合朔之辰，未有先時旬日者也。兆憂太過，春秋所譏。今敵使入朝，遠方觀禮，舉措失中，或輕爲所覘，伏乞詳求舊典，折衷於禮。

（宋）李燾《續資治通鑑長編》卷一九八《宋仁宗嘉祐八年》　禮，爲人後者爲之子，故爲所後服斬衰三年，而爲其父母齊衰期，爲所後者之親皆如子，而爲已之親皆降一等，蓋以承重於大宗，則宜降於小宗，所以專志於所奉而不敢顧私親也。

（宋）李燾《續資治通鑑長編》卷二〇〇《宋英宗治平元年》　孔子以周公有聖人之德，成太平之業，制禮作樂，而文王適其父也，故引之以證聖人之德莫大於孝，答曾子之問而已，非謂凡有天下者皆當以其父配天，然後爲孝也。近世祀明堂者，皆以其父配五帝，此乃誤釋《孝經》之意而違先王之禮，不可以爲法也。

《遼史》卷四九《禮志一》　理自天設，情由人生。以理制情，而禮樂之用行焉。林豺梁獺，是生郊禘；窪尊燔黍，是生燕饗；藁梩瓦棺，是生喪葬；儷皮緇布，是生婚冠。皇造帝秩，三王彌文。一文一質，蓋本于忠。變通革弊，與時宜之。唯聖人爲能通其意。執理者膠瑟聚訟，不適人情；徇情者秭稗綿蕝，不中天理。秦、漢而降，君子無取焉。

《金史》卷二八《禮志一》 大定十一年始郊，命宰臣議配享之禮。左丞石琚奏曰：按《禮記》萬物本乎天，人本乎祖，此所以祖配上帝也。蓋配之者，侑神作主也。自外至者無主不止，故推祖考配天，尊之也。兩漢、魏、晉以來，皆配以一祖。至唐高宗，始以高祖、太宗崇配。垂拱初，又加以高宗，遂有三祖同配之禮。至宋，亦嘗以三帝配，後禮院上議，以爲對越天地，神無二主，由是止以太祖配。臣謂冬至親郊宜從古禮。上曰：唐、宋以私親，不合古，不足爲法。今止當以太祖配。又謂宰臣曰：本國拜天之禮甚重。今汝等言依古制築壇，亦宜。我國家絀遼、宋主，據天下之正，郊祀之禮豈可不行。乃以八月詔曰：國莫大于祀，祀莫大于天，振古所行，舊章咸在。仰惟太祖之基命，詔我本朝之燕謀，奄有萬邦，于今五紀。因時制作，雖增飾于國容，推本奉承，猶未遑于郊見。況天休滋至而年穀屢豐，敢不敷繹曠文，明昭大報。取陽升之至日，將親享于圜壇，嘉與臣工，共圖熙事。以今年十一月十七日有事于南郊，咨爾有司，各揚乃職，相予肆祀，罔或不欽。乃於前一日，遍見祖宗，告以郊祀之事。其日，備法駕鹵簿，躬詣郊壇行禮。

《金史》卷三〇《禮志三》 大定十一年，尚書省奏禘祫之儀曰：

《禮緯》三年一祫，五年一禘。唐開元中，太常議，禘祫之禮皆爲殷祭，祫爲合食祖廟，禘謂禘序尊卑。申先君逮下之慈，成羣嗣奉親之孝。自異常享，有時行之。祭不欲數，數則黷。不欲疎，疎則怠。是以王者法諸天道，以制祀典，烝嘗象時，禘祫象閏。五歲再閏，天道大成，宗廟法之，再爲殷祭。自周以後，並用此禮。自大定九年已行祫禮，若議禘祭，當於祫後十八月孟夏行禮。詔以三年冬祫，五年夏禘爲常禮。又言：海陵時，每歲止以二月、十月遣使兩享，三年祫享。按唐禮四時各以孟月享於太廟，季冬又臘享，歲凡五享。若依海陵時歲止兩享，非天子之禮，宜從典禮歲五享。從之。

《元史》卷六七《禮樂志一》 《傳》曰：禮者，天地之序也，樂者，天地之和也。致禮以治躬，外貌斯須不莊不敬，則慢易之心入之矣。致樂以治心，中心斯須不和不樂，則鄙詐之心入之矣。古之禮樂，壹本於人君之身心，故其爲用，足以植綱常而厚風俗。後世之禮樂，既無其本，唯屬執事者從事其間，故僅足以美聲文而侈觀聽耳。此治之所以不如古也。

《元史》卷七二《祭禮志一》 禮之有祭祀，其來遠矣。天子者，天地宗廟社稷之主，於郊社禘嘗有事守焉。以其義存乎報本，非有所爲而爲之，故其禮貴誠而尚質，務在反本修古，不忘其初而已。漢承秦弊，郊廟之制，置《周禮》不用，謀議巡守封禪，而方士祠官之説興，兄弟相繼共爲一代，而統緒亂。迨其季世，乃合南北二郊爲一。雖以唐、宋盛時，皆莫之正，蓋未有能反其本而求之者。彼籩豆之事，有司所職，又豈足以盡仁人孝子之心哉。

《明史》卷四八《禮志二·吉禮》 洪武元年，中書省臣李善長等奉敕撰進《郊祀議》，略言：

王者事天明，事地察，故冬至報天，夏至報地，所以順陰陽之義也。祭天於南郊之圜丘，祭地於北郊之方澤，所以順陰陽之位也。《周禮·大司樂》，冬日至，禮天神，夏日至，禮地祇。《禮》曰，享帝於郊，祀社於國。又曰，郊所以明天道，社所以明地道。《書》曰：敢昭告於皇天后土。按古者或曰地祇，或曰后土，或曰社，皆祭地，則皆對天而言也。此三代之正禮，而釋經之正説。【略】

嘉靖九年，世宗既定《明倫大典》，益覃思制作之事，郊廟百神，咸欲斟酌古法，釐正舊章。乃問大學士張璁：《書》稱燔柴祭天，又曰，類於上帝，《孝經》曰，郊祀后稷以配天，宗祀文王於明堂以配上帝，以形體主宰之異言也。朱子謂，祭之於壇謂之天，祭之屋下謂之帝。今大祀有殿，是屋下之祭帝耳，未見有祭天之禮也。況上帝皇地祇合祭一處，亦非專祭上帝。璁言：國初遵古禮，分祭天地，後又合祀。説者謂，大祀殿下壇上屋，屋卽明堂，壇卽圜丘，列聖相承，亦孔子從周之意。帝復諭璁：二至分祀，萬代不易之禮。今大祀殿擬周明堂或近矣，以爲卽圜丘，實無謂也。璁乃備述《周禮》及宋陳襄、蘇軾、劉安世、程頤所議分合異同以對。且言祖制已定，無敢輕議。

《皇朝文獻通考》卷二一四《經籍考四·經禮》 《儀禮集編》四十卷，盛世佐撰。世佐，秀水人。官龍里縣知縣。右禮類《儀禮》《日講禮記解義》六十四卷，聖祖仁皇帝御製序曰：朕聞六經之道同歸，而禮樂之用爲急。孔子曰：安上治民莫善於禮。又曰：上好禮則民莫敢不敬。誠以禮者範身之具，而興行起化之原也。天之生人，品類紛綸，莫可紀極。聖人起而整齊之，法於天，則於地，順於人，達於時，協於鬼神，斟酌損益以定其品節限制，俾天下化其好逸惡勞之心，而予以從善棄惡之道，蒸蒸焉日蹈履於中正而不敢越。蓋非有以強之也，率乎其理之所安而已。其綱有三百，其目有三千，大者在冠、婚、喪、祭、朝、聘、射、燕之規，小者在揖讓、進退、飲食、起居之節。循之，則君臣、上下賴以序，夫婦、內外賴以辨，父子、兄弟、婚媾、姻婭賴以順而成。反是，則尊卑易位，等殺無章，家未有能齊，而國未有能治者。故曰：動容中禮而天德備矣，治定制禮而王道成矣。嘗退觀三代禹、湯、文、武，惇叙彝典以倡導天下，而其時之諸侯秉禮以守其國，大夫、士遵禮以保其家，下至工、賈、庶人畏法循紀以世其業。嗚呼，何風之隆哉！

（清）陸增祥《八瓊室金石補正》卷三《元初甎文》　又云以禮爲醴。案：《儀禮·士昏禮》：賓人受如初禮。注云古文禮爲醴。《聘禮》明日賓拜禮於朝。禮玉。《聘禮》記：禮不拜至。《士冠禮》：禮於阼。注並云今文禮作醴。《詩·采蘋》傳：必先禮之於宗室。疏云定本禮作醴。又《儀禮·士冠禮》請醴賓若不醴，則醮用酒。《士昏禮》贊：醴婦出請醴賓。注並云醴當爲禮。《禮記·內則》宰醴負之。《昏義》贊醴婦。注亦並云當作禮。是禮、醴二字互相通借之證也。

（清）王夫之《讀通鑑論》卷一一《晉武帝》　晉始建國，立七世之廟，除五帝之座，罷圜丘方澤之祀，合之於郊，皆宗王肅而廢鄭玄也。於是而知王肅之學，醇正於鄭玄遠矣。後世經學傳鄭氏，肅之正義，没而不傳，則賈公彦、孔穎達之怙專師而晦道也。

周之祀典，組紺以上下不廢也，而限天子之廟於五世，合兩世室而始爲七。玄之託於義而賊仁也。《周禮》合樂於圜丘方澤者，非祭也，所以順陰陽，合律呂而正樂也；而謂郊之外有圜丘方澤之大祀，玄之淫於樂以亂禮也。其尤妖誣而不經者，爲上帝之名曰耀寶魄，又立靈威仰、赤熛怒、白招矩、叶光紀之名，爲四方之帝，有若父名而賓字之者，適足以資通人之一哂。而以之釋經，以之議禮，誣神媟天，黷祀惑民，玄之罪不容貸矣。託之於星術，而實傳之於讖緯，夫且誣爲孔氏之書；王肅氏起而辨之，晉武因而絀之，於是禁星氣讖緯之學，以嚴邪説之防，肅之功大矣哉！惜乎世遠俗流，師承道圮，而肅學不傳也。如其傳，則程、朱興起，尚有所資以闢鄭氏之淫辭與！

（清）王夫之《讀通鑑論》卷一一《晉武帝》　杜預欲短太子之喪，而曰：君子之於禮，存諸內而已。安得此野人之言而稱之哉！今有人焉，心不忘乎敬父，而坐則倨以待，情不恝乎愛兄，而怒則紾其臂；亦將曰存諸內而已乎？內外，交相維、交相養者也。既飾其外，必求其內，所以求君子之盡其誠；欲動其內，必飭其外，所以導天下而生其心也。今使衰麻其衣，疏糲其食，倚廬其寢處，然而馳情於淫侈以忘其哀慕者，鮮矣；耳目制之，心不得而動也。藉令錦其衣，肉其食，藻井綺疏金樞玉戶其寢處，雖有哀慕之誠，不蕩而忘者，鮮矣；耳目移而心爲之蕩也。故先王之制喪禮，達賢者之內於外，以安其內，而制中材之外，以感其內。故曰：直情徑行，戎狄之道也。夫鳥獸之啾啁以念死，內非不哀，而外無所飾，則未幾而忘之矣；野人之內存而外不著見者，亦如是而已矣。

杜預之於學也亦博矣，以其博文其不仁，六經之旨，且以之亂。諒闇者，梁菴也，有梁無柱，茅苄垂地之廬也，而誣之曰心喪。叔向之譏景王曰，有三年之喪二。謂之有喪矣，非謂存諸內者之徒戚也，而誣之曰不譏除喪，而譏其燕樂之已早。預之存諸內者，誣聖欺天，絕人而禽之，猶曰君子之於禮，存諸內而已乎？故曰：以禮制心。心有不存，而禮制之。其外無別，則內之存與不存，又奚以辨哉？邪説逞，人道息。凡今之人，皆曰：臣忠、子孝、兄友、弟恭，求其心而已。而心之不可問者多矣。不仁哉杜預之言，以賊天下有餘也！

（清）王夫之《讀通鑑論》卷二〇《唐太宗》　貞觀改服制，嫂，叔，夫之兄，弟之妻，皆相爲服，變周制也。古之不相爲服者，《禮傳》言之詳矣。嫂不可以母道屬，弟之妻不可以婦道屬，所以定昭穆之分也。嫂叔生而不通問，死而不爲服，所以厚男女之別也。唐推兄之敬，而從兄以服嫂；推弟之愛，而從弟以服其妻；所以廣昆弟之恩也。周謹乎禮之微，唐察乎情之至，皆道也，而周之義精矣。

雖然，抑有説焉。禮以定萬世之經，則必推之天下而可行，盡乎事之變而得其中者也。有人於此，少而失其父母，抑無慈母乳母之養，而嫂養之，長而爲之有室，則恩與義兩不得而忘也。生藉之以生，死則恝然而視若行道之人，心固有所不安矣。在《禮》，舅之妻，從母之夫，無服者也，而或曰：同爨緦，鞠我之恩而不如同爨乎？其不忍不爲服，必也。有人於此，少孤而兄養之，已而爲之納婦，自納采以至於請期，稱主人者皆兄也，既娶而兄猶爲家政之主，未異宮而兄死，其婦視夫之兄有君道焉。且兄而居長，則固小宗之宗子也，合小宗之男女爲之服，而弟之妻獨否，一家之所統尊，顧可傲岸若賓客乎？繼父，無服者也，同居而爲之成室家、立親廟，則服朞。夫之兄可爲小宗，而成其家室，以視繼父之同居而異姓者奚若？抑義之不得不爲服者也。《禮》有之，子思之哭嫂也，爲位而哭，不容已於哭也。可爲之哭，則可爲之服。君子惡夫涕之無從，而服之不亦可乎！

上古之世，男女之別未正，昭穆之序未審，故周公嚴之於此而辨之情。後世男女正而恩禮睽，兄弟之離，類起於室家之猜怨，則使相爲服以獎友睦之誼，亦各因其時而已。《禮》曰：時爲大。百王相承，所損益可知也。聖人許時王以損益，則貞觀之改周制，可無疑已。

（清）王先謙《荀子集解・富國》 禮者，貴賤有等，長幼有差，貧富輕重皆有稱者也。稱，尺證反。盧文弨曰：舊本不提行，今案當分段。先謙案：上言裕民以政，下結云夫是之謂以政裕民，應為一段，舊本是，盧説非也。今正。故天子袾裷衣冕，袾，古朱字。裷與衮同。畫龍於衣，謂之衮。朱衮，以朱為質也。諸侯玄裷衣冕，謂上公也。《周禮》公之服，自衮冕而下，如王之服也。大夫裨冕，衣裨衣而服冕，謂祭服也。天子六服，大裘為上，其餘為裨。裨之言卑也。以事尊卑服之，諸侯以下亦服焉，驚冕、絺冕皆是也。士皮弁服。皮弁，謂以白鹿皮為冠，象上古也。素積為裳，用十五升布為之。積，猶辟也。辟蹙其腰中，故謂之素積也。德必稱位，位必稱禄，禄必稱用。

（清）王先謙《荀子集解・王霸》 而天子之禮制如是者也。禮之與制，如此其盛。言盡人情之所欲也。制度以陳，政令以挾，挾，讀為浹，洽也。官人失要則死，公侯失禮則幽，要，政令之要約也。《禮記》曰：各揚其職，百官廢職，服大刑。幽，囚也。《春秋傳》曰晉侯執衛侯，歸之于京師，寘諸深室也。四方之國，有侈離之德則必滅。

（清）王先謙《荀子集解・君道》 請問為人君。曰：以禮分施，均偏而不偏。請問為人臣。曰：以禮待君，忠順而不懈。

（清）王先謙《荀子集解・議兵》 孝成王、臨武君曰：善！請問王者之兵設何道何行而可？設，謂制置。道，謂論説教令也。行，動用也。王念孫曰：道，術也。楊以道為論説教令，失之。先謙案：設，猶用也，説見《君道篇》。孫卿子曰：凡在大王，將率末事也。臣請遂道王者諸侯彊弱存亡之效，安危之埶：率與帥同，所類反。道，説也。效，驗也。孝成王見荀卿論兵謂王者以兵為急，故遂問用兵之術。荀卿欲陳王道，因不答其問，故言凡在大王之所務，將帥乃其末事耳，所急教化也，遂廣説湯、武、五霸及戰國諸侯之事。先謙案：以下文凡在於軍，將率末事也證之，是謂凡在大王之將率者，皆末事也。楊注誤。君賢者其國治，君不能者其國亂；隆禮貴義者其國治，簡禮賤義者其國亂。治者強，亂者弱，是強弱之本也。上足卬，則下可用也；上不卬，則下不可用也。卬，古仰字。不仰，不足仰也。下託上曰仰，宜向反。能教且化，長養之，是足仰。謝本作上不足卬。盧文弨曰：以注觀之，正文當本是上不卬，衍足字。先謙案：盧説是。此後人妄加，今依注文刪足字，以復唐人注本之舊。下可用則強，下不可用則弱，是強弱之常也。隆禮效功，上也；重禄貴節，次也；上功賤節，下也；是強弱之凡也。效，驗也。功，戰功也。效功，謂不使賞僭也。重禄，重難其禄，不使素餐也。節，忠義也。君能隆禮驗功則強，上戰功、輕忠義則弱，大凡如此也。好士者強，不好士者弱；士，賢士也。愛民者強，不愛民者弱；政令信者強，政令不信者弱；信，謂使下可信。民齊者強，民不齊者弱；齊，謂同力。謝本從盧校作不齊者弱。王念孫曰：案元刻不齊上亦有民字，是也。宋龔本同。上文之政令，下文之賞刑械用兵革，皆於上下句兩見，則民字亦當兩見。先謙案：王説是，今依元刻增民字。賞重者強，賞輕者弱；重難其賞，使必賞有功則強，輕易其賞則弱也。刑威者強，刑侮者弱；刑當罪，使民可畏則強，不當罪則人侮慢，故弱也。械用兵革攻完便利者強，攻，當為功。功，精好加功者也。器械牢固，便利於用則強也。盧文弨曰：攻與工、功，古多通用。攻，治也。即依本字不改亦可。械用兵革窳楛不便利者弱，窳，器病也，音庾。楛，濫惡。謂不堅固也。重用兵者強，輕用兵者弱；重難用兵者強。權出一者強，權出二者弱：政多門則弱也。是強弱之常也。

（清）王先謙《荀子集解・大略》 不以禮，動斯陷矣。

又：禮者，人之所履也，失所履，必顛蹷陷溺。所失微而其為亂大者，禮也。禮之於正國家也，如權衡之於輕重也，如繩墨之於曲直也。故人無禮不生，事無禮不成，國家無禮不寧。

《皇朝經世文編》卷一《學術一・原學》張爾岐《中庸論》《中庸》一書，禮之統論約束也。夫禮抑人之盛氣，抗人之懦情，以就於中。天下之人，質之所不便，皆不能安。不安恐遂為道裂，指禮之物，而贊以坦易之辭，以究其説於至深、至大、至盡之地，所以堅守禮者之心而統之一途也。故其言始之天命，以著從來，曰斯禮也。命與性先之矣，不然不汝强也。極之倫彝典則，以表大業，曰斯禮也。帝王之所考，名教之所責，無之或二也，要之誠明以立本事，曰斯禮也。非明無以通微，非誠無以正隱，非所以為外也。於是使愚不肖者知所跂，而賢智者亦厭其意，而不敢求多焉。此《中庸》之書所以繼六經而鞭其後也。使其漫無所指，懸一至美之稱，在事實之外，聽人之所擬，豈聖賢著書道善禁奸之本意乎？難之者曰：禮者，道之文也。子舉《中庸》，蔽之於禮，聖人之道，無以加於禮乎？曰：禮者，道之所會也。雖有仁聖，不得禮無以加於人，則禮者，道之所待以徵事者也。故其説不可殫。聖人之所是，皆禮同類也。聖人之所非，皆禮反對也。《易》之失得，《書》之治亂，《詩》之貞淫，《春秋》之誅賞，皆是物矣。盡六經之説，而後可以究禮之説，而後可以究《中庸》之説，《中庸》者，禮之統論約説，非其詳者也。而孔子之告顔淵曰：克己復禮為仁，仁不得禮無以為行，並無以為存也。禮之所統，不既全矣乎？吾故斷以《中庸》為必有所指，而其所指，斷乎其為禮，而非他也。漢儒取以記禮，為得解矣。世方樂《中庸》之便其私，其疑吾説也必甚，烏知吾之説固古人之説耶。

（清）唐甄《潛書》上篇上《内倫》孔氏曰：《易》之咸爲夫婦之道，其《彖》曰止而説男下女，以證夫婦相下之道，恒道也。泰之天下于地其義亦然。夫天高地下，夫尊妻卑，若反高下，易尊卑，豈非大亂之道，而《詩》之爲義，《易》之爲象，何以云然乎？蓋地之下於天，妻之下于夫者，位也。天之下于地，夫之下於妻者，德也。古者，君拜臣，臣拜君，答拜師保之前，自稱小子，德位之不相掩也。天子之尊冕而親迎，敬之也。亦德位之不相掩也。若天不下於地，是謂天亢，天亢則風雨不時，五穀不熟。君不下於臣，是謂君亢，君亢則臣不竭忠，民不愛上。夫不下於妻，是謂夫亢，夫亢則門内不和，家道不成，施于國則國必亡，施于家則家必喪，可不慎與！

《商君書・去彊》國有禮，有樂，有《詩》，有《書》，有善有修，有孝有弟，有廉，有辯。國有十者，上無使戰，必削，至亡；國無十者，上有使戰，必興，至王。國以善民治姦民者，必亂，至削；國以姦民治善民者，必治，至彊。國用《詩》、《書》、禮、樂、孝、弟、善、修，治者，敵至必削，國不至必貧，國不用八者治，敵不敢至，雖至必却，興兵而伐，必取，取必能有之，按兵而不攻，必富。國好力，曰以難攻；國好言，曰以易攻。國以難攻者，起一得十；以易攻者，出十亡百。

《商君書・説民》辯慧，亂之贊也；禮樂，淫泆之徵也；慈仁，過之母也；任舉，姦之鼠也。亂有贊則行，淫佚有徵則用，過有母則生，姦有鼠則不止。八者有羣，民勝其政。國無八者，政勝其民。民勝其政，國弱。政勝其民，兵彊。故國有八者，上無以使守戰，必削，至亡。國無八者，上有以使守戰，必興，至王。

《晏子春秋・内篇問上》景公問于晏子曰：寡人意氣衰，身病甚，今吾欲具珪璋犧牲，令祝宗薦之乎上帝宗廟，意者禮可以干福乎？晏子對曰：嬰聞之，古者先君之干福也，政必合乎民，行必順乎神，節宫室，不敢大斬伐，以無偪山林；節飲食，無多畋漁，以無偪川澤；祝宗用事，辭罪而不敢有所求也。是以神民俱順，而山川納禄。今君政反乎民而行悖乎神，大宫室，多斬伐，以偪山林；羨飲食，多畋漁，以偪川澤。是以民神俱怨，而山川收禄，司過薦罪，而祝宗祈福，意者逆乎！公曰：寡人非夫子無所聞此，請革心易行。于是廢公阜之游，止海食之獻，斬伐者以時，畋漁者有數，居處飲食，節之勿羨，祝宗用事，辭罪而不敢有所求也。故鄰國忌之，百姓親之，晏子没而後衰。

（漢）劉安《淮南子》卷一一《齊俗訓》夫禮者所以別尊卑，異貴賤；義者所以合君臣、父子、兄弟、夫妻、朋友之際也。今世之為禮者，恭敬而忮，忮，害也。為義者，布施而德。君臣以相非，骨肉以生怨，則失禮義之本也，故搆而多責。謂以權相交，權盡而交疏，搆搆然也。

又：箕踞反言而國不亡者，未必無禮也。楚莊王裾衣博袍，裾，裒也。衣，裾也。令行乎天下遂霸諸侯。晉文君大布之衣，大布，粗布也。牂羊之裘，韋以帶劍，威立於海内。豈必鄒魯之禮之謂禮乎。鄒，孟軻邑。魯，孔子邑。是故入其國者從其俗，入其家者避其諱。不犯禁而入，不忤逆而進。雖之夷狄徒倮之國，徒倮，不衣也。結軌乎遠方之外，而無所困矣。禮者實之文也，仁者恩之效也。故禮因人情而為之節文，而仁發恲以見容。恲，色也。禮不過實，仁不溢恩也，治世之道也。

夫三年之喪，是強人所不及也，而以偽輔情也。三月之服，是絶哀而迫切之性也。三月之服，夏后氏之禮。夫儒墨不原人情之終始，而務以行相反之制，五縗之服。五縗謂三年、朞年、九月、五月、三月服也。悲哀抱於情，葬薶稱於養。不強人之所不能為，不絶人之所能已，度量不失於適，誹譽無所由生。古者非不知繁升降槃還之禮也，蹀采齊、肆夏之容也。采齊、肆夏，皆樂名也。以為曠日煩民而無所用，故制禮足以佐實喻意而已矣。

（漢）王充《論衡》卷二五《祀義》　世信祭祀，以為祭祀者必有福，不祭祀者必有禍，是以病作卜祟，祟得修祀，祀畢意解，意解病已，執意以為祭祀之助，勉奉不絶。謂死人有知，鬼神飲食，猶相賓客，賓客悦喜，報主人恩矣。其修祭祀，是也；信其事之，非也。實者祭祀之意，主人自盡恩懃而已，鬼神未必欲享之也。何以明之？今所祭者報功，則緣生人為恩義耳，何歆享之有？今所祭死人，死人無知，不能飲食。何以審其不能歆享飲食也？夫天者，體也，與地同。天有列宿，地有宅舍；宅舍附地之體，列宿著天之形；形體具則有口乃能食，使天地有口能食，祭食宜食盡；如無口，則無體；無體則氣也，若雲霧耳，亦無能食。如天地之精神，若人之有精神矣，以人之精神，何宜飲食？中人之體七八尺，身大四五圍，食斗食，歠斗羹，乃能飽足，多者三四斗。天地之廣大，以萬里數。圜坵之上，一蠒栗牛，粢餄大羹，不過數斛，以此食天地，天地安能飽？天地用心，猶人用意也；人食不飽足，則怨主人，不報以德矣。必謂天地審能飽食，則夫古之郊者負天地。山猶人之有骨節也，水猶人之有血脈也；故人食腸滿，則骨節與血脈，因以盛矣。今祭天地，則山川隨天地而飽，今別祭山川，以為異神，是人食已，更食骨節與血脈也。

（漢）王充《論衡》卷二五《祭意》　凡祭祀之義有二：一曰報功，二曰修先。報功以勉力，修先以崇恩。力勉恩崇，功立化通，聖王之務也。是故聖王制祭祀也，法施於民則祀之，以死勤事則祀之，以勞定國則祀之，能禦大災則祀之，能捍大患則祀之。帝嚳能序星辰以著衆，堯能賞均刑法以義終，舜勤民事而野死，鯀勤洪水而殛死。禹能修鯀之功，黄帝正名百物，以明民共財，顓頊能修之，契為司徒而民成，冥勤其官而水死，湯以寛治民而除其虐。文王以文治，武王以武功，去民之災。凡此功烈，施布於民，民賴其力，故祭報之。宗廟先祖，己之親也，生時有養親之道，死亡義不可背，故修祭祀，示如生存。推人事鬼神，緣生事死人，有賞功供養之道，故有報恩祀祖之義。

（漢）應劭《風俗通義》卷三《愆禮》　夫聖人之制禮也，事有其制，曲有其防，爲其可傳，爲其可繼，賢者俯就，不肖跂及。是故子張過而子夏不及，然則無愈。子路喪姊朞而不除，仲尼以爲大譏，況於忍能矯情直意而已也哉？《詩》云不愆不忘，帥由舊章。《論語》不爲禮，無以立。故注近世苟妄曰愆禮也。

（清）顧炎武《日知録》卷一《君子以永終知敝》　讀《新臺》《桑中》《鶉奔》之詩，而知衛有狄滅之禍；讀《宛丘》《東門》《月出》之詩，而察陳有徵舒之亂。書齊侯送姜氏於讙，而卜桓公之所以薨。書夫人姜氏入，書大夫宗婦覿，用幣，而兆子般、閔公之所以弑。昏媾之義，男女之節，君子可不慮其所終哉！

（宋）潘自牧《記纂淵海》卷六二《問學部・中輟》　爲山九仞，功虧一簣。《書・旅獒》。爲禮不本于義，猶耕而弗種也。爲義而不講之以學，猶種而弗耨也。講之以學而不合之以仁，猶耨而弗穫也。合之以仁而不安之以樂，猶穫而弗食也。《記・禮運》。

（唐）白居易《白居易集》卷六五《策林四・救學者之失》　問：學者，教之根，理之本。國家設庠序以崇儒術，張禮樂而厚國風，師資肅以尊嚴，文物焕其明備。何則學《詩》、《書》者，拘於文而不通其旨，習禮、樂者，滯於數而不達其情；故安上之禮未行，化人之學將落。今欲使工祝知先王之道，生徒究聖人之心；《詩》、《書》不失於愚誣，禮、樂無聞於盈減；積之為言行，播之為風化。何為何作，得至於斯？

臣聞：化人動衆，學為先焉，安上尊君，禮為本焉。故古之王者，未有不先於學，本於禮，而能建國君人，經天緯地者也。國家删定六經之義，裁成五禮之文，是為學者之先知，生人之大惠也。故命太常以典禮樂，立太學以教《詩》、《書》：將使乎四術並舉而行，萬人相從而化。然臣觀太學生徒，誦《詩》、《書》之文，而不知《詩》、《書》之旨；太常工祝，執禮、樂之器，而不識禮、樂之情。遺其旨，則作忠興孝之義不彰；失其情，則合敬同愛之誠不著。所謂去本而從末，棄精而得粗。至使陛下語學有將落之憂，顧禮有未行之歎者：此由官失其業，師非其人；故但有修習之名，而無訓導之實也。伏望審官師之能否，辨教學之是非，俾講《詩》者以六義風賦為宗，不專於鳥獸草木之名也。讀《書》者以五代典謨為旨，不專於章句詁訓之文也。習禮者以上下長幼為節，不專於俎豆之數，裼襲之容也。學樂者以中和友孝為德，不專於節奏之變，綴兆之度也。夫然，則《詩》、《書》無愚誣之失，禮、樂無盈減之差，積而行立者，乃升之於朝廷；習而事成者，乃用之於宗廟。是故温柔敦厚之教，疏通知遠之訓，暢於中而發於外矣。莊敬威嚴之貌，易直子諒之心，行於上而流於下矣。則覩之者莫不承順，聞之者莫不率從。管乎人情，出乎理道；欲人不化，上不安，其可得乎？

（唐）白居易《白居易集》卷六五《策林四·議禮樂》　問：禮樂並用，其義安在？禮樂共理，其効何徵？禮之崩也？何方以救之乎？樂之壞也，何術以濟之乎？

臣聞：序人倫，安國家，莫先於禮；和人神，移風俗，莫尚於樂。二者所以並天地，參陰陽，廢一不可也。何則？禮者，納人於別而不能和也；樂者，致人於和而不能別也。必待禮以濟樂，樂以濟禮，然後和而無怨，別而不争。是以先王並建而用之，故理天下如指諸掌耳。《志》曰：六經之道同歸，而禮樂之用為急。故前代有亂亡者，由不能知之也；有知而危敗者，由不能行之也；有行而不至於理者，由不能達其情也；能達其情者，其唯宗周乎？周之有天下也，修禮達樂者七年，刑措不用者四十年，負扆垂拱者三百年，龜鼎不遷者八百年：斯可謂達其情，臻其極也。故孔子曰：吾從周。然則繼周者，其唯皇家乎？臣伏聞：禮減則銷，銷則崩；樂盈則放，放則壞。故先王減則進之，盈則反之；濟其不及，而洩其過：用能正人道，反天性，奮至德之光焉。因家承齊、梁、陳、隋之弊，遺風未弭：故禮稍失於殺，樂稍失於奢。伏惟陛下：慮其減削，則命司禮者大明唐禮；防其盈放，則詔典樂者少抑鄭聲。如此，則禮備而不偏，樂和而不流矣，繼周之道，其在茲乎？

（唐）白居易《白居易集》卷六五《策林四·沿革禮樂》　問：禮樂之用，百王共之。然則歷代以來，或沿而理，或革而亂，或損而興，或益而亡：何述作之跡同，而得失之効異也？方今大制雖立，至理未臻，豈沿襲損益，未適其時宜？將文物聲明，有乖於古制？思欲究盛禮之旨，審至樂之情；不和者改而更張，可繼者守而勿失。具陳其要，當舉而行。

臣聞：議者曰：禮莫備於三王，樂莫盛於五帝；非殷周之禮，不足以理天下；非堯舜之樂，不足以和神人。是以總章辟雍，冠服簠簋之制，一不備於古，則禮不能行矣；干戚羽旄，屈伸俯仰之度，一不修於古，則樂不能和矣。古今之論，大率如此。臣竊謂斯言，失其本，得其末，非通儒之達識也。何者？夫禮樂者，非天降，非地出也；蓋先王酌於人情，張爲通理者也。苟可以正人倫，寧家國，是得制禮之本意也；苟可以和人心，厚風俗，是得作樂之本情矣。蓋善沿禮者，沿其意，不沿其名；善變樂者，變其數，不變其情。故得其意，則五帝三王不相沿襲，而同臻於理矣；失其情，則王莽屑屑習古，適足爲亂矣。故曰：行禮樂之情者王，行禮樂之飾者亡。蓋謂是矣。且禮本於體，樂本於聲：文物名數，所以飾其體，器度節奏，所以文其聲。聖人之理也。禮至則無體，樂至則無聲。然則苟至於理也，聲與體猶可遺，況於文與飾乎？則本末取捨之宜，可明辨矣。今陛下以上聖之資，守烈祖之制，不待損益，足以致理，然苟有沿革，則願陛下審本末而述作焉。蓋禮者，以安上理人爲體，以別疑防欲爲用，以玉帛俎豆爲數，以周旋裼襲爲容。數與容可損益也，體與用不可斯須失也。樂者，以易直子諒爲心，以中和孝友爲德，以律度鏗鏘爲飾，以綴兆舒疾爲文。飾與文可損益也，心與德不可斯須失也。夫然，則禮得其本，樂達其情，雖沿襲損益不同，同歸于理矣。

（宋）司馬光《司馬温公文集》卷二《章奏·論夏竦謚狀皇祐四年七月上》　臣等伏覩故贈太師中書令夏竦，以舊在東宮，特賜謚文正。臣聞《大戴禮》曰：謚者行之迹也。行出於己，名生於人，所以勸善沮惡，不可私也。臣等叨預禮官，謚有得失，職所當言，不敢隱默。謹按令文，諸諡王公及職事官三品以上，皆録行狀申省，考功勘校，下太常禮院擬諡訖，申省議定，奏聞。所以重名實，示至公也。陛下聖德涵容，如天如地，哀愍舊臣，恩厚無已。知竦平生，不協羣望，不欲委之有司，概以公議，且將揜覆其短，推見所長，故定諡於中，而後宣示於外。臣等謂猶宜擇中流之諡，使與行實麤相應者取以賜之，亦非羣臣所敢議也。今乃諡以文正二者，諡之至美，無以復加，雖以周公之材，不敢兼取，況如竦者，豈易克當，所謂名與實爽，諡與行違，傳之永久何以爲法？伏以陛下睿智聰明，燭見微遠，如竦所爲，豈不素聞？迺欲以恩澤之私，強加美諡，雖朝士大夫畏竦子孫，方居美仕，不敢顯言，四方之人，耳目炳然，豈可揜蔽！必曰夏竦之爲如是而諡文正，非以諡爲公器也，蓋出於天子之恩耳。此以譏評國家之失，豈云細哉！臣等所以夙夜區區，不敢避誅戮之辜，怨讎之禍，狂僭妄言，正爲此耳。伏乞陛下留神幸察，改賜一諡，庶協中外之論，以爲萬世之法，臣等無任懇款惶懼之至。

論夏竦諡第二狀奉聖旨改諡文莊

臣等近以故贈太師中書令夏竦賜諡文正，輒有奏陳，乞賜改更，至今未奉論旨。臣等竊以凡爲人臣，受禄不必多，居位不必高。苟當官不言，則刑戮之人也，是以夙夜惶懼，不敢默默。伏惟陛下不以鄙賤而忽其言，臣等竊述諡法本意。所謂道德博聞曰文者，非聞見雜博之謂也。蓋以所學所行，不離於道德也。靖共其位曰正者，非柔懦苟媮之謂也。蓋以《詩》云：靖共爾位，好是正直也。今竦奢侈無度，聚斂無厭，內則不能制義於閨門，外則不能立效於邊鄙，言不副行，貌不應心。語其道德，則貪淫矣；語其正直，則回邪矣。此皆天下所共聞，非臣等所敢誣加也。陛下乃以文正諡之，臣等戇愚，不達大體，不知復以何諡待天下之正人良士哉！且陛下所以念竦如此之厚者，以竦嘗爲東宮之臣故也。曏者，東宮之臣，死而得諡者非一，陛下未嘗親有所定，至於竦獨不然，豈非知竦所爲不合衆心邪？陛下必以竦爲正直無疑，則何不委之有司，付以公議。然則陛下揜覆其短，適所以彰之也。陛下念竦不已，則莫若厚撫其家。至於諡者，先王所以勸善沮惡，非供恩澤之具也。議者將以諡爲虛名，何害借人，臣等請試言其害。凡國家所以馭臣下者，不過禍福榮辱而已。若爲善者生享其福，死受其榮；爲不善者生遇其禍，死蒙其辱。天下雖欲不治安，何可得已？若有不令之臣，生則盜其禄位，死則盜其榮名；善者不知所勸，惡者不知所懼。臧否顛倒，不可復振，此其爲害，可勝道哉！《虞書》曰：兢兢業業，一日二日萬幾。孔安國傳曰：言當戒懼萬事之微。夫事之方微，治之易絕。及其既著，誰得治之。況天下之人，皆知竦爲大邪。陛下雖諡之以正，此不足以揜竦之惡，而適足以傷國家之至公耳。且諡法所以信於後人者，爲其善善、惡惡，無私也。今以一臣之故而敗之，使忠良儁傑之士蒙美諡者，後世皆疑之，則諡法將安用哉？臣等所以冒犯天威，區區不已。與人父子爲怨者，誠惜國家勸沮大法，不可因循虧廢也。伏惟陛下憐察，少加採擇，特依前奏所陳，改賜竦諡，天下幸甚。臣等不勝惶恐待命之至。

（宋）張載《張載集·經學理窟·周禮》 《周禮》是的當之書，然其間必有末世添入者，如盟詛之屬，必非周公之意。蓋盟詛起於王法不行，人無所取直，故要之於神，所謂國將亡，聽於神。蓋人屈抑無所伸故也。如深山之人多信巫祝，蓋山僻罕及，多爲強有力者所制，其人屈而不伸，必咒詛於神，其間又有偶遭禍者，遂指以爲果得伸於神。如戰國諸侯盟詛，亦爲上無王法。今山中人凡有疾者，專使巫者視之，且十人間有五人自安，此皆爲神之力，如《周禮》言十失四已爲下醫，則十人自有五人自安之理。則盟詛決非周公之意，亦不可以此病周公之法，又不可以此病《周禮》。《詩》云：侯詛侯咒，靡屆靡究，不與民究極，則必至於詛咒。

（宋）張載《張載集·張子語録·語録下》 禮文參校，是非去取，不待已自了當。蓋禮者理也，須是學窮理，禮則所以行其義，知理則能制禮，然則禮出於理之後。今在上者未能窮，則在後者烏能盡！今禮文殘缺，須是先求得禮之意然後觀禮，合此理者即是聖人之制，不合者即是諸儒添入，可以去取。今學者所以宜先觀禮者類聚一處，他日得理，以意參校。

（宋）張載《張載集·文集佚存·女戒》 婦道之常，順惟厥正。婦（止）〔正〕柔順。是曰天明，天之顯道。是其帝命。命女使順。嘉爾婉娩，克安爾親，往之爾家，呂氏，汝家。克施克勤！能行孝順，（能）〔爲〕勤。爾順惟何？無違夫子。夫子，婿也。無然皐皐。皐皐，難與言也。無然訿訿！訿訿，難興（與）〔共〕事也。彼是而違，爾焉作非？違是則非。彼舊而革，爾焉作儀？改舊乃汝（安正）〔妄立〕制度。惟非惟儀，女生則戒。在《毛詩・斯干篇》。王姬肅雍，酒食是議。周王之女亦然。貽爾五物，以銘爾心：錫爾佩巾，墨予誨言。銅爾提匜，謹爾賓薦。賓客、祭（禮）〔祀〕。玉爾奩具，素爾藻絢。藻絢妝飾不可太華。枕爾文竹，席爾吴莞。念爾書訓，因枕文思訓。思爾退安。安爾退居之席。彼實有室，男當有室。爾勿從室。不得從而有其室也。遜爾提提，遜，謹退也。提提，安也。爾生引逸。引，長也。逸，樂也。

（宋）蘇軾《蘇軾文集》卷二《論・禮以養人爲本論》 三代之衰，至于今且數千歲，豪傑有意之主，博學多識之臣，不可以勝數矣，然而禮廢樂墜，則相與咨嗟發憤而卒於無成者，何也？是非其才之不逮，學之不至，過於論之太詳，畏之太甚也？夫禮之初，緣諸人情，因其所安者，而爲之節文，凡人情之所安而有節者，舉皆禮也，則是禮未始有定論也。然而不可以出於人情之所不安，則亦未始無定論也。執其無定以爲定論，則塗之人皆可以爲禮。

今儒者之論則不然，以爲禮者，聖人之所獨尊，而天下之事最難成者也。牽於繁文，而拘於小説，有毫毛之差，則終身以爲不可。論明堂者，惑於《考工》、《吕令》之説；議郊廟者，泥於鄭氏、王肅之學。紛紛交錯者，累歲而不決。或因而遂罷，未嘗有一人果斷而決行之。此皆論之太詳而畏之太甚之過也。

夫禮之大意，存乎明天下之分，嚴君臣，篤父子，形孝弟而顯仁義也。今不幸去聖人遠，有如毫毛不合於三代之法，固未害其爲明天下之分也，所以嚴君臣、篤父子、形孝弟而顯仁義者猶在也。今使禮廢而不修，則君臣不嚴，父子不篤，孝弟不形，義不顯，反不足重乎？

（宋）蘇頌《蘇魏公文集》卷一五《奏議・議承重法》 臣近因上言臣僚家廟祠享事，乞重定服紀親疏之制。曰一節准五服年月，勅斬衰三年，嫡孫爲祖，父爲長子。今士庶之家，子孫罕分嫡庶，其相爲服，往往一概以斬衰期，或踰年從吉便行嫁娶。苟有犯者，緣勅律不分士庶，便當一例斷罪。臣以謂古者貴賤不同禮，諸侯、大夫世有爵禄，故有大宗小宗，主祭傳重之義，則喪服從而異制。匹士庶人亦何預焉。何以言之？謹按喪服，《傳》曰：父爲長子，何以三年也？正體於上，又乃將所傳重也。鄭康成曰：重其當先祖之正體，又以其將代己爲宗廟主也。而經不言長孫爲祖者，蓋有爵士，則父歿次當傳己，其承重可知也。近代仕不世爵宗廟，因而不立尊卑，亦無所統，其長子孫與衆子孫無以異也。生而情理則一，死而喪服獨異。恐非先王制禮之本意也。而世俗之論乃以三年之喪爲重，故謂當服者爲承重，而不知爲承大宗之重也。【略】

由是言之，尊卑之禮有隆殺之異，而喪服從而爲之制也明矣。今服祖重者，而無所以爲重之義，又無大夫庶人之別，是尊卑一統而貴賤同體也。

臣伏覩朝廷修舉遺墜，禮無不講。喪服之制，事干典刑。有所未明，固宜稽考。欲乞特詔禮官博士，參議禮律。若以無封爵者，無傳重之義，即乞別立服制。如在禮故合承重，亦乞參酌古今收族主祭之禮，立爲宗子繼祖，有以異於衆子孫之法。及庶人與士大夫當與不當，同一律頒佈天下，使人知尊祖不違禮教，則州郡用法斷于不疑也。臣職在守藩，不當輕議禮典，然罹刑讞獄，亦州郡之所得言也。

（明）羅洪先《羅洪先集》卷二《宗論中》 大宗有爲後，而小宗無後，何也？按《禮》：大宗子之喪也，五服之内，親者月算，如邦人。月算者，服之月數也；邦人，五服之外者也。宗子及母，與妻之喪丈夫，婦人皆齊衰三月。其親者，月數從五服，制服從邦人。是自三月至於期，合親疏而皆以齊衰服之，雖大夫之期不敢降焉。何其尊也？庶人爲國君，畿内之民爲天子，齊衰三月而已。邦人服宗子，無少殺焉，何哉？以宗子有君道，故比其義也。天子、國君統世人，世人非此統不治，故謂之世統。世統者，尊無上，前所謂尊者，尊統於上是也。宗子統宗人，宗人非此統不治，故謂之宗統。宗統者，尊亦無上，前所謂卑者，尊統於下是也。小宗子之喪也，父爲之三年，曰：繼吾祖也。丈夫婦人之爲小宗，各如其親之服，非獨避大宗也。其統小，義故微也。故大宗立後，所以收族也。收族，所以尊祖也。尊祖者，不敢以先祖之遺逮於刑戮，故抗宗法治之。尊祖故敬宗，敬宗故爲所後，尊服齊衰，加而斬。三月進於三年，尊之至也。族人有支子，不敢得而私焉。曰：是吾先祖之所托，非吾所獨尊也。有宗而後族可收，宗廟可嚴，是吾考、吾祖、吾曾、吾高皆從此而有托，吾何愛焉。故爲人後者，不言所後父。雷氏之言曰：其所後，或祖，或曾，或高，未可豫定，故闕人也。嗚呼！似矣，而未盡也。爲後者，獨爲彼乎哉？蓋其祖也。爲其祖，故所後不得以爲子，而己亦不得斬於父，是乃至公之心，聖人所自裁者也。小宗無爲後也，勢也。祖遷於上，宗易於下，五世易，無復續矣。其族統於大宗，而其親分於四宗，喪主於其親，祭祔於其祖，又何後之有？其爲大夫士者，則爲之置後。置後者，暫假以行大夫士之禮，蓋主其喪者也，其無爵也。男主同姓，女主異姓，則皆其親也。其廟也，繼高者絶，繼曾者得主之矣；繼曾者絶，繼祖者得主之矣；繼祖者絶，繼禰者得主之矣。繼禰者祔祖，繼祖者祔曾，繼曾者祔高，則皆其祖也。舍是而必於爲後，則是專其貨財、處其宫室，而以爲己私，有識者必所深恥而不爲，而庶子昆弟之旁親無賴者，皆可覬覦而幸其禍及，是開自私之端，聖人所必禁也，而可以爲訓哉？故曰：小宗無後者當絶，非聖人之忍也，勢也。

天子、諸侯不言後，則又其重者也。天子者，奉天命以臨天下；諸侯者，稟天子命而致之國人。故繼天而爲子者，謂之天子；諸侯尊王而爲之臣，則皆王臣，非祖所獨專者也。故曰：公子之公孫，有封爲國君者，則世世祖是人也，不祖公子。夫公孫，非自絶於公子也，以其有所稟命，非公子所獨專也。故封君之子臣昆弟，封君之孫臣諸父昆弟，言稟命之重，無弗斬焉者矣。周之郊也，以稷配；而明堂以文王，不專於祖父，何也？以其奉天，故先尊而後親也。故曰：我其夙夜，畏天之威，於時保之。保有天命，而後先祖之祀可以無墜，此天子之所守也。故崩薨者，有世及而無爲後；踐祚者，無尊卑而稱先君。大宗之後，必擇支子，固不奪人之宗，又以肖賢也；先君之繼，必順統序，固不逆天之倫，亦以防亂也。此其説，不可得而同者也。宗子殤而死，庶子弗爲後，蓋代其宗，不成其廟也。其殤，則擇之族人，故宗子之後，無兄弟及。兄弟，是殤之矣。而天子、諸侯有世有及，是豈以殤事先君乎？此其説，不可得而通者也。事以先君，則先君后夫人無弗斬焉者矣；事先君之祖父母，父母，昆弟無弗若子焉者矣。事之若子，而不稱子，不敢以私昵辱先君，先君之義，重於父也。己之父母，享其尊養，而不易其封，受之先君，非己所獨專也。故曰：幼不誄長，賤不誄貴。又曰：父爲士，子爲大夫，葬以士，祭以大夫。何不以大夫葬也？重先君之命，不忍死其親也。其或重私恩，致殷禮，則亦不可瀆於廟，不可齒於先君之親。此會通之宜，《禮》雖不言，可以義起矣。自夫昧於宗統者，既陷君於奪親；昧於世統者，復陷君以干正。使聖人制禮曲折之詳，皆爲固僻難繼之説，則世儒之陋，載籍之繁啓之也。傳曰：臯多而刑五，喪多而服五，上附下附列也。嗚呼！彼固附於上下矣，而卒以陷君，則又何説哉？故曰：禮儀三百，威儀三千，待其人而後行。

（明）歸有光《震川先生集》卷二《序・龍游翁氏宗譜序》 《傳》曰：古聖人之治天下，反古復始，不忘其所由生。上治祖禰，下治子孫，旁治昆弟，合族而食，序以昭穆，別之以禮義。尊尊，親親，長長，男女有別。親親，故尊祖；尊祖，故敬宗；敬宗，故收族；收族，故宗廟嚴。故聖王之治天下，非特以自私也。以此推之，自王公以逮于庶人，故宗法明而禮俗成。

（明）朱舜水《朱舜水集》卷一七《雜著・禮》 禮爲仁義之節文，天倫秩序，故曰：天秩有禮。又曰：禮，經國家，定社稷，衛民人，利後嗣者也。而或者以登降上下，雍容慎齊當之，果禮之實乎？雖然，執玉高卑以徵脩短，氣揚視低以知姦回，有諸内者必形諸外也。行中采齊，步中肆夏，尚矣！恭敬無實，玉帛云乎哉？

（清）陳確《陳確集・文集》卷七《聖廟議》 聖王秩祀，本於至公，故民志不惑而行可久。末流之失，下徇人私，至於不可究詰。故物窮則變，變則通，勿可已矣。自漢高丙午十一月車駕過魯，以太牢祠孔子，儒者以爲美譚。後王因之，崇禮無替，不亦善乎！議者欲益廣之，陪以羣賢，贅以後儒，好惡或乖，致屢進退，是紛紛者又何時而已哉！

確竊以爲京師首善，特立廟祀孔、孟以示隆禮。其餘郡縣，但可立學，不可立廟。弟子、諸儒，各祀其鄉，合祀最乖禮經。禮無二主。今兩京、十三省、府、州、縣學，計共不下千五百餘所，學各有廟，廟各有主，主各百有餘位。主二不可，況皆千而未止！是何異釋子之奉如來，道家之供玄元？其爲淫瀆，莫斯之甚。

（清）方苞《方苞集》卷三《論説・諡法》 諡之作也，人心之不知其然而然者也。遂古帝者之號，多不知其義所取。烈山氏始爲農師，而民神之，故因而號焉。堯、舜之聖，民無能名。禹平洪水，相與震而驚之，故稱大焉。至於湯，則或嘉其功而稱成，或象其德而稱武，此周公所以因之而作謚也。

有祖而又有宗，亦人心之不知其然而然者也。商之世嘗衰矣，至帝戊而中興，故尊之而因以號焉；其後屢衰，武丁振而興之，功最高，故尊之而因以號焉。漢之太宗，世宗用此義也。

(清)方苞《方苞集》卷三《論説·異姓爲後》　神不歆非類，民不祀非族，以其氣之不相屬也，故古無以異姓爲後者。《春秋》書莒人滅鄫，而傳者謂立異姓以涖祀。於經則疎，然足徵自周以前，未嘗有是也。漢、魏以降，其流益漫，自王公及士庶，蹈此者跡相疊。蓋俗之衰，人多不明於天性，而骨肉之恩薄，謂後其有父母者，將各親其父母，無父母而自知其所出，猶有外心焉，故常舍其兄弟之子與其族子，而求不知誰何之人，取之襁褓之中，以自欺而欺人。嗚呼！是謂不有其祖也。其爲之後者，苟自知其繫姓，則俟養己者歿，求其族以後之，反其田宅，而脱身以復其宗，禮也。不自知其繫姓，而養己者之族，亦無可承，則廟祭其先，而祭養己者於其墓，祭者稱名，所祭舉姓字，奕世不廢焉。古之有天下國家者，祀九皇六十四氏，以及因國之無主後者，有道有德者，祭於瞽宗，皆以義屬耳，而況取諸襁褓，或收育於孤稚流離之日乎？然以恩與義屬而世祀焉，則誠也；以氣屬而命之曰爲後，則僞也。禮不可以爲僞，故曰：名之必可言也。

繫姓之不知，則其祭也如之何？曰：是特與生而喪其父母、生而不及其大父母者，同實耳。致愛而尊之以哀，致愨而加之以痛，胡爲其不可以承祀也。姓無所受則逮子若孫而氏以己之字可也。其於養己者之祭，則不可以及其祖宗，是何也？義止於其身，而及其祖宗，是以氣屬而爲僞也，此謂誣於祭。若舍是而求順比俗之情，則非吾之所敢知也。

(清)錢大昕《潛研堂集》卷三《説·禘嘗説》　宗廟之禮，莫重乎禘嘗。禘嘗皆時祭也，四時皆祭而春秋爲大，故《祭統》謂之大嘗禘。禮家恒以禘嘗與郊社並言，《曾子問》云嘗禘郊社，尊無二上，又云天子嘗禘郊社五祀之祭，《祭統》云外祭則郊社是也，內祭則大嘗禘是也，《中庸》云明乎郊社之禮，禘嘗之義，《郊特牲》篇首亦先言郊社稷，次及禘嘗。禘嘗之義大矣！郊社禘嘗之祭，歲常行之，故禮家以是爲大，而三年五年之禘祫不及焉，爲其不常舉也。《祭義》、《郊特牲》皆稱春禘秋嘗，而《王制》、《祭統》則云春礿而夏禘，《周官·大宗伯》、《詩·小雅》又有祠禴而無禘。漢儒彌縫其義，以春禘爲夏殷之禮，又或破禘爲禴。以予攷之，禘者，大祭之名，不必拘於一時。時祭以禘嘗爲大，而禘有樂，嘗無樂，則禘又大於嘗。古者於禘也，發爵賜服饗孤子，於春祠行之，故曰春禘。亦或於夏禘行之，夏之始，可以承春故也。一歲之中，惟禘嘗爲大，其它二祭，則禮差省矣。《易》曰：東鄰殺牛，不如西鄰之禴祭。又曰：孚乃利用禴。先儒以禴爲祭之薄者，蓋禴而不行禘禮者也。《中庸》稱武王、周公之達孝，先言春秋修其祖廟，後言禘嘗之義，則春禘秋嘗，固周制矣；而以爲夏殷之制，其不然乎。説《中庸》者，或以禘爲三年大祭，證以《祭義》、《祭統》、《郊特牲》諸篇之文，知其爲時祭無疑。

(清)凌廷堪《校禮堂文集》卷四《雜著一·復禮中》　《記》曰：仁者，人也，親親爲大。義者，宜也，尊賢爲大。親親之殺，尊賢之等，禮所生也。此仁與義不易之解也。又曰：君臣也，父子也，夫婦也，昆弟也，朋友之交也，五者天下之達道也。知、仁、勇，三者天下之達德也。此道與德不易之解也。不必舍此而別求新説也。夫人之所以爲人者，仁而已矣。凡天屬之親則親之，從其本也，故曰：仁者，人也，親親爲大。亦有非天屬之親而其人爲賢者，則尊之，從其宜也，故曰：義者，宜也，尊賢爲大。以喪服之制論之，昆弟，親也，從父昆弟則次之，從祖昆弟又次之。故昆弟之服則疏衰裳齊期，從父昆弟之服則大功布衰裳九月，從祖昆弟之服則小功布衰裳五月，所謂親親之殺也。以鄉飲酒之制論之，其賓，賢也，其介則次之，其衆賓又次之。故獻賓則分階，其俎用肩；獻介則共階，其俎用肫胳；獻衆賓則其長升受，有薦而無俎：所謂尊賢之等也。皆聖人所制之禮也。故曰：親親之殺，尊賢之等，禮所生也。親親之殺，仁中之義也；尊賢之等，義中之義也。是故義因仁而後生，禮因義而後生。故曰：君子義以爲質，禮以行之，孫以出之，信以成之。《禮運》曰：禮也者，義之實也。協諸義而協，則禮雖先王未之有，可以義起也。《郊特牲》曰：父子親，然後義生，義生然後禮作。董子曰：漸民以仁，摩民以義，節民以禮。然則禮也者，所以制仁義之中也。故至親可以揜義，而大義亦可以滅親。後儒不知，往往於仁外求義，復於義外求禮，是不識仁且不識義矣，烏覩先王制禮之大原哉！是故以昆弟之服服從父昆弟、從祖昆弟，以獻賓之禮獻介、獻衆賓，則謂之過。以從祖昆弟、從父昆弟之服服昆弟，以獻介、獻衆賓之禮獻賓，則謂之不及。蓋聖人制之而執其中，君子行之而協于中，庶幾無過不及之差焉。夫聖人之制禮也，本於君臣、父子、夫婦、昆弟、朋友，五者皆爲斯人所共由，故曰道者所由，適於治之路也，天下之達道是也。若舍禮而別求所謂道者，則杳渺而不可憑矣。而君子之行禮也，本之知、仁、勇，三者皆爲斯人所同得，故曰德者得也，天下之達德是也。若舍禮而別求所謂德者，則虛懸而無所薄矣。蓋道無跡也，必緣禮而著見，而制禮者以之；德無象也，必藉禮爲依歸，而行禮者以之。故曰：苟不至德，至道不凝焉。是故禮也者，不獨大經大法悉本夫天命民彝而出之，卽一器數之微，一儀節之細，莫不各有精義彌綸於其間，所謂物有本末，事有終始是也。格物者，格此也。《禮器》一篇皆格物之學也。若泛指天下之物，有終身不能盡識者矣。蓋必先習其器數儀節，然後知禮之原於性，所謂致知也。知其原於性，然後行之出於誠，所謂誠意也。若舍禮而言誠意，則正心不當在誠意之後矣。《記》曰：自天子以至於庶人，壹是皆以脩身爲本。又曰：非禮不動，所以脩身也。又曰：脩身以道，脩道以仁。卽就仁義而申言之。曰禮所生也，是道實禮也。然則脩身爲本者，禮而已矣。蓋脩身爲平天下之本，而禮又爲脩身之本也。後儒置子思之言不問，乃別求所謂仁義道德者，於禮則視爲末務，而臨時以一理衡量之，則所言所行不失其中者鮮矣。《曲禮》曰：道德仁義，非禮不成。此之謂也。是故君子尊德性而道問學，致廣大而盡精微，極高明而道中庸，温故而知新，敦厚以崇禮。

（清）凌廷堪《校禮堂文集》卷四《雜著一・復禮下》 聖人之道，至平且易也。《論語》記孔子之言備矣，但恒言禮，未嘗一言及理也。《記》曰：道之不行也，我知之矣，知者過之，愚者不及也。道之不明也，我知之矣，賢者過之，不肖者不及也。彼釋氏者流，言心言性，極於幽深微眇，適成其爲賢知之過。聖人之道不如是也。其所以節心者，禮焉爾，不遠尋夫天地之先也，其所以節性者，亦禮焉爾，不侈談夫理氣之辨也。是故冠昏飲射，有事可循也；揖讓升降，有儀可案也；豆籩鼎俎，有物可稽也。使天下之人少而習焉，長而安焉。其秀者有所憑而入於善，頑者有所檢束而不敢爲惡；上者陶淑而底於成，下者亦漸漬而可以勉而至。聖人之道所以萬世不易者，此也；聖人之道所以別於異端者，亦此也。後儒熟聞夫釋氏之言心言性極其幽深微眇也，往往怖之，愧聖人之道以爲弗如，於是竊取其理事之説而小變之，以鑿聖人之遺言，曰吾聖人固已有此幽深微眇之一境也。復從而闢之，曰彼之以心爲性，不如我之以理爲性也。嗚呼！以是爲尊聖人之道而不知適所以小聖人也，以是爲闢異端而不知陰入於異端也誠如是也，吾聖人之於彼教僅如彼教性相之不同而已矣，烏足大異乎彼教哉！儒釋之互援，實始於此矣。《詩》曰：鳶飛戾天，魚躍於淵。説者以爲喻惡人遠去，民得其所，卽《中庸》引而伸之，亦不過謂聖人之德明著於天地而已，曷嘗有化機也？子在川上曰，逝者如斯夫，不舍晝夜。説者以爲感歎時往不可復追，卽《孟子》推而極之，亦不過謂放乎四海有本者如是而已，曷嘗有悟境也？蓋聖人之言，淺求之，其義顯然，此所以無過不及，爲萬世不易之經也。深求之，流入於幽深微眇，則爲賢知之過以争勝於異端而已矣。何也？聖人之道本乎禮而言者也，實有所見也；異端之道外乎禮而言者也，空無所依也。子所雅言《詩》《書》執禮。顔淵問仁，子曰：克己復禮爲仁。請問其目。曰：非禮勿視，非禮勿聽，非禮勿言，非禮勿動。顔淵曰：夫子循循然善誘人，博我以文，約我以禮。聖人舍禮無以爲教也，賢人舍禮無以爲學也。《詩》《書》，博文也，執禮，約禮也，孔子所雅言者也。仁者，行之盛也，孔子所罕言者也。顔淵大賢，具體而微。其問仁與孔子告之爲仁者，惟禮焉爾。仁不能舍禮但求諸理也。子貢曰：夫子之文章，可得而聞也；夫子之言性與天道，不可得而聞也。文章，《詩》《書》執禮也。性與天道非不可得而聞，卽具於《詩》《書》執禮之中，不能托諸空言也。夫仁根於性，而視聽言動則生於情者也。聖人不求諸理而求諸禮，蓋求諸理必至於師心，求諸禮始可以復性也。顔淵見道之高堅前後幾於杳渺而不可憑，迨至博文約禮，然後曰如有所立，卓爾，卽立於禮之立也。故曰：不學禮，無以立。又曰：不知禮，無以立也。其言之明顯如此。後儒不察，乃舍禮而論立，縱極幽深微渺，皆釋氏之學，非聖學也。顔子由學禮而後有所立，於是馴而致之其心三月不違仁。其所以不違者，復其性也。其所以復性者，復於禮也。故曰：一日克己復禮，天下歸仁焉。夫《論語》，聖人之遺書也。説聖人之遺書，必欲舍其所恒言之禮，而事事附會於其所未言之理，是果聖人之意邪？後儒之學本出於釋氏，故謂其言之彌近理而大亂真。不知聖學禮也，不云理也，其道正相反，何近而亂真之有哉！

（清）**魏源《古微堂外集》卷一《庸易通義》** 有天地然後有萬物，有萬物然後有男女，有男女然後有夫婦，有夫婦然後有君臣，有君臣然後有上下，有上下而後禮義有所措。

（清）**康有爲《論語注》卷一《學而》** 曾子曰：慎終追遠，民德歸厚矣。

慎終者，喪禮也；追遠者，祭禮也。死者，人之所患；遠者，人之所忘。孔子上因先聖，制喪禮，則凡招魂藏魄之事，必誠敬而勿使有悔；制祭禮，則凡出祖祧廟之遠，必追享而使人勿忘。《記》曰：之生而致死之，不仁而不可爲也；之死而致生之，不智而不可爲也。聖人於鬼神死生之故，知之既深矣。然鳥獸失羣，猶有啁啾之頃，何況至文明之人而置之？故不欺死者之無知，不忘祖宗之已遠，事死如生，事亡如存，厚之至也。所以教民者深矣，故民從其德，念祖思親，雖違萬里，猶念祠墓，不忘宗國。中國人種族之盛于萬國，殊於大地，蓋孔子立教爲之也。今民之不散，其已然之效矣。

（清）**康有爲《論語注》卷三《八佾》** 林放問禮之本。子曰：大哉問！禮，與其奢也，寧儉；喪，與其易也，寧戚。

林放，魯人，見世之爲禮者，專事繁文，而疑其本之不在是也。孔子以時方逐末，而放獨有志于本，故大其問。奢，張也。喪，亡也。朱子曰：易，治也。《孟子》曰：易其田疇。在喪禮，則節文習熟，而無哀痛慘怛之實者也；戚則一于哀而文不足耳。禮貴得中，奢、易則過于文，儉、戚則不及而質，二者皆未合禮。然凡物之理，必先有質而後有文。《檀弓》謂：不若禮不足而哀有餘也，則質乃禮之本也。楊氏曰：禮，始諸飲食，故汙尊而抔飲；爲之簠簋、籩豆、罍爵之飾，所以文之也，則其本儉而已。喪，不可以徑情而直行；爲之衰麻、哭踊之數，所以節之也，則其本戚而已。此答禮本之問，故純取于質。蓋夫子以周末人僞，以文滅質，有爲言之。若時之有變，則觀其會通，以行其典禮。文明既進，則亂世之奢，文明以爲極儉。世愈文明，則尚奢愈甚。若于三代珠盤玉敦之時，而必反之汙尊抔飲生番野蠻之俗，以致人道之退化，非止事不可行，亦大失孔子意矣。天未喪斯，文不在茲。《公羊》稱孔子爲文王，蓋孔子爲文明進化之王，非尚質退化者也。宋儒不通此義，以敝車羸馬爲賢。公孫布被，相率僞儉，蘇軾所謂，儉者陋風，有損國體。豈惟國體不美，實令人道退化。今中國之文明不進，大損所關，豈細故哉？宋賢因國力壓制，俸入甚薄，其不能不尚儉，勢也。若遂説爲孔法，以爲俗化之定論，以損退文明，此則不可不明辨也。

又： 子曰：事君盡禮，人以爲諂也。

孔子于事君之禮，但奉周制而行耳。時權臣驕傲，不盡臣禮，反以爲諂，故孔子言之。世非太平，當正君臣以肅堂陛，所以絶争篡之媒也。孔子以大聖出世，若佛氏之令國王膜拜，何施不可，而屈身于倫類，示人以大義，忘己無我，但論生民，其立義四面皆圓，此聖人所以爲大也。季氏新逐昭公，事君傲慢，故孔子規之。觀今孔子所制君臣之禮，答大夫，拜天子，見三公下階，見卿離席，見大夫起席，見士撫席，雖歐洲立憲之君，見臣下尚不如此。學者當知有爲而發，勿執單詞而生疑也。

綜　述

《周禮·春官·大宗伯》 大宗伯之職，掌建邦之天神、人鬼、地示之禮，以佐王建保邦國。以吉禮事邦國之鬼神示，以禋祀祀昊天上帝，以實柴祀日月星辰，以槱燎祀司中、司命、飌師、雨師，以血祭祭社稷、五祀、五嶽，以貍沈祭山林川澤，以疈辜祭四方百物，以肆獻祼享先王，以饋食享先王，以祠春享先王，以禴夏享先王，以嘗秋享先王，以烝冬享先王。以凶禮哀邦國之憂，以喪禮哀死亡，以荒禮哀凶札，以弔禮哀禍烖，以禬禮哀圍敗，以恤禮哀寇亂。以賓禮親邦國，春見曰朝，夏見曰宗，秋見曰覲，冬見曰遇，時見曰會，殷見曰同，時聘曰問，殷頫曰視。以軍禮同邦國，大師之禮，用衆也；大均之禮，恤衆也；大田之禮，簡衆也；大役之禮，任衆也；大封之禮，合衆也。以嘉禮親萬民，以飲食之禮親宗族兄弟，以昏冠之禮親成男女，以賓射之禮親故舊朋友，以饗燕之禮親四方之賓客，以脤膰之禮親兄弟之國，以賀慶之禮親異姓之國。以九儀之命正邦國之位，壹命受職，再命受服，三命受位，四命受器，五命賜則，六命賜官，七命賜國，八命作牧，九命作伯。以玉作六瑞，以等邦國，王執鎮圭，公執桓圭，侯執信圭，伯執躬圭，子執穀璧，男執蒲璧。以禽作六摯，以等諸臣，孤執皮帛，卿執羔，大夫執鴈，士執雉，庶人執鶩，工商執雞。以玉作六器，以禮天地四方，以蒼璧禮天，以黄琮禮地，以青圭禮東方，以赤璋禮南方，以白琥禮西方，以玄璜禮北方，皆有牲幣，各放其器之色。以天産作陰德，以中禮防之；以地産作陽德，以和樂防之。以禮樂合天地之化，百物之産，以事鬼神，以諧萬民，以致百物。凡祀大神，享大鬼，祭大示，帥執事而卜日，宿，眡滌濯，涖玉鬯，省牲鑊，奉玉齍，詔大號，治其大禮，詔相王之大禮。若王不與祭祀，則攝位。凡大祭祀，王后不與，則攝而薦豆籩徹。大賓客，則攝而載果。朝覲會同則爲上相，大喪亦如之，王哭諸侯亦如之。王命諸侯，則儐。國有大故，則旅上帝及四望。王大封，則先告后土。乃頒祀于邦國都家鄉邑。

（清）孫希旦《禮記集解・禮運》 夫禮必本於天，動而之地，列而之事，變而從時，協於分藝。其居人也曰養，其行之以貨、力、辭讓、飲食、冠、昏、喪、祭、射、御、朝、聘。此乃言聖人制禮之事也。天者，禮之所從出，故聖人之制禮，莫不本之。動而之地，而爲朝、廟、鄉、黨之異；列而之事，而爲吉、凶、軍、賓之分；變而從時，而或損或益之各有所宜；協於分藝，而大事小事之各有其稱。其居人也曰養者，言禮之在人，所以養其身心，而非以煩苦天下也。貨力、飲食者，行禮之具；辭讓者，行禮之文；冠昏、喪祭、射御、朝聘者，行禮之事。人之行禮如此，乃禮達於下之實也。蓋先王之於禮，既已履之於身，以先天下，而其所以教人者，又皆出於天理之本然，而即乎人情之所安，此其所以行之而無弗達也。馬氏晞孟曰：禮以養人爲本，故曰養。《荀子》曰：恭敬辭讓之所以養安，禮義文理之所以養情。蓋聖人之道，寓於度數之間，莫非順性命之理而所以養人也。

（清）孫希旦《禮記集解・樂記》 故鐘、鼓、管、磬，羽、籥、干、戚，樂之器也。屈伸俯仰，綴、兆、舒、疾，樂之文也。簠、簋、俎、豆，制度、文章，禮之器也。升降上下，周還、裼、襲，禮之文也。故知禮樂之情者能作，識禮樂之文者能述。作者之謂聖，述者之謂明。明聖者，述作之謂也。鄭氏曰：綴，謂酇，舞者之位也。兆，其外營域也。述，謂訓其義也。愚謂禮樂之文，所謂殊事異文者也，器則文之所寓也。其文易識，其情難知。知其情，則得其本以達其末，而化裁變通，其文由之而出，故能作。識其文，則於其本猶有所未逮也，而於其已然之迹，亦可以守之而不失，故能述。作者之謂聖，禹、湯、文、武、周公是也。述者之謂明，游、夏、季札是也。

（清）孫希旦《禮記集解・喪服四制》 喪有四制，變而從宜，取之四時也。有恩、有理，有節、有權，取之人情也。恩者仁也，理者義也，節者禮也，權者知也。仁、義、禮、知，人道具矣。鄭氏曰：取之四時，謂其數也。取之人情，謂其制也。孔氏曰：喪有四制。門内主恩，若於門外，則變而行義。尊卑有定，禮制有恆，以節爲限；或有事故，不能備禮，則變而行權。是皆變而從宜，取人情也。恩屬於仁，理屬於義，節屬於禮，量事度宜，非知不可也。愚謂天有四時，或生或成，因乎物之宜者也。喪之四制，或隆或殺，隨乎事之宜者也。有親屬而服之者謂之恩；本非親屬，因義理之宜而服之者謂之理；立其制限謂之節；酌其變通謂之權。服之出於恩者，由性之仁爲之也。服之本於理者，由性之義爲之也。服之有節限者，由性之禮爲之也。禮者，天理之節文，故於服能制其節限也。服之有權宜者，由性之知爲之也。知能知事理之所宜，故於服能酌其權宜也。仁、義、禮、知，人之所以爲人者，其道不外乎此矣。

（宋）陳祥道《禮書》卷二四《王及諸侯城郭之制》 《典命》上公九命爲伯，其國家、宮室、車旗、衣服、禮儀皆以九爲節。侯伯七命，其國家、宮室、車旗、衣服、禮儀皆以七爲節。子男五命，其國家、宮室、車旗、衣服、禮儀皆以五爲節。上公謂王之三公。有德者加命爲二伯。二王之後亦爲上公。國家，國之所居，謂城方也。公之城，蓋方九里，宮方九百步。侯伯之城，蓋方七里，宮方七百步。子男之城，蓋方五里，宮方五百步。量人掌建國之法，以分國爲九州，營國城郭。掌固，掌脩城郭、溝池、樹渠之固。匠人營國，方九里，旁三門。營謂丈尺其大小。天子十二門，通十二子。國中九經九緯，經涂九軌。王宮門阿之制五雉，宮隅之制七雉，城隅之制九雉，阿，棟也。宮隅，城隅，謂角浮思也。雉長三丈高一丈。度高以高，度廣以廣。經涂九軌，環涂七軌，野涂五軌。門阿之制以爲都城之制，宮隅之制以爲諸侯之城制。環涂以爲諸侯經涂，野涂以爲都經涂。

（宋）陳祥道《禮書》卷二四《王畿》 《王制》曰：千里之内曰甸。則天子寰内面五百里，中爲王域，百里爲郊，二百里爲邦甸，三百里爲邦削，四百里爲邦縣，五百里爲邦都。郊之内置六鄉七萬五千家，而宅田、士田、賈田，近郊。官田、牛田、牧田，遠郊。任其餘地謂之郊，以其與邑交故也。邦甸之內置六遂七萬五千家，而公邑任其餘地謂之甸，以甸法在是故也。家削之地，所以封大夫與王子弟之尤疏者謂之削，以其削於縣都故也。邦縣之地，所以封卿與王子弟之疏者謂之縣，以其係於上故也。邦都之地，所以封三公與子弟之親者謂之都，以其有邑都故也。邦甸浸廣矣，又無九等之地，故餘地爲公邑。邦削至都又廣矣，而三等采地之外其餘亦爲公邑。公邑有四，而《載師》特曰公邑之田任甸地者，言公邑始於此也，蓋公邑閒田也。天子使大夫治之，遂人與縣師預焉。遂人掌野，自百里外至五百里皆曰野。縣師掌邦國都鄙謂甸郊里之地域。

（清）蘇輿《春秋繁露義證》卷七《服制》

率得十六萬國三分之，則各度爵而制服，量禄而用財。錢云：上有脱文。此首二句，亦與服制無涉。《管子·權修篇》：朝廷不肅，貴賤不明，長幼不分，度量不審，衣服無等，上下凌節，而求百姓之尊主政令，不可得也。又云：爵服加於不義，則民賤其爵服；民賤其爵，則人主不尊；人主不尊，則令不行矣。《荀子·富國篇》：禮者，貴賤有等，長幼有差，貧富輕重皆有稱者也。故天子袾褘衣冕，諸侯玄裷衣冕，大夫裨冕，士皮弁服。德必稱位，位必稱禄，禄必稱用。由士以上，則必以禮樂節之；衆庶百姓，則必以法數制之。量地而立國，計利而蓄民，度人力而授事，使民必勝事，事必出利。利足以生民，皆使衣食百用出入相揜。必時藏餘，謂之稱數。故自天子通於庶人，事無大小多少，由是推之。故曰朝無幸位，民無幸生，此之謂也。飲食有量，衣服有制，《王制》八政：飲食衣服，事爲異別，度量數制。《尚書大傳》：天子衣服，其文華蟲、作繢、宗彝、藻火、山龍，諸侯作繢、宗彝、藻火、山龍，子男宗彝、藻火、山龍，大夫藻火、山龍，士山龍。故《書》曰：天命有德，五服五章哉。又云：天子服五，諸侯服四，次國服三，大夫服二，士服一。《説苑·修文篇》：士服黻，大夫黼，諸侯火，天子山龍。德彌盛者文彌縟，中彌理者文彌章也。案：衣服之制，又散見於《禮·玉藻》諸篇。宮室有度，自天子以至士，有九雉至三雉之分。見《尚書大傳》。又《禮器》鄭注：宮室之飾，士首本，大夫達棱，諸侯斲而礱之，天子加密石焉。畜産人徒有數，《管子》畜産作六畜。《荀子·王制篇》：衣服有制，宮室有度，人徒有數，喪祭械用皆有等宜。楊注：人徒，謂士卒胥徒也。舟車甲器有禁。《爾雅》：天子造舟，諸侯維舟，大夫方舟，士特舟，庶人乘泭。《尚書大傳》：古之帝王，必有命民，命于其君，然後得乘飾車駢馬，衣文錦。未有命者，不得衣，不得乘，乘車者有罰。《韓詩外傳》引見下。《説苑·修文篇》並同。《潛夫論·浮侈篇》：古者必有命民，然後乃得衣繒綵而乘車馬。《考工記·輿人》疏引殷傳：未命爲士者，不得乘飾車。《外紀》卷二：成湯令未命之爲士者，車不得朱軒及有飛軨，不得乘飾車駢馬，衣文繡。命然後得，以順有德。《通志·器服畧説》同。是此制至殷猶然矣。俞云：甲乃申字之誤。申與陳通。《詩·大雅·文王篇》陳錫哉周，《商頌·烈祖篇》申錫無疆，陳錫、申錫，一也。申器，即陳器。定四年《穀梁傳》徙陳器，范注：陳器，樂縣也。是也。《管子·立政篇》正作舟車陳器。輿案：甲器，當作用器，《王制》所謂用器不中度，不粥于市也。《管子》作陳器亦不誤。彼禁下修字，當據此删之。生有軒冕、之服位、貴禄、田宅之分，上之字，衍。貴禄，《管子》作穀禄。凌本脱服字。死有棺槨、絞衾、壙襲之度。壙襲，當從《管子》作壙壟。喪服雖有襲制，然不得云壙襲，形近誤也。《禮·喪大記》：君松槨，大夫柏槨，士雜木。《白虎通·崩薨篇》引《王制》曰：天子棺槨九重，衣衾百二十稱。公侯五重，衣衾九十稱。大夫有大棺三重，衣衾五十稱。士再重，無大棺，衣衾三十稱。單袷備爲一稱。又引《含文嘉》云：天子墳高三仞，樹以松。諸侯半之，樹以柏。大夫八尺，樹以欒。士四尺，樹以槐。庶人無墳，樹以楊柳。《周禮·冢人》注引《漢律》云：列侯墳高四丈，關內侯以下至庶人各有差。《潛夫論·浮侈篇》：景帝時，武原侯衛不害坐葬過律奪國。明帝時，桑民摐陽侯坐冢過制髡削。雖有賢才美體，《管子》作賢身貴體。無其爵不敢服其服；雖有富家多貲，《管子》作資。無其禄不敢用其財。《晉語》：叔向云：絳之富商韋藩木楗以過於朝，唯其功庸少也。韋注：言無功庸，雖富不得服尊服過於朝。《説苑·修文篇》：其民雖有餘財侈物，而無仁義功德，則無所用其餘財侈物。故其民皆興仁義而賤財利。《御覽》六百三十七引《韓詩傳》云：古者必有命民。有能敬長憐孤、取舍好讓者，命于其君，然後敢飾車駢馬。未得命者不能乘車，乘車皆有罰。是故其民雖有錢財侈物，而無禮義功德，即無所用其錢財。故其民皆興仁義，而賤不爭貴，強不凌弱，衆不暴寡。是唐虞之所以象典刑而民莫敢犯也。《漢書·貨殖傳》：昔先王之制，自天子公侯、卿大夫士，至于皁隸抱關擊柝者，其爵禄奉養、宮室車服、棺槨祭祀、死生之制，各有差品。小不得僭大，賤不得踰貴。夫然，故上下序而民志定。《漢書·成帝紀》：永始四年詔曰：聖王明禮制以序尊卑，異車服以章有德。雖有其財而無其尊，不得踰制。故民興行，上義而下利。天子服有文章，不得以燕公以朝；將軍大夫不得以燕；將軍大夫以朝官吏；命士止於帶緣。盧云：舊本作天子服有文章，夫人不得以燕饗公以廟，將軍大夫不得以燕饗以廟，將軍大夫以明，官吏以命，士止于帶緣，殊爲訛錯，今依文義正之。輿案：天啟本與舊本同，惟饗以廟作卿以廟。《管子》作天子服文有章，而夫人不敢以燕以饗廟，將軍大夫以朝，官吏以命，士止于帶緣。今以兩文參互正之，則舊本亦不盡譌，但燕饗下衍公字，明官吏上將軍大夫四字當衍。明官吏當作朝官吏，以命士衍以字耳。其文當云：天子服有文章，夫人不得以燕饗，以廟。將軍大夫不得以燕饗，以廟，朝官吏。命士止於帶緣。《管子》以燕，以饗廟，亦當作以燕饗，以廟。以命士，以字當衍。《賈誼傳》云：古者天子后服，所以廟而不宴者也。言天子與夫人禮服不用之以燕饗，但以廟耳。將軍大夫朝服，亦只用之於祭祀與朝官吏。命士止於帶緣者，《玉藻》士練帶率下辟，注：辟，讀如裨冕之裨，裨謂以繒采飾其側，人君充之，大夫裨其紐及末，士裨其末而已。散民不敢服雜采，《玉藻》：庶人無文飾。漢成帝永始四年詔青緑民所常服，且勿止。顔注：然則禁紅紫之屬。百工商賈不敢服狐貉，狐貉，大夫服，其他惟服犬羊。《管子》狐貉作長鬈貂。《漢書・高帝紀》八年詔：賈人毋得衣錦繡綺縠絺紵罽，操兵，乘騎馬。闇合古制。刑餘戮民不敢服絲玄纁乘馬，《管子》絲作絻。注云：一本作絲。玄纁乘馬，作不敢畜連乘車。案：古者父老里正皆受倍田，得乘馬。見宣十五年《傳》何注。是古以乘馬爲榮也。謂之服制。服制，二字用《管子》。《荀子・王制篇》云：夫是之謂復古，是王者之制也。案：李悝著《法經》，《雜律》中有《淫侈踰制律》。見《晉書・刑法志》。漢世當承用之。然觀《鹽鐵論・散不足篇》及《潛夫論・浮侈篇》，則兩漢風俗侈靡，可知此在于上位之倡導，禮教之漸摩，非獨律令之所能禁止也。是以賈誼、董生、劉向之言治，先于此兢兢焉。

（宋）劉恕《資治通鑑外紀》卷一上《包犧以來紀・包犧氏》 象法乾坤，以正君臣、父子、夫婦之義。此《易乾鑿度》文。乾坤下有順陰陽三字。【略】繼天而王，爲百王先。【略】度時制宜，作爲罔罟，以佃以漁，以贍民用。此《易乾鑿度》文，民作人本，注曰時有不贍者，因制器以宜之。《易坤靈圖》曰宓犧立九部而民易理。【略】制嫁娶以儷皮爲禮。此《古史攷》文，補《三皇本紀》索隱引之。《禮記・月令》疏引《世本》曰：伏犧制以儷皮嫁娶之禮。《通典・禮》十八《玉海》六十八同，引《禮記外傳》曰：嘉禮者好會之事，起自伏羲以儷皮爲幣，始制嫁娶。《儀禮・昏禮》，玄纁、束帛、儷皮。鄭注：儷，兩也。兩皮爲庭實。皮，鹿皮也。於是人民乃治，君親以尊，臣子以順，羣生和洽，各安其性。原注在位一百一十年，或云一百一十六年。至原附注昔者天地未分，謂之太易。元氣始萌，謂之太初。氣形始端，謂之太始。形變有質，謂之太素。質形已具，謂之太極，亦曰渾沌。五氣通運，二靈體散，爲天地之元。故離爲清濁，清以陽發，故氣冲爲天。濁以陰凝，故氣下爲地。天地形別，謂之二儀。以人參之，謂之三才。

（宋）劉恕《資治通鑑外紀》卷二上《夏商紀・禹》 昔黃帝作車，少皞加牛，奚仲加馬。此《古史攷》文。《續漢書・輿服志》劉昭注，《初學記》二十五，《藝文類聚・器物部》並引之。本文作黃帝作車，引重致遠。其後少昊時駕牛，禹時奚仲駕馬，加皆作駕。《古文通》《荀子・解蔽》《吕氏春秋・君守》曰奚仲作車。楊倞曰奚仲，夏禹時車正。黃帝時已有車服，此云奚仲者，亦改制耳。禹命奚仲爲車正，建旗斿旐以別尊卑等級。此《通典・禮部》文。【略】古有醴酪，禹時，儀狄作酒，禹飲而甘之，遂疏儀狄，絶旨酒，曰：後世必有以酒亾國者。此《淮南子・泰族訓》及趙岐《孟子》注文。禹任臯陶，益以國政，臯陶卒，封其後於英六，或在許。

（宋）劉恕《資治通鑑外紀》卷二下《夏商紀・湯》 湯作歷，弗復以正月朔旦爲節，更以十一月冬至爲元首，至周從之。此《唐書・歷志》文。本文曰：度議曰：湯作殷歷云云。下文又云周人因之距羲和干祀昏明，中星率差半次。夏時直月節者，皆當十有二中，其後吕不韋得之以爲秦法者即此。湯令未命之爲士者，車不得朱軒，及有飛軨，不得乘飾車駢馬，衣文繡。命然後得，以順有德。此《文選》注十六及四十八。《周禮・考工記・輿人》疏引《尚書大傳・殷傳》文，鄭元注曰：軒，輿也，士以朱飾之飛軨，如今窻車也。飾漆之。駢，併也。居士錦帶。初作囿，取禽獸以奉宗廟。簡士卒，習射御，以戒不虞。此《淮南子・泰族訓》文。本文曰：湯之初作囿也，以奉宗廟鮮犞之具。簡士卒，習射御，以戒不虞。及至其衰也，馳騁獵射以奪民時，罷民之力。海外肅慎，北發渠搜氏羌來服。此《大戴禮・少問篇》文。本文曰：四海之外，肅慎北發渠搜氏羌來服。【略】亳有祥桑穀，其生於朝七日。大拱太戊懼，問於其相伊陟。伊陟曰：臣聞妖不勝德，君之政其有闕與？君其修德。太戊退而占之曰：野木生於朝，意者國亡乎？太戊修先王之政，明養老之禮，早朝晏退，問疾弔喪，三日而祥桑枯死。三年，遠方重譯而至七十六國。

《晉書》卷一九《禮志上》 夫人含天地陰陽之靈，有哀樂喜怒之情。迺聖垂範，以爲民極，節其驕淫，以防其暴亂；崇高天地，虔敬鬼神，列尊卑之序，成夫婦之義，然後爲國爲家，可得而治也。《傳》曰：一日克己復禮，天下歸仁。若迺太一初分，燧人鑽火，志有暢於恭儉，情不由乎玉帛，而酌玄流於春澗之右，焚封豕於秋林之外，亦無得而闕焉。軒項依神，唐虞稽古，逮乎隆周，其文大備。或垂百官之範，置不刊之法；或禮經三百，威儀三千，皆所以弘宣天意，雕刻人理。叔代澆訛，王風陵謝，事睽光國，禮亦愆家。趙簡子問太叔以揖讓周旋之禮，對曰：蓋所謂儀而非禮也。天經地義之道，自茲尤缺。哀公十一年，孔子自衛反魯，迹三代之典，垂百王之訓，時無明后，道噎不行。

若夫情尚分流，隄防之仁是棄；澆訛異術，洙泗之風斯泯。是以漢文罷再朞之喪，中興爲一郊之祭，隨時之義，不其然歟！而西京元鼎之辰，中興永平之日，疏璧流而延冠帶，啓儒門而引諸生，兩京之盛，於斯爲美。及山魚登俎，澤豕睽經，禮樂恆委，浮華相尚，而郊禋之制，綱紀或存。魏氏光宅，憲章斯美。王肅、高堂隆之徒，博通前載，三千條之禮，十七篇之學，各以舊文增損當世，豈所謂致君於堯舜之道焉。世屬雕牆，時逢秕政，周因之典，務多違俗，而遺編殘册猶有可觀者也。景初元年，營洛陽南委粟山以爲圓丘，祀之日以始祖帝舜配，房俎生魚，陶樽玄酒，非搢紳爲之綱紀，其孰能與於此者哉！

又：晉始則有荀顗、鄭沖裁成國典，江左則有荀崧、刁協損益朝儀。《周官》五禮，吉凶軍賓嘉，而吉禮之大，莫過祭祀，故《洪範》八政，三曰祀。祀者，所以昭孝事祖，通于神明者也。漢興，承秦滅學之後，制度多未能復古。歷東、西京四百餘年，故往往改變。魏氏承漢末大亂，舊章殄滅，命侍中王粲、尚書衛顗草創朝儀。及晉國建，文帝又命荀顗因魏代前事，撰爲新禮，參考今古，更其節文，羊祜、任愷、庾峻、應貞並共刊定，成百六十五篇，奏之。太康初，尚書僕射朱整奏付尚書郎摯虞討論之。虞表所宜損增曰：

臣典校故太尉顗所撰《五禮》，臣以爲夫革命以垂統，帝王之美事也，隆禮以率教，邦國之大務也，是以臣前表禮事稽留，求速訖施行。又以《喪服》最多疑闕，宜見補定。又以今禮篇卷煩重，宜隨類通合。事久不出，懼見寢嘿。

蓋冠婚祭會諸吉禮，其制少變；至于《喪服》，世之要用，而特易失旨。故子張疑高宗諒陰三年，子思不聽其子服出母，子游謂異父昆弟大功，而子夏謂之齊衰，及孔子没而門人疑於所服。此等皆明達習禮，仰讀周典，俯師仲尼，漸漬聖訓，講肄積年，及遇喪事，猶尚若此，明喪禮易惑，不可不詳也。況自此已來，篇章焚散，去聖彌遠，喪制詭謬，固其宜矣。是以《喪服》一卷，卷不盈握，而争説紛然。三年之喪，鄭云二十七月，王云二十五月。改葬之服，鄭云服緦三月，王云葬訖而除。繼母出嫁，鄭云皆服，王云從乎繼寄育乃爲之服。無服之殤，鄭云子生一月哭之一日，王云以哭之日易服之月。如此者甚衆。《喪服》本文省略，必待注解事義迺彰；其傳説差詳，世稱子夏所作。鄭王祖《經》宗《傳》，而各有異同，天下並疑，莫知所定。而顗直書古《經》文而已，盡除子夏《傳》及先儒注説，其事不可得行。及其行事，故當還頒異説，一彼一此，非所以定制也。臣以爲今宜參采《禮記》，略取《傳》説，補其未備，一其殊義。可依準王景侯所撰《喪服變除》，使類統明正，以斷疑争，然後制無二門，咸同所由。

又此禮當班於天下，不宜繁多。顗爲百六十五篇，篇爲一卷，合十五餘萬言，臣猶謂卷多文煩，類皆重出。案《尚書堯典》祀山川之禮，惟於東嶽備稱牲幣之數，陳所用之儀，其餘則但曰如初。《周禮》祀天地五帝享先王，其事同者皆曰亦如之，文約而義舉。今禮儀事同而名異者，輒別爲篇，卷煩而不典。皆宜省文通事，隨類合之，事有不同，乃列其異。如此，所減三分之一。

虞討論新禮訖，以元康元年上之。所陳惟明堂五帝、二社六宗及吉凶王公制度，凡十五篇。有詔可其議。後虞與傅咸纘續其事，竟未成功。中原覆没，虞之《决疑注》，是其遺事也。逮于江左，僕射刁協、太常荀崧補緝舊文，光禄大夫蔡謨又踵修其事云。

《舊唐書》卷二一《禮儀志一》《記》曰：人生而靜，天之性也；感物而動，性之欲也。欲無限極，禍亂生焉。聖人懼其邪放，於是作樂以和其性，制禮以檢其情，俾俯仰有容，周旋中矩。故肆覲之禮立，則朝廷尊；郊廟之禮立，則人情肅；冠婚之禮立，則長幼序；喪祭之禮立，則孝慈著；蒐狩之禮立，則軍旅振；享宴之禮立，則君臣篤。是知禮者，品彙之璿衡，人倫之繩墨，失之者辱，得之者榮，造物已還，不可須臾離也。

五帝之時，斯爲治本。類帝禋宗，吉禮也；遏音陶瓦，凶禮也；班瑞肆覲，賓禮也；誅苗殛鯀，軍禮也；釐降嬪虞，嘉禮也。故曰，修五禮五玉，堯、舜之事也。時代猶淳，節文尚簡。及周公相成王，制五禮六樂，各有典司，其儀大備。暨幽、厲失道，平王東遷，周室寖微，諸侯侮法。【略】

神堯受禪，未遑制作，郊廟宴享，悉用隋代舊儀。太宗皇帝踐祚之初，悉興文教。乃詔中書令房玄齡、祕書監魏徵等禮官學士，修改舊禮，定著《吉禮》六十一篇，《賓禮》四篇，《軍禮》二十篇，《嘉禮》四十二篇，《凶禮》六篇，《國恤》五篇，總一百三十八篇，分爲一百卷。【略】

高宗初，議者以《貞觀禮》節文未盡，又詔太尉長孫無忌、中書令杜正倫李義府、中書侍郎李友益、黄門侍郎劉祥道許圉師、太子賓客許敬宗、太常少卿韋琨、太學博士史道玄、符璽郎孔志約、太常博士蕭楚才孫自覺賀紀等重加緝定，勒成一百三十卷。至顯慶三年奏上之，增損舊禮，并與令式參會改定，高宗自爲之序。時許敬宗、李義府用事，其所損益，多涉希旨，行用已後，學者紛議，以爲不及貞觀。上元三年三月，下詔令依貞觀年禮爲定。儀鳳二年，又詔顯慶新修禮多有事不師古，其五禮並依周禮行事。自是禮司益無憑準，每有大事，皆參會古今禮文，臨時撰定。然貞觀、顯慶二《禮》，皆行用不廢。時有太常卿裴明禮、太常少卿韋萬石相次參掌其事，又前後博士賀敳、賀紀、韋叔夏、裴守真等多所議定。

則天時，以禮官不甚詳明，特詔國子博士祝欽明及叔夏，每有儀注，皆令參定。叔夏卒後，博士唐紹專知禮儀，博學詳練舊事，議者以爲稱職。先天二年，紹爲給事中，以講武失儀，得罪被誅。其後禮官張星、王琇又以元日儀注乖失，詔免官歸家學問。

開元十年，詔國子司業韋縚爲禮儀使，專掌五禮。十四年，通事舍人王喦上疏，請改撰《禮記》，削去舊文，而以今事編之。詔付集賢院學士詳議。右丞相張説奏曰：《禮記》漢朝所編，遂爲歷代不刊之典。今去聖久遠，恐難改易。今之五禮儀注，貞觀、顯慶兩度所修，前後頗有不同，其中或未折衷。望與學士等更討論古今，刪改行用。制從之。初令學士右散騎常侍徐堅及左拾遺李鋭、太常博士施敬本等檢撰，歷年不就。説卒後，蕭嵩代爲集賢院學士，始奏起居舍人王仲丘撰成一百五十卷，名曰《大唐開元禮》。二十年九月，頒所司行用焉。

《舊唐書》卷二五《禮儀志五》 至十年正月，下制曰：朕聞王者乘時以設教，因事以制禮，沿革以從宜爲本，取舍以適會爲先。故損益之道有殊，質文之用斯異。且夫至德之謂孝，所以通乎神明；大事之謂祀，所以虔乎宗廟。國家握紀命曆，重光累盛，四方由其繼明，七代可以觀德。朕嗣守丕業，祗奉睿圖，聿懷昭事，罔不衈祀。嘗覽古典，詢諸舊制，遠則夏、殷事異，近則漢、晉道殊，雖禮文之不一，固嚴敬之無二。朕以爲立愛自親始，教人睦也；立敬自長始，教人順也。是知朕率於禮，緣於情，或教以道存，或禮從時變，將因宜以創制，豈沿古而限今。況恩以降殺而疏，廟以遷毀而廢。雖式瞻古訓，禮則不違；而永言孝思，情所未足。享嘗則止，豈愛崇而禮備；有禱而祭，非德盛而流永。其祧室宜列爲正室，使親而不盡，遠而不祧，廟以貌存，宗猶尊立。俾四時式薦，不間於毀主；百代靡遷，匪惟於始廟。所謂變以合禮，動而得中，嚴配之典克崇，肅雍之美兹在。又兄弟繼及，古有明文。今中宗神主，猶居別處，詳求故實，當宁不安，移就正廟，用章大典。仍創立九室，宜令所司擇日啓告移遷。

《新唐書》卷一〇七《傅弈傳》 時國制草具，多仍隋舊，弈謂承亂世之後，當有變更，乃上言：龍紀、火官，黄帝廢之，《咸池》、《六英》，堯不相沿，禹弗行舜政，周弗襲湯禮。《易》稱巳日乃孚，革而信也，故曰革之時大矣哉。有隋之季，違天害民，專峻刑法，殺戮賢俊，天下兆庶同心叛之。陛下撥亂反正，而官名、律令一用隋舊。且懲沸羹者吹冷齏，傷弓之鳥驚曲木，況天下久苦隋暴，安得不新其耳目哉？改正朔，易服色，變律令，革官名，功極作樂，治終制禮，使民知盛德之隆，此其時也。然官貴簡約，夏后官百不如虞氏五十，周三百不如商之百。又曰：夏有亂政而作《禹刑》，商有亂政而作《湯刑》，周有亂政而作《九刑》。衛鞅爲秦制法，增鑿顛、抽脅、鑊亨等六篇，始皇爲挾書律，此失於煩，不可不監。

（唐）張九齡《唐六典》卷四《尚書禮部》 凡五禮之儀一百五十有二：一曰吉禮，其儀五十有五：一曰冬至祀圜丘，二曰祈穀于圜丘，三曰雩祀于圜丘，四曰大享于明堂，五曰祀青帝于東郊，六曰祀赤帝于南效，七曰祀黄帝于南郊，八曰祀白帝于西郊，九曰祀黑帝于北郊，十曰褃祭百神于南郊，十一曰朝日于東郊，十二曰夕月于西郊，十三曰祀風伯、雨師、靈星、司中、司命、司人、司禄，十四曰夏至祭方丘，十五曰祭神州于北郊，十六曰祭太社，十七曰祭五岳、四鎮，十八曰祭四海、四瀆，十九曰時享于太廟，二十曰祫享于太廟，二十一曰禘享于太廟，二十二曰拜五陵，二十三曰巡五陵，二十四曰祭先農，二十五曰享先蠶，二十六曰享先代帝王，二十七曰薦新于太廟，二十八曰祭司寒，二十九曰祭五龍壇，三十日視學，三十一曰皇太子釋奠，三十二曰國學釋奠，三十三曰釋奠于齊太公，三十四曰巡狩告圜丘，三十五曰巡狩告社稷，三十六曰巡狩告宗廟，三十七曰巡狩，三十八曰封禪，三十九曰祈于太廟，四十曰祈于太社，四十一曰祈于北郊，四十二曰祈于岳瀆，四十三曰諸州祭社稷，四十四曰諸州釋奠，四十五曰諸州祭禜，四十六曰諸縣祭社稷，四十七曰諸縣釋奠，四十八曰諸縣祈禜，四十九曰諸太子廟時享，五十曰王公已下時享其廟，五十一曰王公已下祫享其廟，五十二曰王公已下禘享其廟，五十三曰四品已下時享其廟，五十四曰六品已下時祭，五十五曰王公已下拜掃。二曰賓禮，其儀有六：一曰蕃國王來朝，二曰戒蕃王見，三曰蕃王奉見，四曰受蕃使表及幣，五曰燕蕃國王，六曰燕蕃國使。三曰軍禮，其儀二十有三：一曰親征類于上帝，二曰宜于太社，三曰造于太廟，四曰禡于所征之地，五曰軷于國門，六曰告所過山川，七曰露布，八曰勞軍將，九曰講武，十曰田狩，十一曰射于射宫，十二曰觀射于射宫，十三曰遣將出征宜于太社，十四曰遣將告于太公廟，十五曰遣將告于太廟，十六曰祀馬祖，十七曰享先牧，十八曰祭馬社，十九曰祭馬步，二十曰合朔伐鼓，二十一曰合朔諸州伐鼓，二十二曰大儺，二十三曰諸州、縣儺。四曰嘉禮，其儀有五十：一曰皇帝加元服，二曰納后，三曰正、至受皇太子朝賀，四曰皇后正、至受皇太子朝賀，五曰正、至受皇太子妃朝賀，六曰皇后正、至受太子妃朝賀，七曰正、至受羣臣朝賀，八曰千秋節受羣臣朝賀，九曰皇后正、至受羣臣朝賀，十曰皇后受外命婦朝賀，十一曰皇帝于明堂讀春令，十二曰讀夏令，十三曰讀秋令，十四曰讀冬令，十五曰養老于太學，十六曰臨軒册皇后，十七曰臨軒册皇太子，十八曰内册皇太子，十九曰臨軒册王公，二十曰朝堂册諸臣，二十一曰册内命婦，二十二曰遣使册授官爵，二十三曰朔日受朝，二十四曰朝集使辭見，二十五曰皇太子加元服，二十六曰納妃，二十七曰正、至受羣臣賀，二十八曰受宫臣賀，二十九曰與師、傅、保相見，三十曰受朝集使參辭，三十一曰親王冠，三十二曰納妃，三十三曰公主降嫁，三十四曰三品以上冠，三十五曰四品以下冠，三十六曰六品以下冠，三十七曰三品以上婚，三十八曰四品以下婚，三十九曰六品以下婚，四十曰朝集使禮見及辭，四十一曰任官初上，四十二曰鄉飲酒，四十三曰正齒位，四十四曰宣赦書，四十五曰羣臣詣闕上表，四十六曰羣臣起居，四十七曰遣使慰勞諸蕃，四十八曰遣使宣撫諸州，四十九曰遣使諸州宣制，五十曰遣使諸州宣赦書。五曰凶禮，其儀一十有八。一曰凶年振撫，二曰勞問疾患，三曰中宫勞問，四曰皇太子勞問，五曰五服制度，六曰皇帝爲小功已上舉哀，七曰敕使弔祭，八曰會喪，九曰册贈，十曰會葬，十一曰致奠，十二曰皇后舉哀弔祭，十三曰皇太子舉哀弔祭，十四曰皇太子妃舉哀弔祭，十五曰三品已上喪，十六曰四品以下喪，十七曰六品以下喪，十八曰王公已下喪。禮制通議其新五禮，開元二十年修，凡一百五十卷。

（唐）杜佑《通典》卷四一《禮一・沿革一・禮序》　夫禮必本於太一，極大曰太，未分曰一。分而爲天地，轉而爲陰陽，變而爲四時，列而爲鬼神。鬼者，精魄所歸。神者，引物而出。其降曰令，聖人象此下之以爲教令。其居人曰義。《孝經説》曰：義由人出。孔子曰：夫禮，先王以承天之道，以理人之情，失之者死，得之者生。故聖人以禮示之，天下國家可得而正也。人知禮則教易。伏羲以儷皮爲禮，作瑟以爲樂，可爲嘉禮；神農播種，始諸飲食，致敬鬼神，蜡爲田祭，可爲吉禮；黄帝與蚩尤戰於涿鹿，可爲軍禮；九牧倡教，可爲賓禮；《易》稱古者葬於中野，可爲凶禮。又，修贄類帝則吉禮也，釐降嬪虞則嘉禮也，羣后四朝則賓禮也，征於有苗則軍禮也，遏密八音則凶禮也。故自伏羲以來，五禮始彰。堯舜之時，五禮咸備，而直云典朕三禮者，據事天事地與人爲三耳。其實天地唯言禮也，其餘四禮並人事兼之。夏商二代，散亡多闕。洎周武王既没，成王幼弱，周公攝政，六年致太平，述文武之德，制《周官》及《儀禮》，以爲後王法。《禮序》云：禮也者，體也，履也。統之於心曰體，踐而行之曰履。然則《周禮》爲體，《儀禮》爲履。周衰，諸侯僭忒，自孔子時已不能具。秦平天下，收其儀禮，歸之咸陽，但採其尊君抑臣，以爲時用。漢興，天下草創，未遑制立，羣臣飲醉争功，高帝患之。叔孫通草綿蕝子悦切之儀，救擊柱之弊，蕝謂以茅翦樹地，爲纂位習肄處。帝説，歎曰：吾於今日知爲天子之貴也。以通爲奉常，遂定儀法，未盡備而通終。高堂生傳《禮》十七篇，而徐生善爲頌。但能盤辟爲禮容。頌讀與容同。孝文帝時，徐生以頌禮官至大夫，而蕭奮亦以習禮至淮陽太守。孝武始開獻書之路，時有季氏得《周官》五篇，闕《冬官》一篇，河間獻王千金購之，不能得，遂取《考工記》以補其闕，奏之。至王莽時，劉歆始置博士，行於代。杜子春受業於歆，能通其讀，後漢永平初，鄭衆、賈逵皆往受業。其後馬融作《周官傳》，鄭玄爲注。初獻王又得仲尼弟子及後學所記百四十一篇，至劉向考校經籍，纔獲百三十篇，向因第而敍之。而又得《明堂陰陽記》二十二篇，《孔子三朝記》七篇，《王氏史記》二十篇，《樂記》二十三篇，總二百二篇。戴德删其煩重，合而記之，爲八十五篇，謂之《大戴記》；而戴聖又删大戴之書，爲四十七篇，謂之《小戴記》。馬融亦傳小戴之學，又定《月令》、《明堂位》，合四十九篇。鄭玄受業於融，復爲之注。今《周官》六篇，《古經》十七篇，《小戴記》四十九篇，凡三種，唯鄭玄注立於學官，餘並散落。魏以王粲、衛覬集創朝儀，而魚豢、王沈、陳壽、孫盛雖綴時禮，不足相變。吴則丁孚拾遺漢事，蜀則孟光、許慈草建時制。晉初以荀顗、鄭沖典禮，參考今古，更其節文，羊祜、任愷、庾峻、應貞並加刪集，成百六十五篇。後摯虞、傅咸纘續未成，屬中原覆没，今虞之《決疑注》，是其遺文也。江左刁協、荀崧補緝舊文，蔡謨又踵修綴。宋初因循前史，並不重述。齊武帝永明二年，詔尚書令王儉制定五禮。至梁武帝，命羣儒又裁成焉。吉禮則明山賓，凶禮則嚴植之，軍禮則陸璉，賓禮則賀瑒，嘉禮則司馬褧。苦迴切。又命沈約、周捨、徐勉、何佟之等佟音疼參會其事。陳武帝受禪，多准梁舊式，因行事隨時筆削。後魏道武帝舉其大體，事多闕遺；孝文帝率由舊章，擇其令典，朝儀國範，焕乎復振。北齊則陽休之、元循伯、熊安生，後周則蘇綽、盧辯、宇文弼，並習於《儀禮》，以通時用。隋文帝命牛弘、辛彦之等采梁及北齊儀注，以爲五禮。國初草昧，未暇詳定。及太宗踐祚，詔禮官學士修改舊儀，著吉禮六十一篇，賓禮四篇，軍禮十二篇，嘉禮四十二篇，凶禮六篇，國恤五篇，總百三十篇，爲百卷。貞觀七年，始令頒示。高宗初，以《貞觀禮》節文未盡，重加修撰，勒合成百三十卷，至顯慶三年奏上，高宗自爲之序。時許敬宗、李義府用事，其所取舍，多依違希旨，學者不便，異議紛然。上元三年下詔，命依貞觀年禮爲定。儀鳳二年，詔並依周禮行事。自是禮司益無憑准，每有大事，輒別制一儀，援古附今，臨時專定，貞觀、顯慶二禮，亦皆施行。武太后時，以禮官不甚詳明，特詔國子司業韋叔夏，率更令祝欽明每加刊定。叔夏卒後，給事中唐紹專知禮儀。紹博學，詳練舊事，議者以爲稱職。開元十四年，通事舍人王巖上疏，請改撰《禮記》，削去舊文，編以今事。集賢院學士張説奏曰：《禮記》，漢朝所編，遂爲歷代不刊之典，去聖久遠，恐難改易。但今之五禮儀注，已兩度增修，頗有不同，或未折衷。請學士等更討論古今，刪改行用。制從之。於是令徐堅、李鋭、施敬本等檢撰，歷年其功不就。鋭卒後，蕭嵩代爲集賢院學士，始奏起居舍人王仲丘修之。二十年九月，新禮成，凡百五十卷，是爲《大唐開元禮》。於戲！百代之損益，三變而著明，酌乎文質，懸諸日月，可謂盛矣。《通典》之所纂集，或泛存沿革，或博采異同，將以振端末、備顧問者也，烏禮意之能建乎！但前古以來，凡執禮者，必以吉凶軍賓嘉爲次。今則以嘉賓次吉，軍凶後賓，庶乎義類相從，終始無黷云爾。按秦蕩滅遺文，自漢興以來，收而存之，朝有典制可酌而求者：漢有叔孫通、高堂生、徐生、賈誼、河間獻王、董仲舒、蕭奮、孟卿、后蒼、聞人通漢、夏侯敬、劉向、戴德、戴聖、慶普、劉歆。後漢有曹充、曹褒、鄭興、鄭衆、賈逵、許慎、杜子春、馬融、鄭玄、衛宏、何休、盧植、蔡邕。魏有王粲、衛覬、高堂隆、蔣濟、王肅、秦靜、劉表、劉紹、盧毓、陳羣、魚豢、王沈。蜀有譙周、蔣琬、孟光、許慈。吴則宋敏、丁孚。晉有鄭冲、荀顗、陳壽、孫盛、羊祜、杜元凱、衛瓘、庾峻、袁準、賀循、任愷、陳銓、孔備、劉逵、摯虞、束晳、傅咸、鄒湛、蔡謨、孔衍、庾亮、范宣、范汪、徐邈、范甯、刁協、荀崧、卞壼、葛洪、王彪之、司馬彪、干寶、徐廣、謝沈、王袁、何琦、虞喜、應貞。宋有徐羡之、傅亮、臧燾、徐廣、裴松之、何承天、顔延之、雷次宗、徐爰、庾蔚之、崔凱、孔智。齊有王儉、何戢、田僧紹、劉獻、王逡。梁有司馬褧、陸璉、沈約、周捨、明山賓、裴子野、徐勉、顧協、朱异、嚴植之、賀瑒、崔靈恩、皇侃、何佟之、陶弘景、司馬憲、丘季彬。陳有謝嶠、孔奂。後魏有高允、高閭、王肅。北齊有熊安生、陽休之、元循伯。後周蘇綽、盧辯、宇文弼。隋有牛弘、辛彦之、許善心。皇唐有孔穎達、褚亮、虞世南、陸德明、令狐德棻、朱子奢、顔師古、房玄齡、魏徵、許敬宗、楊師道、賈公彦、杜正倫、李義府、李友益、劉祥道、郝處俊、許圉師、韋琨、范履冰、裴守真、陸遵楷、史玄道、孔志約、蕭楚材、孫自覺、王方慶、賀紀、賈大隱、韋萬石、賀敳、韋叔夏、祝欽明、許子儒、沈伯儀、元萬頃、劉承慶、郭山惲、辟閭仁諝、唐紹、張星、王喦、張説、徐堅、李鋭、施敬本、王仲丘、張統師、權無二、孔玄義、賈曾、李行偉、韓抱素、盧履冰、田再思、馮宗、陳貞節、賀知章、元行沖、韋縚等。或歷代傳習，或因時制作，粗舉其名氏，列於此注焉。

（明）談遷《國榷》卷一〇《太祖洪武二十八年十一月》 郭正域曰：夫禮者，本天殺地，綱紀人倫，利用安身，教民成俗。唐虞三代，代有損益。革命之際，多沿先代。周人初年，肇稱殷禮。漢草朝儀，雜采秦法。唐皇修文，多用隋禮。宋初通禮，半約唐儀。即有損益，所因居多。胡元之世，天澤既易，禮安用之。先王典刑，淪澌無存，冠冕椎結，號令侏儒。大拜報天，即日月山，金書玉篆，用蒙古字。册后之初，帝后並坐大明殿，右丞相起而上壽，壽帝壽后，冠禮、婚禮，從其本俗。大宴而服只孫。冬則納石室里，夏則鈸笠都納，剪柳代射，跪足代拜，行之百年，文物盡矣。高皇闢乾坤而新日月。朝百神而首庶物。在位三十餘年。世而後仁。即位之始，敕中書省，禮制未定，令天下郡縣高潔博雅之士，年四十以上者，于是儒士徐一夔、梁寅、劉子暨、周子諒、胡行簡、劉宗弼、董彝、蔡深、滕公琰至京，詔同修禮書，而元年議郊祀耕籍禮。三年敕尚書崔亮等議喪禮。九月《大明集禮》成。其準五禮而益以冠服車輅之儀狀，鹵簿字學。五月考定服色，所尚尚赤。先是議百官禮儀俱尚左。四年八月，諭中書省，以房舍服飾，明立禁條，頒示中外，俾有所守。五年三月，諭禮臣，稽考曆禮，布之天下，庶幾返古。六年三月，禮官上所言禮儀，其更參訂，務合人情。七年十一月，《孝慈録》成，言父母三年喪制，自是十餘年間，所著禮書，曰《國朝禮制》，曰《稽古定制》，曰《國朝制作》，曰《大禮要議》，曰《皇朝禮志》，曰《禮儀定式》，曰《大明禮制》，曰《洪武禮法》，曰《禮制集要》，曰《禮制節文》，曰《太常集禮》，曰《禮書》。諸所藏祕閣繪圖議文者，未暇悉數，上之郊廟朝廷，次之侯王郡邑，下之閭巷州黨。洋洋優優，無大無細。隆禮曲禮，如正至而傳同度，則行慶之施也。朝覲而定黜陟，則明試之規也。祭祀而去俎豆，則順時之意也。訓儲而議再拜，則教胄之模也。永思而隆徽稱，則追王之遺也。宮闈而等后妃，則軒轅之制也。封拜而嚴本支，則主器之辨也。冠婚而逮士民，則周道之隆也。喪服而均斬衰，則孺慕之本也。冠服而有五冕，則易簡之道也。曰嬪而正禮文，則釐降之義也。其間損益百王，超越千古。或以義起，或沿時革，逮巡狩監國之禮，肇于文皇。《詩》《書》《禮》樂之文，正于宣皇。講幃談經之儀，定于英皇。陵廟嫡庶之分，正于孝皇。郊廟耕蠶之儀，舉于世皇。而我明一代之禮，伯夷不能典，柱下不能述矣。

（明）談遷《國榷》卷一〇《太祖洪武二十九年十二月》 己巳，頒《稽古定制》書，俾功臣家遵守。上自序曰：昔先王制禮，別尊卑，定貴賤，上下秩然。朝代雖改，禮樂制度，多相因也。或有損益，小過不及而已。朕自定天下以來，立綱陳紀，頒布天下有年歲矣。至若官民房室，墳塋碑碣，亦嘗斟酌前代，著畫一制，豈期奸臣胡惟庸故紊條章，俾諸功臣不遵守，雖先塋碑碣，亦不樹立。最甚無如藍玉，房屋家奴人至數百，馬坊廊房，皆用九五間數。營店舍宅垣中，招集百工，與爲市易。心欲背朝廷爲亂。夫自古賢人君子，一心公朝，念所食禄，不耕不蠶，坐享民供，又敢興販，與之爭利。今我文武臣，往往不屬厭，使子弟奴僕家人，坐賈行商，至出外倚勢中鹽，越資攙次，撓法多端。今命翰林酌唐宋制，定墳塋碑碣丈尺，房屋間架及食禄之家興販禁例，編類成書，永遵守之。嗚呼！敬聽朕言，聿求多福。

（清）王先謙《荀子集解·禮論》 禮起於何也？曰：人生而有欲，欲而不得，則不能無求，求而無度量分界，則不能不争；量，力鬻反。先謙案：宋台州本無此四字，有分扶問反四字。争則亂，亂則窮。窮謂計無所出也。先王惡其亂也，故制禮義以分之，以養人之欲，給人之求，有分，然後欲可養，求可給。使欲必不窮乎物，物必不屈於欲，兩者相持而長，是禮之所起也。屈，竭也。先王爲之立中道，故欲不盡於物，物不竭於欲。欲與物相扶持，故能長久，是禮所起之本意者也。故禮者，養也。芻豢稻粱，五味調香，所以養口也；王念孫曰：香，臭也，非味也，與五味調三字義不相屬。下文云椒蘭芬苾，所以養鼻，是香以養鼻，非以養口也。香，當爲盉。《説文》：盉，調味也，從皿禾聲。與香字相似，故盉誤爲香。而楊注不釋盉字，所見本已誤爲香矣。《説文》又曰：鬻，今通作和。昭廿年《左傳》曰：和如羹焉。水火醯醢鹽梅，以亨魚肉，宰夫和之，齊之以味，濟其不及，以洩其過，君子食之，以平其心。故曰五味調盉，所以養口也。盉〔與羹同。〕五味盉羹也。《博古圖》所載商周器皆有盉，蓋因其可以盉羹而名之，故其字從皿而以禾爲聲。今經傳皆通用和字，而盉字遂廢。此盉字若不誤爲香，則後人亦必改爲和矣。椒蘭芬苾，所以養鼻也；雕琢、刻鏤、黼黻、文章，所以養目也；鍾鼓、管磬、琴瑟、竽笙，所以養耳也；疏房、檖䫉、越席、牀第、几筵，所以養體也。疏，通也。疏房，通明之房也。䫉，古貌字。檖䫉，未詳。或曰：檖，讀爲邃。貌，廟也。廟者，宮室尊嚴之名。或曰：䫉，讀爲邈。言屋宇深邃緜邈也。第，牀棧也。越席，蒻蒲席也，古人所重。司馬貞曰：疏，窗也。先謙案：宋台州本注緜作緬。故禮者，養也。君子既得其養，又好其別？曷謂別。曰：先謙案：《史記·禮書》作又好其辨也，所謂辨者。貴賤有等，長幼有差，貧富輕重皆有稱者也。稱，謂各當其宜，尺證反。故天子大路越席，所以養體也；側載睪芷，所以養鼻也；盧文弨曰：睪芷，説在上篇。《史記·禮書》作臭茝，臭，亦臯之誤。前有錯衡，所以養目也；和鸞之聲，步中《武》、《象》，趨中《韶》、《護》，所以養耳也，竝解在《正論篇》。龍旗九斿，所以養信也；龍旗，畫龍旗。《爾雅》曰：素陞龍於縿，練斿九。旗正幅爲縿，斿，所以屬之者也。信，謂使萬人見而信之，相至尊也。養，猶奉也。盧文弨曰：注正幅爲縿，宋本縿作緇，元刻作絲，皆誤，今改正。元刻練斿作練旒，與今《爾雅》同。郝懿行曰：信與神同。畫龍於旗，取其神變。此信蓋神之叚借。古多借信爲伸，此又借信爲神，神與伸皆同聲之字，故可相通。楊氏不知叚借之義，故云信，謂使人見而信之，其望文生訓，不顧所安，往往如此。寢兕，謂武士寢處於甲胄者也。持虎、謂以虎皮爲弓衣，武士執持者也。《詩》曰：虎韔鏤膺。劉氏云畫虎於鈴竿及楯也。盧文弨曰：持，當爲特，字之誤也。寢兕、特虎，謂畫輪爲飾也。劉昭注《輿服志》引《古今注》：武帝天漢四年，令諸侯王朱輪，特虎居前，左兕右麋；小國朱輪，畫特熊居前，寢麋居左右。《白虎通》亦曰：朱輪特熊居前，寢麋居左右。此謂朱輪每輪畫一虎居前，兕麋在兩旁，卻後而相竝，故虎稱特。左右，謂每輪兩旁也。寢，伏也。大國畫特虎，兕麋不寢；小國則畫特熊，二寢麋，無兕。天子乘輿，蓋畫二寢兕居輪左右，畫特虎居前歟？此段若膺說。蛟韅、韅，馬服之革，蓋象蛟形。徐廣曰：以蛟魚皮爲之。盧文弨曰：《史記》蛟作鮫，古字通用。注馬服，乃馬腋之誤。徐說本《說文》。楊云象蛟形，與上下文虎兕龍一例，勝徐說。絲末、末與幦同。《禮記》曰：君羔幦虎犆，鄭云：覆苓也。絲幦，蓋織絲爲幦，亡狄反。盧文弨曰：絲末，《史記》無。彌龍，所以養威也；彌，如字，又讀爲弭。弭，末也。謂金飾衡軛之末爲龍首也。徐廣曰：乘輿車以金薄繆龍爲輿倚較，文虎伏軾，龍首銜軛。盧文弨曰：彌，即《說文》之⿱麻耳。《廣韻》引《說文》云：⿱麻耳，乘輿金耳也，讀若湎水，一讀若《月令》靡艸之靡。金耳，謂車耳，即重較也。徐廣說爲得之。繆龍，《史記》作璆龍，《索隱》云：璆然，龍貌，徐又云文虎伏軾，龍首銜軛，此引古類及之，非正釋也。銜軛，當從《史記》注作衡軛爲是。郝懿行曰：金耳者，金飾車耳也。於倚較上刻爲交龍之形，飾之以金以養威重。龍，取其威也。王念孫曰：盧注亦段說也。今本《說文》作乘輿金飾馬耳也，經段氏校正。說見段氏《說文注》。故大路之馬必倍至教順，然後乘之，所以養安也。倍至，謂倍加精至也。或以必倍爲句，倍，謂反之，車在馬前，令馬熟識車也。至極教順，然後乘之，備驚奔也。盧文弨曰：《史記》倍至作信至。先謙案：倍，當依《史記》作信。倍信形近而譌，據楊注，則所見本已誤。信至，謂馬調良之極。孰知夫出死要節之所以養生也！孰，甚也。出死，出身死寇難也。要節，自要約以節義，謂立節也。使其孰知出死要節，盡忠於君，是乃所以受祿養生也。若不能然，則亂而不保其生也。要，一遙反。盧文弨曰：此注舊本有賸有脫，今訂正。先謙案：《史記》出死上多一士字。孰知夫出費用之所以養財也！費，用財以成禮，謂問遺之屬，是乃所以求奉養其財，不相侵奪也。郭嵩燾曰：用上疑奪文。或作出費制用，四句爲一例。先謙案：《史記》出作輕，文義大異。孰知夫恭敬辭讓之所以養安也！無恭敬辭讓，則亂而不安也。孰知夫禮義文理之所以養情也！

（宋）黎靖德《朱子語類》卷八五《禮二·儀禮》　今《儀禮》多是士禮，天子諸侯喪祭之禮皆不存，其中不過有些小朝聘燕饗之禮。自漢以來，凡天子之禮，皆是將士禮來增加爲之。河間獻王所得禮五十六篇，卻有天子、諸侯之禮，故班固謂愈於推士禮以爲天子、諸侯之禮者。儒用。

《儀禮》，不是古人預作一書如此。初間只以義起，漸漸相襲，行得好，只管巧，至於情文極細密，極周經處。聖人見此意思好，故録成書。賀孫。

（宋）黎靖德《朱子語類》卷八六《禮三·周禮》　今只有《周禮》《儀禮》可全信。《禮記》有信不得處。又曰：《周禮》只疑有行未盡處。看來《周禮》規模皆是周公做，但其言語是他人做。今時宰相提舉敕令，豈是宰相一一下筆？有不是處，周公須與改。至小可處，或未及改，或是周公晚年作此。

大抵說制度之書，惟《周禮》《儀禮》可信，《禮記》便不可深信。《周禮》畢竟出於一家。謂是周公親筆做成，固不可，然大綱卻是周公意思。某所疑者，但恐周公立下此法，卻不曾行得盡。文蔚。僩録云：《周禮》是一箇草本，尚未曾行。

問《周禮》。曰：未必是周公自作，恐是當時如今日編修官之類爲之。又官名與他書所見，多有不同。恐是當時作此書成，見設官太多，遂不用。亦如《唐六典》今存，唐時元不曾用。浩。

（漢）班固《白虎通義》卷上《德論上·封公侯》　誅君之子不立者，義無所繼也。諸侯世位，象賢也，今親被誅絕也。《春秋傳》曰：誅君之子立，君見弒，其子得立，何所以尊君、防篡弒。《春秋繼經》曰：齊無知殺其君，貴妾子公子糾當立也。

（漢）班固《白虎通義》卷上《德論上·京師》　諸侯入爲公卿大夫，得食兩家菜必？曰有能然後居其位，德加於人，然後食其祿，所以尊賢重有德也。今以盛德入輔佐，兩食之何？《王制》曰天子縣內諸侯祿也，外諸侯嗣也。天子太子食菜者，儲君，嗣主也，當有土以尊之也。太子食百里，與諸侯封同，故《禮》曰：公士大夫子子也。無爵而在大夫上，故百里也。公卿大夫皆食菜者，示與民同有無也。

（漢）班固《白虎通義》卷上《德論上·誅伐》　王者受命而起，諸侯有臣弒君而立，當誅君身死，子不得繼者，以其逆，無所天也。《詩》云：毋封靡于爾邦，惟王其崇之。此言追誅大罪也。或盜天子土地，自

立爲諸侯，絶之而已。【略】

誅猶責也。誅其人，責其罪，極其過惡。《春秋》曰：楚子虔誘蔡侯班，殺之于申。《傳》曰：誅君之子不立。討者何謂？討猶除也，欲言臣當掃除君之賊。《春秋》曰：衛人殺州吁于濮。《傳》曰：其稱人何？討賊之辭也。伐者何謂？伐擊也，欲言伐擊之也。《尚書》曰：武王伐紂。征者何謂也？征猶正也，欲言其正也，輕重從辭也。誕以爾東征。誅禄甫也。又曰：甲戌，我惟征徐戎。戰者何謂？《尚書大傳》曰：戰者，憚警之也。《春秋讖》曰：戰者，延改也。弑者試也，欲言臣子殺其君父，不敢卒，候間司事，可稍稍試之。《易》曰：臣弑其君，子弑其父，非一朝一夕之故也。簒者何謂也？簒猶奪也，取也，欲言庶奪嫡，孽奪宗，引奪取其位。《春秋傳》曰：其人何？簒辭也。稍稍殺之。

（漢）班固《白虎通義》卷下《德論下・王者不臣》　王者所以不臣三，何也？謂二王之後，妻之父母，夷狄也。不臣二王之後者，尊先王通天下之三統也。《詩》云：有客有客，亦白其馬，謂微子朝周也。《尚書》曰：虞賓在位。不臣丹朱也。不臣妻父母何？妻者，與己一體，恭承宗廟，欲得其歡心，上承先祖，下繼萬世，傳於無窮，故不臣也。《春秋》曰紀季姜歸於京師。父母之於子，雖爲王后，尊不加於父母，加王何。王者不臣也。人議宋三世内娶於國中，謂無臣也。夷狄者，與中國絶域異俗，非中和氣所生，非禮義所能化，故不臣也。《春秋傳》曰：夷狄相誘，君子不疾。《尚書大傳》曰：正朔所不加，即君子所不臣也。

王者有蹔不臣者五，謂祭尸、受授之師，將師用兵，三老，五更。不臣祭尸者，方與尊者配也。不臣受授之師者，尊師重道，欲使極陳天人之意也，故《禮・學記》曰：當其爲師，則不臣也。當其爲尸，則不臣也。不臣將師用兵者，重士衆爲敵國，國不可從外治，兵不可從内御，欲成其威，一其令。《春秋》之義，兵不稱使，明不可臣也。不臣三老、五更者，欲率天下，爲人子弟。《禮》曰：父事三老，兄事五更。王者不純臣諸侯何？尊重之。以其列土傳子孫，世世稱君，南面而治。凡不臣異，朝則迎之於著，覲則待之於阼階，升降自西階，爲庭燎，設九賓，享禮而後歸。是異於衆臣也。

始封之君不臣諸父、兄弟何？不忍以己一日之功德加於諸父、兄弟也。故《禮》服傳曰：封君之子不臣諸父，封君之孫盡臣之。《禮》服傳曰：子得爲父臣者，不遺善之義也。《詩》云：文武受命，召公維翰。召公，文王子也。《傳》曰：子不得爲父臣者，閨門尚和，朝廷尚敬，人不能無過失，爲恩傷義也。王者臣不得爲諸侯臣，以其尊當與諸侯同。《春秋傳》曰：許公不世，待以初。或曰王者臣得復爲諸侯臣者，爲衰世主上不明，賢者非其罪而去，道不施行，百姓不得其所，復令得爲諸侯臣，施行其道。《易》曰：不事王侯。此據言王之致仕臣也，言不事王可知，復言侯者，明年少，復得仕於諸侯也。

王者臣有不名者五：先王老臣不名。親與先王戮力共治國，同功於天下，故尊而不名也。《尚書》曰：咨，爾伯。不言名也，不名者，貴賢者而已。共成先祖功德，德加于百姓者也。《春秋》曰：單父不言名。《傳》曰：大夫之命于天子者大也。盛德之士名，尊賢也。《春秋》曰：公弟叔肸，諸父、諸兄不名，諸父、諸兄者親，與己父、兄有敵體之義也。《詩》云：王曰叔父。《春秋傳》曰：王禮者何？爲長之稱也。不名盛德之士者，不可屈爵禄也。故《韓詩内傳》曰：師臣者帝，交友受臣者王，臣臣者霸，爵臣者亡不行。

（漢）班固《白虎通義》卷下《德論下・宗族》　宗者，何謂也？宗，尊也，爲先祖主也，宗人之所尊也。《禮》曰：宗人將有事，族人皆待。聖者所以必有宗何也？所以長和睦也。大宗能率小宗，小宗能率羣弟，通於有無，所以紀理族人者也。宗其爲始祖後者爲大宗，此百世之所宗也。宗其爲高祖後者，五世而遷者也，高祖遷於上，宗則易於下。宗其爲曾祖後者爲曾祖宗，宗其爲祖後者爲祖宗，宗其爲父後者爲父宗，以上至高祖宗皆爲小宗，以其轉遷，别於大宗也。别子者，自爲其子孫爲祖，繼别也，各自爲宗。小宗有四，大宗有一，凡有五。宗人之親，所以備矣。諸侯奪宗，明尊者宜之。大夫不得奪宗何？曰：諸侯世世傳子孫，故奪宗；大夫不傳子孫，故不宗也。《喪服經》曰：大夫爲宗子。不言諸侯爲宗子也。

族者何也？族者，湊也，聚也，謂恩愛相流湊也。生相親愛，死相哀痛，有會聚之道，故謂之族。《尚書》曰：以親九族。族所以九何？九之爲言究也，親踈恩愛究竟也。謂父族四，母族三，妻族二。父族四者，謂父之姓一族也，父女昆弟適人有子爲二族也，身女昆弟適人有子爲三族也，身女子適人有子爲四族也。母族三者，母之父母一族也，母之昆弟一族也，母昆弟子三族也。母昆弟者男女皆在外親，故合言之。妻族二者，妻之父爲一族，妻之母爲二族，妻之親略，故父母各一族。《禮》曰：惟是三族之不虞。《尚書》曰：以親九族，義同也。一説合言九族者，欲明堯時俱三也，禮所以獨父族四何？欲言周承二弊之後，民人皆厚於末，故與禮母族妻之黨，廢禮母族父之族，是以貶妻族，以附父族也。或言九者，據有交接之恩也。若邢侯之姨，譚公惟私也。言四者，據有服耳，不相害所異也。

（漢）班固《白虎通義》卷下《德論下·姓名》 人所以相拜者何？所以表情見意，屈節卑體，尊事之也。拜之言服也。所以必再拜何？法陰陽也。《尚書》曰：再拜稽首也。必稽首何？敬之至也。頭至地何？以言首謂頭也。《禮》曰：首有瘍則沐。所以先拜首後稽首何？名順其文質也。《尚書》曰：周公拜首稽首。人所以有字何？冠德明功，敬成人也。故《禮·士冠經》曰：賓北面，字之曰伯某甫。又曰：冠而字之，敬其名也。所以五十乃稱伯仲者，五十知天命、思慮定也，能順四時長幼之序，故以伯仲號之。《禮·檀弓》曰：幼名冠字，五十乃稱伯仲。《論語》曰：五十而知天命。稱號所以有四何？法四時用事先後，長幼兄弟之象也，故以時長幼號曰伯、仲、叔、季也。伯者，長也，伯者子最長，迫近父也。仲者，中也。叔者，少也。季者，幼也。適長稱伯，伯禽是也。庶長稱孟，以魯大夫孟氏。

（漢）班固《白虎通義》卷下《德論下·衣裳》 《弟子職》言摳衣而降也。名爲衣何？上兼下也。獨以羔裘何？取輕煖。因狐死首丘，明君子不忘本也。羔者，取跪乳遜順也。故天子狐白，諸侯狐黄，大夫蒼，士羔裘，亦因別尊卑也。

（宋）潘自牧《記纂淵海》卷五《災異部·饑荒》 帝曰：棄，黎民阻饑，汝后稷，播時百穀。《書》。暨稷播，奏庶艱食鮮食。《益稷》。古者國有凶，則殺禮而多昏，會男女之無夫家者，所以育人民也。《詩序》。王曰：於乎！何辜今之人？天降喪亂，饑饉薦臻。《詩》。大司徒以荒政十有二聚萬民，一曰散利，二曰薄征，三曰緩刑，四曰弛力，五曰舍禁，六曰去幾，七曰省禮，八曰殺哀，九曰蕃樂，十曰多昏，十一曰索鬼神，十二曰除盜賊。《周禮》。

（清）陳夢雷《古今圖書集成·禮儀典·禮樂總部彙考》 上古伏羲氏始制禮樂。【略】神農氏行蜡祭之禮，作扶犂之樂。【略】黄帝作咸池之樂，定袞冕衣裳之制，備吉凶之禮。【略】帝嚳高辛氏定陞降長幼及祭祀之禮，作九招之樂。【略】

舜命伯夷典三禮，夔典樂，又於巡狩正禮樂。【略】按：《禮記·王制》天子五年一巡守，歲二月東巡守，至于岱宗，柴而望祀山川，覲諸侯，問百年者就見之。命大師陳詩，以觀民風，命市納賈，以觀民之所好惡，志淫好辟。命典禮，考時月，定日，同律禮樂制度衣服，正之。山川神祇有不舉者爲不敬，不敬者，君削以地。宗廟有不順者爲不孝，不孝者君絀以爵。變禮易樂者爲不從，不從者君流。革制度衣服者爲畔，畔者君討。注：虞夏之制也。按《大戴禮·五帝德篇》重華使伯夷主禮，以節天下，夔作樂，以歌籥舞，和以鐘鼓。

禹即位，定祭祀冕裳之制，建旗旐以別尊卑，作大夏之樂。【略】

殷湯即位，定朝會祭祀車服之儀，命伊尹作大濩之樂。【略】

周成王六年，周公朝諸侯於明堂，制禮作樂，又以禮樂教萬民及國子。按：《書經·周書·周官》宗伯掌邦禮，治神人，和上下。蔡注：成周合樂於禮。官謂之和者，蓋以樂而言也。按《禮記·明堂位》昔殷紂亂天下，脯鬼侯以饗諸侯，是以周公相武王以伐紂。武王崩，成王幼弱，周公踐天子之位以治天下。六年，朝諸侯於明堂，制禮作樂，頒度量，而天下大服。七年，致政於成王。按《周禮·地官》大司徒之職，以鄉三物教萬民而賓興之。

又：《尚書中候》周公歸政於成王，太平制禮，鸞鳳見。《春秋説題辭》禮者體也，人情有哀樂，五行有興滅。故立鄉飲之禮，終始之哀，婚姻之宜，朝聘之表，尊卑有序，上下有體。王者行禮得夫中和，禮得則天下咸得，厥宜陰陽，滋液萬物，調四時，和動靜，常用不可須臾惰也。

《禮含文嘉》禮者，履也。

《禮稽命徵》得禮之制。澤谷之中有赤烏、白玉、赤蛇、赤龍、赤木、白泉生出飲酌之使長壽。

禮之動搖也，與天地同氣，四時合信，陰陽爲符，日月爲明，上下和洽，則物獸如其性命。

《汲冢周書》生之樂之，則母之禮也。政之教之，遂以成之，則父之禮也。父母之禮以加於民。

《管子・牧民篇》國有四維，一曰禮。《文子・道德篇》文子問何謂禮，曰：爲上則恭嚴，爲下則卑敬，退讓守柔，爲天下雄，立於不敢，設於不能，此之謂禮也。

《上禮篇》老子曰：爲禮者，雕琢人性，矯拂其情，目雖欲之禁以度，心雖樂之節以禮，趨翔周旋屈節卑拜，肉凝而不食，酒澂而不飲，外束其形，内愁其德，鉗陰陽之和而迫性命之情，故終身爲哀人。

《莊子・天運篇》三王五帝之禮義法度，不矜於同而矜於治。故譬三王五帝之禮義法度，其猶柤梨橘柚耶。其味相反而皆可於口。故禮義法度，應時而變也。

《尸子》秋爲禮。西方爲秋。秋，肅也。萬物莫不肅敬，禮之至也。

《董子》理者，天所爲也。文者，人所謂之禮。禮者因人情以爲節，文以救其亂也。夫隄者，水之防也。禮者，人之防也。刑防其末，禮防其本也。

《慎子》禮從俗政，從上使，從君國。有貴賤之禮，無賢不肖之禮；有長幼之禮，無勇敢之禮；有親疏之禮，無愛憎之禮。

《荀子・勸學篇》禮者，法之大分，羣類之綱紀也。故學至乎禮而止矣。夫是之謂道德之極。

《天論篇》水行者表深，表不明則陷。治民者表道，表不明則亂。禮者，表也。非禮，昏世也；昏世，大亂也。

《修身篇》凡用血氣、志意、知慮，由禮則治通，不由禮則勃亂提僈；食飲，衣服、居處、動靜，由禮則和節，不由禮則觸陷生疾；容貌、態度、進退、趨行，由禮則雅，不由禮則夷固辟違，庸衆而野。故人無禮則不生，事無禮則不成，國家無禮則不寧。《詩》云：禮儀卒度，笑語卒獲。此之謂也。

《淮南子・齊俗訓》夫水積則生相食之魚，土積則生自穴之獸，禮儀飾則生僞慝之儒。夫吹灰而欲無眯，涉水而欲無濡，不可得也。禮者，體情而制文者也。

《揚子・問道篇》或問德表。曰：莫知作，上作下。請問莫知。曰：行禮於彼，而民得於此，奚其知。或曰：孰若無禮而德。曰：禮，體也。人而無禮，焉以爲德。

《五百篇》或問禮難以彊世。曰：難故彊世。如夷俟倨肆，羈角之哺果而陷之，奚其彊。或性或彊，及其名，一也。見弓之張兮，弛而不失其良兮。或曰：何謂也。曰：撤之而已矣。川有防，器有範。見禮教之至也。

《賈子》禮者，禁於將然之前；法者，禁於已然之後。是故法之所用易見，而禮之所爲至難知也。

《韓詩外傳》在天者，莫明乎日月，在地者，莫明乎水火，在人者，莫明乎禮義。故日月不高，則所照不遠；水火不積，則光炎不博；禮義不加乎國家，則功名不白。故人之命在天，國之命在禮。

《大戴禮・本命篇》禮象，五行也；其義，四時也。故以四舉，有恩、有義、有節、有權。

《鹽鐵論・誅秦篇》夫禮讓爲國者，若江海流彌久不竭，其本美也。苟爲無本，若蒿火暴怒而無繼，其亡可立而待。

《申韓篇》河決若甕口，而破千里，况禮決乎，其害多矣。

《白虎通・禮樂篇》夫禮者，陰陽之際也，百事之會也。所以尊天地，賓鬼神，序上下，正人道也。

禮者，盛不足，節有餘，使凶年不儉，豐年不奢，貧富不相懸也。

有貴賤焉，有親疏焉，有長幼焉。朝廷之禮，貴不讓賤，所以有尊卑也。鄉黨之禮，長不讓幼，所以明有年也。宗廟之禮，親不讓疏，所以有親也。此三者行，然後王道得，王道得然後萬物成。

王褒《服要記序》古之制禮，其品有五：吉禮，祭祀是也；凶禮，喪葬是也；賓禮，朝享是也；軍禮，師旅是也；嘉禮，婚姻是也。五者，民之大事，舉動之所由也。

《袁子正書》禮者何也，緣人情而爲之節文者也。嚴父，愛親之情也，尊親，敬長之義也。

《揚子・物理論》禮者，履也，律也。義同而名異。五禮者，吉凶軍賓嘉也。

《中説・禮樂篇》或曰：君子仁而已矣，何用禮爲。子曰：不可行也。或曰：禮豈爲我輩設哉。子不答，既而謂薛收曰：斯人也，旁行而流矣，安知禮教哉。有若謂先王之道斯爲美。

《通典》修贄類帝，吉禮也。釐降嬪虞，嘉禮也。羣侯四朝，賓禮也。征于有苗，軍禮也。遏密八音，凶禮也。自伏羲以來，五禮始彰。堯舜之時，五禮咸備。

《李氏刊誤》九卿太常，專掌禮樂，累代沿習，不更其名。又春官氏主國之五禮，吉凶軍賓嘉也。寺有少卿博士，禮部有郎中員外，必慎選儒學達於典禮者，足以咨訪大國禮範，豈有闕文。而代宗皇帝用顔真卿爲禮儀使，真卿博通典式，曷不授以太常卿禮部尚書而使掌國禮。奈何禮儀以使爲名，則何異於營田租庸者乎。前代所無我唐有之，必爲後世之譏，宜亟去其名也。

吉凶賓軍嘉，是爲五禮。婚姻屬之嘉，嘉者，善也。今代每言婚姻，則曰佳期者，美也。婚姻之重所宜依經，若用爲佳，實傷古義。

《太平御覽》吉凶賓軍嘉，即五禮之目也。吉禮者，祭祀郊廟宗社之事是也。凶禮者，《喪記》之説年穀不登、大夫去國之事也。賓禮者，貢獻朝聘之事是也。軍禮者，始黄帝與蚩尤戰于涿鹿之野。嘉禮者，好會之事，起自伏羲以儷皮爲幣，始制嫁娶，其後有冠鄉飲酒鄉射食耆老王燕族人之事是也。但前代象天，其禮質而略；後代法地，其事煩而文。唐虞之際，五禮明備，周公所制文物極矣。

《石林燕語》天聖初，明肅太后垂簾，欲被衮冕親祠南郊。大臣争，莫能得。薛簡肅公問：即服衮冕，陛下當爲男子拜乎，婦人拜乎。議遂格。禮九拜，雖男子亦不跪。簡肅亦適，幸其言偶中。然天下至今服簡肅之抗論也。

《國朝典禮》初，循用唐《開元禮》，舊書一百五十卷。太祖開寶中，始命劉温叟、盧多遜、扈蒙三人補緝遺逸，通以今事爲《開寶通禮》二百卷，又《義纂》一百卷，以發明其旨，且依開元禮設科取士。嘉祐初，歐陽文忠公知太常禮院，復請續編，以姚闢蘇洵掌其事，爲《太常因革禮》一百卷，議者病其太簡。元豐中，蘇子容復議以《開寶通禮》及近歲詳定禮文分有司儀注沿革爲三門，爲元豐新禮，不及行。至大觀中，始修之。鄭達夫主其事，然當時亦無知禮舊人，故書成頗多牴牾，後亦廢。【略】

《春明夢餘録》成周盛時，以《周禮》持世。凡其所以建國而辨方正位，體國經野，設官分職，以爲民極者，皆謂之禮。不徒以祭祀、燕享、冠婚、賓射以爲禮也。太宰掌建邦之六典，以治典爲先，而典禮僅居其一，然其書不謂之治而謂之禮。秦漢以來，凡所以爲治者，謂之政，特以施於郊廟朝廷學校而有節文儀則者，則謂之禮。三代以前，以禮爲治天下之大綱，三代以後，以禮爲治天下之一事。古今治效有隆汚之異者，以此夫子遺經，皆經諸儒校定，獨禮無成書。朱子於寧宗四年致仕家居，始修禮書，名曰《儀禮經傳》，通解其書大要，以儀禮爲本分章附疏，而以小戴諸義各綴其後，其見於他篇及他書可相發明或附義于其外，如《弟子職》《保傅》之屬，又自別爲一篇以附其類，其目有家禮、鄉禮、學禮、邦國禮、王朝禮、喪禮、祭禮、大傳、外傳。其大體已具者，蓋十七八。先是草奏欲乞修三禮，曰遭秦滅學，禮樂先壞。漢晉以來，諸儒補輯竟無全書，其頗存者，三禮而已。《周官》一書固爲禮之綱領，至其儀法度數，則《儀禮》乃其本經，而《禮記・郊特牲》《冠義》等篇乃其義疏耳。前此猶有三禮通禮學究諸科，禮雖不行，而士猶得以通習而知其説。熙寧以來，王安石變亂舊制，廢罷《儀禮》而獨存《禮記》之科，棄經任傳。遺本宗末，其失已甚，而博士諸生又不過採其虚文以供應舉。至於其間亦有因儀法度數之實而立文者，則感幽而莫知其源，一有大議，率用耳學臆斷而已。臣昔在山林，嘗與一二學者考訂其説，欲以《儀禮》爲經而取《禮記》及諸經史雜書所載有及於禮者，皆以附于本經之下，且列注疏諸儒之説，略有端緒，而私家無書檢閲，無人抄寫，久之未成。會蒙除用，學徒分散，遂不能就。欲望聖明特詔有司，許就祕書省關借禮樂諸書，自行招致舊日學徒十餘人，踏逐空閑官屋數間，與之居處，令其編類，可以興起廢墮，垂之永久。使士知實學，異時可爲聖朝制作之助，則斯文幸甚。會去國不及上。朱子修禮書時已年六十有八，越三年而先生捐館舍，書迄未完，門人黄幹楊復補喪祭二禮以成書。先儒言後之言禮者，不至棄經而任傳，違本而逐末，賴有此書。

臨川吴文正澄著《三禮考》，今其書考《周官》以正六典。以大司徒之半，補冬官之闕，蓋取陳氏俞氏之論也。以《儀禮》爲經，《禮記》爲傳，蓋取朱子之論也。其言曰因朱子所分禮章重加倫紀，其經後之所記依經章次秩序，其文不敢割裂，一仍其舊，附於篇終。其十七篇次第，並如鄭氏本，更不間以他篇，庶十七篇正經，不至雜揉，二戴之記中。有經篇者，離之爲逸經。禮各有義，則經之傳也，以戴氏所存兼劉氏所補，合之而爲傳。正經居首，逸經次之，傳終焉，皆别爲卷而不相紊。此外悉以歸諸戴氏之記。朱子所輯及黄氏《喪禮》、楊氏《祭禮》亦參伍以去其重複，名曰《朱氏記》，而與二戴爲三。凡周公之典，其未墜於地者，蓋略包舉而無遺。造化之運不息，則天之所秩未必終古而廢壞，有議禮制度考文者出，所損所益，百世可知也。

朱文公居母憂，自始死以至祥禫，參酌盡變，因著成器葬祭禮。又推之冠婚而成編，曰家禮。冠禮則多取司馬氏，婚禮則參司馬氏程氏。喪本司馬氏。後又以禮部侍郎高閌抑崇之書爲最精，多采用焉。書成，一侍子竊之亡去，文公没而其書始出，自敘曰三代之禮。其宫廬器服出入起居之制節，皆已不宜於世，世之君子有意乎禮或違其本而務其末，緩其實而急於文，苦其難而不能舉其要也。其困於貧窶者，尤患其終不能及於禮。熹之愚，蓋兩病焉。是以獨究古今之禮，少加損益爲一家之書，其大體之不可變者，則以謹名分崇愛敬爲之本，至其施行之際，則又略浮文敷本實以附於孔子從先進之意。誠得與同志之士熟講而施行之，古修身齊家之道，慎終追遠之心，庶猶可得復見，而國家崇化導民之意，或其有小補云。

《禮樂合編》鄭元云，襄陵之浸修隄防以制之，覂駕之馬設銜策以驅之，故乃上法圓象，下參方載，道之以德，齊之以禮。

何休云：怠慢於禮，則政無車，無車則政不行。

黄憲云：童子變孟賁之意，孟賁怒之。童子操刃與孟賁戰，童子必不勝，孟賁怒，而童子修禮盡敬，孟賁不忍犯也。

顔師古云：執禮者，必以吉凶軍賓嘉爲次。今則以嘉賓次吉，軍凶後賓，庶乎？義類相從，終始無黷。

《孔穎達傳》禮主治貴，故不制庶人之禮。若有事則假士禮，非禮之正也，權也。

極大爲太，未分爲一，上下異位曰分，動静相生曰轉，推遷不一曰變，屈伸有常曰列，聖人制禮皆本於此。法天地則有尊卑貴賤之等，法陰陽則有吉凶刑賞之事，法四時則有歲月久近之差，法鬼神則有報本反始之誠。

地有廣狹，則入有多寡，禮必因地以爲倫類。廣者，禮備，狹者，禮降也。年有上下則人有豐嗇，禮必因時以爲厚薄。年豐，禮厚，年凶，禮薄也。

天地有尊卑之勢，聖人法之，以制君臣之禮。山澤有卑高之勢，聖人法之，以制貴賤之禮。陰陽有動静之殊，聖人法之，以制經禮之大，曲禮之小。

歐陽修論俗禮：遭秦變古，後之有天下者，自天子百官名號位序、國家制度，宫車、服器，一切用秦。其朝夕從事，則以簿書獄訟兵食爲急，曰此爲政也，所以治民時。出而用之郊廟、朝廷，曰此爲禮也，所以教民。此所謂治出於二，而禮樂爲虚名。

蔡襄云：冠婚喪祭，禮之大者。冠禮，今不復議，婚禮，無復有古之遺文，而喪禮盡用釋氏，獨三年日月，則類古矣。

司馬光云：君子大復古重變古，以聖人因時制宜各有法象，意義不可私智更也。用步卒而車戰法亡，開阡陌而井地法亡，建郡縣而封建法亡。以日易月而通喪之禮廢，從事鞍馬而轡軾之儀絶，參以胡服而冕黻不復用，尚以盃案而簟席不復施。大抵視便利爲安，日趨苟簡，凡所施設，是今非古，如宣帝所謂漢家自有制度，可勝嘆哉。

王安石云：知禮貴知禮之意，而荀卿盛稱法度節奏之美，至於言化則以爲僞也，亦烏知禮意哉。故禮始於天而成於人，知天不知人則野，知人不知天則僞。聖人惡其野而疾其僞，以是禮興焉。今荀卿以爲聖人化性而起僞，不知天之過也。

爲禮者，必詘其放傲之心，逆其嗜慾之性，莫不欲逸而爲尊者勞，莫不欲得而爲長者讓，夫民於此，豈皆有樂之心哉。患上惡己而隨之刑也。荀卿以爲特劫之法度之威爲之於外耳，此亦不思之過也。

《程子》聖人非不知箕踞而坐，不揖而入，便人情適四體之安也。將必使之囘翔，容與不可馳驟。上自朝廷，下至於民，其衣以黼黻文章，其食以籩豆簠簋，其耕以井田，其進取選擧以學校，其治民以諸侯，嫁娶死喪莫不有法，嚴之以鬼神，重之以四時，使民自尊而不輕爲姦，故曰禮之近人情者，非其至也。

禮者，人之規範。守禮，所以立身也。

禮之本出於民之情，聖人因而利導之耳；禮之器出於民之俗，聖人因而節文之耳。

行禮不可全泥古，須當視時之風氣。《張子》禮者，聖人之成法。

觀會通以行典禮，此則真義理也。行典禮而不達會通，則非時中。

進人之速，無如禮學。

禮者，理也。知禮則能制禮。

學者行禮時，人以爲迂，彼以爲迂，在我乃是捷徑。

蘇軾論秦始皇：周公孔子區區於升降揖讓間，丁寧反覆而不敢失墜者，世俗所謂迂闊，而不知聖人之權，固在此也，帝王相承而不敢破。秦始皇以詐力并諸侯，決壞聖人之藩籬，而以利器明示天下，天下惟知求生避死之具，而以禮爲無用贅龐之物，其意以爲生之無事乎，禮也苟生之無事乎。禮凡可以得生者，無所不爲矣。嗚呼，此秦之禍至今未息歟。

胡寅云：禮也者，人之急也，可終身蹈不可須臾離也。須臾離，則慆慢之行臻焉；須臾忘，則慆慢之心生焉。況無禮而可以始終乎。

文公《正義》禮不可駭俗，但不出戶庭，親行之可也。

匏有苦葉，不可食；濟有深涉，不可渡；禮有禁法，不可越。

時豐則禮隆，時儉則禮殺。遭時制宜不可無禮。

《考索》觀周之治，文武成康之世，上下輯睦，頤指如意，則文之振也。昭穆而下，王室日衰，下多離叛，則文之不振也。是以序《詩》者，以君臣上下動無禮文爲幽王之亂，以天下蕩蕩無紀綱文章爲厲王之亂。

文者，古先聖王經世之道也。上古洪荒，斯人禽獸草木如也。聖人爲之紀綱法度典章禮樂以維持之，使父子君臣夫婦兄弟莫不得其正，故謂之文。

《聖學格物通》湛若水曰：宋儒司馬光云禮之爲用大矣。用之於身，則動靜有法而百行備；用之於家，則尊卑有別而九族睦；用之於鄉，則長幼有倫而風化美；用之於國，則君臣有敘而政治成；用之於天下，則諸侯賓服而紀綱正。臣謂禮也者，理也。人君必先體天理於心以爲之本，而後由中應外篤近舉遠，莫非禮之用矣。

禮者，體也，與道爲體者也。禮存則道存，道存則國存；禮亡則道亡，道亡則國亡。是故先王之教務焉。聖祖以禮爲人道之紀綱，又曰國之防範，蓋深有見於是而鑒元氏之失矣。今重熙累洽之世，議禮而奉行之者，可不謹哉。

禮之爲物也，聖人之所以飾人之情，而閑其邪僻之具也。其文物制度，皆因民以爲節，而爲大防而已。是禮者，理也。必聖人在上，心純乎天理。故制爲禮法，致臣民於治化之中也。元入主中國，先王之禮法教化蕩然矣。是以官民輕玩，以至僭亂踰越；貴賤等混，上下分乖，莫有甚於此時也。天生皇祖，爲中國禮樂綱常之主，復乎古而變乎今，命儒臣歷考舊章，上自朝廷下至臣庶，冠婚喪祭之儀，服舍器用之制各有等差，著爲成書，使頒行遵守。貴賤之等於是而嚴也，上下之分於是而正也，先王之禮教於是而復明也。是固斟酌損益，以扶植萬世，常行之道，但承平日久，民心漸玩，僭踰之風，尚不能無也。申明舊制，防其漸而遏其流，則治平之休，垂於無疆矣。

（宋）李覯《李覯集》卷二《禮論七篇・禮論第二》　夫所謂禮者，爲而節之之謂也。是三者，其自成乎，果有爲之者乎？其自治乎，果有節之者乎？【略】

不爲也，不節也，則號令不出，官府不立，軍旅不制，食貨不聚，符璽節旄不作，掾屬胥徒不備，甲胄五兵不成，井田賦貢不興，城郭溝池不修，度量權衡不均，書契版圖不著，圄犴桎梏不嚴，官無其守，事無其程，先後無其次，遲速無其檢。如此，則何以見政哉？

不爲也，不節也，則不義不伐，不庭不侵，有罪不刺，鈇鉞無其準，刀鋸無其平，大辟、宮、刖、墨、劓、刵、鞭、扑、流、贖，皆無其法，輕無其等，重無其常，用之無其地，決之無其時。如此，則何以見刑哉！

由是而言，故知三者果有爲而節之者，然後能成也，能治也。爲乎飲食、衣服、宮室、器皿、夫婦、父子、長幼、君臣、上下、師友、賓客、死喪、祭祀，而節之者，既謂之禮矣。爲乎十二管、五聲、八音、干戚、羽旄、號令、官府、軍旅、食貨、符璽節旄、掾屬胥徒、甲胄五兵、井田賦貢、城郭溝池、度量權衡、書契版圖、圄犴桎梏、鈇鉞刀鋸、大辟、宮、刖、墨、劓、剕、鞭、扑、流、贖，而節之者，反不謂之禮可乎？若是，則三者果禮之支也，而強其名者也。

(元) 蘇天爵《元文類》卷四二《雜著·五服》 昔者先王因親立教，以道民厚，由是服制興焉。法家者用之以定輕重，其來尚矣。然有以服論而從重者，諸殺傷姦私是也，有以服論而從輕者，諸盗同屬財是也。大要不越於禮與情而已。服重則禮嚴，故悖禮之至從重典，服近則情親，故原情之至從恕法。知斯二者，則知以服制刑之意矣。國家初得天下，服制未行。大德八年，飭中外官吏喪其親三年，至治以來通制成書，乃著五服於令。嗟夫！先王所以正倫理明等威辨疏戚別嫌疑，莫大於是也，豈特爲法家者設哉！

(明) 楊慎《升菴集》卷四四《曲禮》 曲者，一偏一曲之謂。《中庸》言致曲。《易大傳》言曲成。《老子》云曲則全。《莊子》云曲士不可以語於道。《易》又言其言曲而中。指人言曰心曲、衷曲，地名曰韋曲、杜曲皆同義。曲禮者，言禮之小節雜事而非大體之全文也。

(明) 朱舜水《朱舜水集》卷一四《太廟典禮議四款並序》 《禮》曰：鋪筵設同几爲依神也。蓋人生則形體異，故夫婦之倫在於有別，死則精氣無間，共設一几。故祝辭云，以某妃配也；依神，使神憑依乎此也。王者父天母地，主以日，配以月。《西銘》云：乾稱父，坤稱母。是有陽必有陰也，有父必有母也，豈惟王者爲然？自諸侯以至於庶人，未之有改也。祭而無配者，惟三殤爲然耳。《鼎銘》有云：古之君子，論譔其先祖之美，以明著之後世者也。以比其身，以重其國家如此。子孫之守宗廟社稷者，其先祖無美而稱之，是誣也；有美而弗知，不明也；知而弗傳，不仁也。是三者君子之所以恥也。

紀事

(宋) 蔡沈《書經集傳·周書·康王之誥》 羣公既皆聽命，相揖趨出。王釋冕，反喪服。

始相揖者，揖而進也；此相揖者，揖而退也。蘇氏曰：成王崩未葬，君臣皆冕服。禮歟？曰：非禮也。謂之變禮，可乎？曰：不可。禮變於不得已，嫂非溺，終不援也。三年之喪既成服，釋之而即吉，無時而可者，曰：成王顧命，不可以不傳，既傳不可以喪服受也。曰：何爲其不可也？孔子曰：將冠子，未及期日而有齊衰大功之喪，則因喪服而冠。冠，吉禮也。猶可以喪服行之，受顧命，見諸侯，獨不可以喪服乎？太保使太史奉册授王于次，諸侯入哭於路寢而見王於次，王喪服受教戒諫，哭踊答拜，聖人復起，不易斯言矣。《春秋傳》曰：鄭子皮如晉葬晉平公，將以幣行。子產曰：喪安用幣？子皮固請以行。既葬，諸侯之大夫欲因見新君，叔向辭之，曰：大夫之事畢矣，而又命孤，孤斬焉在衰絰之中，其以嘉服見，則喪禮未畢；其以喪服見，是重受弔也。大夫將若之何？皆無辭以退。今康王既以嘉服見諸侯，而又受乘黃玉帛之幣，使周公在，必不爲此。然則孔子何取此書也？曰：至矣。其父子君臣之間，教戒深切著明，足以爲後世法，孔子何爲不取哉！然其失禮，則不可不辯。

《春秋左傳正義》卷二《隱公元年》 祭仲曰：都城過百雉，國之害也。

祭仲，鄭大夫。方丈曰堵。三堵曰雉。一雉之牆，長三丈，高一丈。侯伯之城，方五里，徑三百雉，故其大都不得過百雉。過，古卧反，後不音者皆同。堵，丁古反。長，直亮反，又如字。高，古報反，又如字。徑，古定反。疏：注祭仲至百雉。正義曰：注諸言大夫者，以其名氏顯見於傳，更無卑賤之驗者，皆以大夫言之。其實是大夫以否，亦不可委知也。定十二年《公羊傳》曰雉者何？五板而堵，五堵而雉。何休以爲堵四十尺，雉二百尺。許慎《五經異義》、《戴禮》及《韓詩》説，八尺爲板，五板爲堵，五堵爲雉。板廣二尺，積高五板爲一丈。五堵爲雉，雉長四丈。古《周禮》及《左氏》説，一丈爲板，板廣二尺。五板爲堵，一堵之牆，長丈高丈。三堵爲雉，一雉之牆，長三丈高一丈。以度其長者用其長，以度其高者用其高也。諸説不同，必以雉長三丈爲正者，以鄭是伯爵，城方五里，大都三國之二，其城不過百雉，則百雉是大都定制，因而三之，則侯伯之城當三百雉，計五里積千五百步，步長六尺，是九百丈也。以九百丈而爲三百雉，則雉長三丈。賈逵、馬融、鄭玄、王肅之徒爲古學者，皆云雉長三丈，故杜依用之。侯伯之城，方五里，亦無正文。《周禮·冬官·考工記》匠人營國，方九里，旁三門，謂天子之城。天子之城方九里，諸侯禮當降殺，則知公七里，侯伯五里，子男三里，以此爲定説也。但《春官·典命》職乃稱上公九命，侯伯七命，子男五命，其國家宮室車旗衣服禮儀皆以命數爲節。鄭玄以爲國家國之所居，謂城方也如《典命》之言，則公當九里，侯伯七里，子男五里，故鄭玄兩解之。其注《尚書大傳》以天子九里爲正説，又云或者天子之城方十二里，《詩·文王有聲》箋言文王城，方十里。公大於諸侯，小於天子之制。《論語》注以爲公大都之城方三里，皆以爲天子十二里，公九里也。其駁《異義》，又云鄭伯城方五里，以《匠人》、《典命》俱是正文，因其不同，故兩申其説。今杜無二解，以侯伯五里爲正者，蓋以《典命》所云國家者，自謂國家所爲之法，禮儀之度，未必以爲城居也。先王之制，大都不過參國之一，三分國城之一。參，七南反，又音三。中五之一，小九之一。今京不度，非制也。不合法度，非先王制。疏：大都至九之一。正義曰：定以王城方九里，依此數計之，則王城長五百四十雉。其大都方三里，長一百八十雉；中都方一里又二百四十步，長一百八雉也；小都方一里，長六十雉也。公城方七里，長四百二十雉。其大都方二里又一百步，長一百四十雉也；中都方一里又一百二十步，長八十四雉也；小都方二百三十三步二尺，長四十六雉又二丈也。侯伯城方五里，長三百雉。其大都方一里又二百步，長百雉也；中都比王之小都；其小都方一百六十六步四尺，長三十三雉又一丈也。子男城比王之大都。其大都比侯伯之中都；其中都方一百八十步，長三十六雉也；小都方百步，長二十雉也。《考工記》曰：王宮門阿之制五雉，宮隅之制七雉，城隅之制九雉。門阿之制，以爲都城之制；宮隅之制，以爲諸侯之城制。然則王之都城隅高五丈，城蓋高三丈；諸侯城隅高七丈，城蓋高五丈也。三丈以下，不復成城，其都城蓋亦高三丈也。周禮四縣爲都，周公之設法耳，但土地之形不可方平如圖，其邑竟廣狹無復定準，隨人多少而制其都邑，故有大都小都焉。下邑謂之都，都亦一名邑。莊二十八年《傳》曰宗邑無主，閔元年《傳》曰分之都城，俱論曲沃，而都邑互言，是其名相通也。君將不堪。

《春秋左傳正義》卷三《隱公三年》 君子曰：信不由中，質無益也。明恕而行，要之以禮，雖無有質，誰能間之？苟有明信，澗谿沼沚之毛，谿亦澗也。沼，池也。沚，小渚也。毛，草也。要，於遥反。間，間廁之間。谿，苦兮反。《爾雅》云：山夾水曰澗。山瀆無所通曰谿。沼，之紹反。沚音止，亦音市，本又作畤。蘋蘩薀藻之菜，蘋，大蓱也。蘩，皤蒿。薀藻，聚藻也。蘋音頻。蘩音煩。薀，紆紛反。藻音早。蓱，蒲丁反。皤，蒲多反，白蒿也。疏：澗谿至之菜。正義曰：毛即菜也。而重其文者，谿沼言地之陋，蘋藻言菜之薄，故文重也。注谿亦至毛草。正義曰：《爾雅·釋山》云：山夾水，澗。李巡曰：山間有水。《釋名》曰：言水在兩山間也。《釋水》曰：水注川曰谿。李巡曰：水出於山，入於川。《釋山》又云：山豄無所通，谿。李巡曰：山中水瀆，雖無所通，與水注川同名。宋均曰：無水曰谷，有水曰谿。然谿亦山間有水之名，是澗之類，故云谿亦澗也。沼者，池之別名。張揖《廣雅》亦云：沼，池也。應劭《風俗通》云：池者，陂池，從水，也聲。沚與畤音義同。《釋水》曰：小渚曰沚。《釋名》曰：沚，止也，小水可止息其上。草是地之毛。《周禮》宅不毛，謂宅内無草木也，故杜以毛爲草。草即下句蘋蘩薀藻是也。蘩，陸菜，而云沼沚之毛者，或采之水旁，非皆水内也。注蘋大至聚藻也。正義曰：《釋草》云：苹，蓱，其大者蘋。舍人曰：苹，一名蓱，大者名蘋。郭璞曰：水中浮蓱，江東謂之薸。陸機《毛詩義疏》云：今水上浮蓱是也。其麤大者謂之蘋，小者曰蓱。季春始生。可糝烝爲茹，又可苦酒淹以就酒。《釋草》又云：蘩，皤蒿。孫炎曰：白蒿也。陸機疏曰：凡艾白色爲皤蒿。今白蒿，春始生，及秋香美。可生食，又可烝。一名遊胡，北海人謂之旁勃。故《大戴禮·夏小正》傳曰：蘩，遊胡。遊胡，旁勃也。許慎《説文》云：藻，水草，從月，從水，巢聲。或作藻，從澡。《毛詩》傳曰：藻，聚藻也。然則此草好聚生。薀訓聚也，故云薀藻，聚藻也。陸機疏云：生水底，有二種：其一種葉如雞蘇，莖大如箸，長四五尺。其一種莖大如釵股，葉如蓬，謂之聚藻。又云：扶風人謂之藻，聚爲發聲也。此二藻皆可食，煑熟挼去腥氣，米麪糝烝爲茹，嘉美，楊州人饑荒可以當穀食。筐筥錡釜之器，方曰筐，員曰筥，無足曰釜，有足曰錡。筐，丘方反。筥，九呂反。錡，其綺反。筐、筥皆器也。疏：注方曰至曰錡。正義曰：此皆《詩》毛傳、鄭箋之文也。《説文》云：筥，飯牛筐也。《廣雅》云：錡，釜也。潢汙行潦之水，潢汙，停水，行潦，流潦。潢音黃。汙音烏。潦音老。疏：注潢汙至流潦。正義曰：停水，謂水不流也。行，道也。雨水謂之潦。言道上聚流者也。服虔云：畜小水謂之潢。水不流謂之汙。行潦，道路之水。是也。此水用爲飲食，故引《洞酌》之篇。藻雖潦水所生，要此潦非生菜處也。可薦於鬼神，可羞於王公。羞，進也。疏：可薦至王公。正義曰：上言鬼神，此言王公，是生王公也。或以爲王公亦謂鬼神，非生王公也。此傳之意，取《詩》爲言。《洞酌》論天子之事，是羞於王也。《采蘩》云公侯之事，是羞於公也。言薦又言羞者，鄭玄注《庖人》云：備品物曰薦，致滋味乃爲羞。而況君子結二國之信，行之以禮，又焉用質？通言盟約彼此之情，故言二國。焉，於虔反。約，如字，又於妙反。《風》有《采蘩》、《采蘋》，《采蘩》、《采蘋》，《詩·國風》。義取於不嫌薄物。《雅》有《行葦》、《洞酌》，《詩·大雅》也。《行葦》篇，義取忠厚也。《洞酌》篇，義取雖行潦可以共祭祀也。葦，于鬼反。洞音迥。共音恭。疏：《雅》有《行葦》。正義曰：《采蘩》、《采蘋》、《洞酌》，上傳所言皆有彼篇之事，其言未及《行葦》。今言《行葦》者，其意別取忠厚，非以結上也。昭忠信也。明有忠信之行，雖薄物皆可爲用。行，下孟反。

《春秋左傳正義》卷三《隱公五年》 五年，春，公將如棠觀魚者。臧僖伯諫曰：凡物不足以講大事，臧僖伯，公子彄也。僖，謚也。大事，祀與戎。觀魚者，本亦作漁者。其材不足以備器用，則君不舉焉。材謂皮革齒牙、骨角毛羽也。器用，軍國之器。君，將納民於軌、物者也。故講事以度軌量謂之軌，取材以章物采謂之物，不軌不物謂之亂政。亂政亟行，所以敗也。言器用衆物不入法度，則爲不軌不物，亂敗之所起。

度，待洛反，一音如字。亟，欺冀反，數也。疏：觀魚者。正義曰：《説文》云：漁，捕魚也。然則捕魚謂之魚。《天官》：𢾭人，掌以時𢾭爲梁。凡𢾭者，掌其政令。是謂捕魚爲魚。魚者，猶言獵者也。臧僖至敗也。正義曰：凡物不足以講大事者，物謂事物，旌旗車服之屬。若其爲教戰祭祀等大事，故布設陳列則可。如其細碎盤遊，雖陳其物，不堪足以講習大事，止謂不爲大事而陳此物，故云不足以講大事也。其材不足以備器用者，材謂皮革齒牙之屬。若其爲飾器用，故狩獵取材則可。如其因遊宴戲樂，所得之材不堪足以備飾器用。止謂不爲器用而取此材，故云不足以備器用也。人君一國之主，在民之上，當直己而行之。以法敺民而納之於善，故云人君將納民於軌、物者也。言當爲軌、爲物，納民於其中也，既言民歸軌物，更解軌物之名。故講習大事，以準度軌法度量，謂之爲軌。準度軌量，即謂習戰、治兵、祭祀之屬是也。取鳥獸之材，以章明物色采飾，謂之爲物。章明物采，即取材以飾軍國之器是也。劉炫云：捕魚獵獸，其事相類。此諫大意，言人君可觀獵獸，不可觀捕魚。凡物者，廣言諸物，鳥獸魚鼈之類也。材謂所有皮革毛羽之類也。器謂車馬兵甲，軍國所用之物也。凡此諸物，捕之不足以講習兵事，其材不足以充備器用，如此者則人君不親舉焉。其意言獵之坐作進退，可以教戰陳，獸之齒牙皮革，足以充器用，人君可以觀之。捕魚不足以教戰陳，鱗甲不足以爲器用，人君不宜觀之。人君以下云云同。今若人君所行不得其軌，舉動不順器服，不當其物，上下無章，如是則謂之荒亂之政也。亂政數行，國家之所以禍敗也。其意言魚非講事，是不軌；材不充用，是不物。今君觀魚，是爲亂國之政，禍敗之本，故不用使公行也。事度軌量，正謂順時狩獵以教習戎事也。材章物采，正謂取其皮革以修造器物也。下云四時田獵，治兵振旅，以習威儀，覆此講事也。肉不登俎，材不登器，則公不射，覆此章物也。別言川澤之實，非君所及，指言不可觀魚，辭有首引，自相配成也。注臧僖至與戎。正義曰：僖伯名彄，字子臧。《世本》云孝公之子，即此冬書公子彄卒是也。謚法：小心畏忌曰僖。是僖爲謚也。諸侯之子稱公子，公子之子稱公孫。公孫之子不得祖諸侯，乃以王父之字爲氏。計僖伯之孫始得以臧爲氏，今於僖伯之上已加臧者，蓋以僖伯是臧氏之祖，傳家追言之也。成十三年《傳》曰：國之大事，在祀與戎。故知大事，祀與戎也。必知兼祀者，以下云鳥獸之肉，不登於俎故也。劉炫云：田獵止教戎，而言祀者，獵狩主以祭祀，故并祀言之。下注云：俎，祭宗廟器，見此意也。注言器至所起。正義曰：車馬、旌旗、衣服、刀劍，無不皆有法度，器用衆物不入法度，廣言之也。器不當法，用非其物，則爲不軌不物，政不在君，則亂敗之所起也。故春蒐、夏苗、秋獮、冬狩，蒐，索，擇取不孕者。苗，爲苗除害也。獮，殺也；以殺爲名，順秋氣也。狩，圍守也；冬物畢成，獲則取之，無所擇也。蒐，所求反，索也。獮，息淺反，《説文》作𤢂。《穀梁傳》云：春曰田，秋曰蒐。狩，手又反。索，所百反。孕，以證反。爲苗，于僞反。疏：注蒐索至擇也。正義曰：《爾雅·釋天》四時之獵名與此同，説者皆如此注，故杜依用之。《周禮·大司馬》職：中春教振旅，遂以蒐田；中夏教茇舍，遂以苗田；中秋教治兵，遂以獮田；中冬教大閲，遂以狩田。其名亦與此同。鄭玄解苗田與此小異，言擇取不孕任者，若治苗去不秀實者。孫炎亦然。桓四年《公羊傳》曰：春曰苗，秋曰蒐，冬曰狩。三名既與《禮》異，又復夏時不田。《穀梁傳》曰：四時之田，皆爲宗廟之事也，春曰田，夏曰苗，秋曰蒐，冬曰狩。皆與《禮》異者，良由微言既絶，曲辨妄生。丘明親受聖師，故獨與《禮》合。漢代古學不行，明帝集諸學士作《白虎通義》，因《穀梁》之文爲之生説，曰：王者、諸侯所以田獵何？爲苗除害，上以共宗廟，下以簡集士衆也。春謂之田何？春，歲之本，舉本名而言之也。夏謂之苗何？擇其懷任者也。秋謂之蒐何？蒐索肥者也。冬謂之狩何？守地而取之也。四時之田，揔名爲田何？爲田除害也。案：苗非懷任之名，何云擇去懷任？秋獸盡皆不瘦，何云蒐索取肥？雖名通義，義不通也。故先儒皆依《周禮》、《左傳》、《爾雅》之文而爲之説，其名亦有意焉。雖復春獵，獲則取之，不能擇取不孕；夏獵所取無多，不能爲苗除害。爲因時異而變文耳。謂之獵者，蔡邕《月令章句》云：獵者，捷取之名也。皆於農隙以講事也。各隨時事之間。隙，去逆反。疏：注各隨時事之間。正義曰：隙訓間也。四仲之月，自是常期。就其月中，簡選閒日。雖則農月，必有閒時，故曰隨時事之間也。仲冬，農之最隙，故大備禮也。三年而治兵，入而振旅，雖四時講武，猶復三年而大習。出曰治兵，始治其事；入曰振旅，治兵禮畢，整衆而還。振，整也。旅，衆也。振，之慎反，整也。復，扶又反，下同。疏：注雖四至衆也。正義曰：雖每年常四時講武，猶復三年而一大習，猶如四時常祀，三年而復爲禘祭，意相類也。出曰治兵者，以其初出，始治其事也。入曰振旅者，以治兵禮畢，整衆而還。振訓是整理之義，故振爲整也。旅，衆也，《釋詁》文。治兵振旅，坐作進退，其禮皆同。所異者，唯長幼先後耳。《釋天》云：出爲治兵，尚威武也；入爲振旅，反尊卑也。孫炎曰：出則幼賤在前，貴勇力也；入則尊老在前，復常法也。莊八年《穀梁傳》曰：出曰治兵，習戰也；入曰振旅，習戰也。《公羊傳》曰：出曰治兵，入曰振旅，其禮一也，皆習戰也，是其禮同也。何休《公羊》爲出曰祠兵，休云：殺牲饗士卒。鄭玄《詩》箋引《公羊》亦作治兵，是其所見本異也，此治兵振旅，亦四時教之，但於三年大習，詳其文耳。《周禮》春教振旅、秋教治兵者，四時教民各以其宜。春即止兵收衆，專心於農；秋即繕甲厲兵，將威不軌：故異其文耳。歸而飲至，以數軍實，飲於廟，以數車徒、器械及所獲也。數，所主反，注同。械，戶戒反。疏：注飲於至獲也。正義曰：桓二年《傳》例曰：凡公行，告于宗廟，反，行飲至。彼飲至在廟，知此言飲至，亦飲於廟也。軍之資實，唯有車徒、器械，獵則有所獲。《詩序》《車攻》美宣王脩車馬，備器械，因田獵而選車徒，故知數軍實者，數車徒、器械及所獲也。《説文》云：械，器之揔名。虞喜云：器械謂鎧甲、兜鍪也。宣十二年《傳》言：楚國無日不討軍實而申儆之。襄二十四年《傳》曰：齊社蒐軍實，使客觀之。二注並云軍器，不言車徒及所獲者，彼無獵事，故不言也。昭文章，車服旌旗。疏：注車服旌旗。正義曰：《周禮・巾車》職曰：革路建大白以即戎，木路建大麾以田。《司服》職曰：凡兵事，韋弁服。凡甸，冠弁服。鄭玄云：甸，田獵也。計田獵當乘木路，服冠弁，但三年治兵，乃習兵大禮，不宜乘田車，服田服，天子蓋乘革路，服韋弁也。在軍君臣同服，公卿以下蓋亦乘兵車、服兵服也。其旌旗，則尊卑異建。治兵之禮，爲辨旗物，必不建大白、大麾。《大司馬》職曰：中秋教治兵，辨旗物之用，王載大常，諸侯載旂，軍吏載旗，師都載旜，鄉遂載物，郊野載旐，百官載旟，遂以獮田。鄭玄云：軍吏，諸軍帥也。師都，遂大夫也。鄉遂，鄉大夫也。或載旜，或載物。衆屬軍吏，無所將也。郊，謂鄉遂之州長縣正以下也。野，謂公邑大夫。載旐者，以其將羨卒也。百官，卿大夫也，載旟者，以其屬衛王也。凡旌旗，有軍衆者畫異物，無者帛而已。然則治兵旌旗，當如《司馬》職文也。按《司常》職云：及國之大閱，贊司馬頒旗物。王建大常，諸侯建旂，孤卿建旜，大夫士建物，師都建旗，州里建旟，縣鄙建旐，道車載旞，斿車載旌。計大閱治兵，俱是教戰，而旌旗之物所建不同者，鄭玄云：凡頒旗物以出軍之旗則如秋，以尊卑之常則如冬。大閱備軍禮，而旌旗不如出軍之時空辟實。然則大閱所建，尊卑之常，治兵所建，出軍之禮。此三年治兵與秋教治兵。其名既同，建當不異。故服虔解此亦引《司馬》職文，明是旌旗所建，用秋辨旗物之法。案《大司馬》職教治兵。王載大常，所以《巾車》云大麾以田，又云大白以即戎者，先儒以爲王田，春夏則大麾，秋冬則大常，旌旗所用雖如治兵之時，然王若親軍，則建大白。明貴賤，辨等列，等列，行伍。辨，如字，又方免反，別也。行，戶郎反。順少長，出則少者在前，還則在後，所謂順也。少，詩照反，注皆同。長，丁丈反，下注同。習威儀也。鳥獸之肉，不登於俎，俎，祭宗廟器。鳥獸之肉，一本作其肉。俎，莊呂反。皮革、齒牙、骨角、毛羽，不登於器，謂以飾法度之器。疏：鳥獸至於器。正義曰：《說文》云：革，獸皮治去其毛，革更之。然則有毛爲皮，去毛爲革。《周禮》掌皮秋斂皮，冬斂革，以其小異，故別時斂之，散文則皮、革通也。頷上大齒謂之爲牙。鳥翼長毛謂之爲羽。齒、牙、毛、羽各自小異，故歷言之也。登於俎，謂升俎以共祭。登於器，謂在器以爲飾。諸器之飾有用此材者。注俎，祭宗廟器。正義曰：饗燕之饌，莫不用俎，獨言宗廟器者，明田獵取禽，主爲祭祀，若止共燕食，則公亦不爲。下注云法度之器，其義亦然，非法之器，公亦不舉。登訓爲升。服虔以上登爲升，下登爲成。二登不容異訓。且云不成於器，爲不辭矣。又器以此物爲飾，寧復待之乃成也？《周禮・𢾭人》凡祭祀，共其魚之鱻薨。特牲、少牢，祭祀之禮，皆有魚爲俎實。肉登於俎，公則射之，而以觀魚爲非禮者，此言不登於俎者，謂妄出遊獵，雖取鳥獸，元不爲祭祀。不登於器，亦謂盤遊，元不爲取材，以飾器物。今公觀魚，乃是遊戲，故以非之。然登俎、登器之物，雖君所親，至於庶羞雜物，細小之倫，雖爲祭祀，亦君不射。《禮》水土之品，籩豆之物，苟可薦者，莫不咸在，豈皆公親之也？劉炫云：此言田獵之時，小鳥、小獸，則公不射。雖講事而田，尚不射小物，況魚非講事，不宜輒舉。不謂登俎之物皆公所親射。祭祀水土云云同。則公不射，古之制也。若夫山林川澤之實，器用之資，皁隸之事，官司之守，非君所及也。士臣皁，皁臣輿，輿臣隸。言取此雜猥之物以資器備，是小臣有司之職，非諸侯之所親也。射，食亦反。皁，才早反，輿音餘。猥，烏罪反。疏：若夫至及也。正義曰：山林之實，謂材木樵薪之類。川澤之實，謂蔆芡魚蟹之屬。此皆器用之所資，須賤人之所守掌，非人君所宜親及之也。此雖意諫觀魚，而廣言小事，故注云取此雜猥之物以資器備，非諸侯所親也。雜猥，謂諸雜猥碎也，資，謂器之資財待此而備，器之所用及所盛皆是也。《穀梁傳》曰：《禮》，尊不親小事，卑不尸大功。魚，卑者之事也，公觀之，非正。與此同也。若然，《月令》：季冬命漁師始漁，天子親往嘗魚，先薦寢廟。彼《禮》天子親往，此譏公者，彼以時魚絜美，取之以薦宗廟，特重其事。天子親行，意在敬事鬼神，非欲以爲戲樂。隱公觀魚，志在遊戲，故譏之也。公曰：吾將略地焉。孫辭以略地。略，揔攝巡行之名。傳曰：東略之不知，西則否矣。行，下孟反。疏：注孫辭至否矣。正義曰：僖九年《傳》曰：東略之不知，西則否矣。又十六年《傳》曰：謀鄫且東略也。略者，巡行之名也。公曰吾將略地焉，言欲案行邊竟，是孫辭也。若國竟之內，不應譏公遠遊。且言遠地，明是他竟也。《釋例》曰：舊說棠，魯地。據傳公辭欲略地，則非魯竟也。《釋例・土地名》：棠在魯部內，云本宋地，蓋宋、魯之界上也。遂往，陳魚而觀之。陳，設張也。公大設捕魚之備而觀之。捕音步，一音搏。僖伯稱疾，不從。書曰公矢魚于棠，非禮也，且言遠地也。矢亦陳也，棠，魯地竟，故曰遠地。從，才用反，竟音境。疏：注矢亦陳也。正義曰：《釋詁》云：矢，陳也。

《春秋左傳正義》卷四《隱公十一年》 王取鄔、劉、二邑在河南緱氏縣，西南有鄔聚，西北有劉亭。鄔，烏戶反。緱，古侯反，一音苦侯反。聚，才遇反。蒍、邘之田于鄭，蒍、邘，鄭二邑。蒍，尤委反。邘音于。而與鄭人蘇忿生之田：蘇忿生，周武王司寇蘇公也。忿，芳粉反。疏：注蘇忿至公也。正義曰：成十一年《傳》曰：昔周克商，使諸侯撫封，蘇忿生以温爲司寇。《尚書・立政》稱周公告大史曰司寇蘇公，是其事也。温、今温縣。原、在沁水縣西。沁，七浸反；《字林》，先任反；郭璞《三蒼解詁》音狗沁之沁；沈文阿，疏鴆反；韋昭，思金反。水名。絺、在野王縣西南。絺，勑之反。樊、一名陽樊，野王縣西南有陽城。樊，扶袁反。隰郕、在懷縣西南。隰，詳立反。郕，尚征反。欑茅、在脩武縣西北。欑，木官反。

向、軹縣西有地名向上。向，舒亮反，注同。軹音紙。盟、今盟津。盟音孟。州、今州縣。陘、隤。陘音刑。隤、在脩武縣北。隤，徒回反。懷。今懷縣。凡十二邑，皆蘇忿生之田。欑茅、隤屬汲郡。餘皆屬河內。君子是以知桓王之失鄭也。恕而行之，德之則也，禮之經也。己弗能有，而以與人，人之不至，不亦宜乎！蘇氏叛王，十二邑王所不能有，爲桓五年從王伐鄭張本。

《春秋左傳正義》卷五《桓公二年》　夏四月，取郜大鼎于宋。戊申，納于大廟，非禮也。臧哀伯諫曰：臧哀伯，魯大夫僖伯之子。君人者，將昭德塞違，以臨照百官，猶懼或失之，故昭令德以示子孫。是以清廟茅屋，以茅飾屋，著儉也。清廟，肅然清靜之稱也。著，張慮反，後不音者同。稱，尺證反。疏：君人至子孫。正義曰：君人，謂與人爲君也。昭德，謂昭明善德，使德益章聞也。塞違，謂閉塞違邪，使違命止息也。德者，得也。謂內得於心，外得於物。在心爲德，施之爲行。德是行之未發者也，而德在於心，不可聞見，故聖王設法以外物表之。儉與度、數、文、物、聲、明，皆是昭德之事，故傳每事皆言昭，是昭其德也。自不敢易紀律以上言昭德耳，都無塞違之事。自滅德立違以下言違德之事。德之與違，義不並立，德明則違絶，故昭德之下言塞違；違立則德滅，故立違之上言滅德。立違，謂建立違命之臣，知塞違謂遏絶違命之人也。國家之敗，謂邦國喪亡，知猶懼或失之，謂恐失國家。此諫辭有首尾，故理互相見。

注以茅至之稱。正義曰：《冬官·考工記》有葺屋、瓦屋，則屋之覆蓋或草或瓦。傳言清廟茅屋，其屋必用茅也，但用茅覆屋更無他文。《明堂位》曰：山節，藻棁複廟，重檐，刮楹，達鄉，反坫，出尊，崇坫康圭，疏屏，天子之廟飾也。其飾備物盡文，不應以茅爲覆，得有茅者，杜云以茅飾屋，著儉也。以茅飾之而已，非謂多用其茅揔爲覆蓋。猶童子垂髦及蔽膝之屬，示其存古耳。《白虎通》曰：王者所以立宗廟何？緣生以事死，敬亡若存，故以宗廟而事之，此孝子之心也。宗者，尊也。廟者，貌也。象先祖之尊貌。然則象尊之貌，享祭之所，嚴其舍宇，簡其出入，其處肅然清靜，故稱清廟。清廟者，宗廟之大稱。《詩·頌·清廟》者，祀文王之歌，故鄭玄以文王解之，言天德清明，文王象焉，故稱清廟。此則廣指諸廟，非獨文王，故以清靜解之。大路越席，大路，玉路，祀天車也。越席，結草。越，戶括反。祀天車，本或無天字者，非。疏：注大路至越席結草。正義曰：路訓大也，君之所在，以大爲號，門曰路門，寢曰路寢，車曰路車，故人君之車通以路爲名也。《周禮·巾車》掌王之五路，鄭玄云：王在焉曰路。彼解天子之車，故云王在耳。其實諸侯之車亦稱爲路。大路，路之最大者。《巾車》五路，玉路爲大。故杜以玉路爲大路。《巾車》云：玉路，錫樊纓，十有再就，建大常，十有二斿，以祀。故云祀天車也。越席，結蒲爲席，置於玉路之中以茵藉，示其儉也。經、傳言大路者多矣，注者皆觀文爲說。《尚書·顧命》陳列器物有大輅、綴輅、先輅、次輅。孔安國以爲玉、金、象以飾車，以其徧陳諸路，故以周禮次之。僖二十八年，王賜晉文公以大輅之服，定四年，祝佗言先王分魯、衛、晉以大路，注皆以爲金路。以周禮，金路同姓以封，玉路不可以賜，故知皆金路也。襄十九年，王賜鄭子蟜以大路，二十四年，王賜叔孫豹以大路，二注皆云大路，天子所賜車之揔名。以周禮孤乘夏篆，卿乘夏縵。《釋例》以所賜穆叔子蟜當是革、木二路，故杜以大路爲賜車之揔名。服虔云：大路，木路。杜不然者，以大路越席，猶如清廟茅屋，清廟之華，以茅飾屋，示儉；玉路之美，以越席示質。若大路是木，則與越席各爲一物，豈清廟與茅屋又爲別乎？故杜以大路爲玉路，於玉路而施越席，是方可以示儉。故沈氏云：玉路雖文，亦以越席示儉。而劉君横生異義，以大路爲木路，妄規杜氏，非也。大羹不致，大羹，肉汁。不致五味。疏：注大羹至五味。正義曰：《郊特牲》云大羹不和，貴其質也。《儀禮·士虞》、《特牲》皆設大羹湆，鄭玄云：大羹湆，煑肉汁也。不和，貴其質，設之所以敬尸也。是祭祀之禮有大羹也。大羹者，大古初，食肉者煑之而已，未有五味之齊，祭神設之，所以敬而不忘本也。《記》言大羹不和，故知不致者，不致五味。五味，即《洪範》所云酸、苦、辛、鹹、甘也。粢食不鑿，黍稷曰粢，不精鑿。粢音咨，食音嗣，餅也。鑿，子洛反，精米也；《字林》作糳，子沃反，云：糲米，一斛舂爲八斗。疏：注黍稷至精鑿。正義曰：《釋草》云粢，稷。舍人曰粢，一名稷。稷，粟也。郭璞云：今江東人呼粟爲粢，《士虞記》云：明齊，鄭云今文曰明粢。粢，稷也。然則粢是稷之別名，但稷是諸穀之長，粢亦諸穀揔名。《周禮·小宗伯》辨六粢之名物，鄭玄云：六粢，謂黍、稷、稻、粱、麥、苽。是諸穀皆名粢也。祭祀用穀，黍稷爲多，故云黍稷曰粢，飯謂之食。傳云粢食不鑿，謂以黍稷爲飯，不使細也。《九章筭術》：粟率五十，鑿二十四。言粟五斗爲米二斗四升，是則米之精鑿。昭其儉也。此四者皆示儉。衮、冕、黻、珽，衮，畫衣也。冕，冠也。黻，韋韠，以蔽膝也。珽，玉笏也。若今吏之持簿。衮，古本反。黻音弗，下同。珽，化頂反。韠音必。笏音忽。持簿，步古反；徐廣云持簿，手版也。疏：注衮畫至持簿。正義曰：畫衣，謂畫龍於衣。祭服玄衣纁裳，《詩》稱玄衮，是玄衣而畫以衮龍。衮之言卷也，謂龍首卷然。《玉藻》曰：龍卷以祭。知謂龍首卷也。《尚書·益稷》云：帝曰：予欲觀古人之象，日、月、星辰、山、龍、華蟲，作會，宗彝、藻、火、粉米、黼、黻，絺繡。言觀古人之象，謂觀衣服所象，日月以至黼黻十二物，皆衣服之所有也。華蟲以上言作會，宗彝以下言絺繡，則二者雖在於服，而施之不同。《冬官·考工記》畫繢與繡布采異次，知在衣則畫之，在裳則刺之。故鄭玄《禮》注及《詩》箋皆云衣繢而裳繡，以此知衮是畫文，故云衮，畫衣也。衮衣以下章數。鄭玄注《司服》云有虞氏十二章，自日月而下，至周，而日、月、星辰畫於旌旗，又登龍於山，登火於宗彝。冕服自九章而下，如鄭此言，九章者，龍一，山二，華蟲三，火四，宗彝五，在衣；藻六，粉米七，黼八，黻九，在裳。鷩冕者，去龍去山，自華蟲而下，七章，華蟲一，火二，宗彝三，在衣；餘四章，在裳。毳冕者，去華蟲去火，五章，自宗彝而下，宗彝一，藻二，粉米三，在衣；餘二章，在裳。希冕者，去宗彝去藻，三章，自粉米而下，粉米一，在衣；餘二章在裳。玄冕者，其衣無畫，裳上刺黻而已。杜昭二十五年數九文，不取宗彝，則與鄭異也。冠者首服之大名，冕者冠中之別號，故云冕冠也。《世本》云黃帝作冕，宋仲子云：冕，冠之有旒者。禮文殘缺，形制難詳。《周禮》弁師掌王之五冕，皆玄冕朱裏，止言玄朱而已，不言所用之物。《論語》云：麻冕，禮也。蓋以木爲幹，而用布衣之，上玄下朱，取天地之色，其長短廣狹，則經傳無文。阮諶《三禮圖》：《漢禮器制度》云冕制，皆長尺六寸，廣八寸，天子以下皆同。沈引董巴《輿服志》云廣七寸，長尺二寸。應劭《輿官儀》云廣七寸，長八寸。沈又云廣八寸，長尺六寸者，天子之冕；廣七寸，長尺二寸者，諸侯之冕；廣七寸，長八寸者，大夫之冕。但古禮殘缺，未知孰是，故備載焉。司馬彪《漢書·輿服志》云孝明帝永平二年，初詔有司采《周官》、《禮記》、《尚書》之文制冕，皆前圓後方，朱裏，玄上，前垂四寸，後垂三寸。天子白玉珠十二旒，三公、諸侯青玉珠七旒，卿大夫黑玉珠五旒，皆有前無後。此則漢法耳。古禮，鄭玄注《弁師》云：天子袞冕以五采繅，前後各十二旒，旒有五采，玉有十二，鷩冕前後九旒，毳冕前後七旒，希冕前後五旒，玄冕前後三旒，旒皆五采，玉十有二；上公袞冕三采繅，前後九旒，旒有三采，玉九。侯伯鷩冕三采繅，前後七旒，旒有三采，玉七；子男毳冕三采繅，前後五旒，旒有三采，玉五；孤卿以下，皆二采繅，二采玉，其旒及玉各依命數耳。謂之冕者，冕，俛也，以其後高前下，有俛俯之形，故因名焉。蓋以在上位者，失於驕矜，欲令位彌高而志彌下，故制此服，令貴者下賤也。黻韠制同而名異。鄭玄《詩》箋云：芾，大古蔽膝之象也。冕服謂之芾，其他服謂之韠，以韋爲之。故云黻，韋韠也。《詩》云赤芾在股，則芾是當股之衣，故云以蔽膝也。鄭玄《易緯·乾鑿度》注云：古者田漁而食，因衣其皮，先知蔽前，後知蔽後。後王易之以布帛，而獨存其蔽前者，重古道而不忘本也。是説黻韠之元由也。《易·下繫辭》曰包犧氏之王天下也，作爲網罟以佃以漁。則田漁而食，伏犧時也。《禮運》説上古之時，云昔者先王食鳥獸之肉，衣其羽皮，是田漁而食，因衣其皮也。又曰後聖有作，治其麻絲，以爲布帛，《易·繫辭》曰黃帝堯舜垂衣裳而天下治，然則易之布帛自黃帝始也。垂衣裳，服布帛，初必治於黃帝，其存蔽膝之象，未知始自何代也。《禮記·明堂位》云：有虞氏服韍。言舜始作韍也，尊祭服而異其名耳，未必此時始存象也。知冕服謂之韍者，《易》云：朱紱方來，利用享祀。知他服謂之韠者，案《士冠禮》士服皮弁、玄端，皆服韠。是他服謂之韠，以冕爲主，非冕謂之他。此欲以兩服相形，故謂黻爲韋韠。黻之與韠，祭服他服之異名耳，其體制則同。《玉藻》説玄端服之韠云：韠，君朱，大夫素，士爵韋。發首言韠，句末言韋，明皆以韋爲之。凡韠，皆象裳色，言君朱，大夫素，則尊卑之韠，直色別而已，無他飾也。其黻則有文飾焉，《明堂位》曰：有虞氏服黻，夏后氏山。殷火，周龍章。鄭玄云：韍，冕服之韠也，舜始作之，以尊祭服。禹湯至周，增以畫文。後王彌飾也。山，取其仁可仰也；火，取其明也；龍，取其變化也。天子備焉，諸侯火，而下卿大夫山，士韎韋而已。是説黻之飾也。《玉藻》曰：韠，下廣二尺，上廣一尺，長三尺。其頸五寸，肩革帶博二寸。鄭玄云：頸五寸亦謂廣也，頸中央，肩兩角，皆上接革帶以繫之，肩與革帶廣同。是説韠之制也。記傳更無黻制，皆是韠義，明其制與韠同。經傳作黻，或作韍，或作芾，音義同也。徐廣《車服儀制》曰：古者韍，如今蔽膝。戰國連兵，以韍非兵飾，去之。漢明帝復制韍，天子赤皮蔽膝。蔽膝，古韍也。然則漢世蔽膝，猶用赤皮，魏晉以來，用絳紗爲之。是其古今異也。以其用絲，故字或有爲紱者。天子之笏以玉爲之，故云珽，玉笏也。《管子》云天子執玉笏以朝日，是有玉笏之文也。禮之有笏者，《玉藻》云：凡有指畫於君前，用笏，造受命於君前，則書於笏。《釋名》曰笏，忽也。君有命則書其上，備忽忘也。或曰笏可以簿疏物也。徐廣《車服儀制》曰：古者貴賤皆執笏，即今手板也。然則笏與簿，手板之異名耳。《蜀志》稱秦宓見大守以簿擊頰，則漢魏以來皆執手板，故云若今吏之持簿。《玉藻》云：笏，畢用也，因飾焉，言貴賤盡皆用笏，因飾以示尊卑。其上文云：笏，天子以球玉，諸侯以象，大夫以魚須文竹，士竹本象可也。鄭玄云：球，美玉也。文猶飾也。大夫士飾竹以爲笏，不敢與君並用純物，是其尊卑異也。大夫與士笏俱用竹，大夫以魚須飾之，士以象骨爲飾，不敢純用一物，所以下人君也。用物既殊，體制亦異。《玉藻》云：天子搢珽方正於天下也，諸侯荼，前詘後直，讓於天子也。大夫前詘後詘，無所不讓也。鄭玄以爲謂之珽，珽之言挺然無所屈，前後皆方正也。荼謂舒懦，所畏在前也。圜殺其首，屈於天子也。大夫上有天子，下有己君，故首末皆圜，前後皆讓，是其形制異也。其長，則諸侯以下與天子又異。珽一名大圭，《周禮·典瑞》云王晉大圭以朝日是也。《冬官·考工記》大圭長三尺，天子服之。是天子之珽長三尺也，《玉藻》云笏度二尺有六寸，短於天子。蓋諸侯以下，度分皆然也。帶、裳、幅、舃，帶。革帶也，衣下曰裳。幅，若今行縢者。舃，複履。幅音逼。舃音昔。縢，徒登反。複音福。疏：注帶革至複履。正義曰：下有鞶是紳帶，知此帶爲革帶。《玉藻》革帶博二寸，鄭云：凡佩繫于革帶。《白虎通》云：男子有鞶革者，示有金革之事。然則示有革事，故用革爲帶，帶爲佩也。昭十二年《傳》云裳下之飾也。經傳通例，皆上衣下裳，故云衣下曰裳。幅與行縢，今古之異名，故云若今行縢。《詩》云邪幅在下，毛傳曰：幅，偪也。所以自偪束也。鄭箋云：邪幅如今行縢也，偪束其脛，自足至膝。縢訓緘也，然則行而緘足，故名行縢；邪纏束之，故名邪幅。舃者，屨之小別。鄭玄《周禮·屨人》注云：複下曰舄，禪下曰屨。然則舄之與屨，下有禪、複爲異。履是揔名，故云舄，複履。謂其複下也。鄭玄又云：天子諸侯吉事皆舄。赤舄者，冕服之舄。白舄者，皮弁之舄。黑舄者，玄端之舄。其士皆著屨。纁屨者，爵弁之屨。白屨者，皮弁之屨。黑屨者，玄端之屨。其卿大夫服冕者，亦赤舄，餘服則屨。其王后，禕衣玄舄，褕狄青舄，闕狄赤舄，鞠衣黄屨，展衣白屨，褖衣黑屨。其諸侯夫人及卿大夫之妻合衣狄者，皆舄，其餘皆屨。其舄之飾，用對方之色，赤舄黑飾是也。屨之飾用比方，白屨黑飾是也。衡、紞、紘、綖，衡，維持冠者。紞，冠之垂者。紘，纓從下而上者。綖，冠上覆。紞，多敢反，《字林》丁坎反。紘，獲耕反。綖音延，《字林》弋善反。上，時掌反，下上下同。疏：注衡維至上覆。正義曰：此四物者，皆冠之飾也。《周禮·追師》掌王后之首服，追衡笄。鄭司農云：衡，維持冠者。鄭玄云：祭服有衡，垂于副之兩旁當耳，其下以紞縣瑱。彼婦人首服有衡，則男子首服亦然，冠由此以得支立，故云維持冠者。追者，治玉之名。王后之衡以玉爲之。故追師掌焉。《弁師》掌王之五冕，弁及冕皆用玉笄，則天子之衡亦用玉，其諸侯以下衡之所用則未聞。紞者，縣瑱之繩，垂於冠之兩旁，故云冠之垂者。《魯語》敬姜曰王后親織玄紞，則紞必織綫爲之，若今之絛繩。鄭玄《詩》箋云充耳謂所以縣瑱者，或名爲紞織之人。君五色，臣則三色，是也。絛必雜色，而《魯語》獨言玄者，以玄是天色，故特言之，非謂純玄色也。紘纓皆以組爲之。所以結冠於人首也。纓用兩組，屬之於兩旁，結之於頷下，垂其餘也。紘用一駔，從下屈而上，屬之於兩旁，垂其餘也。紘纓同類，以之相形，故云紘，纓從下而上者。《弁師》掌王之五冕，皆玉笄朱紘。《祭義》稱諸侯冕而青紘，《士冠禮》稱緇布冠青組纓，皮弁笄、爵弁笄緇組紘。鄭玄云，有笄者，屈組爲紘，垂爲飾。無笄者，纓而結其絛。以其有笄者用紘力小，故從下而上屬之；無笄者用纓方多，故從上而下結之。冕弁皆有笄，故用紘；緇布冠無笄，故用纓也。《魯語》稱公侯夫人織紘綖，知紘亦織而爲之。《士冠禮》言組纓、組紘，知天子諸侯之紘亦用組也。綖，冠上覆者，冕以木爲幹，以玄布衣其上，謂之綖。《論語》、《商書》皆云麻冕，知其當用布也。《弁師》掌王之五冕皆玄冕，知其色用玄也，孔安國《論語》注言績麻三十升布以爲冕，即是綖也。鄭玄《玉藻》注云延，冕上覆也，此云冠上覆者，冠、冕通名，故此注衡及綖皆以冠言之，其實悉冕飾也。昭其度也。尊卑各有制度。疏：注尊卑各有制度。正義曰：此上十二物者，皆是明其制度，哀伯思及，則言無次第也。鄭玄《覲禮》注云，上公衮無升龍，天子有升龍，有降龍，是衮有度也，冕則公自衮以下，侯伯自鷩以下，是冕有度也，黻則諸侯火以下，卿大夫山，是黻有度也。珽則玉象不同，長短亦異，是珽有度也。衮冕、鷩冕，裳四章；毳冕、希冕，裳二章，是裳有度也。鄭玄《屨人》注云：王吉服，舄有三等，赤舄爲上，冕服之舄，下有白舄、黑舄。王治祭服，舄有三等，玄舄爲上，禕衣之舄，下有青舄、赤舄，是舄有度也。紞則人君五色，臣則三色，是紞有度也。天子朱紘，諸侯青紘，是紘有度也。其帶、幅、衡、綖則無以言之。傳言昭其度也，明其尊卑各有制度。藻、率、鞞、鞛，藻、率，以韋爲之，所以藉玉也，王五采，公、侯、伯三采，子、男二采。鞞，佩刀削上飾。鞛，下飾。率音律。鞞，補頂反。鞛，布孔反。鞞、鞛，刀削之飾。藉，在夜反。削音笑。疏：注藻率至下飾。正義曰：鄭玄《覲禮》注云：繅所以藉玉，以韋衣木，廣袤各如其玉之大小。《典瑞》注云：繅有五采文，所以薦玉，木爲中榦，用韋衣而畫之。此言以韋爲之，指木上之韋。其實木爲榦也。《禮》之言繅皆有玉共文。《大行人》謂之繅藉，《曲禮》單稱藉，故知所以藉玉也。《大行人》云：公執桓圭九寸，繅藉九寸。知大小各如其玉也。《大行人》注云：繅藉以五采韋衣板，若奠玉，則以藉之。是由有奠之時，須有繅以之藉玉，故小大如玉耳。《典瑞》職曰：王執鎮圭，繅藉五采五就，以朝日。公執桓圭，侯執信圭，伯執躬圭，繅皆三采三就。子執穀璧，男執蒲璧，繅皆二采再就，以朝覲宗遇會同于王。是王五采，公侯伯三采，子男二采也。凡言五采者，皆謂玄、黄、朱、白、蒼。三采，朱、白、蒼。二采，朱、緑。就，成也。五就，謂五帀。每一帀爲一就也。《禮》之言藻，其文雖多，《典瑞》、《大行人》、《聘禮》、《覲禮》皆單言繅，或云繅藉，未有言繅率者，故服虔以藻爲畫藻，率爲刷巾。杜以藻率爲一物者，以拭物之巾無名率者。服言《禮》有刷巾，事無所出，且哀伯謂之昭數。固應禮之大者，寧當舉拭物之巾與藻藉爲類？故知藻率正是藻之複名。藻得稱爲藻藉，何以不可名爲藻率也？《玉藻》説帶之制，曰士練帶。率下辟。凡帶有率無箴功。鄭玄云士以下皆禪，不合而率積。如今作幧頭爲之也。然則禪而不合縷，率其邊謂之爲率，此以韋衣木，蓋亦綷積其邊，故稱率也。鄭司農《典瑞》注讀繅爲藻率之藻，似亦藻率共爲藻也。《詩》曰鞞琫容刀，故知鞞鞛，佩刀削之飾也。《少儀》云刀授穎，削授柎。削是刀之類，故與刀連言之。鞞鞛二名，明飾有上下，先鞞後鞛，故知鞞爲上飾，鞛爲下飾。劉君以《毛詩》傳下曰鞞，上曰琫，而規杜氏，但鞞鞛或上或下，俱是無正文，不可以規杜過也。鞶、厲、游、纓，鞶，紳帶也，一名大帶。厲，大帶之垂者。游，旌旗之游。纓，在馬膺前，如索帬。鞶，步干反。游音留，注同。膺，於陵反。索，悉各反。疏：注鞶紳至索帬。正義曰：《易·訟卦》上九或錫之鞶帶也，知鞶即帶也。以帶束要，垂其餘以爲飾，謂之紳。上帶爲革帶，故云鞶，紳帶，所以別上帶也。《玉藻》説帶，云大夫大帶，是一名大帶也。《詩》毛傳云：厲，帶之垂者。故用毛説以爲厲，大帶之垂者也。大帶之垂者，名之爲紳，而復名爲厲者，紳是帶之名，厲是垂之貌。《詩》稱垂帶而厲，是厲爲垂貌也。《玉藻》稱天子素帶朱裏，終辟，諸侯素帶不朱裏，大夫玄華辟。垂帶皆博四寸，士帶博二寸，再繚四寸，緇辟下垂。賈、服等説鞶、厲皆與杜同，唯鄭玄獨異。《禮記·内則》注，以鞶爲小囊，讀厲如裂繻之裂，言鞶囊必裂繒緣之以爲飾。案《禮記》稱男鞶革，女鞶絲，鞶是帶之別稱，遂以鞶爲帶名，言其帶革、帶絲耳，鞶非囊之號也。《禮記》

又云婦事舅姑施縏袠，袠是囊之別名，今人謂裹書之物爲袠，言其施帶、施囊耳，其縏亦非囊也，若以縏爲小囊，則袠是何器？若袠亦是囊，則不應帶二囊矣。以此知縏即是紳帶爲得其實，游是旒之垂者，旆之別名。九旗雖各有名，而旌旗爲之揔號，故云旌旗之游也。案《巾車》王建大常，十有二斿，又《大行人》云：上公九斿，侯伯七斿，子男五斿。共孤卿建旜，大夫士建物，其斿各如其命數。其鳥旟則七斿，熊旗則六斿，龜旐則四斿。故《考工記》云：鳥旟七斿，以象鶉火。熊旗六斿，以象伐。龜旐四斿，以象營室。是也。鄭司農《巾車》注云：禮家説曰，纓當胷，以削革爲之。鄭玄云：纓，今馬鞅。是纓，在馬膺前也。服虔云：纓如索帬，今乘輿大駕有之。然則漢魏以來，大駕之馬膺有索帬，是纓之遺象，故云如索帬也。案《巾車》玉路樊纓，十有再就，鄭玄注云：樊及纓皆以五采罽飾之。金路樊纓九就，象路樊纓七就，革路條纓五就，鄭玄云：其樊及纓，以絛絲飾之。木路翦樊鵠纓，鄭玄云：以淺黑飾韋爲樊，鵠色飾韋爲纓。不言就數，飾與革路同。昭其數也。尊卑各有數。疏：注尊卑各有數。正義曰：藻有五采、三采之異。是藻率有數也。《毛詩》傳説容刀之飾，云天子玉琫而珧珌，諸侯璗琫而璆珌，是鞞鞛有數也。《玉藻》云紳長制，士三尺，有司二尺有五寸，又大夫以上帶廣四寸，士廣二寸，是鞶厲有數也。玉路十二斿，金路九斿，是游有數也。玉路纓十有二就，金路纓九就，是纓有數也。數之與度，大同小異。度謂限制，數謂多少，言其尊卑有節數也。火、龍、黼、黻，火，畫火也。龍，畫龍也。白與黑謂之黼，形若斧，黑與青謂之黻，兩己相戾。黼音甫。戾，力計反。疏：注火畫至相戾。正義曰：《考工記》記畫繢之事云火以圜，鄭司農云：爲圜形似火也。鄭玄云：形如半環然。又曰水以龍，鄭玄云：龍，水物，畫水者并畫龍，是衣有畫火畫龍也。白與黑謂之黼，黑與青謂之黻，《考工記》文也。其言形若斧，兩己相戾，相傳爲説。孔安國《虞書》傳亦云：黼若斧形、黻爲兩己相背。是其舊説然也。周世衮冕九章，傳唯言火、龍、黼、黻四章者，略以明義，故文不具舉，衣之所畫龍先於火，今火先於龍，知其言不以次也。昭其文也。以文章明貴賤。五色比象，昭其物也。車服器械之有五色，皆以比象天地四方，以示器物不虛設。比，并是反。械，户戒反。疏：注車服至虛設。正義曰：《考工記》云：畫繢之事雜五色，東青，南赤，西白，北黑，天玄，地黃。是其比象天地四方也。比象有六而言五者，玄在赤黑之間，非別色也。昭二十五年《傳》云九文、六采，言采色有六，故注以天地四方六事當之。五行之色爲五色，加天色則爲六，故五色六采互相見也。昭其物者，以示物不虛設，必有所象，其物皆象五色，故以五色明之。錫、鸞、和、鈴，昭其聲也。錫，在馬額。鸞，在鑣。和，在衡。鈴，在旂，動皆有鳴聲。錫音楊，馬面當盧。鈴音令。額，顔客反。鑣，彼驕反。旂，勤衣反。疏：注錫在至鳴聲。正義曰：鄭玄《巾車》注云：錫，馬面當盧，刻金爲之，所謂鏤錫也。《詩》箋云：眉上曰錫，刻金飾之，今當盧也。然則錫在眉上，故云在馬額也。《詩》稱輶車鸞鑣，知鸞在鑣也，鑣在馬口兩旁，衡在服馬頸上，鸞和亦鈴也。以處異，故異名耳。《爾雅·釋天》説旌旗有鈴曰旂，李巡曰：以鈴置旐端。是鈴在旂也。錫在馬額，鈴在旂，先儒更無異説。其鸞和所在，則舊説不同。《毛詩》傳曰：在軾曰和，在鑣曰鸞。《韓詩內傳》曰：鸞在衡，和在軾前。鄭玄《經解》注取《韓詩》爲説。《秦詩》箋云：置鸞於鑣，異於乘車也。其意言乘車之鸞在衡，田車之鸞在鑣。及《商頌·烈祖》之箋又云鸞在鑣，是疑不能定，故兩從之也。案《考工記》輪崇，車廣，衡長，參如一，則衡之所容唯兩服馬耳。詩辭每言八鸞，當謂馬有二鸞。鸞若在衡，衡唯兩馬，安得置八鸞乎？以此知鸞必在鑣。鸞既在鑣，則和當在衡。經傳不言和數，未知和有幾也。四者皆以金爲之。故動則皆有鳴聲也。三辰旂旗，昭其明也。三辰，日、月、星也。畫於旂旗，象天之明。疏：注三辰至之明。正義曰：《春官》神士掌三辰之法。鄭玄亦以爲日、月、星也謂之辰。辰，時也。日以照晝，月以照夜，星則運行於天，昏明遞市而正，所以示民早晚，民得以爲時節，故三者皆爲辰也。三辰是天之光明照臨天下，故畫以旌旗，象天之明也。九旗之物，唯日月爲常。不言畫星者，蓋大常之上，又畫星也。《穆天子傳》稱天子葬盛姬，建日月七星。蓋畫北斗七星也。案《司常》交龍爲旂，熊虎爲旗，不畫三辰。而云三辰旂旗者，旂旗是九旗之總名，可以統大常，故舉以爲言也。夫德，儉而有度，登降有數，登降，謂上下尊卑。文、物以紀之，聲、明以發之，以臨照百官。百官於是乎戒懼，而不敢易紀律。今滅德立違，謂立華督違命之臣。而寘其賂器於大廟，以明示百官。百官象之，其又何誅焉？國家之敗，由官邪也。官之失德，寵賂章也。郜鼎在廟，章孰甚焉？武王克商，遷九鼎于雒邑，九鼎，殷所受夏九鼎也。武王克商，乃營雒邑而後去之，又遷九鼎焉，時但營雒邑，未有都城。至周公，乃卒營雒邑，謂之王城，即今河南城也。故傳曰：成王定鼎于郟鄏。寘，之豉反，置也。邪，似嗟反。雒音洛，本亦作洛。夏，户雅反。郟，古夾反。鄏音辱。疏：注九鼎至郟鄏。正義曰：據宣三年《傳》，知九鼎是殷家所受夏九鼎也。《戰國策》稱齊救周，求九鼎，顔率謂齊王曰：昔周伐殷而取九鼎，一鼎九萬人挽之，九鼎八十一萬人挽之。挽鼎人數或是虛言，要知其鼎有九，故稱九鼎也。知武王遷九鼎於洛邑欲以爲都者，鼎者，帝王所重，相傳以爲寶器。戎衣大定之日，自可遷置，西周乃徙九鼎處于洛邑，故知本意欲以爲都。又以《商書·洛誥》説周公營雒邑，則知武王但有遷意，周公乃卒營之。《地理志》云河南縣故郟鄏地也。武王遷九鼎焉，周公致太平，營以爲都，是爲王城，至平王居之。言即今河南城者，晉時猶以爲河南縣。成王定鼎，宣三年《傳》文。義士猶或非之，蓋伯夷之屬。疏：注蓋伯夷之屬。正義曰：《史記·伯夷列傳》曰：伯夷、叔齊，孤竹君之二子也，讓國，俱逃歸周。及至西伯卒，武王東伐紂，伯夷、叔齊叩馬諫，曰：父死不葬，爰及干戈，可謂孝乎？以臣弑君，可謂仁乎？左右欲兵之。太公曰：此義人也。扶而去之。武王既平殷，夷、齊恥之，不食周粟，隱於首陽山，采薇而食之。作歌曰：登彼西山兮，爰采薇矣。以暴易暴兮，不知其非矣。檢書傳之説，非武王者，唯此人。故知是伯夷之屬。而况將昭違亂之賂器於大廟，其若之何？公不聽。周內史聞之曰：臧孫達其有後於魯乎！君違，不忘諫之以德。內史，周大夫官也。僖伯諫隱觀魚，其子哀伯諫桓納鼎，積善之家必有餘慶，故曰其有後於魯。疏：注內史至於魯。正義曰：《周禮·春官》：內史，中大夫。是周大夫官也。積善之家必有餘慶，《易文言》文也。

《春秋左傳正義》卷七《桓公十八年》 十八年春，公將有行，遂與姜氏如齊。如議行事。申繻曰：女有家，男有室，無相瀆也，謂之有禮。易此必敗。女安夫之家，夫安妻之室，違此則爲瀆。今公將姜氏如齊，故知其當致禍亂。瀆，徒木反。疏：女有家，男有室。正義曰：沈氏云，卿大夫稱家，家者，內外之大名。户內曰室。但男子一家之主，職主內外，故曰家；婦人主閨內之事，故爲室也。劉炫云：《釋宫》宫謂之室。其內謂之家。則家之與室義無以異，欲見男女之别，故以室屬之。其實室、家同也。

又： 周公欲弑莊王而立王子克。莊王，桓王太子。王子克，莊王弟子儀。弑，申志反。辛伯告王，遂與王殺周公黑肩。王子克奔燕。辛伯，周大夫。初，子儀有寵於桓王，桓王屬諸周公。辛伯諫曰：並后，妾如后。屬音燭。匹嫡，庶如嫡。嫡，丁歷反。注同。兩政，臣擅命。擅，市戰反。耦國，都如國。亂之本也。周公弗從，故及。及於難也。難，乃旦反。

《春秋左傳正義》卷八《莊公元年》 三月，夫人孫于齊。不稱姜氏，絶，不爲親，禮也。姜氏，齊姓，於文姜之義，宜與齊絶，而復奔齊，故於其奔去姜氏以示義。復，扶又反。去，起吕反。疏：注姜氏至示義。正義曰：文姜終始皆稱姜氏，唯此一文獨異，故傳解其意云不稱姜氏，絶，不爲親。言於夫人之義，宜與齊絶，不復爲親也。姜氏者，齊之姓也。《禮》婦人在家則天父，出嫁則天夫。爲夫斬衰三年，爲兄大功九月。今兄殺己夫，於文姜之義宜與齊絶，姜意不與齊絶而復奔之，故於其奔也特去姜氏。去姜氏者，若言夫人不是齊女，不姓姜氏，以示應絶之義。應絶不絶，所以刺文姜也，傳言禮者，爲夫絶兄禮之意也。《公羊傳》曰：夫人何以不稱姜氏？貶。曷爲貶？與弑公也。其與弑公奈何？夫人譖公於齊侯：公曰，同非吾子，齊侯之子也。齊侯怒，使公子彭生擠幹而殺之。《穀梁傳》亦云：不言氏姓，貶之也。《左氏》先儒取二傳爲説，言傳稱絶，不爲親，禮也，謂莊公絶母，不復以之爲親。爲父絶母，得禮，尊父之義，故曰禮也。杜不然者，《釋例》曰：文姜與公如齊，以淫見讁，懼而歸訴於襄公。襄公殺公，而委罪於彭生。弑公之謀，姜所不與，疑懼而自留於齊。莊公感其不反，以闕即位之禮。故姜氏自齊而還魯，魯人探情以責之，故復出奔。夫子以爲姜氏罪不與弑，於莊公之義，當以母淫於齊而絶其齊親，內全母子之道，故經不稱姜氏。傳曰：絶，不爲親，禮也，明絶之於齊也。文姜稱夫人，明母義存也。哀姜外淫，故孫稱姜氏，明義異也。觀此解之意，夫宜與齊絶。《釋例》之文，言莊公宜與齊絶者，夫人猶尚宜絶，莊公固宜絶矣。先儒謂莊公宜與母絶，杜意莊公宜與齊絶，故偏據莊公爲文，所以排舊説耳。其實夫人及公俱當與齊絶也。

《春秋左傳正義》卷九《莊公二十二年》 顓孫自齊來奔。不書，非卿。齊侯使敬仲爲卿，敬仲，陳公子完。辭曰：羈旅之臣，羈，寄也。旅，客也。幸若獲宥，及於寬政，宥，赦也。赦其不閑於教訓，而免於罪戾，弛於負擔，弛，去離也。弛，失氏反。擔，丁暫反。離，力智反。君之惠也，所獲多矣。敢辱高位，以速官謗？敢，不敢也。謗，布浪反。請以死告。以死自誓。《詩》云：翹翹車乘，招我以弓，豈不欲往？畏我友朋。逸《詩》也。翹翹，遠貌。古者聘士以弓，言雖貪顯命，懼爲朋友所譏責。翹，祁堯反。乘，繩證反。使爲工正。掌百工之官。飲桓公酒，樂。齊桓賢之，故就其家會，據主人之辭。故言飲桓公酒。飲，於鴆反，注同。樂音洛，下注同。疏：注齊桓至公酒。正義曰：春秋之世，設享禮以召君者，皆大臣擅寵，如衛公叔文子、宋桓魋之徒始爲之耳，爲之非禮法也。敬仲，羈旅之臣，且知禮者也，必不召公臨己，知是桓公賢之，自就其家會也，據敬仲爲主人辭，故言飲公酒耳。公曰：以火繼之。辭曰：臣卜其晝，未卜其夜，不敢！疏：臣卜至不敢。正義曰：服虔云：臣將享君，必卜之，示戒慎也。此桓公自就其家，非敬仲發心請享，不得言將享必卜也。蓋桓公告其往日，乃卜之耳。言未卜其夜者，《詩》云：厭厭夜飲，在宗載考。鄭玄云：考，成也。夜飲之禮，在宗室同姓則成，於庶姓讓之則止，引此敬仲之事，云此之謂不成。是言敬仲非齊同姓，故不敢也。君子曰：酒以成禮，不繼以淫，義也；夜飲爲淫樂。以君成禮，弗納於淫，仁也。

《春秋左傳正義》卷一〇《莊公二十三年》 二十三年，夏，公如齊觀社，非禮也。曹劌諫曰：不可！夫禮，所以整民也。故會以訓上下之則，制財用之節；貢賦多少。朝以正班爵之義，帥長幼之序；征伐以討其不然。不然，不用命。長，丁丈反。疏：夫禮至不然。正義曰：夫禮者，所以整理天下之民，民謂甿，庶貴賤者皆是也。諸侯會聚，所謀皆是尊王室，脩臣禮，故會以訓上下之則。以諸侯事天子，訓在下事其君也。於會必號令諸國，出貢賦多少，即是制財用之節度也。禮使小國朝大國，是朝以正班爵之等義也。爵同則小國在下，是帥長幼之次序也。諸侯之序以爵不以年，此言長幼，謂國大小也。沈氏云：爵同者，據年之長幼，故云帥長幼之序。不朝不會，則征討之。故言征伐以討其不然，諸侯有王，從王事。王有巡守，省四方。以大習之。大習，會朝之禮。非是，君不舉矣。君舉必書。書於策。書而不法，後嗣何觀？

《春秋左傳正義》卷一〇《莊公二十四年》 二十四年，春，刻其桷，皆非禮也。并非丹楹，故言皆。疏：注并非丹楹故言皆。正義曰：《穀梁傳》曰：禮，楹，天子諸侯黝堊，大夫蒼，士黈。丹楹，非禮也。注云：黝堊，黑色。黈，黄色。又曰：禮，天子之桷，斲之礱之，加密石焉，諸侯之桷，斲之礱之。大夫斲之。士斲本。刻桷，非正也。加密石，注云：以細石磨之。《晉語》云：天子之室，斲其椽而礱之，加密石焉。諸侯礱之，大夫斲之，士首之。言雖小異，要知正禮楹不丹，桷不刻，故云皆非禮也。御孫諫曰：臣聞之：儉，德之共也；侈，惡之大也。御孫，魯大夫。御，魚呂反。本亦作禦，侈，昌紙反，又戶氏反。先君有共德，而君納諸大惡，無乃不可乎？以不丹楹刻桷爲共。

《春秋左傳正義》卷一〇《莊公三十二年》 雩，講于梁氏，女公子觀之。雩，祭天也。講，肄也。梁氏，魯大夫，女公子，子般妹。肄音四，又以二反。疏：注雩祭至肄也。正義曰：魯以周公之故，得郊祀上天，故雩亦祭天也。文四年《傳》曰臣以爲肄業及之也，肄謂習業，故講爲肄。圉人犖自牆外與之戲。圉人，掌養馬者，以慢言戲之。犖音落，又力角反。疏：注圉人掌養馬者。正義曰：《周禮》：圉人掌養馬芻牧之事。昭七年《傳》曰：馬有圉，牛有牧。子般怒，使鞭之。公曰：不如殺之，是不可鞭。犖有力焉，能投蓋于稷門。蓋，覆也。稷門，魯南城門。走而自投，接其屋之桷，反覆門上。覆，芳服反。疏：注蓋覆至門上。正義曰：稷門，爲魯南城門，蓋時人猶以名之，故知也。投蓋者，謂自投其身以蓋物，故以爲走而自投，反覆門上，劉炫《規過》云：公言犖有力焉，如杜此説，勁捷耳，非有力也。當謂投車蓋過於稷門。今知不然者，《周禮》車蓋以物帛爲之，輕而帆風，非可投之物。且《傳》直云投蓋於稷門，不云過稷門，明知自投反覆稷門之上，今時猶然。且游楚超乘而出，女曰：子南，夫也。則勁捷之人，亦是勇力之事，劉君以勁捷非力，而規杜氏，非也。

《春秋左傳正義》卷一一《閔公二年》 晉侯使大子申生伐東山皋落氏。赤狄别種也。皋落，其氏族。皋，古刀反。種，章勇反。疏：注赤狄至氏族。正義曰：狄有赤狄、白狄。成十三年《傳》晉侯使呂相絶秦云：白狄及君同州。則白狄與秦相近，當在晉西。此云東山，當在晉東。宣十五年晉師滅赤狄潞氏，潞則上黨潞縣，在晉之東，此云伐東山皋落氏。知此亦在晉東，是赤狄别種也。皋落，其氏族也，此族之人，狄之渠帥也。里克諫曰：大子奉冢祀、社稷之粢盛，里克，晉大夫。冢，大也。粢盛，上音咨，下音成。以朝夕視君膳者也，膳，廚膳。朝如字，又張遥反。膳，市戰反。疏：注膳廚膳。正義曰：鄭玄《膳夫》注云：膳之言善也，今時美物曰珍膳。是膳者美食之名。廚者，造食之處，故云膳，廚膳也。《禮記》云：文王之爲世子，食上，必在視寒煖之節；食下，問所膳。命膳宰，然後退。是太子朝夕視君膳者也。故曰冢子。君行則守，有守則從。從曰撫軍。守曰監國，古之制也，夫帥師，專行謀，帥師者必專謀軍事。則守，手又反，下同。從，才用反，下同。監，古銜反。誓軍旅，宣號令也。君與國政之所圖也。非大子之事也。國政，正卿。師在制命而已，命，將軍所制。稟命則不威，專命則不孝，故君之嗣適不可以帥師，君失其官，帥師不威，將焉用之？大子統師，是失其官也。專命則不孝，是爲帥必不威也。適，丁歷反，本又作嫡，下配適同。焉，於虔反。且臣聞皋落氏將戰，君其舍之！公曰：寡人有子，未知其誰立焉！不對而退。

《春秋左傳正義》卷一二《僖公元年》 夏，六月，邢遷于夷儀，諸侯城之，救患也。凡侯伯，救患、分災、討罪，禮也。侯伯，州長也。分穀帛。分，甫問分，又如字。長，丁丈反。疏：注侯伯至穀帛。正義曰：此因齊侯發例，齊侯之爲侯伯，當是王之二伯，此言州長，必是九州之長，但州牧於是竟內，亦當救患討罪，以州牧亦掌此事，故言州長以包之。有災害者，分之財物，知分者，分穀帛也。

《春秋左傳正義》卷一二《僖公四年》 四年，春，齊侯以諸侯之師侵蔡。蔡潰，遂伐楚。楚子使與師言曰：君處北海，寡人處南海，唯是風馬牛不相及也，楚界猶未至南海，因齊處北海，遂稱所近。牛馬風逸，蓋末界之微事，故以取喻。近，附近之近。疏：注楚界至取喻。正義曰：襄十三年《傳》稱楚子囊述共王之德，撫有蠻夷，奄征南海。唯言征南海耳，其竟未必至南海也。因齊實處北海，遂稱所近，言其相去遠也。服虔云：風，放也。牝牡相誘謂之風。《尚書》稱：馬牛其風。此言風馬牛，謂馬牛風逸，牝牡相誘，蓋是末界之微事，言此事不相及，故以取喻，不相干也。不虞君之涉吾地也何故？管仲對曰：昔召康公命我先君大公，召康公，周大保召公奭也。大音泰，注同。奭音釋。疏：召康公。正義曰：謚法：安樂撫民曰康。曰：五侯九伯，女實征之，以夾輔周室！五等諸侯，九州之伯，皆得征討其罪。齊桓因此命以夸楚。女音汝。夾，古洽反。舊，古協反。夸，苦瓜反。疏：注五等至夸楚。正義曰：大公爲王官之伯，得以王命征討天下，隨罪所在，各致其罰，故五等諸侯，九州之伯，皆得征討其罪。齊桓因大公有此王命，言己上世先公得征討有罪，所以夸楚也。鄭玄以爲周之制，每州以一侯爲牧，二伯佐之，九州有九侯十八伯。大公爲東西大伯中分天下者，當各統四侯半，一侯不可分，故言五侯，其伯則各有九耳。侯爲牧，伯佐之，言是周制，其事無所出也。且征者，征其所統之國，非征侯伯之身，何當校計人數，以充五九之言？即如其言，使伯佐牧，二伯共佐治而已，非是分州之半，復安得征九伯也？校數煩碎，非復人情，故先儒無同之者。賜我先君履，東至于海，西至于河，疏：東至于海，西至于河。正義曰：《釋例》曰：海自遼西、北平、漁陽、章武、渤海、樂陵、樂安、北海、東萊、城陽、東海、廣陵、吴郡、會稽十四郡之東界以東。河出西平西南二千里，從西平東北經金城，故北地、朔方、五原，至故雲中，南經平陽、河東之西界，東經河東、河内之南界，東北經汲郡、頓丘、陽平、平原、樂陵之東南入海。杜之此言，據其當時之河耳。《禹貢》：導河積古，至于龍門；南至于華陰；東至于底柱；又東至于孟津；東過洛汭，至于大伾；北過降水，至于大陸；又北播爲九河，同爲逆河，入于海。案：驗其地，自大伾以上，河道不改；大伾以下，即是汲郡以東，河水東流，奏漢以來始然也。古之河道，自大伾而北過降水，故迹不可復知，其大陸則趙地之廣澤也。大陸以北，播爲九河。九河故道，河間成平以南，平原鬲縣以北。其九河者：徒駭一，大史二，馬頰三，覆釜四，胡蘇五，簡六，絜七，鉤盤八，鬲津九。徒駭最西，以次而東，故鄭注《禹貢》河間弓高縣往往有其處。《中候》云：齊桓霸，遏八流以自廣。計桓公之時，齊之西竟當在九河之最西，徒駭蓋是齊之西界。其東至于海，當盡樂安，北海之東界也。南至于穆陵，北至于無棣。穆陵、無棣，皆齊竟也。履，所踐履之界。齊桓又因以自言其盛。棣，大計反。竟音境，下皆同。爾貢苞茅不入，王祭不共，無以縮酒，寡人是徵。包，裹束也。茅，菁茅也。束茅而灌之以酒爲縮酒。《尚書》：包匭菁茅。茅之爲異未審。共音恭，本亦作供，下及注同。縮，所六反。裹音果。菁，子丁反。苞，或作包。匭音軌。本或作軌。疏：注包裹至未審。正義曰：《禹貢》：荊州：包匭菁茅。孔安國云：其所包裹而致者，匭匣也。菁以爲菹，茅以縮酒。《郊特牲》云：縮酌用茅。鄭玄云：泲之以茅，縮去滓也。《周禮·甸師》：祭祀，共蕭茅。鄭興云：蕭字或爲茜，茜讀爲縮。束茅立之祭前，沃酒其上，酒滲下去，若神飲之，故謂之縮。縮，滲也。故齊桓公責楚不貢包茅，王祭不共，無以縮酒。杜用彼鄭興之説也。孔安國以菁與茅別，杜云茅，菁茅，則以菁、茅爲一。特令荊州貢茅，必當異於餘處，但更無傳説，故云：茅之爲異未審也。沈氏云：太史公《封禪書》云：江淮之間，一茅三脊。杜云未審者，以三脊之茅，比目之魚，比翼之鳥，皆是靈物，不可常貢，故杜云未審也。昭王南征而不復，寡人是問。昭王，成王之孫。南巡守，涉漢，船壞而溺。周人諱而不赴，諸侯不知其故，故問之。守，手又反。溺，乃歷反。疏：注昭王至問之。正義曰：昭王，成王之孫，《周本紀》文也。《吕氏春秋·季夏紀》云：周昭王親將征荊蠻，辛餘靡長且多力，爲王右。還反涉漢，梁敗，王及祭公隕于漢中。辛餘靡振王北濟，反振祭公。高誘注引此傳云：昭王之不復，君其問諸水濱！由此言之，昭王爲没於漢，辛餘靡焉得振王北濟也？振王爲虚，誠如高誘之注。又稱梁敗，復非船壞。舊説皆言漢濱之人以膠膠船，故得水而壞，昭王溺焉，不知本出何書。對曰：貢之不入，寡君之罪也，敢不共給。昭王之不復，君其問諸水濱！昭王時，漢非楚竟，故不受罪。濱音賓。疏：注昭王至受罪。正義曰：《楚世家》，成王封熊繹於楚以子男之田，國居丹陽。宋仲子云：丹陽，南郡枝江縣也。枝江去漢，其路甚遥。昭王時漢非楚竟，故不受罪也。

又：大子祭于曲沃，歸胙于公。胙，祭之酒肉。胙，才故反。公田，姬寘諸宫六日，公至，毒而獻之。毒酒經宿輒敗，而經六日，明公之惑。寘，之豉反。公祭之地，地墳。與犬，犬斃。與小臣，小臣亦斃。疏：公田至亦斃。正義曰：《晉語》説此事云：公田，驪姬受胙，乃寘酖於酒，寘堇於肉。公至，召申生獻。公祭地，地墳。申生恐而出。驪姬與犬肉，犬斃，飲小臣酒，亦斃。此傳既略，當如《國語》也。賈逵云：堇，烏頭也。《穀梁傳》曰：以酖爲酒，藥脯以毒。注毒酒至之惑。正義曰：毒酒經宿便敗，而公不怪其六日仍得如故，明公之惑於驪姬，不以六日爲怪也。姬泣曰：賊由大子。大子奔新城。新城，曲沃。墳，扶粉反。斃，婢世反。公殺其傅杜原款。或謂大子：子辭，君必辯焉。以六日之狀自理。款，苦管反。辯，兵免反。大子曰：君非姬氏，居不安，食不飽。我辭，姬必有罪。君老矣，吾又不樂。吾自理則姬死，姬死則君必不樂。不樂，爲由吾也。樂音洛，注同。曰：子其行乎？大子曰：君實不察其罪，被此名也以出，人誰納我？十二月，戊申，縊于新城。

《春秋左傳正義》卷一二《僖公五年》 公使寺人披伐蒲。重耳曰：君父之命不校。乃徇曰：校者，吾讎也。踰垣而走，披斬其袪。遂出奔翟。袪，袂也。【略】

秋，諸侯盟。王使周公召鄭伯，曰：吾撫女以從楚，輔之以晉，可以少安。周公，宰孔也。王恨齊桓定大子之位，故召鄭伯使叛齊也，晉、楚不服於齊，故以鎮安鄭。秋諸侯盟，本或此下更有于首止三字，非。女音汝。鄭伯喜於王命，而懼其不朝於齊也，故逃歸不盟。孔叔止之，曰：國君不可以輕，輕則失親；孔叔，鄭大夫。親，黨援也。輕，遣正反，下同。失親，患必至。病而乞盟，所喪多矣。君必悔之。弗聽，逃其師而歸。喪，息浪反。

《春秋左傳正義》卷一三《僖公七年》 秋，盟于甯母，謀鄭故也。管仲言於齊侯曰：臣聞之：招攜以禮，懷遠以德。攜，離也。德、禮不易，無人不懷。齊侯脩禮於諸侯，諸侯官受方物。諸侯官司，各於齊受其方所當貢天子之物。疏：注諸侯至之物。正義曰：《周禮·大行人》云：侯服貢祀物，甸服貢嬪物，男服貢器物，采服貢服物，衛服貢材物，要服貢貨物。鄭玄云：祀貢者，犧牲之屬。嬪物，絲枲也。器物，尊彝之屬。服物，玄纁絺纊也。材物，八材也。貨物，龜貝也。如彼《禮》文，諸侯所貢之物，皆以服數爲差。《尚書·禹貢》：任土作貢。皆貢土地所生，不計路之遠近。然則《周禮》雖依服數，亦貢土地所生，不宜遠求他方之物以貢王也。王室盛明之時，每國貢有常職。天子既衰，諸侯惰慢，貢賦之事無復定準，故霸主揔帥諸侯，尊崇天子，量其國之大小，號令所出之物，傳言諸侯各使官司取齊約束，受其方所當貢天子之物。

又： 鄭伯使大子華聽命於會，言於齊侯曰：洩氏、孔氏、子人氏三族，實違君命。三族，鄭大夫。洩，息列反。君若去之以爲成，我以鄭爲內臣，君亦無所不利焉。以鄭事齊，如封內臣。去，起呂反。齊侯將許之。管仲曰：君以禮與信屬諸侯，而以姦終之，無乃不可乎？子父不奸之謂禮，守命共時之謂信，守君命，共時事。奸音干。共音恭，注同。違此二者，姦莫大焉。公曰：諸侯有討於鄭，未捷；今苟有釁，從之，不亦可乎？子華犯父命，是其釁隙。隙，去逆反。對曰：君若綏之以德，加之以訓辭，而帥諸侯以討鄭，鄭將覆亡之不暇，豈敢不懼？若揔其罪人以臨之，揔，將領也。子華奸父之命，即罪人。覆，芳服反。鄭有辭矣，何懼？以大義爲辭。且夫合諸侯，以崇德也。會而列姦，何以示後嗣？列姦，用子華。疏：注列姦用子華。正義曰：經書齊侯、宋公、陳世子款、鄭世子華盟于甯母，則已列於會矣，管仲方云會而列姦，何以示後嗣者，桓公列之於會，直是列其身耳，管仲言列姦者，謂將用其姦謀。故杜云列姦，用子華也。不受子華之請，即是會不列姦，他國無事可記，齊史無所不隱。故下句言他國記姦，則廢君盟；齊史隱諱，則損盛德也。夫諸侯之會，其德刑禮義，無國不記。記姦之位，位，會位也。子華爲姦人，而列在會位，將爲諸侯所記。君盟替矣。替，廢也。替，他計反。作而不記，非盛德也。君舉必書，雖復齊史隱諱，亦損盛德。復，扶又反。君其勿許，鄭必受盟。夫子華既爲大子，而求介於大國，以弱其國，亦必不免。介，因也。介音界。鄭有叔詹、堵叔、師叔三良爲政，未可間也。齊侯辭焉。子華由是得罪於鄭。

《春秋左傳正義》卷一三《僖公八年》 宋公疾，大子茲父固請曰：目夷長且仁，君其立之。茲父，襄公也。目夷，茲父庶兄子魚也。父音甫。長，丁丈反。公命子魚。子魚辭曰：能以國讓，仁孰大焉？臣不及也，且又不順。立庶不順禮。遂走而退。

《春秋左傳正義》卷一三《僖公十一年》 天王使召武公、內史過賜晉侯命。天王，周襄王。召武公，周卿士。內史過，周大夫。諸侯即位，天子賜之命圭爲瑞。過，古禾反。受玉惰。過歸告王曰：晉侯其無後乎？王賜之命，而惰於受瑞，先自弃也已，其何繼之有？禮，國之幹也；敬，禮之輿也。不敬則禮不行，禮不行則上下昏，何以長世？爲惠公不終張本。惰，徒卧反。長，直良反，又丁丈反。疏：天王至長世。正義曰：召武公亦名過，《周語》云：襄王使召公過及內史過賜晉惠公命，晉侯執玉卑，拜不稽首。內史過歸以告王曰：晉不亡，其君必無後。不敬王命，棄其禮也；執玉卑，替其質也；拜不稽首，無其王也。替質無鎮，無王無人。晉侯無王，人亦將無之；欲替其鎮，人亦將替之。其言多而小異。孔晁云：左丘明集其典雅令辭，與經相發明者，以爲《春秋傳》。其高論善言，別爲《國語》。凡《左傳》、《國語》有事同而辭異者，以其詳於《左傳》，而略於《國語》；詳於《國語》，而略於《左傳》。

《春秋左傳正義》卷一三《僖公十二年》 黃人恃諸侯之睦于齊也，不共楚職，曰：自郢及我九百里，焉能害我？共音恭。焉，於虔反。夏，楚滅黃。郢，楚都。【略】

王以上卿之禮饗管仲，管仲辭曰：臣，賤有司也。有天子之二守國、高在，國子、高子，天子所命爲齊守臣，皆上卿也。莊二十二年，高傒始見經；僖二十八年，國歸父乃見傳。歸父之父曰懿仲，高傒之子曰莊子，不知今當誰世。守，手又反，注同。若節春秋，來承王命，何以禮焉？節，時也。陪臣敢辭。諸侯之臣曰陪臣。陪，步回反。王曰：舅氏，伯舅之使，故曰舅氏。使，所吏反。余嘉乃勳。應乃懿德，謂督不忘。往踐乃職，無逆朕命。功勳美德，可謂正而不可忘者，不言位而言職者，管仲位卑而執齊政，故欲以職尊之。督音篤。疏：余嘉至朕命。正義曰：余、朕，皆我也。乃，女也。應，當也。懿，美也。督，正也。言我善女功勳，當女美德，謂女功德正而不可忘，宜受此禮。往居女職，無得逆我之命。欲令受上卿之禮。管仲受下卿之禮而還。

《春秋左傳正義》卷一五《僖公二十三年》 九月，晉惠公卒。經在明年。從赴。懷公命無從亡人，懷公，子圉。亡人，重耳。重，直龍反。期，期而不至，無赦。狐突之子毛及偃從重耳在秦，弗召。偃，子犯也。期期，上如字，下音基；下亦作朞，下注未期亦音基。從，才用反，後皆同。冬，懷公執狐突，曰：子來則免。未期而執突，以不召子故。對曰：子之能仕，父教之忠，古之制也。策名、委質，貳乃辟也。名書於所臣之策，屈膝而君事之，則不可以貳。辟，罪也。質如字。辟，婢亦反，注同。膝，星歷反。疏：注名書至罪也。正義曰：策，簡策也。質，形體也。古之仕者，於所臣之人，書己名於策，以明繫屬之也。拜則屈膝而委身體於地，以明敬奉之也。名繫於彼所事之君，則不可以貳心，辟，罪，《釋詁》文。今臣之子名在重耳，有年數矣。若又召之，教之貳也。父教子貳，何以事君？刑之不濫，君之明也，臣之願也。淫刑以逞，誰則無罪？臣聞命矣。乃殺之。卜偃稱疾不出，曰：《周書》有之：乃大明服。《周書·康誥》言君能大明則民服。濫，力暫反。己則不明而殺人以逞，不亦難乎？民不見德而唯戮是聞，其何後之有？言懷公必無後於晉，爲二十四年殺懷公張本。逞，勑景反，本亦作逞之。

又：晉公子重耳之及於難也，晉人伐諸蒲城。事在五年。難，乃旦反。蒲城人欲戰，重耳不可，曰：保君父之命而享其生禄，享，受也。保猶恃也。疏：享其生禄。正義曰：人以禄生，故謂之生禄。於是乎得人。以禄致衆。有人而校，罪莫大焉。校，報也。校音教。吾其奔也。

《春秋左傳正義》卷一六《僖公二十七年》　作三軍，閔元年晉獻公作二軍，今復大國之禮。謀元帥，中軍帥。帥，所類反，注同。疏：謀元帥。正義曰：元，長也。謂將帥之長。軍行則重者居中，故晉以中軍爲尊，而上軍次之。其二軍則上軍爲尊，故閔元年晉侯作二軍，公將上軍。趙衰曰：郤縠可。臣亟聞其言矣，説禮、樂而敦《詩》、《書》。《詩》、《書》，義之府也；禮、樂，德之則也。德、義，利之本也。疏：説禮至本也。正義曰：説謂愛樂之，敦謂厚重之。《詩》之大旨，勸善懲惡。《書》之爲訓，尊賢伐罪，奉上以道，禁民爲非之謂義。《詩》、《書》，義之府藏也。禮者，謙卑恭謹，行歸於敬。樂者，欣喜歡娱，事合於愛。揆度於内，舉措得中之謂德。禮、樂者，德之法則也。心説禮、樂，志重《詩》、《書》，遵禮樂以布德，習《詩》《書》以行義，有德有義，利民之本也。《晉語》云：文公問元帥於趙衰，對曰：郤縠可，年五十矣，守學彌惇。夫好先王之法者，德義之府也。夫德義，生民之本也。能敦篤，不忘百姓。請使郤縠，公從之。《夏書》曰：賦納以言，明試以功，車服以庸。《尚書·虞夏書》也。賦納以言，觀其志也；明試以功，考其事也；車服以庸，報其勞也。賦，猶取也。庸，功也。縠，本又作穀，同，胡木反。亟，欺冀反，數也。説音悦。君其試之。疏：夏書至試之。正義曰：《夏書》言用臣之法。賦，取也，取人納用以其言，察其言觀其志也。分明試用以其功，考其功觀其能也。而賜之車服，以報其庸。庸亦功也。知其有功乃賜之。古人之法如此，君其試用之。

《春秋左傳正義》卷一六《僖公二十八年》　晉侯有疾，曹伯之豎侯獳貨筮史，豎，掌通内外者，史，晉史。使曰以曹爲解：以滅曹爲解故。解，戶賣反，注同，又古買反。齊桓公爲會而封異姓，今君爲會而滅同姓。曹叔振鐸，文之昭也。叔振鐸，曹始封君，文王之子。鐸，待洛反。先君唐叔，武之穆也。且合諸侯而滅兄弟，非禮也。與衛偕命，私許復曹、衛。而不與偕復，非信也。同罪異罰，非刑也。衛已復故。禮以行義，信以守禮，刑以正邪，舍此三者，君將若之何？公説，復曹伯，遂會諸侯于許。

《春秋左傳正義》卷一七《僖公三十三年》　齊國莊子來聘，自郊勞至于贈賄，禮成而加之以敏。迎來曰郊勞，送去曰贈賄。敏，審當於事。勞，力報反，注同。贈，呼罪反。當，丁浪反，又如字。疏：注迎來至於事。正義曰：《聘禮》，賓至于近郊，君使卿朝服用束帛勞。及聘事皆畢，乃去，賓遂行，舍於郊，公使卿贈如覿幣。是來有郊勞，去有贈賄也。臧文仲言於公曰：國子爲政，齊猶有禮，君其朝焉。臣聞之，服於有禮，社稷之衛也。爲公如齊傳。

《春秋左傳正義》卷一八《文公三年》　晉人懼其無禮於公也，請改盟。改二年處父之盟。公如晉，及晉侯盟。晉侯饗公，賦《菁菁者莪》。《菁菁者莪》，《詩·小雅》。取其既見君子，樂且有儀。菁，子丁反。莪，五多反。樂音洛，下文何樂、小國之樂同。莊叔以公降拜，謝其以公比君一也。曰：小國受命於大國，敢不慎儀？君貺之以大禮，何樂如之？抑小國之樂，大國之惠也。晉侯降辭，降階辭讓公。登成拜。俱還上，成拜禮。上，時掌反，又如字。疏：注俱還上成拜禮。正義曰：《燕禮》：賓降階再拜稽首，公命小臣辭，賓升成拜。鄭玄云：升成拜，復再拜稽首也。先時君辭之以禮，若未成然。此莊叔以公降拜，晉侯降辭，以禮未成，故更登成拜，是賓主俱還上成拜禮也。公賦《嘉樂》。《嘉樂》，《詩·大雅》。取其顯顯令德，宜民宜人，受禄于天。

《春秋左傳正義》卷一九《文公八年》　宋襄夫人，襄王之姊也，昭公不禮焉。昭公適祖母。適，丁歷反。夫人因戴氏之族，華樂皇皆戴族。以殺襄公之孫孔叔、公孫鍾離及大司馬公子卬，皆昭公子黨也。司馬握節以死，故書以官。節，國之符信也。握之以死，示不廢命。疏：注節國至廢命。正義曰：

《周禮·掌節》掌守邦節而辨其用，守邦國者用玉節，守都鄙者用角節。鄭玄云玉節有五則，《典瑞》云：穀圭以和難，以聘女；牙璋以起軍旅，以治兵守；珍圭以徵守，以恤凶荒；琬圭以治德，以結好；琰圭以易行，以除慝。其角節，鄭注云未聞，此司馬司城以事在官，蓋執此等之玉節。《小行人》云：守都鄙者用管節，此司馬司城或食采地，即都鄙之主。此節或是管節也。《掌節》又云山國用虎節，土國用人節，澤國用龍節。鄭注云：鑄金爲之，謂王使之，使於土國之等。《掌節》又云門關用符節，貨賄用璽節，道路用旌節。鄭玄云門關者，謂司門司關也。道路者，謂天子之鄉遂大夫也。其諸侯之國及門關鄉遂亦有節。《小行人》云：山國用虎節，土國用人節，澤國用龍節。謂己是山澤之國，出使用龍虎之節。《小行人》又云：道路用旌節，門關用符節，都鄙用管節。鄭注云道路謂諸侯鄉遂及諸侯司門司關都鄙之等也，今之爲官授以此節。今握節以死，示己不廢命也。此夫人殺，而經書宋人殺其大夫者，夫人與君共有國家，尊與君同，不得爲兩下相殺，故同國討之文。雖同國討，稱人，實非國討之例，以其死者不稱名，無罪故也。司城蕩意諸來奔，效節於府人而出。效猶致也。意諸，公子蕩之孫。

《春秋左傳正義》卷一九下《文公十五年》 齊侯侵我西鄙，謂諸侯不能也。不能討己。遂伐曹，入其郛，討其來朝也。此年夏朝，季文子曰：齊侯其不免乎！己則無禮，執王使而伐無罪。己音紀。使，所吏反。而討於有禮者，曰：女何故行禮？禮以順天，天之道也。己則反天，而又以討人，難以免矣。《詩》曰：胡不相畏？不畏于天。《詩·小雅》。女音汝。相，息亮反，又如字。疏：曰女至道也。正義曰：言曰者，原齊侯之意而爲之辭也。責曹曰：女何故行禮？謂責於朝魯也。天道以卑承尊，人道以小事大。禮者自卑而尊人，朝者謙順以行禮，行禮以順天，是天之道也。詩曰至于天。正義曰：此《詩·小雅·雨無正》之篇。胡，何也，詩人責朝廷之臣，女羣臣上下何以不相畏乎？女上下不相畏，乃是不畏于天也。君子之不虐幼賤，畏于天也。在《周頌》曰：畏天之威，于時保之。《詩·周頌》。言畏天威，于是保福禄。不畏于天，將何能保？以亂取國，奉禮以守，猶懼不終，多行無禮，弗能在矣。爲十八年齊弒商人傳。

《春秋左傳正義》卷二〇《文公十八年》 冬，十月，仲殺惡及視，而立宣公。惡，大子。視，其母弟。殺視不書，賤之。書曰子卒，諱之也，仲以君命召惠伯，詐以子惡命。疏：注詐以子惡命。正義曰：傳因殺惡之下，即云而立宣公，其實宣公之立，當在惠伯死後。惡雖已死，未告外人，故詐以子惡之命召惠伯使入，公冉務人疑其宮內有變，謂非子惡之命，故云入必死耳，亦未是審知惡已死也。其宰公冉務人止之，曰：入必死。叔仲曰：死君命可也，公冉務人曰：若君命，可死；非君命，何聽？弗聽，乃入，殺而埋之馬矢之中。惠伯死不書者，史畏襄仲，不敢書殺惠伯。

又： 莒紀公生大子僕，又生季佗，愛季佗而黜僕，且多行無禮於國。紀，號也。莒夷無謚，故有別號。佗，徒何反。僕因國人以殺紀公，以其寶玉來奔，納諸宣公。公命與之邑，曰：今日必授！季文子使司寇出諸竟，曰：今日必達！未見公而文子出之，故來不書。竟音境。公問其故。季文子使大史克對曰：先大夫臧文仲教行父事君之禮，行父奉以周旋，弗敢失隊，曰：見有禮於其君者，事之，如孝子之養父母也；見無禮於其君者，誅之，如鷹鸇之逐鳥雀也。先君周公制《周禮》曰：則以觀德，則，法也。合法則爲吉德。大史音泰。隊，直類反。養，餘亮反。鷹，於陵反。鸇，之然反；《說文》，止仙反，《字林》，巳仙反。疏：如鷹鸇之逐鳥雀。正義曰：《釋鳥》云鷹，來鳩，郭璞曰：來當爲爽字之誤耳。《左傳》作爽鳩是也。又云晨風，鸇，舍人曰：晨風，名鸇鸇，摯鳥名，郭璞曰：鷂屬也。德以處事，處，猶制也。事以度功，度，量也。度，待洛反，注及下同。功以食民。食，養也。食音嗣，注同。作誓命曰：毀則爲賊，誓，要信也。毀則，壞法也。壞音怪。掩賊爲藏，掩，匿也。匿，女乙反。竊賄爲盜，賄，財也。盜器爲姦。器，國用也。主藏之名，以掩賊爲名。賴姦之用，用姦器也。爲大凶德，有常無赦。刑有常。在《九刑》不忘！誓命以下，皆《九刑》之書，《九刑》之書今亡。疏：先君至不忘。正義曰：言制《周禮》曰：作《誓命》曰，謂制禮之時，有此語爲此誓耳。此非《周禮》之文，亦無《誓命》之書。在後作《九刑》者，記其《誓命》之言，著於《九刑》之書耳。德者，得也。自得於心，心之所得，有惡有善，欲知善惡，以法觀之，合法則爲吉德，不合法則爲凶德。故曰則以觀德也。既有善德，乃能制斷事宜，故曰德以處事也。既爲其事，務求成功，度量功勳，必功成乃善，故曰事以度功也。民不自治，立君牧養，作事成功，所以養食下民，故曰功以食民也。其意言在上位者，必有法則，乃爲養民之主。將言莒僕無可法則，故言此以張本也。又作要信誓命以戒後人，曰有人毀法則者是爲賊，言其賊敗法也。掩匿賊人是爲藏，言其藏罪人也。竊人財賄謂之爲盜，盜人器用謂之爲姦，主爲藏匿罪人之名，恃賴姦人所盜之用，爲極大之凶德。有常刑無赦，其事在《九刑》之書，不遺忘也。以宣公容納莒僕爲主藏，受其寶玉爲賴姦，故舉此以極諫也。注誓命至今亡。正義曰：昭六年《傳》曰：夏有亂政而作《禹刑》，商有亂政而作《湯刑》，周有亂政而作《九刑》，三辟之興，皆叔世也。叔世，謂衰世，世衰民慢，作嚴刑以督之。稱其創制聖王以爲所作之法，夏作禹刑，商作湯刑，則周作九刑，作周公之刑也。此云周公作《誓命》，其事在《九刑》，知自《誓命》以下，皆《九刑》之書所載也。謂之九刑，必其諸法有九，而九刑之書今亡，不知九者何謂，服虔云：正刑一，議刑八。即引《小司寇》八議，議親、故、賢、能、功、貴、勤、賓之辟，此八議者，載於《司寇》之章，周公已制之矣。後世更作，何所復加？且所議八等之人，就其所犯正刑，議其可赦以否，八者所議，其刑一也，安得謂之八刑？杜知其不可，故不解之。行父還觀莒僕，莫可則也。還，猶周旋。還音旋。孝、敬、忠、信爲吉德，盗、賊、藏、姦爲凶德。夫莒僕，則其孝敬，則弑君父矣；則其忠信，則竊寶玉矣。其人，則盗賊也；其器，則姦兆也。兆，域也。保而利之，則主藏也。以訓則昏，民無則焉。不度於善，度，居也。而皆在於凶德，是以去之。昔高陽氏有才子八人，高陽，帝顓頊之號。八人，其苗裔。去，起吕反，顓音專。項，許玉反。裔，以制反。疏：注高陽帝至苗裔。正義曰：先儒舊説，及譙周《考史》，皆以顓頊、帝嚳爲帝之身號，高陽、高辛皆國氏土地之號。高陽次少昊，高辛次高陽，堯承高辛之後。孔子之録《尚書》，自堯爲始。史籍之説皇帝，其言不經。《大戴禮・五帝德》、司馬遷《五帝紀》皆言顓頊、帝嚳代别一人。《春秋緯・命歷序》顓頊傳九世，帝嚳傳八世，典籍散亡，無以取信。要二帝子孫至舜時始用，必非帝之親子。其八人者，不能知其出生、本繫、枝派遠近，故略言其苗裔耳。蒼舒、隤敳、檮戭、大臨、尨降、庭堅、仲容、叔達，此即垂、益、禹、皋陶之倫。庭堅即皋陶字。隤，徒回反。敳，五才反，一音五回反；韋昭音瑰。檮，直由反；韋昭音桃。戭，以善反；《漢書》作敳；韋昭已震反。尨，莫江反。降，下江反。陶音遥。疏：注此即至陶字。正義曰：司馬遷采帝系《世本》以爲《史記》，其《夏本紀》稱禹是顓頊之後，《秦本紀》稱皋陶是顓頊之後，伯益則皋陶之子。垂之所出，史無其文。舊説相傳，亦出顓頊，故云此即垂、益、禹、皋陶之倫也。服虔云：八人，禹、垂之屬也。六年《傳》臧文仲聞六與蓼滅，云：皋陶庭堅不祀忽諸。知庭堅、皋陶爲一人，其餘則不知誰爲禹，誰爲益，故云之倫之屬，不敢斥言也。班固《漢書》有《古今人表》，銓量古人爲九等之次，雖知禹、益必在八愷，稷、契必在八元，不能識知其人，不得自相分配，故八元、八愷與皋陶、禹、稷並出其名，亦爲不知故也。鄭玄注《論語》云：皋陶爲士師，號曰庭堅。杜云庭堅皋陶字者，古人名之與字，難得審知，言字者，明其是一人也。齊、聖、廣、淵、明、允、篤、誠，天下之民謂之八愷。齊，中也。淵，深也。允，信也。篤，厚也。愷，和也。愷，開在反。疏：齊聖至八愷。正義曰：此并序八人，揔言其德。或原其心，或據其行，一字爲一事，其義亦更相通。齊者，中也。率心由道，舉措皆中也。聖者，通也。博達衆務，庶事盡通也。廣者，寬也。器宇宏大，度量寬弘也。淵者，深也。知能周備，思慮深遠也。明者，達也。曉解事務，照見幽微也。允者，信也。終始不愆，言行相副也。篤者，厚也。志性良謹，交遊款密也。誠者，實也。秉心純直，布行貞實也。以其德行如是，天下之民爲其美目，謂之八愷。愷，和也。言其和於物也。《孟子》曰：柳下惠，聖人之和者也。注齊中至和也。正義曰：齊，中，《釋言》文。允，信，篤，厚，《釋詁》文。愷訓爲樂，樂亦和也。深水謂之淵，故淵爲深也。高辛氏有才子八人，高辛，帝嚳之號，八人，亦其苗裔。嚳，苦毒反。伯奮、仲堪、叔獻、季仲、伯虎、仲熊、叔豹、季貍，此即稷、契、朱虎、熊羆之倫。奮，甫問反。熊音雄。貍，力之反。契，息列反，依字當作契，古文作高。羆，彼皮反。疏：注此即至之倫。正義曰：契後爲殷，稷後爲周。《史記》殷周皆爲帝嚳之後也。此言伯虎、仲熊；《尚書》有朱虎、熊羆。二者其字相類，知此即稷、契、朱虎、羆之倫也。《尚書》更有夔龍之徒，亦應有在元愷之内者，但更無明證，名字又殊，不知與誰爲一，故不復言之。《史記》稷、契皆爲帝嚳之子，而上句注云其苗裔者，《史記》堯亦帝嚳之子，則稷、契，堯之親弟。以堯之聖，有大德之弟，久而不知，舜始舉用。以情而測，理必不然。且云世濟其美，其間必應累世，不容高辛之下即至其身。馬遷傳聞於人，未必盡得其實。《世族譜》取《史記》之説，又從而譏之云案鯀則舜之五世從祖父也。而及舜共爲堯臣，堯則舜之三從高祖，而妻其女，此《史記》之疑者。然則以其不可悉信，故言苗裔以該之。忠、肅、共、懿、宣、慈、惠、和，天下之民謂之八元。肅，敬也。懿，美也。宣，偏也。元，善也。偏音遍。疏：忠肅至八元。正義曰：此亦揔言其德，於義亦得相通。忠者，與人無隱，盡心奉上也。肅者，敬也。應機敏達，臨事恪勤也。共者，治身克謹，當官理治也。懿者，美也。保己精粹，立行純厚也。宣者，偏也。應受多方，知思周偏也。慈者，愛出於心，恩被於物也。惠者，性多哀矜，好拯窮匱也。和者，體度寬簡，物無乖争也。以其德行如是，天下之民爲其美目，謂之八元。元，善也。言其善於事也。《論語》曰：善人爲邦百年，亦可以勝殘去殺矣。注肅敬至善也。正義曰：肅，敬，《釋訓》文。懿，美，《釋詁》文。宣，偏，《釋言》文。《易文言》曰：元者，善之長也。此十六族也，世濟其美，不隕其名。濟，成也。隕，隊也。隕，于敏反。隊，直類反。疏：此十六至其名。正義曰：此十六人耳，而謂之族者，以其各有親屬，故稱族也。世濟其美，後世承前世之美。不隕其名，不隊前世之美名。言其世有賢人，積善而至其身也。劉炫云：各有大功，皆賜氏族，故稱族。以至於堯，堯不能舉。舜臣堯，舉八愷，使主后土，后土，地官。禹作司空，平水土，即主地之官。疏：注后土至之官。正義曰：后，訓君也。天稱皇天，故地稱后土。《舜典》云：伯禹作司空。《吕刑》云禹平水土。則禹是主地之官，故云主后土也。以揆百事，莫不時序，地平天成。揆，度也。成，亦平也。揆，葵癸反。

疏：以揆至天成。正義曰：用禹爲土，后土之官。令以揆度百事，百事無不揆度，於是皆有次序，得地平其化，天成其施。言有成功也。注揆度至平也。正義曰：揆，度，《釋言》文。度百事者，令之豫自籌度，爲之數量法制，事成則平其可否，使之揔衆務也。地平天成，《大禹謨》之文。孔安國云：水土治曰平。五行敘曰成。《釋詁》云：成，平也。是成亦爲平，其義一也。舉八元，使布五教于四方，契作司徒，五教在寬，故知契在八元之中。契，斯列反。疏：注契作至之中。正義曰：《舜典》云：帝曰：契，百姓不親，五品不遜，汝作司徒，敬敷五教在寬。《尚書》契敷五教，此云舉八元，使布五教。以此故知契在八元中也。然則《尚書》禹作司空，此云舉八愷，使主后土，以此亦知禹在八愷中也。但不知八愷之中，何者是禹？八元之中，何者是契耳？主后土，布五教，是事之大者，故舉以爲言，非是各令八人共主一事。故主土唯禹，主教唯契，餘當別有所主，或助而爲之。《尚書》稱益佐禹治水，是其助之事也。父義、母慈、兄友、弟共、子孝，內平外成。內諸夏，外夷狄。夏，戶雅反。疏：父義至外成。正義曰：一家之內。父、母、兄、弟、子，尊卑有五品。父不義，母不慈，兄不友，弟不共，子不孝，是五品不遜順也。故使契爲司徒，布五教於四方：教父以義，教母以慈，教兄以友，教弟以共，教子以孝，是之謂五教。此五教可常行，又謂之五典也。諸夏夷狄皆從其教，是爲內平外成。所云五典克從，即此內平外成之謂也。昔帝鴻氏有不才子，帝鴻，黄帝。掩義隱賊，好行凶德，醜類惡物，頑嚚不友，是與比周，醜，亦惡也。比，近也。周，密也。好，呼報反。嚚，魚巾反。心不則德義之經爲頑，口不道忠信之言爲嚚，比，毗志反。天下之民謂之渾敦。謂驩兜。渾敦，不開通之貌。渾，戶本反。敦，徒本反。驩，呼端反。兜，都侯反。疏：掩義至渾敦。正義曰：掩蓋義事而不行，隱蔽其外，而陰爲賊害也。其有凶醜之類，穢惡之物，心頑而不則德義之經，口嚚而不道忠信之言，如此惡人不可與之親友者，此不才子於是與之相附近，相親密。言惡人所愛，愛同己者也。以其爲惡如是，故天下之民爲之惡目，謂之渾敦。渾敦，不開通之貌，言其無所知也。服虔用《山海經》，以爲驩兜人面馬喙，渾敦亦爲獸名。注醜亦至密也。正義曰：醜亦惡也，物亦類也。指謂惡人等輩，重復而言之耳。比，是相近也。周，是親密也。唯是親愛之義，非爲善惡之名。《論語》云君子周而不比，小人比而不周。以君子小人相對。故鄭玄云：忠信爲周，阿黨爲比。觀文爲説也。注謂驩至之貌。正義曰：此傳所言説《虞書》之事。彼云四罪，謂共工、驩兜、三苗、鯀也。此傳四凶，乃謂之渾敦、窮奇、檮杌、饕餮。檢其事，以識其人。《堯典》帝言共工之行，云靖言庸違，傳説窮奇之惡，云靖譖庸回，二文正同。知窮奇是共工也。《堯典》帝求賢人，驩兜舉共工應帝，是與共工相比。傳説渾敦之惡，云醜類惡物，是與比周，知渾敦是驩兜也。《堯典》帝言鯀行，云咈哉，方命圮族，傳説檮杌之罪，云告頑舍嚚，傲狠明德，即是咈戾圮族之狀。且鯀是顓頊之後，知檮杌是鯀也。《尚書》無三苗罪狀，既甄去三凶，自然饕餮是三苗矣。先儒盡然，更無異説，皆以行狀驗而知之也。《莊子》稱，南方之神，其名爲儵，北方之神，其名爲忽，中央之神，其名爲混沌。混沌無七竅，儵忽爲鑿之，一日爲一竅，七日而混沌死。混沌與渾敦，字之異耳。《莊子》雖則寓言，要以無竅爲混沌，是渾敦爲不開通之貌，此四凶者，渾敦、檮杌以狀貌爲之名，窮奇、饕餮以義理爲之名。古人之意自異耳。服虔案《神異經》云：檮杌狀似虎，毫長二尺，人面虎足，豬牙，尾長丈八尺，能鬬不退。饕餮，獸名，身如牛人，面目在腋下，食人。少皞氏有不才子，少皞，金天氏之號，次黄帝。少，詩照反，注同。皞，胡老反。疏：注少皞至黄帝。正義曰：金天，國號；少皞，身號。譙周云：金天氏能脩大皞之法，故曰少皞也。其次黄帝，則昭十七年《傳》有其事。毁信廢忠，崇飾惡言；靖譖庸回，服讒蒐慝，以誣盛德，崇，聚也。靖，安也。庸，用也。回，邪也。服，行也。蒐，隱也。慝，惡也。盛德，賢人也。蒐，所留反。慝，他得反。邪，似嗟反。疏：毁信至盛德。正義曰：毁信者，謂信不足行，毁壞之也。廢忠者，謂忠爲無益，廢棄之也。以惡言爲善，尊崇脩飾之。安於讒譖，信用回邪，常行讒疾，陰隱爲惡，以誣罔盛德之賢人也。天下之民謂之窮奇，言其行窮困，所好可異也。注崇聚至人也。正義曰：《釋詁》云：崇，充也，舍人曰：威大充盛。大亦集聚之義，故崇爲聚也。庸，用。靖，安。回，邪。慝，惡。常訓也。服從是奉行之義也。蒐索，隱伏，是蒐得爲隱也。服虔亦以蒐爲隱，隱慝謂陰隱爲惡也。成德，謂成就之德，故爲賢人也。定本成德爲盛德。天下之民謂之窮奇。謂共工。其行窮，其好奇。奇，其宜反。共音恭。行，下孟反。好，呼報反。疏：注謂共至好奇。正義曰：孔安國云共工，官稱也。其人爲此官，故《尚書》舉其官也。行惡終必窮，故云其行窮也。好惡，言好讒慝，是所好奇異於人也。顓頊有不才子，不可教訓，不知話言，話，善也。話，戶快反。告之則頑，舍之則嚚，德義不入心。舍音赦。傲很明德，以亂天常，天下之民謂之檮杌。謂鯀。檮杌，頑凶無儔匹之貌。傲，五報反。很，戶懇反。檮，徒刀反。杌，五忽反。鯀，古本反。此三族也，世濟其凶，增其惡名，以至于堯，堯不能去。方以宣公比堯，行父比舜，故言堯亦不能去，須賢臣而除之。去，起吕反，注及下皆同。疏：注方以至除之。正義曰：宣公不能去莒僕，而行父能去之，恐宣公以不去之爲恥，行父以去之爲專，史克方以宣公比堯，行父比舜，故言堯朝有四凶，堯亦不能去，須賢臣而除之，所以雪宣公不去之恥，解行父專擅之失也，然則聖主莫過於堯，任賢，王政所急，大聖之朝，不才揔萃，雖曰帝其難之，且復何其甚也！此四凶之人，才實中品，雖行有不善，未有大惡，故能仕於聖世，致位大官。自非聖舜登庸，大禹致力，則滔天之害未或可平。以舜、禹之成功，見此徒之多罪，勳業既謝，慝疊自生，爲聖所誅，其咎益大。且虞史欲盛章舜德，歸罪惡於前人。史克以宣公比堯，同四凶於莒僕，此等並非下愚，未有大惡，其爲不善，唯帝所知。《尚書》將言求舜以見帝之知人，此傳安慰宣公，故言堯不能去。辭各有爲，情頗增甚。學者當以意達文，不可即以爲實。縉雲氏有不才子，縉雲，黄帝時官名。疏：注縉雲至官名。正義曰：昭十七年《傳》稱黄帝以雲名官，故知縉雲，黄帝時官名。字書縉，赤繒也。服虔云：夏官爲縉雲氏。貪于飲食，冒于貨賄，侵欲崇侈，不可盈厭，聚斂積實，不知紀極，不分孤寡，不恤窮匱，冒，亦貪也。盈，滿也。實，財也。厭，於豔反。匱，其媿反。疏：貨賄。正義曰：鄭注《周禮》云：金玉曰貨，布帛曰賄。天下之民以比三凶，非帝王子孫，故別以比三凶。謂之饕餮。貪財爲饕，貪食爲餮。饕，他刀反。餮，他結反。疏：注貪財至爲餮。正義曰：此無正文，先儒賈、服等相傳爲然。舜臣堯，爲堯臣。疏：注爲堯臣。正義曰：昭七年《傳》稱王臣公，公臣大夫，謂王以公爲臣，公以大夫爲臣，皆是上臣下也。而此云舜臣堯，謂爲臣以事堯，乃是下臣上也。文同義異，意足相顧，故辯之云爲堯臣。賓于四門，闢四門，達四聰，以賓禮衆賢。闢，婢亦反。聰，本亦作窻，七工反。疏：注闢四至衆賢。正義曰：賓于四門是禮賢之事，而《舜典》下文云：闢四門，明四目，達四聰。言開闢四方之門未開者，廣視聽於四方，使天下無壅塞，亦是賓禮衆賢之事。意同於上，故引以解之。流四凶族，案四凶罪狀而流放之。渾敦、窮奇、檮杌、饕餮，投諸四裔，以禦螭魅。投，弃也。裔，遠也。放之四遠，使當螭魅之災。螭，魅，山林異氣所生，爲人害者。禦，魚吕反。螭，勑知反，山神獸形。魅，亡備反；《說文》作鬽，云，老精物也；鬽或從未。疏：注投弃至害者。正義曰：投者，擲去，故爲弃也。《舜典》云：流共工于幽州，放驩兜于崇山，竄三苗于三危，殛鯀于羽山。四罪而天下咸服。孔安國云：幽州，北裔；崇山，南裔；三危，西裔；羽山，東裔。在海中，是放之四方之遠處。螭魅若欲害人，則使此四者當彼螭魅之災，令代善人受害也。宣三年《傳》王孫滿説九鼎云：鑄鼎象物，百物而爲之備。民入川澤、山林，不逢不若。螭魅罔兩莫能逢之。知螭魅是山林異氣所生，爲人害者也。是以堯崩而天下如一，同心戴舜，以爲天子，以其舉十六相，去四凶也。故《虞書》數舜之功，曰慎徽五典，五典克從，無違教也。徽，美也。典，常也。此八元之功。戴，多代反。相，息亮反，下注同。去，起吕反。數，色主反。徽，許歸反。曰納于百揆，百揆時序，無廢事也。此八愷之功。曰：賓于四門，四門穆穆，無凶人也。流四凶。疏：故虞至人也。正義曰：此《虞書·舜典》之篇也，三事六句，《舜典》本文。其云無違教也，無廢事也，無凶人也，是史克解《虞書》之意也。每引一事，以一句解之，故每事言曰。舜有大功二十而爲天子，舉十六相，去四凶也。今行父雖未獲一吉人，去一凶矣。於舜之功，二十之一也，庶幾免於戾乎！史克激稱以辨宣公之惑，釋行父之志，故其言美惡有過辭，蓋事宜也。激，古歷反。疏：注史克至宜也。正義曰：宣公貪寶玉而受莒僕，爲惑已大；行父違君命而逐出之，其專已基。故史克激揚而言舜之事堯，以辨宣公之惑，以解行父之志。方欲盛談善惡，説事必當增甚，故其言美惡有大過之辭。言美則大美，言惡則大惡。禹則鯀之子也，説禹則云世濟其美；言鯀則云世濟其凶。明其餘亦有大過，非其實也，蓋事勢宜然耳。何休以爲孔子云：蕩蕩乎堯之爲君，唯天爲大，唯堯則之。今如《左氏》，堯在位數十年，久抑元愷而不能舉，養育凶人以爲民害而不能去，則孔子稱堯虚言也。桀、紂爲惡一世則誅，四凶歷數十歲而無誅放，《易》云積不善之家，必有餘殃，虚言也。《左氏》爲短。但堯之爲君，能舉十六相，去四凶，四凶之人未必世濟其惡，但史克欲明行父之志，欲辨宣公之惑，故美惡過辭，具於此注。何休之難不足疑也。

《春秋左傳正義》卷二一《宣公二年》 狂狡輅鄭人，鄭人入于井。狂狡，宋大夫。輅，迎也。乘，繩證反，下同。俘，芳夫反。馘，古獲反。馘百人或馘百者，人，衍字。狡，古卯反。輅，五嫁反。倒戟而出之，獲狂狡。君子曰：失禮違命，宜其爲禽也。戎，昭果毅以聽之之謂禮，聽，謂常存於耳，著於心，想聞其政令。倒，丁老反，宜其爲禽，一本作宜其禽也。毅，魚既反，著，直略反。殺敵爲果，致果爲毅，易之，戮也。易，反易。疏：君子至戮也。正義曰：軍法以殺敵爲上，將軍臨戰，必三令五申之。狂狡失即戎之禮，違元帥之命，曲法以拯鄭人，宜其爲禽也。昭，明也。兵戎之事，明此果毅以聽之之謂禮，能殺敵人是名爲果，言能果敢以除賊。致此果敢乃名爲毅，言能彊毅以立功。易之，戮也，反易此道，則合刑戮也。昭謂明曉此禮，致謂達之於敵。毅，彊也。能致用此意乃爲彊人，言在軍對敵必須殺也。《尚書》成湯數桀之罪以誓衆云：爾尚輔予一人，致天之罰，予其大賚汝，爾不從誓言，予則孥戮汝。武王數紂之罪以誓衆云：勖哉夫子！尚桓桓，如虎如貔，如熊如羆，于商郊。爾所不勖，其于爾躬有戮！二王以至聖伐至惡，尚誓衆使多殺，是軍法務在多殺，殺敵乃爲禮也。《公羊》善宋襄公不鼓不成列，以爲文王之戰亦不過此。武王之戰既知不然，文王之戰豈當若是？審如《公羊》之言，文王未曉戰法，其不能身定天下，豈爲此乎！

又： 宣子驟諫，公患之，使鉏麑賊之。鉏麑，晉力士。鉏，仕俱反。麑音迷，一音五兮反。晨往，寢門闢矣，盛服將朝。尚早，坐而假寐。不解衣冠而睡。闢，婢亦反。盛，音成，本或作成。睡，垂僞反。麑退，歎而言曰：不忘恭敬，民之主也。賊民之主，不忠；弃君之命，不信。有一於此，不如死也。觸槐而死。

《春秋左傳正義》卷二一《宣公三年》 楚子伐陸渾之戎，遂至於雒，觀兵于周疆。雒水出上雒冢領山，至河南鞏縣入河。疆，居良反。定王使王孫滿勞楚子。王孫滿，周大夫。勞，力報反。楚子問鼎之大小、輕重焉。示欲偪周取天下。對曰：在德不在鼎。昔夏之方有德也，禹之世。夏，戶雅反。遠方圖物，圖畫山川奇異之物而獻之。貢金九牧，使九州之牧貢金。鑄鼎象物，象所圖物，著之於鼎。鑄，之樹反。著，張慮反；舊直略反。百物而爲之備，使民知神、姦。圖鬼神百物之形，使民逆備之。故民入川澤、山林，不逢不若。若，順也。螭魅罔兩，螭，山神，獸形。魅，怪物。罔兩，水神。螭，勑知反。魅，亡備反，本又作鬽。罔，亡丈反。兩，本又作蜽，音同。《說文》云：罔兩，山川之精物也。疏：注螭山至水神。正義曰：螭，山神，獸形。魅，怪物。先儒相傳爲然。《魯語》仲尼云：木石之怪夔、罔兩，水之怪龍、罔象，則罔兩是木石之神。杜以爲水神者，《魯語》賈逵注云：罔兩、罔象，言有夔、龍之形而無實體。然則罔兩、罔象皆是虛無，當揔彼之意，非神名也。上句言山林、川澤，則螭魅罔兩四神。文十八年注螭魅，山林異氣所生。螭魅既爲山林之神，則罔兩宜爲川澤之神，故以爲水神也。莫能逢之，逢，遇也。用能協于上下，以承天休。民無災害，則上下和而受天祐。休，許虯反，下同。祐音右。桀有昏德，鼎遷于商，載祀六百。載、祀，皆年。載，祀。《爾雅》云：商曰祀，唐、虞曰載，周曰年，夏曰歲。疏：注載、祀皆年。正義曰：《釋天》云：唐虞曰載，商曰祀，周曰年。孫炎云：載，取物終更始，祀，取四時祭祀一訖。年，取年穀一熟。是載、祀皆年之別名，複言之耳。《律歷志》云：商三十一王，六百二十九年。商紂暴虐，鼎遷于周。德之休明，雖小，重也。其姦回昏亂，雖大，輕也。言可移。天祚明德，有所底止。底，致也。祚，才故反，底音旨。成王定鼎于郟鄏，郟鄏，今河南也。武王遷之，成王定之。郟，古洽反。鄏音辱。卜世三十，卜年七百，天所命也。周德雖衰，天命未改。鼎之輕重，未可問也。疏：卜世至七百。正義曰：《律歷志》云：周三十六王八百六十七年。過卜數也。

《春秋左傳正義》卷二一《宣公四年》 使於齊，還及宋，聞亂。其人曰：不可以入矣。箴尹曰：弃君之命，獨誰受之？君，天也，天可逃乎？遂歸，復命，而自拘於司敗。王思子文之治楚國也，曰：子文無後，何以勸善？使復其所，改命曰生。易其名也。使於，所吏反。拘音俱。疏：注易其名。正義曰：言越椒之亂，合誅絶其族，今更存立，故命曰生。言應死而重生。

《春秋左傳正義》卷二二《宣公十一年》 陳侯在晉。靈公子成公午。申叔時使於齊，反，復命而退。王使讓之，曰：夏徵舒爲不道，弑其君，寡人以諸侯討而戮之，諸侯、縣公皆慶寡人，楚縣大夫皆僭稱公。使，所吏反。僭，子念反。疏：以諸侯討而戮之。正義曰：經無諸侯，而云以諸侯討之，諸侯皆慶者，時有楚之屬國從行也。十二年邲之戰，經不書唐，而傳云唐侯爲左拒。昭十七年長岸之戰，經不書隨，而傳言使隨人守舟。明此時亦有諸侯，但爲楚私屬，不以告耳。女獨不慶寡人，何故？對曰：猶可辭乎？王曰：可哉！曰：夏徵舒弑其君，其罪大矣；討而戮之，君之義也。抑人亦有言曰：牽牛以蹊人之田，抑，辭也。蹊，徑也。女音汝。蹊音兮。徑，古定反。而奪之牛。牽牛以蹊者，信有罪矣；而奪之牛，罰已重矣。諸侯之從也，曰討有罪也。今縣陳，貪其富也。以討召諸侯，而以貪歸之，無乃不可乎？王曰：善哉！吾未之聞也。反之，可乎？對曰：吾儕小人所謂取諸其懷而與之也。叔時謙言小人意淺，謂譬如取人物於其懷而還之，爲愈於不還。儕，士皆反，輩也。乃復封陳。鄉取一人焉以歸，謂之夏州。州，鄉屬，示討夏氏所獲也。復，扶又反，夏，戶雅反。疏：謂之夏州。正義曰：謂之夏州者，討夏氏鄉，取一人以歸楚，而成一州，故謂之夏州。故書曰：楚子入陳，納公孫寧、儀行父于陳，書有禮也。沒其縣陳本意，全以討亂存國爲文，善其復禮。疏：注沒其至復禮。正義曰：言入陳納人爲有禮也。直言入陳納人，是沒其縣陳。本意言陳國見存，入而納此人耳。是全以討亂存國爲文，所以善其得禮。

《春秋左傳正義》卷二四《宣公十五年》 楚子厚賂之，使反其言。反言晉不救。解音蟹。降，戶江反。不許，三而許之。登諸樓車，使呼宋而告之。樓車，車上望櫓。櫓音魯。遂致其君命。楚子將殺之，使與之言曰：爾既許不穀，而反之，何故？非我無信，女則弃之，速即爾刑！對曰：臣聞之，君能制命爲義，臣能承命爲信，信載義而行之爲利。謀不失利，以衛社稷，民之主也。義無二信，欲爲義者，不行兩信。女音汝，下注而女也同。信無二命。欲行信者，不受二命。君之賂臣，不知命也。受命以出，有死無霣，霣，廢隊也。霣，于敏反。隊，直類反。又可賂乎？臣之許君，以成命也。成其君命。死而成命，臣之禄也。寡君有信臣，己不廢命。下臣獲考，考，成也。死，又何求？楚子舍之以歸。【略】

潞子嬰兒之夫人，晉景公之姊也。酆舒爲政而殺之，又傷潞子之目。

酆舒，潞相。酆，芳忠反。相，息亮反。晉侯將伐之。諸大夫皆曰：不可。酆舒有三儁才，儁，絶異也。言有才藝勝人者三。儁音俊。疏：注儁絶至者三。正義曰：《辨名記》云：五人曰茂，十人曰選，倍選曰儁，千人曰英，倍英曰賢，萬人曰桀，倍桀曰聖。是儁爲絶異之稱也。有三儁才，知其有才藝勝人者三事耳，不知三者何事也。不如待後之人。伯宗曰：必伐之！狄有五罪，儁才雖多，何補焉？不祀，一也。耆酒，二也。弃仲章而奪黎氏地，三也。仲章，潞賢人也。黎氏，黎侯國，上黨壺關縣有黎亭。耆，市志反。黎，禮兮反，國名。虐我伯姬，四也。傷其君目，五也。疏：不祀至五也。正義曰：此五者，從輕至重。不祀雖爲大罪，廢祀未是害物，故先言之。耆酒則廢亂政事，有害於民，故次之。弃賢人而侵鄰國，其害已大，又次之。殺夫人，傷君目，罪之大者，故後言之。棄仲章而奪黎氏地，是爲二事，而并數爲一者，俱是爲政之惡，故并數之。奪黎氏地已盡奪之，使黎侯失位，故下云立黎侯而還，更復其國也。怙其儁才，而不以茂德，茲益罪也。後之人，或者將敬奉德義以事神人，而申固其命，審其政令。若之何待之？不討有罪，曰將待後，後有辭而討焉，毋乃不可乎？夫恃才與衆，亡之道也。商紂由之，故滅。由，用也。疏：商紂由之，故滅。正義曰：《史記・殷本紀》云：紂資辯捷疾，聞見甚敏，材力過人，手格猛獸。知足以拒諫，言足以飾非。矜人臣以能，高天下以聲，以爲皆出己之下。武王伐滅之，是由恃才儁故滅也。天反時爲災，寒暑易節。地反物爲妖，羣物失性。民反德爲亂。亂則妖災生。故文反正爲乏，文，字。疏：天反至災生。正義曰：據其害物謂之災，言其怪異謂之妖。時由天，物在地，故屬災於天，屬妖於地。其實民有亂德，感動天地，天地爲之見變，妖災因民而生，天地共爲之耳，非獨天爲災而地爲妖。民謂人也。感動天地，皆是人君感之，非庶民也。昭七年《傳》曰：國無政，不用善，則自取謫於日月之災。言以政取謫，是其由君不由民。以民表人，故《釋例》引此即改民爲人，是其民謂人也。傳言天災，地妖，民亂，歷序以尊卑爲次。更言亂則妖災生，明妖、災由民起。妖、災亦通言耳。天雖四時，氣唯寒暑，故杜以反時爲寒暑易節。物則其數無窮，故揔云羣物失性。反其常性即是妖也。《釋例》曰：物者，雜而言之，則昆蟲草木之類也。大而言之，則歲時日月星辰之謂也。歲者，水旱饑饉也。時者，寒暑風雨雷電雪霜也。日月者，薄食夜明也。星辰者，彗孛霣錯失其次也。山崩地震者，陽伏而不能出，陰迫而不能升也。凡天反其時，地反其物，以害其物性，皆爲妖災。是言妖災皆通天地共爲之也。此傳地反物者唯言妖耳。《洪範五行傳》則有妖、孽、禍、痾、眚、祥六者之名，以積漸爲義。《漢書・五行志》説此六名，云：凡草物之類謂之妖。妖猶夭胎，言尚微也。蟲豸之類謂之孽。孽則牙孽矣。及六畜，謂之禍，言其著也。及人，謂之痾。痾，病貌，言浸深也。甚則異物生，謂之眚。自外來，謂之祥。是六名以漸爲稱，唯眚、祥有外內之異耳。大旨皆是妖也。故文反正爲乏。正義曰：許慎《説文序》云：蒼頡之初作書，蓋依類象形，謂之文。其後形聲相益，謂之字。文者，物象之本。字者，孳乳而生。是文謂之字也。制字之體，文反正爲乏。服虔云：言人反正者，皆乏絶之道也。人反德則妖災生，妖災生則國滅亡，是乏絶之道也。盡在狄矣。晉侯從之。六月，癸卯，晉荀林父敗赤狄于曲梁。辛亥，滅潞。曲梁，今廣平曲梁縣也。書癸卯，從赴。疏：盡在狄矣。正義曰：言盡在狄矣，則狄皆有之。其反德爲亂，則五罪是也。天地災妖，傳不指斥，不知於時潞國有何災何妖也。酆舒奔衛，衛人歸諸晉，晉人殺之。【略】

初税畝，非禮也。穀出不過藉，周法：民耕百畝，公田十畝，借民力而治之，税不過此。以豐財也。疏：初税至財也。正義曰：藉者，借也。民之田穀出共公者，不過取所借之田。欲以豐民之財，故不多税也。既譏其税畝，言非禮，乃舉正禮言穀出不過藉，則知所税畝者，是藉外更税。故杜以爲十一外十取一，且以哀公之言驗之，知十二而税自此始也。

《春秋左傳正義》卷二七《成公十三年》

十三年，春，晉侯使郤錡來乞師，將事不敬。將事，致君命。孟獻子曰：郤氏其亡乎？禮，身之幹也；敬，身之基也。郤子無基。疏：禮身至無基。正義曰：幹以樹木爲喻，基以墻屋爲喻。樹木以本根爲幹，有幹，故枝葉茂焉；牆屋以下土爲基，有基，乃牆屋成焉。人身以禮、敬爲本，必有禮、敬，身乃得存。郤子無基，則亦無幹，但言有所局，不復得言幹耳。且先君之嗣卿也，受命以求師，將社稷是衛，而惰，弃君命也，不亡何爲？【略】

劉子曰：吾聞之：民受天地之中以生，所謂命也。是以有動作禮義威儀之則，以定命也。能者養以之福，養威儀以致福。不能者敗以取禍。是故君子勤禮，小人盡力。勤禮莫如致敬，盡力莫如敦篤。敬在養神，篤在守業。國之大事，在祀與戎。祀有執膰，膰，祭肉。盡，津忍反，下同。膰音煩。疏：注膰，祭肉。正義曰：《詩》詠祭祀之禮云：爲俎孔碩，或膰或炙。又曰：旨酒欣欣，燔炙芬芬。毛傳云：傅火曰燔。祭肉有燔而薦者，因謂祭肉爲膰也。戎有受脤，神之大節也。交神之大節。今成子惰，弃其命矣，其不反乎！惰則失中和之氣。爲成肅公卒于瑕張本。疏：民受至反乎。正義曰：天地之中，謂中和之氣也。民者，人也。言人受此天地中和之氣以得生育，所謂命也。命者，教命之意，若有所稟受之辭，故《孝經説》云：命者，人之所稟受度是也。命雖受之天地，短長有本，順理則壽考，逆理則夭折。是以有動作禮義威儀之法則，以定此命。言有法則命之長短得定，無法則夭折無恒也。故人有能者，養其威儀禮法，以往適於福，或本分之外更得延長也；不能者，敗其威儀禮法，而身自取禍，或本分之內仍有減割也。爲其求福畏禍之故，君子勤禮以臨下，小人盡力以事上。勤禮莫如臨事致敬，盡力莫如用心敦篤。敬之所施，在於養神，朝廷百官，事神必敬；篤在守業，草野四民，勿使失業也。國之大事，在祀與戎，宗廟之祀，則有執膰；兵戎之祭，則有受脤，此是交神之大節也。今成子受脤而惰，是自棄其命矣，死必在近，此行其不得反乎？爾之往也，養之以福，謂將身向福也；敗以取禍，謂禍及身也。福則人之所欲，作往就之辭也；禍則人之所惡，作自來之語也。敬則所施有處，故言致敬也；厚則唯在己身，無所可致，故重言敦篤也。執膰、受脤，俱是於祭末受而執之，互相見也。劉炫云：命者，冥也。言其生育之性得之於冥兆也。

《春秋左傳正義》卷二七《成公十五年》 楚將北師，侵鄭、衛。子囊曰：新與晉盟而背之，無乃不可乎？子反曰：敵利則進，何盟之有？晉、楚盟在十二年。子囊，莊王子公子貞。囊，乃郎反。申叔時老矣，在申，老歸本邑。聞之，曰：子反必不免！信以守禮，禮以庇身。信、禮之亡，欲免，得乎！言不得免。

《春秋左傳正義》卷二八《成公十六年》 楚子救鄭。司馬將中軍，子反。令尹將左，子重。右尹子辛將右。公子壬夫。過申，子反入見申叔時，叔時老，在申。過，古禾反。曰：師其何如？對曰：德、刑、詳、義、禮、信，戰之器也。器，猶用也。德以施惠，刑以正邪，詳以事神，義以建利，禮以順時，信以守物。民生厚而德正，財足則思無邪。邪，似嗟反，注皆同。用利而事節，動不失利，則事得其節。時順而物成，羣生得所。上下和睦，周旋不逆，動順理。求無不具，下應上。應，應對之應。各知其極。無二心。故《詩》曰：立我烝民，莫匪爾極。烝，衆也。極，中也。《詩·頌》言先王立其衆民，無不得中正。烝，之乘反，注同。疏：注烝衆至中正。正義曰：烝，衆，《釋詁》文。極，中，常訓也。《詩·頌·思文》之篇，美后稷之德。《周語》云昔我先王世后稷，故杜以先王言之，言先王后稷立其衆人，無不得其中正也。當堯之末，洪水滔天，人不粒食，皆失其正性，后稷教人耕稼以養之，各復本性，故無不得中正也。是以神降之福，時無災害，民生敦厖，和同以聽，敦，厚也。厖，大也。厖，莫降反。疏：注敦，厚。厖，大也。正義曰：皆《釋詁》文也。言人之生計，若財物足，皆豐厚而多大。《管子》曰：倉廩實而知禮節，衣食足而知榮辱。讓生於有餘，爭生於不足。是其人生厚大，則心和而聽上命也。莫不盡力以從上命，致死以補其闕，闕，戰死者。此戰之所由克也。今楚內棄其民，不施惠。而外絶其好，義不建利。好，呼報反。瀆齊盟，不詳事神。瀆，徒木反。而食話言，信不守物。話，戶快反。奸時以動，禮不順時。周四月，今二月，妨農業。奸音干，本或作干。疏：注禮不至農業。正義曰：沈氏云：晉亦奸時，所以無夭殃者，以鄭既有罪，晉人討之，楚黨有罪之鄭，故獨謂之奸時。而疲民以逞。刑不正邪，而苟快意。疲，本亦作罷，音皮，下注同。疏：注刑不至快意。正義曰：《魯語》曰：大刑用甲兵，其次用斧鉞，故大者陳之原野，小者致之朝市。則征伐之刑，刑之大者，刑不正邪，而苟快意，正謂伐晉是也。此六句言楚無上六事，隨便而言，故與上不次。服虔以外絶其好爲刑不正邪也，食話言爲義不建利也，疲民以逞爲信不守物也。杜以食話言是言之不信也，快意征伐是刑之失所也，故不從舊說。民不知信，進退罪也。人恤所厎，其誰致死？厎，至也。厎，徐音旨，又之履反。疏：注厎，至也。正義曰：厎聲近至，故爲至也。在上之信不著於人，號令無常，動靖恣意，或乍東乍西，或欲遲欲速，每事如此，不可測量，人不知信，進退獲罪，人人各憂其身，不知性命所至，誰肯致死戰也？子其勉之！吾不復見子矣。言其必敗不反。復見，一本無復字。復，扶又反。疏：對曰至子矣。正義曰：叔時此對，首尾相成。先舉六名，云戰之器也，言有此六事，乃可以戰，若器用然也。自德以施惠至信以守物，辨六事施用之處也。自民生厚至所由克，言能用六事得戰勝之意也。自今楚內棄其民至疲民以逞，言楚不行六事也。民不知信以下言楚必敗之意也。德者，得也，自得於心，美行之大名。有大德者以德撫人，是德用之以施恩惠也。有奸邪者斷以刑罰，是刑用之以正邪辟也。詳者，祥也，古字同耳。《釋詁》云：祥，善也。李巡曰：祥，福之善也。事神得福，乃名爲祥。是祥用之以事神也。義者，宜也，物皆得宜，利乃生焉，故義所以生立利益也。禮者，履也，其所踐履，當識時要，故禮所以順時事也。言而無信，物將散矣，故信所以守羣物也。人君用此道以撫下民，民之生計豐厚，財用足，則民之德皆正矣。德謂人之性行。《論語》云民德歸厚矣，即是正也。此一句覆上德以施惠。由上施恩惠，故民生計豐厚也，財用有利益，而每事得節，飢則有食，寒則有衣，其事皆得節矣。此一句覆上義以建利也。政不擾民，時節皆順，春種夏耨，而物得成矣。此一句覆上禮以順時也。自上及下，和睦相親，周旋運轉，不有違逆，上之所求，下無不具，下民自知其中，無復二心。故《詩》美先王成立我之衆民，無不於女先王得其中正，言先王善養下民，使得中也。自上下和睦以下，至莫匪爾極，摠論在上德、義、禮三事，以教於下，則在下之人皆無邪惡，以信自守，即包上刑以正邪、信以守物二句也。聖王无成於民，而後致力於神，民既如此，是以明神下之福祐，時無水旱災害。此覆上詳以事神也。故下民生計皆豐厚而多大，人皆和同其心以聽進止，無不盡己之力以從上命，戰陳之上，有被殺傷者，皆致其死命，以補其空闕之處，此戰之所由得而勝也。今楚內棄其國內之民，不行施惠，是無德也；外絕其鄰國之好，不得其利，是無義也；與晉結盟，而復背之，貫瀆齊同之盟，是無詳也；與人要言，今背其語，食消善言，是無信也；夏之二月，農事正煩，奸犯時節，而動兵伐人，是無禮也；晉人無罪，苟欲伐之，疲勞下民，以快己欲，是無刑也。六事皆無，是無器也。無器而戰，其可勝乎？上若有信，民知所適；上既無信，不知所從，從前言則違後令，從後令則背前言。人既不知在上之信，其進與退皆得罪也。人人憂其所至，不知己之性命將至何處，其誰肯致死而戰也？子其勉力爲之。此行也必敗，吾不復得見子矣。知其必死，與之長訣也。

《春秋左傳正義》卷二九《襄公四年》

三《夏》，天子所以享元侯也。使臣弗敢與聞。元侯，牧伯。舍音捨。重，直用反，下皆同。敢與音預，下及與同。牧，徐音目。疏：注元侯牧伯。正義曰：《周禮·大宗伯》云：八命作牧，九命作伯。鄭玄云：牧謂侯伯有功德者，加命得專征伐於諸侯也。伯謂上公有功德者，加命爲二伯，得征五侯九伯者也。鄭司農云：牧，一州之牧也。伯，長諸侯爲方伯也。然則牧是州長，伯是二伯，雖命數不同，俱是諸侯之長也。元，長也。謂之長侯，明是牧伯。《文王》，兩君相見之樂也，臣不敢及。及，與也。《文王》之三，皆稱文王之德，受命作周，故諸侯會同以相樂。相樂音洛。疏：注及與至相樂。正義曰：及，與也。《釋詁》文。言不敢與在其間而聞之。《魯語》并陳兩事，乃摠云皆昭令德以合好，非使臣之所敢聞。彼俱不敢聞，此分之爲等級耳。《詩序》：《文王》，言文王受命作周；《大明》，言文王有明德，故天復命武王伐紂；《緜》，言文王之興，本由大王。是《文王》之三，皆稱文王之德，能受天命，造立周國，故諸侯會同，歌此以相燕樂也。朝而設享，是亦二君聚會，故以會同言之。《肆夏》既亡，不知其篇之義，故唯取《詩》意，以解《文王》、《鹿鳴》耳。《詩》是樂章，樂歌詩篇，聖王因其尊卑，定其差等。《詩》有四始：《風》也，《小雅》也，《大雅》也，《頌》也。鄭玄以《肆夏》爲《頌》之族類，其差與《頌》同矣。天子享元侯，歌《肆夏》，則於其餘諸侯，不得用《肆夏》矣。當歌《文王》，與兩君相見同也。然則兩元侯相見，與天子享之禮同，亦歌《肆夏》之類。《仲尼燕居》兩君相見，升歌《清廟》，謂元侯也。不歌《肆夏》，辟天子也。諸侯來朝，乃歌《文王》。遣臣來聘，必不得同矣，當歌《鹿鳴》也。傳言《文王》，兩君相見之樂，則其臣來聘，不得與其君同，亦當歌《鹿鳴》也。《燕禮》雖以己臣爲主，兼燕四方之賓，其樂歌《鹿鳴》，是其定差也。《燕禮》：升歌訖，乃爲笙歌三篇。堂下吹笙，以播《詩》也。笙歌訖，乃爲間歌六篇，堂上歌一篇，堂下吹一篇，相間代也。故《燕禮》云乃間歌《魚麗》，笙《由庚》，歌《南有嘉臺》，笙《崇丘》；歌《南山有壹》，笙《由儀》是也。間歌訖，遂合鄉樂，《周南》《關雎》《葛覃》《卷耳》，《召南》《鵲巢》《采蘩》《采蘋》。合樂，謂堂上堂下合作樂也。鄉樂者，《風詩》也。《燕禮》歌《小雅》而合鄉樂。以合卑於歌一等，則知諸所歌者，其合樂用《詩》，皆卑於升歌一等。故鄭玄《詩譜》云：天子享元侯，歌《肆夏》，合《文王》；於諸侯，歌《文王》，合《鹿鳴》。諸侯於鄰國之君，與天子於諸侯同。天子諸侯，燕其羣臣及聘問之賓，皆歌《鹿鳴》合鄉樂，笙間所用，則鄭玄云未聞也。《燕禮》升歌《小雅》，笙歌間歌亦用《小雅》，則笙間用《詩》與升歌差同。而云未聞者，升歌合樂，其用《風》、《雅》，皆用發首二篇，笙用《南陔》，間用《魚麗》，不復更用其首篇者。未聞者，未知其用何篇也。此傳言三《夏》，天子所以享元侯，則《文王》，兩君相見之樂，亦謂享也。雖不言燕，燕亦當然。此傳晉侯享穆叔，爲歌《鹿鳴》，穆叔以己所當得，三拜而受，《燕禮》也。工歌《鹿鳴》，則是享燕同樂。明享之與燕用樂，各自同矣。若然，《肆夏》之爲樂章，樂之最尊者，兩君相見，尤尚不得用之。而《燕禮》者，諸侯燕己羣臣之禮。而《記》云：若以樂納賓，則賓及庭奏《肆夏》。鄭玄云：卿大夫有王事之勞者，則奏此樂。所以得用之者，彼謂納賓之樂。《郊特牲》云：賓入大門，而奏《肆夏》，示易以敬也。鄭玄云：賓朝聘者。是朝賓聘客，俱得用之。與此升歌異也。《鹿鳴》，君所以嘉寡君也，敢不拜嘉？晉以叔孫爲嘉賓，故歌《鹿鳴》之詩，取其我有嘉賓。叔孫奉君命而來，嘉叔孫，乃所以嘉魯君。疏：注晉以至魯君。正義曰：《詩序》言《鹿鳴》，燕羣臣嘉賓，正謂燕己之臣，以己臣爲嘉賓耳。叔孫以晉歌此篇者，以己爲嘉賓，故拜受之也。《燕禮記》云：若與四方之賓燕，則公迎之於大門內。鄭玄云：四方之賓，謂來聘者也。是燕聘客，唯君迎爲異，餘悉與己臣同也。《四牡》，君所以勞使臣也，敢不重拜？《詩》言使臣乘四牡，騑騑然行不止。勤，勞也。晉以叔孫來聘，故以此勞之。以勞，力報反，注勞之同。騑，芳非反。疏：注詩言至勞之。正義曰：《詩序》曰：《四牡》，勞使臣之來。謂遣臣出使來歸，乃勞之也。叔孫以晉歌此篇，勞己來聘，故重拜受之也。《魯語》云：《四牡》，君之所以章使臣之勤也，敢不拜章？《皇皇者華》，君教使臣曰必諮於周。《皇皇者華》，君遣使臣之詩。言忠臣奉使，能光輝君命如華之皇皇然。又當諮於忠信，以補己不及。忠信爲周，其詩曰：周爰諮諏，周爰諮謀，周爰諮度，周爰諮詢。言必於忠信之人，諮此四事。諏，子須反。度，待洛反，下文注同。詢音荀。疏：注皇皇至四事。正義曰：此《詩》本意，文王教出使之臣，使遠而有光華，又當諮問善道於忠信之人。今晉君歌此以寵穆叔，穆叔執謙以爲晉侯所教。故云君教使臣。下云臣獲五善，敢不重拜，與詩本意異也。忠信爲周，《魯語》文也。爰，於也。若遇忠信之人，於是訪問詢度諏謀等四事也。《魯語》云：《皇皇者華》，君教使臣曰：每懷靡及，諏謀度詢，必咨於周。敢不拜教？臣聞之，訪問於善爲咨，問善道。咨親爲詢，問親戚之義。咨禮爲度，問禮宜。咨事爲諏，問政事。咨難爲謀。問患難。難，乃旦反，注同。疏：咨親至爲謀。正義曰：《魯語》言此四事，唯咨親爲詢，與此文同。其餘咨材爲諏，咨事爲謀，咨義爲度三者，與此皆異。韋昭改從此傳，注云：材當爲事，事當爲難。孔晁注云：材謂政幹也。臣獲五善，敢不重拜？五善，謂諮、詢、度、諏、謀。疏：臣獲五善。正義曰：教之咨人，即得一善，故并咨爲五。《魯語》云：君既使臣以大禮，重之以六德。孔晁云：既有五善，又自謂无及，成爲六德。言自謂知无所及，懷靡謙以問知者，此亦即是一德，故爲六德也。皆是受君之教。乃知如此亦是君之所賜，故云臣獲也。

《春秋左傳正義》卷三〇《襄公九年》 公子騑趨進，曰：天禍鄭國，使介居二大國之間。介猶閒也。介音界，注同。猶閒，音間廁之間，又如字。大國不加德音，而亂以要之，謂以兵亂之力强要鄭。要，一遥反，注强要，下要人、要盟皆同。强，其丈反。使其鬼神不獲歆其禋祀，其民人不獲享其土利，夫婦辛苦墊隘，無所底告。墊隘，猶委頓。底，至也。歆，許今反。墊，丁念反。隘，於懈反。底音旨。自今日既盟之後，鄭國而不唯有禮與彊可以庇民者是從，而敢有異志者，亦如之！亦如此盟。庇，必利反。荀偃曰：改載書！公孫舍之曰：昭大神要言焉，要誓以告神。若可改也，大國亦可叛也。知武子謂獻子曰：我實不德，而要人以盟，豈禮也哉？非禮，何以主盟？姑盟而退，脩德息師而來，終必獲鄭，何必今日？我之不德，民將棄我，豈唯鄭？若能休和，遠人將至，何恃於鄭？乃盟而還。遂兩用載書。

《春秋左傳正義》卷三一《襄公十一年》 公曰：子之教，敢不承命！抑微子，寡人無以待戎，待遇接納。不能濟河。渡河南服鄭。夫賞，國之典也，藏在盟府，司盟之府，有賞功之制，疏：注司盟至之制。正義曰：《周禮·司盟》：會同則掌其盟約之載，既盟則貳之。貳之者，寫兩本盟書，一埋盟處，一藏盟府也。唯言會同之盟，不掌功勳之事，而得有賞功之制者，僖五年《傳》曰：虢仲、虢叔爲文王卿士，勳在王室，藏於盟府。是司盟之府，掌藏功勳典策，故有賞功之制也。不可廢也。子其受之！魏絳於是乎始有金石之樂，禮也。禮，大夫有功則賜樂。疏：注禮大至賜樂。正義曰：以魏絳蒙賜，始有金石之樂，知未賜不得有也。賜之而云禮也，知禮法得賜之也。《周禮·小胥》云：大夫判縣，士特縣。《鄉飲酒禮》云：笙入堂下，磬南北面。《鄉射禮》云：縣于洗東北，西面。《喪大記》云：疾病，君大夫徹縣。是大夫得有鍾磬之樂。有功乃賜之，正禮也。唯言魏絳有金石之樂，不言女樂。女樂，房中私宴之樂，或不以賜之。

《春秋左傳正義》卷三二《襄公十二年》 靈王求后于齊，齊侯問對於晏桓子。桓子對曰：先王之禮辭有之。天子求后於諸侯，諸侯對曰：夫婦所生若而人。不敢譽，亦不敢毁，故曰若如人。譽音餘，又如字。妾婦之子若而人。言非適也。適，丁歷反。無女而有姊妹及姑姊妹，疏：及姑姊妹。正義曰：《釋親》云：父之姊妹曰姑。樊光曰：《春秋傳》云姑姊妹，然則古人謂姑爲姑姊妹。蓋父之姊爲姑姊，父之妹爲姑妹。《列女傳》：梁有節姑妹，入火而救兄子。是謂父妹爲姑妹也。後人從省，故單稱爲姑也。古人稱祖父，近世單稱祖，亦此類也。則曰先守某公之遺女若而人。齊侯許昏，王使陰里結之。陰里，周大夫。結，成也。爲十五年劉夏逆王后傳。守，手又反。夏，戶雅反。

《春秋左傳正義》卷三二《襄公十三年》 君子曰：讓，禮之主也。范宣子讓，其下皆讓。欒黶爲汰，弗敢違也。晉國以平，數世賴之。刑善也夫！刑，法也。汰音泰。數，所主反。夫音扶。一人刑善，百姓休和，可不務乎？《書》曰：一人有慶，兆民賴之，其寧惟永。其是之謂乎！《周書·呂刑》周之興也，其《詩》曰：儀刑文王，萬邦作孚。《詩·大雅》。言文王善用法，故能爲萬國所信。孚，信也。言刑善也。疏：詩曰至善也。正義曰：此《大雅·文王》之篇。儀，善也。刑，法也。孚，信也。善用法者，文王也。言文王善用法，故能爲萬國所信。言文王之法善也。及其衰也，其《詩》曰：大夫不均，我從事獨賢。《詩·小雅》。刺幽王役使不均，故從事者怨恨。稱己之勞，以爲獨賢，無讓心。言不讓也。疏：詩曰至讓也。正義曰：《詩·小雅·北山》之篇。刺幽王役使不均乎！被使之人，自稱己之功勞。我所以特從王事者，在上獨以我爲賢。自云己賢，是不讓也。世之治也，君子尚能而讓其下，能者在下位，則貴尚而讓之。治，直吏反。小人農力以事其上。是以上下有禮，而讒慝黜遠，由不争也，謂之懿德。及其亂也，君子稱其功以加小人，加，陵也。君子，在位者。慝，他得反。遠，于萬反，又如字。争，争鬬之争。小人伐其技以馮君子。馮，亦陵也。自稱其能爲伐。技，其綺反。馮，皮冰反。是以上下無禮，亂虐並生，由争善也，争自善也。謂之昏德。國家之敝，恒必由之。傳言晉之所以興。

《春秋左傳正義》卷三二《襄公十四年》 師歸自伐秦。晉侯舍新軍。禮也。成國不過半天子之軍。成國，大國。舍，音捨，下及注同。疏：注成國，大國。正義曰：《周禮·大宗伯》：以九儀之命正邦國之位，五命賜則，七命賜國。鄭玄云：則，地未成國之名。王之下大夫四命出封，加一等，五命賜之以方百里、二百里、三百里之地者。方四百里以上爲成國。如鄭之言，成國者，唯公與侯耳。伯雖與侯同命，地方三百里，未得爲成國也。成國乃得半天子之軍，未成則不得也。《夏官序》云：大國三軍，次國二軍，小國一軍。當以公、侯爲大國，伯爲次國，子、男爲小國也。諸侯五等，唯有三等之命，伯之命數可以同於侯。其軍則計地大小，故伯國之軍不得同於侯也。此據《禮》正法耳。春秋之世，鄭置六卿，未必不爲三軍。周爲六軍，諸侯之大者，三軍可也。【略】

晉侯曰：衛人出其君，不亦甚乎？對曰：或者其君實甚。良君將賞善而刑淫，養民如子，蓋之如天，容之如地。民奉其君，愛之如父母，仰之如日月，敬之如神明，畏之如雷霆。其可出乎？夫君，神之主而民之望也。若困民之主，匱神乏祀，百姓絶望，社稷無主，將安用之？弗去何爲？天生民而立之君，使司牧之，勿使失性。有君而爲之貳，貳，卿佐。出，如字，徐音黜。仰，本亦作卬，音仰。霆，徒丁反，又音挺，本又作電。匱，其位反。乏祀，本或作之祀，誤也。去，起吕反。使師保之，勿使過度。是故天子有公，諸侯有卿，卿置側室，側室，支子之官。大夫有貳宗，貳宗，宗子之副貳者。士有朋友，庶人、工、商、皂、隸、牧、圉，皆有親暱，以相輔佐也。善則賞之，賞，謂宣揚。暱，女乙反。疏：注賞謂宣揚。正義曰：賞者，善善之名也。但上之善下，則賜之以財，故遂以賞爲賜財之號。此言天子以下，皆有臣僕以輔佐其上。而下之賞上，不得奉以貨財，唯當延其譽耳，故知賞謂宣揚也。過則匡之，匡，正也。患則救之，救其難也。難，乃旦反。失則革之。革，更也。自王以下，各有父兄子弟以補察其政。補其愆過，察其得失。史爲書，謂大史，君舉則書。疏：注謂大至則書。正義曰：《周禮》有大史、小史、内史、外史、御史。史官有五名，知此史謂大史者，以傳稱齊崔杼弑其君，云大史書之，知君舉則書，皆大史書也。瞽爲詩，瞽，盲者，爲詩以風刺。瞽音古。盲，莫庚反。風，芳鳳反。疏：注瞽盲至風刺。正義曰：《周禮》樂官，大師之屬，有瞽矇之職。鄭玄云：凡樂之歌，必使瞽矇爲焉。命其賢知者以爲大師、小師。鄭衆云：無目眹謂之瞽，有目眹而無見謂之矇。無目是盲者也。詩者，民之所作。采得民詩，乃使瞽人爲歌以風刺，非瞽人自爲詩也。《周語》云：天子聽政，公卿至於列士獻詩，瞽陳曲。韋昭云：公以下至上士，各獻諷諫之詩，瞽陳樂曲獻之於王。是言瞽爲歌詩之事。工誦箴諫，工，樂人也，誦箴諫之辭。箴，之林反。疏：注工樂至之辭。正義曰：《儀禮》通謂樂人爲工，工亦瞽也。詩辭自是箴諫，而箴諫之辭，或有非詩者，如《虞箴》之類，其文似詩而別。且諫者萬端，非獨詩箴而已。詩必播之於樂，餘或直誦其言，與歌誦小別，故使工、瞽異文也。《周語》云師箴瞍賦矇誦，亦是因事而異文耳。大夫規誨，規正諫誨其君。疏：注規正諫誨其君。正義曰：規，亦諫也。鄭玄《詩》箋云：規者，正圓之器。以恩親正君曰規。然則物有不圓者，規之使圓；行有不周者，正之使備，猶規正物然。故云規正諫誨其君也。士傳言，士卑不得徑達，聞君過失，傳告大夫。傳，直專反，注同。庶人謗，庶人不與政，聞君過則誹謗。與音預。非，如字，本或作誹，音亦同，又甫味反。疏：注庶人至誹謗。正義曰：庶人卑賤，不與政教，聞君過失，不得諫争，得在外誹謗之。謗謂言其過失，使在上聞之而自改，亦是諫之類也。昭四年《傳》鄭人謗子産，《周語》厲王虐，國人謗王，皆是言其實事，謂之爲謗。但傳聞之事，有實有虚，或有妄謗人者，今世遂以謗爲誣類，是俗易而意異也。《周語》云庶人傳語，是庶人亦得傳言以諫上也。此有士傳言，故別云庶人謗爲等差耳。商旅于市，旅，陳也，陳其貨物，以示時所貴尚。疏：注旅陳至貴尚。正義曰：旅、陳，《釋詁》文也。商旅于市，謂商人見君政惡，陳其不正之物，以諫君也。《易》云商旅不行，旅亦是商。此云陳者，彼云商旅不行，故以旅爲商，此文連于市，若以旅爲商，且云商旅于市，則文不成義，故以旅爲陳也。劉炫云：《王制》言巡守之事，云命市納賈，以觀民之所好惡，志淫好辟。鄭玄云市，典市者。賈，謂物貴賤厚薄也。質則用物貴，淫則侈物貴。此亦彼類。彼上觀民，此民觀上。商陳此物，自爲求利，非欲諫君。但觀所陳，則貴尚可見。在上審而察之，其過足以自改，故亦爲諫類，則齊屨踊之比是也。百工獻藝。獻其技藝，以喻政事。技，其綺反。疏：百工獻藝。正義曰：《周禮·考工記》云：審曲面勢以飭五材，以辨民器，謂之百工。鄭玄云：五材各有工。言百，衆言之也。則工是巧人，能用五材金、木、水、火、土者也。此百事之工，各自獻其藝，能以其所能，譬喻政事，因獻所造之器，取喻以諫上，即《夏書》所云工執藝事以諫是也。故《夏書》曰：遒人以木鐸徇于路，逸《書》。遒人，行人之官也。木鐸，木舌金鈴。徇於路，求歌謠之言。遒，在由反，徐又在幽反，又子由反。鐸，待洛反。徇，似俊反。鈴，力丁反。疏：注逸書至之言。正義曰：此在《胤征》之篇。其本文云：每歲孟春，遒人以木鐸徇于路，官師相規，工執藝事以諫。其或不共，邦有常刑。此傳引彼，略去每歲孟春，直引遒人以下，乃以正月孟春結之，殷勤以示歲首，恒必然也。孔安國云：遒人，宣令之官。木鐸，金鈴木舌，所以振文教也。《周禮》無遒人之官。彼云其或不共，邦有常刑，是號令羣臣百工，使之諫也。木鐸徇路，是號令之事。孔言宣令之官，杜必以爲行人之官者，以其云徇於道路，故以爲行人之官，采訪謌謠者。與孔宣令之官，其事不異。劉炫以爲杜不見古文，以遒人爲宣令之官，徇路求諫，而規杜氏。不見古文，誠如劉説，然杜之所解，於義自通。苟生異見，其義非也。官師相規，官師，大夫。自相規正。疏：注官師至規正。正義曰：杜意謂師爲長，故以官師爲大夫。言大夫是羣官之長，大夫自相規正。案孔安國云：官衆，衆官也，更相規闕。其意以師爲衆。杜必知官師是大夫者，此云官師相規，上云大夫規誨，規文既同，故以爲大夫。《尚書》文無所對，故孔云官衆，衆官也。工執藝事以諫。所謂獻藝。正月孟春，於是乎有之，諫失常也。有遒人徇路之事。天之愛民甚矣，豈其使一人肆於民上，肆，放也。以從其淫，而棄天地之性？必不然矣！傳善師曠能因問盡言。

《春秋左傳正義》卷三三《襄公十六年》 晉人執莒子、邾子以歸。邾、莒二國數侵魯，又無道於其民，故稱人以執。不以歸京師，非禮也。數，所角反。疏：注邾莒至禮也。正義曰：十二年，莒人伐我東鄙；十四年，莒人侵我東鄙；十五年，邾人伐我南鄙；是邾、莒二國，數侵伐魯也。凡例云：君不道於其民，則稱人以執。知此二國君，又皆無道於民，故稱人以執之也。諸侯不得相治，故成十五年晉侯執曹伯，僖二十八年晉人執衛侯，皆書歸于京師。此言以歸，乃是自歸晉國，故非禮也。

《春秋左傳正義》卷三四《襄公十九年》 季武子以所得於齊之兵作林鍾，而銘魯功焉。林鍾，律名。鑄鍾，聲應林鍾，因以爲名。鑄，之樹反。應，應對之應。疏：注林鍾至爲名。正義曰：《月令》季夏，律中林鍾。是林鍾，六月之律名也。《周語》云：景王將鑄無射，問律於泠州鳩。對曰：律所以立，均出度也。古之神瞽考中聲而量之以制，度律均鐘，百官軌儀。賈逵云：律謂六律、六吕。以均鐘大小清濁也。考，成也。成，平也。平中和之聲，度律吕之長短，以立均鐘，以成和平之聲，而百官之道，得象而儀之。是言度律吕長短，然後鑄鐘，鐘聲應律，遂以律名鐘。此鐘聲應林鐘，故以林鐘爲名。臧武仲謂季孫曰：非禮也！夫銘，天子令德，天子銘德不銘功。諸侯言時計功，舉得時，動有功，則可銘也。大夫稱伐。銘其功伐之勞。今稱伐，則下等也；從大夫故。疏：今稱伐，則下等也。正義曰：諸侯之銘當言時計功。魯之伐齊也，借人之力，功非己有。妨民農務，不可謂時。二者既無可稱，唯有從行征伐，可得稱伐勞耳。伐雖可稱，若稱伐，則從大夫之例，於三者爲下等，不足爲功美也。計功，則借人也，借晉力也。借，如字，一音情亦反。言時，則妨民多矣，何以爲銘？且夫大伐小，取其所得以作彝器，彝，常也。謂鍾鼎爲宗廟之常器。夫音扶。彝，以之反。銘其功烈以示子孫，昭明德而懲無禮也。今將借人之力以救其死，若之何銘之？小國幸於大國，以勝大國爲幸。懲，直升反。而昭所獲焉以怒之，亡之道也。

又： 光殺戎子，終言之。少，詩照反，下注公猶少同。杼，直吕反。疏：注終言之。正義曰：知終言之者，以云尸諸朝，非禮，下始云五月齊靈公卒，莊公即位。若非即位之後，豈得尸戎子於朝？故傳終言之。尸諸朝，非禮也。婦人無刑。無黥、刖之刑。黥，其京反。刖音月，又五刮反。疏：注無黥、刖之刑。正義曰：婦人淫，則閉之於宮，犯死不得不殺，而云婦人無刑，知其於五刑之中無三等刑耳。三等，墨、劓、刖也。三等之刑，墨輕，刖重，故舉其輕重而略其劓也。《周禮》謂之墨，《尚書》謂之黥，黥、墨爲一，故依《尚書》言黥也。服虔云：婦人從人者也，故不爲制刑。及犯惡，從男子之刑也。若與男子俱受黥、刖、劓，亦是婦人刑矣。何獨主男子而婦人從之也？劉難服云：犯淫，則男子割勢，婦人閉宮，豈得從男子乎？雖有刑，不在朝市。謂犯死刑者，猶不暴尸。

《春秋左傳正義》卷三六《襄公二十五年》 楚蔿掩爲司馬。蔿子馮之子。子木使庀賦，庀，治。庀，匹婢反。疏：注庀治。正義曰：庀訓爲具，而言治者，以下説治賦之事，治之使具，故以庀爲治。數甲兵。閱數之。甲午，蔿掩書土、田，書土地之所宜。度山林，度量山林之材，以共國用。度，待洛反，注及下注同。共音恭。鳩藪澤，鳩，聚也。聚成藪澤，使民不得焚燎之，欲以備田獵之處。藪，素口反。燎，力召反。處，昌慮反。疏：注鳩聚至之處。正義曰：鳩，聚，《釋詁》文也。《釋地》有十藪。李巡曰：藪，澤之别名也。《周禮》澤虞有大澤大藪，小澤小藪，鄭玄云：澤，水所鍾也。水希曰藪。其職云若大田獵，則萊澤野。是藪爲田獵之處，或焚其草，則散失澤藪之用，故聚成，使不得焚燎之也。辨京陵，辨，别也。絶高曰京。大阜曰陵。别之以爲冢墓之地。别，彼列反，下同。疏：注辨别至之地。正義曰：《釋丘》云：絶高爲之京，非人爲之丘。李巡曰：丘高大者爲京也。孫炎曰：爲之人所作也。則京爲丘類，人力所作也。《釋地》云：大陸曰阜，大阜曰陵。李巡曰：大陸，謂土地高大，名曰阜，阜最大爲陵也。《檀弓》稱趙文子與叔譽觀于九原。觀晉諸大夫之墓也。僖三十二年《傳》云殽有二陵焉，其南陵，夏后皋之墓也。故知别丘陵以爲葬墓之地。表淳鹵，淳鹵，埆薄之地。表異，輕其賦税。淳音純。鹵音魯。《説文》：鹵，西方鹹也。埆音學云。疏：注淳鹵至賦税。正義曰：賈逵云：淳，鹹地。《説文》云：鹵，西方鹹地也。從西省，象鹽形，安定有鹵縣，東方謂之斥，西方謂之鹵。《吕氏春秋》稱魏文侯時，史起爲鄴令、引漳水以灌田。民歌之曰：決漳水以灌鄴旁，終古斥鹵生稻粱。是鹹薄之地名爲斥鹵。《禹貢》云：海濱廣斥，是也。淳鹵，地薄，收穫常少，故表之輕其賦税。數疆潦，疆界有流潦者，計數減其租入。疆，居良反，注同；賈又其兩反。潦音老。疏：注疆界至租入。正義曰：賈逵以疆爲彊檃，境埆之地。鄭衆以爲疆界内有水潦者。案《周禮・草人》：凡糞種，彊檃用蕡。鄭玄云：彊檃，彊堅者。則疆地猶堪種植，非水潦之類，故從鄭衆之説，數其疆界有水潦者，計數減其租税也。孫毓讀爲疆潦，注云：砂礫之田也。規偃豬，偃豬，下濕之地。規度其受水多少。偃，於建反，又一音如字。豬，陟魚反，《尚書傳》云：停水曰豬。疏：注偃豬至多少。正義曰：《禹貢》：徐州，大野既豬。孔安國云：水所停曰豬。《檀弓》云：有弑其父者，洿其宮而豬焉。是豬者，停水之名。偃豬，謂偃水爲豬，故爲下溼之地。規度其地受水多少，得使田中之水注之。町原防，廣平曰原。防，隄也。隄防間地，不得方正如井田，別爲小頃町。町，徒頂反。隄，丁兮反。頃，苦潁反。疏：注廣平至頃町。正義曰：廣平曰原，《釋地》文。李巡曰：謂土地寬博而平正名曰原。《釋丘》云：墳，大防。孫炎曰：謂隄也。隄防之間，或有平地，不得平正以爲井田，取其可耕之處，別爲小頃町也。《説文》云：町，田踐處曰町。史遊《急就篇》云：頃町界畝。是町亦頃類，故連言之也。謂廣平爲原者，因《爾雅》之文，其實此原謂隄防之間也。劉炫云：廣平曰原，土地寬平當與隰相配，非是不得爲井田也。《釋地》於陸阜陵阿之下云可食者曰原。孫炎曰：可食，謂有井田也。陵阿，山田可種穀者，亦曰原也。謂彼陵阿之間可食之地，非廣平也。牧隰皋，隰皋，水岸下濕，爲芻牧之地。牧，州牧之牧。疏：注隰皋至之地。正義曰：《釋地》云：下溼曰隰。李巡曰：下溼，謂土地窊下名爲隰也。《詩》云：鶴鳴于九皋。毛、鄭皆以皋爲澤之坎。是皋爲水岸也。下溼與水岸不任耕作，故使牧牛馬於中，以爲芻牧之地。井衍沃，衍沃，平美之地。則如《周禮》制以爲井田。六尺爲步，步百爲畝，畝百爲夫，九夫爲井。衍，以善反。賈云，下平曰衍，有溉曰沃。疏：注衍沃至爲井。正義曰：《周禮·大司徒》：以土會之法，辨五地之物生。四曰墳衍，五曰原隰。衍地高于原。傳稱郇瑕氏之地，沃饒。《魯語》云：沃土之民，逸。則衍沃俱是平美之地，衍是高平而美者，沃是下平而美者，二者並是良田。故如《周禮》之法制之，以爲井田。賈逵云：下平曰衍，有溉曰沃。所指雖異，俱謂良美之田也。六尺爲步以下皆《司馬法》之文。自度山林以下至此有九事，賈逵以爲賦稅差品，其注云：山林之地，九夫爲度，九度而當一井也。藪澤之地，九夫爲鳩，八鳩而當一井也。京陵之地，九夫爲辨，七辨而當一井也。淳鹵之地，九夫爲表，六表而當一井也。疆潦之地，九夫爲數，五數而當一井也。偃豬之地，九夫爲規，四規而當一井也。原防之地，九夫爲町，三町而當一井也。隰皋之地，九夫爲牧，二牧而當一井也。衍沃之地，畝百爲夫，九夫爲井。《周禮·小司徒》云乃經土地，而井牧其田野。鄭玄云：隰皋之地，九夫爲牧，二牧而當一井，今造都鄙授民田，有不易，有一易，有再易，通率二而當一，是之謂井牧。是鄭、賈同此説也。案《周禮》所授民田，不過再易，唯有三當一耳，不得有九當一也。山林、藪澤、京陵、偃豬，本非可食之地，不在授民之限，雖九倍與之，何以充稅？而使之當一井也。且以度、鳩之等皆爲九夫之名，經、傳未有此目，故杜不用其説。量入脩賦。量九土之所入，而治理其賦稅。量音良，又音亮，注同。疏：量入脩賦。正義曰：量其九土所宜，觀其收入多少，乃準其所入，脩其賦稅。其九土之內，偃豬、京陵，無物可入，而言九土之所入者，揔言之。賦車籍馬，籍，疏其毛色歲齒，以備軍用。疏：賦車籍馬。正義曰：賦與籍，俱是稅也。稅民之財，使備車馬，因車馬之異，故別爲其文。賦車兵、車兵，甲士。徒兵、步卒。卒，子忽反。疏：賦車兵徒兵。正義曰：車兵者，甲士也。徒兵者，步卒也。知非兵器者。上云數甲兵，下云甲楯之數，故知此兵謂人也。劉炫云：兵者，戰器。車上甲士與步卒所執兵各異也。《司兵》掌五兵，鄭衆云：五兵者，戈、殳、戟、酋矛、夷矛。又曰軍事，建車之五兵，鄭玄云：車之五兵，鄭司農所云者是也。步卒之五兵，無夷矛，而有弓矢。事或當然。甲楯之數。使器杖有常數。楯，食準反，又音尹。杖，直亮反。既成，以授子木，禮也。得治國之禮。傳言楚之所以興。

《春秋左傳正義》卷三八《襄公二十八年》衛人討甯氏之黨故，石惡出奔晉。衛人立其從子圃以守石氏之祀，禮也。石惡之先石碏，有大功於衛國。惡之罪不及不祀，故曰禮。從子，才用反。圃，布古反。碏，七略反。

又：大適小，則爲壇。小適大，苟舍而已，焉用壇？僑聞之，大適小有五美：宥其罪戾，赦其過失，救其菑患，賞其德刑，刑，法也。焉用，於虔反，下焉用作壇、焉辟之、又焉用盟皆同。宥音又。菑音災。疏：亦皆循之。正義曰：言因循不廢也。教其不及。小國不困，懷服如歸。是故作壇以昭其功，宣告後人，無怠於德。怠，解也。解，佳賣反。小適大有五惡：説其罪戾，自解説也。請其不足，行其政事，奉行大國之政。共其職貢，從其時命。從朝會之命。共音恭。不然，則重其幣帛，以賀其福而弔其凶，皆小國之禍也。焉用作壇以昭其禍？所以告子孫，無昭禍焉可也。無昭禍以告子孫。

《春秋左傳正義》卷四○《襄公三十一年》穆叔不欲，曰：大子死，有母弟則立之，無則長立，立庶子，則以年。長，丁丈反。年鈞擇賢，義鈞則卜，古之道也。

又：曰：鄭有禮，其數世之福也。其無大國之討乎！《詩》云：誰能執熱，逝不以濯。《詩·大雅》。濯，以水濯手。數，所主反。濯，直角反。禮之於政，如熱之有濯也。濯以救熱，何患之有？此以上，文子辭。上，時掌反。子産之從政也，擇能而使之。馮簡子能斷大事；子大叔美秀而文，其貌美，其才秀。斷，丁亂反，下同。公孫揮能知四國之爲，知諸侯所欲爲。而辨於其大夫之族姓、班位、貴賤、能否，而又善爲辭令；裨諶能謀，謀於野則獲，得所謀也。裨，婢支反。諶，布林反。謀於邑則否。此才性之敝。鄭國將有諸侯之事，子産乃問四國之爲於子羽，且使多爲辭令；與裨諶乘

以適野，使謀可否；而告馮簡子，使斷之；事成，乃授子大叔使行之，以應對賓客，是以鮮有敗事。北宮文子所謂有禮也。【略】

對曰：《詩》云：敬慎威儀，惟民之則。令尹無威儀，民無則焉。民所不則，以在民上，不可以終。公曰：善哉！何謂威儀？對曰：有威而可畏謂之威，有儀而可象謂之儀。君有君之威儀，其臣畏而愛之，則而象之，故能有其國家，令聞長世。臣有臣之威儀，其下畏而愛之，故能守其官職，保族宜家。順是以下皆如是，是以上下能相固也。《衛詩》曰：威儀棣棣，不可選也。《詩·邶風》。棣棣，富而閑也。選，數也。鮮，息淺反。令聞，音問，本亦作問。《衛詩》，此《邶詩》刺衛頃公，故曰《衛詩》。棣棣，本又作逮，直待反。選，息兗反，注同。數，所主反，下文同。言君臣、上下、父子、兄弟、內外、大小，皆有威儀也。《周詩》曰：朋友攸攝，攝以威儀。《詩·大雅》。攸，所也。攝，佐也。言朋友之道，必相教訓以威儀也。《周書》數文王之德逸《書》也。曰：大國畏其力，小國懷其德。言畏而愛之也。《詩》云：不識不知，順帝之則。言則而象之也。《大雅》。又言文王行事，無所斟酌，唯在則象上天。斟，之林反。疏：曰大至其德。正義曰：《尚書·武成篇》曰，大國以威加，小國以德撫，故大畏力，小懷德也。不識至之也。正義曰：不識不知，謂不妄斟酌，以爲識知。唯順天之法則，是言則而象之，謂文王法則放象上天而行。下傳覆此，謂天下則象文王。不同者，謂文王能則象於天，故天下亦則象文王也。紂囚文王七年，諸侯皆從之囚，紂於是乎懼而歸之，可謂愛之。文王伐崇，再駕而降爲臣，文王聞崇德亂而伐之，三旬不降，退脩教而復伐之，因壘而降。降，戶江反。復，扶又反。疏：紂囚文王七年。正義曰：傳言囚文王七年，文王必七年爲囚矣。《尚書·無逸》云：文王受命唯中身，厥享國五十年。則文王在位歷年多矣，未知何時被囚也。《周本紀》稱：紂囚西伯於羑里，閎天之徒求美女美寶而獻之紂。紂大說，乃赦西伯，賜之弓矢，使之得征伐。其下乃云：虞芮爭獄，俱讓而去。諸侯聞之曰：西伯，受命之君也。如馬遷所云，虞芮質獄之前被囚也。《尚書傳》稱文王一年質虞芮，二年伐邘，三年伐密須，四年伐犬夷，紂乃囚之。四友獻寶，乃得免於虎口，出而伐耆。鄭玄《尚書》注據《書傳》爲說，云：紂聞文王斷虞芮之訟，後又三伐皆勝，始畏而惡之，拘於羑里。紂得散宜生等獻寶而釋文王。文王釋而伐黎。以爲四年囚之，五年釋之。即如所言，被囚不盈一年。此傳不得言紂囚文王七年也。文王既已改元，而又專伐諸國，是則反形已露，雖紂之愚，非寶貨所能釋也。馬遷之言，當得其實，在質虞芮之前囚之，故囚之得七年也。蠻夷帥服，可謂畏之。文王之功，天下誦而歌舞之，可謂則之。文王之行，至今爲法，可謂象之。有威儀也。故君子在位可畏，施舍可愛，進退可度，周旋可則，容止可觀，作事可法，德行可象，聲氣可樂，動作有文，言語有章，以臨其下，謂之有威儀也。行，下孟反，下同。樂，音洛，又音岳。

《春秋左傳正義》卷四二《昭公二年》 叔弓聘于晉，報宣子也。此春韓宣子來聘。晉侯使郊勞。《聘禮》：賓至近郊，君使卿勞之。勞，力報反，注皆同。辭曰：寡君使弓來繼舊好，固曰：女無敢爲賓！徹命於執事，敝邑弘矣。徹，達也。女音汝，下及注皆同。敢辱郊使？請辭。辭郊勞。使，所吏反，下同。致館。辭曰：寡君命下臣來繼舊好，好合使成，臣之祿也。得通君命，則於己爲榮祿。敢辱大館？敢，不敢。叔向曰：子叔子知禮哉！吾聞之曰：忠信，禮之器也。卑讓，禮之宗也。宗猶主也。辭不忘國，忠信也。謂稱舊好。先國後己，卑讓也。始稱敝邑之弘，先國也。次稱臣之祿，後己也。《詩》曰：敬慎威儀，以近有德。夫子近德矣。《詩·大雅》。

《春秋左傳正義》卷四三《昭公五年》 公如晉，即位而往見。見，賢遍反。自郊勞至于贈賄，往有郊勞，去有贈賄。賄，呼罪反。疏：注往有至贈賄。正義曰：《聘禮》：賓至于近郊，君使卿朝服，用束帛勞。及聘事皆畢，乃去，賓遂行，舍于郊，公使卿贈如覲幣。聘既如此，朝亦當然。其朝據《大行人》，上公三勞，主國使下大夫勞于畿，卿勞于遠郊，主君自勞于近郊。其去贈賄無文。聘尚有賄，明朝亦然，但禮文不具耳。其文據公去言，故云往有也。贈據晉言，故云去有也。無失禮。揖讓之禮。晉侯謂女叔齊曰：魯侯不亦善於禮乎？對曰：魯侯焉知禮！公曰：何爲？自郊勞至于贈賄，禮無違者，何故不知？對曰：是儀也，不可謂禮。禮所以守其國，行其政令，無失其民者也。今政令在家，在大夫。女音汝。焉，於虔反。不能取也。有子家羈，弗能用也。羈，莊公玄孫懿伯也。羈，居宜反。奸大國之盟，陵虐小國。謂伐莒取鄆。奸音干。鄆音運。利人之難，謂往年莒亂而取鄫。難，乃旦反，下及注並同。不知其私。不自知有私難。公室四分，民食於他。他，謂三家也。言魯君與民無異。疏：民食於他。正義曰：言公如民然，求食於他也。其時四分公室，民皆屬三家。三家稅以貢公，公仰給食，自無食也。思莫在公，不圖其終。無爲公謀終始者。思，息吏反，謂羣臣慮也，一音如字。爲，于僞反。疏：思莫至其終。正義曰：羣臣思慮，無在公者，不爲公圖謀其終，言其終必禍敗，無爲謀者。爲國君，難將及身，不恤其所。禮之本末，將於此乎在，在恤民與憂國。而屑屑焉習儀以亟。言以習儀爲急。屑屑，先結反。亟，紀力反，急也。言善於禮，不亦遠乎？君子謂：叔侯於是乎知禮。時晉侯亦失政，叔齊以此諷諫。諷，芳鳳反，本亦作風，音同。

《春秋左傳正義》卷四五《昭公十二年》　司墓之室，有當道者。簡公別營葬地，不在鄭先公舊墓，故道有臨時迂直也。司墓之室，鄭之掌公墓大夫徒屬之家。迂音于，一音於。疏：司墓之室。正義曰：《周禮·墓大夫》，下大夫二人，中士八人，掌凡邦墓之地域，爲之圖，令國民族葬。鄭之司墓，亦當如彼。此是掌公墓大夫也。言之室有當道者，則非司墓自家之室，故注以爲徒屬之家，猶《尚書》注云：玄孫之親言之，以見高祖、曾祖之弟，皆親親相似。毀之，則朝而堋；堋，下棺。朝，如字，堋，北鄧反，徐甫贈反。禮家作窆，徐驗反，義同。疏：注堋下棺。正義曰：《周禮》作窆，《禮記》作封，此作堋，皆是葬時下棺於壙之事，而其字不同，是聲相近，經篆、隸而字轉易耳。弗毀，則日中而堋。子大叔請毀之，曰：無若諸侯之賓何？不欲久留賓。子産曰：諸侯之賓，能來會吾喪，豈憚日中？無損於賓，而民不害，何故不爲？遂弗毀，日中而葬。君子謂：子産於是乎知禮。禮，無毀人以自成也。憚，待旦反。

《春秋左傳正義》卷四七《昭公十六年》　齊侯伐徐。楚子聞蠻氏之亂也，與蠻子之無質也，質，信也。質，之實反，或音致。使然丹誘戎蠻子嘉，殺之，遂取蠻氏。既而復立其子焉，禮也。詐之，非也；立其子，禮也。河南新城縣東南有蠻城。復，扶又反。疏：齊侯伐徐。正義曰：虛舉經文者，經在楚誘戎蠻上，傳依經文，故先舉之。下有徐人行成之事，非虛舉，但行成在誘蠻後，故先依次舉經於上，爲下徐人行成起本也。不下此經文就徐人者，出自史意。楚子至禮也。正義曰：蠻子雖與楚舊交，元無誠信，故云與蠻子之無信也，誘而殺之，誠爲不可；楚能復立其子，大勝，遂滅其國。嫌其殺父立子，猶爲非禮，故禮之也。大舜之刑也，鯀殛而禹興；周公之誅也，放蔡叔而立蔡仲，是立子爲得禮。

又：　僑聞君子非無賄之難，立而無令名之患。僑聞爲國，非不能事大字小之難，無禮以定其位之患。夫大國之人，令於小國，而皆獲其求，將何以給之？一共一否，爲罪滋大。滋，益也。屬音燭。盍，戶臘反。難，乃旦反，下同，又如字。共音恭，下而共無藝同。疏：僑聞至之患。正義曰：僑聞君子非無賄之難，家貧無賄不爲難，立於職位而無善名，是爲身之大患。言韓子當患無令名，不宜患家無賄也。僑聞爲國家者，非不能事大字小之難。事大國，愛小國，不爲難也。無禮以定其位，是國之大患。言鄭當患位不定，不宜患事晉之難也。下句自大國之人至則失位矣，此覆無禮定位也。自若韓子至獨非罪乎，此覆無令名也。此辭一爲韓子，一爲鄭國，故再言僑聞。服虔斷字小之難以下爲義，解云：字，養也，言事大國易，養小國難。然則鄭人豈憂養小國乎？尚未能離經辨句，復何須注述大典？且字爲愛，不爲養也。大國之求，無禮以斥之，何饜之有？吾且爲鄙邑，則失位矣。不復成國。饜，於鹽反。復，扶又反，下不敢復并注同。疏：吾且至位矣。正義曰：若晉之大夫，求無不得，則鄭國乃爲晉之邊鄙之邑，不復成國，謂失國君之位矣。若韓子奉命以使，而求玉焉，貪淫甚矣，獨非罪乎？出一玉以起二罪，吾又失位，韓子成貪，將焉用之？且吾以玉賈罪，不亦鋭乎？鋭，細小也。賈音古，下無強賈同。鋭，悦歲反。

《春秋左傳正義》卷五一《昭公二十五年》　子大叔見趙簡子，簡子問揖讓周旋之禮焉。對曰：是儀也，非禮也。疏：簡子至非禮。正義曰：《樂記》云：簠簋俎豆，制度文章，禮之器也。升降上下，周旋裼襲，禮之文也。又曰：鋪筵席，陳尊俎，列籩豆，以升降爲禮者，禮之末節也。故有司掌之。《仲尼燕居》云：子張問禮。子曰：師，爾以爲必鋪几筵，升降酌獻酬酢，然後謂之禮乎？言而履之，禮也。又五年《傳》云：公如晉，自郊勞至于贈賄，禮无違者。晉侯以爲知禮。女叔齊曰：是儀也，非禮也。此問揖讓、周旋之禮，又云：是儀也，非禮也。凡此諸文，皆言禮與儀異。禮之與儀，非爲大異，但所從言之有不同耳。禮是儀之心，儀是禮之貌。本其心，謂之禮，察其貌，謂之儀。行禮必爲儀，爲儀未是禮。故云儀，非禮也。鄭玄《禮序》云：禮者，體也，履也。統之於心曰體，踐而行之曰履。此訓兩釋，良有以也。鄭謂體爲禮。履爲儀，是其所以禮儀別也。簡子曰：敢問，何謂禮？對曰：吉也聞諸先大夫子産曰：夫禮，天之經也，經者，道之常。地之義也，義者，利之宜。民之行也。行者，人所履。之行，下孟反，注同。天地之經，而民實則之。則天之明，日月星辰，天之明也。因地之性，高下剛柔，地之性也。疏：夫禮至之性。正義曰：自夫禮至因地之性，言禮本法天地也，自生其六氣。至民失其性，言天用氣味、聲色以養人，不得過其度也。是故爲禮以下，言聖王制禮以奉天性，不使過其度也。經，常也。義，宜也。夫禮者，天之常道，地之宜利，民之所行也。天地之有常道，人民實法則之。法則天之明道，因循地之恒性，聖人所以制作此禮也。此傳文於天言常，則地亦常也。於地言義，則天亦義也。覆言天地之經，明天地皆有常也。天有常明之義，地有常利之義也。覆云則天之明，是天以明爲常，因地之性，則地以性爲義。是天以光明爲常義，地以剛柔爲常義。義謂義理，性謂本性，言天地性義有常，可以爲法，故民法之而爲禮也。注經者，道之常。義者，利之宜。正義曰：覆而無外，高而在上，運行不息，日月星辰，温涼寒暑，皆是天之道也。訓經爲常，故言道之常也。載而無弃，物無不殖，山川原隰，剛柔高下，皆是地之利也。訓義爲宜，故云利之宜也。杜以今文《孝經》云：用天之道，分地之利。故天以道言之，地以利言之。天無形，言其有道理也。地有質，言其有利益也。民之所行，法象天地，象天而爲之者，皆是天之常也，象地而爲之者，皆是地之宜也，故禮爲天之經，地之義也。《孝經》以孝爲天之經，地之義者，孝是禮之本，禮爲孝之末，本末别名，理實不異，故取法天地，其事同也。注行者，人所履。正義曰：民謂人也。人稟天地之性而生，動作皆象天地，其踐履謂之爲行。但人有賢與不肖，行有過與不及，聖人制爲中法，名之曰禮。故禮是民之行也，行者人之所履也。《易》及《爾雅》並訓履爲禮，是禮名由踐履而生也。人之本性自然，法象天地，聖人還復法象天地而制禮教之，是禮由天地而來。故仲尼説孝，子産論禮，皆天、地、民三者並言之。注日月星辰，天之明也。高下剛柔，地之性也。正義曰：則天之明，杜以爲日月星辰者，以下傳云爲父子兄弟，昏媾姻亞，以象天明，若衆星之共北辰，故知天明，日月星也。杜知高下剛柔，地之性者，以下傳云：爲君臣上下，以則地義。則君高臣下，臣柔君剛，地義則地之性也。傳文上下，其理分明，人法天地，其事多種。杜以天明地義，舉要而言地之經，故變文稱義。既言則天之明，不可復言則地之性，故變文言因。因之與則，互相通也，正是變文使相辟耳。生其六氣，謂陰、陽、風、雨、晦、明。用其五行。金、木、水、火、土。氣爲五味，酸、鹹、辛、苦、甘。發爲五色，青、黄、赤、白、黑。發，見也。見，賢遍反，下解見同。章爲五聲。宫、商、角、徵、羽。徵，張里反。淫則昏亂，民失其性。滋味聲色，過則傷性。疏：生其至其性。正義曰：此言天用氣味聲色以養人，不得過其度也。因上則天，之下更復本之於天。傳稱天有六氣，此言生其六氣，謂天生之也。用其五行，謂天用之也。上天用此五行以養人，五行之氣，入人之口爲五味，發見於目爲五色，章徹於耳爲五聲。味以養口，色以養目，聲以養耳。此三者。雖復用以養人，人用不得過度，過度則爲昏亂，使人失其恒性，故須爲禮以節之。注金，木，水，火，土。正義曰：《洪範》云：五行：一曰水，二曰火，三曰木，四曰金，五曰土。孔安國云皆其生數。是其以生數爲次也。《大禹謨》説六府云：水、火、金、木、土、穀。五行之次，與《洪範》異者，以相刻爲次也。此注言金、木、水、火、土者，隨便而言之，不以義爲次也。五物世所行用，故謂之五行。五者各有材能，傳又謂之五材。此傳所説禮意，意在味、色、聲也。但味、色、聲本於五行而來，五行又是六氣所生，故先言六氣、五行，然後至於味、色、聲也。《釋名》五氣於其方各施行。《白虎通》云言爲天行氣，故謂之五行。注酸、鹹、辛、苦、甘。正義曰：《洪範》又演五行云：水曰潤下，火曰炎上，木曰曲直，金曰從革，土爰稼穡。潤下作鹹，炎上作苦，曲直作酸，從革從辛，稼穡作甘。孔安國云鹹，水鹵所生；苦，焦氣之味；酸，木實之性；辛，金之氣味；甘味生於百穀。是言五行之氣爲五味。水味鹹，火味苦，木味酸，金味辛，土味甘也。五行本性，自有此氣，氣至於人乃爲五味，味之爲異，入口乃知。言氣氣爲五味，謂氣入口，與下章也、發也者，據人知爲文。味爲性所有，色是形之貌，聲是質之響，色可近視，聲可遠聞，自近以及遠，故以口、目、耳所知味色聲爲次也。注青黄至見也。正義曰：五色，五行之色也。木色青，火色赤，土色黄，金色白，水色黑也。木生柯葉則青，金被磨礪則白，土黄，火赤，水黑，則本質自然也。發，見也。謂見於人目，有此五色。注宫、商、角、徵、羽。正義曰：聲之清濁，差爲五等。聖人因其有五，分配五行。其本末由五行而來也。但既配五行，即以五者爲五行之聲。土爲宫，金爲商，木爲角，火爲徵，水爲羽。聲之清濁，入耳乃知，章徹於人爲五聲也。此言章爲五聲，元年《傳》云：徵爲五聲。章徵不同者，據聲之至人，是爲章徹；據人之知聲，則爲徵驗。是彼此之異言耳。注滋味至傷性。正義曰：《老子》云五味令人口臭，五色令人目盲，五音令人耳聾。言其過耽者之，則有此病。是其過則傷本性也。是故爲禮以奉之：制禮以奉其性。爲六畜、馬、牛、羊、雞、犬、豕。畜，許又反，又褚六反。五牲、麋、鹿、麏、狼、兔。麋，亡悲反。麏，九倫反，本亦作麇。三犧，祭天地宗廟三者謂之犧。以奉五味；爲九文、謂山、龍、華、蟲、藻、火、粉米、黼、黻也。華若草華。藻，水草。火，畫火。粉米若白米。黼若斧。黻若兩已相戾。傳曰：火龍黼黻，昭其文也。黼音甫。黻音弗。疏：是故至五味。正義曰：口欲嘗味，目欲視色，耳欲聽聲，人之自然之性也。欲之不已，則失其性。聖人慮其失性，是故爲禮以奉養其性，使不失也。牲犧，祭祀所用，非人所食，而以牲犧奉五味者，禮推人道以事神，神之所享，皆是人食。尊鬼神而異其名耳，故亦爲奉五味。注馬、牛、羊、雞、犬、豕。正義曰：《爾雅·釋畜》，馬、牛、羊、犬、雞五者之名，其豕在《釋獸》之篇。畜，養也。家養謂之畜，野生謂之獸。豕有野豕，故因記之於《釋獸》耳。又《釋畜》之末别釋馬、牛、羊、豕、犬、雞六者之名，其下題曰六畜，謂此是也。《周禮·膳夫》云膳用六牲，是庖用六牲也。庖人掌共六畜，鄭玄云：六牲，馬、牛、羊、豕、犬、雞。六畜即六牲也。始養之曰畜，將用之曰牲。是畜牲一也。注麋、鹿、麏、狼、兔。正義曰：十一年《傳》曰：五牲不相爲用。注云：五牲，牛，羊、豕、犬、雞。此異彼者，以上文已言六畜，則五牲非六畜，故别解之。《周禮》，庖人掌共六獸。鄭衆云：六獸，麋、鹿、熊、麏、野豕、兔。鄭玄云：獸人冬獻狼，夏獻麋。又内則無熊，則六畜當有狼，而熊不屬。今杜解五牲之名，用鄭玄六獸之説，去野豕而以其餘當之也。傳稱牛卜日曰牲。鄭玄云將用之曰牲。此五者實獸也，據其將用祭祀，故名之曰牲。服虔云：五牲、麏、鹿、熊、狼、野豕。注祭天至之犧。正義曰：《尚書·泰誓》武王數紂之罪云：乃夷居，弗事上帝神祇，遺厥先宗廟弗祀。犧牲粢盛，既于凶盜。於神祇宗廟之下，揔言犧牲。杜雖不見古文，其言闇與之會。是祭天地宗廟之牲，謂之犧也。然則犧亦六畜，而別言之者，《周禮·牧人》：凡祭祀共其犧牲，以授充人繫之。鄭玄云：犧牲，毛羽完具也。授充人者，當殊養之。然則六畜之内，取其毛羽完具，別養以共祭祀者，乃名爲犧，故與六畜異言之也。服虔云：三犧，鴈、鶩、雉也。注謂山至文也。正義曰：《尚書·益稷》篇云：帝曰：予欲觀古人之象，日月星辰，山龍華蟲，作會宗彝，藻火粉米，黼黻絺繡，以五采彰施于五色，作服，汝明。《尚書》之文如此，其解者多有異説。孔安國云：日、月、星爲三辰。華象草，華蟲，雉也。畫三辰、山龍華蟲於衣服旌旗。會，五采也。以五采成此畫焉。宗廟彝樽，亦以山龍華蟲爲飾。藻，水草有文者。火爲火字，粉若粟冰，米若聚米，黼若斧形，黻爲兩已相背，葛之精者曰絺，五色備曰繡。如孔此言，日也，月也，星辰也，山也，龍也，華也，蟲也，七者畫於衣服、旌旗。山、龍、華、蟲四者，亦畫於宗廟彝器。藻也，火也，粉也，米也，黼也，黻也，六者繡之於裳。如此數之則十三章矣。天之大數不過十二，若爲十三，無所法象。或以爲孔並華蟲爲一，其言華象草，華蟲雉者，言象草華之蟲，故爲雉也。若華別似草，安知蟲爲雉乎？未知孔意必然以否。鄭玄讀會爲繢，謂畫也。絺爲繡，謂刺也。宗彝，謂虎蜼也。《周禮》，宗廟彝器，有虎彝、蜼彝，故以宗彝名虎蜼也。《周禮》有衮冕、鷩冕、毳冕。其衮、鷩、毳者，各是其服章首所畫，舉其首章以名服耳。衮是衮龍也，衮冕九章，以龍爲首。鷩是華蟲也，鷩冕七章，以華蟲爲首。毳是虎蜼也，毳冕五章，以虎蜼爲首。虎毛淺，蜼毛深，故以毳言之。毳，亂毛也。如鄭此言，則於《尚書》之文其章不次，故於《周禮》之注具分辨之。鄭於《司服》之注，具引《尚書》之文。乃云此古天子冕服十二章。絺或作繡，字之誤也。王者相變，至周而以日、月、星辰畫於旌旗，所謂三辰旂旗，昭其明也。而冕服九章，登龍於山，登火於宗彝，尊其神明也。九章：初一曰龍，次二曰山，次三曰華蟲，次四曰火，次五曰宗彝，皆畫以爲繢。次六曰藻，次七曰粉米，次八曰黼，次九曰黻，皆絺以爲繡。則衮之衣五章，裳四章，凡九也。鷩畫以雉，謂華蟲也。其衣三章，裳四章，凡七也。毳畫虎蜼，謂宗彝也。其衣三章，裳二章，凡五也。是鄭玄之説，華蟲爲一，粉米爲一也。杜之此注，亦以日、月、星辰畫於旌旗。九文唯言衣服之文，謂山也，龍也，華也，蟲也，藻也，火也，粉米也，黼也，黻也。以此爲九。杜言華若草華，而不言蟲，則華蟲各爲一也。粉米若白米，是粉米共爲一也。《詩》云：魚在在藻。是藻爲水草也。孔安國云火爲火字。《考工記》畫繢之事：火以圜。鄭衆云：爲圜形似火，鄭玄云：形如半環。然則杜言火畫火，蓋同安國爲火字也。粉米色白，故粉米若白米也。《考工記》曰：白與黑謂之黼。孔安國云黻若斧形，謂刀白而身黑，故若斧也。黻爲兩已相戾，今之刺黻猶然也。引桓二年《傳》曰火龍黼黻，昭其文也者，以證此九文是山龍之屬也。《世本》云：胡曹作冕。注云胡曹，黄帝臣也。《繫辭》云：黄帝、堯、舜垂衣裳而天下治，蓋取諸乾坤。則冕服起於黄帝也，加飾起自唐虞，即《書》云予欲觀古人之象云云，是也。所以衣服畫日月星等者，象王者之德，照臨天下，如三光之耀也。山體鎮重，象王者之德鎮重安靜四方，又能潤益含靈，如山與雲致雨也。龍者水物也，象王者之德，流通無壅，如水利蒼生。又龍舒卷，變化無方，象人君有無方之德也。華蟲即鷩雉，雉有文章，表王者有文章之德也。宗彝，彝，常也。宗廟之常器有六彝，今唯取虎蜼者，虎取毛淺而有威，蜼取毛深而有知，以表王者有深淺之知，威猛之德也。藻者，水草，是鮮絜之物，生於清水，能隨短長，象王者之德，冰清玉絜，隨機應物，隨民設教，不肅而成也。火者，火姓炎上，用表王者之德，能使率土羣黎，向歸上命也。粉米者，米能濟人之命，表王者有濟養之德也。黼，白與黑，形若斧。斧能裁斷，以象王者有裁斷之德也。黻之言戾。戾，背也。黑與青謂之黻，作兩已字相背，象王者能綏化兆民，能使向已背惡以從善，故爲黻也。日之質赤，月星之質白。山作獐，《考工記》云山以獐也。龍爲騰躍之形，似獮猴而大也。章次如此者，王者與天地合其德，日、月、星，天用昭明，日最爲盛，所以居先。月星光劣，其次之也。上以象天，下宜法地。地之形勢莫大於山，故次三光也。龍爲水物，水出於山，故次之也。華蟲象於禮樂文章，以禮樂文章潤於萬物，故以次龍也。宗彝所以次華蟲者，言王者既有禮樂，須威知乃行，無威則民不畏，無知則教不成，故以次也。藻所以次宗彝者，王者威知之德，隨世而應，故以次也。火者，言王者有德必向歸仰之，如火向上，故次之也。米所以次火者，民既歸王，王須濟活，濟活之理，得米爲生，故次之也。黼所以次米者，言王者能濟活兆民，宜裁斷合理，如斧之斷决，故以次之。黻所以次黼者，王既裁斷得所，善惡各有分宜，人皆背惡從善，故以次之。六采，畫繢之事，雜用天地四方之色，青與白，赤與黑，玄與黄，皆相次，謂之六色。繢，戶對反。疏：注畫繢至六色。正義曰：《考工記》云：畫繢之事，雜五色。東方謂之青，南方謂之赤，西方謂之白，北方謂之黑。天謂之玄，地謂之黄。青與白相次，赤與黑相次，玄與黄相次。鄭玄云：此言畫繢六色所象，及布采之第次。此杜取彼記文省約而爲之辭也。五章，以奉五色；青與赤謂之文，赤與白謂之章，白與黑謂之黼，黑與青謂之黻，五色備謂之繡。集此五章，以奉成五色之用。疏：注青與至之用。正義曰：謂之繡以上，皆《考工記》文也。此刺繡之文，以比方相次。色亦采也。六采謂繢畫，五色謂刺繡，故令色采之文異耳。鄭注《尚書》性曰采，施曰色。味、色、聲三事，色居其中，故杜言集此五章以奉成五色之用。明上下二文亦準此所陳，以奉成五味、五聲之用，舉中以明上下也。爲九歌、八風、七音、六律，以奉五聲。解見二十年。爲君臣上下，以則地義；君臣有尊卑，法地有高下。爲夫婦外内，以經二物；夫治外，婦治内，各治其物。疏：爲君至二物。正義曰：此更覆上因地之義也。爲父子以下至生殖長育。覆上，則天之明也。地有高下，聖人制禮爲君臣上下。君在上，臣在下，以法則地之義也。以地有剛柔，爲夫婦外內，夫治外，婦治內，以經紀二物也。物，事也，治理外內之二事也。上云天之經也，地之義也。又云則天之明，因地之性。再重言之，皆先天後地。但法地事少，則天事多，故上先言法天，後言法地。此先云爲君臣上下以則地義。始云爲父子兄弟，以象天明者，以其則地事少，故先言之，象天事多，欲下就以從四時，類其震曜殺戮，及生殖長育，皆是象天之事，欲使文相連接，故後言之也。下云以象天明，則此當云以象地性，而云以則地義者，義之與性一也。因其先言，故遠覆上文地之義也。爲父子、兄弟、姑姊、甥舅、昏媾、姻亞，以象天明，六親和睦，以事嚴父，若衆星之共辰極也。妻父曰昏，重昏曰媾。壻父曰姻，兩壻相謂曰亞。媾，古豆反。姻音因。亞，於嫁反，本亦作婭，同。重，直龍反。疏：注六親至曰亞。正義曰：老子云：六親不和，焉有孝慈。六親謂父子、兄弟、夫婦也。《孝經》曰：孝莫大於嚴父。《論語》云：北辰居其所，而衆星共之。六親，父爲尊嚴，衆星北辰爲長。六親和睦以事嚴父，若衆星之共北極，是其象天明也。妻父爲昏，壻父爲姻，兩壻相謂曰亞，皆《釋親》文也。重昏曰媾，《爾雅》無文，相傳説耳。《釋親》又曰：男子先生爲兄，後生爲弟。男子謂女子先生爲姊，後生爲妹。父之姊妹爲姑。母之晜弟爲舅。謂我舅者，吾謂之甥。此皆世俗常言，杜不解者，爲易知故也。爲政事、庸力、行務，以從四時；在君爲政，在臣爲事，民功曰庸，治功曰力，行其德教，務其時要，禮之本也。治，直吏反。疏：注在君至本也。正義曰：《論語》云：冉子退朝。子曰：何晏？對曰：有政。子曰：其事也。如有政，雖不吾以，吾其與聞之。於時冉子仕於季氏，稱季氏有政，孔子謂之爲事。是在君爲政，在臣爲事也。此對文別耳。《論語》稱孝友是亦爲政，明其政、事通言也。民功曰庸，治功曰力。《周禮・司勳》文也。鄭玄以爲庸，謂法施於民，若后稷。力，謂制法成治，若咎繇。《司勳》又云：王功曰勳，國功曰功，事功曰勞，戰功曰多。鄭注云王功者，若周公，國功者，若伊尹，事功者，若禹，戰功者，若韓信、陳平。行其德教，務其時要，使民春耕、夏耘、秋斂、冬藏。聖王之化，先致力於民，是爲禮之本也。爲刑罰威獄，使民畏忌，以類其震曜殺戮；雷震電曜，天之威也。聖人作刑戮，以象類之。爲溫慈惠和，以效天之生殖長育。民有好惡、喜怒、哀樂，生于六氣，此六者，皆稟陰陽風雨晦明之氣。效，戶孝反。長，丁丈反。好，呼報反，注及下於好皆同。惡，烏路反，下注及下於惡皆同。樂音洛，下及注皆同。疏：注此六至之氣。正義曰：賈逵云：好生於陽，惡生於陰，喜生於風，怒生於雨，哀生於晦，樂生於明。謂一氣生於一志，謬矣。杜以元年《傳》云：天有六氣，降生五味。謂六氣共生五味，非一氣生一味。此民之六志，亦六氣共生之，非一氣一志。故云此六者，皆稟陰、陽、風、雨、晦、明之氣。言共稟六氣而生也。是故審則宜類，以制六志。爲禮以制好惡喜怒哀樂六志，使不過節。疏：是故至六志。正義曰：民有六志，其志無限。是故人君爲政，審法時之所宜，事之所類，以至民之六志，使之不過節也。下云審行信令，謂人君行之，知此審則宜類，亦是人君則之。審者，言其謹慎之意也。此六志，《禮記》謂之六情。在己爲情，情動爲志，情志一也，所從言之異耳。哀有哭泣，樂有歌舞，喜有施舍，怒有戰鬭，喜生於好，怒生於惡。是故審行信令，禍福賞罰，以制死生。生，好物也；死，惡物也。好物，樂也；惡物，哀也。哀樂不失，乃能協于天地之性，是以長久。協，和也。簡子曰：甚哉，禮之大也！對曰：禮，上下之紀、天地之經緯也，經緯，錯居以相成者。疏：天地之經緯。正義曰：言禮之於天地，猶織之有經緯。得經緯相錯乃成文，如天地得禮始成就。民之所以生也，是以先王尚之。故人之能自曲直以赴禮者，謂之成人。大，不亦宜乎！曲直以弼其性。疏：故人至宜乎。正義曰：劉炫云：禮有宜曲宜直，不可信情而行。故人之能自曲直以赴於禮者，謂之爲成人；不能赴禮則不成爲人，謂之爲大，不亦宜乎！赴，謂奔走，言弼諧已性，奔走以赴禮也。恐劉義未當。注曲直以弼其性。正義曰：性曲者，以禮直之；性直者，以禮曲之。故云曲直以弼其性也。簡子曰：鞅也，請終身守此言也。鞅能守此言，故終免於晉陽之難。

《春秋左傳正義》卷五二《昭公二十六年》 美哉室！其誰有此乎？景公自知德不能久有國，故歎也。説音悦，下注喜説同。晏子曰：敢問，何謂也？公曰：吾以爲在德。對曰：如君之言，其陳氏乎！陳氏雖無大德，而有施於民。豆、區、釜、鍾之數，其取之公也薄，謂以公量收。施，式豉反，下出者皆同。區，烏侯反。量音亮，下同。其施之民也厚。謂以私量貸。施，如字，又始豉反。公厚斂焉，陳氏厚施焉，民歸之矣。《詩》曰：雖無德與女，式歌且舞。《詩・小雅》。義取雖無大德，要有喜説之心，欲歌舞之。式，用也。斂，力驗反。女音汝。疏：詩曰至且舞。正義曰：《詩・小雅・車舝》，刺幽王也。陳氏之施，民歌舞之矣。後世若少惰，陳氏而不亡，則國其國也已。公曰：善哉！是可若何？對曰：唯禮可以已之。在禮，家施不及國，民不遷，農不移，工賈不變，守常業。惰，徒臥反；本亦作隋，同。工賈音古，本亦作商賈。疏：家施不及國。正義曰：大夫稱家，家之所施，不得施及國人。言國人是國君之所有，大夫不得妄施遺之，以樹已私惠。陳氏施及國人，是違禮也。士不濫，不失職。官不滔，滔，慢也。滔，吐刀反。慢，武諫反；本又作漫，武半反。大夫不收公利。不作福。疏：大夫不收公利。正義曰：《尚書・洪範》曰：惟辟作福，惟辟作威，臣無有作福作威，臣之有作福作威，其害于而家，凶于而國。是言作福作威君之利也，大夫不得聚收公利，自作福也。陳氏作福以招國人之心，施民作福，是收公利也。公曰：善哉！我不能矣。吾今而後知禮之可以爲國也。對曰：禮之可以爲國也久矣，與天地並。有天地則禮義興。疏：禮之至地並。正義曰：天地人民莫知其始，但人稟陰陽之氣，生於天地之間，天地既形，人民必育。《易·序卦》曰：有天地，然後有萬物。有萬物，然後有男女。有男女，然後有夫婦。有夫婦，然後有父子。有父子，然後有君臣。有君臣，然後有上下。有上下，然後禮義有所錯。是言有天地即有人民，有人民即有父子、君臣。父子相愛，君臣相敬，敬愛爲禮之本，是與天地並興。君令、臣共，父慈、子孝，兄愛、弟敬，夫和、妻柔，姑慈、婦聽，禮也。君令而不違，臣共而不貳；父慈而教，子孝而箴；箴，諫也。共音恭，下同。箴，之林反。兄愛而友，弟敬而順；夫和而義，妻柔而正；姑慈而從，從，不自專。婦聽而婉：婉，順也。婉，於阮反。禮之善物也。公曰：善哉，寡人今而後聞此禮之上也！對曰：先王所稟於天地以爲其民也，是以先王上之。稟，受也。疏：先王至上之。正義曰：先古聖王所治理人民者，爲受陰陽之氣，生於天地之中，以有上下之禮，乃可治其天下。又禮與天地同貴，是以先王上之。

《春秋左傳正義》卷五三《昭公三十二年》 晉魏舒、韓不信如京師，合諸侯之大夫於狄泉，尋盟，且令城成周。尋平丘盟。魏子南面。居君位。衛彪傒曰：魏子必有大咎。干位以令大事，非其任也。【略】《詩》曰：敬天之怒，不敢戲豫；敬天之渝，不敢馳驅。《詩·大雅》。戒王者言當敬畏天之譴怒，不可遊戲逸豫，馳驅自恣。渝，變也。渝，羊朱反。譴，弃戰反。疏：注詩大至譴怒。正義曰：此《詩·大雅·板》之篇，刺厲王之詩也。《詩》注以天謂厲王，此據上天斷章取意。況敢干位以作大事乎？

《春秋左傳正義》卷五六《定公十年》 齊侯將享公，孔丘謂梁丘據曰：齊、魯之故，吾子何不聞焉？故，舊典。事既成矣，會事成。而又享之，是勤執事也。且犧、象不出門，嘉樂不野合。犧、象，酒器，犧尊、象尊也。嘉樂，鍾、磬也。犧，許宜反，又息河反，注同。疏：注犧象至磬也。正義曰：《周禮·司尊彝》云：春祠、夏禴，祼用雞彝鳥彝，其朝踐用兩獻尊，其再獻用兩象尊。鄭衆云：獻讀爲犧，犧尊飾以翡翠，象尊以象鳳皇。阮諶《三禮圖》犧尊畫牛以飾，象尊畫象以飾，當尊腹上畫牛、象之形。王肅以爲犧尊、象尊爲牛、象之形，背上負尊。魏大和中，青州掘得齊大夫子尾送女器，爲牛形而背上負尊，古器或當然也。《周禮·大司樂》云：《雲門》之舞，冬日至，於地上之圜丘奏之。若樂六變，則天神皆降，可得而禮矣。《咸池》之舞，夏日至，於澤中之方丘奏之。若樂八變，則地祇皆出，可得而禮矣。圜丘、方丘皆是野澤，二者並是大祭，必當備設尊俎。而云嘉樂不野合，犧、象不出門者，彼是禮之大者，自可依禮而行，尊得出門，樂得野合。此言不出門、不野合者，謂享燕正禮，當設於宫內，不得違禮而行，妄作於野耳，非謂祭祀之大禮也。諸侯相見之禮，享在廟，燕在寢，不得行於野。僖二十八年，晉侯朝王于踐土，王享醴，命之宥；襄十年，宋公享晉侯於楚丘，請以《桑林》；十九年，公享晉六卿于蒲圃；二十七年，鄭伯享趙孟于垂隴，如此之類，《春秋》多矣，或特賞殊功，或畏敬大國，皆權時之事，非正禮也。此時齊、魯敵國，釋怨和平，未有殊異之歡，無假非常之事。孔子知齊懷詐，慮其掩襲，託正禮以拒之，故言不野合。饗而既具，是棄禮也；若其不具，用秕稗也。秕，穀不成者。稗，草之似穀者。言享不具禮，穢薄若秕稗。秕音鄙；《字林》音比，又必履反。稗，皮賣反。用秕稗，君辱；棄禮，名惡。子盍圖之？夫享，所以昭德也。不昭，不如其已也。乃不果享。

又： 於是執涉佗以求成於衛。衛人不許。晉人遂殺涉佗，成何奔燕。君子曰：此之謂棄禮，必不鈞。言必見殺，不得與人等。《詩》曰：人而無禮，胡不遄死？涉佗亦遄矣哉！《詩·鄘風》。遄，速也。遄，市專反。

《春秋左傳正義》卷五七《哀公二年》 初，衛侯遊于郊，子南僕。子南，靈公子郢也。僕，御也。郢，以井反。公曰：余無子，將立女。蒯聵奔，無大子。女音汝。不對。他日，又謂之。對曰：郢不足以辱社稷，君其改圖。君夫人在堂，三揖在下，三揖，卿、大夫、士。揖，一入反。疏：注三揖卿大夫士。正義曰：《周禮·司士》云：孤卿特揖，大夫以其等旅揖，士旁三揖。鄭玄云：特揖，一一揖之。旅，衆也，大夫爵同者，衆揖之。三揖者，士有上、中、下。鄭衆云：卿、大夫、士，皆君之所揖禮，《春秋傳》所謂三揖在下。服虔云：三揖，卿、大夫、士。土揖庶姓，時揖異姓，天揖同姓。君命祇辱。言立適當以禮，與外內同之。今君私命，事必不從，適爲辱。

《春秋左傳正義》卷五七《哀公五年》 鄭駟秦富而侈，嬖大夫也，而常陳卿之車服於其庭。鄭人惡而殺之。子思曰：《詩》曰：不解于位，民之攸塈。子思，子產子國參也。《詩·大雅》。攸，所也。塈，息也。侈，昌氏反，又尺氏反。惡，烏路反。解，佳賣反。塈音許器反。疏：詩曰至攸塈。正義曰：《詩·大雅·嘉樂》之篇也。言在上者不解惰于其位，民之所以得安息。駟秦棄位僭上，是惰于位也。不守其位而能久者，鮮矣。《商頌》曰：不僭不濫，不敢怠皇，命以多福。僭，差也。濫，溢也。皇，暇也。言駟秦違《詩》、《商頌》，故受禍。鮮，息淺反。濫，力暫反。溢音逸。疏：商頌至多福。正義曰：《商頌·殷武》之篇。歌成湯之德，不僭差，不濫溢，不敢怠惰而自暇，以此之故，上天命以多福也。《詩》於怠皇之下，更云：命于下國，封建厥福。傳言命以多福，不復具引《詩》文，取其意而言之也。杜云違《詩》、《商頌》，上言《詩》，下言《頌》，以駟秦於此二詩皆違，故言違《詩》與《商頌》。

《春秋左傳正義》卷五八《哀公八年》 吴爲邾故，將伐魯，問於叔孫輒。問可伐不。輒，故魯人。爲，于僞反，下注爲之同。疏：問於叔孫輒。正義曰：定十二年，叔孫輒與公山不狃帥費人以襲魯。兵敗，奔齊，于後自齊奔吴。吴子令問之。叔孫輒對曰：魯有名而無情，有大國名，無情實。伐之必得志焉。退而告公山不狃。不狃，亦故魯人。狃，女九反。公山不狃曰：非禮也。君子違，不適讎國，違，奔亡也。疏：君子至讎國。正義曰：謂有故而去者也。本國於己無大讎怨，己無報怨之心，則違而不適讎國。武王數紂之罪以告衆云：撫我則后，虐我則讎。若父本無罪，而枉被誅殺，如伍員之徒，志在復讎，適國亦可矣，不得以此言格之也。若父以罪而受誅者，如鬬辛之徒，本自不合怨君，故辛亦不敢怨也。未臣而有伐之，奔命焉，死之可也。未臣所適之國，若有伐本國者，則可還奔命，死其難。難，乃旦反。疏：注未臣至其難。正義曰：既臣之後，則身是新君之臣，性命非復己有，故不復得爲舊君死節也。若未有臣服，則舊君之恩未絶，故可還奔舊君之命，死其難也。言奔命，則有命乃奔之。若命不及，亦不當還。所託也則隱。曾所因託，則爲之隱惡。曾，在增反。且夫人之行也，不以所惡廢鄉。不以其私怨惡，廢棄其鄉黨之好。夫音符。行，下孟反，又如字。惡，烏路反，又如字，注同。好，呼報反，下文好焉同。今子以小惡而欲覆宗國，不亦難乎？輒，魯公族，故謂之宗國。覆，芳服反。若使子率，子必辭，王將使我。子張疾之。子張，輒也。

《春秋左傳正義》卷五八《哀公十一年》 季孫欲以田賦，丘賦之法，因其田財，通出馬一疋，牛三頭。今欲別其田及家財，各爲一賦，故言田賦。別如字，一音彼列反。疏：注丘賦至田賦。正義曰：《司馬法》方里爲井，四井爲邑，四邑爲丘。丘出馬一匹，牛三頭。四丘爲甸，甸乃有馬四匹，牛十二頭，是爲革車一乘。今用田賦，必改其舊，但不知若爲用之。賈逵以爲欲令一井之間出一丘之税，井別出馬一匹，牛三頭。若其如此，則一丘之内有一十六井，其出馬牛乃多於常一十六倍。且直云用田賦，何知使井爲丘也？杜以如此，則賦税大多，非民所能給，故改之。舊制丘賦之法，田之所收及家内資財，井共一馬三牛。今欲別其田及家資各爲一賦，計一丘民之家資，令出一馬三牛，又計田之所收，更出一馬三牛，是爲所出倍於常也。舊田與家資司賦，今欲別賦其田，故言欲以田賦也。使冉有訪諸仲尼。仲尼曰：丘不識也。三發，三發問。卒曰：卒，終也。子爲國老，待子而行，若之何子之不言也？仲尼不對，不公荅。而私於冉有曰：君子之行也，行政事。度於禮，施取其厚，事舉其中，斂從其薄。如是，則以丘亦足矣。丘，十六井，出戎馬一疋，牛三頭，是賦之常法。施，尸豉反。斂，力豔反。若不度於禮，而貪冒無厭，則雖以田賦，將又不足。且子季孫若欲行而法，則周公之典在。若欲苟而行，又何訪焉？弗聽。爲明年用田賦傳。冒，亡北反，一音莫報反。厭，於鹽反。

（漢）何休《春秋公羊經傳解詁》卷一《隱公四年》 夏，公及宋公遇于清。遇者何？不期也。一君出，一君要之也。古者有遇禮，爲朝天子若朝罷朝，卒相遇于塗，近者爲主，遠者爲賔，稱先君以相接，所以崇禮讓，絶慢易也。當春秋時，出入無度，禍亂姦宄，多在不虞，無故卒然相要，小人將以生心，故重而書，之所以防禍原也。言及者，起公要之，明非常遇也。地者，重録之。遇例時。要之，一遙反，注同。易，以豉反。

又：冬，十有二月，衛人立晉。晉者何？公子晉也。以下有衛侯晉卒，又言立。立者何？立者不宜立也。諸侯立不言立，此獨言立，明不宜立之辭。其稱人何？据尹氏立王子朝也。衆立之之辭也。晉得衆，國中人人欲立之。然則孰立之？石碏立之。石碏立之，則其稱人何？据尹氏立王子朝不稱人。碏，七略反，一音七洛反。衆之所欲立也。衆雖欲立之，其立之非也。凡立君爲衆，衆皆欲立之，嫌得立無惡，故使稱人，見衆言立也，明下無廢上之義，聽衆立之，爲立篡也。不刺嗣子失位者，時未當喪，典主得權重也。月者，大國篡例月，小國時。立、納，入皆爲篡，卒日，葬月，達於《春秋》，爲大國例。主書從受位也。篡，初患反。

《春秋公羊經傳解詁》卷二《桓公五年》 秋，蔡人、衛人、陳人從王伐鄭。其言從王伐鄭何？据河陽舉王符，別出朝文，文不連王，王師不道所加。從王，如字，又才用反，下及注同。從王正也。美其得正義也，故以從王征伐録之，蓋起時天子微弱，諸侯背叛，莫肯從王者征伐，以善三國之君，獨能尊天子死節。稱人者，刺王者也。天下之君，海内之主，當秉綱撮要，而親自用兵，故見其微。謂僅能從微者，不能從諸侯，猶莒稱人，則從不疑也。不使王者首兵者，本不爲王舉也。知實諸侯者，以美得正。撮，七活反。不爲，于僞反，下所爲、與爲、六年同。

《春秋公羊經傳解詁》卷二《桓公十五年》春，二月，天王使家父來求車。何以書？譏。何譏爾？王者無求，求車非禮也。王者千里，畿內租稅，足以共費；四方各以其職來貢，足以尊榮，當以至廉無爲率先天下，不當求。求則諸侯貪，大夫鄙，士庶盜竊。求例時，此月者，桓行惡不能誅，反從求之，故獨月。共費，音恭；下芳味反。行，下孟反，下行惡同。

《春秋公羊經傳解詁》卷三《莊公二十二年》冬，公如齊納幣。納幣即納徵，《禮》曰主人受幣，士受儷皮是也。《禮》言納徵，《春秋》言納幣者，《春秋》質也。凡婚禮皆用鴈，取其知時候。唯納徵用玄纁束帛儷皮。玄纁，取其順天地也。儷皮者，鹿皮，所以重古也。纁，許云反，儷，力計反，本又作麗。納幣不書，此何以書？譏。何譏爾？親納幣非禮也。時莊公實以淫泆大惡不可言，故因其有事於納幣，以無廉恥爲譏。不譏喪娶者，舉淫爲重也。凡公之齊，所以起淫者，皆以危致也。

《春秋公羊經傳解詁》卷三《莊公二十三年》夏，公如齊觀社。何以書？譏。何譏爾？諸侯越竟觀社，非禮也。觀社者，觀祭社。諱淫言觀社者，與親納幣同義。社者，土地之主。祭者，報德也。生萬物，居人民，德至厚，功至大，故感春秋而祭之，天子用三牲，諸侯用羊豕。

又：秋，丹桓宮楹。何以書？譏。何譏爾？丹桓宮楹，非禮也。楹，柱也。丹之者，爲將娶齊女，欲以誇大示之。傳言丹桓宮者，欲道天子諸侯各有制也。禮，天子斲而礱之，加密石焉；諸侯斲而礱之，不加密石；大夫斲之；士首本。失禮宗廟例時。宮楹，音盈，柱也，下傳及注同。爲將，于僞反。斲，丁角反，下同。礱，力工反。

《春秋公羊經傳解詁》卷三《莊公二十四年》八月，丁丑，夫人姜氏入。其言入何？据夫人姜氏言至不言入。難也。其言日何？据夫人姜氏至，不日。難也，乃旦反，下及注同。難也，其難奈何？夫人不僂，不可使入，與公有所約，然後入。僂，疾也，齊人語。約，約遠媵妾也。夫人稽留，不肯疾順公，不可使即入。公至後，與公約定八月丁丑乃入，故爲難辭也。夫人要公不爲大惡者，妻事夫有四義：雞鳴縰笄而朝，君臣之禮也；三年惻隱，父子之恩也；圖安危可否，兄弟之義也；樞機之內，寢席之上，朋友之道，不可純以君臣之義責之。不僂，力主反，疾也。注同。遠，于萬反。要，一遥反。縰笄，所買反，又所綺反。惻隱，初力反。

又：戊寅，大夫宗婦覿，用幣。宗婦者何？大夫之妻也。覿者何？見也。用者何？用者不宜用也。不宜用幣爲贄也。覿，大歷反，見也。贄，音至。見用幣，非禮也。以文在覿下，不使齊見，知非禮也。然則曷用？棗栗云乎？腶脩云乎？腶脩者，脯也。禮，婦人見舅姑，以棗栗爲贄；見女姑，以腶脩爲贄，見夫人，至尊，兼而用之。云乎，辭也。棗栗取其早自謹敬，腶脩取其斷斷自脩正。執此者，若其辭云爾，所以叙情配志也。凡贄，天子用鬯，諸侯用玉，卿用羔，大夫用鴈，士用雉。雉取其耿介；鴈取其在人上，有先後行列；羔取其執之不鳴，殺之不號，乳必跪而受之，類死義知禮者也；玉取其至清，而不自蔽其惡，絜白而不受污，內堅剛而外温潤，有似乎備德之君子；鬯取其芬芳在上，臭達於天，而醇粹無擇，有似乎聖人，故視其所執而知其所任矣。日者，禮，夫人至，大夫皆郊迎，明日大夫宗婦皆見，故著其明日也。大夫妻言宗婦者，大夫爲宗子者也。族所以有宗者，爲調族理親疏，令昭穆親疏各得其序也，故始統世世繼重者爲大宗，旁統者爲小宗，小宗無子則絶，大宗無子則不絶，重本也。天子諸侯世以三牲養，禮有代宗之義，大夫不世，不得專宗。著言宗婦者，重教化自本始也。斷脩，丁亂反，注同，本又作腶，音同鍛；脯加薑桂曰脩。耿介，古幸反；下音界。行，户郎反。號，户刀反。跪，其委。反醇，音純。粹，雖遂反。爲調，于僞反，下仕爲同。令，力呈反。昭穆，上遥反，凡昭穆之例皆同。

《春秋公羊經傳解詁》卷三《莊公二十五年》秋，大水。鼓用牲于社于門。其言于社于門何？据一鼓用牲耳。于社，禮也。于門，非禮也。于門非禮，故略不復舉鼓用牲。不舉非禮爲重者，如去于社，嫌于門禮也。大水與日食同禮者，水亦土地所爲，雲實出于地，而施于上乃雨，歸功于天，猶臣歸美于君。

《春秋公羊經傳解詁》卷三《莊公二十七年》冬，杞伯姬來。其言來何？据有來歸。直來曰來，直來，無事而來也。諸侯夫人尊重，既嫁，非有大故不得反。唯自大夫妻，雖無事，歲一歸宗。大歸曰來歸。大歸者，廢棄來歸也。婦人有七棄、五不娶、三不去：嘗更三年喪不去，不忘恩也；賤取貴不去，不背德也；有所受無所歸不去，不窮窮也。喪婦長女不娶，無教戒也；世有惡疾不娶，棄於天也；世有刑人不娶，棄於人也；亂家女不娶，類不正也；逆家女不娶，廢人倫也。無子棄，絶世也；淫泆棄，亂類也；不事舅姑棄，悖德也；口舌棄，離親也；盜竊棄，反義也；嫉妬棄，亂家也；惡疾棄，不可奉宗廟也。更，音庚。背，音佩。喪婦，息浪反。長女，丁丈反。悖，補內反。

又：莒慶來逆叔姬。莒慶者何？莒大夫也，莒無大夫，此何以書？譏，何譏爾？大夫越竟逆女，非禮也。禮，大夫任重，爲越竟逆女，於政事有所損曠，故竟內乃得親迎，所以屈私赴公也。言叔姬者，婦人以字通。言叔姬，賤，故略與歸同文，重乖離也。

《春秋公羊經傳解詁》卷五《僖公八年》秋，七月，禘于大廟，用致夫人。用者何？用者不宜用也。致者何，致者不宜致也。禘用致夫人，非禮也。以致文在廟下，不使入廟，知非禮也。禮，夫人始見廟，當特祭，而因禘諸公廟見，欲以省煩勞，不謹敬，故譏之。不日者，下用失禮明。大，音泰。始見，賢偏反，下同。省，所景反。夫人何以不稱姜氏？貶，曷爲貶！据夫人姜氏入不貶。譏以妾爲妻也。以逆不書，入廟當稱婦姜，而稱夫人者，夫人當坐簒嫡也。妾之事嫡，猶臣之事君同。簒嫡，初患反；下音的，下同。其言以妾爲妻奈何？蓋脅于齊媵女之先至者也。以不致楚女，及夫人至皆不書也。僖公本聘楚女爲嫡。齊女爲媵，齊先致其女。脅僖公使用爲嫡，故從父母辭言致。不書夫人及楚女至者，起齊先致其女，然後脅魯立也，楚女未至而豫廢，故皆不得以夫人至書也。

《春秋公羊經傳解詁》卷五《僖公三十一年》夏，四月，四卜郊，不從，乃免牲，猶三望。曷爲或言三卜，或言四卜？三卜禮也，四卜非禮也。三卜何以禮？四卜何以非禮？据俱卜也。求吉之道三。三卜，吉凶必有相奇者，可以决疑，故求吉必三卜。奇，居宜反。禘嘗不卜。郊何以卜？禘比祫爲大，嘗比四時祭爲大，故据之。卜郊，非禮也。禮，天子不卜郊。卜郊何以非禮？据上言三卜禮。魯郊，非禮也。以魯郊非禮，故卜爾。昔武王既没，成王幼少，周公居攝，行天子事，制禮作樂，致大平，有王功。周公薨，成王以王禮葬之，命魯使郊，以彰周公之德，非正故卜，三，卜吉則用之，不吉則免牲。謂之郊者，天人相與交接之意也。不言郊天者，謙不敢斥尊，少，詩照反。大平，音泰。王功，于況反。魯郊何以非禮？据成公乃不郊惡之。惡之，烏路反，下皆同。天子祭天，郊者，所以祭天也。天子所祭，莫重於郊。居南郊者，就陽位也。稾席玄酒，器用陶匏，大珪不瑑，大羹不和，爲天至尊，物不可悉備，故推質以事之。稾，古老反。匏，白交反。瑑，大轉反。和，戶卧反。爲天，于僞反，下則爲、本爲、主爲皆同。諸侯祭土。土，謂社也。諸侯所祭，莫重於社。卿大夫祭五祀，士祭其先祖。天子有方望之事，方望，謂郊時所望祭四方羣神，日月星辰、風伯雨師、五嶽四瀆及餘山川，凡三十六所。無所不通。盡八極之内，天之所覆，地之所載，無所不至，故得郊也。諸侯山川有不在其封内者，則不祭也。故魯郊非禮也。曷爲或言免牲？或言免牛？免牲，禮也。魯卜郊不吉，免之，禮，卜郊不吉，則爲牲作玄衣纁裳，使有司玄端，放之於南郊，明本爲天，不敢留天牲。免牛，非禮也。免牛何以非禮？傷者曰牛。養牲不謹敬，有災傷，天不饗用，不得復爲天牲，故以本牛名之。非禮者，非天牲不當復見免，但當内自省責而已。復爲，扶又反，下同。見免，賢偏反，下以見同。三望者何？望祭也。然則曷祭？祭泰山河海。曷爲祭泰山河海？据郊者主爲祭天。大山，音泰，本亦作泰，下同。山川有能潤于百里者，天子秩而祭之。此皆助天宣氣布功，故祭天及之。秩者，隨其大小尊卑高下所宜。禮，祭天牲角繭栗，社稷宗廟角握，六宗五嶽四瀆角尺，其餘山川視卿大夫。天燎地瘞，日月星辰布，山縣水沉，風磔雨升。燎者，取俎上七體，與其珪寶，在辨中，置於柴上燒之。繭，古典反。燎，力召反。瘞，於例反。縣，音玄。磔，陟百反。觸石而出，膚寸而合。側手爲膚，按指爲寸，言其觸石理而出，無有膚寸而不合。膚寸，方于反，側手爲膚，按指爲寸。不崇朝而徧雨乎！天下者，唯泰山爾。崇，重也。不重朝，言一朝也。崇朝，如字，注同。雨，于付反，又如字。崇重，直龍反，下同。河海潤于千里。亦能通氣致雨，潤澤及于千里。《韓詩傳》曰湯時大旱，使人禱于山川是也。郊望非一，獨祭二者，魯郊非禮，故獨祭其大者。猶者何！通可以已也。已，止。何以書？譏不郊而望祭也。譏尊者不食，而卑者獨食。書者，惡失禮也。魯至是郊者，僖公賢君，欲尊明其先祖之功德，不就廢之。譏者，《春秋》不見事不書，皆從事舉可知也。不吉言不從者，明己意汲汲欲郊，而卜不從爾。所以見事鬼神，當加精誠。

《春秋公羊經傳解詁》卷六《文公四年》夏，逆婦姜于齊。其謂之逆婦姜于齊何？据不書逆者主名，不言如齊，不稱女。略之也。稱婦姜，至文也，逆與至共文，故爲略。高子曰：娶乎大夫者，略之也。賤，非所以奉宗廟，故略之。不書逆者主名，卑不爲録使也。不言如齊者，大夫無國也。不稱女者，方以婦姜見與至共文，重至也。不稱夫人爲致文者，賤不可奉宗廟也。不言氏者，本當稱女。女者，父母辭，君子不奪人之親，故使從父母辭不言氏。爲，于僞反。使，所吏反。見與，賢偏反。

《春秋公羊經傳解詁》卷六《文公五年》春，王正月。王使榮叔歸含且賵。含者何？口實也。孝子所以實親口也。緣生以事死，不忍虛其口：天子以珠，諸侯以玉，大夫以碧，士以貝，春秋之制也。文家加飯以稻米。飯，扶晚反。其言歸含且賵何？据宰咺歸兩賵不言且也。連賵何之者，嫌据賵言歸。咺，況阮反。兼之。兼之非禮也。且，兼辭。以言且，知譏兼之也。含言歸者，時主持含來也。去天者，含者臣子職，以至尊行至卑事，失尊之義也。不從含晚言來者，本不當含也。主書者，從含也。去，起吕反，下同。

《春秋公羊經傳解詁》卷六《文公六年》閏月不告月，猶朝于廟。

不告月者何？不告朔也。禮，諸侯受十二月朔政於天子，藏于大祖廟，每月朔朝廟，使大夫南面奉天子命，君北面而受之。比時使有司先告朔，慎之至也。受於廟者，孝子歸美先君。不敢自專也。言朝者，緣生以事死，親在，朝朝莫夕：巳死，不敢瀆鬼神。故事必子朔者，感月始生而朝。大祖，音泰。比，必利反。朝朝，上如字；下直遥反。瀆，息列反。曷爲不告朔？据俱月也。天無是月也，閏月矣。何以謂之天無是月？非常月也。所在無常，故無政也。猶者何？通可以已也。朝者，因視朔政爾。無政而朝，故加猶。不言朔者，閏月無告朔禮也。不言公者，内事可知。

（晉）范甯集解《春秋穀梁傳》卷一《隱公元年》　冬，十有二月，祭伯來，來者，來朝也。其弗謂朝何也？寰内諸侯，非有天子之命，不得出會諸侯。不正其外交，故弗與朝也。天子畿内大夫有采地，謂之寰内諸侯。祭，側界反。朝，直遥反。寰音縣，古縣字，一音環，又音患，寰内，圻内也。畿本或作圻，音祈。聘弓鍭矢不出竟埸，束脩之肉不行竟中，有至尊者不貳之也。聘遺所以結二國之好，將彼我之意。臣當稟命於君，無私朝聘之道。鍭音候，又音侯。竟音境，本或作境。埸音亦。遺，唯季反。好，呼報反。稟，彼錦反。

《春秋穀梁傳》卷一《隱公三年》　八月，庚辰，宋公和卒。天子曰崩，諸侯曰薨，大夫曰卒，周之制也。《春秋》所稱，曲存魯史之義，内稱公而書薨，所以自尊其君，則不得不略外諸侯書卒以自異也。至於既葬，雖邾許子男之君，皆稱謚而言公，各順臣子之辭，兩通其義。鄭君曰：《禮·雜記上》曰：君薨，赴於他國之君，曰寡君不禄，敢告於執事。《曲禮下》曰：壽考曰卒，短折曰不禄。君薨，赴而云不禄者，臣子之於君父，雖有壽考，猶若短折，痛傷之至也。若赴稱卒，是以壽終，無哀惜之心，非臣子之辭。鄰國來赴，書以卒者，無老無幼，皆以成人之稱，亦所以相尊敬。謚，市至反，後皆同。短，丁緩反。折，時設反，下同。有壽，市又反，又如字。

又：　癸未，葬宋繆公，日葬，故也，危不得葬也。天子七月而葬，諸侯五月而葬，大夫三月而葬。傳例曰：諸侯時葬，正也。月葬，故也。日者憂危最甚，不得備禮葬也。他皆放此。徐邈曰：文元年《傳》曰，葬曰會，言有天子諸侯之使共赴會葬事。故凡書葬，皆據我而言葬彼。所以不稱宋葬繆公，而言葬宋繆公者，弔會之事，賵襚之命，此常事，無所書，故但記卒記葬，録魯恩義之所及，則哀其喪而恤其終，亦可知矣。若存没隔絶，情禮不交，則卒葬無文。或有書卒不書葬，蓋外雖赴卒，而内不會葬，無其事則闕其文，史策之常也。《穀梁傳》稱變之不葬有三：弑君不葬，國滅不葬，失德不葬。言夫子脩《春秋》，所改舊史以示義者也。弑君之賊，天下所當同誅，而諸侯不能治，臣子不能討，雖葬事是供，義何足算？亡國之君，喪事不成，則不應書葬。失德之主，無以守位，故没葬文。傳於宋襄公著失民之咎，宋共公發非葬之問，言伯姬賢而不荅，共公不能弘家人之禮。然則爲君者外之不足以全國，内之不足以正家，皆所謂失德而終禮，宜貶者也。于時諸國多失道，不可悉去其葬，故於二君示義而大體明矣。繆，音穆，本亦作穆。之使，所吏反，下同。策，本又作筴，初革反，算，素緩反，數也。宋共公音恭，本又作恭。去，起吕反。

《春秋穀梁傳》卷一《隱公四年》　冬，十有二月，衛人立晉。立、納、入皆篡也。大國篡例月，小國時。衛人者，衆辭也。立者，不宜立者也。嗣子有常位，故不言立。晉之名惡也，惡謂不正。惡也，烏各反。其稱人以立之，何也？得衆也。得衆，則是賢也。賢則其曰不宜立何也？《春秋》之義，諸侯與正而不與賢也。雍曰：正謂嫡長也。夫多賢不可以多君，無賢不可以無君。立君非以尚賢，所以明有統也。建儲非以私親，所以定名分。名分定，則賢無亂長之階，而自賢之禍塞矣。君無嬖幸之由，而私愛之道滅矣。嫡，丁歷反。長，丁丈反，下同。儲，直魚反。分，扶問反。嬖，必計反。

《春秋穀梁傳》卷一《隱公五年》　春，公觀魚于棠。傳例曰：公往時，正也。正謂無危事耳。棠，魯地。觀魚，如字。《左氏》作矢魚，傳曰：常事曰視，視朔之類是。非常曰觀。觀魚之類是，禮，尊不親小事，卑不尸大功。尸，主。魚，卑者之事也。《周禮》：𫚙人中士，下士。𫚙音魚。公觀之，非正也。

又：　九月，考仲子之宫。失禮宗廟，功重者月，功輕者時。莊二十三年秋，丹桓宫楹是也。考者何也？考者成之也，成之爲夫人也。立其廟，世祭之，成夫人之禮。禮，庶子爲君，爲其母築宫，使公子主其祭也。公當奉宗廟，故不得自主也。公子者，長子之弟及妾之子。爲，于僞反。長，丁丈反。於子祭，於孫止。貴賤之序。仲子者，惠公之母，隱孫而脩之，非隱也。非，責也。三年父喪畢，不於三年考者，又有天王崩。至此服竟，乃脩之。初獻六羽，羽，翟羽，舞者所執。獻者，下奉上之辭，作之於廟，故言獻。初，始也。遂以爲常。穀梁子曰：舞《夏》，天子八佾，諸公六佾，諸侯四佾。言穀梁子者，非受於師，自其意也。夏，大也。大謂大雉。大雉，翟雉。佾之言列，八人爲列，又有八列，八八六十四人也。並執翟雉之羽而舞也。天子用八，象八風。諸公用六，降殺以兩也。不言六佾者，言佾則干在其中，明婦人無武事，獨奏文樂。舞《夏》，户雅反，注及下同。佾音逸，列也。殺，色界反。初獻六羽，始僭樂矣。下犯上謂之僭。僭，子念反。《尸子》曰：舞《夏》，自天子至諸侯皆用八佾，初獻六羽，始厲樂矣。言時諸侯僭侈，皆用八佾，魯於是能自減厲，而始用六，穀梁子言其始僭，《尸子》言其始降。侈，昌是反，又尺是反。

《春秋穀梁傳》卷一《隱公九年》 春，天王使南季來聘。南，氏姓也。季，字也。南季，天子之上大夫。氏以爲姓也。所以別姓者，經有王季子來聘，祭伯來，王、祭皆非姓也，嫌與同，故別之也，季云字者，明命爲大夫，不以名通也。別，彼列反。祭伯，側界反，下同。凡國名、邑名及人名氏皆於始音，後不復出。若假借之字，時復重音，後放此。聘，問也。聘諸侯，非正也。《周禮》天子時聘，以結諸侯之好，殷覜以除邦國之慝，間問以諭諸侯之志，歸脤以交諸侯之福，賀慶以贊諸侯之喜，致禬以補諸侯之災。許慎曰：禮：臣病君親問之，天子有下聘之義。傳曰：聘諸侯，非正，甯所未詳。好，呼報反。覜，他弔反。慝，他得反。惡也。間問，間厠之間。脤，市軫反，祭肉也。禬，戶外反，或古外反。

又：十有一年，春，滕侯、薛侯來朝。天子無事，諸侯相朝，正也。事謂巡守、崩葬、兵革之事。薛，息列反。守音狩，本亦作狩。考禮脩德，所以尊天子也。諸侯來朝，時，正也。朝宜以時，故書時則正也。犆言，同時也。犆言，謂別言也。若穀伯綏來朝，鄧侯吾離來朝，同時來，不俱至。犆音特，獨也。本或作特。累數，皆至也。累數，揔言之也。若滕

《春秋穀梁傳》卷二《桓公二年》 夏，四月，取郜大鼎于宋。戊申，納于大廟。傳例曰：納者，內不受也。日之，明惡甚也。太廟，周公廟。郜，古報反。桓內弒其君，外成人之亂，受賂而退，以事其祖，非禮也。其道以周公爲弗受也。郜鼎者，郜之所爲也。曰宋，取之宋也。此鼎本郜國所作，宋後得之。以是爲討之鼎也。討宋亂而更受其賂鼎。爲討之鼎，如字，麋氏云：討或作糾。孔子曰：名從主人，物從中國。故曰郜大鼎也。主人，謂作鼎之主人也，故繫之郜。物從中國，謂是大鼎。

《春秋穀梁傳》卷二《桓公九年》 冬，曹伯使其世子射姑來朝。朝不言使，言使非正也。使世子伉諸侯之禮而來朝，曹伯失正矣。諸侯相見曰朝。以待人父之道待人之子，以內爲失正矣。內失正，曹伯失正，世子可以已矣，則是放命也。父有争子，則身不陷於不義。射姑廢曹伯之命可。射音亦，麋氏本即作亦。朝，直遥反。伉，苦浪反，本又作亢。争，諫争之争。《尸子》曰：夫已，多乎道？邵曰：已，止也。止曹伯使朝之命，則曹伯不陷非禮之愆，世子無苟從之咎，魯無失正之譏。三者正，則合道多矣。愆，去虔反。

《春秋穀梁傳》卷三《莊公二十二年》 冬，公如齊納幣。納幣，大夫之事也。禮有納采，采擇女之德性也。其禮用鴈爲贄者，取順陰陽往來。贄，音至。有問名，問女名而卜之，知吉凶也，其禮如納采。有納徵，徵，成也，納幣以成婚。有告期。告迎期。迎，魚敬反。四者備，而後娶。禮也。公之親納幣，非禮也，故譏之。公母喪，未再朞而圖婚，傳無譏文，但譏親納幣者，喪婚不待貶絶而罪惡見。見，賢徧反。

《春秋穀梁傳》卷三《莊公二十四年》 春，王三月，刻桓宮桷。禮，天子之桷，斲之礱之，加密石焉。以細石磨之。刻音克。桷音角，榱也；方曰桷，圓曰椽。斲，丁角反，削也。礱之，力公反，磨也。諸侯之桷，斲之礱之。大夫斲之，士斲本。刻桷，非正也。夫人，所以崇宗廟也，取非禮與非正，而加之於宗廟，以飾夫人，非正也。非禮謂娶讎女，非正謂刻桷丹楹也。本非宗廟之宜，故曰加，言將親迎，欲爲夫人飾，又非正也。迎，魚敬反，下皆同。刻桓宮桷，丹桓宮楹，斥言桓宮，以惡莊也。不言新宮而謂之桓宮，以桓見殺於齊，而飾其宗朝，以榮讎國之女，惡莊不子。惡，烏路反，下同。

又：戊寅，大夫宗婦覿，用幣。宗婦，同宗大夫之婦。覿用，徒歷反，見也。覿，見也。禮，大夫不見夫人，不言及，不正其行婦道，故列數之也。男子之贄，羔、鴈、雉、腒。贄，所以至者也。上大夫用羔，取其從羣，帥而不黨也。下大夫用鴈，取其知時，飛翔有行列也。士冬用雉，夏用腒，取其耿介，交有時，別有倫也。腒，腊也。雉必用死，爲其不可生服也。夏用腒，備腐臭也。數，色主反。腒，其居反，腊也。乾雉也，士夏執之，備腐臭也。《説文》云：北方謂鳥腊曰腒。傳曰：尭腊，舜始腒。別，彼列反。爲其，于僞反。腐，符甫反。婦人之贄，棗、栗、鍛脩。棗，取其早自矜莊，栗，取其敬栗，鍛脩，取斷斷自脩整。鍛，丁亂反，脯也，鍛而加薑桂曰脩。脩飭，本或作勑，同恥力反；一本作飾，申職反；或作整，音征領反。用幣，非禮也。用者，不宜用者也。大夫，國體也，國體謂爲君股肱。股音古。肱，古弘反。而行婦道，惡之，故謹而日之也。惡，烏路反。

《春秋穀梁傳》卷五《僖公六年》 夏，公會齊侯、宋公、陳侯、衛侯、曹伯伐鄭，圍新城。伐國不言圍邑，此其言圍，何也？據元年楚人伐鄭，不言圍。病鄭也，著鄭伯之罪也。泰曰：諸伐國而言圍邑，傳皆以爲伐者之罪，而以此著鄭伯之罪者，齊桓行覇，尊崇王室，綏合諸侯，翼戴世子。盟之美者，莫盛於此。而鄭伯辟義逃歸，違叛覇者，是以諸侯伐而圍之，罪著于上，討顯于下，圍伐之文雖同，而善惡之義有殊，亦猶桓盟不日以明信，而葵丘之盟日之以爲美。著，張慮

反。辟音避。

《春秋穀梁傳》卷六《文公二年》　八月，丁卯，大事于大廟，躋僖公。大事，祫也。時三年之喪未終，而吉祭於大廟，則其譏自明。大廟音泰，注及傳大祖同。躋，子兮反，升也。祫，户夾反，下及注皆同。大事者何？大是事也，著祫、嘗。祫，合也。嘗，秋祭。祫祭者，毁廟之主，陳于大祖；未毁廟之主，皆升，合祭于大祖。祫祭著皆合祭諸廟已未毁者之主於大祖廟中，以昭繆爲次序，父爲昭，子爲繆，昭南鄉，繆北鄉，孫從王父坐也。祭畢，則復還其廟。昭繆音韶穆，下及傳同。鄉音向，下同。躋，升也，先親而後祖也，逆祀也。舊説僖公閔公庶兄，故文公升僖公之主於閔公之上耳。僖公雖長，已爲臣矣。閔公雖小，已爲君矣。臣不可以先君，猶子不可以先父，故以昭穆父祖爲喻。甯曰：即之於傳，則無以知其然。若引《左氏》以釋此傳，則義雖有似，而於文不辨。高宗，殷之賢主，猶祭豐于禰，以致雉雊之變，然後率脩常禮。文公傎倒祖考，固不足多怪矣。親謂僖，祖謂莊。長，丁丈反。先，悉薦反，下同。禰，乃禮反。雊，古豆反，雉鳴也。傎倒，丁田反，下丁老反。逆祀，則是無昭穆也。無昭穆，則是無祖也。無祖，則無天也。故曰：文無天。無天者，是無天而行也。祖，人之始也。人之所仰，天也。君子不以親親害尊尊，此《春秋》之義也。尊卑有序，不可亂也。

《春秋穀梁傳》卷六《文公十二年》　二月，庚子，子叔姬卒。其曰子叔姬，貴也，公之母姊妹也。同母姊妹。其一傳曰：許嫁以卒之也。男子二十而冠，冠而列丈夫，三十而娶。女子十五而許嫁，二十而嫁。禮：二十而冠，冠而在丈夫之列。譙周曰：國不可久無儲貳，故天子諸侯十五而冠，十五而娶，娶必先冠，以夫婦之道，王教之本，不可以童子之道治之。禮：十五爲成童，以次成人，欲人君之早有繼體，故因以爲節。《書》稱成王十五而冠，著在《金縢》。《周禮・媒氏》曰：令男三十而娶，女二十而嫁。《内則》云：女子十五而笄。説曰：許嫁也。是故男自二十以及三十，女自十五以及二十，皆得以嫁娶，先是則速，後是則晚。凡人嫁娶，或以賢淑，或以方類，豈但年數而已。若必差十年乃爲夫婦，是廢賢淑方類，苟比年數而已，禮何爲然哉？則三十而娶，二十而嫁，説嫁娶之限，蓋不得復過此爾。故舜年三十無室，《書》稱曰鰥。《周禮》云：女子年二十未有嫁者，仲春之月，奔者不禁。奔者，不待禮聘因媒請嫁而已矣。甯謂禮爲夫之姊妹服，長殤年十九至十六。如此，男不必三十而娶，女不必二十而嫁明矣。此又士大夫之禮。冠，江唤反。娶，七住反。譙，在遥反。笄，古兮反。先是，蘇徧反。後是，户豆反。比，毗至反，或如字。得復，扶又反。鰥，古頑反。禮爲，于僞反。服長，丁丈反。

《春秋穀梁傳》卷一一《定公元年》　戊辰，公即位。殯然後即位也。周人殯于西階之上。定無正，見無以正也。踰年不言即位，是有故公也。謂昭公在外故。見，賢徧反。言即位，是無故公也。即位，授受之道也。先君見授，後君乃受，故須棺在殯，乃言即位。先君無正終，則後君無正始也。先君有正終，則後君有正始也。戊辰，公即位，謹之也。定之即位，不可不察也。公即位，何以日也？據未有日者。戊辰之日，然後即位也。癸亥，公之喪至自乾侯，何爲戊辰之日，然後即位也？癸亥去戊辰六日，怪不即位。正君乎國，然後即位也。諸侯五日而殯，今以君始死之禮治之，故須殯而後言即位。沈子曰：正棺乎兩楹之間，然後即位也。兩楹之間，南面之君聽治之處。之處，昌慮反。内之大事，日。即位，君之大事也，其不日何也？以年決者，不以日決也。此則其日，何也！著之也。欲有所見。何著焉？踰年即位，厲也。厲，危也。公喪在外，踰年六月，乃得即位，危，故日之。於厲之中，又有義也。先君未殯，則後君不得即位。未殯，雖有天子之命，猶不敢，況臨諸臣乎？以輕喻重也。雖爲天子所召，不敢背殯而往，況君喪未殯，而行即位之禮，以臨諸臣乎？周人有喪，魯人有喪。周人弔，魯人不弔。周人曰：固吾臣也，使人可也。魯人曰：吾君也，親之者也，使大夫則不可也。故周人弔，魯人不弔，以其下成、康爲未久也。周道尚明，無愧于不往。君，至尊也，去父之殯而往弔猶不敢，況未殯而臨諸臣乎？

《論語注疏・子罕》　子疾病，注：包曰：疾甚曰病。子路使門人爲臣。注：鄭曰：孔子嘗爲大夫，故子路欲使弟子行其臣之禮。病間，曰：久矣哉，由之行詐也！無臣而爲有臣。吾誰欺？欺天乎？注：孔曰：少差曰間，言子路久有是心，非今日也。且予與其死於臣之手也，無寧死於二三子之手乎？注：馬曰：無寧，寧也。二三子，門人也。就使我有臣而死其手，我寧死於弟子之手乎！且予縱不得大葬，注：孔曰：君臣禮葬。予死於道路乎？注：馬曰：就使我不得以君臣禮葬，有二三子在，我寧當憂棄於道路乎？疏：正義曰：此章言孔子不欺也。子疾病者，疾甚曰病。子路使門人爲臣者，以孔子嘗爲魯大夫，故子路欲使弟子行其家臣之禮，以夫子爲大夫君也。病間，曰：久矣哉，由之行詐也者，少差曰間。當其疾甚時，子路以門人爲臣，夫子不知。及病少差，知之，乃責之，言子路久有是欺詐之心，非今日也，故云久矣哉。由之行詐也，無臣而爲有臣，吾誰欺？欺天乎者，言我既去大夫，是無臣也，女使門人爲臣，是無臣而爲有臣。如此行詐，人盡知之，是人不可欺，故云吾誰欺？既人不可欺，乃欲遠欺天乎？且予與其死於臣之手也，無寧死於二三子之手乎者，無寧，寧也。二三子，門人也。言就使我有臣，且我與其死於臣之手，寧如死於其弟子之手乎？且予縱不得大葬，予死於道路乎者，大葬，謂君臣禮葬。言且就使我縱不得以君臣禮葬，有二三子在，我寧當憂棄於道路乎？言必不至死於道路也。

（宋）劉恕《資治通鑑外紀》卷三上《周紀一・武王》　改建子爲正月，以垂三統。至於敬授民時，巡狩祭享，猶用夏焉。【略】尚赤。其社用栗，葬樹柏，牲用騂，以赤爲徽號。朝燕服冕而元衣，八寸爲尺。其樂《大武》。

（宋）劉恕《資治通鑑外紀》卷三上《周紀一・成王》　伯禽嘗與康叔朝于成王，見周公，三見而三笞，康叔有駭色，與伯禽問於商子，商子曰：南山之陽，有木曰喬，二子盍往觀乎？見喬竦焉，實而仰。商子曰：喬者，父道也。南山之陰，有木名梓，二子盍往觀乎？見梓勃焉，實而俯。商子曰：梓者，子道也。二子明日見周公，入門而趨，登堂而跪，周公拂其首，勞而食之曰，安見？對曰：見商子。周公曰：君子哉！

又：命魯世世祀周公以天子禮樂，賜之重祭。外則郊社，内則大嘗禘。升歌清廟，下而管象、朱干、玉戚，冕而舞《大武》，八佾以舞《大夏》。虞夏殷周四代之樂器服官，魯兼用之，昭文王周公之德，以示子孫。

（宋）劉恕《資治通鑑外紀》卷四《周紀二・平王》　二十六年，晉始亂，封文侯季弟成師于曲沃，是爲桓叔。曲沃大於翼，桓叔時年五十八，好德，靖侯庶孫欒賓傅之，晉國之衆皆附。君子曰：晉之亂，其在曲沃矣。末大於本而得民心，不亂何待。

（宋）劉恕《資治通鑑外紀》卷四《周紀二・釐王》　冬，晉獻公作二軍，公將上軍，太子申生將下軍，趙夙御戎，畢萬爲右。師未出，士蔿言於公曰：太子，君之貳也，而帥下軍，無乃不可乎？公曰：寡人在上，申生在下。士蔿曰：下不可以貳上，闕而變敗，弗能補也。可以陵小，難以征國。君其圖之。公曰：寡人有子而制焉，非子之憂也。士蔿出，語人曰：太子不得立矣。行之克也，將以害之。若其不克，因以罪之，無以避罪，不如逃之。太子聞之，曰：爲人子者，患不從，不患無名；爲人臣者，患不勤，不患無禄。遂行。與公伐滅霍、魏、耿。太子還，讒言彌興。

（宋）劉恕《資治通鑑外紀》卷五《周紀三・襄王》　冬，晉、宋、陳、鄭伐秦。取汪及彭衙。此《春秋經》及《左氏傳》文。戎王聞秦穆公賢，使由余來觀。由余，其先晉人，亾入戎，能晉言。穆公示以宮室積聚。由余曰：使鬼爲之則勞神，人爲之亦苦民。古之有國者，未嘗不以恭儉；失國者，未嘗不以驕奢也。穆公怪之，問曰：中國以《詩》、《書》、禮、樂、法度爲政，然尚時亂。戎夷無此，何以爲治？由余笑曰：此乃中國所以亂也。自上聖黄帝，僅以小治，及其後世，阻法度之威，以責督於下，下以仁義怨望於上。上下交争，篡弑滅宗，皆以此也。夫戎夷，上含淳德以遇下，下懷忠信以事上，一國之政猶一身，真聖人之治也。穆公退而謂内史廖曰：鄰有聖人，敵國之憂也。廖曰：戎王處僻陋之地，未嘗見中國聲色，君試遺之女樂以奪其志。戎王好樂，必怠於政。爲由余請緩期，留而莫遣，使其君臣有間，乃可圖也。穆公曰：善。與由余曲席而坐，傳器而食，問其地形兵勢盡督。而后令内史廖，以女樂二八遺戎王，戎王受而説之，終歲淫縱，牛馬半死。秦乃歸由余。由余數諫不聽，穆公使人間要之，由余遂去降秦。穆公以客禮禮之，拜爲上卿，問伐戎之形。

（宋）劉恕《資治通鑑外紀》卷六《周紀四・定王》　莊王使士亹傅太子審，辭。王曰：賴子之善善之也。對曰：善在太子。太子欲善，善人將至；若不欲善，善則不用。王卒使傅之。問於申叔時，叔時曰：教之《春秋》、世、詩、禮、樂，令、語、故志、訓典。若是而不從，動而不悛，悛而不攝，攝而不徹；則導之忠、信、義、禮、孝、事、仁、文、武、罰、賞而明齊肅以耀之臨。若是而不濟，不可爲也。此節引《楚語》文。

（宋）劉恕《資治通鑑外紀》卷七《周紀五・靈王》　十一月甲午，諸侯救陳。此《春秋經》《左氏傳》文，亦見《史記・年表》。魯子服它諫季文子曰：子相二君，妾不衣帛，馬不食粟。人以子爲愛，且不華國。文子曰：德榮爲國華。吾觀國人，食麄而衣惡者多。文子以告其父仲孫蔑，蔑囚之七日，自是子服之妾，衣不過七升之布，馬餼不過稂莠。文子聞之曰：過而能改，民之上也。使爲上大夫。

（宋）劉恕《資治通鑑外紀》卷八《周紀六・敬王上》　孔子言於魯定公曰：三家過制，請皆損之。乃使季氏宰仲由隳三都之城，彊公室，弱私家，政化大行。

（清）馬驌《繹史》卷七七上《晏子相齊》　《新序》齊景公飲酒而樂，釋衣冠，自鼓缶。謂侍者曰：仁人亦樂是夫？梁丘子曰：仁人耳目亦猶人也，奚爲獨不樂此也。公曰：速駕迎晏子。晏子朝服而至，公曰：寡人甚樂此樂也，願與夫子共之，請去禮。晏子對曰：君之言過矣。齊國五尺之童子力盡勝嬰而又勝君，所以不敢亂者，畏禮也。上若無禮，無以使其下；下若無禮，無以事其上。夫麋鹿唯無禮，故父子同麀。人之所以貴於禽獸者，以有禮也。《詩》曰：人而無禮，胡不遄死。故禮不可去也。公曰：寡人無良，左右淫湎，寡人以至於此，請殺之。晏子曰：左右何罪？君若好禮，左右有禮者至，無禮者去。君若惡禮，亦將如之。公曰：善。請革衣冠，更受命，乃廢酒而更尊，朝服而坐，觴三行，晏子趨出。

《晉書》卷三九《荀勖傳》　時又通議元會日，帝應敬司徒王導不。博士郭熙、杜援等以爲禮無拜臣之文，謂宜除敬。侍中馮懷議曰：天子修禮，莫盛於辟雍。當爾之日，猶拜三老，況今先帝師傅。謂宜盡敬。事下門下，奕議曰：三朝之首，宜明君臣之體，則不應敬。若他日小會，自可盡禮。又至尊與公書手詔曰頓首言，中書爲詔則云敬問，散騎優册則曰制命。今詔文尚異，況大會之與小會，理豈得同！詔從之。

《南齊書》卷九《禮志上》　建武四年正月，詔立學。永泰元年，東昏侯即位，尚書符依永明舊事廢學。領國子助教曹思文上表曰：古之建國君民者，必教學爲先，將以節其邪情，而禁其流欲，故能化民裁俗，習與性成也。是以忠孝篤焉，信義成焉，禮讓行焉，尊教宗學，其致一也。是以成均煥於古典，虎門炳於前經。陛下體睿淳神，纘承鴻業，今制書既下，而廢學先聞，將恐觀國之光者，有以擬議也。若以國諱故宜廢，昔漢成立學，爰洎元始，百餘年中，未嘗暫廢，其閒有國諱也。且晉武之崩，又其學猶存，斯皆先代不以國諱而廢學之明文也。永明以無太子故廢，斯非古典也。尋國之有學，本以興化致治也，天子於以諮謀焉，於以行禮焉。《記》云天子出征，受命於祖，受成於學。執有罪反，釋奠於學。又云食三老五更於太學，天子袒而割牲，執爵而酳，以教諸侯悌也。於斯學，是天子有國之基，教也或以之。所言皆太學事也。今引太學不非證也。據臣所見，今之國學，即古之太學。晉初太學生三千人，既多猥雜，惠帝時欲辯其涇渭，故元康三年始立國子學，官品第五以上得入國學。天子去太學入國學，以行禮也。太子去太學入國學，以齒讓也。太學之與國學，斯是晉世殊其士庶，異其貴賤耳。然貴賤士庶，皆須教成，故國學太學兩存之也，非有太子故立也。然繫廢興於太子者，此永明之鉅失也。漢崇儒雅，幾致刑厝，而猶道謝三、五者，以其致教之術未篤也。古之教者，家有塾，黨有庠，術有序，國有學，以諷誦相摩。今學非唯不宜廢而已，乃宜更崇尚其道，望古作規，使郡縣有學，鄉閭立教，請付尚書及二學詳議。有司奏，從之，學竟不立。

（宋）王溥《唐會要》卷三《皇后》　唐隆元年六月二十日降為庶人。初，神龍元年十二月，侍中桓彦範上表曰：昔孔子論詩，《關雎》為始。言后妃者，人倫之本，理亂之端也。故皇英降而虞道興，任姒歸而周宗盛。桀奔南巢，禍階妹喜，魯桓滅國，惑以齊媛。伏見陛下每臨朝聽政，皇后必施帷幔坐于殿上，得聞政事。臣歷選列辟，詳求往代，帝王有與婦人謀及政者，莫不破國亡身，傾輈繼路。且以陰乘陽，違天也；以婦凌夫，違人也。違天不祥，違人不義。由是古人譬以牝雞司晨，惟家之索。《易》曰：无攸遂，在中饋。言婦人不得預于國政也。伏願鑒古人之言，察古人之意，上以社稷為重，下以蒼生為念，宜令皇后無往正殿，干及外朝，專在中宮，聿修陰教，則坤儀式固，鼎命維新。

又：初，十四年四月，侍御史潘好禮，聞上欲以惠妃為皇后，進疏諫曰：臣嘗聞《禮記》曰父母之讎，不共戴天。《公羊傳》曰子不復父讎，不子也。昔齊襄公復九世之讎，丁蘭報木母之恩，《春秋》美其義，漢史稱其孝。陛下既不以齊襄為法，丁蘭為戒，豈得欲以武氏為國母？當何以見天下之人乎？不亦取笑于天下乎？非止虧損禮經，實恐汙辱名教。又惠妃再從叔三思、從父延秀等，並干亂朝綱，遞窺神器。豺狼同穴，梟獍同林，至如惡木垂陰，志士不息；盜泉飛液，正夫莫飲，良有旨哉。且匹夫匹婦欲結夫妻者，尚相揀擇，況陛下是累聖之貴，天子之尊乎。伏願陛下詳察古今，鑒戒成敗，慎擇華族之女，必在禮義之家，稱神祇之心，允億兆之望，為國大計，其在于兹。且惠妃本是左右執巾櫛者也，不當參立之。《春秋》書宋人夏父之會，無以妾為夫人；齊桓公誓命于葵邱，亦曰無以妾為妻。此則夫子恐開窺競之端，深明嫡庶之別。又漢成帝欲立趙氏為皇后，劉輔極言；漢桓帝欲立薄氏于中宫，李雲切諫。又見人間盛言，尚書左丞相張説自被停知政事之後，每諂附惠妃，誘蕩上心，欲取立后之功，更圖入相之計。伏願杜之于將漸，不可悔之于已成。且太子本非惠妃所生，惠妃復自有子，若惠妃一登宸極，則儲位實恐不安。皇太子既守器承祧，為萬國之主本，何可輕易，輒有摇動？古人所以見其漸者，良以是也。昔漢高祖以戚夫人之故，將易太子之位，時有商山四皓，雖不食漢庭之禄，尚能輔翼太子。况臣愚昧，職參憲府，慷慨關心，感激懷憤，陛下留神省察。

(宋)王溥《唐會要》卷六《公主》 唐隆元年六月二十六日，勑公主置府。近有勑總停，其太平公主有崇保社稷功，其鎮國太平公主府，即宜依舊，酸棗縣尉袁楚客奏記于中書。令魏元忠曰：女有內，男有外，男女有別，剛柔分矣。中外斯隔，陰陽著矣，豈可相濫哉。然而幕府者，丈夫之職，非婦人之事，今公主開府建寮，崇置法官，秩若親王，以女處男職，所謂長陰而抑陽也，而望陰陽不僁，風雨不爽，其可得乎？竊謂非致遠之計，乖久安之策。《書》曰：事不師古，以克永世。匪説攸聞，此之謂也。君侯不正，誰正之哉？

(宋)王溥《唐會要》卷三一《輿服上·章服品第》 咸亨五年五月十日勑，如聞在外官人、百姓，有不依令式，遂於袍衫之內，著朱紫青緑等色短衫襖子，或於閭野，公然露服，貴賤莫辨，有斁彝倫。自今以後，衣服下上，各依品秩。上得通下，下不得僭上，仍令有司嚴加禁斷。

(宋)王溥《唐會要》卷三八《奪情》 貞元十三年七月，張茂宗將尚公主。太常博士裴堪上疏曰：伏見駙馬都尉張茂宗，猶在母喪，聖恩念其亡母遺表，許公主今年八月出降，仍令茂宗借吉就昏者。伏以夫婦之義，人倫大端。所以《關雎》冠《詩》之首者，王化之先也。天屬之親，孝行爲本，所以齊衰在服之重者，人道之厚也。聖王知二端爲訓人之本，不可變也，故制《昏禮》，曰：納采、問名、納吉、納徵。皆主人几筵聽命於廟。稱事立禮，通謂之嘉。所以上承宗廟繼嗣也。又制《喪禮》曰：創巨者其日久，痛甚者其愈遲，三年之喪，二十五月而畢，稱情立文，通謂之凶。所以送死者有已，復生有節也。然後夫義婦順，父慈子孝。馴致不失，臻于太和。歷代寶之，以爲至教。昔魯侯改服，晉襄墨縗，事重于奪情，義許其權變。又兵法鑿門而出，以喪禮處之。以情相因，體或有類。若茂宗釋縗服而衣冠裳，去堊室而行親迎，雖云輟哀借吉，是亦以凶瀆嘉，豈惟失先王之重典，抑亦爲國家之爽法。儻茂宗留俟免喪，則日月非遠。今公主指期下嫁，又儀注有嫌，固不可廢重而就輕，捨大而取小。伏惟皇帝陛下，體天撫運，統天立法，何嘗不守先王之至德，往聖之明謨。下盡羣言，上留元鑒，彝倫式序，懿範昭明。所以八表肅清，四夷歸化。方宏禮義之日，大敦名教之時。于無爲之朝，有異議之事。衆情未達，疑懼交深。伏願抑茂宗亡母之誠，顧典章不易之義，待其終制，然後賜昏。收天情于至難，察有司之愬守，垂之史册，聖德彌光，則天下幸甚。

(宋)王溥《唐會要》卷八三《嫁娶》 六年，御史大夫韋挺上表曰：夫婦之道，王化所先；婚姻之禮，人倫攸尚。所以承紹家業，嗣續祖妣。静而思之，安可不敬？嫁女之室，有不息火之悲；娶婦之家，有不舉樂之感。今貴族豪富，婚姻之始，或奏管絃，以極歡宴，唯競奢侈，不顧禮經，非所謂嗣親之道，念別離之意。正始之本，實在於茲，若不訓以義方，將恐此風愈扇。

(宋)李燾《續資治通鑑長編》卷一八九《宋仁宗嘉祐四年》 春正月丙申朔，日有食之，遣官祭社。知制誥劉敞言：臣前論先期避殿不中古典，未蒙省察。今又聞遣官祭社，稽之於經，亦未見此禮。蓋社者，上公之神，羣陰之長，故曰日食則伐鼓於社，所以責上公，退羣陰。今反祀而請之，是屈天子之禮，從諸侯之制，抑陽扶陰，降尊貶重，此乃日之所由改變，非承天戒，尊朝廷之意也。且禮者先王訓民事君，不可不謹，前事之失，習俗未久，苟爲因循，則憲章廢矣。惟陛下稽古正名，審所施爲，毋以禮假人也。

(清)徐乾學《資治通鑑後編》卷七三《宋紀七三》 初，議崇奉濮安懿王典禮，翰林學士王珪等相顧莫敢先，天章閣待制司馬光獨奮筆立議。議成，珪即敕吏以光手藁爲案。其議曰：臣等謹按《儀禮》，爲人後者爲之子，不敢復顧私親。聖人制禮，尊無二上。若恭愛之心分施於彼，則不得專壹。於此故也，是以秦漢以來，帝王有自旁支入承大統者，或推尊父母以爲帝后，皆見非當時，貽譏後世。臣等不敢引以爲聖朝法，况前代之入繼者，多於宮車晏駕之後，援立之策或出母后，或出臣下。非如仁宗皇帝，年齡未衰，深惟宗廟之重，祇承天地之意，於宗室中簡拔聖明，授以大業，繼體承祧，光有天下。濮安懿王，雖於陛下有天性之親，顧復之恩。然陛下所以負扆端冕，富有四海，子子孫孫萬世相承者，皆先帝之德也。臣等竊謂：今日所以崇奉濮安懿王典禮，宜準先朝封贈期親尊屬故事，高官大國，極其尊崇。譙國、襄國太夫人、仙遊縣君，亦改封大國太夫人。考之古今，實爲宜稱。議上，中書奏：王珪等議，未見詳定濮王當稱何親，名與不名？於是珪等議濮王於仁宗爲兄，於皇帝宜稱皇伯而不名，如楚王、涇王故事。時議者或欲稱皇伯考，天章閣待制呂公著曰：真宗以太祖爲皇伯考，非可加於濮王也。是月乙酉，中書又奏：按《儀禮》，爲人後者爲其父母報。及案令文與五服年月敕並云：爲人後者，爲其所後父母斬衰三年；爲人後者，爲其父母齊衰朞，即出繼之子，於所繼所生父母，皆稱父母。又漢宣帝、光武皆稱其父爲皇考。今王珪等議稱皇伯，於典禮未見明據，請下尚書省，集三省、御史臺官議。詔從之。執政意朝士必有迎合者，而臺諫皆是王珪等，議論洶洶，未及上。太后聞之，辛亥，內出手書，切責韓琦等以不當議稱皇考。而琦等奏太后以珪等議稱皇伯爲無稽，且欲緩其事，須太后意解。甲寅，降詔，罷尚書省集議，令有司博求典故，務合禮經以聞。翰林學士范鎮時判太常寺，即率禮官上言：漢宣帝於昭帝爲孫，光武於平帝爲祖，則其父容可以稱皇考。然議者猶或非之，謂其以小宗而合大宗之統也。今陛下既考仁宗，又考濮安懿王，則其失非特漢宣、光武之比矣。凡稱帝若皇、若皇考，立寢廟論昭穆，皆非是。因具列《儀禮》及漢儒論議魏明帝詔爲五篇，奏之。執政得奏，怒。召鎮責曰：詔書云當令檢詳，奈何遽列上耶？鎮曰：有司得詔書，不敢稽留，即以聞，乃其職也。奈何更以爲罪乎？於是臺官自中丞賈黯以下各有奏，乞早從王珪等議。侍御史知雜事呂誨言：朝廷既知議論不一，當辨正是非，參合衆意，明所適從，豈可事未有定，遽罷集議，還付所司？詔命反復，非所以示至公於天下也。漢宣、光武皆稱父爲皇考者，二帝上承本宗，皆非旁繼。於今事體畧不相類。據王珪等議，濮安懿王於仁宗皇帝其屬爲兄，於皇帝合稱皇伯而不名，於禮得矣。及引元佐、元儼稱皇兄、皇叔之類，皆本朝典禮，安得謂之無據？臣竊原勅意直欲加濮安懿王爲皇考，與仁廟同稱。此事非出清衷，必佞臣建白，苟悅聖情。二三輔臣，不能爲陛下開陳正論，又將啟其間隙，違背禮義，惑亂人情。忘先帝之眷荷，陷陛下於非正，得爲忠乎？臣伏望陛下別降詔旨，以王珪等議爲定。取前後所獻不一之論，盡降出外，辨正是非，明其有罪，寘之於法。可以渙釋羣疑，杜絶邪論。誨前後三奏皆留中不行。誨前奏以六月二十九日丁卯上，後二奏不得其時。今並附六月末。司馬光言：政府言《儀禮》令文、五服年月勅皆云：爲人後者爲其父母，即出繼之子，於所生皆稱父母。臣案禮法必須指事立文，使人曉解。今欲言爲人後者爲其父母之服，若不謂之父母，不知如何立文？此乃政府欺罔天下之人，謂其皆不識文理也。又言漢宣帝、光武皆稱其父爲皇考。臣案宣帝承昭帝之後，以孫繼祖，故尊其父爲皇考，而不敢尊其祖爲皇祖考。以其與昭穆同故也。光武起布衣，誅王莽，親冒矢以得天下。名爲中興，其實創業，雖自立七廟，猶非太過，但稱皇考，其謙損甚矣。今陛下親爲仁宗之子，以承大業。傳曰：國無二君，家無二尊。若使尊濮王爲皇考，則置仁宗於何地乎？政府前以二帝不加尊號，於其父祖引以爲法則可矣。若謂皇考之名，亦可施於今日，則事恐不侔。設使仁宗尚御天下，濮王亦萬福，當是之時，命陛下爲皇子，則不知謂濮王爲父爲伯？若先帝在則稱伯，没則稱父。臣計陛下必不爲此也。以此言之，濮王當稱皇伯，又何疑焉？願陛下上稽古典，下順衆志，以禮崇奉濮安懿王如珪等所議。

《明史》卷一一三《后妃傳》　明太祖鑒前代女禍，立綱陳紀，首嚴內教。洪武元年命儒臣修女誡，諭翰林學士朱升曰：治天下者，正家爲先。正家之道，始於謹夫婦。后妃雖母儀天下，然不可俾預政事。至於嬪嬙之屬，不過備職事，侍巾櫛；恩寵或過，則驕恣犯分，上下失序。歷代宮闈，政由內出，鮮不爲禍。惟明主能察於未然，下此多爲所惑。卿等其纂女誡及古賢妃事可爲法者，使後世子孫知所持守。升等乃編録上之。

五年六月命禮臣議宮官女職之制。禮臣上言：周制，後宮設內官以贊內治。漢設內官一十四等，凡數百人。唐設六局二十四司，官凡一百九十人，女史五十餘人，皆選良家女充之。帝以所設過多，命重加裁定。於是折衷曩制，立六局一司。局曰尚宮、尚儀、尚服、尚食、尚寢、尚功，司曰宮正，秩皆正六品。每局領四司，其屬二十有四，而尚宮總行六局之事。戒令責罰，則宮正掌之。若尚宮不及奏，內使監不覆奏，而輒領於部者，論死。或以私書出外，罪亦如之。

（明）俞汝楫《禮部志稿》卷二《聖諭·成祖文皇帝·宗室之訓》

永樂十五年十二月，敕戒永和王濟烺曰：凡朝廷儀物制度，等差截然，不可違越。比爾擅造印章，僭用龜紐，龜紐惟親王之寶用之，爾擅爲之，越禮分矣。以爾年少，及念爾父同氣之故，姑宥不問。自今宜謹遵禮法，毋蹈前過。

（明）俞汝楫《禮部志稿》卷二《聖諭·成祖文皇帝·禮制之訓》

永樂元年十月，敕禮部臣曰：太祖高皇帝臨御，命所司歷考禮樂制度，參酌古今，上自朝廷下及臣民，冠昏喪祭之儀，服舍器用之制，皆有等差，著爲定式，頒布中外，行之久矣。朕慮今有司因循苟且，奉行弗謹，致有非分違法，干犯刑憲，非朕所以愛民之道。爾禮部其以洪武中所定一切制度，圖示中外，俾人知遵守，庶幾享太平之福。

（明）俞汝楫《禮部志稿》卷三《聖訓·宣宗章皇帝·禮制之訓》

宣德四年二月，上視朝罷，御左順門，諭行在禮部尚書胡濙曰：朝廷之禮，最先正名，尊卑等級，不可僭差。凡內外官員士庶服飾儀從序立及尊卑稱呼之類，皆有定制。近多越禮犯分，亦有在內府私行揖拜禮者。其揭榜申明定制，無使僭越。

（明）俞汝楫《禮部志稿》卷六《聖訓·世宗肅皇帝·飭禮之訓》

嘉靖九年二月，都察院右都御史汪鋐以風俗奢侈，奏請刊大明令典禮儀定式，及皇上新降敕諭，有違令者以法繩之。上曰：禮所以辨上下，定民志。故官民服飾、房舍、器用，祖宗皆有品第，著爲定式。近者貪官、豪民陵節犯分，日奢侈剋剝兼并，職此之繇，其令在京巡城御史、在外巡按御史檢察不法者，具狀以聞。

《大清通禮·上諭》乾隆元年六月二十二日上諭：朕聞三代聖王，緣人情而制禮，依人性而作儀，所以總一海內，整齊萬民，而防其淫侈，救其彫敝也。漢唐以後，雖粗備郊廟廷之儀，具其名物藏於有司，時出而用之。雖縉紳學士皆未能通曉，至於閭閻，車服、宮室、飲食、嫁娶、喪祭之紀，皆未嘗辨其等威，議其度數。是以爭爲侈恣，而耗敗亦由之。將以化民成俗，其道無由。前代儒者雖有《書儀》、《家禮》等書，而儀節繁委，時異制殊。士大夫或可遵循而難施於黎庶。本朝《會典》所載卷帙繁重，民間亦未易購藏。應萃集歷代禮書並本朝《會典》，將冠、婚、喪、祭一切儀制，斟酌損益，彙成一書。務期明白簡易，俾士民易守。著總理事務王大臣會同該部從容定議。

《晏子春秋·外篇上》景公飲酒數日而樂，釋衣冠，自鼓缶，謂左右曰：仁人亦樂是夫？梁丘據對曰：仁人之耳目，亦猶人也，夫奚爲獨不樂此也？公曰：趣駕迎晏子。晏子朝以至，受觴再拜。公曰：寡人甚樂此樂，欲與夫子共之，請去禮。晏子對曰：君之言過矣！羣臣皆欲去禮以事君，嬰恐君子之不欲也。今齊國五尺之童子力皆過嬰，又能勝君，然而不敢亂者，畏禮也。上若無禮，無以使其下，下若無禮，無以事其上。夫麋鹿維無禮，故父子同麀，人之所貴於禽獸者，以有禮也。嬰聞之，人君無禮，無以臨其邦；大夫無禮，官吏不恭；父子無禮，其家必凶；兄弟無禮，不能久同。《詩》曰：人而無禮，胡不遄死。故禮不可去也。公曰：寡人不敏無良，左右淫蠱寡人，以至于此，請殺之。晏子曰：左右何罪？君若無禮，則好禮者去，無禮者至；君若好禮，則有禮者至，無禮者去。公曰：請易衣革冠，更受命。晏子避走，立乎門外。公令人糞灑改席，召衣冠以迎晏子。晏子入門，三讓，升階，用三獻焉；嗛酒嘗膳，再拜，告饜而出，公下拜，送之門。反，命撤酒去樂，曰：吾以彰晏子之教也。

（清）顧炎武《日知録》卷四《夫人孫于齊》莊公元年三月，夫人孫于齊。不稱姜氏，絶之也。二年十有二月，夫人姜氏會齊侯于禚。復稱姜氏。見魯人復以小君待之，忘父而與讎通也。先孫後會，其間復歸於魯，而《春秋》不書，爲國諱也。此夫子削之矣。

劉原父曰：左氏曰夫人孫于齊，不稱姜氏，絶不爲親，禮也。謂魯人絶文姜，不以爲親，乃中禮爾。然則母可絶乎？宋襄之母，獲罪於君，歸其父母之國。及襄公即位，欲一見而義不可得，作《河廣》之詩以自悲。然宋亦不迎而致也，爲嘗獲罪於先君，不可以私廢命也。孔子論其詩而著之，以爲宋姬不爲不慈，襄公不爲不孝。今文姜之罪大，絶不爲親，何傷於義哉？

著録

（元）龔端禮《五服圖解・自序》 夫有國者，莫不以刑法為治統；有家者，莫不以服紀別親疏。是故禮有五禮，服有五服，刑有五刑。聖人以禮制而定服紀，以服紀而立刑章。然則服有加降，刑分重輕，欲正刑名，先明服紀。服紀正，則刑罰正；服紀不正，則刑罰不中矣。此乃萬古不易，治國齊□□□□□□聽小才，不學亡術，貌不足以動時，言不足以警世。俛仰天地之間，如白駒之過隙。

（元）龔端禮《五服圖解・進服書文》 嘉興路至治三年十一月二十九日，據録事司申備耆老張文彬等狀呈：切見本路城居龔端禮箕裘紹業，詩學傳家，識見老成，鄉黨稱善。近聞本人編類《五服圖集》，徃而訪聞。乃云：唐有《五服問答》，宋《五服敕疏》及今官民准用彭仁仲、袁知州《舉要》，互相異同，世俗未能易曉。今將古今書籍參考詳訂，編成五服八圖，開列門類，分章細解，共成二百九十二章。本人藏之家塾，未傳於衆，伏覩本司牓文，拯治事宜內一項，勸人孝弟正謂教化風俗。據龔端禮已成是書，如蒙敦請，本人先以一本赴官，移文儒學校正，然後印行，庶使人民慎於孝禮，盡其誠厚之道，實非小補。用敢闔詞，舉明呈乞，詳酌施行，得此，行下東坊正敦請龔端禮先將上項文籍一本，赴司施行去後。今據坊正張從政申繳到斗隅頓民龔端禮責狀稱：端禮之服書，非自著言。昨因先祖龔頤正，宋時宣教郎，充樞密院編修官兼資善堂小學教授，家傳服圖，故求諸禮圖書六十五家，體古遵今，編類成集，不修文采，惟載孝義喪禮淳樸之辭，願欲正人心耳，無求聞達。不意嘉興路儒學耆秀葉竹岡洎見任祝學正誤重以序文交章而推奬。又有闔郡耆老舉明，方今刋備。今端禮遵依，先行茅印一集見在。伏聞孔聖曰：道之以政，齊之以刑，民免而無恥；道之以德，齊之以禮，有恥且格。然服制關繫世教，伏慮未克盡善，乞解上司委官校正可否，然後施行。所責是實，申乞施行，得此參詳。龔端禮所編《五服文集》，此乃朝廷之政教，使天下之民知其孝禮，以厚風俗，抑且省其刑罰，有益於世。卑司不敢專擅，今解《五服圖集》二册，乞收管委官校正施行，得此行下本路儒學校正明白，保結申府去後。今據狀申移，准本學羅教授關將發到《服集》二册，依上考校得其服有五，先王制禮之一也。圖焉，説焉，散見雜出，非一家。檇李龔仁夫者病，夫紛紜異同，莫之正也，遂類為一編，分章畫圖，又從而釋之，名曰：《五服圖解》。要之，蓋欲夫人服喪中禮而已。於戲，用心若此可謂真知禮者哉！後之來者得見焉亦幸矣。不然徒知五服有圖，而圖有解不能以禮裁之，圖云乎哉？解云乎哉？委中程式，堪以傳授，關請施行，准此卑學看詳。喪服之制，天下通例，如蒙申明上司，更為詳正，為例通行，亦可闡揚名教，以厚風俗，誠為善道。申乞施行，得此府司官議擬得上項。《服書》本乎禮經，可以裨政教，厚風俗，誠非小補。今將《服書》一樣二集四帙，申解前去合行申覆。伏乞鈞詳，收管施行。

（唐）蕭嵩《大唐開元禮・周必大序》 三代以下言治者莫盛於唐，故其議禮有足稽者。始太宗文皇帝以濬哲之姿，躬致上治，顧視隋禮不足盡用，乃詔房玄齡、魏徵與禮官學士等，增脩五禮，成書百卷，總一百三十篇，所謂《貞觀禮》是也。高宗纂成之，復詔長孫無忌、杜正倫、李義府以三十卷益之。然義府輩務為傅會，至雜以今式，議者非焉。所謂《顯慶禮》是也。二書不同，蓋嘗並用，春官充位，莫之或正。開元皇帝綏萬邦撫重熙，於是學士張説奏言：儀注矛盾，盍有以折衷之。乃詔徐堅、李鋭，施敬本載加撰述，繼以蕭嵩、王仲丘等歷數年乃就，號曰《大唐開元禮》。吉、凶、軍、賓、嘉至是備矣。書必有序，序所以為作者之意。《禮書》，一代之典也，其可闕耶！謹為序曰：夫為國必以禮，禮以時為大。商之去夏未久也，其損益已可知矣。况乎自秦迄漢，典籍殘缺，所可見者二戴之《記》。《周官》之書，其綱則備，其紀則畧。二戴之《記》，雜出於漢儒，或繁密難遵，或牴牾莫辨。此泯泯棼棼，所以毋敢輕議也。雖然大略設而椎輪不可以復用，宮室備而茅茨不可以復拘。若明堂以致嚴父之孝，孝致矣，則汶上之圖不必盡合於黃帝；圓丘以竭事天之誠，誠竭矣，則澤中之祀不必盡合於成周。蓋古今之不同，質文之遞變，雖先王未之有者可以義起，奈何區區殘編斷簡泥古而窒今，使前朝盛典不傳於後世耶。唐受命，奄有方夏。吉禮以祀神祇，賓禮以親邦國，嘉禮以親萬民，不得已而施之軍禮、凶禮者，甚衆也。朝廷之所用，有司之所守，非一定之論，則內外無所適從；非不刊之書，則子孫無所取法。今自貞觀而至顯慶，閱歲未久，二禮之不同，固未害損益之義也。然既出義府傅會，則非所謂一定之論；猬雜有司令式，則非所謂不刊之書。惟開元皇帝，勵精政治，有意太平，故能遴擇儒臣，釐正鉅典，惟堅等辨博通貫，體上之意，故能不泥不肆，克輯成書，因時肇興。朝廷有大疑，不必聚諸儒之訟，稽是書而可定；國家有盛舉，不必綿野外之儀，即是書而可行。世世守之，毋敢失墜，不其休哉！書凡百五十卷，各以類從。讀者如按圖而知四方，此不具載。姑叙作書之旨云。

（唐）蕭嵩《大唐開元禮・大唐開元禮考略》 開元十年，以國子司業韋縚為禮儀使，以掌五禮。十四年，通事舍人王喦上疏，請刪去《禮記》舊文而益以今事。詔付集賢院議。學士張説以為《禮記》不刊之書，去聖久遠不可改易，而唐貞觀、顯慶《禮儀》注前後不同，宜加折衷以為唐禮。乃詔集賢院學士、右散騎常侍徐堅、左拾遺李鋭，及太常博士施敬本撰述。歷年未就而鋭卒。蕭嵩代鋭為學士，奏起居舍人王仲丘，撰定為一百五十卷，是為《大唐開元禮》。由是唐之五禮之文始備，而後世用之雖時小有損益，不能過也。《新唐書・禮樂志》《開元禮》一百五十卷，張説請修貞觀、永徽五禮，命賈登、張烜、施敬本、李鋭、王仲丘、陸善經、洪孝昌撰輯，蕭嵩總之。《唐書・藝文志》

《開元禮》，序例三卷，吉禮七十五卷，賓禮二卷，嘉禮四十卷，軍禮十卷，凶禮二十卷。《集賢注記》

《開元禮》一百五十卷，唐集賢院學士蕭嵩、王仲丘等撰。唐初有貞觀、顯慶《禮儀》，注不同，而顯慶又出於許敬宗希旨附會，不足施用。開元十四年，通事舍人王喦請刪《禮記》舊文而益以今事，張説以為《禮記》不可改易，宜折衷貞觀、顯慶以為唐禮。乃詔徐堅、李鋭、施敬本撰述，蕭嵩、王仲丘繼之。書成，唐之五禮之文始備，於是遂以設科取士。新史《禮樂志》大畧采摭著於篇。然唐初已降凶禮於五禮之末，至顯慶遂削去《國恤》一篇，則敬宗諂諛諱惡，鄙陋亡稽，卒不正也。《書録解題》

開元二十六年六月二十七日，渤海求寫唐禮，許之。《唐會要》

貞元二年六月十一日勅：舉人有習《開元禮》者，同一經例，選人不限選數，許集通大義百條，策三道者，超資與官。大義通七十，策通二者，不在放限。九年五月二日勅：通大義百條，策三道者，為上；大義通八十，策通二者，為次。元和八年四月，吏部奏：習《開元禮》者，先授太常官，以備講討。從之。同上。

唐志取士科目有《開元禮》。凡《開元禮》通大義百條，策三道者，超資與官。義通七十，策通二者，及第試散官。義通者，依正員。明經有三禮，辛秘登開元禮科，授博士。《玉海》貞元五年，始有開元禮一人。同上。

後周廣順三年八月，《開元禮》三史各對義三百道。《五代會要》

開寶六年，上親閱進士，得二十六人，開元禮七人，自茲殿試以為常式。《太平治績通類》

是歲新修《開寶通禮》成。詔鄉貢開元禮宜改稱鄉貢通禮，本科並以新書試問。《文獻通考》

（宋）歐陽修《太常因革禮・序》 臣脩等聞，昔秦燔滅詩書，而禮樂尤其所惡，故漢興二百餘年，而郊祀之禮聽於方士，乘輿所御不過袀服。及至顯宗，然後發憤太息，鑿空耕荒，以有三雍七郊、百官備物、輅車袞冕，以祀天地，養三老五更於學，然後學世有述焉。漢末喪亂，永平遺文復就湮滅，而江左學者猶能言之。蕭梁之時，日不暇給，猶命陸連、賀瑒等五人分治五禮。及至隋文，天下初合，享國日淺，亦能於兵燼之餘收集南北儀注，為百三十篇。故唐興得以沿襲，為〔貞〕觀、顯慶、開元之禮。古之君子於戰伐崎嶇之中，猶不忍禮樂之廢，苟有一日之安，則相與戮力講求，其勤如此。宋有天下，承平百年，憲章文物，遠迹三代。而觀書於太常者，獨有《開寶通禮》得為完書，其餘顛倒脱落，無所考證，至不及漢、唐者，此有司失職，學者不講之過也。昔太祖皇帝始命大臣約唐之舊，為《開寶通禮》，事為之制，以待將來。其後更歷三朝，隨事損益，與《通禮》異者十常三四。苟新書不立，而恃《通禮》以為備，則後世將有感焉。故天聖中，禮官王皡等論次已行之事，名曰《禮閣新編》，其後賈昌朝等復加編定，名曰《太常新禮》。而《禮閣新編》止於天禧之五年，《太常新禮》止於慶歷之三年，又多遺畧，不能兼收博采，以示後世。而二書之外，存於簡牘者尚不可勝數，付之胥史，日以殘脱。故嘉祐中臣脩以為言，而先帝以屬脩與凡禮官，命臣闢臣洵，專領其局。始自建隆以來，訖於嘉祐，巨細必載，罔羅殆盡。以爲《開寶通禮》者一代之成法，故以通禮爲主而記其變，其不變者則有通禮存焉。凡變者皆有所沿於通禮也，其無所沿者謂之新禮，通禮之所有而建隆以來不復舉者謂之廢禮。凡始立廟皆有議論，不可以不特見，謂之廟儀，其餘皆即用《通禮》條目。爲一百篇以聞，賜名曰《太常因革禮》。雖不足以稱先帝考禮、修業，傳示無極之意，猶庶幾於守職不廢，以待能者。

（宋）歐陽修《太常因革禮・後跋》 《太常因革禮》，老蘇先生奉詔所修也。【略】古者，經禮三百，曲禮三千。自後世以禮著書者，僅存其大概，或闕其彌文，經禮粗詳，而曲禮盡廢，以故往往不可復考。嘉祐書古制，欲命大臣與禮官釐正紬繹，然後垂之永久。先生爭之，以爲今亦編集故事，使後世無妄之耳，非曰制爲典禮，遂使遵而行之也。遇事而載之，不擇善惡，是記事之體也。然則其凡例條目先生之定論蓋若此，而昧者顧謂繁簡失中，以楦釀目之，抑未之思歟！其書以《開寶通禮》爲本，而以《儀注例册》附見之，且參以《實録》《封禪記》《鹵簿記》《大樂記》及他書，經禮、曲禮於是兩備。張文定公所謂其事業不得舉而措之，於天下獨新禮百篇，今為太常施用者是也。錢侯太虛爲吾州盡刻蘇氏之書，於學宫所以加惠，諸生甚厚，且屬璧識其歲月，因備列之於末云。

《四庫全書總目提要》卷八二《史部・漢官舊儀》 《漢官舊儀》一卷、《補遺》一卷永樂大典本。

案《永樂大典》載《漢官舊儀》一卷，不著撰人名氏。考梁劉昭注《續漢書・百官志》，引用《漢官儀》則曰應劭，引用《漢舊儀》則不著其名。《隋書・經籍志》、《唐書・藝文志》作四卷，《宋史・藝文志》作三卷。《書録解題》始作《漢官舊儀》，注曰衛宏撰，或云胡廣。宏本傳作《漢舊儀》四篇，以載西京雜事，不名漢官。今惟此三卷，而又有漢官之目，未知果當時本書否？今案《永樂大典》此卷，雖以漢官標題，而篇目自皇帝起居、皇后親蠶以及璽綬之等、爵級之差，靡不條繫件舉，與宏傳所云西京雜事相合。又前後《漢書》注中凡引用《漢舊儀》者，竝與此卷所載相同。則其爲衛氏本書，更無疑義。或後人以其多載官制，增題官字歟？原本轉相傳寫，節目淆亂，字句舛譌，殆不可讀。茲據班范正史，綜覈參訂，以讞其疑。其原有注者，略仿劉昭注《百官志》之例，通爲大書，稱本注以別之。又考前後《漢書》紀志注中，別有徵引《舊儀》數條，竝屬郊天、袷祭、耕籍、飲酎諸大典，此卷俱未採入。蓋流傳既久，脱佚者多。謹復蒐擇甄録，別為一篇，附諸卷尾，以補本書之未備云。

《四庫全書總目提要》卷八二《史部・大唐開元禮》 《大唐開元禮》一百五十卷。兩淮鹽政採進本。

唐太子太師同中書門下三品兼中書令蕭嵩等奉敕撰。杜佑《通典》及新、舊《唐書・禮志》稱：唐初禮司無定制，遇有大事，輒制一儀，臨時專定。開元中，通事舍人王巖上疏，請刪削《禮記》舊文，益以今事。集賢學士張説奏：《禮記》不刊之書，難以改易，請取貞觀、顯慶禮書折衷異同，以爲唐禮。乃詔右散騎常侍徐堅、左拾遺李鋭、太常博士施敬本撰述，歷年未就。至蕭嵩爲學士，復奏起居舍人王仲邱等撰次成書，由是唐之五禮始備。卽此書也。其書卷一至卷三爲《序例》，卷四至七十八爲《吉禮》，卷七十九至八十爲《賓禮》，卷八十一至九十爲《軍禮》，卷九十一至一百三十爲《嘉禮》，卷一百三十一至一百五十爲《凶禮》。凶禮古居第二，而退居第五者，用貞觀、顯慶舊制也。貞元中，詔以其書設科取士，習者先授太常官，以備講討，則唐時已列之學官矣。新舊《唐書・禮志》皆取材是書，而所存僅十之三四。杜佑撰《通典》，別載《開元禮纂類》三十五卷，比《唐志》差詳，而節目亦多未備。其討論古今，斟酌損益，首末完具，粲然勒一代典制者，終不及原書之賅洽。故周必大序稱朝廷有大疑，稽是書而可定；國家有盛舉，即是書而可行。誠考禮者之圭臬也。《新唐書・藝文志》載修《開元禮》者尚有張烜、陸善經、洪孝昌諸人名，而《通典・纂類》中所載五嶽、四瀆名號，及《衣服》一門，間有與此書相出入者。蓋傳寫異文，不能畫一。既未詳其孰是，今亦竝仍原本録之，不復竄改，庶幾不失闕疑之義焉。

《四庫全書總目提要》卷八二《史部・謚法》 《謚法》四卷。內府藏本。

宋蘇洵撰。洵字明允，眉山人。官祕書省校書郎，以霸州文安縣主簿修《太常因革禮》，書而成卒。事蹟具《宋史》本傳。自《周公謚法》以後，歷代言謚者有劉熙、來奧、沈約、賀琛、王彥威、蘇冕、扈蒙之書，然皆雜糅附益，不爲典要。至洵奉詔編定六家謚法，乃取《周公春秋廣謚》及諸家之本删訂考證，以成是書。凡所取一百六十八謚，三百十一條。新改者二十三條，新補者十七條，別有七去、八類，於舊文所有者刊削甚多。其間如堯、舜、禹、湯、桀、紂乃古帝王之名，竝非謚號。而沿襲前譌，概行載入，亦不免疎失。然較之諸家義例，要爲嚴整。後鄭樵《通志·謚略》，大都因此書而增補之。且稱其斷然有所去取，善惡有一定之論，實前人所不及。蓋其斟酌損益，審定字義，皆確有根據，故為禮家所宗。雖其中閒收僻字，今或不能盡見諸施行，而歷代相傳之舊典，猶可以備參考焉。曾鞏作洵墓志，載此書作三卷。而此本實四卷，殆後人所分析歟？

《四庫全書總目提要》卷八二《史部·政和五禮新儀》 《政和五禮新儀》二百二十卷。兩淮馬裕家藏本。

宋議禮局官知樞密院鄭居中等奉敕撰。徽宗御製序文，題政和新元三月一日，蓋政和改元之年。錢曾《讀書敏求記》誤以新元爲心元，遂以爲不知何解，謬也。前列局官隨時酌議科條，及逐事御筆指揮；次列《御製冠禮》，蓋當時頒此十卷爲格式，故以冠諸篇；次爲《目録》六卷；次爲《序例》二十四卷，禮之綱也；次爲《吉禮》一百一十一卷；次爲《賓禮》二十一卷；次爲《軍禮》八卷；次爲《嘉禮》四十二卷，升婚儀於冠儀前，徽宗所定也；次爲《凶禮》十四卷，惟官民之制特詳焉。是書頗爲朱子所不取。自《中興禮書》既出，遂格不行，故流傳絶少。今本第七十四卷、第八十八卷至九十卷、第一百八卷至一百十二卷、第一百二十八卷至一百三十七卷、第二百卷，皆有録無書。第七十五卷、九十一卷、九十二卷，亦佚其半。然北宋一代典章，如《開寶禮》、《太常因革禮》、《禮閣新儀》，今俱不傳。《中興禮書》散見《永樂大典》中，亦無完本。惟是書僅存，亦論掌故者所宜參考矣。

《四庫全書總目提要》卷八二《史部·紹熙州縣釋奠儀圖》 《紹熙州縣釋奠儀圖》一卷。兩淮鹽政採進本。

宋朱子撰。考《朱子年譜》，紹興二十五年乙亥，官同安主簿。以縣學釋奠舊例，止以人吏行事，求《政和五禮新儀》于縣，無之。乃取《周禮》、《儀禮》、《唐開元禮》、《紹興祀令》，更相參考，畫成儀禮、器用、衣服等圖。訓釋辨明，纖微必備。此《釋奠禮》之初稾也。淳熙六年己亥，差知南康軍，奏請頒降禮書，又請增修禮書，事未施行。紹熙元年庚戌，改知漳州。復列上釋奠禮儀數事，且移書禮官，乃得頗爲討究。時淳熙所鏤之版已不復存，後乃得于老吏之家。又以議論不一，越再歲始能定議，而主其事者適徙他官，遂格不下。此《釋奠禮》之再修也。紹熙五年甲寅，除知潭州。會前太常博士詹元善還爲太常少卿，始復取往年所被敕命，下之本郡。吏文繁複，幾不可讀。且曰屬有大典禮，未遑徧下諸州。時朱子方召還奏事，又適病目，乃力疾鉤校，删剔猥雜，定爲四條，以附州案，俾移學官。是爲最後之定稾，即此本也。書首載淳熙六年《禮部指揮》一通，《尚書省指揮》一通，次《紹熙五年牒潭州州學備准指揮》一通，皆具録原文。次《州縣釋奠文宣王儀》，次《禮器十九圖》。其所行儀節，大抵採自杜氏《通典》及《五禮新儀》，而折衷之。後來一丁行事，雖儀注少有損益，而所據率本是書。惟所列兩廡從祀位次，有呂祖謙、張栻，則其事在理宗以後。又有咸淳三年改定位次之文。檢勘《宋史·禮志》，載咸淳詔書，其先儒名數及東西次序，與此書一一脗合，與朱子益不相及。蓋後人隨時附益，又非其原本矣。

《四庫全書總目提要》卷八二《史部·大金集禮》 《大金集禮》四十卷。兩淮馬裕家藏本。

不著撰人名氏，亦不著成書年月。據黄虞稷《千頃堂書目》，蓋明昌六年禮部尚書張暐等所進。今考書中紀事，斷至大定，知爲章宗時書，虞稷所載當不誤也。其書分類排纂，具有條理。自尊號、册謚以及祠祀、朝會、燕饗諸儀，燦然悉備。以《金史》諸志相校，其藍本全出於此。而志文援引舛漏，失其本意者頗多。若祭方丘儀，是書有前祭二日，太尉告廟之儀，而《金史》遺落不載。又《金史》云設饌幕于内壝東門之外，道北南向。考之此書，則陳設饌幕乃有東門、西門二處。蓋壇上及神州東方、南方之饌，陳於東門外；西方、北方之饌，陳於西門外。《金史》獨載設於東門外者，于禮爲舛。如斯之類，不一而足。非得此書，無以知史志之疎謬也。則數金源之掌故者，此爲總匯矣。惟第十卷載夏至日祭方丘儀，而圜丘郊天儀獨闕。考《金史》自天德以後，竝祀南北郊。大定、明昌，其制漸備。編書者既載北郊儀注，不應反遺南郊。蓋傳寫脱佚，非原書有所不備也。

《四庫全書總目提要》卷八二《史部·明集禮》　《明集禮》五十三卷。浙江范懋柱家天一閣藏本。

明徐一夔、梁寅、劉于、周於諒、胡行簡、劉宗弼、董彝、蔡琛、滕公琰、曾魯同奉敕撰。考《明典彙》載，洪武二年八月，詔儒臣修纂禮書。三年九月書成，名《大明集禮》。其書以吉、凶、軍、賓、嘉、冠服、車輅、儀仗、鹵簿、字學、樂爲綱，所列子目，吉禮十四，曰祀天，曰祀地，曰宗廟，曰社稷，曰朝日，曰夕月，曰先農，曰太歲、風、雲、雷、雨師，曰岳、鎮、海、瀆、天下山川、城隍，曰旗纛，曰馬祖、先牧、社馬步，曰祭厲，曰祀典神，曰三皇、孔子。嘉禮五，曰朝會，曰册封，曰冠禮，曰婚，曰鄉飲酒。賓禮二，曰朝貢，曰遣使。軍禮三，曰親征，曰遣將，曰大射。凶禮二，曰弔賻，曰喪儀。又冠服、車輅、儀仗、鹵簿、字學各一。樂三，曰鍾律，曰雅樂，曰俗樂。《明史·藝文志》及《昭代典則》均作五十卷，今書乃五十三卷。考《明典彙》載嘉靖八年禮部尚書李時請刊《大明集禮》九年六月梓成。禮部言是書舊無善録，故多殘闕，臣等以次詮補，因爲傳注。乞令史臣纂入，以成全書云云。則所稱五十卷者，或洪武原本。而今所存五十三卷，乃嘉靖中刊本，取諸臣傳注及所詮補者纂入原書，故多三卷耳。如《明禮志》載洪武三年圜丘從祀，益以風、雲、雷、雨。而是書卷一總序曰：國朝圜丘從祀，惟以大明、夜明、星辰、太歲。又所載圜丘從祀壇位，及牲幣尊罍，均止及大明、夜明、星辰、太歲，不及風、雲、雷、雨，是益祀風、雲、雷、雨從祀圜丘在十一月。而是書成於九月，故未及纂入，實有明據。而卷一序神位版，乃曰風伯之神、雲師之神、雷師之神、雨師之神，竝赤質金字。不應一卷之內，自相矛盾若此。則其爲增入可知。又《明史·禮志》載洪武元年冬至祀昊天上帝儀注，無先期告諸神祇及祖廟之文。至洪武四年，始剏此制，而是書儀注則有之，知亦嘉靖諸臣詮補纂入者矣。序爲世宗御製，題爲嘉靖九年六月望日。而《世宗實録》載九年六月庚午，刻《大明集禮》成，上親製序文。是月己未朔，則庚午乃十二日，與《實録》小有異同。疑十二日進書，望日製序，記載者併書於進書日也。

《四庫全書總目提要》卷八二《史部·明臣謚彙考》　《明臣謚彙考》二卷。浙江巡撫採進本。

明鮑應鼇撰。應鼇字山父，歙縣人。萬歷乙未進士，官至禮部祠祭司郎中。是書載明代文武諸臣贈謚，與欽定《明史》各傳俱相符合。首載各謚釋義，爲當時禮官體例。而所列諸謚，如某人謚某字，皆分注當日定謚取義之文于下，使觀者具知其所以然。較他家所記，較有根據。其前代諸臣，如謝枋得之謚忠節，紀信、文天祥之謚忠烈，鄧文進之謚忠襄，蘇緘之謚忠壯，史或不載，世所罕知，亦頗賴此書以存。卷末附萬歷三十一年至三十七年擬謚者二十九人，又三十八年至四十年擬謚者四人，皆二謚竝列。蓋神宗荒怠，奏章率不批荅，莫知進止，故兩存也。最後列《考誤》一篇，凡五十七人，皆據官册以正野史、集之譌。其中多有無謚而冒稱謚某者，亦有字相同異，美惡頓殊者。或詭詞假借，或傳寫舛謬，外人無從而知。非應鼇身爲禮官，親檢故籍，不能一一釐正也。其於一代易名之典，可云精核矣。

《四庫全書總目提要》卷二《史部·頖宮禮樂疏》　《頖宮禮樂疏》十卷。浙江巡撫採進本。

明李之藻撰。之藻字振之，仁和人。萬歷戊戌進士，官至太僕寺少卿。是編首列頖宮祀典，次列儀注，次列名物器數，其成八卷。第九卷爲啟聖祠及名宦、鄉賢祠，附以鄉飲酒禮。第十卷附以鄉射禮。其中如釋奠儀之散齋演樂、滌牲諸禮，及時祭儀注，皆《明會典》及《南雍志》諸書所未載。又迎神樂章，謂明制本宋舊，一成三成，相沿不易。其樂章諸譜，配以六律者，唯填工尺一字，頗能得其源流。蓋樂律自宋仁宗時始省去坐、立二部，及堂上、堂下之分。南宋諸儒，又以舊樂加平減之制，無高上、高尺之律，於是所用者惟中和韶樂。明代實沿其制。之藻所譜，又注明時俗之一凡、清凡諸調，與舊調相合者，分毫不爽。又於琴瑟操縵之法，別成一譜。其琴譜不越松風閣之舊規，以數音譜出一字，少用鉤剔。蓋欲近於和緩，以和韶樂。瑟譜則以六律為主，行遲其聲以應節，又與元熊朋來《瑟譜》之一聲一字者迥殊。蓋歷律皆根於數。之藻嫻於算法，世所行《天學初函》，即其所刻。故因數制律，足自爲一家之學。其末卷載鄉飲酒禮兼及鄉射禮者，明初之制，猶行射禮於頖宮。迨其中葉，此禮遂廢。故《明會典》及《南雍志》諸書載之不詳。之藻稽古證今，考辨頗爲賅悉。唯《褒崇》一門，僅採史傳，不及馬端臨《學校考》之備。又《儀器圖》內犧尊諸制，既不本於《三禮圖》，又不以《考古》、《博古》諸圖證其異同，僅以時俗陳設者爲準，未免稍略。然禮以時王所制爲定，是亦自有其義焉，未可盡非也。

《四庫全書總目提要》卷八二《史部·明謚記彙編》 《明謚記彙編》二十五卷。江蘇巡撫採進本。

明郭良翰撰。良翰有《周禮古本訂注》，已著録。茲編輯有明一代謚法，最爲詳備。首曰《功令》，凡子目二，曰《會典事例》，曰《近日事例》。次曰《謚法》，無子目。次曰《尊謚》，凡子目九。曰《帝后》，曰《皇妃謚六字》，曰《皇妃謚四字》，曰《皇妃謚二字》，曰《東宮》，曰《公主》，曰《親王》，曰《郡王》，曰《王妃》。次曰《臣謚》，凡子目九，曰《文臣》，曰《武臣》，曰《異流》，曰《夫人》、《淑人》，曰《追贈前朝臣》，曰《外夷》，曰《近題准謚諸文臣》，曰《議論》，曰《考誤》。其近題准謚一條，即當代文臣所以不散入各類者，蓋即鮑應鼇書所載之二十九人，不予不奪，莫知所定者也。其《議論》一門，則雜採明人諸説，如李東陽以有黨謚文正，彭韶以孤立謚惠安之類，持論頗公。其《考誤》一門，以閣籍正野史異同，尤爲可據，亦考典故者所宜取證也。

《四庫全書總目提要》卷八二《史部·幸魯盛典》 《幸魯盛典》四十卷。國朝襲封衍聖公孔毓圻等撰進。

先是，康熙二十三年，聖祖仁皇帝臨幸闕里，親祀孔廟，行九拜之禮，特命留曲柄繖於廟庭。復親製碑文，遣官勒石於孔廟大成門左，周公、孟子諸廟，咸蒙製文刊石。並録聖賢後裔，給世官以奉祠祀。鉅典裔皇，薄海忻舞。毓圻以聖天子尊師隆軌，超邁古今，宜勒爲成書，垂示來葉。二十四年，疏請纂修，並舉進士金居敬等八人司其事，得旨俞允。至二十七年，成書十八卷，奏進。蒙指示應改正者二十八條，及臣工詩文尚有應遴選録入者。諭毓圻等覆加校定，會詔發帑金，重建廟庭。御製奎章，摹鐫樂石，尊崇之典，視昔彌加。毓圻等乃續事編摩，增輯完備。凡修成《事蹟》二十卷，《藝文》二十卷，刊刻表進，即此本也。洪惟我聖祖仁皇帝統接羲、軒，心源洙、泗。褒崇聖教，典禮優隆，爲亙古所未有，非區區管闚蠡測所可形容。然文物典章，毓圻等得諸見聞，頗能臚具。伏讀是編，大聖人崇儒重道之至意，猶可仰見其萬一。是固宜藏諸金匱，以昭示無極者矣。

《四庫全書總目提要》卷二《史部·欽定大清通禮》 《欽定大清通禮》五十卷。

乾隆元年奉敕撰，越二十一年告成。首紀朝廟大典及欽頒儀式，其餘五禮之序，悉準《周官》，而體例則依仿《儀禮》。惟載貴賤之等差，節目之先後，而不及其沿革；惟載器物之名數，陳設之方隅，而不及其形製。蓋沿革具於《會典則例》，形製具於《禮器圖式》，各有明文，足資考證，故不複述也。考《儀禮》古經殘闕，諸儒所説，多自士禮上推於天子。且古今異制，後世斷不能行。其一朝令典，今有傳本者，惟《開元禮》、《政和五禮新儀》、《大金集禮》、《明集禮》。大抵意求詳悉，轉涉繁蕪。以備掌故則有餘，不能盡見諸施行也。我皇上聲律身度，典制修明，特命酌定此編，懸爲令甲。自朝廷以迨於士庶，鴻綱細目，具有規程。事求其合宜，不拘泥於成迹；法求其可守，不夸飾以浮文。與前代禮書鋪陳掌故，不切實用者迥殊。《記》曰禮從宜，又曰大禮必簡。三代聖王，納民軌物，其本義不過如斯。賜名曰《通禮》，信乎酌於古今而達於上下，爲億萬年治世之範矣。

《四庫全書總目提要》卷八二《史部·北郊配位議》 《北郊配位議》一卷。浙江巡撫採進本。

國朝毛奇齡撰。奇齡有《仲氏易》，已著録。康熙二十四年，太常寺卿徐元琪疏奏，現行祀典北郊既改北向，而三祖配位仍首東次西，同於南郊，請酌改所向。奇齡時官檢討，因撰是書。其斥漢元始儀之誤，謂孟春合祀，天位在西，地位在東，皆因惑於《曲禮》席南向北向以西方爲上之文。其實《曲禮》據常坐言之。若禮坐之席，則儀禮、射禮皆筵賓席於戶西，南上自與《曲禮》異。考《鄉射禮》文，乃席賓南面東上。賈公彥疏云，言東上，因主人在東，故席端在東，不得以《曲禮》席南向北向西方爲上解之。奇齡本此以折元始儀，實爲有據。至於元始儀配位西向南上，亦相承《曲禮》西向東向以南方爲上之文。奇齡以後漢改從北上爲正，其論甚確。然考北上之義，亦本《儀禮》。《大射儀》曰：大夫繼而東上，若有東面者則北上。《燕禮》曰：士既獻者立於東方，西面北上。此北上之異於南上者。今奇齡知南向東上之本於《儀禮》，而獨未知西向北上之亦本於《儀禮》。則未免知一而不知二。奇齡又謂北郊既改從北向，則配位即統於所向。地道尚右，配位當以東爲上，東乃北向之右也。今考《儀禮・大射儀》曰：諸公阼階西，北面東上。《燕禮》曰：卿大夫皆入門右，北面東上。則北郊北向，配位以東爲上，與《儀禮》北面東上義例全通。奇齡徒以地道尚右定之，亦爲未審。然全書考辨精核，援引博贍，於宋明以來議禮之家，要爲特出矣。

《四庫全書總目提要》卷八二《史部・廟制圖考》 《廟制圖考》一卷。浙江巡撫採進本。

國朝萬斯同撰。斯同字季野，鄞縣人。是書統會經史，折衷廟制，謂廟不在雉門之外。《考工記》左祖、右社，據王宮居中而言，是廟在寢東。蓋本蔡卞、朱子、易祓之説。又謂諸侯五廟，太祖居中，二昭居東，二穆居西，平行竝列，蓋本賈公彥之説。又謂自虞、夏、商、周天子皆立七廟，惟周增文、武二祧爲九廟。蓋本劉歆、王舜諸家之説。又謂《大傳》、《小記》、《祭法》、《中庸》、《詩序》、《國語》、《論語》所言禘，皆據宗廟大祭，非圜丘。蓋本王肅之説。於是上溯秦、漢，下迄元、明，凡廟制沿革，悉爲之圖。以附於經圖之後，而綴以説。其用功頗勤，其義例亦頗明晰，視明季本之書較爲賅備。其中所論，則得失互陳。如朱子謂羣昭皆列北牖下而南向，羣穆皆列南牖下而向北。斯同則謂禮室中但有南牖無北牖，朱子爲誤。今考《喪・大記》，寢東首于北牖下。註云：病者恒居北牖，或爲北墉。是室有北牖明矣。《詩》塞向墐戶。《經典釋文》引韓詩云：向，北向窗也。《毛傳》亦云：向，北出牖也。孔疏云：爲備寒不塞南窗，故云北出牖。則是室有南牖，又有北牖明矣。《郊特牲》云：薄社北牖。蓋但開北牖而塞其南，非凡屋本無北牖而特爲薄社開之也。《荀子・宥坐篇》，子貢觀於魯廟之北堂，出而問孔子曰：鄉者賜觀於太廟之北堂，吾亦未輟，還復瞻被九蓋。註云：北堂，神主所在也。九當爲北。蓋音盍，戶扇也。然則北堂既有北闔，何獨疑於北牖耶？《明堂位》刮楹達鄉，註云：鄉，牖屬，謂夾戶窗也，每室八窗爲四達。然則太廟之制略似明堂，四面且皆有牖，又何獨於北牖而疑之耶？凡此之類，皆未深考者也。至如朱子祭圖，祖妣竝列，斯同謂宗廟吉祭，一尸統二主，無女尸。何以知六廟之妣盡入太廟？遂引曾子問七廟五廟無虛主，惟祫祭爲無主，即知妣主亦入太廟。凡此之類，則援證精確，爲前人所未發矣。雖大旨宗王黜鄭，固守一隅，然通貫古今，有條有理，不可謂非通經之學也。王士禎記斯同所著書目有《廟制圖考》四卷。此本祇一卷，殆傳鈔者所合併歟？

右政書類典禮之屬，二十四部，一千五十一卷，皆文淵閣著録。案，六官之政，始於冢宰。茲職官已各自爲類，故不復及。六官之序，司徒先於宗伯。今以春官所掌，帝制朝章悉在焉。取以託始，尊王之義也。

《四庫全書總目提要》卷八三《史部・通祀輯略》 《通祀輯略》三卷。兩淮鹽政採進本。

不著撰人名氏。載歷代崇祀孔廟禮儀，起魯哀公，迄宋咸淳三年，疑爲元人作也。凡三卷，上卷分《謚號》、《廟祀》、《殿額》、《坐像》、《冕服》、《封爵》、《位序》、《配享》八門；中卷分《從祀》、《鄉賢》二門；下卷分《釋奠樂章》、《曲阜廟幸學》、《謁廟》、《告遷》、《奉安》五門。

《四庫全書總目提要》卷八三《史部・明堂或問》 《明堂或問》一卷。左都御史張若溎家藏本。

明世宗肅皇帝御撰。嘉靖十七年，致仕同知豐坊疏請復古禮，建明堂，加興獻帝廟號，稱宗以配上帝。詔下禮部會議，尚書嚴嵩等皆以明堂爲應建，而於稱宗、配享二事則依違其詞。戶部侍郎唐胄抗疏言，宜以太宗配享。帝怒，下胄獄。嵩乃再會廷臣議，請以興獻帝稱宗配食。帝以疏不言祔廟，留中不下。復設爲臣下問荅之詞，作《或問》一篇。大略言文皇遠祖，不應嚴父之義，宜以父配稱宗。雖無定説，尊親崇上，義所當行。既稱宗則當祔廟，豈有太廟中四親不具之禮。是年九月，遂尊興獻帝爲睿宗，祔太廟。又即元極寶殿爲明堂，大享上帝，以睿宗配，皆如帝旨。此本前有帝所自作小序，後以配享詔書一通附之。

《四庫全書總目提要》卷八三《史部・正孔子祀典説》 《正孔子祀典説》一卷。左都御史張若溎家藏本。

明世宗肅皇帝御撰。嘉靖九年，大學士張璁請正先師祀典。帝因言聖人尊天與尊親同，今全用祀天儀，非正禮。謚號章服，悉宜改正。璁遂請改孔子稱先師，不稱王；用木主，不用塑像；籩豆用十，樂用六佾。配位宜削公侯伯之號，止稱先賢、先儒。帝命禮部集議，編修徐階疏陳不可。帝怒，謫階官。因親製此文，宣付史館。大略謂孔子以魯僭王爲非，寧肎自僭天子之禮。尋以羣臣爭執者衆，復降諭曉示，命禮部與《祀典説》通行刊布，於是其議遂定。案，《明史·禮志》，尚有帝所製《正孔子祀典申記》一篇，此本所附敕諭中亦有朕著説記之語。而書中有説無記，疑爲傳寫者所脱也。

《四庫全書總目提要》卷八三《史部·大禮集議》 《大禮集議》五卷。浙江范懋柱家天一閣藏本。

明席書編。書，遂寧人。宏治庚戌進士，官至武英殿大學士，謚文襄。事蹟具《明史》本傳。嘉靖初，書爲南京兵部侍郎，大禮議起，書揣知帝意方向張璁、桂萼，乃上疏力主其説。帝大喜。時汪後代毛澄爲禮部尚書，猶堅執如澄議。及俊以力爭建廟去位，帝特旨用書代之。此編卽其爲禮部尚書時所編刻以進者也。初，侍讀學士方獻夫請刊《大禮奏議》二卷，後吏部侍郎胡世寧復續增一卷。至廟議已定，書乃取原編定爲《奏議》一卷，《會議》一卷，《續議》一卷，復增《廟議》一卷，末又附《諸臣私議》一卷。私議者，議而未奏者也，然皆不外璁、萼等附合時局之説耳。

《四庫全書總目提要》卷八三《史部·保和冠服圖》 《保和冠服圖》一卷。浙江范懋柱家天一閣藏本。

明張璁撰。璁有《諭對録》，已著録。是書作於嘉靖七年，在璁未更名以前，故仍題原名。先是，世宗命璁製燕弁冠服爲燕居所御，又製忠靜冠服以錫有位。會光澤王請宗室冠服式，命以燕弁爲準。定爲此圖，而敕璁爲之説。前有諭旨及璁序。其冠，親王九襊，世子八襊，郡王七襊。服用青身青緣，前後方龍補。襯用深衣，玉色。帶用青表緑裏緑緣。履用皁緑，結白韈。其鎮國將軍至奉國中尉，左右長史至伴讀，咸從忠靜冠服，以品官之制服之。其儀賓則不預焉。名曰保和，言各得其分則和也。其冠圖爲前後左右四面，服圖爲前後二面，較三禮諸圖繪一面者爲詳，可爲繪圖之式云。

《四庫全書總目提要》卷八三《史部·太廟敕議》 《太廟敕議》一卷。左都御史張若溎家藏本。

明嘉靖中禮部頒行本也。成祖既遷都北平，而南京太廟仍舊不廢。至嘉靖十三年，南京太廟災，禮部尚書湛若水疏請重建。世宗敕羣臣集議，尚書夏言及大學士張孚敬等會疏，稱國不當有二廟，請以南京太廟香火歸併奉先殿。其太廟故址，仿古壇墠遺意，高築牆垣，令所司謹其啓閉。帝從其議，言因取所奉敕旨及會議題稾彙成此帙，奏請刊行。

《四庫全書總目提要》卷八三《史部·謚法通考》 《謚法通考》十八卷。浙江朱彝尊家曝書亭藏本。

明王圻撰。圻有《東吴水利考》，已著録。圻著《續文獻通考》，於《禮考》之末增《謚法》一目，補馬端臨之闕。然於明代謚典，猶未之及。此書所載，上考列朝，下至萬歷。自君后、妃主、王公、卿相以逮百官，至於聖賢隱逸，旁及異端宦寺、簒逆之黨，凡有謚者，皆備書以資考證。其卷首冠以《總紀》、《釋義》二目，猶《續通考》之例，又所以自補其闕也。有趙可懷序，稱就《續通考》中抽出《謚法》一種另梓，殆未詳閲其書歟。

《四庫全書總目提要》卷八三《史部·孔廟禮樂考》 《孔廟禮樂考》六卷。兩淮馬裕家藏本。

明瞿九思撰。九思有《春秋以俟録》，已著録。是書於孔廟禮樂沿革同異，考證頗詳，勝他家鈔撮舊文有同簿籍者。惟二卷以從祀諸弟子編爲歌括，殊乖體例。

《四庫全書總目提要》卷八三《史部·明典禮志》 《明典禮志》二十卷。浙江巡撫採進本。

明郭正域撰。正域有《批點考工記》，已著録。是書其官禮尚書時所輯。第一卷爲登極儀，二卷爲朝儀，三卷爲宴享儀，四卷爲尊號，五卷至七卷爲册封，八卷爲冠禮，九卷爲婚禮，十卷爲喪禮，十一卷爲耕耤，十二卷爲親蠶，十三卷爲經筵日講諸儀，十四卷爲出閣讀書諸儀，十五卷爲巡狩，十六卷爲監國，十七卷爲儀仗，十八卷爲冠服，十九卷爲宫室，共子目一百二十有七。二十卷爲雜典禮，共子目六十有六。敘次亦尚明簡，而體例頗叢脞。朝儀既自爲卷，而外戚朝見又入雜典禮中。進實録、進玉牒，受降，獻俘，宣捷，皆國之大事，亦入雜典禮中。至於郊祀、宗廟，乃闕而不載，尢不喻其故也。

《四庫全書總目提要》卷八三《史部·明謚考》　《明謚考》三十八卷。山東巡撫採進本。

明葉秉敬撰。秉敬有《字孿》，已著録。是書採集有明一代諸臣之謚，創爲冠額之法。以上一字爲冠，下一字爲額，復依四聲次第分列。其例頗爲杜撰，而所載之謚亦多舛誤。如宋濂正德間追謚文憲，而作文惠。又載陶琬、鄭世威俱謚恭介，而不及陳有年，有年得謚在萬歷二十六年。書中載趙志臯謚文懿在二十九年，則不可謂非考據之踈矣。末一卷所載祖父子孫得謚者，亦多所遺漏，未爲詳贍。

《四庫全書總目提要》卷八三《史部·謚法纂》　《謚法纂》十卷。浙江汪啟淑家藏本。

明孫能傳撰。能傳字一之，寧波人。萬歷丙辰進士，官至工部員外郎。卽嘗與張萱同編《内閣書目》者。此書詳考易名之制，首功令，次謚法，次尊謚，次臣謚，而以議論終焉。大抵據内閣册籍鈔録成書，其例頗與葉秉敬《謚考》相同，而不及其精密。

《四庫全書總目提要》卷八三《史部·辨定嘉靖大禮議》　《辨定嘉靖大禮議》二卷。浙江巡撫採進本。

國朝毛奇齡撰。奇齡有《仲氏易》，已著録。是書力斥楊廷和之議，而又不屑與張、桂相雷同，謂張、桂較廷和議爲正，特不知根柢經傳。凡爲辨二十四篇，援據典確，亦可備一説。惟謂世宗旣嗣武宗，卽當以武宗爲父，引《公羊傳》爲人後者爲之子作證。然奇齡於所著《春秋毛氏傳》及《曾子問講録》内論仲嬰齊卒一條，則又力闢《公羊》之誣，謂嬰齊不得以兄子家爲父，父仲遂爲祖。又於經説中力排汪琬誤信《公羊傳》爲人倫之禍，而此辨忽主此説，前後矛盾，殆不可解。又謂世宗竝當爲所生持服三年，則雖當時張、桂諸人猶未敢創爲此論，奇齡乃忽發之。考《儀禮·喪服經》曰：爲人後者，爲其父母報。《傳》曰：何以期也，不貳斬也。何以不貳斬也，特重於大宗者，降其小宗也。若世宗又爲所生斬，是貳斬矣。卽曰經文專爲宗子言之，不知宗子之尊，孰若天子？言宗子則通於天子矣。奇齡又謂經文明云爲人後者爲其父母報，則於所生父母不改稱也。旣於父母不改稱，卽不得改三年服制。然《儀禮》雖不易父母之名，而仍降在齊衰期服章内，則終不得服以父母之服矣。奇齡所引，不足自證，適以自攻耳。考《通典》徐邈荅孔注曰：史皇孫皇考之名，特稱謂耳，未足以明服之輕重。其論可與《喪服傳》相發明。奇齡乃取徐邈已廢之説，改飾更張，實乖典制。其餘各條，間有可采，然不足救大本之乖謬也。

《四庫全書總目提要》卷八三《史部·聖門禮樂統》　《聖門禮樂統》二十四卷。山東巡撫採進本。

國朝張行言撰。行言字躬先，江浦人。是書卷首爲綱領，不入卷數。一卷至五卷詳載歷代祀典，六卷載孔子世家及宗子世表，七卷至十五卷爲四配、十哲、先賢、先儒列傳，十六卷爲從祀啓聖祠先賢、先儒列傳，十七卷爲改祀、罷祀諸儒列傳，十八卷至二十三卷爲樂經、樂志、樂器、律品、譜圖，二十四卷載孔子及四配林廟諸圖。其裒輯極繁，而徵引諸書仍不出尋常習見。

（明）楊一清《楊一清集》附録一《進明倫大典表》　伏以聖人在天子之位，作禮樂以化民；惟皇建民極之衷，本綱常以爲治。蓋道莫大乎崇本，而政必始於正名。自有天地以來，父父子子；凡爲日月所照，尊尊親親。況夫曆數在躬之君，又非大夫以下之比。大人世及而不易，君子會通而能行。自夏歷殷歷周，統緒正而彝倫明；由漢至唐至宋，議論多而道德隱。魏詔起於偏安之際，《濮議》鼓於聚訟之餘。事拂經常，言非定論。究其流弊之滋蔓，皆緣析禮之弗精。人可違，天不可違；理既順，勢亦自順。不圖今日之盛，獲睹大道爲公。

茲蓋伏遇皇帝陛下，晉明出地，離照當天。商湯肇修人紀，以至於有萬邦；虞舜察於人倫，而爲法於天下。操三重以撫世，議禮、制度、考文；秉一德以宅尊，敬天、勤民、法祖。當六龍時乘之運，正五星聚室之期。恭握瑤符，當臨璿極。遵太祖兄終弟及之訓，承憲廟子燕孫貽之謀。天與之，人歸之，四方丕應而徯志；遠有望，近無斁，萬姓蹈舞以謳歌。念嚴慈垂罔極之恩，詔臣下議尊崇之典。慨群工之迷復，執爲後之彌文。一傳衆咻，牢不可破；以非爲是，紛然同辭。賴天理之未亡，幸忠言之屢入。人紀將墜而復振，廟謨獨斷而告成。詔定於三頌，直洗末世之陋習；禮求夫一是，聿崇昭代之嘉橅。本諸身，徵之庶民而皆從；考於前，俟諸後聖而無惑。紹武宗十有六年之統，而兄弟之義盡；復獻帝十有五年之嗣，而父子之恩完。人倫於是乎大明，民德翕然其歸厚。都宮有奕，太廟與世廟相輝；祀事孔明，大禮與大樂並作。

既而聖心中啓，睿思遠圖。以人道之大經，雖明於今日；而人心之迷惑，恐誤夫後來，襲舛承訛，或昧於繼統繼嗣之義；貴耳賤目，猶徇夫師丹、司馬之名。席書有《纂要》之編，而其終未究；臣璁有《要略》之述，而其事未詳。爰修大禮之全書，昭示明倫之大典。綸音兩降，編摩用言禮之臣；御札時頒，筆削求至當之論。蓋事必稽其實，而文必稱其情。日繫月，月繫年，綱有條而不紊；史載經，經載道，理無微而不宣。五典惇敘出於天，本天道以明人事；衆言淆亂折諸聖，執聖經以破群疑。約文敷義，而旨趣自明；舉事直書，而正邪莫掩。凡係綱常之要領，隨加論斷以判評。一展卷而數百人之得失昭然，不逾年而千百載之典刑具矣。

仰藉神謨之廣運，兼承睿藻以發揮。有血氣莫不尊親，懷仁義以利君父。昔唐禮創於房玄齡之輩，秖名曰《開元》；暨宋禮成於劉温叟之儔，亦惟曰《開寶》。率沿緜蕝之舊，未免亥豕之訛；豈若揭大典以敘大倫，用以伸正氣而明正道。屬致中致和之應，昭大順大化之符。天地山川發祥，諸福畢至；歲月日時無易，百穀用成。

臣等謬以職業之關，濫叨纂述之任。粤自丁亥春王之月，訖於戊子夏正之辰。才華有愧於三長，意見粗勤於一得。仰徹重瞳之覽，俯垂率土之觀。伏願皇上弘包含徧覆之仁，取其善不追其過；擴藏垢匿瑕之量，捨其舊俾圖其新。老老長長而恤孤，推絜矩以平天下；親親仁民而愛物，廣至德以綏萬方。日重華，月重輪，並耀前星之慶；嶽重輝，海重潤，丕承上帝之休。

臣等無任瞻天仰聖，激切屏營之至，謹以修完《明倫大典》二十四卷，隨表上進以聞。

（明）楊一清《楊一清集》附録一《明倫大典後序》

《明倫大典》成。皇上既親御宸翰序其端，且詔内閣諸臣曰：卿等宜各序其後，以彰君臣同德之義。臣等頓首受命。臣一清猥以官序列諸臣先，謹拜手稽首而獻言曰：

人道之所由立者，綱常而已。綱常之理，如日麗天，夫人之所共知共由者也，而君天下者實主之。堯、舜之教以人倫，商湯之肇修人紀，周武王之重民五教，皆率是道，未有外綱常倫理而可以治天下者也。夫大倫有五，而父子君臣其本焉。本之不立，而末未有能治者矣。

恭惟我皇上，應運挺生，以憲宗皇帝嫡孫，龍潛藩國。奉武宗皇帝遺詔，尊我太祖皇帝兄終弟及之訓，入繼大統。遺詔曰：興獻王長子倫序當立。大義甚明。初議尊崇之禮，具以實稱，則孝宗皇帝之爲伯，恭穆獻皇帝之爲父，武宗皇帝之爲兄，天敘天秩，蓋有不可易者。父父子子，君君臣臣，名正言順而事成矣。夫何禮官誤議，輔臣謬主之。力持漢定陶、宋濮王之議，以强附今上於與爲人後之倫，名實紊矣。

惟時臣璁首執經據禮，創言於朝，以皇上實繼統，非繼嗣。廷議非是，又託爲《或問》以盡其説。臣韜復以《正議》佐之。而在朝臣工，黨同伐異，猶泥於爲人後之文。屢議屢執，其失滋甚。雖以臣席書、臣獻夫之疏亦正且詳，而格未能上達。越三年，臣萼在南京，乃申臣璁之論，並録上臣書、臣獻夫所議奏以聞。皇上併下廷臣集議，而臣璁、臣萼方被召以來，面相質證，衆論乃屈，大義獲伸。於是大禮告成，君臣父子之倫各歸於正。獻皇廟享之儀延於世世，禮樂之數純乎天子，凡所當爲者，皆無復遺憾矣。

夫以燦然不可越之禮，秩然不可奪之倫，重以皇祖之謨訓，聖主之孝思，而群衆譁然，幾成聚訟。二三年間，宗室之賢，武弁之英，各以其説是正，而臣浹、臣綰、臣黄宗明之章後先至，敷析甚明，然卒不能勝夫雷同之口。積之四年，凡三更詔而後定，是何難哉！

初，臣一清卧病江南，聞廷議，驚曰：奚至是哉！及見臣璁所著《或問》，喜曰：天地間自有公是，不可易也。既而譁者未息。比見臣書《考議》之出，曰：是安得復有異議乎？顧迷者嚚然，尚未能盡悟。至三下詔，則譁者息，嚚者帖，朝野之論翕然大同。向之言非者，今更言是矣。

是禮也，臣璁力犯衆怒，震撼攻擊，屹然不爲變。臣萼雖後出，然危言激論，以折服人心，大義卒賴之以明。然非臣韜、臣書、臣獻夫諸臣爲之羽翼，則寡固不可以敵衆，亦殆也已夫！究其本，實由皇上大孝之至，通於神明，聖志之定，堅如金石。故衆言淆亂，卒於正義乎是歸。否則，雖有抱忠之臣，守經之論，亦安能以自遂乎？

夫天理之在人心，不可泯没。昔之議者，非皆的有所見。始則察禮不精，而誤執宋之《濮議》，以司馬氏、程氏之言爲可信耳！不思今日之事與宋不同。使二子生今之世，議今之禮，亦豈肯若是誤哉？彼曹魏偏安，定陶末造，又非可援以爲言者，顧乃果於遂非，久而不復，亦惑之甚矣。且人君之尊如天，其威如雷霆。皇上因心之孝素定於胸中，豈不能一言而決。直以帝堯稽衆之仁，虞舜用中之知，過執謙虚，屢下廷議，將博取諸人，以求至理之所在耳！而群臣不能早見而善承之，争持曲説，以求必勝，徒以效忠自諉，而卒墮於亂倫之罪，惜哉！

是典之修，是非具載，不没其實。所謂據實直書，得失自見，庶幾乎《春秋》之法，而末紀河清甘露之瑞，亦《春秋》獲麟以天道終焉之意也。於戲！是書出而天下後世之爲父子者定人倫，正天理，得禮樂之興，刑罰之中，皆根柢於是矣。是皆淵衷之所指授，而繫以論斷，則多出臣璁。臣冒總裁之任，實不能有所裨益，謹述其概以序於末簡。

（清）顧炎武《顧亭林詩文集》文集卷二《儀禮鄭注句讀序》《記》曰：優優大哉！禮儀三百，威儀三千。禮者，本於人心之節文，以爲自治治人之具，是以孔子之聖，猶問禮於老聃，而其與弟子答問之言，雖節目之微，無不備悉。語其子伯魚曰：不學禮，無以立。《鄉黨》一篇，皆動容周旋中禮之效。然則周公之所以爲治、孔子之所以爲教，舍禮其何以焉。劉康公有言：民受天地之中以生，所謂命也。是以有動作禮義威儀之則，以定命也。三代之禮，其存於後世而無疵者，獨有《儀禮》一經。漢鄭康成爲之注，魏、晉已下至唐、宋通經之士，無不講求於此。自熙寧中，王安石變亂舊制，如罷《儀禮》，不立學官，而此經遂廢，此新法之爲經害者一也。南渡已後，二陸起於金谿，其説以德性爲宗。學者便其簡易，羣然趨之，而於制度文爲一切鄙爲末事。賴有朱子正言力辨，欲修三《禮》之書，而卒不能勝夫空虚妙悟之學，此新説之爲經害者二也。沿至於今，有坐皐比，稱講師，門徒數百，自擬濂、洛，而終身未讀此經一徧者。若天下之書皆出於國子監所頒，以爲定本，而此經誤文最多，或至脱一簡一句，非唐石本之尚存於關中，則後儒無由以得之矣。濟陽張爾岐稷若篤志好學，不應科名，録《儀禮》鄭氏注，而采賈氏、陳氏、吴氏之説，略以己意斷之，名曰《儀禮鄭注句讀》。又參定監本脱誤凡二百餘字，并考《石經》之誤五十餘字，作《正誤》二篇，附於其後，藏諸家塾。時方多故，無能板行之者。後之君子，因句讀以辨其文，因文以識其義，因其義以通制作之原，則夫子所謂以承天之道而治人之情者，可以追三代之英，而辛有之歎，不發於伊川矣。如稷若者，其不爲後世太平之先倡乎？若乃據《石經》，刊監本，復立之學官，以習士子，而姑勸之以禄利，使毋失其傳，此又有天下者之責也。

雜録

（宋）陳祥道《禮書》卷一二《黼裘》先王制禮，盥重於既薦，幣貴於未將，則禮常嚴於未然之前。祭祀，治官以治之，刑官以涖之，則義常肅於行禮之際，則黼裘以誓省宜矣。

（宋）陳祥道《禮書》卷一九《天子佩　諸侯佩　大夫佩》則佩之爲物，奚適而非道耶。蓋民爲貴，君爲輕，事爲先，物爲後。能治民然後能安君，能應事然後能生物。此所以事與民在所右，而物與君在所左也。

（宋）陳祥道《禮書》卷二四《王及諸侯城郭之制》先王之制，大都不過三國之一，中五之一，小九之一，今京不度非制也。《春秋》隱七年、宣九年、定六年皆書城中城。孟子曰：三里之城，七里之郭。《尚書大傳》古者百里之國，三十里之遂，二十里之郊，九里之城，三里之宫。七十里之國，二十里之遂，九里之郊，三里之城，一里之宫。五十里之國，九里之遂，三里之郊，一里之城，以城爲宫。玄或疑焉。《周禮》匠人營國方九里，謂天子城也。今大國九里則與天子同。《春秋傳》曰：中五之一，小九之一。以推此説，小國大都之城，三十三步三分之一，非也。然則大國七里之城，小國三里之城焉，爲近可也。或者天子實十二里城，諸侯大國九里，次城七里，小國五里。

（宋）陳祥道《禮書》卷二四《王城》典命。上公九命，諸侯七命，子男五命，其國家、宫室、車旗、衣服、禮儀皆以九、以七、以五爲節。故上公桓圭九寸，繅藉九寸，冕服九章，建常九斿，樊纓九就，貳車九乘，介九人，禮九牢，其朝位賓主之間九十步。侯伯子男各殺以兩城之里數，無所經見。蓋國家之禮，宮室、車旗、衣服之制，必眡其命，而城則不然。觀公侯受城，地百里而不以九、以七爲節，則城豈以命數制哉？

（宋）陳祥道《禮書》卷二四《經涂環涂》　匠人營國，方九里，旁三門，國中九經九緯，經涂九軌，左祖右社，面朝後市。鄭氏曰：天子門通十二子，經緯之涂皆容方九軌。軌謂轍廣。乘車六尺六寸，旁加七寸，凡八尺是爲轍廣。九軌積七十二尺，則此涂十二步也。旁加七寸者，輻內二寸半，輻廣三寸半，綆三分寸之二，金轄之間三分寸之一。蓋南北爲經，東西爲緯。涂言經緯，猶所謂廣輪阡陌也。賈公彦曰：王城面有三門，門有三涂。男子由右，婦人由左，車從中央。然男子由右，婦人由左，車從中央者，非謂各由一塗也。《詩》曰：宛然左辟。此所謂婦人由左。

（宋）陳祥道《禮書》卷三一《圭田》　孟子言九一而助，繼之以圭田五十畝，餘夫二十五畝者。圭田，禄外之田也。餘夫，夫外之田也。禄外之田半百畝，夫外之田又半之。此自百畝而差之然也。古者自卿士達於圭田同等，欲各致其誠敬而已。後世職分田以貴賤制之，非禮意也。

（宋）陳祥道《禮書》卷五一《笏》　天下之事常脩，治於人之所慎，而廢弛於人之所忽。先王於是制爲之笏，或執或搢而畢用之，使人稽其名以見其義，觀其制以思其德。庸有臨事而失者乎？天子之笏以玉，諸侯以象，大夫以魚。須文竹，士竹，本象可也。蓋玉德之美，象義之辨，竹禮之節。天子尚德，諸侯貴義，大夫士則循禮而已，此笏所以異也。

又：天子之於天下，體無所屈，故珽必方正。諸侯之於天子，則謹度以臣之，於臣民則制度以君之，故荼必前屈後直。大夫於其君則爲臣，於天子則爲陪臣，故笏必前屈後屈。士笏之制，無所經見，觀其飾之以象，疑亦前屈後直。

《春秋左傳正義》卷一一《閔公元年》　公曰：魯可取乎？對曰：不可。猶秉周禮。所以本也。臣聞之：國將亡，本必先顛，而後枝葉從之。魯不弃周禮，未可動也。君其務寧魯難而親之。親有禮，因重固，能重能固，則當就成之。疏：注能重至成之。正義曰：服虔云：重不可動，因其不可動而堅固之。杜以此傳四句相類，間攜貳，攜貳皆間之，覆昏亂，昏亂皆敗之。知此重固皆因之，則非因重而固之。間攜貳，離而相疑者，則當因而間之。間，間廁之間，注同。覆昏亂，覆，敗也。覆，芳服反，注同。霸王之器也。霸王所用，故以爲喻。

《春秋左傳正義》卷一一《閔公二年》　子懼不孝，無懼弗得立。脩己而不責人，則免於難。

又：狐突諫曰：不可！昔辛伯諗周桓公，諗，告也。事在桓十八年。諗音審，《説文》云：深謀。云：內寵並后，外寵二政，嬖子配適，大都耦國，亂之本也。周公弗從，故及於難。今亂本成矣。驪姬爲內寵，二五爲外寵，奚齊爲嬖子，曲沃爲大都，故曰亂本成矣。疏：注驪姬至成矣。正義曰：辛伯之語，先有成文，其內寵之徒，不爲晉發，故劉炫云：二五嬖賤，不得爲二政；大子不以曲沃作亂，不得爲大都。而杜云驪姬爲內寵，二五爲外寵，奚齊爲嬖子，曲沃爲大都者，今删定以爲辛伯之言雖不爲晉，在晉國之亂，事理相當，故且以事託之。二五爲耦，墾傷晉室，曲沃彊大，太子奔之，又築屈與蒲，終爲禍難。但此據太子，故以曲沃爲文，劉君不達此時而爲規過，違傳意也。立可必乎？孝而安民，子其圖之！奉身爲孝，不戰爲安民。與其危身以速罪也。有功益見害，故言孰與危身以召罪。疏：孝而至罪也。正義曰：去則孝而安民，留則危身召罪，等與其危身以召罪也，豈若孝而安民乎？勸使逃也。

《春秋左傳正義》卷一二《僖公元年》　公出復入，不書，諱之也。諱國惡，禮也。掩惡揚善，義存君親，故通有諱例，皆當時臣子率意而隱，故無深淺常準。聖賢從之以通人理，有時而聽之可也。準，之尹反。疏：元注掩惡至可也。正義曰：《坊記》曰：善則稱君，過則稱己，則民作忠；善則稱親，過則稱己，則民作孝。是掩惡揚善之義，義存君與親也。君親之惡，務欲掩之，是故聖賢作法，通有諱例。諱雖有例，而事無定體，或諱大不諱小，或諱小不諱大，皆當時臣子率己之意而爲之隱，故無深淺常準。隱十年《公羊傳》曰：於外大惡書，小惡不書；於內大惡諱，小惡書。必如彼言，是有常準。歷檢《春秋》，都無定例。納鼎惡於易田，諱田而不諱鼎；公入小於公出，諱入而不諱孫，是其無常準也。既無常準，隨諱深淺，舊史有所辟諱，聖賢因而從之，以通人事之理，故容有掩惡之法。《釋例》曰：有時而聽之則可也。正以爲後法則不經，故不奪其所諱，亦不爲之定制。言若正爲後法，每事皆諱，則爲惡者無復忌憚，居上者不知所懲，不可盡令諱也。人之所極，唯君與親，纔有小惡，即發其短，非復臣子之心，全無愛敬之義，是故不抑不勸，有時聽之。以爲諱惡者，禮也；無隱者，直也。二者俱通以爲世教也。

《春秋左傳正義》卷一四《僖公十五年》　秦伯曰：國謂君何？對曰：小人慼，謂之不免。君子恕，以爲必歸。小人曰我毒秦，秦豈歸君？毒謂三施不報。憚，徒旦反。君子曰我知罪矣，秦必歸君。貳而執之，服而舍之，德莫厚焉，刑莫威焉！服者懷德，貳者畏刑。此一役也，言還惠公，使諸侯威服，復可當一事之功。舍如字，又音捨。還音環。疏：注言還至之功。正義曰：服虔云：一役者，謂韓戰之役。知不然者，吕甥之言勸秦伯而納晉侯，假稱君子之意。若納晉君，可以當一役之功。欲深勸秦伯，若直論韓戰之役，於秦未有深利，何肯納也？故杜别爲其説。劉炫以服義規之。雖於理亦通，未爲殊絶。秦可以霸。納而不定，廢而不立，以德爲怨，秦不其然。秦伯曰：是吾心也。改館晉侯，饋七牢焉。牛、羊、豕各一爲一牢。

又：蛾析謂慶鄭曰：盍行乎？蛾析，晉析，星歷反，本或作晳。盍，户臘反。對曰：陷君於敗，謂呼不往，誤晉師，失秦伯。敗而不死，又使失刑，非人臣也。臣而不臣，行將焉入？十一月晉侯歸。丁丑，殺慶鄭而後入。丁丑，月二十九日。

《春秋左傳正義》卷一五《僖公二十二年》　君子曰：非禮也。婦人送迎不出門，見兄弟不踰閾，閾門限。閾音域，一音况域反。疏：注閾，門限。正義曰：《釋宫》云：柣謂之閾。孫炎曰：柣，門限也。經、傳諸注皆以閾爲門限，謂門下横木，爲外内之限也。戎事不邇女器。邇，近也。器，物也。言俘馘非近婦人之物。

《春秋左傳正義》卷一八《文公四年》　逆婦姜于齊，卿不行，非禮也。禮，諸侯有故，則使卿逆。君子是以知出姜之不允於魯也。允，信也。始來不見尊貴，故終不為國人所敬信也。文公薨而見出，故曰：出姜。曰：貴聘而賤逆之。公子遂納幣，是貴聘也。君而卑之，立而廢之，君，小君也。不以夫人禮迎，是卑廢之。棄信而壞其主，在國必亂，在家必亡。主，内主也。壞音怪。不允宜哉！《詩》曰：畏天之威，于時保之。敬主之謂也。《詩頌》言畏天威，於是保福禄。

《春秋左傳正義》卷二三《宣公十二年》　君子小人，物有服章。尊卑别也。别，彼列反。貴有常尊，賤有等威，威儀有等差。差，初佳反，又初宜反。疏：注威儀有等差。正義曰：言貴有常尊，則當云賤有常卑，而云賤有等威者，威儀等差文兼貴賤，既屬常尊於貴，遂屬等威於賤，使互相發明耳。禮不逆矣。德立、刑行、政成、事時、典從、禮順，若之何敵之？見可而進，知難而退，軍之善政也。兼弱攻昧，武之善經也。昧，昏亂。經，法也。昧音妹。疏：德立至敵之。正義曰：功德苦其不立，刑威苦其不行，政以成就爲上，事以得時爲善，典貴其從，禮惡其逆，故云德立、刑行、政成、事時、典從、禮順。各以義理相配爲文，皆不易之事。既歷序此事，乃云若之何敵之，副上德、刑、政、事、典、禮不易，不可敵也。

《春秋左傳正義》卷二五《成公二年》　公曰：謂之君子而射之，非禮也。齊侯不知戎禮。射，食亦反，下并注皆同。疏：注齊侯不知戎禮。正義曰：僖二十二年《傳》曰：雖及胡耇，獲則取之，明耻教戰，求殺敵也。宣二年《傳》曰：戎，昭果毅以聽之之謂禮。殺敵爲果，致果爲毅。是戎事以殺敵爲禮。齊侯謂射君子爲非禮者，乃是齊侯不知戎禮也。【略】

吾子布大命於諸侯，而曰：必質其母以爲信。其若王命何？言違王命。且是以不孝令也。《詩》曰：孝子不匱，永錫爾類。《詩・大雅》。言孝心不乏者，又能以孝道長賜其志類。若以不孝令於諸侯，其無乃非德類也乎？不以孝德賜同類。疏：蕭同至類也乎。

正義曰：蕭同叔子非他人，是寡君之母也。若以匹敵言之，則亦晉君之母也。吾子布大命於諸侯，而曰必質其諸侯之母以爲信，其若王命何！先王之命諸侯也，使之孝於母，親其類。今輕慢其母，不愛同類，即是違王命也。奈此王命何！子今輕齊侯之母，亦是輕晉侯之母。自輕其母，即是不孝。且告吾諸侯云以母爲質，是此者以不孝之事令諸侯也。《詩》之意言孝子所以行孝，不爲匱乏之道，故以孝道長賜女之族類。諸侯皆晉侯之類，晉侯皆以孝德賜同類。若以不孝之事號令諸侯，其無乃非是以孝德賜同類乎？責其違孝道也。所引《詩》者，《大雅・即醉》之篇。【略】

許男不書，乘楚車也，謂之失位。乘楚王車爲左右，則失位也。卿不書，則稱人。諸侯不書，皆不見經，君臣之别。見，賢遍反。别，被列反。疏：注乘楚至之别。正義曰：小國之從大國，其征伐也，皆自乘其車，自率其軍。至戰陳之時，與同出力耳。此二君棄己之車，乘楚之乘，乃爲楚王左右，則是失位。既失其位，非復國君，故侵與盟會，並皆不序。經書楚師、鄭師侵衛，於時蔡、許在矣，公會楚公子嬰齊於蜀，蔡、許亦在也，及盟，又蔡、許之君在焉。侵也，會也，盟也，三事並失其位，經悉不書，故傳於盟下釋之，明上侵衛、會蜀皆失位也。舊説諸侯之貶亦書爲人，杜意謂諸侯之貶不至於人，故因此而又明之，卿不書，則稱人。諸侯不書，則全不見經，此是君臣之别，明貶諸侯無稱人之法也。君子曰：位其不可不慎也乎！蔡、許之君，一失其位，不得列於諸侯，况其下乎？《詩》曰：不解於位，民之攸塈。《詩・大雅》。言在上者勤正其位，則國安而民息也。攸，所也。塈，息也。解，佳賣反。塈，許器反。疏：詩曰至攸塈。正義曰：此《大雅・假樂》之篇。其是之謂矣。

《春秋左傳正義》卷二六《成公三年》　王曰：子歸，何以報我？對曰：臣不任受怨，君亦不任受德，無怨無德，不知所報。王曰：雖然，必告不穀。對曰：以君之靈，纍臣得歸骨於晉，寡君之以爲戮，死且不朽。戮其不勝任。任音壬，下亦不任同。疏：死且不朽。正義曰：懷荷君恩，身雖死而朽腐，此恩不朽腐也。死尚不朽，以示其至死不忘也。若從君之惠而免之，以賜君之外臣首，稱於異國君曰外臣。首其請於寡君，而以戮於宗，亦死且不朽。若不獲命，君不許戮。而使嗣宗職，嗣其祖宗之位職。次及於事，而帥偏師，以脩封疆，雖遇執事，遇楚將帥。彊，居良反。將，子亮反。帥，所類反。其弗敢違，違，辟也。其竭力致死，無有二心，以盡臣禮，所以報也。王曰：晉未可與爭。重爲之禮而歸之。

又：鄭伯討立君者，戊申，殺叔申、叔禽。叔禽，叔申弟。疏：注叔禽，叔申弟。正義曰：此無文也，以禽與申俱死，當是坐其兄弟，知是弟也。君子曰：忠爲令德，非其人猶不可，況不令乎？言叔申爲忠，不得其人，還害身。疏：忠爲至令乎。正義曰：言叔申忠誠，爲此令善之德，施之於鄭伯，施非得其善人，猶尚不可，何況不有令德者乎？言令德者，往年公孫申曰我出師以圍許，爲將改立君者，而紓晉使，晉必歸君是也。

《春秋左傳正義》卷二七《成公十二年》　子反曰：如天之福，兩君相見，無亦唯是一矢以相加遺，焉且樂？言兩君戰乃相見，無用此樂。遺，唯季反。焉，於虔反。疏：注言兩至此樂。正義曰：子反意言晉、楚並是大國，不肯相朝，唯戰乃相見。其相見之時，唯當用是一矢以相加陵、相遺與耳，無爲用此樂也。寡君須矣，吾子其入也！賓曰：傳諸交讓得賓主辭者，多曰賓主以明之。疏：注傳諸至明之。正義曰：知傳諸交讓得賓主辭，多曰賓主者，此傳每稱卻至爲賓，文十二年《傳》稱西乞術爲賓，并稱主人曰之類是也。若讓之以一矢，禍之大者，其何福之爲？世之治也，諸侯閒於天子之事，則相朝也，王事閒缺，則脩私好。治，直吏反，下注治世同。閒音閑，注同。於是乎有享、宴之禮。享以訓共儉，享有禮薦，設几而不倚，爵盈而不飲，肴乾而不食，所以訓共儉。享，許丈反，舊又許亮反；本亦作饗。宴，於見反；徐，於顯反。倚，於綺反。疏：注享有至共儉。正義曰：享有體薦，宣十六年《傳》文也。設几而不倚，爵盈而不飲，昭五年《傳》文也。《禮聘義記》曰：聘之禮，至大禮也。酒清人渴，而不敢飲也；肉乾人飢，而不敢食也。彼言聘禮，即是享聘賓之禮，此事皆所以教訓恭儉也。宴以示慈惠。宴則折俎，相與共食。折，之設反。疏：注宴則至共食。正義曰：宣十六年《傳》云：宴有折俎。宴則節折其肉，升之於俎，相與共啗食之，所以表示慈惠也。共儉以行禮，而慈惠以布政。政以禮成，民是以息。百官承事，朝而不夕，不夕，言無事。朝，直遥反；朝，日朝；徐音朝旦之朝。疏：朝而不夕。正義曰：旦見君謂之朝，莫見君謂之夕。哀十四年《傳》稱子我夕，《晉語》稱叔向夕，皆謂夕見君也。人息事少，故百官承奉職事，皆朝朝而莫不夕。不夕，言無事也。此公侯之所以扞城其民也。扞，蔽也。言享宴結好鄰國，所以蔽扞其民。扞，戶旦反。疏：注扞蔽至其民。正義曰：扞者，扞禦寇難，故爲蔽也。言燕享結好，與鄰國通和，甲兵不興，人得安息，所以蔽扞其民，若如城然。故云所以扞城其民也。故《詩》曰：赳赳武夫，公侯干城。《詩·周南》之風。赳赳，武貌。干，扞也。言公侯之以武夫，止於扞難而已。赳，居黝反，一音居醜反。難，乃旦反。干，戶旦反，本亦作扞，又如字，下同。疏：注詩周至而已。正義曰：《詩·周南·兔罝》之篇。言兔罝之人，亦是賢者，其人乃是赳赳然雄武之夫，與公侯共扞城其民也。引《詩》之意，言世治無事，公侯之與武夫，設共儉慈惠之禮，與人扞難而已，不侵伐他國也。干，扞，《釋言》文。及其亂也，諸侯貪冒，侵欲不忌，爭尋常以盡其民，八尺曰尋，倍尋曰常。言爭尺丈之地，以相攻伐。冒，莫報反，又亡北反。疏：注八尺至攻伐。正義曰：《周禮·考工記》云：人長八尺，殳長尋有四尺，崇於人四尺。車戟常崇於殳四尺。是八尺曰尋，倍尋曰常，喻其少，故言爭尺丈之地，以相攻伐，盡殺其民。《孟子》曰：爭城以戰，殺人盈城；爭地以戰，殺人盈野。是謂盡殺其民也。略其武夫，以爲己腹心、股肱、爪牙。略，取也。言世亂則公侯制禦武夫以從己志，使侵害鄰國，爲搏噬之用無已。搏音博。噬，市制反。疏：注略取至無已。正義曰：武夫有武，能爲人之扞蔽。世治，則公侯同於武夫，同其腹心，相與扞己民而已，不侵犯他人也。世亂，則使武夫同於公侯，其公侯欲得拓竟寬土，則制禦武夫以從己志，使武夫爲己腹心、股肱、爪牙，令之侵害鄰國。搏，擊也。噬，齧也。大能搏噬，譬之於犬，爲搏噬之用無已時也。故《詩》曰：赳赳武夫，公侯腹心。舉《詩》之正，以駮亂義。《詩》言治世，則武夫能合德公侯，外爲扞城，內制其腹心。駮，邦角反。疏：注舉詩至腹心。正義曰：此亦《兔罝》之篇。美賢人之事，而引之以證世亂，故解之此舉《詩》之正，以駮世亂之義。《詩》言治世，則武夫能合德公侯，外則扞城其民，內則制其腹心也。以其人心則本貪，縱之則害物矣。美公侯能以武夫制己腹心，自守扞難而已，不害人也。天下有道，則公侯能爲民干城，而制其腹心。亂則反之。略其武夫，以爲己腹心爪牙。能爲，子僞反，又如字。疏：天下至反之。正義曰：天下有道之時，則公侯能爲民扞城禦難，而使武夫制其己之腹心，不侵犯他國也。亂則反之，不復扞蔽己民，乃以武夫從己腹心，將武夫爲股肱、爪牙以侵害他國，是反治世也。晉、楚世爲仇敵，常有相害之心，子反言一矢相加，仍懷戰鬬之意，故卻至言世治則自守，世亂則相侵害，荅上一矢之言，冀得久爲和好，故説此也。今吾子之言，亂之道也，不可以爲法。然吾子，主也，至敢不從？遂入，卒事。歸以語范文子。文子曰：無禮，必食言，吾死無日矣夫！言晉、楚不能久和，必復相伐。爲十六年鄢陵戰張本。語，魚據反。夫音扶，本亦無此字。復，扶又反。鄢，謁晚反；《漢書音義》，一建反。疏：無禮至矣夫。正義曰：以一矢爲辭，是無禮也。食言，是其將背盟也。背盟必相伐，故爲死亡無日矣。

《春秋左傳正義》卷三七《襄公二十六年》 書曰：甯喜弑其君剽。言罪之在甯氏也。嫌受父命納舊君無罪，故發之。孫林父以戚如晉。以邑屬晉。書曰：入于戚以叛。罪孫氏也。臣之禄，君實有之。義則進，否則奉身而退，專禄以周旋，戮也。林父事剽而衎入，義可以退。唯以專邑自隨爲罪，故傳發之。疏：書曰至戮也。正義曰：《春秋》書叛者，有此孫林父與宋華亥、宋公之弟辰、晉趙鞅、晉荀寅，五者經皆書叛。邾庶其、莒牟夷、邾黑肱皆以地來奔，雖文不稱叛，傳謂此三人爲三叛人，則三者亦是叛也。所言叛者，或據邑而拒其君，或竊地他國，皆爲有地隨己，故稱爲叛。昭二十二年，宋華亥、向寧、華定自宋南里出奔楚，定十四年，宋公之弟辰自蕭來奔。地不隨己，則不稱叛。是叛雖反背之辭，皆由地以生名也。叛者，判也。欲分君之地以從他國，故以叛爲名焉。叛無凡例，傳言書曰，是仲尼書爲叛也。人君賜臣以邑以爲禄食，臣之禄謂所食邑也。君實有之，言其不得專以爲己有也。君臣以義而合，義則進以事君，受此禄食，否則奉身而退，當身奔他國，而以禄歸君。專君之禄，以周旋從己，於法爲罪戮之人，故書入於戚以叛，罪孫氏也。《釋例》曰：古之大夫，或錫之田邑，或分之都城，故有千室之邑，百乘之家。君之禄，義則進，否則奉身而退。若專禄以周旋，雖無危國害主之實，皆書曰叛。叛者，反背之辭也。庶賤之人，不齒於列，故雖有善惡，不章顯名氏。若乃披邑害國，則以地重，必書其名，且終顯其惡也。適魯則書地，曰來奔，來奔則叛可知，蓋記事外内之辭也。劉、賈説三叛人以地來奔，不書叛，謂不能專也。此直外内之辭，既以地來，妻公之姑姊，還其大邑，不得復言不能專也。是杜以庶其之等皆爲叛也。專禄者，謂專君之禄，以爲己有，東西隨己，謂之爲專。服虔云：專禄，謂以戚叛也。既叛衛亦不臣於晉，自謂若小國，是爲專禄。其意言專獨有之不屬人也。若不屬晉，何爲被衛侵而愬於晉地？若不入晉，晉復何以成之？傳言以戚如晉，服言不臣於晉，是反丘明以解傳也。

又： 子産辭邑，曰：自上以下，降殺以兩，禮也。臣之位在四，上卿子展，次卿子西。十一年良霄見經，十九年乃立子産爲卿，故位在四。殺，所界反。見，賢遍反。疏：注上卿至在四。正義曰：十五年《傳》云：鄭人以子西、伯有、子産之故，納賂於宋。是伯有在子西之下也。十九年《傳》云：子展當國，子西聽政。當國謂攝君事，聽政謂爲上卿，是子西次子展，故此注以子西爲二，良霄爲三。二十七年，鄭伯享趙孟於垂隴，子展、伯有、子西、子産、子大叔、二子石從。如彼文次伯有在子西之上。二十九年，裨諶論子産位次，云天又除之，奪伯有魄。子西即世將焉辟之？先言伯有，後言子西，又是子西在伯有之下者。據十九年《傳》，子西必在伯有之上，蓋其後更有進退，杜據傳上文以次之耳。且子展之功也。臣不敢及賞禮，請辭邑。賞禮，以禮見賞，謂六邑也。公固予之。乃受三邑。位次當受二邑，以公固與之，故受三邑。公孫揮曰：子産其將知政矣！知國政。讓不失禮。

《春秋左傳正義》卷五九《哀公十二年》 經：十有二年，春，用田賦。直書之者，以示改法重賦。疏：注直書至重賦。正義曰：用田賦者，用田之所收以爲賦，令之出牛馬也。依實直書之，以示改常法重賦斂。成元年作丘甲，甲是造作之物，故言作。馬牛，賦税以充之，非造作之物，且譏其賦，不譏其作，故書用，言舊不用，而今用之。

《春秋公羊經傳解詁》卷一《隱公元年》 公何以不言即位？据文公言即位也，即位者，一國之始，政莫大於正始，故《春秋》以元之氣，正天之端；以天之端，正王之政；以王之政，正諸侯之即位；以諸侯之即位，正竟内之治。諸侯不上奉王之政，則不得即位，故先言正月，而後言即位。政不由王出，則不得爲政，故先言王，而後言正月也。王者不承天以制號令，則無法，故先言春，而後言王。夫不深正其元，則不能成其化，故先言元，而後言春。五者同日並見，相須成體，乃天人之大本，萬物之所繫，不可不察也。治，直吏反。夫，音扶。成公意也。以不有正月而去即位，知其成公意。而去，起吕反，下去同。何成乎公之意？据刺欲救紀而後不能。刺欲，七賜反。後皆同，更不音。公將平國而反之桓。平，治也。時廢桓立隱不平，故曰平反還之。曷爲反之桓？據已立也。桓幼而貴，隱長而卑。長者，已冠也。禮，年二十見正而冠。《士冠禮》曰：嫡子冠於阼，以著代也。醮於客位，加有成也。三加彌尊諭其志也同。冠而字之，敬其名也。公侯之有冠禮，夏之末造也。天子之元子猶士也，天下無生而貴者。隱長，丁丈反，注及下皆同。已冠，工亂反，下同。適子，丁歷反，下同。醮，子笑反。其爲尊卑也微，母俱媵也。媵，以證反。又繩證反。國人莫知，國人，謂國中凡人。莫知者，言惠公不早分別也。男子年六十閉房，無也子，則命貴公子。將薨亦如之。隱長又賢，此以上皆道立隱所緣。以上，時掌反，他皆放此。諸大夫扳隱而立之。扳，引也。諸大夫立隱不起者，在春秋前，明王者受命不追治前事。孔子曰：不教而殺謂之虐，不戒視成謂之暴。扳，普顔反，又必顔反，引也；舊敖間反。隱於是焉而辭立，辭，讓也。言隱欲讓。則未知桓之將必得立也。是時公子非一。且如桓立。且如，假設之辭。則恐諸大夫之不能相幼君也。隱見諸大夫背正，而立己不正，恐其不能相之。相，息亮反。背正，步內反，下同。故凡隱之立，爲桓立也。凡者，凡上所慮二事皆不可，故於是已立，欲須桓長大而歸之，故曰爲桓立，明其本無受國之心，故不書即位，所以起其讓也。爲，於僞反，注同。隱長又賢。何以不宜立？据賢繆公與大夫，獲且長以得立，繆，音穆。玃且，俱縛反；下子餘反。立適以長不以賢，立子以貴不以長。適，謂適夫人之子，尊無與敵，故以齒；子，謂左右媵及姪娣之子，位有貴賤，又防其同時而生，故以貴也。禮，適夫人無子，立右媵；右媵無子，立左媵；左媵無子，立嫡姪娣；嫡姪娣無子，立右媵姪娣；右媵姪娣無子，立左媵姪娣。質家親親，先立娣；文家尊尊，先立姪。嫡子有孫而死，質家親親，先立弟；文家尊尊，先立孫。其雙生也，質家据見立先生，文家据本意立後生：皆所以防愛争。姪娣，大結反，下大計反。争，争鬬之争，下同。桓何以貴？据俱公子也。母貴也。据桓母右媵。母貴則子何以貴？据俱言公子。子以母貴，以母秩次立也。母以子貴。禮，妾子立，則母得爲夫人。夫人成風是也。

又：惠公者何？隱之考也。生稱父，死稱考，入廟稱禰。禰，乃禮反。仲子者何？桓之母也。以無謚也。仲，字，子，姓。婦人以姓配字，不忘本也，因示不適同姓。生稱母，死稱妣。妣，必履反。何以不稱夫人？此難生時之稱也。据秦人來歸僖公成風之襚，成風稱謚，今仲子無謚知生時不稱夫人。桓未君也。賵者何？喪事有賵。賵者，蓋以馬，以乘馬束帛。此道周制也。以馬者，謂士不借四也。《禮・即夕》曰：公，賵玄纁束帛兩馬是也。乘馬者，謂大夫以上備四也。禮，大夫以上至天子皆乘四馬，所以通四方也。天子馬曰龍，高七尺以上；諸侯曰馬，高六尺以上；卿大夫士曰駒，高五尺以上。束帛，謂玄三纁二，玄三法天，纁二法地，因取足以共事。乘馬，繩證反，注乘馬同。纁，許云反。共，音恭。車馬曰賵，貨財曰賻，衣被曰襚。此者春秋制也。賵，猶覆也；賻，猶助也，皆助生送死之禮。襚，猶遺也。遺是助死之禮。知生者賵賻，知死者贈襚。賻，音附。襚，音遂。猶遺，唯季反。桓未君，則諸侯曷爲來賵之？据非禮。隱爲桓立，故以桓母之喪告于諸侯。經言王者賵，赴告王者可知，故傳但言諸侯。隱爲，于僞反，下注爲井年末注同。告，古毒反，一音古報反。然則何言爾？成公意也。尊貴桓母，以赴告天子，諸侯，彰桓當立，得事之宜。故善而書仲子，所以起其意，成其賢。其言來何？据歸含且賵，不言來。歸唅，本又作含，戶暗反，下同。不及事也。比於去來爲不及事，時以葬事畢，無所復施，故云爾。去來所以爲及事者，若已在於內者。其言惠公仲子何？据歸含且賵，不言主名。兼之。兼之，非禮也。禮不賵妾，既善而賵之，當各使一使，所以異尊卑也。言之賵者，起兩賵也。一使，所吏反。何以不言及仲子？据及者，別公列人尊卑文也。仲子即卑稱也。別，彼列反。仲子，微也。比夫人微，故不得並及公也。月者，爲內恩録之也。諸侯不月，比於王者輕，會葬皆同例。言天王者，時吳楚上僭稱王，王者不能正，而上自繫於天也。《春秋》不正者，因以廣是非。稱使者，王尊敬諸侯之意也。王者据上與諸侯分職，俱南面而治，有不純臣之義，故異姓謂之伯舅叔舅，同姓謂之伯父叔父。言歸者，與使有之辭也。天地所生，非一家之有，有無當相通。所傳聞之世，外小惡不書，書者來接內也。《春秋》王魯，以魯爲天下化首，明親來被王化漸漬禮義者，在可備責之域，故從內小惡舉也。主書者，從不及事也。僭，子念反。而治，直吏反，下皆同。所傳，直專反，下文所傳并注同。被，皮寄反。

《春秋公羊經傳解詁》卷一《隱公二年》 婚禮不稱主人。爲養廉遠恥也。然則曷稱？稱諸父兄師友。宋公使公孫壽來納幣，則其稱主人何！辭窮也。辭窮者何？無母也。禮，有母，母當命諸父兄師友，稱諸父兄師友以行。宋公無母，莫使命之，辭窮，故自命之。自命之則不得不稱使。然則紀有母乎？曰：有。以不稱使知有母。有則何以不稱母？据非主人，何不稱母通使文。母不通也。禮，婦人無外事，但得命諸父兄師友，稱諸父兄師友以行耳。母命不得達，故不得稱母通使文，所以遠別也。別，彼列反。外逆女不書，此何以書？据伯姬歸于宋不書逆人。譏。譏，猶譴也。譴，遣戰反。何譏爾？譏始不親迎也。禮所以必親迎者，所以示男先女也。於廟者，告本也。夏后氏逆於庭，殷人逆於堂。周人逆於戶，親迎，魚敬反，注及下司。先，悉薦反。始不親迎。昉於此乎？前此矣。以惠公妃匹不正，不嫌無前也。妃，音配，又芳非反。前此，則曷爲始乎此？託始焉爾。焉爾，猶於是也。曷爲託始焉爾？据納幣不託始。《春秋》之始也。春秋正夫婦之始也。夫婦正則父子親。父子親，則君臣和；君臣和，則天下治，故夫婦者，人道之始，王教之端。內逆女常書，外逆女但疾始不常書者，明當先自正，躬自厚而薄責於人，故略外也。治，直吏反。

又：十有二月，乙卯，夫人子氏薨。夫人子氏者何？隱公之母也。以不書葬。何以不書葬？据姒氏書葬。姒，音似。成公意也。何成乎公之意？据已去即位。去，起吕反。子將不終爲君，故母亦不終爲夫人也。時隱公屈卑其母，不以夫人禮葬之，以妾禮葬之，以卑下桓母，無終爲君之心，得事之宜，故善而不書葬，所以起其意而成其賢。子者，姓也。夫人以姓配號。義與仲子同。書薨者，爲隱公恩録痛之也。曰者，恩録之，公夫人皆同例也。下，遐嫁反。

《春秋公羊經傳解詁》卷一《隱公三年》 世卿，非禮也。禮，公卿大夫、士皆選賢而用之。卿大夫任重職大，不當世，爲其秉政久恩德廣大。小人居之，必奪君之威權，故尹氏世，立王子朝；齊崔氏世，弑其君光。君子疾其末則正其本。見譏於卒者，亦不可造次無故驅逐，必因其過卒絶之，明君案見勞授賞，則衆譽不能進無功；案見惡行誅，則衆讒不能退無罪。見譏，賢徧反，下同。造，七報反。

《春秋公羊經傳解詁》卷一《隱公四年》 初獻六羽。初者何？始也。六羽者何？舞也。持羽而舞。初獻六羽，何以書？譏，何譏爾？譏始僭諸公也。僭，齊也。下傚上之辭，傚戶教反。六羽之爲僭奈何？天子八佾，佾者，列也。八人爲列，八八六十四人，法八風。佾，音逸，列也。諸公六，八人爲列，六六三十六人，法六律。諸侯四。四人爲列，四四十六人，法四時。

《春秋公羊經傳解詁》卷一《隱公八年》 天子有事于泰山，諸侯皆從泰山之下，諸侯皆有湯沐之邑焉。有事者，巡守祭天告至之禮也。當沐浴絜齊以致其敬，故謂之湯沐邑也。所以尊待諸侯而共其費也。禮，四井爲邑，邑方二里，東方二州四百二十國，凡爲邑廣四十里，袤四十二里，取足舍止共槀穀而已。歸邴書者，甚惡鄭伯無尊事天子之心。專以湯沐邑歸魯，背叛當誅也。録使者，重尊湯沐邑也。王者所以必巡守者，天下雖平，自不親見，猶恐遠方獨有不得其所，故三年一使三公絀陟，五年親自巡守。巡，猶循也；守，猶守也，循行守視之辭，亦不可國至人見爲煩擾，故至四嶽，足以知四方之政而已。《尚書》曰歲二月，東巡守，至于岱宗，柴，望秩于山川，遂覲東后，協時月正日，同律度量衡，脩五禮，玉三帛，二生一死，贄，如五器，卒乃復。五月南巡守，至于南嶽，如岱禮。八月西巡狩，至于西嶽，如初。十有一月朔巡守，至于北嶽，如西禮；還至嵩如初禮歸，格于禰祖用特是也。宛，於阮反，人名也；一音烏夘反，又烏勉反。邴，彼命反，又音丙，鄭邑《左氏》作祊。從，才用反。巡守，手又反，本又作狩，下除猶守、守視以外同。絜齊，側皆反，本多即作齊字，後放此，更不音。而共，音恭，下同。費，芳味反。廣，古壙反。袤，音茂。槀，古老反。甚惡，烏路反，下同。背，步内反。使，所吏反。行，下孟反。量，音亮。贄，音至。嵩，夙忠反。格，本又作假，同，古百反。禰，乃禮反，本又作藝。

《春秋公羊經傳解詁》卷二《桓公元年》 鄭伯以璧假許田。其言以璧假之何？据實假不當持璧也。易之也。易之則其言假之何？爲恭也。爲恭孫之辭，使若暫假借之辭。孫，音遜。曷爲爲恭？据取邑不爲恭敬辭。有天子存，則諸侯不得專地也。許田者何？地皆不得專，而此獨爲恭辭，疑非凡邑，故更問之。魯朝宿之邑也。諸侯時朝乎天子，天子之郊，諸侯皆有朝宿之邑焉。時朝者，順四時而朝也，緣臣子之心，莫不欲朝朝莫夕。王者與諸侯別治勢不得自專朝，故即位比年使大夫小聘，三年使上卿大聘，四年又使大夫小聘，五年一朝。王者亦貴得天下之歡心，以事其先王，因助祭以述其職，故分四方諸侯爲五部，部有四輩，輩主一時。《孝經》曰：四海之内，各以其職來助祭，《尚書》曰：羣后四朝，敷奏以言，明試以功，車服以庸是也。宿者，先誡之辭。古者天子邦畿千里，遠郊五百里，諸侯至遠郊，不敢便入，必先告至，由如他國至竟而假塗也：皆所以防未然，謹事上之敬也。王者以諸侯遠來朝，亦加殷勤之禮以接之。爲告至之須，當有所住止，故賜邑於遠郊，其實天子地，諸侯不得專也。桓公無尊事天子之心，專以朝宿之邑與鄭，皆叛當誅，故深諱使若暫假借之者，不舉假爲重，復舉上會者，方諱言許田。不舉會，無以起從魯假之也。朝朝，上如字；下直遥反。莫，音暮。治，直吏反。背叛，音佩，凡背叛之類皆放此。此魯朝宿之邑也，則曷爲謂之許田？諱取周田也。

《春秋公羊經傳解詁》卷二《桓公八年》 其成使乎我奈何？使我爲媒，可則因用是往逆矣。婚禮成於五：先納采、問名、納吉、徵、請期，然後親迎。時王者遣祭公來，使魯爲媒，可則因用魯往迎之，不復成禮，疾王者不重妃匹，逆天下之母若迎婢妾，將謂海内何哉？故譏之。不言如紀者，辟有外文。媒，亡盃反。請期，音情，又七井反。迎，魚敬反。妃匹，音配，絶句。女在其國稱女，此其稱王后何？王者無外，其辭成矣。

《春秋公羊經傳解詁》卷三《莊公元年》 天子嫁女乎諸侯，必使諸侯同姓者主之。諸侯與天子同姓者。諸侯嫁女于大夫，必使大夫同姓者主之。大夫與諸侯同姓者。不自爲主者，尊卑不敵，其行婚姻之禮，則傷君臣之義；行君臣之禮，則廢婚姻之好，故必使同姓有血脉之屬，宜爲父道，與所適敵體者主之。禮，尊者嫁女于卑者，必待風旨，爲卑者不敢先求，亦不可斥與之者，申陽倡陰和之道。天子嫁女於諸侯，備姪娣如諸侯之禮，義不可以天子之尊，絶人繼嗣之路。主書者，惡天子也。禮，齊衰不接弁冕，仇讎不交婚姻。好，呼報反。風，如字，又方鳳反。倡，昌亮反。和户卧反。惡，烏路反。齊衰，音咨；下七雷反。

《春秋公羊經傳解詁》卷六《文公二年》 奈何？先禰而後祖也。升謂西上。禮，昭穆指父子，近取法《春秋》，惠公與莊公當同南面西上，隱、桓與閔、僖亦當同北面西上，繼閔者在下。文公緣僖公於閔公爲庶兄，置僖公於閔公上，失先後之義，故譏之。傳曰後祖者，僖公以臣繼閔公，猶子繼父，故閔公，於文公，亦猶祖也。自先君言之，隱、桓及閔、僖各當爲兄弟，顧有貴賤耳。自繼代言之，有父子君臣之道，此恩義逆順各有所施也。不言吉祫者，就不三年不復譏，略爲下張本。禰，乃禮反。

《春秋公羊經傳解詁》卷七《宣公二年》古者臣有大喪，則君三年不呼其門。重奪孝子之恩也。禮，父母之喪三年不從政，齊衰、大功之喪三月不從政，故孔子曰夏后氏三年之喪，既殯而致事；殷人既葬而致事；周人卒哭而致事。君子不奪人之親，亦不可奪親也。

《春秋公羊經傳解詁》卷七《宣公六年》靈公爲無道，使諸大夫皆内朝。禮，公族朝於内朝親親也；雖有富貴者，以齒，明父子也。外朝以官，體異姓也。宗廟之中，以爵爲位，崇德也。宗人授事以官，尊賢也。升餕受爵以上嗣，尊祖之道也。喪紀以服之精粗爲序，不奪人之親也。餕，音俊。

《春秋公羊經傳解詁》卷七《宣公十年》世卿非禮也。復見譏者，嫌尹氏王者大夫，職重不當世，諸侯大夫任輕可。世也，因齊大國禍著，故就可以爲法戒，明五者尊莫大於周室，彊莫大於齊國，世卿猶能危之。

《春秋公羊經傳解詁》卷一〇《昭公二十五年》君有事于廟，聞大夫之喪，去樂，恩痛不忍舉。卒事。畢竟祭事。大夫聞君之喪，攝主而往。主，謂已主祭者。臣聞君之喪，義不可以不即行，故使兄弟若宗人，攝行主事而往。不廢祭者，古禮也。古有分土無分民，大夫不世，己父未必爲今君臣也。《孝經》曰：資于事父以事君而敬同。大夫聞大夫之喪，尸事畢而往。賓尸事畢而往也。日者，爲卒日。爲，于僞反。

《春秋公羊經傳解詁》卷一〇《昭公十五年》慶子家駒，慶，賀。曰：慶子免君於大難矣。子家駒曰臣不佞，陷君於大難，君不忍加之以鈇鑕，賜之以死。鈇鑕，要斬之罪，即所錫之以死。大難，乃旦反，下同。鈇，音甫，又方于反。鑕，之實反。要，一遥反。再拜顙。謝爲齊侯所慶。高子執簞食，簞，葦器也。圓曰簞，方曰笥。食，即下所致糗也。簞，音丹，葦器。食，音嗣，注同。葦，于鬼反。笥，思嗣反。糗，丘九反，又昌紹反。與四脡脯，屈曰朐，申曰脡。脡，他頂反，又大頂反。朐，其俱反。國子執壺漿，壺，禮器。腹方口圓曰壺，反之曰方壺，有爵飾。曰：吾寡君聞君在外，餕饔未就，餕，孰食。饔，孰肉。未就，未成也。解所以致糗意。餕，音俊。敢致糗于從者。糗，精也。謙不敢斥魯侯，故言從者。于從，才用反，注及下皆同。精，音備。昭公曰：君不忘吾先君，延及喪人，錫之以大禮。再拜稽首，以衽受。衽，衣下裳當前者，乏器，謙不敢求索。衽，而甚反，又而鴆反，掩裳際也。索，所白反。高子曰：有夫不祥，猶曰人皆有夫不善。君無所辱大禮。禮，臣受君錫，荅拜，謂之拜命之辱。高子見昭公拜辱大卑，故曰君無所辱大禮。大卑，音泰，下大學同。昭公蓋祭而不嘗。食必祭者，謙不敢便嘗，示有所先。不嘗者，待禮讓也。景公曰：寡人有不腆先君之服，未之敢服；腆，厚也。服，謂齊侯所著衣服也。言未敢服者，見魯侯乃敢服之，謙辭也。禮，天子朝皮弁，夕玄端，朝服以聽朝，玄端以燕，皮弁以征不義，取禽獸，行射；諸侯朝朝服，夕深衣，玄端以燕，裨冕以朝。天子以祭其祖禰，卿大夫冕服而助君祭，朝服祭其祖禰；士爵弁黻衣裳以助公祭，玄端以祭其祖禰。腆，他典反，厚也。著丁略反。裨，婢支反。黻，音弗。有不腆先君之器，器謂上所執簞壺。未之敢用，敢以請。請行禮。昭公曰：喪人不佞，失守魯國之社稷，執事以羞，取辱大禮，敢辭。不敢當大禮，故敢辭。景公曰：寡人有不腆先君之服，未之敢服；有不腆先君之器，未之敢用，敢固以請。

《春秋公羊經傳解詁》卷一一《定公十五年》邾婁子來奔喪。其言來奔喪何？据會葬以禮書，歸含且賵不言來。含，戶暗反。賵，芳鳳反。奔喪，非禮也。但解奔喪者，明言來者常文，不爲早晚施也。禮，天子崩，諸侯奔喪會葬；諸侯薨，有服者奔喪，無服者會葬，邾婁與魯無服，故以非禮書。禮有不弔者三：兵死，壓死，溺死。爲，于僞反。厭死，於甲反。

《春秋公羊經傳解詁》卷一二《哀公十二年》昭公之夫人也。其稱孟子何？据不稱夫人某氏。諱娶同姓，蓋吴女也。禮，不娶同姓，買妾不知其姓，則卜之。爲同宗共祖，亂人倫，與禽獸無別。昭公既娶，諱而謂之吴孟子。《春秋》不繫吴者，禮，婦人繫姓不繫國，雖不諱，猶不繫國也。不稱夫人不言薨，不書葬者，深諱之。

《春秋穀梁傳》卷二《桓公八年》祭公來，遂逆王后于紀。祭公，寰内諸侯，爲天子三公者。親逆例時，不親逆例月，故，春秋左氏説曰：王者至尊無敵，無親逆之禮。祭公逆王后，未到京師而稱后，知天子不行而禮成也。鄭君釋之曰：大姒之家在郃之陽，在渭之涘，文王親迎于渭，即天子親迎之明文矣。天子雖尊，其于后猶夫婦。夫婦判合，禮同一體，所謂無敵，豈施此哉！《禮記・哀公問》曰：冕而親迎，不已重乎？孔子愀然作色而對曰：合二姓之好，以繼先聖之後，以爲天地宗廟社稷之主，君何謂已重焉？此言親迎，繼先聖之後，爲天地宗廟社稷之主，非天子則誰乎？祭公，側界反。寰音縣，又音環。親迎，魚敬反，注皆同。大姒音似，大姒，文王妃也。郃音洽，本又作治。涘音仕。愀，在九反，又親小反。之好，呼報反。其不言使焉，何也？據四年天王使宰渠伯糾稱使。不正其以宗廟之大事即謀於我，故弗與使也。時天子命祭公就魯共卜，擇紀女可中后者便逆之，不復反命。復，扶又反。遂，繼事之辭也。其曰遂逆王后，故略之也。以其遂逆無禮，故不書逆女而曰王后。略謂不以禮稱之。或曰：天子無外，王命之則成矣。四海之濵，莫非王臣。士命紀女爲后，則已成王后，不如諸侯入國乃稱夫人。或説是。

《春秋穀梁傳》卷三《莊公元年》　單伯逆王姬。單，姓也。伯，字。單音善，單，姓；伯，字。《左氏》以爲王卿士。逆王姬，《左氏》作送王姬。單伯者何？吾大夫之命乎天子者也。命大夫，故不名也。諸侯歲貢士于天子，天子親命之，使還其國爲大夫者不名，天子就其國命之者，以名氏通也。其不言如，何也？據僖二十九年公子遂如京師，言如。其義不可受於京師也。其義不可受於京師，何也？曰，躬君殺於齊，使之主婚姻，與齊爲禮，其義固不可受也。禮：尊卑不敵，天子嫁女于諸侯，必使同姓諸侯主之。魯桓親見殺于齊，若天子命使爲主，則非禮大矣。《春秋》爲尊者諱，故不可受之于京師。弑又作殺。尊，于僞反，下爲之築同。

《春秋穀梁傳》卷三《莊公二年》　王使榮叔來錫桓公命。榮，氏；叔，字，天子之上大夫也。禮有九錫，一曰輿馬，二曰衣服，三曰樂則，四曰朱户，五曰納陛，六曰虎賁，七曰弓矢，八曰鈇鉞，九曰秬鬯，皆所以褒德賞功也。德有厚薄，功有輕重，故命有多少。何休曰，桓弑逆之人，王法所宜誅絶，而反錫命，悖亂天道，故不言天王也。文五年王使榮叔歸含且賵，則曰含者，臣子之職也，以至尊行卑事，故不言天王也。三月，王使毛伯來會葬，又曰刺比失禮，故亦不言天王也。甯案，僖二十四年天王出居于鄭，不可最大矣。禮天子既有賵含之制，傳但譏二事共一使耳，言且所以示譏，一事無再貶之道也。以天王之尊，會人妾祖母之葬，誠失禮矣。孰若使任叔之子來聘，使家父來求車之不可乎？此三者皆言天王，明非義之所存。舊史有詳略，夫子因而弗革，故知曲説雖巧，致遠則滯矣。錫，星歷反。賁音奔。鈇，方胡反。鉞音越。秬音巨，黑黍。鬯，勑亮反，香酒也。悖，補對反。含，胡暗反。賵，芳鳳反。刺，七賜反。一使，所吏反。任音壬。滯，乃計反，一本作泥。禮有受命，無來錫命。錫命，非正也。賞人於朝，與士共之，當召而錫也。《周禮・大宗伯》職曰：王命諸侯則儐之，是來受命。朝直遥反。儐，必刃反。生服之，死行之，禮也。生不服，死追錫之，不正甚矣。

《春秋穀梁傳》卷五《僖公四年》　公及齊侯、宋公、陳侯、衛侯、鄭伯、許男、曹伯會王世子于首戴。惠王之世子名鄭，後立爲襄王。首戴，衛地。首戴，《左氏》作首止。及以會，尊之也。言及諸侯，然後會王世子，不敢令世子與諸侯齊列。令，力呈反。何尊焉？王世子云者，唯王之貳也。云可以重之存焉，尊之也。何重焉？天子世子，世天下也。秋，八月，諸侯盟于首戴。言諸侯者，前目而後凡，他皆放此。無中事而復舉諸侯，何也？尊王世子而不敢與盟也。尊則其不敢與盟，何也？盟者，不相信也，故謹信也，不敢以所不信而加之尊者。桓，諸侯也，不能朝天子，是不臣也。王世子，子也，塊然受諸侯之尊己而立乎其位，是不子也。桓不臣，王世子不子，則其所善焉何也？是則變之正也。雖非禮之正，而合當時之宜。復，扶又反，下同。塊，苦對反，又苦怪反。天子微，諸侯不享覲，桓控大國，扶小國，統諸侯，不能以朝天子，亦不敢致天王。尊王世子于首戴，乃所以尊天王之命也。世子含王命會齊桓，亦所以尊天王之命也。世子受之可乎？是亦變之正也。天子微，諸侯不享覲，世子受諸侯之尊己，而天王尊矣，世子受之可也。

《春秋穀梁傳》卷五《僖公二十四年》　宋殺其大夫。其不稱名姓，以其在祖之位，尊之也。何休曰：曹殺其大夫，亦不稱名姓，豈可復以爲祖乎？鄭君釋之曰：宋之大夫盡同姓禮：公族有罪，刑于甸師氏，不與國人慮兄弟也，所以尊異之。孔子之祖孔父累於宋殤公而死，今骨肉在其位而見殺，故尊之，隱而不忍稱名氏。若罪大者，名之而已，使若異姓然，此乃祖之疏也。曹殺其大夫，自以無大夫，不稱名氏耳。《春秋》辭同事異者甚多，隱去即位以見讓，莊去即位爲繼弑，是復可以比例非之乎。復以，扶又反，下是復同。甸，徒徧反。累，劣僞反。去，起吕反，下同。以見，賢徧反。爲繼，于爲反，又如字。

《論語注疏・鄉黨》　執圭，鞠躬如也，如不勝，注：包曰：爲君使聘問鄰國，執持君之圭。鞠躬者，敬慎之至。上如揖，下如授。勃如戰色，足蹜蹜，如有循。注：鄭曰：上如揖，授玉宜敬，下如授，不敢忘禮，戰色，敬也，足蹜蹜，如有循舉前曳踵行。享禮，有容色。注：鄭曰：享，獻也，聘禮既聘，而享用圭璧有庭實。私覿，愉愉如也。注：鄭曰：覿，見也，既享乃以私禮見，愉愉，顔色和。音義：勝，音升，爲于僞反。使，所吏反。上，時掌反。又如字，注同下。魯讀下爲趨，今從古。蹜，色六反。授玉，一本作受玉。踵，章勇反。享，許丈反，注同。覿，直歷反，見也。注同。愉，羊朱反。見，賢遍反，下同。疏：正義曰：此一節記爲君使聘鄰國之禮容也。執圭，鞠躬如也，如不勝者，言執持君之圭以聘鄰國，而鞠躬如不能勝舉，慎之至也。上如揖，下如授者，上謂授玉時宜敬，故如揖也；下謂既授玉而降，雖不執玉，猶如授時，不敢忘禮也。勃如戰色，足蹜蹜如有循者，亦謂執圭行聘時戰栗，其顔色敬也，足則舉前曳踵而行，蹜蹜如有所循也。享禮，有容色者。享，獻也。聘禮既聘，而享用圭璧有庭實，聘時執圭致命，故勃如戰色。至行享時，則稍許有容色，不復戰栗。私覿，愉愉如也者，覿，見也。愉愉，顔色和也，謂既享，乃以私禮見，故顔色愉愉然和悦也。

（清）黃奭輯《孝經緯·援神契》 明堂，文王之廟，夏后氏曰世室，殷人曰重屋，周人曰明堂。東西九筵，筵九尺。南北七筵，堂崇一筵五室。二字又見《北史·賈恩伯傳》。凡室二筵，蓋之以茅。宗祀文王於明堂，以配上帝。上圓下方，八窗四闥，布政之宫。在國之陽。

（清）郝懿行《爾雅義疏·釋詁上》 禋、祀、祠、蒸、嘗、禴，祭也。《書》曰：禋于六宗，餘者皆以爲四時祭名也。《説文》云祭，祀也。《春秋繁露》云祭之爲言，際也，與察也。《説苑·權謀篇》云祭之爲言索也。索也者，盡也，乃孝子所以自盡於親也。《御覽·禮儀部三》引《書大傳》云祭者，薦也。《廣雅》云祭，薦也。按：薦、祭義同而微别。故《穀梁》桓八年范甯注無牲而祭曰薦。薦而加牲曰祭。然則祭可以包薦，薦不可以包祭也。禋者，《小爾雅》云禋，潔也。《周語》云精意以享禋也。《説文》兼兹二義，故云禋，絜祀也。一曰精意以享爲禋。《書·舜典》釋文引王肅主《説文》前義，馬融主《説文》後義。孫炎《爾雅注》兼主二義。故《書正義》引孫炎曰禋，絜敬之祭也。《詩·維清》傳禋，祀也。《書·洛誥》鄭注：禋，芬芳之祭。大宗伯禋祀注：禋之言煙，周人尚臭，煙氣之臭聞者。《書》禋于六宗。《正義》引鄭注與大宗伯同，通作煙。《詩》釋文：禋，徐又音烟。《書大傳》云煙于六宗，鄭注：煙，祭也。字當爲禋。《魏受禪表》云煙于六宗。《史晨奏銘》云以供煙祀，是皆以煙爲禋也。祀者，《一切經音義》二引舍人曰：祀，地祭也。《説文》云祭無巳也，从巳聲。按：巳古有二音，故《詩·維天之命》正義引《譜》云子思論詩，於穆不巳。仲子曰於穆不似，斯干云似續妣祖。鄭箋，似讀如巳午之巳。巳續妣祖者，謂巳成其宫廟也。證以《説文》巳，巳也。四月陽氣巳出，陰氣巳藏。《釋名》亦云巳，巳也。陽氣畢布巳也。《漢書·律曆志》云巳，盛于巳。《史記·律書》巳者言陽氣之巳盡也。是皆巳午之巳，讀爲矣音之證。孟仲子讀巳爲似，鄭康成讀似爲巳，因知古音巳亦爲似，似亦爲巳，其讀俱通。後世上己己之，讀詳里切。終巳之巳，讀于紀切，分而爲二，非古音也。古讀己之與祀，似之與以，其音皆同，而其字通。何以明之？《説文》佀從㠯聲，則以似同音，故《易·明夷》云文王以之。《釋文》引鄭、荀，向作文王似之。《漢書·高帝紀》注如淳曰以或作似，是似以通也。《説文》祀从巳聲，則巳祀同音。故《詩》於穆不巳。《文心雕龍·練字篇》作於穆不祀。《易》損云巳事遄往。《集解》引虞翻作祀事遄往，云祀舊作巳，是巳祀通也。然音隨世變，讀從音轉，祀通作祠，似通作嗣，似祀二字俱讀詳里一音。故《詩》斯干裳裳者華卷阿。《江漢傳》竝云似嗣也。《荀子·賦篇》云性得之則甚雅似者，與楊倞注似謂似續，則亦以似爲嗣，是似嗣通矣。《詩·生民》釋文祠本亦作祀，是祀祠通矣。此則祀似俱讀詳里切。蓋今音也。然據子思仲子論詩，師弟已有二讀，安知今音之非起於古哉？祠、蒸、嘗、禴四者，皆時祭之名，詳見《釋天》而此又單訓祭者，蓋不獨時祭有此名，而凡祭亦被斯名也知者。《小宗伯》云大烖及執事禱祠于上下神示。鄭注：得求曰祠。女祝云凡内禱祠之事，鄭注：祠報福。《大祝》云一曰祠。鄭注：祠者，交接之辭，皆不以爲春時祭名。然則祠之爲言，詞也。故《説文》云品物少，多文詞，是其義矣。必知凡祭通名祠者。《公羊》莊八年經云祠兵。《齊策》云楚有祠者。《釋文》及高誘注竝云祠，祭也。《説文》𥙡字解云以豚祠司命，引漢律曰祠𥙡司命。《史記》、《漢書》竝云祠官祝釐。《顔氏家訓·書證篇》云吴人呼祠祀爲鴟祀，是皆以祠爲凡祭之通名。故《一切經音義》二及廿二廿三竝引舍人曰祀，地祭也。祠，天祭也。以祠祀爲天地祭名，益知注《爾雅》者自郭以前皆不以祠爲春祭之名矣。蒸與烝通，亦單訓祭者。《詩》信南山及賓之初筵《傳》、《箋》竝云烝，進也。《載芟》箋進予妣謂祭先祖、先妣也。然則烝訓爲進，進訓爲祭，亦不以爲冬時祭名，故《書·洛誥》云王在新邑烝。《大宗伯》疏引鄭注云是非時而特假祖廟，故文武各特牛也。然則鄭以《洛誥》之烝爲非時特祭，證以《楚辭·天問篇》云何獻蒸肉之膏，而后帝不若，王逸注：蒸，祭也。以其肉膏祭天帝，是皆以蒸爲凡祭之通名也。祠、蒸二文既有明證，推此而言嘗禴二義亦當相準，而經典無文，莫可取證。《月令》季秋大饗帝嘗。鄭注：嘗者謂嘗羣神也。天子親嘗，帝使有司祭於羣神。然則鄭意亦以此嘗爲祭名而不以爲時祭之嘗矣。唯禴未聞，可姑闕焉。郭以爲皆四時祭名，恐未然也。《釋文》嘗字又作甞，禴字又作礿，竝古字通。

（清）郝懿行《爾雅義疏·釋詁上》 享，孝也。享祀，孝道。《釋訓》云善父母爲孝主生存而言。此云享孝主祭祀而言，故《釋名》引《孝經》説曰孝，畜也。畜，養也。是孝以畜養爲義也，享者，祭祀之義也。享訓祭祀，又訓孝者，孝以畜養爲義，享又以養爲義，故《廣雅》云享，養也。《祭統》云祭者所以追養繼孝也。蓋緣孝子之心，畜養無已，故於祭祀追而繼之。《謚法》云協時肇享曰孝，正與《爾雅》義合。

又： 祔，祪，祖也。祔，付也。付新死者於祖廟，祪毁廟主。祖者，上文云始也。《説文》云始，廟也。是祖兼廟而言，此文當祪祖連讀。祪者，《説文》云祔，祪，祖也。文義未明，故《玉篇》、《廣韵》申之云祪，毁廟之祖也。是祪訓爲毁。上文云垝與祪聲義同。祔者，《説文》云後死者合食於先祖。《釋名》云又祭曰祔，祭於祖廟，以後死孫祔於祖也。《喪服小記》云祔必以其昭穆，故《既夕禮》云明日以其班祔。班即昭穆明日卒，哭之明日也。鄭注：祔猶屬也，祭昭穆之次而屬之。是其義也。祔必於毁祖者，祖親盡則廟毁，祔祭於此，以新死之主將入此廟，故祭而屬之也。郭訓祔爲付義，亦如此，通作付。《周禮·大祝》云付練祥。鄭注：付當爲祔。又通作附，《曾子問》云殤不附祭。《釋文》附本或作祔。《雜記》上下篇言附者非一。鄭注竝云附皆當爲祔。

又：崩，薨，無禄，卒，徂落，殪，死也。古者死亡尊卑同稱耳。故《尚書》堯曰殂落，舜曰陟方乃死。《説文》云死，澌也，人所離也。《檀弓》云君子曰終，小人曰死。鄭注死之言澌也。事卒爲終，消盡爲澌。按死，終二字，對文則别，散文則通。故《淮南·精神篇》云生寄也，死歸也。是雖君子稱死也。《説苑·言篇》云死者，民之終也。是雖小人稱終也。《周禮·疾醫》注少者曰死，老者曰終。此亦對文，若散文則終。死亦老少之通稱矣。崩、薨、無禄、卒者，《曲禮》云天子死曰崩。諸侯曰薨，大夫曰卒，士曰不禄，庶人曰死。《大戴禮》及《白虎通》俱依此次。《爾雅》則以無禄居卒之前。葢順文無别義也。析言其義，則《穀梁》隱三年《傳》高曰崩，厚曰崩，尊曰崩，天子之崩以尊也。《説文》崩山壞也。薨公矦㲳也，大夫死曰㲳。《釋名》云崩壞之形也。崩硼聲也。薨，壞之聲也。不禄，不復食禄也，卒言卒竟也。是《釋名》本《爾雅》，爲序亦以無禄居卒之前矣。《白虎通》云崩之爲言㟴然伏僵。薨之言奄也奄然亾也。卒之爲言終於國也。禄之言消也，身消名彰。《曲禮》注異死名者爲人褻，其無知若猶不同然也。自上顛壞曰崩，薨，顛壞之聲。卒，終也。不禄，不終其禄。《公羊》隱三年注，不禄，無禄也。然則諸家之説大意相同。無禄俱作不禄，其義同也。然不禄之言俱屬之士，故言不終其禄，或言不復食禄，此皆望文生義。古説又復不同，按《通典》八十三引漢《石渠議》聞人通漢問云《記》曰君赴於佗國之君曰不禄，夫人曰寡小君。不禄，大夫士或言卒，死皆不能明。戴聖對曰：君死未葬曰不禄，既葬曰薨。此則諸矦亦稱不禄矣，故《晉語》云又重之以寡君之不禄。韋昭注士死曰不禄。《禮》君死赴於他國曰寡君不禄，謙也。韋昭注及《石渠議》所據皆《禮·雜記》之文也。又大夫亦稱不禄，故《雜記》云大夫訃於同國，適者曰某不禄，訃於士亦曰某不禄。又庶人亦稱不禄。故《曲禮》云壽考曰卒，短折曰不禄。鄭注：禄謂有德行，任爲大夫，士而不爲者老而死從大夫稱，少而死從士之稱。然則不禄之言通於上下，今攷其義，不禄猶言不祥。祥禄皆訓善。《廣雅》云禄，善也。不禄即不善，謂遭凶禍也。禄又福也，無禄猶言無福，亦謂遭死丧也。《詩》民今之無禄。《左氏》昭七年《傳》，今無禄早世，其義竝同。不禄又即不淑，上文云淑，善也，不淑即不善。故《雜記》云寡君使某問君何不淑。又云寡君使某如何不淑。是皆弔問凶喪之詞也。王照圓《葩經小記》説君子偕老，云子之不淑，云如之何。詩意當與《雜記》同，箋以不淑爲不善之行。《中谷有蓷》云遇人之不淑，亦當謂良人遭死亾之禍，而箋以爲君子於已不善也。夫温柔敦厚，詩人之教，而二詩直露刺譏，似傷忠厚之意，疑皆説者失其義耳。卒者，㲳之叚借也。經典通作卒，而訓終終㱪義，亦爲死也。故《通典》引《石渠議》云孝子諱死曰卒。又引許慎《五經通義》云卒之爲言終於國也。《曲禮》云壽考曰卒。三説互異，葢卒亦上下之通稱，義與無禄同矣。徂者，殂之叚借也。徂落者，《説文》云殂，往死也。引《虞書》曰放勛乃殂落，通作徂。《舜典》正義引李巡云徂落，堯死之稱。郭此注又引舜陟方乃死之文。《白虎通》兩釋之，云，《書》言殂落，死者，各有見義。堯見憯痛之，舜見終，各一也。《釋名》云徂落，徂祚也。福祚，殞落也。徂亦往也，言往去落也。《孟子》注本《爾雅》云徂落，死也。今按梅書《舜典》作帝乃殂落，《孟子》引《堯典》作放勳乃徂落。《説文》引《書》與《孟子》同。《書》之真古文也。《釋文》殂音徂，本又作徂，㱐音，落本又作落。今從宋本，作徂落，與《孟子》合，此古本矣。殪者，《説文云》死也。《釋名》云殪，翳也，就隱翳也。按殪亦死之通稱，故《晉語》斃人盡殪，《左氏》隱九年《傳》，衷戎師前後擊之，盡殪。是皆以人死爲殪也。《楚辭·國殤篇》云左驂殪兮，右刃傷。《晉語》云射兕于徒林殪以爲大甲。是又以物死爲殪矣。

（漢）劉熙《釋名》卷五《釋衣服》 履，禮也，飾足所以爲禮也。

（唐）顔師古《匡謬正俗》卷三《殺》 殺。《郊特牲》云大夫而饗君，非禮也。大夫強而君殺之，義也。由三桓始也。鄭元注云：慶父通於夫人以脅公，季友以君命鴆牙，後慶父殺二君而又死。又按：殺讀爲降殺之殺，謂衰弱也。此言大夫不當饗君，自三桓已來，大夫強而君弱，是以有君就饗于大夫夫者耳。此一段禮文相承，躡愸論饗覲之事，故其下愸云天子微諸侯僭大夫强諸侯脅相。貴以等，相覿以貨，相賂以利，而天下之禮亂矣。不言誅戮之事，安取其鴆牙殺慶父哉。

（清）段玉裁《説文解字注》卷一《示部·禮》 禮，履也。見《禮記·祭義》《周易·序卦》傳。履，足所依也。引伸之，凡所依皆曰履，此假借之法。履，屨也。禮，履也。履同而義不同。所㠯事神致福也，从示，从豐。禮有五經，莫重於祭，故禮字从示，豐者行禮之器。

（清）段玉裁《説文解字注》卷一《示部·齋》 齋，戒潔也。《祭統》曰：齋之爲言齊也，齊不齊以致齊者也。齋戒或析言，如七日戒，三日齋是。此以戒訓齋者，統言則不别也。从示，𠫤省聲。謂減𠫤之二畫，使其字不緐重也。凡字有不知省聲則昧其形聲者，如融、蠅之類是。側皆切，十五部。齋 籀文齋，从𩡧省。凡籀文多緐重。

（清）段玉裁《説文解字注》卷一《示部·禋》 絜祀也。韋昭注《周語》同。《釋詁》：禋，祭也。孫炎曰：潔敬之祭也。各本作潔，依《玉篇》作絜。一曰，精意㠯享爲禋。凡義有兩岐者，出一曰之例。《山海經》、《韓非子》、《故訓傳》皆然，但《説文》多有淺人疑其不備而竄入者。《周語》内史過曰：精意以享禋也。絜祀二字已苞之。何必更端偁引乎？舉此可以隅反。从示，垔聲。於真切，古音在十三部。《尚書大傳》以湮爲禋。 籀文从宀。

（清）段玉裁《説文解字注》卷一《示部·祭》 祭祀也。統言則祭、祀不別也。从示。㠯手持肉。此合三字會意也。子例切，十五部。

（清）段玉裁《説文解字注》卷一《示部·祀》 祭無巳也。析言則祭無巳曰祀，从巳，而釋爲無巳。此如治曰亂，徂曰存，終則有始之義也，《釋詁》曰：祀，祭也。从示，巳聲。詳里切，一部。 祀或从異。《周禮·大宗伯》、《小祝》注皆云：故書祀作禩。按，禩字見於故書，是古文也。篆隸有祀無禩，是以漢儒杜子春、鄭司農不識，但云當爲祀、讀爲祀，而不敢直言古文祀，葢其慎也。至許乃定爲一字，至魏時乃入《三體石經》。古文巳聲、異聲同在一部，故異形而同字也。

（清）段玉裁《説文解字注》卷一《示部·秕》 㠯豚祠司命也。鄭注《周禮》曰：求福曰禱，得求曰祠。此祠與春祭之祠異。《祭法》注曰：司命，小神，居人之閒。司察小過，作譴告者，主督察三命。今時民家或春秋祠司命。《風俗通義》曰：《周禮》司命，文昌也。今民閒祀司命，刻木長尺二寸爲人像，行者擔篋中，居者別作小屋。齊地大尊重之，汝南餘郡亦多有。皆祠以賭，率以春秋之月。按，賭同豬，許所謂豚也。應説司命爲文昌，鄭説人閒小神，未知許意何居也。許君竈字下説《周禮》以竈祀祝融，用賈逵句芒祀於戶、祝融祀於竈、蓐收祀於門、玄冥祀於井、后土祀於中霤之説。鄭則云老婦之祭，報先炊之義，斷非祝融。然則許不必同鄭也。从示，比聲。卑履切。《初學記》引俾利反，十五部。《漢律》曰：祠秕司命。高帝時，蕭何攈摭秦法，取其宜於時者，作律九章。至孝武時，律令凡三百五十九章。

（清）段玉裁《説文解字注》卷一《示部·祠》 春祭曰祠。品物少，多文辭也。上言祠司命，故次以祠。辭與祠疊韵。《周禮》：以祠春享先王。《公羊傳》曰：春曰祠。注：祠猶食也，猶繼嗣也。春物始生，孝子思親，繼嗣而食之，故曰祠。許與何異。从示。司聲。似茲切，一部。仲春之月，祠不用犧牲，用圭璧及皮幣。此引《月令》，證品物少，多文辭也。《禮記》祠作祀，《吕覽》同，《淮南》作祭。及《禮記》、《吕覽》、《淮南》皆作更。鄭曰：更猶易也。高誘曰：更，代也，以圭璧皮幣代犧牲也。《説文》祠、及二字，疑皆字之誤。或曰漢時《月令》，鄭君謂之今《月令》，或與《記》不同。《説文》霝雨、舫人，皆今《月令》也。江沅曰：言用不用，代義已瞭。或更字即及字義，許據本作及也。鄭訓易，高訓代。寘圭璧皮幣中間，似未妥。

（清）段玉裁《説文解字注》卷一《示部·禪》 禪 祭天也。从示，單聲。凡封土爲壇，除地爲墠。古封禪字，葢祇作墠。項威曰：除地爲墠，後改墠曰禪，神之矣。服虔曰：封者，增天之高，歸功於天。禪者，廣土地。應劭亦云：封爲增高，禪爲祀地。惟張晏云：天高不可及，於泰山上立封，又禪而祭之，冀近神靈也。元鼎二年《紀》云：望見泰一，修天文禷。禷即古禪字，是可證禪亦祭天之名。但禪訓祭天，似當與祡爲伍，不當廁此。時戰切，十四部。

（清）段玉裁《説文解字注》卷一《示部·禖》 祭也。謂祭名也，《商頌》傳曰：春分玄鳥降，湯之先祖有娀氏女簡狄，配高辛氏帝，帝率與之祈於郊禖而生契，故本其爲天所命，以玄鳥至而生焉。《大雅》傳曰：古者必立郊禖焉。玄鳥至之日，以大牢祀於郊禖。天子親往，后妃率九嬪御，乃禮天子所御，帶以弓韣，授以弓矢於郊禖之前。玉裁按，據此則禖神之祀，不始於高辛明矣。鄭注《月令》云：玄鳥，媒氏之宫以爲候。高辛氏之世，玄鳥遺卵，娀簡吞之而生契。後王以爲媒官嘉祥，而立其祠焉。變媒言禖。神之也。注《禮記》時未專信《毛詩》，故説鉏鋙爾。鄭《志》焦喬之荅，回護鄭公，殊爲詞費。从示，某聲。莫桮切，古音在一部。

（清）段玉裁《説文解字注》卷一《示部·社》 社，地主也。《五經異義》：今《孝經》説：曰社者，土地之主。土地廣博不可偏敬，封五土以爲社。古《左氏》説：共工爲后土，爲社。許君謹案曰：《春秋》稱公社，今人謂社神爲社公，故知社是上公，非地祇。鄭駁之云：社祭土而主陰氣。又云：社者，神地之道。謂社神但言上公，失之矣。人亦謂雷曰雷公，天曰天公，豈上公也。《宗伯》：以血祭祭社稷五祀五嶽。社稷之神若是句龍、柱、棄，不得先五嶽而食。又引《司徒》五土名。又引《大司樂》五變而致介物，及土示。土示，五土之總神，即謂社也。六樂於五地無原隰，而有土祇，則土祇與原隰同用樂也。玉裁按，許訓社爲地主，此用今《孝經》説，而以地主也。从示、土之云先於《左氏傳》，則與《異義》从《左氏説》者不符。葢許君《異義》先成，《説文》晚定，往往有《説文》之説早同於鄭君之駁者。如社稷、昊天，聖人感天而生、三窓等，皆是也。从示土。鍇土下本無聲字，《韵會》所引是也。地主爲社，故字从示土。《春秋傳》曰：共工之子句龍爲社神。《左氏傳·昭公廿九年》，史墨曰：共工氏有子曰句龍，爲后土，后土爲社。許既从今《孝經》説矣，又引古《左氏》説者，此與心字云土藏也。象形。博士説以爲火藏一例，兼存異説也。

鄭駁《異義》，以爲社者五土之神，能生萬物者，以古之有大功者配之。然則句龍配五土之神祭於社。《周禮》二十五家爲社，《風俗通義》曰：《周禮》説二十五家爲社，但爲田祖報求。許云《周禮》者，《周禮》説也。賈逵、杜預注《左傳》、高誘注《吕覽》，薛瓚注《五行志》皆同。《晏子春秋》桓公以書社五百里封管仲，《吕覽》越以書社三百里封墨子，《史記》將以書社七百里封孔子，皆謂二十五家爲里，里有社，故云書社若干里。鄭駁《異義》引《州長》職曰：以歲時祭祀州社，是二千五百家爲社也。《祭法》：大夫以下成羣立社曰置社。注云：大夫以下謂下至庶人也。大夫不得特立社，與民族居，百家以上則共立一社，今時里社是也。引《郊特牲》唯爲社事單出里。是鄭不用《周禮》説，與許異。各樹其土所宜木。《大司徒》：設其社稷之壝而樹之田主，各以其野之所宜木，遂以名其社與其野。注：所宜木謂若松柏栗也。若以松爲社者，則名松社。《五經異義》，許君謹案：《論語》所云，謂社主也。鄭無駁，注《周禮》從許義。按《莊周書》之櫟社，高祖所禱之枌榆社，皆以木名社之遺。《韓非子》云：社木者，樹木而塗之。鼠穿其閒，堀穴託其中，熏之則恐焚木，灌之則恐塗阤，此可見樹木爲主之制。社爲地主而尊天親地，二十五家得立之。故字不與祡禷爲伍。常者切，古音在五部。

古文社。各本從示，非古文也。今依夏氏竦《古文四聲韵》所引。從木者，各樹其土所宜木也。

（清）段玉裁《説文解字注》卷三《口部·君》，尊也。此羊，祥也，門，聞也，户，護也，髮，拔也之例。从尹口。尹，治也。口㠯發號。此依《韵會》，又補一口字。尹亦聲，舉云切，十三部。

古文象君坐形。小徐本作凬。

（清）段玉裁《説文解字注》卷三《吅部·喪》，亡也。亡部曰：亡，逃也。亡非死之謂，故《中庸》曰：事死如事生，事亡如事存。《尚書大傳》曰：王之於仁人也，死者封其墓，況於生者乎。王之於賢人也，亡者表其閭，況於在者乎？皆存亡與生死分別言之。凶禮謂之喪者，鄭《禮經目録》云：不忍言死而言喪，喪者，棄亡之辭。若全居於彼焉，已失之耳。是則死曰喪之義也。公子重耳自偁身喪，魯昭公自偁喪人，此喪字之本義也。凡喪失字，本皆平聲，俗讀去聲，以別於死喪平聲，非古也。从哭亡，亡亦聲。此從《禮記》奔喪之禮釋文所引。息郎切，十部。

（清）段玉裁《説文解字注》卷三《冊部·嗣》，諸侯嗣國也。引伸爲凡繼嗣之偁。从冊口。小徐曰：冊必於廟，史讀其冊，故从口。按，當是从口，音圍，口者，國象也，故曰諸侯嗣國。司聲。祥吏切，一部。

（清）段玉裁《説文解字注》卷五《言部·請》，謁也。周禮春朝秋覲，漢改爲春朝秋請。从言，青聲。七井切，又才性切，十一部。

（清）段玉裁《説文解字注》卷五《言部·謚》，行之迹也。《周書·謚法解》、《檀弓》、《樂記》、《表記》注皆云：謚者，行之迹也。謚、迹疊韵。从言，益聲。按，各本作從言兮皿，闕。此後人妄改也。攷《玄應書》引《説文》：謚，行之迹也。從言，益聲。《五經文字》曰：謚，《説文》也。諡，《字林》也。《字林》以謚爲笑聲，音呼益反。《廣韵》曰：謚，《説文》作謚。《六書故》曰：唐本《説文》無諡，但有謚，行之迹也。據此四者，《説文》從言益無疑矣。自吕忱改爲諡，唐宋之閒又或改爲諡，遂有改《説文》而依《字林》羼入謚，笑皃於部末者。然唐《開成石經》、宋一代書版皆作謚，不作諡，知徐鉉之書不能易天下是非之公也。近宗《説文》者不能攷知《説文》之舊，如汲古閣刊經典，依宋作謚矣，而覆改爲諡，可歎也。今正諡爲謚，而刪部末之謚，笑皃，學者可以撥雲霧而覩青天矣。神至切，古音在十六部。

（清）段玉裁《説文解字注》卷六《又部·父》，巨也。以疊韵釋之。家長率教者。率同達，先導也。經傳亦借父爲甫。从又舉杖。《學記》曰：夏楚二物，收其威也。故從又舉杖。扶雨切，五部。

（清）段玉裁《説文解字注》卷一五《人部·儀》，度也。度，法制也。毛傳曰：儀，善也。又曰：儀，宜也。又曰：儀，匹也。其義相引伸。《肆師》職曰：古書儀但爲義，今時所謂義，古書爲誼。按，如《文王》傳曰義，善也，此與《釋詁》及《我將》傳儀，善也正同，謂此義爲儀之假借字也。从人，義聲。魚羈切，古音在十七部。

（清）段玉裁《説文解字注》卷一五《人部·弔》，問終也。謂有死喪而問之也。《襍記》曰：弔者東面致命曰：寡君聞君之喪，寡君使某，如何不淑。《曲禮》：知死者傷。鄭注曰：説者有弔辭，曰：皇天降灾，子遭罹之，如何不淑。《曾子問》：父喪稱父，母喪稱母。鄭注云：父使人弔之，辭云：某子聞某之喪，某子使某，如何不淑。母則若云：宋蕩伯姬聞姜氏之喪，伯姬使某，如何不淑。此皆問終之辭。淑，善也。如何不善者，欲其善也。故引伸之，謂善爲弔。魯莊公使人弔宋大水云：若之何不弔。即如何不淑也。《左傳》哀公誄孔子昊天不弔，先鄭注《周禮·大祝》，引作昊天不淑，此弔淑通用之徵。應劭、王肅皆訓弔爲善。《粊誓》無敢不弔，即無敢不善也。凡《書·大誥》、《多士》、《君奭》、《詩·節南山》、《瞻卬》、《逸周書·祭公解》、《左傳》莊十一年、襄十三年、十四年、二十三年、昭二十六年、哀十六年，《漢書・翟義傳》所云不弔者，皆謂不善。《大誥》、《君奭》之弗弔天，三字連讀，《多士》之弗弔昊天，四字連讀，皆猶《小雅》之不弔昊天，鄭云：不善乎昊天也。葢弔之爲善，今失其傳矣。以上王氏引之説。玉裁按，辵部：𨑩，至也。凡經文無𨑩，但有弔。弔或訓至，如《天保》傳弔，至也，《節南山》傳云弔，至也，箋云：至猶善也。《柴誓》無敢不弔，鄭云：弔猶善也。至與善，義本相近，古非必作𨑩而後訓至也。𨑩者，小篆分別之字。**从人弓。**三字今補。會意。多嘯切，二部。**古之葬者，厚衣之㠯薪。**此偁《易・繫辭》説人持弓會毆禽之故。**故人持弓會毆禽也。**故字舊作从，今正。《吳越春秋》陳音謂越王曰：弩生於弓，弓生於彈，彈起古之孝子。古者人民樸質，飢食鳥獸，渴飲霧露，死則裹以白茅，投於中野。孝子不忍見父母爲禽獸所食，故作彈以守之。故歌曰：斷竹續竹，飛土逐肉。按，孝子毆禽，故人持弓助之。此釋弔从人弓之意也。倉頡造字當黃帝時，既易之以棺椁矣，而葬文猶取衣薪，弔文猶依逐肉，反始不忘本也。禮也者，反其所自生。弓葢往復弔問之義。小徐有此八字，葢別一説也。當有一曰字。《左傳》有相問以弓者，故云然。

（清）段玉裁《説文解字注》卷一五《老部・孝》

孝，善事父母者。《禮記》：孝者，畜也。順於道不逆於倫，是之謂畜。**从老省，从子，子承老也。**説會意之恉。呼教切，二部。

（清）段玉裁《説文解字注》卷一五《舟部・朕》

朕，我也。闕。此説解既闕，而妄人補我也二字，未知許説字之例也。按：朕在舟部，其解當曰舟縫也。从舟，灷聲。何以知爲舟縫也？《考工記・函人》曰：視其朕，欲其直也。戴先生曰：舟之縫理曰朕，故札續之縫，亦謂之朕。所以補許書之佚文也。本訓舟縫，引伸爲凡縫之偁。凡言朕兆者，謂其幾甚微。如舟之縫，如龜之坼也。目部瞽字下云：目但有朕也。謂目但有縫也。《釋詁》曰：朕，我也。此如卬、吾、台、余之爲我，皆取其音不取其義。趙高之於二世，乃曰：天子所以貴者，但以聞聲，羣臣莫得見其面，故號曰朕。比傳朕字本義而言之，遂以亡國。凡説文字不得其理者，害必及於天下，趙高、王安石是也。云从舟、灷聲者，人部㑀字亦云：灷聲。今《説文》雖無灷字，然論例當有之。凡勝、騰、滕、賸、縢，皆以朕爲聲，則朕古音當在六部矣。今音直禁切，六部與七部合韵冣近也。

（清）段玉裁《説文解字注》卷一五《兄部・兄》

兄，長也。古長不分平上，其音義一也。長短、滋長、長幼，皆無二義。兄之爲長，以疊韵爲訓也。《小雅》：兄也永歎。傳曰：兄，茲也。《大雅》：倉兄填兮。傳曰：兄，滋也。職兄斯引，職兄斯弘。傳曰：兄，茲也。又《小雅》：僕夫兄瘁。箋云：兄，茲也。又《大雅》：亂兄斯削。箋云：而亂茲甚。茲與滋義同。茲者，草木多益也。滋者，益也。凡此等《毛詩》本皆作兄，俗人乃改作从水之況，又譌作况，陸氏《音義》不能諟正畫一，正僞錯出，且於《常棣》云：作兄者非。由未知茲益乃兄之本義故耳。兄之本義訓益，許所謂長也。許不云茲者，許意言長，則可晐長幼之義也。矢部矤下曰：兄詈也。謂加益之詈，此滋長之義也。《無逸》無皇曰，今文《尚書》作毋兄曰，王肅本皇作况，注曰：况，滋。韋昭注《國語》云：况，益也。皆兄訓益之證。引伸之，則《爾雅》曰：男子先生爲兄，後生爲弟。先生之年自多於後生者，故以兄名之。猶弟本義爲韋束之次弟，以之名男子後生者也。莫重於君父，故有正字，兄弟之字，則依聲託事。古兄長與兄益無二音也。淺人謂兄之本義爲男子先生，則主從倒置，豈弟之本義爲男子後生乎。世之言小學者，知此而後可與言《説文》，可與言經義。顧希馮《玉篇》不知此，則直云男子先生爲兄，男子後生爲弟而已，以兄弟二部次於男部、女部閒，觀其列部之次第，可以知其不識字義。**从儿，从口。**口之言無盡也，故以儿口爲滋長之意。今音許榮切，古音在十部，讀如荒，轉爲去聲，許訪切。今人評兄爲况老，乃古語也。用况者，於古爲假借。貺、况皆俗字。貺以意製，《左》、《國》多用之；况乃况之變，冣爲後出。**凡兄之屬皆从兄。**

（清）段玉裁《説文解字注》卷一五《見部・親》

親，至也。至部曰：到者，至也。到其地曰至，情意懇到曰至，父母者情之冣至者也，故謂之親。**从見，亲聲。**七人切，十二部。李斯刻石，文作親，左省一畫。

（清）段玉裁《説文解字注》卷一九《夫部・夫》

夫，丈夫也。从大一。从一大，則爲天，從大一，則爲夫。於此見人與天同也。天之一冒大上，爲會意；夫之一毌大首，爲象形，亦爲會意。**一㠯象兂。**兂，首笄也，俗作簪，依《御覽》宜補冠而後簪，人二十而冠，成人也十二字。此説以一象簪之意。甫無切，五部。**周制八寸爲尺，**尺部曰：中婦人手長八寸，謂之咫，周尺也。**十尺爲丈。**十部曰：丈，十尺也。从又，持十。**人長八尺，**見《考工記》。**故曰丈夫。**此説人偁丈夫之恉。**凡夫之屬皆从夫。**

（清）段玉裁《説文解字注》卷二四《女部・女》

女，婦人也。男，丈夫也。女，婦人也。立文相對。《喪服經》每以丈夫、婦人連文。渾言之，女亦婦人；析言之，適人乃言婦人也。《左傳》曰：君子謂宋共姬女而不婦。女待人，婦義事也。此可以知女道、婦道之有不同者矣。言女子者，對男子而言。子皆美偁也。曰女子子者，系父母而言也。《集韵》曰：吳人謂女爲娪，牛居切。青州呼女曰娪，五故切。楚人謂女曰女，奴解切。皆方語也。**象形，王育説。**不得其居六書何等，而惟王育説是象形也。蓋象其掩斂自守之狀。尼吕切，五部。小徐王育説三字在从女下。

凡女之屬皆从女。

（清）段玉裁《説文解字注》卷二四《女部·嫁》　嫁，女適人也。《白虎通》曰：嫁者，家也。婦人外成以出適人爲家。按，自家而出謂之嫁，至夫之家曰歸。《喪服經》謂嫁於大夫曰嫁，適士庶人曰適。此析言之也，渾言之，皆可曰適，皆可曰嫁。从女，家聲。古訝切，古音在五部。

（清）段玉裁《説文解字注》卷二四《女部·娶》　娶，取婦也。取彼之女，爲我之婦也。經典多叚取爲娶。从女，取聲。説形聲包會意也。此從小徐本。七句切，古音在四部。

（清）段玉裁《説文解字注》卷二四《女部·婚》　婚，婦家也。《釋親》曰：婦之父爲婚，婦之黨爲婚兄弟。《禮》娶婦㠯昏時，婦人侌也，故曰婚。《禮》謂《禮經》也。《士昏禮》曰：凡行事必用昏昕。注曰：用昕使者，用昏壻也。《郊特牲》曰：昏禮不用樂，幽陰之義也。从女昏，昏亦聲。呼昆切，十三部。

婚籀文婚如此。其會意形聲不可劈説。車部之轋，巾部之幔，皆以爲聲。

（清）段玉裁《説文解字注》卷二四《女部·姻》　姻，壻家也。《釋親》曰：壻之父爲姻，婦之父母、壻之父母相謂爲婚姻。壻之黨爲姻兄弟。《周禮》：六行：孝、友、睦、婣、任、恤。注云：婣者，親於外親。引申之義也。女之所因，故曰姻。因者，就也。从女因，因亦聲。於真切，十二部。

姻籀文姻从㒯。㒯，聲也。《周禮》如此作。

（清）段玉裁《説文解字注》卷二四《女部·妻》　妻，婦與己齊者也。妻齊以疊韵爲訓。此渾言之也，《曲禮》曰：庶人曰妻。析言之也。从女，从中，从又。七稽切，十五部。又，逗。持事妻職也。釋从又之意。中聲。説从中之故。鉉等以不應既云从中，又云中聲，删此二字。

妻古文妻。从肖女。肖，古文貴字。古文貴不見於貝部，恐有遺奪。

（清）段玉裁《説文解字注》卷二四《女部·婦》　婦，服也。亦以疊韵爲訓。婦，主服事人者也。《大戴禮·本命》曰：女子者，言如男子之教而長其義理者也，故謂之婦人。婦人，伏於人也，是故無專制之義，有三從之道。《曲禮》曰：士之妃曰婦人。析言之也。从女持帚灑埽也。説會意。房九切，古音在一部。服古音同。

（清）段玉裁《説文解字注》卷二四《女部·姑》　姑，夫母也。《釋親》曰：婦偁夫之父曰舅，稱夫之母曰姑。姑舅在則曰君舅、君姑，没則曰先舅、先姑。按，聖人正名之義，名有可叚借通用者，有不可叚借通用者。可叚借者舅姑是也，故母之晜弟爲舅，夫之父亦曰舅，妻之父曰外舅；夫之母曰姑，男子偁父之姊妹亦曰姑，偁妻之母曰外姑。蓋《白虎通》云：舅者，舊也。姑者，故也。舊故之者，老人之偁也。故其偁可氾用之。不可叚借者，父母是也。故同姓有父母，異姓無父母，夫之父母未聞偁父母也，姑之夫未聞偁父也，姑未聞偁母也，母之兄弟未聞偁父也，母之兄弟之妻未聞偁母也，從母之夫未聞偁父也。惟外祖父、外祖母則以父之父母例之而得偁，從母則以父之昆弟偁從父例之而得偁，從母之子亦以從父昆弟例之而得偁，凡同姓五服之外及異姓之親，祇偁兄弟，無偁昆弟者，古人偁謂之嚴也，今天下之名不正者多矣，盍反諸經乎。許於舅舉母之昆弟，於姑舉夫母，各舉男女所冣尊，以發舅姑之例也。姑之字叚爲語詈。《卷耳》傳曰：姑，且也。从女，古聲。古胡切，五部。

（清）段玉裁《説文解字注》卷二四《女部·婢》　婢，女之卑者也。《内則》。父母有婢子。鄭曰：所通賤人之子。是婢爲賤人也。而《曲禮》：自世婦以下，自偁曰婢子。《左傳》秦穆姬言晉君朝以入，則婢子夕以死。是貴者以婢子自謙。婢亦稱婢子，與《内則》婢子不同也。鄭注《曲禮》曰：婢之言卑也。从女卑，會意。卑亦聲。據《韵會》，小徐無此三字。便俾切，十六部。

（清）段玉裁《説文解字注》卷二四《女部·嫡》　嫡，孎也。从女，啻聲。都歷切，十六部。按，俗以此爲嫡庶字，而許書不尒，蓋嫡庶字古祇作適。適者，之也，所之必有一定也。《詩》：天位殷適。傳曰：紂居天位，而殷之正適也。凡今經傳作嫡者，蓋皆不古。

（清）段玉裁《説文解字注》卷二五《糸部·縗》　縗，喪服衣。喪字各本無，今補。凡服，上曰衣，下曰裳。《禮》衰裳連言，即衣裳也。以衰統負板、辟領等爲言也。長六寸，博四寸，直心。《禮·喪服記》曰：衰長六寸，博四寸。注云：廣袤當心也。前有衰，後有負板，左右有辟領，孝子哀戚無所不在。按，縗經典多叚借衰爲之。从系，衰聲。倉回切，古音在十七部。

（清）段玉裁《説文解字注》卷二五《糸部·絰》　絰，喪首戴也。《喪服經》苴絰注曰：麻在首在要皆曰絰。絰之言實也。明孝子有忠實之心，故爲制此服焉。首絰象緇布冠之缺項，要絰象大帶，又有絞帶象革帶。按，經傳首要皆言絰，而首章傳苴絰大搹，去五分一以爲帶。齊衰之絰，斬衰之帶也云云，然則在首爲絰，在要爲帶，經特舉經以統帶耳。故許以喪首戴釋經，猶言當心之縗，則負板、辟領皆統其中也。从糸，至聲。徒結切，十二部。

（清）段玉裁《説文解字注》卷二五《糸部・彝》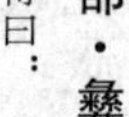宗廟常器也。彝本常器，故引申爲彝常。《大雅》：民之秉彝。傳曰：彝，常也。从糸。系，綦也。綦，許書所無，當作冪。《周禮・幎人》：以疏布巾幎八尊，以畫布巾幎六彝。彝尊必以布覆之，故从糸也。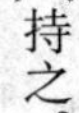持之。之字今補。，竦手也。廾下亦曰廾以奉之。米，器中實也。酒者，米之所成，故从米。从彑，象形。各本作彑聲。非也。今依《韵會》正。彑者，豕之頭，鋭而上見也。爵从鬯又而象雀之形，彝从糸米廾而象畫鳥獸之形，其意一也。故云與爵相似。此與爵相佀。相似，猶同意也。以脂切，十五部。《周禮》六彝：雞彝，鳥彝，黄彝，虎彝，蜼彝，斝彝，吕待祼將之禮。見《春官・司尊彝》職。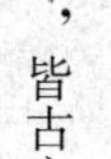，皆古文彝。

（清）段玉裁《説文解字注》卷二六《男部・男》丈夫也。夫下曰：周制八寸爲尺，十尺爲丈，人長一丈，故曰丈夫。《白虎通》曰：男，任也。任，功業也。古男與任同音，故公侯伯子男，王莽男作任。从田力，言男子力於田也。會意。農力於田，自王公以下，無非力於田者。那含切，古音在七部。凡男之屬皆从男。

（清）段玉裁《説文解字注》卷二六《男部・甥》謂我舅者吾謂之甥。《釋親》文。此泛釋甥義也。若母之昆弟爲吾舅，則謂吾爲甥矣。若妻之父爲吾外舅，則亦謂吾爲甥矣。《釋親》妻黨章曰：姑之子爲甥，舅之子爲甥，妻之晜弟爲甥，姊妹之夫爲甥，注謂平等相甥，非也。姑之子，吾父母得甥之；舅之子，吾母姪之，吾父得甥之。妻之昆弟，吾父母得甥之；姊妹之夫，吾父母壻之而甥之。是四者皆舅吾父者也，舅者，耆舊之偁，甥者，後生之偁，故異姓尊卑異等者以此相偁。《爾雅》類列於此，亦以見舅之子、妻之昆弟偁吾父皆曰舅，不似後世俗呼也。其立文如此者，從其便也。自來不得其解，則謂平等相甥。吾姊妹之夫，吾父既甥之矣，吾又呼之爲甥，此豈正名之義乎。姑之子爲外兄弟，舅之子爲内兄弟，妻之昆弟爲婚兄弟，姊妹之夫爲姻兄弟，既正其名矣，又安得淆之乎？外孫亦偁彌甥，姊妹之孫離孫也，亦偁從孫甥。皆見《左傳》、《釋名》。妻之昆弟曰外甥一條，冣爲無理。从男，生聲。所更切，十一部。

（清）段玉裁《説文解字注》卷二八《酉部・醮》冠娶禮，祭也。《士冠禮》：若不醴則醮用酒。三加，凡三醮。鄭曰：酌而無酬酢曰醮。《士昏禮》：父醮子，命之迎婦。嫡婦則酌之以醴，庶婦使人醮之，酌之以酒。鄭曰：酒不酬酢曰醮。依鄭説，非謂祭也。而許云冠娶禮祭，事屬可疑。詳經文不言祭也，葢古本作冠娶妻禮也，一曰：祭也。轉寫有奪與？祭者，别一義，不蒙冠婚。宋玉《高唐賦》：醮諸神，禮太一。此後世醮祀之始見也。从酉，焦聲。子肖切，二部。

（清）馬驌《繹史》卷七《高陽紀》　《淮南子》帝顓頊之法，婦人不辟男子於路者，拂之於四達之衢。

（明）董説《七國攷》卷一《田齊職官・右師》　王驩爲齊右師，見《孟子》。余按：趙有左師。古人吉禮尚左，唯喪禮、軍禮尚右。左陽右陰，故喪禮右也。人左臂力少，右臂力多，故軍禮右也。秦、漢及元代制度，丞相將軍以下官，俱先右而後左。秦於金石文及《本紀》稱右丞相去疾，左丞相斯，可證。

《漢書》卷八《宣帝紀》　秋八月，詔曰：夫婚姻之禮，人倫之大者也；酒食之會，所以行禮樂也。今郡國二千石或擅爲苛禁，禁民嫁娶不得具酒食相賀召。由是廢鄉黨之禮，令民亡所樂，非所以導民也。《詩》不云乎？民之失德，乾餱以愆。勿行苛政。

《漢書》卷四三《叔孫通傳》　漢王已并天下，諸侯共尊爲皇帝於定陶，通就其儀號。高帝悉去秦儀法，爲簡易。羣臣飲争功，醉或妄呼，拔劍擊柱，上患之。通知上益饜之，説上曰：夫儒者難與進取，要與守成。臣願徵魯諸生，與臣弟子共起朝儀。高帝曰：得無難乎？通曰：五帝異樂，三王不同禮。禮者，因時世人情爲之節文者也。故夏、殷、周禮所因損益可知者，謂不相復也。臣願頗采古禮與秦儀雜就之。上曰：可試爲之，令易知，度吾所能行爲之。

（漢）叔孫通《漢禮器制度》附録《胡廣漢制度》　帝之下書有四：一曰策書，二曰制書，三曰詔書，四曰誡敕。策書者，編簡也，其制長二尺，短者半之，篆書起年月日，稱皇帝以命諸侯王。三公以罪免，亦賜策，而以隸書，用尺一木兩行，唯此爲異也。制書者，帝者制度之命，其文曰制詔。三公皆璽封，尚書令印重封。露布，州郡也。詔書者，詔告也。其文曰告某官云如故事。誡敕者，謂敕刺史、太守，其文曰有詔勑某官，它皆倣此。《後漢書・光武紀》註。

又：天子出有大駕、法駕、小駕。大駕則公卿奉引，大將軍驂乘，太僕御屬，車八十一乘，備千乘萬騎。法駕，公不在鹵簿，唯河胥尹、執金吾、洛陽令奉引，侍中驂乘，奉車郎御屬，車三十六乘。小駕，太僕奉駕，侍御史整車騎也。《儒林傳》注。

《南齊書》卷三《武帝紀》　冬十月己丑，詔曰：三季澆浮，舊章陵替，吉凶奢靡，動違矩則。或裂錦繡以競車服之飾，塗金鏤石以窮塋域之麗。至斑白不婚，露棺累葉，苟相姱衒，罔顧大典。可明爲條制，嚴勒所在，悉使畫一。如復違犯，依事糾奏。

《梁書》卷六《敬帝紀》　二年春正月壬寅，詔曰：夫子降靈體喆，經仁緯義，允光素王，載闡玄功，仰之者彌高，誨之者不倦。立忠立孝，德被蒸民，制禮作樂，道冠羣后。雖泰山頹峻，一老不遺，而泗水餘瀾，千載猶在。自皇圖屯阻，祀薦不脩，奉聖之門，胤嗣殲滅，敬神之寢，簠簋寂寥。永言聲烈，實兼欽愴。外可搜舉魯國之族，以爲奉聖後，並繕廟堂，供備祀典，四時薦秩，一皆遵舊。

《魏書》卷五《高宗紀》　十有二月辛丑，詔曰：名位不同，禮亦異數，所以殊等級，示軌儀。今喪葬嫁娶，大禮未備，貴勢豪富，越度奢靡，非所謂式昭典憲者也。有司可爲之條格，使貴賤有章，上下咸序，著之于今。壬寅，詔曰：夫婚姻者，人道之始。是以夫婦之義，三綱之首，禮之重者，莫過於斯。尊卑高下，宜令區別。然中代以來，貴族之門多不率法，或貪利財賄，或因緣私好，在於苟合，無所選擇，令貴賤不分，巨細同貫，塵穢清化，虧損人倫，將何以宣示典謨，垂之來裔。今制皇族、師傅、王公侯伯及士民之家，不得與百工、伎巧、卑姓爲婚，犯者加罪。

《魏書》卷七《高祖紀》　十有二月癸丑，詔曰：淳風行於上古，禮化用乎近葉。是以夏殷不嫌一族之婚，周世始絶同姓之娶。斯皆教隨時設，治因事改者也。皇運初基，中原未混，撥亂經綸，日不暇給，古風遺樸，未遑釐改，後遂因循，迄茲莫變。朕屬百年之期，當後仁之政，思易質舊，式昭惟新。自今悉禁絶之，有犯以不道論。

《魏書》卷九《肅宗紀》　正光元年春正月乙酉，詔曰：建國緯民，立教爲本，尊師崇道，茲典自昔。來歲仲陽，節和氣潤，釋奠孔顏，乃其時也。有司可豫繕國學，圖飾聖賢，置官簡牲，擇吉備禮。

《魏書》卷三八《刁雍傳》　興光二年，詔雍還都，拜特進，將軍如故。和平六年，表曰：

臣聞有國有家者，莫不禮樂爲先。故《樂記》云：禮所以制外，樂所以修內。和氣中釋，恭敬温文。是以安上治民，莫善於禮；易俗移風，莫善於樂。且於一民一俗，尚須崇而用之，況統御八方，陶鈞六合者哉？故帝堯修五禮以明典章，作《咸池》以諧萬類，顯皇軌於云岱，揚鴻化於介丘。今木石革心，鳥獸率舞。包天地之情，達神明之德。夫感天動神，莫近於禮樂。故大樂與天地同和，大禮與天地同節。和，故百物阜生；節，故報天祭地。禮行於郊，則上下和肅。肅者，禮之情；和者，樂之致。樂至則無怨，禮至則不違。揖讓而治天下者，禮樂之謂歟？

唯聖人知禮樂之不可以已，故作樂以應天，制禮以配地。所以承天之道，治人之情。故王者治定制禮，功成作樂。虞夏殷周，易代而起。及周之末，王政陵遲。仲尼傷禮樂之崩亡，痛文武之將墜，自衛返魯，各得其中。逮乎秦皇，翦棄道術，灰滅典籍，坑燼儒士，盲天下之目，絶象魏之章，《簫韶》來儀，不可復矣。賴大漢之興，改正朔，易服色，協音樂，制禮儀，正聲古禮，粗欲周備。至於孝章，每以三代損益，優劣殊軌，歎其薄德，無以易民視聽。博士曹褒覩斯詔也，知上有制作之意，乃上疏求定諸儀，以為漢禮。終於休廢，寢而不行。及魏晉之日，修而不備。

伏惟陛下無為以恭己，使賢以御世，方鳴和鸞以陟岱宗，陪君羣后以昇中岳，而三禮闕於唐辰，象舞替於周日。夫君舉必書，古之典也。柴望之禮，帝王盛事。臣今以為有其時而無其禮，有其德而無其樂。史闕封石之文，工絶清頌之響，良由禮樂不興，王政有闕所致也。臣聞樂由禮，所以象德；禮由樂，所以防淫。五帝殊時不相沿，三王異世不相襲。事與時並，名與功偕故也。臣識昧儒先，管窺不遠，謂宜修禮正樂，以光大聖之治。

詔令公卿集議，會高宗崩，遂寢。

《魏書》卷七八《張普惠傳》　時史官尅日蝕，豫敕罷朝。普惠以逆廢非禮，上疏陳之。又表論時政得失。一曰，審法度，平斗尺，租調務輕，賦役務省。二曰，聽輿言，察怨訟，先皇舊事有不便於政者，請悉追改。三曰，進忠謇，退不肖，任賢勿貳，去邪勿疑。四曰，興滅國，繼絶世，勳親之胤，所宜收敍。書奏，肅宗、靈太后引普惠於宣光殿，隨事難詰，延對移時。令曰：寧有先皇之詔，一一翻改，普惠僶俛不言。令曰：卿似欲致諫，故以左右有人，不肯苦言。朕爲卿屏左右，卿其盡陳之。對曰：聖人之養庶物，愛之如傷，況今二聖纂承洪緒，妻承夫，子承父，夫、父之不可，安然仍行，豈先帝傳委之本意？仰惟先帝行事，或有司之謬，或權時所行，在後以爲不可者，皆追而正之。聖上忘先帝之自新，不問理之伸屈，一皆抑之，豈蒼生黎庶所仰望於聖德？太后曰：小小細務，一一翻動，更成煩擾。普惠曰：聖上之養庶物，若慈母之養赤子。今赤子幾臨危壑，將赴水火，以煩勞而不救，豈赤子所望於慈母，太后曰：天下蒼生，寧有如此苦事？普惠曰：天下之親懿，莫重於太師彭城王，然遂不免枉死。微細之苦，何可得無？太后曰：彭城之苦，吾已封其三子，何足復言！普惠曰：聖后封彭城之三子，天下莫不忻至德，知慈母之在上。臣所以重陳者，凡如此枉，乞垂聖察。太后曰：卿云興滅國，繼絶世，滅國絶世，竟復誰是？普惠曰：昔淮南逆終，漢文封其四子，蓋骨肉之不可棄，親親故也。竊見故太尉咸陽王、冀州刺史京兆王，乃皇子皇孫，一德之虧，自貽悔戾，況淪幽壤，緬焉弗收，豈是興滅繼絶之意？乞收葬二王，封其子孫，愚臣之願。太后曰：卿言有理，朕深戢之，當命公卿博議此事。

《隋書》卷六《禮儀志一》 故曰：禮經三百，威儀三千，未有入室而不由戶者也。成、康由之，而刑厝不用。

（唐）王方慶《魏鄭公諫録》卷二《諫貴臣遇王下馬》 魏王師王珪奏：准令，三品以上，遇親王於道不下馬。今皆失於儀準。太宗怒曰：爾等並自尊貴，卑下我子，此爲非法，我不能行。公諫曰：自古迄今，親王在京師者，班次三公，吏部尚書、侍中、中書令，並三品也。若此等爲王下馬，王又不可安。然訪諸故事，則無可准，行之於今，自隳國法。太宗曰：國家所以立太子者，擬朕百年之後，以爲君也。然則人之存亡，不在老幼，設無太子，則立嫡孫，若無嫡孫，即立諸子。以此而言，亦須崇敬比孫，於我不亦近乎？公曰：殷家有兄終弟及之義，自周已降，立嫡必長，所以絶庶孽之覬覦，塞禍亂之源本，爲國家者，所宜深慎。陛下向責王珪，乃忿怒肆情。不可以聞於臣庶。太宗怒乃解。

（清）徐乾學《資治通鑑後編》卷六六《宋紀六六》 辛卯詔，曰：居室器用、冠服、妾媵，蓋有常制，所以別貴賤，杜奢譖也。比者流風蕩靡，無復等威。犯干有司，鮮聞用法。自今中外臣庶有違者，其察舉之必罰，毋貸。從監察御史裏行沈起言也。

（清）徐乾學《資治通鑑後編》卷三七《宋紀三七》 乙丑，監察御史曹修古言：七十致仕，載在禮經。近代以來，貪榮不去，故貞觀中嘗下責諭之詔，仍令致仕。官在本品見任之上，蓋欲其知恥而勇退也。比有年僅八十，尚在班行，心力既衰，職事何補？請下御史臺及諸路轉運司告諭文武官，七十者令上表自陳，特與轉官致仕，仍從貞觀舊制。從之，因著為令。修古嘗偕三院御史晨朝，將至朝堂，黃門一人行馬不避，呵者止之，反為所詈。修古奏：前代稱御史臺尊則天子尊。故事，三院同行，與知雜事同。今黃門侮慢若此，請付所司劾治。帝聞，立命笞二黃門。

（清）徐乾學《資治通鑑後編》卷六〇《宋紀六〇》 都知麥允言卒，贈司徒安武節度使。又詔允言有軍功，特給鹵簿，今後不得為例。同知禮院司馬光言：昔仲叔于奚有功於衛，衛人使之繁纓以朝。孔子曰：惜也。不如多與之邑。惟器與名不可以假人。夫爵位尊卑之謂名，車服等威之謂器。二者，人主所以保畜其臣而安治其國家不可忽也。今允言近習之臣，非有元勳大勞過絶於人，贈以三公之官，給以一品鹵簿，其為繁纓不亦大乎？陛下欲寵秩其人，適足增其罪累耳，況唐制羣臣於國立大功者，婚葬則給鹵簿，餘不在給限。伏望陛下追寢前命，無使天下之人竊敢指目，以為朝廷過舉。不勝幸甚。

（宋）蘇洵《謚法》卷一《聖》 窮理盡性曰聖。

夫堯不能窮理盡性，安能行道？古之所謂行道者，堯舜而已。如孔子則窮理盡性，而道不行者也。故兩著焉。且聖者，大名也，而舊法以敬祀享禮，揚善賦謀，通達先知，當之不足於聖故皆不取。

（宋）蘇洵《謚法》卷一《舜》 仁聖盛明曰舜。

舜，充也。《記》曰：舜好問而好察，邇言隱惡而揚善，執其兩端用其中於民。鄭康成曰：舜之言充也，蓋言取天下之善以充諸其身云爾。

（宋）蘇洵《謚法》卷一《文》 脩德來遠曰文。

孔子曰：遠人不服，則脩文德以來之。

（宋）蘇洵《謚法》卷一《成》　禮樂明具曰成。

新補：刑名克服曰成。

劉熙以為，以法加民而民服，治德以成，故曰成。

（宋）蘇洵《謚法》卷一《明》　照臨四方曰明。

《詩》云維此王季，帝度其心。貊其德音，其德克明。克明克類，克長克君。王此大邦，克順克比。比于文王，其德靡悔。晉大夫成鱄曰：心能制義曰度，德正應和曰莫，照臨四方曰明，勤施無私曰類，教誨不倦曰長，慶賞刑威曰君，慈和偏服曰順，擇善而從之曰比，經緯天地曰文，此即所謂九德者也。

（宋）蘇洵《謚法》卷一《正》　內外賓服曰正。

正不正之相去甚遠，然不正之人無有肯自服其正之者。如此，則邪正終不可辨也。故舉其効曰：惟衆人之所同服者，正也，天下之議，惟衆為最公，苟其不正，雖有服者不能服內外。

（宋）蘇洵《謚法》卷二《敬》　畏天愛民曰敬。

（宋）蘇洵《謚法》卷二《肅》　剛德克就曰肅。

劉熙曰：以剛禦下人，畏而明令，故肅。

（宋）蘇洵《謚法》卷二《戴》　典禮不愆曰戴。

劉熙以為戴者為民所瞻仰也，典禮不愆，此《詩》謂其容不改，出言有章者也。

（宋）蘇洵《謚法》卷二《簡》　治典不殺曰簡。

治其典法，使民不犯，以至不殺，簡之至也。

（宋）蘇洵《謚法》卷二《商》　昭功寧民曰商。

商，商度也。度有功者，而賞之以寧民也。劉熙以為漢高帝誅丁公而賞雍齒，即其事理或然歟。

（宋）蘇洵《謚法》卷三《憲》　行善可記曰憲。

《記》曰凡養老五帝憲三王有乞言。憲者記其善言以為法也。

（宋）蘇洵《謚法》卷三《軍》　治典不殺曰軍。

治其師旅之法，使天下畏而不敢為亂，以至於不殺者，是古者為軍之本意。

（宋）蘇洵《謚法》卷三《直》　不隱其親曰直。

新改：叔向議獄而尸其弟叔魚。孔子曰：叔向，古之遺直也。治國制刑，不隱於親，曰義也。夫蓋亦以為過矣。

（宋）蘇洵《謚法》卷四《震》　治典不殺曰震。

治其典法，雖不殺而人自震恐。

《元史》卷四四《順帝紀》　大斡耳朵儒學教授鄭咺建言：蒙古乃國家本族，宜教之以禮。而猶循本俗，不行三年之喪，又收繼庶母、叔嬸、兄嫂，恐貽笑後世，必宜改革，繩以禮法。不報。

（清）鄂爾泰等《世宗憲皇帝硃批諭旨》卷一九上《硃批黄國材奏摺》

奏為請禁服色僭越，以維風俗事。竊查風俗奢靡，由來已久。服色條例，歷經遵旨，飭禁在案。而奉行者視為具文，僭越者毫無忌憚。臣思章服為上下尊卑體統所繫，豈容紊越？況物力艱難，尤宜愛惜。臣歷任外吏，目擊地方淳樸者頗多殷實，貧瘠者必係奢靡。而邇年臣在京師親見八旗風俗大抵崇尚奢靡，悉因衣服貴賤相同，上下無別，是以毫無約束，不知節省。臣愚以為欲致百姓之富庶，旗人之殷實，必以嚴禁奢侈，分別服色為先。臣請皇上嚴禁僭越，杜絶奢華。凡在京在外現任官員，每曰按品俱穿補褂。其有職未仕之人，許穿暗織補服。至白丁下賤人等，止許穿黑色布疋，不得混穿各色綾羅錦緞以及貂皮狐皮種種冠服，違者以僭妄論，從重治罪。如是則以次節儉，返樸還淳，風俗以正，民生以厚矣。臣冒昧奏。

〔硃批〕此奏切中時病。在廷羣工，比比奏請奢僭之弊。朕亦稔知，但以陋習因循已久，一旦遽然禁止，若非立法嚴峻，有犯無宥，不能使之永遠遵奉。揆之於理，移風易俗宜漸不宜驟，究以從容不迫為貴。爾等內外諸卿，姑且徐徐勸導，誘掖維持，倘仍不改革，然後嚴為定制，以法繩之耳。朕御極之初，諸務未遑。豈宜汲汲舉行此事耶？稍遲歲月，朕另有處置，所奏甚是。

《皇朝通志》卷七〇《職官畧七・宗室王公封爵》　臣等謹按：自三代盛王，莫不封建宗室以為藩屏。後世分王子弟，法制相沿，為建國之首務。然或泥於古而不知裁制，或襲其名而徒事虛文，流弊不同，而其失均也。我朝緜瓜瓞之緒，篤行葦之仁，封爵世及列邸京師，而庸勳親親，並行不悖。皇上念篤宗親，凡貝勒以下之降襲者皆設為定制，令得常保世封。復定親王之子給以一品章服，郡王、貝勒以下以次遞推。又詔普給宗室冠帶，優加職級。立法之周詳盡善，實為曠古所未有也。

《大清通禮·序》 伊古承天之道，治人之情，莫善乎禮。顧其為用，往往詳於朝廟，略於鄉閭。及考《儀禮》十七篇所紀，獨多士禮，自后蒼有推而達之之説。

又： 於是乎始難六經之士，雖欲闡教正俗，然居下不獲，若考亭《家禮》、涑水《書儀》，黨塾間以為兔園陳策，其事不關功令，故禮之通也於是乎尤難。是編也，約而賅，詳而不縟。圭臬羣經，羽翼會典，使家誦而户習之，於以達之人倫日用之間，興孝悌而正風俗，則朕淑世牖民之意或在斯乎？或在斯乎？因禮官之請，爰為序，以諗其端。

《大清通禮·奏表》 《欽定大清通禮》今已成書，謹奉表上進者，臣等誠惶誠恐，稽首頓首上言：竊惟天秩天敘，勅惇典而慎修；人紀人綱，本倫常以立極。肇虞廷之咨命，文在典謨。繼周室以顯，庸制垂官。禮治神人，而和邦國百王，循由舊之章，酌損益以洽時宜，列代著維新之典。然而叔孫綿蕞法家具習其儀，散騎胥鈔，衆論咸非，其記開元之書，未定不數。唐時太常之禮，粗成難遵。宋代盖勅幾貞度，必職要而職詳，斯表立坊垂，乃世法而世則。

又： 經禮三百，曲禮三千，無非佐一代休明之志，比於五緯經天，五嶽鎮地，適以定萬年文質之中節。

《大清通禮·凡例》 五禮之名肇於《虞書》，五禮之目見於《周禮》。首吉禮，尊天祖也。次嘉禮，本人道也。次軍禮，自征伐大權也。次賓禮，柔遠人也。次凶禮，以厚終也。依序編纂，有條不紊，每篇首弁以數言，括其大指，仍於目録下臚次諸儀之名，以便繙閲。

《大清通禮》卷一《吉禮》 禮有五經，莫重於祭。國家祀典，孔明有大祀，有中祀，有羣祀。殊事合敬，《周禮》所謂以吉禮事邦國之鬼神，示於是乎備焉。謹詳其儀，著於篇。

（清）方以智《藥地炮莊》卷九《天下》 黄帝有咸池，堯有大章，舜有大韶，禹有大夏，湯有大濩，文王有辟者璧雍之樂，武王周公作武。古之丧禮，貴賤有儀，上下有等。天子棺槨七重，諸侯五重，大夫三重，士再重。今《墨子》獨生不歌死不服桐棺三寸而無槨，以為法式。以此教人，恐不愛人；以此自行，固不愛己。未敗墨子道，雖死歌而非歌，哭而非哭，樂而非樂，是果類乎。其生也勤，其死也薄，其道大觳，音恪。使人憂，使人悲，其行難為也，恐其不可以為聖人之道，反天下之心，天下不堪。墨子雖獨能任，奈天下何？離於天下，其去王也遠矣。

（漢）劉安《淮南子》卷五《時則訓》 明堂之制，靜而法準，動而法繩。春治以規，秋治以矩，冬治以權，夏治以衡。是故燥溼寒暑以節至，甘雨膏露以時降。

（漢）劉安《淮南子》卷八《本經訓》 古者明堂之制，下之潤溼弗能及，上之霧露弗能入，四方之風弗能襲。明堂，王者布政之堂，上圓下方，堂四出，各有左右，房謂之个，凡十二。所王者月居其房，告朔朝歷，頒宣其令。謂之明堂，其中可以序昭穆，謂之太廟，其上可以望氛祥、書雲物。謂之靈臺，其外圓似辟雍。諸侯之制，半天子謂之宮。土事不文，文，質也。木工不斲，樸而已斲或作琢不雕畫也。金器不鏤。不錯鏤舒文飾也。鏤讀婁之婁，逵吉按：婁之者字從毋中女，即婁處子義也，此讀從之孔戶部繼涵，疑句有脱字，恐未必然。衣無隅差之削，隅，角也。差，邪也。古者質皆全幅爲衣裳，無有邪角。邪角削殺也。冠無觚蠃之理，觚，蠃之理，謂若馬目籠相連干也，言無者冠文，取平直而已也。蠃讀指端蠃文之蠃。堂大足以周旋理文。

（漢）劉安《淮南子》卷一一《齊俗訓》 今握一君之法籍，以非傳代之俗，譬由膠柱而調瑟也。故明王制禮義而爲衣，分節行而爲帶，衣足以覆形。從典墳，虛循撓，便身體，適行步，不務於奇麗之容。隅眥之削，帶足以結紐收衽，束牢連固，不亟於爲文句疏短之鞻。故制禮議，行至德，而不拘於儒墨。所謂明者，非謂其見彼也，自見而已。

（漢）蔡邕《獨斷》卷上 漢天子正號曰皇帝，自稱曰朕，臣民稱之曰陛下。其言曰制詔，史官記事曰上。車馬、衣服、器械、百物曰乘輿，所在曰行在所，所居曰禁中，後曰省中。印曰璽，至曰幸，所進曰御。其命令一曰策書，二曰制書，三曰詔書，四曰戒書。

（漢）蔡邕《獨斷》卷下 靖氏則法曰黄，仁聖盛明曰舜。去禮遠衆曰煬。**【略】** 治典不敷曰祈。

（明）孫承澤《春明夢餘録》卷一二《文淵閣》 吉禮十四：曰祀天，曰祭地，曰宗廟，曰社稷，曰朝日，曰夕月，曰先農，曰太歲風雲雷雨師，曰嶽鎮海瀆天下山川城隍，曰旗纛，曰馬祖先牧馬社馬步，曰祭厲，曰祀典神祇，曰三皇孔子。嘉禮五：曰朝會，曰册拜，曰冠禮，曰婚禮，曰鄉飲酒。賓禮二：曰朝貢，曰遣使。軍禮三：曰親征，曰遣將，曰大射。凶禮二：曰吊賻，曰喪儀。又冠服、車輅、儀仗、鹵簿、字學各一。樂三：曰鍾律，曰雅樂，曰俗樂。凡陞降儀節，制度名數，纖悉備具，通五十卷。賜名《大明集禮》。

（清）顧炎武《日知録》卷四《夫人孫于齊》 《詩序》：《猗嗟》，刺魯莊公不能防閑其母趙氏，因之有哀痛以思父，誠敬以事母，威刑以馭下之説。此皆禁之於末，而不原其始者也。夫文姜之反於魯，必其與公之喪俱至。其孫于齊，為國論所不容而去者也，於此而遂絶之，則臣子之義伸，而異日之醜行不登於史策矣。莊公年少，當國之臣不能堅持大義，使之復還於魯，憑君母之尊，挾齊之强，而恣睢淫佚，遂至於不可制。《易》曰：君子以作事謀始。《左氏》絶不為親一言，深得聖人之意。而魯人既不能行，後儒復昧其義，所謂為人臣子而不通《春秋》之義者，遭變事而不知其權，豈不信夫。

（清）顧炎武《日知録》卷四《及其大夫荀息》 晉獻公之立奚齊，以王法言之，易樹子也；以臣子言之，則君父之命存焉。是故荀息之忠同於孔父、仇牧。古人重父命。

（清）顧炎武《日知録》卷四《齊人殺哀姜》 哀姜通慶父，弑閔公，為國論所不容；而孫于邾，齊人取而殺之，義也。而傳謂之已甚，非也。

（清）顧炎武《日知録》卷六《父不祭子夫不祭妻》 父不祭子，夫不祭妻。不但名分有所不當，而以尊臨卑，則死者之神亦不必不安，故其當祭則有代之者矣。

（清）顧炎武《日知録》卷六《思事親不可以不知人》 人倫之大，莫過乎君父，而子夏先之以賢賢易色，何也？思事親，不可以不知人也。父子之親，長幼之序，男女之別，非師不明。教人以禮者，師之功也。故曰：師無當於五服，五服弗得不親。

（清）顧炎武《日知録》卷七《市朝》 若撻之於市朝，即《書》所言若撻于市。古者朝無撻人之事，市則有之。《周禮・司市》：市刑，小刑憲罰，中刑徇罰，大刑扑罰。又曰：胥執鞭度而巡其前，掌其坐，作出入之禁令。凡有罪者，撻戮而罰之是也。《禮記・檀弓》遇諸市朝，不反兵而鬭，兵器非可入朝之物。奔喪，哭辟市朝。奔喪亦但過市，無過朝之事也。其謂之市朝者，《史記・孟嘗君傳》：日莫之後，過市朝者掉臂不顧。《索隱》曰：言市之行列有如朝位。故曰市朝。古人能以衆整如此。後代則朝列參差，有反不如市肆者矣。

（清）顧炎武《日知録》卷七《行吾敬故謂之内也》 先王治天下之具，五典、五禮、五服、五刑，其出乎身，加乎民者，莫不本之於心。以爲之裁制，親親之殺，尊賢之等，禮所生也。故孟子荅公都子言義，而舉酌鄉人、敬尸二事，皆禮之用也，而莫非義之所宜。自此道不明，而二氏空虚之教至於搥提仁義，絶滅禮樂，從此起矣。

（清）劉廷璣《在園雜志》卷一《頂帶不得僭越》 皇上祀祈穀壇，見卿貳及御史頂上嵌東珠，因其僭越，下部議。嗣後各官七品、八品、九品加級者，頂帶不准過五品；五品、六品不准過四品；三品、四品不准過二品；二品不准過一品。蓋一品頂嵌東珠，二品大學士、尚書亦嵌東珠；三品紅頂，四品藍頂，各有等威，不准過也。今予降補僉事，實係五品，蒞任後，奉旨補給前江西按察使，誥命授通議大夫，故用三品頂帶，坐褥，非敢僭也。

（唐）徐堅《初學記》卷一三《禮部上・總載禮》 〔敘事〕《周禮・大宗伯》之職曰：以吉禮事邦國之鬼神祇，事謂祀之、祭之、享之。以凶禮哀邦國之憂，哀謂救患分災。以賓禮親邦國，親謂使之親附。以軍禮同邦國，同謂威其不協及僭姦者。以嘉禮親萬民。嘉，善也。所以因人心所善而爲制。吉禮之別有十二：一曰禋祀，二曰實柴，三曰槱酉燎，四曰血祭，五曰埋沈，六曰疈普逼反辜，七曰肆他歷反獻，八曰饋，九曰祠，十曰禴，十一曰嘗，十二曰烝。凶禮之別有五：一曰喪禮，哀死亡；二曰荒禮，哀凶札；荒人物有害。三曰弔禮，哀禍災；禍謂遭水火。四曰禬會禮，哀圍敗；同盟者合會財貨以更其所喪。五曰恤禮，哀寇亂。恤，憂也。隣國相憂。賓禮之別有八：一曰朝，二曰宗，三曰覲，四曰過，五曰會，六曰同，七曰問，八曰視。時聘曰問，殷頫曰視。軍禮之別有五：一曰大師之禮，用衆也；二曰大均之禮，恤衆也；均其地征，所以恤民。三曰大田之禮，簡衆也；古者因田習兵，閱其車徒之數。四曰大役之禮，任衆也；築宫室，所以□人力强弱。五曰大封之禮，合衆也。正封疆溝塗，所以合聚其民任。嘉禮之别有六：一曰飲食，二曰婚冠，三曰賓射，四曰饗燕，五曰脤膰，六曰慶賀。《管子》曰：禮者，因人情，緣義理，爲之節文者也。《曲禮》曰：夫禮者，所以定親疏，决嫌疑，别同異，明是非，道德仁義，非禮不成；教訓政俗，非禮不備；分争辨訟，非禮不決。君臣上下，父子兄弟，非禮不定；官學事師，非禮不親；班朝治軍，涖宫行法，非禮威嚴不行；禱祠祭祀，供給鬼神，非禮不誠不莊。《禮記》又曰：故禮之於人也，猶酒之有蘖也，如竹箭之有筠也，如松柏之有心也。《漢書》：叔孫通爲高祖制禮儀十二篇。《後漢書》：章和元年，詔曹褒於南宫東觀考正舊禮。上自天子，下至庶人，婚冠吉凶終始制度，爲一百五十篇。

（唐）徐堅《初學記》卷一三《禮部上·祭祀》〔敍事〕《尚書大傳》曰：祭之言察也。察者至也，言人事至於神也。《爾雅》曰：春祭曰祠，祠之言食。夏祭曰礿，以酌反新菜可礿。秋祭曰嘗，嘗新穀。冬祭曰烝。烝，進也。進品物。祭天曰燎柴。既祭，積薪焚之也。祭地曰瘞埋。既祭，埋藏之。祭山曰庪縣，或庪或縣，置之於山。祭川曰浮沉，或浮或沉，置之於水。祭星曰布，布散於地。祭風曰磔。强伯反，今俗當大道磔狗，此其遺像。是類是禡，師祭也；師出征伐，類於上帝。禡於出征之地。既伯既禱，馬祭也。伯，馬祖也。將用馬力，必先祭其祖。《説文》曰：除惡之祭爲祓，會福之祭曰襘。會。告事求福曰禱。道上之祭爲禓，陽。潔意以享爲禋，以類祭神爲禷，類。祭司命爲禨。俾利反。祭豕先爲禫。曹。月祭爲綷，子内反。以上並出《説文》。禱雨爲雩，《左傳》：龍見而雩，雩旱祭也。禱晴爲禜。按《左傳》：雪霜風雨之災則禜之。《周禮》曰：以禋祀祀昊天上帝，以實柴祀日月星辰，以槱燎祀司中。命風師雨師，以血祭祭社稷五祀五嶽，以沉埋祭山林川澤，以疈普逼反。辜祭四方百物以肆他的反。獻祼古亂反。享先王。《禮記》：孟春之月，其祀户，祭先脾；孟夏之月，其祀竈，祭先肺；中央土，其祀中霤，祭先心；孟秋之月，其祀門，祭先肝；孟冬之月，其祀行，祭先腎。天子祭天地、祭四方、祭山川、祭五祀。歲徧，諸侯方祀祭山川，祭五祀；歲徧，大夫祭五祀；歲徧，士祭其先。祭日於壇，祭月於坎。日於東，月於西。以别幽明，以别内外。祭不欲數。數則煩，煩則不敬。祭不欲疏。疏則怠，怠則忘。王立七祀，曰司命，曰中霤，曰國門，曰國行，曰泰厲，曰户，曰竈。諸侯五祀，曰司命。曰中霤。曰國門。曰國行。曰公厲。大夫三祀，曰炭厲，曰門，曰行。士二祀，曰門，曰行。庶人一祀。或立户，或立竈。夫聖王之制祭祀也，法施於民則祀之，以死勤事則祀之，以勞定國則祀之，能御大災則祀之，能捍大患則祀之。日月星辰，人所瞻仰；山林川谷邱陵，人所取材用也，非此族也，不在祀典。族猶類也。

（唐）徐堅《初學記》卷一三《禮部上·郊丘》〔敍事〕《禮記》曰：祭帝於郊，所以定天位也。《爾雅》云：圓丘泰壇，祭天也，方澤泰圻，祭地也。《周書·作洛篇》曰：設丘兆於南郊，以祀上帝，配以后稷。《周禮》大宗伯之職曰：以禋祀祀昊上帝。禋之言煙也。煙者，周人尚臭，煙氣之臭，聞昊天上帝。冬日至祀於圓丘。天皇，大帝也。鄭玄注曰：昊天也，上帝，玄天也。蒼璧禮天。鄭玄曰：禮天以冬日至，謂天皇大帝在北極者。凡禮神必以其類，璧國以象天。黄琮禮地。禮地以夏日至，謂神在崑崙者也。琮方，以象地。四圭有邸，以祀天，以旅上帝。鄭玄注曰：於中央爲璧，圭著四面，一玉俱成也，故曰四圭有邸，圭末四出也。或説四圭有邸，圭四角也。上帝，玄天也。鄭玄注云：禮，天夏正郊天也；上帝，五帝也。所郊以五帝殊，言天者尊異之至。兩圭有邸，以祀地，以旅四望。兩圭者，象地數二也，謂所祀北郊神州之神。大司樂奏黄鍾，歌大吕，舞雲門，以祀天神。謂五帝及日月星辰也。王者各以夏正月祀其受命之帝於南郊。奏太簇，歌應鍾，舞咸池，以祭地祇。祭於北郊，謂神州之神及社稷。《禮記》曰：有虞氏禘黄帝而郊鯀，祖顓頊而宗禹；殷人禘嚳而郊冥，祖契而宗湯；周人禘嚳而郊稷，祖文王而宗武王。鄭玄注曰：禘郊祖宗謂祭祀以配食。《左傳》曰：凡啓蟄而郊。

（唐）徐堅《初學記》卷一三《禮部上·宗廟》〔敍事〕《禮記》曰：天子七廟，三昭三穆，與太祖之廟而七。諸侯五廟，二昭二穆，與太祖之廟而五。大夫三廟，一昭一穆，與太祖之廟而三。士一廟。庶人祭於寢。遠廟爲祧，去祧爲壇，去壇爲墠，去墠爲鬼。此皆言祭先祖遠近之義。自祧已上，皆爲毁廟。《釋名》曰：宗，尊也；廟，貌也。先祖形貌所在也。《漢書舊事》曰：廟者，所以藏主、列昭穆。《説文》曰：宗廟之木主名曰祏。《白虎通》曰：言神無所依據，孝子以主繼心。《論語》曰：夏后氏以松，殷人以柏，周人以栗。栗，敬也。使人謹敬。《五經要義》曰：木主之狀，四方，穿中央以達四方。天子長尺二寸，諸侯長尺，皆刻謚於背。又，摯虞《決疑要注》曰：凡廟之主，藏於戶外西牖之下。有石函，故名宗祏。《周禮》曰：五歲一禘，三歲一祫。《續漢書》曰：禘，諦也；序昭穆，諦父子也。祫，合也；毀廟之主，合食於太祖。諦，審也。禘以四月，祫以十月，四月陽氣在上，陰氣在下，正尊卑之義。十月五穀成熟，故骨肉合聚欲酒也。《決疑要注》曰：諦以孟夏，論以孟秋。二説不同。故《漢舊儀》曰：子爲昭，孫爲穆；昭西面，穆東面。三年大祫，諸帝以昭穆坐於高廟，其諸隳廟神主皆合食。《禮記》曰：凡祭宗廟之禮，牛曰一元大武，豕曰剛鬣，豚曰腯肥，羊曰柔毛，雞曰翰音，犬曰羹獻，雉曰疏趾，兔曰明視，脯曰尹祭，槀魚曰商祭，鱻魚曰脡祭，水曰清滌，酒曰清酌，黍曰薌合，粱曰薌萁，稷曰明粢，稻曰嘉疏，韭曰豐本，鹽曰鹹鹺，玉曰嘉玉，幣曰量幣。

（唐）徐堅《初學記》卷一三《禮部上·社稷》〔敘事〕《孝經緯》曰：社，土地之主也，闊不可盡敬，故封土爲社，以報功也。稷，五穀之長也。穀衆不可偏祭，故立稷神以祭之。《禮記》曰：厲山氏之子柱，及周棄爲稷。厲山氏之有天下也，其子曰柱，能殖百穀。夏之衰也，周棄继之，故祀以爲稷神，厲或爲列。共工氏之子后土爲社。共工氏之霸九州也，其子曰勾龍。爲后土，能平九州，故祀爲社。《尚書》曰：湯既勝夏，欲遷其社，不可。湯承堯舜禪代之後，順天應人，逆取順守，而有慙德。故革命創制。改正易服，變置社稷，以後代無及勾龍者，故不可而遂止。《禮記》曰：王爲羣姓立社曰太社，王自爲立社曰王社。諸侯爲百姓立社曰國社，諸侯自爲立社曰侯社，大夫以下，成羣立社曰置社。《漢舊事》曰：天子太社，以五色土爲壇，封諸侯者，取其方面土，苴以白茅，授之。各以其方色，以立社於其國，故謂之授茅土。

（唐）徐堅《初學記》卷一三《禮部上·明堂》〔敘事〕《周禮》曰：夏后氏太室，殷人重屋，周人明堂，度以九尺之筵。又曰：明堂者，明諸侯之尊卑。《周書》曰：明堂方一百一十二尺，室中方六十尺，牖高三尺，門方十六尺。東方曰青陽，南方曰明堂，西方曰總章，北方曰玄堂，中央曰太廟，亦曰太室。左爲左个，右爲右个。《五經要義》以太廟爲太室。《孝經援神契》：明堂者，天子布政之宮。上員下方，八窗四闥，在國之陽。《釋名》云：明堂者，猶堂堂高明貌也。《大戴禮》曰：明堂凡有九室，一室而有四戶八牖，總三十六戶，七十二牖。以茅蓋屋。桓譚《新論》曰：王者造明堂，上員下方，以象天地；爲四面堂，各從其色，以傚四方。天稱明，故曰明堂。《三輔黃圖》曰：明堂者，天道之堂也。所以順四時、行月令、宗祀先王、祭五帝，故謂之明堂。辟雍，員如璧，雍以水，異名同事，其實一也。《禮記》曰：天子曰辟雍，諸侯曰頖宮。《白虎通》曰：天子立辟雍，所以行禮樂宣德化也。辟者象璧，員法天，雍之以水，象教化流行。《五經通義》曰：諸侯不得觀四方，故缺東，以南半天子之學，故曰頖宮。頖音判。頖者，判也。《管子》曰：黃帝立明堂之議，舜有告善之旌，湯有總街之廷，武王有靈臺之候。按：諸儒及舊説，明堂，辟雍，靈臺三事不同。明堂，宗祀之所；避雍，教導之所；靈臺，侯望之所。《三輔黃圖》以爲明堂，辟雍同，管子以爲明堂、靈臺同，蓋今亦異説也。《東觀漢記》曰：光武中元年營造明堂、辟雍、靈臺。此即三事不同。

（唐）徐堅《初學記》卷一三《禮部上·巡狩》〔敘事〕《周易》曰：先王以省方觀民設教。《尚書》曰：歲二月，東巡狩，至于岱宗，柴，望秩于山川，肆覲東后。協時月正日，同律度量衡。修五禮，五玉，三帛，二生，一死贄。如五器，卒乃復。五月南巡狩，至于南岳。如岱禮。八月西巡狩，至于西岳，如初。十月一月朔巡狩，至于北岳，如西禮。歸格于藝祖，用特。《禮記》曰：王者巡狩，必觀諸侯，問百年。太師陳詩，以觀民之風俗；命市納賈，以觀民之好惡。《白虎通》曰：巡者，循也；狩者，牧也。王者爲天循行以牧人也。恐遠近不同化，幽隱有不得所者，故必視見。五年再閏，天道大備，故五歲一巡狩。《漢書》曰：武帝南巡至于盛唐，登天柱山。舳艫千里，薄樅陽而出，作《盛唐樅陽之歌》。《東觀漢記》曰：章帝東巡狩，至于岱宗，祀五帝於汶上明堂，耕於定陶。

（唐）徐堅《初學記》卷一三《禮部上·封禪》〔敘事〕《禮記》曰：昔先王因天事天，因地事地，因名山升中于天。中成也，祭天告以成功。《河圖真紀》曰：王者封泰山，禪梁甫，易姓奉度，繼興崇初也。《史記》曰：齊桓公欲封禪，管仲曰：古封泰山，禪梁甫，七十二家。夷吾所記，十有二焉。無懷氏封泰山禪云云，伏犧氏封泰山禪云云，炎帝封泰山禪云云，黃帝封泰山禪云云，顓頊封泰山禪云云，帝嚳封泰山禪云云，堯封泰山禪云云，禹封泰山，禪會稽，湯封泰山禪云云，周成王封泰山禪初首，皆受命然後得封禪。古之封禪，鄗上之黍，北里之禾，所以爲盛；江淮之間，一茅三脊，所以爲藉；東海致比目之魚，西海致比翼之鳥，然後有不召而自至者，十有五焉。又曰：秦始皇既並天下，卽帝位，徵齊魯儒生博士七十八至泰山下。議曰：古者封禪，爲蒲車，惡傷山之土石草木。始皇上泰山，立石頌始皇德，明其得封也。封藏皆祕，代不得而記。始皇上泰山，中坂遇風雨，休於樹下，因封其樹爲五大夫。五松樹。又曰：封禪則不死，黃帝是也。儒者皮弁，薦紳射牛，封泰山如郊太一之禮。

（唐）徐堅《初學記》卷一四《禮部下・籍田》〔敘事〕《説文》曰：籍田者，天子躬耕，使民如借，故謂之籍。《禮記》曰：天子親耕於南郊，諸侯耕於東郊，以供粢盛。《月令》曰：天子三推，三公五推，卿諸侯九推，庶人終畝。《梁五禮籍田儀注》曰：其田東去宮八里，遠十六里爲千畝。天子耒耜一具，三公耒耜三具，九卿耒耜九具，立方壇以祠先農。應劭《漢官儀》曰：天子升壇，公卿耕訖，嗇夫下種。凡稱籍田爲千畝，亦曰帝籍，亦曰耕籍，亦曰東耕，亦曰親耕，亦曰王籍。

（唐）徐堅《初學記》卷一四《禮部下・親蠶》〔敘事〕《禮記・祭義》曰：古者天子諸侯，必有公桑、蠶室，近川而爲之。築宮，仞有三尺，棘牆而外閉之。《祭統》曰：王后蠶於北郊，以供純音緇。服；夫人蠶於北郊，以供冕服。《月令》曰：季春之月，后妃齋戒躬桑，以勸蠶事。孟夏之月，蠶事畢，后妃獻繭。《梁五禮先蠶儀注》曰：親蠶前二日，太祝令質明以太牢祠先蠶也。

（唐）徐堅《初學記》卷一四《禮部下・釋奠》〔敘事〕《禮記》曰：凡始立學，必先釋奠于先聖先師。及行事，必以幣。天子視學，大昕鼓徵，所以警衆也。衆至，然後天子至，乃命有司行事，適東序，釋奠於先老。《夏小正》曰：二月丁亥，萬用入學，丁亥者吉日也。萬者干戚舞也，入學者太學也，謂今時大舍音釋。榮也。

（唐）徐堅《初學記》卷一四《禮部下・朝會》〔敘事〕《禮記》曰：天子無事，與諸侯相見曰朝。事謂征伐之事。《周禮》曰：春見曰朝，夏見曰宗，秋見曰覲，冬見曰遇，時見曰會，殷見曰同。《左傳》曰：凡朝，以正班爵之義；會，以訓上下之則。《孟子》曰：諸侯朝于天子曰述職。一不朝則貶其爵，二不朝則削其地，三不朝則六師移之。摯虞《決疑要注》曰：漢制會於建始殿；晉制大會於太極殿，小會於東堂。其會，則五時朝服，庭設金石，虎賁旌頭，文衣繡尾。《白虎通》曰：凡臣見君必有贄。贄者，質也。致己質誠也。《周禮》曰：王執鎮圭，圭畫鎮山爲飾也。公執桓圭，雙植謂桓。侯執信圭，信卽身也，謂圭上作人身。伯執躬圭。躬亦身也。子執穀璧，穀以養人，謂璧上作穀文。男執蒲璧。蒲者，所以爲薦以安人也。亦謂璧上爲蒲草文。孤執皮帛，卿執羔，大夫執鴈，士執雉，庶人執鶩，工商執雞。又《白虎通》曰：公侯以玉爲摯者，取其燥不輕，濕不重。大夫以鴈爲摯者，取其飛成行，止成列，士以野雞爲養者，取其不可誘之以食，脅之以威，畢死不可畜也。

（唐）徐堅《初學記》卷一四《禮部下・饗讌》〔敘事〕《周禮》曰：饗宴之禮，所以親四方之賓客。《韓詩外傳》曰：不脱屨而卽席，謂之禮；跣而上坐，謂之宴；能飲者飲，不能飲者止，謂之醧；閉門不出客，謂之湎。《毛詩序》曰：鹿鳴，宴羣臣嘉賓也；棠棣，宴兄弟也。湛露，天子宴諸侯也。

（唐）徐堅《初學記》卷一四《禮部下・冠》〔敘事〕《禮記》曰：二十而弱冠。《郊特牲》曰：冠於阼，以著代也；醮於客位，加有成也；三加彌尊，諭其志也；冠而字之，敬其名也。始加緇布，次皮弁，次爵弁，冠益尊則志益大也。《冠義》曰：冠者，禮之始也，嘉事之重也。凡冠，卜日筮賓於廟。見於母，母拜之，見於兄弟，兄弟拜之。以其成人而與爲禮。故冠而後服備，服備而後容體正。顔色齊，辭令順。言服未備，未可求以三始。《左傳》曰：國君十五而生子，冠而生，禮也。

（唐）徐堅《初學記》卷一四《禮部下・婚姻》〔敘事〕《周禮》大宗伯職曰：以昏冠之禮親成男女。親其思，成其性。《禮記》曰：合二姓之好，上以祀宗廟，下以繼後世也。又曰：夫婚禮，萬代之始也。娶於異姓，所以附遠厚別也。又曰：男子五十而室，女三十而嫁，謂中古也。束晳論曰：男十六可娶，女十四可嫁。《昏禮》曰：壻執鴈而入，再拜奠鴈。壻出，御婦車，授綏輪三周，共牢而食，合巹謹而酳。音澎。又曰：婦人年十五許嫁，笄而禮之。《白虎通》曰：婚者，謂昏時行禮，故曰婚。姻者，婦人因夫故曰姻。《爾雅》曰：壻之父母曰姻，婦之父母曰婚。又《釋名》曰：婚者，昏時成禮。凡姻者，女媒也。三説互有異同。《儀禮》：婚有六禮：納采，鄭玄注曰：將為婚，必先媒通其言，乃後使人納其采擇之禮。用鴈為摯，取其陰陽往來之義也。問名，鄭玄注曰：問名者，將婦卜其吉凶。納吉，鄭玄注曰：卜於廟得吉兆，復使往告，婚姻之事於是定也。納徵。《白虎通》曰：納徵用玄纁。不用鴈。請期，鄭玄注曰：陽倡陰和，期日宜由夫家卜得吉日，乃使人往辭之。親迎。其納采問名請期，蓋用鴈也。《方言》曰：自家而出謂之嫁。《公羊傳》曰：婦人謂嫁曰歸。《考工記》曰：天子以穀圭聘女，諸侯以大璋聘女。穀圭七寸。鄭玄曰：謂納徵加於束帛。《禮記》曰：男女非有行媒，不相知名。鄭玄曰：媒之言，謀也。謀合異類，使和成也。

(唐) 徐堅《初學記》卷一四《禮部下・死喪》〔敘事〕劉熙《釋名》云：死者，澌也，消澌也。諸侯曰薨。薨壞聲也，大夫曰卒，言終竟也，士曰不禄，不復食禄也。又以死為物故，言諸物皆朽故也。既定死曰尸。尸，舒也，骨節舒解，不能復自勝斂也。《禮記》曰：生曰父，死曰考。考成也。生曰母，死曰妣。妣比也。言比父亦然。壽考曰卒，短折曰不禄，死寇曰兵。男子不死於婦人之手，婦人不死男子之手。君夫人卒於路寢，大夫世婦卒於適寢，內子未命則死於下室，士之妻皆死于寢。小臣復，復者朝服。君以卷，夫人以屈狄。大夫以玄赬，命婦以襢衣，士以爵弁，士妻以税衣。凡復，男子稱名，婦人稱字。《春秋説題辭》曰：口實曰唅，象生時食也。天子以珠，諸侯以玉，大夫以璧，士以貝。《禮記・喪大記》曰：衣尸曰斂。小斂於戶內，大斂於阼。君以簟席，大夫以蒲席，士以葦席。《白虎通》曰：在牀曰尸，在棺曰柩。柩，究也。不復變也。《説文》曰：棺，關也，可以掩屍。又曰櫬，又曰櫝。小棺曰槥。《禮記》曰：有虞氏瓦棺，夏后氏聖周，聖，子逸反。殷人棺槨，周人牆置翣。《釋名》云：送死之器曰明器。神明之器，異於人也。《白虎通》曰：賻助也。賵者赴也，所以助生送死，追思終副至意也。貨財曰賻，車馬曰賵，玩好曰贈，衣被曰襚，貨財曰賻，亦見《公羊》。贈之爲言稱也，襚之爲言遺也。《春秋説題辭》曰：知生則賻，知死則賵。又《穀梁傳》曰：乘馬曰賵，衣服曰襚，貝玉曰唅，錢財曰賻。

(唐) 徐堅《初學記》卷一四《禮部下・葬》〔敘事〕《禮記》曰：葬也者藏也。藏也者欲人弗得見也。《左傳》曰：天子七月而葬，同軌畢至；諸侯五月，同盟至；大夫三月，同位至；士踰月，外姻至。《釋名》曰：葬不如禮曰埋。埋痗也。趨使腐朽而已。不得埋曰棄，不得其尸曰捐，捐於他境。葬下棺曰窆。《左傳》作翔。悲歛反。《禮記》曰：君葬用輴，四綍二碑，御棺用羽葆；大夫葬用輴，二綍二碑，御棺用茅；士葬用車，二綍無碑。《白虎通》曰：祖載者，始載於庭。乘軸車，辭祖禰，故曰祖載。《釋名》曰：從前引曰紼。紼，發也。發車使行也。紼音弗。《周禮》作綍。杜預《要集》曰：凡挽，天子六綍，諸侯四，大夫三，士二。

(唐) 徐堅《初學記》卷一四《禮部下・挽歌》〔敘事〕干寶《搜神記》曰：挽歌者，喪家之樂，執紼者相和之聲也，挽歌詞有薤露、蒿里二章。出田橫門人，橫自殺，門人傷之悲歌，言人如薤上露，易晞滅也。亦謂人死，精魂歸於蒿里，故有二章。其一章曰：薤上朝露何易晞，明朝更復露，人死一去何時歸。二章曰：蒿里誰家地，聚斂魂魄無賢愚；鬼伯一何相催促，人命不得少踟躕。至李延年乃分爲二曲，薤露送王公貴人，蒿里送士大夫、庶人。使挽者歌之。又有長歌短歌，言壽命長短，不可妄求。

(唐) 白居易《白氏六帖事類集》卷六《父子》 慈愛。慈幼。《禮》曰：慈幼爲其近於子也。刼貨不救。後漢喬玄字公祖，遷侍中，以疾罷，就醫里舍。玄少子十歲，獨游門次，有十三人持劔執之，入舍登樓求貨，玄不與，司隷圍守恐殺其子，未欲迫之。玄瞋目呼曰：姧人無狀，豈以一子之命而縱國賊。遂進攻，玄子亦死。玄乃詣闕謝罪，請下天下凡有刼貨皆併殺之，不得贖以財寶，開長姧路。三綱絶矣。漢逢萌見王莽，殺子宇曰：三綱絶矣。不去，禍及遂隱。

(唐) 白居易《白氏六帖事類集》卷八《養禮》 《禮》曰：君子之孝養也，樂其心不違其志，生則親安之。祭則鬼享之。居則致其敬。養則致其樂。子曰：今之孝者，是謂能養。至於犬馬，皆能有養，不敬何以別乎？文王之爲世子也，朝於王季曰三，雞鳴而衣服，至寢門外問，內豎曰：今曰安否？食上必在在察，視寒暖之節，食下問所膳。問所食。命膳宰曰：末有愿。末，勿也。愿，再也。令其食物無再進也。問所欲而敬進之。《內則》。父母在，朝夕恒食，子婦佐餕。子與婦食餘食。父没母在，冢子御食。侍母食也。

又：父母老，不辭官。晉賈充責桑純，父母老，不歸養，中丞孔恂劾。詔下議。何曾等曰稽之禮律，八十者一子不從政，九十者家不從政。新令亦如之。桑純父年八十，兄弟六人，三人在家，不廢侍養，於禮律未有違。

又：解職就養。傅咸，字長虞，出爲冀州刺史。繼母杜氏不肯隨咸之官，咸自表解職也。

又：祖母老，辭官。李密，字令伯，徵爲太子洗馬。密以祖母劉氏年高無人奉養，上表陳情不應命。

(唐) 白居易《白氏六帖事類集》卷一七《禮》 禮以防人。禮節人心。大禮與天地同節。其理辨者，其禮具禮備而不偏。其惟大聖。禮，國之幹也。林放之問。鄒子之知。禮者，人之急。子產曰：禮者，天之經，地之義，人之行。天地之經而人實則之，乃能協于天地之性。禮，上下之紀也。禮者，與天地並。子曰：禮云，禮云。玉帛云乎哉？禮以飾情。經禮三百。曲禮三千。無體。之禮。禮爲人防。以禮制心。國有四維，一曰禮。管子云。魯秉周禮。齊仲孫湫曰魯猶秉周禮，未可取也。禮煩則亂。

(唐) 白居易《白氏六帖事類集》卷一七《制禮》 道有弛張，禮從損益。誠宜達節。安可拘文。所宜去彼取此。不可以古制今。禮樂代興。文質迭用。夏造殷因。豈煩改制。漢除秦敝。亦謂便時。所務便宜。寧拘損益。言之不中，雖新意而奚爲。事且有初，率舊章而可則。夫魯有初。採周之舊。適道在權。救時貴變。寧辭改作，所務便時。禮自外作。敬在貌也。禮以地制。王者治定制禮。故事與時並。制禮以配地。禮由陰作。禮者，因人之情而爲之節文以爲人防也。叔孫通制禮。以定漢朝之儀。

(唐) 白居易《白氏六帖事類集》卷一七《無禮》 禮不行則上下昏。《相鼠》詩。刺無禮也，相鼠有體，人而無禮。遠禮。多行無禮。禍必自及。鸚鵡能言，不離飛鳥；猩猩能言，不離禽獸。今人而無禮，雖能言不亦禽獸之心乎？《禮》無禮則危。君子曰：禮也者，不可斯須去身，必多曠於禮矣。

(唐) 白居易《白氏六帖事類集》卷一七《易風俗》 移風易俗。莫善於樂安，上治民莫善於禮。不易其俗。《禮》曰：修其教不易其俗，齊其政不易其宜也。使從俗。《禮》從宜。變俗。君子行禮，不求變俗。入國而問俗。化民成俗。其必由學乎。君子之德風，小人之德草。草上之風必偃也。便俗制宜。雖政不易宜。章甫難施於越俗。而化之可漸。紫服尚變其齊風。異宜。殊俗。誘人孔易。導之以禮。自謂便人。俗猶禮變。人以化遷。立訓齊俗。作法導人。將欲救時。寧辭變俗。抑淫。革敝。政有弛張。法存沿革。

(唐) 白居易《白氏六帖事類集》卷一八《樂》 先王以作樂崇德。《易》。夔典樂教，冑子聲依永律和聲，八音克諧，無相奪倫，神人以和。《書》。九成。簫韶九成，鳳皇來儀。祖考來格。神人以和。治世之音，安以樂其政和。亂世之音，怨以怒其政乖。五音不亂，則無怗懘之心，樂文同則上下和矣。太樂必易。大樂與天地同和。樂所以象德也，樂至則無怨也。

(宋) 周輝《清波雜志》卷一《祖宗家法》 哲宗御邇英閣，召宰執暨講讀官講《禮記》、讀《寶訓》。顧臨讀至漢武帝籍提封爲上林苑。仁宗曰：山澤之利當與衆共之，何用此也！丁度對曰：臣事陛下二十年，每奉德音，未始不本於憂勤，此蓋祖宗家法爾。讀畢，宰臣吕大防等進曰：祖宗家法甚多，自三代以後，唯本朝百三十年中外無事，蓋由祖宗所立家法最善，臣請舉其略：自古人主事母后，朝見有時，如漢武帝五日一朝長樂宮。祖宗以來，事母后皆朝夕見，此事親之法也。前代大長公主用臣妾之禮，本朝必先致恭，仁宗以姪事姑之禮見獻穆大長公主，此事長之法也。上曰：今宮中見行家人禮。大防等曰：前代宮闈多不肅，宮人或與廷臣相見，唐入閤圖有昭容位。本朝宮禁嚴密，內外整肅，此治內之法也。前代外戚多預政事，常致敗亂。本朝母后之族皆不預事，此待外戚之法也。前代宮室多尚華侈。本朝宮殿止用赤白，此尚儉之法也。前代人君雖在宮禁，出輿入輦。祖宗皆步自內庭，出御後殿。豈乏人力哉，亦欲涉歷廣庭，稍冒寒暑爾，此勤身之法也。前代人主在禁中，冠服苟簡。祖宗以來，燕居必以禮。竊聞陛下昨郊禮畢，具禮服謝太皇太后，此尚禮之法也。前代多深於用刑，大者誅戮，小者遠竄。唯本朝法最輕，臣下有罪，止於罷黜，此寬仁之法也。至於虛己納諫，不好畋獵，不尚玩好，不用玉器，飲食不貴異味，御厨止用羊肉，此皆祖宗家法所以致太平者。陛下不須遠法前代，但盡行家法，足以爲天下。上甚然之。列聖家法之盛，大臣啓迪之忠，皆可書而誦也。

(明) 陸容《菽園雜記》卷二 禮不下庶人，非謂庶人不當行，勢有所不可也。且如娶婦三月，然後廟見及見舅姑。此禮必是諸侯大夫家才可行。若民庶之家，大率爲養而娶。況室廬不廣，家人父子朝暮近在目前，安能待三月哉！又如内外不共井、不共湢浴。不共湢浴，猶爲可行，若鑿井一事，在北方最爲不易。今山東北畿，大家亦不能家自鑿井，民家甚至令婦女沿河擔水。山西少河渠，有力之家以小車載井綆，出數里汲井。無力者以器積雨雪水爲食耳，亦何常得贏餘水以浴。此類推之，意者，古人大抵言其禮當如此，未必一一能行之也。

（宋）李覯《李覯集》卷二《禮論七篇并序》　故作《禮論》七篇。推其本以見其末，正其名以責其實。崇先聖之遺制，攻後世之乖缺。邦國之龜筮，生民之耳目，在乎此矣。

（宋）李覯《李覯集》外集卷二《名公手書・余侍郎三書》　所示《禮論》七篇，推進《禮經》，準的世教。派仁義，贊刑政，正其本於禮，成一家之言。工古人之未工，導明王之要道。

《二程集・河南程氏外書》卷一〇《大全集拾遺》　《周禮》不全是周公之禮法，亦有後世隨時添入者，亦有漢儒撰入者。如《吕刑》、《文侯之命》，通謂之《周書》。

（明）楊一清《楊一清集・密諭録》卷二《禮論上》　禮者，理也。所以本天道因人情而品節之，以立天下之大順者也。

（清）戴震《戴東原集》卷九《答朱方伯書》　古禮之不行於今已久，雖然，士君子不可不講也。況冠婚喪祭之大，豈可與流俗不用禮者同。

（清）方苞《方苞集・集外文》卷八《記・柏村吴氏重建宗祠記》　大宗之法，祖廟既毀，宗室猶存；則是别子之廟，百世不廢也。後世宗祠之建，蓋取諸此；而宗法之能行者，百不一見焉。蓋古者國子弟、卿大夫之田禄，既足以仁其族，而四民各有職業。其待大宗之收恤者，不過鰥、寡、孤、獨、廢疾，無大功之親者而已。後世家無恆產，人無常業，衣食不足以自周者，比肩而立；而欲大宗之收族，不亦難乎！飢寒之不恤，而欲執法以繩其不類，孰能聽乎？

（清）方苞《方苞集》卷四《序・教忠祠規序》　宗法祭禮之廢久矣！唐、宋諸賢所討論，當其身不能盡行，而欲世爲天下法，得乎？禮雖先王未嘗有可以義起者，以協諸人心而衆以爲安也。古者建國始得立五廟，北宋以前猶有四廟、三廟、二廟之制。自程子謂人本乎祖，服制以高曾相屬，則時祀宜及高曾，冬至宜祀始祖遠祖。自是以後，學士大夫及庶民皆遵用，而功令亦不復爲之程，以人情所安，不可強抑耳，而朱子於始祖遠祖則不敢祭，非獨疑於僭也，蓋内反於身，覺哀敬思慕之誠達於高曾，已覺分之難滿，又進而推之遠祖始祖，恐薄於德而於禮爲虚。孔子曰：誦《詩》三百，不足以一獻；一獻之禮，不足以大饗；大饗之禮，不足以大旅；大旅具矣，不足以饗帝；毋輕議禮。此物此志也。蓋程子以己之心量人，覺高曾始祖之祭闕一，而情不能安；朱子則以禮之實自繩，覺始祖遠祖之祭備舉，而誠不能貫；義各有當，並行而不相悖也。

（清）姚鼐《惜抱軒全集・文集》卷六《答袁簡齋書》　蓋以士大夫禮言之，非特婦人無主。雖男子於廟，固亦無主也。以天子諸侯言之，則自漢以後婦人於廟中有主，而周以前則或有或無，未敢決焉。古人所重者尸祭，其依神者尸爲要，主非所必不可無也。鄭康成注《祭法》謂：士大夫之廟無主，惟天子諸侯廟乃立主。其説頗爲今學者所駁，而攷之於古則實然。孔子告曾子曰：當七廟、五廟無虚主。然則三廟、二廟、一廟者，固可虚無主矣。古聘禮，賓介所居館，皆士大夫之廟也。使有主之廟而使人居之，將豫移主出乎？抑聽其人神之相瀆乎？賓主皆何以安焉，斯廟不設主之可徵者也。惟《左氏》載孔悝有取祏之事，此特末世之僭耳，非禮之正也。以禮之正言之，天子有日祭月祀，諸侯亦月有告朔，故設官以日嚴奉其主爲宜，卿大夫之祭，於時疏矣。又位下不能專立官以日典守，故廟中亦無常奉之主。且古人依神所重，亦不必以主也。故男子婦人皆無主於廟，士大夫禮也。若天子諸侯廟中，固必有主矣。然主不書謚，雖漢猶然。婦人配祭，不專立尸，設同几以依神，則謂后夫人與君同一主，亦無不可者。至《漢儀》載天子主一尺二寸，后主七寸，在皇帝主右，則婦人有主之事，至漢而甚明矣。不知自周秦以來所傳禮固然，漢乃因之耶，抑第漢時人自爲之禮耶？此不可以臆決者也。

吉禮分部

論說

《尚書·周書·召誥》惟太保先周公相宅。越若來三月，惟丙午朏，越三日戊申，太保朝至于洛，卜宅。厥既得卜，則經營。越三日庚戌，太保乃以庶殷攻位于洛汭。越五日甲寅，位成。若翼日乙卯，周公朝至于洛，則達觀于新邑營。越三日丁巳，用牲于郊，牛二。越翼日戊午，乃社于新邑，牛一、羊一、豕一。越七日甲子，周公乃朝用書命庶殷侯、甸、男、邦伯。厥既命殷庶，庶殷丕作。

《儀禮注疏·少牢饋食禮》少牢饋食禮第十六疏：少牢饋食禮第十六。鄭《目録》云：諸侯之卿大夫祭其祖禰於廟之禮。羊豕曰少牢。少牢於五禮屬吉禮。《大戴》第八，《小戴》第十一，《別録》第十六。釋曰：鄭知諸侯之卿大夫者，《曲禮下》云：大夫以索牛。用大牢是天子卿大夫，明此用少牢，爲諸侯之卿大夫可知。賓尸是卿，不賓尸爲下大夫，爲異也。

又：主婦被錫衣移袂，薦自東房。韭菹醓醢，坐奠于筵前。主婦贊者一人，亦被錫衣移袂，執葵菹、蠃醢，以授主婦。主婦不興，遂受。陪設于東，韭菹在南，葵菹在北。主婦興，入于房。被錫，讀爲髲鬄。古者或剔賤者、刑者之髮，以被婦人之紒爲飾，因名髲鬄焉。此《周禮》所謂次也。不纚笄者，大夫妻尊，亦衣綃衣，而侈其袂耳。侈者，蓋半士妻之袂以益之，衣三尺三寸，袪尺八寸。韭菹醓醢，朝事之豆也，而饋食用之，豐大夫禮。葵菹在綼。今文錫爲緆，蠃爲蝸。疏：主婦被錫衣至入于房。注：被錫至爲蝸。釋曰：云主婦贊者一人亦被錫者，此被錫移袂與主婦同，既一人與主婦同，則其餘不得如主婦，當與士妻同，纚笄綃衣。若士妻與婦人助祭，一皆纚笄綃衣，以綃衣下更無服，服窮則同。故《特牲》云凡婦人助祭者同服是也。云被錫讀爲髲鬄者，欲見鬄取人髮爲之之義也。云古者或剔賤者、刑者之髮，以被婦人紒爲飾，因名髲鬄焉者，此解名髲鬄之意。案：哀公十七年《左傳》說衛莊公登城望戎州，見巳氏之妻髮美，使髡之以爲呂姜髢。是其取賤者髮爲鬄之事也。云此《周禮》所謂次也者。案《周禮·追師》云掌王后以下副編次。三翟者，首服副，鞠衣禮衣，首服編，禒衣，首服次。鄭彼注：副，首飾，若今步摇編，編列髮爲之，若今假紒。次，次第髮長短爲之，所謂髲鬄。鄭云所謂髲鬄鄭云所謂髲鬄者，指此文也。是彼此相曉也。云不纚笄者，大夫妻尊者，此決《特牲》主婦纚笄，士妻卑故也。

又：主人西面，祝在左。主人再拜稽首，祝。祝曰：孝孫某。敢用柔毛、剛鬣、嘉薦、普淖，用薦歲事于皇祖伯某，以某妃配某氏。尚饗！主人又再拜稽首。羊曰柔毛，豕曰剛鬣。嘉薦，菹醢也。普淖，黍稷也。普，大也。淖，和也。德能大和，乃有黍稷。《春秋傳》曰：奉粢以告曰絜粢豐盛，謂其三時不害而民和年豐也。疏：注：羊曰至豐也。釋曰：云羊曰柔毛，豕曰剛鬣。下《曲禮》文。羊肥則毛柔濡，豕肥則鬣剛也。彼注云：號牲物者，異於人用也。引《春秋》者，證黍稷大和之義。案彼《左氏》桓六年《傳》文，楚武王侵隨，使薳章求成焉。軍於瑕以待之，隨人使少師入楚軍。董成楚以羸師而納少師。少師還，請追楚師。季梁止之曰：天方授楚，楚之羸，其誘我也。臣聞小之能敵大也，小道大淫。所謂道，忠於民而信於神也。上思利民，忠也。祝史正辭，信也。今民餒而君逞欲，祝史矯舉以祭，臣不知其可也。公曰：吾牲牷肥腯，粢盛豐備，何則不信？對曰：夫民，神之主也。是以聖王先成民而後致力於神。故奉牲以告曰：博碩肥腯。謂民力之普存也。奉盛以告曰：絜粢豐盛。謂其三時不害，而民和年豐也。則此之所言隨季梁辭也。

又：司宫設對席，乃四人養。大夫禮，四人餕，明惠大也。疏：注：大夫至大也。釋曰：案：《祭統》云：凡餕之道，而興施惠之象也。是故上有大澤，則惠必及下。是以《特牲》二人餕，惠之小者。大夫四人餕，明惠之大者也。

（清）孫希旦《禮記集解·明堂位》昔殷紂亂天下，脯鬼侯以饗諸侯，是以周公相武王以伐紂。武王崩，成王幼弱，周公踐天子之位，以治天下。六年，朝諸侯於明堂，制禮作樂，頒度量，而天下大服。七年，致政於成王。

鄭氏曰：以人肉爲薦羞，惡之甚也。踐猶履也。頒讀爲班。度，謂丈尺、高卑、廣狹也。量，謂豆、區、斗、斛、筐、筥所容受。致政，以王事歸授之。孔氏曰：鬼侯，《史記》作九侯。方氏慤曰：紂之惡不止於脯鬼侯，蓋舉其甚者，以明武王之所以伐也。愚謂制禮以定民志，作樂以和民心，頒度量以一民俗，故天下之服由此也。

（清）孫希旦《禮記集解·大傳》立權、度、量，考文章，改正、朔，易服色，殊徽號，異器械，別衣服，此其所得與民變革者也。

鄭氏曰：權，稱也。度，丈尺也。量，斗斛也。文章，禮法也。服色，車馬也。徽號，旌旗之名也。器械，禮樂之器及兵甲也。衣服，吉凶之制也。孔氏曰：立者，言始有天下必造此物也。考，校也。文章，國之禮法也。正，謂年始。朔，謂月初。周子、殷丑，夏寅，是改正也。周夜半，殷鷄鳴，夏平旦，是改朔也。服色，車馬也。易之謂各隨所尚亦白黑也。殊，別也。徽號，旌旗也。周大赤，殷大白，夏大麾，各有別也。器，謂楬豆、房俎，禮樂之器。械，謂戎路、革路、兵甲之屬也。陳氏祥道曰：《左傳》曰：揚徽者，公徒也。蓋用兵之法，以旌旗待晝事，以名號待夜事，則徽號者，徽幟之號也。愚謂言立權、度、量，則此三者三代之法不同也。文章，謂禮樂制度。《檀弓》疏引《春秋緯・元命苞》、《樂緯・稽耀嘉》云：夏以十三月爲正，《息卦》受《泰》，註云：物之始，其色尚黑，以平旦爲朔。殷以十二月爲正，《息卦》受《臨》。註云：物之牙，其色尚白，以鷄鳴為朔。周以十一月爲正，《息卦》受《復》，註云：其色尚赤，以夜半爲朔。是三代改正、朔，易服色之事也。服如服牛乘馬之服，謂戎事所乘，若夏乘驪，殷乘翰，周乘騵是也。色，謂祭祀所用之牲色，若夏玄牡，殷白牡，周騂犅是也。徽，謂旌旗，若《周禮》九旗。號，謂號名，《周禮・大司馬》仲夏，教茇舍，辨號名之用，是也。別衣服，若冠則夏毋追，殷章甫，周委貌；弁則周弁，夏收，殷冔；養老之衣，則虞深衣，夏燕衣，殷縞衣，周玄衣之類是也。此節言數度文爲之末，隨時變革，所以明下文不可變革者之重也。輔氏廣曰：聖人之治，有所更易，無非所以奉天命而順人心，固非私意所能與也。

《禮記・祭法》　夫聖王之制祭祀也，法施於民則祀之，以死勤事則祀之，以勞定國則祀之，能禦大菑則祀之，能捍大患則祀之。是故厲山氏之有天下也，其子曰農，能殖百穀。夏之衰也，周弃繼之，故祀以爲稷。共工氏之霸九州也，其子曰后土，能平九州，故祀以爲社。帝嚳能序星辰以著衆，堯能賞均刑法以義終，舜勤衆事而野死，鯀鄣鴻水而殛死，禹能脩鯀之功，黄帝正名百物以明民共財，顓頊能脩之，契爲司徒而民成，冥勤其官而水死，湯以寬治民而除其虐，文王以文治，武王以武功去民之菑，此皆有功烈於民者也。及夫日月星辰，民所瞻仰也，山林、川谷、丘陵，民所取財用也，非此族也，不在祀典。

（清）孫希旦《禮記集解・祭義》　聖人以是爲未足也，築爲宫室，設爲宗、祧，以別親疏遠邇，教民反古復始，不忘其所由生也。衆之服自此，故聽且速也。

周於外者謂之宫，處於内者謂之室。前爲廟謂之宗，後爲寢謂之祧。古、始，皆謂祖、考也。以其已往則曰古，以其爲身之所自始則曰始。反古復始，謂設爲祭祀之禮，以追而事之也。聖人以明命鬼神，其名雖尊，而無所以事之之禮，則於情爲未足，於是立宗廟，制祀典，使天下之人莫不有以盡其報本追遠之意，而衆莫不服之。蓋鬼神之感人，而人之欲敬事其祖、考，乃出於人心之同然而不容已者，而聖人因而導之，故人莫不服從而速於聽命也。

（清）陶鴻慶《讀禮志疑》卷四《禮記・桓楹》　《檀弓・下篇》：三家視桓楹。注曰：時僭諸侯，諸侯下天子也。斲之形如大楹耳。四植謂之桓。諸侯四綍二碑，碑如桓矣。大夫二綍二碑。士二綍無碑。正義曰：云四植謂之桓者。案《説文》，桓，亭郵表也。謂亭郵之所而立表木謂之桓，卽今之橋旁表柱也。今諸侯二碑，兩柱爲一碑而施鹿盧，故云四植謂之桓也。《周禮》桓圭而爲雙植者，以一圭之上不應四柱，但瑑爲二柱，象道旁二木。又宫室兩楹，故雙植謂之桓也。大夫亦二碑，但柱形不得麤大，所以異於諸侯也。愚案：鄭注《周禮・大宗伯》云：雙植謂之桓。桓，宫室之象。所以安其上也。彼注以桓之雙植象宫室兩楹，與此注不合。而賈公彦疏引此注四植謂之桓而釋爲四稜，又與此疏不合。竊謂賈、孔二疏皆未得鄭意。注云四植謂之桓者，承上形如大楹而言。猶云四植謂之桓楹，不言楹者，蒙上句而省耳。桓與楹皆雙植之物，既言楹、又言桓，則四植矣。必四植者，諸侯四綍二碑。故一碑以二木爲之，每木穿中，施鹿盧，以受四綍。故云碑如桓矣，謂每一碑得如桓，卽《周禮》注所謂雙植之桓也。正義云：《下檀弓》云：三家視桓楹，是僭也。則天子用大木爲碑，謂之豐碑；諸侯則樹兩大木爲碑，謂之桓楹。此經君稱四綍二碑，故云桓楹也，謂每一碑樹兩楹。今案每一碑如楹，故二碑爲桓楹。彼疏本不誤，此因誤會鄭意，以四植爲桓。故失其解。又案：上文公室視豐碑注云：豐碑，斲大木爲之，形如石碑，於槨前後四角樹之，穿中，於間爲鹿盧、下棺、四角，而前後二木各重鹿盧。於是四木可以受六綍。諸侯四綍二碑。必每碑雙植。乃可以受四綍。注云：碑如桓者，主諸侯而言，不謂凡碑皆如桓也。大夫二綍二碑，則以一木受一綍，取可穿中施鹿盧而已，奚事雙植爲乎？正義謂大夫亦二碑，但柱形不得麤大，所以異於諸侯。似大夫碑亦雙植與諸侯同，亦非注意。

（清）陶鴻慶《讀禮志疑》卷五《禮記·王子公子之黨之廟》 《祭法篇》：王下祭殤五，諸侯下祭三。注曰：王子、公子祭其適殤於其黨之廟。疏曰：王子，謂王之庶子；公子，謂諸侯庶子。不得爲先王、先公立廟，無處可祭適殤，故祭於黨之廟。謂王子、公子但爲卿大夫，得自立廟，與王子、公子同者，就其廟而祭之。愚案：王子、公子雖爲卿大夫，猶不得自立先王先公廟。疏義殊不可通。疑疏文謂王子、公子下當有之族昆弟四字，與王子、公子下當有昭穆二字。蓋王子不敢祭於先王之廟，公子不敢祭於先君之廟，則於己之昆弟行爲卿大夫得自立廟者，假以祭殤，祭者與之同昭穆，故云於其黨之廟也。襄九年《左傳》魯襄公假衛成公之廟以行冠禮，亦其類。

《春秋左傳正義》卷一九《文公十五年》 日有食之，天子不舉，去盛饌。去，起吕反。饌，仕眷反。疏：注去盛饌。正義曰：《周禮》膳夫掌王之食飲膳羞，以養王及后世子。王日一舉，鼎十有二，物皆有俎。天地有災則不舉。鄭玄云：殺牲盛饌曰舉。今云天子不舉，是去盛饌、貶膳食也。伐鼓于社，責羣陰。伐，猶擊也。疏：注責羣陰。伐，猶擊也。正義曰：《郊特牲》云：社祭土而主陰氣也。君南鄉於北墉下，荅陰之義也。《論語》云：鳴鼓而攻之。伐鼓者，是攻責之事，故云責羣陰也。日食者，陰侵陽，故責陰以救日。孔安國《尚書傳》云：凡日食，天子伐鼓于社，責上公。然則社以上公配食，天子伐鼓，責羣陰，亦以責上公也。諸侯用幣于社，請上公，亦以請羣陰也。互相備也。諸侯用幣于社，社尊於諸侯，故請救而不敢責之。疏：注社尊至責之。正義曰：昭二十九年《傳》曰：封爲上公，祀爲貴神。社稷五祀，是尊是奉。是社爲上公之神，尊於諸侯。禮用幣者，皆是告請神明之事。以社尊，故用幣請救，而不敢攻責也。陰侵陽而請陰者，請止而勿侵陽也。伐鼓于朝，退自責。以昭事神、訓民、事君，天子不舉，諸侯用幣，所以事神；尊卑異制，所以訓民。疏：注天子至訓民。正義曰：天子不舉，自貶食耳。而以爲事神者，畏敬神明，乃自貶損，徹膳不舉，亦是事神之義，故通以不舉爲事神也。示有等威，古之道也。等威，威儀之等差。

（清）王夫之《讀四書大全説》卷二《中庸》 其云宗廟之禮，所以序昭穆者，謂以禘祫序列祖宗昭穆之禮，行之於凡祭，以序助祭之同姓，乃通合祖之義以合族也。死者既各有廟，唯禘祫則合於太廟，以父南子北序之，此唯王侯之大享爲然。而以此禮通諸合族之義，則自大享以達於時祭，自天子以達於士，自太廟以達於禰廟，苟其有同姓在助祭之列者，皆不復問其爵之有無、族之親疏，而一以昭穆序之。舉夫朝廷之貴賤有級，宗室之大宗、小宗有別，宗室謂宗子之室。至此而尊尊之義皆絀焉，而一以行輩爲等夷，所以加恩於庶賤而聯之也。《特牲饋食禮》有衆兄弟、兄弟子之文，則雖士祭其禰，同姓咸在，豈必天子之大享而後序昭穆哉？

（宋）劉恕《資治通鑑外紀》卷四《周紀二·惠王》 六年，《釋例》曰庚戌。夏，魯莊公如齊觀社。曹劌諫曰：齊弃太公之法而觀民於社。君爲是舉而往觀之，何以訓民？天子祀上帝，諸侯會之受命焉；諸侯祀先王、先公，卿大夫佐之受事焉。不聞諸侯相會祀也。公不聽。遂行。

（宋）劉恕《資治通鑑外紀》卷五《周紀三·襄王》 秋，八月，丁卯，大事于太廟，躋僖公。此《春秋》經文。展禽曰：夏父弗忌必有殃。犯順以逆，易神之班。僖又未有明焉而躋之，皆不祥也。此《魯語》文。海鳥曰爰居，止於魯東門之外。三日，臧文仲使國人祭之。展禽曰：禘郊祖宗報，五者，國之典祀也。社稷山川之神，及前哲令德之人，天之三辰，地之五行，九州名山川澤，非是不在祀典。今海鳥至而祀之，難以爲仁且智矣。夫廣川之鳥獸，恒知避其災。今兹，海有災乎？是歲，海多大風。文仲曰：信吾過也。季子之言，不可不法。書以爲三筴。此《魯語》文。

（宋）鄭樵《通志》卷二《五帝紀·帝堯》 帝堯陶唐氏曰放勳，嚳之子，姓伊祁，身長十尺，年十五，佐兄摯封唐侯，二十一即帝位，或言摯禪于堯。高氏云：摯崩，而帝放勳立。堯始封于唐，今中山唐邑。後遷于晉陽，及爲天子都平陽。《樂》曰：大章帝聰明文思，允恭克讓。其仁如天，其知如神。就之如日，望之如雲。富而不驕，貴而不舒。以尹壽爲師，以許由爲友。內則親睦九族，外則辨章百姓。協和萬邦，黎民於變時雍。黄收純衣，彤車乘白馬，尚白薦玉以白繒。茅茨不翦，土階三尺，樸桷不斲，素題不枅，大羹不和，粢食不鑿，大路無文，越席不純。飯土簋，飲土鉶，夏葛衣，冬鹿裘，棄金玉，捐文綺，不視異物，不寶玩器，衣履不盡敝、不更爲。禁淫僞，輕徭賦。不奪民時，不争民利。置諫鼓達窮民，立謗木使人書之，樂聞過也。

《漢書》卷五八《兒寬傳》 及議欲放古巡狩封禪之事，諸儒對者五十餘人，未能有所定。先是，司馬相如病死，有遺書，頌功德，言符瑞，足以封泰山。上奇其書，以問寬，寬對曰：陛下躬發聖德，統楫羣元，宗祀天地，薦禮百神，精神所鄉，徵兆必報，天地並應，符瑞昭明。其封泰山，禪梁父，昭姓考瑞，帝王之盛節也。然享薦之義，不著于經，以爲封禪告成，合袪於天地神祇，祇戒精專以接神明。總百官之職，各稱事宜而爲之節文。唯聖主所由，制定其當，非羣臣之所能列。今將舉大事，優游數年，使羣臣得人自盡，終莫能成。唯天子建中和之極，兼總條貫，金聲而玉振之，以順成天慶，垂萬世之基。上然之，乃自制儀，宋儒術以文焉。

《漢書》卷七三《韋賢傳》 議者又以爲《清廟》之詩言交神之禮無不清静，今衣冠出游，有車騎之衆，風雨之氣，非所謂清静也。祭不欲數，數則瀆，瀆則不敬。宜復古禮，四時祭於廟，諸寢園日月間祀皆可勿復修。上亦不改也。明年，玄成復言：古者制禮，别尊卑貴賤，國君之母非適不得配食，則薦於寢，身没而已。陛下躬至孝，承天心，建祖宗，定迭毁，序昭穆，大禮既定，孝文太后、孝昭太后寢祠園宜如禮勿復修。奏可。

《漢書》卷九九中《王莽傳中》 莽曰：予以二月建寅之節行巡狩之禮，太官齎糒乾肉，内者行張坐臥，所過毋得有所給。予之東巡，必躬載耒，每縣則耕，以勸東作。予之南巡，必躬載耨，每縣則薅，以勸南僞。予之西巡，必躬載銍，每縣則穫，以勸西成。予之北巡，必躬載拂，每縣則粟，以勸蓋藏。畢北巡狩之禮，即于土中居雒陽之都焉。敢有趨讙犯法，輒以軍法從事。羣公奏言：皇帝至孝，往年文母聖體不豫，躬親供養，衣冠稀解。因遭棄羣臣悲哀，顔色未復，飲食損少。今一歲四巡，道路萬里，春秋尊，非糒乾肉之所能堪。且無巡狩，須闋大服，以安聖體。臣等盡力養牧兆民，奉稱明詔。莽曰：羣公、羣牧、羣司、諸侯、庶尹願盡力相帥養牧兆民，欲以稱予，繇此敬聽，其勗之哉！毋食言焉。更以天鳳七年，歲在大梁，倉龍庚辰，行巡狩之禮。厥明年，歲在實沈，倉龍辛巳，即土之中雒陽之都。乃遣太傅平晏、大司空王邑之雒陽，營相宅兆，圖起宗廟、社稷、郊兆云。

（宋）鄭樵《通志》卷一〇一《列傳・韋賢》 《禮記・王制》及《春秋穀梁傳》：天子七廟，諸侯五，大夫三，士二。天子七日而殯，七月而葬。諸侯五日而殯，五月而葬。此喪事尊卑之序也，與廟數相應。其文曰天子三昭三穆，與太祖之廟而七；諸侯二昭二穆，與太祖之廟而五。故德厚者流光，德薄者流卑。《春秋左氏傳》曰：名位不同，禮亦異數。自上以下，降殺以兩禮也。七者，其正法數可，常數者也。宗不在此數中，宗變也。苟有功德，則宗之不可豫爲設數。故於殷，太甲爲太宗，太戊曰中宗，武丁曰高宗。周公爲毋逸之戒，舉殷三宗，以勸成王，繇是言之宗無數也。然則所以勸帝者之功德博矣。以七廟言之，孝武皇帝未宜毁；以所宗言之，則不可謂無功德。《禮記・祀典》曰：夫聖王之制，祀也。功施於民，則祀之；以勞定國，則祀之；能救大災，則祀之。竊觀孝武皇帝功德皆兼而有焉，凡在於異姓，猶將特祀之，况于先祖？或説天子五廟，無見文。又説中宗、高宗者，宗其道而毁其廟，名與實異，非尊德貴功之意也。

《宋書》卷五五《臧燾傳》 時太廟鴟尾災，燾謂著作郎徐廣曰：昔孔子在齊，聞魯廟災，曰必桓、僖也。今征西、京兆四府君，宜在毁落，而猶列廟饗，此其徵乎。乃上議曰：臣聞國之大事，在祀與戎，將營宫室，宗廟爲首。古先哲王，莫不致肅恭之誠心，盡崇嚴乎祖考，然後能流淳化於四海，通幽感於神明，固宜詳廢興於古典，循情禮以求中者也。禮，天子七廟，三昭三穆，與太祖而七。自考廟以至祖考五廟，皆月祭之，遠廟爲祧，有二祧，享嘗乃止。去祧爲壇，去壇爲墠，有禱然後祭之。此宗廟之次，親疏之序也。鄭玄以爲祧者文王、武王之廟，王肅以爲五世六世之祖。尋去祧之言，則祧非文、武之廟矣。文、武周之祖宗，何云去祧爲壇乎？明遠廟爲祧者，無服之祖也。又遠廟則有享嘗之禮，去祧則有壇禪之殊，明世遠者，其義彌疎也。若祧是文、武之廟，宜同月祭於太祖，雖推后稷以配天，由功德之所始，非尊崇之義每有差降也。又禮有以多貴者，故傳稱德厚者流光，德薄者流卑。又云自上以下，降殺以兩，禮也。此則尊卑等級之典，上下殊異之文。而云天子諸侯俱祭五廟，何哉？又王祭嫡殤，下及來孫，而上祀之禮，不過高祖。推隆恩於下流，替誠敬於尊屬，亦非聖人制禮之意也。是以泰始建廟，從王氏議，以禮父爲士，子爲天子諸侯，祭以天子諸侯，其尸服以士服。故上及征西，以備六世之數，宣皇雖爲太祖，尚在子孫之位，至於殷祭之日，未申東向之禮，所謂子雖齊聖，不先父食者矣。今京兆以上卽遷，太祖始得居正，議者以昭穆未足，欲屈太祖於卑坐，臣以爲非禮典之旨。所謂與太祖而七，自是昭穆既足，太祖在六世之外，非爲須滿七廟，乃得居太祖也。議者又以四府君神主宜永同於殷祫，臣又以爲不然。傳所謂毀廟之主，陳乎太祖，謂太祖以下先君之主也。故《白虎通》云：禘祫祭遷廟者，以其繼君之體，持其統而不絶也。豈如四府君在太祖之前乎。非繼統之主，無靈命之瑞，非王業之基，昔以世近而及，今則情禮已遠，而當長饗殷祫，永虚太祖之位，求之禮籍，未見其可。昔永和之初，大議斯禮，于時虞喜、范宣並以淵儒碩學，咸謂四府君神主，無緣永存於百世，或欲瘞之兩階，或欲藏之石室，或欲爲之改築，雖所秉小異，而大歸是同。若宣皇既居羣廟之上，而四主禘祫不已，則大晉殷祭，長無太祖之位矣。夫理貴有中，不必過厚，禮與世遷，豈可順而不斷。故臣子情雖篤，而靈厲之謚彌彰；追遠之懷雖切，而遷毀之禮爲用。豈不有心於加厚，顧禮制不可踰爾。石室則藏於廟北，改築則未知所處，虞主所以依神，神移則有瘞埋之禮。四言若饗祀宜廢，亦神之所不依也，准傍事例，宜同虞主之瘞埋。然經典難詳，羣言紛錯，非臣卑淺所能折中。時學者從焘議，竟未施行。

《魏書》卷六六《李崇傳》 崇上表曰：臣聞世室明堂，顯於周夏；二黌兩學，盛自虞殷。所以宗配上帝，以著莫大之嚴；宣布下土，以彰則天之軌。養黃髮以詢格言，育青襟而敷典式，用能享國久長，風徽萬祀者也。故孔子稱巍巍乎其有成功，郁郁乎其有文章，此其盛矣。爰暨亡秦，政失其道，坑儒滅學，以蔽黔首。國無黌序之風，野有非時之役，故九服分崩，祚終二世。炎漢勃興，更修儒術，文景已降，禮樂復彰，化致昇平，治幾刑措。故西京有六學之美，東都有三本之盛，莫不紛綸掩藹，響流無已。逮自魏晉，撥亂相因，兵革之中，學校不絶，遺文燦然，方軌前代。

臣又聞官方授能，所以任事，事既任矣，酬之以禄。如此，上無曠官之譏，下絶尸素之謗。今國子雖有學官之名，而無教授之實，何異兔絲燕麥，南箕北斗哉！昔劉向有言：王者宜興辟雍，陳禮樂，以風化天下。夫禮樂所以養人，刑法所以殺人，而有司勤勤請定刑法，至於禮樂，則曰未敢，是則敢於殺人，不敢於養人也。臣以爲當今四海清平，九服寧晏，經國要重，理應先營；脱復稽延，則劉向之言徵矣。但事不兩興，須有進退。以臣愚量，宜罷尚方雕靡之作，頗省永寧土木之功，并減瑶光材瓦之力，兼分石窟鐫琢之勞，及諸事役非急者，三時農隙，修此數條。使辟雍之禮，蔚爾而復興；諷誦之音，焕然而更作。美榭高墉，嚴壯於外；槐宫棘宇，顯麗於中。道發明令，重遵鄉飲，敦進郡學，精課經業。如此，則元、凱可得之於上序，游夏可致之於下國，豈不休歟！誠知佛理淵妙，含識所宗，然比之治要，容可小緩。苟使魏道熙緝，元首唯康，爾乃經營，未爲晚也。

（宋）王溥《唐會要》卷一一《明堂制度》 貞觀五年，太宗將造明堂，太子中允孔穎達，以諸儒立議，頗乖故實，上表曰：伏尋前敕，依禮部尚書盧寬、國子助教劉伯莊等議，以爲從崑崙道上層祭天。又尋後敕，爲左右閣道，登樓設祭。臣謹按六藝羣書，百家諸史，皆基上曰堂，樓上曰觀。未聞重樓之上，而有堂名。《孝經》云：宗祀文王于明堂。不云明樓、明觀，其義一也。又明堂法天，聖王示儉，或有翦蒿爲柱，葺茅作蓋。雖復古今異制，不可常然。猶依大典，貴在樸素。是以席惟藁秸，器尚陶匏，用繭栗以貴誠，服大裘以訓儉。今若飛樓架道，綺閣凌雲，考古之文，實堪疑慮。按《郊祀志》，漢武明堂之制，四面無壁，上覆以茅，祀五帝于上座，祀后土于下防。臣以上座正爲基上，下防維是基下。既云無四壁，未審伯莊以何知上層祭神，下有五室？且漢武所爲，多用方士之説，違經背正，不可師祖。又盧寬等議曰，上層祭天，下堂布政，欲使人神位別，事不相干。臣以古者敬重大事，與接神相似。是以朝覲祭祀，皆在廟堂。豈有樓上祭祖，樓下視朝？閣道升樓，路便窄隘，乘輦則接神不敬，步陟則勞勤聖躬。侍衛在傍，百司供奉。求之典誥，全無此理。臣非敢固執愚見，欲求己長。伏以國之大典，不可不慎。伏乞以臣愚表，下付羣官詳議焉。侍中魏徵議曰：稽諸古訓，參以舊圖，其上圓下方，複廟重屋，百慮一致，異軫齊軌。洎當塗膺籙，未遑斯禮；典午聿興，無所取則。裴頠以諸儒持論，異端蜂起，是非舛互，靡所適從，遂乃以人廢言，止爲一殿。宋、齊卽仍其舊，梁、陳遵而不改。雖嚴配有所，祭饗不匱，求之典則，道實未宏。夫孝因心生，禮緣情立。心不可極，故備物以表其誠；情無以盡，故飾宫以廣其敬。宣尼美嘆，意在茲乎！臣等親奉德音，得參大議，思竭塵露，增崇山海。凡聖人有作，義重隨時，萬物斯覩，事資通變，若據蔡邕之説，則至理失于文繁；若依裴頠所爲，則大體傷于質略。求之情理，未允厥中。今之所議，非無用捨。請爲五室重屋，上圓下方，既體有則象，又事多故實。下室備布政之居，上堂爲祭天之所，人神不雜，禮亦宜之。其高下廣袤之規，几筵尺丈之度，則並隨時立法，因事制宜。自我而作，何必師古？廓千載之疑議，爲百王之懿範。不使泰山之下，惟聞黄帝之法；汶水之上，獨稱漢武之圖。則通乎神明，庶幾可俟，子來經始，成之不日。至十七年五月，祕書監顔師古議曰：竊以明堂之制，爰自古昔，求諸簡牘，全文莫覩。肇起黄帝，降及有虞，彌歷夏、殷，迄於周代，各立名號，別創規模。衆説舛駁，互執所見，鉅儒碩學，莫有詳通，斐然成章，不知裁斷。究其指要，實布政之宫也，徒以戰國從横，典籍廢棄，暴秦酷烈，經禮湮亡。今之所存，記傳雜説，用爲準的，理實蕪昧。然《周書》之敍明堂，紀其四面，則有應庫、雉門，據此一堂，固是王者之常居耳。其青陽總章、元堂太廟及左个右个，與《月令》四時之次相同。則路寢之義，足為明證。又文王居明堂之篇，帶以弓韣，祠於高禖。下九門磔禳，以禦疾疫，置梁除道，以利農夫，令國有酒，以合三族。凡此等事，皆合《月令》之文。觀其所爲，皆在路寢者也。又《禮記》云：昔者周公朝諸侯於明堂之位，天子負斧扆，南嚮而立。明堂也者，明諸侯之尊卑也。《周官》又云：周人明堂，度九尺之筵，東西九筵，堂一筵。據其制度，卽太寢也。《尸子》亦曰：黄帝曰合宫，有虞曰總章，殷曰陽館，周曰明堂。斯皆路寢之徵，知非別處。《大戴》所説，初有近郊之言，後稱文王之廟，進退無據，自爲矛盾。原夫負扆受朝，常居出入，既在皋庫之内亦何云於郊野哉？《孝經傳》云在國之陽，又無里數。漢武有懷創造，廣集縉紳，言論紛紜，終以不定。乃于汶水之上而宗祀焉，明其不拘遠近，無擇方面。孝成之世，表行城南，雖有其文，厥功靡立。平帝元始四年，大議營起，孔牢等乃以爲明堂、辟雍、大學，一實三名。金褒等又稱經傳無明文，不能分別同異。中興之後，蔡邕作論，復云：明堂、太廟，一物二名。鄭玄則曰：在國之陽，三里之外。淳于澄又云：三里之外，七里之内，丙巳之地。穎容《釋例》亦曰：明堂太廟，凡有八名，其體一也。苟立同異，競爲巧説，並出自胷懷。曾無師祖審見。且夫功成作樂，治定制禮，草創從宜，質文遞變。旌旗冠冕，今古不同，律度權衡，前後不一，隨時之義，斷可知矣。假使周公舊章，尤當擇其可否；宣尼彝則，尚或補其闕漏。况乎鄭氏臆説，淳于謏聞，匪異守株，何殊膠柱？愚謂不出墉雉，邇接宫闈，實允事宜，諒無所惑。但當上遵天旨，祇奉德音，作皇代之明堂，永貽範於來葉。區區碎議，皆略而不論也。又上表曰：明堂之制，陛下已發德音，久令詳議。但以學者崇固，人人異言。損益不同，是非莫定。臣愚以爲五帝之後，兩漢以前，高下方圓，皆不相襲。惟在陛下，聖情創造，卽爲大唐明堂，足以傳於萬代，何必論戶牖之多少，疑階庭之廣狹？若恣儒者，互説一端，久無斷決，徒稽盛禮。昔漢武欲草封禪儀，博望諸生，所説不同，莫知孰是。惟御史大夫倪寬，勸上自定制度，遂成登封之禮。臣之愚誠，亦望陛下斟酌繁省，自爲節文，不可謙讓，以淹大典。

又：光宅元年，梓州人陳子昂上疏曰：臣伏見天皇大帝，得天地之統，封于泰山，盛德大業，與天比崇矣。然尚未建明堂之宫，遂朝上帝，使萬代鴻業，至今猶闕。陛下若欲調元氣，睦人倫，躋俗仁壽，興風禮讓，捨此道也，于何理哉？願陛下念先帝之休意，恢大唐之鴻基，于國南郊，建立明堂。使宇宙黎元，遐荒夷貊，昆蟲草木，天地鬼神，粲然知陛下方興三王五帝之事也，與天下更始，不其盛哉！昔者黄帝合宫，有虞總章，唐堯衢室，夏后世室，羣聖之所以調元氣理陰陽于此也。臣雖未學，竊聞明堂之制，有天地之則焉，有陰陽之統焉，二十四氣，八風十二月，四時五行，二十八宿，莫不率備。故不順其時月之爲政也，則水旱興，疾疫起，蟲螟爲害，雨雹成災，陰陽不和，元氣以錯。故昔者聖人所以爲政教之大業也。願陛下爲大唐建萬代之業者，意在兹乎！願陛下以臣此章，與三公九卿，賢士大夫，議之于廷。倘事便于今，道不違古，卽請陛下徵天下鴻生碩儒，博通古今皇王政治之術者，延問于庭，與之案《周禮》、《月令》而建之。臣必知天下庶人子來，可不日而成也。乃正月孟春，陛下乘鸞輅，駕蒼龍，載青旂，佩蒼玉，三公九卿，賢士大夫，鴻儒碩老，衣冠之倫，朝于青陽左个。天子負斧扆，憑玉几，南面以聽天下之政。乃令太史守典，奉法司天，日月星辰之行，無失經紀，以初爲常。陛下躬耕藉田，親蠶事，以勸天下之農桑；養三老五更，以教天下之孝悌；明訟恤獄，以息天下之淫刑；除殘去暴，以致天下之仁壽；修文尚德，以止天下之干戈；察孝興廉，以除天下之貪吏。鰥寡孤獨，疲癃羸老，不能自存者，賑恤之；後宮美人，非三妃九嬪八十一御女之數者，出嫁之；珠玉錦繡，雕琢伎巧之飾，非益于治者，悉棄之；巫鬼淫祀，誣惑良人者，悉禁之。天人之際既洽，鬼神之望允塞。然後作雅樂，潔粢盛，宗祀天皇於明堂，以配上帝，使萬國各以其職來祭，豈不休哉！

又：開元五年正月，幸東都，將行大享之禮，太常少卿王忠仁、太常博士馮宗陳貞節等，咸以則天所造明堂，有乖典制，奏曰：明堂之建，其所從來遠矣！自天垂像，聖人則之。蒿柱茅簷之規，上方下圓之制。考之大數，不踰三七之間；定之方中，必居丙巳之地者。豈非得房心布政之所，當太微上帝之宮乎？按漢武初，議立明堂于長安城南，遭竇太后不好儒術，事乃中廢。孝成之世，又欲立于城南，議其制度，莫之能決。至孝平元始四年，創造南郊，以申嚴配，但取丙巳而已，斯蓋百王不易之道也。高宗天皇大帝，議明堂制度，久之不決，因而遂止者何也？非謂財不足，力不堪也。將以周孔既遙，禮經且紊，事不師古，或爽天心，難用作程，神不孚祐者也。則天太后總禁闈之政，籍軒臺之威，屬皇室中圮之期，躡和熹從權之制。以爲乾元大殿，承慶小寢，當正陽亭午之地，實先聖聽斷之宮。表順端門，儲精營室，爰從朝享，未始臨御，乃起工徒，挽令摧覆。既毀之後，雷聲隱然，衆庶聞之，或以爲神靈感動之象也。於是增土木之麗，因府庫之饒，南街北闕，建天樞大儀之制，乾元遺址，興重閣層樓之基。煙焰蔽日，梁柱排雲，人斯告勞，天實貽誡。煨燼甫爾，遽加修復。況乎地殊丙巳，未荅靈心，跡匪膺期，乃申嚴配。事昧彝典，神不昭假。況兩京上都，萬方取則，而天子闕當陽之位，聽政居便殿之中，職司其憂，豈容沈默。當須審攷歷之計，擇煩省之宜，不便者量事改修，可因者隨而適用，削彼明堂之號，克復乾元之名，則當宁無偏，人識其舊矣。詔令所司詳議奏聞。刑部尚書王志愔等奏議，咸請改易，依舊造乾元殿。乃下詔改明堂爲乾元殿，每臨御宜依正殿禮。

（宋）王溥《唐會要》卷一八《配享功臣》 蘇氏駁議曰：配食之義，用旌元勳，讓協經綸，功成締構，君臣義重，終始禮崇。生承帶礪之恩，死陪嚴敬之祀。國家憲章三代，垂範百王，配饗功臣，必資故實。惟肅宗一室，理有未安。且肅宗北狩之時，師統一旅，初至靈武，人心尚搖。裴冕于草創之中，建大義以勸進，肅宗登宸極之後，因物情于有君。收募驍雄，整備文物，十萬之師坐致，三千之儀無闕。定社稷計，允天下心，獨處廟堂，親承睿算。蓋其踰月，房太尉乃來。洎乎隔年，苗太師方至。論其前後，較然可知。語以勳勞，不言而辨。且裴冕贈太尉，制詞云：臨喪之儀，不及于小斂；從享之禮，將配于大烝。敢徵前祠，以裨闕典。謁城佐命，蕭何首出于漢朝；配饗議功，裴寂豈遺于高廟？若以苗太師從祀之後，裴太尉乃薨，則合同享廟庭，豈不雅符前例？

（宋）王溥《唐會要》卷一九《百官家廟》 七年十一月，太子少傅判太常卿事鄭餘慶，建立私廟，將祔四代神主，廟有二夫人，疑于祔配，請禮院詳議定。修撰官太學博士韋公肅議曰：古者一娶九女，所以于廟無二嫡。自秦、漢以下，不行此禮，遂有再娶之説。前娶後繼，並是正嫡，則偕祔之義，于禮無嫌。謹按晉驃騎大將軍温嶠，相繼有三妻，疑並爲夫人。以問太學博士陳舒，議以妻雖先歿，榮辱並隨夫也。禮祔于祖姑，祖姑有三人，則各祔舅之所生。如其禮意，三人皆夫人也。秦、漢以來，諸侯不復一娶九女，既生娶以正禮，歿不可貶，自後諸儒，咸用舒議。且嫡繼于古則有殊制，于今則無異等。今王公再娶，無非禮聘，所以祔配之議，不得不同。至于卿士之家寢，祭亦二妻，位同几席，豈廟享之禮，而有異乎？是知古者廟無不嫡，防姪娣之爭競，今無所施矣。古之繼室，皆媵妾也。今之繼室，並嫡妻也。不宜援古一娶九女之制也，而使子孫祭享不及。或曰：《春秋》聲子不入魯侯之廟，如之何？謹按魯惠公元妃孟子卒，繼室以聲子。聲子之姪娣，非正也，自不合入魯公之廟，明矣。又武公生仲子，則仲子歸于魯，生桓公而惠公薨，立宮而奉之，追成父志，別爲宮也。尋求禮意，則當然矣。未見前例如之何？謹按：魯南昌府君廟，有荀氏、薛氏；景帝有夏侯氏、羊氏；聖朝睿宗廟，有昭成皇后竇氏、肅明皇后劉氏；故太師顔魯公祖廟，有夫人殷氏、繼夫人柳氏。其流甚多，不可悉數，略稽禮文，參諸故事，二夫人並祔，于禮爲宜。

（宋）李燾《續資治通鑑長編》卷一一二《宋仁宗明道二年》 初，以錢惟演議下禮院，禮院言：夏、商以來，父昭子穆，皆有配坐。每室一帝一后，禮之正儀。開元肅明皇后始有並祔。惟演引唐武宗母韋太后祔穆宗，孝明、孝章祔太祖故事。按穆宗惟以韋太后配，更無別后，太祖未嘗以孝章配。伏尋先帝以懿德配饗太宗，及明德園陵禮畢，遂得升祔。元德自追尊後凡十七年，始克升配。今莊穆著位長秋，祔食真宗，斯爲正禮。莊獻母儀天下，與明德例同，若從古禮，止應祀后廟。莊懿帝母之尊，與元德例同，便從升祔，似非先帝謹重之意，況前代無同日並祔之比。惟上裁之。詔都省與禮院議，皆以謂：莊穆位崇中壼，與懿德有異，已祔真廟，自協一帝一后之文。莊獻輔政十年，莊懿誕育聖躬，德莫與並，退就后廟，未厭衆心。按《周禮》大司樂職，奏夷則，歌小吕，以享先妣。先妣者，姜嫄也，帝嚳之妃，后稷之母，特立廟而祭，謂之閟宮。宜於太廟外別立新廟，奉安二后神主，同殿異室，歲時薦享，用太廟儀。別立廟名，自爲樂曲，以崇世享。忌前一日，不御正殿，百官奉慰，著之甲令。詔恭依。己未，命權知開封府程琳、内侍副都知閻文應度地營建新廟。

（宋）李燾《續資治通鑑長編》卷二〇六《宋仁宗治平二年》　臣竊以郊廟之祭，本尚純質，笃冕之飾，皆有法象，非事繁侈，重奇玩也。冕則以《周官》爲本，凡十二旒，間以采玉，加以紘、綖、笄、瑱之飾。笃則以《虞書》爲始，凡十二章，首以辰象，別以衣裳繪繡之采。東漢至唐，史官名儒紀述前制，皆無珠翠、龍錦、犀寶、七星、雲鶴之飾。何則？鷸羽蚌胎，非法服所用；琥珀犀瓶，非至尊所冠；龍錦七星，已列采章之内；紫雲白鶴，近出道家之語，豈被笃戴璪、象天則數之義哉？自大裘制廢，顯用笃冕，古樸稍去，而法度尚存。夫明水、太羹，不可以衆味和；雲門、咸池，不可以新聲間；笃冕之服，不宜以珍怪累也。若魏明之用珊瑚，江左之用翡翠，侈靡衰播之際，豈足爲聖朝道哉！且太祖建隆元年少府監進所造冕服，及二年博士聶崇義進《三禮圖》，嘗詔尹拙、竇儀參校，皆倣虞、周、漢、唐之舊，至四年冬服之，合祭天地於圜丘，用此制也。太宗亦嘗命少府製於禁中，不聞改作。及章聖封泰山，禮官請服笃冕，帝曰：前王服羔裘，尚質也。今則無羔裘而有笃冕，可從近制。是豈有意於繁飾哉？蓋後之有司率意妄增，未嘗搉議，遂相循而用。故仁宗嘗詔禮官章得象等詳議之，其所減過半，然不經之飾，重者多去，輕者尚存，不能盡如詔書之意。故至和三年，王洙復議去繁飾，禮官畫圖以進，漸還古禮，而有司所造，復如景祐之前。

又按《開寶通禮》及《衣服令》，冕服皆有定法，悉無《會要》所載寶錦之飾。況天地之德，無物以稱，宗廟之薦，美亦多品，惟純質之器，法制之服，僅可享之者。太祖、太宗削平僭僞，富有四海，豈乏寶玩哉？顧不可施之于郊廟也。臣竊謂陛下肇祭天地，躬饗祖禰，服周之冕，觀古之象，願復先王之制，祖宗之法。其笃冕之服及羔、綬、佩、舄之類，與《通禮》、《衣服令》、《三禮圖》制度不同者，宜悉改正。

（宋）李燾《續資治通鑑長編》卷二一二《宋神宗熙寧三年》　宗正寺言：每歲正月一日裝寫《仙源積慶圖》、《宗藩慶緒録》各一本，供送龍圖、天章、寶文閣。今祖宗非袒免親不賜名授官，一依外官之法，合與不合修入圖册？詔送禮院詳定。禮官言：聖王之於其族，上殺下殺，而殫於六世，所以明親疏之異也。親道雖盡，猶且記其源流，百世不紊，所以著世系之同也。親疏異，則恩禮不得不異；世系同，則圖籍不得不同。二者並行而不相悖，親親之義備矣。禮：四世緦麻，服之窮也。五世袒免，殺同姓也。六世親屬竭矣。庶姓別於上，而戚單於下，婚姻可以通乎？繫之以姓而弗別，綴之以食而弗殊，百世而婚姻不通，周道然也。鄭注：繫之弗別，謂若今宗室屬籍。蓋據漢宗正歲上名籍，與禮經合。又戶令，皇宗祖廟雖毁，其子孫皆於宗正寺附籍，自外悉依百姓，惟每年總戶口帳送宗正寺。此則戶令之文，又與古制合也。以此言之，遠近之恩固宜有差降，而譜諜之記不可以不存。況朝廷釐改皇族授官之制，而袒免外親統宗襲爵、進預科選、遷官給俸，事事優異，悉不與外官匹庶同法，則屬雖疏而恩禮不偏。若圖籍湮落，則無以審其所從，而爲久遠之證。所有祖宗非袒免親，欲乞依舊修寫入《仙源積慶圖》、《宗藩慶緒録》。其任外者，委宗正寺逐年取索附籍。從之。

（宋）李燾《續資治通鑑長編》卷二三六《宋神宗熙寧五年》　祕閣校理王介上議曰：凡物有無窮，而理則有限，以有限制無窮，此禮之所以起，而天子之所以七廟，據其世數之上下迭毁而七也。今夫自考而上何也？必曰祖；自祖而上何也，必曰曾祖、高祖；自高祖而上則又何也？必曰不及見也，則聞而知之者。今欲祖其祖而追之不已，祖之上又有祖，則固有無窮之祖矣。聖人制爲之限，此天子七廟所以自考廟而上至顯考之外而必祧也，自二祧而上，爲始封君而必祖也。借無始封之君，則亦祖受命而王者爾。如祖之，臣見其有八廟，未見其所謂七也。七廟自顯祖之外而祧，亦猶九族至高祖而止也，皆以禮爲之界也，五世而斬故也。喪之三年也，報罔極之恩也。罔極之恩爲不足報，則固有無窮之服，何以異於是？故喪之罔極而三年也，族之久遠而九也，廟之無窮而七也。伏維我朝宗廟，英宗之廟則考廟也，仁宗則王考廟也，真宗則皇考廟也，太宗則顯考廟也，太祖則祖考廟也。宋無始封之君，固以太祖爲祖考，理勢然也。以太祖爲祖考，則僖祖之廟疑非契、稷始封之比，當太祖之時，固宜在四親廟，當陛下之今日，世數差遠在顯考之外，則理所宜祧者也。或亦爲壇者也。設宜壇而祧之然且不可，況曰不祧者乎？臣愚以爲當今僖祖，以祭法格之，宜在二祧之域，不宜不祧決矣。如顯考外而不祧，臣疑祭法非先王法也。或詰臣曰：今者遷僖祖之主藏之夾室，替祖考之尊而下附於子孫，禮乎？臣應之曰：何必夾室也，固有祧廟存焉。謹按守祧掌先王先公之廟祧，又曰其廟，則有司黝堊之，以此言之，則祧固有廟明矣。今以僖祖之主假創祧廟焉，又何必下附子孫之夾室也？如朝廷未暇創祧廟，則姑以僖祖之主專藏西夾，子孫藏之東夾，亦豈替其尊也？或曰：禮，不王不禘，王者禘其祖之所自出，以其祖配之。商、周雖祖契、稷、湯、文，然猶不絶嚳也。宋既祖太祖矣，亦可絶僖祖乎？臣對曰：是祧也，非所謂絶也，猶有祧廟焉，亦有追饗焉。顧遠之於無事，禘祫而後及之爾。謹據《祭法》有虞氏禘黄帝而郊嚳，祖高陽而宗堯；商人禘嚳而郊冥，祖契而宗湯；周人禘嚳而郊稷，祖文王而宗武王。舜繼堯之大統，此所以祖堯之父也。周則不然，於稷始封之祖也，非獨廟之，又從而郊之，重之也；於嚳則遠祖也，非獨不廟焉，禘而後及之爾。抑帝嚳者，自有虞氏、商人祖之，此周之所以不立嚳廟而獨廟姜嫄也。彼商、周之於嚳，禘而後及之，然則，今之僖祖，亦以禘祫而後及之，不亦可乎？

又。或又難臣曰：今者禘祫，敢屈僖祖之祧就太廟乎？臣又將應之曰：若以周人不立嚳廟而曰禘嚳而郊稷，既不立廟，未知禘於何所？王者禘其祖之所自出，則亦就稷廟而禘嚳，其以稷配之乎！由此觀之，是謂屈祖之伸，伸孫之屈，殆乎正之變也。若以太祖之主從禧祖之祧，此則以孫伸，孫以祖屈，比之屈伸而伸屈殊有間矣。此韓愈議禘祫，所以獻祖居東嚮之位，景皇從昭穆之列也。此《傳》所謂子雖齊聖，不先父食之義也，是亦變之正也。今者之議將取正之變乎，則亦取變之正乎？是亦取其變之正也。況太廟一歲而數祭，禘祫閲數年而後及也！如此則太祖之尊一歲而屢饗，遠祖之尊數歲而一伸，於以求之禮法，參之神道，質之人情，亦是變之正也。今者之議，苟祧僖祖而祖太祖，則如是可也，苟不祧僖祖，則是太祖啟運立極，聖神英武，爲宋子子孫孫立萬世無窮之基本，而不得專饗東嚮之尊，臣恐宗廟神靈未安於此也。伏惟陛下聖神仁孝，聰明睿哲，放古而蹈道，達權而知禮，以宗廟大事差少失禮，則過乎鬼神而議乎後世，於是乎廣謀從衆下之兩制，亦不專輒。臣雖非兩制，然而睹國家大議，其容噤嘿？自非思慮之熟，亦未始輕著於篇，敢以前之云輒貢愚瞽。議格不下。《會要》載此於兩制及孫固議下，附十一月二十三日，今移見趙彦若免禮院差遣後。介先以職方員外郎、秘閣校理權發遣戸部勾院，八月十四日出知湖州。

（宋）李燾《續資治通鑑長編》卷二四〇《宋神宗熙寧五年》　議者又以祭法禘、郊祖宗之禮，言商、周非絶嚳，以其自有本統承之，本朝自僖祖以上世次，不可得知，則必以僖祖爲始祖。臣又以謂不然矣。自秦滅學，六經皆被焚棄，不復爲完書，而禮經尤爲殘蕩。其後，漢之諸儒髣髴聖人之餘言，曲加意而編綴之，故多駁雜不經之説；附以鄭康成牽合之言，而聖人之意益不明，若祭法之禘、郊祖宗者，是其一矣。其言曰：商人禘嚳而郊冥，祖契而宗湯。信斯言也，則禘祭宜無易嚳者，今《商頌》之《長發》，大禘之詩也，其曰有娀方將，帝立子生商，又曰玄王桓撥，受小國是達，受大國是達者，迺專歌述契之功德，一篇之間，了無及嚳之語，則《祭法》之言禘嚳者，臣亦未敢以爲信也。雖然，就其説而考之，亦自非大有功德者不可以郊天取配。何則？鯀障洪水，雖疏道失宜，而禹因之以成功，身被殛死，故夏人郊之；冥業其官，而死於水，故商人郊之；後稷粒食之功，被於萬世，故周人郊之。今未見冥、稷之功，而欲同冥、稷之祀，臣竊以爲非宜也。

（宋）李燾《續資治通鑑長編》卷三八七《宋哲宗元祐元年》　九月戊午，齋於垂拱殿。太常寺言：司馬光薨，適在明堂散齋日內。嚴父配天，國之大典，固不可廢，至於御樓肆赦，恐亦難罷。惟紫宸殿受賀一節，緣慶賀之事，比之宗廟之祭爲輕，方聖情軫悼元臣，而羣官拜舞稱慶，恐於禮義人情未爲宜稱。詔：明堂禮畢，紫宸殿文武百官並依班次起居，更不奏祥瑞稱賀，并樓前行肆赦儀外，其稱賀並罷。

（宋）李燾《續資治通鑑長編》卷四一八《宋哲宗元祐三年》　蘇軾言：臣先任中書舍人日，敕舉學官，臣曾舉江寧府右司理參軍周穜，蒙朝廷差充鄆州州學教授。近者竊聞穜上疏，言朝廷當以故相王安石配享神宗皇帝。謹按漢律，擅議宗廟者棄市，自高后至文、景、武、宣皆行此法，以尊宗廟，重朝廷，防微杜漸，蓋有深意。本朝自祖宗以來，推擇元勳重望，始終全德之臣，以配食列聖，蓋自天子所不敢專，必命都省集議，其人非天下公議所屬，不在此選。奏議既上，詔云恭依，册告宗廟，然後敢行，其嚴如此。豈有既行之後，復使疏遠小臣各出私意，以議所配？若置而不問，則宗廟不嚴，而朝廷輕矣。竊以安石平生所爲，是非邪正，中外具知，難逃聖鑒。先帝蓋亦知之，故置之閒散，終不復用。今已改青苗等法，而廢退安石黨人吕惠卿、李定之徒。至於學校貢舉，亦已罷斥佛老，禁止字學，大議已定，行之數年。而先帝配享，已定用富弼，天下翕然，以爲至當。穜復何人，敢建此議？意欲以此嘗試朝廷，漸進邪説，陰倡羣小，此孔子所謂行險僥倖，居之不疑者也。而臣忝備侍從，謬於知人，至引此人以汙學校，若又隱而不言，則罔上黨姦，其罪愈大。謹自劾以待罪，伏望聖慈特敕有司議臣妄舉之罪，重賜責降，以儆在位。

（清）徐乾學《資治通鑑後編》卷三〇《宋紀三〇》　龍圖閣待制孫奭上疏言：陛下封泰山、祀汾陰、躬謁陵寢，今又將祠太清宫。外議籍籍，以爲陛下事事慕效唐明皇，豈以明皇爲令德之主邪？明皇禍敗之迹，有足爲深戒者，非獨臣能知之。近臣不言者，此懷姦以事陛下也。明皇之無道，亦無敢言者，及奔至馬嵬，軍士已誅楊國忠，請矯詔之罪，乃詔諭以識理不明，寄任失所當。時雖有罪己之言，覺悟已晚，何所及也。臣願陛下早自覺寤，抑損虚華，斥遠邪佞，罷興土木，不襲危亂之迹，無爲明皇不及之悔。帝以爲封泰山，祠汾陰，上陵祀老子，非始於明皇。《開元禮》今世所循用，不可以天寶之亂，舉謂爲非也。秦爲無道甚矣，今官名、詔令、郡縣，猶襲秦舊。豈以人而廢言乎？作《解疑論》以示羣臣。然知奭朴忠，雖其言切直，容之弗斥也。

（清）徐乾學《資治通鑑後編》卷六六《宋紀六六》　四年春正月，丙申朔，日有食之。遣官祭社，帝避殿，不視朝。知制誥劉敞言：臣前論先期避殿不中古典，未蒙省察。今又聞遣官祭社，稽之於經，亦未見此禮。蓋社者，上公之神，羣陰之長，故曰日食則伐鼓於社，所以責上公，退羣陰。今反祠而請之，是屈天子之禮，從諸侯之制，抑陽扶陰，降尊貶重，非承天戒、尊朝廷之意也。且禮者，先王訓民事君，不可不謹。前事之失，習俗未久，苟爲因循，則憲章失矣。惟陛下稽古正名，審所施爲，毋以禮假人也。右正言吴及言：日食者，陰陽之戒。在人事，則臣陵君，妻乘夫，四裔侵中國。今大臣無姑息之政，非所謂臣陵君。失在陛下淵嘿臨朝，使陰邪未盡屏也。后妃無權横之家，非所謂妻乘夫。失在左右親倖，驕縱亡節也。羌戎順服，非所謂四裔侵中國。失在將帥非其人，爲外所輕也。因言孫沔在并州苛暴不法，燕飲無度；龐籍前在并州，輕動寡謀，輒與堡塞，屈野之衄，爲國深耻。沔卒坐廢。

（清）徐乾學《資治通鑑後編》卷七〇《宋紀七〇》　初，帝享明堂，方宿齋，而充媛董氏疾革，使白皇后曰：妾不幸即死，願勿亟聞以慁上精意。后泫然從之。壬子，帝臨奠悽惻，追贈婉儀。癸丑，加贈淑妃，特遷其父右侍禁資爲内殿崇班，官其弟姪四人，葬奉先資福院。後又命有司爲之定謚及行策禮，於葬日仍給鹵簿。光言：古者婦人無謚，近世惟皇后有謚及有追加策命者。鹵簿本以賞軍功，未嘗施於婦人。伏望陛下特詔有司，悉罷議謚及策禮事，其葬日更不給鹵簿，凡喪事所需，悉從減損。上嘉納之。

（宋）鄭樵《通志》卷四三《禮略・吉禮・祫禘》　臣謹按杜佑議曰：聖人制禮，合諸天道，使不數不怠。故有四時之制焉。而又設殷祭者，因天道之成，以申孝順之心，用盡事終之理。禘祫二禮，俱是大祭。先賢所釋，義各有殊。馬融王肅皆云禘大祫小。鄭康成注二禮以祫大禘小。賈逵、劉歆則云一祭二名，禮無差降。數家之説非無典據，至於宣通經訓，鄭義爲長。誠以《禮經》及《春秋》所書皆祫大於禘。按《春秋公羊傳》云：大事于太廟。大事者，祫也。祫者，毁廟之主陳於太祖，未毁廟之主皆升合食於太祖。至於禘，則云禘于莊公，禘于禧公，既不於太祖，則小於祫也。又《逸禮》記：禘，于太廟之禮，云毀廟之主皆升合食而立二尸。又按《韓詩内傳》云：禘，取毀廟之主皆升合食於太祖。則禘小於祫也。祫，則羣廟之主悉升於太祖廟，禘者各於其廟而行祭禮。二祭俱及毀主，禘之時，文王以上毀主自在后稷廟而祭，文王以下毀主自在二祧之廟而祭，禘則小於祫而大於四時也。曾子問主夫子云：自非祫祭七廟五廟無虛主，而不言禘，小於祫明矣。其祫備五齊三酒，禘唯四齊三酒，祫則備六代之樂，禘則四代而下，又無降神之樂，以示其闕也。

（宋）鄭樵《通志》卷四三《禮略・吉禮・天子七祀》 商制天子祭五祀，戶一、竈二、中霤三、門四、行五也。歲徧。凡祭五祀於廟門，戶主出入，竈主飲食，中霤主堂室居處，行主道路。諸侯大夫與天子同。周制王爲羣姓立七祀，曰司命、曰中霤、曰國門、曰國行、曰泰厲、曰戶、曰竈。諸侯爲國立五祀，曰司命、曰中霤，曰國門、曰國行、曰公厲。大夫立三祀，曰族厲、曰門、曰行。嫡士立二祀，曰門、曰行。庶人立一祀，或立霤竈，或立戶。漢立五祀，《白虎通》云：戶一祀，春祭。竈二祀，夏祭。門三祀，秋祭。井四祀，冬祭。中霤五祀。六月祭。歲一徧，有司行事，禮頗輕於社稷。祭祀，天子諸侯以牛，因四時祭物也。祀戶以牛，竈以雞，中霤以牛，門以犬，井以豕。或曰：中霤用牛，不得用牛者用豕，井用魚也。後漢建武初，有五祀之祭，門、戶、井、竈、中霤也，有司掌之。其祀簡於社稷矣。人家祀山、神、門、戶。山即厲也。鬼有歸所乃不爲厲。魏武王始定天下，興復舊祀。而造祭五祀，門、戶、井、竈、中霤也。晉傅元云：帝之都城宜祭一門，正宮亦祭一門，正室祭一戶，井竈及中霤各擇其正者祭之。以後諸祀無聞，唯司命配享于南郊壇。隋制其司命戶以春，竈以夏，門以秋，行以冬，各於享廟日；中霤則以季夏，祀黄郊日，各命有司祭於廟西門道南，牲以少牢。唐初廢七祀，唯季夏祀，祭中霤。開元中制禮祭七祀各因時享祭之於廟司命戶以春，竈以夏，門厲以秋，行以冬，中霤以季夏，其儀具《開元禮》。

（宋）鄭樵《通志》卷四三《禮略・吉禮・上陵》 臣謹按：上陵之禮謝承《漢書》曰：靈帝建寧五年正月，車駕上原陵。蔡邕爲司徒掾，從上行到陵，見其儀，慨然謂同座者曰：聞古不墓祭。朝廷有上陵之禮，始爲可損。今見其儀，察其本意，乃知孝明帝至孝惻隱，不可易舊。或曰本意云何？昔京師在長安時，其禮不可盡得聞也。光武即世，始葬于此。明帝嗣位踰年，羣臣朝正，感先帝不復聞見此禮，乃率公卿百僚，就園陵而創焉。尚書階西設神座，天子事亡如事存之意也。苟先帝有瓜葛之屬，男女畢會，王侯大夫，郡國計吏，各向神座而言，庶幾先帝神魂聞之。以明帝聖孝之心，親服三年，久在園陵。初興此儀，仰察几筵，下顧羣臣，悲切之心，必不可堪。邕見太傅胡廣曰：國家禮有煩而不省者，不知先帝之用心周密之至於此也。廣曰：然。子宜載之，以示學者。邕退而記焉。又按：飲酎之禮丁孚《漢儀》曰：《酎金律》，文帝所加，以正月旦作酒，八月成名，曰酎酒。因令諸侯助祭貢金。《漢律・金布令》：諸侯列侯各以民口數，率千口奉金四兩，奇不滿千口至五百口亦四兩，皆會酎少府受。又九真，交趾，日南者，用犀角二，長九寸以上。若玳瑁甲一，鬱林用象牙，長三尺以上，若翡翠各二十，准以當金。《漢舊儀》曰：皇帝於八月酎，車駕夕視牲，以鑑燧取水於月，取火於日，爲明水火。左祖，以水沃牛右肩，手執鸞刀，以切牛毛薦之，而即更衣，侍中上熟，乃祀。

（清）徐乾學《資治通鑑後編》卷一六八《元紀一六》 四年春正月乙巳，御史臺臣請親祀郊廟。先是監察御史趙師魯以大禮未舉，言天子親祀郊廟，所以通精誠，逆福釐，生烝民，阜萬物，百王不易之禮也。宜講求故事對越，以格純嘏。至是，臺臣復以爲言。帝曰：朕遵世祖舊制。其命大臣攝之。

（明）俞汝楫《禮部志稿》卷四六《奏疏・祀典疏・郊祀二祖並配議》

嘉靖十年，禮部尚書夏言奏：臣於三月十一日節該欽覩聖制，南郊祀天，北郊祀地，以二至日行事。臣無任慶幸，以爲天地合祀南郊。自東漢以來，歷代循襲。朱子所謂千五六百年，無人整理。而陛下今日獨破千古之謬，一旦舉行，誠可謂建諸天地而不悖者也。又伏覩聖制，南北二郊，俱以我皇祖高皇帝奉配，仍于歲首祀上帝于大祀殿，以我皇祖文皇帝奉配。臣無任慶幸，以爲虞、夏、殷、周四代之郊，惟配一祖。後儒穿鑿，分郊、丘爲二祭，及誤解《大易》配考、《孝經》嚴父之義。以至唐、宋變古，乃有二祖並侑、三帝並配之事。宗周典祀，隳棄蕩然。而陛下今日獨觀萬化之原，一旦更定，誠可謂質諸鬼神而無疑者也。夫天地合祀之非與祖宗並配之失一也。漢唐而下，天地之祭，或分而復合，合而復分；祖宗之配，或正而復失，失而復正。中間大儒名賢之論，未嘗不確有定見，而時君世主膠於淺陋，疑於信從，使郊祀大禮卒不得以大明於世。此聖人之所以難逢，而大道之所以日隱也。恭惟我皇上以天縱之聖，挺生千載之後，而一旦爲此度越百王之舉，誠可謂考諸三王而不謬百世，以俟聖人而不惑者也。奈何今日禮官、廷臣乃猶或依違疑沮於其間，臣誠不知其可也。昨于十日，禮部會官於東闕集議。尚書李時首言：天地分祀南北郊，聖論已定，無容議矣。惟太祖、太宗功德並隆，並配天地已久，今宜仍舊。大祀殿及圜丘、方丘，俱當以二聖並配于時。臣應之曰：聖諭以太祖配天，太宗配上帝，正是各全其尊天與上帝，一也。因是功德並隆，故皆得配天，非有差等。大祀殿並配，則兩失其尊矣。臣不敢擅議，宜從聖制，萬一遷就，猶爲非禮。若圜丘、方丘俱配二祖，則是今日之失。況是我皇上肇建大禮，豈可重貽後人之議？臣不敢從。於是尚書方獻夫贊之曰：言之言亦是。兩郊之配，今日新禮也，當求至當。李承勛亦贊之曰：是宜以兩請議上，以俟宸斷。羣臣次第畫題，臣亦畫題而退，自是不知禮官議奏云何。然疏上今九日矣，不奉明旨。連日外間傳聞少傅璁大學士鑾聯翩上奏，必欲二祖並配，臣不勝疑駭。初意聖制以明示在廷，得禮之正無容喙矣。及久候聖旨不下，竊恐聖心亦不免於疑，疑則不免於改制矣。萬一有是，則違經叛禮，貽譏萬世，非細故也。臣敢昧死爲陛下陳之。臣謹按《孝經》，郊祀后稷以配天，宗祀文王於明堂以配上帝。《春秋傳》曰：自外至者，無主不止。則天地之祭必有所配者，皆侑神作主之意也。且對越天地，神無二主禮專一配，所以奉天帝之尊明，不敢瀆耳。稽諸神理，其不可並配，一也。且三代、兩漢之盛，莫不敢易。西漢以高祖配天，東漢以光武配上帝，義亦正矣。唐初始有兼配之事，垂拱中禮官希旨郊丘諸祀，遂有三祖同配之禮。開元十年，明皇親享圜丘，禮官建議，遂罷三祖同配。宋至道三年，詔書親郊圜丘，以太祖、太宗並配。至景祐二年，詔禮官詳按典禮辨崇配之序，仍以太祖定配。嘉祐六年，諫官楊畋論水災，繇郊廟未順。禮院亦言三祖同配非禮。翰林學士王珪等曰：推尊以享帝義之至也，然尊之不可以瀆，故郊無二主。今三后並侑，欲以致孝也，而適所以瀆乎享帝，非所以寧神也。請如禮官議。七年，詔南郊以太祖定配。司馬光曰：古之帝王，自非建邦啟土及造有區夏者，皆無配天之文。故雖周之成、康，漢之文、景、明、章，其德業非不美也，然而子孫不敢推以配天者，避祖宗也。光之言可爲萬世訓矣。此漢唐宋之故事，如此考諸往牒，其不可並配，二也。《禮》曰：父坐子立。孔子曰：事死如事生。又曰：祭之以禮。今太祖，父也；太宗，子也。然則太祖在御之日，我太宗敢與並坐否乎？以分，則父以功德，則肇基受命之祖。我太宗建北都以垂子孫萬世，久安長治之業，功則盛矣。然克平僭亂，混一區宇，掃彌天之寇，以復我中國帝王所自立之天下，而全付於聖子神孫者，則太祖之功德又振古帝王之所無也。今以父子之間連衽並席，尊卑不協于序，幽明不通于理，豈所以安我太宗之心乎？豈所以安我太祖之心乎？豈所以安我皇上之心乎？揆之倫理，其不可並配，三也。且聖諭曰：朕原因缺祀天報本之典，故所爲問。當遵復皇祖之始制，露祭于壇，方合古先聖王之意，以盡事天之本。又曰：人君祭天，乃報本之祀。大哉王言，真洞達禮樂之本矣。程子曰：萬物本乎天，人本乎祖，故冬至祭天，而以祖配之，以冬至氣之始也。是故人本一祖也，萬物本一氣也，寧有二本乎哉？若以二祖並配，則失一本之義矣。先儒陳氏曰：古者祭天子圜丘，掃地而行，事器用陶，匏牲用犢，其禮極簡。聖人之意以爲未足以盡其意之委曲，故有大享之禮焉。此周家明堂之祭所繇起也，天即帝也。郊而曰天，所以尊之也，故以后稷配焉。后稷遠矣，配祭于郊，亦以尊稷也。《明堂》而曰：帝所以親之也，以文王配焉。文王親也，配文王于明堂，所以親文王也。尊尊而親親，周道備矣。故郊者，古禮明堂者，周制也。周公以義起之也，欲尊文王，而不敢以配天者，避稷也。此周事然也。今陛下覽觀古昔，更定大禮，正允合於宗周之典。是故奉我太祖配天于圜丘，則周后稷配祭于郊者也，所以尊太祖也。奉我太宗配上帝于大祀殿，則周之文王配祭于明堂者也，所以尊太宗也。二配至重，萬世不遷之法也，豈有抑揚輕重于其間哉？故並配則各失其尊，分配則各全其尊矣。臣不知議者又何所疑也。以臣觀之，所謂聖人復起不可易者也，建百王不易之盛典，垂萬世無疆之令名，則堯、舜、禹、湯、文、武周公、孔子在天之靈，我太祖、太宗列聖在天之靈，我恭睿淵仁寬穆純聖獻皇帝在天之靈，無不慰悅。下至濂、洛、關、閩諸大儒，及我國初定禮諸臣，歿而有知，亦將含笑于九泉之下。臣雖死之日，猶生之年也。惟聖明留意焉，天下幸甚，萬世幸甚。

（清）顧炎武《日知録》卷二《厥弟五人》 夏商之世，天子之子其封國而爲公侯者不見於經。以太康之尸位，而有厥弟五人，使其並建茅土，爲國屏翰，羿何至篡夏哉。富辰言，周公弔二叔之不咸，故封建親戚，以蕃屏周。而少康封其庶子於會稽，以奉守禹祀。二十餘世，至於越之句踐，卒霸諸侯，有禹之遺烈，夫亦監於太康孤立之禍而然與。若及孔子所謂大道既隱，天下爲家，各親其親，各子其子者，亦從此而可知之矣。

（清）顧炎武《日知録》卷二《惟元祀十有二月》 即位者，即先君之位也。未祔則事死如生，位猶君之位也，故祔廟而後嗣子即位。殷練而祔，即位必在期年之後；周卒哭而祔，故踰年斯即位矣。有不待葬而即位，如魯之文公成公者，其禮之未失乎？三年喪畢，而後踐天子位，舜也，禹也。練而祔，祔而即位，殷也。踰年正月即位，周也。世變愈下，而柩前即位爲後代之通禮矣。如魯成公以八月薨，十二月葬，襄公以明年正月即位。

（清）顧炎武《日知録》卷五《先君餘尊之所厭》 尊尊親親，周道也。諸侯有一國之尊，爲宗廟社稷之主，既没而餘尊猶在，故公之庶子於所生之母，不得伸其私恩，爲之大功也。大夫之尊不及諸侯，既没，則無餘尊，故其庶子於父卒，爲其私親，並依本服如邦人也。親不敵尊，故厭；尊不敵親，故不厭。此諸侯、大夫之辨也。後魏廣陵侯衍爲徐州刺史，所生母雷氏卒，表請解州，詔曰：先君餘尊之所厭，禮之明文。季末陵遲，斯典或廢。侯既親王之子，宜從餘尊之義，便可大功。饒陽男遥官左衛將軍，遭所生母憂，表請解任。詔以餘尊所厭，不許。

（清）顧炎武《日知録》卷一四《女巫》 《周禮》女巫舞雩，但用之旱暵之時。使女巫舞旱祭者，崇陰也。《禮記·檀弓》歲旱，穆公召縣子而問曰：吾欲暴巫奚若？曰：天則不雨，而望之愚婦人，無乃已疏乎？此用女巫之證也。漢因秦滅學，祠祀用女巫。後魏郊天之禮，女巫升壇摇鼓，帝拜，后肅拜。杜岐公曰：道武帝南平姑臧，東下山東，足爲雄武之主。其時用事大臣崔浩、李順、李孝伯等多是謀猷之士，少有通儒碩學，所以郊祀上帝，六宫及女巫預焉。《魏書·高祖紀》：延興二年二月乙巳，詔曰：尼父稟達聖之姿，體生知之量，窮理盡性，道光四海。頃者淮徐未賓，廟隔非所。致令祀典寢頓，禮章殄滅，遂使女巫妖覡，淫進非禮，殺牲歌舞，倡優媟狎，豈所以尊明神、敬聖道者也？自今以後，有祭孔子廟，制用酒脯而已，不聽婦女合雜，以祈非望之福，犯者以違制論。《大金國志》：世宗大定二十六年二月，詔曰：曩者邊埸多事，南方未賓，致令孔廟頽落，禮典淩遲，女巫雜覡，淫祀違禮。自今有祭孔廟，制用酒脯而已，犯者以違制論。《唐書·黎幹傳》代宗時，爲京兆尹。時大旱，幹造土龍，自與巫覡對舞。彌月不應，又禱孔子廟。帝笑曰：丘之禱久矣。使毁土龍。

（漢）蔡邕《蔡中郎文集》卷八《宗廟迭毁議》 左中郎將臣邕議以爲，漢承亡秦滅學之後，宗廟之制，不用周禮。每帝即位，輒立一廟，不正於七，不列昭穆，不定迭毁。孝元皇帝皆以功德茂盛，尊崇廟稱孝文曰太宗，孝武曰世宗，孝宣曰中宗。時中正大臣夏侯勝猶執議欲出世宗至孝成帝，議猶不定。大僕王舜，中壘校尉劉歆，據經傳義處不可毁，上從其議。古人據重慎不敢私其君父若此，其至也。後遭王莽之亂，光武皇帝受命中興，廟稱世祖。孝明皇帝聖德聰明，政參文宣，廟稱顯宗。孝章皇帝至孝烝烝，仁恩溥大，海内賴祉，廟稱肅宗，比方前事，得禮之宜。自此以下，政事多釁，權移臣下，嗣帝殷勤，各欲褒崇至親而已。臣下懦弱，莫能執夏侯之直，故遂衍溢無有方限。今聖朝遵古復禮，以求厥衷，誠合事宜。禮傳封儀自依家法，不知國家舊有宗儀。聖主賢臣所共刱定，欲就六廟黜損所宗違先帝舊章未可施行。臣謹按禮制七廟，三昭三穆，與太祖七。孝元皇帝世在第八，光武皇帝世在第九，故以元帝爲考廟，尊而奉之。孝明遵脩，亦不敢毁。元帝於今朝九世，以七廟言之則非所宗，報八月聽酎可出元帝主。比惠、景、昭、成、哀、平帝，五年一毁祭。孝章皇帝、孝桓皇帝，親在三昭；孝和皇帝、孝順皇帝、孝靈皇帝，親在三穆。廟親未盡，四時常陳。孝明以下，穆宗、敬宗、恭宗之號，皆宜省去，以遵先典，殊異祖宗不可參並之義。今又揔就一，崇約尚省，不復改作，惟主及几筵應教而已。正厥世之所闕，爲無窮之常典。稽制禮之舊則，合神明之歡心。臣愚戇，議不足採。臣邕云云。

（漢）**蔡邕《蔡中郎文集》卷一〇《明堂月令論》** 明堂者，天子太廟，所以宗祀其祖，以配上帝者也。夏后氏曰世室，殷人曰重屋，周人曰明堂。東曰青陽，南曰明堂，西曰總章，北曰玄堂，中央曰太室。《易》曰：離也者，明也，南方之卦也，聖人南面而聽天下，鄉明而治。人君之位，莫正於此焉。故雖有五名，而主以明堂。其正中皆曰太廟，謹承天順時人之令，昭令德宗廟之禮，明前功百辟之勞，起養老敬長之義，顯教幼誨穉之學，朝諸侯、選造士於其中，以明制度。生者乘其能而死者論其功而祭。故爲大教之宫，而四學具焉，官司備焉。譬如北辰，居其所而衆星拱之，萬象翼之。政教之所由生，變化之所由來，明一統也。故言明堂之大義深也。取其宗祀之清貌則曰清廟，取其政室之貌則曰太廟，取其尊崇矣，則曰太室，取其堂則曰明堂，取其四門之學則曰太學，取其四面周水圓如璧則曰辟雍，異名而同事，其實一也。《春秋》因魯取宋之奸賂，則顯之太廟，以明聖主建清廟明堂之義。《經》曰：取郜大鼎于宋，戊申納于太廟。《傳》曰：非禮也。人君者將昭德塞違，故昭令德以示子孫。是清廟茅屋，昭其儉也。夫德儉而有度，升降而有數，文物以紀之，聲明以發之，以臨照百官，百官於是乎戒懼而不敢易紀律。所以明大教也。以周清廟論曰，魯太廟皆明堂也。魯禘祀周公於太廟明堂，猶周宗祀文王於清廟明堂也。《禮記・檀弓》曰：王齋禘於清廟明堂也。《孝經》曰：宗祀文王於明堂。《禮記・明堂位》曰：太廟，天子曰明堂。又曰：成王幼弱，周公踐天子位以治天下，朝諸侯於明堂，制禮作樂，頒度量，而天下大服。成王以周公爲有勳勞於天下，命魯公世世禘祀周公於太廟，以天子之禮，升歌清廟，下管象舞，所以廣魯於天下也。取周清廟之歌歌於魯太廟，明魯之太廟猶周之清廟也，皆所以昭文王、周公之德以示子孫也。《易傳・太初篇》曰：天子旦入東學，晝入南學，暮入西學。太學在中央，天子所自學也。《禮記・傅保篇》曰：帝入東學，上親而貴仁。入西學，上賢而貴德。入南學，上齒而貴信。入北學，上貴而尊爵。入太學，承師而問道。與《易傳》同。魏文侯《孝經傳》曰：太學者，中學明堂之位也。《禮記・古大明堂之禮》曰：膳夫是相。禮日中出南闈，見九侯，反問子相；日側居西闈，視五國之事；日入出北闈，視帝節猷。《爾視》曰：宫中之門謂之闈。王居明堂之禮，又別陰陽門，東南稱門，西北稱闈。故《周官》有門闈之學。師氏教以三德守王門，保氏教以六藝守王闈。然則師氏居東門、南門，保氏居西門、北門也。督掌教國子，與《易傳》、《保傅》王居明堂之禮參詳發明，爲學四焉。《文王世子篇》曰：凡大合樂，則遂養老，天子至，力命有司行事，興秩節，祭先聖先師焉，始之養也。適東序，釋奠於先老，遂設三老、五更之席位。言教學始之於養，由東方歲始也。又春夏學干戈，秋冬學羽旄，皆習於東序。凡祭養、老乞、言語之禮，皆小樂正詔之於東序。又曰：大司成論説在東序。然則學皆在東序之堂也，學者聚焉，故稱詔太學。仲夏之月，令祀百辟卿士之有德於民者。《禮記・太學志》曰：禮，士大夫學于聖人、善人，祭于明堂，其無位祭于太學。《禮記・昭穆篇》曰：祀先賢于西學，所以教諸侯之德也。即所以顯行國禮之處也。太學，明堂之東序也，皆以明堂辟雍之內。《月令》記曰：明堂者，所以明天地，統萬物。明堂上通於天，象曰辰，故下十二宫象，辰也。水環四周，言王者動作法天地，德廣及四海，方此水也。《禮記・盛德篇》曰：明堂九室，以茅蓋屋，上圓下方，此水名曰辟雍。《王制》曰：天子出征，執有罪，反釋奠於學，以訊馘告。《樂記》曰：武王伐殷，薦俘馘于京太室。《詩・魯頌》云：矯矯虎臣，在泮獻馘。京，鎬京也。太室，辟雍之中明堂大室。與諸侯泮宫，俱獻馘也，即《王制》所謂以訊馘告者也。《禮記》曰祀乎明堂，所以教諸侯之孝也。《孝經》曰：孝悌之至，通於神明，光於四海。《詩》云：自西自東，自南自北，無思不服。言行孝者則曰明堂，行悌者則曰太學，故《孝經》合以爲一義，而鎬京之詩以明之。凡此皆明堂、太室、辟雍、太學事通文合之義也。其制度之數，各有所依。堂方伯四十四尺，坤之策也。屋圜屋徑二百一十六尺，乾之策也。太廟明堂方三十六丈，通天屋徑九尺，陰陽九六之變。且圜盖方載，六九之道也。八闥以象八卦，九室以象九州，十二室以應辰。三十六戶七十二牖，以四戶八牖乘九室之數也。戶皆外設而不閉，示天下不藏也。通天屋高八十一尺，黄鍾九九之實也。二十八柱列於四方，亦七宿之象也。堂高三丈，以應三統。四卿五色者，象其行。外廣二十四氣也。四周以水，象四海。王者之大禮也。《月令篇》名曰因天時，制人事，天子發號施令，命神受職，每月異禮，故謂之《月令》。所以順陰陽，奉四時，效氣物，以王政也。成法備，各從時月，藏之明堂，所以示承祖考神，而明明不敢泄瀆之義，故以明堂冠以名。《月令》其篇。自天地定位有其象，聖帝明君也，世有詔襲，蓋以成大業，非一代之事也。《易》正月之卦曰，其經曰：王用亨于帝，吉。《孟春令》曰：乃擇元日，祈穀于上帝。《顓頊歷術》曰：天元正月己巳朔旦立春，日月俱起於大廟宫室五度。令月孟春之日，月在營室建。《堯典》曰：乃命羲和，欽若昊天，歷象日月星辰，敬受人時。《令》曰：乃命大史守典，司天星辰之行。《易》曰：不利為寇，利用禦寇。《令》曰：兵伐不起，不可從我始。《書》曰：歲二月間，律度量衡。《中春令》：日夜分，則同度量，鈞衡石。凡此皆於大歷唐政，其類不可稱。《戴禮・夏小正》傳曰：陰陽生物之後，王事之次，則夏之《月令》也。殷人無文，及周而備，文義所説，傳衍深遠，宜周公之所著也。官號職司，與《周官》合。用書七十二篇，而《月令》第五十三，古者諸侯朝正天子，受《月令》以歸，而藏諸廟中。天子藏之於明堂也，每月告朔朝廟，出而行之。周室既衰，諸侯怠於禮。魯文公廢告朔而朝，仲尼書譏之。經曰閏月不告朔，猶朝于廟，刺舍大禮而小儀。自是告朔遂闕，而徒用其羊。子貢非廢其令而請去之。仲尼曰：賜也，爾愛其羊，我愛其禮。庶明王復興之，君人者昭而明之，稽而用之，耳無逆聽，令無逆政，所以臻乎大順，陰陽和，平穀豐，太平給，符瑞至由此而矣。秦相吕不韋著書，取《月令》爲紀號。淮南玉安亦以取爲第四篇，政名曰時則。故偏見之徒，或云《月令》吕不韋作，或曰淮南，皆非也。

（漢）蔡邕《蔡中郎文集》卷一〇《月令問答》　問者予何爲著《月令説》也？予幼讀《記》，以爲《月令》體大經閎，不宜與《記》書雜録並行，而記家記之，又略及前儒特爲章句者，皆用其意傳，非其意傳，非其本旨，又不知《月令》議徵驗，布在諸經。《周官》、《左傳》曰：親與《禮記》通。第而不爲徵更生他意横者，綽綽久矣。光和元年，余被于章離重罪，從朔方，内有獫狁敵衝之釁，外有寇虜鋒鏑之艱，危險凜綽，死亡無日。過被學者聞，家蓋而志之，亦自有所覺寤。庶幾頗將事情，而託未有注記著於文字也。懼顛蹶隕墜，所以示及事，總真君子而懷之朽腐。思誠之，九書有陰陽升降、天文曆數事，制度可假以爲本。敦辭託説，以辰之象，象要者莫大。臣今故遂於憂怖之中，晝夜密勿，昧成之。旁貫五駐參已羣書，至及國家律令制度，遂之曆數，盡天地三光之情。辭繁文而曼衍，非所謂理約而達也。道長曰短，興危殆兢，取其心盡而已。故不能復删省，盖所以顯探辨物，多識前言往行之流也。苟便學者以爲可覽之，則余死而不朽也。問者曰：子説《月令》，多類以《周官》、《左氏》，假無《周官》、《左氏傳》，《月令》爲無説乎？曰：夫根柢同則枝葉必相從也。《月令》與《周官》，並爲時任政令之記，異文而同體。官名百職，皆《周官》解，《月令》甲子，沈子所謂以《春秋》也。若夫太昊，蓐收、勾芒、祝融之屬，《左傳》造義強説，生名者同，是以用之。問者曰：既用古文於曆數，不用三統，用四分，何也？曰：《月令》所用，參諸曆象，非一家之事，傳之於事，不曉孝者，宜以當時所施行夫密近者。三統已疎闊廢，固不用也。問者曰：既不用三統，以驚蟄爲孟春中，雨水爲二月節，皆三統法也，獨用之何？曰：孟春月令曰：蟄虫始震，在正月也。中春始雨水，則雨水二月也。以其合，故用之。問者曰：曆云季夏節也，而今文見於五月，何也？曰：今不以曆節言，據時始暑而記世。曆於大雪，小雪，大寒、小寒皆去十五日，然則小暑當去大暑十五日，不得及四十五日。不以節言，據時暑也。問者曰：中春令不用犧牲，以珪璧更日祈，不犧牲，何也？曰：是月獻羔，與太牢祀高禖。宗廟之祭以中月，安得用犧牲？祈者，求之祭也。著令者豫設水旱、疫癘當禱祈，用犧牲者，是用之肋生養傳，祈以幣代牲。令章勾因於高禖之事，乃造説曰更者，刻木牲，如何有祧更。此説自欲極矣。經典傳説無刻代牲之説，此故以爲問甚，正其祀之宗伯，似書有轉設，三家渡河之類也。問者曰：《仲冬令》曰：奄尹中宫令，謹謹門闌也。曰閹尹官者，内官也，主宫室。出入宫中之門曰闈，閹尹之職也。問，里門，非閹尹所主，知當闈也。問者曰：《令》曰：七騶咸駕，今曰騶，何也？曰：本官職者，莫正於《周官》。《周官》天子馬六種，六種一騶，故六騶。《左氏傳》晉程鄭爲乘馬御，六騶屬焉，無言七者，知當爲六也。問者曰：《令》以中秋築城郭，於經傳爲其時非。《詩》曰：定之方中，作于楚宫，定營室也。九月十月之交，西南方中，故《傳》曰：小昏正而裁水，即營室也。昏正者，昏中也。裁殺板，裁而始築也。今文在前一月，不合於經傳也。問者曰：子説三難，皆以行爲本。古論、《周官》、《禮記》説，以爲但遂惡而已，獨安取所之？曰：取之於《月令》而已。四時通等而夏無難文，曰日行也。春行少陰，秋行少陽，冬行太陰陽皆使不於其類，冬春難以助陽，難以達陰。至夏節太陽行太陰，自得其類，無所扶助，獨不難取之於是也。問者曰：反令每行一時轉三旬，以應行三日政也。夏春行夏令，則雨水不時，謂行夏也。草木旱枯，中夏也。國乃有恐，孟夏也。令總合爲一事，不分別施之於三月，何也？曰：説者見其三旬，不得傳注而爲之説，所通，有所滯礙，不得矣。孟秋反令行冬令，則草木枯。後乃大水，敗其城郭。以故則也，則分爲三事，後乃大水在誰後也？城郭爲獨自壞，非水所爲也。《季冬令》曰行春令則胎夭多傷，民多蠱疾，命之曰逆。即分爲三事，行《季冬令》，爲不敢災異，但命之曰逆也。知不得漸絶，東應一月也。其類皆如此。令之所述，略舉尤者也。問：春食麥羊，夏食菽雞，魚之屬，但以爲時味之宜，不合之於五行。《月令》服食器械之制，皆順五行者也。説所食獨不以五行，不已略乎？曰：盡所思之矣。凡十二辰之禽，五時所食者，必家人所畜，丑牛、未羊、戌犬、酉雞、亥豕而已。其餘龍、虎以下，非食也。春木王，勝故土王四季，四季之禽，牛屬，季夏，犬屬，故曰未羊可以爲春食也。夏火王，火勝金，酉雞可以爲夏食也。季夏。食也，季夏土王，土勝水，當食豕而食牛。土，五行之尊者，牛，五畜之大者。四行之性，無足配土德者，故以牛爲季夏食。秋金王，金勝木，寅虎非可食者，丈豕而無角，虎屬也，故以犬爲秋食也。冬水王，水勝火，當食馬，而禮不以馬爲牲，故以其類而食豕也。然則變爲，菽爲金，麻爲木，黍爲水，冬配其牲爲食也。雖有此説，而米塩精粹，不合於《易》卦所爲之禽，及《洪範》傳其事之畜，近自卜筮之術，故餘略之，不以爲章句。聊以應問，亦有説而已。問：《記》曰養三老五更，子獨曰五叟；《周禮》曰八十一御妻，又曰御妾，何世？曰：字誤也。叟，長老之稱也。其字與更相似，書者轉誤，遂以爲更。嫂字女旁叟瘦字中叟，今皆以爲更矣。立學法不形聲，何得以爲字？以嫂、瘦矜之，知是更爲嫂也，妻者齊也，惟一適人稱妻，其餘皆妾，位最在下也。是以不得言妻云也。

（唐）柳宗元《柳宗元集》卷二六《記·監祭使壁記》 聖人之於祭祀，悲神之也，蓋亦附之教焉。事於天地，示有尊也，不肅則無以致敬；事於宗廟，示廣孝也，不肅則無以教愛；事於有功烈者，示報德也，不肅則無以勸善。凡肅之道，自法制始。奉法守制，由御史出者也。故將有事焉，則祠部上其日，吏部上其官，奉制書以來告。然後頒于有司，以謹百事。太常修其禮，光禄合其物，百工之役，先一日咸至于祠而考閲焉。御史會公卿有司，執簡而臨之。故其粢盛牲牢酒醴菜果之饌，必實於庖厨；鍾鼓笙竽琴瑟戛擊之樂，簨簴綴兆之數，必具於庭内；樽彝罍洗俎豆醆斝之器，必絜于壇堂之上。奉奠之士，贊禮之童，樂工舞師，洎執役而衛者，咸引數其實。設筆札于堂下，以修官刑，而羣吏莫敢不備物，羅奏牘于几上，以嚴天憲，而衆官莫敢不盡誠。而祭之日，先昇立于西階之上，以待卒事。其禮之周旋，樂之節奏，必周知之。退而視其燔燎瘞埋，終之以敬也。居常則飭四方祀貢之物，以時登于王府。服器之修具，祠宇之繕理，牛羊毛滌之節，三宫御廩之實，畢備而聽命焉。

（宋）蘇轍《欒城集》卷三八《右司諫論時事十首·論明堂神位狀》

右臣聞三代常祀，一歲九祭天，再祭地，皆天子親之。故於其祭也，或祭昊天，或祭五天，或獨祭一天，或祭皇地祇，或祭神州地祇，要於一歲而親祀必遍。降及近世，歲之常祀，皆有司攝事，三歲而後一親祀。親祀之疎數，古今之變相遠如此。然則其禮之不同，蓋亦其勢然也。

謹按國朝舊典，冬至圜丘，必兼饗天地，從祀百神。若其有故不祀圜丘，别行他禮，或大雩於南郊，或大饗於明堂，或恭謝於大慶，皆用圜丘禮樂神位。其意以爲皇帝不可以三年而不親祀天地百神故也。臣竊見皇祐明堂遵用此法，最爲得禮之變。自皇祐以後，凡祀明堂，或用鄭氏説，獨祀五天帝，或用王氏説，獨祀昊天上帝。雖於古學各有援據，而考之國朝之舊，則爲失當。蓋儒者泥古而不知今，以天子每歲親祀之儀，而議皇帝三年親祀之禮，是以若此其疎也。

今者皇帝陛下，對越天命，逾年卽位，將以九月有事於明堂，義當並見天地，遍禮百神。

躬薦誠心，以格靈貺。臣恐有司不達禮意，以古非今，執取王、鄭偏説，以亂本朝大典。夫禮沿人情，人情所安，天意必順。今皇帝陛下始親祠事，而天地百神無不咸秩，豈不俯合人情，仰符天意？臣愚欲乞明詔禮官，今秋明堂用皇祐明堂典禮，庶幾精誠陟降，溥及上下。謹録奏聞。

伏候敕旨。

（明）王守仁《王文成公先生全書》卷六《文録三・寄鄒謙之》 或問：《文公家禮》高、曾、祖、禰之位皆西上，以次而東。於心切有未安。陽明子曰：古者廟門皆南向，主皆東向。合祭之時，昭之遷主列於北牖，穆之遷主列於南牖，皆統於太祖東向之尊。是故西上，以次而東。今祠堂之制既異於古，而又無太祖東向之統，則西上之説誠有所未安。曰：然則今當何如？曰：禮以時爲大，若事死如事生，則宜以高祖南向，而曾、祖、禰東西分列，席皆稍降而弗正對，似於人心爲安。曾見浦江鄭氏之祭，四代考妣，皆異席。高考妣南向，曾、祖、禰考皆西向，妣皆東向，各依世次，稍退半席。其於男女之列，尊卑之等，兩得其宜。今吾家亦如此行。恐民間廳事多淺隘，而器物亦有所不備，則不能以通行耳。又問：無後者之祔，於己之子姪，固可下列矣；若在祖宗之行，宜何如祔？陽明子曰：古者大夫三廟，不及其高矣；適士二廟，不及其曾矣。今民間得祀高、曾，蓋亦體順人情之至，例以古制，則既爲僭，况在其行之無後者乎！古者士大夫無子，則爲之置後，無後者鮮矣。後世人情偷薄，始有棄貧賤而不問者。古所爲無後，皆殤子之類耳。《祭法》：王下祭殤五：適子、適孫、適曾孫、適玄孫、適來孫。諸侯下祭三，大夫二，適士及庶人祭子而止。則無後之祔，皆子孫屬也。今民間既得假四代之祀，以義起之，雖及弟姪可矣。往年湖湘一士人家，有曾伯祖與堂叔祖皆賢而無後者，欲爲立嗣，則族衆不可；欲弗祀，則思其賢，有所不忍也。以問於某，某曰：不祀二三十年矣，而追爲之嗣，勢有所不行矣。若在士大夫家，自可依古族屬之義，於春、秋二社之次，特設一祭。凡族之無後而親者，各以昭穆之次配祔之，於義亦可也。

（清）朱彝尊《曝書亭集》卷六〇《孔廟禮樂議》 被孔子以王者之服冕十二旒，衣十二章，秉鎮圭而坐，門列戟二十有四，褒崇之典，古有行之者矣，稽于禮可乎？曰：不可。孔子作《春秋》者也。《春秋》之法，僭忒者必誅。人臣而被服等，于王者僭也。曰：然則享用十二籩，舞用八佾，殆不可乎？曰：是奚不可？《周官・大胥》春入學舍菜合舞。《月令》仲春之月，上丁命樂正習舞釋菜，天子乃帥三公、九卿、諸侯大夫親往視之。夫釋奠有樂，而釋菜無樂者也。惟以天子親往視學，則合舞以重之。漢章帝元和二年，幸魯，祠孔子于闕里，作六代之樂。唐開元中，二京祭孔子，牲太牢，樂宮縣，舞八佾。明之初，國學之祭，籩豆用十。府州縣學之祭，籩豆用八。夏寅曰：十二籩豆，惟太學可行。若十三，布政司各府行之，則僭矣。然則禮樂之隆殺，由于主祭者，不係乎所祭神祇之爵位崇卑也。夫社祭、土稷、祭穀耕耤，祭先農，其神不必皆王者，而天子祭之未嘗因神祇之大小而殺其禮樂，祭先師也，亦宜若是焉已。《記》曰：君子太牢而祭，謂之禮。匹士太牢而祭，謂之攘。是則府州縣學之祭孔子，籩豆用八，可也。用六，可也。樂舞用軒架，可也。用判架，可也。至于太學則天子主之，以天子之學行天子之禮，奏天子之樂，享以十二籩，舞以八佾，何爲而不可哉？

（清）李鴻章《李文忠公全集・奏稿》卷二九《議升附典禮摺》 祖宗之忱，未易折衷定論。以臣所聞，禮文殘闕，古制難詳。七廟九廟之文，漢世已無定説。都宮別殿與同堂異室，昔人亦互有是非。卽朱子宗廟圖議，馬端臨、邱濬等皆病其過拘。臣考《周官》，匠人營國，世室、明堂，皆止五室。鄭注：五室並在一堂。據此則朱子所圖，世室親廟以次而南，似亦未必盡合古制。至於特建寢殿，增修方殿等説，更爲古制所無。

又： 宗廟事重，未便輕議改作。該親王等所奏，不爲無見。我朝廟制定於國初，祖宗神靈協會一室已二百餘年，一旦遷改，神明必有不安。太廟重垣，周二百九十一丈，殿陛庭墀，各有定式，皆一成而不可變。今欲就增數室，位置必難得宜。又升祔吉期，理不宜誤。《戴記》所稱不忍一日，未有所歸者也。準古酌今，改廟實有難行。禮緣人情，可以義起，因時立制，自以照奉先殿成案，增修龕座爲宜。議者或以簡略爲嫌，臣考古禮祔廟迭遷，亦止改塗易檐，並不大更舊廟。今之龕座略如晉、宋以來之坎室，晉太常華恒建議廟室以容主爲限，無拘常數，厥後王導、温嶠等往復商摧，議增坎室。宋增八室，蔡襄爲圖，此皆違禮。君子度時之宜，以成一代之典，彼豈未聞世室親廟之説，亦謂禮樂不相沿襲，事異殷周，禮從而變也。今之增龕，實其比例。或又謂奉先殿乃古原廟之制，與太廟事體不同。查《會典》所載，雍正十一年奏准奉先殿神牌供奉，與太廟理應畫一。是太廟如奉先殿制，久有成憲可循，不得謂奉先殿可以增龕，獨不可仿行於太廟也。仰維列聖家法，皆躬行節儉以先天下。今日援案增龕之議，事屬權宜，意從儉樸，未必不當於列聖降鑒之心。廷議既已允諧，似應無煩疑慮。至祧遷之禮，雖古之常制，而藏主之室，則禮無明文。鄭康成禮經大師，其言周制祧主藏於太廟，及文武世室。是已祧之主，與不遷之祖同處一廟，故廟亦名祧。晉代之制藏於西儲夾室，當時已疑其非禮，後世竟沿爲故事。儒家每謂祧於夾室爲古制，殆臆度之辭。廟既與古不同，祧亦未宜輕議。惟太廟規制有定，國家統緒無窮。醇親王議請明降諭旨，曉示天下。自今以往親盡則祧，並請以後殿東西二梢間永藏祧主，此則導皇上以大讓，酌廟制以從宜。禮貴因時，讓爲美德，非天子不議禮，應否允行，自應一秉聖裁，非臣下所敢妄擬矣。

綜述

《儀禮注疏·特牲饋食禮》 特牲饋食禮第十五疏：《特牲饋食禮》第十五。鄭《目録》云：特牲饋食之禮，謂諸侯之士祭祖禰，非天子之士，而於五禮屬吉禮。釋曰：鄭知非天子之士而云諸侯之士者，案《曲禮》云：大夫以索牛，士以羊豕。彼天子大夫、士，此《儀禮》特牲、少牢，故知是諸侯大夫、士也。且經直云適其皇祖某子，不云考，鄭云祖禰者，《祭法》云：適士二廟，官師一廟。官師謂中下之士，祖禰共廟，亦兼祭祖，故經舉祖兼有禰者，鄭達經意祖禰俱言也。若祭無問一廟、二廟，皆先祭祖，後祭禰，是以文二年《左傳》云：文武不先不窋。子不先父是也。若祭無問尊卑，廟數多少，皆同日而祭畢，以此及少牢，唯筮一日，明不别日祭也。

（宋）陳祥道《禮書》卷一《大裘而冕》 夫先王祀天，有文以示外心之勤，有質以示内心之敬。故因丘掃地陶匏藁秸疏鼏樿杓素杓素車之類。此因其自然，以示内心之敬者也。執鎮圭繅藉五采五就，旂龍章而設日月，四圭有邸，八變之音，黄鐘大吕之鈞，此致其文飾，以示外心之勤者也。然則内服大裘，以因其自然；外被龍衮，戴冕藻，以致其文飾。不以内心廢外心，不以自然廢文飾，然後事天之禮盡矣。不特此也，以神事之，則有五齊；以人養焉，則有三酒。致敬不壇，而有壇焉。《禮》曰：泰壇，祭天是也。至質不裸，而有鬯焉。《大宗伯》凡祀大神、享大鬼，祭大示湆玉鬯。《禮記》曰：親耕粢盛秬鬯，以事上帝是也。孰謂祀天之禮一於無文哉？

（宋）陳祥道《禮書》卷三一《周九服》 《國語》：先王之制，邦内甸服，邦外侯服，侯衛賓服，夷蠻要服，戎狄荒服。甸服者祭，侯服者祀，賓服者享，要服者貢，荒服者王。日祭月祀，時享歲貢，終王先王之訓也。有不祭則修意，有不祀則修言，有不享則修文，有不貢則修名，有不王則修德。序成而有不至，則修刑。於是乎有刑。不祭伐、不祀征、不享讓、不貢告、不王，於是乎有刑罰之辟，有攻伐之兵，有征討之備，有文告之詞。布令陳詞而又不至，則增修於德而無勤兵於遠。是以近無不聽，遠無不服。

（宋）陳祥道《禮書》卷六七《廟制》 《禮記·王制》曰：天子七廟，三昭三穆，與太祖之廟而七。此周制。七者，太祖及文王、武王之祧與親廟四，太祖后稷。商則六廟，契及湯與二昭二穆。夏則五廟，無大祖，禹與二昭二穆而已。《正義》曰：鄭氏之意，天子立七廟，唯謂周也。鄭必知然者，案：《禮緯·稽命徵》云：唐虞五廟、親廟四、始祖廟一、夏四廟，至子孫五，商五廟，至子孫六。《鉤命決》云：唐堯五廟、親廟四、爲始祖五。禹四廟，至子孫五。商五廟，至子孫六。周六廟，至子孫七。鄭據此爲説，故謂七廟，周制也。周所以七者，以文王、武王受命，其廟不毀，以爲二祧并始祖。后稷及高祖以下親廟四，故爲七也。若王肅則以爲天子七廟者，謂高祖之父及高祖之祖廟爲二祧，并始祖及親廟四爲七，故聖證論肅難，鄭云：周文武受命之王，不遷之廟，權禮所施，非常廟之數。商之三宗，宗其德，而存其廟，亦不以爲數。凡七廟者，皆不稱周室。《禮器》云：禮有以多爲貴者，天子七廟。孫卿云：有天下者，事七世。又云：自上以下降殺以兩，今使天子、諸侯立廟，並親廟四而止，則君臣同制，尊卑不别，名位不同，禮亦異數，況其君臣乎？又《祭法》云：王下祭殤五及五世來孫。則下及無親之孫，而祭上不及無親之祖，不亦詭哉。《穀梁傳》曰：天子七廟諸侯五。《家語》云：子羔問尊卑立廟制，孔子云：禮，天子立七廟，諸侯立五廟，大夫立三廟。又曰：遠廟爲祧，有二祧焉。又儒者難鄭云：《祭法》，遠廟爲祧。鄭注《周禮》云：遷主所藏曰祧。違經正文。鄭又云：先公之遷主藏於后稷之廟，先王之遷主藏於文武之廟，便有三祧。何得《祭法》云有二祧。難鄭之義凡有數條，大略如此，不能具載。鄭必爲天子七廟，唯周制者。馬昭難《正義》云：案《喪服小記》：王者立四廟，又引《禮緯》。夏無太祖，宗禹而已，則五廟。商人祖契而宗湯，則六廟。周尊后稷宗文王、武王，則七廟。自夏及周少不減五，多不過七。《禮器》云：周旅酬六尸。一人發爵，則周七尸七廟明矣。今使文武不在七，數既不同，祭又不享嘗，豈禮也哉？漢侍中盧植説云：二祧，謂文武。曾子問當太廟無虛。主《禮器》天子七廟，堂九尺，王制七廟。盧植云：皆據周言也。《穀梁傳》：天子七廟。尹更始說：天子七廟據周也。《漢書》韋玄成四十八人議，皆云：周以后稷始封，文武受命。石渠論《白虎通》云：周以后稷文武特七廟。又張融謹案：《周禮》守祧職奄八人女祧每廟二人，自大祖以下，與文武及親廟四，用七人，姜嫄用一人，適盡若除文武則奄少二人。曾子問孔子說：周事而云七廟無虛主。若王肅數高祖之父，高祖之祖廟，與文、武而九，主當有九。孔子何云七廟？無虛主乎？故云：以《周禮》孔子之言爲本。《穀梁》說及小記爲枝葉，韋玄成《白虎通》爲證驗，七廟并言玄說爲長，是融申鄭之意。且天子七廟者，有其人則七，無其人則五。若諸侯廟制，雖有其人不得過五，此天子、諸侯七五之異也。王肅云：君臣同制，尊卑不別，其義非也。又王下祭殤五者，非是別立殤廟七，廟外親盡之。祖禘祫猶當祀之，而王肅云下祭無親之孫，上不及無親之祖，又非通論。且《家語》云：先儒以爲肅之所作，未足可依。案《周禮》唯存后稷之廟不毀。案：昭七年，《傳》云：余敢忘高圉亞圉。注云：周人不毀其廟報祭之，似高圉亞圉廟亦不毀者。

（清）秦蕙田《五禮通考》卷一《吉禮·圜丘祀天》 蕙田案：南郊北郊，天地分合祭，千古聚訟。考分祭見于《周禮》之圜丘方澤，《禮記》之泰壇泰折，厥有明文，合祭則無之也。而後人以北郊不見經傳爲疑。案《漢書志》載匡衡、張譚議，有祭天于南郊，瘞地于北郊。及翟方進等引《禮記》南郊定天位，北郊就陰位之語。去古未遠，其言必有所本，固不特注疏爲然，是不得謂之無據也。合祭自王莽始，後之君臣圖宴安，憚勞費。于是曲爲附會，往往以召誥用牲于郊牛二，謂經文無北郊，及昊天有成命，《詩》歌天不歌地爲辭。夫《周禮》稱圜丘方澤，亦未嘗有南郊之名。《郊特牲》之變圜丘爲南郊，亦猶《祭法》之言泰壇，同實而異名耳。且言南正以別于北，而經之汎言郊者，皆統天地可知，何必以無北郊之文爲疑也。至宋蘇軾以《詩序》郊祀天地謂《詩》終篇言天而不及地，未有歌其所不祭，祭其所不歌者。今祭地于北郊，獨歌天而不歌地，豈有此理？是不知圜丘方澤正須兩用。故言天地若合爲一祭，則但云郊祀足矣，不必標舉天地也。孔疏云經不言地，序知其因此二祭而作，故具言之，其意甚明。

（清）秦蕙田《五禮通考》卷五《吉禮·除道警蹕》 蕙田案：禮神之玉，灌地之鬯，雖典瑞鬯人之事，而必親臨之。牲之肥瘠，鑊水之多寡，雖充人、亯人之事，而必親省之。奉玉齍，六宮所供，宗伯親奉之也。

（清）秦蕙田《五禮通考》卷二一《吉禮·祈穀》 蕙田案：祈穀之禮見於《月令》、《春秋傳》郊祀上帝與冬至圜丘禮同，一是正祭，一是祈祭。但圜丘用日至，不卜日，而祈穀則用辛。《郊特牲》、《家語》及《春秋》所書郊日皆有明文，而《春秋》書魯郊者十，皆言卜。先儒謂卜日用辛，皆魯禮。魯無冬至圜丘之祭，故啓蟄而郊，以祈農事，在建寅之月。蓋即天子祈穀之禮，其言是也。自鄭氏合日至用辛爲一，而郊祭之禮及祈穀之禮俱晦。故自漢以後，郊必用辛，而二祭不分矣。梁祈穀祭先農，是以人鬼爲天帝。唐祈穀祀感帝，是以讖緯惑正經，惟《顯慶禮》與《政和禮》圜丘祈穀皆祭上帝，始不失古誼。明祈穀禮自世宗始，後間行之。

（清）秦蕙田《五禮通考》卷二二《吉禮·大雩》 蕙田案：《月令》曰：大雩帝。《左傳》云：啓蟄而郊，龍見而雩，即《詩·頌》所謂春夏祈穀于上帝也，其禮天子諸侯皆有之。然天子所雩者上帝，故曰大。諸侯特雩境内之山川，不名曰大。《春秋》書魯大雩，魯僭禮也。孟夏大雩，雖無水旱亦行之，禮之常也。若國大旱，則無論夏秋皆得雩，至冬則無雩。故穀梁子曰：冬無爲雩也。《春秋》大雩二十有一，書雩以記灾，書大以志僭。然古聖王遇灾而懼，爲民請命。當水旱時，靡神不舉，又不止雩上帝而已。《周禮》以索鬼神爲荒政，十有二之一。後世不知恐懼修省，反躬罪己，乃有焚巫徙市之事，抑末矣。漢無雩祀，而旱祭非一。至齊、梁乃有雩壇，而所雩有五天帝、五人帝，皆非古義。唐有正雩，有旱禱。宋以雩帝爲大祀。明嘉靖時有雩祭，雖不盡古，然亦近焉。

（清）秦蕙田《五禮通考》卷二四《吉禮·明堂》 蕙田案：明堂之制，詳於《考工記》。嚴父配天，見於《孝經》。十二月布政，見於《月令》。負依朝諸侯，見於明堂位。然則明堂者，祀天享親之所，而布政事、朝諸侯咸在。故孟子曰：明堂者，王者之堂也。然自漢儒已莫能名其義，《大戴禮》、《白虎通》、蔡邕所說制度各不相符，且合太廟、靈臺、辟雍、路寢爲一，以爲與明堂異名同事。後儒雖能辨之，而說猶難定。迨朱子出，而明堂之制度與夫享帝配天之義，布政受朝之事，各有條理，不相淆惑。茲輯明堂門，先敘經傳之文，次詳諸儒之說，以朱子說爲宗。

（清）秦蕙田《五禮通考》卷三一《吉禮·五帝》 蕙田案：五帝之

祭，《周禮》最著，《月令》言迎氣，雖不言祀事，而大皞、炎帝、黄帝、少皞、顓頊，及勾芒、祝融、后土、蓐收、玄冥所謂五人帝，五人神，皆與《家語》合説者，以爲五方之帝即上帝之佐。故注疏家及諸儒以四郊之兆即迎氣之祭，理或然也。乃鄭康成創爲六天之説，而五帝遂與昊天上帝並尊，又一一爲之名字，以明堂大享爲總祭，五帝則舛矣。先儒辭而闢之不爽也。三代而後，秦之鄜密，上下四時。漢增北畤，所祀皆五帝，其所由來者舊矣。東漢以降，或從祀於圜丘，或合祭於明堂，或分祭於迎氣，大抵由重即輕，由繁即簡。逮明而不臚於祀焉。此亦不相沿襲之一大端也。後世合祭之事多附見南郊大饗。今復另爲一門，專以四時迎氣屬焉，考禮者亦可知所别矣。

（清）秦蕙田《五禮通考》卷三六《吉禮・星辰附》　蕙田案：太一之名始見于《楚辭》，不過習俗師巫附會天神之一，而非以爲極尊無上之號也。至《史記・封禪書》漢武帝用方士言，專祠太一，而以五帝配祀。則直以昊天上帝當之。逮匡衡奏罷泰畤，然後太一之説始息。是當其未罷以前，泰畤固若即漢之圜丘也。東漢至隋，皆未有言太一者。唐明皇既信術士，祀九宫，而九宫之神一曰太一，是太一特九宫之一耳。至肅宗又于九宫之外别置太一壇，煩瀆不經，日甚一日。宋太宗、真宗復行之，仁宗立西太一；神宗立中太一，加五福之名，增十神之位；徽宗又有北太一，踵事繁文，荒誕已極。元代猶沿其謬，至明而始廓清焉。夫以太一爲獨尊，亦僅尊于彼八宫之神耳。至增之爲十太一，則是九宫皆可稱太一而又餘其一，以此擬諸漢武之太一，其爲大小尊卑蓋截然其不侔矣。今取唐、宋、元祭太一事另爲一類，附諸九宫貴神之後，以爲後世鑒。

（清）秦蕙田《五禮通考》卷四九《吉禮・四望山川》　蕙田案：封禪之名，六經無之也。其事始於秦始皇，太史公作《封禪書》。《正義》曰泰山上築土爲壇，以祭天報之功，故曰封。泰山下小山，上除地，報地之功，故曰禪。言禪者，神之也。然則封禪者不過禮天祭地焉耳。《書》望秩于山川。《詩・時邁》序曰：巡狩，告祭柴望也。《禮記》曰：因名山升中於天。是古天子巡狩方嶽，必告祭柴望，所以尊天而懷柔百神也。三代既衰，禮失其傳，陋儒諂諛，遂爲符瑞受命之説以希世主。謂之封禪，蓋春秋時已有之，故管子作《封禪篇》，然終之以詭奇之説，而桓公乃止。亦以著其説之足以惑聽，而不可行也。自始皇作俑，厥後漢武、光武、唐高宗、玄宗、宋真宗皆襲行之，流毒當時，貽譏後世，斯足畏矣。若所謂聖主不湏封禪，凡主不應封禪，許懋之論深切著明。雖以梁武之中主，猶深信之而毅然不爲。況聖君賢相秉道行義，什百于梁武者哉？今臚其論議事蹟，附于山川之末，後之覽者可以鑒矣。

（清）秦蕙田《五禮通考》卷五五《吉禮・四方》　蕙田案：四方之祭見於經傳者不一。《祭法》四坎壇祭四方，此祭之壇也。《曲禮》天子祭四方，諸侯方祀，有兼祭、專祭之不同，此祭之等也。《大司馬》仲秋祀祊，則治兵有祭。《月令》季秋祭禽，則田獵有祭。《雲漢》方社不莫，《甫田》以社以方，則祈年有祭。《大田》来方禋祀，則報賽有祭。《占夢》舍萌四方，則因祓禳有祭。八蜡，記四方，則蜡有祭。此祭之類也。其玉青圭、赤璋、白琥、玄璜，其幣因方色，其牲疈辜，其尊蜃散，其舞羽舞，此祭之物也。四方之祭重矣，然乃不知其為何神。鄭注《大宗伯》于六器則以爲五帝，於疈辜則以爲蜡，注《舞師》則以爲四望，注《曲禮》則以爲五官之神，注《祭法》則以爲山林川谷丘陵之神，即鄭氏一家已参錯如此。案《大宗伯》血祭、祭五岳，疈辜祭四方，是四方與四望不同也。《曲禮》祭四方之下即曰祭山川，而貍沈與疈辜亦異。兵舞與羽舞又異，是四方與山川不同也。《周禮》祀五帝，三月繫牲，十日誓戒，其義與祀天相等。四方則與百物連言，是四方與五帝不同也。唯五官之神之説應爲近之。五官之神，生有功烈於民，死則祀之，各主一方，佐天成物，但從食五人帝，以配五帝尚非正祀，此祭四方或其正祀耳。然經傳雖詳，而漢以後無其祀，亦以諸儒之説未定故與。

（清）秦蕙田《五禮通考》卷五七《吉禮・儺》　蕙田案：《易》曰：精氣爲物，游魂爲變。故知鬼神之情狀，幽明之故，聖人通之。故有儺禮以驅疫焉。疫者，四時不正之氣，邪鬼或憑之以爲癘。鬼神之有邪正，亦猶人之有君子小人也。神之正直者，不畏人鬼之奇衺者。陰氣之慝，以陽剛之氣懾之，則游散而不爲害，亦其理也。《周禮》所載狂夫之狀，雖近於誕，然豈非所謂知鬼神之情狀者乎？今以《周禮》《禮記・月令》之言載於前，後世之事附焉。殆亦聖人神道設教之一端也夫。

（清）秦蕙田《五禮通考》卷五八《吉禮・宗廟制度》　蕙田案：天

子宗廟之制，三昭三穆，與太祖之廟而七。蓋自虞夏以來，《商書》云七世之廟，可以觀德。其明証也。周監二代，制度益昭，凡祧遷宗祖以暨宫室、服冕、籩豆、尊罍、牲牢、器數、樂舞之制，散見于《儀禮》、《周官》戴《記》者，雖不無闕略，然皆有脉絡可尋，推類以求聖人制作。

（清）秦蕙田《五禮通考》卷五八《吉禮・宗廟名義》　蕙田案：注疏謂天子立七廟，是其常事是也。鄭氏乃有殷六廟之説，昔人已闢其謬。但注疏七世之廟可以觀德，謂觀七世之外專以有德不祧毁者，言云與萬夫之長可以觀政，文雖同而義小異，所謂辭不害意。蔡氏因之，今案七世之廟可以觀德，萬夫之長可以觀政，文義一串，謂承七世之廟而爲天子有德則存，無德則亡，故曰可以觀德。爲萬夫之長而出政，政善則安，政壞則危，故曰可以觀政。緊承上文克綏先王之禄二句，言似更直截，且以見七廟爲天子定制也。蓋人君既爲天子，則上承七廟之重，宗社所係，其可懼爲何如？若云觀于七廟外之有德者，言太祖見居七廟中，寧無德可觀，且詎不嫌于讖七廟爲無德耶？德字當主人主言，不宜指祖宗言。注疏似稍迂曲，故又有文同義異之説。

（清）秦蕙田《五禮通考》卷八五《吉禮・宗廟時享》　蕙田案：《祭義》云：祭不欲數，數則煩；祭不欲疏，疏則怠。是故君子合諸天道，霜露既降，君子履之必有悽愴之心；春雨露既濡，君子履之必有怵惕之心。此時移節變，孝子感而思親，四時之祭所由昉也。

（清）秦蕙田《五禮通考》卷九七《吉禮・禘祫》　蕙田案：《周禮・大宗伯》宗廟六享，首重肆獻祼饋食。肆獻祼爲禘，饋食爲祫。司尊彝四時之間，祀追享朝享。追享爲禘，朝享爲祫。禘則禘其祖之自出，以其祖配之，見於《大傳》。祫則毁廟與未毁廟之主，皆合食於太祖，見於《公羊傳》，義本粲如。自春秋時，魯禮上僭，王章下替，聖人累書，用彰其失。漢儒不達，準魯推周，各據所聞，著爲傳記，紛淆始矣。鄭氏推衍注釋，罔有定見，先儒譏之。更歷後代，奉爲典章，諸儒發難，同異蠭起。至唐陸氏據《大傳》以釋禘，據《公羊》以定祫。宋儒朱子一遵其説，然後康成之蠶叢攘剔無餘，而大宗伯之六祭昭如日月矣。兹輯禘祫一門，先《禮經》正義，次傳記異同，凡諸儒辨論以類附從，而歷代典禮亦略該備，其祭祀儀節已具時享，不重出焉。

（清）秦蕙田《五禮通考》卷九九《吉禮・禘祫》　蕙田案：自《公羊》有五年再殷祭之文，鄭氏據之，又附會緯書三年一祫、五年一禘之説。蔓衍經傳，分離乖隔，後世不察，遵而行之。踈速不均，遠近無準，朝廷之上每譁然集議，訖鮮折衷。皆由不考《周禮》四時間祀之義耳。至是詳定禮文所始，有禘祫之義存於《周禮》之説，而以祼獻饋食禴祠烝嘗並爲先王之享，未嘗廢一時之祭。信經捨傳，直透本原，一切葛藤不削自絶，乃千古之確論。説經之正説，聖人復起不可易矣。惜當代及後世仍不能尊信，而相沿往説不改，緯書之流毒其深矣夫。

（清）秦蕙田《五禮通考》卷一〇九《吉禮・大夫士廟祭》　又案：宗法祭禮，大宗祭太祖之廟，一也。小宗繼高祖者，得祭高祖之廟；繼曾祖者，得祭曾祖之廟；繼祖者，得祭祖廟；繼禰者，得祭禰廟，二也。凡支子不爲後者，皆不得立廟主祭，三也。支子助祭于宗子之家，四也。有故而祭，必告於宗子，五也。宗子爲士，支子爲大夫以上，牲祭於宗子家，六也。宗子去國，支子攝祭不備禮，七也。庶子無爵，則望墓爲壇，八也。宗子有厭祭，支子不祭殤與無後，九也。凡此皆以宗法定祭禮，大夫、士皆統之，不關三廟、二廟、一廟也。無一廟祭禰，二廟祭祖，三廟祭曾祖之異也。論禮者尊經而屈注疏可也。

（清）秦蕙田《五禮通考》卷一一七《吉禮・祭先聖先師》　蕙田案：古者立學，必祭先聖先師，所以報本反始，崇德而勸學也。其禮有三：曰釋奠，曰釋幣，曰釋菜。釋幣，告祭用之禮，不常行，常行之禮釋奠、釋菜而已。

（清）秦蕙田《五禮通考》卷一二三《吉禮・賢臣祀典》　蕙田案：《祭法》曰：聖王之制祭祀也，法施於民則祀之，以死勤事則祀之，以勞定國則祀之，能禦大菑則祀之，能捍大患則祀之。所以崇德報功，勸忠尚義，而風勵于無窮也。

（清）秦蕙田《五禮通考》卷一二四《吉禮・親耕享先農》　蕙田案：《禮記》：天子爲耤千畝，親耕南郊，以共齊盛。所以敬天祖、致誠信、重耕農也。其儀見於《月令》、《國語》甚詳，享先農之禮不見他經。《國語》農正陳耤，禮説者以爲祭田祖即神農教民始耕者，一稱先嗇，漢以後稱先農，歷代典禮至今不廢，誠鉅典也。

（清）秦蕙田《五禮通考》卷一二七《吉禮·享先醫》 蕙田案：厲祭列於七祀，見於《祭法》，聖人知鬼神之情狀，而神道設教於無窮也。《記》曰：人死歸復於土，其氣發揚於上，爲昭明焄蒿悽愴，此百物之精也。子産曰：鬼有所歸，乃不爲厲。人生始化曰魄，既生魄陽曰魂。用物精多，則魂魄強。匹夫匹婦強死，其魂魄猶能依於人以爲淫厲。帝王治天下，建宗伯，秩三禮，俾神人上下，無一不治且和。雖鬼之不得其所者，亦惻然有所不忍，而思以慰之。俾有血食以安其類，其義固深且遠矣。周人附於七祀之列，漢立五祀，而鄭氏注漢時民家皆秋祀厲，則固未嘗廢也。唐開元制七祀，宋仍之，逮明初仍立五祀，而另立祭厲之禮，上自國都下至州縣里社，並得祀焉，至於今不廢。固祀典之正，而非淫祠之比也。

（清）秦蕙田《五禮通考》卷一二八《嘉禮·即位改元》 蕙田案：后王踐阼，臨民體元，居正典莫鉅焉。唐虞禪讓，受終告廟，類上帝，秩百神巍乎尚已。《商書》太甲元祀，祗見厥祖。周成王顧命，康王即位，陳設宿衛，麻冕黼裳，册告殯宫，受同瑁，臨朝見諸侯，既退釋冕，反喪服，儀節炳然。蓋損益二代，而爲之吉凶之際，禮以義起，可爲軌則矣。漢高帝即位，氾水之陽，典禮未具。光武以後，創業之主往往柴燎告天，即位於郊壇。而繼體守文，自漢文帝即阼，謁高廟後，嗣因之受命几筵之前，遣告天地社稷，亦猶行古之道也。至如唐高祖、睿宗、元宗、順宗、宋高宗、孝宗、寧宗以父子内禪，則禮之變矣。元祀之稱始見《商書》，《春秋》嗣君即位，必書元年。《公羊傳》：元者，何君之始年也。杜氏預謂凡人君欲其體元居正，故不言一年一月。胡氏《大紀》亦謂：元者，義之所存。後世以元爲數，而不知其義。如漢武之初曰建元元年，既曰元年，則元已建矣，又曰建元，豈不贅乎？後又因事别建，失其義也。三説近之，第稱元不知何昉爾。其稱後元年，起於漢文，而紀年之號肇於漢武，本皆惑於方士之言。後廼一君而數改其元，一年而再更，厥號甚者，正僞紛雜，不勝其紀，詎不舛與？即位受朝儀詳見《元志》，明遂有登極儀，用綜經史，述其源流，以爲嘉禮之冠，紀元則一以正統爲綱，而侯國及僭僞並附焉。

（清）秦蕙田《五禮通考》卷一三〇《嘉禮·上尊號》 蕙田案：尊號起於唐武后，中宗之世始以即位繼以拜洛受圖，後乃往往以符瑞行之。元宗開元、天寶以來，殆數數矣。然其儀不傳。宋每遇大禮，羣臣輒上表請至於再三，自太祖太宗以還沿爲故事。《宋史》著其儀爲嘉禮第一。至神宗、哲宗乃毅然止之。遼始於太祖，厥後相繼不絶。金初猶舉之，逮章宗堅却不受其事，乃罷。元上尊號者，五帝而已。自明以來蓋無聞焉。

（清）秦蕙田《五禮通考》卷一七八《嘉禮·巡狩》 蕙田案：巡狩之制見于經者多矣。參以《史記·五帝本紀》及《竹書紀年》、皇甫謐《帝王世紀》、羅泌《路史》、金履祥《通鑑前編》諸書，則自黄帝、顓頊已有巡方之典，不始于唐虞也。蓋先王以此察諸侯之政治，聯遠方之聲教，諮兆民之疾苦，乃維持天下之大權，其意深遠矣。秦漢以下，封建變爲郡縣，形勢雖異於古，然時邁所及，察吏治，觀民風，考其用意，與唐虞三代若合符節焉。唐《開元禮》及杜佑《通典》以巡狩屬吉禮，《宋史》改屬嘉禮。

《漢書》卷七三《韋賢傳》 立廟京城之居，躬親承事，四海之内各以其職來助祭，尊親之大義，五帝、三王所共，不易之道也。《詩》云：有來雍雍，至止肅肅，相維辟公，天子穆穆。《春秋》之義，父不祭於支庶之宅，君不祭於臣僕之家，王不祭於下土諸侯。臣等愚以爲宗廟在郡國，宜無修，臣請勿復修。奏可。因罷昭靈后、武哀王、昭哀后、衛思后、戾太子、戾后園，皆不奉祠，裁置吏卒守焉。

罷郡國廟後月餘，復下詔曰：蓋聞明王制禮，立親廟四，祖宗之廟，萬世不毁，所以明尊祖敬宗，著親親也。朕獲承祖宗之重，惟大禮未備，戰栗恐懼，不敢自顓，其與將軍、列侯、中二千石、二千石、諸大夫、博士議。玄成等四十四人奏議曰：《禮》，王者始受命，諸侯始封之君，皆爲太祖。以下，五廟而迭毁，毁廟之主臧乎太祖，五年而再殷祭，言壹禘壹祫也。祫祭者，毁廟與未毁廟之主皆合食於太祖，父爲昭，子爲穆，孫復爲昭，古之正禮也。祭義曰：王者禘其祖自出，以其祖配之，而立四廟。言始受命而王，祭天以其祖配之，而不爲立廟，親盡也。立親廟四，親親也。親盡而迭毁，親疏之殺，示有終也。周之所以七廟者，以后稷始封，文王、武王受命而王，是以三廟不毁，與親廟四而七。非有后稷始封，文、武受命之功者，皆當親盡而毁。成王成二聖之業，制禮作樂，功德茂盛，廟猶不世，以行爲謚而已。《禮》，廟在大門之內，不敢遠親也。臣愚以爲高帝受命定天下，宜爲帝者太祖之廟，世世不毁，承後屬盡者宜毁。今宗朝異處，昭穆不序，宜入就太祖廟而序昭穆如禮。太上皇、孝惠、孝文、孝景廟皆親盡宜毁，皇考廟親未盡，如故。大司馬車騎將軍許嘉等二十九人以爲孝文皇帝除誹謗，去肉刑，躬節儉，不受獻，罪人不帑，不私其利，出美人，重絶人類，賓賜長老，收恤孤獨，德厚侔天地，利澤施四海，宜爲帝者太宗之廟。廷尉忠以爲孝武皇帝改正朔，易服色，攘四夷，宜爲世宗之廟。諫大夫尹更始等十八人以爲皇考廟上序於昭穆，非正禮，宜毁。

於是上重其事，依違者一年，乃下詔曰：蓋聞王者祖有功而宗有德，尊尊之大義也；存親廟四，親親之至恩也。高皇帝爲天下誅暴除亂，受命而帝，功莫大焉。孝文皇帝國爲代王，諸吕作亂，海內摇動，然羣臣黎庶靡不壹意，北面而歸心，猶謙辭固讓而後即位，削亂秦之迹，興三代之風，是以百姓晏然，咸獲嘉福，德莫盛焉。高皇帝爲漢太祖，孝文皇帝爲太宗，世世承祀，傳之無窮，朕甚樂之。孝宣皇帝爲孝昭皇帝後，於義壹體。孝景皇帝廟及皇考廟皆親盡，其正禮儀。玄成等奏曰：祖宗之廟世世不毁，繼祖以下，五廟而迭毁。今高皇帝爲太祖，孝文皇帝爲太宗，孝景皇帝爲昭，孝武皇帝爲穆，孝昭皇帝與孝宣皇帝俱爲昭。皇考廟親未盡。太上、孝惠廟皆親盡，宜毁。太上廟主宜瘞園，孝惠皇帝爲穆，主遷於太祖廟，寢園皆無復修。奏可。

議者又以爲《清廟》之詩言交神之禮無不清静，今衣冠出游，有車騎之衆，風雨之氣，非所謂清静也。祭不欲數，數則瀆，瀆則不敬。宜復古禮，四時祭於廟，諸寢園日月間祀皆可勿復修。上亦不改也。

《梁書》卷五一《處士傳·何胤》 胤因謂果曰：吾昔於齊朝欲陳兩三條事，一者欲正郊丘，二者欲更鑄九鼎，三者欲樹雙闕。世傳晉室欲立闕，王丞相指牛頭山云：此天闕也，是則未明立闕之意。闕者，謂之象魏。縣象法於其上，浹日而收之。象者，法也；魏者，當塗而高大貌也。鼎者神器，有國所先，故王孫滿斥言，楚子頓盡。圓丘國郊，舊典不同。南郊祠五帝靈威仰之類，圓丘祠天皇大帝、北極大星是也。往代合之郊丘，先儒之巨失。今梁德告始，不宜遂因前謬。卿宜詣闕陳之。果曰：僕之鄙劣，豈敢輕議國典，此當敬俟叔孫生耳。

《舊唐書》卷二一《禮儀志一》 廣德二年正月十六日，禮儀使杜鴻漸奏：郊、太廟，大禮，其祝文自今已後，請依唐禮，板上墨書。其玉簡金字者，一切停廢。如允臣所奏，望編爲常式。敕曰：宜行用竹簡。

貞元元年十一月十一日，德宗親祀南郊。有司進圖，敕付禮官詳酌。博士柳冕奏曰：開元定禮，垂之不刊。天寶改作，起自權制。此皆方士謬妄之説，非禮典之文，請一準《開元禮》。從之。

其年十月二十七日，詔：郊祀之義，本於至誠。制禮定名，合從事實，使名實相副，則尊卑有倫。五方配帝，上古哲王，道濟烝人，禮著明祀。論善計功，則朕德不類，統天御極，朕位攸同。而於祝文稱臣以祭，既無益於誠敬，徒有瀆於等威。前京兆府司録參軍高佩上疏陳請，其理精詳。朕重變舊儀，訪于卿士，申明大義，是用釋然。宜從改正，以敦至禮。自今已後，祀五方配帝祝文，並不須稱臣。其餘禮數如舊。

六年十一月八日，有事于南郊。詔以皇太子爲亞獻，親王爲終獻。上問禮官：亞獻、終獻合受誓誡否？吏部郎中柳冕曰：準《開元禮》，獻官前七日於內受誓誡。辭云：各揚其職，不供其事，國有常刑。今以皇太子爲亞獻，請改舊辭，云各揚其職，肅奉常儀。從之。

《舊唐書》卷二三《禮儀志三》 封禪之禮，自漢光武之後，曠世不修。隋開皇十四年，晉王廣率百官抗表，固請封禪。文帝令牛弘、辛彦之、許善心等創定儀注。至十五年，行幸兖州，遂於太山之下，爲壇設祭，如南郊之禮，竟不升山而還。

貞觀六年，平突厥，年穀屢登，羣臣上言請封泰山。太宗曰：議者以封禪爲大典。如朕本心，但使天下太平，家給人足，雖闕封禪之禮，亦可比德堯、舜；若百姓不足，夷狄内侵，縱修封禪之儀，亦何異於桀、紂？昔秦始皇自謂德洽天心，自稱皇帝，登封岱宗，奢侈自矜。漢文帝竟不登封，而躬行儉約，刑措不用。今皆稱始皇爲暴虐之主，漢文爲有德之君。以此而言，無假封禪。禮云，至敬不壇，掃地而祭，足表至誠，何必遠登高山，封數尺之土也！侍中王珪對曰：陛下發德音，明封禪本末，非愚臣之所及。秘書監魏徵曰隋末大亂，黎民遇陛下，始有生望。養之則至仁，勞之則未可。升中之禮，須備千乘萬騎，供帳之費，動役數州。戶口蕭條，何以能給？太宗深嘉徵言，而中外章表不已。上問禮官兩漢封山儀注，因遣中書侍郎杜正倫行太山上七十二帝壇迹。是年兩河水潦，其事乃寢。

至十一年，羣臣復勸封山，始議其禮。於是國子博士劉伯壯、睦州刺史徐令言等，各上封祀之事，互設疑議，所見不同。多言新禮中封禪儀注，簡略未周。太宗敕秘書少監顏思古、諫議大夫朱子奢等，與四方名儒博物之士參議得失。議者數十家，遞相駁難，紛紜久不決。於是左僕射房玄齡、特進魏徵、中書令楊師道，博採衆議堪行用而與舊禮不同者奏之。

其議昊天上帝壇曰：將封先祭，義在告神，且備謁敬之儀，方展慶成之禮。固當於壇下趾，預申齊潔。贊饗已畢，然後登封。既表重慎之深，兼示行事有漸。今請祭於泰山下，設壇以祀上帝，以景皇帝配享。壇長一十二丈，高一丈二尺。

又議制玉牒曰：金玉重寶，質性貞堅，宗祀郊禋，皆充器幣，豈嫌華美，實貴精確。況乎三神壯觀，萬代鴻名，禮極殷崇，事資藻縟。玉牒玉檢，式韞靈奇，傳之無窮，永存不朽。今請玉牒長一尺三寸，廣厚各五寸。玉檢厚二寸，長短闊狹一如玉牒。其印齒請隨璽大小，仍纏以金繩五周。

（清）嵇璜等《續通典》卷九一《樂・大祠與忌日同者不去樂議》

宋仁宗嘉祐七年，秘閣校理裴煜奏：大祠與國忌同者，有司援舊制，樂備而不作，忌日必哀志有所至，其不用樂，宜也。然樂所以降格神祇，非以適一己之私也。謹按開元中禮部建言：忌日享廟，應用樂。裴寬立議廟尊忌卑則作樂，廟卑忌尊則備而不奏。中書令張説以寬議爲是，宗廟如此，則天地、日月、山川、社稷之祠用樂，明矣。臣以爲凡大祀天地，日月、社稷與忌日同者，伏請用樂，其在廟則如寬之議，所冀略輕存重，不失其稱。下其章。禮官議曰：《傳》稱祭天以禋，爲歆神之始，以血爲陳饌之始；祭地以埋爲歆神之始，以血爲陳饌之始；宗廟以灌爲歆神之始，以腥爲陳饌之始。然則天地宗廟皆以樂爲致神之始。故曰大祭有三，始謂此也。天地之間，虛豁而不見其形者，陽也。鬼神居天地之間，不可以人道接也。聲屬于陽，故樂之音聲號呼召于天地之間。庶幾神明聞之，因而來格，故祭必求諸陽。商人之祭，先奏樂以求神，先求于陽也；次灌地，求神于陰，達于淵泉也。周人尚臭，四時之祭，先灌地以求神，先求諸陰也。然則天神、地祇、人鬼之祀，不可去樂，明矣。今七廟連室，難分廟忌之尊卑，欲依唐制及國朝故事，廟祭與忌同日並懸而不作，其與別廟諸后忌同者作之，若祠天地、日月、九宮、太一及蜡百神，並請作樂。社稷以下諸祠既卑于廟，則樂可不作。翰林學士王珪等以爲社稷國之所尊，其祠日若與別廟諸后忌同者，伏請亦不去樂。詔可。

（清）嵇璜等《續文獻通考》卷六五《郊社考》　臣等謹按：馬端臨作《郊社考》，以叙古今天神地祇之祀，首郊，次明堂，次后土，次雩，次五帝，次日月、星辰、寒暑，次六宗四方，次社稷山川，次封禪，次高禖，次八蜡、五祀，次田蠶，次祈禳、告祭，而以雜祠、淫祠終焉。夫國之大事在祀，祀莫大於天地祖宗。王者議禮制度，考文當取法於唐虞三代，而折衷其要。《周官》一書於禋祀特詳，大司樂冬日至祀天於地上之圜丘，夏日至祀地於澤中之方丘。天謂昊天上帝，地謂皇地，示覆載異體，陰陽兆位，則天地分祀爲不易之典。自鄭康成引讖緯以釋經，而禘郊感生之説，崑崙神州之言，荒誕溷雜，後世往往襲用之。漢元始中，王莽復長安南北郊，天子親合祠，於是歷代相沿，多主合祭。宋自寧宗以前具詳馬《考》。遼郊祀無考。《金史・禮志》載方丘儀文甚備，而親祀攝事不著於篇，則固未嘗行也。元武宗至太間博集衆議，有意討求，因循至延祐，而其事遂寢。惟明太祖開國之初，即立圜丘、方丘，及建號改元，詔儒臣定禮。然方丘亦行之數年而罷。迨世宗嘉靖而後，南北郊分祀，遂永爲定制焉。至於王者，父事天，母事地。精意以享，寅恭昭假，始終弗懈，乃有合於明察之義。考陳祥道《禮書》，古者正祭有常數，歲祭天者四。《詩序》曰：春夏祈穀於上帝。又曰：豐年秋冬，報春祈穀。《左傳》啟蟄而郊，是也。夏祈穀，龍見而雩是也。秋報即《月令》季秋，大享帝。謂明堂。冬報，《周禮》冬至日於地上之圜丘是也。歲祭地者一，夏日至於澤中之方丘是也。《記》曰：惟聖人爲能饗帝。孔子曰：吾不與祭，如不祭。凡祀且然，況天地乎？而稽諸史志，宋以郊禮費賚繁鉅，自祖宗朝已不能歲舉，南渡而後陵夷，至理、度二宗，相繼在位五十餘年間，僅各一躬親。金、元兩朝，著於史者終其代不過三四。舉惟明自太祖以迄武宗，率無不親郊者。世宗赫然制作鋭意復古，定兩郊分祀之典，而其後溺於元修大禮寢廢。神宗荒怠，莊烈垂亡，固無論也。若夫郊祀而外，社稷爲重，其禮自上達下，而《周禮·匠人》所謂左祖右社，則王之太社也，不得與后土混，穀待土而生，故言社不言稷。明世宗於太社稷之外，復於西苑立帝社、帝稷，則即耤田之先農也。雖取王自爲立社之文，而名義舛矣。至如重農報本，則因耕耤而祀先農，厥典煒焉。遼、金無考。元遣祀先農，躬耕之禮無聞，其後併祀典亦多廢墜。明太祖洪武二年，建壇祀先農，親耕爲天下先，再傳而後躬秉耒者，簡冊所紀寥寥。蓋自古帝王敬天勤民，慎終如始，若斯之難也。其他日月、星辰、山川之屬，或專壇，或從祀，歷代因革不同。今仿端臨舊例，詳考史志，並采諸家之說，自二郊以迄山川壇壝之分，合儀度之繁簡，禋享之勤怠。依類該載，以資考鏡。祈告爲王者受福慶成大典，且多屬郊廟，故移置於高禖之前，其高禖已下，四門推廣，論旨變通舊例，別爲《羣祀考》。説具《高禖門》。五帝一門，元則合祀圜丘，明則除之，自南宋已來，六宗四方之祀久廢，封禪之禮不行，故概從闕畧焉。

（清）嵇璜等《續文獻通考》卷七七《羣祀考》 臣等前進《皇朝宗廟考》，仰蒙聖明指示，以太廟時祫典有專崇，其歷代帝王及臣下家廟，於體例不當闌入，命於《宗廟考》專門備詳定制，別立《羣廟考》一門隸之。仰見皇上顧名思義，於尊敬之中，寓精詳之意。臣等推繹聖旨，其《五代宗廟考》亦依編輯。伏思祀典之大，莫大於天地祖宗，郊社之與宗廟一也。宋臣馬端臨《郊社考》於郊壇大祀而外，附以八蜡、五祀、雜祠、淫祠各門，折衷未爲盡善。臣等不敢曲泥成式，致戾禮經，謹按《祭法》曰：燔柴於泰壇，祭天也；瘞埋於泰折，祭地也；埋少牢於泰昭，祭時也；祖迎于坎壇，祭寒暑也；王宮，祭日也；夜明，祭月也；幽宗，祭星也；雩宗，祭水旱也。四坎壇，祭四方也。山林、川谷、邱陵能出雲爲風雨，見怪物，皆曰神有天下者。祀百神則知日月星辰、寒暑從乎天，社稷山川從乎地，故自二郊以迄祈告，仍依端臨舊例，冠以《郊社考》之名，立爲專門，以隆大饗。若夫高禖之祀，非帝王所常有。耕耤祀先農，所謂主先嗇，而祭司嗇，與八蜡報本返始之意相同。其他由辟之祭，報酬之典，尤不當與二丘並列。今則別爲《羣祀考》附于郊社之末，於體例庶昭畫一云。

（清）嵇璜等《續文獻通考》卷八〇《宗廟考》 臣等謹案：馬端臨作《文獻通考·宗廟考》，其目曰天子宗廟，曰后妃廟，曰私親廟，曰時享，曰禘祫，曰功臣配享，曰祀先代帝王賢臣，曰諸侯宗廟，曰大夫士庶家廟。本館前進《皇朝通考》稿本時奉上諭，以館臣沿馬氏舊式，於宗廟門中摭入歷代及臣下，體例不合。今輯自宋末迄於有明，凡祀先代之典以及臣下家廟，皆恭遵聖意，別立羣廟門隸之。而此門專載天子宗廟、后妃私親宗廟之所通也，故次之。時享、禘祫宗廟之所有事也，故又次之。若夫典重大烝，禮同侍讌所爲尊，崇其德，明其勳，以勸嗣臣者，是亦宗廟之所推恩也，故以功臣配享終焉。

（清）嵇璜等《續文獻通考》卷八七《王禮考》 臣等謹按：馬端臨作《王禮考》，蓋本朱子《儀禮經傳通解》所謂王朝之禮也。自朝儀而下，凡巡狩、田獵、冠冕、服章、圭璧、符璽、車旗、鹵簿以及國恤，山陵分爲八類，而車服之制，后妃、百官各以類從。自邃古迄於宋寧宗以前，既詳且備矣。理度之世，偏安末造，未遑講求典物。今考遼、金、元三史，遼金創業東方，元則肇興朔漠，其開國之初，朝會、燕饗之禮各從本俗。自遼太宗克晉，金太宗滅遼，元世祖混一區宇，於是議禮制度，度數文物，聲明燦焉大備，而先世忠質之風亦寖失遺意。至於改易衣冠，盡從漢禮，三朝末季如一轍焉。伏讀《御批通鑑輯覽》曰：夏收殷，冔本不相襲；元魏變衣冠，不數傳而失。遼金元亦然。觀此可爲炯鑒，復於《御製皇朝禮器圖式序文》及《全韻詩》中再三申警，三季之不可法而可戒者如此。若明太祖儉德開基，其創造儀物，因革損益，力懲時弊。永樂、嘉靖之間，往往有所增改。大約一代之制，由簡樸而漸趨於文，亦風會使然也。今從各史《紀》、《傳》、《志》表依類分輯，又按端臨《帝系考》，於太皇太后、皇太后門附載上尊號、冊寶儀注；於后妃門附載天子納后、冊后儀，皇太子納妃儀；於皇太子門附載冊立皇太子儀；於公主門附載公主受冊，公主下嫁儀。王圻《續考》皆移入王禮，蓋以朝家典禮所在，附入帝系，於體例無當也。茲仍其例，載於朝儀之後。又王圻《考》於《山陵》後增《諡法》一門，今帝后尊諡已載於《山陵》卷中，其通諡可無庸贅述，故不具録云。

（漢）班固《白虎通義》卷上《德論上·爵》 天子者，爵稱也。爵所以稱天子者何？王者父天母地，爲天之子也。故《援神契》曰：天覆地載謂之天子，上法斗極。《鉤命訣》曰：天子，爵稱也。帝王之德有優劣，所以俱稱天子者何？以其俱命於天，而王治五千里內也。《尚書》曰：天子作民父母，以爲天下王。何以知帝亦稱天子也？以法天下也？《中侯》曰：天子臣放勛。《書·無逸篇》曰：厥兆天子爵。何以言皇亦稱天子也？以其言天覆地載，俱王天下也。

又：不曠年無君，故踰年乃即位改元，名元年，年以紀事，君名其事矣，而未發號令也。何以言踰年即位謂改元位？《春秋傳》曰：以諸侯踰年即位，亦知天子踰年即位也。《春秋》曰：元年春王正月，公即位。改元位也。王者改元年，即事天地；諸侯改元，即事社稷。《王制》曰：夫喪三年不祭，唯祭天地社稷，爲越紼而行事。

又：《春秋傳》曰：天子三年然後稱王者，謂稱王統事發號令也。《尚書》曰：高宗諒陰三年是也。《論語》曰：君薨，百官總已聽於冢宰三年。緣孝子之心，則三年不當也，故三年除喪，乃即位統事。即位踐祚爲主，南面朝臣下稱王，以發號令也。故天子、諸侯凡三年即位，終始之義乃備，所以諒陰三年，卒孝子之道。故《論語》曰：古之人皆然，君薨，百官總已聽於冢宰三年。

（漢）班固《白虎通義》卷上《德論上·京師》　《王制》曰：天子三公之田視公侯，卿視伯，大夫視子、男，士視附庸。上農夫食九人，其次食八人，其次食七人，其次食六人；下農夫食五人，庶人在官者，以是爲差也。諸侯之下士，視上農夫，禄足以代其耕也；中士倍下士，上士倍中士，下大夫倍上士，卿四大夫禄，君十卿禄；次國之卿三大夫禄，君十卿禄；小國之卿倍大夫禄，君十卿禄。天子之縣，內有百里之國九，七十里之國二十一，五十里之國六十三，凡九十三國。名山大澤不以朌，其餘以禄，士以爲閒田。

（漢）班固《白虎通義》卷下《德論下·巡狩》　王者所以巡狩者何？巡者，循也。狩，牧也。爲天下循行守牧民也。道德太平，恐遠近不同化，幽隱自不得所。考禮義，正法度，同律歷，計時月，皆爲民也。《尚書》曰：遂覲東后，叶時月，正日，同律度量衡，修五禮。《尚書大傳》曰：見諸侯，問百年，太師陳詩，以觀民命風俗；命市納賈，以觀民好惡；山川神祇，有不舉者爲不敬，不敬者削以地；宗廟有不順者爲不孝，不孝者黜以爵；變禮易樂爲不從，不從者君流；改制度衣服爲畔，畔者君討，有功者賞之。《尚書》曰：明試以功，車服以庸。

巡狩所以四時出，何？當承宗廟，故不踰時也。以夏之仲月者，同律度當得其中也。二月、八月晝夜分，五月、十一月陰陽終。《尚書》曰：二月東巡狩，至于岱宗柴。五月南巡狩，至于南岳，八月西巡狩，至于西岳。十有一月朔巡狩，至于北岳。

所以五歲巡狩，何爲？太煩也過，五年爲太疏也。因天道時有所生，歲有所成。三歲一閏，天道小備；五歲再閏，天道大備。故五歲一巡狩，三年小備，二伯出，述職黜陟。

又：王者巡狩，諸侯待於境者何？諸侯以守蕃爲職也。《禮·祭義》曰：天子巡狩，諸侯待于境也。王者巡狩，必舍諸侯祖廟，何？明尊無二上也，故《禮·坊記》曰：君適其臣，升自阼階，示不敢有其室也。《禮》曰：天子適諸侯，必舍其祖廟。王者出，二公以其屬守，二公以其屬從也。王者巡狩，崩于道，歸葬何？夫太子當爲喪主，天下皆來奔喪。京師，四方之中也。即如是，舜葬蒼梧，禹葬會稽，于時尚質，故死則止葬，不重煩擾也。

（漢）班固《白虎通義》卷下《德論下·三教》　夏后氏用明器，殷人用祭器，周人兼用之，何？謂曰：夏后氏教以忠，故先明器，以奪孝子之心也。殷教以敬，故先祭器，敬之至也。周人教以文，故兼用之，周人意至文也。孔子曰：之死而致死之，不仁而不可爲也；之死而致生之，不知而不可爲也。故有死道焉，以奪孝子之心也；有生道焉，使人勿倍也。故竹器不成用，木器不成斲，瓦器不成沬，琴瑟張而不平，竽笙備而不和，有鐘磬而無簨簴縣，示備物而不可用也。孔子曰：爲明器者善，爲俑者不仁，塗車芻靈，自古有之。言今古皆然也。

（宋）李昉等《太平御覽》卷五二九《儀禮部·五祀》　《禮記·祭法》曰：王爲羣姓立七祀：曰司命，曰中霤，曰國門，曰國行，曰太厲，曰戶，曰竈。諸侯爲國立五祀：曰司命，曰中霤，曰國門，曰國行，曰公厲。大夫立三祀：曰族厲，曰門，曰行。適士立二祀：曰門，曰行。庶人立一祀，或立戶，或立竈。

紀事

《春秋左傳正義》卷二《隱公元年》經：元年，春，王正月。隱公之始年，周王之正月也。凡人君即位，欲其體元以居正，故不言一年一月也。隱雖不即位，然攝行君事，故亦朝廟告朔也。告朔朝正例在襄二十九年，即位例在隱、莊、閔、僖元年。朝，直遥反。下同。疏：經元年，春，王正月。正義曰：此經字并下傳字亦杜氏所題，以分年相附。若不有經字，何以異傳？不有傳字，何以別經？又《公羊》、《穀梁》二傳，年上皆無經、傳字，故知杜所題也。《釋詁》云元，始也；正，長也。此公之始年，故稱元年。此年之長月，故稱正月。言王正月者，王者革前代，馭天下，必改正朔，易服色，以變人視聽。夏以建寅之月爲正，殷以建丑之月爲正，周以建子之月爲正，三代異制，正朔不同，故《禮記·檀弓》云：夏后氏尚黑，殷人尚白，周人尚赤。鄭康成依據緯候以正朔三而改，自古皆相變。如孔安國以自古皆用建寅爲正，唯殷革夏命而用建丑，周革殷命而用建子。杜無明説，未知所從。正是時王所建，故以王字冠之，言是今王之正月也。王不在春上者，月改則春移，春非王所改，故王不先春。王必連月，故王處春下。周以建子爲正，則周之二月三月皆是前世之正月也，故於春每月書王。王二月者，言是我王之二月，乃殷之正月也。王三月者，言是我王之三月，乃夏之正月也。既有正朔之異，故每月稱王以別之。何休云：二月三月皆有王者，二月殷之正月也，三月夏之正月也。王者存二王之後，使統其正朔，服其服色，行其禮樂，所以尊先聖，通三統，師法之義，恭讓之禮。服虔亦云孔子作《春秋》，於春每月書王，以統三王之正。其意以爲王二月、王三月，王是夏殷之王，謂大禹成湯也。爲周室之臣民，尊夏殷之舊主，每月書王，敬奉前代，揆之人情，未見其可。杞、宋，二王之後，各行己祖正朔。宋不行夏，杞不行殷，而使天下諸侯徧視二代，考諸典籍，未之或聞。杞、宋不奉周正，周人悉尊夏殷，則是重過去而忽當今，尊亡國而慢時主，其爲顛倒，不亦甚乎！且經之所言王二月、王三月，若是夏殷之王，當自皆言正月，何以言王二月、王三月乎？謂之二月三月，其王必是周王，安得以爲夏殷王也？若如《公羊》之説，《春秋》黜周王魯，則杞非王後，夏無可尊，復通夏正何也？但春之三月，不必月皆有事，若入年已有王正月者，則二月不復書王；若已有王二月者，則三月不復書王。以其上月已是此王之月，則下月從而可知，故每年之春唯一言王耳。《春秋》之例，竟時無事，乃書首月以記時，此下二月有會盟之事，則不得空書首月也。正月無事而空書首月者，以人君於始年初月必朝廟告朔，因即人君之位，以繼臣子之心，故君之始年必書曰元年春王正月。公即位，史策之正法也。隱公攝行君事，雖不即位，而亦改元朝廟，與人更始，異於常年之正月，故史特書其事，見此月公宜即位，而自不即位，莊、閔、僖元年，皆書春王正月，與此同也。定公元年不書正月者，正月之時定公未立，即位在於六月，歲首未得朝正，公之即位別見下文，正月無所可見，故不書也。然則定以六月即位，即位乃可改元。正月已稱元年者，未改之日，必乘前君之年；既改之後，方以元年紀事。及其史官定策，雖有一統，不可半年從前，半年從後，雖非年初，亦統此歲，故入年即稱元也。《釋例》曰：癸亥，公之喪至自乾侯。戊辰，公即位。喪在外，踰年乃入，故因五日改殯之節，國史用元年即位之禮，因以此年爲元年也。古法既然，故漢魏以來，雖秋冬改元，史於春夏即以元年冠之，是有因於古也。受命之王必改正朔，繼世之王奉而行之，每歲頒於諸侯，諸侯受王正朔，故言春王正月，王即當時之王。序云所書之王即平王，是其事也。《公羊傳》曰王者孰謂？謂文王也。始改正朔，自是文王所爲，頒於諸侯，非復文王之歷，受今王之歷，稱文王之正，非其義也。注隱公至元年。正義曰：傳云王周正月，知是周王之正月也。説《公羊》者云：元者氣之始，春者四時之始，王者受命之始，正月者政教之始，公即位者一國之始。《春秋緯》稱黄帝受圖有五始，謂此五事也。杜於《左氏》之義，雖無此文，而五始之理，亦於杜無害。此非《左氏》褒貶之要，自是史官記事之體，故晉宋諸史皆言元年春王正月帝即位是也。元年正月，實是一年一月而別立名，故解之云凡人君即位，欲其體元以居正，故不言一年一月也。言欲其體元以居正者，元正實是始長之義，但因名以廣之，元者，氣之本也，善之長也。人君執大本，長庶物，欲其與元同體，故年稱元年。正者，直方之間語也，直其行，方其義。人君當執直心，杖大義，欲其常居正道，故月稱正也。以其君之始年，歲之始月，故特假此名以示義。其餘皆即從其數，不復改也。《書》稱月正元日，意同於此。又解無事而書正月之意。隱雖不即位，然攝行君事，而亦朝廟告朔，改元布政，故書首年始月，以明其應即位而不爲也。天子封諸侯也，割其土壤，分之臣民，使之專爲己有，故諸侯於其封内各得改元。傳説鄭國之事云僖之元年，朝於晉。簡之元年，士子孔卒，是諸侯皆改元，非獨魯也。劉炫爲《規過》云元正爲取始長之義，不爲體元居正，規釋杜云欲其體元以居正謂人君體是元長以居正位，不欲在下陵奪，處位不終。是劉妄解杜意，不爲體其元善居於正道，以規杜氏，其理非也。劉炫又難何休云：唯王者然後改元立號，《春秋》託新王受命於魯，故因以録即位。若然，新王受命，正朔必改，是魯得稱元，亦應改其正朔，仍用周正，何也？既託王於魯，則是不事文王，仍奉王正，何也？諸侯改元，自是常法，而云託王改元，是妄説也。説《公羊》者云：元者氣之始，春者四時之始，王者受命之始，正月者政教之始，公即位者一國之始。《春秋緯》云黄帝坐於扆閣，鳳皇銜書致帝前，其中得五始之文。謂此五事。何休又云：公即位者一國之始，政莫大於正始，故《春秋》以元之氣正天之端，以天之端正王之政，以王之政正諸侯之即位，以諸侯之即位正竟內之治。諸侯不上奉王之政，則不得即位，故先言正月，而後言即位。政不由王出，則不得爲政，故先言王而後言正月。王者不奉天以制號令，則無法，故先言春而後言王。天不深正其元，則不能成其化，故先言元而後言春。五者同日並見，相須成體。非比辭也。何休自云諸侯不得改元，則元者王之元年，非公之元年，公即位不在王之元年，安得同日並見其成體也？元尊即以託王於魯史之改元，元既爲魯所改，則政不由王出，安得以王之政正諸侯？元尊而王卑，年大而月小，年之有元，改而無忌，王之立政必云須奉，舍其大而事其細，敬所卑而慢所尊，以此立教，必不可行。聖人有作，豈當爾也？黃帝之作五始者，爲天子法乎？爲諸侯法乎？諸侯不得改元，必非諸侯法，若非諸侯法，安得有公即位乎？無公即位，則闕一始，何得爲五始也？若是天子法，不得言王正月王即位。何休云以王之政正諸侯之即位，然王者豈復以己之政正己即位？不通若此，何以行之？言《左氏》者，或取爲說，是逐狂東走也。隱、莊、閔、僖四公元年，傳皆說不書即位之由，故指以爲例。隱不行即位，又謙不告至，而歲首告朔朝正所以尊敬祖考也。若不行即位，又不朝正，則與臣子無別，不成爲君，故告朔朝廟也。

《春秋左傳正義》卷五《桓公元年》 經：元年，春，王正月，公即位。嗣子位定於初喪而改元必須踰年者，繼父之業，成父之志，不忍有變於中年也。諸侯每首歲必有禮於廟，諸遭喪繼位者因此而改元正位，百官以序。故國史亦書即位之事於策。桓公簒立而用常禮，欲自同於遭喪繼位者。《釋例》論之備矣。簒立，初患反。疏：注嗣子至備矣。正義曰：《顧命》曰乙丑成王崩，使齊侯呂伋以二千戈逆子釗于南門之外，延入翼室，恤宅宗。孔安國云：明室路寢延之，使居憂爲天下宗主。天子初崩，嗣子定位，則諸侯亦當然也。《釋例》曰：《商書・顧命》，天子在殯之遺制也。推此亦足以準諸侯之禮矣。是知嗣子位定於初喪，孝子緣生以事死，歲之首日，必朝事宗廟，因即改元。《釋例》曰：襄二十九年經書春王正月公在楚。傳曰：釋不朝正于廟也。然則諸侯每歲首必有禮於廟，今遭喪繼位者，每新年正月亦改元正位，百官以序，故國史因書即位於策，以表之。此新君之常禮也。桓之於隱，本無君臣之義，計隱公之死，桓公即合改元，不假踰年方行即位，猶如晉厲被弑，悼公即位改元。今桓雖實簒立，歸罪寪氏，許言不與賊謀而用常禮，自同於遭喪繼位者，亦既實即其位。國史依實書之。仲尼因而不改，反明公實簒立而自同於常，亦足見桓之簒也。

又： 冬，公至自唐，告于廟也。凡公行，告于宗廟，反行，飲至，舍爵策勳焉，禮也。爵，飲酒器也。既飲置爵，則書勳勞於策，言速紀有功也。舍音赦，置也；舊音捨。疏：冬公至禮也。正義曰：凡公行者，或朝或會或盟或伐，皆是也。孝子之事親也，出必告，反必面，事死如事生，故出必告廟，反必告至。不言告禰廟而言告宗廟者，諸廟皆告，非獨禰也。《禮記・曾子問》曰：諸侯適天子，必告于祖，奠于禰，命祝史告于宗廟。諸侯相見，必告于禰，命祝史告于五廟。反，必親告于祖禰，乃命祝史告至于前所告者。由此而言，諸侯朝天子則親告祖禰，祝史告餘廟。朝鄰國則親告禰，祝史告餘廟。其路遠者，亦親告祖。故于其反也，言告于祖禰，明出時亦告祖也。出時不言祖者，鄭玄云道近，或可以不親告祖，明道遠者亦親告祖矣。雖親與不親，而諸廟者皆告，故揔言告于宗廟也。《曾子問》曰：凡告用制幣，反亦如之，則出入皆以幣告也。但出則告而遂行，反則告訖又飲至，故行言告廟，反言飲至，以見至有飲，而行無飲也。飲至者，嘉其行至，故因在廟中飲酒爲樂也。襄十三年《傳》曰：公至自晉，孟獻子書勞于廟，禮也。書勞策勳，其事一也。舍爵乃策勳，策勳常在廟，知飲至亦在廟也。彼公至自晉，朝還告廟也，此公至自唐，盟還告廟也。十六年公至自伐鄭，傳曰以飲至之禮，伐還告廟也。三者傳皆言禮。知朝、會、盟、伐，告廟禮同，傳所以反覆，凡例也。朝還告至，而獻子書勞則策勳者，非唯討伐之勳，雖常事有以安國寧民，或亦書功于廟也。公行告至，必以嘉會昭告祖禰，有功則舍爵策勳，無功則告事而已，無不告也。反行必告，而《春秋》公行一百七十六，書至者唯八十二耳。其餘不書者，《釋例》曰：凡公之行不書至者九十有四，皆不告廟也。隱公之不告，謙也；餘公之不告，慢於禮也。慢於禮者，舉大例言耳，其中亦應有心實非慢而不宜告者。若行有恥辱，不足爲榮，則克躬罪己，不以告廟，非爲慢於禮也。若事實可恥而不以爲恥，反行告廟，則史亦書之。宣五年《傳》曰：公如齊，高固使齊侯止公，請叔姬焉。夏，公至自齊。書，過也。《釋例》曰：執止之辱，厭尊毀列，所以累其先君，忝其社稷，固當克躬罪己，不以嘉禮自終。宣公如齊，既已見止，連昏於鄰國之臣，而行飲至之禮，故傳曰書，過也。是不應告而告，故書之以示過也。《釋例》又曰：桓公之喪至自齊，此則死還告廟而書至者也。莊公違禮，如齊觀社，用飲至之禮，此則失禮之書至者也。宣公黑壤之會，以賂免，諱不書盟，而復書至，亦諱不以見止告廟也。襄公至自晉，此則榮還而書至者也。昭公至齊，居于鄆，此則宜告而書至者也。諸書至，皆告廟啓反。或即實而言，或有所諱辟。傳於伐見飲至之禮，於宣見書過之譏，於朝見書勞于廟，舉此三者以包其他行也。僖十六年公會諸侯于淮。未歸，而取項。齊人以爲討，而止公。十七年秋，聲姜以公故，會齊侯于卞，公始得歸，而書公至自會，是諱其見止，而以會告廟。故傳曰：猶有諸侯之事焉，且諱之。是諱止而以會告也。諸侯盟者必在會後，皆書公至自會，不言公至自盟者，以盟是因會而爲之，初必以會徵衆。公行以會告廟，故還以會告至。雖并以盟告，亦不云至自盟，爲行時不以盟告故也。僖二十八年公會諸侯于温，遂圍許，經書公至自圍許；襄十年公會諸侯于柤，遂滅偪陽，經書公至自會。二文不同。《釋例》曰：諸若此類，事勢相接，或以始致，或以終致，蓋時史之異耳，無他義也。定十二年公至自圍成，行不出竟而亦告廟者，《釋例》曰：陪臣執命，大都偶國。仲由建墮三都之計，而成人不從，故公親伐之，雖不越境，動衆興兵，大其事，故出入皆告于廟也。注爵飲至功也。正義曰：《韓詩》說：一升曰爵。爵，盡也，足也。二升曰觚。觚，寡也。飲當寡少。三升曰觶。觶，適也。飲當自適。四升曰角。角，觸也。次不自適，觸罪過也。五升曰散。散，訕也。飲不自節，爲人謗訕也。摠名曰爵，其實曰觴。觴，餉也。然則飲酒之器，其名有五，而摠稱爲爵。案《燕禮》，爵用觚、觶，此飲至之爵不過用觚、觶而已。爲人君者，賞不踰月，欲民速覩爲善之利。故舍爵即書勞於策，言速紀有功也。

《春秋左傳正義》卷一二《僖公五年》 傳：**五年，春王正月，辛亥，朔，日南至。**周正月，今十一月。冬至之日，日南極。**公既視朔，遂登觀臺以望。而書，禮也。**視朔，親告朔也。觀臺，臺上構屋，可以遠觀者也。朔旦冬至，歷數之所始。治歷者因此則可以明其術數，審別陰陽，敘事訓民。魯君不能常脩此禮，故善公之得禮。登觀，古亂反，注同。臺以望絶句。而書，本或作而書雲物，非也。別，彼列反。**凡分、至、啓、閉，必書雲物，**分，春、秋分也。至，冬、夏至也。啓，立春、立夏。閉，立秋、立冬。雲物，氣色災變也。傳重申周典。不言公者，日官掌其職。重，直用反。**爲備故也。**素察妖祥，逆爲之備。疏：辛亥至備故也。正義曰：辛亥朔者，月一日也。日南至者，冬至日也。天子班朔於諸侯，諸侯受而藏之於大祖廟，每月之朔，告廟受而行之。諸侯有觀臺，所以望氣祥也。公既親自行此視朔之禮，遂以其日往登觀臺之上，以瞻望雲及物之氣色，而書其所見之物，是禮也。凡春、秋分，冬、夏至，立春、立夏爲啓，立秋、立冬爲閉。用此八節之日，必登觀臺，書其所見雲物氣色。若有雲物變異，則是歲之妖祥，既見其事，後必有驗，書之者，爲豫備故也。視朔者，月朔之禮也。登臺者，至日之禮也。公常以一日視朔，至日登臺。但此朔即是至日，故視朔而遂登臺也。注周正至南極。正義曰：日之行天，有南有北。常立八尺之表以侯景之短長，夏至之景，尺有五寸，日最長而景最短，是謂日北至也。自是以後，日稍近南。冬至之景，一丈三尺，日最短而景最長，是謂日南至也。冬至者，十一月之中氣。中氣者，月半之氣也。月朔而已得中氣，是必前月閏。閏前之月，則中氣在晦；閏後之月，則中氣在朔。閏者，聚殘餘分之月，其月無中氣，半屬前月，半屬後月。是去年閏十二月，十六日已得此年正月朔大雪節，故此正月朔得冬至也。而杜《長歷》僖元年閏十一月，此年閏十二月。又閏之相去，歷家大率三十二月耳。杜於此閏相去凡五十月，不與歷數同者，杜推勘《春秋》日月上下置閏，或稀或概，自準春秋時法，故不與常歷同。注視朔至得禮。正義曰：視朔者，公既告廟受朔，即聽視此朔之政，是其親告朔也。禮，天子曰靈臺，諸侯曰觀臺。《釋宫》云：四方而高曰臺。臺上構屋，可以遠觀望，故謂之觀臺也。古之爲歷者，皆舉其大數。周年有三百六十五日四分日之一分，爲十二月，則一月各有三十日十六分日之七，是故從前月初節至後月初節必三十日有餘也。其日月之行天也，日行遲，月行疾，每二十九日過半而月及日，謂之一月，故從朔至朔，唯二十九日過半耳。計一歲則有餘十一日，而不得周年，故作閏月以補之。計十九年而有七閏，古歷十九年爲一章，以其閏餘盡故也。步歷之始，以朔旦冬至爲首歷之上元，其年是十一月朔旦冬至，至十九年閏餘盡，復得十一月朔旦冬至，故以十九年爲一章。積章成部，積部成紀。治歷者以此章、部爲法，因此可以明其術數，推之而知氣朔也，審別陰陽寒暑，不失其時也，所以陳敘時事，教訓下民。魯君不能常脩此事，故善公之得禮也。注分春至其職。正義曰：一年分爲四時，時皆九十餘日。春之半、秋之半，晝夜長短等，晝夜中分百刻，故春秋之半稱春秋分也。冬之半、夏之半，晝夜長短極，極訓爲至，故冬夏之半稱冬夏至也。四時之氣，寒暑不同。春夏生物，秋冬殺物。生物則當啓，殺物則當閉，故立春、立夏爲啓，立秋、立冬爲閉。言物謂氣色者，謂非雲而別有氣色，杜恐與雲相亂，故別云氣色也。《周禮》：保章氏以五雲之物辯吉凶水旱降豐荒之祲象。鄭玄云：物，色也。視日旁雲氣之色降下也，知水旱所下之國。鄭衆云：以二至二分觀雲色，青爲蟲，白爲喪，赤爲兵荒，黑爲水，黄爲豐。衆之此言，蓋出占候之書，計雲氣之占，不啻盡此而已，但世絶其學，故莫能知焉。《左傳》諸所發凡，皆是周之舊典。既言禮也，更復發凡，是重申周典也。直言必書雲物，不更云公，是日官掌其職，非公所當親也。劉炫規云：書雲物亦是公親爲之，但上文有公既視朔，故下文去公字耳。今刪。定知不然者，上言公既視朔，是傳家之語，下云必書雲物，是周公舊凡。舊凡之文，包諸侯、天子，若諸侯稱公書雲物，則天子當稱王書雲物。是知舊凡元無王、公之文，日官掌其事。若以上文有公既視朔，故知公字，然則周公舊凡豈豫知自公既視朔，没去公字乎？苟生異見，妄規杜氏，非也。

《春秋左傳正義》卷一六《僖公二十六年》 夔子不祀祝融與鬻熊。祝融，高辛氏之火正，楚之遠祖也。鬻熊，祝融之十二世孫。夔，楚之別封，故亦世紹其祀。融，餘忠反。鬻音育。疏：注祝融至其祀。正義曰：《楚世家》云：楚之先出自帝顓頊高陽。高陽生稱，稱生卷章，卷章生重黎。黎爲高辛氏火正，帝嚳命曰祝融。帝誅重黎，而以其弟吴回居火正，爲祝融。吴回生陸終，陸終生季連。季連，羋姓，楚其後也。其後中微，或在中國，或在蠻夷，不能紀其世。周文王之時，季連之苗裔曰鬻熊，事文王。曾孫熊繹，成王封於楚。是祝融、鬻熊皆為楚之遠祖也。自祝融至鬻熊，司馬遷不能紀其世。杜言十二世，不知出何書。故劉炫規杜云：計其間出有一千二百年，略而言之，則百年爲一世，計父子爲十二世，何以得近千二百年乎？今刪定知不然者，以其間或兄弟伯叔相及皆爲君，故年多而世少，或可轉寫誤。劉更無別文，以意而規杜氏，未爲得也。**楚人讓之，對曰：我先王熊摯有疾，鬼神弗赦而自竄于夔。**熊摯，楚嫡子，有疾不得嗣位，故別封爲夔子。摯音至。竄，七亂反，《字林》又于外反。嫡，丁歷反。疏：注熊摯至夔子。正義曰：傳言熊摯有疾，是以失楚，明是適子有疾，不得嗣位。《楚世家》無其事，不知熊摯是何君之適？何時封夔？案《鄭語》孔晁注云：熊繹玄孫曰熊摯，有疾，楚人廢之，立其弟熊延。熊摯自棄於夔，子孫有功，王命爲夔子。亦不知何所據也。吾是以失楚，又何祀焉？廢其常祀而飾辭文過。秋，楚成得臣、鬬宜申帥師滅夔，以夔子歸。成得臣，令尹子玉也。鬬宜申，司馬子西也。

《春秋左傳正義》卷一八《文公元年》經：元年，春，王正月，公即位。無傳。先君未葬，而公即位，不可曠年無君。疏：注先君至無君。正義曰：諸侯之禮，即葬成君。先君雖則未葬，既踰年矣，而君即位者，不可曠年無君故也。即位必於歲首，若歲首不行此禮，餘月不得行之，便是曠年無君，故雖則未葬，亦即行之。《釋例》曰：遭喪繼立者，每新年正月必改元正位，百官以序，故國史書即位於策以表之。文公、成公先君之喪未葬，而書即位，因三正之始，明繼嗣之正，表朝儀以同百姓之心。此乃國君明分制之大禮，譬周康王麻冕黼裳以行事，事畢然後反喪服也。雖踰年行即位之禮，名通於國內，必須既葬卒哭乃免喪，古之制也。且引《顧命》康王之事以譬此者，彼是既殯，此是踰年，雖時不同，取其暫服吉服，事相似耳。《康王之誥》云：王義嗣德，荅拜。彼始殯訖，即呼爲王，知諸侯既殯，臣子亦呼爲公。既尸其位，名號即成。但先君未葬，事猶聽於冢宰，未得即成爲君。八年八月，天王崩。九年春，毛伯來求金，傳曰不書王命，未葬也。是踰年未葬，不得命臣出使，必待卒哭，乃免喪也。

《春秋左傳正義》卷一八《文公二年》八月，丁卯，大事于大廟，躋僖公。大事，禘也。躋，升也。僖公，閔公庶兄，繼閔而立，廟坐宜次閔下，今升在閔上，故書而譏之。時未應吉禘，而於大廟行之，其譏已明，徒以逆祀，故特大其事，異其文。大廟，音泰，注及傳大廟同。躋，子兮反。坐，木卧反，又如字。疏：注大事至其文。正義曰：昭十五年有事于武宫，傳稱禘于武宫。有事是禘，則知大事亦是禘也。躋，升也，《釋詁》文。《公羊傳》曰：躋者何？升也。禘祭之禮，審諦昭穆，諸廟已毁未毁之主，皆於太祖廟中以昭穆爲次序。父爲昭，子爲穆。太祖東向，昭南向，穆北向，孫從王父，以次而下。祭畢則復其廟。其兄弟相代，則昭穆同班。近據春秋以來，惠公與莊公當同南面西上，隱、桓與閔、僖亦同北面西上。僖是閔之庶兄，繼閔而立，昭穆雖同，位次閔下。今升在閔上，故書而譏之。僖公以其三十三年十一月薨，至此年十一月喪服始畢，今始八月，時未應吉禘，而於大廟行之，與閔公二年吉禘于莊公，其違禮同也。彼書吉禘，其譏已明，則此亦從譏可知，不復更譏其速也。徒猶空也。空以逆祀之故，亂國大典，故特大其事，謂之大事，譏逆祀也。《釋例》曰：文公二年，僖公之喪未終，未應吉禘之禮，而於大廟行之，其譏已明，徒以躋僖而退閔，故特大其事，異其文。定八年亦特書順祀，皆所以起非常也。有事于武宫及順祀，傳皆稱禘，則知大事，有事于大廟，亦禘也。

又：秋，八月，丁卯，大事于大廟，躋僖公，逆祀也。僖是閔兄，不得爲父子。嘗爲臣，位應在下，令居閔上，故曰逆祀。令，力呈反。閔上，時掌反，一本無上字。疏：注僖是至逆祀。正義曰：禮，父子異昭穆，兄弟昭穆故同。僖、閔不得爲父子，同爲穆耳。當閔在僖上，今升僖先閔，故云逆祀。二公位次之逆，非昭穆亂也。《魯語》云：將躋僖公。宗有司曰：非昭穆也。弗忌曰：我爲宗伯，明者爲昭，其次爲穆，何常之有？如彼所言，似閔、僖異昭穆者，位次之逆，如昭穆之亂，假昭穆以言之，非謂異昭穆也。若兄弟相代，即異昭穆，設令兄弟四人皆立爲君，則祖父之廟即已從毁，知其理必不然，故先儒無作此説。於是夏父弗忌爲宗伯，宗伯，掌宗廟昭穆之禮。夏，戶雅反。昭，上遥反。後昭穆之例放此。疏：注宗伯至之禮。正義曰：《周禮》大宗伯掌建邦之天神人鬼地祇之禮。小宗伯掌建國之神位，辯廟祧之昭穆。諸侯之官所掌亦當然也。尊僖公，且明見曰：吾見新鬼大，故鬼小。新鬼，僖公，既爲兄，死時年又長；故鬼，閔公，死時年少。弗忌明言其所見。長，丁丈反。少，詩照反。疏：注新鬼至所見。正義曰：且明見者，既尊崇僖公，且明言其意之所見，見其順大小，升聖賢也。劉炫以爲直據兄弟大小爲義，不須云死之長幼，以規杜氏。今删定知不然者，以傳云新鬼大，故鬼小，則大小之語揔該諸事，非直獨據兄弟，明知亦據年時也。先大後小，順也。躋聖賢，明也。又以僖公爲聖賢。明順，禮也。君子以爲失禮。疏：君子以爲失禮。正義曰：傳有評論，皆託之君子。此下盡先姑以來，皆是一君子之辭耳。引《詩》二文，於詩之下，各言君子者，君子謂作詩之人。此論事君子，又引彼作詩君子以爲證耳。僖公薨後，始作《魯頌》，爲傳之時，乃設此辭，非當時君子有此言也。弗忌之意，以先大後小爲順，故言明順，禮也。君子之意，以臣不先君爲順，故云禮無不順，各言其順，順不同也。《魯語》展禽云：夏父弗忌必有天殃。其葬也，焚，煙達于上。孔晁云已葬而柩焚，煙達椁外。禮無不順。祀，國之大事也，而逆之，可謂禮乎？子雖齊聖，不先父食久矣。齊，肅也。臣繼君猶子繼父。先，悉薦反，下不先皆同。故禹不先鯀，湯不先契，鯀，禹父。契，湯十三世祖。鯀，古本反。契，息列反，殷始封之君。疏：注鯀禹至世祖。正義曰：鯀，禹父，《夏本紀》文也。契，湯十三世祖，《殷本紀》文。契生昭明，昭明生相土，相土生昌若，昌若生曹圉，曹圉生冥，冥生振，振生微，微生報丁，報丁生報乙，報乙生報丙，報丙生主壬，主壬生主癸，主癸生天乙。天乙即湯也。下註云不窋，后稷子，《周本紀》文。服虔云周家祖后稷以配天，明不可先也，故言不先不窋。禹、湯異代之王，故言不先鯀、契也。然則文、武大聖，后稷賢耳，非是不可先也。下句引《詩》皇祖后稷，不欲重文，故舉不窋以辟之。文、武不先不窋。

不窋，后稷子。窋，知律反。宋祖帝乙，鄭祖厲王，猶上祖也。帝乙，微子父。厲王，鄭桓公父。二國不以帝乙、厲王不肖而猶尊尚之。肖，悉召反。疏：注帝乙至尚之。正義曰：帝乙，微子父，《宋世家》文。厲王，鄭桓公父，《鄭世家》文。微子、桓公，宋、鄭始祖也。言宋祖帝乙，鄭祖厲王，則二國立其廟而祖祀之，微子不先帝乙，桓公不先厲王。猶上祖也，言不以不肖猶尊尚之也。宋爲王者之後，得祀殷之先王帝乙之廟不毀者，蓋以爲其所出，故特存焉。周制，王子有功德出封者，得廟祀所出之王。魯以周公之故，得立文王之廟。襄十二年《傳》稱魯爲諸姬臨於周廟。周廟，文王廟也。鄭之桓武，世有大功，故得立厲王之廟。昭十八年《傳》稱鄭人救火，使祝史徙主祏於周廟。周廟，厲王廟也。是以《魯頌》曰：春秋匪解，享祀不忒，皇皇后帝，皇祖后稷。忒，差也。皇皇，美也。后帝，天也。詩頌僖公，郊祭上天，配以后稷。解，戶賣反。忒，他得反，差二也。疏：魯頌至后稷。正義曰：《魯頌·閟宮》之篇，美僖公之德也。上皇皇爲美，下皇爲君，言僖公春秋祭祀非有懈倦，其所享祀不有差忒，所祀之神，有皇皇之美者爲君之上天，配之以君祖后稷也。君子曰禮，謂其后稷親而先帝也。先稱帝也。《詩》曰：問我諸姑，遂及伯姊。《詩·邶風》也。衛女思歸而不得，故願致問於姑姊。邶音佩。君子曰禮，謂其姊親而先姑也。僖親文公父。夏父弗忌欲阿時君，先其所親，故傳以此二詩深責其意。

《春秋左傳正義》卷一九《文公六年》 閏月不告月，猶朝于廟。諸侯每月必告朔聽政，因朝宗廟。文公以閏非常月，故闕不告朔，怠慢政事。雖朝于廟，則如勿朝，故曰猶。猶者，可止之辭。不告月，月或作朔，誤也。不告朔，本或作告月。疏：注諸侯至之辭。正義曰：《周禮·大史》頒告朔于邦國。鄭玄云：天子頒朔于諸侯，諸侯藏之祖廟，至朔，朝于廟，告而受行之。《論語》云：子貢欲去告朔之餼羊。是用特羊告于廟，謂之告朔。人君即以此日聽視此朔之政，謂之視朔。十六年公四不視朔，僖五年《傳》曰公既視朔是也。視朔者，聽治此月之政，亦謂之聽朔。《玉藻》云天子聽朔於南門之外是也。其日又以禮祭於宗廟，謂之朝廟。《周禮》謂之朝享。《司尊彝》云追享，朝享是也。其歲首爲之，則謂之朝正。襄二十九年正月公在楚，傳曰釋不朝正于廟是也。告朔、視朔、聽朔，朝廟、朝享、朝正，二禮各有三名，同日而爲之也。文公以閏非常月，故闕不告朔。告朔之禮大，朝廟之禮小。文公怠慢政事，既不告朔，雖朝于廟，則如勿朝，故書猶朝于廟，言猶以譏之。必於月朔爲此告朔聽朔之禮者，《釋例》曰：人君者，設官分職以爲民極，遠細事以全委任之責，縱諸下以盡知力之用，揔成敗以效能否，執八柄以明誅賞，故自非機事，皆委心焉。誠信足以相感，事實盡而不擁，故受位居職者，思效忠善，日夜自進，而無所顧忌也。天下之細事無數，一日二日萬端，人君之明，有所不照，人君之力，有所不堪，則不得不借問近習，有時而用之。如此，則六鄉六遂之長，雖躬履此事，躬造此官，當皆移聽於內官，迴心於左右，政之粃亂，恒必由此。聖人知其不可，故簡其節，敬其事，因月朔朝廟，遷坐正位，會羣吏而聽大政，考其所行而決其煩疑，非徒議將然也。乃所以考已然，又惡其密聽之亂公也，故顯衆以斷之。是以上下交泰，官人以理，萬民以察，天下以治也。文公謂閏非常月，緣以闕禮，傳因所闕而明言典制。雖朝于廟，則如勿朝，故經稱猶朝于廟也。經稱告月，傳言告朔，明告月必以朔也。每月之朔必朝于廟，因聽政事，事敬而禮成，故告以特羊。然則朝廟、朝正、告朔、視朔，皆同日之事，所從言之異耳。是言聽朔朝廟之義也。《玉藻》說天子之禮，云聽朔於南門之外，諸侯皮弁，聽朔於大廟。鄭玄以爲明堂在國之陽，南門之外謂明堂也。諸侯告朔以特羊，則天子以特牛與？天子用特牛告其帝及其神，配以文王武王。諸侯用特羊告大祖而已。杜以明堂與祖廟爲一，但明堂是祭天之處。天子告朔，雖杜之義，亦應告人帝朝享，即月祭是也。《祭法》云：王立七廟：曰考廟，王考廟，皇考廟，顯考廟，祖考廟，皆月祭之。二祧，享嘗乃止。諸侯立五廟，曰考廟，王考廟，皇考廟，皆月祭之。顯考廟，祖考廟，享嘗乃止。然則天子告朔於明堂，朝享於五廟，諸侯告朔於大廟，朝享自皇考以下三廟耳，皆先告朔後朝廟。朝廟小於告朔。文公廢其大而行其小，故云猶朝于廟。《公羊傳》曰：猶者，可止之辭也。天子玄冕以視朔，皮弁以日視朝。諸侯皮弁以聽朔，朝服以日視朝。基閏月，則聽朔於明堂，闔門左扉，立於其中，聽政於路寢門終月，故於文王在門爲閏。

又： 閏月不告朔，非禮也。經稱告月，傳稱告朔，明告月必以朔。閏以正時，四時漸差，則致閏以正之。時以作事，順時命事。事以厚生，事不失時，則年豐。生民之道，於是乎在矣。不告閏朔，弃時政也。何以爲民？

《春秋左傳正義》卷二六《成公六年》 二月，季文子以鞌之功立武宮，非禮也。宣十二年潘黨勸楚子立武軍。楚子荅以武有七德，非己所堪。其爲先君宮，告成事而已。今魯倚晉之功，又非霸主，而立武宮，故譏之。倚，於綺反。疏：注宣十至譏之。正義曰：服虔云：鞌之戰，禱武公以求勝，故立其宮。案定元年《傳》：昭公出故，季平子禱于煬公。立煬宮。此若爲禱而立，何以不言禱也？無驗之說，故不可從。聽於人以救其難，不可以立武。立武由己，非由人也。言請人救難，勝非己功。

（宋）劉恕《資治通鑑外紀》卷五《周紀三·襄王》 是時周室微，唯齊、楚、秦、晉爲彊。秦穆公僻遠，不與諸夏會盟。楚成王初收荊蠻，夷狄自置，晉國內亂，獨齊伯中國。桓公能宣其德，諸侯賓服而欲封禪。管仲曰：古者，封泰山、禪梁父者，七十二家，皆受命，然後得封禪。

桓公曰：寡人北伐山戎過孤竹，西征攘白狄至於西河，方舟濟河至石枕，懸車束馬踰太行，與辟耳之谿拘夏，西服流沙西吴，南伐至召陵，登熊耳山以望江漢。三代受命，何以異乎？管仲睹桓公不可窮以辭，因設之以事曰：古之封禪，遠方珍怪之物，不召而自至者，十有五焉。今鳳凰麒麟不來，嘉穀不生，蓬蒿藜莠茂，鴟梟數至，而欲封禪，無乃不可乎？桓公乃止。

（宋）劉恕《資治通鑑外紀》卷八《周紀六・敬王上》 楚昭王問於觀射父曰：《周書》所謂重黎寔使天地不通者，何也？若無然，民將能登天乎？對曰：非此之謂也。古者民神不雜，民之精爽不携貳者，在男曰覡，在女曰巫。於是有天地神民類物之官，是謂五官。周宣王時，重黎之後，失其官守，寵神其祖，以取威於民。曰：重寔上天，黎寔下地，遭世之亂，莫之能禦也。此《楚語》文。楚子期祀平王，祭以牛俎於王，王問於觀射父曰：祀牲何及？對曰：祀加於舉，則上下有序。神求倫物，不求豐大。聖王正端冕，帥其羣臣精物以臨享祀，謂之一純。玉帛爲二精，天、地、民及四時之務爲七事，民之徹官百。王公子弟之質，能言能聽。徹其官者，而物賜之姓，以監其官，是爲百姓。姓有徹品十於王，謂之千品。五物之官，陪屬萬，爲萬官，官有十醜爲億醜，天子之田九畡，以食兆民，王取經入，以食萬官。此《楚語》文。

《汲冢周書》卷七《嘗麥解》 維四年，孟夏，王初祈禱于宗廟，乃嘗麥于太祖。是月，王命大正正刑書。爽明僕告既駕，少祝導王，亞祝迎王降階。即假于大宗，小宗，少秘于社。各牡羊一，牡豕三。史導王于北階，王涉階在東序，乃命太史尚太正即居于戶，西南向。九州□伯咸進，在中，西向。宰乃承王中，升自客階。作筴執筴從中宰坐，尊中于大正之前。太祝以王命作筴，筴告太宗，王命□□祕作筴許諾，乃北向繇書于内楹之門。王若曰：宗掩大正昔天之初，□作二后，乃設建典，命赤帝分正二卿，命蚩尤于宇少昊，以臨四方，司□□上天末成之慶。蚩尤乃逐帝，争于涿鹿之河，九隅無遺。赤帝大懾，乃説于黄帝，執蚩尤，殺之于中冀。以甲兵釋怒，用大正順天思序，紀于大帝，用名之曰絶轡之野。乃命少昊請司馬鳥師以正五帝之官，故名曰質。天用大成至于今不亂。其在殷之五子，忘伯禹之命，假國無正，用胥興作亂遂凶厥國。皇天哀禹賜以彭壽，思正夏略。今予小子聞有古遺訓而不述，朕文考之言不易。予用皇威，不忘祇天之明典，令□我大治，用我九宗正州伯教告于我。相在大國有殷之□辟，自其作□于古，是威厥邑，無類于冀州。嘉我小國，小國其命余克長國王。嗚呼敬之哉。如木既顛厥巢其猶有枝葉作休。爾弗敬恤爾執以屏助予一人集天之顯，亦爾子孫其能常憂恤乃事？勿畏多寵，無愛乃囂，亦無或刑于鰥寡罪罪。惠乃其常，無別于民。衆臣咸興，受太正書，乃降。太史筴形書九篇，以升，授太正，乃左還自兩柱之間。□箴大正曰：欽之哉，諸正！敬功爾，頌審三節無思民因順，爾臨獄無頗，正刑有掇。夫循乃德，式監不遠，以有此人，保寧爾國，克戒爾服，世世是其不殆。維公咸若，太史乃降。太正坐舉書，乃中降，再拜稽首。王命太史正升，拜于上，王則退。是月，士師乃命太宗序于天時，祠大暑，乃命少宗祠風雨百享。士師用受其萩以爲之資。邑乃命百姓遂享于富，無思民疾。供百享，歸祭閭率里君，以爲資。野宰乃命冢邑縣都祠于太祠，乃風雨也，宰用受其職萩，以爲之資。采君乃命天御豐穡享祠爲施，大夫以爲資。威，太史乃藏之于盟府，以爲歲典。

（清）姚彦渠《春秋會要》卷二《吉禮・郊》 僖三十一年，夏，四月，四卜郊，不從，乃免牲，猶三望。《左傳》：非禮也。禮不卜當祀，而卜其牲日。牛卜日曰牲，牲成而卜郊，上怠慢也。望，郊之細也。不郊，亦無望可也。《公羊傳》：曷爲或言三卜？或言四卜？三卜，禮也；四卜，非禮也。三卜何以禮？四卜何以非禮？求吉之道三。禘嘗不卜，郊何以卜？卜郊非禮也。卜郊何以非禮？魯郊非禮也。魯郊何以非禮？天子祭天，諸侯祭土，天子有方望之事，無所不通。諸侯山川有不在其封内者，則不祭也。宜三年，春，王正月，郊牛之口傷，改卜牛。牛死，乃不郊，猶三望。《公羊傳》：曷爲不復卜？養牲養二卜。帝牲不吉，則扳稷牲而卜之。帝牲在於滌三月。於稷者唯具是視。郊則曷爲必祭稷？王者必以其祖配。王者則曷爲必以其祖配？自内出者，無匹不行，自外至者，無主不止。

《史記》卷一二《孝武本紀》 其明年冬，天子郊雍，議曰：今上帝朕親郊，而后土毋祀，則禮不答也。有司與太史公、祠官寬舒等議：天地牲角繭栗。今陛下親祀后土，后土宜於澤中圜丘爲五壇，壇一黄犢太牢具，已祠盡瘞，而從祠衣上黄。於是天子遂東，始立后土祠汾陰脽上，如寬舒等議。上親望拜，如上帝禮。禮畢，天子遂至滎陽而還。過雒陽，下詔曰：三代邈絶，遠矣難存。其以三十里地封周後為周子南君，以奉先王祀焉。是歲，天子始巡郡縣，侵尋於泰山矣。

《漢書》卷七三《韋賢傳》 至元帝時，貢禹奏言：古者天子七廟，今孝惠、孝景廟皆親盡，宜毁。及郡國廟不應古禮，宜正定。天子是其議，未及施行而禹卒。永光四年，乃下詔先議罷郡國廟，曰：朕聞明王之御世也，遭時爲法，因事制宜。往者天下初定，遠方未賓，因嘗所親以立宗廟，蓋建威銷萌，一民之至權也。今賴天地之靈，宗廟之福，四方同軌，蠻貊貢職，久遵而不定，令疏遠卑賤共承尊祀，殆非皇天祖宗之意，朕甚懼焉。傳不云乎？吾不與祭，如不祭。其與將軍、列侯、中二千石、二千石、諸大夫、博士、議郎議。丞相玄成、御史大夫鄭弘、太子太傅嚴彭祖、少府歐陽地餘、諫大夫尹更始等七十人皆曰：臣聞祭，非自外至者也，繇中出，生於心也。故唯聖人爲能饗帝，孝子爲能饗親。立廟京師之居，躬親承事，四海之内各以其職來助祭：尊親之大義，五帝三王所共，不易之道也。《詩》云：有來雍雍，至止肅肅，相維辟公，天子穆穆。《春秋》之義，父不祭於支庶之宅，君不祭於臣僕之家，王不祭於下土諸侯。臣等愚以爲宗廟在郡國，宜無修，臣請勿復修。奏可。因罷昭靈后、武哀王、昭哀后、衛思后、戾太子、戾后園，皆不奉祠，裁置吏卒守焉。

（清）嵇璜等《續通典》卷八五《樂·歷代沿革上》 漢高祖天福十二年九月，權判太常寺張昭奏改唐祖孝孫所定《治康之舞》爲《治安之舞》，《凱安之舞》爲《振德之舞》。又改貞觀中《九功舞》爲《觀象之舞》，《七德舞》爲《講功之舞》。其《治安》、《振德》二舞，請依舊郊廟行，用以文舞降神，武舞送神。其《觀象》、《講功》二舞，請依舊宴會行。用昔周奏六代之樂，即今二舞之類是也。其賔祭常用，別有九夏之樂，即《肆夏》、《皇夏》等是也。梁武帝善音樂，改九夏爲十二雅。前朝祖孝孫改雅爲和，示不相沿也。臣令改爲成，取韶樂九成之義。十二成樂曲名，祭天神，奏《豫和》之樂，請改爲《禋成》之樂。祭地祇奏《順和》，請改爲《順成》。祭宗廟奏《永和》，請改爲《裕成》。祭天地宗廟登歌奏《肅和》，請改爲《肅成》。皇帝臨軒奏《太和》，請改爲《政成》。王公出入奏《舒和》，請改爲《弼成》。皇帝食舉及飲宴奏《休和》，請改爲《德成》。皇帝受朝、皇后入宫，奏《正和》，請改爲《扆成》。皇太子軒懸出入奏《成和》，請改爲《允成》。元日冬至，皇禮會登歌奏《昭和》，請改爲《慶成》。郊廟俎入奏《雍和》，請改爲《騂成》。皇帝祭享酌獻，讀祝文及飲福受胙奏《壽和》，請改爲《壽成》。祖孝孫原定十二和曲，開元朝又奏三和，遂有十五和之名。凡制作禮法，動依典故。梁置十二雅，盖取十二天之成數，契八音、十二律之變。軌益以三和，有乖稽古。又緣祠祭所用，不可盡去，臣取其一焉。祭孔宣父、齊太公廟降神奏《宣和》，請改師雅之樂。三公升殿會訖下階履行，奏《祴和》，請廢，同用《弼成》。享先農耕耤田，奏《豐和》，請廢，同用《順成》。周太祖廣順元年五月，太常卿邊蔚上太廟四室奠獻舞詞表謂：西漢詔叔孫通重定禮樂，始有廟樂及降神納俎、登歌、薦祼等曲，迨至唐朝降神用文舞，送神用武舞，其餘即奏十二和之樂一曲，則別立舞名。降及前朝，亦徇此制。今者將新郊廟嚴配祖宗，合更率舞之名仰詠累功之盛，請信祖睿和皇帝室酌獻奏《肅雍之舞》，僖祖明憲皇帝室酌獻奏《章德之舞》義，祖翼順皇帝室酌獻奏《善慶之舞》，慶祖章肅皇帝室酌獻奏《觀成之舞》。又奏改前朝《治安》爲《政和之舞》，《振德》爲《善勝之舞》，《觀象》爲《崇德之舞》，《講功》爲《象成之舞》。又議改十二成樂曲爲十二順，曰昭順、曰寧順、曰肅順、曰感順、曰治順、曰忠順、曰康順、曰雍順、曰温順、曰禮順、曰禋順、曰福順。

宋太祖建隆三年二月，有司請改一代樂名，并太廟四室酌獻迎俎送神樂章。詔翰林學士竇儼撰進。四月，儼上新定二舞十二樂曲名并樂章，改周文舞《崇德之舞》爲《文德之舞》，武舞《象成之舞》爲《武功之舞》。改樂章十二順爲十二安。盖取治世之音，安以樂之義。祭天爲《高安》，祭地爲《靜安》，先農耤田同《靜安》。宗廟爲《理安》，天地宗廟登歌爲《嘉安》，皇帝臨軒爲《隆安》，王公出入爲《正安》，皇帝食飲爲《和安》，皇帝受朝、皇后入宫爲《順安》，皇太子軒懸出入爲《良安》，正冬朝會爲《永安》，文宣王、武成王同《永安》。郊廟俎豆入爲《豐安》，祭享酌獻、飲福受胙爲《禧安》。五月，儼上太廟四室舞名并登歌辭，禧祖室舞《大善之舞》奏《大善之曲》，順祖室舞《大寧之舞》奏《大寧之曲》，翼祖室舞《大順之舞》奏《大順之曲》，宣祖室舞《大慶之舞》奏《大慶之曲》。乾德元年，翰林學士承旨，陶穀等奉詔撰定祀感生帝之樂章曲名，降神用《大安》，太尉行禮用《保安》，奠玉幣用《慶安》，司徒奉俎用《咸安》，酌獻用《崇安》，飲福用《廣安》，亞獻終獻用《文安》，送神用《普安》。四年，和峴言，按唐貞觀十四年景雲見河水清，張文收採古朱鴈天馬之義，作《景雲河清歌》，名《燕樂》，元會第二奏者是也。伏見今年荊南進甘露，京兆東州進嘉禾，黄州進紫芝，和州進緑毛龜，黄州進白兎，欲依月律撰《神龜》、《甘露》、《紫芝》、《嘉禾》、《玉兎》五瑞各一曲，每朝會登歌首奏之。六年，峴又言：漢朝獲天馬亦鴈神鼎白麟之瑞，並爲郊歌，國朝合州進瑞木成文，馴象南方自至，秦州獲白烏，黄州獲白雀，並合播在管絃，薦於郊廟。詔峴作《瑞文》、《馴象》、《玉烏》、《皓雀》，四瑞樂章，以備登歌。太宗太平興國二年，冬至上壽，復用教坊樂。淳化三年元日，朝賀畢，再御朝元殿，羣臣上壽，復用宮縣二舞，登歌五瑞曲，自此遂爲定制。真宗咸平四年，太常言：樂工習藝匪精，每祭享郊，廟止奏《黄鍾宮》一調，未嘗隨月轉律，望示條約。乃命侍讀學士夏侯嶠、判寺郭贄同按試擇其曉習月律者，悉增月奉，自餘權停廩給。再俾學習以獎勵之，雖頗振綱紀，然亦未能精備。蓋樂工止以年勞次補，而不以藝進，至有抱其器而不能振作者，故難於驟變。景德二年，詔翰林學士李宗諤權判太常寺，復以龍圖閣待制戚綸同判寺事，乃命太常樂鼓吹兩署工，校其優劣，黜去濫吹者五十餘人。宗諤因編次律吕、法度、樂物、名數，目曰《樂纂》。又裁定兩署工人試補條式及肄習程課。先是惟天地感生帝宗廟用樂，親祀用《宮縣》，有司攝事，止用《登歌》。自餘大祀未暇，備樂至是。詔自今諸大祀並宜用樂，皆同感生帝，六變八變。如《通禮》所載，大中祥符元年，判太常禮院孫奭上言，按禮文，饗太廟，終獻降階之後，武舞止，太祝徹豆，《豐安》之樂作，一成止。然後《理安》之樂作，是謂送神。《郊祀録》載：登歌徹豆一章，奏無射羽。然則宗廟之樂，禮有登歌徹豆，今於終獻降階之後，即作《理安》之樂，誠恐缺失。望依舊禮增用。詔判太常寺李宗諤與檢討詳議以聞。宗諤等言：國初撰樂章有《徹豆》、《豐安》曲辭，樂署因循不作，望如奭所請。從之。時以將行封禪，詔改酌獻昊天上帝《禧安之樂》爲《封安》，皇地祇《禧安之樂》爲《禪安》，飲福《禧安之樂》爲《祺安》。別製天書樂章，《瑞安》、《靈文》二曲，每親行禮用之。又作《醴泉》、《神芝》、《慶雲》、《靈鶴》、《瑞木》五曲，施於朝會宴享，以紀瑞應。五年，上製薦獻聖祖文舞曰發祥流慶之舞，武舞曰降真觀德之舞。自是玉清昭應宮、景靈宮，親薦皆備樂用三十六虡，景靈宮以庭狹止用二十虡。上又取太宗所撰《萬國朝天曲》曰同和之舞，《平晉曲》曰定功之舞，親作樂辭，奏於郊廟。仁宗景祐二年，親製樂曲以夾鍾之宮，黄鍾之角，太蔟之徵，姑洗之羽，作《景安之曲》以祀昊天。更以高安祀五帝日月，作《太安》以享景靈宮，罷舊《真安》之曲，以黄鍾之宮、大吕之角、大蔟之徵應鍾之羽，作《興安》以獻宗廟，罷舊《理安》之曲，《景安》興惟乘輿親行，則用之。以姑洗之角、林鍾之徵、黄鍾之宮、太蔟之商、南吕之羽，作《祐安》之曲以酌獻五帝。以林鍾之宮、太蔟之角、姑洗之徵、南吕之羽，作《寧安》之曲以祭地及太社太稷。罷舊《靜安》之曲，於時制詔，有司以太祖、太宗、真宗三聖並侑，乃以黄鍾之宮作《慶安》之曲以奠幣，《彰安》之曲以酌獻。又詔，躬謁奉慈廟章獻皇后之室，作《達安》之曲以奠瓚，《厚安》以酌獻，章懿皇后之室，作《報安》之曲以奠瓚，《衍安》以酌獻。皇帝入出作《乾安》，罷舊《隆安》之曲。常祀：至日祀圜丘，太祖配，以黄鍾之宮作《定安》以奠幣，《英安》以酌獻。孟春祀感生帝，宣祖配，以太蔟之宮作《皇安》以奠幣，《肅安》以酌獻；祈穀祀昊天，太祖配，作《仁安》以奠幣，《紹安》以酌獻。孟夏雩上帝太祖配，以仲吕之宮作《獻安》以奠幣、《感安》以酌獻。夏至祭皇祇地，太祖配，以蕤賓之宮作《恭安》以奠幣，《英安》以酌獻。季秋大饗明堂，真宗配，以無射之宮作《誠安》奠幣，《德安》以酌獻。孟冬祭神州地祇，太宗配，以應鍾之宮作《化安》以奠幣，《韶安》以酌獻。又造《冲安》之曲，以七均之爲八十四，皆作聲譜以授有司，《冲安》之曲獨未施行。親製郊廟樂章二十一曲，財成頌體，告於神明，詔宰官吕夷簡等分造樂章，參施羣祀。又爲《景祐樂髓新經》，凡六篇：第一，釋十二均；第二，明所主事；第三，辨音樂；第四，圖律吕相生，并祭天地、宗廟用律及陰陽數配；第五，十二管長短；第六，代歷度、量、衡。皆本之於陰陽，配之於四時，建之於日辰，通之於覲竺，演之於壬式循遁甲之法，以授樂府，以考正聲，以賜羣臣焉。皇祐二年五月，明堂禮儀使言，明堂所用樂皆當隨月用律，九月以《無射》爲均，五天帝各用本音之樂。於是内出明堂樂曲及二舞名：迎神曰《誠安》，皇帝升降行止曰《儀安》，昊天上帝、皇地祇神州地祇位奠玉幣曰《鎮安》，酌獻曰《慶安》；太祖、太宗、真宗位奠幣曰《信安》，酌獻曰《孝安》；司徒奉俎曰《饎安》；五帝位奠玉幣曰《鎮安》，酌獻曰《精安》；皇帝飲福曰《胙安》；退文舞、迎武舞、亞獻、終獻皆曰《穆安》；徹豆曰《歆安》；送神曰《誠安》；歸大次曰《憩安》；文舞曰《右文化俗》；武舞曰《威功睿德》。又出御撰樂章《鎮安》、《慶安》、《信安》、《孝安》四曲，餘詔輔臣分撰。庚戌，詔，御所撰樂曲名與常祀同者，更之。遂更常所用圜丘雩祭明堂《誠安》之曲曰《宗安》，祀感生帝《慶安》之曲曰《光安》，奉慈廟《信安》之曲曰《慈安》。六月，内出御撰明堂樂八，曲以君、臣、民、事、物配屬五音，凡二十聲爲一曲；用宫變、徵變者，天、地、人、四時爲七音，凡三十聲爲一曲；以子母相生，凡二十八聲爲一曲：皆黄鍾爲均。又明堂月律五十七聲爲二曲，皆無射爲均；又以二十聲、二十八聲、三十聲，爲三曲，亦無射爲均，皆自黄鍾宫入無射。如合用四十八或五十七聲，即依前譜次第成曲，其徵聲自同本律。及御撰鼓吹、警嚴曲，合宫歌並肆於太常。七月，御撰明堂無射宫樂曲譜三，皆五十七字，五音一曲，奉俎用之；二變七律一曲，飲福用之；七律相生一曲，退文舞、迎武舞及亞獻終獻、徹豆用之。是月，上封事者言：明堂酌獻五帝《精安》之曲，並用黄鍾之均聲，此乃國朝常祀，五時迎氣舊法，若於親行大饗，即所未安。且明堂之位，木室在寅，火室在巳，金室在申，水室在亥，蓋木、火、金、水之始也；土室在西南，蓋土王之次也。既皆用五行本始所王之次，則獻神之樂亦當用五行本始月律，各從其音以爲曲。其《精安》五曲，宜以《無射》之均；《太蔟》爲角，獻青帝；《仲吕》爲徵，獻赤帝；《林鍾》爲宫，獻黄帝；《夷則》爲商，獻白帝；《應鍾》爲羽，獻黑帝。詔兩制官同大常議，而堯臣等言：大饗日迫，事難猝更。詔俟過大禮，詳定以聞。於是中書門下集兩制太常官置局於秘閣，詳定大樂，王堯臣等言：天章閣待制趙師民博通今古，願同詳定，及乞借条知政事高若訥所校十五等古尺，並從之。三年二月詔兩制，及禮官条稽典制以定國朝大樂，名中書門下審加詳閲以聞。初，胡瑗請太祖廟舞用干戚，太宗廟兼用干、羽，真宗用羽、籥，以象三聖功德。然議者謂國朝七廟之舞，名雖不同，而干、羽並用，又廟制與古異。及瑗建言，止降詔定樂名而已。七月，堯臣等言：按太常，天地、宗廟、四時之祀，樂章凡八十九首，自《景安》而下七十五章，率以安名曲，豈特本道德政教嘉靖之美，亦緣神靈祖考安樂之故。臣等謹上議，國朝樂宜名《大安》。詔曰：朕惟古先格王隨代之樂，亦既制作，必有稱謂，緣名以討義，繇義以知德，蓋名者，德之所載，而行遠垂久之致焉。故《韶》以紹堯，《夏》以承舜，《濩》以救民，《武》以象伐，傳之不朽，用此道也。國家舉墜正失，典章交備，獨斯體大而有司莫敢易言之。朕憫然念兹，大懼列聖之休未能昭揭於天下之聽，是用敕執事，遠求博講而考定其衷。今禮官、學士迨三有事之臣，同寅一辭，以《大安》之議來復。且謂：藝祖之戡暴亂也，安天下之未安，其功大；二宗之致太平也，安天下之既安，其德盛。洎朕之承聖烈也，安祖宗之仁其仁厚。祇覽所議，熟復於懷。恭唯神德之造基，神功之戢武，章聖恢清净之名，冲人蒙成定之業，雖因聖之迹各異，而靖民之道同歸。以之播鐘球，文羽籥，用諸郊廟，告於神明，曰大且安，誠得其正。嘉祐四年九月，御製祫享樂舞名：僖祖奏《大基》，順祖奏《大祚》，翼祖奏《大熙》，宣祖奏《大光》，太祖奏《大統》，太宗奏《大昌》，真宗奏《大治》，孝惠皇后奏《淑安》，孝章皇后奏《靜安》，淑德皇后奏《柔安》，章懷皇后奏《和安》，迎神奏《和安》，皇帝升降奏《肅安》，奠瓚奏《顧安》，奉俎徹豆奏《充安》，飲福奏《僖安》，亞獻、終獻奏《祐安》，退文舞、迎武舞奏《顯安》，皇帝歸大次奏《定安》，登樓禮成奏《聖安》，駕回奏《采茨》，文舞曰《化成治定》，武舞曰《崇功昭德》。帝自製迎神、送神樂章，詔宰臣富弼等撰《大祚》至《采茨》曲詞十八。七年八月，御製明堂迎神樂章，皆肆於太常。英宗治平元年六月，太常寺奏仁宗配享明堂，奠幣歌《誠安》，酌獻歌《德安》。神宗元豐三年，楊傑上十二均圖帝，取所上圖，考其説，乃下范鎮、劉几条定，而王朴阮逸之黄鍾，乃當李照之太蔟，其編鐘、磬雖有黄鍾、大吕，而全闕四清聲，非古制也。朴之太蔟、夾鍾，則聲失之高，歌者莫能追逐，平時設而不用。聖人作樂以紀中和之聲，所以導中和之氣，清不可太高，重不可太下，必使八音協諧，歌者從容而能永其言。鎮等因請擇李照編鐘編磬十二条於律者，增以王朴無射，應鍾及黄鍾、大吕清聲，以爲黄鍾、大吕，而太蔟、夾鍾之四清聲，俾衆樂隨之，歌工詠之，中和之聲庶可以考。請下朴二律。就太常鐘磬擇其可用者用之，其不可修者别製之。而太常以爲太樂法度舊器，乞留朴鐘磬，别製新樂，以驗議者之術。詔以朴樂鐘爲清聲，毋得銷毁。六年春正月，御大慶殿初用新樂。二月，太常言：郊廟樂虡，若遇雨雪，望祭即設於殿上。三月，禮部言：有司攝事，昊天舞名，請初獻曰《帝臨嘉至》，亞、終獻曰《禮洽儲祥》。詔可。九月，禮部言：《周禮》，凡大祭祀，王出入奏《王夏》，明入廟門已用樂矣。今既移祼在作樂之前，皇帝詣罍洗奏《乾安》，則入門亦當奏《乾安》，庶合古制。其入景靈宫及南郊壝門，乞如之。哲宗元祐三年，范鎮樂成，樂下太常，楊傑著元祐樂議，破鎮説曰：鎮謂清聲不見於《經》，惟《小胥》注云鐘磬者，編次之，十六枚而在一虡謂之堵。至唐又有十二清聲，其聲愈高，尤爲非是。國朝舊有四清聲，置而弗用，至劉几用之，與鄭、衛無異。按編鐘、編磬十六，其來遠矣。豈徒見於《周禮·小胥》之注哉？漢成帝時，犍爲郡於水濵得古磬十六枚，帝因陳禮樂，《雅》、《頌》之聲，以風化天下。其事載於《禮樂志》，不爲詳，豈因劉几然後用哉？且漢承秦，秦未嘗制作禮樂，其稱古磬十六者，乃二帝三王之遺法也。其王朴樂内編鐘、編磬，以其聲律太高，歌者難逐，故四清聲置而弗用。及神宗廟下三律，則四清聲皆用而諧協矣。《周禮》曰：鳧氏為鐘，薄厚之所震動，清濁之所由出。則清聲豈不見於《經》哉？今鎮簫、笛、塤、篪、巢笙、和笙獻於朝廷，簫必十六管，是四清聲在於其間矣。自古無十二管之簫，豈簫韶九成之樂已有鄭、衛之聲乎？禮部、太常亦言鎮樂法自係一家之學，難以条用，而樂如舊制。徽宗崇寧三年秋七月，景鐘成。景鐘者，黄鍾之所自出也，垂則爲鐘，仰則爲鼎。鼎之大，終於九斛，中聲所極。製煉玉屑，入於銅齊，精純之至，音諧清越。其高九尺，拱以九龍，惟天子親郊乃用之。立於宫架之中，以爲君圍。於是命翰林學士承旨張康國爲之銘。四年七月，鑄帝鼐八，鼎成。八月，大司樂劉昺言：大朝會宫架舊用十二熊羆案、金錞、簫、鼓、觱篥等與大樂合奏。今所造大樂，遠稽古制，不應雜以鄭、衛。詔罷之。又依昺改定二舞，各九成，每三成爲一變，執籥秉翟，揚戈持盾，威儀之節，以象治功。庚寅，樂成，列於崇政殿。有旨，先奏舊樂三闋，曲未終，帝曰：舊樂如泣聲。揮止之。既奏新樂，天顔和豫，百寮稱頌。九月朔，以鼎樂成，帝御大慶殿受賀。是日，初用新樂，太尉率百寮奉觴稱壽，有數鶴從東北來，飛度黄庭，回翔鳴唳。乃下詔曰：禮樂之興，百年於此。然去聖愈遠，遺風弗存。迺者得隱逸之士於草茅之賤，獲英莖之器於受命之邦。適時之宜，以身爲度，鑄鼎以起律，因律以制器，按協於庭，八音克諧。昔堯有《大章》，舜有《大韶》，三代之王亦各異名。今追千載而成一代之制，宜賜新樂之名曰《大晟》。朕將薦郊廟、享鬼神、和萬邦，與天下共之。其舊樂勿用。先是端州上古銅器，有樂鐘，驗其欵識，乃宋成公時。帝以端王繼大統，故詔言受命之邦，而隱逸之士謂漢律也。朝廷舊以禮樂掌於太常，至是專置大晟府大司樂一員、典樂二員，並爲長貳，大樂令一員、協律郎四員，又有製撰官，爲制甚備，於是禮樂始分爲二。時蔡攸提舉大晟府，不喜佗人預樂。有士人田爲者，善琵琶，無行，攸乃奏爲大晟府典樂，遂不用中聲八寸七分琯，而但用九寸琯。又爲一律長尺有八寸，曰太聲；一律長四寸有半，曰少聲：是爲三黄鍾律矣。律與容盛又不翅數倍。黄鍾既四寸有半，則圜鍾幾不及二寸。諸品大小皆隨律，蓋但以器大者爲太，小者爲少。樂成始，試之於政事堂，執政心知其非，然不敢言，因用之於明堂布政，望鶴愈不至。攸弟絛曰：宴樂本雜用唐聲調，樂器多夷部，亦唐律。徵、角二調，其均自隨，唐間已亡。政和初，命大晟府改用大晟律，其聲下唐樂已兩律。然劉昺止用所謂中聲八寸七分琯爲之，又作匏、笙、塤、篪，皆入夷部。至於《徵招》、《角招》終不得其本均，大率皆假之以見徵音。以其曲譜頗和美，故一時盛行於天下，然教坊樂工嫉之如讐。其後，蔡攸復與教坊用事樂工附會，又上唐譜徵、角二聲，遂再命教坊制曲譜，既成，亦不見克行而止。然政和《徵招》、《角招》遂傳於世矣。二年八月，罷大晟府製造所并協律官。四年十月，洪州奏豐城縣民鋤地得古鐘，大小九具，狀制奇異，各有篆文。驗之《考工記》，其制正與古合。令樂工擊之，其聲中律之無射。繪圖以聞。七年十二月，詔革弊事廢諸局，於是大晟府及教樂所教坊額外人並罷。靖康二年，汴京失守，凡大樂軒架樂舞圖舜文二琴，教坊樂器樂書樂章，明堂布政，閏月體式，景陽鐘，并虡九鼎皆亡矣。高宗紹興元年，始饗明堂。時，初駐會稽，而渡江，舊樂復皆燬散。太常卿蘇遲等言：國朝大禮作樂，依儀合於壇殿上設登歌，壇殿下設宮架。今親祠登歌樂器尚闕，宣和添用籥色，未及頒降，州郡無從可以創製，宜權用望祭禮例，止設登歌，用樂工四十有七人。乃訪舊工，以備其事。四年，再饗，國子丞王普言：按《書·舜典》命夔曰：詩言志，歌永言，聲依永，律和聲。蓋古者即作詩，從而歌之，然後以聲律協和而成曲。自歷代至於本朝，雅樂皆先製樂章而後成譜。崇寧以後，乃先製譜，後命詞，律不相諧協，且與俗樂無異。乞復用古製。又按《周禮》奏黃鍾、歌大吕以祀天神。黃鍾堂下之樂；大吕，堂上之樂也。郊祀之禮，皇帝版位在午階下，故還位之樂當奏黃鍾，明堂版位在阼階上，則還位當歌大吕。今明堂禮不下堂，而襲郊祀還位例，並奏黃鍾之樂，於義未當。尋皆如普議。又禮部侍郎施坰奏：禮經蕃樂出於荒政，蓋一時以示貶抑。昨内外暫止用樂，今徽考大事既畢，慈寧又已就養，其時節上壽，理宜舉樂，一如舊制。禮部尋言：太母還宮，國家大慶，四方來賀。自冬至、及元正舉行朝賀之禮，依前朝故事，今設大仗及用樂舞等，庶幾明天子之尊，舊典不至廢墜。有詔俟來年舉行。孝宗淳熙六年，始舉明堂禋禮，命五使按雅樂并嚴更警場於貢院，奉詔將樂器依堂上堂下儀制排設，五使及應赴官僚從旁立觀，按閲仍聽，往來察視。時大禮使趙雄言：前例閲樂至皇帝詣飲福位一曲，即五使以下皆立，而每閲奠玉帛及酌獻等樂，皆坐自如，於禮未盡，不當襲用前例。故有是詔。既而禮官討論，自紹興以來，凡五饗明堂，禮畢還輦，並未經用樂，即無作樂節次可考。乃參酌禮例，成禮稱賀，並用皇祐大饗典故施行，其南郊，明堂儀注，實述紹興成憲。又命有司兼酌元豐、大觀舊典，爲後世法程。其用樂作止之節，粲然可觀。前三日，太常設登歌樂於壇上，稍南，北向，設宮架於壇内南壝之外，立舞表於酇綴之間，明堂登歌設於堂上，前兩楹間宮架設於庭中。前一日，設協律郎位二押，樂官一、太常丞於登歌樂虡北，太常卿於宮架北，省牲之夕，押樂太常卿及丞入行樂架，協律郎展視樂器。祀之日，樂正帥工人、二舞以次入。皇帝乘輿自青城齋殿出，樂正撞景鐘，降輿入大次，景鐘止。明堂不用景鐘。服大裘衮冕，自正門入，協律郎跪，俯伏舉麾，興，工鼓柷，宮架《乾安》之樂作，凡升降、行止皆奏之。明堂奏《儀安》。至午階版位，西向立，協律郎偃麾戛敔，樂止。明堂至阼階下，樂止。禮儀使奏請行事，宮架作《景安》之樂。明堂作《誠安》。文舞進，左丞相等升，詣神位前，樂作，六成止。皇帝執大圭再拜，内侍進御匜帨，宮架樂作，帨手畢，樂止。禮儀使前導升壇，宮架樂作，至壇下，樂止。升自午階，明堂並升自阼階。登歌樂作至壇上，樂止。《登歌》、《嘉安》之樂作，明堂至堂上作《鎮安》。奠鎮圭、奠玉幣於上帝，樂止。詣皇地祇太祖、太宗神位前，如上儀。禮儀使導還本位，登歌樂作，降階，樂止。明堂降自阼階。宮架樂作，至版位，樂止。奉俎官入正門，宮架《豐安》之樂作。明堂作《禧安》。跪，奠俎訖，樂止。内侍以御匜帨進，宮架樂作，帨手拭爵，樂止。禮儀使導升壇，宮架樂作，至午階，樂止。升自午階，登歌樂作，至壇上，樂止。明堂無升壇。登歌《禧安》之樂作，明堂作《慶安》。詣神位前，三祭酒，少立，樂止。讀册，皇帝再拜。每詣神位並如之，禮儀使導還版位，登歌樂作，降階，樂止。宮架樂作，至版位，樂止。奏請還小次，宮架樂作，入小次，樂止。武舞進，宮架《正安》之樂作，明堂作《穆安》。舞者立定，樂止。亞獻升，詣酌尊所，西向立，宮架《正安》之樂作。明堂皇太子爲亞獻，作《穆安》。三祭酒，以次酌獻如上儀，樂止。終獻亦如之。奏請詣飲福位，宮架樂作，至午階，樂止。升自午階，登歌樂作，將至位，樂止。登歌《禧安》之樂作，明堂作《胙安》。飲福，禮畢，樂止。禮儀使導還版位，登歌樂作，降階，樂止。宮架樂作，至版位，樂止。明堂不降階。徹豆，登歌《熙安》之樂作，明堂作《歆安》。送神，宮架《景安》之樂作，一成止。明堂作《誠安》。詣望燎，望瘞位，宮架樂作，至位，樂止。明堂有燎無瘞。燎、瘞畢，還大次，宮架《乾安》之樂作，明堂作《慰安》。至大次，樂止。皇帝乘大輦出大次，樂正撞景鐘，鼓吹振作，降輦還齋殿，景鐘止，百官、宗室班賀於端誠殿，奏請聖駕進發，軍樂，導引至麗正門，大樂正令奏《采茨》之樂，入門，樂止。明堂就賀於紫宸殿不奏《采茨》。光宗受禪，崇上壽皇聖帝、壽成皇后暨壽聖皇太后尊號，壽皇樂用《乾安》，壽聖、壽成樂用《坤安》；三殿慶禮，在當時侈爲盛儀。尋以禮部、太常寺言：國朝歲饗上帝，太祖肇造王業，則配冬饗於圜丘；太宗混一區宇，則春祈穀，夏大雩、秋明堂俱配焉。高宗身濟大業，功德茂盛，所宜奉侑，仰繼祖宗，以協先儒嚴祖之義，以彰文祖配天之烈。乃季秋升侑於明堂，奠幣用《宗安》之樂，酌獻用《德安》之樂，並登歌作大吕宫。及加上高宗徽號，奉册寶以告。用《顯安》之樂。寧宗即位，孝宗升祔，祧僖祖，立別廟，禮官言：僖祖既倣唐興聖立爲別廟，遇祫則即廟以饗，孟冬祫饗日，合先詣僖祖廟室行禮。其樂舞欲依每歲別廟五享設樂禮例，於僖祖添設登歌樂。如僖廟行禮，就廟殿依次作登歌，其宫架樂則於太廟殿上通作。從之。嘉定十四年，詔山東、河北連城慕義奉玉寶來獻，其文曰：皇帝恭膺天命之寶，實惟我祖宗之舊。及明年元日，上御大慶殿受寶，用鼓吹導引，備陳宫架大樂，奏詩三章：一曰《恭膺天命》，二曰《舊疆來歸》，三曰《永清四海》，並奏以太蔟宫。理宗享國四十餘年，凡禮樂之事，式遵舊章，未嘗有所改作。先是，孝宗廟用《大倫》之樂，光宗廟用《大和》之樂；至是，寧宗祔廟，用《大安》之樂。

《三國志》卷二《魏志·文帝紀》 十二月，詔曰：先王制禮，所以昭孝事祖，大則郊社，其次宗廟，三辰五行，名山大川，非此族也，不在祀典。叔世衰亂，崇信巫史，至乃宫殿之内，户牖之閒，無不沃酹，甚矣其惑也。自今，其敢設非祀之祭，巫祝之言，皆以執左道論，著于令典。是歲穿天淵池。

《晉書》卷三《武帝紀》 己巳，詔陳留王載天子旌旗，備五時副車，行魏正朔，郊祀天地，禮樂制度皆如魏舊，上書不稱臣。賜山陽公劉康、安樂公劉禪子弟一人爲駙馬都尉。乙亥，以安平王孚爲太宰，假黄鉞，大都督中外諸軍事。詔曰：昔王凌謀廢齊王，而王竟不足以守位。鄧艾雖矜功失節，然束手受罪。今大赦其家，還使立後。興滅繼絶，約法省刑。除魏氏宗室禁錮。諸將吏遭三年喪者，遣寧終喪。百姓復其傜役。罷部曲將長吏以下質任。省郡國御調，禁樂府靡麗百戲之伎及雕文游畋之具。開直言之路，置諫官以掌之。

《南齊書》卷九《禮志上》 建元元年七月，有司奏：郊殷之禮，未詳郊在何年？復以何祖配郊？殷復在何時？未郊得先殷與不？明堂亦應與郊同年而祭不？若應祭者，復有配與無配？不祀者，堂殿職僚毁置云何？八座丞郎通關博士議。曹郎中裴昭明、儀曹郎中孔逷議：今年七月宜殷祠，來年正月宜南郊明堂，並祭而無配。殿中郎司馬憲議：南郊無配，饗祠如舊；明堂無配，宜應廢祀。其殷祠同用今年十月。

《梁書》卷三《武帝紀下》 辛酉，輿駕親祠南郊，詔曰：天行彌綸，覆燾之功博；乾道變化，資始之德成。朕沐浴齋宫，虔恭上帝，祗事槱燎，高熛太一，大禮克遂，感慶兼懷，思與億兆，同其福惠。可大赦天下，尤窮者無出即年租調；清議禁錮，並皆宥釋；所討逋叛，巧籍隱年，闇丁匿口，開恩百日，各令自首，不問往罪，流移他鄉，聽復宅業，蠲課五年；孝悌力田賜爵一級；居局治事賞勞二年。可班下遠近，博採英異，或德茂州閭，道行鄉邑，或獨行特立，不求聞達，咸使言上，以時招聘。

《魏書》卷七《孝文帝紀上》 二月乙巳，詔曰：尼父稟達聖之姿，體生知之量，窮理盡性，道光四海。頃者淮徐未賓，廟隔非所，致令祠典寢頓，禮章殄滅，遂使女巫妖覡，淫進非禮，殺生鼓舞，倡優媟狎，豈所以尊明神敬聖道者也。自今已後，有祭孔子廟，制用酒脯而已，不聽婦女合雜，以祈非望之福。犯者以違制論。其公家有事，自如常禮。犧牲粢盛，務盡豐潔。臨事致敬，令肅如也。牧司之官，明糾不法，使禁令必行。

《魏書》卷九《孝明帝紀》 丙午，詔曰：先賢列聖，道冠生民，仁風盛德，焕乎圖史。暨曆數永終，迹隨物變，陵壃杳藹，鞠爲茂草，古帝諸陵，多見踐藉。可明敕所在，諸有帝王墳陵，四面各五十步勿聽耕稼。

《隋書》卷四九《牛弘傳》 三年，拜禮部尚書，奉勑修撰《五禮》勒成百卷，行於當世。弘請依古制修立明堂，上議曰：竊謂明堂者，所以通神靈，感天地，出教化，崇有德。《孝經》曰：宗祀文王於明堂，以配上帝。《祭義》云：祀于明堂，教諸侯孝也。黄帝曰合宫，堯曰五府，舜曰總章，布政興治，由來尚矣。《周官·考工記》曰：夏后氏世室，堂脩二七，廣四脩一。鄭玄注云：脩十四步，其廣益以四分脩之一，則堂廣十七步半也。殷人重屋，堂脩七尋，四阿重屋。鄭云：其脩七尋，廣九尋也。周人明堂，度九尺之筵，南北七筵，五室，凡室二筵。鄭云：此三者，或舉宗廟，或舉王寢，或舉明堂，互言之，明其同制也。馬融、王肅、干寶所注，與鄭亦異，今不具出。漢司徒馬宫議云：夏后氏世室，室顯於堂，故命以室。殷人重屋，屋顯於堂，故命以屋。周人明堂，堂大於夏室，故命以堂。夏后氏益其堂之廣百四十四尺，周人明堂，以爲兩序間大夏后氏七十二尺。若據鄭玄之説，則夏室大於周堂，如依馬宫之言，則周堂大於夏室。後王轉文，周大爲是。但宫之所言，未詳其義。此皆去聖久遠，禮文殘缺，先儒解説，家異人殊。鄭注《玉藻》亦云：宗廟路寢，與明堂同制。《王制》曰：寢不踰廟。明大小是同。今依鄭玄注，每室及堂，止有一丈八尺，四壁之外，四尺有餘。若以宗廟論之，祫享之時，周人旅酬六尸，并后稷爲七，先公昭穆二尸，先王昭穆二尸，合十一尸，三十六主，及君北面行事於二丈之堂，愚不及此。若以正寢論之，便須朝宴。據《燕禮》：諸侯宴，則賓及卿大夫脱屨升坐。是知天子宴，則三公九卿並須升堂。《燕義》又云：席，小卿次上卿。言皆侍席。止於二筵之間，豈得行禮？若以明堂論之，總享之時，五帝各於其室。設青帝之位，須於木室之内，少北西面。太昊從食，坐於其西，近南北面。祖宗配享者，又於青帝之南，稍退西面。丈八之室，神位有三，加以簠簋籩豆，牛羊之俎，四海九州美物咸設，復須度上升歌，出樽反坫，揖讓升降，亦以隘矣。據兹而説，近是不然。

案劉向《別録》及馬宫、蔡邕等所見，當時有《古文明堂禮》、《王居明堂禮》、《明堂圖》、《明堂大圖》、《明堂陰陽》、《太山通義》、《魏文侯孝經傳》等，並説古明堂之事。其書皆亡，莫得而正。今《明堂月令》者，鄭玄云：是吕不韋著，《春秋十二紀》之首章，禮家鈔合爲記。蔡邕、王肅云：周公所作。《周書》内有《月令》第五十三，即此也。各有證明，文多不載。束皙以爲夏時之書。劉瓛云：不韋鳩集儒者，尋于聖王月令之事而記之。不韋安能獨爲此記？今案不得全稱《周書》，亦未可即爲秦典，其内雜有虞、夏、殷、周之法，皆聖王仁恕之政也。蔡邕具爲章句，又論之曰：明堂者，所以宗祀其祖以配上帝也。夏后氏曰世室，殷人曰重屋，周人曰明堂。東曰青陽，南曰明堂，西曰總章，北曰玄堂，内曰太室。聖人南面而聽，向明而治，人君之位莫不正焉。故雖有五名，而主以明堂也。制度之數，各有所依。堂方一百四十四尺，坤之策也。屋圓楣徑二百一十六尺，乾之策也。太廟明堂方六丈，通天屋徑九丈，陰陽九六之變，且圓蓋方覆，九六之道也。八闥以象卦，九室以象州，十二宫以應日辰。三十六戶，七十二牖，以四戶八牖乘九宫之數也。戶皆外設而不閉，示天下以不藏也。通天屋高八十一尺，黄鍾九九之實也。二十八柱布四方，四方七宿之象也。堂高三尺，以應三統，四向五色，各象其行。水闊二十四丈，象二十四氣，於外，以象四海。王者之大禮也。觀其模範天地，則象陰陽，必據古文，義不虚出。今若直取《考工》，不參《月令》，青陽總章之號不得而稱，九月享帝之禮不得而用。漢代二京所建，與此説悉同。

建安之後，海内大亂，京邑焚燒，憲章泯絶。魏氏三方未平，無聞興造。晉則侍中裴頠議曰：尊祖配天，其義明著，而廟宇之制，理據未分。宜可直爲一殿，以崇嚴父之祀，其餘雜碎，一皆除之。宋、齊已還，咸率兹禮。此乃世乏通儒，時無思術，前王盛事，於是不行。後魏代都所造，出自李沖，三三相重，合爲九室。簷不覆基，房間通街，穿鑿處多，迄無可取。及遷宅洛陽，更加營構，五九紛競，遂至不成，宗配之事，於焉靡託。

今皇猷遐闡，化覃海外，方建大禮，垂之無窮。弘等不以庸虚，謬當議限。今檢明堂必須五室者何？《尚書·帝命驗》曰：帝者承天立五府，赤曰文祖，黄曰神斗，白曰顯紀，黑曰玄矩，蒼曰靈府。鄭玄注曰：五府與周之明堂同矣。且三代相沿，多有損益，至於五室，確然不變。夫室以祭天，天實有五，若立九室，四無所用。布政視朔，自依其辰。鄭司農云：十二月分在青陽等左右之位。不云居室。鄭玄亦言：每月於其時之堂而聽政焉。《禮圖》畫个，皆在堂偏，是以須爲五室。明堂必須上圓下方者何？《孝經援神契》曰：明堂者，上圓下方，八窗四達，布政之宫。《禮記·盛德篇》曰：明堂四戶八牖，上圓下方。《五經異義》稱講學大夫淳于登亦云：上圓下方。鄭玄同之。是以須爲圓方。明堂必須重屋者何？案《考工記》，夏言九階，四旁兩夾窗，門堂三之二，室三之一。殷周不言者，明一同夏制。殷言四阿重屋，周承其後不言屋，制亦盡同可知也。其殷人重屋之下，本無五室之文。鄭注云：五室者，亦據夏以知之。明周不云重屋，因殷則有，灼然可見。《禮記·明堂位》曰：太廟天子明堂。言魯爲周公之故，得用天子禮樂，魯之太廟與周之明堂同。又曰：複廟重檐，刮楹達鄉，天子之廟飾。鄭注：複廟重屋也。據廟即重屋，明堂亦不疑矣。《春秋》文公十三年：太室屋壞。《五行志》曰：前堂曰太廟，中央曰太室，屋其上重者也。服虔亦云：太室，太廟太室之上屋也。《周書·作洛篇》曰：乃立太廟宗宫路寢明堂，咸有四阿反坫，重亢重廊。孔晁注曰：重亢累棟，重廊累屋也。依《黄圖》所載，漢之宗廟皆爲重屋。此去古猶近，遺法尚在，是以須爲重。明堂必須爲辟雍者何？《禮記·盛德篇》云：明堂者，明諸侯尊卑也。外水曰辟雍。《明堂陰陽録》曰：明堂之制，周圜行水，左旋以象天，内有太室以象紫宫。此明堂有水之明文也。然馬宫、王肅以爲明堂、辟雍、太學同處，蔡邕、盧植亦以爲明堂、靈臺、辟雍、太學同實異名。邕云：明堂者，取其宗祀之清貌，則謂之清廟，取其正室，則曰太室，取其堂，則曰明堂，取其四門之學，則曰太學，取其周水圜如璧，則曰璧雍。其實一也。其言别者，《五經通義》曰：靈臺以望氣，明堂以布政，辟雍以養老教學。三者不同。袁準、鄭玄亦以爲别。歷代所疑，豈能輒定？今據《郊祀志》云：欲治明堂，未曉其制。濟南人公玉帶上黄帝時《明堂圖》，一殿無壁，蓋之以茅，水圜宫垣，天子從之。以此而言，其來則久。漢中元二年，起明堂、辟雍、靈臺於洛陽，並别處。然明堂亦有璧水，李尤《明堂銘》云流水洋洋是也。以此須有辟雍。

夫帝王作事，必師古昔，今造明堂，須以禮經爲本。形制依於周法，度數取於《月令》，遺闕之處，參以餘書，庶使該詳沿革之理。其五室九階，上圓下方，四阿重屋，四旁兩門，依《考工記》、《孝經》説。堂方一百四十四尺，屋圓楣徑二百一十六尺，太室方六丈，通天屋徑九丈，八闥二十八柱，堂高三尺，四向五色，依《周書·月令》論。殿垣方在内，水周如外，水内徑三百步，依《太山盛德記》、《觀禮經》。仰觀俯察，皆有則象，足以盡誠上帝，祇配祖宗，弘風布教，作範於後矣。弘等學不稽古，輒申所見，可否之宜，伏聽裁擇。上以時事草創，未遑制作，竟寢不行。

《舊唐書》卷一六《穆宗紀》　辛亥，親祀昊天上帝于南郊。禮畢，御丹鳳樓，大赦，改元寶曆元年。先是，鄠縣令崔發坐誤辱中官下獄，是日，與諸囚陳於金雞竿下俟釋放。

《舊唐書》卷一六〇《韓愈傳》　十四年，太常丞王涇上疏請去太廟朔望上食，詔百官議。議者以《開元禮》，太廟每歲礿、祠、烝、嘗、臘，凡五享。天寶末，玄宗令尚食每月朔望具常饌，令宫闈令上食於太廟，後遂爲常。由是朔望不視朝，比之大祠。翺奏議曰：《國語》曰，王者日祭。《禮記》曰，王立七廟，皆月祭之。《周禮》時祭，禴祠烝嘗。漢氏皆雜而用之。蓋遭秦火，《詩》、《書》、《禮經》燼滅，編殘簡缺，漢乃求之。先儒穿鑿，各伸己見，皆託古聖賢之名，以信其語，故所記各不同也。古者廟有寢而不墓祭，秦、漢始建寢廟於園陵，而上食焉。國家因之而不改。《貞觀》、《開元禮》並無宗廟日祭月祭之禮，蓋以日祭月祭，既已行於陵寢矣，故太廟之中，每歲五饗六告而已。不然者，房玄齡、魏徵輩皆一代名臣，窮極經史，豈不見《國語》、《禮記》有日祭月祭之詞乎？斯足以明矣。

（宋）王溥《唐會要》卷九下《雜郊議下》　廣德二年春夏旱，言事者云：太祖景皇帝追封于唐高祖，實受命之祖，百神受職，合依高祖。今不得配享天地，所以神不降福，以致愆陽。代宗疑之，詔百寮會議。太常博士獨孤及獻議曰：禮，王者禘其祖之所自出，以其祖配之。凡受命始封之君，皆謂太祖，繼太祖已下六廟，則以親盡迭毀。而太祖之廟，雖百代不遷。此五帝三王所以尊祖敬宗也。故受命于神宗，禹也，而夏后氏祖顓頊而郊鯀。纘禹黜夏，湯也，而殷人郊冥而祖契。革命作周，武王也，而周人郊稷而祖文王。則明自古必以首封之君，配昊天上帝。惟漢氏崛起豐沛，豐公太公，無位無功，不可以爲祖宗。故漢以高皇帝爲太祖，其先細微也，非足為後代法。伏惟太祖景皇帝，以柱國之任，翼周弼魏，肇啓王業，建封于唐。高祖因之，以爲有天下之號，天所命也。亦如契之封商，后稷之封邰。禘郊祖宗之位，宜在百代不遷之典。郊祀太祖，宗祀高祖，猶周之祖文王而宗武王也。今若以高祖創業，當躋其祀，是棄三代之令典，尊漢氏之末制，黜景皇帝之大業，同豐公太公之不祀，反古違道，失孰大焉？夫追尊景皇廟號太祖，高祖、太宗，所以崇尊之禮也。若配天之位既異，則太祖之號宜廢，祀之不修，廟亦當毀。尊祖報本之道，其墜于地乎！漢制擅議宗廟，以大不敬論。今武德、貞觀，憲章未改，國家方將敬祀事和神人，禘郊之間，恐非所宜。臣謹稽禮文，參諸往制，請仍舊典。竟依歸崇敬等議，以太祖配享天地焉。《禮儀志》。

《舊五代史》卷三七《唐書·明宗紀三》　丁亥，莊宗神主祔廟，有司請祧懿祖室，從之。詔：陵州、合州長流百姓豆盧革、韋説等，可並自長流後，縱逢恩赦，不在原宥之限。豆盧昇、韋濤仍削除自前所受官秩。壬辰，以久雨，放百僚朝參，詔天下疏理繫囚。甲午，汴州奏，舊管曹州乞卻歸當道，從之。是日，詔曰：承前使府奏請判官，率皆隨府除移停罷。近年流例，有異前規，使府雖已除移，判官元安舊職。起今後若是朝廷除授者，即不計使府除移，如是使府奏請，即皆隨府移罷。舊例藩侯帶平章事者，所奏請判官，殿中已上許奏緋，中丞已上許奏紫，今不帶平章事亦許同帶平章事例處分。如防禦、團練使奏請判官，員外郎已下不在奏緋之限。其所奏判官，州縣官，並須將歷任告身隨奏至京。如未有官，假稱試攝，亦奏狀内分明署出。如藩留後，權知軍州事，並不在奏請判官之限。如刺史要奏州縣官，須申本道，請發表章，不得自奏。近日州使奏請從事，本無官緒，妄結虚銜，不計職位高卑，多是請兼朱紫，不唯紊亂，實啓撓求。宜令諸道州府，切準敕命處分。

《宋史》卷九八《禮志一》　建炎四年十一月，權工部尚書韓肖胄言：祖宗以來，每歲大、中、小祀百有餘所，罔敢廢闕。自車駕巡幸，惟存宗廟之祭，至天地諸神之祀，則廢而不舉。今國步尚艱，天未悔禍，正宜齋明恭肅，通于神明，而忽大事、弃重禮，恐非所以消弭天災，導迎景貺。雖小祀未可偏舉，如天地、五帝、日月星辰、社稷，欲詔有司以時舉行。所有器服并牲牢禮料，恐國用未充，難如舊制，乞下太常寺相度裁定，省繁就簡，庶幾神不乏祀，仰副陛下昭事懷柔、爲民求福之意。尋命禮部太常裁定：每歲以立春上辛祈穀，孟夏雩祀，季秋及冬至日四祀天，夏至日一祀地，立春上辛日祀感生帝，立冬後祀神州地祇，春秋二社及臘前一日祭太社、太稷。免牲、玉，權用酒脯，仍依方色奠幣。以輔臣爲初獻，禮爲亞、終獻。

又：熙寧四年，參知政事王珪言：南郊，乘輿所過，必勘箭然後出入，此師行之法，不可施於郊祀。禮院亦言。於是，凡車駕出入門皆罷之。六年，以詳定所請，又罷太廟及宣德、朱雀、南薰諸門勘契。又皇帝自大次至版位，内臣二人執翟羽前導，號曰拂翟，失禮尤甚，請除之。

又：慶曆元年，判太常寺吕公綽言：舊禮，郊廟尊罍數皆準古，而不實三酒、五齊，明水、明酒，有司相承，名爲看器。郊廟配位惟用祠祭酒，分大、中祠位二升，小祠位一升，止一尊酌獻、一尊飲福。宜詔酒官依法制齊、酒，分實之壇殿上下尊罍，有司毋設空器；並如唐制以井水代明水、明酒；正配位酌獻、飲福酒，用酒二升者各增二升，從祀神位用舊升數。

《宋史》卷九九《禮志二》　徽宗政和三年，詔有司討壇壝之制。十月，禮制局言：壇舊制四成，一成二十丈，再成十五丈，三成十丈，四成五丈，成高八尺一寸；十有二陛，陛十有二級；三壝，二十五步。古所謂地上圜丘、澤中方丘，皆因地形之自然。王者建國，或無自然之丘，則於郊澤吉土以兆壇位。爲壇之制，當用陽數，今定爲壇三成，一成用九九之數，廣八十一丈，再成用六九之數，廣五十四丈，三成用三九之數，廣二十七丈；每成高二十七尺，三成總二百七十有六，《乾》之策也。爲三壝，壝三十六步，亦《乾》之策也。成與壝俱三，參天地之數也。詔行之。

又：景德三年，鹵簿使王欽若言：漢以五帝爲天神之佐，今在第一龕，天皇大帝在第二龕，與六甲、岳、瀆之類接席；帝座，天市之尊，今與二十八宿、積薪、騰蛇、杵臼之類同在第三龕。卑主尊臣，甚未便也。若以北極、帝坐本非天帝，蓋是天帝所居，則北極在第二，帝坐在第三，亦高下未等。又太微之次少左右執法，子星之次少孫星，望令司天監參驗。乃詔禮儀使、太常禮院、司天監檢定之。

又：太祖乾德元年，始有事於南郊。自五代以來，喪亂相繼，典章制度，多所散逸。至是，詔有司講求遺逸，遵行典故，以副寅恭之意。是歲十一月十六日，合祭天地于圜丘。初，有司議配享，請以僖祖升配，張昭獻議曰：隨、唐以前，雖追立四廟或六七廟，而無徧加帝號之文。梁、陳南郊，祀天皇，配以皇考；北齊圜丘，祀昊天，以神武升配；隋祀昊天於圜丘，以皇考配；唐貞觀初，以高祖配圜丘；梁太祖郊天，以皇考烈祖配。恭惟宣祖皇帝，積累勳伐，肇基王業，伏請奉以配享。從之。

《宋史》卷一〇〇《禮志三》　建隆以來，迭奉四祖崇配二壇。太平興國以後，但以宣祖、太祖更配。真宗乃以太宗配方丘，宣祖配神州地祇。皇祐初，禮官言：皇地祇壇四角再成，面廣四丈九尺，東西四丈六尺。上成高四尺五寸，下成高五尺，方五丈三尺，陛廣三尺五寸，卑陋不應典禮。請如唐制增廣之。五年，諸壇皆改。嘉祐配位七十一，加羊、豕各五。慶曆用犢，羊、豕各一。既而諫官司馬光奏：大行請謚于南郊，而皇地祇止於望告，失尊卑之序。

又：元祐五年夏至，祭皇地祇，命尚書右丞許將攝事。將言：王者父天母地，三歲冬至，天子親祠，徧享宗廟，祀天圜丘，而夏至方澤之祭，乃止遣上公，則皇地祇遂永不在親祠之典，此大闕禮也。望博詔儒臣，講求典故，明正祀典，爲萬世法。

又：九月，三省上顧臨等議。太皇太后曰：宜依仁宗皇帝故事。吕大防言：諸儒獻議，欲南郊不設皇地祇位，於祖宗之制未覩其可。范百禄以圜丘無祭地之禮，《記》曰：有其廢之，莫可舉也。先帝所廢，稽古據經，未可輕改。大防又言：先帝因禮文所建議，遂令諸儒定北郊祀地之禮，然未經親行。今皇帝臨御之始，當親見天地，而獨不設地祇位，恐亦未安。況祖宗以恩霈四方，慶賞將士，非三歲一行，則國力有限。今日宜爲勉行權制，俟北郊議定及太廟享禮，行之未晚。太皇太后以大防之言爲是。而蘇頌、鄭雍皆以古者人君嗣位之初，必郊見天地。今皇帝初郊而不祀地，恐未合古。乃下詔曰：國家郊廟特祀，祖宗以來命官攝事，惟三歲一親郊，則先享清廟，冬至合祭天地于圜丘。元豐間，有司援周制，以合祭不應古義，先帝乃詔定親祀北郊之儀，未之及行。是歲，郊祀不設皇地祇位，而宗廟之享率如權制。朕方脩郊見天地之始，其冬至日南郊，宜依熙寧十年故事，設皇地祇位以嚴並況之儀。厥後躬行方澤之祀，則脩元豐六年五月之制。

又：八年，禮部尚書蘇軾復陳合祭六議，令禮官集議以聞。已而下詔依元祐七年故事，合祭天地于南郊，仍罷集議。紹聖元年，以右正言張商英言：先帝制詳定禮文所，謂合祭非古，據經而正之。元祐之臣，乃復行合祭，請再下禮官議。御史中丞黄履謂：南郊合祭，因王莽諂事元后，遂躋地位，同席共牢。迨先帝親郊。大臣以宣仁同政，復用莽意合祀，瀆亂典禮。帝以詢輔臣，章惇曰：北郊止可謂之社。黄履曰：郊者交於神明之義，所以天地皆稱郊。社者土之神爾，豈有祭大祇亦可謂之社乎？乃以履奏送禮部、太常寺。權禮部侍郎盛陶、太常丞王誼等言：宜用先帝北郊儀注，以時躬行，罷合祭禮。已而三省言：合祭既非禮典，但盛夏祭地祇，必難親行。詔令兩省、臺諫、禮官同議，可親祀北郊，然後罷合祭之禮。曾布、錢勰、范純禮、韓宗師、王古、井亮采、常安民、李琮、虞策、劉定、傅楫、黄裳、豐稷、葉祖洽等言，互有是否。蔡京、林希、蔡卞、黄履、吴安持、晁端彦、翟思、郭知章、劉拯、黄慶基、董敦逸等請罷合祭。詔從之。然北郊親祀，終帝之世未克舉云。

建中靖國元年，命禮部、太常寺詳定北郊儀制。殿中侍御史彭汝霖又請改合祭之禮，韓忠彦以爲不可。曾布力主北郊之説，帝亦然之，遂罷合祭。

又：淳熙中，朱熹爲先朝南北郊之辯曰：《禮》郊特牲而社稷太牢，《書》用牲于郊，牛二及社于新邑，此明驗也。本朝初分南北郊，後復合而爲一。《周禮》亦只説祀昊天上帝，不説祀后土，故先儒言無北郊，祭社卽是祭地。古者天地未必合祭，日月、山川、百神亦無一時合祭共享之禮。古之時，禮數簡而儀從省，必是天子躬親行事，豈有祭天卻將上下百神重沓累積併作一祭耶？且郊壇陛級兩邊上下，皆是神位，中間恐不可行。或問：郊祀后稷以配天，宗祀文王以配上帝，帝卽是天，天卽是帝，却分祭何也？曰：爲壇而祭，故謂之天，祭於屋下而以神祇祭之，故謂之帝。

《宋史》卷一〇一《禮志四》 嘉祐七年七月，詔復有事於明堂，有司言：皇祐參用南郊百神之位，不應祭法。宜如隋、唐舊制，設昊天上帝、五方帝位，以真宗配，而五人帝、五官神從祀。餘皆罷。又前一日，親享太廟，嘗停孟冬之薦，考詳典禮，宗廟時祭，未有因嚴配而輟者。今明堂去孟冬畫日尚遠，請復薦廟。前者祖宗並侑，今用典禮獨配；前者地祇、神州並享，今以配天而罷。是皆變於禮中之大者也。《開元》、《開寶》二禮，五帝無親獻儀。舊禮，先詣昊天奠獻，五帝並行分獻，以侍臣奠幣，皇帝再拜，次詣真宗神坐，於禮爲允。而帝欲盡恭祀事，五方帝位並親獻焉。朝廟用犢一，羊七，豕七；昊天上帝、配帝犢各一，羊豕各二，五方、五人帝共犢五，豕五，羊五；五官從祀共羊豕十。

英宗卽位，禮官議仁宗配明堂，知制誥錢公輔等言：《孝經》曰：昔者周公郊祀后稷以配天，宗祀文王於明堂以配上帝。又曰：孝莫大於嚴父，嚴父莫大於配天，則周公其人也。以周公言之則嚴父，以成王言之則嚴祖。方是時，政則周公，祭則成王，亦安在必嚴其父哉？《我將》之詩是也。真宗則周之武王，仁宗則周之成王，雖有配天之業，而無配天之祭，未聞成、康以嚴父之故，廢文王配天之祭而移之。以孔子之心推周公之志，則嚴父也；以周公之心攝成王之祭，則嚴祖也。嚴祖、嚴父，其義一也。漢明始建明堂，以光武配，當始配之代，適符嚴父之説。章、安二帝亦弗之變，最爲近古而合乎禮。唐中宗時，則以高宗配；在玄宗時，則以睿宗配；在永泰時，則以肅宗配。禮官不能推明經訓，務合古初，反雷同其論以惑時主，延及於今，牢不可破。仁宗嗣位之初，儻有建是論者，則配天之祭常在乎太宗矣。願詔有司博議，使配天之祭不膠於嚴父，而嚴父之道不專乎配天。

觀文殿學士孫抃等曰：《易》稱先王作樂崇德，薦之上帝，以配祖考。蓋祖、考並可配天，符於《孝經》之説，不可謂必嚴其父也。祖、考皆可配郊與明堂而不同位，不可謂嚴祖、嚴父其義一也。雖周家不聞廢文配而移於武，廢武配而移於成，然《易》之配考，《孝經》之嚴父，歷代循守，不爲無説。魏明帝祀文帝於明堂以配上帝，史官謂是時二漢之制具存，則魏所損益可知，亦不可謂章、安之後配祭無傳，遂以爲未嘗嚴父也。唐至本朝講求不爲少，所以不敢異者，舍周、孔之言無所本也。今以爲《我將》之詩，祀文王於明堂而歌者，安知非孔子刪《詩》，存周全盛之《頌》被於管弦者，獨取之也？仁宗繼體守成，置天下於泰安四十二年，功德可謂極矣。今祔廟之始，抑而不得配帝，甚非所以宣章嚴父之大孝。

諫官司馬光、吕誨曰：孝子之心，孰不欲尊其父？聖人制禮以爲之極，不敢踰也。《詩》曰：思文后稷，克配彼天。又《我將》：祀文王於明堂。下此，皆不見於經。前漢以高祖配天，後漢以光武配明堂，以是觀之，自非建邦啓土，造有區夏者，皆無配天之文。故雖周之成、康，漢之文、景、明、章，德業非不美也，然而不敢推以配天，避祖宗也。孔子以周公有聖人之德，成太平之業，制禮作樂，而文王適其父，故引以證聖人之德莫大於孝答曾子，非謂凡有天下者皆當尊其父以配天，然後爲孝也。近代祀明堂者，皆以其父配上帝，此乃誤釋《孝經》之義，而違先王之禮也。景祐中，以太祖爲帝者之祖，比周之后稷，太宗、真宗爲帝者之宗，比周之文、武，然則祀真宗於明堂以配上帝，亦未失古禮。仁宗雖豐功美德洽於四海，而不在二祧之位，議者乃欲舍真宗而以仁宗配，恐於祭法不合。詔從抃議。

《宋史》卷一〇三《禮志六》　大蜡之禮，自魏以來始定議。王者各隨其行，社以其盛，臘以其終。建隆初，以有司言：周木德，木生火，宜以火德王，色尚赤。遂以戌日爲臘。三年，戊戌臘，有司畫日，以七日辛卯。和峴奏議曰：按蜡始於伊耆，後歷三代及漢，其名雖改而其實一也。漢火行，用戌臘，臘者接也，新故相接，畋獵禽獸以享百神，報終成之功也。王者因之，上享宗廟，旁及五祀，展其孝心，盡物示恭也。

《宋史》卷一一九《禮志二十二》　嘉祐四年，著作郎何鬲言：昔舜受堯、禹受舜之天下，而封丹朱、商均以爲國賓。周、漢以降以及於唐，莫不崇奉先代，延及苗裔。本朝受周天下，而近代之盛莫如唐，自梁以下皆不足以崇襲。臣願考求唐、周之裔，以備二王之後，授以爵命，封縣立廟，世世承襲，永爲國賓。事下太常議，曰：古者立二王後，不惟繼絶，兼取其明德可法。五代草創，載祀不永，文章制度，一無可考。上取唐室，世數已遠，於經不合。惟周則我受禪之所自，義不可廢，宜訪求子孫，如孔子後衍聖公，授一京官，爵以公號，使專奉廟饗，歲時存問，賜之粟帛、牲器、祭服，每遇時祀，並從官給，其廟宇亦加嚴飾。如此，則上不失繼絶之義，度之於今，亦簡而易行。從之。四月，詔曰：先王推紹天之序，尚尊賢之義，褒其後嗣，賓以殊禮，豈非聖人稽古報功之大典哉。國家受命之元，繼周而王，雖民靈欣戴，曆數允集，而虞賓將遜，德美丕顯。頃者推命本始，褒及支庶，每遇南郊，許奏白身一名充班行，恩則厚矣，而義未稱。將上采姚、姒之舊，略循周、漢之典，詳其世嫡，優以公爵，異其仕進之路，申以土田之錫，俾廟寢有奉，饗祀不輟，庶幾乎《春秋》通三統、厚先代之制矣。宜令有司取柴氏譜系，於諸房中推最長一人，令歲時親奉周室祀事。如白身，即與京主簿，如爲班行者，即比類換文資，仍封崇義公，與河南府、鄭州合人差遣，給公田十頃，專管勾陵廟。應緣祭饗禮料所須，皆從官給。如至知州資序，即別與差遣，却取以次近親，令襲爵授官，永爲定式。八月，太常禮院定到内殿崇班、相州兵馬都監柴詠於柴氏諸族最長，詔換殿中丞，封崇義公，簽書奉寧軍節度判官事，以奉周祀。又以六廟在西京，而歲時祭饗無器服之數，令有司以三品服一、四品服二及當用祭器給之。

熙寧四年，西京留司御史臺司馬光言：崇義公柴詠祭祀不以儀式。周本郭姓，世宗后姪，爲郭氏後。今存周後，則宜封郭氏子孫以奉周祀。帝閲奏，問王安石，安石曰：宋受天下於世宗，柴氏也。帝曰：爲人後者爲之子。安石曰：爲人後於異姓，非禮也。雖受天下於郭氏，豈可以天下之故而易其姓氏所出？帝然之。五年正月，柴詠致仕。詠長子早亡，嫡孫夷簡當襲。太常禮院言夷簡有過，合以次子西頭供奉官若訥承襲。詔以若訥爲衛尉寺丞，襲封崇義公，簽書河南府判官廳公事。

政和八年，徽宗詔曰：昔我藝祖受禪于周，嘉祐中擇柴氏旁支一名封崇義公。議者謂不當封周。然禪國者周，而三恪之封不及，禮蓋未盡。除崇義公依舊外，擇柴氏最長見在者以其祖父爲周恭帝後，以其孫世世爲宣義郎，監周陵廟，與知縣請給，以示繼絶之仁，爲國二恪，永爲定制。

紹興五年，詔周世宗玄孫柴叔夏爲右承奉郎，襲封崇義公，奉周後。二十六年，叔夏升知州資序，別與差遣。以子國器襲封，令居衢州，朝廷有大禮，則入侍祠如故事。其柴大有、柴安宅亦各補官。

淳祐九年，又以世宗八世孫柴彦穎特補承務郎，襲封崇義公。

時又示隨、唐及朱氏、李氏、石氏、劉氏、郭氏之後，及吴越、荊南、湖南、蜀漢諸國之子孫，皆命以官，使守其祀。

（宋）李燾《續資治通鑑長編》卷二九《宋太宗端拱元年》 乙亥，上於東郊親饗先農，以后稷配，遂耕籍田。始三推，有司言禮畢，上曰：朕志在勸農，恨不能終於千畝，豈止以三推爲限。耕數十步，侍臣固請，乃止。

（宋）李燾《續資治通鑑長編》卷七一《宋真宗大中祥符二年》 壬戌，詔兖州長吏以天書降泰山日詣天貺殿建道場設醮，以其日爲天貺節，令諸州皆設醮。從知并州劉綜之請也。其後又禁屠宰、刑罰，賜會如天慶節之制。節名，據《實録》四年正月乃定，今並書，然劉綜奏請時已有節名矣。

（宋）李燾《續資治通鑑長編》卷一一六《宋仁宗景祐二年》 五月甲申朔，詔曰：王者奉祖宗，尚功德。故禋天祀地，則侑神作主，審禘合食，則百世不遷。恭惟太祖皇帝受天命，建大業，可爲有功矣。太宗、真宗，二聖繼統，重熙累洽，可謂有德矣。其令禮官考合典禮，辨崇配之序，定二祧之位，中書、門下詳閲以聞。王稱《東都事略》：於是禮院言：我太祖經綸草昧，遂有天下，功宜爲帝者祖。太宗勤勞制作，真宗財成治定，德宜爲帝者宗。三廟並萬世不毁。至於升侑上帝，自今以太祖爲定配，二宗爲迭配，將來皇帝親祠，請以三聖並侑。中書、門下奏請如禮官議，詔恭依。

（宋）李燾《續資治通鑑長編》卷二二五《宋神宗熙寧四年》 庚子，禮院言：禮，諸侯不得祖天子，公廟不設於私家。今宗室有祖宗神禦，非所以明尊卑崇正統也。謂宜一切廢罷，以合禮意。從之，仍遣内侍迎奉祖宗神禦於天章閣。先是，魯王、韓王、魏王、申王、楚王五宫院皆有神禦，大宗正司奏請供香燭，知大宗正丞事李德芻以爲非禮，請下禮官議，乃詔禮官議，如德芻請，而降是詔。德芻，淑子也。

（宋）李燾《續資治通鑑長編》卷二七七《宋神宗熙寧九年》 宣徽南院使、判應天府張方平言：司農寺言近降新制，應祠廟並依坊場、河渡募人承買，收取浄利。管下五十餘祠，百姓已買閼伯廟，納錢四十六千五百，宋公微子廟十二千，並三年爲一界。閼伯主祀大火，火爲國家盛德所乘，微子開國于宋，亦本朝受命建號所因。又有雙廟，乃唐張巡、許遠以孤城死賊，所謂能捍大患者。今即許承買，小人以利爲事，必於其間營爲招聚，紛雜冗褻，何所不至。慢神黷禮，莫甚於此，歲收細微，實損大體。欲乞朝廷不賣此三廟，以稱國家嚴恭典禮，追尚前烈之意。上批：司農寺鬻天下祠廟，辱國黷神，此爲甚者，可速令更不施行。其司農寺官吏，令開封府劾之。又批：擅鬻祠廟，爲首之人已劾罪，其赦後不覺舉改正，官可并劾之。又詔：司農寺、市易司創改條制，可並進呈取旨，毋得一面擬進行下。

（元）陳桱《通鑑續編》卷一四《以上言闕政遂罷王安石配享神宗廟廷》 以上言闕政，遂罷王安石配享神宗廟庭。時久兩恒陰，吕頤浩謝罪求去，詔郎官以上言闕政，復下詔以四失罪己：一曰昧經邦之大畧，二曰昧戡難之遠圖，三曰無綏人之德，四曰失馭臣之柄。司勳員外郎趙鼎上疏曰：自熙寧間王安石用事，變祖宗之法，而民始病，假闢國之謀，造生邊患；興理財之政，窮困民力；設虚無之學，敗壞人材。至崇寧初，蔡京託紹述之名，盡祖安石之政。凡今日之患始于安石，成于蔡京。今安石猶配享神宗，而京之黨未除，時政之缺，莫大於此。中丞張守上疏曰：

陛下處宫室之安，則思二帝母后穹廬氈幕之居；享膳羞之奉則思二帝母后粗糲酪漿之味；服細煖之衣則思二帝母后窮邊絶塞之寒苦；操予奪之柄則思二帝母后語言動作受制于人；享嬪御之適則思二帝母后誰爲之使令，對臣下之朝則思二帝母后誰爲之尊禮。思之又思，兢兢栗栗。聖心不倦，而天不爲之助順者，萬無是理也。

（清）**徐乾學《資治通鑑後編》卷六《宋紀六》**　甲申，詔兩京諸道自十月後犯强竊盗不得預郊祀赦，所在長吏當告諭下民，無令冒法，自後將郊祀必申明此詔。攷異：李燾曰：《寶訓》載王旦言，太宗時每議郊祀皆前下詔。又慮强盗恃恩犯法，乃詔不以赦原，而史館《日歷》并言竊盗，竊盗情輕，不可與强盗同科。今立刑法，志宜在酌中，而史官執稱不改《日歷》舊文。真宗曰：當如何書？旦曰：止可言强盗。上曰：理雖如此，然不可輒改。當從史官議。庶幾傳信。今《刑法志》所書實用真宗聖語云。

（清）**徐乾學《資治通鑑後編》卷一七《宋紀一七》**　二月甲申，命宰相羣官禱雨，又命中使分祀五嶽。故事，御署祝版以遣之。翰林學士王禹偁上言：準禮五嶽視三公，今雖加王爵，猶人臣爾。天子稱名恐非古制，請自今更不御署。帝親批其紙尾曰：朕爲萬民祈福，桑林之禱猶無憚，至於親署，又何損乎？

（清）**徐乾學《資治通鑑後編》卷六〇《宋紀六〇》**　乙丑，内出手詔言：明堂之禮前代並用鄭康成、王肅兩家義説，兼祭昊天上帝，已爲變禮。祖宗以來，三歲一親郊，合祭天地，祖宗並配百神從祀。今祀明堂，正當親郊之期，而禮官所定止祭昊天、五帝不及地祇，祀配坐不及祖宗，未合三朝之制。況比年水旱、地震，稼穡不登，移郊爲大饗。蓋亦爲民祈福，宜合祭地祇，奉太祖、太宗、真宗並配，而五帝、神州亦親獻，日月河海諸神悉如圜丘從祀。因謂文彦博曰：禮非天降地出，緣人情耳。禮官習拘儒之舊傳，捨三朝之成法，非朕所以昭孝息民也。彦博曰：惟上聖至明，爲能達禮之情，適禮之變，非臣等所及。翌日，彦博奏：詔書所定親獻之禮周於五，天帝、神州及圜丘之位陟降爲勞，請命官分獻。帝曰：朕於大祀，豈敢憚勞也。禮官議從祀神位未決，復諭曰：郊壇第一龕者在堂，第二、第三龕者設於左右夾廡及龍墀上，在壝内外者，列於堂東西廂及後廡，以象壇壝之制，仍先繪圖以聞。

（清）**徐乾學《資治通鑑後編》卷六五《宋紀六五》**　己卯，詔羣臣實封言時政闕失。范鎮又言：《傳》曰：簡宗廟，不禱祠，廢祭祀，逆天時，則水不潤下。陛下恭事天地神祇，肅祀祖宗山川之祠，罔不秩舉。至於號令，必順天時。然而上天出此變者，蓋曉諭陛下以簡宗廟也。宗廟以承承爲重，故古先帝王即位之始，必有副貳以重宗廟也。陛下即位以來，虚副貳之位三十五年矣。臣近奏，擇宗子賢者，優其禮數，試之以政，係天下之心，竢有聖嗣復遣還邸，及今兩月餘而不決，此天變所以發也。伏惟陛下深念宗廟之重，必有副貳。以臣前一章降付執政大臣，速爲裁定，以塞天變。

（清）**徐乾學《資治通鑑後編》卷九六《宋紀九六》**　丁亥，庫部員外郎姚舜仁言：神宗嘗詔侍臣欲考古三雍之制，開明堂辟雍以發政施仁，其初志蓋將以追配黄帝三代之治。元祐紛擾之後，紀綱法度靡復存者，今陛下恢復先烈蒐講上儀，體虞庠之制，立近郊之學。即丁未之方申辟廱之教，與漢唐增煥祈年之館，大營避暑之宫，萬萬相遼矣。臣伏願陛下上規黄帝三代之遺制，下采戴禮經傳羣儒之碩論，即國之東丙巳之地，正明堂之大禮，革皇祐權宜之設，定崇寧不刊之規，臣謹參考古禮繪成圖式以獻。詔依所定營建。

（清）**徐乾學《資治通鑑後編》卷九八《宋紀九八》**　庚戌，手詔曰：朕荷天顧諟，錫以元圭，内赤外黑，尺有二寸，旁列十有二山，蓋周之鎮圭，有法乎是，祇天之休于以昭事上帝，而體其道，過周遠矣，將來冬祀可搢大圭執鎮圭，庶格上帝之心，敷佑乎于下民，永爲定制。

（清）**徐乾學《資治通鑑後編》卷九九《宋紀九九》**　己丑，詣玉清和陽宫上地祇徽號詔曰：王者，父天母地，乃者祇率萬邦黎庶强爲之名。以玉册、玉寶昭告上帝，而地祇未有稱謂，謹上徽號曰承天效法厚德光大后土皇地祇，詣宫上寶册，儀禮一如上帝。

（宋）**李心傳《建炎以來繫年要録》卷四〇《建炎四年庚戌十二月己巳朔之丁酉》**　庚寅，上與輔臣議改元。范宗尹曰：將來郊禮，又須降赦。今德音乞用第二等。上曰：將來郊禮，除諸軍賞給及官員奏薦不可不與，其餘當一切從權減省。參知政事張守曰：仁宗時，祫享禮，恐將來可遵用。

（宋）**李心傳《建炎以來繫年要録》卷四三《紹興元年辛亥三月戊戌朔之四月乙未》**　丁丑，刑部尚書權禮部尚書胡直孺等言參酌《皇祐詔書》，將來請合祭昊天上帝、皇地示於明堂。奉太祖、太宗以配天。庶幾禮專事簡。從之。時上將行明堂禮，命有司議。初議三聖並侑，如《皇祐詔書》。禮部員外郎王居正以爲皇祐明堂本非爲萬世不易之禮也，葢古之帝王自非建邦啟土，肇造區夏者，皆無配天之祭。故雖周之成康，漢之文、景、明、章，其德業非不美，然而子孫不敢推以配天，避祖宗也。聖宋崛起，非有始封之祖，則創業之祖，太祖是矣。有德之宗，太宗是矣。太祖則周之后稷配祭於郊者也。太宗則周之文王，配祭於明堂者也。此二者不遷之法，皇祐宗祀，合祭天地，固宜以太祖、太宗配，當時葢拘於嚴父，故配帝並及於真宗，主上紹膺大統，自真至神均爲祖廟，獨躋則患在於無名，並配則幾同於祫享。望以太祖、太宗並配明堂，於禮爲合。宰相范宗尹是之，議遂定，天地復合祭自此始。

（宋）李心傳《建炎以來繫年要録》卷四二《紹興元年辛亥二月戊辰朔之丁酉》　戊寅，詔禮部、御史臺、太常寺條具明堂合行事件，申尚書省。時上以當行大禮，命近臣議之。參知政事張守欲行祫饗禮。禮部尚書秦檜建言：頃歲渡江，冬祀儀物，散失殆盡。宗廟行事，登樓肆赦，不可悉行。至於祫饗，又不及天地，惟宗廟明堂，似乎簡易。苟採先儒之説，而畧其嚴父之文，志在饗帝，而不拘於制度之末，尚可或舉。議遂定。

（宋）李心傳《建炎以來繫年要録》卷四四《紹興元年辛亥五月丙申朔之癸亥》　己亥，手詔禮部、太常寺，討論隆祐皇太后合行册禮，及奏告天地宗廟等事取旨。初，進士黃縱上書，論隆祐皇太后頃年以誣謗廢斥，未嘗昭雪。雖復位號，然未正典禮，及册告宗廟朝議。欲因陞祔廟庭，特行册禮。上諭大臣：太母失位於紹聖之末，其後欽聖復之，再廢於崇寧之初。雖事出大臣，然天下不能戶曉，或得以竊議兩朝。范宗尹曰：太母聖德，人心所歸。自陛下推崇位號，海內莫不以爲當然，前後廢斥，實出章惇、蔡京，人皆知非二聖之過。上曰：然昔高宗欲立武氏，長孫無忌、褚遂良皆以爲不可，而李勣猶曰：此陛下家事，何須問外人。帝意遂決。則隆祐之廢，出於惇、京明矣。富直柔曰：陛下推崇隆祐，天下以爲當。人亦不以尤哲廟與上皇，願陛下勿復致疑。上然之，乃命禮官討論典禮。既而禮部員外郎王居正謂：國朝追册母后，皆由前日未極尊稱之故。隆祐皇太后蚤儷宸極，雖蒙垢紹聖，退處道宮。而案元符三年五月詔書，則上皇受命欽聖憲肅皇后以復冢婦之意，亦已明甚。崇寧初，權臣擅政，悖違典禮，以卑廢尊，是太后之隆名定位已正於元符，而不在靖康變故之日也。謂宜專用欽聖詔書，及崇寧姦臣沮格之意，奏告天地宗廟，其册禮不須討論。刑部尚書兼權禮部尚書胡直孺等以聞，其議遂定。禮官議，上在庚戌，今聯書之。紹興四年五月庚申，臣僚上言，哲宗朝事迹，載在《時政記》《日歷》者，皆爲蔡京取旨焚毀滅迹。紹興九年，有進士黃縱者，嘗繳進其父籍没京家所藏之餘，又皆殘缺不全。案：縱所上書未得其本，此所云蔡京全書，未知與黃策所進蔡京親書復后所得聖語劄子相關否。當考。

（宋）李心傳《建炎以來繫年要録》卷八六《紹興五年乙卯閏二月乙巳朔之癸酉》　壬子，輔臣奏遣中使往温州奉迎太廟神主事。上曰：朕以宗廟在遠，心常歉然。今奉迎神主至行在，當行朝謁之禮。沈與求曰：古者征伐，載木主以行。今雖戎輅在行，九廟未復，因時草剏，一行朝謁之禮，亦足以仰慰孝思。上曰：祖宗故事，唯景靈宮則有薦獻，太廟則爇香而已。大禮必簡，所以尚嚴也。

（宋）李心傳《建炎以來繫年要録》卷一一四《紹興七年丁巳九月庚申朔之戊子》　辛巳，合祀天地於明堂，太祖、太宗並配，受胙，用樂，赦天下。故事，當喪無享廟之禮，而近歲景靈宮神御在温州，率遣官分詣，至是禮官吳表臣奏行之。今年四月甲子。

（宋）李心傳《建炎以來繫年要録》卷一九二《紹興三十一年辛巳八月辛朔之九月己亥》　九月庚午朔，命輔臣朝饗太廟。辛未，宗祀徽宗皇帝於明堂，以配上帝。建王亞獻，嗣濮王士輵終獻樂備而不作。初，禮官以行禮殿隘，欲祀五天帝於朵殿，五人帝於東西廂。太常少卿王普言，有熊氏乃聖祖之別號，因引皇祐故事，竝升於明堂，各依其隅，鋪設五人帝在五帝之左。稍退五官神位於東廂，皆遣官分獻，罷從祀諸神位，用元豐禮也。先是，權禮部侍郎金安節以淵聖皇帝未祔廟，請宮廟皆以大臣攝事，權工部侍郎黃中請毋新幄，帝毋設四輅以節浮費。皆從之。祭之日用鹵簿萬一百有四十人。禮畢，就常御殿庭宣制書赦天下。

（宋）李心傳《建炎以來朝野雜記甲集》卷三《典禮・總論南巡後禮樂》　自南巡後，庶事草創，上祀天維揚，始命即京師取祭器、法服、鹵簿之屬。己酉南渡，悉爲金人所焚。紹興元年，始作蒼璧、黄琮。十年，明堂始備大樂，飲福用金爵。十二年，將逆太母於臨平，始製常行儀衛。十三年，始復朔日視朝之禮，又行孟饗，備五輅，及建金雞肆赦，祠祭始用牲。十四年，復教坊，建宗學，作渾天儀。十五年，初籍千畝，及行大朝會禮，作新祭器。十六年，始備八寶，鑄景鐘，建御書院、太廟祏室，又賜講畢御筵。十七年，始命太常行園陵，御史監視，及賜新進士聞喜宴。十八年，始繪配饗功臣像於景靈宮庭之兩壁。十九年，始復蜡祭，及諸陵薦新。二十七年，始復太廟功臣七祭，及諸大祀。蓋自息兵後，將二十年，而禮樂始備焉。

（清）嵇璜等《續通典》卷四六《禮·郊天》 政和三年，詔有司討論壇壝之制。禮制局言：古所謂地上圜丘，澤中方丘皆因地形之自然。王者建國，或無自然之丘。則於郊擇吉土，以兆壇位，爲壇之制。

又： 金初，因遼舊俗有拜天之禮。以重五中元，重九日行之。重五於鞠場，中元於內殿。重九於都城外。其制刳木爲盤，如舟狀。赤爲質，畫雲鶴文爲架，高五六尺。置盤於上，薦食物其中，聚宗族拜之。若至尊，則以常武殿築臺爲拜天所。太宗即位，告祀天地，設位而祭。天德以後，始有南北郊之制。南郊，在豐宜門外。當闕之已地圜壇三成。成十二陛各案辰位，壝墻三匝、四面各三門，齋宮東北。廚庫在南壇壝，皆以赤土圬之。冬至日，合祀昊天上帝皇地祇於圜丘。

（宋）朱熹《資治通鑑綱目》卷三四 周主祀圜丘定郊廟之制考異。主當作王。據武成元年書：周王始稱帝，則此不當書爲主。周主祀圜丘，自謂先世出於神農，以神農配二丘。始祖獻侯莫那配南北郊。文王配明堂廟，號太祖，仍用鄭玄義，立祖與二昭、二穆爲五廟。其有德者，別爲祧廟。不毀。

又： 周祔太祖於太廟。七廟，共用一太牢，始祖薦首，餘皆骨體。

（宋）吕中《宋大事記講義》卷一九《哲宗皇帝·郊祀分祭合祭之異》 元祐七年五月，納皇后孟氏。六月，以蘇頌爲僕射。十一月冬至，郊復合祭。蘇轍主合祭之議，從之者五人。劉安世主分祭，從之者四十人。從之者多寡亦可以見分合之是非。

以《周禮》冬至祀天，夏至祀地之事觀之，則分祭為是，而昊天有成命之。《詩》謂郊祀天地，此乃序《詩》之誤，不可信也。故分祭者先王之正祀，合祭者後世之權宜。或謂社祭即祭地也，此理當攷。

《元史》卷二七《英宗紀》 丙戌，帝服衮冕，享太廟，以左丞相拜住亞獻，知樞密院事闊徹伯終獻。詔羣臣曰：一歲惟四祀，使人代之，不能致如在之誠，實所未安。歲必親祀，以終朕身。廷臣或言祀事畢宜赦天下，帝諭之曰：恩可常施，赦不可屢下。使殺人獲免，則死者何辜？遂命中書陳便宜事，行之。

（清）徐乾學《資治通鑑後編》卷一七一《元紀一九》 壬辰，太常博士王瓚言：各處請加封神廟，濫及淫祠。按禮經，以勞定國，以死勤事，能禦大災，能捍大患，則祀之。其非祀典之神今後不許加封，制可。

（清）徐乾學《資治通鑑後編》卷一七六《元紀二四》 甲子，帝謂右丞相鼎珠等曰：敬天地，尊祖宗重事也。近年以來，闕於舉行，朕將親祀郊廟，務盡誠敬，不必繁文，卿等其議典禮，從其簡者行之。

（元）蘇天爵《元朝名臣事略》卷五《中書耶律文正王》 己丑，太宗即位。公定册立儀禮。皇族尊長皆令就班列拜，尊長之有拜禮，蓋自此始。諸國來朝者，多以冒禁應死。公言：陛下新即位，願無污白道子。從之。蓋國俗尚白，以白爲吉故也。神道碑。又李微撰墓誌云：己丑秋，公奉遺詔，立太宗。

（清）嵇璜等《續通典》卷八五《樂·歷代沿革下》 元太宗十年十一月，徵金太常遺樂，宣聖五十一代孫衍聖公元措言於帝曰：今禮樂散失，燕京、南京等處亾金太常故臣及禮册樂器多存者，乞降旨收録。於是降旨，令各處管民官如有亾金知禮舊人，可並其家屬徙付東平，令元措領之，於本路稅課所給其食。憲宗二年三月五日，命東平萬戶嚴忠濟立局制鐘磬筍虡儀物肄習。五月十三日，召太常禮樂人赴日月山。

（明）俞汝楫《禮部志稿》卷一《聖訓·太祖高皇帝·進膳之訓》 洪武七年五月，禮部尚書牛諒上所考定進膳禮奏言：古禮凡大祀齋之日，宰犢牛以爲膳，以助精神。上曰：太牢非常用，致齋三日而供三犢，所費太侈。夫儉可以制欲，澹可以熙性。若無節制，惟事奢侈，徒增傷物之心，何益事神之道。諒曰：《周禮》是古人所定，非過侈也。上曰：周官之法，不行於後世多矣。惟自奉者乃欲法古，其可哉？

（清）龍文彬《明會要》卷八《禮三·大饗》 初，無明堂祀上帝及配位之制。嘉靖十七年，前揚州府同知豐坊上言：孝莫大於嚴父，嚴父莫大於配天。宜建明堂，尊皇考爲宗，以配上帝。下禮部會議。尚書嚴嵩言：明堂、圜丘皆所以事天。今大祀殿在圜丘之北、禁城東南，正應古之方位。明堂秋饗之禮，卽此可行，不必更建。至侑饗之禮，昔周公宗祀文王於明堂，傳以爲萬物成形於秋，故秋祀明堂，以父配之，取其成物之時也。自漢武迄唐、宋諸君，莫不皆然，主親親也。至錢公輔、司馬光等之議，則主於祖宗之功德。今以功德論，則宜配文皇；以親親論，則宜配獻皇。至稱宗之禮，則未有稱宗而不祔太廟者，臣等不敢妄議。帝降旨：明堂秋報大禮，宜於奉天殿行之，其配享皇考。稱宗何爲不可？命再議。戶部侍郎唐胄疏爭之曰：三代之禮，莫備於周。《孝經》曰：郊祀后稷以配天，宗祀文王於明堂，以配上帝。又曰：嚴父莫大於配天，則周公其人也。說者謂：周公有聖人之德，制作禮樂而文王固其父，故引以證聖人之孝，答曾子問而已。非謂：有天下者，皆必以父配天，然後爲孝。不然，周公輔成王踐阼，其禮蓋爲成王而制，於周公爲嚴父，於成王爲嚴祖矣。然周公歸政之後，未聞成王以嚴父之故，廢文王配天之祭而移於武王也。及康繼成，亦未聞以嚴父之故，廢文王配天之祭而移於成王也。後世祀明堂者，皆配以父：此乃誤《孝經》之義，而違先王之禮。昔有問於宋儒朱熹者，曰：周公之後，當以文王配耶？當以時王之父配耶？朱熹曰：祇當以文王配。又問：繼周者如何？熹曰：祇以有功之祖配之，後來第爲嚴父之說所惑耳！由此觀之，明堂之配，不專於父，明矣。皇上繼統之初，廷臣執爲人後之說，於是力正大倫，惟張孚敬席書諸臣。及何淵有建廟之議，陛下嘉答諸臣，亦云：朕奉天法祖，豈敢有干太廟。顧今日乃惑於豐坊之言耶？臣謂明堂之禮，誠不可廢，惟當奉太宗配，於禮爲宜。若獻皇帝得聖人爲之子，不待稱宗議配，而專廟之享，百世不遷矣。疏入，下胄詔獄。嵩乃再會廷臣議，請奉獻皇帝配明堂，而文皇帝配祀於孟春祈穀。帝從獻皇配帝之請，郤文皇議不行。已復集文武大臣於東閣，議獻皇帝宜稱宗。帝以疏不言祔廟，留中不下，乃設為臣下奏對之詞，作《明堂或問》，以示輔臣。大略言：文皇遠祖，不應嚴父之義，宜以父配。稱宗雖無定說，尊親崇上，義所當行。既稱宗則當祔廟，豈有太廟中四親不具之禮？帝既排正議，崇私親，心念太宗永無配享，無以謝廷臣，乃上獻皇帝廟號曰睿宗，而改稱太宗號曰成祖。時未建明堂；迨季秋，遂大饗上帝於元極寶殿，奉睿宗配。《禮志》三編。

（清）龍文彬《明會要》卷二三《輿服上・天子車輅》丙午四月乙卯，太祖閱古車制，至《周禮》五輅，曰：玉輅太侈，何若祇用木輅？學士詹同對曰：孔子云：乘殷之輅，卽木輅也。太祖曰：以玉飾車，古惟祀天用之。常乘，宜用殷輅。然祀天之際，玉輅未備，木輅亦未爲不可。參政張昶曰：木輅，戎輅也。不可以祀天。太祖曰：孔子斟酌四代禮樂，爲萬世法。木輅寧不可祀？祀在誠敬，不在儀文。

（清）嵇璜等《續通典》卷八五《樂・歷代沿革下》明太祖洪武元年春，親祭太社、太稷。祫享於太廟。其冬祀昊天上帝於圜丘。明年，祀皇地祇於方丘，又以次祀先農、日月、太歲、風雷、嶽瀆、周天星辰、至聖先師、歷代帝王，皆定樂舞之數，奏曲之名。圜丘：迎神，奏《中和之曲》。奠玉帛，奏《肅和之曲》。奉牲，奏《凝和之典》。初獻，奏《壽和之曲》，《武功之舞》。亞獻，奏《豫和之曲》。終獻，奏《熙和之曲》，俱《文德之舞》。徹豆，奏《雍和之曲》。送神，奏《安和之曲》。望燎，奏《時和之曲》。方丘並同，曲詞各異。太社、太稷，易迎神曰《廣和》，省奉牲，餘並與方丘同，曲詞各異。先農：迎神、奠帛，奏《永和之曲》。進俎，奏《雍和之曲》。初獻、終獻，並奏《壽和之曲》。徹豆、送神，並奏《永和之曲》。望瘞，奏《太和之曲》。朝日迎神，奏《熙和之曲》。奠玉帛，奏《保和之曲》。初獻，奏《安和之曲》，《武功之舞》。亞獻，奏《中和之曲》。終獻，奏《肅和之曲》，俱《文德之舞》。徹豆，奏《凝和之曲》。送神，奏《壽和之曲》。望燎，奏《豫和之曲》。夕月，迎神易《凝和》，奠帛以下與朝日同，曲詞各異。太歲、風雷、嶽瀆：迎神，奏《中和》。奠帛，奏《安和》。初獻，奏《保和》。亞獻，奏《肅和》。終獻，奏《凝和》。徹豆，奏《壽和》。送神，奏《豫和》。望燎，奏《熙和》。周天星辰，初附祀夕月。洪武四年別祀：迎神，奏《凝和》。奠帛、初獻，奏《保和》，《武功舞》。亞獻，奏《中和》，終獻，奏《肅和》，俱《文德舞》。徹豆，奏《豫和》。送神，奏《雍和》。太廟：迎神，奏《太和之曲》。奉册寶，奏《熙和之曲》。進俎，奏《凝和之曲》。初獻，奏《壽和之曲》，《武功之舞》。亞獻，奏《豫和之曲》。終獻，奏《熙和之曲》，俱《文德之舞》。徹豆，奏《雍和之曲》。送神，奏《安和之曲》。初獻，則德、懿、熙、仁各奏樂舞，亞、終獻則四廟共之。釋奠先師：初用大成登歌舊樂。洪武六年，始命詹同、樂韶鳳等更製樂章。迎神，奏《咸和》。奠帛，奏《寧和》。初獻，奏《安和》。亞獻、終獻，奏《景和》。徹饌、送神，奏《咸和》。歷代帝王：迎神，奏《雍和》。奠帛、初獻，奏《保和》，《武功舞》。亞獻，奏《中和》，終獻，奏《肅和》，俱《文德舞》。徹豆，奏《凝和》。送神，奏《壽和》。望瘞，奏《豫和》。又定王國祭祀樂章：迎神，奏《太清之曲》。初獻，奏《壽清之曲》。亞獻，奏《豫清之曲》。終獻，奏《熙清之曲》。徹饌，奏《雍清之曲》。送神，奏《安清之曲》。其社稷山川，易迎神爲《廣清》，增奉瘞曰《時清》。此祭祀之樂歌節奏也。又定朝會宴饗之制，凡聖節、正旦、冬至，大朝賀，和聲郎陳樂於丹墀百官拜位之南，北向。駕出，仗動。和聲郎舉麾，奏《飛龍引之曲》，樂作，陞座。樂止，偃麾。百官拜，奏《風雲會之曲》，拜畢，樂止。丞相上殿致詞，奏《慶皇都之曲》，致詞畢，樂止。百官又拜，奏《喜昇平之曲》，拜畢，樂止。駕興，奏《賀聖朝之曲》，還宮，樂止。百官退，和聲郎、樂工以次出。凡宴饗，和聲郎四人總樂舞，二人執麾，立樂工前之兩旁；二人押樂，立樂工後之兩旁。殿上陳設畢，和聲郎執麾由兩階升，立於御酒案之左右；二人引歌工、樂工由兩階升，立於丹陛上之兩旁，東西相向。舞師二人執旌，引武舞士立於西階下之南；又二人執翿，引文舞士立於東階下之南；又二人執幢，引四夷舞士立於武舞之西南，俱北向。武舞曰《平定天下之舞》，象以武功定禍亂也；文舞曰《車書會同之舞》，象以文德致太平也。四夷舞曰《撫安四夷之舞》，象以威德服遠人也。引大樂二人，執戲竹，引大樂工陳列於丹陛之西，文武二舞樂工列於丹陛之東，四夷樂工列於四夷舞之北，俱北向。駕將出，仗動，大樂作。升座，樂止。進第一爵，和聲郎舉麾，唱奏起《臨濠之曲》，引樂二人引歌工、樂工詣酒案前，北面，重行立定。奏畢，偃麾，押樂引衆工退。第二，奏《開太平之曲》。第三，奏《安建業之曲》。第四，奏《削羣雄之曲》。第五，奏《平幽都之曲》。第六，奏《撫四夷之曲》。第七，奏《定封賞之曲》。第八，奏《大一統之曲》，第九，奏《守承平之曲》。其舉麾、偃麾，歌工樂工進退，皆如前儀。進第一次膳，和聲郎唱奏《飛龍引之樂》，大樂作。食畢，樂止，偃麾。第二，奏《風雲會之樂》。第三，奏《慶皇都之樂》。第四，奏《平定天下之舞》。第五，奏《賀聖朝之樂》。第六，奏《撫安四夷之舞》。第七，奏《九重歡之樂》。第八，奏《車書會同之舞》。第九，奏《萬年春之樂》。其舉麾、偃麾如前儀。九奏三舞既畢，駕興，大樂作。入宮，樂止，和聲郎執麾引衆工以次出。宴饗之曲，後凡再更。四年所定，一曰《本太初》，二曰《仰大明》，三曰《民初生》，四曰《品物亨》，五曰《御六龍》，六曰《泰階平》，七曰《君德成》，八曰《聖道行》，九曰《樂清寧》。十五年所定，一曰《炎精開運》，二曰《皇風》，三曰《眷皇明》，四曰《天道傳》，五曰《振皇綱》，六曰《金陵》，七曰《長楊》，八曰《芳醴》，九曰《駕六龍》。凡大朝賀，教坊司設中和韶樂於殿之東西，北向。陳大舞於丹陛之東西，亦北向。駕興，中和韶樂奏《聖安之曲》。陞座進寶，樂止。百官拜，大樂作。拜畢，樂止。進表，大樂作。進訖，樂止。宣表目，致賀訖，百官俯伏，大樂作。拜畢，樂止。宣制訖，百官舞蹈山呼，大樂作。拜畢，樂止。駕興，中和韶樂奏《定安之曲》，導駕至華蓋殿，樂止。百官以次出。其大宴饗教坊司設中和韶樂於殿內，設大樂於殿外，立三舞雜隊於殿下。駕興，大樂作。陞座，樂止。文武官入列於殿外，北向拜，大樂作。拜畢，樂止。進御筵，樂作。進訖，樂止。進花，樂作，進訖，樂止。進第一爵，教坊司奏《炎精開運之曲》，樂作。內外官拜畢，樂止。散花，樂作。散訖，樂止。第二爵，奏《皇風之曲》。樂止，進湯。鼓吹饗節前導至殿外，鼓吹止，殿上樂作。羣臣湯饌成，樂止。武舞入，教坊司請奏《平定天下之舞》。第三爵，教坊司請奏《眷皇明之曲》，進酒如前儀。樂止，教坊司請奏《撫安四夷之舞》。第四爵，奏《天道傳之曲》，進酒進湯如前儀，樂止，奏《車書會同之舞》。第五爵，奏《振皇綱之曲》，進酒如前儀。樂止，奏百戲承應。第六爵，奏《金陵之曲》，進酒進湯如前儀。樂止，奏八蠻獻寶承應。第七爵，奏《長楊之曲》，進酒如前儀。樂止，奏採蓮隊子承應。第八爵，奏《芳醴之曲》，進酒進湯如前儀。樂止，奏魚躍于淵承應。第九爵，奏《駕六龍之曲》，進酒如前儀。樂止，收爵。進湯，進大膳，樂作。供羣臣飲食訖，樂止，百花隊舞承應。宴成徹案，羣臣出席，北向拜，樂作。拜畢，樂止。駕興，大樂作。鳴鞭，百官以次出。此朝賀宴享之樂歌節奏也。成祖永樂十八年，北京郊廟成，其合祀合享禮樂，一如舊制。更定宴饗樂舞：初奏《上萬壽之曲》，《平定天下之舞》；

二奏《仰天恩之曲》、《撫四夷之舞》。三奏《感地德之曲》、《車書會同之舞》。四奏《民樂生之曲》、《表正萬邦之舞》。五奏《感皇恩之曲》、《天命有德之舞》。六奏《慶豐年之曲》。七奏《集禎應之曲》。八奏《永皇圖之曲》。九奏《樂太平之曲》。嘉靖元年，御史汪珊請屏絶玩好，令教坊司毋得以新聲巧技進，世宗嘉納之。是時，更定諸典禮，因亦有志於樂。建觀德殿以祀獻帝，召協律郎肄樂供祀事。後建世廟成，改殿曰崇先。乃親製樂章，命大學士費宏等更定曲名，以別於太廟。其迎神曰《永和之曲》，初獻曰《清和之曲》，亞獻曰《康和之曲》，終獻曰《沖和之曲》，徹饌曰《泰和之曲》，送神曰《寧和之曲》。宏等復議，獻皇生長太平，不尚武功，其三獻皆當用《文德舞》。從之。遂去武舞已而太常復請之，乃命禮官會張璁議，璁言：樂舞以佾數爲降殺，不聞以武文爲偏全。使八佾之制，用其文而去其武，則兩階之容，得其左而闕其右。是皇上舉天子禮樂，而自降殺之矣。何以式四方垂萬世。乃從璁議，仍用二舞。九年二月，始祈穀於南郊。帝親製樂章，命太常協於音譜。是年，始祀先蠶，下禮官議樂舞。禮官言：先蠶之祀，周、漢所同。其樂舞儀節，經史不載。唐開元先蠶儀注，大樂令設宮縣於北郊壇壝內，諸女工咸列於後，則祀先蠶用女樂可知。唐《六典》，宮縣之舞八佾，軒縣之舞六佾，則祀先蠶用八佾又可知。然止言舞生冠服，而不及舞女冠服。陳暘《樂書享先蠶圖》下，止有《宮架登歌圖》，而不及舞。夫有樂有舞雖祀禮之常，然周、漢制度既不可考，宋祀先蠶，代以有司，又不可據。惟開元略爲近古，而陳氏《樂書》考據亦明。前享先農，既以佾數不足，降八爲六，則今祀先蠶，止用樂歌，不用樂舞，亦合古制。且以見少殺先農之禮。帝以舞非女子事，罷不用。使議樂女冠服以聞。禮官言：北郊陰方，其色尚黑。同色相感，事神之道。漢蠶東郊，魏蠶西郊，色皆尚青，非其色矣。樂女冠服宜黑，乃用樂六奏，去舞其樂。女皆黑冠服，因定享先蠶樂章。又以祀典方釐定南北郊，復朝日夕月之祭，命詞臣取洪武時舊樂歌，一切更改。禮官因請廣求博訪，有如宋胡瑗、李照者，具以名聞。授之太常，考定雅樂。給事中夏言乃以致仕甘肅行太僕寺丞張鄂應詔。命趣召之。既至，授鶚太常寺丞令詣太和殿較定樂舞，鶚遂上言：《周禮》有郊祀之樂，有宗祀之樂，尊親分殊，聲律自別。臣伏聽世廟樂章，律起林鍾，均殊太廟。臣竊異之。蓋世廟與太廟同禮，而林鍾與黃鍾異樂。函鍾主祀地祇，位寓坤方，星分井鬼，樂奏八變，以報資生之功。故用林鍾起調，林鍾畢調也。黃鍾主祀宗廟，位分子野，星隸虛危，樂奏九成，以報本源之德。故用黃鍾起調，黃鍾畢調也。理義各有歸旨，聲數默相感通。況天地者父母之象，大君者宗子之稱。今以祀母之樂，奏以祀子，恐世廟在天之靈，必不能安且享矣。不知譜是樂者，何所見也。臣觀舊譜樂章，字用黃鍾，聲同太廟。但審聽七聲，中少一律，今更補正。使依奏格，則祖孫一氣相爲流通，函黃二宮不失均調。尊親之分兩得，神人之心胥悦矣。詔下禮官。李時等覆奏，以爲：鶚所言，與臣等所聞於律呂諸書者，深有所合。蓋黃鍾一調，以黃鍾爲宮，太蔟爲商，姑洗爲角，蕤賓爲變徵，林鍾爲徵，南呂爲羽，應鍾爲變宮。舊樂章用合，用四，用一，用尺，用工。去蕤賓之勾，而越次用再生黃鍾之六，此舊樂章之失也。若林鍾一調，則以林鍾爲宮，南呂爲商，應金鍾爲角，大呂之半聲爲變徵，太蔟之半聲爲徵，姑洗之半聲爲羽，蕤賓之半聲爲變宮。邇者沈居敬更協樂章，用尺，用合，用四，用一，用工，用六。夫合，黃鍾也；四，太蔟之正聲也；一，姑洗之正聲也；六，黃鍾之子聲也。以林鍾爲宮，而所用爲角徵羽者，皆非其一均之聲，則謬甚矣。況林鍾一調，不宜用於宗廟，而太廟與世廟，不宜異調，鶚見尤真。自今宜用舊協音律，惟加以蕤賓勾聲，去再生黃鍾之六，改用應鍾之凡，以成黃鍾一均，庶於感格之義，深有所補。乃命鶚更定廟享樂音，而逮治沈居敬等。鶚尋譜定帝社稷樂歌以進。詔嘉其勤，優禄一級陞爲少卿，掌教雅樂。十二年五月，夏言又奏：古者龍見而雩，命樂正習盛樂，舞皇舞。請依古禮，定大雩之制。當三獻禮成之後，九奏樂止之時，隱括《雲漢》詩詞，製爲《雲門》一曲，使文武舞士並舞而合歌之。仍於神樂觀增設鼓吹數番，選教舞童百人，青衣執羽，繞壇周旋，歌《雲門》之曲，而舞曲凡九成，藉以鼓暢陽氣，敷潤下土。帝可其議。其所定樂章，迎神《中和》，奠帛《肅和》，進俎《咸和》。初獻《壽和》，亞獻《景和》，終獻《永和》，徹饌《凝和》，送神《清和》，望燎《太和》。

（漢）應劭《風俗通義》卷二《正失·封泰山禪梁父》

唯泰山乎！封者立石，高一丈二尺，尅之曰：事天以禮，立身以義，事父以孝，成名以仁。四守之內，莫不爲郡縣，四夷八蠻咸來貢職。與天下無極，人民蓄息，天禄永得。

（清）王士禛《池北偶談》卷四《談故四·祭北海》 丁卯四月，副都御史徐元珙疏請釐正祀典，其略云：臣按歷代祀典，唐望祀北海於洛州，卽今河南府也。宋望祀北海於孟州，卽今懷慶府也。明亦望祭於懷慶府。我朝典制，東海祀於萊州，南海祀於廣州，二祀近海，誠爲允當。西海則於蒲州望祭，蓋西海遙遠，循宋、明之舊而望祭之，宜也。至北海則仍祭於懷慶。夫宋都於汴，而懷慶在其北，彼時幽燕皆非宋土，卽出國門而望北一祭，亦權宜之計。有明定鼎燕京，仍往南而祭北海。我朝因之，殆非宅中以涖四海之義。伏查北鎮醫無閭山，在奉天府屬，今爲北鎮。山海關迤北之海，非北海乎？況盛京發祥重地，土厚水深，源流綿邈。皇上聲教四訖，幅員之大，亘古未有。長白山水并烏龍，鴨緑諸江，亦盡朝宗於海，則北海之祭，不應仍在懷慶。此祀典之急宜釐正者。伏查順治十七年，科臣粘本盛題請改祭北岳於渾源州，祈下部議，嗣後告祭，更定於迤北近海地界云云。得旨：下九卿詹事科道會議。上言：明臣丘濬言京師東北乃古碣石淪海之地，於此立祠，就海而祭爲宜。濬所云碣石，今在永平府，但我朝幅員廣大，混同江水發源長白，流入北海，今北海之祭，應改混同江邊望祭可也。得旨允行。

雜録

（漢）孔安國傳 （唐）孔穎達正義《尚書正義·商書·盤庚上》 遲任有言曰：人惟求舊，器非求舊，惟新。遲任，古賢。言人貴舊，器貴新，汝不徙，是不貴舊。遲，直疑反，徐持夷反。任，而今反，馬云：古老成人。古我先王，暨乃祖乃父，胥及逸勤，予敢動用非罰？言古之君臣相與同勞逸，子孫所宜法之，我豈敢動用非常之罰脅汝乎？世選爾勞，予不掩爾善。選，數也。言我世世選汝功勤，不掩蔽汝善，是我忠於汝。選，息轉反，又蘇管反。掩，本又作弇。數，色主反。茲予大享于先王，爾祖其從與享之。古者天子録功臣配食於廟。大享，烝嘗也。所以不掩汝善。與音預。烝，之丞反。作福作災，予亦不敢動用非德。善自作福，惡自作災，我不敢動用非罰加汝，非德賞汝乎？從汝善惡而報之。疏：遲任至非德。正義曰：可遷則遷，是先王舊法。古之賢人遲任有言曰：人惟求舊，器非求舊，惟新。言人貴舊，器貴新，汝不欲徙，是不貴舊，反遲任也。古者我之先王及汝祖汝父相與同逸豫，同勤勞，汝爲人子孫，宜法汝父祖，當與我同其勞逸。我豈敢動用非常之罰脅汝乎？自我先王以至於我，世世數汝功勞，我不掩蔽汝善，是我忠於汝也。以此故我大享祭於先王，汝祖其從我先王與在宗廟而歆享之，是我不掩汝善也。汝有善自作福，汝有惡自作災，我亦不敢動用非德之賞妄賞汝，各從汝善惡而報之耳。其意告臣言從上必有賞，違命必有罰也。傳遲任至貴舊。正義曰：其人既没，其言立於後世，知是古賢人也。鄭玄云：古之賢史。王肅云：古老成人。皆謂賢也。傳選數至於汝。正義曰：《釋詁》云：算，數也。舍人曰：釋數之曰算。選卽算也，故訓爲數。經言世世數汝功勞，是從先王至己常行此事，故云是我忠於汝也。言己之忠，責臣之不忠也。傳古者至汝善。正義曰：《周禮·大宗伯》祭祀之名，天神曰祀，地祇曰祭，人鬼曰享。此大享於先王，謂天子祭宗廟也。傳解天子祭廟，得有臣祖與享之意，言古者天子録功臣配食於廟，故臣之先祖得與享之也。古者孔氏據已而道前世也，此殷時已然矣。大享，烝嘗者，烝嘗是秋冬祭名，謂之大享者，以事各有對。若烝嘗對禘祫，則禘祫爲大，烝嘗爲小。若四時自相對，則烝嘗爲大，礿祠爲小。以秋冬物成，可薦者衆，故烝嘗爲大；春夏物未成，可薦者少，故礿祠爲小也。知烝嘗有功臣與祭者，案《周禮·司勳》云凡有功者，銘書於王之太常，祭於大烝，司勳詔之是也。嘗是烝之類，而傳以嘗配之，《魯頌》曰秋而載嘗是也。《祭統》云内祭則大嘗禘是也，外祭則郊社是也。然彼以祫爲大嘗，知此不以烝嘗時爲禘祫，而直據時祭者，以殷祫於三時，非獨烝嘗也。秋冬之祭，尚及功臣，則禘祫可知。惟春夏不可耳，以物未成故也。近代已來，惟禘祫乃祭功臣配食，時祭不及之也。近代已來，功臣配食各配所事之君，若所事之君其廟已毁，時祭不祭毁廟，其君尚不時祭，其臣固當止矣。禘祫則毁廟之主亦在焉，其時功臣亦當在也。《王制》云：犆礿，祫禘，祫嘗，祫烝，諸侯礿犆，禘，一犆一祫，嘗祫，烝祫。此《王制》之文，夏殷之制，天子春惟時祭，其夏秋冬既爲祫，又爲時祭。諸侯亦春爲時祭，夏惟作祫，不作祭，秋冬先作時祭，而後祫。周則春曰祠，夏曰礿，三年一祫在秋，五年一禘在夏，故《公羊傳》云：五年再殷祭。《禮緯》云：三年一祫，五年一禘。此是鄭氏之義，未知孔意如何。

（清）孫星衍《尚書今古文注疏·盤庚上》 世選爾勞，予不掩爾善。茲予大享于先王，爾祖其從與享之。注：《大傳》説：古者諸侯始受封，則有采地。百里諸侯以三十里，七十里諸侯以二十里，五十里諸侯以十五里。其後子孫雖有罪黜，其采地不黜，使其子孫賢者守之，世世以祠其始受封之人。此之謂興滅國，繼絶世。《書》曰茲予大享于先王，爾祖其從與享之，此之謂也。鄭康成曰：大享，謂烝嘗也。掩一作絶，又作弇。疏：選者，《漢書》注：孟康云：數也。勞者，《周禮·司勳》職云：事功曰勞。不絕其善者，卽《大傳》所云諸侯子孫采地不黜也。大享，謂禘祭于明堂。《曲禮》云：大饗不問卜。注云：祭五帝於明堂。《禮器》云：大饗，腥。注云：大饗，祫祭先王也。疏引鄭注《論語》云：禘祭之禮自血腥始。《禮器》又云：大饗其王事與？下言諸侯之貢、諸侯之賓，是大饗卽禘祭也。《商頌・長發》，大禘之詩，云：受小球大球，為下國綴旒。受小共大共，為下國駿厖。惟禘有諸侯助祭。《公羊》文二年《傳》何休注云：禘所以異于祫者，功臣皆祭也。案：經云大享卽《禮記》大饗也。云爾祖其從與享之，知爲禘也。《大傳》説，見《路史・國名紀》四。鄭注見《周禮・司勳》疏。云大享，謂烝嘗者，《王制》云：天子諸侯宗廟之祭，春曰礿，夏曰禘，秋曰嘗，冬曰烝。注云：此蓋夏、殷之祭名，周則改之，春曰祠，夏曰礿，以禘為殷祭。《祭統》云：凡祭有四時，春祭曰礿，夏祭曰禘，秋祭曰嘗，冬祭曰烝。注云：謂夏、殷時禮也。《祭統》又云：礿禘，陽義也。嘗烝，陰義也。禘者，陽之盛也。嘗者，陰之盛也。故曰莫重於禘嘗。案：此則大享當是禘嘗，而鄭以為烝嘗者，《周禮・司勳》云：凡有功者，銘書於王之大常，祭於大烝，司勳詔之。注云：生則書于王旌，以識其人與其功也。死則于烝先王祭之。詔，謂告其神以辭也。盤庚告于卿大夫曰茲予大享于先王，爾祖其從與享之是也。《書》疏之釋鄭注云，知烝嘗有功臣與祭者，以《周禮》此文。嘗是烝之類，故以嘗配之。又云：秋冬之祭尚及功臣，則禘祫可知。又釋大享云：若烝嘗對禘祫，則禘祫為大，烝嘗為小。若四時自相對，則烝嘗為大，礿祠為小。是鄭注雖舉烝嘗為大享，亦未嘗不兼祫禘也。《爾雅》禘為大祭，凡祭之大於餘祭者皆得為禘。故冬至祭昊天上帝于圜丘，夏正祭感生帝于南郊，及宗廟五年一祭，皆為禘。《左傳》云：烝嘗禘于廟。是烝嘗亦得名禘也。掩，《詩・文王》疏引《五經異義》用此文作絶，《釋文》云：掩，又作弇。

（清）孫星衍《尚書今古文注疏・召誥》 越三日丁巳，用牲于郊，牛二。疏：越三日，《説文》：粵，于也，審慎之詞。《周書》曰：粵三日丁亥。案：卽此文，亥當為巳。自甲寅翼日數之，月十四日也。郊者，《易乾鑿度》云：三王之郊，一用夏正。據上云三月，正夏正建寅之月。王郊是正祭，當以上旬行禮于鎬京。此因始立郊兆而特祭天，配以后稷也。《周書・作雒解》云：乃設丘兆于南郊以祀上帝，配以后稷，日、月、星辰，先王皆與食。用牲，牛二者。帝牛一，稷牛一也。《郊特牲》云：郊特牲而社稷太牢，貴誠也。郊惟用特牛，禮以少為貴，無羊、豕也。《公羊》宣三年《傳》云：養牲養二，卜帝牲不吉，則扳稷牲而卜之。帝牲在于滌三月，于稷者，惟具是視。《郊特牲》亦云：帝牛不吉，以為稷牛，帝牛必在滌三月，稷牛惟具。所以別事天神與人鬼也。又云：于郊，故謂之郊牲。用騂，尚赤也。用犢，貴誠也。案：《洛誥》云騂牛，此不言其色者，時尚稱殷禮，用白牡也。越翼日戊午，乃社于新邑，牛一、羊一、豕一。疏：戊午，月十五日。社者，立社祭后土，以句龍配。《郊特牲》云：社祭土而主陰氣。是社祭為土神也。《春秋左氏》昭二十九年《傳》云：共工氏有子曰句龍，為后土，后土為社。謂句龍生為后土之官，死則配食于社，故鄭注《周禮》云共工氏之子曰句龍，食于社是也。《周書・作雒解》云：乃建大社于國中，其壝東青土，南赤土，西白土，北驪土，中央亹以黃土。《白虎通・社稷篇》云：王者所以有社稷何？為天下求福報功。人非土不立，非穀不食。土地廣博，不可徧敬也；五穀眾多，不可一一祭也。故封土立社，示有土；尊稷五穀之長，故封稷而祭之也。《尚書》曰：乃社于新邑。又云：社稷以三牲何？重功故也。《尚書》曰：乃社于新邑，羊一、牛一、豕一。案：稷為封稷而祭，以后稷配。經不言稷，舉社以該之也。云牛一、羊一、豕一者，《王制》云：天子、社稷皆太牢。鄭注《周禮》云：三牲牛、羊、豕具，為一牢。案：句龍配社，后稷配稷，蓋以人鬼配土穀之神，猶郊之以稷配天也。《偽孔》云：句龍、后稷祀為社稷。與王肅謬説同。又以社稷共牢，皆誤。

（清）孫星衍《尚書今古文注疏・洛誥》 予齊百工，伻從王于周。予惟曰：庶有事。今王卽命，曰記功宗，以功作元祀。注：曰一作日。疏：工者，《詩傳》云：官也。周者，謂成周。庶者，庶幾，《釋言》云：尚也。有事者，《春秋左氏》僖九年《傳》曰：天子有事于文武。昭十五《傳》曰：有事于武宮。皆謂祀事也。記者，《王制》云：太史執簡記。注云：簡記，册書也。則記為書也。宗者，《白虎通・宗族篇》云：尊也。元者，《詩傳》云：大也。言我整齊百官，使從王於成周。予徒以尚有祀事，今王就大命書識其功，尊異之，令以功助大祀。《盤庚》云：茲予大享于先王，爾祖其從與享之。《周禮・司勳》云：凡有功者，銘書于王之大常，祭于大烝，司勳詔之。是功臣有配食之禮也。曰記功宗者，《釋詁》云：爰，曰也。言爰記功宗。《釋文》曰音越，一音人實反，則古本作日記也。

又 祭歲，文王騂牛一，武王騂牛一。王命作册，逸祝册，惟告周公其後。注：鄭康成曰：歲，成王元正月朔日也。以朝享之後，用二特牛祫祭文王、武王于文王廟，使史逸讀所作册祝之書，告神以周公其宜立為後者。謂將封伯禽也。是非時而特格祖廟，故文武各特牛也。册一作策。疏：祭歲者，謂歲朝朝享也。《詩・烈文序》云：成王卽政，諸侯助祭也。箋云：新王卽政，必以朝享之禮祭於祖考，告嗣位也。騂，卽《説文》觲字，《周禮・牧人》云：凡陽祀，用騂牲毛之。注云：騂牲，赤色。《檀弓》云：周人尚赤，牲用騂。卽《大傳》所云易犧牲也。前文不言牲色，蓋稱殷禮，則用白牡矣。為周公立後必於廟者，《祭統》云：古者明君爵有德而祿有功，必賜爵祿于太廟，示不敢專也。下文云：王入大室祼。則此當在明堂。明堂亦云文王廟，卽謂文祖也。《大戴・明堂篇》云：或以為明堂者，文王之廟也。告嗣位畢，卽可封周公後，蓋一日之事，俱卽在明堂。《詩・烈文》疏引《洛誥》此文及鄭注，而云：彼言正月朔日，與此祭祖、告嗣位同日事也。此言以朝享之禮，彼言祫祭文武者，此言卽政助祭，是王自祭廟告己嗣位，彼祭文武，謂告封周公。此二禮必不得同也。何則？身未受位，不可先以封人。明是二者，各自設祭。當是先以朝享之禮徧祭羣廟，以告己嗣位，於祭之末，卽勑戒諸侯，事訖，乃更以禮祫祭文武於文王之廟，以告封周公也。案：《詩》疏以徧祭羣廟告嗣位，乃更祫祭文王廟，失之。鄭注見《詩·烈文》疏。云歲，成王元年正月朔日者，上文烝是冬祭，於烝下言祭歲，明是冬後改歲，有事而祭。此時周公既反政，則成王卽政及封公後二事，皆常于歲首行之。故知是元年正月朔日也。云朝享者，鄭注《周禮·司尊彝》云：朝享，謂朝受政于廟。云祫祭文王、武王於文王廟者，此祫非謂三年一祫之祭，止取義於祫之言合，文武異廟而合祭，自當遷卑就尊，故知於文王廟也。云使史逸讀所册祝之書者，逸與佚通；史，其官。偕周公、太公、召公俱為成王四輔者也。云告神以周公宜為後者，以言祝册，故知是告神，謂文武之神也。云謂封伯禽者，伯禽，周公子魯公也。《公羊》文十三年《傳》云：封魯公以為周公主。是周公其後，謂封伯禽也。《偽傳》以烝祭歲為句，合為一事，失之。鄭云祫祭文王、武王於文王廟，似卽明堂也。册，《律曆志》作策。

(宋) 陳祥道《禮書》卷一《袞冕》　葢先王祭服，其内明衣，加以中衣，其中繡黼丹朱，然後加裘袞焉。則大裘之所著見者，領而已。袞服玄衣纁裳而九章，則龍也，山也，華蟲也，火也，宗彝也，繪於衣；藻也，粉米也，黼也，黻也，繡於裳前後。邃延，則前十二旒，其玉百四十有四，後十二旒玉亦百四十有四。鄭氏曰：旒十有二，前後邃延者，言皆出冕前後而坐也。《釋名》曰：冕玄上纁下，前後垂珠，有文飾也。其韍朱韍，其帶素帶，朱裏朱緑，終辟執鎮圭搢大圭。朝諸侯則執瑁圭。佩白玉而玄組綬赤舄。

(宋) 陳祥道《禮書》卷一《鷩冕》　鷩冕以祀先公饗射，然先公尊矣，所服止於此者，非卑之於先王以為祭，則各以其服授尸，尸服如是，而王服袞以臨之，非所以為敬，故弗敢也。

(宋) 陳祥道《禮書》卷二《毳冕》　毳冕五章。《説文》：毳，獸細毛也。宗彝有虎蜼之飾，而毳衣有宗彝之章，故《書》謂之宗彝。《周禮》謂之毳冕。毳冕，王所祀四望、山川之服也。五采繅十有二就，五采玉十有二，前後皆七旒，共玉百六十有八。繪於衣則宗彝、藻、粉米也，繡於裳則黼黻也。韍帶、圭佩、綬舄與鷩冕同。

(宋) 陳祥道《禮書》卷二《希冕》　希冕三章。王祭社稷五祀之服，非卑之於饗射也，以社稷五祀之所上，止於利人，故衣粉米而已，謂之希，以其章少故也。

(宋) 陳祥道《禮書》卷二《玄冕》　玄冕一章。王祭羣小祀之服，其衣玄而無文，裳黻而已，其章不足道也，故以玄名之。玄冕亦五采繅十有二，就五采玉十有二，前後三斿，共玉七十二，而玉之齊服亦用焉。

(宋) 陳祥道《禮書》卷六《皮弁》　《郊特牲》祭之日，王皮弁以聽祭報，示民嚴上也。皮弁素服，而祭素服以送終也。

(宋) 陳祥道《禮書》卷六七《天子七廟》　廟所以象生之有朝也，寢所以象生之有寢也。建之觀門之内，不敢遠其親也。位之觀門之左，不忍死其親也。《家語》曰：天子七廟，諸侯五廟，自虞至周之所不變也，是故《虞書》禋于六宗以見大祖。《周官》守祧八人以兼姜嫄之宫。則虞周七廟可知矣。伊尹言七世之廟，商禮也。

(宋) 陳祥道《禮書》卷九二《社稷》　《禮》曰：國君去其國曰奈何去社稷也。又曰：國君死社稷。又曰：問國君之年，長則曰能從宗廟社稷之事矣，幼則曰未能從宗廟社稷之事也。《王制》：諸侯祭社稷。《月令》：仲春，擇元日命民社。社，后土也，使民祀焉，神其農業也，祀社日用甲。季冬，命太史次諸侯之列，賦之犧牲以共皇天、上帝、社稷、寢廟之祀。

(宋) 陳祥道《禮書》卷九四《五祀》　是月也，天子乃祈來年于天宗大割祠于公社及門閭，臘先祖五祀。五祀，門戶中霤竈行也。或言祈年，或言大割，或言臘，互文。《曾子問》曰：君薨而世子生。太宰命祝史以名徧告于五祀山川。天子崩，未殯，五祀之祭不行。既殯而祭，其祭也尸入，三飯不侑，酳不酢而已矣。自啓至于反哭，五祀之祭不行，已葬而祭，祝畢，獻而已。既葬彌吉畢獻祝而後止，郊社亦然，惟當禘宗廟俟吉也。

(三國魏) 繆襲《皇覽逸禮》　天子迎四節日，天子迎春夏秋冬之樂，又順天道，是故距冬至四十六日，則天子迎春於冬堂，距邦八里，堂高八尺，堂階八等，青税八乘。旗旄尚青，田車載矛，號曰助天生，唱之以角，舞之以羽翟，此迎春之樂也。自春分數四十六日，則天子迎夏於南堂，距邦七里，堂高七尺，堂階七等，赤税七乘，旗旄尚赤，田車載弓，《後漢書》注作戟。號曰助天養，唱之以徵，舞之以鼓鞉，此迎夏之樂也。自夏至數四十六日，則天子迎秋於西堂，距邦九里，堂高九尺，堂階九等，白稅九乘。旗旄尚白，田車載戟，《後漢書》注作兵。號曰助天收，唱之以商，舞之以干戚，此迎秋之樂也。自秋分數四十六日，則天子迎冬於北堂，距邦六里，堂高六尺，堂階六等，黑稅六乘。旗旄尚黑，田車載甲，鐵鍪，號曰助天誅，唱之以羽，舞之以籥，此迎冬之樂也。所以迎四時樂，秋養九志於西堂，冬養九勝於北堂，養後三日而止天子行殺，必順天道。

春則衣青衣，佩蒼玉，乘青輅，駕青驪，載青旗，以迎春於東郊，居明堂左啟東戶。夏則衣赤衣，佩赤玉，乘赤輅，駕赤驪載赤旗，以迎夏於南郊食菽，其祭先黍與雞，明堂正居廟啟南戶。《書鈔》引此云仲夏則居明堂正廟。秋則衣白衣，佩白玉，乘白輅，駕白驪，載白旗，以迎秋於西郊，居明堂右啟西戶。冬則衣黑衣，佩玄玉，乘玄輅，駕鐵驪，載玄旂，以迎冬於北郊，其祭先黍與豕，居明堂後廟啟北戶。

(漢) 史游《急就篇》卷四 祠祀社稷叢臘奉。叢，一作菆，音同。祠者，伺而祭之。祀者，祭無已也。補曰：《曲禮》：禱祠，祭祀求福曰禱，求得曰祠。漢高帝詔曰；吾甚重祠而敬祭。長安置祠祀官。《說文》：祠品物少多文詞也。漢律曰：祠祉司命。社，地主也。稷，先農也，故求福焉。補曰：鄭康成云：社，五土總神稷原隰之神，句龍后稷配之。秦漢以來，民二十五家以上得立社。叢謂草木岑蔚之所，因立神祠也。《戰國策》曰：應侯謂秦昭王。恆思有神叢，恒思之悍少年與叢博。《史記》曰：吳廣之次所旁叢祠中夜構火。皆謂此叢也。一曰：叢者，合聚諸神而祭之也。補曰：《詩》注：灌木，叢木也。太玄牽羊示于叢。杜注：木聚稱叢。《廣韻》叢，聚也。恒本作桓。臘，接也，廣祭百神也。補曰：《風俗通》云：夏曰嘉平，殷曰清祀，周曰大蜡，秦曰臘。蔡邕云：夏曰清祀，殷曰嘉平，周曰蜡，秦曰臘。臘者，歲終大祭。《左傳》：虞不臘矣。非始於秦也。漢火行衰於戌，故臘用戌日。奉謂供其粢盛牲特幣帛，以事神也。盛音成。補曰：《左氏傳》：季梁曰：奉牲以告，奉盛以告，奉酒醴以告。

(宋) 金履祥《資治通鑑前編》卷九 魯初請郊廟之禮。孔子曰：我觀周道幽厲，傷之吾舍，魯何適矣。魯之郊禘，非禮也。周公其衰矣。《外紀》曰：初魯惠公使宰讓請郊廟之禮于天子。王使史角往，魯公止之，其後在魯。《路史》曰：劉原父謂使魯郊者，在周而必非成王。蓋平王以下固亦未之悉爾。始魯惠公使宰讓請郊廟之禮于天子，天子使角往止之，其後在魯于是有墨翟之學。魯之用郊，正亦始于此矣。夫惠公之止之，則是周不與之矣，不與而魯用郊，自用之也。昔者荊人請大號，周人不許，荊人稱之，然而魯之郊禘可知矣。惠公之請由平王世也。陳氏曰：諸侯之有郊禘，東遷之僭禮也。史曰：秦襄始列于諸侯，作西畤，祠白帝，僭端見矣。位在藩臣而臚于郊祀，君子懼焉，則平王以前未有也。魯之郊禘，惠公請之也。惠公雖請之而魯郊猶未率為常也。僖公始作頌以郊為夸焉。記禮者以為魯禮皆成王賜之，以康周公。按衛祝鮀之言曰：周公相王室，以尹天下，于周為睦。分魯公以大路，大旂，夏后氏之璜，封父之繁弱，殷氏六族，以昭周公之德，予之土田陪敦，祝宗卜史，備物典册官司彝器，則成王命魯不過如此。隱公考仲子之宮，問羽數于眾仲。周公閱來聘，饗有昌歜、白、黑、形鹽。周公以為備物，辭不敢受。衛甯武子來聘，宴之賦《湛露》及《彤弓》。武子不答賦，曰：諸侯朝正于王，于是賦《湛露》。諸侯敬王所愾而獻其功，于是乎賜之彤弓。假如記禮之言得用郊禘，兼四代服器，則祝鮀不應不及，況魯行天子之禮久矣。隱公何以始問羽數，閱何以辭備物之享，甯武子何以致譏于《湛露》、《彤弓》，于以見魯僭未久。上自天子之宰，至于兄弟之國之卿，苟有識者，皆疑怪遜謝，而魯人並無一語及于成王之賜以自解，故郊禘之說當從劉恕。

《史記》卷九九《劉敬叔孫通列傳》 高帝崩，孝惠即位，迺謂叔孫生曰：先帝園陵寢廟，羣臣莫(能)習。徙為太常，定宗廟儀法。及稍定漢諸儀法，皆叔孫生為太常所論箸也。

孝惠帝為東朝長樂宮，及閒往，數蹕煩人，迺作複道，方築武庫南。叔孫生奏事，因請閒曰：陛下何自築複道高寢，衣冠月出游高廟？高廟，漢太祖，柰何令後世子孫乘宗廟道上行哉？孝惠帝大懼，曰：急壞之。叔孫生曰：人主無過舉。今已作，百姓皆知之，今壞此，則示有過舉。願陛下為原廟渭北，衣冠月出游之，益廣多宗廟，大孝之本也。上迺詔有司立原廟。原廟起，以複道故。

《後漢書》卷九四《禮儀志》 立春之日，夜漏未盡五刻，京師百官皆衣青衣，郡國縣道官下至斗食令史皆服青幘，立青幡，施土牛耕人于門外，以示兆民，至立夏。唯武官不。立春之日，下寬大書曰：制詔三公：方春東作，敬始慎微，動作從之。罪非殊死，且勿案驗，皆須麥秋。退貪殘，進柔良，下當用者，如故事。

(漢) 衛宏《漢舊儀》卷上 皇帝起居儀宮司馬內，百官案籍出入，營衛周廬，晝夜誰何。殿外門署屬衛尉，殿內郎署屬光祿勳，黃門、鉤盾署屬少府。輦動則左右侍帷幄者稱警，車駕則衛官填街，騎士塞路。出殿則傳蹕，止人清道，建五旗，丞相、九卿執兵奉引。乘輿冠高山冠，飛羽之纓，幘耳赤，丹紈裏，帶七尺斬蛇劍，履虎尾絇履，諸王歸國稱從。

（漢）衛宏《漢舊儀》卷下　王子為侯。侯、王歲以戶口酎黃金，獻于漢廟，皇帝臨受獻金以助祭。大祠曰飲酎，飲酎受金，小不如斤兩，色惡，王奪戶，侯免國。

《三國志》卷二《魏志·文帝紀》　詔曰：昔仲尼資大聖之才，懷帝王之器，當衰周之末，無受命之運，在魯、衛之朝，教化乎洙、泗之上，悽悽焉，遑遑焉，欲屈己以存道，貶身以救世。于時王公終莫能用之，乃退考五代之禮，脩素王之事，因魯史而制春秋，就太師而正雅頌，俾千載之後，莫不宗其文以述作，仰其聖以成謀，咨！可謂命世之大聖，億載之師表者也。遭天下大亂，百祀墮壞，舊居之廟，毀而不脩，褒成之後，絕而莫繼，闕里不聞講頌之聲，四時不覩蒸嘗之位，斯豈所謂崇禮報功，盛德百世必祀者哉！其以議郎孔羨為宗聖侯，邑百戶，奉孔子祀。令魯郡脩起舊廟，置百戶吏卒以守衛之，又於其外廣為室屋以居學者。

《魏書》卷四一《源賀傳》　明堂、辟雍並未建就，子恭上書曰：臣聞辟臺望氣，軌物之德既高；方堂布政，範世之道斯遠。是以書契之重，理冠於造化；推尊之美，事絕於生民。至如郊天饗帝，蓋以對越上靈；宗祀配天，是用酬膺下土。大孝莫之能加，嚴父以兹為大，乃皇王之休業，有國之盛典。竊惟皇魏居震統極，總宙馭宇，革制土中，垂式無外。自北徂南，同卜維於洛食；定鼎遷民，均氣候於寒暑。高祖所以始基，世宗於是恢構。按功成作樂，治定制禮，乃訪遺文，修廢典，建明堂，立學校，興一代之茂矩，標千載之英規。永平之中，始創雉構，基趾草昧，迄無成功。故尚書令、任城王臣澄按故司空臣沖所造明堂樣，并連表詔答、兩京模式，奏求營起。緣期發旨，即加葺繕。侍中、領軍臣叉，總動作官，宣贊授令。自兹厥後，方配兵人，或給一千，或與數百，進退節縮，曾無定準，欲望速了，理在難克。若使專役此功，長得營造，委成責辦，容有就期。但所給之夫，本自寡少，諸處競借，動即千計。雖有繕作之名，終無就功之實。爽塏荒茫，淹積年載，結架崇構，指就無兆。仍令肄胄之禮，掩仰而不進，養老之儀，寂寥而不返。構厦止於尺土，為山頓於一匱，良可惜歟！愚謂召民經始，必有子來之歌；興造勿亟，將致不日之美。況本兵不多，兼之牽役，廢此與彼，循環無極。便是輟創禮之重，資不急之費，廢經國之功，供寺館之役，求之遠圖，不亦闕矣？今諸寺大作，稍以粗舉，並可徹減，專事經綜，嚴勒工匠，務令克成。使祖宗有薦配之期，蒼生覩禮樂之富。書奏，從之。

《北史》卷四七《袁翻傳》　〔袁〕翻少入東觀，為徐紇所薦，李彪引兼著作佐郎，參史事。後拜尚書殿中郎。正始初，詔尚書門下於金墉中書外省考論律令，翻與門下錄事常景、孫紹，廷尉監張彪，律博士侯堅固，書侍御史高綽，前將軍刑苗，奉車都尉程靈虯，羽林監王元龜，尚書郎祖瑩、宋世景，員外郎李琰之，太樂令公孫崇等並在議限。又詔太師彭城王勰，司州牧高陽王雍，中書監京兆王愉，青州刺史劉芳，左衛將軍元麗，兼將作大匠李韶，國子祭酒鄭道昭，廷尉少卿王顯等入豫其事。後除豫州中正。

是時，修明堂辟雍，翻議曰：

謹按明堂之義，今古諸儒論之備矣。蓋唐、虞以上，事難該悉，夏、殷以降，校可知之。按《周官·考工》所記，皆記其時事，具論夏、殷名制，豈其紕繆？是知明堂五室，三代同焉，配帝像行，義則明矣。及《淮南》、《呂氏》與《月令》同文，雖布政班時，有堂个之別，然推其體，則無九室之證。

既而正義殘隱，妄說斐然。明堂九室，著自戴禮，探緒求源，罔知所出，而漢氏因之，自欲為一代之法。故鄭玄云：周人明堂五室，是帝一室也，合於五行之數。《周禮》依數，以為之室。本制著存，是周五室也。於今不同，是漢異周也。漢為九室，略可知矣。但就其此制，猶有懵焉。何者？張衡《東京賦》云：乃營三宮，布教班常，複廟重屋，八達九房。此乃明堂之文也。而薛綜注云：房，室也。謂堂後有九室。堂後有九室之制，非巨異乎。裴頠又云：漢氏作四維之个，不能令各據其辰，就使其像可圖，莫能通其居用之禮，此為設虛器也。甚知漢世徒欲削滅周典，捐棄舊章，改物創制。故不復拘於載籍。且鄭玄之詁訓《三禮》及釋《五經》異義，並盡思窮神，不墜周公之舊法也。伯喈損益漢制，章句繁雜，既違古背新，又不能易玄之妙矣。魏、晉書紀，亦有明堂祀五帝之文，而不記其經始之制，又無坦然可準。觀夫今之基趾，猶或髣髴，高卑廣狹，頗與《戴禮》不同，何得以意抑心，便謂九室可明？且三雍異所，復乖盧、蔡之義，進退無據，何用經通？晉朝亦以鑽鑿難明，故有一屋之論，並非經典正義，皆以意妄作，茲為不典。學家常談，不足以範時軌世。

皇代既乘乾統曆，得一御宸，自宜稽古則天，憲章文、武，追蹤周、孔，述而不作。豈容虛追子氏放篇之浮說，徒損經紀雅誥之遺訓，而欲以支離橫義，指畫妄圖，儀刑宇宙而貽來葉者也？

又北京制置，未皆允帖，繕修草創，以意良多。事移化變，存者無幾，理苟宜革，何必仍舊。且遷都之始，日不遑給，先朝規度，每事循古，是以數年之中，悛換非一，良以永法為難，數改為易。何為宮室府庫多因故迹，而明堂辟雍獨遵此制？建立之辰，復未可知矣。既猥班訪逮，輒輕率瞽言，明堂五室，請同周制，郊建三雍，求依故所，庶有會經誥，無失典刑。

《舊唐書》卷二一《禮儀志》 大祀散齋四日，致齋三日。中祀散齋三日，致齋二日。小祀散齋二日，致齋一日。散齋之日，晝理事如舊，夜宿於家正寢，不得弔喪問疾，不判署刑殺文書，不決罰罪人，不作樂，不預穢惡之事。

（宋）王溥《唐會要》卷三《雜録》 元和十一年三月，順宗皇后王氏崩於南內之咸寧殿，謚曰莊憲。初，太常少卿韋纁進謚議，公卿署定，欲告天地宗廟。禮院奏議曰：謹按《曾子問》：賤不誄貴，幼不誄長，禮也。古者天子稱天以誄之。皇后之謚，則讀於廟。《江都集禮》引《白虎通》曰：皇后何所謚之，謚之於廟。又曰：皇后無外事，無為于郊。《傳》曰：故雖天子，必有尊也。準禮，賤不得誄貴，子不得爵母。所以必謚於廟者，謚宜受成於宗廟。故天子謚成于郊，皇后謚成于廟。今請準禮，集百官連署謚狀訖，讀於太廟，然後上謚于兩儀殿，既符故事，允合《禮經》。從之。

（宋）王溥《唐會要》卷八《郊議》 或曰：祭泰折，主先后，非禮歟？曰：是禮也，非宜也。王者父事天，母事地，侑神崇孝，無嫌可也。且夫柴瘞外事，帝王主之，蒸嘗內事，后妃助之。是開元正人倫，革弊禮，起百王之法也。故令千載承末光，聆絕韻，咀甘實，漱芳潤，爍元妙之至精，流不已之淑聲。臣說作頌，告于神明。四皇墳而六帝典，雖吉甫亦莫能名。徒採彼輿人之詩曰：大矣哉！維天為大，維皇則之。率我萬國，受天之祺。子孫百代，人神共保綏之云爾而已矣。

（宋）王溥《唐會要》卷九下《雜郊議下》 天寶五載詔曰：皇王之典，聿修於百代，郊祭之義，允屬於三靈。聖人既因時以制宜，王者亦緣情以革禮。且尊莫大乎天地，禮莫崇乎祖宗，嚴配昭升，豈宜異數！今烝嘗之獻，既著於恒式，南北之郊，未展于時享。自今以後，每載四時孟月，先擇吉日，祭昊天上帝，其皇地祇合祭，以次日祭九宮壇。皆令宰臣行禮奠祭，務崇蠲潔，稱朕意焉。《通典》。

（宋）王溥《唐會要》卷一〇上《親拜郊》 乾封初，詔依舊祀感帝。司禮少常伯郝處俊等奏曰：顯慶新禮，廢感帝之祀，改為祈穀昊天上帝，以高祖太武皇帝配。檢舊禮，感帝以世祖元皇帝配。今既奉勅依舊，祈穀為感帝，以高祖配者，高祖依新禮見配圜丘昊天上帝，若更配感帝，便恐有乖古禮。案《禮記》周人禘嚳而郊稷之義，今若禘郊一祖同配，恐無所據。從之。《舊唐書・禮儀志》。開元中，起居舍人王仲邱議曰：案《貞觀禮》，祈穀祀感帝，而《顯慶禮》祀昊天上帝。《傳》曰：郊而後耕。《詩》曰：噫嘻！春夏祈穀于上帝。《禮記》亦曰：上辛祈穀于上帝。而鄭元乃云：天之五帝迭王，王者之興，必感其一，因別祭尊之。故夏正之月，祭其所生之帝于南郊，以其祖配之。故周祭靈威仰，以后稷配，因以祈穀。然則祈穀非祭之本意，乃因后稷為配爾，此非祈穀之本義也。夫祈穀，本以祭天也，然五帝者，五行之精，所以生九穀也，宜于祈穀祭昊天，而兼祭五帝。《唐書・禮樂志》。

（宋）王溥《唐會要》卷一〇上《親迎氣》 德宗貞元元年十月二十七日詔：郊祀之義本于至誠。制禮定名，合從事實，使名實相副，尊卑有倫。五方配帝，上古哲王，道濟蒸民，禮著明祀，論善計功，則朕德不類，統天御極，朕位攸同。而祝文稱臣以祭，既無益于誠敬，徒有黷于等威，宜從改正，以敦至禮。自今以後，祀五方配帝，祝文並不須稱臣。其餘禮數如舊。

（宋）王溥《唐會要》卷一一《明堂制度》 證聖元年正月詔：十七日御端門，賜酺宴。十六日明堂後夜佛堂災，延燒明堂，至明並盡。左拾遺劉承慶諫曰：明堂，宗祀之所。今忽被災，陛下宜輟朝停酺，以答天讜。天后欲責躬避正殿。納言姚璹進曰：此實人火，非曰天災。至如成周宣榭火，卜世逾長，漢武建章宮災，盛德彌永。今明堂乃是布政之所，非宗廟之地，陛下將避正殿，於大禮有乖。從之，乃御端門賜宴。二十二日，以災告廟。

（宋）王溥《唐會要》卷二三《緣祀裁制》　大歷七年八月，禮儀使楊綰奏：祀官祀前一日，從齋所集於太常寺，一時赴祭所，如祭在皇城內者，則不集。制從之，仍永為常式。至十四年六月十八日，大內皇城留守張景所奏，得御史臺牒，景風、安上等門，每至祀祭日，緣祭官到尚書省授誓戒了赴朝，准舊例合早開，又准《監門式》，皇城門無文早開。勅旨：自今以後，祠祭授誓戒官，其日既赴尚書省，不須入朝。貞元六年正月詔書：官有私喪公除者，聽赴宗廟之祭。初，御史監察者關白：禮，凡有緦麻以上喪，不得享薦。於是吏部奏申明白，令使行之可守，九月縿服，既葬公除，及聞哀喪滿者，請許吉服赴宗廟之祭。其同宮未葬，雖公除者，請依前禁，使輕重有倫，以一王法。從之。

又：長慶二年十一月，監祭使、監察御史蘇景胤奏祠祭稱定出齋宮等舊例，准廟參不到，四品以上罰二千文，五品以上罰一千文。伏緣所罰稍輕，更請加罰。詔曰：郊廟之儀，本於恭恪，罰輕生慢，須議稍加。自今以後，有臨祭出齋者，宜罰一月俸。仍委監祭使每具所罰官名銜聞奏。

（唐）蕭嵩《大唐開元禮》卷一《序例上·擇日》　凡國有大祀、中祀、小祀。昊天上帝、五方上帝、皇地祇、神州宗廟，皆為大祀。日月星辰、社稷、先代帝王、嶽鎮海瀆、帝社、先蠶、孔宣父、齊太公、諸太子廟，並為中祀。司中、司命、風師、雨師、靈星、山林、川澤、五龍祠等，並爲小祀。州縣社稷、釋奠及諸神祀並同為小祀。

（唐）蕭嵩《大唐開元禮》卷四《吉禮·皇帝冬至祀圜丘》　齋戒。前祀七日平明，太尉誓百官於尚書省曰，某月某日祀昊天上帝於圜丘，各揚其職，不供其事，國有常刑。

（唐）蕭嵩《大唐開元禮》卷六《吉禮·皇帝正月上辛祈穀于圜丘》　齋戒。前祀七日平明，太尉誓眾官于尚書省曰，正月某日祀昊天上帝于圜丘，各揚其職，不供其事，國有常刑。

（唐）蕭嵩《大唐開元禮》卷八《吉禮·皇帝孟夏雩祀于圜丘》　齋戒。將祀，有司卜日如別儀。前祀七日平明，太尉誓百官于尚書省曰，某月某日雩祀昊天上帝于圜丘，各揚其職，不供其事，國有常刑。

（唐）蕭嵩《大唐開元禮》卷一〇《吉禮·皇帝大享于明堂》　齋戒。將祀，有司卜日如別儀。前祀七日平明，太尉誓百官於尚書省曰，某月某日祀昊天上帝於明堂，各揚其職，不供其事，國有常刑。

（唐）蕭嵩《大唐開元禮》卷一二《吉禮·皇帝立春祀青帝於東郊》　齋戒。前祀七日平明，太尉誓百官於尚書省曰，某月某日祀青帝於東郊，各揚其職，不供其事，國有常刑。

（唐）蕭嵩《大唐開元禮》卷一四《吉禮·皇帝立夏祀赤帝於南郊》　齋戒。前祀七日平明，太尉誓百官於尚書省曰，某月某日祀赤帝於南郊，各揚其職，不供其事，國有常刑。

（唐）蕭嵩《大唐開元禮》卷一六《吉禮·皇帝季夏土王日祀黄帝於南郊》　齋戒。前祀七日平明，太尉誓百官於尚書省曰，某月某日祀黄帝於南郊，各揚其職，不供其事，國有常刑。

（唐）蕭嵩《大唐開元禮》卷一八《吉禮·皇帝立秋祀白帝於西郊》　齋戒。前祀七日平明，太尉誓百官於尚書省曰，某月某日祀白帝於西郊，各揚其職，不供其事，國有常刑。

（唐）蕭嵩《大唐開元禮》卷二〇《吉禮·皇帝立冬祀黑帝於北郊》　齋戒。前祀七日平明，太尉誓百官於尚書省曰，某月某日祀黑帝於北郊，各揚其職，不供其事，國有常刑。

（唐）蕭嵩《大唐開元禮》卷二二《吉禮·皇帝臘日蜡百神於南郊》　齋戒。先期五日，皇帝散齋三日，致齋二日，如圜丘之儀。凡預祀之官，散齋三日，致齋二日。散齋皆於正寢，致齋一日於本司，一日於祀所。其無本司者，皆於祀所。近侍之官應從升者，及從祀羣官，諸方客使各於本司及公館俱清齋一宿。無本司者各於正寢。凡散齋理事如舊，惟不弔喪問疾，不作樂，不判署刑殺文書，不行刑罰，不預穢惡。

（唐）蕭嵩《大唐開元禮》卷二四《吉禮·皇帝春分朝日於東郊》　齋戒。前祀五日，皇帝散齋三日，致齋二日。凡預祀之官，散齋三日，致齋二日。散齋皆於正寢。致齋一日於本司，一日於祀所。其無本司者皆於祀所。近侍之官應從升者，及從祀羣官，諸方客使各於本司及公館清齋一宿。無本司者各於正寢。凡散齋理事如舊，惟不弔喪問疾，不作樂，不判署刑殺文書，不行刑罰，不預穢惡。

（唐）蕭嵩《大唐開元禮》卷二六《吉禮・皇帝秋分夕月於東郊》 齋戒。前祀五日，皇帝散齋三日，致齋二日。凡預祀之官，散齋三日，致齋二日。散齋皆于正寢。致齋一日于本司，一日于祀所。其無本司者皆于祀所。近侍之官應從升者，及從祀羣官，諸方客使各于本司及公館清齋一宿。無本司者各于正寢。凡散齋理事如舊，惟不弔喪問疾，不作樂，不判署刑殺文書，不行刑罰，不預穢惡。

（唐）蕭嵩《大唐開元禮》卷二九《吉禮・皇帝夏至日祭方丘》 齋戒。前祭七日平明，太尉誓百官于尚書省曰，某月某日祭皇地祇于方丘，各官各揚其職，不供其事，國有常刑。

（唐）蕭嵩《大唐開元禮》卷三一《吉禮・皇帝孟冬祭神州於北郊》 齋戒。將祭，有司卜日如別儀。前祭七日平明，太尉誓百官於尚書省曰，某月某日祭神州北祇於北郊，各揚其職，不供其事，國有常刑。

（唐）蕭嵩《大唐開元禮》卷三三《吉禮・皇帝仲春仲秋上戊祭大社》 齋戒。皇帝散齋三日，致齋二日，如方丘之儀。凡預祭之官，散齋三日，致齋二日。散齋皆於正寢。致齋一日於本司，一日於祭所，其無本司者皆於祭所。近侍之官應從升者，及從祭羣官，諸方客使各於本司及公館俱清齋一宿。無本司者各於正寢。散齋理事如舊，惟不弔喪問疾，不作樂，不判署刑殺文書，不行刑罰，不預穢惡。

（唐）蕭嵩《大唐開元禮》卷三七《吉禮・皇帝食享於太廟》 齋戒。凡一歲五享於太廟。謂四孟月及臘。將享，有司卜日如別儀。前享七日平明，太尉誓百官於尚書省曰，某月某日享於太廟，不供其事，國有常刑。

（唐）蕭嵩《大唐開元禮》卷三九《吉禮・皇帝祫享於太廟》 齋戒。宗廟三年一祫以孟冬。將享，有司卜日如別儀。前享七日平明，太尉誓百官於尚書省曰，某月某日祫享於太廟，各揚其職，不供其事，國有常刑。

（唐）蕭嵩《大唐開元禮》卷四一《吉禮・皇帝禘享於太廟》 齋戒。宗廟五年一禘以孟夏，將享，有司卜日如別儀。前享七日平明，太尉誓百官於尚書曰，某月某日禘享於太廟，各揚其職，不供其事，國有常刑。

（唐）蕭嵩《大唐開元禮》卷五二《吉禮・皇帝視學》 視學前一日，所司灑掃學堂之內外，尚舍設大次於學堂之後，守宮設皇太子次于大次之東，皆隨地之宜，並如常儀。尚舍設御坐于學堂上北壁下，當中南向。監司設講榻於御坐之西，南向。設執讀坐于前楹間，當講榻北向。尚舍又設皇太子坐於御坐東南，西向。設文官三品以上坐於皇太子之南，少退，重行，西面北上。設武官三品以上坐於講榻西南，當文官，重行，東面北上。設侍講坐於執讀西北，武官之前，東面北上。其執如意者一人，立于侍講之南，東面。設論議坐於講榻之前，北面。三館學官坐於武官之後。設脱履席於西階下。典儀設版位，皇太子於東階東南，西面，執經於西階西南，東面。文官三品以上于皇太子東南，重行，西面北上。武官三品以上於執經西南。侍講、執讀、執如意等于執經之後，皆重行，東面北上。學生分位于文武官之後，皆重行北上。設典儀位於東階之西，贊者二人在南，差退，俱西向。

出宮。前出宮三日，本司宣攝內外，各供其職。其日應從駕文武官依時刻俱集朝堂，諸衛陳設仗衛。侍中版奏外辦，皇帝乘馬，文武侍從並如常行幸之儀。駕將至，祭酒帥監官、學官、學生等奉迎於路左。學生青衿服。駕至大次門外，降入如常。

視學。皇帝既入大次，執經、侍講、執讀、執如意等，及學官各服公服，典儀帥贊者先入就位。謁者、贊引引文武三品以上及執經以下學官等入就堂下位。皇太子立於學堂門外之東，西向，侍衛如常。侍中版奏外辦。皇帝出大次，升自北階，即御坐南向坐。侍臣及近侍量人從升。典儀一人升就東階上，西面立。舍人引皇太子就位立。諸衛率庶子等量人從入，立于皇太子東南，西面北上。奉禮曰再拜。贊者承傳皇太子以下在位者皆再拜。侍中跪奏稱請勑皇太子及王公等升坐。又侍中稱制曰可。侍中詣東階上，西面稱勑皇太子及王公等升。殿上典儀承傳，階下贊者又承傳，皇太子以下應坐者，皆再拜。訖通事舍人引皇太子及羣官應坐者各升坐。訖，其公服者脱履于階下及降納皆如常儀。執讀讀所講經，執經釋義。訖，遂行如意。侍講者執如意就論議坐，以次論難。訖，侍中跪奏禮畢，群官皆起，通事舍人各降堂下位。若有勑賜會，則侍中前承制，降詣堂下宣勑及太官下食案等，並如常儀。皇帝降坐還大次，侍衛如常儀。羣官以下會訖皆出。執經以下改服常服。學生仍青衿服。

車駕還宮。皇帝既還大次，侍中量時刻版奏，外辦。皇帝出次，文武宮陪從還宮如來儀。初駕出，國子祭酒帥監官、學官、學生等奉辭于路左，如常式。

（唐）蕭嵩《大唐開元禮》卷五三《吉禮・皇太子釋奠于孔宣父》

皇太子散齋三日於別殿，致齋二日於正殿。前致齋一日，典設郎設皇太子幄坐於正殿東序及室內，俱西向。又張帷於前楹下。殿若無室，張帷為之。致齋之日質明，諸衛率各勒所部屯門列仗如常。晝漏上水一刻，左庶子版奏請中嚴。近仗就陳于閤外，通事舍人引宮臣文武七品以上袴褶陪位如式。諸侍衛之官各服其器服，諸侍臣並結珮俱詣閤奉迎。左庶子版奏外辦。上水三刻，皇太子服通天冠，絳紗袍，結珮以出，侍衛如常。皇太子即位，西向坐，侍臣夾侍如常。一頃刻，左庶子前跪奏稱：左庶子臣某言，請降就齋室。俛伏，興，還侍位。皇太子降坐入室。文武侍臣各還本司，直衛者如常，典謁引陪位以次出。凡預享之官，散齋三日，致齋二日。散齋皆于正寢，致齋一日于本司，一日于享所。其無本司者皆于享所。近侍之官應從升者及從享羣官、監官、學生等各于本司及學官俱清齋一宿，散齋理事如舊，惟不弔喪問疾，不作樂，不判署刑殺文書，不行刑罰，不預穢惡。致齋唯享事得行，其餘悉斷。其享官已齋而闕者，通攝行事。諸享官致齋之日，給酒食及明衣，各習禮于齋所，太官令取明水火。取水于陰鑑，取火于陽燧，火以供爨，水以實尊。前享一日，諸衛令其屬未後一刻各以其方器服守衛廟門，及太樂工人俱清齋一宿。

陳設。前享三日，典設郎設皇太子便次于廟東，西向，又設便次於學堂之後，隨地之宜。守宮設文武侍臣次各于便次之後，文左武右。設諸享官次于齋坊之內，從享之官于廟東門之外，隨地之宜。前享二日，太樂令設軒懸之樂于廟庭：東方西方磬簴起北，鐘簴次之；南方，北方磬簴起西，鐘簴次之。設三鎛鐘於編懸之間，各依辰位。樹路鼓于北懸之間道之左右，植建鼓于三隅。置柷敔于懸內，柷在左，敔在右。設歌鐘歌磬於廟堂之上前楹間，北向，磬簴在西，鐘簴在東。其匏竹者立於堂下階間，重行北向，相對為首。凡懸皆展而編之。諸工人各位於懸後。右校掃除內外。為瘞埳於院內堂之壬地，方深取足容物，南出陛。前享一日，奉禮設皇太子位於東陛東南，西向。又設望瘞位于廟堂東北，當埋埳西向。設亞獻、終獻位于皇太子東南，執事者於其後。俱重行，西向北上。設御史位於廟堂之下西南，東向，令史陪其後。設奉禮位於樂懸東北，贊者二人在南差退，俱西面。又設奉禮贊者位於理埳東北，南面東上。設協律郎位于廟楹近西之間，東向。設太樂令位於北懸之間，北向。從享群官七品以上位於樂懸之東，當執事西向，監官、學官位於樂懸之西，當宮官東向。設學生位於宮官、監官、學官之後，俱重行北上。設門外位，亞獻、終獻位于東門之外道南，執事位於其後，每等異位，俱北向西上。監官、學官位於獻官東南，從享宮官位於學官之東，俱重行北面，以西為上。設酒樽位于廟堂之上。先聖犧樽二、象樽二、山罍二在前楹間北向。先師犧樽二、象樽二、山罍二在先聖酒樽之東，俱西向。尊皆加勺冪，有坫以置爵，其先師之爵，同置于一坫。設洗於東階東南，亞獻之洗又於東南，俱北向。罍水在洗東，篚在洗西，南肆。執樽罍篚冪者，各於樽罍篚冪之後。設幣篚二，各於樽坫之所。典設郎設皇太子坐於學堂之上東壁下，西向。監司設講榻於北壁下，南向。又設執讀者坐於前楹間，當講榻，北向。守宮設太傅、少傅坐於皇太子西北面，皆東上。若有令詹事以下，坐則設坐于皇太子西南，北向東上。侍講者坐於執讀西北。執如意者一人立于侍講之西。三館學官非侍講者坐於侍講之西，北面東上。若有上臺三品以上觀講者，設坐於侍講之北，南面東上。設論義坐於講榻之前近南，北面。設脱履席於西階之南，東向。掌儀設版位，宮官七品以上於東階東南，西向北上。執經侍講等於西階西南。監官及學官非侍講者于侍講之後，若有上臺三品以上觀講者，位於執經之北，少退，重行，皆東面北上。學生分位於宮官、學官之後，皆重行北上。設掌儀位於宮官西北，贊者二人在南，皆西向。晡後郊社令帥齋郎以樽坫罍洗篚冪入設於位。升堂者自東階。謁者引司業詣廚視濯溉。凡導引者每曲一逡巡。贊引引御史詣厨省饌具。司業以下每事訖，各還齋所。享日未明十五刻，太官令帥宰人以鸞刀割牲，祝史以豆二取毛血置于饌所，遂烹牲。其牲用太牢。二正坐及先師首坐俎皆升右胖十一體，左丘明以下折分餘體升之。未明五刻，郊社令帥其屬及廟司各服其服，升設先聖神坐於堂上西楹間，東向。設先師神坐於先聖神坐東北，南向西上。若前堂不容，則又于室外之東，屋陳而北，東向南上。席皆以莞。設神坐各于坐首。

出宮。前出宮二日，本司宣攝內外，各供其職。守宮設從享宮官次於東宮，朝堂如常。其日未明，所司依鹵簿陳設於重明門外，奉禮設從享宮官位於東宮廟堂如常。文武宮臣七品以上依時刻俱集於次，各服公服。諸衛率各勒所部陳設如式。左庶子版奏請中嚴。典謁引宮官各就位。諸侍衛之官各服其器服，左庶子負璽如式。俱詣閣奉迎。僕進輅車於西閣外，南向。若須乘輦則聽臨時進止。內率一人執刀立於車前，北向。中允一人在侍臣之前，贊者二人在中允前。左庶子版奏外辦。僕奮衣而升，正立執轡。皇太子著具服，遠遊冠，乘輿以出，左右侍衛如常儀。內率執轡，皇太子升車，僕立授綏，左庶子以下夾侍如常儀。中允進當車前奏稱請發引。俛伏，興，退復位。凡中允奏請，皆當車前跪奏稱具官某言。訖，俛伏，興。車動，中允與贊者夾引以出，內率夾車而趨。出重明門，至侍臣上馬所，中允奏稱請車權停，令侍臣上馬。左庶子前承令，退稱令曰諾。中允退稱，侍臣上馬，贊者承傳，文武侍臣皆上馬。庶子以下夾侍於車前，贊者在供奉官人內。侍臣上馬畢，中允奏稱請令車右升。左庶子前承令，退稱令曰諾。中允退復位，內率升訖，中允奏請發引，退復位。皇太子車動，太傅乘車訓導，少傅乘車訓從，出延喜門，不鳴鼓吹，從享宮臣乘馬陪從如常儀。

饋享。享日未明三刻，諸享官各服祭服，諸陪祭之官皆公服，學生青衿服。郊社令良醞令各帥其屬入實樽罍及幣。犧尊實以醴齊，象樽實以盎齊，山罍實以清酒。齊皆加明水，酒加玄酒，各實于上尊。其幣以白，各長一丈八尺。太官令帥其屬實諸籩豆簠簋俎等。未明二刻，奉禮帥贊者先入就位。贊引引御史，太祝及令史，祝史，與執樽罍篚冪者入自東門，當階間重行，北面西上。立定，奉禮曰再拜，贊者承傳。凡贊禮有詞贊者，皆承傳。御史以下皆再拜訖，執樽罍篚冪者各就位。贊引引御史、太祝詣東階升堂，行掃除於上，令史、祝史行掃除於下，訖，降還齋所。奉禮以下次還齋所。皇太子將至，謁者、贊引各引享官及從享學官俱就門外位，學生皆就門內位。皇太子至孔子廟門外，迴車南向內，內率降立於車左右庶子進當車前跪奏稱，左庶子臣某言請降車。還侍位。皇太子降車，乘輿之便次，侍衛如常儀。郊社令以祝版進，皇太子署訖，近臣奉出，郊社令受，各奠於坫。未明一刻，謁者、贊引引從享宮官就門外位，奉禮帥贊者先入就位。贊引引御史以下入就位，太樂令帥工人、二舞次入就位，文舞入陣於懸內，武舞立於懸南道西。其升堂者皆脱履于下，降納如常。謁者引祭酒入就位，立定，奉禮曰再拜，祭酒再拜訖，謁者引祭酒詣東階升堂，行掃除於上，降，行樂懸於下，訖，引還本位。初祭酒行樂懸，謁者贊引各引祭官及陪祭之官次入就位。皇太子停便次半刻頃，率更令立於便次門外，當門東向。左庶子版奏外辦，皇太子出便次，侍衛如常儀。率更令引皇太子至廟東門，中允進笏，皇太子執笏，近侍者從入如常儀。皇太子至版位，西向立。每立定，率更令退立于左。率更令前啟，再拜，退復位。皇太子再拜。奉禮曰衆官再拜，衆官在位者皆再拜。其先拜者不拜。率更令前啟，有司謹具請行事，退復位。協律郎跪，俛伏，舉麾，鼓柷，奏永和之樂，以姑洗之均，自後堂下接神之樂，皆奏姑洗。文舞之舞，樂舞三成，偃麾戛敔，樂止。凡樂皆協律郎舉麾工鼓柷而後作，偃麾戛敔而止。率更令前啟再拜，退復位。皇太子再拜，奉禮曰衆官再拜。衆官在位者及學生皆再拜。太祝各跪取幣於篚，立於樽所。率更令引皇太子，永和之樂作。皇太子每行皆作永和之樂。皇太子自東階升，左庶子以下及左右侍衛量人從升。以下皆如之。皇太子升堂，進先聖神坐前，西向立，樂止，太祝以幣授左庶子，左庶子奉幣北向進，皇太子搢笏受幣，每受物，搢笏；奠訖執笏，俛伏，興。登歌，作肅和之樂，以南呂之均。率更令引皇太子少退，西向再拜。訖，率更令引皇太子進先師首坐前，北向立。又太祝以幣授左庶子，左庶子奉幣西向進，皇太子受幣。率更令引皇太子進，北向跪奠於先師坐首，俛伏，興，率更令引皇太子少退，北向再拜，登歌止。率更令引皇太子，樂作，皇太子降自東階，還版位，西向立，樂止。初，羣官拜訖，祝史各奉毛血之豆立東門外，于登歌止，祝史奉毛血升自東階，太祝迎取於階上，進奠於先聖及先師首坐前，太祝與祝史退立於樽所。初，皇太子既升奠幣，太官令出帥進饌者奉饌陳於東門之外。初皇太子既至位，樂止，太官令引饌入，俎初入門，奏雍和之樂，自後酌獻皆奏雍和。饌至階，樂止，祝史各進，跪徹毛血之豆，降自東階以出。饌升，太祝迎引於階上，各設於神坐前。籩豆蓋冪先徹乃升，簠簋既奠，却其蓋于下。設訖，太官令以下降復位，於太祝還樽所。率更令引皇太子詣罍洗，樂作，皇太子至罍洗，樂止。左庶子跪取匜，興，沃水。又左庶子跪取盤，承水，皇太子盥手。中允跪取巾於篚，興，進，皇太子盥手訖，中允受巾跪奠於篚，遂取爵於篚，興，進，皇太子受爵，左庶子酌罍水。又左庶子奉盤，皇太子洗爵，中允又授巾如初。皇太子拭爵訖，左庶子奠盤匜，中允受巾奠於篚，皆如常。率更令引太子，樂作，至聖酒樽所，執樽者舉冪，左庶子贊酌酒齊訖，樂作，率更令引皇太子進先聖神坐前，西向跪奠爵，俛伏，興，率更令引皇太子少退，西向立，樂止。太祝持版進於神坐之右，北面跪讀祝文曰：維某年歲次月朔日，子皇太子敢昭告於先聖孔宣父。惟夫子固天攸縱，誕降生知，經緯禮樂，闡揚文教，餘烈遺風，千載是仰，俾茲末學，依仁游藝。謹以制幣犧齊，粢盛庶品，祗奉舊章，式陳明薦，以先師顏子等配，尚饗。訖，興，皇太子再拜。初讀祝文訖，樂作，太祝進，跪奠版于神坐，興，還樽所，皇太子拜訖，樂止。率更令引至先師酒樽所，執樽者舉冪，左庶子取爵於坫，進，皇太子受爵，左庶子贊酌醴齊，樂作，率更令引進先師首坐前，北向跪奠爵，俛伏，興，皇太子少退，北向立，樂止。皇太子既奠首坐爵，餘坐皆齋郎助奠相次而畢。其亞獻終獻齋郎助奠亦如之。太祝持版進於先師神坐之左，西面跪讀祝文曰：維某年歲次月朔日，子皇太子某敢昭告於先師顏子等七十二賢。爰以仲春，仲秋。率遵故典，敬修釋奠於先聖孔宣父。惟子等或服膺聖教，德冠四科，或先闡儒風，貽範千載。謹以制幣犧齊，粢盛庶品，式陳明獻，從祀配神，尚饗。訖，興，皇太子再拜。初讀祝文訖，樂作，太祝進，跪奠版於神坐，興，還樽所。皇太子拜訖，樂止。率更令引皇太子詣東序，西向立，樂作。太祝各以爵酌上樽福酒，合置一爵，一太祝持爵授左庶子，奉爵北向進，皇太子再拜受爵，跪祭酒，啐酒，奠爵，興。太祝各帥齋郎進俎，太祝跪減先聖及先師首坐前三牲胙肉，皆取前腳第二骨。加於俎。又以籩取稷黍飯，興。以胙肉各共置一俎上，又以飯共置一籩。太祝授左庶子，左庶子奉飯，北向進，皇太子受以授左右。太祝以俎授左庶子，左庶子以次奉進，皇太子每受以授左右。訖，皇太子跪取爵，遂飲卒爵。左庶子進受爵以授太祝，復於坫，皇太子俛伏，興，再拜，樂止。率更令引皇太子，樂作，皇太子降自東階，還版位西向立，樂止。文舞出，鼓柷作舒和之樂，出訖，戛敔，樂止。武舞入，鼓柷作舒和之樂，立定，戛敔，樂止。初皇太子將復位，謁者引國子祭酒詣罍洗，盥手洗爵訖，謁者引祭酒升自東階，詣先聖酒樽所，執樽者舉冪，祭酒酌盎齊，訖，武舞作。謁者引祭酒進先聖神坐前，西向跪奠爵，興，謁者引祭酒少退，西向再拜。謁者引祭酒詣先師酒樽所，取爵於坫，執樽者舉冪，祭酒酌盎齊，謁者引祭酒進先師首坐前，北向跪奠爵，興，謁者引祭酒少退，北向再拜，訖，謁者引祭酒詣東序西向立。太祝各以爵酌罍福酒，合置一爵，一太祝持爵進祭酒之左北向立。祭酒再拜，受爵跪祭酒遂飲卒爵。太祝進受爵，復于坫，祭酒興，再拜，謁者引祭酒降復位。初祭酒獻將畢，謁者引司業詣罍洗，盥洗訖，升酌盎齊終獻，如亞獻之儀。訖，謁者引司業降復位，武舞止。太祝等各進，跪徹豆，興，還樽所。徹者，籩豆各一少移于故處。奉禮曰賜胙，贊者唱衆官再拜。衆官在位者及學生皆再拜，已飲福者不拜。永和之樂作，率更令前啟再拜，退復位，皇太子再拜。奉禮曰衆官再拜。衆官在位者及學生皆再拜，樂一成止。率更令前啟請就望瘞位，率更令引皇太子就瘞位，西向立。奉禮率贊者轉就瘞埳東北位。初在位者將拜，太祝各執篚進神坐前，跪以篚取幣，降自西階，詣瘞埳，以幣置於埳訖，奉禮曰可瘞。埳東西廂各四人寘土。半埳，率更令前啟禮畢。率更令引皇太子還便次，樂作，皇太子出門，樂止。中允進受笏，侍衛如常儀。謁者、贊引各引亞獻以下以次出。初白禮畢，奉禮帥贊者還本位。贊引引御史以下俱復執事位，立定，奉禮曰再拜，御史以下皆再拜，訖，贊引引出。學生以次出。其祝版燔於齋坊。

講學。皇太子既入便次，改服常服，執經、侍講、執讀、執如意及三館學官並公服，學生青衿服，餘皆常服。掌儀帥贊者先入就位，謁者各引羣官及學生等次入就位。左庶子版奏外辦，皇太子乘輿出便次，若須乘馬，臨時聽進止。侍衛如常儀。至學堂後，降輿，升自北階，即座坐。左右侍衛量人從升，太傅少傅亦就座坐。掌儀曰再拜，贊者承傳，群官及學生等在位者皆再拜。執經不拜。左庶子跪奏請令執經等升，俛伏，興。又左庶子稱令曰諾，左庶子退，降詣西階下，立於執經等之前，北面宣令曰執經以下並升坐，應坐者並再拜。執經不拜。通事舍人引執經以下升，各就座坐，其升坐者脱履如式。訖，執讀讀所講經，執經釋義，訖，執如意者以如意授侍講，侍講興受，進詣論議坐，北面問所疑，執經者為通之。訖，興，退以如意授執者，退還本坐。執如意者以如意次授諸侍講者，皆如上儀。總訖，左庶子跪奏禮畢，羣官皆起，通事舍人各引就堂下位。皇太子降坐，降自北階，入學堂後便次。羣官以次出，執經以下改服常服。學生仍青衿服。

還宮。皇太子既入便次，左庶子版奏請解嚴，將士不得輒離本位。皇太子改服公服，停次一刻頃，搥一鼓為一嚴，有司轉仗衛於還塗，如來儀。二刻頃，又搥二鼓為再嚴，左庶子版奏請中嚴，國子祭酒以下，學生以上並出，就學外道左奉辭。三刻頃，又搥三鼓為三嚴，僕進軺車于學門外如常，左庶子版奏外辦，皇太子乘輿出便次，至學門外降輿乘車，侍衛如常。左庶子奏請及車右升降，侍臣上馬，文武陪從皆如來儀。車動，鼓吹振作如式。至國子祭酒以下奉辭處，車權停，國子祭酒以下皆再拜，通事舍人承令宣勞及拜皆如常。車至城隅，鼓吹止，過廟，鼓吹作，至延喜門，鼓吹止。入延喜門，鼓吹作。至重明門，宮官文武俱下馬，皇太子乘車入，太傅少傅還。皇太子至殿前，迴車南向，左庶子跪奏請降車，乘輿入，侍臣從。至閤，左庶子版奏請解嚴，將士還本所。

（唐）蕭嵩《大唐開元禮》卷五六《吉禮・皇帝巡狩告於圜丘》　齋戒。將告有司卜日如別儀，前一日，皇帝齋於太極殿，如郊祀之儀。凡預告之官清齋於告所，近侍之官應從升者，各於本司清齋一宿。諸衛令其屬晡後一刻，各以其方器服守衛壝門，清齋一宿。

（唐）蕭嵩《大唐開元禮》卷五八《吉禮・皇帝巡狩告於太社》　齋戒。將告，有司卜如別儀。前一日，皇帝清齋於太極殿。諸預告之官，清齋於太社署。近侍之官應從升者，及羣官客使等各於本司及公館，清齋一宿。諸衛令其屬晡後一刻各以其方器服守衛社宮門，與樂工人俱清齋一宿。

（唐）蕭嵩《大唐開元禮》卷六〇《吉禮・皇帝巡狩告於太廟》　齋戒。將告，有司卜日如別儀。前一日，皇帝清齋於太極殿。凡預告之官，清齋於廟所。近侍之官，應從升者，及羣官客使等各於本司及公舘，清齋一宿。諸衛令其屬晡後一刻各以其方器服守衛廟門，與太樂工人俱清齋一宿。

（唐）蕭嵩《大唐開元禮》卷六三《吉禮・皇帝封祀於泰山》　鑾駕進發。皇帝將有事於泰山，有司卜日如別儀，告昊天上帝太廟太社皆如巡狩之禮。告太廟，高祖祝文，加封祀配神作主之意。告睿宗祝文加禪祭配神作主之意。皇帝出宮，備大駕鹵簿，軷於國門，祭所過山川、古先帝、名臣、烈士，皆如巡狩之禮。通事舍人承制門百年，所經州縣，刺史、縣令先待於境。至泰山下，柴告昊天上帝於圜丘壇，如巡狩告至之禮。有司攝事。前祀所司以太牢祭於泰山神如常式。

（唐）蕭嵩《大唐開元禮》卷一一〇《嘉禮・皇太子加元服》　告太廟。皇太子將冠，先告太廟，如常告之儀。

《舊五代史》卷七七《晉書・高祖紀三》　詔曰：朝廷之制，今古相沿，道在人弘，禮非天降。方開曆數，虔奉祖宗，雖踰孔子之文，未爽周公之訓。所為二名及嫌名事，宜依唐禮施行。

（宋）王溥《五代會要》卷一《雜録》　晉天福七年八月，中書門下奏：山陵禮儀使狀，高祖尊號、謚及廟號，伏准故事，將啓殯宮前，擇日命太尉率百僚奉謚册告天於圜丘畢，奉謚册跪讀於靈前，此累朝之制。蓋以天命尊極，不可稽留。今所上高祖聖文章武明德孝皇帝尊謚寶册，伏緣去洛京地遠，寶册難以往來，當司詳酌，伏請祇差官往洛京祭告南郊太廟，其日中書門下文武百官立班，中書令、侍中升靈座前讀寶册，行告謚之禮。今從敕牒所司擇日，申請官員行事，伏請奏聞宣下者。

（宋）王溥《五代會要》卷二《廟儀》　後唐同光二年六月十日，太常禮院奏：國家興建之初，已於北都置廟，今克復天下，遷都洛陽，卻復本朝宗廟。按禮無二廟之文，其北都宗廟請廢。下尚書。王正言等奏議曰：伏以宮室之制，宗廟為先。今卜洛居尊，開基御宇，事當師古，神必依人。北都先置宗廟，不宜並設。況每年朝享，禮有常規，時日既同，神何所據。竊聞古道，例亦從權，於神主已修，迎之藏於夾室，若廟宇已崇，虛之以為常制。昔齊桓公之廟二主，禮無明文，古者師行，亦無遷於廟主。夫天后之崇鞏、洛，禮為非宜；漢皇之戀豐、滕，事無所法。況本朝故事，禮院具明，洛邑舊都，嵩丘正位，豈宜遠宮闕之居，建祖宗之廟。事非可久，理在從長，其北都宗廟，請准太常禮院申奏，宜從廢停。從之。

又：朕聞開國承家，得以制禮作樂，故三皇不相襲，五帝不相沿，隨代創制，於理無爽。矧或情關祖禰，事係烝嘗，且追謚追尊，稱皇與帝，既有減增之字，合陳褒貶之辭。大約二名俱為尊稱，若三皇之代不可加帝，五帝之代不可言皇。爰自秦朝，便兼其號。至若玄元皇帝，事隔千祀，宗追一源，猶顯册於鴻名，豈須遵于漢典。况朕居九五之位，為億兆之尊，不可總二名于眇躬，惜一字于先代，苟隨執議，何表孝誠。可委宰臣與百官詳定，集兩班於中書，各陳所見。

又：恭以朝廷之重，宗廟為先，事係承祧，義符致美。且聖朝追尊之日，即引漢氏舊儀，在漢朝封崇之時，復依何代故事？理闕凝滯，未協聖謨，道合變通，方為民則。且王者功成治定，制禮作樂，正朔服色，尚有改更，尊祖奉先，何妨沿革。若應州必立別廟，即地遠上都。今據開元中追尊皋陶為德明皇帝，涼武昭王為興聖皇帝，皆立廟于京都。臣等商量，所議追尊四廟，望依御札，若並加皇帝之號，兼請于洛京立廟。

《宋史》卷九八《禮志一》 舊制，郊廟祝文稱嗣皇帝，諸祭稱皇帝。著作局準《開元禮》全稱帝號。真宗以兼秘書監李至請，改從舊制。又諸祭祝辭皆臨事撰進，多違典禮，乃命至增撰舊辭八十四首，為《正辭録》三卷。既復命知制誥李宗諤楊億、直史館陳彭年詳定之，以為永式。祝版當進署者，並命秘閣吏書，上親署訖，御寶封給之。凡先代帝王，祝文止稱廟號。凡親行大祀，則皇子弟為亞獻、終獻。

《宋史》卷一〇二《禮志五》 宋制：凡行幸及封泰山，祠后土，謁太清宮，皆親告太廟，三歲郊祀，每歲祈穀上帝，祀感生帝，雩祀，祭方丘，明堂，神州地祇，圜丘，並遣官告祖宗配侑之意。

《宋史》卷一二三《禮志二十六》 翰林學士錢惟演言：春秋朝陵，載于舊式，公卿親往，蓋表至恭。唐顯慶中，始詔三公行事，天寶以後，亦遣公卿巡謁，蓋取朝廷大臣，不必須同國姓。後參用太常、宗正卿。晉開運中，亦命吏部侍郎。近年以來，止遣宗正寺官，人輕位卑，實虧舊制。望自今于丞、郎、諸司三品内遣官，闕則差兩省諫、舍以上。所冀仰副追孝之心，以成稽古之美。

（宋）李燾《續資治通鑑長編》卷一一七《宋仁宗景祐二年》 禮院言：春秋隱公五年：考仲子之宮，初獻六羽。何林、范寧等咸謂不言佾者，明佾則干舞在其中，婦人無武事，獨奏文樂也。江左宋建平王宏皆據以為説，故章太后廟獨用文舞。至唐垂拱以來，中宮之縣，既用鎛鐘，其後相承，故儀坤等廟獻武舞，備金石之樂，尤為失禮。前詔議奉慈之樂，有司援舊典，已用特磬代鎛鐘，取陰教尚柔，以靜為體。今樂去大鐘而舞進干盾，頗戾經誼，請止用文德之舞。奏可。

（宋）李燾《續資治通鑑長編》卷一二二《宋仁宗寶元元年》 右司諫韓琦言：前奉詔詳定鐘律，嘗覽景祐廣樂記，睹李照所造樂，不合古法，皆率己意，别為律度，朝廷因而施用，識者久以為非。今將親祀南郊，不可重以違古之樂上薦天地宗廟。竊聞太常舊樂見有存者，郊祀大禮，請復用之。詔資政殿大學士宋綬、御史中丞晏殊同兩制詳定以聞。綬等言：李照新樂，比舊樂下三律。衆論以為無所考據。願如琦請，郊廟復用和峴所定舊樂。舊樂鐘磬不經照鐫磨者，猶存三縣奇七虡，郊廟殿廷，可以更用。乃詔太常舊樂悉仍舊制，李照所造勿復施用。琦以五月上言，綬等以七月定議，今從本志，聯書之。

（宋）李燾《續資治通鑑長編》卷一二九《宋仁宗康定元年》 初，鴻慶宮災，集賢校理胡宿請修火祀，以閼伯對祭大火。禮官議曰：閼伯配火侑食，如周棄配稷，后土配社之比，下歷千歲，遂為禋祀。祖宗以來，郊祀上帝，而大辰已在從祀，閼伯之廟，每因赦文及春秋，委京師長吏至奠，咸秩之典，未始云闕，然國家有天下之號實本於宋，五運之次，又感火德，宜因興王之地，商邱之舊，作為壇兆，秩祀大火，以閼伯配。建辰、建戌出納之月，内降祝版，留司長吏奉祭行事，籩豆、牲幣得視中祠，雖非舊章，特示新禮。閼伯舊廟，官給材費修飾，乃上壇制：高五尺，廣二丈，四出陛，陛廣五尺，壝一重，四面距壇各二十五步。位版以黑漆朱書曰大火位，配位曰閼伯位。用牲羊一，豕一，器準中祠。歲以三月、九月擇日，長吏以下分三獻，州、縣官攝太祝、奉祀。胡宿議祀大火配以閼伯，《實録》文太繁，今從本志。

（宋）李燾《續資治通鑑長編》卷二四〇《宋神宗熙寧五年》 同判太常寺兼禮儀事張師顔、同知禮院張公裕、梁燾等議曰：伏以天下大禮，莫重於宗廟，崇孝事神，以臨照四海，是以聖王重之，必務極其至當。伏惟僖祖神主祧藏夾室，於禮不順，有司失之矣，宜其輔臣建立，明詔訪逮，而垂為萬世法。然議者因其藏主有失，遂欲推為始祖，臣等敢以此為議。【略】

後世受命之君，功業特起，不因先代，則親廟迭毁，身自為祖，鄭康成云夏五廟無太祖，自禹與二昭二穆而已，唐張薦云夏後以禹始封，遂為不遷之祖是也。若始封世近，上有親廟，則擬祖上遷，而太祖不毀。魏祖武帝，則處士迭毀；晉祖宣帝，則征西迭毀；唐祖景帝，則弘農迭毀。魏祖此前世祖其始封之君，以法契、稷之明例也。既已法契、稷矣，則上之親廟不得不毀，勢當然也。借使魏、晉欲不祖武、宣而越取處士、征西，不惟上推世數，未知更當及於何人，且其如始封何？唐有天下，因以為法。韓愈有言事異商、周，禮從而變，臣等取之矣。要之，始封世近，則親廟不可不立，若特以親廟及遠，便為始封而抑之，則前古未嘗聞也。晉琅琊王德文曰：七廟之義，自由德厚流光，饗祀及遠，非是為太祖申尊祖之祀。其説是也。禮天子七廟，而太祖之遠近不可以必，故但云三昭三穆，與太祖之廟而七，未嘗言親廟之首必為始祖也。

（宋）李燾《續資治通鑑長編》卷三一七《宋神宗元豐四年》 又言：看詳祠禴嘗蒸之名，春夏則物未成而祭薄，秋冬則物成祭備，故許慎以品物少多文詞為祠；而王弼以禴為祭之薄，何休謂秋穀成者非一，黍先熟可得薦，故曰嘗，冬萬物畢成，所薦眾多，故曰烝。故禮以嘗為大嘗，周禮以烝為大享。今太廟四時雖有薦新，而孟享禮料無祠禴嘗烝之別，伏請春加韭、卵，夏加麥、魚，秋加黍、豚，冬加稻、鴈。當饋熟之節薦於神座。其籩豆於常數之外別加時物之薦，豐約各因其時，以應古禮。從之。十月五日依奏。

又：詳定禮文所言：天道遠而難致，尊而難親。以其遠而難致也，故常以神道致之；以其尊而難親也，故常以人事親之。《易》曰：聖人亨以享上帝，人道親之也。禮曰郊血，神道致之也。本朝郊禮，薦熟之外不設血，殊為闕禮。伏請南郊先薦血于神座前，盛以槃，次薦腥，次薦熟，并北郊準此，仍先瘞以致神。從之。四年十月五日依奏，今附本月日。

又：又言：謹按《周禮》小宰之職，凡祭祀贊王祼將之事；小宗伯之職，凡祭祀以時將瓚祼。蓋孝子之求神，有於陰而求之者，以其形魄歸於地，故於陰而求之，凡祼是也。《禮記》曰：周人尚臭。蓋先灌而後作樂，求諸形魄之謂也。本朝宗廟之禮多從周，謂宜先灌而後作樂。從之。十月六日依奏。

（宋）李燾《續資治通鑑長編》卷四三八《宋哲宗元祐五年》 吏部言：皇太妃遇明堂大禮，合奏骨肉恩澤，欲與舅侯偁班行。緣皇太妃奏薦並依皇后例，再侯偁于服紀無入官法。詔比皇后奏小功，緦麻女之子條補借職。四年四月二十二日，曾肇、蘇軾論侯偁，但云是皇太妃親屬，不云是舅也。

又：三省言：尚書右丞許將奏：臣近準敕差夏至祭皇地祇攝事。竊考祀儀，見迺者詳定禮文所奏：親祀南郊合祭天地非禮，用建議罷圜丘皇地祇并從祀位，郊祀之歲，不及親祠地祇，即遣冢宰攝事，已具為儀行之。臣伏以王者父天母地，並爲大神，自古制祀雖有異同，然未有偏止而不躬行者也。且三歲冬至，天子親祀，徧享宗廟，祀天圜丘，而其歲夏至方澤之祭，乃止遣上公，則是皇地祇遂永不在親祀之典，此大闕禮也，不可不議。伏望聖慈博詔儒臣，請求典故，斟酌其宜，明正祀典，以作萬世法。詔禮部、太常寺同共祥議以聞。元豐六年五月九日。元祐五年六月十二日又詔。政目云許將乞合祭地祇，當考。政目又於是曰書蔡碩，今《實録》乃於八月四日書之，合從《實録》。

（宋）李燾《續資治通鑑長編》卷四七一《宋哲宗元祐七年》 然則祭天地或合或分，特繫於時君，而禮則一也。今特祀難行，即當依舊合祭，並依祖宗舊儀，為萬世不刊之典。

（宋）李燾《續資治通鑑長編》卷四七八《宋哲宗元祐七年》 貼黃稱：南北郊並祭，議始下，臣實嘗與肇言：天地之祭，至大至重，今容易改易，甚未安。使無言者，汝礪亦不敢緘默。又曰：肇禮官，其言當在，肇遂有議論。肇既逐，臣亦難處矣。終不可留，臣亦願與罪焉。

（宋）李燾《續資治通鑑長編》卷四八一《宋哲宗元祐八年》 分而為三，有三不可：夏至之日不可以動大眾，舉大禮，一也；軍賞不可復加，二也；自有國以來，天地宗廟唯饗以祭，累歲相承，唯用此禮，此乃神祇所歆，祖宗所安，不可輕動，動之則有吉凶禍福，不可不慮，三也。凡此三者，臣熟計之，無一可行之理，伏請從舊為便。昔西漢之衰，元帝納貢禹之言毀宗廟，成帝用丞相衡之議改郊位，皆有殃咎，著於史策。往鑒甚明，可為寒心！伏望陛下詳覽臣此章，則知合祭天地乃是古之正禮，本非權宜。不獨初郊之歲所當施行，實為無窮不刊之典。願陛下謹守太祖建隆、神宗熙寧之禮，無更改易郊祀、廟饗，以寧上下神祇。仍乞下臣此章付有司集議，如有異論，即須畫一解破臣所陳六議，使皆屈伏，上合周禮，下不為當今軍國之患。不可但執周禮，更不論當今可與不可施行，所貴嚴祀大典，以時決定。

（清）嵇璜等《續通典》卷四九《禮・朝日夕月》 十五年，言者謂今正旦并萬春節，宜令有司定拜日之禮。有司援據漢唐春分朝日升煙奠玉，如圜丘之儀。又按唐《開元禮》南向設大明神位，天子北向，皆無南向拜日之制。今已奉勅以月朔拜日，宜遵古制，殿前東向拜。詔姑從南向。十八年，上拜日於仁政殿，始行東向之禮，如常儀。章宗明昌五年，初定日月常祀。宣宗貞祐後，每月吉拜日，以為常。

（清）徐乾學《資治通鑑後編》卷一六九《元紀一七》 監察御史鄒惟亨言：時享太廟，三獻官舊皆勳戚大臣，而近以戶部尚書為亞獻，人既疎遠，禮難嚴肅。請仍舊制，以省臺樞密宿衛重臣為之。

（清）徐乾學《資治通鑑後編》卷一八三《元紀三一》 吴羣臣上言：一代之興必有一代之制，今新城既建，宫闕制度亦宜早定，王以國之所重莫先廟社，遂定議以明年為吴元年，命有司營建廟社，立宫室。甲子，王親祀山川之神，告以工事。己巳，典營繕者以宫室圖來進，王見其有雕琢奇麗者，即去之。

（清）徐乾學《資治通鑑後編》卷一八四《元紀三二》 吴王命世子及諸子名，祝告太廟曰：維子之生，父命以名，典禮所重，古今皆然。仰承先德，自舉兵渡江以來，生子七人，今長子命曰標，次曰樉，曰棡，曰棣，曰橚，曰楨，曰榑，從孫一人曰煒，敢告知之。煒後更名守謙。王以諸子年漸長成，宜習勤勞，命内侍製麻履以行，凡出城稍遠，則令馬行其二，步行其一。

（元）熊夢祥《析津志・儀祭・祭服》 延祐七年十二月七日，八思吉斯奉旨命省部創製三獻禮儀使、大禮使、近侍官法服，下博士廳照擬。三獻官及大禮使通五員。籠巾貂蟬冠五，青羅服五，領緣、袖襴，俱用白綾。紅羅裙五，帛綾為襴。紅羅蔽膝五，其羅，牡丹花紋。白紗中單五。黄綾帶五。紅錦綬紳五。佩玉環各二。象笏五。銀束帶五。玉玎璫五副。白羅方心曲領五。赤革履，白綾襪，各五緉。禮儀使四員。貂蟬冠，青羅服，紅羅展，紅羅蔽膝，白紗中單，黄綾帶，紅錦綬紳，象笏，銀束帶，玉玎璫，白羅方心曲領，赤革履，白綾襪，皆四。

（明）俞汝楫《禮部志稿》卷一〇《儀制司職掌・朝儀・登極儀》 國初登極禮儀，吴元年所定，用王禮頗略，故不載。至洪武元年，高皇正大位，其儀始詳，昭皇以儲宫嗣立稍有所更定，累朝因之。惟肅皇自藩國入繼大統，與嗣皇異其儀，各備載於後云。

（明）俞汝楫《禮部志稿》卷二五《祠祭司職掌・祭祀通例》 國初，以郊廟社稷先農俱為大祀。後改先農及山川帝王孔子旗纛為中祀，諸神為小祀。嘉靖中，以朝日、夕月、天神、地祇為中祀。凡郊廟、社稷山川、諸神皆天子親祀，國有大事則遣官祭告。若先農、旗纛、五祀、城隍、京倉、馬祖、先賢、功臣、太厲皆遣官致祭，惟帝王陵寢及孔子廟則傳制特遣各王國及有司俱有祀典。而王國祀典具在儀司。洪武初，天下郡縣皆祭三皇，後罷止。令有司各立壇廟祭社稷、風、雲、雷、雨、山川、城隍、孔子、旗纛，及厲庶人祭里社鄉厲及祖父母父母并得祀竈，餘俱禁止。

（明）俞汝楫《禮部志稿》卷二九《祠祭司職掌・羣祀・先聖先師》

嘉靖九年初，祀伏羲、神農、黄帝、堯、舜、禹、湯、文、武、周公、孔子，凡十一位于文華殿東間，位各有主，主各有龕。

（明）俞汝楫《禮部志稿》卷二九《祠祭司職掌・羣祀・先師孔子》

國初，詔正諸神封號，惟孔子封爵，特仍其舊。每歲二丁，傳制遣官祭于國學。每月朔望遣内臣降香，朔日則祭酒行釋菜禮。洪武四年，令進士釋褐詣國學，行釋菜禮。十五年，始詔天下儒學通祀孔子，頒釋奠儀。

（清）龍文彬《明會要》卷七《禮二・親祀北郊》 十一月甲午，太祖初觀圜丘，顧謂起居注熊鼎等曰：此與古制合否？對曰：小異。帝曰：古人於郊，埽地而祭，器用陶匏，以示儉樸。周有明堂，其禮始備。今予創立斯壇，雖不必盡合古制，然一念事天之誠，不敢頃刻少息。《大訓記》。

（清）鄂爾泰等《世宗憲皇帝硃批諭旨》卷五三《硃批武格奏摺》

一摺開六月禱雨齋戒時，將軍常色禮屢請兩院喫肉等語。臣查本年自六月十七日得雨之後天氣稍旱，隨於六月二十六日會同督臣並司道等官設壇祈禱即陸續得雨。將軍常色禮七月初八日還願請臣喫肉一次，在開屠之後，並非齋戒之時。又摺開臣於齋戒之所，向署督臣談及牛肉之美，吩咐縣官，八月丁祭，必要肥大之牛等語。臣查丁祭乃國家之大典，豈有於大廷廣衆之地，齋戒禱雨之時，而為此卑鄙之語，臣雖極粗魯，亦愚不至此。

兩縣現在一問，虛實立辨。

〔硃批〕朕料汝亦未必人面獸心，出語不倫至於此極。

又摺開臣於齋戒時，仍要鵞鴨等語。齋戒係臣等督撫專主之事，臣於祈雨三日前，出示齋戒，禁止屠沽，誠恐軍民人等或有犯禁，時加嚴查，豈有臣衙門竟先犯禁之理。臣衙門執事員役甚衆，有無此事，衆人皆知，斷難掩飾。

《皇朝通志》卷三七《禮畧・吉禮二》 乾隆元年二月戊辰，祭太社太稷，皇上親詣行禮。二年閏九月，奉諭旨《大清律》載各府州縣社稷、山川、風雲、雷、雨諸神，所在有司以時致祭，所以肅祀典而迓休和，禮至重也。省會之地，督撫、司道駐劄同城向不與祭，專屬府縣官行禮。督撫、司道等官，均有封疆守土之任，自當虔奉明禋，為民祈報。

《皇朝文獻通考》卷一一二《宗廟考六・時享》 社稷更宜恭敬，故派太監專掃除之事，又派旗員輪班看守，若非祭日，一應官員不許擅入，原係定例。近聞住宿之太監，將伊等親友縱令出入，看守之旗員亦將朋友入廊院乘涼，此皆平日懈弛所致也。禮部、太常寺嚴查禁止，如違，拏究割草之人，令太常寺酌將老實人選數名，敬謹除治，並交與內務府。御史等不時詳查，如容留閒散無用之人，推故入者，即指參嚴罪。如仍前懈弛，經朕聞知，定將禮部、太常寺堂官及御史等交部議處。

《大清通禮》卷一《吉禮・南郊》 冬日至，大祀天於圜丘之禮。先祀期五日，遣親王一人，詣犧牲所恭代眂牲，所牧豫設香案於庭中，南向一，東、西向各一。遣官補服。遇朝期，則朝服。太常寺贊禮郎二人前引，詣香案前北面，所牧立案右。牧人牽牛、羊過案，前導以旗仗，所牧跪告牷次，東向眂鹿，西向眂豕。所牧跪告如前，儀畢，引由北門退。

又：皇帝致齋於大內，頒制辭於羣臣：某年月日冬至，朕恭祀皇天上帝於圜丘，惟爾羣臣，其蠲乃心，齊乃志，各揚其職，敢或不共，國有常刑，欽哉！勿怠。文武衙署，恭書。

《大清通禮》卷二《吉禮・北郊》 夏日至，大祭地於方澤之禮。先祭期五日，遣親王二人，詣犧牲所恭代眂牲儀與祀。

《大清通禮》卷三《吉禮・宗廟時饗》 歲四時，饗太廟之禮。孟春，於上旬諏吉，夏、秋、冬，於孟月朔，先三日，禮部尚書一人，詣犧牲所眂牲如儀。

《大清通禮》卷三《吉禮・遣官祗告》 遣官祗告之禮。承祭官及執事官，均致齋一日，豫期，翰林院具祝文。隨事撰擬。太常寺卿送內閣，恭書受而奉諸神庫。至日，率屬入廟，設祝案、尊案，薦脯、醢果，實具，鑪鐙，恭展神幄。屆時，承祭官上香，讀祝，行三獻禮。執事官贊襄厥事，如大祫前告之儀。後殿、中殿祗告同。

《大清通禮》卷四《吉禮・奉先殿》 國家崇建奉先殿於景運門之東，祗奉列聖列后神位，日獻食，月薦鮮，朔望朝謁，時節展拜，出入啟告。恭遇聖誕忌辰及諸令節慶典，則於後殿上香行禮。恭遇皇太后萬壽、皇帝萬壽、元旦、冬日至，及國有大慶，則奉請神位，於前殿祭饗。

《大清通禮》卷四《吉禮・親饗》 皇帝親饗奉先殿。前期三日，皇帝齋，執事各官咸致齋。前一日，內務府掌儀司官進祝版祝文隨事撰擬。於神庫。

《大清通禮》卷五《吉禮・陵寢》 皇帝親謁列聖、列后陵寢之禮。命下偏布諸司，供備諏吉。起鑾前一日，遣官祗告奉先殿，如常儀。謁陵前期，有司潔除陵內外。屆日，皇帝御素服，乘輿出行宮，羣臣素服隨從。

《大清通禮》卷六《吉禮・社稷》 歲祭社稷之禮。以春秋仲月日用上戊，先三日，禮部尚書一人，詣犧牲所眂牲如儀。

《大清通禮》卷七《吉禮・朝日》 甲丙戊庚壬年，春分之朝，皇帝親詣東郊朝日。先二日，禮部尚書一人，至犧牲所眂牲如儀。

《大清通禮》卷七《吉禮・遣官》 常歲，遣官朝日之禮。先二日，禮部尚書詣犧牲所眂牲。承祭官暨陪祀文武百官均於邸第致齋。先一日，太常寺以祝版送內閣，恭書，皇帝遣某官某餘辭同前凡遣官同。受，而奉諸東郊神庫。御史、禮部祠祭司官、光禄寺少卿朝服，眂割牲，瘞毛血。有司供具，並如儀。及祀之日，雞初鳴，遣官朝服，祗竢於壇外。禮部侍郎省齍，太常寺卿率屬恭請神位設於座訖。卯初刻，遣官由壇北左門入，壝右門行禮於階下。上香時贊升壇，升降均由右階。不飲福受胙，王公不陪祀，贊引以太常寺贊禮郎，祝帛，送燎，遣官避立北旁，餘均如前儀。

《大清通禮》卷七《吉禮・夕月》 丑辰未戌年秋分之夕，皇帝親詣西郊夕月。先二日，禮部尚書一人，至犧牲所眡牲如儀。

《大清通禮》卷八《吉禮·先農》 歲仲春吉亥，皇帝親饗先農之禮。先二日，禮部尚書一人，至犧牲所眡牲如儀。

《大清通禮》卷八《吉禮·直省饗先農》 府州縣歲祭先農。主祭官、陪祭官暨各執事，並同社稷，祭期、牲帛、器數、行禮、儀節，與省會同。

《大清通禮》卷九《吉禮·遣官》 遣官致祭之禮。先二日，眡牲如儀。承祭官、分獻官暨文官郎中、武官叅領世爵、輕車都尉以上，均於邸第致齋。先一日，太常寺以祝版送内閣，恭書，受而藏諸廟内神庫。光禄寺少卿御史、禮部祠祭司官朝服眡割牲，瘞毛血。有司供具，並如儀。及祀之日，雞初鳴，承祭官及分獻官朝服祇竢於廟。禮部侍郎入廟省齍畢，質明，承祭官王公。入景德左門，領侍衛内大臣、尚書等入右門。升左階位於階上。領侍衛内大臣尚書等位階下。北面迎神，贊就上香位，出入殿左門。承祭官、分獻官及陪祀，行三跪九叩禮，不飲福受胙。王公不陪祀，贊引以太常寺贊禮郎祝帛、送燎，避立西旁東面，餘均如儀。

《大清通禮》卷九《吉禮·時巡親饗》 皇帝時巡省，方有古昔帝王陵寢在其地者，間行特典，親詣致祭。親祭之禮，有司諏吉、豫期，守土官潔埽享殿内外。扈從王公暨文武官陪祭，視京師帝王廟。地方文官知府、武官副將以上，與朝臣陪祭者，以其班序。班詳朝會儀。先一日，皇帝率羣臣齋，行在太常寺官具祝版。凡祭祀，皆在有司襄贊。送内閣中書舍人，敬書祝文。翰林院隨時撰擬，於版訖，授太常寺官豫送祭所。

《大清通禮》卷一一《吉禮·先師春秋》 春秋釋奠先師孔子禮。大成殿内，至聖先師正位南向。

《大清通禮》卷一二《吉禮·天神》 孟夏常雩後，歲間不雨，迺祇告天神壇，以祈甘雨，祈而應則報祀。雨潦祈晴、冬旱祈雪亦如之。祈告之禮，有司豫日諏吉，遣官一人將事。文武官應陪祀者，咸與祈禱。同日，祇告地、祇太歲二壇，各以參之一分祈。前期，各於邸第致齋一日，太常寺具祝文，翰林院隨時撰擬。備脯醢果實，潔壇壝内外，如告各壇廟之儀。

《大清通禮》卷一二《吉禮·報祀》 報祀天神之禮。諏日致齋，具祝文，翰林院隨時撰擬。潔壇壝如初。先一日，割牲，御史、禮部祠祭司官，光禄寺大官署正朝服眡宰宰人瘞毛血，如各壇廟常祀儀。

《大清通禮》卷一二《吉禮·地祇》 歲孟夏常雩後，如以祈雨、祈晴祇告天神，同日並告地祇，其報亦如之。祇告之禮，遣官將事，暨文武官咸與祈禱。前期致齋，太常寺具祝文，備器，陳潔壇壝内外，如祀天神之儀。

《大清通禮》卷一三《吉禮·太歲》 祀太歲之禮。初春為迎，歲暮為祖，正殿奉太歲神位南向，神位依年建干支，黄紙墨書某年太歲之神，覆於位上，豫設龕内。兩廡十二月神位，司春秋者，東位西向，司夏冬者，西位東向。歲以孟春上旬諏吉及歲除前一日，遣官將事豫期，承祭官、分獻官暨執事官各於邸第致齋。太常寺卿具祝版，省牲牢，率屬潔除殿廡内外，展神幄，恭請殿廡神位，奉安於神座如式。

《大清通禮》卷一三《吉禮·報祀》 既得雨，與天神地祇同日報祀，遣原祈雨官將事，及陪祀官咸致齋。前期，具祝版，眡割牲。至日，陳設牲牢登鉶簠簋籩豆，與常祀同，承祭官、陪祀官均朝服行禮。其餘儀節、樂章均如祈告儀。雨潦祈晴、冬旱祈雪，報亦如之。

《大清通禮》卷一三《吉禮·真武廟》 祀真武神之禮。每歲萬壽聖節，遣官一人，詣顯佑宫將事。是日，廟祝潔埽廟宇内外。

《大清通禮》卷一三《吉禮·火神廟》 祀司火神之禮，歲六月下旬，三日，遣官一人將事祀日廟祝潔埽廟宇内外。太常寺具祝版，備器，陳牛一、羊一、豕一，果實五盤。鑪鐙具殿中，少西，設案北向，供祝版。東設一案，陳禮神制帛一，色赤。尊一，爵三，香盤一。和聲署設樂於西階下，器數見祀真武禮。太常寺設洗於東階下，少南。設承祭官拜位於殿内正中。司祝、司香、司帛、司爵，各立祝案。尊案之次，典儀立殿東檐下。掌燎率燎人立燎鑪旁。承祭官朝服，行三跪九叩禮，升降均由東階，出入殿左門迎神，上香、奠帛、讀祝，三獻爵送神。望燎儀均與祀真武同。祝辭曰：維某年月日，皇帝遣某官某致祭於司火之神曰：惟神令司赤帝德炳離明，届此良辰，爰修專祀，鑒茲特典，綏我蒸民，尚饗。樂辭曰：離正南方位，燭照光九圍。粒民火食，功用不違，瓘斝明粢，我民所慰，履祥靄，戢鶉尾，息融風，降福禧。

《大清通禮》卷一四《吉禮·都城隍廟》 祭都城隍神之禮。每歲萬壽聖節，遣官一人將事。是日，廟祝潔掃廟宇内外。

《大清通禮》卷一四《吉禮·東嶽廟》　祭東嶽神之禮。每歲萬壽聖節，遣官一人將事。是日，廟祝潔掃廟宇内外。

《大清通禮》卷一四《吉禮·黑龍潭龍神祠》　祭黑龍潭神之禮。歲春秋，諏吉。

《大清通禮》卷一四《吉禮·玉泉山龍神祠》　玉泉山龍神祠，歲以春秋仲月，與黑龍潭廟同日致祭。

《大清通禮》卷一四《吉禮·后土司工神》　后土神司工神之禮。凡大興作，諏吉，遣官各一人。

《大清通禮》卷一四《吉禮·窑神門神》　迎吻祭窑神、門神之禮。各遣官一人將事。豫日，工部官設壇於琉璃窑，及迎吻所經之門，以織葦為殿，圖繪結綵。祭日五鼓，和聲署設樂於各壇前，設導迎樂於窑門外。太常寺官具祝版祝文翰林院隨事撰擬。

《大清通禮》卷一四《吉禮·倉神》　歲春秋諏吉，祭司倉神之禮。通州祭於大西倉，倉場侍郎主祭，各監督陪祀。京倉左翼於海運，右翼於興平朝陽門外於儲濟，各以本倉監督主之，各監督分行陪祀。祀用羊一、豕一，果實十盤，壺爵鑪鐙具。主祭官朝服，質明將事，率陪祀官行二跪六叩禮，上香，三獻，爵燎楮帛如儀。退右祭倉神。

《大清通禮》卷一五《吉禮·關帝廟》　致祭關帝之禮。歲以春秋仲月諏吉，遣官一人將事。是日昧爽，廟祝潔埽殿宇内外。太常寺官具祝版備器。

《大清通禮》卷一五《吉禮·賢良祠》　祭賢良祠之禮。前室祀宗室親王以下，貝勒貝子以上，後室祀公侯伯以下，一、二品大臣以上，均按代序官，同代同官，序其年月，位均南向。

《大清通禮》卷一五《吉禮·直省賢良祠》　直省會城，歲春秋仲月，祭守土有功德大吏於賢良祠。祭日，視京師，以知府一人主之。教授、教諭、訓導等官執事，祭品用羊一、豕一，果實五盤，帛一，尊爵鑪鐙具。主祭官上香，奠帛，三獻，行禮儀均與直省祭忠孝節義祠同。祝辭曰：維某年月日，某官某致祭於賢良之靈。曰：惟靈文武憲邦，公忠體國，當皇朝之肇造，心膂攸同。值列聖之丕承，股肱作輔。明良合德，奮庸而庶績咸熙，中外宣猷，敷澤而兆民永賴。洵屬廟廊之碩望，允宜俎豆以明禋，考績紀勳，崇報昭垂於令典，陳牲奠幣，馨香祇薦於歲時。尚饗。右祭直省賢良祠。

《大清通禮》卷一五《吉禮·京師功臣專祠》　京師功臣專祠。歲以春秋仲月諏吉，遣太常寺卿分詣致祭。

《大清通禮》卷一五《吉禮·盛京賢王祠》　祭盛京賢王祠之禮。正殿設三案。中案奉通達郡王雅爾哈齊，武功郡王禮敦，慧哲郡王額爾袞；左案奉宣獻郡王界堪，禮烈親王代善，饒餘親王阿巴泰；右案奉鄭簡親王濟爾哈朗，穎毅親王薩哈廉，怡賢親王允祥。位均南向。每案羊一、豕一，果實五盤，鑪鐙具。殿中少東設案一，陳祝文，東設一案，陳尊九，素帛九，爵二十有七。歲春秋季月，以奉天府尹承祭，讀祝。贊禮暨執事官以盛京禮部贊禮郎充，餘行禮儀節均與京師賢良祠同。

《大清通禮》卷一五《吉禮·昭忠祠》　祭昭忠祠之禮。凡親王、郡王、貝勒、貝子、公侯、伯、大學士、内大臣、尚書、都統、將軍、總督、一品子爵，前鋒統領、護軍統領、侍郎、巡撫、副都統、二品男爵、三品京卿、提督、總兵官及武職加贈至正從一品等官，各奉安於前室，位均南向。

《大清通禮》卷一五《吉禮·雙忠祠》　祭雙忠祠之禮。歲春秋仲月，遣官一人將事。是日，太常寺官具祝版，備器，陳龕位前統設一案，陳羊一、豕一、果實五盤、鑪鐙具，設案於祠内正中，少東供祝版。東設一案，陳素帛二，香盤一，尊一，爵六。設洗於東階下之南。承祭官拜位在香案前正中。司祝、司香、司帛、司爵、典儀、掌燎各以其職為位。質明承祭官朝服詣祠，行禮儀節與祭昭忠祠同。

《大清通禮》卷一五《吉禮·忠勇祠》　歲春秋，祭西征陣亡將士於蘭州忠勇祠。守土官一人，主祭丞史二人，分獻執事以禮生充。正祠祀諸將帥案，各果實五盤，素帛一，尊一，爵三，鑪一，鐙二，共羊一、豕一。兩廡祀諸軍卒案，各果實二盤，豕肉二，尊一，爵三，鑪、鐙具。祭之日，所司備祝文，具牲牢品物。守土官朝服詣祠，行三獻。禮儀與直省祭忠孝節義祠同。

《大清通禮》卷一五《吉禮·直省祭厲》　直省府州縣，歲三月寒食節，七月望日，十月朔日，祭厲壇於城北郊。

《大清通禮》卷一六《吉禮・親王世子郡王家祭》親王、世子、郡王家祭之禮。立廟七間，中五間為堂，左右二間隔以墻，為夾室。

《大清通禮》卷一六《吉禮・貝勒貝子宗室公家祭》貝勒、貝子、宗室公家祭之禮。立廟五間，中三間為堂，後楣以北，分五室。

《大清通禮》卷一六《吉禮・品官家祭》品官家祭之禮。於居室之東立家廟。一品至三品官，廟五間，中三間為堂，左右各一間，隔以墻。

《大清通禮》卷一六《吉禮・庶士家祭》庶士貢監生員有頂帶者。家祭之禮。於寢室之北為龕，以版別為四室。

又：庶人家祭之禮。於正寢之北為龕，奉高、曾祖禰神位。歲逢節序，薦果蔬新物。每案不過四器，羹飯具。其日夙興，主婦治饌，主人率子弟設案，然鐙啟室，奉神主於案上，以昭穆序。主人立於香案前，家衆序立於主人下，以行輩為先後。主人上香，一跪三叩，興，主婦陳匕箸醯醬，薦羹飯果羞，跪叩如儀。主人酌酒，進於各位前，凡三次皆跪，一叩。興畢，主人率衆一跪三叩，興，納主於室，徹退。日中，衆餕神食。歲一舉。論行輩先後，同行序齒列坐，酒行飯已，肅揖以退。月朔望日，供茶，然香鐙，行禮告事亦如之，均與庶士儀同。

（漢）班固《白虎通義》卷下《德論下・封禪》王者易姓而起，必升封泰山，何教告之義也？始受命之時，改制應天，天下太平，功成封禪，以告太平也。

（漢）應劭《風俗通義》卷八《祀典・先農》謹按：《春秋左氏傳》曰：夏四月三十，郊不從，乃免牲，孟獻子曰：吾乃今而知有卜筮。夫郊祀后稷以祈農事也。是故啓蟄而郊，郊而後耕，今既耕而卜，郊宜其不從也。周四月，今二月也，先農之時也。孝文帝二年正月詔曰：農者，天下之本，其開籍田，朕躬帥耕以給宗廟粢盛。今民間名曰田官，古者使民如借，故曰籍田。

（明）高濂《遵生八牋》卷二《清修妙論牋》婚禮不宜殺生。世間婚禮自問名、納采，以至成婚，殺生不知其幾。夫婚者，生人之始也。生之始而行殺，理既逆矣。又婚姻吉禮也，吉日而用凶事，不亦慘乎。此亦舉世習行而不覺其非，可為痛哭流涕長太息者此也。

（明）黃瑜《雙槐歲鈔》卷六《薛尚書論禮樂》天順改元，薛公繼遠遠自戶部郎中超拜本部侍郎，從人望也。予上疏時獲免罪責，公有力焉。尋延予長安西邸，以教其子。每謂予曰：向使禮部説行，子固今之陳東也。然宇宙內事，當視為性分，子其勉之。公博學，無所不通，禮樂兵刑，天官律曆，皆涉其要。嘗出《周禮》及《逸周書》示予曰：《周禮・小祝》：有寇戎之事，則保郊祀於社。王安石解保郊所以防患，祀於社所以弭兵，非也。當作一句，謂郊社同在一處。蓋泰壇方三百步，四周為澤宮，據魏儒劉芳言，則壇有四門，門外為四郊，觀覲禮大畧可見。故《逸周書》曰：設大社於周中。當四周之中立大社，卽澤中方丘而圓其頂，卽地上圓丘也。《大司樂》，冬日至以陽聲召陽氣，其律相繼，故天神降；夏日至以陰聲召陰氣，其律相生，故地祇出。合為九變，陰陽相得，其律相合，故人鬼格。此所謂大合樂，非分祀也。二至演樂，則分陰陽以召驗之，及祀天地，配以后稷，則同在一處，乃坤順承天合同而化之義。我太祖皇帝合祀天地，最得禮意，當時耆儒汪克寬謂，祭天必及地，尊可以統卑也，正如人子奉養，饋食於父必及其母，豈可分別哉！觀此二書，則可見矣。其言《天官書》以日及斗為主，語多不能盡憶。公本盧之無為州人，祖祥，洪武中工部尚書，謫海南，因家焉。故舉吾廣鄉試，正統壬戌進士，終南京兵部尚書。最諳國家典故，所履有聲，為時名臣。

（明）焦竑《玉堂叢語》卷三《禮樂》陶安與省臣李善長等進郊社宗廟議，請分祭天地於南北郊，冬至祀上帝於圜丘，以大明夜明星辰太歲從祀。夏至祀地祇於方丘，以嶽鎮海瀆從祀。宗廟則四代各為一廟，皆南向，以四孟及歲除凡五享。孟春特祭於太廟，孟夏、孟秋、冬歲除，則合祭於高祖廟。社稷宜祭以仲春、仲秋上戊日。皆從之。安復奏：古者天子大社，必受霜露風雨，以達天地之氣。若亡國之社，則屋之不受天陽也。今創屋非禮，若祭而遇風雨，則於齋宮望祭。上是之。復奏議冕服之制。凡國家制度禮文，多安所擬。上嘗製對賜安，曰國朝謀略無雙士，翰苑文章第一家。

（清）顧炎武《日知録》卷四《謂一為元》《五代史・漢本紀》論曰：人君即位稱元年，常事爾。孔子未脩《春秋》其前固已如此。雖暴君昏主安庸之史其記事先後遠近，莫不以歲月一、二數之，乃理之自然也。其謂一為元，蓋古人之語爾。及後世曲學之士，始謂孔子書元年爲《春秋》大法，遂以改元爲重事。

（清）顧炎武《日知録》卷四《天王》　《尚書》之文，但稱王，《春秋》則曰天王，以當時楚、吴、徐、越皆僭稱王，故加天以别之也。趙子曰：稱天王，以表無二尊是也。

（清）顧炎武《日知録》卷四《禘于太廟用致夫人》　哀姜與弒二君，而猶以之配莊公，是亂於禮矣。明乎郊社之禮，禘嘗之義，治國其如示諸掌乎？致夫人也，躋僖公也，皆魯道之衰，而夫子所以傷之者也。胡氏以夫人為成風，成風尚存，何以言致？亦言之不順也。

（清）顧炎武《日知録》卷四《諸侯在喪稱子》　凡繼立之君，踰年正月乃書即位，然後成之為君，未踰年則稱子，未踰年又未葬則稱名。先君初没，人子之心不忍忘其父也，父前子名，故稱名。莊公三十二年子般卒，襄公三十一年子野卒是也。已葬則子道畢，而君道始矣，子而不名。

（清）顧炎武《日知録》卷四《未踰年書爵》　即位之禮，必於踰年之正月即位，然後國人稱之曰君。春秋之時，有先君已葬，不待踰年而先即位者矣。宣公十年，齊侯使國佐來聘。成公四年，鄭伯伐許。稱爵者，從其國之告，亦以著其無父之罪。

（清）顧炎武《日知録》卷五《六牲》　古之為禮，以祭祀燕享，故六牲之掌特重。執豕于牢，稱公劉也；爾牲則具，美宣王也。至於鄰國相通，則葛伯不祀，湯使遺之牛羊。而衛戴公之廬于曹，齊桓歸之牛、羊、豕、雞、狗皆三百。其平日，國君無故不殺牛，大夫無故不殺羊，士無故不殺犬豕。而用大牲則卜之於神，以求其吉。

（清）顧炎武《日知録》卷一四《兄弟不相為後》　鄞萬斯《大本之立説》謂：廟制當一準《王制》之言。太祖而下，其為父死子繼之常也，則一廟一主，三昭三穆而不得少。其為兄弟相繼之變也，則同廟異室，亦三昭三穆而不得多。觀《考工記·匠人營國》所載，世室明堂皆五室，則知同廟異室，古人或已有通其變者，正不可指為後人之臆見也。《記》曰：協諸義而協。則禮雖先王未之有，可以義起也。然則賀循之論，可爲後王之式矣。

（清）趙翼《陔餘叢考》卷二《后稷已行郊禮》　《詩》言上帝居歆，而下文即繼之云，后稷肇祀，庶無罪悔，以迄於今。明乎后稷以來即郊祀上帝也，後儒泥於周制，謂后稷未王，何得有郊祀？按毛氏謂堯見天因邰而生后稷，故國之於邰，即命之事天。故《詩》曰：后稷肇祀。言自后稷以來，皆得祭天，猶魯人郊祀也。是以棫樸之作，有積燎之薪，文王郊酆，經有明文，漢儒匡衡亦言文王已郊。説見《三國·吴志》註所引《江表傳》及《志林》。

（清）趙翼《陔餘叢考》卷二七《國忌日不決囚》　國忌日不決囚，唐以來已有此制。按《舊唐書》，太和五年，御史奏均王傅王堪男，國忌日於私第科決罰人。特降詔：國忌日，惟禁飲酒舉樂。至于科罰人吏，本無明文。但緣其日不合釐務，官曹即不得決斷刑獄，其小小笞責，固無所妨。今後有此類，臺府更不要舉奏。此事亦見《容齋隨筆》。是唐時國忌日，百官以休務，故不決斷刑獄，已沿為故事矣。元微之詩云：縛遣推囚名御史，狼籍囚徒滿田地，明日不推緣國忌。又《唐書·裴寬傳》：禮部言忌日享廟請用樂。寬奏廟尊忌卑則作樂，廟卑忌尊則備而不奏，遂定為制。後世忌日不舉樂，蓋本此。

（清）王士禛《古夫于亭雜録》卷三《太學祭禮》　太學春秋祭，例遣大學士一人主之，翰林官二員分獻，公宴惟祭酒與大學士南北相向，司業則側坐。余為祭酒時，值高陽李文勤公代祭。公與余有師生之誼，余欲移席，公曰：古禮不可廢也。卒從之。時太常卿薛君、梁公柱斗輩皆側坐。趄廷重師儒如此。

（唐）白居易《白氏六帖事類集》卷一一《封禪》　登封降禪，齊乎黄軒。《文選》登岱勒封，與黄比崇。黄帝。封岱勒成，以紀太平之功。玉牒石紀。金字。閟以玉檢，封以金泥。紀聖號，編金册。紀禪，告成，紀德，銘功。

（唐）白居易《白氏六帖事類集》卷一一《藉田》　帝藉千畝，三推，《禮》天子正月擇元辰親載耒耜，率公卿諸侯大夫躬耕藉田，天子三推，公五推，卿、諸侯九推也。武王耕籍，然後諸侯知所以敬。秉耒。天子為藉千畝，躬秉耒以事天地社稷，以為醴酪齊盛，於是乎取敬之至也。教養。耕藉所以教諸侯之養。天子親耕於南郊，諸侯耕於東郊。以供齊盛，身致其誠信。嗇夫下種。農祥辰正。土膏脉起。天田。地利。以給宗廟。以供禘郊。懋力務本，敦孝致敬。勸已勸人。春藉青壇，修六府，穀之為本。陳八政。人食以為先。具田器，布農事，播穜稑之種，撰播殖之器。

（唐）白居易《白氏六帖事類集》卷一一《明堂》天子布政之宮，內有太室，體象天地。明堂之制。上圜下方，四達八窻，九室三十六戶。據坤靈之正位，順陰陽以開闔。合宮總章，黃帝曰合宮，虞舜曰總章。複廟重屋。八達九房。辨其方位，正天子之位也。明諸侯之尊卑。明堂者也。宗祀文王於明堂，以配上帝。天子立明堂者，所以正四時之序，敦五教之本。在國之南也。《白虎通》。昭昭明堂，明堂孔陽。《文選》。序五位，東西九筵。南北七筵。室容二几。《周禮·明堂》。

（唐）白居易《白氏六帖事類集》卷二〇《祭祀》苟失其儀，是誣於祭，鬼神饗德，祭祀貴誠。禮崇明祀。神享至誠。夙夜毖祀。毖，敬也。《周書》曰。祭祀以為人也，祀國之大事也。籩豆有踐，祭之以禮。無違之義。祭神如神在，吾不與祭如不祭。祭必齋如也。祀事孔明，祭思敬。齋敬之心，國之大事。在祀與戎。

（唐）白居易《白氏六帖事類集》卷二〇《宗廟祭》王假有廟。《易》。七代之廟，可以觀德。《書》。弈弈寢廟，寢廟繹繹。相連屬，前廟後寢也。清廟肅雍，作廟翼翼。並《詩》。本仁。《禮》祖廟所以本仁也。新廟弈弈，奚斯所作，閟宮有侐。清靜。民有寢廟，不忍廟也。鄭子產將為廟，除子太叔之屬，廟在道南，其寢在道北，將毀之，子太叔使其徒執用以立而無庸毀。子產過曰：何故不毀？曰：不忍廟也。諾將毀矣。子產使避之。傳言子產仁，不毀人廟。刻桓宮桷，丹桓宮楹。皆僭天子禮。《禮》曰：天子諸侯黝堊，大夫蒼士黈刻桷，天子斲之礱之，加密石焉，士斲本，設為宗祧，教人反古復始。

（唐）白居易《白氏六帖事類集》卷二〇《郊天》報天之禮。歸地之敬。先王祭帝於郊，所以定天位也，將有事於上帝。必先有事於頖宮。大報天，南郊就陽位也，掃地而祭。於其質也。用繭栗之牲。陳陶匏之器。郊所以明天道，報本反始。正月，天子乃以元日祈穀于上帝。郊祀昊天，上帝於圜丘。上帝其饗。為人祈福。凡在天下九州之人，無不咸獻其力，以供皇天上帝。十一月，祀昊天上帝於圜丘，凡啓蟄而郊。建寅之月。有事于天，祈福于上玄。《文選》。六變之樂，以降天神。《周禮》。大禮。郊天。卜郊非禮也。

（漢）蔡邕《蔡中郎文集》卷六《答丞相可齋議》日月詔召尚書問：立春當齋，迎氣東郊，尚書左丞馮方毆殺指揮使於尚書西祠，可齋不？得無不宜？具對。議郎臣蔡邕、博士任敏死罪對：《案禮》上帝之祠，無所為廢齋者。所以致齊，不敢散其意。宮室至大，指使至微，不在齋潔之處。元和詔：禮無光齋，足以自潔靜交神明，既本無嫌間，日又寬，可齋無疑。《詩》云：唯此文王，小心翼翼，昭事上帝，聿懷多福。夫齊恭以奉明祀，文王所以懷福，無有不宜。臣敏愚憨死罪。

（漢）曹操《曹操集·文集》卷二《春祠令》議者以為祠庙上殿當解履，吾受錫命，帶劍不解履上殿，今有事于庙而解履，是尊先公而替王命，敬父祖而簡君主。故吾不敢解履上殿也。又臨祭就洗，以手擬水而不盥。夫盥以潔為敬，未聞擬而不盥之禮。且祭神如神在，故君親受水而盥也。又降神禮訖，下階就幕而立，須奏樂畢竟，似若不衎烈祖，遲祭速訖也，故吾坐俟樂闋送神乃起也。受胙納袖，以授侍中，此為敬恭不終實也。古者親執祭事，故吾親納于袖，終抱而歸也。仲尼曰雖違衆，吾從下，誠哉斯言也。

（唐）皮日休《皮子文藪》卷八《雜著·題叔孫通傳》古之所謂禮不相襲，樂不相沿者，何哉？非乎彼聖人也，此聖人也。不相襲者，角其功利之深淺爾。不相沿者，明其文武之優劣爾。故三王迭作，五帝更制，夏、殷易置，文、武遞述。其禮文，昭昭然若兩曜爭明，百川之注瀆者矣。然猶周公刋之，仲尼正之。以周公之才之美，謂後世無其人乎？乃有仲尼。仲尼之後，迄今，望其道如顏、閔，文如游、夏者，鮮矣。況聖人哉？是後之制禮作樂，宜取周書孔策為標準也。漢氏受命，禮壞文毀，時無聖人，苟措其儀，立其禮，不沿襲於聖制者，妄也。夫國之大祭，不過乎郊祀宗廟也。漢之既命，其郊止於五時之祀者，禮不曰兆五帝之郊者乎。止於昭靈之園者，禮不曰天子七廟者乎？而叔孫生不為之正郊祀，立宗廟，去秦時之非制，議昭靈之非禮，汲汲朝會之儀，俾漢天子為高祖，身不得郊見，享不及七廟。噫生其制，物刋厥式，非不標準於聖人乎？將以漢新去水火，方弭兵械，難為改作乎？將不明壇墠之位，禘祫之儀者乎？若然者，湯伐桀，周伐紂，其制可知也。嗚呼！不明於古制，樂通於時變，君子不由也。其叔孫生之謂矣。

（明）朱元璋《明太祖文集》卷一二《樂歌·大祀文拜歌九章》 朕聞太極之化也，則天生於子，地闢於丑。立極既定，虛其中而為寰宇。是時人生於寅，樂居兩間，故曰世人生既多，非主莫馭，天生君而為民立命。然鴻荒之時，君天下者雖多，莫知誰始。今以載之於書者，始伏羲，自伏羲相繼而至唐虞，以及夏商周。斯數君者以開天立極，首興彝倫者，乃前伏羲、神農、黄帝是也。法三皇而守行者，少昊、顓頊、高辛、唐虞。其增減禮樂，文飾其事者，獨夏、商、周是也。亦相繼而增減其事者，秦漢以至於宋元。嗚呼！天性自然而常者，三綱五常也。昔聖人度人情而措彝倫，特不逆其性，務從其善，固為萬世綱常，未嘗有異此道。而為人君者，每聞昔君欽若昊天，寅賓出日，未見有怠於敬者。及朕即位以來，儒臣遍歷羣書，自周以至於宋元，皆考祀事之典，莫為之後，雖盛弗繼。然當行祀之時，惟宗廟頗合人情，及南北二郊以及社稷，甚有不如人情者也。且不如人情者，以社稷言之，古人以社為五土之神，稷為五穀之神，土主發生，五穀因之以生。而乃一圍中，各處壇而祭，是土穀不合於生生之意也。當行禮之時，先社固宜，而又先奠社之配位，然後方行稷神之禮，此果當乎？以朕度之，此所以不合人情者也。況朕自即位以來，祀天享地，奉宗廟社稷，每當齋期，必有風雨，臨祭方社，每常憂之，京房有云：交祀鬼神，必天道之雍和，神乃苔矣。若有飄風驟雨，是為未善。於是自洪武十年更社稷於闕右，比前人之所以禮殊式異，去繁就簡，一壇合祀，以奉二神，神乃我苔，人事歡悦。後洪武十一年，命三公率工部役梓人於京城之南，創大祀殿，合祀皇天后土。當年冬十月，三公入奏，告工已成。朕命禮部去前代之祭期，歲止一祀。且古人之祀南北郊，朕度之，彼以義起，故曰南郊祭天，以其陽生之月；北郊祭地，以其陰生之月。孰不知至陽祭之於至陰之月，至陰祭之於至陽之月，於理可疑。且掃地而祭，其來甚遠，言及祀天地尚實不尚華，固執古而不變，至今所以天地之享，與人大異。以理言之，天地反不如人享。以朕言之，若以斯祀之禮，執古不變，則人之享亦執古而不變。若人執古，則有汙尊抔飲，茹毛飲血，巢居穴處，以今言之，世可行乎？斯必不然也。因是命太常卿每歲祭天地於首春，正三陽交泰之時，是其宜也。遂於洪武十二年正月十有一日，合祀天地。前期致齋五日，内二日以告仁祖廟，三日正齋。風和日煖，及夜升壇，山川草木不搖，江海息波濤而浪靜，輕雲縹緲於昊穹，獨露大降於天中，纖塵不動，銀燭光舒而燄挺，香烟裊繞而凌雲，殽饌芬芳，柴燎烟昇，上達于九天。斯必神之降臨，合祀之宜也。朕雖失學無文，特實其事而歌詠之。

（明）朱元璋《明太祖文集》卷一七《祭文·中都告祭天地祝文》 昔者奉天明命，相繼為君，代天理物，撫育黔黎，彝倫攸序，井井繩繩，至今承之。生民多福，思不忘而報，特祀以春秋，惟帝兮英靈，來歆來格尚饗。

（明）朱元璋《明太祖文集》卷一七《祭文·合祭天地文》 曩者建國之初，遵依古制，祀以南北之郊。御諱。周旋九年以來，見古人之意固誠，於禮未為然也。且人君者，父天母地，其仰瞻覆載，無不恩也。及其祀也，則有南北之壇，終不會祀。以人事度之，為子之道，致父母異處，安為孝乎？今也大壇鼎建未完，朝堂新造已備。時當冬至，謹合祀於殿庭，自今已後，每歲合祀於春時，永為定禮，以皇考仁祖淳皇帝配神，惟上帝皇祇鑒之，尚饗。

（清）汪中《新編汪中集·策略諛聞·封禪》 在昔黄帝，得寶鼎而興封禪，實為封禪之始。《禮》曰：先王因天事天，因地事地，因名山升中於天。蓋天以高為尊，地以厚為德，故增泰山之高以放天，附梁父之厚以報地。必於泰山者，東方長萬物之始，陰陽交代，所以告太平於天，報羣神之功也。行禮之節，歷代不同。或祀昊天上帝於山下，而以祖宗配食。或祭於山下，封於山上，其以質為貴者，則惟蒲車、瓦尊、瓠爵秸席之物。其以文為貴者，則惟金策，石函、金泥、玉檢之封，築壇立石，告成功於神明。《風俗通》所謂事天以禮，立身以義，事父以孝，成名以仁，四夷八蠻，咸共其職，禮之至大者也。

封山之禮，但行於泰山。而禪則云云、亭亭、會稽、社首，不一其地。古之封禪者，七十二家。管仲所記，自無懷氏至於成王，纔十有一后。則漢之武帝、光武，唐之高宗、玄宗，宋之真宗，歷年三千，凡五舉其禮。豈非名山顯位，固將有待哉！

至於歷代文學之臣，撰述典禮，則管仲紀其世次，相如頌其瑞徵，倪寬表其秩祀，馬第伯紀其行事，賀知章、王旦、陳堯叟司其撰刻，顏師古、裴守真、張説議其禮節。其見《史記》、《後漢書》、《白虎通》、《唐書》、《宋史》及《文獻通考》者，莫不昭然簡册，與有光榮。

而其羣臣勸行封禪而未果者，晉武帝、宋文帝、梁武帝、隋文帝、唐太宗、宋太宗是也。若夫嘉祥符瑞，建號著紀，白雲起於封中，寶鼎出於泗水，四夷陪祀，百神受職，蓋有不可勝紀者矣。

（清）康有爲《春秋董氏學》卷三《春秋禮·郊》　天若不予是家者，是家安得立為天子。立為天子者，天予是家。天予是家者，天使是家。天使是家者，是天之所予也，天之所使也。天已予之，天已使之，其間不可以接天，何哉？故《春秋》凡譏郊，未嘗譏君德不成于郊也。及不郊而祭山川，失祭之敍，逆於禮，故必譏之。以此觀之，不祭天者乃不可祭小神也。郊因先卜，不吉不敢郊。百神之祭不卜，而郊卜，郊祭最大也。《春秋》譏喪祭，不譏喪郊，郊不辟喪。喪尚不辟，况他物？郊祝曰：皇皇上天，照臨下土，集地之靈，降甘風雨。庶物羣生，各得其所，靡今靡古，維予一人某敬拜皇天之祜。夫不自為言，而為庶物羣生言，以人心庶天無尤也。天無尤焉，而辭順恭，宜可喜也。右郊祀九句。九句者，陽數也。《郊祀》。

董子之言郊事，至詳明。其義皆以事天，未嘗以事地。其時皆以正月上辛，所謂冬至，未嘗以夏至。郊止一，更無北郊，况東西郊，五郊乎？天為百神之大君，故獨尊天，無與比偶者。可證《周禮》之謬僞。

嘉禮分部

論說

《周易正義·漸》　䷴艮下巽上。漸：女歸吉，利貞。漸者，漸進之卦也。止而巽，以斯適進，漸進者也。以止巽為進，故女歸吉也。進而用正，故利貞也。疏：正義曰：漸者，不速之名也。凡物有變移，徐而不速，謂之漸也。女歸吉者，歸嫁也，女人生有外成之義，以夫為家，故謂嫁曰歸也。婦人之嫁，備禮乃動，故漸之所施，吉在女嫁，故曰女歸吉也。利貞者，女歸有漸，得禮之正，故曰利貞也。

《周易正義·歸妹》　䷵兑下震上。歸妹：征凶，无攸利。妹者，少女之稱也。兑為少陰，震為長陽，少陰而乘長陽，説以動，嫁妹之象也。疏：正義曰：歸妹者，卦名也。婦人謂嫁曰歸，歸妹猶言嫁妹也。然《易》論歸妹得名不同，泰卦六五云：帝乙歸妹。彼據兄嫁妹謂之歸妹。此卦名歸妹，以妹從娣而嫁，謂之歸妹。故初九爻辭云歸妹以娣是也。上咸卦明二少相感，恒卦明二長相承，今此卦以少承長，非是匹敵，明是妹從娣嫁，故謂之歸妹焉。古者諸侯一取九女，嫡夫人及左右媵皆以姪娣從，故以此卦當之矣。不言歸姪者，女娣是兄弟之行，亦舉尊以包之也。征凶，无攸利者，歸妹之戒也。征謂進有所往也。妹從娣嫁，本非正匹，唯須自守卑退以事元妃。若妄進求寵，則有並后凶咎之敗，故曰征凶，无攸利。

《彖》曰：歸妹，天地之大義也。天地不交，而萬物不興。歸妹，人之終始也。陰陽既合，長少又交，天地之大義，人倫之終始。疏：正義曰：歸妹，天地之大義也。天地不交，而萬物不興者，此舉天地交合，然後萬物蕃興，證美歸妹之義。所以未及釋卦名，先引證者，以歸妹之義，非人情所欲，且違於匹對之理。蓋以聖人制禮，令姪娣從其姑姊而充妾媵者，所以廣其繼嗣，以象天地以少陰少陽、長陰長陽之氣共相交接，所以蕃興萬物也。歸妹，人之終始也者，上既引天地交合爲證，此又舉人事歸妹結合其義也。天地以陰陽相合而得生物不已，人倫以長少相交而得繼嗣不絶，歸妹豈非天地之大義，人倫之終始也？説以動，所歸妹也。少女而與長男交，少女所不樂也。而今説以動，所歸必妹也，雖與長男交，嫁而係娣，是以説也。疏：正義曰：此就二體釋歸妹之義。少女而與長男交，少女所不樂也。而今説以動，所歸必妹也，雖與長男交，嫁而係於娣，是以説也。係娣所以説者，既係娣爲媵，不得別適，若其不以備數，更有動望之憂，故係娣而行合禮，説以動也。征凶，位不當也。履於不正，説動以進，妖邪之道也。疏：正義曰：此因二、三、四、五，皆不當位，釋征凶之義。位既不當，明非正嫡，因説動而更求進，妖邪之道也，所戒其征凶也。无攸利，柔乘剛也。以征則有不正之凶，以處則有乘剛之逆。疏：无攸利，柔乘剛也。正義曰：此因六三、六五乘剛，釋无攸利之義。夫陽貴而陰賤，以妾媵之賤，進求殊寵，即是以賤陵貴，故无施而利也。注：以征則至有乘剛之逆。正義曰：《象》以失位釋征凶，乘剛釋无攸利，而注連引言之者，《略例》云：去初、上而論位分，則三、五各在一卦之上，何得不謂之陽？二、四各在一卦之下，何得不謂之陰？然則二、四陰位也，三、五陽位也。陽應在上，陰應在下，今二、三、四、五，並皆失位，其勢自然柔皆乘剛，其猶妾媵求寵，其勢自然以賤陵貴，以明柔之乘剛，緣於失正而進也。

《儀禮注疏·士冠禮》士冠禮第一：士冠禮第一。《鄭目録》云：童子任職居士位，年二十而冠，主人玄冠朝服，則是於諸侯。天子之士，朝服皮弁素積。古者四民世事，士之子恒爲士。冠禮於五禮屬嘉禮，大、小《戴》及《别録》此皆第一。釋曰：鄭云童子任職居士位，年二十而冠，爲士身加冠。知者，鄭見下《昏禮》及《士相見》皆據士身自昏、自相見。又《大戴禮·公冠篇》及下諸侯有冠禮，夏之末造，亦據諸侯身自加冠，故鄭據士身自加冠爲目也。鄭云四人世事，士之子恒爲士者，是《齊語》文。彼云：桓公謂管仲曰：成人之事若何？管子對曰：四人勿雜處也。公曰：處士、農、工、商若何？管子對曰：昔聖王之處士就閑燕也，處工就官府也，處商就市井也，處農就田野也。少而習焉，其心安焉。是四人世事，士之子恒爲士也。引之者，證此士身年二十加冠法。若士之子，則四十強而仕，何得有二十爲士自加冠也？二十而冠者，鄭據《曲禮》文二十曰弱冠，故云年二十而冠。其大夫始仕者，二十已冠，訖五十乃爵命爲大夫，故大夫無冠禮。又案《喪服·小功章》云大夫爲昆弟之長殤，鄭云大夫爲昆弟之長殤，小功謂爲士者若不仕者也。以此知爲大夫無殤服也。《小記》云：大夫冠而不爲殤。大夫身已加冠，降兄殤在小功，是身有德行，得爲大夫冠，不以二十始冠也。若諸侯則十二而冠，故《左傳》襄九年：晉侯與諸侯伐鄭，還，公送晉侯，以公宴于河上。問公年，季武子對曰：會于沙隨之歲，寡君以生。注云：沙隨在成十六年。晉侯曰：十二年矣，是謂一終，一星終也。國君十五而生子，冠而生子，禮也。君可以冠矣。是諸侯十二而冠也。若天子，亦與諸侯同十二而冠，故《尚書·金縢》云王與大夫盡弁，時成王年十五，云王與大夫盡弁，則知天子亦十二而冠矣。又《大戴禮》云：文王十三生伯邑考。《左傳》云：冠而生子，禮也。是殷之諸侯亦十二而冠。若夏之天子、諸侯與殷天子亦十二而冠。可知若天子之子則亦二十而冠。故《禮記·祭法》云王下祭殤五。又《禮記·檀弓》云：君之適長殤，車三乘。是年十九已下乃爲殤，故二十乃冠矣。若天子、諸侯冠，自有天子、諸侯冠禮，故《大戴禮》有《公冠篇》，天子自然有冠禮，但《儀禮》之内亡耳。

又：士冠禮，筮于廟門。筮者，以蓍問日吉凶於《易》也。冠必筮日於廟門者，重以成人之禮成子孫也。廟，謂禰廟。不於堂者，嫌蓍之靈由廟神。疏：【略】云冠必筮日於廟門者，重以成人之禮成子孫也者，案《冠義》云：筮日筮賓，所以敬冠事。敬冠事，所以重禮。是筮日爲重禮之事也。《冠義》又云：古者重冠。重冠，故行之於廟。行之於廟者，所以尊重事。尊重事，而不敢擅重事。不敢擅重事，所以自卑而尊先祖也。是成人之禮成子孫也。此經唯論父子、兄弟，不言祖孫。鄭兼言孫者，家事統於尊，若祖在則爲冠主，故兼孫也。

又：主人玄冠，朝服，緇帶，素韠，即位于門東，西面。主人，將冠者之父兄也。玄冠，委貌也。朝服者，十五升布衣而素裳也。衣不言色者，衣與冠同也。筮必朝服者，尊蓍龜之道。緇帶，黑繒帶。士帶博二寸，再繚四寸，屈垂三尺。素韠，白韋韠，長三尺，上廣一尺，下廣二尺，其頸五寸，肩革帶博二寸。天子與其臣，玄冕以視朔，皮弁以日視朝。諸侯與其臣，皮弁以視朔，朝服以日視朝。凡染黑，五入爲緅，七入爲緇，玄則六入與？疏：主人至西面。釋曰：此主人將欲謀日之時，先服，即位於禰廟門外，東西而立，以待筮事也。注主人至入與。釋曰：經直云主人，當是父兄加冠之禮。知兼有兄者，《論語》云：出則事公卿，入則事父兄。父兄者，一家之統，父不在則兄爲主可知，故兼其兄也。

又：冠者立于西階東，南面，賓字之，冠者對。對，應也。其辭未聞。疏：冠者至者對。注對應至未聞。釋曰：云賓字之者，即下文有字辭，又有某甫之字，若孔子云尼父之字是也。云其辭未聞者，下有賓祝辭，不見冠者應辭，故云未聞也。案《禮記·冠義》云既冠而字之，成人之道也。見於母，母拜之，據彼則字訖乃見母。此文先見乃字者，此文見母是正見。彼見母在下者，記人以下有兄弟之等皆拜之，故退見母於下，使與兄弟拜，文相近也。若然，未字先見母，字訖乃見兄弟之等者，急於母，緩於兄弟也。

又：若不醴，則醮用酒。若不醴，謂國有舊俗可行，聖人用焉不改者也。《曲禮》曰：君子行禮，不求變俗。祭祀之禮，居喪之服，哭泣之位，皆如其國之故，謹脩其法而審行之。是。酌而無酬酢曰醮。醴亦當爲禮。疏【略】云皆如其國之故者，謂上所云皆如其故國之俗而行之。云是者，依先王舊俗而行不改之事。向來所解引《曲禮》據人君施化之法，不改彼國舊俗，證此醮用酒，舊俗之法也。故《康誥》周公戒康叔，居殷墟當用殷法，是以云茲殷罰有倫，使用殷法。故所引《曲禮》，皆據不變彼國之俗。但君子行禮，不求變俗有二途，若據《曲禮》之文云君子行禮不求變俗，鄭注云：求，猶務也。不務變其故俗，重本也。謂去先祖之國居他國。又云：祭祀之禮，居喪之服，哭泣之位皆如其國之故，謹脩其法而審行之。注：其法謂其先祖之制度若夏殷者，謂若杞宋之人居鄭衛，鄭衛之人居杞宋。若據彼注，謂臣去己國居他國，不變己國之俗。是以定四年祝佗云，殷人六族，在魯啓以商政。亦不變本國之俗，故開商政示之。皆據當身居他國，不變己國之俗。與此注引不同者，不求變俗，義得兩合，故各據一邊而言也。

又：棄爾幼志，順爾成德。壽考惟祺，介爾景福。爾，女也。既冠爲成德。祺，祥也。介，景，皆大也。因冠而戒，且勸之。女如是則有壽考之祥，大女之大福也。疏：注：爾女至福也。釋曰：云既冠爲成德者，案《冠義》，既冠責以父子君臣長幼之禮，皆成人之德。云祺，祥也者，祺訓爲祥，祥又訓爲善也。云因冠而戒者，則經棄爾幼志，順爾成德是也。云且勸之者，即經云壽考惟祺，介爾景福是也。

又：始加元服，兄弟具來。孝友時格，永乃保之。善父母爲孝，善兄弟爲友。時，是也。格，至也。永，長也。保，安也。行此乃能保之。今文格爲嘏。凡醮者不祝。疏：注善父至不祝。釋曰：善父母爲孝，善兄弟爲友者，《爾雅》文。不言善事父母、善事兄弟者，欲見非且善事兄弟而亦爲兄弟之所善者，諸行周備之意也。云凡醮者不祝者，案上文前後例，周與夏殷冠子法，其加冠祝辭三節不辨三代之異，則三代祝辭同可知也。至於周醮之辭三等別陳之者，以其數異，辭宜不同故也。若然，醮辭唯據適子而言，以其將著代重之，故備見祝辭也。此注云凡醮者不祝者，言凡謂庶子也，既不加冠於阼，又不禮於客位，無著代之理，故畧而輕之也。亦不設祝辭者，《曾子問》注云凡殤不祭之類也。其天子冠禮祝辭，案《大戴禮·公冠篇》成王冠周公爲祝詞，使王近於人，遠於天，嗇於時，惠於財。其辭既多，不可具載。其諸侯無文，蓋亦有祝辭，異於士也。

又：三加彌尊，諭其志也。彌猶益也。冠服後加益尊，諭其志者，欲其德之進也。疏：適子至成也。注：醮夏至人也。釋曰：此記人説夏、殷法，可兼於周。以其於阼及三加皆同，唯醮醴有異，故知舉二以見一也。

冠而字之，敬其名也。名者，質，所受於父母，冠成人，益文，故敬之也。今文無之。疏：冠而至名也。注名者至無之。釋曰：案《内則》云，子生三月父名之，不言母。今云受於父母者，夫婦一體，受父即是受於母，故兼言也。云冠成人，益文者，對名是受於父母，爲質，字者受於賓，爲文。故君父之前稱名，至於他人稱字也。是敬定名也。

又：無大夫冠禮，而有其昏禮。古者五十而后爵，何大夫冠禮之有？據時有未冠而命爲大夫者。周之初禮，年未五十而有賢才者，試以大夫之事，猶服士服，行士禮。二十而冠，急成人也。五十乃爵，重官人也。大夫或時改取，有昏禮是也。疏：無大至之有。釋曰：此經所陳，欲見無大夫冠禮之事。有大夫冠禮，記者非之。注：據時至是也。釋曰：鄭云據時有未冠而命爲大夫者，言周末作記之時，有二十已前未加冠而命爲大夫者，記非之也。云周之初禮，年未五十而有賢才者，試以大夫之事，猶服士服，行士禮者，鄭解古者五十而後爵，何大夫冠禮之有？是古者未有，周大夫有冠禮，故非之。此鄭云未五十，則二十已上，或有未二十有賢才，亦得試爲大夫者，故《喪服》殤小功章云大夫爲昆弟之長殤。

又：公侯之有冠禮也，夏之末造也。造，作也。自夏初以上，諸侯雖父死子繼，年未滿五十者亦服士服，行士禮，五十乃命也。至其衰末，上下相亂，篡殺所由生，故作公侯冠禮以正君臣也。《坊記》曰：君不與同姓同車，與異姓同車不同服，示民不嫌也。以此坊民，民猶得同姓以殺其君也。疏：公侯至造也。注：造作至君者。釋曰：記人言此者，欲見夏初已上，雖諸侯之貴，未有諸侯冠禮，猶依士禮，故記之於《士冠篇》末也。云自夏初以上者，以經云公侯之有冠禮，夏之末造，明夏初未有。言以上者，夏以前唐、虞之等，亦未有諸侯冠禮也。未滿五十者亦服士服行士禮，五十乃命也者。既云服士服，行士禮，亦如上文五十而後爵，何公侯冠禮之有？以其與大夫同未五十服行士禮也。云至其衰末，上下相亂至以正君臣也者，解經夏之末造公侯冠禮也。引《坊記》者，欲見夏末以後制諸侯冠禮，以防諸侯相篡弒之事也。云同車者，謂參乘爲車，右及御者也。云不同服者，案《玉藻》云：君之右虎裘，厥左狼裘。又云僕右恒朝服，君則各以時事服，是不同服。此謂非在軍時，若在軍時，君臣同服韋弁服也。天子之元子猶士也，天下無生而貴者也。元子，世子也。無生而貴，皆由下升。疏：天子至者也。注：元子至下升。釋曰：此記者見天子元子冠時，亦依士冠禮，故於此兼記之也。天子之元子雖四加與十二而冠，其行事猶依士禮，故云猶士也。元子尚不得生而貴，則天下之人亦無生而貴者也。云無生而貴，皆由下升者，天子元子冠時行士禮，後繼世爲天子，是由下升。自餘天下之人，從微至著，皆由下升也。

又：以官爵人，德之殺也。殺猶衰也。德大者爵以大官，德小者爵以小官。疏：以官至殺也。注殺猶至小官。釋曰：記人記此者，欲見仕者從士至大夫而冠，無大夫冠禮者也。云以官爵人者，以，用也，謂用官爵命於人也。云德之殺也者，殺，衰也，以德大小爲衰殺，故鄭云德大者爵以大官，德小者爵以小官者，管領爲名。爵者，位次高下之稱也。

（清）胡培翬《儀禮正義·士冠禮一》

士冠禮第一鄭《目録》云：童子任職居士位，年二十而冠，主人玄冠朝服，則是仕於諸侯。天子之士，朝服皮弁素積。古者四民世事，士之子恒爲士。冠禮於五禮屬嘉禮，《大、小戴》及《别録》此皆第一。疏：正義曰：儀徵大學士阮公撰《十三經注疏校勘記》，於《儀禮》尤詳。其自序云：鄭氏疊古今文，最爲詳覈，語助多寡，靡不悉紀。今校是經，寧詳無略，用鄭氏家法也。培翬撰正義，一遵其説，詳載各本經注異同。其宋嚴州單注本，爲宋本之最佳者，現已重刻行世，悉據録焉。《校勘記》云：自鄭《目録》云至此皆第一，毛及陳、閩、監本，俱列疏前。今案：則是仕於諸侯天子之士，近汪士鐘重刻單疏本無仕字，誤。朱氏《儀禮經傳通解》、陳鳳梧單注本及各本，俱有。陸氏德明《經典釋文》以天子二字加於諸侯之上，非，朱子嘗辨之。又云：温本亦誤。冠禮於五禮屬嘉禮，臧鏞堂目録本冠下無禮字，各本有。此皆第一，各本同。通解作皆此爲第一，今俱從各本。鄭《目録》者，鄭氏康成所作，别爲一書，不入注内。賈氏公彦作疏，始引以散附各篇題之下，今仍之。《隋書·經籍志》云：《三禮目録》一卷，鄭氏撰，梁有陶宏景注。是别爲一書也。嘉慶間，黄丕烈重刻宋嚴州單注本，不載《目録》可證。云童子任職居士位年二十而冠者，鄭意蓋以此爲士身加冠也。然下又云：古者四民世事，士之子恒爲士。朱子謂，詳鄭意，似謂士之子雖未仕，亦得用此禮矣。《曲禮》：二十曰弱冠，四十曰强而仕。此常法也。亦容有才質出衆，當未冠之時即已居士位者，故鄭兼已仕未仕言之。吴氏廷華《儀禮疑義》云：徐以升謂下記云：天子之猶士也，天下無生而貴者。則自天子之子以下，凡入學者，皆可以士名之，見此經爲天下之通禮。其説是也。鄭謂士之子恒爲士，亦指學士言。先祖樸齋先生〔諱匡衷〕《鄭氏目録校證》云：案士有已仕而有位者，《周禮》上士、中士、下士是也。有未仕者，《玉藻》所謂居士，《王制》所謂選士、俊士是也。今案：據此則未仕者亦稱士，經文士字實該之矣。敖氏繼公《儀禮集説》謂此篇主言士冠其適子之禮，今以經考之，其曰主人玄冠朝服，則其父固有位之士也，又曰將冠者采衣紒，則未仕爲士可知。敖説近是。然賈疏引《喪服・小功章》大夫爲昆弟之長殤以證，則固有年未二十而已任職居位者，若必專主未仕之士言，又不若鄭説之該括矣。萬氏斯大《儀禮商》云：禮不下庶人，故自士以上，一依乎士禮以爲之準，雖天子諸侯之子亦不得異焉。彼諸侯之有冠禮，止惟先君早世，世子年幼爲君，如魯襄、邾隱者乃行之。推此於天子，亦惟幼而即位，如周成王者或有異焉。故曰天子之元子猶士也，則諸侯大夫之子可知。案此説是也。冠者將以責成人之道，故年必以二十爲斷，《喪服》十九以下則爲殤，以其未成人也。《荀子》謂十九而冠，非矣。《曲禮》曰：男子二十冠而字。《内則》曰：二十而冠，始學禮。此禮之正也。其有年未及二十而冠者，則皆禮之變，不足引以爲此經之證。【略】張氏爾岐《儀禮鄭注句讀》云：其云仕於諸侯，明非天子之士，實則天子之士，亦同此禮，唯主人冠服有異。今案：冠昏喪祭，切於民用。周公制禮，欲以通行天下，故多就侯國言之。然王朝之與侯國，異冠服不異禮節。張説是也。云古者四民世事士之子恒爲士者，《齊語》文。四民謂士農工商也。云冠禮於五禮屬嘉禮者，五禮，吉、凶、賓、軍、嘉是也，皆《周禮》大宗伯掌之。冠屬嘉禮者，《大宗伯》云：以嘉禮親萬民，下即云以昏冠之禮親成男女，是冠爲嘉禮也。

又：前期三日，筮賓，如求日之儀。前期三日，空二日也，筮賓，筮其可使冠子者，賢者恒吉。《冠義》曰：古者冠禮，筮日筮賓，所以敬冠事，敬冠事所以重禮，重禮所以爲國本。疏：正義曰：【略】云筮賓筮其可使冠子者賢者恒吉者，謂必擇其賢者筮之乃吉也。王氏士讓云：冠爲人道之始，賓必取人倫中有德望者。冠賓乃己之僚友，宜素知之，然不遽自决，又不宜品第其可否以謀於人，故决之鬼神。今案：注引《冠義》者，證筮賓爲敬冠事也。

又：夙興，設洗，直于東榮，南北以堂深，水在洗東。夙，早也。興，起也。洗，承盥洗者棄水器也，士用鐵。榮，屋翼也。周制，自卿大夫以下，其室爲夏屋。水器，尊卑皆用金罍，及大小異。疏：正義曰：冠至期，先陳設器服，次主人以下即位，次迎賓及贊冠者入，乃行三加之禮。加冠畢，賓醴冠者。冠者見于母，賓字冠者，凡九節而冠禮成，賓出矣。注及大小異小下，聶氏崇義《三禮圖》有皆字，嚴本無。朱子云：詳注文，及字恐誤。校勘記云：案疏云及其大小異，蓋謂論其質則尊卑皆用金罍，及論其形制之大小，則仍有異耳。直，當也。經曰直于東榮，東西節也。故《鄉飲酒》曰：東西當東榮。【略】賈疏云：案《漢禮器制度》：洗，士用鐵，大夫用銅，諸侯用白銀，天子用黄金也。《三禮圖》引《舊圖》云：洗高三尺，口徑一尺五寸，足徑三尺，中身小，疏中，士以鐵爲之，大夫以上銅爲之，諸侯白金飾，天子黄金飾。據此則天子、諸侯之洗亦銅爲之，但有飾爲異耳。【略】今案：沈説蓋以《説文》爲據。云周制自卿大夫以下其室爲夏屋者，李氏云：周制天子、諸侯爲殷人四阿之屋，東西南北皆有霤。大夫以下，爲夏后氏南北兩下之屋，無東西霤，而有東西榮。案《檀弓》曰：見若覆夏屋者矣。鄭注：夏屋，今之門廡。蓋漢時門廡亦兩下爲之，故舉以爲證。此經不言東霤，而言東榮，據大夫、士宫室之制也。云水器尊卑皆用金罍及大小異者，經但言水，不言盛水之器，故注特明之。敖氏因《士冠》諸篇不言罍，謂士之水器異於此。褚氏辨之云：士苟用他器，則諸篇必一見以明其異，而俱不言，則用罍同也。案經傳多以罍爲盛酒器，《説文》：櫑，龜目酒尊，刻木作雲雷象，象施不窮也。從木，從畾。又云：罍，櫑或從缶；畾，櫑或從皿。段氏玉裁《説文》注云：蓋始以木，後以匋，或曰罍，亦木器，或瓦器而飾以金耳。段氏又云：《爾雅》彝、卣、罍器也，小罍謂之坎，然則罍有小大。《燕禮》：罍水在東，則罍亦以盛水。今案：《韓詩説》云：天子罍以玉，諸侯、大夫以金，士以梓。

又：主人酬賓，束帛儷皮。飲賓客而從之以財貨曰酬，所以申暢厚意也。束帛，十端也。儷皮，兩鹿皮也。古文儷爲離。疏：正義曰：賈疏云：尊卑獻數，多少不同。及其酬幣，惟於奠酬一節行之而已。褚氏云：幣言酬賓，必行於奠酬之節矣。賈説不可易。敖氏謂在賓受獻之時，非也。注云飲賓客而從之以財貨曰酬所以申暢厚意也者，財謂幣帛，貨謂金玉。此注釋酬字，通上下言之。酬而用玉，惟天子，諸侯爲然。《禮器》曰：琥璜爵。鄭注：謂天子酬諸侯，諸侯相酬，以此玉將幣也。餘詳《聘禮》致饗以酬幣亦如之下。此酬賓以束帛儷皮，而《家語》公冠，酬賓束帛乘馬，《大戴禮》酬幣，朱錦綵四馬，則諸侯禮與士異也。云束帛十端也者，凡物十曰束，束帛，束錦，束脩，皆以十爲數也。《周禮・媒氏》：凡嫁子娶妻，入幣純帛無過五兩。鄭注：五兩，十端也。必言兩者，欲得其配合之名。《襍記》曰：納幣一束，束五兩，兩五尋。然則每端二丈。案據此注五兩即十端，特言之異耳。云儷皮兩鹿皮也者，案《士昏禮》注云：儷，兩也。《聘禮》儷皮注同。《春秋傳》曰鳥獸猶不失儷，是儷爲兩也。知儷皮爲鹿皮者，惠氏棟云：《説文》：麗，旅行也。鹿之性，見食急則必旅行。從鹿，麗聲。《禮》麗皮納聘，蓋鹿皮也。譙周《古史考》云：伏犧制嫁娶，以儷皮爲禮。今案：許所謂《禮》即《儀禮》也。許所見本作麗，鄭本作儷，字雖不同而可通用。云古文儷爲離者，《月令》：宿離不貸。注離讀如儷偶之儷，是二字本通。《白虎通・嫁娶篇》引《士昏禮》作束帛離皮，蓋用古文也。

（清）胡培翬《儀禮正義・士冠禮二》

若孤子，則父兄戒宿。父兄，諸父諸兄。疏：正義曰：自此至直東塾北面，言孤子冠法。此孤子謂適子無父者也。敖氏云：孤子雖尊於家，然未冠，不可與成人爲禮於外，故戒宿，賓客則諸父若兄爲之，惟言父兄戒宿，則筮日、筮賓、爲期之事，皆將冠者自主之，可知。注云父兄諸父諸兄者，謂諸伯叔父及諸從兄之屬，是也。

又：若庶子，則冠于房外，南面，遂醮焉。房外，謂尊東也。不於阼階，非代也。不醮於客位，成而不尊。疏：正義曰：上經所云，適子無父者冠法也，此經所云，庶子父在者冠法也。敖氏謂父没則其禮同於適，恐非。方氏苞云：適兄在而庶弟冠於阼，其義何居？觀庶婦之不饋，則知庶子不得與適同矣。今案：遂醮焉者，謂冠於房外，醮亦於房外也。敖氏云：若不醮而醴，其位亦如之。此説甚是。周公制禮，以醴爲正，醮則因其舊俗而行之。經因上醴醮並言，故隨舉醮言之，與言醮於客位者同，互文耳。非謂庶子冠，但得用醮而不得用醴也。賈疏牽涉夏、殷，謂三代庶子皆同用醮，非矣。又謂周庶子一醮，夏、殷庶子三醮，更屬支離。敖氏云：經惟言冠而遂醮，略無異文，則是三加三醮，皆與上文適子之禮同，惟以冠醮在房外爲異。案：敖説是也。褚氏云：適子有當用醮者。《曾子問》孔子曰：天子賜諸侯大夫冕弁服於大廟，歸設奠，服賜服，於是乎有冠醮，無冠醴。

又：棄爾幼志，順爾成德。壽考惟祺，介爾景福。爾，女也。既冠爲成德。祺，祥也。介、景，皆大也。因冠而戒，且勸之。女如是則有壽考之祥，大女之大福也。疏：正義曰：壽考惟祺，惟，集釋作維。朱子云：順，古與慎通用。張氏爾岐云：幼志，幼年戲弄之志也，棄，禁絶之也。順成德，安養其成人之德也。今案：幼志，即《左傳》所謂童心。棄，謂除去也。注云爾女也者，女與汝通。《表記》：靖共爾位。鄭注：爾，汝也。云既冠爲成德者，既冠責以爲人子，爲人弟，爲人臣，爲人少者之禮，皆成人之德也。云祺祥也者，《爾雅・釋言》文。云介景皆大也者，介與景皆訓大，見《爾雅・釋詁》。《詩・小明》：介爾景福。毛傳：介、景，皆大也。云因冠而戒者，棄爾幼志是戒也。云且勸之女如是則有壽考之祥大女之大福也者，祝以有是德即有是福，是勸之也。李氏云：《家語》成王《冠頌》曰：令月吉日，王始加元服。去王幼志，服衮職。欽若昊天，六合是式。率爾祖考，永永無極。如周公之制也。張氏云：服，蒲北反，福，筆勒反，與德叶。

又：始加元服，兄弟具來，孝友時格，永乃保之。善父母爲孝，善兄弟爲友。時，是也。格，至也。永，長也。保，安也。行此乃能保之。今文格爲嘏。凡醮者不祝。疏：正義曰：注格至也，集釋至作致，嚴本及各本俱作至。云善父母爲孝善兄弟爲友者，《爾雅・釋訓》文。云時是也格至也永長也者，皆《釋詁》文。云保安也者，《詩・南山有臺》：保艾爾後。毛傳：保，安也。云行此乃能保之者，張氏爾岐云：孝友時格，孝友極其至也。教以盡孝友之道，乃可長保之也。

又：適子冠于阼，以著代也。醮于客位，加有成也。醮，夏、殷之禮，每加於阼，則醮之於客位，所以尊敬之，成其爲人也。疏：正義曰：嚴、徐、集釋俱有此注，在加有成也下。楊氏有醮夏殷至於客位十五字。今本並脱。又注阼下則字，集釋作階，非。《郊特牲》注云：東序少北，近主位也。案阼是主位，故冠於此以著代。敖氏云：著，明也，明其代父也。《禮記・冠義》注云：適子冠於阼，若不醴，則醮用酒於客位，敬而成之也。户西爲客位，庶子冠於房户外，又因醮焉，不代父也。今案：適子醴於客位，醮亦於客位，記不言醴而言醮者，欲見醮與醴雖殊，而於客位則同，以别於庶子也。此注極明析。注云醮夏殷之禮者，此賈疏所本，然朱子已辨之矣，未可從。蓋醴質而醮文，三代之禮，每由質而趨於文，未有由文而趨於質也。云每加於阼則醮之於客位者，謂一加則一醮也，此專主醮禮言之，不若《禮記》注之包括。云所以尊敬之成其爲人也者，《郊特牲》注云：每加而有成人之道也。成人則益尊，醮於客位，尊之也。二注解有成義異，亦《禮記》注爲長。敖氏云：加猶尚也，尊也，尊其有成人之道，故以客禮待之。張氏爾岐云：加有成，加禮於有成德者也。姜氏兆錫云：加、嘉同。適子冠於阼，醴於户西，醮用酒亦如之，凡以嘉之也。今案：此數説不解加爲加冠，甚是。否則與下三加彌尊句複矣。

又：無大夫冠禮，而有其昏禮。古者五十而后爵，何大夫冠禮之有？據時有未冠而命爲大夫者。周之初禮，年未五十而有賢才者，試以大夫之事，猶服士服，行士禮。二十而冠，急成人也。五十乃爵，重官人也。大夫或時改取，有昏禮，是也。疏：正義曰：自此至德之殺也，皆推明士冠禮可以上達之故。此節特言大夫無冠禮也，有昏禮帶説。古者二句，乃申明大夫無冠禮之由。下云古者生無爵死無謚，注云古謂殷。此云古，據注則謂周初時也。注或時改取，毛本取作娶，嚴、徐、集釋、通解、敖氏俱作取。云據時有未冠而命爲大夫者，時謂周末作記之時，未冠而命爲大夫，其冠亦從乎士而已。大夫不宜有冠禮，故非之。云周之初禮年未五十而有賢才者試以大夫之事猶服士服行士禮者，此正明古者必五十而後爵也。云二十而冠急成人也五十乃爵重官人也者，周公制禮，五十始命爲大夫，服官政。此注正明冠必二十，爵必五十之義也。云大夫或時改取有昏禮是也者，三十而取，五十而爲大夫，則大夫不宜有昏禮。然或五十後改取，則宜有之，故注云是也。

又：公侯之有冠禮也，夏之末造也。造，作也。自夏初以上，諸侯雖父死子繼，年未滿五十者，亦服士服，行士禮，五十乃命也。至其衰末，上下相亂，篡殺所由生，故作公侯冠禮以正君臣也。《坊記》曰：君不與同姓同車，與異姓同車，不同服，示民不嫌也。以此坊民，民猶得同姓以殺其君也。疏：正義曰：《郊特牲》云諸侯之有冠禮，公作諸，無也字。張氏爾岐云：此言不獨大夫無冠禮，雖公侯冠禮，亦夏末始作，非古也。據注訓造爲作，則末字當一讀。近徐師曾解《郊特牲》云：末造猶言末世，則二字連讀。盛氏云：夏之末造也，句法與《檀弓》魯禮之末失也相似。當於末字一讀，徐説非。盛氏又云：大夫以上，本無冠禮，而《玉藻》記天子諸侯始冠之冠，《家語》記成王冠頌及公侯冠禮，《左傳》載魯襄公冠事，《國語》載趙文子冠事，然則諸侯冠禮始於夏末，天子冠禮始於周初，大夫冠禮，其始於周之季世乎？《郊特牲》孔疏謂此記直云諸侯，不云天子，又下云天子之元子猶與士同，則天子冠禮，由來已久，但無文以明之。案：此臆説也。《家語》言天子冠禮，而直以成王之事實之，且曰此周公之制也，足徵其所自起矣。惟其先有諸侯冠禮，而後有天子冠禮，故《大戴禮·公冠篇》云：天子儗焉。今案：天子諸侯之冠，詳《家語》，並録其文備考。《家語·冠頌》：邾隱公既即位，將冠，使大夫因孟懿子問禮於孔子，孔子曰：雖天子之元子猶士也，其禮無變，天下無生而貴者故也。行冠事必於祖廟，以祼享之禮將之，以金石之樂節之，所以自卑而尊先祖，示不敢擅也。懿子曰：天子未冠即位，長亦冠乎？孔子曰：古者王世子雖幼，其即位則尊爲人君，人君治成人之事者，何冠之有？懿子曰：然則諸侯之冠異天子歟？孔子曰：君薨而世子主喪，是亦冠也已，人君無所殊也。懿子曰：今邾君之冠非禮也。孔子曰：諸侯之有冠禮也，夏之末造也，有自來矣，今無譏焉。天子冠者，武王崩，成王年十有三而嗣立，周公居冢宰，攝政以治天下。明年夏六月，既葬。冠成王而朝於祖，以見諸侯，示有君也。周公命祝雍作頌，曰：祝王，辭達而勿多也。祝雍辭曰：使王近于民，遠於年，嗇於時，惠於財，親賢而任能。其頌曰：令月吉日，王始加元服，去王幼志，服衮職，欽若昊命，六合是式，率爾祖考，永永無極。此周公之制也。懿子曰：諸侯之冠，其所以爲賓主何如？孔子曰：公冠則以卿爲賓，公自爲主，迎賓揖，升自阼，立於席北，其醴也，則如士。饗之以三獻之禮，既醴，降自阼階。諸侯非公而自爲主者，其所以異，皆降自西階。玄端與皮弁異，朝服素韠，公冠四加，玄冕祭。其酬幣於賓，則束帛乘馬。王太子、庶子之冠擬焉，皆天子自爲主，其禮與士無變，饗食賓也皆同。注五十乃命也，五，徐本作吾，誤。簒殺所由生，《釋文》作殺，云本又作弒，亦作試。嚴、徐、陳本，通解亦俱作殺。下同。以殺其君也，毛本也作者，嚴、徐、集釋俱作也。云造作也者，謂作此禮也。《郊特牲》注云：言夏初以上，諸侯雖有幼而即位者，猶以士禮冠之，亦五十乃爵命也。至其衰末，未成人者多見簒弒，乃更即位，則爵命之，以正君臣，而有諸侯之冠禮。與此注略同。《晉書·禮志》云：《儀禮》公侯之有冠禮，夏之末造也。王、鄭皆以爲夏末上下相亂，簒弒由生，故作公侯冠禮，是王亦與鄭同矣。引《坊記》者，證簒弒之事也。

又：繼世以立諸侯，象賢也。象，法也，爲子孫能法先祖之賢，故使之繼世也。疏：正義曰：此下二節又覆解諸侯大夫所以無冠禮之意。張氏爾岐云：諸侯繼世而立，疑其生而貴矣。實以其象賢乃立之。天子元子，亦以象賢，乃享天位，均非生而貴者也，故其冠皆用士禮也。注云象法也者，象與像同，象賢二字，亦見《書·微子之命》篇。

又：死而謚，今也。古者生無爵，死無謚。今謂周衰，記之時也。古謂殷。殷士生不爲爵，死不爲謚。周制以士爲爵，死猶不爲謚耳，下大夫也。今記之時，士死則謚之，非也。謚之，由魯莊公始也。疏：正義曰：謚，今本作謚。唐石經、嚴本俱作謚。盧氏文弨云：謚，《説文》本作謚，今並當作謚。沈氏彤云：此因上冠而字之敬其名也而類及之。今案：沈説是也。《表記》曰：先王謚以尊名。《檀弓》曰：幼名，冠字，五十以伯仲，死謚，周道也。是謚法至周始備，然士死猶不爲謚，其有謚則起於後世，故記之以明今古之變耳。注云今謂周衰記之時也者，以記云今也，明是作記者據其時而言，故知今謂周衰作記之時也。云古謂殷殷士生不爲爵死不爲謚者，《郊特牲》注云：古謂殷以前也。大夫以上乃謂之爵，死有謚也。是士無爵無謚矣。《白虎通》云：公卿大夫者，何謂也？內爵稱也。內爵稱公卿大夫何？爵者，盡也，各量其職，盡其才也。又云：何以知士非爵？《禮》曰：四十强而仕，不言爵爲士，至五十爵爲大夫。故知士不爲爵也。云周制以士爲爵死猶不爲謚耳下大夫也者，《周禮·小宗伯》曰：賜卿大夫士爵則儐。《孟子》言：周室班爵禄，而云上士一位，中士一位，下士一位。則周固以士爲爵矣。又《大史》曰：小喪賜謚。鄭注：小喪，卿大夫也。言卿大夫而不及士。又《白虎通》云：卿大夫老歸死者有謚何？謚者，別尊卑，彰有德也。卿大夫歸，無過，猶有禄位，故有謚也。亦不言及士，則士死不爲謚明矣。是下於大夫也。云今記之時士死則謚之非也者，言非禮也。云謚之自魯莊公始也者，《禮記·檀弓》曰：魯莊公及宋人戰於乘邱，縣賁父御，卜國爲右，馬驚，敗績，公墜。佐車授綏，公曰：末之卜也。縣賁父曰：他日不敗績而今敗績，是無勇也。遂死之。圉人浴馬，有流矢在白肉。公曰：非其罪也。遂誄之，士之有誄，自魯莊公始也。王氏士讓云：鄭注引魯莊公誄縣賁之事，似未確。蓋謚與誄有辨，誄者不必皆謚。故哀公誄孔子，但稱尼父，仍字之而不謚。

《儀禮注疏·士婚禮》授于楹閒，南面。授於楹閒，明爲合好，其節同也。南面，並授也。疏：授于楹閒南面。注授於至授也。釋曰：楹閒，謂兩楹之閒，賓以鴈授主人於楹閒者，明和合親好，令其賓主遠近節同也。凡賓主敵者，授於楹閒。不敵者，不於楹閒。是以《聘禮》賓覿大夫云受幣于楹閒南面，鄭注云：受幣楹閒，敵也。《聘禮》又云公側襲受玉于中堂與東楹之閒，鄭注云：東楹之閒，亦以君行一，臣行二。至禮賓及賓私覿，皆云當東楹，是尊卑不敵，故不於楹閒也。今使者不敵，而於楹閒，故云明爲合好也。

《儀禮注疏·士婚禮二》祖廟未毁，教于公宫，三月。若祖廟已毁，則教于宗室。祖廟，女高祖爲君者之廟也。以有緦麻之親，就尊者之宫，教以婦德、婦言、婦容、婦功。宗室，大宗之家。疏：【略】注云：婦德，貞順也。婦言，辭令也。婦容，婉娩也。婦功，絲麻也。

又：婦入三月，然後祭行。入夫之室三月之後，於祭乃行，謂助祭也。疏：婦入至祭行。注入夫至祭也。釋曰：此據舅在無姑，或舅没姑老者。若舅在無姑，三月不須廟見，則助祭。案《内則》云舅没則姑老者，謂姑六十亦傳家事，任長婦。婦入三月廟見，祭菜之後亦得助夫祭，故鄭云謂助祭也。此亦謂適婦，其庶婦無此事。亦以經不見，故記之也。

（清）胡培翬《儀禮正義·士婚禮》祖廟未毁，教于公宫三月。若祖廟已毁，則教于宗室。祖廟，女高祖爲君者之廟也。以有緦麻之親，就尊者之宫，教以婦德、婦言、婦容、婦功。宗室，大宗之家。疏：正義曰：敖氏云：此據士族之貴者言也。祖，女所自出之君也。禮，國君五廟，太祖之廟不毁，其餘先君，若過高祖則毁其廟而遷之。未毁者，以其猶在今君四親廟之中也。其與君共大祖者，若大祖去今君五世，廟雖不毁，其禮亦與既毁者同。祖廟未毁而教於公宫，統於祖也。祖廟毁而教於宗室，統於宗也。注云以有緦麻之親者，賈疏云：共承高祖，是四世緦麻之親，若三世共曾祖者，是小功之親，共祖是大功之親，共禰廟是齊衰之親，則皆教於公宫。今直言緦麻者，舉最疏而言。云教以婦德婦言婦容婦功者，《昏義》文。鄭彼注：婦德，貞順也。婦言，辭令也。婦容，婉娩也。婦功，絲麻也。云大宗之家者，《昏義》孔疏云：大宗小宗之家，悉得教之。與大宗近者於大宗，與大宗遠者於小宗。此説不若賈疏云：不於小宗者，小宗卑故也。若謂與國君絶服者教於大宗之家，大宗絶服者，教於小宗之家。設有繼高祖之宗而與大宗絶服者，將於何教乎？教於大宗則已遠，教於己室是無統矣，此則孔説所不通也。褚氏寅亮云：異姓亦有宗子之室，於彼教之。

又：婦入三月，然後祭行。入夫之室三月之後，於祭乃行，謂助祭也。疏：正義曰：程氏瑶田云：助祭，自兼適婦庶婦言。賈疏惟指適婦，未備。若三月廟見，則惟適婦以廟見奠菜象盥饋，庶婦不饋，則亦不奠菜也。韋氏協夢云：祭謂四時常祭，祭行謂至是遇有祭祀，婦乃行也。若然則三月之前，雖有祭事，婦亦不行。不行者，未成婦也。盛氏世佐云：《特牲》、《少牢禮》婦人助祭者，内賓、宗婦皆與，此不專指適婦。若謂助夫祭爲主婦，必舅姑既没，或老而傳者，乃得爲之。舅在無姑，仍不得爲主婦也。敖氏知此禮該舅姑之存没，而不兼庶婦言，亦未爲備。

又：命之辭曰：往迎爾相，承我宗事。相，助也。宗事，宗廟之事。疏：正義曰：爾相，謂婦也。《祭統》記國君取夫人之辭，而曰此求助之本，故謂婦爲相。承我宗事，即《昏義》所云：上以事宗廟而下以繼後世也。

又：父送女，命之曰：戒之敬之，夙夜毋違命。夙，早也。早起夜卧。命，舅姑之教命。古文毋爲無。疏：正義曰：毋，陳、閩、監本俱誤作母。凡他篇毋字，此本亦有誤作母者，可以義求之。張氏爾岐云：即記云父西面戒之，必有正焉之辭。盛氏世佐云：賈疏云：父戒之使無違舅命，母戒之使無違姑命。故父云命，母云戒，此注有姑字者，傳寫誤也，下文宫事謂姑命婦之事。此説似泥。命謂舅姑之命，注中姑字非衍也。宫事，謂凡宫中之事不可違夫命也。《孟子》載母戒女辭曰：無違夫子。與此記互相發矣。注云古文毋爲無者，賈疏謂《説文》毋爲禁辭，故從今文，毋爲正也。

《儀禮注疏·燕禮六》燕禮第六疏：燕禮第六。鄭《目録》云：諸侯無事，若卿大夫有勤勞之功，與羣臣燕飲以樂之。燕禮於五禮屬嘉，《大戴》第十二，《小戴》及《别録》皆第六。釋曰：案上下經注，燕有四等。《目録》云諸侯無事而燕，一也；卿大夫有王事之勞，二也；卿大夫又有聘而來，還與之燕，三也；四方聘客與之燕，四也。若然，《目録》云卿大夫有勤勞之功，聘使之勞兼王事之勞二也者。知臣子頫聘還與之燕者，《四牡》勞使臣是也。知有王事之勞燕者，下記云若以樂納賓，則賓及庭，奏《肆夏》。鄭注云卿大夫有王事之勞，則奏此樂焉是也。知君臣無事有燕者，案《魯頌》云：夙夜在公，在公明明。振振鷺，鷺于下。鼓咽咽，醉言舞。于胥樂兮。鄭箋云：君臣無事則相與，明義明德而已。潔白之士，羣集於君之朝，君以禮樂與之飲酒。燕樂以盡其歡，是其無事而燕也。又知賓及庭奏《肆夏》，是己之臣子有王事之勞者。

又：燕禮。小臣戒與者。小臣相君燕飲之法。與者，謂留羣臣也。君以燕禮勞使臣，若臣有功，故與羣臣樂之。小臣則警戒告語焉，飲酒以合會爲歡也。疏：【略】云君以燕禮勞使臣，若臣有功者，此即《目録》卿大夫有勤勞之功，勞使臣即《四牡》勞使臣也。若臣有功，即王事之勞也，故鄭總云卿大夫勤勞之功。若然，鄭不言與羣臣無事燕者，以其經云戒與者，功勞之外與及之爲有事之臣燕，不得云無事燕者，故不言之。案《大射》云君有命戒射者，以其大射辨尊卑，故云君有命，明政教由尊者出。燕禮主歡心，不辨尊卑，故不言君有命。

又：辯獻大夫，遂薦之，繼賓以西，東上。徧獻之乃薦，畧賤也。亦獻而后布席也。疏：【略】注云：席於賓西，射禮辨貴賤也。以此言之，燕禮主歡，不辨貴賤，小卿與大卿皆在賓東，故此賓西無小卿位。

又：小臣納工，工四人，二瑟。小臣左何瑟，面鼓，執越，内弦，右手，相入，升自西階，北面東上坐。小臣坐授瑟，乃降。工四人者，燕禮輕，從大夫制也。面鼓者，燕尚樂，可鼓者在前也。越，瑟下孔也。內弦，弦爲主也。相，扶工也。後二人徒相，天子大僕二人也。小臣四人，祭僕六人，御僕十二人，皆同官疏：小臣至乃降。注工四至同官。釋曰：工四人者，燕禮輕，從大夫制也者，鄭言此者，決大射禮重，工六人，從諸侯制。案《公羊傳》諸公六，諸侯四。若然，知非大射，是諸公制。此燕禮是諸侯制者，案《鄉射》之工四人，是大夫制，則諸侯不得有工四人。五等諸侯同六人，彼《公羊》六人、四人不同者，自是舞人之數，不得以彼決此也。云面鼓者，燕尚樂，可鼓者在前也者，此決《鄉飲酒》左何瑟，後首，臣降於君故也。引天子大僕二人也者，《周禮·序官》文。引之者，此經小臣相工，《大射》云：僕人正徒相大師，僕人師相少師，僕人士相上工。僕人以下，同官既多，遞换相工，但大射辨尊卑，故僕人正等相工。此燕禮輕，故小臣相工，是以別《周禮》同官人多，得相參之意。

工歌《鹿鳴》、《四牡》、《皇皇者華》。三者皆《小雅》篇也。《鹿鳴》，君與臣下及四方之賓宴，講道脩政之樂歌也。此采其已有旨酒，以召嘉賓，嘉賓既來，示我以善道。又樂嘉賓有孔昭之明德，可則傚也。《四牡》，君勞使臣之來樂歌也。此采其勤苦王事，念將父母，懷歸傷悲，忠孝之至，以勞賓也。《皇皇者華》，君遣使臣之樂歌也。此采其更是勞苦，自以爲不及，欲諮謀於賢知，而以自光明也。

又： 乃間歌《魚麗》，笙《由庚》；歌《南有嘉魚》，笙《崇丘》；歌《南山有臺》，笙《由儀》。間，代也，謂一歌則一吹也。六者皆《小雅》篇也。《魚麗》言大平年豐物多也，此采其物多酒旨，所以優賓也。《南有嘉魚》言大平君子有酒，樂與賢者共之也，此采其能以禮下賢者，賢者纍蔓而歸之，與之宴樂也。《南山有臺》言大平之治以賢者爲本也，此采其愛友賢者，爲邦家之基，民之父母，既欲其身之壽考，又欲其名德之長也。《由庚》、《崇丘》、《由儀》今亡，其義未聞。【略】

遂歌鄉樂，《周南》：《關雎》、《葛覃》、《卷耳》；《召南》：《鵲巢》、《采蘩》、《采蘋》。《周南》、《召南》，《國風》篇也。王后、國君夫人房中之樂歌也。《關雎》言后妃之德，《葛覃》言后妃之職，《卷耳》言后妃之志，《鵲巢》言國君夫人之德，《采蘩》言國君夫人不失職也，《采蘋》言卿大夫之妻能脩其法度也。昔大王、王季居于岐山之陽，躬行《召南》之教，以興王業。及文王而行《周南》之教以受命。《大雅》云：刑于寡妻，至于兄弟，以御于家邦。謂此也。其始一國爾。文王作邑于豐以故地爲卿士之采地，乃分爲二國。周，周公所食也；召，召公所食也。於時文王三分天下有其二，德化被於南土，是以其詩有仁賢之風者，屬之《召南》焉；有聖人之風者，屬之《周南》焉。夫婦之道者，生民之本，王政之端。此六篇者，其教之原也。故國君與其臣下及四方之賓燕，用之合樂也。鄉樂者，《風也》。《小雅》爲諸侯之樂，《大雅》、《頌》爲天子之樂。《鄉飲酒》升歌《小雅》，禮盛者可以進取。燕合鄉樂者，禮輕者可以逮下也。《春秋傳》曰：《肆夏》、《繁遏》、《渠》天子所以享元侯也；《文王》、《大明》、《緜》，兩君相見之樂也。然則諸侯之相與燕，升歌《大雅》，合《小雅》也。天子與次國、小國之君燕亦如之。與大國之君燕，升歌《頌》，合《大雅》，其笙間之篇未聞。

又： 射人自阼階下，請立司正，公許。射人遂爲司正。君許其請，因命用爲司正。君三舉爵，樂備作矣。將留賓飲酒，更立司正以監之，察儀法也。射人俱相禮，其事同。

（清）胡培翬《儀禮正義·燕禮一》 燕禮第六鄭《目録》云：諸侯無事，若卿大夫有勤勞之功，與羣臣燕飲以樂之禮。燕禮於五禮屬嘉禮。《大戴》第十二，《小戴》及《別録》皆第六。疏：正義曰：賈疏云：案上、下經注，燕有四等。《目録》云：諸侯無事而燕，一也。卿大夫有王事之勞，二也。卿大夫有聘而來還與之燕，三也。四方聘客與之燕，四也。方氏苞云：疏所分四類似未安。本國之臣，入貢獻功於王朝，出聘於鄰國而還，勞之，一也。有大勳勞功伐而特燕賜之，二也。無事而燕羣臣，三也。燕聘賓，四也。聘賓則入大門而奏《肆夏》，以主君出迎於大門之內也。本國之臣入至庭而奏《肆夏》，以君於是時始降階而揖之也。無事及出聘者，不宜以樂納。其諸有大勳勞者與？《儀禮釋官》曰：《周禮·大宗伯》以饗燕之禮，親四方之賓客。賈疏：饗，亨大牢以飲賓，獻依命數，在廟行之。燕者，其牲狗，行一獻，四舉旅，降脱屨升坐，無算爵，以醉爲度，行之在寢。饗禮今亡。此篇所載，是諸侯燕其臣之禮，其天子之燕禮亦亡矣。又有與族人燕及祭畢之燕，皆與此禮別。褚氏寅亮云：待賓之禮有三，饗也，食也，燕也。饗重於食，食重於燕。饗主於敬，燕主於歡，而食以明善賢之禮。饗則體薦而不食，爵盈而不飲，設几而不倚，致肅敬也。食以飯爲主，雖設酒漿以漱，不以飲，故無獻儀。燕以飲爲主，有折俎而無飯，行一獻之禮，脱屨升坐以盡歡。

又： 公曰：命某爲賓。某，大夫也。疏：正義曰：郝氏云：卿不爲賓，嫌逼也。方氏苞云：《燕義》曰：不以公卿爲賓而以大夫爲賓，爲疑也。此一義耳。才德之大小，不限於名位。故春秋時，子産、叔向自始仕而聞望重於諸卿，故以大夫爲賓，尊賢之義彰焉。天子之宰夫爲下大夫，降殺以等，則諸侯之宰夫士也。使與公卿爲敵者之禮，則非所安，蓋貴貴之義寓焉。饗、食、燕、射，國之大政也。君卿實共主之，故不以公卿爲賓，體國之義著焉。故曰：禮者，義之實也。《釋官》曰：疏云知大夫非卿者，以其賓主相對，既以宰夫爲主人是大夫，明賓亦是大夫。案下記云：與卿燕則大夫爲賓，與大夫燕亦大夫爲賓。賓之爲大夫，記有明文，其義則《燕義》詳之。非緣主人爲大夫而賓亦使大夫也。此主人爲膳宰，非宰夫，諸侯宰夫亦上士，非大夫。疏甚誤。

（清）胡培翬《儀禮正義·燕禮二》 工歌《鹿鳴》、《四牡》、《皇皇者華》。三者皆《小雅》篇也。《鹿鳴》，君與臣下及四方之賓宴，講道修政之樂歌也。此采其已有旨酒，以召嘉賓，嘉賓既來，示我以善道，又樂嘉賓有孔昭之明德，可則效也。《四牡》，君勞使臣之來樂歌也。此采其勤苦王事，念將父母，懷歸傷悲，忠孝之至，以勞賓也。《皇皇者華》，君遣使臣之樂歌也。此采其更是勞苦，自以爲不及，欲諮謀於賢知而以自光明也。疏：正義曰：校勘記云：注可則效也，效，《釋文》、徐本、集釋、通解、要義俱作傚。陸氏云：傚，本又作詨，同。更是勞苦，是，徐本作自，集釋、通解、要義俱作是。解歌詩與《鄉飲酒篇》同。

又： 遂歌鄉樂《周南》：《關雎》、《葛覃》、《卷耳》，《召南》：《鵲巢》、《采蘩》、《采蘋》。《周南》、《召南》，《國風》篇也，王后國君夫人房中之樂歌也。《關雎》言后妃之德，《葛覃》言后妃之職，《卷耳》言后妃之志，《鵲巢》言國君夫人之德，《采蘩》言國君夫人不失職也，《采蘋》言卿大夫之妻能脩其法度也。昔大王、王季，居於岐山之陽，躬行《召南》之教，以興王業。及文王而行《周南》之教以受命。《大雅》云：刑于寡妻，至于兄弟，以御于家邦。謂此也。其始一國爾。文王作邑於豐，以故地爲卿士之采地，乃分爲二國。周，周公所食也。召，召公所食也。於是文王三分天下有其二，德化被於南土，是以其詩有仁賢之風者，屬之《召南》焉，有聖人之風者，屬之《周南》焉。夫婦之道者，生民之本，王政之端。此六篇者，其教之原也。故國君與其臣下及四方之賓燕，用之合樂也。鄉樂者，《風》也。【略】疏：正義曰：【略】蔡氏德晉云：謂之鄉樂者，《關雎》、《葛覃》諸篇所言，皆修身齊家之事，自天子至於庶人無異道。故鄉飲酒、鄉射，士大夫家皆得用之，而遂以爲鄉樂也。餘詳《鄉飲酒記》。

又： 有房中之樂。疏：正義曰：敖氏曰：【略】朱子亦謂周公制禮作樂，采文王之世，風化所及，民俗之詩，被之筦弦，以爲房中之樂，而又推之以及於鄉黨邦國，所以著明先王風俗之盛，而使天下後世之修身齊家治國平天下者，皆得以取法焉。其旨蓋深遠矣。

（清）胡培翬《儀禮正義·公食大夫禮九》 公食大夫禮第九鄭《目録》云：主國君以禮食小聘大夫之禮也，於五禮屬嘉禮。《大戴》第十五，《小戴》第十六，《別録》第九。疏：正義曰：【略】云於五禮屬嘉禮者，《周禮·大宗伯》：以嘉禮親萬民。飲食饗燕，皆屬嘉禮，故知食亦屬嘉禮也。

又： 拜食與侑幣，皆再拜稽首。嫌上大夫不稽首。疏：正義曰：【略】劉氏敞補《公食大夫義》曰：食禮，公養賓，國養賢，一也。親之故愛之，愛之故養之，養之故食之。食而弗愛，猶豢之也，愛而弗敬，猶畜之也。饗禮，敬之至也，食禮，愛之至也，饗爲愛，弗勝其敬，食爲敬，弗勝其愛，文質之辨也。公使大夫戒，必以其爵，恭也。己輕則卑之，己重則是以其貴臨之也。賓三辭聽命，言是禮之貴，弗敢當也。弗敢當，故難進也。公迎賓於大門內，非不能至于外也，所以待人君之禮也。臣之意欲尊其君，子之意欲尊其父，故迎賓於大門內，所以順其爲尊君之意也。三揖至于階，三讓而升堂，充其意，諭其誠也。於廟，用祭器，誠之盡也。君子於其尊敬不敢狎，不敢狎故神明之，故忠臣嘉賓樂盡其心也。【略】有司卷三牲之俎，歸於賓館，不敢褻其餘也。上大夫八豆、八簋、六鉶、九俎，庶羞二十，其餘衰見是德之殺也。君子言之曰：愛人者，使人愛之者也，敬人者，使人敬之者也，親人者，使人親之者也，自卑者，使人尊之者也。是故公養賓，國養賢，其義一也。未有愛之、敬之、親之、尊之，而其位不安者也。未有不愛、不敬、不尊、不親，而能長有其國者也。將由乎好德之君，則將怡焉唯恐其不足於禮。將由乎驕慢之君，則將曰是食於我而已矣。故禮，君子所不足，小人所泰餘也。孔子食於少施氏，將祭，主人辭曰：不足祭也。將飧，主人辭曰：不足飧也。孔子退曰：吾食而飽，少施氏有禮哉。故君子難親也，將親之，舍禮何以哉？

《儀禮注疏·覲禮十》 覲禮第十。疏：《覲禮》第十。鄭《目録》云：覲，見也，諸侯秋見天子之禮。春見曰朝，夏見曰宗，秋見曰覲，冬見曰遇。朝宗禮備，覲遇禮省，是以享獻不見焉。三時禮亡，唯此存爾。覲禮於五禮屬賓，《大戴》第十六，《小戴》十七，《別録》第十。釋曰：鄭云春見曰朝等，《大宗伯》文。云朝宗禮備，覲遇禮省者，按《曲禮下》云：天子當扆而立，諸侯北面而見天子曰覲。天子當宁而立，諸公東面、諸侯西面曰朝。鄭注：諸侯春見曰朝，受摯於朝，受享於廟，生氣，文也。秋見曰覲，一受之於廟，殺氣，質也。朝者，位於內朝而序進；覲者，位於廟門外而序入。王南面立於扆，宁而受焉。夏宗依春，冬遇依秋，春秋時齊侯唁魯昭公，以遇禮相見，取易畧也。覲禮今存，朝、宗、遇禮今亡。據此彼而言，是朝宗禮備，覲遇禮省可知。鄭又云是以享獻不見焉者，享謂朝覲而行三享，獻謂二享後行私覿，私覿後即有私獻，獻其珍異之物。故《聘禮記》云：既覿，賓若私獻，奉獻將命。注云：時有珍異之物，或賓奉之，所以自序尊敬也。猶以君命致之。臣聘猶有私獻，況諸侯朝覲，有私獻可知。是以《周禮·大宰》職云：大朝覲會同，贊玉幣、玉獻。注云：幣，諸侯享幣。玉獻，獻國珍異，亦執玉以致之。大朝覲會同既有私獻者，四時常朝有私獻可知。

（清）胡培翬《儀禮正義·覲禮》 諸侯前朝，皆受舍于朝。同姓西面北上，異姓東面北上。言諸侯者，明來朝者衆矣，顧其入覲，不得並耳。受舍於朝，受次於文王廟門之外。《聘禮記》曰：宗人受次，次以帷，少退於君之次。則是次也。言舍者，尊舍也。天子使掌次爲之。諸侯上介先朝受焉，此觀也，言朝者，覲遇之禮雖簡，其來之心，猶若朝也。分別同姓異姓，受之將有先後也。《春秋傳》曰：寡人若朝於薛，不敢與諸任齒。則周禮先同姓。疏：正義曰：【略】云分別同姓異姓受之將有先後也《春秋傳》曰寡人若朝於薛不敢與諸任齒則周禮先同姓者，言次位如此分別者，爲將來受覲有先後之序也。《左傳》隱十一年：滕侯、薛侯來朝，爭長。公使羽父請於薛侯曰：周之宗盟，異姓爲後。寡人若朝於薛，不敢與諸任齒。是其先同姓之禮也。《曲禮》孔疏云：《覲禮》同姓西面，異姓東面，鄭注受之將有先後也，則是《覲禮》之法，先同姓，後異姓。若然，案《檀弓》注云朝覲，爵同，同位，則爵尊先見。《覲禮》見不同者，二文雖異，其意則同。就爵同之中，先受同姓之朝，周之盟會，亦先同姓也。故定四年祝佗稱踐土之盟，載書云：晉重、魯申、蔡甲午、鄭捷、齊潘。鄭雖小國，而在齊上也。王公士讓云：同異姓皆北上，則同異姓又各以其爵爲序，公居上，侯次之，伯次之，子男又次之，相繼而南也。

（清）胡培翬《儀禮正義·覲禮》 奠圭于繅上。謂釋於地也。古文繅作璪。疏：正義曰：【略】凌先生諱廷堪補《覲義》曰：古者，天子以賓禮親邦國，春見曰朝，夏見曰宗，秋見曰覲，冬見曰遇，時見曰會，殷見曰同。是故天子當依而立，諸侯北面而覲，天子當宁而立，諸公東面、諸侯西面而朝。凡朝覲宗遇會同於王，公執桓圭，侯執信圭，伯執躬圭，繅皆三采三就。子執穀璧，男執蒲璧，繅皆二采再就。廟中將幣皆三享。諸侯朝於天子曰述職，一不朝則貶其爵，再不朝則削其地，三不朝則六師移之。故曰：朝覲之禮，所以明君臣之義也。朝者，位於內朝而序進，受贄於朝，受享於廟，生氣，文也。覲者，位於廟門外而序入，受摯受享皆於廟，殺氣，質也。覲禮至於郊，王使人皮弁用璧勞，優侯氏也。天子賜舍，使侯氏即安也。天子衮冕負斧依，鄉明出治，象天道也。侯氏裨冕入門右，所以承天，象地道也。覲用命圭特達，禮以少爲貴也。享用束帛加璧，有庭實，隆殺之義也。奠圭於堂下，擯者辭然後升致命，降階再拜稽首送玉，擯者辭然後升成拜。覲禮盛，侯氏先以臣禮見，天子以客禮受之也。三享皆中庭奠幣，升堂致命，降階再拜稽首，不復升成拜者，享禮殺，全乎爲臣也。享畢不禮賓，天子尊也。不覿，侯氏自來，非使人也。禮畢乃右肉袒於廟門之東，天子威諸侯也。賜侯氏以車服，天子懷諸侯也。或曰：奠圭降拜升成拜，明臣禮也。肉袒入門而右，以聽事也。饗禮乃歸，賓客之道也。時會殷同之禮，諸侯覲于天子，爲宮方三百步，四門，壇十有二尋，深四尺，加方明于其上。古者諸侯不順服，王將有征討之事，則既朝覲，王爲壇於國外，合諸侯而命事焉，謂之時會。十二歲王如不巡守，則六服盡朝，朝禮既畢，王亦爲壇，合諸侯以命政焉。所命之政，如王巡守，謂之殷同。方明設六色六玉者，禮天地四方也。覲受之於廟，會同受之於壇，文質相變也。上公建常九斿，侯伯建常七斿，子男建常五斿，故曰：公侯伯子男皆就其旂而立也。拜日于東門之外，日升于東也。禮山川丘陵于西門外，山川導自西也。禮日于南門外，就陽位也。禮月與四瀆于北門外，就陰位也。祭天燔柴，祭山丘陵升，本乎天者親上也。祭川沈、祭地瘞，本乎地者親下也。天子將行會同之禮，必先朝覲諸侯於廟。故孔子曰：宗廟會同，非諸侯而何？爲其相者，諸侯之卿大夫士也。故曰：宗廟之事如會同，端章甫，願爲小相焉。朝覲宗遇，常禮也。會同，大禮也。朝覲宗遇之於會同，如祠禴嘗烝之於禘祫也。先王之制，邦內甸服，邦外侯服，侯衛賓服，蠻夷要服，戎翟荒服。甸服者祭，侯服者祀，賓服者享，要服者貢，荒服者王，日祭、月祀、時享、歲貢、終王，先王之訓也。

（清）孫希旦《禮記集解·郊特牲》 出乎大門而先，男帥女，女從男，夫婦之義由此始也。婦人，從人者也：幼從父兄，嫁從夫，夫死從子。夫也者，夫也。夫也者，以知帥人者也。【略】大門，婦家之大門也。先，壻車先行也。夫婦之義由此始者，婦未出父家，猶未成其爲婦，出乎大門，則夫全乎其爲夫，婦全乎其爲婦，一帥一從，而尊卑唱隨之義定矣。自婦人從人以下，又以申明男帥女、女從男之義也。夫也者，夫也，言夫乃丈夫之稱。丈夫乃有才智者之名，《左傳》成師以出，聞敵强而退，非夫也，是也，故曰以知帥人者也。

（清）孫希旦《禮記集解·表記》 子曰：事君難進而易退，則位有序；易進而難退，則亂也。故君子三揖而進，一辭而退，以遠亂也。《釋文》：易，以豉反。遠，于萬反。

周氏諝曰：其進也以禮，故難。其退也以義，故易。吕氏大臨曰：位有序者，小德役大德，小賢役大賢之謂。亂者，賢不肖倒置之謂也。愚謂事君難進而易退，則量而後入，而位必與其德相稱，故有序；易進而難退，則干進務入，而且至於蔽賢矣。故事君者易進而難退，則亂賢否之分。相見者易進而難退，則亂賓主之分。故君子三揖而進，一辭而遂退，所以遠亂也。

（宋）劉恕《資治通鑑外紀》卷八《周紀六·敬王上》 子夏聞之曰：古之嫁者，不及舅姑，謂之不幸，婦學於舅姑者也。此《魯語》文。敬姜欲室文伯，饗其宗老，賦《緑衣》之三章。師亥聞之曰：男女之饗，不及宗臣；宗室之謀，不過宗人。今《詩》以合室，歌以詠之，度於法矣。此《魯語》文。文伯退朝，朝其母，其母方績。文伯曰：以歜之家而主猶績，懼干季孫之怒也，以歜爲不能事主乎？其母歎曰：魯其亡乎！使僮子備官而未之聞也。居，吾語汝：夫民勞則思，思則善心生；逸則淫，淫則忘善而惡心生。沃土之民不材，淫也；瘠土之民嚮義，勞也。自天子至於庶人，王后至於庶士以下之妻，男女效績。愆則有辟，古之制也。爾今曰：胡不自安？以是承君之官，余懼穆伯之絶嗣也。仲尼聞之曰：弟子志之，季氏之婦不淫矣。此《魯語》文。

《梁書》卷三八《賀琛傳》 時皇太子議，大功之末，可以冠子嫁女。琛駁之曰：令旨以大功之末可得冠子嫁女，不得自冠自嫁。推以《記》文，竊猶致惑。案嫁冠之禮，本是父之所成，無父之人，乃可自冠，故稱大功小功，並以冠子嫁子爲文；非關惟得爲子，己身不得也。小功之末，既得自嫁娶，而亦云冠子娶婦，其義益明。故先列二服，每明冠子嫁子，結於後句，方顯自娶之義。既明小功自娶，卽知大功自冠矣，蓋是約言而見旨。若謂緣父服大功，子服小功，小功服輕，故得爲子冠嫁，大功服重，故不得自嫁自冠者，則小功之末，非明父子服殊，不應復云冠子嫁子也。若謂小功之文言己可娶，大功之文不言己冠，故知身有大功，不得自行嘉禮，但得爲子冠嫁。竊謂有服不行嘉禮，本爲吉凶不可相干。子雖小功之末，可得行冠嫁，猶應須父得爲其冠嫁。若父於大功之末可以冠子嫁子，是於吉凶禮無礙；吉凶禮無礙，豈不得自冠自嫁？若自冠自嫁於事有礙，則冠子嫁子寧獨可通？今許其冠子而塞其自冠，是琛之所惑也。

又令旨推下殤小功不可娶婦，則降服大功亦不得爲子冠嫁。伏尋此旨，若謂降服大功不可冠子嫁子，則降服小功亦不可自冠自娶，是爲凡厥降服大功小功皆不得冠娶矣。《記》文應云降服則不可，寧得惟稱下殤？今不言降服，的舉下殤，實有其義。夫出嫁出後，或有再降，出後之身，於本姊妹降爲大功；若是大夫服士父，又以尊降，則成小功。其於冠嫁，義無以異。所以然者，出嫁則有受我，出後則有傳重，並欲薄於此而厚於彼，此服雖降，彼服則隆。昔實期親，雖再降猶依小功之禮，可冠可嫁。若夫期降大功，大功降爲小功，止是一等，降殺有倫，服末嫁冠，故無有異。惟下殤之服，特明不娶之義者，蓋緣以幼稚之故，夭喪情深，既無受厚佗姓，又異傳重彼宗，嫌其年稚服輕，頓成殺略，故特明不娶，以示本重之恩。是以凡厥降服，冠嫁不殊；惟在下殤，乃明不娶。其義若此，則不得言大功之降服，皆不可冠嫁也。且《記》云下殤小功，言下殤則不得通於中上，語小功則不得兼於大功。若實大小功降服皆不冠嫁，上中二殤亦不冠嫁者，《記》不得直云下殤小功則不可。恐非文意。此又琛之所疑也。

《魏書》卷一八《武五王傳·臨淮王》 孝友明於政理，嘗奏表曰：令制百家爲黨族，二十家爲閭，五家爲比鄰。百家之內，有帥二十五，徵發皆免，苦樂不均。羊少狼多，復有蠶食。此之爲弊久矣。亦邑諸坊，或七八百家，唯一里正、二史，庶事無闕，而况外州乎？請依舊置，三正之名不改，而百家爲四閭，閭二比。計族省十二丁，得十二匹貲絹。略計見管之戶，應二萬餘族，一歲出貲絹二十四萬匹。十五丁出一番兵，計得一萬六千兵。此富國安人之道也。

古諸侯娶九女，士有一妻二妾。《晉令》：諸王置妾八人，郡公、侯妾六人。《官品令》：第一、第二品有四妾，第三、第四有三妾，第五、第六有二妾，第七、第八有一妾。所以陰教聿修，繼嗣有廣。廣繼嗣，孝也；修陰教，禮也。而聖朝忽棄此數，由來漸久。將相多尚公主，王侯亦娶后族，故無妾媵，習以爲常。婦人多幸，生逢今世，舉朝略是無妾，天下殆皆一妻。設令人强志廣娶，則家道離索，身世迍邅，內外親知，共相嗤怪。凡今之人，通無準節。父母嫁女，則教之以妒；姑姊逢迎，必相勸以忌。持制夫爲婦德，以能妒爲女工。自云不受人欺，畏他笑我。王公猶自一心，已下何敢二意。夫妒忌之心生，則妻妾之禮廢；妻妾之禮廢，則姦淫之兆興。斯臣之所以毒恨者也。請以王公第一品娶八，通妻以備九女；稱事二品備七；三品、四品備五；五品、六品則一妻二妾。限以一周，悉令充數，若不充數及待妾非禮，使妻妒加捶撻，免所居官。其妻無子而不娶妾，斯則自絕，無以血食祖父，請科不孝之罪，離遣其妻。

臣之赤心，義唯家國，欲使吉凶無不合禮，貴賤各有其宜，省人帥以出兵丁，立倉儲以豐穀食，設賞格以擒姦盜，行典令以示朝章，庶使足食足兵，人信之矣。又冒申妻妾之數，正欲使王侯、將相、功臣子弟，苗胤滿朝，傳祚無窮，此臣之志也。

《魏書》卷四八《高允傳》 允以高宗纂承平之業，而風俗仍舊，婚娶喪葬，不依古式，允乃諫曰：前朝之世，屢發明詔，禁諸婚娶不得作樂，及葬送之日歌謠，鼓舞、殺牲、燒葬，一切禁斷。雖條旨久頒，而俗不革變。將由居上者未能悛改，爲下者習以成俗，教化陵遲，一至於斯。昔周文以百里之地，修德布政，先於寡妻，及於兄弟，以至家邦，三分天下而有其二。明爲政者先自近始。《詩》云：爾之教矣，民胥效矣。人君舉動，不可不慎。

《禮》云：嫁女之家，三日不息燭；娶婦之家，三日不舉樂。今諸王納室，皆樂部給伎以爲嬉戲，而獨禁細民，不得作樂，此一異也。古之婚者，皆揀擇德義之門，妙選貞閑之女，先之以媒娉，繼之以禮物，集僚友以重其別，親御輪以崇其敬，婚姻之際，如此之難。今諸王十五，便賜妻別居。然所配者，或長少差舛，或罪人掖庭，而作合宗王，妃嬪藩懿。失禮之甚，無復此過。往年及今，頻有檢劾。誠是諸王過酒致責，跡其元起，亦由色衰相棄，致此紛紜。今皇子娶妻，多出宮掖，令天下小民，必依禮限，此二異也。

萬物之生，靡不有死，古先哲王，作爲禮制，所以養生送死，折諸人情。若毀生以奉死，則聖人所禁也。然葬者藏也，死者不可再見，故深藏之。昔堯葬穀林，農不易畝；舜葬蒼梧，市不改肆。秦始皇作爲地市，下固三泉，金玉寶貨不可計數，死不旋踵，尸焚墓掘。由此推之，堯舜之儉，始皇之奢，是非可見。今國家營葬，費損巨億，一旦焚之，以爲灰燼。苟靡費有益於亡者，古之臣奚獨不然。今上爲之不輟，而禁下民之必止，此三異也。

古者祭必立尸，序其昭穆，使亡者有憑，致食饗之禮。今已葬之魂，人直求貌類者事之如父母，燕好如夫妻，損敗風化，瀆亂情禮，莫此之甚。上未禁之，下不改絶，此四異也。

夫饗者，所以定禮儀，訓萬國，故聖王重之。至乃爵盈而不飲，肴乾而不食，樂非雅聲則不奏，物非正色則不列。今之大會，内外相混，酒醉喧譊，罔有儀式。又俳優鄙藝，汚辱視聽。朝庭積習以爲美，而責風俗之清純，此五異也。

今陛下當百王之末，踵晉亂之弊，而不矯然釐改，以厲頹俗，臣恐天下蒼生，永不聞見禮教矣。

《舊唐書》卷一七一《張仲方傳》 會吕温、羊士諤誣告宰相李吉甫陰事，二人俱貶，仲方坐吕温貢舉門生，出爲金州刺史。吉甫卒，入爲度支郎中。時太常定吉甫謚爲恭懿，博士尉遲汾請爲敬憲，仲方駁議曰：古者，易名請謚，禮之典也。處大位者，取其巨節，蔑諸細行，垂範當代，昭示後人，然後書之，垂于不朽。善善惡惡，不可以誣，故稱一字，則至明矣，定褒貶是非之宜，泯同異紛綸之論。

贈司徒吉甫，稟氣生材，乘時佐治，博涉多藝，含章炳文。燮贊陰陽，經緯邦國。惜乎通敏資性，便媚取容。故載踐樞衡，疊致台衮，大權在己，沈謀罕成，好惡徇情，輕諾寡信。諂淚在臉，遇便則流，巧言如簧，應機必發。

夫人臣之翼戴元后者，端恪致治，孜孜夙夜，緝熙庶績，平章百揆。兵者凶器，不可從我始；及乎伐罪，則料敵以成功。至使内有害輔臣之盜，外有懷毒蠆之孽。師徒暴野，戎馬生郊。皇上旰食宵衣，公卿大夫且慚且恥。農人不得在畝，緝婦不得在桑。

耗斂賦之常資，散帑廩之中積，徵邊徼之備，竭運輓之勞。僵尸血流，胔骼成岳，酷毒之痛，號訴無辜，剿絶羣生，逮今四載。禍胎之兆，實始其謀，遺君父之憂，而豈謂之先覺者乎？

夫論大功者，不可以妄取，不可以枉致。爲資晝者，體理不顯不競，而豈妨令美。當削平西蜀，乃言語侍從之臣；擒翦東吴，則訏謨廊廟之輔。較其功則有異，言其力則不倫。何捨其所重而録其所輕，收其所小而略其所大？且奢靡是嗜，而曰愛人以儉；受授無守，而曰慎才以補。斥諫諍之士于外，豈不近之蔽聰乎？舉忠烈之廟于内，豈不近之暱愛也？焉有蔽聰暱愛，家範無制，而能垂法作程，憲章百度乎？

謹按謚法，敬以直内，内而不肅，何以刑于外？憲者，法也。《戴記》曰：憲章文武。又曰：發慮憲。義以爲敬恪終始，載考歷位，未嘗劾一法官，議一小獄。及居重位，以安和平易寬柔自處。考其名與其行不類，研其事與其道不侔。一定之辭，惟精惟審，異日詳制，貽諸史官。請俟蔡寇將平，天下無事，然後都堂聚議，謚亦未遲。

憲宗方用兵，惡仲方深言其事，怒甚，貶爲遂州司馬，量移復州司馬。遷河東少尹。未幾，拜鄭州刺史。

（宋）李燾《續資治通鑑長編》卷四八四《宋哲宗元祐八年》 端明殿學士兼翰林侍讀學士、禮部尚書蘇軾言：臣伏見元祐五年秋頒條貫，諸民庶之家，祖父母、父母老疾無人供侍，子孫居喪者，聽尊長自陳，驗實婚娶。伏以人子居父母喪不得嫁娶，人倫之正，王道之本也。孟子論禮色之輕重，不以所重徇所輕。喪三年，二十五月，使嫁娶有二十五月之遲，此色之輕者也。釋喪而婚會，鄰於禽犢，此禮之重者也。先王之政亦有適時從宜者矣，然不立居喪嫁娶之法者，所害大也。近世始立女居父母及夫喪，而貧乏不能自存，並聽百日外嫁娶之法，既已害禮傷教矣，然猶或可以從權而冒行者，以女弱不能自立，恐有流落不虞之患也。今又使男子爲之，此何義也哉？男年至於可娶，雖無兼侍，亦足以養父母矣，今使之釋喪而婚會，是直使民以色廢禮耳，豈不過矣哉？春秋記經禮之變，必曰自某人始。使秉直筆者書曰：男子居父母喪得娶妻，自元祐始。豈不爲當世之病乎？臣謹按，此法本因邛州官吏妄有起請，當時法官有失考論，便為立法。臣備位秩宗，前日又因邇英進讀，論及此事，不敢不奏。伏望聖慈特降指揮，削去上條，稍正禮俗。癸亥，詔從軾請。

（清）徐乾學《資治通鑑後編》卷三〇《宋紀三〇》 壬子，詔：自今文武官特奉制旨，專有處分，即為躬親被受，犯者以違制論。自餘例受詔敕，概行條約，非有指定刑名者，各論如律，無本條者，從違制失斷。先是違制之法，無故失率坐徒二年。翰林學士、知審刑院王曾建議，乃降是詔。未幾，有犯者，曾斷以違制失，帝不懌，曰：如是，無復有違制者。曾曰：天下至廣，豈人人盡知制書！儻如陛下言，亦無復有失者。帝然之。自是決徒者差減，帝嘗對近臣稱其協中。嘗晚坐承明殿，召對久之，既退，使謁者諭曰：嚮思卿甚，故不及御朝衣。其見禮如此。

（清）徐乾學《資治通鑑後編》卷七五《宋紀七五》 壬辰，上手詔曰：朕嘗侍先帝左右，恭聞德音，以本朝舊制士大夫之子有尚帝女者，輒皆升行，以避舅姑之尊。習行既久，義甚無謂。朕常念此，寤寐不平。豈可以富貴之故，屈人倫長幼之序乎？可詔有司革之，以勵風俗。朕聞諭之始，欽仰稱歎，至於再三。不幸先帝後嬰疾疹，其議中寢。朕恭承遺旨，敢不遂行！可令中書門下議，降詔有司，以發揚先帝盛德。於是令陳國長公主行見舅姑之禮，王師約更不升行。公主行見舅姑之禮自此始。

（宋）鄭樵《通志》卷四四《禮略·嘉禮·公侯大夫士婚禮》 臣謹按：後漢之俗，聘禮三十物者，以元纁、羊、鴈、清酒、白酒、粳米、稷米、蒲、葦、卷栢、嘉禾、長命縷、膠、漆、五色絲、合歡鈴、九子墨、金錢、祿得香草、鳳凰、含利獸、鴛鴦、受福獸、魚、鹿、烏、九子婦腸、燧鑽，凡二十八物，又有丹為五色之榮，青為東方之始，共三十物。皆有俗儀，不足書。臣又按：杜佑議上古人食禽獸之肉而衣其皮毛，周氏尚文去質，元衣纁裳，猶用皮為韠所以制婚禮，納徵用元纁儷皮，充當時之所服耳。秦漢以降，衣服制度與三代殊，乃不合，更以元纁及皮為禮物也。又有用虎皮豹皮者，王彪之云，取威猛有斑彩，尤臆説也。人之常情，非今是古，不詳古今之異制，禮數之從宜。今時俗用五色，信頗得禮之變也。或曰，近代所以尚循元纁儷皮之制，男女配合，教化大倫，示存古儀，務重其禮，安可捨棄，有類去羊。答曰：元纁及皮，當時之要，詳觀三代制度，或沿或革皆貴適時，竝無虚事。豈今百王之末，畢循往古之儀？如三代制，天子諸侯至庶人，祭則立尸，秦漢廢之。又天下列國，唯事征伐，志存於射，建侯擇士，皆主於斯。秦漢以降，改制郡縣，戰爭既息，射藝自輕。唯祀與戎，國之大事，今竝豈要復舊制乎？其朝宗覲遇，行朝享禮畢，諸侯皆右肉袒于廟門之東，乃入門右，北面立，告聽事，今豈須行此禮乎？賔禮甚重，兩楹間有反爵之坫，築土為之，今會客豈須置坫乎？又竝安能復古道邪？畧舉數事，其可知也。《易》曰：隨時之義，其大矣哉！先聖之言，不可誣也。

（明）俞汝楫《禮部志稿》卷四八《奏疏·册立疏·請止並封疏》 禮部主客司員外郎鍾化民謹奏：為祖宗之訓當解，萬世之釁難開，懇乞聖明復初心以定國本，元輔秉真心以從公論事。竊惟臣之職掌在典禮，國之大典在建儲。虞廷以禮命官揭直之一字，孔子以禮立教重執之一言。禮官不直，何以對天地神人。禮教不執，何以信天下萬世。皇上屢年明詔，出自宸斷，未嘗援祖訓之條，止言長幼，未嘗及嫡庶之分。初心豈不甚明哉。今一則曰祖訓，一則曰待嫡，非我皇上之初心也。故皇上與王錫爵密劄曰遲疑未決。此何心也。欲食言則初心不安，欲有待則初心不忍。皇上疑信相乘之境，正錫爵納約自牖之時。奈何無陳善閉邪之忠，而密揭獨呈，乏批鱗折檻之節，而並封亟進。則皇上之遲疑未決者，一旦速且決矣，此豈皇上之初心哉。皇上消宵寤覺，平旦凝思，果建儲為初心乎，並封為初心乎，屢年之旨為初心乎，今日之諭為初心乎。近奉聖諭外臣重復爭論不知疑朕是何主意。蓋有感于諸臣之疏，而翻焉悔悟也。皇上之初心勃勃焉動矣，有君如此，其忍負之，臣請盡言而無悔可乎。夫祖訓之條，為藩封繼統者設，非為元子設也。為岐嶷未育者設，非為有子設也。故有嫡立嫡，無嫡立長，指今日之見在則可，待他年之將來則不可。如見在有嫡則所立在嫡，示天下以嫡庶之倫。如見在有長則所立在長，示天下以長幼之序。今皇上無見在之嫡，則十二齡之長子，宜正東宮，皇后無誕育之期，則震一索而得男，當為主器，爰稽列聖相承並待嫡之説，非故忍也。聖君以宗社生靈為重，房闈之欸洽非所論于朝廷，賢后以母儀，蒼赤為公，元嗣之恩勤，又何殊于己出。是宜抑情以伸禮，不當廢禮以任情也。若三王並册，則名位相敵，恐開僭逼之門，宫寮競榮則讒隙易生，實肇參商之漸，患常起于微渺。惟聖神明，炳幾先憂，每伏于無形。惟蓋臣思，深曲突此，不可以近慮慮之也。倘後之聖子神孫，借嫡儲之未育，致儲位之久虚，則萬世厲階，豈不自今日始哉。夫屢年之旨可改，則今日之諭尤可改，皇上不必多慮，惟最初一念極真，皇上不必多諭，只建儲兩字便盡。皇上何憚而不為哉。今錫爵請召多官會議矣。奉旨，朕意已定，不必廷議。臣讀《洪範》曰：汝則有大疑，謀及乃心，謀及卿士，謀及庶人，謀及卜筮，汝則從龜、從筮、從卿士、從庶人，從是之謂大同。夫聖王聽徹蒭蕘，即陶漁不廢，況廷議乎。黎庶稍有異議，即疑謀勿成，況九卿臺省，百執事乎。會議之舉誠有不容已者，然諸臣之疏凡數十上，即會議不加于此矣。讜論盈廷不招自至，忠言滿耳斥之愈多，惟在錫爵披露肝膽，直任己咎，竭一己之精神以聚衆寮寀之精神，聚衆寮寀之精神以孚聖天子之精神。自贊成建儲之外，毋持兩端，毋開一線，則皇上之初心豈無惺然覺卓然定者哉。廷議可也，雖不廷議可也。結明主之知，則匡救當急，叢衆人之議，則洗剔宜先。苟諉其責於人，而辭其咎于己，則兩行人之召數千里之來，何為者哉。臣惓惓懇懇，無非仰愛皇上，欲成始終之大信，俯惜元輔，欲全始終之大忠也。伏乞命下禮部，照嘉靖十八年事例擇日建儲，二王併册，則萬乘之主迴別藩封。祖宗之大訓已明，國有長君社稷之福，萬世之大釁可杜。堂皇之上，父作之、子述之，天性之親愈篤。宫序之間，長不陵、少不逼，友于之誼益敦合兩間，太和之氣盡萃明朝，舉萬年有道之長，肇端今日矣。

（清）龍文彬《明會要》卷一九《禮十四·立後議》 古稱爲父後者，非謂諸子皆可以爲父後也，必適子乃足以當之。適子者，大宗小宗之統也。身爲小宗之適，則五服之親，皆其所統。故適子不得後大宗，以支子可也。而漢初之詔：賜民爲父後者爵一級，蓋適子之謂也。古稱立後者，非謂昆弟無子，人人爲之立後也。惟大宗乃舉之。《禮》曰：大宗不可絶，故族人以支子後大宗。非大宗而立後者，蓋義舉也；於禮未之有聞也。古稱爲大宗後者，非必親昆弟之子也；有以從昆弟之子後從世父者矣，有以諸孫後祖者矣，有以諸曾孫後曾祖者矣，有以諸元孫後高祖者矣。故《禮》曰：爲人後者斬衰三年。不名所後爲父者，以所後不定，難以豫著其名也。後世宗法不明；而適子庶子皆稱父後。立後之義不明；而同居、異居昆弟之無子者，皆爲立後。稱謂之義不明；而爲人後者，伯父叔父皆易爲父。而以孫後祖，以無服之孫後遠祖者，禮既不行，名亦不著。非先王之本旨矣。

（清）顧炎武《日知録》卷六《取妻不取同姓》 姓之為言生也。《詩》曰：振振公姓。天地之化，專則不生，兩則生。故叔詹言：男女同姓，其生不蕃。而子産之告叔向云：内官不及同姓，美先盡矣，則相生疾。晉司空季子之告公子曰：異德合姓。鄭史伯之對桓公曰：先王聘后於異姓，務和同也。聲一無聽，物一無文。是知禮不娶同姓者，非但防嫌，亦以戒獨也。故《曲禮》：納女于天子，曰備百姓。而《郊特牲》注云：百官、公卿以下也。百姓，王之親也。《易》曰：男女睽而其志通也。是以王御不參一族，其所以合陰陽之化，而助嗣續之功者，微矣。古人以異姓為昏姻之稱。《大戴禮》：南宫縚，夫子信其仁，以為異姓。謂以兄之子妻之也。《周禮·司儀》：時揖異姓。鄭氏注引此。姓之所從來本於五帝，五帝之得姓本於五行，則有相配相生之理。故《傳》言：有嬀之後，將育於姜。又曰：姬、姞耦，其生必蕃。而後世五音族姓之説自此始矣。晉嵇康論曰：五行有相生，故同姓不昏。

（宋）司馬光《司馬温公文集》卷二《章奏·請建儲副或進用宗室第一狀》 至和三年六月十九日上。是歲仁宗違豫，不臨朝者衆月，國嗣未建，天下寒心。中外之臣，勇悍不屈素以忠直自負。如唐介等，皆莫言。惟范景仁時爲諫官，首建此議，光聞而繼之。第一狀留中，第二狀第三狀降付中書。 其急而議其緩，則言益繁而用益寡矣。人君之聽納者，忽其大而謹其細，則心益勞而功益淺矣。故明主不惡逆耳之言，以察治亂之原；忠臣不避滅身之禍，以論安危之本，是以上下交泰，而事業光美也。臣竊見陛下自首春以來，聖體小有不康。天下之人，側足而立，累氣而息，恟恟憂懼，若蹈冰炭。閒者雖已痊平，而民閒猶有妄爲訛言，以相驚動者，雖有司以嚴刑束之，彼口不得言，中心惶惶，何所不慮邪？陛下胡不試思其所以然者何哉，豈非儲貳者，天下之根本，根本未定，則衆心不安也。賈誼有言：抱火厝之積薪之下而寢其上，火未及然，固爲之安。當誼之時，漢孝文帝春秋鼎盛，有孝景以爲之太子，中外乂安，公私富溢，誼猶有是言。使誼處於今日，當云何哉？陛下好學多聞，博覽經史，試以前古之事質之，治亂安危之機，何嘗不由繼嗣哉？得其人則治，不得其人則亂；分先定則安，不先定則危。此明白之理，皎如日月。得失之機，閒不容髮。於朝廷至大至急之務，孰先於此？而陛下宴然不以爲憂，羣臣愛身莫以爲言。此臣所以日夜痛心疾首，忘其身之疏賤，而不顧鼎鑊之罪者也，伏惟陛下哀而察之。今夫細民之家，有百金之寶，猶擇親戚可信任者使謹守之，況天下之大乎？三代之王，以至二漢，所以能享天之祿若是其久者，豈非皆親任九族以爲藩輔乎？使親者猶不可信，則疏者庸足恃乎？臣竊惟陛下天性純孝，振古無倫，事無大小，關於祖宗者，未嘗不勤身苦體，小心翼翼，以奉承之。況所受祖宗光明盛大之基業，豈可不爲之深思遠慮，措之於安平堅固之地，以保萬世無疆之休哉？臣聞天子之孝，非若衆庶止於養親而已。蓋將慎守前人之業，而傳於無窮，然後爲孝也。故經稱天子之孝曰德教加於百姓，刑於四海。諸侯之孝曰保其社稷，而和其民人。卿大夫之孝曰守其宗廟。士之孝曰保其祿位，而守其祭祀。庶人之孝曰謹身節用，以養父母，此皆聖人之言，非臣之狂瞽也。今陛下所以奉事祖宗，其道至矣。若獨於此未留睿意，早定大議，則鄉時純孝巍巍之德，皆無益矣。此天下所共爲陛下重惜，非特愚臣而已。臣聞禮，大宗無子，則同宗爲之後。爲之後者，爲之子也。故爲人後者，事其所後，禮皆如父，所以尊尊而親親也。伏惟祖宗受天明命，功德在人，本支百世，子孫千億，而陛下未有皇嗣，人心憂危。伏望陛下深念祖宗之艱難，基業之閎美，神器之大寶，蒼生之重望，勿聽苟且之言，勿從因循之計，斷自聖志，昭然勿疑，謹擇宗室之中聰明剛正孝友仁慈者，使攝居儲貳之位，以俟皇嗣之生，退居藩服。儻聖意未欲然者，或且使之輔政，或典宿衛，或尹京邑，亦足以鎮安天下之心。如此則天神地祇，宗廟社稷實共賴陛下聖明之德，況羣臣兆民，其誰不歡呼鼓舞乎！昔魯漆室之女，憂魯君老，太子幼，彼匹婦也，猶知憂國家之難。蓋以魯國有難，則身必與焉故也。況臣食陛下之祿，立陛下之朝，又得承乏典册之府，比於漆室之女，斯亦重矣。誠不忍坐視國家至大至急之憂，而隱默不言。臣誠知言責不在臣，言之適足自禍。然而必言者，萬一冀陛下采而聽之，則臣於國家，譬如螻蟻，而爲陛下建萬世無窮之基，救四海生民之命，臣榮多矣。願陛下勿以臣人微位賤，謂之狂狷而忽之。試以臣言，自爲聖意，延問大臣忠於社稷者。儻以爲非，臣請伏妄言之誅。儻以爲是，願陛下決志而速行之。焚臣此奏，勿以示外，足以明臣非敢徼冀毫釐之倖也。《虞書》曰：勑天之命，惟時惟幾。陛下當此之時，變危爲安，變亂爲治，易如反掌。若失時不斷，使天下之人有以議陛下之純孝者，則臣雖欲畢命捐軀以報陛下，亦無及已。臣不勝區區憤懣之誠，干冒冕旒，伏地待罪。

（宋）司馬光《司馬温公文集》卷二《章奏・請建儲副或進用宗室第三狀》　臣先於六月十九日、八月一日，兩曾上言，乞擇宗室賢者，進而用之，蓋以上則輔衛聖躬，下則鎮安百姓。迄今未聞聖明少垂采聽，臣誠愚昧，不達國家高遠之意。若臣所言非邪，當明治其罪，以示天下；若其是邪，亦謂聖心不宜棄忽，豈可直以臣之愚賤，不察其言，若投羽毛於滄海之中，杳然莫知其所之。豈疏遠所望哉！臣不勝憤懣，敢復剖析肝膽，陳布以聞，雖抵罪萬死，亦無怨悔。臣聞《書》曰：遠乃猷。《詩》云：猶之未遠，是用大諫。凡國家之弊，在於樂因循而多忌諱，不於治安之時，豫爲長遠之謀，此患難所從而生也。竊觀漢室，以至有唐，簡策所載，帝王即位，則立太子，此乃古今不易之道也。其或謙讓未暇，則有司請之，所以尊宗廟，重社稷，皆國家莫大之慶，未聞人主以爲諱惡也。及唐中葉以來，人主始有惡聞立嗣者，羣臣莫敢發言，言則刑戮隨之，是以禍亂相尋，不可復振。殊不知本強則茂，基壯則安，此乃國家所當深鑒，而不足以爲法也。今天下之人，上自公卿，下至庶人，苟有知識，忠於國家者，其心皆知當今之務，無此爲大，無此爲急。然而各畏忤旨之誅，莫敢進言。臣獨不愛犬馬之軀，爲陛下言之，陛下豈可不少留聖思，而聽察之邪。臣嘗歷觀春秋以來，迨至國初，積一千六百餘年，其閒天下混一，內外無患，兵寢不用者，不過四百餘年而已。至如聖朝，芟夷僭亂，一統四海，内平外順，上安下和，使在朝在野之人，自祖及孫，耳目相傳，不識戰鬭，蓋自上世以來，治平之人，未有若今之盛者也。臣竊見國家於州縣倉庫斗糧尺帛，未嘗不嚴固扃鑰，擇人而守之，况如是融明闊茂之業，豈可不謹擇親戚可信任者，使助陛下守之乎？此則賢愚之人，所共爲陛下重惜者也。陛下當此之時，頤指如意，不早決至策，以固萬世不拔之基。獨不念太祖太宗，跋履山川，經營天下，真宗宵衣旰食，以致太平之艱難乎？此臣所以夙夜皇皇，起則思之，臥則夢之，感歎涕泗，不能自已，不避煩瀆之誅，再三進言者也。或者謂臣身賤居外，而言朝廷之事，侵官也。臣愚以爲治古諫諍無官，自公卿大夫士，至於庶人百工商旅矇瞍芻蕘，無有不得言者，所以達下情察國政也。若置官而守之，非其官者，皆不得言，則下情壅而不通，如是則國家雖有迫切之憂，行道之人皆知之，而在上者莫得聞也。此其爲害，豈不深乎？况臣食陛下之禄，於今三世矣，先臣某以廉直恬退，特爲陛下所知。擢自孤微，升之侍從，此恩之重，子子孫孫，何時敢忘。而又陛下嚮以水災親下明詔，延訪中外，勤求得失。臣獨何人，身逢盛際，捨此大節，隱而不言，其餘瑣碎，豈足道哉！抑又聞之，元后作民父母，陛下臣父也，安有爲人之子見危而不告其父乎？伏望陛下，察臣區區之心，不爲私其一身，不惜少頃之閒，取臣前後所奏，略賜省覽，其中萬一苟有可施行者，乞以陛下之意，斷而行之。宣告中外，使遠近涣然，無復憂疑。則自然神靈悦於上，而災異伏；衆庶喜於下，而奸宄消。至於草木昆蟲，靡不蒙被其福，其爲功業，豈不盛哉！夫時者難得而易失，惟陛下早留神詳察。

（宋）司馬光《司馬温公文集》卷二《章奏·論麥允言給鹵簿狀》 昔仲叔于奚有功於衛，衛人使之繁纓以朝。孔子曰：惜也！不如多與之邑。惟器與名，不可以假人。夫爵位尊卑之謂名，車服等威之謂器，二者人主所以保育其臣，而安治其國家，不可忽也。今允言近習之臣，非有元勳大勞，過絶於人，而贈以三公之官，給以一品鹵簿，其爲累不亦大乎？陛下雖欲寵秩乎其人，而適足增其罪累也，何則？三公之官，鼎足承君，上應三台。鹵簿者所以褒賞元功，皆非近習之臣所當得者。陛下念允言服勤左右，生已極其富貴，死又以三事之禮，爲之送終，鼓吹簫鐃，烜赫道路，是則揚其僭侈之罪，使天下側目扼腕而疾之，非所以爲榮也。惟陛下御仲叔于奚之傳，垂意孔子之言，則知名器之重，不可加非其人。况唐制，羣臣於國立大功者，婚葬則給鹵簿，餘不在給限。伏望陛下追寢前命，其麥允言更不給鹵簿，毋使天下之人，竊敢指目，以爲朝廷過舉，不勝幸甚。

綜述

《儀禮注疏·士冠禮》 儀禮。疏：儀禮。釋曰：《儀禮》者，一部之大名；《士冠》者，當篇之小號。退大名在下者，取配注之意故也。然《周禮》言周不言儀，《儀禮》言儀不言周，既同是周公攝政六年所制。題號不同者，《周禮》取別夏、殷，故言周；《儀禮》不言周者，欲見兼有異代之法，故此篇有醮用酒，《燕禮》云諸公，《士喪禮》云商祝、夏祝，是兼夏、殷，故不言周。又《周禮》是統心，《儀禮》是履踐，外内相因，首尾是一。故《周禮》已言周，《儀禮》不須言周，周可知矣。且《儀禮》亦名《曲禮》，故《禮器》云：經禮三百，曲禮三千。鄭注云：曲猶事也，事禮謂今禮也。其中事儀三千。言儀者，見行事有威儀；言曲者，見行事有屈曲。故有二名也。鄭氏注。疏：鄭氏注。釋曰：《後漢書》云：鄭玄，字康成，青州北海郡高密縣人，鄭崇之後也。言注者，注義於經下，若水之注物，亦名爲著。故鄭敍云：凡著《三禮》七十二篇。云著者，取著明經義者也。孔子之徒言傳者，取傳述之意。爲意不同，故題目有異也。但《周禮》六官六十，敘官之法，事急者爲先，不問官之大小。《儀禮》見其行事之法，賤者爲先，故以《士冠》爲先。無大夫冠禮，諸侯冠次之，天子冠又次之。其《昏禮》亦士爲先，大夫次之，諸侯次之，天子爲後。諸侯鄉飲酒爲先，天子鄉飲酒次之，鄉射、燕禮已下皆然。又以《冠》、《昏》、《士相見》爲先後者，以二十而冠，三十而娶，四十彊而仕，即有摯見鄉大夫、見己君及見來朝諸侯之等，又爲鄉大夫、州長行鄉飲酒、鄉射之事已下，先吉後凶，盡則行祭祀，吉禮，次敍之法，其義可知。略陳《儀禮》元本，至於禮之大義，備於《禮記疏》。

（清）胡培翬《儀禮正義·士冠禮》 《儀禮》疏：正義曰：唐石經《士冠禮》第一下，標《儀禮》鄭氏注五字，嚴本同。《儀禮》爲全部之總名，乃退在《士冠禮》下者，古人著書，多以小題居上，大題列下，班氏之著《漢書》亦然。今仍之。又案：《士冠禮》第一上，唐石經有《儀禮》卷第一五字，用隸體書，蓋後人所加，非鄭本之舊。不然，既退大題於下，何於上又書《儀禮》卷數乎？嚴本同，皆非也。《禮記·明堂位》曰：周公攝政六年，制禮作樂。故崔氏靈恩、陸氏德明、孔氏穎達及賈氏皆云：《儀禮》，周公所作。韓氏愈云：文王、周公之法制，具在於是。蓋亦以爲周公作也。孔子、孟子所云學禮，即謂此書。朱子云：遭秦滅學，禮樂先壞。漢、晉以來，諸儒補輯，竟無全書，其頗存者，《三禮》而已。《周官》一書，固爲禮之綱領，至其儀法度數，則《儀禮》乃其本經，而《禮記·郊特牲》、《冠義》等篇，乃其義疏耳。前此猶有三禮、通禮、學究諸科，王安石變亂舊制，廢罷《儀禮》，而獨存《禮記》之科，棄經任傳，遺本宗末，其失已甚。張氏淳云：《周禮》古矣，然聖人設官分職之書也，至其所用以長、以治者，豈能舍《儀禮》？《禮記》古矣，然皆釋《儀禮》之義，若《祭義》、《冠義》、《昏義》、《鄉飲酒義》、《射義》、《燕義》、《聘義》是也，豈得而先《儀禮》？虞氏云：《禮記》乃《儀禮》之傳，《周禮》雖得之於河間獻王時，無有傳之者，武帝以爲末世瀆亂之書，何休以爲六國陰謀之書，至漢末乃行於世。唯《儀禮》之書，漢初已行，高堂生傳之蕭奮，蕭奮傳之孟卿，孟卿傳之后蒼，后蒼傳之戴德、戴聖。案此即鄭氏《六藝論》所謂五傳弟子也。熊氏朋來云：《周禮》大綱雖正，其間職掌繁密，恐傳者不皆周公之舊。《戴記》固多格言，而譌謬亦不免。惟《儀禮》爲《禮經》之稍完者，先儒謂其文物彬彬，乃周公制作之遺。今案：據此諸説，《三禮》惟《儀禮》最古，亦惟《儀禮》最醇矣。《儀禮》有經，有記，有傳，記、傳乃孔門七十子之徒之所爲，而經非周公莫能作，其間器物陳設之多，行禮節次之密，升降揖讓裼襲之繁，讀之無不條理秩然。每篇自首至尾，一氣貫注，有欲增減而不能者。今所存止十七篇，以爲殘闕不全，固有之矣，若以爲出後人之僞撰，則斷乎其未有也。彼樂史、徐積之説，昔人已早辨之。賈疏謂《周禮》是統心，《儀禮》是履踐。不知履踐必本於心，外之有揖拜辭讓之文，內之必有恭敬謙遜之實。故魏氏了翁以爲《儀禮》一經，非由外心以生，凡皆人性之固有，天秩之自然。則以二禮分別外內，非矣。

（宋）陳祥道《禮書》卷一《冕服》

《書》曰：天命有德，五服五章哉。又曰：予欲觀古人之象，日月星辰，山龍華蟲，作會宗彝，藻火粉米，黼黻絺繡，以五采彰施于五色，作服汝明。孔氏曰：日月星爲三辰，宗廟彝尊亦以山龍華蟲爲飾。火爲火字，粉若粟米，米若聚米，黼若斧形，黻爲兩已相背。葛之精者曰絺，五色備曰繡。《周禮·典絲》：凡祭祀，共黼畫組就之物。《典命》：上公九命，其衣服以九爲節；侯伯七命，其衣服以七爲節；子男五命，其衣服以五爲節；王之三公八命，其卿六命，其大夫四命，及其出封皆加一等，其衣服亦如之。公之孤四命，以皮帛眡小國之君，其卿三命，其大夫再命，其士一命，其衣服各眡其命之數。侯伯之卿大夫士亦如之。子男之卿再命，其大夫一命，其士不命，其衣服各眡其命之數。司服掌王之吉凶衣服，辨其名物與其用事。王之吉服，祀昊天上帝，則服大裘而冕，祀五帝亦如之。享先王則袞冕，享先公饗射則鷩冕，祀四望山川則毳冕，祭社稷五祀則希冕，祭羣小祀則玄冕。鄭氏曰：古天子冕服十二章，至周而以日月星辰畫於旌旗，所謂三辰旂旗，昭其明也。而冕服九章，登龍於山，登火於宗彝，尊其神明也。九章、初一曰龍，次二曰山，次三曰華蟲，次四曰火，次五曰宗彝，皆畫以爲繢；次六曰藻，次七曰粉米，次八曰黼，次九曰黻，皆希以爲繡。則袞之衣五章，裳四章，凡九也。鷩畫以雉，謂華蟲也，其衣三章，裳四章，凡七也。毳畫虎蜼，謂宗彝也，其衣三章，裳二章，凡五也。然希刺粉米無畫也，其衣一章，裳二章，凡三也。玄者衣無文，裳則刺黻而已，是以謂玄焉。凡冕服皆玄衣纁裳。公之服自袞冕而下如王之服，侯伯之服自鷩冕而下如公之服，子男之服自毳冕而下如侯伯之服，孤之服自希冕而下如子男之服，大夫之服自玄冕而下如孤之服，士之服自皮弁而下如大夫之服。凡大祭祀、大賓客共其衣服而奉之。弁師掌王之五冕，皆玄冕，朱裏，延，紐，五采繅十有二就，皆五采玉十有二，玉笄，朱紘。諸侯之繅斿九就，瑉玉三采，其餘如王之事。繅斿皆就，玉瑱玉笄。諸侯及孤卿大夫之冕、韋弁、皮弁、弁絰，各以其等爲之，而掌其禁令。節服氏掌祭祀朝覲袞冕，六人維王之太常。諸侯則四人，其服亦如之，郊祀裘冕，二人執戈，送逆尸從車。行人以九儀辨諸侯之命，等諸臣之爵，以同邦國之禮，而待其賓客。上公之禮，冕服九章；侯伯冕服七章；子男冕服五章。

又：《禮運》曰：五色六章十二衣，還相爲質也。冕弁兵革藏於私家，非禮也。《家語》作兵車，《禮器》曰：管仲鏤簋朱紘，君子以爲濫矣。

又：《左傳》臧哀伯曰：袞冕黻珽帶裳幅舄衡紞紘綖，昭其度也。火龍黼黻，昭其文也。桓公二年。公與公冶冕服，以卿服之冕賞之。及疾聚其臣曰：我死必無以冕服斂，非德賞也。襄二十九年。子太叔曰：爲九文六采，五章以奉五色。昭二十五年。伐楚之役，許男卒而以袞衣斂。

又：後周設司服之官，掌皇帝十二服。祀昊天上帝，則蒼衣蒼冕；祀東方上帝及朝日，則青衣青冕；祀南方上帝，則朱衣朱冕；祭皇地祇、中央上帝則黃衣黃冕；祀西方工帝及夕月，則素衣素冕；祀北方上帝，祭神州、社稷，則玄衣玄冕；享先皇、加元服、納后、朝諸侯，則象衣象冕。十有二章袞冕，自龍以下凡九章。山冕八章，鷩冕七章，冕通十有二旒。諸公之服九：一曰方冕，九章。二曰衮冕，九章。三曰山冕，八章。四曰鷩冕，七章。五曰火冕，六章。六曰毳冕，五章。七曰韋弁。八曰皮弁。九曰玄冠。諸侯服，自方冕而下八，無衮冕。山冕八章，鷩冕七章，火冕六章，毳冕五章。俱八旒。諸伯自方冕而下七，又無山冕。鷩冕七章，毳冕五章，火冕以下俱七等，俱七旒。諸子服，自方冕而下六，又無鷩冕。火冕六章，毳冕五章，毳冕以下俱六等，俱六旒。諸男服，自方冕而下五，又無火冕。毳冕五章，冕五旒。三公之服九：一曰祀冕。二曰火冕，六章。三曰毳冕，五章。四曰藻冕，四章。五曰繡冕，三章。六曰爵弁。七曰韋弁。八曰皮弁。九曰玄冠。三孤之服，自祀冕而下八，無火冕。毳冕五章，藻冕四章，繡冕三章。公卿之服，自祀冕而下七，又無毳冕。藻冕四章，繡冕三章。上大夫之服，自祀冕而下六，又無藻冕。繡冕三章。中大夫之服，自祀冕而下五，又無皮弁。繡冕三章。下大夫之服，自祀冕而下四，又無爵弁。繡冕三章。士之服三：一曰祀弁，二曰爵弁，三曰玄冠。玄冠皆玄衣。其裳，上士以玄，中士以黄，下士雜裳。雜裳，謂前玄後黄也。庶士之服一：玄冠。隋改後周制度，乘輿衮冕垂白珠十有二旒，服十二章。皇太子衮冕垂白珠九旒，服九章。王國公、開國公、三公衮冕青珠九旒，服九章。侯鷩冕八旒，服七章。伯鷩冕七旒，服七章。子毳冕六旒，服五章。男毳冕五旒，服五章。唐制天子之服十四：大裘冕者，祀天地之服也。廣八寸，長一尺二寸，以版爲之，黑表纁裏，無旒。衮冕，廣一尺二寸，長二尺四寸，金飾玉簪，導垂白珠十二旒。鷩冕八旒七章，絺冕六旒三章，玄冕五旒，裳刺黼，皇太子之服六。衮冕，白珠九旒。羣臣之服二十有一。衮冕者，一品之服也。九旒，青璂爲珠，貫三采玉。鷩冕者，二品之服也。八旒。毳冕者，三品之服也。七旒。絺冕者，四品之服也。六旒。玄冕者，五品之服也。以羅爲之，五旒。衣裳無章，裳刺黻一章。平冕者，郊廟武舞郎之服也。黑衣絳裳。爵弁者，六品以下九品以上從祀之服也。以紬爲之，無旒。

（宋）陳祥道《禮書》卷一《十二章之服》 古之服章十有二，而日月、星辰、山龍、華蟲繪於衣，宗彝、藻火、粉米、黼黻繡於裳。則星，五星也。辰，十二次也。鄭氏釋《大宗伯・保章氏》皆謂星五緯，辰十二次。華蟲，雉也。宗彝，虎彝、蜼彝也。粉米，粉其米也。黼，白黑文也。黻，黑青文也。蓋日月星辰在天成象者也，山龍、華蟲、虎蜼、藻火、粉米、黼黻在地成形者也。在天成象者道之運乎上，在地成形者道之散乎下。道固始終於東北，故山龍而降始山終黻莫不有序，何則？山居東北，冬春交也，龍，春也，華蟲，夏也，虎，秋也，蜼，冬也，周而復始。則藻，春也。火，夏也。粉米，中央也。黼，秋冬交也。黻冬春交也。龍與華蟲，陽之陽也，故繪而在衣。虎與蜼，陽之陰也，故繡而在裳。然則古者合三辰以在服，備十二章以則天數，故章與四時相順。後世判三辰以在旗，而服止九章以法陽數，故章與四時相變。

（宋）陳祥道《禮書》卷四《繅》 繅，鄭氏曰：繅，雜文之名，合五采丝爲之繩，垂於延之前後，各十二，所謂邃延，此王者之制也。諸侯而下有差。弁師掌王之五冕，五采繅十有二就，皆五采玉。繅，雜文之名也，合五采丝爲之繩，垂於延之前後，各十二，所謂邃延也。就，成也，繩之一匝而貫五采玉，十二斿則十二玉也。每就間蓋一寸。朱紘，以朱組爲紘也。紘一條，屬兩端於武。繅不言皆，有不皆者。此謂衮衣之冕十二斿，則用玉二百八十八；鷩衣之冕繅九斿，用玉二百一十六；毳衣之冕七斿，用玉百六十八；希衣之冕五斿，用玉百二十；玄衣之冕三斿，用玉七十二。諸侯之繅斿九就，瑉玉三采，其餘如王之事。繅斿皆就，玉瑱，玉笄。侯當爲公字之誤也。三采，朱、白、蒼也。其餘謂延紐，皆玄覆朱裹與王同也，出此則異。繅斿皆就，皆三采也。每繅九成，則九旒也。公之冕用玉百六十二。玉瑱塞耳者，故書瑉作璑。鄭司農云：繅當爲藻，繅古字也，藻今字也，同物同音。璑，惡玉名。諸侯及孤卿大夫之冕、韋弁、皮弁、弁經，各以其等爲之，而掌其禁令。各以其等，繅斿玉璂，如其命數也。冕則侯伯繅七就，用玉九十八；子男繅五就，用玉五十。繅玉皆三采。孤繅四就，用玉三十二；三命之卿繅三就，用玉十八。再命之大夫，繅再就，用玉八，繅玉皆朱緑。韋弁、皮弁則侯伯琪璂飾七，子男璂飾五，玉亦三采。孤則璂飾四，三命之卿璂飾三，再命之大夫璂飾二，玉亦二采。《典丝》凡祭祀，共黼畫組就之物。以給衣服冕旒及盥中之屬。《禮器》曰：天子之冕，朱緑藻，十有二旒；諸侯九，上大夫七，下大夫五，士三，此以文爲貴也。朱緑似夏商禮。《郊特牲》曰：王被衮以象天，戴冕璪十有二旒，則天數也。天之大數不過十二。《玉藻》曰：天子玉藻十有二旒，前後邃延，龍卷以祭。《雜采》曰：藻天子以五采藻爲旒，旒十有二，前後邃延者，言皆出冕前後而垂也，天子齊肩。弁師王之五冕，五采繅十有二就。諸侯之繅斿九就，瑉玉三采，其餘如王之事，繅斿皆就。諸侯及孤卿大夫之冕，各以其等爲之，掌其禁令。

（宋）陳祥道《禮書》卷五《纓》　《祭義》曰：天子爲耤千畝，冕而朱紘，躬秉耒；諸侯爲耤百畝，冕而青紘，躬秉耒。《玉藻》曰：玄冠朱組纓，天子之冠也；緇布冠繢緌，諸侯之冠也；玄冠丹組纓，諸侯之齊冠也；玄冠綦組纓，士之齊冠也。《説文》曰：紘，冠卷也。纓，冠系也。緌，系冠纓也。

（宋）陳祥道《禮書》卷五《笄》　《曲禮》曰：女子許嫁，笄而字。以許嫁爲成人。《檀弓》南宮縚之妻之姑之喪，夫子誨之髽。蓋榛以爲笄，長尺。《內則》婦事舅姑，櫛縱笄總。男女未冠笄者，櫛纚拂髦，女子十有五而笄，二十而嫁。其未許嫁，二十則笄。《喪服小記》齊衰惡笄以終喪，男子冠而婦人笄。《雜記》女雖未許嫁，年二十而笄，禮之。婦人執其禮。雖未許嫁，年二十亦爲成人矣。禮之酌以成之。言婦人執其禮，明非許嫁之笄。燕則鬈首，既笄之後，去之。猶古之女有鬌紒也。《問喪》親始死，雞斯徒跣。雞斯當爲笄纚，聲之誤也。親始死，去冠二日，乃去笄纚括髮也。今時始喪者，邪巾貊頭，笄纚之存象也。追師掌王后之首服，爲副編次，追衡笄。《士昏禮》女次純衣纁袡，立于房中南面，姆纚笄宵衣在其右。女從者畢袗玄，纚笄被頴黼，在其後。夙興婦沐浴，纚笄宵衣以見舅姑。《記》女子許嫁，笄而禮之，稱字。許嫁已受納徵禮也。笄女之禮，猶冠男也。使主婦女賓执其禮。《喪服》女子在室爲父箭笄。女子適人者爲其父母，婦爲舅姑，惡笄有首以髽。卒哭，子折笄首以笄，布總。言以髽則髽有著笄者明矣。《傳》曰：笄有首者，惡笄之有首也。惡笄者，櫛笄也。折笄首者，折吉笄之首也。吉笄者，象笄也。何以言子折笄首，而不言婦，終之也。櫛笄者，以櫛之木爲笄。或曰：榛笄有首者，若今時刻鏤摘頭矣。卒而喪之大事，卑女子可以歸於夫家而著吉笄。吉笄尊，變其尊者，婦人之義也。折其首者，爲其大飾也。據在夫家宜言婦。終之者，終子道于父母之恩。《士喪記》其母之喪，則內御者浴鬠無笄。無笄，猶大夫之不冠也。《特牲·饋食禮》：主婦纚笄宵衣。《詩》君子偕老，副笄六珈。笄，衡笄也。珈笄，飾之冣盛者，所以別尊卑。

（宋）陳祥道《禮書》卷六《皮弁》　《士冠禮》：皮弁，服素積緇帶素韠。此爲君視朔之服也。皮弁者，以白鹿皮爲冠，象上古也。積，猶辟也。以素爲裳，辟蹙其要中。皮弁之衣用布亦十五升，其色象焉。皮弁笄，爵弁笄，緇組紘，纁邊同篋。賓受皮弁，右執項左執前，進。周弁、殷冔、夏收，弁，名出於槃，大也，言所以自光大也。三王共皮弁素積。質不變。《聘禮》賓皮弁聘，服皮弁者，朝聘主相尊敬也。諸侯視朝，皮弁服。公側受宰玉裼降立。《玉藻》曰：裘之裼也，見美也。又曰：麛裘青犴褎絞衣以裼之。《論語》曰：素衣麛裘皮弁，時或素衣其裘同可知也。君使卿韋弁，歸饔餼五牢。變皮弁，服韋弁，敬也。韋弁，韎韋之弁，兵服也。而服之者皮弁同類，取相近耳。其服蓋韎布以爲衣而素裳。君使卿皮弁還玉于館。玉，圭也。君子於玉比德焉，以之聘，重德也。還之者，德不可取於人，相切厲之義也。覲禮至於郊，王使人皮弁用璧勞，侯氏亦皮弁迎于帷門之外，再拜。《士喪禮》陳襲事于房中，爵弁服，純衣皮弁服。

又：諸侯及孤卿大夫之韋弁、皮弁，各以其等爲之。鄭康成曰：侯伯璂飾七，子男璂飾五，玉亦三采；孤璂飾四，三命之卿璂飾三，再命大夫璂飾二，玉亦二采。於理或然，推此則公之玉九，天子之五十有二又可知也。

（宋）陳祥道《禮書》卷六《裳》　深衣之裳十有二幅，短毋見膚，長毋被土。《喪服》裳內削幅，幅三袧。《士喪記》明衣有前後裳，不辟，長及轂。鄭氏曰：袧者，辟兩側空中央也。祭服、朝服，辟積無數。凡裳，前三幅，後四幅。賈公彦曰：前爲陽，後爲陰。前三後四，象陰陽也。然則明衣裳不辟喪裳三袧，則吉裳不特三袧而已；明衣長及轂，則凡裳不特及轂而已；明衣有前後裳，則凡裳前三後四，以象陰陽可知也；明衣裳縓，綼緆，緇純。《士昏禮》爵弁纁裳緇袘。《曲禮》素衣素裳素冠徹緣，則凡裳有緣可知也。《玉藻》曰：衣正色，裳間色。然冕服玄衣纁裳，皮弁服素衣素裳，諸侯朝服緇衣素裳，士爵弁服緇衣纁裳，玄端服有玄裳、黃裳、雜裳。玄端服惟三裳而已。《士昏禮》使者玄端。鄭氏曰有司緇裳無據。深衣長衣，裳之色同，三翟三衣，亦衣裳之色同。緇衣非正色也，黃素之裳非間色也。蓋衣之玄緇所以象天道，裳之黃所以象地德；素，陰之正也，亦可以爲裳。纁，陽之間也，不可以爲衣，是衣之色常尊，裳之色常卑，非必衣色皆正，裳色皆間也。《記》且云：爾者豈非以玄爲天之正色，纁非地之正色乎？《書》言：王麻冕黼裳，卿士邦君皆麻冕蟻裳，太保太史太宗皆麻冕彤裳。孔安國曰：蟻裳玄彤裳纁。《詩》曰：毳衣如璊，又曰：載玄載黃，我朱孔陽，爲公子裳。蓋裳以纁爲主，纁赤黄色以土無正位必託於火故也。若夫玄裳、素裳之類，各象其事而服之。孔穎達曰：《書》之卿士邦君，非執事者也，故玄裳。太保、太史、太宗，執事者也，故彤裳。其説是也。《爾雅》曰：裳削幅謂之襆。郭氏曰：削殺其幅，深衣之裳。然喪服裳亦削幅，其不削幅者，帷裳而已。孔子曰：非帷裳必殺之。《詩》曰：漸車帷裳。《雜記》曰：緇布裳帷。則車與指之飾音曰帷裳。孰謂深衣之裳，乃削幅耶。

（宋）陳祥道《禮書》卷八《冠制》 玄冠朱組纓，天子之冠也；緇布冠繢緌，諸侯之冠也；玄冠丹組纓，諸侯之齊冠也；玄冠綦組纓，士之齊冠也；縞冠玄武，子姓之冠也；縞冠素紕，既祥之冠也；垂緌五寸，惰游之士也；玄冠縞武，不齒之服也。

又：《喪服》：斬衰裳，苴絰，冠纓。纓條屬，右縫。冠六升，外畢，齊衰冠布纓。公子爲其母練冠麻衣，爲其妻縓冠。斬衰冠六升，受冠七升，齊衰冠七升，受冠八升。《既夕記》冠六升，外縪，纓條屬，厭。特牲禮，主人冠端玄。

又：又曰：天子山冕，諸侯玄冠，大夫裨冕，士韋弁，禮也。又曰：哀公問於孔子曰：章甫約屨，紳而搢笏者，比賢乎？孔子曰：居今之俗，服古之服，舍此爲非者，雖有，不亦鮮乎？又曰：魯哀公問舜冠於孔子。孔子曰：古之王者，有務而拘領者也，其政好生而惡殺焉。務《尚書大傳》作冒。莊子曰：冠圜冠者知天時。

（宋）陳祥道《禮書》卷一〇《不齒冠》 《周禮·大司寇》：以圜土聚教罷民，凡害人者，寘之圜土而施職事焉，以明刑恥之。其能改者反于中國，不齒三年；其不能改而出圜土者，殺。司圜掌收教罷民，凡害人者弗使冠飾，而加明刑焉。任之以事而收教之，能改者，上罪三年而舍，中罪二年而舍，下罪一年而舍；其不能改而出圜土者，殺。雖三年不齒，不齒者，不得以年次列於平民。《王制》將出學，小胥、大胥、小樂正簡不帥教者，以告于大樂正，大樂正以告于王。王命三公九卿大夫元士皆入學。不變，王親視學。不變，王三日不舉，屏之遠方，西方曰棘，東方曰寄，終身不齒。《玉藻》曰：玄冠縞武，不齒之服也。惰游之責輕於不齒，縞冠素紕垂緌五寸重於玄冠縞武。惰游之辱則重，而不齒之辱則輕，何也？蓋惰游者一時之過，不齒之辱不特一時而已。苟變惰游以趨職事，則縞冠垂緌棄之可也？若夫玄冠縞武，或服之終身，或服之三年。先王豈忍重其辱於悠久哉？然則以重馭暫義也，以輕馭久仁也。義故民畏其威，仁故民懷其德。夫是孰不勵業而遷善乎？子姓之縞冠玄武則凶其上，不齒之玄冠縞武則凶其下。凶其上以父之有服故也，凶其下以之自貽故也。

（宋）陳祥道《禮書》卷一二《裘制》 君衣狐白裘，錦衣以裼之。君之右虎裘，厥左狼裘。士不衣狐白。君子狐青裘豹褎，玄綃衣以裼之。麛裘青豻褎，絞衣以裼之。羔裘豹飾，緇衣以裼之。狐裘，黄衣以裼之。錦衣狐裘，諸侯之服也。犬羊之裘不裼。不文飾也，不裼。裘之裼也，見美也。服之襲也，充美也。弔則襲，不盡飾也。君在則裼，盡飾也。無事則裼，弗敢充也。童子不裘不帛，禮不盛，服不充，故大裘不裼。

（宋）陳祥道《禮書》卷一二《羔裘》 王大裘以祀天，諸侯羔裘以朝。先儒皆曰：黑羔裘也，蓋羔取其有禮。羣而不黨，乳而必跪，贄之不鳴，殺之不號。黑取其合道，以道行禮，以禮成道。固先王之所尚也。然大裘尚質，羔裘有文。故《詩》曰：羔羊之皮，素絲五紽；羔羊之革，素絲五緎；羔羊之縫，素絲五總。毛氏曰：古者，素絲以英裘。紽，總數也。《爾雅》曰：緎，縫也。孫炎曰：緎，界也。蓋羔裘以素絲爲組，施於縫中，以爲英飾。其界有緎、有殺、有縫，其別有紽，其聚爲總，而又飾之以豹，此所以與大裘異也。羔裘豹飾，狐青裘豹褎，麛裘青豻褎，何也？豹取其武而有文；青豻取其仁而能守。武而有文，諸侯視朝之事也；仁而能守，天子視朝之事也。狐青以燕居褎亦以豹，則武而有文亦非燕居之所可忘也。《詩》曰：羔裘豹飾，孔武有力。又曰：羔裘豹祛，自我人居。居其託物同而意異者，義德一也。善用之則爲武，不善用之則爲暴。夫言豈一端而已哉？先儒謂凡裘天子諸侯用全，其臣則褎飾異焉。然天子諸侯之用全特狐白裘而已，欲其純白之備也。

（宋）陳祥道《禮書》卷二〇《象繯》 《家語》稱：孔子之喪，公西赤掌殯葬焉。襲衣十一，稱佩象環，而綦組綬。夫孔子其服也，鄉其冕也，從衆以爲大夫也，不敢舍車而徒，以無臣也，不敢爲有臣而葬。然佩不以大夫之水蒼玉而以象；綬不以大夫之純而以綦者，孔子制行有從衆者，有違衆者，要適於義而已。考之於禮，象次於玉。象路次玉路，象笏次玉笏。綦下於純，則象環綦綬，聖人之謙德也。

（宋）陳祥道《禮書》卷一二二《劍》 《春秋傳》曰：衛渾良夫袒裘不釋劍而食，太子數三罪而殺之。則古者，車僕、勇力之士帶劍，其服冕弁，以行禮者佩玉而已。至秦始皇乃冠冕帶劍，漢禮自天子及百官皆佩劍，魏氏唯朝服佩之，晉氏又以木代之，唐亦有焉，蓋承秦漢之制然也。《春秋繁露》曰：劍之在左，青龍象也；刀之在右，白虎象也。則古之佩劍者必左，而《少儀》右帶劍者，蓋車上之位，君在左，車右，僕居中，居中而右帶劍，避君也。

（宋）陳祥道《禮書》卷三一《諸公五百里、諸侯四百里、諸伯三百里、諸子二百里、諸男一百里》 蓋三等之地正封也，五等之附庸廣封也。正封，則尺地莫非其土，一民莫非其臣。尊者嫌於盛而無所屈，卑者嫌於削而無所立。故公之地必下而從侯，男之地必上而從子。至於廣封，則欲上之政令有所統而不煩，下之職貢有所附而不費，又非諸侯得以擅之也。而尊者不嫌於太多，卑者不嫌於太寡。故公之地必五百里而異於侯，男之地止百里而異於子也。民功曰庸，先儒以庸爲城。朝會曰合。謂之附庸，以其有所附，然後有功於民也。謂之不能五十里不合於天子，以其才不足以當五十里，則不足以特達於上也。古者天子之地象日月，諸侯之地象雷震，則周官所謂：五百里以至百里爲兼附庸明。

（宋）陳祥道《禮書》卷五〇《養孤之禮》 《周禮·外饔》邦饗耆老孤子，則掌其割亨之事。《酒正》：饗耆老孤子，皆共其酒，無酌數。《遺人》：門關之委積，以養老孤。《司門》：凡財物犯禁者舉之。以其財養死政之老與其孤。《槁人》：若饗耆老孤子，庶子共其食。《郊特牲》曰：饗禘有樂，而食嘗無樂，陰陽之義也。凡飲，養陽氣也；凡食，養陰氣也。故春禘而秋嘗。春饗孤子，秋食耆老，其義一也。《文王世子》曰：有司告以樂闋，王乃命公侯伯子男及羣吏曰：反，養老幼于東序。終之以仁也。《尚書大傳》舜五祀，秋饗耆老，而春食餔子。先王老吾老以及人之老，所以教天下之孝；幼吾幼以及人之幼，所以教天下之慈。又況出身戮力而死於王事者，在上有父祖，在下有子孫，棄而不養不足以報勞，養不以禮不足以示勸。故春饗孤子，所以象陽之生；秋食耆老，所以象陰之成。而外饔、酒正、遺人、司門、槁人皆共其職事焉。然財必出於遺人、司門者，用以利犯禁之財，養以義死政之老與其孤。則趣利者知所愧，而徇義者知所勉矣。

（清）秦蕙田《五禮通考》卷一四八《嘉禮·冠禮》 蕙田案：《大宗伯》嘉禮以昏冠之禮親成男女。《曲禮》：人生十年曰幼學，二十曰弱冠。又曰：男子二十冠而字。《內則》：二十而冠，始學禮。《冠義》所謂責以成人之道是也。《山堂考索》云：三代之盛，冠禮頗備，東遷以後禮樂廢壞。魯襄公可冠而未冠，則晉悼公問其年，而告之曰：盍爲冠。雖具春秋之時猶如此，則盛時可知也。秦漢以來，人自爲禮，家自爲俗。縉紳大夫，豈知所謂筮日、筮賓、卜筮之制爲如何？始加緇布，再加皮弁，三加爵弁，其弁之制爲如何？夏用葛屨，冬用皮屨，其屨之制又如何？唐柳宗元《答韋中立書》云：冠禮，數百年來，人不復行。近有孫昌引者，獨發憤行之。既成禮，明日造朝，至外廷薦笏言於卿士曰：某子冠畢，應之者咸憮然。京兆尹鄭叔則怫然，曳笏却立曰：何預我耶？廷中皆大笑。天下不以非鄭尹，而快孫子何哉？獨爲所不爲也。由是觀之，則冠禮之廢也久矣。考其制度，天子、諸侯、大夫冠禮之有無見於經傳者，已無定論。所紀十二、十三、十五行冠之年歲又不盡如《曲禮》、《內則》之云。特士冠之見於《儀禮》者爲稍完耳。

（清）秦蕙田《五禮通考》卷一五一《嘉禮·昏禮》 蕙田案：天地合，而後萬物興焉。夫昏禮，萬世之始也，人道之本也。娶妻之禮，以昏爲期，因名焉。壻曰昏，妻曰姻，謂壻以昏時而來，妻則因之而去也。鄭氏注：《昏禮》云：女氏稱昏，壻氏稱姻。《爾雅》壻之父爲姻，婦之父爲昏；又壻之黨爲姻兄弟，婦之黨爲昏兄弟，是也。《易》曰：有天地然後有萬物，有萬物然後有男女，有男女然後有夫婦。遂皇立七政，始有夫婦；太昊制嫁娶，儷皮爲禮，釐降之文見於《尚書》。媒官之義具於《月令》、《周禮·士昏禮》，備見於《儀禮》之經，後代循而行之不廢。

（清）秦蕙田《五禮通考》卷一六七《嘉禮·養老之禮》 蕙田案：養老之禮，自虞夏殷以來已重之，至周而大備。其所養之老，有三：曰國老，曰庶老，曰死政之老。每歲仲春、季春、仲秋之月，天子親視學大合樂，擇公卿大夫之致仕有賢德者，以爲三老五更。天子袒而割牲，執醬而饋，執爵而酳，尊之如父兄。其羣老皆設席位，禮之如衆賓。欲陳孝弟以教天下也。其餘如簡不帥教，出征，受成於學，以訊馘告。凡天子有事於學，必舉養老之禮。而諸侯之國，及鄉遂之吏，亦皆得養老於學焉。

（清）秦蕙田《五禮通考》卷二二三《嘉禮・設官分職》　蕙田案：《周禮》六官之首，皆冠之曰：設官分職。蓋聖人爲國以禮，禮以辨上下、主秩敘，則官職之統屬相維，大小相貫，内外相繫，固典禮之一大事也。禮經之傳於世者，《周官》居其一。先儒謂運用天理爛熟之書，千萬世弗能越焉。然因革損益，則隨時變通，所以適宜而協于政者，其數莫可殫矣。

（漢）班固《白虎通義》卷上《德論上・爵》　爵有五等，以法五行也；或三等者，法三光也。或法三光，或法五行何？質家者據天，故法三光；文家者據地，故法五行。《含文嘉》曰：殷爵三等，周爵五等，各有宜也。《王制》曰：王者之制禄爵凡五等。謂公、侯、伯、子、男。此周制也。所以名之爲公侯者何？公者，通也，公正無私之意也。侯者，候也，候逆順也。《春秋傳》曰：王者之後稱公，其餘人皆千乘，象雷震百里所潤同。大國稱侯，小國稱伯、子、男也。《王制》曰：公、侯田方百里，伯七十里，子、男五十里。伯者百也。子者，孳也，孳孳无已也。男者，任也。人皆五十里，差次功德，小者不滿爲附庸，附庸者，附大國以名通也。百里兩爵，公侯共之，七十里一爵，五十里復兩爵何？公者，加尊二王之後，侯者百里之正爵士。上可有次，下可有第，中央故無二。十五里有兩爵者，所以加勉進人也。小國下爵，猶有尊卑，亦以勸人也。殷爵三等，謂公、侯、伯也，所以合子、男從伯者何？王者受命，改文從質，無虚退人之義，故上就伯也。《尚書》曰：侯甸任衛作國伯，謂殷也。《春秋傳》曰：合伯子男以爲一爵。或曰：合從子，貴中也。以《春秋》名鄭忽，忽者，鄭伯也。此未踰年之君當稱子，嫌爲改赴，故名之也。地有三等不變，至爵獨變何？地比爵爲質，故不變。王者有改道之文，無改道之實。家所以令公居百里、侯居七十里何也？封賢極於百里。其政也，不可空退人，示優賢之義，欲褒尊而上之。何以知殷家侯人不過七十里者也？曰：士上有三等，有百里、有七十里、有五十里。其地半者其數倍，制地之理體也，多少不相配。

公、卿、大夫者，何謂也？内爵稱也。曰公、卿、大夫何？爵者，盡也，各量其職盡其才也。公之爲言公正無私也；卿之爲言章善明理也；大夫之爲言大扶進人者也。故《傳》曰：進賢達能，謂之大夫也。士者事也，任事之稱也。故《傳》曰：古今辯然否，謂之士。《禮》曰：四十強而仕，不言爵爲士。至五十爵爲大夫。何以知士非爵？何以知卿爲爵也。以大夫知卿亦爵也。何以知公爲爵也？《春秋傳》曰：諸侯四佾，諸公六佾。合而言之，以是知公卿爲爵。内爵所以三等何？亦法三光也。所以不變質文何？内者爲本，故不改内也。諸侯所以無公爵者，下天子也。故《王制》曰：上大夫、下大夫、上士、中士、下士，凡五等。此謂諸侯臣也。大夫但有上、下何？明卑者多也。爵皆一字也，大夫獨兩字何？《春秋傳》曰：大夫無遂事。以爲大夫，職在之適四方，受君之法，施之於民，故獨兩字言之。或曰大夫，爵之下者也。稱大夫，明從大夫以上受下施，皆大自著也。天子之士獨稱元士何？士賤不得體君之尊，故加元以別諸侯之士也。《禮經》曰：士見大夫，諸侯之士。《王制》曰：王者八十一元士。天子爵連言天子，諸侯爵不連言王侯何？即言王侯，以王者同稱，爲衰弱僭差生篡弒，猶不能爲天子也。故連言天子也。或曰：王者天爵，王者不能生諸侯，故不言王侯；諸侯人事自著，故不著也。

王者太子亦稱士何？舉從下升，以爲人無生得貴者，莫不由士起，是以舜時稱爲天子，必先試於士。《禮・士冠經》天子之元子，士也。

婦人無爵何？陰卑無外事，是以有三從之義：未嫁從父，既嫁從夫，夫死從子。故夫尊於朝，妻榮於室，隨夫之行，故《禮・郊特牲》曰：婦人無爵，坐以夫之齒。《禮》曰：生無爵，死無謚。《春秋》録夫人皆有謚，夫人何以知非爵也？《論語》曰：邦君之妻，君稱之曰夫人，國人稱之曰君夫人。即令是爵，君稱之與國人稱之不當異也。【略】

爵人於朝者，示不私人以官，與衆共之義也。封諸侯於廟者，示不自專也。明法度皆祖之制也，舉事必告焉。《王制》曰：爵人於朝，與衆共之也。《詩》云：王命卿士，南仲太祖。《禮・祭統》曰：古者明君爵有德，必於太祖。君降立於阼階南，南向，所命北向，史由君右執策命之。

大夫功成未封而死，不得追爵賜之者，以其未當股肱也。《春秋穀梁傳》曰：追賜死者，非禮也。《王制》曰：葬從死者，祭從生者，所以追孝繼養也。葬從死者何？子無爵父之義也。《禮·中庸》記曰：父爲大夫，子爲士，葬以大夫，祭以士；子爲大夫，父爲士，祭以大夫，葬以士也。

又： 所以聽於冢宰三年者何？以爲冢宰職在制國之用，是以由之也。故《王制》曰：大冢宰制國用。所以名之爲冢宰何？冢者，大也；宰者，制也。大制事也。故《王度記》曰：天子冢宰一人，爵祿如天子之大夫。或曰冢宰視卿，《周官》所云也。

（漢）班固《白虎通義》卷上《德論上·封公侯》 王者所以立三公九卿何？曰：天雖至神，必因日月之光；地雖至靈，必有山川之化；聖人雖有萬人之德，必須俊賢。三公、九卿、二十七大夫、八十一元士，以順天成其道。司馬主兵，司徒主人，司空主地。王者受命爲天、地、人之職，故八職以置三公，各主其一，以効其功。一公置三卿，故九卿也。天道莫不成於三：天有三光，日、月、星；地有三形，高、下、平；人有三尊，君、父、師。故一公三卿佐之，一卿三大夫佐之，一大夫三元士佐之。天有三光然後而能遍照，各自有三法，物成於三：有始、有中、有終，明天道而終之也。三公、九卿、二十七大夫、八十一元士，凡百二十官，下應十二子。《別名記》曰：司徒典民，司空主地，司馬順天。天者施生，所以主兵何？兵者，爲謀除害也，所以全其生、衛其養也，故兵稱天。寇賊猛獸，皆爲除害者所主也。《論語》曰：天下有道，則禮樂，征伐自天子出。司馬主兵，言馬者，馬陽物，乾之所爲，行兵用焉。不以傷害爲度，故言馬也。司徒主人，不言人言徒者，徒，衆也，重民。司空主土，不言土言空者，空尚主之，何況於實？以微見著。

又： 州伯何謂也？伯，長也，選擇賢良，使長一州，故謂之伯也。《王制》曰：千里之外設方伯。五國以為屬，屬有長；十國以為連，連有率；三十國以為卒，卒有正；二百一十國以爲州，州有伯。唐虞謂之牧何？尚質，使大夫往來牧諸侯，故謂之牧。旁立三人，凡十二人。《尚書》曰：咨十有二牧。何知堯時十有二州也？以《禹貢》言九州也。

又： 諸侯有三卿者，分三事也。五大夫者，下天子。《王制》曰：大國三卿，皆命於天子。下大夫五人，上士二十七人；次國三卿，二卿命於天子，一卿命於其君；小國二卿，皆命於其君。大夫悉同。《禮·王度記》曰：子、男三卿，一卿命於天子。

又： 七十里、五十里，差德功也。故《王制》曰：凡四海之内九州，州方千里，建百里之國三十，七十里之國六十，五十里之國百有二十。名山大澤不以封，其餘以為附庸閒田。天子所治方千里，此平土三千，并數邑居山川至五十里。名山大澤不以封者，與百姓共之，不使一國獨專也。山木之饒，水泉之利，千里相通，所均有無，贍其不足。

又： 國在立太子者，防篡弑，壓臣子之亂也。《春秋》之弑太子，罪與弑君同。《春秋》曰：弑其君之子奚齊。明與弑君同也。君薨，適夫人無子，有育遺腹，必待其産立之何？專適重正也。《曾子問》曰：立適以長不以賢何？以言為賢不肖，不可知也。《尚書》曰：惟帝其難之。立子以貴不以長，防愛憎也。《春秋》曰：適以長不以賢，立子以賢不以長也。始封諸侯無子死，不得與兄弟何？古者象賢也，弟非賢者子孫。《春秋傳》曰：善善及子孫。不言及昆弟，昆弟尊同，無相承養之義，以閔公不繼莊公也。

（漢）班固《白虎通義》卷上《德論上·諫諍》 天子置左輔、右弼、前疑、後丞，以順。左輔主修政，刺不法。右弼主糾周言失傾。前疑主糾度定德經。後丞主匡正常考變天。四弼興道，率主行仁。夫陽變於七，以三成，故建三公，序四諍，列七人。雖無道，不失天下，仗羣賢也。

（漢）班固《白虎通義》卷下《德論下·考黜》 諸侯所以考黜何？王者所以勉賢抑惡，重民之至也。《尚書》曰：三載考績，三考黜陟。

又： 孝道之美，百行之本也，故賜以玉瓚，得專為賜也。故《王制》曰：賜之弓矢然後專殺。又曰：賜圭瓚然後為暢，未賜者，資暢於天子。《王度記》曰：天子鬯諸侯薰，大夫芑蘭，士兼，暢人艾。車馬、衣服、樂三等者，賜與其物。《禮》：天子賜諸侯民服車，路先設，路下四惡之。又曰：諸公奉選服。《王制》曰：天子賜諸侯樂，則以柷將之。《詩》曰：君子來朝，何錫與之。雖無與之，路車乘馬，又何以與之？玄衮及黼。《書》曰：明試以功，車服以庸。朱户、納陛、虎賁者，皆與之制度，而鈇鉞、弓矢、玉瓚皆與之，物各因其宜也。秬者，黑黍，一稃二米。鬯者，以百草之香鬱金合而釀之，成為鬯。陽達於墻屋，入于淵泉，所以灌地降神也。玉瓚者，器名也。所以灌鬯之器也。

以圭飾其柄，灌鬯貴玉器也。

所以三歲一考績何？三年有成，故於是賞有功，黜不肖。《尚書》曰：三載考績，三考黜陟。何以知始考輒黜之？《尚書》曰：三年一考，少黜以地。《書》所言三考黜者，謂爵土異也。小國考之有功，增土進爵，後考無功削黜，後考有功上而賜之矣。五十里不過五賜而進爵土，七十里不過七賜而進爵土。能有小大，行有進退也。一説盛德始封百里者，賜三等，得征伐、專殺、斷獄。七十里伯始封，賜二等，至虎賁百人。後有功，賜弓矢。復有功，賜秬鬯，增爵為侯，益土百里。復有功，入為三公。五十里子男始封，賜一等，至樂。復有功，稍賜至虎賁，增爵為伯。復有功，稍賜至秬鬯，增爵為侯。未賜鈇鉞者，從大國連率方伯而斷獄。

受命之五，致太平之主，美羣臣上下之功，故盡封之。及中興征伐，大功皆封，所以著大功。盛德之士亦封之，所以尊有德也。以德封者，必試之必附庸三年，有功，因而封五十里。元士有功者亦為附庸，世其位。大夫有功成封五十里，卿功成封七十里，公功成封百里。士有功德遷為大夫，大夫有功德遷為卿，卿有功德遷為公，故爵主有德，封主有功也。

諸侯有九賜習其賜者何？子之能否未可知也。或曰得之，但未得行其習以專也。三年有功，則皆得用之矣。二考無功則削其地，而賜自并知，明本非其身所得也。身得之者得以賜，當稍黜之，爵所以封賢也。三公功成當封而死，得立其子為附庸。賢者之體能有一也，不二矣。一削為七十里侯，再削為七十里伯，三削為寄公。七十里伯，一削為五十里伯，二削為五十里子，三削地盡。五十里子，一削為三十里子，再削為三十里男，三削地盡。五十里男，一削為三十里男，再削為三十里附庸，三削爵盡。所以至三削何？禮成於三，三三而不改，雖反無益也。《尚書》曰：三考黜陟。

先削地，後黜爵者何？爵者，尊號也；地者，人所任也。今不能治廣土衆民，故先削其土地也。故《王制》曰：宗廟有不順者，君黜以爵；山川神祇有不舉者，君削以地。明爵土不相隨也。或曰：惡人貪狠重土，故先削其所重者以懼之也。諸侯始封爵土相隨者何？君子重德薄刑，賞疑從重。《詩》云：王曰叔父，建爾元子，俾侯于魯。

（漢）班固《白虎通義》卷下《德論下・嫁娶》 男不自專娶，女不自專嫁，必由父母，須媒妁何？遠耻防淫泆也。《詩》云：娶妻如之何？必告父母。又曰：娶妻如之何？匪媒不得。男三十而娶，女二十而嫁，陽數奇，陰數偶。男長女幼者，陽舒，陰促。男三十筋骨堅强，任為人父，女二十肌膚充盛，任為人母。合為五十，應大衍之數，生萬物也。故《禮・内則》曰：男三十壯有室，女二十壯而嫁。七，歲之陽也。八，歲之陰也。七八十五陰陽之數備，有相偶之志。故《禮記》曰：女子十五許嫁，笄而字。禮之稱字，陰繫於陽，所以專一之節也。陽尊無所繫。二十五繫者，就陰節也。陽舒而陰促，三十數三終奇，陽節也。二十數再終偶，陰節也。陽小成於陰，大成於陽，故二十而冠，三十而娶。陰小成於陽，大成於陰，故十五而笄，二十而嫁也。

又：《禮》曰：女子十五許嫁。納采、問名、納吉、請期、親迎，以鴈贄。納徵曰玄纁，故不用鴈。贄用鴈者，取其隨時南北，不失其節，明不奪女子之時也。又取飛成行，止成列也，明嫁娶之禮，長幼有序，不相踰越也。又婚禮贄不用死雉，故用鴈也。納徵，玄纁、束帛、離皮，玄三法天，纁二法地也。陽奇陰偶，明陽道之大也。離皮者，兩皮也，以為庭實。庭實，偶也。《禮昏經》曰：納采、問名、納吉、請期、親迎，皆用鴈。納徵束帛、離皮。納徵辭曰：吾子有加命，貺室某也。有先人之禮，離皮、束帛，使某往納徵。上某者壻名也，下次某者使人名也。女之父曰：吾子順先典，貺某重禮，某不敢辭，敢不承命！納采辭曰：吾子有惠，貺室某，某有先人之禮，使某也請納采。對曰：某之子惷愚，又不能教，吾子命之，某不敢辭。

又：天子下至士，必親迎授綏者何？以陽下陰也。欲得其歡心，示親之心也。夫親迎輪三周，下車曲顧者，防淫泆也。《詩》云：文定厥祥，親迎于渭。造舟為梁，不顯其光。《禮・昏經》曰：賓升，北面奠鴈，再拜拜手稽首，降出。婦從房中也，從降自西階。壻御婦車，授綏。遣女於禰廟者，重先人之遺支體也，不敢自專，故告禰也。父母親男女何？親親之至也。父曰：誡之，敬之，夙夜無違命。女必有端繡衣若笄之。母施襟結帨曰：勉之，敬之，夙夜無違宫事。父誡於阼階，母誡於西階，庶母及門内施鞶，祭紳以母之命，命曰：敬恭聽爾父母言，夙夜無愆。視衿鞶。祭去不辭，誠不諾者，蓋耻之，重去也。

又：娶妻不先告廟到者，示不必安也。婚禮請期，不敢必也。婦入三月，然後祭行。舅姑既没，亦婦入三月奠采於廟。三月一時，物有成者，人之善惡可得知也。然後可得事宗廟之禮。曾子曰：女未廟見而死，歸葬於女氏之黨，示未成婦也。

嫁娶必以春者？春天地交通，萬物始生，陰陽交接之時也。《詩》云：士如歸妻，迨冰未泮。《周官》曰：仲春之月，令會男女。令男三十娶，女二十嫁。《夏小正》曰：二月，冠子娶婦之時。

又：所以不聘妾何？人有子孫，欲尊之義，義不可求人以為賤也。《春秋傳》曰：二國來媵。可求人為士，不可求人為妾何？士即尊之漸，賢不止於士，妾雖賢，不得為適。娶妻卜之何？卜女之德，知相宜否。《昏禮經》曰：將加諸卜，敢問女為誰氏也。人君及宗子父母，自定娶者，卑不主尊，賤不主貴，故自定之也。《昏禮經》曰：親皆没，己聘命之。《詩》云：文定厥祥，親迎于渭。大夫功成封，得備八妾者，重國廣繼嗣也。不更聘大國者，不忘本適也。故《禮》曰：納女於諸侯，曰：備掃灑。天子、諸侯之世子，皆以諸侯禮娶，與君同，示無再娶之義也。

又：不娶同姓者，重人倫，防淫泆，耻與禽獸同也。《論語》曰：君娶於吴為同姓，謂之吴孟子。《曲禮》曰：買妾不知姓則卜之。外屬小功已上亦不得娶也，故《春秋傳》曰：譏娶母黨也。王者嫁女必使同姓諸侯主之何？婚禮貴和，不可相答，為傷君臣之義，亦欲使女不以天子尊乘諸侯也。《春秋傳》曰：天子嫁女于諸侯，必使諸侯同姓者主之；諸侯嫁女于大夫，使大夫同姓者主之。以其同宗共祖可以主親也，故使攝父事。不使同姓卿主之何？尊加諸侯，為威厭不得舒也。不使同姓諸侯就京師主之何？諸侯親迎入京師，當朝天子，為禮不兼。《春秋傳》曰：築王姬觀于外。明不往京師也。

所以必更築觀者何？尊之也。不於路寢，路寢本所以行政處，非婦人之居也。小寢則嫌羣公之舍則已卑矣，故必改築於城郭之内。《傳》曰：築之，禮也。于外，非禮也。卿、大夫妻二妾者何？尊賢重繼嗣也。不備姪娣何？北面之臣賤，不足盡執人骨肉之親。《禮·服經》曰：貴臣貴妾，明有卑賤妾也。士一妻何？下卿大夫禮。《喪服小記》曰：士妾有子，則為之緦。

娉嫡未往而死，媵當往否乎？人君不再娶之義也。天命不可保，故一娶九女。以《春秋》伯姬卒，時娣季姬更嫁鄫，《春秋》譏之。適夫人死後更立夫人者，不敢以卑賤承宗廟。自立其娣者，尊大國也。《春秋傳》曰：叔姬歸於紀。叔姬者，伯姬之娣也。伯姬卒，叔姬升于嫡。《經》不譏也。或曰：嫡死不復更立，明嫡無二，防篡煞也。祭宗廟攝而已。以禮不聘為妾，明不升。《曾子問》曰：昏禮既納幣，有吉日，女之父母死，何如？孔子曰：壻使人弔之。如壻之父母死，女亦使人弔之。父喪稱父，母喪稱母，父母不在，則稱伯父、世母。壻已葬，壻之伯父、叔父使人致命女氏曰：某子有父母之喪，不得嗣為兄弟，使母致命。女氏許諾不敢嫁，禮也。壻免喪，女父使人請，壻不娶而後嫁之，禮也。女之父母死，壻亦如之。

又：婦事夫，有四禮焉。鷄初鳴，咸盥漱，櫛縱笄總而朝，君臣之道也；惻隱之恩，父子之道也；會計有無，兄弟之道也；閨閫之内，衽席之上，朋友之道也。聞見異辭，故設此也。有五不娶：亂家之子不娶，逆家之子，世有刑人，惡疾，喪婦長子，此不娶也。出婦之義必送之，接以賓客之禮，君子絶愈于小人之交。《詩》云：薄送我畿。

（漢）班固《白虎通義》卷下《德論下·紼冕》 故《論語》曰：麻冕，禮也。《尚書》曰：王麻冕。冕所以前後遂延者何？示進賢退不能也。垂旒者，示不見邪。纊塞耳，示不聽讒也。故水清無魚，人察無徒，明不尚極知下。故《禮·玉藻》曰：十有二旒，前後遂延。《禮器》曰：天子麻冕，朱緑藻，垂十有二旒者，法四時十二月也。諸侯九旒，大夫七旒，士爵弁，無旒。

（清）平步青《霞外攟屑》卷三《婚姻》 司馬温公論婚姻云：借使因婦財以致富，依婦勢以取貴，苟有丈夫之志氣者，能無媿乎？庸按：《新唐書·王義方傳》：淹究經術，性謇特，高自標樹。魏徵異之，欲妻以夫人之姪，辭不取。俄而徵薨，乃娶。人問其然，曰：初不附宰相，今感知己故也。宋人如傅公晦察登進士，蔡京欲妻以女，拒弗答。後娶趙挺之女，不可解。胡明仲寅初擢第，中書侍郎張邦昌欲以女妻之，不許。洪忠宣皓以諸生待廷試京師，伯父給事位南牀，王黼爲中執法，慕皓爲人，欲女以女弟，給事以同臺故，曲爲平章。皓貇拜曰：婦所以事舅姑也。家素壁立，今暴得一官，乃命鼎貴薦女，如父母何？暨擢第，朱勔復請婚，資送萬計，且啗以顯仕。拒尤力，朱不獲命。鑾榜中周審言壻之，及周直内閣，服金帶，爲秀州守，皓迺在幕下。人爲皓惜之，視之蔑如也。皓娶沈氏，左大中大夫復女。時沈兄太學博士松年在京師，聞皓名，定婚焉。郭知運登紹興甲科，時相強與爲婚，知運弗樂，訖停婚焉，時相蓋秦繆醜。此外尚多有之。蘇文忠公秦穆公墓詩云：今人不復見此等，迺以所見疑古人。古人行事，光明磊落可考，猶且疑之。況同爲今人，而寒素自守，不敢爲鼎貴所鑾。王粲非壻才，子才詩所謂緣薄福薄耳，於□□何損毫末，且世正不乏秀州守。不卑作贅，曲爲平章束縛得定者，更自有人。而羣疑衆詢，甚至恨不殺之割之。若有不共戴天之讎然者，不特無惻隱之心，無是非之心。並欲使天下寒士必求婚王、謝，無羞惡之心，辭讓之心，抑獨何歟？虞翻與弟書云：長子容當爲求婦，遠求小姓，足使生子。天之福人，不在貴族。芝草無根，醴泉無源。《朱文端集》中擇婦一條引此云：此論可破世俗扳附之妄，然必求小姓，則亦未當。鄭公子忽辭齊婚曰：齊大國，非我匹。所謂匹者，惟其稱而已。勝我者非匹，不如我者，亦非匹也。芝草不生糞壤，醴泉不出汙泥，此必然之理也。《大戴禮》云：謹爲子□取婦，必擇孝弟世有行義者。如是則其子孫慈孝，不敢淫暴。黨無不善，三族輔之。故曰：鳳皇生而有仁義之意，虎狼生而有貪戾之心。兩者不等，各以其母。晉武帝爲子擇配曰：衛氏種賢而多子，賈氏種妬而少子。卽《戴記》各以其母之謂也。擇婦者可不慎歟？庸按：文端不如我者亦非匹之説。深明禮意。仲翔處亂世，懼爲富貴所累。論涉偏宕，非正訓也。往餘姚朱久香閣學年丈嘗言：擇配不可取暴富之家，以其氣已洩，不可長也。亦不必專求舊家，以門戶既衰，其氣已竭，其生不蕃也。惟取忠厚有行誼，氣運方隆而未熾爲最宜。閣學所言，似本文端。

紀事

《春秋左傳正義》卷二《隱公元年》傳：惠公元妃孟子。言元妃，明始適夫人也。子，宋姓。惠公，名不皇。謚法：愛人好與曰惠。其子隱公，讓國之君。元妃，芳非反。傳曰嘉耦曰妃。適，本又作嫡，同，丁歷反。疏：傳惠公元妃孟子。正義曰：惠公，名弗皇，孝公之子也。謚法：愛民好與曰惠。《釋詁》云：元，始也。妃，匹也。始匹者，言以前未曾娶，而此人始爲匹，故注云：言元妃，明始適夫人也。妃者，名通適妾，故傳云陳哀公元妃鄭姬生悼大子偃師，二妃生公子留，下妃生公子勝。元者，始也，長也。一元之字，兼始適兩義，故云始適夫人也。然則有始而非適，若孟任之類是也。亦有適而非始，若哀姜之類是也。妃者配匹之言，非有尊卑之異。其尊卑殊稱，則《曲禮》所云天子之妃曰后，諸侯曰夫人，大夫曰孺人，士曰婦人，庶人曰妻是也。鄭玄以爲后之言後，蓋執治内事在夫之後也；夫之言扶，言能扶成人君之德也；孺之言屬，言其繫屬人也；婦之言服，言其服事人也；妻之言齊，言與夫齊等也。庶人之賤，見其齊等也。以上因其爵之尊卑爲立別號，其實皆配夫，通以妃爲稱。《少牢饋食禮》云以某妃配某氏，是大夫之妻亦稱妃也。孟仲叔季兄弟姊妹，長幼之別字也。孟伯俱長也。《禮緯》云庶長稱孟，然則適妻之子長者稱伯，妾子長於妻子，則稱爲孟，所以別適庶也。故杜注文十五年及《釋例》皆云：慶父爲長庶，故或稱孟氏。沈氏亦然。案《傳》趙莊子之妻，晉景公之姊，則趙武適妻子也，而武稱趙孟。荀偃之卒也，士匄請後，曰鄭甥可，則荀吳妾子也，而吳稱知伯。豈知氏常爲適而稱伯，趙氏恒爲庶而稱孟者也？蓋以趙氏趙盾之後，盾爲庶長，故子孫恒以孟言之，與慶父同也。推此言之，知知氏荀首之後，傳云中行伯之季弟，則俱是適妻之子。但林父、荀首並得立家，故荀首子孫亦從適長稱伯也。或可春秋之時不能如禮，孟伯之字無適庶之異，蓋從心所欲而自稱之耳。契姓子，宋是殷後，故子爲宋姓。婦人以字配姓，故稱孟子。孟子卒，不稱薨，不成喪也。無謚，先夫死，不得從夫謚。謚，實至反。疏：注不稱至夫謚。正義曰：魯之夫人皆稱薨舉謚，此獨無謚，公卒故特解之。定十五年姒氏卒，傳曰不成喪，則知此不稱薨，亦不成喪也。案傳例不赴則不稱薨，然則此云不成喪者，正謂不赴於諸侯也。《周禮・小史》卿大夫之喪，賜謚，讀誄。止賜卿大夫，不賜婦人，則婦人法不當謚，故號當繫夫。《釋例》曰謚者，興於周之始王，變質從文，於是有諱焉。傳曰周人以諱事神，名，終將諱之，故易之以謚。末世滋蔓，降及匹夫，爰暨婦人。婦人無外行，於禮當繫夫之謚，以明所屬。《詩》稱莊姜、宣姜，卽其義也。是言婦人於法無謚，故取其夫謚冠於姓之上。生以夫國冠之，韓姞秦姬是也；死以夫謚冠之，莊姜定姒是也。直見此人是某公之妻，故從夫謚，此謚非婦人之行也。夫謚已定，妻即從而稱之。先夫而死，則夫未有謚，或隨宜稱字，故云無謚，言婦人法無謚也。先夫死，不得從夫謚，解其不稱惠也。此言其正法耳。其末世滋蔓，則爲之作謚。景王未崩，妻稱穆后，如此之類，皆非禮也。

又：繼室以聲子，生隱公。聲，謚也。蓋孟子之姪娣也。諸侯始娶，則同姓之國以姪娣媵。元妃死，則次妃攝治內事，猶不得稱夫人，故謂之繼室。姪，直結反，《字林》文一反，兄女也。娣，大計反，女弟也。娶，七住反。媵，以證反，又繩證反。疏：注聲謚至繼室。正義曰：謚法不生其國曰聲，是聲爲謚也。襄二十三年《傳》稱臧宣叔娶于鑄，生賈及爲而死，繼室以其姪，則姪之與娣皆得繼室。此既無文，故設疑辭云蓋孟子之姪娣也。成八年《傳》曰：凡諸侯嫁女，同姓媵之，異姓則否。莊十九年《公羊傳》曰：諸侯娶一國，則二國往媵之，以姪娣從。姪者何？兄之子也。娣者何？弟也。諸侯壹聘九女。然則諸侯娶於三國，國別各有三女。此言諸侯始娶，則同姓之國以姪娣媵者，欲言媵者亦有姪娣，省略爲文耳。其實夫人與媵皆有姪娣。但聲子或是孟子姪娣，或是同姓之國媵者姪娣，以其難明，故杜兩解之。初云孟子之姪娣，又云同姓之國以姪娣媵是也。故《釋例》曰：古者諸侯之娶，適夫人及左右媵各有姪娣，皆同姓之國，國三人，凡九女，參骨肉至親，所以息陰訟。陰訟息，所以廣繼嗣，是其義也。然宋之同姓國，依《世本》子姓，殷、時、來、宋、空同、黎、比、髦、目夷、蕭，但《春秋》不載其國，未知宋之同姓者是何。《釋言》云：媵，送也。言妾送適行，故夫人姪娣亦稱媵也。經傳之説諸侯，唯有繼室之女，皆無重娶之禮，故知元妃死，則次妃攝治內事。次妃謂姪娣與媵諸妾之最貴者。《釋例》曰夫人薨，不更聘，必以姪娣媵繼室。是夫人之姪娣與二媵皆可以繼室也。適庶交争，禍之大者，禮所以別嫌明疑，防微杜漸，故雖攝治內事，猶不得稱夫人，又異於餘妾，故謂之繼室。妻處夫之室，故書傳通謂妻爲室，言繼續元妃在夫之室。

《春秋左傳正義》卷四《隱公八年》 四月，甲辰，鄭公子忽如陳逆婦嬀。辛亥，以嬀氏歸。甲寅，入于鄭。陳鍼子送女，先配而後祖。鍼子曰：是不爲夫婦，誣其祖矣。非禮也，何以能育？鍼子，陳大夫。禮，逆婦必先告祖廟而後行。故楚公子圍稱告莊、共之廟。鄭忽先逆婦而後告廟，故曰先配而後祖。鍼，其廉反。誣，亡符反。共音恭，本亦作恭。疏：注鍼子至後祖。正義曰：先配後祖多有異説，賈逵以配爲成夫婦也。《禮》：齊而未配，三月廟見，然後配。案《昏禮》：親迎之夜，衽席相連。是士禮不待三月也。禹娶塗山，四日即去，而有啓生焉，亦不三月乃配，是賈之謬也。鄭衆以配爲同牢食也，先食而後祭祖，無敬神之心，故曰誣其祖也。案《昏禮》：婦既入門，即設同牢之饌。其間無祭祀之事。先祭乃食，《禮》無此文，是鄭之妄也。鄭玄以祖爲軷道之祭也，先爲配匹而後祖道，言未去而行配。案傳既言入于鄭，乃云先配而後祖，寧是未去之事也？若未去先配，則鍼子在陳譏之，何須云送女也？此三説皆滯。故杜引楚公子圍告廟之事，言鄭忽先逆婦而後告廟，故曰先配而後祖。此時忽父見在，計告廟以否，當是莊公之事，而譏忽者，楚公子圍亦人臣矣，而自布几筵，告於莊共之廟，不言稟君之命。知逆者雖受父命，當自告廟。且忽先爲配匹而後告祖，見其告祖方始譏之，知忽自告祖也。或可鄭伯爲忽娶妻，先逆而後告廟，鍼子見而譏之。公子圍告廟者，專權自由耳，非正也。

《春秋左傳正義》卷六《桓公三年》 冬，齊仲年來聘，致夫人也。古者女出嫁，又使大夫隨加聘問，存謙敬，序殷勤也。在魯而出，則曰致女；任他國而來，則揔曰聘。故傳以致夫人釋之。疏：注古者至釋之。正義曰：經書來聘，傳言致夫人，是行聘禮而致之也。故知使大夫隨加聘問，得所以存謙敬，序殷勤也。其意言不堪事宗廟，則欲以之歸也。成九年，季孫行父如宋致女，與此事同而文異，故辨之，云在魯而出，則曰致女，在他國而來，則揔曰聘。是詳內略外之文。傳嫌其不同，故以致夫人釋之。

《春秋左傳正義》卷六《桓公六年》 九月，丁卯，子同生。桓公子莊公也。十二公唯子同是適夫人之長子，備用大子之禮，故史書之於策。不云世子者，書始生也。適，丁歷反，傳同。長，丁丈反。疏：注桓公至生也。正義曰：適妻長子，於法當爲大子，故以大子之禮舉之。由舉以正禮，故史書於策。古人之立大子，其禮雖則無文，蓋亦待其長大，特加禮命，如今之臨軒策拜。始生之時，未得即爲大子也，以其備用正禮，故書其生。未得命，故不言大子也。杜云十二公唯子同是適夫人之長子，又云文公、哀公其母並無明文，未知其母是適以否。蓋其父未爲君之前已生，縱令是適，亦不書也。《釋例》云：據公衡之年，成公又非穆姜所生。杜此注云子同是適夫人之長子，備用大子之禮，故史書之。然則雖適夫人之長子，不用大子之禮，亦不書也。

《春秋左傳正義》卷九《莊公十八年》 傳：十八年，春，虢公、晉侯朝王，王饗醴，命之宥。王之覲羣后，始則行饗禮，先置醴酒，示不忘古。飲宴則命以幣物。宥，助也，所以助歡敬之意，言備設。醴，音禮。宥音又。疏：注王之至備設。正義曰：王饗醴，命之宥者，王爲之設饗禮，置醴酒，命之以幣物，所以助歡也。宥，助，釋詁文。《周禮·掌客》，王待諸侯之禮，上公三饗三食三燕，侯伯三饗再食再燕，子男壹饗壹食壹燕。三禮先言饗，是王之覲羣后，始則行饗禮也。《酒正》辨五齊之名，一曰泛齊，二曰醴齊，三曰盎齊，四曰醍齊，五曰沈齊。鄭注云：泛者，成而滓浮泛泛然。醴猶體也，成而汁滓相將，如今恬酒矣。盎猶翁也，成而翁翁然，葱白色。緹者，成而紅赤。沈者，成而滓沈，如今造清矣。自醴以上尤濁。然則以其尤濁，故先置之，示不忘古也。知者，《禮運》云燔黍捭豚，下即云以燔以炙，以爲醴酪，是醴酒在先而有，故曰先置醴酒，云不忘古也。《詩序》曰：《鹿鳴》，燕羣臣嘉賓也。既飲食之，又實幣帛筐篚，以將其厚意。《聘禮》云：若不親食，使大夫朝服致之，以侑幣致饗以酬幣，亦如之。是饗禮有酬幣也。禮，主人酌酒於賓曰獻，賓荅主人曰酢，主人又酌以酬賓曰酬，謂之酬幣，蓋於酬酒之時賜之幣也，所賜之物，即下玉、馬是也。傳稱饗醴、命宥，言其備設盛禮也。此注命之宥者，命在下以幣物宥助。僖二十八年命晉侯宥，注云：命晉侯助以束帛，以將厚意。皆命，不同者，以彼有命晉侯之事故也。皆賜玉五瑴，馬三匹。非禮也。雙玉爲瑴。瑴音角，字又作珏。疏：注雙玉爲瑴。正義曰：《蒼頡篇》瑴作珏，雙玉爲瑴，故字從兩玉。王命諸侯，名位不同，禮亦異數，不以禮假人。侯而與公同賜，是借人禮。借，子夜反。疏：注侯而至人禮。正義曰：虢君不知何爵，稱公，謂爲三公也。《周禮》，王之三公八命，侯伯七命，是其名位不同也，其禮各以命數爲節，是禮亦異數也。今侯而與公同賜，是借人禮也。假、借同義，取者假爲上聲，借爲入聲；與者假、借皆爲去聲。

《春秋左傳正義》卷一五《僖公二十二年》 取鄭二姬以歸。二姬，文芈女也。叔詹曰：楚王其不没乎！不以壽終。詹，章廉反。没，門忽反。爲禮卒於無別，無別不可謂禮，將何以没？諸侯是以知其不遂霸也。言楚子所以師敗城濮，終爲商臣所弑。

《春秋左傳正義》卷一七《僖公二十九年》 傳：二十九年，春，介葛盧來朝，舍于昌衍之上。魯縣東南有昌平城。衍，以善反。公在會，饋之芻米，禮也。嫌公行不當致饋，故曰禮也。饋，其媿反。芻，初俱反。疏：饋之芻米。正義曰：《周禮・掌客》：天子待諸侯之禮，上公饔餼九牢，饔五牢，餼四牢。車禾視死牢，牢十車，則禾五十車。車米視生牢，牢十車，則米四十車。侯伯饔餼七牢。禾四十車，米三十車。子男饔餼五牢。禾三十車，米二十車。芻薪皆倍禾也。《聘禮》：卿饔餼五牢，禾、米與子男同。其附庸執帛與公之孤同，則饔餼亦五牢，禾三十車，米二十車，薪芻倍禾。則此饋之芻米，芻六十車，米二十車。

《春秋左傳正義》卷一八《文公二年》 公子遂如齊納幣。傳曰：禮也。僖公喪終此年十一月，則納幣在十二月也。《士昏》六禮，其一納采，納徵始有玄纁束帛，諸侯則謂之納幣。其禮與士禮不同，蓋公爲太子時已行昏禮。纁，許云反。疏：注傳曰至昏禮。正義曰：《公羊傳》曰：此何以書？譏。何譏爾？譏喪娶也。娶在三年之外，則何譏乎喪娶？三年之內不圖昏。其意謂此喪服未畢而行昏禮也。何休據此作《膏肓》，以《左氏》爲短。今《左氏傳》謂之禮也，必是喪服已終。杜以《長歷》推之，知僖公以其三十三年十一月薨，至此年十一月，喪已畢矣。納幣雖則無月，以傳言禮，則知納在十二月也。《士昏》六禮，其一納采，次有問名、納吉，至納徵始有玄纁束帛，士謂之納徵，諸侯則謂之納幣，以其幣帛多，其禮大，與士禮不同，故異其名也。案士之昏禮，納采、問名同日行事。納采者，納其采擇之禮。主人既許，賓即問名，將歸卜其吉凶也。卜而得吉，又遣使納吉，如納采之禮。納吉之後，方始納徵。徵，成也。使使納幣，以成昏禮也。此納幣以前已有三禮，須再度遣使，一月之內不容三遣適齊，蓋公爲大子時已行昏禮。疑在僖公之世已行納采、納吉，今續而成之也。杜言其一納采，欲明納徵之前更有昏禮，納幣非昏禮之始，豫爲下句公爲大子時已行昏禮張本也。大子昏禮，理自不書，雖則公昏唯書納幣，其納采、納吉亦不書也。《釋例》曰：諸侯昏禮亡，以士昏禮準之，不得唯止於納幣逆女。逆女納幣二事，皆必使卿行，卿行則書之。他禮非卿則不書也。宋公使華元來聘，聘不應使卿，故傳但言聘共姬也。使公孫壽來納幣，納幣應使卿，故傳明言得禮也。魯君之昏，亦唯存納幣逆女，此其義。

又：襄仲如齊納幣，禮也。凡君即位，好舅甥，脩昏姻，娶元妃以奉粢盛，孝也。謂諒闇既終，嘉好之事通于外內，外內之禮始備。此除凶之即位也。於是遣卿申好舅甥之國，修禮以昏姻也。元妃，嫡夫人。奉粢盛，供祭祀。好，呼報反，注同。娶，七住反。妃，芳菲反。粢音咨。盛音成。嫡，丁歷反。共音恭。孝，禮之始也。

《春秋左傳正義》卷二二《宣公五年》 冬，來，反馬也。禮，送女留其送馬，謙不敢自安，三月廟見，遣使反馬。高固遂與叔姬俱寧，故經、傳具見以示譏。廟見，賢遍反，下同。使，所吏反。疏：注禮送至示譏。正義曰：禮，送女適於夫氏，留其所送之馬，謙不敢自安於夫，若被出棄，則將乘之以歸，故留之也。至三月廟見，夫婦之情既固，則夫家遣使，反其所留之馬，以示與之偕老，不復歸也。法當遣使，不合親行，高固因叔姬歸寧，遂親自反馬，與之俱來。故經、傳具見其事，以示譏也。《儀禮・昏禮》者，士之禮也，其禮無反馬，故何休據之作《膏肓》以難《左氏》，言禮無反馬之法。鄭玄箴之曰：《冠義》云無大夫冠禮，而有其昏禮，則昏禮者，天子、諸侯、大夫皆異也。《士昏禮》云主人爵弁，纁裳緇袘。乘墨車，從車二乘，婦車亦如之。此婦車出於夫家，則士妻始嫁，乘夫家之車也。《詩・鵲巢》云：之子于歸，百兩御之。又曰：之子于歸，百兩將之。將，送也。國君之禮，夫人始嫁，自乘其家之車也，則天子、諸侯嫁女，留其乘車可知也。高固，大夫也，來反馬，則大夫亦留其車也。禮雖散亡，以《詩》之義論之，大夫以上，其嫁皆有留車反馬之禮。留車，妻之道也；反馬，壻之義也。高固以秋九月來逆叔姬，冬，來反馬，則婦入三月，祭行乃反馬，禮也。是説禮有反馬之法，唯高固不宜親行耳。杜言三月廟見，謂無舅姑者，《士昏禮》，婦至，其夕成昏。質明贄見婦於舅姑。若舅姑既没，則婦入三月，乃奠菜。鄭玄云奠菜者，祭菜也。又《記》曰：婦入三月，然後祭行。鄭玄云：謂助祭也。《曾子問》篇端稱孔子曰：三月而廟見，稱來婦也。擇日而祭於禰，成婦之義也。鄭玄云：謂舅姑没者也。是舅姑没者，以三月而祭，因以三月爲反馬之節。舅姑存者，亦當以三月反馬也。《士昏禮》又稱若不親迎，同婦入三月，然後壻見於妻之父母。此高固親迎，則不須更見，故譏其親反馬也。案杜注經云叔姬寧，固反馬，傳唯舉反馬，不言寧者，以寧是常事，唯反馬非禮，故傳舉其非禮者。

《春秋左傳正義》卷二五《成公二年》 新築人仲叔于奚救孫桓子，

桓子是以免。于奚，守新築大夫。疏：注于奚，守新築大夫。正義曰：大夫守邑，以邑冠之，呼爲某人。孔子父，鄹邑大夫，傳稱鄹人紇；《論語》謂孔子爲鄹人之子，即此類也。既，衛人賞之以邑，賞于奚。辭，請曲縣、軒縣也。《周禮》：天子樂，宫縣四面；諸侯軒縣，闕南方。縣音玄，注同。疏：注軒縣至南方。正義曰：《周禮・小胥》：正樂縣之位，王宫縣，諸侯軒縣，卿大夫判縣，士特縣。鄭衆云：宫縣，四面縣。軒縣，去其一面。判縣，又去一面。特縣，又去一面。四面象宫室，四面有牆，故謂之宫縣。軒縣三面，其形曲，故《春秋傳》曰請曲縣、繁纓以朝，諸侯之禮也。鄭玄云：樂縣，謂鍾磬之屬縣於筍虡者。軒縣，去南面，辟王也。判縣，左右之合，又空北面。特縣，縣於東方，或於階間而已。是先儒皆以闕南方，故曲也。《家語》説此事云請曲縣之樂，繁纓以朝，王肅云：軒縣，闕一面，故謂之曲縣。繁纓以朝，許之。繁纓，馬飾。皆諸侯之服。繁，步干反，注同。疏：注繁纓至之服。正義曰：《周禮・巾車》：掌王之五路：玉路，樊纓，十有再就，以祀。金路，樊纓九就，同姓以封。象路，樊纓七就，異姓以封。革路，絛纓五就，以封四衛。木路，前樊鵠纓，以封蕃國。鄭玄云：樊讀如鞶帶之鞶，謂今馬大帶也。纓，今馬鞅也。玉路、金路、象路，其樊及纓皆以五彩罽飾之。就，成也。玉路十二成，金路九成，象路七成，革路樊纓以絛絲飾之而五成，木路以淺黑飾韋爲樊，鵠色飾韋爲纓，亦五成。是言天子諸侯樊纓之飾。繁即鞶也，字之異耳。《巾車》又云：孤乘夏篆，卿乘夏縵，大夫乘墨車，士乘棧車，其飾皆無樊纓。是繁纓爲馬之飾，皆諸侯之服也。案《儀禮・既夕》：士薦馬纓三就。又諸侯之卿，有受革輅、木輅之賜，皆有繁纓。而云諸侯之服者，以與曲縣相對。又于奚所請，故云諸侯之服。且諸侯之卿特賜，乃有大輅。《士喪禮》爲送葬設盛服耳，皆非正法所有。仲尼聞之，曰：惜也！不如多與之邑。唯器與名，不可以假人，器，車服。名，爵號。君之所司也。名以出信，名位不愆，爲民所信。愆，起虔反。信以守器，動不失信，則車服可保。器以藏禮，車服所以表尊卑。禮以行義，尊卑有禮，各得其宜。義以生利，得其宜，則利生。利以平民，政之大節也。若以假人，與人政也。政亡，則國家從之，弗可止也已。

疏：仲尼至止也已。正義曰：仲尼在後聞之曰：此曲縣、繁纓可惜也，不如多與之邑。唯車服之器與爵號之名，不可以借人也。此名號車服，是君之所主也。名位不愆，則爲下民所信，此名所以出信也。動不失信，然後車服可保，此信所以守車服之器也。禮明尊卑之别，車服以表尊卑，車服之器，其中所以藏禮。言禮藏於車服之中也。義者，宜也。尊卑各有其禮，上下乃得其宜，此禮所以行其物宜也。物皆得宜，然則是利生焉，此義所以生利益也。利益所以成民，此乃政教之大節也。若以名器借人，則是與人政也。政教既亡，則國家從之而亡，不復可救止也已。言利以平民者，平，成也，每事有利，所以成就下民，使國益民，皆是利也。此以曲縣、繁纓與人，假人器耳。名器俱是可重，故并言名。

《春秋左傳正義》卷二六《成公四年》 晉趙嬰通于趙莊姬。趙嬰，趙盾弟。莊姬，趙朔妻。朔，盾之子。傳：五年，春，原、屏放諸齊。放趙嬰也。原同、屏季，嬰之兄。

《春秋左傳正義》卷二六《成公八年》 夏，宋公使公孫壽來納幣。昏聘不使卿，今華元將命，故特書之。宋公無主昏者，自命之，故稱使也。公孫壽，蕩意諸之父。疏：注昏聘至之父。正義曰：傳於華元來聘之下云聘共姬也，則華元新始告魯，欲圖爲昏。《昏禮》發首云昏禮，下達，乃言納采。鄭玄云：達，通也。將欲與彼合昏姻，必先使媒氏下通其言，女氏許之，乃後使人納其采擇之禮。此華元來聘，則彼《昏禮》所謂下達者也。士禮使媒，諸侯不可求媒於其國，自使臣行，則亦媒之義。昏有六禮：下達之後，初有納采擇之禮。既行納采，其日即行問名，問女之名，將歸卜其吉凶也。歸既卜得吉，又使使者往告，謂之納吉，納吉則昏禮定矣。復遣納徵。徵，成也，納幣以成昏禮。士禮納徵，有玄纁束帛儷皮，其諸侯謂之納幣，以其幣多，故指幣言之。納幣以後，又有請期親迎，是之謂六禮也。計華元來聘之後，當有納采、納吉二使，二使之後，乃次納幣。今唯書納幣者，納采、納吉，其使非卿，故不書也。《釋例》曰：諸侯昏禮亡，以士昏禮準之，不得唯止於納幣、逆女。納幣、逆女二事，皆必使卿行，卿行則書之；他禮非卿，則不書也。宋公使華元來聘，聘不應使卿，故傳但言聘共姬也。使公孫壽來納幣，納幣應使卿，故傳明言得禮也。魯君之昏，唯存納幣、逆女，此其義也。尤言聘女不應使卿，今華元以卿將命，故特書之也。隱二年《公羊傳》曰：昏禮不稱主人。宋公使公孫壽來納幣，則其稱主人何？辭窮也。辭窮者何？無母也。禮，有母，則母命之。宋公無主昏者，宋公自命之，故稱宋公使公孫壽來也。公孫壽，蕩意諸之父者，文十六年《傳》文。

又： 衛人來媵。古者諸侯取適夫人及左右媵，各有姪娣，皆同姓之國，國三人，凡九女，所以廣繼嗣也。魯將嫁伯姬於宋，故衛來媵之。媵，以證反，又繩證反。適，丁歷反。姪，大結反；《字林》，丈一反。娣，大計反。疏：注古者至媵之。正義曰：莊十九年《公羊傳》曰：媵者何？諸侯娶一國，則二國往媵之，以姪娣從。姪者何？兄之子也。娣者何？弟也。諸侯一聘九女。是諸侯娶適夫人及左右媵，各有姪娣也。傳曰：同姓媵之，異姓則否。是夫人與媵皆同姓之國也。魯、衛同姓，故來媵之。《釋例》曰：古者諸侯之娶適夫人及左右媵，各有姪娣，皆同姓之國，國三人，凡九女。參骨肉至親，所以息陰訟，陰訟息，所以廣繼嗣也。當時雖無其人，必待年而送之，所以絶望求、塞非常也。辭稱惷愚不教，故遣大夫隨之，亦謂之媵臣，所以將謙敬之實也。夫人薨，不更聘，必以姪娣媵繼室，一與之醮，則終身不二，所以重婚姻、固人倫。人倫之義既固，上足以奉宗廟，下足以繼後世，此夫婦之義也。

又：衛人來媵共姬，禮也。凡諸侯嫁女，同姓媵之，異姓則否。必以同姓者，參骨肉至親，所以息陰訟。疏：衛人至則否。正義曰：《膏肓》以爲媵不必同姓，所以博異氣。今《左傳》異姓則否，十年，齊人來媵，何以無貶刺之文？左氏爲短。鄭箴云：禮稱納女於天子云備百姓，於國君云備酒漿，不得云百姓，是不博異氣也。齊是大國，今來媵我，得之爲榮，不得貶也。

《春秋左傳正義》卷三〇《襄公九年》 國君十五而生子，冠而生子，禮也。冠，成人之服，故必冠而後生子。冠，古亂反，注、下皆同。君可以冠矣。大夫盍爲冠具？武子對曰：君冠，必以祼享之禮行之，祼謂灌鬯酒也。享，祭先君也。盍，户臘反。祼，古亂反。灌，古亂反。疏：注祼謂至先君也。正義曰：《周禮·大宗伯》：以肆獻祼享先王。鬱人：凡祭祀之祼事，和鬱鬯以實彝而陳之。鄭玄云：鬱，鬱金，香草也。鬯釀秬爲酒，芬香條暢於上下也。築鬱金煮之，以和鬯酒。《郊特牲》云：灌用鬯臭。鄭玄云：灌謂以圭瓚酌鬯，始獻神也。然則祼即灌也，故云祼謂灌鬯酒也。祼是祭初之禮，故舉之以表祭也。《周禮》祭人鬼曰享，故云享，祭先君也。劉炫云：冠是大禮，當徧告羣廟。以金石之樂節之，以鍾磬爲舉動之節。以先君之祧處之。諸侯以始祖之廟爲祧。祧，他彫反。疏：君冠至處之。正義曰：冠是嘉禮之大者，當祭以告神，故有祼享之禮，以祭祀也。國君無故不徹縣，故有金石之樂，行冠禮之時，爲舉動之節也。冠必在廟，故先君之祧處之也。既行祼享，祭必有樂。所言金石節之，謂冠時之樂，非祭祀之樂也。諸侯之冠禮亡，唯有《士冠禮》在耳。其禮亦行事於廟，而不爲祭祀。士無樂可設，而唯處祧同耳。士冠必三加：始加緇布冠，次加皮弁，次加爵弁。公則四，《大戴禮·公冠篇》於士三冠後，更加玄冕是也。案此傳文，則諸侯十二加冠也。文王十三生伯邑考，則十二加冠，親迎于渭，用天子禮。則天子十二冠也。《晉語》柯陵會，趙武冠見范文子，冠時年十六七，則大夫十六冠也。士庶則二十而冠，故《曲禮》云二十曰弱冠是也。注諸侯至爲祧。正義曰：《祭法》云：遠廟爲祧，天子有二祧。鄭玄云：祧之言超也，超，上去意也。諸侯無祧。《聘禮》云：不腆先君之祧。是謂始祖廟也。《聘禮》注云：天子七廟，文、武爲祧。諸侯五廟，則祧始祖也，是亦廟也。言祧者，祧尊而廟親，待賓客者上尊者。然則彼以始祖之尊，故特言祧耳。昭元年《傳》云敢愛豐氏之祧。大夫之廟，亦以祧言之，是尊之意也。不待至魯而假於衛者，及諸侯賓客未散故也。今寡君在行，未可具也。請及兄弟之國而假備焉。晉侯曰：諾。公還，及衛，冠于成公之廟。成公，今衛獻公之曾祖。從衛所處。疏：注成公至所處。正義曰：成公是獻公曾祖，《衛世家》文也。服虔以成公是衛之曾祖，即云祧謂曾祖之廟也。曾祖之廟，何以獨有祧名？《王制》：大夫三廟，一昭一穆，與太祖之廟爲三。鄭之豐氏，豈得立曾祖之廟乎？而亦謂之祧也。杜言從衛所處，意在排舊説也。以晉悼欲速，故寄衛廟而假鍾磬。其祼享之禮，歸魯乃祭耳。假鍾磬焉，禮也。

《春秋左傳正義》卷三二《襄公十五年》 官師從單靖公逆王后于齊。卿不行，非禮也。官師，劉夏也。天子官師，非卿也。劉夏獨過魯告昏，故不書單靖公。天子不親昏，使上卿逆而公監之，故曰卿不行，非禮。過，古禾反。監，工銜反。疏：注官師至非禮。正義曰：《祭法》云：官師一廟。鄭玄云：官師，中士、下士也。《釋例》云：元士、中士稱名，劉夏、石尚是也。下士稱人，公會王人于洮是也。是天子之官師非卿，故劉夏從單靖公，而譏卿不行也。桓八年，祭公來，遂逆王后于紀，經書祭公。此云官師從單靖公，唯書劉夏，知劉夏獨過魯告昏，靖公不至魯也。祭公言來遂逆，此劉夏不言來遂逆者，彼祭公命魯主昏，則是因來遂逆。此不命魯主昏，直過魯告耳，故不言來遂也。《公羊》、《穀梁》亦皆直云過我也。此公既行矣，唯譏卿之不行，不譏王不親逆，是知於禮天子不親昏，使上卿逆而公臨之，故唯言卿不行，非禮也。《釋例》據此傳，知天子當使公卿，天子不親逆也。

《春秋左傳正義》卷四一《昭公元年》 僑又聞之，内官不及同姓，内官，嬪御。嬪，婢人反。其生不殖。殖，長也。美先盡矣，則相生疾，同姓之相與，先美矣。美極則盡，盡則生疾。疏：其生至生疾。正義曰：此僑重述不及同姓之意。言内官若取同姓，則夫婦所以生疾，性命不得殖長。何者？以其同姓，相與先美。今既爲夫妻，又相寵愛，美之至極，在先盡矣。乃相厭患，而生疾病。非直美極惡生，疾病而已，又美極驕寵，更生妬害也。故《晉語》云：異姓則異德，異德則異類。異類雖近，男女相及，以生民也。同姓則同德，同德則同心，同心則同志，同志雖遠，男女不相及，畏瀆故也。瀆則生怨，怨亂育災，災育滅性。是故取女辟同姓，畏亂災也。《禮記·大傳》云：百世而昏姻不通者，周道然也。然則周法始如此耳，前代則不然也。蓋以前代敬簡，未設禁防，周人以其慢瀆，故立法以禁之。劉炫云：違禮而娶，則人神不祐，故所生不長也。晉文姬出而霸諸侯，同姓未必皆不殖。此以禮法爲言，勸勵人耳。注同姓至生疾。正義曰：劉炫云：人之本心，自然有愛。愛之所及，先及近親。同姓是親之近者，其愛之美必深，是同姓之相與，先自美矣。若使又爲夫妻，則相愛之美尤極，極則美先盡矣。美盡必有惡生，故美盡則生疾。此以禮爲防，推致此意耳。《晉語》云云同。君子是以惡之。故《志》曰：買妾不知其姓，則卜之。違此二者，古之所慎也。壹四時，取同姓。二者，古人所慎。惡如字，又烏路反。取，七住反。疏：買妾至卜之。正義曰：《曲禮》云：娶妻不取同姓，故買妾不知其姓，則卜之。鄭玄云：爲其近禽獸也。妾賤，或時非媵，取於賤者，世無本繫也。男女辨姓，禮之大司也。

《春秋左傳正義》卷五二《昭公二十六年》 昔先王之命曰：王后無適，則擇立長。年鈞以德，德鈞以卜。此所謂先王之經。適，丁歷反。疏：昔先至以卜。正義曰：先王，先世之王不斥一人，蓋自古以來共如此也。襄三十一年《傳》曰公薨，立胡女敬歸之子子野。子野卒，立敬歸之娣齊歸之子裯。穆叔曰：大子死，有母弟則立之，無則立長。年鈞擇賢，義鈞則卜，古之道也。非適嗣，何必娣之子？彼言大子死立母弟，則此言擇立長，謂無母弟者也。彼又云子野非適嗣，何必娣之子？然則適嗣立而死，當立娣之子也。姪與娣同，蓋王后夫人無姪娣之子，乃於諸妾之子擇立長耳。年鈞擇賢，與此年鈞以德，皆謂母之貴賤等者。《公羊傳》曰：立適以長不以賢，立子以貴不以長。明母貴則先立也。此子朝之母必賤於猛母，故專言立長之義，不言母之貴賤。何休難年鈞以德之言云：人君所賢，下必從之，焉能使王不立愛也。鄭玄荅云：《周禮·小司寇》掌外朝之政，以致萬民而詢焉。其三曰詢立君。其位，王南鄉，三公及州長百姓北面，羣臣西面，羣吏東面，小司寇以敘進而問焉。如此，則大衆之口非君所能掩，是王不得立愛之法也。 王不立愛，公卿無私，古之制也。

《春秋左傳正義》卷六〇《哀公二十四年》 公子荊之母嬖，荊，哀公庶子。嬖，必計反。將以爲夫人，使宗人釁夏獻其禮。宗人，禮官也。釁，許靳反。夏，户雅反。對曰：無之。公怒曰：女爲宗司，立夫人，國之大禮也，何故無之？對曰：周公及武公娶於薛，武公，敖也。女音汝。娶，七住反，下同。孝、惠娶於商，孝公，稱。惠公，弗皇。商，宋也。孝、惠娶於商，定公名宋，是哀公之父，故釁夏爲諱而稱商也。稱，尺證反，又如字。自桓以下娶於齊，桓公始娶文姜。此禮也則有。若以妾爲夫人，則固無其禮也。公卒立之，而以荊爲大子。國人始惡之。惡公。惡，烏路反，注同。

（宋）劉恕《資治通鑑外紀》卷三下《周紀一·宣王》 十二年春，魯武公與子括、戲朝王。王愛戲，欲立爲魯太子。樊仲山父諫曰：廢長立少不順，不順必犯，犯王命必誅。今天子立諸侯而建其少，是教逆也。若魯從之，而諸侯效之，王命將有所壅；若不從而誅之，是自誅王命也。是事也，誅亦失，不誅亦失，天子其圖之。王卒立之。夏，武公歸而薨，戲立，是爲懿公。

（清）姚彦渠《春秋會要》卷四《嘉禮·昏》 桓三年，秋，公子翬如齊逆女。九月齊侯送姜氏于讙。夫人姜氏至自齊。《左傳》：齊侯送姜氏，非禮也。凡公女嫁于敵國，姊妹則上卿送之，以禮於先君。公子則下卿送之。於大國，雖公子，亦上卿送之。於天子，則諸卿皆行，公不自送。於小國，則上大夫送之。《穀梁》：禮，送女，父不下堂，母不出祭門，諸母兄弟不出闕門。父戒之曰：謹慎從爾舅之言！母戒之曰：謹慎從爾姑之言！諸母般，申之曰：謹慎從爾父母之言！送女踰竟，非禮也。不言翬之以來，公親受之於齊侯也。

《史記》卷九九《劉敬叔孫通列傳》 漢七年，長樂宫成，諸侯羣臣皆朝十月。儀：先平明，謁者治禮，引以次入殿門，廷中陳車騎步卒衛宫，設兵張旗志。傳言趨。殿下郎中俠陛，陛數百人。功臣列侯諸將軍軍吏以次陳西方，東鄉；文官丞相以下陳東方，西鄉。大行設九賓，臚傳。於是皇帝輦出房，百官執職傳警，引諸侯王以下至吏六百石以次奉賀。自諸侯王以下莫不振恐肅敬。至禮畢，復置法酒。諸侍坐殿上皆伏抑首，以尊卑次起上壽。觴九行，謁者言罷酒。御史執法舉不如儀者輒引去。竟朝置酒，無敢讙譁失禮者。於是高帝曰：吾迺今日知爲皇帝之貴也。迺拜叔孫通爲太常，賜金五百斤。

（宋）王溥《唐會要》卷四《儲君》 燕王忠，高宗長子。貞觀二十年八月，封陳王。永徽三年七月，册爲皇太子。六年十一月，武后既立。禮部尚書許敬宗奏曰：臣聞元儲以貴，立嫡之義尤彰，罔敢同名，正本之文愈顯。既而皇后生子，合處少陽，出自塗山，是爲吾君之胤。夙媚胎教，宜展問豎之心，乃復爲孽奪宗，降居藩邸。臣以愚誠，竊所未喻。且今之守器，素非皇嫡。永徽爰始，國本采生。權引彗星，越升明兩。近者元妃載誕，正胤降神。重光日融，爝火宜息。安可以濫茲皇統，叨據大器。國有諍臣，孰逃其責。竊惟息姑克讓，可以思齊。劉彊守藩，宜遵往軌。追蹤太伯，不亦可乎？踵武延陵，固當安矣？寧可反植枝幹，久易位于天庭。倒襲衣裳，使違方于震位。蠢爾黎庶，云誰繫心。垂裕後昆，將何播美。且父子之際，人所難言。事或犯鱗，必嬰嚴憲。伏自思忖，荷眄前朝。引于陋巷之中，申以後車之禮。雲臺畫像，十有八人。三紀于茲，惟臣僅在。常思勉力，少報鴻恩。今茲冢嗣報珪，下支當璧。孟侯淪屈，大典未申。臣既分職文昌，典司嘉禮。位陪宗伯，不敢曠官。效命之秋，宜在茲日。及召見，上曰：卿朕之伯夷，立嫡之義，在禮何如？對曰：正國本則萬事理。皇太子國之本也，本猶未正，萬國無以繫心。東宫者，所出本微。今知國家已有正嫡，必不自安。竊位而懷疑，恐非宗廟之福也，願陛下熟計之。上曰：忠已自讓。對曰：能爲太伯，願速從之。顯慶元年正月六日，降爲梁王。官寮皆懼罪亡匿，無敢見者。太子右庶子李安仁，獨候忠泣涕，拜辭而去。時論美之。

又：十七年閏六月，詔曰：皇太子地惟儲副，寄深監撫，兼統禁旅，是允舊章。宜知左右屯營兵馬事，大將已下並受處分。十九年，高士廉劉洎等，表稱皇太子與百官書疏，先無禮式，請詳定其儀。詔曰：皇太子地在震方，禮絶羣后。而今書法式，未著彝章。近代以來，例皆明白。謙過逼下，書依衆庶。無以別貴賤之差，將何顯尊卑之序？理非通允，宜有更張。凡處分論事之書，皇太子並宜畫令，左右庶子以下署名。宣奉行書按畫日，其餘與諸親及師傅等書，不在此限。二十年，太宗于寢殿側，置一院，令太子居之，絶不遣往東宫。門下侍郎兼太子賓客褚遂良上疏諫曰：臣聞周家問安，三至必退。漢儲視膳，五日乃來。禮曰：男子十年出就外傅，出宿於外，學書計。然則古之達者，豈無私愛？欲使成立。凡人尚猶如此，况君之世子乎？且朋友不可以深交，深交必有怨。父子不可以滯愛，滯愛或生愆。伏願遠覽殷周，近遵漢魏。常許旬日半月，遣還宫。專學藝以潤身，布芳聲於天下。則微臣雖死之日，如生之年。太宗從之。長安三年，太子詹事崔神慶上表曰：臣伏思五品以上，所以帶龜者，比爲別勅徵召，恐有詐妄。内出龜合，然後應命。况太子元良國本，萬方所瞻。古來徵召，皆用玉契，此誠重慎之極，防萌之慮。臣昨見緣突厥使見太子，合入朝參。直有文符下宫，曾不降勅處分。太子當時又報臣云，昨日至晚侍奉，不見聖人論及遣來，今者直準臺符入朝，事得安否？臣又思《周禮》儀注，例皆奏聞，臺符所下，必將非妄。臣又自到朝堂，審知是寔。所以太子遽往，當今人稟淳化，内外同心。然古人慮事於未萌之前，所以長無悔吝之咎。臣愚見太子既與陛下異宫，伏望召太子，先報來日。非朔望朝參，應須宣唤。伏望降墨勅及玉契，以符重慎之道。

（宋）王溥《唐會要》卷六《公主》　貞觀五年，長樂公主出降。太宗以皇后所生，勑有司資送倍于永嘉長公主。秘書監魏徵諫曰：不可。昔漢明帝欲封其子，云我子豈得與先帝子等乎，可半楚淮陽。前史以爲美談。天子姊妹爲長公主，天子之女爲公主，既加長字，即是有所尊崇。或可情有淺深，無容禮有踰越。上然其言。長孫皇后遣使賫錢四十萬，絹五百疋，詣徵家賜之。

十一年，侍中王珪子敬直尚南平公主，禮有婦見舅姑之儀，近代以來，公主出降，此禮皆廢。珪曰：今主上欽明，動循法制。吾受公主謁見，豈爲身榮。所以成國家之美耳。遂與其妻就位而坐，令公主親執笄，行盥饋之道。禮成而退，物議韙之。自是公主下降，有舅姑者皆備禮，自珪始也。

又：永徽元年正月，衡山公主欲出降長孫氏，議者以時既公除，合行吉禮。侍中于志寧上疏曰：伏見衡山公主出降，欲就今秋成禮。竊按《禮記》云，女十五而笄，二十而嫁。有故，二十三年而嫁。鄭玄云：有故，謂遭喪也。固知須終三年。其有議者，准制公除之後，須並從吉。此漢文創制其儀。爲天下百姓，至于公主。服是斬縗，使服隨例除，無宜情隨例改。心喪之内，方復成婚。非惟違于禮經，亦是人情不可。陛下方獎仁孝之日，敦崇名教之秋。此事行之若難，猶宜抑而守禮。况行之甚易，何容廢而受譏？伏願遵高宗之令軌，略孝文之權制。國家于法無虧，公主情禮得畢。則天下幸甚。于是待三年服闋，然後降。

又：當揀官戶謹信委之。十二月，詔曰：王者教化，本於婚姻，由親以理疎，自内而刑外。故《詩》稱好合，所以成子姓也。《禮》有待年，明其必及時也。恭惟累聖之後，子孫衆多，教於公宫，已知婦順，而從人之義重，擇配之才難，以兹兢兢，久曠嘉禮。况時方無事，年及有行，宜加禄邑之榮，以俟御輪之吉。言念于此，惕然興懷。思宏厚恩，用協敦敍。恩王等女六人，可並封縣主，仍委中書門下，與宗正卿及吏部尚書侍郎計會諸親之内，及常選之中。精求其人，副我誠意。時十六王宅諸王女，久不降嫁。德音初下，人感嘆焉。

又：大中四年二月，以起居郎駙馬都尉鄭顥尚萬壽公主。其年詔曰：女人之德，雅合慎修。嚴奉舅姑，夙夜勤事，此婦之節也。先王制禮，貴賤同遵。既以下嫁臣寮，儀則須依古典。萬壽公主婦禮，宜依士庶。

（宋）王溥《唐會要》卷五一《官號・識量上》　如意元年七月，洛陽人王慶之上表，請立武承嗣爲皇太子。則天命内史李昭德詰問，昭德遂杖殺之。因密奏曰：承嗣，陛下之姪，又爲親王，不宜處機衡，以惑衆庶。且自古帝王父子之間，猶有篡奪，況姑姪乎。臣又聞文武之道，布在方册，豈有姪爲天子，而爲阿姑立廟者乎。皇嗣，陛下子也，陛下正合傳之子孫。爲萬世計，天子之子，續莫重焉。陛下承天皇顧託，而有天下，若立承嗣，臣恐天皇不血食矣。則天悟之，乃止。

（宋）王溥《唐會要》卷六二《御史臺下・知班》　景龍二年，左臺御史崔涖，彈班不肅。上表曰：臣聞叔孫通覲漢朝儀多闕，尊卑失序，所以分别上下，申明禮儀。於是羣臣知天子之至尊，高祖知皇帝之爲貴。此皆由班秩不忒，威儀容止不差。是故作孚萬邦，用刑四海者也。臣竊見在朝百僚，多不整肅。公門之内，詎合論私，班列之中尤須致敬。或縱觀勑目，或旁閲制詞，或交首亂言，或越班問事，或私中慶弔，或公誦詩篇，或笑語諠諠，或行立怠惰，承寬既久，積習如常。不增祇懼之容，實紊矜莊之典。臣謬膺推擇，叨掌糾彈。見無禮無於朝廷，誠是臣之深恥。况西戎獻款，北狄來賓，恐覩中國之失儀，招外蕃之所誚。更若知而故犯，不革前非。望即停其入内，量行貶削。

（宋）王溥《唐會要》卷八三《嫁娶》　貞觀元年二月四日，詔曰：昔周公治定制禮，垂裕後昆。命媒氏之職，以會男女。每以仲春之月，順時行令。蕃育之理既宏，邦家之化攸在。朕恭承天命，爲之父母，永懷亭育，周切于懷。若不申之以婚姻，明之以顧復，便恐中饋之禮斯廢，絶嗣之釁方深。既生怨曠之情，或致淫奔之辱。憲章典故，實所庶幾。宜令有司，所在勸勉。其庶人男女無室家者。並仰州縣官人，以禮聘娶。皆任其同類相求，不得抑取。男年二十女年十五已上，及妻喪達制之後，孀居服紀已除。並須申以婚媾，令其好合。若貧窶之徒，將迎匱乏，仰於親近鄉里，富有之家。哀多益寡，使得資送。其鰥夫年六十，寡婦年五十已上，及婦雖尚少，而有男女，及守志貞潔，並任其情，無勞抑以嫁娶。刺史縣令以下官人，若能婚姻及時，鰥寡數少，量准戶口增多，以進考第。如導勸乖方，失於配偶，准戶減少附殿。

又：十六年六月詔，氏族之盛，實繫於冠冕。婚姻之道，莫先於仁義。自有魏失御，齊氏云亡。市朝既遷，風俗陵替。燕趙右姓，多失衣冠之緒。齊韓舊俗，或乖德義之風。名雖著於州閭，身未免於貧賤。自號膏粱之胄，不敦匹敵之儀。問名惟在於竊貲，結褵必歸于富室，乃有新官之輩，豐財之家，慕其祖宗，競結婚媾，多納貨賄，有如販鬻。或貶其家門，受屈辱於姻婭，或矜其舊族，行無禮於舅姑。積習成俗，迄今未已。既紊人倫，實虧名教。朕夙夜兢惕，憂勤政道。往代蠹害，咸已懲革。惟此敝風，未能盡變。自今已後，明加告示，使識嫁娶之序，各合典禮，知朕意焉。其自今年六月禁賣婚。

又：太極元年，左司郎中唐紹上表曰：士庶親迎之禮，備諸六禮。所以承宗廟，事舅姑，當須昏以爲期，詰朝謁見。往者下里庸鄙，時有障車，邀其酒食，以爲戲樂。近日此風轉盛，上及王公，乃廣奏音樂，多集徒侣，遮擁道路，留滯淹時，邀致財物，動踰萬計，遂使障車禮貺，過於聘財，歌舞喧譁，殊非助感。既虧名教，又蠹風猷，違紊禮經，須加節制。望請勑令禁斷。至十一月十二日勑，王公已下嫁娶，比來時有障車，既虧風教，特宜禁斷。

又：建中元年十一月十六日勑，宜令禮儀使與博士及宗正卿李琬，漢中王瑀，光禄卿李涵，約古今舊儀，及《開元禮》，詳定公主郡主縣主出降覲見之儀。條件聞奏，將以化行天下，用正國風。至十一月二日，禮儀使顔真卿等奏，郡縣主見舅姑，請于禮會院過事。明日早，舅坐於堂東階上，西向，姑南向。婦執笲，竹器元表纁裏。盛以棗栗，升自西階，東面再拜，跪奠于舅席前，舅舉之。贊者徹以東，婦退。再拜降於姑階下，受笲，盛以腶脩，從者執於階下。升進，北面再拜。跪奠於姑席前，姑舉之。贊者受以東，婦退。又再拜，降之。詣東面，拜壻之伯叔兄弟姊妹訖，便赴光順門謝恩。壻之親族，次第奉謝訖，赴十六王宅觀花燭。伏以婚禮主敬，竊恐非宜，並請停障車下壻及卻扇詩等。行禮之夕，可以感思，至於聲樂，竊恐非禮，亦請禁斷。相見行禮，近代設以氈帳，擇地而置，此乃元魏穹廬之制，合于堂室中置帳，請准禮施行。今時俗以子卯午酉年謂之當梁，其年娶婦，舅姑不相見，蓋禮無所據，亦請禁斷。

《舊五代史》卷三六《唐書・明宗紀二》　丙申，新州留後張庭裕、雲州留後高行珪並正授本軍節度使。丁酉，詔曰：四夷來王，歷代故事，前後各因強弱，撫制互有典儀。大蕃須示於威容，卽於正衙引對；小蕃但推於恩澤，仍於便殿撫懷。憲府奏論，禮院詳酌，皆徵故實，咸有明文。正衙威容，未可全廢；內殿恩澤，且可常行。若遇大蕃入朝，卽准舊儀，於正殿排比鋪陳立仗，百官排班，於正門引入對見。

（宋）李燾《續資治通鑑長編》卷一〇八《宋仁宗天聖七年》　癸亥，冬至，上率百官上皇太后壽於會慶殿，乃御天安殿受朝。祕閣校理范仲淹奏疏言：天子有事親之道，無為臣之禮；有南面之位，無北面之儀。若奉親於內，行家人禮可也；今顧與百官同列，虧君體，損主威，不可為後世法。

（宋）李燾《續資治通鑑長編》卷二八四《宋神宗熙寧十年》　壬子，詔宗室嫁娶，不得與雜類之家為婚。雜類，謂舅曾為人奴僕，姑曾為娼，并父祖係化外及見居緣邊兩屬之人。其子孫並不許與皇家袒免以上親為婚。

正月九日，權監察御史裏行彭汝礪言：訪聞徐州進納人石有鄰以男與宗室同管勾宗正事宗惠女二人議婚。有鄰以財雄于鄉，其母娼也。乞賜停罷，加責宗惠。詔京東東路轉運司體量詣實以聞。五月二日，權監察御史裏行彭汝礪言：訪聞有旨罷宗惠、石有鄰婚事，宗惠近屬，職在宗正，恩榮備極，宜思所以表正宗室，以對列聖之休寵，而嗜利苟賤，貽朝廷羞，伏乞特賜貶責，以懲貪冒。先是，同管勾宗正事宗惠有女嫁徐州進納人石有鄰之子，其母倡也。御史彭汝礪奏乞停婚，并責宗惠，詔京東路轉運司體量。既得實，遂罷之。汝礪又奏乞深責宗惠，因言皇族雖服屬已疏，然皆宗廟子孫，不可使閭閻下賤得以貨取，願立法禁止，故有是詔。曾肇誌彭汝礪墓云：同管勾宗正事宗惠有女嫁徐州進納人石有鄰之子，汝礪乞停婚，加責宗惠。

（宋）李燾《續資治通鑑長編》卷四三五《宋哲宗元祐四年》　己丑，太皇太后手詔曰：三朝盛會，禮見羣臣，王公造廷，捧觴上壽，皇帝臨御五載，恭己端莊，慶集惟新，受朝饗禮。吾總攬機務，協助政綱，雖克享治安，而每懷抑畏。今有司乃欲以天聖故事，行慶會稱賀之儀，顧惟菲涼，豈敢比隆於先后？其在典法，亦當稽合於常規。是日，皇帝致賀於禁中，羣臣奉表於東廡，足以顯邦家之慶，而行孝謹之風，何必外朝，乃為具禮？來年正月一日，更不御殿受賀上壽，候皇帝御殿禮畢，百官並內東門拜表。前此，尚書禮部乃檢會天聖年章獻明肅皇太后元日御會慶殿受皇帝奉賀上壽，及宰臣、百官、契丹使以下起居稱賀之儀為請，故有是詔。

（清）徐乾學《資治通鑑後編》卷六三《宋紀六三》　癸酉，貴妃張氏薨。初妃既受封册，寵愛日盛。出入車御華楚，頗侵后飾，嘗議用紅繖，增兵衛數。有司以一品青蓋奏，兵衛准常儀。帝守法度，事無大小悉付外廷議。凡宮禁干請，雖已賜可，或輒中卻。妃嬖幸少比，然終不得紊政。及薨，帝悲悼不已，謂左右曰：昔者殿廬徼衛卒夜入宮，妃挺身從別寢來衛。又朕嘗禱雨宮中，妃刺臂血書祝辭，外皆不得聞，宜有以追賁之。入內押班石全彬探帝意，請用后禮，於皇儀殿治喪，諸宦者皆以為可，入內都知張惟吉獨言此事須翌日問宰相。

（清）徐乾學《資治通鑑後編》卷一二四《宋紀一二四》　十二月戊辰，金以渤海舊俗，男女婚娶多不以禮，必先攘竊以奔，詔禁絕之，犯者以姦論。

（宋）李心傳《建炎以來朝野雜記甲集》卷一《上德后妃王主宗室附·顯仁韋皇后》　二十九年，上復行慶壽禮於慈寧殿，詔庶人年九十、宗子女若貢士以上父母年八十者，悉官封之。宰相沈該率百僚詣文德殿稱賀，國朝慶典自此始。

（宋）朱熹《資治通鑑綱目》卷二三　魏初制冠服。魏始命有司制冠服，以品秩為差，然法度草創，多不稽古。

《遼史》卷九八《蕭兀納傳》　大康初，爲北院宣徽使。時乙辛已害太子，因言宋魏國王和魯斡之子淳可爲儲嗣。羣臣莫敢言，唯兀納及夷離畢蕭陶隗諫曰：舍嫡不立，是以國與人也。帝猶豫不決。五年，帝出獵，乙辛請留皇孫，帝欲從之。兀納奏曰：竊聞車駕出遊，將留皇孫，苟保護非人，恐有他變。果留，臣請侍左右。帝乃悟，命皇孫從行。由此，始疑乙辛。

《元史》卷三五《文宗紀四》　乙卯，監察御史陳良，劾浙東廉訪使脫脫赤顏阿附權姦倒刺沙，其生母何氏本父之妾，而兄妻之，欺誑朝廷，封溫國夫人，請黜罷憲職，追還贈恩爲宜。御史臺臣以聞，從之。

（宋）趙升《朝野類要》卷一《班朝·把見》　軍頭引見司等子，驅擁有罪之人朝見也。向來紹興末年，四川宣撫司管押到招捉北界僞知虢州完顔守能，知商州折可直嘗如此。蓋唐以來朝見之儀有五，此其一也。今大禮赦，及盛暑引疎決，即亦用軍頭司擁見。

（宋）王欽若《册府元龜》卷六一六《刑法部・議讞》 李乾祐永徽初爲御史大夫，奏言：鄭州人鄭宣道，先娉少府監主簿李玄乂妹爲妻，玄乂妹卽宣道堂姨。玄乂先雖許其姻媾，後以法無此禁，判許成親。何則同堂姨坐，雖無服紀，既稱從母，何得爲婚？名教所非，人倫共棄，古人正名遠別，後代違道任情，將恐乎人浸以成俗，然後屬無服而尊卑不可婚者，非止一條。請付群官詳議可否。左衛大將軍紀王慎等，議父之姨及堂姨母之姑姨，及堂姑姨父母之姑舅、姊妹、女壻、姊妹堂外甥，雖並外姻元服請不爲婚。詔從之，仍令著於律令。

（宋）潘自牧《記纂淵海》卷七七《禮儀部・朝儀》 高祖悉去秦儀為簡易，羣臣飲争功，醉或妄呼，拔劒擊柱，上患之。叔孫通曰：臣願召魯諸生與臣弟子共起朝儀。於是為綿蕞野外習之。會長樂宫成，竟朝置酒，無敢讙譁失禮者。帝曰：吾乃今日知為皇帝之貴也。前《叔孫通傳》。申屠嘉為丞相，時鄧通方愛幸居上旁，有怠慢之禮，嘉曰：陛下幸愛羣臣，則富貴之。至於朝廷之禮，不可不肅。罷朝，召通責曰：通小臣戲殿上，大不敬，當斬。本《史》。

雜録

《尚書正義・商書・盤庚上》 王命衆悉至于庭。衆，羣臣以下。疏：傳衆，羣臣以下。正義曰：《周禮》：小司寇掌外朝之政，以致萬民而詢焉，一曰詢國危，二曰詢國遷，三曰詢立君。是國將大遷，必詢及於萬民。故知衆悉至王庭是羣臣以下，謂及下民也。民不欲徙，由臣不助王勸民，故以下多是責臣之辭。

（清）孫星衍《尚書今古文注疏・盤庚》 盤庚斆于民，由乃在位，以常舊服，正法度。注：史遷説爲告諭諸侯大臣，又説爲法則可修。曰：毋或敢伏小人之攸箴。注：馬融曰：箴，諫也。鄭康成曰：奢侈之俗，小民咸苦之，欲言于王，今將屬民而詢焉，故敕以無伏之。王命衆，悉至于廷。疏：斆者，《説文》云：覺悟也。在位，謂有位諸臣。由在位以曉諭衆民。《周禮・小司寇》掌外朝之政，以致萬民而詢焉是也。以者，《説文》云：用也。舊服，謂故事。法度，法則也。《説文》云：度，法制也。正，謂修正之。史公説見《殷本紀》，云：盤庚乃告諭諸侯大臣曰：昔高后成湯與爾之先祖俱定天下，法則可修。即約此文。伏者，《廣雅・釋詁》云：藏也。悉者，《釋詁》云：盡也。廷者，朝中也。命衆至于廷，則民箴無敢伏矣。馬注見《釋文》。云箴，諫者，《周語》召公諫厲王云：師箴，百工諫，庶人傳語。注云：箴刺王闕。鄭注見《書》疏。云屬民而詢者，《周禮・鄉大夫》職云：國大詢于衆庶，則各帥其鄉之衆寡，而致之朝。《小司寇》職云：一曰詢國遷。是遷國必詢衆庶也，故云屬民而詢也。屬，聚；詢，謀也。云敕以無伏之者，《説文》云：敕，誡也。

（清）孫星衍《尚書今古文注疏・顧命下》 王若曰：庶邦侯、甸、男、衛。注：史遷説：太子釗遂立，是爲康王。康王即位，徧告諸侯，宣告以文武之業以申之，作《康誥》。歐陽、大小夏侯同爲《顧命》。鄭康成曰：獨舉侯、甸、男、衛四服者，周公居攝六年制禮班度量，至此積三十年，再巡守，餘六年；侯、甸、男、要服正朝，要服國遠，既事遣之，衛服前冬來，以王有疾留之。疏：史公説見《周本紀》。云作《康誥》，與上文云作《顧命》非一篇，同《書序》。是古文本與《顧命》異篇也。歐陽、大小夏侯同爲《顧命》者，見《書》釋文。以此合于《顧命》，乃符二十九篇之數。馬、鄭雖分之，今用《藝文志》之目爲注疏，并取今古文，故不分也。依《熹平石經・般庚》三篇爲一之式，空格以別之。鄭注見《詩・周頌譜》疏。云周公居攝六年制禮頒度量者，《明堂位》云：周公踐天子之位以治天下，六年朝諸侯於明堂，制禮作樂，頒度量，而天下大服。是鄭氏所本也。云至此積三十年，再巡守，餘六年者，鄭于《顧命》篇首注云：此成王二十八年。則自制禮以來，至此積三十年矣。《周禮・大行人》職云：十有二歲，王巡守殷國。然則二十四年王再巡守，三十年則再巡守而餘六年矣。云侯、甸、男要服正朝者，據《大行人》職，侯服歲一見，甸服二歲一見，男服三歲一見，采服四歲一見，衛服五歲一見，要服六歲一見。然則侯服年年朝；甸服二歲見者，至此六年當三朝；要服三歲見者，六年則再朝，要服六歲見者，適當其正朝之期也。此時朝者，當是侯、甸、男、要四服之諸侯。經乃言侯、甸、男、衛，不見要服，鄭氏推求其故，以爲要服國遠，既事遣之，衛服前冬來，以王有疾留之。江氏聲謂：當周之四月，正歲爲春仲，要服國遠，蓋未至也。衛服諸侯應以往年來朝，容有往年國中多故，不得以時至，而于是來與？説詳《集注音疏》。

（宋）陳祥道《禮書》卷一《大裘而冕》 《周官》：司裘掌爲大裘，以共王祀天之服。《司服》：祀昊天上帝，則服大裘而冕，祀五帝亦如之，享先王則衮冕。

（宋）陳祥道《禮書》卷三九《六朝朝覲之禮》　《樂記》曰：朝覲，然後諸侯知所以臣。《經解》曰：朝覲之禮，所以明君臣之義也。聘覲之禮廢，則君臣之義失，諸侯之行惡，而倍畔侵陵之敗起矣。《中庸》曰：朝聘以時，厚往而薄來，所以懷諸侯也。

（宋）陳祥道《禮書》卷三九《諸侯朝天子送逆之書》　蓋春朝夏宗，秋覲冬遇，其送迎之禮雖同，然朝宗於朝以春夏者，萬物交際之時，故諸公東面，諸侯西面。諸侯西面以象生氣之文，而王於堂下見之，所以通上下之志也。覲遇於廟以秋冬者，萬物分辨之時，故諸侯一於北面，以象殺氣之質，而王於堂上見之，所以正君臣之分也。

（宋）陳祥道《禮書》卷五五《大璋》　《典瑞》曰穀圭以和難，以聘女。《玉人》曰穀圭七寸，天子以聘女。蓋穀圭以穀爲文，以善爲義，故可和難以釋仇，聘女以納徵也。圭貴於璋，璋貴於皮。天子納徵以穀圭，諸侯以大璋，士以儷皮，此尊卑之所別也。

（漢）史游《急就篇》卷三　妻婦聘嫁齎媵僮。聘一作娉，媵，以證反。一作賸。妻者，齊夫之名。婦者，服事舅姑之稱。補曰：《説文》：妻，婦與夫齊者也。婦，服也。《爾雅》：子之妻爲婦。《儀禮》：婦人有三從之義，無專用之道。聘，謂因媒而問也。嫁，謂自家而往適人也。補曰：媒，謀也，謀合二姓。聘謂昏禮問名。《左傳》：聲伯之母不聘。《内則》聘則爲妻。嫁，家也。故婦人謂嫁曰歸。《方言》：女謂之嫁子，自家而出謂之嫁。齎者，將持而遣之也。媵，送女也。僮，謂僕使之未冠笄者也。言婦人初嫁，其父母以僕妾財物將送之也。篇本，賸，字或作媵。音義並同。補曰：齎，裝也，送也。《左傳》：晉人來媵。《爾雅》：媵，將送之也。《廣韻》：媵，送也。又物相贈，音與媵同。

《漢書》卷三《高后紀》　二年春，詔曰：高皇帝匡飭天下，諸有功者皆受分地爲列侯，萬民大安，莫不受休德。朕思念至於久遠而功名不著，亡以尊大誼，施後世。今欲差次列侯功以定朝位，臧于高廟，世世勿絶，嗣子各襲其功位。其與列侯議定奏之。丞相臣平言：謹與絳侯臣勃、曲周侯臣商、潁陰侯臣嬰、安國侯臣陵等議，列侯幸得賜餐錢奉邑，陛下加惠，以功次定朝位，臣請臧高廟。

（漢）叔孫通《漢禮器制度》　周之冕以木爲體，廣八寸，長尺六寸，績麻三十升布爲之，上以玄，下以纁，前後有旒，尊卑各有差等。天子玉笄朱紘。仝上。按疏云此言冕制與《周禮》弁師相參。

又：栒虡上角爲龍頭，及頷曰銜璧，璧下有旄牛尾。有朁疏。射，罰爵之。豐作人形。豐國，名其君坐酒亡國，載杅以爲戒。聶氏《三禮圖》云舊圖引制度，按《儀禮·燕禮》疏亦云豐形似豆，畀而大者，據漢法而知。

（漢）衛宏《漢官舊儀》卷上　皇帝六璽，皆白玉螭虎紐，案：《唐六典》八引作獸紐，因避唐諱改。文曰皇帝行璽、皇帝之璽、皇帝信璽、天子行璽、天子之璽、天子信璽，凡六璽。以皇帝行璽爲凡雜以皇帝之璽賜諸侯王書；案：本作皇帝行璽，凡封之璽，賜諸侯王書。《續漢志補注》引同。今從《唐六典》引改。《通典·職官》引此段作《漢官儀》，云皇帝行璽、天子之璽賜王侯書。以皇帝信璽發兵；案：以皇帝三字，從《唐六典》引補。其徵大臣，以天子行璽；案：《續漢志補注》引無其字。策拜外國事，案：《唐六典》引無策拜二字。以天子之璽；事天地鬼神，案：《唐六典》引作鬼神事。以天子信璽。皆以武都紫泥封，青布囊，案：《續漢志補注》引無布字。白素裹，兩端無縫，尺一板中約署。皇帝帶綬，黄地六采，不佩璽。璽以金銀縢組，案：下璽字，從《續漢志補注》引補。侍中組負以從。秦以前民皆佩綬，以金、銀、銅、犀、象爲方寸璽。案：金下本有玉字，從《北堂書鈔·儀飾部》、《太平御覽·儀式部》引删。各服所好。漢以來，天子獨稱璽，又以玉，羣臣莫敢用也。案：漢以下十七字本脱，從《太平御覽》引補。《北堂書鈔》引作自秦以來，天子之璽始以玉爲之。奉璽書使者乘馳傳，案：《白帖》三十五引馳作驛。其驛也，三騎行，晝夜行千里爲程。

又：皇帝見諸侯王、列侯起，侍中稱曰：皇帝爲諸王、列侯起！起立，乃坐。太常贊曰：謹謝行禮。皇帝在道，丞相迎謁，謁者贊稱曰：案：稱字從《漢書·翟方進傳》注、《後漢書·陳忠傳》注引補。皇帝爲丞相下輿。立乃升車。皇帝見丞相起，謁者贊稱曰：皇帝爲丞相起。立乃坐。案：皇帝見丞相起一段，《翟方進傳》注、《陳忠傳》注引在皇帝在道一段上。太常贊稱：敬謝行禮。宴見，侍中、常侍贊，御史大夫見皇帝稱謹謝，將軍見皇帝稱謝，中二千石見皇帝稱制曰可，太守見皇帝稱謝。拜御史大夫爲丞相，左、右、前、後將軍贊。五官中郎將授印綬；案：《通典·職官》引無綬字，下同。拜左、右、前、後將軍爲御史大夫，案：《通典》引作拜御史大夫，無左、右、前、後將軍爲七字。中二千石贊，案：《通典》引無中字。左、右中郎將授印綬；拜中二千石，中郎將贊，御史中丞授印綬。印綬盛以篋，篋以綠綈案：下以字從《太平御覽·布帛部》引補。表，白素裏。案：《太平御覽》引作白表赤裏。尚書令史捧，西向，侍御史東向，取篋中印綬，授者却退，受印綬者手握持出，至尚書下，乃席之。案：席當作帶。丞相、列侯、將軍金印紫緺綬，中二千石、二千石銀印青緺綬，皆黽紐。其斷獄者，印爲章也。案：《續漢志補注》引作銀爲章。又也字從《續漢志補注》、《通典·職官》引補。

《三國志》卷二《魏志·文帝紀》　九月甲午，詔曰：夫婦人與政，亂之本也。自今以後，羣臣不得奏事太后，后族之家不得當輔政之任，又不得橫受茅土之爵；以此詔傳後世，若有背違，天下共誅之。庚子，立皇后郭氏。

《三國志》卷三《魏志·明帝紀》　秋七月，詔曰：禮，王后無嗣，擇建支子以繼大宗，則當纂正統而奉公義，何得復顧私親哉！漢宣繼昭帝後，加悼考以皇號；哀帝以外藩援立，而董宏等稱引亡秦，惑誤時朝，既尊恭皇，立廟京都，又寵藩妾，使比長信，敘昭穆於前殿，並四位於東宮，僭差無度，人神弗祐，而非罪師丹忠正之諫，用致丁、傅焚如之禍。自是之後，相踵行之。昔魯文逆祀，罪由夏父；宋國非度，譏在華元。其令公卿有司，深以前世行事爲戒。後嗣萬一有由諸侯入奉大統，則當明爲人後之義；敢爲佞邪導諛時君，妄建非正之號以干正統，謂考爲皇，稱妣爲后，則股肱大臣，誅之無赦。其書之金策，藏之宗廟，著於令典。

《晉書》卷四六《劉頌傳》　初，頌嫁女臨淮陳矯，矯本劉氏子，與頌近親，出養於姑，改姓陳氏。中正劉友譏之，頌曰：舜後姚虞、陳田本同根系，而世皆爲婚，禮律不禁。今與此同義，爲婚可也。友方欲列上，爲陳騫所止，故得不劾。頌問明法掾陳默、蔡畿曰：鄉里誰最屈？二人俱云：劉友屈。頌作色呵之，畿曰：友以私議冒犯明府爲非，然鄉里公論稱屈。友辟公府掾、尚書郎、黃沙御史。

《南齊書》卷三《武帝紀》　夏四月戊寅，詔曰：婚禮下達，人倫攸始，《周官》設媒氏之職，《國風》興及時之詠。四爵內陳，義不期侈，三鼎外列，事豈存奢。晚俗浮麗，歷茲永久，每思懲革，而民未知禁。乃聞同牢之費，華泰尤甚。膳羞方丈，有過王侯。富者扇其驕風，貧者恥躬不逮。或以供帳未具，動致推遷，年不再來，盛時忽往。宜爲節文，頒之士庶。竝可擬則公朝，方樏供設，合巹之禮無虧，寧儉之義斯在。如故有違，繩之以法。

《魏書》卷七上《高祖紀上》　五月，詔曰：婚娉過禮，則嫁娶有失時之弊；厚葬送終，則生者有糜費之苦。聖王知其如此，故申之以禮數，約之以法禁。迺者，民漸奢尚，婚葬越軌，致貧富相高，貴賤無別。又皇族貴戚及士民之家，不惟氏族，下與非類婚偶。先帝親發明詔，爲之科禁，而百姓習常，仍不肅改。朕今憲章舊典，祗案先制，著之律令，永爲定準。犯者以違制論。

《魏書》卷一三《皇后傳》　漢因秦制，帝之祖母曰太皇太后，母曰皇太后，妃曰皇后，餘則多稱夫人，隨世增損，非如《周禮》有夫人、嬪婦、御妻之定數焉。魏晉相因，時有昇降，前史言之具矣。

魏氏王業之兆雖始於神元，至於昭成之前，世崇儉質，妃嬙嬪御，率多闕焉，惟以次第爲稱。而章、平、思、昭、穆、惠、煬、烈八帝，妃后無聞。太祖追尊祖妣，皆從帝謚爲皇后，始立中宮，餘妾或稱夫人，多少無限，然皆有品次。世祖稍增左右昭儀及貴人、椒房、中式數等，後庭漸已多矣。又魏故事，將立皇后必令手鑄金人，以成人者爲吉，不成則不得立也。又世祖、高宗緣保母劬勞之恩，並極尊崇之義，雖事乖典禮，而觀過知仁。高祖改定內官，左右昭儀位視大司馬，三夫人視三公，三嬪視三卿，六嬪視六卿，世婦視中大夫，御女視元士。後置女職，以典內事。內司視尚書令、僕。作司、大監，女侍中三官視二品。監，女尚書，美人，女史、女賢人、書史、書女、小書女五官，視三品。中才人、供人、中使女生、才人、恭使宮人視四品。春衣、女酒、女饗、女食、奚官女奴視五品。

《舊唐書》卷一四《順宗紀》　辛丑，誥：有天下傳歸於子，前王之制也。欽若大典，斯爲至公，式揚耿光，用體文德。朕獲奉宗廟，臨御萬方，降疾不瘳，庶政多闕。乃命元子，代予守邦，爰以令辰，光膺册禮，宜以今月九日册皇帝於宣政殿。國有大命，恩俾惟新，宜因紀元之慶，用覃在宥之澤。宜改貞元二十一年爲永貞元年。自貞元二十一年八月五日已前，天下死罪降從流，流以下遞減一等。

《新唐書》卷一五七《陸贄傳》　道有獻瓜果者，帝嘉其意，欲授以試官，贄曰：爵位，天下公器，不可輕也。帝曰：試官虛名，且已與宰相議矣，卿其無嫌。贄奏：信賞必罰，霸王之資也。輕爵褻刑，衰亂之漸也。非功而獲爵則輕，非罪而肆刑則褻。天寶之季，嬖幸傾國，爵以情授，賞以寵加，綱紀始壞矣。羯胡乘之，遂亂中夏。財賦不足以供賜，而職官之賞興焉。職員不足以容功，而散、試之號行焉，今所病者爵輕也，設法貴之，猶恐不重，若又自棄，將何勸焉？陛下謂試官爲虛名，豈思之未熟邪？夫立國惟義與權，誘人惟名與利。名近虛，於教爲重；利近實，於德爲輕。凡所以裁是非，立法制，則存乎其義；參虛實，揣輕重，則存乎其權。專實利而不濟之以虛，則物有匱耗而不給矣；專虛名而不副之以實，則情有誕謾而不趨矣，故錫貨財，列稟秩，以彰實也；差品列，異服章，以飾虛也。居上者達其變，相須以爲表裏，則爲國之權得矣。桉甲令，有職事官，有散官，有勳官，有爵號。其賦事受奉者，惟職事一官，以敘才能，以位勳德，所謂施實利而寓虛名也。勳、散、爵號，止於服色、資蔭，以馭崇貴，以甄功勞，所謂假虛名佐實利者也。今員外、試官與勳，散，爵號同，然而突銛鋒、排禍難者以是酬之可謂重矣。今獻瓜一器，果一盛則受之，彼忘軀命者有以相謂矣，曰：吾之軀命乃同瓜果。瓜果，草木也。若草木然，人何勸哉？夫田父野人必欲得其歡心，厚賜之可也。

（唐）王方慶《魏鄭公諫録》卷一《諫優長樂公主禮數》　長樂公主將出降，太宗謂房玄齡等曰：長樂公主，皇后所生，朕及皇后並所鍾愛。今將出降，禮數欲有所加。房玄齡等咸曰朕下所愛，欲少加之，何爲不得？請倍永嘉公主。然永嘉公主，即太宗之妹也。公曰：不可。昔漢明帝欲封其子，云我子豈得與先帝子等。可半楚淮陽，前史以爲美談。天子姊妹，爲長公主，天子之女爲公主。既加長字，即是禮有尊崇。或可情有淺深，無容禮相踰越。

（宋）王溥《唐會要》卷四六《封建》　高祖受禪，以天下未定，廣封宗室，以威天下，皇從弟及姪，年始孩童者，數十人皆封爲郡王。太宗即位，因舉屬籍問侍臣曰：封宗子，於天下便乎？尚書右僕射封德彝對曰：不便。歷觀往古封王者，今日最多。兩漢以降，唯封帝子及親兄弟，若宗室遠疏者，非有功如周之郇滕，漢之賈澤，並不得濫叨名器，所以別親疏也。先朝敦睦九族，一切封王，爵命既崇，多給力役，蓋以天下爲私，殊非至公馭物之道也。太宗曰：然。朕理天下，本爲百姓，非欲勞百姓以養己之親也。於是卒以屬疏降爵，唯有功者數人得王，餘並封爲縣公。

（唐）蕭嵩《大唐開元禮》卷九一《嘉禮·皇帝加元服上》　卜日。皇帝將加元服，有司卜日如別儀。

（唐）蕭嵩《大唐開元禮》卷九二《嘉禮·皇帝加元服下》　謁太廟。將謁太廟，有司卜日如別儀。前一日，皇帝清齋於太極殿。太尉以下清齋於廟所，近侍之官應從入廟者各於本司清齋一宿。

（唐）蕭嵩《大唐開元禮》卷九五《嘉禮·皇帝元正冬至受皇太子朝賀》　前二日，本司宣攝內外，各供其職。前一日，尚舍奉御設御幄於太極殿北壁，南向。守宮設皇太子次於承天門外東朝堂之北，西向。又於東宮朝堂設宮臣次如常式。

（唐）蕭嵩《大唐開元禮》卷一〇六《嘉禮·臨軒册命皇太子》　卜日。册皇太子，有司卜日如別儀。

（唐）蕭嵩《大唐開元禮》卷一〇七《嘉禮·內册皇太子》　卜日。册皇太子，有司卜日如別儀。

（清）嵇璜等《續通典》卷五八《禮嘉·公主下降儀》　仁宗嘉祐初，禮官言：禮閣新儀，公主出降前一日，行五禮。古者，納婚始用行卜，告以夫家采擇之意，謂之納采，問女之名，歸卜太廟，吉，以告女家，謂之問名，納吉。今選尚一出朝廷，不待納采；公主封爵已行誕告，不待問名。若納成則既有進財，請期則有司擇日。宜稍依五禮之名，存其物數，俾知婚姻之事重，而夫婦之際嚴如此，亦不忘古禮之義也。

（清）嵇璜等《續通典》卷五八《禮嘉·大夫士婚禮》　宋品官婚禮，納采、問名、納吉、納成、請期、親迎、同牢、廟見、見舅姑、姑醴婦、盥饋、饗婦、送者，並如諸王以下婚。四品以下不用盥饋、饗婦禮，士與庶人同，其無雁者，三舍生聽用羊。假九品服。

又：明太祖洪武五年，詔曰：古之婚禮，結兩姓之歡，以重人倫。其近世以來，專論聘財，習染奢侈，其儀制頒行，務從節儉，以厚風俗。其時品節詳明，皆有限制。凡品官婚娶或爲子聘婦，皆使媒氏通書，女氏許之，擇吉納采，主婚者設席。至日，具祝版告廟訖，賓至女氏第。主婚者公服出迎，揖賓及媒氏入。雁及禮物陳於廳。賓左主右，媒氏立於賓南，皆再拜。賓詣主人曰：某官以伉儷之重施於某，某率循典禮，謹使某納采。主婚者曰：某子弗嫺姆訓，既辱采擇，敢不拜嘉。賓主西南相向坐，徹雁受禮訖，復陳雁及問名禮物。賓興，詣主婚者曰：某官慎重婚禮，將加卜筮，請問名。主婚者進曰：某第幾女，妻某氏出。或以紅羅，或以銷金紙，書女之第行年歲。賓辭，主婚者請禮從者。禮畢，送賓至門外。納吉如納采儀。賓致詞曰：某官承嘉命，稽諸卜筮，龜筮協從，使某告吉。主婚者曰：某未教之女既以吉告，某何敢辭？納徵如納吉儀，加元纁、束帛、函書，不用雁。賓致詞曰：某官以伉儷之重，加惠某官，率循典禮，有不腆之幣，敢請納徵。主婚者曰：某官貺某以重禮，某敢不拜受。賓以函書授主婚者，主婚者亦答以函書。請期亦如納吉儀。親迎日，婿父告於禰廟，婿北面再拜立，父命之曰：躬迎嘉偶，釐爾内治。婿進曰：敢不承命。再拜，媒氏導婿之女家。其日，女氏主婿者告廟訖，醴女如家人禮。婿至門下馬，就大門外之次。女從者請女盛服，就寢門内，南向坐。婿出次，主婚者出迎於門外，揖而入。主婚者入門而右，婿入門而左，執雁者從，至寢戶前北面立。主婚者立於戶東，西向。婿再拜，奠雁，出就次。主婚者不降送。婿既出，女父母南向坐，保母導女四拜。父命之曰：往之女家，以順爲正，無忘肅恭。母命之曰：必恭必戒，毋違舅姑之命。庶母申之曰：爾忱聽於訓言，毋作父母羞。保姆及侍女翼女出門，升車。儀衛導前，送者乘車後。婿先還以俟。婦車至門，婿出迎於門内，揖婦入。及寢門，婿先升階，婦從升。入室，婿盥於室之東南，婦從者執巾進水以沃之，婦盥手於室之西北。盥畢，各就座，婿東婦西。舉食案、進酒、進饌。酒食訖，復進如初。侍女以巹注酒，進於婿婦前。各飲畢，皆興，立於座南，東西相向，皆再拜。婿婦入室，易服。婿從者餕婦之餘，婦從者餕婿之餘。明日見宗廟，設婿父拜位於東階下，婿於其後；主婦拜位於西階下，婦於其後。諸親各以序分立。其日夙興，婿父以下各就位，再拜。贊禮引婦至庭中，北面立。婿父升自東階，詣神位前，跪，三上香，三祭酒，讀祝，興，立於西。婦四拜，退，復位。婿父降自西階就拜位，婿父以下皆再拜，禮畢。次見舅姑。其日，婦立堂下，伺舅姑即座，就位四拜。保姆引婦升自西階，至舅前，侍女奉棗栗授婦。婦進訖，降階四拜。詣姑前，進腶脩如前儀。次舅姑醴婦如家人禮。次盥饋。其日，婦家備饌至婿家，舅姑即座，婦四拜。升自西階，至舅前。從者舉食案以饌授婦，婦進饌，執事者加匕筯。進饌於姑，亦如之。食訖，徹饌，婦降階就位，四拜，禮畢。舅姑再醴婦如前。

（清）嵇璜等《續通典》卷五八《禮嘉·庶人婚禮》　宋制，庶人婚禮並問名於納采，并請期於納成。其無雁奠者，或以雉及鷄鶩代，其詞稱吾子。親迎。質明，掌事者設禰位廳事東間，南向。婿之父服其服，北面再拜，祝曰：某子某，年若干，禮宜有室，聘某氏第幾女，以某日親迎，敢告。子將行，父坐廳事，南向，子服其服，服皂衫衣折上巾。立父位西，小南，東向。贊者注酒於醆授子，子再拜，跪受，贊者又以饌設位前，子舉酒興，即坐飲食訖，降，再拜，進立父位前，命之曰：釐爾内治，往求爾匹。子再拜，曰：敢不奉命。又再拜，降，出。初婚，掌事者設酒饌室中，置二醆於槃。婿服其服如前服，至女家，贊者引就次，掌事者設禰位，主人受禮，如請期之儀。主人謂女父。女盛服立房中，父升階立房外之東，西向。非南向者，各隨其所向。父立於門外之左，餘倣此。贊者注酒於醆授女，女再拜受醆；贊者又以饌設於位前，女即坐飲食訖，降，再拜。父降立東階下，賓出次，賓謂婿。主人迎於門，揖賓入，賓報揖，從入。主人升東階，西面，賓升西階，進當房戶前，北面。掌事陳雁於階，賓曰：某受命於父，以茲嘉禮，躬聽成命。主人曰：某固願從命。賓再拜，降出。主人不降送。初，女出，父戒之曰：往之女家，無忘肅恭。女母戒之曰：夙夜以思，無有違命。諸母申之曰：無違爾父母之訓。女出，婿先還，俟於門外，婦至，贊者引就北面立，婿南面，揖以入，至於室。掌事者設對位室中，婿婦皆即坐，贊者注酒於醆授婿及婦，婿及婦受醆飲訖。設饌，再拜，贊者徹酒饌。見祖禰，見舅姑，禮婦饗送如儀。

金章宗明昌元年十月，制民庶聘財爲三等。上百貫，次五十貫，次二十貫。承安五年十二月，詔官籍監戶百姓，自願以女爲昏者聽。泰和六年十一月，詔屯田軍戶與所居民爲婚姻者聽。

明太祖洪武元年定制，依《朱子家禮》無問名、納吉，止納采、納幣、請期。下令禁指腹、割衫襟爲親者。凡庶人娶婦，男年十六，女年十四以上並聽婚娶。常服或假九品服，婦服花釵大袖。其納采、納幣、請期略做品官之儀。有媒無賓，詞亦稍異。親迎前一日，女氏使人陳設於婿之寢室，俗謂之鋪房。至若告祠、醮戒、奠雁、合巹，並如品官儀。見祖禰，舅姑，舅姑醴婦，亦略相率。

《元典章》卷一《詔令·成宗欽明廣孝皇帝·立皇后詔》　聖哲造邦，始于宫壼。蓋風化之原，人倫之本，册后有儀，前代令典。

（明）孫旬《皇明疏鈔》卷一〇何起鳴《宗藩·條議宗藩至切事宜疏》　凡宗子初生，該府覈實，限一年以裹奏報，名封婚禮，俱不許過限。如無違礙而奏請過二年之上者，年終類筭。凡十位，長史教授罰俸；二十位以上者，長史教授，輕則住俸，重則議斥。其長史六年無過，賢勞茂著，許一體陞用，給與誥命服色。自本年六月以前，各王府奏到名封婚禮有礙覆題者，該部備開違錯失格及保勘不到緣由，通行巡按御史轉行各王府長史教授等官，限文到一月以裏作速面奏，以憑題覆施行。如再刁蹬，故違稽錯該部悉遵詔旨，嚴行查究治罪。

（明）史玄《舊京遺事》　按：凡聖上選婚，一后以二貴人陪升，中選之時，皇太后以青紗手帕，以金玉跳脱等事繫其臂焉。若不中選，則還其年月帖子於淑女之袖，仍侑銀四十兩，布八疋，登時送回。此祖宗常制矣。

（明）俞汝楫《禮部志稿》卷一二《儀制司職掌·册立·皇太子册立儀》　東宫册立儀，累朝微有異，其尤異者，洪武、永樂命至殿上受册寶，宣德、嘉靖則命使持節至文華殿授皇太子，具列於後。

（明）俞汝楫《禮部志稿》卷一八《儀制司職掌·皇帝冕服·衮冕》　凡祭天地宗廟及正旦、冬至、聖節，則服衮冕，見《職掌》。祭社稷先農册拜亦如之，見《集禮》。

（明）俞汝楫《禮部志稿》卷一九《儀制司職掌·冠禮》　按冠禮，天子止一加用衮冕。太尉設纚，太師受冕。太子皇孫年十二或十五始冠，天子自爲主，擇三公、太常爲賓贊。凡三品冠一祝醴。成化間始定祝詞、醮詞，敕戒詞，其諸王冠祝醮詞皆洪武間定，下及官民莫不有禮。

（明）俞汝楫《禮部志稿》卷二〇《儀制司職掌·婚禮》　天子納后，先遣官祭告天地、宗廟。天子臨軒，命使行六禮。東宫納妃，則先告廟，其詳在《大明集禮》。正統中，英宗納后，成化末年，孝宗在東宫納妃，皆遵用舊儀，而稍有所損益，今備載。其親王公主婚禮，亦附列焉。

《皇朝通志》卷五八《器服畧三·冠服》　臣等謹按：禮之大者，昭名分辨，等威莫備乎冠服。自虞廷觀象，文明漸啟，夏收殷冔，損益不同，所以成一代之制度而垂法守也。

《大清通禮》卷一七《嘉禮》　古者朝覲，本列賓禮，唐《開元禮》仍用其式，然令節稱賀著於史者，實自漢始，與十七篇覲禮自異。考之《周禮》，慶賀繫之嘉禮，斯爲近之。我國家嘉慶駢臻，典制矞皇，儀文備焉，謹與耕桑、學校、貢舉、昏姻諸典禮之切於前民者詳著於篇。皇帝三大節朝賀之禮，先期諸王大學士率京朝官，直省文武率闔屬官具賀表豫送禮部，其式曰：具官。臣某等誠懽誠忭稽首頓首。

《大清通禮》卷一七《嘉禮·太和殿朝賀》　上賀。伏以表聯隨時撰擬。恭惟皇帝陛下隨時臣撰擬。等恭遇熙朝，欣逢聖誕。元旦長至。伏願隨時臣撰擬。等無任瞻天仰聖，懽忭之至，謹奉表稱賀以聞，禮部屈期具疏請皇帝御太和殿受賀，制報曰可。

《大清通禮》卷一七《嘉禮·盛京朝賀》　盛京三大節朝賀之禮，是日五鼓，內務府官詣大政殿啓扉拂拭。

《大清通禮》卷一七《嘉禮·外官朝賀》　直省三大節朝賀之禮，省會守土官豫於公所，正中設萬壽龍亭，南向，設香案於亭之南。其日五鼓，有司設燎於庭，設鐙於門廡。教授訓導二人糾儀，學弟子員二人，通贊二人，引班階下。東西班位，將軍總督一班，巡撫、副都統、提督、學政二班，總兵官、協領、叅領、織造郎中、督關郎中、布政使、按察使各道三班，佐領督關，員外郎、知府、副將、叅將四班，防禦督關、主事、司庫、同知、通判、遊擊、都司五班，驍騎校、知州、知縣、守備六班，筆帖式、庫使、經歷、州同、州判、縣丞、千總等官七班，皆文東武西立位，東西面北上，拜位北面，東班西上，西班東上，重行異等。糾儀官位班行之北，通贊引班，位糾儀官之南，皆東西面。夜漏未盡，羣官朝服，畢會公所，質明，引班引入至丹墀內東西序立，通贊贊齊班，引班。分引至拜位前立，贊進少進，贊跪叩，興，羣官行三跪九叩，禮畢，引退。若府不附省，州縣不附府者，均以正貳教職各一人，糾儀、學弟子員各二人，通贊引班，在城文武官於公所按班行禮，均如省會儀。

《大清通禮》卷一七《嘉禮・皇太后宮朝賀》　皇太后三大節朝賀之禮，先期内閣具皇帝稱賀。

《大清通禮》卷一八《嘉禮・御門聽政》　御門聽政之禮，常日部院章奏未奉聖旨者，折本下内閣積若干件，得旨，御門聽政，内閣宣布在京部、院、寺各部，院寺官檢所應進奏事於函，飭陪奏官屬，吏部轉飭侍班官具吉服，朔日逢五逢十日公服。依期畢會。

《大清通禮》卷一八《嘉禮・常朝陞殿》　御殿，午門鳴鐘鼓，皇帝禮服乘輿出宮，導從翊衛如朝賀之儀，至太和殿北階降輿，入，工舉麾鼓柷中和韶樂作，奏隆平之章。

《大清通禮》卷一八《嘉禮・常朝坐班》　列坐之節，春冬以辰正，夏秋以卯正。屆時門校禁斷行人，糾儀官就位，左翼諸王率羣公入午門左門，右翼諸王率羣公入午門右門，就位，未入八分公以下文武百官各以次就位坐，吏部、禮部官屬受銜名，糾儀官起，繞班行視不如儀者糾之，上下一匝，還，復位坐。少頃，王率羣公出，百官皆退。

《大清通禮》卷一八《嘉禮・盛京陞殿》　皇帝時巡盛京，特行慶典，陞殿受賀之禮，豫日羣臣具賀表送。

《大清通禮》卷一八《嘉禮・盛京坐班》　盛京常朝之禮，月朔及逢五日，盛京文武官於大政殿，八旗朝堂前坐班。其日黎明，百官朝服會朝堂，辨定班位，鑲黄、正白、鑲白、正藍四旗在東，正黄、正紅、鑲紅、鑲藍四旗在西。奉天府堂屬官在鑲藍之南。其班，將軍一班；副都統、五部侍郎一班；巡察御史、奉天府尹、府丞一班；協領、城守尉一班；五部郎中、佐領治中、五部員外郎、五品世職一班；五部主事、通判、京縣知縣、防禦一班；七品筆帖式、七品世職、司庫、經歷、驍騎校一班；八品筆帖式、教授一班；九品筆帖式、司獄一班。東位西面，西位東面，皆北上。春冬辰正，夏秋卯正，就各朝堂前按班列坐。禮部贊禮郎左右各一人，自班首繞行受銜名，畢，少頃各退。

《大清通禮》卷一九《嘉禮・皇帝登極》　皇帝登極之禮，既諏吉，諸司下所屬供備，王公、大學士率文武百官前期進表。内閣先一日遣官各一人祗告天地太廟社稷，各朝服將事如常儀，禮畢出，易服，退。

《大清通禮》卷二〇《嘉禮・恭上皇太后尊號徽號》　皇太后尊號徽號之禮，制下禮部尚書一人赴内閣承制，諏吉以聞，乃偏布諸司供備，豫期，禮部工部官會製册寶於内務府，既辦擇良辰，恭鐫册文。

《大清通禮》卷二一《嘉禮・尊封太妃太嬪》　尊封皇祖妃嬪、皇考妃嬪之禮，制下禮部諏吉以聞，豫期製寶，工部製册。

《大清通禮》卷二二《嘉禮・大昏》　皇帝大昏之禮，制下禮部，徧布諸司供備，諏納采、大徵、奉迎吉日以聞，會工部製金册、金寶。翰院撰制册文進呈，欽定送内閣恭鐫如儀。詳册后儀。　納采之禮，内務府官備文馬十，鞍轡具。甲冑十，幣百，布二百以竢。將屆期，禮部奏請。

《大清通禮》卷二三《嘉禮・皇子昏》　皇子昏禮，内務府豫劄欽天監諏指昏吉日，並列大臣命婦中偕老者奏襄昏事，既得旨，以告於福晉家。屆期，贊禮大臣偕福晉父蟒袍補服，詣乾清門東階下，福晉父北面跪，贊事大臣西面稱有旨：　今以某氏女作配於皇子，某爲福晉。福晉父承旨，訖，行三跪九叩禮，興，退。

《大清通禮》卷二三《嘉禮・公主釐降》　公主下嫁之禮，内務府豫劄欽天監諏指昏吉日，並列大臣命婦中偕老者奏襄昏事。既得旨，禮部以告於額駙家。屆期，贊事大臣偕額駙蟒袍補服詣乾清門東階下，額駙北面跪，贊事大臣西面稱有旨：　今以某公主擇配某人。額駙祗受命，行三跪九叩禮。興，退。

《大清通禮》卷二四《嘉禮・品官昏》　官員七品以上自昏及爲子孫主昏，豫訪門第清白女年齒相當者，使媒氏往通言，俟許。男年十六以上，女年十四以上身及主昏者，無朞以上服皆可行。下士庶人同。

《大清通禮》卷二五《嘉禮・册立皇后》　册立皇后之禮，制下禮部尚書一人赴内閣承制乃諏吉以聞，偏布諸司供備，豫期，禮部、工部官會製册寶於内務府，恭送内閣鐫册文寶文，内閣大學士學士、禮部、工部尚書、侍郎朝服行禮如儀。詳尊崇禮。

《大清通禮》卷二六《嘉禮・册封皇貴妃》　册封皇貴妃之禮，命下禮部諏吉以聞，乃偏布諸司供備，豫期，工部製册，禮部製寶，均以金送内閣鐫字，行禮如儀。

《大清通禮》卷二六《嘉禮・册封貴妃》　册封貴妃之禮，命下所司，供備製册寶，既諏吉，奏請命使遣官祗告太廟後殿、奉先殿。至日，遣使發册，並如册封皇貴妃之儀。

《大清通禮》卷二六《嘉禮·册妃》 册妃之禮，命下備册印奏請，命使祗告太廟後殿、奉先殿。至日遣使發册儀，與册封貴妃同。

《大清通禮》卷二六《嘉禮·册嬪》 册嬪之禮，命下備制册奏請，命使至日發册，不設印案。儀與册妃同。

《大清通禮》卷二七《嘉禮·册封親王世子郡王》 册封親王、世子、郡王之禮，命下禮、工二部，製親王及世子册寶以金，郡王册印銀質金飾。若嗣封王，注名於册寶印，世相傳授。豫期，禮部諏吉奏請，命內大臣散秩大臣一人爲使，內閣學士、翰林院學士、禮部侍郎一人副之。屆日，鴻臚寺官設案於太和殿丹陛正中，東西肆，王府官備鼓吹一部於長安門外，鑾儀衛設采亭於禮部堂上，儀制司官陳節册寶印於亭內，校尉舁亭由東長安門入，至太和殿階下亭止，奉節升階，陳於案。封使及執事官朝服，竢於丹墀。禮部侍郎升東階，就節案左立，封使升東階，諸案前北面，西上。侍郎舉節西面，授正使，正使持節偕副使降階，鑾儀、校舁采亭從導，以御仗出太和中門，至長安門外，封使及執事官咸乘馬鼓吹，前導詣王邸第。

《大清通禮》卷二七《嘉禮·册封長子貝勒貝子》 册封長子、貝勒、貝子之禮，命下工部製制册，以紙爲之。中書科中書繕文，訖，送禮部。既有日，禮部奏請，命內閣侍讀學士，侍讀，翰林院侍讀學士、侍講學士，侍讀侍講一人爲使，禮部郎中員外郎主事一人副之。屆日，鴻臚寺官設案於太和殿階下正中，禮部儀制司官奉節册於采亭，鑾儀校舁行入，至殿階下，陳節於案，陳采亭於案左，封使及執事官入竢丹墀。禮部侍郎就節案左立，封使詣案前北面，侍郎舉節西面，授正使。正使持節，鑾儀、校舁亭導以御仗，副使及執事官從出太和中門至長安門外，乘馬詣府第。如諸王之儀。是日，府屬官設樂於儀門內，設儀仗於庭中，銷金繖二，繡花扇二，立瓜，卧瓜，骨朵，吾仗各二，纛一、旗六、明輿一乘、馬六，貝子減銷金繖一，卧瓜，馬，餘同。東西分列。長子貝勒貝子迎節册，受册，送節均如諸王之儀。

《大清通禮》卷二七《嘉禮·册封公主》 册封公主之禮，命下工部製册以金鐫字送禮部，禮部諏吉奏請，命使持節往封，如親王之儀。

《大清通禮》卷二七《嘉禮·册封福晉夫人》 册封福晉夫人之禮，間五歲禮部彙疏請封，所司製册，親王福晉，世子福晉金册，郡王福晉銀質金飾，貝勒、貝子夫人紙册。送禮部，禮部奏請，命使視親王、郡王、貝勒、貝子。是日，鴻臚寺官設案於太和殿階下。

《大清通禮》卷二七《嘉禮·册封郡主縣主郡君》 凡封郡主、縣主、郡君之禮，間五歲，由部彙請，遣使往封，均用紙册。郡主儀仗視郡王福晉，縣主郡君視貝勒貝子夫人，餘儀同前。右封郡主、縣主郡君。

《大清通禮》卷二八《嘉禮·頒詔》 頒詔之禮。是日，禮部官設案於堂上，設香亭龍亭於午門外，樂部和聲署陳樂於香亭南，內務府官設金鳳朶雲於天安門樓雉口正中，工部官設臺於樓內東楹之南，鴻臚寺設案於臺上，南北肆。宣詔，鴻臚寺官四人立臺下，鳴贊二人立金鳳左右，八旗領催五城耆老集外金水橋前。

《大清通禮》卷二八《嘉禮·直省迎詔》 詔下直省之禮，禮部按直省督撫駐劄之地行，取閣、部、院、寺筆帖式，乘傳齎詔前往頒布，工部給龍旗繖仗前導，所經府州縣五里之內文武官朝服跪迎。

《大清通禮》卷二八《嘉禮·外國迎詔》 詔下朝鮮國之禮，禮部豫列內大臣侍衛，禮部滿侍郎，內閣滿學士銜名奏請，命正副使各一人，啟程有日，使者赴禮部領詔書，工部給御仗旗繖，使者乘傳以行至朝鮮國境。

《大清通禮》卷二九《嘉禮·頒朔》 頒朔之禮，欽天監豫推來歲時憲書成式，二月，恭進御覽，乃鐫於版。四月，驛送直省各布政司，依式刊造，均以歲十月朔日頒行。是日，鴻臚寺、欽天監官設案於午門外正中，左右各一，均東西肆。又設二案於甬道左右，均南北肆。工部官設香亭一，龍亭一於欽天監堂中，設綵亭八於左右。樂部和聲署陳樂於香亭前。黎明，欽天監監正率屬朝服陳恭進。

《大清通禮》卷三〇《嘉禮·親耕帝耤》 歲仲春吉亥皇帝躬耕帝耤之禮，前期，禮部疏請得旨，徧布諸司供備，詔親王、郡王三人，六部、都察院、通政司、大理寺卿貳九人從耕。順天府備躬耕絲鞭耒耜，飾以黃服耜，黃犢，稻種青箱備從耕，三王麥穀，九卿豆黍，青箱鞭及耒耜朱飾，服耜黝牛，皆依期畢辦。

《大清通禮》卷三〇《嘉禮・直省耕耤》若逢時巡省，方盛典，遣官祭先農壇。儀詳吉禮。禮畢是日，順天府府尹率屬耕耤，九推九返，農夫終畝，畢，望闕行三跪九叩禮，儀與直省同。

《大清通禮》卷三一《嘉禮・皇后躬桑》歲季春皇后躬桑之禮，前期三月，禮部具疏奏聞，皇帝承奉皇太后懿旨，下制報可。乃徧布諸司供備，內務府豫奏，以妃嬪二人，公主、親王福晉以下，縣君、鎮國公夫人以上三人，文三品、武二品官以上命婦四人從蠶採桑。掌儀司治桑畦，飭採桑鉤筐。皇后金鉤，妃嬪銀鉤，均黃筐。福晉夫人命婦均鐵鉤朱筐，依期畢辦，右戒辦。

《大清通禮》卷三二《嘉禮・恭進實録聖訓》恭進實録、聖訓之禮，監修總裁官撰表章豫諏，進呈吉日奏聞，禮部轉飭諸司供備，前期內閣擬制辭及慶賀致辭皆隨時撰擬。恭呈。

《大清通禮》卷三二《嘉禮・恭進玉牒》玉牒告成，恭進御覽，監修諸王大臣豫諏，進呈吉日奏聞，禮部轉飭諸司供備。屆期，禮部鴻臚寺官設案於中和殿內。

《大清通禮》卷三三《嘉禮・經筵進講》皇帝經筵之禮，歲春秋仲月，皇帝將舉經筵，禮部承旨，諏吉奏聞。豫期，翰林院奏定滿漢講官各二人，直講經書掌院學士暨直講官擬篇目撰講章，豫進御覽欽定，翰林院恭繕以俟。

《大清通禮》卷三四《嘉禮・臨雍講書》皇帝臨雍之禮，命下禮部諏吉具疏以聞，徧布諸司供備。豫期，行取衍聖公五經博士、孔氏裔俊秀五人，東野氏、孔氏、顔氏、曾氏、孟氏、仲氏、閔氏、冉氏、言氏、卜氏、顓孫氏、端木氏、有氏裔各二人乘傳赴京，及各氏子孫見列朝官者，直省在京之進士、舉人、貢監生、各學教習肄業諸生咸詣太學觀禮。國子監祭酒司業擬經書篇目，撰講章，豫進御覽欽定，恭繕以俟。

《大清通禮》卷三四《嘉禮・闕里講書》皇帝東巡狩詣闕里講書於詩禮堂，前期，禮部具奏，命行在大臣會衍聖公，選聖裔、賢裔二人，充經書直講，翰林院官擬篇目撰講章，豫進御覽欽定，恭繕以俟。

《大清通禮》卷三五《嘉禮・順天鄉試》貢舉之禮，以子午卯酉歲秋八月。如特開恩科，不拘年間，以二月。大比，直省府州縣學諸生而賓，興之曰鄉試。順天鄉試，府尹領之，府丞提調試闈內外事宜，各府州縣禮送學政所録羣士赴京師，國子監録。肄業貢、監生送府，提調官按府州縣薄籍應試。

《大清通禮》卷三五《嘉禮・直省鄉試》直省鄉試，布政使司領之，監臨以巡撫，提調監試以各道或府佐。將屆期，禮部疏列京朝官進士出身資階及格者密題。

《大清通禮》卷三五《嘉禮・會試》鄉試之明年以丑未辰戌歲三月，特開恩科則用八月。試天下貢士於禮部，曰會試。

《大清通禮》卷三五《嘉禮・臨軒策士》會試揭曉後，禮部上所貢天下士試策殿廷，皇帝臨軒發策。將屆期，禮部備試卷疏列，內閣大學士、學士，九卿，翰林院學士，詹事府詹事、少詹事銜名題請，命讀卷官十有四人，疏列閣、部、院、寺，進士出身四品以下，七品以上官暨給事中御史請命受卷官十人，彌封官十有二人，收掌官十人，書牓中書十有六人，印卷禮部官四人，監試史四人。前一日，下內閣各官備朝服，平明會午門外闕下祗候，禮部侍郎一人率屬詣閣承旨接疏，出，宣旨奉命之讀卷官及執事官行三跪九叩禮，如鄉會試命官之儀。讀卷官密擬策問數事奏請欽定，撰題目恭進御覽，持至內閣，刊題紙密封以俟。

《大清通禮》卷三五《嘉禮・表謝》傳臚次日，設恩榮燕於禮部，詳筵燕儀。越五日，狀元率諸進士上表謝恩。

《大清通禮》卷三六《嘉禮・時巡省方》皇帝時巡省方之禮，命下禮部具議以聞，乃宣布諸司及巡省之方。豫期供備，其方大吏飭文武官屬敬修廼守，攷廼職事，無敢不敬，戒駕所經行守，土官，陸治，橋梁，道路，水備，舟楫以俟。既諏吉，閣、部、院、寺、府，監疏列正貳官銜名請旨，扈蹕，武衛諸臣部勒羽林衛士軍卒嚴明紀律，鑾儀衛官整裝御營次舍，供張皆依時，畢辦。

《大清通禮》卷三七《嘉禮・太和殿燕》太和殿筵燕之禮，恭遇皇帝萬壽聖節元旦及大慶典，豫日，禮部疏請舉行筵燕，領侍衛內大臣奏請。

《大清通禮》卷三八《嘉禮・順天鄉飲酒》歲孟春望日、孟冬朔日，舉鄉飲酒之禮於學宮，京師禮部侍郎一人監其禮。順天府府尹爲主人，以鄉之年高六十以上有德行者一人爲賓，其次一人爲介，又其次爲衆賓，以博士一人爲司正，以博士弟子習禮者二人，司爵二人，贊禮二人，引禮一人讀律令，僚佐皆與前期戒賓，賓禮辭許，戒介亦如之。

《大清通禮》卷二八《嘉禮·直省鄉飲酒》　直省府州縣鄉飲酒之禮，以守牧令爲主人，省會及監司分駐之地，皆以監司視其禮儀，注同前右直省鄉飲酒。

（漢）蔡邕《獨斷》卷上　漢承秦法，羣臣上書皆言昧死言。王莽盜位，慕古法，去昧死曰稽首，光武因而不改，朝臣曰稽首頓首，非朝臣曰稽首再拜。公卿侍中尚書衣帛而朝曰朝臣，諸管校尉將大夫以下亦爲朝臣。

（漢）班固《白虎通義》卷上《德論上·爵》　父在稱世子何？繫於君也。父没稱子某者何？屈於尸柩也。既葬稱小子者，即尊之漸也。踰年稱公者，緣民之心不可一日無君也。緣終始之義，一年不可有二君也。故踰年即位，所以繫民臣之心。然後爵者，緣孝子之心未忍安吉。故《春秋》魯僖公三十三年十二月乙巳，薨于小寢。文公元年春，王正月，公即位。四月丁巳葬我君僖公。《韓詩内傳》曰：諸侯世子三年喪畢，上受爵命於天子，所以名之爲世子何？言欲其世世不絶也。何以知天子子亦稱世子也？《春秋傳》曰：公會世子於首止。或曰：天子之子稱太子。《尚書》曰：太子發升于舟也。或曰：諸侯之稱代子。則《傳》曰：晉有太子申生，鄭有太子華，齊有太子光。由是觀之，周制太子、代子亦不定也。漢制天子稱皇帝，其嫡嗣稱皇太子。諸侯王之嫡稱代子，後代咸因之。世子三年喪畢，必上受爵命於天子何？明爵士者天子之有也，臣無自爵之義。童子當受父爵命，使大夫就其國命之，明王者不與童子爲禮也。以《春秋》魯成公幼少，與諸侯會，公不見之，《經》不以爲魯耻，明不與童子爲禮也。世子上受爵命，衣士服何？謙不敢自專也。故《詩》曰：韎韐有赩，世子始行也。天子大斂之後稱王者，明士不可一日無君也。故《尚書》曰：王麻冕黼裳。此斂之後也。何以知王從死後加王也？以《尚書》言迎子釗，不言迎王。王者既殯而即繼體之位何？緣民臣之心不可一日無君，故先君不可得見則後君繼體矣。《尚書》曰：再拜興對，乃受同瑁也，明爲繼體君也。緣始終之義，一年不可有二君也。故《尚書》曰：王釋冕喪服。吉冕受同，稱王以接諸侯，明已繼體爲君也。釋冕藏同反喪，明未稱王以統事也。

（清）顧炎武《日知録》卷二《王朝步自周》　武成王朝步自周，于征伐商。《召誥》：王朝步自周，則至于豐。《畢命》：王朝步自宗周，至于豐。不敢乘車而步出國門，敬之至也。後之人君，驕恣惰佚，於是有輦而行國中，坐而見羣臣，非先王之制矣。

（清）顧炎武《日知録》卷四《三國來媵》　十二公之世，魯女嫁於諸侯多矣，獨宋伯姬書三國來媵，蓋宣公元妃所生。庶出之子，不書生，故子同生，特書。庶出之女，不書致不書媵，故伯姬歸於宋特書。衛《碩人》之詩曰：東宫之妹。正義曰：東宫太子所居也。繫太子言之明與同母見夫人所生之貴，是知古人嫡庶之分，不獨子也，女亦然矣。

（清）顧炎武《日知録》卷四《大夫稱子》　周制，公侯伯子男爲五等之爵，而大夫雖貴，不敢稱子。春秋自僖公以前大夫並以伯仲叔季爲稱。

（唐）白居易《白氏六帖事類集》卷一四《嗣立》　爲後者。《禮》《禮》曰：諸侯世子世國，象賢。大夫不世爵，使以德爵以功。謂天子大夫也不世爵而世禄進賢。諸侯之大夫不世爵禄，食其舊德。纂乃前修。禄以勸賢。爵惟及嗣。臣能匡國，必酬世禄之榮。子合承家宜荷賞延之寵。冢嫡承祧繼體立嗣以嫡不以賢。《公羊》曰：隱長又賢，諸大夫扳而立之，何以不宜立？立嗣以嫡不以賢，立子以貴不以長，桓何以貴？母貴也。趙簡子藏符。

（唐）李華《李遐叔文集》卷一《含元殿賦》　《易》乾坤之説曰含弘光大，又曰元亨利貞。括萬象以為尊，特巍巍乎上京。則命徵盤石之匠，下荊揚之材。操斧執斤者萬人，涉磧礫而登崔嵬；擇一幹於千木，規大壯於喬枚。聲坎坎於青雲，若神蹈而顛摧；勢動連崖，拉風捽雷；倒勁梢於窮谷，斬巨柢於昭回。時也山祇効靈，波神作氣，為桴為筏，羽疊鱗萃。朝泛江漢，夕出河渭。雲奔山横，交積於作宫之地。於是農事既收，靈臺勿亟，子來而就役者，周邦畿而薄四海，咸忘勞而獻力。乃張為廣庭，考正極星，邦伯是經，國工研精。劃盤岡以為址，太階積而三重，因博厚而順高明，築陵天之四墉。四墉既列，太階如截，下上相嵚，崿以沈沈。其始也，星鎚雹交於萬堵，霜鋸冰解於千尋。擁棟為山，攢扞如林。乃卜日月之吉，以成帝室。虹梁勁於中極，榱桷觽以礱密。折姑繇以為楹，隳喬山以為礩。飛重簷以切霞，炯素壁以留日。神標峻槗，鬼壘層梠。高卑迭作，尋尺相持。木從繩而後正，棟操宇而不危。階瑩冰級，瓦敷鱗差。蕩晶景而升降，欻睒皆以交輝。聳大厦之奇傑，勢將頓而復飛。爰詔有司，練日推時。徵考室於《周頌》，會公卿以落之。丕赫哉！如俯如跂，若合若離。踈森修邃以窅徼，悅箕駮而巖巍。謂衝飈激海兮，漩渀淪以無底；奔雷觸山兮，掉獻粤而傾攲。石鮫拖首於堂廡，狀出雲而撐霤。崇高之制，靈丘上盤。隣斗極之光耀，邇天漢之波瀾。察鑿枘之吞吐，吸山巖而水攢。建升龍之大旆，邈不不至於階端。崢嶸孱顔，下視南山。照燭無間，七耀迴環。歘欻赫以突兀，攄閎弘以蕭椒。捧帝座於三辰，衝天街之九達。進而仰之，騫龍首而張鳳翼；退而瞻之，岌樹巔而崪雲末。嶷兮峨峨，巨鼇戴仙山而出滄波；劃兮煌煌，燭龍坼穹穴而臨北方。排層城而廓帝居，豁閶闔而面蒼蒼。左翔鸞而右棲鳳，翹兩闕而為翼。環阿閣以周墀，象龍行之曲直。夾雙壺以鴻洞，啓重門之呀赫。趨堂塗而未半，望宸居而累息。惟上聖之欽明，爰聽政而布德。去雕璣與金玉，絀漢京之文飾。熾丹艧於崚嶒，抗重霄而競色。若乃紫微晨曦，彤墀夜明，雲薄萬拱，風交四榮。冬止其陽，則釋裘而燠；夏休其陰，則捐絺以清。旃獵風而振響，葉墜露而成聲。懸櫨駢湊，竦柱奔列，複檻疊綴，高窗景爇。黮日翳而罘連，曜天開而中絶。形持神而欲離，足僂步而將跌。貯昭訓之崇崇，瞵光範之揭揭。其南則丹鳳啓途，遐矚荊吳，十扇開閉，陰陽睢盱。容鼎九扃，方駕五車，示王者之無外，不樹屏於清都。望仙闢于巽維，建福敞於坤隅。偃朱旗而櫜玄甲，屯仡仡之驍夫。其後則深闈秘殿，曼宇踈楹；瑞木交陰，玄墀砥平；鮮風歷廡，凌霰飄英；蔭藹武闈，增華穆清。玉燭内融，則嘉盛豐備；太陽臨照，而天下文明。【略】及乎獻歲元辰，東風發春；懸法象魏，與人維新。儼文物於王庭，兼九伐而宿陳。威儀之嚴，山嶽振振，若太一披絪緼而俯百神。既而咸造勿褻，會朝清明，璿柄指寅，寢闈發扃。皇帝御衮龍之法服，佩蒼璧之純精。執鎮圭，導朱紘，降輦登階，微聞玉聲。於是典禮之官，賛王就位，南面穆然。至若甸侯采衛，要荒閩貊，輸其方賁，罔不來格。統以千官，六卿二伯，司儀敘進，象胥重譯。肅肅委皮，乾乾奠璧。設以庭燎，天烘地赫，雷鼓殷殷，朱干玉戚。神簴如生，熊羆愕眙，危昂歇向，畝爛歕射。金根玉輅，太常少伯；火烈門旂，霜交陛戟。乃進元元以觀禮，珽億兆之增增。金吾南首，麾之以肱，遞攀援而聳仰，齊屦企而冠騰。太史來告，卿雲勃興，灑豐澤於生人，答上玄之休徵。申命司寇緩刑，冢卿降德。秩山川而問耆老，周雨露而均邦國。華戎竭歡，喜氣填塞。揭金雞於太清，炫晨陽於正色。慶抃之聲，不踰辰而靁四域。當斯時也，驅周驟漢，於廓煥爛。王臨於朝，天地貞觀，靈宮巖巖，上下交贊。蓋所以法乾道而遵帝度，豈惟安體而明威者哉？

《皇明經世文編》卷四一八沈鯉《沈龍江集·酌議宗藩賫奏事宜疏》

王府每遇三大節，兩宮聖旦中宮千秋，例有慶賀表箋馬匹禮物，勢必差人賫捧，徃徃散住歇家，似亦可以滋弊。查得《會典》内開凡有王府差人到京，俱送會同館安頓，光禄寺支待酒飯下程。合無將前項人役，定立名數，大府不過三人，郡府不過二人，山東山西河南限三箇月以前，湖廣江西陝西限四箇月以前，廣西四川限五箇月以前，預將賫表員役職名，申呈撫按衙門。轉咨本部知會。候各到京之日，一面鴻臚寺報名朝見，一面備開職名，赴部查考，如咨内職名不投，即將來役參奏重處。一應謝恩本章。聽赴進表具役順賫，此外不必另差。其賫捧人員，合照《會典》送赴會同館安住，聽本部提調主事關防，不許仍前任其自便民間。敢有安歇王府員役，及寄頓財物者問擬邊衛充軍。仍照近例枷號本部門首。其有指稱衙門吏書交通王府人役夤緣爲奸者，除臣等訪實參奏外，許諸人捉獲送赴本部，贓財盡數給賞。各王府員役敢有營求差遣，潛赴京師者，許五城御史及廠衛緝事衙門訪挐，一體問遣。本部仍將干礙宗室及輔導官參究重處。則弊源益清，人心愈肅。其于法紀亦非小補已也。

（清）康有爲《論語注》卷三《八佾》 定公問：君使臣，臣事君，如之何？孔子對曰：君使臣以禮，臣事君以忠。

定公，魯君，名宋。君之與臣，雖有尊卑，而同共天職者也，故待如嘉賓，是爲禮。臣之事君，雖爲國而受其恩義者也，故報以赤心，是爲忠。蓋君患暴慢無禮，以奴隸犬馬待其臣；臣患虛僞不忠，以秦越肥瘠視其君。此卽孟子答齊王之意，但孔子之言蘊釀耳。然此可爲君臣之定義。《傳》曰：王臣公，公臣大夫，大夫臣士，士臣僕，僕臣隸，隸臣輿，輿臣臺。一家一肆皆有主臣，若不以禮以忠，亦不可行也。

（清）康有爲《論語注》卷七《述而》 陳司敗問昭公知禮乎，孔子曰：知禮。孔子退，揖巫馬期而進之，曰：吾聞君子不黨，君子亦黨乎？君取於吴，爲同姓，謂之吴孟子。君而知禮，孰不知禮？巫馬期以告。子曰：丘也幸，苟有過，人必知之。

陳，國名。司敗，官名，即陳楚之司寇也。昭公，魯君名，稠習于威儀之節，當時以爲知禮，故司敗以爲問，而孔子荅之如此。巫馬，姓；字期，孔子弟子，《傳》名施，字子旗。《吕氏春秋》、《漢書古今人表》作旗，旗、期古通，楚令尹。子期亦作子旗。司敗揖而進之也。相助匿非曰黨。禮不娶同姓，而魯與吴皆姬姓，謂之吴孟子者，諱之，使若宋女子姓者。然孔子不可自謂諱君之惡，又不可以娶同姓爲知禮，故代君受過。蓋諱國惡禮也，又不明言其故，所謂萬方有罪，在予一人。聖人之道大而德宏如此。《春秋》于昭公十年冬娶吴孟子之事，諱而不書，削冬字以誌之，于哀公十二年但書孟子卒，亦不著爲夫人，以著不娶同姓之義。《傳》曰：男女同姓，其生不繁。日本皇族及王朝公卿，皆娶同姓，至今二千五百年，皇族不過二十人。其伯爵日野秀逸，八百年之世爵也，告吾曰：吾國千年之世，公卿凡二十家，其人數少則十餘，多無過六十者，皆以娶同姓，故人丁不繁。不若中國用孔子制，必娶異姓，故人數四萬萬，繁衍甲于大地。今亦漸知不可，多有娶異姓者矣。歐人醫院所考，姊妹爲婚，多盲啞不具體。摩西之約，英法之律，亦知禁娶姊妹爲妻，而曾祖以外之親不禁，故人數僅半中國。若南洋非洲諸蠻夷，兄弟姊妹相婚，則其族類多絶矣。生理學之理，桃李梅梨之屬，以異種合者，其産必繁碩味美；雞羊牛馬之種以異種合者，必碩大蕃滋。蓋一地同種之物，含氣無多，取而合之，發生自寡，故自取其種，不若合别種之生意尤多。故娶異姓，不如娶異鄉，娶異鄉，不如娶異邑異郡，娶異邑異郡，不如娶異國異種。今地球大通，諸種多合，但當汰惡種而合良種耳。若男女異姓，則必不可改者，故繫女以姓，實明此旨。今歐人婦從夫姓，既失自立之義，又乖異姓爲婚之旨。故中國之異姓爲婚，而人類冠于大地，此孔子之大功，而不可易之要義也。

（清）康有爲《論語注》卷九《子罕》 子曰：麻冕，禮也；今也純，儉，吾從衆。拜下，禮也；今拜乎上，泰也，雖違衆，吾從下。

麻冕，緇布冠也。純，絲也。儉，謂省約。緇布冠以三十升布爲之，升八十縷，則其經二千四百縷矣，細密難成，不如用絲之省約。臣與君行禮，當拜于堂下，君辭之乃升，成拜。按，《聘禮》、《公食大夫禮》，外臣亦然，不止本國之臣也。泰，慢也。明事之易簡進化者，可從衆；事之慢泰違禮者，不可從衆。衆有得失，當擇之也。孔子之禮：天子見三公下階，見卿離席，見大夫興席，見士撫席。君臣對拜，已極平等之至，幾過于今歐洲君臣矣。但須下階待君辭乃升，以爲恭讓，乃少示君臣之敬耳。孔子鑒于時弊而言之。後世既非席地，可無拜禮，則古今不同，可無議矣。

（清）康有爲《論語注》卷一〇《鄉黨》 鄉人飲酒，杖者出，斯出矣。

杖，持也。孔子以六尺之杖，六十杖于鄉。未出，不敢先；既出，不敢後。聖人之恭鄉黨而敬老也。鄉人飲酒，饗也，從鄉從食。或賓興習射尚賢，或蜡祭尚齒，此主敬老也。

鄉人儺，朝服而立於阼階。

《禮記·郊特牲》鄉人禓，注：禓，或爲獻，或爲儺。惠氏棟曰：獻讀爲莎，又讀爲義，義音莪，聲近儺。《世本》：微作禓五祀，注：微者，殷之八世孫也。禓者，强死鬼也。謂時儺索室，驅逐疫强死鬼也。《郊特牲》以孔子朝服立于阼爲存室神，恐其驚先祖，欲其依已而安也。朝服，大夫之祭服，用祭服以致其敬。阼階，東階也。此一節記孔子居鄉之事。

（清）康有爲《論語注》卷一七《陽貨》 子曰：禮云禮云，玉帛云乎哉？樂云樂云，鍾鼓云乎哉？ 唐石經作鍾。鍾與鐘二文古通。

因天秩天敍之宜，而將以恭敬，飾以節文，禮之本也。因人心物理之樂，而致中蹈和，合同尚愛，樂之本也。若玉帛鐘鼓，人皆以爲禮樂者，則禮樂之器數云爾，不足以當禮樂也。《漢書·禮樂志》引此曰：樂以治内而爲同，禮以脩外而爲異。同則和親，異則畏敬。畏敬之意難見，則著之於享獻辭受，登降跪拜。和親之説難形，則發之於詩歌詠言，鐘石筦絃。蓋嘉其敬意，而不及其財賄；美其歡心，而不流其聲音。

賓禮分部

論説

《周易正義·觀》六四：觀國之光，利用賓于王。居觀之時，最近至尊，觀國之光者也。居近得位，明習國儀者也，故曰利用賓于王也。疏：正義曰：最近至尊，是觀國之光。利用賓于王者，居在親近而得其位，明習國之禮儀，故曰利用賓于王庭也。《象》曰：觀國之光，尚賓也。疏：正義曰：釋觀國之光義。以居近至尊之道，志意慕尚為王賓也。

（清）孫星衍《尚書今古文注疏·洛誥》公曰：已！汝惟沖子，惟終。汝其敬識百辟享，亦識其有不享，享多儀，儀不及物，惟曰不享。惟不役志于享，凡民惟曰不享，惟事其爽侮。注：鄭康成曰：朝聘之禮至大，其禮之儀不及物，謂所貢篚者多，而威儀簡也。威儀既簡，亦是不享也。疏：已同咨，見上疏。識者，鄭注《周禮》云：記也。《釋詁》云：辟，君也。享，獻也。役者，韋昭注《鄭語》云：營也。爽者，《詩傳》云：差也。侮者，《説文》云：䵝，侮也。《廣雅·釋詁》云：傷也。言汝今沖幼，當思其終。汝其敬識百國諸侯朝聘之享獻，享以多儀文爲敬，其儀文不及貢物者，猶不享耳。當思不營心于貢獻，凡民徒以汝不重儀文，則將任其過差侮易之矣。《孟子·告子篇》引享多儀四句，云：爲其不成享也。注云：享多儀，言享見之禮多儀法也。物，事也。儀不及事，謂有闕也。故曰不成享。鄭注見《書》疏。云朝聘之禮者，《周禮·太宰》：以九貢致邦國之用，一曰祀貢，二曰嬪貢，三曰器貢，四曰幣貢，五曰材貢，六曰貨貢，七曰服貢，八曰斿貢，九曰物貢。大朝覲會同，贊玉幣，玉獻。此所謂貢篚也，與趙氏注《孟子》以物爲事異。周公恐成王營心於貢篚，不重禮法，故戒之。《漢書·郊祀志》谷永引經曰：享多儀，儀不及物，惟曰不享。注：師古曰：言祭享之道，惟以絜誠，若多其容儀而不及禮物，則不爲神所享也。以享爲祭享，或今文説也。

《儀禮注疏·士相見禮》《士相見禮》第三。疏：《士相見禮》第三。鄭《目録》云：士以職位相親，始承摯相見禮。《雜記》會葬禮曰：相見也，反哭而退，朋友虞祔而退。士相見於五禮屬賓禮。大、小戴及《别録》皆第三。

又：賓對曰：某也不依於摯不敢見，固以請。言依於摯，謙自卑也。今文無也。疏：注言依至卑也。釋曰：凡相見之禮，以卑見尊必依摯。《禮記·檀弓》云魯人有周豐也者，哀公執摯請見之者，是下賢，非正法。今《士相見》云：不依於摯不敢見，謙自卑也。

又：下大夫相見，以鴈，飾之以布，維之以索，如執雉。鴈，取知時，飛翔有行列也。飾之以布，謂裁縫衣其身也。維謂繫聯其足。疏：下大夫至執雉。釋曰：言下大夫者，國皆有三卿五大夫。言上大夫，據三卿，則此下是五大夫也。二十七士與五大夫轉相副貳，則三卿宜有六大夫，而五者，何休云：司馬事省，闕一大夫。注鴈取至其足。釋曰：云鴈，取知時者，以其木落南翔，冰泮北徂，隨陽南北，義取大夫能從君政教而施之。云飛翔有行列也者，義取大夫能依其位次，尊卑有敘也。上士執雉，左頭奉之，此云如執雉，明執鴈者亦左頭奉之也。

又：上大夫相見，以羔，飾之以布，四維之，結于面，左頭，如麛執之。上大夫，卿也。羔取其從帥，羣而不黨也。面，前也。繫聯四足，交出背上，於胷前結之也。如麛執之者，秋獻麛，有成禮，如之。或曰：麛，孤之摯也。其禮蓋謂左執前足，右執後足。今文頭爲脰。疏：上大夫至執之。注上大至爲脰。釋曰：云上大夫，卿也者，即三卿也。云羔取其從帥者，凡羔羊羣皆有引帥，若卿之從君之命者也。云羣而不黨也者，羊羔羣而不黨，義取三卿亦皆正直，雖羣居不阿黨也。

又：始見于君，執摯，至下，容彌蹙。下，謂君所也。蹙猶促也，促，恭慤貌也。其爲恭，士、大夫一也。疏：注下謂至一也。釋曰：直云見于君，不辨臣之貴賤，則臣之貴賤皆同。故鄭云其爲恭，士大夫一也。不言所而言下者，凡臣視袷已下，故不言所言下也。

又：庶人見於君，不爲容，進退走。容謂趨翔。疏：注容謂趨翔。釋曰：此不言民而言庶人，則是庶人在官，謂若《王制》云：庶人在官者，其禄以是爲差。即府史胥徒是也。按鄭注《曲禮》云：行而張足曰趨，行而張拱曰翔。皆是庶人貌也。此庶人見君不趨翔，謂是常法。《論語》是孔子行事，而云趨進翼如者，彼謂孔子與君圖事於堂，圖事訖，降堂，向時揖處至君前横過，向門，特加肅敬，與庶人同也。

士大夫則奠摯，再拜稽首，君荅壹拜。言君荅士大夫一拜，則於庶人不荅之。庶人之摯鶩。古文壹作一。疏：注言君至作一。釋曰：臣拜君云再拜稽首，則君荅一拜者，當作空首，則九拜中奇拜是也。云言君荅士大夫一拜則於庶人不荅之者，案《曲禮》君於士不荅拜，謂己士。此得與大夫同荅一拜者，士賤，君不荅拜。此以新升爲士，故荅拜。《聘禮》問勞云荅士拜者，亦以新使反，故拜之也。云庶人之摯鶩者，案《大宗伯》云以禽作六摯，庶人執鶩，注云：鶩取其不飛遷。象庶人安土重遷是也。

若他邦之人，則使擯者還其摯，曰：寡君使某還摯。賓對曰：君不有其外臣，臣不敢辭，再拜，稽首受。疏：釋曰：賓不辭即受摯，以君所不臣，禮無受他臣摯法，賓如此法，故不敢亢禮於他君，故不辭即受之也。凡臣無境外之交，今得以摯執見他邦君者，謂他國之君來朝，此國之臣因見之，謂若《掌客》卿皆見以羔之類是也。《春秋》卿、大夫與他國之君相見者，皆因聘會乃見之，非特行也。

凡燕見于君，必辯君之南面。若不得，則正方，不疑君。辯猶正也。君南面，則臣見正北面。君或時不然，當正東面，若正西面不得疑君所處耶鄉之。此謂特見圖事，非立賓主之燕也。疑，度之。疏：釋曰：案上文注以此爲博記反見之燕義，則此與燕義，燕禮立賓主之燕，别以其此經君之面位正南，臣北面向之。若不得南面，或君東、西面，則臣亦正方向之，不可預度君之面位，邪立向之，皆與《燕禮》君在阼階西面爲正異，故知此經是特見，皆圖事，并與賓反見之燕義也。知有圖事者，《論語·鄉黨》云孔子與君圖事于庭、圖事于堂，《燕禮》亦云君與卿同事之時，有此面位無常之法也。

又：凡言，非對也，妥而後傳言。凡言，謂己爲君言事也。妥，安坐也。傳言，猶出言也。若君問，可對則對，不待安坐也。古文妥爲綏。疏：凡言至傳言。注凡言至爲綏。釋曰：此據臣與君言之法也。云凡言，謂己爲君言事也者，謂臣有圖，爲君言也。《禮記·少儀》云：量而後入，不入而後量。是臣有事將入見君，須量己所言，亦當量君安坐，乃可得入，而後傳出己言，向君道之。云妥，安坐也者，《爾雅·釋詁》文。

與君言，言使臣。與大人言，言事君。與老者言，言使弟子。與幼者言，言孝弟於父兄。與衆言，言忠信慈祥。與居官者言，言忠信。博陳燕見言語之儀也。言使臣者，使臣之禮也。大人，卿大夫也。言事君者，臣事君以忠也。祥，善也。居官，謂士以下。疏：與君至忠信。釋曰：上文據與君言，此文則總説尊卑言語之别。云與君言，言使臣。與大人言，言事君者，但君臣相對，有事即言，不必與君言恒言使臣，與臣言恒言事君。今唯言使臣事君者，下供上命，禮法當然，故君以使臣爲主，臣以事君爲正，無妨更言。餘事已下，皆隨事爲主可也。云與老者言，言使弟子者，謂七十致仕之人，依《書》傳：大夫致仕爲父師，士致仕爲少師，教鄉閭子弟。雷次宗云：學生事師，雖無服，有父兄之恩，故稱弟子也。云與幼者言，言孝弟於父兄者，幼既與老者相對，此幼即弟子之類，孝弟事父兄之名，是人行之本，故云言孝弟于父兄。與衆言，言忠信慈祥者，此文承老幼之下，亦非朝廷之臣，但是鄉閭長幼共聚之處，使之行忠信慈善之事也。云與居官者言，言忠信者，此與在朝之士，言以忠信爲主也。注博陳至以下。釋曰：云博陳燕見言語之儀也者，據已上博陳與君燕見舉動言語，知此博陳也。云言使臣者，使臣之禮也者，并事君以忠，並是《論語》孔子對定公之文。云大人，卿大夫也者，此云言事君，明非天子諸侯，又非士，是卿大夫可知。又案下文云凡與大人言，始視面，中視抱，卒視面，並是臣視君之法，則大人據君也。又《禮運》云：大人世及以爲禮。鄭解爲諸侯者，以彼上文云天下爲家，以據天子，明下云大人是諸侯可知。《易·革卦》云君子豹變據諸侯，則大人虎變是天子可知。又案《論語》云狎大人，注爲天子諸侯爲政教者，彼據小人不在朝廷，故以大人爲天子諸侯政教解之。鄭皆望文爲義，故解大人不同。云居官，謂士以下者，以上大夫云事君，已據居官，卿大夫其居官之内，唯有二十七士并府史胥徒，故云士以下也。

又：若父，則遊目，毋上於面，毋下於帶。子於父，主孝不主敬，所視廣也，因觀安否何如也。今文父爲甫，古文毋作無。疏：若父至於帶。注子於至作無。釋曰：案《曲禮》大夫之臣視大夫得視面不得遊目，士之臣視士得旁遊目。今子視父，應與視君同，不上於袷。與士大夫同者，以子於父主孝不主敬，所視廣者，因視安否何如也。

凡侍坐於君子，君子欠伸，問日之早晏，以食具告。改居，則請退可也。君子，謂卿大夫及國中賢者也。志倦則欠，體倦則伸，問日晏，近於久也。具猶辯也，改居，謂自變動也。古文伸作信，早作蚤。疏：凡侍至可也。注君子至作蚤。釋曰：此陳侍坐於君子之法。鄭云君子，卿大夫者，禮之通例，大夫得稱君子，亦得稱貴人，而士賤，不得也。知及國中賢者者，《鄉射禮》云：徵唯所欲，以告於鄉先生君子，可也。鄭云：鄉先生，鄉大夫致仕者。君子，有大德行不仕者。則《曲禮》云博文强識而讓，敦善行而不怠，謂之君子是也。云志倦則欠，體倦則伸，鄭注《曲禮》亦然。云古文伸作信，早作蚤者，此二字古通用，故《大宗伯》云侯執身圭，爲信字。《詩》云：一之日其蚤，獻羔祭韭。爲蚤字既通用，疊古文者，據字體非直，從今爲正，亦得通用之義也。

又：若君賜之食，則君祭先飯，徧嘗膳，飲而俟。君命之食，然後食。君祭先飯，食其祭食，臣先飯，示爲君嘗食也。此謂君與之禮食。膳，謂進庶羞，既嘗庶羞，則飲，俟君之徧嘗也。今云呫嘗膳。疏：若君至後食。注君祭至嘗膳。釋曰：此經及下經論臣侍君坐得賜食之法。鄭云先飯，示爲君嘗食也者，凡君將食，必有膳宰進食，則膳宰嘗君前之食，備火齊不得，下文是也。今此文謂膳宰不在，則侍食者自嘗自己前食，既不嘗君前食，則不正嘗食，故云示爲君嘗食也。云此謂君與之禮食者，謂君與臣小小禮食法，仍非正禮食，正禮食則《公食大夫》是也。彼君前無食，此君臣俱有食，故知小小禮食。此即《玉藻》云：若賜之食，而君客之，則命之祭，然後祭。彼云客之，則此注禮食亦不得祭，故一也。但此文不云客之命之祭然後祭，文不具也。若臣嘗食，不得云禮食，亦不得祭，故鄭注《玉藻》云侍食則正不祭是也。

若有將食者，則俟君之食，然後食。將食猶進食，謂膳宰也。膳宰進食，則臣不嘗食。《周禮・膳夫》品嘗食，王乃食。疏：若有至後食。注將食至乃食。釋曰：云膳宰進食，則臣不嘗食者，臣爲君嘗食，本爲膳宰不在，今膳宰既在，明臣不嘗食也。是以《玉藻》云：若有嘗羞者，則俟君之食，然後食，飯飲而俟。注云不祭侍食，不敢備禮也。不嘗羞，膳宰存也是也。云膳夫者，天子膳夫，則諸侯之膳宰。引之者，證經將食之人是膳宰，因將膳與君品嘗食。凡君食，臣有侍食之時，唯子不侍食。是以《文王世子》云：命膳宰曰，末有原。應曰諾，然後退。是大子不侍食。若卿大夫已下，則有侍食法，故《内則》云父没母存，冢子御食，羣子婦佐餕是也。

若君賜之爵，則下席，再拜稽首。受爵，升席祭，卒爵，而俟，君卒爵，然後授虛爵。受爵者於尊所，至於授爵，坐授人耳。必俟君卒爵者，若欲其釂然也。今文曰若賜之爵，無君也。疏：若君至虛爵。注受爵至君也。釋曰：云受爵者於尊所者，《曲禮》亦是賜爵法，而云酒進則起，拜受於尊所是也。云至於授爵，坐授人耳者，見《曲禮》與《玉藻》並此文，並無立授之文，故知坐授也。云必俟君卒爵者，若欲其釂然也者，此經文與《玉藻》文同皆燕而君客之賜爵法。故臣先飲以酒，是甘味，欲美君之味，故先飲。必待君卒爵而後授虛爵者，臣意若欲君盡爵然也。案《曲禮》云：侍飲於長者，酒進則起，拜受於尊所，長者辭，小者反席而飲。長者舉未釂，少者不敢飲。彼是大燕飲禮，故鄭注引《燕禮》曰公卒爵而後飲，案《燕禮》當無算爵，後得君賜爵，待君卒爵乃飲是也。

又：凡執幣者，不趨，容彌蹙以爲儀。不趨，主慎也。以進而益恭爲威儀耳。今文無容。疏：凡執至爲儀。釋曰：案《小行人》合六幣，玉、馬、皮、圭、璧、帛皆稱幣。下文別云執玉，則此幣謂皮馬享幣及禽摯皆是。注不趨至無容。釋曰：凡趨有二種：有疾趨，行而張足曰趨是也；有徐趨，則下文舒武舉前曳踵是也。今此經云不趨者，不爲疾趨，故云主慎也。既不云疾趨，又不為下文徐趨，但徐疾之閒爲之，故以進而益恭爲威儀也。

又：凡自稱於君，士大夫，則曰下臣。宅者在邦，則曰市井之臣；在野，則曰草茅之臣；庶人則曰刺草之臣。他國之人則曰外臣。宅者，謂致仕者也。致仕者，去官而居宅，或在國中，或在野。《周禮・載師》之職以宅田任近郊之地。刺猶剗除也。今宅爲託，古文茅作苗。疏：凡自至外臣。釋曰：云凡自稱於君，士大夫則曰下臣者，此與君言之時。案《玉藻》云上大夫曰下臣，與此同也。注宅者至作苗。釋曰：此亦自稱於君，以其致仕不在，故指宅而言，故曰宅者，謂致仕者也。云或在國中，或在野者，案《爾雅》郊外曰野，則自郊至畿五百里内皆名野。又案《鄉大夫》職國中七尺，野自六尺，此亦云在國在野，相對其言，國外則云野，則云宅在野者，城外畿内皆是也。云《載師》之職者，彼鄭注云：宅田，致仕者之家所受田也。引之，證彼言宅田據地，此言宅據所居，一也。云刺猶剗除也者，案《詩》有其鎛斯趙，注云：趙，刺也，故以刺爲剗除草木者也。

（清）胡培翬《儀禮正義・士相見禮》

士相見禮第三鄭《目録》云士以職位相親，始承摯相見之禮。《雜記》會葬禮曰：相見也，反哭而退，朋友，虞祔而退。士相見於五禮屬賓禮。《大、小戴》及《别録》皆第三。疏：正義曰：單疏本始承摯相見下無之字，《釋文》、集釋、毛本俱有。鄭云士以職位相親始承摯相見之禮者，謂始仕爲士者，因職位相親，而始行執摯相見之禮，是鄭專指有位之士而言也。然其實未仕之士，以道藝相親而相見，當亦用此禮。又此篇主言侯國之士，然亦兼天子之士在内。賈疏謂天子之孤卿大夫士，與諸侯之孤卿大夫士，執摯既同，禮亦無别。是也。不云見而云相見者，據經賓初以摯見主人，主人復還摯見賓，是迭爲賓主，故云相見也。《王制》六禮，相見居其一。【略】云士相見於五禮屬賓禮者，《周禮・大宗伯》以賓禮親邦國，其别有八，雖未言相見，然相見亦是賓主相接之法，故鄭云屬賓禮也。郝氏敬云：士相見禮，士君子初相接之禮也。古之君子，論行而結交，行苟同矣，未遽合也，必有介以相通，有辭以相命，有摯以相將，有儀以相敬，然後無苟合而免失身之悔。然則《儀禮》一經，特制相見之禮，其以是與？張氏爾岐云：經本言士與士相見，遞推至見君，見禮已備。凡燕見于君以下，博言、圖事、進言、侍坐諸儀法，殆類記文體例矣。盛氏世佐云：此篇之經，止士相見一章。自士見于大夫以下，皆記也。其中見大夫、大夫相見、見君三節，文與本篇相似，猶可曰自士相見推之也，至凡燕見于君以下，則其體宛似《戴記》，且與彼大同小異者。今案：自凡燕見于君以下，文體與經不相似，非周公作，張氏、盛氏以爲記文，説亦有見，今並録存之，以諗來者。

又：士相見之禮，摯，冬用雉，夏用腒，左頭奉之，曰：某也願見，無由達，某子以命命某見。摯，所執以至者，君子見於所尊敬，必執摯以將其厚意也，士摯用雉者，取其耿介，交有時，别有倫也。雉必用死者，爲其不可生服也。夏用腒，備腐臭也。左頭，頭，陽也。無由達，言久無因緣以自達也，某子，今所因緣之姓名也。以命者，稱述主人之意。今文頭爲脰。疏：正義曰：【略】注云摯所執以至者君子見於所尊敬必執摯以將其厚意也者，案鄭注《大宗伯》云：摯之言至，所執以自致。又注《曲禮》云：摯之言至也。《通典》云：摯者，至也，信也，君子於其所尊，必執摯以相見，明其厚心之至，以表忠信，不敢相褻也。陳氏祥道云：禮云：無辭不相接也，無禮不相見也，欲民之無相瀆也。又云：君子於其所尊，不敢質也。故貴至於邦君，賤至於庶人，以至婦人童子。相見不依摯，不足以爲禮，摯而不稱德，不足以爲義。此論摯之大略也。云士摯用雉者取其耿介交有時别有倫也者，《曲禮》曰：凡摯，天子鬯，諸侯圭，卿羔，大夫雁，士雉。《大宗伯》以禽作六摯，士執雉，是其用雉之證也。《説苑》云：雉者，不可指人食籠狎而服之。是其性耿介也。李氏云：雉春交秋別，既別不褋。是其有時有倫也。云雉必用死者爲其不可生服也者，《書·舜典》曰：五玉三帛二生一死摯。一死即謂雉也。《白虎通》云：士以雉爲摯者，取其不可誘之以食、懾之以威，必死不可生畜，士行威守節死義，不當移轉也。

又：賓對曰：某不以摯不敢見。見於所尊敬而無摯，嫌大簡。疏：正義曰：注云見於所尊敬而無摯嫌大簡者，此釋所以必用摯之義也。《白虎通》云：相見有摯何？所以相尊敬，長和睦也，故財帛者，所以副至意也。然則平等而相見，亦有相尊敬之意，故注云然。

又：庶人見于君，不爲容，進退走。容，謂趨翔。疏：正義曰：賈疏以庶人爲在官府史胥徒之屬。王氏昭禹謂非特府史胥徒而已，凡民在焉。王説是也。方氏苞云：古者，天子諸侯耕耤巡方，大詢時田，皆與庶人接，故庶人有見君之禮。或謂下節注庶人之摯鶩五字，當在此節。據《大宗伯》庶人執鶩注云：鶩取其不飛遷。則兼凡民在內矣。《曲禮》：庶人之摯匹。鄭注：説者以匹爲鶩。注云容謂趨翔者，張氏爾岐云，庶人見于君，不爲趨翔之容，進退唯疾走而已。即《曲禮》云：庶人僬僬。今案：不爲容甚于蹙，進退走，所謂不爲容也。

又：與君言，言使臣。與大人言，言事君。與老者言，言使弟子。與幼者言，言孝弟于父兄。與衆言，言忠信慈祥，與居官者言，言忠信。博陳燕見言語之儀也。言使臣者，使臣之禮也。大人，卿大夫也。言事君者，臣事君以忠也。祥，善也。居官，謂士以下。疏：正義曰：敖氏云：今本言忠信慈祥《大戴禮》注引此，無忠信字，今有之者，蓋因下文有言忠信三字而誤衍。今案：唐石經、嚴本俱與今本同。盛氏云：有忠信二字，於義亦通，況此本流傳已久，未可輕删也，張氏爾岐云：所與言之人不同，則言亦各有所宜。言雖多端，大旨所主，不離乎此，今案：與君言言使臣者，方氏苞云：人君治政成民，一日萬幾，而要道莫如使臣。能使大臣、羣臣皆稱其職而各盡其材，則萬事得理，而民無不安矣。與大人言言事君者，方氏云：始仕者雖有職事，尚未得自達於君，故與居官者言，但言忠信。至於大人，則忠信不必言，當勉以事君之大義，所謂以道事君也。與老者言言使弟子者，老者爲後生所取法，故與之言使弟子之事。賈疏云：《書》傳：大夫致仕爲父師，士致仕爲少師，教鄉閭子弟。雷次宗云：學生事師，雖無服，有父兄之恩，故稱弟子也，今案：此經所謂老，即指年高德劭之人，不必定屬父師，少師，賈説似泥。與幼者言言孝弟於父兄者，幼者即承上弟子言。《論語》曰：弟子入則孝，出則弟。又曰：入則事父兄，孝弟爲人之本。故與幼者恆言及此也。與衆言言忠信慈祥者，上言老與幼，此言衆，則是强壯有作爲之人，又下別言居官者，則此衆係泛指民庶，非有位者可知。凡人與人相接，必以忠信爲要，忠信則蠻貊可行，不忠信雖州里難行，故與衆言以此爲先也。又人與人相接，貴有親厚之意，而不可有乖戾之心。慈祥者，天地之善氣，而仁德之流行也。常言及此，則有以消其惡念，而人皆可爲善矣。與居官者言言忠信者，此指庶司百執事之人，必以忠信爲事上接下之本也。但上與衆言兼及慈祥，此不言慈祥者，方氏云：居官而偏於慈祥，則容奸引惡，而反爲民害矣，非衆人之比也。注云博燕見言語之儀也者，自與君言以至居官衆人，所謂博陳也。此皆從容燕處講論之言，非因事陳説，故知爲燕見言語也。儀，疑當作義。上節妥而後傳言及下三節，是言其儀，此則言其所當言之義也。云言使臣者使臣之禮也者，《論語》曰君使臣以禮，故知此所言者乃使臣之禮也。或疑之禮也之字當作以，非。云大人卿大夫也、又云居官謂士以下者，古者建國必立三卿，又有五大夫，皆所以佐君出治者。其下上士、中士、下士，及庶人在官者，皆屬於卿大夫，不能自達於君，是士以下與卿大夫尊卑迥殊。鄭見經言大人於君下，而又別言居官者，故以卿大夫爲大人，以士以下爲居官者，其解甚確，而或且疑之，不知此經大人猶言大臣，以別於居官之爲小臣云爾。云言事君者臣事君以忠也者，案臣事君以忠，亦《論語》文。云祥善也者，《爾雅·釋詁》文。

又：若父，則遊目，毋上于面，毋下于帶。子於父，主孝不主敬，所視廣也，因觀安否何如也。今文父爲甫，古文毋爲無，疏：正義曰：注古文毋作無，作，通解、毛本俱作爲。嚴、徐、集釋俱作作。敖氏云：此謂與父言之時也，其異於大人者，遊目耳。今案：上節云凡與大人言，此云若父，緊承上説，則敖以此不與父言之時，是矣。《曲禮》曰：士視五步。鄭注：士視得旁遊目五步之中也。視大夫以上，上下遊目，不得旁。此經云遊目，亦謂得旁遊也。但其上下仍有節限。《曲禮》又曰：凡視上於面則傲，下於帶則憂。故此經直云毋上于面毋下于帶也。注云子於父主孝不主敬所視廣也者，此釋所以得遊目之故，蓋非不主敬也，但敬心不如孝心之摯耳。

又：凡自稱于君，士大夫則曰下臣。宅者，在邦，則曰市井之臣；在野，則曰草茅之臣。庶人，則曰刺草之臣。他國之人，則曰外臣。宅者，謂致仕者也，致仕者去官而居，宅或在國中，或在野。《周禮·載師》之職，以宅田任近郊之地。今文宅或爲託，古文茅作苗。刺，猶剗除也。疏：正義曰：【略】云《周禮·載師》之職以宅田任近郊之地者，鄭於彼注易先鄭之説以宅田爲致仕者之家所受田，而即引此經宅者在邦云云以證之，故于此經即引彼宅田爲證也。《儀禮釋官》云：案《書·酒誥》曰：越百姓里居。傳云：於百官族姓及卿大夫致仕居田里者。彼言里居，即此經言宅之義。天子畿內，采地三等，大國九，三公致仕者之田三。次國二十一，卿致仕者之田六。小國六十三，大夫致仕者之田二十七。並見《王制》注。諸侯亦當有卿大夫致仕者之田，但其數未聞耳。云刺猶剗除也者，《廣雅·釋詁》云：剗，削也。然則刺草即謂削除其草矣。云今文宅爲託古文茅作苗者，《經義述聞》以今文託字爲長，謂羈旅之人，寄託於此國者也。襄二十七年《左傳》：衛子鮮出奔晉，託于木門，終身不仕。是其證。託者若仕，則自稱于君，與士大夫同。不仕則或曰市井之臣，或曰草茅之臣而已。《孟子》：庶人不傳質爲臣，不敢見於諸侯。今託於此國而不仕，亦是不傳質爲臣者，故其自稱于君者相若也。案宅者之義，當以鄭注爲正。【略】劉氏敞《補士相見義》曰：自天子至于庶人皆摯，摯者，致也，所以致其志也。天子之摯鬯，諸侯玉，卿羔，大夫雁，士雉。鬯也者，言德之遠聞也。玉也者，言一度不易也。羔也者，言柔而有禮也。雁也者，言進退知時也。雉也者，言死其節也。故天子以遠德爲志，諸侯以一度爲志，卿以有禮爲志，大夫以進退爲志，士以死節爲志，明乎其志之義而天下治矣。故執斯摯也者，致志者也。君之摯，以事神，臣之摯，以養人，唯君受摯者，唯君受養也。非其君則辭摯，不敢當養也。古者，非其君不仕，非其師不學，非其人不友，非其大夫不見。士相見之禮，必依于介紹，以言其不苟合也。必依于摯，以言其道可親也。苟而合，唯小人無恥者能之。君子可見也，不可屈也，可親也，不可狎也，可遠也，不可疎也。賓至門，主人三辭見，賓稱摯，主人三辭摯，所以致尊嚴也。大夫以禮相接，士以禮相諭，庶人以禮相同，然而爭奪興于末者，未之有也。人苟悦而相若者，末必爭，苟簡而相親者，末必怨。是故士相見禮者，人道之大也，所以使人重其身而毋邇於辱也，所以使人慎其交而毋邇於禍也。唯仕於君者，召而往，未仕而見於君者，冠而奠摯。在邦，曰市井之臣，在野，曰草莽之臣。君雖召，不往也。是故雖有南面之貴，千乘之富，士之所以結者，禮義而已矣，利不足稱焉。刑罰行於國，所誅者，好利之人，未有好利而其俗不亂者也。無介而相見，君子以爲諂，故諸侯大國九介，次國七介，小國五介。

《儀禮注疏・聘禮第八》 聘禮第八疏：聘禮第八。鄭《目録》云：大問曰聘。諸侯相於久無事，使卿相問之禮。小聘使大夫。《周禮》曰：凡諸侯之邦交，歲相問，殷相聘也，世相朝也。於五禮屬賓禮。《大戴》第十四，《小戴》第十五，《別録》第八。釋曰：鄭云大問曰聘者，則此篇發首所論是也。云久無事者，案下記云：久無事則聘焉。注云：事謂盟會之屬。若有事，事上相見，故鄭據久無事而言。云小聘使大夫者，下經云小聘曰問。其禮如爲介，三介是也。《周禮》曰者，《大行人》文，鄭彼注：小聘曰問殷中也，久無事又於殷朝者，及而相聘也。父死子立曰世。凡君即位，大國朝焉，小國聘焉。此皆所以習禮考議，正刑一德，以尊天子也。必擇有道之國而就脩之。然歲相問，殷相聘，《聘義》所云比年小聘，三年大聘是也。《大行人》云：上公九介，侯伯七介，子男五介。又云：凡諸侯之卿，其禮各下其君二等。《聘義》：上公七介，侯伯五介，子男三介。是諸侯之卿，介各下其君二等者也。若小聘曰問，使大夫，又下其卿二等，此《聘禮》是侯伯之卿大聘，以其經云五介，上介奉束錦，士介四人，皆奉玉錦。又云入竟張旜，孤卿建旜，據侯伯之卿之聘者。必見侯伯之卿聘者，周公作經，互見爲義，此見侯伯之卿大聘。《玉人》云：瑑圭璋八寸，璧琮八寸，以覜聘。上公之臣，《公食大夫》俎實云倫膚七，據子男之臣，是各舉一邊，而言明五等俱有，是其互見爲義也

又：誓于其竟，賓南面，上介西面，衆介北面，東上。史讀書，司馬執策，立于其後。此使次介假道，止而誓也。賓南面，專威信也。史於衆介之前，北面讀書，以勅告士衆，爲其犯禮暴掠也。禮，君行師從，卿行旅從。司馬，主軍法者，執策示罰。疏：誓于至其後。注此使至示罰。釋曰：此誓當在使次介假道之時，止而誓，言令在士帥没其竟之後言之者，此文因上設彼國禮法訖，乃更却本而言之，不謂此士帥没竟後，是以鄭云：此使次介假道止而誓也。言賓南面，專威信者，此聘禮雖非軍事，亦是梱外之事，使專威信，故南面若君然也。知史於衆介之前北面讀書者，以經言衆介北面，則言史讀書，明亦北面，與衆介同北面，又賓南面復對之故也。云君行師從已下，定四年召陵之會祝佗辭，引之者此聘使有旅從，恐暴掠也。

又：君使卿皮弁，還玉于館。玉，圭也。君子於玉比德焉。以之聘，重禮也。還之者，德不可取於人，相切厲之義也。皮弁者，始以此服受之，不敢不終也。疏：【略】釋曰：自此盡賓送不拜，論主君使卿詣館還玉及報享之事。云玉，圭也者，舉聘君之圭。云君子於玉比德焉。以之聘，重禮也。并相切厲之義，並《聘義》文。案《聘義》云：天子制諸侯，比年小聘，三年大聘，相厲以禮。又云：已聘而還圭璋，此輕財而重禮之義。又云：夫昔者君子比德於玉焉。是其義也。云還之者，德不可取於人，相切厲之義也者，既以玉比德，德在於身，不取於人，彼既將玉來，似將德與己，己不可取彼之德故還之，不取德也。既不得取，而將玉往來者，相切磋，相磨厲以德，而尊天子，故用之也。

又：若有獻，則曰：某君之賜也。言此物其君之所賜予爲惠者也。其所獻雖珍異，不言某爲彼君服御物，謙也。其大夫出，反必獻，忠孝也。疏：【略】云大夫出，反必獻。此以入己之物獻於君者，忠孝也。事君言忠，事父言孝，此獻君忠也，而兼言孝者，忠臣出孝子之門，故連言孝也。

又：若有私喪，則哭于館，衰而居，不饗食。私喪，謂其父母也。哭于館，衰而居，不敢以私喪自聞于主國，凶服于君之吉使。《春秋傳》曰：大夫以君命出，聞喪，徐行而不反。疏：若有至饗食。注私喪至不反。釋曰：自此盡從之，論使者有父母之喪行變禮之事。云不敢以私喪自聞于主國者，解哭于館。又云凶服于君之吉使者，亦取不敢解之。言衰而居，謂服衰居館行聘享，即皮弁吉服，故不敢凶服於君之吉使也。引《春秋傳》者，案宣八年《經》書：夏六月，公子遂如齊，至黄乃復。《公羊傳》云：其言至黄乃復何？有疾也。何言乎有疾乃復？譏。何譏爾？大夫以君命出，聞喪徐行而不反，重君命也。徐行者，爲君當使人追代之，以喪喻疾者，喪猶不還，而況疾乎？是也。以此言之，使雖未出國境，聞父母之

喪，遂行，不敢以私廢王事，君使人代之可也。以此言之，明至彼所使之國，雖聞父母之喪，不反可知，是以哭於館衰而居。

（清）胡培翬《儀禮正義·聘禮一》 聘禮第八鄭《目録》云：大問曰聘。諸侯相於久無事，使卿相問之禮。小聘使大夫。《周禮》曰：凡諸侯之邦交，歲相問也，殷相聘也，世相朝也。聘於五禮屬賓禮。《大戴》第十四，《小戴》第十五，《別録》第八。疏：正義曰：【略】下經小聘曰問，其禮如爲介，三介。是又下其卿二等，故知使大夫也。云《周禮》曰凡諸之邦交歲相問也殷相聘也世相朝也者，此《周禮·大行人》文。彼注云：小聘曰問。殷，中也，久無事，又於殷朝者及而相聘也。父死子立曰世，凡君即位，大國朝焉，小國聘焉。此皆所以習禮考義，正刑一德，以尊天子也。必擇有道之國而就脩之。【略】《聘義》曰：故天子制諸侯，比年小聘，三年大聘。鄭注：比年小聘，所謂歲相問也，三年大聘，所謂殷相聘也。《王制》曰：諸侯之于天子也，比年一小聘，三年一大聘，五年一朝。鄭注：此大聘與朝，晉文霸時所制。兩注似異者，褚氏云：比年、三年，乃周公所制邦交之禮，非行於天子之禮也。《王制》則指諸侯之于天子，故鄭據《左傳》辨之。

又： 誓于其竟，賓南面，上介西面，衆介北面，東上。史讀書，司馬執筴，立于其後。此使次介假道，止而誓也。賓南面，專威信也。史於衆介之前，北面讀書，以敕告士衆，爲其犯禮暴掠也。《禮》，君行師從，卿行旅從，司馬，主軍法者，執策示罰。疏：正義曰：【略】云司馬主軍法者執策示罰者，言司馬執策立于史後，明書在而法隨之，有犯必罰也。

（清）胡培翬《儀禮正義·聘禮三》 若有私喪，則哭于館，衰而居，不饗食。私喪，謂其父母。哭于館，衰而居，不敢以私喪自聞於主國，凶服干君之吉使。《春秋傳》曰：大夫以君命出，聞喪，徐行而不反。疏：正義曰：注謂其父母也，毛本無也字。校勘記云：嚴本、集釋、楊、敖俱有。又凶服干君之吉使，徐、陳、監本、集釋、敖氏俱作干。嚴、鍾、閩本、通解、楊氏俱作于。戴氏震云：干訛于。敖氏云：不饗食謂主君饗食，己則不往也，其致之則受之。盛氏云：案唯云不饗食，則其他皆受之矣。牲牢乘禽之屬，亦得受之者，《襍記》曰：三年之喪，如或遺之酒肉，則受之，必三辭，主人衰絰而受之。如君命則不敢辭，受而薦之。是也。今案：經云不饗食，不云不受饗食，則敖説是矣。注云私喪謂其父母也者，謂使者之父母也。云哭于館衰而居不敢以私喪自聞於主國凶服干君之吉使者，不敢以三字，直貫下句。蓋經云哭于館，明在館哭之，不哭於外，是不敢以私喪自聞於主國也。云衰而居，明居時服衰，行禮不服衰，是不敢以凶服干君之吉使也。賈疏謂：行聘享，仍服皮弁，蓋不以私喪廢公事也。或乃駁之，謂當使上介攝。案下文賓死，介攝其命，則此不使介攝明矣。云《春秋傳》曰大夫以君命出聞喪徐行而不反者，宣八年《公羊傳》文。何注云：聞喪者，聞父母之喪。徐行者，不忍疾行，又爲君當使人追代之。今案：鄭引之者，證奉命出，聞喪不反，君不使人代之，則至彼國，當終其事，故其禮如此也。

又： 歸，使衆介先，衰而從之。己有齊斬之服，不忍顯然趨於往來，其在道路，使介居前，歸又請反命，己猶徐行隨之。君納之，乃朝服，既反命，出公門，釋服，哭而歸。其他如奔喪之禮。吉時道路深衣。疏：正義曰：注云己有齊斬之服不忍顯然趨於往來其在道路使介居前者，釋所以使衆介先之義也。禮，爲父斬衰，爲母齊衰，此私喪中兼有父母，故兩言之。聘爲吉事，己有喪，不可居前，故使衆介先，而己服衰從之也。上云衰而居，此云衰而從之，明是成服而后行者。《奔喪》曰：唯父母之喪，見星而行，見星而舍，若未得行，則成服而后行。

又： 卿館于大夫，大夫館于士，士館于工商。館者必於廟，不館於敵者之廟，爲大尊也。自官師以上，有廟有寢，工商則寢而已。疏：正義曰：【略】《祭法》曰：適士二廟，官師一廟。鄭注：官師，中士下士。是自官師以上，有廟有寢也。《祭法》又曰：庶士，庶人無廟，死曰鬼。鄭注：凡鬼者薦而不祭。庶士，府史之屬。孔疏：庶人，平民也，賤，故無廟。《王制》曰：庶人祭於寢。此工商與庶人同，故知有寢無廟也。但士上有廟有寢，祭在廟，薦在寢。庶人則爲寢以薦其先，而其制與士廟後之寢，當亦不殊，唯無廟爲異。《王制》注謂寢爲適寢，竊疑士以上有適寢，有下室，庶人則但有下室而已，未必有適寢，以適寢所以行禮，而禮不下庶人故耳。

（清）胡培翬《儀禮正義·覲禮》 使者左還而立，侯氏還璧，使者受，侯氏降再拜稽首，使者乃出。左還，還南面，示將去也。立者，見侯氏將有事於己，俟之也。還玉，重禮。疏：正義曰：【略】云還玉重禮者，《聘禮》勞用束帛不還，此覲用璧則還之。《聘義》曰已聘而還圭璋，此輕財而重禮之義也。賈疏云：此以天子之璧，不加束帛，尊之與圭璋同，故亦還之爲重禮也。

《儀禮注疏·特牲饋食禮》 尊兩壺于阼階東，加勺，南枋，西方亦如之。爲酬賓及兄弟，行神惠，不酌上尊，卑異之，就其位尊之。兩壺皆酒，優之，先尊東方，示惠由近。《禮運》曰：澄酒在下。疏：尊兩至如之。注爲酬至在下。釋曰：自此盡揖復位，論堂下設尊酬賓之事。云行神惠，不酌上尊，卑異之者，决上文獻賓及兄弟皆酌上尊者，獻是嚴正，故得與神靈共尊。至此旅酬禮褻，故不敢酌上尊。案《司尊彝》職四時之祭，云皆有罍，諸臣之所酢，《少牢》上下大夫堂下皆無尊者，士卑，得與人君同，大夫尊，辟人君故也。云兩壺皆酒，優之者，設尊之法，皆有玄酒，今兩壺皆酒，無玄酒，優之也。案《玉藻》云唯饗野人皆酒，鄭云：飲賤者不備禮。與此注無玄酒爲優之異者，此士之祭禮，欲得尊賓嘉客，以事其先非賤者，故以皆酒爲優之。彼饗野人，野人是賤者，故以不備禮解之也。云先尊東方，示惠由近者，東方主人位，西方賔位，今先設東方，乃設西方者，見酒由主人來，故云示惠由近爲始也。引《禮運》者，彼注澄為沈，齊酒是三酒，酒所以飲諸臣，證此壺尊亦飲在下者也。

又：長兄弟洗觚爲加爵，如初儀，不及佐食。洗致如初，無從。大夫士三獻而禮成，多之爲加也。不及佐食，無從，殺也。致，致於主人、主婦。疏：長兄至無從。注大夫至主婦。釋曰：此一經論士三獻之外，爲加獻尸之事。云如初儀者，如賔長三獻之儀。但賔長獻十一爵，此兄弟之長，加獻則降，唯有六爵。以其闕主人，主婦致爵，并酢四爵，及獻佐食五。唯有六在者，洗觚為加獻，一也；尸酢長兄弟，二也；獻祝，三也；致爵於主人，四也；致爵於主婦，五也；受主人酢，六也。云大夫士三獻而禮成者，天子大祫十有二獻，四時與禘唯有九獻，上公亦九獻，侯伯七獻，子男五獻，卿大夫士畧。同三獻而祭禮成也，是以多之者爲加。若主人飲酒禮，卿大夫三獻，士唯一獻而已。祭禮士與大夫同者，攝盛，葬奠亦與元缺一字大夫同，《少牢》五鼎，又乘車建旜，亦與卿大夫同也。

又：筵對席，佐食分簋、鉶。爲將餕分之也。分簋者，分敦黍於會，爲有對也。敦，有虞氏之器也。周制，士用之。變敦言簋，容同姓之士得從周制耳。《祭統》曰：餕者，祭之末也，不知不知也。是故古之人有言曰：善終者如始。餕其是已。是故古之君子曰：尸亦餕鬼神之餘，惠術也，可以觀政矣。疏：筵對至簋鉶。注爲將至政矣。釋曰：自此盡戶外西面，論嗣子共長兄弟對餕之事。云敦，有虞氏之器者，《禮記·明堂位》云：有虞氏之兩敦。上文黍稷之敦是周制，士用之。云言簋，容同姓之士得從周制耳者，大夫異姓既用異代之器，故《少牢》、《特牲》皆用敦，則同姓之士當同周制用簋，故經言分簋。是以《文王世子》鄭注亦云：同姓之士緦衰，異姓之士疑衰。亦同姓與異姓別也。引《祭統》者，證餕是鬼神之惠徧廟中，若國君之惠徧境內，是可以觀政之事也。

（清）胡培翬《儀禮正義·特牲饋食禮二》 長皆執以興，舉觶者皆復位，答拜。長皆奠觶于其所，皆揖其弟子，弟子皆復其位。復其位者，東西面位。弟子舉觶於其長，所以序長幼，教孝弟。凡堂下拜，亦皆北面。疏：正義曰：【略】云弟子舉觶於其長所以序長幼教孝弟者，方氏苞云：使弟子觀禮于廟中，耳濡目染，以至於成人，則禮儀之度，和敬之德，習與性成矣。又云：兄弟之子，以同姓而來觀禮。方氏苞云：兄弟弟子以同姓而來觀禮，宜也。賔亦率其子弟而至，何也？不命之士，有寢而無廟，有薦而無祭，無由習禮，故使各率其子弟，以觀祭祀賔客之儀，又使為人子孫者，知必得廟祀，而後可以盡追養之心，而衆厲於德行道藝矣。足與注義相發明。

又：主人出立于戶外，西面。事餕者禮畢。疏：正義曰：張氏爾岐云：愚于此節，不能無疑。嗣子，子也。主人拜祝、拜酳、拜受酢，如事嚴賔然。為之子者，何以安乎？今案：餕是食神惠之餘，故主人慎重其禮而拜之。初時，拜祝、拜酳，係與兩養為禮，不專拜嗣也。至酢時，則專與嗣為禮而拜受爵，拜卒爵，主人且先拜焉，宜足以致後儒之疑。然聖人制禮，有精意存焉，未可以常情測也。吳氏紱云：父拜之，為行禮也。《冠禮》見于母，母拜之，與此義同。官氏云：凡酌酒無不拜受者，雖尸之尊猶然。《燕禮》臣獻爵，君亦拜受，父子可推矣。方氏苞云：主人受嗣子之爵，而卒爵又拜者，神惠之餘，不可以子將之而有異也。《禮經釋例》云：尸養鬼神之餘，養者又養尸之餘，故主人事養者，卒食酳酢，略同事尸之禮，但節文則殺耳。合此諸説觀之，可以得制禮之意矣。

《儀禮注疏·有司》 主人降，南面拜衆賔于門東，三拜。衆賔門東，北面，皆荅壹拜。拜于門東，明少南就之也。言三拜者，衆賔賤，旅之也。衆賔一拜，賤也。卿大夫尊，賔賤，純臣也，位在門東。古文壹為一。疏：主人至壹拜。注拜于至為一。釋曰：自此盡賔降，論主人獻長賔已下并主人受酢之事。云拜于門東，明少南就之也者，以其繼門言之，明少南就之。云言三拜者，衆賔賤，旅之也者，案《周禮·司士》職：孤卿特揖，大夫以其等旅揖。注云：特揖，一一揖之，旅衆也。大夫爵同者衆揖之。此云旅之者，旅衆也，衆人共得一拜。云衆賔一拜，賤也者，以賤不得備禮，故云賤也。云純臣也，位在門東者，此對《特牲》記云：公有司門西，北面東上，獻次衆賔。私臣門東，北面西上，獻次兄弟。此賔皆在門東，故云純臣者，指北面時也。得獻訖，在西階下，亦不純臣，故下經云獻私人于阼階上，注云：私人，家臣，己所自謁。云獻私人於阼階上，注云私人家臣己所自謁除也。大夫言私人，明不純臣也。若然，大夫云私人，見不純臣，士言私臣，不言人者，大夫尊，近君。若言私臣，則臣與君不異，故名私人。士卑，無辟君臣之名，不嫌，故名私臣。

又：主人洗，賔辭。主人坐奠爵于篚，對。卒洗，升酌，降復位。賔拜，受爵，主人拜送爵。賔西西坐奠爵于薦左。主人洗，升，酌，獻兄弟于阼階上。兄弟之長升，拜受爵。主人在其右荅拜。坐祭，立飲，不拜，既爵。皆若是以辯。兄弟長幼立飲，賤不別。大夫之賔尊於兄弟，宰夫不贊酌者，兄弟以親昵來，不以官待之。疏：主人至以辯。注兄弟至待之。釋曰：自此盡其衆儀也，論主人獻兄弟於阼階之事。云兄弟長幼立飲，賤不別者，案《特牲》云獻長兄弟於阼階上，如賔儀者，士卑，長兄弟爲貴，殊貴賤，故云如賔儀，長賔坐飲也。此大夫禮，長賔坐飲，衆賔立飲，至於大夫貴，兄弟賤，兄弟長幼皆立飲，不得如賔儀，故立飲賤不別也。云大夫之賔尊於兄弟，宰夫不贊酌者，兄弟以親昵來，不以官待之者，決上文大夫賔貴，使宰夫贊酌；今兄弟酌，不使宰夫贊酌者，爲兄弟是親昵，不以官待之，故兄弟雖賤於賔，不得使人贊酌而親之也。

又：主人降洗升，獻私人于阼階上。拜于下升受，主人荅其長拜。乃降，坐祭，立飲，不拜既爵。若是以辯。宰夫贊主人酌。主人於其羣私人不荅拜。其位繼兄弟之南，亦北上，亦有薦脀。私人，家臣，己所自謁除也。大夫言私人，明不純臣也。士言私臣，明有君之道。北上，不敢專其位。亦有薦脀，初亦北面在衆賓之後爾。言繼者，以爵既獻為文。凡獻，位定。疏：主人至薦脀。注私人至位定。釋曰：自此盡主人就筵，論主人獻私人之事。云私人，家臣，己所自謁除也者，此對公士得君所命者，此乃大夫自謁請於君，除其課役，以補任為之。云大夫言私人，明不純臣也者，大夫尊，近於君，故屈己之臣名為私人。云士言私臣明有君之道者，士卑，不嫌近君，故得名屬吏為私臣也。云北上，不敢專其位者，以其兄弟北上，今繼兄弟之南，亦北上，與兄弟位同，故云不敢專其位。云兄弟位定者，與上衆兄弟云其位在洗東，西面北上，升受爵，其薦脀設于其位，注云：先著其位於上。明位初在是。此不先著位於上，俱言繼。凡獻者，是據獻位為言，則未獻時，在衆賓後矣。案《特牲》記云私臣位在門東北面，是衆賓後也。云凡獻位定，則是凡獻以前，非定位也。

（宋）劉恕《資治通鑑外紀》卷六《周紀四・簡王》周曰：人有元君，將稟命焉。稟而棄之，是焚穀二三子之虐也。稟而不材，是穀不成，孤之咎也。二三子爲令之不從故求元君而訪焉。孤之不元，廢也誰怨。元而以虐奉之，二三子之制也。圖之進退，願由今日。大夫對曰：辱君之允令，敢不承業，乃盟而入。

綜述

《儀禮注疏・覲禮》諸侯前朝，皆受舍于朝。同姓西面北上，異姓東面北上。言諸侯者，明來朝者衆矣。顧其入覲，不得並耳。受舍於朝，受次於文王廟門之外。《聘禮記》曰：宗人授次，次以帷，少退于君之次。則是次也。言舍者，尊舍也，天子使掌次爲之。諸侯上介先朝受焉，此覲也，言朝者，覲、遇之禮雖簡，其來之心，猶若朝也。分別同姓異姓，受之將有先後也。《春秋傳》曰：寡人若朝于薛，不敢與諸任齒。則周禮先同姓。疏：諸侯至北上。注言諸至同姓。釋曰：此一經論前朝一日，諸侯各遣上介受次於朝之事。云言諸侯者，明來朝者衆矣者，上注云言侯氏者，明國殊舍異，禮不凡之；於此言諸侯凡之者，以其諸國同時遣上介，故言來朝者衆矣。若其行禮，自有前後，故鄭云顧其入覲不得並耳。云受舍於朝，受次於文王廟門之外者，以其春夏受贄於朝，無迎法，受享於廟，有迎禮。秋冬受贄、受享皆在廟，並無迎法。是以大門外無位，既受覲於廟，故在大門外受次。知在文王廟門外者，案《聘禮》云：不腆先君之祧，既拚以俟。則諸侯待朝聘之賓，皆在大祖之廟。以其諸侯者無二祧，遷主所藏，皆在始祖之廟，故以始祖爲祧。案天子待覲、遇亦當在祧，《祭法》云天子七廟有二祧，又案《周禮・守祧》職云：掌守先王先公之廟祧。鄭注：遷主所藏曰祧。穆之遷主藏於文王廟，昭之遷主藏於武王朝。今不在武王廟而在文王廟者，父尊而子卑，故知在文王廟也。若然，先公木主藏於后稷廟，受覲、遇不在后稷廟者，后稷生非王，故不宜在焉。云言舍者，尊舍也者，此賓以帷爲次，非屋舍，尊天子之次，故以屋舍言之，是尊舍也。若天子春夏受享，諸侯相朝聘迎賓客者，皆有外次，即《聘禮》記宗人授次是也。有外次於大門外者，則無廟門外之內次。天子覲、遇在廟者，有廟門外之內次，無大門外之外次，此文是也。云天子使掌次爲之者，案《周禮・掌次》云掌王次之法，以待張事，故知使掌次爲之。諸侯兼官，無掌次，使館人爲之，故《聘禮》云：館人布幕于寢門外。鄭注云館人掌次舍帷幕者是也。云諸侯上介先朝受焉者，知使上介者，案下文諸侯覲於天子，爲宮方三百步，上介皆奉其君之旂置于宮，明知此亦使上介也。云其來之心，猶若朝也者，案《周禮・大宗伯》云春曰朝，秋曰覲，鄭注云：朝之言朝也，欲其來之早。覲之言勤，欲其勤王事。各舉一邊而言，其實早來、勤王通有也。故鄭云其來之心猶若朝，故變覲言朝也。云分別同姓異姓受之，將有先後者，案此經同姓西面，異姓東面，案下《曲禮》云：天子當依而立，諸侯北面而見天子曰覲。彼此皆是覲禮，彼諸侯皆北面，不辨同姓異姓，與此不同者，此謂廟門外爲位時，彼謂入見天子時，故鄭注云覲者位於廟門外而序入，入謂北面見天子時。引《春秋》者，案隱十一年《經》書：滕侯、薛侯來朝。《左傳》曰争長。薛侯曰：我先封。滕侯曰：我周之卜正也，薛，庶姓也，我不可以後之。公使羽父請於薛侯曰：君與滕君辱在寡人，周諺有之曰：山有木，工則度之；賓有禮，主則擇之。周之宗盟，異姓爲後，寡人若朝于薛，不敢與諸任齒。君若辱貺寡人，則願以滕君爲請。薛侯許之，乃長滕侯也。若然，彼服注云：争長，先登授玉。此位在門外，引之者，以其在先即先登，外內同，故引以爲證。

（清）秦蕙田《五禮通考》卷一三一《嘉禮・朝禮》蕙田案：古朝禮有二。《書》曰覲四岳羣牧，又曰肆覲東后。《周禮》大行人掌朝宗、覲遇、會同、聘問之事，乃賓禮也。《周禮》宰夫掌治朝之法，《太宰》王眡治朝則贊聽治，爲天子日視朝之正，乃嘉禮也。秦漢以還，有常朝，有正至，聖節朝賀與古不同，惟常朝爲周治朝之意，餘皆起於後世。今以朝宗、覲遇等別爲賓禮而屬之嘉禮者，統名之曰朝禮。

（清）秦蕙田《五禮通考》卷二二〇《賓禮・天子受諸侯朝》蕙田

案：《易·比》之象曰：先王以建萬國親諸侯。《周禮·大宗伯》以賓禮親邦國。賓禮之大者莫先于朝，朝之别名曰朝，曰覲，曰宗，曰遇。《舜典》云：乃日覲四岳羣牧。又云：肆覲東后。又云：羣后四朝。《禹貢》云江漢朝宗于海，惟遇禮不見於古。然以上三者推之，則朝覲宗遇之名，虞夏以前固已有之。先儒謂夏宗依春，冬遇依秋。故經傳多言朝覲而罕及宗遇，又對文言之，則朝覲宗遇其時其儀有别，散文則皆云朝。故覲禮，諸侯前朝皆受舍於朝，則覲亦云朝。《春秋》僖二十八年夏五月，公朝於王所。冬，公朝於王所。則宗與遇亦云朝也，《儀禮》惟有《覲禮》一篇。

（清）秦蕙田《五禮通考》卷二二三《賓禮·天子受諸侯國朝覲》

蕙田案：三代以前，五服之内諸侯定爲朝聘之期。《大行人》云侯服歲一見，甸服二歲一見，男服三歲一見，采服四歲一見，衛服五歲一見，是也。九州之外謂之蕃國，則有世見之禮，無朝覲之期。自秦廢封建而朝禮遂亡，漢、魏、晉、唐、元，明封建子弟，雖有分土而朝覲未合於古。唐《開元禮》、《宋史·禮志》、《明集禮》所載外蕃朝見之禮尤詳。

（清）秦蕙田《五禮通考》卷二二六《賓禮·諸侯聘于天子》

蕙田案：《周禮·大宗伯》、《大行人》俱有時聘殷頫之禮。《王制》亦云諸侯之于天子也，比年一小聘，三年一大聘。故《周禮》有大賓、大客之分，大賓謂諸侯來朝，大客謂諸侯使卿大夫來聘也。先王之於諸侯，既酌六服之近遠，而定爲朝覲之期，猶懼上下之情不浹也。又於其間使其卿大夫奉幣入聘，以結諸侯之好，且以觀其卿大夫之賢否，以故六服之無遠，如在一家，而無猜嫌跋扈之患。後之儒者刱謂諸侯無聘天子之法，而以《周官》之聘頫爲天子遣使侯國之事。夫天子於侯國尚有徧存、徧頫、徧省之使，而諸侯自朝覲以外，無一介行李聘于天子。曾謂古者有此體制乎？《儀禮》有諸侯邦交之聘禮，而聘于天子之禮則無之。今據經傳諸文以存其略，至其儀節之次第，則杜氏《通典》據侯國聘禮推而得之，頗有條理。

（清）秦蕙田《五禮通考》卷二二七《賓禮·天子遣使諸侯國》

蕙田案：《周禮·大行人》有間問、歸賑、賀慶、致禬之禮，而《皇華》一詩有咨親、咨禮、咨事、咨難之教。盖天子遣使諸侯，非特以聯上下之交，通和好之志。凡以同好惡，恤災難，生靈之休戚，國家之利病，風俗之美惡，皆于是乎觀。故徧存、徧頫、徧省在所必勤，策命反命在所必慎。

（清）秦蕙田《五禮通考》卷二二九《賓禮·諸侯會盟遇》

蕙田案：《周禮》邦國有疑會同，則司盟掌其盟約之載，北面詔明神。既盟，則貳之。何休云：古者諸侯將朝天子，必先會間隙之地，考德行，一刑法，講禮義，正文章，習事天子之儀。尊京師，重法度，恐過誤也。又云：古者有遇禮，爲朝天子，若朝罷時卒相遇于塗，近者爲主，遠者爲賓，稱先君以相接。何氏去古未遠，其言當有傳授。然則古諸侯會盟遇之禮，皆因朝覲天子而後修之，以奬王室睦鄰好。春秋之世，諸侯不尊天子，而假此禮以行之。故荀卿、穀梁子有盟詛不及三王之論，非古無是禮也。

（清）秦蕙田《五禮通考》卷二三一《賓禮·諸侯遣使交聘》

蕙田案：天子之與諸侯，諸侯之與鄰國，皆有聘禮。《大行人》歲徧存，三歲徧頫，五歲徧省，此天子所以撫諸侯也。《大宗伯》時聘曰問，殷頫曰視。《大行人》時聘以結諸侯之好，殷頫以除邦國之慝，此諸侯所以事天子也。《大行人》歲相問，殷相聘。《禮記》諸侯使大夫問于諸侯曰聘，則諸侯之邦交也。先王制諸侯同方岳者，小聘則使大夫，大聘則使卿，定爲比年、三年之期。俾相厲以禮，相接以敬讓，而潛消其侵陵兼并之萌。故其儀雖委折而不爲繁，其燕賜雖豐厚而不爲費，用意固深且遠也。後儒如郝京山輩疑《儀禮》之文，以爲衰世之禮非盡先王舊典者，不明于講信修讓、睦鄰柔遠之道者也。《儀禮·聘禮》一篇述交聘之儀節最爲詳備，然止是次國大聘之禮，其五等諸侯交聘散見於經傳者，今並採集别爲一卷，以存其略。

（清）秦蕙田《五禮通考》卷二三二《賓禮·相見禮》

蕙田案：《王制》述司徒之六禮，相見居其一焉。盖先王重交際之禮，必介紹以通其誠，贄幣以厚其禮，揖讓以致其敬。以故上交不諂，下交不瀆，有交孚之德而無苟合之咎。古人列朋友于五倫，而相見之禮與冠、昏、喪祭並舉，誠重之也。《儀禮·士相見》一篇雖主于士禮，而大夫相見及士大夫見君，侍食，見先生君子諸儀，皆連類及之。茲復採《曲禮·少儀》、《玉藻》諸文裨其不備，以存古相見之略云。

《皇朝通典》卷六〇《禮賓》　臣等謹按：杜《典》賓禮七篇，一曰諸侯朝覲，二曰諸侯遣使來聘，三曰天子遣使迎勞，四曰三恪二王後，五曰天子朝位，六曰執贄，七曰信節。

紀事

《春秋左傳正義》卷二《隱公元年》　三月，公及邾儀父盟于蔑。附庸之君，未王命，例稱名。能自通于大國，繼好息民，故書字貴之。名例在莊五年。邾，今魯國鄒縣也。蔑，姑蔑，魯地。魯國卞縣南有姑蔑城。父音甫。邾子之字。凡人名字皆倣此。蔑，亡結反。好，呼報反。鄒，側留反。卞，皮彦反，本或作弁。疏：三月至于蔑。正義曰：公，隱公也。及，與也。與彼邾君字儀父者盟于蔑地。《譜》云：邾，曹姓。顓頊之後有六，終産六子，其弟五子曰安，邾即安之後也。周武王封其苗裔邾俠爲附庸，居邾。今魯國鄒縣是也。自安至儀父十二世，始見《春秋》。齊桓行霸，儀父附從，進爵稱子，文公徙於繹。桓公以下，《春秋》後八世而楚滅之。諸侯俱受王命，各有寰宇，上事天子，旁交鄰國。天子不信諸侯，諸侯自不相信，則盟以要之。凡盟禮，殺牲歃血，告誓神明，若有背違，欲令神加殃咎，使如此牲也。《曲禮》曰約信曰誓，涖牲曰盟。《周禮·天官·玉府》職曰若合諸侯，則共珠槃玉敦，《夏官·戎右》職曰盟則以玉敦辟盟，遂役之，贊牛耳、桃茢，《秋官·司盟》職曰掌盟載之法，凡邦國有疑會同，則掌其盟約之載及其禮儀。北面詔明神。鄭玄以爲槃敦皆器名也，珠玉以爲飾。合諸侯者，必割牛耳，取其血，歃之以盟，敦以盛血，槃以盛耳。將歃，則戎右執其器爲衆陳其載辭，使心皆開辟，司盟之官乃北面讀其載書，以告日月山川之神。既告，乃尊卑以次歃，戎右傳敦血，以授當歃者，令含其血。既歃，乃坎其牲，加書於上而埋之。此則天子會諸侯，使諸侯聚盟之禮也。凡天子之盟諸侯十二歲於方岳之下，故傳云：再會而盟，以顯昭明。若王不巡守及諸侯有事朝王，即時見曰會，殷見曰同，亦爲盟禮。其盟之法，案《覲禮》爲壇十有二尋，深四尺，加方明於其上。方明者，木也，方四尺。設六玉，上圭下璧，南方璋，西方琥，北方璜，東方圭。朝諸侯於壇訖，乃加方明於壇而祀之。列諸侯於庭，玉府其珠槃玉敦，戎右以玉敦辟盟，遂役之，贊牛耳桃茢。司盟北面詔告明神，諸侯以次歃血。鄭注《覲禮》云：王之盟，其神主日；王官之伯盟，其神主月；諸侯之盟，其神主山川。是盟禮之略也。若諸侯之盟亦有壇，知者，故柯之盟，《公羊傳》稱曹子以手劍刼桓公于壇是也。其盟神則無復定限，故襄十一年《傳》稱司慎司盟，名山名川，羣神羣祀，先王先公，七姓十二國之祖是也。其盟用牛牲，故襄二十六年《傳》云歃用牲，又哀十七年《傳》云諸侯盟，誰執牛耳是也。其殺牛，必取血及耳，以手執玉敦之血進之於口，知者，定八年涉佗捘衛侯之手及捥，又襄九年《傳》云與大國盟，口血未乾是也。既盟之後，牲及餘血并盟載之書加於牲上，坎而埋之，故僖二十五年《傳》云宵，坎血加書是也。春秋之世，不由天子之命，諸侯自相與盟，則大國制其言，小國尸其事，官雖小異，禮則大同。故《釋例》曰：盟者殺牲載書，大國制其言，小國尸其事，珠槃玉敦，以奉流血而同歃。是其事也。其盟載之辭，則傳多有之。此時公求好於邾，邾君來至蔑地，公出與之盟。史書魯事，以公爲主，言公及，及者，言自此及彼，據魯爲文也。桓十七年公會邾儀父盟於趡，彼言會，此言及者，彼行會禮，此不行會禮故也。故劉炫云策書之例，先會後盟者，上言會，下言盟。唯盟不會者，直言及。此爲不行會禮，故言及也。或可史異辭，非先會而盟，則稱會。知者，文七年公會諸侯晉大夫盟于扈，傳云公後至，則是不及其會，而經稱會，故知盟稱會者，未必先行會禮也。注：附庸至姑蔑城。正義曰：傳言未王命，知是附庸也。莊五年郳犂來來朝，傳曰未王命，解其稱名之意。是知附庸之君例稱名也。《禮記·王制》云：不合於天子，附於諸侯，曰附庸。鄭玄云：不合謂不朝會也。小城曰附庸。附庸者，以國附於大國，未能以其名通。是説附庸之義也。《王制》又云天子之元士視附庸，然則附庸貴賤與天子之元士同也。其禮則四命，知者，天子大夫視子男，卿視伯，三公視公侯，所視皆多一命，明知附庸多於元士一命。又諸侯世子未誓，執皮帛，視小國之君，公之孤四命亦執皮帛，及附庸亦執皮帛，故知四命也。然則天子大夫四命稱字，附庸稱名者，以王朝之臣故特尊之而稱字。《釋例》曰名重於字，故君父之前自名，朋友之接自字，是以《春秋》之義，貶責書其名，斥所重也；褒厚顯其字，辟所諱也。然則應字而名則是貶，應名而字則是貴，故宰咺書名以貶之，儀父書字以貴之。傳文唯言貴之，不説可貴之狀。賈、服以爲儀父嘉隱公有至孝謙讓之義而與結好，故貴而字之，善其慕賢説讓。知不然者，案傳云公攝位而欲求好於邾，是公先求邾，非邾先慕公，復何足貴？且書曰儀父乃是新意，仲尼以事有可善乃得書字善之，不是緣魯之意以爲褒貶，安得以其慕賢便足貴之？又桓十七年公及邾儀父盟于趡，桓公不賢不讓，彼經亦書儀父，故知貴之之言不爲慕賢説讓也。附庸不能自通，不與盟會，今能自通大國，繼好息民，故知爲此貴而字之，不貴來朝而貴其盟者，朝事大國，則附庸常道，齊盟結好，非附庸所能，故盟則貴之，朝從常法。

《春秋左傳正義》卷四《隱公十年》　《傳》：十一年，春，滕侯、薛侯來朝，争長。薛，魯國薛縣。長，丁丈反。下注及文同。疏：注薛，魯國薛縣。正義曰：《譜》云：薛，任姓，黄帝之苗裔奚仲封爲薛侯，今魯國薛縣是也。奚仲遷于邳，仲虺居薛，以爲湯左相，武王復以其胄爲薛侯。齊桓霸諸侯，黜爲伯。獻公始與魯同盟。小國無記，世不可知，亦不知爲誰所滅。《地理志》云：魯國薛縣，夏車正奚仲所國，後遷于邳，湯相仲虺居之。薛侯曰：我先封。薛祖奚仲，夏所封，在周之前。夏，戶雅反。疏：注薛祖至之前。正義曰：定元年《傳》曰：薛之皇祖奚仲居薛，以爲夏車正。是夏所封也。滕侯曰：我，周之卜正也。卜正，卜官之長。疏：注卜正，卜官之長。正義曰：《周禮·春官》：太卜，下大夫二人。其下有卜師、卜人、龜人、筮人，太卜爲之長。正訓長也，故謂之卜正。薛，庶姓也。我不可以後之。庶姓，非周之同姓。疏：注庶姓至同姓。正義曰：《周禮·司儀》職云：詔王儀，南鄉見諸侯。土揖庶姓，時揖異姓，天揖同姓。鄭玄云：庶姓，無親者也。異姓，婚姻者也。是庶姓非同姓也。公使羽父請於薛侯曰：君與滕君，辱在寡人。周諺有之曰：山有木，工則度之；賓有禮，主則擇之。擇所宜而行之。諺音彦，俗言也。度，大洛反。周之宗盟，異姓爲後。盟載書皆先同姓，例在定四年。疏：周之至爲後。正義曰：賈逵以宗爲尊，服虔以宗盟爲同宗之盟，孫毓以爲宗伯屬官，掌作盟詛之載辭，故曰宗盟。杜無明解。盟之尊卑，自有定法，不得言尊盟也。《周禮》司盟之官乃是司寇之屬，非宗伯也。唯服之言得其旨也。而孫毓難服云：同宗之盟則無與異姓，何論先後。若通共同盟，則何稱於宗？斯不然矣。天子之盟諸侯，令其獎王室，未聞離逖異姓，獨與同宗者也。但周人貴親，先敘同姓。以其篤於宗族，是故謂之宗盟。魯人之爲此言，見其重宗之義，執其宗盟之文，即云無與異姓。然則公與侯燕，則異姓爲賓，復言族燕，不得有異姓也。孟軻所云説詩者不以辭害意，此之謂也。異姓爲後者，謂王官之伯降臨諸侯，以王命而盟者耳。其春秋之世，狎主齊盟者，則不復先姬姓也。踐土之盟，其載書云王若曰晉重魯申，是用王命而盟也。召陵之會，劉子在焉，故祝佗引踐土爲比，爲有王官故也。宋之盟，楚屈建先於趙武，明是大國在前，不先姬姓。若姬姓常先，則楚不得競也。且言周之宗盟，是唯周乃然。故《釋例》曰：斥周而言，指謂王官之宰臨盟者也。其餘雜盟，未必皆然。是言餘盟不先姬姓，盟則同姓在先，朝則各從其爵。故鄭康成注《禮記》云：朝覲爵同同位。若然，案《覲禮》曰：諸侯前朝，皆受舍于朝，同姓西面北上，異姓東面北上。鄭玄云：言諸侯，明來朝者衆矣，顧其入覲不得並耳，分别同姓異姓，受之將有先後也。若如此言，則似朝覲不以爵者。但朝覲實以爵同同位，就爵同之中先同姓後異姓。若盟，則爵雖不同，先同姓也。《禮記》：周公朝諸侯于明堂之位，三公中階之前，北面東上；諸侯之位，阼階之東，西面北上；諸伯之國，西階之西，東面北上；諸子之國，門東，北面東上；諸男之國，門西，北面東上。《覲禮》於方明之壇，鄭言諸侯見王之位，亦引《明堂位》爲説。是則諸侯揔見皆以爵爲班，雖不分别同姓異姓，其受禮之時爵同者，猶先同姓也。其王官之伯臨諸侯之盟，雖羣后咸在，常先同姓，故此言宗盟耳。取重宗之事，以喻己也。取譬之事，聊舉一邊。寡人若朝于薛，不敢與諸任齒，朝於彼國，自可下主國之宗。諸侯聚盟，不肯先盟，主之宗也。寡人若朝于薛，不敢與諸任齒。薛，任姓。齒，列也。任音壬，注同。疏：注薛，任姓。齒，列也。正義曰：《世本·氏姓篇》云：任姓：謝、章、薛、舒、吕、祝、終、泉、畢、過。言此十國皆任姓也。《禮記·文王世子》曰：古者謂年齡，齒亦齡也。然則齒是年之别名。人以年齒相次列，以爵位相次列亦名爲齒，故云齒也。君若辱貺寡人，則願以滕君爲請。薛侯許之，乃長滕侯。

《春秋左傳正義》卷一〇《莊公二十四年》　戊寅，大夫宗婦覿，用幣。宗婦，同姓大夫之婦。禮，小君至，大夫執贄以見，明臣子之道。莊公欲奢夸夫人，故使大夫、宗婦同贄俱見。覿，徒歷反，見也。以見，賢遍反，下同。夸，苦瓜反。疏：注宗婦至俱見。正義曰：襄二年葬齊姜，傳稱齊侯使諸姜宗婦來送葬，諸姜是同姓之女，知宗婦是同姓大夫之婦也。禮，小君至，大夫執贄以見，明臣子之道。禮亦無此文。《士相見禮》稱大夫始見於君，執贄。夫人尊與君同，臣始爲臣，有見君之禮，明小君初至，亦當有禮以見也。且傳唯譏婦贄不宜用幣，不言覿之爲非，知其禮當然也。大夫當用羔鴈，用幣亦爲非禮也。莊公欲奢夸夫人，故使男女同贄。惡其男女無别，且譏僭爲失禮，故書之。

又：秋，哀姜至，公使宗婦覿，用幣，非禮也。傳不言大夫，唯舉非常。疏：注傳不至非常。正義曰：《士相見禮》云：下大夫相見以鴈，上大夫相見以羔，如士相見之禮，始見於君，執摯。鄭玄云：士、大夫一也。如彼《禮》文，大夫始見於君用羔鴈，始見夫人亦當然。然則大夫用幣亦非常，而以大夫爲常者，《禮》孤執皮帛，則諸侯之臣有執帛者矣。大夫執帛，唯上僭耳，其帛猶是男子所執。婦人執幣，則全非常事，御孫唯諫婦人不宜執幣，丘明爲諫發傳，故唯舉非常也。《左傳》諸爲諫者，或言諫曰，或不言諫，意在載辭，不爲例也。御孫曰：男贄，大者玉帛，公、侯、伯、子、男執玉，諸侯、世子、附庸、孤卿執帛。贄，真二反。疏：注公侯至執帛。正義曰：《周禮·大宗伯》職云：公執桓圭，侯執信圭，伯執躬圭，子執穀璧，男執蒲璧。是公、侯、伯、子、男皆執玉也。《典命》職曰：凡諸侯之適子，誓於天子，攝其君，則下其君之禮一等；未誓，則以皮帛繼子男。公之孤四命，以皮帛眡小國之君。是諸侯世子與孤卿執帛也。附庸雖則無文，而爲一國之主，來則謂之爲朝，未有爵命，不合執玉，明與世子同執帛也。且哀七年《傳》稱：禹合諸侯於塗山，執玉帛者萬國。附庸是國，明執帛者，附庸也。鄭玄《周禮》注云：皮帛者，束帛而表以皮，爲之飾。皮，虎豹皮。帛，如今璧色繒也。《周禮》以玉作六瑞，以禽作六摯，則瑞贄有異，而此傳玉帛同言贄者，鄭玄《曲禮》注云：摯之言至也，當謂執之見人，以表至誠也。《典瑞》注云：瑞，節信也。禮，天子執冒以見諸侯，諸侯執圭璧以朝天子，天子以冒，冒之以爲信，故以瑞爲名。皮帛以下無此合信之事，故以贄爲名。其實皆以表至誠，故傳通以贄言之。凡贄，皆以爵，不以命數也。小者禽鳥，卿執羔，大夫執鴈，士執雉。疏：注卿執至執雉。正義曰：《周禮·大宗伯》職文也。鄭玄云：羔取其羣而不失其類，鴈取其侯時而行，雉取其守介而死，不失其節，鶩取其不飛遷，雞取其守時而動。《曲禮》曰：飾羔鴈者以繢。言天子之臣飾羔鴈以布，又畫之，諸侯之臣飾以布，不畫之，自雉以下無飾。以章物也。章所執之物，別貴賤。別，彼列反。女贄，不過榛、栗、棗、脩，以告虔也。榛，小栗。脩，脯。虔，敬也。皆取其名以示敬。榛，側巾反。脩，鍛脯加薑桂曰脩。虔音乾。疏：注榛小至示敬。正義曰：《曲禮》云：婦人之贄，椇、榛、脯、脩、棗、栗。鄭玄云：婦人無外事，見以羞物也。椇，榛，木名。椇，枳也，有實，今邳郯之東食之。榛，實似栗而小。鄭又注《周禮·腊人》云：薄析曰脯，捶之而施薑桂曰鍛脩。然則脩脯大同，故以脩爲脯也。虔，敬，《釋詁》文。皆取其名以示敬者，先儒以爲栗取其戰栗也。棗取其早起也，脩取其自脩也，唯榛無説，蓋以榛聲近虔，取其虔於事也。今男婦同贄，是無別也。男女之別，國之大節也，而由夫人亂之，無乃不可乎？

《春秋左傳正義》卷一〇《莊公二十七年》《傳》：二十七年，春，公會杞伯姬于洮，非事也。非諸侯之事。天子非展義不巡守，天子巡守，所以宣布德義。諸侯非民事不舉，卿非君命不越竟。竟音境。

《春秋左傳正義》卷一三《僖公九年》夏，會于葵丘。尋盟，且脩好，禮也。好，呼報反，下于好并注同。王使宰孔賜齊侯胙，胙，祭肉。尊之，比二王後。胙，才素反。疏：注胙祭至王後。正義曰：傳稱大子祭于曲沃，歸胙于公，此天子有事于文、武，賜齊侯以胙，知胙是祭肉也。《周禮·大宗伯》：以脤膰之禮，親兄弟之國。鄭玄云：脤膰，社稷宗廟之肉，以賜同姓之國，同福禄也。脤膰即胙肉也。言親兄弟之國，則異姓不合賜也。二十四年《傳》曰：宋，先代之後也，於周爲客，天子有事膰焉。是言二王之後，禮合得之。今賜齊侯，是尊之比二王後也。曰：天子有事于文、武，有祭事也。使孔賜伯舅胙。天子謂異姓諸侯曰伯舅。疏：注天子至伯舅。正義曰：《曲禮》曰：五官之長曰伯。天子同姓謂之伯父，異姓謂之伯舅。鄭玄云：謂爲三公者，周禮九命作伯。齊桓是九命之伯，故以伯舅呼之。齊侯將下拜。孔曰：且有後命。天子使孔曰：以伯舅耋老，加勞，賜一級，無下拜！七十曰耋。級，等也。耋，田節反，一音他結反。勞，力報反。級音急。疏：注七十曰耋。級，等也。正義曰：《釋言》云：耋，老也。舍人云：年六十稱也。郭璞云：八十爲耋。《釋名》云：八十曰耋。耋，鐵也。皮黑如鐵。彼說或云六十，或云八十，杜云七十曰耋者，耋之年齒既無明文，《曲禮》云七十曰老，《爾雅》以耋爲老，故以爲七十。《曲禮》升階之法云涉級聚足，是級爲等也。法當下拜，賜之勿下，是進一等。對曰：天威不違顔咫尺，言天鑒察不遠，威嚴常在顔面之前。八寸曰咫。咫，之氏反。疏：注言天至曰咫。正義曰：顔謂額也。楊雄《方言》云：顔、額，謂顙也。中夏謂之額，東齊謂之顙，河、潁、淮、泗之間謂之顔。《魯語》云：肅慎氏貢楛矢，長尺有咫。賈逵亦云：八寸曰咫。《説文》云：周制：寸、尺、咫、尋，皆以人之體爲法。中婦人手長八寸謂之咫，周尺也。小白余敢貪天子之命無下拜！小白，齊侯名。余，身也。疏：注小白至身也。正義曰：諸自稱余者，當稱名之處耳。齊侯既稱小白，而復言余，故解之。余，身，《釋詁》文。舍人曰：余，卑謙之身也。孫炎曰：余，舒遲之身也。郭璞曰：今人亦自呼爲身。恐隕越於下，隕越，顛墜也。據天王居上，故言恐顛墜于下。墜，直類反，下同。以遺天子羞。敢不下拜！下拜，登受。拜堂下，受胙於堂上。遺，于季反。疏：下拜登受。正義曰：《覲禮》：天子賜侯氏以車服。諸公奉篋服，加命書于其上，升自西階東面，大史氏右，侯氏升西面立，大史述命，侯氏降兩階之間，北面再拜稽首，升成拜。彼侯氏降階再拜，是此下拜也，升成拜，是此登受。

《春秋左傳正義》卷一七《僖公二十九年》夏，公會王子虎、晉狐偃、宋公孫固、齊國歸父、陳轅濤塗、秦小子憖，盟于翟泉，尋踐土之盟，且謀伐鄭也。經書蔡人，而傳無名氏，即微者。秦小子憖在蔡下者，若宋向戌之後會。轅音袁。濤音桃。憖，魚覲反。向，式亮反。疏：且謀伐鄭。正義曰：晉侯受命，鄭伯傅王，踐土與温二會咸在，鄭無叛晉之狀。而此會謀伐鄭者，文公昔嘗過鄭，鄭不禮焉。城濮戰前，鄭復如楚。雖以楚敗之後畏威來會，晉侯以大義受之，內實懷恨。此會鄭人不至，必有背晉之心，故謀伐之也。《晉語》城濮戰下稱文公誅觀狀以伐鄭，反其陴。鄭人以名寶行成，公不許。得叔詹，將烹而舍之。《左傳》無伐鄭之事，蓋温會以後已嘗伐鄭。鄭至今未服，故此會謀伐，明年遂與秦圍之。傳曰且貳於楚也。楚鄭自知負晉，故有貳心也。注：經書至後會。正義曰：經若貶卿稱人，傳則言其名氏。若傳無名氏，則本是微人。此經書蔡人而傳無名氏，此是實蔡之微者。秦是大國，小子憖名見於傳，而在蔡微者之後，若宋向戌之後會也。襄二十六年公會晉人、鄭良霄、宋人、曹人于澶淵，傳曰趙武不書，尊公也。向戌不書，後也。鄭先宋，不失所也。宋是大國，常在鄭先。向戌既以會公貶，又以後至退其班，使在鄭下。此小子憖既以會公貶，又退之在蔡下，若彼宋向戌之後會也。然向戌後會，傳爲發之，經書良霄以駁向戌之後。今小子憖既是後會，傳不爲發，又不書蔡人之名以駁之者，但秦辟陋西戎，未同中國，蔡人又蔡之微者，不合書名，故傳不發之，經不貶責也。公孫固序在齊上者，蓋爲大司馬，尊於歸父。歸父雖執齊政不廢，身非上卿，如管仲之類。猶文十七年陳公孫寧、襄二十七年陳孔奐，皆序在衛下。杜云非上卿，即此類也。卿不書，罪之也。晉侯始霸，翼戴天子，諸侯輯睦，王室無虞。而王子虎下盟列國，以瀆大典，諸侯大夫上敵公侯，虧禮傷教，故貶諸大夫，諱公與盟。輯音集，又七入反。瀆，徒木反。上，時掌反，又如字。與音預。在禮，卿不會公、侯，會伯、子、男可也。大國之卿，當小國之君，故可以會伯、子、男。諸卿之見貶，亦兼有此闕，故傳重發之。重，直用反。疏：注大國至發之。正義曰：昭二十三年《傳》叔孫婼曰列國之卿，當小國之君，固周制也。是其可以會伯、子、男也。諸卿見貶，兼有此闕，謂諸卿既上盟天子大夫，又上敵公侯，故云兼。案杜上注經云諸侯大夫違禮盟公侯，又注傳云諸侯大夫上敵公侯，則是唯責諸侯大夫上敵公侯，不責上盟天子之使。而言兼有此闕者，以魯君上盟天子之使已諱而不書，則諸侯之臣罪在可悉，故傳云卿不書，罪之，略言其事。故杜經、傳二注，唯言敵公侯，不云盟王使，以其可知故也。劉炫以爲直責其敵公侯，不責其盟王使，以規杜氏。必如劉義，則是君盟王使乃爲有罪，臣盟王使飜無貶責，便是君臣易位，尊卑失序。聖人垂訓，豈若是乎？

《春秋左傳正義》卷一八《文公元年》 晉文公之季年，諸侯朝晉。衛成公不朝，使孔達侵鄭，伐緜、訾及匡。孔達，衛大夫。匡，在潁川新汲縣東北。訾，子斯反。汲，居及反。晉襄公既祥，諸侯雖諒闇，亦因祥祭爲位而哭。諒音良，又音亮。疏：晉襄公既祥。正義曰：《禮》朞而小祥。晉襄公以僖三十二年十二月卒，則三十三年十二月爲小祥。此云既祥，謂小祥也。使告于諸侯而伐衛。

【略】凡君即位，卿出並聘，疏：凡君至並聘。正義曰：即位者，既葬除喪即成君之吉位也。唯以既葬爲限，不以踰年爲斷。八年八月天王崩，九年春毛伯來求金，傳曰不書王命，未葬也。是未葬雖踰年，不得命臣出使也。宣十年夏四月齊侯元卒，六月葬齊惠公，冬齊侯使國佐來聘。是既葬未踰年，得命臣出使也。何休《膏肓》以爲三年之喪使卿出聘，於義《左氏》爲短。鄭康成箴云：《周禮》諸侯邦交，歲相問，殷相聘，世相朝。《左氏》合古禮，何以難之？ 踐脩舊好，要結外援，踐猶履行也。好，呼報反，下及注同。要，于遙反。援，于眷反。好事鄰國，以衛社稷，忠信卑讓之道也。忠，德之正也；信，德之固也；卑讓，德之基也。傳因此發凡，以明諸侯諒闇，則國事皆用吉禮。

《春秋左傳正義》卷一八《文公四年》 衛甯武子來聘，公與之宴，爲賦《湛露》及《彤弓》。非禮之常，公特命樂人以示意，故言爲賦。《湛露》、《彤弓》，《詩·小雅》。湛，直減反。彤，徒冬反。疏：注非禮至小雅。正義曰：諸自賦詩，以表己志者，斷章以取義，意不限詩之尊卑。若使工人作樂，則有常禮。穆叔所云《肆夏》、《樊》、《遏》、《渠》，天子所以享元侯也。《文王》、《大明》、《緜》，則兩君相見之樂也。燕禮者，諸侯燕其羣臣及燕聘問之賓禮也。歌《鹿鳴》、《四牡》、《皇皇者華》，如彼所云，蓋尊卑之常禮也。自賦者，或全取一篇，或止歌一章，未有頓賦兩篇者也。其使工人歌樂，各以二篇爲斷，此其所以異也。此時武子來聘，魯公燕之，於法當賦《鹿鳴》之三，今賦《湛露》、《彤弓》，非是禮之常法。傳特云爲賦，知公特命樂人歌此二篇以示意也。此二篇，天子燕諸侯之詩。公非天子，賓非諸侯，不知歌此欲示何意？蓋以武子有令名，歌此疑是試之耳。不辭，又不荅賦。使行人私焉。私問之。對曰：臣以爲肄業及之也。肄，習也。魯人失所賦，甯武子佯不知，此其愚不可及。肄，字又作肆，以二反，注同。佯音陽，一音祥。疏：注肄習至可及。正義曰：《說文》肆訓爲陳，字從長，聿聲；肄訓爲習，字從聿，豸聲。古書經傳所作字皆同耳。臣以爲工人自習詩業以及此篇，非謂歌之以爲己也。魯人失於所賦，辭則章主之失，荅則己當其寵，故不辭又不荅，佯若不知，其所爲如愚人然。《論語》云甯武子其知可及，其愚不可及。此亦是愚之一事也。案燕禮無荅賦之法，而怪其不荅賦者，非常之賦，宜有對荅故也。昔諸侯朝正於王，朝而受政教也。王宴樂之，於是乎賦《湛露》，則天子當陽，疏：天子當陽。正義曰：《湛露》詩云：湛湛露斯，匪陽不晞。陽謂日也。言天子當日，諸侯當露也。諸侯用命也。《湛露》曰：湛湛露斯，匪陽不晞。晞，乾也。言露見日而乾，猶諸侯稟天子命而行。樂音洛，下注宴樂同。晞音希。諸侯敵王所愾，而獻其功，敵猶當也。愾，恨怒也。愾，苦愛反。疏：諸侯至其功。正義曰：敵者，相當之言。愾是恨怒之意。當王所怒，謂往征伐之勝而獻其功也。《彤弓序》云：天子賜有功諸侯也。王於是乎賜之彤弓一、彤矢百、玈弓矢千，以覺報宴。覺，明也。謂諸侯有四夷之功，王賜之弓矢，又爲歌《彤弓》以明報功宴樂。玈音盧。覺音角。疏：注覺明至宴樂。正義曰：覺者，悟知之意，故爲明也，使諸侯明己心也。莊三十一年《傳》曰：諸侯有四夷之功，則獻于王。中國則否。《禮》諸侯賜弓矢，然後專征伐，故有功則賜之以弓矢，又歌此《彤弓》之詩以明天子之心，知是報功宴樂也。《詩》言一朝饗之，則是爲設饗禮。此云宴者，明其爲宴樂耳，非言設宴禮也。今陪臣來繼舊好，方論天子之樂，故自稱陪臣。好，呼報反。君辱貺之，其敢干大禮以自取戾？貺，賜也。干，犯也。戾，罪也。貺音況。

《春秋左傳正義》卷一九《文公十一年》 夏，曹伯來朝，禮也。諸侯五年再相朝，以脩王命，古之制也。十一年曹伯來朝。雖至此乃來，亦五年。傳爲冬，齊侯伐曹張本。疏：諸侯至制也。正義曰：《周禮·大行人》云：凡諸侯之邦交，歲相問也，殷相聘也，世相朝也。鄭玄云：父死子立曰世。凡諸侯相朝，皆小國朝於大國，或敵國相爲賓。或彼君新立，此往朝焉；或此君新即位，自往朝彼，皆是世相朝也。襄元年邾子來朝，傳曰凡諸侯即位，小國朝之，是此新立而彼朝之也。文九年曹伯襄卒，十一年曹伯來朝，傳曰：即位而來見也。是彼新立而朝此也。則知春秋之時猶有世相朝法，與《周禮》合也。《周禮》諸侯邦交，唯有此法，無五年再朝之制。此云古之制也，必是古有此法。但禮文殘缺，未知古是何時。鄭玄云：古者，據今而述前代之言。夏殷之時，天子蓋六年一巡狩，諸侯間而朝天子。其不朝者，朝罷朝。五年再相朝者，似如此。然則古者據今時而道前世，自不必皆道前代。傳稱古者越國而謀，非謂前代之人有此謀也。古人有言，非謂前代之人有此言也。《詩》云我思古人，非思夏殷之人也。此云古者，亦非必夏殷。鄭言夏殷禮，非也。僖十五年公如齊，杜云：諸侯五年再相朝，禮也。引此證彼，則是當時正法，非謂前代禮也。或人見僖公朝齊，杜引此爲證，遂言五年再相朝是事霸主之法。然則魯非霸主，曹伯何以朝之？曹豈推魯爲霸主而屈己以朝之也？且云古之制也，即是古之聖王制爲此法。天子不衰，諸侯無霸，明德天子豈慮世衰霸主威權不行而爲之制此法，毆諸侯以朝之？此不達理之言耳。然則諸侯之邦交者，將以協近鄰，結恩好，安社稷，息民人。土宇相望，竟界連接，一世一朝，疎闊大甚，其於閒暇之年，必有相朝之法。《周禮》言世相朝者，以其一舊一新，彼此未狎，於此之際，必須往朝，舉其禮之大者，不言唯有此事。五年再相朝，正是周禮之制，《周禮》文不具耳。文襄之霸，其務不煩，諸侯以五年再朝，往來大數。更制三年一聘，五年一朝，所以説諸侯也。五年一朝者，亦謂朝大國耳。且彼因説弔葬，非獨霸主之喪，明使諸侯相共行此禮也。霸主遭時制宜，非能創制改物。諸侯或從時令，或率舊章。此在文襄之後，仍守舊制，故五年再相朝也，傳言古之制，以文襄已改故也。昭十三年歲聘間朝，是周之諸侯朝天子之法，故《釋例》引之云明王之制，歲聘以志業，以解朝聘之數。《尚書・周官》六年，五服一朝，孔《傳》云：一朝會京師。是再朝而會，周之正禮也。若然，《大行人》云：侯服，一歲一見；甸服，二歲一見；男服，三歲一見；采服，四歲一見；衛服，五歲一見；要服，六歲一見。何於服數朝者，《大行人》所云，謂貢物而見，或君自至，或遣臣來。除此貢物之外，別有朝會之禮。沈氏以爲諸侯五年再相朝及昭十三年皆爲朝牧伯之法。以間朝以講禮與再朝而會是三歲之朝與六年之朝。大率言之，是五年之内再相朝也。但魯非曹之伯國，而沈云朝牧伯之禮，又昭十三年朝盟主之法，亦無明證。沈氏之言，未可從也。

《春秋左傳正義》卷一九《文公十二年》　《傳》：十二年，春，郕伯卒，郕人立君。太子自安於外邑故。大子以夫鍾與郕邽來奔。郕邽亦邑。邽音圭。公以諸侯逆之，非禮也。非公寵叛人。故書曰：郕伯來奔。不書地，尊諸侯也。既尊以爲諸侯，故不復見其竊邑之罪。復，扶又反。見，賢遍反。

《春秋左傳正義》卷二一《宣公四年》　《傳》：四年春，公及齊侯平莒及郯，莒人不肯。公伐莒，取向，非禮也。平國以禮，不以亂。伐而不治，亂也。責公不先以禮治之而用伐。不治，直吏反。以亂平亂，何治之有？無治，何以行禮？

《春秋左傳正義》卷二四《宣公十六年》　冬，晉侯使士會平王室。定王享之，原襄公相禮。原襄公，周大夫。相，佐也。相，息亮反，注同。殽烝。烝，升也。升殽於俎。殽，戶交反。烝，之承反。疏：注烝，升也，升殽於俎。正義曰：禮，升殽於俎皆謂之烝，故烝爲升也。鄭玄《詩》箋云：凡非穀而食之曰殽。則殽是可食之名。切肉爲殽，乃升於俎，故謂之殽烝。武子私問其故。享當體薦而殽烝，故怪問之。武，士會謚；季，其字。疏：注享當至其字。正義曰：若公侯來朝，王爲設享，則當有體薦。薦其半體，亦謂之房烝。武子謂己被王享，亦當房烝，今乃殽烝，故怪而問之。王聞之，召武子曰：季氏，而弗聞乎？王享有體薦，享則半解其體而薦之，所以示共儉。疏：注享則至共儉。正義曰：王爲公侯設享，則半解其體而薦之。爲不食，故不解折，所以示共儉也。示共儉與下示慈惠，成十二年《傳》文。宴有折俎。體解節折，升之於俎，物皆可食，所以示慈惠也。折，之設反，注同。疏：注體解至惠也。正義曰：王爲公侯設宴禮，體解節折，升之於俎，即殽烝是也。其物解折，使皆可食，共食噉之，所以示慈惠也。其宴飲殽烝，其數無文。若祭祀體解，案《特牲饋食禮》有九體：則肩一、臂二、臑三、肫四、胳五、正脊六、横脊七、長脇八、短脇九。此謂士禮也。若大夫禮，則十一體，加脡脊、代脅。其諸侯天子無文，或同十一。公當享，卿當宴，王室之禮也。公謂諸侯。疏：注公謂諸侯。正義曰：五等諸侯揔名爲公，故云公謂諸侯。言諸侯親來，則爲之設享，又設燕也。享用體薦，燕用折俎。若使卿來，雖爲設享，仍用公之燕法，亦用折俎，是王室待賓之禮也。《周語》説此甚詳：王召士季曰：子弗聞乎？禘郊之事，則有全烝。王公立飫，則有房烝。親戚宴享，則有殽烝。今叔父使士季實來，唯是先王之宴禮，欲以貽爾。體解節折，而共飲食之。於是乎有折俎，以示容合好，將安用全烝？注《國語》者皆云，禘祭宗廟，郊祭天地，則有全其牲體而升于俎，謂之全烝。王公立飫，即享禮也。禮之立成者名爲飫。半解其體而升于俎，謂之房烝。傳言體薦，即房烝也。親戚宴享，則宴享禮同，皆體解節折，乃升於俎，謂之殽烝。此傳略而爲文，猶是彼意，故注皆取彼解之。武子歸而講求典禮，以脩晉國之法。傳言典禮之廢久。

《春秋左傳正義》卷二六《成公三年》　冬，十一月，晉侯使荀庚來聘，且尋盟。尋元年赤棘盟。荀庚，林父之子。衛侯使孫良夫來聘，且尋盟。尋宣七年盟。公問諸臧宣叔曰：中行伯之於晉也，其位在三；下卿。疏：其位在三。正義曰：於時郤克將中軍，荀首佐之；荀庚將上軍，是其位在三也。注云下卿者，傳稱小國之上卿，當大國之下卿，又言衛在晉，不得爲次國，則以衛爲小國。

荀庚若是中卿，自然當先晉矣，乃云晉爲盟主，其將先之，直以盟主先晉，明是二人位等，以此知荀庚是下卿也。晉立三軍，將佐有六，第三猶爲下卿，則其餘皆下卿也。蓋以諸侯之禮，唯合三卿，三是其正，故定以三人爲上、中、下，餘皆從下卿也。卿有上、下，往年賜晉三帥，皆以三命之服者，侯伯之卿，禮皆三命，上卿、下卿，命不異也。孫子之於衛也，位爲上卿，將誰先？對曰：次國之上卿，當大國之中，中當其下，下當其上大夫。小國之上卿，當大國之下卿，中當其上大夫，下當其下大夫。降大國二等。上下如是，古之制也。古制：公爲大國，侯、伯爲次國，子、男爲小國。衛在晉，不得爲次國。春秋時以強弱爲大小，故衛雖侯爵，猶爲小國。疏：注春秋至小國。正義曰：古制，公爲大國，侯、伯爲次國，子、男爲小國。以土地之大小，命數爲等差也。春秋之世，彊陵弱，大吞小，爵雖不能自改，地則以力升降。諸侯聚會，彊者爲雄；史書時事，大小爲序。此事不可改易，仲尼即而用之。宋公在齊侯之下，許男在曹伯之上，不復計爵之尊卑。故衛雖侯爵，猶爲小國，以地狹小故也。襄二十五年《傳》子産語晉曰：今大國多數圻矣。圻方千里，是晉有方千里者三四也。昭五年、十三年《傳》皆言晉有革車四千乘，計衛比於晉，不過當五六分之一耳，故不得爲次國。其爲次國者，當齊、秦乎？晉爲盟主，其將先之。

《春秋左傳正義》卷二九《襄公元年》 冬，衛子叔、晉知武子來聘，禮也。凡諸侯即位，小國朝之，小事大。大國聘焉，大字小。以繼好、結信，謀事、補闕，禮之大者也。闕猶過也。禮以安國家利民人爲大。

《春秋左傳正義》卷三〇《襄公七年》 衛孫文子來聘，且拜武子之言，緩報非貳之言。而尋孫桓子之盟，盟在成三年。公登亦登。禮，登階，臣後君一等。後，胡豆反，下文不後寡君同。疏：注禮登至一等。正義曰：《聘禮》：公迎賓于大門內，及廟門，公揖入，立于中庭，納賓。賓入，三揖，至于階，三讓，公升二等。鄭玄云：先賓升二等，亦欲君行一，臣行二。言君先升二等，然後臣始升一等。是禮，登階，臣當後君一等。叔孫穆子相，趨進曰：諸侯之會，寡君未嘗後衛君。敵體並登。相，息亮反，下騶相同。嘗後如字，徐胡豆反。今吾子不後寡君，寡君未知所過。吾子其少安！安，徐也。孫子無辭，亦無悛容。悛，改也。悛，七全反。穆叔曰：孫子必亡！爲臣而君，過而不悛，亡之本也。《詩》曰：退食自公，委蛇委蛇。委蛇，順貌。《詩・召南》。言人臣自公門入私門，無不順禮。委，於危反。蛇，以支反，下同。召，上照反。謂從者也。從，順也。衡而委蛇，必折。衡，横也。横不順道，必毀折。爲十四年林父逐君起本。疏：詩曰至必折。正義曰：《詩・國風》、《召南》、《羔羊》之篇。言大夫賢者，退朝而食，從公門入私門，委蛇委蛇然。委蛇，順從之貌。《詩》之此意，謂順者也。今孫子爲臣，而君自處，是横不順道。以横道而爲委蛇，其人必將毀折，不得終其職位。

《春秋左傳正義》卷三〇《襄公八年》 晉范宣子來聘，且拜公之辱，謝公此春朝。告將用師于鄭。公享之。宣子賦《摽有梅》。《摽有梅》，《詩・召南》。摽，落也。梅盛極則落。詩人以興女色盛則有衰，衆士求之，宜及其時。宣子欲魯及時共討鄭，取其汲汲相赴。摽，徐扶妙反，又扶表反。興，許膺反。季武子曰：誰敢哉？言誰敢不從命。今譬於草木，寡君在君，君之臭味也。言同類。譬，本亦作辟，音譬，後放此。歡以承命，何時之有？遲速無時。武子賦《角弓》。《角弓》，《詩・小雅》。取其兄弟婚姻，無相遠也。賓將出，武子賦《彤弓》。《彤弓》，天子賜有功諸侯之詩，欲使晉君繼文之業，復受彤弓於王。彤，徒冬反。復，扶又反。宣子曰：城濮之役，在僖二十八年。濮音卜。我先君文公獻功于衡雍，受彤弓于襄王，以爲子孫藏。藏之以示子孫。雍，於用反。藏如字，徐才浪反。匄也，先君守官之嗣也，敢不承命？言己嗣其父祖爲先君守官，不敢廢命，欲匡晉君。君子以爲知禮。《彤弓》之義，義在晉君。故范匄受之，所謂知禮。疏：注彤弓至知禮。正義曰：文四年，甯俞來聘，爲賦《彤弓》。甯俞不敢當。此賦《彤弓》而宣子受之，故解其意。彼以《彤弓》當甯俞，故甯俞不敢受。此賦《彤弓》，其義在於晉君，非當范匄，故范匄受之，而爲知禮也。

《春秋左傳正義》卷三四《襄公二十一年》 會於商任，錮欒氏也。禁錮欒盈，使諸侯不得受。錮音固。齊侯、衛侯不敬。叔向曰：二君者必不免。會朝，禮之經也；禮，政之輿也；政須禮而行。政，身之守也。政存則身安。怠禮失政，失政不立，是以亂也。爲二十五年齊弒光，二十六年衛弒剽傳。弒，申志反，下同。剽，匹妙反。疏：會朝至亂也。正義曰：經，訓常也，法也。會以訓上下之則，朝以正班爵之義，是會朝爲禮之常法也。政待禮而行，猶人須車以載，禮是政之車輿也。《禮運》云：政者，君之所以藏身也。言政行於外，身藏其中，政是身之所守也。怠慢於禮，則政無車，無車則政不行，是失政也。君既失政，則身無所守，失政則身不立，是其所以亂也。

《春秋左傳正義》卷四二《昭公二年》 《傳》：二年，春，晉侯使韓宣子來聘，公即位故。疏：注公即位故。正義曰：傳言且告爲政而來見，則其來非獨爲爲政，故知主爲公即位故也。襄元年《傳》曰：凡諸侯即位，小國朝之，大國聘焉是也。且告爲政而來見，禮也。代趙武爲政。雖盟主，而脩好同盟，故曰禮。

見，賢遍反。好，呼報反。疏：注代趙武爲政。正義曰：五年《傳》曰：韓起之下，有趙成、中行吴、魏舒、范鞅、知盈。則六者，三軍之將佐也。韓起代趙武將中軍。趙成繼父爲卿，代韓起也。

《春秋左傳正義》卷四二《昭公三年》 夏，四月，鄭伯如晉，公孫段相，甚敬而卑，禮無違者。晉侯嘉焉，授之以策，策，賜命之書。相，息亮反。策，初革反。曰：子豐有勞於晉國，子豐，段之父。疏：子豐至晉國。正義曰：服虔云：鄭僖公之爲大子，子豐與之俱適晉。計從大子一朝於晉，不足以爲勞也，或當別有功勞，事無所見，故杜不解之。余聞而弗忘。賜女州田，州縣，今屬河內郡。女音汝。以胙乃舊勳。伯石再拜稽首，受策以出。君子曰：禮，其人之急也乎！伯石之汏也，汏，驕也。胙，十路反。汏音泰。一爲禮於晉，猶荷其祿，況以禮終始乎？《詩》曰：人而無禮，胡不遄死？其是之謂乎！

《春秋左傳正義》卷四三《昭公五年》 以聖王務行禮，不求恥人。朝聘有珪，珪以爲信。疏：朝聘有珪。正義曰：《周禮・典瑞》云：公執桓圭，侯執信圭，伯執躬圭，子執穀璧，男執蒲璧。以朝覲宗遇會同于王，諸侯相見亦如之。是朝有珪也。又曰：瑑圭璋璧琮，以覜聘。是聘有珪也。聘用圭璧，其飾雖與君同，其長降君一等。《聘禮》記曰：所以朝天子，圭與繅皆九寸。問諸侯，朱緑繅八寸。問即聘也。鄭玄云：九寸，上公之圭也。於天子曰朝，於諸侯曰問，記之於聘，文互相備。鄭云互相備者，言諸侯相朝，與朝天子同也；遣使聘天子，與諸侯同也。彼《典瑞》及《聘禮》記聘圭八寸，據上公爲文耳。公之使既降公一等，知侯伯之使，當瑑圭六寸，子男之使，當瑑璧四寸。《考工記・玉人》云：瑑圭璋八寸，璧琮八寸，以覜聘。亦謂上公之聘也。其實子男君臣用璧，云朝聘有圭者，據公侯伯言之。注珪以爲信。正義曰：鄭玄《典瑞》注云：人執以見曰瑞。禮神曰器。瑞，符信也。用珪朝聘，所以爲信，故執之。享覜有璋，享，饗也。覜，見也。既朝聘而享見也。臣爲君使執璋。覜，他弔反，徐他彫反。璋音章。享，饗，並許丈反。鄭，服皆以享爲獻耳。見，賢遍反，下同。臣爲，于僞反。使，所吏反。疏：享覜有璋。正義曰：鄭氏、先儒以爲朝聘之禮，使執玉以授主國之君，乃行享禮，獻國之所有。覜，見也，謂行享禮以見主國之君也。案：《小行人》：合六幣：圭以馬，璋以皮，璧以帛，琮以錦，琥以繡，璜以黼。鄭玄云：上公享王，圭以馬；享后，璋以皮。侯、伯、子、男享王，璧以帛；享后，琮以錦。公、侯、伯於諸侯，則享用璧琮。子、男於大國，享君琥以繡，於夫人璜以黼。此云享覜有璋者，據上公享后言之。所以特舉享后者，舉璋與圭相對。其實享禮，圭與璧、琮、琥、璜皆有。今檢杜注意，義則不然，謂王國設酒食以饗賓，賓則執璋以行禮，故云享覜有璋。注云享，饗也，破享獻之享爲饗食之饗。杜必然者，以此傳下云：設机而不倚，爵盈而不飲；宴有好貨，飧有陪鼎。皆論饗禮及饗宴之事，故破享爲饗，即《大行人》三饗、三食、三宴之類是也。但饗禮既亡，執璋無文耳，故杜云臣爲君使執璋，則《詩》云奉璋峨峨，《尚書》大保秉璋以酢之類是也。小有述職，諸侯適天子曰述職。述職，述其所治國之功職也。疏：注諸侯至述職。正義曰：《孟子》云：天子適諸侯曰巡狩。巡狩者，巡所守也。諸侯朝天子曰述職。述職者，述所職也。其意言諸侯職在治國家，事天子，以時入朝，述脩其所職也。天子職在立諸侯，撫下民，以時巡狩，省視其功勞也。大有巡功。天子巡守曰巡功。巡功，巡所守之功績。巡守，手又反。設机而不倚，爵盈而不飲；言務行禮。机音几。倚，於綺反。疏：設机至不飲。正義曰：朝聘之禮，有設几進爵之時。朝禮雖亡，而《聘禮》有其略也。《聘義》曰：聘射之禮，至大禮也。質明而始行事，日幾中而後禮成。非強有力者，弗能行也。酒清，人渴而不敢飲也。肉乾，人飢而不敢食也。是言務在行禮，不敢倚机，不敢飲酒也。宴有好貨，宴飲以貨爲好。衣服、車馬，在客所無。好，呼報反，注及下同。疏：注宴飲至所無。正義曰：謂主國宴賓，以貨財爲恩好。謂衣服、車馬，在客所無者，與之也。明年，晉享季武子，重其好貨。僖二十九年，介葛盧來，禮之加宴好。《詩序》云：《鹿鳴》，燕羣臣嘉賓也。既飲食之，又實幣帛筐篚以將其厚意。是也。飧有陪鼎，熟食爲飧。陪，加也，加鼎所以厚殷勤。飧音孫。陪，薄回反，徐扶杯反。疏：注熟食至殷勤。正義曰：《聘禮》：賓始入館，宰夫朝服設飧，飪一牢，在西鼎九，羞鼎三。鄭玄云：食不備禮曰飧。飪，熟也。其鼎實如饔餼。羞鼎，則陪鼎也。以其實言之則曰羞，以其陳言之則曰陪。是飧有陪鼎。鄭以飧禮小，饔餼禮大，故云食不備禮曰飧。言饔餼備而飧不備也。杜以餼生而飧熟，故云熟食爲飧。《聘禮》又云：君使卿韋弁，歸饔餼五牢，飪一牢，鼎九，設于西階前，陪鼎當內廉。鄭玄云：陪鼎三牲臛：膷、臐、膮也。陪之庶羞，加也。服虔云：陪牛、羊、豕鼎，故云陪鼎。《周禮・掌客》云：凡諸侯之禮，上公飧五牢，饔餼九牢；侯伯飧四牢，饔餼七牢；子男飧三牢，饔餼五牢。是朝聘皆有飧也。案：《聘禮》歸饔餼五牢：於賓館，飪一牢，鼎九，設于西階前。牛鼎一、羊鼎一、豕鼎一、魚鼎一、腊鼎一、腸胃鼎一、膚鼎一、鮮魚鼎一、鮮腊鼎一，凡九鼎，從北向南而陳。又有陪鼎三，其一曰膷鼎，牛臛也，在牛鼎之西；其一曰臐鼎，羊臛也，在羊鼎之西；其一曰膮鼎，豕臛也，在豕鼎之西；其陪所設，當西階之內廉。腥二牢，陳于東階之前，南陳，牢別七鼎，無鮮魚、鮮腊也。并上飪一牢，所謂死牢三。又餼二牢，陳于門內之西。是卿之饔餼五牢。案：鄭注《掌客》：其子男饔餼五牢，與卿同，其腥鼎加鮮魚鮮腊，牢別有九也，其陳設如卿之禮。侯伯饔餼七牢，死牢四，飪一牢在西，腥三牢在東，餼三牢在門西，其陳設如子男之禮。上公饔餼九牢，死五牢，飪七牢在西，腥四牢在東，餼四牢陳于門西。其陳皆如侯伯之禮也。《掌客》注云：爵卿也，則飧二牢，饔餼五牢。爵大夫也，則飧大牢，饔餼二牢。入有郊勞，賓至，逆勞之於郊。出有贈賄，去則贈之以貨賄。禮之至也。國家之敗，失之道也，則禍亂興。

《春秋左傳正義》卷四七《昭公十六年》 二月，晉韓起聘于鄭，鄭伯享之。子產戒曰：苟有位於朝，無有不共恪。孔張後至，立於客間，孔張，子孔之孫。恪，苦各反。執政禦之；執政掌位列者。禦，止也。禦，魚呂反，注及下同。適客後，又禦之；適縣間。縣，樂肆。縣音玄，注同。疏：孔張至縣間。正義曰：諸侯享賓之禮亡，唯有公食大夫禮存耳。其禮云：大夫納賓，賓入門左。鄭玄云：左，西方，賓位也。又云：及廟門，公揖入。賓入三揖，至于階，三讓。公升二等，賓升。大夫立于東夾南，面北上。士立于門東，北面西上。鄭玄云：自卿大夫至此，不先即位從君而入者，明助君饗食，賓自無事也。饗食事俱在廟，鄭玄饗食並言，則享位亦當然也。孔張後至，蓋賓入廟門，乃始來至，當從大夫適東夾之南，西面位也，張乃立於客間。賓入未升階，立于西方，孔張入客行間也。執政禦之，適客後，張乃移立于客之西也。又禦之，適縣間，適鐘磬樂肆之間也。大射禮者，亦諸侯之禮也。樂人宿縣于阼階東，笙磬西面。其南笙鐘，其南鑮，皆南陳。西階之西，頌磬東面。其南鐘，其南鑮，皆南陳。張初立客間，已在西方。被禦，適客後，又益西也。又被禦，適縣間，蓋又復益西，入於頌磬鐘鑮之間也。客從而笑之。事畢，富子諫富子，鄭大夫，諫子產也。曰：夫大國之人，不可不慎也，幾爲之笑而不陵我？言數見笑，則心陵侮我。幾，居豈反，服音機，近也。數音朔。侮，亡甫反。疏：幾爲至陵我。正義曰：幾度爲之笑，而不於我加陵。言數被笑，必陵侮我也。服虔云：幾，近也。孔張失位，近爲所笑。近者，未至之辭，客已笑訖，何言近也？我皆有禮，夫猶鄙我。鄙，賤也。夫音扶。國而無禮，何以求榮？孔張失位，吾子之恥也。子產怒曰：發命之不衷，衷，當也。衷，丁仲反，又音忠。當，丁浪反，或如字。出令之不信，刑之頗類，緣事類以成偏頗。頗，普多反。類，如字，一音力對反，徐又力猥反。疏：注緣事至偏頗。正義曰：事有相類，真僞難明。緣此事類，以致偏頗，雖非故心，亦爲罪也。服虔讀類爲纇，解云：頗，偏也。類，不平也。獄之放紛，放，縱也。紛，亂也。紛音芳云反。縱音子用反。會朝之不敬，謂國無禮敬之心。疏：會朝之不敬。正義曰：此孔張失位，則是於朝不敬，而子產不以爲恥者，此謂出外會朝大國，非謂在本國，故注云謂無禮敬大國之心。使命之不聽，下不從上命。疏：使命之不聽。正義曰：謂若伯有，使子皙如楚，不肯行，是也。取陵於大國，罷民而無功，罪及而弗知，僑之恥也。孔張，君之昆孫，子孔之後也，昆，兄也。子孔，鄭襄公兄，孔張之祖父。罷音皮。執政之嗣也。子孔嘗執鄭國之政。疏：注子孔嘗執鄭國之政。正義曰：襄十年盜殺鄭公子騑、公子發、公孫輒，傳曰：子孔當國至十九年，鄭殺子孔。爲嗣大夫，承命以使，周於諸侯，國人所尊，諸侯所知。立於朝而祀於家，卿得自立廟於家。使音所吏反，下以使同。疏：注卿得自立廟於家。正義曰：士以上皆得立廟。則孔張雖是大夫，亦得立廟。而云卿得立廟者，以子孔是卿，故以卿言之。服虔云：祀其所自出之君於家，以爲大祖。案《禮記·郊特牲》曰：諸侯不敢祖天子，大夫不敢祖諸侯。而公廟之設於私家，非禮也。安得祀所出之君爲大祖乎？有祿於國，受祿邑。有賦於軍，軍出，卿賦百乘。乘，繩證反。喪祭有職，有所主。受脤歸脤，受脤，謂君祭，以肉賜大夫。歸脤，謂大夫祭，歸肉於公。皆社之戎祭也。脤，市軫反。疏：注受脤至祭也。正義曰：《周禮·掌蜃》云：祭祀共蜃器之蜃，鄭玄云：蜃，大蛤，飾祭器之屬也，蜃之器以蜃飾，因名焉。鄭衆云：蜃可以白器，令色白。是蜃爲器名。祭肉盛之脤器，以獻遺人，因名祭肉爲脤；孔張是大夫也，而云受脤歸脤，故知受脤爲君祭，以肉賜大夫。歸脤謂大夫祭，以肉歸於公也。故《周禮·祭僕》：凡祭祀致福者，展而受之。是在下之祭，有歸脤之義。又傳有成子受脤于社，前代諸儒皆以脤爲祭社之肉，故云皆社之戎祭也。劉炫故違傳證，以破先儒，以爲脤亦祭廟之肉，以規杜氏，文無所出，其義非也。然大夫不得私自出軍，自祭私社，而得歸脤於公者，謂大夫奉君命以戎事攝祭於社，故社直言祭，歸肉於公，亦不謂家祭也。其祭在廟，已有著位，在位數世，世守其業，而忘其所，僑焉得恥之？其祭在廟，謂助君祭。數，色主反。焉，於虔反，下焉用同。疏：注其祭至君祭。正義曰：謂鄭伯其祭在先君之廟，孔張有助祭著位在廟中，以有事爲業，言其所掌有常也。服虔以爲其祭在廟，謂孔張先祖配廟食。案《周禮·司勳》云：凡有功者，銘書於王之大常，祭於大烝，司勳詔之。則配廟食者，皆是有功之臣子。孔作亂而死，公孫泄因妖鬼而立，不得有配食在廟。辟邪之人，而皆及執政，是先王無刑罰也。言爲過謬者，自應用刑罰。辟，匹亦反。邪，似嗟反。子寧以他規我。規，正也。

《春秋左傳正義》卷五四《定公元年》 《傳》：元年，春，王正月，辛巳，晉魏舒合諸侯之大夫于狄泉，將以城成周。魏子涖政。涖，臨也。代天子大夫爲政。涖音利，又音類。衛彪傒衛大夫。曰：將建天子，立天子之居。而易位以令，非義也。大事奸義，必有大咎，晉不失諸侯，魏子其不免乎？是行也，魏獻子屬役於韓簡子及原壽過，簡子，韓起孫不信也。原壽過，周大夫。奸音干。咎，其九反。屬，之欲反。過，古禾反。疏：易位以令。正義曰：往年傳魏子南面，衛彪傒云：干位以令；此云魏子涖政，彪傒云易位以令，文不同者，《郊特牲》云：君之南鄉，荅陽之義也；臣之北面，荅君也。然則禮國君乃南面，往年魏子亦南面，是干君之位，故云干位。此時諸國爲天子築城，但當爲君各致徒役而已，宜使天子之臣自號令之，而魏子涖政，代天子大夫，改易上下，故爲易位。所譏別，故其文異。而田於大陸，焚焉。《禹貢》，大陸在鉅鹿北。嫌絶遠，疑此田在汲郡吴澤荒蕪之地。火田，并見燒也。《爾雅》，廣平曰陸。蕪音無。疏：注禹貢至曰陸。正義曰：《禹貢》云：導河積石，至于大伾，北過降水，至于大陸。孔安國云：大陸，澤名。《釋地》十藪云：晉有大陸。郭璞曰：今鉅鹿北廣河澤。孫炎曰：廣河猶大陸，以地名言之近爲是也。計鉅鹿之城，與周相去千有餘里，魏子不應往彼田獵。故嫌絶遠，疑此田當在汲郡吴澤。吴澤在脩武縣北。還，卒於甯，甯即脩武城是也。當是荒蕪之地，故亦以大陸名焉。引《爾雅》，以證平地皆名陸也。案《爾雅》：高平曰陸，杜言廣平者，以吴澤之地，地下寬平，故以廣平言之，非是不見《爾雅》。劉君以《爾雅》高平曰陸而規杜氏，非。還，卒於甯。甯，今脩武縣，近吴澤。

《春秋左傳正義》卷五八《哀公七年》 吴人曰：宋百牢我，是時，吴過宋，得百牢。牢，力刀反。過，古禾反。魯不可以後宋。且魯牢晉大夫過十，晉大夫，范鞅也。在昭二十一年。後如字，又戶豆反。吴王百牢，不亦可乎？景伯曰：晉范鞅貪而棄禮，以大國懼敝邑，故敝邑十一牢之。君若以禮命於諸侯，則有數矣。有常數。疏：吴王百牢。正義曰：《王制》云：君十卿禄。魯牢晉大夫過十，故吴王自謂合得百牢。注有常數。正義曰：《周禮·大行人》云：上公九牢，侯伯七牢，子男五牢。是常數也。若亦棄禮，則有淫者矣。淫，過也。周之王也，制禮，上物不過十二，上物，天子之牢。上如字，一音時掌反，注同。疏：注上物天子之牢。正義曰：《周禮·掌客》云：王合諸侯，而饗禮則具十有二牢。鄭玄云：饗諸侯而用王禮之數者，以公侯伯子男盡在，是兼饗之，莫適用也。以莫適用，故用王禮。是天子之禮十二牢也。《郊特牲》云：天子適諸侯，諸侯膳用犢。諸侯適天子，天子賜之禮大牢，貴誠之義也。如彼記文，諸侯共天子之膳唯一犢耳，而得有十二牢者，若是天子大禮，必以十二爲數，其餘共王之膳食，自用犢爲食耳，非謂獻大禮者唯一犢也。以爲天之大數也。天有十二次，故制禮象之。今棄周禮，而曰必百牢，亦唯執事。吴人弗聽。景伯曰：吴將亡矣，棄天而背本。違周爲背本。疏：棄天而背本。正義曰：棄十二之數爲棄天，違周禮是背本。不與，必棄疾於我。

（宋）劉恕《資治通鑑外紀》卷四《周紀二·惠王》 燕莊公送桓公出境，桓公曰：吾非天子，不可無禮於燕。因割燕君所至地與之，使復修召公之政，納貢天子，如成康時。此《史記·齊世家》、《文燕世家》文畧，此城故名燕留。桓公欲移兵伐魯，管仲曰：伐遠誅近，鄰國不親，非伯王之道。魯必事楚，是我一舉而兩失也，宜以所得山戎寶器，進周公之廟。桓公從之。諸侯聞之，皆奉桓公之令。此參用《管子·小匡》及《説苑·權謀》文，《説苑》無魯必事楚二句，其上文曰：齊桓公將伐山戎，孤竹使人請助于魯，魯許助之，而不行。齊已伐二國，而欲移兵云云。管仲曰：君教諸侯爲民聚食。桓公乃告諸侯，必足三年之食，以其餘修兵革。不足者，齊助之發。此《管子·大匡》文。客或欲見桓公，請仕上官，授禄千鐘。管仲曰：君予之。客聞之曰，取人以人者，其去人也亦用人，吾不仕矣。【略】

十九年，《釋例》曰癸亥。春，齊桓公帥諸侯城楚丘，衛文公徙都之。此《左傳》、《史記·衛世家》、《詩·定之方中》序文，《史記正義》引《括地志》曰：城殳縣有楚邱亭。其畜散而無育。桓公與之繫馬三百。車三百乘，甲五千。天下知桓公仁，非爲己動，故歸之。桓公輕諸侯之幣而重其禮，齊以豹皮往，小侯以鹿皮報齊；以馬往，小侯以犬報。使者垂橐而入，稛載而歸。拘之以利，結之以信，示之以武而莫敢背。

（清）姚彦渠《春秋會要》卷四《賓禮·來不書朝》 隱元年，冬，十二月，祭伯來。《左傳》：非王命也。《穀梁》：來者，來朝也。其弗謂朝，何也？寰內諸侯，非有天子之命，不得出會諸侯；不正其外交，故弗與朝也。聘弓鍭矢，不出竟場；束脩之肉，不行竟中；有至尊者，不貳之也。

（唐）蕭嵩《大唐開元禮》卷八〇《賓禮·皇帝宴蕃國主》 前一日，尚舍奉御整設御幄于所御之殿北壁，南向。尚食奉御，太官令各具饌，守宮設次，太樂令設登歌位于殿上，展宮懸于殿庭，設舉麾位於上下，鼓吹令設十二案，乘黄令陳車輅，尚輦奉御，陳輿輦，並如常儀。

雜録

《尚書正義·周書·酒誥》 侯、甸、男、衛，矧太史友，內史友？侯、甸、男、衛之國當慎接之，况太史、內史掌國典法所賓友乎？越獻臣百宗工，妁惟爾事服休服采？於善臣百尊官不可不慎，况汝身事服行美道，服事治民乎？妁惟若疇圻父，薄違農父？圻父，司馬。農父，司徒。身事且宜敬慎，况所順疇咨之司馬乎？况能迫迴萬民之司徒乎？言任大。圻，巨依反。父音甫。薄，蒲各反，徐又扶各反。違如字，徐音回，馬云：違行也。若保宏父，定辟，矧汝剛制于酒？宏，大也。宏父，司空。當順安之。司馬、司徒、司空，列國諸侯三卿，慎擇其人而任之，則君道定，况汝剛斷於酒乎？辟，必亦反。斷，丁亂反。疏：予惟至於酒。正義曰：殷之存亡既可以爲監若是，故我惟告汝曰：汝當堅固愛慎殷之善臣及侯、甸、男、衛之君，則在外尚然，况已下太史所賓友，内史所賓友，於善臣百尊官而不固慎乎？此之卑官猶尚固慎，况惟汝之身事所服行美道，服行美事治民，而可不固慎乎？於己身事猶當固慎，况惟所敬順疇咨之圻父，能迫迴萬民之農父，所順所安之宏父？此等大臣能得固慎，則可定其爲君之道，固慎大臣，雖非急要，尚能使君道得定，况汝又能剛斷於酒乎？善所莫大，不可加也。傳劼固至用之。正義曰：劼，固，《釋詁》文。將欲斷酒爲重，故節文以相况。毖訓爲慎，言誠堅固謹慎，皆敬而釋任之，其文通於下，皆固慎。傳侯甸至賓友乎。正義曰：太史掌國六典，依《周禮》，治典、教典、禮典、政典、刑典、事典也。内史掌八柄之法者，爵、禄、廢、置、殺、生、與、奪。此太史、内史即康叔之國大夫，知者，以下圻父、農父、宏父是諸侯之三卿，明太史内史非王朝之官。所賓友者，敬也。傳於善至民乎。正義曰：於善臣即上經殷獻臣也。百尊官即上侯甸男衛、太史、内史也。服行美道，服事治民即上汝之身事。知服事是治民者，民惟邦本，諸侯治民爲事故也。鄭玄以服休爲燕息之近臣，服采爲朝祭之近臣，非孔意也。傳圻父至任大。正義曰：司馬主圻封，故云圻父。父者，尊之辭。以司徒教民五土之藝，故言農父也。以司馬征伐在乎閫外所專，故隨順而疇咨之，言君所順疇也。迫近迴繞於萬民，言近民事也。二者皆任大。傳宏大至酒乎。正義曰：宏，大，《釋詁》文。以司空亦君所順所安和之，故言當順安之。諸侯之三卿，以上有司馬、司徒，故知宏父是司空。言大父者，以營造爲廣大國家之父。因節文而分之，乃揔之言司馬、司徒、司空。列國三卿，令慎擇其人而任之，則君道定，况剛斷於酒乎？爲甚之義也。其定辟揔上自劼毖殷獻已下，獨言三卿者，因文相况而接之，其實揔上也。三卿不次者，以司馬征伐爲重；次以政教安萬民，司徒爲重；司空直指營造，故在下也。司徒言於萬民爲迫迴者，事務爲主故也。司徒不言若者，互相明，皆爲治民，而君所順也。

(清)孫星衍《尚書今古文注疏・酒誥》 越庶國，飲惟祀，德將無醉，注：《大傳》説：天子有事，諸侯皆侍，尊卑之義。宗室有事，族人皆侍，終日，大宗已侍於賓奠，然後燕私。燕私者何也？已而與族人飲也。又説：故曰：飲而醉者，宗室之意也；德將無醉，族人之志也。是故祀禮有讓，德施有復，義之至也。疏：將者，《廣雅・釋言》云：扶也。《大傳》宗室已下，見《儀禮・特牲》注引《尚書傳》。《詩・湛露》疏引《書傳》略同，有脱字。鄭注云：事謂祭祀，大宗謂卿大夫以下宗室大宗之家也。言衆邦惟祀事侍于天子，或飲于大宗，得飲；又當以德相扶持，不至于醉。

(清)孫星衍《尚書今古文注疏・洛誥》 王賓殺禋咸格，王入大室祼。注：馬融曰：大室，廟中之夾室。疏：王賓，謂助祭諸侯。《郊特牲》云：諸侯爲賓，灌用鬱鬯。《烈文詩序》云：成王即政，諸侯助祭也。殺者，謂殺牲。禋者，《堯典》禋于六宗，《大傳》作煙，注云：煙，祭也，字當爲禋。《魏受禪表》亦作煙。《山堂考索》引《三禮義宗》云：禋，煙也，潔也，精也。《釋詁》云：咸，皆也。格，至也。大室者，明堂中央室，亦曰大廟。《詩・斯干》疏載《鄭志》答張逸引《洛誥》王入大室一條，言：周公于洛邑建明堂、宗廟、王寢，皆爲天子制祼者。《周禮・大宗伯》：以肆獻祼享先王。注云：祼之言灌，灌以鬱鬯，謂始獻尸求神時也。《周禮・小宰》之職：凡祭祀，贊王幣爵之事、祼將之事。注云：祼，謂贊王酌鬱鬯以獻尸。謂之祼，祼之言灌也，明不爲飲主。以祭祀唯人道宗廟有祼，天地大神至尊不祼，莫稱焉。《禮器》云：祼用鬱鬯。《明堂位》云：祼用玉瓚、大圭。案：此云入大室祼，大室，明堂也。上云王賓，助祭諸侯也。明堂之祭，以祖宗配享天神，而有祼禮，則鄭云天地大神不祼，未詳也。馬注見《釋文》。以大室爲廟中之夾室者，大室在明堂中央，左青陽、右總章夾之也。

(清)孫星衍《尚書今古文注疏・顧命》 賓稱奉圭兼幣，注：鄭康成曰：此幣以馬，蓋舉王者之後以言耳。諸侯當璧以帛，亦有庭實。疏：賓者，《周禮・大宗伯》職云：以賓禮親邦國。謂朝覲宗遇會同，天子以賓禮賓諸侯也。《大行人》職云：掌大賓之禮。注云：大賓，要服以内諸侯。武氏億云：賓，古文通作擯。賓稱是擯者之辭。圭者，《考工記・玉人》云：命圭九寸，謂之桓圭，公守之。命圭七寸，謂之信圭，侯守之。命圭七寸，謂之躬圭，伯守之。注云：命圭者，王所命之圭也，朝覲執焉，居則守之。故書或云命圭五寸，謂之躬圭也。幣者，《周禮・小行人》職云：合六幣：圭以馬，璋以皮，璧以帛，琮以錦，琥以繡，璜以黼。注云：六幣所以享也。五等諸侯享天子用璧，享后用琮，其大各如其瑞，皆有庭實，以馬若皮。皮，虎豹皮也。是説圭幣之事。鄭注見《書》疏。云此幣王者之後以言者，二王之後，謂杞、宋；位尊，故享用圭璋而特之。此經言布乘黄朱，又稱奉圭兼幣，故鄭云此幣圭以馬，蓋舉王者之後以言爾。云諸侯當璧，亦有庭實者，《覲禮》云：四享皆束帛加璧，庭實惟國所有。《秋官・大行人》説朝事云廟中將幣三享，彼注既用《覲禮篇》文，又引《大載・朝事篇》云：奉國地所出重物，明臣職也。則庭實又在圭、馬等物之外。故《詩・韓奕》疏備引諸文而申之云：三享者，初享以馬若皮，其餘以國地所有之物分之爲二，以備三享。今此經文不具，故鄭補言之。《僞傳》以圭、馬卽庭實，非也。曰：一二臣衛，敢執壤奠。皆再拜稽首。王義嗣德答拜。注：鄭康成曰：此朝兼享禮也，與常禮不同。釋辭者一人，其餘奠幣，拜者稽首而已。疏：臣衛，謂蕃衛。壤，謂壤地所生之物。《禮器》云：天不生，地不養，君子不以爲禮。《覲禮》云：庭實惟國所有。則此諸侯所執以奠者，自是其國土所生之物，陳之以爲庭實也。奠者，鄭注《禮記》云，猶獻也。《堯典》云，舜讓于德弗嗣。《白虎通・性情篇》云：義者，宜也。義嗣，言宜嗣德也。《春秋》文八年：秋八月庚戌，天王崩。九年：春，毛伯來求金。《公羊傳》曰：何以不稱使？當喪未君也。踰年矣，何以謂之未君？卽位矣，而未稱王也。未稱王，何以知其卽位？以諸侯之踰年卽位，亦知天子之踰年卽位也。是時成王崩未踰年，康王實未嗣位。若真言王答拜，無以異于正卽位者。言其宜嗣則未嗣位之意自明。鄭注見《書》疏。云釋辭者一人者，此時諸侯雖衆，但其長一人釋辭，不必人人皆釋。下文言皆再拜稽首，拜言皆，則釋辭不皆可知也。云此朝兼享禮者，《覲禮》侯氏既朝而出，乃後云四享皆束帛加璧。又鄭注《曲禮》云：諸侯春見曰朝，受贄于朝，受享于廟。是常禮皆朝而後享，不同時並行二事。今則入門而朝，奉圭兼幣，庭實俱設，是于常禮不同也。

（唐）王方慶《魏鄭公諫録》卷一《諫西域諸國入朝》 高昌主麴文泰將入朝也，西域諸國咸欲遣使，乃敕胡人厭怛紇干，使往西域引諸國使入朝。公諫曰：中國始平，瘡痍未復，若有勞役，則不能安。往年高昌主來入貢馬纔數百匹，所經州縣猶不能供，况復加於此也。若任其興販，邊人則獲其利，若引爲賓客，中國則受其弊矣。漢建武二十二年，天下甯晏，西域請置都護，送侍子。光武不許，不以蠻夷勞弊中國。今若許十國入貢，其使不減千人，使緣邊諸州，將何取給。事既不濟，人心萬端，後方悔之，恐無所及。太宗然其議，乃追厭怛紇干還。

《大清通禮》卷四三《賓禮》 《周禮・大行人》掌賓客之禮儀。九州以外謂之蕃國，各以其貴寶爲摯。國家聲教暨訖，四夷來賓，徼外山海，諸國典之禮部。百餘年來，勑封燕賚，諸典儀文詳洽，爰輯爲賓禮，而百官士民相見儀節以類附於後。

《大清通禮》卷四三《賓禮・外國朝貢》 朝貢之禮，凡四夷屬國按期修職貢遣，其陪臣齎表文方物來朝。京師貢使將入境，朝鮮以禮部通官二人迎於盛京鳳凰城，安南、琉球、緬甸、暹羅、荷蘭、蘇禄南，掌諸國貢道所經之省，督撫遣佐貳雜職官一人迎於邊界。西洋以內務府司官及西洋人供職欽天監者各一人，迎於廣東，皆給以郵符，經過地方，有司供其次舍廩餼、車舟夫馬，沿途營汛，遞遣官軍防護以達於京畿。禮部豫行工部，修飾館舍，備器用薪炭；戶部給粟米、芻豆，光禄寺給牲魚、酒漿、蔬果之屬。既至，提督會同四譯館、鴻臚寺少卿飭屬延接入館，以時稽其人衆，均其飲食。

《大清通禮》卷四四《賓禮・宗室外藩親王相見》 外藩親王見宗室親王之禮，賓及門，王府屬官入告，主人降階迎，賓辭，主人升，賓從，賓入門而右，西位東面。主人入門而左，東位西面。各行二跪六叩禮。畢，即席序坐位如之，賓之從官階上二跪六叩，興，入右門，隨坐於賓後。執事者進茶，賓受茶，叩，主人答叩。飲茶叙語畢，從官趨前楹，跪一叩，興，趨出。賓起離席，叩，主人答叩，皆興。賓辭出，主人送賓於階下，退，府屬官送於府門外，賓退，屬官乃退。若外藩郡王見，主人迎送，不降階。相見，賓二跪六叩，主人答，一跪三叩，餘跪受。賓辭出，跪叩，主人答跪不叩。餘如親王見儀。外藩貝勒見，入自中門闑左，王出坐迎，貝勒行二跪六叩禮，王立受，王就位，正坐，貝勒侍坐，從官行禮，随坐如儀。貝勒受茶，一叩。飲茶叙語畢，從官先出，貝勒離席，跪叩辭退。王出，坐府屬官送於府門外。外藩貝子公見，府屬官引至殿外，行二跪六叩禮，王坐受，辭出，跪叩，王坐受，亦如之，餘如貝勒見儀。

《大清通禮》卷四四《賓禮・宗室外藩郡王相見》 外藩親王見宗室郡王之禮，賓至，主人迎於大門，內肅，賓入及階，讓升。主人由東，賓由西及門。讓入，主人就右、西面，賓就左、東面。行二跪六叩禮，東西序坐，從官行禮，随坐侍茶。辭退均如內外親王見儀。主人送賓於大門，內府屬官送於府門外，各退。若外藩郡王見與內外親王相見儀同，外藩貝勒見與外藩郡王見親王儀同，外藩貝子公見與外藩貝勒見親王儀同。

《大清通禮》卷四四《賓禮・宗室外藩貝勒相見》 外藩親王見宗室貝勒之禮，賓至，主人出迎於府門外，肅。賓入，賓先行，主人少後從行，升階亦如之。主人入門而左、東面，賓入門而右、西面，各行一跪三叩禮。東西序坐，從官行禮，随坐均如儀。待茶，辭退，賓皆一叩，主人答送賓於府門外，乃退。若外藩郡王見，行禮坐次視親王，主賓出入並行迎送及於大門，府屬官送於門外。外藩貝勒見，行一跪三叩禮，餘與內外郡王相見儀同。外藩貝子公見，行一跪三叩禮，主人跪受，餘與外藩貝勒見郡王儀同。

《大清通禮》卷四四《賓禮・宗室外藩貝子公相見》 外藩親王、郡王、貝勒見宗室貝子公之禮，賓至，主人迎於大門外，賓自西先行，主人自東少後行，升階入門，亦如之。主人位左，賓位右。東、西面各行一跪一叩禮。序坐，從官行一跪一叩禮，隨坐待茶，如前儀。從官先一叩辭退，賓主各一叩，興，主人送賓於大門外，候乘馬乃退。若外藩貝子公見，行一跪一叩禮，餘與外藩貝子公見貝勒儀同。

《大清通禮》卷四四《賓禮・京官敵體相見》 京官敵體相見之禮，賓及門，從者通名，閽人入告，主人肅衣冠，出迎於大門内，揖賓入，每門讓於賓，及階讓升，及門讓入，賓主皆北面再拜。興，主人爲賓設坐西面，賓禮辭，揖，主人答揖，卒正坐。賓爲主人設坐，東面揖如之。主人揖，賓就坐，執事者進茶，賓受茶，拜手，主人答拜。飲茶叙語畢，賓告辭，揖，主人答揖，降階，賓辭，主人固請，乃送賓於大門外，視賓乘輿馬，主人乃退。尚書左都御史見大學士儀亦如之，一品至八九品官敵體相見儀並同。三品以下京堂官，翰詹科道見大學士，主人迎於儀門内，送出大門外，不視乘輿馬，餘儀同。科道見左都御史、副都御史、各部尚書，主人送出大門外，退，不視乘輿馬，餘儀同。翰詹科道與閣部院寺監屬官相見，均與敵體相見儀同，有尊卑名分者，均各盡其尊卑之禮。

《大清通禮》卷四四《賓禮・京師屬官見長官》 閣部院寺監屬官見其長官之禮，初見，屬官公服詣署，首領官引至堂上，以銜名履歷呈於各長官，坐案，屬官以次向坐，三揖，長官避席答揖，退。若燕見，至大門外，下輿馬，竢於門内，閽人通名，入見長官迎於階下。詣廳事，廳事以南向爲率。屬官當楣北面三揖，長官東面答揖。序坐，屬官東位西面，旅見則以次東西面。長官位於西南東北面，命坐，揖，茶至揖，凡屬官揖，長官皆答揖。啓事畢，三揖如初。辭出，長官送於二門外，屬官出大門稍遠，乘輿馬。見大學士儀同。

《大清通禮》卷四四《賓禮・國學師弟子相見》 國學生見國子師之禮，初見，弟子公服具名柬，國學首領官引至堂上，北面三揖，師立受。辭退，北面三揖出。若燕見，通名，竢於門内，師召入，迎於階上。弟子升階，竢師前行，隨入堂，當楣北面再拜，師西面答揖。師命坐，弟子北面揖，趨正，師坐畢，侍坐於側東位西面，旅見則以次列坐北上。師位於西南東北面。請問揖，茶至揖。辭退，北面三揖，師皆答揖。師出，送前行，弟子從，及二門外，弟子三揖，竢師入乃退。翰林院庶吉士見大學士及見教習庶吉士儀同。

《大清通禮》卷四四《賓禮・直省官敵體相見》 直省官敵體相見之禮，賓至，署從者通名，門吏啓門，賓肩輿入，儀衛止儀門外。主人出迎，賓至外堂檐下，降輿，主人揖，賓入，每門讓於賓，及廳事各再拜，興，主人爲賓設坐西面，賓禮辭揖，主人答揖，賓爲主人設坐東面，揖如之，主人揖，賓就位坐。執事者進茶，主賓各拜手。飲茶叙語畢，賓避席揖，辭退，主人答揖。賓出，主人送至外堂檐下視乘輿，主人退，賓肩輿出如來儀。學政、鹽政及欽差官與督撫相見儀同，文職督撫司道以下，府州縣佐雜以上，武職提鎮以下，千把總以上，凡敵體官相見儀並同。

《大清通禮》卷四四《賓禮・直省滿漢官見》 直省滿漢官相見之禮。鎮守將軍、副都統與督撫，提鎮相見，行賓主禮。司道以下官見將軍與見總督儀同，見副都統與見總兵官儀同，協領叅領見督撫與司道同，佐領防禦見督撫與知府同，驍騎校以下官見督撫與州縣同，餘不相統屬者均行賓主禮。

《大清通禮》卷四四《賓禮・士賓友相見》 士人敵體相見之禮，賓及門，從者通名，主人出迎於大門外，揖入，及門及階揖如初。登堂，主賓均北面再拜，興，主人趨正賓坐，賓禮辭，主人卒正坐左還，賓正主坐亦如之。即席賓東位西面，主人西位東面，飲茶敘語畢。賓退揖，主人及階及門揖辭，主人均答揖，乃送賓於大門外，揖如初。若見父之執友與見尊長儀同。

《大清通禮》卷四四《賓禮・受業弟子見師長》 受業弟子見師長之禮，初見，師未出，先入，設席正位竢於堂下。師出召見，乃奉贄入，奠贄於席，北面再拜，師起答揖。興，謹問起居，命之坐乃侍坐。有問則起而對。辭出，三揖，師不送。常見侍坐請業則起，請益則起，師有教，立聽，命坐乃坐。師問更端仍起而對。朝入一揖，暮出一揖。與同學弟子均以齒序。

《大清通禮》卷四三《賓禮・卑幼見尊長》　卑幼見有服尊親之禮，及門，從者通名，竢外，次尊長召入見，升階北面再拜，尊長西面答揖，命坐，視尊長坐次侍坐於側。茶至，揖，叙語畢，稟辭，三揖。凡揖，尊長皆答。出，尊長不送，若尊長來見卑幼，迎送於大門外，行禮坐次如前儀。

（清）顧炎武《日知録》卷三《王事》　王事適我，政事一埤益我。凡交於大國，朝聘會盟征伐之事，謂之王事。其國之事，謂之政事。

（清）顧炎武《日知録》卷五《主人》　主人爵弁，纁裳，緇袘。注：主人，壻也。壻爲婦主。主人筵于戶西。注：主人，女父也。親迎之禮，自夫家而行，故壻稱主人；至於婦家，則女父又當爲主人，故不嫌同辭也。女父爲主人，則壻當爲賓，故曰：賓東面荅拜。注：賓，壻也。對女父之辭也。至於賓出而婦從，則變其文而直稱曰壻。壻者，對婦之辭也。曰主人、曰賓、曰壻，一人而三異其稱，可以見禮時爲大，而義之由內矣。

（清）王士禛《池北偶談》卷一《談故一・外國封使》　國朝聲教之遠，梯航至者數十國，而受封遣使者惟安南、琉球二國。安南又凡三遣：始則康熙三年諭祭黎維禔，奉使者侍讀學士程芳朝。繼則康熙五年册封黎維禧，奉使者編修吴光也。六年八月維禧逐都統使莫元清，奪其諒山高平地，元清奔皈朝，兩廣守臣以聞。七年遣使宣諭，則侍讀李仙根、職方主事楊兆傑爲正副使。琉球封王：順治中遣給事中張學禮、行人王垓爲正副使，居閩數年，罷歸。康熙初復遣，時張已改御史，王已遷戶部郎中矣。康熙十二年暹羅請封，上以海道窵遠，令以敕印付其使臣帶往，於事理甚便，而亦不失柔遠之體。按嘉靖二十年降安南國爲安南都統使司，仍以莫登庸爲都統使。國初定粵，莫敬耀來歸，未受爵，卒，授其子元清都統使。黎維禔亦來歸，未受封，卒，子維禧立，康熙五年册封維禧安南國王。康熙二十一年琉球、安南復入貢，遣編修孫卓、儀制司郎中周燦往安南，檢討汪楫、中書舍人林麟焻往琉球。二十三年暹羅復入貢云。

凶禮分部

論　説

《儀禮注疏・喪服》　君，疏：君。釋曰：臣爲之服。此君內兼有諸侯及大夫，故文在天子下。鄭注《曲禮》云：臣無君猶無天。則君者，臣之天。故亦同之於父爲至尊，但義故，還著義服也。

傳曰：君至尊也。天子諸侯及卿大夫有地者，皆曰君。疏：注天子至曰君。釋曰：卿大夫承天子諸侯，則天子諸侯之下，卿大夫有地者皆曰君。案《周禮・載師》云：家邑任稍地，小都任縣地，大都任畺地。是天子卿大夫有地者，若魯國季孫氏有費邑，叔孫氏有郈邑，孟孫氏有郕邑，晉國三家亦皆有韓、趙、魏之邑，是諸侯之卿大夫有地者皆曰君，以其有地則有臣故也。天子不言公與孤，諸侯大國亦有孤，鄭不言者，《詩》云三事大夫，謂三公，則大夫中含之也。但士無臣，雖有地不得君稱，故僕隸等爲其長，弔服加麻，不服斬也。

又：傳曰：何以三年也？正體於上，又乃將所傳重也。庶子不得爲長子三年，不繼祖也。此言爲父後者，然後爲長子三年，重其當先祖之正體，又以其將代己爲宗廟主也。庶子者，爲父後者之弟也，言庶者，遠别之也。《小記》曰：不繼祖與禰。此但言祖不言禰，容祖、禰共廟。疏：傳曰何至祖也。釋曰：云何以者，亦是問，比例，以其俱是子，不杖章父爲衆子期，此章長子則爲之三年，故發何以之傳也。不問斬而問三年者，斬重而三年輕，長子非尊極，故舉輕以問之。輕者尚問，明重者可知，故舉輕以明重也。云正體於上，又乃將所傳重也者，此是荅辭也。以其父祖適適相承，爲上已又是適承之於後，故云正體於上。云又乃將所傳重者，爲宗廟主是有此二事。乃得三年。云庶子不得爲長子三年，不繼祖也者，此明適適相承，故須繼祖乃得爲長子三年也。注此言至共廟。釋曰：云此言爲父後者，然後爲長子三年者，經云繼祖，即是爲祖後乃得爲長子三年。鄭云爲父後者然後爲長子三年，不同者，周之道有適子，無適孫，適孫猶同庶孫之例，要適子死後乃立適孫，乃得爲長子三年。是爲父後者然後爲長子三年也。

又：傳曰：何以三年也？受重者，必以尊服服之。何如而可爲之後？同宗則可爲之後。何如而可以爲人後，支子可也。爲所後者之祖父母、妻、妻之父母、昆弟、昆弟之子，若子。若子者，爲所爲後之親，如親子。疏：傳曰至若子。釋曰：云何以三年者，以生己父母三年，彼不生己亦爲之三年，故發問，比例之傳也。云受重者必以尊服服之者，荅辭也。雷氏云：此文當云爲人後者，爲所後之父，闕此五字者，以其所後之父或早卒，今所後其人不定，或後祖父，或後曾高祖，故闕之，見所後不定故也。云何如而可爲之後，問辭。同宗則可爲之後，荅辭。此問亦問比類，以其取後取何人爲之，荅以同宗則可爲之後，以其大宗子當收聚族人，非同宗則不可。謂同承別子之後，一宗之內，若別宗同姓，亦不可以其收族故也。又云何如而可以爲人後，問辭。云支子可也，荅辭。以其他家適子當家，自爲小宗，小宗當收斂，五服之內亦不可闕，則適子不得後他，故取支子，支子則第二已下，庶子也。不言庶子，云支子者，若言庶子，妾子之稱，言謂妾子得後人，適妻第二已下子不得後人，是以變庶言支，支者，取支條之義，不限妾子而已。若然，適子不得後人，無後亦當有立後之義也。

又：妻爲夫。傳曰：夫至尊也。疏：妻爲夫傳曰夫至尊也。釋曰：自此已下論婦人服也。婦人卑於男子，故次之。案《曲禮》云：天子曰后，諸侯曰夫人，大夫曰孺人，士曰婦人，庶人曰妻。后以下皆以義稱士，庶人得其總名妻者，齊也。婦人無爵，從夫之爵，坐以夫之齒，是言妻之尊卑，與夫齊者也。若然，此經云妻爲夫者，上從天子，下至庶人，皆同爲夫斬衰也。傳言夫至尊者，雖是體敵，齊等夫者，猶是妻之尊敬。以其在家天父，出則天夫。又婦人有三從之義：在家從父，出嫁從夫，夫死從子。是其男尊女卑之義，故云夫至尊，同之於君父也。

又：傳曰：繼母何以如母？繼母之配父與因母同，故孝子不敢殊也。因猶親也。疏：傳曰至殊也。釋曰：傳發問者，以繼母本是路人，今來配父，輒如己母，故發斯問。荅云繼母配父，即是片合之義。既與己母無別，故孝子不敢殊異之也。

又：傳曰：慈母者何也？傳曰：妾之無子者，妾子之無母者，父命妾曰：女以爲子。命子曰：女以爲母。若是，則生養之，終其身如母。死則喪之三年如母，貴父之命也。此主謂大夫士之妾，妾子之無母，父命爲母子者。其使養之，不命爲母子，則亦服庶母慈己之服可也。大夫之妾子，父在爲母大功，則士之妾子爲母期矣。父卒則皆得伸也。疏：傳曰至命也，釋曰：傳別舉傳者，是子夏引舊傳證成己義故也。欲見慈母之義，舊已如此，故須重之如己母。云妾之無子者，謂舊有子，今無者，失子之妾，有恩慈深，則能養他子以爲己子者也。若未經有子，恩慈淺，則不得立後而養他。不云君命妾曰，而云父者，對子而言父，故言父也。必先命母者，容子小，未有所識，乃命之或養子是然，故先命母也。云若是則生養之終其身者，案《內則》云：孝子之身終，終身也者，非終父母之身，終其身也。彼終其身爲終孝子之身。此終其身下乃云如母，死則喪之三年，則以慈母輕於繼母，言終其身，唯據終慈母之身而已。明三年之後不復如是，以《小記》云慈母不世祭，亦見輕之義也。云如母，貴父之命也者，一非骨血之屬，二非配父之尊，但唯貴父之命故也。

又：傳曰：何以期也？屈也。至尊在，不敢伸其私尊也。父必三年然後娶，達子之志也。疏：傳曰至之志也。釋曰：上章已論斬衰不同訖，故傳直言何以期而不三年決之也。屈也者，荅辭，以家無二尊，故於母屈而爲期，是以云至尊在，不敢伸其私尊也，解父在母屈之意也。言不敢伸其私尊，明子於父母本尊。若然，不直言尊而言私尊者，其父非直於子爲至尊，妻於夫亦至尊。母則於子爲尊，夫不尊之，直據子而言，故言私尊也。若然，夫妻敵體而言屈，公子爲母練冠在五服之外，不言屈者，舉尊以見卑，屈可知。大夫妾子爲母大功，亦斯類也。云父必三年然後娶達子之志也者，子於母屈而期，心喪猶三年，故父雖爲妻期，而除三年乃娶者，通達子之心喪之志故也。不云心而言志者，心者，萬慮之總。喜怒哀樂好惡六情皆是情，則爲志母雖一期，哀猶未絕，是六情之中而哀偏在，故云志也，不云心也。

又：傳曰：何以期也？傳曰：夫死，妻穉，子幼，子無大功之親，與之適人。而所適者，亦無大功之親，所適者以其貨財爲之築宮廟，歲時使之祀焉，妻不敢與焉。若是，則繼父之道也。同居則服齊衰期，異居則服齊衰三月。必嘗同居，然後爲異居，未嘗同居，則不爲異居。妻穉，謂年未滿五十。子幼，謂年十五已下。子無大功之親，謂同財者也。爲之築宮廟於家門之外，神不歆非族。妻不敢與焉，恩雖至親，族已絕矣。夫不可二，此以恩服爾。未嘗同居，則不服之。疏：【略】釋曰：鄭知妻穉謂年未滿五十者，案《內則》妾年五十閉房，不復御，何得更嫁？故未滿五十也。云子幼謂年十五已下者，案《論語》云可以託六尺之孤，鄭亦云十五已下，知者，見《周禮・鄉大夫》職云：國中自七尺以及六十，野自六尺以及六十有五，皆征之。七尺謂年二十，六尺謂年十五，十五則受征役，何得隨母，則知子幼十五已下。言已下則不通十五，以其十五受征，明據十四至年一歲已上也。

又：傳曰：何以服齊衰三月也，妻，言與民同也。長子，言未去也。妻雖從夫而出，古者大夫不外娶，婦人歸宗，往來猶民也。《春秋傳》曰：大夫越竟逆女，非禮。君臣有合離之義，長子去，可以無服。疏：【略】云《春秋》者，案

《春秋公羊傳》莊二十七年莒慶來逆叔姬，傳曰：大夫越竟逆女，非禮。彼云婦，此云女，鄭以義言之，以其未至夫家，故云女。引之者，證古者大夫不外娶之事。云君臣有合離之義者，謂諫争從臣，是有義則合三諫，不從是無義，則離子既隨父，故去可以無服矣。

又：傳曰：大夫爲舊君，何以服齊衰三月也？大夫去，君埽其宗廟，故服齊衰三月也，言與民同也，何大夫之謂乎？言其以道去君，而猶未絶也。以道去君，爲三諫不從，待放於郊未絶者，言爵禄尚有列於朝，出入有詔於國，妻子自若民也。疏：【略】云以道去君，謂三諫不從待放者，此以道去君，據三諫不從，在境待放，得環則還，得玦則去，如此者，謂之以道去君。有罪放逐，若晉放胥甲父於衛之等，爲非道去君。云未絶者言爵禄有列於朝。出入有詔於國者，《下曲禮》文。爵禄有列，謂待放大夫舊位乃在。出入有詔於國者，謂兄弟宗族猶存，吉凶之事，書信往來相告不絶。引之者，證大夫去君，埽其宗廟，詔使宗族祭祀，爲此大夫雖去，猶爲舊君服。若然，君不使埽宗廟，爵禄已絶，則是得玦而去，則亦不服矣。

又：傳曰：緦者十五升抽其半，有事其縷，無事其布，曰緦。謂之緦者，治其縷，細如絲也。或曰有絲，朝服用布，何衰用絲乎？抽猶去也。《雜記》曰：緦冠繰纓。

（清）胡培翬《儀禮正義·喪服》

喪服經傳第十一。鄭《目録》云：天子以下，死而相喪，衣服年月親疏隆殺之禮也。喪必有服，所以爲至痛飾也。不忍言死而言喪。喪者，棄亡之辭。若全存於彼焉，已棄亡之耳。《大戴》第十七，《小戴》第九，劉向《别録》第十一。疏：正義曰：【略】云喪必有服所以爲至痛飾也者，所以爲至痛飾也，《三年問》文。但哀有淺深，則服有隆殺，此鄭申言聖人制服之義也。《家語》云：斬衰菅菲杖而歠粥者，則志不在于酒肉。《白虎通》云：喪禮必制衰麻何？以副意也。服以飾情，情貌相配，中外相應，是之謂飾。【略】今案：《鄭目録》云死而相喪，亦據生人言之。《釋文》喪字無音，則讀平聲，是也。云劉向《别録》第十一者，《别録》，向所作，但他篇不言劉向，此言之者，孔叢伯云：劉向二字，衍文。蓋《儀禮》中軼，刊監本者，依《士冠禮》疏補，因誤加也。朱子云：夏、商而上，大槩只是親親長長之意，到得周來，則又添得許多貴貴底禮數。如始封之君不臣諸父昆弟，封君之子，不臣諸父而臣昆弟，期之喪天子諸侯絶，大夫降。然諸侯大夫尊同，則亦不絶不降。姊妹嫁諸侯者，則亦不絶不降。此皆貴貴之義。上世想皆簡略，到得周公搜剔出來，立爲定制，更不可易。《禮經釋例》云：《禮記·大傳》：服術有六，一曰親親，二曰尊尊，三曰名，四曰出入，五曰長幼，六曰從服。鄭注：術，猶道也。親親，父母爲首。尊尊，君爲首。《喪服小記》亦云：親親尊尊，人道之大者也。親親尊尊二者以爲之經，其下四者以爲之緯也。今案：孔子云：親親之殺，尊賢之等，禮所生也。貴貴即尊賢之義。古者喪期無數，《虞書》言：三載四海遏密八音。《孟子》言：堯崩，三年之喪畢。則三年之喪，自虞已然。但殷以前質，至周更參以貴貴之制，而五服等殺益明。今之律令，言服制必本是篇。古禮之行於今者，此其最著也，後人安可視爲無用而忽之哉？《三禮札記》云：《喪服》一篇，唐以前亦別行於世。馬融、王肅、孔倫、陳銓、裴松之、雷次宗、蔡超、田僑之、劉道拔、周續之並專注《喪服》，見《釋文序録》。惠氏棟云：《喪服傳》有南北諸儒之説，故賈疏甚詳，亦較明暢。今按：此篇於鄭注外，兼存馬王諸家説，至賈疏之可從者，亦多采録焉。

《儀禮注疏·士喪禮》

夏祝鬻餘飯，用二鬲，于西牆下。夏祝，祝習夏禮者也。夏人教以忠，其於養宜。鬻餘飯，以飯尸餘米爲鬻也。重，主道也。士二鬲，則大夫四，諸侯六，天子八與？簋同差。疏：【略】云夏人教以忠，其於養宜者，案《禮記·表記》云：夏道尊命，敬神而遠之，近人而忠焉。《書傳畧説》亦云夏后氏主教以忠，是夏人教以忠也。《曲禮》云：君子不盡人之歡，不竭人之忠。鄭云：歡謂飲食，忠謂衣服。若忠不對歡，忠亦飲食，故此飲食使夏祝忠者，養宜也。前商祝奠米、飯米，夏祝徹之，今乃鬻之，而盛於鬲，是以下記云夏祝徹餘飯，注云徹，去鬻是也。

又：凡十有九稱。祭服與散衣。疏：釋曰：士之服唯有爵弁、皮弁、褖衣而已。云十九稱，當重之使充十九。必十九者，案《喪大記》小斂衣十有九稱，君陳衣于序東，大夫士陳衣于房中，注云：衣十有九稱，法天地之終數也。則天子以下皆同十九稱。言法天地之終數者，天地之初數，天一地二，終數則云天九地十，人在天地之間而終，故取終數爲斂衣稱數，尊卑共爲一節也。

又：貳車畢乘，主人哭拜送。貳車，副車也，其數各視其命之等。君出，使異姓之士乘之，在後。君弔，蓋乘象路。《曲禮》曰：乘君之乘車不敢曠左，左必式。疏：注貳車至必式。釋曰：云其數各視其命之等者，案《周禮·大行人》云：上公貳車九乘，侯伯貳車七乘，子男貳車五乘。故知視命數也。云君出，使異姓之士乘之在後者，《禮記·坊記》云：君不與同姓同車，與異姓同車。彼謂與君同在一車爲御，與車右者也。此經云貳車畢乘，明亦使異姓之士乘之在後可知。云君弔，蓋乘象路者，案《周禮·巾車》職王有五路：玉、金、象、革、木。諸侯，則同姓金路已下，異姓象路已下，四衛革路已下，蕃國唯有木路。若然，唯王與同姓異姓得弔乘象路。今云蓋乘象路者，以諸侯言之，唯據上公與侯伯於王有親者，得用象路弔臨其臣以巾車。又云象路以朝，釋曰王以朝及燕出入，雖不言弔臨，然弔臨亦是出入之事，故云蓋以疑之。若四衛、諸侯、侯伯已下，與王無親者，亦各乘己所賜之車，革路、木路之等。今鄭於貳車之下言所乘車者，以其言貳車，其飾皆與正車同，故於貳車以下，言君之所乘車也。引《曲禮》者，乘君之乘車，則貳車是也。以其與君爲副貳，即是君之乘車也，彼注云：君存惡空其位。則此乘車亦居左，以其人君皆左載，無御者在中，鄭注《周禮》亦有車右也，云左必式者，不敢立相視巂常爲式耳。

（清）胡培翬《儀禮正義・士喪禮三》貳車畢乘，主人哭拜送。貳車，副車也，其數各視其命之等。君出，使異姓之士乘之，在後。君弔，蓋乘象輅。《曲禮》曰：乘君之乘車，不敢曠左，左必式。疏：正義曰：【略】朱子曰：古人君臣之際，如君臨臣喪，坐撫當心，要節而踊。今日之事，至於死生之際，恝然不相關，不啻如路人，所謂君臣之義安在？又曰：看古禮，君於大夫，小斂往焉，大斂往焉。於士，既殯往焉。何其誠愛之至？今乃恝然。古之君臣，所以事事做得成，緣是親愛一體。黄氏叔暘曰：古者，人君於其臣之喪親臨之，視斂，親撫之，其恩禮何厚也？巫不入門，祝先之，其恭敬何至也？升主人馮之，又命主婦馮之，其教孝何切也？臣於君之臨也，迎而先入，撫而先降，必俟君命而後馮，馮又不敢當君所，且於男女之別亦不紊焉。細微曲折，無不合禮，觀於此者，仁愛忠孝之心，油然生矣。

《儀禮注疏・既夕禮》重先，奠從，燭從，柩從，燭從，主人從。行之序也。主人從者，丈夫由右，婦人由左，以服之親疏爲先後，各從其昭穆。男賓在前，女賓在後。疏：重先至人從。注行之至在後。釋曰：此論發殯宮鄉祖廟之次序。柩之前後皆有燭者，以其柩車爲隔，恐闇，故各有燭以炤道。若至廟，燭在前者升炤正柩，在後者在階下，炤升柩，故下記云燭先入者，升堂東楹之南，西面。後入者，西階東北面在下是也。云主人從者，丈夫由右，婦人由左，以服之親疏爲先後者，經直云主人從者，以主人爲首者而言，故鄭總舉男子婦人并五服而言，知男子由右，婦人由左者，以《內則》云：道路，男子由右，女子由左。鄭云：地道尊右。彼謂吉時，此雖凶禮，亦依之也。云親疏爲先後，各從其昭穆者，假令昭親，則在先，昭疏，則在後。就同昭穆之中，又以年之大小爲先後，男從主人後，女從主婦後。云男賓在前，女賓在後者，謂無服者亦各從五服男子、婦人之後爲序也。

又：男子不絶於婦人之手，婦人不絶於男子之手。備褻。疏：男子至之手。注備褻。釋曰：案《喪大記》注云：君子重終，爲其相褻。若然，疾時使御者持體，并死于其手。若婦人則內御者，持體還死于其手。故《喪大記》云：其母之喪，則內御者抗衾而浴。僖三十三年冬，公薨於小寢，《左氏傳》曰即安，服注云：小寢，夫人寢也。禮，男子不絶于婦人之手，今僖公薨于小寢，譏其近女室，是男子不絶于婦人之手，備褻也。乃行禱于五祀。盡孝子之情。五祀，博言之。士二祀，曰門，曰行。疏：乃行禱于五祀。注盡孝至曰行。釋曰：云盡孝子之情者，死期已至，必不可求生，但盡孝子之情，故乃行禱五祀，望祐助病者，使之不死也。云五祀，博言之。士二祀，曰門曰行者，《祭法》文。今禱五祀，是廣博言之，望助之者衆，其言五祀，則與諸侯五祀同。則《祭法》云諸侯五祀是也。

（清）胡培翬《儀禮正義・既夕禮三》男子不絶于婦人之手，婦人不絶于男子之手。備褻。疏：正義曰：《喪大記》文與此同，唯絶作死，義亦同。彼注云：君子重終，爲其相襲。與此注畧同，而義較顯。《春秋》莊公三十二年：公薨于路寢。《穀梁傳》曰：路寢，正寢也。寢疾居正寢，正也，男子不絶于婦人之手，以齊終也。然則此記所言，特以重男女之別耳。方氏苞謂慮夫婦溺愛而不自嫌，故特設此禁，使毋相瀆，以正其終。是也。自夫婦推之，則媵妾宦豎之流，亦宜遠別，明矣。

《儀禮注疏・士虞禮》《士虞禮》第十四。疏：《士虞禮》第十四。鄭《目録》云：虞，安也。士既葬父母，迎精而反，日中祭之於殯宮以安之。虞於五禮屬凶。《大戴》第六，《小戴》第十五，《別録》第十四。釋曰：案此經云側亨于廟門外之右，又記云陳牲于廟門外，皆云廟，《目録》云祭之殯宮者，廟則殯宮也。故鄭注《士喪禮》凡宮有鬼神曰廟，以其虞，卒哭在寢，祔乃在廟，是以鄭注《喪服小記》云虞於寢，祔於祖廟是也。

（清）孫希旦《禮記集解・喪服小記一》別子爲祖，繼別爲宗。鄭氏曰：別子爲祖者，諸侯之庶子，別爲後世爲始祖也。謂之別子者，公子不得禰先君。繼別爲宗者，別子之世長子，爲其族人爲宗，所謂百世不遷之宗也。孔氏曰：別子者，謂諸侯適子之弟，別於正適，故稱別子。爲祖者，別子子孫爲卿大夫，立此別子爲始祖。繼別爲宗，謂別子之世世長子，恆繼別子，與族人爲百世不遷之大宗。愚謂繼別之宗，謂之大宗，言其百世不遷，宗之者衆也。

繼禰者爲小宗。有五世而遷之宗，其繼高祖者也。鄭氏曰：繼禰者爲小宗，謂別子庶子之長子，爲其昆弟爲宗也。謂之小宗者，以其將遷也。五世而遷，謂小宗也。小宗有四：或繼高祖，或繼曾祖，或繼祖，或繼禰，皆至五世則遷。孔氏曰：別子之後，族人衆多，或有繼高祖者，與三從兄弟爲宗；或有繼曾祖者，與再從兄弟爲宗；或有繼祖者，與同堂兄弟爲宗；或有繼禰者，與親兄弟爲宗。族人一身，凡事四宗，兼大宗爲五也。小宗雖四，初皆繼禰爲始，據初爲元，故特云繼禰也。五世，謂上從高祖，下至玄孫之子。此玄孫之子，則合遷徙，不得與族人爲宗。此五世合遷之宗，其實是繼高祖者之子，但《記》文要畧，唯云繼高祖也。愚謂繼禰者爲小宗，以其五世則遷，宗之者少也。禰，卽別子之庶子。繼禰者，卽別子庶子之子也。別子庶子之子，一世爲繼禰之宗，二世爲繼祖之宗，三世爲繼曾祖之宗，四世爲繼高祖之宗，至五世則爲繼高祖之父，而同出於高祖之父者不復宗之矣。宗至於繼高祖而止，又一世則遷，故曰有五世而遷之宗，其繼高祖者也。

又：庶子不爲長子斬，不繼祖與禰故也。鄭氏曰：尊先祖之正體，不二其統也。言不繼祖、禰，則長子不必五世。譙氏周曰：不繼祖與禰，謂庶子身不繼禰，故其長子爲不繼祖，合而言之也。劉氏智曰：不繼祖與禰，兩舉之者，明父之重長子，以其當爲禰後也。其所繼者，於父則禰，於子則祖也。愚謂《喪服》父爲長子服斬衰三年。蓋以正體於上，又所將傳重者也。若身是庶子，則不得爲長子服斬。蓋庶子不祭，無傳重之義故也。然身爲繼禰之適，則將傳重矣。《記》乃言不繼祖與禰，《喪服傳》又云不繼祖者，鄭氏謂容祖、禰共廟者是也。譙氏、劉氏之説亦通，但玩《記》、《傳》並據庶子立文，則祖、禰皆指謂庶子之祖、禰，鄭氏之説於經意爲尤協也。馬季長註《喪服》，謂五世之適，父乃爲之服斬，孔氏又引庾氏，謂已承二重爲長子斬，皆非也。孔氏曰：禮，爲後者有四條皆不爲斬：有體而不正，庶子爲後是也。有正而不體，適孫爲後是也。有傳重而非正體，庶孫爲後是也。有正體而不傳重，適子有廢疾不立是也。四者皆期，唯正體又傳重者乃極服耳。愚謂庶子不爲長子斬，此乃正體而無重可傳者，又在孔氏所言四條之外者也。敖氏繼公曰：殤小功章云大夫、公之昆弟，爲庶子之長殤。公之昆弟爲其庶子，服與大夫同，則爲其適子服亦三年，與大夫同矣。公之昆弟，不繼祖、禰者也，而其服乃若是，則所謂庶子不得爲長子三年者，其誤矣乎？愚謂以殤小功章推之，則公之昆弟爲其長子三年，誠當如敖氏之説，然欲以是推凡爲庶子者爲長子之服，則非也。蓋公之昆弟，雖上無所承，而身爲後世之大祖，則其子乃繼別之宗子，與尋常庶子之子不同，此所以爲之三年與？

庶子不祭殤與無後者，殤與無後者從祖祔食。鄭氏曰：此二者，當從祖祔食而已，不祭祖，無所食之也。共其牲物，而宗子主其禮焉。愚謂殤，謂未成人而死者也。無後，謂成人而無後者也。殤唯祔與除服二祭則止。《曾子問》宗子爲殤而死，其吉祭特牲，鄭云：卒哭成事之後曰吉祭。此殤之祔祭也。《小記》曰：除殤之喪也，其服必玄。此殤之除服之祭也。成人而無後者亦然。殤與無後者無四時吉祭之禮，而云庶子不祭殤與無後者，蓋殤與無後者既祔於祖，自後祭祖之時，則其神依祖而食，此卽殤之祭也。殤與無後者從祖祔食，而庶子不祭宗廟，則不得祭殤與無後者矣。《曾子問》曰：凡殤與無後者，祭於宗子之家。鄭氏曰：不祭殤者，父之庶也。不祭無後者，祖之庶也。愚謂己爲父庶，則己子之殤與無後者皆不得祭矣。己爲祖庶，則昆弟之殤與無後者皆不得祭之矣。鄭氏謂庶殤不祭，故以不祭殤專爲父庶，不祭無後者爲祖庶，其説非是，説詳《曾子問》。

庶子不祭禰者，明其宗也。此謂父之庶子也。父庶不祭禰，以有繼禰之宗主禰之祭也。朱子曰：庶子不祭，明其宗也，此《大傳》文。直謂非大宗則不得祭別子之爲祖者，非小宗則各不得祭其四小宗所主之祖、禰也。其《小記》則云：庶子不祭禰，明其宗也。又云：庶子不祭祖，明其宗也。文意重複，似是衍字。而鄭氏曲爲之説，於不祭禰則曰：謂宗子、庶子俱爲下士，得立禰廟也。雖庶人亦然。於不祭祖則曰：明其尊宗以爲本也，禰則不祭矣。言不祭祖者，主謂宗子、庶子俱爲適士，得立祖、禰廟者也。凡正體在乎上者，謂下正，猶爲庶也。疏云：庶子、適子，俱是人子，並宜供養，而適子烝、嘗，庶子獨不祭者，正是推本崇適，明有所宗也。父庶卽不得祭父，何假言祖？而言不祭祖，故知是宗子、庶子俱爲適士。適士得立祖、禰二廟。宗子得立祖廟祭之，而己是祖庶，雖俱爲適士，得自立禰廟，而不得立祖廟祭之也。正體，謂祖之適也。下正，謂禰之適也。雖正爲禰適，而於祖猶爲庶，故禰適謂之庶也。五宗悉然。今姑存之，然恐不如《大傳》語雖簡而事反該悉也。愚謂上言不祭祖，此言不祭禰，一據祖庶，一據父庶。若約而言之，則《大傳》云庶子不祭者，其義固已該矣。《祭法》：適士二廟。官師一廟。適士，謂大宗子爲士者。鄭氏以適士爲上士，故解上條不祭祖，謂宗子、庶子俱爲適士，得立祖、禰廟者，解此條不祭禰，謂宗子、庶子俱爲下士，得立禰廟者，用意雖深，而實則皆非也。

（清）孫希旦《禮記集解·大傳》　自仁率親，等而上之至于祖，名曰輕；自義率祖，順而下之至于禰，名曰重。一輕一重，其義然也。此又以服之上殺，明上治祖、禰之義也。自猶從也。率，循也。親，謂父也。輕重，謂服之隆殺也。仁主於恩厚，義主於斷制。從乎仁，則服隆於三年，而其事循乎親，等而上之，而爲祖期，爲曾祖三月，而其服漸殺，故曰輕。輕者，義之制也。從乎義，則服殺於三月，而其事循乎祖，順而下之，而爲祖期，爲父母三年，而其服轉隆，故曰重。重者，仁之厚也。一輕一重，無非天理所當然，非以私意爲隆殺也。蓋祖、禰皆尊尊之服，然父則尊、親並極，祖則尊雖極而恩稍遠矣。此服之輕重所以不同也。

（清）孫希旦《禮記集解·哀公問》　然後以其所能教百姓，不廢其會節。有成事，然後治其雕鏤、文章、黼黻以嗣。其順之，然後言其喪筭，備其鼎、俎，設其豕、腊，脩其宗廟，歲時以敬祭祀，以序宗族，卽安其居，節醜其衣服，卑其宮室，車不雕幾，器不刻鏤，食不貳味，以與民同利。昔之君子之行禮者如此。會，謂會聚其行禮之人。節，謂品節也。喪筭，謂喪之月數也。方氏慤曰：以其所能教百姓，所謂以身教者也。有成事，言教之有成也。治其雕鏤、文章、黼黻以嗣，治其器以嗣其道也。鼎、俎，祭器也。豕、腊，祭物也。宗廟，祭所也。歲時以敬祭祀，《孝經》所謂春秋祭祀，以時思之也。以序宗族，《祭統》所謂昭與昭齒，穆與穆齒也。卽安其居者，卽其所居而安之，無事乎改爲也。節醜其衣服者，節之使各從其類，而不至於僭差也。自卽安其居以下，至於食不貳味，皆言其以儉爲德也。儉者不奪人，故能與民同其利。愚謂禮貴得中，奢則不孫，儉則固。當時人君僭侈，故此言行禮而專歸之於儉，蓋所以救時之失，所謂國奢則示之以儉也。

（清）陶鴻慶《讀禮志疑》卷一《儀禮·同宗爲後》　《喪服》斬衰三年章傳：何如而可爲之後。同宗則可爲之後。疏曰：此問亦問比類，以其取後，取何人爲之，答以同宗則可爲之後。以其大宗子當收聚族人，非同宗則不可，謂同承別子之後，一宗之內，若別宗同姓亦不可，以其收族故也。愚案：疏説失之。下文云：何如而可以爲人後，乃問取後當取何人爲之，卽此疏所云是已，故答以支子可也。此云何如而可爲之後，主所後者言，不主爲後者言，問所後之人爲何如已則可爲之後也。此同宗當兼一大宗、四小宗而言。萬氏斯大《學禮質疑》據《公羊傳》大宗無後不當絶，小宗無後當絶。謂立後專爲大宗而設，小宗不當立後。夫經意謂小宗可絶者，謂遞推五屬之內無可立之人，又不得取於他小宗則可絶，非謂其不當立後也。猶《禮記·曾子問》云：非宗子無主婦可也，謂其可以不再娶，非禁其取婦也。又《雜記上》云：士之子爲大夫，則其父母弗能主也，使其子主之，無子則爲之置後。此無子之大夫，非必皆大宗，而經言爲之置後，則小宗得立後明矣。孔穎達《禮記正義》云：此所置之後，謂暫爲喪主，非是。説詳《雜記》。又《喪服小記》云爲慈母後者，爲庶母可也，爲祖庶母可也。庶母有子而死，且可以庶子爲之後，况五屬昆弟之親乃不爲之立後，豈聖人之意乎？故云同宗則可爲之後。言小宗無後，取本宗應立之支子後之；大宗子無後，則族人以應立之支子後之。若小宗五屬之內雖無可立之人，而已不與之同小宗，及同姓別宗，彼宗雖無可立之人，而已不與之同大宗者，皆不可爲之後也。

（清）陶鴻慶《讀禮志疑》卷一《儀禮·女子子在室爲父》

《喪服》斬衰三年章：女子子在室，爲父。注曰：言在室者，關已許嫁。疏曰：關，通也，通已許嫁，《內則》女子十年不出。又云：十有五年而笄。女子子十五許嫁而笄，謂女子子年十五笄，四德已備，許嫁與人卽加笄，與丈夫二十而冠同。死而不殤，則同成人矣，身既成人，亦得爲父服斬也。愚案：疏據《內則》爲説，謂許嫁成人，故得服斬，非鄭意也。鄭注《喪服》，持女子許嫁逆降旁親之説。嫌於正親亦逆降，故此特明之，謂經以在室爲限，故知通已許嫁者，亦服斬也。不杖期章，女子子爲祖父母。傳曰：何以期也？不敢降其祖也。注云：經似在室，傳似已嫁，明雖有出道，猶不降。鄭意欲據彼經之傳與此注互明，爲祖猶不降，則爲父可知已，嫁猶不降，則許嫁可知，故云明雖有出道，猶不降。文具於彼，而意通於此，若但釋彼傳，固不須云爾也。程氏瑤田《喪服·足徵記》議彼注支離，失之甚矣。

（清）陶鴻慶《讀禮志疑》卷一《儀禮·大夫之庶子爲適昆弟》

《喪服》不杖期章：大夫之庶子爲適昆弟。注曰：兩言之者，適子或爲兄或爲弟。疏曰：此大夫之妾子，故言庶。若適妻所生第二以下，當直云昆弟，不言庶也。云兩言之者，以其適妻所生，適子或長於妾子，或小於妾子，故云兩言之。適子或爲兄或爲弟，是以昆弟並言之。愚案：經言庶者，包妾子在內，非專謂妾子也，適妻所生第二以下通謂之庶，故鄭於上經爲衆子注云衆子者，長子之弟及妾子。又云：士謂之衆子，未能遠別也，大夫則謂之庶子是也，就長子之弟言之，但有弟無昆，欲包妾子在內，故適昆弟兩言之耳，如疏説主謂大夫之妾子，則經義爲不備矣。

（清）陶鴻慶《讀禮志疑》卷一《儀禮·適孫》

《喪服》不杖期章：適孫。注曰：凡父於將爲後者，非長子皆期也。疏曰：云凡父於將爲後者，非長子皆期也者。案：《喪服小記》云：適婦不爲舅後者，則姑爲之小功。注云：謂夫有廢疾、他故若死而無子，不受重者小功，庶婦之服也，凡父母於子、舅姑於婦，將不傳重於適及將傳重者非適，服之皆如衆子庶婦也。是以鄭云凡父母於子、舅姑於婦，非長子皆期。明非長子婦及於非適孫傳重，同於庶孫大功可知也。愚案：注意因適孫服期而廣博言之。斬衰三年章父爲長子疏云：雖承重不得三年有四種：一則正體不得傳重，謂適子有廢疾，不堪主宗廟也；二則傳重非正體，庶孫爲後是也；三則體而不正，立庶子爲後是也；四則正而不體，立適孫爲後是也。孔穎達《喪服小記》正義説同。《周禮·司服》職疏云：天子諸侯絶旁期，正統之期猶不降，然則王爲適子斬衰，其爲適孫適曾孫適元孫適來孫則皆齊衰期。又《儀禮·喪服》不杖章云：爲適孫。鄭注：凡父於將爲後者非長子皆期，然則王禮亦適子死有適孫，適孫死有適曾孫，向下皆然也。以上二疏所列爲後之人最爲詳備，賈於此疏未晰。沈氏彤《儀禮小疏》謂其有脱誤是也。第沈氏釋此注從敖繼公説，推及於族人支子已立爲後者。案生前立後，經無明文。《禮記·雜記》云：士之子爲大夫，則其父母弗能主也，使其子主之，無子則爲之置後。死乃置後，明生不立後矣。又徐氏乾學《讀禮通考》引東晉成帝咸和五年散騎侍郎賀僑妻于氏養夫兄子率爲子，僑後有子纂，率乃還本。于氏上表立六義十疑以明爲後乃不並存之稱。生言長適，死乃言後。尚書張闓議駁之曰：于知禮無養子爲之文，故欲因今世乞子之名，而博引非類之物爲喻云云。可知古無養子爲後之事。孔穎達《喪服小記》正義云：將所傳重非適者。謂無適子，以庶子傳重及養他子爲後者也。蓋亦未免於後世之見，當考。

（清）陶鴻慶《讀禮志疑》卷一《儀禮·父卒爲祖後者服斬》《喪服》不杖期章傳：父卒，然後爲祖後者服斬。注曰：此爲君矣，而有祖若父之喪者，謂始封之君也。若是繼體，則其父若祖有廢疾不立，父卒者，父爲君之孫，宜嗣位而早卒，今君受國於曾祖。疏曰：父卒者，父爲君之孫，宜嗣位而早卒，則君之祖亦是廢疾或早死不立，是以君之父受國於祖，復早卒，今君乃受國於曾祖也。愚案：疏説似以注云受國於曾祖謂爲曾祖後，顯與傳違。疑此疏有衍文，有闕文。其元文當云：君之祖亦是廢疾不立，是以君之父宜受國於祖，復早卒，今君乃受國於曾祖也。若如今本云：君之祖亦是廢疾或早死，既因早死不立，則其死在曾祖之前，今君不得有祖之喪矣，故知或早死三字爲衍文也。又云：君之父受國於祖，復早卒，則父卒在受國之後，今君乃受國於父，不當受國於曾祖矣，故知受國於祖之上當依注文有宜字，明其未受國而早卒，故今君受國於曾祖而有祖之喪也。然疏説實有未盡注意，謂爲君而有父祖之喪者有三種：一爲始封之君，其義易明，不煩更説。云若是繼體，則其父若祖有廢疾不立者，此不專指父卒而言，容有父在爲祖服斬者。《鄭志》云：商又問爲祖後者三年，已聞命矣，所問者父在爲祖如何，欲言三年則父在，欲言期復無主斬杖之宜主喪之制，未知所定。答曰：天子諸侯之喪皆斬衰無期，卽其義也，至父卒者以下云云。始專釋本文，故疊傳文父卒以別之。鄭注之精覈如此，疏謂《鄭志》與此注相兼乃具，蓋未達鄭旨耳。

（清）陶鴻慶《讀禮志疑》卷一《儀禮·大夫之子從父服》《喪服》不杖期章：大夫之子爲世父母、叔父母子、昆弟、昆弟之子、姑姊妹女子子無主者，爲大夫命婦者。愚案：萬氏斯同謂大夫之子，身非大夫，無端以父故盡降旁親之爲士者，可疑之甚，因謂此必大夫之適子，説爲近理，然上經有大夫之庶子爲適昆弟。傳曰：父之所不降，子亦不敢降也。是庶子亦得降其衆昆弟，萬氏之説，未必然矣。今以經注考之，大夫之子雖適庶同降旁親，而所以降之故則異。大夫之適子，服大夫之服，是以尊降也。大夫之庶子，從乎大夫而服，是以厭降也。以尊降者，不辨父在父没。故《禮記·雜記》士爲其父母兄弟之爲大夫者之喪服如士服。注云：士謂大夫庶子爲士者也，已卑不敢服尊者之服。明適子尊，雖父没，猶服大夫服也。以厭降者，父在則降，没則否。故此經大功章大夫之庶子爲其母妻昆弟。傳曰：大夫之庶子，則從乎大夫而降也。注云：言大夫之庶子，則父在也，言從乎大夫而降，則父卒如國人，明庶子厭於父，父没則不得從大夫服也。

（清）陶鴻慶《讀禮志疑》卷一《儀禮·大夫妻長子爲舊國君》《喪服》齊衰三月章：大夫在外，其妻長子爲舊國君。傳曰：何以服齊衰三月也。妻，言與民同也。長子，言未去也。愚案：下經大夫爲舊君疏引此文爲證云，大夫在外，言大夫者，以其士妻亦歸宗與大夫同。其大夫長子，父在朝，長子得行大夫禮，未去，爲君服斬。若士之長子與衆子同，父去，子雖未去，卽無服矣，與大夫長子異，故特言大夫也。如彼疏説是大夫衆子士之子雖未去國，皆爲舊君無服。然傳曰：妻，言與民同也。此衆子者獨非民乎，居其國而不爲之服，何也？竊謂傳云長子言未去者，對已去則無服而言，非謂未去而服者，獨大夫長子也，其獨舉妻長子者，以妻本從夫服期，長子本從父服斬。今以大夫去國降其期斬爲齊衰三月，異於常時，故特著之。言長子卽含衆子在内，猶下經見曾祖父母，不見高祖，文不具也，且上有庶人爲國君，所包者衆，凡大夫衆子士之子未去國者，自從民服國君之例，故此從略耳。

（清）陶鴻慶《讀禮志疑》卷一《儀禮·成人未嫁不降其祖》《喪服》齊衰三月章：傳曰：嫁者，其嫁於大夫者也；未嫁者，成人而未嫁者也。何以服齊衰三月，不敢降其祖也。注曰：成人，謂年二十已笄醴者也，此著不降，明有所降。疏曰：以其云成人，明據二十已笄以醴禮之。若十五許嫁亦笄爲成人，亦得降與出嫁同。但鄭據二十不許嫁者而言之。愚案：疏説未盡注意，鄭君雖釋此傳，實不專爲此傳而發，但據此傳所云，注當主已嫁者言。自於二十不許嫁者、義得包之。且經傳之文皆明言嫁者不降。則不許嫁者之不降，不待言矣，而鄭於此注獨據二十不許嫁者言之。文雖繫於此傳之下，其意實爲女子將出逆降旁親張本。蓋鄭注喪服，主女子將嫁逆降旁親之説，而於正親不降之義，每於經傳注中反復明之，皆以正親之不降，明旁親之逆降。故斬三年章女子子在室爲父注云：言在室者，關已許嫁。不杖期章女子子爲祖父母。傳曰：何以期也，不敢降其祖也。注云：經似在室，傳似已嫁，明雖有出道，猶不降。兩注互明，説已具上。又大功章女子子嫁者、未嫁者，爲世父母、叔父母、姑姊妹。注云：女子子成人者，有出道，降旁親，及將出者，明當及時也。鄭必知成人有出道降旁親者，正以此傳於二十不許嫁者言不敢降其祖，則於旁親當逆降可知，欲與彼注相照。故又云此著不降，明有所降也，合觀諸注，可知鄭意之所在矣。

又案疏曰：案上章爲祖父母本無降理，不須言不敢，又女子子爲祖父母傳亦不敢言降其祖父母，傳不言不敢降其祖者，至此乃言者。謂曾祖輕尚不降，況祖父母重者不降可知，是舉輕以見重也。阮氏《校勘記》出傳亦不敢言降其祖父母傳不言不敢降其祖者十九字，云毛本無者字，此二句疑有誤，當云傳亦不言不敢降其祖，諸本衍九字，此本者字亦衍。通解祗有傳不言不敢降六字。又前女子子傳明言不敢降其祖也，此疏云云，亦不可解。愚案：此疏譌奪殊甚，又經後人以意删改，遂不可讀。今以上下經傳考之，此疏元文當云上章在室本無降理，不須言不敢。又女子子爲祖父母傳亦言不敢降其祖，惟不言嫁者未嫁者，至此乃言者云云，方合。蓋下文曾祖輕尚不降云云，即指嫁者未嫁者而言，明其於祖父母與曾祖父母均是不以尊降不逆降也。玩疏中傳亦二字及下二句句末連用者字，正元文形蹟之僅存者，賴此尚可推見賈意，毛本以兩句句末連用者字重複無理，因删去上句者字，阮氏亦以者字爲衍文，宜乎求其義而不可得矣。

(清)陶鴻慶《讀禮志疑》卷一《儀禮·殤而無服》

《喪服》殤大功章傳：無服之殤，以日易月，以日易月之殤，殤而無服。注曰：殤而無服，哭之而已。愚案：殤而無服之殤當作傷，即下文所謂死則哭之。沈氏彤云：若作殤，重出無義是也，注以哭之而已四字釋之。知鄭君所據本正作傷，經注云可殤者，疏云可哀殤者，阮氏《校勘記》亦以爲皆當作傷。

(清)陶鴻慶《讀禮志疑》卷一《儀禮·大功三月受以小功衰》

《喪服》大功章：大功布衰裳、牡麻絰纓、布帶三月，受以小功衰，即葛九月者。注曰：凡天子諸侯卿大夫既虞，士卒哭而受服，正言三月者，天子諸侯無大功，主於大夫士也，此雖有君爲姑姊妹女子子嫁於國君者，非內喪也。古文依此禮也。疏曰：云此雖有君爲姑姊妹女子子嫁於國君者，非內喪也者，彼國自以五月葬後服，此諸侯爲之自以三月受服同於大夫士，故云主於大夫士也。阮氏《校勘記》出注文非內喪也古文依此禮也十字，云毛本脱下六字，徐本《集釋》俱有，通解楊氏俱無。戴校《集釋》云：古文下疑有譌脱。愚案：據疏云云，賈氏據以作疏之本古文二字當爲故，其文云，非內喪也，故依此禮也。又疏上文云經言三月者主於大夫士三月而葬者。釋鄭注主於大夫士之文，其義已了，疏末不應重出，疏末故云主於大夫士也，當作故云故依此禮也。蓋鄭注既明經言三月之主於大夫士，又云，此雖有君爲姑姊妹女子子嫁於國君者，以非內喪，故亦依大夫士三月受服之禮，凡以解經文正言三月之故，而疏各隨文解之耳。使注無故依此禮也五字，則但云非內喪也，辭意未完，賈何由知君服外喪必同於大夫士乎，自傳寫誤改疏文，既與注義不相值，並注誤亦無從是正。戴氏見鄭注有古文某爲某之例，疑古文下有譌脱，疏矣。

(清)陶鴻慶《讀禮志疑》卷一《儀禮·公之庶昆弟大夫之庶子爲母妻昆弟》

《喪服》大功章：公之庶昆弟、大夫之庶子爲母、妻、昆弟。注曰：昆弟，庶昆弟也。舊讀昆弟在下，其於厭降之義宜蒙此傳也，是以上而同之。疏曰：言舊讀，謂鄭君以前馬融之等，以昆弟二字抽之在傳下，今皆易之在上，鄭檢經義，昆弟乃是公之庶昆弟、大夫之庶子所爲者。父以尊降庶子，則庶子亦厭而爲昆弟大功，是知宜蒙此傳，則昆弟二字當在傳上，與母妻宜蒙此傳同爲厭降之文，不得如舊讀也。愚案：鄭注但言舊讀昆弟在下，不言抽之在傳下，如疏云云。是舊本異，非舊讀異矣。自來禮家皆沿疏説，謂昆弟二字舊在傳下，與下節皆爲其從父昆弟之爲大夫者連文，於是吴氏廷華斥舊讀爲不可解，而程氏瑤田又歎其行文之巧，從爲之辭，皆大誤也。馬氏國翰《玉函山房輯佚書》述經文昆弟二字在傳文之上，以昆弟何以大功也七字爲句，此真馬融之舊斷，宜從之。蓋傳所云昆弟即謂公之庶昆弟，與下文大夫之庶子皆受服之人，傳皆先疊經文而後分疏其義，言既爲公之昆弟，明與公子有别，先君既薨，其於母妻宜無厭降，疑得伸其本服，而今服大功，故問昆弟何以大功也。因答之曰：先君餘尊之所厭，不得過大功也，詞簡而義明。馬氏真善讀此經者，不得如疏説也。然推賈疏致誤之由，則有故矣。《喪服》通篇傳曰二字，皆後人所加，以爲識别，鄭君以前，經師所據古本皆經傳相連，傳文之首，不標傳曰二字，如《公羊春秋》之例。正目録疏所謂師弟相習，語勢相遵者，昆弟二字可以屬上爲經，亦可以屬下爲傳。注曰舊讀昆弟在下者，謂舊屬下讀，别於經也。云上而同之者，謂今改屬上讀，同於經也。至唐人據以作疏之本，傳文上已標傳曰二字，使於經文隔絶，於是鄭注舊讀昆弟在下之語義不可通，不得不强解爲傳文之下矣，果如疏説，以昆弟二字置下節皆爲其從父昆弟之爲大夫者句首，則辭義不完，誠有如吴氏所疑者，鄭君當出一言以破之。今注但云於厭降之義宜蒙此傳，而不以舊讀爲非，可知舊讀昆弟在傳首於文甚順，無可議也。且以鄭改舊讀之例考之，下經女子子嫁者、未嫁者，爲世父母、叔父母、姑姊妹，彼注云：舊讀合大夫之妾爲君之庶子云云，可見馬、鄭所見經傳古本原無殊異，但鄭君注禮不盡從師説，故其讀有上下離合之分。若昆弟在傳文之下，則是舊本異，非舊讀異，鄭君易之在上，爲顛倒經傳本文，非改舊讀也。然鄭君於下傳何以大功也，妾爲君之黨服得與女君同十六字謂其文爛在下，此不云然。又於彼傳但存己説，而未嘗遽抽傳文置之經文之上。豈於此擅易經文置之傳文之上乎？夫馬、鄭兩讀，意各有取，未易辨其得失，惟言舊讀者，不知唐人所據之本非漢時舊式，遂使疏誤相沿，莫能是正，失之甚矣。

又案：下節女子子嫁者、未嫁者，爲世父母、叔父母、姑姊妹，傳曰：嫁者，其嫁於大夫者也。未嫁者，成人而未嫁者也。何以大功也？妾爲君之黨服得與女君同。下言爲世父母、叔父母、姑姊妹者，謂妾自服其私親也。金氏榜《禮箋》云此傳與鄭注相亂，上經注云，下傳曰：何以大功也？妾爲君之黨服得與女君同，指謂此也，此經注云。傳所云何以大功也，妾爲君之黨服得與女君同，文爛在下耳。鄭君兩引傳文咸止此，其上下所增益者皆注譌爲傳。鄭君注云：合大夫之妾爲君之庶子，女子子嫁者，未嫁者，言大夫之妾爲此三人之服也。嫁者，其嫁于大夫者也；未嫁者，成人而未嫁者也。下言爲世父母、叔父母、姑姊妹者，謂妾自服其私親也。與注此不辭以下通爲一條，主釋經義，俱在傳文上，其援齊衰三月章嫁者其嫁于大夫傳文，明舊讀者之意，以此女子子嫁者爲嫁于大夫，故大夫之妾爲服大功耳。後人因已見齊衰三月章，誤以此爲傳文覆出，而移何以大功也以下十六字次於其下，由是注語横截，與傳混淆云云。愚謂金氏之説碻矣，然向使何以大功也之上古本有傳曰二字，則注文與傳隔絶，必無由誤合爲一。而鄭君所引嫁者其嫁于大夫二句，但以明舊讀者之意，非引傳自證己説，又必不於此二句上著傳曰二字。然則今本傳曰乃注譌爲傳之後，爲後人所概加無疑，而何以大功也，妾爲君之黨服得與女君同十六字之上今無傳曰，正古本形蹟之幸存者，此金氏《禮箋》所未及，而可與余説互證，並識於此。

（清）陶鴻慶《讀禮志疑》卷一《儀禮·公之昆弟大夫之子爲其長殤》

《喪服》殤小功章：大夫、公之昆弟、大夫之子爲其昆弟、庶子、姑姊妹。女子子之長殤。注曰：公之昆弟不言庶者，此無服，阮氏《校勘記》云：當從《通典》作無母服。無所見也。大夫之子不言庶者，關適子亦服此殤也。疏曰：公之昆弟不言庶者此無服無所見也者。經云：公之昆弟多兼言庶，此特不言公之庶昆弟，直云公之昆弟者，若爲母則兼云庶，以其適母適庶之子皆同服，妾子爲母見厭不申。今此經不爲母服，爲昆弟以下並同長殤，故不言庶也。云大夫之子不言庶者，關適子亦服此殤也者，若言大夫庶子爲昆弟，嫌言適子不服之。若不言庶子，則兼適庶。是以鄭云不言庶子者，關適子。愚案：疏説詳矣，而未得鄭君本意。鄭據大功章公之庶昆弟大夫之庶子爲母妻昆弟皆言庶，而此不言庶。故特明之。又因以互明前大功章公之昆弟既未受國，則爲庶可知，不須言庶，因欲見其爲母之服，故特云公之庶昆弟，見是諸侯之妾子，以别於公之同母弟也。若大夫之子，則凡言庶者皆别乎適子而言，既不言庶，明兼適也。經傳互見互省之例，惟鄭注宏深簡括，足以配之，非若後人注經連篇累牘，一注祇釋一句之義，而猶有未盡者，偏執一隅之見，非善讀鄭注者也。

（清）陶鴻慶《讀禮志疑》卷一《儀禮·君子子爲庶母慈己者》

《喪服》小功章：君子子、爲庶母慈己者。傳曰：君子子者，貴人之子也。爲庶母何以小功也？以慈己加也。注曰：君子子者，大夫及公子之適妻子。云君子子者，則父在也，父没則不服之矣，以慈己加，則君子子亦以士禮爲庶母緦也。又曰：大夫之子有食母。庶母慈己者，此之謂也，其不慈己，則緦可矣。愚案：緦麻三月章，士爲庶母。傳曰：何以緦也，以名服也，大夫以上爲庶母無服。然則大夫之子行大夫禮，其於庶母不慈己者，固無服矣，若謂大夫之子父在厭於父，故爲庶母無服，父没則服緦。而鄭於此注云：以慈己加，則君子子亦以士禮爲庶母緦，明主父在而言，顯與彼傳違背。金氏榜據士爲庶母緦，大夫爲庶母無服，謂此經云君子子者，指謂士之子，本緦而加至小功。又以士之妻自養子，不得有食母，欲以乳母當之。然緦麻三月章庶母與乳母分爲二條，不得混而爲一。蓋庶母雖非慈己，本有母名，乳母本非父妾，因代母慈己之故，始生母名，故其服亦止於緦，無復加至小功之義。金氏之説，恐不可從。今案：大夫之妾有貴賤之殊，故有服與不服之異。緦麻章傳所云大夫以上爲庶母無服者，彼爲士爲庶母發，傳士無貴妾，大夫對士而言。義亦主於賤妾，大夫爲賤妾無服，故子亦不敢服也。又緦麻章貴臣貴妾注曰：此謂公士大夫之君也。殊其臣妾貴賤而爲之服，大夫既爲貴妾服緦，故子亦從父爲庶母緦也。鄭君此注，因傳言以慈己加，明其本服緦，故主父之貴妾而言，渾言爲庶母，不言父之貴妾者，義已具於貴臣貴妾注中。故此不著也。然則大夫子爲父之賤妾慈己者當何服？曰：本緦者加至小功，本無服者當服緦。金氏《禮箋》引馬季長云：大夫之子，於庶母慈己者宜服緦，是已。

又案疏曰：云君子子者，則父在也者，以其言子繼於父，故云父在。且大夫公子不繼世身死，則無餘尊之厭，如凡人則無三母慈己之義，故知父在也。云父没則不服之矣者，以其無餘尊，雖不服小功，仍服庶母緦麻也。今案：禮經凡言厭降皆本重降輕，尊者既没，則得申其本服之重，此通例也。賈疏據以釋此傳之注，是父在既以慈己加服小功，父没無餘尊之厭，反没其慈己之恩而爲之服輕服，理不可通。且傳云以慈己加，明其以恩掩義，豈以父之存没爲斷乎？《禮記·曾子問篇》喪慈母如母注云，大夫士之子，爲庶母慈己者服小功，父卒，乃不服。孔穎達正義云：不服小功，仍當服緦，亦不言父没所以不加之故。竊嘗反復注文，而知此義鄭君固已言之矣。注云：以慈己加，則君子子亦以士禮爲庶母緦也，然則父卒不服小功，其義見於緦麻三月章庶子爲父後者爲其母。傳曰：何以緦也？傳曰：與尊者爲一體，不敢服其私親也。然則何以服緦也？有死於宮中者，則爲之三月不舉祭，因是以服緦也。庶子爲其親母且以身爲父後服止於緦，明貴人之子更不得爲庶母慈己者加矣，至衆子雖不主宗廟，然身爲適妻之子，若以慈己之服未除，不得與於禰廟之祭，是已爲重而父爲輕，故注云父没則不服小功，當以士禮服緦也。

（清）陶鴻慶《讀禮志疑》卷四《禮記·諸達官之長杖》

《檀弓下》篇：公之喪，諸達官之長杖。注曰：謂君所命，雖有官職，不達於君，則不服斬。正義曰：此一節論臣爲君杖法。公者，五等諸侯也。諸者，非一之辭。達官，謂國之卿大夫士，被君命者也，既被君命，故稱達官也。既達於君而貴有其職，此對不達者爲長，故云長也。若遭君喪，則備衰杖，故云諸達官之長杖也。不云衰，從可知也。愚案：鄭意據《儀禮·喪服》庶人在官者齊衰三月，臣爲君斬衰三年。故《服問》注云：士爲國君斬，小君期，是爲諸侯之士得斬杖與大夫同。然經言諸達官之長杖，不言諸達官杖，疑諸侯之喪，惟達官之爲長者得杖，餘則不杖。長官之中容有士，而其義主於大夫。故禮經於諸侯喪但言大夫杖，無言士杖者，以士必官長乃得杖也。《喪大記》云：君之喪三日，子、夫人杖。五日，既殯，授大夫、世婦杖。大夫之喪，三日之朝既殯，主人、主婦、室老皆杖。士之喪二日而殯，三日之朝主人杖，婦人皆杖，而《喪服四制》所稱七日授士杖者，指天子而言。説詳《四制》。然則自天子至於士凡得杖者，皆以殯後成服爲限。君喪既殯授杖，至於世婦而不及士，明諸侯之士不得杖矣。《雜記》云：大夫居廬，士居堊室。禮，斬衰居廬，齊衰居堊室，明諸侯之士不服斬矣。《雜記》又云：大夫次於公館以終喪，士練而歸，諸侯之士雖不服斬，而喪期固亦三年，蓋爲君斬衰三年，見於《喪服經》。本臣子之通義，諸侯與天子尊近，故貶其士之衰杖以避天子。《喪服》注云：公卿大夫壓於諸侯，故降其衆臣，布帶繩屨。觀大夫壓於諸侯而降其衆臣，知諸侯亦壓於天子而降其士矣。又案：徐氏乾學《讀禮通考》從朱子説。達官，謂得自通於君者。如内則公卿、宰執與六曹之長、九寺、五監之長。外則監司、郡守得自通章奏於君者。凡此皆杖，次則不杖。如太常卿杖、太常少卿則不杖。若太常卿闕，則少卿代之杖。愚謂後世品秩日繁，節目日多，君臣之分，相去益遠，其禮稍與古異。此云公之喪諸達官之長杖，明天子之喪不然，而七日授士杖，又明見於《喪服四制》，朱子之說，殆不免於後世之見，未足以證古典也。

（清）陶鴻慶《讀禮志疑》卷四《禮記·爲慈母後》《喪服小記》篇：爲慈母後者，爲庶母可也，爲祖庶母可也。注曰：謂父命之爲子母者也，卽庶子爲後，此皆子也，傳重而已，不先命之與適妻使爲母子也，緣爲慈母後之義，父之妾無子者，亦可命己庶子爲後。正義曰：謂父命之爲子母者也。皇氏云：此鄭注總解經慈母、庶母、祖庶母三條也，皆是庶子，父命之使事妾母也，故云父命爲子母也。又曰：緣爲慈母後之義，父之妾無子者，亦可命己庶子爲後者，言緣《喪服》有妾子爲慈母後義，今起此爲妾後之文也。然緣《喪服》慈母而起命二妾之後，而注不云命後己妾，惟言後父妾者，緣己妾既可爲慈亦可爲庶母後易見，不言自顯。但以己子爲父妾，於文難明，故特言之也。愚案：正義從皇氏說。分慈母、庶母、祖庶母爲三條，謂記者見《喪服》，既有妾子爲慈母後之例。觸類言之，則妾子亦可爲庶母、祖庶母後，然此經之庶母與《喪服》之慈母初無區別，其說難通。因又爲之說曰：必妾經有子而今死者，若無子則不得立後也，其意欲別於《喪服傳》所云妾之無子者，然既謂無子不得立後，則《喪服傳》所云無子之妾，亦必本有而今無者矣。雖强爲區別，而終不可通。今案：經云爲慈母後者，目下文也，下文二庶卽《喪服》所謂慈母。今所後之慈母，或本爲庶母，或本爲祖庶母，既父命爲後，則不謂之庶，而謂之慈母、祖慈母。故下經云：慈母與妾母不世祭也，妾母謂庶子生母，則慈母卽所後之庶母明矣。其義鄭君固得之。注云：謂父命之爲子母也者，此釋經文爲慈母後之義也。慈母本《喪服經》，故約《喪服傳》文解之也。云卽庶子爲後，此皆子也，傳重而已，不先命之與適妻使爲母子也者，此釋經文可爲庶母之義也。《喪服》慈母卽是庶母，此復言爲庶母者，庶對適言，專指庶子之爲父後者，蓋適子傳重，故不得後妾，此子身雖是庶，既爲父後，卽有適義，疑亦不可以後妾，故特明之。言此子卽爲後，猶是庶子，但取其傳重而已，不禁其爲妾後，且既已傳重，卽爲適妻之子，不必先命之與適妻爲母子也。云緣爲慈母後之義，父之妾無子者，亦可使己庶子爲後者，此釋經可爲祖庶母之義也。由庶母推之，父可以庶子爲妾後，己亦可以庶子爲父之妾後，服之三年。若父以庶孫爲妾後，亦是爲祖庶母，又不言可知也。

（清）陶鴻慶《讀禮志疑》卷四《禮記·諸侯使人弔》《雜記下》篇：諸侯使人弔，其次含、襚、賵、臨皆同日而畢事者也，其次如此也。注曰：言五者相次同時。正義曰：謂諸侯使人弔鄰國，先行弔禮，急宣君命。人以飲食爲急，故含次之；食後須衣，故襚次之；有衣卽須車馬，故賵次之。君事既畢，則臣私行己禮，故臨禮在後，其事雖多，而同一日取畢也。愚案：弔者含襚之次，蓋依喪家含斂之節爲先後，將葬，始陳車馬，故賵又在含襚之後，有《士喪禮》上下篇可證。惟喪家含斂不同日，諸侯五月而葬，嫌弔者亦不同時，故經特明之。《左氏春秋》隱元年《傳》曰：諸侯五月同盟至，弔者五事相次同時者，容道有遠近，事之宜也，孔說太淺。

（清）陶鴻慶《讀禮志疑》卷五《禮記·馮尸不當君所》《喪大記》篇：馮尸不當君所。注曰：不敢與尊者所馮同處。正義曰：馮尸不當君所者，所猶處也。假令君已馮心，則餘人馮者不敢當君所馮之處，則宜少避之。愚案：上文注云，馮之類必當心，此注云不敢與尊者同處，兩義相違。若然，君一馮尸，舉喪家齊斬之親皆不得致哀盡禮，恐非人情，且注疏但言避君，仍不言避之之處，於義亦爲漏略，舊說殆失之矣。竊謂君所猶言君前，與《曲禮》使人於君所義同。《儒行》注云：君適其臣，升自阼階，所在如主然。是故君弔臣喪，升自阼階，君視臣斂，卽位於序端。君在之處，卽爲君所，孝子當尊者之前，不敢盡其私哀，故曰馮尸不敢君所。《士喪禮》視大斂，主人出，迎於外門外，見馬首，不哭。彼注云：不哭，厭於尊，不敢伸其私恩也，卽其義也。又《士喪禮》云：君降西鄉，命主人馮尸，主人升自西階，由足西面馮尸，不當君所，君必先降而後命主人者，正爲於禮不當君所馮尸故耳。彼經既言君降，又言不當君所者，猶此篇云既練，居堊室，不與人居，皆先記其節，後申其義。且君降依君言，不當君所依主人言，意各有在，文不嫌複也。《士喪》注云：君必降者，欲孝子盡其情，是爲得之。

（清）陶鴻慶《讀禮志疑》卷五《禮記·公之喪大夫俟練士卒哭而歸》《喪大記》篇：公之喪，大夫俟練，士卒哭而歸。注曰：此公、公士大夫有地者也，其大夫士歸者，謂素在君所食都邑之臣。正義曰：其大夫士歸者，謂素在君所食都邑之臣者。皇氏云：素，先也。君所食都邑，謂公士大夫之君采地。言公士大夫在朝廷而死，其臣先在其君所食之采邑，故云素在君所食都邑之臣。君喪而來，服至小祥而各反，故云歸也。皇氏所解，於文爲便。然唯據國中而死，若在采邑，理則不包也。熊氏云：素在君之所。謂此家臣爲大夫者，素先在君所，食都邑之臣。謂家臣不在君所，出外食都邑者，今君喪皆在。若大夫士練及卒哭後素在君所者歸於家，素在都邑者歸於都邑。若如熊氏解，鄭當云素在君所及食都邑之臣，今不云及，其義疑也。愚案：《雜記》大夫次於公館以終喪，士練而歸。士次於公館。鄭彼注云：練而歸之士，謂邑宰也。練而猶處公館，朝廷之士也。惟大夫三年無歸也。據此，是鄭意謂在君所之臣與在都邑之臣，歸限遲早不同。熊氏渾而一之，其說非矣。皇説得之而亦未盡其旨，詳此注義都邑之大夫練而歸，明近君之大夫終喪而歸矣。都邑之士卒哭而歸，明近君之士練而歸矣。不論君在朝廷及在都邑而死者其禮宜同，注文略不具耳。蓋公士大夫之君，惟近君之大夫終喪與國君之大夫同，若都邑之大夫則於國君終喪而歸，於公士大夫之君俟練而歸，都邑之士則於國君練而歸，於公士大夫之君卒哭而歸，皆下於國君一等者。公士大夫厭於諸侯，禮宜殺於正君也，《儀禮·喪服經》公士大夫之衆臣，爲其君布帶繩屨。注云：公卿大夫厭於天子諸侯，故降其衆臣布帶繩屨，卽其例矣。又案：鄭君此注實有未安。正義云：知此公是公士大夫有地者，以其臣大夫待練，士待卒哭，故知非正君。若正君，案《雜記》大夫次於公館以終喪，士練而歸，彼謂正君，與此殊，故知此非正君。今案《檀弓》公之喪，諸達官之長杖。彼言公謂諸侯之君，此經文與彼同，義不當有異。又經傳凡言家臣貴者謂之室老，所以別於國君之臣。今明言大夫士，則非家臣可知。鄭見此經與《雜記》不合，釋爲公士大夫有地者之喪，恐不足據。竊謂諸侯之臣居君喪，歸限遲早，當有正禮權禮之不同，以本經證之，上文既葬與人立云云。注云：此常禮也。正義云：庾氏云，案《曾子問》三年之喪不羣立，不旅行。此言既葬而與人立得爲常禮者，鄭以下經君既葬，王政入於國，既卒哭而服王事，是權禮，故以此經不言國事及不言家事，大判爲常禮也。且《曾子問》據無事之時，故不羣立、不旅行，此有事須言，故與人立也，又父母既練而歸云云。注云：歸，謂歸夫家也。正義云：案《喪服》女子爲父母卒哭折笄首。元謂卒哭喪之大事畢，可以歸於夫家，此是既練歸不同者。熊氏云：《喪服》注云，卒哭可以歸，是可以歸之節，其實歸時在練後也。然則記人不一，其義或殊，或言常禮，或言權禮，固不能一一强合。疑此經所言是權，《雜記》所言是正，皆謂諸侯之喪耳。

（清）陶鴻慶《讀禮志疑》卷五《禮記·唯君所服》《服問》篇：

唯君所服服也。注曰：禮，庶子爲後，爲其母緦。言唯君所服，伸君也。正義曰：言唯君所服，伸君也者，若其不爲後則爲母無服。故《喪服記》云：公子爲其母練冠麻衣縓緣。今以爲君得著緦麻服，是伸君之尊也。君既服緦，是近臣得從君服也。愚案：《喪服記》所云公子爲其母無服，據父在言之，此經據父没言之，不當引彼記爲證，父没庶子不爲後者爲其母伸服大功。《喪服》大功章公之庶昆弟爲母傳曰：先君餘尊之所厭，不得過大功也是也。父没，庶子爲後，則爲其母服緦。《喪服》緦麻章庶子爲父後者爲其母。傳曰：與尊者爲一體，不敢服其私親也。彼注云兼言君大夫士是也。然則公子不爲後者當爲其母大功，今以爲君服緦，則緦乃降服，非伸服。經上文云：君之母非夫人，則羣臣無服，唯近臣及僕、驂乘從服，明此言唯君所服服者，卽指從服之人言，與《喪服傳》近臣君服斯服矣文義正同，故注云言唯君所服，伸君也。謂羣臣無服，而近臣驂僕之等從君服緦者所以伸君之尊，非於禮宜爲之服。故下文又云：《春秋》之義，有以小君服之者，時若小君在，則益不可。經注皆主臣爲君母而言。正義以君爲其母服緦，是爲伸君之尊，失其旨矣。賈公彦《喪服》緦麻章疏引此經注而釋之曰：據小君没後其庶子爲得伸。故鄭云伸君，亦非。

（清）陶鴻慶《讀禮志疑》卷五《禮記·從重而輕》《大傳》篇：

有從重而輕。疏曰：鄭引《服問》篇云，夫爲妻之父母，妻自爲其父母，期爲重，夫從妻服之三月爲輕，是從重而輕也，舅之子亦是也。愚案：疏文當有譌脱，宜云舅及舅之子亦是也，舅及舅之子同在《喪服》緦麻章，從於母而服之者也。

（清）陶鴻慶《讀禮志疑》卷五《禮記·小宗有四》《大傳》篇：

宗其繼高祖者，五世則遷者也。注曰：以高祖與禰皆有繼者，明曾祖亦有也。則小宗有四，與大宗凡五。愚案：疏云唯曾祖及祖無繼文，故云明曾祖亦有也。疑孔所據本注文本云明曾祖及祖亦有也，其述注不言祖者，傳寫沿注誤耳。

《三國志》卷四七《吴志·吴主傳》 六年春正月，詔曰：夫三年之喪，天下之達制，人情之極痛也，賢者割哀以從禮，不肖者勉而致之。世治道泰，上下無事，君子不奪人情，故三年不逮孝子之門。至於有事，則殺禮以從宜，要絰而處事。故聖人制法，有禮無時則不行。遭喪不奔非古也，蓋隨時之宜，以義斷恩也。前故設科，長吏在官，當須交代，而故犯之，雖隨糾坐，猶已廢曠。方事之殷，國家多難，凡在官司，宜各盡節，先公後私，而不恭承，甚非謂也。中外羣僚，其更平議，務令得中，詳爲節度。顧譚議，以爲奔喪立科，輕則不足以禁孝子之情，重則本非應死之罪，雖嚴刑益設，違奪必少。若偶有犯者，加其刑則恩所不忍，有減則法廢不行。愚以爲長吏在遠，苟不告語，勢不得知。比選代之間，若有傳者，必加大辟，則長吏無廢職之負，孝子無犯重之刑。將軍胡綜議，以爲喪紀之禮，雖有典制，苟無其時，所不得行。方今戎事軍國異容，而長吏遭喪，知有科禁，公敢干突，苟念聞憂不奔之恥，不計爲臣犯禁之罪，此由科防本輕所致。忠節在國，孝道立家，出身爲臣，焉得兼之？故爲忠臣不得爲孝子。宜定科文，示以大辟，若故違犯，有罪無赦。以殺止殺，行之一人，其後必絶。丞相雍奏從大辟。其後吴令孟宗喪母奔赴，已而自拘於武昌以聽刑。陸遜陳其素行，因爲之請，權乃減宗一等，後不得以爲比，因此遂絶。

《晉書》卷三四《羊祜傳》 初，文帝崩，祜謂傅玄曰：三年之喪，雖貴遂服，自天子達；而漢文除之，毁禮傷義，常以歎息。今主上天縱至孝，有曾閔之性，雖奪其服，實行喪禮。喪禮實行，除服何爲邪！若因此革漢魏之薄，而興先王之法，以敦風俗，垂美百代，不亦善乎！玄曰：漢文以末世淺薄，不能行國君之喪，故因而除之。除之數百年，一旦復古，難行也。祜曰：不能使天下如禮，且使主上遂服，不猶善乎！玄曰：主上不除而天下除，此爲但有父子，無復君臣，三綱之道虧矣。祜乃止。

《魏書》卷七八《張普惠傳》 澄功衰在身，欲於七月七日集會文武，北園馬射。普惠奏記於澄曰：竊聞三殺九親，别疏昵之敍；五服六術，等衰麻之心。皆因事飾情，不易之道者也。然則莫大之痛，深於終身之外；書策之哀，除於喪紀之内。外者不可無節，故斷之以三年；内者不可遂除，故教之以日月。《禮》，大練之日，鼓素琴。蓋推以即吉也。小功以上，非虞祔練除不沐浴，此拘之以制也。曾子問曰：相識有喪服，可以與於祭乎？孔子曰：緦不祭，又何助於人。祭既不與，疑無宴食之道。又曰：廢喪服，可以與於饋奠之事乎？子曰：脱衰與奠，非禮也。注云：爲其忘哀疾。愚謂除喪之始，不與饋奠，小功之内，其可觀射乎？《雜記》云：大功以下，既葬適人，人食之，其黨也食之，非黨也不食。食猶擇人，於射爲惑。伏見明教，立射會之限，將以二七令辰，集城中文武，肄武藝於北園，行揖讓於中否。時非大閲之秋，景涉妨農之節，國家縞禫甫除，殿下功衰仍襲，釋而爲樂，以訓百姓，便是易先王之典教，忘哀戚之情，恐非所以昭令德、視子孫者也。按《射儀》，射者以禮樂爲本，忘而從事，不可謂禮，鍾鼓弗設，不可謂樂。捨此二者，何用射爲？又七日之戲，令制無之，班勞所施，慮違事體。庫府空虚，宜待新調，二三之趣，停之爲便。乞至九月，備飾盡行，然後奏《貍首》之章，宣矍相之令，聲軒懸，建雲鉦，神民忻暢於斯時也。伏惟慈明遠被，萬民是望，舉動所書，發言唯則，願更廣訪，賜垂曲採，昭其管見之心，恕其讜言之責，則芻蕘無遺歌，輿人有獻誦矣。澄意納其言，託辭自罷，乃答曰：文武之道，自昔成規，明恥教戰，振古常軌。今雖非公制，而此州承前，已有斯式，既不勞民損公，任其私射，復何失也？且纂文習武，人之常藝，豈可於常藝之間，要須令制乎？比適欲依前州府相率，王務之暇，肄藝良辰，亦未言費用庫物也。《禮》，兄弟内除，明哀已殺；小功，客至主不絶樂。聽樂則可，觀武豈傷？直自事緣須罷，先以令停，方獲此請，深具來意。

《北史》卷八五《劉子翊傳》 《傳》云：繼母，同母也。當以配父之尊，居母之位，齊杖之制，皆如親母。又爲人後者爲其父母期，服期者，自以本生，非殊親之與繼也。父雖自處傍尊之地，於子之情，猶須隆其本重。是以令云：爲人後者，爲其父母，並解官申其心喪。父卒母嫁，爲父後者雖不服，亦申心喪；其繼母嫁，不解官。此專據嫁者生文耳。將知繼母在父之室，則制同親母。若謂非有撫育之恩，同之行路，何服之有乎？服既有之，心喪焉可獨異？三省令旨，其義甚明。今言令許不解，何其甚謬？且後人者爲其父母期，未有變隔以親繼，親繼既等，故心喪不得有殊。《服問》云：母出，則爲繼母之黨服。豈不以出母族絶，推而遠之，繼母配父，引而親之乎？子思曰：爲伋也妻，是爲白也母；不爲伋也妻，是不爲白也母。定知服以名重，情以父親。所以聖人敦之以孝慈，弘之以名義。是使子以名服，同之親母，繼母以義報，等之己生。

《舊唐書》卷二七《禮儀志七》 於是侍中魏徵、禮部侍郎令狐德棻等奏議曰：臣聞禮所以決嫌疑，定猶豫，别同異，明是非者也。非從天降，非從地出，人情而已矣。夫親族有九，服術有六，隨恩以薄厚，稱情以立文。然舅之與姨，雖爲同氣，論情度義，先後實殊。何則？舅爲母之本族，姨乃外戚他族。求之母族，姨不在焉。考之經典，舅誠爲重。故周王念齊，每稱舅甥之國；秦伯懷晉，實切《渭陽》之詩。在舅服止一時，爲姨居喪五月，循名喪實，逐末棄本。蓋古人之情，或有未達，所宜損益，實在茲乎。

《記》曰：兄弟之子，猶子也，蓋引而進之也；嫂叔之不服，蓋推而遠之也。禮：繼父同居，則爲之朞；未嘗同居，則不爲服。從母之夫，舅之妻，二夫人相爲服，或曰，同爨緦。然則繼父之徒，並非骨肉，服重由乎同爨，恩輕在乎異居。故知制服雖繫於名，亦緣恩之厚薄者也。或有長年之嫂，遇孩童之叔，劬勞鞠養，情若所生，分饑共寒，契闊偕老。譬同居之繼父，方他人之同爨，情義之深淺，寧可同日而言哉！在其生也，愛之同於骨肉；及其死也，則曰推而遠之。求之本原，深所未諭。若推而遠之爲是，則不可生而共居，生而共居之爲是，則不可死同行路。重其生而輕其死，厚其始而薄其終，稱情立文，其義安在？且事嫂見稱，載籍非一。鄭仲虞則恩禮甚篤，顏弘都則竭誠致感，馬援則見之必冠，孔伋則哭之爲位。此並躬踐教義，仁深孝友。察其所尚之旨，豈非先覺者歟？但于其時，上無哲王，禮非下之所議，遂使深情鬱乎千載，至理藏於萬古，其來久矣，豈不惜哉！

今屬欽明在辰，聖人有作，五禮詳洽，一物無遺。猶且永念慎終，凝神遐想，以爲尊卑之叙，雖焕乎大備；喪紀之制，或情理未周。爰命秩宗，更詳考正。臣等奉遵明旨，觸類旁求，採摭羣經，討論傳記。或引兼名實，無文之禮咸秩，敦睦之情畢舉，變薄俗於既往，垂篤義於將來，信六籍所不能談，超百王而獨得者也。諸儒所守，互有異同，詳求厥中，申明聖旨。

謹按曾祖父母舊服齊衰三月，請加爲齊衰五月。嫡子婦舊服大功，請加爲朞。衆子婦小功，今請與兄弟子婦同爲大功九月。嫂叔舊無服，今請服小功五月報。其弟妻及夫兄，亦小功五月。舅服緦麻，請與從母同服小功。

又：刑部郎中田再思建議曰：乾尊坤卑，天一地二，陰陽之位分矣，夫婦之道配焉。至若死喪之威，隆殺之等，禮經五服之制，齊斬有殊，考妣三年之喪，貴賤無隔，以報免懷之慈，以酬罔極之恩者也。

稽之上古，喪期無數，暨乎中葉，方有歲年。《禮》云：五帝殊時，不相沿樂；三王異代，不相襲禮。《白虎通》云：質文再而變，正朔三而復。自周公制禮之後，孔父刊經已來，爰殊厭降之儀，以標服紀之節，重輕從俗，斟酌隨時。故知禮不從天而降，不由地而出也，在人消息，爲適時之中耳。春秋諸國，魯最知禮，以周公之後，孔子之邦也。晉韓起來聘，言周禮盡在魯矣。齊仲孫來盟，言魯猶秉周禮。尚有子張問高宗諒陰三年，子思不聽其子服出母，子游謂同母異父昆弟之服大功，子夏謂合從齊衰之制，此等並四科之數，十哲之人，高步孔門，親承聖訓，及遇喪事，猶此致疑，即明自古已來，升降不一者也。

三年之制，説者紛然。鄭玄以爲二十七月，王肅以爲二十五月。又改葬之服，鄭云服緦三月，王云訖葬而除。又繼母出嫁，鄭云皆服，王云從于繼育，乃爲之服。又無服之殤，鄭云子生一月，哭之一日；王云以哭之一日易服之月。鄭、王祖經宗傳，各有異同。荀摯采古求遺，互爲損益。方知去聖漸遠，殘缺彌多。故曰會禮之家，名爲聚訟，寧有定哉！而父在爲母三年，行之已踰四紀，出自高宗大帝之代，不從則天皇后之朝。大帝御極之辰，中宮獻書之日，往時參議，將可施行，編之於格，服之已久。前王所是，疏而爲律；後王所是，著而爲令。何必乖先帝之旨，阻人子之情，虧純孝之心，背德義之本。有何妨於聖化，有何紊於彝倫，而欲服之周年，與伯叔母齊焉，與姑姊妹同焉。夫三年之喪，如白駒之過隙，君子喪親，有終身之憂，何況再周乎！

夫禮者，體也，履也，示之以迹；孝者，畜也，養也，因之以心。小人不恥不仁，不畏不義。服之有制，使愚人企及；衣之以衰，使見之摧痛。以此防人，人猶有朝死而夕忘者；以此制人，人猶有釋服而從吉者。方今漸歸古朴，須敦孝義，抑賢引愚，理資寧戚，食稻衣錦，所不忍聞。

若以庶事朝儀，一依周禮，則古之人臣見君也，公卿大夫贄羔鴈、珪璧，今何故不依乎？周之用刑也，墨、劓、宫、刖，今何故不行乎？周則侯，甸，男，衛，朝聘有數，今何故不行乎？周則不五十不仕，七十不入朝，今何故不依乎？周則井、邑、丘、甸，以立征稅，今何故不行乎？周則分土五等，父死子及，今何故不行乎？周則冠冕衣裘，乘車而戰，今何故不行乎？周則三老五更，膠序養老，今何故不行乎？諸如此例，不可勝述。何獨孝思之事，愛一年之服於其母乎？可爲痛心，可爲慟哭者！

《詩》云：哀哀父母，生我劬勞。《禮》云：父之親子也，親賢而下無能；母之親子也，賢則親之，無能則憐之。阮嗣宗晉代之英才，方外之高士，以爲母重於父。據齊斬升數，麤細已降，何忍服之節制，減至於周。豈後代之士，盡慚於古。循古未必是，依今未必非也。

又同爨服緦，禮經明義，嫂叔遠别，同諸路人。引而進之，觸類而長。猶子咸衣苴枲，季父不服緦麻，推遠之情有餘，睦親之義未足。又母之昆弟，情切渭陽，翟酺訟舅之冤，甯氏宅甥之相，我之出也，義亦殷焉。不同從母之尊，遂降小功之服，依諸古禮，有爽俗情。今貶舅而宗姨，是陋今而榮古。此並太宗之制也，行之百年矣，輒爲刊復，實用有疑。

《舊唐書》卷九一《張柬之傳》　竊以子之於父母喪也，有終身之痛，創巨者日久，痛深者愈遲，豈徒歲月而已乎！故練而慨然者，蓋悲慕之懷未盡，而踊擗之情已歇；祥而廓然者，蓋哀傷之痛已除，而孤藐之念更起。此皆情之所致，豈外飾哉！故《記》曰：三年之喪，義同過隙，先王立其中制，以成文理。是以祥則縞帶素紕，禫則無所不佩。今吾子將徇情棄禮，實爲乖僻。夫棄縗麻之服，襲錦縠之衣，行道之人，皆不忍也，直爲節之以禮，無可奈何。故由也不能過制爲姊服，鯉也不能過期哭其母。夫豈不懷，懼名教逼已也。若孔、鄭、何、杜之徒，並命代挺生，範模來裔，宫牆積仞，未易可窺。但鑽仰不休，當漸入勝境，詎勞終年矻矻，虚肆莠言，請所有掎摭先儒，願且以時消息。

（宋）王溥《唐會要》卷二三《緣祀裁製》　貞元八年七月，將作監元亘當攝太尉薦祭享昭德皇后廟，以其私忌日，不受誓戒，爲御史劾奏。令尚書省與禮官法官集議。於是尚書左丞相盧邁等奏曰：謹按《禮記》云：大夫士將奉祭於公，既視濯而父母死，猶是奉祭也。又按唐禮，散齋有大功喪，致齋有周親喪，齋中疾病則還家，不奉祭祀。皆無忌日不受誓戒之文。雖假寧令忌日有給假一日，《春秋》之義，不以家事辭王事。今亘以假寧常式，而廢攝祭新命，酌其輕重，誓戒則祀之義，校其禮式，忌日乃循常之制，詳求典據，事緣薦獻，不宜以忌日爲辭。由是亘坐罰。

（宋）王溥《唐會要》卷二三《忌日》　元和九年正月，修撰官太學博士韋公肅上疏曰：准禮，無忌月禁樂。今太常及教坊，以正月是國家忌月，停習郊廟享宴之音，中外士庶，咸罷慶樂。伏尋經典，切恐乖宜。臣謹按《禮記》，有忌日不樂，無忌月之文。漢魏以降，世襲斯旨。惟晉穆帝將納后，以康帝忌月，下議。禮官荀訥、王洽、曹躭、王彪之，並當時知禮者，皆稱禮有忌日無忌月，若有忌月，即有忌時忌歲，益無禮據。時從其議。伏以仍前所禁，皆在二十五月之中，今既世遠，禮須改革。臣又聞統人立法，必守先王之常經，企及俯就，不違聖哲之明訓，下盡羣言，上留元鑒。不以私懷，而踰於禮節。又《記》曰：禫月從樂，明王制禮，漸去其情，不應以追遠而立禮反重也。今太常停習郊廟之樂，是反重而慢神。有司禁中外之音，是無故而去樂。詳其前典，情禮不倫。考其沿襲，又無所據。倘陛下正因循之越度，法經典之明文，約禮之儀，傳於史册，天下幸甚。詔付中書門下，令召太常卿與禮官、學官等詳議可否。中書門下奏曰：忌日，太常寺及教坊悉停閲習，中外士庶亦皆禁斷，准禮文及歷代典故，並無忌月禁樂，請依常教習者。勑旨宜依。其士庶之家，亦宜准此。

（宋）王溥《唐會要》卷三七《服紀上》　貞觀十四年，太宗嘗從容謂禮官曰：同爨尚有緦麻之恩，而嫂叔無服。又舅之與姨，親疏相似，而服紀有殊，理未爲得。宜集學者詳議。餘有親重而服輕者，亦附奏聞。

祕書監顏師古議曰：竊以舊館脱驂，尚云出涕，鄰里有殯，且輟巷歌，況乎昆季之親，嚴親是奉。夫之昆季，資業本同，遂乃均諸百姓，絶于五服。當其喪沒，闔門縞素，己獨晏然，元黄不改。靜言至理，殊匪宏通，無益防閑，實開偷薄，相爲制服，孰謂非宜？又外氏之親，俱緣于母，姨舅一例，等屬齊尊。姨既小功，舅乃緦麻，曲生異義，茲亦未安。愚謂昆季之妻，服當五月，夫之昆弟，咸亦如之。爲舅小功，同于姨服，則親疏中節，名數有倫。至如舅姑爲婦，其服太輕，冢婦止于大功，衆婦小功而已。但著代之重，名義特崇，饋奠之勤，誠愛兼極。略其恩禮，有虧慈惠，猶子之婦，普服大功，己子之妻，翻成減降。今謂冢婦周服，衆婦大功，既表授室之親，又答執笲之養。叔仲之後，諸婦齊同，則周給齊平，更無窒礙矣。侍中魏徵、禮部侍郎令狐德棻等，與禮官定議曰：夫親族有九，服紀有六，隨恩以厚薄，稱情以立文。原夫舅之與姨，雖爲同氣，權之于母，輕重相懸，何則？舅爲父之本宗，姨乃外戚他族，考之經典，舅誠爲重。故周王念齊，每稱舅甥之國。秦伯懷晉，實切《渭陽》之詩。今在舅服止一時，爲姨居喪五月，循名責實，逐末棄本。蓋古人之情，有所未達，今之損益，實在茲乎！《禮記》曰：兄弟之子，猶子也，蓋引而進之也，嫂叔之無服，蓋推而遠之也。《禮》繼父同居，則爲之朞，未嘗同居，則不爲服。從母之夫，舅之妻，二夫人相爲服，或曰：同爨緦麻。然則繼父之徒，並非骨肉之親，服重由乎同爨，恩輕在乎異居，故知制服雖繫于名，蓋亦緣恩之厚薄者也。或有長年之嫂，遇孩童之叔，劬勞鞠養，情若所生，分飢共寒，契闊偕老。譬同居之繼父，方他人之同爨，情義之深淺，寧可同日而言哉！在其生也，愛之同于骨肉；及其死也，則曰推而遠之。求之本源，深所未喻。推而遠之爲是，則不可生而共居；生而共居爲是，則不可死而同行路。重其生而輕其死，厚其始而薄其終，稱情立文，其義安在？今謹按曾祖父母，舊服齊衰三月，請加爲齊衰五月。嫡子婦舊服大功，請加爲朞。衆子婦舊服小功，今請與兄弟子婦同爲大功九月。嫂叔舊無服，今請服小功五月。其弟妻及夫兄，亦小功五月。舅舊服緦麻，請與從母同服小功。制曰：可。

又：顯慶元年九月二十九日，脩禮官長孫無忌等奏曰：依古喪服，甥爲舅緦麻，舅報甥亦同此制。貞觀年中，八座議奏：舅服同姨小功五月。而今《律疏》舅報于甥，服猶三月。謹按傍親之服，禮無不報，已非正尊，不敢降之也。故甥爲從母五月，從母報甥小功，甥爲舅緦麻，舅亦報甥三月，是其義矣。今甥爲舅使同從母之喪，則舅宜進甥以同從母之報。脩《律疏》人，不知禮意，舅報甥服，尚止緦麻，于例不通，理須改正。今請修改《律疏》，舅報甥亦小功。又曰：庶母，古禮緦麻，新禮無服。謹按庶母之子，即是己之昆季，昆季爲之杖朞，而己與之無服。同氣之內，吉凶頓殊，求之禮情，深非至理。今請依典故，爲服緦麻。制從之。

龍朔二年八月，有司奏：同文正卿蕭嗣業，嫡繼母改嫁身亡，請申心制。有司奏稱，據令繼母改嫁，及爲長子並不解官。乃下勑曰：雖云嫡母，終是繼母，據理緣情，須有定制，付所司議定奏聞。司禮太常伯、隴西郡王博義等奏議曰：緬尋《喪服》，母名斯定，嫡、繼、慈、養，皆在其中。唯出母之制，特言出妻之子，明非生己，則皆無服。是以今云母嫁之服，又云出妻之子，出言其子，以明所生，嫁則言母，通包養嫡，俱當解任，並合心喪。其不解者唯有繼母之嫁，繼母爲名，正據前妻之子；嫡於諸孽，禮無繼母之文。申令今既見行，嗣業理申心制。然奉勑議定，方垂永則，令有不安，亦須釐正。竊以嫡、繼、慈、養，皆非所生，出之與嫁，並同行路。嫁雖比出稍輕，於父終爲義絶。繼母之嫁，既殊親母，慈嫡義絶，豈合心喪？望請凡非所生父卒而嫁，爲父後者無服，非承重者杖朞，並不心喪，一同繼母。有符情禮，無玷舊章。又心喪之制，唯施厭降，杖朞之服，不悉解官。而令文三年齊斬，亦入心喪之制，杖朞解官，又有妻服之舛。又依禮，庶子爲其母緦麻三月，既是所生無服，准例亦合解官。令文漏而不言，於事終須修附。既以嫡母等嫁，同一令條，總議請改，理爲允愜者。依文武官九品以上議，得司衛正卿房仁裕等七百三十六人議，請一依司禮狀，嗣業不合解官。得右金吾衛將軍薛孤、吳仁等二十六人議，請解嗣業官，不同司禮禮狀者。母非所生，出嫁義絶，仍令解職，有紊緣情。杖朞解官，不甄妻服，三年齊斬，謬曰心喪。庶子爲母緦麻，漏其中制，並令文疏舛，理難因襲。望請依房仁裕等議，總加脩附，垂之不朽。其禮及《律疏》，有相關涉者，亦請准此改正。嗣業既非嫡母，改醮不合解官。詔從之。

上元元年十二月二十七日，天后上表曰：夫禮緣人情而立制，因時事而爲範。變古者未必是，循舊者不足多也。至如父在，爲母止服一朞，雖心喪三年，服由尊降。竊謂子之於母，慈養特深，生養勞瘁，恩斯極矣！所以禽獸之情，猶知其母。三年在懷，理宜崇報。若父在爲母止一朞，尊父之敬雖同，報母之慈有缺。且齊斬之制，足爲差減，更令周以一朞，恐傷人子之志。今請父在爲母終三年之服。遂下詔依行焉。當時亦未行用，至垂拱年中，始編入格。至開元五年，左補闕盧履冰上言：准禮，父在爲母一周除靈，三年心喪。則天皇后請同父没之服，三年然後始除靈。雖則權行，有紊彝典。今陛下孝治天下，動合禮經，請仍舊章，庶協通典。于是下制，令百官詳議，并舅及嫂叔服，不依舊禮，亦令議定。刑部郎中田再思建議曰：乾尊坤卑，天一地二，陰陽之位分矣，夫婦之道配焉。至若死喪之威，隆殺之等，禮經五服之制，齊斬有殊。考妣三年之喪，貴賤無隔，以報免懷之德，思酬罔極之恩。稽之上古，喪期無數。自周公制禮之後，孔父刊經已來，方殊厭降之儀，以標服紀之節。重輕從俗，斟酌隨時，自古以來，升降不一。三年之制，説者紛然。鄭元以爲二十七月，王肅以爲二十五月。又改葬之禮，鄭元云服緦麻三月，王肅云訖葬而除。又繼母出嫁，鄭元云皆服，王肅云從子繼育，乃爲之服。又無服之殤，鄭元云子生一月，哭之一日；王肅云以哭之日，易服之月。鄭、王等祖經宗傳，各有異同，荀摯采古求遺，互爲損益。方知去聖漸遠，殘缺彌多也。故曰會禮之家，名爲聚訟，寧有定哉！而父在爲母三年，行之已踰四紀，編之于格，服之已久。前王所是，疏而爲律；後王所是，著而爲令。何必乖先帝之旨，阻人子之情，虧仁孝之心，背德義之本。而欲服之周年，與伯叔母齊焉，與姑姊妹同焉。夫三年之喪，如白駒之過隙，君子喪親，有終身之憂，何況再周乎！服之有制，使愚人企及；衣以斬衰，使見之摧痛。以此防人，人猶有朝死夕忘者；以此制人，人猶有釋服從吉者。方今漸歸淳樸，須敦孝義，抑賢引愚，理資寧戚，食稻衣錦，所不忍聞。《禮記》云：父之親子也，親賢而下無能；母之親子也，賢則親之，無能則憐之。今據齊斬升數，麄細已降，何忍節制，減至于朞，使後代士盡忘枯骨。循古未必是，依今未必非也。又舅及姨之服，並太宗之制，行之百年矣，輒爲刊復，實用有疑。于是紛議不定。履冰又上疏曰：《禮》，女在室，以父爲天；出嫁，以夫爲天。又在家從父，出嫁從夫，夫死從子。本無自專抗尊之法。則《喪服四制》云：天無二日，民無二王，國無二君，家無二尊，以一治之也。所以父在爲母服朞者，避二尊也。伏惟陛下正持家國，孝治天下，而不斷在宸衷，詳正此禮，但隨末俗，顧念兒女之情，臣恐後代復有婦奪夫政之敗者。疏奏未報。履冰又上表曰：臣聞夫婦之道，人倫之始。尊卑法于天地，動靜合于陰陽。陰陽和而天地生成，夫婦正而人倫式序。自家刑國，牝鷄無晨，四德之禮不僭，三從之義斯在。卽《喪服四制》云：家無二尊，以一治之也。故父在爲母朞者，見無二尊也。准舊儀，父在爲母一周除靈，再周心喪。父必三年而後娶者，達子之志焉。豈先聖無情於所生，固有意於家國者矣。原夫上元肇年，則天已潛秉政，將圖僭篡，預自崇先。請升慈愛之喪，以抗尊嚴之禮。雖齊衰之儀不改，而几筵之制遂同。數年之間，尚未通用。天皇晏駕，中宗蒙塵。垂拱之初，始編入格。垂拱之末，果行聖母之僞符。載初之元，遂啓易代之深釁。孝和雖則反正，韋氏復效晨鳴。孝和非意暴崩，韋氏旋卽稱制。不蒙陛下英算，宗廟何由克復？且臣所獻者，蓋請正夫婦之綱，豈忍忘子母之道。諸議所非者，大凡只論罔極之恩，喪也寧戚，禽獸識母而不識父，豈得與伯叔母服同，豈得與姑姊妹制等。此並道聽而塗説之言，未習先王之旨，又安足以議經邦治俗之禮乎？臣前狀單略議者未識臣之懇誠，謹重以聞，請付中書門下商量處分。左散騎常侍元行沖奏議曰：古之聖人，徵性識本，緣情制服，則有申厭。天父天夫，故斬衰三年，情理俱盡者，因心立極也。生則齊體，死則同穴，比陰陽而配合，同兩儀而化成。而妻喪杖朞，情禮俱殺者，蓋遠嫌疑，尊乾道也。父爲嫡子三年斬衰，而不去職者，蓋尊祖重嫡，崇禮殺情也。資於事父以事君，孝莫大於嚴父。故父在爲母罷職，齊周而心喪三年，謂之尊厭者，則情申而禮殺也。斯制也，可以異於飛走，别於華夷。羲、農、堯、舜，莫之易也；文、武、周、孔，所同尊也。今若捨尊厭之重，虧嚴父之義，畢純素之嫌，貽非聖之責，則事不師古，有傷名教矣。姨兼從母之名，又即母之女黨，加於舅服，有理存焉。嫂叔不服，避嫌疑也。若引同爨之緦，以忘推遠之跡，既乖前聖，亦謂難從。謹詳三者之儀，並請依古爲當。自是百寮議竟不決。至七年八月二十六日，詔曰：周公制禮，當歷代不刊，况子夏爲《傳》，乃孔門所受。格令之内，有父在爲母齊衰三年，此而有爲，爲非重厭之義。與其改作，不如師古，諸服紀宜一依《喪服》文。自是卿士之家，父在爲母行服不同，議者是非紛然。元行沖謂人曰：聖人制厭降之禮，豈不知母恩之深，但尊祖貴禰，欲其遠别禽獸，近異夷狄故也。人情易摇，淺識者衆，一紊其度，其可正乎！至二十年，蕭嵩與學士改修五禮，又議請依上元元年勅，父在爲母齊衰三年爲定，及頒禮，乃一切依行焉。

又： 開元二十三年正月十八日勅文：服紀之制，有所未通，宜令禮官學士詳議具奏。太常卿韋縚奏曰：謹按《喪服》，舅緦麻三月，從母小功五月。傳曰：何以小功，以名加也。堂姨舅，舅母，恩所不及。外祖父母，小功五月。傳曰：何以小功，以尊加也。舅緦麻三月，並以親情，而服屬疏者。外祖正尊，同於從母之服。姨舅一等，服則輕重有殊。堂姨舅，親卽未疏，恩絶不相爲服。親舅母來承外族，同爨之禮不加。竊以古意猶有所未暢者，且以外祖小功，此則正尊，情甚親而服屬疏者也，請加至大功九月。姨舅儕類，親既無别，服宜齊等，請爲舅加至小功五月。堂姨舅疏降一等，親舅母從服之例，先無服制之文，並望加至袒免。望付尚書省集衆官吏詳議，務從折衷，永爲典則。太子賓客崔沔議曰：竊聞大道既隱，天下爲家。聖人因之，然後制禮。禮教之設，本於正家，家道正而天下定矣。正家之道，不可以二，總一定議，理歸本宗。父以尊崇，母以厭降，豈忘愛敬，宜存倫序。是以内有齊斬，外服皆緦麻，尊名所加，不過一等，此先王不易之道也。前聖所志，後賢所傳，其來久矣。昔辛有過伊川，見被髮而祭於野者曰：不及百年，此其戎乎？其禮先亡矣！貞觀修禮，時改舊章，漸廣渭陽之恩，不尊洙泗之典。及宏道之後，唐隆之閒，國命再移於外族。此則禮亡微兆，因斯見矣。天人之際，可不戒哉！開元初，補闕盧履冰進狀，論喪服輕重，勅令僉議。於時衆議紛如，各安積習，太常禮部奏，依舊定。陛下運稽古之思，發獨斷之明，開元八年，特降别勅，一依古禮。事符典故，人知向方，式固宗盟，社稷之福。更圖異議，竊所未詳。願守八年明旨，以爲萬代成法。職方郎中韋述議曰：上自高祖，下至元孫，以及其身，謂之九族。由近以及遠，稱情以立文，差其輕重，遂爲五服。雖則或以議降，或以名加，教有所存，理不踰等。百王不易，三代可知，日月同懸，咸所仰也。謹按《儀禮·喪服傳》曰：外親之服皆緦麻。鄭元謂：外親異親，正服不過緦麻。外祖父母小功五月，以尊加也。從母小功五月，以名加也。舅甥外孫，中外昆弟，皆依本服緦麻三月。若以匹敵，外祖則祖也，舅則伯叔父也。父母之恩不殊，而獨殺于外氏，聖人之心，良有以也。《喪服傳》曰：禽獸知母而不知父。野人曰，父母何算焉。都邑之士，則知尊禰矣。大夫及學士，則知尊祖矣。諸侯及其太祖。天子及其始祖。聖人究天道而厚于祖禰，繫姓族而親其子孫，近則别于賢愚，遠則異于禽獸。由此言之，母黨比于本族，不可同貫明矣。且家無二尊，喪無二斬，人之所奉，不可二也。特重于大宗者，降其小宗；爲人後者，減其父母之服；女子出嫁，殺其本宗之喪。蓋所存者遠，而所抑者私也。今若外祖及舅，更加一等，堂舅及姨，列于服紀之内，則中外之制，相去幾何？廢禮徇情，所務者末。且五服有上殺之義，必循源本，方及條流。伯叔父母，本服大功九月，從父昆弟，亦大功九月，並以上出於祖，其服不得過于祖也。從祖祖父母，從祖父母，從祖昆季，皆小功五月，以其出于曾祖，其服不得過于曾祖也。族祖祖父母、族祖父母、族父母昆季，皆緦麻三月，以其出于高祖，其服不得過于高祖也。其堂舅姨既出于外曾祖，若爲之制服，卽外曾祖父母，及外伯叔祖父母，亦宜制服矣。外祖加至大功九月，則外曾祖合至小功，外高祖合至緦麻。若舉此而舍彼，事則不均；棄親録疏，理則不順。推而廣之，是與本族無異矣。服皆有報，則堂外甥、曾孫姪女之子，皆須制服矣。聖人豈薄其骨肉，背其恩愛。情之親者，制服乃輕，蓋本于公者薄于私，存其大者略其細，義有所斷，不得不然。苟可加也，亦可減也，往聖可得而非，則禮經亦可得而隳矣。先王之制，謂之彝倫，奉以周旋，猶恐失墜，一紊其敍，庸可正乎？且舊章淪胥，爲日已久，所存無幾，又欲棄之，雖曰未達，不知其可。請依《儀禮·喪服》爲定。禮部員外郎楊仲昌議曰：臣聞《儀禮》曰：外服皆緦。又曰：外祖父母以尊加，從母以名加，並爲小功五月。其爲舅緦麻，鄭文貞公魏徵已議同從母例，加至小功五月訖。今之所加，豈異前旨？雖文貞賢也，而周、孔聖也，以賢改聖，後學何從？堂舅、堂姨、堂舅母，並升爲祖免，則何以祖述禮經乎？如以外祖父母，加至大功，則豈無加報于外孫乎？如以外孫爲報服大功，則本宗庶孫，何同等而相淺乎？竊恐外内乖序，親疏奪倫，情之所沿，何所不至，理必然也。禮不云乎，無輕議禮。況夫《喪服》之紀，先王大猷，奉以周旋，以匡人道。一詞寧措，千載是遵，涉于異端，豈曰宏教。伏望各依正禮，以厚儒風。太常所請增加，愚見以爲不可。戶部郎中楊伯成、左監門録事參軍劉秩，並同是議，與沔等略同。議奏，上又謂侍臣等曰：朕以爲親姨舅既服小功，則舅母于舅，有三年之喪，是受我而厚，以服制情，則舅母之服，不得全降于舅，宜服緦麻。堂姨舅古今未制服，朕思敦睦九族，引而親之，宜服袒免。又鄭元注《禮記》曰：同爨緦麻，若比堂姨舅于同爨，親則厚矣。又《喪服傳》云：外親之服皆緦，是亦不隔于堂姨舅也。若以所服不得過本，而須爲外曾祖父母及外伯叔祖父母服制，亦何傷乎？是皆親親敦本之意，卿等更熟詳之。侍中裴耀卿、中書令張九齡、禮部尚書李林甫等奏曰：外族之親無厭降。外甥既爲舅母制服，舅母還合報之。夫外甥既合報服，則與夫之姨舅，以類是同，外甥之妻，不得無服。所增者頗廣，能引者漸疏。微臣愚蒙，猶有未達。上又手制答曰：從服有六，此其一也。降殺之制，禮無明文。此皆自身率親，用爲服制。所有存抑，盡是推恩。朕情有未安，故令詳議，非欲苟求變古，以示不同。卿等以爲外族之親，禮無厭降，報服之節，所引甚疏。且姨舅者，屬從之至近也，以親言之，則亦姑伯之匹敵也。豈有所引者疏，而降所親者服？又婦從夫者也。夫之姨舅，夫既有服，從夫而服，由是睦親。實欲令不肖者企及，賢者俯就，卿等宜熟詳之。耀卿等奏曰：陛下體至仁之德，廣推恩之道，將宏引進，以示睦親，再發德音，更令詳議。臣等謹按《大唐新禮》，親舅加至小功，與從母同服。此蓋當時特命，不以輕重遞增，蓋不欲參於本宗，慎於變禮者也。今聖制親姨舅小功，更制舅母緦麻，堂姨舅袒免等服，取類《新禮》，垂示將來，通於物情，自我作古，則羣儒風議，徒有稽留，並望准制施行。從之。

(宋) 王溥《唐會要》卷三八《服紀下》

六年正月詔：百官有私喪公除者，聽赴宗廟之祭。初，御史監察者以《開元禮》，凡有緦麻以上喪，不得饗廟，移牒吏部，告以差奏祭官有私喪者。于是吏部奏曰：准禮，諸侯絶周，大夫緦者，所以殺旁親之喪，不敢廢大宗之祭。士則緦不祭者，謂同宮未葬，欲人之吉凶不相瀆也。魏晉以降，變禮從權。緦以上喪，假內衣縗，謂之喪服，假滿卽吉，謂之公除，凡既葬公除，則無事不可。故江右潭、殷仲堪竝云：既葬公除，廢祭者非也。故其時公除者，則行公祭。蓋大夫不敢以家事辭王事，《春秋》之義也。今國家行公除之令，既已卽吉，于祭無嫌。私家之祭，則無廢者，公家之祭，則猶禁之，是有司限文，進退維谷。若以服爲禁，則懼虧祭禮；若以例奏差，則懼違令文。先王立禮，所以進人爲善也；立法，所以禁人爲非也。彼公除者，人各思君親，莫不欲祭。使子得祭其父，孝莫大焉，臣得祭其君，義莫重焉。苟祭而不許，是禁人爲善也；苟私祭不禁，則公祭無嫌。是則垂之空文，不若行其變禮。今請申明舊令，使行之可守。凡有慘服既葬公除，及聞哀假滿者，許吉服赴宗廟之祭。其同宮未葬，雖公除者，請依前禁之。庶輕重有倫，以一王法。從之。八年九月，以前太子賓客李愿爲太子賓客，前衛尉少卿李愬爲韶王傅。愿愬皆太尉晟之子，居母喪既大祥而除官。晟以二子未禫，訪于諸相。趙璟、陸贄謂曰：故事有大祥授官者，皆終禫而後朝請。晟乃奏行之。

(宋) 王溥《五代會要》卷八《服紀》

右贊善大夫趙咸乂議曰：臣聞三代之制，禮無降減之文；五服之容，喪有寧戚之義。此葢聖人隨時設教，稱情立文，沿革不同，吉凶相交，或服由恩制，或喪以禮加。太宗文皇帝弘被至仁，推大其義，因覽同爨有緦之義，遂制嫂叔小功之服，列尊聖賢已爲故事，傳於令式，加以大功。今馬縞奏論以爲錯繆，況縞昔事本朝，曁至梁室，曾爲博士，累歷歲年，今始奏陳，未爲允當。謹按《儀禮》，凡制五服，或以名加，或以尊制，或推恩而有服，或引義而當喪。故嫂叔大功，良有以也。其如叔以嫂之子爲猶子，爲猶子之妻，叔服大功，今嫂氏猶子之母，安可卻服小功。若以名加，嫂豈疎於猶子之婦，若以尊制，嫂豈卑於猶子之妻。論恩則有生同骨肉之情，引義則有死同宅兆之理，若以推而遠之爲是，卽令式兼無小功，既有稱情制宜之文，何止大功九月？請依式令，永作彝倫。

《宋史》卷一二二《禮志二十五》

禮部尚書韓忠彦等議：朝廷典禮，時世異宜，不必循古。若先王之制，不可盡用，則當以祖宗故事爲法。今言者欲令羣臣服喪三年，民間禁樂如之，雖過山陵，不去衰服，庶協古制。緣先王恤典節文甚多，必欲循古，又非特如所言而已。今既不能盡用，則當循祖宗故事及先帝遺制。

又：給事中龔原言：喪制乃朝廷大事，今行不由門下，是廢法也。臣爲君服斬衰三年，古未嘗改。且陛下前此議服，禮官持兩可之論，陛下既察見其姦，其服遂正。今乃不得已從之，臣竊爲陛下惜。開寶時，并、汾未下，兵革未弭，祖宗櫛風沐雨之不暇，其服制權宜一時，非故事也。

又：時知邵州胡寅上疏，略曰：三年之喪，自天子至於庶人，一也。及漢孝文自執謙德，用日易月，至今行之。子以便身忘其親，臣以便身忘其君，心知其非而不肯改，自常禮言之，猶且不可，況變故特異如今日者，又當如何？恭惟大行太上皇帝、大行寧德皇后，蒙塵北狩，永訣不復，實繇粘罕，是有不共戴天之讎。考之於禮，讎不復則服不除，寢苫枕戈，無時而終。所以然者，天下雖大，萬事雖衆，皆無以加於父子之恩，君臣之義也。伏覩某月某日聖旨，緣國朝故典，以日易月，臣切以爲非矣。自常禮言之，猶須大行有遺詔，然後遵承。今也大行詔旨不聞，而陛下降旨行之，是以日易月，出陛下意也。大行幽厄之中，服御飲食，人所不堪，疾病粥藥，必無供億，崩殂之後，衣衾斂藏，豈得周備？正棺卜兆，知在何所？茫茫沙漠，瞻守爲誰？伏惟陛下一念及此，荼毒摧割，備難堪忍，縱未能遵《春秋》復讎之義，俟讎殄而後除服，猶當革漢景之薄，喪紀以三年爲斷。不然，以終身不可除之服，二十七日而除之，是薄之中又加薄焉，必非聖人之所安也。

《宋史》卷一二五《禮志二十八》　大中祥符九年，殿中侍御史張廓言：京朝官丁父母憂者，多因陳乞，與免持服。且忠孝恩義，士所執守，一悖于禮，其何能立？今執事盈庭，各務簡易，況無金革之事，中外之官不闕，不可習以爲例。望自後並依典禮，三年服滿，得赴朝請。

天禧四年，御史臺言：文武官併丁憂者，相承服五十四月，別無條例。下太常，禮官議曰：按《禮・喪服小記》云：父母之喪偕，先葬者不虞、祔，待後事，其葬服斬衰。注：謂同月若同日死也。先葬者母也，其葬服斬衰者，喪之隆哀宜從重也。假令父死在前月而同月葬，猶服斬衰，不葬不變服也。言其葬服斬衰，則虞、祔各以其服矣。及練、祥皆然。卒事，反服重。《雜記》云：有父之喪，如未没喪而母死，其除父之喪也，服其除服，卒事，反喪服。注云：没，猶終也。除服謂祥祭之服，卒事既祭，反喪服，服後死者之服。又杜預云：若父母同日卒，其葬先母後父，皆服斬衰，其虞、祔先父後母，各服其服，卒事，反服父服。若父已葬而母卒，則服母之服，虞訖，反服父之服。既除練，則服母之服。喪可除，則服父之服以除之，訖則服母之服。賀循云：父之喪未終，又遭母喪，當父服應終之月，皆服祥祭之服，如除喪之禮。卒事，反母之服。臣等參考典故，則是隨其先後而除之，無通服五十四月之文。請依舊禮改正。

慶曆三年，太常禮院議：《禮記》：父母之喪，無貴賤，一也。又曰：三年之喪，人道之至大也。請不以文武品秩高下，並聽終喪。時以武臣入流者雜，難盡解官。詔：自今三司副使已上，非領邊寄，並聽終制，仍續月奉。武臣非在邊而願解官者，聽。

《宋史》卷四二九《道學傳・朱熹》　熹奏：禮經敕令，子爲父，嫡孫承重爲祖父，皆斬衰三年；嫡子當爲其父後，不能襲位執喪，則嫡孫繼統而代之執喪。自漢文短喪，歷代因之，天子遂無三年之喪。爲父且然，則嫡孫承重可知。人紀廢壞，三綱不明，千有餘年，莫能釐正。壽皇聖帝至性自天，易月之外，猶執通喪，朝衣朝冠皆用大布，所宜著在方册，爲萬世法程。間者，遺誥初頒，太上皇帝偶違康豫，不能躬就喪次。陛下以世嫡承大統，則承重之服著在禮律，所宜遵壽皇已行之法。一時倉卒，不及詳議，遂用漆紗淺黄之服，不惟上違禮律，且使壽皇已行之禮舉而復墜，臣竊痛之。然既往之失不及追改，唯有將來啓殯發引，禮當復用初喪之服。

（宋）李燾《續資治通鑑長編》卷一〇五《宋真宗天聖五年》　太常禮院言：奉詔詳定輔臣攝事宗廟而有私喪者。按唐貞元六年，御史監察以《開元禮》凡有緦麻以上喪，不得饗廟。因移文吏部，奏曰：禮，諸侯絶周，大夫絶緦麻，所以殺旁親，不敢廢大宗之祭事。絶不祭者，謂同宫未葬，欲吉凶之不相黷也。魏、晉以降，變而從權，内衣縗服，謂之喪服，假滿即吉，謂之公除，則事當復常。江左虞潭、商仲堪亦謂既葬公除，不可以廢祭，故其時公除者則行公祭，蓋大夫不敢以家事廢王事也。今私家之祭無廢者，而公家之祭乃猶禁之，請申明舊令。遂詔，凡有慘服，既葬公除及聞喪假滿者，並許吉服赴宗廟之祭，其同宫未葬，雖公除者，毋得與祭。請如故事施行。從之。

（宋）李燾《續資治通鑑長編》卷一一七《宋仁宗景祐二年》　同知太常禮院宋祁言：前祠部員外郎、集賢校理郭稹幼孤，母邊更適士人王渙，生四子。積無伯叔兄弟，獨承郭氏之祭。今邊不幸，而積解官行服。按五服制度敕齊衰杖期降服之條曰：父卒母嫁及出妻之子爲母。其左方注：謂不爲父後者。若爲父後者，則爲嫁母無服。下禮院、御史臺詳定，侍御史劉夔曰：按天聖六年敕，《開元五服制度》、《開寶正禮》並載齊衰降服條例，雖與祁所言不異，然《假寧令》：諸喪，斬、齊三年並解官；齊衰杖期及爲人後者爲其父母，若庶子爲後爲其母，亦解官，申心喪；母出及嫁，爲父後者雖不服，亦申心喪。注云：皆爲生己者。《律疏》云：心喪者，謂妾子及出妻之子合降其服，二十五月內爲心喪。再詳格令：子爲嫁母，雖爲父後者不服，亦當申心喪。又稱：居心喪者，釋服從吉及忘喪作樂、冒哀求仕者，並同父母正服。今龍圖閣學士王博文、御史中丞杜衍並嘗為出嫁母解官行喪。若使生爲母子，没同路人，則必虧損名教，上玷孝治。

且杖期降服之制，本出開元禮文，逮乎天寶，已降別敕，俾終三年，然則當時已悟失禮。晉袁準謂：為人後，服嫁母。據外祖異族，猶廢祭行服，知父後應服嫁母。劉智《釋義》云：雖為父後，猶為出嫁母齊衰。昔孔鯉之妻為子思之母，鯉卒而嫁於衛，故《檀弓》曰：子思之母死，柳若謂子思曰：子，聖人之後也，四方於子乎觀禮，子盍謹之。子思曰：吾何謹哉！石苞問淳于睿曰：為父後者，不為出母服。嫁母猶出母也，或者以為嫁與出不異，不達禮意。雖執從重之義，而以廢祭見譏。君為詳正。睿引子思之義為答，且言：聖人之後服嫁母，明矣。積之行服，是不為過。詔兩制、御史臺、禮院再定，議曰：按《儀禮》：父卒繼母嫁，為之服期。謂非生己者，故父卒改嫁，降不為己母。唐上元元年敕，父在為母尚許服三年。今母嫁既是父終，當得申本服。唐紹議云：為父後者為嫁母杖周，不為父後者請不降服。至天寶六載，敕五服之紀，所宜企及，三年之數，以報免懷。其嫁母亡，宜終三年。又唐八座議吉凶加減禮云：凡父卒，親母嫁，齊衰杖期，為父後者亦不服，不以私親廢祭祀，惟素服居堊室，心喪三年，免役解官。母亦心服之，母子無絶道也。按《通禮·五服制度》：父卒母嫁，及出妻之子為母，及為祖之後，祖在為祖母，雖周除，仍心喪三年。

侍講學士馮元言：《儀禮》、《禮記正義》，古之正禮；《开寶通禮》、《五服年月敕》，國朝見行典制，為父後者，為出母無服。惟《通禮義纂》引唐天寶六載制：出母、嫁母並終服三年。又引劉智《釋義》：雖為父後，猶為出母、嫁母齊衰，卒哭乃除。或疑二者之相違。竊詳天寶之制，言諸子為出母、嫁母，故云並終服三年。劉智言為父後者為出母、嫁母，故云猶為齊衰，卒哭乃除。各有所謂，固無疑也。況《天聖五服年月敕》：父卒母嫁及出妻之子為母降杖期。則天寶出母、嫁母並終服三年之制不可行用。又但言母出及嫁，為父後者雖不服，亦申心喪，即不言解官。若專用禮經，則是全無服式，施之今世，理有未安。若俯從諸子杖期，又於條制更相違戾。既求禮意，當近人情，凡子為父後，無人可奉祭祀者，依《通禮義纂》、劉智《釋義》，服齊衰，卒哭乃除，踰月乃祭，仍申心喪，則與《儀禮》、《禮記正義》、《通典》、《通禮》、《五服年月敕》為父後者，為出母、嫁母無服之言不相遠也。如諸子非為父後者，為出母、嫁母，依《五服年月敕》，降服齊衰杖期，亦解官申心喪，則與《通禮·五服制度》言雖周除，仍心喪三年，及《刑統》言出妻之子合降其服，皆二十五月內為心喪，其義一也。以此論之，則國朝見行典制，盡與古之正禮相合，餘書有偏見之説，不合禮經者，皆不可引用。郭稹若無伯叔及兄可奉父祖祭祀，應得子為父後之條，又緣解官行服已過期年，難于追改，後當依此施行。詔自今並聽解官，以申心喪。劉夔議在此月己卯，兩制、御史臺、禮院再定及馮元議，並在明年九月戊寅，今並從本志聯書之，略其月日。

（清）徐乾學《資治通鑑後編》卷四《宋紀四》　秘書監判大理寺尹拙等言：後唐劉岳《書儀》稱：婦為舅姑服三年，與律不同，然亦準勅行用，請別裁定之。詔百官集議，右僕射魏仁浦等奏議曰：謹按《禮·內則》云婦事舅姑如事父母，舅姑與父母一也。古禮有朞年之説，雖於義可稽，《書儀》著三年之文，實在禮為當。蓋五服制度前代增益已多，只如嫂叔無服。唐太宗令服小功，曾祖父母舊服三月增為五月，嫡子婦大功增為期，衆子婦小功增為大功，父在為母服期，高宗增為三年，婦人為夫之姨舅無服，明皇令從夫而服，又增姨舅同服緦麻，又堂姨舅服袒免。訖令遵行，遂為典制。況三年之內，几筵尚存。豈可夫衣衰麤婦襲紈綺？

夫婦齊體，哀樂不同，求之人情，實傷至治。況婦為夫有三年之服，於舅姑止服期年，是尊夫而卑舅姑也。且昭憲皇太后喪，孝明皇后親行三年之服，可以為萬代法。十二月丁酉朔，始令婦為舅姑三年齊斬，一從其夫。

（清）徐乾學《資治通鑑後編》卷八六《宋紀八六》　祕書省正字范祖禹上疏論喪服之制曰：先王制禮，君服同於父，皆斬衰三年，蓋恐為人臣者，不以父事其君，此所以管乎人情也。自漢以來，不惟人臣無服，而人君遂不為三年之喪。惟國朝自祖宗以來，外廷雖用易月之制，而宮中實行三年之服。且易月之制，所以難改者，以人君自不為服也。今君服已如古典，而臣下猶依漢制，是以大行在殯，百官有司皆已復其故常，容貌衣服無異於行路之人，豈人之性如此其薄哉？由上不為之制禮也。今羣臣雖易月，而人主實行喪，故十二日而小祥，朞而又小祥，二十四日而大祥，再朞而又大祥。小祥、大祥不可以有二也，既以日為之，又以月為之，此禮之無據者也。古者再朞而大祥，中月而禫。禫者，祭之名。非服之色也。今乃為之慘服三日然後禫，此禮之不經者也。既除服，至葬而又服之，祔廟後即吉，纔八月，而遽純吉，無所不佩，此又禮之無漸者也。易月之制，因襲已久，不可復追，宜令羣臣朝服，正如今日而未除衰，至朞而服之，漸除其重者，再朞而又服之，乃釋衰，其餘則君服斯服可也。至於禫，不必為之服，惟未純吉以至于祥，然後無所不佩，則三年之制畧如古矣。詔禮官詳議。禮部尚書韓忠彥等言，朝廷典禮，時世異宜，不必循古，且先王恤典，節文甚多，必欲循古，又非特如所言而已。今既不能盡用，則當循祖宗故事及先帝遺制。詔從其議。

（清）嵇璜等《續通典》卷六七《禮嘉·異姓為後議宋》　宋張栻曰：原民之生與萬物並於天地之間，父天而母地，本一而已。而於其身，莫不有父母之親，兄弟之愛，以至於宗支之屬，釐分縷析，血脉貫通，分雖殊而本實一，此性之所具而天之所為也。聖人有作，立姓以別其系，嚴宗以謹其承，亦因夫性之自然，理之所不可易者而已。苟强離其所系，而合於其所不可合，是豈性也哉。是故神不歆非祀，民不祀非族，以此防民。而春秋之時，猶有身為諸侯而立異姓以涖祭祀，如鄫子之為者，聖人書之曰，莒人滅鄫，謂其先無血食之理也，豈不深切著明哉。

（清）嵇璜等《續通典》卷八四《禮凶·上書犯帝諱議宋》　宋胡安國疏曰：臣昨列職經筵，專以《春秋》進讀，緣正文有淵聖御名，方奏劄未及進稟，得罪去國。後聞禮官建議，乞以他字易之，定讀爲威，其經傳本字，即不改易。臣今奉旨纂修，于經傳本字，既有詔令可遵，其援引他經子史有犯淵聖御名者，亦許依本字書寫，或當遷避，有所疑惑。臣聞古者不以名爲諱，周人以謚易名，于是有諱禮。然臨文不諱，二名不偏諱，載在禮律。孔子作《春秋》，當恭王與哀公之世，匃乃恭王之名，夷即三世之穆，定即哀公之考，午即皇考之廟諱，而筆削之際，並無迴避。《春秋》爲尊君父而作，書法如此，其義可知。自漢以來，此義不行，有易人之名以徹爲通者，易人之姓以莊爲嚴者，易甲乙之紀以丙爲景者，易郡縣之號以還淳爲清溪者。又其甚則父名晉肅而子不敢應進士舉者，忌諱既繁，名實愈亂。恭惟陛下天縱聰明，既尊《春秋》之書，以宣聖德，宜用《春秋》之法，以斷政事。臣所纂修繕寫進本，援引他經子史之類，欲乞應犯廟諱不可遷避者，依太常博士王晳所奏，並依監本空闕點畫，于淵聖御名亦不改易，本字覆以黃紙。庶幾名實不亂，上遵《春秋》之法，以明恭順之實。

（清）嵇璜等《續通典》卷八四《禮凶·喪不嫁娶宋明》　宋哲宗元祐八年，蘇軾奏曰：臣伏見元祐五年秋頒條貫，諸民庶之家祖父母、父母老疾，無人供侍，子孫居喪者，聽尊長自陳驗實昏娶。若臣伏以人子居父母喪不得嫁娶，人倫之正，王道之本。孟子論禮色之輕重，不以所重徇所輕。喪三年爲二十五月，使嫁娶有二十五月之遲，此色之輕者也。釋喪而昏，會鄰于禽犢，此禮之重者也。先王之政，亦有適時從宜者矣。然不立居喪嫁娶之法者，所害大也。近世始立女居父母及夫喪而貧乏不能自存，並聽百日外嫁娶之法，既已害禮傷教矣。然猶或可以從權而冒行者，以女弱不能自立，恐有流落不虞之患也。今又使男子爲之，此何義也哉？男年至于可娶，雖無兼侍，亦足以養父母矣。今使之釋喪而昏娶，是誠使民以色廢禮耳。豈不過甚矣哉！《春秋》、禮經記禮之變，必曰自某人始，使秉直筆者書曰：男子居父母喪得娶妻，自元祐始。豈不爲當世之病乎！臣謹案：此法本因邛州官吏妄有啓請，當時法官有失考論，便爲立法。臣備位秩宗，前日又因邇英進讀，論及此事，不敢不奏。伏望削去上條，稍正禮俗。

明世宗嘉靖時，鎮國中尉多炘生母象氏卒，宗老援壓適之説呈巡按，準期年服闋成昏。多炘堅執終喪，啟于樂安王，王批庶子于生母之喪，壓適之説，弟以服色黲淡，不敢行悲哀也。今多炘終喪而後成昏，可以厚人倫，敦化源，宜依所請。巡撫胡松具題，敕遣官奬諭。

《明憲宗實録》卷八二《成化六年八月》　巡按直隸監察御史楊守隨言五事：其一，明謚法。郕王薨逝，謚之曰戾。戾者，罪也，乖也。在《謚法》爲不悔前過。郕王當英宗北狩之時，奉命監國，以宗社計，不得已而即位。北悍戎狄，南平閩廣，定人心於將變，安國勢於阽危，其有功于社稷甚大。威虜以甲兵，啗虜以金幣，而迎回大駕。尊養之於南宮，不爲賊臣離間，其兄弟之情甚厚。任信大臣，聽納忠諫，興學勸士，加惠恤民，其善政之在天下甚夥。雖末年少有過愆，豈可以一眚而掩衆善耶？況惡謚非出先帝之本意，乃一二造釁倖功奸臣之邪議，至今公論爲之不平。古之定謚者，苟有一善以一善謚，兼有衆善節以一惠，惟無善可稱，方得惡謚。近時大臣有奸回貪墨者，尚濫美謚，豈可以陛下之至親乃泯其善，而使久蒙惡謚乎？乞勅廷臣會議，取其善行而改謚之，則公道昭明，謚法允當，而陛下親親之令名亦無窮矣。其二，重大臣。太子少保吏部尚書李秉爲給事中蕭彦莊所劾，革其太子少保致仕。夫李秉之稟性有偏，處事失當，容或有之。然奉公守法，效忠於國，亦一時之良臣也。使彦莊所言之事一一皆實，亦皆公過非私罪也，矧皆攟摭之虚乎。伏望聖明復其太子少保，起而用之，以伸明公道，使在位者知所勸。一，守法律。謂律令犯公罪者不至罷職。近來御史朱賢、婁芳等俱以公罪革職爲民，蓋以法司奏當之外妄參希旨，以致一時聖斷有非。祖宗法律本意今悉宜叙復之，且戒法司自後不許妄參，一以律令從事。一，備儲蓄。各處倉儲匱之官俸兵餉至有過時，踰年不得支給者，宜令所司於歲額起運税糧，量加存留以濟其乏。凡有軍需、織造等費，宜取贓罰庫銀用之，毋得輒用存留糧價，則官吏軍民俱有所賴。一，禁奸詐。謂近例軍職犯罪不就逮者，以爲未結正，會赦復任。故凡當逮者，輒展轉推避而不就理，卒幸以免，相習成風，自以爲金錫罍瓶，跌撲不碎，長惡縱奸，靡所不爲。今後有犯，例應帶俸差操立功除名者，雖不會逮，左驗明白，即同獄成，雖遇赦免，亦不得管軍治事，則軍職畏法而奸詐以息。一，息餽餉。謂西征之役以數萬甲兵而討出没不常之虜以千里，餽糧而爲曠日持久之計。外患未夷，内境先弊，猶之人身有疾，鍼藥久加，而元氣不無耗損。今宜遣官行邊，相時度勢，旋令班師，申嚴邊帥，固守疆域可也。疏入，上以所言事俱處分已定，下其章于所司。

（明）俞汝楫《禮部志稿》卷八七《喪禮備考·職官喪·期功迴避與祭》　嘉靖十三年，孟冬享廟，先期命侍郎顧鼎臣、霍韜皆有期功之服。上言古禮期服，諸侯絶，大夫降，今之公卿即古之諸侯，而猶有期服，非禮也。律言緦麻以下皆不與祭者，謂其身蒞之也。百官聞期年之訃，不過私家爲位。及踰旬月，則無庸避矣。上令禮官考議以聞。於是尚書夏言奏：封建法廢，世無諸侯久矣，古之諸侯，建邦啟土，世有其國，伯叔兄弟皆其臣也，故期服可絶，不知今之公卿能臣其伯叔兄弟乎？又曰：在位則爲公卿，釋位則爲族屬，不知喪服之制人情之所由生也，豈以在位釋位爲隆殺哉？夫哀有淺深，故服有輕重，祭祀吉禮，致敬神明，若情未忘哀，則不專誠於祭，故不與也。《禮》曰：小功緦麻，執事不與，《禮》言小功緦麻但可執事，至饋奠之禮重，則不敢與也。今二臣小功麻服之重者也；太廟捧主，又禮之重者也。以服之重而與禮之重者，得謂知禮乎！

《皇明成化二十三年條例·禁約居喪供佛飯僧例》　臣聞孟軻氏有曰：養生者不足以當大事，惟送死可以當大事。竊見京城内外軍民之家，凡於父母之喪日，宴請僧道，揚幡揭榜，行道演法；夜則般扮雜劇，以樂屍襯。甚至男女同席會飲，歌謔自如。士大夫之家，亦染此俗。況天子輦轂之下，四方之所取法，而乃如此。伏覩《大明律》内一款：其居喪之家，修齋設醮，若男女溷雜，飲酒食肉者，家長杖八十。僧道同罪，還俗。欽此。欽遵。臣惟律法嚴明，全無忌憚。兹者見陛下在諒陰之中，側身齋戒，哀毁踰禮，俱知悔過，感發良心。所謂上有好者，下必有甚焉者。如蒙乞敕禮部，將家禮儀節再行參酌，務合時宜，榜示舉行。仍敕都察院出榜禁約，今後居喪之家，如有飲酒作樂，私用僧道，不依家禮行事者，許巡城御史及各兵馬司緝拿，依律議擬。鄰佑不首，一體連坐。如此則風俗淳厚，天下響應，而四海同風矣。前件，看得士庶之家，凡遇居喪，自合遵依國朝禮制及家禮行事。

（漢）劉向《説苑》卷一九《脩文》　延陵季子適齊，於其反也，其長子死於嬴博之間，因葬焉。孔子聞之曰：延陵季子，吴之習於禮者也。使子貢往而觀之，其穿深不至泉，其斂以時服，既葬封壙墳掩坎，其高可隱也。既封，左袒，右旋其封，且號者三。言曰：骨肉歸復于土，命也，若魂氣則無不之也，無不之也，而遂行。孔子曰：延陵季子於禮其合矣。

子生三年，然後免於父母之懷，故制喪三年，所以報父母之恩也。期年之喪，通乎諸侯，三年之喪，通乎天子，禮之經也。

子夏三年之喪畢，見於孔子，孔子與之琴。使之弦，援琴而弦，衎衎而樂。作而曰：先王制禮，不敢不及也。子曰：君子也。閔子騫三年之喪畢，見於孔子，孔子與之琴，使之弦，援琴而弦，切切而悲。作而曰：先王制禮，不敢過也。孔子曰：君子也。子貢問曰：閔子哀不盡，子曰君子也。子夏哀已盡，子曰君子也。賜也惑，敢問何謂。孔子曰：閔子哀未盡，能斷之以禮，故曰君子也。子夏哀已盡，能引而致之，故曰君子也。夫三年之喪，固優者之所屈，劣者之所勉。

（漢）劉安《淮南子》卷八《本經訓》　夫三年之喪，非強而致之。非強行致孝子之情也，情自發于中。聽樂不樂，食旨不甘，思慕之心未能絶也。三年之思，思慕之心未能自絶于哀戚也。晚世風流俗敗，嗜慾多，禮義廢，君臣相欺，父子相疑，怨尤充胸，思心盡亡，盡喪其忠孝思慕之心也。被衰戴絰，戲笑其中，雖致之三年，失喪之本也。本在哀戚。

（清）顧炎武《日知録》卷五《外親之服皆緦》　外親之服皆緦。外祖父母以尊加，故小功；從母以名加，故小功。唐玄宗開元二十三年制：令禮官議加服制。太常卿韋縚請加外祖父母服至大功九月，舅服至小功五月，堂姨、堂舅、舅母服至袒免。太子賓客崔沔議曰：禮教之設，本於正家，家正而天下定矣。正家之道不可以貳，總一定義，理歸本宗。所以父以尊崇，母以厭降，內有齊斬，外服皆緦，尊名所加，不過一等。此先王不易之道，其來久矣。昔辛有適伊州，見被髪而祭於野者曰：不及百年，此其戎乎！其禮先亡矣。貞觀脩禮，特改舊章，漸廣渭陽之恩，不遵洙泗之典。及弘道之後，唐元之間，國命再移於外族矣。禮亡徵兆，儻見於斯。開元初，補闕盧履冰嘗進狀，論喪服輕重，敕令僉議。於時羣議紛拏，各安積習。太常禮部奏依舊定，陛下運稽古之思，發獨斷之明，特降別敕，一依古禮。事符典故，人知向方，式固宗盟，社稷之福。更圖異議，竊所未詳。願守八年明旨，以爲萬代成法。職方郎中韋述議曰：天生萬物，惟人最靈。所以尊尊親親，別生分類，存則盡其愛敬，歿則盡其哀戚。緣情而制服，考事而立言，往聖討論，亦已勤矣。上自高祖，下至玄孫，以及其身，謂之九族。由近而及遠，稱情而立文，差其輕重，遂爲五服。雖則或以義降，或以名加，數有所從，理不踰等。百王不易，三代可知。若以匹敵言之，外祖則祖也，舅則伯叔父之列也。父母之恩不殊，而獨殺於外氏者，所以尊祖禰而異於禽獸也。且家無二尊，喪無二斬。持重於大宗者，降其小宗；爲人後者，減其父母之服；女子出嫁，殺其本家之喪。蓋所存者遠，所抑者私也。今若外祖及舅更加服一等，堂舅及姨列於服紀之內，則中外之制，相去幾何？廢禮徇情，所務者末。且五服有上殺之義，必循原本，方及條流。伯叔父母，本服大功九月，從父昆弟亦大功九月，並以上出於祖，其服不得過於祖也。從祖祖父母、從祖父母，從祖昆弟，皆小功五月，以出於曾祖，服不得過於曾祖也。族祖祖父母，族祖父母，族祖昆弟，皆緦麻三月，以出於高祖，服不得過於高祖也。堂舅姨既出於外曾祖，若爲之制服，則外曾祖父母及外伯、叔祖父母，亦宜制服矣。外祖加至大功九月，則外曾祖父母合至小功，外高祖合至緦麻。若舉此而舍彼，事則不均；棄親而録疏，理則不順。推而廣之，則與本族無異矣。且服皆有報，則堂外甥外曾孫姪女之子，皆須制服矣。聖人豈薄其骨肉，背其恩愛？蓋本於公者薄於私，存其大者略其細。義有所斷，不得不然。苟可加也，亦可減也，往聖可得而非，則禮經可得而隳矣。先王之制，謂之彝倫，奉以周旋，猶恐失墜，一紊其敘，庸可止乎！禮部員外郎楊仲昌議曰：按《儀禮》爲舅緦，鄭文貞公魏徵議同從母例，加至小功五月。雖文貞賢也，而周、孔聖也；以賢改聖，後學何從？今之所請，正同徵論。如以外祖父母加至大功，豈不加報於外孫乎，外孫爲報服大功，則本宗庶孫又用何等服邪？竊恐內外乖序，親疏奪倫，情之所沿，何所不至。昔子路有姊之喪而不除，孔子曰：先王制禮，行道之人皆不忍也。子路除之，此則聖人援事抑情之明例也。《記》不云乎：毋輕議禮。時玄宗手敕再三，竟加舅服爲小功，舅母緦麻，堂姨堂舅袒免。宣宗舅鄭光卒，詔罷朝三日。御史大夫李景讓上言：人情於外族則深，於宗廟則薄。所以先王制禮，割愛厚親。士庶猶然，况於萬乘。親王、公主，宗屬也，舅氏，外族也。今鄭光輟朝日數與親王、公主同，非所以別親疏，防僭越也。優詔報之，乃罷兩日。夫由韋述、楊仲昌之言，可以探本而尊經；由崔沔、李景讓之言，可以察微而防亂。豈非能言之士深識先王之禮，而亦目見武、韋之禍，思永監於將來者哉。宗廟之制，始變於漢明帝。服紀之制，始變於唐太宗。皆率一時之情，而更三代之禮，後世不學之主，踵而行之。

（清）顧炎武《日知録》卷六《同母異父之昆弟》　同母異父之昆弟不當有服，子夏曰：我未之前聞也。此是正説。而又曰：魯人則爲之齊衰。則多此一言矣。狄儀從而行之，後人踵而效之。今之齊衰，狄儀之問也，以其爲大賢之所許也，然則魯人之前，固未有行之者矣。是以君子無輕議禮。廣安游氏曰：後世所承傳之禮，有出二代之末，沿禮之失而爲之者。不喪出母，古禮之正也。孔氏喪出母，惟孔子行之，而非以爲法。今禮家爲出母服齊衰杖期，此後世之爲，非禮之正也。同母異父之昆弟，子游曰：爲之大功。魯人爲之齊衰，亦非禮之正也。昔聖人制禮，教以人倫，使之父子有親，男女有別，然後一家之尊，知統乎父，而厭降其母。同姓之親厚於異姓，父在則爲母服齊衰期，出母則不爲服。後世既爲出母制服，則雖異父之子，以母之故，亦爲之服矣。此其失在乎不明父母之辨，一統之尊，不別同姓、異姓之親而致然也。及後世父在而升其母三年之服，至異姓之服，若堂舅、堂姨之類亦相緣而升。夫禮者，以情義言也。情義者有所限止，不可偏給也。母統於父，嚴於父，則不得不厭降於其母，厚於同姓，則不得不降殺於異姓。夫是以父尊而母卑，夫尊而婦卑，君尊而臣卑，皆順是而爲之也。今子游欲以意爲之大功，此皆承世俗之失。失之之原，其來寖遠，後世不攷其原，而不能正其失也。

（清）顧炎武《日知録》卷六《子卯不樂》　後周武帝天和元年五月甲午詔曰：道德交喪，禮義嗣興，褒四始於一言，美三千於爲敬。是以在上不驕，處滿不溢，富貴所以長守，邦國於焉乂安。故能承天靜地，和民敬鬼，明並日月，道錯四時。朕雖庸昧，有志前古。甲子乙卯，禮云不樂。萇弘表昆吾之稔，杜蕢有揚觶之文。自世道喪亂，禮義紊毁，此典茫然，已墜於地。昔周王受命，請聞顓頊，廟有戒盈之器，室爲復禮之銘。矧伊末學，而能忘此。宜依是日，省事停樂，庶知爲君之難，爲臣不易。貽之後昆，殷鑒斯在。

（清）顧炎武《日知録》卷六《爲殤後者以其服服之》　爲殤後者，以其服服之。殤無爲人父之道，而有爲殤後者，此禮之變也。謂大宗之子未及成人而殤，取殤者之兄弟若兄之子以爲後，則以爲人後之服而服之如父，不以其殤而殺，重大宗也。若魯之閔公，八歲而薨，僖爲之後是已。夫禮之制殤，所以示長幼之節而殺其恩也。大宗重則長幼之節輕，故殤之服，而有時不異乎成人。不以宜殺之恩而虧尊祖之義，此所謂權也。若曰服其本服云爾，《記》何必言之，而亦烏有爲殤後者哉。

（清）顧炎武《日知録》卷一五《停喪》　停喪之事，自古所無。自建安離析，永嘉播竄，於是有不得已而停者。常煒言：魏晉之制，祖父未葬者，不聽服官。而御史中丞劉隗奏：諸軍敗，亡失父母，未知吉凶者，不得仕進宴樂，皆使心喪。有犯，君子廢，小人戮。生者猶然，况於既歿？是以兖州刺史滕恬爲丁零翟所殺，尸喪不反，恬子羨仕宦不廢，論者嫌之。齊高帝時，烏程令顧昌玄坐父法秀宋泰始中北征尸骸不反，而昌玄宴樂嬉游，與常人無異，有司請加以清議。振武將軍丘冠先爲休留茂所殺，喪尸絶域，不可復尋。世祖特敕，其子雄方敢入仕。當江左偏安之日，而猶申此禁，豈有死非戰場，棺非異域，而停久不葬，自同平人，如今之所爲者哉！《晉書·賀循傳》：爲武康令，俗多厚葬，及有拘忌，回避歲月，停喪不葬者，循皆禁焉。《舊唐書·顔真卿傳》：時有鄭延祚者，母卒二十九年，殯僧舍垣地。真卿劾奏之，兄弟終身不齒，天下聳動。《册府元龜》：後周太祖廣順二年十一月丙午，敕曰：古者立封樹之制，定喪葬之期，著在經典，是爲名教。洎乎世俗衰薄，風化陵遲，親歿而多闕送終，身後而便爲無主，或羈束於仕宦，或拘忌於陰陽，旅櫬不歸，遺骸何託？但以先王垂訓，孝子因心，非以厚葬爲賢，只以稱家爲禮。埽地而祭，尚可以告虔；負土成墳，所貴乎盡力。宜頒條令，用警因循。庶使九原絶抱恨之魂，千古無不歸之骨。搢紳人士，當體兹懷。應內外文武臣僚幕職州縣官選人等，今後有父母祖父母亡歿，未經遷葬者，其主家之長不得輒求仕進，所由司亦不得申舉解送。而《宋史》王子韶以不葬父母貶官，劉昺兄弟以不葬父母奪職。後之王者，以禮治人，則周祖之詔、魯公之劾，不可不著之甲令。但使未葬其親之子若孫，搢紳不許入官，士人不許赴舉，則天下無不葬之喪矣。

（清）**顧炎武《日知録》卷一五《火葬》** 楊玄感反，隋亦掘其父素冢，焚其骸骨。慘虐之門既開，因以施之極惡之人，然非治世法也。隋爲仁壽宫，役夫死道上，楊素焚之，上聞之，不悦。夫淫刑如隋文，且不忍焚人，則痛莫甚於焚人者矣。蔣元暉瀆亂宫闈，朱全忠殺而焚之，一死不足以盡其罪也。然殺之者常刑，焚之者非法。非法之虐，且不可施之誅死之罪人，况可施之父母骨肉乎！世之施此於父母骨肉者，又往往拾其遺燼而棄之水，則宋誅太子劭逆黨王鸚鵡、嚴道育，既焚而揚灰於河之故智也，慘益甚矣！而或者乃以焚人爲佛法，然聞佛之説，戒火自焚也。今之焚者戒火耶？人火耶？自焚耶？其子孫耶？佛者外國之法，今吾所處中國耶？外國耶？有識者爲之痛惋久矣。今通濟寺僧焚人之親以罔利，傷風敗俗，莫此爲甚。天幸廢之，何可興之？欲望台慈矜生民之無知，念死者之何罪，備榜通濟寺，風雷已壞之焚人亭，不許再行起置。其於哀死慎終，實非小補。然自宋以來，此風日盛，國家雖有漏澤園之設，而地窄人多，不能徧葬，相率焚燒，名曰火葬，習以成俗。謂宜每里給空地若干爲義冢，以待貧民之葬，除其租税。而更爲之嚴禁，焚其親者，以不孝罪之。庶乎禮教可興，民俗可厚也。嗚呼！古人於服器之微，猶不敢投之於火，故於重也埋之，於杖也斷而棄之，况敢焚及於尸柩乎？荼毗之教始於沙門，塞外之風被於華夏，辛有之適伊川，其亦預見之矣。爲國以禮，後王其念之哉！

宋以禮教立國，而不能革火葬之俗，於其亡也，乃有楊璉真伽之事。漏澤園之設，起於蔡京，不可以其人而廢其法。

（清）**顧炎武《日知録》卷一五《奔喪守制》** 《記》曰：奔喪者，自齊衰以下。是古人於期功之喪，無有不奔者。《太祖實録》：洪武二十三年閏四月甲戌，除期年奔喪之制。先是，百官聞祖父母、伯叔父母、兄弟喪，俱得奔赴。至是吏部言：祖父母、伯叔父母、兄弟皆期年服，若俱令奔喪守制，或一人連遭數喪，或道路數千里，則居官日少，更易繁數，曠官廢事。今後除父母及祖父母承重者丁憂外，其餘期服不許奔喪。詔從之。此出於一時權宜之政，沿習以來，至三百年，遂以不奔喪守制爲禮法之當然，而倍死亡哀，多見於搢紳之士矣。

《實録》又言：二十七年四月，署北平按察司事監察御史陳德文奏言：嫁母劉氏卒，乞奔喪。許之。德文四歲喪父，家貧，隨母嫁陳氏，後年長歸宗。至是其母卒，時已除奔喪之制，德文懇請甚至，上特憐而許之。是聖祖雖依吏部之奏，而仍通於人子之情，固未嘗執一也。

三代聖王教化之事，其僅存於今日者，惟服制而已。喪亂以來，浸已廢墜。竊謂父母之喪，自非金革，不得起復，著之國典，人人所知。其祖父母、伯叔父母、兄弟之喪，並依洪武初年之制，許令解官奔赴，服滿補職。其他雖持重服而不去官者，及大功以下喪者，京官許以素服朝參，不預慶賀。在外諸司，素服治事，祭祀宴會，俾佐貳攝之。未任之官，無得謁選。生員但歲考，不赴科舉。庶人之家，不許嫁娶。十五月禫後復故。其有期功喪宴會作樂者，官員罷職，士子黜退，仍書之申明亭，以示清議。庶幾民德歸厚，若夤緣干請之風，亦不待禁而衰止矣。

洪武十一年二月，廣西布政使臧哲以母喪去官，上思之，特遣人賜米六十石，鈔二十五錠。自後，凡官以父母喪去職而家居者，皆有賜焉。十七年正月，命吏部凡官員丁憂，已在職五年，廉勤無贓私過犯者，照名秩給半禄終制。在職三年者，給三月全禄。

（清）**顧炎武《日知録》卷一五《居喪飲酒》** 唐憲宗元和九年四月癸未，京兆府奏：故法曹陸賡男慎餘與兄博文居喪，衣華服，過坊市，飲酒食肉。詔各決四十，慎餘流循州，博文遞歸本貫。十二年四月辛丑，駙馬都尉于季友坐居嫡母喪與進士劉師服宴飲，季友削官爵，笞四十，忠州安置。師服笞四十，配流連州。于頔以不能訓子，削階。以禮坊民，而法行於貴戚，此唐室之所以復振也。

姚興時，有給事黄門侍郎古成詵，每以天下是非爲己任。京兆韋高慕阮籍之爲人，居母喪，彈琴飲酒。詵聞而泣曰：吾當私刃斬之，以崇風教。遂持劍求高，高懼而逃匿，終身不敢見。僭亂之國，猶有此人。

（清）**顧炎武《日知録》卷一五《匿喪》** 後唐明宗天成三年閏八月，滑州掌書記孟昇匿母憂，大理寺斷流。奉敕：朕以允從人望，嗣守帝圖，政必究於化源，道每先於德本，貴持國法，以正人倫。孟昇身被儒冠，職居賓幕，比資籌畫，以贊盤維。而乃都昧操脩，但貪榮禄，匿母喪而不舉，爲人子以何堪，瀆汚時風，敗傷名教。五刑是重，十惡難寬。將復投荒，無如去世，可賜自盡。其觀察使、判官、録事參軍失於糾察，各有殿罰。

（漢）曹操《曹操集·文集》卷二《遺令》 天下尚未安定，未得遵古也。吾有頭病，自先著幘，吾死之後，持大服如存時，勿遺。百官當臨殿中者，十五舉音，葬畢便除服。其將兵屯戍者，皆不得離屯部。有司各率乃職。斂以時服，葬於鄴之西岡上，與西門豹祠相近，無藏金玉珍寶。吾婢妾與伎人皆勤苦，使著銅雀臺，善待之。於臺堂上安六尺牀，施繐帳，朝晡上脯糒之屬，月旦十五日，自朝至午，輒向帳中作伎樂。汝等時時登銅雀臺，望吾西陵墓田。餘香可分與諸夫人，不命祭。諸舍中無所爲，可學作組履賣也。吾歷官所得綬，皆著藏中。吾餘衣裘，可別爲一藏，不能者兄弟可共分之。

（唐）韓愈《韓昌黎文集》卷二《改葬服議》 經曰：改葬緦。《春秋穀梁傳》亦曰：改葬之禮緦，舉下緬也。此皆謂子之於父母，其他則皆無服。何以識其必然？經次五等之服，小功之下然後著改葬之制，更無輕重之差；以此知惟記其最親者，其他無服則不記也。若主人當服斬衰，其餘親各服其服，則經亦言之，不當惟云緦也。《傳》稱舉下緬者，緬猶遠也；下，謂服之最輕者也；以其遠，故其服輕也。江熙曰：禮，天子諸侯易服而葬，以爲交於神明者不可以純凶，況其緬者乎？是故改葬之禮，其服惟輕。以此而言，則亦明矣。衛司徒文子改葬其叔父，問服於子思，子思曰：禮，父母改葬緦，既葬而除之，不忍無服送至親也；非父母無服，無服則弔服而加麻。此又其著者也。文子又曰：喪服既除，然後乃葬，則其服何服？子思曰：三年之喪未葬，服不變，除何有焉？然則改葬與未葬者有異矣。古者諸侯五月而葬，大夫三月而葬，士逾月；無故，未有過時而不葬者也。過時而不葬，謂之不能葬，《春秋》譏之。若有故而未葬，雖出三年，子之服不變，此孝子之所以著其情，先王之所以必其時之道也。雖有其文，未有著其人者，以是知其至少也。改葬者，爲山崩水涌毁其墓，及葬而禮不備者。若文王之葬王季，以水齧其墓；魯隱公之葬惠公，以有宋師，太子少，葬故有闕之類是也。喪事有進而無退。有易以輕服，無加以重服，殯於堂，則謂之殯；瘞於野，則謂之葬。近代已來，事與古異，或游或仕在千里之外，或子幼妻稚而不能自還，甚者拘以陰陽畏忌，遂葬於其土；及其反葬也，遠者或至數十年，近者亦出三年，其吉服而從於事也久矣，又安可取未葬不變服之例而反爲之重服歟？在喪當葬，猶宜易以輕服，況既遠而反純凶以葬乎？若果重服，是所謂未可除而除，不當重而更重也。或曰：喪與其易也寧戚，雖重服不亦可乎？曰：不然，易之與戚，則易固不如戚矣；雖然，未若合禮之爲懿也。儉之與奢，則儉固愈於奢矣；雖然，未若合禮之爲懿也。過猶不及，其此類之謂乎？或曰經稱改葬緦，而不著其月數，則似三月而後除也。子思之對文子則曰既葬而除之，今宜如何？曰：自啓至于既葬而三月，則除之；未三月，則服以終三月也。曰：妻爲夫何如？曰：如子，無弔服而加麻何如？曰：今之弔服，猶古之弔服也。

（宋）歐陽修《歐陽修全集》卷一二三《濮議卷四·論議濮安懿王典禮劄子》 至於喪服，降而抑之，一切可以義斷。惟其父母之名不易者，理不可易也，易之則欺天而誣人矣。子爲父母服，謂之正服。出爲人後者爲本生父母齊衰期，謂之降服，又爲所後父斬衰三年，謂之義服。今若以本生父爲皇伯，則濮安懿王爲從祖父，反爲小功；而濮王夫人是本生嫡母也，反爲義服；自宗懿已下本生兄弟，於禮雖降，猶爲大功。是《禮》之齊衰期，今反爲小功；《禮》之正服，今反爲義服。上於濮王父也，反服小功；於宗懿等兄弟也，反服大功。此自古所以不稱所生父爲伯父、叔父者，稱之則禮制乖違，人倫錯亂如此也。

（明）朱元璋《明太祖文集》卷一五《序·孝慈録序》 喪禮之説，聞周朝已備，至秦火乃亡。漢儒采諸説以成書，號曰《周禮》、《儀禮》，或云《新書》而未行。歷代儒臣往往以爲定式，以佐人主，若識時務者則采可行而行之。其有俗士執古以匡君，君不明斷，是以妨務而害理，中道廢焉。朕觀其所以於事甚繁，洪武七年秋九月，貴妃薨，敕禮官以定儀。詔翰林稽諸古典，三日而後來奏，人各以《周禮》、《儀禮》以爲定式，所云父在爲母服期年，於庶母則無服。又引子游問孔子闕之服闕以孔子不許闕必然。朕思之再三，迂儒俗士果不識時務，孰不知孔子之説有大義存焉。宰予問期年之喪可服，孔子以爲不仁，與昭公之事何異乎？不然，當是時諸侯不有天王而自專，孔子務以三綱五常教不善。昭公，諸侯也，其喪禮久出，天王問孔子，欲更其禮，可乎？在孔子必不教人不忠，所以不言期之非。及宰予問居之論，孔子卻言其非。可見母之期服，不近人情焉。今之迂儒，止知其一不知其二，是古非今昭然矣。且禮出於天子，上行下效焉。今天子、皇子母服期，庶母則無服，五服之外則不服。若以其説爲必然，則堯之德靡矣。堯乃親九族而平章百姓，豈獨五服之外者歟？於是命諸儒遍考諸書以報。又數日來奏，古今論喪服者凡四十有二人，願服期年者十四人，願服三年者二十八人，比服期年增倍。由是觀之，彼三年之喪，豈不合人情者乎？夫父母之恩一也，父服三年，父在爲母則期年，豈非低昂太甚乎？其於人情何如也。且古不近人情而太過者有之，若父母新喪則或五日、三日或六七日，飲食不入口者方乃是孝，朝抵暮而悲號焉。又三年不語焉，禁令服內勿生子焉。朕覽書度意，實非萬古不易之法，若果依前式，其孝子之家爲已死者傷，見生者十亡八九，則孝禮頽焉，民人則生理罷焉，王家則國事紊焉。又聞周公《無逸篇》述殷王中宗享國七十五年，高宗享國五十九年，祖甲享國三十三年，自時厥後，惟耽樂之從，或十年，或七八年，或五六年，或四三年，壽可稽而短可考，豈不明矣。然周公止知如是，不知定期服已失人倫，終致後王壽短而社稷移者，亦由庶母無服焉。或父歸而子乘之，人倫安在，所以壽促而王綱解。迂儒茫然哉！朕觀宮生之君，好內山林之士，任爲股肱爪牙，暴貴其身，致君牽制文義，優柔不斷，國之危亡，非迂儒者誰？其喪禮之論，時文之變態，儒乃不能審勢而制宜，是古非今，灼見其情，甚不難矣。每聞漢唐有忌議喪事者，在朕則不然。禮樂制度出自天子，於是立爲定制，子爲父母，庶子爲其母皆斬衰三年；嫡子、衆子爲庶母皆齊衰杖期，使內外有所遵守。

（明）翁萬達《翁萬達集》卷九《乞恩陳情終制疏》 國制，文官父母之喪，必待三年服闋而後起用者，禮之經也。萬一有金革之役，必不得已，無待三年而奪情起復者，禮之權也。急則從權，以教人臣。緩則從經，以教人子。斯二者，聖人並行而不悖之道也。

（明）歸有光《震川先生集》卷五《題跋・書塚廬巢燕卷後》 昔者聖人之爲喪禮，而取諸《大過》。嗟夫！天下之事苟至于過，皆不可以爲禮。而獨于愛親之心，則不可以紀極。故聖人以其過者爲禮，蓋所以用其情也。

（清）洪亮吉《洪亮吉集・卷施閣文甲集補遺・儀禮喪服賈疏駁正》 父卒，繼母嫁，從爲之服報。此齊衰期年服也。此條下鄭無注。賈公彥疏云：但以不生己父卒改嫁，故降於己母，雖父卒後不由三年。余反覆其義而疑之。如此言，將父卒後，生母改嫁，當爲之服三年乎？夫生母改嫁之服，禮無明文。然此齊衰三年內，既明言曰：繼母如母，繼母之與母，孝子不敢殊也。豈改嫁之服，謂孝子敢殊乎？子思之母死於衛，柳若謂子思曰：子聖人之後也，四方於子觀禮，子蓋慎諸。鄭注：見子思欲爲嫁母服，恐其失禮，戒之嫁母齊衰期。此生母改嫁服期之明證也。鄭注見於彼，故略於此耳。余意子雖無出母之義，而改嫁之服，自宜與出妻之子爲母同絶族也。故從繼父而居，祭則妻不敢與，亦以族絶故。余恐《禮》既無明文，而言《禮》者復從疏義誤會，遂謂生母改嫁，亦得申三年之義，故駁正之。

（清）洪亮吉《洪亮吉集・卷施閣文甲集補遺・父母爲爲人後者服議》 《喪服》齊衰不杖期下，列爲人後爲其父母報一條，蓋以爲人後，故降斬衰三年。齊衰三年者，爲不杖期矣。《政和禮》：父母爲其子之爲人後者，亦服不杖期，是子已降父母，父母反不得降其子也。《儀禮》：父母爲衆子不杖期，大夫爲庶子則降至大功。至《明會典》則適長子亦同不杖期，若爲人後者反得與適長子服同，失輕重之意矣。禮吉按，此條亦宜如女子子適人者例。《禮》：女子子在室，父母爲服期。及適人則降一等，入大功。子之爲人後者，亦宜以親疏爲殺。爲親兄弟後者仍服期，其後同祖兄弟以上者，父母亦宜爲服大功九月爲是。

（清）洪亮吉《洪亮吉集・卷施閣文甲集補遺・與陳德甫書》 來書知足下疊遭妻父母之喪，久不克親迎，爲足下計者，欲過期而行禮。足下未敢遽信，遠書詢及禮吉，足下可謂好禮矣。禮吉粗有知識，敢不爲足下盡之。《禮・內則》云：女年十五而笄，二十而嫁，有故，二十三年而嫁。故爲父母之喪也，周制：父在，爲母齊衰期；父亡未葬，而母死，有厭於父，不爲母加服之議，故於二十年外加二十五月，曰二十三年也。然是條也，予已疑之。假令父服既禫，而母又卒，將不爲服三年而遂嫁乎？且爲母之服，《唐律》已改入齊衰三年，明《孝慈録》又改入斬衰。

今律因之，則又不論母之卒在父前與後耳。使制禮者生在今日，未必不推其變，曰有故，二十五年而嫁也。近世仕宦之家，輟禮不講，而獨至違情背制之事，則逞造胸臆曲説，則古至如母喪過期而行昏嫁。説者方盛引古制齊衰期年禮，且謂父在主昏，可以厭母之議。無論顯違制令，亦並不知齊衰期年下，傳更有父必三年後娶，達子之志一條矣。凡兹之類，尤禮之斷斷不可從者，足下不可不知也。

來書又問足下當後世父與否？足下長子也。長子雖小宗，不爲人後，亦自承其宗也。禮吉先世父十三年而殤，所聘先世母未嫁而殉。先王父感其節，命禮吉歲時合先世父祀之。然以禮吉適子無兄弟，不命後也。而今世之説，必執大宗，不可絶之。見大宗信不可絶，使必無爲大宗後者，豈當奪人之宗以成大宗乎？且大宗果絶，則小宗之次大宗者，何莫非大宗也。禮固非不近人情，但人不察耳。禮吉五月二十八日書，以復足下。

（清）馮桂芬《校邠廬抗議》卷下《復宗法議》 為推廣義莊之令，有一姓即立一莊，為薦饗合食治事之地。莊制分立養老室、恤嫠室、育嬰室，凡族之寡孤獨入焉。讀書室，無力從師者入焉。養痾室，篤疾者入焉。又立嚴教室，不肖子弟入焉。立一宗子，復古禮。宗子死，族人爲之服齊衰三月，其母妻死亦然，以重其事。又有宗婦死，夫雖母在，爲之禫。宗子之長子死，爲之斬衰三年，則駭俗不可行矣。名之曰族正，副之以族約，桂林陳文恭公議。公於乾隆中年撫江西有此令，未及成而去，繼之者以他獄連及祠戶，遂一律毁祠追譜，與公意正相反。族正以貴貴爲主，安陽許三禮議。先進士，次舉貢生監，貴同則長長，長同則序齒。

綜　述

《禮記正義·喪服小記》 親親以三爲五，以五爲九。上殺，下殺，旁殺，而親畢矣。己上親父，下親子，三也。以父親祖，以子親孫，五也。以祖親高祖，以孫親玄孫，九也。殺，謂親益疏者，服之則輕。己音紀。疏：親親至畢矣。正義曰：此一經廣明五服之輕重，隨人之親疏，著服之節。親親以三者，以上親父，下親子，并己爲三，故云親親以三。爲五者，又以父上親祖，以子下親孫，爲者三，今加祖及孫，故言五也。以五爲九者，己上祖下孫則是五也，又以曾祖故親高祖，曾孫故親玄孫，上加曾高二祖，下加曾玄兩孫，以四籠五，故爲九也。然己上親父，下親子，合應云以一爲三，而云以三爲五者，父子一體，無可分之義，故相親之説不須分矣。而分祖孫，非己一體，故有可分之義，而親名著也。又以祖親曾祖，以孫親曾孫，應云以五爲七，今言九者，曾祖、曾孫，爲情已遠，非己一體所親，故略其相親之旨也。庾氏云：由祖以親曾、高二祖，由孫以親曾、玄二孫。服之所同，義由於此也。上殺者，據己上服父祖而減殺，故服父三年，服祖減殺至期，以次減之，應曾祖大功，高祖小功，而俱齊衰三月者，但父祖及於己，是同體之親，故依次減殺。曾祖、高祖非己同體，其恩已疏，故略從齊衰三月，曾、高一等，所以《喪服》注云：重其衰麻，尊尊也。減其日月，恩殺也。不可以大功小功旁親之服加至尊，故皆服齊衰也。下殺者，謂下於子孫而減殺。子服父三年，父亦宜報服，而父子首足，不宜等衰，故父服子期也。若正適傳重，便得遂情，故《喪服》云不敢降是也。父服子期，孫卑，理不得祖報，故爲九月。若傳重者，亦服期也。爲孫既大功，則曾孫宜五月，但曾孫服曾祖正三月，故曾祖報亦一時也。而曾祖是正尊，自加齊衰服，而曾孫正卑，故正服緦麻。曾孫既緦麻三月，玄孫理不容異。且曾孫非己同體，故服不依次，減殺略同三月。旁殺者，世叔之屬是也。父是至尊，故以三年。若據祖期斷，則世叔宜九月，而世叔是父一體，故加至期也；從世叔既疏，加所不及，據期而殺，是以五月；族世叔又疏一等，故宜緦麻，此外無服也。此是發父而旁漸至輕也。又祖是父一體，故加至期，而祖之兄弟非己一體，故加亦不及，據於期之斷殺，便正五月；族祖又疏一等，故宜緦麻；此外無服。是發祖而旁漸殺也。又曾祖據期本應五月，曾祖之兄弟謂族曾祖，既疏一等，故宜三月也。自此以外，及高祖之兄弟悉無服矣。又至親期斷，兄弟至親一體，相爲而期；同堂兄弟疏於一等，故九月；從祖兄弟又疏一等，故小功；族之昆弟又殺一等，故宜三月；此外無服。是發兄弟而旁殺也。又父爲子期，而兄弟之子但宜九月，而今亦期者，父爲其子，本應報以三年，特爲尊，是故降至期；而兄弟之子爲世叔，本應九月，但言世叔與尊者一體，而加至期，世叔旁尊，不得自比彼父祖之重，無義相降，故報兄弟之期，且己與兄弟一體，兄弟之子，不宜隔異，欲見猶子之義，與己子等，所以至期，故《檀弓》云兄弟之子猶子也，蓋引而進之是也；又同堂兄弟之子，服從伯叔無加，則從伯叔亦正報五月也；族兄弟之子又疏，故宜緦耳。此發子而旁殺也。又孫服祖期，祖尊，故爲孫大功；兄弟之孫服從祖五月，故從祖報之小功也；同堂兄弟之孫既疏，爲之理自緦麻；其外無服矣。曾祖爲曾孫三月，爲兄弟曾孫以無尊降之，故亦爲三月。而親畢矣者，結親親之義也。始自父母，終於族人，故云親畢矣。且五屬之親，若同父則期，同祖則大功，同曾祖則小功，同高祖則緦麻，高祖外無服，亦是畢也。

（宋）陳祥道《禮書》卷三《諸侯及孤卿大夫之服》 《周禮》：上

公九命，其衣服以九爲節；侯伯七命，其衣服以七爲節；子男五命，其衣服以五爲節。王之三公八命，其卿六命，其大夫四命，及其出封皆加一等，其衣服亦如之。凡諸侯之適子，誓於天子，攝其君，則下其君之禮一等；未誓，則以皮帛繼子男。公之子如侯伯，而執圭；侯伯之子如子男，而執璧；子男之子與未誓者，皆次小國之君，執皮帛而朝會焉，其賓之皆上卿之禮。公之孤四命，其卿三命，其大夫再命，其士一命。其衣服各眡其命之數。《司服》公之服自衮冕而下，如王之服；侯伯之服自鷩冕而下，如公之服；子男之服自毳冕而下，如侯伯之服；孤之服自希冕而下，如子男之服；卿大夫之服自玄冕而下，如孤之服；士之服自皮弁而下，如大夫之服。凡大祭祀、大賓客，共其衣服而奉之。自公之衮冕至卿大夫之玄冕，皆其朝聘天子，及助祭之服。諸侯非二王後，其餘皆玄冕而祭於已。《雜記》曰：大夫冕而祭於公，弁而祭於已。士弁而祭於公，冠而祭於已。大夫爵弁自祭家廟，惟孤耳，其餘皆玄冠，與士同。玄冠自祭其廟者，其服朝服玄端。諸侯之自相朝聘，皆皮弁服。

（清）秦蕙田《五禮通考》卷二四六《凶禮·荒禮》 蕙田案：陰陽之沴，國家代有，雖堯湯之世不能無水旱之患。所恃者，有荒政以濟之爾。《大宗伯》凶禮之目，以荒禮次乎喪禮。蓋王者視天下猶一家，四海之内，有匹夫不被其澤者，如疾痛痌瘝之切身，必求所以安全之。所謂吉凶與民同患者，此也。然救之已荒，不如備之未荒，故備荒之政爲先，及災傷已成則有檢勘及遣使存恤之令焉。《大司徒》以荒政十二聚萬民，條目精詳，鉅細畢備，後代言救荒者，大率不能外是。

（清）秦蕙田《五禮通考》卷二五一《凶禮·札禮》 蕙田案：《大宗伯》以荒禮哀凶札，蓋以疫癘之生，多在災傷之後，故以荒禮包之。至如《大司徒》、《膳夫》、《司服》則以大札與大荒對言；《大司樂》以大札與大凶對言；《朝士》、《小行人》凡以神仕者，以札喪與凶荒對言。是二禮未可合而爲一，今别爲札禮繼荒禮之後。

（清）秦蕙田《五禮通考》卷二五一《凶禮·烖禮》 蕙田案：凶禮之目，自喪荒而外，即云以弔禮哀禍烖。論烖之一字，所包本廣。日月薄蝕，天烖也；山川崩竭，地烖也；水旱疾疫，人烖也。鄭注：禍烖，惟以水火當之，以邦交相弔之禮，惟遭水火則有之，其餘不聞有弔也。至於祈禳殺禮，則凡遇烖變，皆當行之。

（清）秦蕙田《五禮通考》卷二五一《凶禮·禬禮》 蕙田案：《大宗伯》於禍烖，則云弔；於圍敗，則云禬；於冠亂，則云恤。各舉其一而言，其實，則弔、禬、恤之禮，凡遇禍烖、圍敗、冠亂，皆通行之。如《大行人》云：致禬以補諸侯之烖。《春秋傳》澶淵之會，諸侯謀歸宋財，是禍烖之禬禮也。昭公六年叔弓如楚弔敗。哀公十五年，楚伐吴，陳侯使公孫貞子弔焉，是圍敗之弔禮也。衛獻公奔齊，公使厚成叔弔，是冠亂之弔禮也。《小行人》國札喪則令賻補，凶荒則令賙委，師役則令槁禬，禍烖則令哀弔。賈疏云：凶禮有五，惟不見恤禮，當於師役中兼之。然則圍敗、冠亂二者，禬禮、恤禮皆有之可知矣。

（清）秦蕙田《五禮通考》卷二五二《凶禮·喪禮》 蕙田案：《周禮·大宗伯》以凶禮哀邦國之憂，其别有五。而首云：以喪禮哀死亡。蓋惟送死可以當大事，故先王制禮，吉禮而外莫詳于喪。凡五等之服、疏衰之制、輕重之宜、變除之節，皆本親疎貴賤，以進退損益之。非從天降也，非從地出也，人情而已矣。《儀禮》《喪服》、《士喪》、《既夕》、《士虞》諸篇，皆元公手筆，義理精微，條縷明晰。徐氏《通考》喪禮最詳，顧《儀禮》經文，與諸經及子史相雜，兹編吉、嘉、賓。《儀禮》已全載于前，特取《喪服》以下四篇，輯入凶禮，以存十七篇之本經。

（清）嵇璜等《續通典》卷八四《禮凶·停喪不葬五代 宋 元 明》 周太祖廣順三年十一月，敕應内外文武臣僚幕職、州縣官舉選人等，今後有父母未經營葬，其主家之長不得輒求仕進，所由司亦不得申舉。其合赴舉選者，葬事禮畢，敕所由于家狀内具言，不得調冒。所司覺察糾舉，犯者必行典法，如是不加覺察，罪在糾察之司。宋哲宗元祐中，詔御史臺臣僚，父母無故十年不葬，即依條彈奏，及令吏部候限滿檢察。尚有不葬父母，即未得與關升磨勘。如失檢察，亦許彈奏。元仁宗延祐五年五月，福建廉訪使趙奉訓牒，竊見江南民俗率多遠喪稽葬，習以成風，是省察宣明者有所未至耳。蓋嘗聞之，惟送死可以當大事，而喪具稱家有無，所以使貧富之葬咸遂，人鬼之道俱安也。今閩中停喪不葬，動經一二十年，有一家累至三四柩者，問之則曰年月未利，卜地未得，貧乏不能勝喪。案《禮》諸侯大夫士葬，皆有月數。是古者不擇年月矣。古之葬者，皆于國都之北，兆域有常處，是不擇地矣。《經》曰：喪與其易也，寧戚。苟能盡其哀痛之情，稱家有無，貧而薄葬，何害於禮？且下貧之户不即營葬，輒作佛事，欲爲死者妄徼冥福，使移飯僧之費以爲葬資，固不患不勝喪也。宜限以月日，使依期埋葬，以厚人倫之道，以長孝愛之風，其于教化，豈小補哉？明制：凡有喪之家，必須依禮定限安葬，若惑于風水及託故停柩在家，律以暴露之罪。

（清）嵇璜等《續通典》卷八一《禮凶·三公諸侯大夫降服議隋唐宋明》 隋劉炫爲散騎尉，吏部尚書牛弘建議，以爲禮議侯絶旁期，大夫降一等。今之上柱國雖不同古諸侯，比大夫可也。官在第二品，宜降旁親一等。議者以爲然，炫駁之曰：古之仕者，宗一人而已，庶子不得進。繇是先王重適，其宗子有分禄之義。族人與宗子雖疎遠，猶服齊衰三月，良由受其恩也。今之仕者，位以才升，不限適庶，與古既異，何降之有。今之貴者，多忽近親，若或降之，民德之疎，自此始矣。遂寢其事。杜《典》不載，今補纂。唐制皇家所絶旁親無服者，皇弟皇子爲之皆降一等。宋王安石降服議，先王制服，順性命之理而爲之節。恩之深淺，義之遠近，皆於此乎？權之貴之與賤或降、或絶、或否，蓋在先王之時，諸侯大夫各君其父兄，欲尊尊之義有所申，則宜親親之恩有所屈。此其所以降絶之意也。自封建之法廢，諸侯大夫降絶之禮無所復施。士大夫無宗，其適孫傳重之屬不可純用周制。臣愚以爲方今惟諸侯大夫降絶之禮可廢，而適子非傳爵者無衆子，乃可於適孫承重。明世宗嘉靖十三年孟夏，享太廟。先期，命侍郎顧鼎臣、霍韜捧主，會鼎臣、韜皆有期功之服。上言臣等考之禮，期服諸侯絶大夫降，今之公卿即古之諸侯，而猶有期制，非禮也。若律言緦麻以上皆不與祭者，謂其身莅之者也。而百官聞期功之訃，不過私家爲位，及踰月則無容於避矣。帝命禮官考議，於是尚書夏言奏曰：古之諸侯建邦啓土，世有其國，伯、叔、兄弟皆其臣也，故期可絶。今之所謂公卿者，在位則爲公卿，釋位乃爲族屬，無君道以臣其伯叔兄弟。喪服之制，人情所由生，豈以在位釋位而有隆殺哉？夫哀有淺深，故服有輕重，定之三月，以哀不能忘於三月也。定之期年，以哀不能忘於期年也。而祭祀吉禮所以致敬於神明，若情未忘哀，則不能專誠於祭故不與也。今以其身不莅喪，與夫時之過者，皆無可避，臣未之前聞。《禮》曰：小功、緦麻執事不與二臣，所服之喪非小功、緦麻皆服之重者也。太廟捧主又禮之重者也。以服之重而與夫禮之重者，焉得謂之知禮。臣等職司典禮，敢不據經守正以嚴瀆踰之防。疏入，詔鼎臣、韜迴避，以侍郎黄宗明林櫆代之。

（清）嵇璜等《續通典》卷八一《禮凶·奔喪及除喪而後歸制宋》 宋政和禮奔喪之禮：始聞親喪，以哭答使者，盡哀；問故，又哭盡哀。服布深衣，素冠，遂行。父母之喪，見星而舍，若未得奔，則成服而後行。至家，内外哭待於堂上。奔喪者入門而左，升自西階，殯東西面憑哭，盡哀，少退，再拜；退於序東，披髮，復位坐哭，又盡哀，尊卑撫哭如常。訖，内外各還次，奔喪者乃還，如未成服者三日成。若至在小斂前，與主人俱成服。小斂以後自用日數。賓弔拜賓如常，奔喪者非主人，則主人爲之拜賓。不及殯則先之墓，北面近墓哭，主人以下待於墓左西面，主婦以下於墓右東面，皆北上。奔喪者哭盡哀，再拜於墓東，披髮復位，哭盡哀。贊者告禮畢，奔喪者又再拜，遂冠而歸。入門而左，升自西階，靈東西向，憑靈哭。主人以下升哭如常。盡哀再拜，各還次。三日成服。司馬光《書儀》：始聞親喪，以哭答使者盡哀。問故，又哭盡哀。裂布爲四脚，白布衫，繩帶麻屨，遂行。日行百里，不以夜行。惟父母之喪，見星而行，見星而舍。道中哀至則哭，避市邑喧繁之處，望其州境哭，望其縣境哭，望其城哭，望其家哭。入門升自西階，至殯前再拜，哭盡哀乃就位，方去冠及上服，被髮、扱衽、徒跣如始死之儀，詣殯東西面坐，哭盡哀乃就東方祖括髮，又哭盡哀。丈夫婦又之待之也，皆如朝夕哭位無變也。既哭奔喪者，復著布四脚布衫拜諸尊長，及受諸卑幼拜，皆哭盡哀。明日後日朝夕哭，猶祖括髮至家，四日乃成服而朝哭。有弔賓至則出見之，可也。若未得行，須應過三日以上者，則爲位不奠，被髮、扱衽、徒跣皆如始死之儀。明日斬衰者祖括髮，齊衰以下祖免，代哭皆如小斂之儀。聞喪後四日成服，而朝哭皆如在家之儀。道中及至家惟不去冠及上服，被髮扱衽徒跣祖括髮，其餘皆如未成服之儀。入門至殯前，北面再拜，哭盡哀，拜諸尊長，又受諸卑幼拜，皆哭盡哀。弔賓至，即出見之。若奔喪者不及殯，則先之墓，望墓而哭，至墓，北面，哭盡哀再拜。在家丈夫之待之也，即位於墓左，婦人墓右，皆哭盡哀。未成服者去布四脚及布衫，祖括髮於墓東南，即本位，又哭盡哀，復著布四脚衫，拜尊長及受卑幼拜，如上儀。遂歸至家，入門去布四脚及布衫，袒括髮至靈座前，北面哭盡哀，如未葬之儀。已成服者不袒括髮，齊衰以下聞喪則爲位而哭。若奔喪則釋去華盛之服，裝辦即行，緩速惟所欲。既至齊衰，望鄉而哭。大功，望門而哭。小功以下，至門而哭。入門始至殯前，北向，哭盡哀，再拜，乃易所服之服，即本位，又哭，盡哀，乃見諸尊長及卑幼，拜哭如主人儀。若不奔喪則齊衰，始聞喪三日中，朝夕爲位會哭，四日之朝成服，又爲位會哭。大功以下始聞喪爲位會哭，成服又爲位會哭，自是每月朔爲位會哭。月數既滿，次月朔爲位會哭，遂除服。其聞喪至各哭，固無常準。齊衰以上，自有喪以來，親戚未常相見者，既除服而相見，不變服各哭盡哀，然後斂拜。《朱子家禮》、《明會典》同。

（清）嵇璜等《續通典》卷八一《禮凶・士爲所生母服議宋明》

宋真宗大中祥符八年，樞密使王欽若言太常博士、秘閣校理聶震丁所生母服，適母尚在望特免持服。禮官言：按周制庶子在父之室，則為其母不禫。晉解遂問蔡謨曰：庶子喪所生，適母尚存，不知制服輕重。答云士之妾子服其母，與凡人喪母同。鍾陵胡濟所生母喪，自有適兄承統，而適母存，疑不得三年。問范宣，答曰：爲慈母且猶三年，况親所生乎？適母雖尊，然厭降之制，父所不及。婦人無專制之事，豈得引父爲比而屈降支子也？南齊褚淵遭庶母郭氏喪，葬畢，起爲中軍將軍。後適母吴郡公主薨，葬畢，今攝職。則震當解官行服，心喪三年。《明會典》改入斬衰三年。臣等謹案齊衰三年，首言父卒則爲母下，即及繼母、慈母，知妾子之母亦包於爲母之中也。惟大夫之妾子、公子之於母爲尊厭降，庶子爲父後不敢服於私親。經表此三者之異，則士而下與不爲後者之從同。不必言也。《小記》云：庶子在父之室，則爲其母不禫。是生母之服父在期，而父卒三年當與繼母、慈母一例而推矣。

（清）嵇璜等《續通典》卷八一《禮凶・大夫士爲慈母服議明》

明董應舉《湛誠慈母如母服議》：《家禮三父八母圖》慈母齊衰三年蓋義服也，而律亦有爲慈母服之説。但《家禮》慈母注云：所生母死，父令別妾撫育者，謂之慈母，當服三年。而父妾乳哺者，謂之乳母，只服緦麻。迹雖相似，而恩有淺深，服有輕重。今湛誠所丁憂者，顧氏乃其父之媵妾，有子則當杖期，無子則當緦麻，總有撫抱之恩，亦當先請後服。臣等謹案禮有慈母之條，非僅謂母死父使他妾乳之也。乃父命之爲母子，故行三年之服。觀《小記》爲慈母後之語義自可見。《家禮》於慈母條下謂：庶子無母，父命他妾之無子者慈己。《明會典》於慈母條下謂母卒，父命他妾養己者，似與古所謂庶母慈己者無異，又何以有三年小功之別乎？蓋父之命妾、命子正是命之爲後。《小記》更有爲祖庶母後一語，則知慈母如母，自與庶母慈己者迥別。故曰：貴父之命也。然雖云如母，而《記》稱不世祭，有不得盡同於母者矣。繼適母黨服。臣等謹案禮有適母無繼嫡母之文，蓋自前母之子視之則爲繼母，自庶子視之則正繼，皆爲適也。故《開元禮》、《政和禮》、《家禮》、《孝慈録》、《明會典》俱統於庶子爲適母之父母兄弟姊妹條內，小功五月，適母亡則不服。

（清）嵇璜等《續通典》卷八一《禮凶・妻已亡爲妻父母服議五代宋》

後唐末帝清泰三年，太常博士段顒言妻之父母舊服緦麻，今給假令式服小功。下尚書省集議。左僕射劉昫等奏上諸服紀請一依《開元禮》，從之。宋《朱子家禮》及《明會典》妻亡而別娶，亦服妻之親母，雖嫁出猶服。

（清）嵇璜等《續通典》卷八一《禮凶・總論爲人後議明》

明邱濬曰：古人大宗無子，則以族人之子繼之，而不及小宗。《大明令》及律雖許同宗立嗣，然皆謂其人生前自立而無死後追立之文。聖祖之意蓋以興滅繼絶，必前代帝王功臣賢人之後，不可不使血食也。先王制禮不下庶人，今庶人之家若生前將昭穆相應之人，自幼鞠養者從其自便，既死之後告爭承繼者，無非利其財産而已。若死者係軍匠籍雖脇之使繼，彼肯從哉。今宜勅禮官定制，若前代名人之後，或在今曾有大名顯宦者，以宗法爲主，先求繼禰小宗，次繼祖之宗，次繼曾祖之宗，次繼高祖之宗，四宗俱無人，然後及疎遠及同姓之人。若其人生前或養同宗之子，世系雖遠，而昭穆不失序，不必更求。其有鞠育之恩，氣雖不純，而心已相孚故也。又凡爲人後，承父之命，方許出繼，已孤之子不許。所以然者，爲人後者爲之子，既爲之子則稱其所生爲伯叔。不承父命，而輒稱己父母爲伯叔，可乎？是貪利而忘親也。如此則傳序既明，而爭訟亦息矣。田汝成《立後論》曰：古稱爲父後者，非謂諸子皆可以爲父後也，必適子乃足以當之。適子者，大宗小宗之統也。身爲小宗之適則五服之親皆其所統。故《禮》曰：適子不得後大宗，以支子可也。而漢初之詔，賜氏爲父後者，爵一級，蓋適子之謂也。古稱立後者非謂昆弟無子者，人人爲之立後也，惟大宗乃舉之。故《禮》曰：大宗不可絶。故族人以支子後大宗，非大宗而立後者，蓋義舉也。於禮未之有聞也。古稱爲大宗後者，非必親昆弟之子也。有以從昆弟之子後從世父者矣，有以諸孫後祖者矣，有以諸曾孫後曾祖者矣，有以諸玄孫後高祖者矣，故《禮》曰：爲人後者，斬衰三年。不名所後爲父者，以所後不定，難以預著其名也。後世宗法不名而適子、庶子皆稱父後。立後之義不明，而同居異居昆弟之無子者皆爲立後。稱謂之義不明，而爲人後者，伯父、叔父皆易爲父。而以孫後祖，以無服之孫後遠祖者，禮既不行，名亦不著，非先王之本旨矣。

（清）嵇璜等《續通典》卷八一《禮凶·近親無繼官爲繼絶議宋》

宋哲宗元祐時，南郊赦文，戶絶之家，近親不爲立繼者，官爲施行。徽宗大觀四年詔曰：孔子謂興滅繼絶，天下之民歸心。王安石子雱無嗣，有族子棣，已嘗用安石孫恩例官，可以棣爲雱後，以稱朕善善之意。

（清）嵇璜等《續通典》卷八一《禮凶·間代立後議晉 宋》

晉侍中荀顗無子，以從孫徽嗣。中興初，以顗兄玄孫序爲顗後，封臨淮公。杜《典》不載，今補纂。宋神宗元豐中，國子博士孟開請以姪孫宗顔爲孫，又王彦林請以弟彦通爲叔祖母宋繼絶孫，詔皆如所請。臣等謹案雷次宗釋《儀禮》爲人後者之文，以爲不言所後之父者，或後祖，或後高曾。凡諸所後皆備於其中。庚純云：爲人後者三年，或爲子或爲孫，若荀太尉養兄孫以爲孫，是《小記》所謂爲祖後者，同三年也。杜《典》載宋庾蔚之謂間代取嗣古未之聞。然自夫子之告子游已謂三代已後各親其親，各子其子。自非大宗，五世親盡，則族屬絶。苟兄弟之子無當立者，舍弟兄之孫弗立，其於一氣感召之義何故？昭穆相續其常也，不得已而立從孫爲孫，如父子之誼仍不改其昭穆之倫，毋亦勢之不得不然歟？

（清）嵇璜等《續通典》卷八一《禮凶·夫爲祖曾祖高祖父母持重妻從服議宋 明》

宋《朱子家禮》、《明會典》、《孝慈録》無正文，惟妻從族服圖。凡諸承重並從夫服。臣等謹案杜《典》載虞喜之論，云：玄孫爲後，其母尚存，玄孫之婦猶爲庶，不得傳重，傳重之服，理當在姑。竊以《儀禮》喪祭稱主人者，皆宗子也。稱爲主婦者，皆宗子之妻也。此之謂夫婦親之。故父死，母爲內主者，惟子幼未取者耳，已取未有不主重者也。主重未有不從服者也。縱玄孫爲後妻主姑存者重在爲主。虞喜之論未爲達禮。

（清）嵇璜等《續通典》卷八一《禮凶·出後者爲本父母服議隋 宋》

隋永寧令李公孝四歲喪母，九歲外繼，其後父更別娶後妻。案父乃本生父也。至是而亡，河間劉炫以無撫育之恩，議不解任。劉子翊駁之曰：傳云：繼母如母，典母同也。當以配父之尊，居母之位。齊杖之制，皆如親母。又爲人後者，爲其父母期。報期者自以本生，非殊親之與繼也。父雖自處旁尊之地，於子之情，猶須隆其本重。是以令云：爲人後者，爲其父母並解官，申其心喪。父卒母嫁，爲父後者雖不服。亦申心喪。其繼母嫁不解官。此專據嫁者生文耳。將知繼母在父之室，則制同親母。若謂非有撫育之恩，同之行路，何服之有乎？服既有之，心喪焉可獨異？三省令旨其義甚明，今言令許不解，何其甚謬。且後人者爲其父母期，未有變隔以親繼，親繼既等，故知心喪不殊。服問云：母出則爲繼母之黨服，豈不以出母族絶，推而遠之，繼母配父，引而親之乎？子思曰：爲伋也妻，是爲白也母。不爲伋也妻，是不爲白也母，定知服以名重，情因父親，所以聖人敦之以孝慈，弘之以名義。是使子以名服，同之親母，繼以義報，等之己生。如謂繼母來在子出之後，制有淺深者，考之經傳，未見其文。譬出後之人，所後者初亡，後之者始至，此復可以無撫育之恩，而不服重乎！奏入從子翊之議。案明邵寶曰：繼母以父重，嫁母以父絶，以義制恩而服之，隆殺從之禮也。杜《典》不載，今補纂。宋中丞何澹所生父繼室周氏死，澹欲服伯母服，下太常百官雜議，吕祖儉遺書宰相曰：《禮》曰爲伋也妻者，是爲白也母。今周氏非中丞父之妻乎？將不謂之母，而謂之何？中丞爲風憲首而以不孝，令百寮何觀焉。案：伯母服期，所生父繼室亦服期，澹欲服伯母服者，不肯解官申心喪耳。祖儉以不孝刺之，得其情矣。

（清）嵇璜等《續通典》卷八一《禮凶·出後子爲本親服議》

臣等謹案：爲人後者，爲本生祖父母服，此恒有之事。乃禮書及律文並不言及，何也？以爲出後者於本宗概降一等，故不必言耶。何以於本宗兄弟與出嫁之姊妹，本宗之外祖父母又歷歷言之，蓋使所後者而爲父之親昆弟，則祖即吾之祖，自不必言。若使所後者而爲父之從昆弟，或再從並五服外之昆弟，則依所後之倫序而降，將有降爲緦麻及無服者矣。此疑似難明之際，正不可不爲辨別。據禮文皆云爲人後者，於本生諸親例降一等，故王彪之、崔凱之議以爲本生祖父母應降服大功，但禮無明文，當以義起，旁殺下殺之服可降，而上推則追本所生，不得從所後遞殺。夫女子出適爲其父母服期者，三年之喪，無二斬也，而於祖父母則不降，爲其上推也。此可類舉而互證耳。

（清）嵇璜等《續通典》卷八一《禮凶·爲庶子後爲庶祖母承重服議

北魏 宋 明》　魏廣陵王恭，北海王顥疑爲所生祖母服期與三年，博士執意不同，詔羣寮會議。按《魏書·禮志》熙平二年十一月乙丑，大尉清河王懌表奏二王制服輕重不同，乞爲定制。下禮官議。張普惠議曰：謹案：二王祖母皆受命先朝，爲二國太妃，可謂受命於天子，爲始封之母矣。《喪服》：慈母如母，在《三年章》。傳曰：貴父命也。鄭注云：大夫之妾子，父在爲母大功，則士之妾子爲母期。父卒則皆得申。此大夫命其妾子，以爲母所慈，猶曰貴父命，爲之三年，況天子命其子爲列國王，其所生母爲國太妃，反自同公子爲母練冠之與大功乎？輕重顛倒，不可之甚者也。傳曰：始封之君，不臣諸父昆弟，則當服其親服。若魯衛列國，相爲服期，判無疑矣。何以明之？《喪服》君爲姑姊妹女子嫁於國君者，傳曰：何以大功？尊同也。尊同，則得服其親服。諸侯之子稱公子，公子不得禰先君，然則兄弟一體。位列諸侯，自以尊同得相爲服，不爲還準公子，遠厭天王。故降有四品，君大夫以尊降，公子大夫之子以厭降。名例不同，何可亂也？《禮》大夫之妾子，以父命慈己，申其三年。大妃既受命先帝，光昭一國，二王胙土茅社，顯錫大邦，舍尊同之高據，附不禰之公子，雖許蔡失位，亦不是過。《服問》曰：有從輕而重，公子之妻爲其皇姑。公子雖厭，妻尚獲申，況廣陵、北海，論封則封君之子，語妃則命妃之孫。承妃纂重，遠別先皇，更以先后之正統，厭其所生之祖適，方之皇姑，不以遙乎？今既許其申服，而復限之以期，比之慈母不亦爽歟！《經》曰：爲君之祖父母父母妻長子。傳曰：何以期？父母長子君服斬，妻則小君。父卒，然後爲祖後者服斬。今祖乃獻文皇帝，諸侯不得祖之，母爲太妃，蓋二王三年之證。議者近背正經以附非類，差之毫毛，所失或遠。且天子尊則配天，莫非臣妾，何爲命之爲國母而不聽其子服其親乎？《記》曰：從服者，所從亡，則已。又曰：不爲君母之黨服，則爲其母之黨服。今所從既亡，不以親服服其所生，則屬從之服於何所施？若以諸王入爲公卿，便同大夫者，則當今之議皆不須以國言也。今之諸王，自同列國，雖不之國，別置臣僚，玉食一方，不得以諸侯言之。敢據《周禮》輒同三年。杜《典》不載，今補纂。宋仁宗寶元二年，度支判官集賢校理薛紳言：祖母萬壽縣太君王氏卒，是先臣所生母，服紀之制，罔知所適，乞降條制，庶知遵守。詔送太帝禮院詳定。禮官言：《五服年月勅》：齊衰三年，爲祖後者，祖卒則爲祖母。又曰：齊衰不杖期，爲祖父母。注云父之所生庶母亦同，惟爲祖後者不服。又案《通禮義纂》：爲祖後者，父所生庶母亡，合三年否？《記》云：爲爲祖母也，爲後三年。不言適庶，然奉宗廟當以貴賤爲差，祖庶母不袝於皇姑，已受重於祖，當爲祭主，不得申於私恩。若受重於代父而養，爲後可也。又曰：祖庶母合從何服，禮無服祖庶母之文，有爲祖庶母後者之服。晉王廙議曰：受命爲後，則服之無嫌。婦人無子，託後族人，猶爲之服，況其子孫乎？人莫敢卑其祖也。且子，父沒爲母得申三年。孫無由獨屈，當服之也。看詳《五服年月勅》不載持重之文，於《義纂》即有所據。今薛紳不爲祖後，受重於父，合申三年之制。史館檢校、同知太常禮院王洙言：《五服年月勅》與新定令文及《通禮》正文內五服制度，皆聖朝典法，此三處並無爲父所生庶母服三年之文。惟《義纂》者是唐世蕭嵩、王仲邱等撰集，非創修之書，未可據以決事。且所引兩條皆近世諸儒之說，不出於六經，臣已別狀奏駁。今薛紳爲映之孫，耀卿爲別子始祖，紳繼別之後爲大宗，所守至重，非如次庶子等承傳其重者也。不可輒服父所生庶母三年之喪，以廢始祖之祭也。臣謹案《禮》《經》所謂重者，皆承後之文。據《義纂》稱受重於父，亦有二說：一者，適長子自爲正體，受重可知。二者，或適長亡，取適或庶次承傳父重，亦名爲受重也。若繼別子之後，自爲大宗，所承至重，不得更遠繫祖庶母爲之服三年。惟其父以生已，故爲之三年可也。詳《義纂》所謂受重於父者，指適長子亡，次子承傳父重者也，但其文不同爾。詔太常禮院與御史臺詳定聞奏，衆官參詳：耀卿，王氏子，紳，王氏孫，尤親於慈母、庶母、祖母、祖庶母也，耀卿既亡，紳受重代養，當服之也。又薛紳頃因籍田覃恩，乞將敘封母氏恩澤，迴授與故父所生母王氏，其薛紳官爵未合敘封祖母，蓋朝廷以耀卿已亡，紳是長孫，敦以孝道，特許封邑，豈可王氏生則輒邀國恩，没則不受重服？況紳被王氏鞠育之恩，體尊義重，合令解官持齊衰三年之服。詔從之。明臧應奎爲南京車駕主事，以祖庶母喪求去，例不得持重，猶服私喪三年，以重所自出。姚翼《家規》曰：承重者，主宗廟之灌鬯也。庶孫不爲祖後，不得加斬於生祖母，雖無適孫，而庶孫承重亦不概及於生祖母。蓋庶子服生母斬衰，爲其生育之恩與父均也。非爲其與父共承宗廟也，何爲而及於生祖母乎？至於庶孫繼祖，即不得服生祖母，則宋庾蔚之之言，本朝典法無考，只守齊衰不杖期之本服爲是。臣等謹案：承重之服，祇於正適，概不及庶。杜《典》載庾蔚之之論明矣。魏廣陵、北海二太妃爲始封之君母，受命歸國，諸侯不敢祖天子，則太妃是爲二王之祖母，故議以持重三年。宋薛紳明臧應奎皆以私恩加服，禮官不能以義繼也。姚氏《家規》其知禮歟？

（清）嵇璜等《續通典》卷八一《禮凶・並有父母之喪議宋明》

宋真宗天禧四年，御史臺言文武官弁丁憂者相承服五十四月，別無條例。下太常禮官，議曰：案《禮・喪服小記》云：父母之喪偕，先葬者不虞祔，待後事，其葬服斬衰。注：謂同月若同日死也。先葬者母也，其葬服斬衰者，喪之隆哀宜從重也。假令父死在前月而同月葬，猶服斬衰，不葬不變服也。言其葬服斬衰，則虞、祔各以其服矣。及練祥皆然。卒事，反服重。《雜記》云：有父之喪，如未没喪而母死，其除父之喪也，服其除服，卒事，反喪服。注云，没，猶終也。除服謂祥祭之服，卒事既祭，反喪服，服死者之服。晉杜預、賀循之議同。按杜預、賀循議已載杜《典》。臣等參考典故，則是隨其先後而除之，無通服五十四月之文。請依舊禮改正。明王廷相曰：並有父母之喪，如之何？曰：父已葬而有母之喪，則服母之服；既虞也，反服父之服；既練也，則服母之服，不以輕掩重也。其除父之喪也，服其除服，卒事反服母。服母先而父後也，亦如之。宋纁曰：母喪未葬，而值父之二祥，則不得服祥服，以祥祭爲吉，未葬爲凶，不忍於凶時行吉禮也。居母喪遭父喪者亦然。

（清）嵇璜等《續通典》卷八一《禮凶・有適母喪而所生母死爲服位議宋》

宋司馬光曰：人居適母之喪，而所生母卒，疑其所以爲服。案《雜記》云有三年之練冠，則以大功之麻易之。又云：有父之喪，如未没喪而母死，其除父之喪也。服其除服，卒事反喪服。雖諸父昆弟之喪如當母之喪，其除諸父昆弟之喪也皆服其除喪之服，卒事反喪服。是先有喪而重有者，皆當別爲服也。又《曾子問》曰：並有喪，如之何？何先何後？孔子曰：其葬也，先輕而後重，其奠及虞，先重而後輕。此謂遭同月者也。今之律令，適繼慈養與母同例，皆應服齊衰三年，子之於母適庶雖殊，情無厚薄，固當同服。而《喪服小記》云：妾祔於妾祖姑。蓋古妾與女君尊卑殊絶，設位於他所可也。

（清）嵇璜等《續通典》卷八一《禮凶・居重喪遭輕喪易服議宋明》

宋司馬光《書儀》：若重喪未滿，而遭輕喪，則制輕喪之服而哭之。月朔輒爲位服而哭之，既畢，反重服，其除之也，亦服輕服。若除重喪而輕未除，則服輕服以終其餘日。《政和禮》、《家禮》同。明邵寶《喪禮雜記》，喪有常服，而所遭不能無變，變之所值服之所難，故服有成、有受、有練、有禫，其常也；有易、有包、有特、有重、有兼，其變也。三日斂而成服，期小祥而練，除首之絰，受以功衰。又期而大祥，中月而禫，當其時服其服，所謂常也。如此是固庸於論者。惟夫斬衰之喪，既虞卒哭而遭齊喪，則男子有易要絰，婦人有易首絰。所謂包者，男子有仍首絰，婦人有仍要絰。所謂特者，既練遭大功之喪，有男婦首要皆麻。所謂重麻者，有男婦首要皆葛。所謂重葛者，齊喪虞卒哭遭大功之喪，男以功麻易齊帶之葛，婦以功麻易齊首之麻，而要猶齊葛。所謂兼服者，有斬葛齊麻，前喪既葬後喪初斂，男要婦首，易而兼服者。彼一時也，此一時也，物以時變，新故重輕，參伍伸屈，而無失乎恩義之中，所謂變也。又如此夫是之謂難。苟類而推之，則一人之身周旋五服之內，雖日有變不虞也，而況其常乎？臣等謹案：古人先有重喪，後遭輕喪，其所變易者不過絰帶而已，衰與冠固不變也。至後世則更新喪之衰，而並不言絰帶，是有禮之一變也。

（清）嵇璜等《續通典》卷八一《禮凶・居所後父喪有本親喪服議明》

明王廷相曰：有所後父之喪，而本生父母亡，如之何？曰：已殯則服其服，而往哭之，襄而歸，反喪服。已葬則俟其殯而歸，反喪服。其除喪也，服其除服，卒事反喪服。曰：不亦輕本生乎？曰：禮有所重斬，不可以離次也。

（清）嵇璜等《續通典》卷八三《禮凶·除心喪議隋唐宋》

隋制：齊衰心服以上，雖有奪情，並終喪不弔、不賀、不預宴。以上杜《典》不載，今續纂。唐制：父在爲母，一周除靈，三年心喪。又嫁母、出母、妾母、本生父母及父卒祖存，爲祖母皆心喪二十五月，並解官。宋制同。宋吴榮王顥爲慈聖光獻太后之服易月當除，顥曰：身爲孫而情文缺，然若是可乎？請如心喪禮，須上禫除即吉。詔可。臣等謹案：賀循《喪服要記》：凡降服，既降心喪如常月。劉智謂小功以下不税，乃無心喪。又陳沈洙議：元嘉立義，心喪以二十五月爲限。惟王儉《古今集記》終二十七月，爲王逡所難。何佟之《儀注》亦用二十五月，無復心禫，云是則心禫可廢，心喪不可廢也。宋服制：凡如適孫祖在爲祖母爲人後者，爲其所生父母之類皆許解官，中心喪三年。蓋由遵用前代之制，自元、明此制不行，雖不解官而所謂心喪之實固未嘗禁也。

（清）嵇璜等《續通典》卷八二《禮凶·國忌日議唐五代宋遼金明》

《唐六典》：凡國忌日，兩京定大觀寺各二散齋。諸道士、女道士及僧尼皆集於齋所，京文武五品已上與朝請七品已上皆集，行香以退。若外州亦各定一觀一寺以散齋，州縣官行香。應設齋者蓋八十有一州焉。謂四輔、五府、六雄、十望、曹、濮、兗、齊、豫、徐、陳、青、亳、仙、涼、秦、瀛、具、邢、恒、冀、定、趙、滄、德、深、博、易、相、梁、襄、澤、安、縣、梓、遂、眉、邛、果、彭、蜀、漢、潤、越、常、蘇、杭、婺、衢、湖、宣、洪、潭、廣、桂、隴、邠、涇等州是也。其道士、女道士、僧尼行道散齋，皆給香油炭料。若官設齋，道佛各施物三十五段，供修理道佛寫一切經。道士、女道士、僧尼各施錢十二文，五品已上女及孫女出嫁者，官齋行道皆聽不預。若私家設齋，道士、女道士、僧尼兼請，不得過四十九人。凡遠忌日，雖不廢務，然非軍務急切，亦不舉事，餘如常式。文宗太和七年二月，勑準令：國忌日唯禁飲酒舉樂，至於科罰人吏，都無明文，但緣其日不合釐務，官曹却不得決斷刑獄，大小笞責，在禮律固無所妨，起今後縱有此類，臺府更不舉奏。案：《均王傳》王堪男損國忌日于私第決責下人，爲御史臺所奏，遂下此勑。後唐明宗天成三年又八月九日，勑今後每遇大忌，宜設僧道齋一百人。列聖忌日齋，僧道共五十人，不視朝，不舉樂，止刑罰，斷屠宰。依舊。晉高祖天福五年正月，御史竇貞固奏：每遇國忌行香，宰臣跪爐，百官依常位立班。行香之後，齋僧百人，永爲定制。宋忌日禮，據唐初始著罷樂廢務，及行香修齋之文。其後又朔望停朝，令天下上州皆準式行香。天祐初，始令百官詣閤奉慰。宋循其制，唯宣祖昭憲皇后爲大忌前一日不坐慰，羣臣詣西上閤門奉慰，移班奉慰皇太后，退赴佛寺行香。凡大忌，中書悉集；小忌，差官一員赴寺。如車駕巡幸道遇忌日，皆不進名奉慰。留守自於寺院行香，仍不得在拜表之所。天下州府軍監亦如之。案畢仲荀《燕聞録》曰：國忌行香，起於後魏。江左齊、梁間每然香薰手，或以香末散行謂之行香。又《唐會要》謂高宗時，李義府爲太子設齋，詔五品以上行香，不空三藏爲神堯以下忌辰行香。太祖建隆二年，宣祖忌日，時明憲乾德二年改謚昭憲。太后在殯，羣臣止詣閤奉慰，而罷行香。真宗崩，元德明德皇后忌日在禫制內，乃停進名行香。凡奉慰，宰相、樞密使各帥百官內職共進名，節度使、留後、觀察使各進名。忌日前後，各禁刑三日如天慶節，釋放以下情輕者，復斷屠宰，不視事前後各三日，禁樂各五日，其後以歲月漸遠，禁刑、不視事各二日，禁樂各三日。章獻明肅太后忌辰，前後二日不視事，一日禁屠宰，各三日禁樂。詔：應太忌日行香，臣僚並素食。案：王栐《燕翼貽謀録》云：國忌行香，本非舊制。真宗大中祥符二年詔曰：宣祖昭武皇帝昭憲皇后自今忌前一日不坐殿，羣臣進名奉慰，寺觀行香，禁屠廢務。著于令。自後太祖、太宗忌日，亦援此例，累朝因之。《政和新儀》：羣臣進名奉慰，其日質明，文武朝參官入詣朝堂就次。御史臺先引殿中侍御史一員入就位，次西上閤門、御史臺分引朝參官及諸軍將校，次禮直官引三公以下在西上閤門南階下，每等重行異位，並北向東上。知西上閤門官於班前西向立，搢笏，執名紙，躬。三公以下文武百僚俱再拜，俟閤門官執笏、置名紙笏上、入西上閤門訖，退。羣臣奉慰詣景靈宮，每等重行異位，並北向東上。禮直官揖班首以下再拜訖，引班首自東階升殿，舍人接引同升，詣香案前，搢笏，上香，跪奠茶訖，執笏興，降階復位，又再拜；次引班首以下分左右搢笏，行香，宰相、執政官分左右行香訖，執笏俱復位；次引班首升殿詣香案前俯伏跪，搢笏，執爐，俟讀疏畢，執笏俯伏，興，降階復位，又再拜，退。南渡後，制忌日如在以日易月服制之內，並依禮例權停。孝宗淳熙元年十一月，詔文武百僚詣景靈宮，國忌立班行香，如有稱疾托故不赴者，御史臺彈奏。案宋《禮志》：景靈宮，神御殿之一也，以奉先朝御容。元豐五年作景靈宮十一殿，而在京宮觀神御皆迎入禁中。《夢粱録》曰：紹興間，臣僚奏復景靈宮以奉祖宗衣冠之游。詔從之。咸淳間，度廟親灑扁目自聖祖至理廟凡十六殿，自元天聖后至楊太后凡十五殿。岳珂云：今世國忌日百僚行香，在京則雙忌賜假，隻忌視事坐曹如故，外郡皆如平日，笞決無禁。遼忌辰儀，先一日，奏忌辰牓子，預寫名紙，大紙一幅，用陰面後三行書文武百僚宰臣某以下謹詣西上閤門進名奉慰。至日，應拜大小臣僚並皂衣、皂鞓帶，四鼓至時於幕次前，在京於僧寺，班齊，依位望闕序立。直日舍人跪右，執名紙在前，班首以下皆再拜。引退。名紙於宣徽使付內侍奏聞。興宗重熙十一年，宣獻皇后忌日，上與皇太后素服，飯僧於延壽憫忠三學三寺。金熙宗皇統元年七月癸夘，以景宣皇帝忌辰，命尚食徹肉。明成祖永樂元年，禮官奏：五月初十日，太祖高皇帝忌辰，自初八至初十日不鳴鐘鼓，不行賞罰，不舉音樂，禁屠宰。文武官自初八日服淺淡衣、黑角帶侍朝，至日早赴孝陵行禮。八月初十日孝慈高皇后忌辰，禮亦如之。宣宗勅諭禮部，忌日悉輟朝參，歲爲定例，用申永慕之誠。宣德三年令，凡遇忌辰，通政司、兵馬司免引囚奏事。

（清）嵇璜等《續通典》卷七八《禮凶・喪制中・薦車馬明器及飾棺五代宋元明》

五代喪葬之制：三品以上，輀車用開轍車，油幰絲絡網，兩廂畫龍虎。庶人喪，車用合轍車。工、商諸色人吏無官者，諸人無職掌者，無合轍車。三品以上，明器九十，事四神，十二時在內，不得過二尺五寸。餘五品以上，明器六十，事四神，十二時在內。九品以上，明器四十，事四神，十二時在內，不得過一尺。餘：同光三年，敕斷轝，用錦繡祇使常式素車，不定人數，使素紫白絹帶額，遮幃轝上，使白粉埽木珠節子，上使白絲。五品、六品升朝官，使二十人舁轝車，竿高七尺，長一丈三尺，濶五尺。以白絹全幅爲帶額，婦人以紫絹爲帶額，並畫雲氣，周迴遮蔽，上安白粉埽木珠節子二十道。七品、八品升朝官使一十六人舁轝車，竿高七尺，長一丈三尺，濶五尺，以白絹全幅爲帶額，婦人以紫絹全幅爲帶額，周迴遮蔽，上安白粉埽木珠節子二十道。六品至九品不升朝官使一十六人舁轝車，竿高六尺，長一丈一尺，濶四尺。以白絹全幅爲帶額，婦人以紫絹爲帶額，周迴遮蔽，上安白粉埽木爲珠節子一十六道。周太祖廣順元年，葬故樞密使楊邠等，輴車、魂車、儀椁車、買道車、誌石車各一。宋《太常因革禮》諸輀車，三品以上，油幰，朱絲絡網，施襈，兩廂畫龍，幰竿諸末垂六流蘇。七品以上，油幰施襈，兩廂畫雲氣，垂四流蘇。九品以下，無流蘇。司馬光《書儀》：明器刻木爲車馬，僕從、侍女各執奉養之物，象平生而小，多少之數依品下帳。爲牀帳、茵席、倚桌之類，皆象平生所用而小也。《既夕禮》苞二注，所以裹奠羊豕之肉。《檀弓》曰：國君七个，遣車七乘。《雜記》曰：遣車視牢具，或問曾子曰：君子既食，則裹其餘乎？曾子曰：大享既饗，卷三牲之俎歸於賓館。父母而賓客之，所以爲哀也。晉賀循用脯一篋，以代所苞牲體。今遣奠，既無牲體，又生肉經宿則臭敗，不若用循禮得事之宜。然遣奠之時，亦當設脯，既奠，苞以蒲篋，或箱或竹掩耳，或席簟之類包之，可也。《既夕禮》筲三黍稷麥，今但以竹器，或小罌貯五穀各五升，可也。《既夕禮》罋三醯醢屑，鄭注屑，薑桂之屑也。今但以小罋二貯醯醢。按：朱子曰：苞筲罋以盛羊豕五穀酒醯醢。雖古人不忍死其親之意，然實非有用之物，且脯肉腐敗生蟲聚蟻尤爲非便，雖不用，可也。元順帝至元七年十二月，尚書刑部奉尚書省札付，該准中書省咨，十一月十八日奏：民間喪葬多有無益破費，畧舉一節紙房方相等。近年起置，有每家費鈔一兩定鈔底，至甚至無益。其餘似此多端。奉旨紙房子無疑禁了，其餘商量，行都省議得，除紙錢外，據紙糊房子、金錢、人馬並綵帛衣服帳幙等物，欽依聖旨盡行禁斷。咨請照驗施行，定喪事體例，棺上貼畫，靈馬走唱，孝車前承，應合用的，依體例行。明喪葬之制，太祖洪武五年定。牆翣，公侯六。三品以上，四。五品以上，二。明器，公侯九十事，一品、二品八十事，三品、四品七十事，五品六十事，六品、七品三十事，八品、九品二十事。引者，引車之紼也。披者以纁爲之，繫於輀車四柱。在旁執之，以備傾覆者也。五品以下，二引、二披，左右各二鐸。羽旙，竿長九尺。五品以上，一人執之以引柩。六品以下，不用。功布，品官用之長三尺。方相，四品以上四目。七品以上兩目。八品以下不用柳車，上用竹格以綵結之，旁施帷幔，四角垂流蘇。按：設柩在旁爲牆，牆有帷在上爲栁。初，洪武二年，敕葬開平王常遇春於鍾山之陰，給明器九十事，納之墓中。鉦二，鼓四，紅旗、拂子各二，紅羅蓋鞍籠各一，弓二，箭三，竈、釜、火爐各一，俱以木爲之，水罐、甲、頭盔、臺盞、杓、壺、瓶、酒甕、唾壺、水盆、香爐各一，燭臺二，香盒、香匙各一，香筯二，香匙筯瓶、茶鍾、茶盞各一，筯二，匙二，匙筯瓶一，椀二，楪十二，橐二，俱以錫造，金裹之。班劍、牙仗各一，金裹立瓜、骨朵戟、響節各二，交椅、脚踏、馬杌各一，誕馬六，槍、劍、斧、弩食桌、牀、屏風、柱杖、箱交牀、香桌各一，欑二，俱以木爲之。樂工十六，執儀仗二十四，控士六，女使十，青龍、白虎、朱雀、元武神四，門神二，武士十，并以木造。各高一尺。雜物翣六璧一，筐、笥、楎、椸、衿、鞶各一，筥二，筲二，糧漿瓶二，油瓶一，紗厨、煖帳各一，束帛青三段，纁二段，每段長一丈八尺。後定制，公侯九十事者，准此行之。餘以次減殺。

（清）嵇璜等《續通典》卷七六《禮凶・爲諸王服議宋》 臣等謹案：杜《典》於爲太子妃服議，下附諸王妃，而於諸王闕如，今補纂。宋《禮院例册》齊衰期，大功各輟視朝三日，小功、緦麻輟視朝一日。咸平六年，皇弟兗王元傑薨。景德二年，皇弟雍王元份薨。禮官言：皇帝爲兗王、雍王並齊衰期，請輟三日，詔特輟五日。堂欑、啓欑、發引、掩壙日又各輟一日。天聖五年，齊王元佐薨。禮官言：本服齊衰期，不親事三日，詔特輟五日。朝參。

（清）嵇璜等《續通典》卷七七《禮凶・喪制上・設銘周 宋 明》 《檀弓》銘，明旌也，以死者爲不可別已。故以其旗識之，愛之，斯録之矣，敬之，斯盡其道焉耳。杜《典》不載，今補纂。宋《政和禮》品官設銘，以絳廣充幅。四品以下廣終幅。韜杠，杠，銘竿也。其長視絳。四品以上長九尺，六品以上長八尺，九品以上長七尺。書曰某官封之柩，婦人視其夫有官封，則曰：某官封某人姓氏之柩。未有封曰：某妣或妻某氏之柩。庶人設銘於西階下，銘以絳廣充幅，韜杠書云：某人之柩。明品官喪，設銘旌倚於靈座之右。庶人喪，亦立銘旌。臣等謹案：銘旌制度，宋《政和五禮新儀》注：四品以上長九尺，六品以上長八尺，九品以上長七尺。《宋史・禮志》詔：葬禮院例，三品以上長九尺，五品以上八尺，六品以上七尺。明制：喪葬之制，四品以上銘旌絳，帛長九尺。諸説不一，各因時以定制耳。

（清）嵇璜等《續通典》卷七八《禮凶・喪制中・賵賻五代 宋 明》 宋制：賻贈。凡近臣及帶職事官薨，非詔葬者，如有喪訃及還葬，皆賜賻贈。鴻臚寺與入內，內侍省以舊例取旨。其嘗踐兩府或任近侍者，多增其數，絹自五百匹至五十匹，錢自五十萬至五萬，又賜羊酒有差，其優者仍給米麥香燭。自中書樞密而下，至兩省五品三司三館、職事、內職、軍校并執事禁近者亡歿，及父母近親喪，皆有贈賜。宗室期功袒免，乳母殤子及女出適者各有常數。其特恩加賜者，各以輕重爲隆殺焉。太祖建隆元年十月詔：有死於矢石者，人給絹三匹，仍復其家三年，長吏存撫之。仁宗慶歷二年詔：陣亡軍校無子孫者，賜其家錢，指揮使七萬，副指揮使六萬，軍使、都頭、副兵馬使、副都頭五萬。神宗熙寧七年，參酌舊制著爲新式：諸臣喪兩人以上各該支賜孝贈，只就數多者給；官與職各該賻贈者，從多給。諸兩府、使相、宣徽使并前任宰臣問疾，或澆奠已賜不願勅葬者，并宗室不經澆奠支賜，雖不係勅葬，並支賻贈。餘但經問疾或澆奠支賜或勅葬者，更不支賻贈。前兩府如澆奠只支賻贈，仍加絹一百，布一百，羊、酒、米、麪各一十。諸支賜孝贈：在京，羊每口支錢一貫，以折第二等絹，每匹折錢一貫三百文，餘支本色。在外，米支白秔米，麪每石支小麥五斗，酒支細色，餘依價錢。諸文臣卿監以上，武臣元係諸司使以上，分司致仕身亡者，其賻贈並依見任官三分中給二。《政和五禮新儀》品官喪儀，若遣使致賻，使者至，立於大門外之西東面，從者以箱奉玄纁束帛，立於使者之側。贊者入，告主人，立哭，贊者引使者入，立於門內之西東面，從者以箱授使者。主人哭止，使者奉箱少進東面。曰某對某官使某賻。主人哭，再拜，使者又少進，坐委之，興復位。掌事者進，坐舉之，興以東，使者出，主人拜送。庶人喪儀與此畧同。

（清）嵇璜等《續通典》卷七九《禮凶・喪制下・大祥變宋 明》 宋制：二十五日大祥。外朝以日易月之制，行奠祭禮，如前祭儀。是日，皇帝改服禫服。高宗紹興九年正月二十五日，徽宗大祥，高宗服白羅袍至禫祭。祥服日，服素紗軟脚幞頭，淺色黄羅袍黑銀帶。及紹興三十一年八月，太常寺檢會故事，言：大祥日，服素紗軟脚幞頭，白羅黑銀帶。孝宗淳熙十四年十月十一日，太常寺檢照，大祥日，服素紗軟脚折上巾、淡黄袍，黑銀帶。上批：淡黄袍改服白袍，自後每御延和殿，並服大祥之服，又不用皁幞頭，其折上巾白袍並以布爲之，宮中則布衫，過宮則衰絰而杖。明品官禮，再期而大祥，喪至此凡二十五月，亦止用第二忌日祭。前期一日，沐浴陳器具饌。如小祥。設次陳禫服，以酒果告遷於祠堂。告畢，改題神主，遞遷而西，虛東一龕，以俟新者。厥明行事，皆如小祥之儀。祝版改小祥曰大祥，常事曰祥事。祝畢，奉神主入於祠堂，喪主以下哭從如祔之敘，至祠堂，止哭。執事者徹靈座，斷杖棄之屏處。奉遷主埋於墓側，始飲酒食肉而復寢。庶人禮：大祥前期一日，喪主及諸子俱沐浴，具饌，陳器，陳禫服於次，乃告遷於祠堂，告畢。改題神主而遞遷之，虛東一龕，以俟厥明，祝先人拂几筵，降出。內外於次哭，盡哀。掌事設饌於靈座前，內外俱就位哭。贊者引喪主盥手奠酒，祝立於靈座右，跪讀祝文，曰：維年月朔日辰，孤子某敢告於考，某人之靈，日月逾邁，奄及大祥，攀慕永遠，無任荒踣。謹以清酌庶羞，祇薦祥事尚享祝興。喪主哭，再拜，退，復位。內外哭，盡哀，祝奉神主入於祠堂，喪主以下哭送，掌事者徹靈座，斷杖棄之屏處，始飲酒食肉而復寢。

（清）嵇璜等《續通典》卷七九《禮凶·喪制下·禫變宋 明》

宋制：二十七日禫，用以日易月之制。奠祭。是日，皇帝釋禫服，《政和禮》品官喪儀：禫前一日之夕，掌事者先備內外禫服，各陳於別所。主人及諸子俱沐浴，具饌如初。其日夙興，祝入，設几筵於奧。主人及諸子、妻妾、女子仍祥服。內外俱升，就位，哭，盡哀，降釋服，服禫服，復升，就位，哭。設饌如初，贊者引主人盥手、奠酒如初，祝進立於靈座右，止哭，祝跪，讀祝文曰：維某年月朔日辰，孤子某敢昭告於考某官封謚。案：庶人禮，作敢昭告於考某人之靈。尚饗。餘如大祥之儀。明品官禮，大祥之後，間一月禫，禫者淡，淡然平安之意。蓋喪至此，計二十有七月，前一月下旬卜，來月三旬中，各一日或丁或亥，設桌子於祠堂門外，置香爐、香合、环珓於其上。喪主禫服西向，衆兄弟次之子孫在其後，重行北上。執事者北向東上，喪主炷香薰珓，命以上旬之日曰：某將以來月某日，祇薦禫事於先考某官府君，即以珓擲於盤，以一俯一仰爲吉，不吉更命中旬之日，又不吉，則直用下旬之日。案：司馬光《書儀》大祥後間一月，月中隨便擇一日不用卜。喪主乃入祠堂，本龕前再拜，在位者皆再拜。喪主焚香，祝執版，立於喪主之左，跪告曰：孝子某，將以來月某日祇薦禫事，於先考某官府君。案：庶人禮作敢昭告於考某人之靈。卜既得吉敢告，喪主再拜降興，在位者皆再拜，祝闔門，退。乃前期一日沐浴，設神位於靈座故處，陳器具饌，厥明行事皆如大祥之儀。

（清）嵇璜等《續通典》卷七九《禮凶·喪制下·小祥變宋 明》

宋制：十三日，小祥。外朝以日易月之制。行奠祭禮，其日，儀鑾司設素幄於几筵殿之東，陪位官就位立班，皇帝服衰服，詣幄即御座簾降。太常卿當幄前跪奏，請皇帝行祭奠之禮。簾捲，前導官導皇帝出幄，詣殿下褥位，向西立。奏，請再拜，舉哭。皇帝再拜，舉哭。在位官皆再拜，舉哭。前導皇帝升殿，詣香案前三上香，三奠酒，俛伏，興，讀祝文官跪讀祝文，訖，奏請哭，盡哀。皇帝哭，盡哀。在位官皆哭，盡哀。奏請再拜，皇帝再拜，在位官皆再拜。前導皇帝降階殿下褥位，西向立，奏請皇帝再拜，在位官皆再拜。前導皇帝還幄簾降，奏禮畢，皇帝改服大祥服。理宗初真德秀《論小祥不當從吉狀》：伏覩指揮羣臣候過寧宗皇帝小祥，並服純吉等。某案本朝列聖相承，外庭雖用易月之制，而宮中實行三年之服。迨至阜陵獨出宸斷，易月之外，衰服如初，朝衣朝冠皆以大布。惜時臣不能并定臣下執喪儀，遂使人主衰服三年於上，而羣臣易月公除於下。逮紹熙甲寅阜陵上賓羅點等建議，乞令群臣於易月之後，不釋衰服，朝會治事權用公服、黑帶。每遇七日及朔望時節，朝臨奉慰，應於喪禮皆以衰服行事，山陵之後期與再期，則又服衰服，大祥而後除。至於燕服，亦去紅紫之飾。詔從之。侂胄弄權，一切反慶元初制。故光宗之喪，羣臣復以小祥純吉。揆之禮意，參之人情，有未安者二焉。皇帝以躬執三年之喪，在宮則苴麻，臨朝則淺黄之服，黑犀之帶。而羣臣遽以無所不佩，豈君服斯服之義乎。此其未安者一也。八月三日，實維小祥，越七日而遂純吉。追念去年是時，先皇帝負扆朝羣臣，今音容若存，仙遊已邈。臣子雖號慟泣血，未足以洩其哀，乃遽即純吉之服，忘憂戚之容，揆之人情，必所不忍，此其未安者二也。欲望朝廷更下有司考求紹興甲寅已定之例，斟酌而行之。其八月十日，百官純吉指揮，望姑賜寢，庶幾稍合禮意，足以貽示方來。司馬光《書儀》云：既練，男子去首絰、負版、辟領、衰，故《朱子家禮》據《書儀》云：小祥，去首絰、負版、辟領、衰，但《禮記》既練，男子除首絰，婦人除要帶。《家禮》於婦人成服時，並無婦人絰帶之文。此爲疎畧。故既練，亦不言婦人除帶，當以禮經爲正。明品官禮，期而小祥，喪至此凡十三月。不計閏。古卜日而祭，今止用初忌以從簡易，前期一日，喪主以下沐浴，灑掃滌濯，主婦帥衆婦女滌釜鼎，具祭饌。如卒哭。設次陳練服，厥明夙興，設蔬果酒饌。質明，祝出主喪，主倚杖於門外，與期親各服其服而入，皆哭，盡哀，止乃出。就次易服復入哭，祝止哭乃降神。初獻、亞獻、終獻、侑食、闔門、啓門、辭神，並同卒哭之儀。祝版云：日月不居，奄及小祥，夙興夜處，小心畏懼，不惰其身，哀慕不寧，敢用潔牲庶羞粢盛醴齊，薦此常事，尚享。自是止朝夕哭，始食菜果。庶人禮，小祥，前期一日，喪主及諸子皆沐浴，具饌陳器，設次，陳練服於其所。其日夙興，祝入整拂几筵以出内外衰服，喪主以下倚杖於階東，俱出就位，哭，盡哀。賛者引喪主杖就次，主婦以下各就次，乃陳練服。賛者引喪主倚杖如初，乃升，内外俱升，就位哭。賛者引喪主盥手、奠酒，祝進立於靈座右，内外止哭。祝讀祝文曰：維年月朔日辰，孤子某敢告於考某人之靈，歲月驚迫，奄及小祥，攀慕永遠，重增荼裂。謹以清酌庶羞祗薦常事，尚享。祝興。喪主哭，再拜，退復位，内外哭，盡哀。喪主以下出杖降自西階就次，妻妾女子還別室，自小祥之後，止朝夕哭。

（清）嵇璜等《續通典》卷八〇《禮凶·斬衰三年唐 宋 元 明》《唐律》：爲人後者爲所後，父孫爲祖後，承重婦爲舅，其夫爲祖後者，妻亦從服。皆斬衰。宋《政和禮》婦爲舅，與《唐律》同。夫爲祖、曾、高祖後者，其妻從服亦如之。《元典章》爲人後者爲所後父，與《唐律》同。《明會典》、《孝慈録》同。子爲父母，爲人後者爲所後父母，女在室爲父母，女嫁反在室爲父母，嫡孫爲祖父母承重，及曾高祖父母承重者同。父故，適孫爲祖承重服。若父、祖俱亡，而子孫爲曾、高祖後者同。婦爲舅姑，爲人後者爲所後祖父母承重。庶子爲所生母，子爲繼母，爲慈母，爲養母，夫爲人後，則妻從服。庶子之妻，爲夫之所生母俱斬衰。

（清）嵇璜等《續通典》卷八〇《禮凶·孫爲祖持重議宋 元》宋神宗時，知太常禮院蘇頌議承重法，疏畧曰：古者，貴賤不同禮，諸侯、大夫世有爵禄，故有大宗、小宗、主祭、傳重之義，則喪服從而異制，匹士庶人亦何預焉。何以言之？《喪服傳》曰：父爲長子，何以三年也？正體於上，又乃將所傳重也。鄭康成曰：重其當先祖之正體，又以其將代己爲宗廟主也，而經不言。長孫爲祖者，蓋有爵土，則父歿，次當傳己，其承重可知也。近代仕不世爵，宗廟因而不立，尊卑亦無所統，其長子孫與衆子孫無以異也。生而情禮則一，死而喪服獨異，恐非先王制禮之本意也。而世俗之倫，乃以三年之喪爲承重。故謂當服者爲承重，而不知爲承大宗之重也。嘗聞慶歷中，朝廷欲議臣僚應任子者，長子、長孫差優與官，餘皆降等，此亦近古立宗之法也，然不果行。慶歷末，石中立卒，未幾，庶子從簡又卒，嫡孫祖仁先服期，不知後服。禮官以謂，宜別制斬衰。嘉祐中，劉煇祖母卒，自言幼孤，鞠於祖母，雖有諸父，亦乞解官行服。禮官議：煇長孫，當承重。臣謂祖仁官丞郎列近職，世荷賞延，是有重可承者也。煇乃庶官，世又非顯，若云鞠於祖母，報以三年可也，有諸父在，而令承長孫重，非也。故熙寧八年六月詔書：嫡子死，無衆子者，然後嫡孫承重，襲封爵者，雖有衆子猶承重，此明宗子傳重，正合古禮。而未議無封爵者，及庶人所以承重之意，故學禮者猶以爲未盡也。傳曰：都邑之士，則知尊禰，大夫及學士則知尊祖。故諸侯及其太祖，天子及其始祖之所自出。由是言之，尊卑之禮，有隆殺之異，而喪服從而爲之制也。明矣。今服祖重者，而無所以爲重之義，又無大夫、庶人之別，是尊卑一統，而貴賤同體也。乞詔禮官博士參議禮律，若以無封爵者無傳重之義，即別立服制。如在禮，合承重，亦參酌古今收族主祭之禮，立爲宗子繼祖，有以異於衆子孫之法。及庶人與士大夫不當同用一律，頒布天下，使人知尊祖不違禮教，則州郡用法斷於不疑也。《建炎以來朝野雜記》高宗之喪，孝宗爲三年服。及孝宗之喪，有司請於易月之外，用漆紗淺黄之制，蓋循紹興以前之舊。朱文公後入，不以爲然，奏言：今已往之失，不及追改，惟有將來啟欑發引，禮當復用初喪之服，則其變除之節，尚有可議。望明詔禮官稽考禮律，預行指定，其官吏軍民方喪之服，亦宜稍爲之制，勿使肆爲華靡。其後詔中外百官，皆以涼衫視事，蓋用此也。方文公上議時，門人有疑者，文公未有以折之。後讀《禮記正義·喪服小記》爲祖後者條，因自識於本議之末，其畧云：準《五服年月格》斬衰三年，嫡孫爲祖，謂承重者。法意甚明，而禮經無文，但傳云：父歿而爲祖後者服斬。然而不見本經，未詳何據。但《小記》云：祖父歿而爲祖母後者三年，可以旁照。至爲祖後者條下疏中所引《鄭志》乃有諸侯父有廢疾不任國政，不任喪事之問，而鄭答以天子諸侯之服皆斬之文，方見父在而承國於祖服。向來入此文字時，無文字可檢，又無朋友可問，故大約且以禮律言之。亦有疑父在不當承重者，時無明白證驗，但以禮律人情大意答之，心常不安，歸來稽考，始見此説，方得無疑。《元典章·本宗五服之圖》，孫爲祖父齊衰，不杖期。若嫡孫承祖，同父母斬衰、齊衰三年。

（清）嵇璜等《續通典》卷八〇《禮凶·適孫亡無後次孫爲祖承重議宋》 宋神宗熙寧八年詔，禮官立法，自今承重者，適子死，無諸子，即適孫承重，無適孫，適孫同母弟承重。

（清）嵇璜等《續通典》卷八〇《禮凶·適孫承重在喪而亡次孫代之議宋》 宋仁宗皇祐元年，博士宋敏求議承祖父重服，曰：自《開元禮》以前，嫡孫卒則次孫承重。或謂已服期，不當接服斬，而更爲重制。按《儀禮》，子嫁，反在父之室，爲父三年。鄭康成注：謂遭喪而出者，始服齊衰期，出而虞則以三年之喪。杜佑通儒，引其義，附前問答之次。況徐邈、范宣之説已爲司馬操駁之，是服可再制明矣。

（清）嵇璜等《續通典》卷八〇《禮凶·齊衰三年宋金》 宋《政和禮》《家禮》子爲母，不分父存歿，俱齊衰三年。如《唐律》、《開元禮》。《明會典》改爲母斬衰三年。後唐明宗長興中，太常卿劉岳奉勅刪定鄭餘慶《書儀》定婦爲姑齊衰三年。宋太祖乾德三年，從僕射魏仁浦等奏：依後唐之制，婦爲姑齊衰三年。《開寶禮》養母謂同宗及三歲以下遺棄之子者，與親母同。按養母之服，不見於經，蓋古無異姓相養之理。有之，自宋《開寶禮》始載入，齊衰三年章，《元典章》因之，明《孝慈録》加爲斬衰三年。神宗熙寧七年，命官參酌舊例，定爲新式。父母及繼母、慈母、已所生母並三年。按：母及繼母、慈母之服，自唐定爲齊衰三年，不分父存歿。五代及宋皆因之而不改，何待神宗之更定乎？至於生母之服，周世大夫士之庶子，父卒皆服齊衰三年，與子爲母同，唐《開元禮》及宋初俱因之，亦不待神宗之更定。大要當時不過申明故事，而紀事者不審舊章原自如此，遂悞以爲新式爾。金章宗時，霍王從彝母早死，温妃舒穆嚕氏養之。明昌六年，温妃薨，帝問從彝喪服。諫議大夫張巨奏：慈母服齊衰三年，桐杖布冠，禮也。從彝近親，至尊壓降與臣下不同，乞於未葬以前服白布衣絹巾，既葬止用素服終制，朝會從吉。帝從其奏。

（清）嵇璜等《續通典》卷八〇《禮凶·後妻子爲前母服議晉》 晉初，吴國朱某娶妻陳氏，生子東伯。入晉，晉賜妻某氏生子綏伯。太康中，某已亡，綏伯將母以歸邦族，兄弟交愛敬之道，二母篤先後之序，雍雍人無間言。及其終也，二子交相爲服，君子以爲賢。安豐太守程諒先已有妻，後又娶，遂立二適。前妻亡，後妻子勳疑所服。中書令張華造甲乙之問曰：甲娶乙爲妻，後又娶丙，居家如二適，無有貴賤之差。乙亡，丙之子當何服？本實並列，適庶不殊，雖二適非正，此失在先人，人子何得專制析其親也。若爲庶母服，又不成爲庶。進退不知所從。太傅鄭沖議曰：甲失禮於家，二適並在，誠非人子所得正。則乙丙之子並當三年，禮疑從重。車騎賈充、侍中少傅任愷議畧與鄭同。太尉荀顗議曰：《春秋》並后匹適，古之明典也。今不可以犯禮並立二妻，不別尊卑而遂其失也。故當斷之以禮，先至爲適，後至爲庶。丙子宜以適母服乙，乙子宜以庶母事丙。杜《典》不載今補纂。

（清）嵇璜等《續通典》卷八〇《禮凶·爲高曾祖母及祖母持重服議宋明》 宋仁宗天聖四年，大理評事杜杞言：祖母潁川郡君鍾没，並無服重子婦，餘孤孫七人，臣最居長，今已服斬衰，即未審解官與否？禮院言：按《禮·喪服小記》曰：祖父卒，而後爲祖母後者三年。正義曰：此論適孫承重之服。祖父卒者，謂適孫無父而爲祖後。祖父已卒，今遭祖母喪，故云爲祖母後也。父卒爲母，故三年。若祖父卒時父已先亡，亦爲祖父三年。若祖卒時父在，已雖爲祖期，今父歿，祖母亡時，已亦爲祖母三年也。又按令文：爲祖後者，父卒爲祖斬，祖父歿，適孫爲祖母承重者，齊衰三年，並解官。合依禮、令。《二程全書》州從事有既孤而遭祖母喪者，身爲適孫，未果承重。先生爲推典法意，告之甚悉，其人從之。至今遂爲定令，而天下搢紳始習爲常。《朱子語類》祖在父亡，祖母死，亦承重。《家禮》適孫父卒，爲祖母，若高、曾祖母承重，皆齊衰三年。明制：適孫爲祖父母承重，及曾、高祖父母承重者，改爲斬衰三年。

（清）嵇璜等《續通典》卷八〇《禮凶·父卒母嫁復還及庶子爲嫡母繼母改嫁服議》 臣等謹按：杜《典》載喪服。父卒，繼母嫁從爲之服報，並注：鄭王諸説，疏以從爲之服爲句，從鄭康成義也。後儒於從字絶句用王肅説也，以義斷之，當以王説爲正。蓋繼母本非屬毛離裏之親，又改嫁與父絶族，乃令前妻之子之自居其室者，亦皆舍其宗廟祭祀，而爲之服，此於情爲不稱，而揆之理亦未順。唯從繼母而嫁者，則爲之服，以其有撫育之恩故也。此不別其爲父後與否者，以從乎繼母而嫁，必有幼弱不能自存者也，受恩既同，持服豈得而異，故無分乎適、庶也。從母嫁則繼父同居者尚有服，况繼母乎？况親母乎？傳云：貴終，貴繼母之嫁而能終撫字之恩也。鄭以嘗爲母子言非也。

（清）嵇璜等《續通典》卷八〇《禮凶·父在爲出母服議元》

《元典章·八母服圖》。父在，而母離棄，被出者，齊衰，杖期。

（清）嵇璜等《續通典》卷八〇《禮凶·父卒爲嫁母服議宋 金 元 明》

宋仁宗景祐二年，禮官宋祁言：前祠部員外郎集賢校理郭稹，幼孤，母邊氏更嫁，有子，按《歷代名臣奏議》母邊氏，適士人王涣，生四子。稹無伯叔兄弟，獨承郭氏之祭。今邊氏不幸，訃聞，稹解行服，臣深用爲疑。按《五服制度勑》齊衰杖期降服之條曰：父卒母嫁及出妻之子爲母。其左方注曰：謂不爲父後者。若爲父後者，則爲嫁母無服。按《歷代名臣奏議》有云：今詳邊氏嫁則從夫，已安於王室，死則同穴，永非於郭偶。稹既爲父後，則宜歸重本宗，雖欲懷有慈之愛，推無絶之義，亦不得爲已嫁之母亢父而盡其禮也。此數語《宋史·禮志》未載。詔議之。以下劉夔等議，《歷代名臣奏議》中不載，今從《宋史·禮志》備載。侍御史劉夔曰：按天聖六年勑，《開元五服制度》、《開寶正禮》並載齊衰降服條例，雖與祁言不異，然《假寧令》：諸喪斬衰三年，並解官；齊衰杖期及爲人後者爲其父母，若庶子爲後爲其母，亦解官，申心喪；母出及嫁，爲父後者雖不服，申心喪。注云：皆爲生已者。《律疏》云：心喪者，爲妾子及出妻之子合降其服，二十五月内爲心喪。載詳格令子爲嫁母，雖爲父後者不服，亦當申心喪。又稱居心喪者，釋服從吉及忘哀作樂、冒哀求仕者，並同父母正服。今龍圖閣學士王博文，御史中丞杜衍嘗爲出嫁母解官行喪。若使生爲母子，没爲路人，則必虧損名教，上玷孝治。且杖期降服之制，本出《開元禮》文，逮乎天寶降勑，俾終三年，然則當時已悟失禮。晉袁準謂：爲父後，猶服嫁母。據外祖異族，猶廢祭行服，知父後應服嫁母。劉智釋疑云：雖爲父後，猶爲嫁母齊衰。譙周云：非父所絶，爲之服周可也。昔孔鯉之妻爲子思之母，鯉卒而嫁於衛。故《檀弓》曰：子思之母死，柳若謂子思曰：子聖人之後也，四方於子乎觀禮，子盍慎諸。子思曰：吾何慎哉！喪之禮，如子。云子聖人之後，即父後也。石苞問淳于睿：爲父後者，不爲出母服。嫁母猶出母也，或者以爲嫁與出不異，不達禮意。雖執從重之義，而以廢祭見議。君爲詳正。睿引子思之義爲答，且言：聖人之後服嫁母，明矣。稹之行服，是不爲過。詔兩制、御史臺、禮院再議，曰：按《儀禮》父卒，繼母嫁，爲之服期。謂非生已者，故父卒改嫁，降不爲己母。唐上元元年勑，父在爲母尚許服三年。今母嫁既是父終，得申本服。唐紹義曰：爲父後者爲母嫁杖周，不爲父後者請不降服。至天寶六載勑，五服之紀，所宜企及，三年之數，以報免懷。其嫁母亡，宜終三年。又唐八坐議吉凶加減禮云：凡父卒，親母嫁，齊衰杖期，爲父後者亦不服，不以私親廢祭祀，惟素服居堊室，心喪三年，免役解官。母亦心服之，母子無絶道也。按《通禮·五服制度》：父卒母嫁，及出妻之子爲母，及爲祖後，祖在爲祖母，雖周除，仍心喪三年。侍講學士馮元言：《儀禮》、《禮記正義》，古之正禮；《開寶通禮》、《五服年月勑》國朝見行典制，爲父後者，爲出母無服，惟《通禮義纂》引唐天寶六年制：出母、嫁母並終服三年。又引劉智《釋疑》：雖爲父後，猶爲出母、嫁母齊衰，卒哭乃除。蓋天寶之制，言諸子爲出母、嫁母，故云並終服三年。劉智言爲父後者爲出母、嫁母，故云猶爲齊衰，卒哭乃除，各有所謂，固無疑也。况《天聖五服年月勑》：父卒母嫁及出妻之子爲母降杖期。則天寶之制已不可行。又但言母出及嫁，爲父後者雖不服，亦申心喪，即不言解官。若專用禮經，則是全無服式；若俯同諸子杖期，又於條制相戾。請凡子爲父後，無人可奉祭祀者，依《通禮義纂》、劉智《釋疑》，服齊衰，卒哭乃除，踰月乃祭，仍申心喪，則與《儀禮》、《禮記正義》、《通典》、《通禮》、《五服年月勑》，爲父後，爲出母、嫁母無服之言不遠。如諸子非爲父後者，爲出母、嫁母，依《五服年月勑》，降服齊衰杖期，亦解官申心喪，則與《通禮·五服制度》言雖周除，仍心喪三年，及《刑統》言出妻之子合降其服，皆二十五月内爲心喪，其義一也。郭稹應得子爲父後之條，緣其解官行服已過期年，難於追改，後當依此施行。詔：自今並聽解官以申心喪。按《范文正公年譜》公生二歲而孤，母夫人謝氏，再適朱氏。天聖四年，丁母夫人憂，六年服除。是爲嫁母服三年喪也。蓋《喪服》云：父卒，繼母嫁，從爲之服報。王肅以從字絶句，從母嫁則繼母尚有服，况公以二歲從親母乎。此禮以義起，故當世無議之者。金世宗大定八年二月甲午朔，制子爲改嫁母服喪三年。《元典章·八母服圖》父亡，母改嫁適人，齊衰杖期。明太祖洪武二十三年，進士王希曾言其母任氏之喪，以改嫁服止期年，願終三年之制。帝命禮部議之。尚書李原名奏曰：不喪出母，古之制也。希曾之母既已失節，難渝定制。詔從之。

（清）嵇璜等《續通典》卷八〇《禮凶・大功殤服九月七月》 臣等謹按《儀禮》有三殤之服，漢晉迄元，皆相沿不廢。朱子爲《家禮》則畧之。而賛其例於末，云：凡爲殤服者，降一等。明初編《集禮》及令皆仍古制。至改制，《孝慈録》盡去殤服不載。又按禮無七月之服，惟殤有之，殤之中又惟中殤有之，蓋長殤降一等，下殤降二等，中殤則無定。其在大功之殤，則中從上而降一等；在小功之殤，則中從下而降二等。降二等者，固與小功之服同，其降一等者，不可即與大功之服同。故特設七月以處之，誠先王盡愛、盡倫之善制也。大功成人九月。

（清）嵇璜等《續通典》卷八〇《禮凶・齊衰不杖周宋明》 宋《開寶禮》爲父，所生庶母，《政和禮》嫁母、出母爲其子，繼母嫁，爲前夫之子從己者。《明會典》父母爲適長子及衆子，妾爲家長、父母。

（清）嵇璜等《續通典》卷八〇《禮凶・齊衰三月宋》 宋沈括曰：喪服但有曾祖齊衰三月，曾孫緦麻三月，而無高祖、玄孫服。先儒皆謂同曾祖、曾孫，故不言可推而知。或曰：經之所不言則不服，皆不然也。曾，重也，由祖而上者，皆曾祖也。由孫而下者，皆曾孫也。苟有相逮者，則必爲之服喪三月。《朱子語類》沈存中沈括，字存中。説：喪服中，曾祖齊衰服，曾祖以上皆謂之曾祖，恐是如此。

（清）嵇璜等《續通典》卷八〇《禮凶・爲衆子婦宋元》 宋黄榦曰：魏徵以兄弟子之婦同於衆子婦。先師朱文公曰：禮經嚴適，故《儀禮》適婦大功，庶婦小功，此固無可疑者。但兄弟子之婦則正經無文，而舊制爲之大功，乃更重於衆子之婦，雖以報服使然，然於親疎輕重之間，亦可謂不倫矣。故魏公因太宗之問而正之，然不敢易其報服大功之重，而但升適婦爲期，乃正得嚴適之義。升庶婦爲大功，亦未害於降殺之差也。《元典章》爲嫡婦杖期，爲衆婦大功。

（清）嵇璜等《續通典》卷八〇《禮凶・小功殤服五月周》 《喪服》從父昆弟之長殤。傳曰：問者曰：中殤何以不見也？大功之殤，中從上，小功之殤，中從下。按：成人當服大功者，其中殤與長殤同。成人當服小功者，其中殤與下殤同。凡不見於經者，皆當以此例求之。杜《典》不載今補纂。

（清）嵇璜等《續通典》卷八〇《禮凶・小功成人服五月唐宋》 《唐律》爲舅、爲從母。《顯慶禮》爲甥。杜《典》不載，今補纂。宋《政和禮》女適人者，爲其兄弟，姪之爲人後者。爲人後者，爲其從父母弟。

（清）嵇璜等《續通典》卷八〇《禮凶・嫂叔服唐五代宋元明》 唐顔師古《嫂叔服》議原夫服紀之制，異統同歸，或本恩情，或申教義，所以慎終追遠，敦風厲俗。輕重各順其適，名實不可相違，喪過乎哀，《易》象之明訓。按《文苑英華》易象，作承象誤。其易寧戚，聖道之遺旨。所議兩條，實爲舛駁，特降緦絰，俾革遺謬。歷代之所不寤，儒者於是未詳，超然遠覽，獨照深致。竊以舊館脱驂，尚云出涕，鄰里有殯，且輟巷歌。況乎昆弟之妻，嚴親是奉，夫之昆弟，肯業本同。遂乃均諸百姓，絶於五服，當其喪没，闔門縞素。已獨晏然，元黄莫改，静言至理，殊非宏通，無益關防，實開偷薄。相爲制服，孰謂非宜？在昔子思、仲尼之冑，爲位哭嫂，事著禮文。哭既施位，明其慘怛，苟辟凶服，豈曰稱情。愚請昆弟之妻，服當五月。夫之昆弟，咸亦如之。則親疎中節，名數有倫。帷簿之制更嚴，内外之序增睦。與魏徵等議同。杜《典》不載，今從《唐會要》纂入。後唐末帝清泰三年，刑部侍郎權判太常卿馬縞按《册府元龜》作戸部侍郎。言：衰麻喪紀，所以别親疎，辨嫌疑。禮，叔嫂無服，推而遠之也。唐太宗時，有司議爲兄之妻服小功五月，今有司給假爲大功九月，非是。廢帝下其議，太常博士段顒議嫂服給假以大功者，令文也。令與禮異者非一，而喪服之不同者五。禮，姨舅皆服小功，令皆大功。妻父母壻外甥皆服緦，令皆小功。禮、令之不可同如此。右賛善大夫趙咸乂議曰：喪與其易也，寧戚。《儀禮》五服，或以名加，或因尊制，推恩引義，各有所當。據禮爲兄之子妻服小功，是輕重失倫也。以名則兄子之妻疎，因尊則嫂非卑，嫂服大功，其來已久。令，國之典，不可減也。按《册府元龜》諸博士駁云：律令，國之大經。馬縞知禮院時不曾論定。今遽上疏駁令式，罪人也。司封郎中曹琛請下其議，并以禮令之達者定議。詔尚書省集百官議。左僕射劉昫等議曰：伏以嫂叔服小功五月，《開元禮》《會要》同，其式令於喪服無正文，而嫂服給大功假，乃假寧附令，而勅無年月。臣等集議，嫂叔服并諸服紀，請以《開元禮》爲定，下太常具五服制度附於令。從之。

宋仁宗天聖五年，侍講學士孫奭言：伏見禮院及刑法司外州執守服制，詞旨俚淺，如外祖卑於舅姨，大功加於嫂叔，顛倒謬妄，難可遽言。臣於《開寶正禮》録出五服年月，并見行喪服度，編附《假寧令》，請下兩制、禮院詳定。從之。《程氏遺書》云：問嫂叔古無服，今有之何也？曰：古之所以無服者，只爲無屬。其夫屬乎父道者，妻皆母道也。其夫屬乎子道者，妻皆婦道也。今上有父有母，下有子有婦，叔父、伯父，父之屬也，故叔母、伯母之服，與叔父伯父同。兄弟之子，子之屬也，故兄弟之子之婦服與兄弟之子同。若兄弟則己之屬也，難以妻道屬其嫂，此叔嫂所以無服之義。今之有服，亦是。豈有同居之親而無服者？又問：既是同居之親，古却無服，豈有兄弟之妻死而已恝然無事乎？曰：古者雖無服，若哀慼之心自在，且如鄰里之喪，尚不相舂，不巷歌，匍匐救之，況至戚乎？又云：嫂叔無服，先王之權，後聖有作，雖復制服可矣。《張子全書》云：韓退之以少孤，養於嫂，故爲嫂服加等。大抵族屬之喪，不可有加。若爲嫂養，便以有恩而加服，則是待兄之恩至薄。大抵無母，不養於嫂，更無處可養，若爲族屬之親，有恩而加等，則待己無恩者，可不服乎哉？昔有士人，少養於嫂，生事之如母，死自處以齊衰。或告之，非先王之禮，聞而遂除之，惟持心喪，遂不復應舉，人以爲得體。《朱子語類》云：問嫂叔無服，而程先生云後聖有作，須爲制服。答曰：看推而遠之，便是合有服，但安排不得。故推而遠之，若有鞠養恩義，心自住不得，如何無服？真卿曰：當如同爨緦。今法從小功。《元典章·本宗五服之圖》，兄弟妻小功。明制叙服曰：小功五月者，爲兄弟之妻，婦人爲夫之兄弟；曰緦麻三月者，爲同堂兄弟之妻；婦人爲夫之同堂兄弟。

（清）嵇璜等《續通典》卷八〇《禮凶·緦麻成人服三月宋 明》

宋《政和禮》爲兄弟之曾孫，爲夫兄弟之曾孫，爲同堂兄弟之孫，爲夫同堂兄弟之孫女適人者，爲兄弟之孫，爲夫之兄弟之孫女適人者。女適人者，爲從祖祖母，爲從祖祖姑，爲從祖姑。明制：以庶子爲父後者爲其母，改入斬衰生母條。以士爲庶母改入杖期庶母條。其嫁女爲同堂姊妹之出嫁者，增入緦麻三月。按杜《典》載有緦麻殤服一條，《儀禮》云爲庶孫之中殤，而鄭康成謂當爲下殤。馬融謂有中則有下。王肅謂大夫爲孫服，皆無確據。自唐以後，亦無議及此者。茲故不録。

（清）嵇璜等《續通典》卷八〇《禮凶·舅之妻及堂姨舅唐 宋 元》

臣等謹按杜《典》載開元制及裴耀卿、張九齡等奏，而韋縚原奏崔沔等衆議未載，今從《舊唐書·禮儀志》備叙并録。宋黄幹《儀禮經傳續解》以備詳考。唐玄宗開元二十三年，下制曰：服紀之制或有所未通，宜令禮官學士詳議聞奏。太常卿韋縚奏曰：謹按《儀禮·喪服》舅，緦麻三月。從母，小功五月。傳曰：何以小功，以名加也。堂姨舅、舅母，恩所不及。外祖父母，小功五月。傳曰：何以小功，以尊加也。舅，緦麻三月，並是情親而服屬疎者也。外祖正尊，同於從母之服。姨舅一等，服則輕重有殊。堂姨舅親即未疎，恩絶不相爲服。親舅母來承外族，同爨之禮不加。竊以古意猶有所未暢者也。且焉外祖小功，此則正尊情甚親而服屬疎者也，請加至大功九月。姨舅同儕，親既無別，服宜齊等，請爲舅加小功五月。堂姨舅疎降一等，親舅母從服之例，先無制服之文，並望加至袒免。臣聞禮以飾情，服從義制，或有沿革，損益可明。事體既大，理資詳審。望付尚書省集衆官吏詳議，務從折衷，永爲典則。於是太子賓客崔沔建議曰：竊聞大道既隱，天下爲家。聖人因之，然後制禮。禮教之設，本爲正家，家道正而天下定矣。正家之道，不可以貳，總一定議，理歸本宗。父以尊崇，母以厭降，豈忘愛敬，宜在倫序。是以內有齊斬，外服皆緦麻，尊名所加，不過一等，此先王不易之道也。前聖所志，後賢所傳，其來久矣。貞觀修禮，按《文苑英華》作往修新禮，今從《唐志》及《會要》。時改舊章，漸廣渭陽之恩，不遵洙、泗之典。及弘道之後，唐元之間，按《唐會要》作唐隆之間。《歷代名臣奏議》删此句。今從《唐志》及《文苑英華》。國命再移於外族矣。禮亡徵兆，儻或斯見，天人之際，可不誡哉！開元初，補闕盧履冰，嘗進狀論喪服輕重，勑令僉議。於時羣議紛拏，各安積習，太常禮部，奏依舊定。陛下運稽古之思，發獨斷之明，至開元八年，特降別勑，一依古禮。事符故實，人知向方，式固宗盟，社稷之福。更圖異議，竊所未詳。願守八年明旨，以爲萬代程法。職方郎中韋述議曰：天生萬物，惟人最靈。所以尊尊親親，別生分類，存則盡其愛敬，歿則盡其哀戚。緣情而制服，考事而立言，往聖討論，亦已勤矣。上自高祖下至玄孫，以及其身，謂之九族。由近而及遠，稱情而立文，差其輕重，遂爲五服。雖則或以義降，或以名加，教有所從，理不踰等。百王不易，三代可知，日月同懸，咸所仰也。自微言既絶，大義復乖，雖文質有遷，而必遵此制。謹按《儀禮·喪服傳》曰外親之服皆緦麻。鄭康成謂：外親，異姓。正服不過緦麻。外祖父母小功五月，以尊加也。從母小功五月，以名加也。舅甥外孫，中外昆弟，依本服緦麻三月。若以匹敵，外祖則祖也，舅則伯叔父之别也。姨舅伯叔，則父母之恩不殊，而獨殺於外氏，聖人之心，良有以也。且家無二尊，喪服無二斬，人之所本，不可貳也。特重於大宗者，降其小宗；爲人後者，減其父母之服；女子出嫁，殺其本家之喪。蓋所存者遠，所抑者私也。今若外祖及舅更加服一等，堂舅及姨列於服紀之内，則中外之制，相去幾何？廢禮徇情，所務者末。古之制作者，知人情之易摇，恐失禮之將漸，别其同異，輕重相懸，欲使後來之人，永不相雜。微旨所在，豈徒然哉！且五服有上殺之義，必循源本，方及條流。伯叔父母本服大功九月，從父昆弟亦大功九月，並以上出於祖，其服不得過於祖也。族祖祖父母，族祖父母，族祖昆弟，皆緦麻三月，以其出於高祖，其服不得過於高祖也。堂舅姨既出於外曾祖，若爲之制服，則外曾祖父母及外伯叔祖父母，亦宜制服矣。外祖加至大功九月，則外曾祖合至小功，外高祖合至緦麻。若舉此而舍彼，事則不均；棄親而録疎，理則不順。推而廣之，是與本族無異矣。聖人豈薄其骨肉，背其恩愛。情之親者，服制乃輕，然本於公者薄於私，存其大者略其細，義有所斷，不得不然。苟可加也，亦可減也，往聖可得而非，則禮經可得而隳矣。先王之制，謂之彝倫，奉以周旋，猶恐失墜，一紊其叙，庸可正乎？且舊章淪胥，爲日已久矣。所存者無幾，又欲棄之，雖曰未達，不知其可。請依《儀禮·喪服》爲定。禮部員外郎楊仲昌議曰：謹按《儀禮》曰外服皆緦，又曰外祖父母以尊加，從母以名加，並爲小功五月。其爲舅緦，鄭文貞公魏徵已議同從母例，加至小功五月迄。今之所加，豈異前旨？雖文貞賢也，而周孔聖也，以賢改聖，後聖何從？堂舅堂姨舅母，並升爲袒免，則何以祖述禮經乎？如以外祖父母加至大功，則豈無加報於外孫乎？如外孫爲報，服大功，則本宗庶孫，何同等而相淺乎？儻必如是，深所不便。竊恐内外乖序，親疎奪倫，情之所沿，何所不至，理必然也。昔子路有姊之喪而不除，孔子問之，子路對曰：吾寡兄弟而不忍也。子曰：先王制禮，行道之人皆不忍也。子路聞而除之。此則聖人因言以立訓，援事抑情之明例也。禮不云乎，無輕議禮。明其播於天地，並彼日月，賢者由之，安敢小有損益也。况夫《喪服》之紀，先王大猷，奉以周旋，以匡人道。一辭寧措，千載是遵，涉於異端，豈曰宏教。伏望各依正禮，以厚儒風。太常所謂增加，愚見以爲不可。又户部郎中楊百成、左監門録事參軍劉秩，並同是議，與沔等略同。

宋黄榦曰：本朝乾德三年，左僕射魏仁浦等奏云：唐明皇增舅母服緦麻，又堂姨舅服袒免。迄今遵行，遂爲定制。及按今《服制令》，與温公《書儀》等書，並不見有舅母服緦麻及堂姨舅袒免之文。按舅母之服，唐朝既制於前，宋初復遵於後。而《服制令》諸書不載者，蓋前此禮院及刑法司所執姨舅嫂叔皆加至大功，婦翁女壻皆加至小功。至天聖時，學士孫奭請兩制詳定，因並舅母服而削之也。夫舅母無服，雖本古禮，然《檀弓》有同爨服緦之言，明皇既定之爲制，則後世因而仍之，於禮亦無害。《元典章·外族服圖》，母兄弟妻，小功。母姊妹，小功，而不及堂姨舅。

（清）嵇璜等《續通典》卷八三《禮凶·改葬反虞議宋明》　宋《政和禮》：凡有改葬者，皆具事目聞於官，勘驗得實，聽之。案：明吕坤曰：改葬，非得已也。濵於水則遷，櫬於客土則遷，必爲城郭道路則遷，先貧賤後富貴，合而窆之則遷。凡以爲親也，非是則否。將改葬，先於墓所隨地之宜，張白布帷幕，南向開户。其日，内外諸親皆至墓所，各就便次。主人以下及妻妾女子俱緦服，周親以下素服。丈夫於墓東西向，婦人於墓西東向，皆北上。婦人障以行帷，俱立哭盡哀，卑者再拜。祝立於羨道南北向，内外哭止。祝三聲噫嘻，啓以改葬之故。内外又哭，盡哀，權就别所。掌事者開墳，訖，内外又就位哭如初。設席於幕下，舉柩出，置於席上，内外俱從哭於墓所，分東西位如常儀。祝以功布拭棺，掌饌者設饌於柩南，主人盥手以醆跪奠酒，再拜，訖。少頃，徹奠。進柩車於帷門外，南向。升柩於車，遂詣幕所，内外俱哭。掌事者先設牀於幕下，有枕席，周設帷。如不易棺則不設牀。柩車至帷門外，丈夫柩東，婦人柩西，俱立哭。掌事者舉柩，入設牀柩東，舉尸出，置於牀，南首。遂斂，如大斂之儀。如明衣裳不殯也。乃設靈座於吉帷内幕下西廂東向，施牀帷屏服飾以時，上飲饍及沐如平生也。乃葬，將引柩，告曰：以今吉辰，用即宅兆。不設祖奠，無反哭，無方相魌頭，餘如常葬之儀。既葬，就吉惟靈座前一虞，虞如常儀，其祝辭云：維年月朔日辰，孝子某敢昭告於考某官封謚，改遷幽宅。禮畢終虞，夙夜匪寧，啼號罔極。謹以清酌庶羞，祗薦虞事，於考某官封謚，尚饗。既虞，主人以下出，就別所釋緦服，反素服而還。掌饌者徹饌，掌事者徹靈座。朱子曰：改葬須告廟，而後告墓以葬，葬畢奠而歸，又告廟，哭，而後畢事，方穩當。行葬更不必出主，祭告時却出主於廟。《明會典》與宋同。

（清）稽璜等《續通典》卷八三《禮凶・丁憂終制議元明》 元制：諸職官親死不奔喪，降先職二等。未終喪赴官，降一等。不丁父母憂者，罪與不奔喪同。明制：今百官聞喪不待報即去官。後京官有勘合，在外官有引，起復有程限，奪喪、短喪、有喪有禁，視昔加嚴云。太祖洪武初，百官聞祖父母、伯叔、兄弟喪俱得奔赴。二十三年四月，吏部言：祖父母、伯叔、兄弟皆係期年服。若俱令奔喪守制，或一人連遭五六期喪，或道路數千里，則居官日少，更易繁數，曠職廢事。今後除父母及祖父母承重者丁憂外，其餘期服制不許奔喪，但遣致祭。從之。英宗正統十二年，令內外大小官員丁憂者，不許保奏奪情起復。世宗嘉靖四十二年，周府南陵王睦楧上疏云：文職上自九卿，下及百僚，皆知父母之恩，行三年丁憂之制。今各王府所選儀賓，受封大夫郎官之職，係與文職一體相同，何父母身終不行丁憂之制，豈爲人子之道哉？伏望敕下禮部，自今自見爵儀賓，凡有父母身故，宜照文職事例將半俸停止，服滿之日方許開俸。疏入下禮部議，明年，御史林潤等以爲言，始定儀賓守制。穆宗隆慶元年，吏部主事郭諫臣請以衍聖公終制。先是衍聖公凡遇父母之喪不行丁憂，即請承襲，與軍職同。至是諫臣疏謂魯爲上世秉禮義之國，而孔子又萬世禮義之宗，今國家特世封爲衍聖公，秩以一品者，正以聖人後爲能守禮以表率天下之人耳。不使其子孫守三年之制，其何以責天下？乞許遵制丁憂，一如文臣，終制起復。從之。生員丁父母憂者，不許赴鄉試，及提學官科歲二試。舉人丁父母憂者，不許赴會試，其監生及儒士丁憂者，亦不許赴試。景帝景泰五年，御史黃溥請罷舉人監生由服以廣科目。從之。由服者二十七月，正服之外餘服程限也。

（清）稽璜等《續通典》卷七七《禮凶・喪制上・含明》 明制：品官喪，贊者奉盤水及笄升堂，含者六品以下喪主自爲之。盥手於戶外，贊者沃盥，含者洗飯玉，實於笄，執以入，贊者從入，北面。徹枕，奠笄於尸東。含者坐於牀東，西面，發巾，實飯含於尸口，訖，喪主復位。庶人喪，喪主盥手，執錢箱以入。侍者一人，挿匙於米椀，執以從，置於尸西，以幎巾。徹枕，覆面，喪主就尸東，由足而西，牀上坐，東面舉巾，以匙抄米實於尸口，併實以錢。侍者加幅巾充耳，設幎目，納履，乃襲深衣，結大帶，設握手，覆以衾。《明史》喪葬之制，飯含，五品以上飯稷，含珠。九品以上飯粱，含小珠。

（清）稽璜等《續通典》卷七九《禮凶・喪制下・葬儀明》 明制：品官葬禮，柩車出郭門，親賓還者，權停柩車，乘者皆下哭。贊者引親賓以次，俱向柩立哭，盡哀。卑者再拜而退，婦人亦如之。親賓既還，乘車馬如初。若墓遠，其病不堪步者出郭，喪主及諸子亦乘，去塋三百步乃下。靈車至帷門外，廻，南向。遂薦食於靈座前，少頃，徹之。柩車至，入凶帷南向。祝設几席於柩車之東。初至，宿次內外皆就柩車所。分東西如常，立哭，遂設酒脯之奠。柩車至壙前，迴南向哭，位如在庭之儀。掌事者陳明器於壙東南，西向北上。乃下柩於席。丈夫柩東，婦人柩西，以次憑哭，盡哀，各退復位。內外卑者哭，再拜，辭訣。贊者引喪主以下哭於羨道東，西面北上。妻及女子子以下哭於羨道西，東面北上，哭踊無算，婦人皆障以行帷。掌事者設席於壙內，遂下柩於壙內席上，北首，覆以夷衾，持翣者入，倚翣於壙內兩廂，遂以下帳張於柩東，南向。米酒脯陳於帳東北，食器設於帳前，醯醢設於食器南，藉以版，明器設於壙內之左右。掌事者以玄纁授喪主，喪主授祝，祝奉以置柩旁。喪主拜稽顙，施銘旌誌石於壙內，乃掩壙覆土。喪主以下稽顙哭，盡哀。乃祠后土於墓左。庶人禮：柩未至墓，執事者先設靈幄在墓道西，南向，親賓次在靈幄前十數步，婦人幄前靈柩後壙西。明器等至，靈車至，祝奉魂帛就幄座，遂設奠，而退。執事者先布席於壙內，柩至，脫載置席上，北首。執事取銘旌，去杠置其上，喪主男女各就位，哭，賓客拜辭而歸，乃窆，喪主兄弟輟哭臨視。喪主奉玄纁置柩旁，再拜稽顙，在位者皆哭，盡哀，乃實土而漸築之。祠后土於墓左。至於墳塋之制，定自太祖洪武三年。一品，塋地周圍九十步，墳高一丈八尺。二品，八十步，高一丈四尺。案：

《明會典》作一丈六尺。三品，七十步，高一丈二尺。案：《明會典》作一丈四尺。以上石獸各六。四品四十步。案：《明會典》作四品塋地六十步，墳高一丈二尺。七品以下，二十步，高六尺。案：《明會典》五品塋地五十步，墳高一丈。六品塋地四十步，墳高八尺。七品塋地三十步，墳高六尺。《明史》不言五、六品，疑有脱誤。五年重定。功臣没後封王，塋地周圍一百步，墳高二丈，圍牆高一丈，石人四，文武各二，石虎、羊馬、石望柱各二。一品至六品塋地如舊制，七品加十步。一品墳高一丈八尺，二品至七品遞殺二尺。一品墳牆高九尺，二品至四品遞殺一尺，五品，四尺。一品、二品石人二，文武各一，虎、羊、馬、望柱各二。三品四品無石人，五品無石虎，六品以下無。當太祖時，盱眙楊王墳置守戶二百一十，宿州徐王墳置墳戶九十三，滁州滁陽王墳亦置墳戶。

（清）嵇璜等《續通典》卷七六《禮凶·臣民爲天子服議唐宋》 臣等謹案：古天子與諸侯實各治其國。禮，惟諸侯爲天子服，大夫之朝於天子者有服。故杜《典》載諸侯及公卿大夫，諸侯之大夫爲天子服議，言諸侯之大夫則侯國士庶不與矣。古之諸侯畧如後世之封疆大吏，古諸侯之臣畧如後世之郡邑守長。乃古者自諸侯以下有斬衰、總衰之分，而漢以後之外吏與庶民率皆三日而釋服。《儀禮》庶人爲國君齊衰三月。註云：天子畿內之民服天子亦如之，則畿外之民不服矣。漢以後庶民之服徧於天下，其時分封諸侯王，雖參錯郡縣之閒，而天子之聲靈逮於遐荒，已非各君其國者比矣！蓋古今異勢，服亦隨之而遞變。吏則由重而減輕，民則推近以及遠，此一統之所以異於封建也！類而推之，古諸侯之夫人爲天子齊衰，不杖期。諸侯之子嫌不敢服，士之子賤不制服，大夫之子則與士俱服斬衰，多與後世之制不同。自唐以下，特立臣民爲天子服一條，而去其諸侯及公卿大夫，諸侯之大夫爲天子服二目，以見古今之異禮也。唐代宗崩，廷臣議羣臣喪服。常袞以爲：禮，臣爲君斬衰三年。漢文權制，猶三十六日。玄宗以來，始服二十七日。古者卿大夫從君而服，羣臣當從皇帝二十七日而除。其天下吏人三日釋服，以遵遺詔。崔祐甫以爲：遺詔無朝臣、庶人之别，但言天下人吏敕到後出臨三日，皆釋服。則朝野中外何非天下？凡百執事，誰非吏職？皆應三日釋服。相與力爭，聲色陵厲，袞不能堪。乃奏：祐甫率情變禮。貶之。案《舊唐書·崔祐甫傳》袞排祐甫原出私心，而其論喪禮則是。蓋服制自三十六日降爲二十七日，又欲易之以三日。祐甫之議非矣。

宋制有三等：中書門下、樞密使副、尚書、翰林學士、節度使、金吾上將軍、文武二品以上，布梁冠、直領大袖衫、布裙、袴腰絰，竹杖，或布幞頭、襴衫、布斜巾、絹襯服。文武五品以上並職事官監察御史以上、內客省、宣政、昭宣、知閤門事、殿前都知、押班，布梁冠、直領大袖衫、裙、袴、腰絰，或幞頭、襴衫、腰絰。入局治事，並不易服。宰執奏事去杖，小祥去冠，餘官奏事如之。大祥，素紗軟脚，折上巾、黲公服、白鞓錫帶。禫除畢，去黲服，常服仍黑帶、皁鞍韉。祔廟畢，始純吉服。宗室出則常服，居則衰麻以終制。軍人、百姓白衫紙帽，婦人素縵不花釵，三日止。士庶婚嫁服除外不禁。文武臣僚之家，至山陵祔廟畢，並許婚嫁，不用花綵，仍禁樂。寧宗居光宗之憂，復令百官以日易月，禫除畢，服紫衫皁帶以治事，從禮部侍郎陳宗召請也。諸路監司、州軍縣鎮長吏以下，服布四脚、直領，布襴衫、麻腰絰，朝晡臨，三日除。內外命婦當入臨者，布裙、衫、帔、首絰、絹襯衫、帕首。士庶於本家素服三日而除。案：朱子議曰：至尊之服始三日，用古冠服，上衣下裳。以後用今制，四脚幞頭等，自京官以上是一等服，京官以下是一等服，士人又一等服，庶人又一等服。如此等級分明乃善。

《皇朝通志》卷四七《禮畧·凶禮·服制》 凡服制有五：曰斬衰三年；曰齊衰杖期，不杖期，五月三月；曰大功九月；曰小功五月；曰緦麻三月。服之差等有八：曰斬衰三年者：子爲父母，子之妻同；子爲繼母、父之後妻。慈母、謂妾子無母，父命他妾養之者。養母，自幼過房與人者。子之妻同；庶子爲適母、爲所生母，庶子之妻同；爲人後者爲所後父母，爲人後者之妻同；女在室爲父母，已嫁被出而返在家者同；適孫爲祖父母及高曾祖父母承重，適孫之妻同；爲人後者承重同。妻爲夫，妾爲家長同。曰齊衰杖期者：適子、衆子爲庶母，謂父妾有子者。適子、衆子之妻同；子爲嫁母；謂親生母，父殁而改嫁者。子爲出母；謂親生母父在而被出者。夫爲妻；父母在不杖。適孫祖在爲祖母承重。曰齊衰不杖期者：祖爲適孫；父母爲適長子及衆子；父母爲適長子之妻；父母爲女在室者；父母爲子爲人後者；繼母爲長子、衆子；子爲改嫁繼母；謂父殁繼母改嫁而已從之者。從子爲伯叔父母及姑在室者，爲己之親兄弟及姊妹在室者，爲親兄弟之子及女在室者；孫爲祖父母；孫女爲祖父母雖適人不降；庶孫爲生祖母；慈母養母孫同。女出嫁爲父母；爲人後者爲其本生父母；仕者解任，士子輟考，丁憂一年。女在室及雖適人而無夫與子者，爲其兄弟姊妹及兄弟之子，兄弟之女在室者；女適人爲兄弟之爲父後者；爲婦爲夫親兄弟之子及女在室者；妾爲家長之父母，妾爲家長之正妻，妾爲家長之長子、衆子與其所生子，爲同居繼父兩無大功以上親者。曰齊衰五月者：爲曾祖父母，女孫雖適人不降。曰齊衰三月者：爲高祖父母，女孫雖適人不降，爲繼父先同居今不同居者，自來不同居者無服。爲同居繼父兩有大功以上親者。曰大功九月者：祖爲衆孫及孫女在室者；祖母爲適孫，衆孫及孫女在室者；生祖母爲庶孫；慈養祖母同。父母爲衆子婦及女之已嫁者；慈母養母爲其子婦同。伯叔父母爲從子婦及兄弟之女已嫁者；爲人後者爲其兄弟及姑姊妹在室者；夫爲人後，其婦爲夫本生父母；爲己之同堂兄弟及姊妹在室者；爲姑及姊妹之已嫁者；爲兄弟之子爲人後者；女出嫁爲本宗伯叔父母及兄弟與兄弟之子，爲姑姊妹及兄弟之女在室者；婦爲夫之祖父母，爲夫之伯叔父母。曰小功五月者：爲伯、叔祖父、母；謂祖之親兄弟。爲同堂伯叔父母；謂父之堂兄弟。爲同堂姊妹之出嫁者；爲再從兄弟及再從姊妹在室者；爲同堂兄弟之子及女在室者；爲祖姑之在室者；謂祖之親姊妹。爲堂姑之在室者；謂父之同堂姊妹。爲兄弟之妻；祖爲適孫之婦；爲兄弟之孫及兄弟之孫女在室者；爲外祖父母；爲母之兄弟姊妹；爲姊妹之子及女之在室者；爲人後者爲其姑及姊妹之已嫁者；婦爲夫兄弟之孫及孫女在室者；婦爲夫之姑及夫之姊妹；在室出嫁同。婦爲夫之兄弟及夫兄弟之妻；婦爲夫同堂兄弟之子及女之在室者；女出嫁爲本宗姊妹之出嫁者；爲本宗堂兄弟及堂姊妹之在室者。曰緦麻三月者：祖爲衆孫婦；曾祖父母爲曾孫、曾孫女；高祖父母爲元孫、元孫女；祖母爲嫡孫、衆孫婦；爲乳母，爲曾伯叔父母，爲族伯叔祖父母，爲族伯叔父母；爲族兄弟及族姊妹在室者；爲曾祖姑在室者；爲族祖姑及族姑在室者；爲兄弟之曾孫及曾孫女在室者；爲兄弟之孫女出嫁者；爲同堂兄弟之孫及孫女在室者；爲再從兄弟之子及女在室者；爲祖姑謂祖之親姊妹及堂姑謂父之堂姊妹及己之再從姊妹出嫁者；爲同堂兄弟之女出嫁者；爲父姊妹之子，爲母兄弟之子，爲母姊妹之子；爲妻之父母；爲婿；爲外孫及外孫女，爲兄弟孫之妻；爲同堂兄弟子之妻；爲同堂兄弟之妻；婦爲夫高曾祖父母；爲夫之伯叔祖父母及夫之祖姑在室者；爲夫之堂伯叔父母；爲夫之堂姑在室者；爲夫之同堂兄弟及同堂兄弟之妻；爲夫之同堂姊妹；在室出嫁同。爲夫之再從兄弟之子及女在室者；爲夫同堂兄弟之女出嫁者；爲夫同堂兄弟子之妻；爲夫同堂兄弟之孫及孫女在室者；爲夫兄弟孫之妻；爲夫兄弟之孫女出嫁者；爲夫兄弟之曾孫及曾孫女之在室者；女出嫁爲本宗伯叔祖父母及祖姑在室者；爲本宗同堂伯叔父母及堂姑在室者；爲本宗堂姊妹之出嫁者；爲本宗堂兄弟之子及女在室者。

（漢）班固《白虎通義》卷上《德論上·三軍》 王法于此受兵何？重不絶人嗣也。師行不必勝，故須其有世嗣。年六十歸兵者何？不忍並鬬人父子也。《王制》曰：六十不預服戎。又曰：八十一子不從政，九十家不從政，父母之喪三年不從政，齊衰大功，三月不從政，廢疾非人不養者，一人不從政。

（漢）班固《白虎通義》卷下《德論下·喪服》 諸侯爲天子斬衰三年何？普天之下，莫非王土，率土之濱，莫非王臣。臣之於君，猶子之於父，明至尊臣子之義也。《喪服經》曰：諸侯爲天子，斬衰三年。天子爲諸侯絶朞何？示同愛百姓，明不獨親也。故《禮·中庸》曰：朞之喪達乎諸侯，三年之喪達乎天子。卿大夫降緦，重公正也。禮，庶人國君服齊衰三月。王者崩，京師之民喪三月何？民賤而王貴，故三月而已。天子七月而葬，諸侯五月而葬者，則民始哭素服，先葬三月成齊衰，朞月以成禮葬君也。禮不下庶人，所以爲民制何？禮不下庶人者，尊卑制度也。服者，恩從內發，故爲之制也。

王者崩，臣下服之有先後何？恩有深淺遠近，故制有日月。《檀弓》記曰：天子崩，三日祝先服，五日官長服，七日國中男女服，三月天下服。

又： 所以必杖者，孝子失親，悲哀哭泣，三日不食，身體羸病，故杖以扶身，明不以死傷生也。禮，童子婦人不杖者，以其不能病也。《禮》曰：斬衰三日不食，齊衰二日不食，大功一日不食，小功緦麻，一日不食再不食可也。以竹杖何？取其名也。竹者蹙也，桐者痛也。父以竹，母以桐何？竹者陽也，桐者陰也。竹何以爲陽？竹斷而用之，質，故爲陽；桐削而用之，加人功，文，故爲陰也。故《禮》曰：苴杖竹也。削杖桐也。

所以必居倚廬何？孝子哀，不欲聞人之聲，又不欲居故處，居中門之外。倚木爲廬，質反古也。不在門外何？戒不虞故也。故《禮・大傳》曰：父母之喪，居倚廬。於中門外東墻下，户北面。練而居堊室，無餘之室。又曰：婦人不居倚廬。又曰：天子七日，又曰：公、諸侯五日，卿大夫三日而服成。居外門内赤壁下爲廬。寢苫塊，哭無晝夜時，不脱絰帶。既虞，寢有席，蔬食飲水，朝一哭，夕一哭而已。既練，舍外寢，居堊室，始食菜果，及素食，哭無時。二十五月而大祥，飲醴酒，食乾肉。二十七月而禫，通祭宗廟，去喪之殺也。

又：婦人不出境弔者，婦人無外事，防淫佚也。《禮・雜記》曰：婦人越疆而弔，非禮也。而有三年喪，君與夫人俱往。禮，妻爲父母服，夫亦當服。有不弔三何？爲人臣子，常懷恐懼，深思遠慮，志在全身。今乃畏、厭、溺死，用爲不義，故不弔也。《檀弓》曰：不弔三：畏、厭、溺也。畏者，兵死也。《禮・曾子記》曰：大辱加於身，皮體毁傷，即君不臣，士不交，祭不得爲昭穆之尸，食不得昭穆之牲，死不得葬昭穆之域也。

弟子爲師服者，弟子有君臣、父子、朋友之道也。故生則尊敬而親之，死則哀痛之，恩深義重，故爲之隆服，入則絰，出則否。《檀弓》曰：昔夫子之喪顔回，若喪子而無服，喪子路亦然。請喪夫子若喪父而無服也。《曾子問》曰：君薨既殯，而臣有父母之喪，則如之何？孔子曰：歸居于家，有殷事則之君所，朝夕否。曰：君既斂，而臣有父母之喪，則如之何？孔子曰：歸殯哭而反于君所，有殷事則歸，朝夕否。大夫室老行事，士則子孫行事。大夫内子，有殷事則亦之君所，朝夕否。諸侯有親喪，聞天子崩，奔喪者何？屈己。親親猶尊尊之義也。《春秋傳》曰：天子記崩不記葬者，必其時葬也。諸侯記葬，不必有時。諸侯爲有天子喪奔，不得必以其時葬也。

大夫使受命而出，聞父母之喪，非君命不反者，蓋重君也。故《春秋傳》曰：大夫以君命出，聞喪，徐行不反。諸侯朝，而有私喪得還何？凶服不入公門。君不呼之義也。凶服不敢入公門者，明尊朝廷，吉凶不相干。故《周官》曰：凶服不入公門。《曲禮》曰：居喪不言樂，祭事不言凶，公庭不言婦女。《論語》曰：子於是日哭，則不歌。臣下有大喪，不呼其門者，使得終其孝道，成其大禮。《春秋傳》曰：古者臣有大喪，君三年不呼其門。聞哀哭而後行何？盡哀舒憤然後行。望國境則哭，過市朝則否。君子自抑，小人勉以及禮。見星則止，日行百里，惻怛之心，但欲見尸柩汲汲故。《禮・奔喪》以哭答使者，盡哀。問故，遂行。曾子曰：師三十里者行五十里，奔喪百里。

（漢）班固《白虎通義》卷下《德論下・崩薨》 《書》曰：成王崩。天子稱崩何？別尊卑，異生死也。天子曰崩，大尊象，崩之爲言崩伏强，天下撫擊失神明，黎庶殞涕，海内悲涼。諸侯曰薨。國失陽，薨之言奄也，奄然亾也。大夫曰卒，精熠終卒。卒之爲言終於國也。士曰不禄，失其忠節，不忠終君之禄。禄之言消也，身消名彰。庶人曰死，魂去亾。死之爲言澌，精氣窮也。崩薨紀於國何？以爲有尊卑之禮，謚號之制即有矣。禮始於黄帝，至堯舜而備。《易》言復者，據遂也。《書》殂落死者矣，各自見義。堯皆憯痛之，舜見終各一也。

又：天子七日而殯，諸侯五日而殯。事有小大，所供者不等。故《王制》曰：天子七日而殯，諸侯五日而殯，卿大夫三日而殯。夏后氏殯於阼階，殷人殯於兩楹之間，周人殯於西階之上何？夏后氏教以忠，忠者厚也。曰生吾親也，死亦吾親也。主人宜在阼。殷人教以敬，曰死者將去，又不敢客也。故置之兩楹之間，賓主共夾而敬之。周人教以文，曰死者將去，不可又得，故賓客之也。《檀弓》記曰：夏后氏殯於阼階，殷人殯於兩楹之間，周人殯於西階。《稽命徵》曰：天子舟車殯何？爲避水火災也。故棺在車上，車在舟中。臣子更執綍，晝夜常百二十二人。綍者，所以掌持棺也。故《禮》曰：天子舟車殯，諸侯車殯，大夫倚塗，士瘞，尊卑之差也。

又：《禮・王制》曰：天子棺槨九重，衣衾百二十稱。丁領大度曰，公侯五重，衣衾九十稱。士再重。禮曰：大夫有大棺三重，衣衾五十稱。士無大棺，二重，衣衾三十稱。單袷備爲一稱。《禮・檀弓》曰：天子棺四重，水兕革棺被之，其厚三寸，杝棺一，梓棺二，栢椁以端長六尺。有虞氏瓦棺，今以木何？虞尚質，故用瓦。夏后氏益文，故易之以塈周。謂塈木相周，無膠漆之用也。殷人棺槨，有膠漆之用。周人浸文，墻置翣，如巧飾。喪葬之禮，緣生以事死，生時無，死亦不敢造。太古之時，穴居野處，衣皮帶革，故死衣之以薪，內藏不飾。中古之時，有宮室衣服，故衣之幣帛，藏以棺槨，封樹識表，體以象生。夏殷彌文，齊之以器械，至周大文，緣夫婦生時同室，死同葬之。

（清）方苞《方苞集・集外文》卷三《議・喪禮議》《禮記・王制》：喪三年不祭，惟祭天地社稷，爲越紼而行事。蓋天子承統於天，爲祖宗守社稷，故雖親喪，可暫以私屈也。謹議：二十七月內，天地社稷之祭，皇上躬行，暫用吉服，終事而釋。

《周官》大宗伯：王若不與祭祀，則攝位。量人職：凡宰祭與鬱人皆受斝瀝而皆飲之。天地社稷，既親承事，宗廟之祭，胡爲不可以親也？古者，父爲繼祖之子斬，祖爲適孫齊；統之上承彌重，則哀之下逮彌遠。故緣祖考之心，達孝子之義；雖既葬，時祭不可廢，而使宰宗人將事焉。謹議：既葬，宗廟時祀，前期以聞，命諸臣攝祭。

《周官》小宗伯之職：大田，帥有司饁獸於郊。軍將有事，則與祭有司將事於四望。大烖，及執事禱祠於上下神示。肆師之職：與祝侯禳於畺及郊。餘小祭祀，大祝小祝將事，不惟宅憂可使人攝也。謹議：自朝日夕月以下，凡外祭祀，前期以聞，遣官致祭。

《禮記閒傳》：斬衰三升，既虞卒哭，受以成布六升，冠七升。禮有以故興物者，衰杖絰帶是也。故漸易而輕，使哀情象之。謹議：百日以後，皇上衣青絹，裏以縞，冠裏亦如之，加青緯，帶從衣。

《禮記・喪服四制》：父母之喪，十三月而練。《檀弓》篇：練，練衣，黃裏縓緣。此小祥之易服也。謹議：小祥之後，皇上衣青紬，裏絹淺藍，冠緣亦如之。

《禮記閒傳》：又期而大祥，素縞麻衣。《玉藻》篇：縞冠素紕，既祥之冠也。謹議：大祥之後，皇上衣元青緞，裏以縓，冠裏亦如之。自受服易青，至大祥，朔月月半之奠或朝夕上食，仍用白衫，冠無緯，終事而釋，大祥後不復服。

《儀禮・士虞禮》中月而禫。《禮記閒傳》：禫而纖，無所不佩。謹議：皇上禫祭後，衣藍緞表衣，石青冠、朱緯，帶、佩畢具。

古者，三年之喪，二十五月而畢；後世加以二十七月，何也？《禮記・喪大記》：禫而從御，吉祭而復寢。蓋既禫居外寢，婦人可從而與執事矣，然必更四時吉祭，始復內寢。吉祭之期，寬以浹月，然後無弗逮，故於古有加焉。謹議：二十七月內，元旦冬至，不受朝賀。遇大典陞殿，暫服吉，終事而釋。

《春秋》之義，臣子一例。故曰：事君猶事父也。《儀禮・喪服傳》：君，至尊也。父，至尊也。《禮記・昏義》：爲天王服斬衰，服父之義也。古者，端衰無等。謹議：自齒朝以上，冠衣宜從上所服；在師中，則仍其常服。

《禮記・雜記》：大夫次於公館以終喪，士練而歸。疏謂邑宰之士，歸其所治邑也。又曰，大夫居廬，士居堊室，尊卑外內之有別，蓋以稱情而責其哀敬之實焉。謹議：文臣在京四品以上及翰林科道，在外兩司以上，中外武臣二品以上，皆終喪不得嫁子娶婦，下此以周期爲限。本身則終喪不得娶妻，聽樂宴賓視此。

紀事

（清）孫星衍《尚書今古文注疏・顧命》 越七日癸酉，伯相命士須材。注：鄭康成曰：癸酉，蓋大斂之明日也。**【略】** 疏：越七日癸酉者，鄭注見《書》疏。云癸酉蓋大斂之明日者，《曲禮》云：生與來日，死與往日。注云：與猶數也。生數來日，謂成服杖，以死明日數也；死數往日，謂殯斂，以死日數也。此士禮貶於大夫者。大夫以上，皆以來日數。《王制》云：天子七日而殯。計王以乙丑崩，辛未爲七日，壬申爲八日，癸酉爲大斂之明日。然則成王以壬申大斂矣。伯相者，召公以西伯入相，初時與周公爲二伯，周公既歿，畢公代之，下文太保率西方諸侯，畢公率東方諸侯是也。須者，《易・歸妹》虞注云：需也。材者，椁材也。《檀弓》云：天子崩，虞人致百祀之木，可以爲棺椁者斬之。疏云：百祀者，王畿內諸臣采地之祀。《檀弓》又云：既殯，旬而布材。此則殯之明日，既命士須材者，天子七日而殯，與諸侯以下不同，久之，欲其乾腊也。

又：羣公既皆聽命，相揖，趨出。王釋冕，反喪服。注：鄭康成曰：羣公主謂諸侯與王之三公，諸臣亦在焉。王釋冕，反喪服，朝臣、諸侯亦反喪服。《禮·喪服》：臣爲君，諸侯爲天子，皆斬衰。反喪服，一作喪服。疏：《白虎通·爵篇》云：緣始終之義，一年不可有二君也，故《尚書》曰：王釋冕喪服。吉冕受銅，稱王以接諸侯，明已繼體爲君也。釋冕藏銅反喪，明未稱王以統事也。何休注《公羊》桓元年《傳》云：先謁宗廟，明繼祖也。還之朝，正君臣之位也，事畢而反凶服焉。鄭注見《書》疏。云羣公主謂諸侯與王之三公者，三公稱公，諸侯亦得通稱公。是時王朝之臣皆在，故又云諸臣亦在焉也。云朝臣、諸侯亦反喪服者，經止言王反喪服，故鄭補言之。又引《喪服》證之者，《喪服篇》云：斬衰裳，苴絰，杖，絞帶，冠繩纓，菅屨者，其目首列父，其次諸侯爲天子，其次君是也。

《春秋左傳正義》卷二《隱公元年》 秋，七月，天王使宰咺來歸惠公、仲子之賵。宰，官；咺，名也。咺贈死不及尸，弔生不及哀，豫凶事，故貶而名之。此天子大夫稱字之例。仲子者，桓公之母。婦人無謚，故以字配姓。來者，自外之文；歸者，不反之辭。咺，吁阮反。賵，芳鳳反。疏：秋七月至之賵。正義曰：天王，周平王也。《譜》云：周，黄帝之苗裔，姬姓，后稷之後也。后稷封於邰。及夏之衰，后稷之子不窋失其官，竄於西戎。至大王，爲狄所逼，去邠居岐。文王受命，武王克殷，而王有天下。幽王爲犬戎所殺，平王遷都王城，今河南縣是也。平王四十九年，魯隱公之元年也。敬王又遷成周，今洛陽是也。敬王三十九年，獲麟之歲也。四十三年而敬王崩。敬王子元王九年，《春秋》之傳終矣。元王以下，十一世二百二十六年而周亡也。《周本紀》武王至平王凡十三王，兄弟相及者一人，平王是武王十二世孫也。惠公薨在往年，明年仲子始薨，蓋於時有疾，王聞其疾，謂之已薨，故使大宰大夫名咺者來至於魯，并歸惠公仲子之賵。賵者，助喪之物。文五年注云：車馬曰賵。《士喪既夕禮》云：公賵，玄纁束帛兩馬。士之制，只得賵兩馬，故云賵兩馬。大夫以上，皆駕四馬。此宰咺來賵，蓋用四馬也。《公羊傳》曰喪事有賵，賵者蓋以馬，以乘馬束帛。車馬曰賵，《穀梁傳》曰乘馬曰賵，皆謂宰咺用乘馬來也。惠公仲子不言及者，是并致二賵，或是史異辭，蓋二者各以乘馬，不宜以一乘之馬賵二人也。服虔云：賵，覆也。天王所以覆被臣子。案《士喪既夕禮》，兄弟所知悉，皆致賵，非獨君之賵臣。以賵爲覆則可矣，其言覆被臣子則非也。何休亦云：賵，猶覆也。蓋謂覆被亡者耳。注：宰官至之辭。正義曰：傳言緩，且子氏未薨，故名。是不應名而名之也。貶乃書名，知法應書字，故云：此天子大夫稱字之例。傳無明例，故推此以爲例也。《周禮·天官》大宰卿一人，小宰中大夫二人，宰夫下大夫四人。宰夫小宰皆是大夫，未知宰咺是何宰也。《宰夫》職曰凡邦之弔事，掌其戒令與其幣器財用。鄭玄云：弔事，弔諸侯諸臣幣所用賻也。既掌弔事，或即充使，此蓋宰夫也。仲子乃惠公妾耳，王使賵之者，隱立桓爲大子，成桓母爲夫人，天王知其然，故遣賵惠公，因即賵之。杜言：仲子者桓公之母，正見此意。不然，仲子爲桓母，傳有明文，不須解也。男子之有謚者，人君則配王、配公，大夫或配子，或配字，皆不以字配姓。婦人於法無謚，故以字配姓，言其正法然也。《釋例》曰：婦人無外行，於禮當繫夫之謚，以明所屬。是言婦人不合謚也。繫夫謚者，夫人而已，衆妾不合繫夫，正當以字配姓也。其聲子、戴嬀有謚者，皆越禮妄作也。

又：秋，七月，天王使宰咺來歸惠公、仲子之賵。緩，且子氏未薨，故名。惠公葬在春秋前，故曰緩也。子氏，仲子也，薨在二年。賵，助喪之物。疏：天王至故名。正義曰：緩賵惠公，生賵仲子，事由於王，非咺之過。所以貶咺者，天王至尊，不可貶責，貶王之使，足見王非。且緩賵惠公，專是王過，生賵仲子，咺亦有愆。使者受命不受辭，欲令遭時設宜，臨機制變。王謂仲子已薨，令咺并致其賵，仲子尚存，賵事須止。宰咺知其未薨，猶尚致賵，是則不達時宜，恥辱君命。王則任非其人，咺爲辱命之使，君臣一體，好惡同之，貶咺亦所以責王也。文五年，王使榮叔歸含且賵，不指所賵之人。此指言惠公仲子者，彼成風未葬，不言可知，此則惠公已葬，子氏未薨，若不言其人，則不知爲誰來賵。文九年，秦人來歸僖公、成風之襚，亦爲年月已遠，故指其所襚，與此同也。季文子求遭喪之禮以行，亦豫凶事不貶者，宰咺無喪致賵，文子乃量時制宜，備豫不虞，古之善教，與此不同。天子七月而葬，同軌畢至；言同軌，以别四夷之國。諸侯五月，同盟至；同在方嶽之盟。大夫三月，同位至；古者，行役不踰時。士踰月，外姻至。踰月，度月也。姻猶親也。此言赴弔各以遠近爲差，因爲葬節。疏：天子至姻至。正義曰：天子、諸侯、大夫、士，位既不同，禮亦異數，赴弔遠近，各有等差，因其弔荅以爲葬節。且位高則禮大，爵卑則事小。大禮踰時乃備，小事累月即成。聖王制爲常規，示民軌法，欲使各脩其典，無敢忒差。資父事君，生民之所極；哀死送終，臣子之所盡，是以未及期而葬謂之不懷，過期而葬謂之緩慢。《春秋》從實而録，以示是非。天子七月，諸侯五月者，死月葬月皆通數之也。文八年八月天王崩，九年二月葬襄王，是天子之七月也。成十八年八月公薨于路寢，十二月葬我君成公，是諸侯之五月也。宣八年《傳》云禮，卜葬，先遠日，辟不懷也。是卜遠日不吉，乃卜近日，辟不思親之嫌也。則未及期而葬者，不思其親，理在可見，故傳皆不言其事，唯過期乃葬者，傳言緩以示譏耳。桓王以桓十五年崩，莊三年乃葬，積七年也。僖公以其三十三年十一月薨，文元年四月乃葬，薨葬中有閏，積七月也。二者並過於期，故傳皆言緩以譏之也。衛桓公以隱四年三月爲州吁所弒，五年四月乃葬，積十四月也。莊公以其三十二年八月薨，閔元年六月乃葬，積十一月也。二者雖亦過期，而國有事難，故傳皆言亂故，是以緩，原其非慢，不以責臣子也。然則諸侯五月而葬，自是正法得禮，可知不假發傳。而葬成公之下，傳特云書順者，《釋例》曰：魯君薨葬，多不順制，唯成公薨于路寢，五月而葬，國家安靜，世適承嗣，故傳見莊之緩，舉成書順以包之。然則特發此傳，欲以包羣公之得失，於莊見亂故而緩，於僖見無故而緩，於成見順禮。傳發三者，則其餘皆可知也。士踰月者，通死月亦三月也。襄十五年十一月晉侯周卒，十六年正月葬晉悼公。杜云踰月而葬速是踰月亦三月也。此注云踰月，度月者，言從死月至葬月其間度一月也。士與大夫不異，而別設文者，以大夫與士名位既異，因其名異，示爲等差，故變其文耳，其實月數同也。同軌同盟至者，謂遣使來至，非諸侯身至。《釋例》曰萬國之數至衆，封疆之守至重，故天王之喪，諸侯不得越竟而奔，脩服於其國，卿共弔葬之禮。魯侯無故而穆伯如周弔，此天子崩，諸侯遣卿共弔葬之經傳也。是言禮天子之喪，諸侯不親奔也。其諸侯相弔，則昭三十年《傳》云先王之制，諸侯之喪，士弔，大夫送葬，是正禮也。同位至，待其使還也。外姻至，親戚畢集也。於天子言畢至，以下不言畢者，天子貴在尊極，海内爲家，天下聞喪，無敢不至，故言畢也。諸侯同盟，或來或否。大夫出使，本奉君命，雖或聞喪，未必盡來，故不言畢也。此亦例而不言凡者，序已解訖。何休《膏肓》以爲禮士三月葬。今云踰月，《左氏》爲短。鄭康成云人君殯數來日，葬數往月；大夫殯葬皆數來日來月；士殯葬皆數往日往月。士之三月，大夫之踰月也。鄭之此言天子諸侯葬數往月，於《左氏》無害，云大夫葬數来月，恐非杜旨。蘇寬之意，以古禮大夫以上殯葬皆數來日來月，士殯葬數往日往月。空云古禮，事無所出，不可依用也。劉炫云此亦例，不言凡者，諸所發凡，皆爲經張例，此舉葬之大期，以譏宰咺之緩，非是爲葬發例，故不言凡也。注言同至之國。正義曰：鄭玄、服虔皆以軌爲車轍也。王者馭天下，必令車同軌，書同文。同軌畢至，謂海内皆至也。四夷異俗，不可同具文軌，天子之喪，不能以時赴弔，故言同軌，以別四夷之國也。《周禮·巾車》木路以封蕃國，蕃國即四夷也。既受王命，車亦應同軌，而言別四夷者，四夷來朝天子，天子賜之車服，行於中國，自然同軌，其在本國，軌必不同。若以《巾車》之文，即言與華夏同軌，豈亦能同文也？注同在方嶽之盟。正義曰：《周禮·司盟》凡邦國有疑會同，則掌其盟約之載，然則天子之合諸侯，有使諸侯共盟之禮也。王合諸侯唯有巡守，其非巡守則有事而會，會之多少唯王所命，不得有同盟常禮，禮之同盟，唯方嶽耳。故《左氏》舊説，十二年三考，黜陟幽明既分，天子展義巡守，柴望既畢，諸侯遂朝，退相與盟，同好惡，奬王室。是其當方諸侯，同有方嶽之盟。同盟情親，吉凶相告，故遣使會葬也。注古者至踰時。王義曰：同位謂同爲大夫、共在列位者。待其來至三月待之，故知古者於法行役不踰時也。隱五年《穀梁傳》曰伐不踰時，明行役聘問亦不踰時也。贈死不及尸，尸，未葬之通稱。稱，尺證反。疏：注尸未葬之通稱。正義曰：《曲禮下》云在牀曰尸，在棺曰柩。是其相對言耳。今以既葬乃來而云不及尸，知尸是未葬之通稱也。葬則尸不復見，未葬猶及見之，故以葬爲限也。《釋例》曰：喪贈之幣，車

馬曰賵，貨財曰賻，衣服曰襚，珠玉曰含。然而揔謂之贈，故傳曰贈死不及尸也。然則此文雖爲賵發，其實賵、賻、含、襚，揔名爲贈，但及未葬皆無所譏也。襚以衣尸，含以實口，大斂之後，無所用之。既殯之後，猶致之者，示有恩好，不以充用也。《今讚》曰：《雜記》弔含襚賵臨之等，未葬則葦席，既葬則蒲廣。是葬後得行。此言緩者，《禮記》後人雜録，不可與傳同言也。或可初葬之後則可，久則不許。弔生不及哀。諸侯已上，既葬則縗麻除，無哭位，諒闇終喪。上，時掌反。縗，七雷反。諒音亮，又音良。闇，如字。疏：注諸侯至終喪。正義曰：昭十五年《傳》稱穆后崩，王既葬，除喪。叔向曰：三年之喪，雖貴遂服，禮也。杜云天子諸侯除喪，當在卒哭。今王既葬而除，故譏其不遂也。案僖三十三年《傳》云卒哭而祔，杜云既葬反虞則免喪，故曰卒哭，哭止也。如杜此言，則卒哭與葬相去非遠，同在一月。《儀禮》士三虞，則天子諸侯皆同於此。必知然者，以卒哭是葬之餘事，共在一月之中，故杜云既葬則衰麻除，或云既葬卒哭衰麻除，以其相近故也。若據《雜記》云諸侯五月而葬，七月而卒哭，中間既賒，或有國事，稱號云何？是知葬與卒哭相連，間無事也。然《雜記》云諸侯五月而葬，七月而卒哭者，案《釋例》曰《禮記》後人所作，不與《春秋》同，是杜所不用也。既葬除喪，唯杜有此説，正以《春秋》之例，皆既葬成君，明葬是人君之大節也。昭十二年《傳》曰齊侯、衛侯、鄭伯如晉。晉侯享諸侯，子産相鄭伯，辭於享，請免喪而後聽命。晉人許之，禮也。於時鄭有簡公之喪未葬，故請免喪。其下傳又云六月，葬鄭簡公。丘明作傳，未嘗虚舉經文，而虚言此葬，得非終前免喪之言也！以此知諸侯既葬則免喪，喪服既除則無哭位。諸侯既然，知天子亦爾。《尚書》高宗亮陰，三年不言，《論語》云何必高宗，古之人皆然。是天子諸侯除服之後皆諒陰終喪也。《晉書·杜預傳》云：泰始十年，元皇后崩，依漢魏舊制，既葬，帝及羣臣皆除服。疑皇太子亦應除否？詔諸尚書會僕射盧欽論之，唯預以爲古者天子諸侯三年之喪，始服齊斬，既葬除喪服，諒闇以居，心喪終制，不與士庶同禮。於是盧欽、魏舒問預證據，預曰：《春秋》晉侯享諸侯，子産相鄭伯，時簡公未葬，請免喪以聽命。君子謂之得禮。宰咺歸惠公仲子之賵，傳曰弔生不及哀，此皆既葬除服諒闇之證也。書傳之説既多，學者未之思耳。《喪服》諸侯爲天子亦斬衰，豈可謂終服三年也？預又作議曰：周景王有后、世子之喪，既葬除喪而宴樂。晉叔向譏之曰：三年之喪，雖貴遂服，禮也。王雖不遂，宴樂以早，亦非禮也。此亦天子喪事見於古也。稱高宗不言喪服三年，而云亮陰三年，此釋服心喪之文也。譏景王，不譏其除喪，而譏其宴樂早，則既葬應除，而違諒闇之節也。堯喪，舜諒闇三年，故稱遏密八音。由此言之，天子居喪，齊斬之制，菲杖絰帶，當遂其服。既葬而除，諒闇以終之，三年無改於父之道，故曰百官總己以聽於冢宰。喪服既除，故更稱不言之美，明不復寢苫枕塊以荒大政也。《禮記》云三年之喪自天子達。又云父母之喪，無貴賤一也。又云端衰喪車皆無等。此通謂天子居喪，衣服

之制同於凡人，心喪之禮終於三年，亦無服喪三年之文。天子之位至尊，萬幾之政至大，羣臣之衆至廣，不得同之於凡人，故大行既葬，祔祭於廟，則因疏而除之。己不除則羣臣莫敢除，故屈己以除之，而諒闇以終制，天下之人皆曰我王之仁也。屈己以從宜，皆曰我王之孝也。既除而心喪，我王猶若此之篤也，凡我臣子，亦安得不自勉崇禮？此乃聖制移風易俗之本也。議奏，皇大子遂除衰麻而諒闇終喪。於時内外卒聞預議。多怪惑者，乃謂其違禮以合時。預謂鄉人段暢曰：兹事體大，本欲宣明古典，知未合於當今也，宜博采典籍，爲之證據，全大分明，足以垂示將來。暢遂敷通危疑，以弘指趣，其論具存焉。杜議引《尚書傳》云：亮，信也。陰，默也。爲聽於冢宰，信默而不言。鄭玄以諒闇爲凶廬，杜所不用。豫凶事，非禮也。仲子在而來贈，故曰豫凶事。

《春秋左傳正義》卷三《隱公三年》 夏，君氏卒。聲子也。不赴於諸侯，不反哭于寢，不祔于姑，故不曰薨。不稱夫人，故不言葬。夫人喪禮有三：薨則赴於同盟之國，一也；既葬，日中自墓反，虞於正寢，所謂反哭于寢，二也；卒哭而祔於祖姑，三也。若此，則書曰夫人某氏薨，葬我小君某氏，此備禮之文也。其或不赴、不祔，則爲不成喪，故死不稱夫人薨，葬不言葬我小君某氏。反哭則書葬，不反哭則不書葬。今聲子三禮皆闕。《釋例》論之詳矣。祔音附。疏：注夫人至詳矣。正義曰：僖八年致夫人傳曰：不赴於同，則弗致，故知赴者，赴於同盟之國也。《禮·檀弓》記葬禮云：既封，有司以几筵舍奠於墓左，反日中而虞。《士喪禮》：既葬，乃反哭於廟，遂適殯宫而虞。是既葬，日中自墓反，虞於正寢。正寢即殯宫也。僖三十三年《傳》與《檀弓》記皆云：卒哭而祔。《喪服小記》曰：婦祔於祖姑，《雜記》曰：妾祔於妾祖姑。是祔於姑者，祔於祖姑也。此三者，皆夫人之喪禮。夫人喪禮有三，史策所書有二，唯卒、葬兩事而已。其卒之異者，或云夫人某氏薨，仲子、文姜之類是也；或云某氏卒，定姒、孟子是也。葬之異者，或云葬我小君某氏，文姜、敬嬴之類是也；或云葬某氏，葬定姒是也；或則不書葬也。今聲子三禮皆闕。經異常辭，必是闕一事則變一文。但傳既并釋，注不顯配，雖言《釋例》詳之，例亦未甚分明。此傳故上三事，故下三事。若以次相配，則不赴於諸侯，故不曰薨；不反哭於寢，故不稱夫人；不祔於姑，故不言葬。文次相屬，事乃似然。但顧下傳，義則不爾。定十五年姒氏卒，傳曰：不稱夫人，不赴，且不祔也。哀十二年孟子卒，傳曰：死不赴，故不稱夫人。不反哭，故不言葬小君。彼二傳皆以不赴解不稱夫人，以不反哭解不書葬。然則由不赴，故不曰薨；由不反哭，故不書葬也。二事既然，則由不祔，故不稱夫人，斷可知矣。傳文不以次相配者，初死乃赴，葬乃反哭，反哭之後始祔。三者依事之先後爲文也。至書於經，則夫人與薨共文，故先言不稱夫人，後言不書葬，順經之先後爲文也。《禮》之本意，必赴乃稱薨，祔乃稱夫人，反哭乃書葬者，夫人與君同體，死必赴於鄰國。若不以赴告於鄰國，則夫人之禮不成。尊成以否，義由赴告。成尊之狀，在於書薨。故赴則稱薨，不赴則不稱薨也。《禮》：適祔於適祖姑，妾祔於妾祖姑。亦既不祔於姑，便是適、妾莫辯。故祔則稱夫人，不祔則不稱夫人也。既葬於墓，反哭於寢，哀之尤極，情之最切。既葬而不反哭，全是不念其親，葬與不葬，殆無以異。故不反哭，則不書葬也，皆所以懲臣子，責其不行禮也。人之行禮，有勤有惰，未必廢則俱廢，行則皆行。此聲子自三禮皆闕，其餘或可一行一否。《釋例》曰：夫人子氏赴而不反哭，故不書葬；定姒則反哭而不赴，故書葬而不言小君。以此二者據傳則然，理在不惑，但不知赴而不祔，祔而不赴者，辭當云何耳。薨者，夫人之死號。不稱夫人，必不得稱薨也。小君者，夫人之别號。不稱夫人，必不得稱小君也。孟子卒下注云：不稱夫人，故不言薨，是夫人與薨，文相將也。葬定姒傳曰：不稱小君，不成喪也。注云：不赴不祔，故不稱小君。傳以不赴不祔解不稱夫人，注以不赴不祔解不稱小君。是夫人、小君，文相將也。夫人也，薨也，小君也，三者相將之物，不可致詰。蓋赴、祔二禮，課行一事，則具此三文。二事並廢，則三文皆去耳。何則？檢此傳相配，不赴，故不曰薨，不祔則不稱夫人。是稱夫人由祔不由赴也。孟子之傳乃云：不赴，故不稱夫人。是稱夫人由於赴，不由於祔也。定姒之傳云：不稱夫人，不赴且不祔。又以二事並解不稱夫人。注云：赴同祔姑，夫人之禮，二者皆闕，故不曰夫人。明是二者俱闕，乃去夫人，課行一事，則稱夫人，稱夫人則必書薨，書薨則必稱小君。所異者，不反哭則不書葬，若不書葬則小君之文無所施耳。即仲子是也。赴同祔姑皆是夫人之禮，故赴而不祔，祔而不赴，則皆曰夫人某氏薨。惠公自有元妃，别爲仲子立廟，則仲子未必祔姑，蓋以赴同之，故得稱夫人薨也。不書姓，爲公故，曰君氏。不書姓，辟正夫人也。隱見爲君，故特書於經，稱曰君氏，以别凡妾媵。爲公，音于僞反。見，賢遍反。别，彼别反。疏：注不書至妾媵。正義曰：辟正夫人，謂辟仲子耳。何則？妾子爲君，則其母得爲夫人，不須辟仲子也。但公以讓位之故，不從正君之禮，故亦不備禮於其母，使之辟仲子也。《釋例》曰：凡妾子爲君，其母猶爲夫人。雖先君不命其母，母以子貴，其適夫人薨，則尊得加於臣子，外内之禮皆如夫人矣。故姒氏之喪，責以小君不成。成風之喪，王使會葬，傳曰禮也。隱以讓桓攝位，故不成禮於聲子，假稱君氏，以别凡妾媵。蓋是一時之宜，隱之至義也。是其辟仲子之意也。

《春秋左傳正義》卷四《隱公七年》 七年，春，滕侯卒。不書名，未同盟也。凡諸侯同盟，於是稱名，故薨則赴以名，盟以名告神，故薨亦以名告同盟。告終、稱嗣也，以繼好息民，告亡者之終，稱嗣位之主。嗣位之主，當奉而不忘，故曰繼好。好同則和親，故曰息民。好，呼報反，注同。謂之禮經。此言凡例，乃周公所制禮經也。十一年不告之例，又曰不書於策。明禮經皆當書於策。仲尼脩《春秋》，皆承策爲經。丘明之傳博采衆記，故始開凡例，特顯此二句。他皆放此。

疏：凡諸至禮經。正義曰：諸侯者，公侯伯子男五等之揔號。侯訓君也。五等之主雖爵命小異，而俱是國君，故揔稱諸侯也。諸發凡者皆周公之垂法，史書之舊章。丘明采合舊語，以發明史例。雖意是舊典，而辭出丘明，非全寫舊語。同盟稱名，薨則赴以名，是周公之舊典。其告終稱嗣以下，乃是解釋赴意，非舊語也。僖二十三年又發例曰：凡諸侯同盟，死則赴以名，禮也。直言赴名是禮，不言繼好是禮。繼好息民是禮之大意，非禮之實，明是丘明言此以解赴名之意。彼云禮也，此云謂之禮經，其事一也。言謂此赴名爲禮之常法。丘明之意，言周公謂之然也。謂之禮經雖指此一事，諸發凡者莫不盡然。以此爲例之初，故特言之。注此言至放此。正義曰：凡例是周公所制，某來亦無所出。以傳言謂之禮經，則是先聖謂之，非丘明自謂之也。史之書策，必有舊法。一代大典，周公所制，故知凡例亦是周公所制。此言凡例則云謂之禮經，不言凡例則云不書于策。以此明所謂禮經，皆當書策。從傳之首至此，始開凡例，故特顯此二句。二句者，謂之禮經是一句，與不書于策爲二句也。然則九年凡雨，自三日以往爲霖，不以爲始，而遠取十一年，云始開凡例者，以九年唯記當國雨雪之事，史策舊文，非是赴告國家大事之例。

《春秋左傳正義》卷一二《僖公四年》 許穆公卒于師，葬之以侯，禮也。男而以侯禮，加一等。凡諸侯薨于朝、會，加一等；諸侯命有三等：公爲上等，侯、伯爲中等，子、男爲下等。死王事，加二等。謂以死勤事。疏：諸侯薨至二等。正義曰：沈氏云：朝、會亦王事，而别言死王事者，謂因王事或戰陳而死，故别其文也。於是有以衮斂。衮衣，公服也，謂加二等。衮，古本反。衮冕，上公服。斂，力驗反。

《春秋左傳正義》卷一三《僖公八年》 秋，禘而致哀姜焉，非禮也。凡夫人不薨于寢，不殯于廟，不赴于同，不祔于姑，則弗致也。寢，小寢。同，同盟。將葬，又不以殯過廟。據經哀姜薨葬之文，則爲殯廟，赴同，祔姑。今當以不薨于寢，不得致也。祔音附。疏：凡夫至致也。正義曰：夫人薨葬之禮，有赴同、祔姑、反哭三事而已，此説致之禮，加以薨寢、殯廟，而不言反哭者，蓋以致於廟者終始成，其尊死生之禮畢。不薨于寢，死不得其所也。不殯于廟，葬之不以禮也。死葬非禮，則先神恥之。故不具四事，皆不合致。反哭者，直爲書葬以否，假使不書，其葬夫人之禮亦成，自是生者之可譏，非爲死者之有失，雖不反哭，亦得致之，故於此不言反哭也。注寢小至致也。正義曰：《喪大記》云：男子不死於婦人之手，婦人不死於男子之手。君夫人卒於路寢。既言婦人不死於男子之手，必不得死於君之路寢，言夫人卒於路寢，謂卒於夫人之大寢，對君路寢爲小，故云小寢也。同者，同盟之國也。《檀弓》曰：喪之朝也，順死者之孝心也。其哀，離其室也。故至於祖考之廟而後行。殷朝而殯於祖，周朝而遂葬。《士喪禮》朝而遂葬，與《記》正同，知周法不殯于廟。而此傳及襄四年皆云：不殯于廟，以爲失禮，知其將葬之時，不以殯過廟耳。殯過廟者，將葬之時，從殯宫出，告廟乃葬，非是殯尸於廟中也。據經哀姜薨葬之文，知其赴同、祔姑可矣，亦知其殯於廟者，以元年十二月喪，至二年五月始葬，明至則殯於寢也，既殯於寢，自然葬當朝廟，故據葬文亦知殯廟。唯當以不薨於寢，不得致耳。

《春秋左傳正義》卷一五《僖公二十三年》 凡諸侯同盟，死則赴以名，禮也。隱七年已見，今重發不書名者，疑降爵故也。此凡又爲國史承告而書例。見，賢遍反。重，直用反，下重詳同。又爲，于僞反，又如字。赴以名，則亦書之，謂未同盟。不然則否，謂同盟而不以名告。辟不敏也。敏猶審也。同盟然後告名，赴者之禮也。承赴，然後書策，史官之制也。内外之宜不同，故傳重詳其義。疏：不書至敏也。正義曰：隱七年已有例矣，今重發者，《釋例》曰：杞侯降爵，嫌有異同盟。傳重發不書之例，又更發凡者，以明雖薨，赴有法。若或違之，國史亦承告而書，不必改正也。赴以名，則亦書之者，謂諸侯雖不同盟，或以名赴也。不然則否，辟不敏者，謂雖同盟，而赴不以名，則亦不書名，以審違謬也。

《春秋左傳正義》卷一六《僖公二十五年》 夏，四月，丁巳，王入于王城，取大叔于温，殺之于隰城。戊午，晉侯朝王。王饗醴，命之宥。既行饗禮而設醴酒，又加之以幣帛，以助歡也。宥，助也。隰音習。醴音禮。宥音又。請隧，弗許，闕地通路曰隧，王之葬禮也。諸侯皆縣柩而下。隧音遂，今之延道。闕，其月反。縣音玄。柩，其九反。疏：注闕地至而下。正義曰：隱元年《傳》曰：闕地及泉，隧而相見。是闕地通路曰隧也。天子之葬，棺重禮大，尤須謹慎，去壙遠而闕地通路，從遠地而漸邪下之。諸侯以下，棺輕禮小，臨壙上而直縣下之。故隧爲王之葬禮，諸侯皆縣柩而下，故不得用隧。晉侯請隧者，欲請以王禮葬也。曰：王章也。章，顯王者與諸侯異。未有代德而有二王，亦叔父之所惡也。與之陽樊、温、原、欑茅之田。

《春秋左傳正義》卷一八《文公元年》 天王使叔服來會葬。叔，氏；服，字。諸侯喪，天子使大夫會葬，禮也。疏：注叔氏至禮也。正義曰：四年風氏薨，五年王使榮叔歸含且賵，召昭公來會葬，傳曰禮也。夫人之喪，會葬爲禮，知諸侯之喪，天子使大夫會葬爲得禮也。

《春秋左傳正義》卷一九《文公五年》 五年，春，王正月，王使榮叔歸含且賵。珠玉曰含。含，口實。車馬曰賵。含，本亦作唅，戶暗反。《説文》作琀，云：送終口中玉。賵，芳鳳反。疏：王使至且賵。正義曰：《公羊傳》曰：其言歸含且賵何？兼之。兼之，非禮也。賈、服云：含賵當異人，今一人兼兩使，故書且以譏之。案《禮・雜記》諸侯相弔之禮，含襚賵臨，同日而畢，與介代有事焉，不言遺異使也。諸侯相於，則唯遣一使，而責天子之於諸侯必當異人，禮何所出而非責王也？春秋之世，風教陵遲，吉凶賀弔，罕能如禮。王之崩葬，魯多不行。魯之有喪，寧能盡至？王歸含賵二事而已。宰咺又賵而不含不至，全無所譏；不含，又無貶責。既含且賵，便責兼之不可。是禮備不如不備，行禮不如不行，豈有如此之理哉？《左傳》舉來含且賵、會葬二事，乃云禮也，則二事俱是得禮，無譏兼之之意也。言且者，見有二禮而已。宰咺言來歸，此不言來者，《穀梁傳》曰：其不言來者，不周事之用也。賵以早，而含以晚。其意以爲含者所以實口，當及未殯而至，以其至晚，故不言來，以責王也。案《雜記》含者執璧將命，坐委于殯東南，有葦席。既葬，蒲席。然則含襚者所以助喪盡恩，示其有禮而已。既葬猶尚致之，不必以濟其用。天子之與鄰國，莫不道路長遠，赴者猶尚不至，責其未殯而來此，是理之不通也。且來者自外之文，非是褒貶之意。九年秦人來歸僖公、成風之襚，襚衣是斂之所用，彼最晚矣，何以復言來乎？言來與不言來，史異文耳。宰咺，秦人，歸之既晚，故舉其所爲之人。此夫人新薨，言歸含賵，爲夫人可知，故不言歸夫人含賵也。何休《膏肓》以爲禮尊不含卑，又不兼二禮，《左氏》以爲禮，於義爲短。鄭康成箴云：禮，天子於二王後之喪，含爲先，襚次之，賵次之，賻次之；於諸侯含之，賵之；小君亦如之，於諸侯臣襚之。諸侯相於，如天子於二王後，於卿大夫，如天子於諸侯，於士，如天子於諸侯臣。何休云尊不含卑是違禮，非經意。其一人兼歸二禮，亦是爲譏。如康成言，尊不含卑，禮無其事。康成以爲譏一人兼二事者，非《左氏》意也。注：珠玉至曰賵。正義曰：《周禮·王府》大喪共含玉。《穀梁傳》曰：貝玉曰含。《士喪禮》：含用米貝。《莊子》説發冢之事，云徐徐破其頰，無傷口中珠，是含有用珠者也。故云珠玉曰含。何休云天子以珠，《周禮》大喪共玉，不共珠也。《莊子》所言發冢，未必發天子冢也。《雜記》云諸侯相含以璧，未知何人用珠耳。《公羊傳》曰：含者何？口實也。孝子不忍虛其親之口，故以米貝珠玉實之，謂之飯含。《檀弓》曰：飯用米貝，弗忍虛也。不以食道，用美焉爾。《士喪禮》用生稻米，是不以食道也。車馬曰賵，《公羊傳》文。

又：五年，春，王使榮叔來含且賵，召昭公來會葬，禮也。成風，莊公之妾。天子以夫人禮賵之，明母以子貴，故曰禮。疏：注成風至曰禮。正義曰：傳舉二事，以一禮結之，則含賵會葬皆得禮也。《釋例》稱賵賻襚含，揔謂之贈。言以夫人禮贈之，指爲賵含也。

《春秋左傳正義》卷一九上《文公九年》 秦人來歸僖公成風之襚，禮也。秦慕諸夏，欲通敬於魯。因有翟泉之盟，故追贈僖公并及成風。本非魯方嶽同盟，無相赴弔之制，故不譏其緩，而以接好爲禮。夏，戸雅反。嶽音岳。好，呼報反，下文注同。諸侯相弔賀也，雖不當事，苟有禮焉，書也，以無忘舊好。送死不及尸，故曰不當事。書者，書於典策，垂示子孫，使無忘過厚之好。疏：諸侯至舊好。正義曰：此雖廣言諸侯，主爲秦人發傳。隱元年王使來賵，尚譏其緩。若是同盟之國，必譏其緩可知。《釋例》曰：秦之與魯，本非方嶽同盟，魯薨不赴秦，秦不賵魯，自是其常也。僖、穆二公，雖有同盟之義，二君已卒，則二子不得用同盟之禮也。今秦康公遠慕諸華，欲通敬於魯，無以爲辭，因翟泉有盟，追贈僖公并及成風，假弔禮而行，故曰禮也。送死不及口，謂不當其事。書者，書之於策。垂之子孫，以示過厚之好也。是言此傳主爲秦也。僖公成風服除久矣，今始來弔贈，當以變禮待之。《檀弓》曰：衛將軍文子之喪，既除喪而後越人來弔，主人深衣練冠待於廟，垂涕洟。子游曰：將軍文氏之子，其庶幾乎！亡於禮者之禮也。其動也中。是古有以服終來弔者也。何休《膏肓》云：禮主於敬，一使兼二喪，又於禮既緩，而《左氏》以之爲禮，非也。鄭箴云：若以爲緩，案《禮》，衛將軍文子之喪，既除喪而越人來弔，子游何得善之？是鄭不非其緩也。若譏一使兼二禮，《雜記》諸侯弔禮有含襚賵臨，可以一使兼行，知休言非也。

《春秋左傳正義》卷二九《襄公二年》 夏，齊姜薨。初，穆姜使擇美檟，檟，梓之屬。檟，古雅反，木名。疏：注檟，梓之屬。正義曰：《釋木》云：槐小葉曰檟。郭璞曰：槐當爲楸，楸細葉者爲檟。又云：大而皵楸，小而皵檟。樊光云：大，老也。皵，棤皮也，皮老而麄。皵者爲楸。小，少也。少而麄皵者爲檟。又云：椅梓。郭璞曰：即楸也。如彼所云，楸、梓皆檟之小别，故云梓之屬也。以自爲櫬與頌琴。櫬，棺也。頌琴，琴名，猶言雅琴。皆欲以送終。櫬，初覲反。疏：注櫬棺至送終。正義曰：以論死者言櫬，知櫬是棺也。四年注云：櫬，親身棺也。以親近其身，故以櫬爲名焉。《禮記·檀弓》曰：天子之棺四重，水兕革棺，杝棺一，梓棺二。鄭玄云：杝，椴也，所謂椑棺也。梓棺二，所謂屬與大棺也。《記》文從内向外，水兕革棺，最近尸也。次椑以椴爲之。次屬與大棺，乃以梓爲之。《檀弓》又云：君即位而爲椑。鄭玄云：椑謂杝棺，親尸者。椑，堅著之言也。天子椑内，又有水兕革棺，《喪大記》云：君大棺八寸，屬六寸，椑四寸。如彼《記》文，諸侯之棺三重，親身之棺名之爲椑。椑即櫬是也。其椑用椴爲之。屬與大棺，乃用梓耳。此以梓爲櫬者，名之曰櫬，其内必無棺也。擇檟爲櫬，其櫬必用梓也。《記》唯言即位爲椑，不言椑所用木。鄭玄據天子之棺，其椑用杝，即云椑謂杝棺也。天子之椑自用杝，則諸侯不必然。據此傳文，諸侯之椑，必用梓也。頌琴者，《詩》爲樂章，琴瑟必以歌《詩》。《詩》有《雅》、《頌》，故以頌爲琴名，猶如言雅琴也。櫬、琴同文，知皆欲以送終也。季文子取以葬。君子曰：非禮也。禮無所逆，婦，養姑者也。虧姑以成婦，逆莫大焉。穆姜，成公母。齊姜，成公婦。養，徐余亮反。《詩》曰：其惟哲人，告之話言，順德之行。《詩·大雅》。哲，知也。話，善也。言知者行事無不順。話，戶快反。知音致，下同。季孫於是爲不哲矣。言逆德。爲不哲矣，一本作不爲哲矣。疏：詩曰至哲矣。正義曰：《詩・大雅・抑》之篇也。其惟有知之人，告之以善言，則順從之，爲美德之行矣。言之者行事，無有不順從者，今季孫逆之，於是爲不知矣。哲，知，《釋言》文也。且姜氏，君之妣也。襄公適母，故曰君之妣。妣，必履反。適，丁歷反，本又作嫡。疏：注襄公至之妣。正義曰：《曲禮》曰：生曰父曰母，死曰考曰妣。襄公是成公之妾定姒所生，齊姜是其適母，故曰君之妣也。《詩》曰：爲酒爲醴，烝畀祖妣。以洽百禮，降福孔偕。《詩・周頌》。烝，進也。畀，與也。偕，偏也。言敬事祖妣，則鬼神降福。季孫葬姜氏不以禮，是不敬祖妣。烝，之承反。畀，必利反，注同。洽，戶夾反。偕音皆。偏音遍。疏：詩曰至孔偕。正義曰：《詩・周頌・豐年》之篇也。豐有之年，多稻多黍，釀之爲酒爲醴，以進與祖妣，以洽百種之禮。爲烝嘗之祭，鬼神享之，則下與福祐甚周偏。言今事妣失禮，神將不福祐之也。烝，進；畀，與，皆《釋詁》文。偕訓爲俱，俱亦偏之義也。《釋言》云：孔，甚也。

《春秋左傳正義》卷二九《襄公四年》 秋，定姒薨，不殯于廟，無櫬，不虞。櫬，親身棺。季孫以定姒本賤，既无器備，議其喪制，欲殯不過廟，又不反哭。過，古禾反。疏：注櫬親至反哭。正義曰：櫬者，親身之棺，初死即當有之，將葬以殯過廟，葬訖乃爲虞祭。今定姒初薨，匠慶以君長懼之，乃始作櫬。知此是季孫以定姒本賤，素无器備，議其喪制，欲如此耳。非是終久遂无之也。《檀弓》曰：君即位而爲椑。夫人尊與君同，亦當生已有櫬。今議欲不爲，是素无器備，故始議之也。《檀弓》又曰：喪之朝也，順死者之孝心也。其哀離其室也。故至於祖考之廟而後行。殷朝而殯於祖，周朝而遂葬。《士喪禮》朝而遂葬，與《記》正同。知周法不殯于廟。而此及僖八年《傳》皆云不殯于廟，以爲非禮。知其將葬之時，不以殯過廟耳。非是殯尸於廟中也。葬訖，日中反虞於正寢，謂之反哭。今欲不虞者，欲不爲反哭也。匠慶謂季文子匠慶，魯大匠。曰：子爲正卿，而小君之喪不成，謂如季孫所議，則爲夫人禮不成。不終君也。慢其母，是不終事君之道。君長，誰受其咎？言襄公長，將責季孫。長，丁丈反，注同。初，季孫爲己樹六檟於蒲圃東門之外，蒲圃，場圃名。季文子樹檟，欲自爲櫬。爲，于僞反，下注爲定姒、爲言卜、爲執事同。圃，布古反。場，直良反。疏：注蒲圃至爲櫬。正義曰：《詩》云：九月築場圃。毛傳云：春夏爲圃，秋冬爲場。樹菜蔬爲圃，治禾黍爲場。場圃同地耳。故杜以場明圃，圃名蒲也。檟是爲櫬之木，知季孫樹之，欲自爲櫬也。匠慶請木，爲定姒作櫬。季孫曰：略。不以道取爲略。匠慶用蒲圃之檟，季孫不御。御，止也。傳曰遂得成禮，故經無異文。御，魚呂反，注同。疏：注御止至異文。正義曰：止寇謂之禦。御即禦也，故訓爲止。季孫本議欲無櫬，不虞。今傳唯言取木爲櫬而已。尚不知得殯廟虞祭以否。不虞即是不反哭，不反則不得書葬。今定姒薨葬備文，則因匠慶之言，遂得每事成禮，是故經無異文。君子曰：《志》所謂多行無禮，必自及也，其是之謂乎！疏：季孫至謂乎。正義曰：不以道取爲略。今律略人，略賣人是也。季孫言略，令匠慶略他木也。官非無木可用，意欲不成其喪，謂木不順其意，怒慶此請，令略木爲之也。匠慶又忿季孫未必無木可用，故取季孫之檟。其意言遣我略人，我止略女。季孫令之爲略，匠慶奉命而略，雖自被略，不得止之。季孫此議，自是無禮也，被匠慶略木，是自及也。君子言古之志記，所謂多行無禮必自及者，其季孫之謂乎。而《釋例》論此云：議從略，賤彼。自是解正義之語，與此不以道取爲略別也。

《春秋左傳正義》卷三一《襄公十二年》 秋，吳子壽夢卒。壽夢，吳子之號。臨於周廟，禮也。周廟，文王廟也。周公出文王，故魯立其廟。吳始通，故曰禮。臨，力蔭反，下同。所出王廟，知爲周公出文王，故魯立其廟也。哀二年，蒯聵禱云：敢昭告皇祖文王，衛亦立文王廟也。《郊特牲》曰：諸侯不敢祖天子，大夫不敢祖諸侯，而公廟之設於私家，非禮也。而諸侯得立王廟者，彼謂無功德，非王命而輒自立之，則爲非禮。魯、衛有大功德，王命立之，是其正也。鄭祖厲王，亦然。此是常禮，特於吳子而傳發例者，以吳始通，公能依禮，故於此言禮也。凡諸侯之喪，異姓臨於外，於城外，向其國。向，或作嚮，許亮反。疏：注於城外向其國。正義曰：《禮・奔喪》之記云：哭父之黨於廟，母妻之黨於寢，師於廟門外，朋友於寢門外，所識於野張帷。此傳言於外，與彼於野同，於城外，向其國，張帷而哭之耳。同姓於宗廟，所出王之廟。疏：同姓於宗廟。正義曰：此即周廟也。但發大例，意通古今，故不復斥言周耳。其實於周之世，亦周廟也。異姓之國，無所出王之廟者，其哭同姓，必不得同諸異姓，亦當於祖廟。同宗於祖廟，同族於禰廟。父廟也。

《春秋左傳正義》卷三三《襄公十七年》 齊晏桓子卒，晏嬰父也。晏嬰麤縗斬，斬，不緝之也。縗在胸前。麤，三升布。麤，本又作麄。縗，本又作衰，七雷反，注同。緝，七入反。疏：注斬不至升布。正義曰：《喪服》：斬衰裳。傳曰：斬者何？不緝也。馬融云：不緝，不緶也。謂斬布用之，不緶其端也。衰用布爲之，廣四寸，長六寸，當心，故云在胸前也。《喪服傳》曰：衰三升。鄭玄云：布八十縷爲升。然則傳以三升之布，布之最麄，故謂之麄也。以麄布爲衰而斬之，故以麄縗斬爲文之次。苴絰、帶、杖、菅屨，苴，麻之有子者，取其麄也。杖，竹杖。菅屨，草屨。苴，七徐反。絰，直結反。以苴麻爲絰及帶，杖，《禮記》云：苴杖，竹也。菅，古顏反。屨，九具反。疏：苴絰帶杖菅屨。正義曰：《喪服》云：苴絰杖絞帶。此傳帶不言絞，亦當爲絞帶也。若要帶，則謂之絰。故《喪服》注云：麻在首在要皆曰絰。《喪服傳》曰：苴絰者，麻之有蕡者也。苴杖，竹也。絞帶者，繩帶也。馬融云：蕡者枲實。枲麻之有子者，其色麤惡，故用之。苴者，麻之色。鄭玄《士喪禮》注云：苴麻者，其貌苴。服重者，尚麤惡。《喪服》及此傳絰、帶、杖三者，皆在苴下，言其色皆苴也。絰帶用麻，杖用竹。麻竹雖異，而其苴則同，故三者共蒙苴也。鄭玄云：麻在首在要皆曰絰。此言絰者，謂首絰也。凡喪服冠纓帶屨，皆象吉時常服，但變之使麤惡耳。其衰與絰，是新造以明義，故特爲立其名。衰之言摧也，絰之言實也。明孝子之心實摧痛，故制此服、立此名也。衰當心，絰在首，獨立名於心首者，心是發哀之主，首是四體所先，故制服以表之。要絰之下，又有絞帶。絰殺首絰五分之一，絞帶殺要絰亦然。雖大小有三等，而同用苴麻。《喪服》，杖在帶上。此傳杖在帶下者，《喪服》具明其服，故杖在上。然後言絞帶、冠繩纓。此傳略言其禮，欲明帶與絰俱用麻，故杖在帶下。《喪服傳》云：菅屨者，菅菲也。菲者，屨之别名，故杜注云草屨也。食鬻，居倚廬，寢苫，枕草。此禮與《士喪禮》略同，其異唯枕草耳。然枕凷亦非《喪服》正文。鬻，之六反，一音羊六反，謂朝一溢米，暮一溢米。倚廬，於綺反。廬倚東牆而爲之，故曰倚廬。苫，傷廉反，編草也。枕，之鴆反，注同。王儉云：夏枕凷，冬枕草。凷音苦對反，一音苦怪反。疏：注此禮至正文。正義曰：《喪服傳》文及《士喪禮記》皆云：居倚廬，寢苫，枕凷。歠粥，朝一溢米，夕一溢米。是此禮與《士喪禮》略同。其異者，唯彼言枕凷，此言枕草耳。然枕凷者，乃是《禮記》及《喪服傳》耳，亦非《喪服》正文。杜意言古禮未必無枕草之法也。居倚廬、寢苫者，鄭玄云：倚木爲廬，在中門外東方，北戶。苫，編稾也。此初喪爲然，其既虞之後，則每事有變，具於禮文。鄭玄云：二十兩曰溢，爲米一升二十四分升之一。知者，古者一斛百二十斤，一斗十二斤，十二斤百九十二兩。一升十九兩二分少八分，未充二十兩。更取一升分作百九十二分，二十四分取一得八分，添前十九兩二分，是爲二十兩也。其老曰：非大夫之禮也。時之所行，士及大夫縗服各有不同。晏子爲大夫而行士禮，其家臣不解，故譏之。解音蠏。疏：注時之至譏之。正義曰：《雜記》云：大夫爲其父母兄弟之未爲大夫者之喪服，如士服。士爲其父母兄弟之爲大夫者之喪服，如士服。如彼記文，則大夫與士喪服不同。《記》是後人所記，記當時之事。今此晏子之老，亦譏晏子所爲非大夫之禮。是時之所行，士及大夫喪服，各有不同也。晏子實爲大夫而行當時之士禮。晏子反時以從正，其家老不解，謂晏子爲失，故據時所行而譏之也。晏子其父始卒，則晏子未爲大夫。言晏子爲大夫者，《禮》：喪服，大夫之子，得從大夫之法。曰：唯卿爲大夫。晏子惡直己以斥時失禮，故孫辭略荅家老。疏：注晏子至家老。正義曰：《檀弓》云：魯穆公之母卒，使人問於曾申。曾申對曰：哭泣之哀，齊斬之情，饘粥之食，自天子達。然則天子以下，其服父母，尊卑皆同，無大夫士之異。晏子所行，是正禮也。言唯卿得服大夫服，我是大夫，得服士服。又言己位卑，不得從大夫之法者，是惡其直己以斥時之失禮，故孫辭略荅家老也。《家語》曾子問此事，孔子云：晏平仲可謂能辟害也。不以己是而駁人之非。孫辭以辟咎，義也。夫《家語》雖未必是孔子之言，要其辭合理，故王肅與杜，皆爲此説。鄭玄注《雜記》，引此傳言晏子云：唯卿爲大夫，此平仲之謙也。言喪服服布，麤衰斬衰三升，義服。斬衰三升半爲母服。齊衰四升，正服。齊衰五升，義服。齊衰六升，降服。大功七升，正服。大功八升，義服。大功九升，降服。小功十升，正服。小功十一升，義服。小功十二升，緦麻十五升去其半。鄭注《雜記》云：士爲父斬衰，縷如三升半，而三升不緝。言縷之精麤，如三升半成布，而縷三升。故云麤衰在齊、斬之間。鄭又云：士爲母，衰五斤，縷而四升。爲兄弟，衰六升，縷而五升。鄭玄以《雜記》之文，士爲父母兄弟之服，不得與大夫同，皆縷細降一等。其縷數與大夫同。但《雜記》之文，記當時之制。以當時大夫與士有異，故爲此解，非杜義也。

《春秋左傳正義》卷三四《襄公十九年》 晉士匄侵齊，及穀，聞喪而還，禮也。禮之常，不必待君命。疏：注禮之至君命。正義曰：傳言禮也，則兵不伐喪，必有常禮，禮有此法，故聞喪即還。《公羊傳》曰：還者何？善辭也。何善爾？大其不伐喪也。此受命乎君而伐齊，則何大乎其不伐喪？大夫以君命出，進退在大夫也。何休云：禮，兵不從中，御外臨事制宜，唯義所在，故善之。是與《左氏》同也。《穀梁傳》曰：還者，事未畢之辭也。不伐喪，善之也。善之則何爲未畢也？君不尸小事，臣不專大名。善則稱君，過則稱己，則民作讓矣。士匄外專君命，故非之也。然則爲士匄者宜奈何？宜墠帷而歸命乎介。其意言待命乃還，故杜言不必待君命，所以排《穀梁》也。

《春秋左傳正義》卷三九《襄公二十九年》 楚人使公親襚，諸侯有遺使賵襚之禮。今楚欲依遺使之比。襚音遂。《説文》云：衣死人衣。遺使，所吏反，下同。賵，芳鳳反，一本作贈。比，必利反。疏：楚人使公親襚。正義曰：《檀弓》云：襄公朝于荆，康王卒。荆人曰：必請襲。魯人曰：非禮也。荆人強之，巫先拂柩。荆人悔之。《記》之所言，即是此事。所異者，此言請襚，彼言請襲；此言祓殯，彼言拂柩。雖俱説此事，先後不同禮。死而沐浴，即襲。襲後始小斂、大斂，乃殯。案往年傳公及漢，聞康王卒，公欲反。則康王之卒，公未至楚。楚人使公親襚，傳在此年言之，則此年始令公親襚，襚不得爲襲也。卒已踰月，不得柩仍在地，足知殯是而柩非，《記》虚而傳實也。然則襚衣所以衣尸，既殯而使公襚者，致襚所以結恩好，其衣不必充用。《雜記》記致襚之禮云委衣于殯東，是既殯猶致襚也。文九年，秦人來歸僖公成風之襚，僖薨十年猶致之，况既殯也？注諸侯至之比。正義曰：《雜記》云：弔者含襚賵臨。是諸侯之臣使於鄰國之禮也。楚人以諸侯相於有遺使賵襚之禮。今以公身既在，意在輕魯，欲以公依遣使之比，使公親行之也。公患之。穆叔曰：祓殯而襚，則布幣也。先使巫祓除殯之凶邪而行襚禮，與朝而布幣無異。祓音拂，徐音廢。邪，似嗟矣。疏：祓殯至幣也。正義曰：案：《雜記》諸侯使臣致襚之禮云委衣於殯東。今楚人以公身在，意欲輕魯，公依遣使之比。公以楚人輕己，所以患之。故穆叔云若使巫人先往祓殯，則是君臨臣喪之禮。祓除既了而行襚禮，布陳衣物，與行朝之時布陳幣帛無異，有何可患？劉炫云：朝禮，兩君相見，先授玉，然後致享，乃布陳幣帛於庭也。祓殯者，君臨臣喪之禮。先使祓殯，行臨喪之禮，然後致襚，則全是布幣之禮。言與朝而布幣無異也。君臨臣喪者，由先見臣，故以祓殯比行朝禮，自然致襚似布幣。楚以親襚屈魯，魯以祓殯自尊。令贊曰疏云，以殯有凶邪，畏惡患之，不肯親襚。穆叔云，先使巫人祓除殯之凶邪，既無而行襚禮，布陳衣物，與行朝之時布陳幣帛無異。言俱無咎，有何可患？乃使巫以桃、茢先祓殯。茢，黍穰。茢音列，徐音例。穰，如羊反。鄭注《周禮》云：茢，苕箒。疏：乃使至祓殯。正義曰：巫者，接神之官。《周禮》：男巫，王弔則與祝前。《檀弓》云：君臨臣喪，以巫祝桃茢執戈，惡之也。鄭玄云：爲有凶邪之氣在側。桃，鬼所惡。茢，萑苕，可埽不祥。君臨臣喪禮有此法，故使巫以桃茢先祓殯，若以楚子爲臣然，所以屈楚也。茢是帚，蓋桃爲棒也。《毛詩》傳曰：藡爲萑。萑苕謂藡穗也。杜云茢黍穰者，今世所謂苕帚者，或用藡穗，或用黍穰。是二者皆得爲之也。楚人弗禁，既而悔之。禮，君臨臣喪乃祓殯，故楚悔之。

《春秋左傳正義》卷四五《昭公十二年》 晉侯享諸侯，子産相鄭伯，辭於享，請免喪而後聽命。簡公未葬。相，息亮反，下同。疏：子産至於享。正義曰：僖九年，宋桓公卒，未葬，襄公會諸侯，故曰子。是先君未葬，有從會之禮也。鄭偪於楚，以固事晉，故父雖未葬，朝晉嗣君，不得已而行，於情可許也。諸侯相享，享必有樂，未葬不可以從吉，故辭享爲得禮。晉人許之，禮也。善晉不奪孝子之情。

（清）姚彦渠《春秋會要》卷三《凶禮·魯公薨葬》 隱十一年，冬，十一月，壬辰，公薨。《左傳》：公祭鍾巫，齋於社圃，館於寪氏。壬辰，羽父使賊弑公于寪氏，立桓公而討寪氏，有死者。不書葬，不成喪也。《公羊》：君弑賊不討，不書葬，以爲無臣子也。《穀梁》：公薨不地，隱之，不忍地也。

《三國志》卷一《魏志·武帝紀》 六月，令曰：古之葬者，必居瘠薄之地。其規西門豹祠西原上爲壽陵，因高爲基，不封不樹。《周禮》冢人掌公墓之地，凡諸侯居左右以前，卿大夫居後，漢制亦謂之陪陵。其公卿大臣列將有功者，宜陪壽陵，其廣爲兆域，使足相容。

《宋書》卷一五《禮志二》 孝武孝建三年三月，有司奏：故散騎常侍、右光禄大夫、開府儀同三司義陽王師王偃喪逝。至尊爲服緦三月，成服，仍卽公除。至三月竟，未詳當除服與不？又皇后依朝制服心喪，行喪三十日公除。至祖葬日，臨喪當著何服？又舊事，皇后心喪，服終除之日，更還著未公除時服，然後就除。未詳今皇后除心制日，當依舊更服？爲但釋心制中所著布素而已？勒禮官處正。太學博士王膺之議：尊卑殊制，輕重有級，五服雖同，降厭則異。禮，天子止降旁親，外舅緦麻，本在服例，但衰絰不可以臨朝饗，故有公除之議。雖釋衰襲冕，尚有緦麻之制。愚謂至尊服三月既竟，猶宜除釋。又議：吉凶異容，情禮相稱。皇后一月之限雖過，二功之服已釋，哀情所極，莫深於尸柩，親見之重，不可以無服。案周禮，爲兄弟既除喪已，及其葬也，反服其服。輕喪雖除，猶齊衰以臨葬。舉輕明重，則其理可知也。愚謂王右光禄祖葬之日，皇后宜反齊衰。又議：喪禮卽遠，變除漸輕，情與日殺，服隨時改。權禮既行，服制已變，豈容終除之日，而更重服乎？案晉泰始三年，武帝以朞除之月，欲反重服拜陵，頻詔勤勤，思申棘心。于時朝議譬執，亦遂不果。愚謂皇后終除之日，不宜還著重服，直當釋除布素而已。太常丞朱膺之議：凡云公除，非全除之稱。今朝臣私服，亦有公除，猶自窮其本制。膺之云，晉武拜陵不遂反服，此時是權制，既除衰麻，不可以重制耳。與公除不同。愚謂皇后除心制日，宜如舊反服未公除時服，以申創巨之情。餘同膺之議。國子助教蘇瑋生議：案三日成服卽除，及皇后行喪三十日，禮無其文，若並謂之公除，則可粗相依准。凡諸公除之設，蓋以王制奪禮。葬及祥除，皆宜反服。未有服之於前，不除於後。雖有齊斬重制，猶爲功緦除喪。夫公除暫奪，豈可遂以卽吉邪。愚謂至尊三月服竟，故應依禮除釋。皇后臨祖，及一周祥除，並宜反服齊衰。尚書令、中軍將軍建平王宏議謂：至尊緦制終，止舉哀而已。不須釋服。餘同朱膺之議。前祠部郎中周景遠議：權事變禮，五服俱革，緦麻輕制，不容獨異。謂：至尊既已公除，至三月竟，不復有除釋之義。其餘同朱膺之議。重加研詳，以宏議爲允。詔可。

《宋書》卷五五《徐廣傳》 李太后薨，廣議服曰：太皇太后名位允正，體同皇極，理制備盡，情禮彌申。《陽秋》之義，母以子貴，既稱夫人，禮服從正，故成風顯夫人之號，文公服三年之喪。子於父之所生，體尊義重。且禮祖不厭孫，固宜遂服無屈。而緣情立制，若嫌明文不存，則疑斯從重。謂應同於爲祖母後，齊衰三年。時從其議。

《南齊書》卷一〇《禮志下》　永明十一年，文惠太子薨，右僕射王晏等奏：案《喪服經》爲君之父、長子，同齊衰朞今至尊既不行三年之典，止服朞制，羣臣應降一等，便應大功。九月功衰，是兄弟之服，不可以服尊。臣等參議，謂宜重其衰裳，減其月數，同服齊衰三月。至於太孫三年既申，南郡國臣，宜備齊衰朞服。臨汝、曲江既非正嫡，不得禰先儲，二公國臣，竝不得服。詔依所議。

《魏書》卷七《高祖紀》　〔十有四年〕冬十月戊辰，詔曰：自丁荼苦，奄踰晦朔。仰遵遺旨，祖奠有期。朕將親侍龍輿，奉訣陵隧。諸常從之具，悉可停之。其武衛之官，防侍如法。癸酉，葬文明太皇太后於永固陵。甲戌，車駕謁永固陵。羣臣固請公除，帝不許。己卯，車駕謁永固陵。庚辰，帝居廬，引見羣僚於太和殿，太尉、東陽王丕等據權制固請，帝引古禮往復，羣臣乃止。語在《禮志》。京兆王太興有罪，免官削爵。

詔曰：公卿屢依金册遺旨，中代權式，請過葬卽吉。朕思尊遠古，終三年之制。依禮，既虞卒哭。此月二十一日授服，以葛易麻。既衰服在上，公卿不得獨釋於下，故於朕之授服，變從練禮，已下復爲節降，斟酌今古，以制厥衷，且取遺旨速除之一端，粗申臣子罔極之巨痛。癸未，詔曰：朕遠遵古式，欲終三年之禮。百辟羣官，據金册顧命，將奪朕心，從先朝之制。朕仰惟金册，俯自推省，取諸二衷，不許衆議，以衰服過期，終四節之慕。又奉聖訓，聿修諧旨，不敢闇默自居，以曠機政。庶不爽遺令之意，差展哀慕之情。普下州鎮，長至三元，絕告慶之禮。甲申，車駕謁永固陵。辛卯，詔曰：羣官以萬機事重，請求聽政。朕仰祇遺命，亦思無怠。但哀慕纏綿，心神迷塞，未堪自力以親政事。近侍先掌機衡者，皆謀猷所寄，且可任之，如有疑事，當時與論決。十有一月甲寅，詔曰：垂及至節，感慕崩摧，凡在臣列，誰不哽切。内外職人先朝班次及諸方雜客，冬至之日，盡聽入臨。三品已上衰服者至夕復臨，其餘，唯旦臨而已。其拜哭之節，一依別儀。

《魏書》卷二〇《文成五王傳·廣川王》　子諧，字仲和，襲。十九年薨。詔曰：朕宗室多故，從弟諧喪逝，悲痛摧割，不能已已。古者，大臣之喪，有三臨之禮，此蓋三公已上。至於卿司已下，故應。闕自漢已降，多無此禮。朕欲遵古典，哀感從情，雖以尊降伏，私痛寧爽。欲令諸王有期親者爲之三臨，大功之親者爲之再臨，小功緦麻爲之一臨。廣川王於朕大功，必欲再臨。再臨者，欲於大殮之日，親臨盡哀，成服之後，緦衰而弔。既殯之緦麻，理在無疑，大殮之臨，當否如何？爲須撫柩於始喪，爲應盡哀於闔棺？早晚之宜，擇其厥中。黄門侍郎崔光、宋弁，通直常侍劉芳，典命下大夫李元凱，中書侍郎高聰等議曰：三臨之事，乃自古禮，爰及漢魏，行之者稀。陛下至聖慈仁，方遵前軌，志必哀喪，慮同寧戚。臣等以爲若期親三臨，大功宜再。始喪之初，哀之至極，既以情降，宜從始喪。大殮之臨，伏如聖旨。詔曰：魏晉已來，親臨多闕，至於戚臣，必於東堂哭之。頃大司馬、安定王薨，朕既臨之後，復更受慰於東堂，今日之事，應更哭否？光等議曰：東堂之哭，蓋以不臨之故。今陛下躬親撫視，羣臣從駕，臣等參議，以爲不宜復哭。詔曰：若大司馬戚尊位重，必哭於東堂，而廣川既是諸王之子，又年位尚幼，卿等議之，朕無異焉。諧將大殮，高祖素服深衣哭之，入室，哀慟，撫尸而出。有司奏，廣川王妃薨於代京，未審以新尊從於卑舊，爲宜卑舊來就新尊。詔曰：遷洛之人，自茲厥後，悉可歸骸邙嶺，皆不得就塋恒代。其有夫先葬在北，婦今喪在南，婦人從夫，宜還代葬；若欲移父就母，亦得任之。其有妻墳於恒代，夫死於洛，不得以尊就卑；欲移母就父，宜亦從之；若異葬亦從之。若不在葬限，身在代喪，葬之彼此，皆得任之。其戶屬恒燕，身官京洛，去留之宜，亦從所擇。其屬諸州者，各得任意。詔贈諧武衛將軍，謚曰剛。及葬，高祖親臨送之。

《魏書》卷八二《常景傳》　世宗季舅護軍將軍高顯卒，其兄右僕射肇私託景及尚書邢巒、并州刺史高聰、通直郎徐紇各作碑銘，並以呈御。世宗悉付侍中崔光簡之，光以景所造爲最，乃奏曰：常景名位乃處諸人之下，文出諸人之上。遂以景文刊石。肇尚平陽公主，未幾主薨，肇欲使公主家令居廬制服，付學官議正施行。尚書又以訪景，景以婦人無專國之理，家令不得有純臣之義，乃執議曰：喪紀之本，實稱物以立情；輕重所因，亦緣情以制禮。雖理關盛衰，事經今古，而制作之本，降殺之宜，其實一焉。是故臣之爲君，所以資敬而崇重；爲君母妻，所以從服而制義。然而諸侯大夫之爲君者，謂其有地土，有吏屬，無服文者，言其非世爵也。今王姬降適，雖加爵命，事非君邑，理異列土。何者？諸王開國，備立臣吏，生有趨奉之勤，死盡致喪之禮；而公主家令，唯有一人，其丞已下，命之屬官，既無接事之儀，實闕爲臣之禮。原夫公主之貴所以立家令者，蓋以主之內事脱須關外，理無自達，必也因人。然則家令唯通內外之職，及典主家之事耳，無關君臣之理，名義之分也。由是推之，家令不得爲純臣，公主不可爲正君明矣。且女人之爲君，男子之爲臣，古禮所不載，先朝所未議。而四門博士裴道廣、孫榮乂等以公主爲之君，以家令爲之臣，制服以斬，乖謬彌甚。又張虛景、吾難羈等，不推君臣之分，不尋致服之情，猶同其議，準母制齊，求之名實，理未爲允。竊謂公主之爵，既非食榮之君；家令之官，又無純臣之式。若附如母，則情義罔施；若準小君，則從服無據。案如經禮，事無成文；卽之愚見，謂不應服。朝廷從之。

（宋）王溥《唐會要》卷六《公主》〔大中〕五年四月，勅夫婦之際，教化之端，人倫所先，王猷爲大。况枝連帝戚，事繫國風，苟失常儀，卽紊彝典。其有節義乖常，須資立制，如或情有可愍，卽務從權，俾協通規，必惟中道。起自今以後，先降嫁公主、縣主，如有兒女者，並不得再請從人。如無兒者，卽任陳奏，宜委宗正等準此處分。如有兒女妄稱無有，輒請再從人者，仍委所司察獲奏聞，別議處分。並宣付命婦院，永爲常式。其月勅親王、公主葬，宜準故事，輟朝一日。其年八月，勅公主邑司，擅行文牒，恐多影占，有紊朝章。今後公主除緣徵對外，不得令邑司行文書牒府縣，如緣公事，令邑司申宗正寺，與酌量事體施行。

（宋）王溥《唐會要》卷二三《忌日》貞元五年八月，勅天下諸上州，並宜國忌日准式行香。十二年五月詔：先聖忌辰，纔經敍慰，戚里之內，固在肅恭。而乃遽從燕遊，餘酒作樂，既乖禮法，須有所懲。前邠州長史郭煦，宜於袁州安置；前南郭縣尉郭晅，於柳州安置；曹自慶配流冰州。其駙馬郭曖、王仕平，仍令勒歸私第。先是，初經代宗忌辰，駙馬諸親，悉詣銀臺奉慰，及迴，王仕平遂邀駙馬郭曖、張昭賢、張怙，及曖女壻嗣許王昭、曖堂弟煦、晅，用教坊音聲人曹自慶，並於宅中歡樂。上怒之，故有此詔。尋亦許曖及仕平出入。

（宋）王溥《唐會要》卷三七《服紀上》〔貞觀〕二十三年五月，禮部尚書許敬宗奏言：伏奉遺詔，臣下喪服，以日易月，皆從三十六日之限。但大行在殯，皇帝主喪，山陵事畢，方釋衰絰。依禮，近臣君服斯服。敢緣斯義，請延至塟畢後除。從之。

又：聖歷元年，太子左庶子王方慶，書問太子文學徐堅曰：女子年幼，稚而早孤，其母貧寠，不能守志，攜以適人。爲後夫之所鞠養，及長出嫁，不復同居。今母後夫亡，欲制繼父服，不知可否？人間世上士庶，此例皆是，至於服紀，有何等差，前代通儒，若爲議論？堅答曰：《儀禮·喪服》：繼父同居齊衰朞。謂子無大功之親，與之適人，所適亦無大功之親，而所適者，以貨財爲之築宮廟，歲時使之祀焉者也。鄭元曰：大功之親，同財者也。築宮廟於家門之外，神不歆非族也，以恩服耳。未嘗同居，則不服也。《小戴禮記》繼父服並有明文。斯禮經之正説也。至於馬融、王肅、賀循等，並稱達禮，更無異文。唯傅元著書，以爲父無可繼之理，不當制服，此禮焚書之後，俗儒妄造也。袁准作論，亦以爲此則自制文亂名之大者。竊以父猶天也，愛敬斯極，豈宜覥貌，繼以他人哉。然而藐爾窮孤，不能自立，既随其母，託命他宗。本族無鞠養之人，因託得存其世嗣。在其生也，實頼其長育；及其死也，頓同之行路。重其生而輕其死，篤其始而薄其終，稱情立文，豈應如是？故袁、傅之駁，不可爲同居者施焉。昔朋友之死，同爨之喪，並制緦麻，詳諸經典，比之於此，蓋亦何嫌。繼父之服，宜依正禮。今女子母攜重適人，寄養他門，所適慈流，情均膝下，長而出嫁，始不同居，此則笄總之儀，無不殫備，與築宮立廟，實無異焉，蓋有繼父之道也。戴德《喪服記》曰：女子適人者，爲繼父服齊衰三月，不分別同居異居。梁氏《集説》亦云：女子適人者，爲繼父服齊衰服，繼父與不同居者服同。今爲服齊衰三月，竊爲折衷。方慶深善其答。

其年，四門博士王元感云：三年之喪，合三十六月。鳳閣侍郎張柬之駁曰：三年之喪，二十五月，不刊之典也。《春秋》：魯僖公三十三年十二月乙巳，公薨。文公二年冬，公子遂如齊納幣。《左傳》云：禮也。

此則《春秋》三年之喪，二十五月之明驗也。《尚書·伊訓》云：成湯既没，太甲元年，惟元祀十有二月，伊尹祀于先王，奉嗣王祇見厥祖。孔安國注云：湯以元年十一月崩。據此，二年十一月小祥，三年十一月大祥。故《太甲中》篇云：惟三祀十有二月朔，伊尹以冕服奉嗣王歸于亳。此《尚書》三年之喪，二十五月之明驗也。《禮記·三年問》曰：三年之喪，二十五月而畢。又《喪服小記》云：再期之喪，三年也。期之喪，四時也。九月七月之喪，三時也。五月之喪，二時也。三月之喪，一時也。此《禮記》三年之喪，二十五月之明驗也。《儀禮·士虞禮》云：期而小祥，又期而大祥，中月而禫，是月也吉祭。此禮周公所制，則《儀禮》三年之喪，二十五月之明驗也。此四驗並禮經正文，或周公所制，或仲尼所述，吾子豈得以《禮記》戴聖所修，輒欲排毁也？議者以柬之所駁，頗合于禮典。

（宋）王溥《唐會要》卷三八《服紀下》 貞元二年十一月，德宗王皇后崩，上及百官已釋服，唯皇太子及舒王誼以下則否，將及三年之制也。初，禮官議大行皇后喪服節，攝太常博士柳冕等七人奏請，皇太子依魏晉故事，爲大行皇后喪服，既葬而虞，虞而卒哭，卒哭而除，心喪終制，則存厭降之禮。既而事下中書，宰臣召問禮官等曰：今豈可令皇太子縗服侍膳，直至于既葬乎。博士張薦等請依宋齊閒皇后爲父母服三十日公除例，爲皇太子喪服之節。既及公除，詣於正内，則服墨縗，歸至本院，縗麻如故，庶允通變之情。宰臣具以聞奏。左補闕穆質上疏曰：臣謹按禮經，兼徵近古，皇太子居母后之喪，竝無降殺之禮。唯西晉杜元凱有既葬除服之論，蓋穿鑿詭詞，以説時主，誠不足爲後王法也。臣愚以爲遵三年之制，則太重，從三十日之服，則太輕，唯行古之道，以周年爲定，乃得禮之中矣。詔宰臣更與所司議之。宰臣以穆質所奏，召問禮官，而不言質名。禮官柳冕、張薦對曰：準禮，三年之喪，無貴賤一也。豈有父母貴賤，而差降喪服之節乎？且《禮》有公門脱齊衰，《開元禮》云：皇后爲父母服十三月，其稟朝旨，則十三日而除。皇太子爲外祖父母服五月，其從朝旨，則五日而除。所以然者，恐喪服侍奉，有傷至尊之意也。故從權制變，昭著國章，公門脱縗，義亦在此，豈皆爲金革乎？皇太子今若抑哀公除，墨縗朝覲，至本院依舊縗麻，酌于變通，庶可傳繼。宰臣然其對，遂命太常卿鄭叔則草議奏曰：准禮，子爲母齊衰杖周，更無貴賤降殺之别。伏以聖上以大中立教，以至孝興理，憲章古道，肅慎禮文。皇太子稟訓睿哲，因心孝敬，緣情酌禮，復古爲宜。准禮既葬卒哭，十一月小祥，十三月大祥，十五月禫。至于昏定晨省，問安視膳，不可服衰麻，密近宸扆。伏請每詣正内覲謁，蹔服墨縗，歸至本院，依舊縗麻。庶適變通，允叶情禮。上令宰臣召穆質議焉。對曰：雖不能遂皇太子三年之志，且遠依古禮，猶愈魏晉之文。請降制命，宣行于外，亦不妨皇太子在内墨縗也。制可之。其月，詔百官及宗室諸親，舉哀兩儀殿。臨畢，百辟素服視事，及大殮成服，百官服三日，及甲辰之夕，釋之。用晉文明皇后崩天下發哀三日止之義。其文武六品以上，非常參官及士庶等，各于本家素服臨，外命婦各于本家素縵朝夕臨五日。

又： 貞元十一年，河中府倉曹參軍蕭據狀稱：堂兄姪女子適李氏，壻見居喪。今時俗婦爲舅姑服三年，恐爲非禮，請禮院詳定垂下。詳定判官前太常博士李岩議曰：謹按《大唐開元禮·五服制度》婦爲舅姑及女子適人爲其父母，皆齊衰不杖周。稽其禮意，抑有其由也。蓋以婦人之道以專一，不得自達，必繫于人。故女子適人，服以夫斬，而降其父母。《喪服傳》曰：女子以適人，爲父母何以周也。婦人不二斬，婦人從人，無專用之道。故未嫁從父，既嫁從夫，夫死從子。父者子之天也，夫者妻之天也。先聖格言，歷代不易。以此論之，父母之喪，尚止周歲，舅姑之服，無容三年。且服者報也，雖有加降，不甚相懸。故舅姑爲婦，大功九月，以卑降也；婦爲舅姑，齊衰周年，以尊加也。其父母舅姑除變之節，十二月小祥，除腰絰；十三月大祥，除衰裳，去絰；十五月而禫，逾月復吉。

又： 永貞九年九月，禮儀使奏：孫爲祖母合服齊衰五月。漢魏以來，時君皆行易月之制。皇帝爲曾太皇太后沈氏，合五日而除。内外百寮，竝令從服，以五日爲制。其在興慶宮嘗侍奉太上皇者，十三日而除。從之。

（宋）王溥《唐會要》卷三八《奪情》 儀鳳二年十一月六日，太常少卿韋萬石奏：太常博士弟子等有遭憂者，請百日之後，量追赴上。奉勑依。侍御史劉思立奏曰：竊以移風易俗，莫善于樂，睦親化人，莫先于孝。所以三年之禮，貴賤咸遵，金革之事，始有墨縗。縱此輩小人，先無俯就，猶須在其上者，勖以企及。若遣釋服作樂，則甚紊禮經；帶絰理音，又全虧國體。豈以其居家不能報禮，遂欲曹司約爲非法。萬石身居禮樂之官，輒昧吉凶之本，頒之士卒，理恐未安。既爽風化之源，請舉糾繩之典，萬石請付法司科斷，音聲人請停追。至開元十三年，車駕將赴東岳，太常追孝假音聲人從駕。華州刺史楊瑒奏曰：臣竊考經傳，《喪記》有文，歷代相因，損益無替，斯事體大，人誰敢違。國家孝理天下，超跡百王焉。可以苴絰之人，叶鐘磬之樂，既傷往教，復玷清猷，良史見書，難爲直筆。臣職惟宣化，期不奉詔。上嘉之。調露二年。中書舍人歐陽通起復本官，每入朝，必徒跣至城門外，然後著鞾鞢而朝。直宿在省，則席地籍藁，非公事不言，亦未嘗啓齒。歸必衣衰絰，號慟無常。國朝奪情者多矣，惟通能合典禮。

（清）嵇璜等《續通典》卷八二《禮凶·忌日不廢軍務議唐》　唐太宗貞觀十九年，太宗親征高麗，以五月五日行，既至遼陽，屬高祖忌日，八座奏言：臣等謹案《禮》云君子有終身之憂，而無一朝之患，此所謂星迴歲改，親没同辰，思其居處，不爲樂事。今陛下親御六軍，已登寇境，庶務繁擁，伏待剖決，可以尊先聖之常經，畧近代之一志，望請所有軍機要切，百司依式聞奏。手詔答曰：今既戎旅大事，不可失在機速，所以仰順古風，俯從今請。

（清）嵇璜等《續通典》卷八四《禮凶·卒哭後諱及七廟諱字議唐五代》　唐僖宗咸通十二年七月，侍御史李谿以進狀内字與廟諱音同，罰一季俸。復執奏曰：臣案《禮記》不諱嫌名，又《職制律》諸犯廟諱嫌名不坐。注云：若禹與雨，謂聲同而字異也，今若受罰，是違典律，乃免之。

晉高祖天福三年二月，中書門下奏：禮經云：禮不諱嫌名，二名不偏諱。注云：嫌名謂聲音相近，若禹與雨，丘與區也。二名不偏諱，孔子之母名徵在，言在不稱徵，言徵不稱在。此古禮也。唐太宗、玄宗，二名皆諱。人姓與國音聲相近，是嫌名者，亦改姓氏，與古禮有異。若廟諱平字，即不諱餘側，若諱側字，即不諱平聲。所諱字正文及偏旁皆闕點畫，望令依今式施行，勅二名及嫌名，依唐故事。

（清）嵇璜等《續通典》卷八四《禮凶·釋服從吉唐》　唐呂諲丁母憂起復，肅宗上元元年，加同中書門下三品，賜門戟，既立于第門，或謂諲曰：吉慶之事不宜凶服受之。諲遂權釋衰麻，當中而拜。人皆笑其失禮。

（清）嵇璜等《續通典》卷八四《禮凶·匿喪不舉五代》　後唐明宗天成二年，中書門下條奏：據長定格選人中有隱憂者遲五選，伏以人倫之貴，孝道為先，既有負于尊親，定不公于州縣，有傷風教，須峻條章，今後諸色官員内有隱憂冒榮者，勘實不虚，終身不齒，所有入仕已來告敕，並付所司焚燬。從之。

《宋史》卷一二五《禮志六》　士庶人喪禮。開寶三年十月，詔開封府，禁喪葬之家不得用道、釋威儀及裝束異色人物前引。太平興國七年正月，命翰林學士李昉等重定士庶喪葬制度。昉等奏議曰：唐大曆七年，詔喪葬之家送葬祭盤，只得於喪家及塋所置祭，不得於街衢張設。又長慶三年，令百姓喪葬祭奠不得以金銀、錦繡爲飾及陳設音樂，葬物稍涉僭越，並勒毁除。臣等參詳子孫之葬父祖，卑幼之葬尊親，全尚樸素，即有傷孝道。其所用錦繡，伏請不加禁斷。其用音樂及欄街設祭，身無官而葬用方相者，望嚴禁之。其詔葬設祭者，不在此限。又準後唐長興二年詔：五品、六品常參官，喪輿舁者二十人，挽歌八人，明器三十事，共置八牀；七品常參官，舁者十六人，挽歌六人，明器二十事，置六牀；六品以下京官及檢校、試官等，舁者十二人，挽歌四人，明器十五事，置五牀，並許設紗籠二。庶人，舁者八人，明器十二事，置兩牀。悉用香輿、魂車。其品官葬祖父母、父母，品卑者聽以子品，葬妻子者遞降一等，其四品以上依令式施行。望令御史臺、街司頒行，限百日率從新制；限滿違者，以違禁之物給巡司爲賞。喪家輒舉樂者，譴伶人。他不如制者，但罪下里工作。

又：紹興二十七年，監登聞鼓院范同言：今民俗有所謂火化者，生則奉養之具唯恐不至，死則燔爇而棄捐之，何獨厚於生而薄於死乎？甚者焚而置之水中，識者見之動心。國朝著令，貧無葬地者，許以係官之地安葬。河東地狹人衆，雖至親之喪，悉皆焚棄。韓琦鎮并州，以官錢市田數頃，給民安葬，至今爲美談。然則承流宣化，使民不畔於禮法，正守臣之職也。方今火葬之慘，日益熾甚，事關風化，理宜禁止。仍飭守臣措置荒閑之地，使貧民得以收葬，少裨風化之美。從之。二十八年，戶部侍郎榮嶷言：比因臣僚陳請禁火葬，令州郡置荒閑之地，使貧民得以收葬，誠爲善政。臣聞吴越之俗，葬送費廣，必積累而後辦。至於貧下之家，送終之具，唯務從簡，是以從來率以火化爲便，相習成風，勢難遽革。况州縣休息之久，生聚日繁，所用之地，必須寬廣。仍附郭近便處，官司以艱得之故，有未行摽撥者。既葬埋未有處所，而行火化之禁，恐非人情所安。欲乞除豪富士族申嚴禁止外，貧下之民并客旅遠方之人，若有死亡，姑從其便，候將來州縣摽撥到荒閑之地，別行取旨。詔依，仍令諸州依已降指揮，措置摽撥。

又： 孝宗居憂，再定三年之制。其服：布冠、直領大袖衫、布裙、首絰、腰絰、竹杖。小祥不易服。大祥禮畢，始去杖、去絰。禫祭畢，始服素紗軟脚幞頭，白袍，黑銀帶。祔廟畢，服皁幞頭、黑鞓犀帶。每遇過宮廟謁，則衰絰行禮，二十五月而除。三年之内，禁中常服布巾、布衫、布背子。視事則御内殿，服白布幞頭、白布袍、黑銀帶，殿設素幄。每五日一次過宫，則衰絰而杖。虞祭則布折上巾、黑帶、布袍。受金使弔則衰絰，御德壽殿東廊之素幄。受賀節使，則御垂拱殿東楹之素幄。是時，宰執、近臣皆不肯行，惟斷自上心，堅不可奪，大臣乃不敢言。贊其决者，惟敕局下僚沈清臣一人而已。

又： 慶曆七年，侍御史吴鼎臣言：武班及諸職司人吏，曾因親喪出入禁門，甚有裹素紗幞頭者，殊失肅下尊上之禮。欲乞文武兩班，除以官品起復許裹素紗外，其餘臣僚并諸職司人吏，雖有親喪服未除，並須光紗加首，不得更裹素紗。詔送太常禮院。禮官言：準令文，凶服不入公門。其遭喪被起，在朝參處，常服各依品服，惟色以淺，無金玉飾；在家，依其服制。其被起者，及期喪以下居式假者，衣冠朝集，皆聽不預。今鼎臣所奏，有礙令文。

又： 慶曆七年，禮官邵必言：古之臣子，未有居父母喪而輒與國家大祭者。今但不許入宗廟，至於南郊壇、景靈宮，皆許行事。按唐吏部所請慘服既葬公除者，謂周以下也，前後相承，誤以爲三年之喪，得吉服從祭，失之甚也。又據律文：諸廟享，有緦麻以上喪，不許執事，祭天地、社稷不禁。此唐之定律者，不詳經典意也。《王制》曰：喪三年不祭，惟天地、社稷爲越紼而行事。注云：不敢以卑廢尊也。是指王者不敢以私親之喪，廢天地、社稷之祭，非謂臣下有父母喪，而得從天子祭天地、社稷也。兼律文所以不禁者，亦止謂緦麻以上、周以下故也。南郊、太廟，俱爲吉祀，奉承之意，無容異禮。今居父母喪不得入太廟，至南郊則爲愈重。朝廷每因大禮，侍祠之官普有霑賚，使居喪之人得預祠事，是不欲慶澤之行，有所不被，奈何以小惠而傷大禮？近歲兩制以上，並許終喪，惟於武臣尚仍舊制，是亦取古之墨縗從事，金革無避之義也。然於郊祀吉禮則爲不可。

又： 天聖五年，侍講學士孫奭言：伏見禮院及刑法司外州執守服制，詞旨俚淺，如外祖卑於舅姨，大功加於嫂叔，顛倒謬妄，難可遽言。臣於《開寶正禮》録出五服年月，并見行喪服制度，編附《假寧令》，請下兩制、禮院詳定。翰林學士承旨劉筠等言：奭所上五服制度，皆應禮經。然其義簡奧，世俗不能盡通，今解之以就平易。若兩相爲服，無所降殺，舊皆言服者，具載所爲服之人；其言周者，本避唐諱，合復爲期。又節取《假寧令》附《五服敕》後，以便有司，仍板印頒行，而喪服親疏隆殺之紀，始有定制矣。

子爲嫁母。景祐二年，禮官宋祁言：前祠部員外郎、集賢校理郭稹幼孤，母邊更嫁，有子。稹無伯叔兄弟，獨承郭氏之祭。今邊不幸，而稹解官行服。按《五服制度敕》齊衰杖期降服之條曰：父卒母嫁及出妻之子爲母。其左方注：謂不爲父後者。若爲父後者，則爲嫁母無服。詔議之。侍御史劉夔曰：

按天聖六年敕，《開元五服制度》、《開寶正禮》並載齊衰降服條例，雖與祁言不異，然《假寧令》：諸喪，斬、齊三年，並解官；齊衰杖期及爲人後者爲其父母，若庶子爲後爲其母，亦解官，申心喪；母出及嫁，爲父後者雖不服，亦申心喪。注云：皆爲生己者。《律疏》云：心喪者，爲妾子及出妻之子合降其服，二十五月内爲心喪。再詳格令：子爲嫁母，雖爲父後者不服，亦當申心喪。又稱：居心喪者，釋服從吉及忘哀作樂、冒哀求仕者，並同父母正服。今龍圖閣學士王博文、御史中丞杜衍嘗爲出嫁母解官行喪。若使生爲母子，没同路人，則必虧損名教，上玷孝治。

且杖期降服之制，本出《開元禮》文，逮乎天寶降敕，俾終三年，然則當時已悟失禮。晉袁準謂：爲人後，猶服嫁母。據外祖異族，猶廢祭行服，知父後應服嫁母。劉智釋云：雖爲父後，猶爲嫁母齊衰。譙周云：非父所絶，爲之服周可也。昔孔鯉之妻爲子思之母，鯉卒而嫁於衛，故《檀弓》曰：子思之母死，柳若謂子思曰：子聖人之後也，四方於子乎觀禮，子盍慎諸！子思曰：吾何慎哉！喪之禮，如子。云子聖人之後，卽父後也。石苞問淳于睿：爲父後者，不爲出母服。嫁母猶出母也，或者以爲嫁與出不異，不達禮意。雖執從重之義，而以廢祭見譏。君爲詳正。睿引子思之義爲答，且言：聖人之後服嫁母，明矣。稹之行服，是不爲過。

詔兩制、御史臺、禮院再議，曰：按《儀禮》：父卒繼母嫁，爲之服期。謂非生己者，故父卒改嫁，降不爲己母。唐上元元年敕，父在爲母尚許服三年，今母嫁既是父終，得申本服。唐紹議曰：爲父後者爲嫁母杖周，不爲父後者請不降服。至天寶六載敕，五服之紀，所宜企及，三年之數，以報免懷。其嫁母亡，宜終三年。又唐八坐議吉凶加減禮云：凡父卒，親母嫁，齊衰杖期，爲父後者亦不服，不以私親廢祭祀，惟素服居堊室，心喪三年，免役解官。母亦心服之，母子無絶道也。按《通禮·五服制度》：父卒母嫁，及出妻之子爲母，及爲祖後，祖在爲祖母，雖周除，仍心喪三年。

侍講學士馮元言：《儀禮》、《禮記正義》，古之正禮；《開寶通禮》、《五服年月敕》，國朝見行典制，爲父後者，爲出母無服。惟《通禮義纂》引唐天寶六年制：出母、嫁母並終服三年。又引劉智《釋議》：雖爲父後，猶爲出母、嫁母齊衰，卒哭乃除。蓋天寶之制，言諸子爲出母，嫁母，故云並終服三年；劉智言爲父後者爲出母、嫁母，故云猶爲齊衰，卒哭乃除，各有所謂，固無疑也。況《天聖五服年月敕》：父卒母嫁及出妻之子爲母降杖期。則天寶之制已不可行。又但言母出及嫁，爲父後者雖不服，亦申心喪，卽不言解官。若專用禮經，則是全無服式；若俯同諸子杖期，又於條制相戾。請凡子爲父後，無人可奉祭祀者，依《通禮義纂》、劉智《釋議》，服齊衰，卒哭乃除，踰月乃祭，仍申心喪，則與《儀禮》、《禮記正義》、《通典》、《通禮》、《五服年月敕》，爲父後，爲出母、嫁母無服之言不遠。如諸子非爲父後者，爲出母、嫁母，依《五服年月敕》降服齊衰杖期，亦解官申心喪，則與《通禮·五服制度》言雖周除，仍心喪三年，及《刑統》言出妻之子合降其服，皆二十五月內爲心喪，其義一也。郭稹應得子爲父後之條，緣其解官行服已過期年，難於追改，後當依此施行。

又：子爲生母。大中祥符八年，樞密使王欽若言：編修《册府元龜》官太常博士、祕閣校理聶震丁所生母憂，嫡母尚在，望特免持服。禮官言：按周制，庶子在父之室，則爲其母不禫。晉解遂問蔡謨曰：庶子喪所生，嫡母尚存，不知制服輕重。答云：士之妾子服其母，與凡人喪母同。鍾陵胡澹所生母喪，自有嫡兄承統，而嫡母存，疑不得三年，問范宣，答曰：爲慈母且猶三年，況親所生乎？嫡母雖尊，然厭降之制，父所不及。婦人無專制之事，豈得引父爲比而屈降支子也？南齊褚淵遭庶母郭氏喪，葬畢，起爲中軍將軍。後嫡母吴郡公主薨，葬畢，令攝職。則震當解官行服，心喪三年；若特有奪情之命，望不以追出爲名。自今顯官有類此者，亦請不稱起復，第遣釐職。

熙寧三年，詔御史臺審決秀州軍事判官李定追服所生母喪。御史臺言：在法，庶子爲父後，如嫡母存，爲所生母服緦三月，仍解官申心喪；若不爲父後，爲所生母持齊衰三年，正服而禫。今定所生仇氏亡日，定未嘗請解官持心喪，止以父老乞還侍養。宜依禮制追服緦麻，而解官心喪三年。時王安石芘定，擢爲太子中允，而言者俱罷免。

又：婦爲舅姑。乾德三年，判大理寺尹拙言：按律及《儀禮·喪服傳》、《開元禮儀纂》、《五禮精義》、《三禮圖》等書，所載婦爲舅姑服周；近代時俗多爲重服，劉岳《書儀》有奏請之文。《禮圖》、《刑統》乃邦家之典，豈可守《書儀》小説而爲國章邪？判少卿事薛允中等言：《戶婚律》：居父母及夫喪而嫁娶者，徒三年，各離之。若居周喪而嫁娶者，杖一百。又《書儀》：舅姑之服斬衰三年。亦準敕行。用律敕有差，望加裁定。

右僕射魏仁浦等二十一人奏議曰：謹按《禮·內則》云：婦事舅姑，如事父母。則舅姑與父母一也。而古禮有期年之説，至於後唐始定三年之喪，在理爲當。況五服制度，前代增益甚多。按《唐會要》，嫂叔無服，太宗令服小功。曾祖父母舊服三月，增爲五月。嫡子婦大功，增爲期。衆子婦小功，增爲大功。父在爲母服期，高宗增爲三年。婦爲夫之姨舅無服，玄宗令從夫服，又增姨舅同服緦麻及堂姨舅袒免。至今遵行。況三年之内，几筵尚存，豈可夫處苫塊之中，婦被綺紈之飾？夫婦齊體，哀樂不同，求之人情，實傷理本。況婦爲夫有三年之服，於舅姑止服期年，乃是尊夫而卑舅姑也。況孝明皇后爲昭憲太后服喪三年，足以爲萬世法。欲望自今婦爲舅姑服，並如後唐之制，其三年齊、斬，一從其夫。

（宋）李燾《續資治通鑑長編》卷一〇六《宋仁宗天聖六年》春正月丁酉朔，馬軍副都指揮使、武昌節度使彭睿卒。上幸其第臨奠，輟一日朝，贈侍中，遣官監護葬事。法當得謚，其家避都省集官之費而固辭之。庚子，上謂輔臣曰：大臣之喪，遣官監護葬事，蓋出於恩禮，而近歲喪家過有所費。況祥符詔書，自使相以下，皆有定數。今宜稍增其舊，踰者令閤門、御史臺、金吾街仗司糾之。其不願敕葬者，亦聽。

（宋）李燾《續資治通鑑長編》卷二一六《宋神宗熙寧三年》御史臺言：奉詔定奪秀州軍事判官李定所生母亡，當與不當追服。看詳：庶子爲父後，如嫡母存，爲所生母服緦麻三月，仍解官申心喪。若不爲父後，爲所生母持齊衰三年，正服而禫。今以流内銓並淮南轉運司取定親鄰人狀稱：定乃仇氏所生，仇氏亡日，定未嘗申乞解官持心喪，止是當年稱父八十九歲，迎侍不便，乞在家守侍養。即未見定為仇氏所生，解官持心喪。今定乃言：仇氏亡日，有鄉人私告曰定之所生母。定請於父，父曰非汝所生母。當日以不得父命，而又有鄉人私告之語，緣此自疑，遂不欲仕，止解官侍養，名雖侍養，實行心喪之制。然定復有此自疑為説，即是當日未有果決。緣心喪之制，本係孝子之情，若當日未明仇氏為所生，既無母子之恩，何緣乃行心制？今轉運司據鄉鄰人稱，定實仇氏所生，益明合依禮制，追服緦麻三月，解官心喪三年。如定稱實非仇氏所生，牽合再有辭説，乞自朝廷別作施行。詔：定改太子中允。其鄰人李肇等稱仇氏是定所生母，令淮南轉運司勒令分晰的確，照驗以聞。《要録》云：既而知雜謝景温言：定常言李肇乃嘉祐七年僦居之鄰，難以取信。檢會定元狀稱，有鄉人私告是仇氏所生。但使定供鄉人姓名，令轉運司根究，必見情狀。於是詔淮南轉運使取問鄉人的實事狀以聞。十一月五日，謝景温云云。

（宋）李燾《續資治通鑑長編》卷二六五《宋神宗熙寧八年》先是，同知太常禮院李清臣言：《五服年月敕》嫡孫為祖注，謂承重者。為曾祖、高祖後者，亦如之。又祖為嫡孫注云：有嫡子則無嫡孫。又《封爵令》：公、侯、伯、子、男皆子孫承嫡者傳襲。若無嫡子及有罪戾立嫡孫，無嫡孫以次立嫡子同母弟，無母弟立庶子，無庶子立嫡孫同母弟，無母弟立庶孫。曾孫以下準此。究尋禮令之意，明是嫡子先死，而祖亡以嫡孫承重，則禮先庶叔，不繫諸叔存亡，其嫡孫自當服三年之服，而衆子亦服為父之服。若無嫡孫為祖承重，則須依《封爵令》嫡孫遠近以次推之。且傳爵、承重，義當一體，禮令明白，固無所疑。而《五服年月敕》不立庶孫承重本條，故四方士民尚疑為祖承重之服或不及上稟朝廷，多致差誤。欲乞祖亡無嫡孫承重者，依封爵令傳襲條，餘子孫各服本服。如此則明示天下人知禮制，祖得繼傳，統緒不絶，聖王之澤也。下禮院，請如清臣議。既而中書言：古者封建國邑而立宗子，故周禮嫡子死，雖有諸子，猶令適孫傳重，所以一本統，明尊卑之義也。至於商禮則適子死，立衆子，無衆子，然後立孫。今既不立宗子，又不常封建國邑，則嫡孫喪祖，不宜純用周禮。故有是詔。

（宋）李燾《續資治通鑑長編》卷三八七《宋哲宗元祐元年》壬戌，詔：司馬光薨在諒闇中，更不舉哀成服。呂大中《雜説》：司馬公之喪，明堂行事畢，蘇子由爲諫官，欲往哭之。正叔力止之曰：方行吉禮，不可弔喪。子由不從，曰：只有哭則不歌，何嘗有歌則不哭。王鞏爲大宗正丞，亦上章論正叔之非，由此遂罷。建中靖國間，鞏初牽復，得通判西京，將行，滎陽公以正叔屬之，使无念舊怨。鞏答簡云：我輩視大地衆生猶如一子，況先生者乎？

（宋）李燾《續資治通鑑長編》卷四六三《宋哲宗元祐六年》詔令御史臺，候至元祐十年，有臣僚父母亡殁，無故十年不葬之人，即依條彈奏，及令吏部候今來限滿，點檢得尚有違條不葬父母，品官即未得與關陞磨勘。如失點檢，亦許御史臺奏。

（清）徐乾學《資治通鑑後編》卷二一《宋紀二一》乙亥，參知政事王欽若上言，桂州通判太常博士王佑之近丁母憂，才踰月，連進五狀，皆匪機宜，殊忘哀戚之容，苟懷進動之意。陛下方施孝治，以厚民風，望加黜責，以勗有位。詔削佑之三任，配隸郴州，仍令御史臺牓朝堂告諭。

（清）徐乾學《資治通鑑後編》卷三一《宋紀三一》丁未，殿中侍御史張廓言：羣官有丁父母憂者，多免持服，非古道也。伏望自今並依禮，令解官行服。詔從之，其官秩當起復，及武臣內職，悉如舊制。

（清）徐乾學《資治通鑑後編》卷三八《宋紀三八》 二月，同知禮院王皞言：謚者，行之表也。善行有善謚，惡行有惡謚。蓋聞謚知行，以為勸戒。近日，臣僚薨卒，雖官品合該擬謚，其子弟自知父祖別無善狀，慮定謚之際，斥其繆戾，皆不請謚。竊以謚法自周公已來，垂為不刊之典，蓋以彰善癉惡，激濁揚清，使其身没之後，是非較然，用為懲勸。今若任其遷避，則為惡者肆志而不悛。欲乞今後凡有臣僚薨謝，不必候本家請謚，並令有司舉行。如此，則隱慝無行之人有所沮勸。詔從之。

（清）徐乾學《資治通鑑後編》卷六七《宋紀六七》 丙午，詔帶閤門祗候使臣內殿崇班以上，太子率府率及正刺史以上，遭父母喪及嫡子孫承重者，並聽解官行服。其元係軍班出職及見管軍若路分部署、鈐轄、都監，極邊知州、軍縣，城寨主、都監、同廵檢，並給假百日，追起之，供奉官以下仍舊制，願行服者聽。宗室解官給全俸。先是判三班院韓縝言：今武臣遭父母喪不得解官行服，非天下之通制。下臺諫官詳定，而具為令。

（清）徐乾學《資治通鑑後編》卷一二九《宋紀一二九》 詔行孝宗皇帝喪三年。先是，有司請於易月之外用漆紗淺黃之制。時朱熹在講筵，奏言：自漢文短喪，歷代因之，天子遂無三年之喪，為父且然，則嫡孫承重可知。人紀廢壞，三綱不明，千有餘年，莫能釐正。壽皇聖帝至性以日易月之外，猶執通喪，朝衣朝冠皆用大布。所宜著在方策，為萬世法程。陛下以世嫡承大統，承重之服著在禮律，宜遵壽皇已行之法。一時倉卒，不及詳議，遂用漆紗淺黃之服，使壽皇已行之禮舉而復墜。臣竊痛之，然既往之事不及追改，啓殯發引禮當復用初喪之服。至是，詔遵用三年之制，中外百官皆以凉衫視事，用熹言也。

又：六月戊戌夜，壽皇聖帝崩，年六十八，遺詔改重華宮為慈福宮，建壽成皇后殿于宮後，以便定省，以宮錢百萬緡賜內外軍。是夕，重華宮內侍訃于宰執私第。趙汝愚恐帝疑或不出視朝，持其劄不上。翌日，帝視朝，汝愚以聞，因請詣重華宮成禮，帝許之。至日昃不出，大宗正丞李大性上疏言：今日之事，顛倒舛逆，况金使祭奠，當引見於北宮素帷，不知是時猶可以不出乎。《檀弓》曰：成人有兄死不為衰者，聞子皐將為成宰，遂為衰。成人曰：兄則死而子皐為之衰。蓋言成人畏子皐之來方為制服，其服乃子皐為之，非為兄也。若陛下必待使來然後執喪，則恐貽譏中外，豈特如成人而已哉？

（清）徐乾學《資治通鑑後編》卷一三七《宋紀一三七》 詔羣臣服純吉，德秀爭之曰：自漢文帝率情變古，惟我孝宗方衰服三年，朝衣朝冠皆以大布。惜當時不並定臣下執喪之禮，孝宗崩，從臣羅點等議，令羣臣易月之後，未釋衰服，惟朝會治事權用黑帶公服，時序仍臨慰，至大祥始除。韓侂胄柄政，始以小祥從吉，且帶不以金，鞓不以紅，佩不以魚，鞍韉不以文繡。此於羣臣何損？朝儀何傷？議遂格。

（清）徐乾學《資治通鑑後編》卷一四二《宋紀一四二》 九月癸卯，史嵩之以父病謁告，許之。甲辰，史彌忠卒，詔嵩之起復右丞相兼樞密使，中外莫敢言。於是太學生黃愷伯、金九萬、孫翼鳳等百四十四人叩閽上書曰：臣聞君親等天地，忠孝無古今，事親孝，故忠可移于君，自古求忠臣必於孝子之門，未有不孝而可望其忠也。宰我問三年之喪於夫子曰：期可已矣。其意欲以期年之近而易三年之喪，而夫子猶以不仁斥之。未聞有聞父母垂亡之病而不之問，聞父母已亡之訃而不之奔，有人心天理者，固如是乎？是不特無三年之愛於其父母，且無一日之愛於其父母矣。宰予得罪於聖門，而若人者則又宰予之罪人也。此天地所不覆載，日月所不照臨，鬼神之所共殛，天下萬世公論之所共誅，其去禽獸不遠矣。且起復之説，聖經所無，而權宜變禮，衰世始有之。我朝大臣若富弼，一身關社稷安危，進退係天下重輕，所謂國家重臣不可一日無者也，起復之詔凡五遣使，弼以金革變禮，不可用於平世，卒不從命。天下至今稱焉。至若鄭居中、王黼輩頑忍無恥，固持禄位，甘心起復，滅絶天理，卒以釀成靖康之禍，往事可覆也。彼嵩之何人哉？心術回邪，蹤跡詭秘，曩者開督府以和議，隳將士心以厚貲，竊宰相位，羅天下之小人為之私黨，奪天下之利權歸之私室，蓄謀積慮，險不可測。在朝廷一日則貽一日之禍，一歲則貽一歲之憂。萬口一辭，惟恐其去之不速也。嵩之亡父以速嵩之之去，中外方以為快，而陛下起復之命已下矣。陛下姑曰大臣之去不可不留也。嵩之聞訃不行，乃徘徊牽引，彌縫貴戚，買囑貂璫，轉移上心，夤緣御筆必得起復之禮，然後徐徐引去。大臣佐天子以孝治天下，孝不行於大臣，是率天下而為無父之國矣。鼎鐺尚有耳？嵩之豈不聞富弼不受起復之事，而乃忍為鄭居中、王黼輩之所為耶？夫以無父之嵩之而陛下必欲起復之者，謂其有折衝萬里之才歟？嵩之本無捍衝封疆之能，徒有刼制朝廷之術。彼國内亂，骨肉相殘，天使之也。嵩之貪天之功，以欺陛下，其意以為三邊雲擾，非我不足以制彼也，殊不知敵情叵測，非嵩之所能制，嵩之徒欲挾制敵之名以制陛下爾。謂其有經理財用之才歟？嵩之本無足國裕民之能，徒有私自豐殖之計。且國之利源，鹽筴為重，今鈔法屢更，利之歸於國者十無一二，而聚之於私帑者已無遺算。國家之土壤日削，而嵩之之田宅益廣。國家之帑藏日虚，而嵩之之囊橐日厚。陛下眷留嵩之，將以利吾國也，殊不知適以貽無窮之害爾。嵩之敢於無忌憚而經營起復，為有彌遠故智可以效尤。然彌遠所喪者庶母也，嵩之所喪者父也。彌遠奔喪而後起復，嵩之起復而後奔喪。以彌遠貪權固位，猶有顧忌，丁艱於嘉定改元十一月之戊午，起復于次年五月之丙申。未有如嵩之匿喪罔上，殄滅天常如此其慘也。且嵩之之為計亦奸矣，自入相以來，固知二親已耄，為有不測，旦夕以思，無一事不為起復張本，當其父未死之前已預為必死之地。近畿總餉本不乏人，而起復未卒哭之馬光祖，京口守臣豈無勝任，而起復未終喪之許堪。故里巷為十七字之謠曰：光祖做總領，許堪為節制，丞相要起復援例。夫以里巷之小民，猶知其奸，陛下獨不知之乎？臺諫不敢言，臺諫，嵩之爪牙也。給舍不敢言，給舍，嵩之腹心也。侍從不敢言，侍從，嵩之肘腋也。執政不敢言，執政，嵩之羽翼也。嵩之當五内分裂之時，方且擢奸臣以司喉舌，謂其必無陽城毁麻之事也。植私黨以據津，謂其必無吕惠卿反噬之虞也。自古大臣不出忠孝之門，席寵怙勢，至于三世未有不亡人之國者。漢之王氏，魏之司馬氏是也。史氏秉鈞今三世矣，軍旅將校惟知有史氏，天下士大夫惟知有史氏，而陛下之左右前後亦惟知有史氏，陛下之勢孤立于上，甚可懼也。天欲去之，而陛下留之，堂堂中國，豈無君子，獨信一小人而不悟，是陛下欲藝祖三百年之天下壞于史氏之手而後已。臣方涕泣裁書，適觀麻制有曰：趙普當乾德開創之初，勝非在紹興艱難之際，皆從變禮，迄兹武功。夫擬人必於其倫，曾於奸深之嵩之，而可與趙普諸賢同日語耶？臣愚所謂擢奸臣以司喉舌者，此其驗也。臣又讀麻制有曰：諜諗憤兵之聚，邊傳哨騎之馳，況秋高而馬肥，近冬寒而地凜，方嵩之虎踞相位之時，諱言邊事，通州失守至踰月而後聞，壽春有警至危急而後告。今圖起復，乃密諭詞臣昌言邊警張皇事勢以恐陛下，蓋欲行其刼制之謀耳。臣愚所謂擢奸臣以司喉舌者，又其驗也。竊觀嵩之自為宰相，動欲守法，至於其身乃跌蕩於禮法之外。五刑之屬三千，其罪莫大於不孝，若以法繩之，雖加之鈇鉞，猶不足謝天下，況復置諸具瞻之位，其何以訓天下後世耶？

（清）嵇璜等《續通典》卷七七《禮凶・喪制上・初喪宋元明》 宋司馬光《書儀》：疾病，遷居正寢，内外安静，以俟氣絶。男子不絶於婦人之手，婦人不絶於男子之手，既絶，諸子啼，兄弟親戚侍者皆哭，各盡哀止哭。《朱子家禮》疾病，遷居正寢，既絶乃哭。明邱濬《補儀節》云遷居正寢，戒内外，書遺言，加新衣，屬纊，廢牀寢地，楔齒舉哀。元制：凡有疾危殆，移居外帳房，死則殯殮其中。明品官喪屬纊，以俟氣絶，乃廢牀寢於地。庶人喪禮同。

（清）嵇璜等《續通典》卷八三《禮凶・周喪察舉議宋》 宋真宗天禧三年正月，貢舉人郭楨等見崇正殿，楨冒喪赴舉，命典謁詰之，即引咎，殿三舉。時郭楨等四千三百人見於崇政殿，楨以冒緦喪赴舉，為同輩所訟，帝命典謁詰之，引服，付御史臺劾問。殿三舉保，保人並贖金，殿一舉。四年二月，翰林學士承旨晁迥上言：舊制，期喪百日内妨試，尊長、卑幼、同士人病之，多入京冒哀就同文試，洎中選被人論訴，不免坐罪，請自今卑幼期服不妨取解。詔從之。仁宗天聖七年，興化軍進士陳可言：臣昨與本軍進士黄價同保，臣預解送之，後本軍言黄價昨赴舉時有叔為僧，喪服未滿，臣例當駁放。竊思出家制服，禮律俱無明文，況僧犯大罪並無緣坐，犯事還俗，勅不得均分父母田園。又釋門儀式見父母不拜，居父母喪不經，死則法門弟子為之制服，其於本族並無服式，望下禮官詳議，許其赴試。太常禮院言，檢會敕文，期周尊長服不得取應。又禮為叔父齊衰期，外繼者降服大功九月，其黄價為叔僧合比外繼降服大功。哲宗元祐時，程頤看詳學制謂：士子遭祖父母喪不得應舉。案朱子曰：祖父母喪，不赴舉。法令雖不禁，士子宜行之，知渡江之後載籍軼亡矣。

（清）嵇璜等《續通典》卷八三《禮凶・招魂葬議》 宋太宗淳化中，

有言昭成太子嬖妾張氏於都城西佛寺招魂葬其父母，僭差踰制。帝怒，遣昭宣使王繼思驗問。

（清）李有棠《遼史紀事本末》卷一七《劉漢之立應曆五年》 秋九月庚辰，漢主有疾，遣使來告。

冬十一月乙未朔，漢主崇殂，子承鈞遺使來告，且求嗣立。遣使弔祭，遂册立之。《攷異》崇卒於顯德元年，卽應曆四年。《通鑑考異》徵據各書甚詳。《契丹國志》亦繫於四年冬，云：承鈞上書稱男，遼謂之兒皇帝。《史》載在五年，疑誤。吴縝《五代史纂誤》云：歐《史·十國年譜》，顯德元年卽漢乾祐七年。注云：承鈞立，卽戰於高平之歲，而《東漢世家》謂崇自高平敗後被圍，以憂得疾，明年十一月卒。所載互異。蓋《世家》誤有明年二字也。按，薛《史·周世宗紀》及《僭僞列傳》、王舉《大定録》、宋庠《紀年通譜》、王溥《周世宗實録》皆言崇死於顯德二年乙卯十一月。均誤。惟王保衡《晉陽見聞要録》云，卒於甲寅冬。與《年譜》合。周密《齊東野語》，劉道原子羲仲嘗摘歐公《五代史》訛謬爲《糾繆》一書，示東坡。而王明清《揮麈録》云，蜀人吴縝初登第，請於文忠，願預官屬，公不許，因撰《糾繆》，豈別爲一書耶！吴任臣《十國春秋》云，王保衡仕漢，官中書舍人，直翰林院，乃漢舊臣，言當足信。又云，承鈞好學，工書，始行三年喪禮。遼遣劉承訓來册命，更名鈞，時年二十九，仍稱乾祐七年，不改元。所載較詳。崇葬交城北山，山在交城北百二十五里。

（清）徐乾學《資治通鑑後編》卷一七〇《元紀八》 癸丑，河南河北道廉訪副使僧嘉努言：自古求忠臣，必於孝子之門。今官於朝者，十年不省覲者有之，非無思親之心，實由朝廷無給假省親之制，而有擅離官次之禁。古律，諸職官父母在，三百里於三年聽一給定省假二十日。無父母者五年聽一給拜墓假十日。以此推之，父母在三百里以至萬里，宜計道里遠近定立假期。其應省覲，匿而不省覲者坐以罪。若詐冒假期規避以掩其罪，與詐奔喪者同科。命中書省禮部刑部及翰林集賢奎章閣議之。

（清）嵇璜等《續通典》卷八四《禮凶·喪不宴客元》 元仁宗延祐元年七月，江南道監察御史王奉訓呈，近年以來，江南風俗日薄，父母之喪小斂未畢，茹葷飲酒，略無顧忌。至于送殯管絃歌舞，導引循柩；焚葬之際，張筵排宴，不醉不已。泣血未乾，享樂如此，昊天之報，其安在哉！興言及此，誠可哀憫，宜下有司嚴加禁治。從之。

（清）嵇璜等《續通典》卷八三《禮凶·禁火葬議明》 明太祖洪武三年，禁止浙江等處水葬、火葬。中書禮部議，以民間死喪必須埋葬，如無地，官司設為義冢以便安葬。並不得火化，違者坐以重罪。

（明）黄瑜《雙槐歲鈔》卷一《貴妃禮制》 洪武中，成穆孫貴妃薨，詔東宫服齊衰杖期，懿文曰：在禮，惟士爲庶母服緦，大夫以上則無服。陛下貴爲天子，而臣爲庶母服緦，非所以敬宗廟重繼世也。上怒，太子正字桂彦良持衰衣之，懿文服以拜謝，遂著爲禮制。甲子九月，孝慈皇后喪既除，册李氏爲皇淑妃，燕賜百官有差，郭氏亦進號皇寧妃，没而服衰，以母視之。册而兼皇，以君視之，別嫌明微以正内也。李氏，鳳陽壽州人。父傑，洪武初以廣武衛指揮北征陣亡。見《劉學士集》。

（唐）劉肅《大唐新語》卷七《識量》 王方慶爲鳳閣侍郎知政事，患風俗偷薄，人多苟且，乃奏曰：准令式，纃縗大功未葬，並不得朝會。仍終喪，不得參燕樂。比來朝官不依禮法，身有哀慘，陪廁朝賀，手舞足蹈，公違憲章，名教既虧，實玷皇化。請申明程式，更令禁止。則天從之。

雜録

《儀禮注疏·喪服》 疏衰裳齊、牡麻絰、冠布纓、削杖、布帶、疏屨三年者。疏猶麤也。疏：疏衰至年者。注疏猶麤也。釋曰：此齊衰三年章以輕於斬，故次斬後。疏猶麤也，麤衰者，案上斬衰章中爲君三升半麤衰，鄭注《雜記》云微細焉，則屬於麤，則三升正服斬不得麤名，三升半成布三升微細則得麤稱。麤衰爲在三升斬内，以斬爲正，故没義服之麤。至此四升，始見麤也。若然，爲父哀極，直見深痛之斬，不没人功之麤。至於義服斬衰之等，乃見麤稱，至於大功、小功，更見人功之顯，緦麻極輕，又表細密之事，皆爲哀有深淺，故作文不同也。斬衰先言斬者，一則見先斬其布，乃作衰裳，二則見爲父極哀，先表斬之深重。此齊衰稍輕，直見造衣之法。衰裳既就，乃始緝之，是以斬衰，斬在上，齊衰，齊在下。牡麻絰者，斬衰絰不言麻，此齊衰絰見麻者，彼有杖，杖亦苴，故不得言麻。此絰文孤不兼杖，故得言麻也。云冠布纓者，案斬衰冠繩纓，退在絞帶下，使不蒙苴，齊，冠布纓，無此義，故進之使與絰同處。此布纓亦如上繩纓，以一條爲武，垂下爲纓也。云削杖布帶者，並不取蒙苴之義，故在常處。但杖實是桐，不言桐者，以斬衰杖不言竹，使蒙苴故闕竹字。此既不取蒙苴，亦不言桐者，欲見母比父削殺之義，故亦没桐文也。布帶者，亦象革帶，以七升布爲之，此即下章帶緣各視其冠是也。齊斬不言布，此纓帶言布者，以對斬衰纓帶用繩，故此須言用布之事也。疏屨者，疏取用草之義，即《爾雅》云疏不熟之疏。若然，注云疏猶麤者，直釋經疏衰而已，不釋疏屨之疏。若然，斬衰章言菅屨，見草體者，以其重，故見草體，舉其惡貌。此言疏以其稍輕，故舉草之揔稱。自此以下，各舉差降之宜，故不杖章麻屨，齊衰三月與大功同繩屨，小功緦麻輕，又没其屨號。言三年者，以其爲母稍輕，故表其年月。若然，父在爲厭降至期，今既父卒，直申三年之衰，猶不申斬者，以天無二日，家無二尊也。是以父雖卒後，仍以餘尊所厭，直申三年，不得申斬也。云者者，亦如《斬衰章》文，明者爲下出也。

（三國魏）董勛《問禮俗》　董勛答或人問曰：已在遠聞喪，除服乃歸，至家之禮云何？勛案奔喪禮，若除服而後歸，先至墓，斂髮袒絰，不制麤衣及杖也，哭盡哀遂除，於墓歸不哭也，家人待之如常，不變服也。自齊縗以下至墓哭，盡哀而歸。若服未除而歸，不及殯，先至墓，及歸斂法如今人，椎髻以麻爲幓頭，免以布闊一寸。或問已在遠，初不聞喪，或日月已過乃聞，或至家乃聞，其禮云何？勛按奔喪禮，不及殯，先至墓乃成服。《檀弓》曰：小功不税，税者，喪與服不相當之言也。小功緦麻在遠聞喪，服制已遵，但舉哀而已，不復追服也。大功以上聞喪日爲始，不計死者之日數也，若兄弟及從父兄弟大功以上降緦麻小功者，雖日月已過，乃以聞日爲服制，亦不計初死之日數，以本親重也。《通典》。

（宋）陳祥道《禮書》卷五《纓》　喪禮，斬衰繩纓，齊衰以下布纓，大功長殤絰纓，緦澡纓。

（漢）劉熙《釋名》卷八《釋喪制》　三日不生，生者成服，曰縗。縗，摧也，言傷摧也。絰，實也，傷摧之實也。絞帶，絞麻緦爲帶也。三年之縗曰斬，不緝其末，直翦斬而已。期曰齋，齋，齊也。九月曰大功，其布如麤大之功，不善治練之也。小功，精細之功，小有飾也。緦麻，緦，絲也，績麻緦如絲也。錫縗，錫，治也，治其麻使滑易也。疑，儗也，儗於吉也。繐，細如繐也。疏，疏如繐也。環絰，末無餘散麻，圓如環也。弁絰，如爵弁而素，加絰也。

（漢）史游《急就篇》卷四　喪弔悲哀面目腫。喪，謂遭喪持喪也，於字，哭亡爲喪。弔謂問終者也，於字，人持弓爲弔。上古葬者衣於既反之以薪，無有棺槨，常苦禽鳥爲害，故弔問者持弓會之，以助彈射食亦反也。補曰悲，痛也。哀，閔也。《吴越春秋》陳音曰：弩生於弓，弓生於彈，彈起古之孝子。古者人民朴質，死則裹以白茅，投於中野，孝子作彈以守，絶之鳥獸之害。故歌曰斷竹積竹，飛土逐肉。《左傳》宋公孌向魋，公閉門而泣之，目盡腫。

（宋）金履祥《資治通鑑前編》卷八　羣公既皆聽命相揖，趨出，王釋冕反喪服。前相揖，蓋以王答拜而贊揖也，此相揖蓋太保諸公相率揖而退也。王釋冕反喪服，此處喪禮之變，冕服不宜久也。蘇氏曰：成王崩未葬，君臣皆冕服，禮與？曰非禮也。謂之變禮可乎？曰：不可，禮變於不得已，嫂非溺終不援也。三年既成服，釋之而即吉，無事而可者。曰：成王顧命不可以不傳，既傳不可以喪服受也。曰：何爲其不可也？孔子曰：將冠子未及期日而有齊衰大功之喪，則因喪服而冠。冠，吉禮也，猶可以喪服行之，受顧命見諸侯，獨不可以喪服乎？太保使太史奉册授王于次，諸侯入哭于路寢而見王于次，王喪服受教戒，哭踴答拜，聖人復起，不易斯言矣。《春秋傳》曰：鄭子皮如晉喪，平公將以幣行，子産曰：喪焉用幣，子皮固請以行。既葬，諸侯之大夫欲因見新君，叔向辭之曰：大夫之事畢矣，而又命孤，孤斬焉在衰絰之中，其以加服見則喪禮未畢，其以喪服見是重受弔也，大夫將若之何。皆無辭以退。今康王既以嘉服見諸侯，而又受乘黄玉帛之幣，使周公在，必不爲此，然則孔子何取此書也。曰：至矣，其父子君臣之間，教戒深切著明，足以爲後世法，孔子何爲不取哉？然其失禮則不可以不辨。吕氏曰：堯、舜、禹、湯、文、武，無顧命，而成王獨有顧命，始終受授之際，國有常典矣。成王之初，經三監之變，王室幾摇，故于此正其終始，特詳焉。顧命成王，所以正其終。康王之誥，康王所以正其始。舜除堯之喪，格廟而咨岳牧。成王除武王之喪，朝廟而訪羣臣。皆百代之正禮，然成湯方没，伊尹遽偕羣后侯甸訓太甲焉，禮固有時而變矣。説者不疑太甲受伊尹羣后之訓于居憂之時，乃疑康王受召畢諸侯之戒于宅恤之日，甚者或以晉辭諸侯爲證，然則隆周之元老，反不若衰晉之陪臣耶？朱子曰：天子、諸侯之禮與士庶人不同，故孟子有吾未之學之語，蓋爲此類耳。如此，伊尹元祀十二月朔亦新喪也，伊尹亦嗣于先王奉嗣王祗，見厥祖固不可用凶服矣。漢唐新主即位，皆行册禮，君臣亦皆吉服，追述先帝之命以告嗣君，蓋易世傳授國之大事，當嚴其禮而王侯以國爲家，雖先君之喪循以爲己私服也。五代以來，此禮不講，則始終之際殊草草矣。

《宋書》卷一五《禮志二》　晉宣帝崩，文、景並從權制。及文帝崩，國内行服三日。武帝亦遵漢、魏之典，既葬除喪，然猶深衣素冠，降席撤膳。太宰司馬孚、太傅鄭沖、太保王祥、太尉何曾、司徒領中領軍司馬望、司空荀顗、車騎將車賈充、尚書令裴秀、尚書僕射武陔、都護大將軍敦建、侍中郭綏、中書監荀勗、中軍將車羊祜等奏曰：臣聞禮典軌度，豐殺隨時，虞、夏、商、周，咸不相襲，蓋有由也。大晉紹承漢、魏，有革有因，期於足以興化致治而已。故未皆得返情太素，同規上古也。陛下既已俯遵漢、魏降喪之典，以濟時務；而躬蹈大孝，情過乎哀，素冠深衣，降席撤膳。雖武丁行之於殷世，曾閔履之於布衣，未足以喻。方今荊蠻未夷，庶政未乂，萬機事殷，動勞神慮。豈遑全遂聖旨，以從至情。加歲時變易，期運忽過，山陵彌遠，攀慕永絶。臣等以爲陛下宜回慮割情，以康時濟治。輒敕御府易服，内省改坐，太官復膳。諸所施行，皆如舊制。詔曰：每感念幽冥，而不得終苴絰於草土，以存此痛，况當食稻衣錦，誠俛然激切其心，非所以相解也。吾本諸生家，傳禮來久，何心一旦便易此情於所天。相從已多，可試省孔子答宰我之言，無事紛紜也。言及悲剝，奈何奈何！孚等重奏：伏讀明詔，感以悲懷。輒思仲尼所以抑宰我之問，聖思所以不能已已，甚深甚篤。然今者干戈未戢，武事未偃，萬機至重，天下至衆。陛下以萬乘之尊，履布衣之禮，服粗席稾，水飲疏食，殷憂内盈，毁悴外表，而躬勤萬機，坐而待旦，降心接下，仄不遑食，所以勞力者如斯之甚。是以臣等悚息不寧，誠懼神氣用損，以疚大事。輒敕有司改坐復常，率由舊典。惟陛下察納愚款，以慰皇太后之心。又詔曰：重覽奏議，益以悲剝，不能自勝，奈何奈何！三年之喪，自古達禮，誠聖人稱心立哀，明恕而行也。神靈日遠，無所告訴。雖薄於情，食旨服美，朕更所不堪也。不宜反覆，重傷其心，言用斷絶，奈何奈何！帝遂以此禮終三年。後居太后之喪，亦如之。

（清）嵇璜等《續通典》卷八二《禮凶・庶祖母慈祖母服議齊　梁》

齊安陸王子敬所生早亡，帝命貴妃范氏養之，而子及婦服制，禮無明文。永明中，尚書令王儉議：孫爲慈孫，婦爲慈婦，姑爲慈姑，宜制期年服。從之。

梁武帝天監七年，安成太妃陳氏薨，舍人周捨議曰：賀彦先稱慈母之子不服慈母之黨，婦又不從夫而服慈姑小功，服無從故也。庾蔚之云：非徒子不從母而服其黨，孫又不從父而服其慈，由斯以言，慈祖母無服明矣。杜《典》不載，今補纂。

臣等謹案：古者士爲庶母緦麻三月，大夫以上無服。庶祖母之制服，古今未聞。明制：加庶母杖期而不及於庶祖母，亦以恩爲無可加也。斯則爲祖免可耳。又按：先儒云婦人不服慈姑，婦從夫尚於慈姑無服，而況於孫乎？然虞喜云：慈祖母雖賤，若其父先亡，已養於祖，以祖母之服服之固可也。是知亡於禮者之禮，在人之動也中耳。

（唐）王方慶《魏鄭公諫録》卷一《諫武官起服》 武官丁艱憂，屢有起服者。公諫曰：國家草創之初，武官不格喪制，天下今既安定，不可仍奪其情。必有金革之事，自有墨縗之經。太宗曰：朕思之，然爲武事未息，如不可即止。

（唐）王方慶《魏鄭公諫録》卷五《豫章公主薨》 豫章公主薨。公奏：自豫章公主薨逝，陛下久著素服，羣情悚慄，咸不自寧。臣聞古之王者，絶於朞服，此乃前書典禮，列代舊章。陛下發上聖之慈，深下流之慟，素服以來，遂經旬月；悼往之意，足爲加隆。伏願割無已之痛，從先王之禮，改御常服，以副羣下之心。臣濫蒙重任，不敢寢默。太宗從之。

（唐）張九齡《唐六典》卷四《尚書禮部》 散齋日不得弔喪問疾，不判署刑殺文書，不決罰罪人。

（宋）王溥《唐會要》卷三八《服紀下》 會昌五年正月，兵部尚書歸融奏：伏覩義安殿皇太后遺令，皇帝三日不聽政，十三日小祥，二十五日大祥，二十七日釋服者。皇帝遵奉遺旨，將欲施行。臣等商量，事貴得中，禮從順變。伏以宣懿皇太后，常奉太皇太后之命，追尊徽名，祔配廟室。今之議禮，合有等衰。伏請皇帝降服期，行以日易月之制，十三日釋服。其内外臣寮，亦請以此除釋。至于營奉陵寢，制度法物，即請准舊例，更無降。制從之。

大中六年十月，詔有司：宰臣周親慘故，欲行宣弔之禮，宜令參酌。太常禮院奏：伏查宰臣周親，如是伯叔及親兄弟，或曾居重任，或位列朝行七品以上，則請行宣弔之禮。如年齒幼，官位卑，及其餘周親，事竝請不用遺使。庶輕重之宜有節，降殺之義得中，若宣弔例以朞年。伏慮有煩聖聽。從之。

（宋）王溥《唐會要》卷三八《奪情》 武德二年正月四日，尚書左丞崔善奏曰：欲求忠臣，必于孝子。比爲時多金革，頗遵墨縗之義。丁憂之士，例從起復，無識之輩，不復戚容。如不糾劾，恐傷風俗。至九月，制曰：文官遭父母喪，聽去職。

（清）嵇璜等《續通典》卷七六《禮凶・皇太子爲皇后不終三年服議唐》　唐德宗貞元初，昭德皇后崩。中外服除，皇太子諸王將服三年，詔太常議太子服。博士暢當與張薦等曰：　子爲母齊衰三年，蓋通喪也！太子爲皇后服，古無文。晉元皇后崩，亦疑太子服。杜預議：古天子三年喪，既葬，除服。魏亦以既葬爲節，皇太子與國爲體，若不變除，則東宫臣僕亦以衰麻出入殿省，太子遂以卒哭，除服。貞觀十年六月，文德皇后崩，十一月而葬。太子喪服之節，國史不書。至明年正月，以晉王爲并州都督，既命官，當已除矣。今皇太子宜如魏晉制，既葬而虞，虞而卒哭，卒哭而除，心喪三年。宰相劉滋等請三十日除，入謁則服黑黲，還宫衰麻。右補闕穆質上疏曰：三年之喪，漢文帝以宗廟社稷之重自貶乃以日易月。太子人臣也，不得如人君之制，母喪宜無厭降，父在爲母期，古禮也。國朝服之三年，臣謂三年則太重，惟行古爲得禮。德宗遣内常侍馬欽叙謂質曰：太子有撫軍、監國、問安、侍膳之事，有司以三十日除，既葬，釋服，以黑衰終，是何疑邪！質又奏曰：太子於陛下子道也，臣道也。君臣以義，則撫軍、監國，有權奪。父子問安、侍膳，固無服衰之嫌，古未有服衰而廢者。舒王以下服三年，將不得問安、侍膳耶！詔宰臣與有司更議。太常卿鄭叔則草奏：既葬，卒哭。十一月小祥，十三月大祥，十五月禫。内謁則黑服，從之。及董晉代叔則爲太常卿，帝曰：皇太子服期繇諫官，初非朕意，暢當等請循魏晉故事，至論也。案：父在爲母，古禮，原止期服。至唐始增爲三年。穆宗請依古服期，雖已違朝制，然猶曰古禮可依也。乃暢當輩堅守杜預之説，欲卒哭而除，已爲非禮之極，而宰相猶以爲過重，然則母喪竟可不服乎？厥後德宗雖從太常之議，終以暢當説爲善，誤矣！

（唐）蕭嵩《大唐開元禮》卷一三二《凶禮・五服制度》　斬衰三年

正服

子為父。

女子子在室為父。女子子，重稱子者，别於男子，言在室則闕許嫁。

女子子嫁反在父之室為父。遭喪後而出者，始服齊衰。周出而虞，則受以三年之服；既虞而出，則小祥亦如之，既除喪而出則已。

加服

嫡孫為祖。謂承重者，為曾祖、高祖後亦如之。

父爲長子。重其當先祖之正體，又將代已為宗廟主，故庶子不得為長子三年，不繼祖與禰也，於庶子之嫡孫，乃爲其嫡子三年。

為人後者爲所後父。受重故三年，為所後祖亦如之，凡為人後者不以嫡子。

義服

妻爲夫。夫尊而親。

妾為君。妾謂夫為君。

國官爲國君。布帶繩屨，既葬除之。

衰冠

右正服加服衰裳三升，義服三升半，冠同六升，右縫通屈一條繩爲武，垂下爲纓，冠外繹。凡服上曰衰，下曰裳。布八十縷為升，外繹者冠前後屈而出於武外，厭縫之也。婦人之衰連裳以六升布爲總，總束髮也。童子亦連裳。

經帶

苴麻經帶，首經大九寸左本在下，繩纓五分，首經去一以為腰經，大七寸二分，絞垂兩結，相去四寸。婦人經如男子，男子又有絞帶。苴，惡色也。首經象緇冠之頍，腰經象大帶，絞帶，象革帶，五分腰經去一為之。齊衰以下用布。

屨

菅屨外納。外納，納其餘於外。婦人屨亦如男子。

杖

右苴竹杖，其大如腰經，長齊其心，本在下。主婦亦杖，諸婦則不杖，童子不杖，其當室者則絻而杖。童子及婦人不杖者，以其不能病也。然而童子當室杖者，尊為喪主。

絻

右狀象冠，廣一寸，無辟積。童子當室亦服之。

總論節制

三公以下皆三月而葬，而虞，三虞而卒哭，十三月小祥，除首經練八升布為冠纓武亦如之。婦人練總除腰經。至二十五月大祥，除靈座。自後有祭設几席。除衰裳，去經杖，十五升布深衣，布純縞冠，素紕纓，革帶素履。婦人除衰裳，去經，縞總，衣履如男子。二十七月禫祭，玄冠皂纓仍布深衣革帶吉履，婦人緇總衣屨，如男子，踰月復平常。

齊衰三年

正服

子為母。舊禮，父卒為母周，今改與父在同。

為祖後者，祖卒，則爲祖母。為曾祖高祖後者，為曾高祖母亦如之。

母為長子。

加服

繼母如母。繼母之配父，與親母同。

慈母如母。妾之無子者，妾子之無母者，父命為子，生則養之如母，死則喪之如母。

義服

繼母為長子。

妾為君之長子。與嫡妻同，不敢輕服夫之正統。

衰冠

右正服加服衰裳四升，義服五升，其縷四升半，成布四升，冠七升，合縫，布纓武，冠内縪。前後縫於武内厭縫之。

絰帶

牡麻絰帶，首絰大七寸二分，左本在上，繩纓五分，首絰去一以為腰絰，大五寸七分半，布带代絞帶。

屨

屨内納。

杖

桐杖其大如腰絰，通圓之，長齊其心，其本在下。

總論節制

十三月小祥，除首絰，練九升為冠，纓武亦如之。其他祥禫變除，與斬衰同。踰月復平常。

齊衰杖周

正服

父卒母嫁及出妻之子為母皆報。父卒為父後者，爲嫁母無服，母猶服之，不為出母黨服，則為繼母之黨服。

為祖後者祖在為祖母。為曾祖高祖後者亦如之。

義服

父卒繼母嫁從為之服報。若繼母出則不服，若繼母出嫁子從而繼育，則服，不育則不服。

夫為妻。

齊衰不杖周

正服

為祖父母。父所生庶母亦同，唯為祖後者乃不服。

為伯叔父。

為兄弟。

為衆子。衆子者，長子之弟及妾子，凡父母于子，舅姑于婦，并傳重于嫡，所傳重非嫡，及養子為後者服之，皆如衆子婦服。

為兄弟之子。女在室報之亦然。

爲嫡孫。有嫡子無嫡孫，凡為後承嫡者，雖曾孫玄孫與孫同。

為姑姊妹女子子在室及適人無主者姑姊妹報。無主，無祭主，謂無夫與子，人之所哀，不忍降之。

女子子為祖父母。雖出嫁猶不敢降其祖。

妾為其子。

加服

女子子適人者，為兄弟之為父後者。出嫁猶不降為父後者，婦人有歸宗之義，故不自絶其族類。

降服

妾為其父母。凡妾為私親如衆人。

為人後者，為其父母報。凡為人後者，本親降一等，其妻又降夫一等。

女子子適人者為其父母。

義服

為伯叔母。服與伯叔同。

為繼父同居者。子無大功之親與之適人，所適者亦無大功之親，是謂繼父同居，繼父之子不從服，為繼父不報。

妾為嫡妻。嫡妻不為妾服。

妾為君之庶子。

婦為舅姑。其夫為祖曾祖高祖後者，其妻從服亦如舅姑。

為夫兄弟之子。男女同報。
舅姑為嫡婦。其夫應三年者，然後為其婦齊衰周。
齊衰五月
正服
為曾祖父母。本三月，以其降殺太多，故新議改從五月。
女子子在室者及嫁者為曾祖父母。
齊衰三月
正服
為高祖父母。重其衰麻，尊尊也。減其日月，為恩殺也。
女子子在室者及嫁者為高祖父母。不敢降其祖也。
義服
為繼父不同居。先同今異，繼父有子及有大功之親，雖同居亦為異居，元不同者不服。

右降服亦衰裳四升，冠七升。正服五升，冠八升。義服六升，冠九升。右縫布纓武，冠內繂，前後縫於武內厭縫之，婦人則布總精麄如男子之冠。其經帶與三年同。其杖三年及杖周皆桐杖，各大如腰經，通圓之，長齊其心，本在下，麤屨內納。不杖周則麻屨五月，三月則繩屨，其三年者，與斬衰同。杖周十一月小祥，十三月大祥，十五月禫，逾月除復常。祥禫變節皆與斬衰同。其父卒母嫁出妻之子為母及為祖後，祖在為祖母，雖周除，仍心喪三年。義服齊衰三月者，衰裳六升，冠九升，經帶與周同而繩屨。

大功
長殤九月中殤七月
正服
為子女子子之長殤中殤。殤者，未成人而死可哀傷者。男子已娶，女子許嫁，皆不為殤。年十九至十六為長殤，十五至十二為中殤，十一至八歲為下殤，八歲以下為無服之殤。以日易月，本服周者哭之十三日，大功九日，小功五日，緦麻三日。
為叔父之長殤中殤。
為姑姊妹之長殤中殤。
為兄弟之長殤中殤。
為嫡孫之長殤中殤。嫡曾孫、嫡玄孫亦同。
為兄弟之子女子子之長殤中殤。
義服
為夫之兄弟之子女子子之長殤中殤。
成人九月
正服
為從父兄弟。今之同堂兄弟姊妹之在室者。
為庶孫。女在室亦然。
降服
為女子子適人者。出降者，兩女各出不再降，若兩男各為人後者，亦如之。
為姑姊妹適人者報。
出母為女子子適人者。女報同。
為兄弟之女適人者報。
為人後者為其兄弟。
為人後者為其姑姊妹在室者報。
右成人服衰裳八升，冠十升，餘皆與長殤同。
義服
為夫之祖父母。
為夫之伯叔父母報。報者，旁尊不足以尊降。
為夫之兄弟女適人者報。
夫為人後者其妻為本生舅姑。
為衆子婦。

右降服衰裳七升。正服八升，冠十升。義服衰裳九升，冠十一升。婦人則布總精麄如男子之冠。牡麻經首大五寸七分半。長殤及成人皆九月，纓以繩。中殤皆七月，經無纓，俱五分，首經去一以為腰經，大四寸六分，布帶繩纓。

小功五月
殤
正服
為子女子子之下殤。

為叔父之下殤。
為姑姊妹之下殤。
為嫡孫之下殤。
為兄弟之下殤。
為兄弟之子女子子之下殤。
為從父兄弟姊妹之長殤。
為庶孫丈夫婦人之長殤。
降服
為人後者為其兄弟之長殤。
為姪丈夫婦人之長殤。出嫁姑為之服。
為人後者為其姑姊妹之長殤。
義服
為夫之兄弟之子女子子之下殤。
為夫之伯叔父之長殤。
右降正服冠緦同十升，義十一升，澡麻絰帶，澡謂去其莩垢，不絕其本。冠左縫不厭，婦人布總精麄如男子。首絰大四寸六分五分，首絰去一以為腰絰，大三寸七分，布帶吉屨無絇，婦人衰絰精麄如男子，降服不澡。
成人五月
正服
為從祖祖父報。祖之兄弟也，兄弟之孫女在室亦如之。
為從祖父報。父之同堂兄弟，同堂兄弟之女在室亦如之。
為從姑姊妹在室者報。父之同堂姊妹及己再從姊妹。
為從祖祖姑在室者報。祖之姊妹。
為外祖父母。
為舅及從母丈夫婦人報。母之兄弟姊妹。
降服
為從父姊妹適人者報。同堂姊妹。
為孫女適人者。
為人後者為其姑姊妹適人者報。
義服
為從祖祖母報。祖之兄弟妻。
為從祖祖母報。父之同堂兄弟妻。
為夫之姑姊妹在室及適人者報。
為娣姒婦報。
為同母異父兄弟姊妹報。
為嫡母之父母兄弟從母。謂妾子為嫡母之父母及兄弟姊妹，嫡母卒，則不服。
為庶母慈己者。謂庶母之乳養己者。
為嫡孫之婦。有嫡婦則無嫡孫之婦，曾孫、玄孫為後者，服其婦如嫡孫之婦。
母出為繼母之父母兄弟從母。母卒則為其母之黨服，不為繼母之黨服。
嫂叔報。兄嫂弟妻同。
右降服衰裳十升，正服衰裳十一升，冠同十一升。義服衰裳十二升，冠與衰同，其絰如小功五月，唯麻斷本。
緦麻三月
殤
正服
為從父兄弟姊妹之中殤下殤。
為庶孫丈夫婦人之中殤下殤。
為從祖叔父之長殤。
為從祖兄弟之長殤。
為舅及從母之長殤。
為從父兄弟之子之長殤。
為兄弟之孫之長殤。
為從祖姑姊妹之長殤。
降服
為人後者為其兄弟之中殤下殤。
為姪丈夫婦人之中殤下殤。出嫁姑為之服。
為人後者為其姑姊妹之中殤下殤。
義服
為人後者為從父兄弟之長殤。
為夫之叔父之中殤下殤。

為夫之姑姊妹之長殤。

成人

正服

為族兄弟。三從兄弟，三從姊妹，出嫁者則無服。

為族曾祖父報。曾祖之兄弟，曾孫女出嫁則無服。

為族祖父報。祖之同堂兄弟，孫女出嫁則無服。

為族父報。父之再從兄弟，再從兄弟之女出嫁則無服。

為曾孫玄孫。

為外孫。女子子之男女。

為從母兄弟姊妹。今為兩姨兄弟姊妹。

為姑之子。外兄弟姊妹。

為舅之子。内兄弟姊妹。

為族曾祖姑在室者報。曾祖之姊妹。

為族祖姑在室者報。祖之同堂姊妹。

為族姑在室者報。父之再從姊妹。

降服

女子子適人者為從祖父報。謂堂伯叔。

為從祖姑姊妹適人者報。父之同堂姊妹及己之再從姊妹。

庶子為父後者為其母。若無嫡母及嫡母卒，則申妾子不服，外祖父母舅從母。

為從祖姑適人者報。祖之姊妹。

為人後者為外祖父母。本生外祖父母。

為兄弟之孫女適人者報。

義服

為族曾祖母報。曾祖兄弟之妻。

為族祖母報。祖之同堂兄弟之妻。

為族母報。父之再從兄弟之妻。

為庶孫之婦。

女子子適人者為從祖伯叔母。同堂伯叔母。

為庶母。父妾有子者。

為乳母。

為壻。女子子之夫報。

為妻之父母。從妻服之。

為夫之曾祖高祖父母。

為夫之從祖祖父母報。夫之祖兄弟及其妻。

為夫之從祖父母報。夫之父同堂兄弟及其妻。

為夫之外祖父母報。

為夫之從祖兄弟之子。夫之再從兄弟之子。

為夫之從父兄弟之妻。

為夫之從父姊妹在室及適人者。

為夫之舅及從母報。

改葬緦。子為父母，妻妾為夫，既葬除之。

右降正義服冠衰同十五升去其半，有事其縷，無事其布，右縫不厭，婦人則布總精龕，如男子之冠。澡麻斷本以為絰，首絰大三寸七分五分，首絰去一以為腰絰，大二寸九分，布帶吉屨無絇。

皇家所絶旁親服者，皇弟子為之皆降一等，凡童子不緦，當室則緦。

衰裳制度

凡衰外削，幅裳内削，幅三絇。削，猶殺也。絇謂辟兩側空中央也。凡衰前幅三絇，後四絇。若齊，裳内衰外。齊，緝也。凡五服之衰一斬四緝。緝裳者内展之，緝衰者外展之。負廣出于適寸，負在背者。適，辟領也。負出于辟領旁一寸。適博四寸，出于衰。博，廣也。辟領廣四寸，則與闊中八寸也，兩之為尺六寸，出于衰者，旁出衰外。衰長六寸博四寸，廣長當心。衣帶下尺。衣帶下尺者，腰也，廣尺足以掩裳上際。衽二尺有五寸，衽所以掩裳際也。上正一尺，燕尾二尺五寸，凡用布三尺五寸也。袂屬幅，屬，猶連也。連幅謂不削。衣二尺有二寸，此謂袂中也。衣自領至腰二尺二寸，倍之四尺四寸。加辟領八寸，又倍之。凡衣用布一丈四寸。袪尺二寸。袪，袖口也。

（清）嵇璜等《續通典》卷七六《禮凶・臣民爲太皇太后皇太后服議五代宋》臣等謹案：太皇太后、皇太后崩，杜《典》見於大喪初崩及山陵制，其於臣民之服未甚詳悉，茲特另著於篇。

後唐莊宗同光三年，貞簡皇太后遺令：中書門下翰林學士，在朝文武百官，内諸司使及諸道節度、觀察、防禦使、刺史、監軍及前資官并寮佐官吏，士庶、僧道、百姓並準本朝故事降服施行，勿使過制。其月，太常禮院奏：按故事，中書門下翰林學士，在朝文武官，內諸司使供奉官以下從成服三日。每日赴長壽宮朝臨，自後不臨，其服以日易月，十三日除。每至月朔、月望、小祥、大祥釋服日，未除服者繐服臨，已除服者則素服不臨，並赴長壽宮，先拜靈訖，移班近東，進名奉慰。又奏准故事，文武前資官及六品以下未升朝官並士庶等各於本家素服一臨。禁衛諸軍使已下各於本軍廳事素服一臨。僧尼道士各於本寺觀一臨。外命婦各於本家素服朝臨三日。諸道節度、觀察、防禦、團練、刺史及僚佐等聞哀後當日成服，三日改黲，十三日除。從之。

宋太祖建隆二年六月二日，皇太后杜氏崩於滋德殿。三日，百官入臨，明日大斂。欑於滋德宮，百官成服。中書門下文武百僚，諸軍副兵馬使以上並服布斜巾四脚直領襴衫，外命婦帕頭帔裙衫。神宗元豐二年，太皇太后崩。慈聖光獻曹皇后，英宗即位册爲皇太后，神宗即位尊爲太皇太后。是日，文武百官入宮，宰臣王珪升西階，宣遺誥已。內外舉哭，盡哀而出。哲宗元祐八年，太皇太后崩。宣仁聖烈高皇后，神宗即位尊爲皇太后，哲宗即位尊爲太皇太后。遺誥：皇帝成服三日聽政，羣臣十三日，諸州長吏以下三日而除。釋服之後，勿禁作樂。高宗紹興元年，皇太后崩。昭慈聖獻孟皇后，元祐七年册爲皇后，元符末號元祐皇后，高宗立，尊爲元祐太后，尋以所居宮稱隆祐太后。太常寺言：遇皇帝視事日，宰相奏事，去杖。小祥日奏事，去冠。內殿引班奏事，及從駕常服黑帶，士庶以下服，軍人、百姓白衫紙帽，婦人素縵不花釵三日。止士庶婚嫁服除外，不禁文武臣寮之家，至山陵祔廟畢，並許嫁娶，不用花綵，仍禁樂定制。皇太后崩，服齊衰服。中書門下省、樞密使、副尚書、翰林學士、節度使、金吾衛、上將軍、文武官二品以上，布頭冠，布斜巾四脚，大袖襴衫，裙袴腰絰，桐木杖，絹襯衫。文武五品以上並職事官，監察御史以上，內客省宣政昭宣使、知閤門事及入內都知押班布頭冠幞頭，大袖襴衫，裙袴腰絰。自餘文武百官，三省樞密院書令史以上及御史臺閤門、太常寺引班祗應人布襴衫腰絰百日。皇帝於几筵前行燒香禮，諸路庶民禁樂并屠宰一日。宰臣率百官入臨奉慰。

（清）嵇璜等《續通典》卷七八《禮凶·挽歌五代宋元明》 後唐明宗長興二年，詔：五品、六品、常參官喪，舉舁者二十人，挽歌八人。七品常參官挽歌六人。

晉高祖天福十二年，葬故魏王。周太祖廣順元年，葬故樞密使楊邠、侍衛使史宏肇、三使司王章例並用一品禮，挽歌三十六人。宋詔：葬禮院例，三品以上，挽歌者四行十六人。五品、六品挽歌八人，七品、八品挽歌六人，九品挽歌四人。白練幘，白練褠衣，皆執鐸綍竝鞵襪。

元《喪事例》靈馬走唱，即挽歌之遺。明《品官儀》靈車動轟鐸之後，次以挽歌。

（清）嵇璜等《續通典》卷七九《禮凶·五服衰裳制度五代宋》 後唐始以五服制度著爲令。

宋楊復曰：喪服制度，惟辟領一節，沿襲差誤，自《通典》始。案《喪服記》云：衣二尺有二寸，蓋指衣身，自領至要之長而言之也。用布八尺八寸，中斷以分左右，爲四尺四寸者二，又取四尺二寸四，中摺以分前後，爲二尺二寸者四，此即尋常度衣身之常法也。合二尺二寸者四，疊爲四重，從一角當領處四寸下取方裁入四寸，乃記所謂適博四寸。注疏：所謂辟領，四寸是也。案鄭注云：適，辟領也，則兩物即一物也，今記曰適，注疏又曰：辟領何爲而異其名也，辟猶開也，從一角當領處取方裁開，方四寸，故曰辟領。以此辟領四寸，反摺向外，加兩肩上以爲左右適。故曰：適乃疏所謂兩相向外各四寸是也，辟領四寸，既反摺向外加兩肩上，以爲左右適，故後之左右各有四寸，虛處當脊而相並，謂之闊中。前之左右各有四寸，虛處當脊而相對，亦謂之闊中。乃疏所謂闊中，八寸是也。此則衣身所用布之處，與裁之之法也。注又云：加辟領八寸而又倍之者，謂別用布一尺六寸，橫闊八寸，又縱摺而中分之，其下一半裁斷，左右兩端各四寸，除去不用，只留中間八寸以加後之闊中元裁辟領各四寸處，而塞其闕當脊相並處，此所謂加辟領八寸是也。其上一半全一尺六寸，不裁以布之中間，從項上分左右，對摺向前垂下，以加於前之闊中，與元裁斷處當肩相對處相接，以爲左右領也。夫下一半加於後之闊中者，用布八寸，而上一半從項而下，以加前之闊中者又倍之，而爲一尺六寸，此所謂又倍之者也，此則衣領所用之布，與裁之之法也。古者，衣服吉凶異制，故衰服領與吉服領不同，而其制如此也。注又云：凡用布一丈四寸者，周身八尺八寸。衣領一尺六寸，合爲一丈四寸也。此是用布正數，又當少寬其布以爲鍼縫之用，然此即衣身與衣領之數，若負衰帶下，及兩衽又在數之外矣。但領必有袷，此布何從出乎？曰：衣領用布，闊八寸而長一尺六寸。古者，布幅闊二尺二寸，除衣領用布闊八寸之外，更餘闊一尺四寸，長一尺六寸，可以分作三條，施於袷而適足無餘欠也。《通典》以辟領爲適本用，注疏又自謂：《喪服記》文難曉，而用臆説以參之，既別用布以爲辟領，又不言制領所用何布，又不計衣身衣領用布之數，失之矣。但知衣身八尺八寸之外，又別用布一尺六寸，以爲凡用布共一丈四寸，則文儀不待辨而自明矣。又曰：《儀禮》婦人不殊裳衰，如男子衰。案斬疏繐大功、小功、緦裼皆曰衰，喪正服也。下如深衣無帶，又無衽夫，衰如男子，未知備負版辟領之制與否，下如深衣，未知裳用十二幅與否。此雖無文可明，但衣身必二尺二寸，袂必屬幅，裳必上屬於衣裳，旁兩幅必相聯屬，此所以衣不用帶下尺，裳旁不用衽也。今考《家禮》則不用此制。婦人用大袖長裙蓋頭，男子衰服，純用古制，而婦人不用古制，此則未詳。

（宋）李燾《續資治通鑑長編》卷一三二《宋仁宗慶曆元年》　知制誥吴育言：大臣宗室之喪，自今須大斂成服，然後請車駕臨奠。事下太常議，乃云：天子臨喪，禮不可緩。若奏訃在交未前，即當日出；未後，則以次日。從之。

（清）徐乾學《資治通鑑後編》卷一七《宋紀一七》　八月，壬午，帝謂近臣曰：孝者，人倫之重，古之人三年守墳墓，今臣僚子弟以祖父亡没，或與敘用，意在繼其後嗣。然有不俟百日便與朝集者，朕每覩之中心不忍。趙昌言曰：陛下如此宣諭，乃敦厚風俗之旨也。遂詔文武百官子孫因父兄亡没敘用，未經百日，不得輒赴公參，令御史臺專知糾察，並有冒哀求仕釋服從吉者，並以名聞。

（清）徐乾學《資治通鑑後編》卷六三《宋紀六三》　知諫院范鎮言：太常議温成皇后葬禮，前謂之温成園，後謂之園陵。宰相劉沆前爲監護使，後爲園陵使，如聞此議皆出禮官，前日是則今日非，今日是則前日非，必有一非於此矣。夫此禮典素定，不可輕變者，議論異同如此，是爲禮官而以禮自舞也。古者法吏舞法，而今世禮官舞禮，若不加詰問，恐朝廷典章寖壞而不可救。乞下臣章，劾禮官前後異狀，以正中外之惑。不報。鎮又請葬温成皇后罷焚瘞錦繡珠玉，以舒國用。從之。

（清）徐乾學《資治通鑑後編》卷七五《宋紀七五》　昌王顥、樂安郡王頵乞解官行服，詔兩制與太常禮院詳定典禮。翰林學士承旨，張方平等言：謹按大行遺制，喪服以日易月，自皇帝下至文武百官，並依先朝典故，惟宗室出則慘服，居則衰麻以終制，蓋一法度，所以尊天子也。皇帝承大統，奉宗廟，昌王、樂安郡王當與宗室同例，不容以私恩為異。從之。

（宋）李幼武《宋名臣言行録外集》卷二《程顥明道先生純公》　仁宗登遐，官吏成服，三日之朝，府尹率羣官將釋服。先生進曰：三日除服，遺詔所命，莫敢違也。請盡今日，若朝而除之，所服止二日爾。尹怒，不從。先生曰：公自除之，某非至夜不敢釋。一府相視，無敢除者。

（宋）李心傳《建炎以來朝野雜記甲集》卷一《上德后妃王主宗室附·莊文太子》　莊文太子，初名愉，紹興十六年，用祖宗緦麻親例，補右內率府副率。【略】禮部、太常寺言：故事，無皇太子薨禮。齊武帝文惠太子薨，有司奏御服期，朝臣齊衰三日，六宮不從服。唐憲宗惠昭太子薨，輟朝十三日。今倣古制，皇帝爲太子服期，以日易月，十三日而除。六宮並不從服。文武百官服齊衰，一日而除。皇太子宮僚服齊衰三月，臨七日而除。自舉哀至成服日，皇帝不視事。比葬，上凡再至東宮，命宰臣奉謚册，小、大祥皆以執政官行禮焉。

（宋）李心傳《建炎以來朝野雜記甲集》卷二《郊廟宫省祠觀陵寢附·永佑永獻喪制》　徽宗初葬五國城，後七年，虜人乃以梓宫還行在。梓宫將至，上服黄袍乘輦，詣臨平奉迎，登舟易緦服，百官皆如之。既至行在，寓於龍德別宫，以故待漏院爲之，在行宫南門外之東，帝、后異殿。先是，選人楊煒獻書於執政李光，以梓宫雖還，真僞未辨。左宣義郎王之道亦貽書諫官曾統，乞奏命大臣取神櫬之最下者，斲而視之，然後奉安。既而禮官請用安陵故事，梓宫入境，即承之以槨，有司預製衮冕翬衣以往，至則納槨中，不改斂。欽宗之喪，舉哀於天章閣南，以學士院爲几筵殿，遙上陵名曰永獻。暨乾道中，朝廷遣使求陵寢地，虜人許以還奉，且並歸靖康梓宫。朝廷難之，虜人乃以禮陪葬於鞏縣云。

（宋）李心傳《建炎以來朝野雜記乙集》卷四《典禮・朱文公論三年服》 高宗之喪，孝宗爲三年服。及孝宗之喪，有司請於易月之外，用漆沙淺黄之制，蓋循紹興以前之舊制。朱文公後入，不以爲然，奏言：今已往之失，不及追改，惟有將來啟殯發引，禮當復用初喪之服，則其變除之節，尚有可議。望明詔禮官稽考禮律，豫行指定。其官吏軍民方喪之服，亦宜稍爲之制，勿使肆爲華靡。其後，詔中外百官皆以凉衫視事，蓋用此也。方文公上議時，門人有疑之者，文公未有以折之。後讀《禮記正義・喪服小記》爲祖後者條，見所引鄭《志》有諸侯父有廢疾不任國政、不任喪事之問，而鄭答以天子、諸侯之服皆斬之文，乃知經文有所未備，而待於傳注者如此，因自識於本議之後云。

（清）嵇璜等《續通典》卷七七《禮凶・大夫士弔服宋》 宋《朱子家禮》凡弔皆素服。幞頭衫帶皆以生白絹爲之。黄榦《儀禮弔服圖説》大夫相爲弔服，弁絰錫衰。士朋友相爲服弔，服加麻緦絰帶，疑衰素裳。庶人弔服，素委貌白布深衣。婦人弔服，吉笄無首，素總服，婦與夫同。遼制，弔服用素服，乘赭白馬。

（清）嵇璜等《續通典》卷七九《禮凶・祔祭宋 金》 宋真宗景德初，禮官詳定：明德皇太后靈駕發引，於京師壬地權欑，依禮埋懸重，升祔神主。案：《宋史・禮志》太宗明德皇后李氏，於景德元年三月十五日崩。九月二十二日，遷坐於沙臺欑宮，十月七日，祔神主太宗室。三年十月十五日，帝詣欑宮致奠。李安易上言曰：禮云既虞作主，虞者已葬，設祭吉也。明未葬則未立虞主及神主，所以周制，但鑿木為懸重，以主神靈。皇后七月而葬，則埋懸重，掩元堂，凶仗、轀輬車、龍輴之屬焚於栢城訖，始可立虞主。吉仗還京，備九祭，復埋虞主，然後立神主，升廟堂。自曠古至皇朝，上奉祖宗陵廟俱行此禮，何以今日乃違典章，苟且升祔，方權欑妄立神主，未大葬輒埋懸重，且棺柩未歸園陵，則神靈豈入太廟？奈栢城未焚凶仗，則凶穢唐突祖宗，望約孝章近例，但於壬地權欑，未立神主升祔，凶儀一切祗奉。俟丙午年靈駕西去園陵，東同祔廟，如此則免於顛倒。乃詔有司有再加詳定。判禮院孫何等上言，案晉書羊太后崩，廢一時之祀，天地明堂，去樂不作。又案禮：皇后崩，五祀之祭不行，既殯而祭。所言五祀不行，則天地之祭不廢。遂議以園陵年月不便，須至變禮從宜，又緣先準禮文，候神主升祔畢，方行享祀，若俟丙午歲，則三年不祭宗廟，禮文有闕，況明德皇太后德配先朝，禮合升祔。遂與史館檢討同共參詳，以爲廟未祔，則神靈不至，伏恐祭祀難行，欑既畢則梓宮在郊，可以葬禮比祔。遂案禮云：葬者藏也。欲人不得而見也，既不欲穿壙動土，則龍輴、欑木、題凑、幪[illegible]上四柱如屋以覆，盡塗之。所合埋重。一依近例，便可升祔神主。安易妄言以凶仗言凶穢，目羣官爲顛倒，指梓宮爲棺柩，令有司分析園陵，凂瀆聖聽，誣罔臣下。安易又云昔日覩羣官盡公，奉二帝諸后，並先山陵後祔廟，今日覩羣官顛倒，奉明德皇太后，獨先祔廟，後園陵者。今詳當時先山陵後祔廟，蓋為年月便順，别無陰陽拘忌。今則年月未便，理合從宜，未埋重則禮文不備，未升祔則廟祭猶闕，須從變禮，以合聖情。兼明德皇太后將赴權欑，而安易所稱栢城未焚凶仗，則凶穢唐突祖宗。案《檀弓》云：喪之朝也，順死者之孝心也。鄭康成注云：謂遷柩於廟，又云其哀離其室也。故至於祖考之廟而後行，商朝而殯於祖，周朝而遂葬。今亦遥辭宗廟而後行，豈可以禮經所出目爲顛倒，吉凶具儀謂之唐突哉！又云：孝章皇后至道元年崩，亦緣有所嫌避，未赴園陵，出京權欑之時，不立神主入廟，直至至道三年，西去園陵，禮畢，然後奉虞主還京，易神主祔廟以合典禮。今詳，當時文籍，緣孝章爲太宗嫂氏，上仙之時，止輟五日。視朝百官不曾成服，與今不同。初亦無詔命，令住廟享。今明德皇太后母儀天下，主上孝極曾顔，況上仙之初，即有遺命，權停享祀，今案禮文固合如此。安易荒唐庸昧，妄有援引，以大功之親比三年之制，欺罔乃至於此。本院所議，並明稱典故，旁考時宜，雖曰從權，粗亦稽古，請依元議施行。從之。案：權欑未葬，不宜苟且祔廟。安易之言正合古禮，而孫何等乃重駁之，謬矣。司馬光《書儀》：卒哭之，來曰祔於曾祖考。曾祖考、曾祖妣，皆以主人言之。內外夙興掌事者，具饌三分。《雜記》曰：男子祔於王父，則配。女子祔於王母，則不配。注謂若祭王母，則不祭王父也。有事於尊者可以及卑，有事於卑不敢援尊。祭饌如一，祝辭異，不言以某妃配某氏耳。如時祭設，曾祖考妣坐於影堂南向。影堂窄，則設座於他所，妣則但設祖妣座。設死者坐於其東南，西向，各有椅桌，設盥盆、帨巾於西階下，設承版、桌子於西方，火爐、湯瓶、火筯在其東，其日夙興，設玄酒酒瓶盞。注：桌子於東方，設香桌於中央，置香爐。注：香於其上，質明主人以下各服其服，哭於靈座前，奉曾祖考妣祠版匣，置承祠版桌子上，出祠版置於座藉，以褥次詣靈座，奉祠版匣詣影堂，主人以下哭，從如。從柩之序至影堂前，止哭。祝奉祠版置於座，藉以褥，主人及諸子倚杖於階下，與有服之親尊長、卑幼皆立於庭。曾祖考妣在焉，故尊長不敢坐。以服輕重爲列，丈夫處左西上，婦人處右東上。左右皆據曾祖考妣言之。各以昭穆長幼爲序，皆北向，婢妾在婦人之後，位定俱再拜。參曾祖考妣。其進饌，先詣曾祖考妣前設之，次詣亡者前設之，主人先詣曾祖考妣前，北向跪，酹酒俛伏興，少退立。祝奉辭出主人之左東向跪，讀曰：維某年月日，孝曾孫某，敢以柔毛嘉薦普淖明齊溲酒，適於曾祖考某官。不言以某封某氏配，若妣祔於祖，妣則云適於祖姑某封氏。隮祔孫某官，妣云隮祔孫婦某封某氏。尚饗。祝興，主人再拜，不哭。次詣亡者前，東向跪，酹酒俛伏，興，少退立，祝讀曰：維年月日，孝子某敢用柔毛嘉薦普淖明齊溲酒，哀薦祔事於先考某官。妣云先妣某封。適祖考某官尚饗。祝興降位，主人再拜，不哭，降復位。主婦亞獻，親賓終獻，皆如主人儀。祝闔門，主人以下出，侍立於門左右，不哭，如食間，祝告啟門三。及啟門，主人以下各就位，祝東向告利成，主人以下不哭，皆再拜，辭神。祝先納曾祖考妣祠版於匣，奉置故處，次納亡者祠版於匣，奉之還靈座，主人以下哭，從如來儀。

金制：凡升祔神主，用栗具依唐制，諸侯用一尺刻謚於背。

（清）嵇璜等《續通典》卷八二《禮凶・祖先亡父後卒而祖母亡服議宋》　宋神宗熙寧時，知廬州孫覺以適孫解官持祖母服。覺叔父在有司，以新令乃改知潤州。元豐三年，太常丞劉次莊言：祖母亡，有適曾孫，次莊爲適孫同母弟，在法未有庶孫承重之文。詔下禮官立法：自今承重者，適子死無諸子，即適孫承重，無適孫，適孫同母弟承重，無母弟，庶孫長者承重，曾孫以下準此，其傳襲封爵自依禮令。

（清）嵇璜等《續通典》卷八二《禮凶・忌日易服議宋 金 明》　宋高宗紹興元年二月，太常少卿蘇遲等以徽宗、欽宗留北，有朔望遥拜之禮，乃言：凡遇祖宗帝后忌前一日並忌日，皇帝自内先服紅袍，遥拜訖，易服行禮。從之。

金章宗明昌元年，世宗忌辰祭，諸王陪位，服黲素，去金玉之飾。

《明會典》：凡遇各廟忌辰，上服淺淡服，御奉天門視事，不鳴鐘鼓，百官各服淺淡服，黑角帶朝參。其謝恩見辭，官具公服如常儀。孝宗弘治十四年，令遇忌辰，朝參官不許服紵絲紗羅。恭仁康定景皇帝、恭讓章皇后忌辰，如遇節令服青緑花樣。宣宗章皇帝忌辰，如遇奏祭祀，許服紅。世宗嘉靖元年奏準：正月初三日宣宗章皇帝忌辰，二月十九日恭仁康定景皇帝忌辰，十一月初五日恭讓章皇后忌辰，許穿青紵絲。穆宗隆慶元年題準：凡遇忌辰，文武百官不問内外班行，謝恩見辭俱淺淡服色，烏紗帽、黑角帶，不許用公服。神宗萬歷四年題準：凡郊廟奏祭祀日，遇有忌辰，則移前一日。如致齋日内遇忌辰，上具常服，百官具青緑錦繡。其正祭日遇忌者，如祭在日間，除臨時照常具祭服行禮，本日祭前祭後與致齋遇忌同。如夜分祭畢，是日，上仍淺淡服色，百官青衣角帶辦事。

（清）嵇璜等《續通典》卷八四《禮凶・杖制宋》　宋《政和禮》爲父杖竹而苴，爲母杖桐而削，其大皆如要絰，其長皆齊心。司馬光《書儀》爲父竹杖，本在下，爲母削桐，上圓下方，亦本在下。《家禮》凡婦人不杖。楊復曰：案《家禮》、《書儀》婦人皆不杖，與《問喪》、《喪大記》、《喪服小記》不同，恨未得質正。

（清）嵇璜等《續通典》卷八四《禮凶・喪不用樂宋 明》　宋太宗太平興國七年正月，學士李昉等奏議曰：案唐長慶三年令，百姓喪葬，不得陳設音樂。臣等參詳喪用音樂，望嚴禁之。九年詔曰：訪聞喪葬之家，有舉樂及令章者。蓋聞鄰里之内喪不相舂，苴麻之旁，食未嘗飽。此聖王教孝之道，治世不刊之言，何乃匪人親罹釁酷，或則舉奠之際，歌吹爲娱；靈柩之前，令章爲戲。甚傷風教，實紊人倫。今後有犯此者，並以不孝論。

明來知德曰：樂者，樂也。先王所以飾喜也，樂必發于聲音，以其喜也。《禮》斬衰之喪唯而不對，齊衰之喪對而不言，大功之喪言而不議，小功之喪議而不及樂。故鄰有喪舂不相者，謂其喧鬧而樂也。有小功之喪者，且議論而不及樂事，況父母之喪，可以喧鬧而用金鼓之樂乎？且聞樂不樂，聖有明訓，居喪用樂，律有大法。今不遵聖人之教，違祖宗之法，而甘爲十惡十罪之人乎？此鼓樂所當革也。

（清）嵇璜等《續通典》卷八二《禮凶・忌日祭奠議金 明》　世宗大定五年，奉旨：太祖忌辰，衍慶宮薦享止用素食，諸京凡御容所在皆同。

又朔望皆行朝拜禮。六年，有司奏太祖皇帝忌辰，車駕親奠，百官陪拜，今車駕巡幸，合以宰臣爲班首，率百官詣衍慶宫行禮。從之。十六年，奉旨：世祖太宗忌辰，一體奉奠。十八年八月，太祖忌辰，世祖、太宗同在一處致祭。有司言：歷代無一聖忌辰列聖與祭之典，擬議間，勅太子一位行禮，并就祭功臣。二十六年，以内外祖廟不同，定擬太廟每歲五享，山陵、朔望忌辰及節辰祭奠，並依前代典故外，衍慶宫自來車駕行幸，遇祖宗忌辰，百官行禮，并諸京祖廟節辰忌辰朔望拜奠，合依舊，以盡崇奉之意。從之。

明制：凡值帝后忌辰，皆遣官於陵上致祭，止用香燭酒果，無帛祝文，維年月日孝子皇帝，御名。謹遣某官敢昭告於皇考或皇妣謚號皆備書。某皇帝或某皇后尊靈曰：惟我皇考或皇妣諱日之辰，瞻望德恩，不勝哀感。謹用祭奠，伏惟尚饗。或高曾祖考妣，則玄曾孫惟所用。

臣等謹案：唐、宋忌日，百官於寺觀行香，誦經設齋，以爲追薦，雖屬孝思，頗非典禮，不若金代於衍慶宫親奠，百官陪拜，能酌古禮而修其制也。明國忌，遣官上陵，親祭内殿，即奉先殿。無行香齋薦之禮，皆唐宋所不及。

（宋）朱熹《資治通鑑綱目》卷三九下　詔更定服制。禮官奏請加高祖父母服齊衰五月，嫡子婦服期，嫂叔弟妻夫兄舅皆服小功。從之。范氏曰：人莫不有本，自高祖以上推而至于無窮，苟或知之，何可忘其所從來也。然既遠矣，則服有時而絶，而先王之意非以服盡而親絶也。後世不達于禮者，或益之或損之，皆出于私意，不足法也。嫂叔之無服，古之人豈獨於此無恩乎？傳曰：其夫屬乎父道者，妻皆母道也；嫂不可以爲母，則無屬而又不可以屬乎，妻道也，故遠之以明人倫也。凡喪服從先王之禮則正矣。

（明）俞汝楫《禮部志稿》卷三二《祠祭司職掌·喪禮》　喪葬之禮，通乎上下，各有差等，無敢僭踰。歷朝大喪，首遺詔，次部議，而儀注事例附焉，宗藩及品官䘏典。嘉靖、隆慶以來，數更條例，今著其見行者，以便遵守。

（清）嵇璜等《續通典》卷七六《禮凶·諸王出後爲本生父母議明》

明武宗正德八年十一月丁酉，初，淮寧王世子見濂卒，無子。康王老，請以次子清江王見澱攝府事。逮康王薨，見澱尋卒，其長子祐棨襲爲淮王，已而見濂得追封淮安王，其妃王氏爲王妃。時制册，稱安王爲祐棨伯父，故其常祭，祝號安王，稱王伯，清江王稱王考。且安王妃王氏仍居世子府宫，而本生母趙氏入居永壽宫，輔導官謂其非，宜言於王。王奏：其生在安王卒後，未嘗爲嗣，欲加重其私親。事下禮部，移江西守臣，令輔導官勘覆，乃謂：安王伯父之稱本諸制詞，惟稱清江王爲王考於義未協。案禮，諸侯之子爲天子後者，禰於所後之天子，而不得禰於所生之諸侯。别子之子爲諸侯後者，禰於所後之諸侯，而不得禰於所生之别子。其不爲人後者，子爲天子，而父非天子，則必追尊之。詔已播於天下，乃可禰其父爲天子。子為諸侯，而父非諸侯，則必追封之，請已允於天子，乃敢禰其父爲諸侯。今之親王即古之諸侯也，今之郡王即古之别子也。親王所主，祭之皇考，則諸侯之禰廟也。淮王既不後於其伯，則非爲人後者。欲乞以清江王追封入廟，與安王同爲三世之穆，似兩得之。但今未得請，王乃以親王之爵主祭郡王之廟，祝號稱爲王考。是即子爲諸侯，而父非諸侯，請未允於天子，而輒稱父爲諸侯。又生母趙氏未得追封，遽稱國母，先居永壽宫，此則其非據者。於是禮部尚書劉春謂：安王雖未封而卒，今已追封爲王，祐棨雖生於安王卒後，今既入繼親王，則實承安王後矣。皆朝廷之命，非無所承也。又更欲追封其所生之父，則安王封謚之命將安委乎？徒欲顧其私親，而不知繼嗣之重，事體殊戾。况安王既追封入廟爲三世之穆，清江王又欲進封，則一代二穆，豈禮哉？祝號、稱呼不可以制册爲據，惟當以所後爲稱。其清江王祀事宜令次子祐揆主之，淮王無與也。所居宫則安王妃還入永壽宫，清江王妃退居清江府，斯禮典法令皆得矣。詔以其援據甚明，從之。

十一月甲子，初，交成榮惠王薨，無嗣，姪表枫襲爵，得追封本生父奇滽爲王，至是管府事鎮國將軍。奇浄請加封奇滽之女太平郡君爲縣主，下禮部議。尚書劉春言：加封事例，施於世次，應襲王爵而未得者若世次，不應襲其子，雖進襲王爵，惟以繼嗣爲重，不得加封至於子女，尤所弗論。所以正統緒、定名分也。交成王表枫以姪繼伯，追封其父已爲過分，乃又欲加封其女，不可許其請。申論各王府今後有旁支進襲王爵者，不得奏請加封父母及其父母所生之子女，違者罪坐輔導官。上是之。九年八月壬寅，先是鄭康王祐枔薨，無嗣，詔以其從弟祐檡襲封爲鄭王，盞簡王之孫。而東垣端惠王之子也，嘗爲其父奏請追封入廟，凡三上疏。禮部屢覆鄭王：以旁支入繼親王，不得顧其私親。詔如議。至是復以爲請。下禮部議，以鄭王懇疏，雖出於孝，然非以禮事其親者，執議如初。詔曰：既於禮有悖，其已之。

（清）嵇璜等《續通典》卷八二《禮凶・慶節遇忌日議明》 明世宗嘉靖二年八月丁未，萬壽聖節。先是，再遇聖節，皆以先帝喪殺禮。又直高皇后忌辰，移之先一日。至是禮官言：大喪既除，宜盡從吉典。先忌祭而後受朝，亦不妨同日。上可其同日之請，猶以孝惠皇太后制未闋，不忍純吉，仍暫免習儀宣表及雞唱山呼之禮。是日，帝親祀奉先殿，奉慈殿孝惠皇太后几筵，殿畢出，御奉天殿受賀，免文武百官及四夷使臣宴賞。

《宗藩條例》卷下《儀賓守制》 嘉靖四十二年十一月，周府南陵王睦楧奏稱，文職上自九卿下及百僚，皆知父母之恩而行三年丁憂之制，方許起選。是以有父母者，知報本而盡孝道也。臣今見各王府郡、縣主及郡、縣君選配儀賓，請受誥封。朝廷給與大夫郎官之職，係與文職一體相同。緣何儀賓父母身終，不行丁憂之制，照常食禄，遽忘父母鞠養之恩，任取衣冠富貴之樂，不知身從何出，豈爲人子之道哉。伏望皇上敕下禮部，行令各省有王府地方，自今見爵儀賓凡有父母身故，宜照文職事例，將半俸停止。服滿之日，方許具呈教授，轉呈布政使司，申請都察院，方許開俸。如有朦朧匿喪，暗食禄者，以不孝治罪。教授不行檢舉，罷職爲民，兩鄰不行首告，發去煙瘴地方。如是儀賓得盡孝服報本之道，國家省禄糧曠耗之費。等因。奉聖旨：該部看議了來説。欽此。又查得嘉靖四十三年，景王載圳奏同前事，稱三年之喪，自天子以達於庶人，貴賤通行，無所降殺，此古今一定之禮也。今該周府南陵王奏稱，見爵儀賓，宜照文職事例丁憂守制。揆之于禮，誠爲允當等因。奉聖旨：禮部知道。欽此。又查得本年六月，益王厚炫奏稱，王府儀賓舊無丁憂之例，惟弘治年間，有儀賓程秀母喪，乞恩終制。該部具題，准令住俸給假，葬母省父。續遇父喪，四年未曾食禄，此誠國家以孝治天下之應也。乞敕該部定議，通行天下，各王府儀賓凡有父母之喪，許照文職一體守制。亦令查照程秀事例，住俸給假，回還治葬，服闋之日，方許支俸。如儀賓有郡、縣主君、鄉君身故，原在本府居住者，仍照例給待，以篤親親。或有親老無兄弟，願歸奉養者。有族屬寡少而祖産無人照管，願歸原籍者。乞敕該部行文，許令自陳，啓王代奏，准與本等服色，就彼州縣習儀拜闕、迎恩、接詔，容其自便。而以該得俸糧年終計算貯庫等因。奉聖旨：禮部知道。欽此。

前件臣等議得，父母三年之喪，古今通義，儀賓委不可廢，況弘治年間有程秀守制事例。今該景王等王，皆以南陵王之議爲是，相應准行。今後各府儀賓父母身故，俱照文職丁憂，禄俸截日住支。候服闋之日，具呈教授，轉呈布政司，仍行覆查，別無違礙，方許申請。巡撫衙門准令開俸，年終類奏。如匿喪並服制未終冒濫開報者，以不孝論。教授等官及兩鄰不行首告者，一體治罪。

（清）蔣良騏《東華録》卷八《順治十八年九月》 九月，吏部遵旨詳查太祖太宗滿洲守制舊〔制〕〔例〕，吏禮兩部並無舊册可查。惟順治十年二月，禮部覆御史陳啓泰請行通制一疏，奉有三年喪禮，著照《會典》定例遵行，有難拘常制者，請旨定奪之旨。又順治十年六月，臣部題滿洲、蒙古、漢軍各官不便離任丁憂，奉有依議之旨，遵行已久。今議得在京部院滿洲、蒙古、漢軍大小文官，仍應照定例守制一月，服滿即出理事。私居持服盡三年喪禮外，其奉差出兵文官，以回京聞喪之日爲始，亦照定例遵行。至各省駐防及在外出仕漢軍文官，伊父母在任病故者，仍應照定例遵行。其父母在京病故者，准其解任回京，以到日爲始，守制半年，仍私居持服盡三年喪禮，所遺員缺，相應另補。從之。

《皇朝通志》卷四七《禮畧・凶禮》 列聖大喪儀，列后大喪儀，而皇貴妃以下喪儀，皇子以下喪儀，以次序列至服制之設，通行於天下者，誠爲盡倫盡制，經常不易之恒典，謹附著於篇末，以昭成法焉。

又： 皇上於道旁躬代向泰陵展叩，行禮畢，再奉啓行。先是《會典》未有此禮，禮臣亦未經議及，皇上孝思隆篤，禮以義起，垂爲萬世法守，因敕部載入《會典》通行。

《大清通禮》卷四五《凶禮》 《周官》凶禮有五，喪居其首，昭慎終也，唐顯慶禮刪國恤之條，後世遂末由詳攷，厥制下逮臣庶，罕得遵循，或泥古而失其情，或從俗而違於義者有之。我朝孝治光昭，與成周媲美，三年之喪，自天子達於庶人，其間稱情立文垂爲典則，王道使民無憾，胥於是乎見焉，謹詳著於篇。

《大清通禮》卷四五《凶禮・列聖大喪》 列聖喪禮。疾大漸，召嗣皇帝侍側，王大臣數人承簡命入，恭紀遺詔。初崩，王大臣奉嗣皇帝正主喪位，去冠飾，哭踊。

《大清通禮》卷四六《凶禮・列后大喪》 列后喪禮。由聖子皇帝主喪者，初崩，恭受遺誥，命王大臣治喪事。

《大清通禮》卷四七《凶禮・皇貴妃喪》 皇貴妃喪禮。疾革，自大內移入吉安所。初薨，內務府會禮部疏列喪儀，布諸司戒辦。皇帝輟朝五日，素服十日，若殯期逾十日，及殯而止。簡王大臣治喪事。

《大清通禮》卷四七《凶禮・貴妃喪》 貴妃喪禮。疾革，奉移吉安所。初薨，內務府會禮部疏列喪儀，布諸司戒辦。皇帝輟朝素服五日，命所生皇子公主持服。

《大清通禮》卷四七《凶禮・妃喪》 妃喪禮。疾革，奉移吉安所。初薨，內務府會禮部疏列喪儀，皇帝輟朝素服三日，命所生皇子公主持服。

《大清通禮》卷四七《凶禮・嬪喪》 嬪喪禮。疾革，奉移吉祥房。初薨，內務府會禮部疏列喪儀，皇帝輟朝素服二日，命所生皇子及公主持服。

《大清通禮》卷四七《凶禮・貴人喪》 貴人喪禮。疾革，奉移吉祥房。初薨，皇帝命所生皇子公主持服。

《大清通禮》卷四八《凶禮・皇太子喪》 皇太子喪禮。未分封之皇子薨逝，有追封皇太子者，禮部內務府承旨會疏喪儀，簡王大臣典喪事。

《大清通禮》卷四八《凶禮・皇子喪》 皇子喪禮。未分封之皇子薨逝，內務府會禮部疏列喪儀，布諸司戒辦。皇帝輟朝素服五日，已昏並已生子皇子福晉及所生皇孫皆成服百日，外易素服，二十七月而除。

《大清通禮》卷四八《凶禮・親王以下喪》 親王以下宗室將軍以上喪禮。疾篤，居正寢，既終，諸子號哭躃踊，福晉側室貝勒以下夫人同。及諸子婦跪哭，兄弟姻戚立哭，皆男哭於左，女哭於右。喪主以王公之長子，無則長孫承重，餘仿此。及餘子皆剪髮辮去冠飾，主婦以王公之福晉夫人，無則承以冢婦，餘仿此。及諸婦以下皆去首飾散髮。殮後乃綰，遇奠獻仍散。飭府屬官二人典喪儀，餘掌事者隨所置治棺，親王朱髹飾金龍，世子、郡王繪龍，貝勒以下繪蟒，均采棺朱髹，鎮國將軍以下均朱棺。戒辦殮具，府屬及本旗所屬官皆先集，素衣執事。

《大清通禮》卷四九《凶禮・親王福晉以下喪》 親王福晉喪禮。部以聞得旨會喪，親王以下奉恩，將軍以上集於外，固倫公主、親王福晉以下縣君奉恩，將軍恭人以上集於內，殮用采棺，既殮內外成服，立引旛於府門內之右，發引儀衛，從其封爵，世子福晉以下均仿此。備鞍馬不設散馬。下仿此。

《大清通禮》卷四九《凶禮・公主以下鄉君以上喪》 固倫公主喪。采棺殮奠，內外會喪及祭葬諸儀節均與親王福晉同。若下嫁外藩，翰林院撰擬祭文，遣內大臣侍衛、禮部理藩院官詣葬所讀文致祭如儀。詳王公喪禮。和碩公主喪，與世子福晉同，郡主喪與郡王福晉同，縣主喪與貝勒夫人同，郡君喪與貝子夫人同，縣君喪與鎮國公夫人同，鄉君喪與輔國公夫人同。若下嫁外藩，均遣官致祭，如前儀。

《大清通禮》卷五〇《凶禮・品官喪》 官員喪禮。民公侯伯視一品，子男各視其等。有疾居正寢。女居內寢。疾革遺疏、三品以上官得具遺疏。遺言皆書之。既終，子號哭躃踊，去冠被髮，徒跣。諸婦女子去笄，朞功以下，丈夫素冠，婦人去首飾，皆易素服。男哭牀東，女哭牀西，異向作魂帛，結白絹爲之。爲位於戶東前，設案奠閣，餘生前食飲所餘。脯醢酒果用吉器。立喪主，以適長子，無則長孫承重。主婦，以亡者之妻，無妻及母之喪則以喪主之妻當之。護喪司賓司書贊祝，諸執事人治棺及凡喪具，護喪者使人上遺疏訃於有司及親屬僚友。

（清）楊峒《律服考古録》卷上《斬衰三年》 子爲父母，女在室并已許嫁者及已嫁被出而反在室者，同子之妻，同《儀禮・喪服》爲母父卒齊衰三年，父在齊衰杖期，婦爲舅姑齊衰不杖期。唐上元元年，武后請母在爲母終三年之喪，詔依行。開元七年復舊。二十年中書令蕭嵩等改修五禮，又請依元敕父在爲母齊衰三年爲定。宋《服制令》同舅姑服。後唐長興中，太常卿劉岳刪定《書儀》始奏改斬衰三年。宋乾德三年詔百官集議，左僕射魏仁浦等請如後唐之制，從之。《明令》及《集禮》竝同。洪武七年班《孝慈録》，復改子爲母、婦爲姑亦服斬衰。李湝《刊誤》曰：婦爲舅姑十五月而禫，禫後門庭尚素，婦服青縑衣，以俟夫之終喪。習俗以婦之服青縑，謂其尚在喪制，故因循亦同夫之喪紀，再期而後吉。貞元十一年，河中府倉曹參軍蕭據狀稱：堂兄至女子適李氏壻見居喪，今時俗婦爲舅姑服三年，恐爲非禮，請禮院詳定。判官李岧議曰：《開元禮·五服制度》婦爲舅姑及女子適人爲其父母皆齊衰不杖期，《喪服傳》曰：爲父何以期也，婦人不貳斬也。以此論之，父母之喪，尚止周歲，舅姑之服，無容三年。今之學者不本其義，輕重紊亂，寖以成俗。《開元禮》元宗所修，布在有司，班行天下，伏請正牒以明典章。案此則唐人已爲舅姑三年，但其初行于民間，後唐及宋始著爲令耳。禮非杖期不禫，此言十五月而禫，誤。

吳澂曰：凡喪禮，制爲斬衰功緦之服者，其文也；不飲酒、不食肉、不處內者，其實也。不服其服而有其實者，謂之心喪。心喪之實有隆而無殺，服制之文有殺而有隆，古之道也。爲母齊衰三年而父在杖期，蓋以夫爲妻之服既除，則子爲母之服亦除，家無二尊也。子服雖除，而三者居喪之實如故，則所殺者三年之文而已。女子子在室爲父斬，既嫁則期。蓋子之所天者父，妻之所天者夫，嫁而移所天于夫，則降其父母期，而爲夫之父母亦期，期之後，夫未除服，婦已除服，而居喪之實如其夫。是舅姑之服期而實三年也。夫實之無所不隆者，仁之至；文之有所或殺者，義之精。古人制禮之意蓋如此。

子爲繼母爲慈母爲養母，子之妻同。本注：繼母，父之後妻；慈母，謂母卒父命他妾養己者；養母，謂自幼過房與人者。

《儀禮·喪服》齊衰章：慈母如母。小功章：君子子爲庶母慈己者。《禮記·曾子問篇》子游問曰：喪慈母如母，禮與？孔子曰：非禮也。古者男子外有傅，內有慈母，君命所使教子也，何服之有。梁武帝曰：禮言慈母有三條，一則妾之父母，使妾之無子者養之，命爲子母，服以三年。齊衰章所言是也。二則適妻子無母，使妾養之，服以小功。小功章所以不直言慈母而云庶母慈己者，顧炎武曰：文曰庶母，則知其爲適妻之子矣。明異於三年之慈母也。其三則子非無母，擇賤者視之，義同師保，此慈母無服。《內則》云擇於諸母與可者，使爲子師，其次爲慈母，其次爲保母。此其明文。子游所問自是師保之慈，非三年小功之慈也。案庶母慈己者之服，《開元禮》以下竝與《儀禮》同。明《孝慈録》加庶母服至杖期，故小功內無此條，今《服制律》因之，汪琬以爲疑，即用乳母之服，謬矣。《喪服小記》曰：爲慈母後者爲庶母可也，爲祖庶母可也。萬斯大謂爲之喪主者得之。蓋主後之文對則異，散則通也，禮無爲妾母後服重之義。注疏胥失之。

養母，《儀禮》無文，唐《開元禮》同宋《服制令》始爲養母齊衰三年，明《孝慈録》改服斬衰。汪琬曰：宋律謂養同宗及三歲以下遺棄之子者，與親母同。《孝慈録》謂自幼過房與人者。今律文《集解》又謂即爲人後者所後母也，峒案：此順治三年律文，今本與《孝慈録》同。使如宋律及《孝慈録》云云，則有養母必有養父，不應獨無養父之服，如謂即爲人後者，則斬衰章中別有爲人後者爲所後父母一條，此條不應複出，竊疑人子不幸而爲異姓收養，似當養父養母竝服爲安，知禮者詳之。

案《戶役律》乞養異姓義子與以子與異姓人爲嗣者，杖六十，其子歸宗。其遺棄小兒年三歲以下，雖異姓仍聽收養，即從其姓，但不得以無子遂立爲嗣。是則收養異姓許以爲子，唯不許立爲嫡子耳。既爲子則宜服子爲父母之服矣。律于服制不言養父者，所以嚴亂宗之禁，服養母者所以廣存孤之仁。其實養母有服，則養父亦有服也。今世俗異姓養子皆父母竝服，無可疑者。至《白氏六帖》引魏四孤論四孤謂遇兵饑饉賣子者，棄溝壑者，生而父母亡，無緦親者，俗以五月五日生子妨忌之不舉者。宋庾蔚之議曰：所養自有後，而本宗絶嗣者，當還本宗，服所養父母，依繼父齊衰期。若二家俱無後，則宜停所養家，依爲人後服其本親例降一等。今俗養子于本宗無服，歸宗者于所養無服，律無明文，固未敢輕議也。異姓不得爲後，禮律昭然，而世人或以甥繼舅，取姪紹姑，豈復同宗之義，立適之條乎？莒人滅鄫，《穀梁》所貶；賈充立謐，晉史斯譏。其尤不合者，如《魏氏春秋》言陳矯本劉氏子，出嗣舅氏，而婚于本族。徐宣每非之，庭議其闕。見《三國志》注。夫一經出養，便隔本宗，數傳而後，遂締姻好，是亦末流之必至，而世所常有者也。瀆姓亂倫，莫此爲甚。繼絶之家，固當以辨姓爲首務矣。《蜀志》衛繼，漢嘉嚴道人，父爲縣功曹，縣長張君無子，數呼功曹於省弄，甚憐愛之，遂養爲子。時法禁以異姓爲後，故復爲衛氏，此則非外親而以爲後者。婦爲夫之繼母、慈母，《儀禮》無明文，蓋統在不杖期章婦爲舅姑服內。

庶子爲所生母，爲適母，庶子之妻同。適母，《儀禮》作君母，庶子爲服不待言，故不別立文。

《儀禮》：公之庶昆弟，大夫之庶子爲母大功九月。庶子爲父後者，爲其母緦麻三月。《記》曰：公子爲其母練冠麻麻衣縓緣，既葬除之，皆降服也。而不著士之庶子不爲父後者爲其母之正服。據鄭注云：君卒，庶子爲母大功；大夫卒，庶子爲母三年。士雖在庶子爲母皆如衆人，則士之庶子不爲後者，爲其母，父在齊衰期，父卒齊衰三年。可知經于齊衰章不別言者已統于爲母中也。唐宋竝爲所生母齊衰三年，爲父後者緦麻三月，仍申心喪。若無適母及適母卒，則爲所生遂服。案：婦人無尊厭之義。禮言爲父後者，初不繫適母之存亡也。唐宋之制非禮甚矣。《明令》及《集禮》又改妾子爲其母期，爲父後者亦降服緦。《孝慈録》始改斬衰三年，不分爲後與不爲後，皆同。凡禮言爲後者，皆謂父卒身爲繼禰之宗者也。

婦爲夫所生母，《儀禮》無明文。《禮記·服問》曰：有從輕而重。公子之妻爲其皇姑。鄭注云：妾子之妻爲其君姑齊衰，與爲小君同。是則庶子之妻爲夫所生母亦統在舅姑服内，唯子爲父後者則其妻當從夫而降耳。

案心喪之文見於《檀弓》，本弟子爲師之禮，而凡厭降之服，衰麻既除，亦以心喪終其月數。《儀禮》父在爲母。傳曰：父必三年然後娶，達子之志也。賈釋云：子于母屈而期，心喪猶三年，故父雖爲妻期而除，三年乃娶者，達子心喪之志也。宋元嘉中定制，心喪無禫，以二十五月爲限。隋唐而降，猶循此禮，謂之心制。後宋令文凡居心喪者，釋服從吉及忘哀作樂，冒哀求仕者，竝同父母正服。朱子曰：國家法爲所生父母皆心喪三年，此意甚好，今隨條著之。

爲人後者爲所後父母，爲人後者之妻同。

《儀禮·喪服》，爲人後者在斬衰章，而爲所後母無正文。傳曰：爲所後者之祖父母妻，妻之父母昆弟，昆弟之子若子。鄭注：若子者，爲所爲後之親，如親子。顧炎武曰：所後者之祖，爲後者之曾祖也。父母，其祖父母也。妻，其母也。妻之父母，其外祖父母也。因妻而及故連言之，取便文也。昆弟，其世叔父也。昆弟之子其從父昆弟也。疏謂妻之昆弟，妻之昆弟之子者，非。愚案顧説是，是也，此傳者偶舉之辭，故今律文亦不立別條。《喪服傳》曰：何如而可爲之後？同宗則可爲之後。何如而可以爲人後，支之可也。又曰：爲人後者，孰後？後大宗也。曷爲後大宗，大宗者，尊之統也。大宗者，收族者也，不可以絶，故族人以支子後大宗也，適子不得後大宗。《通典》引漢石渠議大宗無後，族無庶子，已有一適子，當絶父祀以後大宗不。戴聖云：大宗不可絶。言適子不爲後者，不得先庶耳。族無庶子，則當絶父以後大宗。魏劉德問同宗無支子唯有長子，長子不後人，則大宗絶，後則違禮，如之何？田瓊答曰：以長子後大宗則成宗子，禮諸父無後，祭于宗子之家，後以其庶子還承其父。案：後世非襲爵者，無大宗之法，則自絶以後人，必不可行。甲有子丙，後叔父乙，甲死數年，叔父自有子，丙還本。晉博士曹述初議曰：禮大宗無子，族人以支子後之，不爲小宗立後，叔非大宗，又年尚少，自可有子，甲以丙後，非禮也。子從父此命，不得爲孝。張湛謂曹曰：若如前議，則兄弟以子相養者代代有之，此輩甚衆，雖非禮之正義，亦是一代成制，由來故事，豈可以甲命獨爲非理，丙從便爲失道？此之得失，自當與世人共之耳。《通典》此條本謂出後者已爲其父降服還本，後又追申三年。今案父喪先已服期，無重制三年之理，故節録其文，爲後世立後不必大宗之證也。萬斯大曰：古者非大宗不立後，非支子不後人，唯其序所應立，分莫可辭，然後不得已而爲之。是以宗法行，而人知尊祖敬宗，各安其分也。世運而降，宗法既廢，立後者不分宗庶，爲後者唯視貨財，貧則當後者亦避，富則非後者亦争，且創爲以長繼長與夫絶幼不絶長之説，明背聖經，濟其私欲。又其甚者，一子而兩後於人，一後而兩子竝立，獨子而甘爲人後，無子而豫立待生，貪戾無恥，詭道百端，嗚呼！彼豈不聞矍圃延射與爲人後者，至與僨軍之將、亡國之大。夫同擯於夫子，奈何忍心滅禮，甘蹈此而不顧乎！故就後世而言，庶絶而繼，雖非古禮，在所可行，其餘直謂之無人道可也。《喪服小記》曰：爲殤後者以其服服之。陳澔曰：爲後者即爲之子也，以其服服之者，子爲父之服也。案：《曾子問》孔子曰：宗子爲殤而死，庶子弗爲後也。此言爲殤後者，大宗不可絶，而族人無昭穆相當之支子，故不得已而後殤也。汪氏謂：《小記》多變禮，正如此類。若從注疏，以爲後殤者之父，則子文不得云爲殤後矣。《通典》晉何琦議以爲卿士之家，別宗無後，宗緒不可絶，若昆弟以孫若曾孫後之，理宜然也。魏之宗聖，遠繼宣尼，琦從父以孫紹族祖。荀顗無子，以兄孫爲嗣，此成比也。宋庾蔚之謂間代取後，禮未之聞。宗聖，時王所命，以尊先聖，本不計世數，不得引以爲比也。王敞難劉寶曰：爲人後者，必以同宗支子擇其昭穆之倫而立之，不得高祖無子而立元孫之序。案：間代取後，既爲非禮。比所以有置殤後者也。今采附《小記》之下。《隋書·劉子翊傳》晉征南將軍羊祜無子，取弟子伊爲子，案《晉書》伊爲袺兄廢之子，此言弟子，未詳。袺薨，伊不服重，袺妻表聞。伊辭曰：伯生存養己，伊不敢違，然無父命，故還本生。尚書彭權議：子之出養，必由父命，無命而出，是爲叛子，于是下詔從之。汪琬曰：然則父沒之後不得擅爲人後也。峒謂如大宗無後，而倫序當立，別無可繼之人，自不容以父沒爲解，但末俗猥惡，有事在得，已而攘臂争之者，則不可不知此義耳。

適孫爲祖父母及曾高祖父母承重，適孫之妻同。

《儀禮》無正文，傳曰：父卒，然後爲祖後者服斬。見不杖期章爲君之父母妻長子祖父母條下。《小記》曰：祖父卒，而後爲祖母後者三年，鄭注：祖父母在，其服如父在爲母。即所謂適孫承重也。唐《開元禮》適孫爲後者，爲祖父斬衰三年，爲祖母祖卒齊衰三年，祖在齊衰杖期，仍心喪三年。爲曾高祖後者亦如之。宋《服制令》同。唯有衆子則適孫不承重爲異。諸叔存則適孫服期。後魏太常劉芳已有此議，見《魏書·禮志》。明《孝慈録》承祖母重與妻從夫承重者，竝改斬衰，今因之。而新律杖期内削去適孫祖在爲祖母一條，舊律有此條。疑不分祖存没皆服也。案：後世無宗法，唯適孫承重尚存古意，而世俗或沿宋令之謬，諸叔在則適孫不得承重，又或適子已主父喪，而庶長孫之無父者亦爲祖三年，名曰代服。登諸赴文署之名刺，而不知其失禮也。唐順之曰：重謂祭統，俗人以承重爲代父服，非也，明乎此，則曉然於爲祖後之義矣。《通典》有祖喪而父亡服議，宋周續之謂嗣子宜兼持重正位之喪，持重謂祖，正位謂父。適孫持重在喪而亾，次孫代之議。庾蔚之謂適孫亡，無為後者，次子之子爲持重。范宣議是也。范宣曰：禮爲祖後者，三年不言，適庶則通之矣。庶孫之與于適者，但父不爲之三年，祖不爲之期，而孫服父祖不得殊也。適孫已服祖，三年未竟而亾，此重義已立，正是不得卒其服耳。猶父爲適，居喪而亾，孫不傳重也，此與周續之説異。次孫攝祭如徐邈所答。徐邈曰：禮，宗子在外，則庶子攝祭。可依此使一孫攝，主本服如故，期既除，以素服臨祭，心喪三年。何承天、司馬操竝云：接服三年，未見其據。《宋史·禮志》皇祐元年，大理評事石祖仁奏：叔從簡爲祖父中立服後四十日亾，乞下禮院定承祖父重服。禮官宋敏求議，祖仁宜解官，因其葬而制斬衰三年，後有如其類而已葬者，用再喪制服。遂著爲定式。宋《服制令》亾在小祥前者則於小祥受服，在小祥後者則申心喪，竝通三年而除。案：居祖喪而父卒及適孫亾無後者，未葬則適孫與次孫應制斬衰，已葬則如其本服，于義爲允。徐邈謂以本服攝主，宋敏求又謂已葬者用再喪制服皆未安。至叔亡始承祖重，此爲遵奉令甲，其非禮不必言矣。《通典》夫爲祖、曾祖、高祖父母持重，妻從服議。晉賀循云：其夫爲祖、曾祖、高祖後者，妻從服如舅姑。孔瑚問虞喜：假使元孫爲後，元孫之婦從服期，曾孫之婦尚存纔緦麻，近輕遠重，情實有疑。喜答曰：有適子者無適孫，又若爲宗子母服則不服宗子婦，以此推元孫爲後，若其母尚存，元孫之婦猶爲庶，不得傳重，傳重之服理當在姑矣。宋庾蔚之謂：舅沒則姑老，是授祭事于子婦，至于祖服，自以姑爲適，所謂有適婦無適孫婦也。此據鄭注《喪服傳》而言，萬斯大力辨之，略見祖爲適孫婦條下。祖以適統唯一，故子婦尚存，其孫婦以下未得爲適，猶以庶服之。此與虞喜同。孫婦及曾元孫婦自隨夫服，祖降一等，故宜期也。此與賀循同。方苞曰：凡祭必夫婦親之，父卒爲祖後者斬，則妻從服，如舅姑可知也。然則承高曾之重，母在宜何服？原祖之情，不忍以孫之亡而遠其婦，緣婦之義，不敢以夫之亾而遠其祖，則婦姑同服舅姑之服可也。此謂婦姑俱服舅姑之服，與庾蔚之後説同。案虞喜所答非從夫之義也，今制妻從夫服，不別姑之存没，自當以賀説爲正。若嫌於近輕遠重者，則方説亦可參也。至庾氏既謂有適婦無適孫婦，又謂孫婦自隨夫服祖期，前後相違，不可遵用。

妻爲夫，妾爲家長同。家長，《儀禮》作君。鄭注云：妾謂夫爲君者，不得體之，加尊之也，雖士亦然。

《儀禮》士爲貴妾緦麻三月。鄭注以爲姪娣。陳銓曰：士貴妾亦爲姪娣。萬斯大曰：妾何以貴，以有子也。故《小記》曰：士妾有子而爲之緦，無子則已。峒案：姪娣以女君而貴者也。貴妾當兼此二者，蓋姪娣則女君以其親服之，有子者，則其子以齊衰服之，君安得不爲之服乎？後世無媵，禮則有子即爲貴妾。而《開元禮》以下皆不制服，故附著焉。緦麻章士爲庶母、貴臣、貴妾，經本連文，特爲傳所隔耳。敖氏《集説》謂貴臣、貴妾亦士爲之服者，得之。注云公士大夫之君，非也。大夫絶緦，爲庶母無服，而服其貴妾乎？

（清）楊峒《律服考古録》卷上《齊衰杖期》

齊衰杖期。《喪服圖》齊衰用稍粗布爲之，縫下邊。《儀禮·喪服傳》：齊，緝也。案：期之喪不計閏，十二月除服。禮，子父在爲母，夫爲妻皆十一月而練，十三月而祥，十五月而禫。今無此制。汪琬曰：禮之齊衰有三年，有杖期，有不杖期，有三月，凡四等。《開元禮》又加曾祖五月，爲五等。自升母服，降長子服。而《孝慈録》遂無齊衰三年之文，蓋禮服之升降始于唐而訖于明，可以觀世變云。

適子、衆子爲庶母，適子、衆子之妻同。本主庶母，父妾之有子女者，父妾無子女，不得以母稱矣。案舊律云：庶母，父妾之有子者，本唐《開元禮》注文。雍正三年重修始加女字，蓋恐世俗之專以子爲男子也。《爾雅・釋親》婦謂夫之庶母爲少姑。

《儀禮》士爲庶母緦麻三月，婦爲夫之庶母無服。《開元禮》訖《明令》竝同，《孝慈録》始改適子、衆子及其妻皆爲庶母齊衰杖期。《新唐書・禮樂志》顯慶中，長孫無忌以爲古庶母緦，今無服。且庶母之子，昆弟也，爲之杖齊，是同氣而吉凶異，自是亦改服緦，是則唐初爲庶母無服也。《明史・后妃傳》成穆貴妃孫氏，洪武七年九月薨，帝以妃無子，命周王橚行慈母服三年，東宮諸王皆期，敕儒臣作《孝慈録》，庶子爲生母服三年，衆子爲庶母期，自妃始。案《儀禮》五服之制，唐宋以來雖代有損益，而其大體則無以甚異于古也，自《孝慈録》出，而父母舅姑之服無不斬衰者矣。然其爲書之指，特欲加隆妾母，而子爲母，婦爲姑，皆以是推之耳，善乎！懿文太子之言曰：陛下貴爲天子，而臣制此服，非所以敬宗廟、重繼世也。夫庶子爲父後者爲其母緦，《明令》及《集禮》猶然，而以儲嗣之重，本非所生者乃制期服，豈非廢禮徇情，申其私意者哉？

子爲嫁母。本注：親生母，父亾而改嫁者。

《儀禮》無明文，蓋與出妻之子爲母及繼母嫁從爲之服者同。譙周曰：繼母嫁猶服期，以親母可知，故無經也。鄭注《檀弓》亦曰齊衰期。蕭望之曰：爲父後則不服，餘竝見下條。

子爲出母。本注：親生母爲父所出者。徐邈曰：經言出妻之子爲母，明非所生則無服也。

《儀禮》出妻之子爲父後者，則爲出母無服。顧炎武以此十四字爲經文。唐《開元禮》父卒母嫁及出妻之子爲母皆齊衰杖期，報仍心喪三年。爲父後者無服，母猶服之。案：出母爲其子期，此報服也。王肅云：不服則不報。《開元禮》非是。宋《服制令》爲後者雖不服，亦申心喪，獨報服改爲不杖期。明《孝慈録》不分爲後與不爲後，皆服。今因之，而嫁出母爲其子無正條，蓋省文也。

《通典》引漢石渠議問父卒母嫁爲之何服？韋元成以爲父没則母無出義，故不制服。又問夫死妻穉子幼與之之人，子後何服？元成對與出妻子同服期，是嫁母從之則服，不從則無服也。《禮記・檀弓》子上之母死而不喪，或謂此出而再適者，是出母，反在父室者則服，出而適人者則無服也。案：庾蔚之曰：母子至親，本無絶道，禮所謂親者，屬也。賈公彦釋出妻云：或適他族，或之本家，然則出母不論嫁不嫁，嫁母不論從不從，而皆爲之服，與律文合矣。唐神龍元年，韋后表請天下士庶爲出母終三年服，詔從之。天寶六載，制出嫁之母宜終服三年。金大定八年，制子爲改嫁母服喪三年，其後皆不行。漢石渠議或以爲子無絶母應三年，此爲唐人加服所本。《明令》父卒適繼，慈養母歸宗爲之服齊衰杖期。《集禮》同，《孝慈録》無此條。案：子于出嫁之母非所生者無服，況父没則母無出義，舍其子而歸宗，何服之有？若子不能養，不得已而依其父母昆弟，則義仍繫于夫家，爲子者應如其本服，無緣降爲期年也。《明令》此條當削無疑。唐《開元禮》出母爲女子子適人者，大功九月。注云女服同。宋《服制令》同。案：出母之服不殊男女，則女子子在室亦期可知，適人者降一等，服大功。以例推之，疑當如此，而律無明文，姑附著焉。

夫爲妻。本注：父母在，不杖。

《儀禮》不杖期章大夫之適子爲妻，傳曰：父在則爲妻不杖。《雜記》曰：爲妻，父母在，不杖不稽顙。孔氏《正義》曰此謂適子爲妻。案：《喪服》云大夫爲適婦爲喪主，父爲己婦之主，故父在不敢爲婦杖。若父没母在爲妻雖得杖，而不得稽顙。《小記》曰：父在，庶子爲妻以杖即位可也。《正義》曰：舅不主庶婦，故庶子爲妻可以杖即位，是則夫之爲妻，父在適子不杖，庶子仍杖，至父亡母在，則庶子皆爲妻杖矣。《雜記》兼言母者，以與稽顙連文耳。今適庶婦之喪皆以舅爲主，則父在不得爲妻杖，而於母固無嫌也。注母字疑衍。

（清）楊峒《律服考古録》卷上《齊衰不杖期》 祖爲適孫。

《儀禮・喪服傳》曰：有適子者無適孫。鄭注：適子死則立適孫，是適孫將上爲祖後者也，長子在則皆爲庶孫耳。唐《開元禮》注因之。又云凡爲後承適者，雖曾孫、元孫與孫同，宋《服制令》亦然。今律無此注者，文省耳。

父母爲適長子及適長子之妻及衆子及女在室及子爲人後者。

《儀禮》父爲長子斬衰三年，母齊衰三年。唐《開元禮》訖《明令》竝同，《孝慈録》始改齊衰不杖期。案：《喪服傳》曰：何以三年也？正體於上，又乃將所傳重也。庶子不得爲長子三年，不繼祖也。《小記》云庶子不爲長子斬，不繼祖與禰也。又曰：父之所不降，母亦不敢降也。是則禮爲長子三年者，必其父卒，身爲繼祖禰之宗，而其母爲宗子之妻乃制此服。己身繼禰即得爲長子三年。馬融以爲五世之適，賈公彦以爲四世長子，故繼公又以爲大宗子，皆非是。若庶子、庶婦不爲祭主，及適子未受重者，則其爲長子不杖期，與衆子同也。後世宗法既亡，故服適長者亦從之而降。後《魏書·禮志》劉芳曰：爲長子服斬，魏晉以來不復行此禮矣。是則長子之服，令文雖具，鮮有行者，不自《孝慈録》始也。而末俗不達，誤以凡爲父母者皆有此服，且羣目禮經爲怪。俗或謂之報服，謬甚。善哉！萬斯大之釋傳也曰：父之服重尊乎祖，母之服重從乎父。其言約而盡矣。適婦。《儀禮》大功九月，《喪服小記》曰：適婦不爲舅後者，則姑爲之小功。鄭注謂夫不受重者，舅姑服之如庶婦也。貞觀十四年，侍中魏徵等請加齊衰不杖期，《開元禮》以下皆因之。然其時父母爲長子猶服三年，故適庶婦以期功爲差，今長子已降服不杖期，與衆子同，而其妻獨殊於衆子婦，此明初改定服紀者當降而失於不降也。

繼母爲長子、衆子。

《儀禮》無明文，蓋統在母爲長子及爲衆子服内。唐《開元禮》、宋《服制令》，繼母爲長子皆齊衰三年，明《孝慈録》始改不杖期。

前夫之子從繼母改嫁於人，爲改嫁繼母。

《儀禮》杖期章：父卒繼母嫁從爲之服報。王肅曰：從乎繼而寄育則爲服，不從則不服。崔凱曰：爲父後者不服也。唐《開元禮》與《儀禮》同，宋《服制令》繼母報服不杖，明《孝慈録》因之。今律從嫁之子爲繼母亦改不杖期，而報服無正條，蓋省文也。

《明令》適繼慈養母改嫁從者，爲之服齊衰杖期，《集禮》同。案：嫁母之服，爲其生己故，無絶道也，繼母非所生而亦服者，以從嫁有撫育之恩耳，適慈養母，皆非生己者，則與繼母一例可知。《明令》此條雖禮律所未備，而可以類推也。

姪爲伯叔父母及姑姊妹之在室者。《爾雅》女子謂昆弟之子爲姪。《喪服傳》曰：謂吾姑者，吾謂之姪。賈釋云：姪名對姑生稱，若對世叔唯得言昆弟之子，不得姪名也。今律文通爲兄弟之子爲姪者，從俗稱耳。此條姪字兼有兄弟女子之未嫁者在内。

《儀禮》本章有世父母。賈釋云：伯言世者，欲見繼世也。叔父母昆弟而姑姊妹無正文。鄭注爲姑姊妹在室亦如之，蓋大功章云姑姊妹女子子適人者，則未嫁在期章可知。

又：孫爲祖父母，孫女在室出嫁同。

父所生庶母，《儀禮》無服，唐《開元禮》爲祖父母注云：父所生庶母亦同，唯爲祖後者乃不服。宋《服制令》及明《集禮》皆因之，今律無明文。汪琬以爲與繼祖母俱統在爲祖父母服内是也，但父亡不承重耳。《宋史·禮志》寶元二年，度支判官薛紳祖母王氏卒，是父所生母，詔令解官持齊衰三年，此非禮之禮，不可遵用。庾蔚之曰：父不承重，已得爲庶祖母期，庶無傳祭，故不三年也。庶祖母，非父所生者無服。父之慈母，《儀禮》以下皆無服。齊永明中王儉議制服期年，後不行。《通典》引劉智《釋疑》問云慈母與妾母不世祭，孫不祭慈祖母，何服之有？虞喜《通疑》云：若其父先亡，已養于祖，以祖母之服服之期，可也。不得服傳重三年，同於繼祖母也。庾蔚之云：《小記》慈母之父母無服，子服慈母如母，猶無所從，況可得從父服慈祖母乎？

爲人後者爲其本生父母。

宋《服制令》雖期除，仍申心喪三年。今例丁本生父母憂，期年之内亦不許服官應試。

《隨書·劉子翊傳》永寧令李公孝，四歲喪母，九歲外繼，其後父更別娶後妻，至是而亡。劉炫以無撫育之恩議不解任，子翊駁之。文多不載。事奏，竟從子翊之議。是爲人後者，爲本生父之繼妻亦服也。案：公孝外繼之後，父始別娶，則既非所生又不逮事。本無三年之情，而子翊議令辭官，申其心喪過矣。《通典》引宋崔凱《喪服駁》云：世人有出爲大宗後，還爲其父母期，其子從服大功者。凱以爲經文爲人後者爲其父母期，爲其兄弟降一等，此指爲後者身也不及其子，則當以其父所後之家還計其親疏爲服紀耳。晉賀循爲後服議亦主此説。近有父爲人後，而子還爲其世父服期者，著此以正末俗之失。案《喪服傳》曰：同宗則可爲之後，曾子問宗子爲殤而死，注云：族人以其倫代之。《正義》曰：倫謂輩也，族人但是宗子兄弟行，無限親疏，皆得代之。

故不杖期章特著爲人後者爲其父母之服，蓋雖在五世袒免之外者，亦以本生之親爲之服期也。今人不明此義，妄執先立周親之説，有擇繼遠房者則紛競累年，訖無所定，夫使爲後者必兄弟之子而後可，則其本生之父，即世叔父也。不杖期爲世叔父母之本服，而此條可以不設矣。

女出嫁爲父母。《儀禮》本章有妾爲其父母，《開元禮》以下竝同。今律無之，蓋統在此條內。《記》曰：凡妾爲私，兄弟如邦人，故不别立文也。

《儀禮·喪服傳》曰：爲父何以期也？婦人不二斬也。婦人不二斬者何也？婦人有三從之義，無專用之道，故未嫁從父，既嫁從夫，夫死從子。故父者子之天也，夫者妻之天也。婦人不二斬者，猶曰不二天也，婦人不能二尊也。案今制唯婦人斬衰爲多，然服其父母則無改于齊期也。世人不考律文，以臆行服，往往亦從斬衰之制。夫唐俗爲舅姑三年，重以蕭據之狀，李岧之議而不能革，至于宋初竟爲著令，蓋其所由來者漸矣。陋俗相沿，恐遂爲加服之始，知禮者不可無餼羊之愛也。

女在室及雖適人而無夫與子者，爲其兄弟姊妹及姪與姪女在室者。

案：姊妹亦在室，乃服期也。

《儀禮》女子子適人者爲衆昆弟姪丈夫婦人報，見大功章，則在室者期可知也。姊妹無文，以衆昆弟統之。不杖期章：姑姊妹女子子適人無主者姑姊妹報。賈釋女子子不言報者，爲父母自然猶期，不須言報也。傳曰：爲其無祭主故也。雷次宗曰：按《檀弓》曰：姑姊妹之薄也，蓋有受我而厚之者。今無祭主者是無子無夫，則無受我而厚之者也。既無受我之厚，則我不得降其本情，故哀發於無主而服伸于天倫也。今之不降，既緣亡者之煢獨，又因報身之無屈，故父母兄弟在室姊妹咸得反服也，唯出適者自以義結他族，事殺本宗，受我之厚，奪己亦深。至乃愛敬無極者，猶抑斬以爲期，況餘人乎？雖則家庭莫主，兄弟絶嗣，無後之痛，路人所悲，而深心徒結，至服無反，良由既曰外成事無兩降故也，若兩俱無主者亦不得交相爲期。適人無主者之服，注疏皆謂人所哀憐不忍降之理，雖近是，而義則未盡也，雷氏説深得禮意，亟録之以匡鄭、賈之闕。案《儀禮》此條以姪與兄弟及父爲姑姊妹女子子無主者爲正服，而姑姊妹爲姪兄弟爲報服，義例甚明。唐《開元禮》、宋《服制令》竝同，自明《孝慈録》以姑姊妹爲姪兄弟之報服立爲正條，而不著姪兄弟與父爲姑姊妹女子子適人無夫子者之服，今律因之。疑文闕。《通典》東晉征西，庾亮府倉曹參軍王羣從父姊喪無主，後繼子，俄而又卒，羣以爲姑姊妹無主者反服，經雖不及從，設教必自親始，準經不降，不亦可乎？通諮府主及潦寀詳斷亮答曰：存没禮終而喪其嗣，不得以小功之末反服大功也。宋庾蔚之謂：王羣從姊喪亡之初有繼兒，羣已制小功之服，凡服皆定于始制之日，豈得以葬竟兒亡方欲追改其服乎？異于女子爲夫所出申服于父母也。經文多畧，可以類推，舉近親之有服，則疏者之無服，見經於五服之內，文有未備，皆于公子章謂《喪服記》。發凡以明例。無主後之不降文不及從，又無發凡以明之，是知相矜正于期服而已。賈釋云：餘人爲之服者，仍依出降之服而不加，以其恩疏故也。

又：女適人爲兄弟之爲父後者。

《儀禮·喪服傳》曰：婦人雖在外，必有歸宗，曰小宗，故服期也。

汪琬曰：近代不分别爲父後者久矣，此條獨有之，猶存古人重適及宗法遺意。

又：妾爲家長之正妻。

《儀禮》作妾爲女君。鄭注云：女君於妾無服。唐《開元禮》同。注云適妻亦爲妾服。宋以後皆因之。敖繼公曰：女君于妾不著其服者，親疏不同，則其服亦異故也。峒謂：敖説是也，蓋女君于妾之爲姪娣者，各以其親服服之，其無親而有子者則以君之緦服服之，故經文不立别條耳。

《雜記》曰：女君死則妾爲女君之黨服，攝女君則不爲先女君之黨服。案：《小記》從服者所從亾，則己屬從者，所從雖没也服，故君母不在則不服君母之黨。今女妾君已死而妾猶服其黨。賀瑒謂：雖是徒從，而抑妾爲防覬覦，理或然也。虞喜以爲屬從，陳澔則直云是徒從之禮，皆不合。《通典》晉秘書監謝靖問：兩妾相爲服不？徐邈答云：禮無兩妾相爲服之文，然妾有從服之制，士妾有子則爲之緦，妾可得從服緦麻，又有同室之恩，則有緦服義也。以上二條《儀禮》無文，《開元禮》以下竝與《儀禮》同。

妾爲家長父母。

《儀禮》無正文，傳曰：妾爲君之黨服，得與女君同，女君爲舅姑期，則妾爲君之父母亦期可知也。唐《開元禮》以下皆無此條，今律依《明會典》圖增入。案今制婦爲舅姑斬衰三年，而妾爲家長父母仍服期者，不得體君之義也。

妾爲家長之長子、衆子與其所生子。

《儀禮》公妾、大夫之妾爲其子在本章，大夫之妾爲君之庶子在大功章，則士妾爲其子與君之衆子皆期可知。《記》曰：妾爲君之長子惡笄有首布總，《小記》曰：妾爲君之長子與女君同。唐《開元禮》及《明令》竝爲長子齊衰三年。《南齊書·禮志》永明十一年文惠太子薨，右僕射王晏等奏：按《喪服經》妾爲君之長子從君而服，二漢以來此禮久廢，請因循前準，不復追行。詔曰：既曰墮久廢停，便則此服亦罕有行者。

爲同居繼父而兩無大功以上親者。《孝慈録》始改不杖期，與衆子及所生子同。《喪服圖》兩無大功親，謂繼父無子孫，己身亦無伯叔兄弟之類。《儀禮·喪服傳》曰：夫死妻稺子幼，子無大功之親，與之適人，而所適者亦無大功之親，以其貨財爲之築宫廟，歲時使之祀焉，妻不敢與焉。若是則繼父之道也。陳銓曰：大功之親同財者也，子有大功不可以隨母，彼有大功不可以專財也。賈釋云：三者若闕一事則爲異居。《小記》曰：皆無主後，同財而祭其祖禰爲同居。案：《小記》得之，祭其祖禰固不必築宫廟也。《開元禮》注云繼子之子不同服，爲繼父不報。李如圭曰：以繼母嫁從報服推之，或者亦報乎。徐堅曰：《儀禮·喪服經》、《小戴禮記》繼父服竝有明文，至于馬融、王肅、賀循等皆稱大儒達禮，更無異説，唯傅休奕著書以爲父無可繼之理，不當制服。此禮焚書之後，俗儒妄造也。袁準作論亦以爲此則自制父也，亂名之大者。竊以父猶天也，愛敬斯極，豈宜覩貌繼以他人哉？然而藐爾躬孤，不能自立，既隨其母託命他宗，本族無養之之人，因託得存其繼嗣，在生也實賴其長育，及其死也，頓同之行路，重其生而輕其死，篤其始而薄其終，稱情立文，豈應如是？故袁、傅之駮，不可爲同居者施焉，繼父之服宜依正禮。顧炎武曰：夫物之不齊，物之情也，雖三王之世不能使天下無孤寡之人，亦不能使天下無再適人之婦，且有前後家、東西家而爲喪主者矣。假令婦年尚少，夫死而有三五歲之子，又無大功之親爲之收恤，而不許之從其嫁母，則轉於溝壑而已。于是其母所嫁之夫，撫之如子，以至于成人。此子之于若人也，名之爲何，不得不稱爲繼父矣。長而同居則服齊衰期，别居則齊衰三月，以其撫育之恩次于生我也。爲此制者所以寓恤孤之仁，而勸天下之人不獨子其子也。若曰：以其貨財爲築宫廟，此後儒不得其説而爲之辭。方苞曰：繼父同居者服期重報，以教民厚也。古者大宗收族，而禮文復具此者，人事或有所窮也。自注如單微轉徙之類。案：繼父之服，雖歷代同制，而後儒異議頗多。近世長洲汪氏作疑議數百言，力詆繼父制服之謬，至以《儀禮》爲不可信。而青州鄉先生如安邱孫立菴明經，自務。昌樂閻懷庭考功，循觀。亦各爲駮論以申袁、傅之辨。孫先生有《讀禮竊注》一卷，閻先生爲之序。蒙嘗反覆衆説，質之禮經，參以時俗，乃知其持論似正，而實不可行，皆未究乎事理之變也。夫寡婦不適人，孤子不從嫁，豈非一天之義哉？而人情所不能止者，聖人弗禁，則堯舜猶病焉。繼父者，不得已之名，而趙瞻所謂辭窮直書者也。《宋史·趙瞻傳》。當其隨母而往，頓移所天，家庭相謂之際，昔雖等于塗人，今則依其膝下。母之夫也，何以稱焉？故名之而可言，言之而可行，期年三月之服，誠以寄育之恩重，而禮之亡于禮者，可以義起也。苟母嫁而子不從，則父之名，無自而生，服之制亦無從而立，聖人所以權此者審矣。奚俟後儒之嘵嘵哉。今此諸説若云子不當從母嫁者，則黄小之兒將爲捐瘠。若云古有大宗可以收族者，則天下不皆世禄之家，庶人無大宗者當誰依邪？如既許其從嫁而不得制服，則收養遺棄尚許三年親荷鞠哀靳於期月，又非禮之得者也。汪氏以棠無咎兆亂于齊謂：繼父同居爲敗家絶祀之端，後世宜以爲鑒。然則娶人之妻而棄其孤以防後禍，譬諸鄰有逆子而生男不舉，與顧、方二子之論不大相戾與？亭林、望溪今之知禮君子也，存其言可以息俗儒之喙矣。

（清）楊峒《律服考古録》卷下《齊衰五月》 元孫爲高祖父母，元孫女同。曾、元孫女服無在室適人之異，與孫女爲祖父母同。

《儀禮》無文，鄭注云：服之數盡于五，則高祖宜緦麻，曾祖宜小功也，據祖期則曾祖宜大功，高祖宜小功也，高祖、曾祖皆有小功之差，則曾孫，元孫爲之服同也。重其衰麻，尊尊也，減其日月，恩殺也。又云：族曾祖父者，曾祖昆弟之親族祖父者亦高祖之孫，則高祖有服明矣。二者之親皆服緦。袁準曰：《喪服》云爲曾祖父母齊衰三月，此通遠祖之言也，今有彭祖之壽無名之祖存焉。《爾雅》有來孫、雲孫、仍孫、昆孫，有相及者故也。十世之祖在堂則不可以無服也。郟子曰：我高祖少皥摯之立也，非五世祖也。蒯聵禱康叔自稱曾孫，非四世之曾孫，然則高遠也。無名之祖希及之矣，故不復分别而重言之也。沈括曰：《喪服》但有曾祖、曾孫而無高祖、元孫，或曰經之所不言則不服，是不然。曾，重也。自祖而上者皆曾祖也，自孫而下者皆曾孫也，雖百世可也。苟有相逮者，則必爲服喪三月，故雖成王之于后稷亦稱曾孫，而祭禮祝文無遠近皆曰曾孫。顧炎武曰：漢儒以曾祖之父爲高祖，考之《左傳》昭公十七年，郯子曰：我高祖少皞，摯之立也，則以始祖爲高祖。《書·盤庚》肆上帝將復我高祖之德。《康王之誥》無壞我高祖寡命。則以受命之君爲高祖。《左傳》昭公十五年王謂籍談曰：昔爾高祖孫伯黶，則謂其九世爲高祖，是則高祖者，遠祖之名爾。案《大傳》言四世服窮者謂旁親耳，若正統之祖不相及則已，苟相及則未有不服者也。高祖之稱定行漢世，故《儀禮》無此名，而其實則曾祖父母文内已該高祖以上，故統服三月，不復爲降殺之差也。自唐貞觀中加曾祖五月，而高祖仍服三月，此據鄭注所推準小功緦麻之月數，雖于禮可行，而高祖以上遂爲無服之祖矣。顧炎武曰：《通典》晉徐農人問殷仲堪謂：假如元孫持高祖重，來孫都無服。及《賀循傳》謂：五世六世無服之祖者。竝非。長洲汪氏疑曾祖之服降殺太甚，又謂禮四世而緦，由身數之上四世爲曾祖，下四世爲曾孫，故無高祖元孫之服，是直以高祖爲無服也。堯峰説經好任胸臆如此。

爲同居繼父而兩有大功以上親者。《喪服圖》兩有大功親謂繼父有子孫，自己亦有伯叔兄弟之類。《儀禮》無此條，《開元禮》同，宋《服制令》注中有之，《孝慈録》始別立爲正文。案《小記》曰：有主後者爲異居。鄭注云：繼父有子亦爲異居，即此有大功以上親者也。故《儀禮》止同居、不同居兩條。

《禮記·檀弓》公叔木，鄭云當爲朱。有同母異父之昆弟死，問于子游，子游曰：其大功乎。狄儀有同母異父之昆弟死。問于子夏，子夏曰：我未之前聞也，魯人則爲之齊衰。鄭云大功是。《家語·曲禮》子貢問：郕人有同母異父之昆弟死，將爲之服，因顏亥音克。而問禮於孔子，子曰：繼父同居者則異父昆弟從爲之服，不同居者繼父且猶不服，況其子乎？案：此謂未嘗同居者也，或引爲無服之證，失之。《通典》魏明帝景初中，尚書祠部問：同母異父昆弟服應幾月？太常曹毗述、博士趙怡據子游鄭注大功九月。高堂隆云聖人制禮，外親正服不過緦，殊異外内之明理也。外祖父母以尊加，從母以名加，皆小功，舅緦服而已，外兄弟異族無屬疏于外家遠矣，故于禮序不得有服，若以同居從同爨服，無緣竟云大功乃重于外祖父母，此實先賢之過也。唐《開元禮》爲同母異父兄弟姊妹小功五月，五月報。宋《服制令》、明《孝慈録》竝同。案：同母異父之兄弟既非本宗，若謂恩繫于母，則子初不服嫁母之黨，而乃服其後夫之子，非絶族之義也。繼服有服，自以撫養之恩，又安得從之而服其子乎？《儀禮》無服非闕文也，《檀弓》、《家語》所記蓋春秋之世以意爲之者，唐宋以來已不從齊衰大功之制，今律依《儀禮》無服，度越前代遠矣。

爲繼父先曾同居今不同居者。本注：自來不曾同居者無服。《喪服傳》曰：必嘗同居然後爲異居，未嘗同居則不爲異居。《小記》曰：繼父不同居也者，必嘗同居。案：繼父之名生于同居，而別財計、有主後即爲異居，則其服齊衰期者尠矣。恩無弗報，而例未嘗不嚴，世儒又何疑焉？

《通典》唐聖曆元年，太子左庶子王方慶書問太子文學徐堅曰：女子年幼小而早孤，其母貧窶，攜以適人，爲後夫之鞠養，及長出嫁，不復同居，今母後夫亾，欲制繼父服，不知可否？堅答曰：女子母攜適人寄養他門，所適慈流情均膝下，長而出嫁始不同居，此則笄總之儀無不畢備，蓋有繼父之道也。戴德《喪服記》曰：女子子適人者爲繼父服齊衰三月，不分別同居異居。梁氏《集説》亦云：女子子適人者服繼父與不同居者服同。今爲服齊衰三月，竊爲折衷。方慶深善此。

（清）楊峒《律服考古録》卷下《大功九月》 祖爲重孫，孫女在室同。

《儀禮》庶孫，鄭注：男女皆是，而小功章別有孫適人者。今律小功内無此條，蓋在室大功，則已嫁小功可知。故從省文也。

又：爲人後者爲其兄弟及姑姊妹之在室者。本注：既爲人後，則于本生親屬服皆降一等。

《儀禮·喪服記》曰：爲人後者于兄弟降一等，報于所爲後之兄弟之子若子。案：此記與前斬衰章傳文相備，故律于爲人後者爲所後父母之外不及他服，皆以若子推之也。其爲本生親屬之降服與本生親屬之報服亦不一一條舉者，皆以降一等報推之也。唐《開元禮》注：若兩男各爲人後不再降。案《喪服》爲人後者爲其姊妹適人者累降小功，則兄弟各爲人後再降明矣。《開元禮》非是。

又：出嫁女爲本宗伯叔父母。

《儀禮》本章女子子嫁者、未嫁者屬上大夫之妾爲君之庶子，下文爲世父母叔父母姑姊妹自謂妾之私親，當從傳及馬融之説，鄭氏破之非也。此條出嫁女爲伯叔父母，《儀禮》無文，以適人降一等推之。

又：出嫁女爲本宗姑姊妹及兄弟之女在室者。《喪服圖》姑姊妹兄弟女皆在室大功，出嫁小功。今服制無正文，小功内無此條。

《儀禮》女子子適人者爲姪丈夫婦人報。馬融曰：嫁姑爲嫁姪服也，俱出也。賈公彦曰：不言女子而言婦人者，在室出嫁同。唐《開元禮》女適人者注云：出降者兩女各出不再降。今律文于出嫁女爲姑姊妹兄弟之女及堂姑、堂姊妹、堂兄弟之女皆别之，曰在室者而小功緦麻内，初不著姑姊妹姪女及堂姊妹出嫁者之服，唯前卷出嫁女爲本宗降服圖有之，蓋沿明《孝慈録》，偶未改正耳。

（清）楊峒《律服考古録》卷下《小功五月》 爲兄弟之妻。《爾雅》謂兄之妻爲嫂，弟之妻爲婦。

《儀禮》無服，唐貞觀十四年魏徵等請服小功五月報，《開元禮》以下皆因之。袁準曰：嫂，親者也。長嫂少弟有生長之恩，而云無服者，近非古也，殆秦燔《詩》《書》之所失也。朱子曰：嫂叔之服，先儒固謂雖制服亦可，則徵議未爲失也。

《禮記·檀弓》曰：嫂叔之無服也，蓋推而遠之也。又曰：子思之哭嫂也，爲位，婦人倡踊。《奔喪》曰：無服而爲位者，唯嫂叔及婦人降而無服者麻。顧炎武曰：外親之同爨猶緦，而兄弟之妻不爲制服者，以其分親而年相亞，故聖人嫌之，嫌之故遠之，而大爲之防，不獨以其名也，存其恩于娣姒，而斷其義於兄弟，聖人之所以處此者精矣。案：古于嫂叔雖無服，然袒免加麻，爲位而哭，非遂如行道之人也。《記》獨言嫂叔者，舉尊以該卑，則兄公之于弟妻可見。鄭注謂不能如嫂叔泥矣。無服之義，《檀弓》得之，傳者以名立説，失其指歸。且婦名非止對舅姑生稱，乃有謂嫂爲母之詰難，迂曲無當，今不取。

《五代史記·馬縞傳》縞言：禮，叔嫂無服。唐太宗時議服小功五月，今有司給假爲大功九月，非是。廢帝下其議。左僕射劉昫等議曰：令于喪服無正文，而嫂服給大功假，乃假令附令而勑無年月。請凡喪服皆以《開元禮》爲定。下太常具五服制度附于令，令有五服自縞始也。晉太常成粲引《喪服記》以嫂叔爲大功。此後唐《假寧令》所本，别見婦爲夫兄弟條下。

祖爲適孫之婦。

《儀禮》無文，知爲小功者以緦麻章言庶孫之婦也。傳曰：有適子者無適孫，孫婦亦如之。鄭注謂適婦在亦爲庶孫之婦。唐《開元禮》注云：有適婦則無適孫之婦，曾孫、元孫爲後者服其婦，如適孫之婦。宋《服制令》同。萬斯大曰：適子在不立適孫，則適子之長子婦亦不得爲適孫婦，適子死而立適孫，已娶即爲適孫婦。蓋夫適亦適，婦人從夫之義也。鄭氏不夫之從而以姑爲主，豈禮意哉？峒案：如萬説則祖爲適孫婦，子婦雖在亦服小功，唯子在則無適孫，亦無適孫婦，乃當服緦耳。

又：爲外祖父母。本注：即母之父母。

《儀禮·喪服傳》曰出妻之子爲母期，則爲外祖父母無服。小功章：君母之父母從母。君母之昆弟在緦章。傳曰：君母在則不敢不從服，君母不在則不服。《記》曰：庶子爲後者，爲其外祖父母從母舅無服，不爲後如邦人爲人後者。傳曰：爲所後者妻之父母若子。《禮記·服問》曰：母出則爲繼母之黨服，母死則爲其母之黨服，爲其母之黨服則不爲繼母之黨服。鄭注：雖外親亦無二統。《喪服小記》曰：爲母之君母，母卒則不服，爲慈母之父母無服。【略】唐《開元禮》爲人後者爲本生外祖父母緦麻三月，明《孝慈録》同。今律無此文者，以降一等例之也。案：母黨爲服之例，本服六，降服一，其本服則子爲親母之黨也。母出爲繼母之黨也，虞喜曰：縱有十繼母，當服次其母者之黨也。庶子爲其母之黨也，爲父後者爲君母之黨也。不爲父後者，君母在爲君母之黨，而繼母亦同也。爲人後者，爲所後母之黨也，其降服則爲人後者爲本生母之黨也，以上諸條皆當與姨舅之服通。考《檀弓》齊穀鄭云當爲告。王姬之喪，魯莊公爲之大功。或曰由魯嫁，故爲之服姊妹之服，或曰外祖母也，故爲之服。此後説誤也，唐韋縚之也本此。

爲母之兄弟姊妹。本注：兄弟即舅，姊妹即姨。《爾雅》母之姊妹爲從母，妻之姊妹同出爲姨。

《儀禮》爲舅緦麻三月。從母，傳曰何以小功也？以名加也，外親之服皆緦也。唐貞觀十四年，魏徵等請加小功五月，與從母同，《開元禮》以下皆因之。袁準曰：從母小功五月，舅緦麻三月，禮非也。從母緦，時俗所謂姨母者也，舅之與姨俱母之姊妹兄弟，焉得異服？從母者，從其母而爲庶母，親益重，故小功也。謂姨母爲從母者，此時俗之亂名，書之所由誤也。案：《儀禮》、《爾雅》從母之名皆通謂母之姊妹，則袁氏之論爲臆造矣。其言從母緦者與朱子同。宣舒曰：二女相與，行有同車之道，坐有同席之禮，其情親而比，其恩曲而至。由此觀之，姊妹通斯同矣，兄妹别斯異矣。同者親之本，異者疏之源也。爲人子者，順母之情親乎母之類，是以從母重而舅輕也。庾蔚之亦謂男女異長，伯季不同，由母于姊妹有相親之近情，故許其因母名以加服，此爲從母服重于舅之正説。朱子曰：外祖父母止服小功，則姨與舅合同爲緦麻。魏徵反加舅之服以同于姨，則爲失耳。姨舅同服三月，則與外祖父母有功緦之差，當以此爲朱子定論。葉賀孫録朱子語謂母之姊妹服反重于母之兄弟，緣于兄弟既嫁則降服，而于姊妹則未嘗降故也。案：女適人者爲姊妹大功，無不降之義。此朱子偶誤，記之者無識耳。信齋楊氏遂欲于《家禮》不杖期注添姊妹既嫁相爲服一條，冒昧甚矣。敖繼公曰：子之從其母而服母黨者，當降于其母二等，母爲父母期，子爲之小功，母爲姊妹大功，子從服當緦，以有母名故加一等。案：敖氏所推于服紀之差，甚合朱子謂姨舅合同爲緦麻，得此益信。《新唐書·韋縚傳》開元時遷太常，二十三年詔服紀所未通者，令禮官學士詳議。縚上言：外祖小功此爲正尊，請進至大功，姨舅儕親，服宜等。請進舅至小功。案：舅服，太宗所加，二十年修《開元禮》已定爲小功，此云請進舅服，未詳。堂姨舅以疏降，親舅從母一等，親舅母古未有服。請從袒免。于是韋述、楊仲昌等議請如古便。述，仲昌議在本傳，文多不録，又崔沔議别見沔傳。帝手敕曰：舅母宜服緦，堂姨舅宜袒免。侍中裴耀卿等奏請準旨，罷諸儒議，制曰可。《五代史記·馬縞傳》太常博士段顒議：禮，姨舅皆服小功，今皆大功，禮令之不可同如此。《檀弓》從母之夫舅之妻二夫人相爲，夫君子未之言也。或曰同爨緦。吳澂曰：時有妻之姊妹之子依從母家同居，又有夫之甥依舅家同居者，一爲從母之夫服，一爲舅之妻服。禮之所無，故曰君子未之言也。案：此則舅母之服起于周俗，唐開元末始著爲令耳，亾於禮之禮，今猶有行之者。先祖陳公甫趙出也，有從母適王氏，其姪于先祖爲内兄弟，終窶，依王氏姑以自存。王君卒，其姑之夫也，爲制服甚謹。或譏之，應曰：吾姑之夫也哉！衣我食我，恩則父也，吾知以恩，故喪之耳，焉知禮？右王文紹義爲峒言者，事類《檀弓》所記，因附著之。若如鄭注，則夫之姊妹之夫與妻之昆弟之妻兩相爲服，其非禮更甚矣。

朱子曰：母族三，母之父，母之母，母之兄弟，恩止于舅，故從母之夫、舅之妻皆不爲服，推不去故也。

又：爲姊妹之子，本注：即外甥。及女之在室者。《爾雅》男子謂姊妹之子爲出，謂出之子爲離孫，又云謂我舅者，吾謂之甥也。

《儀禮》爲甥緦麻三月，傳曰：報之也。小功章從母丈夫婦人報，謂從母報姊妹之子男女也。唐貞觀中加舅服與從母同爲小功，而舅報甥服猶緦。顯慶中長孫無忌等以爲甥爲舅服同從母，則舅宜進同從母報，于是始服小功五月。《開元禮》以下皆因之。馬融曰：從母報言丈夫婦人者，異姓無出入降。今律文之在室者四字疑衍。

案《喪服傳》謂吾舅者，吾謂之甥。故小功章從母報唯云丈夫婦人，初不言甥，至緦麻章乃對舅言之也。顔延之曰：伯叔有父名，則兄弟之子不得稱姪，從母有母名，則姊妹之子不可言甥。雷次宗曰：姪字有女，明不及伯叔，甥字有男，見不及從母。今人概以爲通名矣。

又：婦爲夫兄弟及夫兄弟之妻。《爾雅》婦謂夫之兄爲兄公，夫之弟爲叔。長婦謂稚婦爲娣婦，娣婦謂長婦爲姒婦。《左傳集解》昆弟之妻相謂爲姒。

《儀禮》本章娣姒婦報，爲夫之兄弟無服，《記》曰：夫之所爲兄弟服，妻降一等。鄭注：兄弟猶言族親。賈釋云：所容廣也。此注釋在《記》第二條下。晉成粲引此爲嫂叔有服之證，失之。案：本族之旁親皆生于兄弟，故族曾祖父，曾祖之兄弟也，從祖祖父，祖之兄弟也。族祖父，祖之從夫兄弟也。世叔父，父之兄弟也。從祖父，父之從父兄弟也。族父，父之從祖兄弟也。夫爲世叔父母期，則妻大功；夫爲從祖、祖父母、從祖父母小功，則妻緦；夫爲族曾祖父母、族祖父母、族父母緦，則妻無服，此所謂降一等也。緦章夫之諸祖父母謂從祖、祖父母也，夫之從祖父母，文不見，故《記》廣言之。賈釋以爲夫之從母之類。誤矣。《通典》魏太尉蔣濟《萬機論》以《禮記》嫂叔無服誤，據小功章娣姒婦此三字嫂服之文也。古者有省文互體，言弟及兄并婦矣。娣姒者，兄弟之妻相名也，蓋云夫之昆弟，昆弟之妻相與皆小功者。晉太常成粲云：嫂應有服，作傳者横曰無服。蔣濟引娣姒婦證，非其義。《喪服記》云：夫爲兄弟服，妻降一等。則專服夫之兄弟，固已明矣。尊卑相併，服無不報。由此論之，嫂叔大功可得而從，宋庾蔚之云：蔣濟、成粲排棄聖賢經傳，而苟虛樹己説，可謂誣于禮矣。

《喪服傳》曰：娣姒婦者，弟長也。案《吴語》夫差對晉使曰：將不長弟以力征一二兄弟之國。韋昭解云：弟言幼也。義與此同，葢以弟訓娣，以長訓姒，故鄭氏引《釋親》文爲之注，而石經、監本弟字亦無從女者。自王肅疑《左氏》以稚婦爲姒婦，敖繼公《集説》遂于弟長弟字左旁加女謂娣，長者釋娣婦之爲長婦也，改經就己專輒輕肆，不知娣、姒之稱對文則異，散文則通。《儀禮》以娣姒爲弟長，《爾雅》以娣爲稚婦，姒爲長婦，所謂對文也。《左傳》成公十一年穆姜曰：吾不以妾爲姒。昭公廿八年，晉子容之母曰：長叔姒生男皆謂夫之娣妻。杜預以爲兄弟之妻相謂姒者，得之，所謂散文也。夫對娣稱，姒則爲長婦，去娣呼姒則爲通名。而孔氏《左傳正義》與《儀禮》賈釋、《爾雅》邢疏乃妄云娣姒之名不隨夫齒，唯論婦年，豈復從人之義乎？《康熙字典》曰：長婦爲姒，介婦爲娣，兄弟之妻相謂皆爲姒，對文、散文兼舉之矣。考娣姒之名者，當以此爲正。

又：爲人後者爲其姑及姊妹出嫁者。

《儀禮》但云爲其姊妹適人者，文不及姑。陳銓曰：累降也，姑不見者，同可知也，猶爲人後者，爲昆弟而不載伯父，同降不嫌。鄭注舉其親者而恩輕者降可知。案：爲人後者于其父母己爲族子，徒以天屬服其本親，皆降一等。至姑姊妹之適人者，則義成于外族而服殺于本宗出養之身，謂他人父而猶與親姪昆弟同降，則與所後家之姑姊妹無復差別矣。爲之累降，固其宜也。若夫二女同居共戴父母，一人出適，即移所天，降以大功，緣己身之出耳，不計彼之在室與否也。姊妹俱嫁，禮無兩降，姑姪相爲，其義不殊，豈可援爲人後者之例，重薄其同氣哉？

（清）楊峒《律服考古録》卷下《緦麻三月》曾祖父母爲曾孫、元孫、曾孫女、元孫女同。祖上脱高字，此曾元孫女亦在室者，適人則不服。

《儀禮》無元孫之文，葢以曾孫統之。敖繼公曰：以本服之差言之，爲子期，爲孫大功，則爲曾孫宜小功，乃在此者，以曾孫爲己齊衰三月，故己爲之緦麻三月，葢不可以過于其爲己之月數也。案：曾祖父母今服齊衰五月，而曾孫仍與元孫同服緦者，以其卑遠故殺之。

又：爲乳母。《喪服圖》乳母謂父妾乳哺者，即妳母。

《儀禮》本章：士爲乳母與庶母，貴臣貴妾連文。馬融曰：士爲乳母服，以其乳養于己，有母名。鄭康成曰：謂養子者有他故，賤者代之慈己。梁氏曰：服乳母緦者，報功也。案：乳母之服，《開無禮》訖《孝慈録》竝與《儀禮》同，唯袁準以爲母者，因父得稱，保姆者，婢之貴者耳，而爲之服，非聖人之制，故律文《三父八母服圖》謂父妾乳哺者，然子爲他妾所養當即《儀禮》之庶母慈己者，其服加于庶母一等。今庶母已服杖期，而親受乳養之父妾乃降三等，殆不然也。峒謂：乳母者，傭他人婦乳哺三年，遂依其子不去，故有母名，而爲之服。韓文公之銘乳母李是其例也，袁氏以爲非母之名固矣。《律圖》又云即奶母，則非父妾也。今人呼父妾爲姨，呼妳母爲媽媽。《廣韻》莫補切，俗呼若馬，平聲。

又：爲舅之子。本注：即母兄弟之子。鄭注：内兄弟也。《爾雅》姑之子爲甥，舅之子爲甥。郭注云甥猶生也。今人相呼葢依此。案：内外兄弟，近世無稱甥者，《釋親》之文，殊爲駭聽。景純謂晉人依此相呼，盖止稱某生耳。

《喪服傳》曰：何以緦從服也。敖繼公曰：此與姑之子相爲皆男女同。梁開宗曰：上條注言外兄弟之名是，而此條注言内兄弟者，恐其名不得立也。葢外兄弟者原别于父黨之兄弟，則父黨之兄弟不言内，而已專内之名矣。是故祖父母其正也，由父而推母，則爲外祖父母，兄弟其正也，由父而推母，則亦當爲外兄弟，不以舅與姑而有異者也。今世俗姑舅之子互名爲表兄弟。表者，外之異名，此甚是。案：世俗以中表代内外，但言表者，省文耳。又今人率謂妻之兄弟爲内兄弟，其不典尤甚。

又：婦爲夫之堂伯叔父母及夫之堂姑在室者。本注：夫之堂姑，即夫之伯叔祖父母所生也。

《儀禮》本章夫之諸祖父母報，敖氏《集説》云此經所指者，其夫之從祖祖父母及從祖父母與。峒案：從祖或伯或叔，非必一人，故言諸猶世叔之爲諸父耳，此葢專指夫之從祖祖父母，而夫之從祖父母，以夫爲兄弟服，妻降一等推之，同可知也。

夫之祖姑堂姑。《儀禮》無文，以從服降一等推之，當在此。然夫爲父之姑緦麻，既不殊在室適人，則婦爲夫之祖姑恐無可降也。

婦爲夫之同堂兄弟姊妹及夫同堂兄弟之妻。賈公彦曰：夫之從父昆弟之妻同堂娣姒也。

《儀禮》夫之從父昆弟無服，從父姊妹文雖不見，以從服降一等推之，爲夫之姊妹小功，則爲夫之從父姊妹緦麻，皆無在室適人之别也。唐《開元禮》爲夫之從父姊妹緦，從父昆弟無服，與《儀禮》同。《明令》及《孝慈録》始爲夫之同堂兄弟緦麻三月，夫之同堂姊妹之報服，律無明文，蓋統在爲同堂兄弟之妻内。

又：婦爲夫之小功服外姻親屬。夫之外親小功服者，外祖父母從母舅也。律此條乾隆五年舊本猶無正文，唯《外親服圖》云：妻爲夫外親服降一等，今本始依圖增入。《儀禮》婦爲夫之母黨無服，本章夫之諸祖父母報。鄭注云：諸祖父母者，夫之所爲小功從祖祖父母、外祖父母。《記》曰：夫之所爲兄弟服，妻降一等。賈釋云：當是夫之從母之類。《禮記·服問》曰：有從無服而有服，公子之妻爲公子之外兄弟。案：此亦謂本宗小功之親。鄭注云：爲公子之外祖父母從母緦麻。自唐人進舅服小功，于是《開元禮》訖《孝慈録》竝爲夫之外祖父母舅姨服緦，其大之外祖父母舅姨亦爲外孫甥婦報，沿注疏之説也。今律無報服者，文省耳。

（清）楊峒《律服考古録》卷下《附録家禮二條》 凡爲殤服以次降一等。凡年十九至十六爲長殤，十五至十二爲中殤，十一至八歲爲下殤。應服期者，長殤降服大功九月，中殤七月，下殤小功五月。應服大功以下以次降等，不滿八歲為無服之殤，哭之以日易月，生未三月則不哭也，男子已娶女子許嫁，皆不爲殤。凡男爲人後，女適人者，爲其私親皆降一等，私親之爲之也亦然。女適人者降服未滿被出，則服其本服，已除，則不復服也。凡婦服夫黨，當喪而出則除之。凡妾爲其私親則如衆人。案：自《儀禮》訖《明令》，大功以下皆先列三殤，次及成人之服，唯《孝慈録》準《家禮》而作，不載殤服。然《家禮》雖無正文，猶于服制之末别爲通例如右。今律無殤服，與《孝慈録》同，又無發凡以明之。因附此條以資隅反。

凡重喪未除而遭輕喪，則制其服而哭之。月朔設位，服其服而哭之，既畢，反重服，其除之也，亦服輕服。若除重喪而輕服未除，則服輕服以終其餘日。

（漢）劉安《淮南子》卷八《本經訓》 處喪有禮矣，而哀爲主。處，居也。喪禮，三年之禮也。《論語》曰：喪與其易也，寧戚。故曰以哀爲主也。

（宋）周密《齊東野語》卷一四《繼母服》 何自然本何偁德顯之子，其母姚氏死，即出繼何修德揚。後偁再娶周氏，及自然爲中司日，周氏死，自然以不逮事，申審合解官申心喪。下禮官議，以爲母無親繼之别，朝廷不以爲然，復下給舍臺諫議。太學生朱九成等，各上臺諫書，論其當去。集議既上，雖以爲禮有可疑，義當從厚，合聽解官。然竟以禮律不載，無所折衷。

自然去後數日，書庫官方庭堅於《隋書·劉子翊傳》，永寧令李公孝四歲喪母，九歲外繼，其後父更别娶，後母至是而亡。河間劉炫以無撫育之恩，議不解任。子翊時爲侍御史，駁之曰：傳云：繼母如母。與母同也。又曰：爲人後者，爲其父母朞。按朞者自以本生，非殊親之與繼也。又曰：親繼既等，心喪不殊。又曰：如謂繼母之來，在子出之後，制有淺深，則出後之人，所後者初亡，後之者始至，此復可以無撫育之恩，而不服重乎？又曰：苟以母養之恩，始成母子，則恩由彼至，服自己來，則慈母如母，何待父命。又曰：繼母本以名服，豈藉恩之厚薄也。又曰：炫敢違禮乖令，侮聖賢法。使出後之子，無情於本生，名義之分，有汙於風俗。事奏，竟從子翊之議。

（清）顧炎武《日知録》卷四《仲子》 《穀梁傳》：夫人者，隱公之妻也。卒而不書葬，夫人之義，從君者也。《春秋》之例，葬君則書，葬君之母則書，葬妻則不書，所以别禮之輕重也。隱見存而夫人薨，故葬不書。注謂：隱弑，賊不討，故不書者非。

（清）顧炎武《日知録》卷四《君氏卒》 不書葬者何？春秋之初，去西周未遠，嫡妾之分尚嚴，故仲子别宫而獻六羽，所謂猶秉周禮者也。僖公以後，日以僭踰，於經可見矣。

（清）顧炎武《日知録》卷五《三年之喪》 今人三年之喪，有過於古人者三事。《禮記·三年問》曰：三年之喪，二十五月而畢。《檀弓》曰：祥而縞，是月禫，徙月樂。王肅云：是祥之月而禫，禫之明月，可以樂矣。又曰：魯人有朝祥而莫歌者，子路笑之。夫子曰：由，爾責於人終無已，夫三年之喪亦已久矣夫。子路出，夫子曰：又多乎哉，踰月則其善也。《喪服小記》曰：再期之喪，三年也。《春秋》閔公二年《公羊傳》曰：三年之喪，實以二十五月。孔安國《書傳·太甲篇》云：湯以元年十一月崩，至此二十六月，三年服闋。鄭玄謂：二十四月再期，其月餘日不數，為二十五月。

又：爲父斬衰三年，爲母齊衰三年，此從子制之也。父在爲母齊衰杖期，此從夫制之也。家無二尊，而子不得自專，所謂夫爲妻綱，父爲子綱。審此可以破學者之疑，而息紛紜之説矣。父在爲母雖降爲期，而心喪之實，未嘗不三年也。傳曰：父必三年然後娶，達子之志也。

（清）顧炎武《日知録》卷五《繼父同居者》 夫物之不齊，物之情也。雖三王之世，不能使天下無孤寡之人，亦不能使天下無再適人之婦。且有前後家東西家而爲喪主者矣。假令婦年尚少，夫死，而有三五歲之子，則其本宗大功之親，自當爲之收恤；又無大功之親，而不許之從其嫁母，則轉於溝壑而已。於是其母所嫁之夫，視之如子，而撫之以至於成人。此子之於若人也，名之爲何？不得不稱爲繼父矣。長而同居，則爲之服齊衰期；先同居而後别居，則齊衰三月，以其撫育之恩，次於生我也。爲此制者，所以寓恤孤之仁，而勸天下之人不獨子其子也。若曰以其貨財爲之築宫廟，此後儒不得其説，而爲之辭。

（清）顧炎武《日知録》卷五《君之母妻》 與民同者，爲其君齊衰三月也；不與民同者，君之母妻民不服，而嘗仕者獨爲之服也。古之卿大夫，有見小君之禮，而妻之爵服，則又君夫人命之，是以不容無服。

（清）顧炎武《日知録》卷一五《緦喪不得赴舉》 宋天禧三年正月乙亥，諸路貢舉人郭稹等四千三百人見於崇政殿，時稹冒緦喪赴舉，爲同輩所訟。上命典謁詰之，引服。付御史臺劾問，殿三舉，同保人並贖金，殿一舉。今制，非三年之喪皆得赴舉，故士爾躁進，而風俗之厚不如昔人遠矣。

（清）趙翼《陔餘叢考》卷三二《墓祭》 古無墓祭，先儒備言之，其最明切者，晉博士傅純曰：聖人制禮，以事緣情。

（清）王應奎《柳南隨筆》卷一 《儀禮·喪服篇》舅之子，鄭氏註云：内兄弟也。賈公彦疏云：内兄弟者，對姑之子外兄弟而言，舅子本在内不出，故得内名也。按：齊陸厥有《奉答内兄顧希叔》詩，唐王維有《秋夜獨坐懷内弟崔興宗》詩，皆謂舅之子也。前明《李獻吉集》中，稱妻弟左國璣爲内弟，而某宗伯譏之。今世俱以妻兄弟爲内兄弟，見之於詩文者，往往而然，殆不免沿獻吉之誤。近長洲徐大臨昂發作《畏壘筆記》亦曾辨其失。但以内外兄弟爲出《白帖》，則又未免數典而忘其祖矣。《檀弓》：稽顙而後拜，頎乎其至也。陳澔《集説》云：稽顙者，以頭觸地，哀痛之至也。稽顙以致哀於親，拜以謝賓之來弔。謂之至者，以其哀常在於親，而敬暫施於人，爲極自盡之道也。又《檀弓》：晉獻公之喪，秦穆公使人弔公子重耳，重耳稽顙而不拜。孔穎達疏云：穆公本意勸重耳反國，重耳若其爲後，則當拜謝其恩。今不受其勸，故不拜謝。所以稽顙者，自爲父喪哀號也。余按：古人喪中，衰麻不去於身，哭泣不絶於口，故練不羣立，不旅行，恐其以苟語忘哀也。三年之喪不弔，恐爲彼哀則不專於親，爲親哀則爲忘弔也。今人居憂，既不能絶交際往來。則致札及投刺於人，仍用頓首爲是。見世俗書稽顙者往往而然，若以爲居喪之禮當如是，不知稽顙所以致哀於親，非所以致敬於人也，亦失之甚矣。

（唐）白居易《白氏六帖事類集》卷一一《舊君》 反服。《禮·哀公問》曰：爲舊君反服，禮與？孔子曰：古之君子進人以禮，退人以禮，故有舊君反服之禮。今之君子，進人若將加膝，退人若將墜之泉，不爲戎首，不亦善乎？之何友服之有。

（清）洪亮吉《洪亮吉集·卷施閣文甲集》卷一《喪葬篇》 喪葬之制，古今人惑雖不同，然其爲惑則一也。古人之惑，空地上以實地下。于是一棺之費累及千金，一壙之幽藏及百物，以爲不如是不足以明人子之心也。是其惑尚近于愛親。今人之惑。營一塚之地或遲及十年，謀一穴之吉必訪及百輩。于是有至曾玄之時尚未及葬其高曾者，大率貧賤者尚易，而富貴者則益難，富貴而骨肉支派少者尚易，富貴而骨肉支派多者則愈難。至有兄延一客，弟聘一師，兄購于南，弟營于北，始則各不相謀，繼則各以爲是，喪庭出而復返，卜日成而屢移，其故云何？則祈福之念十倍于愛親之心，爲子孫之謀百倍于爲祖父之計也。是則古人之厚葬尚近于愛親，而今人之營塚則實欲爲己謀爲子孫謀耳。其心術之不可問一至此乎！又古人喪葬之所飾，不過芻靈楮幣而已，今則更增僧尼道士，簫鼓鐃吹，于是而死喪之家則一室皆滿，絲麻袒免之親不及僧尼道士之衆也，袒跣哭泣之哀不及簫鼓鐃吹之喧也。甚至有爲附身附棺之具，力不及者，尚可從減，而必借此以飾觀者矣。夫鐃吹，軍中之樂也；鐘鼓管籥，吉賓嘉之禮也，而行于喪家，可乎？尤可恨者，僧尼道士所誦之經，又必爲解冤釋罪之語，是真視吾親爲慼尤叢集之身，不如此則罪莫可釋，冤莫可解也。何其以君子之道待僧尼道士，而以至不肖者待吾祖若考乎？其始愚民爲之，其後士大夫踵而行之。孔子曰：始作俑者，其無後乎！作俑之害，尚至無後，吾不知始創延僧尼道士簫鼓鐃吹者又將何如也？

圖表

（元）龔端禮《五服圖解・本族之圖》

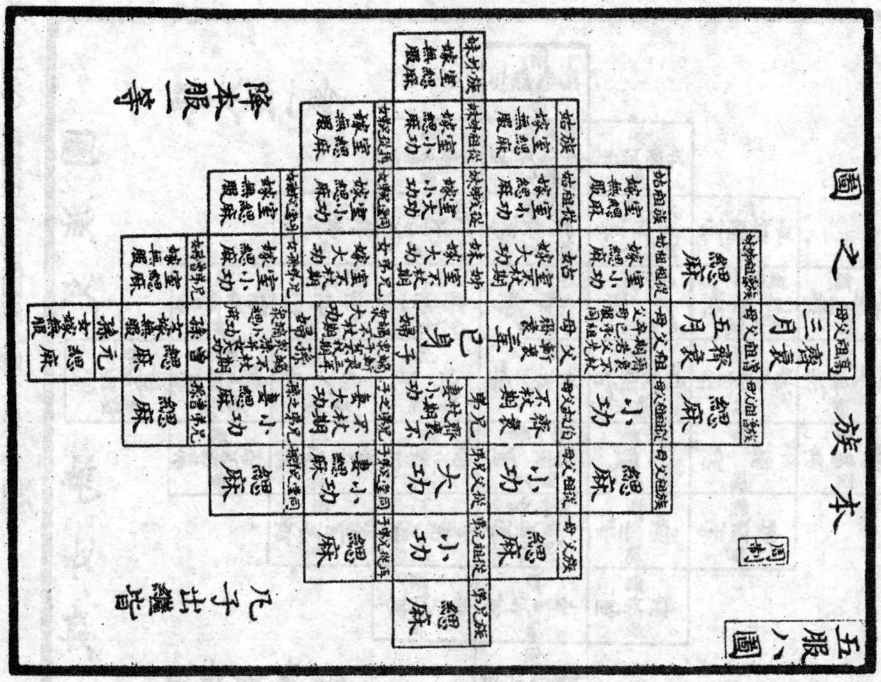

（元）龔端禮《五服圖解・外族之圖》

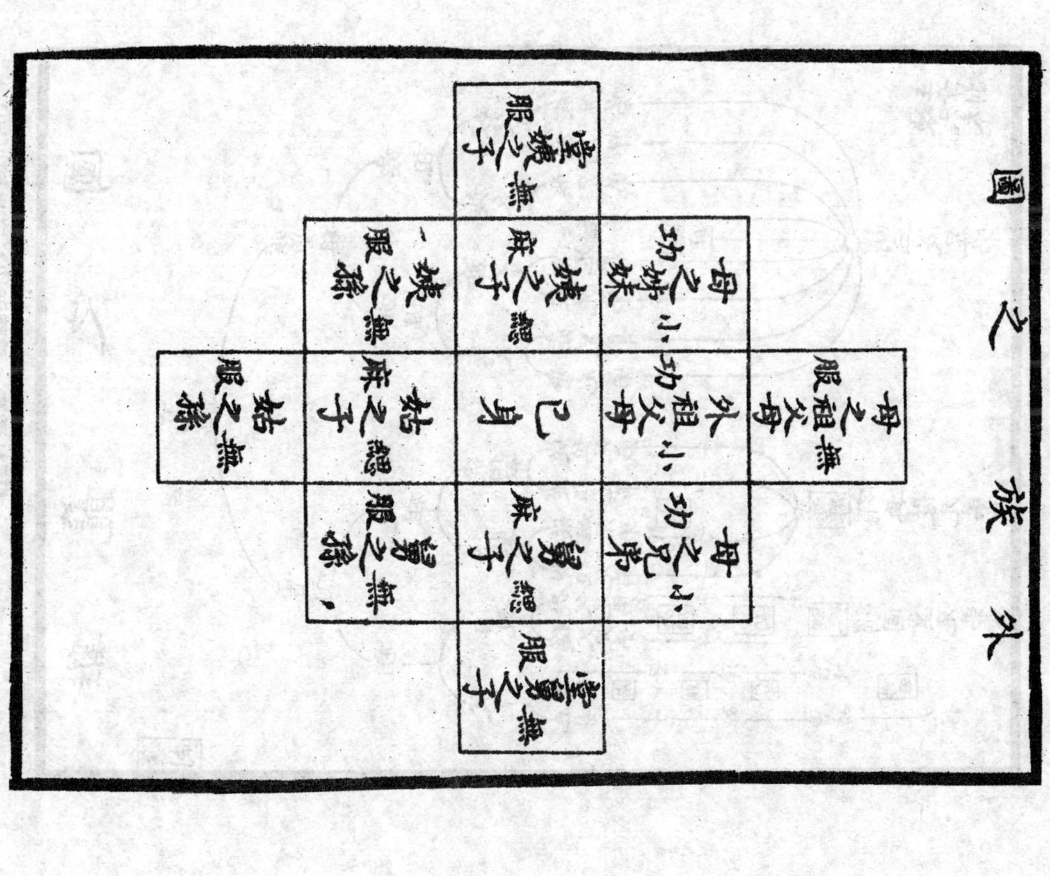

（元）龔端禮《五服圖解・嫁女爲父族圖》

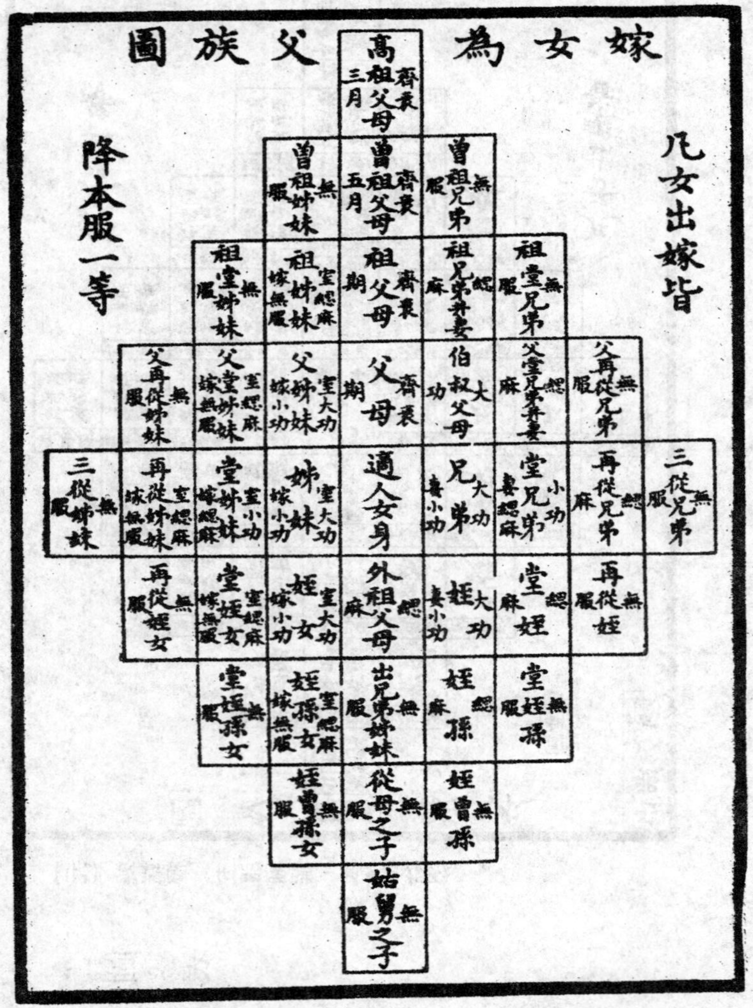

（元）龔端禮《五服圖解・雞籠之圖》

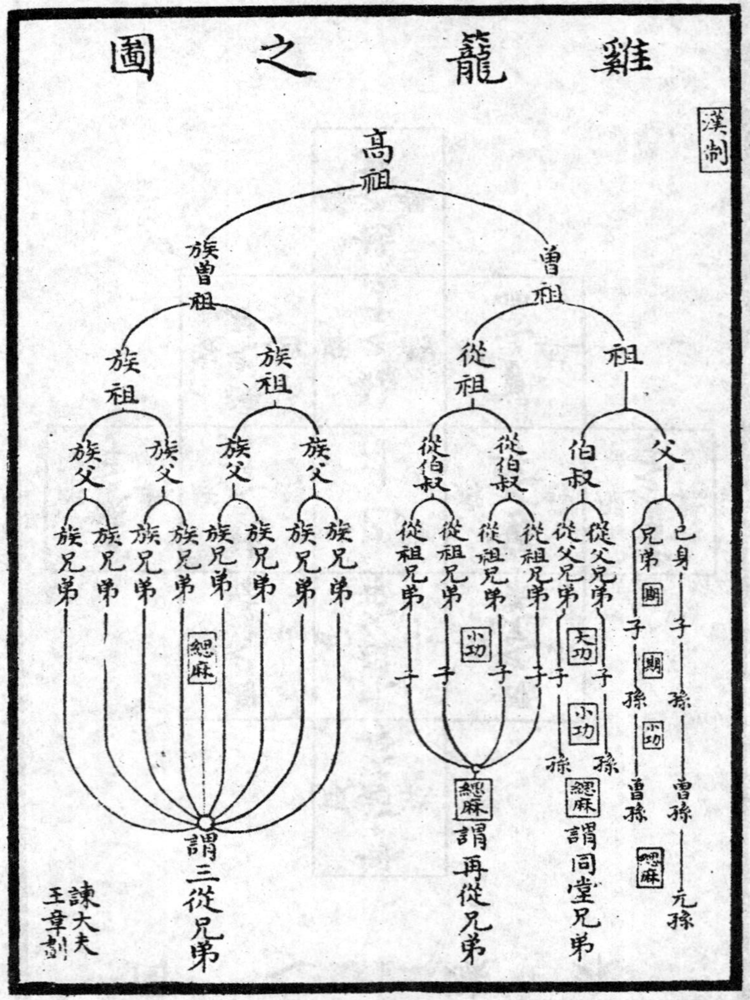

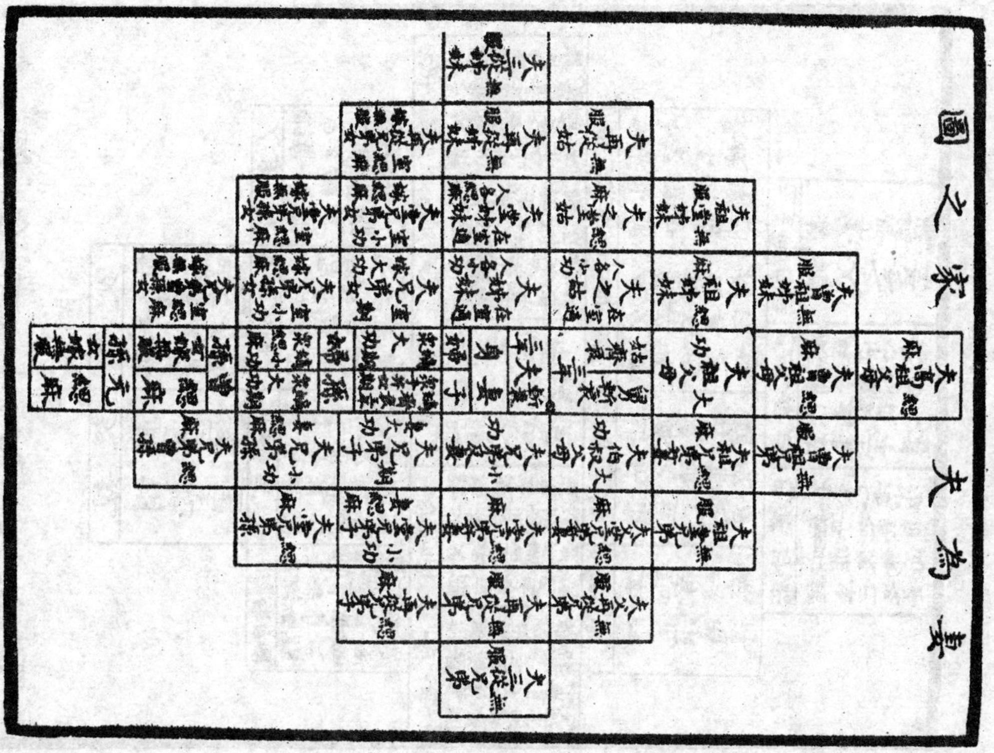

(元) 龔端禮《五服圖解・妻爲夫家之圖》

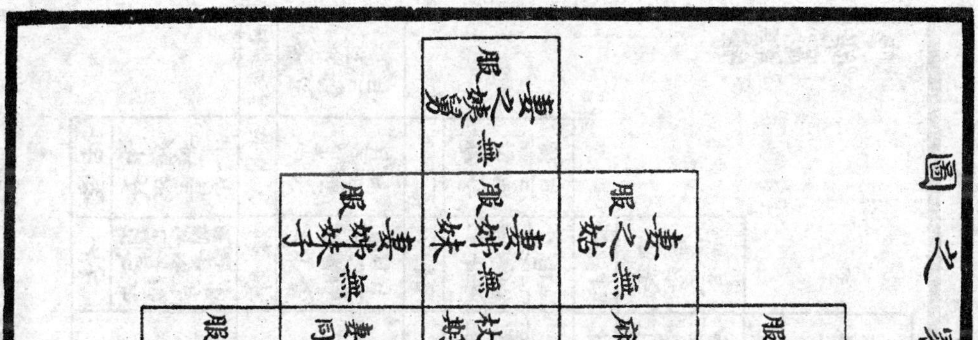

(元) 龔端禮《五服圖解・夫爲妻家之圖》

（元）龔端禮《五服圖解·禮制六父十二母圖》

禮制六父十二母圖

親父：謂親生己 斬衰三年

養父：謂過房同宗或乞養義子及遺棄小兒 斬衰三年

繼母嫁從：謂從繼母嫁寄育齊衰杖期若己不從或繼母在則無服

同居繼父：謂己無大功之親從母適人所適者亦無大功之親齊衰不杖期

不同居繼父：謂先同今異居齊衰三月若元不同居無服

本生父：謂父將己外繼故降齊衰不杖期申心喪

養母：謂過房同宗或乞養義子及遺棄小兒齊衰三年改嫁期服被出無服

嫡母：謂庶母生己稱父正室曰嫡母齊衰三年若此母改嫁杖期被出無服

親母：謂父正室親生己者齊衰三年

繼母：齊衰三年若父先卒繼母再嫁己從不杖期不從或被出無服

慈母：謂父生己之妾亡父命無子之妾撫育乳養齊衰三年若改其改嫁期服被出無服

乳母：謂己小時得其乳育緦麻

出母：謂生己之母而父離棄被出齊衰不杖期

嫁母：謂生己之母父卒而再醮人齊衰杖期

本生母：謂母將己外繼故降齊衰不杖期申心喪

庶母慈己：謂生己之妾亡非父命而無子之妾自乳養己者小功

庶母生己：齊衰三年若己為父後及嫡母在則為緦麻申心喪

庶母非生己：謂父之妾生子者緦麻

（元）龔端禮《五服圖解·本族三殤之圖》

本族三殤之圖

父 母 己身 子

堂叔父：長殤三月 中下殤無服

叔父：長殤九月 中殤七月 下殤五月

姑：長殤九月中殤七月下殤五月嫁出或已許別服

堂姑：長殤三月中下殤無服

再從兄弟：長殤三月 中下殤無服

堂兄弟：長殤五月 中下殤三月

兄弟：長殤九月 中殤七月 下殤五月

姊妹：長殤九月 中殤七月 下殤五月

堂姊妹：長殤五月 中下殤三月

再從姊妹：長殤三月 中下殤無服

堂姪：長殤三月 中下殤無服

姪男：長殤九月 中殤七月 下殤五月

子：長殤九月 中殤七月 下殤五月

姪女：長殤九月 中殤七月 下殤五月

堂姪女：長殤三月 中下殤無服

姪孫：長殤三月 中下殤無服

嫡孫：長殤九月 中殤七月 下殤五月

姪孫女：長殤三月 中下殤無服

庶孫：長殤五月 中下殤三月

龔端禮剏劃

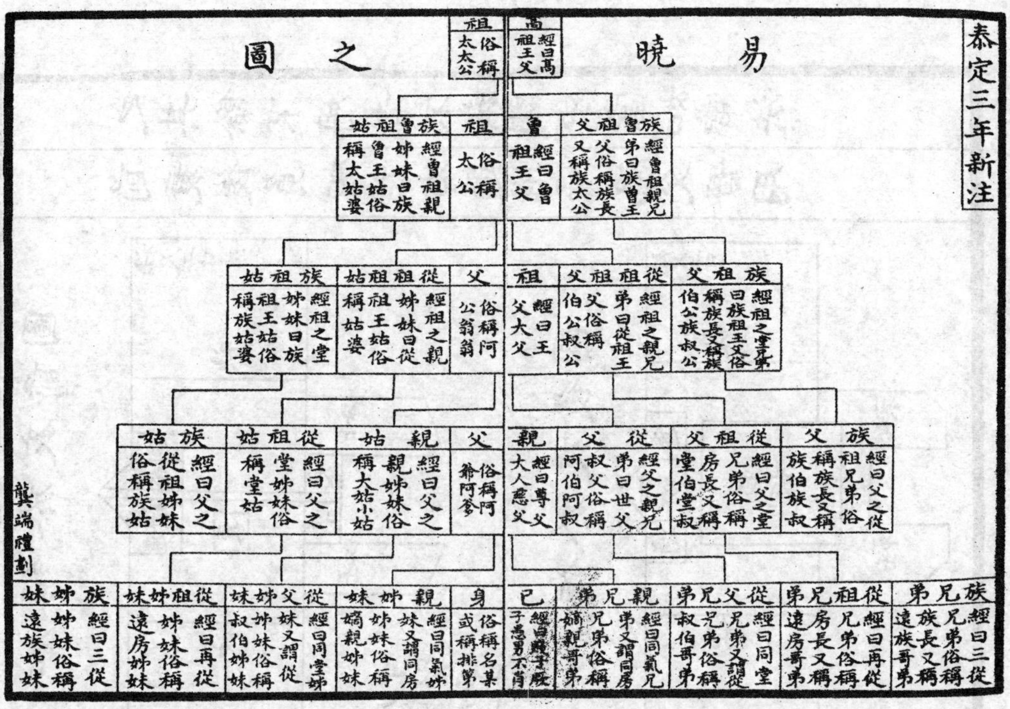

（元）龔端禮《五服圖解・易曉之圖》

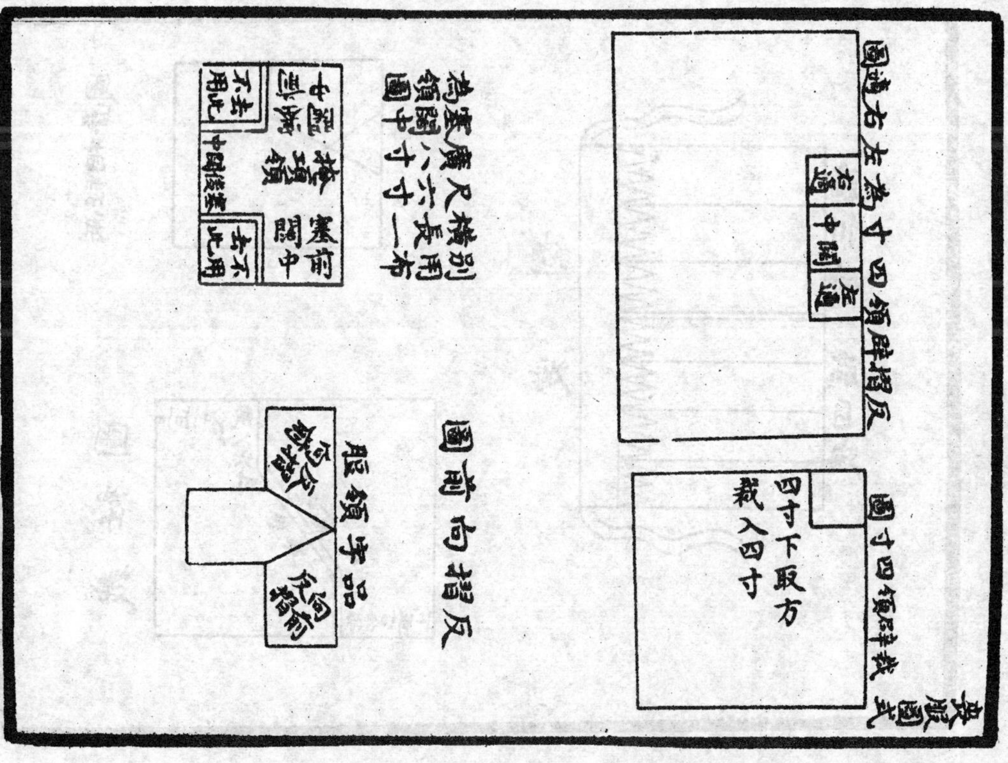

（元）龔端禮《五服圖解・喪服圖式》

加領於衣前圖

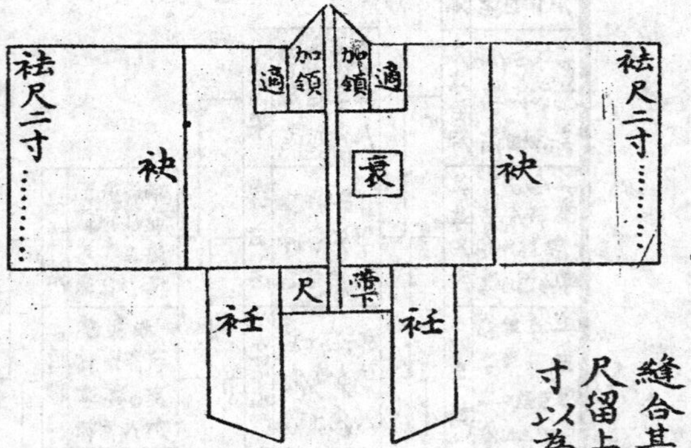

縫合其下一尺留上尺二寸以為袖口

加領於衣後圖

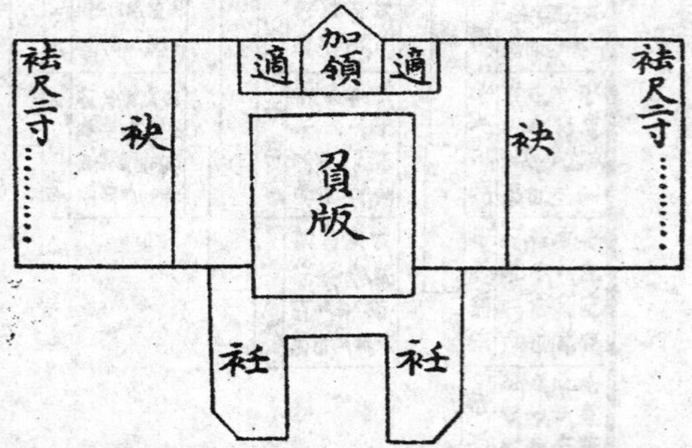

前衰後負板左右適惟子為父母用

之其餘不用者不裁闊中當如常法

兩衽相疊圖

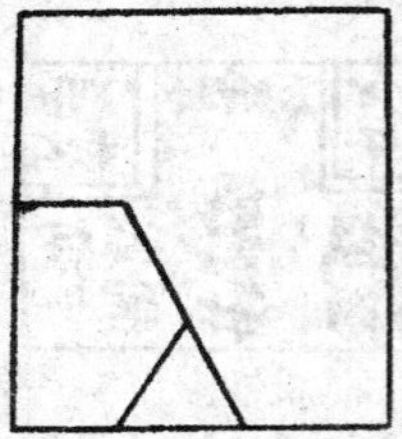

裁衽圖

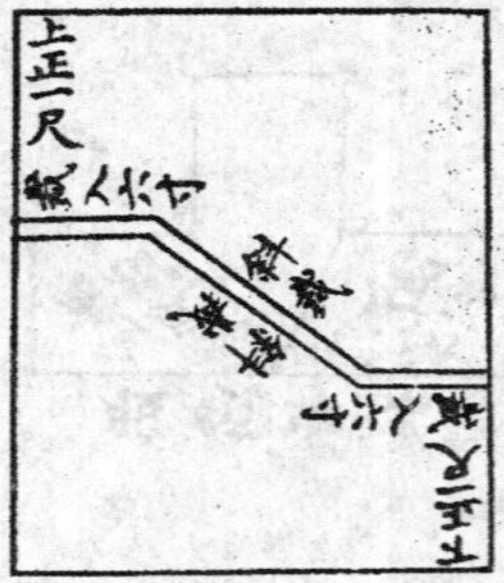

裳制

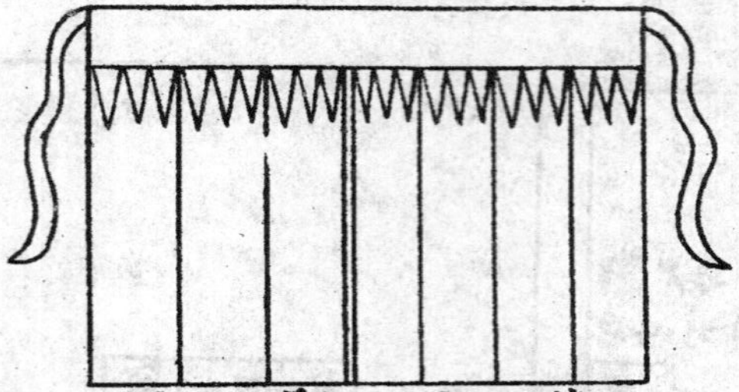

前三幅　後四幅

首絰　絞帶　要絰　布帶

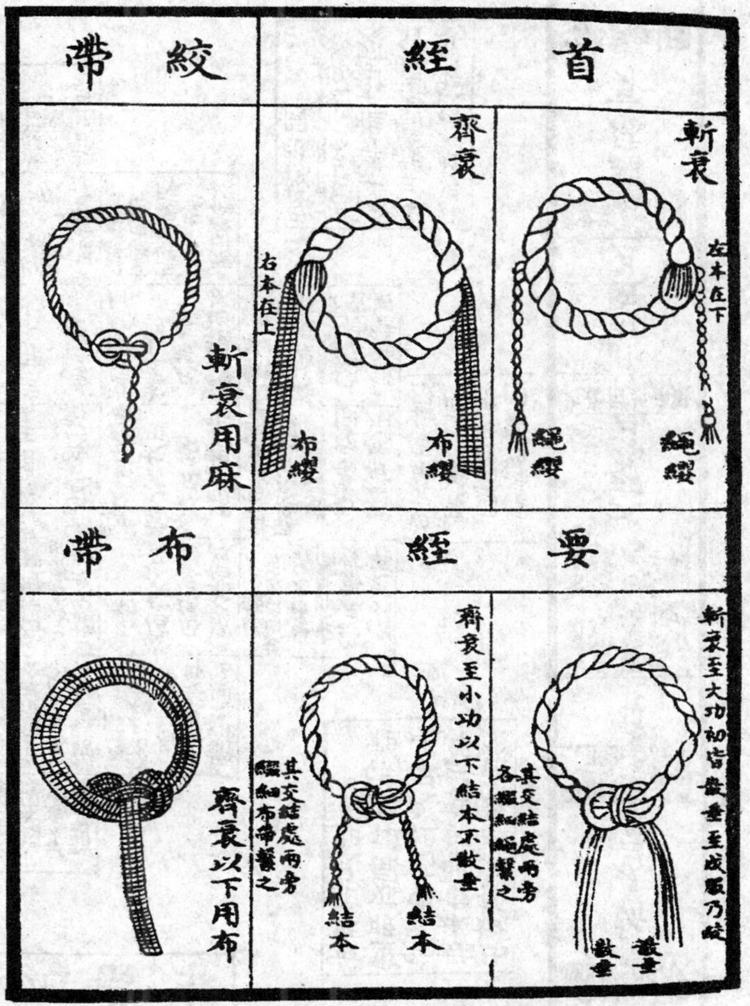

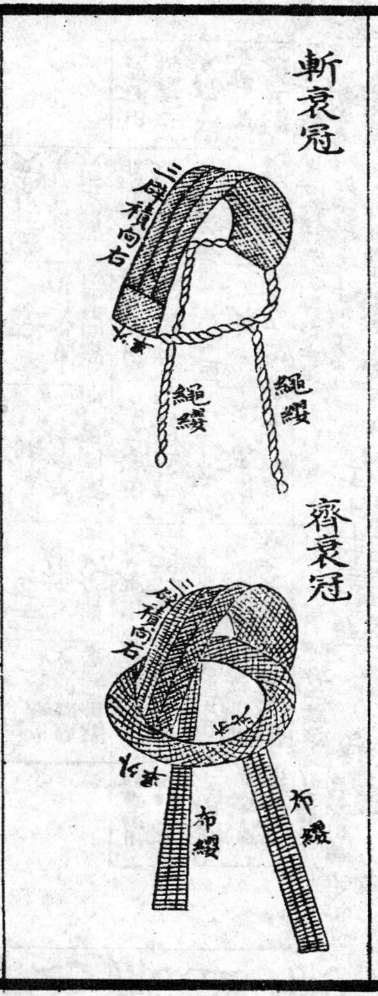

大功冠

並同齊衰

小功冠

三辟積向左餘與齊衰同

緦麻冠

澡纓辟積同小功餘與齊衰同

《大明律講解》卷一《喪服總圖、本宗九族五服正服之圖》

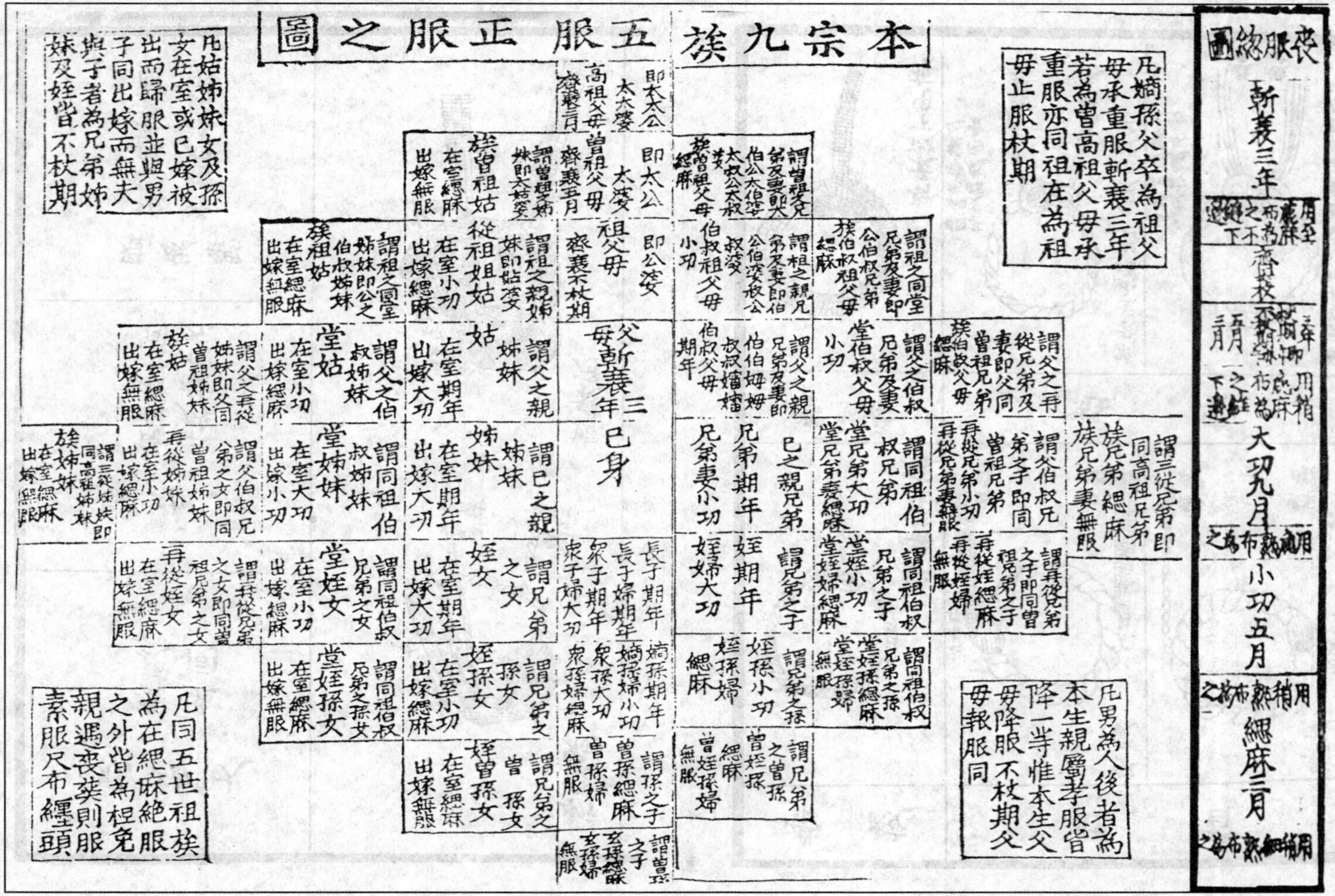

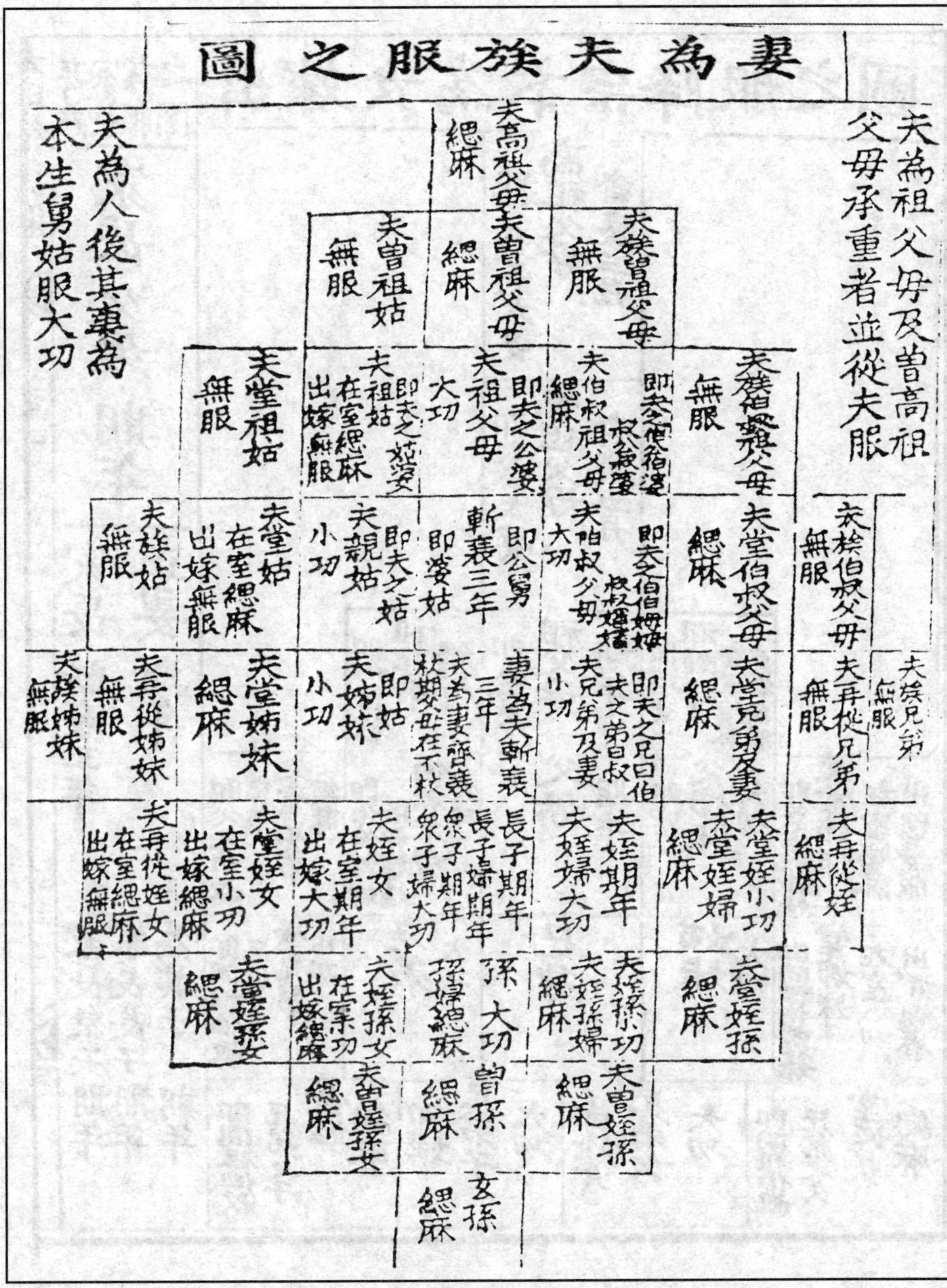
妻為夫族服之圖
夫為祖父母及曾高祖父母承重者並從夫服
夫為人後其妻為本生舅姑服大功
夫高祖父母 緦麻
夫曾祖父母 緦麻
夫族曾祖父母 無服
夫曾祖姑 無服
夫族伯叔祖父母 無服
即夫之從祖伯叔公叔婆 夫伯叔祖父母 緦麻
夫祖父母 即夫之公婆 大功
夫祖姑 即夫之姑婆 在室緦麻 出嫁無服
夫堂祖姑 無服
夫族伯叔父母 無服
夫堂伯叔父母 緦麻
即夫之伯伯姆姆叔叔嬸嬸 夫伯叔父母 大功
即公舅 即婆姑 斬衰三年
夫親姑 即夫之姑 小功
夫堂姑 在室緦麻 出嫁無服
夫族姑 無服
夫族兄弟 無服
夫再從兄弟 無服
夫堂兄弟及妻 緦麻
即夫之兄曰伯 夫之弟曰叔 夫兄弟及妻 小功
妻為夫斬衰三年 夫為妻齊衰杖期 父母在不杖
夫姊妹 即姑 小功
夫堂姊妹 緦麻
夫再從姊妹 無服
夫族姊妹 無服
夫再從姪 緦麻
夫堂姪小功 夫堂姪婦 緦麻
夫姪期年 夫姪婦大功
長子期年 長子婦期年 衆子期年 衆子婦大功
夫姪女 在室期年 出嫁大功
夫堂姪女 在室小功 出嫁緦麻
夫再從姪女 在室緦麻 出嫁無服
夫堂姪孫 緦麻
夫姪孫小功 夫姪孫婦 緦麻
孫 大功 孫婦緦麻
夫姪孫女 在室小功 出嫁緦麻
夫堂姪孫女 緦麻
夫曾姪孫 緦麻
曾孫 緦麻
夫曾姪孫女 緦麻
玄孫 緦麻

妾為家長族服之圖

家長父母　期年

家長　斬衰三年

正妻　期年

家長衆子　期年

家長長子　期年

為其子　期年

出嫁女為本宗降服之圖

高祖父母　即太太公太太婆　齊衰三月

曾祖父母　即太公太婆　齊衰五月

祖兄弟　即伯公叔公　緦麻

祖父母　即公婆　期年

祖姊妹　即姑婆　在室緦麻　出嫁無服

父堂兄弟　即父之伯叔兄弟　緦麻

伯叔父母　即伯伯姆姆叔叔嬸嬸　大功

父母　期年

父姊妹　即姑　大功

父堂姊妹　即父之伯叔姊妹　在室緦麻　出嫁無服

堂兄弟　即同祖伯叔兄弟　小功

兄弟　大功

己身

姊妹　大功

堂姊妹　即同祖伯叔姊妹　在室小功　出嫁緦麻

堂姪　即同祖伯叔兄弟之子　緦麻

兄弟子　即姪　大功

兄弟女　即姪女　大功

堂姪女　即同祖伯叔兄弟之女　緦麻

外親服圖

- 母之祖父母　即母之公婆　無服
- 母之兄弟　即舅　小功
- 外祖父母　即外公外婆　小功
- 母之姊妹　即姨　小功
- 堂舅之子　無服
- 舅之子　即姑舅兄弟即謂之內兄弟　緦麻
- 己身
- 兩姨之子　即兩姨兄弟　緦麻
- 堂姨之子　無服
- 舅之孫　無服
- 姑之子　即姑舅兄弟即謂之表兄弟　緦麻
- 姨之孫　無服
- 姑之孫無服

妻親服圖

- 妻祖父母　即妻之公婆　無服
- 妻伯叔　無服
- 妻父母　即丈人丈母　緦麻
- 妻之姑　無服
- 妻外祖父母　即妻之外公外婆　無服
- 妻兄弟及婦　即舅舅妗妗　無服
- 己身
- 妻之姊妹　即姨　無服
- 女之子　外孫　緦麻
- 妻姊妹子　無服
- 女之孫無服

三父八母服圖

- 同居繼父
  - 兩無大功親　謂繼父無子已身亦無伯叔兄弟之類　期年
  - 兩有大功親　謂繼父有子孫自己亦有伯叔兄弟之類　齊衰三月
- 先曾與繼父同居今不同居　齊衰三月
- 不同居繼父　自來不曾隨母與繼父同居　無服
- 從繼母嫁　謂父死繼母再嫁他人隨去者　齊衰杖期
- 嫡母　謂妾生子稱父之正妻　斬衰三年
- 養母　謂自幼過房與人　斬衰三年
- 慈母　謂所生母死父令別妾撫育者　斬衰三年
- 繼母　謂父娶後妻　斬衰三年
- 嫁母　謂親母因父死再嫁他人　齊衰杖期
- 出母　謂親母被父出　齊衰杖期
- 庶母　謂父有子妾　嫡子衆子齊衰杖期　所生子斬衰三年
- 乳母　即奶母　謂父妾乳哺者　緦麻

軍禮分部

論說

《儀禮注疏・大射》 大射第七。疏：《大射》第七。鄭《目録》云：名曰大射者，諸侯將有祭祀之事，與其羣臣射以觀其禮。數中者，得與於祭；不數中者，不得與於祭。射義於五禮屬嘉禮。《大戴》此第十三，《小戴》及《別録》皆第七。釋曰：云諸侯將有祭祀之事以下，文出於《射義》。【略】

奏《肆夏》。《肆夏》，樂章名，今亡。吕叔玉云：《肆夏》，《時邁》也。《時邁》者，大平巡守，祭山川之樂歌。其《詩》曰：明昭有周，式序在位。又曰：我求懿德，肆于時夏。奏此以延賓，其著宣王德，勸賢與？《周禮》曰：賓出入，奏《肆夏》。疏：【略】云式序在位者，式，用也，任賢用能，序之使在官位。云我求懿德者，懿，美也，我求取美德之人也。云肆于《時夏》，肆，遂也。夏，大也。能如此遂於王道之大。云奏此以延賓，其著宣王德，勸賢與者，今國君歌此詩，延賓入者，其欲著明諸侯，宣布王之德，以勸賢人，使有德言與者，鄭以義解之，無正文，故云與以疑之也。

又：乃歌《鹿鳴》三終。《鹿鳴》，《小雅》篇也。人君與臣下及四方之賓燕，講道脩政之樂歌也。言己有旨酒，以召嘉賓，與之飲者，樂嘉賓之來，示我以善道，又樂嘉賓有孔昭之明德，可則傚也。歌《鹿鳴》三終，而不歌《四牡》、《皇皇者華》，主於講道，畧於勞苦與諮事。疏：乃歌《鹿鳴》三終。注鹿鳴至諮事。釋曰：云主於講道，畧於勞苦者，據《四牡》勞使臣，此不用之。云與諮事者，謂《皇皇者華》有諮謀、諮度、諮詢之事，亦畧之也。

又：不勝者進北面坐，取豐上之觶興，少退，立卒觶，進，坐奠于豐下，興揖。立卒觶，不祭，不拜，受罰不備禮也。右手執觶，左手執弓。疏：注立卒至執弓。釋曰：案《鄉飲酒》皆祭坐卒爵、拜既爵，故此決之，受罰不備禮也。云右手執觶，左手執弓者，以其執弛弓不釋於地，明知未飲時兩手執弓。今受罰爵，右手執爵，爲便左手執弓可知。

又：僕人師洗，升實觶以授，賓諸公卿大夫受觶于席，以降適西階上，北面立飲，卒觶，授執爵者，反就席。雖尊亦西階上立飲，不可以己尊枉正罰也。授爵而不奠豐，尊大夫也。疏：注雖尊至夫也。釋曰：云不可以己尊枉正罰也者，正罰，謂上文飲者在左，勝者在右，於西階之上北面，跪取豐上之觶飲之是也。今雖不取於豐，亦於西階北面，是不可以己尊枉正罰也。

（清）胡培翬《儀禮正義・大射一》 大射之儀，疏：正義曰：敖氏曰：他篇於此言禮，是乃言儀者，以其儀多於他篇，故特顯之。禮者總名，儀則其節文也。郝氏曰：不曰禮曰儀，射主儀也，射者争之器，行之以揖讓，故貴儀。子曰：射者何以聽，何以射？循聲而發，發而不失正，惟賢者乎？射有儀所以難也。盛氏曰：不曰禮而曰儀，以其威儀之法，比《鄉射》尤詳也。

（清）胡培翬《儀禮正義・大射二》 大射正立于公後，以矢行告于公。若不中，使君當知而改其度。疏：正義曰：方氏苞曰：不中而以其矢告，俾君自省以勉於後也。人君於事物之理不中常，苦不自知。射失其宜而不中，則易明於心，亦所以示君當繹思己過也。凡此皆所以防縱弛，養德性，事近而義深矣。

（清）胡培翬《儀禮正義・大射三》 公降一等，小臣正辭，賓升再拜稽首，公答再拜。賓坐祭卒爵，再拜稽首，公答再拜。賓降洗象觶，升酌膳以致，下拜，小臣正辭，升再拜稽首，公答再拜。公卒觶，賓進受觶，降洗散觶，升實散，下拜，小臣正辭，升再拜稽首，公答再拜。賓復酌自飲者，夾爵也。但如致爵，則無以異於燕也。夾爵，亦所以恥公也。所謂若飲君燕則夾爵。疏：正義曰：【略】方氏苞曰：公酬賓，賓再拜稽首，公答一拜，至飲射爵，賓致爵，則答再拜者四。不惟答賓之親獻及夾爵，陰以事有未當，雖尊者宜爲禮屈，重自抑下，所以養成其德性，俾凡事不敢自是，而求助於賢臣，所謂各繹己之鵠也。又曰：公卿大夫飲射爵亦於西階，所以示法行於貴，而後可以齊衆也。君則卒觶於阼階之位，貴有常尊也。公卿大夫之飲，耦不升，君則賓親獻而夾爵，上下之辨則然，而飲不勝之爵，與衆耦同，又使君知罰不敢行而躬宜自省也。

又：上射揖，司射退反位。樂正命大師曰：奏《貍首》，閒若一。疏：正義曰：【略】又《射義》引《詩》曰曾孫侯氏，四正具舉，大夫君子，凡以庶士，大小莫處，御于君所，以燕以射，則燕則譽，言君臣相與盡志於射以習禮樂，則安則譽也。是以天子制之而諸侯務焉。此天子所以養諸侯而兵不用，諸侯自爲正之具也。

又：主人就士旅食之尊而獻之，旅食不拜受爵，坐祭立飲。【略】疏：正義曰：【略】方氏苞曰：鄉射之射事及獻薦，弟子所共實多。國君官備，燕與大射獻酬射事，皆官共之。庶子惟設折俎，弟子惟洗射爵酌奠而已。庶子執事有列，而門内無位。士旅食者，一無所事，而位在士南，特爲設尊，繼士而獻，則爲升於司馬之士，司士作之以從會同賓客者無疑矣。蓋士旅食者及庶子，即他日之命士卿大夫也，猶鄉射之弟子，即他日之學士可賓興者也。使之觀禮，則志氣有所感興，使之習事，則政事日以練達，所以成其德，達其材，即於是乎寓焉。至於祭祀之有旅酬，所以盡賓主之敬，又以使族姻鄉黨，情意周洽，而潛消其怨爭鬬辨之萌，燕、大射之有旅酬，所以溥君公之恩，又以使少長尊卑，分誼詳明，而即是爲協恭和衷之本。聖人緣情制禮，徧布周密，本末兼該，而一以貫之如此。又云：燕禮有士旅食，而庶子弟子不與焉，何也？射節禮容，辭命威儀，莫詳於大射，乃庶子弟子所未見，而宜早知者，燕則君臣相樂，惟將仕者使觀禮可矣。

綜述

（漢）鄭玄注　（唐）賈公彦疏《周禮注疏·夏官·司兵》　司兵掌五兵、五盾，各辨其物與其等，以待軍事。五盾，干櫓之屬，其名未盡聞也。等謂功沽上下。鄭司農云：五兵者，戈、殳、戟、酋矛、夷矛。櫓，音魯。疏：司兵至軍事。釋曰：言各辨其物與其等者，五兵五盾，各有物色與其善惡、長短、大小之等。云以待軍事者，按此下有舞者兵及廞五兵，直云以待軍事者，五兵五盾以軍事爲主故也。注五盾至夷矛。釋曰：鄭云五盾，干櫓之屬，其名未盡聞也者，按《祭統》云朱干玉戚以舞《大武》，《秦詩》云蒙伐有苑，注云伐，中干，《左氏傳》建大車之輪以爲櫓，而當一隊，則有朱干、中干及櫓，聞其三者，二者未聞，故云其名未盡聞也。云等謂功沽上下者，功謂善者，爲上等。沽謂麁惡者，爲下等也。必知有此法者，見《稾人》職云書其等以饗工，乘其事，試其弓弩，以下上其食，明兵盾亦當然。先鄭云五兵者，戈、殳、戟、酋矛、夷矛者，此謂車之五兵，故下注云車之五兵，司農所云者是也。及授兵，從司馬之灋以頒之。及其受兵輸，亦如之。及其用兵，亦如之。從司馬之法，令師旅卒兩人數所用多少也。兵輸，謂師還有司還兵也。用兵，謂出給衛守。卒，子忽反，下同。疏：注司馬至衛守。釋曰：云授兵從司馬之法者，司馬主六軍，是一官之長，先受於王命，知多少，乃始出軍，故從司馬法以頒之。鄭知用兵是出給衛守者，以其既言授兵，下別言用兵，明是衛守之處須兵者也。祭祀，授舞者兵。授以朱干玉戚之屬。疏：注授以至之屬。釋曰：鄭知此兵是朱干玉戚者，《祭統》云：朱干玉戚以舞《大武》，則《大武》用朱干玉戚矣。又按下《司戈盾》云：祭祀，授旅賁殳，故士戈盾。司兵尊於司戈盾，明所授兵據以《大武》朱干玉戚也。其司干所授者，又是羽籥之等，非干戚可知也。大喪，廞五兵。故書廞爲淫。鄭司農云：淫，陳也。淫讀爲廞。玄謂廞，興也。興作明器之役器五兵也。《士喪禮下篇》有甲冑干笮。廞，虛金反。興，虛應反，下同。笮，字又作筰，側白反，劉丑伯反。疏：注故書至干笮。釋曰：先鄭一部之內，廞皆從淫，故云淫爲陳。後鄭皆不從者，以爲廞興解之者，見《司服》云大喪，共其復衣服、斂衣服，掌其陳序，《圉人》職云凡賓客、喪紀，牽馬而入陳。廞馬亦如之。以此言之，廞陳既別，則廞不得爲陳，以興象爲義也。云興作明器之役器五兵也者，按《既夕禮》明器之用器有弓矢，役器之内甲冑干笮。彼雖不具五兵，此既言五兵，明五者皆有也。故鄭引《士喪禮下篇》甲冑干笮爲證。言《士喪禮下篇》，即《既夕禮》也。言《士喪禮下篇》者，以其《士喪》論葬事，《士喪》與《既夕》二篇同有記，皆在《既夕篇》下，故二篇連言之也。按彼注，笮謂矢服也。軍事，建車之五兵。會同亦如之。車之五兵，鄭司農所云者是也。步卒之五兵，則無夷矛，而有弓矢。疏：軍事至如之。釋曰：云建車之五兵者，凡器在車，皆有鐵器屈之，在車較及輿，以兵插而建之，故有出先刃、入後刃之事。注鄭司至弓矢。釋曰：鄭司農所云者是也，即上文注是也。必知如先鄭義者，見《考工記·廬人》云：戈、殳、車戟、酋矛、夷矛乃云六建既備，車不反覆。注六建，五兵與人也。以是故從司農所云也。云步卒之五兵，則無夷矛而有弓矢者，即《司右》注引《司馬法》所云者是也。有弓矢是能用五兵者，若前驅所建則有四兵，故《詩》云伯也執殳，爲王前驅，注引《考工記》車有六等之數，除軫與人四兵爲證是也。

（清）秦蕙田《五禮通考》卷一六一《射禮》　蕙田案：孔氏穎達曰射禮有三：一為大射，是將祭擇士之射。二為賓射，是諸侯來朝而天子與之射，或諸侯相朝而與之射。三為燕射，謂燕息而與之射。此所論皆臨時行禮之射。又有平日肄習之射，則鄉射是也。射以觀德行，故古聖人最重其事。禮既殘缺，其完善可考者獨有《儀禮·大射儀》、《鄉射禮》二篇，又戴記《射義》一篇而已。鄭康成注《鄉射》，以為惟大射、賓射、燕射謂之禮射，則其餘皆散射也。又注《周官》云，庶民無禮射。今取《儀禮·大射》、《鄉射》二篇為首，尊全經也。旁采經傳，分大射、賓射、燕射、鄉射，存其畧也。終以諸書所論射雜儀及射器，而射禮粗備矣。

又案：劉向《別録》以射入吉禮，唐《開元禮》入軍禮，《通典》因之。射為六藝之一，原所以習禮樂，非專尚威武，至於諸經言射兼朝祭饗燕，亦不得專屬吉禮。鄭康成注《儀禮·大射》、《鄉射》皆屬嘉禮。《宋史》亦以大射入嘉禮，頗存古意。今從之。

（清）秦蕙田《五禮通考》卷二三七《出師》　蕙田案：先王不得已而用師，師必以律，律與禮相爲表裏者也。師出不以律，猶無師也。律不以禮，猶無律也。故出師之際，禮尤重焉。

（清）秦蕙田《五禮通考》卷二四〇《校閲》 蕙田案：古者寓兵於農，有校閲之禮，有田獵之禮。考《周禮》大田之禮，簡衆也。又云，聽師田以簡稽，春而振旅，夏而茇舍，秋而治兵，冬而大閲，非徒以饁禽取獸供賓客宗廟之用而已。蓋安不忘危，講武之儀即寓於游田之内，故校閲即田獵，田獵即校閲，二者不可分也。然觀《月令》講武飭事之文，則其事亦有不為田獵者。即康成注亦未嘗與冬狩混而為一也。至《春秋》一經所書大閲治兵之事尤多，蓋列國多，故臨戰而習武，以是為權禮焉。漢唐以下，其事益分。古今異宜，無容泥古也。

（清）秦蕙田《五禮通考》卷二四二《田獵》 蕙田案：田獵之禮，起於皇古。傳曰：古者聖人舉事，必反本。五穀者，以奉宗廟養萬民也。禽獸多則害稼穡，故田獵以共承宗廟，示不忘武備，因以為田除害也。是以《師》之六五，取象於田有禽。程子以為寇賊姦宄，為生民之害。若禽獸入於田中侵害稼穡，於義宜取則獵取之。其義精矣。至於順天時、因地利、備賓祭，蒐軍實，習勞懲怠，辨尊明卑，舉一事而衆善皆備者，此也。自秦漢以下，每代皆有田獵之事。

（漢）班固《白虎通義》卷上《德論上・三軍》 國有三軍何？所以戒非常，伐無道，尊宗廟，重社稷，安不忘危也。何以言有三軍也？《論語》曰：子行三軍則誰與？《詩》云：周王于邁，六師及之。三軍者何法？法天、地、人也。以為五人為伍，五伍為兩，四兩為卒，五卒為旅，五旅為師，師二千五百人，師為一軍，六師一萬五千人也。傳曰：一人必死，十人不能當；百人必死，千人不能當；千人必死，萬人不能當；萬人必死，横行天下。雖有萬人，猶謙讓自以為不足，故復加五千人，因法月數。月者，羣陰之長也。十二足以窮盡陰陽，備物成功。二千人亦足以征伐不義，致太平也。《穀梁傳》曰：天子有六軍，諸侯上國三軍，次國二軍，下國一軍。諸侯所以一軍者何？諸侯，蕃屏之臣也，任兵革之重，距一方之難，故得有一軍也。

又： 王法天誅者，天子自出者，以為王者乃天之所立，而欲謀危社稷，故自出，重天命也。犯王法，使方伯誅之。《尚書》曰：今予惟恭行天之罰。此所以言啓自出伐有扈也。《王制》曰：賜之弓矢，乃得專征伐。犯王誅者也。大夫將兵出，必不御者，欲盛其威，使士卒一意繫心也。故但聞將軍令，不聞君命也，明進退大夫也。《春秋傳》曰：此受命于君，如伐齊則還何？大其不伐喪也。大夫以君命出，進退在大夫也。

（漢）班固《白虎通義》卷上《德論上・誅伐》 襲者何謂也？行不假途，掩人不備也。《春秋傳》曰：其謂之秦何？夷狄之也？曷為夷狄之？秦伯將襲鄭。入國掩人不備，行不假途，人銜枚，馬繮勒，晝伏夜行，為襲也。諸侯家國，人人家，宜告主人，所以尊敬，防并兼也。《春秋傳》曰：桓公假途于陳而伐楚。《禮》曰：使次介先假途，用束帛。即如是，諸侯賣王者道，禮無往不反，非謂所賣者也。將入人國，先使大夫執幣假道，主人亦遣大夫迎於郊，為賓主，設禮而待之，是其相尊敬也。防並兼奈何？諸侯之行，必有師旅，恐掩人不備，士卒斂取恒遲，先假途則預備之矣。

紀事

《春秋左傳正義》卷一〇《莊公三十一年》 三十一年，夏，六月，齊侯來獻戎捷，非禮也。凡諸侯有四夷之功，則獻于王，王以警于夷，以警懼夷狄。警音景。懼，戒懼也。中國則否，諸侯不相遺俘。雖夷狄俘，猶不以相遺。

《春秋左傳正義》卷一七《僖公三十三年》 三十三年，春，秦師過周北門，左右免冑而下。王城之北門，冑，兜鍪。兵車非大將，御者在中，故左右下，御不下。冑，直救反。兜，丁侯反。鍪，亡侯反。將，子匠反。疏：注王城至不下。正義曰：成二年《傳》稱晉解張御郤克，鄭丘緩爲右。張侯曰：矢貫予手及肘，左輪朱殷。傷手而血染左輪，是御者在左，大將居中也。宣十二年《傳》稱楚許伯御樂伯，攝叔爲右。樂伯云射左以菆。是射在左，而御在中也。鄭玄《詩》箋云：兵車之法，左人持弓，右人持矛，中人御車。故左右下，御不下。超乘者三百乘。王孫滿尚幼，觀之，言於王曰：秦師輕而無禮，必敗。謂過天子門不卷甲束兵，超乘示勇。乘，繩證反，下及注皆同。輕，遣政反，下同。疏：注謂過至示勇。正義曰：服虔云：無禮，謂過天子門不櫜甲束兵而但免冑。《呂氏春秋》說此事，云師行過周，王孫滿曰：過天子之城，宜櫜甲束兵，左右皆下。然則過天子門當卷甲束兵，以古有此禮，或出《司馬兵法》。其書既亡，未見其本。輕則寡謀，無禮則脱。脱，易也。脱，他活反。易，以豉反。入險而脱，又不能謀，能無敗乎？及滑，鄭商人弦高將市於周，遇之。以乘韋先，牛十二，犒師，商，行賈也。乘，四。韋先，韋乃入牛。古者將獻遺於人，必有以先之。先，悉薦反，注有以先之同。犒，若報反。賈音古。遺，唯季反。疏：注商行至先之。正義曰：《周禮・大宰》以九職任萬民。六曰商賈，阜通貨賄。鄭玄云：行曰商，處曰賈。《易》云商旅不行，是商行賈坐，而言行賈者，相形以曉人也。乘車必駕四馬，因以乘爲四名。《禮》言乘矢，謂四矢。此言乘韋，謂四韋也。遺人之物必以輕先重後，故先韋乃入牛。《老子》云：雖有拱璧以先四馬，不如坐進此道。是古者將獻饋，必有以先之。曰：寡君聞吾子將步師出于敝邑，敢犒從者。不腆敝邑，爲從者之淹，居則具一日之積，腆，厚也。淹，久也。積，芻米菜薪。步師，步猶行也。從，才用反，下同。腆，他典反。爲，于僞反，下爲吾子同。積，子賜反，下同。疏：注腆厚至菜薪。正義曰：腆，厚。奄，久。經傳常訓也。《周禮・大行人》云：王待諸侯之禮，上公五積，侯伯四積，子男三積。積皆謂米禾芻薪，知此亦然。案《掌客》上公五積，皆視飧牽，鄭注云：飧牽，謂牽牲以往，不殺也。亦有米禾芻薪。鄭又注云：上公飧五牢，米二十車，禾三十車。侯伯四牢，米禾皆二十車。子男三牢，米十車，禾二十車。芻薪皆倍。其禾積既視飧，則米禾芻薪與飧同。行則備一夕之衛。且使遽告于鄭。遽，傳車。遽，其據反。傳，張戀反。疏：注遽傳車。正義曰：《釋言》云：馹，遽傳也。孫炎曰：傳車，驛馬也。

《春秋左傳正義》卷二四《宣公十五年》　晉侯使趙同獻狄俘于周，不敬。劉康公曰：不及十年，原叔必有大咎，劉康公，王季子也。原叔，趙同也。孚，芳扶反。不敬，一本作而傲。天奪之魄矣。心之精爽，是謂魂魄。爲成八年晉殺趙同傳。

《春秋左傳正義》卷二五《成公二年》　晉侯使鞏朔獻齊捷于周，王弗見，使單襄公辭焉，曰：蠻夷戎狄，不式王命，式，用也。捷，在妾反。淫湎毀常，王命伐之，則有獻捷，王親受而勞之，所以懲不敬，勸有功也。兄弟甥舅，侵敗王略，兄弟，同姓國。甥舅，異姓國。略，經略法度。湎，面善反。勞，力報反。敗，必邁反。王命伐之，告事而已，不獻其功，所以敬親暱，告伐事而不獻囚俘。暱，女乙反。禁淫慝也。淫慝，謂虓掠百姓，取囚俘也。慝，他得反。虓，本又作暴，薄報反。掠音亮。今叔父克遂，有功于齊，克，能也。而不使命卿鎮撫王室，所使來撫余一人，而鞏伯實來，未有職司於王室，鞏朔，上軍大夫，非命卿，名位不達於王室。又奸先王之禮。謂獻齊捷。奸音干。余雖欲於鞏伯，欲受其獻。其敢廢舊典以忝叔父？夫齊，甥舅之國也，而大師之後也，齊世與周昏，故曰甥舅。大音泰。寧不亦淫從其欲以怒叔父，抑豈不可諫誨？

《春秋左傳正義》卷二六《成公九年》　欒書伐鄭，鄭人使伯蠲行成，晉人殺之，非禮也。兵交，使在其間可也。

（宋）劉恕《資治通鑑外紀》卷六《周紀四・匡王》　晉趙盾請師伐宋。靈公曰：非晉國之急也。對曰：宋人弑其君，反天地而逆民則。晉爲盟主而不修天罰，將懼及焉。公許之。乃召軍吏而戒樂正，令三軍鐘鼓必備。趙同曰：國有大役，不鎮撫民而備鐘鼓，何也？宣子曰：伐備鐘鼓，聲其辠也；襲侵密聲，爲蹔事也。今宋人弑其君，罪莫大焉。明聲之，猶恐其不聞也。使告於諸侯，治兵振旅，鳴鐘鼓以至於宋。

（宋）劉恕《資治通鑑外紀》卷六《周紀四・定王》　定王。謚法大慮靜民曰定，純行不爽曰定，安民法古曰定。元年，《釋例》曰乙卯。春，晉伐鄭。此《左氏傳》文，亦見《史記・晉世家》。楚莊王伐陸渾之戎，遂至洛，觀兵於周郊，王使王孫滿勞之。楚莊王問鼎大小輕重。對曰：在德不在鼎。莊王曰：楚國折鉤之喙，足以爲九鼎。此《左氏傳》及《史記・楚世家》文。《漢書・地理志》陸渾縣屬宏農郡。

（清）姚彥渠《春秋會要》卷三《軍禮・獻捷》　成二年，《左傳》：晉侯使鞏朔獻齊捷于周，王使單襄公辭焉，曰：蠻夷戎狄，不式王命，淫湎毀常，王命伐之，則有獻捷；王親受而勞之，所以懲不敬，勸有功也。兄弟、甥舅，侵敗王略，王命伐之，告事而已，不獻其功；所以敬親暱，禁淫慝也。今叔父克遂有功於齊，而不使命卿鎮撫王室，所使來撫余一人，而鞏伯實來，未有職司於王室，又奸先王之禮，余雖欲於鞏伯，其敢廢舊典以忝叔父！夫齊，甥舅之國而太師之後也，寧不亦淫從其欲，以怒叔父，抑豈不可諫誨！王使委於三吏，禮之如侯伯克敵，使大夫告慶之禮，降於卿禮一等。

（宋）王溥《唐會要》卷一四《獻俘》　永徽元年九月七日，高侃執突厥車鼻可汗，獻太廟。顯慶三年十一月，蘇定方俘賀魯到京師。上謂侍臣曰：賀魯背恩，今欲先獻俘于昭陵，可乎？許敬宗對曰：古者出師凱還，則飲至策勳于廟，若諸侯以王命討不庭，亦獻俘于天子。近代將軍征伐克捷，亦用斯禮，未聞獻俘于陵所也。伏以園陵嚴敬，義同清廟，陛下孝思所發，在禮無違，亦可行也。十五日，還獻于昭陵。十七日，告于太廟。皇帝臨軒，大會文武百寮。夷狄君長，蘇定方戎服，操賀魯獻于樂懸之北，上責之。

《金史》卷一〇五《程寀傳》 熙宗時，歷翰林待制，兼右諫議大夫。寀上疏言事，其略曰：殿前點檢司，古殿巖環衛之任，所以肅禁籞、尊天子，備不虞也。臣幸得近清光，從天子觀時畋之禮。比見陛下校獵，凡羽衛從臣無貴賤皆得執弓矢馳逐，而聖駕崎嶇沙礫之地，加之林木叢欝，易以迷失。是日自卯及申，百官始出沙漠，獨不知車駕何在。瞻望久之，始有騎來報，皇帝從數騎已至行在。竊惟古天子出入警蹕，清道而行。至於楚畋雲夢，漢獵長楊，皆大陳兵衛，以備非常。陛下膺祖宗付託之重，奈何獨與數騎出入林麓沙漠之中，前無斥候，後無羽衛，甚非肅禁籞之意也。臣願陛下熟計之。後若復獵，當預戒有司，圖上獵地，具其可否，然後下令清道而行。擇衛要稍平之地，爲駐蹕之所，簡忠義爪牙之士，統以親信腹心之臣，警衛左右。俟其麋鹿既來，然後馳射。仍先遣搜閲林藪，明立幖幟，爲出入之馳道。不然，後恐貽宗廟社稷之憂。

雜録

（宋）陳祥道《禮書》卷三九《深衣》 制十有二幅，以應十有二月，袂圜以應規曲，袷如矩以應方，袷，交領也。古者方領，如今小兒衣領。負繩及踝以應直，下齊如權衡以應平。故規者，行舉手以為容。負繩抱方者，以直其正，方其義也。故《易》曰：《坤》六二之動，直以方也。下齊如權衡者，以安志而平心也。五法已施，故聖人服之。故規矩取其無私，繩取其直，權衡取其平。故先王貴之，故可以為文，可以為武，可以擯相，可以治軍旅，完且弗費，善衣之次也。

（唐）蕭嵩《大唐開元禮》卷八一《軍禮·皇帝親征類于上帝》 纂嚴前一日，本司承制，宣攝內外諸司，各隨職備辦。尚舍奉御施御幄坐于太極殿北壁下，南向如常。守宮設羣官文武次于東西朝堂，如常儀。典儀設羣官位于殿庭，文東武西，每等異位，重行北向，相對為首。乘黃令陳革輅及玉輅以下，及車旗之屬如常。未明一刻，開諸宮門，諸衛勒所部列黃麾仗于門，及陳于殿庭如常儀。其日平明，留從之官悉集朝堂次，侍臣服平巾幘袴褶，其將帥等及從行之官亦平巾幘袴褶。留守之官公服。上水五刻，侍中版奏：請中嚴，鈒戟近仗以次列于殿庭。上水三刻，通事舍人引羣官以次就位，諸侍臣俱詣閤奉迎。侍中版奏：外辦。皇帝服武弁之服，御馬以出，曲直華蓋，侍衛警蹕如常，即御坐，南向坐。典儀唱，再拜，羣官在位者皆再拜訖。中書令承旨勅百寮訖，通事舍人以次引羣官出，侍臣跪奏禮畢。俛伏，興，皇帝降坐，御馬入自東房，侍臣從至閤如常禮。

（唐）蕭嵩《大唐開元禮》卷八二《軍禮·皇帝親征宜于太社》 將告，有司卜日如前儀。前一日，皇帝清齋于太極殿，凡預告之官，清齋于廟所。近侍之官，應從升者及羣官各使等各于本司及公館。諸軍將各于正寢清齋一宿。若在營者齋于軍幕。諸衛令其屬晡後一刻各以其方器服守衛社宮門，與太樂工人俱清齋一宿。

（唐）蕭嵩《大唐開元禮》卷八三《軍禮·皇帝親征告于太廟》 將告，有司卜日如別儀。前一日，皇帝清齋於太極殿。凡預告之官，清齋於廟所。近侍之官，應從升者及羣官客使等各于本司及公館清齋一日。諸軍將亦各于正寢清齋一宿。若在營者齋于軍幕。諸衛令其屬晡後一刻各以其方器服守衛廟門，與太樂工人俱清齋一宿。

《大清通禮》卷三九《軍禮》 《周官》九伐之法，蒐狩之政，掌之司馬。而宗伯之職，大師大田必備其禮。

國家承平百有餘年，內整六師，外攘四夷，武功戎備，超軼千古。爰輯治兵、振旅、師征、受成諸容節，著為軍禮。若夫古者救日月，以太僕贊鼓，實夏官之屬。故杜佑《通典》綴之軍禮，今仍其義，附於篇。

皇帝大閲之禮，閒三歲，兵部奏請舉行，得旨，疏上王公大臣名，欽命六人總理大閲軍事，徧飭八旗，火器前鋒，護軍驍騎諸營各修整戎器、甲胄，金鼓、旗纛之屬。移欽天監諏閲武吉日以聞，乃下所司戒備如式。

《大清通禮》卷三九《軍禮·大閲》 前期二月，八旗佐領各出弁卒為大閲之衆，命八旗都統、副都統、前鋒統領、護軍統領各勒所部，練兵於演武場。教士衆習旌旗、指麾、金鼓、螺角作止之節，知行陣險夷坐起進退之法，持五兵之便，戰鬭之備，嚴明紀律，罔敢不欽。前一月，有司豫擇大閱之所，除地為場，總理閱兵。王公大臣會集統軍將帥，率弁卒擐甲合操於内，申令如前儀。

《大清通禮》卷三九《軍禮・京營訓練》 京營八旗弁兵，每歲春秋季月，合操四次。春日貫甲，秋日常服，營陣規制如大閱儀。仲春孟秋之月，按旗登城，習鳴螺。兵部遣官稽閲，歲為常制。護軍驍騎官兵，一歲三校騎射，本旗都統臨視之。前鋒護軍三歲一校騎射，兵部疏上領侍衛内大臣、八旗都統、副都統名，每翼欽命數人，會本翼統領臨視之。八旗滿洲漢軍火器營礮，閒三歲，季秋月演試於蘆溝橋，都城各門之礮分三之一更遞運往同演，命兵部滿尚書一人臨視之。

《大清通禮》卷三九《軍禮・直省閲兵》 直省講武，以督撫、提鎮為閫帥，每歲季秋霜降日，申令本標弁卒校閲於演武場。前一日，各營將弁肅隊伍赴校塲，豫立軍幕。屆日黎明，軍士擐甲列陣，中軍建大纛於場正中，閫帥以牲醴致祭，行二跪六叩禮，中軍以下將士均随行。禮畢，軍門鼓吹節鉞，前導閫帥徧閲行陣，還登將臺升帳，儀衛左右分列，諸將擐甲侍臺下，中軍詣帳前上行陣圖式，請令操兵，乃舉旗麾，衆合操臺下，舉礮三，軍中鳴角擊鼓，步騎甲士聞鼓聲依式前進，鳴金則止。行陣中施發鳥槍、連環槍，並如京營之製，餘若長槍、籐牌、劘刀、短兵之屬，各因其地之宜，以教士卒，皆有成法。其為陣有正有變，每變陣視將臺號纛為指麾之節。臺上鳴角三，軍中乃鳴金，振旅而還。閲畢，試材官將士騎射技勇，申明賞罰，犒勞軍士，各釋甲歸營伍。漕運河道總督屆期訓練本標弁卒，亦如之。八旗水師操防之畧，練習於四時，其出洋信候，直省不同，每歲春秋季月或夏秋之季，遇潮平風正日，乘戰艦列陣，張颿馭風，鳴角發礮，具如軍律。將軍、都統、副都統親臨校視。緑旗水師訓練亦如之。駐防將軍、都統、副都統訓練八旗弁卒及演礮，如京營之制。

《大清通禮》卷四〇《軍禮・親征》 皇帝親征之禮。命下，内閣諏啓行吉日以聞，兵部承制宣攝内外，諸司各随職供備，從征將士部勒禁旅，前後備六軍，頒行軍律令。

《大清通禮》卷四〇《軍禮・凱旋》 皇帝親征，既克有罪，乃諏吉凱旋，徧布六軍戒辦。前期一日，遣官致祭旗纛之神如儀。屆日，鑾輿先發，諸軍整旅徐旋，所在有司治橋梁道路，外藩王公、直省文武大臣暨守土官、紳士、耆老恭迎如初。駕將至京，内閣宣下，諸司傳告，在京王公百官咸蟒袍補服郊迎。至日，鑾儀衛陳，法駕鹵簿，自郊外五里至堂子門外。駕至郊，王公百官跪候，過興随行。駕入都門，大樂鼓吹，前導至堂子内門，禮部尚書、侍郎恭導皇帝降輿，致祭堂子如初儀，王公等均随行。禮畢，鑾儀衛移設鹵簿，起堂子至午門外，皇帝乘輿入東長安門至午門，百官跪候，過興，王公随入至内金水橋候駕還。官皆退。

《大清通禮》卷四〇《軍禮・告至》 大師凱旋，翼日，遣官祗告天地、宗廟、社稷、太歲，並遣官致祭陵寢及随征旗纛、司礮之神。

《大清通禮》卷四〇《軍禮・飲至策勳》 廼行飲至之禮，燕從征將士於御苑，皇帝親勞之，策勳行賞，各有差。

《大清通禮》卷四〇《軍禮・告成紀功》 御製碑銘，勒石太學，以告成功，編次親征方畧，宣付史館。

《大清通禮》卷四〇《軍禮・命將》 皇帝命大將軍統帥諸軍，出討寇亂。先期，内閣大學士擬銜名，奏請欽定，既得旨，禮部製印，欽天監諏啓行吉日。

《大清通禮》卷四一《軍禮・獻俘》 大軍出征奏捷，上所獲於京師，乃獻俘於太廟、社稷，祗告成事。

《大清通禮》卷四一《軍禮・受俘》 獻俘翼日，皇帝御午門受俘。

《大清通禮》卷四二《軍禮・日食救護》 日食救護之禮。前期五月，欽天監豫推京師、各省及蒙古諸部落、朝鮮國所見日食分秒時刻，疏聞，下禮部徧布中外，屆期祇行。

《大清通禮》卷四二《軍禮・月食救護》 月食救護於太常寺。前期，欽天監、禮部疏聞。屆日，陳設執事及行禮儀節並與救護日食禮同。

《大清通禮》卷四二《軍禮・直省日月食救護》 直省府州縣衛遇日月食，各按欽天監推定時刻分秒，随地救護。省會於督撫署，府州縣衛各於公署，均以督撫及正官一人領班行禮，正貳教職二人糾儀，學弟子員二人通贊，二人引班，陰陽官一人報時。至日，班首官上香伐鼓，衆官祗跪行禮，並與京師救護同。

鄉禮分部

論説

《儀禮注疏·鄉飲酒禮》 鄉飲酒禮第四。疏：《鄉飲酒禮》第四。鄭《目録》云：諸侯之鄉大夫，三年大比，獻賢者能者於其君，以禮賓之，與之飲酒，於五禮屬嘉禮。《大戴》此乃第十，《小戴》及《別録》此皆第四。【略】

鄉飲酒之禮。主人就先生而謀賓介。主人，謂諸侯之鄉大夫也。先生，鄉中致仕者。賓、介，處士賢者。《周禮》大司徒之職，以鄉三物教萬民而賓興之：一曰六德，知、仁、聖、義、忠、和；二曰六行，孝、友、睦、姻、任、恤；三曰六藝，禮、樂、射、御、書、數。《鄉大夫》以正月之吉，受法於司徒，退而頒之于其鄉吏，使各以教其所治，以考其德行，察其道藝，及三年大比，而興賢者、能者。鄉老及鄉大夫帥其吏與其衆寡，以禮禮賓之。厥明，獻賢能之書於王，是禮乃三年正月而一行也。諸侯之鄉大夫，貢士於其君，蓋如此云。古者年七十而致仕，老於鄉里，大夫名曰父師，士名曰少師，而教學焉，恒知鄉人之賢者。是以大夫就而謀之，賢者爲賓，其次爲介，又其次爲衆賓，而與之飲酒，是亦將獻之，以禮禮賓之也。今郡國十月行此飲酒禮，以《黨正》每歲邦索鬼神而祭祀，則以禮屬民而飲酒於序，以正治謂之説，然此篇無正齒位之事焉。凡鄉黨飲酒必於民聚之時，欲見其化，知尚賢尊長也。《孟子》曰：天下有達尊三，爵也，德也，齒也。疏：鄉飲至賓介。釋曰：自此至介亦如之，論鄉大夫與先生謀賓介，並戒告之儀。主人就先生而謀賓介者，謂鄉大夫尊敬之，先就庠學者，若先生謀此二人道藝優者爲賓，稍劣者爲介。注主人至齒也。釋曰：云賓、介處士賢者，案《玉藻》云大夫素帶，士練帶，居士錦帶，弟子縞帶。鄭玄以居士在士之下、弟子之上，解爲道藝處士，非朝廷之士。此處士亦名君子，即《鄉射禮》云徵唯所欲，以告於先生君子可也。鄭亦云：君子有大德行不仕者，以其未仕，有德自處，故名處士君子也。云賢者，義取鄉大夫之興賢能者而言也。云《周禮》至書數，並《大司徒》職文。故彼鄭注云：物猶事也。興猶舉也。民三事教成，鄉大夫舉其賢者、能者，以飲酒之禮賓客之，既則獻其書於王矣。知，明於事；仁，愛人以及物；聖，通而先識；義，能斷時宜；忠，言以中心；和，不剛不柔。善於父母爲孝；善於兄弟爲友；睦，親於九族；姻，親於外親；任，信於友道；恤，振憂貧者。禮，五禮之義；樂，六樂之歌舞；射，五射之法；御，五御之節；書，六書之品；數，九數之計。引此天子司徒者，欲兼諸侯司徒，亦使鄉大夫教民以三物，教成亦使鄉大夫行鄉飲酒之禮，尊之爲賓客，興舉之也。云《鄉大夫》已下至於王，並《周禮·地官·鄉大夫》職文。云正月之吉，謂周之正月朔日也。云受法於司徒者，謂六鄉大夫皆於大司徒處受三物，教民賓舉之法也。云退而頒之於其鄉吏，使各以教其所治者，吏即州長、黨正、族師、閭胥之等是也。云以考其德行，察其道藝者，德行即六德、六行，道藝正謂民中有道藝者，考察知其優者，擬舉之也。云及三年大比，而興賢者、能者，大比謂三年大案比戶口之時而興舉之，賢者即德行者也，能者即道藝者也。云鄉老，謂三公二鄉公一人。云及鄉大夫帥其吏者，即帥其鄉吏、州長已下。云與其衆寡者，即鄉中之人也。云以禮禮賓之者，以《鄉飲酒》之禮禮而賓舉之也。云厥明，獻賢能之書於王者，今日行鄉飲酒之禮，至其明日，獻此賢能之書於王，王再拜而受之，登於天府也。云是禮乃三年正月而一行也者，欲見彼是天子鄉大夫法，諸侯鄉大夫無文，以此約之，故云諸侯之鄉大夫貢士於其君，蓋亦如此云。但無正文，故云蓋以疑之也。云古者年七十至學焉，案《略説》云：大夫七十而致仕，老於鄉里，名曰父師，士曰少師，以教鄉人子弟於門塾之基，而教之學焉是也。云賢者爲賓，其次爲介，又其次爲衆賓，而與之飲酒，是亦將獻之，以禮禮賓之也者，謂據此經諸侯鄉大夫貢士之法，亦如天子之鄉大夫貢法，故云亦也。若據鄉貢一人，其介與衆賓不貢之矣，但立介與衆賓，輔賓行鄉飲酒之禮，待後年還以貢之耳。案《射義》云古者天子之制，諸侯歲獻貢士，注引舊説大國三人，次國二人，小國一人。大國三鄉，次國二鄉，小國一鄉，所貢之士與鄉同。則鄉送一人至君所，其國有遂，數亦同其鄉，並有公邑、采地，皆有賢能貢之，而貢士與鄉數同。不言遂與公邑、采地所貢者，蓋當鄉送一人至君所，君又總校德之大小，取以貢之，縱取鄉外，仍準鄉數爲定。鄉大夫雖行飲酒禮賓之于君，其簡訖，仍更行飲酒禮賓之於王。是《易·觀》盥而不薦，鄭注云：諸侯貢士於天子，鄉大夫貢士於其君，必以禮賓之。唯主人盥而獻賓，賓盥而酢主人，設薦俎則弟子也。是鄉大夫及諸侯貢士皆行飲酒禮賓也。云今郡國至之説然者，鄭欲解此鄉飲酒貢士法，彼漢時所行飲酒禮者是正齒位，與此不同之意。漢時已罷諸侯之國而爲郡，郡有大守，而封王子母弟者仍爲國，故云郡國也。云十月行此飲酒禮者，謂行此鄉飲酒禮也。云以《黨正》每歲邦索鬼神而祭祀者，則《禮記·郊特牲》云蜡者，索也，歲十二月，合聚萬物而索饗之。周謂之十二月，即夏之十月，農功畢而蜡祭也。云則以禮屬民而飲酒於序，以正齒位者，屬，聚也，謂當蜡祭之月，黨正聚民於序學中，以三時務農，將闕於禮，此時農隙，故行正齒位之禮。則《禮記·鄉飲酒》義云：六十者坐，五十者立侍。六十者三豆，七十者四豆，八十者五豆，九十者六豆。年長者在上。是正齒位之法也。云之説然者，漢時十月飲酒禮，取此黨正之文，而然與此篇《鄉飲酒禮》異也。云此篇無正齒位焉者，以其此篇以德行爲本而貢之，無黨正正齒位法也。云凡鄉黨飲酒必於民聚之時者，此鄉飲酒必於三年大比民聚之時，黨正鄉飲酒亦於大蜡民聚之時也。云皆欲其見化，知尚賢尊長也者，尚賢，據此篇鄉飲酒；尊長，據《黨正》鄉飲酒也。但黨正飲酒，以鄉大夫臨觀行禮，或鄉大夫居此黨內，則亦名鄉飲酒也。云《孟子》者，《孟子·公孫丑》篇：齊王召，孟子不肯朝，後不得已而朝之。宿於大夫景丑之家，景子譏之曰：禮云父召，無諾；君召，不俟駕而行。固將朝矣。聞君命而遂不果，宜與夫禮若不相似然。對曰：天下有達尊三，爵也，德也，齒也。朝廷莫如爵，鄉黨莫如齒，輔世長民莫如德。惡有得其一以慢其二哉是也。引之者，證鄉大夫飲酒是尚德也，黨正飲酒尊長尚齒也。爵則於此無所當，連引之耳。

又：卒洗，揖讓升。賓西階上疑立。主人實觶酬賓，阼階上北面坐奠觶，遂拜，執觶興。賓西階上荅拜。酬，勸酒也。酬之言周，忠信爲周。疏：卒洗至荅拜。注酬勸至爲周。釋曰：云賓西階上疑立者，待主人自飲故也。云酬之言周忠信爲周者，此解主人將酬賓，先自飲之意。以其酬賓若不自先飲，主人不忠信，恐賓不飲，示忠信之道，故先自飲，乃飲賓爲酬也。忠信爲周，《國語》文。

又：工四人，二瑟，瑟先。相者二人，皆左何瑟，後首，挎越，內弦，右手相。四人，大夫制也。二瑟，二人鼓瑟，則二人歌也。【略】疏：工四至手相。注四人至之者。釋曰：云四人，大夫制也者，此鄉大夫飲酒而云四人，《大射》諸侯禮而云六人，故知四人者，大夫制也。《燕禮》亦諸侯禮，而云四人者，鄭彼注云：工四人者，《燕禮》輕，從大夫制也。《鄉射》是諸侯之州長，士爲之，其中兼有鄉大夫，以三物詢衆庶行《射禮》法，故工亦四人，大夫制也。若然，士當二人，天子當八人，爲差次也。云二瑟，二人鼓瑟，則二人歌也者，既云工四人二人瑟，明二人鼓瑟可知也。

又：工歌《鹿鳴》、《四牡》、《皇皇者華》。三者皆《小雅》篇也。《鹿鳴》，君與臣下及四方之賓燕，講道脩政之樂歌也。此采其己有旨酒，以召嘉賓，嘉賓既來，示我以善道。又樂嘉賓有孔昭之明德，可則傚也。《四牡》，君勞使臣之來樂歌也。此采其勤苦王事，念將父母，懷歸傷悲，忠孝之至，以勞賓也。《皇皇者華》，君遣使臣之樂歌也。此采其更是勞苦，自以爲不及，欲諮謀於賢知而以自光明也。疏：工歌至者華。注三者至光明。釋曰：凡歌《詩》之法，皆歌其類。此時貢賢能，擬爲卿大夫，或爲君所燕食，以《鹿鳴》詩也；或爲君出聘，以《皇皇者華》詩也；或使反爲君勞來，以《四牡》詩也。故賓賢能而預歌此三篇，使習之也。云三者皆《小雅》篇也者，其詩見於《小雅》之內也。云《鹿鳴》君與臣下及四方之賓燕，講道脩政之樂歌也者，自此已下，鄭皆先引《詩序》於上，復引《詩經》於下，以其子夏作序，所以序述經意，故鄭並引之也。案《鹿鳴》序云：《鹿鳴》，燕羣臣嘉賓也。然後羣臣嘉賓得盡其心之事，還依序而言也。云此采其己有旨酒，以召嘉賓，嘉賓既來，示我以善道至可則傚也者，案彼經云我有旨酒，以燕樂嘉賓之心，又云示我周行，德音孔昭，視民不恌，是則是傚之事。《四牡》序云：勞使臣之來也。經云：王事靡盬，我心傷悲，豈不懷歸，將母來諗。《皇皇者華》序云：君遣使臣也。經云：於彼原隰，駪駪征夫，每懷靡及，周爰諮謀之事，故鄭依而引之爲證也。

又：乃間歌《魚麗》，笙《由庚》；歌《南有嘉魚》，笙《崇丘》；歌《南山有臺》，笙《由儀》。間，代也，謂一歌則一吹。六者皆《小雅》篇也。《魚麗》，言大平年豐物多也。此采其物多酒旨，所以優賓也。《南有嘉魚》，言大平君子有酒樂與賢者共之也。此采其能以禮下賢者，賢者纍蔓而歸之，與之燕樂也。《南山有臺》，言大平之治以賢者爲本。此采其愛友賢者，爲邦家之基，民之父母，既欲其身之壽考，又欲其名德之長也。《由庚》、《崇丘》、《由儀》，今亡，其義未聞。疏：【略】《詩》云：君子有酒，嘉賓式燕以樂。《南山有臺》序云：樂得賢也。得賢則能爲邦家立大平之基矣。《詩》云：樂只君子，邦家之基。又云：樂只君子，民之父母，遐不眉壽是也。

又：乃合樂，《周南·關雎》、《葛覃》、《卷耳》，《召南·鵲巢》、《采蘩》、《采蘋》。合樂，謂歌樂與衆聲俱作。《周南》、《召南》，《國風》篇也。王后、國君夫人房中之樂歌也。《關雎》言后妃之德，《葛覃》言后妃之職，《卷耳》言后妃之志，《鵲巢》言國君夫人之德，《采蘩》言國君夫人不失職，《采蘋》言卿大夫之妻能脩其法度。昔大王、王季居于岐山之陽，躬行《召南》之教，以興王業。及文王而行《周南》之教，以受命。《大雅》云：刑于寡妻，至于兄弟，以御于家邦。謂此也。其始一國耳，文王作邑于豐，以故地爲卿士之采地，乃分爲二國。周，周公所食；召，召公所食。於時文王三分天下有其二，德化被于南土，是以其詩有仁賢之風者，屬之《召南》焉；有聖人之風者，屬之《周南》焉。夫婦之道，生民之本，王政之端，此六篇者，其教之原也。故國君與其臣下及四方之賓燕，用之合樂也。鄉樂者，風也。《小雅》爲諸侯之樂，《大雅》、《頌》爲天子之樂。《鄉飲酒》升歌《小雅》，禮盛者可以進取也。《燕》合鄉樂，禮輕者可以逮下也。《春秋傳》曰：《肆夏》、《繁遏》、《渠》，天子所以享元侯也。《文王》、《大明》、《緜》，兩君相見之樂也。然則諸侯相與燕，升歌《大雅》，合《小雅》，天子與次國、小國之君燕亦如之，與大國之君燕，升歌《頌》，合《大雅》。其笙間之篇未聞。疏：【略】《大雅》云刑于寡妻者，是《大雅·思齊》之詩也。引之者，證文王施化，自近及遠，自微至著之意。

又：作相爲司正。司正禮辭，許諾。主人拜，司正荅拜。作，使也。禮樂之正既成，將留賓，爲有解惰，立司正以監之。拜，拜其許。疏：作相爲司正。注作使至其許。釋曰：上經云一相迎于門外，今將燕使爲司正，監察賓主之事，故使相爲司正也。云禮樂之正既成者，謂主人與賓行獻酢之禮，是禮成也。升歌笙間，合樂三終，是樂成也。故鄭總言禮樂之正既成也。

（清）胡培翬《儀禮正義・鄉飲酒禮一》 鄉飲酒禮第四。鄭《目録》云：諸侯之鄉大夫，三年大比，獻賢者能者於其君，以禮賓之，與之飲酒，於五禮屬嘉禮。《大戴》此乃第十，《小戴》及《别録》，此皆第四。疏：正義曰：《釋文》獻上有將字。云諸侯之鄉大夫三年大比獻賢者能者於其君以禮賓之與之飲酒者，孔氏穎達《禮記正義》曰：鄭云：鄉飲酒有四事，一則三年賓賢能，二則鄉大夫飲國中賢者，三則州長習射飲酒，四則黨正蜡祭飲酒。總而言之，皆謂鄉飲酒。鄉則三年一飲，州則一年再飲，黨則一年一飲。所以然者，天子六鄉，諸侯三鄉，各有鄉大夫，而鄉有鄉學，取致仕在鄉之中大夫爲父師，致仕之士爲少師，在於學中，名爲鄉先生，教於鄉中之人謂鄉學。每年入學，三年業成，必升於君。若天子之鄉，則升學士於天子，諸侯之鄉，則升學士於諸侯。凡升之必用正月，將升用之，先爲飲酒之禮，鄉大夫與鄉先生謀士，擇學士最賢者使爲賓，次者爲介，又次者爲衆賓，皆鄉大夫爲主人，與之飲酒，而後升之。故《周禮・鄉大夫》職曰：三年則大比，考其德行道藝，而興賢者能者。鄉老及鄉大夫，帥其吏與衆寡，以禮禮賓之。若州一年再飲者，是春秋習射，因而飲之，以州長爲主人也。若黨一年一飲者，是歲十二月，國於大蜡祭，而黨中於學飲酒，子貢觀蜡是也。亦黨正爲主人。

（清）胡培翬《儀禮正義・鄉飲酒禮二》 工歌《鹿鳴》、《四牡》、《皇皇者華》，三者皆《小雅》篇也。《鹿鳴》，君與臣下及四方之賓燕，講道修政之樂歌也。此采其己有旨酒，以召嘉賓，嘉賓既來，示我以善道。又樂嘉賓有孔昭之明德，可則傚也。《四牡》，君勞使臣之來樂歌也。此采其勤苦王事，念將父母，懷歸傷悲，忠孝之至，以勞賓也。《皇皇者華》，君遣使臣之樂歌也。此采其更是勞苦，自以爲不及，欲諮謀於賢知而以自光明也。疏：正義曰：【略】云《鹿鳴》君與臣下及四方之賓燕講道修政之樂歌也者。小序云：《鹿鳴》，燕羣臣嘉賓也，既飲食之，又實幣帛筐篚以將其厚意，然後忠臣嘉賓得盡其心矣。鄭本小序爲説，修改括詩中意也。云采其己有旨酒以召嘉賓，嘉賓既來，示我以善道，又樂嘉賓有孔昭之明德，可則傚也者，彼詩云：我有旨酒，以燕樂嘉賓之心。又云：人之好我，示我周行。又云：德音孔昭，視民不恌，君子是則是傚。謂采此數語也。案鄭氏注《禮》在前，箋《詩》在後，故《詩》箋與《禮》注説多不合。示我周行，箋云：示當作寘，寘，置也。周行，周之列位也。人有以德善我者，我則置之於周之列位，言己惟賢是用。此注則謂人之好我，示我以善道，與毛傳：周，至也，行，道也。訓合。《禮記・緇衣》引此《詩》注，以爲示我忠信之道，與此注亦同。君子是則是傚，箋云：是乃君子所法傚，謂嘉賓爲君子所法傚。此注則以君子即嘉賓，嘉賓有明德，爲人所則傚也。較《詩》箋爲優。云《四牡》君勞使臣之來樂歌也，此采其勤苦王事，念將父母懷歸傷悲忠孝之至，以勞賓也者，小序云：《四牡》，勞使臣之來也，有功而見知則説矣。篇中有豈不懷歸，王事靡盬，我心傷悲，不遑將母，將母來諗等語。彼箋云：君勞其臣，敘述其情，而曰我豈不思歸乎？誠思歸也，故作此詩之歌以養父母之志，來告於君也，是所謂忠孝之至也。云《皇皇者華》君遣使臣之樂歌也，此采其更是勞苦，自以爲不及，欲諮謀於賢知而以自光明也者，小序云：《皇皇者華》，君遣使臣也，送之以禮樂，言遠而光有華也。篇中有駪駪征夫，每懷靡及，周爰諮謀等語，是欲諮謀賢知以自光明也。

又： 乃間歌《魚麗》，笙《由庚》，歌《南有嘉魚》，笙《崇丘》，歌《南山有臺》，笙《由儀》。間，代也，謂一歌則一吹。六者皆《小雅》篇也。《魚麗》，言大平年豐物多也。此采其物多酒旨，所以優賓也。《南有嘉魚》言大平君子有酒樂與賢者共之也。此采其能以禮下賢者，賢者纍蔓而歸之，與之燕樂也。《南山有臺》言大平之治以賢者爲本。此采其愛友賢者，爲邦家之基，民之父母既欲其身之壽考，又欲其名德之長也。《由庚》、《崇丘》、《由儀》，今亡，其義未聞。疏：正義曰：【略】云《南有嘉魚》言大平君子有酒樂與賢者共之也，此采其能以禮下賢者，賢者，纍蔓而歸之與之燕樂也者，小序云：《南有嘉魚》，樂與賢也，大平之君子樂與賢者共之也。彼箋云：樂得賢者而與立於朝，相燕樂也。篇中言南有樛木，甘瓠纍之，君子有酒，嘉賓式燕綏之，箋謂君子下其臣，故賢者歸德，故有酒與嘉賓燕樂而安之，是也。云《南山有臺》言大平之治以賢者爲本，此采其愛友賢者，爲邦家之基，民之父母既欲其身之壽考，又欲其名德之長也者，小序云：《南山有臺》，樂得賢也，得賢則能爲邦家立大平之基矣。篇中有樂只君子，邦家之基，樂只君子，萬壽無期，又樂只君子，民之父母，樂只君子，德音不已，是也。案彼箋云：人君既得賢者，置之于位，又尊敬以禮樂樂之，則能爲邦家之本，得壽考之福，是以壽考爲人君得賢之效。

又： 乃合樂，《周南・關雎》、《葛覃》、《卷耳》，《召南・鵲巢》、《采蘩》、《采蘋》。合樂，謂歌樂與衆聲俱作。《周南》、《召南》，《國風》篇也。王后國君夫人房中之樂歌也。《關雎》言后妃之德，《葛覃》言后妃之職，《卷耳》言后妃之志，《鵲巢》言國君夫人之德，《采蘩》言國君夫人不失職，《采蘋》言卿大夫之妻能循其法度。昔大王、王季，居於岐山之陽，躬行《召南》之教，以興王業。及文王而行《周南》之教以受命。《大雅》云：刑于寡妻，至于兄弟，以御于家邦。謂此也。其始一國耳，文王作邑于豐，以故地爲卿士之采地，乃分爲二國。周，周公所食，召，召公所食。於時文王三分天下有其二，德化被於南土，是以其詩有仁賢之風者，屬之《召南》焉，有聖人之風者，屬之《周南》焉。夫婦之道，生民之本，王政之端，此六篇者，其教之原也。故國君與其臣下及四方之賓燕，用之合樂也。鄉樂者，風也。《小雅》爲諸侯之樂，《大雅》、《頌》爲天子之樂。【略】疏：正義曰：【略】云昔大王王季至其教之原也者，言周之初，自近及遠，化家爲國，是以詩有《周南》、《召南》之分，而六篇居《二南》之首，爲教之原，是以合樂用之也。注中所言與《周南》、《召南》譜大略相同。小序云：《關雎》、《麟趾》之化，王者之風，故繫之周公。《鵲巢》、《騶虞》之德，諸侯之風，故繫之召公。而此云有仁賢之風者屬之《召南》，有聖人之風者屬之《周南》者，以周公、召公皆宣布文王之化，《周南》所言，皆天子后妃之事，故曰王者之風，而周公治内，又聖人也，故又曰聖人風。《召南》所言，皆諸侯大夫室家之事，故曰諸侯之風，而召公治外，布文王之化於諸侯，又賢人也，故又曰仁賢之風。王者諸侯，據所得之詩言，聖人仁賢，據周召言，兩説實相成也。

《儀禮注疏·鄉射禮》 鄉射禮第五。疏：《鄉射禮》第五。鄭《目録》云：州長春秋以禮會民，而射於州序之禮。謂之鄉者，州，鄉之屬，鄉大夫或在焉，不改其禮。射禮於五禮屬嘉禮。《大戴》十一，《小戴》及《别録》皆第五。釋曰：鄭云州長春秋以禮會人，而射於州序者，《周禮·地官·州長》職文也，鄭引之者，證此鄉射是州長射法。云謂之鄉者，欲見州長射，得名《鄉射》之意。云州，鄉之屬者，《周禮·大司徒》職云：五州爲鄉。是州屬鄉，故云州鄉之屬。云鄉大夫或在焉者，一鄉管五州，鄉大夫或宅居一州之内，則鄭注《禮記》云或則鄉之所居州黨，而鄉大夫來臨此射禮，是爲鄉大夫在焉，則名《鄉射》。又鄉大夫三年大比，興賢者能者訖，而以鄉射之禮五物詢衆庶，亦行此州長射禮以詢之，亦是鄉大夫在焉，故名爲《鄉射》。云不改其禮者，雖鄉大夫在，其禮仍依州長射禮，故云不改其禮。案經鄉大夫射於庠，云堂則由楹外，又云堂則物當楣，又云大夫用兕中，其禮與士射於序别，而云不改者，《大射》鄉大夫、士射，先行鄉飲酒禮，及未旅而射，爲不改其實，亦有少異也。鄭云射禮於五禮屬嘉禮者，案《周禮·大宗伯》云：以嘉禮親萬民。下有以賓射之禮親故舊朋友，故知屬嘉禮也。

鄉射之禮。主人戒賓。賓出迎，再拜。主人荅再拜，乃請。主人，州長也。鄉大夫若在焉，則稱鄉大夫也。戒猶警也，語也。出迎，出門也。請，告也。告賓以射事，不言拜辱，此爲習民以禮樂，不主爲賓己也。不謀賓者時，不獻賢能，事輕也。今郡國行此禮以季春。《周禮》鄉老及鄉大夫，三年正月獻賢能之書於王，退而以鄉射之禮五物詢衆庶。諸侯之鄉大夫既貢士於其君，亦用此禮射而詢衆庶乎？疏：【略】云《周禮》至衆庶，皆《周禮·鄉大夫》職文。引之者，證此鄉射中兼有鄉大夫行射禮，故有射於堂及兕中之事。云五物者，案彼云：一曰和，二曰容，三曰主皮，四曰和容，五曰興舞。鄭注云和載六德，容包六行也。庶民無射禮，因田獵分禽則有主皮。主皮者，張皮射之，無侯也。主皮、和容、興舞，則六藝之射與禮樂與。當射之時，民必觀焉，因詢之也是也。鄭云和載六德者，和是六德之下，六德大，故舉下以載上也。容爲孝者，人有孝行則性行含容，故以孝爲容。孝是六行中之大，故舉上以包下，故云容包六行也。云主皮六藝之射者，但六藝中，射總言諸射，不專據主皮。但三物教萬民，射唯有主皮，此詢衆庶，不兼士已上，故以主皮爲六藝之射。以和容爲禮者，禮之用，和爲貴。又行禮有容儀，是以漢時謂禮爲容，故以禮爲和容也。以樂爲興舞者，爲樂必興舞，故興舞以表樂也。若然，六德與六行在身所有，故可舉少以兼多，六藝施於外，非獨身所行，不可舉一以包六。但六者之中，御與書、數三者，於施化民爲緩，故特舉禮、樂與射而言之。鄭以主皮，和容、興舞，非射及禮樂之正名，故云乎以疑也。

又： 主人揖升，坐取爵于序端，降洗，升實爵西階上獻衆賓。衆賓之長升，拜受者三人。長，其老者。言三人，則衆賓多矣。國以多德行、道藝爲榮，何常數之有乎？疏：【略】云國以多德行、道藝爲榮者，案《周禮·大司徒》以鄉三物教萬民，一曰六德，二曰六行，三曰六藝。此既鄉人，則德行亦據六德、六行、道藝則六藝也。此並與《鄉飲酒》賓、介與衆賓之類，並來與在射中，是以孔子射於矍相之圃，觀者如堵墻。彼亦據孔子爲鄉大夫，習人以禮樂之射，至於誓之於後，僅有存焉，亦無常數之事也。

又： 乃合樂，《周南·關雎》、《葛覃》、《卷耳》，《召南·鵲巢》、《采蘩》、《采蘋》。不歌、不笙、不閒，志在射，畧於樂也。不畧合樂者，《周南》、《召南》之風，鄉樂也，不可畧其正也。昔大王、王季、文王始居岐山之陽，躬行《召南》之教，以成王業，至三分天下，乃宣《周南》、《召南》之化，本其德之初，刑于寡妻，至于兄弟，以御于家邦，故謂之鄉樂。用之房中以及朝廷《饗》、《燕》、《鄉射》、《飲酒》，此六篇其風化之原也。是以合金石絲竹而歌之。疏：【略】云《頌》及《大雅》天子樂，《小雅》諸侯樂，此《二南》鄉大夫樂，但《鄉飲酒》、《鄉射》是大夫、士爲主人，故大夫、士樂爲鄉樂者也。云不可畧其正也者，《二南》是大夫、士之鄉樂，己之正樂，故云不可畧其正者也。云昔大王已下，於《鄉飲酒》注已説，義具於彼，此注畧言之耳。若然者，《燕禮》與《鄉飲酒》文同，注又與《燕禮》不異者，以其《鄉射》與《鄉飲酒》同是大夫、士禮，卿大夫、士行《射禮》，先行《鄉飲酒禮》，《鄉飲酒》與《鄉射》自爲首尾。

又： 上射揖。司射退反位。樂正東面命大師，曰：奏《騶虞》，閒若一。東面者，進還鄉大師也。《騶虞》，《國風·召南》之詩篇也。《射義》曰：《騶虞》者，樂官備也。其詩有一發五豝、五豵，于嗟騶虞之言，樂得賢者衆多，嘆思至仁之人以充其官，此天子之射節也。而用之者，方有樂賢之志，取其宜也。其他賓客、鄉大夫則歌《采蘋》。閒若一者，重節。

又： 凡侯，天子熊侯，白質；諸侯麋侯，赤質；大夫布侯，畫以虎豹；士布侯，畫以鹿豕。此所謂獸侯也，燕射則張之。鄉射及賓射，當張采侯二正。而記此者，天子諸侯之燕射，各以其鄉射之禮而張此侯，由是云焉白質、赤質，皆謂采其地。其地不采者，白布也。熊、麋、虎、豹、鹿、豕，皆正面畫其頭象於正鵠之處耳。君畫一，臣畫二，陽奇陰偶之數也。燕射射熊、虎、豹，不忘上下相犯。射麋、鹿、豕，志在君臣相養也。其畫之皆毛物之。疏：【略】云君畫一，臣畫二，陽奇陰偶之數也者。《禮記·郊特牲》云：君之南鄉，荅陽之義也。臣之北面，荅君也。是君陽臣陰，又天一生水，地二生火，是一二陰陽之數，故云君一臣二，陽奇陰偶之數也。云燕射射熊虎豹，不忘上下相犯者，三者皆猛獸，不苟相下，若君臣之道，亦獻可者替，否者不苟相從，輒當犯顔而諫，似獸等，故用之。云射麋、鹿、豕，志在君臣相養也者，案《内則》云麋鹿豕皆有軒，並是可食之物，故云相養也。

又： 古者於旅也語。禮成樂備，乃可以言語，先王禮樂之道也。疾今人慢於禮樂之盛，言語無節，故追道古也。

（清）胡培翬《儀禮正義·鄉射禮一》 乃合樂《周南·關雎》、《葛覃》、《卷耳》、《召南·鵲巢》、《采蘩》、《采蘋》。不歌、不笙、不閒，志在射，略於樂也。不略合樂者，《周南》、《召南》之風，鄉樂也，不可略其正也。昔大王、王季、文王始居岐山之陽，躬行以成王業，至三分天下，乃宣《周南》、《召南》之化，本其德之初，刑于寡妻，至于兄弟，以御于家邦，故謂之鄉樂。用之房中以及朝廷《饗》、《燕》、《鄉射》、《飲酒》，此六篇其風化之原也，是以合金石絲竹而歌之。疏：正義曰：【略】《鄉飲酒》以興賢能，故升歌閒歌，備陳君臣相悦上下志同之樂，使觀感而興起焉。學士習射，則歌《二南》，使盡志於修身齊家之要可矣。

（清）胡培翬《儀禮正義·鄉射禮二》 三耦卒飲，賓主人大夫不勝，則不執弓，執爵者取觶降洗，升實之，以授于席前。優尊也。疏：正義曰：敖氏繼公云：上射勝則酌主人大夫，下射勝則酌賓，授于席前，賓主人則於其右，大夫則於其左，皆邪鄉之。注云優尊也者，郝氏敬云：賓主人大夫飲，不執弛弓，不親取觶，觶必洗，必授之席前，不反奠，殊尊也。方氏苞云：雖優尊者，實與不勝者同罰。蓋古者武事莫重於射，君臣長幼，莫不盡志於此，無事則以習禮樂，有事則以決戰勝，所以保國衛民，將於是乎在。大夫、州長，即有事時之軍帥、師帥也。故老病不能射者，可辭於請射之初，而與於射則不敢寬其罰，蓋法不行於貴者，則無以肅其下也。又曰：騰酬爵，以奠而不敢授爲敬，舉射爵則反之，何也？以飲爲罰，非獻酬以將愛敬之比，故奠於豐，俾自取飲，使尊者自降而取飲，則義不安，故又使執爵者升授也。

（清）胡培翬《儀禮正義·鄉射禮三》 使能，不宿戒。能者敏於事，不待宿戒而習之。疏：正義曰：亦云使能者，此賓雖輕，然必以有才德者爲之，不可使不賢而居尊位也。不宿戒者，亦以國之公禮，詢衆庶習射皆有定期故也。注誤。方氏苞云：不能則不能與於射，不待勝負分，而已有所愧厲矣。能者始得與於射，則鄉大夫興賢能，非德行道藝有可觀，不得與於衆賓可知矣。州長教射而徵學士，事有故常，無用先期而戒之。

又： 唯君有射于國中，其餘否。臣不習武事於君側也。古文有作又，今文無其餘否。疏：正義曰：敖氏云：其餘否，謂人臣不爲射主於國中也。君有射於國中者，以其於公宫爲之也。若人臣之家，其庭淺隘，器用又未必備，故射則必於鄉州之國行事焉。是雖居於國，而欲射於其中，亦不可得也。此不惟見尊君之意，亦其勢然爾。胡氏肇昕云：注臣不習武事於君側也一語，立尊卑之準，定君臣之分，得先王制禮之精意。敖氏之説，故與鄭異，乃不自知其謬也。焦氏以恕曰：春秋二百年中，臣凌其君者有之，臣不習武事於國中，設爲此制，以杜漸防微，以此坊民，猶有跋扈恣睢，尾大不掉者。若之何而有中庭淺隘器用不備之説也。謬亦甚矣。云古文有作又今文無其餘否者，胡氏承珙云：古有、又字多通，此有射於國中，對大夫士不得在國射，故當作有。今文無其餘否，亦文不備，故鄭不從。胡氏肇昕云：有之言或也，君有射於國中者，言君或射於國中也。若大夫士則否矣。

《論語注疏·鄉黨》 席不正，不坐。鄉人飲酒，杖者出，斯出矣。孔曰：杖者，老人也。鄉人飲酒之禮，主於老者，老者禮畢，出，孔子從而後出。疏：正義曰：此明坐席及飲酒之禮也。凡爲席之禮，天子之席五重，諸侯之席三重，大夫再重。席南鄉北鄉，以西方爲上；東鄉西鄉，以南方爲上。如此之類，是禮之正也。若不正，則孔子不坐也。杖者，老人也。鄉人飲酒之禮，主於老者，老者禮畢出，孔子則從而後出也。

又： 見齊衰者，雖狎，必變。孔曰：狎者，素親狎。見冕者與瞽者，雖褻，必以貌。周曰：褻，謂數相見，必當以貌禮之。凶服者，式之。式負版者。孔曰：凶服，送死之衣物。負版者，持邦國之圖籍。有盛饌，必變色而作。孔曰：作，起也。敬主人之親饋。迅雷風烈，必變。鄭曰：敬天之怒，風疾雷爲烈。疏：正義曰：此一節言孔子見所哀恤，及敬重之事，爲之變容也。見齊衰者，雖狎必變者，狎謂素相親狎。言見衣齊衰喪服者，雖素親狎，亦必爲變容，此即哀有喪也。見冕者與瞽者，雖褻必以貌者，冕，大夫冠也。瞽，盲也。褻謂數相見也。言孔子見大夫與盲者，雖數相見，必當以貌禮之，此即尊在位，恤不成人也。凶服者式之，式負版者者，凶服，送死之衣物也。負版者，是持邦國之圖籍者也。式者，車上之横木，男子立乘，有所敬，則俯而憑式，遂以式爲敬名。言孔子乘車之時，見送死之衣物，見持邦國之圖籍者，皆憑式而敬之也。有盛饌，必變色而作者。作，起也。謂人設盛饌待己，己必改容而起，敬主人之親饋也。迅雷風烈必變者，迅，急疾也。風疾，雷爲烈，此陰陽氣激，爲天之怒，故孔子必變容以敬之也。注孔曰狎者素親狎。正義曰：案《左傳》宋華弱與樂輿少相狎。《曲禮》云：賢者狎而敬之。狎是相褻慢，相貫習之名也，故爲素相親狎也。注負版者持邦國之圖籍。正義曰：案《周禮·小宰》職曰：聽閭里以版圖。注云：版是戸籍圖也。聽人訟地者，以版圖決之。《司書》職曰：邦中之版，土地之圖。以圖籍相將之物，故知負版者是持邦國之圖籍也。

（清）劉寶楠《論語正義·鄉黨》 鄉人飲酒，杖者出，斯出矣。注：孔曰：杖者，老人也。鄉人飲酒之禮，主於老者，老者禮畢出，孔子從而後出。正義曰：稱鄉人者，言同一鄉之人，與下鄉人儺同。《周官·酒正》有爲公酒者。疏云：鄉射飲酒數事，爲國行禮，不可斂民，故得公酒。又《族師》疏云：州長、黨正有飲酒禮，皆得官物爲之。然則此文飲酒，亦是公酒。注杖者至後出。正義曰：《說文》云：杖，持也。《曲禮》注云：杖，可以策身。《吕氏春秋·異用》云：孔子以六尺之杖，諭貴賤之等，辨疏親之義。所云六尺，亦大略言之。《王制》云：五十杖於家，六十杖於鄉，七十杖於國，八十杖於朝。此行鄉飲，年六十以上有杖，即注所云老人也。《禮·鄉飲酒義》疏云：此篇前後凡有四事：一則三年賓賢能，二則鄉大夫飲國中賢者，三則州長習射飲酒也，四則黨正蜡祭飲酒。總而言之，皆謂之鄉飲酒。鄉則三年一飲，州則一年再飲，黨則一年一飲也。段氏玉裁《經韻樓集》說：鄉飲酒禮，古謂之饗。《說文》：饗，鄉人飲酒也。從鄉食，會意。其禮主於養老。賓興賓能之文，見於《鄉飲酒義》者，乃用尚齒之禮。以禮賢能，鄉大夫之職所謂以禮禮賓之者也。方氏觀旭《偶記》：此經云杖者出，斯出矣，是主於敬老。《黨正》職云：國索鬼神而祭祀，則以禮屬民，而飲酒於序，以正齒位。《鄉飲酒義》第五節云：六十者坐，五十者立侍，以聽政役，所以明尊長也。六十者三豆，七十者四豆，八十者五豆，九十者六豆，所以明養老也。注以《黨正》正齒位之禮解之，與此經有杖者，同是敬老之事，故知此鄉人飲酒，爲黨正蜡祭飲酒也。若鄉大夫飲國中賢者，與州長習射飲酒，無關養老，其賓賢能之鄉飲酒，則以鄉學之士將升者賢者爲賓，其次爲介，其次爲衆賓，此皆年少者爲之，不得有杖者也。《禮》言六十杖於鄉，夫子與鄉人飲酒，而出後杖者，則時爲立侍之衆賓可知。《黨正》飲酒亦稱鄉者，黨、鄉之細，與州長以禮會民而射於州序之飲，同得爲鄉飲酒。康成云：謂之鄉者，州、黨，鄉之屬也。又有別解云：或則鄉之所居州黨，鄉大夫親爲主人焉是也。蜡祭飲酒，初雖正齒位，及其禮末，皆以醉爲節。《雜記》云：子貢觀於蜡曰：一國之人皆若狂。是既醉而出之時，不復有先後之次，此夫子杖者出，斯出矣，所以爲異於人。案：方說卽此注意。《鄉飲酒禮》云：明日息。《司正記》云：徵惟所欲以告於先生君子可也。注云：先生不以筋力爲禮，於是可以來。君子，國中有盛德者。是賓賢能之禮，不主養老，故惟蜡飲近之。又《族師》有春秋祭酺。《詩·鳧鷖》箋：有祭社宗燕飲，皆民間自爲飲酒之事，其禮亦非養老，解者多援以釋《論語》，蓋未是。

又： 問人於他邦，再拜而送之。注：拜送使者，敬也。正義曰：《說文》：問，訊也。己或有事問人，或聞彼有事，使人問之。凡問人，有物以表意，故問亦訓遺。《曲禮》凡以弓、劍、苞苴、簞、笥問人是也。此問人於他邦，亦當有物，人指朋友言。皇疏以問爲聘問，人爲鄰國之君，非也。再拜，卽《禮》之空首。鄭注《大祝》以空首爲拜，頭至手。段氏玉裁釋拜，以空首爲跪而拱手，首俯至手，故對稽首之頭著地，而以不著地者爲空首。王氏壍《正義》以空首爲首俯而不至手，首與尻平，故荀卿言平衡曰拜。但以手據地，故曰拜手。其首空懸，故曰空首。三說不同，以王爲允。王又云：經中不見空首之文，以或言拜，或言拜手，皆空首也。據王說，則此文再拜，當爲空首之再拜矣。《大祝》：七曰奇拜，八曰褒拜。鄭大夫云：奇拜，謂一拜也。褒讀爲報，報拜，再拜是也。凡拜有奇有耦，耦者尤爲敬也。《曲禮》：君使反，則拜送於門外。己使歸，則下堂而受命。己使卑於君，受命既在堂下，則拜送亦必在堂下，異於君使反送之禮矣。《少儀》：凡膳告于君子，主人展之。以授使者，於阼階之南，南面再拜稽首送。是拜送不出門，以彼例此，知亦不出門矣。江氏永《圖考》曰：其時使者不答拜，鄭注《儀禮》云：凡爲人使不當其禮是也。

（宋）鄭樵《通志》卷四四《禮略·嘉禮·鄉飲酒》 臣謹按：鄉飲酒者，王道之始也。尚齒尊賢，莫尚乎此，自漢歷唐，未嘗廢也，惟宋家以淳化中講究未備，遂爾因循。近日，緣明州舉行其事，朝廷遂下《明州會例》，而頒之天下，未幾而廢，以明州之士不識禮意，不可以行也。何哉？鄉飲禮者，惟《儀禮》詳明，所以唐太宗但録其一卷而頒之。明州之行不知本《儀禮》，但取《禮記·鄉飲義》，不本全經，何以行事？臣爲是作《鄉飲禮》三種，書蓋本《儀禮》於古，而參《開元禮》於今，復取於歷代而損益之，今此篇但記前代所行云。

（宋）吕大鈞《吕氏鄉約·德業相勸》 德謂見善必行，聞過必改，能治其身，能治其家，能事父兄，能教子弟，能御僮僕，能事長上，能睦親故，能擇交游，能守廉介，能廣施惠，能受寄託，能救患難，能規過失，能爲人謀，能爲衆集事，能解鬭爭，能決是非，能興利除害，能居官舉職。凡有一善，爲衆所推者，皆書於籍以爲善行。業謂居家則事父兄、教子弟、待妻妾，在外則事長上、接朋友、教後生、御僮僕。至於讀書、治田、營家、濟物，好禮樂射御書數之類，皆可爲之。非此之類，皆爲無益。

又： 過失相規。過失，謂犯義之過六，犯約之過四，不修之過五。犯義之過：一曰酗博鬭訟。酗，謂恃酒諠競。博，謂博賭財物。鬭，謂鬭毆罵詈。

訟，謂告人罪愿，意在害人者，若事干負累，及爲人侵損而訴之者，非。二曰行止踰違。踰違多端，衆惡皆是。三曰行不恭孫。侮慢有德有齒者，持人短長及恃强陵犯衆人者，知過不改，聞諫愈甚者。四曰言不忠信。爲人謀事，陷人於不善。與人要約，退即背之，及誣妄百端皆是。五曰造言誣毁。誣人過惡以無爲有，以小爲大，面是或作嘲詠匿名文書及發揚人之私，無狀可求，及喜談人之舊過者。六曰營私太甚。與人交易傷於掊克者，專務進取不卹餘事者，無故而好干求假貸者，受人寄託而有所欺者。犯約之過：一曰德業不相勸，二曰過失不相規，三曰禮俗不相成，四曰患難不相恤。不修之過：一曰交非其人。所交不限士庶，但凶惡及游惰無行衆所不齒者，若與之朝夕游從，則爲交非其人，若不得已暫往還者非。二曰游戲怠惰。游，謂無故出入及謁見人止務閑適者。戲，謂戲笑無度及侵侮或馳馬擊鞠之類，不賭財物者。怠惰，謂不修事業及家事不治，門庭不潔者。三曰動作無儀。進退太踈野及不恭者，不當言而言，當言而不言者，衣冠太飾及全不完整者，不衣冠入街市者。四曰臨事不恪。主事廢忘，期會後時，臨事怠慢者。五曰用度不節。不計家之有無過爲侈費者，不能安貧而非道營求者。已上不修之過，每犯皆書於籍，三犯則行罰。

又：禮俗相交。凡行婚姻、喪葬、祭祀之禮，禮經具載，亦當講求。如未能遽行，且從家傳舊儀，甚不經者，當漸去之。

凡與鄉人相接，及往還書問，當衆議一法共行之。

凡遇慶弔，每家只家長一人與同約者皆往，其書問亦如之。若家長有故，或與所慶弔者不相識，則其次者當之。所助之事，所遺之物，亦臨時聚議，各量其力，裁定名物及多少之數。若契分淺深不同，則各從其情之厚薄。

凡遺物婚嫁及慶賀用幣帛、羊、酒、蠟燭、雉兎、果實之類，計所直多少，多不過三千，少至一二百。喪葬始喪則用衣服或衣段以爲襚禮，以酒脯爲奠禮，計直多不過三千，少至一二百。至葬則用錢帛爲賻禮，用猪、羊、酒、蠟燭爲奠禮，計直多不過五千，少至三四百。災患如水火、盜賊、疾病、刑獄之類，助濟者以錢帛、米穀、薪炭等物，計直多不過三千，少至二三百。

凡助事謂助其力所不足者，婚嫁則借助器用，喪葬則又借助人夫及爲之營幹。

又：患難相恤。患難之事七。一曰水火。小則遣人救之，大則親往多率人救之，並弔之耳。二曰盜賊。居之近者同力捕之，力不能捕則告於同約者，及白於官司，盡力防捕之。三曰疾病。小則遣人問之，稍甚則親爲博訪醫藥。貧無資者助其養疾之費。四曰死喪。闕人幹則往助其事，闕財則賻物及與借貸吊問。五曰孤弱。孤，遺無所依者，若其家有財可以自贍，則爲之處理，或聞於官，或擇近親與隣里可託者主之，無令人欺罔。可教者，爲擇人教之，及爲求婚姻。無財不能自存者，叶力濟之，無令失所。若爲人所欺罔，衆人力與辨理。若稍長而放逸不檢，亦防察約束之，無令陷於不義也。六曰誣枉。有爲誣枉過惡不能自申者，勢可以聞於官府則爲言之，有方略可以解則爲解之。或其家因而失所者，衆以財濟之。七曰貧乏。有安貧守分而生計大不足者，衆以財濟之，或爲之假貸置產，以歲月償之。凡同約者，財物、器用、車馬、人僕皆有無相假，若不急之用，及有所妨者，亦不必借。可借而不借，及踰期不還，及損壞借物者，皆有罰。凡事之急者，自遣人徧告同約。事之緩者，所居相近及知者告於主事，主事徧告之。凡有患難，雖非同約，其所知者，亦當救恤。事重則率同約者共行之。

又：罰式。犯義之過，其罰五百。輕者或損至四百三百。不脩之過及犯約之過，其罰一百。重者或增至二百三百。凡輕過規之而聽及能自舉者，止書於籍，皆免罰，若再犯者不免。其規之不聽，聽而復爲及過之大者，皆即罰之。其不義已甚，非士論所容者，及累犯重罰而不悛者，特聚衆議，若決不可容，則皆絶之。

又：聚會。每月一聚具食，每季一會具酒食，所費率錢合當事者主之。遇聚會則書其善惡，行其賞罰，若約有不便之事，共議更易。

又：主事。約正一人或二人，衆推正直不阿者爲之，專主平決賞罰當否。直月一人，同約中不以高下依長少輪次爲之，一月一更，主約中雜事。

人之所賴於鄰里鄉黨者，猶身有手足，家有兄弟，善惡利害皆與之同，不可一日而無之，不然則秦越其視，何與於我哉。大忠素病於此，且不能勉，願與鄉人共行斯道，懼德未信，動或取咎，敢舉其目，先求同志，苟以爲可，願書其諾，成吾里仁之美，有望於衆君子焉。

（宋）吕大鈞《鄉儀》 相見之節。歲首，冬至，月朔。不必每月皆行，遇三兩月久不相見乃行。辭見，謂久出而歸則見，遠適將行則辭，出入不及一月者非。謝賀。己有慶事當謝，人有慶事當賀。請召。請召飲食或議事同。燕見。非時議事問訊，皆謂燕見。已上有雨雪或恙故皆止。

又：長少之名。長者，謂長於己十歲以上者；父之執及無服之親，在父行者，及異爵者皆是。敵者，謂與己上下不滿十歲者；少者，謂少於己十歲以上者。

又：往還之數。少者於長者，歲首、冬至、辭見、謝賀皆行，月朔不常行，有故則使人告之。

長者於少者，燕見之外，惟施報禮。若五十以上，雖報禮亦息行，或令子弟代之。時節若遇雨雪或他故，徧諭少者止之。

敵者更相往還，或有故不能行，則以書或傳語告之。

又：衣冠。見長者，皆幞頭，惟燕見用帽子。見敵者，皆幞頭，惟辭見、燕見帽子。見少者，帽子，惟行報禮或用幞頭，亦不如常請召如主人之服。

又：刺字。見長者，用名紙；見敵者以下，用刺字。其文止曰：某郡姓名而已，有爵者並爵書之。見一家二人以上，則人用一刺。古者聞名將命者，止以口達姓名而已，無刺字，後世彌文恐致差失，乃以紙書姓名達之，達姓名至恭之禮，若加辭語，則失其義，欲稍止之，故立此儀。燕見及赴請召皆不用。

又：往見進退之節。見長者，門外下馬，以刺授將命者，無將命則自命僕人展刺。燕見則使人白之，乃俟乎外次。無外次及雨雪，則俟于廊廡下或廳側偏次。主人出迎，則趨揖之。告退，則降階，出門上馬。主人送，則揖而退，若命之上馬，則辭；不得命，則就階上馬。若爵、齒、德當致恭者，則堅辭之，不從則已。

見敵者，門外下馬，俟于廊廡，有雨雪則廊廡或廳側偏次以俟，命僕人展刺，燕見則白之。主人出迎，則進揖之。告退，則就階上馬。

見少者，廊廡間下馬，無廊廡或主人在廳則入門下馬，有雨雪則就廳側下馬，立俟，命僕人展刺，或口報。相見畢，告退，則就階上馬。古者客車不入大門，請見人皆立於門外，聞名於將命者，俟主人出乃進。近世惟施於尊者，其餘或失賓主之儀。

凡徒行往見，所俟之次如上儀。

凡往見人，入門必問主人食否，有他幹否，有他客否，度其無所妨則命展刺，有所妨則少俟，或且退。若有恙故，不繫此。

凡見人，主人語終不更端，則告退，及主人有倦色或方幹事而有所俟者，皆告退可也。

又：賓至迎送之節。長者來見，先聞之，則具衣冠以俟。若門外下馬或徒行，則出迎于門外，若不及知及入門下馬者，據所至迎之，退則送上馬，徒行則送於大門外。

敵者來見，俟展刺，具衣冠，據所在出迎，退則送上馬，若徒行則送於中門外，無中門則送於大門可也。

少者來見，俟展刺，具衣冠，將命者出請，賓入，主人迎於庭下。既退，或留就階上馬，則送其上馬，或出外上馬，則送之于門。

又：拜揖。見長者，旅見則旅拜，主人辭則特拜，若辭不拜則揖之。昔嘗納拜者，皆四拜，主人辭則再拜，堅辭則揖之。若欲納拜者，主人納則四拜，如不納則再拜。燕見不拜，惟嘗納拜者，不見三日以上皆再拜，主人辭則揖之。

見敵者，皆再拜，燕見及主人辭疾則不拜。

見少者，皆不拜，惟拜辱，則賓或先拜，或不敵則主人亦先拜。燕見則主人先拜，賓辭則止。

又：請召。請召長者飲食，必親往面致其意，諾則拜之，長者辭則止。既赴召，明日親往拜辱。若專召他客者，不可兼召長者。

召敵者，以書簡。既赴召，明日傳言謝其辱。

召少者，以客目或傳言。

赴長者召，若有衆客則約之同往，不可約候於別次，始見則拜其見召，主人辭則止。明日又親拜賜，主人預辭則書簡謝之，若非專召則不必拜。

赴敵者召，始見則揖謝之，明日傳言謝之。

赴少者召，始見以言謝之，明日傳言謝之。

若長者召少者議事，皆即往，有故則告其所以。

又：齒位。凡聚會，皆鄉人則坐以齒，非士類者不必以齒。若有親則別敘，若有他客，有爵者則坐以爵，不相妨者猶以齒。若有異爵者，雖鄉人亦當不以齒。異爵者，如命士大夫以上。古者一命齒於鄉里，再命齒於父族，三命而不齒。若特請召或迎勞出餞，皆以專召者爲上客，不以齒爵，餘爲衆賓，坐如常儀。如昏禮亦以姻家爲上客。

又：獻酢。凡特請召及餞勞，若以長者、貴者爲上客，則初坐，主人興取上客酒盃就盥洗，上客興辭，主人命贊者執事者執盃，親執酒斟之，執盃以獻，上客受之，以授贊者，置於席前，置在果卓上。主人再拜，上客荅拜，上客復酢，主人如前儀。主人乃獻衆賓，命贊者偏取衆賓酒盃，親洗及盥，以次斟酒，執獻衆賓，衆賓各受盃，以授贊者，各置於席前。若主人是長者，則衆賓旅拜，是敵者以下，則皆揖不拜，主人乃揖就坐，又揖上客及衆賓，皆祭酒，祭少許於地。乃飲。卒飲，主人興拜，上客荅拜。若敵者爲上客，皆如長者之儀，惟卒飲不拜。若少者爲上客，亦如前儀。惟上客先拜，主人荅拜，若主人辭則止。若衆賓中有長者，貴者當致恭，則特獻如上客儀。若婚會，以姻家爲上客，其獻不以長少，皆如前儀。

又：道途相遇。遇長者，皆乘馬，若不敵則回避，其次則立馬於道側，長者揖之則揖之，俟長者過乃行。若長者徒行，雖已迴避，遠見之，則先下馬前揖，既過乃上馬。若長者揖上馬，則辭之。

遇敵者，皆乘馬，則分道而行，揖之而過者。徒行雖已迴避，見之則下馬，揖之，遂上馬，若道有泥濘及猥雜不可駐足，則傳謝之。

遇少者乘馬，若立馬於道側，則揖進之，既及前，則揖行遂過。若少者徒行已迴避，則不下馬，避不及則下馬揖之，如敵者儀。

凡徒行遇所識者，乘馬皆先回避。

又：獻遺。凡遠行者贐之，遠歸者勞之，久不相聞及歲時則有問，久不相見及自遠而至則有遺。有新物遠物可以分，知人所欲所闕物可以贈，皆隨其情之厚薄，斟酌行之。非所行而行之及當行而太數皆爲黷，物多則爲貨，當行而不行則爲吝。物雖微陋，誠則受之；物雖豐美，不誠不恭則辭之。

凡獻者以狀列物致恭者，白而後獻。遺敵者則以書簡，遺少者則傳言，或以幅紙書其名物。

凡獻遺於長者，一辭再辭則止，敵者以下再辭三辭則止。

凡受遺，以義可受則皆不辭，可受而物多，則量數而受，無名則終辭之。

凡受長者遺，若所致恭而禮厚者，親往拜賜，其次以書謝之。於敵者報之，於少者傳言而已。

又：迎勞。長者自遠歸，所厚者迎於近郊，俟於道左邸舍，將至，令僕人展刺，長者下馬，則進揖不拜，問訊起居，長者復上馬，則從至其家，見之乃退。若長者不下馬，命之上馬，則上馬立竢於道側以揖之，不敵則堅辭避之。

敵者則馬上揖問，勞畢，請所迎者先行，或堅辭則或先或後，勿同行，不可在所迎者之先。

少者不迎，若當勞者，如請召獻酢儀。

又：餞送。長者遠行，以情之厚薄爲送之遠近，或勢不能遠者亦不必遠。先俟於道左邸舍，命僕人展刺，長者下馬則進揖，或具酒食則延請獻酢，不具酒食則告別，送之上馬。

敵者，若有酒食，則如長者儀，不必展刺，無酒食則立馬於道側，俟其至，揖之，更送百餘步，去者辭之，則告別，其送者亦推，去者先行，去者堅辭則遂揖別而退。若將行，以酒食爲餞，則如請召獻酢儀。

又：祭先。祭先之禮，自天子至於庶人，節文名物，差等雖繁，然以禮事親，其義則一。寢廟雖不崇，而修除不可不嚴；牲物雖不腆，而亨饎不可不親；器皿雖不備，而濯溉不可不潔；禮雖不得爲，而誠意不可不盡。故齊宿薦徹，致愛與恭，豈可徇流俗燕褻之常，尚鄙陋不經之事？今雖未能方古，亦當略舉春秋之薦，旬日具修，三日齋戒，務在躬親誠潔而已。節文有不備則可漸求，非禮之祠削之爲善，如有意復古，自可本諸禮經。

又：祭旁親。近世祭多及旁親，情雖近愛，事則無義。禮惟殤與無後，始祭於宗子之家，自餘祭者皆爲祭非其鬼。蓋致隆祖考，不得不然。

又：祭五祀。士大夫止當祭五祀耳，山川百神皆國家所行，不可得而祀。近世流俗，妄行祭禱，黷慢莫甚，豈有受福之理哉？

又：禱水旱。水旱之災，止可相率祈禱里社，至誠齊潔，奠以酒脯可也。若妄行望祀，合聚羣小，喧呼鼓舞，非士君子所宜爲。

又：昏。古之昏禮，其事至嚴。以酒食召隣里，所以厚其别；親迎執摯，所以致其恭；不樂不賀，所以思其繼，同牢合巹，所以成其愛。

豈有鄙褻之事以相侮玩哉。近俗六禮多廢，貨財相交，壻或以花飾衣冠，婦或以聲樂迎導，猥儀鄙事，無所不爲，非所以謹夫婦嚴宗廟也。今雖未能悉變，如親迎同牢，豈可不語；流俗弊事，豈可不去。若有意乎禮，尚進于斯。

又：冠。古者未冠爲童子，綵衣紒，執事服勞，以事長者，所以教之遜弟也。今自齠齓，皆具衣冠，與先生抗禮，此孔子所謂欲速成者，豈養德之道哉？今欲年未二十者，雖未能不冠，止以帽加首，凡有聚會，皆立侍執事以聽命，庶幾稍知事長之禮，至二十則父兄擇日命賓，略如古禮，加冠而字之，亦助風教之一端也。

又：弔哭。凡弔，謂弔生者。哭，謂哭死者。與死者生者皆相識，則既弔且哭。識死者不識生者，則哭而不弔，主人拜則荅之。不識死者則弔而不哭。

凡弔節，始聞其遭喪或聞喪一弔，既葬反哭一弔。

凡弔服，用素幞頭，用白絹或布爲之。白布襴衫角帶。有服之親則麻帶。或未能具，或勢不得爲，且用常服去飾。古者羔裘玄冠不以弔，蓋喪用吉服則情文不稱。近世多避忌，皆用吉服，殊失其義。士君子變而從古乃善。然今士大夫謹於禮者，亦多以素服弔喪。若主人不改服，則亦常服。近世大喪卒哭，則多用墨衰，齊衰以下受弔多不用喪服，如此則弔者素服復爲非宜。

凡弔時，皆俟其成服後朝夕哭臨及聞喪舉哀時。

凡弔長者，必旅弔之，推一人先致辭，畢乃再拜。若特弔，亦致辭畢再拜。弔敵者，雖旅弔亦特拜。弔少者，致辭而已，若主人拜則荅之。當納主人之拜，進前扶掖，不荅拜。古者弔喪，惟主人拜賓，賓不荅拜。今未能行，且施於當納拜者。

凡弔辭，當云如何不淑或如之何之類，再以言慰其居喪之意。凡有喪者二人以上，止弔其服重者一人，服均則弔其主喪者、或長者，或不相識則止吊其識者。喪無二主故也。

凡喪者爲酒食及爲制服以待弔者，皆不可受。若問喪者已爲辦具則止之，或已專爲其家治喪則當偏諭來弔者更不須具。蓋弔喪本爲卹其患難，協力助事，往則自衣弔服，若使其家哀戚之中反爲已營辦酒食衣服之具，受之豈得安乎？此俗行之已久，爲害不細，士君子力變之爲善。如送或前期致奠發引則送之，若喪者有書請召，皆辭之。請召尤非所宜也。

凡弔哭同舉者，先哭後弔。非弔時而往哭者，則哭而不弔，主人拜則荅之。

凡弔哭在同里，則相約同往。除襚奠外不可設道祭。祭奠皆主人之事，賓客止可助以奠物或助其執奠。近世道次設祭，甚無謂。

凡往哭，情重者雖遠必往，情輕者非同里不往。

凡往弔之節，始喪、斂殯、朔奠、啓殯、祖奠、葬虞、卒哭，皆可往，亦不必悉往。未葬則哭柩，及殯既葬則哭墓，墓遠則哭於其家。

凡聞所知之喪，可以往哭則往哭之，未能往哭則遣使致奠襚之物，就外次衣弔服再拜哭送之。惟情重者如此。過朞年則不哭，情重者亦哭殯或墓而已。

凡往哭，皆衣弔服。死者是敵者以上則拜，是少者則不拜，皆舉哭盡哀，當祭奠則助奠其酒食。若主人不哭，則亦不哭，其情重者，雖主人不哭亦哭之。

凡往哭，若始喪可以親致襚，則因哭於靈位之側。

又：居喪。喪禮備存諸經，五服制度著於甲令，釋服作樂，律有明刑。近世居喪，或輕或重，或服或否，居處飲食，出入之節，多無所變，衰麻月筭，雖有等差，殆成空文。遠則棄先（生）〔王〕之禮經，近則犯本朝之法令。喪事貴勉，在士君子之力行。參取近人所安，酌以禮意，粗舉一二以爲復古之漸，庶可遵用云爾。

凡遭喪聞喪，自緦麻以上皆當制服。今布無升數，且隨精麤以意定之，經帶麻葛，自有小大之制，變除之節，當遵用之，終其月筭而除之。中衣亦當易以縞素，力不能具或勢不能爲，且可去飾。

凡三年之喪，除不得已幹治家事外，終喪不可行慶弔、請謁、聚會，若卒哭後，有甚不得已事須至見人者，可暫衣墨衰行之，事畢反其喪服。甚不得已，如爲人論訟當入公府，或親戚間有患難不可不親救卹之類。自餘請謁會聚之類，皆非所急，不行無害。或有未安，以書簡致意，人亦亮之。

朞喪未卒哭，當如三年之喪。已卒哭，有不得已人事，則衣墨衰行之。或可已者，亦不必出，在家受弔、接賓客皆衣喪服。

凡大功未卒哭，有不得已事，乃衣墨衰以往，在家接賓客亦衣墨衰，行請謁惟不行慶禮及召人赴人酒食之會。

小功緦麻，唯哭，臨受弔乃衣喪服，餘皆衣墨衰，出入如常，唯不行慶禮及召人赴人酒食。

（清）嵇璜等《續通典》卷六八《禮嘉·鄉飲酒明》 明太祖洪武五年，詔定鄉飲酒儀。令有司與學官率士大夫之老者行於學校，民間里社亦行之。十六年，詔頒《鄉飲酒圖式》於天下，每歲正月十五日、十月初一日於儒學行之。其儀以府州縣長吏爲主，以鄉之致仕官有德行者爲僎，擇年高有德者爲賓，其次爲介，其次爲三賓，又其次爲衆賓，教職爲司正，贊禮、贊引、讀律皆使能者。里中鄉飲略同。二十二年，定鄉飲禮，以善惡分列三等，爲坐次，不許混淆，如有不遵序坐，及有過之人不行赴飲者，以違制論。

（明）王守仁《十家牌法·南贛鄉約》 南贛鄉約。鄉約莫詳於此。 咨爾民，昔人有言，蓬生蔴中，不扶而直；白沙在泥，不染而黑。民俗之善惡，豈不繇於積習使然哉？往者新民，蓋常棄其宗族，畔其鄉里，四出而爲暴，豈獨其性之異，其人之罪哉？亦繇我有司治之無道，教之無方，爾父老子弟，所以訓誨戒飭於家庭者不早，薰陶漸染於里閈者無素，誘掖獎勸之不行，連屬叶和之無具，又或憤怨相激，狡僞相殘，故遂使之靡然，日流於惡。則我有司與爾父老子弟，皆宜分受其責。嗚呼！往者不可及，來者猶可追。故今特爲鄉約，以協和爾民。爾等父老子弟，毋念新民之舊惡，而不與其善。彼一念而善，即善人矣。毋自恃爲良民，而不脩其身。爾一念而惡，即惡人矣。人之善惡，係於一念之間，爾等慎思吾言，毋忽。

（明）呂坤《鄉甲約》 累朝之所申明，廟堂之所建白，不啻再三矣。乃有司視爲常套，談者反脣，閭巷苦其騷煩，聞之疾首。非法之不良，民之難令，則行法者爲法之病也。約束不擇善良，編派委之里老，時逢朔望，聚者豈無千人，待至未申講者，不聞一語，混雜而來，饑疲而散。聖諭昭揭，遵違誰復知聞；粉壁分明，奸宄全不覺察。即犯者盈庭，罪人滿獄，吾惟有三尺之法在，輕則杖笞，重則絞斬，如此而已矣。不知先王以刑弼教，非以刑爲教也。嗟夫！道之以政而後齊之以刑，猶爲末務，矧一言不教而惟五刑是加，豈朝廷設官之本意哉。積習既久，振舉實難，若殿最之條，但以教化風俗爲首，則守令之政自以鄉約保甲爲先。鄉約實行，自無奸宄，猶有奸宄，是鄉約之法未行也。保甲實行，自無盜賊，猶有盜賊，是保甲之法未行也。二者不行，即有便捷之才，清修之節，簿書詞訟，催科之能，不免爲俗吏。何者？謂其所急者末而教養之政不修也。寓教養於鄉約保甲之中，則詞訟自息，差糧自完，簿書不期，省而自省矣。但勸善懲惡，法本相因，而鄉約保甲，原非兩事。本院捧讀高皇帝《教民榜文》及近日應行事例，謂鄉約之所約者此民，保甲之所保者亦此民。但約主勸善以化導爲先，保主懲惡以究詰爲重。議將鄉約保甲總一條編，除寄住流民，各聽房主地主約束，容留者查其來歷，出入者問其緣由，但有強盜竊盜生發，即將房主地主並治外，其餘本縣及寄莊人民，在城在鎮以百家爲率，孤莊村落以一里爲率，各立約正一人，約副一人，選公道正直者充之，以統一約之人。約講一人，約史一人，選善書能勸者充之，以辦一約之事。十家內選九家所推者一人爲甲長，每一家又以前後左右所居者爲四鄰，一人有過，四鄰勸化不從則告於甲長，轉告於約正，書之紀惡簿。一人有善，四鄰查訪的實則告於甲長，轉告於約正，書之紀善簿。其輕事小事許本約和處以息訟端，大善大惡仍季終聞官以憑獎戒。如惡有顯跡，四鄰知而不報者，甲長舉之，罪坐四鄰；四鄰舉之而甲長不報者，罪坐甲長；甲長舉之而約正副不書，掌印官別有見聞者，罪坐約正副。如此嚴行，則一人罪犯，九十九家之責也。九十九家耳目，一人善惡之鏡也。平居無事則互相丁寧，一有過惡則彼此詰責。白蓮妖術奸宄民何所容其身，出境爲賊在家窩盜何所遁其迹，地方安得不輯寧，百姓安得不寡過。刑清政簡之效可以漸臻，知禮畏義之風可以日長，此目前第一急務也。爲此將已試者與二三有司一講求之，倘以怠忽之心，應督責之命，選擇不得其人，激勸不由其道，則期會祗增煩擾，約束反濟奸雄，非法之無良，寔爾有司惰慢之罪也。本院覥然撫臨於上，豈能昧是非之公，以相曲庇哉！

又：一、和處事情以息爭訟事。人生天地間，誰没箇良心，各人拏出良心來，少人的就還人，惱著人就陪話，自家得罪於人自家就認不是，這等有甚麽爭競？只爲那奸狡的利己損人，強梁的欺大壓小，昧心的枉口刀舌，或自知理虧先遞攔頭假狀，或買求硬證，專告無影虛詞。到那衙門時，吏書皂隸使了多少錢，桚板鎖枷受了多少氣，有年没月悮了多少營生，徃來酒飯使了多少盤纏，父母妻子躭了多少憂愁。一入衙門，身體不屬自家，田宅不能自保。俗語云：原告被告，四六使鈔。又云：官府不明，没理的也贏。你自尋思，告狀那有一件好處。且如鄉隣有事，你知我見，哄瞞過了誰？如有不平，到那鄉約中口稟一番，約正副差本甲人喚來一問，如係兩約，請兩處約正在一處同問，誰是誰非，眼同證見，一一問明，差那證見，押着那理屈的替那理直的些些禮物，上門陪話，約史仍將所問事情來歷始末一一記於和簿。如事情稍重及不服處斷者，不問告何衙門，約正副分别是非，補呈子一張，遞於問官，以憑從公究處，仍將理屈者紀惡。如本約處分不公，約正副坐罪，如處分極公而誣枉約正副者，分外加責。這等和處，既不失鄉親體面，又省了多少錢財，免了多少凌辱，何等便宜。各約百姓，切記吾言。須至和簿者。

又：一、紀善以重良民事。天理在人心，箇箇都有，那一箇人平生没一件好事，那一日不説幾句好話，所以朝廷設那旌善亭，以記善民，使爲善之人名姓褒揚，不善之人知所羞媿。近來教化不行，百姓們就幹一好事，官府不知，就存一好心，鄉黨不重。將你學好的百姓都虧負了。我今置一本紀善簿，放在鄉約中，凡我百姓不論貴賤、貧富、老少、尊卑，有一善事，不論大小，四隣報於甲長，到那會日，舉在鄉約裏面，將那好事就記在紀善簿上。天長日久，好事漸多，州縣官吊查真實，類報本院，或各道出巡吊查那鄉約善簿，細細分别誰是大善，誰是小善，誰是真善，誰是假善，誰人善多，誰人善少，逐一等第明白，以憑輕重禮待。如被告到官，曾行大善者如何，曾行小善者如何，無善者如何。如賑濟蠲免，曾行大善者如何，曾行小善者如何，無善者如何。如鄉飲冠帶，曾行大善者如何，曾行小善者如何，無善者如何。善大善多者，便宜必多；善小善少者，便宜必少；無善可稱者，只以常人相待。約正、約副、約講、約史人等務要秉公持正，上誓天地神明，下服尊卑長幼，記一善不許假捏、徇私、懷恨刁難。如有善應紀而不紀，本無善不當紀而紀，及不由四隣甲長舉報，不同正副講史問明，不寫善事實跡者，罪坐正副講史四人。今將應紀善事大畧開列於後，仰鄉約遵照施行。其爲善在條件之外者，不妨指事直書。須至簿者。

又：朝廷設官滿天下，不爲管善良之民。那善良之民，他納糧當差，分毫不少，兇心惡事，一些不爲，立身則行公道、積陰隲，見人則深唱喏，高舉手。天下要那許多官何用？只爲你這不良之民，兇惡的拏刀弄杖欺凌那善良，強梁的倚勢恃財作踐那柔弱，奸巧的百計千方啜哄那老實。朝廷差糧詭隱延捱不肯上納，他人財帛搶騙争奪没些廉耻，清平世界叫你這夥人混的不得安生。所以朝廷無奈，做一部《大明律》，置五等苦刑罰，設天下大小官員，只爲鈐束你夥歪人，替那公正善良的百姓作主。隨你是何等英雄好漢，朝廷法度還比你勢要？你就走在海角天涯，也拏得你來，就將你殺了剮了，你往那裏去？但念你這愚人，生下來時遇著不省事的父母，少調失教，長大了時和那不學好的親朋，亂道胡行，日日年年，把只箇身子十分壞了，自家也不知道自家是甚麽一箇人，全不覺自家分毫不是。那善良的，見你如臭屎一般，那忍事的，見你如毒蛇一般，誰好説你，誰敢勸你，你就不犯刑罰，也做了箇没行止的小人，叫人做了些罵名，你犯了刑罰時，就是箇没主兒的身子，任官府夾打牢獄。與你做父母的也是苦命，招了多少羞耻，與你做妻兒的也是苦命，躭了多少憂愁，到此地位，悔之何及。我今把你百姓的小過且不説，只將犯條款的大過惡二十二件就放在紀惡簿上。你舊日未發過惡我都不題，自入鄉約之後，犯一件過惡就記在這簿子上。州縣官雙月一查，小過失勸化肯改的便罷，中過失與三犯不改的發州縣官處置，大過失定然解來，我自有法度，將你做箇惡人的樣子，若要救你性命，除是約正約副領著衆會中人保你，我纔饒你。我定不失言，你們千萬記著。須至簿者。

又：許改過以宥愚民事。人非堯舜，誰能無過。不怕有過，只怕不改過。君子立心學好，一時性氣不平，思想不到，纔有差失，自己羞慚，痛加悔恨。小人立心，原不公道，幹事只占便宜，氣高膽大，不顧死生，性狠心奸，不遵理法。若一一與他計較，身也没處安插。但念此等之人，眼不見《詩》、《書》，耳不聞義理，心不知古道，口不講王法。今日纔入鄉約，纔學好人，舊日歪心怎能就變？爲此立改過簿一扇，凡犯大惡，竪釘門牌，紀惡申明亭，限一年不犯，闔約保改除去竪牌。中惡及三犯小惡者，限半年，小惡限每箇月，約正副講史及本甲保改者俱登改過簿上。舊日罪名，雖惡簿不除，後來通不計較，待善簿有名之日，仍以善人相待。凡我百姓，各務洗心滌慮，但不殺人放火，強姦斷路，其餘都許改過。既登改過簿上，有人將舊過告官者，州縣官不許准理。有人將舊過訐條者，約正副將訐條之人糺惡一次。仰各州縣及各約人等一體遵行。須至簿者。

（清）陳秉直　魏象樞《上諭合律鄉約全書》　上諭第一條把人倫説起，只爲人生天地間，父子、兄弟、君臣、夫婦、朋友，是個五倫，人人有的，所以叫做人倫。然人自少至長，未有君臣、夫婦、朋友之時，先有父子、兄弟，那父子、兄弟實爲人倫之始。所以皇上先説出孝弟兩字，來叫你們知道。你道如何叫做孝？人人有個父母，父母是生我的人，自從十月懷胎，三年乳哺，不知父母費了無限心血，受了許多辛苦。自從我有此身，父母的心便無一刻不放在我身上，見我笑，父母喜；見我啼，父母憂；未冷，怕我寒；未餓，怕我饑。那一刻不照管？那一刻不疼惜？直到成人娶妻，分家授産，父母的心還不肯一日放下，這樣恩德，世上再有何人還勝？似父母的這樣恩德，可是報答得盡的麽！古來聖人，當今皇帝，諄諄教人行孝。那孝道不止一端，盡孝的道理不止一樣，大抵你百姓們與富貴人的地位不同，只要養得父母一日，便是報得父母一日，替得父母一事，便是報得父母一事。使父母身體安逸，心志快悦，這方纔是孝。假如父母在家，著實尊敬，不去衝撞他，言語聽信，不要違拗他，這便是孝。父母老了，刻刻扶持他，寒暑時候頻頻照管他，有病不離左右伏侍他，這便是孝。有酒食，恭恭敬敬與他喫，有衣服，歡歡喜喜與他穿，有錢財，爽爽快快與他用，這便是孝。不聽妻子讒間，疎遠父母，不信僮僕搬弄，讐怨父母，這便是孝。至如父母死了，衣衾棺槨件件盡心，哭泣衰麻事事盡禮，這便是孝。父母靈柩，遵照禮制，三月而葬，不爲風水所惑，棄置停閣，這便是孝。若有一件與上邊言語相反，這便是不孝了。你道如何叫做弟？就如人家弟兄，雖然是兩個，却總是父母所生的，只爲各人有了妻子家室，就忘却本來，認做兩個，不知原是没分別的。故此敬父母之下，即當敬兄，節節件件都有個遜讓，這方纔是弟。假如坐在那裏，見兄長來就起立，路上行走，有兄長在便退後，兄長的言語，唯唯遵從，兄長的舉動，不敢爭拗，家私不去占奪，挑唆不肯聽信，出言謹慎，不敢衝犯，氣質謙和，全無麤鹵，這總謂之弟。若有一件與上邊言語相背，這便是不弟了。那不孝不弟兩字，就是三歲孩子説了他也是不喜的，偏是成人長大，翻肯喪心滅理，只爲你們不去自思。若是犯了不孝不弟的罪孽，就是處處燒香，日日拜佛，也是懺悔不來的。如今你們做子弟的時節，把父母兄長不孝不弟全不怪異，後來子弟長大，你們做父兄的時節，他們不孝不弟，你們心上甘也不甘？況且自己做下不孝不弟的榜樣與子弟輩看慣了，他們也就照樣不孝不弟起來，説當先傳下的規矩，你們却如何答付他？我如今對你們百姓把孝弟二字説出根源，你們不可看得父母兄長輕了，若把父母兄長最親切的不去敬愛，難道反把别人敬愛起來？每見世上的人都爲一點不孝不弟的念頭起了，將各樣歹事無所不做，自己去受官府的刑辱，也不念是父母的遺體，自己去受遠近的唾罵，也不顧是父兄的門風，自己去犯彌天造孽的事，並不顧念父兄的性命，總不曾把根源一思，自家提醒。所以孝弟兩字是從來極重的。試看古人二十四孝，幾千百年還説他許多好。就是如今出了一個孝子，朝廷如何旌奬，官府如何敬重，里黨如何贊美，别府别省傳揚出去，也不知受許多稱羡。人家把兄長尊敬，便人人説他存古風，行厚道，不失聖賢的禮。所以上諭第一條，先教你敦孝弟。你們百姓聽講，回去細思，父母是你的父母，兄長是你的兄長，孝弟出於你的本心，有甚難處。

又：甚麽叫做宗族？就如一個人父母生下了便有個兄弟，這個兄弟是嫡親的，漸隔了一枝，便是堂兄弟，再隔了一枝，便是從堂兄弟，一層層隔下來，便一層層疎遠去。所以期功緦麻、尊長卑幼各分個五服之親。那五服之外，雖然無服，不知原是一個始祖生出來的血脉，總是聯貫枝葉，本是同根，不比路人一樣。如今人家也有多至幾十丁的，也有幾百幾十丁的，分散各所，吉凶慶弔，竟不往來，歲時伏臘，全不聚會，昭穆長幼，也不序列，比著異姓的一樣相看，或至相爭相訟，相讐相殺，不知這個爭訟讐殺，只因爲分了個你我，你不肯讓我，我不肯服你，便生下許多事來。假若認定祖宗一體，畢竟多一個人丁，也是祖先的血食，出一個好人，也是祖先的光彩，遇著高曾祖父的一輩，想他與我高曾祖父實是一行，見那子孫曾元的一輩，定與我子孫曾元亦是一行，豈可看得疎濶，反生戕害。如今我把上諭講與你們知道，無非勸化你革去澆薄，務從忠厚。如宗族內饑寒不振的，周其衣食；婚嫁失時的，助其嫁娶；死喪無措的，完其殯葬；疾病少資的，濟以藥餌；子第貧困，少年失教的，贈以館穀，扶其成立；孤寒消乏，錢糧逋欠的，代爲辦納，免其差呼。假如此等事，若使我力量做不來，或替他排解，或替他籌畫，替他憂慮，不與路人一樣坐視旁觀，宗族之中自然歡喜感激，互相效法。你道這個豈不是雍和親睦的道理麽？譬如宋時張公藝，九世同居。浦江義門鄭氏，百口共食。只爲念著那一本一派，不忍分離，所以前代賜粟賜帛，備加旌賞，傳名史册，至今人人説著以爲美談。若如今世上有這樣好義之人，皇上也自然要旌表他，官府也自然敬重他。你百姓們當恪遵上諭，把自己的宗族相親相篤，務使人人效法，處處觀感，纔不負皇上這點聖意。

又： 爲甚麽要和鄉黨？你們百姓自父兄宗族之外，住在一坊便是同坊的人，住在一鎮便是同鎮的人，其中多有母族外家，姨親中表，或係父執，或係師友，出門時常相見，朝夕都要遇著，一塊兒離不開，一脚兒躧不去，所以叫做鄉黨。那鄉黨中人，也有富貴的貧賤的，或勝我的，或不如我的，或與我平等的。若在鄉黨中，總然恃不得勢利，用不得刁鑽，加不得凌虐，逞不得豪強，討不得便宜，破不得面孔。所以古人説得好，鄉黨尚齒，自七八十歲下至年幼之人，俱要序齒，便是貴賤賢愚不容分别。如今百姓們住在一處，有家業的把貧窮來欺凌，没生計的把富貴來妒恨，你不肯讓我，我偏要壓你。或侵占田地，强圖方圓；或謀佔妻女，盤債准折；或縱放牛馬，踐踏禾稼；或酗肆勇力，欺侮善良。日日生出事端，家家不肯忍耐。一遇訟師地棍挑唆攛掇，没浪興波，小事變大，以致上下公庭，傾家蕩産，拖累不休，全不像同鄉共井之人。你們百姓，在家不覺，若是遠出他鄉，偶然遇了一個同處的人，聽見了他的聲音，便有許多歡喜，坐在一處，相親相愛，就如骨肉一般。爲何在家中反不肯和睦鄉黨，以致弄出許多争訟來？我今與你們説和鄉黨的好處，譬如鄉黨之中，平日從無口面，誰人肯去搬鬬他？平日一團和氣，誰人還去惱怪他？平日下些謙虚，誰人還去凌駕他？平日每事忍耐，誰人還去擺佈他？大抵同在一塊的人，賽強賭勝便要相争，各不服輸便要告狀。若鄰里相睦，鄉黨無嫌，一人相争，幾人來勸，一家有事，幾家來解，背地商量調處，定然教他息鬧。大凡争訟之時，旁人或出好言勸諭，就是一天的怒氣，天大的官事，也都冰消瓦解了。若使因風放火，攛哄下石，致令争訟起來，便有許多利害。我今更把争訟的利害講與你們聽。一紙入了公門，定要分個勝負，你們惟恐輸却，只得要去鑽營，承行的禮物，皂快的東道，預先費下許多。儻然遇著官府不肖，還要借端詐害。或往來過客、地方鄉紳討情攬管，或歇家包頭，衙蠹差役索錢過付。原被有意捺過，兩平蚤已。大家不能歇手，若一家贏了，一家輸了，還要另行告起。下司衙門輸了，更要到上司衙門去告。承問衙門招詳過了，上司或要再駁，重新費起，每有一詞，經歷幾個衙門，一事捱過幾個年頭，不結不了，干証被害，牽連無數，就是有銅山金穴，也要費盡，就是鐵鑄的身軀，也要磨光了。你道這樣争訟，利害不利害。當今皇上教你息訟的方法，莫如是和鄉黨。那鄉黨中，有高年的人要恭敬他，有德行的人要尊崇他，有富貴的人也須謙讓，有窮困的人更要哀憐。就是鄉黨中或有了短行的事，不可傳説；鄉黨中或有閨門的醜，不可播揚；鄉黨中或有口舌小嫌，便該與他消釋；鄉黨中偶有爲非作歹，不妨向他勸化；鄉黨中有了公事，也要大家幫扶；鄉黨中有了火盜，也要大家救護。我更勸你們，有家業的人，莫盡恃了豐衣足食，勢大力強，欺壓鄉黨，須要謙謹小心，知飽知足，寬和平順，凡事三思。即如遇著年歲災荒，鄉黨之中同桑共梓，不可坐視，也要捐些財物，賑些米粥。你們自想，佃户不逃，則自己田地不致抛荒，鄰佑協和，則衛護有人，何憂盜賊。不獨冥冥上蒼暗加福祐，即人人稱頌，也是見得便宜。這豈不是保富厚的道理麽？至下等負販手藝的人，生來本是貧賤也，因各人命裏帶來，須要安分守己，莫怨己貧，莫嗔他富，這便是安貧賤的道理。世間好人到底不致喫虧，公道定然不可泯滅。如今你百姓們聽了上諭，盡力遵行，自占許多好處。地方少許多廝鬧，朝廷省許多事體，官府上下也省許多案牘牽纏。此是皇上要你們無訟，所以孝弟宗族之後，第三條就把息訟根由説你們聽，你們回去，鄉黨之間切須實實遵行。

又： 本院凡遇每年種田養蠶的時節，責令有司停訟停徵，無非要你們家家衣食豐足。只因遊手好閒之人，不務本業，男不肯耕，女不肯織，荒廢下自己田園，到了窮乏，衣食無措，揭債靠人，賣兒鬻女。天下多少不好的事都從缺衣缺食做出來，或流離道路，或爲非偷盜，並自己性命也是難保，到這時候方悔不耕不織已是遲了。你們百姓低頭忖量，那家没有父母妻孥，都是人人要衣，人人要食的，自己有田爲何不去耕種？自己有園爲何不去栽桑？就是自己没有田園，佃人幾畝田，租人幾畝地，儘力耕種，巴個成熟，便好度日。即如爲農的靠著一身氣力，春間犁種，夏間耨草，秋間收割，遇著五穀豐登，稻麥滿場，不須萬里千鄉，不要擔驚受怕，誰比得農家快樂？即如養蠶的，靠著幾畝桑地，灌溉得桑葉茂盛，飼養得蠶好繅出絲來，官糧將此辦，租税將此完，一家八口之計，只消幾個筐子，儘有贏餘了。所以種田養蠶是衣食的根本，田稻豐足便换得衣穿，絲綿盈熟便可易得食飽。看來世間活計，莫過農桑了。然而你們百姓，或也有别樣營運可以度日，或也有他般幹趁可以謀生，反道農桑勞苦，看得他輕。至有買賣趁錢，希圖幾倍，冒險求富，妄想多金，反道農桑利微，看得他細，不知人生萬事，只爲衣食，衣食之本，全在農桑。假如遇了荒歲，粒米如珠，就有金錢，那能彀换得許多米來。絲貴的時節，買一疋帛製一件衣，就破下許多錢物。如今朝廷與你們熟思，替你們打算，憑是百般生計，畢竟農桑是穩當根本，不消求告别人，不須奔波别處，自己種下田來便有飯喫，自己收下絲來便有衣穿，受了幾日辛勤，便有多時温飽，把些完了錢糧，落得贏餘寬轉，一家安樂，父母妻子朝夕歡聚。所以上諭獨把農桑爲重。你們百姓身遇太平，安家樂業，有田有地，父兄親戚住在一塊土上，養身活口靠在一塊土上，若不去竭力務農，竭力種桑，可不是負了朝廷的恩，虚了朝廷的德，更兼自家父母妻子受餓受凍，却去埋怨誰來？我今把上諭講明，教你們耕田的盡心去耕，養蠶的盡心去養，也不要慕虚名，也不要愛浮利，也不要奔馳城市，也不要來往衙門，把一年十二個月的心思總放在田桑上，把一家大小兒女的力量總用在播穀繅絲。有了一番辛苦，斷然收一番利益，將來儘飽儘暖，可以養親贍家，可以婚男嫁女，可以娱賓宴客，可以免官府追呼，可以省富室借貸。即有凶荒，豈無積蓄，家口定不至於流散，産業定不至於抛棄，囹圄桎梏定然不及於你，餓莩溝壑定然不到於你。這不是重農桑的好處麽？你們百姓如今聽講回去，亟思努力，莫把上諭看是虚文，方纔有益。

又：朝廷要你們節儉的意思麽，你們百姓窮困的時節，無衣得穿，無食得喫，就是掙得一件衣，喫得一碗飯，也自覺彀了。若是遇了豐年，田桑倍收，衣食豐足，未免要奢侈起來。這一點奢侈的念頭一起，凡是家中應用的用，不應用的就要用了，比著那窮困的時節盡行改變，誰肯把窮困的光景還放在心上。

又：上諭隆學校以端士習。士子一登泮宫，便與齊民有别。平日誦習，曾親孔孟之書，三載賓興，即與王朝之典。苟無悖逆大罪，有司不敢輕加撻辱，所以崇衣冠名教之體。自後士子愈宜感激聖心，勤學苦誦。在今伏處未達，正宜隱居求志，希聖希賢。異日出仕登朝，也須盡節盡忠，立功立業。上不負朝廷，下不負學校，纔不虚了今日勸諭一番。

又：如何叫做正學？你們百姓多曉得，從古來有一個孔聖人，那孔聖人所行的件件是正道，所講的句句是正言。幾千年來人人讀他的書，從他的學。他的書上邊並没有甚新奇怪異的説話，不過教天下後世的人，爲人臣的須當盡忠，爲人子的須當盡孝，所以叫做正學。如日月經天，江河行地，萬古不朽的。若有議論堅僻，行止詭異，不崇正教，蔑視聖賢，這就謂之異端了。即如釋道兩端，雖也是明心見性，畢竟尚落空虚一邊，怎如得孔子的正學，乃是一定的。綱常名教，事事著實，人人可能明白正大的道理，不是影響虚無的徑路。如今皇上是上追堯舜，下法孔子的人。怎肯容你們去尚異端麽！人生世間，父母妻子本是正道，忠孝節義本是正理，若人人看作空虚，視爲泡幻，誰人去爲朝廷致治？誰人去爲天下戡亂？世界有争訟，誰人去理？世界有盗賊，誰人去勦？不是紀綱法度，怎能彀治他？不是禮樂文章，怎能彀化他？若無孔子這一個人頂天立地，傳下一個正學來，那綱常倫理滅絶毁壞不知幾時了。

皇上誠恐邪術惑人，不崇正學，所以上諭這一條，要百姓們不習異端，當尊奉孔子的正學。此是皇上化民成俗的大主意，凡官紳士庶所當盡力遵守，毋得泛視。

又：上諭明禮讓，是全要你百姓們做個好人。那個禮，是聖賢設立的，内而家庭宗族，外而親戚朋友，一舉一動俱有個禮。人人肯在禮上行這個風俗就好了。你們百姓自父母生下來，父師教訓，那個不知遇人有禮謙讓爲本？只爲漸染惡習，心粗氣硬，事事要討便宜，都把禮讓二字算做一件古板的事丢開一邊，率意妄行，風俗囂薄了。如今把禮讓的話説你們聽，假如父子兄弟夫婦至親骨肉之間，爲何又設個禮？只爲父母愛子的心腸勝了，那兒子未免恃了父母的歡愛，翻要倨傲放肆起來。聖人預先防他的未然，設下禮來，要他跪拜，要他尊敬，要他盡養盡塟，差了一些便叫做不孝，就不是禮讓了。兄弟是比肩的人，一父所生，鴈行下去。聖人慮他没個長幼，設下禮來，兄先弟後，兄尊弟卑，差了一些便叫做不遜，就不是禮讓了。夫婦之倫最易褻狎，聖人設下禮來，問名、納幣、親迎、廟見，兼要相尊相敬，和睦唱隨，少了一些便叫做不敬，就不是禮讓了。總之吉、凶、賓、祭，事事都有個禮，若没有了這個禮，便一處也行不去。譬如父子兄弟夫婦，天倫骨肉，胸中自然具有孝敬的心，若以禮讓爲虚，難道子坐父立、弟先兄後、夫戾妻乖，可行得去麽？所以父子兄弟夫婦都是至親的人，尚且聖人制下這禮，要他無數周旋，無限委曲，至於親戚酧酢，賓朋交際，鄰里往來，歲時慶弔，何處少得禮的。若件件照禮上去，自然有個孝子順孫、義夫節婦、賢人君子出來。一鄉出了幾個人，那一鄉的風俗自然好了。一處出了幾個人，那一處的風俗也自然好了。你只看那無禮的所在，無論遠近，就傳説某所在的風俗不好，不可與他通婚姻，不可與他結朋友，不可與他認親戚，豈非不明禮讓貽笑四方。

又：你們百姓可曉得如何叫做本業？士農工商謂之四民，那四民裏邊，士去讀書，農去種田，工去營作，商去買賣，這就是本業了。就是各人有個正經的勾當，本分的生涯，守著樸實，不去弄那虚花，靠定老成，不去學那囂薄，這也是算做本業。獨有一輩浪蕩的人，遊手好閑，好人家的子弟棄了祖宗的教訓，撇了自己的門戶，有手藝的丢了本等的活計，讀書的忘了自家的肄業，倒把養不得家口，傳不得子孫的没要緊事朝思暮想，盡力鑽研。殊不知就做到極好的田地，弄成一個浪子的名頭，遊花的領袖，至於下流不肖，敗俗傷風，流落做娼優，窮苦爲乞丐，陷害做盗賊的不知多少。總只爲心上差了一個定盤星，看慣了淫巧的樣子，踏不定脚跟，拴不牢邪念，直做倒這樣没結果的地位。如今皇上叫你百姓們各做本分的營生，正路的事業，就是没家計的習些手藝，學些負販，俱從辛勤刻苦上來，覓些小錢，圖些小利，也儘過得了。種田的人安心耕種，受著半年的勞苦，也享用半年的歡樂，不欠錢糧，不少租税，一家數口儘堪温飽。經商買賣的人，持了本錢竭力經運，定有幾倍利息，只消省儉辛勤，必是豊衣足食，止宜安分求財，不可行險徼幸。即如今日，你們聽講的裏邊，也有讀書的人，《詩》、《書》是你的家産，筆硯是你的生涯，青燈黄卷是你的工程，粗衣糲食是你的本分，博得一個科第，就可以立身揚名，做得一個通儒，可以守先待後，即不然處一個蒙館，訓幾個生徒，也可以餬口安身，不愧不怍。何苦去入公庭，何苦去管閒事，何苦去喪廉恥，何苦去辱衣冠。士農工商各人務了本業，儘有衣穿，儘有食喫，儘可以養父母，儘可以贍妻子。今皇上矜憐你們，諄諄勸諭，不過要你們百姓個個做個良民，步步踏著實地，在本分上營求，從自己處著力。你們若能仰遵上諭，在今太平時節，修品立名，成家立業，不犯官刑，不爲歹事，遇著時運亨通，也是自己的發達，遇著生涯冷落，也是自己的遭際。把念頭一定，就是日裏也坐得安，夜裏也睡得穩，心裏也没有縈挂，肚裏也没有憂驚。再時常把那些没下稍的人，東飄西蕩、流落他鄉、犯法遭刑、陷身牢獄的榜樣放在心頭，説在口裏，時時警戒自己，刻刻教訓子孫，這纔是立定主意的法子。所以皇上説出一個志字來，預先叫你們按定了心，思量那一件是我本業該做，那一件不是我本業斷然不做，定了主意，别人摇動不得，這纔是真正守分良民。你們百姓今日聽講，須要盡力遵守，尋個安身立命的好處，方不負了聖意。

又：上諭裏邊説這一事，只爲你們百姓逞刁的多，人人好訟，將些小事情捏謊裝頭，陷害拖連不知幾許，所以勸化你們不可誣告善良。那善良的人，平昔守本分保身家，有田地便去耕種，有錢糧便去完納，卻是個不肯爲非作歹的人。因他不肯爲非作歹，那些姦惡的人反欺他是柔懦，蔑他是鄉愚，貪他的錢財，妒他的家計，便勾結訟師地棍，造下一題，告他一狀，首他一事，把良善的人害得七損八傷。所以良善之人往往受累。你們百姓要把良心放出來，莫被訟師地棍騙哄壞了心腸，駕虚裝謊，巧弄刁筆，把一件極小事情陷成大罪，把一家無端小忿貽禍多人。朝廷的刑罰也不是與你借私報怨的，官府的公庭也不許你瞞天昧己的。向來只爲習慣了，心粗膽大，機滑手熟，同謀的多，合夥的衆，竟把誣告算一種生計了。還有最刁最潑的，講得幾句説話，捱得幾下板子，熬得幾番夾棍，就思去告謊狀，喫白食，做好漢，殊不知天理昭彰，國法難宥。從來告刁狀詐害人的光棍，不是自身死於刑獄，定然子孫妻女敗壞門風，流落不肖，何曾放過了那一個。你們百姓自思自想，徒欲害人反將自害，徒欲殺人反將自殺，究竟良善的人陷害不倒，空把自己的良心喪了，自己的品行壞了，自己的性命折了，自己的家業破了。那天地鬼神都恨你的心腸刁惡，親戚朋友都惱你的做事不端。果報也只在後邊，子孫定然不昌，田園定然不盛。皇上念你們雖是自作自受，但總是朝廷的赤子，何忍見你們落在陷穽，特諭你們把誣告的念頭息了。如此歹事何苦做他，你又不得便宜，他又受了苦楚，清夜去思，這樣心腸可是用得的麽，這樣作事可是逞得的麽，這樣寃牽可是結得的麽，這樣報應可是免得的麽。明明白白一個良善的人，與你有甚麽真讐，一定要破他的家，逼他的財，傷他的命。卽此一念便不是個好人，卽此一端便曉得你百行。試看上諭，何等苦勸，教你們改變行事，洗滌肺腸。卽使鄉黨宗族，儻有争訟，大家勸解，把誣告的風再不興起，地方有司愈加禁飭，永絶此弊，保全許多身命，培養許多善良，田畝也安心耕種，錢糧也容易清完，人人共享太平，家家各安生理，可不是皇上尚德緩刑的意思麽。你們百姓聽講回去，須各人人猛省者。

又：　聖諭首言孝順父母。父母的劬勞最深，恩愛最大。兒子與父母原是一體，十月懷胎，三年乳哺，受了多少的磨難，費了無限的辛苦。且父母一生，那一時不是爲兒子計算，那一時不是疼兒子心腸。父母有衣不肯衣與兒衣，有食不肯食與兒食，兒子無疾病，常恐疾病，偶有疾病，求醫禱神，恨不得自身替代。兒子長成，延師娶妻，買房置地，終日奔忙，養活兒子。兒子遠去，牽心挂意，倚門懸望。父母一生，精神心血都被兒子費盡，萬苦千辛，如天罔極。人子思想到此，可不孝順。這孝順二字，原是人的天性。豈不聞孟子説，人少則慕父母，及至娶了妻生了子，便把父母放在一邊，只因無人提醒，天性都虧盡了。大凡讀聖賢書的當學聖賢，要如虞舜孺慕、文王問寢、曾子養志、子路負米那樣孝順。卽未讀聖賢書，思想我們那樣愛惜兒子，亦當如愛惜兒子的愛養父母。從來孝順還生孝順子，忤逆還生忤逆兒。譬之房簷滴水，點點不錯，慈烏反哺，羊羔跪乳。禽獸且知孝道，人可不如禽獸？人子有父母，凡事先禀命於父母，凡物都着父母收管，父母年老不能收管，亦須看過、告過。父母饑，時時問食，父母寒，時時問衣，不可專靠媳婦奉養，還要細查媳婦們奉養如何。若有兄弟，要知奉養父母是自己便宜事，不可扳扯兄弟們輪流奉養。父母年老不可遠離，縱不能學老萊子斑衣悦親，亦當常在膝下。或有嫡庶繼母兄弟等有難處事，亦當尋一活法，越加誠敬，斷無不感動的。若父母偶有過失，委曲勸解，不可衝撞。父母卽打罵，只認我的不是，天下無有不是的父母。一切家産貲財，不可認爲己物，就是自己的身子也是父母的，就是妻子也是父母的，失了妻子還可再得，若傷了父母那得再有。人子思想到此，可不孝順？父母生下我的身子，要我讀書耕田，或作買賣，或傭工做活，切不可浪蕩飲酒，賭博宿娼，辱了我的身子，就是辱了父母一般，真乃不孝子。況犯了罪過干連父母，良心何在？生不如死。至於父母去世，生辰忌日，四時八節，香火祭掃，念念不忘，就是孝心。凡係父母的伯叔舅姑、兄弟姊妹，敬他愛他，就是敬父母愛父母的一般。你看古來孝子，鄉邦尊重，神鬼呵護，不孝子必遭天誅，必受王法。試聽《大清律》云，凡子孫毆祖父母、父母，妻妾毆夫之祖父母、父母者，斬。殺者，凌遲處死。罵者，絞。奉養有缺者，杖一百。人子思想到此，可不孝順？孔子曰：孝爲百行之原，可見孝是第一美德。孔子又曰：五刑之屬三千，而罪莫大於不孝，可見不孝是第一大罪。大小人等各遵聖諭。

又：　聖諭次言尊敬長上。長上不止是叔伯、兄姊、外祖母舅、岳父母、業師，該尊敬的。凡在一族之内，一鄉之中，或名分尊的，或年紀長的，或在位大小官長，或德行比我尊優，都是長上，俱要尊敬。尊敬之道，凡稱呼、拜揖、行坐、言語都要事事盡禮，實實敬讓。卽或尊長難爲我，卽宜忍受，不可冒犯。每見今人，同胞兄弟，親堂叔姪，或聽妻子言語，或家中奴婢徃徃然搬弄是非，或因寸田尺土，或因斗粟一錢，争搆不已，相打相告，傷和氣，破家業，究竟兩家俱敗，有何好處。錢財事小，骨肉情重，若家業分的明白固好，卽有不明，便宜也在本家，不是外人。今人於外姓人且相交厚密，親如兄弟，於自己骨肉手足反做陌路人，豈不是愚了。俗語云打虎還得親兄弟，又云兒孫自有兒孫福。何必相争？又如娶兒婦的人家，擇婚納禮，竭力娶來，原爲孝順公婆，或因夫妻角口，一旦輕生，女家不擇壻短，故辱公婆，因幼小而害及長上，自反良心，有何尊敬？且尊敬之道，有施有報。我今不肯尊敬人，我若做長上時，誰尊敬我。愛人者人恒愛之，敬人者人恒敬之，這是實理。若恃財、恃酒、恃富、恃貴，傲慢前輩，誹謗官長，此乃是最惡的風俗。不知禮義的鄉黨，倘然做出不良的事來，越禮犯分，法紀便容不得了。

又：　聖諭又言和睦鄉里。凡鄉村城市，同里同街，田地相連，房屋相近，都是鄉里。古人説：千金買田，萬金買隣。可見隣里極是要緊的。

而今的人，往往只因小事便傷和氣，或因罵猫罵狗，或因借物借衣，或因爭房爭地，或因閒是閒非，或因小兒頑耍相嚷，兩家起了忿心。有廝打的，有告狀的，有官法責治的，有忘身破家的，有打死人命，帶了長枷、問了抵償的。那時悔也悔不及了。又有幾等人，或撒酒行兇，打街罵巷，或引誘人家子弟賭博宿娼，或教唆人家詞訟，或拆散人家婚姻，這都是昧了良心就中取利的。又有一等買房置地之人，或短了價錢，或與了低銀，或準了利息，或減了糧石，希圖便宜，業主套哄成交，轉眼就要告狀。看你住著這房、種著這地，怎麼得個安穩，怎麼得個久長？又有騙了人家財物，借了人家資本，反面成讐，這等人也不曾見富了幾家。你細思量不如和睦最好。人家祖父以來相處，年長的就如父兄一般，年幼的就如子弟一般，四時八節俱要往來。有強暴的寬容他，有酒醉的迴避他，有喜慶的拜賀他，有疾病的問候他，有死喪的祭弔他，有患難的扶持他，有官詞的勸解他，有孤兒寡婦、老病殘疾之人周濟他。倘有鷄犬相犯、小兒相爭，我只賠個不是，自然兩家和好，何用廝打告狀、惹氣費錢？做秀才中了科甲，捷報一到，闔城都喜，中了的不去害他，這就是城中的和氣。至於貧窮之人，安分守禮，也不要忌嫉人家，也不要觸犯人家。我的父母妻子，粗茶薄飯，歡然聚首，全没有一點禍患，這就是我一家的和氣。孔子云：老者安之，朋友信之，少者懷之，這就是滿懷的和氣。《孟子》云：天時不如地利，地利不如人和。這就是滿天下的和氣。總要一個忍字，我不罵人、打人、告人，人要罵我、打我、告我，自有旁人説他不是，官長斷他無理，鬼神察他昧心，不曾饒了一個。讀《大清律》一欵，凡共毆致死，下手者，絞。元謀者，杖一百、流三千里，餘人俱杖。你看一個毆打人命，干連了多少人命？不如一忍各保身家，還有多少陰德留與子孫？大小人等各遵聖諭。

又：聖諭又言教訓子孫。這子孫關係最重，宗枝要他接繼，家業要他保守，門戶要他顯揚，養生送死要他承奉，怎得不教訓他？大凡子孫賢，家業必興；子孫不賢，家業必敗。這是人人知道的話。子孫幼小時，便教他順從父母，侍立兄長，不要説謊，不要罵人，不要與匪人相交，不要外邊閒遊。就是好衣服，休著他穿；就是一切戲耍之物，休著他見。六七歲時，讀《三字經》、《鄉約六條》。八九歲時，讀《孝經》小學，句句與他講説。此時童心未喪，正好引他。到長成時，若姿質聰明，就投端正的先生，教他上進；若姿質庸常，教他學手藝、做買賣、種地傭工，都是本等。只要勤儉安分，就是成器的子孫。不必家家都成舉人、進士。今人子孫成了舉人、進士的，多因貪贓壞法，敗了家門，也是不能教訓之過。這教訓子孫，全要以身爲教，存好心行善事爲君子。子孫件件都要看我的樣子，我若賭博，子孫定會賭博；我若嫖娼，子孫定會嫖娼；我若行不仁不義之事，子孫定會不仁不義。就是積了萬貫家財，都做浪蕩花費之用，有何好處？又有一等人，不教子孫讀書明理，只要欺人家、騙人家，以爲聰明乖巧，又圖個前程保護。而今朝廷法度森嚴，犯了這事就是死罪，父母妻子都不能保。讀書的人家，再休起這念頭了。但得子孫知孝弟、明禮義，有功名也好，無功名也做個清清白白的百姓。你不聞蔚州城中前輩，有一鄉先生，諱銘是個百姓，他心中最明聖賢的道理，就在家中坐著，聽見街上官長過來，自身站起，兒孫都隨他站起。地方饑荒，捐米一百石救濟。城外拾銀子三百兩，還與原主。上墳拜掃，遇著看田的打他，他只作揖説打的是，把那惡人羞的跑了。又能積書萬卷留與子孫，後來子與孫讀他的書，靠他的德，兩輩都是鄉科，至今書香不絶。百姓人家教訓子孫的，都該學他。孔子云：愛之能勿勞乎。可見教子孫的，纔是愛惜。孟子云：身不行道，不能行於妻子。可見妻子不賢，還是我的身子不正。又讀《大清律》云：凡子孫故違祖父母、父母教令者，杖一百。罵者絞，毆者斬，殺者凌遲處死。子孫尤當盡心受教，大小人等各遵聖諭。

又：聖諭又言各安生理。何謂各安生理？生是各人的營生，理是各人心中一點天理。若順理營生、不昧良心，就是各安生理。如讀書是秀才的生理，種田是農夫的生理，做買賣是商賈的生理，做手藝是工匠的生理，窮漢傭工受苦寫字抄書都是生理。凡讀書的稍能度日，即當攻苦讀書，就是家貧，或與人訓蒙，或自己設館。尋常不責束修多少，教成徒弟不責謝禮多寡。苟能盡心教訓，這也是半積陰功半養身。借此收心讀書，以圖上進，或中科甲，或食廪糧，自有效驗。假若因貧昧心，傷了天理，即有錦繡文章功名也不得發達了，這是秀才該安生理。凡務農的，早耕早種早鋤，又多糞土，自然收成。即如連歲薄收，一則地氣流轉，二則兵火不到，該受這二三年困苦。而今以後，人人存了良心，事事合乎天理，便是豐年之兆了。凡商賈全要勤儉公道，隨時求利，不要哄人。凡工匠全要用心做活，老老實實，不要欺人，自然度日有餘。凡傭工受苦的，不要説謊，不要偷盜，不要忘恩負義，人家喜歡用你，衣食自然不缺。還有做兵的，不要生事害人，食糧亦可糊口，若遇用命之地，立功受賞都是有的。又有跟衙門的人，奉公守法，公門之中，正好修行，不要作弊瞞官，不要昧心害人，那有流徒的重罪？這都是各安生理的，夢魂也安，父母妻子也安。有一等人，遊手好閒，宿娼賭博打網説事過錢，明知非理之事，希圖騙人，反得大禍。只因自己作孽昧了天理，欺的人欺不的天。眼下有些便宜，轉眼便難消受。若是個個拿出天理良心來，這一方之人都不困苦了。至於富家，不要剋剝窮民，不要利上加利，饒人些須陰德，百倍家業自然昌盛，子孫必能保守。古人云：財也大，産也大，後世子孫膽也大，禍也大，財也少，産也小，後世子孫膽也小，禍也少。試聽《大清律》云：凡以私債，強占人孳畜産業者，杖八十。若侵算過本者坐贓論。若准折人妻妾子女者，杖一百；強奪者，加二等；因而姦占者，絞。古語云：順理行將去，憑天分付來。何等受用，大小人等各遵聖諭。

又：聖諭終言勿作非爲。何謂勿作非爲？凡做非理非分，不公不法的事，便是作非爲。如不孝順父母，不尊敬長上，不和睦鄉里，不教訓子孫，不各安生理，這都是作非爲。又如謀反大逆，嚮馬強盜，殺人放火，謀害人命，鬬毆傷人，圖賴詐騙，服毒自縊，拐帶人口，挑戲良家，教唆詞訟，結交窩訪，捏造飛言，出入公衙，硬告硬證，説事過錢，包攬上糧，侵占田地，違禁取利，行使假銀，開場賭博，撒潑行兇，打街罵巷，宰殺耕牛，穢污神廟，毀謗忠良，欺壓良善，凡一切不仁不義，欺人害人的事，件件是作非爲。世上那一個人没有良心？那一個人不知天理？若作歹事，害好人，自己心上明知不是，或因見財動念，或因見色迷心，或因被人引誘，或因主意偶差。一旦昧了天理，犯了王法，受刑問罪，喪命傾家，父母牽連，妻子離散，鄉黨耻笑，子子孫孫也改不得惡名。就是一兩人逃過王法，天地鬼神也不曾饒過，或刑剋折損，或水火惡疾，或生下敗類子孫，壞了門風，或生下強梁子孫，惹了奇禍，祖父家貲，如火上燒油，一時俱盡。天道報應，毫釐不爽。又有一種人，明欺寡婦、孤兒錢財易騙，俗言謂之鑿軟木頭，全不顧後來的報應。有古詩一首云：昔日曹瞞相漢時，欺人寡婦與孤兒，誰知四十餘年後，寡婦孤兒又被欺。聽了這一首詩，可不警醒。又有一種人，不務士農工商的本業，或飲酒奕棋，或浪遊宿娼，廉耻行止都喪去了，做這樣事何益？古來義士賢人就是餓死，也有一個好名，也有幾句好話留傳後世。豈可浮生浮死，只喫了幾碗飯、幾盃酒，便了卻一世的事？真是可憐！古語云：寧可一日没錢使，不可一日壞行止。又云：平生不作虧心事，半夜敲門心不驚。又云：寧人負我，毋我負人。又云：屈死休告狀，餓死休做賊。這纔是勿作非爲。總之能知非便是能改過，不爲惡便是爲善，不爲小人便是爲君子。四書五經不過是這一個道理。孔子云：君子居易以俟命。這是不作非爲的樣子；小人行險以徼倖，這是作非爲的樣子。可見，人只要安命。孔子又云：益者三友，損者三友。友直、友諒、友多聞，益矣；友便辟、友善柔、友便佞，損矣。可見，人只要交好朋友。小兒語云：要做好人，須尋好友，引酵若酸，那得甜酒。這話何等明白。一切邪説妖術尤不可聽，早完官糧。富的富過，窮的窮過，官長並不尋你，何等受用。

（清）佚名《現行鄉約》 普濟江南難民説。江陰鄉約局董江北擬稿。爲善之難，莫難於今日，完善之地，既迫捐輸，豈遑推解殘破之餘不能自顧，何暇謀人？爲善之易，莫易於今日，救一二人命，可保子富孫賢，出十百千文，能得狀元宰相。然亦有難而易者，行仁在熟，既上思忠主，必下思庇民。亦有易而難者，惟利是圖，慮福報空虛，謂銀錢著實。居今日而勸人爲善，難者十則有九，易者十不獲一，不容啟口，矧能動心乎。第人性皆善，易者固不待言，難者亦當與言。其不待言而自樂善者，慷慨性成，資囊已匱，有爲善之心，無爲善之力。與言恐增其愧，然不可不與之言也。力雖不足，心則有餘，以善勸善，曩則獨力可以救人，今合衆力亦可以濟人。善事愈難，善功愈大也。其必與言而後嚮善者，有爲善之力，無爲善之心。與言恐遭其忌，然不可不與之言也。力既處有餘，心何慮不足，以不善轉善，曩乃天心之所厭，今則爲天心之所喜，善機既發，善量漸充也。既皆可與言善，則所謂易者固易，而所謂難者亦易矣。江南兵戈雖靖，休養維艱，田之得耕者無多，民之失所者徧是，痛哀鴻之滿目，觸道殣而傷心。強壯尚可自謀，堪悲嬰赤，炎夏雖皆苦度，尤畏冬寒。有心者欲設局收養而苦無資，欲分助絮衣而難周給，不得不廣告同人，共勸善舉。隨其所遇，即萌惻隱之心；行其所安，各發慈悲之願。以一二人而救千萬人則難，以千萬人而救千萬人則易。爲千萬人久計安全則難，爲千萬人分周貧迫則易。務望隨緣補助，量力布施。久居樂土者，念人皆集枯己獨集菀，享福還宜造福。已遭厄難者，念人半爲鬼己尚爲人，救災即以消災。同人謹啟。同治三年九月。

又：毘陵惲氏續證人社約誡。會稽先師以證人立教，行於其鄉之古小學，爰有人譜以循，以勉要歸，各證其人而止。先師往矣，而人各其人，人各自證其人，是先師之心猶在也。吾黨二三子於人譜所列，業期循勉，茲更約以十有四則，其目所臚分，較譜半之。諸切人之行事、之時位，首當料揀者，大都備於其中，顯然可覩，若日月凜然，不可蹈若水火。知如此爲過，則知不如此爲無過，知如此爲妄，則知不如此爲無妄。知如此過可改妄可復，則知不如此本無過妄而爲至善。學者易於取鏡，繇是進焉。非敢謂於全譜，相發益章，庶幾證人之義思過半矣。夫人參天地，爲人在天地，爲心至善而心盡，心盡而天地之心盡信乎。人道至大，而證之有要，先師立教微指，端有在於是者。烏虖！人而不人，則譜其桎梏也，誡其贅疣也。識人之人則誡其假道也，譜其設險也，其尚審所自考哉。

又：鄉約所考。采《常熟縣志》。攷《周禮·地官·司徒》掌邦國家之教令，分遣鄉師，各掌所治之教。凡四時徵令有常者，以木鐸徇於市朝，歲時巡國及野，黨正屬民讀邦法糾戒之。此後世鄉約之制，所由昉也。明高帝置《教民榜》六條，設州縣鄉約所，月吉有司臨蒞講所，宣諭勸戒，俾民圜觀而竦聽焉，亦猶古讀法巡國之遺意也。國朝更定彝憲，彰明六禮、七教，而爲十有六條，其所以禁民惡，迪民善者，意深切矣。越在下邑，奉行之勤，惟賢令長是。

又：鄉約集徵。一、鄉約爲教化內一要事，但縣官不以誠心行之，徒成虛文，而約正約副等反爲民害。果有力行者，必敦請邑中德行鄉紳，或孝廉貢士爲民欽服者主其事，而約正副等以供奔走。鄉約行，則一鄉之善惡無所逃，盜息民安，風移俗易，皆由於此。有記善簿、記惡簿，又須有改過簿，許令自新。高忠憲公責成州縣約第三條。

親講鄉約，懲勸有方，誨誘預民，平其忿心，改過從善，各因人受益之大小而定功。袁了凡先生當《功過格》。

又：恤災說。天災者氣數之所爲，聖世不能免也。堯之洪水，湯之久旱，其已事已，與其憫已然之災，補救於後，曷若防未然之災，消弭於前？夫人心之與天心，固息息相通；而天事之與人事，亦心心相印。人心陷溺而失其正，則水災應之；人心熒惑而改其常，則火災應之。浮動之極爲亂機，其應爲兵端，陰忍之極爲險機，其應爲邪教。天之降災，有不盡由於氣數者。堯因水而求賢，湯因旱而罪己。盡人事，以挽天心，不敢委之於氣數，惟是消弭之道與補救之方，意其時必有節目焉，或者書闕有間，今不可得而詳矣。今某師渡江而來，同人侍坐之次，所議有三事焉，曰舉鄉約，曰修鐵塔，曰恤水災。三事不同，其於消弭補救則同也，大都消弭之道莫要於牖人心。正可辟邪，常可制變，宜講習於無災之時，導其善念，堅其恒心，漸使邪不干正，變不擾常。

聖朝教養兼施，如鄉約者，洵久安長治之善策也。補救之道，莫要於修人事。靜以鎮動，陽以勝陰，宜探討於有災之地，相其山川，理其水土，必使動不撓靜，陰不汩陽。

又：客曰：聽者云鄉約固爲良法，其實皆迂夫之言也。答曰：當此塵氛未靖之時，人心風化，實爲至急，行鄉約所以正人心維風化也。謂爲迂者，聞鄉約之言，觸耳刺心，以爲動多束縛者有之；高視濶步，以爲不切時務者有之，畏難苟安，以爲未能獲效者有之。抑知人心之所以不古，風化之所以不淳，正爲欠一迂字耳。迂則端方，端方則不作歧邪之想；迂則拘謹，拘謹則不入放僻之途。議者以鄉約爲迂，而不易行。講鄉約者，當力求爲迂而必欲行，以迂化人之不迂，使不迂者皆化爲迂，則鄉約行，而世無以爲迂者矣。況聖諭諄諄，皆本古聖賢之道德仁義以立言，而議者猶以爲迂，其居心果何若哉？

又：責躬說。葢聞道莫大於人倫，責莫先於儒行，儒能勵行，民始明倫。此君子求諸己，所以士爲四民之首也。古者，國有學，州有序，黨有庠，家有塾。其克循教者，爵祿以勸之，其不率教者，郊遂以移之，士風日以振，民風日以淳。然則士之在天下皆當正己以正人，爲鄉黨維持教化者也。今日人心不古，習俗日偷，果誰執其咎哉？我朝二百餘年，承平日久，常享安恬之福，倍深感戴之心，固宜自課綦嚴，返躬不愧，以一身之行誼，作四方之楷模，表率既端，感孚自易。然平時疎克己之功，閒里少型方之實，小則玷天品行，大則負夫綱常。既無和順以積中，曷克英華之發外，脩己治人之術，復何望哉！士既如此，奚怪鄉曲細民，不聞善言，不行善行，天良泯滅，風俗澆漓，積之既久，皇天震怒，於是有刀兵之劫，水旱之災，飛蝗瘟疫之變，其何以有恃而不恐耶？嗚呼！士之在天下，皆當正己以正人，爲鄉黨維持教化者也，竟不知返而猛省耶。今欲正己以正人，莫如行鄉約以交正。古者鄉約之興，首在互相規勸。自鄉約之法行，斯化民之法備。每月朔望，讀法懸書，倫常日用之道所賅者美且盡矣。化於一家，則一家敦雍睦之行，化於一方，則一方成仁厚之鄉。由家而國，由近及遠，人心一正，天心卽回，豈非化民之要道耶？卽使鄉約之教，其宣講也暫，其聽講也疎，似以暫且疎之言教，急期億萬人之感化，恐有所難。必然士君子，誠能整躬率物，先自盡於孝悌，而後化人以孝悌，先自矢其忠信，而後化人以忠信，所謂形端則影正也。其尤重者，師之於弟子，能以鄉約之大旨，養其童蒙，則今日少一漓天性之孺子，異日多一敦品行之良民。法既易施，功尤至捷。日新月盛，國俗敦龐，世風丕變，斯真身教與言教並行。鄉約爲文治大本，由是論之，鄉約可不講乎？鄉約之原，可不共行乎？能明乎鄉約之原者，講者雖以言教勸人，而自治之學必嚴，聽者喜生聞過之心，將克己之功日進。聽者既知克己之功，自能崇奉聖諭，不以暫聞而或忽。講者苟存自治之念，必當力求實行，不致恕己而責人。和衷共濟，一道同風，人心悉歸至善，天道自錫庥祥矣。庶幾刀兵、水旱、飛蝗瘟疫，可以默化而潛消。然則士之在天下，皆當正己以正人，爲鄉黨維持教化者也。此君子求諸己，所以士爲四民之首也。

又：《江陰縣現行鄉約後序》。鄉約之制古矣，茲謂之《現行鄉約》，何哉？我聖朝重熙累洽，迄今二百餘年，德澤涵濡，聲教訖於四海。每月朔望，官師率都人士謹詣公所，恭讀《聖諭廣訓》、《欽定黜異端以崇正學》四言韻文。小民拱手環聽，潛移默化，以厚風俗而正人心。凡在宇下，靡不漸被猗歟盛哉！暨陽負海枕江，地勢遼僻，非通都大邑可比。而數載以來，議建章程，鉅細詳密，臚列各事，宜刊爲《現行鄉約》成書。葢行於昔者，舊章率由而行；於今者，成效可觀也。夫轡以馭馬，舵以行舟，扣輪而矢中，定向而穴正。鄉約固納斯民於軌物而範圍焉，而不過曲成焉，而不遺者也。邑中賢士大夫，敦行績學，而祥麟威鳳，斂其苞彩，仰體大吏化民成俗之意，捐資設局，計日宣講，推及一切勸善格言，忠孝貞節事蹟以悚衆聽，久而益勤，實事實心，純乎天理，此豈可概見者耶？卽其平日，雨聚笠帶續燈二三知己，晨夕過從，談經論道，以聖賢之學相切磋，樂善不倦，爲斯民表率，亦洵不誣矣。己未秋，余奉檄權司學鐸，而長白祥煦舲先生以司馬來宰是邦，下車伊始，首以振興文教爲務，遂不揣檮昧，相與商推，於每月朔望宣講外，議增兩期。薦紳先生韙之，廼率以爲常，聽者麇集，革面洗心。他日自城而鎮而鄉，未行者踵而行之，既行者，漸推漸廣，則風行草偃，豈不訟獄衰息，賦税急公而盡被賢宰之子惠哉？葢嘗論之鑽之深者金可破，漸之久者石可穿。信乎？事之貴乎，勤且久也。凡人須鬣以生，孰不知爲孝子、爲悌弟，而求名教中樂地者，間有一二頑梗狃於習，非其性也。誠如今日之因勢利導，將見言有壇宇，行有表坊。雖盡人而爲君子不難矣。揄揚聖德，感召天庥，又何兵革、旱潦、疾病之足患也耶？謹誌簡尾，以志企仰之私云爾。咸豐九年歲次己未十月光禄寺署正銜江陰縣教諭古婁唐模譔。

又：江邑鄉約局積穀説。備荒要政莫善於社倉一法，先賢朱子首倡於崇安，一時仿行者甚衆，以本鄉所出積於本鄉，以百姓所餘散於百姓，緩急有賴，周濟無窮，洵法良意美。惜後世無有遵而行之者耳，豈不以社倉固爲善政，而行之未當，弊卽業生，鼠蝕蟲侵，積久必多耗折，鴻哀雁集，借貸豈盡清償，全其封鐍，則患同遏糴，拘於納息，則急等催科。顯以開覬覦者播訟之階，隱以遺司理者賠補之累，致使極善之模，疑爲不善之舉。嗚呼！是誠未識所以當行之故也。夫人情一日不再食則飢，必待水旱之來而始議捐，議賑，譬之風火亟症而求醫於秦楚之間，其不旋踵死者幾何哉？欽惟聖朝軫念民依，各府州縣均有常平等倉，偶遇偏災卽賑濟平糶，誠美且備矣。然而置官倉於州郡，尤必立民社於鄉閭，相輔而行，事乃有濟。若徒恃常平之粟，能給數十萬之飢口耶。雖曰凡遇凶荒，朝廷自有恩膏普濟，富室亦能實力匡扶，殊不知待奏文而賑卹，貧民盡屬瘠痍。希開局以救援，道塗已多餓莩。與其臨渴而掘井，孰若未雨而綢繆？豫計儲糧，豈非賑荒之要務哉？今惟廣勸各鄉，悉仿朱子社倉法，量力施行，或積穀數百石，或千餘石，於青黄不濟時，則計口以貸，俟秋冬收穫後，則加息以償。視歲之歉盈，量息之多寡，循環糶糴，既可以陳易新，出納有經，仍歸以本，生利積之，久則穀日以盈。設遇天災流行，卽盡出以賑濟，上以紓朝廷之帑藏，中以寬殷富之捐輸，下以免飢餓之填壑。事一舉而衆美畢備。陸宣公所云不出十年必盈三歲之蓄，斯言果不虚也。而或者疑之，萬一官長移運，刁董侵蝕，貧民出借不能一一清理，則又奈何？曰：否，否。民間義社與倉儲不同，民司之官胥不得與其事也，奚患焉？至董事倚公行私，此不過司之者未當耳，誠選殷實公正之人司其出入，或耗或餘，年終核明，清册徧示同人，以昭公允，又安能舞弊以啟人之疑忌耶？他若愚民，非死亡疾苦，卽周其困乏，必有激發天良者，貸而不還，無是理也。吾故備述之，以爲備荒要法，剴切詳明。

又：江邑鄉約局施粥説。自古救荒之政多矣，大要不外賑米賑錢。然而得米待舉火，得錢待易食，皆不若粥之卽可下咽，於老幼廢疾者益利焉。月令仲秋行糜粥飲食。《檀弓》載公叔文子當衛國凶饑，爲粥與國之餓者，可見設粥賑飢其來已久。是誠第一善舉也。然而先儒論救荒，每以此爲敝政，其故何哉？豈不以粥廠一設有擁擠之虞，强者得食，弱者鮮飽。有混雜之病，男女莫别，奸盗卽萌。甚且一廠而萃聚千人，穢氣薰蒸，疾疫傳染，一盂而奔馳數里，風霜易犯，老幼難安，存者一二，而餓死者不已八九耶？前人之論確有所見矣。然此非立法之弊，乃不善行法之弊耳。竊謂施粥之法宜先清查户口，徧給粥籌，不必舉室偕來，祇需一人持付。時則貴早不貴遲，恐飢餓者不及待也。地則貴近不貴遠，憐貧病者不能往也。人則貴散不貴聚，防癘氣之易染也。廠則貴多不貴少，慮枵腹之易争也。施於未賑之先，有窘迫不能久待者得之可以延命。施於停賑之後，有艱難不能接濟者得之可以無飢。苟有實心，卽有實政。而奚至疑其有弊無利耶？或謂經費不敷，善舉難繼。不乃絶其生路否？不知此固無庸過慮也。夫同是人也，彼則飢腸欲斷，魂將飄入鬼門，我惟飽腹無虞，心尚沉迷利藪，秉天理而論，其心安否？獨不念己溺己飢之懷，立人達人之義，慳囊一解立救千人，爲子孫邀福計耶？况以數斗之米煮數石之粥，餬數百人之口，祇在勸之有法，行之無弊。天下固多善士，必有捐貲相助者。昔宋祝染及倪閔，均以煮粥施貧，其子大魁天下。以天之報施而論，不得謂施粥之不善也。若能兼行擔粥賣粥之法，使窮區僻壤及以就食爲恥者皆得買而食之，則無施粥之名，更有活人之實矣。總之行諸一鄉救一鄉之民命，行諸闔邑全闔邑之生靈。有心者急起而圖之，慎毋泥於前人所議，而至因噎廢食也。

言之鑿鑿並非紙上空談焉，有閲是説而不動心者。

又：江邑鄉約局恤孤説。事當圖其所難，而毋狃於至易，法宜籌其可久，而勿限於苟安。鰥寡孤獨皆天下之窮民，而孤兒尤甚。《書》曰：無弱孤有幼。《禮》曰：恤孤獨以逮不足。孤兒之苦盡人而知，有不止一時之困阨者。愚謂恤孤之法，先當給衣食以養其身，繼則講禮義以明其性，次則習技藝以精其業，終則完婚娶以成其家。四者不備，終非盡善之道也。何言之？人當十歲以下六七歲以上飢不能自爲食，寒不能自爲衣，卽使父母俱存，家徒壁立，猶且有飢寒不免者。而况無父何怙？無母何恃？孑然孤立，幾何不凍餒而死耶？孤之待於養也，亦固其所自樂善者起。立局以養遺孩，給口糧，施衣絝，晝可免道路之呻吟，夜不至街衢之露宿，廣厦一設，庇蒼生寒，是猶起溝壑而衽席之，誰曰立意之不善哉！然猶有説焉，夫施捨固恤孤之要圖，猶非恤孤之長策。今日之恃人以食，恃人以衣者，特以其爲孤兒則然耳。及其長，而亦恃人以衣食，將不齒於鄉里，不列於人倫，是名爲恤之而實陰以誤之也，平日之養不幾爲禽犢之愛耶。是故其始也，當設義塾以授書，資修脯以就傅，俾其由此以有成，固爲恤孤之極至。卽不能亦當予以謀生之路，或成就一藝，或盡力經營，爲孤兒設法者，全在本其性之所近，教之悔之，因勢而利導之。陰以察其智愚，顯以覘其勤惰，必使有所恃以爲異日餬口之資。所謂愛人也以德，不沾沾於噢咻者。蓋如此，又况孤寒子弟，半係單丁，嗣續之延，賴此一線，設使籌畫維艱，終身不能婚娶。則今日幼而孤者異日更鰥而可憫，獨而堪憐。且使其祖宗血食相延忽焉不祀，是尤有心人所大不忍，而急宜代謀者也。總之，爲孤兒計者，宜豫爲瞻前顧後佈置得宜。既曲體其事之所難，尤力予以生之可久，然後有恤孤之名，而並有恤孤之實也。豈不美乎？

爲孤兒通盤計算必如此，方可當得一恤字。仁人之言利溥哉，讀之安得不怦怦心動。

又：江邑鄉約局周寡説。竊嘗考文王治岐之政，何其愛民之深，澤民之厚，而待天下之窮無告者周且備也。同在覆載之中，各有倫常之樂，獨至鰥寡孤獨則缺陷於天，非人生最苦之境耶！而四者之中尤苦於寡，所賴周濟者亦莫急於寡。其富貴之家，力足自給者無論已。若夫系出名門，家仍寒素，所天一失，四顧何依？典質已空，力苦不足，於已饔飧莫繼，情羞轉乞於人。當斯時也，欲偷生不得，欲覓死無由，萬種愁腸呼天莫訴。設不代謀生計，則激烈性成，往往有決然一死，後夫於地下者。此雖巾幗中僅見之事，然情之所迫，何必無之至，若貧賤之婺，形單影隻，門祚式微，内不免悍族之憑陵，外更有豪强之逼勒，稍不自持，猶摇摇於風吹雨撼中，其得保者幾何哉？而獨能堅持柏操，誓死靡他，任藜藿之難，充歷冰霜而不變，此等貞心實從百端困阨中磨厲而出。若不加之欽敬，恤其飢寒，將何以植倫常厚風俗耶？嗟乎！誰無室家，誰無夫婦？念我同人每當歲時伏臘，莫不妻孥聚首，釃酒言歡，彼獨何辜，思瞀亂於几筵，涕横流於巾箑，撫弱息以悽愴，閉空閨而鬱結。人孰無情，能不悲哉？且人亦幸而妻，若子不遭此凶耳，設不幸至此，朝不保暮，有不望他人之援救者耶！望救而不得救，則煢煢者同歸於死矣。夫爲寡者不死於撫尸一慟之時，而死於四窮無告之日，是所苦者在彼。而所以苦且不保者，實由坐視不救者貽之。感也其忍也哉，其忍也哉！是願同志者集貲以贍其身，勸讀以撫其孤，請坊表以旌其節。而集貲一事，可仿前明高忠憲公，糾合同人用一文，願法衆擎易舉，且可久行。庶幾俾寡之尤苦者稍慰於萬一也歟。

其言悱惻沈痛，讀至末段，尤覺法良意美，是至性至情以成文者。

又：江邑鄉約局扶病説。誼莫親於鄉鄰，事莫苦於疾病，欲得互爲維持之意，全賴有相爲賙卹之情。惜乎井田之制廢，所謂疾病相扶持者，此風久不復存矣。夫病人情所共苦也，共苦之卒不能共體之、共卹之，其咎安在？竊嘗反覆思之，自井由一壞，則貧富不均。富者衹自私其富，貧者遂益見其貧。富者不必無病也，而病易治也；貧者不皆有病也，而病難愈也。且病曷爲而有哉？飢寒固足以伏病之根，而勞苦不節則致病也，更易霜露不避則受病也愈深。然此猶身病耳，而心之病尤有不忍言者。未病之先，苦衣食之不給；方病之時，慮醫藥之無措；既病之後，憂借貸之難償。嗟夫！人非草木，誰不求生；人非鐵石，誰則無情？見殺牛而不忍，見入井而怵惕。獨念及此而不能互相體卹者，吾不知其居心何等也。古者諸侯有疾，鄰國使良醫治之，況吾儕同處鄉里之中，有病不知扶，若越人視秦人之肥瘠，漠然不動於心，有是理耶？且扶病之法，有力與無力者皆可行焉。有力者助以錢米，使餬口有資，醫治有費，則扶其一人之病，實已扶其一家之病也。無力者助以心力，或代爲奔走，曲爲經營。則今日扶彼之病，安知異日不扶我之病也。況有有力者寬其心，則心之鬱結既舒，心之病先可以頓減矣。復有無力者代其身，則身之疲苦可養，身之病並不難速愈矣。在已所費無多，而在人獲益非淺。事實有濟法亦易行，既感有力者之盛德，尤見無力者之實心。從此鄉鄰輯睦，嫌怨不生。縱井田之法不行，不已幾於百姓親睦之遺風也歟。

實抉出所以當扶之，故一片婆心溢於言表。

又：江陰鄉約局救溺嬰説。人中之至苦者，莫如貧乏之人，尤莫如貧乏家所産之嬰孩。方其甫離母胞，四體雖完，元神未足，天光莫覩，血垢猶留，不識不知，難行難語，惟知呱呱一泣而已。爲父母者善爲撫養，猶恐牙疳漆油痧痘驚風胎毒諸症失乎醫治。或促其生，何況猝然間生狠心，動惡念，出辣手，置諸水盆，忍以淹死。豈非人世一大冤孽哉！嗚呼，善莫大於好生，惡莫大於戕生。蓋天地以好生惡殺爲心，無時或替也。聖賢以利物愛人爲教，亘古常昭也。人苟能體好生之心，愛人之教，是與天地合其德，聖賢同其量也。由是推之，舉凡羽毛鱗介昆蟲草木，或失其所，無不愛之護之，得遂其生，無不培之植之，此爲仁之一端也。羽毛鱗介昆蟲草木猶且救之，况人乎哉？况無知無識之嬰孩乎哉？人爲萬物之靈，並列三才之位，豈非至貴至重之一物哉。人雖有長幼老小之别，天地視其生命一也。人雖有富貴貧賤壽殀順逆之分，天地視其生命一也。好生戕生，禍福昭彰，天地震怒，渺茫難知也。孰知國法森嚴，歷歷可考。伏查《大清律例》禁令精詳，子弑父母重與可畏，父無故而殺子亦罹罪愆。以此比例，無故淹嬰，豈能無咎乎？國法一時能避，陰律法不漏鍼，天道恢恢，豈能容宥？神靈赫赫，不顯亦臨，安能不降諸災禍於溺嬰之父母邪？雖然彼溺嬰之父母非不知自己骨肉而爲此傷天害理事也，非不知觸怒天地，甘爲因果報應事也，非不知國法森嚴敢怙過遭刑也。察其情有可憐可憫者，或因貧窮之故，衣食艱難，不能自顧也。營工作息，恐多廢時也，留嬰孩而凍餒，反不如淹死以絶貧累也。或因多生女胎不育男胎，恐翁姑增無後之憂，親族有絶嗣之誚，忿而摩頂致死其嬰也。此二者皆愚夫愚婦之所爲。風俗相沿，到處皆有，難於挽救也。可奈何？然而事無難也，全賴四方君子出力匡救，置之死地而可生也。伏思聖天子軫念生民，恩溥四海，敕州縣咸建育嬰堂，可抱而置之也。其餘各紳董，各善人，設立留嬰卹嬰保嬰諸局，通都大邑到處有之，是救嬰之一大慈航也。無如地方遼濶，窵遠難行，僻壤窮鄉，周知不易。雖開生路，未能共趨也。惟仗慷慨義士惻隱仁人或訂同志於一鄉公所，集費交老誠經理有力者留養二三，人力困者數人合養一人，或集會以籌法救濟，或津貼彼父母以留養保生，互相勸化，互相籌救。則到處可無溺嬰之患矣。更能查臨産婦人寒者，給以棉衣絮被等件，俾無受寒成病。不惟救一命，且救兩命也。蓋母死而無乳，子亦必死也。善體人情者毋以經費不足爲患也。查前輩卹嬰一事，凡遇水旱偏災，訪明懷娠之婦，預記册籍，臨産給米錢衣布等所需之件，保全者不知凡幾，此救嬰於已棄，不如保嬰於未育，其仁尤至也。是可合天地好生之心，聖賢愛人之教也。凡有心於救嬰者勿畏人之言，曰假公濟私也，勿畏人之言，曰沽名釣譽也。苟能爲事公正，可自鄉里，出入有帳，昭貼共知，人且敬之慕之，豈有迂之笑之耶？地方有此一局則可免溺嬰父母之愆，可免無後之咎。盖因貧而溺之，則天道豈能不使彼更貧？無故而溺之，天道豈能使彼有裔耶？此風一革，則生氣流溢，豈特救嬰之人能體好生愛人之心，而素常溺嬰之父母亦知天地好生之心，聖賢愛人之教也。務懇各邑講生宣講聖訓外，於此事留心設法，則在在天心，在在聖教矣。

又：江陰鄉約局變通義塾説。蒙以養正聖功也，貧家子弟儘有美才，無力讀書，終難成就。好善者設立義塾，置産延師，規條具備，然非數千金不可。大邑通都不能多設，窮鄉僻壤更難舉行。竊思城廂比戶書聲附讀較易，鄉鎮則工商倍於士人，延師之家十不三四，村野則農多士少，竟有越十里無館塾者。即間遇里塾，往往不得良師，從游數年與不學等。此真暴棄可惜者也。嗟夫，天之生材何地蔑。有十室之邑，必有忠信。窮簷陋巷豈無子弟生成孝弟忠信之良質？苟不經明師教育琢磨，將被不孝不弟不忠不信之徒敗壞其天真，引陷於惡習，則儒教中少一佳子弟，即澆俗中多一頑民矣。令勸好善，君子推拓洪規，變通成法，或就公所公聘名師，量錢數而不限額，或在家獨力聘請，包脩金而勿濫收。遇有美材異質，有志無力者，或饋貲糧衣屨，俾無内顧之憂，或供經籍膏油，俾續攻書之費，或留養以伴兒輩之讀，或贈貲以助應試之需。總期相與有成，猶屬輕而易舉，則成就一人，不惟子弟多一良友，朝廷多一賢才，即聖門多一繼往開來之人矣。其效豈在設立義塾下哉。願世之賢父兄厚望子弟成德者，各勉爲之，幸勿以經費無著爲藉口。

又：江陰鄉約局勸惜穀説。穀之爲言善也，穀何善乎？善乎其能養人也。天地之性人爲貴，貴乎人即貴乎所以養人者。粒米穢棄，雷霆擊之，謂非天地貴之乎？教稼勸農力田與孝弟同科，謂非帝王貴之乎？天地貴之，帝王貴之，矧在吾儕敢不敬惜之乎？人情一日不再食則飢，苟遇兵荒，斗米與金珠等價。一值豊稔，即多狼戾，於心奚安？踐踏之而致陷淤泥，焚燒之而概付灰燼，無怪屢豊之莫告也。務約同人於穀之將成，道旁偃穗則束長繩以攔之。於穀之初登，道途遺粒則持箕帚以埽之。平時炊爨，留心揀將，積置罈甏，積之既多，即彙集同人，各出所積，爲卹嫠濟貧之用。前人良法洵可踵而行之。或謂田畝衆多，安能徧攔，收斂之時，詎有餘力。夫田畝既多，傭工不一，陰雨之辰，獨不可多儲繩索乎？收斂勤勞，少壯靡暇，老弱婦女獨不可隨地埽拾乎？至積柴備爨或揀之未爨之前，或捋之將爨之際。所謂天下無難事，只怕有心人也。然未食之穀宜惜，已食之穀亦宜惜也；有形之穀宜惜，無形之穀亦宜惜也。臣能盡忠乃可食君之穀，子能盡孝乃可食親之穀，師能盡誨乃可食弟之穀。其他食焉而忠其事，斯能無愧乎穀。若飽食終日，無所用心，甚且不忠不孝不仁不義而亦食。夫天地之所以養人者，此非尤可惜者乎？程子謂：心如穀種，人能葆其本心乃不失其固有，若昧心喪心，則性已無禾，善難成米而亦食。夫天地之所以養人者，此非尤可惜者乎？凡我同人將惜夫人所不能共惜之穀，先惜夫衆人所能共惜之穀，則既慶屢豊可希仁熟矣。

又：江陰鄉約局勸濟粥説。救荒以賑爲主，而輔之以粥，粥固所以濟賑之不及也。賑之以米，或苦乏薪，賑之以錢，未能即飽，惟粥則入厰即可入口，療飢兼可療寒。既得粥，即留所賑錢米以爲紡織資本，漸可自食其力。信夫粥固所以濟賑之不及也。矧賑有定期，或十日一給，或半月一給，其不及待者或吞糠片或咽棉子，甚有食烏泥而賑塞以死者，西鄉已聞有潘姓等三人甚矣。粥固今日救生之急務也，或謂設粥有擁擠守候之弊，有盜米攙灰之弊，有器皿不潔而致餿薄之弊。夫救荒無善策，小民轉輾溝壑之時，而必計萬全，是猶待西江之水以甦涸鮒也。或又謂有力之家已捐大賑，今復勸之設粥，無論力不暇給，抑亦言不易入，不知官捐或派擠，必盈其額。若設粥則各視其心力之所至，即力綿者斗米百錢均可捐助，此鎮舉行，他鎮亦聞風而起，設厰愈多，道殣愈寡，費不煩而惠則溥矣。比聞常昭錫金武陽等邑，罔不踴躍設粥，有變産助捐者。有求隣省掖濟者，有從豊稔之鄉募捐者，而江邑楊厙鎮常君殿掄賣田百畝，得米二百石後煮粥濟飢。長壽鎮張君殿英田僅六畝，賣其半以助粥厰所不及，此亦仁人君子所聞而思奮者也。夫棄産救貧或人所難，若損一日之奉即可療數口之飢，尚屬輕而易舉。倘集腋成裘，鄉鄉設粥，俾飢民殘喘得延，從容待賑，豈非粥實濟賑之所不及哉！至或施或賣或分，置粥擔挑涉村巷，遇有詩禮之家惜廉耻者，董事訪明暗贈，是在有心者因地制宜焉。抑又有請者人情遇災而懼，因懼而悔，際此民困未蘇，民心猶斂，善言較爲易人，設粥之所，或待粥之時，或給粥之後，即與宣講鄉約，倘亦改過遷善之一機乎。

又：同人集福啟。鄉約局董在金匱懷仁鄉擬稿。天災流行，民生塗炭，江錫等處兵燹，大遭誅戮之流，悲傷莫述，飄零之衆，悽慘難言，既無家可以棲身，又絶糧不能活命。作餓莩而填溝壑者，可勝悼哉。幸有四方樂善好施之人，集資提倡給米之舉，苦心籌捐，苦口勸募。於上年六月起至今未替彼被難之人得轉生機者，皆仁者所賜也。豈不幸哉！豈不快哉！無奈食之者衆，而捐之者寡，經費日短一日，民情日困一日。不開利源，何以持久？見此苦情，奚能恝置。嗟夫！同是人也，彼抱啼飢之病，我騰温飽之歡，彼處患難之途，我享豊登之福，彼含離散之悲，我得安全之慶。若非匡救，餓死無疑，於天理固難容，於人情亦不合，豈吾儕之志耶？即懷推解之情，豈遂博施之願，須望衆擎易舉，庶非獨木難支，以此苦情不得不徧告同人也。想彼被難之人不死於刀刃，而仍偷生於道路者，是天之不欲絶此人也。天欲生此人，而不爲之救，是逆天道也。天既生之，而又使彼棲流於安全之區者，是使安全之人以積福也。而不爲之救，是棄天道也。棄天逆天，是爲不祥。《書》曰：惠迪吉，從逆凶，誠可畏也。先哲有言曰：一日能救千萬人，莫如拯荒。嗟，今被兵之難，民苦更甚於荒災百倍，此天令人積德之奇遇也，可緩乎？又曰：救人一命，勝造浮圖七級。況救千萬人之性命，其功德豈有量哉！《易》曰：積善之家，必有餘慶。聖言可徵也。昔者楊夫子之救雀，尚獲啣環之報。孫真人之放龍，猶傳濟世之方。夫龍也雀也，而知酬救命之恩也，况人乎哉！况被兵之人哉！天道無私，絲粟有報。所謂他若有難你救他，你若有難天救你，循環之理，從古無差。欲乞父母延長齡，欲爲子孫求富貴，欲爲自己消災眚，舍此捷徑，何處著鞭？趁此奇緣，急宜脩福。爲此轉懇仁人君子大發慈心，同援災厄。家庭殷實者須乞宏輸，境遇清廉者亦祈樂助，即如每日省米一合，則無損於飢腸。一人得糧半升便可延乎殘命，一家如是，千萬家如是，一日如是，終年亦如是。哀鴻雖衆，何來采菖之悲，掘鼠將窮，可得指困之樂。已飢已溺之懷人人共體，壽世壽人之願處處皆崇。天鑒昭彰，自然眷顧，此方之德，年豊物阜，子貴孫榮，不卜可知也。爰是公啟。咸豐十一年九月。

又：勸恤難民説。鄉約局董沙洲擬稿。嘗攷《周禮》有救災䘏鄰之道，史書有移民就粟之言。古來歲遇凶荒，民遭飢饉，不致野有餓殍者，牧令盡父母之心，鄉里修任䘏之行，急公好義，勠力匡援，所以民鮮夭札也。今之人去古人遠矣，今之人禦災捍患之心力又不逮古人遠矣。然怵惕惻隱，有觸即萌，擴而充之，是誠在我，安見古今人之不相及也！嗚呼，方今銳師勁旅威震江南，封豕長蛇毒流吴會，電閃雷轟魂銷小醜，旗明戟耀勢滅羣蜂，無如征戰之區生靈塗炭，嗔彼寇盜遷怒殃民，殺戮横行，焚燒四起，廬井倏爲邱墟，骸骨枕於原野，悽兮慘兮，不勝言矣。其有幸脱危機，暫逃生命者，攜老挈幼，撇子離妻，冒雨衝風，忍寒受餓，啼啼哭哭，擠擠紛紛，死者已不可生，生者又將瀕死。萬般苦况，楮墨難宣。天下悲傷莫甚是矣！嗚呼！同是人也，其被災之地與完善之區，懽娛悲苦之情竟何如也。我御肥甘，彼求糠粃；我詩輕煖，彼泣單寒；我有高堂華屋之居，彼嘗藉草披荊之苦；我有錦被匡牀之適，彼歷霜眠露宿之憂；我則跨馬乘軒，彼則拖泥帶水；我則尋花問柳，彼則炮震槍驚。嗚呼，同是人也，何懽娱悲苦之不同，竟有如此哉！夫天地之大德曰生，天地不得已而降此凶災，天地非薄待乎被災之鄉也，又非過厚於完善之區也。天地雖降災於民，原有好生之德留此完善之區，正欲其救被災之地也。若完善之區竟不體天地好生之心以爲心，是棄天道也。天地留此完善之區，原望人以積德累功，永作完善之區，永享完善之福也。若慳囊不解，絶無已飢已溺之懷，畛域自分，不存救世救民之隱，是逆天道也。逆天棄天，吾不知天道果何如耶。在《易》之《坤》曰：積善之家，必有餘慶。積不善之家，必有餘殃。在《書》人曰：作善降之百祥，作不善降之百殃。孟子曰：禍福無不自己求之者。古聖賢所語，皆代天地立心也，以此理論天地禍福昭彰顯赫可畏。其幸居完善之區者，何可不急體天地好生之心，行好生之事，救好生之災民哉。能救此災者即合天地之心矣，爲子孫祈富貴，爲父母求壽考，爲祖宗綿德澤，操券可得也，深慮論所謂積至誠，用大德以結天心者，胡可不勉力而行哉。同治元年三月。

（清）王夫之《噩夢》 今之鄉飲酒，非古之鄉飲酒也，然如《會典》行之，亦有裨於風教。乃有司奉行故事者猶數百年，而里正之飲於鄉者久廢。無他，里正疲於徭税，偷薄狼戾，先自里正倡之也。其徒至有錢糧不認父子之謠，而尚暇及此乎！惟公費、驛遞自有經制，不遣里正任其荼苦，正供簡明易遵，按籍以責税戶，不誅完欠於里正，則里正不任爲嗾放入山搜攫之獵犬。力既有餘，而播惡之習氣且革，則亦知自愛，而以風教任之，彼且以得行典禮、司教化爲已榮矣。若古之鄉飲酒，則今之起送科舉及鄉試鹿鳴宴是已，此尤崇獎始進於禮教之大者。乃架月橋，令伎人簪花作雜劇，殊爲可恥，宜其一變而以犒兵、饟役之酒食，呼蹴而與，以訖於不復行也。鹿鳴雖歌古時，而音節無傳，僅同巫呪，簪花挂彩，輕豔不倫。此當自唐人曲江讌來，宋司馬温公聞喜宴不肯簪花，禮部亦不強之。今古樂不可復，不如且革淫樂，而以賓主獻酢之禮行之。榜首爲賓，齒元爲介，餘爲衆賓，請鄉先生三品以上德望重者爲僎。

（清）顧炎武《日知録》卷八《里甲》 常熟陳梅曰：《周禮》：五家爲比，比有長；五比爲閭，閭有胥；四閭爲族，族有師；五族爲黨，黨有正；五黨爲州，州有長；五州爲鄉，鄉有大夫。其間大小相維，輕重相制，綱舉目張，周詳細密，無以加矣。而要之自上而下，所治皆不過五人，蓋於詳密之中，而得易簡之意，此周家一代良法美意也。

（清）顧炎武《日知録》卷二三《通譜》 近日同姓通譜最爲濫雜，其實皆植黨營私，爲蠹國害民之事，宜嚴爲之禁。欲合宗者，必上之於官，使譜悉古今者爲之攷定，歲終以達禮部，而類奏行之，其不請而私通者，屏之四裔，然後可革其弊。古之姓氏，有專官掌之。《國語》曰：使名姓之後，能知上下之神祇，氏姓之所出者爲之宗。又曰：司商協名姓。《春官・宗伯》其屬有都宗人、家宗人，而女官亦有内宗、外宗。今日姓氏，昏姻二事，似宜專設一官，方得教民之本。

氏族之亂，莫甚於五代之時。當日承唐餘風，猶重門蔭，故史言唐、梁之際，仕宦遭亂奔亡，而吏部銓文書不完，因緣以爲姦利，至有私鬻告勅，亂易昭穆，而季父母舅，反拜姪甥者。《册府元龜》：長興初，鴻臚卿柳膺將齋郎文書兩件，賣與同姓人柳居則，大理寺斷罪當大辟，以遇恩赦減死，奪見任官，罰銅，終身不齒。勅曰：一人告身，三代名諱，傳於同姓，利以私財，上則欺罔人君，下則貨鬻先祖，罪莫大焉。自今以後，如有此弊，傳者受者，竝當極法。今則因無蔭敘，遂弛禁防，五十年來，通譜之俗徧於天下，自非明物察倫之主，亟爲澄別，則滔滔之勢將不可反矣。

《皇朝經世文編》卷三《學術六・師友》胡天遊《士相見義》 吾於士相見之禮，知聖人之意之深。將進天下於君子，使相與於義，而相從於道也。今夫諸侯之見天子，卿大夫之見諸侯，兩國之君朝聘相見，擯而請焉，摯幣而交焉，爲其禮之不可已也。至於士，則朋友之職耳，非其庠序素習之人，即其等夷同伍之屬，然且非介不通，非摯不接，辭讓揖拜，至于再三，非其爲僞度以爲迂闊無當者之所爲。聖人顧嚴爲之制，必不使去者，何也？天下衰薄苟且之端，皆起於人之相狎而情之相瀆，狎與瀆其初非不甚親，漸而忽，漸而離，漸而愈離焉。今夫閭巷之徒，市井之鄙細，名姓未相習，猝然成交，往來相逐，未幾則疾如寇仇，爲同類笑，合不以道而無義以固其中也。聖人知狎與瀆之不可，故明之以禮，使謹其文與辭，則不敢苟矣。守其廉隅，則難親而有所自持矣。有所持而不苟，士與士之交，久必相敬矣。士與士其交敬且久，必以德義相砥切，便佞匪僻者，無由而至矣。且夫聖人之意，固非獨如此而已也。聖人以爲，今日之士，卽他日之公卿大夫也，惟以禮養之深而守使固，使知夫素習之人，等夷之伍，苟非禮猶不可接，況不以禮而輕見諸侯，奔走卿大夫之家者乎。士相見之禮，日行之於身，而非其甚重者也，苟或失之，然且不可，況違冒妄進，以徼倖功名之間乎。是以古之君子，從其教，服其度，其於交，未嘗妄且多，其始之難也，終合而愈固，而朋友之節不衰。於仕也，必由其道，退易而進難。其立乎朝廷也，亦無改乎羣而不黨之美。及乎後世，士相見之禮，既廢不行，戰國游説之徒，上書侯王，盜取富貴，至漢東都末，争以浮譽相尚，聲類相附應，徒步千里而會者或數萬人，而黨錮之禍起焉。嗚呼！道衰而禮失，禮失而弊彰，弊彰而害起，然後知聖人之制，不獨進天下於君子，且逆知其事有所必至，而以防害也。害不可極，即何不以禮而禁而止也。

（明）歸有光《震川先生集》卷二《序・平和李氏家規序》　余因論君之爲家規，蓋本於不忍祧其始祖之心。既爲始祖立廟，則不得不立宗子；立宗子，則不得不爲法以合族而糾宗。夫義之所出，不可已者。古者宗以族得民，蓋天子所以治天下，壹本於是，以能長世而不亂。宗法廢而天下爲無本矣。而儒者或以爲秦、漢以來無世卿，而大宗之法不可復立，獨可以立小宗。余以爲不然。無小宗，是有枝葉而無幹也；有小宗而無大宗，是有幹而無根也。夫禮失而求之野，宗子之法，雖不出於格令，而苟非格令之所禁，士大夫家聞李氏之風，相率倣而行之，庶幾有復古之漸矣。

雜録

《儀禮注疏・鄉飲酒禮》　疏：《鄉飲酒禮》第四。鄭《目録》云：諸侯之鄉大夫，三年大比，獻賢者能者於其君，以禮賓之，與之飲酒，於五禮屬嘉禮。《大戴》此乃第十，《小戴》及《別録》此皆第四。釋曰：鄭知此鄉飲酒是諸侯之鄉大夫賢能法者，案《春官》小胥掌樂縣之法，而云：凡縣鍾磬，半爲堵，全爲肆。注云：鍾磬者，編縣二八十六枚而在一虡，謂之堵。鍾一堵，磬一堵，謂之肆。半之者，謂諸侯之卿、大夫、士也。諸侯之卿、大夫半天子之卿、大夫。西縣鍾，東縣磬。士亦半天子之士，縣磬而已。今此下唯縣磬而無鍾，故以爲諸侯鄉大夫也。若然，謂諸侯鄉大夫，是大夫爲之，亦應鍾磬俱有，而直有磬者，鄭彼注云賓鄉人之賢者，從士禮也，故縣磬而已。若然，天子鄉大夫賓賢能從士禮，亦鍾磬俱有，不得獨有磬也。知諸侯之鄉大夫非士者，案《鄉射》記云士則鹿中，大夫則兕中。又經有堂則物當楣，序則物當棟，則非直州射兼有諸侯。鄉大夫以五物詢衆庶，行射之禮，則知諸侯鄉大夫是大夫爲之可知也。凡鄉飲酒之禮，其名有四：案此賓賢謂之鄉飲酒，一也；又案：《鄉飲酒義》云六十者坐，五十者立侍，是黨正飲酒，亦謂之鄉飲酒，二也；鄉射州長春秋習射於州序，先行鄉飲酒，亦謂之鄉飲酒，三也；案《鄉飲酒義》，又有鄉大夫士飲國中賢者，用鄉飲酒，四也。其《王制》云：習射尚功，習鄉尚齒。還是鄉飲酒黨飲酒法。

（宋）陳祥道《禮書》卷一四《弟子縞帶》　《書大傳》曰：古之帝王，必有命民。能敬長憐孤，取舍好讓，舉事力者，命於其君，然後得乘飾車駢馬，衣文錦。民之未命者，不得衣，不得乘，乘者有罰。鄭氏釋之曰：居士錦帶，然則所謂居士，即命民也。居士錦帶，以其有備成之文也；弟子縞帶，以其有受道之質也。縞，薄繒也，與素帶不同。吳季札以縞帶遺子産，蓋吳地之所宜者，縞也。荀卿曰：古之處士，德盛者也，知命者也。今之處士，無能而云能者也，離蹤而跂訾者也。然則處士即居士也。

古之所謂處士有守節而不仕者，有成材而未仕者。《鄉飲酒禮》：主人就先生而謀賓介。鄭氏謂：賓介，處士也。《鄉射禮》徵唯所欲以告於先生，君子可也。鄭氏謂：君子，處士也。此蓋處士之未仕者歟。

（宋）陳祥道《禮書》卷二四《六遂》　鄉以嚮於内，遂以遂於外。内者謂之民，則以禮義爲主，故鄉大夫待之以教法。外者謂之甿，則以功事爲主，故遂大夫齊之以政令。鄉官謂之鄉吏，而其爵皆加遂一等，故鄉大夫、鄉州長中大夫、黨正下大夫，而比長則下士。遂官謂之爲邑者，而其爵皆降鄉一等，故遂大夫中大夫，縣正下大夫，鄙師上士，而鄰長則非士。鄉學加遂一等，故謂之庠。庠者，養也，所以養人材。遂學降鄉一等，故謂之序。序者，射也，所以教藝事。《學記》曰：術有序。鄉之所辨有貴賤，遂則辨老幼廢疾而已。鄉之徵賦有閭師，遂則里宰徵斂而已。鄉則大祭祀羞牛牲，遂則凡祭祀共野牲而已。鄉官大喪執纛御，匶執斧，涖匠師，遂官大喪帟幄先，道抱磨，共丘籠而已。鄉稽鄉器，遂稽稼器。鄉大比以三年，遂大比以三歲。三年大比，則攷其德行、道藝，而興賢者、能者；三歲大比，則興甿，明其有功者，屬其地治者。則賢能不待歲而後明，功事必待歲而後見。凡鄉遂之辨也。然遂之相保、相賙、相葬、相賓，不異於鄉，鄉之相受、相糾不異於遂。鄉之田法同於遂，遂之軍法同於鄉。先王之於家也。

（宋）陳祥道《禮書》卷五○《視學養老之禮》 鄉飲酒之禮：六十者坐，五十者立，侍以聽政役，所以明尊長也。六十者三豆，七十者四豆，八十者五豆，九十者六豆，所以明養老也。民知尊長養老而後乃能入孝出弟，民入孝出弟、尊長養老，而後成教，成教而後國可安也。

（宋）陳祥道《禮書》卷五○《鄉飲酒之禮》 《禮記經解》：鄉飲酒之禮，所以明長幼之序也。鄉飲酒之禮廢，則長幼之序失，而争鬭之獄繁矣。

（清）馬驌《繹史》卷二四之一《周禮之制·冠禮》 《禮記》鄉飲酒義鄉飲酒之義，主人拜，迎賓于庠門之外，入三揖，而後至階，三讓而後升，所以致尊讓也。盥洗揚觶，所以致絜也。拜至拜洗拜受拜送拜既，所以致敬也。尊讓絜敬也者，君子之所以相接也，君子尊讓則不争，絜敬則不慢，不慢不争，則遠於鬭辨矣。不鬭辨，則無暴亂之禍矣。斯君子所以免於人禍也。

（宋）李心傳《建炎以來朝野雜記甲集》卷一三《取士選舉 學校 鄉飲酒·國子監試法》 舊制，行在職事官同姓緦麻親，釐務官太功親，聽補試入學。每三年科場，率三人而取一，若二補中則七人而取一焉。然太學生皆得以公、私試積校，定分數升舍，惟國子生以父兄嫌，但寄理而已。須父兄外補，乃移入太學而後得升。慶元二年三月，傅景仁在翰苑，建言：國子生員多僞濫，請自今職事官期親、釐務官子孫，乃得試補。從之。凡監學生皆給綾牒，若謁告在外，遇科舉則試於漕司。舊公、私試，皆學官主之。自淳熙後，公試乃鎖院，降敕差官，學官蓋不得預。

（宋）孟元老《東京夢華録》卷八《秋社》 八月秋社，各以社糕社酒相賚送。貴戚宮院以猪羊肉、腰子、妳房、肚肺、鴨餅、瓜薑之屬，切作棊子片様，滋味調和，鋪於飯上，謂之社飯。請客供養，人家婦女皆歸外家，晚歸即外公姨舅皆以新葫蘆兒棗兒爲遺。俗云：宜良外甥。市學先生預歛諸生錢作社會，以致雇倩祇應白席歌唱之人，歸時各携花籃果實食物社糕而散，春社重午重九亦是如此。

（宋）孟元老《東京夢華録》卷一○《冬至》 十一月冬至，京師最重此節。雖至貧者，一年之間，積累假借，至此日更易新衣，備辦飲食，享祀先祖。官放關撲，慶賀往來，一如年節。

（宋）吕大鈞《吕氏鄉約·荅伯兄》 吕大鈞和叔：鄉約中有繩之稍急者，誠爲當已逐，旋改更從寬。其來者亦不拒，去者亦不追。固如來教。

（宋）吕大鈞《吕氏鄉約·荅伯兄》 鄉約事，近排祭人回已具白。人心不同，故好惡未嘗一，而俱未可以爲然。惟以道觀之，則真是真非乃見。若止取在上者之言爲然，則君子何必博學。所欲改爲家儀，雖意在遜避，而於義不安。蓋其閒專是與鄉人相約之事，除是廢而不行，其閒禮俗相成，患難相卹，在家人豈須言及之乎？若改爲鄉學規，却似不甚害義，此可行也。所云置約正直月，亦如學中學正直日之類。今小民有所聚集，猶自推神頭、行老之目，其急難自於逐項内細説事目。止是遭水火盜賊死喪疾病誣枉之類，亦皆是自來人情所共卹，法令之所許。勑條：水火盜賊同村社自合救捕。鰥寡孤遺，亦許近親收卹，至於問疾弔喪，並流俗常行。約中止是量議損益，勸率其不修者耳。今流俗，凡有率歛濟人，皆行疏聚集，並是常事。漢之黨事，去年李純之有書，已嘗言及。尋有書，辨其不相似。今録本上呈黨事之禍，皆當時諸人自取之，非獨宦者之罪。不務實行，一罪也；妄相稱黨傲公卿，二罪也；與宦者相疾如讎，三罪也；其得用者，遂欲誅滅宦者，四罪也。不知鄉約有何事近之？鄉約事，累蒙教督甚切，備喻尊意，欲令保全，不陷刑禍。父兄之於子弟，莫不皆然。而在上者，若不體悉子弟之志，必須從己之令，則亦難爲下矣。蓋人性之善則同，而爲善之迹不一。或出或處，或行或止，苟不失於仁，皆不相害，又何必須以出仕爲善乎？又自來往復之言，辭多抑揚，勢當如此，惟可以意逆之，則情義可得。若尋文致，則不同之論無有已時。如謂殺身成仁者，蓋孔子謂時多求生害仁者。既難得中庸之人，且得殺身成仁者，猶勝求生害仁之人，豈謂孔子務爲殺身以成仁？中前書行老神頭之説，亦類此。向蒙開喻志諸侯之説，亦類此。處事有失已，隨事改更，殊無所憚。即今所行鄉約，與元初定甚有不同，鄉人莫不知之。亦難爲更一一告喻流傳之人耳。

（宋）呂大鈞《呂氏鄉約·荅劉平叔》 鄉人相約，勉爲小善。一作細行。顧惟鄙陋，安足置議，而傳聞者以爲異事，過一作競。加論説。以謂強人之所不能，似乎不順，非上所令而輒行之，似乎不恭。退而自反，固亦有罪。蓋爲善無大小，必待有德有位者倡之，則上下厭服而不疑。今不幸出於愚且賤者，宜乎，詆訾之紛紛也！雖然，遂以爲不順與不恭，則似未之察耳。凡所謂強人所不能者，謂其材性所安，難強以矯，猶畏慎者，責以寬泰，舒遲者責以敏疾之類。至於孝弟忠信，動作由禮，皆人所願。雖有不勉，莫不愛慕。今就其好惡，使之相勸相規而已，安有強所不能乎？凡所謂非上所令而輒行者，謂上之所禁，俗之所惡，猶聚萃群小，任俠姦利，害于州里，撓于官府之類，至禮俗患難，人情素相問遺賙卹。間有惰而不修，或厚薄失度者，參酌貧富所宜，欲使不廢，且所約之書，亦非異事。今庠序則有學規，市井則有行條，村野則有社案，皆其比也，何獨至於鄉約而疑之乎？况諸州猶有文學助教之官，其職事亦是此類，但久廢不舉耳。或有舉之者，安得爲非上所令乎？以愚賤言之，則不敢逃責。或大人君子，不以人廢言，則似亦可恕。或謂其間條目寬猛失中，繁簡失當，則有之矣。明識忠告，安敢不從？近聞流言過實，及於左右。雖素以相亮，亦恐不能無疑。聊致一作布。此意，幸冀詳照。

此篇舊傳呂公進伯所作，今乃載於其弟和叔文集，又有問荅諸書。如此，知其爲和叔所定不疑。篇末著進伯名，意以其族黨之長而推之，使主斯約故尔。淳熙乙未四月甲子朱熹識。

（宋）呂大鈞《鄉儀》 往年冬，大有嘗更定吴門聚拜之儀，及期而會，位叙秩然，進退惟肅，禮俗之易興也如此。今得晦庵先生所訂《呂氏鄉約鄉儀》，用刊諸梓，貽我同盟。庶將因二篇之載而廣之，平居周旋里黨，無一不中節，則禮俗之盛，當不止歲時聚拜而已。嘉定壬申長至前十日郡文學李大有敬書。

（明）俞汝楫《禮部志稿》卷三三《祠祭司職掌·喪禮·喪禮禁令》

洪武五年詔：古之喪禮，以哀戚爲本，治喪之具，稱家有無。近代以來，富者奢僭犯分，力不及者揭借財物炫燿殯送，及有惑於風水，停柩經年，不行安葬。宜令中書省集議，定制頒行遵守，違者論罪如律。

（明）俞汝楫《禮部志稿》卷四五《奏疏·類奏疏·覆行三事疏》

禮曰：隣有喪舂不相，里有殯不巷歌。今各處愚民有遭父母兄弟之喪，殮葬之期，宰牲筵欵，弔祭姻朋，甚至歌唱以恣歡，乘喪以嫁娶者。傷風敗俗，莫此之甚。乞敕該部嚴禁約之。上命該部議行。

（明）俞汝楫《禮部志稿》卷四五《奏疏·類奏疏·覆十四事疏》

一，鄉飲酒禮，乃貴德尚齒之意，故賓介雍容，禮文揖遜，俾觀者有所興起，至盛典也。近來，有司視爲故事，多將考察去任衙門退役及爲事犯罪之人，爲其子孫顯貴或在冠裳之列，徇情濫請，有傷風化，且辱盛典。合無通行各該有司查照律令憲綱，務要慎加推擇，每次舉行之後，即將所請職名逐一開送撫按及提學分巡道，備加查訪，果否允協，輿情中間有無私弊，其巡按御史及該道出巡之日，遇該考察有司即以此爲一事。如有前項罷閒有過之人，濫與鄉飲者，追究原舉師生一併罰治，有官職者與註劣考。伏乞聖裁。

一，聖訓六言，勸化民俗，而設木鐸徇於道路，則所以提撕警覺之也。近年以來，此舉久廢，合無行令各掌印官查復舊制于城市、坊廂、鄉村、集店，量設木鐸，老人免其差役，使朝暮宣諭聖訓。伏乞聖裁。

一，鄉約之設，所以訓民，即古道德齊禮之遺意也。爲有司者，能鼓舞有術民，未有不勸於善者。宜於所轄地方，酌量道里遠近，隨庵觀亭館之便，置鄉約，所以《皇祖聖訓》、《大明律例》著爲簡明，條示刊布其中。即于本里擇眾所推服者一二人，以爲約長，使其督率里眾，勸勉爲善。掌印佐貳教官，倣古巡行阡陌之意。每月一次分投各所，集眾前來聽講《聖訓》、《律例》，使各家喻戶曉。講畢，仍令約長舉報本里爲善爲惡之人，及曾改過自新、怙終不悛者，而質于眾。果無異同，隨即登記簿籍，分別懲勸。如果年高有德者，或旌以扁額，或免其雜役，或申准合干上司給與冠帶榮身，以示鼓舞。伏乞聖裁。

一，鄉賢崇祀，載在令甲，典至重也。苐舉行日久，寖失初意，有官以賄敗及居鄉不檢者，往往緣子孫顯貴，朦朧混入，有志之士羞與爲伍，冒濫之弊至今極矣。合無今後督學官每歲終，將所屬府州縣舉到鄉賢已准入祀者，造册二本，申送部科，以憑咨訪查考。如有濫舉市恩，不協公論，即指名參革，以光祀典。伏乞聖裁。

名宦崇祀，以其在任能爲百姓禦災、捍患，澤及一方，故士民相與尸而祝之，以報功也。近來祀典太濫，有等碌碌無聞，民未見德，一旦爲其子孫見爲顯官，即與曲意阿承，使得濫與俎豆之列，殊可痛恨。合無今後督學官，備查某人在任功績果否顯著，人心有無翕服，如果無碍，方許送入，仍照鄉賢例，歲終一體申送部科查考，不得曲徇私情，致傷公道。伏乞聖裁。

（明）吕坤《鄉甲約》 爲申明鄉約、保甲以善風俗，以防奸盜事，照得成周立教，監於夏商。士有庠序學塾，以樂其群民，有比閭族黨，以萃其涣。故百井結爲一體，千民聯屬成家。觀俗于鄉，則里仁爲美，化行于下，則比屋可封。未有人各任情，家自爲俗，而能成遷善遠罪之治者也。自教衰民散之後，惟鄉約保甲最良，雖化民成俗之意未及古人，而軌衆齊物之方，寔仍前代兹二法者。

（清）蔣良騏《東華録》卷二五《雍正元年九月》 九月，上諭順天府尹：鄉飲酒禮，敬老尊賢之古制，近因年久，視爲具文，筵宴亦多草率，爾衙門應加謹舉行。

《皇朝通志》卷四三《禮畧·嘉禮》 順治元年，定京府及直省府州縣，每歲於正月十五日、十月初一日，舉行鄉飲酒禮，設賓介、主人、衆賓之席。順天以府尹爲主，直省府以知府、州以知州、縣以知縣爲主，大賓擇鄉里年高有德之人，位於西北；介以次長，位於西南，三賓以賓之次者爲之，位於賓席之西；衆賓序齒列坐，司正以教職爲之。主揚觶以罰失儀者。贊禮讀法以生員爲之，以申明朝廷之法，敦序長幼之節。二年，定順天府詳稽鄉飲酒舊制，移送禮部題請施行。嗣後，每歲由順天府具題，將所舉賓介等姓名履歷，呈部存案。鄉飲酒，《讀律令》曰：律令凡鄉飲酒，序長幼，論賢良。年高有德者居上，其次序齒列坐，有過犯者不得干與，違者罪以違制失儀，則揚觶者以禮責之。

又： 乾隆二年覆準：鄉飲之典，必賓介得人，始足以示觀感，而興教化，應通行嚴飭。嗣後，所舉賓介，務擇齒德兼優，允協鄉評之人。如地方官徇情濫舉，即應題參。若所舉得人，而不法之徒或有藉端阻撓者，亦應嚴加究治。

又： 據舊儀所載《鄉飲酒圖》有大賓、介賓、一賓、二賓、三賓、衆賓與大僎、一僎、二僎、三僎之名。按《儀禮》，賓若有遵者、諸公大夫，則既一人舉觶乃入。注：言今文遵爲僎。又曰此鄉之人仕至大夫者，來助主人樂賓，主人所榮而遵法者也。

《皇朝文獻通考》卷二一《職役考二》 嗣後，督撫及州縣以上各官，不實力奉行者，作何嚴加處分。保正、甲長及同甲之人，能據實舉首者，作何獎賞。隱匿者，作何分别治罪。九卿詳議具奏，尋議已行之法，照例飭行。地方各官不實力奉行，處以降調。如村落畸零戶不及數者，即就其少數編之。至熟苗熟獞已經向化，令地方官一體編排。保甲如保正、甲長、牌頭，果能實力查訪，據實舉首者，照捕役獲盜過半之例，酌量獎賞。如瞻徇隱匿者，即酌量懲警。

（清）陳秉直 魏象樞《上諭合律鄉約全書》 上諭一書進呈御覽，請勅部議頒行事。臣惟民情起於風俗，風俗本於教化。宋時陳襄知仙居，首以五倫教民爲先；張載守雲巖，每月吉必告民孝弟忠信。彼非置法令於不言也。蓋以法令者，束民之身；教化者，導民之心。使民心日陶，養於倫常道義之言，則其身自漸遠於違條犯法之事。伏查康熙九年十月，内蒙皇上特頒上諭一十六條，中外臣民莫不懽忻感誦，風動維休，雖古帝王三物六行敷教萬民不是過矣。臣前任江南按察使，遵即欽奉力行。

又： 歌詩

我歡吾民孝父母，父母之恩爾知否？生我育我苦萬千，朝夕顧復不離手。豈但三年乳哺艱，甘脆何曾入其口？每逢疾病更關情，廢寢忘食無不有。虎狼猶知父母恩，人不如獸亦可醜。試讀《蓼莪》詩一篇，欲報罔極空回首。誰人不受劬勞恩，我勸吾民孝父母。

《清代武定彝族那氏土司檔案史料校編·鄉約事誼條例》 一，優待鄉約。仿取士於鄉之意，即勸化一鄉可興仁崇讓，可息紛解争，此謂以民治民也。自流寇入滇，接待鄉約正副大失其道。奴隸呼之鞭撻，加之於是無體面有苦累矣，致令賢者退，不肖者代，假公濟私伐異黨同，於是有欺蒙無是非矣。須擇年高有德興望允孚者充之，照制服以衣，頂待以禮貌。

一，詞訟批查處分者。但得妥當便准和息，複以温語勉慰，以鼓其將來忠義。

一，嚴表率。約正副爲一方領袖，苟非其人民將奚觀。今擇年高有德里中欽服者二人，一爲約正，一爲約副。公直強幹，禮儀習熟者二人爲約贊。曉暢文義，聲音嘹亮者，二人爲約講。社學生或四或六，爲歌童。其伺鼓司鐸執事者各一人。如約正副諸人果能公勤率衆。行有實效，酌量獎勸，徇私不稱者易置之。

一，定會所。地非寬闊，恐難集衆，今擇地方空閒寺觀爲之，每月一會以十五爲期，酌量道里達近聯屬爲會各從民便，以圖可久。

一，飭圖儀每約恭造聖諭牌一座。朱質、黄書、香案、論案、皮鼓、木鐸，各如圖置辦。約正副贊諸人，當會前一日該管人將會所打掃潔淨，各如式陳列。會日早，司鼓者擊鼓三通，同約畢至司贊司鐸先向聖諭牌前行九叩頭禮畢各分東西對立。司贊唱排班，各依次列行三跪九叩頭禮，平身，再唱跪宣聖諭。司鐸者振鐸高聲朗宣聖諭六句畢，再唱跪叩頭，平身，分班仍各依次序立。再唱，鳴講鼓擊五下畢，再唱，肅靜聽講。司講至案前東西對立，展卷分講，各載於後，每講一論畢，與衆人問答二語，然後社童歌詩畢又講一論。

《清代武定彝族那氏土司檔案史料校編・爲懇恩核理以成信獻事》

爲懇恩核理以成信獻事。緣身死不明一案，已經五載未有頂凶。夫最難求者，命案之真。最難獻者，疑案之實。稍有出入受過匪輕，亦各仁恩再四詳慎不肯輕以爲辦也。但思先王治律莫善於理。律者理也，理之所在人，不得而逃之。先王治事莫善於義，義者宜也，義之所在人不得而非之。核義合理以成案，而案得而信獻矣。核理合義以成案，而案得其平。情竊云云哭呈來因去節，於是日之早出，即於是日尋覓，即於是日不歸，不死於他山遠地，即在窩棚之前後左右。若謂死于強盗，身無一物而強盗遠揚必不肯掩屍，以滅其跡；若謂死于野善，則剩有余屍，傍人見而遠之，亦必不肯掩屍，以滅其跡。其情可按，其理可推，其死於□□黨衆毫無疑義，何代外求。總之縣主不肯代爲實究，致案虛懸，屢經各憲飭駁，案愈織而愈在牽礙難究辦。然則，亦當以理推情，以情核義也，夫按以□□王法無私之律，殺人抵罪，義所當然，此案分屍，移屍，損屍而屍又不全，究以一命一抵。然此案抵不只一人，則仁人君子之存心必不肯出於情也理也。天按以□□天倫重論，殺父之仇不共戴天。人殺父而亦殺人之父，施報之常但既法之所在，不得不遵以法辦。今法亦有礙辦之處，衷以仁衷，以義則以仁義推辦可也。若只知在生之可援，而死即不恤生者何以情，死者何以安！夫死非正命，而爲群凶所斃，亦屬可憐而屍不能自全，更屬可憐。

（清）佚名《現行鄉約》　道光三十年十二月十二日，内閣奉上諭，兩江總督臣奏請崇正學以黜邪教等語。近來邪教流傳蔓延，各省始不過燒香斂錢，煽惑愚民，漸至聚衆滋事。總由地方官平日化導無方，民間父兄、師長又不能隨時訓迪，俾顓蒙服教畏刑，不致爲邪説所惑。我皇考曾命儒臣，恭闡《聖諭廣訓》黜異端以崇正學一條，編四言韻文頒行各省，啟發愚民。朕思性理諸書，均爲導民正軌。着各直省督撫會同各該學正，轉飭地方及各學教官，於書院家塾教授，生徒均以御纂《性理精義》、《聖諭廣訓》爲課讀講習之要，使之家喻戶曉，禮義廉恥油然自生。斯邪教不禁而自化，經正民興庶收實效。各該督撫等，務尚實力奉行，毋得視爲迂濶具文，日久生懈，則民俗人心蒸蒸日上。朕實有厚望焉，將此通諭知之。欽此。

又：　宣宗成皇帝特命詞臣推闡黜異端以崇正學一條，撰成韻文，頒行各省，隨時宣講。端人心而善風俗，莫有善於此者。如果郡縣實力舉行，俾士庶軍民均如正學，即異端邪教何由而起？近年髮捻逆匪相繼弄兵搆亂，其始皆創邪教，蠱惑人心，煽聚日多，遂至燎原難遏。目前大憝元惡，雖就剪除，而伏孽未能盡拔，實爲世道之憂。舉人等蒿目棘心，志存禁遏，前於咸豐五年會合同志，稟明各大憲舉行鄉約，遵奉朝廷之意，博採儒先之書，刋立規條，編成講案，士民觀感奮興，莫不鼓舞從事。此十數年，蘇常兩郡百姓惑於邪説者較少，雖無撥亂反正之功，實有默化潛移之効。惟是舉人等心有所窮，力不及遠，非無賢良守令躬親董勸，相與有成，亦以拘於地分，不能風動四方。伏惟中堂爵督憲，旋乾轉坤，功在社稷，德孚民信。當代一人既有移風易俗之全謨，必以崇正黜邪爲首務，稔知救時心切，甚於國醫。斯時久病之民，培元氣以袪邪沴宜，莫有善於鄉約者。舉人等嘗讀伏湛傳矣，見其於軍興擾攘之時，汲汲行鄉飲酒禮，初未嘗不笑其迂。及建武之初，宿衛談經，小侯嚮學，師儒輩出，節義成風，則知習俎豆之容正，以靖干戈之氣。一時禮樂彬彬，未始非伏傳開其先也。我中堂爵督憲，行垂世範，明察幾先，信萬方所具，瞻得一言以爲重用，敢齎呈《鄉約》規條一百本，仰求札發各州縣一體實力推行。庶習俗日端，民心益奮，不至爲邪説所惑。此則孟子之功，不在禹下。明德之所及者，大且遠也。並聞京師五城，自前年至今，亦已按期宣講，倘蒙憲臺於入覲之時，奏明請旨，飭令各省舉行，以復舊章而倡正學。又舉人等所深望而不敢請者，曷勝悚感，激切之至。計附呈《現行鄉約》規條一百本。

舉人鄭經等稟送《鄉約》百本，請札發各屬，實力推行。據稟已悉宜講。

（漢）崔寔《四民月令》 正月之朔，是謂正旦，躬率妻孥，潔祀祖禰。及祀日，進酒降神畢，室家尊卑，無大無小，以次列于先祖之前，子婦曾孫，各上椒酒于家長，稱觴舉壽，《類聚》作舉白。欣欣如也。《初學記》、《御覽》引此文，云：元日進椒柏酒。椒是玉衡星精，服之令人身輕耐老，柏是仙藥。進酒次第，當從小起，以年少者爲先。

又：春分不殺生，不弔疾。君子齋戒，衣夾衣，遵引，不食生冷。《御覽》。

又：七月七日，曝經書，設酒脯、時果，散香粉于筵上，祈請于河鼓織女。言此二星神當會，守夜者咸懷私願。或云見天漢中有奕奕正白氣如地河之波輝，輝有光曜五色。以此爲徵應，見者便拜乞願，《齊民要術》引此，云見者，便拜而願，乞富、乞壽、乞子，唯得乞一不得兼求。三年乃得。《類聚》。

又：作脯腊，以供臘祀，農事畢，令成童入大學，如正月焉。五穀既登，家家儲畜，《文選》注作：家有儲積。以順時令，《歲華紀麗》引上數句，作崔寔注。勑：喪紀。同宗有貧窶久喪不堪葬者，則糾合宗人，共與舉之。以親疎貧富爲差，正心平斂，無相。

又：十二月，請召宗族婚姻賓旅，講好和禮，以篤恩紀。休農息役，惠必下浹。遂合耦田器，養耕牛，選任田者，以俟農事之起，去豬牙車骨。及臘日，《説文》云冬至後三戌爲臘，祭百神也。《農桑輯要》引作臘時。祀祖《宋書·曆志》引此云祖者，道神也。黄帝之子曰累祖，好遠遊，死道路，故祀以爲道神。《文選》注未有以求道路之福句。炙箑，一作篷。《御覽》引此云篷，燒飲，治刺人肉中，及树瓜田，四角，去𧑒蟲。東門磔白雞頭。《御覽》引此，下有可以合藥四字。臘明日爲小歲，《書鈔》引作臘明日更新，謂之小歲。進酒尊長，修刺賀君師。《荆楚歲時記》作君親。進椒柏酒次第，從小起。並《齊民要術》。

（漢）應劭《風俗通義》卷三《愆禮·九江太守武陵威》 謹按《禮》繼母如母，慈母如母。謂繼父之室，慈愛已皆有母道，故事之如母也，何有道路之人而定省！世間共傳丁蘭刻木而事之，今此之事，豈不是似。如仁人惻隱，哀其無歸，直可收養，無事正母之號耳。

（清）李光庭《鄉言解頤》卷三《人部·婚姻》 有天地然後有萬物，有萬物然後有男女。男女以正，婚姻以時。《詩》所以美桃夭之宜家，而刺蝃蝀之無信也。酒肴洽比，婚姻孔云。世所謂親黨會茶者也。婚姻之故，言就爾居。世所謂投奔親戚者也。《爾雅》：婿父謂姻，婦父謂婚。玉潤冰清，誠爲佳話。若因婦翁爲封禪使而得增秩，人笑曰此泰山之力也。於是有泰山之稱，遂衍爲岳父、岳母、丈人、丈母、丈母娘。唐蕭嵩之子衡，尚新昌公主，上見之呼爲親家。此世俗稱親家之始。於是男爲親家公，女爲親家婆。《周禮》：地官少司徒掌建邦之教（流）〔法〕，以稽國中及四郊都鄙之夫家九比之數。注：夫家，猶言男女也。唐太宗詔：民男二十，女十五已上，無夫家者，州縣以禮聘娶，貧不能自行者，鄉里富人及親戚資送之，皆以男爲夫，以女爲家，是女子生而願爲之有家。既謂之家矣，故鄉人之娶妻者曰成家，呼其妻曰家裏的，未娶者曰無家小。《南史》張彪謂其妻楊氏曰：我不忍鄉里落他處。謂妻曰鄉里，亦家之義也。古者男三十而娶，女二十而嫁，若唐詔男女之年，似乎太早。然可以普免天下之怨曠，亦未嘗非仁政。且惟陽盛，可以敵陰。班姬《女誡》曰：男以彊爲貴，女以弱爲美。故諺曰生男如狼，猶恐其尫；生女如鼠，猶恐其虎。《女憲》曰：婦如影響言順從也。焉，不可賞。亦恐陰盛而陽不能敵也。若媒人之言：女大兩，黄金長。女大三，黄金山。則無稽之談矣。傳曰：齊大非耦，又曰嘉耦曰配，怨耦曰仇。可以包括衆生。今世爲夫妻者，前世非大恩則大仇。《因果録》云：然亦有久離暫合，冷落以終其身者，或小恩小仇之説歟？禮自納采、納吉、親迎，而婚姻成。鄉人謂納采曰下定，又曰下茶。謂納吉曰通信，又曰送吉期。謂親迎則曰大娶。謂入贅曰倒踏門，謂無子招婿者曰養老女婿，謂以女與人爲繼妻者曰填房，謂娶再醮之婦曰後婚，謂娶妾曰置偏房，又曰搭偏厦，謂男子有外交者曰走花道兒，謂婦人之不貞者曰半掩門。若鄉人無知，冒凶而娶曰孝服，則爲悖禮之大者。男有聘儀，女有嫁妝，不過備禮而已。先賢格言云：嫁女擇賢婿，勿索重聘，娶媳求淑女，勿計厚奩。吕新吾《小兒語》云：買馬不爲鞍韂，娶婦不争賠送。奈習俗相沿，丈夫固然，婦女尤甚。嘗有夫妻以打燒餅爲業者，門前看過嫁妝，夫曰：這副嫁妝準值五百兩。婦曰：不值。至多三百兩。彼此堅執反目，夫捉婦髮亂毆。婦曰：再添上五十兩。夫猶不依。婦負痛呼曰：算他四百兩罷了。旁觀者勸曰：只管打鬧，爐上燒餅都焦了。夫曰：壞一爐燒餅什麽要緊？埋没了人家一百兩銀子，情理難容。即此而觀，鄙夫欣羡之眼，敗家婦不足之心，合盤托出。

（清）李光庭《鄉言解頤》卷三《人部·喪葬》 生事、葬、祭以禮，事親之始終具焉。孟子曰：養生者不足以當大事，惟送死可以當大事。曾子曰：椎牛而祭，不如鷄豚之逮親存。又曰慎終追遠。夫喪盡其禮，祭盡其誠，人子事死如事生之心也。然必生時能以父母之心爲心，則死時乃能體親生時之心，而一切無過不及之弊。喪祭之儀，載之《禮》經，至詳且盡。而準今酌古，則惟司馬温公《書儀》及《全人矩矱》書中所載爲盡善。温公《書儀》有兩條：一爲畫影像不豫擇善手，或病中描寫，或瞑目追摹，全不相似，是以他人爲父母也。一爲僧道念經超度，是視父母爲有罪之人也。所言最爲懇切。漢明帝詔曰：今百姓送終之制，競爲奢靡，生者無擔石之儲，而財力盡於墳土，伏臘無糟糠，而牲牢盡於一奠。糜破積世之業，以供終朝之費，子孫飢寒，絶命於此，豈祖考之意哉？梁劉歊曰：子羽沈川，漢伯方壙，文楚黄壤，士安麻索。若從四子而遊，則平生之志得矣。且張奐止用幅巾，王肅惟盥手足，范丹殮畢便葬，奚珍無設几筵，文度故舟爲椁，子廉牛車載柩，叔起誡絶墳隴，康成使無卜吉。此數公者，尚或如之，况於吾人，而敢華泰。又顧憲之臨終，敕其子曰：漢明帝天子之尊，猶祭以杆水脯糗。范史雲烈士之高，亦奠以寒水乾飯。况吾卑庸之人，其可不節衷也。朔望祥忌，可權安小牀，暫設几席，惟下素饌，勿用牲牢，蒸嘗之祀，貴賤罔替。備物難辨，多致疎怠。先人自有舊典，不可以闕。自吾以下，祀止用蔬食時果，勿同於上世也。示人之子孫四時不忘其親耳。孔子云：雖疏食、菜羹、瓜祭，必齊如也。本貴誠敬，豈求備物哉。觀斯三者，古人豈自甘菲薄乎！蓋其所慮者遠，恐不肖子孫一遇大故，茫無主見，或目豔世俗之紛華，或誤聽旁人之慫恿，遂傾囊爲孤注，致負債而莫償，將來必至當喪葬而不免稽遲，逢祭期而無所措辨，不得已爲矯枉過正之論，使取法乎上，僅得其中耳。京師事近繁華，畢竟識見眼界較鄉間爲闊達。有喪事家，先來唁問，開弔之日，奠分賻儀無論多寡，從未有擾酒食者，主人亦不預備，此最合乎情理。吾邑城内亦然。林亭離城僅四十里，而有迥異者。如城内知客，客來不接至門外，自入門至内，以至送出門外，俱是此一人照管，故有長解之誚。知客若少，則一人甚勞。芮飛蒼外舅述《知客歌》云：鼓兒波波，兩脚走如梭。拱手仰面笑呵呵。進門演禮讓坐。猪羊二肉一齊吃，燒黄二酒任意喝。歸家坦腹儘摩挲，我的腰疼腿疼實難過。從今再也不去作知客。林亭知客，客來若不接出大門，則客立而不入，自外至内，俱有人迎候，故有短解之誚。來弔客弔後走去，臨食時，多人分頭去請，來則鼓樂迎之，上席奏曲侑之，散仍吹打送之。昔有人作《西江月》云：盼得一聲告奠，快把地方先占。三百銅錢小分資，落得長吞大嚥。吹吹打打笙歌，整整齊齊席面。孝子一遍謝不周，還説將他怠慢。夫以素服哀弔之日，而樂酒醴笙簧，非禮也。以衰麻可矜之人，而責其跪拜禮數，非情也。當初必有作俑之人，其後遂成爲風俗，不如是則羣起而攻之，鄉俗亦何可盡從。以卓然自立之士夫，凡事宜客行其是。况當大故而隨俗披靡，不能改此陋習，雖名爲讀書人，與鄉愚何異哉！余以林亭喪事有數端必不可從者。如親死之日，即倩僧道念倒頭經，逢七念經，送三、送殯用僧道鼓吹，必不可從一也。送三之夕，婦女步行送靈牌至五道廟，必不可從二也。入殮擇時，不與化命相衝便是，必請陰陽定時，雖暑月亦不敢違，及出殃、迴煞等説，必不可從三也。有可從減免者：送三之夕，不必街上設位行禮。逢七只可家祭，不受外禮。擇葬日，以與山向、化命、主祭之命不冲便是，斷不可細講，以致稽遲。開弔一日，除遠親外，本鎮遠近朋情，俱不送訃，不受禮，不備席。辭靈家祭三獻禮，似可併行。侑食時不必徹燭合門，幡、繖等類不必多設，影亭亦不必用，恐致損壞。塗車、芻靈，自古有之，有便是了，多亦何益。昔賢有棺無椁，總斟酌乎年紀時勢而爲之。

死者入土爲安，非定以有椁爲孝也。清明、除夕之祭，酌可五簋、八簋，其餘時節及忌辰，酌可三簋、五簋。薦時食則勿忘。大約如此。若徒悦他人之耳目，轉無以安地下之親心，非爲人子者所當出也。余老且病，故因論喪祭，以示後人爲圭臬。

（宋）文天祥《文山集》卷一三《吉水縣永昌鄉義役序》 今吾陳君與其《鄉約》曰：爾役月日若干，爾末減若干，爾費若干。至若干以上，助若干一切，惟公是據，處之者無媿辭，承之者無拒色。是役之權不在官與吏、與鄉胥、與奸民、與適至之天，而在吾鄉里和氣間。義之用大矣哉，利久遠而無訟。仁也，使人知有遜讓禮也，不以資奸智也，盟而無敢後先信也，一舉而五常備焉。豈惟義哉？鄉之長，上其申告子弟曰：如是而福，如是而禍。守約者久處，敗羣者交罰。使一守，是法永，永無斁，則其於是邦之風俗不爲無小助噫，亦安能下其法於天下哉？

（清）陳確《陳確集・别集》卷九《喪》 棺須預製，美惡稱家爲之，切勿高大，周身而止。衣用生時所常服時服。不用僧道吹銃，不接遺煞；不立七七名色。不設酒肉，惟高年遠客，間設一二味，及隆寒間設醴。不折席，不送程帛及舟從。不設盛奠，力辭親友盛奠。不用紙錠。不謝孝，不閉靈，不停喪。

（清）陳確《陳確集・别集》卷九《葬》 族葬，深葬，實葬。並詳確《葬説》不信葬師。不拘年月日時。不婚，不雨雪行喪。

（清）陳確《陳確集・别集》卷九《祭》 祭止二時。支子不祭，祭從宗子。不墓祭，春秋掃拜，歸祭於寢。祧主之墓，拜而不祭。不祭非鬼。如佛、梓潼壽亭及華光之類。

（清）陳確《陳確集・别集》卷九《雜約》 官粮不違限，不與人争財産，不興訟，訟不求勝，不輕貨人，不輕貸於人，不負人貸，不窮追人貸，不刻收佃租，不貳權量，不盡親友之情，不盡僮僕之力，不輕收僮僕婢，不褻使婢女，三姑六婆不令入門，婦女不入寺門，農桑毋失時。

孝友敦睦，家之本教。吾約獨不及者，以吾子弟自幼讀書，經史所載，師友所講，宜聞之已熟。惟夫非禮之禮，最愚俗所易惑，故肫肫致戒。吾子弟能率由斯約，即孝友之理於斯而寓。有未盡者，以類推之，則無非道義矣。尹耕莘野，樂堯、舜之道，得力在一介不取予，只是分毫無錯，所謂精一之學也。而俗儒罔識，舍日用而空談性命，故終其身不知道。即如喪葬中最切要事，無過棺槨。貧家用三樽杉木，或四五樽，但盡心料理，雖四三金以上，亦足爲固。力不能具槨，深坎而葬，棺旁篩細土，實築之，永無水蟻之患，於人子之心，亦復何憾！富貴之家，倉猝買材，百金以易朽木。及壙虚則容水，葬淺則速朽，雖塋封高敞，致飾巨萬，其實不及向所謂杉棺而深葬者。欺己欺人，於所生亦曾有分毫之益否乎？必鬻産後可襄事，彼貧無産業者，必鬻身而可也。先王因人情而制禮，實不如是。聖教衰息，人競虚名，庸有既乎！虚實之間，學術之邪正判矣，而家國天下安危理亂之機，亦于斯决矣。可不慎哉！可不慎哉！

（清）方苞《方苞集・集外文》卷八《家訓・教忠祠規》 古者五廟七廟共都宫，而各爲垣墉堂室。漢、唐以後，雖國禮未聞備此，況羣下乎？北宋文潞公知長安，得唐杜佑舊廟于曲江，一堂四室。郭先《夾室論》：堂三楹者，中爲室，左右爲房。祭于東房，西虚不用，皆言高、曾、祖、禰之寢廟耳。今自太學及海内郡、州、縣學祀孔子，皆位于堂之正中，闕里亦然。蓋天下之公祀，非孔氏所得專也。自是以後，漢闕公，唐張睢陽，宋岳少保，凡忠烈先賢，皆正位于堂。教忠祠禮亦宜然。太僕公起家爲大夫，建小宗祠于桐。以對始祖故稱小宗，而於子孫則爲百世不遷之别子，故亦正位于堂；而緣二祖之心，春秋享祀，不忍祖考之無薦也，故室教忠祠左方，龕奉始祖至四世祖神版。室小宗祠左方，奉六世祖至十一世祖神版。時祭二祖，以屏障左方爲季高按：爲字疑衍。以薦，翼日仍敞以爲堂。

古者，祧廟主祏藏于夾室。故時祭獨迎四廟之主，祫于太廟。今二祠皆合堂比龕，而獨祀二祖，以子孫之不安，知二祖之弗順也。禮有祭，有薦，有奠，有告。薦、奠儀甚簡，告則惟用幣帛、皮、圭。程子祭遠祖，總設二位，以權制也。今師其意，春秋祭二祖，左室各設薦而不獻，廟季高案：廟字疑誤。東向。冬至祭始祖、遠祖，則左室不障，德益公東面，斷事公從昭穆之列，席下繼；六世分房之祖東面，太僕公從昭穆之列，席下繼。繚而右，各三獻，與時祭同。

古者，天子之卿、大夫，爵命視侯、伯。《楚語》：諸侯之大夫特牛。

然今功令以太牢祀孔子，諸賢不得用，敢踰越哉！主祭者由正途官翰林、科道、郎中、知府以上者，乃用少牢，餘用特豕。無登仕籍者，則廩、增、附生以次主祭。入國學而不由庠序者，不得先。

古者，大宗百世不遷。然在禮必有禄而後可祭。安溪李氏有禄者奠獻，而宗子之位參焉。祝曰：主祭孫某，宗孫某。以宗子或無禄，或降爲農工，禮儀不能展也。太僕公子孫在金陵者兩支：副使公行三，宫詹公行五。副使公曾孫苞爲長，宗子惟敬尚未冠。苞宜主祭，惟敬再獻，長兄弟三獻。苞身後，子孫爵列相近，則三房主之。三房無爵，則五房有爵者主之。宗子有爵，支子雖異爵不敢干；支子爵列同，以行輩則少長，行卑齒少，雖有異爵不敢干，尊祖敬宗之義也。其爵列以甲科、乙科、薦舉、承廕、副、拔、歲、恩貢生爲差。武途降文途二等。官至提鎮者，降一等。捐資入仕與武途同。

司馬温公、程子、朱子《家禮》，四時皆祭。但漢人述《王制》：天子犆礿，祫禘，祫嘗，祫烝。諸侯礿則不禘，禘則不嘗，嘗則不烝，烝則不礿。《楚語》曰：國于是乎烝嘗，家于是乎嘗祀。周以前書，未見大夫、士冬夏祭禮。今遵程子所定，春秋之祭，舉于仲月。冬至祭始祖遠祖，季春薦鮪，特著于《禮經》。故四月薦鮪，以當夏祭。其餘新物薦于家，凡俗節亦如之，奠而不獻。二祠惟朔望焚香，設茗飲。

古者，時祭日必卜，慮主人或感時疾，宜俟其間；或期大功之服，旬日未畢；或祖考先妣忌，不得干也。今以時憲書所宜當卜。冬至則或前或後，比時而擇之。古者祭必筮賓，立佐食，分上利下利，禮重事殷，非有贊者，主人不能致其恍忽，以與神明交。前期十日，公議子弟年二十以上，謹慎安重者四人爲上贊，四人爲亞贊。前期五日，徧告與祭者，皆出宿外寢。前二日，祭主、宗子宿祠左特室致齋。前一日，上贊佐祭主、宗子濯器視牲，宿祠左廂，詰旦共朝事。

祭之前日啟戶，子弟年十二以上者，洒掃堂室及庭；祭主、宗子卷簾拂塵，拭神版及匱；上贊助濯器，視牢肉。及期，夙興啓戶，上贊焚香燃燭，陳茗飲，設茅苴，爇柏葉；祭主、宗子三拜稽首，以酒灌茅苴，出闔戶。日中，殽羞具，啟戶，焚香燃燭，設長案，饌祭物。初獻進食，羞羊肉湆、豕肉湆。再獻進魚，雞鶩從。三獻進餈餌，陳茗飲。凡獻，上贊執爵以授獻者；亞贊陳祭物，奠而不授；獻者要節而拜。每獻畢，俱三拜稽首。吾鄉舊俗：嘉平二十四日及除夕，祭再舉。將獻，薦爇柏葉，焫蕭遺意也。以瓦盆實土，樹叢茅酹酒，灌鬯遺意也。朱子《家禮》：設茅沙。議者紛然。不知廟地必甓，以鬯灌甓，不能達于土。故依古茅苴之意，植茅于沙，取其潔白，謂沙亦土類耳。

古者，臣之於君，稽首至再而止。晉大夫三拜稽首以要言，楚申包胥九頓首于秦庭，重爲之禮以申固其請耳。朱子《家禮》：獻止再拜，降神辭神則四拜。蓋據《儀禮》：升成拜堂上，下拜，各二也。無升降而四拜，義無所取。古者，射、鄉、喪、祭，皆三拜。衆賓朝事降神，祭主、宗子三拜稽首。初獻爵，祭主再拜稽首。進食，再拜稽首。羞羊豕，再拜稽首。再獻，宗子再拜稽首。羞魚、雞、鶩，再拜稽首。三獻，長兄弟再拜稽首。進餈餌、茗飲，再拜稽首。將闔戶，祭主、宗子三拜稽首。有頃，啟戶徹，與宗人共食。春秋時祭，左室薦而不獻，祭主、宗子、羣子姓皆三拜稽首。冬至祫祭，徧獻遠祖，禮儀與時祭同。

古之祭者，必夫婦親之，以饋食獻薦，必待之以展事也。女子未嫁三月，教于公宫，非獨四德宜嫻，亦使講明乎尊祖敬宗之義，熟習夫禮相助奠之儀也。今祠距家四里，而所祀皆子姓高曾以上之遠祖。子婦分主祀事，事勢未便，忱亦不屬。嗣後來婦者，于春秋時祭後三日內，舅姑率以拜廟，焚香燃燭，設茗飲，爲講明大義。女將適人，先期或時祭後，或朔望辭于廟，儀與來婦同。妾之有子者，子將授室，亦如來婦儀，拜于廟；以承先啓後，亦與有責焉耳。惟再醮之婦，不得入祠。

二支子姓中，擇正直不苟者一人，以輔宗子。族姻朋友中，擇老成練事者三人以助之。惟敬嗣伯父爲宗子。道永兼掌兩房家事。道章亦兼掌道興家事，惟道興端居學誦。其生也，後二兄二十年，故命專掌祠禁以察違禮，糾邪惡，謹出納，久于其任，則家則可定也。

情、理、法部

綜論分部

論説

《周易正義・坎》 上六：係用徽纆，寘于叢棘，三歲不得，凶。險陗之極。不可升也。嚴法峻整，難可犯也。宜其囚執寘于思過之地。三歲，險道之夷也。險終乃反，故三歲不得自脩，三歲乃可以求復，故曰三歲不得凶也。疏：正義曰：係用徽纆寘于叢棘者，險陗之極，不可升上。嚴法峻整，難可犯觸。上六居此險陗之處，犯其峻整之威，所以被繫用其徽纆之繩。置於叢棘，謂囚執之處，以棘叢而禁之也。三歲不得凶者，謂險道未終，三歲已來，不得其吉，而有凶也。險終乃反，若能自脩，三歲後可以求復自新，故《象》云上六，失道凶，三歲也。言失道之凶，唯三歲之後可以免也。《象》曰：上六，失道凶，三歲也。

(清）孫星衍《周易集解・噬嗑》 《象》曰【略】柔得中而上行，雖不當位，利用獄也。

解：侯果曰，坤之初六，上升乾五，是柔得中而上行。雖則失位，文明以中。斷制枉直，不失情理，故利用獄。

(清）孫星衍《周易集解・坎》 六三【略】《象》曰：來之坎坎，終无功也。

解：干寶曰：坎，十一月卦也。又失其位，喻殷之執法者失中之象也。來之坎者，斥周人觀釁于殷也。枕，安也。險且枕者，言安忍以暴政加民，而无哀矜之心？淫刑濫罰，百姓无所措手足。故曰來之坎坎，終无功也。

《周禮注疏・秋官・小司寇》 小司寇之職【略】以八辟麗邦灋，附刑罰：辟，法也。杜子春讀麗爲羅。玄謂麗，附也。《易》曰：日月麗乎天。故書附作付，附猶著也。疏：以八至刑罰。釋曰：案《曲禮》云刑不上大夫，鄭注云：其犯法則在八議。輕重不在刑書。若然，此八辟爲不在刑書，若有罪當議，議得其罪，乃附邦法而附于刑罰也。注辟法至著也。釋曰：以辟爲法，謂八者之法。子春讀麗爲羅，後鄭不從，謂麗，附也，破子春爲羅。若作羅，則入羅網，當在刑書，何須更議之也。後鄭以不在刑書，故須議，議訖，乃附邦法。《易》曰：日月麗于天。但天自然無形，而得附著者，天者自然之氣。日月本在虛空，而附自然之氣，故得爲附著也。一曰議親之辟，鄭司農云：若今時宗室有罪，先請是也。疏：注鄭司至是也。釋曰：親，謂五屬之内，及外親有服者皆是。議限親，不假貴，故親賢能及功勤若貴亦不假。餘賢能之等，各據一邊，則得入議。假令既有親，兼有餘事，亦不離議限。二曰議故之辟，故謂舊知也。鄭司農云：故舊不遺，則民不偷。偷，他侯反，徐吐豆反。疏：注故謂至不偷。釋曰：此故舊，據王爲言，是以《大宗伯》注：故舊朋友，謂共在學者。若《伐木》詩，亦是故友之類。先鄭引《論語》故舊不遺，則民不偷，言民不偷，上行下效，亦據人君而説，故引爲證議故也。三曰議賢之辟，鄭司農云：若今時兼吏有罪，先請是也。玄謂賢有德行者。行，下孟反。疏：注鄭司至行者。釋曰：先鄭舉漢廉吏爲賢，後鄭足成，故言賢有德行者，謂若鄉大夫興賢者、能者。賢，即有六德六行者也。四曰議能之辟，能謂有道藝者。《春秋傳》曰：夫謀而鮮過，惠訓不倦者，叔向有焉，社稷之固也，猶將十世宥之，以勸能者。今壹不免其身，以棄社稷，不亦惑乎？夫，音扶。鮮，息淺反。向，許亮反。疏：注能謂至惑乎。釋曰：云能謂有道藝者，此即《鄉大夫》興能者，能，有道藝，若《保氏》云掌養國子以道，而教之六藝，是國子與賢者有德行兼道藝，若能者惟有道藝，未必兼有德也。引《春秋傳》者，《左氏》襄二十一年，叔向被囚，祁奚作此辭以告晉侯，使赦小罪存大能。引之者，證以能議也。五曰議功之辟，謂有大勳力立功者。疏：注謂有至功者。釋曰：此即司勳所掌王所功國功之等，皆入此功也，是以彼皆言功爲首也。六曰議貴之辟，鄭司農云：若今時吏墨綬有罪，先請是也。疏：注鄭司至是也。釋曰：先鄭推引漢法墨綬爲貴，若據周，大夫以上皆貴也。墨綬者，漢法，丞相中二千石，金印紫綬。御史大夫二千石，銀印青綬。縣令六百石，銅印墨綬，是也。七曰議勤之辟，謂憔悴以事國。憔，昨遙反。悴，秦醉反。疏：注謂憔悴以事國。釋曰：案《詩》云或憔悴以事國，自此已上七者，雖以王爲主，諸侯一國之尊，賞罰自制，亦應有此議法，是以議能。鄭引叔向之事，是其一隅也。惟八曰議賓，惟據王者而言，不及諸侯也。八曰議賓之辟。謂所不臣者，三恪二代之後與？與，音餘。疏：注謂所至後與。釋曰：《春秋》襄二十五年《傳》有虞閼父爲周陶正，而封諸陳，以備三恪之言，《郊特牲》有尊賢不過二代之語，故鄭云三恪二代之後。案《樂記》云：武王克殷及商，未及下車，而封黃帝之後於薊，封帝堯之後於祝，封帝舜之後於陳。下車，而封夏后氏之後於杞，殷之後於宋。此皆自行當代禮樂，常所不臣，爲賓禮禮之，故爲賓也。言與者，經直云賓，不斥所據，約後同之，故云與以疑之也。

《禮記正義・樂記》樂也者，情之不可變者也。禮也者，理之不可易者也。理，猶事也。樂統同，禮辨異。統同，同和合也。辨異，異尊卑也。禮樂之説，管乎人情矣。管，猶包也。疏：樂也，至情矣。正義曰：皇氏云自此以下名爲樂情。各隨文解之。樂也者，情之不可變者也，樂出於心，聽之則歡悦，是情之不可變也。禮也者，理之不可易者也，禮見於貌，行之則恭敬理事也，言事之不可改易也。樂出於心，故云情。禮在於貌，故云理也。變易換文也，樂統同者，統，領也。言樂主相親，是主領其同。禮辨異者，辨，別也，禮殊別貴賤，是分別其異也。禮樂之説，管乎人情矣者，言禮樂所説義理，包管於人情。樂主和同，則遠近皆合。禮主恭敬，則貴賤有序。人情所懷不過於此，是管人情也。

《論語注疏・子張》孟氏使陽膚爲士師，包曰：陽膚，曾子弟子。士師，典獄之官。問於曾子。曾子曰：上失其道，民散久矣。如得其情，則哀矜而勿喜！馬曰：民之離散爲輕漂犯法，乃上之所爲，非民之過，當哀矜之，勿自喜能得其情。疏：孟氏至勿喜。正義曰：此章論典獄之法也。孟氏使陽膚爲士師者，陽膚，曾子弟子。士師，典獄之官。問於曾子者，問其師求典獄之法也。曾子曰：上失其道，民散久矣，如得其情，則哀矜而勿喜者。言上失爲君之道，民人離散，爲輕易漂掠，犯於刑法亦已久矣，乃上之失政所爲，非民之過。女若求得其情，當哀矜之勿自喜也。

（漢）趙岐注　（宋）孫奭疏《孟子注疏・萬章章句上》萬章問曰：象日以殺舜爲事，立爲天子，則放之，何也？怪舜放之何故。孟子曰：封之也，或曰放焉。舜封象於有庫，或有人以爲放之。萬章曰：舜流共工于幽州，放驩兜于崇山，殺三苗于三危，殛鯀于羽山。四罪而天下咸服，誅不仁也。象至不仁，封之有庫。有庫之人奚罪焉？仁人固如是乎？在他人則誅之，在弟則封之。舜誅四佞，以其惡也。象惡亦甚，而封之，仁人用心當如是乎？罪在他人當誅之，在弟則封之。曰：仁人之於弟也，不藏怒焉，不宿怨焉，親愛之而已矣。親之欲其貴也，愛之欲其富也。封之有庫，富貴之也。身爲天子，弟爲匹夫，可謂親愛之乎？孟子言仁人於弟，不問善惡，親愛之而已。封者欲使富貴耳。身既已爲天子，弟雖不仁，豈可爲匹夫？敢問或曰放者，何謂也？萬章問放之意。曰：象不得有爲於其國，天子使吏治其國，而納其貢税焉，故謂之放，豈得暴彼民哉！象不得施教於其國，天子使吏代其治，而納貢賦與之，比諸見放也。有庫雖不得賢君，象亦不侵其民也。雖然，欲常常而見之，故源源而來，不及貢，以政接于有庫。雖不使象得豫政事，舜以兄弟之恩，欲常常見之無已，故源源而來，如流水之與源通。不及貢者，不待朝貢諸侯常禮乃來也。其間歲歲自至京師，謂若天子以政事接見有庫之君者，實親親之恩也。此之謂也。此常常以下，皆《尚書》逸篇之辭。孟子以告萬章，言此乃象之謂也。疏：萬章問曰至此之謂也。正義曰：此章言仁人之心如是也。萬章問曰：象日以殺舜爲事，立爲天子，則放之，何也者？萬章問孟子，以謂象日日以謀殺舜爲事，然舜既立爲天子，則放象而不誅，如之何？孟子曰：封之也，或曰放焉，孟子荅之曰：是封象也，或人言放焉。萬章曰至在弟則封之。萬章又問舜流共工於幽州，放驩兜於崇山，殺三苗于三危，殛鯀于羽山，誅罪此四者，而天下於是咸服，此乃是誅戮其不仁者也。然象傲極不仁，乃反封之於有庫之國，則有庫之國中人何罪也，仁人固肯如此乎？在他人之惡則誅戮焉，在弟則封之國。故曰：仁人固如是乎？萬章之意，以謂仁人必不肯如此也。孔安國注《尚書》云：共工象恭滔天，足以惑世，故流放之。幽州，北裔。水中可居者曰洲。驩兜黨於共工，罪惡同。崇山，南裔也。三苗，國名。搢雲氏之後，爲諸侯，號饕餮。三危，西裔。鯀方命圮族，績用不成。羽山，東裔，在海中。按《史記》云：共工，少皥氏不才子，天下謂之窮奇者也。驩兜，帝鴻氏不才子，天下謂之混沌者也。鯀，顓頊氏不才子，天下謂之饕餮者也。曰：仁人之於弟也，至可謂親愛之乎？孟子又荅之，曰：仁者之人於其弟也，不藏怒心，不隔宿怨，但親愛之而已，所以親之者，以欲其貴也；愛之者，以欲其富也。今舜封象於有庫者，是所以富貴之也，如舜身自爲天子，而使弟只爲之匹夫，可謂爲親愛其弟者乎？有庫，國之名號也。敢問或曰放者何謂也，萬章又問孟子：或人言放之者，是何所謂也？曰：象不得有爲於其國，至此之謂也。孟子又荅之曰：象之於庫，不得施政教於其國中，天子使吏代之以治其國，而納天子之貢賦焉，故謂之爲放也。象豈得暴彼有庫之國民哉？以其使吏代之故也。雖然不使象得施政教，而舜以兄弟親親之恩，欲常常見之，故源源如水之流與源而通，不以朝貢之諸侯常禮乃來也。其自至而見天子如天子，以政事接見於有庫之君也。故孟子云是此之謂也。注云自常常已下，皆《尚書》逸篇之辭。正義曰：按《隋・經籍志》、《尚書》逸篇出於齊、梁之間，考其篇目，似孔氏壁中書之殘缺者，故附《尚書》之末，唐有三卷，徐邈爲之注焉，蓋其文也。

（清）焦循《孟子正義・萬章章句上》萬章問曰：象日以殺舜爲事，立爲天子則放之，何也？注：怪舜放之何故。疏：注怪舜放之何故。正義曰：翟氏灝《考異》云：韓非有云：瞽瞍爲舜父而舜放之，象爲舜弟而舜殺之。放父殺弟，不可爲仁。則云象欲殺舜，猶其繆之小焉者矣。萬章知無放瞍殺象之事，而不能無疑於放象之説，孟子力辨其并無之，則其餘邪説悉不待辨而息已。

孟子曰：封之也，或曰放焉。注：舜封象於有庳，或有人以爲放之。

萬章曰：舜流共工于幽州，放驩兜于崇山，殺三苗于三危，殛鯀于羽山，四罪而天下咸服，誅不仁也。象至不仁，封之有庳，有庳之人奚罪焉？仁人固如是乎？在他人則誅之，在弟則封之。注：舜誅四佞，以其惡也。象惡亦甚，而封之，仁人用心，當如是乎。罪在他人當誅之，在弟則封之。疏：舜流至咸服。正義曰：此《虞書·堯典》文也。段氏玉裁《説文解字注》云：竄，塞也。讀若《虞書》竄三苗之竄。二竄本皆作竄，妄人所改也。竄三苗于三危，與言流言放言極一例，謂放之令自匿。故《孟子》作殺三苗，即《左傳》𥺅蔡叔之𥺅。𥺅爲正字，竄、殺爲同音假借。殛鯀爲極之假借。《左傳》曰：流四凶族，投諸四裔。劉向曰：舜有四放之罰。屈原曰永遏在羽山，夫何三年不施，王注：言堯長放鯀於羽山，絶在不毛之地，三年不舍其罪也。《周禮》廢以馭其罪，注：廢猶放也。舜極鯀于羽山是也。此條《釋文》宋本極紀力反可證。《洪範》鯀則殛死，《釋文》本又作極。《多方》我乃其大罰殛之，《釋文》本又作極。《左傳》昭七年昔堯殛鯀於羽山，《釋文》本又作極。《魯頌》致天之屆，于牧之野，箋云：屆，極也。引《書》鯀則極死。又云天所以罰極紂于商郊牧野，正義云：屆極，虞度，《釋言》文。《釋言》又云：極，誅也。武王致天所罰，誅紂於牧野。定本集注皆云殛紂於牧野。殛是殺，非也。《小雅》後予極焉，毛曰：極，至也。鄭曰：極，誅也。正義曰：極至，《釋詁》文。極誅，《釋言》文。合《魯頌》、《小雅》兩箋兩正義觀之，則知《釋言》之爲殛誅甚明。今《爾雅》作殛誅也，蓋誤以《洪範》、《多方》殛字鄭作極例之，則知《周禮》注引極鯀於羽山，鄭所見《尚書》自是極，不作殛也。假殛爲極，亦如《孟子》假殺爲竄，鯀因極而死於東裔。韋昭注《晉語》云：殛，放而殺也。此當作放而死也。高注《吕覽》云先殛後死，此當作先極後死。若《吕覽》副之以吴刀，《山海經》殺鯀于羽郊，則言之不從，不可信矣。然則馬注《尚書》，趙注《孟子》，韋注《國語》，皆云殛，誅也，何也？曰：此皆用《釋文》極誅也之文，謂正文殛當作極也。江氏聲《尚書集注音疏》云：《史記》云：請流共工于幽陵，以變北狄；放讙吺于崇山，以變南蠻；遷三苗于三危，以變西戎；殛鯀于羽山，以變東夷。竄，塞也。謂塞之使不得通中國。《周禮·大司馬》職云犯令陵政則杜之，鄭注云：杜之者，杜塞使不得與鄰國交通。亦此義也。殛誅，誅謂責遣之，非殺之也。按萬章以舜放象爲問，故舉四罪之放以例之。封之有庳。正義曰：顧氏炎武《日知録》云：《水經注》王隱曰：應陽縣本泉陵之北部，東五里有鼻墟，象所封也。山下有象廟。《後漢·東平王蒼傳》注：有鼻，國名，在今永州營道縣北。《袁譚傳》注：今猶謂之鼻亭。舜都蒲版，而封象於道州鼻亭，在三苗以南荒服之地，誠爲可疑。如孟子所論，親之欲其貴，愛之欲其富，又且欲其源源而來，何以不在中原近畿之地，而置之三千餘里之外邪？蓋上古諸侯之封萬國，其時中原之地，必無閒土可以封故也。閻氏若璩《釋地續》云：有庳之在今永州府零陵縣，已成千古定所。經文欲常常而見之，故源源而來。不及待一年之貢期，五年之朝期，以伸吾親愛情者，有兄居蒲版，弟居零陵，陸阻太行，水絶洞庭，較諸驩兜放處尤遠千里之程。且果零陵之國，比歲一至，則往反幾將萬里，其勞已甚，數歲而數至，勢必日奔走於道路風霜之中而不少寧息，親愛弟者，固如是乎？蓋有庳之封，必近在帝都，而今不可考。或曰：然則今零陵曷爲傳有是名也？《括地志》云：鼻亭神在營道縣北六十里，故老傳言舜葬九疑，象來至此，後人立祠，名爲鼻亭神。此爲得之。翟氏灝《考異》云：《漢書·鄒陽傳》作封之於有畀，服虔注曰：畀，音畀予之畀。師古注曰：音鼻。又《武五子傳》舜封象於有鼻，師古注曰：有鼻在零陵，今鼻亭是也。《後漢·東平王蒼傳》：昔象封有鼻。《三國志·樂陵王茂傳》亦曰：昔象之爲虐，至甚而大，舜猶侯之有鼻。庳與鼻皆從畀與之畀，音皆讀爲庇，故其字得通借。注舜誅四佞。正義曰：《書》言四罪，趙氏謂之四佞者，明其罪在佞也。《論衡·答佞篇》云：富貴，皆人所欲也。雖有君子之行，猶有飢渴之情。君子則以禮防情，以義制欲，故得遁道，遁道則無禍。小人縱貪利之欲，踰禮犯義，故進得苟佞，苟佞則有罪。夫賢者君子也，佞人小人也。佞人問曰：行合九德則賢，不合則佞；世人操行者，可盡謂佞乎？曰：諸非皆惡，惡中之逆者，謂之無道；惡中之巧者，謂之佞人。聖王刑憲，佞在惡中；聖王賞勸，賢在善中。純潔之賢，善中殊高，賢中之聖也。善中大佞，惡中之雄也。注仁人用心當如是乎。正義曰：當與嘗通，《萬章上篇》是時孔子當阨，《説苑》引作是孔子嘗阨。《荀子·君子篇》先祖當賢，注云：當或爲嘗。是也。《禮記·少儀》馬不常秣，《釋文》云：常本亦作嘗。是當、嘗、常三字通。《國語·周語》固有之乎，注云：固，猶嘗也。《禮記·曲禮》求毋固，注云：固，常也。固之義爲常、嘗，即亦爲當，故趙氏以當釋之。王引之《經傳釋詞》云：固，猶乃也。

曰：仁人之於弟也，不藏怒焉，不宿怨焉，親愛之而已矣。親之欲其貴也，愛之欲其富也，封之有庳，富貴之也。身爲天子，弟爲匹夫，可謂親愛之乎？注：孟子言仁人於弟，不問善惡，親愛之而已。封之欲使富貴耳，身爲天子，弟雖不仁，豈可使爲匹夫也。

敢問或曰放者，何謂也？注：萬章問放之意。

曰：象不得有爲於其國，天子使吏治其國，而納其貢税焉，故謂之放。豈得暴彼民哉！注：象不得施教於其國，天子使吏代其治，而納貢賦與之，比諸見放也。有庳雖不得賢君，象亦不侵其民也。疏：象不至民哉。正義曰：趙氏佑《温故録》云：象不得有爲，非舜禁之使不得也，乃或之見爲如是耳。蓋天子使吏治其國，即大國三卿，皆命於天子，使其大夫爲三監，監於方伯之國，國三人事，古封建之本如是，後世始擅命自爲。然漢制諸侯王猶爲傅相，蓋循古意。舜固以之休逸象，優其賦人，以奉養象。或者不察，遂妄意舜之禁象，使不得有爲，故謂之放。就令如此，象亦豈有暴民之事哉？是皆孟子推或言之意，又正答有庫之人何罪一語意也。故下復有雖然一轉，此時象久被舜烝乂之教，亦自不至於暴民。然舜之爲是，正不慮象之暴民，第欲其常常來見；唯使治國有人，賦入無缺，故象得輕身，時來歡聚，與他人必及朝貢之期者不同。又時以政事相接，使象得觀己所行，以益進於善，此之謂也。與上故謂之相比照，論舜之待象，當如此不當如彼也。蓋孟子所以發明仁人親愛之心，委婉詳盡如此。雖然，欲常常而見之，故源源而來，不及貢，以政接于有庫，注：雖不使象得豫政事，舜以兄弟之恩，欲常常見之無已，故源源而來，如流水之與源通。不及貢者，不待朝貢諸侯常禮乃來也。其間歲歲自至京師，謂若天子以政事接見有庫之君者，實親親之恩也。疏：注欲常常見之無已。正義曰：《詩·大雅·文王》箋云：長，猶常也。《説文》云：長，久遠也。長而又長，故爲無已。注故源源而來如流水之與源通。正義曰：《説文》言部云：謜，徐語也。从言，原聲。《孟子》曰：故謜謜而來。段氏玉裁《説文解字注》云：趙注如流水之與源通，據此謜本作源，源古作原，蓋許引《孟》原原而來，證從原會意之恉。注不及至恩也。正義曰：《虞書·堯典》云：五載一巡守，羣后四朝。鄭康成注云：四朝，四季朝京師也。巡守之年，諸侯見於方岳之下。其間四年，四方諸侯分來朝於京師也。王氏鳴盛《尚書後案》云：鄭意謂每天子巡守之明年，東方諸侯春季來朝京師；其又明年，南方諸侯夏季來朝；又明年，西方諸侯秋季來朝；又明年，北方諸侯冬季來朝；又明年，則天子復巡守矣。《孝經》鄭注云：諸侯五年一朝天子，天子亦五年一巡守。熊氏以爲虞夏制法，諸侯之朝，代爲四部，四年乃徧，總是五年一朝，天子乃巡守。《孝經》注，先儒疑非鄭注。然此條則是熊氏推衍，亦得鄭意。按此所謂常禮也。常禮五年一朝，此不待朝貢常禮，故歲歲自至亦師也。謂若天子以政事接見有庫之君者，《詩·鄭風·緇衣序》云：父子並爲周司徒，善於其職。孔氏正義云：武公既爲鄭國之君，又復入作司徒。《衛風·淇澳序》云：《淇澳》，美武公之德也。以禮自防，故能入相于周。孔氏正義云：武公將兵，佐周平戎，甚有功，平王命爲公。卒章傳云：卿士者，卿爲典事，公其兼官。在《尚書》如蘇公爲司寇，齊侯吕伋爲天子虎賁氏，皆以諸侯兼理京師之政事，推之於虞，當亦有然。有庫之君，不依朝貢常期，而歲歲自至，故若兼治京師政事，而天子以政事接見之也。經文直云以政接於有庫，則是實有政事，原非空至。觀上云汝其于予治，則象以諸侯兼治王朝政事可知。封象於有庫而兼掌朝政，所以不得有爲於其國也。人見其不得有爲於國，故謂之放。不知所以不得有爲於其國者，正有爲於天子之朝也。其非放也明矣。趙氏增若字，則以本非有政事矣。此之謂也。注：此常常以下，皆《尚書》逸篇之辭。孟子以告萬章，言此乃象之謂也。疏：注此常至謂也。正義曰：趙氏蓋亦以此文在《舜典》中也。江氏聲《尚書集注音疏》云：據云此之謂也，則有庫以上自是古書成文，當是《尚書》文矣。其欲常常句承雖然之下，雖然云者，承上轉下之詞，則欲常常二句乃孟子之言，非古書成文矣。斷自不及貢始，以爲《尚書》逸文，庶幾近之也。

(清) 焦循《孟子正義·盡心章句上》 孟子曰：以佚道使民，雖勞不怨。注：謂教民趨農，役有常時，不使失業，當時雖勞，後獲其利，則佚矣。若亟其乘屋之類也，故曰不怨。疏：注若亟其乘屋之類。正義曰：詳見《滕文公》上篇。趙氏彼注云：言農民之事無休已。故引爲勞之證。以生道殺民，雖死不怨殺者。注：謂殺大辟之罪者，以坐殺人故也。殺此罪人者，其意欲生民也。故雖伏罪而死，不怨殺者。疏：注謂殺至故也。正義曰：《禮記·文王世子》云：其死罪，則曰某之罪在大辟。《書·吕刑》云：大辟疑赦，其罰千鍰，閲實其罪。徐氏文靖《管城碩記》云：犯法者事有可疑，則赦之，而又不徑赦之也，罰之以示懲。若乃簡閲其情，實無可疑者，其罪之。實與疑對，罪與赦對，實則不疑，罪則不赦也。大辟之法亦然，疑則赦之使贖，實則罪之不赦也。豈謂贖之以金，雖大辟亦許其贖免哉？是大辟之罪，閲實則殺之也。《周禮·秋官·司刑》掌五刑之法，殺罪五百，注云：殺，死刑也。《書傳》曰：降畔寇賊，劫略奪攘，撟虔者其刑死。然則大辟之罪不止坐殺人，趙氏略舉之耳。《荀子·正論篇》云：殺人者不死，傷人者不刑，是謂惠暴而寬賊也。又云：殺人者死，傷人者刑，百王之所同也。

《章指》言：勞人欲以佚之，殺人欲以生之，則民無怨讟也。疏：則民無怨讟也。正義曰：《方言》云：讟，謗也。宣公十二年《左傳》云：君無怨讟。昭公元年《左傳》云：民無謗讟。《説文》言部云：讟，痛怨也。

《後漢書》卷四八《霍諝傳》 霍諝字叔智，魏郡鄴人也。少爲諸生，明經。有人誣諝舅宋光於大將軍梁商者，以爲妄刊章文，坐繫洛陽詔獄，掠考困極。諝時年十五，奏記於商曰：將軍天覆厚恩，愍舅光冤結，前者温教許爲平議，雖未下吏斷决其事，已蒙神明顧省之聽。皇天后土，寔聞聽音。竊獨踴躍，私自慶幸。諝聞《春秋》之義，原情定過，赦事誅意，故許止雖弒君而不罪，趙盾以縱賊而見書。此仲尼所以垂王法，漢世所宜遵前脩也。傳曰：人心不同，譬若其面。斯蓋謂大小窳隆醜美之形，至於鼻目衆竅毛髮之狀，未有不然者也。情之異者，剛柔舒急倨敬之閒。至於趨利避害，畏死樂生，亦復均也。諝與光骨肉，義有相隱，言其冤濫，未必可諒，且以人情平論其理。

光衣冠子孫，徑路平易，位極州郡，日望徵辟，亦無瑕穢纖介之累，無故刊定詔書，欲以何名？就有所疑，當求其便安，豈有觸冒死禍，以解細微？譬猶療飢於附子，止渴於酖毒，未入腸胃，已絕咽喉，豈可為哉！昔東海孝婦見枉不辜，幽靈感革，天應枯旱。光之所坐，情既可原，守闕連年，而終不見理。呼嗟紫宮之門，泣血兩觀之下，傷和致災，為害滋甚。凡事更赦令，不應復案。夫以罪刑明白，尚蒙天恩，豈有冤謗無徵，反不得理？是為刑宥正罪，戮加誣侵也。不偏不黨，其若是乎？明將軍德盛位尊，人臣無二，言行動天地，舉厝移陰陽，誠能留神，沛然曉察，必有于公高門之福，和氣立應，天下幸甚。

《三國志》卷一四《魏志·董昭傳》〔太和〕六年，拜真。昭上疏陳末流之弊曰：凡有天下者，莫不貴尚敦樸忠信之士，深疾虛僞不真之人者，以其毀教亂治，敗俗傷化也。近魏諷則伏誅建安之末，曹偉則斬戮黃初之始。伏惟前後聖詔，深疾浮僞，欲以破散邪黨，常用切齒；而執法之吏皆畏其權勢，莫能糾擿，毀壞風俗，侵欲滋甚。竊見當今年少，不復以學問爲本，專更以交游爲業；國士不以孝悌清脩爲首，乃以趨勢游利爲先。合黨連羣，互相褒歎，以毀訾爲罰戮，用黨譽爲爵賞，附己者則歎之盈言，不附者則爲作瑕釁。至乃相謂今世何憂不度邪，但求人道不勤，羅之不博耳；又何患其不知己矣，但當吞之以藥而柔調耳。又聞或有使奴客名作在職家人，冒之出入，往來禁奥，交通書疏，有所探問。凡此諸事，皆法之所不取，刑之所不赦，雖諷、偉之罪，無以加也。

《宋書》卷五五《傅隆傳》 時會稽剡縣民黃初妻趙打息載妻王死亡。遇赦，王有父母及息男稱、息女葉，依法徙趙二千里外。隆議之曰：原夫禮律之興，蓋本之自然，求之情理，非從天墮，非從地出也。父子至親，分形同氣，稱之於載，即載之於趙，雖云三世，爲體猶一，未有能分之者也。稱雖創巨痛深，固無讎祖之義。若稱可以殺趙，趙當何以處載？將父子孫祖，互相殘戮，懼非先王明罰，咎繇立法之本旨也。向使石厚之子、日磾之孫，砥鋒挺鍔，不與二祖同戴天日，則石碏、秺侯何得流名百代，以爲美談者哉。舊令云，殺人父母，徙之二千里外。不施父子孫祖明矣。趙當避王朞功千里外耳。令亦云，凡流徙者，同籍親近欲相隨者，聽之。此又大通情體，因親以教愛者也。趙既流移，載爲人子，何得不從；載從而稱不行，豈名教所許？如此，稱、趙竟不可分。趙雖内愧終身，稱當沈痛没齒，孫祖之義，自不得永絕，事理固然也。從之。

《梁書》卷二《武帝紀》〔天監〕二年春正月甲寅朔，詔曰：三訊五聽，著自聖典，哀矜折獄，義重前誥，蓋所以明慎用刑，深戒疑枉，成功致治，罔不由茲。朕自藩部，常躬訊録，求理得情，洪細必盡。末運弛網，斯政又闕，牢犴沈壅，申訴靡從。朕屬當期運，君臨兆億，雖復齋居宣室，留心聽斷；而九牧遐荒，無因臨覽。深懼懷冤就鞫，匪惟一方。可申敕諸州，月一臨訊，博詢擇善，務在確實。

又：〔天監三年〕六月丙子，詔曰：昔哲王之宰世也，每歲卜征，躬事巡省，民俗政刑，罔不必逮。末代風凋，久曠茲典，雖欲肆遠忘勞，究臨幽仄，而居今行古，事未易從，所以日晏踟躕，情同再撫。總總九州，遠近民庶，或川路幽遐，或貧羸老疾，懷冤抱理，莫由自申，所以東海匹婦，致災邦國，西土孤魂，登樓請訴。念此于懷，中夜太息。可分將命巡行州部，其有深冤鉅害，抑鬱無歸，聽詣使者，依源自列。庶以矜隱之念，昭被四方，遏聽遠聞，事均親覽。癸未，大赦天下。【略】

冬十一月甲子，詔曰：設教因時，淳薄異政，刑以世革，輕重殊風。昔商俗未移，民散久矣，嬰網陷辟，日夜相尋。若悉加正法，則赭衣塞路；並申弘宥，則難用爲國。故使有罪入贖，以全元元之命。今遐邇知禁，圄犴稍虛，率斯以往，庶幾刑措。金作權典，宜在蠲息。可除贖罪之科。

又：〔天監五年〕夏四月丙申，廬陵高昌之仁山獲銅劍二，始豐縣獲八目龜一。甲寅，詔曰：朕昧旦齋居，惟刑是恤，三辟五聽，寢興載懷。故陳肺石於都街，增官司於詔獄，殷勤親覽，小大以情。而明慎未洽，囹圄尚壅，永言納隍，在予興愧。凡犴獄之所，可遣法官近侍，遞録囚徒，如有枉滯，以時奏聞。

《陳書》卷六《後主紀》〔禎明二年〕十一月丁卯，詔曰：夫議獄緩刑，皇王之所垂範，勝殘去殺，仁人之所用心。自畫冠既息，刻吏斯起，法令滋章，手足無措。朕君臨區宇，屬當澆末，輕重之典，在政未康，小大之情，興言多愧。眷茲狴犴，有軫哀矜，可克日於大政殿訊獄。

《魏書》卷五三《李沖傳》後尚書疑元拔、穆泰罪事，沖奏曰：前彭城鎮將元拔與穆泰同逆，養子降壽宜從拔罪。而太尉、咸陽王禧等，以爲律文養子而爲罪，父及兄弟不知情者不坐。謹審律意，以養子於父非天性，於兄弟非同氣，敦薄既差，故刑典有降，是以養子雖爲罪，而父兄不預。然父兄爲罪，養子不知謀，易地均情，豈獨從戮乎？理固不然。臣以爲：依據律文，不追戮於所生，則從坐於所養，明矣。又律惟言父不從子，不稱子不從父，當是優尊厲卑之義。臣禧等以爲：律雖不正見，互文起制，於乞也舉父之罪，於養也見子坐，是爲互起。互起兩明，無罪必矣。若以嫡繼養與生同，則父子宜均，祇明不坐。且繼養之注云：若有別制，不同此律。又令文云：諸有封爵，若無親子，及其身卒，雖有養繼，國除不襲。是爲有福不及已，有罪便預坐。均事等情，律令之意，便相矛盾。伏度律旨，必不然也。臣沖以爲：指例條尋，罪在無疑，準令語情，頗亦同式。詔曰：僕射之議，據律明矣；太尉等論，於典矯也。養所以從戮者，緣其已免所生，故不得復甄於所養。此獨何福，長處吞舟？于國所此不襲者，重列爵，特立制，因天之所絶，推而除之耳，豈復報對刑賞？于斯則應死，可特原之。

《北史》卷四〇《李彪傳》 《孝經》稱父子之道天性，蓋明一體而同氣，可共而不可離者也。及其有罪不相及者，乃君上之厚恩也。而無情之人，父兄繫獄，子弟無慘惕之容；子弟即刑，父兄無愧恧之色。宴安榮位，游從自若，車馬仍華，衣冠猶飾。寧是同體共氣，分憂均戚之理也？臣愚以爲父兄有犯，宜令子弟素服肉袒，詣闕請罪；子弟有坐，宜令父兄露板引咎，乞解所司。若職任必要，不宜許者，慰勉留之。如此，足以敦厲凡薄，使人知有所恥矣。

《舊唐書》卷一八九上《儒學傳・敬播》 會刑部奏言：準律：謀反大逆，父子皆坐死，兄弟處流。此則輕而不懲，望請改從重法。制遣百僚詳議。播議曰：昆季孔懷，天倫雖重，比於父子，性理已殊。生有異室之文，死有別宗之義。今有高官重爵，本蔭唯逮子孫；祚土錫珪，餘光不及昆季。豈有不沾其蔭，輒受其辜，背禮違情，殊爲太甚。必期反茲春令，踵彼秋荼，創次骨於道德之辰，建深文於措刑之日，臣將以爲不可。詔從之。

《宋史》卷二〇一《刑法志三》 〔紹興〕二十六年，右正言凌哲復上疏曰：漢高入關，悉除秦法，與民約法三章耳。所謂殺人者死，實居其首。司馬光有言：殺人者不死，雖堯、舜不能以致治。斯言可謂至當矣。臣竊見諸路州、軍大辟，雖刑法相當者，類以可憫奏裁。自去歲郊後距今，大辟奏裁者五十餘人中，有實犯故殺、鬥殺常赦所不原者，法既無疑，情無可憫，刑、寺並皆奏裁貸減。彼殺人者可謂幸矣，被殺者銜恨九原，何時已邪？臣恐強暴之風滋長，良善之人，莫能自保，其於刑政，爲害非細。應今後大辟，情法相當，無可憫者，所司輒奏裁減貸者，乞令臺臣彈劾。帝覽奏曰：但恐諸路滅裂，實有情理可憫之人，一例不奏，有失欽恤之意。令刑部坐條行下。

又：仁宗深憫夫民之無知也，欲立贖法以待薄刑，迺詔有司曰：先王用法簡約，使人知禁而易從。後代設茶、酒、鹽税之禁，奪民厚利，刑用滋章。今之《編敕》，皆出律外，又數改更，官吏且不能曉，百姓安得聞之？一陷于理，情雖可哀，法不得贖。豈禮樂之化未行，而專用刑罰之弊與？漢文帝使天下人入粟於邊，以受爵免罪，幾于刑措。其議科條非著于律者，或冒利犯禁，奢侈違令，或過悞可憫，別爲贖法。鄉民以穀麥，市人以錢帛，使民重穀麥，免刑罰，則農桑自勸，富壽可期矣。詔下，論者以爲富人得贖而貧者不能免，非朝廷用法之意。時命輔臣分總職事，以參知政事范仲淹領刑法，未及有所建明而仲淹罷，事遂寢。

至和初，又詔：前代帝王後，嘗仕本朝官不及七品者，祖父母、父母、妻子罪流以下，聽贖。雖不仕而嘗被賜予者，有罪，非巨蠹，亦如之。隨州司理參軍李抃父毆人死，抃上所授官以贖父罪，帝哀而許之。君子謂之失刑，然自是未嘗爲比。而終宋之世，贖法惟及輕刑而已。

〔宋〕李燾《續資治通鑑長編》卷九一《宋真宗天禧二年》 既而法官參詳：自今捕盜、掌獄官不稟長吏而捶囚，不甚傷而得情者，止以違制失公坐；過差而不得情，挾私拷決有所規求者，以違制私坐。又捕盜官承前有捕捉稽時不聞州者，咸以違制論。准至道元年敕，小可盜失，令村耆了絶，今例以違制科罪，似涉太重。望令犯者以違制失論。又律分公私罪，云私謂不緣公事，私自犯者。雖緣公事，不吐實情，心挾隱欺，亦同私罪。公謂緣公事致罪而無私者。雖私曲相須，公事得正，違法猶以公坐。望令斷獄並以上文審定。又律有被制書有所施行而違者徒二年，失錯者杖一百。今請法官斷罪，除海行條貫元敕指定違制外，自餘情輕失錯止從違制失論，其公私相半而私情重者奏裁。從之。

（宋）李燾《續資治通鑑長編》卷四二九《宋哲宗元祐四年》　殿中侍御史孫升言：伏以朝廷設諫官、御史爲人主耳目，正欲檢察大臣之私。今諫官、御史七員，而令諫官三人不避大臣之嫌，則是人主耳目已廢其半矣。雖陛下待大臣以至公，責諫官以大義，然固有成法，既許避親，則人之常情，不無私意，既廢國法，又抑人情，故公議有所未協。臣竊恐於忠彦亦不能自安，在諫官且何以逃責？伏望聖慈詳察，指揮聽令依條迴避，以慰公議。不報。

（宋）李燾《續資治通鑑長編》卷四三二《宋哲宗元祐四年》　左諫議大夫梁燾、左司諫劉安世言：臣等昨以劾奏章惇強用賤價奪民之産，朝廷體量得實，止斷罰銅十斤，罰不當罪，尋具論列，今已踰月，未蒙施行。臣等按：惇用其子承事郎援之名，承買朱迎等田業，而下狀之日，惇父尚在。檢準《名例律》疏，謂祖父母、父母在，子孫無自專之道，而有異財別籍，無至孝之心，名義與之俱淪，清節於茲並棄，稽之典禮，罪惡難容，二事既不相須，違者並當十惡。推原法意，正爲惇設。爲子事父，而用意如此，不孝孰大焉！至於悖慢帷幄之前，殊無人臣之禮，交結蔡確，造播姦言，貪天之功，僥倖異日。爲臣事君，而處心如此，不忠莫甚焉！臣等按：惇之罪實人倫之所共棄，王法之所必誅，投之四荒，始能塞責，罰金輕典，衆謂失刑。伏望聖慈深賜省察，依近日邢恕體例，不俟服闋，預降責命，所貴邪正明辨，姦慝知畏。

（宋）李燾《續資治通鑑長編》卷四五八《宋哲宗元祐六年》　御史中丞趙君錫等言：臣伏見近降敕命，任永壽特依大理寺前斷，決臀杖二十，千里編管。臣等取會刑部、大理寺元斷公案詳究，乃是先勘到永壽受任中立贓，係犯倉法流罪編管，該赦外，其報上不實，未奏，減一等斷杖一百。都省以開封府見任永壽冒請食料錢等未結案，退送刑部，候案到從一重斷罪。相次刑部、大理寺將後案再斷徒一年，並具例數件，皆是編配，上尚書省；兼言永壽情重，合取旨，遂奉特旨施行。臣看詳永壽前後贓至七百匹，情可謂重，則特旨謂宜法外施行。今乃捨其重罪，斷其輕罪，與有司元請殊不相應，是以中外洶洶，莫曉朝廷之意。蓋法者，天下之取平；特旨者，人君之利柄。以法令與罪人之情或不相當，則法輕情重者，特旨重之；法重情輕者，特旨輕之。此乃所以爲利柄也。今永壽原其情甚重，而特旨乃輕之，此中外所以不服也。伏乞聖旨不憚收還已行之命，改從合用之法，仍用刑部所上重例刺配，以警戒貪狡之人，亦使四方曉然知朝廷無姑息姦吏之意。五月十八日奏。此月十日賈易云云，可考。任中立見五年六月末蘇轍《論吏額疏》。永壽用安鼎奏改作徒刑，已附見十日庚午。

（宋）李心傳《建炎以來繫年要録》卷六二《紹興三年癸丑正月丁巳朔之乙酉》　乙丑，手詔曰：廷尉，天下之平也。曹劌謂大小之獄，雖不能察，必以情爲忠之屬也，可以一戰。不其然乎！可布告中外，應爲吾士師者，各務仁平，濟以哀矜。天高聽卑，福善禍淫，莫遂爾情，罰及爾身。置此座右，永以爲訓。臺屬憲臣，常加檢察，月具所平反刑獄以聞。三省歲終鉤考，當議殿最。〔《中興聖政》臣留正等〕曰：人主有好生惡殺之心，而治獄之吏以慘酷害之，斯民固有以小罪而陷深文者，猶吾內人於機穽也。太上皇帝中興之功，出於仁恕，盜賊雖流毒於天下，而不能使人心解攜而去，蓋不忍人之政，素有以結之也。時方艱難，既以救吾民於水火，而兵革休息，又恐其隕性命於酷吏之手，聖心亦已勞矣。爲吏者安忍高下三尺，而傷中和之政乎？紹興初，宰相欲以大理卿高誼知蘇州。太上皇帝曰：大理人命所繫，獄官多慘刻少恩，誼儒者，奏讞平恕，勿令補外。劉大中宣諭江西而歸，擢爲諫官。已而曰：大中江西興獄頗多，若置之諫官，恐州郡觀望，遂改除祕書少監。聖慮深遠故如此。

（宋）李心傳《建炎以來繫年要録》卷六九《紹興三年癸丑十月壬午朔之辛亥》　大理少卿元衮言：四方之獄雖非大辟，情法不相當者，皆得奏請裁決。今奏案來上，大率皆引用情重法輕之制，而所謂情輕法重者鮮矣。豈人之犯法而無情輕者乎？欲望申敕，凡遇麗於法而情實可矜者，俾遵守成憲，請獻以聞，詔申嚴行下。

（宋）李心傳《建炎以來繫年要録》卷八八《紹興五年乙卯四月甲辰朔之壬申》　給事中陳與義言：司馬光嘗奏乞天下州軍勘到強盜，情理無可憫，刑名無疑慮，輒敢奏聞者，並令刑部舉駁，重行典憲，應奏大辟。刑部於奏鈔後，別用貼黄，聲説情理，如何可憫，刑名如何疑慮。今擬如何施行。門下省審，如有不當及用例破條，即奏行取勘。光以道德名臣議論如此，豈其樂殺人也哉？乃所以禁姦暴，申冤枉，期於庶獄之平允，而措一世於無刑也。陛下哀矜庶獄，患中外之吏容心毀法，而州郡妄奏以出人之罪者，尚多有之。伏望睿慈，採用司馬光之言，申嚴立法以幸元元。詔刑部立法申尚書省。

《金史》卷七《世宗紀》〔大定十七年八月〕庚辰，上謂宰臣曰：今之在官者，同僚所見，事雖當理，必以爲非，意謂從之則恐人謂政非己出。如此者多，朕甚不取。今觀大理寺所斷，雖制有正條，理不能行者别具情見，朕惟取其所長。夫爲人之理，他人之善者從之，則可謂善矣。壬午，上謂宰臣曰：今在下僚豈無人材，但在上者不爲汲引，惡其材勝己故耳。丙戌，上謂御史中丞紇石烈邈曰：臺臣糾察吏治之能否，務去其擾民，且冀其得賢也。今所至輒受訟牒，聽其妄告，使爲政者如何則可也。

《元史》卷三三《文宗紀》〔天曆二年六月〕辛亥，陝西行臺御史孔思迪言：人倫之中，夫婦爲重。比見内外大臣得罪就刑者，其妻妾即斷付他人，似與國朝旌表貞節之旨不侔，夫亡終制之令相反。況以失節之婦配有功之人，又與前賢所謂娶失節者以配身是己失節之意不同。今後凡負國之臣，籍没奴婢財産，不必罪其妻子。當典刑者，則孥戮之，不必斷付他人，庶使婦人均得守節。請著爲令。

（元）張養浩《三事忠告》卷二《牧民忠告・慎獄・存恕》人之良，孰願爲盜也，由長民者失於教養，凍餒之極，遂至於此，要非其得已也。嘗潛體其然，使父饑母寒，妻子慍見，征負旁午，疹疫交攻，萬死一生，朝不逮暮，於斯時也，見利而不回者，能幾何人？其或因而攘竊，不原其情，輒置諸理，嬰笞關木，彼固無辭，然百需叢身，孰明其不獲已哉！古人謂：上失其道，民散久矣。如得其情，則哀矜而勿喜。嗚呼！人能以是論囚，雖欲慘酷，亦必有所不忍矣。

（清）蔣良騏《東華録》卷二一《康熙五十年八月》上諭大學士等：頃梁世勳廣西巡撫，調安徽。題請復熱審減刑等例，朕發政施仁，務以真誠爲尚，倘博取虚名，不時遣官恤刑，將督撫審擬案件，頻飭堂司官分行駁改，則貽累于兵民官驛，縻費于迎送餽遺，互訐多端，不知作何底止。督撫首在敦厚風俗，不時訓飭有司速結案件，雖不熱審，亦無所害。又諭曰：太平之時，不宜屢赦，若將不應宥之人宥之，則奸徒逞欲，怙惡不悛矣。

（清）蔣良騏《東華録》卷二八《雍正四年八月》八月，直督李紱奏報塞思黑病故。上諭：朕差胡什禮前往帶領塞思黑回京，伊私與楚宗商議，擅將塞思黑鎖拿。及胡什禮到京回奏，述李紱有塞思黑一到，我便行事之語，朕聞之駭異，斷斷以爲不可，特命胡什禮馳往諭之，李紱奏稱並無此語。胡什禮、楚宗前私將塞思黑鎖拿，後又故意將鎖寬鬆，任其脱卸，朕彼時欲治其罪，又恐衆人因此謂朕欲寬貸塞思黑，或欲加嚴於塞思黑，致妄存意見，是以暫行停止。今塞思黑既伏冥誅，則從前胡什禮、楚宗等擅行鎖拿，又私行寬釋，明係有意欺罔，著將二人鎖拿，帶往保定，嚴審具奏。諭王大臣：阿其那、塞思黑罪大惡極，諸王大臣等屢請正法，朕不忍即定。今塞思黑已伏冥誅，朕心惻然，今欲將阿其那寬宥，以爲何如？著秉公陳奏，並詢各督撫提鎮等，各抒己見具奏。

（清）蔣良騏《東華録》卷二九《雍正六年三月》安徽巡撫魏廷珍言：鄉民違例演戲，應嚴禁。得旨：州縣村堡之間，借演戲爲名，斂錢耗費，招呼朋類，開設賭場，種種不法，此則地方有司所當嚴禁者。至於有力之家，祀神酬願歡慶之會，歌詠太平，在民間有必不容己之情，在國法無一概禁止之理。今但稱違例，而未分晰原由，則是凡屬演戲，皆爲犯法，國家無此科條也。朕立法皆准情理至當，其有不便而難行者，則奉行之不善也。

（清）蔣良騏《東華録》卷三〇《雍正七年七月》上諭内閣：今日御史楊保條奏内稱：内外秋審緩決人犯，若至三年，請令該省查明請旨，減等發落，則各犯不至於監禁患病死亡等語。從來殺人者死，律有明條。試思天下之人，誰無父兄子弟，殺人者竟得脱然無事，不令抵償，爲父兄子弟，孰肯甘心？夫彼既傷人之命，秋決時不即抵償，乃其幸也，而尚以疾病死亡爲苦乎？況縱法實足長奸，恐寬宥之後，而犯者愈衆也。楊保希圖寬厚之名，欲以刻覈之名，歸諸君上，居心實屬可惡，交部嚴加議處。尋議：楊保革職，發阿爾泰驛站效力。

（清）朱槿《國朝奏疏》卷三三張廷玉《陳刑獄事宜》竊惟國家之設監獄，原以收繫重罪之人，是以各省犯罪重者收監，罪輕者或令人取保，或交人看守。本人亦自知所犯甚輕，無潛逃私逸之事。獨有刑部衙門遇八旗部院步軍統領衙門，以及五城御史等交送人犯，不論曾經奏聞與否，亦不論事情之大小、與犯罪之首從，一經鎖送刑部，而該部即收入囹圄之中，聽候質審。以致獄卒之需索欺凌，吏胥之恐嚇詐騙，備經困頓，歹弊叢生，甚至有傾家痩斃者。及至定案時，而斬、絞、軍、流重犯，原無多人，其餘不過徒、杖、笞責之罪。甚至有偶尔干連，係無辜應行釋放者二百餘人。如今年二月間，刑部清查案件，省釋者二百餘人，即此類也。臣細求其故，國家定例，原不如是，祇因陋習相沿，彼拘送之衙門，初不計其到部之苦，而刑部官員又以寧嚴毋縱，可告無過，遂至常行而不改也。似應特頒諭旨，令九卿悉心妥議，凡衙門奏聞交送刑部及自行拏送刑部之人，何等當收繫監獄，何等當取保看守，分別定例，詳慎遵行。如此則濫繫之弊可除，而於刑名不無裨益。再者，律例之文，各有本旨。而刑部引用之時，往往删去前後文詞，摘中間數語即以所斷之罪承之。甚至有求其仿佛而比照定擬者，此間避重就輕，避輕就重，司員之藉以營私，吏書之高下其手，皆由此而致。臣思都察院、大理寺與刑部同爲法司衙門，若刑部引例不確，應令都察院、大理寺駁查改正，倘駁而不改，即令題參。如院、寺核同朦混，或草率疎忽，別經發覺，則將都察院、大理寺官員一並加以處分。如此，或亦清理刑名之一助也。

（清）陳弢《同治中興京外奏議約編》卷二汪朝棨《請禁止奪情疏》

竊惟人臣致身之義，與孝子愛親之忱，二者相因，所以陳情乞養者寬其歲時，守制終喪者著爲令典。自軍興以來，需才孔亟，帶兵大員暨各督撫或以全局所關，資其鎮撫；或以重城新復，賴其維持。我皇上顧念疆圻，往往特旨奪情。是爲變通權宜之計，誠非得已。至於道府州縣各官及隨營人員，關係較輕，才具優長者，亦正不乏人，豈得貪驢虞之小補，毁名教之大防？乃近來外省道府州縣各官及隨營人員一經聞訃，百計營求，爲奪情之舉，各督撫輒爲具疏代懇，隨營人員則以防剿喫緊爲詞，守土人員則以紳民愛戴爲詞，於是奏留之。後薦牘屢登，州縣等官有不數年而保至監司大員者，是以哀痛之身，爲梯榮之徑。不知古人墨絰從戎，出自君民之挽留，並非出自私意之營謀也。此等天性涼薄之人，而欲望其移孝作忠，其可得乎？相應請旨飭下各督撫，除軍務省分帶兵人員，防剿喫緊未便遽易生手，准其奏請奪情。仍俟軍務告竣，再行回籍守制外，其餘隨營糧臺文案各員及並非軍務之省分道府以下各官，一概不准代懇奪情。如有聞訃之後營求奏留，遲延不即回籍守制者，即着據實奏參，治以不孝之罪，以爲有忝倫理者戒。臣爲維持風化起見，是否有當，伏乞皇上聖鑒。謹奏。

《皇朝文獻通考》卷一九八《刑考四·刑制》　再據刑部議，救父情切，毆死大功服兄，照姪毆伯叔之例，分别已成傷、未成傷及折傷三等科罪。查人子當父母被毆，死生呼吸之際，此時但知有父母，不知有大功兄，亦但知救父母於急難，更不知己之因此而獲罪。倉惶失手，以致毆斃，是以謂之情切。若分别三等，勢必救父之時，先視其大功兄之毆伊父，必致折傷，然後救之，天下固無此人子。且先計大功兄之罪至於流、絞，然後己之毆死可以末減計較瞻顧，又豈所謂情切者乎？請嗣後救父情切，毆死本宗期功親屬者，仍擬斬監候，援例兩請，候旨定奪。但監候之後歷年秋審，以此等罪犯本應立決，改擬監候不復更寬，多有入於緩決而連年監候者。臣等伏思人子見父母被毆，但知父母生死爲急，不暇詳審，非兇狠者比，雖改擬監候，已邀寬典，而長繫囹圄情殊堪憫。請於秋審時核明，情有可矜者，減等，則情法似均得其平矣。從之。

（漢）孔鮒《孔叢子》卷上《刑論》　《書》曰：非從維從。孔子曰：君子之於人也，有不語也，無不聽也，況聽訟乎？必盡其辭矣。夫聽訟者，或從其情，或從其辭。辭不可從，必斷以情。《書》曰：人有小罪，非眚，乃惟終，自作不典，式爾，有厥罪小，乃不可不殺。乃有大罪，非終，乃惟眚災，適爾，既道極厥辜。時乃不可殺。曾子問聽獄之術，孔子曰：其大法也三焉：治必以寬，寬之之術歸於察，察之之術歸於義。是故聽而不寬是亂也，寬而不察是慢也，察而不中義是私也。私則民怨，故善聽者，聽不越辭，辭不越情，情不越義。《書》曰：上下比罰，亡僭亂辭。

又：《書》曰：哀敬折獄。仲弓問曰：何謂也？孔子曰：古之聽訟者，察貧賤，哀孤獨及鰥寡老弱不肖而無告者，雖得其情，必哀矜之。死者不可生，斷者不可屬。若老而刑之，謂之悖；弱而刑之，謂之克；不赦過謂之逆；率過以小罪謂之枳。故宥過赦小罪，老弱不受刑，先王之道也。《書》曰：大辟疑赦。又曰：與其殺不辜，寧失不經。《書》曰：若保赤子。子張問曰：聽訟可以若此乎？孔子曰：可哉。古之聽訟者惡其意，不惡其人。求所以生之，不得其所以生，乃刑之。君必與衆共焉，愛民而重弃之也。今之聽訟者，不惡其意而惡其人，求所以殺，是反古之道也。

（明）丘濬《大學衍義補》卷一〇〇《慎刑憲・總論制刑之義》

《立政》曰：和我庶獄庶慎，時則勿有間之。又曰：繼自今文子文孫，其勿誤于庶獄庶慎，惟正是乂之。又曰：今文子文孫孺子王矣，其勿誤于庶獄，惟有司之牧夫。蔡沈曰：庶獄，獄訟也。庶慎，國之禁戒儲備也，和調均齊獄慎之事。而又戒其勿以小人間之，使得終始其治，此任人之要也。文子文孫者，成王，武王之文子，文王之文孫也。誤，失也。有所兼，有所知，不付之有司而以己誤之也，正猶《康誥》所謂正人，與宮正，酒正之正。指當職者爲言，不以己誤庶獄庶慎。惟當職之人是治之。又曰：始言和我庶獄庶慎，時則勿有間之。繼言其勿誤于庶獄庶慎。惟正是乂之。至是獨曰：其勿誤于庶獄，惟有司之牧夫。蓋刑者天下之重事，挈其重而獨舉之。使成王尤知刑獄之可畏，必專有司牧夫之任，而不可以己誤之也。

呂祖謙曰：始言庶言庶獄庶慎，繼去其一，止曰庶獄庶慎；又去其一，獨曰庶獄。蓋挈其尤重獨舉之，獄曷爲其獨重也，民命所繫，亦國命所繫也。導迎善氣，祈天永命者，獄也；竝告無辜，無世在下者，亦獄也。宜周公獨言而獨戒之。

臣按：先儒謂《立政》周公説不可誤于庶獄庶慎，到此又説獄者，蓋獄者天下之命，所以文王必明德慎罰。收聚人心，感召和氣，皆是獄；離散人心，感召乖氣，亦是獄。大底事最重處，只在于獄。故三代之得天下，只在不嗜殺人；秦之所以亡，亦只是獄不謹。惟是以用獄之際，養得一好生之德，自此發將去，方能盡得君德。所謂事最重處只在于獄，最爲切要。人君爲治，真誠知獄之爲重，則必調和均齊。夫獄慎之事，擇人以用，而不間以小人；委心以用，而不誤以己私。惟在内之獄，專任之以司刑之職；在外之獄，分命之以牧守之任。用命者則申敕之，使益虔；違命者則戒約之，使不肆。非惟不敢誤，且不敢兼之也。

（宋）桂萬榮《棠陰比事・曹駁坐妻》 沈存中内翰云：壽州有人殺妻之父母兄弟數口，州司以爲不道，緣坐妻子。刑曹駁曰：毆妻之父母即是義絕，況於謀殺，不當復坐其妻。存中宋人，不書世代，後同。

謹按《大明律》云：殺一家非死罪三人者凌遲處死，妻子流二千里，入十惡不道之條。今觀所載，壽州人殺妻之父母兄弟數口，刑曹駁以義絕，不當緣坐其妻。竊詳本犯身爲不道，殺妻父母兄弟，與其妻實已義絕。法難緣坐。然律無明文，所司遇此，亦當比擬奏請。

（明）馮琦《經濟類編》卷二一《臣類二・狎侮大臣》 張説曰：臣聞刑不上大夫，爲其近君，且所以養廉耻也。故士可殺不可辱。臣曏巡北邊，聞杖姜皎於朝堂。皎官登三品，亦有微功，有罪應死則死，應流則流，奈何輕加笞辱，以皁隸待之？姜皎事往不可復追，伷先據狀當流，豈可復蹈前失？上深然之。嘉貞不悦，退謂説曰：何論事之深也？説曰：宰相時來則爲之，若國之大臣皆可笞辱，但恐行及吾輩，吾此言非爲伷先，乃爲天下士君子也。嘉貞無以應。

（唐）白居易《白居易集》卷六四《策林三・議肉刑》 問：肉刑者，其來尚矣，其廢久矣，前賢之論，是非紛然。今欲棄而不行，法或乖於稽古；若舉而復用，義恐失於隨時。取捨之間，何者爲可？

臣伏以漢除肉刑，迨今千有餘祀，其間博聞達識之士，議其是非者多矣。其欲廢之者，則曰：刻膚革，斷支體，人主忍而用之；則愷悌惻隱之心乖矣。此緹縈所謂雖欲改過自新，其道亡由者也。其欲復之者，則曰：任箠令，用鞭刑，酷吏倚而行之，則專殺濫死之弊作矣。此班固所謂以死罔人，失本惠者也。臣以爲：議事者宜徵其實，用刑者宜酌其情。若以情實言之，則可廢而不可復也。何者？夫肉刑者，蓋刵劓椓黥刖之類耳，《書》所謂五虐之刑也。昔苗人始淫爲之，而天既降咎。及秦人又虐用之，而天下亦離心。夫如是，則豈無濫死者耶？漢文帝始除去之，而刑罰以清。我太宗亦因而棄之，而人用不犯。夫如是，則豈有罔人者耶？此臣所謂徵其實者也。臣又聞：聖人之用刑也，輕重適時變，用捨順人情；不必乎反今之宜，復古之制也。況肉刑廢之久矣，人莫識焉。今一朝卒然用之，或絕筋，或折骨，或傷面，則見者必痛其心，聞者必駭其耳；又非聖人適時變，順人情之意也。徵之於實既如彼，酌之於情又如此，可否之驗，豈不明哉？傳曰：君子爲政，貴因循而重改作。又曰：利不百不變法。臣以爲復之有害而無利也，其可變而改作乎？

（宋）歐陽修《歐陽修全集・居士集》卷一七《論七首・縱囚論》

信義行於君子，而刑戮施於小人。刑入於死者，乃罪大惡極，此又小人之尤甚者也。寧以義死，不苟幸生，而視死如歸，此又君子之尤難者也。方唐太宗之六年，録大辟囚三百餘人，縱使還家，約其自歸以就死，是以君子之難能，期小人之尤者以必能也。其囚及期而卒自歸無後者，是君子之所難而小人之所易也。此豈近於人情？

或曰：罪大惡極誠小人矣，及施恩德以臨之，可使變而爲君子。蓋恩德入人之深而移人之速，有如是者矣。曰：太宗之爲此，所以求此名也。然安知夫縱之去也，不意其必來以冀免，所以縱之乎？又安知夫被縱而去也，不意其自歸而必獲免，所以復來乎？夫意其必來而縱之，是上賊下之情也；意其必免而復來，是下賊上之心也。吾見上下交相賊以成此名也，烏有所謂施恩德與夫知信義者哉！不然，太宗施德於天下，於茲六年矣，不能使小人不爲極惡大罪，而一日之恩，能使視死如歸而存信義，此又不通之論也。

然則何爲而可？曰：縱而來歸，殺之無赦，而又縱之，而又來，則可知爲恩德之致爾。然此必無之事也。若夫縱而來歸而赦之，可偶一爲之耳，若屢爲之，則殺人者皆不死，是可爲天下之常法乎？不可爲常者，其聖人之法乎？是以堯、舜、三王之治，必本於人情，不立異以爲高，不逆情以干譽。

（宋）歐陽修《歐陽修全集》卷一〇三《奏議・諫院進劄狀十二首・論大理寺斷冤獄不當劄子》 竊以刑在禁惡，法本原情。今阿馬之冤，於情可憫；守度所犯，其惡難容。若以法家斷罪舉重而論，則守度誣姦不實之罪輕，迫人以死之情重，原其用意，合從謀殺。【略】豈有聖主在上，國法方行，而令強暴之男而敢逼人以死！臣恐守度不誅，則自今強者陵弱，疏者害親，國法遂隳，人倫敗矣。其王守度一宗公案，伏望聖慈特令中書細詳情理，果如臣之所聞，即乞行刑法，以止姦凶。取進止。

（宋）蘇頌《蘇魏公文集》卷一七《奏議・同兩制論祖無擇對獄》 臣等聞古者命夫不親坐獄，蓋不使始嘗貴者與徒隸辨訟，所以養廉耻而崇禮節也。賈誼曰：廉耻禮節以治君子，故有賜死而無僇辱。是以黥劓之刑不及大夫，以其離主上不遠也。又曰：古者大臣有坐不廉而廢，不曰不廉，曰簠簋不飾。坐汙穢淫亂者，不曰汙穢，曰帷薄不修。坐罷軟不勝者，不曰罷軟，曰下官不職。故貴大臣定有辠猶未斥然正以呼之，尚遷就而爲之諱也。古之所以待士大夫一以禮義，如此之重也。國家推鞫之制，命官犯贓罪，亦先勘干連人證驗分明，方得追攝。其餘有犯，如事狀明白，三次拒抗，即勒令条對。是一命以上犯罪，與庶民法有等差。若其職列貴近，主上嘗所加禮以待之者，誠宜寬其容繫，以存事體也。

（宋）蘇頌《蘇魏公文集》卷一八《奏議・奏乞春夏不斷大辟》 臣伏思國家以仁恩被冒天下，祖宗慎用刑辟。陛下丕承謨烈，憲章大備，輕重得宜。上自朝廷，下及州縣，遵守條詔，無有違者。雖杖笞之責，不合法令，未嘗輒行。其已斷之獄，猶加審察。官司縱出者，坐罰深致者，或至廢黜而不用。臣嘗謂自堯舜以來，經史所著用刑詳慎，未有及我朝之仁恕平允者也。惟論決重辟猶不以時，而議者未嘗及之，誠恐亦爲聖世當行之一事。臣愚戇不識大體，故敢以前古之説言之。《傳》曰：賞以春夏，刑以秋冬。是三代之時，春夏未嘗行誅殺也。史載秦世四時行刑，王莽盛夏殺人。是皆譏其虐政也。漢制斷獄報重，常置三冬之月。蓋不於陽盛之時勦絶生類，所以協天意助人情也。東漢以後，或行或否，近世遂廢而不舉，其説蓋患囚繫之淹久耳。臣以謂獄官案鞫，苟有連逮，不以輕重，追呼參驗，動涉歲時。未嘗以淹久故，釋而不問也。

臣愚欲望聖慈条酌古義，采用周漢，詔天下獄囚，自非惡逆以上決不待時外，其餘衆罪並俟秋冬論決。免當温煦之日，而有愁痛之聲，亦足以成聖朝仁恩之美也。且無知之民輕犯刑網，殺之爲可矜，貸之爲廢法。萬一待決踰時，或遇恩降，得從末減。是陛下不廢法而全人命者多矣。恩威並行，民知畏愛，是當天心，感召和氣，誠太平之高致也。

《二程集・河南程氏文集》卷一《表疏・論十事劄子》 古者政教始乎鄉里，其法起於比閭族黨、州鄉酇遂，以相聯屬統治，故民相安而親睦，刑法鮮犯，廉耻易格，此亦人情之所自然，行之則效，亦非有古今之異者也。

（明）翁萬達《翁萬達集》卷四《情法論》 人皆曰，居官之道惟情與法，而不知情也法也，不可分爲二也。且如某事當行，我從而立法惟嚴，夫誰謂不可。然稽之人情，或未得通融之説，則法之當而嚴，嚴而不可犯者，終歸於苛。又如某事便民也，我從而惟情是通，夫誰謂不可。然律之法守，或未得正中之防，則情之順而達，達而不可禦者，終歸於流。苛與流，二之過也。是故法用情，通之以就規也；情麗法，約之以就矩也。規主圓，矩主方，方圓之至，仁義而已矣。仁義之道，互爲其根。故曰，情與法，不可分爲二也。

（明）海瑞《海瑞集》上編《興革條例·刑屬》 一、疑獄。兩造俱備，五聽三訊，獄情亦非難明也。然民僞日滋，厚貌深情，其變千狀，昭明者十之六七，兩可難決亦十而二三也。二三之難不能兩舍，將若之何？古稱與其殺不辜，寧失不經；與其失善，寧其利淫，處疑大概也。即此推之，竊謂凡訟之可疑者，與其屈兄，寧屈其弟；與其屈叔伯，寧屈其姪，與其屈貧民，寧屈富民；與其屈愚直，寧屈刁頑。事在争産業，與其屈小民，寧屈鄉宦，以救弊也。鄉宦計奪小民田産債軸，假契侵界威逼，無所不爲。爲富不仁，比比有之。故曰救弊。事在争言貌，與其屈鄉宦，寧屈小民，以存體也。鄉宦小民有貴賤之别，故曰存體。若鄉宦擅作威福，打縛小民，又不可以存體論。 上官意向在此，民俗趨之，爲風俗計，不可不慎也。

（明）史可法《史可法集》卷一《奏疏·論南歸從逆諸臣定罪疏》 先帝慘殉社稷，凡屬臣子皆有罪。在北始應從死，豈在南獨非人臣耶？即臣可法謬典南樞，臣士英叨任鳳督，未聞悉東南之甲，疾趨北援；鎮臣高傑、劉澤清以兵不支，折而南走，是首應重論者。臣等罪也，乃以聖明繼統，不惟斧鑕未加，抑且恩榮叠被。獨於在北諸臣，毛舉而概繩之，豈散秩閒曹，責反重於南樞、鳳督哉？宜將從逆諸臣，擇罪狀顯著者，重處示儆；若僞命未汚，身被刑拷者，可置勿問。營屯管河諸臣，雖非任封疆，握兵權者可比，亦當察其所處時勢，定罪案輕重。其餘隱避北方，徘徊而後至者，准戴罪討賊，赴臣軍前酌用。至於東兵助戰，義重復讎，諸臣委曲相從，尤當原其心事。總之應罪者罪，無爲報怨之借題；應寬者寬，無令人心之解體，使天下曉然知君臣大義。不但在北者宜死，即在南者亦宜死。而聖明宥過，不但在南者姑寛，即在北者亦姑寛。必有全身忍訽之人，爲雪恥除兇之計，寛以死而報以死，或亦情理之所必至也。

（明）史可法《史可法集》卷二《奏疏·論大逆罪不可赦疏》 題爲大逆無可縱之條，討罪有必申之義，陳末議以佐廷平，明國法以垂史案事：竊聞綱常立則朝廷尊，法紀張則亂臣懼。頃者從逆一案，皇上遠而祖宗之恫，近而君父之讐，亘古希聞，於今爲烈。昔漢文帝以盗高廟之環，欲盡族之，曰：吾無以共承宗廟。唐高宗以伐昭陵之柏，欲即殺之，曰：我不殺則爲不孝。以視今日，九廟諸陵，蕩然蹂躪，其痛憤又何如！而大讐未獲，先誅事讐之人；執法將申，竟多舞法之吏。皇上更置司刑，而下諸臣集議，是即古者三公九卿參聽之意也。臣敢略陳膚見，冀聖明採擇焉。一、議緩決。夫元年停刑，此在承平下繼體，或發肆赦之新恩。若上位失而復尊，宗社危而再享，則在速誅大逆，上平天地之怒，下快臣民之心。如唐肅宗斬奚珣等，在乾元元年；宋高宗賜張邦昌死，併誅王時雍等，在建炎元年，而實即欽宗之靖康末年。如宋法，則諸臣之死已緩，如唐法，則諸臣之死無辭。乃在先帝則攀龍髯而莫捄須臾，在諸臣則投犴狴而尚延喘息。借端緩鑕，伏線操戈，將歲月之寛延，求生愈狹；新朝之大典，邀赦何窮。即如僞防禦武愫僭命乘傳，渡河問鼎，尚敢在中興嗣統之後，不棄於淮師就縛之時，尤所得而旦夕甘心者也。一、議贖辟。夫金作贖刑固也，然他罪可贖，從逆何罪，而憒賓之帝命，易銖黍之賊金？藉曰借給軍需，姑寛寸磔，抑思諸臣已無寸環尺産，不應没入司農；又何有敗履殘簪，堪復寛收獄吏。且諸臣之金穴積於何代，攫於何人？既藉先帝以肥家，又資温飽而貫罪，異日即有閃鑠窺伺，皆希心事發以納贖，爲萬變不窮之長策矣。昔唐室播遷，乘輿無恙，尚決十八人，賜自盡七人。茲計六等中，止決四人，絞八人；又贖及絞，則殺者四人耳。鞏焴、方允昌未獲，則殺者二人耳。先帝之蒙難一門，而諸臣之逃死什九，亦何以謝闔宫之怨乎？一、議録用。夫臣節既虧，他無足録。曩者甫迎西旆，旋嗅北韃，數月而兩易其冠裳，一身而三呈其頰頤，前途如此，後效可知。乃皇上於從賊之韓四維，念其棄家來歸。臣謂棄家來歸，如東晉過江避亂者，收卞壼瘐亮等百人。今倣其事，以侍夫秦晉燕齊家食諸臣，有受國恩而思漢，去墳墓以間關者，從賊諸臣應不在此例。若從賊之棄家可用，則在籍之棄家者，今布滿江東，當盡還其職，而且有作楚囚相對者矣。四維獨何幸而得此乎？他如張縉彦衛胤文之督師防河，時敏之開屯，施鳳儀、黄國琦之贊畫，既任封疆，似難苛議；但身雖法外，名宜仍隸法中，各有應得之條，分附諸等之末，使知朝廷罪案未嘗不明，桑榆收功猶可自贖，此亦法之正也。一、議存疑。夫大逆固難妄加，但聞拜首賊廷，羅致殆遍，錦衣策馬，充斥長安；君亡不與俱亡，稱枉則亦何枉！若以摭拾風聞，誰屬讐人之口；至欲硬求對證，惟呼先帝之靈。乃存疑各臣，反多於諸等。無非持疑之一字，則謂之失出而在推敲，則謂之掛議而若難鍛鍊。此特刑官鬻法之巧，諸臣營脱之由耳。即如庶常盡逆，已奉明旨，不在疑列；而魏學濂一人，尚云行察定奪，則猶之疑也。臣謂宜先定罪而行察，不可疑死而懸科也。以上數條，謹就前案稍爲參論，而臣更有議焉。一曰收漏逆。昔李綱以圍城中不執節者，皆欲論罪，比聞賊所之摩肩，紛紛拜命，胡棘庭之囊首，落落晨星。如吴偉業非先帝特簡者哉，賊至而汚，敵來再屈，與曹□皆以原官而銜僞命，頃又自北逃歸矣。臣恐二臣而外，實繁有徒。乃萬口共傳，六等不及，則以勢家庇之，親朋諱之，多金脱之，門生故舊百足以營之，豈真段秀實伏往見之謀，吕好問甘賢者之責，而姑聽之法外乎？應令諸臣各據確知，補牘入告。若武臣一途，元勳戚畹，屠戮殆盡，而營衛等職，竟無一人與文臣同議，恐無以服受罪者之心也。一曰嚴逮治。昔唐復東京，獲僞官三百人，齊赴朝堂，一時下京兆獄，付李棲筠等治之。而今者獄無多犯，案有虚名，京邸潛來，黄昏幕下，里門騶從，白晝驕人。如陳名夏之竄跡他鄉，方拱乾之逍遥故土。縱而不緝爲失法，緝而不至爲抗命。徒使詣闕來投，則國人欲殺；山頭相望，則司寇無刑。加以奉行者或求脱而委繫於家屬，或姑縱而觀望於歲時，賄賂既行，催提不及，恐無以服受繫者之心也。伏乞皇上嚴諭諸臣，搜剔遺汚，肅清弊案，知木吏之無情面，使錢神不敢爲奸。三尺定於萬年，兩觀傳於一日，庶叛逆誅而神人快，國憲立而忠義彰矣。恭候敕下法司，立賜施行。

（清）錢謙益《牧齋初學集》卷九五《外制五・刑部河南清吏司主事王良臣授承德郎》　勑曰：在昔人主，享國百年，度作刑以詰四方，猶曰朕言多懼，朕敬于刑。矧余方嗣服，受王嘉師，惟良折獄，其敢不毖慎？具官某，易直子諒，恭敬温文。擢顯甲科，流徽宰邑。回翔璧水，晉陟秋曹。爾以豈弟之心，兼之閱實之久。老於情法，無毛舉它比之文；致其哀矜，有明刑聚教之閔。副我欽恤，良深歎嘉。遂以覃恩授具階。乃者刑罰不衷，出入時有。丹書錯互，奏駮紛如。朕甚患之。《書》不云乎：用其義刑義殺，勿庸以次汝封。今之斷獄者，容亦有次焉者乎？爾尚益懋簡孚，必即天論，毋以世輕世重爲解也。朕則顯陟汝。

（清）錢謙益《牧齋初學集》卷九五《外制五・刑部山東清吏司主事李自華授承德郎》　勑曰：朕聞哀敬折獄，惟良折獄。故伯夷以降典折民，而董生用《春秋》決獄。朕哀矜庶戮，期協於中。將博求迪哲之人，以副我清問之意。具官某，行可標準，言成文章。起家循良，休有譽處；効能輦轂，踐更劇煩。敍擢刑曹，職司奏讞。以廉平之德，兼明允之才。欽乃攸司，傅以經術。期於惟刑之恤，庶幾俾獄無留。乃以覃恩授具階。乃者刑罰不中，出入時有。要辭錯亂，幾無成獄。《書》不云乎：惟齊非齊，有倫有要。惟倫與要，折獄之本也。爾爲法吏，朕以迪哲望爾。爾其敬哉！

《世宗憲皇帝御製文集》卷一《勅諭・諭按察司》　朕惟國家考定律例，所以弼教，非以厲民。是故嚴立刑書，防其或麗於法，及至斷獄，又條分縷析，思以曲全其生。《書》曰：欽哉！欽哉！惟刑之恤哉。又曰：與其殺不辜，寧失不經。此律例之本意也。今或情例相違，牽合文法以納民於網，或有兩例並見，輒上下其手以自遂其私，安得無冤獄哉？

太祖高皇帝之訓曰：生殺之際不可不慎，聽斷之官必期得情。大哉聖言，包舉《虞書》《周禮》之義。夫折獄憑口供，而平反憑案卷。今法吏不求得情，惟求完結。州縣案卷之申詳爾司者，多鍛鍊口供，附於律例，兾免爾司之駁查。爾司之詳督撫，督撫之揭部院者，又加文致焉，兾免三法司之駁。查漢路温舒所云：奏當既成，雖皋陶視之，猶以爲死有餘辜者也。口供案卷如是，寃抑何從平反？咎在聽斷之初心，原非欲必得其情也。

（清）錢大昕《潛研堂集》卷二《論・皋陶論》　蘇子瞻曰：當堯之時，皋陶爲士師，將殺人，皋陶曰殺之三，堯曰宥之三。故天下畏皋陶執法之嚴，而樂堯用刑之寬。此非堯與皋陶之言也。蘇氏以意度之，而後人多稱之。甚矣，蘇氏之失言也！

《記》曰：刑者，侀也；侀者，成也。成而不可變，故君子盡心焉。夫所謂盡心焉者，準乎情，酌乎理，而斷之以法，審之於用法之先，而持之於定法之後。殺之，法當殺也，非有司所得而殺也；宥之，法當宥也，非天子所得而宥也。天子以三尺法付之士師，而士師即奉斯法以從事，一出一入，民之生殺繫焉。法當殺而故出之，是之謂縱；法當宥而故入之，是之謂濫。天子之不可以縱姦，而士師之不可以濫殺也，夫人而知之矣。且以堯之聖而舉皋陶以爲士師，非以其用法之公而當乎？如其公而當也，皋陶曰殺之，堯亦曰殺之，而天下不病堯之好殺。皋陶曰宥之，堯亦曰宥之，而堯亦不咎皋陶之好名。孟子不云乎：殺之而不怨，利之而不庸，王者之民，皥皥如也。若夫畏其臣而樂其君，此叔季之事，非至治之世所宜有也。古之稱執法者莫如皋陶，皋陶而曰殺之，必其法之不得宥者也，而堯乃骫法而宥之，有官守者，不得其職則去，皋陶亦可辭士師而去矣。

或曰：皋陶非不知其可以宥也，欲恩之出於上耳。夫恩出自上，非大公之治也。帝王之治天下如天地然。春温秋肅，造物不居其功，賞慶刑威，朝廷不矜其斷，惟無私而已矣。人有罪而殺之，可矜而宥之，皋陶之仁，即堯之仁也。士師得其職，而天下無冤民，天子之仁，孰大於是！顧沾沾焉侵有司之權，活數人之命，以市恩於天下，曾謂堯之聖而爲之哉？欲恩之出於己而委怨於有司，是上賊下也。計恩之必出於上，而鍛鍊周内以入人之罪，四海之大，其罹於法者多矣。天子雖甚聖神，安得人人而平反之，是下賊上也。上下之間，以術相欺，刑罰之不中，必自此始矣。故曰此蘇氏之失言也。

或曰：蘇氏之言，蓋有所本矣。《記》云：大司寇以獄之成告於王，王命三公參聽之。三公以獄之成告於王，王三宥，然後制刑。非宥之三而何？曰：《周禮》有三宥之法，一宥曰不識，再宥曰過失，三宥曰遺忘，秋官司刺掌之矣。大司寇告獄成，其合於三宥者，三公與司寇先平斷之，而後稱王命以宥之耳，非有司欲殺之而王特宥之也。若夫《文王世子》所云公曰宥之，有司曰在辟者，乃公族有罪之法，固不可援以爲證也。

（清）崔述《崔東壁遺書·無聞集》卷二《訟論》　自有生民以來，莫不有訟。訟也者，事勢之所必趨，人情之所斷不能免者也。故《傳》曰：飲食必有訟。柳子厚曰：假物者必爭；爭而不已必就其能斷曲直者而聽命焉。訟之來也久矣。舜避堯之子於南河之南，天下諸侯訟獄者不之堯之子而之舜。魯叔孫昭子受三命，季平子欲使自貶，昭子朝而命吏曰：婼將與季氏訟，書辭無頗！唐、虞之時何時也，諸侯猶不免於訟；昭子，賢大夫也，亦不能以無訟。然則是訟也者，聖人之所不責而亦賢者之所不諱也。兩漢之世好言黄、老，始有以不與人訟博長厚之美名者。然亦其時風俗醇古，故得以自安於閭里。唐、宋以降，日以澆矣，乃爲士者幸藉門戸之蔭，不見侮於市井小兒，遂以人之訟者爲卑鄙而薄之，而憚於聽訟之吏因遂得以是藉口。有訟者，則以爲好事，怒之責之而不爲理。嗚呼，是白圭之取民而許行之治市也！

何以言之？凡有血氣，皆有爭心。必此爭而彼甘於讓斯已耳，苟不甘於讓則必訟之矣。故陵人者常不訟，而陵於人者常訟，其大較也。且爭而甘於讓者，惟賢與孤弱者耳。然理固有當讓，有不當讓，勢固有能讓，有不能讓。所爭者非一人之得失，則不當讓。讓之而爭者不已，讓之而爭者得逞，人皆從而效之，則亦不能終讓。故雖賢與孤弱者亦不能盡無訟也。夫使賢者常受陵於不肖，而孤弱者常受陵於豪強而不之訟，上之人猶當察而治之；況自來訟而反可尤之乎！今不察其曲直而概不欲使訟，陵人者反無事而陵於人者反見尤，此不惟賞罰之顛倒也，而勢亦不能行。何者？人之所以陵於人而不與角者，以有訟可以自伸也；不許之訟，遂將束手以待斃乎？抑亦與之角力於蓬蒿之下也？吾恐賢者亦將改行而孤弱者勢必至於結黨，天下之事從此多而天下之俗從此壞矣！

余幼時，見鄉人有爭則訟之縣。三十年以來不然，有所爭，皆聚黨持兵而劫之，曰：寧使彼訟我，我無訟彼也！唯單丁懦戸，力不能抗者，乃訟之官耳。此無他，知官之惡訟而訟者未必爲之理也。民之好鬥，豈非欲無訟者使之然乎！逮至近年，風俗尤敝，里巷之間别有是非，反經悖律而自謂公；以鬬傷爲偶然，以刼奪爲小事，立後則疎族與同父無殊，爭田則盗買與祖業不異。推此而論，不可枚舉。至於姑殘其媳，弟侮其師，竊田禾，毁墓木，尤恬不以爲怪。訴之宗族，宗族以爲固然。訴之里黨，里黨以爲固然。彼固不識字，即識字而亦不知律爲何物也。不得已而訟之於官，則官以爲好事而里黨亦共非之。是以豪強愈肆而善良常忍泣而吞聲。無訟則無訟矣，吾獨以爲反不如有訟之猶爲善也。

昔韓文公爲都縣，雅重盧仝；仝爲比鄰惡少所苦，使奴詣縣訟之。公不惟不薄仝，反稱其賢而自引爲己罪。彼韓公者豈獨喜人之訟哉？誠少歷艱難而悉寒士之苦故也。然則今之君子或亦生富貴之中，席祖父之勢，居仁里，處順境，未嘗身雜保傭，目覩横逆，故不知涉世之難而妄爲是高論耳。不然，何其不近人情乃至是也？

或曰：子未覩夫訟之害耳。書役之魚肉，守候之淹滯，案牘之株連，有聽一人一朝之訟而荒千日之業，破十家之産者矣。況有訟而誣焉者乎！曰：此誠有之。然此誰之過耶？苟官不護其下，書役安得而魚肉之！訟至而即聽，當逮而後逮之，何淹滯株連之有哉！此乃己之不臧，反欲藉口以禁人之訟，可乎！且訟而果誣，反坐之可也。不治誣者而遷怒於他人而禁其訟，是使直者代曲者罹殃也，傎孰甚焉！曰：孔子曰：聽訟，吾猶人也，必也使無訟乎！然則聖人之言亦非與？曰：《大學》釋之明矣，曰：無情者不得盡其辭，大畏民志。然則聖人所謂使無訟者，乃曲者自知其曲而不敢與直者訟，非直者以訟爲恥而不肯與曲者訟也。若不論其有情無情而概以訟爲罪，不使之得盡其辭，曰吾欲以德化民，是大亂之道也。且無訟之治，聖人猶難之，今之吏豈惟無德且貪莫甚焉，民之相争固其所也，而欲使之無訟，舛矣！

《皇朝經世文編》卷二一《吏政八·守令》陳慶門《仕學一貫録》

吕叔簡《刑戒》一書，是從鐵牀火坑邊行清涼之劑。葢痛酷吏深文峻法，以毒無辜，故以此致戒。非謂巨惡元兇，竟可寬縱也。但當推明律文，權其輕重。用刑時，不可以犯法爲怒，不必以得情爲喜。葢怒則以爲彼罪當受，絶無矜憐；喜則謂我見甚明，惟知痛快。常存此心以調伏之，不言造福，實所以盡心也。

《皇朝經世文編》卷九一《刑政二·律例》黄六鴻《問擬餘論》 凡擬人之罪，最貴原情。事有關於綱常名教，或強盜叛逆，爲法之所不容貸者，是其犯罪本情，原與人以無可貸。而我因而入之，則彼雖遭顯戮，於我可無憾也。

如婦人與人通姦，謀死親夫，通姦既有罪矣，又因姦而謀死其夫，擬以極刑，非云過也。若夫因貧故，令妻與人接，以利其財，及後或生嫌妬，禁革往來，而妻已情蕩難禁，遂萌謀殺之心，以圖永好，則前此縱之者果誰為乎？謀殺之端，適所自取。若妻依本律，何以處瞞夫姦殺之婦乎？如殺人者死，固無可議矣。如孝子為親報仇，或報之數日之間，或報之數年之後，雖久暫有問，必其事勢有不可卒圖者，故甯隱忍而須之，處心積慮，良亦苦矣。在孝子原無求生之心，若律以平人無擅殺之條，則伊父亦無應死之法，殺仇正所以償之耳，而又併死其子，則是父之仇終不必報耶。此事關綱常倫紀，而情有可原者也。

又如強盜行劫，不分得財與未得財皆斬，亦律之無可議矣。然有貧民為饑寒所迫，鄉愚為匪類所引，計所得之贓，不過數衣數金，而遽令駢頸就戮，不亦慘乎。又如僻遠州縣，偶有一二狂徒，惑誘愚民，始而誆騙錢財，繼則剽刼鄉村，有司捕獲渠魁，餘黨自散，嚴飭地方倍加巡警可也。若輒以反寇申報，發兵剿洗，不惟百姓受其騷擾，無辜受其株連，即此輩之同就獮薙者，豈真有狐鳴篝火之罪乎。此又事涉強盜叛逆而情有可原者也。

諸如此類，指不勝屈。書云：罪疑惟輕，功疑惟重。又云：與其殺不辜，甯失不經。要皆從聖賢不忍人之心，每事作出人罪之想，苟有一綫可寬，即從此處引而生之。若謂彼自所犯，於我何與，或據獄以讞，何能求寬，是則人在焚溺，號呼望救，而我方立而視其死，諒非仁人君子所忍出也。若詞奉上批，或承審欽件，但我認理既真，比擬確當，不妨具由詳請，上或再駁，仍照原擬，竝附以稟函，備言所以宜寬之情，與仰體上臺慎獄好生之意，似亦同具惻隱者所樂聞。即或不從，仍應字句包含，為將來矜疑之地，不可因而拂意，遂竟改讞，致負造浮圖初念耳。

綜述

《尚書正義·虞書·舜典》 象以典刑，象，法也。法用常刑，用不越法。流宥五刑，宥，寬也。以流放之法寬五刑。宥音又，馬云：宥，二宥也。鞭作官刑，以鞭爲治官事之刑。扑作教刑，扑，榎楚也。不勤道業則撻之。扑，普卜反，徐敷卜反。榎，皆雅反。金作贖刑。金，黄金。誤而入刑，出金以贖罪。贖，石欲反，徐音樹。眚災肆赦，怙終賊刑。眚，過。災，害。肆，緩。賊，殺也。過而有害，當緩赦之。怙姦自終，當刑殺之。眚，所景反。怙音戶。欽哉，欽哉，惟刑之恤哉！舜陳典刑之義，勑天下使敬之，憂欲得中。恤，峻律反，憂也。

(清)嵇璜等《續通典》卷一一六《刑・贖刑》 臣等謹按，自古帝王不得已而用刑，其明慎欽恤者，莫如虞舜。《舜典》曰：金作贖刑。列於鞭扑之次，肆赦之前。金非加人之物，贖而仍言刑者，出金之與受扑，俱世人所患，故得指其所出以爲刑名。周穆王作《吕刑》：五刑之屬三千。墨辟而上至於大辟，刑疑則赦，從罰。定以鍰鋝輕重之差，使與罰各相當。繼言罰懲非死，人極於病。蓋財者，人之所甚欲，奪其欲以病之，俾不爲惡，即《虞書》命刑之義。馬端臨謂，唐虞之時，刑清律簡，是以止及鞭扑，而五刑無贖法。比及於周，條律紛繁，若盡從而刑之，何莫非投機觸罟者，穆王哀之，而五刑各以贖論。大約其情可矜，其法可議，蓋哀恤之意居多，非利其貨也。詳繹二篇文義，《舜典》主於誤，《吕刑》主於疑，後世論贖，率不外此。而死罪非實犯，多亦有許贖者。至於輸納之品，孔安國傳於《舜典》謂爲黄金，於《吕刑》謂爲黄鐵。虞不言成數，而周制有等差。古者金銀銅鐵總號爲金，孔穎達《正義》謂其實皆銅也，漢及後魏，皆用黄金，漢納金特少，其斤兩令與銅相埒。舊説太半兩爲鈞，十鈞爲鍰，鍰重六兩太半兩。死罪千鍰，當出四百一十六斤六兩太半兩銅，與金贖死罪，金三斤爲價相依倣。其後納粟納縑亦不一。後魏以金難得，合金一兩，收絹十疋。唐時復古，死罪贖銅一百二十斤，於古稱爲三百六十斤。然較漢已爲輕減，元宗詔許準折納錢，而犯者益便。逮至金元，或以牛馬雜物。明初專用鈔。弘治中，鈔法既壞，乃許折銀錢準算。《周官》八議之法，後世定律率遵用之。至明洪武六年，工部尚書王肅坐法當笞，太祖謂六卿貴重，不宜以細故辱，命以俸贖。後羣臣詿誤，準以俸贖始此。此歷代輸贖之大略也。杜佑著《刑典》獨不及贖刑一門，未免闕略，今采自有虞迄於明代，以補其罅漏，仍倣馬氏《通考》之例，列於《赦宥篇》之前，庶幾有合於《尚書》之義云。

虞舜金作贖刑。

《周官》職金掌受士之金罰、貨罰，入於司兵。給治兵及工直也。貨，泉貝也。疏言：斷獄訟者，有疑即使出贖，既言金罰，又言貨罰者，出罰之家時或無金，即出貨以當金直，故兩言之。穆王《吕刑》：墨辟疑赦，其罰百鍰，閲實其罪。劓辟疑赦，其罰惟倍，閲實其罪。剕辟疑赦，其罰倍差，閲實其罪。宮辟疑赦，其罰六百鍰，閲實其罪。大辟疑赦，其罰千鍰，閲實其罪。疑謂虚實之證等，是非之理均，或事涉疑似，旁無證見，或雖有證見，事非疑似如此之類，言皆爲疑罪。此既罪疑而取贖，疑罪不定，恐受贖參差，故五罰之下，皆言閲實其罪，恐其不相當故也。鍰，六兩也，鄭及《爾雅》同。《説文》云：六鋝也。鋝，十一銖二十五分，銖之十三也。馬同賈逵説，俗儒以鋝重六兩，《周官》劍重九鋝，俗儒近是。倍百爲二百鍰，倍差謂倍之又半，爲五百鍰。傳言五百鍰，馬云倍二百爲四百，差者又加四百之三分之一，凡五百三十三鍰三分鍰之一也。人犯輕刑者多，犯重刑者少，又以鍰數以倍相加，序五刑先輕後重，取事之宜。經歷陳罰之鍰數，傳言五刑疑各入罰，不降相因。疏云：以其所犯疑不能決，故使贖之，次刑非其所犯，故不令死疑入宮，宮疑入□，是古之制也。

《晉書》卷三《武帝紀》 〔泰始四年〕六月丙申朔，詔曰：郡國守相，三載一巡行屬縣，必以春，此古者所以述職宣風展義也。見長吏，觀風俗，協禮律，考度量，存問耆老，親見百年。録囚徒，理冤枉，詳察政刑得失，知百姓所患苦。無有遠近，便若朕親臨之。敦喻五教，勸務農功，勉勵學者，思勤正典，無爲百家庸末，致遠必泥。士庶有好學篤道，孝弟忠信，清白異行者，舉而進之；有不孝敬於父母，不長悌於族黨，悖禮棄常，不率法令者，糾而罪之。田疇闢，生業修，禮教設，禁令行，則長吏之能也。人窮匱，農事荒，姦盗起，刑獄煩，下陵上替，禮義不興，斯長吏之否也。若長吏在官公廉，慮不及私，正色直節，不飾名譽者，及身行貪穢，諂黷求容，公節不立，而私門日富者，並謹察之。揚清激濁，舉善彈違，此朕所以垂拱總綱，責成於良二千石也。於戲戒哉！

(宋)王溥《唐會要》卷五七《尚書省諸司上・尚書省》 會昌五年六月敕：漢魏以來，朝廷大政必下公卿詳議，博求理道，以盡羣情，所以政必有經，人皆向道。比凡事關禮法，羣情有疑者，令本司申尚書都省，下禮官參議。如是刑獄亦先令法官詳議，然後申刑部參覆。如郎官、御史有能駁難，或據經史故事，議論精當，即擢授遷改以獎之。如言涉浮華，都無經據，不在申聞。

(清)嵇璜等《續通典》卷一一五《刑・守正》 後唐明宗時，汴州倉吏七十二人，定贓應死，分戮於三市。史彦弼爲汴州牙校舊將之子，石敬瑭之戚屬。王建立奏，希免死。帝曰：王法無親，豈可私徇？乃皆就戮。吕琦爲駕部員外郎兼侍御史知雜事，河陽主藏吏盗所監物，下軍巡獄，獄吏尹訓納賂反其獄，其家訴於朝，下御史臺按驗，得訓贓狀，奏攝訓赴臺。訓爲安重誨所庇，不與，琦請不已，訓懼自殺，獄乃辨，蒙活者甚衆。晉開運初，張仁愿再爲大理卿，開州刺史王澈犯贓，朝廷以澈功臣子，欲宥之。仁愿累執奏不移，竟伏法。

《天盛改舊新定律令》卷二《八議門》 一，八議者，帝之族、姻親及内外臣民中待命人有大功□□□是賓客等，議語内與九親和，外與□□□順，露雨恩者，所行雖爲公平□，然親及有功者等不纍不邊者若□□□□□失禮□□□及不論官等，不入此八減中，依法判斷，此外犯諸種罪時，對與帝同族節親減法以下另示以外，自帝之姻親至八等賓客一樣，犯死罪時，奏議實行。自長期徒刑以下依次當減一等。

一者議親，爲帝之族、姻親。其中族親服一年喪服以上者應如何減，當奏告實行。此外當度節遠近順序，減罪之法明示如下：

帝之族親：

服五個月至九個月喪服當減四等，

服三個月喪服當減三等，未入服當減二等。

帝之姻親：

皇太后之親：

太皇太后及皇太后等之曾祖父之親兄弟、姐妹，皇太后祖父之一節伯叔子兄弟、姐妹，皇太后父之二節伯叔子兄弟、姐妹，皇太后身之三節伯叔子兄弟、姐妹。

皇后之親：

皇后祖父之親兄弟、姐妹，皇后父之二節伯叔子兄弟、姐妹，皇后身之二節伯叔子兄弟、姐妹。

二者故人。長久待命，已測威力之謂。

三者智人。君子聰慧，有大德行，出言行爲，堪以取則之謂。

四者善能。藝能殊勝，能習兵馬，可判斷事，輔佐帝道，能教授人禮之謂。

五者有功。有大功勳，能斬將奪旗，能拓邊地，支撑國難，以及率軍一齊來投誠之謂。

六者尊上。有及御印以上官之謂。

七者勇勤。臣僚中行大勇勤，勤持官事，晝夜不忘，數度成功，及數次派出使他國，能勝職事之謂。

八者賓客。鄰國王臣一齊來本國投誠，日過後子孫在之謂。昔周武王令夏帝之後裔於杞地爲諸侯，令湯帝之後裔爲宋地諸侯，作爲國賓等之謂。

（清）嵇璜等《續通典》卷一一四《刑·决斷》 元太宗三年，燕南諸路廉訪使博囉哈雅充斷事官，有民誤毆人死，吏論以重法，其子號泣請代。博囉哈雅戒吏使擒於市，懼則殺之。擒之，果不懼。乃曰：誤毆人死，情有可宥，子而能孝，義無可誅。遂並釋之，使出銀以資埋葬，且呼死者家諭之，其人悦從。世祖至元十四年，張雄飛爲荆湖北道宣慰使，有告常德富民十餘家與德山寺僧將爲亂，衆議以兵討之。雄飛曰：告者必其讐也。且新附之民當以靜鎮之，兵不可遽用。苟有他，吾自任其責。遂止。徐察之，果如所言。二十二年，籍河東按察使阿哈瑪特家其奴張織扎爾等罪當死，謬言阿哈瑪特家貲多隱寄，遂鈎考捕繫，連及無辜，京師騷動。帝頗疑之，命丞相安圖集六部長貳官詢問其事。吏部尚書布呼密曰：是奴爲阿哈瑪特心腹爪牙，死有餘罪，爲此言者，蓋欲苟延歲月，僥幸不死，爾豈可復受其誑，嫁禍善良耶？急誅此徒則怨謗自息。丞相以其言入奏，帝悟，命布呼密鞫之，具得其實，織扎爾等伏誅，其捕繫者盡釋。成宗大德中，宗王兄弟二人守邊，兄陰有異志，弟諫不聽即上馬馳去，兄遣奴挾弓矢追之，弟發矢斃其奴，兄訴囚其弟，獄當死。刑部尚書王約慮囚曰：兄之奴即弟之奴，况殺之有故，立釋之。京民王氏仕江南而歿，有遺腹子，其女育之，年十六，乃訴其姊匿貲若干。有司責之，急約視牘曰：無父之子育之成人，且不絶王氏祀，姊之恩居多，誠利其貲，寧育之至今日耶？改前議而斥之。又民柴氏初無子，養張氏子爲後，既而得子，張出爲僧，柴之子又歿，僧乃訟家産。詔約鞫之，約詰之曰：汝出家既分承汝師衣鉢，又何爲得柴氏業乎？僧不能答，遂歸柴氏應後者。仁宗時，虞槃爲湘鄉州判官，有巫妄稱神降，告其人曰：某方火。即火。又曰：明日某方火。民以火告者，槃晝夜赴救，寢食盡廢。縣長吏已下皆迎巫至其家厚禮之。又曰：將有大水，且兵至州，大家且盡室逃。槃得刼火卒一人訊之，盡得巫黨所爲。坐捕盜司召巫至鞫之，無敢施鞭箠者，槃謂卒曰：此將爲大亂，安有神乎？急治之，盡得黨與數十人，羅絡内外果將爲變，乃斷巫並其黨悉如法。丹徒縣民有二弟共殺其姊者，獄久不決。浙西廉訪使俾烏程令千文傳鞫之，既得其情，其母乞貸二子命，以終養。文傳謂二人所承有輕重，以首從論，則爲首者當死。司從其議。

（清）嵇璜等《續通典》卷一一三《刑·詳讞》　明太祖洪武初年，刑部奏決重囚。帝諭之曰：朕嘗命汝等凡有重獄，必三覆奏，以人命至重，恐不得其情，則刑法濫及，而死者不可復生也，故必欲詳審。今汝等槩以重刑來奏，其間固有瀆倫亂法罪不可原者，亦有一時迷誤，情可矜者，若一槩言之，則輕重不分矣。自今凡十惡，常赦不原者，則云重刑。其餘雜犯死罪許聽收贖者，毋槩言也。六年，法司言大辟囚三百餘人，已覆訊，皆實請處決。帝令行人特節諭之，有冤抑許自陳，又召五府六部及六科官諭之曰：三百餘人未必人人皆得其實，一有不實，則死者銜冤，爾等可從容審之。一日不盡，則二日三日，便十日亦何害？大抵人之實情難得，有言語便捷輒駕虚詞掩實情者，有訥於言雖懷情實而不能發者，須詳悉以聽，亦不可以刑迫之。十四年，命刑部聽兩造之辭，議定入奏。既奏，録所下旨，送四輔官、諫院官、給事中覆覈無異，然後覆奏行之，有疑獄則四輔官封駁之。踰年，四輔官罷議獄，一歸三法司。又命法司録囚，會翰林院給事中及春坊官會議平允以聞。是年始分遣御史録囚。十六年，帝諭刑部尚書開濟都御史詹徽等曰：論囚須原情，不可深入人罪，蓋人命至重，常存平恕之心猶恐失之，况深文乎？昨民有子犯法當死，其父行賄求免。御史執之，並欲論罪，朕以父子至親，子死，而父救之，人之至情也，故但論其子而赦其父。自今凡有論決，必再三詳讞覆奏而行，毋重傷人命。十七年，諭法司官布政按察司：所擬刑名，其間人命重獄具奏，轉達刑部都察院參考，大理寺詳擬，著爲令。二十二年，諭刑部尚書楊靖曰：在京獄囚卿等覆奏在京審決，猶恐有失，在外各官所擬豈能盡當。卿等當詳讞，然後遣官審決。二十六年，改定讞審之制。先是，決獄笞五十者，縣決之；杖八十者，州決之；一百者，府決之；徒已上，具獄送行省。移駁繁而賄賂行，乃命中書省御史臺詳讞，改月報爲季報，以季報之數類爲歲報。凡府州縣輕重獄囚依律決斷違枉者，御史按察司糾劾。至是，令布政司及直隸府州縣笞杖就決，徒流、遷徙、充軍、雜犯死罪解部審録行下，具死囚所坐罪名上部詳議。如律者大理寺擬覆平允，監收候決；其情詞不明，或失出入者，大理寺駁回改正。駁至三改擬不當，將當該官吏奏問，謂之照駁。若停疑讞決而囚有翻異，則改調隔別衙門問擬，二次翻異不服則具奏，會九卿鞫之，謂之圓審。至三四訊不服而後請旨決焉。三十年頒行《大明律》，中外決獄悉準之。其洪武元年之令，有律不載而具於令者，法司得援以爲證，請於上而後行。特旨臨時決罪不著爲律令者，不在此例。有司輒引比律致罪有輕重者，以故入論罪。無正條則引律，比附定擬罪名，達部議定奏聞。若輒斷決，致罪有出入者，以故失論。是年置政平、訟理二旛審諭罪囚，諭刑部曰：自今惟武臣死罪，朕親審之，餘俱以所犯奏，然後引至承天門外，命行人持訟理旛傳旨諭之。政平旛具《赦宥篇》，先是帝嘗諭廷臣曰：凡有大獄當面訊，防搆陷鍛鍊之弊。故其時重案多親鞫，不委法司，及是乃有是諭。繼令五軍都督府、六部都察院、六科通政司詹事府間及駙馬雜聽之，録冤者以狀聞，無冤者實犯死罪已下，悉論如律，諸雜犯准贖。建文中劉季篪爲刑部侍郎，民有爲盜，所引者逮至，盜已死。乃召盜妻子使識之，聽其辭誣也，釋之。河陽逆旅朱、趙二人異室寢，趙被殺。有司疑朱殺之，考掠誣服。季篪獨曰：是非夙讐，且其裝無可利，緩其獄，竟得殺趙者。揚州民家，盜夜入殺人，遺刀屍傍，刀有記識，其隣家也，官捕鞫之。隣曰：失此刀久矣。不勝掠誣服。季篪使人懷刀就其里潛察之，一童子識曰：此吾家物也，盜乃得。成祖詔：法司問囚一依《大明律》擬議，毋妄引榜文條例爲深文。永樂二年，御奉天門録囚，既多矜宥，尚慮有冤抑者，復召錦衣衛鴻臚寺等官諭曰：囚皆入于獄，則雖冤而不求辨，初至朕前，則畏威而不敢言，有此二者，刑法豈能皆當？爾等更以朕言從容審之，果尚有冤抑即來奏聞。四年，錦衣衛奏民有與外國使人交通者，宜執付法司罪之。帝詰其實。對曰：以氈衫市之而交語甚久。帝曰：釋之。錦衣衛執奏。帝曰：立法以禁奸，過輕則民慢；用法在體情，過重則民急。彼小人治生錢物交易議值，豈一語可決？彼何知國法，其釋之。既而謂侍臣曰：茲事若忽於聽察，則愚民以一氈衫獲罪矣。七年，令大理寺官引法司囚犯赴承天門外，行人持節傳旨，會同府、部、通政司、六科等官審録，如洪武制。九年，天城衛千戶某以罪繫刑部獄，指揮某狀通政司云千戶母致貨託己賂部官求免，已不敢從。因併贓首事聞。帝命法司問千戶與指揮有舊乎？對曰：無。帝曰：非故舊而輒干請，此非人情。命法司訊之。乃指揮居近刑部，千戶之母寓其隣，朝夕餽子食。指揮探其家饒給，言已與部官厚，可代以賂免。母遂致貨。旁有欲發其奸者，指揮懼，遂自首而隱之。法司覆奏，法當千戶之母准與贓律，指揮罷職屯種。帝曰：愛其子以賂求免，人之常情。且婦人烏知法律，其宥之。指揮始則欺人取貨，終則隱情罔上，又汙衊朝臣，但罷職耕種何以示懲？即解送交趾充軍。十七年，周新爲浙江按察使，初入境，羣蚋迎馬頭，跡得死人榛中，身繫小木印。新驗印，知死者故布商，密令廣市布，視印文合者捕鞫之，盡獲諸盜。一日視事，旋風吹葉案前，葉異他樹。詢左右，獨一僧寺有之。寺去城遠，新意僧殺人，發樹果見婦人屍。鞫實，磔僧。一商暮歸，恐遇劫，藏金叢祠石下，歸以語其妻，旦往求金，不得。訴於新，新召商妻詢之，果妻有所私。商驟歸，所私尚匿妻所，聞商語，夜取之。妻與所私皆論罪。魯穆爲福建僉事。漳州民周允文無子，以姪爲後，晚而妾生子。因析産與姪，屬以妾子。允文死，姪言：兒非叔子。逐去，盡奪其資。妾訟之，穆召縣父老及周宗族密置妾子羣兒中，咸指兒類允文，遂歸其産。仁宗初即位，召學士楊士奇、楊榮、金幼孜至榻前，諭之曰：比年法司之濫，朕豈不知？其所擬大逆不道，往往出於文，致先帝數切戒之。故死刑必四、五覆奏，而法司略不加意，甘爲酷吏而不媿。自今審重囚，卿三人必往同讞，有冤抑者雖細故必以聞。時虞謙爲大理卿，吕升爲少卿，仰瞻爲丞，而謙又薦嚴本爲寺正。帝方矜慎刑獄，謙等亦悉心奏當。凡法司及四方所上獄，謙等再四參復，必求其平。嘗語人曰：彼無憾，斯我無憾矣。時斷獄者多以知情故縱及大不敬論罪。本爭之曰：律自叛逆數條外無故縱之文，即不敬情有輕重，豈可槩入重？比謙踵之，悉爲駁正。良鄉民失馬，疑其隣，告於丞，拷死。丞坐決罰不如法，當徒；而告者坐絞。本曰丞罪當，告者因疑而訴，律以誣告致死，是丞與告者各殺一人，可乎？駁正之。莒縣屯卒奪民田，民訟於官，卒被笞。夜盜民驢，民搜得之，卒反以爲誣，擒送千戶，民被禁死，法司坐千戶徒，本曰千戶生則死者冤矣，遂正其故勘罪。蘇州衛卒十餘人夜劫客舟，於河西務一卒死，懼事覺，誣隣舟解囚人爲盜，其侶往救，見殺。皆誣服。本疑之曰：解人與囚同舟，爲盜，囚必知之。按驗果得實，遂抵卒罪。宣宗宣德元年，大理寺駁正猗氏民妻王骨都殺夫之冤，帝切責，刑官尚書金純等謝罪乃已。義勇軍士閻羣兒等九人被誣爲盜，當斬。家人擊登聞鼓訴冤，覆按實不爲盜，命釋羣兒等，而切責都御史劉觀直。登聞鼓給事中林富奏：重囚二十七人以姦盜當決，擊鼓訴冤，煩瀆不可宥。帝曰：登聞鼓之設，正以達下情，何謂煩瀆？自後凡擊鼓訴，冤阻抑者罪。帝嘗夜讀《周官》式敬爾由獄，以長我王國。慨然興歎，以爲立國基命在於此。乃敕三法司：朕體上帝好生之心，惟刑是恤，令爾等詳覆天下重獄。而犯者遠在千萬里外，需次當決，豈能無冤？因遣官審録之。二年奏重囚，帝令多官覆閲之，諭曰：古者斷獄必訊於三公九卿，所以合至公重民，命卿等往同覆審，毋致枉死。英國公張輔等還奏：訴枉者五六十人，重命法司勘實，因切戒焉。英宗正統元年，河南布政使邢旭言：今後人命務要正官檢驗，强盜要追真贓、凶仗。申詳會審，若有異詞即與辨明，違者在內從監察御史，在外從按察司究問報可。兵部侍郎于謙言：在京法司重囚，凡遇隆寒、盛暑，會官審録冤枉者得以辨明，可矜者獲蒙寬宥。在外重囚豈無冤抑可矜者？乞如在京審録，庶獄無冤枉。命議行。二年，四川按察使龔燧奏四川强盜繫三司者不下三百，而翻異者半之，而未獲者倍之。其間有搆於虚詞，牽於讐怨，所徵贓仗率民家常有器械，不足據信，往往情僞莫白。又所犯大抵在永樂、宣德時，有正犯已死，而後獲者無自質理，所司嫌於出罪，不敢爲辨，長年淹禁，恐傷和氣。乞敕廷臣會議，或遣重臣四出審録，可疑者釋之，或編爲卒伍戍於邊方。其未獲及爲已獲所連者，俱如詔，勿捕。帝命行之。六年刑部郎中林厚言：在京監禁重囚有累訴冤枉，逮人照勘，久不獲斷者，請敕各衙門，類録各犯緊關冤情付諸審録官，即與辨理具奏。在外見監重囚有嘗經訴冤及申詳，三法司以議論不明，駁回再詰者，請亦録各犯所訴冤情及駁回詞語，付諸審獄官，令詳讞具奏。從之。九年，山東副使王裕言：囚獄當會審，而御史及三司官或踰年一會，囚多瘦死。往者嘗遣御史會按察司詳審，釋遣甚衆。今莫若罷會審之例，而行詳審之法，敕遣按察司官一員專審諸獄。部持舊制不可廢。帝命審例仍舊，復加詳審，例選按察司官一員與巡按御史同審，失出者姑勿問，贓私者究如律。石璞爲江西按察副使，善斷獄。民娶婦三日歸寧失之，婦翁訟壻殺女，誣服論死。璞禱於神，夢神示以麥字。璞曰：

麥者，兩人夾一人也，比明械囚趣行刑。未出，一童子闞門屏間，捕入，則道士徒也。叱曰：爾師令爾偵事乎？童子首實。果二道士匿婦槁麥中，立捕，論如法。天順三年，令每歲霜降後，三法司同公侯伯會審重囚，謂之朝審，歷代遂遵行之。憲宗成化十四年奏准：凡真犯死罪重囚，推情取具招辭，依律擬罪，明白具本，連證佐干連人卷，俱發大理寺審録。如有招情未明，擬罪不當，稱冤不肯服辨者，俱駁回再問；若招情明白，擬罪合律，輸情服辨者，本寺將審允緣由奏，奉欽依准擬，依律處決，方回報原問衙門。監候照例具奏，將犯人引赴承天門，會同多官審録。其審録之時，原問、原審並接管官仍帶原卷聽審，情真無詞者，覆奏處決。如遇囚翻異稱冤有辭，各官仍親一一照卷陳其始末來歷，並原先審問過緣由，聽從多官仔細參詳。果有可矜、可疑，或應合再與勘問通行，備由奏請定奪。十七年定：在京大審，即於是年遣部寺官分行天下，會同巡按御史行事。孝宗弘治二年令：法司每年立秋時，將在外監候聽決重囚，備查籍貫、姓名，及在外見監問一應死罪囚犯通行具奏。轉行各該巡撫會同有司官從公研審，除情真罪當者照例處決，冤抑即與辨理，情可矜疑徑自具奏定奪。著爲令。十三年詔：法司凡廠衛所送從公審究，有枉即與辨理，勿拘成案。世宗嘉靖二十六年題准：各該司府州縣遇五年一次本部差官審録，將充軍人犯，除已經解發著伍外，其餘不分曾詳允及雖經定衛尚未起解者，逐一開送審録。其經審録官辨釋者，務要遵照發落，不許問官偏抑阻撓。神宗朝刑部尚書孫丕揚以獄多滯囚，由公移牽制。議刑部、大理各置籍，凡獄上刑部次日，即詳讞送大理，大理審允即還刑部。自是囚無淹繫。尋奏請敕天下撫按，方春時，和令監司按行州縣大録繫囚，按察使則録會城囚，死罪矜疑及流徒已下可原者，撫按以達於朝，期毋過夏月，歲以爲常。具《雜議篇》。從之。

（清）劉錦藻《皇朝續文獻通考》卷二四四《刑考三》 又法部奏：秋審應入可矜人犯，援照戲、誤、擅殺新章，隨案分別減等辦法。查見行律例，應擬絞罪，秋審例應可矜一次，分别減擬徒流者：如毆、故殺、詈駡翁姑不孝有據之妻者；母犯姦，拒絶姦夫復登門尋釁，其子一時義忿拒毆致斃者；妻犯姦，並未縱容及毆夫成傷如無謀故重情者；救親情切而事非危急者；爲父報讎毆斃國法已伸正兇者；被拉並未還手回跌落河落崖兇犯幸而得生者；鬭毆之案如被揪被推並未還手，死由自行栽跌或痰壅致斃，及因恐其栽跌向拉致令碰磕，實無鬭情者；鬭毆之案致命非重傷，越七八九日因風身死者；非致命又非重傷越四日因風身死者；手足他物傷不致命傷輕死在八九日，去限外僅少一二日或數刻因尚在限內者；十五歲以下幼孩殺人之案，如死者恃長欺凌，理曲逞兇，力不能敵回抵適傷者；毆死姦夫之子鬭殺定案，兇犯之母與死者之父通姦，兇犯向母委曲理勸不聽，欲拏死者之父送究，復被死者惡語侮駡，將死者毆斃者。以上十三項均屬虚擬死罪，秋審入矜例得減等之犯，必待監禁年餘，始蒙矜宥，與戲、誤、擅殺各項辦理兩歧，實非所以廣皇仁而示體恤。擬將此十三項一概減等。此外尚有條款所未載，衡情尚可矜原，均應隨案擬減。俾與戲、誤、擅殺之案不至久羈囹圄。謹開列清單，恭候欽定。奉旨，如議行。

臣謹案：刑律死罪，《唐律》止四百餘項，歷朝增添，至同治九年修例，總計多至二千四百餘項，較唐多至三倍。雖係世運日降，人民生計日迫，狡詐百出，不得不嚴立科條以懲奸宄，但西國死刑均不過十餘項，日本死刑亦止二十餘項。彼此比較，大相懸殊，所多幾至百倍，無怪外國以我法爲不仁也。見在方冀收回領事裁判權亟因删減，免貽外人嗤譏。前既將戲、誤、擅殺等項減死爲流徒，此又將虚擬死罪再爲減等，以爲修訂新律基礎。

（清）劉錦藻《皇朝續文獻通考》卷二五三《刑考十二》 法部郎中吉同鈞秋審條款詳解略稱：古律無秋審之名，唐宋元明律中言斬、絞死罪者，均係立決，並無監候、秋後處決之制，然考之《月令》，孟秋之月審決斷，始用戮。《唐律》亦有立春秋分前不決死刑之條。可見古者行刑必於秋冬，所以順天地肅殺之氣也。有明中葉始定有朝審之法。英宗天順二年奉旨：人命至重，死者不可復生。自明年始，霜降後，該決重囚著三法司奏請，會多官人等從實審録，永定爲例。此秋審所創始也，國朝因之。順治十年，京師設朝審，直隸始設秋審。十五年各省遍設秋審。由刑部差司官二員會同該撫按審奏，後改差三法司堂官會審。康熙五年停止差遣，由各省巡撫舉行。其辦法止酌按情節，分實、緩、矜、疑四項，尚無條款可據。至乾隆三十二年，因各司定擬實、緩每不畫一，始定條款四十則，頒行各省。其後迭次增加，漸歸完備。考其辦理之法，在外爲秋審，統歸督按；在内爲朝審，統歸刑部。其在内者，刑部每年正月，書吏摘録死罪原案節略，先列案身，次列後尾，訂爲一册，分送學習司員。先用藍筆句點酌擬，實緩可矜，加以批語，謂之初看；次由堂派資深司員，復用紫筆批閲，謂之覆看；復由秋審處坐辦提調各員，取初看、覆看之批，折中酌議，又用墨筆加批，謂之總看；總看後呈堂公閲，各加批詞註明實、緩。此刑部辦理之次第也。在外者每年二三月，先由臬司擬定實緩可矜詳由，督撫覆勘，勘後督撫會同藩司各道擇日同至臬署，親提人犯，當堂唱名，然後確加勘語，於五月以前具題咨部，謂之外尾。刑部接到各省外尾，與部所定合爲一處印刷成帙，謂之招册，亦謂之藍面册。其有内外意見不同，實緩互異者，提出另爲一册，謂之不符册。七月間擇日公同商議，先由秋審處各司員公議決，定謂之司議；司議後定期齊集白雲亭，按班列座，堂司合議，謂之堂議；議定標明實緩可矜，再由秋審司員擬定簡明理由，謂之方籤；其朝審人犯刑部議定後又由部奏請，欽派大臣十人取刑部所定，各加詳閲，謂之覆覈。朝審如覆覈有疑義者，由大臣籤商，刑部據籤解明理由，然後統將内外招册分送部院九卿、詹事、科道。於八月下旬擇日在金水橋西朝房，刑部堂官合大學士九卿科道按次席地而坐，將外省秋審名册逐一唱名，並將朝審人犯提至朝房，按名分别實緩，唱令跪聽，謂之朝審上班。上班以後各部院科道俱無異議，然後備本具題請旨定奪。其情實並有關服制人犯，由刑部繕寫名册，紙用粉敷墨書，粉上謂之黄册，以備御覽。候至霜降以後，奏請欽天監擇選分定句到日期，先遠省而後近省，末後始及京師。每屆句到之期，刑科給事中前五日覆奏三次，後改爲一次，前三日刑部將黄册進呈，皇上素服御懋勤殿閲看黄册酌定，降旨命大學士一人照句，由御史恭領送部。如係外省，即由部釘封分遞各省，到日行刑，並刊印黄榜，頒發各府州縣以昭炯戒。同治以後暫停御覽，派大學士在内閣依擬照句，然每年仍奏請規復舊制。此辦理秋審朝審之先後次第也。夫由刑部初覆看，以至堂閲，已經數十人之手矣，又必會同各部院九卿，詹事科道等公同審定，方始具題。即題准之後，又令科道三次覆奏，方始句決。其曲折繁重，禮節如此周密者，豈不知簡易之爲便哉？良以人命關係重大，非此不足以防冤濫。此可見我朝慎重民命，以固邦本之至意，洵足駕漢唐而媲三代矣。

自刑部改爲法部，一切法律舍舊趨新，删繁就簡。舉從前詳細章程概從芟薙。凡外省死罪，其情輕者，改爲隨案酌緩。秋審止列清單，不入招册。去年奏請删除欽派覆覈及朝房會審各節，朝審已改爲秋審，本年又奏請删除先期覆奏内閣具題，而黄册概歸簡易，其服册並情實、聲敍各案均不列入，又止列勘語，而各省外尾並法部後尾亦概從删削。此亦時勢所趨，不得不然，然歷朝良法美意從此蕩然無存矣。至於《條款》一書，創自乾隆三十二年，後來迭次增入，至光緒年間增至一百八十五條。條款而外又有阮吾山司寇《秋讞志稿》，王白香《秋審指掌》，謝信《齋秋讞條款録》，與各條款互相發明，均稱善本。近來沈司寇又著有《秋審條款附案》一書，備載歷年成案詳細靡遺，尤為秋審祕籥。惟均原本舊律上年見行律頒行，罪名半從輕減，而舊日條款與見律諸多鑿枘，復奉命修改條款。同鈞。蒙修律大臣派充纂修之役，與共事諸君按照見律，參酌新舊，去其重複，補其缺略，共得一百六十五條，較舊款少二十條，惟當時需用甚急，限期過迫，審察未易精密，且出自眾手。其中輕重權衡，亦間有參差不齊之處，同鈞。不揣固陋，逐日討論，遂成《秋審條款詳解》一册，逐條詳述原委，其中完善平允，與見律輕重適均者，發明所以修改之，故間有與見律不甚脗合者，亦略加駁正，指明其失。良以一字一句之間，關係生死出入，故不憚反復辨論，期於允當。而止夫秋審一事，較之定案，尤為切要。定案不妥，秋審尚可補救。秋審一誤則死者不可復生，雖欲挽回而已無及。故從前部中司官學習必先從看秋審入手，而堂官用人亦以看秋審之成績為派烏佈之地步。蓋其章法精細，起伏照應，夾敍夾議，全以《史》《漢》古文之法行之。秋審之法精通，則奏稿駁稿并一切公牘直可行所無事。見在新律將行，舊法一切變易，惟此秋審一節，將來尚不能廢。爰述其舊章之原委，以及關係之重要，而為之敍。

臣謹案：此篇歷敍秋、朝審緣起始末，規模制度元元本本詳舉無遺，以見我朝慎重民命，詳審精密，超越先代遠矣。

（清）劉錦藻《皇朝續文獻通考》卷二五五《刑考十四》 臣謹案：贖刑之由來久矣，《虞書》曰金作贖刑。先儒謂其誤而入於刑。承上句朴作教刑，而言非一概論贖也。至穆王作《呂刑》，自墨辟以至大辟，均准以金贖罪。後世非之，然亦僅指五刑之可疑者，若罪無可疑，仍不能贖也。後世屢有變易，至明始分為三項：一曰收贖，一曰納贖，一曰贖罪。國朝沿用不改。收贖施諸老幼、廢疾、天文生及婦人折杖等項，銀數最微，自數分至四錢五分而止。納贖謂無力依律決，配有力照律納贖；贖罪專爲官員正妻及律難的決，并婦人有力者而設納贖。贖罪銀數雖較收贖為重，然亦多至一兩三錢為止。定例之意原為懲戒罪犯，使之畏法，并非利用其財充公用也。自乾隆初年，因新疆軍務浩繁，餉項不足，始定有損贖之法，以罪名之輕重，官階之大小，定贖銀之多寡。如罪犯應死，官至三品以上者，捐贖銀一萬三千兩。以次遞減，輕如徒罪，職止貢監生員，亦不下八百兩。即平人徒罪亦四百八十兩，又有納穀免罪之法。如三品以上犯杖罪，捐穀二千四百石，納銀一千二百兩，以次遞減，詳見《贖考》。如係當杖不原之罪，不論輕重，均不准捐贖。雖係利其資財以佐軍餉，然仍立有限制，與《吕刑》疑罪准贖之法尚不相背。故止作《暫行章程》，俟軍事定後仍行廢止，并非永著為例，故律例并無此條。至乾隆以後，雖亦閒有損贖者，然必須刑部督撫奏請定奪，不得擅自給准。其餘尋常罪犯，仍依律分別收贖、納贖辦理。歷經嘉、道、咸、同四朝奉行不易，至光緒三十一年變法，另修訂見行刑律，廢除舊律收贖、納贖，贖罪各條，笞杖均改為罰刑，徒、流、遣、死，亦均准贖銀。笞杖分為十等，自二錢五分起遞加至七兩五錢止；徒罪自十兩起遞加至二十兩止；流罪自二十五兩起遞加至三十五兩止；遣罪亦三十五兩。詳見《刑制·五刑》。較舊律納贖之數多至二十倍，較收贖之數更多至八九十倍矣。至《新刑律》并將罰金作為正刑，凡犯徒刑者，准其以一圓折徒役一日。此歷朝贖刑變革之大，凡不惟歷代收贖、納贖之制盡廢，即見行律以官階之大小，分別捐贖者，亦芟除矣。

（明）丘濬《大學衍義補》卷一〇八《慎刑憲·謹詳讞之議》　《大禹謨》：宥過無大，刑故無小。罪疑惟輕，功疑惟重。與其殺不辜，寧失不經。

孔安國曰：過誤所犯，雖大必宥。不忌故犯，雖小必刑。刑疑從輕，賞輕從重，忠厚之至，寧失不常之罪，不枉不辜之善，仁愛之道也。

臣按：宥過無大，刑故無小，此二言卽《舜典》眚災肆赦，怙終賊刑也。後世讞疑獄者以《舜典》二言，及《大禹謨》此六言爲主，以權度天下之疑獄，而又以與其殺不辜，寧失不經一言，恒存諸心焉，則天下無寃獄矣。夫所謂不可殺者，不辜者爾，而其有辜者亦自不苟免也。蓋以人有罪，犯在乎可殺不可殺之間，殺之則若無罪，不殺則失常刑。臯陶立爲此言，蓋探大舜之心而代爲之辭也。夫子删書，存之以示萬世，使斷疑獄者以此爲予奪輕重之權度，雖曰一時之言，然萬世之下，人賴之以全其生者多矣。所謂仁人之言，其利溥者也，誰謂臯陶無後哉。

（宋）文天祥《文山集》卷一二《吉州右院獄空記》　吉州右司理院廼開慶元年五月獄空，九月又空，明年五月又空。吉爲州凡三獄，曰州院，曰左司理院，右院其一也。方千里之國，未易爲理。而物之不齊，其情固然，省刑罰，止獄訟，賢者雖欲爲之，而格於其勢之所不可。長老傳説以爲，自南渡百餘年，惟乾道庚寅、嘉定甲申獄嘗空。乾道事不知何如。嘉定間，南昌張别駕被旨攝廬陵郡，初張宰清江，得米南宫獄空二字勒諸珉，以詔不朽。洎來吉，摹本遍付諸獄，不三月遂皆以空告。由今推之，謂長民者一念之善，感召和氣可也。上有所好，下從而逢之，是未可知。夫以百餘年兩見之事，可謂稀濶，而其可疑又如此。然則雖謂之絶無僅有可也。今司理君爲政寛允，嘗平反死事二。法應賞，君不自以爲功，當路論功亦不及，人謂君超然利害之表。君曰：吾盡吾心而已，而何賞之較？君實有愛人利物之心，哀矜庶獄，無所不用其至，人人自以爲不寃，獄空遂爲常。君書三考，候代者未至，歲月有奇，獄空之事其二在考内，其一在候代。時院之設久矣，官此者幾人？得闕而來，受替而去，其間可紀之盛，百餘年僅僅兩見。今君受任三考，已能配此曠絶之蹤，而書滿已後迄臻三美，君職於其事可謂能無愧矣。此而不書，後將何觀？雖然予嘗上下世變觀之，自畫象之化遠，人心之樸日以散，惟成康時曰：刑措不式。漢文時幾致刑措。下此則唐初死囚歸獄之事，人以爲奇。蓋唐虞後至今三千餘年，而斷獄之省，數不過三。四海之大，兆民之衆，不可以一院比也。然聖人得國而爲之，持之以道，使民遷善遠罪而不自知，其效驗近卜於期月三年，而遠亦不過於必世。夫古今刑措之日既如此其難，而區區空一院之獄又如此其不數，聖人之志其遂不可行邪？雖然由君之事，則百餘年間職業之可書，曾不一再，而君以歲月爲之有餘，天下事信不可爲乎？神而明之，存乎其人。此予所以初爲世道感，而以其尚可爲者，深幸也。嗚呼！君其毋以自足哉。君姓洪，名松龍，嚴陵人。

紀　事

《春秋公羊經傳解詁》卷六《文公十四年》　冬，單伯如齊。齊人執單伯。齊人執子叔姬。執者曷爲或稱行人，或不稱行人。此問諸侯相執大夫所稱例。稱行人而執者，以其事執也。以其所銜奉國事執之，晉人執我行人叔孫舍是也。不稱行人而執者，以己執也，己者，己大夫，自以大夫之罪執之。分別之者，罪惡各當歸其本。别，彼列反。單伯之罪何？道淫也。惡乎淫？淫乎子叔姬。時子叔姬嫁，當爲齊夫人，使單伯送之。惡音烏。然則曷爲不言齊人執單伯及子叔姬？據夫人婦姜繫公子遂。內辭也，使若異罪然。深諱使若各自以他事見執者，不書叔姬歸于齊者，深諱以起道淫。書單伯如齊者，起送叔姬也，齊稱人者，順諱文，使若非伯討。

《春秋公羊經傳解詁》卷六《文公十五年》　十有二月，齊人來歸子叔姬。其言來何？据齊人歸公孫敖之喪不言來。閔之也。閔，傷其棄絶來歸。此有罪，何閔爾？父母之於子，雖有罪，猶若其不欲服罪然。孔子曰：父爲子隱，子爲父隱，直在其中矣。所以崇父子之親也，言齊人不以棄歸爲文者，令與敖同文相發明。叔姬于文公爲姊妹，言父母者，時文公母在，明孝子當申母恩也。月者，閔録之，從無罪例。

《後漢書》卷四一《寒朗傳》　永平中，以謁者守侍御史，與三府掾屬共考案楚獄顔忠、王平等，辭連及隧鄉侯耿建、朗陵侯臧信、護澤侯鄧鯉、曲成侯劉建。建等辭未嘗與忠、平相見。是時顯宗怒甚，吏皆惶恐，諸所連及，率一切陷入，無敢以情恕者，朗心傷其冤，試以建等物色獨問忠、平，而二人錯愕不能對。朗知其詐，乃上言建等無姦，專爲忠、平所誣，疑天下無辜類多如此。帝乃召朗入，問曰：建等既如是，忠、平何故引之？朗對曰：忠、平自知所犯不道，故多有虚引，冀以自明。帝曰：即如是，四侯無事，何不早奏，獄竟而久繫至今邪？朗對曰：臣雖考之無事，然恐海内别有發其姦者，故未敢時上。帝怒罵曰：吏持兩端，促提下。左右方引去，朗曰：願一言而死。小臣不敢欺，欲助國耳。帝問曰：誰與共爲章？對曰：臣自知當必族滅，不敢多汚染人，誠冀陛下一覺悟而已。臣見考囚在事者，咸共言妖惡大故，臣子所宜同疾，今出之不如入之，可無後責。是以考一連十，考十連百。又公卿朝會，陛下問以得失，皆長跪言，舊制大罪禍及九族，陛下大恩，裁止於身，天下幸甚。及其歸舍，口雖不言，而仰屋竊歎，莫不知其多冤，無敢牾陛下者。臣今所陳，誠死無悔。帝意解，詔遣朗出。後二日，車駕自幸洛陽獄録囚徒，理出千餘人。後平、忠死獄中，朗乃自繫。會赦，免官。復舉孝廉。

（清）嵇璜等《續通典》卷一一六《刑・贖刑》　漢惠帝元年，令民有罪得買爵三十級以免死罪。應劭曰：一級直錢二千，凡爲六萬。若令贖罪入三十疋縑矣。師古曰：令出買爵之錢以贖罪。孝文時，納鼂錯之説，募民入粟塞下，得以除罪。武帝天漢四年，征匈奴，大司農陳藏錢經用賦税既竭，不足以奉戰士，乃令死罪入贖，錢五十萬減一死等。宣帝地節三年，西羌反，遣後將軍征之。京兆尹張敞言，國兵在外，吏民並給轉輸，田事頗廢，來春民食必乏，縣官穀度不足以振之。願令各諸有罪，非盗、受財、殺人及犯法不得赦者，皆得以差入穀，此八郡贖罪。八郡者，隴西已北，安定已西。務益致穀以豫備百姓之急。事下有司，少府蕭望之等議：如此則富者得生，貧者獨死，是貧富異刑而法不一也，不可。於是天子復下議，兩府丞相、御史以難問敞，敞言令罪人出財減罪，其名賢於煩擾良民横興賦斂。又諸盗及殺人犯不道者，百姓所疾苦也，皆不得贖；首匿、見知縱，所不當得爲之屬，議者或頗言其法可蠲除，今因此令贖，其便明甚。望之終以爲不便，丞相魏相、御史大夫丙吉亦以爲西羌且破，轉輸略足相給，遂不施敞議。

《三國志》卷一一《魏志・管寧傳》〔裴松之注〕皇甫謐《高士傳》曰：寧所居屯落，會井汲者，或男女雜錯，或争井鬬鬩。寧患之，乃多買器，分置井傍，汲以待之，又不使知，來者得而怪之，問知寧所爲，乃各相責，不復鬬訟。鄰有牛暴寧田者，寧爲牽牛着凉處，自爲飲食，過於牛主。牛主得牛，大慚，若犯嚴刑。是以左右無鬬訟之聲，禮讓移于海表。

《南史》卷一五《傅亮傳》　元嘉初，爲御史中丞，甚得司直之體，轉司徒左長史。會稽剡縣人黄初妻趙打殺息載妻王遇赦，王有父母及男稱女葉，依法徙趙二千里外。隆議曰：禮律之興，本之自然。求之情理，非從天墮，非從地出。父子至親，分形同氣，稱之於載，即載之於趙。雖言三世，爲體猶一。稱雖創鉅痛深，固無讎祖之義。向使石厚之子，日磾之孫，砥鋒挺鍔，不與二祖同戴天日，則石碏、秺侯何得流名百代。舊令言殺人父母，徙之二千里外，不施父子孫祖明矣。趙當避王朞功千里外耳。令亦云凡流徙者，同籍親近欲相隨者聽之。此又大通情體，因親以教愛也。趙既流移，載爲人子，何得不從？載從而稱不行，豈名教所許？如此，稱、趙竟不可分。趙雖内愧終身，稱沈痛没齒，孫祖之義，自不得以永絶，事理然也。從之。

《魏書》卷九二《列女傳·兕先氏》　涇州貞女兕先氏，許嫁彭老生爲妻，娉幣既畢，未及成禮。兕先率行貞淑，居貧常自舂汲，以養父母。老生輒往逼之，女曰：與君禮命雖畢，二門多故，未及相見。何由不稟父母，擅見陵辱！若苟行非禮，正可身死耳。遂不肯從。老生怒而刺殺之，取其衣服。女尚能言，臨死謂老生曰：生身何罪，與君相遇。我所以執節自固者，寧更有所邀？正欲奉給君耳。今反爲君所殺，若魂靈有知，自當相報。言終而絶。老生持女珠瓔至其叔宅，以告叔。叔曰：此是汝婦，奈何殺之，天不祐汝！遂執送官。太和七年，有司劾以死罪。詔曰：老生不仁，侵陵貞淑，原其強暴，便可戮之。而女守禮履節，没身不改，雖處草萊，行合古跡，宜賜美名，以顯風操。其標墓旌善，號曰貞女。

《魏書》卷九二《列女傳·魯氏》　滎陽刁思遵妻，魯氏女也。始笄，爲思遵所娉，未踰月而思遵亡。其家矜其少寡，許嫁已定，魯聞之，以死自誓。父母不達其志，遂經郡訴，稱刁氏吝護寡女，不使歸寧。魯乃與老姑徒步詣司徒府，自告情狀。普泰初，有司聞奏，廢帝詔曰：貞夫節婦，古今同尚，可令本司依式標牓。

《北史》卷三《魏紀·孝文帝》　〔延興三年〕六月甲子詔曰：往年縣召秀才二人，問守宰善惡，而賞者未幾，罪者衆多，肆法傷生，情所未忍。諸爲人所列者，特原其罪，盡可代之。

《舊唐書》卷一六五《柳公綽傳》　〔長慶元年〕時河朔復叛，朝廷用兵，補授行營諸將，朝令夕改，驛騎相望。公綽奏曰：自幽、鎮用兵，使命繁併，館遞匱乏，鞍馬多闕。又敕使行李人數，都無限約。其衣緋紫乘馬者二十、三十匹，衣黄緑者不下十匹、五匹。驛吏不得視券牒，隨口即供。驛馬既盡，遂奪路人鞍馬。衣冠士庶，驚擾怨嗟，遠近喧騰，行李將絶。伏望聖慈，聊爲定限。乃下中書條疏人數。自是吏不告勞。以言直爲北司所惡，尋轉吏部侍郎。

二年九月，遷御史大夫。韓弘病，自河中入朝。以弘守司徒、中書令，詔百僚問疾，弘遣其子達情，言不能接見。公綽謂其子曰：聖上以公官重，令百司省問，異禮也。如拜君賜，宜力疾公見。安有臥令子弟傳言耶？弘懼，挾扶而出，人皆聳然。

三年，改尚書左丞，又拜檢校戶部尚書、襄州刺史、山南東道節度使。行部至鄧縣，縣二吏犯法，一贓賄，一舞文。縣令以公綽守法，必殺贓吏。獄具，判之曰：贓吏犯法，法在；姦吏壞法，法亡。誅舞文者。公綽馬害圉人，命斬之，賓客進言曰：可惜良馬，圉人自防不至。公綽曰：安有良馬害人乎？亟命殺之。牛僧孺罷相鎮江夏，公綽具戎容，於郵舍候之。軍吏自以漢上地高於鄂，禮太過。公綽曰：奇章才離台席，方鎮重宰相，是尊朝廷也。竟以戎容見。有道士獻丹藥，試之有驗，問所從來，曰：鍊此丹於薊門。時朱克融方叛，公綽遽謂之曰：惜哉，至藥來於賊臣之境，雖驗何益！乃沉之于江，而逐道士。鄧縣人鄭懷政病狂，妄稱天子，公綽捕而殺之。

敬宗即位，加檢校左僕射，寶曆元年，入爲刑部尚書。二年，授邠州刺史、邠寧慶節度使。所部有神策諸鎮，屯列要地，承前不受節度使制置，遂致北虜深入。公綽上疏論之，因詔諸鎮皆稟邠寧節度使制置。三年，入爲刑部尚書，京兆人有姑鞭婦致死者，府斷以償死。公綽議曰：尊毆卑非鬬，且其子在，以妻而戮其母，非教也。竟減死。

大和四年，復檢校左僕射、太原尹、北都留守、河東節度觀察等使。是歲，北虜遣梅禄將軍李暢以馬萬匹來市，託云入貢。所經州府，守帥假之禮分，嚴其兵備。留館則戒卒於外，懼其襲奪。太原故事，出兵迎之。暢及界上，公綽使牙將祖孝恭單馬勞問，待以修好之意。暢感義出涕，徐驅道中，不妄馳獵。及至，闢牙門，令譯引謁，宴以常禮。及市馬而還，不敢侵犯。陘北有沙陀部落，自九姓、六州皆畏避之。公綽至鎮，召其酋朱耶執宜，直抵雲、朔塞下，治廢柵十一所，募兵三千付之，留屯塞上，以禦匈奴。其妻母來太原者，請梁國夫人對酒食問遺之。沙陀感之，深得其効。

六年，以病求代。三月，授兵部尚書，徵還京師。四月卒，贈太子太保，謚曰成。

《舊唐書》卷一八八《孝友傳·元讓》 永淳元年，巡察使奏讓孝悌殊異，擢拜太子右内率府長史。後以歲滿還鄉里。鄉人有所争訟，不詣州縣，皆就讓決焉。聖曆中，中宗居春宮，召拜太子司議郎。及謁見，則天謂曰：卿既能孝於家，必能忠於國。今授此職，須知朕意。宜以孝道輔弼我兒。尋卒。

（唐）劉肅《大唐新語》卷六《友悌》 陸南金博涉經史，言行脩謹。開元初，太常少卿盧崇道犯贓，自嶺南逃歸，匿於南金家。俄爲讐人所發，侍御史王旭按之。崇道詞引南金，旭處以極法。南金弟趙璧請代兄死。南金執稱弟實自誣，以身當死。兄弟争死，旭問其故，趙璧曰：兄長有能幹，家亡母未葬，小妹未嫁，自惟幼劣，生無所益，身自請死。旭上其狀。玄宗嘉而宥之。

（宋）王溥《唐會要》卷三九《議刑輕重》 二十一年刑部奏言：准律，謀反大逆，父子皆坐死，兄弟處流。此則輕而不懲，望請改重法。制遣百寮詳議。司議郎敬播議曰：昆弟孔懷，人倫雖重，比于父子，情理已殊。生有異室之文，死有别宗之義。今有高官重爵，本廕惟逮子孫；胙土析珪，餘光不及昆季，豈有不霑其蔭輒受其辜？背理違情，恐爲太甚，必其反茲春令，踵彼秋荼，創次骨于道德之辰，建深文于刑措之日，臣將不及物論謂宜。詔從之。

又： 長慶二年四月，刑部員外郎孫革奏：准京兆府申，雲陽力人張莅欠羽林官騎康憲錢米，憲徵理之，莅乘醉拉憲，氣息將絶。憲男買得，年十四，將救其父，以莅角觝力人，不敢撣解，遂將木鍤擊莅之首見血，後三日致死者。准律：父爲人所毆，子往救擊其人折傷，减比鬬三等。至死者，依常律即買得合當死刑。伏以律令者，用防凶暴；孝行者，以開教化。今買得救父難，是性孝非暴。繫張莅，是心切非兇。以髫丱之歲，正父子之親，若非聖化所加，童子安能及此。《王制》稱五刑之理，必原父子之親，春秋之義，原心定罪，《周書》以訓，諸罰有權。今買得生被皇風，幼符至孝，哀矜之宥，伏在聖慈，職當讞刑，合申善惡。謹先具事由陳奏，伏冀下中書門下商量。勑旨康買得尚在童年，能知子道，雖殺人當死，而爲父可哀，若從沉命之科，恐失原情之義，宜付法司，减死罪一等處分。

太和四年十二月，刑部員外郎張諷、大理少卿崔圯等奏議親議貴事。其一議親曰：皇帝至太皇太后皇后親，有内外服同者，皆在議條。伏以親疎之序，既有等衰，即雨露之恩，皆宜沾洽，此實皇王大猷。自家刑國，親九族，協萬邦之旨也。近者，絳州刺史裴鋭，所犯贓罪至深，陛下以太皇太后之親，下尚書省集議，此乃陛下知刑賞之理重，與衆共之。伏請今後，親有任刺史監臨主守，犯贓罪，得蒙减死者，必重其過。直以贓罪爲汙累，定刑流決外，其後子孫，並不得任理人官及爲監臨主守，庶得家知其恥，人革非心。其一議貴曰：謹按《禮》經，貴謂近于君也，非獨高秩厚俸之爲貴。今後刺史非在朝文武職事三品官任者，於所部犯贓抵死罪，並不得以刺史品秩議貴。徵司議條，免所犯罪，如先任在朝三品，合在議條者，即准議親條決流外，子孫者未得任理人官及監臨主守，如有法官及本官推官，不詳官品，妄有引議，請司議違勑罪。其功勤賓故等，有犯贓罪同者，並請准親貴之法。勑：官必任親賢貴，無宜輕授，罰不及嗣。經訓具有明文，若坐子孫，慮傷事理。此一節且仍舊，餘依。

又： 三年十二月，澤潞劉禎平欲定其母裴氏罪，令百寮議之。刑部郎中陳商議曰：《周禮》司寇之職，男子入罪隸，女子入于舂槀。漢律云：妻子没爲奴婢。鍾繇曰：自古帝王，罪及妻子。又晉朝議，在室之女，從父母誅，既適之婦，從夫家之罰。謹按奴婢舂槀罪罰之類，名則爲重，而非罪刑。然事出一時，法由情斷，裴氏惡有素爲姦已成，分衣固其人心，申令安其逆志。臣等參議，宜從重典。從之。

（宋）王溥《唐會要》卷四一《雜記》 〔貞觀〕十三年八月勑：身體髮膚，受之父母，不合毁傷。比來訴競之人，即自刑害耳目，今後犯者，先決四十，然後依法。

（宋）王溥《唐會要》卷五五《省號下·諫議大夫》 永徽二年九月

一日，左武侯引駕盧文操，踰垣盗左藏庫物。上以引駕職在糾繩，而身行盗竊，命有司誅之。諫議大夫蕭鈞進曰：文操所犯，情實難原，然準諸常法，罪未至死。今致之極刑，將恐天下聞之，必謂陛下輕法律，賤人命，任喜怒，貴財物。臣之所職，以諫爲名，愚臣所懷，不敢不奏。上納之，謂鈞曰：卿職在司諫，遂能盡規，特爲卿免其死。顧侍臣曰：真諫議也。

《舊五代史》卷一一二《周書·太祖紀三》〔廣順二年十一月〕甲戌，詔曰：累朝已來，用兵不息，至於繕治甲冑，未免配役生靈，多取于民，助成軍器，就中皮革，尤峻科刑，稍犯嚴條，皆抵極典，鄉縣以之生事，姦猾得以侵漁，宜立所規，用革前弊。應天下所納牛皮，今將逐所納數，三分內減二分，其一分於人戶苗畝上配定。每秋夏苗共十頃納連角皮一張，其黄牛納乾筋四兩，水牛半斤，犢子皮不在納限，牛馬驢騾皮筋角，今後官中更不禁斷，只不得將出化外敵境。州縣先置巡檢牛皮節級並停。丙子，詔曰：應內外文武官僚幕職、州縣官舉選人等，今後有父母、祖父母亡歿未經遷葬者，其主家之長，不得輒求仕進，所由司亦不得申舉解送。如是卑幼在下者，不在此限。己卯，日南至，帝御崇元殿受朝賀，仗衛如儀。

《宋史》卷一五七《選舉志三》淳熙七年，祕書郎李巘言：漢世儀、律、令同藏于理官，而決疑獄者必傅以古義。本朝命學究兼習律令，而廢明法科；後復明法，而以三小經附。蓋欲使經生明法，法吏通經。今所試止於斷案、律義，斷案稍通，律義雖不成文，亦得中選，故法官罕能知書。宜令習大法者兼習經義，參攷優劣。帝曰：古之儒者，以儒術決獄，若用俗吏，必流於刻。

《宋史》卷二〇〇《刑法志二》時近臣有罪，多不下吏劾實，不付有司議法。諫官王贄言：情有輕重，理分故失，而一切出於聖斷，前後差異，有傷政體，刑法之官安所用哉？請自今悉付有司正以法。詔可。近臣間有干請，輒爲言官所斥。諫官陳升之嘗言：有司斷獄，或事連權倖，多以中旨釋之。請有緣中旨得釋者，劾其干請之罪，以違制論。許之。仁宗於賞罰無所私，尤不以貴近廢法。屢戒有司，被內降者，執奏，毋輒行。未嘗屈法以自徇也。知虢州周日宣詭奏水災，有司論請如上書不實法。帝曰：州郡多言符瑞，至水旱之災，或抑而不聞。今守臣自陳墊溺官私廬舍，意實在民，何可加罪？

《宋史》卷二〇一《刑法志三》端拱初，廣安軍民安崇緒隸禁兵，訴繼母馮與父知逸離，今奪資産與己子。大理當崇緒訟母，罪死。太宗疑之，判大理張佖固執前斷，遂下臺省雜議。徐鉉議曰：今第明其母馮嘗離，即須歸宗，否即崇緒準法處死。今詳案內不曾離異，其證有四。況不孝之刑，教之大者，宜依刑部、大理寺斷。右僕射李昉等四十三人議曰：法寺定斷爲不當。若以五母皆同，即阿蒲雖賤，乃崇緒親母，崇緒特以田業爲馮強占，親母衣食不給，所以論訴。若從法寺斷死，則知逸何辜絶嗣，阿蒲何地托身？臣等議：田産並歸崇緒，馮合與蒲同居，供侍終身。如是，則子有父業可守，馮終身不至乏養。所犯並準赦原。詔從昉等議，鉉、佖各奪奉一月。

又：元祐元年，純仁又言：前歲四方奏讞，大辟凡二百六十四，死者止二十五人，所活垂及九分。自去年改法，至今未及百日，所奏按凡一百五十四，死者乃五十七人，所活纔及六分已上。臣固知未改法前全活數多，其間必有曲貸，然猶不失罪疑惟輕之仁；自改法後，所活數少，其間必有濫刑，則深虧寧失不經之義。請自今四方奏大辟按，並令刑部、大理寺再行審覆，略具所犯及元奏因依，令執政取旨裁斷，或所奏不當，亦原其罪。如此則無冤濫之獄。

又因尚書省言，遠方奏讞，待報淹繫，始令川、廣、福建、荊南路罪人，情輕法重當奏斷者，申安撫或鈐轄司酌情決斷乃奏。門下侍郎韓維言：天下奏按，必斷於大理，詳議於刑部，然後上之中書，決之人主。近歲有司但因州郡所請，依違其言，即上中書，貼例取旨，故四方奏讞日多於前。欲望刑清事省，難矣。自今大理寺受天下奏按，其有刑名疑慮、情理可憫，須具情法輕重條律，或指所斷之法，刑部詳審，次第上之。詔刑部立法以聞。

崇寧五年，詔：民以罪麗法，情有重輕，則法有增損。故情重法輕，情輕法重，舊有取旨之令。今有司惟情重法輕則請加罪，而法重情輕則不奏減，是樂於罪人，而難於用恕，非所以爲欽恤也。自今宜遵舊法取旨，使情法輕重各適其中，否則以違制論。宣和六年，臣僚言：元豐舊法，有情輕法重，情重法輕，若入大辟，刑名疑慮，並許奏裁。比來諸路以大辟疑獄決于朝廷者，大理寺類以不當劾之。夫情理巨蠹，罪狀明白，奏裁以幸寬貸，固在所戒；然有疑而難決者，一切劾之，則官吏莫不便文自營。臣恐天下無復以疑獄奏矣。願詔大理寺並依元豐法。從之。

又：駟至乾道，讞獄之弊，日益滋甚。孝宗乃詔有司緣情引條定斷，更不奏裁。其後刑部侍郎方滋言：有司斷罪，其間有情重法輕，情輕法重，情理可憫，刑名疑慮，命官犯罪，議親議故之類，難以一切定斷。今後宜於敕律條令，明言合奏裁事件，乞並依建隆三年敕文。從之。六年，臣僚請：今後大辟，只以爲首應坐死罪者奏，爲從不應坐死者，先次決遣。及流、徒罪，不許作情重取旨。不然，則坐以不應奏而奏之罪。從之。

又：神宗即位初，詔曰：獄者，民命之所繫也。比聞有司歲考天下之奏，而多瘐死。深惟獄吏並緣爲姦，檢視不明，使吾元元横罹其害。《書》不云乎：與其殺不辜，寧失不經。其具爲令：應諸州軍巡司院所禁罪人，一歲在獄病死及二人，五縣以上州歲死三人，開封府司、軍巡歲死七人，推吏、獄卒皆杖六十，增一人則加一等，罪止杖一百。典獄官如推獄，經兩犯即坐從違制。提點刑獄歲終會死者之數上之，中書檢察。死者過多，官吏雖已行罰，當更黜責。

又：元符三年，刑部言：祖宗重失入之罪，所以恤刑。夫失出，臣下之小過；好生，聖人之大德。請罷失出之責，使有司讞議之間，務盡忠恕。詔可。政和三年，臣僚言：遠方官吏，文法既疏，刑罰失中，不能無冤。願委耳目之官，季一分録所部囚禁，遇有冤抑，先釋而後以聞。歲終較所釋多寡，爲之殿最。其徼功故出有罪者，論如法。

（宋）李燾《續資治通鑑長編》卷六《宋太祖乾德三年》 上聞西川行營有大校割民妻乳而殺之者，亟召至闕，斬於都市。初，近臣營救頗切，上因流涕曰：興師弔伐，婦人何罪，而殘忍至此。當速置法以償其冤。

（宋）李燾《續資治通鑑長編》卷一二《宋太祖開寶四年》 仁瑀兄子因醉誤殺平民，繫獄當死，民家自言：非有憾也，但過誤耳，願以過失傷論。仁瑀曰：我爲長吏而兄子殺人，此乃恃勢恣横，非過失也，豈敢以己之親而亂國法哉！遂論如律。給民家布帛爲棺斂具。

（宋）李燾《續資治通鑑長編》卷一八《宋太宗太平興國二年》 丙寅，涇州言安民妻怒其夫前妻之子婦，斷其喉而殺之。上謂左右曰：法當原情。此必由繼嫡之際愛憎殊别，固當以凡人論也。乃詔：自今繼母殺傷夫前妻之子及其婦，並以殺傷凡人論。嘗爲人繼母而夫死改嫁者，不得占夫家財物，當盡付夫之子孫，幼者官爲檢校，俟其長然後給之，違者以盜論。

（宋）李燾《續資治通鑑長編》卷二二《宋太宗太平興國六年》 相州民有張姓者殺一家六人，詣縣自陳，縣以上州。知州張洎詰之，曰：某家之姻貧困，常取息，少有所負，被其詬辱。我熟見而心不平，思爲姻家報讎，幸畢其志，然所恨七口而遺其一，使有從類。私絢已報，願就公法。洎曰：殺人一家，寧無黨乎？對曰：某既出身就死，肯復連及同謀。又曰：汝何不亡命？對曰：姻家即某羈，苟不獲盜，豈得安堵？又曰：汝不即死，何就縲紲？曰：我若滅口，誰當辨吾姻之不與謀？又孰與暴其事於天下？等死，死義，可乎！洎曰：吾將言聞上，免汝之死。曰：殺人一家而苟活，且先王以殺止殺，若殺人不誅，是殺人終無已。豈願以一身亂天下法哉，速死爲幸。洎嗟歎數四，卒案誅之。河朔間多傳其事云。

（宋）李燾《續資治通鑑長編》卷五七《宋真宗景德元年》 己未，甘州回鶻遣使來貢方物。時有詔禁蕃部私買係禁香藥，回鶻有違禁者，三司請即論決。上曰：絶域遠來，未知國法，驟加刑辟，恐失綏遠之道。乃令先具罪狀以聞。

（宋）李燾《續資治通鑑長編》卷七八《宋真宗大中祥符五年》 九月丁卯，詔大理寺斷案差互者，本斷官並行勘劾，申明咸平二年四月之詔也。又詔斷敕取其簡要，不必繁敘款辭所斷罪不得以取旨爲文。上曰：一成之法，朕與天下共守。如情輕法重、情重法輕之類，皆當以理裁斷，具獄以聞。

（宋）李燾《續資治通鑑長編》卷八〇《宋真宗大中祥符六年》 丙戌，詔諸州死罪情理可憫及刑名可疑者，報提點刑獄司詳察以聞，當付大理寺詳覆，無得顧避舉駁，致有幽枉。

（宋）李燾《續資治通鑑長編》卷八七《宋真宗大中祥符九年》 癸巳，詔諸路轉運使曉諭州府軍監長吏等，凡有獄訟，必須盡公審察，務於平允；其大辟罪如情輕可憫及理有所疑者，並許奏裁，以副欽卹。

（宋）李燾《續資治通鑑長編》卷一〇六《宋仁宗天聖六年》 癸丑，太常博士、集賢校理聶冠卿言：天下奏狀，雖杖笞並申覆，而徒流非繫獄者，乃不以聞，非所以矜恤刑罰之意。請自今罷覆杖笞罪，自徒以上雖不繫獄亦附奏。從之。

（宋）李燾《續資治通鑑長編》卷一〇七《宋仁宗天聖七年》 己酉，貝州言：民之析居者，例皆加税，謂之罰税，惟其家長得免。清河、清陽、歷亭三縣，户罰絲五分，鹽五升，錢五十，武城縣復增錢五十，漳南縣又增蜀黍八升，而他州悉無此例，請除之。詔可。

（宋）李燾《續資治通鑑長編》卷三〇三《宋神宗元豐三年》 審刑院、刑部言：宣州民葉元有，爲同居兄亂其妻，縊殺之，又殺兄子，而強其父與嫂爲約契不訟于官。鄰里發其事，州爲上請。上批：同居兄亂其妻，或強或和，既無證左，又罪人今皆已死，則二者同出于葉元有一口，不足用以定罪。又下民雖爲無知，抵冒法禁，固宜哀矜。然以妻子之愛，既罔其父，又殺其兄，戕其姪，背逆天理，傷敗人倫，宜以毆兄至死律論。

（宋）李燾《續資治通鑑長編》卷四〇七《宋哲宗元祐二年》 左正言丁騭奏：韓資乞除雪父存寶罪，未賜施行。竊以存寶被刑之初，只因何正臣希意求合，略不推原本情，曲加鍛鍊，置之重法。正臣勇於謀身，輕絶人命，致先朝有誤殺人之名。今二聖在上，命近臣推原詳究，一切枉陷，雖杖笞之罪皆得申理，況如存寶？乞檢會訴理所奏狀，蠲除存寶罪名，還其在身官爵，貶放正臣等附會慘刻之惡。貼黄言：存寶枉遭誅戮，出於何正臣附會朝廷，遂得待制。今存寶正申雪，則正臣當正典法。此據編類章疏二年九月十二日奏。

（清）徐乾學《資治通鑑後編》卷一〇《宋紀一〇》 四月詔：諸州大獄長吏不親決，胥吏旁緣爲姦，逮捕證左，滋蔓踰年，而獄未具。自今長吏每五日一慮囚，情得者即決之。帝不欲天下有滯獄，乃建三限之制：大事四十日，中事三十日，小事十日。不須追捕而易決者，無過三日。又詔因當訊掠則集官屬同問，勿委胥吏搒決。

（清）徐乾學《資治通鑑後編》卷一九《宋紀一九》 夏四月己丑，朔詔：諸州長吏潔除牢獄，疏理淹繫，有疾病及貧乏者，療治資給之。

（清）徐乾學《資治通鑑後編》卷三四《宋紀三四》 甲戌，給事中知河陽孫奭言：父戸部郎中致仕，翌年九十，按禮文九十者其家不從政，令父母八十者許解官侍養，望許退歸田里。優詔不許。

（清）徐乾學《資治通鑑後編》卷六一《宋紀六一》 甲申，大理寺言：信州民有劫米而傷主者，法當死。帝謂輔臣曰：飢而刦米則可哀，盗而傷主則難恕。然細民無知，終緣於飢耳。遂貸之。又曰：用刑寬則民慢，猛則民殘，爲政者當得寬猛之中，使上下無怨，則水旱不作矣。卿等宜戒之。

（清）徐乾學《資治通鑑後編》卷六二《宋紀六二》 甲戌，贈祕書監致仕胡旦爲工部侍郎，仍賜其家錢三十萬。令襄州爲營葬事。知州項城馬尋言：旦家貧，久不克葬，故卹之。尋以明習法律稱，其在襄州會歲饑，或羣入富家掠囷粟，獄吏鞫以强盗。尋曰：此脱死耳。其情與强盗異。奏得減論，遂著爲例。

（清）徐乾學《資治通鑑後編》卷六四《宋紀六四》 丁亥，知審刑院張揆言：知虢州周日宣妄言澗水衝注城郭，當坐不實之罪。帝曰：州郡多奏祥瑞至，水旱之災或抑而不聞。今守臣自陳墊壞官私廬舍，意亦在民，當恕其罪也。

（清）徐乾學《資治通鑑後編》卷六八《宋紀六八》 乙丑，詔曰：如聞良民子弟或爲人誘隸軍籍，父母泣訴而不得還者，朕甚閔之。自今有司審其所從來隸籍，百日內父母訴官者，還之。

（清）徐乾學《資治通鑑後編》卷一一二《宋紀一一二》 丁酉，執政擬臨安火禁條約：凡縱火者，從軍法。遺火延燒數多者，罪亦如之。帝曰：遺火豈可與縱火同罪？且立法太重，往往不能行。延燒數多止於徒足矣。

又： 中丞周祕侍御史石公揆右正言李誼論張浚不已，至引漢武誅王恢爲比，欲遠竄之。會趙鼎乞降詔安撫淮西。帝曰：俟行遣張浚，朕當下罪己之詔。鼎言浚已落職。帝曰：浚誤朕極多，罪當遠竄。鼎曰：浚母老，且有勤王功。帝曰：功過自不相揜。丁酉，夜勅浚散官安置，嶺表，鼎留不下。明日，約同列救解，帝怒未釋。鼎力請曰：浚罪不過失策耳，凡人計慮豈不欲萬全？倘因一失，便寘之死地，後有奇謀祕計，誰敢復言者？此事自關朝廷，非獨私浚也。張守亦以爲言，帝意解。戊戌，詔：浚以祕書少監分司南京永州居住。李綱聞之，馳奏曰：臣竊見張浚罷相，言者引漢武誅王恢事以爲比。臣恐智謀之士卷舌而不談兵，忠義之士扼腕而無所發憤，將士解體而不用命，州郡望風而無堅城，陛下將誰與立國哉？浚措置失當誠爲有罪，然其區區徇國之心有可矜者，願少寬假以責來效。不報。

（宋）李心傳《建炎以來繫年要録》卷一六《建炎二年戊申六月甲寅朔之七月辛亥》 詔諸郡發歸朝官赴行在。時所在多囚禁歸朝官，有疑則加殘害，一郡戮至千百人。上憫之，故有是命。〔《中興聖政》臣留正等〕曰：古人有殺一不辜，而得天下，弗爲者也。彼姦雄忍酷之言，至曰寧我負人。嗚呼！人之用心，何止天壤之異哉！方建炎之初，所在盜起如蝟，窮荒絶漠之人，錯諸郡縣，有司爲之禁防，或未過也。而太上皇帝推天地覆載之德，視中外之民皆吾赤子，惻然哀矜，形於聖訓，凜然有三代王者之風，漢高帝之恢廓大度，不足言矣。

（宋）李心傳《建炎以來繫年要録》卷四七《紹興元年辛亥九月甲午朔之癸亥》 戊戌，刑部奏軍士黄德等劫殺案目，其從二人，俟於岸次。刑、寺欲原死，上曰：強盜不分首從，此何用貸？朕居常不敢食生物，懼多殺也。盜於此時，須當殺以止殺。富直柔曰：物不當死，雖蚤蝨可矜，其當死，雖人不可恕。上甚以爲然。

（宋）李心傳《建炎以來繫年要録》卷八七《紹興五年乙卯三月甲戌朔之癸卯》 癸卯，刑部請因事到官，實負寃抑而呼萬歲者，杖一百。舊法概徒二年，言者以爲情有重輕，乃申明行下。其餘論如律。

（宋）李心傳《建炎以來繫年要録》卷九七《紹興五年乙卯十一月乙巳朔之戊戌》 甲午，權中書舍人潘良貴繳方州殺人奏案不當。上曰：殺人者死，此古今不易之法。然情有可憫，許具奏。此祖宗好生之德，第恐州縣之吏，受賕出入，略加約束可也。

（宋）李心傳《建炎以來繫年要録》卷一二一《紹興八年戊午七月乙酉朔之八月癸未》 權禮部侍郎兼侍講張九成兼權刑部侍郎，先是刑部吏斷天下死囚不以情，自九成蒞職，有情輕免死甚衆。一日，法寺以成案上大辟，九成閱始末，得其情，因請覆實，因果誣服者也，奏黜之。時法官抵罰，而朝論欲以平反爲賞。九成辭曰：職在詳刑，而賣衆以邀賞，可乎？此以九成行述修入。刑部題名，九成權侍郎，在此年而無其月，然已繫兼侍講銜。九成兼經筵，在八月丙寅。故且附月末，俟考。

（宋）李心傳《建炎以來繫年要録》卷一四五《紹興十二年壬戌四月甲子朔之六月己丑》 乙亥，言者乞禁止父母在別籍異財之事。上曰：此固當禁。然恐行法有弊，州縣之吏科率不均，民畏戶口大而科率重，不得已而爲。誠可憐者。宜併申嚴科率之條乃善。

（宋）李心傳《建炎以來繫年要録》卷一六〇《紹興十九年己巳七月辛巳朔之十二月戊寅》 庚子，監察御史陳夔面對，論囚多瘐死，望令諸路憲臣嚴責治獄之吏。凡無家者，官給之食。詔刑部措置。

《金史》卷一〇《章宗紀》 〔永安元年三〕癸卯，勅尚書省，刑獄雖已奏行，其間恐有疑枉，其再議以聞。人命至重，不可不慎也。

《金史》卷四五《刑志》 〔大定〕七年，左藏庫夜有盜殺都監郭良臣盜金珠，求盜不得。命點檢司治之，執其可疑者八人鞫之，掠三人死，五人誣伏，上疑之，命同知大興府事移剌道雜治。既而親軍百夫長阿思鉢鬻金於市，事覺，伏誅。上聞之曰：箠楚之下，何求不得，奈何鞫獄者不以情求之乎。賜死者錢人二百貫，不死者五十貫。於是禁護衛百夫長、五十夫長非直日不得帶刀入宮。是歲，斷死囚二十人。

八年，制品官犯賭博法，贓不滿五十貫者其法杖，聽贖。再犯者杖之。且曰杖者所以罰小人也。既爲職官，當先廉恥，既無廉恥，故以小人之罰罰之。

九年，因御史臺奏獄事，上曰：近聞法官或各執所見，或觀望宰執之意，自今制無正條者皆以律文爲準。復命杖至百者臀、背分受，如舊法。已而，上謂宰臣曰：朕念罪人杖不分受，恐至深重，乃令復舊。今聞民間人有不欲者，其令罷之。

十年，尚書省奏，河中府張錦自言復父讎，法當死。上曰：彼復父讎，又自言之，烈士也。以減死論。

《元史》卷八《世祖紀五》 〔至元十二年二月〕癸丑，御史臺臣劾前南京路總管田大成，以其弟婦趙氏爲妻，廢絶人倫，敕杖八十，三年不齒，時大成已死，惟市杖趙氏八十。

又：〔夏四月〕甲寅，諭中書省議立登聞鼓，如爲人殺其父母兄弟夫婦，寃無所訴，聽其來擊。其或以細事唐突者，論如法。

《元史》卷一一《世祖紀八》〔至元十八年三月〕辛酉，立登聞鼓院，許有寃者撾鼓以聞。

《元史》卷一七八《王約傳》 延祐二年，丞相帖木迭兒專政，奏遣大臣分道奉使宣撫，命約巡行燕南山東道。約至衛輝，有毆母置獄者，其母泣訴，言老妾惟此一息，死則一門絶矣。約原其情，杖一百而遣之。冠州民有兄訐其弟厭詛者，讞之，則曰：我求嗣也。索《授時曆》驗其日良信，乃立縱之使還。

《元史》卷一二〇《列女傳·柴氏》 至正十八年，賊犯晉寧，其長子爲賊驅迫，在圍中，既而得脱。初在賊時，有惡少與張福爲仇，往滅其家。及官軍至，福訴其事，事連柴氏長子，法當誅。柴氏引次子詣官泣訴曰：往從惡者，吾次子，非吾長子也。次子曰：我之罪可加於兄乎！鞫之至死不易其言。官反疑次子非柴氏所出，訊之他囚，始得其情。官義柴氏之行，爲之言曰：婦執義不忘其夫之命，子趨死而能成母之志，此天理人情之至也。遂釋免其長子，而次子亦得不死。時人皆以爲難。二十四年，有司上其事，旌其門而復其家。

（清）徐乾學《資治通鑑後編》卷一五五《元紀三》 故江西招諭使知信州，謝枋得遁居閩中。程文海之薦士也，初以枋得爲首，枋得方居母喪，遺書文海曰：大元制世，民物一新，宋室孤臣只欠一死。枋得所以不死者，以九十三歲之母在堂耳，今先妣以二月二十六日考終于正寢，枋得自今無意人間事矣。親喪在淺土，貧不能禮葬，苦塊餘息，心死形存。小兒傳到郡縣公文，乃知執事薦士凡三十，賤姓名亦玷其中，將降旨督郡縣以禮聘召。執事爲君謀亦忠矣，豈知枋得有母之喪，衰絰之服不可入公門乎？稽之古禮，子有父母之喪，君命三年不過其門，所以教天下之孝也。解官持服，在大元制典尤嚴。自伊尹傳説之後三千年間，山林匹夫辭煙霞而依日月者亦多矣，未聞有冒哀匿服而應幣聘者。傳曰：求忠臣必於孝子之門。爲人臣不盡孝於家，而能盡忠於國者，未之有也；爲人君不教人以孝，而能得人之忠者，亦未之有也。枋得親喪未克葬，持服未三年，若違禮背法，從郡縣之令，順執事之意，其爲不孝莫大焉。傳曰：君子成人之美，不成人之惡。執事能亮吾之心，使幸而免不孝之名，是成我者之恩，與生者等也。於是堅不赴召。

（清）徐乾學《資治通鑑後編》卷一六九《元紀一七》 丙午，中書省臣言：凡有罪者，既籍其家貲，又没其妻子，非古者罪人不孥之意。今後請勿没人妻子。制可。

（清）徐乾學《資治通鑑後編》卷一七二《元紀二〇》 十一月丁亥朔，令民入粟補官，以備賑濟。有匿姦罪而輸粟得七品雜流者，爲怨家所告。有司議輸粟例無有過，不與之。文中書右司郎中成遵以爲賣官鬻爵已非令典，況又賣與奸淫之人，其何以爲治？必奪其勅，還其粟，著爲令。從之。時又有議贓吏喪，不許歸葬，須竟其獄者。遵曰：惡人固可怒，然與人倫孰重？國家以孝治天下，寧失罪人，不可使天下有無親之子。議，遂寢。

（清）徐乾學《資治通鑑後編》卷一八二《元紀三〇》 甲申，吴大都督朱文正有罪，免官安置桐城縣。文正涉獵傳記，勇敢有才能，然奸狡强戾，人莫敢觸。其守江西也，驕淫暴横，奪民婦女，所用牀榻僭以龍鳳爲飾，又怨王不先封己。王遣人責之，文正懟懼，謀叛，降張士誠。江西按察使李歆密奏之，王曰：此子不才如此，非吾自行無以定之。即日往南昌檥舟城下遣人召之，文正不意王至，倉卒出迎。王泣謂之曰：汝何爲若是？遂載與俱歸，至建康，羣臣交章，劾之請寘於法。王曰：文正固有罪，然吾兄止有是子，若寘之法，則傷恩矣。乃免文正官，安置桐城，召其子語之曰：爾父不足教，忘昔日之艱難，恣肆兇虐，以貽憂爾。他日長成，吾封爵爾，不以爾父廢也，爾其修德勵行。蓋前人之愆，則不負吾望矣。

《元典章》卷一八《户部·婚姻·服内婚·服内成婚》 至元七年十二月尚書户部契勘，父母之喪終身憂戚，夫爲婦天，尚无再醮。今隨处節次申到有於父母及夫喪制中，往往成婚，致使詞訟繁冗，爲无定例，難便歸斷。檢會到旧例，居父母及夫喪而嫁娶者，徒三年，各離之，知而共爲婚姻者，各減三等。省部議得，若不明諭禁約，引訟不已，寔是乱俗敗政。以此參詳，比及通行定奪以來，定立格限渤海漢兒人等。擬自至元八年正月一日爲始，已前有居父母夫喪內嫁娶者，准已婚爲定；格後格者，依法斷罪听離。如此，庶免詞訟，似望漸厚風俗。呈奉尚書省，移准中書省咨，依准施行。

（清）龍文彬《明會要》卷一八《禮十三·奪情》 〔黄道周〕上三疏：其一劾嗣昌，謂：天下無無父之子，亦無不子之臣。衛開方不省其親，管仲至比之猳狗。李定不喪繼母，宋世共指爲人梟。今遂有不持兩服，坐司馬堂，如楊嗣昌者。宣大督臣盧象昇以父殯在途，搥心飲血，請就近推補。乃忽有並推在籍守制之旨。夫守制者可推，則聞喪者可不去。聞喪者可不去，則爲子者可不父，爲臣者可不子。即使人才甚乏，奈何使不忠不孝者，連苞引蘖，種其不祥，以穢天下乎？陛下孝治天下，搢紳家庭，小小勃谿，猶以法治之。而冒喪斁倫，獨謂無禁。臣竊以爲不可也。又曰：我朝自羅倫論奪情，前後五十餘人，多在邊疆。故嗣昌在邊疆則可，在中樞則不可。在中樞猶可，在政府則不可。止嗣昌一人猶可，又呼朋引類，竟成一奪情世界，益不可。《黄道周傳》。

（清）龍文彬《明會要》卷六四《刑一·刑制》 吳元年九月戊寅，太祖謂中書省臣李善長等曰：法有連坐之條，謂侵損傷人者。吾以爲鞫獄當平恕。先王之政，罪不及孥，忠厚之至也。自今除大逆不道，毋連坐。《世法録》。

洪武元年八月，詔：凡決重囚，須待秋後。無得非時，以傷生意。《通典》。

十四年九月辛丑，敕刑部尚書胡禎等曰：唐虞罪疑惟輕，四凶止於流竄。今天下已安。有司不能宣明教化，使民無犯；及有小過，加以苛刑，朕甚閔焉。自今惟十惡真犯者決之如律。其餘雜犯死罪，皆減死論。《世法録》。

十五年正月己丑，諭刑官曰：方春萬物發生，而無知之民乃有犯法至死者。雖有決不待時之律，然於朕心有所不忍。其犯大辟者減死論。《春明夢餘録》。

初，洪武五年二月，令各府州縣建申明亭。《大政記》。十五年八月，禮部議：自今犯十惡、奸盜、詐僞、干犯名義、有傷風俗及犯罪至徒者，書於亭，以示懲戒。其餘雜犯，公、私過誤，非于風化者，除之以開良民自新之路。其有私毀亭舍，除所縣法令及塗抹姓名者，御史、按察司官以時按視，罪如律。《通典》。

又：宣宗一日御文華殿，與羣臣論古肉刑。侍郎對：漢除肉刑，人遂輕犯法。帝曰：此自由教化，豈關肉刑之有無？舜法有流宥金贖，而四凶之罪止於竄殛。可見當時被肉刑者必皆重罪，不濫及也。況漢承秦敝，挾書有律，若概用肉刑，受傷者必多矣。著《帝訓》五十五篇，其一恤刑也。

（明）俞汝楫《禮部志稿》卷二《聖諭·成祖文皇帝·學校之訓》 永樂四年四月，禮部言廣西歲貢生員考不中式者二人，於法學官罰俸一年，提學官當杖。上曰：遠方之人，漸化者淺，教道未行，不可槩論。夫立法雖有定論，行法當量人情，有定論則民知所守，量人情則民用不冤，姑宥之。生員遣歸進學，再貢不中式，一論如法。

（明）俞汝楫《禮部志稿》卷五《聖訓·憲宗純皇帝·宗室之訓》 成化十四年七月，趙王見灂先以有罪革冠服，令戴民巾，讀書習禮，至是其母妃懇爲之請，上乃賜之。勑曰：往年皇親文武大臣合詞奏王悖禮犯法之事，難以悉數，揆之祖訓，本當拘取來京，令降爲庶人。朕念親親，特從輕典，止革冠服帶民巾，讀書習禮，俾圖自新。今纔二載，王母妃十次乞恩，謂王自思惶赧，悔悟深切。夫人有過，貴乎能改，過而能改必遷於善。特允所請，復王冠帶，仍管國事。而後王當聽信輔臣，毋狎近羣小；當仁民愛物，毋非法虐下；當正大持身，毋恣意淫戲；當禮遇親族，毋戕害骨肉；當鎮靜圖治，毋騷擾軍民。凡府中一應事務必遵成憲，必本天理，必合人情，然後斟酌而行。庶幾禄位可保無虞，藩邦可保永昌矣。不然禍仍逮身，追悔何及。

（明）沈應文《刑臺法律》卷一二《干名犯義》 判語

仲尼和父子之獄，觸發良心；蘇瓊息兄弟之爭，感回善性。證父既非爲直，犯上亦豈爲仁？今某有欲而争，亂常而悖。鼠牙雀角，奚容激石於中流；束矢鈞金，未免鬩墻于同氣。懷光苟非叛逝，奚容李瓘之自明雍糾，徜無禍心，曷許雍姬之預告？果有孚之訟，且不免于杖刑，若無情之詞，尤當從乎重論。

具招條例

一議得趙甲、錢氏，律各絞，决不待時。孫丙，律杖一百，徒三年。周戊，律杖一百。吴己，律杖九十。鄭庚，律杖八十。王辛，律杖七十。俱有大誥減等，孫丙，李丁各杖九十，徒二年半。周戊杖九十，吴己杖八十，鄭庚杖七十，王辛杖六十，孫丙等係軍民，李氏等係婦人，單衣的决，餘罪收贖。孫丙等有力納米等項，無力的决，充徒守哨，滿日着役，寧家随住。趙甲、錢氏俱重刑監候，會審處决。

（明）沈應文《刑臺法律》卷一二《子孫違犯教令》 告示

某府某官爲禁革事。窃惟人子當遵父母之嚴侖，子孫當從祖考之教條，豈可視爲尋常，任情故違？近訪得所屬州縣人民有等子孫尊長教以禮策之事，父祖教以廉恥之事，奈何不從親之令爲孝，必得行己之志爲安。是心雖未悖亂，其情已非順從。若不預行禁約，誠恐日漸流于不孝，人人倣傚成風，深爲未便。爲此合行出告示，仰去各州縣及人烟輳集去處，粘貼曉諭。今後敢有仍前違犯祖父及父教令者，許地方隣里舉呈定行，依律究問不恕，須至告示者。

判語

鯉庭示訓式，嚴詩禮之傳，間砌承芳，宜慎韋弦之戒。晉獻惑驪姬之寵，則申生不敢逃刑，而孤竹欲叔齊爲君，則伯夷未嘗忘命。今某不中不才，自暴自棄。賣肉断機，不念三遷之教；画虎刻鵠，空遺萬里之書。祖武莫繩，深愧謝家之寶樹；家声有墜，專美蘇氏之芝蘭。循途守轍，既不能遵今日之箴規，聳壑昂霄，又馬望他年之頭角。欲肅有家之政，合申有國之刑。

具招條例。

一議得趙甲、錢乙律各杖一百，俱有大誥減等，各杖九十。係軍民有力納米等項，無力的决，着役寧家，省令養親。

（清）蔣良騏《東華録》卷六《順治八年二月》 二月初十日，上昭聖慈壽皇太后尊號，覃恩天下。蘇克薩哈、詹岱、穆濟倫首告睿王，不令人知，備有八補黄袍大東珠素珠黑狐（狷）〔裀〕子，又欲率兩固山駐永平，謀篡大位，出會獵未往。訊實，籍所屬家産人口，其養子多爾博、女東莪給信王。己亥，詔曰：鄭親王、巽親王等同大臣合詞奏言：太宗皇帝賓天時，臣等扶立皇上並無欲立攝政王之議，惟伊弟豫郡王唆詞勸進，彼時皇上曾將朝政付伊，與鄭親王共理。迨後獨擅威權，不令鄭親王預政，以親弟豫郡王爲輔政叔王，背誓肆行，自稱皇父攝政王。又親到皇宫内院以太宗文皇帝之位原係奪立，以挾制皇上，又逼死肅親王，遂納其妃。凡批票本章，概用皇父攝政王之旨，不用皇上之旨。又悖理入生母於太廟，此等情形，謹冒死奏聞，伏願重加處治。朕反復詳思，王大臣豈有虚言？不意伊近侍蘇克薩哈等首告伊主，審問皆實，看來謀篡果真。謹告天地宗廟社稷，將伊母子併妻罷追封，撤廟享，停其恩赦。

（清）蔣良騏《東華録》卷九《康熙十年五月》 給事中姚文然言：江南百姓羣集鼓廳，保留總督麻勒吉。且云麻勒吉自被鎖拿，顔黑面削，臣竊思官列大僚，免冠帶鎖，愧辱難堪，乞特恩寬其鎖縶。至於所犯事情，審有實據，自有應得之罪。旨：説得是，以後官員犯罪鎖禁鎖拿，着永行停止。

雜録

《後漢書》卷六四《吴祐傳》 又安丘男子毋丘長與母俱行市，道遇醉客辱其母，長殺之而亡，安丘追蹤於膠東得之。祐呼長謂曰：子母見辱，人情所恥。然孝子忿必慮難，動不累親。今若背親逞怒，白日殺人，赦若非義，刑若不忍，將如之何？長以械自繫，曰：國家制法，囚身犯之。明府雖加哀矜，恩無所施。祐問長有妻子乎？對曰：有妻未有子也。即移安丘逮長妻，妻到，解其桎梏，使同宿獄中，妻遂懷孕。至冬盡行刑，長泣謂母曰：負母應死，當何以報吴君乎？乃齧指而吞之，含血言曰：妻若生子，名之吴生，言我臨死吞指爲誓，屬兒以報吴君。因投繯而死。

《三國志》卷五八《吴志・陸抗》 〔鳳凰元年，抗〕加拜都護，聞武昌左部督薛瑩徵下獄，抗上疏曰：**【略】**

蓋《周禮》有赦賢之辟，《春秋》有宥善之義。《書》曰：與其殺不辜，寧失不經。而蕃等罪名未定，大辟已加，心經忠義，身被極刑，豈不痛哉！且已死之刑，固無所識，至乃焚鑠流漂，棄之水濵，懼非先王之正典，或甫刑之所戒也！是以百姓哀聳，士民同感。蕃、勗永已，悔亦靡及，誠望陛下赦召玄出，而頃聞薛瑩卒見逮録。瑩父綜納言先帝，傅弼文皇，及瑩承基，内厲名行。今之所坐，罪在可宥。臣懼有司未詳其事，如復誅戮，益失民望，乞垂天恩，原赦瑩罪，哀矜庶獄，清澄刑網，則天下幸甚！

《魏書》卷九二《列女傳・崔氏》 清河房愛親妻崔氏者，同郡崔元孫之女。性嚴明高尚，歷覽書傳，多所聞知。子景伯、景先，崔氏親授經義，學行修明，並爲當世名士。景伯爲清河太守，每有疑獄，常先請焉。貝丘民列子不孝，吏欲案之。景伯爲之悲傷，入白其母。母曰：吾聞聞不如見，山民未見禮教，何足責哉？但呼其母來，吾與之同居。其子置汝左右，令其見汝事吾，或應自改。景伯遂召其母，崔氏處之於榻，與之共食。景伯之温清，其子侍立堂下。未及旬日，悔過求還。崔氏曰：此雖顔慚，未知心愧，且可置之。凡經二十餘日，其子叩頭流血，其母涕泣乞還，然後聽之，終以孝聞。其識度厲物如此，竟以壽終。

（清）周爾吉《歷朝折獄纂要》卷八《感化・清河太守》 北齊蘇瓊除南清河太守，有鄉民兄弟二人争田，積年不斷，各邀証據，互相攻訐，幾至百人之多。瓊召二人諭之曰：天下難得者兄弟，易求者田地，假使得田地，而失其兄弟，汝心如何因而下淚？諸証人等無不感動，而鄉民兄弟亦叩頭乞休，互相推讓，而案乃結。後聞十年異居，又復合而同住，鄉里稱友恭焉。

以理喻民，以情誘民，卒使兄弟相讓，永息争端，可見以德化民，而民未有不化者也。

《北史》卷二二《張袞傳》 代子葨年，爲汝南太守。郡人劉崇之兄弟分析，家貧，唯一牛，争不能决，訟於郡庭。葨年悽而見之，謂曰：汝曹當以一牛，故致此競；脱有二牛，必不争。乃以己牛一頭賜之。於是境中各相戒約，咸敦敬讓。

《北史》卷七〇《孟信傳》 及去官，居貧無食。惟有一老牛，其兄子賣之，擬供薪米。券契已訖，市法應知牛主住在所。信適從外來，見買牛人，方知其賣也。因告之曰：此牛先來有病，小用便發，君不須也。杖其兄子二十。買牛人嗟異良久，呼信曰：孟公，但見與牛，未必須其力也。苦請不得，乃罷。買牛者，周文帝帳下人，周文深歎異焉。

（唐）王方慶《魏鄭公諫録》卷二《諫李弘節家人賣珠坐所舉》 桂州督李弘節身死之後，其家賣珠。太宗聞之，乃宣言於朝曰：此人平生之日，宰相皆言其清，其家今既賣珠，所舉者豈得無罪？勅案之。公諫曰：陛下生平疑此人濁，未見受財之所，今聞其賣珠，將罪舉者，臣不知所謂。自聖朝以來，爲國盡忠，清貞自守，終始不渝者，屈突通、張道源而已。通子三人來選，其有一匹羸馬；道源兒子不能存立，未見一言及之。今弘節爲國立功，前後大蒙賞賚，居官終没，不言貪殘，妻子賣珠，未爲有罪。審其清者，無所存問；疑其濁者，旁責舉人。雖云疾惡情深，是亦好善不篤。臣竊思度，未見其可，恐有識聞之，必生横議。伏願留心再思。太宗撫掌曰：造次不思，遂有此語。方知談不容易。

（宋）王溥《唐會要》卷四〇《君上慎恤》 太和二年二月，刑部奏：伏准今年正月三日制，刑獄之内，官吏用情，推斷不平，因成寃濫者，無問有贓無贓，並不在原免之限。又准律文，出入人罪，合當坐者，不言有贓無贓。今請准律科本罪，不得原免。勅旨依三年三月勅：京畿之内，萬類聚居，觸刑章者，多於天下，加以百役牽應，由斯致咎，若一一不恕，則殺戮滋多。應京畿内見禁囚犯，死者降一等；流當徒者，以遠近節級遞減一等處分。

（清）周爾吉《歷朝折獄纂要》卷八《感化・貴鄉令》 唐朝韋景駿為貴鄉令。有母子相訟者，景駿曰：吾少失恃，常自痛。爾幸有親，何忘孝道？教之不孚，令之罪也。因嗚咽流涕，卽授《孝經》，使習大義。於是母子感悟，後遂為孝子。

現身説法，使逆子忍親，一齊感悟。可見禁之以刑，誠不若動之以天也。教之不孚令之罪也一語，猶願為民牧者，三復斯言。

《舊五代史》卷三一《唐書・莊宗紀五》 〔同光二年二月己巳朔〕宣制：大赦天下，應同光二年二月一日昧爽已前，所犯罪輕重常赦所不原者，咸赦除之。十惡五逆，屠牛鑄錢，故意殺人，合造毒藥，持杖行劫，官典犯贓，不在此限。應自來立功將校，各與轉官，仍加賞給。文武常參官、節度、觀察、防禦、刺史、軍主、都虞候、指揮使，父母亡歿者，並與追贈，在者各與爵增封。諸藩鎮各賜一子出身，仍封功臣名號。留後、刺史，官高者加階爵一級，官卑者加官一資。應本朝内外臣僚，被朱氏殺害者，特與追贈。應諸州府不得令富室分外收貯見錢，禁工人鎔錢爲銅器，勿令商人載錢出境。近年已來，婦女服飾，異常寛博，倍費縑綾。有力之家，不計卑賤，悉衣錦繡，宜令所在糾察。應有百姓婦女，曾經俘擄他處爲婢妾者，一任骨肉識認。男子曾被刺面者，給與憑據，放逐營生。召天下有能以書籍進納者，各等第酬獎。仰有司速檢勘天下戶口正額，墾田實數，待憑條理，以息煩苛。

《舊五代史》卷八九《晉書·桑維翰傳》 桑維翰佐命功全，臨戎奔寄重，舉一方之往事，合四海之通規，況賊盜之徒，律令具載。比爲撫萬姓而安萬國，豈忍罪一夫而破一家，聞將相之善言，成國家之美事，既資王道，實契人心。今後凡有賊人准格律定罪，不得没納家貲，天下諸州皆准此處分。

《舊五代史》卷一一〇《周書·太祖紀一》 應左降官，未量移者與量移，已量移者與復資，已復資者量加敍録。亡官失爵之人，宜與齒用，配流徒役人，並許放還。諸處有犯罪逃亡之人，及山林草寇等，一切不問，如赦到後一月不歸本業者，復罪如初。内外前任、見任文武官僚致仕官，各與加恩。

（宋）李燾《續資治通鑑長編》卷七七《宋真宗大中祥符五年》 甲辰，兩浙轉運使陳堯佐言：部内諸州民以飲博頻犯法者，有司籍其名，每有爭訟，不計曲直，即重行決罰，使民無由改過。自今望令諸州察其易行自新者，依理區分，犯三次以上，情重奏裁，從之。

（宋）李燾《續資治通鑑長編》卷三三五《宋神宗元豐六年》 詔大理寺：刑名疑慮及情法不稱奏裁公案，送定斷官看詳；如非疑慮、情法不稱，並免收坐。從本寺請也。

（宋）李燾《續資治通鑑長編》卷三七五《宋哲宗元祐元年》 國子監言：太學生員犯屏出學，情輕滿三年，及告假踰限除籍者，自來並合依條補試入學。今來該登極大赦，其犯學規未得入學人，情理可矜者，取朝廷指揮，依舊入學。本條即無補試之法，反輕于告假踰限除籍之人，未得均一。又緣所犯内有與同保連坐之人，元非自犯，情理至輕，兼同坐之法今已除去，若更令補試入學，于理未安。欲乞為兩等，其身自犯者，仍依學令補試入學；其係與保人連坐者，更不補試。從之。

（宋）李燾《續資治通鑑長編》卷四六四《宋哲宗元祐六年》 又言：法度雖嚴，綱紀雖具，中間若有情不交，亦無益也。

（宋）李燾《續資治通鑑長編》卷四七八《宋哲宗元祐七年》 詔：諸大中大夫、觀察使以上，每員許占永業田十五頃，餘官及民庶願以田宅充祖宗饗祀之費者亦聽，官給公據，改正税籍，不許子孫分割典賣，止供祭祀，有餘均贍本族。已上輒典賣，依卑幼私輒典賣法。不限年，許理認田宅，仍先改正。諸太中大夫、觀察使以上居住，雖有分人，不得無故毁拆，輒典賣者，依私輒典賣永業田法。

（清）周爾吉《歷朝折獄纂要》卷三《辨僞·置甕解紛》 宋陳祥知惠州郡，民有二女，嫁爲比隣者，姊素不孕。一日妹生子，而姊之妾適同時産女，詭言産兒，於夜燒妹傍舍，乘亂竊其兒以歸。妹知之，往索，弗與。訟於官，無証，祥佯自語，必殺此兒，事即了畢，乃以甕裝水置堂下，引二婦出曰：吾爲汝溺此兒以解紛。密諭一卒謹視兒，而叱左右詐爲投兒狀，亟逐二婦使出。其妹失聲争救不可得，顛扑堂下，其姊竟去不顧。祥即斷兒歸妹，而杖姊妾，一郡稱服。

天下事惟情關骨肉者，一遇死生呼吸之際，真情無不立見。陳公折獄，純以此決，故使一件疑案，真僞立分。可知聽斷民事，必需從人情中體貼出來。

（清）周爾吉《歷朝折獄纂要》卷五《判産·辛清節公》 宋朝辛清節公居官慷慨，有風節。時京邑万俟卨之孫，與岳武穆家争田，委問十三府州縣，久不能決，理宗皇帝敕公裁斷。公得敕命，將所有案卷堆集庭下並不閲視，審訊一過即判云：靖康之變，臣子所不忍言，東南全半壁之天，岳武穆之功也。中原絶可圖之望，万俟卨之罪也。武穆乃一代效忠名將，秦檜實萬世賣國賊臣，凡檜所以殺忠臣懷逆謀者，皆卨助成其惡。雖籍其家，不足以謝天下，尚敢與岳争田乎？田歸於岳，所有十三處案卷，盡畀於火，别給公據與飛之子孫。執照仍録以聞。上得奏大喜，深加奬勵，賞賜有加。

以十三府州縣久不能決之案，直以片言了之，其理直氣壯，義正詞嚴，至今讀之，猶凛凛有生氣，而公一生之清忠亮節，可於此判知之。

（清）周爾吉《歷朝折獄纂要》卷七《明倫・鉛山主簿》 宋朝開慶時，胡霆桂為鉛山主簿，時私釀之禁甚嚴，有婦訴其姑私釀者，霆桂詰之曰：汝平日事姑孝否？曰：孝。曰：既孝更好，但私釀之罪，其法應笞，而汝姑年老，不能受刑，汝既為孝婦，可代之。遂照私釀律加倍以笞其婦。政化遂行，一縣大治。

名責私釀，實懲不孝，鞭撻之中，亦寓教化。

（清）周爾吉《歷朝折獄纂要》卷八《感化・徐州牧》 宋朝曹彬知徐州，有吏犯罪，踰年，始杖之，人莫知其故。彬曰：吾聞此人娶婦纔數日，若杖之，舅姑必以婦爲不利，而朝夕詈之矣。其婦何能安於室乎？吾故暫緩其事，而法終亦不廢。

金存章氏曰：杖一人耳，而念及所杖之父母妻孥，似此用刑，真有如不得已者。愷悌君子，其是之謂乎！

（清）徐乾學《資治通鑑後編》卷五九《宋紀五九》 知陝州吴育上言：近傳三司判官楊儀下獄，自御史臺移劾都亭驛，械縛過市，萬目隨之，咸共驚駭，不測爲何等大獄。及聞案具，乃止坐請求常事，非有枉法贓賄，又傳所斷罪名法不至此，而出朝廷特旨，恐非恩歸主上，法在有司之意也。且儀身預朝行，職居館閣，任事省府，使有大罪，雖加誅斬，自有憲章，苟不然者，一旦至此，使士大夫不勝其辱，下民輕視其上，非所以養廉恥示敦厚也。儀罪未斷，臣不敢言，今事已往，且無解救之嫌，止祈聖人此後詳審世事，毋輕置詔獄。具案之上，自非情涉巨蠹，且從有司論讞，不必法外重行。如此足以安人心，静風俗，養廉恥，召和平，天下之幸也！

（宋）竇儀《宋刑統》卷二六《國忌私忌》 諸國忌廢務日作樂者，杖一百，私忌減二等。

疏議曰：國忌謂在令廢務日，若輒有作樂者，杖一百。私家忌日作樂者，減二等，合杖八十。準：唐大和七年二月二十三日敕，准令，國忌日唯禁飲酒、舉樂，至於科罰人吏，都無明文。但緣其日合釐釐猶治也。務，官曹即不得決斷刑獄，其小小笞責，在禮律固無所妨。起今以後，縱有此類，臺府更不要舉奏。

（宋）朱熹《資治通鑑綱目》卷一〇上 秋七月詔禁治獄慘酷者。詔曰：律云掠者唯得榜笞立，又令丙箠長短有數。自往者大獄以來，掠者多酷鉆鑽之屬，慘苦無極，念其痛毒，怵然動心，宜及秋冬治獄，明爲其禁。集覽掠者，唯得榜笞立。劉伯莊曰掠音亮，考掠也。榜音彭，字或從手，即笞也。榜笞，輕刑也。應受榜笞者，以一人背之，令其立而受刑。令丙，爲篇之次也。前書《音義》曰：令有先後，有令甲、令乙、令丙。箠長短有數。箠，主蘂反，扑撻之具。漢景定箠令，箠長五尺，其本大一寸，末薄半寸竹也，皆平其節，當笞者笞臀畢，一罪乃更人。鉆鑽，鉆通作鉗，其廉反。鑽，作唤反。《倉頡篇》曰鉗，釱也，釱從蓋反，《説文》在項曰鉗，在足曰釱。鑽，臏刑也，鑽去其膝蓋骨。書法景帝之世，書詔：治獄者務先寬，於是再見，然帝之寬厚長者，又有大過於景帝者矣。

《金史》卷六《世宗紀上》〔大定四年九月〕乙酉，上謂宰臣曰：形勢之家，親識訴訟，請屬道達，官吏往往屈法徇情，宜一切禁止。

《金史》卷一七《哀宗紀上》〔元光二年十二月〕壬辰，詔大赦，略曰：朕述先帝之遺意，有便於時欲行而未及者，悉奉而行之。國家已有定制，有司往往以情破法，使人罔遭刑憲，今後有本條而不遵者，以故入人罪罪之。草澤士庶，許令直言軍國利害，雖涉譏諷無可采取者，並不坐罪。

《金史》卷四五《刑志》 時奏獄而法官有獨出情見者，上曰：或言法官不當出情見，故論者紛紛不已。朕謂情見非出於法外，但折衷以從法爾。平章守貞曰：是制自大定二十三年罷之。然律有起請諸條，是古亦許情見矣。上曰：科條有限，而人情無窮，情見亦豈可無也。

《金史》卷九九《賈鉉傳》〔泰和三年，拜參知政事〕亳州醫者孫士明輒用黄紙大書勅賜神針先生等十二字，及於紙尾年月間摹作寶樣朱篆青龍二字，以誑惑市人。有司捕治款伏。值赦，大理寺議宜准僞造御寶，雖遇赦不應原。已奏可矣。鉉奏：天子有八御寶，其文各異，若僞造，不限用泥及黄蠟。今用筆描成青龍二字，既非八寶文，論以僞造御寶，非本法意。上悟，遂以赦原。明日，上謂大臣曰：已行之事，賈鉉猶執奏，甚可嘉也，羣臣亦當如此矣。

《金史》卷一〇六《張行簡傳》 羣臣屢請上尊號，章宗不從，將下詔以示四方，行簡奏曰：往年飢民棄子，或匄以與人，其後詔書官爲收贖，或其父母衣食稍充，即識認，官亦斷與之。自此以後，饑歲流離道路，人不肯收養，肆爲捐瘠，餓死溝中。伏見近代禦災詔書，皆曰以後不得復取，今乞依此施行。上是其言，詔書中行之。

《金史》卷一一〇《楊雲翼傳》 河朔民十有一人爲游騎所迫，泅河而南，有司論當死，雲翼曰：法所重私渡者，防姦僞也。今平民爲兵所迫，奔入於河，爲逭死之計耳。今使不死於敵而死於法，後惟從敵而已。宣宗悟，盡釋之。

《元史》卷五《世祖紀二》 真定民郝興讎殺馬忠，忠子榮受興銀，令興代其軍役。中書省以榮納賂忘讎，無人子之道，杖之，没其銀。事聞，詔論如法，有司失出之罪，俾中書省議之。

《元史》卷八《世祖紀五》 中書省臣議斷死罪，詔：今後殺人者死，問罪狀已白，不必待時，宜即行刑。其奴婢殺主者，具五刑論。

《元史》卷一二《世祖紀九》 敕：諸事赴省，臺訴之，理決不平者，許詣登聞鼓院擊鼓以聞。

《元史》卷三四《文宗紀三》 敕：諸人非其本俗，敢有弟收其嫂、子收庶母者，坐罪。

《元史》卷二〇〇《列女傳·脱脱尼》 脱脱尼，雍吉剌氏，有色，善女工。年二十六，夫哈剌不花卒。前妻有二子皆壯，無婦，欲以本俗制收繼之，脱脱尼以死自誓。二子復百計求遂，脱脱尼恚且罵曰：汝禽獸行，欲妻母耶，若死何面目見汝父地下？二子慚懼謝罪，乃析業而居。三十年以貞操聞。

（清）徐乾學《資治通鑑後編》卷一六七《元紀一五》 初，四川行省平章政事趙世延爲其弟訟不法事繫獄。待對，其弟逃去，特們德爾必欲殺之，有司承望風旨數脅令自裁，世延終不爲動。至是丞相拜珠爲言其無罪，詔釋之。仍著令：原告逃百日不出，則釋待對者。

（清）周爾吉《歷朝折獄纂要》卷七《明倫·逆倫重案》 元大司農張晉官刑部時，民有與父異居而富者。父夜往穿垣而入，將取其貲，子以為盜也，瞰其入房，撲殺之，取燭視屍，則父也。報縣申詳，吏議以子殺父，罪無可逃，情實拒盜，不知是父，又不宜誅，久不能決。晉奮筆曰：殺賊可恕，不孝當誅。子有餘貲，而使父貧爲盜，不孝可知，竟殺之。

不孝當誅一語，已成千古鐵案。

（清）周爾吉《歷朝折獄纂要》卷六《懲詐·鎮江府案》 明弘治時，鎮江府丹徒縣民人彭永登客遊於外，九年未返。有唐則堯者，窺其妻陸氏之色，涎之已久。適流言傳播，謂登死於襄陽，恰值堯友霍成洪自襄陽歸，堯即以銀叁兩送之，囑其認爲親見登病，且為調治殯葬，以實其事。霍即報於登父彭盛，盛遂為其子發喪。此地方鄰右所耳聞目見者也，後則堯乃浼周奇作媒，取陸氏為繼室。已經半載，永登忽歸，而生妻已去帷矣。登詢其詳，即以陰行狡計，謀奪人婦控縣。令即拘訊，情真事確，即依謀娶人婦，無異強奪，照律擬絞。霍成洪從未議減，陸氏給回永登完娶。申府轉詳，道台擬以縣詳過峻，發府再擬，府以唐則堯用計謀娶，其罪固有，但因謠傳四起，而後託人以實之，似非原設之謀，且婚書登父有名，陸家有名，亦非強奪可比。查律，有夫去三年之外，許令改嫁，允登已去九年，亦法所不禁，依然歸唐，擬以一杖，應追禮銀八兩給永登另娶。道即轉詳，臬司以為則堯假報登死，謀娶陸氏，是使永登夫婦生離者則堯也，僅擬一杖，又使永登不復得妻，殊未平允。發理刑廳再擬。刑廳以謀娶其婦，既非虛坐，雖婚書中有彭陸二家花押，亦不為憑。陸氏夫去九年，並未改節，向使堯不行謀，洪不報死，彭盛斷無發喪之事，陸氏必無改醮之心，謂之謀奪，未始不可，然設計欺人，擬絞則太重，擬杖又太輕，惟按之以設方畧誘取良人為妻之律，引例戍邊。霍成洪為從，照律議減，陸氏仍給永登完娶。庶幾情罪兩得矣，臬即如擬定案。

縣詳引律過峻，府詳引律太輕，刑官於二者之間，擬之以成，實非調停之説，而於律有確當不移者，亦可見引律之難，定案之不易也。

（清）周爾吉《歷朝折獄纂要》卷七《明倫·盜棺歸葬》 明朝張狀元唐卿通判陝州時，民有母再適而死者，及父之葬，子恨母不得祔，乃盜其棺歸同葬之。有司請論如法。唐卿權府事，乃曰：是知有孝不知有法耳，遂釋之。蓋後夫尚在，而母死未葬，獨盜其喪以歸，非發塚取棺，則法亦輕矣，故釋之。

畧法原情，剖斷公允。

（清）周爾吉《歷朝折獄纂要》卷七《明倫·因盜誤殺》 明宏治時，某縣民人許瑤素性賭蕩，不治家人生産，其父許存奇怒而逐之，分居已數月矣。瑤窮無賴，乘夜回父存奇之宅，盜牛一條。時值四鼓，月黑微雨，瑤子逢生及僕阿養，知牛被盜，追至二里餘，見牛欲奪，瑤即持刀砍傷阿養之額，逢生於急迫之中，遂放鎗擊殺之。天明乃知為親父，抱屍號哭，慟不欲生，即詣縣請死。縣令傳地保鄰里訊之，所言皆同，遂擬以過失殺父之罪，繼謂逢生不養其父，致瑤為盜，其不孝亦可誅，論以大辟，申詳定案矣。適令調他處，接任者為某明府，翻閱前案，謂此詳錯誤，所謂過失殺父者，是明知其父在側，而不覺以殺之也。今許瑤黑夜盜牛，屏聲絶跡，是逢生不知其為父，阿養不知其為主，猝然格鬭，勢不能不殺之也。又謂不養其父，今逢生髫年未娶，衣食由祖，是家柄尚在存奇，逢生並未成立，論情論理論勢，逢生實無應死之條。若以逢生自處，雖粉骨碎身，尚不足以謝先人於地下。按之朝廷之律，父違祖，不能諫其父，祖逐父，不能諫其祖，致遺斯禍。一杖之外，實無他罪，改詳申辯，撫院亦如詳定擬矣。

言言透徹，語語探源，以情論律，以律原情，所謂理之正，法之平者也。

（清）周爾吉《歷朝折獄纂要》卷八《感化·漳泉逆案》　明朝朱潮鎮漳泉時，有老人告其子，情殊迫切，詢其妻爲結髮乎？曰：繼配也。子即所生乎？曰：前妻出耳。朱曰：此必父暱其妻，妻故凌其子也。而中證乃其姑丈，叩頭稱善。於是命老者立其上，用小扳連衣扑其子數下，命其子與老者叩頭認罪。謂老者曰：爾晚年靠子，何不念前妻之情？謂其子曰：爾父存年幾何，家庭小隙，遂至如此，所謂父慈子孝何在耶？於是父子抱頭大哭，軍吏亦爲之色動。後渠父子，竟稱慈孝焉。

父告其子，非後妻主使，萬不肯忍心。朱公明見萬里，一語破的，竟使其父子感動，各盡慈孝，真不愧召父杜母之稱。

（清）蔣良騏《東華録》卷四《崇德七年十月》　諭曰：爾等一入明境，遇老弱毋妄殺，毋離人妻子，毋焚燬（人）財物。曩兵臨山東時，有因索財物而嚴行拷逼者，非仁義之師也，當切以爲戒。

（清）蔣良騏《東華録》卷五《順治二年二月》　巡視南城御史趙開心言：近奉勅旨：凡民間出痘者，即令驅逐城外四十里。所以防傳染也。奈所司奉行不善，有身偶發熱及生疥癬等瘡，概行驅逐者。貧苦小民，移居城外。無居無食，遂將弱子稚女，抛棄道旁，殊非仰體朝廷愛養生（成）〔息〕之意。請嗣後凡出痘之家，必俟痘疹已見，方令出城，有男女抛棄者，交該管官嚴加責治。其城外四十里東西南北各定一村，令彼聚處，庶不致有露宿流離之苦。得旨允行。

（清）蔣良騏《東華録》卷五《順治二年八月》　原任陝西河西道孔聞譚言：臣家宗子衍聖公已遵令薙髮，但念先聖爲典禮之宗，章甫縫掖，自漢暨明三千年未之有改，今一旦變更，恐于皇上崇儒重道之典有所未備，應否蓄髮以復本等衣冠，統惟聖裁。報曰：薙髮嚴旨，違者無赦。孔聞譚姑念聖裔免死，著革職，永不敍用。

（清）蔣良騏《東華録》卷三一《雍正九年二月》　上諭内閣：上年秋月，山東地方山水爲患，河南亦有數縣被水。朕以田文鏡自能辦理安貼，冬間見總督邁柱奏，知豫省被水之民，有覓食餬口於湖廣者。今聞祥（節）〔符〕、封邱等處乏食窮民，沿途求乞，而村鎮中更有賣鬻男女，爲山、陝客商買去者。田文鏡欲將説合之中保媒人，拘拿懲治。至於鄉村有糧之家，多被附近窮民，呼羣覬覦于昏夜之中，逼勒借貸，有司不能究問，朕深爲駭異。田文鏡近來年老多病，精神不及，故爲屬員所欺罔耳。刑部侍郎王國棟着馳驛前往，將被水州縣查明，飛飭該地方官動用本地倉穀錢糧，核實賑濟，至麥熟時奏聞停止。其應行緩徵之州縣，即令緩徵，以免追呼之苦。

（清）鄂爾泰等《世宗憲皇帝硃批諭旨》卷三一上《硃批馬會伯奏摺》〔硃批〕據奏，爾悚惕不安等語。此事不但爾等身爲臣下且係堂弟無法以處之，即朕親弟如廉親王允禩等，雖百計千方教訓，不能化其不臣之心也，但只照管已身無過足矣。兄弟之賢，不肖功罪各不相及，若馬覿伯洵屬下流不堪，不顧行止人也。

（清）鄂爾泰等《世宗憲皇帝硃批諭旨》卷二一五之三《硃批鄂彌達奏摺》　雍正十一年七月初一日，廣東總督臣鄂彌達、廣東巡撫臣楊永斌謹奏，爲猺人情性迥殊，因俗權宜立法據實奏明，仰邀睿鑒事。竊查五刑之設，笞杖爲輕，駢斬極重，人雖窮兇極惡，言及斬決，無不寒心。獨猺人則畏鞭朴，不畏斬殺，習俗相沿，以爲斬首不失爲好漢，若一受鞭朴，則不可以對其祖宗。粵東各山猺性俱係如此，臣等初聞此言疑爲荒誕，及細加訪察，始知此語非誣。若欲懾其邪心，莫如惕以所畏。查雍正十年十二月，內據韶州府乳源縣申報，該縣十二月初八夜，大布村民黃宗玉家被刦，傷死事主之兄黃宗和一案，陸續緝獲盜犯，皆係猺人。據該縣府司道起獲正贓，歷審明確，律擬招解前來。查本案盜夥八人，趙雲秀爲首起意，趙雲武刀斫事主，致命三傷，盤端賤銃殺事主，律應斬決，均爲法所難宥；趙端滿、趙友官同行分贓亦應斬決，但未下手傷人，情尚可原；趙大端、趙雲偉被誘入夥，趙端倫年未及歲，同行而未上盜，止於途中偷宰牛隻，應照偷牛例另結。臣等細加覆審，亦無異詞，現在酌核具題，理應循例候旨正法，但猺人畏鞭責而甘斬決，是必惕以所畏，然後不敢爲非。臣等會同司道再三斟酌，查趙雲秀、趙雲武、盤端賤三犯強刦殺人，原無可寬，擬將此三犯發回該縣，令廣南韶連道會同韶州府知府、乳源縣知縣，將三犯帶至大布村中，傳集猺甲猺目猺衆立斃杖下，以儆衆猺，其趙端滿等，雖律應斬決，尚可寬減，仍候部覆發落。實因猺性迥殊，欲得民安盜息，不得有因地制宜，理合據實奏聞。再查猺人住居俱係密箐深山，從不往來城市，以故聲教不通。雖經臣等設立猺甲猺目，然無專員料理，亦未妥協。經臣等酌議，將韶州通判題請改爲理猺通判，專司化誨稽查，倘蒙俞允，將來自可聲教漸通矣。粵東士習民風，近來頗知慕義，惟猺人尚須整理。臣等身任地方，自應料理妥協，是否有當，伏乞皇上睿鑒施行，臣等謹會同繕摺具奏。

〔硃批〕杖斃與斬決，同一正法也。既無滅口銷案情弊，何爲不可？卿等酌量合宜辦理，仍照例具疏題奏。

《大清會典則例》卷一二四《刑部・聽斷》 生殺之際不可不慎，聽斷之官必詳審始末而後定擬。倘事有未協，勿挾忿爭競，庶能得情。

又： 律例之設，乃詳察情理，揆度至當而後定者也。審擬罪案之時，應引某條則引之，斷無輕重任意，或介兩可之理。

《大清會典則例》卷一二五《刑部・秋朝審》 人命至重，須平心研究，求其可生之路，至萬無可生然後勾決，則國法所不容，亦其自取耳。從來法寬則愚民易犯，非刑期無刑之意。

《皇朝通典》卷八〇《刑三・刑制》 奉三法司核擬阜寧縣民陳有茂與胞弟陳有盛爭鬬致伊母葛氏服滷身死一案，照子威逼父母致死例擬以斬決。陳有茂因田價細故與弟連次爭鬬，復逼妻尋死圖賴其弟，以致伊母愛憐少子忿激自盡。核其情罪較重，自屬法所難逭，惟所引子威逼父母例文，於義實爲未協。明刑所以弼教，若以威逼二字屬之，子孫於父母祖父母言之不順，豈可著爲法令。此等準情定罪當改爲子孫不孝致父母自盡，定爲例條，庶足以飭倫常而示懲儆，所有此案即著照此改正。第子孫不孝其親，情節輕重不同，亦有未可概擬斬決者，並著刑部詳悉酌議，具奏尋議。嗣後，凡子孫不孝致祖父母父母自盡之案，如審有觸忤干犯情節，以致其親忿激輕生，窘迫自盡者，即擬以斬決，其本無觸忤情節但違犯教令以致其親抱忿輕生自盡者，酌擬絞候律例。內威逼字樣應改爲因事逼迫字樣。

《皇朝通志》卷七五《刑法略一》 我大清肇造，東方民淳，法簡大辟，而外設以鞭笞。自世祖章皇帝統有萬邦，禮明樂備，爰敕廷臣，詳繹明律，參以國制，定爲律例成書。列聖相承，因時制宜，復加損益，揆理準情，緣情定法。有司於是知所遵守，罔敢弗欽矣。伏考列朝《實録》所載詔旨事蹟，明慎用刑，義裁仁育，莫不適於大中，而衷於至當，甄陶訓迪，德意精詳。皇上體上帝之好生，監列祖之成憲，矜慎庶獄建中於民。自御極以來凡遇奏讞章疏，反覆研究，務得事理之平。每歲秋朝審，招册先期推勘再三，臨勾時又復與閣臣法司官虛公講論罪囚之情真，罪當者固不能廢法以曲全，苟有一綫可原，則必爲求其可生之理，其或案情相類而用法懸殊，其間細微同異之故，銖兩權衡，不使稍混於疑。似蓋聖人之心，鑒空衡平，惟以一理爲斷。法司以及封疆大吏，雖莫不兢兢執法，不免偶有輕重之失。每一詔下一令設，而後曉然帖然於聖主之執兩用中，仁之至而義之盡也。至於寬緣坐以存國體，嚴侵貪以儆官邪，重服制以扶倫常，辨寃誣以抑勳貴，實與吏治官方人心風俗相爲表裏，弼教之道，止辟之義，胥在是焉。

《皇朝通志》卷七七《刑法略三・刑制聽斷》 〔順治十年諭〕凡官司犯事，朕即有意見，不肯遽自裁斷，必下部議者。意以士師之任，責在明允，而膺斯任者又皆親信大臣，必能仰體朕心，審察得情，不致寃濫。今該部私心揣度，以爲事經上發，若從輕擬，恐以情面生疑，庇護爲咎，不如重擬，以作自全之計。甚至所犯事情，不就事論事，而反引已結舊案文致重法。如此舛謬，大不合理。朕于政事最重刑獄，奏讞本章必再三覆閲。每有改正，但恐日有萬幾，或一時不及致詳，竟批依議。死者不可復生，誤者不可復改，此悔彼怨，咎將誰歸？以後問刑衙門議事大臣問擬人罪，務要詳審真情，引用本律，一切鉤索羅織悉宜痛革。如情罪重大，憲典具存，又不得藉口故出以致漏網。務平心守法，使人不寃，以幾刑措之治。

又：雍正元年諭：朕惟直省大小獄訟，民命所關，國家各設按察司以專察之。一切州縣申詳至爾司成獄，督撫題達由爾司定案，任豈不重歟？國家定律所以弼教，非以厲民，故嚴立爰書，防其或罹于法，及于斷獄又條分縷析，思以曲全其生。今或情例相違，牽合文法，以納民於網，或有兩例並見，輒上下其手，以自遂其私，安得無寃獄哉？夫折獄憑口供而平反憑案卷。今法吏不求得情，惟求完結。州縣案卷之申詳于爾司者，多鍛鍊口供，附于律例，冀免爾司之駁詰。爾司之詳督撫、督撫之揭部院，又加文致焉。口供案卷如是，寃抑何從平反？咎在聽斷之初心，原非欲必得其情也。今宜釐剔宿弊，歸于明允，毋得因循故事，自墮姦欺。至納賄出入人罪，於法尤重，爾司其正己率下，使法無枉撓。

《皇朝通志》卷七八《刑法畧四·刑制審秋朝審》 凡各省每年秋審，臯司核辦招册，先期定稿，以次移咨在省司道，會同虚衷商榷聯銜具詳，督撫覆核定擬，至期會審。司道各官俱集每年應入秋審案犯於應勘時，仍令各督撫提解省城，率同在省司道會勘其緩決人犯。解審二次之後，情罪無可更定者，祇令有司叙由詳報，停其解審。其曾擬情實未經勾決之犯，及前擬緩決後改情實，并緩決人犯，内情可矜者，仍照例解審。

又：又諭：廣東南海縣民劉德滿繼妻關氏搭死前妻之子劉應周，致令伊夫絶嗣一案。朕因其情罪可惡，於法司核擬時特爲存記，今經秋審擬入緩決。據刑部查稱，乾隆十一年直隸省張心堯繼妻張氏，藥死前妻之子，依律擬絞監候，每年於秋審時，查明張心堯續娶有子，將應否減等，請旨定奪。如終至絶嗣，將張氏正法，關氏案照此辦理等語。朕思繼母如母，名分甚尊，其於前妻之子，究無屬毛離裏之愛，果其撫如己出，則子自當事若所生。然忿戾殘刻非理凌虐者，比比而是，皆由法雖設而不行，人心無所儆畏故也。夫謂親雖不慈，子不可以不孝，豈非扶持名教之言。而從古所謂閔損、王祥者，能有幾人？顧可以是責之庸衆之流乎。律載，故殺子孫者，杖六十，徒一年；嫡、繼、慈、養母殺者，加一等，致令絶嗣者，絞。律文之以加等科罪，正以其與親生者有間，當其殘害軀命，則母子之恩已絶，况致令絶嗣，則得罪於其夫，得罪於其夫之先代。原其初，雖曰母子也，夫婦也，至於故殺，而母子夫婦天倫盡廢。執國法以繩之，固殺人之兇犯耳，揆之天理人情，毫無可恕。朕意，子果不孝，經官驗明有據，則雖繼母亦不必治以加等，及擬絞之罪。如其無罪致死，則但當治以國法，而不當復追論其名分，其絶嗣擬絞，亦但當論其見在之有無子息，而不必計其後此之續娶另生。凡情罪可惡者，以情實定擬，與謀故人犯一併正法。如此則慘毒之行有所畏憚，而不敢肆。庶足以正刑章而厚倫理。

又：又諭：秋審爲要囚重典，輕重出入，生死攸關。直省督撫皆應詳慎推勘，準情酌法，務協乎天理之至公，方能無枉無縱，各得其平。朕於情實招册皆反覆省覽再三，究極情狀，毫不存從寬從嚴之成見。所勾者必其情之不可恕，所原者必其情之有可原，惟以一理爲權衡，而於其人初無愛憎好惡之見者存也。今年各省招册，經九卿改定之案甚多，其中有緩決改入情實者，或謀殺，或故殺，或拒捕，或誣良致死，或威逼致死，或姦民聚衆不法，或邪術迷拐，或強姦幼女，或羞忿自盡，或連砍數人，或毆死有服尊屬，皆情罪較重，萬無可貸。此等兇徒斷不應擬以緩決，設非九卿改正，經朕裁酌置之典刑，則姦徒倖免，死傷屈辱者寃無可伸，而刑罰於是乎失中，豈所謂詰姦止辟之義耶？此於法紀倫常風化所繫甚重，所有審擬不當之各督撫，皆著嚴行申飭。

又：十七年諭：各省由立決改爲監候人犯皆係服制攸關，其改擬監候已屬原情酌減，若秋審時入於緩決，則減之又減，殊非慎重倫常，明刑弼教之道。是以上年降旨令改入情實，此其中情節多端，如父母被毆致傷，或勢在危急救護，乃其至情。使父毆叔，而子助父以斃叔，亦得謂之救父，則是長不友不睦之風，非止辟之意。但散在各省招册中，有勾決者，有未勾決者。或未悉朕輕重權衡，反滋擬議。著該部將此等案犯彙爲一册，與官犯招册先期進呈，候勾其有應宥者，亦即予減等發落。

《皇朝文獻通考》卷一九六《刑考二·刑制》 例定鬭毆傷輕，因傷風及他病死者之例。奉諭：被毆受傷，至保辜限外身死，部内奏明緣由請旨定奪者，無庸議。外有當時不曾殞命，越數日，或因傷風，或因他病而死，仍將毆打之人擬抵情有可矜，向未定例。著會同九卿確議具奏。尋議：凡鬬毆傷輕，未即殞命，或因傷風，或因他病死者，將毆打之人免其擬抵，減等發落。如係毆傷致死，而捏報傷風他病死者，承問府州縣及司道督撫俱照失出例處分。從之。

《皇朝文獻通考》卷一九七《刑考三・刑制》　大學士九卿科道酌議，尋議：如無知愚民以姦報盜，情有可原者，照不應重律杖八十。如以人命鬬毆等事捏報爲盜，視其本罪輕重定擬。至有司抑勒諱盜，除革職外，仍嚴加治罪。該管督撫司道府廳，分別降調。從之。

《皇朝文獻通考》卷二〇二《刑考八・刑制》　定調姦未成和息後羞忿自盡，該犯遣發新疆例。諭：據廣西按察使富躬奏，審擬北流縣民陳正仁調戲唐惠志之妻陳氏，賄和後，因被村童齒笑，返悔抱忿，夫婦先後服毒身死，問擬充軍，經部駁改擬絞候一摺。從前此等案件凡遇手足勾引，致本婦自盡者，俱按例問擬情實，秋審時予勾。其僅止語言調戲者，雖按例定擬俱從寬，免勾。此朕準情酌理，期於勿縱勿枉之意。今此案雖致死二命，但究係和息，一月之後，若定擬絞候，情殊可憫。如僅照該司原擬充軍，則又係致死二命，未免稍失之寬。陳正仁著改發烏魯木齊充當苦差，如此折中辦理，庶情法均得其平。嗣後遇有此等案件，即照此問擬，著爲令等。

《皇朝文獻通考》卷二〇四《刑考十・徒流》　定期親尊長故殘卑幼至篤疾者，杖徒例。詳見《刑制門》。

《皇朝文獻通考》卷二〇七《刑考十三・詳讞平反》　十三年，禁革各省秋審陋習。向來各省秋審相沿陋習，無論案件多寡，定擬于一日之內，一切聽督撫主張。而且懸彩鼓吹，肆筵設席，甚至優人演劇爲樂，殊非詳慎刑讞，哀矜惻怛之意。至是，奉旨禁止，有仍蹈從前陋習者，加以處分。是年九月，皇上御極，十月勅法司詳察直省獄詞擬罪未安者，另議奏聞。奉諭：刑部，乃天下民命所關，倘督撫擬罪有於律例未妥，必悉心詳察，另議奏聞，不得稍涉疎忽。即如近日湖廣督臣具題，臨時行強毆傷僧人以思身故之鄧正一案。刑部乃擬照殺人強盜例斬決梟示題覆。朕思強盜殺人有明火執杖，殺人而取其財物者；有起意行竊，被事主追毆希圖脱身，因而回毆致傷事主身死者，其中情罪原有分別。今鄧正穿窬入室以思執棍出視，鄧正頓起強心，持鎌向敵，致傷以思身死，與殺人強盜亦微有差別，應否梟示，尚宜斟酌。朕已著九卿議奏，此類刑部皆須細心體究，使絲毫不爽，與其殺不辜，寧失不經。朕深有望于明刑弼教之臣工焉。

《皇朝文獻通考》卷二〇九《刑考十五・贖刑》　臣等謹按《虞書》金作贖刑，《孔安國傳》傳誤而入刑，出金以贖其罪。孔穎達疏謂：意善功惡，則令出金贖罪。蓋於矜疑之外，别察其意之善否定罰贖，以通法律之權爾。本朝初制鞭斬以下罰贖並行，定鼎而後，更詳收贖、折贖、納贖之令。而王公百官罪議罰銀者，改爲罰俸，於是議贖之制别於議罰矣。聖祖、世宗矜恤罪囚，贖款頻開。我皇上御極之元年即詔行贖罪之舊例，誠以罪疑惟輕，罰懲非死，皆足廣聖慈而閎德網也。至若衡量罪情，酌劑時事，申不准援贖之條，停斬絞捐贖之例，則又仰見國家法外施仁，不爲倖免者濫及之至意云。

（清）劉錦藻《皇朝續文獻通考》卷二五二《刑考十一》　十二年諭：内閣大學士會同刑部議奏服制及盜刼案件，勅交大學士九卿會議者，酌議覈實辦理一摺。向來案關服制罪干斬決之犯，情可矜憫者，俱援例雙請。嗣於乾隆年閒經刑部奏請，遇有服制情輕之犯，令該督撫按律定擬，法司覈覆亦照本條科罪。惟將所犯情節實可矜憫者，夾籤聲明，有奉旨改爲監候者，有勅交九卿議奏者，其刼盜重案則自康熙、雍正年閒，節經奉旨，令大學士會同法司將法無可貸，情有可原，分别詳議。仰惟我聖祖世宗皇考立法之初，原以明慎用刑，凡稍有一綫可原者，必周諮博採，詳審折衷，誠恐該督撫等於定讞時或有畸輕畸重，未協情法之平，是以集思廣益，不厭詳推。迄今遵循已久，自應仍照舊章，若謂會議時視爲具文，竟致有名無實，輒改歸刑部徑行覈覆，不復飭令酌商。恐外議，又將以刑部之權爲過重矣，嗣後服制刼盜案件發交大學士九卿會議者，仍著循照舊例，務須虚衷榷覈，斟酌至當。如有意見不同者，不妨彼此籤商定議具奏。若於會議時既隨同畫稿，旋又退有後言，則是依違遷就，一經參奏，必當加以懲處。至上班時，將奏稿宣讀一遍，轉似虚文，殊可不必。此後著即停止。

（清）劉錦藻《皇朝續文獻通考》卷二五三《刑考十二》 臣謹案：我朝定有秋審條款，所以補律例所不及。律例按法擬死，應天地肅殺之氣，條款於死中求生，體天地好生之仁。寓寬於嚴之中，此所以爲聖人之法也。大致雖分情實、緩決、可矜三項，然每年内外千餘起，情實不過十分之一二，若入情實，不過十月即行處決，緩決貸其一死，仍留監獄，禁過三五年後奏請查辦，或不待三五年，若逢恩詔亦准查辦，查辦之法，分別減軍、減流，即行發配。可矜者，過秋審後，本年即分別減流、減徒，不必久繫囹圄。所謂年例減等也，其核定實緩之法，先衡理，次衡情，如係鬭殺案，又須衡傷，如理屈、情兇、傷多三者兼重，定入情實；如三項中有一二項可原，酌入緩決；如三項均輕，即入可矜。至衡傷之法，先分金刃傷、鐵器傷、他物傷、手足傷，金刃過十傷、鐵器過二十傷、他物過三十傷，方入情實；手足傷入實者甚少，若情節可原，即入可矜。然亦有不拘此者，如金刃洞胸貫脅，或食嗓氣嗓俱斷，雖一傷亦入情實，以其情兇近於故殺也。若謀殺、故殺則不論傷之多少，概入情實。其中細如牛毛，繭絲毫釐不爽，前人稱爲精義之學，良然。膺此責者，非例案嫻熟，而又閲歷年久，心細如髮者，不勝其任。彼講新刑律者，烏乎知之。

（清）劉錦藻《皇朝續文獻通考》卷二五五《刑考十四》 臣謹案：以上數條，係分別收贖、納贖及捐贖之詳細辦法。收贖、納贖銀數最微，問官尚可依律判決。捐贖銀數過鉅，必須奏明請旨，詳核情節是否可原，以定予奪。緣捐贖本非定例，雖罪在應贖之列，而核其情節較重，仍不准贖，必須照章應贖，而又情節甚輕，方准予贖。原情以行法，故法雖重而不爲苛，蓋非常之法必須恩出自上，雖内而部臣外而疆臣亦不得擅自允准，此天下所以長治久安也。

（清）陸曾禹《康濟録》卷三下《臨事之政·育嬰兒以慈孤幼》 賈彪爲新息長，小民困貧，多不養子。彪嚴爲其制，與殺人同罪。城南有盜刼害人者，北有婦人殺子者，彪出案發，而掾吏欲引南，彪怒曰：賊寇殺人此則常理，母子相殘逆天違道。遂驅車北行，案驗其罪。城南賊聞之，亦面縛自首。數年間，人養子者千數。僉曰：賈父所長生男名賈子，生女名賈女。謹案：人見殺一無辜者，必怒罵曰：如此没天理。若嬰兒初出母胎，何罪？而即遭慘殺，况殺之者，又其父母，非滅天倫之輩乎？是可忍也，孰不可忍也？回車案問重於大盜，明決之論也。

（清）樊增祥《樊山政書》卷一《批發遣人犯李從模呈詞》 此案現奉撫憲批司核議。查該犯非官也。身爲人子而爲其父列款首送，依律問擬發遣黑龍江當差。兹於起解之時，忽稱身係癈生州判，請照官犯例，委員護解前進。在該犯之意，不過欲借官犯名目，爲沿途逗遛訛詐錢文之計。殊不知身爲逆子，人人得而誅之。爾尚欲展平日棍徒伎倆耶？仰候即日發遣安置。所懇照曾任職官例派員伴送之處，應不准行。

（清）樊增祥《樊山政書》卷一《批長安縣民孫廣志呈詞》 據稱爾父同産五人。二房故絶，爾大伯之孫承嗣。三房亦絶，爾胞弟承嗣。本無官司可打。突於去年秋間，爾表叔劉光祖忽言大房之孫不應爲二房之後，遂令爾四弟承嗣。是爾一門吞併三門之業也。此案若經本司審斷，爾姪孫丁承繼二門多年，所有二門産業，仍歸孫丁承受，爾四弟不得霸繼。爾於爾大伯死後，膽敢欺凌孤寡，勾串混帳無恥之劉光祖改繼奪業，應將爾與光祖痛撻久枷，以爲貪狠喪良者戒。仰長安縣查照批示事理，如法枷打，勿稍輕縱。切切。必須孫張氏及其子孫丁肯爲乞恩，方准放孫廣智、劉光祖出押。詞發，仍繳。

（清）樊增祥《樊山政書》卷一《批咸寧縣民薛源順呈詞》 欠債還錢，一定之理。爾不還錢，自然訟不得結。仰照讞局原斷，迅速清還，勿得瀆訟。此飭。

（清）樊增祥《樊山政書》卷一《批長安縣李令弼臣稟》 據稟，黄良廒因糧搆訟一案，情形極為明白曉暢，持論亦極公平。此案始於吴永春擅糶倉糧，雷德彬挾嫌呈控，兩造均非善類。周故令斷令吴永春交卸倉事，雷德彬歸還欠糧，判斷亦頗平允。繼而吴永春舉其姻親羅榮接充倉正，雖曰接收清楚，而此中弊混，不問可知。觀於羅榮甫充倉正，即請將糧石出放，得息修倉，明係覬加收，以補吴姓之虧，借修倉以邀縣批之准。周故令並不查詢倉之應修與否，糧之當放與否，貿然准其出易。而羅榮遂得獨斷獨行，將倉糧一齊糶賣。此則前後兩倉正狼狽為奸，則實由於周故令之顢頇無用也。去冬饑饉薦臻，倉空如洗，吴、羅之罪百喙奚辭。惟雷德彬借鄉民乏食之故，糾人嚮吴永春滋鬧，托於公義，實挾私嫌。永春不自咎從前擅糶之非，而但挾目前争鬭之恨，人不控彼，彼先控人。是張鍾秀等之上控，實永春激之使然也。此案屢經該印委等訊明，將吴、羅二蠹押追，張鍾秀等自應遵斷息訟。至於懲罰貪劣，亦宜體諒人情。當日出糶之價與荒年糧價縣殊，羅榮錯在從前原不料凶荒至此，今欲其照數買補，恐置之死地，亦難如願相償。況衡量有一定之經，何能將京斗強作市斗，此則張鍾秀等之逼人太甚也！來稟因張鍾秀等屢控不休，懇乞交讞局訊斷，殊可不必。本司以一批了事。查吴永春老而無恥，既將官糧擅賣，以為侵盗之媒，復舉私親接充，以為彌縫之計，居心實屬狡譎。惟其人已死，尚復何言？張鍾秀控人可也，控鬼何益乎？應勿庸議。羅榮以頂缸之黿，為盗糧之鼠，誠屬罪有應得。惟其子已褫衣頂，其身久繫縣庭，蕩産傾家，惡人惡報。張鍾秀尚復蔓訟不休，亦可謂無惻隱之心矣。羅榮著照該令原斷，將錢交足，即行釋放回村。該父子永遠不准預倉事。此案經本司批結以後，倘再有瀆控者，定治以健訟之罪。將此批牌示轅門，俾衆周知。此繳。

（清）樊增祥《樊山政書》卷一《批湋化縣詳》　詳稱劉高娃因索欠起衅，搭傷強德芳咽喉致死，案情種種未確。查高娃托其表叔強德芳代覓傭主，同赴涇陽謀事不成，又回湋化。因無盤費，高娃脱衣質錢花用。查強德芳之往涇陽為探親也，豈有不帶盤費之理？往返七日，食用幾何？高娃衣服當錢幾何？當在何處？有無當票為憑？此皆案中關鍵，何未問及？高娃既有心索欠，身在強家寄住，當強德芳持錢赴縣買麥之時，即應在其家中索討，何以跟隨入縣，突於半路索償，以致彼此爭鬧，經人勸散？畢竟鬧在何處？勸者何人？勸散以後，德芳自必直赴縣城，高娃逗留何所？直至天晚，德芳買麥轉回，適與高娃相遇於無人之處，何其巧也？德芳五十三歲，高娃二十七歲，老壯相鬥，其勝負不問可知。高娃既將德芳掀倒，撲壓其上，有何情急之處，竟一手搭定咽喉，至死不放？謂非有心致死，其誰信之？況高娃一窮人耳，衣服質錢，至多不過數百文。以數百文之故，手搭其表叔至死，應如何追悔恐懼？乃人死以後，不但取其麥而且剝其衣，直與強盗無異。謂非預伏中途，圖財謀命，又誰信之？鄉來牧令不諳律例，幕友狃於積習，恒持救生不救死之説，將謀故重情，一律改為鬥殺。殊不知生者漏網，死者埋冤，非積福也，乃作孽也。本司鄉來辦案不存成見，務在得情。該令服官垂二十年，何猶荒率如此？仰照指駁各節，悉心推鞫，必成信讞。仍候督撫憲暨鹽道批示。繳。格，結存。

（清）樊增祥《樊山政書》卷二《批商州尹牧稟》　據稟，於徐賓剛、賓強兄弟争産一案極為詳明，可以不必覆查，直由本司一批了事。查與民等所争之業，皆其父徐興元之業也。興元所生六子，於同治元年自提膳産一分，其餘六股均分，是業而分七股也。既而次房及五、六房造絶，興元尚在，此三分絶産皆歸興元主持。迨興元物故，三子賓剛獨占五股産業。而長門寡嫂，四門胞弟，僅各得一股，以致蔓訟不休。若從公剖斷，應將原業一齊合攏，作為三股均分，方為公允。然事須審勢，尤貴衡情。試問同一子也，何以賓剛一人能兼五股之産？則以其父興元生死與之相依也。興元在日，始則長、次兩子析居另度矣。及五、六夭亡，四房賓強，苟得親心，豈肯令其出居於外。乃六子之中死者死，分者分，惟賓剛一人，始終與父同度。是以興元既死，膳産、絶産概落賓剛之手。此番興訟，在争者固屬有分，而霸者夫豈無因？平情而斷，分興元之産，當諒興元之心。其心有愛憎之殊，則分産亦宜有厚薄之異。今興元繼妻尚在，而夏氏與賓強索分膳産，均有無毋之心，足征平日不孝於父。應將膳産提開，所有三股絶業，歸現存之三房各得一股。興元繼妻，仍與賓剛同度，膳産仍歸額剛經理。將来伊繼母告終，此項膳産即歸賓剛獨得，以慰興元夫歸愛子之心，以酬賓剛始終奉養之孝。且使愚夫愚婦咸知得親心者分産較多，不得親心者所得較少，亦足以勸孝而懲逆也。至於構杋坪之地，佃戶既稱由興元手中佃種，其為膳産無疑。既係膳産，勿論賓剛契據是真是假，皆應歸其管業，不必再查。至稱差役刑拷，乃是上控通套話頭，案既批結，應毋庸議。仰商州轉飭山陽縣遵照本司判斷，飭令劉新元看為分析。總之，徐興元七股産業，賓強與夏氏各得其二，賓剛得其三。有不遵者，提省痛箠不貸。仍候臬司批示。繳。

（清）樊增祥《樊山政書》卷二《批陳令維藻稟》　能手作事與能手作文，皆與尋常人不同。同一稟也，會説話者，語語扼要；不會説話者，膠葛不清。同一案也，能問案者，直捷了當；不能問案者，蔓訟數年，猶不能結。此中消息甚微，出入甚大，人才之相越甚遠。屬僚出差辦事，妥與不妥，惟視大吏之明白、糊塗而已。此稟叙述石泉控案，三案平敘，朗若列眉，判斷公平，情法交盡。柯樹人一案，不過爲田中需水，墊款不清，柯、李本屬至親，輒因細故蔓訟。該令斷令柯姓水道照舊從李天民地中經過，不得阻攔。李姓爲柯姓墊出税契錢文，清還了事，所謂小事化無也。惟柯生員健訟圖拖，欠打五十戒尺耳。張萬泰一案，該職員獨管四川會館，侵蝕會錢，抗賬不算，捏情上控，拖累多人。該令斷令照賬交錢，追取從九實收，以奪棍徒之氣，可稱明决。陳國森一案，因開挖公山肇訟，最爲膠葛。該令親歷山溝，勘明四至，繪圖貼説，界址分明。陳國森以軍功而充代書，其爲積蠹陰奸，已可想見。該令將公山界址斷明，仍追取該蠹功牌，枷號示儆，尚未十分痛快。仰古泉吕署令於疏枷後，將陳國森鎖繫鐵杆一年，以懲刁訟。至李天民兄終弟及，久充局紳，屢被控告，勒令辭退。不惟平石民之忿，亦以保李氏之家，均著如稟分别銷案。除陳姓功牌已由該令徑繳撫憲外，張姓實收塗銷，陳國相圖説存卷。該令此次問案，摘伏發奸，聞者足戒，而又天寒路遠，往返甚勞，著記大功三次，爲同寅勸。來往川資。每站一兩，照例給。此批發交西安府照鈔一分，轉移興安府，轉飭石泉縣遵照。繳。

（清）樊增祥《樊山政書》卷二《**批韓城縣丁令錫奎詳**》　關翠兒以九歲幼女而招一二十五歲之壯男上門爲夫，王心寬以二十五歲之贅婿而欲與四十九歲寡居之丈母姦宿，均屬奇情怪事。據該縣詳稱，關孫氏夫故無子，遺女翠兒九歲，憑媒劉之安説合，招王心寬上門爲婿。俟翠兒長大成婚，心寬於八月十七日進門。至九月二十七夜，突欲與丈母同宿。孫氏斥駡不允，遂用剃刀將其脖項抹傷。翠兒哭喊，又用剃刀登時殺死。及孫氏大聲呼救，鄰右紛來，心寬亦畏罪自刎，此冤孽也，亦妖異也。該縣謂王心寬罪有應得，已死免議。房主鄰人救阻不及，亦無庸議。剃刀存庫，屍棺飭埋，可謂結得容易，辦得乾淨。獨不思肇此禍者尚有兩人，其一即關孫氏糊塗謬妄，引賊入門，惟已受刀傷，姑免懲責。其最不可恕者，媒人劉之安也。一男一女相差十六歲，欲求配合，至早須得五六年，乃竟妄爲撮合，致釀此等淫凶冤酷之案。非將劉之安重責枷號，何以服人？關孫氏爲稚女招壯夫，圖養贍也。進門四十日，身危女殉，凶手亦死於其家。驗屍過堂，買棺盛殮，該寡婦一身任之。而王心寬既殺其女，又累孫氏破鈔打此人命官司，不平極矣！心寬有無父母家産，來詳未敘。其到案者，則有屍叔王太和、屍舅史清善。王心寬以九歲女子爲妻，爲尊長者不能訓阻，咎亦難辭。著王太和、史清善各出錢十串，劉之安除枷杖外，再勒令出錢二十串，幫給關寡婦，以爲慘遭人命之費。心寬如有家産，亦應以一半斷歸關孫氏，以昭公允。仰同州府轉飭該令凛遵批示，迅即照辦，仍將辦結情形詳悉稟復，勿延。此繳。

（清）樊增祥《樊山政書》卷二《**批咸陽縣民夏開發控詞**》　據稟爾女青年喪夫，經其翁張大送回娘屋，准爾另嫁，但不准與人作妾。爾遂憑媒張榮得錢六十串，將爾女再醮王福禄爲妻。今始查知王福禄自有髮妻，係張榮假立婚書，私地受銀百兩，賣與福禄作妾。請爲究斷等語。爾以女與人，並不打聽其人有無妻室，貿然受聘，已屬糊塗。王福禄年逾五旬，甘心以青年寡女改適老翁，尤爲貪忍。况從中詭吞捏賣者，張榮也。爾以爲受聘作妻，福禄祇知花錢買妾，娶妻與討妾，判然不同。爾女出門之時，親迎合巹乎，抑單車相送乎？會親之時，翁婿相稱乎？抑視猶奴隸乎？此皆立見分曉之事。何以爾女四月過門，直至臘月，爾始知是妾非妻，來轅告狀？查王福録充籌賑局經書，作姦犯科，冒捐漁利，爾當時艷其豪富，不論老少，不分嫡庶，慨然賣女圖財。今見福録被本司斥革辦罪，爾遂乘危具控，希圖領回此女，再賣得錢。無恥喪良，與王福禄可稱冰玉。此案本不足究，惟福録以一書吏承辦捐案，舞弊肥私，不但以身發財，而且買妾作樂，實爲天理國法所不容。此案發交安府督同讞員集案審訊，其妾夏氏交娘屋領回，聽其嫁賣，使王革書人財兩空，以快人意。夏開發前受王姓財禮六十串，勒令繳出，付粥廠充公。張榮如果私得百金，於質明後，亦即勒令繳出，付粥廠充公。夏開發俟繳錢後，再令領女。仍將夏開發、張榮、王福禄各重笞百板，以見血爲度。福禄之撻，乃就案結案。其所犯正案，仍照例辦罪，勿延。詞發，仍繳。

（清）樊增祥《樊山政書》卷三《**批咸甯縣民婦張劉氏呈詞**》　本司查得爾本側室，冒充正嫡，爾子又以弟控兄，均於未便。兹據悔懇前來，姑准從寬銷案。以後倘再滋訟，不得如此次寬貸也。此飭。

（清）樊增祥《樊山政書》卷三《**批南鄭縣民毛集鴻控詞**》　手足參商，快兄之死，暴姪之惡，爾已自處於不弟不仁。稟詞敘事不清，莫能知其底細。打爾之王委員容有偏謬，駡爾兄之李前令亦非好官。爾詞固不足憑，即前後判斷亦均不足據。此等家庭争産之案，聽其蔓訟數年之久，不知南鄭縣所司何事？仰漢中府提集人證，一堂斷結，詳候察奪。詞發，仍繳。

（清）樊增祥《樊山政書》卷三《批西安府紳等稟詞》　據禀已悉。該紳等代人乞恩，不得不如此説耳。其實李少山窩賭漁利，本署司灼見真知，是以拘拿到案，跟究賭徒踪跡。爾等試思，時已二月，人各有營。而該提塘設局抽頭，官商争赴，千金一擲，贏少輸多。牧令營弁，以及官場之子弟，票號之商人，圖長夜呼叫之歡，而受債家逼迫之累者，不知凡幾。營員賭負，必虧糧餉，牧令賭負，必盗官錢。子孫耗祖父之財，鋪夥虧東人之本，彰彰在目，特不肯歷數其人耳。該提塘設阱陷人，本應盡法懲治。惟據該紳等合詞籲懇，姑且從輕。李少山革去提塘，不准在省盤踞。其車家巷住宅，立即查封。仍將該提塘遞解回籍，交地方官嚴加管束，勿任來省滋事。窩家既從寬發落，所有入局之官商人等，姑免追拿，冀其感而知悔。倘再敢犯，本署司決不能寬矣。總之，羣居聚賭，不在金吾不禁之條；執法平情，無非玉汝於成之意。各該紳及各該賭徒一併知之。

（清）樊增祥《樊山政書》卷三《批同官縣孀婦孫楊氏控詞》　以母首子，前任兩撫憲嚴批，將爾子孫應瑞革審辦罪。爾乃受其愚弄，自具悔呈。及銷案後，爾子悖逆如故。似此梟獍之性，犬豕之行，毆母争財，傷天害理，若不從嚴懲辦，何以維風紀而正人心？尤可怪者，賊子蔑倫，人神共憤，同官劉令何以袒子辱母，豈真别有肺腸乎？此案著委候補知縣李令少溶前赴同官，查照前後案卷，將應訊犯證人等隨同縣卷一併提省，交發審局嚴行審訊，按律定擬。再由本司覆提親訊，不准朦朧詳銷，致滋訟蔓。詞發李委員閲看，仍繳。

（清）樊增祥《樊山政書》卷五《批咸甯縣詳》　此案轎夫陳明山擅賣髮妻，一罪也；既賣復翻，二罪也；控縣過堂，斷令彼還妻而此還銀，而該轎夫延不交銀，三罪也；捏造無情無理之詞，誣搶誣拐，率行上控，四罪也。現在雖經交銀，豈能免打？彼昏昏之娶主，貿貿之媒人，可東可西之蕩婦，雖皆可打，然非陳明山起意賣休，則彼三人皆不致自投羅網。是此一案，惟有重責該轎夫了事。陳明山著枷號十日，期滿重笞取保，餘人可打可不打也。繳，原詞存。

（清）樊增祥《樊山政書》卷五《批咸甯縣劉令德全詳》　此一場混賬官司，直是無從説起。來詳委曲詳盡，剖斷亦復嚴明，從前雷、舒兩判都未到恰好地位，以致貪奸淫惡，醜怪百出。查尚德壽夫婦雙亡，僅遺兩妾一女，而其岳母車潘氏嚮係著名人販，竟使其前夫之子董計愷姦霸尚氏二妾。其一尚孟氏尋故，一則尚林氏與計愷生子，居然繼德壽之後。又德壽之女蘭英具控，舒令輒將德壽家業俾蘭英、林氏均分，可謂謬矣。當涉訟之初，蘭英身猶未嫁。若爲揀一好婿，俾嗣尚氏香煙，亦是經中之權。林氏則逐離尚門，聽其携子歸董。車潘氏罪惡山積，立斃杖下，豈復有今日之事乎？舒任既錯舛於前，雷任復將蘭英交已故孟氏之嫂孟王氏領去，蘭英以及笄之女無人官束，而且屢涉公庭，膽贏顔厚，當涉訟之始，早與司書唐鳴雁有瓜田之疑。及孟王氏領歸，遂使其姪王長歲作桃僵之代，詐稱尹姓，欲娶蘭英。經雷令驗得是王非尹，而車潘氏以外祖母而出頭争訟矣。夫蘭英乃一無主之女也，案經官斷，只可官爲作主，何能付之於人？况孟王氏乃其已故父妾之嫂，有甚關連？其慨然承領者，不過欲圖財嫁賣？以尚家女子而孟王氏主婚受金，何怪車潘氏不服乎？車潘氏勾串游勇姚開業争娶，而孟王氏遂縱令武生李福愷刁姦。蘭英一無知女子耳，縣案過堂早類飄零柳絮，野臺看戲居然迎接桃根。福愷非故非親，忽爾登堂看望，忽爾邀請出游，彼既餌魚以上鈎，此遂雉鳴而求牡，相從蔓草，甘抱衾裯，蓋此時之蘭英亦復不足惜矣。此案無一好人，來詳分别重懲，都已了結。獨以蘭英應否歸福愷作妾，詳請示遵。查蘭英願嫁，福愷願娶，亦可將就了結。著勒令福愷出銀三百兩，交恤嫠局充公。不交，即將蘭英另行擇配。尚德壽遺業現存若干，著即查明。董林氏所分一半，刻即追回，誰爲蘭英之婿，即令誰經理此産。將來蘭英生子，即繼尚氏之後，得尚氏之業可也。餘俱如詳辦理。此繳，原詞存。

（清）樊增祥《樊山政書》卷五《批寶雞縣詳》　此案應仍照鬥殺擬辦。查王汰漥欺尊犯上，屢次强取其兄汰香財物。其弟汰明身故，阻繼奪業，以鰥居之兄而欲與守孀之弟媳同住，其意何居？及汪氏避歸娘屋，輒又遷怒其兄，逐日詬鬧。及汰香邀同族長理斥，汰漥輒執屠刀將汰香逼入卧房，猶不歇手。汰香之奪刀還砍，實緣凌逼使然。彼時兄不傷弟，弟必殺兄，汰奎種種蔑倫，行同豺狗，即是應死罪人。若如所擬，坐汰香以故殺絞候之罪，殊屬失入。況兇器奪於彼手，致命僅止二傷，何得以近故二字坐以死罪？仰仍照鬥殺問擬，以示持平。此繳。

（清）樊增祥《樊山政書》卷五《批蒲城縣陳令稟》 據稟已悉。敘述趙氏家事，歷歷如繪，此案可不訊而結也。趙鼎五作令中州，故後遺一妻、一妾、一子。子爲妾出，在汴時即以爭財搆衅，經同鄉官秉公分析，妻、妾與子各六千金。葬費一千，嫡庶各存五百。其弟堃五，以歷年隨任分二千金作脩脯，又分給長門姪、三門弟各一千五百金。所謂三門弟者，仍即堃五也。當由堃五搬靈回籍。其妻宋氏，久住娘家，妾陳氏遂携子歸蒲，懸柩未葬。宋氏金資耗盡，乃與母家多人還蒲，假營葬之名，覬分其妾與子已分之産。陳妾、堃五閉門不納，以致涉訟。前任彭令斷令嫡庶同居，商同營葬。陳氏不甘上控，未蒙准提，遂復携子往汴。案懸三年不結，屢經宋氏呈催，該縣關提，延避不到。據祥符縣移稱，陳氏具訴前已將葬費五百金持出，被堃五私吞等語，該令以陳氏不到，案終不結，具稟請示前來。平心而論，此三造中最可憐者，妾與其子也。可憐不足惜者，其嫡宋氏也。最可惡者，趙堃五也。堃五以弟居胞兄衙署數年，吃飯著衣，孰非兄賜？兄没，覥然攘其遺資二千金，名曰束脩，已屬可詫。束脩之外，又分一千五百，亦云足矣。及嫡庶肇訟，陳妾已將葬費五百金持出，又爲堃五乾没。計鼎五作官一場，身後兩寡一雛，百端未了，僅餘二萬二千金，而堃五坐分四千金以去，復嗾其妻妾相争，彼收漁人之利。遺棺在殯，葬費歸囊，使上天果有雷霆，必首繫此人之腦矣。宋氏身爲正室，夫亡子幼，誼當視庶出如己出，與其妾同心撫孤。而乃尸肉未寒，便分財産，徑歸娘屋，浪擲遺金，金盡歸來，又欲剝削陳氏母子之産，此雖名爲正嫡，實鼎五之罪人而其妾與子之冤孽也。陳妾興訟以後，當將葬費五百持交堃五，足見其傷心畏累，冀其子無事爲福，欲其夫入土爲安，不圖夫弟鯨吞、嫡妻狼噬，居薄則羣兇環伺，居汴又屢檄關提。計其所分萬二千金，訟耗當復不少，再令回鄉營葬，迎嫡同居，陳氏與子垚官，其終爲餓莩矣。凡斷此等案件，最患泥一定之名分而不諒人情，作官樣之文章而不顧後患。彭令前斷此案，可謂冠冕堂皇，然害趙氏即彭令也。嫡庶苟可同居，則在汴時不必分矣。宋氏視夫如路人，視妾爲魚肉，所分之金既盡，而令二女同居，若任其揮霍，則陳氏不甘薄其奉養，則宋氏必再訟。是斷案者自取不了也。案中最重者，鼎五葬事耳。陳氏營葬五百金既已持出，則亦可告無罪，何必關提？試問宋氏之五百金今在何處乎？此案即由本司批結，仰該縣即將宋氏堃五提案，勒令將葬費一千金持出，剋期下窆。喪祭稱家之有無，若宋氏業已耗盡，即專用堃五吞没之五百餘金量爲營辦。至關中俗例有孤子頂盆破土之説，今鼎五之子在岳家讀書，而且回籍必更受巨累，九原有知，必不忍其子以抔土之故又耗其千金之産也。從權酌斷，堃五除交出乾没五百金外，如有不足，仍於前受束脩二千金內取償，以贖其唆訟吞財、欺兄蔑姪之罪。宋氏代垚官送葬，以贖其忘夫蕩産之罪。至宋氏之六千金未必全行花費，倘住夫家，即責令堃五照管；倘歸母家，即責令其兄宋西賓養贍，永遠不准侵削垚官母子之遺資。俟十餘年後，垚官學業有成，功名有望，或歲給養贍，或迎嫡同居，理所宜然。道貴各盡，將來迎養出於其子，愈可聯慈孝之情。此時分財，斷之自官，必更啟欺詐之衅。本司既無桃棐，復鮮楊枝，判斷此案，惟取持平，毫無偏倚，問嫂叔之本罪，便彼無詞，留孤寡之餘資，延渠一綫。彭令顢頇延訟，應詳記大過一次，以爲專打官話、不體人情者戒。除詳請撫憲轉咨河南撫憲轉飭祥符縣鈔録案判付陳氏母子收執，永爲鐵據外，仰該縣遵批即提宋氏及西賓、堃五等到案，將本司批判各事理當堂吩諭明白，勒令具限營葬，具結完案。如敢不遵，即將宋氏、西賓、堃五押解本司衙門，聽候親訊懲斷。此繳。

（清）樊增祥《樊山政書》卷一一《批渭南縣詳》 絶業争繼之案，往往而有。世風益薄，貪財産而悖倫常者，幾若視爲固然。此等毫無天性之人，雖歷引古人孝弟之事，譬説百端，何足發其深省？惟有痛打一法，使彼受剝膚之災，差免蔓訟之累。此案原告李振愷，當其長兄故絶之時，尚未生子，業憑親族以二門之子爲長門後，雖得遺業，然葬祭之費，皆二門任之。振愷突於數年以後，因生子而起奪業之心，竟以佔擄控其二兄，意在婪産奪繼。該令於訊明後，不打一板，發給兄弟翕和故事一本，令其熟讀自悟。此等辦法，乃兩漢循吏之所爲，施之今日，微嫌迂緩，不但不能感振愷之心，轉致延訟不休，其二兄更加受累，豈非仁於奸民而反累及良民乎？今振愷於上控批訊以後，數月不回縣投審，應即照例銷案，一面飭咸、長二縣在於省城各店舖嚴拿李振愷到案，代該縣痛加笞責，以儆刁誣。此繳。

（清）樊增祥《樊山政書》卷一一《批商州楊牧稟》 據稟張敬業誣控李瑞臨一案，委曲詳盡，繪景繪聲，真公牘中射雕手也。據稱敬業不孝不弟，始唆繼母逐其過繼之兄，繼因誣陷瑞臨，並忍於誣其繼母。此案瑞臨與敬業之父張凌霄及李克昌各出資本銀四百兩，夥開德盛新過載行。瑞臨獨領號事，迄今三十三年，獲利十餘萬金。截至光緒二十五年，止敬業一家已分利銀二萬七千餘兩。乃因父死母慈之故，浪蕩胡爲。既誣控不遂，乃敢在省城擅奪該行代客完釐之銀六千兩。迨經咸甯追究，已耗去四千餘金，均由瑞臨彌補。此次復在商州結訟，該署牧灼知奸僞，敬業遂來省妄誣。似此無良無恥，豬狗不若之徒，斷難容恕。迹其所爲，唆母逐兄，罪一；蠛母辱宗，罪二；浪蕩敗家，罪三；忘恩反噬，罪四；搶奪釐金，罪五。任舉一端，皆堪棄市。仰咸、長兩縣在於省城各店舖嚴拿張敬業到案，押發商州，交新任胡署牧，查照楊令原斷，妥速結報。俟具結後，即將敬業監照追奪，用大鍊巨石嚴加鎖繫，不拘年限。須其母若兄及李瑞臨到案具保，再爲稟請酌奪責放。仍移楊令知照。繳。

（清）樊增祥《樊山政書》卷一三《批華州詳》 民生有三，事之如一。以學生而姦業師之妻，與烝淫何異？此案生員李仰蓮與其師母杜張氏通姦，此等狗彘不若之男女，何足污人筆墨。惟原告與原問官均屬膿包無用。查廩生杜鑑爲張氏之夫胞姪，例得捉姦，既於姦所登時捉獲，何不將李仰蓮一刀殺却，以快人意。到案以後，唐前牧眼見師母、學生赤身綁縛，如犧牲之陳於庭，凡有血氣，能不髮衝？乃猶念其爲秀才也，僅予責懲。抑聽且其爲秀才也，弗予詳革，但令仰蓮將涯當之地贖回，涯賣之房價交出了事，而於人神共憤之姦情直以輕輕一責了之。士習民風，幾何不淪於墨風鬼國也！而仰蓮猶不知懼，但交房價，不近土田，以致二次控案。適當唐牧已去，該牧到任之時，甫得縷敘案情，詳請斥革懲辦前來。李仰蓮准即如詳革去衣頂，至於懲辦，惟有立斃杖下之一法最痛快，亦最允當。而現值部議恤刑，姑貸其命。仰該牧於斥革後，將該狗彘重笞一千板，鎖繫十五年，以爲瀆倫縱慾行同禽獸者戒。仍候各衙門批示。繳。

（清）樊增祥《樊山政書》卷一三《批華州褚牧稟》 馮丙丙僦屋，與蔣王氏僅一牆之隔。不問此婦貞淫邪正，黑夜翻牆入室，調戲求姦，膽大妄爲，至斯已極。王氏抓面拒姦，旋復羞忿仰藥，誼當請旌。而馮丙丙縱狂且之慾，戕貞婦之生，雖無問抵之條，實激人神之怒，仰該牧將該犯先笞一千板，然後辦案。仍候各衙門批示。繳。

（清）樊增祥《樊山政書》卷一三《批榆林府劉守稟》 稟及夾單並原告甘結均悉。該守查辦此案，情法兼盡，寬嚴得中，深爲嘉佩。查神木高家堡等處雖經霜雹，並不成災，里長薛忠等以匿災上控，半由倖澤之心，半由詐贓所激。張令因蒙漢交涉事件會廳往查，遂以勘災付之丁役，以致門丁馬姓詐銀七十兩之多。律以失察私罪撤參不屈，該守念其老病清貧，事前雖少關防，事後尚無徇庇，業將門丁交出，由該守追還贓銀，重責枷號，並將該令不肖子弟驅逐回籍，仍於明法勑罰之中寓憐老恤貧之意。法家之筆，仁人之心，悉於稟牘中見之。查此案前奉院批，令兩司會詳參辦。既據查明，並無匿災情事，其家丁子弟又已嚴懲，所請撤而不參，姑且勉從賢守之言。比附毫不加刑之例，銅符已解，霜簡從寬。惟神木官虧，仍仰該守督令填還，以重公款。各里長因詐贓而控，因還贓而息，雖有誣飾，法當原恕。馬門丁枷號三月，期滿察看稟奪。該主僕若遇西林制軍，一則懸首藁街，一則襲棺絕域矣。繳，單、結併存。

（清）樊增祥《樊山政書》卷一三《批華陰縣詞訟册》 天下事專論情理，盡人皆知。至情理中又有情理，則非天資高才識敏者不知也。册開第一案孀婦王王氏無兒無女，撫張土旺爲兒，買陳運釵爲女，立契言明女媳聽便。當抱養時，皆在襁褓，王王氏鞠育雙雛，誠不啻同懷之兄妹，而愛憐兩小，暗許爲異日之夫妻。不期土旺愚頑，運釵厭薄，及當倩當婚之際，欲正佳兒佳婦之名，而運釵之兄陳闆兒誘妹回家，意圖另聘。迨王氏呈控到案，該令訊悉前情，以爲陳楊氏不得誘回已賣之女，王土旺亦不應妻其異姓之妹，斷令土旺別娶，運釵由王王氏另字。凡遇此等案，本極活動，兩邊俱説得去。王王氏意圖省事，義兒義女順水推舟，本屬鄉間常事。惟婚姻之事，應視本人情願與否，此案如運釵心肯，則曰既不同父，又不同母，婚配何妨？今運釵既不情願，則曰既爲手足，難作夫妻，斷離爲是。該令敘述此案，先下運釵不悦四字，早爲後來另嫁另娶伏脉，心靈手敏，深知律意，此所謂情理中之情理，非聰明人見不到也。此案登報，餘兩案亦極妥愜。繳。

（清）樊增祥《樊山政書》卷一四《批醴泉縣舒令詳》 此詳隱約其詞，死者王董氏與楊秀齡顯有曖昧情節，深屬可恨。詳稱王董氏乘其翁王思榮、其夫王富貴出外，偷將銀兩約據衣物，給其姐夫楊秀齡持出。迨思榮父子查問得實，令該氏往索，依然空手而返，以致羞忿吞煙。夫背本夫而嚮姐夫已非人情，然猶可曰楊秀齡甘言誘騙，以壻竊岳之銀物，或不疑其有他。乃該氏既以銀約老衣相贈，更以己所著之衣鞋贈之，無恥無良，死有餘責。此婦死後，秀齡僅還其衣鞋，而銀約老衣捐留如故。查秀齡娶王氏之女，私王氏之媳，盗王氏之財，卒致其所私者死於非命。此案着一詳了結，仰將負心釀命、姦盗並行之楊秀齡嚴拿到案，重笞千板，勒令將盗臟悉數繳案飭領。仍將秀齡用大鍊巨石永遠鎖繫，死而後已。仍候督撫憲暨臬司、鹽法道批示。繳。

（清）樊增祥《樊山政書》卷一七《批臨潼縣李令嘉續稟》 女子不幸而爲妾媵，分雖卑賤，而性命則同。譬如衣冠中人毆殺菜傭酒保，未有不問抵者，獨家主斃妾則輕減其罪，以致冥頑凶虣者任意楚撻，推而至於悍姑虐媳，悍妻虐婢，皆得恃尊任性，慘肆奇刑，此事理之最不平者也。此案楊劉氏爲楊培林之妾，有孕在身，而培林輒用麻繩木器毆傷十七處，其間致命者五處，而左右前後肋、左右前後脇、左右臂膊及脊背、脊膂皆重叠受傷，以致胎驚血潰而死。論其慘毒，實無人理。試問胎爲何人之胎，楊培林不但自斃其妾，抑且自殺其子，狼心虺性，恨不立時打殺，以彰天報而快人心。究竟因何事如此痛毆，若專爲抛棄殘飯，便下此毒手，尤爲奇酷。此案抑從重問擬，勿稍輕縱。現在更定刑法，罪人俱不輕笞杖。而一介平民敢以非刑施於家庭，且於母子俱死之時視若分所應爾，悍然棺殮私埋，尤堪痛惡。仰於提訊時，先笞千板，以快過屠之意。然後填格録供，通詳稟報，勿延。仍候督撫憲暨臬司、鹽道批示。繳。

（清）樊增祥《樊山政書》卷一九《批麟遊縣魏令立稟》 據稟商民李映詳之妹爲麟遊縣學官丁效儀繼室，光緒辛丑憑扶風郝教官等爲媒，以禮聘娶。而效儀先已有妾薛氏，係原籍韓城縣優人之女。效儀嬖之，屢與李氏反目。薛氏欺其懦弱，竟敢以庶毆嫡，致令門斗出而勸解。迨癸卯鳳翔府考，八屬教官俱至郡城，映詳與原媒郝教官、梁廷棟嚮效儀理論，效儀膽敢將廷棟送縣責押，因干衆怒，各教官公稟。尹守彼時即欲揭參斷離，效儀情急哀求，懇與李氏製補褂一件，以正名分，並令薛氏與李氏叩頭服罪，事遂了結。及回縣，盡昧前言，縱妾凌妻如故。該令到任後，丁李氏兩次奔縣哭訴，飢寒毆辱，情不能堪。該令意主調和，屢勸效儀弗聽。去臘，李氏歸甯，一往不返。今年二月，映詳復來麟具控，意復求合，而效儀决計退婚，映詳亦以斷離爲請。該令以爲李氏未犯七出之條，而强合又有兩傷之勢，具稟請示前來。本藩司判曰：人無妾可以續娶，有妾無寵可以續娶，妾賢明知體，勸主翁續娶，可以續娶，效儀則三者俱無也。夫娼妓在室，而娶一好女入門，勢必以賤壓良，以鄭亂雅。郝教官與丁同寅，明知其家有野狐，而又爲别求鴛偶，昔人謂一部《琵琶記》，始終由張廣財多事，其郝教官之謂歟？李氏歸丁五年，捱無限之淒辛，受無辜之楚撻，李之苦如道旁之李，丁之恨如眼中之丁，初公訐於郡庭，再呼號於縣署。尹守嚴而仁者也，此等事苟可不離，决無斷離之理。明知丁之言不足信，又憫李之退無所歸，彼既知非姑容悔過，今則業已大歸矣。出有七條，並無一條之可指，則罪不在李而在丁，離之兩好，出於兩姓之心甘，則斷離不由於本司，而由於兩造。此後李氏願守願嫁，悉從其便，丁效儀不得異言。惟該教官靦然人師，玷污黌校，娶良家之女大歸而璧已不完，近聖人之居十年而臭猶不盡，今自知其暴行已著，衆論不容，乃借繼母之喪作兔脱之計。此等敗類，應一面詳請咨革，一面札飭署韓城縣張令刻日將丁效儀傳案，勒令出錢五百串以助學堂經費。如敢抗違，即將該革教鎖繫三年，罰做苦工。併將丁薛氏逮案，鞭背一百，枷號三月，認罰則免，否則遵批實行。蓋效儀捐貲缺教官，買樂戶淫女，而又敢於汙辱良家，旋娶旋棄者，恃其有錢故也。天下錢奴無不視錢如命，然鎖繫則痛切於身，薛氏則更甚於命。本司以人治人，屢試屢驗，今爲學堂薄添經費，爲李姓少雪沈冤，各該令當知此意也。繳。

（清）樊增祥《樊山政書》卷二〇《批寶應縣稟》 《書》曰罪疑惟輕，朱子曰君子常失於厚。該令同日繕發兩稟，均係鬧米之案，事在兩年以前，所獲各犯業經瘐死三名。萬前令擬以軍遣，該令改爲監禁五年，擬以滿徒，改爲監禁三年，案情無殊别，稟詞亦無同異。如果萬令擬辦過刻，該令從輕擬結，誠不失爲仁人之用心。若因各犯狡供而遂故寬其罪，則匪膽日大，終爲良善之憂，亦終爲地方官之累，不可不察也。觀於潘齡臍等一案禀稱楊長清等所供打毁器物，折毁牆磚，實係畏刑妄認等語。查原報貧民乘機滋鬧，毁壞各紳富家門窗衣物，而各匪到案亦俱供認不諱。然該令於兩年以後接審此案，忽以畏刑妄認四字爲聚衆滋事之匪徒開脱。然則紳富爲誣賴，而萬令爲刑求矣。兩禀於所獲各犯均稱並無冤屈，又均稱法重情輕，實屬自相矛盾，此等禀牘不堪令張子布見也。姑候列憲暨臬司、運司、淮揚道批示。繳。

（清）樊增祥《樊山政書》卷二〇《批江甯縣禀》　前日回署，徐冬官攔遞控詞，當以情節支離逐層批駁。因控稱其母被江甯縣遞解有案，批飭録案詳奪。兹閲來禀，始知所控者即胡觀察，以一介至窮極賤之細民而敢於捏情誣告官宦，詆謗清門，實堪痛惡。且伊姐徐氏最小之時已被其父母賣給惡鴇，幸得拔出火坑，於郎生告終後，矢志守節。而冬官母子復敢來往串騙，誘令歸甯，竟將守節二十年、年逾不惑之孀婦復行嫁賣。徐氏幸以智免，仍歸於胡。當其初，墮落煙花，早絶天倫之誼。迄今日，幾爲商婦，更無骨肉之情。而冬官母子尚敢一再前來，覥顔求見，不見則哭鬧無休，似此污賤喪良，冥頑無恥，仰該縣迅將徐冬官拿案，重責五百板，遞回鹽城縣，鎖繫三年，期滿察看禀奪。此繳。

（清）周爾吉《歷朝折獄纂要》卷五《判産・兄弟訟田》　國朝乾隆間，普甯縣民陳智有二子阿明阿定，娶後分産異居。父殁有餘田七頃，兄弟互争，至相搆訟，兄曰：父與我。呈閲書閲之，内有老人百年後此田與長孫之語。弟亦曰：父與我，有臨終批囑爲憑。時縣令爲藍鹿洲，曰：皆是。但田土細故，弟兄争訟，大惡也，我一刻不能判斷，須他日再審。命隸役以鐵索一條兩縶之，日則同坐，夜則並卧，使頃刻不離。日使人偵其詞色來報，初背面側坐，漸而相向，又漸而相對太息，忽而相與言，久之且共飯而食。令知頗有悔心也，問二人有子否，則皆有二子。命拘其子偕來，呼阿明阿定曰：汝父不合生汝兄弟二人，是以今日至此，向使汝止一人，田宅皆爲己有，何等快樂！今汝等又皆有二子，他日争奪，又無已時，今先代汝思患預防，汝二人各留一子，明居長，留長子，定居次，留次子。命差役將阿明少子、阿定長子，押交養濟院，賞與丐首爲男，取具收管存案。彼丐家無田可争，他日得免於禍患。二人叩頭號哭曰：今不敢矣。令曰：何也？阿明曰：我知罪矣，願讓田與弟。阿定曰：我不受，願讓與兄。令曰：汝等果實心耶？二人曰：如有悔心，明神殛之。令曰：汝二人即有此心，汝妻室亦未必能肯，且歸與婦計之，再來定議。越日，阿明妻郭氏、阿定妻林氏邀其族長當堂求息，且泣曰：我兄弟惷愚，不知義理，致費仁心，悔之晚矣。我兄弟皆不願得此田，請捨入佛寺。令曰：噫！此不孝之甚者也，汝父汗血辛勤，創兹産業。汝兄弟鷸蚌相持，使禿人收漁人之利，汝父在九泉能瞑目乎？今兄弟交讓不得，則還汝父，以此田爲汝父祭産，汝兄弟輪年收租備祭，子孫永無争端，此一舉而數善備者也。於是族長皆叩頭稱善，阿明等悉歡欣感激，當堂七八拜而去。兄弟妯娌，相親相愛，百倍曩時，民間遂有言禮讓者。繩之以德，使其自悔，真有文翁遺風，不愧爲民父母。

（清）周爾吉《歷朝折獄纂要》卷七《明倫・臨晉縣案》　國朝乾隆時，某公為臨晉縣，有獄久未決，後鞫實為弟毆兄死。夜擬讞牘畢，未及滅燭而寢，忽有白髮老人跪牀前，叱之不見，而几上案卷翻動有聲。起視則所擬讞牘也，又復詳審，罪實無枉，惟其家四世單傳，至其父始生二子，一死非命，一又伏辜，則五世之祀斬矣。因即毁稿，存疑如故。紀曉嵐先生曰：以王法論，滅倫者在必誅；以人情論，絶祀者亦可憫。生與殺皆礙，仁與義兩妨矣。如必委曲以求通，則謂殺人者抵，以申死者之冤也。申已死之冤，而絶其祖父之祀，其兄有知，亦必不願，使其果願，是無人心矣。雖不抵，不為枉，是一説也。或又謂情者一人之事，法者天下之公。使凡兄弟二人，弟殺其兄者，即哀其絶祀，皆不擬抵，則奪産殺兄者多矣，何法以正倫紀乎？是又未嘗非一説也。總之不有皋陶，此獄終難斷定，存以待明理者之論定可矣。

（清）周爾吉《歷朝折獄纂要》卷八《感化・拾子争産》　國朝高青書太守爲安徽六安倅時，有捐職郎中告弟不分家産者。訊之，家産百萬，父在時已給十萬，分與另居，俟幼弟成立時再分。今父已死，而弟絲毫不給，求作主云。太守曰：爾弟訴呈呼爾爲拾子，何也？曰：父母生某。棄之於野，義父拾回養育，故名拾子。太守曰：我看爾將來必貴，何必留此些須，遺人口實？大丈夫貴自立耳，可將前得者併還之。速具遵依，呼役帶出具結。久之役以不甘稟復，旋傳其人曰：爾義父無子，拾爾爲子，今有子矣，不必他人之子爲子，故以十萬與之，絶之也。異姓不可亂宗，例有明文，余當爲爾通詳歸宗。其人以無宗可歸對。太守曰：古有以牆以路爲姓者，爾爲拾子即以拾爲姓可也。其人詞屈，乃願銷案。太守立責之曰：爾無義父，何至有今日？不思報本，反欲與幼弟分産，控告到官，天良喪盡矣，可即照斷。其人叩頭請罪，以後不敢控告，再求分析，具結而去。

百萬家貲，被人控告，在他人不知如何掀波作浪，而先生冰清玉潔，動以天良，不獨隨到隨結，兼使永絶訟端。非仁人之用心，其能如是耶？

（清）周爾吉《歷朝折獄纂要》卷八《感化・浙右僧案》 國朝乾隆間，浙右富人某捨一竹園於鄰寺。後其子孫貧甚，夜偷其笋，僧執爲盜，送於官，請懲。令訊之，得其詳細。乃判云：當初捨園，指望福田，既無福田，還他竹園。責其僧而逐之，人稱快焉。

劣僧享富人之福，復誣其子孫爲盜，喪盡天良，宜入阿鼻地獄。幸賢令尹勘破，責而逐之，可爲不思源者戒。

（宋）真德秀《政經》 《易》：山下有火，賁。君子以明庶政，無敢折獄。山下有火，明不及遠，故明審庶政，不敢輕於斷獄。山上有火旅，君子以明慎用刑，而不留獄。火之在高，明無不照，恃明。

（晉）葛洪《抱朴子》外篇卷二四《酒誡》 于公聽達，明於聽斷，小大以情，不失枉直。是以刑不濫加，世無怨民。

（宋）桂萬榮《棠陰比事・漢武明經》 漢景帝時廷尉上囚防年，繼母陳殺防年父，防年因殺陳依律以殺母大逆論。帝疑之，武帝時年十二爲太子，在帝側，遂問之，對曰：夫繼母如母，明不及母。緣父之故，比之於母。今繼母無狀，手殺其父。下手之日，母恩絶矣。宜與殺人同，不宜以大逆論。

謹按《大明律》云：凡繼母殺其父，聽告，不在干名犯義之限。今觀漢史所云，防年繼母殺父，因殺繼母，宜與殺人同，不宜以大逆論。竊詳此實倫理之變，若比殺常人，則故殺者斬。若比父母爲人殺而子孫擅殺行兇人者，杖六十。其即殺死者勿論。盛世倫理修明，固無此事。萬一遇此，所司當體究的確，比擬奏請。

（宋）桂萬榮《棠陰比事・李傑買棺》 唐李傑爲河南尹，有寡婦告子不孝，傑察其狀非不孝者，乃謂曰：汝寡居惟一子，今罪至死，得無悔乎？婦曰：不順之子，寧復惜之？傑曰：審如是，可買棺來取尸。因使人覘之，乃謂一道士曰：事了矣，俄將棺至。傑尚冀其悔，而寡婦堅執如初。時道士在門外，密令擒之，一問，承服曰：某與寡婦有私，常爲兒制，故欲除之。乃杖殺道士，以棺盛之。

謹按《大明律》云：父母誣告子孫勿論。今觀所載，母與所私道士謀，誣告其子，欲致於死。母勿論，道士難科教唆之罪。萬一遇此，當比依謀殺人已行。未曾傷人者，杖一百徒三年，比擬奏請。

（宋）桂萬榮《棠陰比事・蘇請祔柩》 蘇寀爲大理寺詳斷官時，有父卒而母嫁，後聞母死已葬，乃盜其柩而祔於父，法當死。寀獨曰：子盜母柩納於父墓，豈可與發塚取財者比？上請，得減死。

（宋）桂萬榮《棠陰比事・商原詐服》 晉商仲堪爲荊州牧，有桂陽人王欽生，二親久没，詐服衰麻，言迎父喪。府曹擬依律棄市。商曰：原律以二親生存而横言死没，情事悖逆，固當棄市。今欽生父母已殁，特誕妄耳。遂免死。

（宋）桂萬榮《棠陰比事・竇阻免喪》 唐竇參初爲奉元尉，男子曹芬兄弟隸此軍，醉暴其妹。父救不止，恚赴井死。參當兄弟重辟，衆請俟免喪。參曰：父由子死，若以喪延，是殺父不坐。皆殺之。

（宋）桂萬榮《棠陰比事・王扣狂嫗》 大理王罕知鄆州時，有狂嫗數邀訴事，言無倫理。從騎屏逐之，罕令引歸廳事，叩堦徐問，嫗雖言語雜亂，然時有可采者，乃是人之嫡妻無子，其妾有子，夫死爲妾所逐，累訴不直，因恚而狂。罕爲直其事，盡以家貲與之。

（宋）桂萬榮《棠陰比事・附録・吕陶服罪》 天理之在人心，固未嘗泯也。然吕公必能心誠論之，自是感發也。

吕陶調銅梁令，民龐氏姊妹三人冒隱幼弟田。弟壯，訴官不得直，貧至傭奴於人，及是又訴。陶一問，三人服罪。弟泣拜，願以田半作佛事以報。陶曉之曰：三姊皆汝同氣，方汝幼時，適爲汝主之爾。不然亦爲他人所欺。與其捐半供佛，曷若遺姊，復爲兄弟，顧不美乎？弟又拜而聽命。

（宋）桂萬榮《棠陰比事・附録・張洽服盜》 此等事，固所願學也，而不可及。誠以動物，張公亦庶幾乎。

張治，嘉定元年改袁州司理參軍，有大囚，訊之則服，尋復變異，且力能動摇官吏，累年不決，而逮繫者甚衆。治以白提點刑獄，殺之。有盗黠甚，詞不能折。會獄有兄弟争財者，治諭之曰：訟於官，祇爲胥吏之地，且冒法以求勝，孰與各守分，以全手足之愛乎？詞氣懇切，訟者感悟。盗聞之自伏罪。

（宋）桂萬榮《棠陰比事·附録·文原雨旱》 鄧公蓋明達者邪，辨析之精，可為法也。

鄧文原僉浙西廉訪西事，吴興民夜歸，巡邏者執之，繫亭下。其人遁去，有追及之者，刺其脇仆地。明旦家人得之以歸，比死，其兄問：殺汝者何人？曰：白袍青衣長身者也。其兄訴於官，有司問直初更者，曰：張福兒執之。使服焉，械繫三年。文原録之，曰：福兒身不滿六尺，未見其長也。刀傷右脇，而福兒素用右手，傷宜在左，何右也？鞫之，果得真殺人者，遂釋福兒。桐廬人戴汝惟家被盗，有司得盗，獄成送郡。夜有焚戴氏廬者，而不知汝惟之所之。文原曰：此必有故也。乃得其妻葉氏，與其弟謀殺汝惟狀，而於水涯樹下得尸，與漬血斧俱在焉。人以爲神。及移江東道，徽州民謝蘭家僮汪姓者死，蘭姪同賂汪族人，誣蘭殺之。蘭誣服。文原録之，得其情，釋蘭而坐同。時久旱，獄決乃雨。

（漢）班固《白虎通義》卷上《德論上·誅伐》 誅不避親戚何？所以尊君卑臣，强榦弱枝，明善善惡惡之義也。《春秋傳》曰：季子殺其母兄，何善？示誅不避母兄，君臣之義。《尚書》曰：肆朕誕以爾東征，誅弟也。諸侯有三年之喪，有罪且不誅何？君子恕已哀孝子之思慕，不忍加刑罰。《春秋》曰：晉士丐帥師侵齊至穀，聞齊侯卒，乃旋。《傳》曰：大其不伐喪也。

（明）張瀚《松窗夢語》卷一《宦遊紀》 古人殺一不辜得天下不爲。吾儕避嫌殺人，所希蝸角名耳，不知事後並微名失之，何自壞心術爲也？平生經歷多矣，猶記鳳陽民陳邦家資饒裕，一僕遠出，途遇羣盗，挾之同行，分與敝衣數件。歸語其主，主驚懼，走首官司。羣盗恨之，即夜劫陳，殺其子，擄僕妻去，反詣官司，告富豪强占僕婦，忌坐僕死。逮邦鞫訊，訐者云：但令僕妻出，真情自見。婦竟不得。問官謂：此非强占，何抗匿不出？乃以邦富避嫌，遂坐邦死。長垣快手王崇儒買娼爲妻，賃富人婁榭之居。婁索租急，王夜令婦潛往婁所，且持刃入，大呼富豪强姦良人，乃索取衣飾貫資以去。婁大憤，奔訴縣中。王驀赴兵道，以銀飾爲買和。兵道鞫之曰：汝不强姦，惡用重賄買免？坐婁死。余時審駁，一時釋之。問官又挾余曰：曷不避嫌？余曰：何嫌可避！但求中情法耳，焉敢殺人以沽名哉！

（明）張怡《玉光劍氣集》卷七《吏治》 焦鏡川瑞令靈山。邑倚山邊海，多叢篁密箐，群盗嘯聚其中。督撫檄推官劉某剿之，被執，將加害，公率衆往援。賊見，驚拜曰：此真吾父母，奈何犯之？乃去。援節推還。邑有兄弟争財而訟，公諭之曰：兄弟一體，奈何争財産之末傷手足之義乎？傷手足，即傷父母，尚得謂之人乎？因涕泣。二人不覺感動，痛哭相讓，歸家各戒其妻子，遂成友愛。公移疾歸。先是督賦，嘗出俸百金爲民代贖，去官未幾，輸者滿額，攝篆者反之，公不納，曰：吾業已心許代之，不忍易吾心也。

（清）吴翌鳳《遜志堂雜鈔·壬集》 安溪李文貞公光地，以理學自命，爲時名臣，獨其奪情一事，大爲時議所排。康熙三十一年正月，公提督順天學政，四月，聞母喪，奉旨在任守制。公疏請乞假治喪，往反九月，于本年十二月抵任，可以無誤考試。御史沈愷、楊敬儒交章論劾。翌日，給事中彭鵬劾之曰：光地閔羅母喪，宜哀痛瀝情，得請乃已，然後聖主擇人取士之心，以光地固辭而益見；光地爲子奔喪之孝，得聖主俞允而益彰。忍以三年之通喪，請爲九月之乞假，于理則悖，于情則乖，于辭則不順。聖德含宏，不忍明斥其非。臣以爲宜留者一，不可留者十：光地由翰林驟躋學士、侍郎，原因蠟丸封表，上達宸聰。完節常經，獨蒙異數，正當藉此教育士類，使真才輩出，仰答主恩。而有母訃至，奉旨留任，蓋報稱之心切而哀痛之情微，宜留者此耳。臣以爲不可留者何？伏讀上諭十六章，首曰敦孝弟以重人倫。督學，風化之表也。不乞守制而請給假，非所以體上諭教孝意也，此光地之不可留者一也；臣前任三河知縣，恭逢太皇太后梓宫經臨，伏見校尉换班，聖躬護視，天顔哀瘁，至今追慕真誠，亘古仁孝，臣民皆當則傚，此光地之不可留者二也；光地與臣同鄉，臣踽踽涼涼，歲一二至，獨聞其母訃，即刻趨弔，聽其號泣，慘若嬰兒，想彼肝腸，寸寸斷矣。勉强行文，必多恍惚，此光地之不可留者三也；先遭閩變，頗矢忠貞，未聞不孝而能忠者也。請假九月之疏出，天下皆議其後，并疑其先，此光地之不可留者四也；弗請守制，物議沸騰，有絶不赴弔者。以譚理講道如光地，爲珪爲璋，倏忽瓦裂，此光地之不可留者五也；光地疏稱荷聖知之深，殘喘自假九箇月，不誤學差。僉謂九月大功服，談言微刺，此光地之不可留者六也；定例，生童匿喪應試，褫革嚴處。萬一犯者起而詰曰：侍郎衰絰何至？此光地又將何辭以對？此光地之不可留者七也；學校，所以教天下之爲臣思忠、爲子思孝，故登其堂曰明倫。光地以不祥之身，儼然而登，如橋門環視何？此光地之不可留者八也；本年正月，皇帝面諭諸臣子禮義廉恥，難進易退，三申意焉。試問光地今日，禮乎義乎？進退難易之謂乎？悖聖訓則失本心，此光地之不可留者九也；度光地之心，必曰君命也，誼何敢辭？臣聞宋臣富弼母喪，五起之固辭，且曰：起復，金革之變禮，不可施于平世。仁宗許之，《綱目》大書以垂訓後世。又宋孝宗起復劉珙，六疏固辭發明。《綱目》書固辭，予之也。我皇上堯舜比隆，教孝教忠，必無有辭之而不允者矣，此光地之不可留者十也。數日之間，長安道上，無不指光地爲貪位而忘親，司文而喪行，大損其平日。是在皇上神其用、重其罰、加之意而已。疏入，傳旨詢問。鵬又上疏言：皇上令光地在任守制，或以此試光地耳。光地深文厚貌，道仁道義，言忠言孝，一試諸此，而生平心術品行，若犀然燭照而無遁形。皇上所以留之之意，臣鵬愚戇，不能知。使光地而亦不知，貪戀苟且，而姑爲給假九月之請，外以欺人，則爲喪心。若光地而早已自知，詭隨狡詐，而姑爲此給假九月之請，內以欺己，則爲挾術。夫爲人子而甘于喪心，爲人臣而敢于挾術，兩者均罪，光地必居一焉。以此赴任不可，回籍尤不可。蓋回籍則母死有知，恨其不忠，當必陰拒；而赴任則士生至性，憤其銜恤，誰甘面從？嗟乎，光地當聞命而絶不一辭，則忍于留矣。皇上即罰其忍，使之在京守制，以動市朝，若撻之羞。光地忘通喪而假易以暫，則安于久矣。皇上即罰其安，使人之離任終喪，以爲道學敗露之恥。臣與光地家居各郡，皆閩産也。今若此人人切齒，鄉黨汗顏，伏乞皇上察光地患得患失之情，破光地若去若就之局，不許赴任，不許回籍。《春秋》誅心，如臣所請，萬一光地依然督學，則光地得售其術。故哀其辭曰：九月尚不獲命，况三年乎？而蚩蚩者亦曰：是欲終之而不可得也。下售其術，上受其名，臣鵬實拊膺疾首。前疏光地十不可留，如稍有涉私，是臣責光地以不孝，而先自陷于不忠，所以跪聽傳旨，一一瀝鳴。以頭搶地，嗚咽而不能自已。疏入，下九卿議。令光地解任，不准回籍，在京守制。

（唐）虞世南《北堂書鈔》卷九《赦宥三十四》 赦過宥罪。議獄緩死。舊染汙俗，咸與維新。十世宥之，以勸能者。《左傳》。叛而執之，服而舍之。不以一眚掩大德。竝《左傳》。省囹圄，去桎梏。

（唐）白居易《白氏六帖事類集》卷六《父子》 子代父死。《史》：石奢相楚，行縣有殺人者，追之，乃其父也，縱其父還，而自拘，曰：殺父立攻，非孝也；廢法縱罪，非忠也，臣當死。乃自刎而死。

（唐）白居易《白氏六帖事類集》卷一三《推斷獄》 情得獄成，刑放辭窮，察必以情。小大之獄，雖不能察，必以情。片言折獄者，其由也與。片，謂偏也。察言觀色，叩其兩端。放紛。紛，亂也。孟秋決小罪，《月令》：天子命有司繕囹圄，見桎梏，斷薄刑，決小罪。仲秋申嚴百刑。《月令》：仲秋命有司申嚴百刑，斬殺必當，無留有罪。嘗學斷斯獄矣。《禮》。致其忠愛。《禮記》：悉其聰明，致其忠愛，以盡之，謂聽獄訟也。哀矜。曾子曰：如得其情，則哀矜而勿喜。獄訟益繁。要囚伏念五六日至于旬時。要囚謂審其要辭。哀敬折獄。明啓刑書。丹筆以定罪也。定國之司廷尉。爰求明察。

（唐）白居易《白氏六帖事類集》卷一三《察獄》 小大之獄，雖不能察，必以情。偏聽生姦，探情窮審，公聽。不私。察色動。魏護軍營士竇禮出不還營，以爲亡没事，其妻盈及男女詣廷尉，高柔曰：爾夫不與人交錢財乎？妻曰：嘗出錢與同營焦子文。柔察子文色動，應對召至，於是叩頭，首殺禮。

（唐）白居易《白氏六帖事類集》卷一三《慎刑》 一人刑善，百姓休和。《傳》。視民如傷。國之興也。哀矜。孟氏使陽膚爲士師，問於曾子，曾子曰：上失其道，民散久矣。如得其情，則哀矜勿喜。三刺《禮·司寇》正刑明辟必三刺，一曰訊羣臣，二曰訊羣吏，三曰訊萬民，其有罪方殺之，以示不枉濫者。一成盡心。刑者，一成也而不可變，故君子盡心焉。伏念五六日至于旬時。哀敬折獄明啓刑書。泣持丹筆。盛吉。明慎。《易》：君子以明慎用刑，而不留獄。明而不留，慎而不擾。《史》。死者不可復生。《漢書》：獄者，人之大命云云。欽恤。

欽哉！欽哉！惟刑之恤哉！文而不害。蕭何。嚴而不殘。雋不疑。簡孚。核其罪，有信驗。審克。詳審。閱實。罪罰相當。制短長之命。死者不生。念輕重之刑。欽哉！惟恤。中典用情。《周禮》。八辟。《周禮》：以八辟麗邦法：一議親，二議故，三議賢，四議能，五議功，六議貴，七議勤，八議賓。麗事。麗，附也，謂當其本罪之事。辭貴明徵。法宜慎測。審慎，國章斯抵。誠合申刑。輕無赦。《禮》：凡制五刑，法輕無赦。慎惟不變。必在惟精。恤在一成。慎其三復。奏讞。漢宣令季秋後讞，時上常幸宣室，齋居而決事，獄刑號平。去酒肉。杜緩爲守，治諸陵縣，每冬月封是獄曰：常去酒肉，省食，官屬感其恩也。涕泣。漢張歐叔明爲御史大夫，嘗言案人上具獄事，有可却，却之；不得已者，涕泣面封之。人命所懸。

（唐）白居易《白氏六帖事類集》卷一三《失入》 刑僭則懼及善人。枉撓不當，反受其殃。枉撓曲入人罪也。察阿黨。謂獄官以私恩曲斷。情匪哀矜，理乖明啓。明啓刑書。入人之罪罰，既爽於恭行。罪宜甘於反坐。制短長之命。豈可復生？斷出入之刑。不聞惟恤。重典。平人。國章斯抵。誠合申嚴。人命所懸。豈宜失入。過當傷深。濫施，未聞情得。旋見獄成。

（唐）白居易《白氏六帖事類集》卷一三《失出》 利淫。與其殺不辜，寧失不經。寧僭無濫。賞不僭，刑不亂，不幸而過，寧僭無濫。察阿黨。見《失入門》。罪無掩蔽。《禮》。既乖明啓之文。宜寘利淫之罪。急縱出之誅。《刑法志》。輕典容姦。《禮》。情非故縱。罪則減論。惠暴寬惡。《刑法志》：殺人不死傷人不刑，是惠暴而寬惡也。

（唐）白居易《白氏六帖事類集》卷一三《疑罪》 《記》曰：疑獄汜問，與衆共之，衆疑赦之，疑事無質。質，成也。疑則捨之，不可成言也。狐疑宣尼之聽訟辭，不獨見也。《史記》：孔子在位聽之辭，有可與人共者，不獨見也。漢景之恤，疑獄亦命讞之。漢景詔曰：疑獄者輒讞。罪疑惟輕。《舜典》《周書》曰：五罰之疑有赦。罰贖，刑罪也。刑疑赦從罰，罰疑赦從免。言重疑也。似是而非。《禮》曰：有指無簡不聽。簡，誠也。雖有其意，無其誠者不論以爲罪。闕疑。緩死。移讞。讞疑罪疑。刑放。得情猶合哀矜。

（唐）白居易《白氏六帖事類集》卷一三《冤獄》 策秀才文，曰肺石少不冤之人。《周禮》：左肺石達窮棘人之訟。注赤石也。棘林多夜哭之鬼。樹棘槐聽訟於其下。夜哭之鬼，謂無辜者。治長非罪。雖在縲絏之中，非其罪也。良夫無辜。衛侯夢人被髮北面而譟曰：子爲渾良夫，叫天無辜。多殺不辜，而號無告。無所告也。銜冤飲恨。吞聲飲恨。《泰誓》曰：無辜籲天。籲，告也。誣以偷金，難明直氏。直，不疑。執爲盜璧，誰辨張儀。楚相亡璧，門下疑儀盜之，掠撻數百。劎有餘冤。尚能衝斗。日無私照。猶隔覆盆。義夫飲恨，五月降霜。鄒衍被囚，仰天而歎，五月降霜。孝婦含冤，三年致旱。東海于公明。衆口鑠金。信非其罪。片言折獄。不見其人。君實不察其罪。申生曰。冤濫。頗邪。瓜李雖疑。董藹自别。似是而非，治長非罪。始因尼父而知。叔向無辜，終俟祁奚而免。國章斯抵。誠合申之。人命所懸。豈宜冤濫。黄沙失入。丹筆誤書。獄非明察。法乃濫施。未聞情得。且見獄成。得情猶合哀矜。非罪誠宜開釋。捶厲之下，何求不獲。雖皋陶聽之，猶謂死者有餘刑。刑濫則懼及善人，孝婦致旱。東海孝婦養姑甚謹，夫死不嫁，姑恐累之，自殺，姑女告婦殺母，婦自誣服殺姑，獄掾于公明之不可，竟殺之，郡界旱三年，後太守至祭其家，天乃立雨。上虞寡婦。養姑事同東海孝婦，姑以壽終，姑女誣告婦加鴆，竟結其罪，孟嘗伯周爲戸曹，明之不可。亦連旱，後太守殷丹至，明之，遂雨。

（唐）白居易《白氏六帖事類集》卷二八《竊盗》 晉侯之豎頭須，竊藏以逃。《傳》。不殺盜。曹褒爲圉令，以禮化民，有他鄉盗五人入圉界，捕之，太守馬嚴捉殺之，褒曰：絶人命者，天亦絶之。皋陶不爲盗制死刑，遂不殺。嚴奏褒懦弱，遂免官。

（宋）潘自牧《記纂淵海》卷五四《識見部·公私兩全》 夫孝始於事親，中於事君，終於立身。《孝經》。無私恩，非孝子也；無公義，非忠臣也。君子不以私害公，不以家事辭王事。《詩》箋。子公事畢，然後敢治私事。《孟》。今日之事，君事也，我不敢廢。抽矢扣輪，去其金，發乘矢而後反。《孟》。管子曰：隰朋之爲人也，居其家不忘公門，在公門不忘其家，事君不二心，亦不忘其身。《管》。

《史》石奢，楚昭王相。有殺人者，乃其父。縱其父自繫，使人言之王曰：殺人者，臣之父也，臣罪當死。王曰：不當伏罪。奢曰：不私其父，非孝子也；不奉王命，非忠臣也。王赦其罪，上惠也；伏誅而死，臣職也。遂不受令，自刎而死。《史·循吏傳》，互入循良。

（漢）曹操《曹操集·文集》卷二《原劉廙令》 叔向不坐弟虎，古之制也，特原不問。

（南朝宋）劉義慶《世説新語》卷二《政事》　陳仲弓爲太邱長時，吏有詐稱母病求假。事覺，收之，令吏殺焉。主薄請付獄考衆姦，仲弓曰：欺君不忠，病母不孝，不忠不孝，其罪莫大。考求衆姦，豈復過此？陳寔已别見。

（南朝宋）劉義慶《世説新語》卷四《規箴》　漢武帝乳母嘗於外犯事，帝欲申憲，乳母求救東方朔。《漢書》曰：朔，字曼倩，平原厭次人。朔别《傳》曰：朔，南陽步廣里人。《列仙傳》曰：朔，是楚人。武帝時上書説便宜，拜郎中，宣帝初棄官而去，共謂歲星也。朔曰：此非脣舌所争，爾必望濟者，將去時，但當屢顧帝，慎勿言！此或可萬一冀耳。乳母既至，朔亦侍側，因謂曰：汝癡耳！帝豈復憶汝乳哺時恩邪！帝雖才雄心忍，亦深有情戀，乃悽然愍之，即敕免罪。《史記·滑稽傳》曰：漢武帝少時，東武侯母嘗養帝，後號大乳母。其子孫從奴横暴長安中，當道奪人衣物，有司請徙乳母於邊，奏可。乳母入辭，帝所幸倡郭舍人發言陳辭，雖不合大道，然令人主和説，乳母乃先見爲下泣。舍人曰：即入辭勿去，數還顧。乳母如其言。舍人疾言罵之曰：出老女子何不疾行，陛下已壯矣，寧尚須乳母活邪？尚何還顧邪？於是人主憐之，詔止母徙，罰請者。

（唐）陸贄《翰苑集》卷一六《奏章六·請釋趙貴先罪狀》　臣愚以爲貴先從逆之罪，法當不容；貴先陷身之由，情則可恕。陛下所議矜宥，原其情也；諸將所請誅戮，據於法也。據法而除君之惡者，人臣之常志，原情而安衆之危者，人主之大權。臣主之道既殊，通執之方亦異，言各有當，體各有宜，事或相駁而無傷，此之謂也。

（清）董誥《全唐文》卷八六〇張皓《對去師之妻判》　甲受業於乙，乃去乙之妻。同門以爲失弟子之禮，郡欲科罪甲，云行古之道也。所由不能定。學以居士，人斯守業。曾射御之必習，在師資而有敬。甲性匪生知，才殊特達，將祈代耕之禄，式執摳衣之訓。既而請益不倦，寧止於五經。廣業惟勤，實包乎六藝。庶將貽厥小學，冀亦臻夫大成。判孔氏之四科，登周官之一命。且猶父之禮，義固非經。從夫而尊，敬亦宜廣。厥妻雖忘於母訓，惟乙且豫於人師。縱鄰樹以致嫌，匪門生之或譴。何乃窺其家室，專務去彼？遂使老萊之婦，坐失齊眉之歡；買臣之妻，終成反目之恨。况人實有偶，甲則無良。訐以爲直，嘗聞君子之惡。犯而不隱，乃昧事師之迹，失禮之告，誠爲有孚。行古之道，未知其可。

（宋）蘇頌《蘇魏公文集》卷一七《奏議·論胡僥罪名》　臣等伏見前尚書度支員外郎充集賢校理胡僥，昨因解賓王論告，先知登州日，將斫伐到解宇内桐木製造籠子入己，坐監主自去盗法，計贓不滿一貫文，遂至停廢。竊聞僥被劾之日，曾攀援法寺斷例，有解宇内斫竹賣錢入己者，只作收到地利，並不書罪。及有依前官言説將賣公使菜園錢入己者，只作誤認官私財物罪名定斷。兼稱賓王自是前任知州，其所論告顯非干己，而有司拘文，卒從深坐。情輕法重，衆所嗟憫，棄置散地已一年餘。後來聞有近臣爲之奏雪，乞朝廷原情特與敍用。臣等竊以僥久在儒館，累歷差使。數有臣僚論薦，觀其操守，固非貪猥之流。昨者所犯，蓋以失於周防，至爲仇人掊摭文致，其罪無由自明。然比之斫竹賣及收公使課利之人，過亦未大。况賓王本是登人，與僥結怨非一朝。昨因待闕還鄉日久，求僥過失無所不至，惟得伐木一事。足明僥之當官，别無他惡。徒以賦性狷急，不能容物，致與賓王不協，終爲所訟。此僥之短，不得無過，從而廢棄，亦又甚矣。臣等以謂法禁之設，所以防奸萌而抑澆潎。自僥坐罪，怨仇得志。增長偷薄，無甚於斯。豈朝廷用法之本意邪？臣等欲乞將僥元犯因依及攀援體例，詳酌情理，早賜牽復，足以彰治朝之寬典，懲好訟之薄俗也。

《聖祖仁皇帝御製文集·第一集》卷七《敕諭·諭刑部》　刑獄重地，人命攸關，天氣炎熱，亟宜清理。雖熱審定例每歲舉行，但已結大案，見在監禁者，其中各犯或有無知而罹法網，小過而陷重辟，株連無辜，淹禁日久。朕心每思及此，深爲惻然。兹特遣索額圖、勒德洪、杜立德、屯泰等，會同三法司逐一詳加審理。凡有罪可矜疑者，即與察明事由，開列具奏，務使情法允協，有枉必申，以副朕欽恤刑獄至意。特諭。康熙十七年五月十三日。

《聖祖仁皇帝御製文集·第三集》卷九《敕諭·内閣》　各省秋審尚無可議，朝審則太寬。《書》云：罪疑惟輕。以其罪有可疑之處，而輕之也；若無可疑則以公平爲貴。現在殺人之人情罪顯然，又何所疑而欲從寬乎？執法之人，但當詳情據理以定罪，一味從寬則惡人何所警戒？可以此諭刑部。康熙四十四年十月十五日。

《皇朝經世文編》卷二二《吏政八·守令》汪琬《論作縣數則》

《舜典》言恤刑，必先曰：欽哉！欽哉！蘇公之爲司寇，亦惟是式敬由獄。而《吕刑》一篇之中，凡言敬者七，可見敬為居官之本，而恤刑之道無出於此也。【略】所謂律設大法也，量其有所入，而後責之以所出者。所謂禮順人情也。

復仇分部

論説

《毛詩正義·國風·豳風·鴟鴞》　鴟鴞鴟鴞，既取我子，無毀我室。興也。鴟鴞，鸋鴂也。無能毀我室者，攻堅之故也。寧亡二子，不可以毀我周室。箋云：重言鴟鴞者，將述其意之所欲言，丁寧之也。室，猶巢也。《鴟鴞》言已取我子者，幸無毀我巢。我巢，積日累功，作之甚苦，故愛惜之也。時周公竟武王之喪，欲攝政，成周道，致大平之功。管叔、蔡叔等流言云：公將不利於孺子。成王不知其意，而多罪其屬黨。興者，喻此諸臣乃世臣子之孫，其父祖以勤勞有此官位、土地，今若誅殺之，無絶其位，奪其土地。王意欲誚公，此之由然。鸋，乃丁反。鴂，音決。鸋鴂，似黄雀而小，俗呼之巧婦。重，直用反。大平，音泰。孺，本又作孺，如注反，誚，在笑反。

（宋）朱鑑《詩傳遺説》卷四《國風》　或問：《鴟鴞》詩，既取我子，無毀我室。解者以爲武庚既殺，戒管蔡不可復亂我王室，不知是如此否？畢竟當初是管蔡挾武庚爲亂，武庚是紂子，豈有父爲人所殺，而其子安然視之，不報仇者？曰：詩人之言，只得如此。

（宋）葉時《禮經會元》卷三上《和難》　復讎之説，漢唐儒者多駁之，至伊洛門人亦惑之，五峯胡氏、三山林氏則疑之尤甚，然皆以復讐爲言，不知周人設官謂之和難。難者，猶災眚之謂也。民有眚災過爾，故從而諧和之，以調人一職而繼於司諫、司牧之後，正以消弭其仇忿之風，而養成其渾厚之俗也。今以其職攷之，曰：凡過而殺傷人者，以民成之，鳥獸亦如之。謂之過者，是以過誤殺傷，此在《秋官·司刺》，有過失之人皆在所宥也。先王重民物之命，固不忍見其殺傷，然亦憫其過誤之至此，故有調人以百姓成之，平亭其怨而和解之，誠以百姓衆勸之而可以已也，不然則聽民之相殺相復，豈先王之所樂聞歟？又曰：凡有鬭怒者成之，不可成者則書之，先動者誅之，曰怒者是其忿怒相鬭，此在《地官·司虣》，有鬭囂之人皆在所禁也。先王勸鄉閭之義，必使之相親相愛，豈能容其忿鬭之至此？故有調人爲兩家成之，不從者書之，先動者誅之。先動而誅，則民畏之而不敢争也，不然則聽民之相忿相鬭，豈先王之所能容忍歟？然鬭忿者，難之細也，成之可也。君父、兄弟、師長、主友有被人誤殺傷者，成之而使勿復，得無傷臣子僚友之義乎？是故調人又有和難之説，而使之相辟。君父之讎，則辟於海外，以其有不共戴天之怨也。兄弟師友之讎，則辟之千里之外，以其有不反兵之怨也。從父、兄弟、主友讎，則辟之不同國，以其有不可同國之嫌也。或曰：親之讐辟海外，則可也，君有被殺，亦可辟乎？君蓋謂凡爲君長者，如《春秋》之出奔，可也。若天王之讎，則亂臣賊子無可辟之地矣。或又曰：君父兄弟有讐，可也，師長主友亦有讐乎？盖師以賢得民，長以貴得民，主以利得民，友以任得民，此九兩之所聯綴者。爲僚友者，豈可忘報乎？凡此皆因過誤而致殺傷者，在唐虞則有宥過無大，眚災肆赦之例。在成周則有眚災極辜時，不可殺之例。雖曰赦之，聖人恐傷其臣子、僚友之義，必使之辟，而後可以無讐。辟諸海外，猶迸諸四夷也；辟之千里，與不同國，猶屏諸遠方也。趙商問鄭康成曰：《春秋》之義，子不復讐非子，臣不復讐非臣，此何爲而然？鄭氏曰：仇在九夷之東，八蠻之南，六戎之西，五狄之北。雖有至孝之心，能往討否乎？此説是也。如何而不肯辟，則是不從王命也，故與之以典瑞、穀圭、和難之瑞節，而使得以自執之。故《朝士》曰：凡報仇讐者，書於士，殺之無罪是也。若夫凡殺人者不書於士，而自反殺之，彼固有殺人之罪，此亦有專殺之非，故又使邦國交讐之，是皆不可容於其國，而使之交相辟也。然或者有非過誤殺人，以其人之有罪惡而殺之合義者，如《朝士》所謂凡盜賊，軍鄉邑及家人殺之無罪之類是也。彼被殺者豈無子孫有報復之心，然其人罪在可殺，雖不以告官而殺之，而其義則非可讐也。故惟辟之不同國爾，使之不得以爲讐，讐之則死，是不容其子孫之得相復也。羣攷其官，無非講解其難，而開導其和，使之不得胥戕、胥虐，其調伏人心，涵養風俗亦厚矣。故《調人》曰掌司萬民之難而諧和之。官名曰調，民難曰諧，其意明甚，儒者尚何疑乎？或者則曰如《周禮》之説，則皆無讐可復矣。而《記》《禮》者胡爲，而有居父母之仇弗與共天下，居昆弟之仇，弗與同國，居從父母兄弟之仇，主人能則執兵以陪其後。又胡爲而有父之讐弗與共戴天，兄弟之讐弗反兵，交友之讐不同國，曰《記》《禮》之言，子孫復讐之心也。《周禮》之言，國家和難之法也。爲人子孫誠不可忘復讐之義，而先王立法終不忍開怨鬭之門，和而辟之，則復讐之怨可以釋；不辟而執之，則復讐之義可以伸，先王亦何嘗盡禁孝子順孫之復讐哉？不然，魯莊不能報齊之仇，《春秋》何以深咎之也？

（宋）王昭禹《周禮詳解》卷三一　凡盗賊軍鄉邑及家人，殺之無罪。凡報仇讎者，書於士，殺之無罪。若邦國凶荒、札喪、寇戎之故，則令邦國、都家、縣鄙慮刑貶。

凡盗賊軍鄉邑及家人，謂盗賊之羣衆聚而成軍，以攻圍鄉邑及家也，如是者殺越人於貨。凡民罔不憝，人得殺之無罪，則上下同其惡故也。凡報仇讐者書於士殺之無罪者，仇讐之罪，書於上而逋逃焉，則其罪不嫌於不明，故殺之無罪也。凶而至於荒，札而至於喪，寇而至於戎，皆故之大者，其所制之刑，所用之財，宜有異於平日，故令邦國、都家、縣鄙慮刑貶。先事而思患，謂之慮。慮刑，則刑之加釋有趨一時之宜者，慮以制之。慮貶，則財之省殺有紓一時之急者，慮以節之也。慮刑，則非特緩刑也。慮貶，則非特眚禮也。凡此皆出於不得已也。

（宋）衛湜《禮記集説》卷八　鄭氏曰：父者，子之天，殺己之天，與共戴天，非孝子也，必求殺之乃止。兄弟之讐，常執殺之，備交遊之讎，不吾辟則殺之。交遊，或爲朋友。

孔氏曰：此一節論親疏復讎之法。天在上故曰戴，言不可與共處於天下也。《檀弓》云：父母之讎，寢苫枕干，不仕，弗與共天下也；遇諸市朝，不反兵而鬭是矣。而《調人》云：父之讎，辟諸海外者，謂孝子之心不許共讎人戴天，必殺之乃止。《調人》謂逢遇赦宥，王法辟諸海外，孝子雖欲往殺，力所不能也。兄弟謂親兄弟也，不反兵者，帶兵自隨也，見即殺之。《檀弓》云：父母之讎不反兵，兄弟之讎仕弗與共國，而此云兄弟不反兵者，蓋父母不反兵於普天之下，兄弟則不同乎國而已，而亦不反兵者則以同體重之也。而《調人》云：辟諸千里之外者，亦謂會遇赦之法。《檀弓》又云：銜君命而使，雖遇之不鬭，雖同不反兵，與父母之讎異矣。朋友亦報讎，不同國者謂不共五等一國之中也。藍田吕氏曰：殺人者死，古今之通刑也。殺之而義，則殺之者無罪。故令勿讎，讎之則死，調人之職是也。殺之而不義，則殺之者當死，宜告于有司而殺之，士師之職是也。二者皆無事乎復讎也。然復讎之文雜見於經傳之間，考其所以得復者，必其讎人之勢甚盛，緩之則不能及，故遇之則殺之，不暇告於有司也，亦有法之所已赦，或罪不麗於法。有司莫得而辟者，仁人孝子不得已而行，王法亦不得不從而許也。然調人猶和之，而使辟弗辟，然後執之，不失法之信，且伸仁人孝子之義。父之讎報之之意，誓不與讎同生死，所以弗共戴天也。寢苫不仕，以喪禮自處也，手不捨兵，雖寢不忘，故枕戈也。雖市朝不避，故不反兵而鬭也。居兄弟之讎則殺於父矣，仕而不共國則猶可以。

《春秋公羊經傳解詁》卷三《莊公四年》　紀侯大去其國。大去者何？滅也。孰滅之？齊滅之。曷爲不言齊滅之？爲襄公諱也。《春秋》爲賢者諱，何賢乎襄公？据楚莊王亦賢，滅蕭不爲諱。爲襄于僞反，下爲賢，注爲諱及下註爲諱、爲襄同。復讎也。何讎爾？遠祖也。哀公亨乎周，亨，烹而殺之。亨，普庚反，注同烹殺也。紀侯譖之，以襄之爲於此焉者，事祖禰之心盡矣。盡者何？襄公將復讎乎紀，卜之曰：師喪分焉。龜曰卜，蓍曰筮。分，半也。師喪亡其半。禰，乃禮反。師喪，息浪反，注同。蓍音尸。筮，市制反。寡人死之，襄公荅卜者之辭。不爲不吉也。遠祖者，幾世乎？九世矣。九世猶可以復讎乎？雖百世可也。百世，大言之爾。猶《詩》云：嵩高維嶽，峻極於天，君子萬年。幾，居豈反。崧高，息忠反，本亦作嵩。

《春秋公羊經傳解詁》卷一一《定公四年》　且臣聞之，事君猶事父也，虧君之義，復父之讎，臣不爲也。

又：其憂中國奈何？伍子胥父誅乎楚，挾弓而去楚，挾弓者，懷格意也。禮，天子雕弓，諸侯彤弓，大夫嬰弓，士盧弓。挾弓音協，又子協反。雕，下遼反。彤，大冬反。嬰弓，於耕反，見《司馬法》。盧，力吴反。以干闔廬。不待禮見曰干。欲因闔廬以復讎。禮見，賢遍反，下不見同。闔廬曰：士之甚，言其以賢士之甚。勇之甚！將爲之興師而復讎于楚。伍子胥復曰：諸侯不爲匹夫興師，必須因事者，其義可得，因公託私，而以匹夫興師討諸侯，則不免于亂。將爲，于僞反，下不爲也、不爲匹、爲是，注爲子胥同，且臣聞之，事君猶事父也，虧君之義，復父之讎，臣不爲也。

又：事君猶事父也，此其爲可以復讎，奈何？曰：父不受誅，不受誅，罪不當誅也。子復讎可也。《孝經》曰：資於事父以事君而敬同。本取事父之敬以事君，而父以無罪爲君所殺。諸侯之君與王者異，於義得去，君臣已絶，故可也。《孝經》云：資於事父以事母。莊公不得報讎文姜者，母所生，雖輕於父，重於君也。《易》曰：天地之大德曰生。故得絶，不得殺。父受誅，子復讎，推刃之道也。子復讎，非當復討其子，一往一來曰推刃。當，丁浪反。復讎不除害，取讎身而已，不得兼讎子，復將恐害已而殺之。時子胥因吴之衆，墮平王之墓，燒其宗廟而已。昭王雖可得殺，不除去。墮，許規反。去，起吕反。朋友相衛，同門曰朋，同志曰友。相衛，不使爲讎所勝。時子胥因仕於吴爲大夫，君臣言朋友者，闔廬本以朋友之道爲子胥復讎。孔子曰：益者三友，損者三友：友直，友諒，友多聞，益矣；友便辟，友善柔，友便佞，損矣。辟，婢亦反。辯佞，如字，本亦作便佞。而不相迿，迿出表辭，猶先也，不當先相擊刺，所以伸孝子之恩。迿，音峻，又音巡，又玄徧反，先也。刺，七亦反。古之道也。

（宋）陳祥道《論語全解》卷七《子路》　復讐者，人之所不能免，先王之所不能禁，特爲之法以制之而已。《周官·調人》凡殺人而義者，令勿讐。則殺人而不義者，在法之所不宥，以可殺者必避之也。《朝士》：凡報仇讐者，書于士，殺之無罪，則應避而不避，其書于士而殺之可也。然則先王復讐之法不行，凡有罪辜乃罔常獲，小民方興相爲敵讐。由是殺人之父也，人亦殺其父；殺人之兄也，人亦殺其兄。干戈相尋，莫之或息，豈特復其不讐避者而已哉？于是有問孔子曰：以德報怨，何如？孔子曰：以直報怨，以德報德，蓋以直報怨，則民有所懲，以德報德則民有所勸。以直報怨，義也；以德報德，仁也。老子曰：以德報怨。《禮》曰：以德報怨，寬身之仁也。以怨報德，刑戮之民也。蓋以德報德者，德也，則《詩》所謂報之以瓊琚者也；以怨報德者，事也，則《詩》所謂反以我爲仇者也。昔豎牛之于叔孫昭，子盧蒲葵之于慶舍，寒浞之于后羿，公勝之于巢公，皆以怨報德者也。

《孟子注疏·盡心章句下》　孟子曰：吾今而後，知殺人親之重也。殺人之父，人亦殺其父。殺人之兄，人亦殺其兄。然則非自殺之也，一間耳。父仇不同天，兄仇不同國，以惡加人，人必加之，知其重也。一間者，我往彼來，間一人耳，與自殺其親何異哉？疏：正義曰：此章言恕以行仁，遠禍之端，暴以殘民招咎之患。是以君子好生惡殺，反諸身者也。孟子言我於今然後知殺人之親之爲最重者也。殺彼人之父，彼人亦殺己父而報之。殺彼人之兄，彼人亦殺己兄而報之，如是則非己之殺，但一間耳，以其與自殺之無異也。注：父仇不同天，兄仇不同國。正義曰：案《禮》云：父之讎，弗與共戴天，交遊之讎不同國，兄弟之讎不反兵，蓋所以避之也。《周官》云：父之讎，避諸四海之外，所謂不與共其國，蓋非《周禮》歟。又《周官》謂人凡殺人而義者，勿令勿讎，則殺之而不義。在邦法不可殺者，必避之而已。

（宋）朱熹《論孟精義》卷六上《先進》　但當預先謂吾有親，不可行，則止，豈到臨時却自規避也，曰親在不許友以死。如何曰有親在，有可許友以死者，二人同行之事是也。有親不在，不可許友以死者，如俠士。以親不在，而爲人報讐，甚非理也。

《後漢書》卷四四《張敏傳》　建初中，有人侮辱人父者，而其子殺之，肅宗貰其死刑而降宥之，自後因以爲比。是時遂定其議，以爲《輕侮法》。敏駮議曰：夫《輕侮》之法，先帝一切之恩，不有成科班之律令也。夫死生之決，宜從上下，猶天之四時，有生有殺。若開相容恕，著爲定法者，則是故設姦萌，生長罪隙。孔子曰：民可使由之，不可使知之。《春秋》之義，子不報讎，非子也。而法令不爲之減者，以相殺之路不可開故也。今託義者得減，妄殺者有差，使執憲之吏得設巧詐，非所以導在醜不争之義。又《輕侮》之比，寖以繁滋，至有四五百科，轉相顧望，彌復增甚，難以垂之萬載。臣聞師言：救文莫如質。故高帝去煩苛之法，爲三章之約。建初詔書，有改於古者，可下三公、廷尉蠲除其敝。議寢不省。敏復上疏曰：臣敏蒙恩，特見拔擢，愚心所不曉，迷意所不解，誠不敢苟隨衆議。臣伏見孔子垂經典，皋陶造法律，原其本意，皆欲禁民爲非也。未曉《輕侮》之法將以何禁？必不能使不相輕侮，而更開相殺之路，執憲之吏復容其姦枉。議者或曰：平法當先論生。臣愚以爲天地之性，唯人爲貴，殺人者死，三代通制。今欲趣生，反開殺路，一人不死，天下受敝。記曰：利一害百，人去城郭。夫春生秋殺，天道之常。春一物枯卽爲災，秋一物華卽爲異。王者承天地，順四時，法聖人，從經律。願陛下留意下民，考尋利害，廣令平議，天下幸甚。和帝從之。

（宋）王溥《五代會要》卷九《議刑輕重》 洛州平恩縣百姓高弘超，其父暉爲鄉人王感所殺，弘超挾刃殺感，攜其首自陳。大理寺以故殺論。尚書刑部員外郎李思夢覆曰：伏以挾刃殺人，按律處死，投獄自首，降罪垂文。高弘超既遂報讎，固不逃法，戴天罔愧，視死如歸。歷代以來，事多貸命。長慶二年，有康買得，父憲爲力人張莅乘醉拉憲，氣息將絶，買得年十四，以木鍤擊莅，後三日致死。勑旨：康買得尚在童年，能知子道，雖殺人當死，而爲父可哀。若從沈命之科，恐失原情之義。宜減死處分。又元和六年，富平人梁悦殺父之讎，投縣請罪。勑旨：復讎殺人，固有彝典，以其伸冤請罪，自詣公門，發於天性，本無求生，寧失不經，特宜減死。方今明時有此孝子，其高弘超若使須歸極法，實慮未契鴻慈。

奉勑：忠子之道，乃治國之大柄，典刑之要本。誅惡之深文，差若毫釐，繫之理道。昔紀信替主赴難，尚青史之永刊；今高弘超爲父復讎，即丹書之不尚。人倫之□，法網宜矜，可減死一等。

（漢）荀悦《申鑒·時事》 或問復讎古義也。曰：縱復讎可乎？曰：不可。曰：然則如之何？曰：有縱有禁，有生有殺。制之以義，斷之以法，是謂義法並立。曰：何謂也？依古復讎之科，使父讎避諸異州千里。兄弟之讎，避諸異郡五百里。從父從兄弟之讎，避諸異縣百里。弗避而報者無罪，避而報之殺，犯王禁者罪也。復讎者義也，以義報罪，從王制，順也。犯制，逆也，以逆順生殺之。凡以公命行止者，不爲弗避。此一首所謂避讎有科也。

（漢）班固《白虎通義》卷上《德論上·論伐》 子得爲父報讎者，臣子於君父，其義一也。忠臣孝子所以不能已，以恩義不可奪也。故曰：父之讎，不與共天下。兄弟之讎，不與共國。朋友之讎，不與同朝。族人之讎，不共鄰。故《春秋傳》曰：子不復讎非子。《檀弓》記子夏問曰：居兄弟之讎如之何？仕不與同國，銜君命遇之不鬬，父母以義見殺子不復讎者，爲往來不止也。《春秋》曰：父不受誅，子復讎（何）〔可〕。

（北齊）顔之推《顔氏家訓》卷二《風操》 梁世被繫劾者，子孫弟姪，皆詣闕三日，露跣陳謝；子孫有官，自陳解職。子則草屩麤衣，蓬頭垢面，周章道路，要候執事，叩頭流血，申訴冤枉。若配徒隸，諸子並立草庵於所署門，不敢寧宅，動經旬日，官司驅遣，然後始退。江南諸憲司彈人事，事雖不重，而以教義見辱者，或被輕繫而身死獄戶者，皆爲怨讎，子孫三世不交通矣。到洽爲御史中丞，初欲彈劉孝綽，其兄溉先與劉善，苦諫不得，乃詣劉涕泣告别而去。

（元）胡一桂《周易啓蒙翼傳》上篇 五行相克，子必爲母報讎。如土克水，水之子木又克土；水克火，火之子土又克水；火克金，金之子水又克火；金克木，木之子火又克金；木克土，土之子金又克木。其循環相克，亦无已焉。今有人忘父母之大讎而不報者，可以觀諸此矣。或曰：克必有報，而生未之酬，何也？蓋生者，理之常，數之順，如天之生物本无求於報，而受生者固亦不屑屑以報爲事，其《河圖》之謂乎？克者，理之變，數之逆，爲受克之子者，豈容坐視而不報哉？其《洛書》之謂乎？體常盡變，則子必爲母報讎，乃造化自然之象，人事當然之理，而不可易者也。

（唐）白居易《白氏六帖事類集》卷二八《父母讎》 子夏問曰：居父母之仇，如之何？子曰：寢苫，枕干不仕，弗與共天下。不可與並生。遇諸市朝不反兵而鬬。常不釋兵。《禮》曰：父母之讎不與共戴天。

（唐）白居易《白氏六帖事類集》卷二八《兄弟讎》 爲仇且因斷手。報怨誠謂甘心。子夏問曰：居昆弟之仇，如之何？子曰：仕不與共國。銜君命而使，雖遇之不鬬。居從父昆弟之仇，不爲魁。魁，首也。主人能則執兵而陪其後。《禮》曰：兄弟之讎不反兵。恒執殺具。《周禮·調人》凡和難兄弟之讎，避諸千里之外。從父昆弟之仇不同國。此謂諧和不執仇也。

（唐）白居易《白氏六帖事類集》卷二八《交游讎》 交游之讎不同國。《禮》《史》豫讓爲智伯報讎。乃漆身癘，吞炭爲啞，而求殺趙襄子，乃伏劍三躍呼天而繫其衣曰：吾可以地下報智伯矣。因自殺。厲匹夫之志。報國士之恩。士爲知己者死。《周禮》凡和難師長之讎，視兄弟。避之千里外。主友之讎，視從父昆弟。不同國也。爲交友報父讎。何顒友人虞高讎未報，病甚，顒候之，高泣許顒，顒感義爲復讎。後漢人。

（宋）王欽若《册府元龜》卷六一六《刑法部·議讞》 韓愈元和中爲職方員外郎，時富平縣人梁悦爲父報仇，斫殺秦果，自投縣請罪。勑：復讎之人，固有彝典，以其申冤請罪，視死如歸。自詣公門，發於天性，志在徇節，本無求生之心。寧失不經，特從減死之法，宜決一百，配流循州。愈獻議曰：伏奉今月五日勑，復讎據禮經則義不同天，徵法令則殺人者死，禮法二事，皆王教之端，有此異同，固資論辯。宜令督省集議聞奏者。伏以子復父讎，見於《春秋》，見於《禮記》，又見於《周官》，又見於諸子史，不可勝數，未有非而罪之者也。最宜詳於律，而律無其條，非闕文也。蓋以爲不許復讎，則傷孝子之心，而乖先王之訓；許復讎，則人將倚法專殺，無以禁止其端矣。律雖本於聖人，然執而行之者，有司也。經之所明者，制有司者也。丁寧其義於經，而深設其文於律者，其意將使法吏一斷於律，而經術之士得引經而議也。《周官》曰：凡殺人而（議）〔義〕者，令勿讎，讎之則死。義，宜也。明殺人而不得其宜者，子得復讎也。此百姓之相讎也。《公羊傳》曰：父不受誅，子復讎可也。不受誅者，罪不當誅者也。誅者，上施於下之辭，非百姓之相殺者也。又《周官》曰：凡報仇讎者，書於士，殺之無罪。言將復讎，必先言於官，則無罪也。今陛下垂意典章，思立定制，惜有司之守，憐孝子之心，示不自專，訪議群下。臣愚以爲復讎之名雖同，而其事各異。或百姓相讎，如《周官》所稱，可議於今者；或爲官吏所誅，如《公羊》所稱，不可行於今者。又《周官》所稱，將復讎先告於士則無罪者。若孤稚（羸）〔羸〕弱，抱微志而伺敵人之便，恐不能自言於官，未可以爲斷於今也。然則殺之與赦，不可一例，宜定其制曰：凡有復父讎者，事發，具其事申尚書省，尚書集議奏聞，酌其宜而處之。則經律無失共指矣。疏奏，不從。

（唐）韓愈《韓昌黎全集》卷三七《行狀·狀·復讎》

復讎狀。蜀本此狀首云，元和六年九月，富平縣人梁悅，爲父報仇，殺人自投縣請罪。勑：復仇殺人，固有彝典，以其申冤請罪，視死如歸，自詣公門，發於天性，志在徇節，本無求生，寧失不經，特從減死，宜決杖一百，配流循州。於是史官職方員外郎韓愈獻議云云。公於時未爲史官也，此後人以史文增入閣本。舊本皆無之，事之首末，已具載本篇。《舊史》書於《憲宗紀》、《刑法志》，《新史》書於《孝友·張琇傳》。按《新史》所書，自太宗時至是，復讎者凡七人，原之者三，不原者四，梁悅其一也。大抵殺人者死，有國常典，而貸死者，出於一時之特勑。公此議欲令凡事發具其事下尚書省集議，酌宜而行，禮刑兩不失矣。

右伏奉今月五日勑，奉一作覩。復讎據禮經則義不同天，徵法令則殺人者死。禮法二事，皆王教之端。端上或有大字。有此異同，必資論辯。宜令都省集議聞奏者，朝議郎行尚書職方員外郎上騎都尉韓愈議曰：伏以子復父讎，見於《春秋》，《公羊傳》定四年，父不受誅，子復讎可也。見於《禮記》，《記·檀弓》子夏問於孔子曰，居父母之仇如之何？子曰：寢苦枕干不仕，弗與共天下也，遇諸市朝，不反兵而鬭。又見《周官》，《周官·調人》：凡殺人而義者，令勿讎，讎之則死。又見諸子史，不可勝數，未有非而罪之者也。最宜詳於律，而律無其條。無下或有有字。非闕文也。蓋以爲不許復讎，則傷孝子之心，而乖先王之訓；一無而字。許復讎，則人將倚法專殺，無以禁止其端矣。夫律雖本於聖人，然執而行之者，有司也。經之所明者，制有司者也。丁寧其義於經，而深没其文於律者，其意將使法吏一斷於法。將，或作特。而經術之士得引經而議也。《周官》曰：凡殺人而義者，令勿讎，讎之則死，義，宜也。明殺人而不得其宜者，子得復讎也，此百姓之相讎者也。《公羊傳》曰：父不受誅，子復讎可也。不受誅者，罪不當誅也。誅者，上施於下之辭，非百姓之相殺者也。殺下或無者字。又《周官》曰：凡報仇讎者，書於士，殺之無罪。言將復讎，必先言於官，則無罪也。今陛下垂意典章，思立定制，惜有司之守，憐孝子之心，示不自專，訪議羣下。臣愚以爲復讎之名雖同，而其事各異。或百姓相讎，如《周官》所稱，可議於今者；或爲官所誅，爲官下或有吏字。如《公羊》所稱，不可行於今者；又《周官》所稱將復讎先告於士，則無罪者。若孤稚羸弱，抱微志而伺敵人之便，恐不能自言於官。未可以爲斷於今也。然則殺之與赦，不可一例。宜定其制曰：凡有復父讎者，事發具其事申尚書省，尚書省集議奏聞，或無有字。申或作由下二字。今按此合有由字。但下字當作申，又或是上字耳，更詳之。酌其宜而處之，則經律無失其指矣。或無律字。謹議。

（唐）陳子昂《陳拾遺集》卷七《雜著·復讎議狀》

臣伏見同州下邽人徐元慶者，父爽爲縣吏趙師韞所殺，卒能手刃父讎，束身歸罪。議曰：先王立禮，所以進人也；明罰，所以齊政也。夫枕干讎敵，人子之義，誅罪禁亂，王政之綱。然則無義不可以訓人，亂綱不可以明法，故聖人修禮理內，飭法防外，使夫守法者不以禮廢刑，居禮者不以法傷義，然後能暴亂不作，廉耻以興，天下所以直道而行也。竊見同州下邽人徐元慶，先時父爲縣令趙師（蘊）〔韞〕所殺，元慶鬻身傭保，爲其父報讎，手刃師（蘊）〔韞〕，束身歸罪。雖古烈者，亦何以多，誠足以激清名教，旁感忍辱義士之靡者也。然按之國章，殺人者死，則國家之畫一之法也，法之不二，元慶宜伏辜。又按《禮經》父讎不同天，亦國家勸人之教者也，教之不苟，元慶不宜誅。臣聞昔者刑之所生，本以遏亂；仁之所利，蓋以崇德。今元慶報父之讎，意非亂也；行子之道，義能仁也。仁而無利，與亂同誅，是曰能刑，未可以訓，元慶之可顯宥於此矣。然邪由正生，理必亂作，昔禮防至密，其弊不勝。先王所以明刑，本實由此。今儻議元慶之節，廢國之刑，將爲後圖，政必多難，則元慶之罪，不可廢也。何者？人必有子，子必有親，親親相讎，其禮誰救？聖人作始，必圖其終，非一朝一夕之故，所以全其政也。故曰：信人之義，其政不行。且夫以私義而害公法，仁者不爲；以公法而徇私義，王道不設。元慶之所以仁高振古，義伏當時，以其能忘生而徇於德也。今若釋元慶之罪，以利其生，是奪其德而虧其義，非所謂殺身成仁、全死無生之節也。如臣等所見，謂宜正國之法，置之以刑，然後旌其閭墓，嘉其徽烈。可使天下直道而行，編之於令，永爲國典。謹議。

（唐）柳宗元《柳宗元集》卷四《議辯・駁復讎議》 臣伏見天后時，有同州下邽人徐元慶者，父爽爲縣吏趙師韞所殺，卒得手刃父讎，束身歸罪。當時諫臣陳子昂建議誅之而旌其閭，且請編之於令，永爲國典。臣竊獨過之。臣聞禮之大本，以防亂也，若曰無爲賊虐，凡爲子者殺無赦；刑之大本，亦以防亂也，若曰無爲賊虐，凡爲理者殺無赦。其本則合，其用則異，旌與誅莫得而並焉。誅其可旌，茲謂濫，黷刑甚矣；旌其可誅，茲謂僭，壞禮甚矣。果以是示于天下，傳於後代，趨義者不知所向，違害者不知所立，以是爲典可乎？蓋聖人之制，窮理以定賞罰，本情以正褒貶，統於一而已矣。嚮使刺讞其誠僞，考正其曲直，原始而求其端，則刑禮之用，判然離矣。何者？若元慶之父，不陷於公罪，師韞之誅，獨以其私怨，奮其吏氣，虐于非辜，州牧不知罪，刑官不知問，上下蒙冒，籲號不聞；而元慶能以載天爲大恥，枕戈爲得禮，處心積慮，以衝讎人之胸，介然自克，即死無憾，是守禮而行義也。執事者宜有慚色，將謝之不暇，而又何誅焉？其或元慶之父，不免於死，師韞之誅，不愆於法，是非死於吏也，是死於法也。法其可讎乎？讎天子之法，而戕奉法之吏，是悖驁而凌上也。執而誅之，所以正邦典，而又何旌焉？且其議曰：人必有子，子必有親，親親相讎。其亂誰救？是惑於禮也甚矣。禮之所謂讎者，蓋以冤抑沉痛，而號無告也；非謂抵罪觸法，陷於大戮。而曰彼殺之，我乃殺之，不議曲直，暴寡脅弱而已。其非經背聖，不以甚哉！《周禮》：調人掌司萬人之讎。凡殺人而義者，令勿讎，讎之則死。有反殺者，邦國交讎之。又安得親親相讎也。《春秋公羊傳》曰：父不受誅，子復讎可也。父受誅，子復讎，此推刃之道。復讎不除害。今若取此以斷兩下相殺，則合於禮矣。且夫不忘讎，孝也；不愛死，義也。元慶能不越於禮，服孝死義，是必達理而聞道者也。夫達理聞道之人，豈以其王法爲敵讎者哉？議者反以爲戮，黷刑壞禮，其不可以爲典，明矣。請下臣議，附于令，有斷斯獄者，不宜以前議從事。謹議。

《皇朝經世文編》卷九二《刑政三・律例》汪琬《復讎議并序》 復讎之議，載於《周官》、《禮記》、《春秋》，見於陳子昂、韓愈、柳宗元、王安石之文者詳矣。吾不敢復勦其辭，惟以國家之律明之。律曰：若祖父母、父母被殺，而子孫擅殺行兇人者，杖六十。注以爲不告官者。又曰：其卽時殺死者勿論，注以爲少遲卽以擅殺論。由此觀之，凡有祖父母、父母之讎，雖積至於久遠而後報，皆得謂之遲，皆可援擅殺以斷者也。顧獨不許潮兒之復母讎，得毋太苛矣乎？一命一抵，此刑部現行則例也。人既殺潮兒之母，而必欲潮兒母子殉兩命以當之，其失律意明矣。今議者曰：潮兒未嘗告官，則口供恐不可信。夫當潮兒具招之日，有司曾不之詰；及其申解之日，御史曾不之駁。彼口供之真僞，法司亦安從知之哉？且吾非欲遂釋潮兒之死也，僅僅下御史再審而已。萬一再審之後，而其情可原，其辠可雪，吾將援此擅殺之條，以求爲國家活一孝子，則法司之所全不更多耶？議者曰：潮兒既欲復讎，何不卽時殺之？此大不然，吾嘗見被禍之家，稚子寡女，門戶單弱者有矣。其上或壓於勢力，其次或格於賄財，苟有復讎之心，不得不乘間伺便以圖之。苟無其隙，雖積蓄於久遠，而推原律意，皆得寬之爲遲，又何聞於數年内外哉？律曰：辠人本犯應死，而擅殺者杖一百。今以三春之很戾，敢於殺其族母，是亦應殺無疑矣。此時設旁觀者若張氏之親屬，能代潮兒誅之，辠亦止於杖一百而已。況爲潮兒者乎？使果能復其母讎，而又不以減死論，不可謂法之平也。議者又曰：奈經屢赦何？夫復讎不可以赦言也。赦者，國家所以矜全有罪，而非孝子慈孫不忍其親者之所欲也。今必以此辠潮兒，不幾與行兇之甚哉！故吾謂斷是獄者，但當窮其口供所從來，不當問赦前與赦後也。吾又嘗求赦文觀之，惟誤殺者赦，他若謀殺、故殺皆不赦。吾不知三春所犯爲合誤殺律乎？抑合謀殺、故殺律乎？果當赦乎，抑不當赦乎？皆非法司所得而懸斷也。洵如吾説，使得下御史再審，不過煩本部之題請，與有司之追勘耳。此其事易若反掌，而所全實多。若憚題請追勘之勞，而甘自處於失入，爲法吏者，夫亦勿之思矣。

《知新報》劉楨麟《復讎説》　復讎何説？公理哉！嗚呼，中國無公理久矣。一讎於英，割香港，賠鉅款，而不能復；再讎於英法，虜使相，焚禁苑，而又不能復；三讎於法，取越南，要盟約，而又不能復；四讎於日本，失高麗，割臺灣，而亦不能復。嗚呼，中國無公理久矣，不意面唾未乾，瘡痛未定，而横暴無理之欺陵，復有德人據膠州之事也。德人無理尋釁之事，吾昔已論之，杞人謬憂，不幸竟中，獨不解中國四萬萬聰秀之倫，血性之類，蒙首垢面，頑軟柔媚，至今而漠然不動於心也。

莊生之言曰：哀莫大於心死。嗚呼，豈我中國之人心，竟至於死哉？毋亦公理之未明也。春秋之義，百世之讎可復。西人公法家言，凡受人非理之加者，必如其道以報之，如此而後合於公法。是以齊襄滅紀，復祖宗之讎；子胥入楚，復父兄之讎；勾踐沼吴，復己身之讎；德役於法，威良卑士麥復讎以虜路易；英挫於法，惠靈吞復讎以囚拿破侖。我朝太祖復二祖之讎，以遺甲三十伐明，而誅尼堪外蘭。遠徵古史，近法聖武，旁驗敵邦，未有不以忍讎事讎爲恥者，未有不以申讎復讎爲志者。世非大同之治，不能以忘恩怨，事當不平之甚，惟有重於報施，此蓋天理之自然，人心之至公也。

我華人受侮於外人，至今日亦已亟矣。國税可以減，華工可以逐，使臣可以拒，疆吏可以辱，民訟可以争，臣犯可以索，遇我如野蠻，虐我如牛馬，猶復當俎肉，約瓜分，讎我者賀之，欺我者唆之，務使我黄種之倫不克列於有國之伍，無所容於五洲之間而後快。嗚呼，吾以爲齊州之内，震旦之氓，凡有耳聽，凡有目覘者，應如何痛心疾首，憤哭流涕，激厲振起，思雪大恥，雖卧薪嘗膽，杖劍及袂猶恐不及也。

然而人心之死，猶狃於恬習，豈惡辱之垢，頑積已厚，若不覩聞哉？語有之曰：父母之讎，不共戴天。《詩》曰兄弟鬩牆，外禦其侮。嗚呼，此甯非君父之辱，兄弟之難歟？不共之讎不報，是謂不孝；外侮之來不禦，是謂不友；嗟我兄弟，邦人諸友，莫肯念亂，誰無父母？不爲君父計，獨不爲己之父母計哉！不爲邦人兄弟計，獨不爲己之兄弟計哉！

雖然復讎之義，有真有僞，市井無賴，毁堂鬨教，殺人掠財，鳥聚獸散，貽憂君父，失地償款，是謂自取侮亡，非真復讎也；痛疾外人，不分黑白，謬逞迂説，空言攘拒，諱病不醫，坐以待斃，是謂大言不慚，非真復讎也；激於目前，不量進退，驅率疲瘵，狂呼主戰，内腑已枯，手足逆命，驟攖兇鋒，適投敵志，是謂意氣用事，非真復讎也；上下異志，新舊分黨，經國大謨，惟在船械，累朝蠹政，不忍割棄，淺嘗輒用，自謂克敵，經劃屢年，一挫卽餒，是謂鄒魯之鬨，非真復讎也；真復讎者萬人一心，千人一氣，刻骨飲血，處心積慮，上急其治，下急其學，智急其才，愚急其力，變敝政，興新法，破忌諱，起瘡痍，然後伺隙而動，據義而起，叱咤英俄，鞭笞歐美，振我夏聲，昌吾華種。嗚呼，是在有志之士。（見光緒二十三年十一月二十一日《知新報》第四十册）

綜述

《新唐書》卷一九五《孝友傳·張琇》　武后時，下邽人徐元慶父爽爲縣尉趙師韞所殺，元慶變姓名爲驛家保。久之，師韞以御史舍亭下，元慶手殺之，自囚詣官。后欲赦死，左拾遺陳子昂議曰：

先王立禮以進人，明罰以齊政。枕干讎敵，人子義也；誅罪禁亂，王政綱也。然無義不可訓人，亂綱不可明法。聖人脩禮治内，飭法防外，使守法者不以禮廢刑，居禮者不以法傷義，然後暴亂銷，廉恥興，天下所以直道而行也。

元慶報父讎，束身歸罪，雖古烈士何以加？然殺人者死，畫一之制也，法不可二，元慶宜伏辜。傳曰：父讎不同天。勸人之教也。教之不苟，元慶宜赦。

臣聞刑所以生，遏亂也；仁所以利，崇德也。今報父之仇，非亂也；行子之道，仁也。仁而無利，與同亂誅，是曰能刑，未可以訓。然則邪由正生，治必亂作，故禮防不勝，先王以制刑也。今義元慶之節，則廢刑也。跡元慶所以能義動天下，以其忘生而及於德也。若釋罪以利其生，是奪其德，虧其義，非所謂殺身成仁、全死忘生之節。臣謂宜正國之典，寘之以刑，然後旌閭墓可也。

時韙其言。後禮部員外郎柳宗元駁曰：

禮之大本，以防亂也。若曰：無爲賊虐，凡爲子者殺無赦。刑之大本，亦以防亂也。若曰：無爲賊虐，凡爲治者殺無赦。其本則合，其用則異。旌與誅，不得並也。誅其可旌，茲謂濫，黷刑甚矣；旌其可誅，茲謂僭，壞禮甚矣。

若師韞獨以私怨，奮吏氣，虐非辜，州牧不知罪，刑官不知問，上下蒙冒，籲號不聞。而元慶能處心積慮以衝讎人之胸，介然自克，即死無憾，是守禮而行義也。執事者宜有慚色，將謝之不暇，而又何誅焉？其或父不免於罪，師韞之誅，不愆於法，是非死於吏也，是死於法也。法其可讎乎？讎天子之法，而戕奉法之吏，是悖驁而凌上也。執而誅之，所以正邦典，而又何旌焉？

禮之所謂讎者，冤抑沈痛而號無告也，非謂抵罪觸法，陷于大戮，而曰彼殺之我乃殺之，不議曲直，暴寡脅弱而已。《春秋傳》曰：父不受誅，子復讎可也；父受誅，子復讎，此推刃之道。復讎不除害。今若取此以斷兩下相殺，則合於禮矣。

且夫不忘讎，孝也；不愛死，義也。元慶能不越於禮，服孝死義，是必達理而聞道者也。夫達理聞道之人，豈其以王法爲敵讎者哉！議者反以爲戮，黷刑壞禮，其不可以爲典明矣。請下臣議附于令，有斷斯獄者，不宜以前議從事。

憲宗時，衢州人余常安父、叔皆爲里人謝全所殺。常安八歲，已能謀復仇。十有七年，卒殺全。刺史元錫奏輕比，刑部尚書李鄘執不可，卒抵死。

又富平人梁悅父爲秦果所殺，悅殺仇，詣縣請罪。詔曰：在禮父讎不同天，而法殺人必死。禮、法，王教大端也，二説異焉。下尚書省議。職方員外郎韓愈曰：

子復父讎，見于《春秋》、于《禮記》、《周官》，子若史，不勝數，未有非而罪者。最宜詳于律，而律無條，非闕文也。蓋以爲不許復讎，則傷孝子之心；許復讎，則人將倚法顓殺，無以禁止。夫律雖本於聖人，然執而行之者，有司也。經之所明者，制有司者也。丁寧其義於經而深没其文於律者，將使法吏一斷於法，而經術之士得引經以議也。

《周官》曰：凡殺人而義者，令勿讎，讎之則死。義者，宜也。明殺人而不得其宜者，子得復讎也。此百姓之相讎者也。公羊子曰：父不受誅，子復讎可也。不受誅者，罪不當誅也。誅者，上施下之辭，非百姓相殺也。《周官》曰：凡報仇讎者，書於士，殺之無罪。言將復讎，必先言於官，則無罪也。

復讎之名雖同，而其事各異。或百姓相讎，如《周官》所稱，可議於今者；或爲官吏所誅，如《公羊》所稱，不可行於今者。《周官》所稱將復讎先告於士，若孤稚羸弱，抱微志而伺敵人之便，恐不能自言，未可以爲斷於今也。然則殺之與赦不可一，宜定其制曰：有復父讎者，事發，具其事下尚書省集議以聞，酌處之。則經無失指矣。

（清）嵇璜等《續通典》卷一〇九《刑·雜議》　唐憲宗元和六年，富平人梁悦爲父報讐，殺人自投縣請罪。勑：復讐殺人，固有彝典，以其申冤請罪，視死如歸，特減死，决一百，配流循州。職方員外郎韓愈獻議曰：伏奉今月五日勑，復讐據禮經則義不同天，徵法令則殺人者死。禮法二事，皆王教之大端，有此異同，必資論辨。宜令督省集議聞奏者。伏以子復父讐，見於《春秋》，見於《禮記》，又見於《周官》，又見於諸子史，不可勝數，未有非而罪之者也。最宜詳於律，而律無其條，非闕文也，蓋以爲不許復讐，則傷孝子之心，而乖先王之訓；許復讐，則人將倚法專殺，無以禁止其端矣。夫律雖本於聖人，然執而行之者有司也。經之所明者，制有司者也。丁寧其義於經，而深没其文於律者，其意將使法吏一斷於法，而經術之士得引經而議也。《周官》曰：凡殺人而義者，令勿讐，讐之則死。義，宜也。明殺人而不得其宜者，子得復讐也。此百姓之相讐者也。《公羊傳》曰：父不受誅，子復讐可也。不受誅者，罪不當誅也。誅者，上施於下之辭，非百姓之相殺者也。又《周官》曰：凡報讐者，書於士，殺之無罪。言將復讐必先言於官，則無罪也。陛下垂意典章，思立定制，惜有司之守，憐孝子之心，示不自專，訪議羣下。臣愚以爲復讐之名雖同，而其事各異。或百姓相讐，如《周官》所稱，可議於今者；或爲官吏所誅，如《公羊》所稱，不可行於今者。又《周官》所稱將復讐，先告於士，則無罪者，若孤稺羸弱，抱微志而伺敵人之便，恐不能自言於官，未可以爲斷於今也。然則殺之與赦不可一例，宜定其制曰：凡有復父讐者，事發，具其事申尚書省，尚書省集議奏聞，酌其宜而處之，則經律無失其旨矣。柳州民莫誠救兄莫蕩，以竹刺莫果右臂，經十二日身死。準律，以他物毆傷，十二日辜，辜內死者，各依殺人論。刺史柳宗元上桂管觀察府狀右。奉牒：準律文處分者。竊以莫誠赴急而動，事出一時解難，爲心豈思他物。救兄有急難之戚，中臂非必死之創，不幸致殂，揣非本意。按文固當恭守，撫事似可哀矜。斷手方迫於深衷，周身不遑於遠慮。律宜無赦，使司明至當之心；情或未安，守吏切惟輕之願。伏乞俯賜興哀，特從屈法，幸全微命，以慰遠黎。

穆宗朝，有司每斷大獄，令中書舍人一人參酌而輕重之，號參酌院。大理少卿崔杞奏曰：國家法度，高祖、太宗制二百餘年矣。《周禮》正月布刑，張之門閭及都鄙邦國，所以屢丁寧，使四方謹行之。大理寺，陛下守法之司也。今別設參酌之官，有司定罪，乃議其出入，是與奪繫於人情，而法官不得守其職。子路問政，孔子曰：必也正名乎。臣以爲參酌之名不正，宜廢乃罷之。

長慶二年，刑部員外郎孫革奏：准京兆府申雲陽力人張涖欠康憲錢米，憲徵理之，涖乘醉拉憲，氣息將絶，憲男買得年十四，將救其父，以涖角觝力人，不敢撣解，遂持木鍤擊之，首見血，後三日死者。准律父爲人所毆，子往救，擊其人折傷，減凡鬬三等，至死者依常律，則買得合當死刑。伏以律令者，用防凶暴，孝行者，以開教化。今買得救父難，是性孝非暴。擊張涖，是心切非凶。以髫丱之歲，正父子之親，若非聖化所加，童子安能及此。《王制》稱五刑之理，必原父子之親。《春秋》之義，原心定罪。《周書》所以訓，諸罰有權。今買得生被皇風，幼符至孝，哀矜之宥，伏在聖慈。勅旨：康買得尚在童年，能知子道，雖殺人當死，而爲父可哀，若從沉命之科，恐失原情之義，宜付法司，減死罪一等處分。

又：其年，洺州平恩縣民高宏超父暉，爲鄉人王感所殺，宏超殺感，攜其首自陳大理寺，以故殺論。尚書刑部員外郎李殷夢復曰：伏以挾刀殺人，按律處死，投獄自首，降罪垂文。高宏超既報父讐，固不逃法，戴天罔愧，視死如歸。歷代以來，事多貸命，長慶二年，有康買得父憲，爲力人張涖乘醉拉憲，氣息將絶，買得年十四以木鍤擊涖，後三日致死。勅旨：康買得尚在童年，能知子道，雖殺人當死，而爲父可哀，若從沉命之科，恐失度情之義，宜減死處分。又元和六年，富平人梁悅殺父之讐，投縣請罪。勅旨，復讐殺人，固有彝典，以其申冤請罪，自詣公門，發於天性，本無求生。寧失不經，特宜減死。方今明時，有此孝子，其高宏超若使須歸極法，實慮未契鴻慈。奉勅：可減死一等。

（明）丘濬《大學衍義補》卷一一〇《慎刑憲·明復讐之義》《朝士》：凡報仇讎者書於士，殺之無罪。

鄭玄曰：凡報仇讐者書於士，殺之無罪。謂同國之相辟者，將報之，必先言之於士。

臣按：所謂士者，非謂朝士也，凡書於鄉士、縣士、方士，皆是也。既書於士，而上於朝士而掌之。

《曲禮》曰：父之讐弗與共戴天，兄弟之讐不反兵，交遊之讐不同國。

吕大鈞曰：殺人者死，古今之達刑也；殺之而義，則無罪，故令勿讐，調人之職是也。殺而不義，則殺者當死，宜告于有司殺之，士師之職是也。二者皆無事乎復讐也。然復讐之文雜見於經傳，考其所以，必其人勢盛，緩則不能執，故遇則殺之，不暇告有司也。父者，子之天，不能復父讐，仰無以視乎皇天矣。報之之意，誓不與讐俱生，此所以弗共戴天也。馬晞孟曰：先王以恩論情，以情合義，其恩大者其情厚，其情厚者其義隆，是故父也，兄弟也，交游也。其爲讐則一，而所以報之者不同。或弗共戴天，將死之，而恥與之俱生也，或不反兵將執殺之而爲之備也，或不同國，將遠之而惡其比也。嗚呼，聖人不能使世之無讐，亦不能使之釋讐而不報，惟稱其情義而已矣。若夫《公羊》論九世之讐，則失於太過，而所報非所敵矣。漢之時，孝子見讐而不敢復，則失於太嚴，而孝弟之情無所伸矣。

游桂曰：聖人之治天下，於暴亂之人以公法治之，苟制之於公法而不足，則由於私義而制之。是以暴亂者無所逃罪，而人安其生。夫所謂讐，皆王誅所不及，公法有時而失之者。聖人因禮而爲之法，曰某讐也，是其子與弗共戴天者也，某讐也，是其兄弟所必報而不反兵者也，某讐也，是其交游之所不同國者也。三讐皆以殺人而言，人之子弟交游，皆得報而殺之，弗共戴天，則世之暴者不敢害人之父母矣。不反兵，則世之暴者不敢害人之兄弟矣；不同國，則世之暴者不敢害人之交游矣。自秦以來，私讐皆不許報復，下之私相殘死而無告者，不知其幾何。子報仇而以其獄上者，有司常不知所以處之。至唐而陳子昂、韓愈、柳宗元之議起。陳之議報父仇者，誅之而旌其閭。柳固已闢之，雖闢之，而初無一定之論。韓之言曰：子報父母仇，以其獄上尚書省，使百官集議聞奏。此説粗爲得之，然亦不能明先王之故。復讐之事，苟欲從古，則其所以爲天下之道舉必如三代而後可。三代之時，皇極立而公法行，治不一出於法，而私義得以參乎其間。今欲依古許人復讐，則爲有司者，道法交有所不備，不許復讐則傷孝子、順弟、賢人、義士之心。

顧元常曰：治平盛世，井井有綱紀，安有私相報讐之事？然事變萬端，豈可以一律論。如父母出於道，忽被彊寇刦盗殺害，其子豈容，但已？在旁必力鬬與之俱死；不在旁，必尋探殺之而後已。此乃人子之至痛，追思殆不欲生，縱彼在窮荒絶域，亦必欲尋殺之以雪父母之寃，故不與共戴天也。然讐亦非一端，又看輕重如何。如父母因事被人擠陷，爲人子者亦當平心自反，不可專以報復爲心。或被人挾王命以矯殺，雖人子之至恨，然城狐社鼠不可動摇，又當爲之歛恨，而不容以必報爲心也。凡此之類，皆宜隨事斟酌，儻不顧事之曲直，勢之可否。各挾復讎之義，以相搆害，則是刑戮之民大亂之道也。

《春秋公羊傳》曰：父不受誅，子復讎，可也；父受誅，子復讎，推刃之道也，復讎不除害。定公四年。

何休曰：不受誅，罪不當誅也。若父受誅，子復讎則復討其子，一往一來曰推刃，取讎身而已，不得兼讎其子，復將恐害己而殺之。

韓愈曰：誅者，上施於下之辭。

臣按：《公羊》因論伍子胥報讎而言此，蓋謂列國争殺報復之事，非王法也。人君誅其臣民，無報復之理，若有司服法以致人於死，則當赴愬於君以正其罪，亦不當私自報之。

紀事

《後漢書》卷二六《趙憙傳》 趙憙字伯陽，南陽宛人也。少有節操。從兄爲人所殺，無子，憙年十五，常思報之。乃挾兵結客，後遂往復仇。而仇家皆疾病，無相距者。憙以因疾報殺，非仁者心，且釋之而去。顧謂仇曰：爾曹若健，遠相避也。仇皆臥自搏。後病愈，悉自縛詣憙，憙不與相見，後竟殺之。

《後漢書》卷二九《郅惲傳》 〔建武〕七年，後還京師，而上論之。惲恥以軍功取位，遂辭歸鄉里。縣令卑身崇禮，請以爲門下掾。惲友人董子張者，父先爲鄉人所害。及子張病，將終，惲往候之。子張垂殁，視惲，歔欷不能言。惲曰：吾知子不悲天命，而痛讎不復也。子在，吾憂而不手；子亡，吾手而不憂也。子張但目擊而已。惲即起，將客遮仇人，取其頭以示子張。子張見而氣絶。惲因而詣縣，以狀自首。令應之遲，惲曰：爲友報讎，吏之私也。奉法不阿，君之義也。虧君以生，非臣節也。趨出就獄。令跣而追惲，不及，遂自至獄，令拔刃自向以要惲曰：子不從我出，敢以死明心。惲得此乃出，因病去。

《後漢書》卷八四《列女傳·趙娥》 酒泉龐淯母者，趙氏之女也，字娥。父爲同縣人所殺，而娥兄弟三人，時俱病物故，讎乃喜而自賀，以爲莫已報也。娥陰懷感憤，乃潛備刀兵，常帷車以候讎家。十餘年不能得。後遇於都亭，刺殺之。因詣縣自首。曰：父仇已報，請就刑戮。（幅）禄〔福〕長尹嘉義之，解印綬欲與俱亡。娥不肯去。曰：怨塞身死，妾之明分；結罪理獄，君之常理。何敢苟生，以枉公法！後遇赦得免。州郡表其閭。太常張奐嘉歎，以束帛禮之。

《三國志》卷二《魏志·文帝》 四年春正月，詔曰：喪亂以來，兵革未戢，天下之人，互相殘殺。今海内初定，敢有私復讎者皆族之。築南巡臺于宛。三月丙申，行自宛還洛陽宫。

《南齊書》卷五五《孝義傳·朱謙之》 朱謙之字處光，吴郡錢唐人也。父昭之，以學解稱於鄉里。謙之年數歲，所生母亡，昭之假葬田側，爲族人朱幼方燎火所焚。同産姊密語之，謙之雖小，便哀戚如持喪。年長不婚娶。永明中，手刃殺幼方，詣獄自繫。縣令申靈勗表上，别駕孔稚珪，兼記室劉璡，司徒左西掾張融牋與刺史豫章王曰：禮開報仇之典，以申孝義之情；法斷相殺之條，以表權時之制。謙之揮刃（軒）〔斬〕冤，既申私禮；繫頸就死，又明公法。今仍殺之，則成當世罪人；宥而活之，即爲盛朝孝子。殺一罪人，未足弘憲；活一孝子，實廣風德。張緒、陸澄，是其鄉舊，應具來由。融等與謙之竝不相識，區區短見，深有恨然。豫章王言之世祖，時吴郡太守王慈、太常張緒、尚書陸澄竝表論其事，世祖嘉其義，慮相復報，乃遣謙之隨曹虎西行。將發，幼方子惲於津陽門伺殺謙之，謙之兄選之又刺殺惲，有司以聞。世祖曰：此皆是義事，不可問。悉赦之。吴興、沈顗聞而歎曰：弟死於孝，兄殉於義。孝友之節，萃此一門。選之字處林，有志節，著《辯相論》。幼時顧歡見而異之，以女妻焉。官至江夏王參軍。

《魏書》卷九二《列女傳·平原女子孫氏》　平原鄃縣女子孫氏男玉者，夫爲靈縣民所殺。追執讎人，男玉欲自殺之，其弟止而不聽。男玉曰：女人出適，以夫爲天，當親自復雪，云何假人之手！遂以杖毆殺之。有司處死以聞。顯祖詔曰：男玉重節輕身，以義犯法，緣情定罪，理在可原，其特恕之。

（唐）劉肅《大唐新語》卷五《孝行》　王君操父，大業中爲鄉人李君則毆死。貞觀初，君則以運代遷革，不懼憲綱，又以君操孤微，必無復讎之志，遂詣州府自露，爲君操密藏白刃刺殺之，刳其心肝，咀之立盡。詣刺史自陳。州司以其擅殺，問之曰：殺人償死，律有明文，何方自理，以求生路？君操曰：亡父被殺二十餘年，聞諸典禮，父讎不同天，早願從之，久而未遂。常懼滅亡，不展冤情。今恥既雪，甘從刑憲。州司上聞，太宗特原之。

又：張審素爲巂州都督，有告其贓者，敕監察楊汪按之。汪途中爲審素之黨所劫，對汪殺告事者。汪到益州，誣審素謀反，搆成其罪，遂斬之，籍没其家。子琇與兄瑝年幼，徙嶺外，後各逃歸。汪後更名萬頃，轉殿侍御史。開元二十三年，瑝、琇於東都候萬頃，手刃之。繫表於斧刃，言復讎之狀，遂奔逃，行至汜水，爲吏所得。時人皆矜琇等幼穉孝烈，能復父讎，多言合從矜恕。張九齡欲活之。裴曜卿、李林甫固言不可，玄宗以爲然，顧謂九齡等曰：復讎禮所許，殺人亦格律具存。孝子之心，義不顧命，國家設法，焉得容此？殺人成復讎之志，赦之虧格律之道。然道路喧議，當須告示。乃下詔曰：張瑝兄弟同殺，推問款成，律有正條，俱合至死。近聞士庶頗有喧詞，矜其爲父報讎，或言本罪冤濫。但國家設法，事存久要，蓋以濟人，期於止殺。咎繇作士，法在必行；曾參殺人，亦不可恕。不能加以刑戮，肆諸市朝，宜付河南府告示。瑝、琇既死，士庶痛之，爲作哀誄，牓於衢路。市人斂錢於死處造義井，並葬於北邙，恐爲萬頃家人所發，作疑冢數所於其所。其爲時人之所痛悼者如此。

《宋史》卷二〇〇《刑法志二》　復讎，後世無法。仁宗時，單州民劉玉父爲王德毆死，德更赦，玉私殺德以復父讎。帝義之，決杖、編管。元豐元年，青州民王贇父爲人毆死，贇幼，未能復讎。幾冠，刺讎，斷支首祭父墓，自首。論當斬。帝以殺讎祭父，又自歸罪，其情可矜，詔貸死，刺配鄰州。宣州民葉元，有同居兄亂其妻，縊殺之，又殺兄子，强其父與嫂爲約契不訟。鄰里發其事，州爲上請，帝曰罪人以死，姦亂之事特出葉元之口，不足以定罪。且下民雖無知，固宜哀矜，然以妻子之愛，既罔其父，又殺其兄，戕其姪，逆理敗倫，宜以毆兄至死律論。

《宋史》卷二〇一《刑法志三》　蘇州民張朝之從兄以槍戳死朝父，逃去，朝執而殺之。審刑、大理當朝十惡不睦，罪死。案既上，參知政事王安石言：朝父爲從兄所殺，而朝報殺之，罪止加役流，會赦，應原。帝從安石議，特釋朝不問。

（宋）李燾《續資治通鑑長編》卷一一〇《宋仁宗天聖九年》　壬午，詔單州民劉玉特貸死，決杖，濟州編管。初，玉父爲民王德毆死，而德更赦免，玉卒殺德以報父讎，法當論死，特貸之。

（宋）李燾《續資治通鑑長編》卷二九五《宋神宗元豐元年》　詔青州民王贇貸死，刺配鄰州牢城。初，贇父九思爲楊五兒毆迫自縊死，贇纔七歲，常欲復讎，而以幼未能。至是十九歲，以槍刺五兒，斷其頭及手，祭父墓，乃自首。法當斬，上以贇殺讎祭父，又自歸罪，可矜故也。

（宋）李燾《續資治通鑑長編》卷三一三《宋神宗元豐四年》　權判湖南路轉運副使朱初平言：徽、誠州歸明團峒，應未建城寨以前有相讎殺及他訟，並令以溪峒舊法理斷訖，乞自今有侵犯，並須經官陳訴，如敢擅相讎殺，並依漢法處斷。其有逃避，即官司會合擒捕，及本處收捉施行。從之。

《皇朝文獻通考》卷二〇七《刑考十三·詳讞平反》 定詳審復讐命案，奉諭，今日勾到河南省情實招册，内有智洪義因父智順被趙二毆死，趙二已擬絞候，智洪義藉言報讐，輒殺其子趙倉，律擬斬候。九卿及閣臣以趙二業已減流，將智洪義可否改入緩決之處夾簽聲明，意雖近似于事理，猶未剖晰至當。儒生拘牽《春秋》復讐之説，如唐陳子昂甚至欲以一時旌誅並行，固爲乖誕。即韓愈、栁宗元號稱善駁，大率不越以其父死于法不死于法爲斷，殊不知其父已死於法，則固無可復之讐；即不死于法，亦必其相鬭而殺者，其情固可矜，而其死可寬，亦無可復之讎也。乃其子仍推刅讐人之胷，亦豈《春秋》之法所當予此？在唐代刑制懈弛，其説尚不能無弊，况我朝百餘年來，明罰勑法，審慎周詳，豈可使生殺不關讞司，而一介不逞之徒竟爾私行報復，其可乎？且智洪義謀殺趙倉時，毆死其父之趙二尚以論抵在監，其時智洪義不得有復讐之説也。以謀殺核擬，情實自爲，辟以止辟，正義苐統，核前後緣起，智順既爲趙二毆死，而智洪義又復抵償趙倉，則是智姓兩命，趙姓一命，於事會所致，稍覺情有未平。朕是以悉心研究，將該犯停勾，然使徑行改入緩決，則無以杜私復之源，而與謀殺本律亦大相背戾。該犯本年雖已停勾，其下次秋審仍應入于情實，俟將來年久，或遇恩例減等之事再酌量辦理。

（清）樊增祥《樊山政書》卷五《批華州監生同保祥呈詞》 卷查光緒二十年三月據華州稟報爾父同維楨於正月十二日被張三省用刀砍傷，延至三月初五日身死，兇逃未獲。嗣經爾兄同保珍、爾母安氏屢次控情，提比緝究，各前司嚴札勒催，並將州差提省，重比久押，此皆二十三四年之事也。案懸九年，訟冷亦越四年。而爾突稱張武林等在家消搖，懇請提差比緝等語。卷查爾父生供，因張三省賴伊私販小錢，口角結怨。正月十二日伊赴張武林書鋪買書，見鋪門上鎖，轉身欲走，適遇三省與王根柱走來，指説前事，彼此揪扭，以致三省用刀戳傷，越五十餘日因傷身死。是肇衅之初，張武林門已上鎖，身豈在場？至張五德、張四元、王根心等，初稟初詳，絶無其人。迨二十二年，爾母始以張五德等放火具控，委查無實而罷。今四參早滿，而誣累無休。爾即爲父報仇，只可請緝正兇，豈能任情羅織？仰華州查照前案，迅緝張三省、王根柱到案，嚴訊究辦，其餘不得拖累。此飭。詞發，仍繳。

（宋）王欽若《册府元龜》卷六一六《刑法部·議讞》 李殷夢爲刑部員外郎，天成二年七月，洛州平恩縣百姓高弘超其父暉爲鄉人王感所殺，後〔陜〕〔挾〕刅以報之，遂携其首自陳大理寺，以故殺論。殷夢覆曰：伏以挾刅殺人，按律處死，投獄自首，降罪垂文。高弘超既遂復讐，固不逃法，載天闒愧，視死如歸。歷代已來，事多貸命。長慶二年，有康買得父憲，爲力人張莅乘醉拉憲，氣息將絶，買德年十四，以木鍤擊莅，後三日致死。勑旨：康買德尚在童年，能知子道，雖殺人當死，而爲父可哀。若從沉命之科，恐失度情之義，宜減死處分。又元和六年，富平人梁悦殺父之讐，投縣請罪。勑旨：復讐殺人，固有彝典。以其申寃請罪，自詣公門，發於天性，本無求生。寧失不經，特從減死，方今明時有此孝子其高弘超，若使須歸極法，實慮未契鴻慈。奉勑：忠孝之道乃治國之大柄，典刑之要在，誅意之深文，差若毫釐，繫之理道。昔紀信替主赴難，何青史之永刊；今高弘超爲報父寃，卽丹書之不尚。人倫至孝，法網宜矜，減死一等。

（清）震鈞《天咫偶談》卷一《皇城》 自來復讐之案本，必雙請是否抵命，抑可從末減，固無不從末減者，然本則如是也。近某部臣厭其繁瑣，改爲直從末減，此蓋失古人作法之本意矣。復讐固當從輕，然焉知不有借復讐爲名以洩其私怨者。若槩入輕比，含寃者有矣。然後知古制未可輕改也。

恤宥分部

論説

《周易正義·解》䷧坎下震上。解：利西南。西南，衆也。解難濟險，利施於衆。遇難不困於東北，故不言不利東北也。疏：正義曰：解者，卦名也。然解有兩音，一音古買反，一音胡買反，解謂解難之初，解謂既解之後。《象》稱動而免乎險，明解衆難之時，故先儒皆讀為解。《序卦》云：物不可以終難，故受之以解。解者，緩也。然則解者，險難解，釋物情舒緩，故為解也。解利西南者，西南坤位，坤是衆也。施解于衆，則所濟者弘，故曰解利西南也。無所往，其來復，吉。有攸往，夙吉。未有善于解難而迷於處安也。解之為義，解難而濟厄者也。無難可往，以解來復則不失中。有難而往，則以速爲吉者，無難則能復其中，有難則能濟其厄也。疏：正義曰：無所往者，上言解難濟險，利施於衆。此下明救難之時，誡其可否。若無難可往，則以來復爲吉。若有難可往，則以速赴爲善，故云无所往，其来復吉，有攸往夙吉。設此誡者，褚氏云：世有無事求功，故誡以無難宜靜，亦有待敗乃救，故誡以有難須速也。【略】

《象》曰：雷雨作，解。君子以赦過宥罪。疏：正義曰：赦謂放免，過謂誤失，宥謂寬宥，罪謂故犯，過輕則赦，罪重則宥，皆解緩之義也。

初六：無咎。解者，解也。屯難盤結，於是乎解也。處蹇難始解之初，在剛柔始散之際，將赦罪厄，以夷其險。處此之時，不煩於位而无咎也。疏：正義曰：夫險難未夷，則賤弱者受害，然則蹇難未解之時，柔弱者不能无咎，否結既釋之後，剛強者不復陵暴。初六，處蹇難始解之初，在剛柔始散之際，雖以柔弱處无位之地，逢此之時，不慮有咎，故曰初六无咎也。《象》曰：剛柔之際，義无咎也。或有過咎，非其理也。義猶理也。疏：正義曰：義无咎者，義猶理也，剛柔既散，理必無咎，或有過咎，非理之當也，故曰義無咎也。注有過咎至義猶理也。正義曰：或有過咎，非其理也者，或本無此八字。

《周易正義·益》六三：益之，用凶事，无咎。有孚中行，告公用圭。以陰居陽，求益者也，故曰益之。益不外來，己自爲之，物所不與，故在謙則戮，救凶則免。以陰居陽，處下卦之上，壯之甚也。用救衰危，物所恃也，故用凶事，乃得无咎也。若能益不爲私，志在救難，壯不至亢，不失中行，以此告公，國主所任也，用圭之禮，備此道矣，故曰有孚，中行，告公用圭也。公者，臣之極也。凡事足以施天下，則稱王，次天下之大者，則稱公。六三之才，不足以告王，足以告公，而得用圭也，故曰中行告公用圭也。疏：六三至告公用圭。正義曰：六三以陰居陽，不能謙退，是求益者也，故曰益之。益不外來，己自爲之，物所不與。若以謙道責之，則理合誅戮。若以救凶原之，則情在可恕。然此六三，以陰居陽，處下卦之上，壯之甚也。用此以救衰危，則物之所恃，所以用凶事而得免咎，故曰益之，用凶事，无咎。若能求益不爲私己，志在救難，爲壯不至亢極，能適於時，是有信實而得中行，故曰有孚中行也。用此有孚中行之德，執圭以告於公，公必任之以救衰危之事，故曰告公用圭。注：以陰居陽至告公用圭也。正義曰：告王者宜以文德燮理，使天下人寧，不當恒以救凶，用志褊狹也。《象》曰：益用凶事，固有之也。用施凶事，乃得固有之也。疏：正義曰：固有之者，明其爲救凶，則不可求益，施之凶事，乃得固有其功也。

《周易正義·中孚》《象》曰：澤上有風，中孚。君子以議獄緩死。信發於中，雖過可亮。疏：正義曰：澤上有風，中孚者，風行澤上，無所不周，其猶信之被物，无所不至，故曰澤上有風，中孚。君子以議獄緩死者，中信之世，必非故犯過失爲辜，情在可恕，故君子以議其過失之獄，緩捨當死之刑也。

（清）孫星衍《尚書今古文注疏·堯典》欽哉，欽哉，惟刑之恤哉！注：史遷説恤作静。恤，一作謐。疏：再言欽哉者，敬之又敬。恤者，鄭注：《周禮》云謂：災危相憂。孫炎注《釋詁》云：救之憂也。《漢書·刑法志》元帝初立，乃下詔曰：《書》不云乎？惟刑之恤哉！其審核之，是古文作恤也。史公恤爲静者。《詩·周頌》云：假以溢我。《春秋傳》引作何以恤我。《釋詁》云：溢，慎也。又《詩·閟宫》云：閟宫有恤。傳云：恤，静也。故恤亦静也。恤作謐者，《史記集解》引徐廣曰：今文作謐。《爾雅》曰：謐，静也。《釋詁》作謐。

（宋）朱熹《四書章句集注·論語集注·子張》孟氏使陽膚爲士師，問於曾子。曾子曰：上失其道，民散久矣。如得其情，則哀矜而勿喜。〔朱熹集注云：〕陽膚，曾子弟子。民散，謂情義乖離，不相維繫。謝氏曰：民之散也，以使之無道，教之無素。故其犯法也，非迫於不得已，則陷於不知也。故得其情，則哀矜而勿喜。

（宋）金履祥《資治通鑑前編》卷一　象以典刑，流宥五刑，鞭作官刑，扑作教刑，金作贖刑。眚災肆赦，怙終賊刑。欽哉，欽哉，惟刑之恤哉！朱子曰：象如天之垂，象示人典，常也，示人以常刑，所謂墨、劓、剕、宫、大辟五刑之正也，所以待夫元惡大憝，殺人、傷人、穿窬、淫邪，凡罪之不可宥者也。流，流遺之使遠去。宥，寬也，所以待夫罪之稍輕，雖入於五刑，而情可矜，法可疑，與夫親貴勳勞，而不可加以刑者，則以此而寬之也。鞭木末垂革，官府之刑，扑，夏楚學校之刑。皆以待夫罪之輕者也。金，罰其金也。贖，贖其罪也，所以待夫罪之極輕，雖入於鞭扑之刑，而情法猶有可議者也。此五句者，寬猛輕重各有條理，法之正也。肆，縱也。眚謂過誤，災謂不幸。若人有如此而入於刑，則又不待流宥金贖而直赦之也。怙謂有恃，終謂再犯。若人有如此而入于刑，則雖當宥、當贖，亦不許其宥、不聽其贖，而必刑之也。此二句者，或由重而即輕，或由輕而即重，蓋用法之權衡，所謂法外意也，聖人立法、制刑之本末。此七言者大畧盡之矣，雖有輕重取舍、陽舒陰慘之不同，然欽哉欽哉，惟刑之恤之意，則未始不行乎其間也。蓋其輕重毫釐之間，各有攸當者，乃天討不易之定理，而欽恤之意行乎其間，則可以見聖人好生之本心也。

《漢書》卷二三《刑法志》 丞相張蒼、御史大夫馮敬奏言：肉刑所以禁姦，所由來者久矣。陛下下明詔，憐萬民之一有過被刑者終身不息，及罪人欲改行爲善而道亡繇至，於盛德，臣等所不及也。臣謹議請定律曰：諸當完者，完爲城旦舂；當黥者，髡鉗爲城旦舂；當劓者，笞三百；當斬左止者，笞五百；當斬右止，及殺人先自告，及吏坐受賕枉法，守縣官財物而即盗之，已論命復有笞罪者，皆棄市。罪人獄已決，完爲城旦舂，滿三歲爲鬼薪白粲。鬼薪白粲一歲，爲隸臣妾。隸臣妾一歲，免爲庶人。隸臣妾滿二歲，爲司寇。司寇一歲，及作如司寇二歲，皆免爲庶人。其亡逃及有罪耐以上，不用此令。前令之刑城旦舂歲而非禁錮者，如完爲城旦舂歲數以免。臣昧死請。制曰：可。是後，外有輕刑之名，内實殺人。斬右止者又當死。斬左止者笞五百，當劓者笞三百，率多死。

《晉書》卷一〇五《石勒載記下》 勒下書曰：自今諸有處法，悉依科令。吾所忿戮、怒發中旨者，若德位已高，不宜訓罰，或服勤死事之孤，邂逅罹讁，門下皆各列奏之，吾當思擇而行也。

《梁書》卷二《武帝紀中》 〔天監〕十一年春正月壬辰，詔曰：夫刑法悼耄，罪不收孥，禮著明文，史彰前事，蓋所以申其哀矜，故罰有弗及。近代相因，厥網彌峻，髫年華髮，同坐入諐。雖懲惡勸善，宜窮其制，而老幼流離，良亦可愍。自今逋讁之家及罪應質作，若年有老小，可停將送。

《周書》卷三《孝閔帝紀》 但法者天下之法，朕既爲天下守法，安敢以私情廢之。《書》曰：善善及後世，惡惡止其身，其貴、通、興、龍仁罪止一家，僧衍止一房，餘皆不問。惟爾文武，咸知時事。

《周書》卷四《明帝紀》 〔武成元年五月〕乙卯，詔曰：比屢有糾發官司赦前事。此雖意在疾惡，但先王制肆眚之道，令天下自新。若又推問，自新何由哉。如此之徒，有司勿爲推究。惟庫廄倉廩與海内所共，漢帝有云朕爲天下守財耳。若有侵盗公家財畜錢粟者，魏朝之事，年月既遠，一不須問。自周有天下以來，雖經赦宥，而事跡可知者，有司宜即推窮。得實之日，但免其罪，徵備如法。

《北史》卷二八《源賀傳》 時斷獄多濫，賀上書曰：案律，謀反之家，其子孫雖養他族，追還就戮，所以絶罪人之類，彰大逆之辜。其爲劫賊應誅者，兄弟子在遠道隔關津皆不坐。竊惟先朝制律之意，以不同謀，非絶類之罪，故特垂不死之詔。若年十三已下，家人首惡，計所不及。臣愚以爲可原其命，没入官。帝納之。

出爲冀州刺史，改封隴西王。既受除，上書曰：臣聞人之所寶，莫寶於生命；德之厚者，莫厚於宥死。然犯死之罪，難以盡恕，權其輕重，有可矜恤。今勍寇遊魂於北，狡賊負險於南，其在疆埸，猶須戍防。臣愚以爲自非大逆、赤手殺人之罪，其坐贓及盗與過誤之愆應入死者，皆可原命，謫守邊境。是則已斷之體，更受生成之恩；徭役之家，漸蒙休息之惠。刑措之化，庶幾在茲。

《舊唐書》卷二《太宗紀上》 〔貞觀二年〕秋七月戊申，詔：萊州刺史牛方裕、絳州刺史薛世良、廣州都督府長史唐奉義、隋武牙郎將高元禮，並於隋代俱蒙任用，乃協契宇文化及，搆成弑逆。宜依裴虔通，除名配流嶺表。太宗謂侍臣曰：天下愚人，好犯憲章，凡赦宥之恩，唯及不軌之輩。古語曰：小人之幸，君子之不幸。一歲再赦，好人喑啞。凡養稂莠者傷禾稼，惠姦宄者賊良人。昔文王作罰，刑茲無赦。又蜀先主嘗謂諸葛亮曰：吾周旋陳元方、鄭康成間，每見啓告理亂之道備矣，曾不語赦也。夫小人者，大人之賊，故朕有天下已來，不甚放赦。今四海安静，禮義興行，非常之恩，施不可數，將恐愚人常冀僥倖，唯欲犯法，不能改過。

《舊唐書》卷一九上《懿宗紀上》 〔咸通十二年〕五月庚申，赦：慎恤刑獄，大《易》格言。《語》曰：如得其情，卽哀矜而勿喜。而獄吏苛刻，務在舞文，守臣因循，罕聞視事。以此械繫之輩，溢於狴牢；追捕之徒，繫於簡牘。實傷和氣，因致沴氛。況時屬熇蒸，化先茂育，並赦罪戾，式順生成。應天下所禁繫罪人，除十惡忤逆、故意殺人、合造毒藥，持仗行劫，開發墳墓外，餘並宜疏理釋放。或信任人吏，多有生情繫留，續察訪得知，本道觀察使判官、州府本曹官必加懲譴，以誡慢易。到後十日內，速疏理分析聞奏。

《舊唐書》卷九八《裴耀卿傳》　時夷州刺史楊濬犯贓處死，詔令杖六十，配流古州。耀卿上疏諫曰：

伏以聖恩天覆，仁育庶類，凡死罪之屬，不欲尸諸市朝，全其性命，流竄而已。所以政致刑措，獄無冤人，曠古以來，未有斯美。臣愚以爲全生免死，誠爲至化，有耻且格，爲訓將來。苟有未安，不敢緘默。

臣以爲刺史、縣令，與諸吏稍别，人之父母，風化所瞻，一爲本部長官，卽合終身致敬。决杖者，五刑之末，只施於挟扑徒隸之間，官蔭稍高，卽免鞭撻。今决杖贖死，誠則已優，解體受笞，事頗爲辱。法至於死，天下共之，刑至於辱，或有所耻。況本州刺史，百姓所崇，一朝對其人吏，背脊加杖，屈挫拘執，人或哀憐，忘其免死之恩，且有傷心之痛，恐非敬官長勸風俗之意。

又雜犯死罪，無杖刑，奏報三覆，然後行决。今非時不覆，决杖便發，倘獄或未盡，又暑熱不耐，因杖或死，卽是促期處分，不得順時。將欲生之，却夭其命，又恐非聖明寬宥之意。臣前後頻在州縣，或緣雜犯决人，每大暑盛夏之時，决杖多死，秋冬已後，至有全者。伏望凡刺史、縣令於本部决杖及夏暑生長之時，所定杖刑，並乞停减。卽副陛下好生之德，於死者皆有再生之恩。

《舊唐書》卷一〇〇《李傑傳》　時皇后妹婿尚衣奉御長孫昕與其妹婿楊仙玉因於里巷遇傑，遂毆擊之，上大怒，令斬昕等。散騎常侍馬懷素以爲陽和之月，不可行刑，累表陳請。乃下敕曰：夫爲令者自近而及遠，行罰者先親而後疏。長孫昕、楊仙玉等憑恃姻戚，恣行凶險，輕侮常憲，損辱大臣，情特難容，故令斬决。今羣官等累陳表疏，固有誠請，以陽和之節，非肅殺之時，援引古今，詞義懇切。朕志從深諫，情亦惜法，宜寬異門之罰，聽從枯木之斃。卽宜决殺，以謝百僚。

《舊唐書》卷一〇〇《李朝隱傳》〔開元〕十年，遷大理卿。時武强令裴景仙乞取贓積五千匹，事發逃走。上大怒，令集衆殺之。朝隱執奏曰：裴景仙緣是乞贓，犯不至死。又景仙曾祖故司空寂，往屬締構，首預元勳。載初年中，家陷非罪，凡有兄弟皆被誅夷，唯景仙獨存，今見承嫡。據贓未當死坐，準犯猶入請條。十代宥賢，功實宜録；一門絶祀，情或可哀。願寬暴市之刑，俾就投荒之役，則舊勳斯允。手詔不許。朝隱又奏曰：

有斷自天，處之極法。生殺之柄，人主合專；輕重有條，臣下當守。枉法者，枉理而取，十五匹便抵死刑；乞取者，因乞爲贓，數千匹止當流坐。今若乞取得罪，便處斬刑，後有枉法當科，欲加何辟？所以爲國惜法，期守律文，非敢以法隨人，曲矜仙命。射免魏苑，驚馬漢橋，初震皇赫，竟從廷議，豈威不能制，而法貴有常。又景仙曾祖寂，草昧忠節，定爲元勳，位至台司，恩倍常數。載初之際，枉被破家，諸子各犯非辜，唯仙今見承嫡。若寂勳都棄，仙罪特加，則叔向之賢何足稱者，若敖之鬼不其餒而？捨罪念功，乞垂天聽。應敕决杖及有犯配流，近發德音，普摽殊澤，杖者既聽减數，流者仍許給程。天下顒顒，孰不幸甚！瞻彼四海，已被深恩，豈於一人，獨峻常典？伏乞採臣之議，致仙於法。

乃下制曰：罪不在大，本乎情；罰在必行，不在重。朕垂範作訓，庶動植咸若，豈嚴刑逞戮，使手足無措者哉？裴景仙幸藉緒餘，超升令宰，輕我憲法，蠹我風猷，不慎畏知之金，詎識無貪之寶，家盈黷貨，身乃逃亡。殊不知天孽可違，自愆難逭，所以不從本法，加以殊刑，冀懲貪暴之流，以塞侵漁之路。然以其祖父昔預經綸，佐命有功，締構斯重，緬懷賞延之義，俾協政寬之典，宜捨其極法，以竄遐荒。仍决杖一百，流嶺南惡處。

《舊唐書》卷一〇一《張廷珪傳》　時監察御史蔣挺以監决杖刑稍輕，敕朝堂杖之，廷珪奏曰：御史憲司，清望耳目之官，有犯當殺卽殺，當流卽流，不可决杖。士可殺，不可辱也。時制命已行，然議者以廷珪之言爲是。

《新唐書》卷一二七《裴耀卿傳》　夷州刺史楊濬以贓抵死，有詔杖六十，流古州。耀卿上言：刺史、縣令異諸吏，爲人父母，風化所瞻。今使裸躬受笞，事太逼辱。法至死，則天下共之。然一朝下吏，屈挫牽頓，民且哀憐，是忘免死之恩，而有傷心之痛，恐非崇守長，勸風俗意。又雜犯抵死無杖刑，必三覆後決，今非時不覆，或夭其命，非所以寬宥之也。凡大暑決囚多死，秋冬乃有全者。請令貸死决杖，會盛夏生長時並停，則有再生之實。

（宋）王溥《唐會要》卷四〇《論赦宥》 貞觀二年七月，上謂侍臣曰：凡赦，唯及不軌之輩。古語云：小人之幸，君子不幸。一歲再赦，善人喑啞。凡養稂莠者傷禾稼，惠姦宄者賊良人。昔文王作罰，刑茲無赦。夫小仁者，大仁之賊，故我有天下已來，不甚放赦。今四海安寧，禮義興行，數赦則愚人常冀僥倖，唯欲犯法，不能改過，當須慎赦。

證聖元年，獲嘉縣主薄劉知幾上表曰：臣聞小不忍亂大謀，小仁者，大仁之賊。竊以赦之爲用，復何益于國哉！若乃皇業權輿，天地初闢，嗣君即位，黎元更始，則時藉非常之慶，申以再造之恩，必求之政術，猶爲未允。況乃時非變革，代屬清平，而輒降彼謬恩，原茲罪罰者乎？是以歷觀夐古，兩漢舊事，匡衡儒學之俊才，吴漢弼諧之良輔，至於讜言規主，惟願勿赦。劉先主亦嘗謂諸葛亮曰：我周旋陳元方、鄭康成閒，每見啓告理亂之道備矣，曾不語赦也。若劉景升、季玉父子，歲歲赦宥，何益於理？及後主嗣業，蜀赦漸多，故孟光於衆中責費禕曰：夫赦者，偏枯之物，非明世所宜有也。今主上仁賢，百寮稱職，有何旦夕之急，而數惠奸宄之徒？上違天時，下違人理，豈具瞻之美，所望於明德哉？自是蜀政凌遲，浸以彫弊。自皇家受命，赦宥之澤，可謂多矣，近則一年再降，遠則每歲無遺。至若違法悖禮之徒，無賴不仁之輩，編户則敓攘爲業，當官則贓賄是求，莫不公然故犯，了無疑憚。設使身嬰桎梏，跡窘狴牢，而元日之朝，指期天澤；重陽之節，佇降皇恩。如其忖度，咸果釋免。且下愚不移，習性難改，雖頻煩肆眚，每放自新，而見利忘義，終焉不易。用使俗多頑悖，時罕廉隅，爲善者不沐恩光，作惡者獨承僥倖。若乃方正直言之士，守善嫉惡之夫，每欲覽轡埋輪，效鷹鸇而報國，褰帷露冕，去螯賊以安人。而遇赦無以效其功，問恩無所施其巧。古語云：小人之幸，君子不幸。其斯之謂也。伏望遠覽匡、吴、陳、鄭之説，近尋劉、葛、費、孟之談，而今而後頗節於赦。

開成元年五月，上御紫宸殿，問宰臣曰：爲政之道，自古所難。宰臣李石曰：但朝廷法令行則易。上曰：凡犯罪過人，不得赦宥。

《舊五代史》卷三〇《唐書・莊宗紀四》 今則已梟逆豎，大豁羣情，覩曆數之有歸，實神靈之匪昧。得不臨深表誡，馭朽爲懷，將弘濟於艱難，宜特行於赦宥。應僞命流貶責授官等，已經量移者，並可復資，徒流人放歸鄉里。京幾及諸道見禁囚徒，大辟罪降從流，已下咸赦除之。其鄭珏等一十一人，未在移復之限。應扈從征討將校，及諸官員、職掌節級、馬步兵士及河北諸處屯駐守戍兵士等，皆情堅破敵，業茂平淮，平淮，原本作平準，今考《薛史》原文係用唐憲宗平淮、蔡事，準字訛誤，今改正。副予戡定之謀，顯爾忠勤之節，並據等第，續議獎酬。其有歿於王事未經追贈者，各與贈官；如有子孫堪任使者，並量材録任。應僞庭節度、觀察、防禦、團練等使及刺史、監押、行營將校等，並頒恩詔，不議改更，仍許且稱舊銜，當俟别加新命。

理國之道，莫若安民；勸課之規，宜從薄賦。庶遂息肩之望，冀諧鼓腹之謡。應諸道户口，並宜罷其差役，各務營農。所係殘欠賦税，及諸務懸欠積年課利，及公私債負等，其汴州城内，自收復日已前，並不在徵理之限；其諸道，自壬午年十二月已前，並放。北京及河北先以袄祲未平，配買征馬，如有未請却官本錢，及買馬不迨者，可放免。應有本朝宗屬及内外文武臣僚，被朱氏無辜屠害者，並可追贈。如有子孫及本身逃難於諸處漂寓者，並令所在尋訪，津置赴闕。義夫節婦，孝子順孫，旌表門閭，量加賑給。或鰥寡惸獨，無所告者，仰所在各議拯救。民年過八十者，免一子從征。其有先投過僞庭將校官吏等，一切不問云。

（宋）王溥《五代會要》卷九《論赦宥》 晉天福三年二月，左散騎常侍張允進《駁赦論》曰：臣聞管子曰：赦者小利而大害，久則不勝其禍；不赦者小害而大利，久則不勝其福。又《漢紀》云：吴漢病篤，帝問所欲言。對曰：願陛下無爲赦耳。竊觀自古帝王，皆以水旱則降德音而宥過，開狴牢而放囚，冀感天心以救其災者，非也。假有二人訟，一人有罪，一人無罪，有罪者見赦，則無罪者銜冤。銜冤者何疏乎？見赦者何親乎？如此則是致災之道，非救災之術也。至使小民遇天災則喜，皆勸爲惡，曰：國家好行赦，必赦我以救災。如此則赦者教民爲惡也。且天道福善禍淫，若以赦爲惡之人而變災爲福，是則天助惡民也。故曰天降之災，所以警誡人主，豈以濫捨有罪而能救其災乎？是知赦不可行也明矣。上深納之。

《宋史》卷二〇一《刑法志三》 宋自祖宗以來，三歲遇郊則赦，此常制也。世謂三歲一赦，於古無有。景祐中，言者以爲：三王歲祀圜丘，未嘗輒赦。自唐興兵以後，事天之禮不常行，因有大赦，以蕩亂獄。且有罪者寬之未必自新，被害者抑之未必無怨。不能自新，將復爲惡，不能無怨，將悔爲善。一赦而使民悔善長惡，政教之大患也。願罷三歲一赦，使良民懷惠，凶人知禁。或謂未可盡廢，即請命有司，前郊三日理罪人，有過誤者引而赦之。州縣須詔到倣此。疏奏，朝廷重其事，第詔：罪人情重者，毋得以一赦免。然亦未嘗行。

（宋）李燾《續資治通鑑長編》卷五七《宋真宗景德元年》 己亥，詔曰：先朝謹重刑章，肇置官局，俾當審克之任，列於局禁之間，蓋欲犴獄不冤，議讞必當。然皆親奉成案，伏奏禁坐，既有旨命，方封中書。而宰司以經奏之事即爾行下，其間情狀不一，或從比附，不加參酌，殊非謹審之旨也。蓋念仕進之伍，偶經刑名之書，雖務從輕，亦難自辨。自今審刑院進案，一依舊例，批所得旨送中書看詳，如刑名允當，即以敕文處分，勿言審刑院得旨；如其未當，則復以聞，務在平允，稱朕哀矜之意焉。

（宋）李燾《續資治通鑑長編》卷四七八《宋哲宗元祐七年》 翰林侍講學士范祖禹言：臣於去年十二月轉對奏事，乞除賊盗重法，未蒙施行。臣聞王者之德，如天無不覆，地無不載，四海之内，皆赤子也。無有遠邇，當視之如一。今重法之地，獨爲匪民，一人犯罪，連及妻孥，没其家産，便同反逆。先王制刑，必使民得以自新，不聞別異州城，偏行峻令，恐非聖世所宜爲也。陛下將郊見天地，御樓肆赦，若於赦文悉除此法，一切蕩滌，與之更始，足以感格人心，召致和氣，則帝舜好生之德，大禹泣辜之仁，成湯解網之恩，復見於今矣。恭惟祖宗，無不哀矜庶獄，刑罰從寬，遠過前代，實有陰德，上當天心，是以承平百年，福祚無窮。惟自嘉祐七年，初立窩藏重法，熙寧中，中書檢正官奏請，遂爲著令。皆因有司建議，非仁宗、神宗本意，此乃權時之制，不可久行，臣前奏論之已群。今因初郊，宜以爲仁政之始，聖人順動，雲行雨施，刑清民服，此其時也。伏望聖慈斷而不疑，特降睿旨，於將來赦書行下，使百姓曉然，知二聖天地涵養無私之德，不獨視此諸郡如蠻貊之人。臣將見民之戴恩，淪於骨髓，則勝殘去殺，庶可望矣。

貼黄：議者必謂一除此法，賊盗必熾，臣竊以為不然。自嘉祐以來，行重法至今，不聞地分盗賊衰少；近《元祐編敕》比舊法稍輕，亦不聞盗賊滋多。以此知盗賊多少，不繫重法，決可除去無疑，並乞檢會臣前奏施行。

（宋）李心傳《建炎以來繫年要録》卷九四《紹興五年乙卯十月庚子朔之己巳》 壬寅，秘書省著作佐郎張九成轉對，上諭曰：朕妙選天下士，而省殿榜首皆卿門人。九成頓首謝。九成言：我宋得天下以來，其相傳家法，臣輒斷之以一言，曰仁而已。仁之發見，尤在於刑獄。陛下臨御以來，每以省刑爲急，州縣小吏亦知仰體聖意，每於其情可憫，其法可疑，未嘗不敷奏以廣陛下好生之德。而案牘既多，棘寺理官倦於披閲，必求小故，中以深文。天意難欺，人命至重，陛下有恤刑之意，而理官無致主之忠，原其用心出於不逮。臣愚欲計理官若干人立爲定數，凡天下獄案來上，序其先後，輪次看詳，凡活幾人並減磨勘，庶幾力有所分，心當專一，足以仰副陛下愛民之意。事下刑部，後不行。

（宋）司馬光《資治通鑑》卷一四一《齊紀七》 臣光曰：夫爵禄廢置，殺生予奪，人君所以馭臣之大柄也。是故先王之制，雖有親、故、賢、能、功、貴、勤、賓，苟有其罪，不直赦也，必議於槐棘之下，可赦則赦，可宥則宥，可刑則刑，可殺則殺，輕重視情，寬猛隨時。故君得以施恩而不失其威，臣得以免罪而不敢自恃。及魏則不然，勳貴之臣，往往豫許之以不死；使彼驕而觸罪，又從而殺之；是以不信之令誘之使陷於死地也。刑政之失，無此爲大焉。

（宋）鄭樵《通志》卷六〇《刑法略·赦宥》 《易》解卦曰：雷雨作，解，君子以赦過宥罪。《虞書》曰：宥過無大，刑故無小。罪疑惟輕，功疑惟重。與其殺不辜，寧失不經。《周官·司寇》曰：三刺三宥，三赦之法。一曰訊羣臣，二曰訊羣吏，三曰訊萬民。聽民之所刺宥，以施上服下服之刑。宥，寬也。人言殺，殺之；言寬，寬之。上服劓、墨，下服宫、刖之刑。一宥曰不識，再宥曰過失，三宥曰遺忘。一赦曰幼弱，再赦曰老耄，三赦曰惷愚。又國君過市，刑人赦。《吕刑》云：五刑之疑有赦，五罰之疑有赦，其審克之。墨辟疑赦，其罰百鍰。刑疑則赦，從罰。六兩曰鍰。鍰，黄鐵。劓辟疑赦，其罰惟倍。剕辟疑赦，其罰倍差。宫辟疑赦，其罰六百鍰。大辟疑赦，其罰千鍰。《禮》曰：疑獄汎問，與衆共之，衆疑赦之。管仲曰：赦者先易而後難，久而不勝其禍。法者先難而後易，久而不勝其福。故惠者，人之仇讐也；法者，人之父母也。凡赦者，小利而大害者也。無赦者，小害而大利者也。夫盗賊不勝則良民危，法禁不立則姦邪繁。故赦者，奔馬之委轡也。

漢景帝四年，赦有犯死罪欲腐者，許之。腐，宫刑也。丈夫割勢，不復生子，如腐木不生實。後漢光武建武中，大司馬吴漢疾篤，帝親臨，問所欲言，對曰：臣無識知，惟願慎無赦而已。章帝章和元年，赦天下繫四。在四月丙子以前，減死罪一等，勿笞，詣金城，而文不及亡命未發覺。郭躬上封事曰：聖恩所以減死罪使戍邊，重人命也。今死罪亡命無慮萬人，又自赦以來，捕得甚衆，而詔令不及，皆當重狀。惟天恩莫不蕩宥，臣以爲赦前犯死罪，而繫在赦後者，可皆勿笞詣金城，以全人命，有益於諸邊。帝善之，下詔赦焉。安帝永初中，尚書陳忠上言：母子兄弟相代死者，聽，赦所代者。從之。

北齊赦日，武庫令設金雞及鼓於閶闔門外之右，勒集囚徒於闕前，撾鼓千聲，脱枷鎖遣之。

唐令曰：赦日，武庫令設金雞及鼓於宫城門外之右，勒集囚徒於闕前，撾鼓千聲訖，宣制，放。其赦書頒諸州，用絹寫行下。貞觀二年七月，上謂侍臣曰：凡赦，惟及不軌之輩。古語云：小人之幸，君子不幸。一歲再赦，婦兒喑啞。凡養稂莠者傷禾稼，惠姦宄者賊良民。昔文王作罰，刑茲無赦。夫小仁者，大仁之賊。故我有天下以來，不甚放赦。今四海安寧，禮義興行，數赦則愚人常冀僥倖，惟欲犯法不能改過，當須慎赦。武太后聖（歷）〔曆〕三年，斷屠殺。鳳閣舍人崔融上議曰：春生秋殺，天之常道。冬狩夏苗，國之大事。豺祭獸，獺祭魚，自然之理也。一乾豆，二賓客，不易之義也。上自天子，下至庶人，莫不揮其鸞刀，烹之鶴鼎，所以充庖厨。故能幽明感通，人祇輯睦，萬王千帝殊塗同歸。今者禁屠宰，斷弋獵，二驅莫行，一切不許。將恐違聖人之達訓，紊明王之善經。一不可也。且江南諸州以魚爲命，河西諸國以肉爲齋。一朝禁止，倍生勞弊。富者未革，貧者難堪。二不可也。如有貧賤之流，刲割爲事，家業儻失，性命不全。雖復日戮一人，終慮未能總絶，但益恐嚇，惟長姦欺。外有斷屠之名，内誠鼓刀者衆，勢利依倚，請託紛紜。三不可也。雖好生惡殺是君子之小恩，而考古會今，非國家之大體。但使順月令，奉天經，造次合禮儀，從容中刑典，自然人得其性，物遂其生，何必改革，方爲盡善。景龍元年，遣使往江淮分道贖生，以所在官物充直。中書舍人李乂上疏曰：江淮水鄉，採捕爲業，魚鱉之利，黎元所資。雖雲雨之私有霑於末類，而生成之惠未洽於平民。何則？江湖之饒，生育無限，府庫之内，支供易殫。費之若少，則所濟何成？用之儻多，則常支有闕。在於拯物，豈若憂民？且鬻生之徒，惟利斯視。錢刀日至，網罟年滋，施之一朝，營之百倍。未若廻救贖之錢物，減貧無之徭賦，治國愛民，其福勝彼。二年九月，勑：鳥雀昆蟲之屬，不得擒捕，以求贖生，犯者，先決三十。宜令金吾及州縣市司，嚴加禁斷。

《元史》卷三五《文宗紀四》 河南河北道廉訪副使僧家奴言：自古求忠臣必於孝子之門。今官於朝者，十年不省覲者有之，非無思親之心，實由朝廷無給假省親之制，而有擅無離官次之禁。古律，諸職官父母在三百里，於三年聽一給定省假二十日；無父母者，五年聽一給拜墓假十日。以此推之，父母在三百里以至萬里，宜計道里遠近，定立假期。其應省覲匿而不省覲者坐以罪。若詐冒假期，規避以掩其罪，與詐奔喪者同科。御史臺臣以聞，命中書省、禮部、刑部及翰林、集賢、奎章閣議之。

（清）徐乾學《資治通鑑後編》卷一六〇《元紀八》 自崔彧卒後，帝命昭文館大學士平章軍國事布呼密行御史中丞。事有因父官受賄賂，御史必欲歸罪其父。布呼密曰：風紀之司，以宣政化、勵風俗爲先。若使子證父，何以興孝？樞密臣受人玉帶，徵贓不敘。御史言：罰太輕。布呼密曰：禮大臣貪墨惟曰簠簋不飭，若加笞辱，非刑不上大夫之義。人稱其平恕。

《明史》卷二二六《吕坤傳》 自抄没法重，株連數多。坐以轉寄，則並籍家資。誣以多贓，則互連親識。宅一封而雞豚大半餓死，人一出則親戚不敢藏留。加以官吏法嚴，兵番搜苦，少年婦女，亦令解衣。臣曾見之，掩目酸鼻。此豈盡正犯之家、重罪之人哉。一字相牽，百口難解。奸人又乘機恐嚇，挾取資財，不足不止。半年之内，擾徧京師，陛下知之否乎？願慎抄没之舉，釋無辜之繫，而都下之人心收矣。

(明)余繼登《典故紀聞》卷七　成祖因法司奏審録，諭之曰：刑當矜卹，然論刑之際，尤當明其君子小人。若君子有過，如失足溝澗，偶出於誤，當矜其情而將護之；小人有罪，如貪嗜飲食，恣意爲之，非過誤也。君子誤犯而不恕，非佑善之道，小人故犯而不懲，有縱惡之失。爾等其審邪正，精權度，不宜概論。

《皇明詔令》卷一二《景皇帝·恤刑敕景泰六年二月初六日》　朕承祖宗大統，宵旰憂勤，惟以奉天恤民爲務。凡百科徵，悉皆寬罷，至於賑給貧窶，憫念刑獄，尤切究心。比者水旱相仍，胥爲民患，加以重霧連日，積鎖不開，循省所由，其咎自朕。豈非刑罰失中，傷陰陽之和歟？數戒法司，務存平恕，然積習之弊，非止一端。蓋囹圄之中，近有淹繫三四年、八九年，遠有十餘年，含抱冤抑，非其實情不永服者；或是法司慮累及己，惟憑有司所上成案，執以爲據，不爲申理者；或移文照勘，原行官吏亦慮累己，仍前回申者。人之冤苦，天實鑒之，致災之由，豈無所自？其在外刑獄，已命官分往寬審，期以無冤。今特命太監王誠，同爾等審實在京諸司刑獄。大抵刑罰，務在當情，有情輕而議重者，有情重而議輕者，有情法不相當者，有情罪可矜疑者。審覆得實，並具奏來處置。此實上體天心，下恤民命，故特命爾等。夫人命甚重，死不可復生，天鑒孔昭，爾其敬懼。合行之事，條列于後。故諭。

(明)孫甸《皇明疏鈔》卷五楊一清《君道五·獻愚忠以答聖眷疏》

四曰：宥過。仰惟恭穆獻皇帝至仁，大德克敦，天心篤生。我皇上潛龍升御，出震繼明，奠萬國於熙平，囿群生於嘉靖，推厥本源，功德隆矣。皇上嗣位，首議尊崇之典，考經據禮，至再至三，既而采納廷議，斷自聖心，尊尊親親亦既兩盡，無復遺憾。夫何一時言禮之臣不能推廣聖上因心之孝，紛紜牴牾，力持初説，終當率衆伏闕，喧嚷無忌，在禮法爲不恭，在事體爲不順。上廑聖怒，將學士豐熙郎中余寛等下之詔獄，加之箠楚，或充軍或爲民，甚至有斃於杖下者，罪誠自取，夫復何尤。但推原各官，大抵狃於學術之偏，襲於聞見之陋，其心惟恐陛下之所處者有乖典禮，將爲聖德之累，不思陛下之所處者，正所以爲禮也。今經二年矣，充軍者羈管遐裔，有同戍役之夫爲民者編齒，村氓不與衣冠之列，雖有自新之念，無復自致之門，所以節該大臣言官屢有論列，未荷俯從，近該御史張袞具奏，奉聖旨該部看了來説，中外臣工欣然稱頌，既而吏部覆題，又復報罷，衆心惑焉。夫陛下之罪，諸臣者亦因其可怒而怒之，俟其改悟，固未嘗終絶之也。譬如上天之於萬物，霜、雪、雨、露皆所以爲恩，然霜雪摧折，必有雨露之沾涵，然後群生得遂，未有嚴寒之後不繼之以陽春也。陛下始因諸臣罪狀可惡而竄謫之，又因其能自改悔而收復之，正合天道生長肅殺之意。臣湖南人也，稔聞獻皇帝容人忍物之量，陛下體而行之，獻皇帝在天之靈無不喜且慰矣。孟軻氏曰：人恆過，然後能改，困於心，衡於慮，而後作。諸臣抱罪既久，悔悟已深，叙而復之必當有以自効。伏願日月回照，雷霆霽威，乞勑該部，通查言禮被罪之人，充軍者令其生還，鄉里爲民者量授一官叙用，不幸因箠致死者，亦令有司優恤其家庶。足以見聖德如天無所不包，非惟被罪之人感再造之恩，而凡爲臣工皆興踴躍愛戴之誠矣。

(清)琴川居士《皇清奏議》卷六趙進美《恤民二要》(順治十年)

刑科給事中臣趙進美謹題爲敬陳恤民之要，廣皇仁以協天心事。竊惟王政莫大於恤民，而百姓之待澤於上者，莫切於刑賦。近改折清獄，屢奉恩諭，海内已瞻仰聖慈，臣更有芻蕘之識以進者。如錢糧、正課絲粒皆關有司考成，誰肯爲民受過？近見江南册報奉旨革職，提問諸臣，皆以官役侵欺、那借，蠹國累民，法所當嚴也。但恐新選有司不體朝廷德意，功名念重，轉相效尤，遂以催科爲急，追呼敲撲，急如星火，奸役滑書愈得因勢逞威。閭閻小民畏吏如虎，徒見徵求日急，杼由日空，豈能仰達我皇上愛民如子之心乎？臣乞勑下該部嚴飭有司，設法勸諭，鼓舞樂輸，上完國計，下不病民，並將革斥諸臣侵欺、那借、透支諸弊，緣由明出曉諭，頒布各省，務使窮鄉下邑曉然，知朝廷剔弊釐奸之大法；有司不敢藉口暴徵，憮字之政寓於催科，庶皇仁下究，殘黎不至重困矣。若獄訟所以伸冤，抑而平民情也。問官身在地方，兩造既備，何難？早行審結以免株連、幽繫之苦，乃閲各省按臣審明成招，逐件奏報疏内所載罪欵，去其初犯之時，有經四年、五年而案始定者。若山東按臣馮右京欽奉恩詔，開釋張有成一疏中云，事屬風影，各命皆斃，惟餘有成奄奄獄底，已斃者不能起之九泉，見存者急當予以開釋，逐奉有失入人罪。各官著查明議處之旨，推之他省，豈能盡無？而各省所執正犯，未經讞定，先服冥誅者如劉廉玉、沈一之類，又累累見告。夫正犯先斃，既使國憲未伸，倘中有株連冤枉，更屬無辜可憫。臣乞天語申飭各處撫按轉行問刑衙門，自今歲遵旨清理之後，凡大小刑獄，無論批發、自理，必速速勘結，不得仍前淹遲，致累民命。按臣逐件成招，疏內問官呈詳，必將初告批審，駁審成招年月明明開列，倘有沉滯太久者，外之督撫得據以糾劾，內之部科得據以參駁。庶諸司上凜皇上好生之仁，格帝之誠，非小補也。

（清）朱樗《國朝奏疏》卷八王啟祚《審時圖治疏》〔順治十三年〕皇上朝恤民難，無遠不至，然九閽萬里，民隱何從周知乎？為皇上司耳目之寄者，巡方也。伏冀敕諭巡方，以勿徇情面，惟矢公忠，民間利病有知必告，則上下相通，呼吸共喻，宇宙無阻塞之氣矣。至条刑也者，帝王治天下之大法。然而曰弼教，曰祥刑，統之曰明允，則刑原非得已也。伏冀皇上法泣罪之仁，布解網之命。勅下刑官，加意詳酌，何者爲不知而誤犯，而刑可少寬；何者爲難剖之疑案，而情有可原。寧失出，勿失入，則元氣培養，天知導迎矣。

（清）朱樗《國朝奏疏》卷三四陸祚蕃《請特舉恤刑之差》〔康熙十六年〕竊惟帝王之道莫大於敬天，敬天之實，莫先於勤民。刑獄者，民命所尤關，即天心所降鑒，感應之理至明且遠，誠使獄不濫而刑不冤，遠邇內外共囿於光天化日之中，則嘉祥自至，災沴自消，唐虞三代之隆不難致也。我皇上御極以來，軫念蒼生，哀矜庶獄，每當獄決，慎重再三，雖禹湯之解網泣罪，何以加茲？乃又因天氣亢旱，丕憮綸音，特遣大臣將三法司已結重案詳加審理，務使情法平允，有枉必伸。仰見皇上好生之德同於天地，審理方行，甘霖立沛，精誠感格，神速如此。惟是直省之重案較之三法司不啻數倍之多，重犯罪情由不過自州縣而府，而臬司，疊審成招，申詳巡撫，遂為不易之斷案。撫臣亦不過批司批府，一駁再駁，一審再審，遂為既定之爰書，其開平允固多，保無以事繁而或生疎忽，情隱而不復推求者乎；保無不肖有司，或怕因賄賂而出入任心，或顧情面而輕重倒置者乎。雖有三法司之核擬，而招册之口供未必皆各犯之實事，亦安得親鞫其情詞，而爲之開釋也。一夫覆盆，亦足上干天和，下摧民氣，皆聖主所宜惻然動念者。今皇上奉若天道，子惠元元，既沛曠世之仁，應亟特舉恤刑之差，分行直省，盡取已結之重案而一一詳察之，不從泥成案之口供爲斷擬，不得顧原問官之臆見為依違，親鞫各犯，察其詞貌有無冤抑，細細推敲，果有可矜可擬，即與察明開列事由具奏。庶天下無冤民而恩膏通於宇宙。至於應差之員向用刑部司官，臣請更精其選，必公廉明察，才猷素著之人，方能洞燭隱微，昭宣聖德也。

《新疆則例説畧》易之爲象，其言刑法也，於卦有五焉：噬嗑也，解也，豐也，旅也。曰明罰敕法，曰赦過宥罪，曰折獄致刑，曰明慎用刑而不留獄：蓋皆摻得爲之柄，達而在上者之辭。乃於中孚，則曰君子以議獄緩死，殆不徒有位者，而皆可以擬議之矣，然必著其義曰緩死。若是乎議獄必出處緩死，不出乎緩死固無以議獄爲也。流放之刑始於唐虞，漢世郡國中都官繫囚，減死罪一等，詣邊戍，特出於赦令，不以爲常制。皇朝德威遐暢，既定準夷，於是著爲令甲，俾囚之去死一間者，徙置其地，此則好生之德也。其或愍不畏死脱身以逃者，殺無赦，此則怙終之典也。

（漢）王符《潛夫論》卷四《述赦》凡治病者，必先知脈之虚實，氣之所結，然後爲之方，故疾可愈而壽可長也。爲國者，必先知民之所苦，禍之所起，然後設之以禁，故姦可塞國可安矣。

今日賊良民之甚者，莫大於數赦。赦贖數，則惡人昌而善人傷矣。奚以明之哉？曰：孝悌之家，修身慎行，不犯上禁，從生至死，無銖兩罪；數有赦贖，未嘗蒙恩，常反爲禍。何者？正直之士之爲吏也，不避强禦，不辭上官。從事督察，方懷不快，而姦猾之黨，又加誣言，皆知赦之不久，則且共橫枉侵冤，誣奏罪法。今主上妄行刑辟，高至死徙，下乃淪冤，而被冤之家，乃甫當乞鞫告故以信直，亦無益於死亡矣。

及隱逸行士，淑人君子，爲讒佞利口所加誣覆冒，下土冤民，能至闕者，萬無數人，其得省問者，不過百一，既對尚書，空遣去者，復十六七。雖蒙考覆，州郡轉相顧望，留苦其事。春夏待秋冬，秋冬復涉春夏，如此行逢赦者，不可勝數。

輕薄惡子，不道凶民，思彼姦邪，起作盜賊，以財色殺人父母，戮人之子，滅人之門，取人之賄，及貪殘不軌，兇惡弊吏，掠殺不辜，侵冤小民，皆望聖帝當爲誅惡治冤，以解蓄怨。反一門赦之，令惡人高會而夸詫，老盜服臧而過門，孝子見讎而不得討，亡主見物而不得取，痛莫甚焉。故將赦而先暴寒者，以其多冤結悲恨之人也。

夫養稊稗者傷禾稼，惠姦宄者賊良民。《書》曰：文王作罰，刑茲無赦。是故先王之制刑法也，非好傷人肌膚，斷人壽命者也，乃以威姦懲惡除民害也。天下本以民不能相治，故爲立王者以統治之。天子在於奉天威命，共行賞罰。故經稱天命有德，五服五章；天罰有罪，五刑五用。《詩》刺彼宜有罪，汝反脱之。古者惟始受命之君，承大亂之極，被前王之惡，其民乃並爲敵讎，罔不寇賊消義姦宄奪攘，以革命受祚，爲之父母，故得一赦。繼體以下，則無違焉。何者？人君配乾而仁，順育萬物以成大功，非得以養姦活罪爲仁，放縱天賊爲賢□也。

今夫性惡之人，居家不孝悌，出入不恭敬，輕薄慢傲，凶悍無辨，明以威侮侵利爲行，以賊殘酷虐爲賢，故數陷王法者，此乃民之賊，下愚極惡之人也。雖脱桎梏而出囹圄，終無改悔之心，自詩以贏敖頭，出獄踧踖，復犯法者何不然。

洛陽至有主諧合殺人者，謂之會任之家，受人十萬，謝客數千。又重饋部吏，吏與通姦，利入深重，幡黨盤牙，請至貴戚寵臣，説聽於上，謁行於下。是故雖嚴令、尹，終不能破攘斷絶。何者？凡敢爲大姦者，材必有過於衆，而能自媚於上者也。多散苟得之財，奏以諂諛之辭，以轉相驅，非有第五公之廉直，孰能不爲顧？今案洛陽主殺人者，高至數十，下至四五，身不死則殺不止，皆以數赦之所致也。由此觀之，大惡之資，終不可化，雖歲赦之，適勸姦耳。

或云：三辰有候，天氣當赦，故人主順之而施德焉。未必然也。王者至貴，與天通精，心有所想，意有所慮，未發聲色，天爲變移。或若休咎庶徵，月之從星，此乃宜有是事。故見瑞異，或戒人主。若忽不察，是乃己所感致，而反以爲天意欲然，非直也。

俗人又曰：先世欲赦，常先遣馬分行市里，聽於路隅，咸云當赦，以知天之教也，乃因施德。若使此言也而信，則殆過矣。夫民之性，固好意度者也，見久陰則稱將水，見久陽則稱將旱，見小貴則言將饑，見小賤則言將穰，然或信或否。由此觀之，民之所言，未必天下。前世贖赦稀疏，民無覬覦。近時以來，赦贖稠數，故每春夏，輒望復赦；或抱罪之家，僥倖蒙恩，故宣此言，以自悦喜。誠令仁君聞此，以爲天教而輒從之，誤莫甚焉。

論者多曰：久不赦則姦宄熾，而吏不制，故赦贖以解之。此乃招亂之本原，不察禍福之所生者之言也。凡民之所以輕爲盜賊，吏之所以易作姦匿者，以赦贖數而有僥望也。若使犯罪之人終身被命，得而必刑，則計姦之謀破，而慮惡之心絶矣。

夫良贖可，孺子可令姐，中庸之人，可引而下，故其諺曰：一歲載赦，奴兒噫嗟。言王誅不行，則痛瘀之子皆輕犯，况狡乎？若誠思畏盜賊多而姦不勝故赦，則是爲國爲姦宄報也。夫天道賞善而刑淫，天工人其代之，故凡立王者，將以誅邪惡而養正善，而以逞邪惡逆，妄莫甚焉。

且夫國無常治，又無常亂，法令行則國治，法令弛則國亂；法無常行，亦無常弛，君敬法則法行，君慢法則法弛。昔孝明帝時，制舉茂才，過闕謝恩，賜食事訖，問何異聞，對曰：巫有劇賊九人，刺史數以竊郡，訖不能得。帝曰：汝非部南郡從事邪？對曰：是。帝乃振怒，曰：賊發部中而不能擒，然材何以爲茂？捶數百，便免官，而切讓州郡，十日之間，賊即伏誅。由此觀之，擒滅盜賊，在於明法，不在數赦。

今不顯行賞罰以明善惡，嚴督牧守以擒姦猾，而反數赦以勸之，其文常曰：謀反大逆不道諸犯，不當得赦皆除之，將與士大夫灑心更始。歲歲灑之，然未嘗見姦人冗吏，有肯變心悔服稱詔者也。有司奏事，又俗以赦前之微過，妨今日之顯舉。然則改往修來，更始之詔，亦不信也。

《詩》譏君子屢盟，亂是用長。故不若希其令，必其言。若良不能了無赦者，罕之爲愈，令世歲老古時一赦，則姦宄之減十八九，可勝必也。昔大司馬吴漢老病將卒，世祖問以遺戒，對曰：臣愚不智，不足以知治，慎無赦而已矣。

夫方以類聚，物以群分。人之情皆見乎辭，故諸言不當赦者，非修身慎行，則必憂哀謹慎而嫉毒姦惡者也。諸利數赦者，非不達赦務，則必内懷隱憂有願爲者也。人君之發令也，必諮於群臣，群臣之姦邪者，固必伏罪，雖正直吏，猶有公過，自非鸞拳、李離，孰肯刑身以正國？然則是皆接私計以論公政也。與狐議裘，無時焉可！

《傳》曰：民之多幸，國之不幸也。夫有罪而備辜，冤結而信理，此天之正也，而王之法也。故曰：無縱詭隨，以謹無良。若枉善人以惠姦惡，此謂斂怨以爲德。先帝制法，論衷刺刀者。何則？以其懷姦惡之心，有殺害之意也。聖主有子愛之情，而是有殺害之意，故誅之，况成罪乎？

《尚書・康誥》王曰：於戲！封，敬明乃罰。人有小罪匪省，乃惟終自作不典，戒爾，有厥罪小，乃不可不殺。言惡人有罪雖小，然非以過差爲之也，乃欲終身行之，故雖小，不可不殺也。何則？是本頑凶思惡而爲之者也。乃有大罪匪終，乃惟省哉，適爾，既道極厥罪，時亦不可殺。言殺人雖有大罪，非欲以終身爲惡，乃過誤爾，是不殺也。若此者，雖曰赦之可也。金作贖形，赦作宥罪，皆謂良人吉士，時有過誤，不幸陷離者爾。

先王議讞獄以制，原情論意，以救善人，非欲令兼縱惡逆以傷人也。是故《周官》差八議之辟，此先王所以整萬民而致時雍也。《易》故觀民設教，變通移時之議。今日捄世，莫乎此意。

(漢)荀悦《申鑒・政體》 惟慎庶獄以昭人情。天地之大德曰生，《易・繫辭》文。萬物之大極曰死。《洪範》六極，一曰凶短折。死者不可以生，刑者不可以復，故先王之刑也，官師以成之，棘槐以斷之，《周禮》朝士掌建邦外朝之法，左九棘孤卿大夫位焉，羣士在其後，右九棘公侯伯禮子男位焉。又《王制》曰成獄辭史以獄成，告於大司寇，大司寇聽之擊木之下。情訊以寬之，朝市以共之，矜哀以恤之。刑斯斷，樂不舉，施刑之日則弛懸。慎之至也。刑哉刑哉，其慎矣夫。惟稽五赦，以綏民中，一曰原心，心可矜也。二曰明德，德可釋也。三曰勸功，功可準也。四曰褒化，化所關也。五曰權計。權時之宜，非常典也。凡先王之攸赦必是族也，非是族焉，刑茲無赦。族，類也。

(漢)班固《白虎通義》卷下《德論下・考黜》 君幼稚，雖考不黜者何？君子不備責童子也。《禮》：八十曰耄，九十曰悼。悼與耄雖有罪，不加刑焉。二王後不貶黜者何？尊賓客、重先王也，以其當公也。罪惡足以絶之，即絶，更立其次，周公誅禄甫，立微子。妻父母不削，已昆弟削而不黜何？非以賢能得之也。至於老小但令得大夫受其罪而已。諸侯喑聾跛躄惡疾，不免黜者何？尊人君也。《春秋》曰：甲戌、己丑，陳侯鮑卒。《傳》曰：甲戌之日亡，己丑之日死而得。有狂易之病，蜚亡而死，由不絕也。世子有惡疾廢者何？以其不可承先祖也，故《春秋傳》曰：兄弟何以不立？疾也。何疾？惡疾也。

(清)董誥《全唐文》卷一六三劉藏器《對恤刑策》 問：《易》稱議獄，《書》載恤刑，人命所繫，於茲爲重。然姬旦制三典之宜，蕭何定《九章》之律，漢文除肉刑之科，孝景減笞箠之令，互相沿革，雖復不同，志在明威，終資慎罰。今既道符太古，德侔往初，化越可封，時當刑措。專欲道德齊禮，纔畫衣冠，反樸還淳，肌膚不慘。復恐隨時之義，草艾不足懲其僁；揆事立方，赭墨無以防其僞；歷代輕重捨用之規，幸爲陳之，何者便俗？

對：結繩以往，闕文字而不傳；觀跡以來，焕圖書而可矚。日温月冷，既暢之以陰陽；左春右秋，亦效之以生殺。方之四序，取則二儀。震雷霆以曜威，象天討而明罰。至如赭衣艾筆之制，用於唐虞之朝；劓刖宮割之刑，施於夏殷之日。既申之以三刺，亦放之以五流。鄭産鑄書，吕侯訓贖，秦炊鼎鑊，漢調葅醢，變三章而制九章，減五百而笞二百。歷當途而且用，涉典午而兼行。今德冠往初，功高邃古，既反直淳之俗，還歸仁義之衢。解網泣辜，惟刑是恤。斷而難續，夙采緹縈之言；議獄緩刑，久納温舒之奏。不輕不重，非省非繁，既合時宜，無勞横議。謹對。

(清)董誥《全唐文》卷二〇〇辛崇敏《對恤刑策》 問：《易》稱議獄，《書》載恤刑，人命所繫，於茲爲重。然姬旦制三典之宜，蕭何定《九章》之律，漢文除肉刑之科，孝景減笞箠之令，互相沿革，雖復不同，志在明威，終資慎罰。今既道符太古，德侔往初，化越可封，時當刑措。專欲道德齊禮，纔畫衣冠，反樸還淳，肌膚不慘。復恐隨時之義，草艾不足懲其愆；揆事立方，赭墨無以防其僞。歷代輕重捨用之規，幸爲陳之，何者便俗？

對：某聞天播四時，資寒暑而成歲；國持二柄，慎賞罰而稱權。然逖聽上皇，異冠韠而知禁，洎乎後葉，迺黥刖以懲非。故議獄緩刑，著乎易象；欽哉惟恤，勒在《虞書》。姬旦佐周，量國政而爲三典；蕭何輔漢，取秦法而定《九章》。逮文景仁明，幾稱刑措，減笞箠之令，除肉刑之科，降及當塗，至於典午。或遞相輕重，筆削異端。雖變易隨時，各殊塗而並駕；禁邪助禮，乃一揆而同歸。我皇叡哲欽明，丕承寶祚，道高連陸，績邁義軒。元德潛通，神功侔於造化；損己利物，惠澤洽於含靈。馭俗調風，布春官之大禮；明威止殺，削秋荼之繁刑。任皋陶以士師，命定國爲廷尉。惟明克允，人自不偷，比屋有可封之人；道路無赭衣之伍，納黎元於仁壽，反旼俗於淳和，蕩蕩巍巍，無德而稱矣。五刑八議，金科玉條，沿革合其規模，損益得其輕重。較如畫一，法無二門，用化洽於時雍，將行之而不犯，循之爲美，改作非宜。謹對。

（唐）陳子昂《陳子昂集》卷九《書·申宗人冤獄書》　臣聞古人言：爲國忠臣者半死，而爲國諫臣者必死。然而至忠之臣，不避死以諫主；至聖之主，不惡直以廢忠。臣幸逢陛下至聖大明，好忠愛直，每正言直諫，特見優容。今陛下丕方御寶圖，以臨陽館，崇闡玄化，寧濟蒼生，固臣精心潔意，願陛下至德與三皇比矣。然臣伏見陛下有至聖之德，左右無至忠之臣。猶使上下不通，内外壅隔。臣竊懼之，恐後代或以爲聖朝無至忠之臣，故臣敢冒萬死，越職上奏，伏乞天恩寬臣喘息，畢盡忠言。臣聞上有聖君，下無枉臣。昔舜去四凶，堯不罪舜；周公誅管、蔡，成王不罪周公；霍光誅燕王，昭帝不罪子孟。何者？此數公皆爲國討賊，爲君殄讎，假雖擅權，猶不可罪，況奉君命而執法者乎？臣伏見宗人嘉言，有至忠之誠，徇公之節，執法不撓，爲國殄讎。頃者逆子賊臣，陰搆禍難，潛圖密計，將危社稷。當時逆節初露，朝野震驚，賴陛下神武之威，天機電斷，得奉聖決，恭順天誅，不顧軀命，不避彊禦，唯法是守，唯惡是讎，幸能察罪明辜，窮姦極黨，使伏法者，自首情實，天衢得以清泰，萬國得以歡寧，誠是陛下神斷之明，抑亦盡忠之効。陛下所以自監察御史擢拜爲鳳閣舍人者，豈不以表其臣節，報其竭誠，使天下之人知其忠懇者也？當此之時，忠必見信，行必見明，自謂專一事君無貳也。今乃遭誣罔之罪，被搆架之詞，陷見疑之辜，困無驗之告，幽窮詔獄，吏不見明，肝血赤心，無所控告。母年八十，老病在牀，抱疾喘息，朝不保夕。今日身幽獄戶，死生斷絕，朝蒙國榮，夕爲孤囚，臣竊痛之。頃者至忠，而今日受賂，固知不免此禍，不能度德量力，貪榮昧進，以訟受服，誰能免尤？向使辭寵讓榮，陳力下列，雷同衆輩，勤恪在公，與全軀保妻子之臣恭默聖代，臣固知今日未招此患。何者？古人云：盜憎主人，被堯誅者不能無怨。頃來執法誅罪，多是國之權豪，父讎子怨，豈可勝道？親黨陰結，同惡相從，使肝爲朝脯，肉爲菹醢，宗誅族滅，肝腦塗地。彼凶讎也，未足以快其心，況蒙國寵榮，位顯朝列，凶讎切齒，怨讟何窮？臣竊恐今日之辜，已是讎怨者相結搆矣，陛下至聖明察，豈不爲之降照鑒哉？倘萬一讎誣濫罪，使凶嚚者得計，忠正者見辜，爲賊報讎，豈不枉苦？夫孤直者，衆邪之所憎，至公者，羣惡之所疾，寡不敵衆，孤不勝羣，羣誣成罪，聖不能救，自古所有，非止於今。古者吴起事楚，抑削庶族以尊楚君，楚國既彊，吴起蒙戮；商鞅事秦，專討庶孽以明秦法，秦國既霸，商鞅極刑；晁錯事漢，諸侯威彊，七國驕奢將陵王室，錯削弱其勢以尊漢，景帝不悟，惑姦臣之説，遂族滅晁氏。此三臣，豈不盡忠願保其君？然而身死族滅，爲讎者所快，皆當代不覺而後代傷之。聖主明君可不爲之痛傷邪？臣以嘉言，雖無三子之智，竊恐獲罪或與之同，伏惟陛下仁慈矜憐，憫察其忠。且臣聞漢高祖謀楚，與陳平四萬金，及其爲帝，不問金之出入。何者？立大功者，不求小疵，有大忠者不求小過，所謂聖主之至道者也。陛下豁達大度，至聖寬仁，超於漢祖，固已遠矣，齷齪小吏，何足爲陛下深責哉？伏願天恩矜愚赦罪，念功補過，乞其終養老母，獲盡餘年，豈非聖主之恩，仁君之惠，有禮有訓，善始善終哉？臣於嘉言，親非骨肉，同姓相善，臣知其忠。然非是丘園之賢，道德之茂，大雅明哲，能保其身。假使獲罪於天，身首異處，蓋如一螻蟻爾，亦何足可稱？然臣念其曾一日承恩，蒙聖主任驅使。而不以赤誠取信，今乃負罪見疑，臣實痛之。恐累聖主之明，傷其老母之壽。身汙明法，爲後代所悲，臣知其忠，豈能無惜？所以敢冒萬死，乞見矜憐，臣若言非至忠，苟有僥倖，請受誅斬。伏表惶怖，魄魂飛揚。

（宋）李昉等《文苑英華》卷七六八裴子餘《議·嗣濮王犯贓請免死議》　議曰：死者不可復生，刑者不可復續。故聖人但訊於羣臣，仰採爰書，俯窺刑鼎；應議之科有八，議親之意特深；犯死之條有二，犯贓之刑非重。廣骨肉之禮，則德盛而教尊；崇錐刀之禁，則化衰而情莫。疑。謹按國子司南之嗣，爵重阜陵，當膠東之榮位，齊列無聞，樂善有墜，昭害疑。但以刑故宥過。議人不捨，武帝忍受於漢親；抵罪可矜，高祖約法於秦暴。則知原情輕重，與事淺深，哀死者之銜冤，不以親而廢法；憫生靈之無識，不以法而陷人。盜爲因官犯罪，專殺以盜之此，正盜而爲輕，因殺而非重，進雖傷於貪穢，退非負於幽冤。豈惟乾坤感氣，雨露所偏然，而睦彼親親，須明惻隱。謹議。

(宋)李昉等《文苑英華》卷七六八崔器《議·將軍王去榮殺人議》

右件官打殺本部富平縣令杜徽，恩旨以其能放抛石，免死奪官，自身配陝郡効力。中書舍人賈至等未即行下，奏請奉進勑旨議者。臣等伏以法者，天地之大典，帝王守之，猶不敢專也。若王去榮者，乃敢擅殺，是臣下之權過於人主。開元已前無者，尊朝廷也。當今疑爲天下主，愛無親踈，得一去榮而失萬姓，何利之有？又八議名例，都無此名；十惡科條，乃居其一。殺本部縣令，而陛下寬之，王法不行，人倫道屈。臣等奉詔，不知所從。夫國以法勝，有恩無威，慈母不能使其子。養由基射穿七札，楚王以爲辱國；林慮公主男犯法，漢君不爲減罪。賤技則去榮何有，受去則林慮可徵。晉文棄原取信，以信大於原也。今陝雖要郡，不急於法，則海内無處不尅疑，况陝郡乎無法也，賈至等皆朝之忠良，見尅在近。此句疑。謹議。

(宋)李昉等《文苑英華》卷七六九吕温《議·功臣恕死議》 昔衛蒯聵以竊國之詐，盟其陪臣，服冕乘軒，三死無典。近代惑者，爲因口號，一作因爲口實。於是乎有功臣恕死之典。考諸古訓，其異端歟；稽諸時事，其亂本歟！何者？有國之柄，莫大乎刑賞；人生有欲，不可以不制；天討有罪，不可以不刑。蓋刑者，聖王所一作時。以佐道德而齊天下者也。功濟乎物，不可以不賞；賞勸乎功，不可以不信。蓋信者，聖人所以一號令而惇天下者也。然則恕死之典，棄信而廢刑。何以言之？夫立功者，自八元十亂之後，非盡能賢，或有起屠販、壟畝、行陣之間，乘帝王應天順人之勢，用力無幾，遂貪天功，超騰風雲，各得變化，率勞怙寵，崛强自負，僭冒無厭，見利忘義。是宜崇威竣法，大爲之防；而反丹書鐵券，許以不死。其功大者，可以五作亂而十犯上，孰不以暴爲無傷乎？且人君之言，如涣汗不反。既與之要天地，誓山河，卒倉忽反。一旦失馭，有黥、韓之罪，神怒人怨，不得已而誅，是棄信也。若恣行兇險，隳突憲綱，或姦鋒將發，釁逼宗社，乃念斯言之坫，忍而不誅，是廢刑也。向者纔得其塵涓之勞，集作勎。螢燭之助，而信棄刑廢，將焉用之？使賢而有功，驚寵懼滿，自居無過之地，何恕死爲？使愚而有功，小人不幸，集作之。又告以無死，是增驕而啓奸，適所謂賞之一有以字。禍也。雖恕之死，其能免乎？夫其賢如太公，忠如伊尹，惟君知臣，可以勿貳，而遽宥以罪死，是宜其不終，非所以待之以誠，而盡君子之心也。若乃猾如狗盜，庸如黥徒，未有罪而先恕之死，是不許其慕生廉耻，自固名節，非所以道之以德，而勸小人之善也。以爲明君之處勞臣也，安之以爵禄，拘集作護。之以紀律，名之以好惡，聳之以禍福，使得遷善遠罪，保勳全名，剖符傳慶，與國終始。恩斯勤斯，是亦極矣，奈何撓權亂法，以罪寵人，墜信賞必罰之典，虧昭德塞違之道？恐非哲王經邦軌物之制也。謹議。

(元)蘇天爵《元文類》卷四二《雜著·赦宥篇》 赦宥者，權事之宜可也。列聖以來或以初政更新，或以大禮行慶，或以捄災卹生，更或以懷遠招攜，事既不同，赦亦有異。至於釋京畿繫囚則或以特敕，或以佛事。有司往往以罪輕而疑者應之。然所釋有數，故又有幸不幸存焉。本忠厚，示欽恤，作《赦宥篇》第二十一。

《皇朝經世文編》卷九二《刑政三·律例》王命岳《請免罪人及孥疏》

古者死罪之下，爰有軍徒，爲地不過二三千里。比承明末蠱壞之餘，人心不古，百弊叢生，世祖章帝慮非大加創懲，不足以振肅紀綱，挽回陋習，乃立爲流徙之法，蓋亦不得已之權教耳。使數年之後，風俗丕變，人心還湻，在章皇帝未必不弛流徙而僅用軍徒。臣聞文王治岐，罪人不孥，今則並父母、兄弟、妻子流徙矣，其情罪重大者連及祖孫矣。昔魏主以有罪徙邊者多逋亡，乃制一人逋亡，闔門充役。光州刺史崔珽諫曰：一人有罪延及闔門，則司馬牛受桓魋之罰，柳下惠嬰盜跖之誅，豈不哀哉？魏主遽從其請。今國法方行，臣豈敢遽衆末議，但就革行近法之中，祈稍寓寬恤之意，如許嫁之女應歸夫家，過繼之子應歸嗣父，孫不應帶及孫女，子不應帶及子媳，則法行而恩仍留，威著而仁亦寓，於罪人不孥之意尚有合焉矣。臣聞廣東解家眷入官者，至連及表妹，用刑一過，波濫無窮，此非朝廷之初意也。仰惟天語申飭以養元和，實宗社靈長無疆之休。

(清)劉坤一《劉坤一遺集·奏疏》卷四《審明誤傷父命人犯援案恭請欽定摺》 此案鄧新添誤傷親父鄧尚九身死，自應按律問擬。鄧新添合依子毆父，殺者凌遲處死律，凌遲處死。查該犯鄧新添因將挑回糞桶放在工人馮年俚牀前，被斥回罵，起釁爭鬬，該犯舉用鐵鋤向馮年俚毆打，馮年俚用木擔格開。適伊父鄧尚九聞鬧趕至伊身旁攔勸，該犯鋤重被格，執持不住，鋤口誤傷鄧尚九偏左，越八日殞命。死者從旁攏勸，傷由被格誤挫，皆非該犯意料所及，覈與白鵬鶴案情相同，相應照例援擬，恭候欽定。馮年俚村斥偷懶，致釀逆倫重案，殊屬不合，應依不應重律，擬杖八十，再加枷號兩箇月，飭縣拘案，枷滿折責發落。見證趙水潰，救阻不及，屍妻鄧饒氏先不報驗，被夫喝阻所致，情尚可原，均毋庸議。

（清）劉坤一《劉坤一遺集·書牘》卷七《致劉蔭渠》 再，楊雲階鎮軍之事，前函已瀆清聽矣。茲據楊鎮軍來省泣訴，接滇中來信，云承審衙門提訊伊姪楊汝楫，有孔故守姻親苑文達從中上下其手，五毒備至，伊姪死而復甦，神志昏迷，遂照孔憲瀛所詳，一一誣認等語。坤一慰以此係訛傳，決不足信。先生與杜中丞主持公道，廑念前勛，斷不任若輩逞五木之威，成三字之獄。且以案經岑宮保督同司道研訊明確，楊鎮軍並未知情，已照不能約束子姪，奏請議處，定讞已久。倘涉徇縱，何以孔故守家屬默無一言？乃事逾數年，因何侍御彈章而後翻騰耶？倘復稍有遷就，則從前已定之案，紛紛效尤，成何事體？楊鎮軍滇省邊功，自不可沒；而其才足備國家干城之寄，早在先生洞鑒之中。在不共戴天者，固欲置之死地而後快；其吠聲吠影之儔，亦或別有因由。至於執法之吏，詎可鍛鍊成招，媒孽其短，是賴先生與杜中丞大力保全也。

據楊鎮軍備訴此案原委，實係孔故守挾伊兄楊玉麟催索軍火語言抵觸之嫌，下此辣手。據稱有原委員候補道盛世豐查覆之稟可按。又東川府城土民，人人所知，若再委查，必能水落石出。岑宮保原奏，曲徇司道之請。既使楊鎮軍此言不足憑信，岑宮保原奏核實持平，而細查情節，楊玉麟僅係未能管束勇丁，並無可殺之罪；且是三品武職，亦非孔故守能殺之人。卷帙具在，可覆按也。夫前代子弟爲父兄復仇之論，總以其父兄應死不應死爲斷。今楊玉麟罪不至死，而孔故守殺之；且不照例辦理，而死於喝毆之下。迨至提省四年之久，並不爲之審辦，勢將冤沈海底，則楊汝楫之復仇，似屬情有可原。部議改爲斬候，奏旨照准，實屬權衡至當。楊汝楫既邀寬典於先，茲若斃於捶楚之下，無論非朝廷明慎用刑之意，即仁人孝子之心，幾乎息矣。想先生與杜中丞，亦必有以矜全之。

（清）康有爲《論語注》卷一九《子張》 孟氏使陽膚爲士師，問於曾子。曾子曰：上失其道，民散久矣。如得其情，則哀矜而勿喜！陽膚，曾子弟子。民散，謂民心散渙，思背其上。情，實也。上未嘗養之教之，則民之犯罪，迫於不得已，或出于無知，非其天性然也。士師審訊，雖得情，宜哀矜其本出無辜，而勿喜也。《鹽鐵論·後刑章》引此說之曰：夫不傷民之不治，而伐己之能得奸，猶弋者觀鳥獸挂罻羅而喜也。孔子謂：不教而殺謂之虐。士師不當以得情爲喜。曾子此言，有萬物一體之意，與大禹之泣罪同矣。

綜　述

（唐）杜佑《通典》卷一六六《刑四·雜議上》 《虞書》云：帝謂皋陶曰：汝作士，明于五刑，以弼五教。期于予治。弼，輔。期，當也。歎其能以刑輔教，當於治體。刑期于無刑，人協于中，時乃功，懋哉！雖或行刑，以殺止殺，終無犯者。刑期無所刑，人皆合於大中，是汝之功，勉之。

周制：以八辟麗邦法，附刑罰。辟，法也。麗，附也。《易》曰：日月麗乎天。一曰議親之辟，若今宗室有罪先請是也。二曰議故，故舊不遺，則民不偷。三曰議賢，若今廉吏有罪，先請是也。賢，謂有德行者。四曰議能，能，謂有道藝者。《傳》曰：夫謀而鮮過。惠訓不倦者，叔向有焉。社稷之固也，宥之以勸能者。五曰議功，謂有大勳力立功者。六曰議貴，若今吏墨綬，有罪先請是也。七曰議勤，謂憔悴以事國。八曰議賓。謂所不臣者，三恪二代之後。以兩造禁民訟，入束矢於朝，然後聽之。爭財曰訟。兩至，使入束矢，乃治之也。不至，不入束矢，則是自服不直者也。《詩》曰：其直如矢。古者一弓百矢。《禮記》曰：刑人不在君側。公族有死罪，即磬於甸人，不於市朝者，隱之也。甸人，掌郊野之官。懸縊殺之曰磬。而無宮刑。其刑罪，即纖剸，亦告於甸人。纖讀曰殲。殲，刺也。剸，割也。皆以刀鋸割刺之。告讀曰鞫。刑肅而俗弊，則人不歸也。刑人於市，與衆棄之。又，考禮正刑，一德以尊天子。《大戴禮》曰：刑法者，御人之銜勒也；吏者，轡也；刑者，筴也；天子，御者；內史、太史，左右手也。古者以法爲銜勒，以官爲轡，以刑爲筴，以人爲手，而御天下。

公家不畜刑人，大夫不養，士遇之途，不與之言。屏諸四方，唯其所之，不及以政，不欲生之故也。又曰：刑不上大夫者，古之大夫有坐不廉污穢者，則曰簠簋不飾；淫亂男女無別者，則曰帷薄不修；罔上不忠者，則曰臣節未著；罷軟不勝任者，則曰下官不職；干國之紀者，則曰行事不請。此五者，大夫定罪名矣，不忍斥然正以呼之。是故大夫之罪，其在五刑之域者，聞有譴發，則白冠氂纓，盤水加劍，造乎闕而自請罪，君不使有司執縛牽而加之也。其有大罪者，聞命則北面跪而自裁，君不使人捽引而刑殺之也，捽，才忽反。曰：子大夫自取之耳！吾遇子有禮矣。是曰刑不上大夫。

（唐）杜佑《通典》卷一六九《刑七・赦宥》 管仲曰：文有三侑，武無一赦。赦者，先易而後難，久而不勝其禍；法者，先難而後易，久而不勝其福。故惠者，人之仇讎也；法者，人之父母也。凡赦者，小利而大害者也。無赦者，小害而大利者也。夫盜賊不勝，則良人危；法禁不立，則姦邪繁。故赦者，奔馬之委轡也。

《晉書》卷三〇《刑法志》 及景帝輔政，是時魏法，犯大逆者誅及已出之女。毌丘儉之誅，其子甸妻荀氏應坐死，其族兄顗與景帝姻，通表魏帝，以匄其命。詔聽離婚。荀氏所生女芝，爲潁川太守劉子元妻，亦坐死，以懷妊繫獄。荀氏辭詣司隸校尉何曾乞恩，求没爲官婢，以贖芝命。曾哀之，使主簿程咸上議曰：夫司寇作典，建三等之制；甫侯修刑，通輕重之法。叔世多變，秦立重辟，漢又修之。大魏承秦漢之弊，未及革制，所以追戮已出之女，誠欲殄醜類之族也。然則法貴得中，刑慎過制。臣以爲女人有三從之義，無自專之道，出適他族，還喪父母，降其服紀，所以明外成之節，異在室之恩。而父母有罪，追刑已出之女；夫黨見誅，又有隨姓之戮。一人之身，内外受辟。今女既嫁，則爲異姓之妻；如或産育，則爲他族之母，此爲元惡之所忽。戮無辜之所重，於防則不足懲姦亂之源，於情則傷孝子之心。男不得罪於他族，而女獨嬰戮於二門，非所以哀矜女弱，蠲明法制之本分也。臣以爲在室之女，從父母之誅；既醮之婦，從夫家之罰。宜改舊科，以爲永制。於是有詔改定律令。

《北史》卷四〇《李彪傳》 昔漢文時，人有告丞相勃謀反者，逮繫長安獄，頓辱之與皁隸同。賈誼乃上書，極陳君臣之義，不宜如是。夫貴臣者，天子爲其改容而體貌之，吏人爲其俯伏而敬貴之。其有罪過，廢之可也，賜之死可也；若束縛之，輸之司寇，搒笞之，小吏詈罵之，殆非所以令衆庶見也。及將刑也，臣則北面再拜，跪而自裁。天子曰：子大夫自有過耳，吾遇子有禮矣。上不使人抑而刑之也。

《北史》卷六二《樂運傳》 自是德政不修，數行赦宥。運又上疏曰：臣謹按《周官》曰：國君之過市，刑人赦。此謂市者交利之所，君子無故不遊觀焉，則施惠以悦之也。《尚書》曰：眚災肆赦。此謂過誤爲害，罪雖大，當緩赦之。謹尋經典，未有罪無輕重，溥天大赦之文。故管仲曰：有赦者，奔馬之委轡；不赦者，痤疽之礪石。又曰：惠者，人之仇讎；法者，人之父母。吴漢遺言，猶云：唯願無赦。王符著論，亦云：赦者非明世之所宜有。大尊豈可數施非常之惠，以肆姦宄之惡乎。

（清）嵇璜等《續通典》卷一一七《刑・赦宥》 唐自肅宗至昭哀歷十四帝，凡即位，詔書必赦大辟已下，常赦所不原者。其他或受尊號，或建儲宫，或祀圜丘，或平僭亂以及改元弭變之類，大則罪無輕重，一切原免，小則死罪降從流，流以下釋放。肆眚之典，不可殫記。至德乾元之間，與物更始，赦命尤數，詔書節文，惟李林甫、王鉷、楊國忠親屬不在免限。其兩京文武官應被賊逼受僞官三司，推勘未了者，一切放免，合得官者仍酌量注擬。至上元二年，并詔，名在流貶者，委中書門下量輕重類例，奏取處分。凡左降官非反逆、緣坐及犯惡逆、名教，枉法盜贓，如有親年八十已上及患在牀枕，不堪扶持，更無兄弟者，許停官終養，其流移人亦準。此代宗初制。自開元已來，所有諸色犯累者，並宜雪免。左降官並諸色流人，及罰鎮効配軍團人等，一切放還。諸色流貶者，量移近處。並詔：東都、河北應受賊脅從署僞官並僞出身悉原其罪，不問得史朝義將士妻子四百餘人，皆赦之。僕固懷恩反，免其家，不緣坐。德宗即位，詔寶應元年以後，犯累禁錮及反逆、緣坐等槩予洗滌。貞元之末，十年無赦，爲太宗已來所僅見。羣臣以微過譴逐者，無復敘用。及順宗即位，始得量移焉。

憲宗元和八年，刑部侍郎王播奏：竊見諸處配流人逢赦悉得放還，惟天德軍五城及諸邊城配流人等均經本道奏留防邊，遂令没身，終無歸日。臣又見比年邊城犯流者多是胥徒小吏，或是鬬打情形，據罪可原，在邊無益，乞準依格例處分。具《刑制篇》。詔許放還。自是遂爲定制。自穆宗已後，每有赦除其左降官，並諸色得罪人，縱元勑云終身不齒及縱有恩赦不在免限者，均得收録放還，惟官典犯贓，罪與十惡同科，遇赦必申明不在免限之例。長慶元年，詔，應亡官失爵及放還流人，如原有莊田，不經没官，被人侵射，其本主或子孫已歸，並委州府勘還，務令安業。文宗太和三年，滄平州李同捷之母及妻男等特免緣坐。李載義進滄、鎮兩州，將健生口共千餘人，並減死分配邊州防。秋時有張璹、劉建、胡伯忠僞出身文書，賣官並造僞印行用犯罪，並在太和三年十一月十八日恩赦前刑部大理寺詳斷悉處極刑。御史中丞宇文鼎奏：準律，赦前斷罪不當者，若處輕爲重，宜改從輕；處重爲輕，即依輕法。臣以前件囚等雖抵極法，悉經殊恩，或自赦文全生，或因起請減等，緣引霈澤累陳訴詞。若非得中，恐未服罪，昨者一與一奪事闕起請，既生又死，稍覺二三。如臣所見，伏請赦書已前犯者特許減論，赦書以後所犯不得援例，庶使後無僥倖，令絶披陳勑，張璹等三人宜準元勑處分。

（清）嵆璜等《續通典》卷一一八《刑・寬恕》 唐肅宗至德二年，廣平王俶克復東京，百官受僞署者陳希烈等三百餘人號跣待罪，以上旨釋之，尋勒赴西京，收繫大理、京兆獄。帝命禮部尚書李峴、兵部侍郎吕諲爲詳理使，與御史大夫崔器共按鞫。峴以殿中侍御史，李栖筠為詳理判官，諲、器刻深，栖筠多務平恕。諲、器上言：諸陷賊官，背國從僞，准律皆應處死。峴以爲賊陷兩京，天子南巡，人自逃生。此屬皆陛下親戚或勳舊子孫，今一槩以叛法處死，恐乖仁恕之道。且河北未平，羣臣陷賊者尚多，若寬之，足開自新之路，若盡誅之，是堅其附賊之心。《書》曰：殲厥渠魁，脅從罔治。諲、器守文，不達大體，惟陛下圖之。争之累日，帝從峴議，以六等定罪，重者刑於市，次賜自盡，次重杖一百，次三等流、貶。初，史思明、高秀巖等思自拔歸命，聞達奚珣等被誅，懼復叛而三司用刑，連年流竄相繼。帝亦悔之曰：幾爲崔器誤我。

乾元元年及上元二年肆赦，乃次第寬釋焉。具《赦宥篇》。寶應元年詔曰：

凡制敕與一頓杖者，其數止四十；至到與一頓及重杖一頓、痛杖一頓者，皆止六十。代宗性仁恕，常以至德已來用刑爲戒，諫者每諷帝政寬，故朝廷不肅。帝曰：艱難時無以逮下，顧刑法峻急，有威無恩，朕不忍也。即位五年，府縣寺獄無重囚。德宗建中三年，刑部侍郎班弘奏：其十惡中，謀反、大逆及叛、惡逆四等，請准律用刑。其餘犯罪合斬、絞者，並請重杖一頓處死，以代極法。從之。貞元八年，敕：比來斷罪，俱守科條，或至死刑猶先決杖處之，極法更此傷殘，惻隱之懷，實所不忍。今後罪至死者，先決杖宜停。憲宗英果明斷，自即位數誅方鎮，欲治僭叛，一以法度，然於用刑喜寬仁。時李吉甫、李絳爲相。吉甫言：治天下必任賞罰，陛下典刑未舉，中外有懈怠心。絳曰：今天下雖未大治，亦未甚亂，乃古平國用中典之時。自古欲治之君，必先德化，至暴亂之世，始專任刑法。吉甫之言過矣。帝以爲然。司空于頔亦諷帝用刑以收威柄，帝謂宰相曰：頔懷姦謀，欲朕失人心也。元和八年下詔：減死罪配天德五城。具《刑制篇》。按歐陽修曰：刑者，政之輔也。政得其道，仁義興行，而禮讓成俗，然猶不敢廢刑，所以爲民防也，寬之而已。今不隆其本、顧風俗，謂何而廢常刑，是弛民之禁，啓其姦，猶積水而決其防。故自元宗廢徒杖刑，至是又廢死刑，民不知德，而徒以爲幸也。

（清）嵆璜等《續通典》卷一一三《刑・詳讞》 後唐莊宗令曰：議獄恤刑，比求寃濫，頑民下輩，輕侮憲章，苟非五聽之通明，何辨二門之邪正。今後法司疑獄，予自據格令决之。此法既行，雖親無赦。明宗天成時詔：天下諸州府官有善推疑獄及曾雪寃濫者，具姓名聞奏，別加甄奬。又戒諸道州府，凡有極刑，須仔細裁遣。時因京師巡檢軍使渾公兒口奏：有百姓二人以竹竿習戰鬬之事。帝付石敬瑭處置，敬瑭殺之。次日知是小兒爲戲，帝乃自咎失刑，減常膳十日，奪敬瑭俸，公兒削職杖流。故有是詔。

晉高祖天福三年詳定院奏前守洪洞縣主簿盧琛進策云：尚書省分職六司，天下謂之會府。請諸道決獄，凡大辟罪人，逐季具有無申報刑部，仍具録案款事節，并判獄官名銜申聞。或有案内情繇不圓，刑部可行覆勘。非惟免有銜寃，抑亦勸其立政。詔從其請。又下詔曰：刑獄之難，古今所重，但關人命，實動天心，或有寃魂，則傷和氣。凡有囚徒，據推勘到案款，一一盡理，仔細簡律令合格敕。其間或有疑者，准令又讞，大理寺亦宜申尚書省，省寺明有指歸，州府然後決遣。

武行德守洛京，時方厲鹽禁，有能捉獲一斤已上者，必加厚賞。不逞之徒，往往以私鹽中人。嘗有村童，負菜入城，途中，值一尼自河陽來，與之偕行，去城近，尼輒先入。既而，門司搜閲村童，於菜籃中獲鹽數斤，遂繫之詣府。行德取其鹽視之，裹以白絹手帕，而香氣襲人，驚曰：吾視村童弊衣百結，何處得薰香帕子？必是姦人爲之爾。因詰以與何人偕行？村童具以告。行德喜曰：吾得之矣。此必天女寺尼與門司闘通，以來求賞也，捕訊事，果連門司，村童得白。自是官吏畏服不敢欺，京邑肅然。

吴越錢惟濟治獄明辨，知絳州，民有條桑者，盜奪桑不能得，乃自創其臂，誣桑主欲殺人，久繫不能辨。惟濟取盜與之食，視之，盜以左手舉匕筯。惟濟曰：以右手創人者上重下輕，今汝創特下重，正用左手傷右臂，非汝自爲之耶？辭遂服。

（清）嵇璜等《續通典》卷一一七《刑・赦宥》 五季喪亂之中，赦恩尤濫，近則一年再降，遠則每歲無遺。惟十惡、五逆，火光行刼，持刀殺人，官吏犯贓，屠牛鑄錢，合造毒樂，不在原免之限，亦略遵唐制。是時，詔書所及，非惟宥罪，抑且推恩，藩方論薦，動輒數百，乃至藏典書吏，優伶奴僕，初命即至銀青階，被服皆紫袍象笏。晉天福中，中書舍人李詳上疏，極論其失。唐制，徒流人到配隸所，本管晝時，申御史臺候年月滿日放還。時久格不行。後唐清泰間，乃詔依《開成格》施行。周太祖廣順二年，赦書節文，犯和姦者罪不至死，先是凡和姦男子婦人並處極法。至是始準律科斷，並詔諸犯罪人，除反逆外，餘罪並不得籍没家産，誅及骨肉，一依晉天福元年已前條制處分，數事差爲得中焉。

（清）嵇璜等《續通典》卷一一八《刑・寬恕》 後唐明宗長興三年，殿直張紹謙奏父靈武節度使希崇先進官馬十五匹，遣軍將裴昭隱等二人進納，私與進奏官范順之共隱留一匹，合抵極法。帝曰：不可以一馬而戮三人，咎而釋之。

周太祖家屬盡爲開封尹劉銖所屠。太祖入京師，銖妻裸露以席自蔽，與銖俱見執。太祖使人讓之曰：與公共事先帝，獨無故人之情乎？吾家屠滅，雖有君命，加之酷毒，一何忍也。今公亦有妻子，獨不念之乎？銖曰：我爲漢誅叛臣爾，不知其他。時太祖方欲收人心，乃與羣臣議曰：劉侍中墜馬傷甚，而軍士逼辱，殆有微生，吾欲奏太后，貸其家屬，何如？羣臣稱善。乃止殺銖赦其妻子。及即位，賜陝州莊宅各一區。

（宋）范仲淹《范文正奏議》卷上《治體・奏爲赦後乞除放祖宗朝欠負》 臣伏覩國家每一降赦，萬人歡呼。一兩月間，錢穀司存將欠負之人依舊督責，桎梏老幼，籍没家産，既失大信，且虧至仁。蒙聖恩已差楊日嚴、王質與三司詳定，不係侵欺盜用，該赦欠負。次，臣舊曾在三司定放欠負，見滑州酒務有少欠雜物係專副四十餘界，計八十來年登戴少數，又不顯侵欺其勾當。人亡歿年深，只追貧弱子孫理納，並不知祖父如何少欠，似此刻剝傷民，豈陛下愛育生靈之德！臣欲特出聖意，應祖宗朝天下欠負，更不問侵欺盜用，並與除放。如省司更不舉行，許三司知次第人陳告干繫人吏並坐違制決停告事人與轉一資諸處承受施行，官吏並科違制之罪。

（清）嵇璜等《續通典》卷一一七《刑・赦宥》 宋制：遇非常覃慶則常赦，所不原者咸除之；其次釋雜犯死罪已下，皆謂之大赦。雜犯死減等，而餘罪釋之，流已下減等，杖、笞釋之，皆謂之德音。其恩霈所及，止於京城、兩京、一州、一路者，則謂之曲赦。又天子歲自録京師繫囚，畿内則遣使，往往雜犯死罪第降等，杖、笞釋之，或徒罪亦得釋。若并及諸路，則命監司録焉。太祖即位，大赦天下。後三歲遇郊，則赦。終宋之世，遂爲成典。太宗太平興國三年將郊，議赦。有秦再恩者，上書願勿赦，引諸葛亮佐劉備數十年不赦事。帝意惑。趙普對曰：凡郊祀肆眚，聖朝彝典，其仁如天，堯舜之道也。若劉備區區一方，臣所不取。帝善之，遂定赦。仁宗景祐中，言者以爲：三王歲祀圜丘，未嘗輒赦。自唐兵興已後，事天之禮不常行，因有大赦，以蕩亂獄。且有罪者宥之未必自新，被害者抑之未必無怨。不能自新，將復爲惡，不能無怨，將悔爲善。一赦而使民悔善長惡，政教之大患也。願罷三歲一赦，俾良民懷惠，兇人知禁。即謂未可盡廢，請命有司，前郊三日理罪人，有過誤者引而赦之。州縣須詔到倣此。疏上，朝廷重其事第，詔：自今罪人情重者，毋得一以赦免。卒亦不果行。開寶八年，有司言：自三年至今，詔所貸死罪凡四千一百八人。太宗嘗親録京師繫囚，至日旰，近臣或諫過勞。帝曰：倘惠及無告，獄訟不致枉撓，朕深以爲適，何勞之有！自是祁寒盛暑或雨雪稍愆，輒親録繫囚，多所原減，歲以爲常。真宗咸平二年詔曰：如聞小民知有恩赦故爲刼盜，自今不在原免之限。景德二年，大理寺又言：郊禮在近，諸州奏按多不精詳，冀於覆駁延留，以俟恩宥。請自今事狀明白者，即具情實定斷，以絶僥倖。

詔可。然自大中祥符已後，崇奉天書，侈言封禪，肆赦之令幾於無歲不有矣。天禧元年，江南提刑范應辰上言：伏覩辛亥制書：常赦不原者咸除之。臣今所部州郡，過誤而被宥者雖多，竊害而蒙釋者亦衆。蓋以奸兇之輩，密斷赦期，狃於忿心，發其夙憾，單弱受辜，強梁肆暴。或舉家殞命，縱室擄財，或持刀殺人，或縱火焚舍。至有糾輕生之徒，爲強剽之盗，公行戕害，以奪資儲。巡警之官上逼下逐，設謀緝捕，冒險鬭敵，以兹敗獲，合正典刑。逢此霈恩，亦蠲其罪，又配為卒伍，咸給衣糧。是何異賞人爲盗耶？請自今應有知赦在近而故爲罪戾，及赦後彰顯情理切害者，死罪已下，止遞減一等；赦前殺人剽財，赦後雖不復爲，若因事捕獲，決隸遠惡州軍；其殺人放火、擄財刼貨已依赦配本城者，如更配逸亡飲博之類，所在長吏籍其罪由，若再黷憲綱，不問罪之大小，禁錮奏裁。帝覽之，頗嘉其盡心，然亦不能用也。

仁宗在位久，凡大赦二十二，而曲赦、德音、録繫囚之數不與焉。然赦常赦所不原者，惟帝即位及明道中太后不豫行之。而明道所行，人以爲濫。天聖初，詔諸路按察官取乾興赦前配隸兵籍者，列所坐罪狀以聞。自是赦書下，輒及之。五年詔，已下約束而犯刼盗，及官典受贓，勿復奏，悉論如律。初，太祖將祀南郊，詔兩京諸道，自十月後犯強竊盗，不得預赦，所在長吏告諭民無冒法。自後將祀，必先申明此詔。而法官讞獄終以會赦，多所寬貸。臣僚建言謂惠姦失詔旨，故復有是詔。帝尤惡人告訐陰事，時有人密上書，疏過，又數按人赦前事者，翰林學士張方平、御史吕誨皆以爲言，乃下詔曰：比者中外多上章言人過失，暴揚難驗之罪，告按無證之辭，或外託公言，內緣私忿，詆欺曖昧，苟陷善良。又赦令者，所以與天下更始，而有司多舉按赦前事，殆非信命令，重刑罰，使人灑心自新之意也。自今有上章告人罪，言赦前事者，訊之。

慶歷三年既疏理天下繫囚，因詔諸路配隸役人並皆釋放。神宗大赦，凡十一曲赦，如之即位詔曰：夫赦令，國之大恩，所以蕩滌瑕穢納於自新之地，是以聖主重焉。中外臣僚多以赦前事捃摭吏民，興起獄訟，苟有詿誤，咸不自安，甚非持心近厚之誼，使吾號令不信於天下。其申詔內外言事、按察官，司毋得依前舉劾，具案取旨，否則科違制之罪。按《宋史·刑法志》載：是詔亦作仁宗，今從《文獻通考》改正。知諫院司馬光上言：按察之官，以赦前事興獄，禁之誠爲大善。至於言事之官，本以繩按百辟，糾擿姦邪之狀，固非一日所爲。國家素尚寬仁，數下赦令，或一歲之間至於再三，若赦前之事皆不得言，則其可言者無幾。萬一有姦邪之臣，朝廷不知，誤加進用，御史欲言則達今日之詔，若其不言，則陛下何從知之？臣恐因此言者得以箝口偷安，奸邪得以放心不懼。此乃人臣之至幸，非國家之長利也。請追改前詔，刊去言事二字。光論至再，帝諭以言者好以赦前事誣人，光曰：若言之得實，誠所欲聞；若其不實，當罪言者。帝命光送詔於中書。

熙寧八年，編定《廢免人叙格》，常赦則郡縣以格叙用，凡三期一叙，即期未滿而遇非次赦者，亦如之。哲宗朝大赦凡八。元祐元年，門下省言：當官以職事曠隳，雖去官不免，猶可言；至於赦降大恩，與物更始，雖刼盗殺人亦蒙寬宥，豈可以一事差失負罪終身？今刑部所修不以去官赦降原減條，所留請更刪改。從之。八年因門下侍郎韓維言：詔自今每近郊赦，令刑部、大理寺、開封府並依常時決遣獄訟，不減日限，其情重難釋者，別爲一等奏斷。元符三年，中書省言：《元祐編勑》惟傳習妖教，託幻變之術及故盗决河隄堰不以赦降原減，餘犯一再遇非次赦，或兩經大禮者，聽從原免。元符新勑刪去，遂使犯法者無由自新。詔依元祐法。徽宗政和五年，知興仁府夏鰭言：諸路奏獄，有因祖父母爲人所毆而子孫毆之以致死者，並作情理可憫奏裁，多免流配；若遇赦則不復奏裁，即作鬭殺情理減等流配。是遇赦反爲不幸。詔：自今雖遇赦，亦令奏裁。帝在位二十五年，凡大赦二十六，曲赦十四，德音二十七。南渡已後，紹興歲至四赦，刑政紊而恩益濫矣。高宗登極，赦文不及河東北。右僕射李綱言：兩路勤王之師，爲朝廷堅守而恩恤獨遺，後復有急，何以使人！帝嘉納之。是年六月，皇子生，大赦。詔特詳焉。建炎三年，韓世忠執苗傅、劉正彥，獻俘檻車幾百兩，先付大理獄，將盡尸諸市。大理少卿王衣奏曰：此曹在律當誅，顧其中婦女有傭買及擄掠以從者。帝矍然曰：朕慮不及此。即詔：自傅、正彥妻子外皆釋之。自祖宗已來，赦書節文，凡官典犯枉法贓者，皆在不原，而積久弊生，漸行弛縱。紹興二十五年，右正言凌哲言：陛下深念比年臣僚有緣誣告不測之罪投竄遐裔，無路自明，迺因郊祀赦，曠然與之昭雪，或疏罪籍，或復原官，甚盛德也。至於姦贓狼籍已經按治，蹟狀顯著，人所共知者，亦復巧飾詞理，公肆誕謾，咸以違忤權臣爲辭。今陛下方開公正之路，小人乃欲啟僥倖之門，此正清議所不容也。又況此曹嗜利，與生俱生，未易悛革，倘復齒仕途，益務掊克，其害將有甚於前日者。請特詔有司，應自今陳雪過名之人，並須檢會元犯事因，如係贓罪已經勘劾者，乞止依元斷條法施行。詔如所請。

孝宗淳熙九年，大理卿王尚之言：近以民間詞訴，官司按劾多有連及赦前事者，復送有司根勘。如此則與不曾經赦何異，非所以示信也。詔應所犯在大赦前者，苟非惡逆以上，並不許推究。光宗紹熙二年，勅赦文與令甲牴牾者，飭省部逐一比照見行條法，務在從寬，毋引法以沮赦。五年九月，時寧宗已即位。尚書省契勘：一歲之間三行赦放，恐有兇惡累犯之人指恩作孽，內曾犯徒流罪已經登極赦恩免，後再犯，以情理深重者，別聽朝廷指揮。其指揮與赦文同降，但以白紙連書於黃牒前。蓋前所未有也。開禧三年，平吳曦家屬應緣坐，其幼男女妾特宥，從遠徙。理宗每歲大暑，必臨軒慮囚，自謀殺、故殺、鬭殺已殺人者，偽造符印、會子，放火，官員犯入已贓，將校軍人犯枉法，自餘死罪，情輕者降從流，流降從徒，徒從杖，杖以下釋放。大寒或祈晴雪，亦如之。有一歲凡數疏決者。後以建康為先朝駐蹕之地，罪人亦得視臨安減降之法。淳祐三年，臣僚奏乞今後躁決，先期降旨，下臨安府、三衙：應犯罪在指揮前，許引用恩赦，如指揮後有犯，雖已停決，不在原減之數。其合引赦人，不許於停決前輕行斷遣。如或違戾，並從故出入人罪條制施行。詔令刑部詳度，上尚書省。

（清）嵇璜等《續通典》卷一一八《刑・寬恕》 宋太祖建隆三年，寬竊盜贓錢法。詔曰：禁民為非，乃設法令，臨民以簡，必務哀矜。竊盜之生，本非巨蠹，近朝立制，重於律文，非愛人之旨也。自今竊盜贓滿五貫者死。開寶八年，廣州言：前詔竊盜贓至死者奏裁，嶺南遐遠，覆奏稽滯，請不俟報。帝覽奏，惻然曰：海隅習俗，貪獷穿窬，固其常也。因詔：嶺南民犯竊盜，贓滿五貫至十貫者，決杖、黥面，十貫已上乃死。太宗端拱二年，始令雜犯至死貸命者，勿流沙門島，配隸初，制具《刑制篇》。止隸諸州牢城婦人有罪至流者，免，執鍼配役。淳化二年，京江浙大饑，強民相率持杖劫人倉廩，坐強盜棄市者甚衆。蔡州民張緒等二百《文獻通考》作三百。一十八人皆當死。知州張榮、《文獻通考》作張策。推官江嗣宗議取為首者杖脊，餘悉論杖罪。帝下詔褒之。遣使巡撫諸道因諭之曰：平民艱食，強取餱糧以圖活命爾，不可槩從盜法科之，其兇暴難制，為患閭里者，固便宜從事，務於除惡。由是全活者甚衆。按《宋史・刑法志》載：為真宗時事，今從《文獻通考》。真宗咸平間，曹州民蘇莊蓄兵器，匿亡命，豪奪民產，積贓至四十萬。御史臺請籍其家，帝曰：暴橫之民，國有常典，籍之，斯過矣。論如律。御史臺嘗鞫殺人賊，獄具，知雜事王隨請臠剮之。帝曰：五刑自有常制，何必為此。況此賊本情已見，一死足矣。入內供奉官楊守珍使陝西，督捕盜賊，因請獲盜至死者，望付臣處以凌遲，用戒兇惡。詔：捕賊送所屬，依法論決，毋為慘毒之刑。大中祥符六年詔：審刑院、大理寺三司詳定配隸之刑，取犯茶、鹽、礬、麴，私鑄軍器，市外蕃香藥，挾銅錢，誘漢口出界，主吏盜貨官物，夜聚為妖，比舊法咸從輕減。仁宗天聖初，詔免軍士妻有罪配隸南北作坊者，聽自便。婦人應配，則以妻窑務或軍營致遠務卒之無家者，著為法。知益州薛田言：蜀人配徒他路者，請雖老疾勿得釋。帝曰：遠民無知犯法，終身不得還鄉里，豈朕意哉？察其情可矜者許放還。後復詔罪狀獷惡者勿許。有司嘗奏盜刧米傷主，帝曰：饑刧米可哀，盜傷主可疾。然無知迫於食不足耳，命貸之。五年，陝西旱，因詔：民刧倉廩，非傷主者減死，刺隸他州，非首謀又減一等。自是，諸路災傷即降敕，饑民為盜，多蒙矜宥。帝嘗御邇英閣，經筵講《周禮》，大荒大札，薄征緩刑。楊安國曰：緩刑者，乃過誤之民耳，當歲歉則赦之，憫其窮也。今衆持兵杖刧糧廩，一切寬之，恐不足以禁姦。帝曰：不然，天下皆吾赤子也。一遇饑饉，州縣不能賑恤，饑殍所迫，遂至為盜，又捕而殺之，不亦甚乎？按司馬光諫疏具《雜議篇》，與安國此奏持論俱正饑民嘯聚執械刧奪富家甚至傷主，情雖可矜，法殊難道。若不分首從，盡與減等斷放已為縱弛失刑，乃或則置之不問，甚且豫降赦文，許其寬貸，安得有此政體？審如是，則窮民亦何畏而不刧盜，而良善富民又何辜而獨被其殘害也。仁宗初，政既不能藏富於民，俾家給人足及饑饉薦臻。又不聞曲加賑恤，使一夫必獲其所。而徒以姑息惠姦，是亦不揣其本而齊其末耳。寬強竊盜計贓論罪法，具《刑制篇》。祖宗朝重盜剥桑柘之禁，枯者以尺計，積四十二尺為一功，三功以上抵死。殿中丞于大成請得以減死論，下法官議，謂當如舊，帝意欲寬之。詔：死者上請。知虢州周日宣詭奏水災，有司論請如上書不實法。帝曰：州郡多言符瑞，至水旱之災，或抑而不聞。今守臣自陳墊溺官私廬舍，意實在民，何可加罪？慶歷五年詔：罪殊死者，若祖父母、父母年已八十及篤疾無期親者，列所犯以聞。時寧州有童子年九歲，毆殺人，當棄市，帝以童孺爭鬭，無殺人心，止命罰金入死者家。開封民聚童子教之，有因榎楚死者，父母訟之府獄上，當減死。宰相以爲可矜，帝命杖脊捨之。六年詔曰：如聞百姓抵輕罪，而長吏擅刺隸他州，朕甚憫焉。自今毋得於法外從事。神宗元豐二年詔：川陝絹疋估贓增其參之一。具《刑制篇》。時元絳知通州海門縣，淮民多盜販鹽，制置使建言，滿二十斤者坐徒。絳曰：海濱之人，恃鹽以爲命，非羣販比也。笞而縱之。徽宗崇寧五年詔曰：民以罪麗法，情有輕重，則法有增損。故情重法輕，情輕法重，舊有取旨之令。今有司惟法輕情重則請加罪，而法重情輕則不奏減，是樂於罪人，而難於用恕，非所以爲欽恤也。自今宜遵舊法取旨，使情法輕重各適其中，否則以違制論。大觀元年詔：近時絹價增貴，視舊制每疋增錢二百，估算定罪。具《刑制篇》。高宗性柔懦，用法每過從寛厚。即位之初，治王時雍等賣國之罪，洪芻、余大均、陳沖、張卿才、李彝、王及之、周懿文、胡思文並下御史臺獄。獄具，刑寺論芻納景王寵姬，大均納喬貴妃侍兒，及之苦辱寧德皇后女弟，當流；沖括金銀自盜，與宮人飲，當絞；懿文、卿才、彝與宮人飲，卿才、彝當徒，懿文當杖；思文於推擇張邦昌狀内添諂附之詞，罰銅十斤：並該赦。帝閲狀大怒，李綱等共解之，帝亦新政，重於殺士大夫。乃詔：芻、大均、沖各貸死，流沙門島，永不放還；卿才、彝、及之、周懿文、思文並以別駕安置邦郡。詔雜犯死罪有疑及情理可憫者，撫諭官同提刑司酌情減降，先斷後聞。知常州周杞擅殺人，帝曰：朕日親聽斷，豈不能任情，顧非理耳。即命削杞籍。同知樞密院事李回嘗奏彊盜之數，帝曰：皆吾赤子也，豈可一一抵法？誅其渠魁三兩人足矣。後復申嚴真決贓吏法。令三省取具祖宗故事，有以舊法棄市事上者，帝曰：何至爾耶？但斷遣之足矣。貪吏害民，雜用刑威，有不得已。然豈忍寘縉紳於死地耶？紹興二十四年，詔：諸路州軍有編管之人願充廂軍者，聽。帝復諭大臣曰：朕昨在元帥府見河朔州軍將編管人穿鎖傳送旅店，三五相聯，乞丐於市，蓋緣不給之食，以至於此，深可憫惻，可申嚴約束行下。時著作郎張九成上言：我宋家法曰：仁而已。仁之發見尤在於刑。陛下以省刑爲急，而理官不以恤刑爲念，欲詔：理官活幾人者，與減磨勘。從之。

（清）嵇璜等《續通典》卷一一七《刑・赦宥》　遼太祖五年，皇弟埒克達喇、伊德實、安圖謀反，安圖妻訥默庫知之，以告得實，帝不忍誅，乃與諸弟登山，刑牲告天地爲誓，而赦其罪。出埒克爲德呼勒部額爾奇木，封訥默庫爲晉國夫人。八年于古凌部人塔勒滿執逆黨布呼雅爾堅等十七人來獻，帝親鞫之，辭多連宗室，及有脅從者，乃杖殺首惡布呼，餘並原釋。裕悦實魯之子華格屢蓄奸謀，帝每優容之，而反覆不悛，召父老羣臣正其罪，所鞫逆黨三百餘人，獄既具，帝以人命至重，死不及生，賜宴一日，隨其平生之好，使爲之酒酣，或歌，或舞，或戲射角觝，各極其意。明日乃以輕重論刑，首惡埒克次達喇，帝猶弟之，不忍寘法，杖而釋之，以伊德實安圖性本庸弱，爲埒克所使，伊德實妻尼嚕古脅從，安圖妻訥默庫嘗有忠告，並免。

天贊三年二月，徇幽薊地，詔改元，赦軍前殊死已下罪囚。自後平渤海，始即位，凡兩肆大赦焉，會同已後大赦、曲赦之典不可枚舉。大約嗣位、改元、上尊號、皇子生及舉柴册再生之禮則行。太宗初，邊將奏破吐谷渾，擒其長，詔止除首惡，餘並赦。世宗時，耶律吼有定策功，加採訪使，益以寶貨，辭曰：臣位已高，敢復求富，臣從弟達魯諸子坐事籍没。陛下哀而赦之，臣受賜多矣。帝曰：吼舍重賞而請赦族人，賢矣。從之。趙王喜隱應歷中謀反事覺，帝臨問有狀，以親釋之。未幾，復反下獄。景宗即位，聞有赦，自脱其械而朝，帝怒曰：汝罪人何得擅離禁所。詔誅守者，復寘於獄，及改元保寧，乃宥其罪。道宗在位歲久，又性溺浮屠，故赦特煩數。然終遼之世，如天禄時之以公主額伯哩自死獄中，重熙時之以樞密使蕭孝忠薨開泰寺，鑄銀佛像成，皆曲行赦令，尤爲不經，蓋無取焉。

（清）嵇璜等《續通典》卷一一八《刑・寛恕》　遼聖宗沖年嗣位，睿智皇后稱制，留心聽斷，嘗勸帝宜寛法律。帝壯，益習國事，凡更定法令十數條，多合人心，其用刑尤能詳慎定。契丹漢人相毆致死，一律科斷法。具《刑制篇》。著令叛逆之家兄弟不知情者，無連坐。五院部民有自壞鎧甲者，其長博諸杖殺之，上怒其用法太重。詔：奪官吏以故不敢酷。興宗時有羣牧人竊易官印，以馬與人者，法當死。帝曰：一馬殺二人不亦甚乎！減死論。又有兄弟犯彊盜當死，以弟從兄且俱無子，特原其弟。

道宗咸雍三年，有司奏：新城縣民楊從謀反，僞署官吏。帝曰：小人無知，此兒戲爾，止流其首惡，餘並釋之。

（清）嵇璜等《續通典》卷一一七《刑·赦宥》 金太祖天輔七年二月詔安巴貝勒曰：郡縣今皆撫定，有逃散未降者，已釋其罪，更宜招諭之。太宗即位，大赦中外。天會十年十月，以天清節大赦。熙宗而後即位，改元及山陵事畢祔廟禮成，則特舉大赦郊恩。惟世宗朝一行之，其他水旱災變，亦時行曲赦焉。大定二年詔：前戶部尚書梁球等安撫山東百姓，招諭盜賊，凡避賦役在他所者，並令歸業，無問罪名輕重，悉與原免。三年詔：吏犯贓罪，雖會赦不敘。五年日者，孫邦榮告西京留守壽王京謀逆鞫實，特免死，杖之，除名，嵐州安置。既而，其兄德州防禦使文復謀反，免其緣坐，仍以資産賜其兄之子約爾珠。十七年詔：海陵時大臣無辜被戮，家屬籍沒者，並釋爲良。章宗承安四年，監察御史姬端修以妄言下吏，詔：赦其罪，令居家俟命。宣宗貞祐元年，元帥右監軍珠赫，果勒齊戰敗，以兵殺呼沙呼於其第，詣闕，待罪赦之。三年赦富察齊勤脅從之黨。四年山東行帥府事蒙古綱言：楊安兒黨內有故淄王習顯、故留守摩囉等家奴不在赦原，據險作亂，至今未息，民多歸之，乞普賜恩宥。帝命赦之，仍贖爲良。興定元年，伊喇瑪努勒言朵山賊魚張二等，嘗屢詔免罪，若悉誅之，恐乖恩信。且其親屬淪落宋境，近在均州，或相搆亂。乞貸其死，徙之歸德、睢、陳、均，許間爲便。詔許之。四年，有誣宗室從坦殺人者，太學生馬肩龍上書言：從坦有將帥材，少出其右者，臣無益於用，願代死。帝問：汝與從坦交厚乎？對曰：臣知有從坦，從坦未嘗知臣，臣以死明其冤耳。遂宥從坦。元光元年八月丁丑，以彗星見，改元大赦。諭宰臣曰：赦書已頒，時刻之間，人命所係，其令將命者速往，剋期而至。哀宗正大二年，陳和尚隨其兄色埒在軍中以事笞萬宜翁，宜翁憤死，語其妻必報，妻以故殺訴臺省，不直，則積薪將自焚。和尚繫獄者十有八月，色埒入朝，帝諭：以欲赦之意，尋以臺諫言復止，及聞色埒卒，始馳赦之。且諭曰：有司奏汝以私忿殺人，汝兄死，失吾一名將。今以汝兄故，曲法赦汝，天下必有議我者。他日，汝奮發立功名，始以吾爲不妄赦矣。和尚且泣、且拜，後死節於鈞州。

（清）嵇璜等《續通典》卷一一八《刑·寬恕》 金熙宗天眷三年，復取河南地，乃詔其民，約所用刑法皆從律文，罷獄卒酷毒刑具，以從寬恕。世宗大定四年，尚書省奏：大興府民男子李十、婦人李仙哥並以亂言，當斬。帝曰：愚民不識典法，有司亦未嘗丁寧告誡，豈可遽加極刑。以減死論。十年議《禁網捕走獸法》，罪或至徒。帝曰：以禽獸之故而抵民以徒，是重禽獸而輕民命也。詔：自今有犯者，杖。十三年，尚書省奏，南客車俊等因推埸貿易，誤犯邊界。帝曰：本非故意，可免罪，發還，毋令彼國知之，恐復治其罪。十五年，寬《竊盜贓滿貫論死之法》。具《刑制篇》。十六年，諭左丞相良弼曰：海陵非理殺戮臣下，甚可哀憫，其博勒珠等遺骸仰逐處訪求，官爲收葬。初，帝嘗論天德間事，諭良弼曰：武靈時，領省秉德、左丞相言皆有能名，然爲政不務遠圖，止以苛刻爲事。言及可喜等在會寧時，一月之間，杖而殺之者二十人，罪皆不至死，於理可乎？海陵爲人如虎，此輩尚欲以術數要之，以至賣直取死，安得爲能？十七年諭宰臣曰：故廣寧尹高禎爲政尚猛，小過有杖而殺之者。即罪至於死而情或可恕，猶當念之，況小過乎？人之性命安可輕哉！二十三年又諭宰臣曰：帝王之政，固以寬慈爲德，然如梁武帝專務寬慈，以至綱紀大壞。朕嘗思之，賞罰不濫，即是寬政，餘復何爲？帝嘗幸金蓮川，始出中都，親軍二蒼頭縱馬食民田，詔大興尹曹王永功：蒼各杖一百，彈壓百戶失覺察，勒停。帝次望京淀，永功奏曰：親軍人止一蒼頭，兩彈壓服勤，爲日久矣。臣昧死違詔，量決蒼頭，令彈壓待罪，可使償其田直，惟陛下憐察。許之。大懷貞爲彰國軍節度使，縣尉獲盜，得一旗，上圖亢宿，詰之有謀叛狀，株連幾萬人。懷貞當以亂民之刑，請誅其首亂者十八人，餘皆釋之。王庭筠判恩州軍事臨政有聲，郡民鄒四者，謀爲不軌，事覺逮捕千餘人，而鄒四竄匿不能得，朝廷遣大理司直王仲軻治其獄，庭筠以計獲鄒四，分別詿誤，坐預謀者十二人而已。宣宗元光元年，尚書右丞圖克坦思忠以病馬輸官，冒取高價，御史劾之。有司以監主自盜論死，帝顧惜大體，降授陳州防禦使。哀宗正大元年，尚書左丞張行信言：先帝詔：國初制，刑不上大夫，治以廉恥。丞相果勒齊所定，職官犯罪的決百餘條，乞改依舊制。詔可。

《元史》卷一〇五《刑法志》 諸獄囚，必輕重異處，男女異室，毋或參雜，司獄致其慎，獄卒去其虐，提牢官盡其誠。諸在禁囚徒，無親屬供給，或有親屬而貧不能給者，日給倉米一升，三升之中，給粟一升，以食有疾者。凡油炭席薦之屬，各以時具。其饑寒而衣糧不繼，疾患而醫療不時，致非理死損者，坐有司罪。諸各處司獄司看守囚徒，夜支清油一斤。諸路府州縣，但停囚去處，於鼠耗糧内放支囚糧。諸在禁無家屬囚徒，歲十二月至于正月，給羊皮爲披蓋，袴韈及薪草爲暖匣熏炕之用。諸獄訟，有必聽候歸對之人，召保知在，如無保識，有司給糧養濟，勿寄養於民家。諸流囚在路，有司日給米一升，有疾命良醫治之，疾愈隨時發遣。諸獄醫，囚之司命，必試而後用之，若有弗稱，坐掌醫及提調官之罪。諸獄囚病至二分，申報漸增至九分，爲死證，若以重爲輕，以急爲緩，誤傷人命者，究之。諸獄囚有病，主司驗實，給醫藥，病重者去枷鎖杻，聽家人入侍。職事散官五品以上，聽二人入侍。犯惡逆以上，及強盜至死，奴婢殺主者，給醫藥而已。諸有司，在禁囚徒饑寒，衣食不時，病不督醫看候，不脱枷杻，不令親人入侍，一歲之内死至十人以上者，正官笞二十七，次官三十七，還職；首領官四十七，罷職别敍，記過。諸孕婦有罪，産後百日決遣，臨産之月，聽令召保，産後二十日，復追入禁。無保及犯死罪者，産時令婦人入侍。諸犯死罪，有親年七十以上，無兼丁侍養者，許陳請奏裁。諸有罪年七十以上、十五以下，及篤廢殘疾罰贖者，每笞杖一，罰中統鈔一貫。諸疑獄，在禁五年之上不能明者，遇赦釋免。

（清）嵇璜等《續通典》卷一一七《刑・赦宥》 元太宗初，中原甫定，民多誤觸禁綱，而國法無赦令，耶律楚材議請赦宥，衆以爲迂，楚材獨從容爲帝言。詔：自庚寅正月朔日前事勿治。世祖混一區寓，以天下獄囚滋多，至元十年，勅諸路自死罪以下，縱遣歸家，期秋八月，悉來京師聽决。因如期至，帝惻然憐之，盡原其罪。二十一年春，册上尊號，議大赦天下，參知政事張雄飛諫曰：古人言：無赦之國，其刑必平。赦者，不平之政也。聖明在上，豈宜數赦！帝嘉納之，止降輕刑之詔。時始定《刑制條格》，開載：諸疑獄在禁五年已上不能明者，遇赦釋免。諸盜賊聞赦，故殺捕盜之人者，不赦。其先竊後強，會赦，惟下手殺傷事主者不赦，餘仍刺而釋之。諸流囚中途遭亂而逃，不再犯，及已老病并會赦者，釋之。若奉旨流遠，雖會赦，非奏請不得放還。諸應徒流，未行，及已行未至者，會赦並釋之。諸囚徒配役，役所停罷者，會赦，免放。元貞而後，肆眚之典，亦代行之。其詔書節目，除謀殺祖父母、父母，妻妾殺夫，奴僕殺主，謀故殺人，但犯強盜，印造僞鈔，蠱毒魘魅，犯上者不赦外，其餘罪無輕重，悉予原免。仁宗即位，興聖太后既受尊號，廷臣請因肆赦。翰林直學士元明善曰：數赦非善人之福，宥過可也。英宗至治元年，帝享太廟，廷臣或言祀事畢宜赦天下。帝諭之曰：恩可常施，赦不可屢下，使殺人獲免，則死者何辜！遂命中書陳便宜行之。順帝至正四年，蓋苗爲刑部尚書，初，盜殺河南省憲官延坐五百餘家，已有詔除首罪外，餘從原宥。至是宰臣追復欲盡誅戮，苗堅持不可。御史趣具獄苗曰：肆赦復殺在法所無，御史獨宜劾苗，其敢累朝廷之寬仁乎？卒用苗議，罷之。

（清）嵇璜等《續通典》卷一一八《刑・寬恕》 元太宗七年，命哈瑪爾巡撫諸路。應州郭者全反，脅從詿誤者五百餘人，有司議盡戮之，哈瑪爾止誅其爲首者數人，餘悉從輕典。蘇克爲山西大達嚕噶齊，受命方出，有回回六人訟事不實，將抵罪，遇諸塗，急止監者曰：姑緩其刑。即返。見帝曰：此六人者，名著西域，徒以小罪盡誅之，恐非所以懷遠人也。願以賜臣，臣得意辱之，使自悔悟遷善，爲他日用，殺之無益。帝意解，召六人者謂之曰：生汝者蘇克也，其竭力事之。後有至大官者。時方事征討，隸軍籍者，憚遠涉，往往募人代行，又軍中多逃歸者。定制：募代行者杖百，逃歸者死。斷事官博囉哈雅等按順天等路，及至州縣，得募代者萬一千戶，逃者十一人。然募者聞命將下，已潛遣家人易代。博囉哈雅聞之，歎曰：募者已懼罪往，易逃者因單弱思歸，情皆可矜，吾可不爲伸理耶？遂奏其狀，皆得輕減。有丁多産富而家人不往，及未至役所而即逃者，則曰：此而不誅，何以戒後！世祖中統初，順天路民王住兒，因鬭誤殺人，其母年七十，言於朝曰：妾寡且老，恃此兒以爲生，兒死，妾亦死矣。中書司右掾袁裕言於執政曰：因誤殺人，情非故犯，當矜其母。乃奏免死。至元五年，陳思濟同知紹興路總管府事，承檄讞獄。桐廬有囚羸瘠將死，縱遣還家，因固請曰：聞公名久矣，若不早決，恐終不可保。爲閱其案而釋之。六年，袁裕爲開封府判官。淯川縣達嚕噶齊貪暴，盛夏役民捕蝗，禁不得飲水，民不勝忿，擊斃之，有司當以大逆置極刑者七人，連坐者五十餘人。裕曰：達嚕噶齊自犯衆怒而死，安可悉歸罪於民！議誅首惡一人，餘悉論杖。部使者録囚至，疑其太寬，裕辯之益力，事上中書竟從裕議。澧州細民以乏食，羣聚發富家廩，所司欲論以彊盗，安撫使張雄飛曰：此盗食，欲救死，非彊也。寬其獄，全活者百餘人。十九年，帝獵巴雅爾之地，司農寺達嚕噶齊特爾格從獵人額布勒津射兔，誤中名駝，駝死，帝怒，命誅之。特爾格曰：殺人償畜，於法太重。帝驚曰：誤耶，史官必書。亟釋之。庚人有盗秔米者，罪當死。特爾格諫曰：臣鞫庚人，其母病，盗秔食母耳，請貸之。牧人有盗割駝峯者，將誅。特爾格曰：生割駝峯誠忍人也，然殺之，恐乖陛下仁恕心。詔皆免死。二十四年，大駕幸上都，札爾古齊、哈勒哈等言：去歲審囚官所録囚數，南京、濟南兩路應死者已一百九十人，若總校諸路，爲數必多，宜留札爾古齊數人分道行刑。帝曰：囚非羣羊，豈可遽殺？宜悉配隸淘金。二十七年江淮省平章政國事沙布爾丹以倉庫官欺盗錢糧，請依宋法黥面斷其腕。帝曰：此回回法也。不允。《刑制條》載：諸犯死罪，有親年七十已上，無兼丁侍養者，許陳情奏裁。成宗時，張養浩爲堂邑令，罷舊盗之朔望条者，曰：彼皆良民，飢寒所迫不得已而爲盗耳。既加以刑，猶以盗目之，是絶其自新之路也。衆皆感泣，互相戒曰：毋負張公。武宗至大初，旱蝗爲災，民多因飢爲盗，有司捕治，論以真犯。獄既具，朝議互有從違，右司郎中敬儼曰：民迫於飢而盗，非故爲也，且死者不可復生，宜在所矜。用是得減死者甚衆。張昇知汝寧府，民有告寄束書於其家者，踰三年取閲，有禁書一編，且記里中大家姓名於上，昇亟呼吏焚其書，曰：妄言誣民，且再更赦矣，勿問。同列懼，皆引起。既而事聞，廷議謂昇擅脱姦宄，遣使窮問，卒無跡可指，乃詰以焚書狀，昇對曰：事固類姦宄，然昇備位郡守，爲民父母，今斥誣訴，免冤濫，雖重得罪不避。乃坐奪俸二月。仁宗延祐二年，晉寧民侯喜昆弟五人並坐法當死。帝歎曰：彼一家不幸而有是事，其擇情輕者杖遣之，俾養父母，無絶其祀。英宗至治元年，濟陽縣有牧童，持鐵連結擊野雀，誤殺同牧者，繫獄數歲。總管達爾瑪曰：小兒誤殺，實無殺人意，難以定罪。罰銅遣之。三年，著令原告逃亡百日，不出則釋待對者。文宗天歷二年，御史臺劾前丞相拜布哈，昔以贓敗，天歷初因人成功，遂居相位。既矯制以瑪魯家貲賜平章蘇蘇，又與蘇蘇等潛呼日者推測聖算。今奉詔已釋其罪，宜竄諸海島以杜姦萌。帝曰：流竄海島，朕所不忍，其並妻子實諸集慶。至順元年，臺臣言陝西右丞克埒受人僮奴及鸚鵡，請論如律。帝曰：克埒官至宰執，位重禄厚，猶受人生口，理宜罪之。但鸚鵡微物，以是論贓，失于太苛，其從重者議罪。因勑自今饋禽鳥者，勿論行。樞密院言雲南征戍軍士二人逃歸，捕獲，法當死。詔曰：如臨陣而逃，死宜也。非接戰而亦論死，何視人命之易耶？其杖而流之。

《明史》卷九三《刑法志一》 大抵明律視唐簡覈，而寬厚不如宋。至其惻隱之意，散見於各條，可舉一以推也。如罪應加者，必贓滿數乃坐。如監守自盗，贓至四十貫絞。若止三十九貫九十九文，欠一文不坐也。加極於流三千里，以次增重，終不得至死。而減至流者，自死而之生，無絞斬之別。即唐律稱加就重條。稱日者以百刻，稱年者以三百六十日。如人命辜限及各文書違限，雖稍不及一時刻，仍不得以所限之年月科罪。即唐例稱日以百刻條。未老疾犯罪，而事發於老疾，以老疾論；幼小犯罪，而事發於長大，以幼小論。即唐律老小廢疾條。犯死罪，非常赦所不原，而祖父母、父母老無養者，得奏聞取上裁。犯徒流者，餘罪得收贖，存留養親。即唐律罪非十惡條。功臣及五品以上官禁獄者，許令親人入侍，徒流者並聽隨行，違者罪杖。同居親屬有罪，得互相容隱。即唐律同居相容隱條。奴婢不得首主。凡告人者，告人祖父不得指其子孫爲證，弟不證兄，妻不證夫，奴婢不證主。文職責在奉法，犯杖則不敍。軍官至徒流，以世功猶得擢用。凡若此類，或間採唐律，或更立新制，所謂原父子之親，立君臣之義以權之者也。

又： 太祖之定律文也，歷代相承，無敢輕改。其一時變通，或由詔令，或發於廷臣奏議，有關治體，言獲施行者，不可以無詳也。洪武元年諭省臣：鞫獄當平恕，古者非大逆不道，罪止及身。民有犯者，毋得連坐。尚書夏恕嘗引漢法，請著律，反者夷三族。太祖曰：古者，父子兄弟罪不相及，漢仍秦舊，法太重。却其奏不行。民父以誣逮，其子訴於刑部，法司坐以越訴。太祖曰：子訴父枉，出於至情，不可罪。有子犯法，父賄求免者，御史欲并論父。太祖曰：子論死，父救之，情也，但論其子，赦其父。十七年，左都御史詹徽奏民毆孕婦至死者，律當絞，其子乞代。大理卿鄒俊議曰：子代父死，情可矜。然死婦係二人之命，犯人當二死之條，與其存犯法之人，孰若全無辜之子。詔從俊議。二十年，詹徽言：軍人有犯當杖，其人嘗兩得罪而免，宜并論前罪，誅之。太祖曰：前罪既宥，復論之則不信矣。杖而遣之。二十四年，嘉興通判龐安獲鬻私鹽者送京師，而以鹽賞獲者。戶部以其違例，罰償鹽入官，且責取罪狀。安言：律者萬世之常法，例者一時之旨意。今欲依例而行，則於律內非應捕人給賞之言，自相違悖，失信於天下也。太祖然其言，詔如律。

《明史》卷九四《刑法志二》 在外恤刑會審之例，定於成化時。初，太祖患刑獄壅蔽，分遣御史林愿、石恆等治各道囚，而敕諭之。宣宗夜讀《周官·立政》：式敬爾由獄，以長我王國。慨然興歎，以爲立國基命在於此。乃敕三法司：朕體上帝好生之心，惟刑是恤。令爾等詳覆天下重獄，而犯者遠在千萬里外，需次當決，豈能無冤？因遣官審録之。正統六年四月，以災異頻見，敕遣三法司官詳審天下疑獄。於是御史張驥、刑部郎林厚、大理寺正李從智等十三人同奉敕往，而復以刑部侍郎何文淵、大理卿王文，巡撫侍郎周忱，刑科給事中郭瑾審兩京刑獄，亦賜之敕。後評事馬豫言：臣奉敕審刑，竊見各處捉獲强盜，多因讎人指攀，拷掠成獄，不待詳報，死傷者甚多。今後宜勿聽妄指，果有贓證，御史、按察司會審，方許論決。若未審録有傷死者，毋得准例陞賞。是年，出死囚以下無數。九年，山東副使王裕言：囚獄當會審，而御史及三司官或踰年一會，囚多瘐死。往者常遣御史會按察司詳審，釋遣甚衆。今莫若罷會審之例，而行詳審之法，敕遣按察司官一員，專審諸獄。部持舊制不可廢。帝命審例仍舊，復如詳審例，選按察司官一員與巡按御史同審。失出者姑勿問，涉贓私者究如律。成化元年，南京戶部侍郎陳翼因災異復請如正統例。部議以諸方多事，不行。八年，乃分遣刑部郎中劉秩等十四人會巡按御史及三司官審録，敕書鄭重遣之。十二年，大學士商輅言：自八年遣官後，五年於兹，乞更如例行。帝從其請。至十七年，定在京五年大審。即於是年遣部寺官分行天下，會同巡按御史行事。於是恤刑者至，則多所放遣。嘉靖四十三年定坐贓不及百兩，産絶者免監追。萬曆四年敕雜犯死罪准徒五年者，并兩犯徒律應總徒四年者，各減一年，其他徒流等罪俱減等。皆由恤刑者奏定，所生全者益多矣。初，正統十一年遣刑部郎中郭恂、員外郎陸瑜審南、北直隸獄囚，文職五品以下有罪，許執問。

又： 政司轉達於部，刑部不得聽理。誣告者反坐，越訴者笞，擊登聞鼓不實者杖。訐告問官，必覈實乃逮問。至罪囚打斷起發有定期，刑具有定器，停刑有定月日，檢驗屍傷有定法，恤囚有定規，籍没亦有定物，惟復讎者無明文。

又： 登聞鼓，洪武元年置於午門外，一御史日監之，非大冤及機密重情不得擊，擊即引奏。後移置長安右門外，六科、錦衣衛輪收以聞。旨下，校尉領駕帖，送所司問理，蒙蔽阻遏者罪。龍江衛吏有過，罰令書寫，值母喪，乞守制，吏部尚書詹徽不聽，擊鼓訴冤。太祖切責徽，使吏終喪。永樂元年，縣令以贓戍，擊鼓陳狀。帝爲下法司，其人言實受贓，年老昏眊所致，惟上哀憫。帝以其歸誠，屈法宥之。宣德時，直登聞鼓給事林富言：重囚二十七人，以姦盜當決，擊鼓訴冤，煩瀆不可宥。帝曰：登聞鼓之設，正以達下情，何謂煩瀆？自後凡擊鼓訴冤，阻遏者罪。

又： 凡獄囚已審録，應決斷者限三日，應起發者限十日，逾限計日以笞。囚淹滯至死者罪徒，此舊例也。嘉靖六年，給事中周琅言：比者獄吏苛刻，犯無輕重，概加幽繫，案無新故，動引歲時。意喻色授之間，論奏未成，囚骨已糜。又況偏州下邑，督察不及，姦吏悍卒倚獄爲市，或扼其飲食以困之，或徙之穢溷以苦之，備諸痛楚，十不一生。臣觀律令所載，凡逮繫囚犯，老疾必散收，輕重以類分，枷杻薦席必以時飭，涼漿暖匣必以時備，無家者給之衣服，有疾者予之醫藥，淹禁有科，疏決有詔。此祖宗良法美意，宜敕臣下同爲奉行。凡逮繫日月并已竟、未竟、疾病、死亡者，各載文册，申報長吏，較其結竟之遲速，病故之多寡，以爲功罪而黜陟之。帝深然其言，且命中外有用法深刻，致戕民命者，即斥爲民，雖才守可觀，不得推薦。

凡内外問刑官，惟死罪并竊盜重犯，始用拷訊，餘止鞭扑常刑。酷吏輒用挺棍、夾棍、腦箍、烙鐵及一封書、鼠彈箏、攔馬棍、燕兒飛，或灌鼻、釘指，用徑寸嫩杆、不去棱節竹片，或鞭脊背、兩踝致傷以上者，俱奏請，罪至充軍。

又： 犯罪籍没者，洪武元年定制，自反叛外，其餘罪犯止没田産孳畜。二十一年詔謀逆姦黨及造僞鈔者，沒貲產丁口，以農器耕牛給還之。凡應合鈔劄者，曰姦黨，曰謀反大逆，曰姦黨惡，曰造僞鈔，曰殺一家三人，曰採生拆割人爲首。其《大誥》所定十條，後未嘗用也。復讎，惟祖父被毆條見之，曰：祖父母、父母爲人所殺，而子孫擅殺行兇人者，杖六十。其卽時殺死者勿論。其餘親屬人等被人殺而擅殺之者，杖一百。按律罪人應死，已就拘執，其捕者擅殺之，罪亦止此。則所謂家屬人等，自包兄弟在內，其例可類推也。

又： 然時引大體，有所縱舍。沅陵知縣張傑當輸作，自陳母賀，當元季亂離守節，今年老失養。帝謂可勵俗，特赦之，秩傑，令終養。給事中彭與民坐繫，其父爲上表訴哀。立釋之，且免同繫十七人。有死囚妻妾訴夫冤，法司請黥之。帝以婦爲夫訴，職也，不罪。都察院當囚死者二十四人，命羣臣鞫，有冤者，減數人死。真州民十八人謀不軌，戮之，而釋其母子當連坐者。所用深文吏開濟、詹徽、陳寧、陶凱輩，後率以罪誅之。亦數宣仁言，不欲純任刑罰。嘗行郊壇，皇太子從，指道旁荊楚曰：古用此爲扑刑，取能去風，雖寒不傷也。尚書開濟議法密，諭之曰：竭澤而漁，害及鯤鮞；焚林而田，禍及麛鷇。法太巧密，民何以自全？濟慚謝。參政楊憲欲重法，帝曰：求生於重典，猶索魚於釜，得活難矣。御史中丞陳寧曰：法重則人不輕犯，吏察則下無遁情。太祖曰：不然。古人制刑以防惡衛善，故唐、虞畫衣冠，異章服以爲戮，而民不犯。秦有鑿顛抽脅之刑，參夷之誅，而囹圄成市，天下怨叛。未聞用商、韓之法，可致堯、舜之治也。寧慚而退。又嘗謂尚書劉惟謙曰：仁義者，養民之膏粱也。刑罰者，懲惡之藥石也。舍仁義而專用刑罰，是以藥石養人，豈得謂善治乎？蓋太祖用重典以懲一時，而酌中制以垂後世，故猛烈之治，寬仁之詔，相輔而行，未嘗偏廢也。建文帝繼體守文，專欲以仁義化民。元年刑部報囚，減太祖時十三矣。

成祖起靖難之師，悉指忠臣爲姦黨，甚者加族誅、掘塚，妻女發浣衣局、教坊司，親黨謫戍者至隆、萬間猶勾伍不絕也。抗違者旣盡殺戮，懼人竊議之，疾誹謗特甚。山陽民丁鈺訐其鄉誹謗，罪數十人。法司迎上旨，言鈺才可用，立命爲刑科給事中。永樂十七年復申其禁。而陳瑛、呂震、紀綱輩先後用事，專以刻深固寵。於是蕭議、周新、解縉等多無罪死。然帝心知苛法之非，間示寬大。千戶某灌桐油皮鞭中以決人，刑部當以杖，命并罷其職。法司奏冒支官糧者，命卽戮之，刑部爲覆奏。帝曰：此朕一時之怒，過矣。其依律。自今犯罪皆五覆奏。

至仁宗性甚仁恕，甫卽位，謂金純、劉觀曰：卿等皆國大臣，如朕處法失中，須更執奏，朕不難從善也。因召學士楊士奇、楊榮、金幼孜至榻前，諭曰：比年法司之濫，朕豈不知。其所擬大逆不道，往往出於文致，先帝數切戒之。故死刑必四五覆奏，而法司略不加意，甘爲酷吏而不愧。自今審重囚，卿三人必往同讞，有冤抑者雖細故，必以聞。洪熙改元，二月諭都御史劉觀、大理卿虞謙曰：往者，法司以誣陷爲功。人或片言及國事，輒論誹謗，身家破滅，莫復辨理。今數月間，此風又萌。夫治道所急者求言，所患者以言爲諱，奈何禁誹謗哉？因顧士奇等曰：此事必以詔書行之。於是士奇承旨，載帝言於己丑詔書云：若朕一時過於嫉惡，律外用籍沒及凌遲之刑者，法司再三執奏，三奏不允至五，五奏不允同三公及大臣執奏，必允乃已，永爲定制。文武諸司亦毋得暴酷用鞭背等刑，及擅用宮刑絕人嗣續。有自宮者以不孝論。除謀反及大逆者，餘犯止坐本身，毋一切用連坐法。告誹謗者勿治。在位未一年，仁恩該洽矣。

宣宗承之，益多惠政。宣德元年，大理寺駁正猗氏民妻王骨都殺夫之冤，帝切責刑官，尚書金純等謝罪，乃已。義勇軍士閻羣兒等九人被誣爲盜，當斬，家人擊登聞鼓訴冤。覆按實不爲盜。命釋羣兒等，而切責都御史劉觀。其後每遇奏囚，色慘然，御膳爲廢。或以手撤其牘，謂左右曰：說與刑官少緩之。一日，御文華殿與羣臣論古肉刑，侍臣對：漢除肉刑，人遂輕犯法。帝曰：此自由教化，豈關肉刑之有無。舜法有流宥金贖，而四凶之罪止於竄殛。可見當時被肉刑者，必皆重罪，不濫及也。況漢承秦敝，挾書有律，若概用肉刑，受傷者必多矣。明年著《帝訓》五十五篇，其一恤刑也。武進伯朱冕言：比遺舍人林寬等送囚百十七人戍邊，到者僅五十人，餘皆道死。帝怒，命法司窮治之。帝寬詔歲下，閱囚屢決遣，有至三千人者。諭刑官曰：吾慮其瘐死，故寬貸之，非常制也。是時，官吏納米百石若五十石，得贖雜犯死罪，軍民減十之二。諸邊衛十二石，遼東二十石，於例爲太輕，然獨嚴贓吏之罰。命文職犯贓者俱依律科斷。由是用法輕，而貪墨之風亦不甚恣。然明制重朋比之誅。都御史夏迪催糧常州，御史何楚英誣以受金。諸司懼罪，明知其冤，不敢白，廸竟充驛夫憤死。以帝之寬仁，而大臣有冤死者，此立法之弊也。

英宗以後，仁、宣之政衰。正統初，三楊當國，猶恪守祖法，禁内外諸司鍛鍊刑獄。刑部尚書魏源以災旱上疑獄，請命各巡撫審録。從之。無巡撫者命巡按。清軍御史、行在都察院亦以疑獄上，通審録之。御史陳祚言：法司論獄，多違定律，專務刻深。如戶部侍郎吳璽舉淫行主事吳軏，宜坐貢舉非其人罪，及加以奏事有規避律斬。及軏自經死，獄官卒之罪，明有遞減科，乃援不應爲事理重者，概杖之。夫原情以定律，祖宗防範至周，而法司乃抑輕從重至此，非所以廣聖朝之仁厚也。今後有妄援重律者，請以變亂成法罪之。帝是其言，爲申警戒。至六年，王振始亂政，數辱廷臣，刑章大紊。侍講劉球條上十事，中言：天降災譴，多感於刑罰之不中。宜一任法司，視其徇私不當者而加以罪。雖有觸忤，如漢犯蹕盜環之事，猶當聽張釋之之執奏而從之。帝不能用。而球卽以是疏觸振怒，死於獄。然諸酷虐事，大率振爲之，帝心頗寬平。十一年，大理卿俞士悅以毆鬬殺人之類百餘人聞，請宥，俱減死戍邊。景泰中，陽穀主簿馬彦斌當斬，其子震請代死。特宥彦斌，編震充邊衛軍。大理少卿薛瑄言：法司發擬罪囚，多加參語奏請；變亂律意。【略】

憲宗之卽位也，敕三法司：中外文武羣臣除贓罪外，所犯罪名紀録在官者，悉與湔滌。其後歲以爲常。十年，當決囚，冬至節近，特命過節行刑。既而給事中言，冬至後行刑非時，遂詔俟來年冬月。山西巡撫何喬新劾奏遲延獄詞僉事尚敬、劉源，因言：凡二司不決斷詞訟者，半年之上，悉宜奏請執問。帝曰：刑獄重事，《周書》曰要囚，服念五六日至於旬時，特爲未得其情者言耳。苟得其情，卽宜決斷。無罪拘幽，往往瘐死，是刑官殺之也。故律特著淹禁罪囚之條，其卽以喬新所奏，通行天下。又定制，凡盜賊贓仗未真、人命死傷未經勘驗，輒加重刑致死獄中者，審勘有無故失明白，不分軍民職官，俱視酷刑事例爲民。侍郎楊宣妻悍妬，殺婢十餘人，部擬命婦合坐者律，特命決杖五十。時帝多裨政，而於刑獄尤慎之，所失惟一二事。嘗欲殺一囚，不許覆奏。御史方佑復以請，帝怒，杖謫佑。吉安知府許聰有罪，中官黄高嗾法司論斬。給事中白昂以未經審録爲請，不聽，竟乘夜斬之。

又：世宗卽位七月，因日精門災，疏理冤抑，命再問緩死者三十八人，而廖鵬、王瓛、齊佐等與焉。給事中李復禮等言：鵬等皆江彬、錢寧之黨，王法所必誅。乃令禁之如故。後皆次第伏法。自杖諸爭大禮者，遂痛折廷臣。六年命張璁、桂萼、方獻夫攝三法司，變李福達之獄，欲坐馬録以姦黨律。楊一清力爭，乃戍録，而坐罪者四十餘人。璁等以爲己功，遂請帝編《欽明大獄録》頒示天下。是獄所坐，大抵璁三人夙嫌者。以祖宗之法，供權臣排陷，而帝不悟也。八年，京師民張福殺母，訴爲張柱所殺，刑部郎中魏應召覆治得實。而帝以柱乃武宗后家僕，有意曲殺之，命侍郎許讚盡反讞詞，而下都御史熊浹及應召於獄。其後，猜忌日甚，冤濫者多，雖間命寬恤，而意主苛刻。嘗諭輔臣：近連歲因災異免刑，今復當刑科三覆請旨。朕思死刑重事，欲將盜陵殿等物及毆罵父母大傷倫理者取決，餘令法司再理，與卿共論，慎之慎之。時以爲得大體。越數年，大理寺奉詔讞奏獄囚應減死者。帝謂諸囚罪皆不赦，乃假借恩例縱姦壞法，黜降寺丞以下有差。自九年舉秋謝醮免決囚，自後或因祥瑞，或因郊祀大報，停刑之典每歲舉行。然屢譴怒執法官，以爲不時請旨，至上迫冬至，廢義而市恩也。遂削刑部尚書吳山職，降調刑科給事中劉三畏等。中年益肆誅戮，自宰輔夏言不免。至三十七年，乃出手諭，言：司牧者未盡得人，任情作威。湖廣幼民吳一魁二命枉刑，母又就捕，情迫無控，萬里叩閽。以此推之，冤抑者不知其幾。爾等宜亟體朕心，加意矜恤。仍通行天下，咸使喻之。是詔也，卹卹乎有哀痛之思焉。末年，主事海瑞上書觸忤，刑部當以死。帝持其章不下，瑞得長繫。穆宗立，徐階緣帝意爲遺詔，盡還諸逐臣，優恤死亡，縱釋幽繫。讀詔書者無不歎息。

萬曆初，冬月，詔停刑者三矣。五年九月，司禮太監孫得勝復傳旨：奉聖母諭，大婚期近，命閣臣於三覆奏本，擬旨免刑。張居正言：祖宗舊制，凡犯死罪鞫問既明，依律棄市。嘉靖末年，世宗皇帝因齋醮，始有暫免不決之令，或間從御筆所勾，量行取決。此特近年姑息之弊，非舊制也。

《明史》卷九五《刑法志三》 成化元年始令覆奏用參語，法司益掣肘。十四年增鑄北司印信，一切刑獄毋關白本衛。卽衛所行下者，亦徑自上請可否，衛使毋得與聞。故鎮撫職卑而其權日重。初，衛獄附衛治，至門達掌問刑，又於城西設獄舍，拘繫狼籍。達敗，用御史吕洪言，毁之。成化十年，都御史李賓言：錦衣鎮撫司累獲妖書圖本，皆誕妄不經之言。小民無知，輒被幻惑。乞備録其書名目，榜示天下，使知畏避，免陷刑辟。報可。緝事者誣告猶不止。十三年，捕寧晉人王鳳等，誣與瞽者受妖書，署僞職，並誣其鄉官知縣薛方、通判曹鼎與通謀，發卒圍其家，搒掠誣伏。方、鼎家人數聲冤，下法司驗得實，坐妄報妖言，當斬。帝戒以不得戕害無辜而已，不能罪也。是年，令錦衣衛副千戶吴綬於鎮撫司同問刑。綬性狡險，附汪直以進。後知公議不容，凡文臣非罪下獄者，不復加箠楚，忤直意，黜去。是時惟衛使朱驥持法平，治妖人獄無冤者。詔獄下所司，獨用小杖，嘗命中使詰責，不爲改。世以是稱之。弘治十三年詔法司：凡廠衛所送囚犯，從公審究，有枉即與辨理，勿拘成案。正德時，衛使石文義與張綵表裏作威福，時稱爲劉瑾左右翼。然文義常侍瑾，不治事，治事者高得林。瑾誅，文義伏誅，得林亦罷。其後錢寧管事，復大恣，以叛誅。

世宗立，革錦衣傳奉官十六，汰旗校十五，復諭緝事官校，惟察不軌、妖言、人命、强盗重事，他詞訟及在外州縣事，毋得與。未幾，事多下鎮撫，鎮撫結内侍，多巧中。會太監崔文奸利事發，下刑部，尋以中旨送鎮撫司。尚書林俊言：祖宗朝以刑獄付法司，事無大小，皆聽平鞫。自劉瑾、錢寧用事，專任鎮撫司，文致冤獄，法紀大壞。更化善治在今日，不宜復以小事撓法。不聽。俊復言：此途一開，恐後有重情，即夤緣内降以圖免，實長亂階。御史曹懷亦諫曰：朝廷專任一鎮撫，法司可以空曹，刑官爲冗員矣。帝俱不聽。六年，侍郎張璁等言：祖宗設三法司以糾官邪，平獄訟。設東廠、錦衣衛，以緝盗賊，詰奸宄。自今貪官冤獄仍責法司，其有徇情曲法，乃聽廠衛覺察。盗賊奸宄，仍責廠衛，亦必送法司擬罪。詔如議行。然官校提人恣如故。給事中蔡經等論其害，願罷勿遣。尚書胡世寧請從其議。詹事霍韜亦言：刑獄付三法司足矣，錦衣衛復横撓之。昔漢光武尚名節，宋太祖刑法不加衣冠，其後忠義之徒爭死效節。夫士大夫有罪下刑曹，辱矣。有重罪，廢之、誅之可也；乃使官校衆執之，脱冠裳，就桎梏，朝列清班，暮幽犴獄，剛心壯氣，銷折殆盡。及覆案非罪，即冠帶立朝班。武夫捍卒指目之曰：某，吾辱之。某，吾繫執之。小人無所忌憚，君子遂致易行。此豪傑所以興山林之思，而變故罕仗節之士也。願自今東廠勿與朝儀，錦衣衛勿典刑獄。士大夫罪謫廢誅，勿加笞杖鎖梏，以養廉恥，振人心，勵士節。帝以韜出位妄言，不納。祖制，凡朝會，廠衛率屬及校尉五百名，列侍奉天門下糾儀。凡失儀者，即褫衣冠，執下鎮撫司獄，杖之乃免。故韜言及之。迨萬曆時，失儀者始不付獄，罰俸而已。

又：景泰六年命太監王誠會三法司審録在京刑獄，不及南京者，因災創舉也。成化八年命司禮太監王高、少監宋文毅兩京會審，而各省恤刑之差，亦以是歲而定。十七年辛卯命太監懷恩同法司録囚。其後審録必以丙辛之歲。弘治九年不遣内官。十三年以給事中丘俊言，復命會審。凡大審録，齎敕張黄蓋於大理寺，爲三尺壇，中坐，三法司左右坐，御史、郎中以下捧牘立，唯諾趨走惟謹。三法司視成案，有所出入輕重，俱視中官意，不敢忤也。成化時，會審有弟助兄鬭，因毆殺人者，太監黄賜欲從末減。尚書陸瑜等持不可，賜曰：同室鬭者，尚被髮纓冠救之，況其兄乎？瑜等不敢難，卒爲屈法。萬曆二十四年大審，御史曹學程以建言久繫，羣臣請宥，皆不聽。刑部侍郎沈應文署尚書事，合院寺之長，以書抵太監陳矩，請寬學程罪。然後會審，獄具，署名同奏。矩復密啓，言學程母老可念。帝意解，釋之。其事甚美，而監權之重如此。錦衣衛使亦得與法司午門外鞫囚，及秋後承天門外會審，而大審不與也。每歲決囚後，圖諸囚罪狀於衛之外垣，令人觀省。内臣曾奉命審録者，死則於墓寢畫壁，南面坐，旁列法司堂上官，及御史、刑部郎引囚鞠躬聽命狀，示後世爲榮觀焉。

成化二年命内官臨斬强盗宋全。嘉靖中，内臣犯法，詔免逮問，唯下司禮監治。刑部尚書林俊言：宫府一體，内臣所犯，宜下法司，明正其罪，不當廢祖宗法。不聽。按太祖之制，内官不得識字、預政，備掃除之役而已。末年焚錦衣刑具，蓋示永不復用。而成祖違之，卒貽子孫之患，君子惜焉。

（明）談遷《國榷》卷七〇《神宗萬曆七年二月》 乙酉，張居正等以修《會典》，言宗藩一事，條例最繁，前後參差不一。嘉靖四十四年，定《宗藩條例》，禮官既殫厥心矣。臣等愚見，揆諸事理，尚多未當，或裁削太苛，有虧親睦；或事與理舛，窒碍難行；或法與情乖，輕重失當。概舉數端，可知其略。如親王欒戶二十四戶，載在《會典》，蓋藩王體尊，燕享皆用樂，不獨迎詔，今概裁革，此減削之太苛也。如親王故絶，許之繼封，以重大宗。又云：必親弟親姪方許繼，及例行之後，有不由親弟姪者，此議擬之不定也。郡王有旁孫王孫之異，亦當視親疎爲差，今房屋等項概停給，則親無隆殺矣。文官三品以上，得給祭葬，郡王並停墳價，則恩錫太薄矣。又郡王故絶者不準襲，而罪奪反得襲，將軍等末子許選繼室，而親郡王反不許。擅婚庶人名糧，止給五十石，而罪廢反給七十石，又歷不減，則恩犯失倫矣。又郡王與親王同城故絶者，止以本等官奉祀，而另城郡王故絶者，得世鎮國將軍，此事同而例異者也。擅婚子女，不論年限概革。有一府至數百位者，于法不可盡革，不革則又廢法，此釐革之無序者也。如郡王故絶，與罪革不同，其册印當分别進繳，乃概繳。此混施而無别者也。如濫妾乃花生傳生子女，冒請名封，將保勘宗室通奪秩，長史等戍邊，及流官寄籍奏請選婚者，革退另選，將前選之人戍邊，遇赦不宥，此立法之太嚴者也。諸如此類，尚難悉數。今該部重修《會典》，此等條例，着議改正，從之。

（清）嵇璜等《續通典》卷一一八《刑·寬恕》 明太祖洪武元年諭省臣：鞫獄當平恕，古者非大逆不道，罪止及身，民有犯者，毋得連坐。尚書夏恕嘗引漢法，請著律反者夷三族。帝以漢仍秦舊，法太重，却其奏不行。二年，帝諭刑部尚書周禎曰：刑以輔治，唐虞所不免。觀舜命皋陶之辭，始曰明刑，終期於無刑。皋陶告舜，亦曰：與其殺不辜，寧失不經。當時君臣莫不以恤刑爲重，而民亦自不犯，所以能致雍熙之治。朕嘗觀此，深有所契，卿當體之。又嘗與侍臣論待大臣禮，太史令劉基曰：古者公卿有罪，盤水加劍，詣請室自裁，未嘗輕折辱之，所以存大臣之體。侍讀學士詹同因取《大戴禮》及賈誼疏以進，且曰：古者刑不上大夫，以勵廉耻也，必如是，君臣恩禮始兩盡。帝深然之。六年，乃命工部尚書王肅以俸贖笞罪。具《贖刑篇》。十九年，大理卿虞謙言：詐騙之律，當杖而流，今梟首非詔書意。命如律擬斷。二十二年，更定《大明律》書成。先是九年，以律條擬議未當，命丞相胡惟庸、汪廣洋等詳議更定。視唐簡覈，而寬厚不如宋。其惻隱之懷亦散見於各條。如罪應加者，必贓數滿乃坐。如監守自盜，贓至四十貫，絞。若止三十九貫九百九十九文，欠一文不坐也。加極於流三千里，以次增重，終不得至死。而減至流者，自死而之生，無絞斬之别，稱日者以百刻，稱年者以三百六十日。如人命辜限及各文書違限，雖稍不及一時刻，仍不得以所限之年日科罪。未老疾犯罪，而事發於老疾，以老疾論；幼小犯罪，而事發於長大，以幼小論。犯死罪，非常赦所不原，而祖父母、父母老無養者，得奏聞取上裁；犯徒流者，餘罪得收贖，存留養親。同居親屬有罪，得互相容隱，奴婢不得首主。凡告人者，告人祖父不得指其子孫爲證，弟不證兄，妻不證夫，奴婢不證主。文職責在奉法，犯杖則不敘。軍官至徒流，以世功猶得擢用。凡若此類，或間採唐律，或更立新制。所謂原父子之親，立君臣之義以權之者也。帝覽書，諭太孫曰：此書首列二刑圖，次列八禮圖者，重禮也。顧愚民無知，若於本條下即著寬恤之令，必易而犯法，故以廣大好生之意，總列《名例律》中。善用法者，會其意可也。太孫請更定五條，以上太祖覽而善之。太孫又請曰：明刑所以弼教，凡與五倫相涉者，宜皆屈法以伸情，乃命改定七十三條。復諭之曰：吾治亂世，刑不得不重；汝治平世，刑自當輕，所謂刑罰世輕世重也。是年，以楊靖爲刑部尚書，諭曰：愚民犯法如啗飲食。設法防之，犯者益衆，推恕行仁，或能感化。自今惟犯十惡及殺人者死，餘皆令輸粟北邊。二十六年，有陝西民坐事當戍邊，妻病留中途，其弟夫婦請代往，監送者聽之，御史責弟不當代兄，并劾監送者。其人訴於朝。帝曰：弟之代兄，義也；監送者聽其代，亦有仁心矣。命賜其弟道里費而賞監送者。二十八年，令法司擬罪引《大誥》減等。是年冬，焚錦衣衛具。先是天下臣民有犯，俱令屬法司。其有重罪送至京者，或令收繫錦衣衛，下本衛鎮撫司推鞫，用事者因而非法凌虐。帝聞之，怒曰：訊鞫者，法司事也，負重罪來者，或令錦衣衛審之，欲先得其情耳，豈令其鍛鍊耶？而乃非法如是！命取其刑具，悉焚之。帝嘗行郊壇，皇太子從，指道旁荆楚曰：古用此爲朴刑，取能去風，雖寒不傷也。尚書開濟議法密，諭之曰：竭澤而漁，害及鯤鮞，焚林而田，禍及麛鷇。法太巧密，民何以自全？濟慙謝。參政楊憲欲重法，帝曰：求生於重典，猶索魚於釜，得活難矣。御史中丞陳寧曰：法重則人不輕犯，吏察則下無遁情。帝曰：不然。古人制刑以防惡衛善，故唐虞畫衣冠、異章服以爲戮，而民不犯。秦有鑿顛抽脇之刑，參夷之誅，而囹圄成市。未聞用商、韓之法，可致堯、舜之治也。寧慙而退。又嘗謂尚書劉惟謙曰：仁義者，養民之膏粱也；刑罰者，懲惡之藥石也。舍仁義而專用刑罰，是以藥石養人，豈得謂善治乎？

建文帝繼，體守文，專務寛恕。諭刑官曰：《大明律》皇祖所親定，命朕細閲，較前代往往加重。蓋刑亂國之典，非百世通行之道也。朕前所改，定皇祖已命施行，然罪可矜疑者，當不止此。夫律設大法，禮近人情，齊民以刑，不若以禮。其諭天下有司務崇禮教，赦疑獄，稱朕嘉與萬方之意。

元年，刑部報囚，減太祖時十三矣。成祖用法嚴峻，亦間示寛大。永樂二年，御史周新巡按北京。時令吏民罪徒流者耕北京閑田，監候詳擬，往復待報，囚多瘐死。新請從北京刑部或監察御史詳允就遣，以免淹滯。帝嘉納之。且命畿内罪人應决者許收贖。刑部尚書鄭賜等言：比來軍士初犯罪者，皆蒙宥免，小人作過，豈當全無懲戒？帝曰：天不以惡木廢生，君子不以小人忘矜恤，朕特矜其初犯耳。若怙終，固不宥也。賜又劾廣東儋州知州陳敏同、南海衛千戶陳善等運糧遭風壞舟，擅以官糧濟軍士，請逮問之。帝曰：運糧所以蓄，軍有急安得不與？賜曰：法非有命，不得擅給。帝曰：事有權宜，待報而後給無及矣，汲黯所以達大體也，其置勿問。九年，通政司言黄巖縣民告豪民持建文時士人包彛古所進楚王書稾與衆觀，中有干犯語，請法司治之。帝曰：此必與豪民有怨，而欲報之，朕初即位，命百司凡建文中上書有干犯語言皆朕未即位已前事，悉毁之。有告者，勿行。今復行之，是號令不信矣，况天下之主豈當念舊惡，所告勿聽。

都御史陳瑛性鷙刻，帝頗寵任，而奏讞亦不盡從。中書舍人芮善弟夫婦爲盗所殺，必疑其所親，訟于官。刑部驗非盗，縱之。善白帝刑部故出盗，帝命御史鞫治，果非盗。瑛因劾善妄奏，當下獄。帝曰：兄弟同氣，得賊惟恐逸之，善何罪，其勿論。車里宣慰使刀暹答侵威遠州地，執其知州刀算黨以歸。帝遣使諭之，刀暹答懼，歸地及所執知州，遣弟刀臘等貢方物謝罪。瑛請先下刀臘法司，且逮治刀暹答。帝曰：蠻獠之性稍不相得則相讐，改則已。今服罪而復治之，何以處不服者。知嘉興縣李鑑廷見謝罪，帝問故。瑛言：鑑籍姦黨姚瑄，瑄弟亨當連坐，而鑑釋亨不籍，宜罪。鑑曰：都察院文止籍瑄，未有亨名。帝曰：院文無名而不籍，不失爲慎重，鑑得免。戶部人材高文雅言時政，因及建文事，詞意率直，帝命議行之，瑛劾文雅狂妄，請置之法。帝曰：草野之人何知忌諱，其言有可採，奈何以直而廢之。瑛刻薄，非助朕爲善者。以文雅付吏部，量材授官。千戶某灌桐油皮鞭中以决人，刑部當以杖，命並罷其職。法司奏冒支官糧者，命即戮之，刑部爲覆奏。帝曰：此朕一時之怒，過矣，其依律。自今犯罪皆五覆奏。

仁宗性仁恕，甫即位，謂刑部尚書金純、都御史劉觀曰：卿等皆國大臣，如朕處法失中，須更執奏，朕不難從善也。洪熙改元二月，諭觀及大理卿虞謙曰：往者法司以誣陷爲功，人或片言及國事，輒論誹謗，身家破滅，莫復辨理。今數月間，此風又萌。夫治道所急者求言，所患者以言爲諱，奈何禁誹謗哉？因顧學士楊士奇等曰：此事必以詔書行之。於是士奇承旨，載於己丑詔書，云：若朕一時過於嫉惡，律外用籍没及凌遲之刑者，法司再三執奏，三奏不允至五，五奏不允，同三公及大臣執奏，必允乃已，永爲定制。按士奇承旨，以帝言載於詔書，爲異日執奏張本，皆由仁宗於刑罰之道，未能鑑空衡平，故授臣下以執持之柄，恭繹《御批通鑑輯覽》曰：法令之當否，詳審至於再三，斯已可矣。必令法司五奏，徒滋煩冗，人主詳求庶獄，或覆勘以得其平，或集議以衷於是，自不致猶有枉縱，如必待臣下執奏乃允，亦開權勢下移之漸，睿斷精詳，得欽恤之本矣。文武諸司亦毋得暴酷用鞭背等刑，及擅用宫刑絶人嗣續。有自宫者以不孝論。除謀反及大逆者，餘犯止坐本身，毋一切用連坐法。告誹謗者勿治。在位未一年，仁恩該洽矣。

宣宗承之，益多惠政。每遇奏囚，色慘然，御膳爲廢。或以手撤其牘，曰：説與刑官少緩之。宣德二年，著《帝訓》五十五篇，其一恤刑也。武進伯朱冕言：比遣舍人林寛等送囚百十七人戍邊，到者僅五十人，餘皆道死。帝怒，命法司窮治之。英宗已後，仁宣之政衰。正統初，三楊當國，猶恪守祖法，禁内外諸司鍛鍊刑獄。霜降後録重囚，自天順間始。至成化初，刑部尚書陸瑜等以請，命舉行之。獄上，擇其情可矜疑者，免死發戍。自是歷代奉行。孝宗仁厚，廠衛無敢横，司廠者羅祥、楊鵬奉職而已。弘治元年，知州劉概坐妖言罪斬，以吏部尚書王恕言竟，得長繫。

世宗嘉靖二十六年，令凡經審録官奏審過重囚，奉有欽依鐃死者，撫按官即遵照發遣，不許仍報決單，故行奏擾。三司官如有故違欽恤，敢爲翻異，致人於死者，巡按御史指實具奏。三十七年帝出手諭言：司牧者未盡得人，任情立威。湖廣幼民楊一魁二命枉刑，母又就捕，情迫無控，萬里叩閽。以此推之，冤抑者不知其幾。爾等宜亟體朕心，加意矜恤。仍通行天下，咸使諭之。末年，主事海瑞上書觸忤，刑部當以死。帝持其章不下，瑞得長繫。神宗中年已後，礦税使數出爲害，而東廠張誠、孫暹、陳矩皆恬靜。帝亦無意刻覈，刑罰用稀，廠衛中至生青草。

《皇朝通志》卷七九《刑法畧五・刑制》　凡年七十以上，十五以下及廢疾，犯流罪以下收贖，例應枷號一體放免。其犯死罪及謀反、叛逆，緣坐應流，若造畜蠱毒，採生折割人，殺一家三人家口，會赦猶流者，不用此律。如年八十以上，十歲以下，及篤疾，犯盜及傷人罪不至死者，收贖，餘皆勿論。八十以上、十歲以下犯謀故鬬殺及應死者，篤疾犯鬬殺及應死者，議擬奏聞，取自上裁。篤疾謀故殺人仍依律擬罪，不準奏請。其十歲以下鬬毆殺人必死者，長四歲以上，方準聲請。如止三歲以下，仍擬絞抵。九十以上、七歲以下雖有死罪不加刑，有人教令坐其教令者，有贓應償受贓者，償之七十以上，十五以下及廢疾犯流罪以下者，準其收贖一次。若收贖之後復行犯罪，除因人連累過誤入罪者，仍準收贖。如係有心再犯，即各照應得罪名按律充配。其犯罪時未老疾，事發時老疾者，依老疾論。若在徒年限內，老疾亦如之。犯罪時幼小，事發時長大，依幼小論，犯反逆者均不用此律。凡犯死罪非常赦不原，而祖父母父母老疾，家無以次成丁，及孀婦守節已逾二十年，而又年逾五十者，如實繫獨子所犯殺、誤殺等案，該督撫將應侍緣由題本聲請，法司隨案核覆，奏請上裁；即照免死流犯例，枷號兩個月，折責四十板，勒追埋葬銀兩，給與死者家屬養贍，其鬬殺之案止將應侍緣由隨案聲敘，俟秋審時查明取結；報部核擬，另册進呈，恭候欽定。若犯軍、徒流者，決杖一百，餘罪折枷，準其留養。兄弟共犯死罪者，存留一人養親，仍照律具奏。

《皇朝通志》卷八〇《刑法畧六・赦宥》　凡赦宥若犯十惡、殺人、盜係官財物，及強盜、竊盜、放火、發塚、受枉法、不枉法贓、詐僞、犯姦、略人略賣和誘人口，若姦黨及讒言左使殺人，故出入人罪，若知情故縱，聽行藏匿，引送説事過錢之類，一應實犯，雖會赦並不原宥。其過誤犯罪及因人連累致罪，若官吏有犯公罪，並從赦宥，其赦書臨時欽定罪名，特免及降減從輕者，不在此限。徒、流人在道會赦，計行程過限者，不得以赦放，有故者不用此律。若曾在逃，雖在程限內，亦不放免。其在途身死，所隨家口願還者，聽。遷徙安置人准此其徒流遷徙安置人已至配所，及犯謀反、叛逆、緣坐應流，若造畜蠱毒、採生折割人、殺一家三人，會赦猶流者，不在此限。凡以赦前事告言人罪者，以其罪罪之。若干係錢糧婚姻、田土等項罪，雖遇赦寬免事，須究問明白。

凡恩詔内開有軍流俱免之條，其和同誘拐案内，係民人改發烟瘴少輕地方者，既準寬免；係旗下家人發遣爲奴，人犯一體援免；凡官員問擬徒罪，不論未已到配，遇赦減免。令各督撫造具咨部彙題存案，其有闗人命擬徒常犯，遇赦減等，另册報部核辦，不得與尋常徒犯按季册報。

紀事

《史記》卷一〇《孝文本紀》〔孝文前元十三年〕五月，齊太倉令淳于公有罪當刑，詔獄逮徒繫長安。太倉公無男，有女五人。太倉公將行會逮，罵其女曰：生子不生男，有緩急非有益也！其少女緹縈自傷泣，乃隨其父至長安，上書曰：妾父爲吏，齊中皆稱其廉平，今坐法當刑。妾傷夫死者不可復生，刑者不可復屬，雖復欲改過自新，其道無由也。妾願没入爲官婢，贖父刑罪，使得自新。書奏天子，天子憐悲其意，乃下詔曰：蓋聞有虞氏之時，畫衣冠異章服以爲僇，而民不犯。何則？至治也。今法有肉刑三，而姦不止，其咎安在？非乃朕德薄而教不明歟？吾甚自愧。故夫馴道不純而愚民陷焉。《詩》曰愷悌君子，民之父母。今人有過，教未施而刑加焉，或欲改行爲善而道毋由也。朕甚憐之。夫刑至斷支體，刻肌膚，終身不息，何其楚痛而不德也，豈稱爲民父母之意哉！其除肉刑。

《漢書》卷四《文帝紀》〔前元二年〕春正月丁亥，詔曰：夫農，天下之本也，其開藉田，朕親率耕，以給宗廟粢盛。民讁作縣官及貸種食未入、入未備者，皆赦之。

《漢書》卷八《宣帝紀》〔元康〕二年春正月，詔曰：《書》云文王作罰，刑茲無赦，今吏修身奉法，未有能稱朕意，朕甚愍焉。其赦天下，與士大夫厲精更始。

又：夏五月，詔曰：獄者萬民之命，所以禁暴止邪，養育羣生也。能使生者不怨，死者不恨，則可謂文吏矣。今則不然。用法或持巧心，析律貳端，深淺不平，增辭飾非，以成其罪。奏不如實，上亦亡繇知。此朕之不明，吏之不稱，四方黎民將何仰哉！二千石各察官屬，勿用此人。吏務平法。或擅興繇役，飾廚傳，稱過使客，越職踰法，以取名譽，譬猶踐薄冰以待白日，豈不殆哉！今天下頗被疾疫之災，朕甚愍之。其令郡國被災甚者，毋出今年租賦。

又：四年春正月，詔曰：朕惟耆老之人，髮齒墮落，血氣衰微，亦亡暴虐之心，今或罹文法，拘執囹圄，不終天命，朕甚憐之。自今以來，諸年八十以上，非誣告殺傷人，佗皆勿坐。

《漢書》卷九《元帝紀》〔初元元年〕夏四月，詔曰：朕承先帝之聖緒，獲奉宗廟，戰戰兢兢。間者地數動而未靜，懼於天地之戒，不知所繇。方田作時，朕憂蒸庶之失業，臨遣光祿大夫褒等十二人循行天下，存問耆老鰥寡孤獨困乏失職之民，延登賢俊，招顯側陋，因覽風俗之化。相守二千石誠能正躬勞力，宣明教化，以親萬姓，則六合之內和親，庶幾虖無憂矣。《書》不云乎？股肱良哉，庶事康哉！布告天下，使明知朕意。

又曰：關東今年穀不登，民多困乏。其令郡國被災害甚者毋出租賦。江海陂湖園池屬少府者以假貧民，勿租賦。賜宗室有屬籍者馬一匹至二駟，三老、孝者帛五匹，弟者、力田三匹，鰥寡孤獨二匹，吏民五十戶牛酒。

《漢書》卷二三《刑法志》景帝元年，下詔曰：加笞與重罪無異，幸而不死，不可爲人。其定律：笞五百曰三百，笞三百曰二百。猶尚不全。至中六年，又下詔曰：加笞者，或至死而笞未畢，朕甚憐之。其減笞三百曰二百，笞二百曰一百。又曰：笞者，所以教之也，其定箠令。丞相劉舍、御史大夫衛綰請：笞者，箠長五尺，其本大一寸，其竹也，末薄半寸，皆平其節。當笞者笞臀。毋得更人，畢一罪乃更人。自是笞者得全，然酷吏猶以爲威。死刑既重，而生刑又輕，民易犯之。

又：高皇帝七年，制詔御史：獄之疑者，吏或不敢決，有罪者久而不論，無罪者久繫不決。自今以來，縣道官獄疑者，各讞所屬二千石官，二千石官以其罪名當報之。所不能決者，皆移廷尉，廷尉亦當報之。廷尉所不能決，謹具爲奏，傅所當比律令以聞。上恩如此，吏猶不能奉宣。故孝景中五年復下詔曰：諸獄疑，雖文致於法而於人心不厭者，輒讞之。其後獄吏復避微文，遂其愚心。至後元年，又下詔曰：獄，重事也。人有愚智，官有上下。獄疑者讞，有令讞者已報讞而後不當，讞者不爲失。自此之後，獄刑益詳，近於五聽三宥之意。三年復下詔曰：高年老長，人所尊敬也；鰥寡不屬逮者，人所哀憐也。其著令：年八十以上，八歲以下，及孕者未乳，師、朱儒當鞠繫者，頌繫之。至孝宣元康四年，又下詔曰：朕念夫耆老之人，髮齒墮落，血氣既衰，亦無暴逆之心，今或羅于文法，執于囹圄，不得終其年命，朕甚憐之。自今以來，諸年八十非誣告殺傷人，它皆勿坐。至成帝鴻嘉元年，定令：年未滿七歲，賊鬬殺人及犯殊死者，上請廷尉以聞，得減死。於三赦幼弱老眊之人。此皆法令稍定，近古而便民者也。

《後漢書》卷七一《雋不疑傳》久之，武帝崩，昭帝既位，而齊孝王孫劉澤交結郡國豪傑謀反，欲先殺青州刺史。不疑發覺，收捕，皆伏其辜。擢爲京兆尹，賜錢百萬。京師吏民敬其威信。每行縣錄囚徒還，其母輒問不疑：有所平反，活幾何人？既不疑多有所平反，母喜笑，爲飲食語言異於他時；或亡所出，母怒，爲之不食。故不疑爲吏，嚴而不殘。

《後漢書》卷一上《光武帝紀上》〔建武二年五月〕癸未，詔曰：民有嫁妻賣子欲歸父母者，恣聽之。敢拘執，論如律。

又：〔建武三年秋七月〕庚辰，詔曰：吏不滿六百石，下至墨綬長、相，有罪先請。男子八十以上，十歲以下，及婦人從坐者，自非不道、詔所名捕，皆不得繫。當驗問者既就驗。女徒雇山歸家。

《後漢書》卷三《肅宗孝章帝紀》〔元和〕三年春正月乙酉，詔曰：蓋君人者，視民如父母，有憯怛之憂，有忠和之教，匍匐之救。其嬰兒無父母親屬，及有子不能養食者，稟給如《律》。

又：〔章和元年〕秋，令是月養衰老，授几杖，行糜粥飲食。其賜高年二人共布帛各一匹，以爲醴酪。死罪囚犯法在丙子赦前而後捕繫者，皆減死，勿笞，詣金城戍。

《後漢書》卷四《孝和帝紀》〔永元六年〕秋七月，京師旱。詔中都官徒各除半刑，謫其未竟，五月已下皆免遣。丁巳，幸洛陽寺，録囚徒，舉冤獄。收洛陽令下獄抵罪，司隸校尉、河南尹皆左降。未及還宮而澍雨。

《三國志》卷一三《魏志・王肅傳》後肅以常侍領祕書監，兼崇文觀祭酒。景初間，宮室盛興，民失農業，期信不敦，刑殺倉卒。肅上疏曰：大魏承百王之極，生民無幾，干戈未戢，誠宜息民而惠之以安靜遐邇之時也。夫務畜積而息疲民，在於省徭役而勤稼穡。今宮室未就，功業未訖，運漕調發，轉相供奉。是以丁夫疲於力作，農者離其南畝，種穀者寡，食穀者衆，舊穀既没，新穀莫繼。斯則有國之大患，而非備豫之長策也。今見作者三四萬人，九龍可以安聖體，其内足以列六宫，顯陽之殿，又向將畢，惟泰極已前，功夫尚大，方向盛寒，疾疢或作。誠願陛下發德音，下明詔，深愍役夫之疲勞，厚矜兆民之不贍，取常食廪之士，非急要者之用，選其丁壯，擇留萬人，使一期而更之，咸知息代有日，則莫不悦以即事，勞而不怨矣。計一歲有三百六十萬夫，亦不爲少。當一歲成者，聽且三年。分遣其餘，使皆即農，無窮之計也。倉有溢粟，民有餘力，以此興功，何功不立？以此行化，何化不成？夫信之於民，國家大寶也。仲尼曰：自古皆有死，民非信不立。夫區區之晉國，微微之重耳，欲用其民，先示以信，是故原雖將降，顧信而歸，用能一戰而霸，于今見稱。前車駕當幸洛陽，發民爲營，有司命以營成而罷。既成，又利其功力，不以時遣。有司徒營其目前之利，不顧經國之體。臣愚以爲自今以後，儻復使民，宜明其令，使必如期。若有事以次，寧復更發，無或失信。凡陛下臨時之所行刑，皆有罪之吏，宜死之人也。然衆庶不知，謂爲倉卒。故願陛下之於吏而暴其罪。鈞其死也，無使汙于宫掖而爲遠近所疑。且人命至重，難生易殺，氣絶而不續者也，是以聖賢重之。孟軻稱殺一無辜以取天下，仁者不爲也。漢時有犯蹕驚乘輿馬者，廷尉張釋之奏使罰金，文帝怪其輕，而釋之曰：方其時，上使誅之而已。今下廷尉。廷尉，天下之平也，一傾之，天下用法皆爲輕重，民安所措其手足？臣以爲大失其義，非忠臣所宜陳也。廷尉者，天子之吏也，猶不可以失平，而天子之身，反可以惑謬乎？斯重於爲己，而輕於爲君，不忠之甚也。周公曰：天子無戲言；言則史書之，工誦之，士稱之。言猶不戲，而況行之乎？故釋之之言不可不察，周公之戒不可不法也。

《宋書》卷五四《羊玄保傳》先是，劉式之爲宣城，立吏民亡叛制，一人不禽，符伍里吏送州作部，若獲者賞位二階。玄保以爲非宜，陳之曰：臣伏尋亡叛之由，皆出於窮逼，未有足以推存而樂爲此者也。今立殊制，於事爲苦。臣聞苦節不可貞，懼致流弊。昔龔遂譬民於亂繩，緩之然後可理，黄霸以寬和爲用，不以嚴刻爲先。臣愚以謂單身逃役，便爲盡戶。今一人不測，坐者甚多，既憚重負，各爲身計，牽挽逃竄，必致繁滋。又能禽獲叛身，類非謹惜，既無堪能，坐陵勞吏，名器虚假，所妨實多，將階級不足供賞，服勤無以自勸。又尋此制，施一邦而已，若其是邪，則應與天下爲一，若其非邪，亦不宜獨行一郡。民離憂患，其弊將甚。臣忝守所職，懼難遵用，致率管穴，冒以陳聞。由此此制得停。

《宋書》卷九一《孝義傳・孫棘》孫棘，彭城彭城人也。世祖大明五年，發三五丁，弟薩應充行，坐違期不至。依制，軍法，人身付獄。未及結竟，棘詣郡辭：不忍令當一門之苦，乞以身代薩。薩又辭列：門戶不建，罪應至此，狂愚犯法，實是薩身，自應依法受戮。兄弟少孤，薩三歲失父，一生恃賴，唯在長兄，兄雖可垂愍，有何心處世。太守張岱疑其不實，以棘、薩各置一處，語棘云：已爲諮詳，聽其相代。棘顔色甚悦，答云：得爾，旦則爲不死。又語薩，亦欣然曰：死自分甘，但令兄免，薩有何恨。棘妻許又寄語屬棘：君當門戶，豈可委罪小郎。且大家臨亡，以小郎屬君，竟未妻娶，家道不立，君已有二兒，死復何恨。岱依事表上，世祖詔曰：棘、薩甿隸，節行可甄，特原罪。州加辟命，並賜許帛二十四。

《梁書》卷三《武帝紀下》〔中大同元年〕三月乙巳，大赦天下：凡主守割盜、放散官物，及以軍糧器甲，凡是赦所不原者，起十一年正月以前，皆悉從恩，十一年正月已後，悉原加責；其或爲事逃叛流移，因饑以後亡鄉失土，可聽復業，蠲課五年，停其徭役；其被拘之身，各還本郡，舊業若在，皆悉還之。

又：秋七月辛酉，以武昌王詧爲東揚州刺史。甲子，詔曰：禽獸知母而不知父，無賴子弟過於禽獸，至於父母並皆不知。多觸王憲，致及老人。耆年禁執，大可傷愍。自今有犯罪者，父母祖父母勿坐。唯大逆不預今恩。丙寅，詔曰：朝四而暮三，衆狙皆喜，名實未虧，而喜怒爲用。頃聞外間多用九陌錢，陌減則物貴，陌足則物賤，非物有貴賤，是心有顛倒。至於遠方，日更滋甚。豈直國有異政，乃至家有殊俗，徒亂王制，無益民財。自今可通用足陌錢。令書行後，百日爲期，若猶有犯，男子謫運，女子質作，並同三年。

《梁書》卷四七《孝行傳·吉翂》 吉翂，字彥霄，馮翊蓮勺人也，世居襄陽。翂幼有孝性。年十一，遭所生母憂，水漿不入口，殆將滅性，親黨異之。天監初，父爲吴興原鄉令，爲姦吏所誣，逮詣廷尉。翂年十五，號泣衢路，祈請公卿，行人見者，皆爲隕涕。其父理雖清白，恥爲吏訊，乃虚自引咎，罪當大辟。翂乃撾登聞鼓，乞代父命。高祖異之，敕廷尉卿蔡法度曰：吉翂請死贖父，義誠可嘉；但其幼童，未必自能造意，卿可嚴加脅誘，取其款實。法度受敕還寺，盛陳徽纆，備列官司，厲色問翂曰：爾求代父死，敕已相許，便應伏法；然刀鋸至劇，審能死不？且爾童孺，志不及此，必爲人所教。姓名是誰，可具列答。若有悔異，亦相聽許。翂對曰：囚雖蒙弱，豈不知死可畏憚；顧諸弟稚藐，唯囚爲長，不忍見父極刑，自延視息，所以内斷胸臆，上干萬乘。今欲殉身不測，委骨泉壤，此非細故，奈何受人教邪！明詔聽代，不異登仙，豈有回貳。法度知翂至心有在，不可屈撓，乃更和顔誘語之曰：主上知尊侯無罪，行當釋亮。觀君神儀明秀，足稱佳童，今若轉辭，幸父子同濟，奚以此妙年，苦求湯鑊？翂對曰：凡鯤鮞螻蟻，尚惜其生，况在人斯，豈願齏粉。但囚父挂深劾，必正刑書，故思殞仆，冀延父命。今瞑目引領，以聽大戮，情殫意極，無言復對。翂初見囚，獄掾依法備加桎梏，法度矜之，命脱其二械，更令著一小者。翂弗聽，曰：翂求代父死，死罪之囚，唯宜增益，豈可減乎？竟不脱械。法度具以奏聞，高祖乃宥其父。丹陽尹王志求其在廷尉故事，并請鄉居，欲於歲首，舉充純孝之選。翂曰：異哉王尹，何量翂之薄乎！夫父辱子死，斯道固然；若翂有靦面目，當其此舉，則是因父買名，一何甚辱。拒之而止。年十七，應辟爲本州主簿。出監萬年縣，攝官期月，風化大行。自雍還至郢，湘州刺史柳忱復召爲主簿。後鄉人裴儉、丹陽尹丞臧盾、揚州中正張仄連名薦翂，以爲孝行純至，明通《易》、《老》。敕付太常旌舉。初，翂以父陷罪，因成悸疾，後因發而卒。

《南史》卷四《齊紀上·武帝》〔永明二年〕八月丙午，幸舊宫，申都下獄及三署見徒，量所降宥。戊申，幸玄武湖講武。壬子，扶南國遣使朝貢，并獻頌章云。甲子，詔都下二縣，墳墓毁發，隨宜掩埋，遺骸未櫬者，並加斂瘞。疾困不能存者，詳加霑賚。

《南史》卷六《梁紀上·武帝上》 二年正月辛卯，下令：通檢尚書衆曹東昏時諸諍訟失理及主者淹停不時施行者，精加訊辯，依事議奏。其義師臨陣致命，疾病死亡者，並加葬斂，收卹遺孤。甲午，天子遣兼侍中席闡文、兼黄門侍郎樂法才慰勞都下。追贈皇祖散騎常侍、左光禄大夫，皇孝侍中、丞相。乙未，下令：朱雀之捷，逆徒送死者，特許家人殯葬；若無親屬，或有貧苦，二縣長尉即爲埋掩。建康城内不達天命，自取淪滅，亦同此科。又下令減損浮費，自非奉粢盛，修紱冕，習禮樂之容，繕甲兵之備，此外一皆禁絶。御府中署，量宜罷省，命外詳爲條格。

又：庚午，詔分遣内侍，周省四方，觀政聽謡，訪賢舉滯。其有田野不闢，獄訟無章，忘公徇私，侵漁是務者，悉隨事以聞。若懷寶迷邦，藴奇待價，蓄響藏真，不求聞達，各依名騰奏，罔或遺隱。又詔曰：金作贖刑，有聞自昔，入縑以免，施於中代。永言叔季，偷薄成風，嬰愆入罪，厥塗匪一。死者不可復生，刑者無因自反，由此而望滋實，庸可致乎。可依周、漢舊典，有罪入贖，外詳爲條格，以時奏聞。

《魏書》卷五《文成帝紀》〔太安元年〕三月己亥，詔曰：今始奉世祖、恭宗神主于太廟，又於西苑遍秩羣神。朕以大慶饗賜百僚，而犯罪之人獨即刑戮，非所以子育羣生，矜及衆庶。夫聖人之教，自近及遠。是以周文刑於寡妻，至于兄弟，以御家邦。化苟從近，恩亦宜然。其曲赦京師死囚已下。

《魏書》卷七上《孝文帝紀上》〔太和四年〕四月己卯，幸廷尉、籍坊二獄，引見諸囚。詔曰：廷尉者，天下之平，民命之所懸也。朕得惟刑之恤者，仗獄官之稱其任也。一夫不耕，將或受其餒；一婦不織，將或受其寒。今農時要月，百姓肆力之秋，而愚民陷罪者甚衆。宜隨輕重決遣，以赴耕耘之業。

又：〔太和五年夏四月〕甲寅，詔曰：時雨不霑，春苗萎悴。諸有骸骨之處，皆敕埋藏，勿令露見。有神祇之所，悉可禱祈。任城王雲薨。五月庚申朔，詔曰：迺者邊兵屢動，勞役未息，百姓因之，輕陷刑網，獄訟煩興，四民失業，朕每念之，用傷懷抱。農時要月，民須肆力，其敕天下，勿使有留獄久囚。

《魏書》卷七下《孝文帝紀下》〔太和二十一年〕九月丙申，詔曰：哀貧恤老，王者所先，鰥寡六疾，尤宜矜愍。可敕司州洛陽之民，年七十已上無子孫，六十以上無期親，貧不自存者，給以衣食；及不滿六十而有廢痼之疾，無大功之親，窮困無以自療者，皆於別坊遣醫救護，給醫師四人，豫請藥物以療之。

《魏書》卷八《宣武帝紀》〔永平三年冬十月〕丙申，詔曰：朕乘乾御曆，年周一紀，而道謝擊壤，教慚刑厝。至於下民之煢鰥疾苦，心常愍之，此而不恤，豈爲民父母之意也。可敕太常於閑敞之處，別立一館，使京畿內外疾病之徒，咸令居處。嚴敕醫署，分師療治，考其能否，而行賞罰。雖齡數有期，修短分定，然三疾不同，或賴針石，庶秦扁之言，理驗今日。又經方浩博，流傳處廣，應病投藥，卒難窮究。更令有司，集諸醫工，尋篇推簡，務存精要，取三十餘卷，以班九服，郡縣備寫，布下鄉邑，使知救患之術耳。

《魏書》卷九《孝明帝紀》〔神龜〕八月癸丑朔，詔曰：朕沖昧纂曆，未閑政道，皇太后殷憂在疚，始覽萬幾。故獄犴淹枉，百姓冤弊，言念繁刑，思存降省，京師見囚，殊死以下可悉減一等。

《魏書》卷一九《景穆十二王傳・南安王》文明太后、高祖並臨皇信堂，引見王公，太后令曰：汝陰王天賜、南安王楨不順法度，黷貨聚斂，依犯論坐，將至不測。卿等爲當存親以毀令，爲欲滅親以明法。羣臣咸以二王託體先皇，宜蒙矜恕。太后不答。高祖乃詔曰：南安王楨以懿戚之貴，作鎮關右，不能潔己奉公，助宣皇度，方肆貪欲，殖貨私庭，放縱姦囚，壅絶訴訟，貨遺諸使，邀求虛稱，二三之狀，皆犯刑書。昔魏武翦髮以齊衆，叔向戮弟以明法，克己忍親，以率天下。夫豈不懷，有爲而然耳。今者所犯，事重疇日，循古推刑，實在難恕。皇太后天慈寬篤，恩矜國屬，每一尋惟高宗孔懷之近，發言哽塞，悲慟子懷；且以南安王孝養之名，聞於內外；特一原恕，削除封爵，以庶人歸第，禁錮終身。

《魏書》卷六七《崔光傳》〔正始〕四年秋，除中書令，進號鎮東將軍。永平元年秋，將刑元愉妾李氏，羣官無敢言者。敕光爲詔，光逡巡不作，奏曰：伏聞當刑元愉妾李，加之屠割。妖惑扇亂，誠合此罪。但外人竊云李今懷妊，例待分産。且臣尋諸舊典，兼推近事，戮至刳胎，謂之虐刑，桀紂之主，乃行斯事。君舉必書，義無隱昧，酷而乖法，何以示後？陛下春秋已長，未有儲體，皇子襁褓，至有夭失。臣之愚識，知無不言，乞停李獄，以俟育孕。世宗納之。

《周書》卷四《明帝紀》〔保定元年〕丁巳，詔曰：帝王之道，以寬仁爲大。魏政諸有輕犯未至重罪，及諸村民一家有犯乃及數家而被遠配者，並宜赦還。

《周書》卷五《武帝紀上》〔保定五年六月〕秋七月戊申，詔曰：亢旱歷時，嘉苗殄悴。豈獄犴失理，刑罰乖衷歟？其所在見囚：死以下，一歲刑以上，各降本罪一等，百鞭以下，悉原免之。更鑄錢，文曰布泉，以一當五，與五銖並行。

又：辛未，詔曰：江陵人年六十五以上爲官奴婢者，已令放免。其公私奴婢有年至七十以外者，所在官司，宜贖爲庶人。

《北史》卷三《魏紀・孝文帝紀》〔太和四年〕夏四月乙卯，幸廷尉、籍坊二獄，引見諸囚。詔隨輕重決遣，以赴耕耘。甲申，賜天下貧人一戶之內無雜財穀帛者廩一年。六月丁卯，以澍雨大洽，曲赦京師。秋七月辛亥，行幸火山。壬子，詔會京師耆老，賜錦綵衣服几杖稻米蜜麪，復家人不徭役。閏月丁亥，幸獸圈，親録囚徒，輕者皆免之。壬辰，頓丘王李鍾葵有罪賜死。八月乙卯，詔諸州置冰室。九月乙亥，思義殿成。壬午，東明觀成。戊子，詔曰：隆寒雪降，可遣侍臣詣廷尉獄及囚所，察饑寒者給以衣食，桎梏者代以輕鎖。

又：〔五年〕二月辛卯朔，大赦。賜孝悌力田孤貧不能自存者，穀帛各有差。免宮人之老者，還其親。丁酉，至信都，存問如中山。癸卯，還中山。己酉，講武于唐水之陽。庚戌，車駕還宮。沙門法秀謀反，伏誅。假梁郡王嘉大破齊，俘獲三萬餘口，送京師。三月辛酉朔，幸肆州。癸亥，講武于雲水之陽。所經考察守宰，黜陟之。己巳，車駕還宮。詔曰：法秀妖詐亂常，妄説符瑞。蘭臺御史張求等一百餘人招結奴隸，謀爲大逆。有司科以族誅，誠合刑憲。但矜愚重命，猶所不忍。其五族者降止同祖，三族止一門，門誅止身。夏四月己亥，行幸方山。建永固石室，於山立碑焉，銘太皇太后終制于金册。又起鑒玄殿。甲寅，以旱故，詔所在掩骸骨，祈禱神祇。任城王雲薨。五月庚申，以農月時要，詔天下勿使有留獄。

又：七年春正月庚申，詔曰：朕每思知百姓疾苦以增修寬政，故具問守宰苛虐之狀於州郡使者。今秀孝計掾對多不實，甚乖朕虚求之意。宜案以大辟，明罔上必誅。然情猶未忍，可恕罪聽歸，申下天下，使知後犯無恕。丁卯，詔青、齊、光、東徐四州戶，運倉粟二十萬石送瑕丘、琅邪，復租算一年。三月甲戌，以冀、定二州飢，詔郡縣爲粥於路以食之，又弛關津之禁。

《北史》卷四〇《韓麒麟傳》 孝文時，拜齊州刺史，假魏昌侯。在官寡於刑罰，從事劉普慶説麒麟曰：明公仗節方夏，無所斬戮，何以示威？麒麟曰：人不犯法，何所戮乎？若必須斬斷以立威名，當以卿應之。普慶慚懼而退。

《隋書》卷二五《刑法志》 〔天監〕三年八月，建康女子任提女，坐誘口當死。其子景慈對鞫辭云，母實行此。是時法官虞僧虬啓稱：案子之事親，有隱無犯，直躬證父，仲尼爲非。景慈素無防閑之道，死有明目之據，陷親極刑，傷和損俗。凡乞鞫不審，降罪一等，豈得避五歲之刑，忽死母之命！景慈宜加罪辟。詔流于交州。至是復有流徒之罪。其年十月甲子，詔以金作權典，宜在蠲息。於是除贖罪之科。

武帝敦睦九族，優借朝士，有犯罪者，皆諷羣下，屈法申之。百姓有罪，皆案之以法。其緣坐則老幼不免，一人亡逃，則舉家質作。人既窮急，姦宄益深。後帝親謁南郊，秣陵老人遮帝曰：陛下爲法，急於黎庶，緩於權貴，非長久之術。誠能反是，天下幸甚。帝於是思有以寬之。舊獄法，夫有罪，逮妻子，子有罪，逮父母。十一年正月壬辰，乃下詔曰：自今捕謫之家，及罪應質作，若年有老小者，可停將送。十四年，又除黥面之刑。

帝鋭意儒雅，疎簡刑法，自公卿大臣，咸不以鞫獄留意。姦吏招權，巧文弄法，貨賄成市，多致枉濫。大率二歲刑已上，歲至五千人。是時徒居作者具五任，其無任者，著斗械。若疾病，權解之。是後囚徒或有優劇。大同中，皇太子在春宮視事，見而愍之，乃上疏曰：臣以比時奉勅，權親京師雜事。切見南北郊壇、材官、車府、太官下省、左裝等處上啓，並請四五歲已下輕囚，助充使役。自有刑均罪等，愆目不異，而甲付錢署，乙配郊壇。錢署三所，於事爲劇，郊壇六處，在役則優。今聽獄官詳其可否，舞文之路，自此而生。公平難遇其人，流泉易啓其齒，將恐玉科重輕，全關墨綬，金書去取，更由丹筆。愚謂宜詳立條制，以爲永准。帝手敕報曰：頃年已來，處處之役，唯資徒謫，逐急充配。若科制繁細，義同簡絲，切須之處，終不可得。引例興訟，紛紜方始，防杜姦巧，自是爲難。更當別思，取其便也。竟弗之從。是時王侯子弟皆長，而驕蹇不法。武帝年老，厭於萬機，又專精佛戒，每斷重罪，則終日弗懌。嘗遊南苑，臨川王宏，伏人於橋下，將欲爲逆。事覺，有司請誅之。帝但泣而讓曰：我人才十倍於爾，處此恆懷戰懼。爾何爲者？我豈不能行周公之事，念汝愚故也。免所居官。頃之，還復本職。由是王侯驕橫轉甚，或白日殺人於都街，劫賊亡命，咸於王家自匿，薄暮塵起，則剝掠行路，謂之打稽。武帝深知其弊，而難於誅討。十一年十月，復開贖罪之科。中大同元年七月甲子，詔自今犯罪，非大逆，父母、祖父母勿坐。自是禁網漸疎，百姓安之，而貴戚之家，不法尤甚矣。尋而侯景逆亂。

及元帝即位，懲前政之寬，且帝素苛刻，及周師至，獄中死囚且數千人，有司請皆釋之，以充戰士。帝不許，並令棒殺之。事未行而城陷。敬帝即位，刑政適陳矣。

陳氏承梁季喪亂，刑典疎闊。及武帝即位，思革其弊，乃下詔曰：朕聞唐、虞道盛，設畫象而不犯，夏、商德衰，雖孥戮其未備。洎乎末代，綱目滋繁，矧屬亂離，憲章遺紊。朕始膺實曆，思廣政樞，外可搜舉良才，刪改科令，羣僚博議，務存平簡。於是稍求得梁時明法吏，令與尚書刪定郎范泉，參定律令。又勅尚書僕射沈欽、吏部尚書徐陵、兼尚書左丞宗元饒、兼尚書左丞賀朗參知其事，制《律》三十卷，《令律》四十卷。採酌前代，條流冗雜，綱目雖多，博而非要。其制唯重清議禁錮之科。若縉紳之族，犯虧名教，不孝及內亂者，發詔棄之，終身不齒。先與士人爲婚者，許妻家奪之。其獲賊帥及士人惡逆，免死付治，聽將妻入役，不爲年數。又存贖罪之律，復父母緣坐之刑。自餘篇目條綱，輕重簡繁，一用梁法。其有贓驗顯然而不款，則上測立。立測者，以土爲垛，高一尺，上圓，劣容囚兩足立。鞭二十，笞三十訖，著兩械及杻，上垛。一上測七刻，日再上。三七日上測，七日一行鞭。凡經杖，合一百五十，得度不承者，免死。其髡鞭五歲刑，降死一等，鎖二重。其五歲刑已下，並鎖一重。五歲四歲刑，若有官，准當二年，餘並居作。其三歲刑，若有官，准當二年，餘一年贖。若公坐過誤，罰金。其二歲刑，有官者，贖論。一歲刑，無官亦贖論。寒庶人，准決鞭杖。囚並著械，徒並著鎖，不計階品。死罪將決，乘露車，著三械，加壺手。至市，脱手械及壺手焉。當刑於市者，夜須明，雨須晴。晦朔、八節、六齊、月在張心日，並不得行刑。廷尉寺爲北獄，建康縣爲南獄，並置正監平。又制，常以三月，侍中、吏部尚書、尚書、三公郎、部都令史、三公録冤局，令史、御史中丞、侍御史、蘭臺令史，親行京師諸獄及冶署，理察囚徒冤枉。

文帝性明察，留心刑政，親覽獄訟，督責羣下，政號嚴明。是時承寬政之後，功臣貴戚有非法，帝咸以法繩之，頗號峻刻。及宣帝即位，優借文武之士，崇簡易之政，上下便之。其後政令既寬，刑法不立，又以連年北伐，疲人聚爲劫盜矣。後主即位，信任讒邪，羣下縱恣，鬻獄成市，賞罰之命，不出于外。後主性猜忍疾忌，威令不行，左右有忤意者，動至夷戮。百姓怨叛，以至於滅。

齊神武、文襄，並由魏相，尚用舊法。及文宣天保元年，始命羣官刊定魏朝《麟趾格》。是時軍國多事，政刑不一，决獄定罪，罕依律文，相承謂之變法從事。清河房超爲黎陽郡守，有趙道德者，使以書屬超。超不發書，棒殺其使。文宣於是令守宰各設棒，以誅屬請之使。後都官郎中宋軌奏曰：昔曹操懸棒，威於亂時，今施之太平，未見其可。若受使請賕，猶致大戮，身爲枉法，何以加罪？於是罷之。既而司徒功曹張老上書，稱大齊受命已來，律令未改，非所以創制垂法，革人視聽。於是始命羣官，議造《齊律》，積年不成。其決獄猶依魏舊。是時刑尚新，吏皆奉法。自六年之後，帝遂以功業自矜，恣行酷暴，昏狂酗醟，任情喜怒。爲大鑊、長鋸、剉碓之屬，並陳於庭，意有不快，則手自屠裂，或命左右臠噉，以逞其意。時僕射楊遵彦，乃令憲司先定死罪囚，置於仗衛之中，帝欲殺人，則執以應命，謂之供御囚。經三月不殺者，則免其死。帝嘗幸金鳳臺，受佛戒，多召死囚，編籧篨爲翅，命之飛下，謂之放生。墜皆致死，帝視以爲歡笑。時有司折獄，又皆酷法。訊囚則用車輻獨杖，夾指壓踝，又立之燒犁耳上，或使以臂貫燒車釭。既不勝其苦，皆致誣伏。七年，豫州檢使白擲，爲左丞盧斐所劾，乃於獄中誣告斐受金。文宣知其姦罔，詔令按之，果無其事。乃勑八座議立案劾格，負罪不得告人事。於是挾姦者畏糾，乃先加誣訟，以擬當格，吏不能斷。又妄相引，大獄動至千人，多移歲月。

又：定訖，詔頒之曰：帝王作法，沿革不同，敢適於時，故有損益。夫絞以致斃，斬則殊刑，除惡之體，於斯已極。梟首車轘身，義無所取，不益懲肅之理，徒表安忍之懷。鞭之爲用，殘剝膚體，徹骨侵肌，酷均臠切。雖云遠古之式，事乖仁者之刑，梟轘及鞭，並令去也。貴礪帶之書，不當徒罰，廣軒冕之蔭，旁及諸親。流役六年，改爲五載，刑徒五歲，變從三祀。其餘以輕代重，化死爲生，條目甚多，備於簡策。宜班諸海內，爲時軌範，雜格嚴科，並宜除削。先施法令，欲人無犯之心，國有常刑，誅而不怒之義。措而不用，庶或非遠，萬方百辟，知吾此懷。自前代相承，有司訊考，皆以法外。或有用大棒束杖，車輻轂底，壓踝杖桄之屬，楚毒備至，多所誣伏。雖文致於法，而每有枉濫，莫能自理。至是盡除苛慘之法，訊囚不得過二百，枷杖大小，咸爲之程品，行杖者不得易人。帝又以律令初行，人未知禁，故犯法者衆。又下吏承苛政之後，務鍛鍊以致人罪。乃詔申勑四方，敦理辭訟。有枉屈縣不理者，令以次經郡及州，至省仍不理，乃詣闕申訴。有所未愜，聽撾登聞鼓，有司録狀奏之。

帝又每季親録囚徒。常以秋分之前，省閱諸州申奏罪狀。三年，因覽刑部奏，斷獄數猶至萬條。以爲律尚嚴密，故人多陷罪。又勑蘇威、牛弘等，更定新律。除死罪八十一條，流罪一百五十四條，徒杖等千餘條，定留唯五百條。凡十二卷。一曰名例，二曰衛禁，三曰職制，四曰戶婚，五曰廐庫，六曰擅興，七曰賊盜，八曰鬬訟，九曰詐僞，十曰雜律，十一曰捕亡，十二曰斷獄。自是刑網簡要，疎而不失。於是置律博士弟子員。斷决大獄，皆先牒明法，定其罪名，然後依斷。五年，侍官慕容天遠，糾都督田元，冒請義倉，事實而始平縣律生輔恩，舞文陷天遠，遂更反坐。帝聞之，乃下詔曰：人命之重，懸在律文，刊定科條，俾令易曉。分官命職，恆選循吏，小大之獄，理無疑舛。而因襲往代，別置律官，報判之人，推其爲首。殺生之柄，常委小人，刑罰所以未清，威福所以妄作。爲政之失，莫大於斯。其大理律博士、尚書刑部曹明法、州縣律生，並可停廢。自是諸曹決事，皆令具寫律文斷之。六年，勅諸州長史已下，行參軍已上，並令習律，集京之日，試其通不。又詔免尉迥、王謙、司馬消難三道逆人家口之配没者，悉官酬贖，使爲編戶。因除孥戮相坐之法。又命諸州囚有處死，不得馳驛行決。

《舊唐書》卷三《太宗紀下》〔貞觀六年〕十二月辛未，親録囚徒，歸死罪者二百九十人于家，令明年秋末就刑。其後應期畢至，詔悉原之。

《舊唐書》卷八《玄宗紀上》〔先天二年〕八月壬辰，封州流人劉幽求爲尚書左僕射、知軍國重事、徐國公，仍依舊實封七百戶。制曰：凡有刑人，國家常法。掩骼埋胔，王者用心。自今已後，輒有屠割刑人骨肉者，依法科殘害之罪。

又：十一年春正月丁卯，降都城見禁囚徒，流、死罪減一等，餘並原之。己巳，北都巡狩，赦所至處存問高年、鰥寡惸獨、征人之家；減流、死罪一等，徒以下放免。庚辰，幸并州、潞州，宴父老，曲赦大辟罪已下，給復五年。

《舊唐書》卷一六《穆宗紀》雲陽縣角抵力人張莅負羽林官騎康憲錢，憲往徵之。莅乘醉打憲將殞，憲男買德年十四，持木鐘擊莅首破，三日而卒。刑部奏覆，敕曰：買德尚在童年，能知子道。雖殺人當死，爲父可哀。若從沉命之科，恐失原情之意。可減死罪一等。

《舊唐書》卷一七下《文宗紀下》〔太和六年五月〕己未，興平縣人上官興因醉殺人而亡竄，官捕其父囚之，興歸，待罪有司。京兆尹杜悰、中丞宇文鼎以興自首免父之囚，其孝可獎，請免死。詔兩省參議，皆言殺人者死，古今共守，興不可免。上竟從悰等議免死，決杖八十，配流靈州。

又：〔大和九年十二月〕庚辰，上御紫辰，謂宰相曰：坊市之間，人漸安未？李石奏曰：人情雖安，然刑殺過多，致此陰沴。又聞鄭注在鳳翔招致兵募不少，今皆被刑戮，臣恐乘此生事，切宜原赦以安之。上曰：然。

《舊唐書》卷一九上《懿宗紀》〔咸通十四年四月八日〕制曰：朕以寡德，纘承鴻業，十有四年。頃屬寇猖狂，王師未息。朕憂勤在位，愛育生靈，遂乃尊崇釋教，至重玄門，迎請真身，爲萬姓祈福。今觀覩之衆，隘塞路歧。載念狴牢，寢興在慮，嗟我黎人，陷於刑辟。況漸當暑毒，繫於縲紲，或積幽凝滯，有傷和氣，或關連追擾，有妨農務。京畿及天下州府見禁囚徒，除十惡忤逆、故意殺人、官典犯贓、合造毒藥、放火持仗、開發墳墓外，餘罪輕重節級遞減一等。其京城軍鎮，限兩日內疏理訖聞奏；天下州府，敕到三日內疏理聞奏。

《舊唐書》卷一九下《僖宗紀》〔光啓二年〕十二月乙巳朔。是月，朱玫愛將王行瑜受密詔，自鳳州率衆還長安。辛酉，行瑜斬朱玫及其黨與數百人，縱兵大掠。是冬苦寒，九衢積雪，兵入之夜，寒冽尤劇，民吏剽剝之後，僵凍而死蔽地。裴徹、鄭昌圖及百官奉襄王奔河中，王重榮紿稱迎奉，執李熅斬之，械裴徹、鄭昌圖於獄，文武官僚遭戮者殆半。重榮函襄王首赴行在。刑部奏請御興元城南門，閱俘馘受賀，下禮院定儀注。博士殷盈孫奏曰：伏以僞熅違背宗社，僭竊乘輿，欺天之禍既盈，盗國之罪斯重，果至覆敗，以就誅夷。九重之妖祲既除，萬國之生靈共慶，宜陳賀禮，以顯皇猷。然物議之間，有所未允。臣按禮經，公族有罪，獄既具，有司聞於公曰：某之罪在大辟。君曰：赦之。如是者三，有司走出致刑，君復使謂之曰：雖然，固當赦之。有司曰：不及矣！君爲之素服不樂三月。《左傳》：衛君在晉，衛臣元咺立衛君之弟叔武，衛君入國，叔武爲前驅所殺，衛君哭之，左氏書焉。今僞熅，皇族也，雖犯殊死之罪，宜就屠戮，其可以朝羣臣而受賀乎？臣以爲熅胤係金枝，名標玉牒，迫脅之際，不能守節効死，而乃甘心逆謀，罪實滔天，刑不可赦。已爲軍前處置，宜即黜爲庶人，絶其屬籍，其首級仍委所在以庶人禮收葬。大捷之慶，當以朱玫首級到日稱賀，爲得其宜。上不軫于宸衷，下無傷於物體，協禮經之旨，祛中外之疑。

《舊唐書》卷九九《崔日用傳》開元十年，車駕幸東都。有洛陽主簿王鈞爲嘉貞修宅，將以求御史，因受贓事發，上特令朝堂集衆決殺之。嘉貞促所由速其刑以滅口，乃歸罪於御史大夫韋抗、中丞韋虛心，皆貶黜之。其冬，秘書監姜皎犯罪，嘉貞又附會王守一奏請杖之，皎遂死于路。俄而廣州都督裴伷先下獄，上召侍臣問當何罪，嘉貞又請杖之。兵部尚書張説進曰：臣聞刑不上大夫，以其近於君也。故曰：士可殺，不可辱。臣今秋受詔巡邊，中途聞姜皎以罪於朝堂決杖，配流而死。皎官是三品，亦有微功。若其有犯，應死即殺，應流即流，不宜決杖廷辱，以卒伍待之。且律有八議，勳貴在焉。皎事已往，不可追悔。伷先祇宜據狀流貶，不可輕又決罰。上然其言。

《舊唐書》卷一一八《元載傳》　初，〔大曆〕六年，載條奏應緣別敕授文武六品以下，敕出後望令吏部、兵部便附甲團奏，不得檢勘，從之。時功狀奏擬，結銜多謬，載欲權歸於己，慮有司駁正。會有上封人李少良密以載醜跡聞，載知之，奏於上前，少良等數人悉斃於公府。由是道路以目，不敢議載之短。門庭之內，非其黨與不接，平素交友，涉於道義者悉疏棄之。

代宗寬仁明恕，審其所由，凡累年，載長惡不悛，衆怒上聞。大曆十二年三月庚辰，仗下後，上御延英殿，命左金吾大將軍吴湊收載、縉于政事堂，各留繫本所，并中書主事卓英倩、李待榮及載男仲武、季能並收禁，命吏部尚書劉晏訊鞫。晏以載受任樹黨，布于天下，不敢專斷，請他官共事。敕御史大夫李涵、右散騎常侍蕭昕、兵部侍郎袁傪、禮部侍郎常衮、諫議大夫杜亞同推究其狀。辯罪問端，皆出自禁中，仍遣中使詰以陰事，載、縉皆伏罪。是日，宦官左衛將軍、知内侍省事董秀與載同惡，先載於禁中杖殺之。敕曰：任直去邪，懸於帝典；奬善懲惡，急於時政。和鼎之寄，匪易其人。中書侍郎、同中書門下平章事元載，性頗姦回，跡非正直。寵待踰分，早踐鈞衡。亮弼之功，未能經邦成務；挾邪之志，常以罔上面欺。陰託妖巫，夜行解禱，用圖非望，庶逭典章。納受贓私，貿鬻官秩。凶妻忍害，暴子侵牟，曾不提防，恣其凌虐。行僻辭矯，心狠貌恭，使沈抑之流，無因自達，賞罰差謬，罔不由茲。頃以君臣之間，重於去就，冀其遷善，掩而不言。曾無悔非，彌益凶戾，年序滋遠，釁惡貫盈。將肅政於朝班，俾申明於憲網，宜賜自盡。朕涉道猶淺，知人不明，理績未彰，遺闕斯衆，致茲刑辟，憫愧良深。僶俛行之，務申沮勸，凡在中外，悉朕懷焉。

又制曰：門下侍郎、同中書門下平章事王縉，附會姦邪，阿諛讒佞。據茲犯狀，罪至難容，矜以耄及，未忍加刑。俾申屈法之恩，貸以岳牧之秩。可使持節括州諸軍事，守括州刺史，宜即赴任。於戲！朕恭己南面，推誠股肱，敷求哲人，將弼予理。昧於任使，過在朕躬，無曠厥官，各慎厥職。初，晏等承旨，縉亦處極法，晏謂涵曰：重刑再覆，國之常典，況誅大臣，豈得不覆奏！又法有首從，二人同刑，亦宜重取進止。涵等咸聽命。及晏等覆奏，上乃減縉罪從輕。

《舊唐書》卷一四五《劉忠臣傳》　時常侍張涉承恩用事，坐受財賄事露，帝將以法繩之，涉即帝在春宫時侍講也。忠臣奏曰：陛下貴爲天子，而先生以乏財抵法，以愚臣觀之，非先生之過也。帝意解，但令歸田里。前湖南觀察辛京杲嘗以忿怒杖殺部曲，有司劾奏京杲殺人當死，從之。忠臣奏曰：京杲合死久矣。上問之，對曰：渠伯叔某於某處戰死，兄弟某於某處戰死，渠嘗從行，獨不死，是以知渠合死久矣。上亦憫然，不令加罪，改授王傅而已。

《新唐書》卷五六《刑法志》　廣州都督党仁弘嘗率鄉兵二千助高祖起，封長沙郡公。仁弘交通豪酋，納金寶，没降獠爲奴婢，又擅賦夷人。既還，有舟七十。或告其贓，法當死。帝哀其老且有功，因貸爲庶人，乃召五品以上，謂曰：賞罰所以代天行法，今朕寬仁弘死，是自弄法以負天也。人臣有過，請罪於君，君有過，宜請罪於天。其令有司設藁席於南郊三日，朕將請罪。房玄齡等曰：寬仁弘不以私而以功，何罪之請？百僚頓首三請，乃止。

《新唐書》卷一二九《李朝隱傳》　武彊令裴景仙丐贓五千匹，亡命，帝怒，詔殺之。朝隱曰：景仙，其先寂有國功，載初時，家爲酷吏所破，誅夷略盡，而景仙獨存，且承嫡，於法當請。又丐乞贓無死比，藉當死坐，猶將宥之，使私廟之祀無餒魂可也。帝不許，固請曰：生殺之柄，人主專之，條別輕重，有司當守。且贓惟枉法抵死，今丐贓即斬，後有枉法，亦又何加？且近發德音，杖者聽減，流者給程，豈一景仙獨過常法？有詔決杖百，流嶺南。

（宋）王溥《唐會要》卷一四《獻俘》　顯慶五年正月，左驍騎大將軍蘇定方，討思結闕俟斤都曼，獻俘於東都。上御乾陽殿，定方操都曼等以獻，法司請斬之。定方請曰：都曼反叛，罪合誅夷。臣欲生致闕廷，與之有約，述陛下好生之德，必當待以不死。今既面縛待罪，臣望與其餘命。上曰：朕屈法申恩，全卿信誓。乃宥之。

又：光啓二年，車駕幸興元，邠州節度使朱玫立嗣襄王熅于京城，十二月，敗奔河中，爲王重榮斬首以獻。上御興元城門，閱俘，受賀。時太常博士殷盈孫獻議曰：伏以僞熅違背宗社，竊乘輿，已就誅夷，所宜稱賀。然物議之間，或有未允。臣按禮經，公族有罪，獄既具，有司聞于君曰：某之罪在大辟。君曰：赦之。如是者三，有司走出致刑，君復使謂之曰：雖然，固當赦之。有司曰：不及矣！君爲之素服，不舉樂三日。今僞熅皇族也，雖犯誅死之罪，宜就居戮，其可以朝羣臣而受賀乎？臣以僞熅迫脅之際，不能守節効死。而乃甘心逆謀，宜黜爲庶人，絶其屬籍。其首仍委所在，以庶人禮葬。其大捷之慶，當以朱玫首級到日稱賀。從之。

（宋）王溥《唐會要》卷二七《行幸》　顯慶二年閏正月十四日，幸洛陽，勅每事儉約，道路不許修理。是日微雨，至灞橋，御馬蹶，御史中丞許圉師，劾進馬官監門將軍斛斯政，則罪合死刑，請付法。上曰：馬有蹶失，不可責人。特原之。

（宋）王溥《唐會要》卷四〇《君上慎恤》　貞元八年十一月勅：比來所司斷罪，拘守科條，或至死刑，猶先決杖。處之極法，更此傷殘，惻隱之懷，實所不忍。自今已後，罪之死者先決杖宜停。

又：咸通十四年五月勅：慎恤刑獄，《大易》格言。《語》曰：如得其情，則哀矜而勿喜。而獄吏苛刻，務在舞文，守臣因循，罕聞親事。以此械繫之輩，溢於狴牢。逮捕之徒，繁於簡牘，實傷和氣，用致沴氛。況時屬歊蒸，化先茂育，宜覃赦宥，以順生成。其諸州府罪人，並委本道十日內速理。或信任人吏，生情繫留，觀察使判官，州府本曹官，必加懲譴。

（宋）王溥《唐會要》卷四〇《臣下守法》　元和三年三月，御史中丞盧坦奏：前山南西道節度使柳晟，授任方隅，所寄尤重，至於赦令，理合遵行。一時歸朝，固違明旨，復修貢賦，有紊典章，伏請付法。又奏：前浙東觀察使閻濟美，到城亦有進獻。當時勘者，稱離越州，後方見赦文，道路已遥，付納無處，既經恩赦，須爲商量，將誡來者之心，必舉贖刑之典。已書罰訖。伏准今年正月制：自今已後，諸道長吏，有離任赴闕廷者，並不得取本道財物，妄稱進奉，苟有違越，必舉憲章。柳晟等既違新令，不敢不奏。上曰：山南所進，與柳晟並不相關，先釋放訖。閻濟美，制書須下之時，尋離本道。身已在近，物須有歸，以此奏請進納，非赦文所革之意，其罰亦宜釋放。坦既奏晟、濟美二人皆當罪，上召坦等褒慰久之曰：晟等所獻，皆是家財，朕已許原，不可失信。坦奏曰：赦令，陛下之大信也，天下皆知之。今二臣違令，是不畏法。陛下奈何受小利，而失大信乎？上曰：朕已受之如何？坦曰：歸之有司，不入內藏，使四方知之，以昭聖德。上嘉納之。

（宋）王溥《唐會要》卷四一《左降官及流人》　十三載二月九日赦文：左降官承前遭憂，皆不得離任，孝行之道，所未宏通，情禮之間，深可哀恤，如有此類，並宜放還，仍申省計至服滿日，准法處分。自今以後，編入常式。

又：乾元元年二月五日勅節文：其左降官非反逆緣坐及犯惡逆名教、枉法強盜贓，如有親年八十以上及患在牀枕，不堪扶持，更無兄弟者，許停官終養，其流移人亦准此。

（宋）王溥《唐會要》卷五七《尚書省諸司上·左右僕射》　上元二年，劉仁軌爲左僕射，戴至德爲右僕射。每遇伸訴冤滯者，仁軌輒美言許之，至德即先據理難詰，若有理者，密爲奏之，終不露己之斷決，由是時譽歸于仁軌。常于仁軌更日受詞訟，有老嫗陳詞，至德已收牒省視，老嫗前曰：本謂是解事僕射，所以來訴，公乃是不解事僕射，卻付牒來也。至德笑而還之。議者尤稱長者。或有問至德不露己斷決之事者，至德曰：夫慶賞刑罰，人主之權柄，凡爲人臣，豈得與人主爭柄哉！

（宋）王溥《唐會要》卷七七《諸使上·巡察按察巡撫等使》　貞元八年八月，詔曰：朕以薄德，託於人上，勵精庶政，思致雍熙，而誠不動天，政或多闕。陰氣作沴，暴風薦臻，自江淮而及乎荊襄，歷陳宋而施於河朔。其間郡邑，連有水災，城郭多傷，公私爲害，損壞廬舍，浸敗田苗。或親戚漂淪，或資産沈溺。言念於此，當食忘飧。宜令中書舍人奚陟，往江陵及襄郡、隨、復、鄂、申、光、蔡等州，左庶子姚齊語，往陳、宋、亳、潁、徐、泗濠等州，秘書少監雷咸，往鎮、冀、德、隸、深、趙等州，京兆少尹韋武，往揚、楚、廬、潤、壽、滁、蘇、常、湖等州宣撫。應諸州百姓，因水不能自存者，委宣撫使賑給，死者各加賜物，在官爲收理埋瘞。其田苗所損，委宣撫使與所在長吏速具聞奏。於戲，一夫不獲，一物失所，刑罰不中，賦役不均，皆可以失陰陽之和，致雨旱之沴。繫囚及獄訴久不決者，委所在長吏，即與疏辯，務從寬簡，俾絶冤滯。貪官暴吏，苛法害公，特加懲罰，用明典憲。災傷之後，切在撫綏。咨爾方鎮之臣，洎乎守宰，咸宜悉乃心力，以恤凶災。宣布朕懷，使各知悉。

《舊五代史》卷四《梁書・太祖紀四》 下詔，以去年六月後，昭義行營陣歿都將吏卒死于王事，追念忠赤，乃録其名氏，各下本軍，令給養妻孥，三年内官給糧賜。《册府元龜》卷一百九十五。

《宋史》卷一九九《刑法志一》 雍熙元年，令諸州十日一具囚帳及所犯罪名、繫禁日數以聞，俾刑部專意糾舉。帝閲諸州所奏獄狀，有繫三百人者。迺令門留、寄禁、取保在外并邸店養疾者，咸準禁數，件析以聞。其鞫獄違限及可斷不斷、事小而禁繫者，有司駁奏之。開封女子李嘗擊登聞鼓，自言無兒息，身且病，一旦死，家業無所付。詔本府隨所欲裁置之。李無它親，獨有父，有司因繫之。李又詣登聞，訴父被縶。帝駭曰：此事豈當禁繫，輦轂之下，尚或如此。天下至廣，安得無枉濫乎？朕恨不能親決四方之獄，固不辭勞爾！即日遣殿中侍御史李範等十四人，分往江南、兩浙、四川、荊湖、嶺南審決刑獄。吏之弛怠者，劾其罪以聞；其臨事明敏、刑獄無滯者，亦以名上。始令諸州十日一慮囚。

帝嘗謂宰相曰御史臺，閤門之前，四方綱準之地。頗聞臺中鞫獄，御史多不躬親，垂簾雍容，以自尊大。鞫按之任，委在胥吏，求無冤濫，豈可得也？乃詔御史決獄必躬親，毋得專任胥吏。又嘗諭宰臣曰：每閲大理奏案，節目小未備，移文按覆，動涉數千里外，禁繫淹久，甚可憐也。卿等詳酌，非人命所係，即量罪區分，勿須再鞫。始令諸州笞、杖罪不須證逮者，長吏即決之，勿復付所司。羣臣受詔鞫獄，獄既具，騎置來上，有司斷已，復騎置下之州。凡上疑獄，詳覆之而無疑狀，官吏並同違制之坐。其應奏疑案，亦騎置以聞。

又： 獄疑者讞，所從來久矣。漢嘗詔讞而後不當讞者不爲失，所以廣聽察、防繆濫也。時奏讞之法廢。初，真宗嘗覽囚簿，見天下斷死罪八百人，憮然動容，語宰執曰：雜犯死罪條目至多，官吏儻不盡心，豈無枉濫？故事，死罪獄具，三覆奏，蓋甚重慎，何代罷之？遂命檢討沿革，而有司終慮淹繫，不果行。至是，刑部侍郎燕肅奏曰：唐大辟罪，令尚書、九卿讞之。凡決死刑，京師五覆奏，諸州三覆奏。貞觀四年，斷死罪二十九，開元二十五年，財五十八。今天下生齒未加於唐，而天聖三年，斷大辟二千四百三十六，視唐幾至百倍。京師大辟雖一覆奏，而州郡獄疑上請，法寺多所舉駁，率得不應奏之罪，往往增飾事狀，移情就法，失朝廷欽恤之意。望準唐故事，天下死罪皆得覆奏。議者必曰待報淹延。漢律皆以季秋論囚，唐自立春至秋分不決死刑，未聞淹留以害漢、唐之治也。下其章中書，王曾謂：天下皆一覆奏，則必死之人，徒充滿狴犴而久不得決。諸獄疑若情可矜者，聽上請。

《宋史》卷二〇〇《刑法志二》 〔開寶〕八年，有司言：自三年至今，詔所貸死罪凡四千一百八人。帝注意刑辟，哀矜無辜，嘗嘆曰：堯、舜之時，四凶之罪止於投竄。先王用刑，蓋不獲已，何近代憲網之密耶！故自開寶以來，犯大辟，非情理深害者，多得貸死。

又： 凡歲饑，强民相率持杖劫人倉廪，法應棄市，每具獄上聞，輒貸其死。真宗時，蔡州民三百一十八人有罪，皆當死。知州張榮、推官江嗣宗議取爲首者杖脊，餘悉論杖罪。帝下詔褒之。遣使巡撫諸道，因諭之曰：平民艱食，强取餱糧以圖活命爾，不可從盗法科之。天聖初，有司嘗奏盗劫米傷主，仁宗曰：饑劫米可哀，盗傷主可疾。雖然，無知迫於食不足耳。命貸之。五年，陝西旱，因詔：民劫倉廪，非傷主者減死，刺隸他州，非首謀又減一等。自是，諸路災傷即降敕，饑民爲盗，多蒙矜減，賴以全活者甚衆。

又： 帝嘗御邇英閣經筵，講《周禮》大荒大札，薄征緩刑。楊安國曰：緩刑者，乃過誤之民耳，當歲歉則赦之，憫其窮也。今衆持兵杖劫糧廪，一切寬之，恐不足以禁姦。帝曰：不然，天下皆吾赤子也。一遇饑饉，州縣不能振恤，饑莩所迫，遂至爲盗，又捕而殺之，不亦甚乎？

《宋史》卷二〇一《刑法志三》　至理宗時，往往讞不時報，因多瘐死。監察御史程元鳳奏曰：今罪無輕重，悉皆送獄，獄無大小，悉皆稽留。或以追索未齊而不問，或以供款未圓而不呈，或以書擬未當而不判，獄官視以爲常，而不顧其遲，獄吏留以爲利，而惟恐其速。奏案申牘既下刑部，遲延日月方送理寺。理寺看詳，亦復如之。寺回申部，部回申省，動涉歲月。省房又未遽爲呈擬，亦有呈擬而疏駁者，疏駁歲月，又復如前。展轉遲回，有一二年未報下者。可疑可矜，法當奏讞，矜而全之，乃反遲回。有矜貸之報下，而其人已斃於獄者；有犯者獲貸，而干連病死不一者，豈不重可念哉？請自今諸路奏讞，即以所發月日申御史臺，從臺臣究省、部、法寺之慢。從之。而所司延滯，尋復如舊。

又：知益州薛田言：蜀人配徙他路者，請雖老疾毋得釋。帝曰：遠民無知犯法，終身不得還鄉里，豈朕意哉？察其情可矜者許還。後復詔罪狀獷惡者勿許。初，令配隸罪人皆奏待報，既而繫獄淹久，奏請煩數。明道二年，乃詔有司參酌輕重，著爲令。

（宋）錢若水《太宗皇帝實録》卷三三　八月癸酉朔，詔曰：朕以庶政之中，獄訟爲切，欽恤之意何嘗暫忘。蓋郡縣至廣，械繫者衆，苟有冤抑，即傷至和。今遣秘書丞崔維翰等分路案問，小事即決之，大事須證佐者促行之。仍廉察官吏勤惰以聞。

（宋）李燾《續資治通鑑長編》卷四《宋太祖乾德元年》　唐、鄧之俗，家有病者，雖父母亦棄去弗省視，故病者輒死。武勝節度使張永德請嚴刑禁之，又請以節度推官代牙將領馬步都虞候事。上喜其意，己未，降詔褒答。舊録以爲觀察使張永錫奏請，蓋誤也。

（宋）李燾《續資治通鑑長編》卷八《宋太祖乾德五年》　僧或犯姦，有司請論如律，唐主曰：刑之，則縱其欲矣。但令禮佛三百，赦其罪。

（宋）李燾《續資治通鑑長編》卷二五《宋太宗雍熙元年》　甲子，有司上竊盗贓至大辟，詔特貸其死，因謂宰相曰：朕常重惜人命，如此類者往往貸其極刑，但時取其甚者警衆多爾，不欲小人知寬貸之意，恐其犯法者衆也。

（宋）李燾《續資治通鑑長編》卷六〇《宋真宗景德二年》　己巳，詔自今諸州官吏雪活得人命者，並理爲勞績。先是，著作佐郎曹定言，官吏雪活，乃其職分，不當論課最。於是，太子詹事、判刑部慎從吉言，誤失用刑，率皆受責，雪活冤獄，曾不霑恩，懲勸之間，恐未協理，望頒新制，以勗盡心，從之。

（宋）李燾《續資治通鑑長編》卷七八《宋真宗大中祥符五年》　映至升州，言官有牛賦民出租，牛死，租不得蠲。上覽奏矍然曰：此豈朝廷所知耶！遂詔諸州條上，悉蠲之。據《實録》，蠲牛税在九年十月癸未，時映已罷歸，今並書於此。

（宋）李燾《續資治通鑑長編》卷一〇〇《宋真宗天聖元年》　貸拱聖卒王美死，杖配海州本城。美逃走，法當斬，上以其新隸軍籍，未嘗請月給，思母而逃，特貸之。

（宋）李燾《續資治通鑑長編》卷一〇四《宋真宗天聖四年》　薛田言兩川犯罪人配隸他州，雖老疾得釋者，悉留不遣，自今請無放停。上曰：遠民無知犯法，而終身不得還鄉里，豈朕意乎！察其情有可矜者，聽遣還。

（宋）李燾《續資治通鑑長編》卷一一八《宋仁宗景祐三年》　丙申，御崇政殿録繫囚，帝又廣其恩，流已下罪皆得釋。因詔有司自今罪覺被逮，逮未至者，同見繫原減之；逃亡軍士免刺面。

（宋）李燾《續資治通鑑長編》卷一四〇《宋仁宗慶曆三年》　詔天慶等五節，自今流以下罪聽決之。

（宋）李燾《續資治通鑑長編》卷一八五《宋仁宗嘉祐二年》　癸丑，貸隨州參軍李抃父阮死罪。初，阮毆佃客死，而其子抃願納所受敕告，以贖父罪。上矜而許之，仍免決，送湖南編管。

（宋）李燾《續資治通鑑長編》卷三三五《宋神宗元豐六年》　元豐間，詔大理兼鞫獄，所承内降公事，上下皆曰是詔獄也，意必傳重。少卿韓晉卿獨持平覈實，無所觀望，人以不冤。上知其才，凡獄難明及事繫權貴者，悉以委晉卿。尚書省建，擢刑部郎中。天下大辟請讞，執政或以爲煩，將劾不應讞者。晉卿適白事省中，因曰：聽斷求生，朝廷之心也。今讞而獲戾，讞不至矣。議者或引唐覆奏，欲令天下庶獄悉從奏決。晉卿曰：法在天下，而可疑可矜者上請，此祖宗制也。今四海萬里，一欲械繫待朝命，恐罪人之死於獄，多於伏辜者。朝廷皆從之。

（元）陳桱《通鑑續編》卷三《夏五月宋初命諸州獄吏恤繫囚》 夏五月，宋初命諸州獄吏恤繫囚。宋主以暑盛，詔獄吏三日一檢視，洒掃獄戶，洗滌杻械，貧者給食，病者給藥，小罪即時決遣，自是歲以爲常。

（清）徐乾學《資治通鑑後編》卷一〇《宋紀一〇》 庚戌，親饗太廟。辛亥，郊，大赦，御乾元殿，受册尊號，內外文武加恩。先是，有秦再思者上書，乞當郊勿赦，且引諸葛亮佐蜀數十年不赦事。帝頗疑之，以問趙普，普曰：國家開創以來，具存彝制，三歲一赦，所謂其仁如天堯舜之道。劉備區區一方，用心無足師法。帝然其對，赦宥之文遂定。自後郊赦不書。

（清）徐乾學《資治通鑑後編》卷一一二《宋紀一一二》 中書言：命官犯贓抵死，祖宗之時間有杖脊刺面，係一時酌情斷遣，近刑部引爲常例，甚非朝廷欽恤之意。甲寅，詔：自今命官犯贓刑部不得擅黥，配聽朝廷裁斷。

（清）徐乾學《資治通鑑後編》卷一二四《宋紀一二四》 初，金唐古部族節度使伊喇摩多之子殺其妻而逃，金主命捕之。至是，皇姑梁國公主請赦之，金主謂宰臣曰：公主婦人不識典法，罪尚可恕，摩多請託至此，豈可貸宥？不許。

（宋）李心傳《建炎以來繫年要録》卷九六《紹興五年乙卯十二月己亥朔之戊辰》 直秘閣主管台州崇道觀向子忞落職罷宮觀，依衝替人例，係事理重。子忞守衡州，視事再閱月，諸司共劾其徒流編配，無慮數十人，率皆報復仇怨，任情廢法，自謂滅門刺史，乞送所司治罪。先半月，子忞已得請奉祠，輔臣進呈。上曰：監司乃外台耳目之官，既按劾，自當推治。然有罪者家居待命，而證左無辜之人，往往淹延囚禁，動經歲月，深可憫也。子忞罪狀既明，別不須干證，第黜責其身足矣。趙鼎曰：臣等共議，欲將子忞鐫罷，不必取勘。上可之。子忞此月乙巳自陳宮觀。

（宋）李心傳《建炎以來朝野雜記甲集》卷一《上德后妃王主宗室附》 五年八月丙戌，以重明節前十日，上初詣壽康宮進香，詔書降諸道流罪以下因，釋杖以下。京官大父母、父母年八十，選人、小使臣大父母、父母年九十，庶人百歲，並與官封。致仕官員郎年八十，賜服三品，餘官七十，服緋、緑及十年，並改賜。民有大父母、父母年九十以上，免身丁錢。諸道戚賞錢，悉蠲之。加賜行在諸軍，如雪寒錢。

（宋）朱熹《資治通鑑綱目》卷一〇下 夏，旱。五月，太后親録囚徒。皇太后幸洛陽寺及若盧獄録囚徒，洛陽有囚實不殺人而被考自誣羸困，輿見畏吏不敢言，將去舉頭若欲自訴。太后呼還問狀，具得枉實，即收令抵罪。行未還宮，澍雨大降。集覽。洛陽寺官之所止曰：寺收令抵罪。令，洛陽令也。抵罪注見漢王邦元年。

（宋）朱熹《資治通鑑綱目》卷二八 五月，魏主親録囚徒。魏主謂司空穆亮曰：自今朝廷政事，日中以前，卿等自先論議，日中以後，朕與卿等共決之。書法前書親決疑獄，於是復書親録囚徒，魏主可謂能恤刑矣。

《遼史》卷六二《刑法志下》 時有羣牧人竊易官印以馬與人者，法當死，帝曰：一馬殺二人，不亦甚乎？減死論。又有兄弟犯強盜當死，以弟從兄，且俱無子，特原其弟。至於枉法受賕，詐敕走遞，僞學御書，盜外國貢物者，例皆免死。郡王貼不家奴彌里吉告其主言涉怨望，鞫之無驗，當反坐，以欽哀皇后裹言，竟不加罪，亦不斷付其主，僅籍没焉。寧遠軍節度使蕭白強掠烏古敵烈都詳穩敵魯之女爲妻，亦以后言免死，杖而奪其官。梅里狗丹使酒殺人而逃，會永壽節出首，特赦其罪。皇妹秦國公主生日，帝幸其第，伶人張隋，本宋所遣汋者，大臣覺之以聞。召詰，款伏，乃遽釋之。後詔諸職官私取官物者，以正盜論。諸帳郎君等於禁地射鹿，決杖三百，不徵償；小將軍決二百已下；至百姓犯者決三百。聖宗之風替矣。

《金史》卷四五《刑志》 〔大定〕二十六年，遂奏定太子妃大功以上親、及與皇家無服者、及賢而犯私罪者，皆不入議。上謂宰臣曰：法有倫而不倫者，其改定之。

《金史》卷一〇七《張行信傳》 初，內族合周避敵不擊，且詭言密奉朝旨，下獄當誅。諸皇族多抗表乞從末減，高琪以爲自古犯法無告免者，行信獨曰：事無古今，但合周平昔忠孝，或可以免。又以行信族弟行貞居山東，受紅襖賊僞命，樞密院得宋人書，有干涉行信事，故出之。其子莒，時爲尚書省令史，亦命別加注授焉。

《金史》卷一〇九《完顏素蘭傳》 時南陽人布陳謀反，坐繫者數百人，司直白華言於素蘭曰：此獄詿誤者多，新天子方務寬大，他日必再詔推問，此得昭雪，死於榜笞之下者多矣。素蘭命華及檢法邊澤分別當死、當免者，素蘭以聞，止坐首惡及擬僞將相者數人，餘悉釋之。

《元史》卷八《世祖紀五》〔至元十年五月〕戊辰，詔：天下獄囚，除殺人者待報，其餘一切疏放，限以八月内自内至大都，如期而至者皆赦之。

又：八月庚戌朔，前所釋諸路罪囚，自至大都者凡二十二人，並赦之。

《元史》卷一二《世祖紀九》〔至元十九年十一月〕甲戌，中書省臣言：天下重囚，除謀反大逆，殺祖父母、父母，妻殺夫，奴殺主，因姦殺夫，並正典刑外，餘犯死罪者，令充日本、占城、緬國軍。從之。

《元史》卷二一《成宗紀四》〔大德〕八年春正月己未，以災異故，詔天下恤民隱，省刑罰。雜犯之罪，當杖者減輕，當笞者並免。

又：六月丙子朔，以立皇太子，遣中書右丞相答剌罕哈剌哈孫告昊天上帝，御史大夫鐵古迭而告太廟。庚辰，立皇子德壽爲皇太子，詔告天下。賜高年帛，八十者一匹，九十者二匹。孝子順孫堪從政者，量才任之。親年七十别無侍丁者，從近遷除。外任官五品以下並減一資。諸處罪囚淹繫五年以上，除惡逆外，疑不能決者釋之。流竄遠方之人，量移内地。

《元史》卷二九《泰定帝紀一》〔泰定元年〕五月丁亥，監察御史董鵬南、劉潛、邊笥、慕完、沙班以災異上言：平章乃蠻台、宣徽院使帖木兒不花、詹事秃滿答兒，黨附逆徒，身虧臣節，太常守廟不謹，遼王擅殺宗親，不花、即里矯制亂法，皆蒙寬宥，甚爲失刑，乞定其罪，以銷天變。不允。

《元史》卷一二五《布魯海牙傳》辛卯，拜燕南諸路廉訪使，佩金虎符，賜民戶十。未幾，授斷事官，使職如故。時斷事官得專生殺，多倚勢作威，而布魯海牙小心謹密，慎於用刑。有民誤毆人死，吏論以重法，其子號泣請代死，布魯海牙戒吏，使擒于市，懼則殺之。既而不懼，乃曰：誤毆人死，情有可宥，子而能孝，義無可誅。遂併釋之，使出銀以資葬埋，且呼死者家諭之，其人悦從。

（清）徐乾學《資治通鑑後編》卷一六一《元紀九》庚辰，詔遣官分道賑恤。凡獄囚禁繫累年，疑不能決者，令廉訪司具其疑狀，申呈省臺，詳讞仍爲定例。各路被災重者，免其差税一年，貧乏之家計口賑恤，尤甚者優給之。小吏犯贓者，並罷不敘。

（清）徐乾學《資治通鑑後編》卷一八四《元紀三二》冬十月甲辰朔，吴王謂中書省臣曰：軍中士卒多因戰鬭而傷殘者不可備行伍，今新宮成宮外當設備禦，合於宫墻外周圍隙地多造廬舍，令廢疾者居之，晝則治生，夜則巡警，因給糧以贍之，使得有所養也。

《明史》卷一《太祖紀二》秋七月戊子，廖永忠下象州，廣西平。庚寅，振恤中原貧民。辛卯，將還應天，諭達等曰：中原之民，久爲羣雄所苦，流離相望，故命將北征，拯民水火。元祖宗功德在人，其子孫罔恤民隱，天厭棄之。君則有罪，民復何辜。前代革命之際，肆行屠戮，違天虐民，朕實不忍。諸將克城，毋肆焚掠妄殺人，元之宗戚，咸俾保全。庶幾上答天心，下慰人望，以副朕伐罪安民之意。不恭命者罰無赦。

又：壬子，徐達及元兵戰於嶺北，敗績。是月，詔曰：天下大定，禮儀風俗不可不正。諸遭亂爲人奴隸者復爲民。凍餒者里中富室假貸之，孤寡殘疾者官養之，毋失所。鄉黨論齒，相見揖拜，毋違禮。婚姻毋論財。喪事稱家有無，毋惑陰陽拘忌，停柩暴露。流民復業者各就丁力耕種，毋以舊田爲限。僧道齋醮雜男女，恣飲食，有司嚴治之。

《明史》卷一二《英宗後紀》諸奪門冒功者許自首改正。是月，命法司會廷臣，每歲霜降録囚，後以爲常。

《明史》卷九四《刑法志二》孝宗初立，免應決死罪四十八人。元年，知州劉概坐妖言罪斬，以王恕争，得長繫，末年，刑部尚書閔珪讞重獄，忤旨，久不下。帝與劉大夏語及之。對曰：人臣執法效忠，珪所爲無足異。帝曰：且道自古君臣曾有此事否？對曰：臣幼讀《孟子》，見瞽瞍殺人，皋陶執之之語。珪所執，未可深責也。帝頷之。明日疏下，遂如擬。前後所任司寇何喬新、彭韶、白昂、閔珪皆持法平者，海内翕然頌仁德焉。

又：臣等詳閲諸囚罪狀，皆滅絶天理，敗傷彝倫，聖母獨見犯罪者身被誅戮之可憫，而不知彼所戕害者皆含冤蓄憤於幽冥之中，使不一雪其痛，怨恨之氣，上干天和，所傷必多。今不行刑，年復一年，充滿囹圄，既費關防，又乖國典，其於政體又大謬也。給事中嚴用和等亦以爲言。詔許之。十二年，御史屠叔明請釋革除忠臣外親。命自齊、黄外，方孝孺等連及者俱勘豁。帝性仁柔，而獨惡言者。自十二年至三十四年，内外官杖戍爲民者至百四十人。後不復視朝，刑辟罕用，死囚屢停免云。天啓中，酷刑多，别見，不具論。

莊烈帝即位，誅魏忠賢。崇禎二年欽定逆案凡六等，天下稱快。然是時承神宗廢弛、熹宗昏亂之後，鋭意綜理，用刑頗急，大臣多下獄者矣。六年冬論囚，素服御建極殿，召閣臣商榷，而温體仁無所平反。陝西華亭知縣徐兆麒抵任七日，城陷，坐死。帝心憫之，體仁不爲救。十一年，南通政徐石麒疏救鄭三俊，因言：皇上御極以來，諸臣罹丹書者幾千，圜扉爲滿。使情法盡協，猶屬可憐，况怵惕於威嚴之下者。有將順而無挽回，有揣摩而無補救，株連蔓引，九死一生，豈聖人惟刑之恤之意哉。帝不能納也。是年冬，以彗見，停刑。其事關封疆及錢糧剿寇者，詔刑部五日具獄。十二年，御史魏景琦論囚西市，御史高欽舜、工部郎中胡璉等十五人將斬，忽中官本清銜命馳免，因釋十一人。明日，景琦回奏，被責下錦衣獄。蓋帝以囚有聲冤者，停刑請旨，而景琦倉卒不辨，故獲罪。十四年，大學士范復粹疏請清獄，言：獄中文武纍臣至百四十有奇，大可痛。不報。是時國事日棘，惟用重法以繩羣臣，救過不暇，而卒無救於亂亡也。

（明）俞汝楫《禮部志稿》卷三《聖訓·仁宗昭皇帝·赦宥之訓》

洪熙元年十一月，上御札，禮部尚書吕震曰：建文中，姦臣其正犯已悉受顯戮，家屬初發教坊司、錦衣衛、浣衣局，並習匠及功臣家爲奴。今有存者，既經大赦，可宥爲民，給還田土。凡前爲言事失當謫充軍者，亦宥爲民。

《皇明條法事類纂》卷四七《内外法司審録重囚例》　成化七年十二月十四日，刑部河南清吏司爲修省事。奉本部連送本司案呈，奉本部送禮科抄出英國公等官張懋等題：成化七年十二月初七日，節該欽奉敕諭：乃者彗見天田，光芒西指，仰觀玄相，祇懼實深。俯自修省，（岡）〔罔〕知厥咎？豈朕涉道尚淺，燭理未明，而刑政之不善歟？抑用人有未當而賢否混淆歟？聽言有不察，是非乖歟？將用度奢侈，賞賜無節，妄費府庫之財歟？營繕頻煩，征科無藝，致傷軍民之心歟？有一於此，悉（勝）〔朕〕之過。而爾文武（郡成）〔群臣〕皆居官食禄以輔朕者，可不痛自修省歟？其有背公循私，怠廢政事者，宜速改勵，以修庶政，以匡朕之不逮。凡時政得失，民生利病，有可張馳興革者，爾文武大臣並科道，公同會議停當，條舉以聞。務在切實可行，庶幾君臣上下心同協力，得盡皆修之道，則人心悦而天意回矣！欽此。臣等伏聽聖諭，實有以見皇上畏天憂民之心，誠切懇至。而臣尸位素餐，怠政廢事，不能盡職，臣輔不容逭。遇蒙聖旨寛宥，勉其痛自修省，俾議時政得失，生民利病，有可張弛興革者，條舉以聞。臣等不勝（警）〔警〕懼。竊惟政事得失，生民得失利病非止一端，其大要惟在陛下親君子，遠小人，慎賞罰，節財用，思祖宗創業之難，守祖宗永遠之憲度。於凡防微杜漸，修德預災，祈天永命之事，皆當留心防察，見諸實行，則人心感悦，天變可回。

（清）蔣良騏《東華録》卷二七《雍正三年十二月》　十二月，定内閣侍讀學士、翰林院講讀學士爲從四品，翰林院侍讀、侍講爲從五品，從内閣學士班第請也。直省督扶提鎮等陸續疏參：年羹堯欺罔貪殘，大逆不道，即請明正典刑。下部知之。宗人府參奏：多羅郡王允禵前任大將軍（任内）任意妄爲，苦累兵丁，侵擾地方，糜費帑項。得旨：允禵降固山貝子。【略】

於是就獄中傳上諭年羹堯曰：歷觀書史所載，不法之臣有之，然當未敗露之先，尚皆僞守臣節。如爾之公行不法，全無忌憚，古來曾有其人乎？朕待爾之恩，如天高地厚，意以爾實心爲國，盡去猜疑，一心任用，爾乃作威作福，植黨營私，辜恩負德，于心果忍爲之乎？即如青海之事，朕命于四月備兵，又命于八月進兵，爾故意遲延，及嚴催然後進勦，孤軍冒險，幾至失機。又如爾命阿喇衲之兵，由噶斯前進，涉險惡必不可行之路，豈非欲陷阿喇衲乎？又如爾令富寧安將駱駝三千，從巴里坤送至布隆吉爾，爲無用之需，豈非設計欲陷富寧安乎？又如調岳鍾琪之兵至西（安）寧，爾令舍近就遠，紆道數千里，欲使蔡珽運糧不濟，豈非欲巧陷蔡珽乎？此皆軍務大事，而爾視爲兒戲，藉快私忿，尚得謂之有人心者乎？又如爾所奏善後十三事，于不應造（臣）城處議造城，不應屯兵處議屯兵，籌畫邊機，如此草率，是誠何心？青海用兵以來，爾殘殺無辜，顛倒軍政，朕尚未令入于廷讞，即就所議九十二款，爾應服極刑及立斬者三十餘條，朕覽之不禁墮淚。朕統御萬方，必賞罰公明，方足爲治，爾悖逆不臣至此，若枉法曲宥，曷以彰憲典而服人心？今寬爾磔死，令爾自裁，又赦爾父兄子孫伯叔等死罪，爾非草木，雖死亦當感涕也。又諭曰：年羹堯剛愎殘逆之性，朕所素知。其父兄之教，不但素不聽從，向來視爲草芥。年遐齡、年希堯皆忠厚安分之人，着革職免罪。

（清）蔣良騏《東華録》卷三一《雍正十三年十一月》 上諭：張照辦理苗疆事務，本係自請前往，乃到黔以來，挾詐懷私，擾亂軍務，罪過多端，着王在臣審擬具奏。嗣張廣泗劾照立意阻撓。得旨：革職拿問。尋議，依律擬斬。上諭：張照浮躁性成，又誤聽傳聞之言，立意與哈元生齟齬。朕念哈元生從前征勦烏蒙，曾經効力，已從寬免死。張照亦一體釋放，在武英殿修書處行走。

（清）鄂爾泰等《世宗憲皇帝硃批諭旨》卷一九上《硃批黄國材奏摺》 奏爲請復熱審減等之例，以廣皇仁事，伏查聖朝定例，自順治八年，奉有熱審減等之條，遵行甚久。康熙四十三年，停止熱審，蓋恐罪人希冀減等，挨延時日，不無夤緣賄縱之弊，是先帝杜絶陋弊之至意。臣何敢瀆奏請復，但近年以來，凡遇夏月必蒙特沛恩綸暫釋刑具。仰見先帝格外哀矜猶寓減等之盛心，臣見閩廣地方潮濕，監犯之苦更甚。伏思皇上慎重民命，直省讞案必親加詳察，多予矜全。我皇上好生之德，真同高厚。臣愚以爲，此夏日罪囚，似宜仍復熱審舊例，准其減等，如慮延挨倖免，則嚴飭各官。凡有罪犯按限完結，毋聽胥吏作弊遲延，有犯此者，除本犯不准減等外，官吏嚴加議處。如此庶囹圄之内，悉蒙寬恤之仁，作弊姦胥，亦凜處分之重矣，是否可行。

《皇朝通志》卷七五《刑法畧一·刑制肉刑附》 八年諭：天下罪囚死于囹圄者，何限有死於疾病，有死于饑餓，有死于刑拷，有死于官吏虐害囚徒之陰謀。諸如此類，未可悉數。朕心惻然，在良有司濟以醫藥，給以口糧。非刑有禁，凌虐有禁，内外交通毒謀陰害有禁。督撫巡按時加申飭，該道府親爲稽察州縣有犯前弊分別衆處，庶獄囚不致無故枉死，用昭朝廷法外之仁。

又： 乾隆四十八年欽奉諭旨刑部，議覆陝西省殺死一家六命，兇犯趙成，長子趙友諒、次子趙進財，俱擬斬決。原以此等兇惡之徒已絶人之嗣，自不應復使其尚留餘孽，固屬準情酌理，罪所應得，但詳核此案情節，趙友諒因伊父欺姦伊妻，即行携眷遷避，及伊父犯案復代爲之認罪。若據律置之重辟情又可憫，然趙成殺死一家六命絶其後嗣殘忍已極。今因趙友諒情節可矜即行寬釋，是趙成淫惡，兇犯轉得有後，於情理未爲允協。朕酌之情理，著將趙友諒從寬免死，但改爲宫刑，俟百日平復，再發遣烏嚕木齊，以示法外施仁之至，意餘依議。仰見我皇上權衡精當，聖慈與國憲並行於懲兇戢暴之中，寓執兩用中之準。漢魏以來區區詔除肉刑，與議復肉刑皆未喻仁至義盡之旨者也。至若自宫之犯，舊法問擬斬監後數年之後，往往加恩釋放，派撥於閹寺處所當差。蓋古者宫者守内宫闈給事，若輩在所必需求其淨身之故，率因貧困所致，非他作奸犯科者，比今奉聖諭以舊例未爲允當删除自宫斬候一條，其有別故者，仍於本罪上加一等，是又協經權之妙用。所謂困其然而然，而宫廷使令不乏腐餘之人，其有以杜億萬年復肉刑之議矣。

《皇朝通志》卷七九《刑法畧五·刑制欽卹》 天命六年諭：凡應死答罰諸罪，必追論其功，有功則當死者贖，當罰者免，當笞者戒飭而釋之。功罪宜令相準，其由武功授職者，必行問獲罪乃革其官，他罪皆贖，若不由武功授職者，視罪之輕重爲斷，著爲令。

又： 康熙十一年諭：刑獄重地，人命攸關，天氣炎熱，亟宜清理。雖熱審見有定例，但已結大案，見在監禁各犯久淹羈禁，朕心惻然，其令詳加審鞫，有情可矜疑者即與察明事由，開列具奏。十八年因旱遣官卹刑諭：朕因久旱軫懷，誠恐外省罪犯中或多冤抑，特選爾等，體朕矜卹庶獄之意。

又： 乾隆二年諭：小民之犯杖責者，其罪本輕，而盛暑之中，量減其敲朴之數，乃國家寬卹之仁。八折之例由來已久，不當輕爲改易。八年諭：今歲天氣炎熱，甚於往年，省刑之典允宜舉行。著刑部於在京徒杖以下輕罪，查明減釋。其重犯雖法無可寬，際此炎天著添蓋席棚給與冰湯藥餌無致病暍。

《皇朝通志》卷八〇《刑法畧六·赦宥》 五十五年諭：刑部緩決人

犯，長繫囹圄殊屬可憫，令九卿會同，按其年分久遠憫屬可矜者，分别奏明減等。

又：十三年三月上巡幸山東命寬減直隸、山東兩省緩決五次及軍流以下罪犯。十五年八月詔赦天下，秋審緩決五次以上人犯，量予減等。犯法婦人，除十惡不赦外，其餘槩予赦免。見在監候質審干連人等，準予保釋。九月上巡幸河南論：朕今歲初次巡幸豫省，所有河南省軍流以下，罪犯著察明減等發落。

《皇朝文獻通考》卷二〇六《刑考十二·詳讞平反》　雍正元年世宗憲皇帝仍復熱審舊例，其監禁重犯亦量加減免，至情罪可疑及牽連待質人等，暫與保釋。我皇上矜恤罪囚，屢勅清釐滯獄，猶復定熱審減杖之條，展熱審減等之限，蓋無非仰體好生之仁，以庶幾於刑措不用之治，斯則列聖相傳之心法也。

《皇朝文獻通考》卷二一〇《刑考十六·赦宥寬恤》　天聰元年，命寬盜犯。時以歲饑，盜賊刼殺所在多有。諸臣請按律嚴懲。臣上惻然，曰：彼皆不得已而爲盜耳，緝獲者，鞭而釋之可也。遂命是歲讞獄姑從寬典。

又：二年，飭内外刑官毋得淹滯獄犯，御史趙開心奏言監犯淹滯可憫，請勅刑部遣司官，五日一查，速行審結，並令直省撫按通飭有司除重罪宜加詳審外，其餘十日即與結案。從之。又以陝西平定詔赦該省罪犯，定盜賊分别免罪，御史馬兆煃奏轂輦之下，盜賊竊發，及至捕獲，少長盡置之法。臣以爲，殲厥渠魁，脅從罔治，其老稚不能彎弓操刀者，望加矜宥，以廣罪人不孥之意。又以江寧平定，詔赦河南江南江北等處罪犯，定爭訟小事，毋濫行監禁，從山東巡撫丁文盛請也。

五年恭奉太祖高皇帝，配天並追尊四祖攷妣禮成，詔赦天下，定矜恤獄囚之例。每日給倉米一升，冬給綿衣一襲，夜給燈油，有患病者，令醫生診視給藥，並酌寬刑具。

八年停止秋決，九年寬減監犯。時以亢旱，命法司將監禁枷號輕犯暫行保釋，其擬絞監候賊犯已經三年者，酌量釋放減等，並諭將外省輕罪人犯，已經到部有問擬徒杖而準其折贖者，悉行寬免。又定流犯年逾六十者，準入養濟院，給與口糧。

又：四年命酌量保釋輕罪監犯，又寬釋命案罪犯，奉諭各省命案内或緣細事起爭，或因護親情急，或本意恐嚇而悮傷莫救。按律抵罪，法所當然，但念愚氓因一朝之忿，頓罹重罪，朕心不忍。現在各省具題案内，除情由可惡者，不準寬免外，其餘一百七十七名俱著釋放。此朕格外生全之恩，爲舊例之所未有。凡玆小民，當體朕省刑宥過之意，又命各省修繕監獄，時以各省獄多倒敝，遇嚴寒酷暑，每有監斃者，特飭各省逐加修葺，地勢低窪者，改在高阜之處，狹隘者，展寬葢造。又停止秋決，並酌減情實緩決人犯。

又：四年以天旱命法司將杖徒以下等罪查明，請旨減等釋放，又命朝審秋審，緩決五次情罪稍輕者，比照兇盜免死減等例，發邊遠烟瘴充軍。定奉天獄囚及解審人犯，一體矜恤，刑部議準奉天府屬獄囚綿衣、煤炭、藥餌、棺木等項。從前未經額設應於贓罰各項銀内給發，其解審人犯，均照遞解例一體給發口糧。

又：二十七年上南巡命寬減江蘇、安徽、浙江三省軍流以下人犯，八月分别寬減可矜人犯，命刑部會同九卿，于可矜人犯内有情切天倫，一時義忿所激，與尋常鬬狠不同者，量爲區别，照免死減等例再減一等發落，互見《詳讞門》。

又：五十年皇上以紀元五十覃慶元正詔赦天下，又省釋監禁緩決人犯，在七十以上者，論本年舉行千叟宴盛典，官民耆老咸被恩施。軍流人犯亦概予減等，其監禁緩決人犯年在七十以上者，著加恩，分别減免釋放。又免柘城縣民王金等聚衆抗差案内爲從人犯六十七名死罪，發往伊犁、黑龍江等處爲奴。

（清）陸曾禹《康濟録》卷一《前代救援之典》　宋文帝元嘉十二年吴郡大水，錢唐升米三百，以揚州治中從事史沈演之兼散騎常侍巡行拯恤許以便宜從事。演之開倉廩賑饑民。凡有生子者，口賜米一斗，刑獄有疑枉者，悉判遣之。百姓蒙賴。謹案：美哉！元嘉之政，可見稱於天下。後世者葢由饑饉之年，令臣便宜從事。無一人之不被其澤也，民當枵腹離散之際，誰不思邀惠于朝廷，以生其骨月。倘巡行拯恤者，惠此而失彼，有始而無終，民受虚名，仍無實濟，何煩此使爲哉。演之得便宜之權，免掣肘之患，小者不遺于黄口，壯者可釋于囹圄，尚有淚如淫雨並垂于空釜鶉衣之上歟？古云：上有便宜之令，下無專擅之臣。信哉此言也！

（清）陸曾禹《康濟録》卷三下《臨事之政·理囚繫以釋含冤》 安帝立，鄧太后猶臨朝聽政。永平二年夏，京師旱。親幸洛陽寺録冤獄，有囚寔不殺人而被拷自誣羸困，輿見畏吏不敢言，將去舉頭若欲自訴。太后察視覺之，即呼還問狀，具得枉寔，即時收洛陽令下獄抵罪，行未還宫，澍雨大降。謹案：不仁哉！有司之嚴刑也。不肯細心體訪但將五毒迫人，囚不能堪，何冤不受，致令餘威猶在，死不敢言，若非太后英明，此獄烏能得直？今下屬問而上司録，防冤抑也。然而出入難必誰敢再受一番荼毒，故案一定而獄多冤，理其枉而出之者，是在欽恤慎刑之君子矣。

（宋）桂萬榮《棠陰比事·哈雅釋孝》 此亦恆有之，如此試驗亦易，然其事可爲人子勸也。

元布嚕哈雅，太宗時拜燕南諸路廉訪使，未幾授斷事官，使職如故。有民誤毆人死，吏論以重法。其子號泣請代死，布嚕哈雅戒吏使擒於市，懼則殺之，既而不懼，乃曰：誤毆人死，情有可宥。子而能孝義，無可誅。遂並釋之，使出銀以資葬埋，且呼死者家諭之，其人悦從。

（清）張怡《玉光劍氣集》卷七《吏治》 成化時，中官黄賜與陸公瑜、王公概同讞獄，有兄與人争，弟庇之，因而致死者。法司奏抵償，賜欲從末減，二公持不可，賜大言曰：同室之人鬭者，尚被髮纓冠而往救，况其兄乎？正在矜疑之例。二公無以應。

（宋）王欽若《册府元龜》卷六一六《刑法部·議讞》 唐臨，高宗永徽初爲御史大夫。華州刺史蕭齡之坐前任廣州都督受贜，詔文武百官議其罪。皆請處置以勵貪汙，帝將從之。臨奏曰：齡之受委太藩，贜罪狼藉，原情取事，死有餘辜。然既遣詳議，終須近法。臣竊惟議事之官，未盡議刑本意，律有八議，並依《周禮》舊文，矜其異於衆臣，所以制特議法。王族刑於隱者，所以議親；刑不上大夫，所以議貴。明知重其親貴，議欲緩刑，非爲嫉其賢能，謀致深法。今議官多於刑法之外，議令入重，正與堯舜相反，不可爲萬代法。臣既處法官，敢不以聞，乃下詔曰：華州刺史蕭齡之，粤以嘗才，累叨非據，入參九列，出總六條，番禺重鎮，控攝遐遠，心如谿壑，聚斂無厭，不憚典章，唯利是視，豪門富室，必與交通，受納金銀二千餘兩。乞取奴婢一十九人赦後之贜數猶極廣，群僚議罪，請處極刑，奏決再三，即合從戮，但人命至重，每存審慎，又驅策自久，桑榆漸迫，諸子號叫。伏闕求恩，哀矜之心，發自懷抱，宜免腰領之誅；投身瘴癘之地，可除名配流嶺南遠處，庶存鑒誡，頒示天下。

又： 張丹爲愛州刺史，太和中刑部奏據大理寺申准詳斷，安南經略使韓約奏丹犯贜並欲謀惡，事已准法處置訖者，伏以追攝禁勘，即是制因不合，專擅處置，奉三月十九日勑，宜付所司速詳斷聞奏。今據寺申，據律文，反逆謀叛，各有本條，並無欲謀惡事之科文，准律以贜入罪者，除正贜見在流死勿徵據罪。先勒張丹通款估納家資，然後就刑。慮涉情故，又張丹男宗禮、宗智等，年皆幼弱。張丹雖徵，愛州雖遠，且嘗領郡，則謂御思縱合重繩，須候勑命，既歸法寺，必在正名，苟輕荒服之刑，是棄遠人之命，伏以聖朝，以慎恤爲理，以惠澤愛人，每議典刑，必行寬宥。豈使一夫不獲，呑恨九泉，伏請聞奏推覆，方可詳斷所異，事狀明白，法令施行，敕詳覆格律，既在疑文，其張丹男宗禮、宗智等並釋放，贜錢已别有處分，其江陵莊宅等勒却還張宗禮等。

又： 裴潾，長慶中爲刑部郎中，有前率府倉曹曲元衡杖殺百姓柏公成母，法官以公成母死在辜外，元衡父任軍，便以父蔭贖罪徵銅。公成私受元衡資貨，母死不聞公府，法官等以經恩免罪。潾議曰：典刑者，公柄也。在官得施於部屬之内，若非在官，又非部屬，雖有私罪必告於官，爲之理，以明不得擅行鞭捶於齊人也。元衡身非在官，公成母非部屬，而擅憑威力，横此殘虐，豈舍均於嘗典？柏公成取貨於讐，利母之死，悖逆天性，犯則必誅。奏下，元衡杖六十，配流，公成以法論至死。公議稱之。

又： 楊嗣復，長慶中爲中書舍人。時東川觀察使奏遂寧縣令龐驥犯贜事，大理以法論，嗣復等條酌曰：龐驥贜貨之數爲錢肆百餘千，其間大半是枉法，據職定罪，合處極刑，雖經赦恩，不在原免。伏以近日贜吏皆蒙小有矜寬，類例之間，慮須貸死。勑長史犯贜，其數不少，縱寬刑曲，難免鞭笞，但以近逢鴻恩，人思減等，雖節文不在免，於情理亦要哀矜。龐驥量除名，流溪州，其贜付所司准法。

又： 韓思復，睿宗景雲中爲給事中。大理奏汝州刺史嚴善思與逆人重福通謀，君親無將，合從極法。會赦免。又勑召善思，旋即應命。陛下見之日，遂不具陳，唯奏望有兵氣，其狀正當匿反，請從絞刑。思復駁議曰：嚴善思往在先朝，屬韋氏擅内，恃寵宫掖，謀危宗社，善思此時遂能先見。因請相府有所發明，進論聖躬，必登宸極。雖交重福，謀陷韋氏。及其謁見，猶不奏聞，將此包藏，行從極法。且勑追善思，書至便發，向懷逆節，寧即奔命而來？此而可宥，惟刑是恤，制付議者，多請寛之，有司猶不從，奏斷絞刑。思復又駁，奏請從衆議。帝從之，放于嶺表。初，帝在藩，善思爲相府長史，姚元之曰：相王必有天下，公善保護及譙王重福自隨州移于均州，有命便於汝州入謁。善思時爲刺史又言重福當爲天子，因得通謀，洎元之入輔奏前事，召見將拜官焉，而重福敗，善思乃下獄。

又：宇文鼎，大和中爲御史中丞，奏當司前後推覆，造僞出身文書，賣官並造僞印行用等，因張譸、劉建、胡伯忠犯罪，並在太和三年十一月十八日恩赦前准刑部大理寺詳斷，悉處極刑，准斷獄律，赦前斷罪不當者，若處輕爲重，宜改從輕，處重爲輕，即依輕法者。臣以前件因等，雖抵極法，悉經殊恩，或自赦文全生，或因起請減等。伏緣俱引霈澤，累陳訴詞，若非得中，恐未服罪，昨者一與一奪，事關起請，既生又死，稍覺二三。如臣所見，伏請赦書以前犯者，特許減論，赦書以後所犯者，不得援例。庶使後無僥倖，令絶披陳，勑張譸、胡伯忠、劉建等宜准元勑處分。

又：張説爲兵部尚書，玄宗開元十年十月，前廣州都督裴伷先下獄。中書令張嘉貞奏請决杖，説進曰：臣聞刑不上大夫，以其近於君也，故曰士可殺不可辱。臣今秋巡邊，中途聞姜皎朝堂决杖流，皎是三品，亦有微功，不宜决杖廷，辱以卒伍待之。且律有八議，勳貴在焉。今伷先既不可輕，豈可决罰？帝然其言。嘉貞不説，退而謂説曰：何言事之深也。説曰：宰相者時來即爲，豈能長據？君貴臣盡當可杖。但恐吾等行當及之，此言非爲伷先，乃爲天下士君子也。

(元)蘇天爵《元朝名臣事略》卷一二《内翰王文忠公》 九年，上聞天下獄囚滋多，敕諸路自死罪以下，皆縱遣之，期以秋七月來歸京師受刑，及期皆至，上惻然矜憫，悉原其罪。

(明)高拱《高拱論著四種·本語》 予攝吏部時，審録重犯，蓋詳閲文卷者月餘，乃集刑官於朝房，件件面究者又十餘日，又奏請朝審分爲二日，以盡其詳。審時各令盡言，而察其情，頗爲盡心。是時重犯凡四百七十起，乃審出寃獄一百三十九人，其餘尚有情寃而證佐未甚的者，不敢釋也。因知司刑者亦甚草草，至今每一念及，猶甚哀矜焉。

雜録

《周易正義·解》 初六：无咎。解者，解也。屯難盤結，于是乎解也。處蹇難始解之初，在剛柔始散之際，將赦罪厄，以夷其險。處此之時，不煩于位而无咎也。疏：正義曰：夫險難未夷，則賤弱者受害，然則蹇難未解之時，柔弱者不能无咎，否結既釋之後，剛強者不復陵暴。初六，處蹇難始解之初，在剛柔始散之際，雖以柔弱處无位之地，逢此之時，不慮有咎，故曰初六无咎也。《象》曰：剛柔之際，義無咎也。或有過咎，非其理也。義猶理也。疏正義曰：義无咎者，義猶理也，剛柔既散，理必无咎，或有過咎，非理之當也，故曰義無咎也。注有過咎至義猶也。正義曰：或有過咎，非其理也者，或本无此八字。

(清)孫星衍《周易集解·解》 初六，无咎。

解：虞翻曰：與四易位，體震得正，故无咎也。注：解者，解也。屯難盤結，於是乎解也。處蹇難始解之初，在剛柔始散之際，將赦罪厄，以夷其險，處此之時，不煩於位而无咎也。

(清)孫星衍《周易集解·序卦》 緩必有所失，故受之以損。

解：崔憬曰：宥罪緩死，失之則僥倖，有損於政刑，故言緩必有所失，受之以損。

(清)孫星衍《尚書今古文注疏·梓材》 至于敬寡，至于屬婦，注：《大傳》説：老而無妻謂之鰥，老而無夫謂之寡。屬一作嫺。疏：敬寡，即矜寡。《吕刑》哀敬折獄，《大傳》作哀矜，《漢書·于定國傳》。作哀鰥，是敬、矜、鰥音相近，義俱通也。屬與嫺，聲之緩急，假借字。又《説文》有嫣，云弱也。一曰下妻也。屬、嫣聲亦相近，疑亦弱也。《大傳》説，即《杍材傳》。下文又有：幼而無父謂之孤，老而無子謂之獨，行而無資謂之乏，居而無食謂之困，此皆天下之至悲哀而無告者。故聖人在上，君子在位，能者任職，必先施此，使無失職。推經義言之也。云老而無妻者，鄭注《孝經》云：六十無妻曰鰥。鰥，亦作矜，《王制》：老而無妻謂之矜。《大戴禮》云：上古男子五十而娶，故六十曰鰥也。屬，《説文》作嫺，云：婦人妊身也。《文選》崔子玉《清河王誄》云：惠於嫠孀。孀即寡也。此孔壁古文。

（清）孫星衍《尚書今古文注疏·呂刑》 哀敬折獄，注：《大傳》說：子曰：古之聽民者，察貧窮，哀孤獨矜寡，宥老幼不肖無告。有過必赦，小罪勿增，大罪勿纍，老弱不受刑，有過不受罰。故老而受刑謂之悖，弱而受刑謂之尅，不赦有過謂之賊逆，率過以小謂之枳。故與其殺不辜，寧失有罪。與其增以有罪，寧失過以有赦。又說：子曰：聽訟雖得其指，必哀矜之。死者不可復生，斷者不可復續也。《書》曰：哀矜哲獄。疏：敬與矜聲相近，今文作矜。哲即折假音字。《漢書·于定國傳·贊》曰：于定國父子哀鰥哲獄。是亦今文。注：應劭曰：哲，知也。哀矜者，傷上之失教，使囚罹於罪罰也。《大傳》説哀矜爲察貧窮，哀孤獨矜寡，宥老幼不肖無告，《洪範》無虐煢獨之指也。纍者，鄭注云：延罪無辜曰纍。尅即勊字，《說文》云：勊也。勊者，甚也。《大傳》又説雖得其指，必哀矜之，即《論語》曾子云：上失其道，民散久矣。雖得其情，則哀矜而勿喜。

《史記》卷六三《老子韓非列傳》 昔者彌子瑕見愛於衛君。衛國之法，竊駕君車者罪至刖。既而彌子之母病，人聞，往夜告之，彌子矯駕君車而出。君聞之而賢之曰：孝哉，爲母之故而犯刖罪！

《漢書》卷八《宣帝紀》〔地節四年九月〕又曰：令甲，死者不可生，刑者不可息。此先帝之所重，而吏未稱。今繫者或以掠辜若飢寒瘐死獄中，何用心逆人道也！朕甚痛之。其令郡國歲上繫囚以掠笞若瘐死者所坐名、縣、爵、里，丞相御史課殿最以聞。

又：〔元康二年夏五月〕又曰：聞古天子之名，難知而易諱也。今百姓多上書觸諱以犯罪者，朕甚憐之。其更諱詢。諸觸諱在令前者，赦之。

《漢書》卷一二《平帝紀》〔元如四年春正月〕詔曰：蓋夫婦正則父子親，人倫定矣。前詔有司復貞婦，婦女徒，誠欲以防邪辟，全貞信。及眊悼之人刑罰所不加，聖王之所制也。惟苛暴吏多拘繫犯法者親屬，婦女老弱，構怨傷化，百姓苦之。其明敕百寮，婦女非身犯法，及男子年八十以上七歲以下，家非坐不道，詔所名捕，它皆無得繫。

《漢書》卷八六《何武傳》 光等請謁者召嘉詣廷尉詔獄，制曰：票騎將軍、御史大夫、中二千石、二千石、諸大夫、博士、議郎議。衛尉雲等五十人以爲如光等言可許。議郎龔等以爲嘉言事前後相違，無所執守，不任宰相之職，宜奪爵土，免爲庶人。永信少府猛等十人以爲聖王斷獄，必先原心定罪，探意立情，故死者不抱恨而入地，生者不銜怨而受罪。明主躬聖德，重大臣刑辟，廣延有司議，欲使海內咸服。嘉罪名雖應法，聖王之於大臣，在輿爲下，御坐則起，疾病視之無數，死則臨弔之，廢宗廟之祭，進之以禮，退之以義，誅之以行。案嘉本以相等爲罪，罪惡雖著，大臣括髮關械、裸躬就笞，非所以重國褒宗廟也。今春月寒氣錯繆，霜露數降，宜示天下以寬和。臣等不知大義，唯陛下察焉。有詔假謁者節，召丞相詣廷尉詔獄。

《三國志》卷一《魏志·武帝紀》〔裴松之注〕《魏書》載王令曰：去冬天降疫癘，民有凋傷，軍興於外，墾田損少，吾甚憂之。其令吏民男女：女年七十已上無夫子，若年十二已下無父母兄弟，及目無所見，手不能作，足不能行，而無妻子父兄産業者，廩食終身。幼者至十二止，貧窮不能自贍者，隨口給貸。老耄須待養者，年九十已上，復不事，家一人。

《三國志》卷二四《魏志·高柔傳》 初，公孫淵兄晃，爲叔父恭任內侍，先淵未反，數陳其變。及淵謀逆，帝不忍市斬，欲就獄殺之。柔上疏曰：《書》稱用罪伐厥死，用德彰厥善，此王制之明典也。晃及妻子叛逆之類，誠應梟縣，勿使遺育。而臣竊聞晃先數自歸，陳淵禍萌，雖爲凶族，原心可恕。夫仲尼亮司馬牛之憂，祁奚明叔向之過，在昔之美義也。臣以爲晃信有言，宜貸其死；苟自無言，便當市斬。今進不赦其命，退不彰其罪，閉著囹圄，使自引分，四方觀國，或疑此舉也。帝不聽，竟遣使齎金屑飲晃及其妻子，賜以棺、衣，殯斂於宅。

《梁書》卷三《武帝紀下》〔大同十一年〕冬十月己未，詔曰：堯、舜以來，便開贖刑，中年依古，許罪身入貲，吏下因此，不無姦猾，所以一日復敕禁斷。川流難壅，人心惟危，既乖內典慈悲之義，又傷外教好生之德。《書》云：與殺不辜，寧失不經。可復開罪身，皆聽入贖。

《南史》卷二一《王弘傳》 文帝從弘議。弘又上言：舊制，人年十三半役，十六全役。今四方無事，應存消息。請以十五至十六爲半丁，十七爲全丁。從之。

《北史》卷三〇《盧玄傳》 于時，議置六卿，將除大理。思道上奏曰：省有駕部，寺留太僕；省有刑部，寺除大理。斯則重畜産而賤刑名，誠爲不可。又陳殿庭非杖罰之所，朝臣犯笞罪，請以贖論。上悉嘉納之。

《北史》卷八六《循吏傳·張華原》 後爲兖州刺史。華原有幹略，達政體。至州，乃廣布耳目，示以威禁，境内大賊及隣州亡命三百餘人，皆詣華原歸款。咸撫以恩信，放歸田里，於是人懷感附，寇盗寢息。州獄先有繫囚千餘人，華原科簡輕重，隨事決遣，至年暮，唯有重罪者數十人。華原各給假五日，曰：期盡速還也。囚等曰：有君如是，何忍背之！依期畢至。

《舊唐書》卷一五四《吕元膺傳》 吕元膺嘗歲終閲郡獄囚，因有自告者曰：某有父母在，明日元正不得相見。因泣下。元膺憫焉，盡脱其械縱之，與爲期。守吏曰：賊不可縱。元膺曰：吾以忠信待之。及期，無後到者，由是羣盗感義，相引而去。

《舊唐書》卷一五七《王彦威傳》 興平縣人上官興因醉殺人亡竄，吏執其父下獄，興自首請罪，以出其父。京兆尹杜悰、御史中丞宇文鼎以其首罪免父，有光孝義，請減死配流。彦威與諫官上言曰：殺人者死，百王共守。若許殺人不死，是教殺人。興雖免父，不合減死。詔竟許決流。

《舊唐書》卷一八八《孝友傳·李日知》 時用法嚴急，日知獨寬平無冤濫。嘗免一死囚，少卿胡元禮請斷殺之，與日知往復至于數四，元禮怒曰：元禮不離刑曹，此囚終無生理。答曰：日知不離刑曹，此囚終無死法。因以兩狀列上，日知果直。

《新唐書》卷五六《刑法志》 故時律，兄弟分居，蔭不相及，而連坐則俱死。同州人房彊以弟謀反當從坐，帝因録囚爲之動容，曰：反逆有二：興師動衆一也，惡言犯法二也。輕重固異，而鈞謂之反，連坐皆死，豈定法耶？玄齡等議曰：禮，孫爲父尸，故祖有蔭孫令，是祖孫重而兄弟輕。於是令：反逆者，祖孫與兄弟緣坐，皆配没；惡言犯法者，兄弟配流而已。玄齡等遂與法司增損隋律，降大辟爲流者九十二，流爲徒者七十一，以爲律；定令一千五百四十六條，以爲令；又删武德以來敕三千餘條爲七百條，以爲格；又取尚書省列曹及諸寺、監、十六衛計帳以爲式。【略】

京師决死，涖以御史、金吾，在外則上佐，餘皆判官涖之。五品以上罪論死，乘車就刑，大理正涖之，或賜死于家。凡囚已刑，無親屬者，將作給棺，瘞於京城七里外，壙有甎銘，上揭以榜，家人得取以葬。

諸獄之長官，五日一慮囚。夏置漿飲，月一沐之；疾病給醫藥，重者釋械，其家一人入侍，職事散官三品以上，婦女子孫二人入侍。

（唐）王方慶《魏鄭公諫録》卷二《諫解薛仁方官加杖》 蜀王妃父楊譽競婢，爲都官郎中薛仁方留問，未及與奪，其子爲千牛，於殿庭自列云：五品已上，不合留身。以臣父是國親，故生節目，不肯斷決，淹歷歲年。太宗聞之大怒，曰：知是我之親戚，猶作如此艱難，不可容也。即令杖仁方一百，免所居官。公進諫曰：城狐社鼠，皆是微物，爲其所憑恃，除之不易，況外家公主，舊號難理。漢晉已來莫難禁禦，武德之中，已多驕逸，陛下登極方已肅然。仁方既是職司，能爲國家守法，豈可横加嚴罰以成外戚之私乎？此源一開，萬端争起，後必悔之，將無所及。自古能禁此事，唯陛下一人。備預不虞，爲國常道，豈以水未横流便可自毁隄防？臣竊思度，未見其可。太宗曰：誠如公言，向未思耳。然仁方專擅，禁不奏聞，雖不合重罪，宜少加懲肅。笞三十，放之。

（宋）王溥《唐會要》卷二七《行幸》 二十一年九月，太宗辟人，從兩騎幸故未央宫，遇一衛士，佩刀不去，車駕至，惶懼待罪，太宗謂之曰：仗司之失，非汝之罪，今若付法，當死者便數人。因赦去之。

（宋）王溥《唐會要》卷三九《議刑輕重》 六年五月，興平縣民上官興，因醉殺人而亡，官捕其父囚之，興自歸有司請罪。京兆尹杜悰、御史中丞宇文鼎，以興自首免父之囚，其孝可獎，請免死。詔兩省官參議，皆言殺人者死，古今共守，興不可免，久不决。上竟以興免父囚，近於義，依悰等議，免死，决杖八十，配流靈州。

（宋）王溥《唐會要》卷四〇《君上慎恤》 〔貞觀〕三年三月五日，大理少卿胡演，進每月囚帳，上覽焉，問曰：其間罪，亦有情或可矜，何容皆以律斷？對曰：原情宥過，非臣下所敢。上謂侍臣：古人曰，鬻棺之家，欲歲之疫，非惡於人，而利於棺。故今之法司，覆理一獄，必求深刻，欲成其考。今作何法，得使平允？王珪奏曰：但選良善平恕人，斷獄允當者，賞之，即姦僞自息。上曰：古者斷獄，必訊於三槐、九棘之官，今三公九卿，即其職也。自今天下大辟罪，皆令中書門下四品已上，及尚書議之。至三月十七日，大理引囚過次，到岐州刺史鄭善果。上謂胡演曰：鄭善果等官位不卑，縱令犯罪，不可與諸囚同列。自今三品已上犯罪，不須將身過朝堂聽進止。四年十一月十七日制：決罪人不得鞭背。初，太宗以暇日閲《明堂孔穴圖》，見五臟之系，咸附於背，乃嘆曰：夫箠，五刑之最輕者也，豈容以最輕之刑，而或致之死。古帝王不悟，不亦悲夫！即日遂下此詔。

又：六年十二月十日，親録囚徒，放死罪三百九十人，歸于家，令明年秋來就刑其後應期畢至，詔悉原之。

又：八年四月勅：朕比屬暇日，周覽國史，伏覩太宗因閲《明堂孔穴圖》，見五臟之系，咸附于背。乃制決罪人不得鞭背，且人之有生，系於臟腑，針灸失所，尚致夭傷，鞭扑苟施，能無枉横？况五刑之内，笞最爲輕，豈可以至輕之刑，而或致之死？朕恭承丕業，思奉貽謀，言念于兹，載懷惻隱。其天下州府，應犯輕罪人，除罪狀臣蠹，法所難原者，其他過誤罪愆，及尋常公事違犯，並宜准貞觀四年十一月十七日制處分，不得鞭背。今年以後，每立夏至秋已前，犯罪人就州府常條之中，亦宜量與矜減，仍速爲疏理，不得久令禁繫。仍並委御史臺切加糾察，永爲常式。

（宋）王溥《唐會要》卷四〇《臣下守法》　十年八月，冀州武强縣令裴景仙，犯乞取贓積五千匹，事發，上大怒，令集衆殺之。大理卿李朝隱奏曰：景仙緣是乞贓，罪不至死。又景仙曾祖，故司空寂，往屬締構，首參元勳，載初年中，家陷非罪，凡其兄弟，皆被誅夷，唯景仙獨存，今見承嫡。據贓未當死坐，准犯猶入議條。十世宥賢，功實宜録；一門絶祀，情或可哀，願寬暴市之刑，俾就投荒之役，則舊勳不棄，平典斯允。手詔不許。朝隱又奏曰：有斷自天，處之極法。生殺之柄，人主合專；輕重有條，臣下當守。枉法者，枉理而取十五匹便抵死刑；乞取者，因乞爲贓，數千匹止當流坐。若今乞取得罪，便處斬刑，後有枉法當科，欲加何辟？所以爲國惜法，期守律文，非取以法隨人，曲矜仙命。射兔魏苑，驚馬漢橋，初震皇赫，竟從廷議，豈威不能制而法貴有常？又景仙曾祖寂，定爲元勳，恩倍常數。若寂勳都棄，仙罪特加，則叔向之賢，何足稱者，若敖之鬼，不其餒而？捨罪念功，乞垂天聽。遂決杖一百，配流。

（宋）王溥《唐會要》卷五四《省號上・給事中》　十六年，刑部奏請反叛者兄弟並坐，給事中崔仁師駁之曰：誅其父子，足警其心，此而不恤，何憂兄弟。議遂寢。

（宋）范祖禹《唐鑑》卷二　帝謂侍臣曰：古語有之，赦者：小人之幸，君子之不幸。一歲再赦，善人喑啞。夫養稂莠者害嘉穀，赦有罪者賊良民。故朕即位以來，不欲數赦，恐小人恃之輕犯憲章故也！

《舊五代史》卷七六《晉書・高祖紀二》（天福二年八月）丙午，詔：天下刑獄繫囚染疾者，宜差醫工治療，官中量給藥價。事輕者仍許家人看候，合杖者俟損日決遣。

（清）嵇璜等《續通典》卷六七《禮・養老》　後唐莊宗同光元年四月，制曰：諸道管内，有高年踰百歲者，便與給復永俾除名；自八十至九十者，與一子免役，州縣不得差徭。

又：晉高祖天福二年四月詔：天下百姓有年八十以上者，與免一丁差徭，仍令逐處簡署上佐官。

又：遼聖宗統和十六年六月詔：婦人年踰九十者，賜物太平。四年二月詔：賜諸宫分耆老食。金世宗大定二十五年四月詔：會寧府百姓年七十以上者，補一官。九月次希沙河賜百歲老嫗帛。

又：元成宗大德九年六月詔：賜高年帛八十者一匹九十者二匹親年七十別無侍丁者，從近還除。時立皇子德壽爲皇太子。順帝至正元年十二月詔：民年八十以上者，蒙古人賜繒帛二表裏，其餘州縣旌以高年耆德之名，免其家雜役。

又：明太祖洪武元年詔：民年七十以上者，許一丁侍養與免雜泛差役。五年詔：中外學宫，行養老之禮。十九年詔：所在有司審耆老，不係隸卒倡優。年八十、九十，鄰里稱善者，備其年甲。行實具狀，奏聞貧無産業者，八十以上月給米五斗、肉五斤、酒三斗；九十以上，歲加給帛一匹、絮五斤；雖有田産，僅足自贍者，所給酒肉、絮、帛亦如之。

（宋）李燾《續資治通鑑長編》卷九〇《宋真宗天禧元年》　糾察在京刑獄司言：自今開封府斷罪人，有微疾者望令斟酌決遣。兩軍巡院合要證佐之人，並非本府或三司，無得專擅追攝。

（宋）李燾《續資治通鑑長編》卷三三三《宋神宗元豐五年》　開封府言：令文：諸老幼疾病犯罪應罰銅而孤貧無以入贖者，取保矜放。本府日決獄訟，應贖者多孤獨貧窮，又無鄰保，不免責廂巡狀，以便取保之文。自今乞從本府審察，貧乏直行放免。從之。

（清）徐乾學《資治通鑑後編》卷一一九《宋紀一一九》　乙未，慮繫囚老幼疾病流以下聽贖，杖以下釋之。詔諸州長吏平決獄訟，申理冤濫。

（清）徐乾學《資治通鑑後編》卷一二一《宋紀一二一》　時有監階州倉草場苗豆者以贓獲罪，黥之。丙戌，起居舍人兼權中書舍人呂本中奏曰：近歲官吏犯贓多抵黥罪，臣竊謂既名士人，行法之際宜有所避，況四方之遠或有枉濫，何由盡知？如遽加此刑，異時察其非辜，雖欲拔拭，其可得乎？若祖宗以來此刑常用，則紹興權臣當國之時，縉紳遭刑，殆無遺類矣。願酌處常刑以稱陛下仁厚之意，疏再上，從之。

（清）徐乾學《資治通鑑後編》卷一四二《宋紀一四二》　是年二月，疾篤脉絶。第六皇后特默津氏不知所爲，召楚材問之，楚材對曰：今任使非人，賣官鬻獄，囚繫非辜者，多宜赦天下。后亟欲行之，楚材曰：非君命不可。頃之，蒙古主少蘇，后以爲言，乃首肯之。赦發而脉復生，翼日而瘳。

（宋）呂中《宋大事記講義》卷一二《仁宗皇帝·恤刑獄行赦宥》　天聖四年夏五月詔：大辟疑者以聞。其後，奏請多得貸議。五年十一月郊，丁謂更不原赦。古之赦者赦無罪，今之赦者赦有罪。祖宗郊恩雖厚，贓吏有赦不原，奸臣如丁謂亦不原赦，則非赦有罪也。至崇觀奸臣及其鋒而用之，而元祐元符之黨，不以赦原矣。

《金史》卷四五《刑志》　時后族有犯罪者，尚書省引八議奏，上曰：法者，公天下持平之器，若親者犯而從減，是使之恃此而横恣也。昔漢文誅薄昭，有足取者。前二十年時，后族濟州節度使烏林達鈔兀嘗犯大辟，朕未嘗宥。今乃宥之，是開後世輕重出入之門也。宰臣曰：古所以議親，尊天子，别庶人也。上曰：外家自異於宗室，漢外戚權太重，至移國祚，朕所以不令諸王、公主有權也。夫有功於國，議勳可也。至若議賢，既曰賢矣，肯犯法乎。脱或緣坐，則固當減請也。

《元史》卷八《世祖紀五》　樞密院言：兩都、平灤獵戶新簽軍二千，皆貧無力者，宜存恤其家。又新附郡縣有既降復叛，及糾衆爲盗犯罪至死者，既已款伏，乞聽權宜處决。皆從之。

《元史》卷一七《世祖紀十四》〔至元二十九年五月〕丁未，中書省臣言：妄人馮子振嘗爲詩譽桑哥，且涉大言，及桑哥敗，即告詞臣撰碑引諭失當，國史院編修官陳孚發其姦狀，乞免所坐遣還家。帝曰：詞臣何罪！使以譽桑哥爲罪，則在廷諸臣，誰不譽之！朕亦嘗譽之矣。詔以楊居寬、郭佑死非其罪，給還其家資。

《元史》卷三三《文宗紀二》　因在獄三年疑不能决者，釋之。民間拖欠官錢無可追徵者，盡行蠲免。命通政院官分職往所在官司，簽補逃亡驛戶。

《元史》卷四四《順帝紀七》　搠思監糾言哈麻及其弟雪雪等罪惡，帝曰：哈麻兄弟雖有罪，然侍朕日久，與朕弟懿璘質班皇帝實同乳，且緩其罰，令之出征自效。

《元史》卷一〇二《刑法志一》　贖刑附　諸牧民官，公罪之輕者，許罰贖。諸職官犯夜者，贖。諸年老七十以上，年幼十五以下，不任杖責者，贖。諸罪人癃篤殘疾，有妨科决者，贖。

《元史》卷一二四《蘇克傳》　受命方出，有回回六人訟事不實，將抵罪，遇諸途，急止監者曰：姑緩其刑，當入奏。復見帝曰：此六人者，名著西域，徒以小罪盡誅之，恐非所以懷遠人也。願以賜臣，臣得困辱之，使自悔悟遷善，爲他日用，殺之無益也。帝意解，召六人讓之曰：生汝者速哥也，其竭力事之。至雲中，皆釋之。後有至大官者。其寬大愛人多類此。

《元史》卷一六〇《王磐傳》　帝以天下獄囚滋多，敕諸路自死罪以下，縱遣歸家，期秋八月，悉來京師聽决，囚如期至，帝惻然憐之，盡原其罪。他日，命詞臣作詔，戒喻天下，皆不稱旨意，磐獨以縱囚之意命辭，帝喜曰：此朕所欲言而不能者，卿乃能爲朕言之。嘉奬不已，取酒賜之。

（清）徐乾學《資治通鑑後編》卷一七八《元紀二六》　江南行省平章命提刑按察司簽事分巡郡縣録囚：凡笞罪者，釋之。杖者減半，重囚杖七十，其有贓者免徵。武將征討有過者，皆宥之。左右或言去年釋罪囚，今年又從末減，用法太寬，則人不畏法，無以爲治。平章曰：自喪亂以來，民初離創殘，以歸於我，正當撫綏之，况其間有一時誤犯者，寧可盡法乎？大抵治獄以寬厚爲本，而刑新國則宜用輕典，若執而不變，非時措之道也。

《元典章》卷三九《刑部・刑制・刑法・做罪過的不疎放》 皇帝登宝位詔書裏：該着赦，不可頻数。麽道，這般行了呵，去年冬間，又開了詔赦來。那之後，因着做好事，節次放了的罪囚多有。爲這般上頭，皇帝根底奏呵，今後休教放者。聖旨有來。如今星芒天旱、百姓缺食的其間，似這般有罪過的歹人每放了呵，被害的人每冤氣無处伸告，傷着和氣。今後做罪過的歹人每依体例交問了，要罪過不疎放呵，歹人每怕懼也者。更外頭做官的人每犯罪，拏着問的其間，使見識，交奏啓了，傳奉聖旨。

《明史》卷一五《孝宗紀》 敕法司曰：曩因天道示異，敕天下諸司審録重囚，發遣數十百人。朕以爲與其寬之於終，孰若謹之於始。嗣後兩京三法司及天下問刑官，務存心仁恕，持法公平，詳審其情罪所當，庶不背於古聖人欽恤之訓。

《明憲宗實録》卷八二《成化六年八月》 癸丑，詔曰：朕以眇躬，君臨海宇，惟上天付畀之重，祖宗創守之艱，常懷惕勵，罔敢怠遑。所冀民物康阜，協于至治，而志勤道遠，厥效未彰。比者災沴荐臻，畿甸尤甚，三時不雨，一雨連旬，旱澇相仍，民食缺乏。循省厥咎，在予一人，百姓何辜？罹兹艱厄，興言及此，良用惻然。夫篤近舉遠者，古之規。視遠猶邇者，朕之志。爰推憂勤之念，普施寬恤之仁，所有合行事宜條例于後的：一、內外衙門見監問罪囚，除真犯死罪不宥外，其餘徒罪以上降等發落，杖罪以下，悉皆寬宥，有已發做工運磚運灰納米等項未完者，悉皆宥免。內有貪淫官吏監生知印承差，贓證明白者，發回原籍爲民。一、成化六年、順天等八府并各處奏報災傷，曾經官司踏勘明白者，該徵税粮子粒、馬草，悉與除豁，其有薄收者，照依分數減免。一、各處軍民，有先年拖欠税粮、馬草、子粒，戶口、食鹽、鈔錠，并派買廚料、果品等物，順天等八府自成化五年十二月以前，俱免追徵。其南北直隸并各布政司自成化四年十二月以前，悉皆蠲免。一、在京各營、在外各邊，騎操馬匹，并順天、南北直隸、河南、山東被災去處，軍民孳牧寄養馬騾并駒，自成化六年八月初一日以前，一應倒失虧欠等項，并有例停候買補及遇例漏報者，所司查勘明白，悉與蠲免。其上林苑監蕃育良牧等署，今年有因水患虧損牲口，曾經具奏查勘明白者，悉免追倍。一、南北直隸、山東、河南等布政司，被災州縣，有拖欠內外衙門，坐派採買松木、長柴、椴木、楊木、榆槐雜木、椽子、窯柴、薥稭、蘆葦、蒲草、荊條、糠麸、麥穗、稻皮、土硝、堯末、墨煤、麻觔、牛觔、金箔、銀硃、二硃、白綿羊毛、白硝羊皮、紅真黃牛皮、白甸驢皮、前截藍靛、紅黃熟銅、生漆、香油、片腦、三枝條西碌、硼砂石、大等青燒造罈餅，紅土、青土、熏皮草、歲皮翎，採捕野味、白山羊角，黑鉛、紅花、黃蠟、生銅、猫竹、水牛底皮、鹿皮等料，自成化四年十二月以前未徵者，盡行停免，已徵在官者，仍令鮮納，不許因而侵尅。一、各處起鮮糧草等項中，途有遇水火，盗賊，曾經所在官司告勘明白，申達到部者，悉免追倍。敢有乘機作弊侵欺入己者，事發治以重罪。一、順天等八府、山東、河南等處被災軍民有承佃住種，各王府、各公主府、及內外官員之家，田地、莊園拖欠租米，自成化五年十二月以前，并今年見有災傷無收去處免追。一、成化六年分各處戶口食鹽糧鈔，盡數蠲免，有已徵在官者，准作下年之數。以後只徵鈔貫，不許折收銀米等物。一、成化六年七月初一日以前，各處失班人匠并免罰工，止當正班及內外衙門皂隸、馬夫，有在逃曠役者，並免補役，不許一概勾擾。一、長蘆鹽運司被災場分今年該徵鹽課，即與驗實，除豁。一、北直隸、河南、山東清軍御史俱暫取回。被災去處，清出軍丁俟明年秋成起解，無災去處仍令司府州縣委官清鮮，不許扶同作弊。違者罪之。一、天順八年以後，官軍有為事調發兩廣等處，不曾到衛者，文職有為事問發爲民，累訴冤枉者，限十日以裏赴通政司首告。官軍改調北邊衛分差操。文職無贓者，令冠帶原籍閒住，俱不許潛住京師，違者聽四鄰舉首押發極邊地面充軍，容留之家一體治罪。一、各處人民但有被災缺食者，有司設法賑濟。流移者招撫復業，務體朝廷仁恤之心，不許坐視民患。一、各處預備倉糧，本以賑濟饑民。近來有司通同下人作弊多端，民不受惠。今後務要驗實放支，抵平收受，不許過取。合干上司，宜用心提調督察，毋事虚文。一、荊襄南陽等處，流民拋棄鄉土。良可矜憫，詔書到日，凡一應罪犯，悉宥不問。該管官司用心撫諭，願回（願）〔原〕籍者，照例優恤；已往成家不願回者，聽令附籍當差。一、凡民間利有當興，弊有當革，及一切便民之事，許所司具實開奏，毋有容隱。於戲！朕體上天好生之德，用嘉惠于吾民。爾中外大小臣僚尚體朕恤民之意，務求臻於實效。故兹詔示，咸使聞之。

《皇明詔令》卷五《成祖文皇帝中·寬宥詔永樂四年十二月初六日》 奉天承運皇帝詔曰：朕惟聖帝明王之於天下，體天地之心，順萬物之宜以爲治。朕荷天命，承皇考鴻業，即位以來，夙夜兢惕父母斯民之道，惟恐不至。刑措之風，未臻其極，比見有犯法者，心甚憐之，故屢敕法司，以人命至重，議獄審覆，務先寬大，不事苛細，毋使冤抑。尚慮有司奉行不謹，致令良善罹於憲條，雖欲改過，其道無由。今又赦天下，嘉與惟新。

《皇明條法事類纂》卷一《問刑官講讀律令法司有缺儘問刑進士選〔補〕例》 竊惟國家大事，莫先於刑獄，所重莫先於人命。蓋以死者不可復（坐）（生），斷者不可復（坐）（續）。一女含冤，三年不雨，匹夫結怨，六月飛霜，以其冤抑之氣，有傷天地之和也。（名）水旱之災，自古帝王莫不慎之，故《舜典》有欽恤之言，《周書》有敬慎之戒。下至漢、唐，法家多取專門；趙宋刑官，設科取士，皆所以慎刑獄而重人命也。仰惟我太祖高皇帝膺天眷命，掩有萬方，臨御之初，屢詔大臣（受）〔修〕定新律，至於五六，爲之弗倦，以求至當。復命刑官重會衆律，親御宸翰，爲之裁定，務協厥中，於人命尤致意焉。是以當時司刑官員，多所用心於律意，務爲講明，鞫獄之際不致失平，陰陽以和，風雨以時，而天下無冤民矣。

（明）何廣《律解辯疑·大明律》卷一《名例律》 凡犯死罪，非常赦所不原者，而祖父母、父母老疾應侍，家無以次養親。議曰：老疾應侍者，先王立法，重不致於傷恩，輕不致於害義也，謂文王發政施仁，必以鰥寡孤獨爲先。我朝以仁而統天下者，設以養濟院存恤孤老，給以衣糧。民間八十以上，賜以衣帛酒肉，俾疲癃殘疾得其所，鰥寡孤獨得其養。民之誣犯憲章，死罪者，取自上裁；徒流者，止杖一百，餘罪收贖。存留養親，故謂老疾應侍。

（清）蔣良騏《東華録》卷九《康熙九年二月》 二月，諭刑部：盜案内論死者甚多，其爲誣引株連亦或有之，宜加詳勘。至於夾棍乃慘痛之刑，必不得已而後可用，其慎之毋忽。又諭刑部：流徙尚陽堡、寧古塔罪人，衣絮單薄，凍斃於路，甚爲可憫。自今十月至正月及六月俱勿遣。

（清）蔣良騏《東華録》卷二一《康熙四十八年六月》 山西撫噶禮言：原任工部尚書楊義身故無嗣，亦無同宗應繼之人，請將遺産照例入官。部議從之。其田十七頃，恐估價短少，令核實增估。旨：楊義曾爲大臣，並無過犯，今因其無嗣，即將家産入官，竟與罪人無異，非待大臣之道。此事關係體統，着查例再議。尋議覆：戶絶無嗣，家産入官，本有定例，應照例入官。臣等仰體聖意，請于中撥田二百畝，爲楊義祭掃之用，交伊家人管領。從之。

（清）蔣良騏《東華録》卷二二《康熙五十四年十一月》 諭刑部：翰林何焯朕欽賜以舉人進士，伊當終身感激，乃生性不識恩義，將今時文章比之萬曆末年，將伊女兒與胤禩撫養，又爲潘（來）〔耒〕之子夤緣，罪應正法。姑念其稍能記誦，從寬免死，著將伊官銜並進士舉人革去，在修書處行走。

（清）蔣良騏《東華録》卷二五《雍正元年四月》 福建巡撫黄國材疏稱：本朝定例，自順治八年奉有熱審減等之例，遵行甚久，康熙四十三年停止熱審，蓋恐罪人希冀減等，挨延時日，不無夤緣賄縱之弊。但近年來夏月必特沛恩綸，暫釋刑具，臣見閩廣下濕，監犯之苦最甚。伏思皇上慎重民命，直省讞案，必親加詳察，多予矜全。臣以爲宜復熱審舊例，准減等，如慮延挨倖免，則嚴飭各官，按限完結，毋任胥吏作弊遲延，庶囹圄悉蒙寬恤之仁矣。上嘉納之。

（清）蔣良騏《東華録》卷二七《雍正三年七月》 七月，追年羹堯恩賞團龍補服、黄帶、雙眼翎、紫轡等物，及硃批摺奏，並令繳入。革將軍職，授閒散章京，在杭州効力。内閣詹事九卿科道等合詞參奏：年羹堯受聖祖仁皇帝豢養深恩，又蒙皇上殊恩異數，不思公忠爲國，貪婪成性，驕横居心，顛倒官常，草菅民命，按其罪狀，罄竹難書。幸聖恩不即加誅，令其回奏，仍復怙惡不悛，更肆欺罔。請亟罷斥，立正典刑。得旨：年羹堯爲川陝總督，貪婪放縱，（網）〔罔〕利營私，即宜治罪。因其青海之功，尚欲委曲保全，罷其總督，授爲杭州將軍，令其効力，以贖前愆。乃今〔思〕〔事〕事敗露，不料欺罔悖逆之罪至於此極，使更加寬宥，將來何以示懲？此奏乃在廷公論，而國家賞罰大事，必諮詢内外大臣，僉謀畫一，可令將軍督撫提鎮，各抒己見入奏。

（清）鄂爾泰等《世宗憲皇帝硃批諭旨》卷五一《硃批法敏奏摺》 湖北地方七月内，正濕熱交蒸，臣到任後，監犯報病者不一而足，因即轉飭各屬，將輕罪人犯查明保候，重罪人犯嚴禁獄卒等凌虐，以廣皇仁。

（清）鄂爾泰等《世宗憲皇帝硃批諭旨》卷六二《硃批甘汝來奏摺》 奏爲仰體聖心欽恤民命，請定緩決限年減等之例，以廣皇仁事。欽惟我皇上德合乾坤，明同日月，凡居覆載照臨之下，昆蟲草木無不咸被生成。尤念刑獄關係民命，每有讞決詳慎哀矜復熱審減等之例，沛情實停決之恩。

〔硃批〕仁之一字如何可以私意廣得，况緩決之犯並非矜免之人，如何可以限年減等，如應減等發落者，又何必定限數年令其淹禁囹圄？此等意見，朕不解是何仁政。昆蟲草木咸被，上蒼生成，與朕何涉？但獲罪於天之昆蟲草木應受天譴，甘汝來未必得知耳。朕代天理物，豈可以私恩釣仁慈之譽，濫釋獲罪於天之姦盗重犯，及朋黨之徒耶？朕不敢爲也。

恩屢諭内外司刑諸臣虚公平允，不使少有枉濫，雖泣罪解網之仁未有如今日者也。

〔硃批〕朕但知此十字爲恤刑之要，不解泣罪解網之仁，此乃甘汝來謗朕也。

（清）鄂爾泰等《世宗憲皇帝硃批諭旨》卷六八《硃批樓儼奏摺》 奏爲恭請聖裁事。竊查外省秋審情實重囚，向無三覆之例，雍正二年四月，蒙皇上如天好生之仁，勅下法司亦照朝審之例，三次覆奏，且往往仰沐恩綸停決，若情稍可矜者，則莫不予以末減。至所擬緩決人犯内或因忿激還毆，殺非有心，或因無知聽從，首兇已決，或因卑幼犯尊長，情尚可原，並有竊贓滿貫，審無拒傷情事，及續獲夥盗逃犯，未獲監候待質者，每歲俱沐皇恩，准予緩決。普天率土，共沐我皇上寬大洪仁，尚有何可妄陳末議之處？惟是此等緩決人犯，皆係歷次奉文監候，歲復一歲，每至七八九年，仍復監禁，甚有已歷秋審十次之外，自犯事審招至今，其錮禁囹圄者，已十有餘載，此雖罪犯應死，法無可逭，第既久沐皇仁，歷予緩決，則已得有生機，若仍遞年淹禁，必致久化獄燐，無以昭示皇上矜恤民命之至意。臣愚以爲此等秋審已歷數次緩決人犯，如已不復論決者，仰懇皇上天恩，勅部酌量情罪重輕，作何減等發落，庶餘生之犯，得以始終沾沐天恩，而牢獄無積年淹禁之囚矣。臣之管見如斯，是否有當，伏乞皇上睿鑒施行。謹奏。殊屬聾瞽之論奏也。

《皇朝通志》卷七五《刑法畧一·刑制》 凡監禁，死囚禁内監，軍流以下禁外監。其强盗、十惡、謀故殺，及奉特旨拏問之犯，手足頸各繩三道；竊盗、鬭毆人命，及軍流徒犯之情重者，手足頸各繩一道；情輕各犯及罪止杖笞，與婦人犯輕重罪者，止繩頸一道；老幼廢疾者，散禁；婦人犯罪應禁者，皆別置一室。以年老、殘廢、隸卒在室門外監之；官員犯公罪自流以下，私罪自杖以下，皆散禁，並責令禁卒看守，輕重不許混雜。鎖杻常須洗滌，蓆薦常須鋪置，冬設煖牀，夏設凉漿。獄囚日給倉米一升，冬給綿衣一襲，看犯支更禁卒，夜給燈油；患病者令醫官胗視給藥，並酌寬刑具。禁卒爲主守犯，有逸則罪之。

《皇朝通志》卷七六《刑法畧二·刑制》 如所犯果出無心，情有可原，則臨時酌量加恩，未爲不可。若豫著爲令，是於未有過之先，即以不肖待之，名爲從厚，實乃至薄也。且使恃有八議之條，任意爲非，必有自干大法。而不止者，是又以寬容之虚文，特陷之於罪戾矣。今修輯律例，八議之條仍令載入，特頒諭旨，俾天下曉然於此律之不可，爲訓親，故人等亦各知所儆惕而重犯法，是則朕欽卹之至意也。

《皇朝通志》卷七八《刑法畧四·刑制》 其可矜人犯，内如子婦不孝詈毆翁姑，其夫忿激致斃；或因該犯之母素有姦夫，已經拒絶，後復登門尋衅，以致拒毆致斃者。此等情切天倫，一時義激，與尋常鬭狠者不同。刑部會同九卿查核，遇有似此罪犯，案情既確，俱量爲區別，照免死減等例再減一等發落，仍逐案隨本聲明請旨。

又： 罪干服制，由立決改爲監候者，刑部於秋審時俱入情實，彙爲一册。先期進呈候勾，俟經兩次免勾之後，大學士會同刑部堂官將此等人犯招册，覆加詳勘，其有情節可寬者，摘敘案情確加看語，請旨改入緩決。緦麻服屬人犯，於停勾二次之後，亦照期功以上例，大學士會同刑部一體省核，改入緩決。

又：其有實在情節可寬，如弟毆兄斃，或果因其兄干犯父母迫於親命，或素有瘋疾一時病發，凡似此類，酌量分別敘述案情，確加看語，請旨即入緩決。蓋倫常所繫，不猒周詳，朕於勾決册內，已再三審量，更一畨公同斟酌，則情節益明，庶協明慎用刑，矜恤民命之至意。著爲令。

又：四十四年諭：勾到湖廣山東等省秋審人犯内王成、馮文煒二犯俱砍殺一家六命，其子應行緣坐。王成之子王喜娃年僅十歲，馮文煒之子馮大甫年僅六歲，馮二甫年僅二歲，刑部俱擬入情實，應斬。本屬例所宜然，王成、馮文煒兇惡已極，即將伊全家抵死僅足相償，實爲情真罪當。而刑部定例將殺六命之已絶嗣者，其子均擬斬決；若尚未絶嗣者，擬斬監候，而於緣坐者之年歲未爲區别。因念二犯緣坐之子犯事時年僅數歲，尚在童稚無知，若概予駢誅究覺不忍，是以均未予勾，此即朕之姑息，然仰體上天好生之心，毋寧失之厚耳。惟是此等兇孽留其喘息，已屬法外之仁，若伊等長成後或遇赦減等釋宥，仍聽婚配，俾有遺孽，將何以昭示平允？並何以慰死者之心？嗣後遇有此等兇犯，緣坐之子年在十一歲以上者，仍照見行之例辦理，如在十歲以下者，俱著問擬斬候永遠監禁，雖遇赦不準減釋，令其老死囹圄。庶於準情之中仍不廢法。著爲令。

《皇朝通志》卷七九《刑法畧五・刑制》二十三年諭：軍流人犯甫離刑獄，一綫僅存，盛暑、嚴寒必致危亡。今皆停遣。

又：二十五年諭：獄訟重情，關繫民命。今天氣炎熱，恐有情可末減者淹斃囹圄。朕心不忍，特遣大臣會同三法司詳審具奏，直省督撫一體遵行。五十年停止熱審，諭：爲政惟以真誠爲尚，徒博矜憫之虚名，遇熱而審，遇寒而審，不時遣官卹刑。將督撫審讞案牘頻飭駁改，則貽累滋多，互訐之端，何所底止？夫有司簡清辭訟，速結案件，即爲良吏，雖不熱審亦無所害。著通行問刑衙門知之。

又：我聖祖仁皇帝如天好生，每歲夏月必特沛恩綸，監候者免其刑，具枷責者緩至秋凉。雖停熱審之例，仍寓減等之心，澤至渥也。朕仰體聖慈，時深欽卹，仍復熱審減等舊例，其監禁重犯亦量加寬卹，至情罪可疑及牽連待質人等暫予保釋，竢秋後再行拘禁。凡内外一體詳慎遵行。其有故意遲延希圖漏網者，本犯不準減等，官吏嚴加議罪。二年諭：刑名重

務未能清理，下傷民命即足上干天和。朕於讞獄再三詳慎，法外從寬者不可勝數，並未冤抑一人，此亦可自信者。爾等執法之官，固宜外示嚴明，亦須中存仁恕。

又：聲請之案，不過尋常鬬毆等類，斷不至入於情實，徒使淹禁囹圄，不得侍養，而窮老孤孀無所倚賴，深可軫惻。朕思此等罪犯本非有謀故重情爲常赦所不原，既經定擬本罪，拘繫逾時，已足馴其桀驁之氣，應量爲末減，俾得自新。上年秋審此等案犯，經九卿定擬矜減者止有二起，餘仍監候，著該部察明。

又：十七年諭：朕命刑部察奏命盜等案，因贓跡未明監候待質者，共五十四案，内康熙年間一案，雍正年間十一案。而自乾隆元年至十七年統計，已未入秋審者積至四十二案，雖年遠之案漸消漸少，近者則積而見多。然使於辦理之初，即能詳慎研究，務在得情，則監候之案何至如此！即此亦可見，近來辦事，諸臣不如從前之實心振作矣。此非使無辜之人久繫囹圄，即使應辟重犯久羈顯戮，而犴狴之中淹禁多人，亦非所宜。皆因承審各官不能實力辦理，又或刑部司員以有遵駁改正議敘之例，多尋罅漏，外省無以登答，轉成疑案，一經題明監候待質，即束之高閣，而接任之員又以非本任之事率多因循，殊非明慎用刑而不留獄之意。

又：是年以天氣炎蒸，命熱審減等，展至處暑日爲止。越旬日，雨澤尚未霑足。復諭：刑部仍行減等，俟雨足後照舊辦理。十九年諭：將乾隆十五年以前親老丁單之犯，原題未經聲敘者，傳諭各該督撫，據實覈明，一例入册，量予末減，以示矜卹。

《皇朝通志》卷八〇《刑法畧六・赦宥》臣等謹按鄭《志・刑法畧》所述赦宥。凡大赦、曲赦槩置不録。蓋以曆朝赦令繁多，難於枚舉，故從簡畧。我朝刑法協中，毋枉毋弛，列聖以來，恭遇慶覃大典，或逢水旱偏災，則必有德音下逮，以施法外之仁，既敬謹摘録而於停止勾決之年亦編次如左。查《會典・赦宥》，概以欽恤。今析出，各自爲卷，從鄭例也。

又：凡直省偶值雨澤愆期，應請清理庶獄，除徒流等罪外，其各案内牽連待質，及笞杖内情有可原者，該督撫一面酌量分別減等，一面奏聞。天命十年九月詔：赦國中死罪以下人犯。

又：十三年九月皇上御極，詔赦天下。十二月恩詔：犯法婦人，除

十惡不赦外，其餘盡行赦免。乾隆元年六月諭：明刑敕法，國之大典。而肆赦所加，原以昭法外之仁也；恩詔之頒，期以息事寧人，使遠邇咸知遷善改過，共爲良民，以成太平之治。乃聞各直省於一切案件，仍以提審、駁審，嚴刑酷夾，恣意株連，使無辜之人困於囹圄，細微之事刻爲鍜鍊，含冤稱屈所在多有。夫罪名未定，案情未協，或有仍須審詳者，但既非犯在不赦，則斷讞亦易成招，若使合於赦欵之人，不得即邀赦免之澤而以酷刑斃命，或因拖累破家，則後即審明援赦，亦已無及。是朝廷已生全之，有司故戕害之，藐視功令，殘虐民生，莫此爲甚！且頒詔之後已逾半年，而題結、咨結、批結之案，尚屬寥寥，遲玩已極，著刑部即行。令各該督撫速行嚴飭，各屬立即詳慎察明，逐一詳報，歸結省釋，如有仍前濫刑擾累，及擔延滋弊，以沮抑國家德意者，一經察出，罪有攸歸，斷不輕貸。即刑部所有案件，亦即速爲剖晰，勿致沉擱以副。朕哀矜庶獄之至意，是年奉旨：本年秋審情實人犯，著停止勾次。二年、五年、六年、八年、九年、十一年、十三年、十五年、十六年、十九年、二十六年、三十六年、四十五年、並同。又諭：直省秋審册内，有自康熙五十二年至雍正三年以前，皆繫緩決者，著九卿科道等逐一詳加察覈，悉心簡閲，酌予減等。

又：十月諭：乾隆四年，朕曾降旨：秋審、朝審緩决五次以上之人犯，酌其情罪稍輕，尚可貸以生路者，比照兇盜免死減等之例，充發邊遠烟瘴地方。較之可矜減等杖流之例爲重，較之永遠監禁之犯爲輕，其情罪可惡者，雖經多次緩決，亦不在減等之例。

又：今已隔數年，監禁之犯倍多於前，久繫囹圄亦屬可憫。著大學士、九卿仿照乾隆四年之例，悉心辦理，分别請旨。再情實未勾人犯内，或有情罪稍輕，可以照此辦理者，亦著大學士會同刑部分别具奏。

又：十六年正月諭：直省朝審、秋審，各犯緩決至三次以上者，即著該部察明，酌量案情，分别請旨，減等發落。二十六年、三十年、三十四年、三十六年、四十一年、四十九年，並同。十八年諭：著該部察明，朝審、秋審各犯，酌其情罪稍輕，緩決至三次以上者，分别請旨，減等發落。此外，有情罪本重，累年辦理，未經寬減而定案，在康熙、雍正年間，緩決十餘次至數十次内，有一綫可原者，亦著察明，分别請旨。二十年以平定伊犂，詔赦天下。除謀、故殺外，如原無讐隙，偶因一時忿激相毆，傷重致死者，將兇犯免死，決杖一百，照例追銀四十兩，給死者家屬。軍流以下人犯槩予減等發落，除十惡不赦、犯法婦人，盡行赦免。現在内外監候質審，及干連人等久禁囹圄，恐致無辜瘐死，著槩行釋放。

又：五十年以國祚綿長，初逢大衍，詔赦天下。又奉諭：本年舉行千叟宴盛典，官民、耆老咸得普被恩施，用彰錫福。其直省軍流以下人犯，亦於恩詔内，槩予減等發落。惟罪犯斬絞，情節不至予勾，或本擬緩決者，俱應牢固監禁。

又：該犯等因身罹重辟，雖年已老邁仍不免羈禁囹圄，未得一體邀恩。朕心深用惻然，著刑部堂官於朝審、秋審情實未勾並原擬緩決、斬絞人犯内，詳加查核，除近年新事及舊案，年未及七十者，仍牢固監禁，外其餘年七十以上，未經予勾，及本擬緩決之犯，著加恩分别，減免釋放。該部詳悉妥議具奏。

《皇朝文獻通考》卷二五《職役考五》 奉諭旨申飭云：朕親祭曲阜，即衍聖公，尚當躬自却掃，豈有轉庇廟戶，歸咎有司之理？今據白鍾山查明，有糧之家依托廟戶，影射居奇，及飭該縣退還價買糧石等事。孔昭煥本應交部治罪，姑念其爲聖人後裔，著加恩免其交議。

《皇朝文獻通考》卷一九七《刑考三・刑制》 又命刊刻《毆殺律》，頒示儆衆。諭刑部：朕披覽奏章，其中故殺、謀殺者尚少，而以鬬毆傷人者甚多，或因口角相争，或因微物起釁，揮拳操戈，一時殞命，及至抵罪，雖悔何追？此等愚賤鄉民不知法律，因一朝之忿貽身命之憂，可爲憫惻。古人有月旦讀法之典，聖祖仁皇帝上諭内又有講律法以儆愚頑之條，欲使民知法之不可犯，律之無可寬，畏懼猛省，遷善而改過也。但律法包舉甚廣，一時難以遍喻。今將毆殺人命等律逐條摘出，疏解明晰，令地方有司刊刻散布，處處張掛，俾知鬬毆之律尚如此，則故殺、謀殺更可知矣。時存提撕警覺之心，以化其好勇鬬狠之習，庶命案可以漸少，以副朕好生慎罰之至意。

《皇朝文獻通考》卷二〇一《刑考七・刑制》 臣等謹按三十五年六月刑部題覆：西安民婦老趙氏因偏愛伊女，圖分田産，將寡媳趙氏縛毆空屋，欲令餓斃，經伊孫王磨折兒咬繩潛逸。老趙氏慮其年長記讐，令雇工焦喜財哄誘王磨折兒掀入井内，用石塌斃。老趙氏問擬杖徒，法司議以不准收贖。上以老趙氏不惜伊夫伊子，永絶宗嗣，忍心慘毒，著發往伊犁給厄魯特爲奴。刑部於林朱氏一案准此科斷，然林朱氏因姦殺媳，其淫兇殘忍，較之老趙氏因偏愛殺孫，情罪尤重，一例科斷，實不足以蔽辜，我皇上權衡至當，特勅照平人謀殺律定擬，爲淫兇傷化者示儆。他如繼母故殺前妻之子，及故殺卑幼圖賴他人者，皆核其情罪，量爲加重，則儆兇殘正，所以厚倫紀，斯爲明刑弼教之至意也夫。

又：申定救親情切之案，分别情罪，不得概擬減等例。諭：例載救親情切一條，原因父母被人毆打，勢在危急，伊子聞聲救護，實有迫不得已情狀，因致傷人，其情實有可原，是以向例准於疏内聲明，兩請候旨。若其父母與人尋釁鬭毆，其子踵至，從而加功至斃人命，是父子逞兇共毆，並非情殷護救，豈可不嚴究實情，照例論抵？若復巧爲援引開脱，竟使濟惡重犯倖逃法網，何以昭勅法之平？尋刑部定例人命案内，如其子與人口角，父母主令伊子毆打致死，或父與人尋釁鬭毆，其子踵至助勢，共毆斃命，俱仍照律科罪，不得概擬減等。

《皇朝文獻通考》卷二〇六《刑考十二・詳讞》　十二年，勅問刑各官，清理重囚。奉諭：朕覽法司章奏，議決重囚日五六人，或十餘人，念茲愚氓、兵戈、災祲之後，復罹法網，深可憫惻，爾等刑名衙門將現監未結重案，悉心清理，原情準法，務求平允，但不得故縱市恩。仍傳諭各省督撫，申戒所屬，不得羅織刻覈，負朕好生至意。禁止會議用文移，奉諭：三法司核擬死罪，必面同研審，不得但用文移往復，定凡遇恤刑之年，未經差官審録者，督撫不得竟自審决。

《皇朝文獻通考》卷二〇七《刑考十三・詳讞》　十六年，定立決改監候，人犯仍入情實之例。湖廣秋審本内，斬犯滕有伯原擬情實具題。九卿會核，以其救母情切，改入緩決。奉諭：滕有伯棍格致斃大功服兄，從前三司按律擬斬立決，經朕降旨改爲監候，是該犯救母情切之處，已邀格外寬典矣。若於秋審之時，復擬緩決，僅虚予以重辟罪名，久且入於矜減之列，是乃輕視倫紀，豈明刑弼教之意？此端一開，將使挾讐干犯者，轉以父母爲起釁之由，得肆其毒手，愚民益無畏懼。嗣後由立決改擬監候，人犯俱應入於情實，勾到時即或原情免勾，下次亦應仍入情實，或情節果輕免勾，數次之後，遇特旨寬減則可耳。

《皇朝文獻通考》卷二一〇《刑考十六・赦宥》　臣等謹按，刑罰者，經國之大權，赦宥者，欽恤之曠典也。罪人逃戮則廢法，矜疑弗釋則失情義，正仁育要，各以時而已。我朝初造，革故鼎新，滌瑕蕩穢，舊染汚俗，從風丕變。自時厥後，列聖繼承，惟以刑期無刑，辟以止辟者，飭紀綱而彰成憲。凡不在三刺、三宥之列者，先著不赦之條，其餘或遇慶典則肆赦，或遇眚災則肆赦，矜宥減免，特恩寬大之詔，歲輒屢下，或間歲而一下，湛濡汪濊，浹髓淪肌。自開國以迄於今，未之有改也。然而吏民觸法觝禁者，無倖免之患，脅從過誤連坐逮問者，無久淹之慮。至於奸宄，肅清獄訟，衰息囹圄，無輕繫小罪，而歲决重囚，不過數十人，猗歟盛哉！唐虞三代之隆，莫是過矣。於《詳讞》一門，既備載慎刑訓旨，玆考赦宥，凡省刑、停刑諸條，有關於矜恤庶獄者，例得謹敬，特書以昭曠典云。

（清）劉錦藻《皇朝續文獻通考》卷二四九《刑考八》　臣謹案：《中庸》九經特重親親，舊律八議首列親故。八議而外，又有應議犯罪，及應議者之祖父犯罪，兩門皆以示優待親故之厚意。然我朝立法嚴明，一秉大公，從不輕用舊律。伏讀雍正六年上諭有曰：八議之條，乃列代相沿之文，我朝律例雖列此條，實未嘗照此律行者，有深意焉。夫刑罰所以奉天罰罪，乃天下之至公、至平，若於親故人等有罪，曲法優容，尚可謂之公平乎？且親故人等均爲朝廷所倚重，尤當秉禮守法，以爲士民倡率。若不知自愛而罹刑法，尤非蚩蚩無知之氓誤犯者可比，倘曲爲原宥，何以懲惡而勸善乎？如所犯果出無心，酌量加恩未爲不可。若一著爲律，是未有過之先，即以不肖待之，名爲從厚，實乃至薄，且使恃有八議之條，任意爲非，慢無顧忌，必有自干大法而不止者，是又以寬容之虚文，而轉陷之於罪戾，姑息之愛，尤不可以爲優恤。今修輯律例此項八議之條，雖仍令載入，特爲頒示諭旨，俾天下曉然於此律之不可爲訓，而親故人等亦各警惕，不敢犯法，是則朕欽恤之至意也云云。又道光元年著有專例，凡宗室犯罪到官，無論何官承審，先將該宗室摘去頂戴，與平民一體長跪聽審等因。以上二條皆以抑宗室驕侈之習，示法行自貴之意，大公無私，溢乎尋常定例之外，洵足超越前代矣！見因變法另修見行律，一切刑制俱改從輕簡，宗室不應向隅。故此二奏修改舊制，另訂新章，其從前嚴束宗室及宗人府審判之制，雖已大半刪除，然尊重宗室覺羅之遺意猶存，至新刑律僅有侵犯皇室一章，惟危害皇帝緦麻以上之親略爲加重，其餘宗室並覺羅概與凡民等論，亦數千年一大變格也。

（清）劉錦藻《皇朝續文獻通考》卷二五六《刑考十五》 臣謹案：赦宥之法，始於《周禮》之三赦三宥。一赦曰幼弱，再赦曰老耆，三赦曰蠢愚。一宥曰不識，再宥曰過失，三宥曰遺忘。凡不在此六項者，並無輕於赦宥之典，後世博寬大之名，一遇慶典，濫行肆赦，無論罪之輕重，一概宥釋，致罪人倖逃顯戮，而良善多被冤抑。是以蜀漢諸葛亮，屢以多赦進諫，誠以無赦之國，其刑必平也。我朝忠厚開基，凡遇國慶則普頒恩詔，遇災荒則查辦減等，深仁厚澤，浹於民心。然世宗御極即頒諭曰：赦罪之款，徒開惡人儌倖之門，於政治甚無裨益。朕即位之初，諸臣援例陳請，姑爲允行，實則此等人犯，皆其自取，並非治以不應得之罪。此番援赦豁免人等，如仍不悛改於犯，法紀必加等治罪云云。大哉！言乎於寬厚之中，寓嚴厲之意，洵爲萬世良法。是以乾嘉以來，每逢恩赦，必本此義，以劑赦宥之平。茲將乾隆五十三年以後，凡關於赦典者，摘要録入，知我朝仁育義正雍雍乎，媲美成周矣！

又：十一年諭：國家赦宥之典，法外施仁，欲使海内咸知，遷善遠罪，共爲良民，以成太平之治。朕溯查乾隆十一年皇祖高宗純皇帝大沛恩慈，特頒省刑諭旨；亦越嘉慶十一年皇考仁宗睿皇帝紹述前徽，復頒行曠典。朕臨御以來，祇遵成憲，兢兢業業，以愛育黎庶爲懷，茲當紀年開袤，寰宇乂安，允宜循照舊章，用宏矜恤，所有刑部及各省已經結案監禁人犯，除情罪重大及常赦所不原者，無庸查辦外，其餘著大學士會同刑部酌量案情輕重，分别請旨減等發落，其軍流、徒杖、以下人犯，一併分晰減等完結，俾獲邀肆赦，勉圖自新，以副朕欽恤庶獄之至意。

（宋）趙升《朝野類要》卷四《文書・德音》 泛降而寬恤也。

（宋）趙升《朝野類要》卷四《文書・赦書》 常制恕刑之命也。

（清）張怡《玉光劍氣集》卷七《吏治》 陶公承學知徽州，徽俗健訟，訟牒滿篋，或數十年不結。公每出輒慰諭曰：此處殊不易入，汝更思之，欲罷猶可罷，不汝責也。稍纖細者，曰：此何足煩官府，歸與汝父老謀之。議而不當，爲汝治未晚。訟殺人請檢驗者，先與約曰：此非汝父即汝兄也，非有沉冤巨痛，而戮其腐骨，即與子弟殺父兄同律。責認狀不得實，反坐，遂處一二人，訟以大衰。徽人號爲半升太守，言食米半升，即可了官事也。嘉靖丁未。

（清）顧炎武《日知録》卷一三《分居》 宋孝建中，中軍府録事參軍周殷啓曰：今士大夫父母在而兄弟異居，計十家而七。庶人父子殊産，八家而五，其甚者乃危亡不相知，飢寒不相恤，忌疾讒害其間，不可稱數，宜明其禁，以易其風。當日江左之風便已如此。《魏書・裴植傳》云：植雖自州送禄奉母，及贍諸弟，而各别資財，同居異爨，一門數竈。蓋亦染江南之俗也。隋盧思道聘陳，嘲南人詩曰：共甑分炊飯，同鐺各煑魚。而《地理志》言：蜀人敏慧輕急，尤足意錢之戲，小人薄於情禮，父子率多異居。《册府元龜》唐肅宗乾元元年四月詔：百姓中有事親不孝，别籍異財，玷汚風俗，虧敗名教，先決六十，配隸磧西。有官品者，禁身聞奏。《宋史》太祖開寶元年六月癸亥詔：荊蜀民，祖父母、父母在者，子孫不得别財異居。二年八月丁亥詔：川峽諸州，察民有父母在而别籍異財者，論死。太宗淳化元年九月辛巳，禁川峽民父母在出爲贅壻。真宗大中祥符二年正月戊辰詔：誘人子弟析家産者，令所在擒捕流配。其於教民厚俗之意，可謂深且篤矣。若劉安世劾章惇，父在，别籍異財，絶滅義禮，則史傳書之，以爲正論，馬亮爲御史中丞，上言：父祖未葬，不得别財異居。乃今之江南猶多此俗人家，兒子娶婦，輒求分異。而老成之士，有謂二女同居，易生嫌競，式好之道，莫如分爨者，豈君子之言與？《史記》言：商君治秦，令民有二男以上不分異者，倍其賦。又言：秦人家富子壯則出分，家貧子壯則出贅。以爲國俗之敝。而陸賈家於好畤，有五男。出所使越得橐中裝，賣千金，分其子，子二百金，令其生産。陸生常安車駟馬，從歌舞琴瑟侍者十人，寶劍直百金，謂其子曰：與汝約：過汝，汝給吾人馬酒食，極欲十日而更。所死家得寶劍、車騎侍從者。後人或謂之爲達。至唐姚崇遺令，以達官身後，子孫失蔭，多至貧寒。斗尺之間，參商是競，欲倣陸生之意，預爲分定，將以絶其後争。嗚呼，此衰世之意也。

漢桓帝之世，更相濫舉，時人爲之語曰：舉秀才，不知書；察孝廉，父别居。當世之俗，猶以分居爲恥。若吴之陳表，世爲將督，兄脩亡後，表母不肯事㑩母，表謂其母曰：兄不幸早世，表統家事，當奉嫡母。母若能爲表屈情，承順嫡母者，是至願也。母若不能，直當出別居耳。由是二母感寤雍穆。可以見東漢之流風矣。陳氏《禮書》言：周之盛時，宗族之法行，故得以此繫民，而民不散。及秦用商君之法，富民有子則分居，貧民有子則出贅，由是其流及上，雖王公大人亦莫知有敬宗之道。寖淫後世。習以爲俗。而時君所以統馭之者，特服紀之律而已。間有糾合宗族，一再傳而不散者，則人異之，以爲義門，豈非名生於不足與？應劭《風俗通》曰：凡兄弟同居，上也；通有無，次也；讓，其下耳。豈非中庸之行，而今以爲難能者哉？《五雜俎》言：張公藝九世同居，高宗問之，書忍字百餘以進。其意美矣，而未盡善也。居家御衆，當令紀綱法度，截然有章，乃可行之永久。若使姑婦勃谿，奴僕放縱，而爲家長者僅含默隱忍而已，此不可一朝居，而況九世乎？善乎，浦江鄭氏對太祖之言曰：臣同居無他，惟不聽婦人言耳。此格論也，雖百世可也。唐玄宗天寶元年正月敕：如聞百姓，有戶高丁多，苟爲規避，父母見在，乃別籍異居，宜令州縣勘會。其一家之中有十丁已上者，放兩丁征行賦役；五丁已上放一丁。即令同籍共居，以敦風教。其賦丁孝假與免差科。可謂得化民之術者矣。

（清）趙翼《陔餘叢考》卷二七《孕婦緩刑》 北史，崔浩定律令，婦人當刑而有孕者，許産後百日乃決。後世孕婦緩刑始此。《魏書》，北海王元愉以謀逆誅，將并誅其孕妾李氏，崔光奏曰：李今懷姙，例待分産，乞停李獄，以俟孕育。帝從之。此浩定律後事也。然漢《刑法志》景帝詔孕而未乳當鞫繫者，皆頌繫之。頌，容也。容之不桎梏也。亦見《刑法志》。又《王莽傳》，莽子宇以血灑莽門，發覺飲藥死，宇妻懷子繫獄，須産子乃殺，干寶《晉書》，毌邱儉起兵被誅，其孫女適劉氏，以孕繫廷尉，則孕婦遲刑，本漢魏之制，豈元魏時此律已廢，至浩而又著爲令歟。

（唐）白居易《白氏六帖事類集》卷一三《放囚》 事多在《寬刑》中。兩釋縲囚《傳》。故縱緩死乃逸楚囚。《傳》晉人令曰：蒐乘補卒，明曰復戰，乃逸楚囚。注云：緩之令逸，欲使楚人知其謀也。縱囚亡命。馬援爲郡督郵，送囚有重罪，援哀而縱之，令亡命北地，遇赦。放歸殯母，鍾離意爲堂邑令，民防廣爲父報讎繫獄，母病死，廣哭不食，意怜傷之。聽廣歸殯殮，丞掾皆争。意曰：罪自歸我，義不累下，遂遣殯母。訖果還入獄。意密以狀聞，廣得以減死論。論重者一人。魏賈逵，字道宗。太祖征劉備，先遣逵至斜谷，水衡載囚千車，逵以軍事竟重者一人，放其餘。太祖善，拜諫議大夫。伏臘放歸。後漢虞延，字子大，爲淄陽令。歲時伏臘放囚歸皆剋期，反有一囚於家病，自載詣縣，既至而死。又晉范廣，字仲將，爲堂邑令。丞劉榮坐事當死，郡以付縣家有老母，至節，廣輒遣還，榮如期反。又曹攄，字顔遠，爲臨淄令。獄有死囚，歲夕攄行獄，愍之曰：新歲人情所重，豈不欲蹔還家乎？開獄出之，剋日令還，掾吏固争。攄曰：此雖小人，義不見負。至期並來，一縣歎伏，號曰：聖君也。在道解徒，作徒衣。後漢鍾離意，字子阿，辟司徒府送徒詣河內，時寒徒病，路過弘農，意移屬縣，使作徒衣。縣不與，而上書言狀，意亦具以聞，世祖見侯霸曰：君所使掾，何仁於用心？誠良吏也。意遂於道解徒桎梏。恣所欲過與，剋期俱至，無或違者。

（唐）白居易《白氏六帖事類集》卷一三《恤囚》 繫者饑寒瘐死，朕甚憐之。漢宣詔見上注。作徒衣。見上注。給酒肉趙廣漢爲京兆富人蘇回爲郎二劫執之求財，廣漢就曉之曰：京兆職謝爾卿，無殺天子臣，釋質束手得善相遇，二人即叩頭送獄，廣漢令給酒肉，至冬當出死，豫爲調棺斂葬具。皆曰：死無所恨。妻入獄。見《寬刑》，門無子令妻入獄注。又晉喬智明，字元達，爲隆慮令。部人張兖報父讎，母老單身，有妻無子，智明愍之，令妻入獄，陰縱之。有勸逃者，兖曰：有君如此，不忍累之。於獄産一男，會赦免。有官秩在獄。惠詔爵有五大夫、吏六百石以上及宦皇帝而知名者，有罪當械，皆頌繫寬容不入狴牢者。問囚欲言。吳顧雍爲丞相，爲吕壹所誣毁，雍和顔色問其辭狀，臨出又謂曰：君得無有欲所道耶。壹叩頭無言。

（唐）白居易《白氏六帖事類集》卷一三《録囚》 有所平反。漢雋不疑爲京兆尹，每行縣録囚徒，有所平反母即喜，如無母爲之不食，故不疑為吏嚴而不殘。察顔色。後漢法雄爲青州刺史，每行部録囚，徒察顔色，多得情僞。口說。應奉爲郡決曹吏，行部四十二縣録囚，徒數千人。太守問之，奉口説罪狀，兼繫姓名，坐狀輕重，一無遺脫。

（清）梁章鉅《浪跡叢談》卷五《赦令》 謝梅莊曰：自匡衡、吳漢，不願爲赦，其後孔明惜赦，孟光責赦，而文中子乃甚其詞曰：無赦之國，其刑必平。夫赦者，先王仁政之一，蓋愚民當創懲之後，未必無悔悟之心，而人主除已往之愆，亦與民更始之義，但當以數爲戒，不必以無爲美也。秦皇兩世，不聞有赦，唐德宗之季，十年不赦，而陸宣公、陽道州皆死於貶所，此三主者，刑何嘗平哉！

（漢）曹操《曹操集·文集》卷三《贍給災民令》　去冬天降疫癘，民有凋傷，軍興於外，墾田損少，吾甚忧之。其令吏民男女：女年七十已上無夫子，若年十二已下無父母兄弟，及目無所見，手不能作，足不能行，而無妻子父兄産業者，廪食終身。幼者至十二止，貧窮不能自贍者，隨口給貸。老耄須待養者，年九十已上，復不事，家一人。

（唐）楊炯《盈川集》卷五《碑·少室山少姨廟碑》　斜萬人者施以八刑；誥四方者戒之三典，畫衣不犯，載酒無冤，免禽獸於網羅，納寰瀛於軌物，其恤刑有如此者，周令養國老，始闢西膠。

（宋）歐陽修《歐陽修全集》卷九七《奏議·諫院進劄子十二首·論乞不勘狄青侵公用錢劄子》　其狄青縱有干連，仍乞特與免勘。臣於邊臣本無干涉，豈有愛憎，但慮勘官只希朝廷意旨，不顧邊上事機，將國家難得之人與常人一例推鞫，一旦乏人誤事，則悔不可追。伏乞朝廷特賜寬貸。邊臣知無功之將犯法必誅，要藉之人以能贖過，則人人自勵，將見成功。取進止。

（明）朱元璋《明太祖文集》卷二《詔·赦宥詔》　詔曰：釋罪宥愆，昔者未嘗輕發，發則精詳至甚，豈有罪重而脱，僥倖以自歡，致冤深而含忍無訴者？故有眚災肆，赦怙終賊刑載之於《書》，至今明焉。漢唐及元，懦君承祖業，權由姦佞所持，因有大赦之説，雖脱君子之微差，善良之誤失，則姦頑得爲漏網之魚，鬱含冤於滿地。朕德薄才疎，失倣聖人之道，相繼行之，是致五星紊度，黎庶匪寧。若悖理乖仁，非朕者誰？今不敢不察，若槩脱兇頑於僥倖，致良善以無伸，豈聖人恤刑者歟！特命中書條陳，若果真犯，雖笞罪以上，俱各不原，其餘詿誤，因人致罪過失者盡在赦下。所有條畫開列於後云云。於戲，肆赦於眚災，爲善良者圖，賊刑於怙終，實王綱而治惡。凡我臣庶律已修仁，勿干刑憲。故茲詔示，想宜知悉。

（明）楊一清《楊一清集·吏部獻納稿·爲乞恩宥過以全國體事》　照得先爲缺官事，該本部題，欽奉聖旨：陳鼎這廝，阿附劉瑾，夤緣要去變賣陳熊置買莊田、店房，指物賣價，勒要銀兩數多，剋落入己，不畏法度。錦衣衛拏送鎮撫司，好生打著，追問明白來説。欽此。臣等伏睹綸音，仰窺聖意，因見近年官司誅求科斂，地方受害，所以欲將陳鼎從重追問，無非革弊安民之盛心也。

切緣本犯比承差遣，畏懼賊瑾搜求，曲意奉承，指物賣價，勒要銀兩數多，誠如聖諭，罪實難逭。但道路相傳，未聞其有入己之贓。况賊瑾虐焰方張之時，凡差遣官員，干係追徵錢糧，變賣財産等項，無不刻意過求，以圖免禍，不獨陳鼎一人爲然。且立法懲姦，固所當嚴，罪疑惟輕，人君盛德。及照近因天氣炎熱，聖仁憫念罪囚，特遣近臣，會同法司審録，枷號者釋放，徒杖者減等，笞罪者免科，至於大辟死刑，有可矜疑，亦從末減，中外驩呼，不勝仰戴。獨陳鼎監禁日久，未蒙發落，倘若疫氣熏蒸，死於囹圄，則法浮其罪，情實可矜。伏望皇上弘大造之恩私，亮小臣之狂直，乞將本犯曲垂矜貸，早賜宸斷發落，庶廣朝廷欽恤之意，以全天地生成之德。

（明）王守仁《王文成公全書》卷一七《别録·賑恤水災牌》　據南康、建昌、撫州、宜黄等縣申稱：非常水災，乞賜大施賑恤，急救生靈流移等情。看得横水非常，下民昏墊，實可傷憫！但計府縣所積無多，實難溥賑，其地方被水既廣，而民困朝不謀夕，若候查實報名，造册給散，未免曠日遲久，反生冒濫。已行二府，各委佐貳官，及行所屬被水各縣掌印等官，用船裝載穀米，分投親至被水鄉村，驗果貧難下戶，就便量行賑給。爲照南昌所屬水災尤劇，但居民稠雜，數多頑梗；若賑給之時，非守巡臨督於上，或致騰踴紛爭。爲此仰分守巡南昌官吏，即便分督該府縣官於預備倉內米穀，用船裝運，親至被水鄉村，不必揚言賑饑，專以踏勘水災爲事，其間驗有貧難下戶，就便量給升斗，暫救目前之急。給過人戶，畧記姓名數目，完報查考，不必造册擾害。所至之地，就督各官申嚴十家牌諭，通加撫慰開導，令各相安相恤。仍督各官俱要視民如子，務施實惠，不得虛文搪塞，徒費錢糧，無救民患，取罪不便。

《聖祖仁皇帝御製文集·第一集》卷一二《勅諭·諭戶刑二部》　昭陵謁祭禮竣，惟盛京爲國家肇基重地。朕躬親幸，宜沛大澤，以示殊恩。山海關以外及寧古塔等處，地方官吏、軍民人等，除十惡等真正死罪不赦外，其餘已結、未結一切死罪，俱著減等發落。軍流、徒、杖等犯，悉准赦免。奉天、錦州二府屬康熙二十一年地丁正項錢糧，著通行蠲豁其官役，墊補包賠等項應追銀兩，察果家産盡絶，亦並豁免。用稱朕加惠根本，優恤黎民至意。特諭。康熙二十一年三月初八日。

《聖祖仁皇帝御製文集・第二集》卷三《勅諭・諭刑部等衙門》 刑法者，專以禁戢兇暴。若豪強奸慝固難姑宥，其貧賤愚昧者略施寬貸，亦未嘗不可耳！康熙二十五年三月十六日。

《聖祖仁皇帝御製文集・第二集》卷三《勅諭・諭刑部》 獄訟重情，關係民命，當讞鞫時，雖經詳慎，始定爰書。今值天氣炎熱，其中恐有情可末減者久繫囹圄，或致瘐斃，朕心不忍，茲特遣科爾坤、阿蘭泰、董訥、馬世濟等會同三法司，將已結重案逐一詳加審鞫，如有情可矜疑者，即與察明事由，開列具奏，務期情法允協，不致淹滯斃獄，以副朕順時好生至意。特諭。康熙二十五年閏四月十八日。

《聖祖仁皇帝御製文集・第二集》卷五《勅諭・諭刑部》 時已入夏，天氣亢暘，雨澤尚爾愆期，農事似有可慮，或因刑名案件内，無知罹法，審擬失當，情罪不符，致干天和，亦未可定。茲特遣勒德洪、余國柱、達哈塔、科爾坤、王日藻、徐廷璽等會同三法司，將已結重案，現在監禁者，逐一詳加審鞫，如有罪可矜疑者，即與查明事由，開列具奏，務期情法允協，不致淹滯監斃。以副朕欽恤刑獄，感召休祥之至意。特諭。康熙二十六年四月十五日。

《聖祖仁皇帝御製文集・第二集》卷八《勅諭・諭戸部》 朕念小民衣食，惟田畝是賴，必年穀順成，斯生計無乏。若遭罹荒歉，饘粥尚且艱難，正賦安能輸辦？今年湖北亢旱爲災，已遣官會同該督察勘。今據將武昌等府所屬二十九州縣八衛所災傷，分數勘明具奏，朕心深用軫念，儻不亟加蠲恤，恐致流移失所。武昌等四府，今年錢糧前已全蠲，其被災二十州縣四衛所，康熙二十九年上半年地丁錢糧，著與蠲免。荊州、安陸二府所屬被災九州縣四衛所，本年地丁錢糧，除已徵在官外，其未經徵收，及二十九年上半年錢糧，亦盡行蠲免。爾部速行該督撫通行曉諭，務使均霑實惠，以副朕拯濟窮黎至意。如民人或致流散，不肖官役，朦混侵蝕，及仍行私徵者，將該督撫一並嚴加處分，爾部即遵諭行。特諭。康熙二十八年十一月十八日。

又： 朕撫育蒸黎，務期休養，閭閻疾苦，時軫朕懷。今覽總督范承勳奏：雲南屯地錢糧，自康熙二十一年至二十七年每歲拖欠，懇請分年帶征，朕念雲南百姓前曾供億王師，繼又遷移叛屬家口，運送勞悴，本年正賦輸將尚屬艱難，復令帶徵逋租必致益滋困累，著將歷年所欠屯賦銀七萬一千二百餘兩，米麥等項十萬七百餘石，盡行蠲免，以示朕軫念民生至意。其令該督撫通行曉諭，務使得沾實惠。如有不肖官員仍私自徵比者，該督撫指名題參，從重治罪，爾部即遵諭行。特諭。康熙二十八年十二月初三日。

《聖祖仁皇帝御製文集・第二集》卷一一《勅諭・諭刑部》 朕保乂黎元，崇尚寬大，每於刑獄之事，輒廑矜恤之懷。秦省西安等處地方，比歲薦饑，閭閻困苦，業已多方賑卹，屢諭蠲租，尤宜大沛仁恩特加赦宥。凡陝西巡撫所屬，今年秋審情真緩決人犯内，除十惡及軍機獲罪官員犯罪不赦外，其餘自諭旨到日，通省免死，照例減等發落。有見在審擬未經結案者，亦如之。嗣後，務令革心嚮善，副朕法外生全至意。爾部即遵諭行。特諭。康熙三十一年十月十二日。

《聖祖仁皇帝御製文集・第二集》卷一八《勅諭・諭刑部》 朕愛養民生，慎重刑獄，凡有奏讞，時示矜全。茲鑾輿南巡，見沿途老稚男婦環跪歡迎，心甚嘉悦，念此編氓，皆吾赤子，原期生聚教訓，共底善良，其或陷於刑章，致困囹圄，改過無路，惻然傷之！所經過山東、江南兩省，見在監禁人犯，除十惡真正死罪，及詔欵不赦等罪，並官吏犯贓不宥外，其餘自康熙三十八年三月十五日以前死罪，及軍流徒罪以下已結、未結，俱著寬釋，此朝廷巡幸所至，欲使並生之至意。可通行曉諭，令咸悉朕懷。爾部即遵諭行。特諭。康熙三十八年三月十三日。

《聖祖仁皇帝御製文集・第二集》卷三八《雜著・閲史緒論・漢景帝詔讞疑獄》 漢景帝詔：讞疑獄可謂得欽恤之心矣。蓋聽獄之際，未必盡得其情。及爰書既成，雖若一無可議，其中尚多隱伏，況有幾微疑竇，何多置之不問乎？

《聖祖仁皇帝御製文集・第三集》卷一〇《勅諭・諭刑部》 朱拉哈原非廣東本籍之人，又無公務差遣，以旗下人擅離京城，至廣東輒因私事，打死百總，情罪可惡，擬以緩決，非是，著改爲情真。大凡執法之人，不可少偏，若將當正法之人寬宥，則惡人何所懲戒乎？康熙四十五年十月初一日。

《聖祖仁皇帝御製文集·第三集》卷一七《勅諭·諭大學士等》 朕綜理政事，思以人命爲重，務必再三斟酌，除真正死罪外，其餘酌量寬宥。看來偷盗人參爲從者，俱照例完結，惟財主爲首者，今擬絞罪。在牢者甚多，此等人到秋審時，亦宜赦之，時值立夏，漸漸炎熱，監禁人犯汚穢氣味，易於染病致斃，甚爲可憐！著交與刑部，酌量減等，議奏完結。康熙五十年四月初二日。

《聖祖仁皇帝御製文集·第三集》卷二八《雜著·古文評論·議犯法相坐詔》 聖王下車，以泣罪人，忍濫及其父母妻子乎？議除收孥相坐律，足徵仁厚之至！

《聖祖仁皇帝御製文集·第三集》卷二八《雜著·古文評論·治獄務寬詔》 《書》曰：惟明克允。覆鞫迭訊，不厭其詳，所以廣好生之德也。

容隱分部

論　說

（宋）吕本中《春秋集解》卷八《閔公》 武夷《胡氏傳》案：《左氏》初公傳奪卜齮田，公不禁慶父，使卜齮賊公於武闈，魯史舊文必以實書，其曰：公薨不地者，仲尼親筆也。觀於删詩，在諸國則變風皆取；在魯則獨編史克之頌。或問吾黨有直躬者，其父攘羊而子證之。則曰：吾黨之直者，異於是。父爲子隱，子爲父隱，直在其中矣。後世緣此制爲五服相容隱之條，以綴骨肉之恩，春秋有諱，義蓋如是。《禮記》稱：魯之君臣未嘗相弑者，蓋習於經文而不知聖人書薨，不地之旨，故云爾。然則諱而不言弑也，何以傳信於將來？曰：書薨，以示臣子之情，不地，以存見弑之實。何爲無以傳信也？凡君終必書，其所獨至於見弑則没而無所，其情厚矣，其事亦白矣。非聖人能修之乎？後世記言之士，欲諱國惡則必失其實，直書無隱又非臣子所當施之於君父也，而《春秋》之法不傳矣。

《孟子注疏·盡心章句上》 桃應問曰：舜爲天子，臯陶爲士，瞽瞍殺人，則如之何？桃應，孟子弟子。問臯陶爲士官主執罪人，瞽瞍惡暴而殺人，則臯陶何如？孟子曰：執之而已矣。孟子曰：臯陶執之耳。然則舜不禁與？桃應以舜爲天子，使有司執其父，不禁止之邪？曰：夫舜惡得而禁之？夫有所受之也。夫，辭也。孟子曰：夫舜惡得禁之，夫天下乃受之於堯，當爲天理民，王法不曲，豈得禁之也！然則舜如之何？應問舜爲之將如何。曰：舜視棄天下猶棄敝蹝也。竊負而逃，遵海濱而處，終身訢然，樂而忘天下。孟子曰：舜視棄天下如捐棄敝蹝。蹝，草履可蹝者也。敝喻不惜。舜必負父而遠逃，終身訢然，忽忘天下之爲至貴也。疏：桃應至天下，正義曰：此章言奉法承天，政不可枉，大孝榮父，遺棄天下，虞舜之道，趨將若此。孟子之言，揆聖意者也。桃應問曰：舜爲天子，臯陶爲士，瞽瞍殺人，則如之何，桃應問孟子曰：舜爲天子，命臯陶爲士官以執罪人，舜父瞽瞍殺人，則臯陶之士當如何也。孟子曰：執之而已矣，孟子荅之，但當執而不縱也。然則舜不禁與，桃應問曰：如是則舜爲天子，使有司執其父，而不禁之耶？曰：夫舜惡得而禁之，夫有所受之也，孟子又荅之，曰：夫舜豈得而禁止之哉！夫以其法有所受之而已。然則舜如之何，桃應問曰：如是，舜不敢禁止臯陶無執其父，則舜將如之何？曰舜視棄天下至忘天下，孟子又荅之曰：舜視天下如捐棄敝蹝而不惜也，必將竊負戴其父而逃循海濱而處以逃之，且終身訢然，樂而忘去天下。是以舜得天下不足解憂，惟順父母可以解憂也。

《晋書》卷三〇《刑法志》 是時帝以權宜從事，尚未能從。而河東衛展爲晋王大理，考擿故事有不合情者，又上書曰：今施行詔書，有考子正父死刑，或鞭父母問子所在。近主者所稱《庚寅詔書》，舉家逃亡家長斬。若長是逃亡之主，斬之雖重猶可。設子孫犯事，將考祖父逃亡，逃亡是子孫，而父祖嬰其酷。傷順破教，如此者衆。相隱之道離，則君臣之義廢，君臣之義廢，則犯上之姦生矣。秦網密文峻，漢興，掃除煩苛，風移俗易，幾於刑厝。大人革命，不得不蕩其穢匿，通其圮滯。今詔書宜除者多，有便於當今，著爲正條，則法差簡易。元帝令曰：禮樂不興，則刑罰不中，是以明罰勑法，先王所慎。自元康已來，事故荐臻，法禁滋漫。大理所上，宜朝堂會議，蠲除詔書不可用者，此孤所虛心者也。

《魏書》卷八八《良吏傳·竇瑗》 既還京師，上表曰：臣在平州之日，蒙班《麟趾新制》，即依朝命宣示，所部士庶忻仰有若三章。臣聞法象巍巍，乃大舜之事；政道郁郁，亦隆周之軌。故元首股肱，可否相濟。聲教之聞，於此爲證。伏惟陛下應圖臨宇，握紀承天，克構洪基，會昌實歷，式張琴瑟，且調宫羽，去甚删泰，革弊還澆，俾高祖之德不墜於地。晝一既歌，萬國歡躍。

臣伏讀至三公曹第六十六條，母殺其父，子不得告，告者死。再三返覆之，未得其門。何者？案律，子孫告父母、祖父母者死。又漢宣云：子匿父母，孫匿大父母，皆勿論。蓋謂父母、祖父母，小者攘羊，甚者殺害之類，恩須相隱，律抑不言。法理如是，足見其直。未必指母殺父止子不言也。若父殺母，乃是夫殺妻，母卑於父，此子不告是也。而母殺父，不聽子告，臣誠下愚，輒以爲惑。昔楚康王欲殺令尹子南，其子棄疾爲王御士而上告焉。對曰：泄命重刑，臣不爲也。王遂殺子南。其徒曰：行乎？吾與殺吾父，行將焉入！曰：臣乎？曰：殺父事讎，吾不忍。乃縊而死。注云：棄疾自謂不告父爲與殺，謂王爲讎，皆非禮，《春秋》譏焉。斯蓋門外之治，以義斷恩，知君殺父而子不告，是也。母之於父，同在門內，恩無可掩，義無斷割。知母將殺，理應告父；如其已殺，宜聽告官。今母殺父而子不告，便是知母而不知父。識比野人，義近禽獸。且母之於父，作合移天，既殺己之天，復殺子之天，二天頓毀，豈容頓默！此母之罪，義在不赦。下手之日，母恩即離，仍以母道不告，鄙臣所以致惑。

今聖化淳洽，穆如韶夏，食椹懷音，梟鏡猶變，况承風稟教，識善知惡之民哉。脱下愚不移，事在言外，如或有之，可臨時議罪，何用豫制斯條，用爲訓誡。誠恐千載之下，談者諠譁，以明明大朝，有尊母卑父之論。以臣管見，實所不取。如在淳風厚俗，必欲行之。且君、父一也。父者子之天，被殺事重，宜附父謀反大逆子得告之條。父一而已，至情可見。竊惟聖主有作，明賢贊成，光國寧民，厥用爲大，非下走頑蔽所能上測。但受恩深重，輒獻瞽言，儻蒙收察，乞付評議。

詔付尚書，三公郎封君義立判云：身體髮膚，受之父母，生我勞悴，續莫大焉。子於父母，同氣異息，終天靡報，在情一也。今忽欲論其尊卑，辨其優劣，推心未忍，訪古無據。母殺其父，子復告母，母由告死，便是子殺。天下未有無母之國，不知此子將欲何之！案《春秋》，莊公元年，不稱即位，文姜出故。服虔注云：文姜通兄齊襄，與殺公而不反。父殺母出，隱痛深諱。期而中練，思慕少殺，念至於母。故《經》書：三月夫人遜於齊。既有念母深諱之文，明無讎疾告列之理。且聖人設法，所以防淫禁暴，極言善惡，使知而避之。若臨事議刑，則陷罪多矣。惡之甚者，殺父害君，著之律令，百王罔革。此制何嫌，獨求削去。既於法無違，於事非害，宣布有年，謂不宜改。瑗復難云：

尋局判云：子於父母，同氣異息，終天靡報，在情一也。今欲論其尊卑，辨其優劣，推心未忍，訪古無據。瑗以爲《易》曰：天尊地卑，乾坤定矣。又曰：乾天也，故稱父；坤地也，故稱母。又曰：乾爲天，爲父；坤爲地，爲母。《禮·喪服》經曰：爲父斬衰三年，爲母齊衰期。尊卑優劣，顯在典章，何言訪古無據？

局判云：母殺其父，子復告母，母由告死，便是子殺。天下未有無母之國，不知此子將欲何之！瑗案典律，未聞母殺其父而子有隱母之義。既不告母，便是與殺父，天下豈有無父之國，此子獨得有所之乎！

局判又云：案《春秋》，莊公元年，不稱即位，文姜出故。服虔注云：文姜通於兄齊襄，與殺公而不反。父殺母出，隱痛深諱，期而中練，思慕少殺，念至於母。故《經》書：三月夫人遜於齊。既有念母深諱之文，明無讎疾告列之理。瑗尋注義，隱痛深諱者，以父爲齊所殺，而母與之。隱痛父死，深諱母出，故不稱即位。非爲諱母與殺也。是以下文以義絶，其罪不爲與殺明矣。公羊傳曰：君殺，子不言即位，隱之也。期而中練，父憂少衰，始念於母，略書夫人遜於齊。是内諱出奔，猶爲罪文。《傳》曰：不稱姜氏，絶不爲親，禮也。注云：夫人有與殺桓之罪，絶不爲親，得尊父之義。善莊公思大義，絶有罪，故曰禮也。以大義絶有罪，得禮之衷，明有讎疾告列之理。但《春秋》桓、莊之際，齊爲大國，通于文姜，魯公謫之。文姜以告齊襄，使公子彭生殺之。魯既弱小而懼於齊。是時天子衰微，又無賢霸，故不敢讎之，又不敢告列，惟得告於齊曰：無所歸咎，惡於諸侯，請以公子彭生除之。齊人殺公子彭生。案郎此斷，雖有援引，即以情推理，尚未遣惑。事遂停寢。

《北史》卷八六《循吏傳·竇瑗》 及還鄴，上表曰：臣伏讀《麟趾新制》至三公曹第六十六條：母殺其父，子不得告，告者死。三反覆之，未得其門。何者？案律：子孫告父母、祖父母者，死。又漢宣云：子匿父，孫匿大父母，皆勿論。蓋謂父母、祖父母小者攘羊，甚者殺害之類，恩須相隱，律抑不言，法理如是，足見其直。未必指母殺父，止子不言也。今母殺父而子不告，便是知母而不知父，識比野人，義近禽獸。且母之於父，作合移天，既殺己之天，復殺子之天，二天頓毀，豈容頓默？此母之罪，義在不赦，下手之日，母恩即離，仍以母道不告，鄙臣所以致惑。如或有之，可臨時議罪，何用豫制斯條，用爲訓誡？恐千載之下，談者諠譁，以明明大朝，有尊母卑父之論。以臣管見，實所不取。詔付尚書。三公郎封君義立判云：母殺其父，子復告母，母由告死，便是子殺。天下未有無母之國，不知此子，將欲何之？既於法無違，於事非害，宣布有司，謂不宜改。瑗復難云：局判云：母由告死，便是子殺。天下未有無母之國，不知此子，將欲何之。瑗案典律，未聞母殺其父而子有隱母之義。既不告母，便是與殺父同。天下可有無父之國，此子獨得有所之乎？事遂停寢。除大宗正卿，宗室以其寒士，相與輕之，瑗案法推正，甚見讎疾。

（漢）班固《白虎通義》卷上《德論上·諫諍》 所以爲君隱惡何？君至尊，故設輔弼，置諫官，本不當有遺失。故《論語》曰：陳司敗問昭公知禮乎？孔子曰：知禮。此爲君隱也。君所以不爲臣隱何？以爲君之於臣無適無莫，義之與比，賞一善而衆臣勸，罰一惡而衆臣懼。若爲卑隱，爲不可殆也。故《尚書》曰：必力賞罰，以定厥功。諸侯臣對天子，亦爲隱乎？然。本諸侯之臣，今來者，爲聘問天子無恙，非爲告君之惡來也。故《孝經》曰：將順其美，匡救其惡，故上下治，能相親也。君不爲臣隱，父獨爲子隱何？以爲父子一體，而分榮耻相及。故《論語》曰：父爲子隱，子爲父隱，直在其中矣。制太子代子亦不定也。漢制天子稱皇帝，其嫡嗣稱皇太子，諸侯王之嫡稱代子，後代咸因之。

又： 兄弟相爲隱乎？曰：然，與父子同義，故周公誅四國，常以禄甫爲主也。朋友相爲隱者，人本接朋結友，爲欲立身揚名也。朋友之道四焉，通財不在其中，近則正之，遠則稱之，樂則思之，患則死之。夫妻相爲隱乎？《傳》曰：曾去妻，梨蒸不熟。問曰：婦有七出，不蒸亦預乎？曰：吾聞之也，絶交令可友，弃妻令可嫁也。梨蒸不熟而已。何問其故乎？此爲隱之也。

（清）康有爲《論語注》卷一三《子路》 葉公語孔子曰：吾黨有直躬者，其父攘羊，而子證之。

孔曰：直躬，直身而行。周曰：有因而盜曰攘。鄭氏注：躬作弓，人名，當是齊《論》。高誘《淮南·氾論訓》注云：直躬，楚葉縣人也。躬蓋名其人，必素以直稱，猶狂接輿盜跖之比。《隸續》：陳實，字仲躬。蓋弓躬通。

孔子曰：吾黨之直者異於是，父爲子隱，子爲父隱，直在其中矣。

證者，施於平人。恩之大者，愛之至深，其有過惡，則爲隱諱。《檀弓》：事親有隱而無犯。《公羊》：故《春秋》於內大惡諱，內小惡不諱。父子，恩之至深，尤當隱諱，此天理人情之至，故義無定，在隨時處中。於人，則證之爲直；於父，則隱之爲直。《公羊》文十五年：齊人來歸子叔姬，閔之也。父母之于子，雖有罪，猶若其不欲服罪然。何休注引此文，説之云：所以崇父子之親，是也。《鹽鐵論·周秦篇》：父母之於子，雖有罪猶匿之。豈不欲服罪？子爲父隱，父爲子隱，未聞父子之相坐也。漢宣詔曰：自今，子首匿父母，妻匿夫，孫匿大父母，皆勿坐。其父母匿子，夫匿妻，大父母匿孫，殊死，皆上請。足知漢法，凡子匿父母等，雖殊死，皆勿坐，父母匿子等，殊死以下，皆不上請，蓋皆許其匿可知。皇疏云：今王法則許期親以上得相爲隱，不問其罪是也。《白虎通·諫諍篇》：君不爲臣隱，父獨爲子隱何？以爲父子一體，榮恥相及。明父子天屬得相隱，與君臣異也。今律，大功以上得相容隱，告父祖者入十惡，用孔子此義。葉公惡儒教多諱，故以此諷，而適以見其野蠻而已。英屬加拏大有女淫犬，而父揚之報中，是亦直躬之類，未被孔子之教故也。蓋一公無私，乃至淺義，愛無差等之教也。《禮》曰：子不私其父，則不成爲子。此孔子因人情而特立之精義，所以與異教殊也。

紀事

《漢書》卷八《宣帝紀》〔地節四年〕夏五月，詔曰：父子之親，夫婦之道，天性也。雖有患禍，猶蒙死而存之。誠愛結于心，仁厚之至也，豈能違之哉！自今子首匿父母，妻匿夫，孫匿大父母，皆勿坐。其父母匿子，夫匿妻，大父母匿孫，罪殊死，皆上請廷尉以聞。

《宋書》卷四三《徐羨之傳》〔義熙〕十四年，大司馬府軍人朱興妻周坐息男道扶年三歲，先得癇病，周因其病發，掘地生埋之，爲道扶姑女所告，正周棄市刑。羨之議曰：自然之愛，虎狼猶仁。周之凶忍，宜加顯戮。臣以爲法律之外，故尚弘物之理。母之即刑，由子明法，爲子之道，焉有自容之地。雖伏法者當罪，而在宥者靡容。愚謂可特申之遐裔。從之。

（宋）李燾《續資治通鑑長編》卷三《宋太祖建隆三年》乙未，左拾遺、知制誥虞鄉高錫上言：近廷臣承詔各舉所知，或有因行賂獲薦者。請自今許近親、奴婢、鄰里告訴，加以重賞。

（宋）李燾《續資治通鑑長編》卷一九《宋太宗太平興國三年》是月戊申，以飛雄事布告天下，令中外臣庶家子弟或懷凶險，有乖檢率，屢加教戒，曾不悛改，許其尊長聞於州縣，錮送闕下，當配隸遠惡處。容隱不以聞者，期功以上親坐之。

（宋）李燾《續資治通鑑長編》卷一〇六《宋仁宗天聖六年》開封府言：有民馮懷信，嘗放火，其妻力勸止之。他日，又令盜摘鄰家果，不從而脅以刃，妻懼，告夫。準律，告夫死罪當流，而懷信乃同日全免。上曰：此豈人情耶？乃詔懷信杖脊刺配廣南牢城，其妻特釋之。

（宋）李燾《續資治通鑑長編》卷二五三《宋神宗熙寧七年》賜鳳翔百姓趙懷懿錢三百千。懷懿有女嫁何氏，女歸，言夫之弟臣源謀反。懷懿以其事告官，臣源論法當斬，懷懿乞行賞。有司以何氏告其夫弟之罪，法告有服親不當賞。懷懿訴於登聞檢院，下刑部，刑部言：五服許相容隱，雖謀逆許告，於法無賞。特賜之。

（宋）李心傳《建炎以來繫年要録》卷九一《紹興五年乙卯七月壬申朔之辛丑》詔：尚書省復置御史刑房，專主本臺所上彈劾文字。仍令六部申嚴部人結保之法，每三人或五人結爲一保，遞相覺察。凡保中有人犯罪逃走，許大理寺監錮同保人追捉須管敗獲，如有不獲，並與同罪，本部不得申請占留，其逃走改名復來部中之人，並重行決配，保人輒敢容隱者，亦與同罪。仍許諸色人告，用本臺請也。自建炎省併吏額，御史刑房不專置，左右司亦不聞有所檢察，每御史案吏輒亡去，大理即乞先次結絶，吏復更名歸部，姦弊百出，故本臺以爲請。

《元史》卷九《世祖紀六》〔至正十三年十二月〕壬申，李思敬告運使姜毅所言悖妄，指毅妻子爲證。帝曰：妻子豈爲證者耶？詔勿問。

《元史》卷二八《英宗紀二》駙馬許訥之子速怯訴曰：臣父謀叛，臣母私從人。帝曰：人子事親，有隱無犯。今有過不諫，乃復告訐。

雜録

（宋）李明復《春秋集義》卷一七《閔公》胡安國按：《左氏》初公傳奪卜齮田，公不禁慶父，使卜齮賊公于武闈，魯史舊文必以實書，其曰：公薨不地者，仲尼親筆也。觀於刪詩，在諸國則變風皆取；在魯則獨編史克之頌。或問吾黨有直躬者，其父攘羊而子證之，則曰：吾黨之直者，異于是。父爲子隱，子爲父隱，直在其中矣。後世緣此制爲五服相容隱之條，以綴骨肉之恩，春秋有諱，義蓋如此。《禮記》稱：魯之君臣未嘗相弑，蓋習于經文而不知聖人書薨，不地之旨，故云爾。然則諱而不言弑也，何以傳信于將來？曰：書薨，以示臣子之情；不地，以存見弑之實。何爲無以傳信也？凡君終必書其所獨，至於是弑則没而無所，其情厚矣，其事亦白矣。非聖人能修之乎？後世記言之事，欲諱國惡則必失其實，直書無隱又非臣子所當施之於君父也。而《春秋》之法不傳矣。呂祖謙曰：共仲使卜齮賊公於武闈，閔公見弑，雖出於不測，亦是季友失照管處。

《南史》卷二九《蔡廓傳》宋臺建，爲侍中，建議以爲鞫獄不宜令子孫下辭，明言父祖之罪。虧教傷情，莫此爲大。自今但令家人與囚相見，無乞鞫之訴，便足以明伏罪，不須責家人下辭。朝議從之。

《北史》卷五三《綦連猛傳》 後都督尒朱文暢將爲逆，猛曰：昔事其父兄，寧今日受死，不忍告而殺之。神武聞之曰：事人當如此。舍其罪而益親之。

（宋）竇儀《宋刑統》卷六《有罪相容隱》 諸同居，若大功以上親及外祖父母、外孫、若孫之婦、夫之兄弟及兄弟妻有罪，相爲隱，部曲奴婢爲主隱，〔皆〕勿論。即漏露其事及擿語消息，亦不坐。其小功以下相隱，減凡人三等。若犯謀叛以上者，不用此律。

疏：諸同居，若大功以上親及外祖父母、外孫、若孫之婦、夫之兄弟及兄弟妻有罪相爲隱。議曰：同居謂同財共居，不限籍之同異，雖無服者並是。若大功以上親，各依本服。外祖父母、外孫、若孫之婦、夫之兄弟及兄弟妻服雖輕，論情重，故有罪者並相爲隱，反報俱隱。此等外祖不及曾高，外孫不及曾玄也。

又云，部曲奴婢爲主隱，皆勿論。議曰：部曲奴婢主不爲隱，聽爲主隱，非謀叛以上並不坐。

又云，即漏露其事及擿語消息，亦不坐。議曰：假有鑄錢及盗之類，事須掩攝追收，遂漏露其事。及擿語消息，謂報罪人所掩攝之事，令得隱避逃亡，爲通相隱，故亦不坐。

又云，其小功以下相隱，減凡人三等。議曰：小功、緦麻假有死罪隱藏，據凡人唯減一等，小功、緦麻又減凡人三等，總減四等，猶徒二年。

又云，若犯謀叛以上者，不用此律。議曰：謂謀反、謀大逆、謀叛。此等三事，並不得相隱，故不用相隱之律，各從本條科斷。

問曰：小功以下相隱，減凡人三等，若有漏露其事及擿語消息，亦得減罪以否？

答曰：漏露其事及擿語消息，上文大功以上共相容隱義同，其於小功以下理亦不别。律恐煩文，故舉相隱爲例，亦減凡人三等。

《金史》卷四五《刑志》 大興府民趙無事帶酒亂言，父千捕告，法當死。上曰：爲父不恤其子而告捕之，其正如此，人所甚難。可特減死一等。

《皇朝通志》卷七六《刑法畧二·刑制》 以五服彖情法，故具《喪服圖》。凡親屬有得相容隱之條，同居不限籍之同異。雖無服者皆是，若别居大功以上親，及外祖父母外孫，妻之父母，女壻，若孫之婦，夫之兄弟，及兄弟妻有罪，彼此得相爲容隱；奴婢、雇工人爲家長隱者，皆勿論。若漏洩其事及通報消息，致令罪人隱匿逃避者，亦不坐。其小功以下相容隱及漏洩其事者，減凡人三等，無服之親減一等，若犯謀叛以上者，不用此律。

（唐）白居易《白氏六帖事類集》卷一三《罪相容隱》 父爲子隱，子爲父隱，直在其中矣。《語》。子孫匿祖父，宣詔：父子之親，夫婦之道，天性也。雖有患禍，猶蒙死而存之，誠愛結之心，仁厚之至也。豈能違之？自今子首匿父，妻匿夫，孫匿大父，皆勿坐。其父母匿子，夫匿妻，大父母匿孫，罪殊死，皆上請廷尉以聞。上下相蒙，難以濟矣。介之推。掩義隱賊，《傳》。掩蔽。掩惡。伏藏。蒐匿。

存養分部

論説

《魏書》卷七《高祖紀下》 〔太和十二年春正月〕乙未，詔曰：鎮戍流徙之人，年滿七十，孤單窮獨，雖有妻妾而無子孫，諸如此等，聽解名還本。諸犯死刑者，父母、祖父母年老，更無成人子孫，旁無期親者，具狀以聞。

《魏書》卷一一一《刑罰志七》 〔太和〕十一年春，詔曰：三千之罪，莫大於不孝，而律不遜父母，罪止髡刑。於理未衷。可更詳改。又詔曰：前命公卿論定刑典，而門房之誅猶在律策，違失《周書》父子異罪。推古求情，意甚無取。可更議之，刪除繁酷。秋八月詔曰：律文刑限三年，便入極默。坐無太半之校，罪有死生之殊。可詳案律條，諸有此類，更一刊定。冬十月，復詔公卿令參議之。

十二年詔：犯死罪，若父母、祖父母年老，更無成人子孫，又無期親者，仰案後列奏以待報，著之令格。

又：時司州表：河東郡民李憐生行毒藥，案以死坐。其母訴稱：一身年老，更無期親，例合上請。檢籍不謬，未及判申，憐母身喪。州斷三年服終後乃行決。司徒法曹參軍許琰謂州判爲允。主簿李瑒駁曰：案《法例律》：諸犯死罪，若祖父母、父母年七十已上，無成人子孫，旁無期親者，具狀上請。流者鞭笞，留養其親，終則從流。不在原赦之例。檢上請之言，非應府州所決。毒殺人者斬，妻子流，計其所犯，實重餘憲。準之情律，所虧不淺。且憐既懷酖毒之心，謂不可參隣人伍。計其母在，猶宜闔門投畀，况今死也，引以三年之禮乎？且給假殯葬，足示仁寬，今已卒哭，不合更延。可依法處斬，流其妻子。實足誡彼氓庶，肅是刑章。尚書蕭寶夤奏從瑒執，詔從之。

（宋）李燾《續資治通鑑長編》卷三三六《宋神宗元豐六年》 廣西經略司言：宜州溪峒言，莫世忍子公效乞歸明，而南丹州又言公效作過，乞以一行人送藤州給田安置。詔廣西經略司，令宜州取問莫世忍：今公效罪惡，法所不容，如欲正典刑，令押就境上處斬；若以父子恩，且欲存留，即遣回本處，令一面送遠惡處羈管。後世忍乞斬公效於宜州，詔止刺面配江西牢城，仍免決。

（清）徐乾學《資治通鑑後編》卷一二四《宋紀一二四》 甲辰，金尚書省奏鄧州民范三毆殺人當死，而親老無侍，金主曰：在醜不爭，謂之孝，孝然後能養斯人，以一朝之忿忘其身而有事親之心乎？可論如法，其親官與養濟。

《金史》卷七《世宗紀中》〔大定十三年〕五月壬辰朔，日有食之。戊戌，禁女直人毋得譯爲漢姓。壬寅，真定尹孟浩薨。甲辰，尚書省奏，鄧州民范三毆殺人，當死，而親老無侍。上曰：在醜不爭謂之孝，孝然後能養。斯人以一朝之忿忘其身，而有事親之心乎。可論如法。其親，官與養濟。

《金史》卷一二《章宗紀四》〔泰和六年三月〕甲辰，勅尚書省：祖父母、父母無人侍養，而子孫遠遊至經歲者，甚傷風化，雖舊有徒二年之罪，似涉太輕。其考前律，再議以聞。

《元史》卷二五《仁宗紀二》 晉寧民侯喜兒昆弟五人，並坐法當死，帝嘆曰：彼一家不幸而有是事，其擇情輕者一人杖之，俾養父母，毋絶其祀。

《元史》卷三二《文宗紀一》 丙子，速速坐受賂，杖一百七，徙襄陽，以母年老，詔留之京師。

《皇朝通志》卷七九《刑法畧五・刑制》 十五年諭：國家欽卹民命，德協好生，至於鰥寡、孤獨，尤所矜憫。是以定有獨子留養之例，凡屬情輕，皆已霑恩減等。

又：三十八年諭：例載獨子養親一條，必先查核死者並非獨子，而兇犯實在家無次丁，方準聲請。亦須核其情節本輕又毫無別故者，始可照例援請。至其中案情稍重，雖經聲請不準留養者，前經朕以此等尚非謀故重情，常赦不原，曾降旨俟其拘繫，經年量爲末減，亦不必於定案時，將命案正犯遽行開釋，是於明慎用刑之中，更寓法外施仁之意。

《皇朝文獻通考》卷四六《國用考八・賑恤》 十五年諭曰：國家欽恤民命，德洽好生，至於鰥寡、孤獨，尤所矜憫。是以定有獨子留養之例，凡屬情輕，俱已沾恩減等。但督撫聲請之案，不過尋常鬬毆之類，斷不至入於情實，徒使淹禁囹圄，不得侍養，而窮老孤孀無所倚賴，深爲軫惻。著該部查明各犯祖父母、父母現存，果無次丁侍養，俱以可矜減等發落。著爲例。

《皇朝文獻通考》卷一九六《刑考二・刑制》 四年，申定獨子留養之禁。奉諭：凡死罪非常赦所不原者，若祖父母、父母老疾，家無次丁，開具所犯罪名奏聞，律文所有者，著照律行。其犯贓等罪流徙人犯，取具地方官印結，或照律留養，或仍流徙，請旨定奪。

《皇朝文獻通考》卷二〇九《刑考十五・贖刑》 十一年，定孀婦獨子犯軍流徒罪者，照例杖一百，餘罪收贖例。

《皇朝文獻通考》卷二一〇《刑考十六・赦宥》 十一年，定免死流犯有祖父母、父母老疾，家無次丁者，照旗人例，折枷存留養親之例。

又：四十二年，以萬壽聖節，四海奠安河工告成，詔赦天下，又停止秋審。以本年三月已奏恩詔，所有罪犯無幾因有是命，寬恤罪犯因親老廢疾者，准其留養。

又：四十五年諭：刑部緩決人犯至三四次者，免死減等。又命免直省緩決人犯死罪時，刑部歷年緩決人犯，凡二百二十五人俱免死減等，並著通行各省照例行定。大臣廕襲子孫犯死罪，家無次丁者，許妻妾入監相聚，刑部議准，凡經恩賜祭葬之子孫，難廕出身之人，不可使宗祀斷絕。如審擬大辟，家無次丁者，令其妻妾入監相聚，生有子息，再行正法。

又：十九年矜恤尋常鬬毆，未經聲請留養之犯，奉諭：從前各省鬬毆情罪稍重之案，經部定議不准留養。後因此等人犯秋審時，原不至入情實。乾隆十五年特頒諭旨：令各該督撫秋審時，另册辦理，但十五年以前，此等親老丁單之犯，間有原題內，未經聲叙者，遂不得一例邀恩，情亦可憫，著各該督撫將從前未附聲明，確有成招，原案可憑者，准其一體入册，量予末減，以示欽恤。又上恭謁三陵禮成，赦奉天等處人犯，又停止秋決。

《皇朝文獻通考》卷二九四《四裔考二·東·朝鮮二》 五十年正月焞疏報其國人李萬枝等越界殺人刼財。上以此事未經該將軍等舉報，或係逃往採蔘之徒，特遣司員長泰等往，並令朝鮮亦遣官會同確訊。九月，長泰等奏言：李萬枝等誘至中國人二名致死，投之江中，掠取人蔘等物屬實。得旨，交該國王治罪完結。聞此案犯内有親弟兄三人者，定例弟兄俱擬正法，存留一人養親，可移會該國王於此親兄弟三人中，照例一人留養。

（宋）王欽若《册府元龜》卷六一六《刑法部·議讞》 孫革，穆宗長慶初爲刑部員外郎時，京兆府雲陽縣力人張莅欠羽林官騎康憲錢米，憲徵之，莅乘醉拉憲，氣息將絶，憲男買德年十四將救其父，以莅角觝力人不敢搖解，遂持木鍾擊莅之首，見血。後三日致死者，准律父爲人所毆，子往救，擊其人折傷，減凡鬬三等，至死者，依常律。即買德救父，雖是性孝，非暴擊張莅，是切非兇，以髫丱之歲，正父子之親，若非聖化所加，童子安能及此？王制稱：五刑之理，必原父子之親，以權之測淺深之量，以别之春秋之義。原心定罪，《周書》所訓，諸罰有權。今買德生被皇風，幼符至孝，哀矜之宥，伏在聖慈，職當讞刑，合分善惡。先其事由陳奏，伏冀賜下中書門下商量，勑旨康買德尚在童年，得知子道，雖殺人當死，而爲父可哀，從沉命之科，失原情之義，宜付法司減死罪一等處分。

《聖祖仁皇帝御製文集·第三集》卷二《勑諭·諭刑部》 凡罪犯存留養親，必其親係無罪可憫之人，方可奏請留養。這案陳蒂生與其子陳潮同毆陳大生致死，則陳蒂生亦係有罪之人，今將陳潮引存養例奏請，於義不合，著再議具奏。康熙四十一年四月十二日。

《聖祖仁皇帝御製文集·第三集》卷七《勑諭·諭刑部》 絞犯阿爾楚，罪本應死，念其祖母年逾九十，母年逾八十，兩世孀居，情屬可憫，著免阿爾楚死，准留侍養。康熙四十四年三月初八日。

雜録

《北史》卷八四《孝行傳·長孫慮》 長孫慮，代人也。母因飲酒，其父真呵叱之，誤以杖擊，便即致死。真爲縣囚執，處以重坐。慮列辭尚書云：父母忿爭，本無餘惡，直以謬誤，一朝橫禍。今母喪未殯，父命旦夕，慮兄弟五人並沖幼。慮身居長，今年十五，有一女弟，向始四歲。更相鞠養，不能保全，父若就刑，交墜溝壑。乞以身代老父命，使嬰弱衆孤，得蒙存立。尚書奏云：慮於父爲孝子，於弟爲仁兄，尋情究狀，特可矜感。孝文帝詔特恕其父死罪，以從遠流。

（清）徐乾學《資治通鑑後編》卷一一七《宋紀一一七》 金沂州男子吴真犯法當死，有司以其母老疾無侍，爲請命官與養濟著爲令。

《元史》卷二五《仁宗紀二》 晉寧民侯喜兒昆弟五人，並坐法當死，帝嘆曰：彼一家不幸而有是事，其擇情輕者一人杖之，俾養父母，毋絶其祀。

（清）蔣良騏《東華録》卷二六《雍正二年五月》 諭刑部：例内雖有父母年老，家無次丁，應存留養親之條。但凶徒恃此，有意傷人，亦未可定。已死之人，亦屬可矜。嗣後視其所犯輕重若何，飭令多出銀兩，給死者之家，若不給與，仍應照原擬治罪，爾部定例具奏。

（清）鄂爾泰等《世宗憲皇帝硃批諭旨》卷七三之五《硃批王士俊奏摺》 奏爲敬陳末議，仰祈睿鑒事，竊臣知識短淺，每伏讀皇上欽定律例，精詳允當，於明罰敕法之中，廣如天好生之德，臣下奉行，惟恐不力，尚有何詞敢贊，高深於萬一，但就成例之内，可以推廣聖恩，情法兼備者，臣不揣愚昧，謹列四條，爲我皇上敬陳之。一、獨子留養之例，孀婦尤爲可矜也。一、强竊同居之父兄等，知情、不知情減等擬罪之處，尚須定議飭遵也。一、逾限處分，應分别初条、二条之輕重也。一、州縣刑書，宜一體添設，總吏也。以上就臣知識所見，敬陳末議。

《皇朝通志》卷七九《刑法畧五・刑制》　請旨：如審繫遊蕩他鄉忤逆犯案，及素習匪類爲父母擯逐，若犯姦拐、强盗，行兇有關倫理，擾害地方，並被殺之人亦繫獨子，本有兄弟並姪出繼可以歸宗，身爲人後，所後之家可以另繼；及誣告人、謀故殺及爲强盗等罪，以致被誣良民，久淹獄底，身受刑訊，蕩産破家，迨審明反坐者，概不准留養。又夫毆妻至死之案，無故殺别情，果繫父母已故，家無承祀之人，該督撫將應行承祀之處聲明，照留養例取結辦理。又凡搶竊及三犯竊盗等犯，準其留養一次，有復犯者，不準留養。旗人例合留養承祀者，視民人之例。

又：惟是愚民無知，往往輕身鬭狠，不知留養爲格外施仁，或轉恃此爲倖免之路，以致羅於法網。因其案情稍重，或理曲尋衅，金刃重傷，雖經督撫聲請，仍以原罪定擬，不準留養，固屬該犯罪所應得。

又：各犯祖父母、父母見存，果無次丁侍養，槩可以矜減等請旨發落。嗣後獨子犯罪，未邀寬減者，該督撫於秋審、朝審册内聲明，九卿覆覈時，照此辦理，以昭軫雪無告之至意。著爲令。

又：第恐愚民無知，恃有留養之例，凡係獨子，動輒輕身鬭狠，易罹法網，是隨案辦理，留養非爲無益，而且害之，與其急於縱釋而民輕犯，何如稍加慎重之轉得矜全乎？嗣後内外問刑衙門，遇此項案情，務須確覈罪由，審酌至當，妥協辦理，毋得意存姑息，將此通諭中外知之。

《皇朝文獻通考》卷一九七《刑考三・刑制》　定弟毆兄死，存留承祀之例，奉諭：一家兄弟二人，弟毆兄死，而父母尚在，則有家無次丁，存留養親之請。倘父母已故，而弟殺其兄，已無留養之例，一死一抵，必致絶其祖宗，禋祀此處，甚宜留意。若因争奪財産及另有情由，又當别論。嗣後如何定例，著九卿確議，尋議除争奪財産謀殺、故殺，按例正法外，倘係一時角争互毆致死胞兄，而父母已故，别無兄弟，又無承祀之人，應令地方官據實查明取結，疏内聲明，如蒙恩准其承祀，將該犯免死減等從之。

《皇朝文獻通考》卷一九八《刑考四・刑制》　申定毆死胞兄，留養承祀，及救父毆死大功兄之例，九卿議奏。弟毆兄死，遇有留養承祀者，向例枷責完結。嗣奉諭旨：以倫紀攸關，枷責完結過輕，改爲斬監候。正以孝弟本屬一理，既不弟其兄，雖留養亦必不能孝其親，且祖宗亦必不歆其祀，徒使兇頑倖免，倫紀有乖。故改斬監候，使拘繫在獄，漸化其兇殘之性，然後留以養親承祀，此仁至義盡之道也。請嗣後此等罪犯俱改擬斬監候，俟三年後，該督撫查明，於秋審册内聲明請旨，照例枷責，留養承祀。倘三年内遇有父母病故，及有人承祀者，仍擬情實。

《皇朝文獻通考》卷一九九《刑考五・刑制》　申定命案獨子之例，刑部議覆，署福建巡撫楊應琚奏郭端毆黄睿死，擬絞監候，聲請留養。奉諭：留養之例，乃法外之仁，必該犯實係理直，或誤傷致斃，既有一線可原，始得邀恩末減。若尋常鬭毆，曲爲開脱，於定律之義何居？此宜照例定罪，秋審時，自在可矜之列，是其監禁不過一二年之間，而定案之初，犯者尚知情罪可準，俾好勇之風，因而少戢則閭閻寧。而致斃者鮮，所全實多，又何必於理？宜監禁一二鬭狠之人，曲爲開脱，若以該犯身係獨子，不宜羈於囹圄，即出之囹圄，此等敗類，亦難責以盡心孝養也。且一年之後，原屬矜免，何必亟亟耶！將此通行曉諭，俾司憲者知臨事檢核，一歸平允，副朕明刑弼教之至意。至二十七年六月大學士、九卿遵旨議准。嗣後，親老丁單及孀婦獨子留養之犯，除實係戲殺、誤殺，並無鬭毆情形，該督撫仍照例於題本内聲請留養。法司隨案核覆外，其鬭殺之案，概令督撫於定案時，止將應侍緣由於題本内聲叙不必分别應准、不應准字樣，統俟秋審時取結報部，刑部會同九卿核擬入於另册進呈，恭候欽定。

（清）王明德《讀律佩觿》卷二《收贖》　若存留養親之收贖，則又不然。存留養親者，本犯之罪無可矜，而本犯之或父、或祖、或母、或祖母，則已老而無所依矣。因爲存而留之，以養其親，故曰存留養親。其法則實杖以應杖之一百，不准折贖。却將其應徒應流之年限，一照老疾收贖之則例以贖之。蓋親雖老，而子實壯，法不容逭，則一百之决杖，彼所能受，故必實杖以存法，其所應充徒之年限，則因其親之老而老之，所以從老例爲收贖也。或曰曷不並令照折贖例以聽贖，而必令之照老例收贖者。其意何居？曰：彼之所以得爲邀恩而存留者，以親老故也。如一以折贖例繩之，彼有力者，固無論矣。倘或貧不能給焉，既竭力於贖罪之場，則無復有可爲菽水承歡之具，彼又將何恃以養其親乎？不幾存留與不存留等耶？故法必盡於決杖之一百，而贖則同夫老之例。恤之者，恤夫老，非恤本犯也。情法兼備報之盡，仁之至也。

（明）朱元璋《明太祖文集》卷二《詔·存恤詔》 詔曰：曩因天下大亂，死者不可勝數，生者備歷艱辛，已有年矣。朕起布衣，削羣雄，定禍亂，改元洪武。今紀七年，但才疎德薄，日夕慮上帝有責，思之再三，惟兵後苦殃者，朕失撫養存恤。蓋軍士爲朕開拓疆宇，奮不顧身，歿於戰場，死不至家，魂無所依，父母年高，妻寡子幼，一旦拋棄，至今不能存活，此朕之過也。民間經兵避難，父南子北，至今不能會聚奉養者有之；或子歿親老而無養，親歿子幼而無依者有之，亦朕之過也。興言至此，實可憫傷。今詔天下有司，各各具名，以言朕當會居存養，使不失所，所有存恤事宜，條列於後云云。於戲，君天下者，所以爲民也。但君思治而民乖，民欲樂而君昏，臣稀賢而不法，君或懦而臣剛，此古今所難也。所司奉行者，勿以仁爲弊，以干刑憲，故茲詔示，想宜知悉。

清末中西法文化部

綜論分部

論說

（清）黃爵滋《黃爵滋奏疏》卷五《敬陳六事疏》　愚者千慮，或有一得。謹就管見所及，列為六事，敬為我皇上陳上：一、謹天戒以迓洪庥也。臣維自古帝王之學，莫大於敬天，而敬天之學，莫大於謹天戒。天道無言，常視人事以爲徵應。唐虞三代盛時，未嘗無災異之事，而古聖帝王，初不以爲諱，此尚書所以有克謹天戒之訓，而我世宗憲皇帝尤諄諄於省愆修德以承眷佑之恩，聖謨洋洋，誠萬世子孫之守法也。臣考《漢書・天文志》曰：陰陽之精，其本在地，而上發於天。政失於此，則變見於彼。是以明君覩之而寤，飭身正事則禍除而福至，自然之符也。臣伏念皇上自即位以來，勵精圖治，澄敘官方，勤卹民隱，恭儉寬仁，雖堯舜之聖，曷以加此？然比年之間，水旱昆蟲，在所多有，歲功不登，民生屢困。頃復有星起自斗口，漸移過天市垣，見者咸以爲異。雖陰陽之在天地，亦偶有乖舛之時，而修廢之在人事，或不無感召之理。皇上愈廑顧諟之心，彌盡對越之實，內則杜漸防微，日慎一日，則聖躬之已修者益修矣。外則循名責實，安益求安，則聖政之已修者又益修矣，於以仰格天心，下慰民望，休徵且爲立應，更何災祲之難弭哉？臣請皇上飭諭欽天監，嗣後將天象簿與晴雨録，一同進呈。又飭諭各省地方官，凡其地面所有災異，無論大小，務宜據實奏報，毋得隱諱。皇上以時考察，取天文正義，按條核證，求諸內外之故，以斟酌而弛張之，則天庥滋至，而臣民共慶已。

一、廣賢路以襄郅治也。臣聞人存則政舉，故天下無難爲之事，無難爲之時，總在得有爲之人。歷觀往史，當開創之時，削亂圖功，人才競出，而庶政亦修明可觀。及夫繼體之世，則安常守故，人才不出，而庶政亦疲玩不舉。豈生才之多寡有獨異歟？一則破資格以求之，而其途甚廣，一則拘資格以求之，而其途稍隘也。我朝定鼎之後，開科取士，仍循明制，得人稱盛。然鄉、會兩科之外，如康熙、雍正、乾隆年間，屢次詔舉博學鴻詞科，所得真才，如湯斌、劉綸等，皆爲熙朝碩甫，一代偉人。煌煌盛舉，照耀千古，凡以明爲政在人而立賢無方也。且夫見賢能舉，舉而能先者，君子之所以日長也。見不善能退，退而能遠者，小人之所以日消也。不善何以見？察之不厭其密。賢何以見？求之不厭其詳。自古人才之弊有二，一在於學非所用，用非所學。夫學非所用，用非所學者，此科舉之弊也。科舉弊則科舉中之人才已莫能見，況科舉以外者乎？一在於名不副實，實不副名。夫名不副實，實不副名者，此保舉之弊也。保舉弊則保舉所可及之人才已莫能見，況保舉所不能及者乎？是故求之不嚴，則冒濫之人衆，而患莫大焉。求之不廣，則將就之人多，而患亦莫大焉。道在試之有用之學，非文士所得濫竽，録其有用之才，雖布衣猶當推轂。伏求皇上推廣用人之法，以收得人之效，諭令中外大臣，各舉所知，以備試用，但當絕其奔競，去其夤緣，方爲公忠體國，不負委任。至其求之之法，或特開一科，如從前詔舉博學鴻詞故事，第不試以詩賦，而試以策論，取其通經史而適於時務者，量才用之，或兼設數科，如漢之經任博士，文任御史，才任劇縣等目，分別試之。總之，古法與今不同。臣愚以爲用賢者皇上圖治之大原，求賢者宰相佐治之急務。伏請飭下大學士軍機大臣等，共籌良法，以廣賢路，斟酌議奏，仰候聖裁，聿成聖典。如此則賢才衆多，政教修舉，列聖鴻規，至今益振，豈獨開行之士足爲美談哉？

一、整戎政以收實用也。【略】

一、立控制以靖匪民也。臣維國家承平既久，生齒日繁，而土不加闢，於是民多產少，天下不能無失業之民。夫此失業之民，皆有身家，不能以無食，而其心智才力又不能廢之於無所用也。民有正業，則心智才力，皆管於正業之中，而有所託以得食。無正業，則無所託以得食，遂去而爲梟棍，爲賊盜，爲邪教。一倡而十和，十倡而百和，日積月多，並有業者亦且爲所誘脅而從之，黨與既衆，事端易生。故天下多一失業之民，既天下多一生事之民，天下多一生事之民，既天下多一不治不安之民也。以臣所聞，直隸、山東、山西之教匪，河南之捻匪，四川之嘓匪，江西之鹽梟，江西、福建之担匪，刀匪，及隨地所不著色目之棍匪、竊匪，地方官慮其生事，未嘗不查察，而終莫能使之改革者，無業以管其心智才力而使之得食，故仍狃於故轍也。夫既禁之不從，必且取而誅之，則又安可勝誅？誅其首惡一二人而餘黨仍潛匿於地面，或竄伏於他境，而不可以盡，此地方官治之所以術窮也。然則遂果無術以治之哉？臣以爲不在窮治，而在善爲控制。今有牛馬脱其轡勒，任其散放以自食於四野，勢必且蹊人田畝，啖人禾稼，其害滋甚。吾取而絡其頭，穿其鼻，飼以芻秣，而使之引轅負犂，則必聽人指使，帖然就駕，不惟不爲人害，夫且大爲人用。此臣所謂控制之術也。今之失業匪民，猶之脱去轡勒，害人之牛馬也。誠能收之，飼之芻粟，施以鞍軛，又何難去其害獲其用哉？臣請飭下督撫大吏，諭令地方官，於此等匪民，先宜實力查捕，除已犯重案論治如法外，餘皆概予開釋，而著其名於册，諭令遷改，取其智力可用者，補編營伍，可資其材勇，次充捕差，可藉爲耳目，次充城署散役，可備巡守，效奔走。名既隸官，則有所管攝，身既近官，則易爲查察。除數項已用之外，仍有餘人，或近水而有葦蕩可田，近山而有竹木可植，近邊而有沙鹵可耕，官皆爲隨時設法，因人立計，務有以廣其資生之路，而開其向善之心。如是而猶有不悛，則有嚴法以處其後，斯控制之道得，而治安在萬世矣。

一、飭堆撥以清輦轂也。【略】

一、嚴勦禦以肅夷禁也。臣維中國與外洋互市，原有地界，夷人寸步不得踰越。近來夷人互市既久，漸有玩法藐禁之處，往往好生事端。臣閲邸鈔，見舊歲兩廣督臣盧坤奏，夷船擅入内地輒敢放砲相拒。今年閩浙督臣程祖洛、山東撫臣鍾祥又陸續奏夷船飄入内地，情頗猖獗。何毫無畏懼若此？臣聞近日夷人與中國客商，往來狎習，潛募中國能畫者，圖繪中國山川、道里、城郭、驛站形勢，又募能書者，録述中國各樣情事，大小不遺。其接對中國客商，語言情態，十分驕肆。而歷任督撫，又率多顧忌隱忍，此夷人所以得計而日驕也。臣竊謂夷人性情，本難恩感，當以威制。我示之弱則彼強，我示之強則彼弱，我畏其生事則彼益好事，我不畏其生事則彼且帖然無事。且如英吉利夷，遠隔重洋四萬餘里，多寡之勢，主客之形，彼何恃而不恐？我何爲而不奮？然所以威制之道，不在臨時之張皇，要在平日之振作。臣聞沿海水師，率皆老弱無用，軍器率多殘缺，並不修整。又戰船率用薄板舊釘，遇擊即破，並不計及夷器之兇利堅固，作何抵禦。似此廢弛，何以肅邊威遠？應請飭諭沿海督撫提鎮大臣，認真操練水師，修理軍器，戰船費用，一歸實落，方爲有備無患。再，臣查粤海關之税，所入者不過百萬，而鴉片煙之銀，漏出外洋者不下二三千萬。以無用有害之物，毒中國之人而又竭中國之財，夷計之狡莫甚於此；而屢禁不絶者，則皆漢奸爲之也。臣聞近來廣東搶劫大案，大半以搜查鴉片爲由，各關亦以搜查鴉片爲名，實則需索客商。江西等處河面一帶游民，亦以搜查鴉片爲名，實則搶劫財物。是有禁不如無禁。臣愚謂欲截其流，但塞其源。應請皇上飭諭兩廣總督，責成水師提督，嚴查大嶼山之屯船，及轉運之快蟹，交易之窰口，悉籍其黨，立置重典。一面檄知該夷國王，嗣後夷船不准裝載此物，如違即照漢奸治罪。若不如此嚴禁，臣恐此患意無底止矣。

以上六條，似皆當務之急。

《皇朝經世文統編》卷一〇二《通論部三》佚名《中國變法宜審所先論》

蒙以中國稍知變法，因縱論及之曰：嗟乎！法無千古不敝，即無千古不變者也。易曰：窮則變，變則通。孝之言曰：有治人，無治法，惟在上者。知所，變而善所，法則雖變，而不詭於正，夫是之謂通。難者曰：安石之作法，非不欲革故而取新也。卒之疑謗交起，遂傷宋室一代元氣，其法若彼其變，若此，不如其勿變也。不知安石之法泥於古者也，人知變之爲害，亦知變之爲利乎。昔者美之轄於英也，苛税虐使，其時，華盛頓起舉英之内政而變之。普之蹶於法也，法人限其兵額，其時，卑士麥起，舉普之内政而變之，法之蹈於普也，割地兩省。其時，爹亞起舉法之内政而變之，即如日本之受劫於諸國，窮蹙開岸，有西鄉隆盛大久保利通等起，而日本内政亦爲之一變。籍曰：不變興夫變，而不審所先，吾不知諸國之法何以至今不敝也。然則中國其知此乎？中國近十年，亦稍稍有知變者矣。創海軍，練水師，武備之，重設爲學堂，奏立專科，延外國各員，教習講究，此至亟也。即外國之爲中國謀者，衆口一詞，靡不以練軍爲急務。然訓練之多材，器械之利用，舟車之轉運，外國之所長，即爲外國之軍務也，一旦練兵，勢必需此，則西人之勸我練軍，意可知矣。不然，外國之內治可取者實多，不此之講而爲練軍，是謀哉！誠以內治脩，則外侮自禁，國可百年無事，兵即可百年不用。美之兵力不及歐洲各大國，而能自強；土耳其昔日之雄卒窮於兵，以墟其土地。其明證矣。故蒙謂中國不知所變則已，中國而知所變，必自內治，始而軍政，漸次舉辦。其內治奈何？一曰設議院，二曰興新學，三曰勸農事，四曰拓商務。此四者，大延之章奏，草野之口舌，言之長矣。請申其説！

《皇朝經世文新編》卷一上《通論》胡燏棻《變法自強疏》　因時變法，力圖自強，五帝殊時不相沿樂，三王異世不相襲禮。蓋窮變通久，因時制宜之，道不同也。

《皇朝經世文新編》卷一上《通論》嚴復《原論》　王介甫之變法也，法非不良，意非不美也，而其效浸淫，至於亡宋，此其故可深長思也。管商變法而行，介甫之變法而蔽，在其時之風俗、人心與其法之宜不宜而已矣。達爾文曰：物各競存，最宜者立。動植如是，政教亦如是也。

《皇朝經世文新編》卷一下《通論》佚名《救亡決論》　天下理之最明，而勢所必至者，如今日中國不變法，則必亡。

《皇朝經世文統編》卷一四《文教部十四・教法》佚名《萬木草堂小學學記》　窮理：法必變，所以立法之故不變。六經諸子，古者皆謂之道術。蓋所以可貴者，惟其理也。故曰：法先王者，法其意。西人自希臘昔賢即講窮理，積至近世愈益昌明。究其致用，有二大端，一曰定憲法以出政治，二曰明格致以興藝學。輓近公理之學盛行，取天下之事物、古人之言論皆將權衡之度量之，以定其是非，審其可行不可行。蓋地球大同太平之治殆將萌芽矣，學者苟究心此學，則無似是而非之言，不爲古人所欺，不爲世法所撓。夫是之謂實學。若夫孟子所謂深造自得，左右逢源，又其大成之事也。

《皇朝經世文統編》卷二七《內政部一・治術》佚名《變法》　夫自羣聖人經營數千年以至唐虞，自唐虞積二千年以至秦始皇，自始皇積二千年以至於今，故曰不過萬年也，而世變已若是矣。世變小，則治世法因之小變；世變大，則治世法因之大變。夏之尚忠，始於禹；殷之尚質，始於湯；周之尚文，始於文武周公。閱數百年，則弊極而變，或近至數十年間，治法不能無異同。故有以聖人繼聖人，而形迹不能不變者；有以一聖人臨天下，而先後不能不變者。是故惟聖人能法聖人，亦惟聖人能變聖人之法。彼其所以變者，非好變也，時勢爲之也。今天下之變亟矣，竊謂不變之道宜變，今以復古迭變之法，宜變古以就今。嗚呼！不審於古今之勢，斟酌之宜，何以救其弊？且我國家集百王之成法其行之而無弊者，雖萬世不變可也。至如官俸之儉也，部例之繁也，緑營之窳也，取士之未盡得實學也，此皆積數百年末流之弊而久失立法之初意。稍變，則弊去而法存；不變，則弊存而法亡。是數者雖無敵國之環伺，猶宜汲汲焉早爲之所。苟不知變，則紛飾多而實政少，拘變甚而百務弛矣。

若夫西洋諸國恃智力以相競，我中國與之並峙，商政礦務宜籌也，不變則彼富而我貧；攷工製器宜精也，不變則彼巧而我拙；火輪舟車電報宜興也，不變則彼捷而我遲；約章之利病、使才之優絀兵、制陣法之變化宜講也，不變則彼協而我孤，彼堅而我脆。昔者蚩尤造兵器侵暴諸侯，黄帝始作弓矢及指南車以勝之，太公封齊勸其女紅極技巧通魚鹽，海岱之間斂袂往朝。夫黄帝、太公皆聖人也，其治天下國家豈僅事富強者，而既廁於鄰敵之間，則富強之術，有所不能廢。或曰以堂堂中國而效法西人，不且用夷變夏乎？是不然，夫衣冠、語言、風俗，中外所異也，假造化之靈利、主民之用，中外所同也。彼西人偶得風氣之先耳，安得以天地將洩之秘而謂西人獨擅之乎？又安知百數十年後中國不更駕其上乎？至若趙武靈王之習騎射，漢武帝之習樓船，唐太宗駕馭蕃將與內臣一體，皆有微旨存乎其間。今誠取西人器數之學，以衛吾堯、舜、禹、湯、文武、周孔之道，俾西人不敢蔑視中華。吾知堯、舜、禹、湯、文武、周孔復生，未始不有事乎，此其道亦必漸被乎八荒。是乃所謂用夏變夷者也，或又曰變法務其相勝，不務其相追。今西法勝而吾學之，敝敝焉以隨人後。如制勝無術，何是又不然。夫欲勝人，必盡知其法，而後能變，變而後能勝，非兀然端生，而可以勝人者也。今見他人之我先，猥曰不屑隨人後，將跬步不能移矣。且彼萃數百萬人之才力，擲數千萬億之金錢，窮年累世而後得之。今我欲一朝而勝之，能乎？不能乎？夫江河始於濫觴，穹山基於覆簣，佛法來自天竺而盛於東方，算學肇於中華而精於西土，以中國人之才智視西人，安在其不可以相勝也。在操其鼓舞之具耳。噫，世變無窮，則聖人御變之道亦與之無窮。生今之世，泥古之法，是猶居神農氏之世而茹毛飲血，居黄帝之世禦蚩尤之暴而徒手搏之曰：我守上古聖人法也！其不僨且蹶者幾何也？且今日所宜變通之法，何嘗不參古聖人立法之精意也！

《皇朝經世文統編》卷一〇〇《通論部一》佚名《報貝君書》　夫法也者，道之淆頤，而蕃變者也。三代儒者，言道必兼言治法，在漢儒猶守此誼，故老莊與申韓同傳，而《鹽鐵論》列於儒家。自言道者，不依於法，且以法為粗迹，别求所謂精焉者。道無所寓之器，而道非道矣，至於法之與時爲變也。所謂漢唐無今日之道，今日无他年之道，道之可有，而且无者也。且无則不能終，无可有，尤必應亟有然以語乎。今日又不徒可有，而且无寔，今無而古不必不有者也。憶往年，共足下談世事，疾世之薄儒也。嗣同奮起作色曰：奈何詆儒術無用乎今日所用，特非儒術耳。足下便歎絶，説是知言。故夫法之當變，非謂變古法，直變去今之以非亂，是以僞亂真之法蕲漸復於古耳。古法可考者，六經尚矣。而其至寔之法，要莫詳於《周禮》。《周禮》，周公以之致太平，而賓服四夷者也。朱子謂周官如一桶水，點滴水漏，盖幾經歷代聖君賢相創述因革，哀諸至善，而後有此郁郁乎文之治。嗣同嘗歎周公之法而在也，誰敢正目視中國而蒙此普天之羞辱，至率九州舍生之類以殉之也哉？盖至是始識周公立法之善，而孔子孟子皇皇周流思以匹夫挽救周公之法，之將廢終不見用，猶垂空文以教後世。萬一有能復之者，所以貽萬世以安，不忍於人類日趨消亡，遂有今日之奇禍也。其事至難，其心至苦，斯其計慮，亦至深遠矣。當時既皆不悟，至秦果盡廢周公之法，是周公之法在秦法時已蕩然無存。况秦以來二千餘年，日朘月削，以迄今日，雖漢唐之法，尚遠不逮，豈復有周公之法一毫哉？然則今日所用，不但非儒術而已，直積亂二千餘年暴秦之弊法，且幾於無法，而猶謂不當變者，抑嘗深思而審處，上下古今，一綜計之乎？然以積亂二千餘年暴秦之弊法，且幾於無法，而欲盡取周公之法之幾，歷代聖君賢相創述因革，衷諸至善，而後有此郁郁乎文之治，爲兩漢所可復而不復乎，世禄可復，而使一旦復於積重難返之時，則勢亦有萬萬不能者。

《皇朝經世文統編》卷一〇一《通論部二》歐榘甲《變法自上自下議》

故今日言變法，人人皆有其責，人人當任其事，然變之道有二，一曰變之自上，一曰變之自下。變之自上者何？俄日是也。【略】變之自下者何？泰西諸國是也。當美法之，民之大變也。【略】

難者曰：上變法矣，官書之局開矣，鐵路銀行郵政並舉矣。下變法矣，報館開矣，學會起矣，農務商務方萌芽而未有已也。子何強聒爲曰子言是也。試問上之變法，有如俄日君臣一心以圖新政者乎？無有也。下之變法，其他吾不知，試問舉國學校有如諸國一縣之多者乎？無有也。國家受外侮久矣，蹙蹙惴惴而氣日下，稍一舉動，即惡人指摘。於是有識者睊睊焉以聖下，謂下爲之周甚善也，而下亦漫不之省，曰無權無勇，職爲亂階矣，復睊睊焉以待上，於是上下失望。外人睨吾權無所屬，乃日欲代吾權，欲滅吾權，曰：中國之不自政治也，須我政治之也，其下之，不自教化之、保養之也，須我教化之、保養之也。嗚呼！吾中國果求外人爲謀耶？吾聞古之有天下者，曰：保民而王，民事不可緩。言保民，以保國也，糜爛其民而不顧，必無失吾般樂怠教之素，是自求禍也。又曰：務民之義曰：天下有道，則庶人不議。言國勢危蹙，民宜發憤昌言，合群进力，自務其義，以捄君父也。夫上能變，則宜待之上；上不能變，則下宜自爲之。非背上也，崦嵫已迫，雨雪其旁，毋寧自變焉，以塞狡謀，而杜衆口，或有補於上乎。瑞士一小國耳，處群虎之中，而莫敢搏噬者，以民氣固結，莫可瑕疵也。然則萃中國之士、農、工、商各群於會，各聯其氣，各精其業，各奮其心，各充其智，各竭其力，謂他日震爍地球可也。不自爲政，而百姓亦復不率勞焉，夫復何望哉？或曰：子言悲而惘，爲下也多，而爲上也寡。夫雷動風舉，上之變顧不易耶，曰惟易也，當路者之事也。不必言，不待言吾民也，故言吾悲惘言。

《皇朝經世文統編》卷一〇二《通論部三》胡燏棻《變法自強疏》

奏爲因時變法，力圖自強，謹條陳善後事宜，恭摺仰祈聖鑒事。臣聞五帝殊時不相沿樂，三王異世不相襲禮，蓋窮變通久，因時制宜之道不同也。上年倭人肇釁，陸師屢挫，海軍繼失，寇燄倡狂，神人共憤。我皇上不忍兩國生靈久罹鋒鏑，以大字小，舍戰言和，雖兩害從輕，計不能不出於此。然自古馭外之策，斷無一意主和可以久安之理，唐於吐蕃，宋於金人，是其明鑒。遼河以東失地千里，雖由俄法德三國合起而爭，許還故土。但倭人仍有從容商議之語，恐不免枝節横生。臺灣交地近復激成變端，倭人能否不起責言，固難預料。然此風一開，事變一日亟一日，及今而不思改計，竊恐數年以後，大局更不堪設想。目前之急，首在籌餉，次在練兵。而籌餉練兵之本源，尤在敦勸工商，廣興學校。

《皇朝經世文統編》卷一〇二《通論部三》佚名《論變法宜詳審弊源》

今天下競言變法矣，曰船宜堅也，炮宜利也，鐵路宜舉行也，商務宜振興也，礦務宜講求也。五者審強之本，悉心行之，不獨仇可復，地可還，而欲耀武歐洲，吞噬兩球，亦在指顧間矣。無何行之未久，合股者告虧本矣，製造者告無成矣，昔之有利者轉瞬間百弊叢生矣。此何故也？不詳審本源故也。中國屢遜於歐洲者，非人不巧，金不多，而事事因循，事事舞弊，積習成風，牢不可破。必欲變之爲富爲強者，無他，亦詳審我之弊病本源如何耳。吾則粗心而行，非徒無益而又害之。而今異其急行者有二，其急變者有三。歐洲各國君主者有之，民主者有之，民共主者有之。要皆上下相通，貫絡一氣，博採羣議，以審精微。於都會、州郡均立議院，廣設學堂。學堂者，造士也。議院者，滌弊也。欲政之無弊，必先開議院。

（清）馮桂芬《校邠廬抗議·陳寶琛序》 吾聞其所爲書，有曰《萬國公法》者。彼能以法約束其民，彼且將以法鉗制人國。我不立法自強，彼以其法肆然於我法之上。智窮能索，我且折入彼法，以爲法雖賈生所謂跢盭辟痱，厝火積薪，其可憤可慮，豈有若此者！嗟乎！能漠然而不一動其心哉！先生自定其顯志，堂集取此議登其半，以有所避忌，存録其半於家。予謂所議皆爲法說，皆爲天下説，非於世有所憎愛也。況其事亦莫能諱，故勸培之同年盡刻之。賈生之策，亦稍稍施於景武之朝矣。漠置於今日，必將不朽於異時。且使昔議常明於人人，或有心者，變通吾意，而隱寓於常行之法之中，其於天下殆不無少補矣。光緒甲申春二月年家子陳寶琛謹序。

（清）馮桂芬《校邠廬抗議》卷下《制洋器議》 而今顧靦然屈於四國之下者，則非天時、地利、物産之不如也，人實不如耳。彼人非俱首重瞳之奇，我人非僬僥三尺之弱。人奚不如，且中華扶輿靈秀，磅礴而鬱積，巢燧羲軒數神聖前民利用所創始，諸夷晚出，何嘗不竊我緒餘？人又奚不如，則非天賦人以不如也，人自不如耳。天賦人以不如，可恥也，可恥而無可爲也。人自不如，尤可恥也，然可恥而有可爲也。如恥之莫如自強，夫所謂不如實不如也。忌嫉之無益，文飾之不能，勉強之無庸。向時中國積習，長技俱無所施，道在實知其不如之所在。彼何以小而強，我何以大而弱。必求所以如之，仍亦存乎人而已矣。以今論之，約有數端，人無棄材不如夷，地無遺利不如夷，君民不隔不如夷，名實必符不如夷，四者道在反求。以上諸議備矣。惟皇上振刷紀綱，一轉移間耳。此無待於夷者也。

（清）鄭觀應《增訂盛世危言新編》卷一《陳序》 故三代以上之爲治也，家塾、黨庠、學校徧天下，惟恐其民之不智，而始皇愚之；通商、惠工，溝洫徧天下，惟恐其民之不富，而始皇貧之；建鞀設鐸，惟恐下情之不通，而始皇窒之；遺艱投大，惟恐君威之過侈，而始皇怙之。民氣本強也，而弱之；民情本安也，而危之。蓋自焚書坑儒，而後古聖王之遺制蕩然無存。不有孔氏之書，則萬世之人心幾乎息矣。《書》曰：天佑下民，作之君，作之師。黄帝，作之君者也。孔子，作之師者也。顧形而上者，謂之道；形而下者，謂之器。空文垂訓，道可傳，而器不可傳。古先王制作之精深，器存而道亦寓焉。洎古籍放失，黔首顓蒙，作者何師，聖人弗起，我中國之君民，因陋就簡。溯秦併天下，以迄於今，蓋亦二千有餘歲矣。雖然聖人之心，天之心也；聖人之道，天之道也；聖人之器，亦天之器也。天下之生久矣，一治一亂，亂極於七國之季，而承之以秦，天亦若無如何者。既生孔子，以正人心，達天道矣。維道之中有器焉，不可使之散佚而無所守也。秦政酷烈薰爍，中國無所可容。彼羅馬列國之君民，乃起而承其乏焉。其聲明文物之所啟，亦自東而之西，有器以範之，故無一藝之不精。無道以維之，故無百年而不亂。分餘閏位迄今亦二千餘年，將以還之中國也。

又： 然道遠則不能自通，力弱則無以自振，天因其人之深思好學，益假手於彼，以大顯宜民利用之神功。輪舟以行水也，鐵路以行陸也，電報以速郵傳，火器以抗威棱，而後風發霧萃，七萬里如户庭。中國乃閉關絶市而不能，習故安常而不可。是故礦産、化學，丱人之職也；機輪製造，考工之書也；幾何、天算，太史之官也；方藥、刀圭，靈臺之掌也；倚商立國，《洪範》八政之遺也；籍民爲兵，《管子》連鄉之制也。議員得庶人在官之意，而民隱悉聞；書院有書升論秀之風，而人才輩出。罪人罰鍰，實始《吕刑》；公法睦鄰，猶秉《周禮》。氣球礟壘，即輪攻墨守之成規；和約使臣，乃歷聘會盟之已事。用人則鄉舉而里選，理財則爲疾而用舒，巡捕皆警夜之雞人，水師亦横江之練甲。宫室宏侈，如瞻夏屋之遺；涂徑平夷，克舉虞人之職。所微異者，銀行以興商務，賦税不取農民，斯由列國屬土之多，道里相距之遠，因時而制變者也，無足異也。至於傳教之師，用夏變夷之嚆矢；民主之制，犯上作亂之濫觴。他日我孔子之教，將大行於西，而西人之所以終底滅亡者，端兆於此。此外，良法美意，無一非古制之轉徙遷流而僅存於西域者，故尊中國而薄外夷，可也；尊中國之今人，而薄中國之古人，不可也。以西法爲西法，辭而闢之可也；知西法固中國之古法，鄙而棄之，不可也。執人而語之曰，爾秦人也，所行秦法也，無不怫然怒。語人曰，爾古人也，所行者古之道也，無不色然喜。今日日思復古，而於古意之尚存於西者，轉深閉固拒畏而惡之。譬家有明月之珠，遺之道路，拾而得之者，不私不秘，舉而歸諸我；我乃按劍疾視，拒之而不受也，智乎不智乎？方今萬國通商五十餘載，見聞日廣，風氣大開，順天者存，逆天者亡，天與不取，反受其咎。此其意賢者知之矣，不肖者不知也；少壯者知之矣，衰老者不知也；瞻言百里者知之矣，局守一隅者不知也。我惡西人，我思古道，禮失求野，擇善而從，以漸復我虞、夏、商、周之盛軌。揆情審勢，日暮之間耳。故曰，西人之通中國也，天爲之也，天與我以復古之機，維新之治。大一統之端倪也。

（清）鄭觀應《增訂盛世危言新編》卷一《凡例》 因時勢遷變，復略爲增訂，推廣其意。或問書中皆言時務，何以首列《道器》？余曰：道爲本，器爲末，器可變，道不可變。庶知所變者，富强之權術，非孔孟之常經也。

（清）鄭觀應《增訂盛世危言新編》卷一《富國一・道器》 西人不知大道，囿於一偏。原耶穌傳教之初心，亦何嘗非因俗利導，勸人爲善。惜其精義不傳，二三生徒妄以私心附會，著書立説，記名耶穌，勦襲佛老之膚言，旁參番回之雜教，敷陳天堂地獄之枝辭，俚鄙固無足論，而又創設無鬼神之説。夫既無鬼神，則天堂地獄又復爲誰而設？矧别派分歧，自相矛盾，支離穿鑿，聚訟至今，迄莫能折衷一是。究其流弊，皆好事者爲之，有識者斷弗爲所炫惑也。夫道彌綸宇宙，涵蓋古今，成人成物，生天生地，豈後天形器之學所可等量而觀？然《易》獨以形上形下發明之者，非舉小不足以見大，非踐跡不足以窮神。自《大學》亡《格致》一篇，《周禮》闕《冬官》一册，古人名物象數之學，流徙而入於泰西，其工藝之精，遂遠非中國所及。蓋我務其本，彼逐其末；我晰其精，彼得其粗，我窮事物之理，彼研萬物之質。秦、漢以還，中原板蕩，文物無存，學人莫窺制作之原，循空文而高談性理，於是我墮於虚，彼徵諸實。不知虚中有實，實者道也；實中有虚，虚者器也，合之則本末兼賅，分之乃放卷無具。

（清）鄭觀應《增訂盛世危言新編》卷一《富國一・考試上》 泰西取士之法設有數科，無不先通文理算學，而後聽其所好，各專一藝。武重於文，水師又重於陸路。考試之法，雖王子國戚，亦等齊民。如欲爲將帥者，必先入武備院，韜略館讀書，兼習天球、地輿、測星諸學。期滿，由現任水陸提督偕各臣親到學院，與掌教鑒定，考取一等者即編入行伍，授以把總，千總之職，次第而升，以資歷練。文件自理，槍礮自發，雖至賤至粗之事，亦不憚辛勞而嘗試之。及功成名就，致仕閒居，猶不廢立説著書以傳後世。即礦師、醫士，必須精於格物，通於化學，訟師尤須明律例，考取文憑方准用世。無論一材一藝，總期實事求是，坐而言者，即可起而行。而中國文士專尚制藝，即本國之風土、人情、兵刑、錢穀等事亦非素習。功令所在，士之工此者得第，不工此者即不得第。夫以八股爲正途，視别學爲異端，其不重可知矣，人才焉能日出哉！如是，雖豪傑之士，亦不得不以有用之心力，消磨於無用之時文，即使字字精工，句句純熟，試問能以之乂安國家乎？不能也。能以之懷柔遠人乎？不能也。一旦業成而仕，則又盡棄其所學。嗚呼！所學非所用，所用非所學，天下之無謂，至斯極矣！

（清）鄭觀應《增訂盛世危言新編》卷二《富國二・考試下》 《易》

曰：窮則變，變則通，通則久。千古無不敝之政，亦無不變之法。中國文試而不廢時文，武試而不廢弓矢，所學非所用，所用非所學，平日之所用已與當日之所學迥殊矣。及至外患循生，內憂疊起，又舉平日之所用者而一無所用焉！以一人之身而終身三變，精乎不精乎？幼學壯行之謂何？而國家猶勉策駑駘，期以千里，株守成法，不思變通，以此而言富強，是欲南轅而北其轍耳，其何裨乎！

（清）鄭觀應《增訂盛世危言新編》卷五《開源一·日報上》　今宜於沿海各省，次第仿行，概用華人秉筆，而西人報館止准用西字報章。無事之時，官吏設法保護，俾於勸善懲惡，興利除弊，以及人才之盛衰，風俗之純疵，製作之良窳，泰西各國政事有何更改，兵制有何變遷，商務製造有何新法，足以有益于人者，精心考核，列於報章。大、小官員苟有過失，必直言無諱，不准各官與報館為難。如有無端詆毀勒詐財賄者，祇准其稟明上司，委員公斷，以存三代之公。執筆者尤須毫無私曲，暗託者則婉謝之，納賄者則峻拒之，胸中不染一塵，惟澄觀天下之得失是非，自抒偉論。倘有徇私受賄，顛倒是非，借公事以報私仇，藉巧詞以紓積忿，逞堅白異同之辯，亂斯民之視聽者，則跡同穢史，罪等莠民，可援例告官懲治。如謂當道挾恨審斷不公，准其登報以告天下，庶公論不稍寬假。有事之際，官吏立法稽查，於本國之兵機，不宜輕洩，於敵人之虛實，不厭詳明，則常變經權，操縱在我。較今日之禁止華人而聽西人開設者，其是非得失損益爲何如也！

（清）譚嗣同《譚嗣同全集》卷一《仁學上》　方孔之初立教也，黜古學，改今制，廢君統，倡民主，變不平等爲平等，亦汲汲然動矣。豈謂爲荀學者，乃盡亡其精意，而泥其粗迹，反授君主以莫大無限之權，使得挾持一孔教以制天下！

（清）譚嗣同《譚嗣同全集》卷一《仁學下》　又聞之法律家矣：頭等教化之國，國律時時更改，以趨於便，而變通盡利，斯法爲人用，人不至反爲法用；其次則有一定之律矣。教化之深淺，咸率是以爲差。此又靈滯之辨也。

（清）譚嗣同《譚嗣同全集》卷一《壯飛樓治事十篇·治事篇第二·辨實》　今之言變法者，固不得謂非實事，然法終不變，即實事亦何異於空言。是故能變法，上也，即不變，亦當籌一辦法。今之有位，豈不曰不變法，夫何能爲？然苟變法，抑又無難爲矣。安見已敝之法，不可以有爲而不變者，乃有無形之變耶？吾即今日之法，程其功，責其效，求其無變法之名，而有變法之實，則又未始不可以有爲也。

（清）譚嗣同《譚嗣同全集》卷一《壯飛樓治事十篇·治事篇第五·平權》　今將悉取舊法而廢之，又不可得，則莫如令總學會釐訂一簡要有定之法。法有三，一曰：章程。今《會典》倣《周禮》體裁，敍述各衙門之職事。然僅京署，不及外官，且職事亦止言其大綱，而無辦事之章程，降而外省各衙門各局所益無有矣。以中國之大，庶政之殷繁，乃無一章程，以爲辦事之規則，惟恃撏撦塵牘，零星湊集，不足，又取決於幕友書吏之口，而任其穿鼻牽引之。轉不如二三裨販，猶有所謂行規，共相遵守，此絕可怪也。故總分學會，皆當立章程學，專意討論，乃可就理。二曰：表。舊案山積，吏胥因緣爲奸，雖稟兼人之資，生知之聖，無能徧稽而並綜，是必有提要之一術，所謂表也。表不惟提要而已，又可分別門類，相爲比較，而功過贏絀進退短長之跡生焉。表既成，則以簡馭繁，一覽而瞭如指掌，凡陳冗之簿書，悉畀炎火，毋爲奸藪。故總分學會，皆當立表學，廣爲宣布，使習於用。三曰：圖。有一名一物，即不應不有圖，天文、輿地、疆界、田里、城郭、宮室、典禮、儀注、器械、物產，必著之於圖，始足重其典守。夫表或精微難造，俗吏不解，至於圖，少知書者皆任爲之，何亦竟爲絕學耶！吾不知無圖矣，復何所憑藉以施治而相授受也。故總分學會，皆當立圖學，慎辨器象，儲爲故府。三法畢備，由總學會頒其式於分學會，分學會復上其成事於總學會，有不便，可隨時議改，務臻美善。官苟實力奉行，吏事其有整飭之一日矣。且由此較稽權量，以歸畫一，通達刑律，以清獄訟，旁及公法，以育使才，於是無變法律之名，而有變法律之實。

（清）譚嗣同《譚嗣同全集》卷三《思緯一壹臺短書——報貝遠征》　故夫法之當變，非謂變古法，直變去今之以非亂是以僞亂真之法，蘄漸復於古耳。古法可考者，六經尚矣，而其至實之法，要莫詳於《周禮》。《周禮》，周公以之致太平，而賓服四夷者也。朱子謂：《周官》如一桶水，點滴不漏，蓋幾經歷代聖君賢相創述因革，衷諸至善，而後有此郁郁乎文之治。

又： 是周公之法，在秦時已蕩然無存，況秦以來二千餘年，日朘月削，以迄今日。雖漢唐之法，尚遠不逮，豈復有周公之法一毫哉？然則今日所用，不但非儒術而已，直積亂二千餘年暴秦之弊法，且幾於無法，而猶謂不當變者，抑嘗深思而審處上下古今一綜計之乎？然以積亂二千餘年暴秦之弊法，且幾於無法，而欲盡取周公之法之，幾經歷代聖君賢相創述因革，衷諸至善，而後有此郁郁乎文之治，爲兩漢所可復而不復，而使一旦復於積重難返之時，則勢有萬萬不能者。

又： 勢不得不酌取西法，以補吾中國古法之亡。正使西法不類於古，猶又況西法之博大精深，周密微至，按之《周禮》，往往而合，蓋不徒工藝一端，足補《考工》而已。

又： 亦彼之法良意美，我無法而已。法良則中人以下，猶可自勉；無法卽中人以上，難於孤存。法良則操莽無從覬覦，無法卽堯舜終於猶病。

又： 改訂刑律，使中西合一，簡而易曉，因以掃除繁冗之簿書。清理庶獄，分别輕繁重繁，使操作如白粲鬼薪之罰。

又： 卽如萬國公法，爲西人仁至義盡之書，亦卽《公羊春秋》之律。惜中國自己求亡，爲外洋所不齒，曾不足列於公法，非法不足恃也。中國不自變法，以求列於公法，使外人代爲變之，則養生送死之利權一操之外人。

（清）嚴復《嚴復合集》卷六《政治講義·第六會》 政治學所論者，政府之事也。政字中國六書，從文從正，謂有以防民，使必出於正也。然則政治正是拘束管轄之事。而自由云者，乃惟民所欲而無所拘。但雖有嚴厲國家，必不能取民一切而干涉。於其所行，勢不能盡約束。於其日力，不能盡奪。於其財産，不能盡羅。必留有餘，任民適己事。凡所自適者，皆自由。如往日國家，嘗取民之衣食而制節之，謂之生事律 Sumptuary Laws。乃今無此，是生事自由也。又如政府於進出口貨物，聽民轉運貿易，不立規則，如此是貿易自由，謂之 Free Trade。但如國以天時、地利、人事不齊，因之其所干涉放任者各異。故干涉多者，謂之無自由；而放任多者，謂之自由。又此名詞之一用法也。總而竅之，見世俗稱用自由，大抵不出三義：一、以國之獨立自主，不受強大牽掣干涉爲自由。此義傳之最古，於史傳詩歌中最多見。二、以政府之對國民有責任者爲自由，此不獨在古，方今亦然。歐洲君臣之爭，無非如此。故曰自由如樹，必流血灌溉而後長成。三、以限制政府之治權爲自由。此則散見於一切事之中，如云宗教自由、貿易自由、報章自由、婚姻自由、結會自由，皆此類矣；而此類自由，與第二類自由，往往並見。【略】

雖然，政簡其民自由矣，而政簡者，其國不必皆治。故自由於民，其爲幸福與否，正自難言。自由達於極點，是無政府。無政府而治，雖有此理想，然其實境，不知何時可至。若論此時民德，則雖極文明之國不能。觀諸傳記之中，人類美大事業，皆爲有道政府所贊成者，是政府不可無也。然而有政府矣，其勢又易流於無責任。夫無責任云者，政府自由也。自由而無制，則國民顰首蹙額之日至矣。是故西籍之中，雖悲歌慨慷，夢想自由，而其實非求無政府無君之謂；特求有政府，而其勢不得以國民爲魚肉耳。

前會曾設問題，問凡有國家，其權限宜立於何地，此無異言國家於何等事宜聽其民自由，於何等事則必不可，此是政治學中極大問題。而西國論政諸大家，亦往往有取而考論之者。其意蓋謂政府之權，由不得已而後有。論其原理，固有限制，如斯賓塞諸公著述，多取群中事業而分别之？指何者爲政府所當干涉，何者爲政府所當放任云云。依吾黨所從塗術，則欲定未能。何以言之？蓋天演塗術，視國家所爲，有非人所得主者。内因外緣，合而成局，人群各本自性，結合以求自存，非其能國家也，乃其不能不國家。諸公若問政府權力宜以何爲限制，吾使答云，無有限制，但汝此時須有多大權力政府者，其政府自具多大權力。不溢不欠，成於自然，非人力也。

蓋諸哲之論政府也，每分何者爲政府所應管，何者爲其所不應管，由此而政府之權限以立。特吾意不然：但以政府權界廣狹，爲天演自然之事，視其國所處天時地勢，民質何如。當其應廣，使爲之狹，其國不安。當其應狹，而爲之廣，其民將怨。必待政權廣狹，與其時世相得，而後存立。勢所必至，理有固然。試觀一人群之合，其外則有寇仇，其内則有奸究，乃至旱潦雨暑，皆足爲患。自政府既立，此患乃輕，其衆因以存立。雖然，政府立矣，而物競天擇之行，常有以漸變其形式。治權廣狹，隨世不同。夫言治權廣狹，反觀之，即無異言自由之多寡。是故欲以自由多寡分別國家者，不必争政府權限，應立何處，但取事實已見者言之足矣。

【略】二十餘年以往，正鄙人遊學英國之時。當日政府風氣所趨，則大主干涉主義。如教育一事，向爲政府所不關者，大收其權，而有學部之設。不特初級教育，有强逼之政，務求通國無不識字之民；即高等教育，國學庠序之章則課程，亦由議院更定，乃在衛生檢疫，亦經部署，爲置專官。凡此皆向日政府所不過問者也。先之以德法，而英美亦接踵爲之。

尤有異者：此之所指，不過見於行法一權而已。而議法之權，所擴充者，尤不勝計。使行法而過於干涉，民尚有執持自由，與爲抵抗之意。獨至議立新法，則人無異言。故十九世紀之後半，各國議立之法，殆過於舊典之所存者。蓋前此律令法典，大抵奉行其舊，而政府以行法爲本業，以立法爲無干己事也者。主和戰，徵賦税，恤災眚，一切皆政府所力行。獨至更張法制，則謙讓未遑。若謂凡此先祖父之所貽留，吾輩捨率由遵守，無他事也。至十九世紀之季，乃大不然。行法之權，尚有裁者；至於議立法令，損益章程，則責無旁貸。立之可也，廢之可也，增之可也，損之可也，但使國民大衆悉表同情。一時國論，有所專主，議院取而揚搉討論之。無幾時，新法立矣。故舊日政府所汲汲者，議法事少，行法事多，而近世政府所皇皇者，行法猶寡，立法至衆。德人有刑政府之目，刑政府所爲，不過守國法令，以保民權利已耳。若近世政府，則直可謂之立法政府 Legislation State 也已。

（清）康有爲《大同書》戊部《去行界保獨立》 何謂爲刑：古於有罪者刻傷肌膚，故作墨、劓、刖、刵諸刑，然後世猶惡其不仁而改爲笞、杖、流、徒，歐美則但用監禁，不忍行之。乃父母於子，偏設嚴刑，穿耳作孔，以掛垂環；夫天生之耳完好，孺子之身何罪，何事以飾環之觀美而加劓刵之重刑？巫來由及印度暨衛藏諸蠻，則不止穿耳而穿鼻，鼻或穿其兩孔，甚或正穿其中樞，甚或彫額塗金，而耳之纍纍若貫珠者無論矣。中國古制本無是俗，自蒙古人亂華俗乃有是風，於是無量數之女子無能免是刵刑者矣。

（清）梁啓超《飲冰室合集·專集》卷二《自由書》 今天下第一等議論，豈不曰國民乎哉？言民事者，莫不瞋目切齒怒髮曰：彼歷代之民賊，束縛馳驟，磨牙吮血，以侵我民自由之權。是可忍，孰不可忍！言國事者，莫不瞋目切齒怒髮曰：彼歐美之虎狼國，眈眈逐逐，鯨吞蠶食，以侵我國自由之權。是可忍，孰不可忍！飲冰子曰：其無爾。苟我民不放棄其自由權，民賊孰得而侵之？苟我國不放棄其自由權，則虎狼國孰得而侵之？以人之能侵我，而知我國民自放自棄之罪不可逭矣，會不自罪而猶罪人耶。昔法蘭西之民，自放棄其自由，於是國王侵之，貴族侵之，教徒侵之。當十八世紀之末，黯慘不復覩天日。法人一旦自悟其罪，自悔其罪，大革命起，而法民之自由權完全無缺以至今日。誰復能侵之者？昔日本之國，自放棄其自由權，於是白種人於交涉侵之，於利權侵之，於聲音笑貌一一侵之。當慶應明治之間，蹋天蹐地於世界中。日人一旦自悟其罪，自悔其罪，維新革命起，而日本國之自由權完全無缺以至今日。誰復能侵之者？然則民之無權，國之無權，其罪皆在國民之放棄耳。於民賊乎何尤？於虎狼乎何尤？今之怨民賊而怒虎狼者，盍亦一旦自悟自悔而自擴張其固有之權，不授人以可侵之隙乎！不然日日瞋目切齒怒髮胡爲者。

（清）梁啓超《飲冰室合集·專集》卷四《新民説》 吾今欲極言新民爲當務之急。其立論之根柢有二：一曰關於内治者，二曰關於外交者。所謂關於内治者何也？天下之論政術者多矣，動曰某甲誤國，某乙殃民，某之事件政府之失機，某之制度官吏之溺職若是者。吾固不敢謂爲非然也。雖然政府何自成，官吏何自出，斯豈非來自民間者耶？某甲某乙者，非國民之一體耶？久矣夫聚羣盲不能成一離婁，聚羣聾不能成一師曠，聚羣怯不能成一烏獲，以若是之民，得若是之政府官吏。正所謂種瓜得瓜，種豆得豆，其又奚尤。西哲常言：政府之與人民，猶寒暑表之與空氣也。室中之氣候，與針裹之水銀，其度必相均，而絲毫不容假借。國民之文明程度低者，雖得明主賢相以代治之，及其人亡則其政息焉。譬猶嚴冬之際，置表於沸水中，雖其度驟升，水一冷而墜如故矣。國民之文明程度高者，雖偶有暴君汙吏，虔劉一時，而其民力自能補救之而整頓之，譬猶溽暑之時，置表於冰塊上。雖其度忽落，不俄頃則冰消而漲如故矣。然則苟有新民，何患無新制度，無新政府，無新國家？非爾者，則雖今日變一法，明日易一人，東塗西抹，學步效顰，吾未見其能濟也。夫吾國言新法數十年而效不覩者，何也？則於新民之道未有留意焉者也。

又： 且論者亦知道德所由起乎？道德之立，所以利羣也。故因其羣文野之差等，而其所適宜之道德亦往往不同。而要之，以能固其羣、善其羣、進其羣者爲歸。夫英國憲法，以侵犯君主者爲大逆不道；各君主國皆然。法國憲法，以謀立君主者爲大逆不道；美國憲法，乃至以妄立貴爵名號者爲大逆不道。凡違憲者皆大逆不道也。其道德之外形相反如此，至其精神則一也。一者何？曰：爲一羣之公益而已。乃至古代野蠻之人，或以婦女公有爲道德，一羣中之婦女爲一羣中之男子所公有物，無婚姻之制也。古代斯巴達尚不脱此風。或以奴隸非人爲道德。視奴隸不以人類，古賢柏拉圖、阿里士多德皆不以爲非；南北美戰争以前，歐美人尚不以此事爲惡德也。而今世哲學家，猶不能謂其非道德。蓋以彼當時之情狀所以利羣者，惟此爲宜也。然則道德之精神，未有不自一羣之利益而生者，苟反於此精神，雖至善者，時或變爲至惡矣。如自由之制，在今日爲至美，然移之於野蠻未開之羣，則爲至惡；專制之治，在古代爲至美，然移之於文明開化之羣，則爲至惡。是其例證也。是故公德者，諸國之源也，有益於羣者爲善，無益於羣者爲惡。無益而有害者爲大惡，無害亦無益者爲小惡。此理放諸四海而準，俟諸百世而不惑者也，至其道德之外形，則隨其羣之進步以爲比例差。

又： 吾言中國人無義務思想，吾請舉其例。政治學者言國民義務有兩要件，曰納租税也，曰服兵役也。夫國也，非能自有恆産也。民不納租税，則政費何所出？劃而命之曰一國，是必有他國與之對待也。民不服兵役，則國防何由立？而吾國民最畏此二事，若以得免之爲大幸者，此最志行薄弱之徵也。昔之頌君德者，皆以免征減賦爲第一仁政。若宋之改徵兵爲傭兵，本朝康熙間下永不加賦之諭，皆民間所最謳歌而最感戴者也。而豈知兵由於傭者，則愛國心必不可得發現。而永如加賦者，苟欲爲民事新有所興作。費無所出，而善舉亦不得不廢也。泰西諸國則異是，凡成年者皆須服二三年之兵役，而民莫或避，租税名目如鯽，其歲納之額，四五倍於我國，而民莫或怨，彼寧不自寶其血肉，自惜其脂膏也？顧若此者，彼自認此義務，而知有與義務相對待之權利，以爲之償也。匈加利之被壓制於奧政府也，卒以奧法交戰，奧人不得不藉匈兵力而遂以恢復自治憲法。千八百六十年事。西人有一恆言曰：不出代議士，不納租税。英之大憲章權利法典，皆挾租税以爲要求者也。法之大革命，亦以反此公例而釀成者也。故歐西人民對國家之義務，不辭其重，而必要索相當之權利以爲之償。中國人民對國家之權利不患其輕，而惟欲逃應盡之義務以求自逸，是何異頑劣之童不服庭訓，乃曰吾不求父母之養我，而但求父母之勿勞我也。夫無父母之養，則不能自存，而既養則不能勿勞，此不可避之數也。惟養且勞，然後吾與父母之關係日益切密，而相愛之心乃起，故權利義務兩思想，實愛國心所由生也。人雖至愚，未有不願受父母之養者。頑童之所以寧棄此權利者，不過其畏勞之一念使然耳。今之論者，每以中國人無權利思想爲病，顧吾以爲無權利思想者，乃其惡果，而無義務思想者，實其惡因也。我國民與國家之關係日淺薄，馴至國之興廢存亡，若與己漠不相屬者，皆此之由。

（清）梁啓超《飲冰室合集・專集》卷二七《王荊公》 按：今世言政者，必曰法治國。夫國固未有舍法而能以爲治者也，而中國儒者諱言之，惟以守祖宗成法自文。彼其所謂祖宗成法者何？襲前代之舊而已，前代又襲前代之舊而已。數千年來，一邱之貉，因陋就簡，每下愈況，其以政治家聞於後者，不過就現有之法，綜核名實而已。更上焉者，補苴罅漏而已。其一倡變法之義者，惟漢之董子。其言曰：若琴瑟不調甚者，必改絃而更張之，乃可鼓也。似矣。夷考其條理，則僅在改正朔易服色。夫正朔服色之細故，必非有關於治道，甚易明也。故董子非真能變法之人，而漢武之志不及此，又無論也。自茲以往，則更未聞有人焉能以制法之業毅然自任者也，蓋由以至誠惻怛之心憂國家者，既曠世不一見，即或有之，而識不足以及此。彼其於國家之性質，蓋未之知。曰國家者則君主而已，凡法度皆爲君主而立也。夫使法度爲君主而立，則以數千年霸者之所經驗，固已日趨完備矣，其不必改絃而更張之也亦宜。嗚呼！三代上勿具論，秦漢以後其能知國家之性質至誠惻怛以憂國家者，荊公一人而已。其憂之也既誠，痛心疾首於國家之淹滯而不進化，國民之顛頷而不發達，反覆以求其故。若窮河源以達於星宿海，於是敢爲一言以斷之曰：

患在不知法度故也。嗚呼！盡之矣。雖然，論者或以公之誦法先王也，則或疑之爲保守家理想家而不達於今世之務者。顧公不云乎：法先王者法其意而已。以今世術語解之，則公之所謂先王，非具體的之先王，而抽象的之先王也。更質言之，則所謂先王之意者，政治上之大原理原則而已。夫公之變法，誠非欲以傾駭天下之耳目，囂天下之口者，而竟駭焉，囂焉則非公之罪矣。

又：元祐以降，指凡公所變之法，皆曰惡法。其爲意氣偏激，固無待言。然則公所變之法，果皆良法乎？此又吾所未能遽從同也。吾常謂天下有絶對的惡政治，而無絶對的良政治。苟其施政之本意，而在於謀國利民福，殆可謂之良也已。雖然，謀焉而得焉，則其結果爲良謀焉；而不能得焉，則本意雖良，而結果反極不良者有焉矣。故夫同一政策也，往往甲國行之而得極良之結果，乙國行之而得極不良之結果，甲時代行之而得極良之結果，乙時代行之而得極不良之結果。此政策者，果爲良耶，不爲良耶？曰：是無可言，其有可言者，則適不適而已。

（清）梁啓超《飲冰室合集·專集》卷二八《管子傳》　今天下言治術者，有最要之名詞數四焉，曰國家思想也，曰法治精神也，曰地方制度也，曰經濟競争也，曰帝國主義也。此數者皆近二三百年來之産物，新萌芽而新發達者。歐美人所以雄於天下者，曰惟有此之故。中國人所以弱於天下者，曰惟無此之故。中國人果無此乎？曰惡。是何言？吾見吾中國人之發達是而萌芽是，有更先於歐美者。謂余不信，請語《管子》。

（清）梁啓超《飲冰室合集·文集》卷一《變法通議》　法何以必變？凡在天地之間者，莫不變。晝夜變而成日，寒暑變而成歲，大地肇起，流質炎炎，熱鎔冰遷，累變而成地球；海草螺蛤，大木大鳥，飛魚飛鼉，袋獸脊獸，彼生此滅，更代迭變，而成世界；紫血紅血，流注體内，呼炭吸養，刻刻相續，一日千變，而成生人。藉曰不變，則天地人類，並時而息矣。故夫變者，古今之公理也。【略】上下千歲，無時不變，無事不變。公理有固然，非夫人之爲也。爲不變之説者，動曰守古守古，庸詎知自太古、上古、中古、近古以至今日，固已不知萬百千變。今日所目爲古法而守之者，其於古人之意，相去豈可以道里計哉！今夫自然之變，天之道也，或變則善，或變則敝，有人道焉。則智者之所審也，語曰：學者上達，不學下達，惟治亦然。委心任運，聽其流變，則日趨於敝；振刷整頓，斟酌通變，則日趨於善。吾揆之於古，一姓受命，刱法立制，數葉以後，其子孫之所奉行，必有以異於其祖父矣。而彼君民上下，猶僩焉以爲吾今日之法吾祖，前者以之治天下而治，薾然守之，因循不察，漸移漸變，百事廢弛，卒至疲敝，不可收拾。代興者審其敝而變之，斯爲新王矣。苟其子孫達於此義，自審其敝而自變之，斯號中興矣。漢唐中興，斯固然矣。《詩》曰：周雖舊邦，其命維新。言治舊國必用新法也，其事甚順，其義至明，有可爲之機，有可取之法，有不得不行之勢，有不容少緩之故。爲不變之説者，猶曰守古守古，坐視其因循廢弛，而漠然無所動於中。嗚呼！可不謂大謬大惑不解者乎！《易》曰：窮則變，變則通，通則久。伊尹曰：用其新，去其陳，病乃不存。夜不炳燭則昧，冬不御裘則寒，渡河而乘陸車者危，易證而嘗舊方者死。今專標斯義，大聲疾呼，上循士訓誦訓之遺，下依矇諷鼓諫之義，言之無罪，聞者足興。爲六十篇，分類十二。知我罪我，其無辭焉。

又：中國立國之古等印度，土地之沃邁突厥，而因沿積弊，不能振變，亦伯仲於二國之間，以故地利不闢，人滿爲患。河北諸省，歲雖中收，猶道殣相望。京師一冬，死者千計。一有水旱，道路不通，運賑無術，任其填委，十室九空。濱海小民，無所得食，逃至南洋美洲諸地，鬻身爲奴，猶被驅迫，喪斧以歸。馴者轉於溝壑，黠者流爲盜賊，教匪會匪，蔓延九州，伺隙而動。工藝不興，商務不講，土貨日見減色，而他人投我所好，製造百物，暢銷内地，漏巵日甚，脂膏將枯。學校不立，學子於帖括外，一物不知。其上者考據詞章，破碎相尚，語以瀛海，瞠目不信，又得官甚難，治生無術，習於無恥，瞢不知怪。兵學不講，緑營防勇，老弱癖煙，兇悍騷擾，無所可用。一旦軍興，臨事募集，半屬流丐。器械窳苦，餽糈微薄。偏裨以上，流品猥雜，一字不識，無論讀圖；營例不諳，無論兵法。以此與他人學問之將紀律之師相遇，百戰百敗。無待交綏，官制不善，習非所用，用非所習。委權胥吏，百弊蝟起。一官數人，一人數官，牽制推諉，一事不舉，保奬矇混，鬻爵充塞，朝爲市儈，夕登顯秩，宦途壅滞，候補窘悴，非鑽營奔競，不能療饑。俸廉徵薄，供億繁浩，非貪污惡鄙，無以自給。限年繩格，雖有奇才，不能特達。必俟其筋力既衰，暮氣將深，始任以事。故肉食盈廷，而乏才爲患。法弊如此，雖敵國外患，晏然無聞，君子猶或憂之。况於以一羊處羣虎之間，抱火厝之積薪之下而寢其上者乎！

孟子曰：國必自伐，然後人伐之。又曰：未聞以千里畏人者也。又曰：能治其國家，誰敢侮之？中國戶口之衆，冠於大地，幅員式廓，亦俄英之亞也。礦産充溢，積數千年未經開采。土地沃衍，百植並宜。國處溫帶，其民材智。君權統一，欲有興作，不患險撓。此皆歐洲各國之所無也。夫以舊法之不可恃也如彼，新政之易爲功也又如此，何舍何從，不待智者可以決矣。

又：難者曰：今日之法，匪今伊昔，五帝三王之所遞嬗，三祖八宗之所詒謀，累代率由，歷有年所，必謂易道乃可爲治，非所敢聞。釋之曰：不能創法，非聖人也；不能隨時，非聖人也。上觀百世，下觀百世，經世大法，惟本朝爲善變。【略】吾聞聖者慮時而動，使聖祖、世宗生於今日，吾知其變法之鋭，必不在大彼得、俄皇名。威廉第一、德皇名。睦仁日皇名。之下也。記曰：法先王者法其意。今泥祖宗之法而戾祖宗之意，是烏得爲善法祖矣乎？

（清）汪康年《汪穰卿先生遺文·實務報論説彙録·商戰論》 國立於地球之上，咸以戰爭自存者也。以戰自惕，罔不興；以不戰自逸，罔不亡。戰之具有三：教以奪其民，兵以奪其地，商以奪其財。是故未通商之前，商與商自爲戰，既通商之後，則合一國之商以與他國之商相戰。然則商之持籌握算以與他國較錙銖，猶其被甲執戈而爲國家効力於疆埸也。其貨物則其兵刃也，其貲本則其糇糧也。國家之待將卒，必厚其糧糒，而予以利器，豈偏愛此將卒哉？以爲是一國存亡所繫，百姓生命所關，不敢不致謹也。今夫農盡力田畝或植材木，以出地中之所産，然非商則不能運而致之遠；工取五行之精而制爲器用，非商則不能衒於肆以得他人之貲。且商之爲事常，兵之爲事暫；商之爲事繁，兵之爲事寡；商所赴之地多，兵所赴之地少；兵者備而不必用者也，商者無日不用者也。然則國家之當加意於商，豈不甚重矣哉！

商之所利，貨物美，貲本輕，程途捷，行銷廣，四者而已。顧四者，非國家加力助之則不爲功，不行激勸之法，不定專利之條，不嚴冒牌之禁；則貨物不能美；銀行不設，税則不減，假貸之法不定，則貲本不能輕；鐵路不開，輪船不廣，内地不通，盜賊不戢，則程途不能捷；不徧設公使領事於各國及其通商之埠，不能以輪船載貨而致之他洲；不能以兵船衛之，不能以全國之權力保護之，則行銷不能廣。如是，則全國之商不過持其舊法，行迂曲之途，而待銷於本境之内，欲求商務遠駕於他國之上，得乎？

西國商務之極盛也，以其保護之甚力也。保護之道維何？曰：使之便利，使之有權而已。是以定錢式及金銀銅三品之價，開官私銀行；定匯票、使用票，輕出口之税；凡税不與物價相比者，得隨時改定；開鐵路，行輪船，凡至他國者得載以己國之船，而護之以兵輪；又定開設公司之例，定專利之條，嚴冒牌之禁；凡以使之便利也。許商人設市館爲議論貿易及定價值之所，又許立商會使得商禁約他國貨物之法，他國之幣不得流入内地。或恐礙本國貨之銷路，則重進口之税；恐礙本國之工作，則輕出口之税；凡以使之有權也。故西商之至各國，求必得而謀必遂，職是故也。

夫使商人便利，使商人有權，所以保商也。即嚴治商之禁令，釐剔商人之弊病，亦所以保商也。西國之治商也，凡商家册籍及存貨底單及進出款之簿，皆有一定程式，歲呈之官，以便稽核。凡商之章程，必請於官，官允其行，必力保護之。其行使銀行之票及保險之法皆有定章，至若不得已而倒閉，則官稽其存數，而使之攤還，不得有所偏倚。又定報窮之令，凡報窮者，不得齒於其類。若有意誆騙或經商不合法度而致倒他人之財，則官得按法嚴治之。店之夥友侵没主人之財者，皆嚴治其罪。夫如是，故商人皆慎重不敢爲非，而彼此得相信相保也。

今吾中國與西國交通以來，兵則屢戰而不一勝，條約則屢定而權利愈失。西國之貨，銷行者歲億萬計，而有損無益之物，雖闌入而莫之能禁。財貨日失，利源日涸，然猶幸商人能忍受，艱苦節嗇勸力以與西人相搏相持。雖不能相抵，然尚十得五六。而閩粤民之工商於南洋及美澳諸洲者，每歲寄回之銀又十得二三，故中國雖困乏，尚得支持。而國家關税亦賴以取盈，而且振饑則捐之商，禦敵則捐之商，有大工大役又捐之商，而報効之款，尚不在此列，然則商固無負於國家也。

嗚呼！中國商人之困至今日而已極矣。一、不鑄金幣，又不定用銀幣之制，致受西國鎊價之虧；二、銀錢價低昂不定，致商人有受暗虧之慮；三、各省平色萬殊，致受錢莊抑剋之虧；四、假貸抵押及存銀均無定法，使商人運掉不靈；五、不明許商人立會，致商人無自主之權；六、不設市館以定隨時公平之價；七、各業所立行規，不與官相通，官可任意廢去；八、不立專利之條，致商人不敢出重貲創辦新業；九、不嚴禁冒牌，使美劣得以混淆，出重貲者不必能得利；十、無專治倒帳之章程，致被倒者無可控訴；十一、有意虧倒及設計誆騙者，不能盡治以法，致市面大敗而奸猾之徒仍得公然出入官商之間；十二、凡夥友虧倒主人之貲，官不能嚴治，致有貲財者不敢放手營運；十三、無保水火險之行，使商人得保其貲財；十四、不能重進口税而輕出口税，使中國貨物得暢於各國；十五、不開鐵路不廣設內河輪船，使行程迂遠；十六、無逕達歐美洲之輪船，使得載貨以之他國；十七、各國不設領事，無兵輪駛行外洋，使經商各國者得有保護權，則內外倒置便利，則中西互易困危己國之商而便利西國之商，未有若今日者也。

然猶曰：力不足不能行也，財不給不能辦也，國權不足不能得之於西國也。自秦漢以後，政尚疏略，若必使纖悉皆治之，官恐轉叢弊也固也。顧何以出口之貨不能減輕其税乎？釐局約俟軍務告竣停止，今已逾約矣，獨不可裁減之乎？然猶曰：償款方迫，興作方繁，國用方匱，非輕徭薄賦之時也。顧獨不能釐革其法制裁廠併征使商人得行輕捷之途乎？今釐卡如織，一水之地，而抽釐十餘次，驗票又十餘次，一貨之税而征之於未成材料之時，又征之於已成器物之時，物價之低昂不一也，而税則一成不變，有始僅值百抽五者，繼至十抽三四，各局之衰，旺不定也。而税額則有增無減，致有強税就額之弊。尤可異者，一國之中，而各省之章程不一，一省之中，而各局之章程又不一，一局而前後之章程又不一。至於以若干起税及何物免税，皆無一定之章。故尺布斗粟，未嘗獲免；日用之物，未嘗見蠲。甚至司釐卡之員，溢額則得獎，虧額則見責，歲增則留差，歲減則撤差，如此有不朘削脂膏例外，取盈以求稱上之意乎？夫以各省督撫之明察，豈不知此而因循不變者，一則苦無安置冗員之地，一則外銷之款無可開支。嗚呼！國家得一二而使民間失千萬，不許明銷而俾暗取誠，非計之得也。

顧此猶制之自上，以備國家之用，商民不敢怨也。假使承辦員役能體朝廷不得已之意，一秉至公，絶無留難，則商民猶不甚困也。然而蒞其事者，大率負債積貲，百計求説而後得此，將於是清負，將於是起家，何暇他顧？故其扼制商民之法，至不忍言。有得錢賣放之弊，有大頭小尾之弊，有得錢減貨之弊，此猶病國而不病民也。若夫銀則補水，錢則補串，罰無限制，稍不遂意，則蹴壞其物以嚇之。新鮮果物，則故欲翻動以挾制之，甚至故栽僞洋而迫其掉換。且又商人守卡，而故與晏開，商船乘潮，而故與停留，疾風甚雨，而故與稽滯。商人之貲財不顧也，商人之身命不問也，是以釐税之入上得其一，而下得其九。此九成中官才二三耳，司事頗得其三四，而巡丁則得其五六。夫縱千百虎狼以逐羊兔，幾何不相將俱盡者而欲其能致勝得乎？

顧中國前則以官剝商而商困，今則以官侵商而商愈困。莊子曰：牧馬者，去其害馬而已矣。孟子曰：所欲與之，聚之所惡，弗施爾也。夫商之擇利，不待教於官也。今之經商，宜以新法求利，商人亦稔知也，道在正商法，保商權，捷商途而已矣。今之言治者，動曰宜通官商之氣，宜合官商之情，於是有曰官督商辦者，有曰官商合股者，有竟奪商人之事而畀之官者。夫以官之積威，商人安能與之較論，於是豪猾之徒，以中國之官權行西國之商法，官本則昂物價以抵除，而莫或過問也；商本則暫以微利羈縻，而莫敢與聞也。遂以傾詐陰險之才，行籠絡捭闔之術，盡取天下之利權而歸之一己，而商人愈困矣。

縛勇士之手足，而使與人鬬，得乎？桎梏勇將，縶維健卒，而使與人戰，可乎？今置商人於牽掣拘攣之地，抑鬱之鄉，欲其能與各國之商爭勝，是猶南行而北轅也。夫以中國之商，受中國之法，以理論之，固當盡行折閲，無可牟利矣。顧環觀華商，亦頗有積日月之力以獲貲者。蓋華商性能儉約刻苦，無多求利，不敢效西人之奢闊，故拾遺掇剩，稍能步西人之後塵，且又有意外之幸焉！蓋法不準情，於是所司有行法外意，而潛減貨值者；又有因比較嚴切兩卡爭釐，因減釐以招致商賈者；又有船戶與司役通同或減名數，或常年包賄若干，以漏釐者；又有託官船夾帶以邀免者；又有掛洋旗託洋人報關，以免苛者。嗚呼！使商人失利於彼，而得策於此，此豈謀國者所忍聞乎？然則今日欲振商務，必自設商部始，必自裁釐併徵始。

（清）唐才常《唐才常集・公法通議自敘》 余覽公法所治寇帶之倫，北極北冰洋，東南窮澳大利亞，西南折好望角，西偃西半球而矩之。舉輪舟、鐵路、電線之所通，阿屯姆力之所積，靡勿挾性法、例法二者，爲結盟締好之機牙，何其侈也？

春秋之始，未嘗不詳內略外，內諸夏，外四裔，未嘗不殊會夷狄。及其季也，中國亦新夷狄，夷狄進中國則中國之。子思子發其微曰：凡有血氣者，莫不尊親。董江都曰：正朝夕者視北辰，正嫌疑者視聖人。夫黜周王魯，非王春秋也，王萬世也。王萬世何也？王以經權之學也。孟子曰：經正則庶民興，庶民興，斯無邪慝。民氣堙鬱烏乎興？民智樛窒烏乎正？性法者，開民智之大經也。孔子精權學，於蔡仲易君見之；孟子精權學，於子莫執中衡之。例法者，通民氣之微權也。秦以網羅錮經學，宋、元、明以蔽聰塞明錮經權二學，於是，管穴之士，尊於昌平；荒落之儒，藝於朽壞。卽無性法、例法之學乘之，蓋昆侖絕紐，羲轡不馳久矣。而況彼之儒者，日抱其溝通君民機宜和戰之公義，決黑白，評異同，坌湧瀾翻，全球就勒。而我萃千萬衿褸，箋釋蟲魚，批抹風月，中朝之律例弗聞也，違言羅馬；目前之交涉不知也，違問虎哥。聒而與之言公法，則詫曰異端。洎其得志，坐視國家迫脅欺朦之辱，若秦越人之肥瘠，漠不關心。嗚呼！同文館之立，三十年於茲矣，能精治律例之學者，蓋難其人，謂非士大夫之責哉！

今議者曰：公法之言，娓然陳矣，其實僅憑虛理。弱者不能仰而企，強者擱然違之，睊睊眮眮，莫敢誰何！甚且予強者以桎梏弱者之權，而齎盜糧，而藉寇兵。況公法家所論，有正法，有便法，本亦游移兩可，出奴入主，高下在心，何適之從？其尤可疑者，一千八百五十八年，英、法諸國，許土耳其爲自主國，且屢言之曰：土人自今入公法。是年英、法、俄、義四國立約，嗣後不得視中國在公法外，又申明之曰：得共享公法之利益。然其於土耳其偶有交涉，終以異教詆排。於中國，則商務、界務、教務、稅務，無一得附平權之義。然則公法直無裨人國，而益之牢阱也。

洴澼子曰：不然。公法者，萬國之春秋也。《春秋》折獄，僅一二行之西漢之世，其後無聞焉。無他，漢以來治經爲祿利之途，士氣靡矣。故欲抑民，先抑士；欲抑士，先抑士之抵掌伸眉權衡天下之具。後世並祿利經義之途奪之，別有所謂詞章、帖括者，幸其汶闇於政學而末吾繩焉。以視西國之布衣下士，憑空理以爭天下事，浸登之日報，浸用之政府，浸推之壇坫，其宅心公私，何不侔哉！是故《春秋》亡，律學晦，種禍亟。以聾遇聰，以盲遇明，以吃遇辯，以局促甕牖精疲力爾之餘生，遇上下平權抗論五洲之人士，若之何不窮且蹶也！

今夫西國政事，公法家所不許者多。其遇疑難棘手之處，或相持不得盡其公理；容有遷就強弱大小間，劃畛域以模棱政府之心者。其實虎哥宗旨，本不爾爾。故公法學之行於西國，不過十之五六，大抵文致太平之時未至耳。夫以西國政府，尚不盡如公法家之用心以劑於平；而謂中西交涉，復無公法家與之相持。彼顧能揭其不樂於本國者輪之中國，此理所必無者也。目論之士，不咎彼國不守公法之徒，不咎我國不研分法之失，乃欲併公法而疵之，而廢之，不亦傎乎！

丁韙良居中國久，洞悉彼中公法之指，與吾教同源，其性法乃《春秋》守經之學，其例法乃《春秋》達權之學，遂作《中國古世公法攷》，引經傳數條證之。其誼例雖未詳備，而中國以《春秋》通公法之機芽萌矣。今夫《春秋》，上本天道，爲性法出於上帝之源；中用王法，爲例法出於條約之源；下理人情，爲民權伸於國會水源。故內聖外王之學，不過治國平天下。平之一義，爲億兆年有國不易之經。卽西人之深於公法者，罔弗以平一國權力、平萬國權力，爲公法登峰造極之境。

嗚呼！《春秋》自《孟子》、《公羊》嫡派無傳後，晦蒙剝蝕，孽障叢生，至胡安國極矣。非恃平之一義，擬昏霧而見蒼穹，則不可以平一國，烏能以平五洲？恐將來不平之禍之不止於約章律法也。洴澼子於公法一無窺見，但略知公法根源，所以維此地球者，有日昌之勢。因就近譯諸書，先舉其微言大義，一稟諸《春秋》之律。其例法繁賾，容再分門攷訂，爲吾黨資。或言交涉學者不棄而教之歟？

雜録

（清）樊增祥《樊山政書》卷六《甲辰年變通秦報章程十一條·序二》

或問秦之古法，欲黔首皆愚；今之新法，願吾民皆智。異同失得，可得聞歟？曰焚詩書以愚黔首者，秦政所以自速其亡也。通中西之郵以開民智者，朝廷取法之善也。烏可同年而語矣。天下智者不可使之愚，愚者可以使之智。經以多聞多見爲知之次，可知見聞之多寡爲民生智愚所由分，民智之通塞爲人才消長國家強弱之所繫。世方求其智而不可得，顧欲一切堙塞錮蔽之，豈非大惑也哉。今天下增設文武實業諸學堂，將欲天下無一不學之人，即無一無知之人，人人有知，人人力學，自不至以西人如鬼神之不可知，亦不至以西學爲周孔所不能及，不疑不怪，不毗不流，而後學術可以有成，天下可以望治。聖人教人之科，則智先於仁，識先於力，故小學重在啓蒙，而大學基於知止。顧學堂中人，欲其疏靈而瀹窒也，則讀書之效遲，讀報之效速，何也？書之義精而報之情顯，書之理繁而報之旨約，讀書難終而讀報易竟，讀書一事苦而讀報味甘，故報章者開通耳目之丹方，而震動愚迷之鼓吹也。今天下報館多矣，讀報之人衆矣。其甘於無知者，固終於愚，即自命有知者，亦不可謂智，何也？禿襟小袖，剪髮膠須，履革以行，割腥而啖者，其視叉手搖頭之措大，與端坐如塑之迂生，同一無知而已矣。習於怪論而昧其本原，掇其皮毛而遺其骨髓，可以謂之智乎？故載筆先定其要刪，而讀報必知所抉擇。秦中士庶恂謹居多，然惟其見之狹也，則驟聞異説而思遷，惟其質之良也，尤易爲憸人所煽誘。戊戌之已事株連秦人不少矣，是秦之人不愚於祖龍之焚書而愚於無父無君革命平權之邪説也。然則讀報以開民智，而轉自失其是非之心，馴致於訕上作亂而不可止，豈非愈智愈愚，而一切堙塞錮蔽之者，轉不爲無見歟？曰此官師教督之無方，與新舊黨論之相激有以致之，非民智之不可開也。法無論中西，知貴真知，學貴實學。其似是而非者，野狐也。去順效逆者，怪鳥也。昔舊今新者，再醮之婦也。可西可東者，無舵之舟也。客慧狂華，焉識學林之根柢。蠻奴貊隸，何知彼教之宗傳。是所謂愈智愈愚者，仍一不學之人而已，焉有學而知之者，反出於喪心病狂之一途哉？是故多識前言，以端其本，博觀新事，以會其通，使吾秦之人皆賢皆智，而不謬於聖人，知彼知己而不憎於時務，是則選輯秦報之微意也夫。

（清）樊增祥《樊山政書》卷一〇《書王令景峩卷後》　嗚呼，時至今日，殆無可措手之日乎！毗於舊者，謂中國自有制度，西人之學皆竊我聖帝明王之緒餘以致富強；毗於新者，則欲一切規倣西人，學西學，行西政，習西藝，居處飲食衣服無不效之。以彼新機之解駁，豈不勝於故步之自封。然而擇之無方也，行之無序也，徒歆羨乎外人而不自度其能否也，忘其高卑遠邇之程度而僥倖於速成也。夫人無論中西，種無論黄白，其資性未嘗不同，西人心力所到之處，謂華人必不能到，不必若是之自貶也。抑有不同者數端，不要不辯。泰西各國後先開闢以來纔一千八百年，中國邃古，勿論自堯以來已三四千年，以彼之朝當吾之午，以彼之午當吾之晡，天地之鍾毓，人物之蕃殖，彼方壯盛，吾已衰遲，此氣運之異也。歐美諸洲，島國林立，不有奇技異能則君不能自保其國，民不能自贍其身，是以竭其智力以求通微入化之學，極智創巧述之致。因富國而興商務，因保商而厚兵力。因商戰必需人才，人才必需教育，而偏設大小蒙養諸學堂，使人人皆有愛國之心，皆知立國之本，與夫交鄰互市，保邦致治之所以然。任官惟其才，論事求其是，國有大事下議院條其可否，上議院定其從違，而君若相折衷焉。蓋其國無不學之君，無不學之臣，無不學之士與民，此議院之所以開而議員之所以有益人國也。中國自祖龍愚黔首，而漢之經術，隋唐以後之科目皆欲舉天下聰明才智之士驅而納諸無用之域，而我得萬世爲天下君，故唐文皇有英雄入彀之言，宋太宗有纂輯御覽之命，自前明用時文取士，至我朝嘉道以後文字之腐爛已極，人才之闒冗亦無復加矣。作者此文昧於審己，而專欲效人，謂用人行政聽言一切當歸諸議院，又謂古之中國治以人，今之西人治以議，夫人與議豈可分而爲二哉？得其人則議可行，非其人則議無當，斷斷然矣。中國以四萬萬人料之，婦孺去其半，此一半中兵農工商雜戶輿隸僧道之屬什去六七，所謂讀書識字附屬於仕籍黌校者不過數十萬人，此數十萬人中雖讀書而無所知，雖入官而無所能者，又什去六七，此外非舊黨即新黨，中立不倚者落落然百中之一二耳。以外人淩轢若彼，中國孱爾若此，議院既開，知難者誰敢鹵莽從事，則入院者大率喜事之人，其舊者持謬論而自附於聖賢，其新者習野言而自薄其祖父，一則塗羹塵飯，一則客慧狂華，新舊議不合而黨禍成，上下意不同而紀綱破。嗚呼！西人惟恐一民不智，中國惟恐一人不愚，千百年來造士取士之法，若漆雪之不侔，水火之相反，而欲以泰西議院之制望諸中國未嘗開智之人，是猶效顰以示妍，揠苗而助長也，不其惑歟？或曰：由子之言，議院終不可開耶？曰：有西人之智則可，無西人之智則亂。且建言與聽言相需而成者也。今下議院鮮智士，而上議院乏斷才，紛紛藉藉者謀之，泄泄沓沓者斷之。江夏王錚所謂欲益反弊也。新學家皆曰：今日是過渡時代。夫所謂過渡者，由此岸達彼岸，方及中流之時也。全國之人方半濟於風濤之中，半立於崩沙之上，而欲學彼岸之人之坦行捷步，正坐危言，是又責嬰乳以掇巍科，策病夫以行萬里，必不能矣。或曰：如子所言，則前之科目取士者皆非歟？曰：彼一時此一時也。中國歷朝以來皆以一人坐制天下，惟恐奇傑之士逞其囂然不靖之氣，鬩覦寶位，竊據神州，乃啗之以科名，納之於場屋，使天下才智之士竊老盡氣致力於文字之中，其下者則聽其生活於兵農工商及一切雜徭賤業之內。設有不靖，以中國之人平中國之亂，不必奇材異能也。嚮使漢祖唐宗早知六合以外猶有跳龍卧虎十數大國，可以遠越重洋以奪吾國之美利，損吾國之威權，而我制舉之文與徒搏之勇舉不足當其萬一也，則亦必亟開民智早圖富強，何待今日始成爲過渡之時代哉？或曰：然則，究竟何如？曰：事窮勢極以至於今，欲於學堂中求速成，悉索後求驟富，無是理也。然風氣漸開，運會漸轉，百年内外學益精而工益巧，天悔其禍，人竭其才，地呈其寶，必有馴致富強之一日，則中國漫漫長夜有時而旦矣。而泰西諸國亦容有中昃盈蝕之憂。則以吾之朝乘彼之暮，或者城濮之戰，其報在邲乎？至於吾國民智盡開，則立憲可也，共和可也，有議院可也，無議院可也。若徒憤數百年壓制之害，與上下内外壅蔽之深，未開民智，欲伸民權，爲天下有才無遇者姑爲是過屠之一嚼焉，吾未見其可也。

（清）樊增祥《樊山政書》卷一四《送陝西高等學堂學生留學東洋序》

出洋游學者多矣，餞送之詞亦多矣。千人一口，千篇一律。其文則合時文、公牘而一之，而間雜以新名詞，言者聽者皆自以爲剴切沈痛，即吾亦以爲剴切沈痛也。吾又何以贈諸君子哉？雖然，彼所言勿論數見不鮮，究亦無當於吾陝之情事與吾意中所欲言，則吾言又烏可已也。自同治間湘鄉相國奏派學生出洋游學，天下從風。頃年吾師張少保總制兩湖，湘鄂諸生遍布環球學校，自餘諸行省亦各有人焉，爲喁于之和，獨吾陝闃如焉。此非吾之吝而固也。風氣未開，士無遠志，一；新政繁興，事須漸及，二；根柢未固，難語開通，三；年少遠遊，無人督率，四。三年以來，秦人士皆自力於學，而有志於開通，新法亦次第舉矣。而蜀中徐子修孝廉適至，儒而俠者也，志於聖賢，生而豪傑，吾乃用尹、仇兩君之言，請於濰縣中丞，精選兩高等學堂官費自費生四十餘人，以孝廉爲監督，詣日本留學，而以興平令楊君爲考察官，舉一切學生之流弊，監督皆能湔滌而規切之，無假鄙言。加吾學術譾薄，自少至老，僅能讀四子書，其爲諸生臨別之贈者，仍吾中國聖人之言耳。《論語》曰志於道，《中庸》曰知恥近乎勇，志不立則事無成，不恥不若人，則終爲人役而已矣。諸生試思之。明治維新之初，其學於泰西者不先於曾文正，由今以觀，文正所遺容閎、馬建忠諸人，其視尹藤、陸奧何如也？甲午之役，葉、魏諸軍其視大鳥圭介何如也？三十年來，彼國勢日張而吾益弱，彼實業日精而吾益窳，彼人心士氣日益團結而猛起，而吾益渙益瘵。所以然者，人人不立志而不恥不若人也。庚子以後，遍立學堂，擴張新政，然試求諸人人之心與夫上天下澤交通之故，則其散漫而壅塞者殆無以異前而又加甚也。先聖先儒大抵責己不責人，務實不務名，愛國不愛身，計功不計利，今之謬論，專責政府，指斥朝廷。及問客何能，則啁然無具。所謂新學者獵皮毛而已，志富貴而已。不得富貴，則怨望怒罵而已，倖而富貴，則亦甘爲人役而已。嗚呼！學新學者皆如是，何顔責政府哉？韓子曰：業患不精，無患不明；行患不成，無患不公。兩宫方持高爵厚禄以待天下，非常之士，文武一體，滿漢一氣，以盡洗有司不明不公之舊習。諸生學而有成，何憂韞玉於山林，而遺珠於滄海哉？且使人人皆賢皆才，則雖如探籌積薪，皆足以得人而濟事。然則不才而僨事者，雖用人之過，而亦人人不自力於學之過。爲士者獨不自愧耶？諸生勉之哉。遠涉東瀛，去家萬里，父母倚於門，少婦歎於室，慎居處，節飲食，謹暑寒，遠聲色，衛生之要術也；惜分陰，戒游談，勤術業，志遠大，成業之梯桄也。脩羊燈火之需，吾故鄉萬人之膏血也；舟車衣糧之費，吾官師銖寸所巖積也。吾父吾兄割骨肉之愛而使之遠游，台司郡縣不辭供億之煩而資之就學，其待之者何如，而其所責望者何事？諸生而無愛親敬長之心則已，人人有心，將必人人力學，其忍徘徊歧路，蹈襲狂迷乎？况吾中國事勢如此其亟也，種族如此其衰也，學成而歸，轉相傳習，寸炬千燈，一鳴萬和，則光緒一明治也，西都猶東京也。天下之重，後生任之矣。若今無異於昔，後更不逮今，群雄相逼而來，父母妻子將僕妾於他人，墟墓田盧恐沈淪於異族。興言及此，其不發憤忘食自力於學者，豈獨非人情，亦决非吾三秦子弟忠孝沉毅之性質也。諸生行矣，經旅順，眺大連，日露炮火所争持，倏完而倏破者，皆吾地也。泊長埼，指馬關，甲午城下之盟，擲金二萬萬之處也。北望遼陽，戰血未乾，遺骸滿目，我太祖太宗發祥之所也。西望故鄉，五年以前兩宫蒙塵所巡幸也。西南望中華，全國風潮洶湧，海氣蔽天，吾黄帝堯舜億萬萬子孫所僑寄而托命者也。諸生勉之哉！取人所長，益我所短，吐吾之故，納彼之新，求及身之危，圖萬世之安，期於各得其精華，而仍不自漓其根本。我不若人，惟當自奮，不當自餒，即稍能趨步，人益當自勉，不當自足。日置吾身於薪膽之中，而預懸人格於歐美之上，積憤求通，增高繼長，以吾華人之聰明，棄其疇昔無用之學。而人人求爲有用之材，何實業之不成，何國恥之不振？勉之！勉之！學成名立，三年來歸，河嶽騰光，桑枌表色，吾將與三秦父老張樂設飲，相見於霸橋之上。光緒三十一年歲次乙巳八月朔，恩施樊增祥序。

（清）鄭觀應《增訂盛世危言新編》卷一《陳序》 香山鄭陶齋觀察箸《危言》八卷，吴瀚濤大令以眎余。讀既竟，爰綴言於簡端曰：西人之通中國也，天爲之也，天與中國以復古之機，維新之治，大一統之端倪也。識微見遠之君子，觀於火器、輪舟、電報、鐵路四事而知之矣。

（清）汪康年《汪穰卿先生遺文·書牘輯存》卷上《上政府説帖》 所惡於盛氏之辯電報局者，恨其以大衆之利益供一己之揮霍，暗中調撥，股東不能過問，是有商辦之名，無商辦之實。所謂挾商以朦官，挾官以凌商，而非恨其爲商辦也。若恨其爲商辦，則從前何故許之辦理數十年而忽奪以歸官？此非謂争權，直是奪利耳。如此，則盛氏轉有辭以對政府，且可以此激動衆心，且從實估值，國必無此財力。如低估，則商情尤不服，又歸官之後，必不能盡善。一、更易漏洩；二、官常易人；必致時有更變。竊謂與其改官辦而國家仍不得利，必不得利，中飽而已。不如正名爲商辦，但不得歸盛氏一人，主持或管鎋之權歸國家，而利權歸商人，凡取電費管賬修理均歸商人，惟每局委員歸國家。亦尚穩妥。竊謂此事宜廣查各國辦法，參酌用之，方能有利無弊。近日查辦電報之論，關繫大局，實非淺鮮，故數日之間，股價忽已驟落。竊謂果欲歸官，亦宜明下一諭照前。下諭旨日，股票時值發售，則商人亦尚可平心，否則竊恐西人乘便購取賤值之票，逮歸官時逕聲明，已歸西人。則商人失利，國家失權，良爲可慮。招商尤非電報可比，决不可歸官，如改正商辦之，法則善矣。

反思與借鑒分部

綜　述

《皇朝經世文新編》卷一中《通論》歐榘甲《變法自上自下議》 孟子曰：不仁者可與言哉？安其危而利其菑，樂其所以亡者。悲哉言乎！其青史氏易姓之符契歟？夫自古無不亡之國，故王者必通三統，所以博觀終始，通變宜民，而綿國祚也。易曰：安不亡危，存不忘亡，是以身安，而國家可保也。夫以安爲安，存爲存，尚虞有前山後冰之禍，况火然寢薪，病入腦髓，危亡見端不待言，而猶晏安嬉笑于牀第之間，從容燕食于湖山之上，何異飲刃以求生，沉淵以冀活者哉！且魚爛于内，蠻觸于外，而在上不知約章恫喝，面顔恧覥；而内臣不知鴻哀横衢，狐鳴聒耳；而外臣不知衣冠危于纍卵，種族將爲奴隸；而士夫不知非直，不知也且以爲安。北狩不聞復讐之詔，則上不恥矣；東敗不聞臣死其事，則臣不恥矣；率土不聞尊王之議，則士不恥矣。且夫法之敗於普也，法人圖其戰敗屠戮之狀與夫死喪流離之形懸之壁上，以勵仇恥，故數年而法復強。日人之還遼東也，國人憤齒痛心，以爲天孫降生未有辱，立記念會以冀他日報復。中國割祖宗之地以與人，括萬姓之膏以饋敵，園陵震驚，海水沸嘯，腥氛未已，各國狡然。乃仍循其無知無識之習，相慶以幸可無事，間有建異議發忠言者，則諉之于部議，部議諉之于疆吏，疆吏諉之於州縣，州縣率以幸可無事，諉之于百姓。于是無一事能行，無一人可用，甘心陸沉，坐待棘莽。嗚呼！豈天之棄中國哉？其不然耶！歐榘甲曰：《春秋》書梁亡者，棄民自亡也。外人之輕我甚矣，縱吾日日諱亡，而存不可倖也。奚若孰籌得失而上下變計以求存乎！夫中國之弊不一端，而私僞居其二。何謂私？曰古之王者以民爲國，爲之置田宅、謀畜牧、立黨庠，民有凶荒疾疫則天子食而不能舉樂也。後之王者以國爲產業，以民爲芻狗，於產業無損，雖棄千萬之民弗恤也。是故歡樂具陳，觀逸遊田，優游卒歲，遑顧黎民，上之私也；沉沉覥顏，患得失，無動爲大，且以永日，內臣之私也；歲云莫矣，死無幾時，幡然改變，吾將奚依，外臣之私也。桓桓衿褸，墨守章句，致用通經，吾輩何恃，士之私也；曰夏曰華，孰恤予家，胡天胡帝，碩鼠有牙，民之私也。各便其私，遂生諸僞，國勢攘攘，人心皇皇。薄言順之，無拂四方，僞於上也；舉口奈何，束手一諾，莫肯朝夕，式臧覆惡，僞於內也；動言國運，亦曰天心，視官如市，消息陽陰，僞於外也；疾彝如仇，畏彝如虎，不識不知，行同狂瞀，不麗於群，不習於仁智矣。富人各顧其身，僞於士與民也。嗚呼！以此二端施於大一統之朝尚且不可，況四國環伺，日不暇給者乎！不觀夫波蘭之亡乎，天潢淪於溝壑，宮闈陷爲泥塗，爵紳權貴流死荒山荊棘中，白骨枕藉，妻子爲奴。義民屢舉勤王之師，卒爲俄殲捕而竄之於西伯利高加索。全波之人，破家散業，孤兒啼於道路，老者僵於輪蹄，檻若牛馬，屠若雞犬。西一千八百六十五年，使波人不得操土音，其所以愚波者至矣，而波遂亡。夫波蘭非小弱也，約翰之雄烈未泯也，戶口殷闐，土地廣衍，幾與俄亞，非若緬甸、越南之藩於人也。所由至此，則內政不修，私僞相尚，甘爲人役，以自速其亡也。考俄與波鄰，忌其強，約普分之西。一千七百六十四年，俄人來亂，率大軍刼。波蘭王以列孛甯爲使臣監其國政，迫波王與內奸西直的多權，又申其國憲。波蘭之人結爲至交，頃國以聽，而不之悟也。一千七百七十二年，波蘭內亂，俄普奧聯兵入都城。俄臣恣虐波人，波人怨，援普拒俄，而普怨波素與俄合。波人哥修士孤軍雖屢戰克捷，歐洲諸國畏無敢赴援者。西一千七百九十五年，俄普奧竟分波蘭地，至今百餘年耳。當其寄生刀俎，宛轉悲啼，君臣同盡，貴賤殲旃，何其痛哉！籍非上下乖離，不相愛護，召虎狼使吞噬，授盜賊以兵刃，豈至是哉！而今之謀國者不自振，拔約爲與國，彼固利吾土地之大，且畏我之將自強也，旦夕間將有區畛剖匏之事焉。自入陷阱直波蘭之續耳。夫黃白歧視，黃人不同興，則誰援手矣？華彝嫌名，華人不自救，則爲胥溺矣。上自諉則國統亡，下自諉則種類滅。故今日言變法，人人皆有其責，人人當任其事。然變之之道有二，一曰變之自上，一曰變之自下。變之自上者何？俄日是也。俄土跨歐亞二洲，民族各爲風氣，道路灌莽，農工惰窳，商業武備無可言者。彼得即位，覽歐西制作，自恥不如，環顧臣僚，懵昧無識，乃滌童昏之氣，退庸儒之臣，遷新都，改軍制，遣門閥子弟於各國，傳習諸術，擇國中少年，遊意大利、荷蘭、日耳曼、學造船航海。自變姓名，遊歐洲各製造廠，與工人合作，講地理、法律、政治，請學歸乃興工場，務耕種，立黌舍，令民通各國語言文字。修水陸道路以通行旅，參西律以成新律，設礦局以開利源，立醫院以療民疾。凡百新政俄皇皆躬自親之。其遺命曰：我子孫宜爲歐亞二洲之主，歷世傳授。遂乃滅波蘭，削土耳其，創瑞典，割波斯。邇俄之國蠶食殆盡，鐵路通吾東三省，且已俯瞰神京矣。初俄之變政也，貴紳梗于內，瑞波搆于外，而彼得獨用走卒綿西果夫爲相，盡黜舊黨，君臣一心，雄客遠震，通波羅的海、黑海以及太平洋。寰球之內稱強國者必曰英俄，彼得爲之也。至如日本之開諸港也，鎖國之黨倡攘彝之議以忤幕府，排之者目爲奸黨，犯之者即罹手刃。殺大僚，攻使館，燒外艦，刺洋官，內訌縣攣，外伺蓼擾，陸仁乃與公卿誓曰：萬機決于公論。上下一心，文武一途，使庶民各遂其志。一洗舊習，一從公道，求智識于海內，于是勅百官大勵廉節，毋營私利。置集議院，撤諸關，廢虐刑，廢藩爲縣，領以親王，遣使歐美，博問興國之策。定學制，分學區，開地方官議會設女子師範學校。國勢勃興，士氣昌大。三十年中奪我琉球，割我台灣，競商務于歐美大洲，通電線于太平洋以扼全球之吭，駸駸爭霸天下焉。日本乃在海中三島耳，語其土地不如吾中州之靈淑也，語其人士不及四萬萬之繁衆也，語其物産不如二十四萬種之多也，幕府專横不如吾君權之獨尊，浮浪慓戾不如吾士類之謹飭也，然而强弱異勢，功業相反焉。天道喜强而惡弱，觀日本之已事，况以中國而振奮有爲也乎。夫鄰我者，莫如俄日，迫我者，莫如俄日，宜取法者，亦莫如俄日。不取法于俄日，必見殲于俄日。不甯惟是，棄果於塗，遺金於市，雖騃童乞人皆得取而有之，不必强有力也。中國圖治久矣，卧薪嘗膽，布於綸音，創鉅痛深，暐哉天語，而左右貴近，煬蔽汶闇，無能周知外事，翊贊聖聰。幾内外吏又復忘君父之大讐，無能憤揚國恥，力任新政，是以高拱深宫，獨立無助，是皆有官守者之過也。曹翽不忘汶陽，范蠡不忘會稽，卒能沼吴返地，克濟大計。伊藤井上之徒，首倡革政，日人譁然，卒用大治，誠使吾之在位者勿爲身家之謀，共懷晉宋之辱。其年屆懸車，則自行告退，毋妨賢路，其識仍故轍，則急自袚濯，無誤朝廷，大辟公府，以延天下之士，廣集衆議，以上天子之聽。流涕痛哭，不計利害，聖聽既達，四門斯闢。降至尊以交國人，振長策而御宇内，本先聖經世之義，采泰西殖民之規，陽開陰闔，乾端坤倪，良法美意，耳目焕然。遣使臣與列邦公會，立二十年太平之約。選學士與列邦教會，明《春秋》太平之制。曷曰：嘗出庶物，萬國咸寧。《詩》曰：周雖舊邦，其命維新。其是之謂乎？此變之自上之策也。變之自下者何？泰西諸國是也。當美法之民之大變也，全球震蕩，民智豁門。歐洲諸國，人人知有自主之權，人人知有當爲之事，而譁然而起，英民尤甚。故學校之盛以英爲最，其幼學堂也，一萬二千七百十三所，自五歲至十三歲皆入塾讀書，百人中識字者七十餘人。雖英廷助以國帑，而經費則民自捐給也。其於農立也，立農學會刊、農學報，製農學新具，創農學新法，每年所産值一千兆兩。雖英廷助以國帑，而化學格致則民自爲考究也。紡織之廠七千二百九十四所，出口之數價值四垓八京磅。雖英廷助以國帑，而火輪自來機器則出於民之心思材力也。自餘若鐵路，若輪舟，若電線，若槍砲煤鐵乳油羊毛氈絨等類，莫不創合公司招集鉅股講求新法售於外地。若義堂善局善會皆由英之人士倡之以保貧窮，以救疾苦。國無無告之民，人有仰給之樂。迨其後，民氣日昌，民權日重，且以十三萬金之商會而墟印度以二十五萬金之教會，而踞太平洋諸島，屬地占全球之一，商務爲五洲之冠。夫英倫三島，縱竭其全力，豈能遽致富强哉？厚其力，雄其財，廣其智，故能如是也，而國家亦安坐而受其福矣。《書》曰：民爲邦本，本固邦甯。此之謂也。且夫泰西之强也，民羣强之也，中國之弱也，民不羣弱之也，是故學校盛則民智慧，善堂盛則民仁善，農織盛則民富饒，工商盛則民闐溢之。數者民之有也，民之事也，民而甘爲愚獷凋瘵則可不事其事矣。如其不然，未有舍己而從人者也。五官必自用，衣服必自被，飲食必自進，其待于人者，非廢疾之人，必寄生之君。其下焉，則狗馬雞豚哉！然而一木不足以成棟宇，獨流不足以成江海，孤峰不足以成邱壑，匹夫之勇不足以禦三軍，横潦之水不足以敵廣澤，孤根之智不足以戡萬靈，以之爲士則緯縷，以之爲農則荒蕪，以之爲商則霍靡，以之爲工則沾懘。何也？未能羣也。虎豹雖猛，不致入九衢，羣與否也。今之中國人衆矣，土廣矣，然而無士也，無農也，無工也，無商也。非無士也，士而不羣，故無學會以通聲氣，無圖籍以擴見聞，無教會以禦外侮，無遊歷以廣尊親。外士熒熒，吾士塵塵，與無士同也。非無農也，農而不羣，故無農會以相比較，無農報以稽土物，無新機以利刈播，無化學以速滋生。外農勤勤，吾農盹盹，與無農同也。非無工也，工而不羣，故無工局以講製造，無工器以闢心思，便日用則無妙製，禦漏巵則無巧式。外工裳裳，吾工芒芒，與無工同也。非無商也，商而不羣，故無商會以厚財力，無商學以規巨利，資小而取微，勢分而志軋。外商夥够，吾商焦囚，與無商同也。夫以中國之大，成爲無人之境，等於滅亡之野，豈不痛哉！其坐以待斃歟？抑思有以振之而未得其道歟？思有以振之，則宜合羣思，合羣則宜開會。學會者，士之羣也；農會者，農之羣也；工會者，工之羣也；商會者，商之羣也。然而世變日迫，曾無幾時，卒未聞有踔堪奮發，雲興霧涌，宣布新化者，豈不意望于上人哉！夫人各有能，有不能且商務之局鐵路之興既已疊奉，明詔天語，煌煌自當謹率，不必因人成事也。即斯人而果如所望也，不過飲助我耳，誘勸我耳。其章程條理，闡發奥蘊，化質識微，考察猥瑣，試汽驗力，蹈隙操贏，經緯委曲，條畫密緻，不能代我而任之也。不能我代，復何望哉！蓋亦自謀之爲愈矣。自謀如何？一曰開學會，各直省設大學會，各府縣設中學會，各鄉閭設小學會。其學會之旨，以明孔教，捄中國爲宗祖；以通時務，求實用爲條理。其會之目，專門經學備講圖書，通其政治，佑我文明。議論有關時事者，刊之新報；著作有益人心者，付之副墨。其會之人，能文學者，令傳教於四方；能言語者，充講生于異域；能藝術者，制利用于民生。學會已盛，智士憤勵，風氣日開，人心蘇醒，延未墜之道，續將絶之脈，庶有瘳乎！及今不圖則禍患接軫，雖欲講學亦無日矣。臺灣某之言曰：臺未亡時，士溺舉業，無知識，有倡學會爲自強計者，士皆譁訕之。及臺約已成，乃亟思合力以自守，而倏忽間日人徧地矣。今所謂士者，科舉路絶，惟有困若乞爲奴而已。嗚呼！臺事如此，學會之宜興何如矣。夫中國之衰，士氣之卑濕，遲重基之，老楊其心，訓詁其學，帖括其業，八星勿識，五洲勿知，語以大道，咋舌瞠目，非蕩滌其汚澤，則淪溺及之矣。此士之宜變也。二曰開農會。各直省設大農會，各州縣設中農會，各鄉間設小農會。其會之旨則以請化學師爲第一義，以辨土宜爲第二義，以購嘉種爲第三義，以購新器爲第四義，修水利爲第五義，精糞壅爲第六義。田畝之外，如畜牧林漁莫不有利，務農三年，息可數倍。然今之爲農者皆聽于愚夫愚婦爲之耳，問以土化而不知，語以水利而不識，講新法則概乎未有聞，講新器則瞠乎其未見。不啻惟是，吾物産不豐，不敷自給，家置戸用莫非彼物，洋米洋麵充斥於民間，歲耗以千萬合者饋焉，貧者助焉，富貧交困，民不堪命矣。中國爲全球沃壤，地處温帶，西方之人曰中國若以化學澆壅，一縣一年可增欵一百五十萬兩，一省一年可增欵三萬八千四百萬兩，十八行省一年可增欵六十九萬一千二百萬兩。苟農會林立，種植得宜，家安耕穫，墾荒開地，人衆滋多，富甲全球矣。夫子輿保民屢言桑畜，商君強秦首重農戰，今列國並立，尤以農務爲強弱，故俄産值二千二百兆兩，法産值一千餘兆兩，德産值一千七百兆兩，美産值三十一百兆兩，其富爲五洲冠。中國萬里膏腴，廢爲灌莽，吾民獨不自爲計乎？此農之宜變也。三曰開工會，各直省設大工會，各府縣設中工會，各鄉間設小工會。闢工藝院以嫺技巧，賽會場以濬心思，廣見聞以趨時尚，集巨資以速銷行。中人用力之勤，奉身之儉，取價之廉，用心之巧，以興工藝，可以横絶四海，西人嘖嘖稱道者也。考工一記，詳察陰陽，天地搜羅。羽赢脂膏，民器所重，比于王公後儒無學，工務失統，任外物之暢銷，無精思以製造，商局鐵路哆然繼作。然不眩精華，則嗜好莫投；不立學堂，則工程不習。苟民自立會，厚集工資，自爲保護，自精格致，自妙製造，行見奪回利權如操左券。英日購棉于吾國而復運以入，所獲尚爲倍。徒吾民據沃衍之産，無轉餉之勞，精造出口，握利無算。雖外國多用機器，成功較捷，然以吾工人之衆，工價之廉，作工之久，實足相抵。能若自創機巧，直可衣被全球矣。英人學織綢于意，法學織呢於和蘭，學織葛於比利時，學製船於丹墨。華忒克楞呑創汽力新機，遂乃工藝無倫。船艘旁午而光化聲電熱重等學皆推小致大，以裨國家。豈白人之靈異哉？講之求之，合衆力以爲力，合衆智以爲智也。此工之宜變也。其四曰開商會。各直省設大商會，各州縣設中商會，各鄉間設小商會。計然之言曰：務完物無息，幣貴出如糞土賤取。如珠玉美哉商學乎！商者貿遷有無非居，積以待售者也，故曹邴行賈徧郡國，師史轉轂以百數。商者貨無常主，必用奇勝者也，故郅氏鼎食以酒削，濁氏連騎以胃脯。商者與時，俯仰開智，以治産者也。貪賈三之，廉賈五之，故同業而相傾者必敗，合力而善謀者必饒。中國之商非無魁桀，失此三者，坐致無措。西人商書譯者甚少，商術精微，末由步武，然觀其微，物適用即爲輻湊，而集公司經商數年，即與萬戸侯等。蓋力能爲繼，業益擴充，獲利甚普，人自樂附。中國北方如牛羊駝麝，南方如棉蔗桑樟，物雖淺薄，爲用甚多，誠能踴躍集資，建成大本，製作適宜，生財必厚。其他如絲茶織紡，成效久彰。散商内潰遂至虧閑，心力不齊乃至于此。往者英購印棉以作布，近者日用桑皮以製棉，公司霧涌，頃刻集事，而吾釐務闢廠，需索無已，雖有美制亦苦滯銷，水運陸行亦難迅速。子長氏之傳貨殖曰：利者，人所弗能而能。而吾商棄其不涸之源，不竭之府，而自即於窮絀，果何爲哉？此商之宜變也。此變之自下之策也。

難者曰：上變法矣，官書之局開矣，鐵路銀行郵政並舉矣。下變法矣，報館開矣，學會起矣，農務商務方萌芽而未有已也。子何強聒爲？曰子言是也。試問上之變法有如俄日，君臣一心以圖新政者乎？無有也。下之變法，其他吾不知，試問舉國學校有如諸國一縣之多者乎？無有也。國家受外侮久矣，慼慼惴惴而氣日下，稍一舉動即恐人指摘。於是有識者睊睊焉以望下，謂下爲之固甚善也，而下亦漫不之省，曰無權無勇，職爲亂階矣，復睊睊焉以待上，於是上下失望。外人睨吾權無所屬，乃日欲代吾權，欲滅吾權，曰：中國之不自政治也，須我政治之也。其下之不自教化之，保養之也，須我教化之，保養之也。嗚呼！吾中國果求外人爲謀耶？吾聞古之有天下者，曰：保民而王，民事不可緩。言保民，以保國也，糜爛其民而不顧，必無失吾般樂怠傲之素，是自求禍也。又曰：務民之義曰天下有道，則庶人不議。言國勢危蹙，民宜發憤昌言，合羣进宜自爲之。非背上也，崦嵫已迫，雨雪其旁，毋甯自變焉，以塞狡謀，而力，自務其義，以捄君父也。夫上能變，則宜待之上；上不能變，則下杜衆口，或有補於上乎。瑞士一小國耳，處羣虎之中，而莫敢搏噬者，以民氣固結，莫可瑕疵也。然則萃中國之士農工商，各羣於會，各聯其氣，各精其業，各奮其心，各充其智，各竭其力，謂他日震爍地球可也。不自爲政，而百姓亦復不率勞焉，夫復何望哉？或曰子言悲而恫，爲下也多，而爲上也寡。夫雷動風舉，上之變顧不易耶，曰惟易也，當路者之事也。不必言，不待言吾民也。故言吾悲憫言。

《皇朝經世文新編》卷四《法律》佚名《論中西刑律輕重異同之故》

百年以前，西國之刑重矣。及西人律學，皆原本羅馬，羅馬律學，出於雅典。紀元前六百二十一年，雅典公舉達拉固修刑書。達拉固性嚴酷，用法峻急，以人血書法。時人號曰：書行之三十餘年，國人側足。後梭倫中公選爲西爾干，分都人爲四等，建立議事廳。都人二十以上皆得參議事，置議事官四百人，凡大小法律先使之議定大畧。下之民會又置審官，付之重權，執行律法。是爲西國律法之始。紀元前四百五十四年，羅馬議事官言秀才三人如雅典學律法。先是羅馬本無一定之律，國王以意裁決庶務。及共和爲政，廢執政，置大官十人。四百五十一年，新律始成，頒行國中，名十二律法。法官按律行政，而猶多暴戾，諸民咨怨。紀元五百六十年之間，東羅馬帝入斯底安尼弟一，與法律大家翟利破尼及其他法家十人議定四種法律。一曰改正舊法，纂輯羅馬歷代律法定爲十二册；二曰國法基源，論國法本理；三曰民法全書，書凡五十册；四曰新定法律，帝所自作，皆頒行國中，臣稱便。據《萬國史記》。然是時律尤嚴酷，有碎身投獸之刑，碎身者以犯人束縛置盤中，命力士昇至高山懸崖絕壁之上，向下擲之，身爲虀粉而死；投獸者預畜虎豹豺狼獅蛇于阱，以人投之，任其搏噬。其殘忍無理如此。据《萬國近政攷畧》。紀元八百年時，法皇沙立曼長於爲政，選議員春秋徵集與議民法，最用心於獄訟。凡審官必選高年人，知識踰衆練達事理者爲之，猶懼其枉，發使者察吏治得失歲四次，立盜律三章，一曰抉眼，二曰劓，三曰死。而一千三百三年之間，腓立第四執聶格摩處以焚刑。《萬國史記》、《法國志畧》同。一千七百五十七年，人達免知民心之離叛，謀害法王事泄，拘捕之，取翦刀炙火，細翦其肉，條分縷晰之。又雜犯罪名往往縛犯車輪，用錢棍擊斷其骨節。又巴士的大獄中，各種刑具皆不知其名。鐵衣一襲，用以收束囚徒。据《泰西新史》。英國一千二百年時，黎鵲特第一派大員管理水師案件，諭曰：予與剛正大員商定水師律法，凡船上人犯命案將正兇縛於屍身拋入海中。陸路犯命案將兇手縛於屍身燒之。如以刀劍傷人致血流者，割兇手一臂。歐人者以繩繫其身，拋浸海水三次。盜賊則沸柏油澆首，以雞毛糝其上，以作記認。其後海面刑法亦足駭人聽聞。任意幽閉於船頭尖角空處或牢鎖而餓之，或横桅懸其人於海中浸之，或由横桅端繩索從船底繞過至横桅彼端，或反接於盤車打之。如瀆神咒人則懸於桅端，以重物墜之，或以堅物塞其口，並刮其舌。水師法殘酷如此，陸軍與常法蓋亦同云。据《英國水師律例》。俄都比得堡之蠟人館中有一室，塑其先世肉刑，如犁舌、刳腹、劓鼻、刖足及以鐵捐乳，以鐵皮排密錐合人頸鑄鐵模，鑽鋭鋒將人納入而合之。据《環游地球新録》。古時西律之慘，實中國所未見。百年以來西法之律逐漸改輕，英律之分別有二：曰常法，曰軍法。軍法有二：曰水師法，曰陸師法。其常法之罪名有二：曰勿洛餒，凶惡罪名也；曰密司提彌納，劣跡也。勿洛餒罪正法外没入田産，犯此法者不列於齊民之數，國家一切利益永不得霑。密司提彌納次於勿洛餒，治罪與勿洛餒迥別，其定讞之名分首從。首者須親自動手，或主謀，或當場指揮；又不必當場指搗，而起首發令，即爲首罪。從有二等，事前帮兇者，明知其人犯有與同謀，或唆使他人，或喝令行兇與正兇；同事後幫兇者，明知其人犯有重罪，而窩藏接待，或接濟慰藉，或縱使逃逸。凡援救重犯，相與拒捕，或縱令逃逸，皆謂之勿洛餒幫兇。事後幫兇重罪監禁不過二年，或罰作苦工。軍法定罪之律分十等：一正法；二充發邊遠，罰作苦工；三開除差辱；四監禁；五行刑；即鞭笞。六撤去差使；八小員弁降級；九嚴行責備或尋常戒飭；十罰扣。以上並据《英國水師律例》。常法定律亦分十等：一曰保罰鍰，人犯輕罪不能即罰，到案後須令該犯具結願罰若干，并用人作保，簽名願保此人，永遠改過，再犯即將所保之費繳官。犯人在逃，惟保人是問。其巨案有保至數百千鎊者。二曰輕罰鍰，輕罪逮繫，責令薄出訟費充公。三曰重罰鍰，到案即罰，有罰至數千鎊者，不罰另治他罪。四曰流獄，此處犯罪徙至彼處獄中監禁，或遠或近均謂之流。流獄中有終身監禁者，有暫時監禁者，有禁數日者。五曰常獄，其罪與流獄同，惟即在本處耳。六曰暫禁，七曰永禁，即以之説，儻監禁數年之罪可於中間暫時保釋，俾令休息數日或數禮拜再行監禁，如是數次，俟實所叛監禁之期而止。八曰苦工，九曰承作苦工，或滌厠，或鎚鐵，或製器，或修路，罪有輕重，時有久暫，不一律。十曰死罪。或服毒，或繯首，或擊以火槍。案《四述奇》云：英律無斬，抵償者立木架上縊死。輕罪有責麻鞭，捶木棍，施鎖鏈各刑。《水師律例》云：律之差等，刑罰有相伐之條，輕重相埒者，鞭扑可代監禁，監禁可代鞭扑，或責監各半。十等刑律中，不外三等，曰輕罪，曰重罪，曰死罪。以上据《萬國近政攷畧》。按其罪名與其律法視中國輕重懸殊，其故有四：以政體而異，以禮俗而異，以教門而異，以公法而異。溯西國民政根邸於希臘，紀元前一千一百十餘年之間，希臘羨亞細亞諸島自由營生，厭君主政治，議定推一長官治事，曰亞爾干希部，諸國皆去王號行民政。紀元前九百年間，士帕太置元老議事，調停上下之權，名西那支，又開民會使陳所見，西那支待民會議決施行，更置司法員，國人選舉以糾違法，雖國王亦按律罰之。君民共主之政，實成於此時。其後貧民與貴族黨争，羅馬承之，貴族黨率藉律文以禁制貧民。《十二律法》有云貴族不得與庶人通婚，又言國之大官唯貴族爲之後，庶人争之，乃廢此律。自是民長提庇留倡頒田説，爲貴族所扑殺。紀元前一百二十年之間。亞布勒愈利休主張民政，爲刺客所斃。紀元前百年時事。民政君政，迭廢迭興，貴族持之益力。自後君權愈重，壓力愈大，莽莽榛榛，遂千百年，直至合衆國聯邦之局定，法蘭西殺戮王黨之變，作英吉利民會革政之風波，大作自主之説，入於人人之心，如縣日月於眉睫之間，婦人稚子悉知其義。英國政府大更憲法，一切禁制民權之律，痛加刊削，而希臘、意大利亦異軍特起，脱土奥之羈絏，民會益張，德奥諸國亦浸崇民權。於是西國之例有叛民叛國之罪，而無叛君之罪。雖强大如德俄爲君權無限之國，然愛烈珊德釋隨夫開議院立報館，維廉第三之爲君，畢士馬克之爲臣，其政體亦必出於議院，而主民黨者且時復伺閒狙擊，國家亦不欲痛加刑僇。芟夷薙獮良亦有鑒於法意之往禍，勢不得不予民權而損君勢。此其以政體異者一也。自主之説懸爲幟志，浸成禮俗，是故男女平權，而婦人有自由之勢。西俗父母之産，子女均分，嫁後婦人所得父母之産，其夫不得過問。任其妻願併於其夫可合用。若强取之，其夫即有應得之罪。近日美國且有婦女入議院之説矣。販奴立禁，而奴隸與平民爲齒。貴信而賤詐，故誑語之罪至監禁七年。重勤而惡惰，故童子嬉遊跅弛亦遭監禁罰作。舉此數端，並殊中律，此其以禮俗而異者也。西國教黨紛争，古律因之，意存偏勝。希教、回教、羅馬教相爲敵讐，而加特力與波羅特士坦復相陵藉。英國新教黨曾受加特力教之苛待，特設各律以鈐制之。阿爾蘭律天主教中人不得舉入議院，又不能别就，雜流欲充律生及醫士亦加禁止。天主教中人購馬值英金五鎊之外，律文有禁。耶蘇天主教互連婚姻有禁。天主教人竊聽議員議事即捕繫之。英國大律非從監督會不許入仕，遂併長老會、公理會、惟斯理會，一切禁制之。近日刪除此律，意存寬大良由。耶蘇立教竊兼愛尚同之宗旨，標之以堅忍刻苦之行，其徒益衆，條流遂紛，得其刻厲之術，則抵死相仇殺。十字之役，新舊黨之亂，隕身碎首者千萬人，而鈐制之律出矣。得其兼愛之意者提倡自主之政，浸淫昌熾，入於人心，而長厚之制出矣。即西國輕刑之政，實由國會，國會教黨出於一孔，故英法國會改律皆以護人民權利爲主。此其以教門而異者也。西例他國民黨倡亂，逋入己國，雖其國行文索捕亦匿而不與。誠以民黨執重，與以叛國民爲害於公例，叛君者爲害於私例。害公例罪重，害私例罪輕，習爲通義。凡遇此等交涉，必以爲有礙國例，拒而不許。曾惠敏使俄，朝命索交回國以逋逆，俄國不與，僅處以監禁而已。近日西班牙索古巴叛黨於美，美政府不許。英國使署拘禁孫文一事，英人以爲礙其政體，使署大受詬責，即是此例。此其以公法而異者也。以此數事，中西交涉，内治外治日增，荆棘儻非因時變通，儲熟西律之才，譯西律最要之書，酌改中律，立保護民權之制，禁揞中西之隔閡，使通達無間，則杞人之憂正未有艾也。擬輯中西各國刑律異同比較表，但西律已譯出者僅有《法國律例》、《英國水師律例》，餘國未有專書。采摭遺漏，徒爲通人所哂。俟諸異日。

（清）梁啓超《飲冰室合集·專集》卷四《新民説》

吾請言心奴隸之種類，而次言論所以除之道。一曰：勿爲古人之奴隸也。古聖賢也，古豪傑也，皆嘗有大功德於一羣，我輩愛而敬之宜也。雖然，古人自古人，我自我。彼古人之所以能爲聖賢爲豪傑者，豈不以其能自有我乎哉？使不爾者，則有先聖無後聖，有一傑無再傑矣。譬諸孔子誦法堯舜，我輩誦法孔子。會亦思孔子所以能爲孔子，彼蓋有立於堯舜之外者也，使孔子而爲堯舜之奴隸，則百世後必無復有孔子者存也。聞者駭吾言乎？蓋思乎世運者進而愈上，人智者濬而愈熒。雖有大哲，亦不過説法以匡一時之弊，規當世之利，而決不足以範圍千百萬年以後之人也。泰西之有景教也，其在中古曷嘗不爲一世文明之中心點。逮夫末流，束縛馳驟，不勝其敝矣。非有路德、倍根、笛卡兒、達爾文、彌勒、赫胥黎，諸賢起而附益之匡救之，夫彼中安得有今日也。中國不然，於古人之言論行事，非惟辨難之辭不敢出於口，抑且懷疑之念不敢萌於心。夬心固我有也，聽一言，受一義，而曰我思之。我思之，若者我信之，若者我疑之。夫豈有刑戮在其後也。然而舉世之人，莫敢出此，吾無以譬之義和團，義和團法師之被髮仗劍跆踊步念念有詞也。聽者苟一用其思索焉，則其中自必有可疑者存。而信之者竟徧數省，是必其有所懾焉，而不敢涉他想者矣。否則有所假焉，自欺欺人以逞其狐威者矣。要之爲奴隸於義和團一也。吾爲此譬，非敢以古人比義和團也。要之四書六經之義理，其非一一可以適於今日之用，則雖臨我以刀鋸鼎鑊，吾猶敢斷言而不憚也。而世之委身以嫁古人，爲之薦枕席而奉箕帚者，吾不知其與彼義和團之信徒果何擇也。我有耳目，我物我格；我有心思，我理我窮。高高山頂立，深深海底行。其於古人也，吾時而師之，時而友之，時而敵之，無容心焉，以公理爲衡而已。自由何如也！

二曰：勿爲世俗之奴隸也。甚矣！人性之弱也。城中好高髻，四方高一尺。城中好廣袖，四方全幅帛。古人夫既謡之矣。然曰鄉愚無知，猶可言也，至所謂士君子者，殆又甚焉。當晚明時，舉國言心學，全學界皆野狐矣。當乾嘉間，舉國言考證，全學界皆蠹魚矣。然曰，歲月漸遷，猶可言也。至如近數年來，丁戊之間，舉國慕西學若羶，己庚之間，舉國避西學若厲，今則厲又爲羶矣。夫同一人也，同一學也，而數年間可以變異若此，無他，俯仰隨人不自由耳。吾見有爲猴戲者，跳焉則羣猴跳，擲焉則羣猴擲，舞焉則羣猴舞，笑焉則羣猴笑，鬨焉則羣猴鬨，怒焉則羣猴罵。諺曰：一犬吠影，百犬吠聲。悲哉！人秉天地清淑之氣以生，所以異於羣動者安在乎，胡自汚衊以與猴犬爲倫也？夫能鑄造新時代者上也。即不能而不爲舊時代所吞噬所汨沈，抑其次也。狂瀾滔滔，一柱屹立，醉鄉夢夢，靈臺昭然，丈夫之事也，自由何如也！

三曰：勿爲境遇之奴隸也。人以一身立於物競界，凡境遇之圍繞吾旁者，皆日夜與吾相爲鬬而未嘗息者也。故戰境遇而勝之者則立，不戰而爲境遇所壓者則亡。若是者，亦名曰：天行之奴隸。天行之虐，逞於一羣者有然，逞於一人者亦有然。謀國者而安於境遇也，則美利堅可無獨立之戰，匈加利可無自治之師，日耳曼意大利可以長此華離破碎爲虎狼奧之附庸也。使謀身者而安於境遇也，則賤族之的士禮立，英前宰相與格蘭斯頓齊名者，本猶太人。猶太人在英，視爲最賤之族。何敢望挫俄之偉勳，蛋兒之林肯，前美國大統領，漁人子也，少極貧。何敢企放奴之大業。而西鄉隆盛當以患難易節，瑪志尼當以竄謫灰心也。吾見今日所謂識時之彦者，開口輒曰：陽九之厄，劫灰之運，天亡中國，無可如何。其所以自處者，非貧賤而移，則富貴而淫，其最上者遇威武而亦屈也。一事之挫跌，一時之潦倒，而前此權奇磊落不可一世之概，銷磨盡矣。咄！此區區者果何物，而顧使之操縱我心如轉蓬哉？善夫，墨子非命之言也！曰執有命者，是覆天下之義，而説百姓之誶也。天下善言命者，莫中國人若。而一國之人，奄奄待死矣。有力不庸，而惟命是從。然則人也者，亦天行之芻狗而已，自働之機器而已，曾無一毫自主之權，可以達己之所志。則人之生也，奚爲哉？奚樂哉？英儒赫胥黎曰：今者欲治道之有功，非與天爭勝焉不可也。固將沈毅用壯，見大丈夫之鋒穎，彊立不反，可爭可取而不可降。所遇善，固將寶而維之。所遇不善，亦無僅焉。陸象山曰：利害毁譽，稱譏苦樂。名曰八風，八風不動，入三摩地。邵堯夫之詩曰：卷舒一代興亡手，出入千重雲水身。眇茲境遇，曾不足以損豪傑之一腳指，而豈將入其笠也。自由何如也！

四曰：勿爲情慾之奴隸也。人之喪其心也，豈由他人哉？孟子曰：嚮爲身死而不受，今爲宮室之美妻妾之奉所識窮乏者得我而爲之。是亦不可以已乎。夫誠可以已，而能已之者百無一焉，甚矣情慾之毒人深也！古人有言：心爲形役，形而爲役，猶可瘉也。心而爲役，將奈之何心役於他，猶可拔也。心役於形，將奈之何？形無一日而不與心爲緣，則將終其生趦趄瑟縮於六根六塵之下，而自由權之萌蘖俱斷矣！吾常見有少年嶽嶽犖犖之士，志願才氣，皆可以開拓千古，推倒一時，乃閱數年而餒焉，更閱數年而益餒焉。無他，凡有過人之才者，必有過人之欲，有過人之才，有過人之欲，而無過人之道德心以自主之，則其才正爲其欲之奴隸。曾幾何時，而銷磨盡矣。故夫泰西近數百年，其演出驚天動地之大事業者，往往在有宗教思想之人。夫迷信於宗教而爲之奴隸，固非足貴。然其藉此以克制情慾，使吾心不爲頑軀濁殼之所困，然後有以獨往獨來，其得力固不可誣也。日本維新之役，其倡之成之者，非有得於王學，即有得於禪宗。其在中國近世勳名赫赫在人耳目者，莫如曾文正，試一讀其全集，觀其困知勉行厲志克己之功何如，天下固未有無所養而能定大艱成大業者艱。不然，日日恣言曰吾自由吾自由而實爲五賊佛典亦以五賊名五官。所驅遣，勞苦奔走以藉之兵而齎其糧耳。吾不知所謂自由者何在也。孔子曰克己復禮爲仁，己者對於衆生稱爲己，亦即對於本心而稱爲物者也。所克者己，而克之者又一己，以己克己，謂之自勝。自勝之謂強，自勝焉。強焉其自由何如也！

吁！自由之義，泰西古今哲人，著書數十萬言剖析之，猶不能盡也。淺學如余，而欲以區區片言單語發明之，烏知其可。雖然，精義大理，當世學者既略有述焉，吾故就團體自由、個人自由兩義，刺取其淺近直捷者，演之以獻於我學界。世有愛自由者乎，其慎勿毒自由以毒天下也。

又：何謂專制力所不能及之地？稽諸我國歷史，其各省地方，固非無脱離中央政府別成一行政區域之時代。春秋戰國，不必論矣。後此如秦末之南越閩越，漢末之蜀吳，唐末之吳越，福建湖南蜀唐迄宋之西夏，皆於中原極棼亂之際，而屹然能自樹立。使其民稍富於自治力者，則別搆成一種政體以光我歷史，抑非難也。而一丘之貉，又既若此，猶得曰：行政區域雖別，然終爲豪強所脅迫，不能自拔也。若夫自明末以來，數百年間，我民自殖於南洋羣島者，以數百萬計。至今日即以暹羅一國論，而隸華藉者已百餘萬，新嘉坡庇能噶羅巴等處稱是。若此者，我中央政府視爲化外，其權力非直不能及，抑亦不屑加也。顧何以戢戢受羈軛若牛若馬，其甚者，如荷蘭屬法屬之僑民，笞畜刲割，曾羊豕之不若也。抑海峽殖民地諸島，多由我民篳路藍縷，與天氣戰，與野獸戰，與土蠻戰，停辛貯苦，以啓其地。顧不能自建設自約束，而必迎西方之強者以鎮撫我，則又何也？夫前事不必道矣。其在今日，臥榻已屬他人，座間寧容卿輩，吾民不能以政治團體自見於彼地，猶可言也。若夫今日美洲澳洲諸地，吾民散居者亦不下數十萬。其地之法律，固自由也，平等也，而吾民又與彼之國民同受治於一法律之下者也。集會言論之自由，一無所禁者也。顧何以英人不滿四千之上海，百廢具舉，純然爲一小政府之形，而華人逾三萬之舊金山，竟終歲干戈相尋，不能組成一稍有力之團體也。是其無政治能力之證驗二也。何謂專制力所不能及之事？夫所謂政治的組織者非必爲關於政治上之專名也，其在歐美無論一市一區一村一公司一學校，凡一切公私之結集，無不爲政府之縮影。故欲驗一國民政治能力之強弱者，皆當於此焉察之。夫近代自由政體之發源，史家多以歸諸中世之意大利市府。俾尼士佛羅棱諸市也。而彼諸市府者，其始皆爲經濟上結集，而後乃變爲政治上結集者也。中國專制之毒雖劇烈，而以中央行政機關不整備之故，其能直接以干涉民間事業者殆稀。若吾民於商務上思結何等之團體，必非政府所懸以爲禁也。而數千年來欲求一如西人之有限公司及商業會議所者，何不一觀也？其尤淺而易見者。若教育事業，近數年來所屢下明詔獎厲者也。專制力即及他事，而斷不至及此事。而試觀庚辛以來迄今日，各省教育之發達，竟何似也！雖有一二，而私立學校之成績，往往視官立者猶不逮焉。而吾民更何顏目以責備政府也。是其無政治能力之證驗三也。吾故曰，今後之中國，非無思想之爲患，而無能力之爲患。

亞里士多德曰：人也者，政治之動物也。然則人類之必有政治能力，其天性矣。至其何以自有而之無，則不出兩途，一曰隱伏而不能發達，二曰發達而旋復摧夷。今試即吾中國人所以致此之原因而析分之。

則其第一事，即由於專制政體也。專制政體爲直接以摧鋤政治能力之武器，此稍有識者所能知矣。進化學者論生物之公例。【略】專制之國，其民無可以用政治能力之餘地。苟有用之者，則必將爲強者所蹂躪，使之歸於劣敗之數，而不復得傳其種於後者也。以故勾者不得出，萌者不得達，其天賦本能，隱伏不出，積之既久，遂爲第二之天性。就使一旦放任之，而其本能之回復，固非可以責效於一朝一夕。【略】以故雖在專制力所不及之時之地之事，而其涣然不能自治也如故，皆此之由。或曰：歐西諸國，前此之呻吟於專制轭下，與我等耳。何以其政治能力之摧殘，不若我之甚？曰：專制同而所以專制之性質不同。彼蓋以封建專制貴族專制爲主體，而我適與之相反者也。其詳迭見於拙著《中國專制政體》《進化史論》諸篇。質而言之，則彼乃少數之專制，而我則一人專制也。少數專制者，即少數人自由，而多數人不自由之意也。夫由少數人之自由，以漸進於多數人之自由，其視全體人民悉無自由而驟欲進於自由者，其難易固有分矣。故泰西之專制，常爲政治能力之媒，觀英國大憲章與匈牙利金牛憲法之起原可以證此説之不謬矣。他國亦大率類是。而中國之專制，全爲政治能力之賊也。此論理甚長，精細剖辨俟諸異日。

其第二事，則由於家族制度也。歐美各國統治之客體，以個人爲單位Unit，中國統治之客體，以家族爲單位。故歐美之人民，直接以隸於國，中國之人民，間接以隸於國。先聖曰：國之本在家。又曰：家齊而後國治。蓋在此種社會之下，誠哉舍家族外無所以爲團也。細察中國過去種種制度，無不以族制爲之精神。言夫教育，則曰父兄之教不肅而成，子弟之學不勞而能。凡痒序學校，皆以養國老庶老爲最重之典。故可謂之族制的教育。言夫賦税，上古井田之制，九家爲井，由井而通而成而終，全以家族爲綱，不俟言矣。即封建既廢以後，如漢有戶賦，以充郡國行政費也。唐有調，租庸調三者，租課、田庸課、人調。則課戶也，唐制戶籍法最詳，計其貲産，定爲九等，每戶有丁中老小黄等名號。有兩税，兩税不以丁第戶，而以丁從戶也。明後雖行一條鞭法，然仍有收戶解戶馬戶竈戶陵戶園戶海戶諸名。故泰西科民只計口，而中國則戶口並計。參觀前號《中國史上人口之統計》篇。誠以戶也者，中國構成團體之一要素也，觀其統計之小節，而立法之根本觀念，於茲可徵矣。掌財賦及民事者，謂之戶部，亦根於家族思想也。故可謂之族制的財政。言夫刑法，則罪人及孥，甚者乃夷三族，此風直至本朝雍乾間猶未能改。故可謂之族制的法律。言夫兵役，則封建時代，丘乘與井田相屬，無論矣。自戰國至李唐，常爲三丁抽一之制，宋後行保甲，每十家籍二丁，皆可謂之族制的軍政。其餘一切制度，大率類是。苟一一細按之，則其立法之源泉，皆有蛛絲馬跡之可尋。此不能偏舉，他日當著專篇研究之。要之舍家族相維相繫之外，有司無以爲治也，即其地方自治之制，有若所謂甲首所謂保正所謂里長所謂社長者，皆無不以一族之耆老充之。舍是則自治團體不能立也。故吾常謂中國有族民資格，而無市民資格。參觀拙著《新大陸游記》第百八十六葉。蓋西語所謂市民Citizen一名詞，吾中國亘古未嘗有也。市民與族民，其相異之點安在？市民之長尚賢，其任之也投票選舉，族民之長尚齒，其任之也，以年資洊升。投票選舉，則物競行而被選者自必立於有責任之地位，年資洊升者反是。夫是以泰西之自治制度，爲政治能力之濫觴，中國之自治制度，爲政治能力之煬竈也。夫是以在一鄉一族間，尚或秩然有團體之形，一至城市，則有機體之發達永不可見也。

（清）梁啓超《飲冰室合集・文集》卷一二《亞里士多德之政治學説》

次論國家之性質，亞氏以爲國家者，結集而成體者也。而其結集之者，實惟國民。按原書作市民，蓋希臘之國家實市府也。故當時有市民無國民。今爲便讀者，僭易以國字。故欲知國家之性質如何，當先知國民之性質如何。亞氏乃爲界説三條。第一、國民者，非同居一地之人皆可冒此名也。若外國人之流寓者，若奴隸，皆同居此地，而不可謂之國民。第二、國民者，非僅有裁判上之權利即可冒此名也。雖非國民者，藉條約之規定，亦得有裁判上之權利，按如外國人之訟獄亦常一體審判之。而於國民之資格無與也。又如未成年者，老而退者，嘗犯罪失公權者，外國人之爲後於本國者，皆非完全之國民。第三、真國民者，有權以參預一國立法行政司法諸政務，得任一切之官職，無有限制者也。按亞氏之釋國民，其義有未盡。然二千年前之學説，勢不能如今日之完備，此不足爲亞氏病也。凡讀斯篇者，皆作如是觀可也。又按今日我國國民之資格，恰與亞氏所列第二條者相類，未足稱爲完全國民也。亞氏最有功於政治學者，在其區别政體，彼先以主權所歸或在一人或在寡人或在多人，分爲三種政體。一曰君主政體Monarchy，二曰貴族政體Aristooracy，三曰民主政體Polity or Democraoy，此實數千年來言政體者所莫能外也。亞氏又不徒以主權所在爲區别也，更以行此主權之手段或正或不正而細判之。於是乎三種政體，各有變相，都合爲六種。其君主政之不正者，謂之霸主政體Tyranny。其貴族政之不正者，謂之豪族政體Origarchy。其民主政之不正者謂之暴民政體thlooracy。至其正不正於何判乎凡，凡以公益謀國家之公益者則論權在以寡人在多皆謂之。

**（清）梁啓超《飲冰室合集・文集》卷一三《樂利主義泰斗邊沁之學

説》邊沁之學説其影響於社會最大者，則政法論也。今一一略敍之。

第一，主權論。主權者，代表一國，而國中一切官職皆由其所左右者也。邊沁以爲此主權不可不歸諸人民。何則？政治之目的，在爲國民謀最大幸福故。他人代爲謀，不如國民之自爲謀，昭昭然也。但如前此盧梭等所謂國民全體最大幸福者，邊沁以爲其範圍太廣漠，能言而不能行，故不如從多數焉。於是定主權所屬，當在一國中有選舉權之人民。人民必具如何資格然後可有選舉權，邊沁別有所論，詳下節。

第二，政權部分論。立法行政司法三權鼎立之説，自希臘之亞里士多德，既已論及，至孟德斯鳩而大倡之。美國獨立，採其學理，著諸憲法。於是諸國靡然效之，此義幾成金科玉律矣。惟邊沁駁之，以爲有所未備。邊沁曰：若謂國家之政權，盡此三者而已。則其所闕漏者有二大政，一曰選舉議具之政，二曰解散議會指半途解散者。之政是也。論每以解散國會爲行政長官之一任務，今列國解散議會之權大率在首相。是甚謬也。國會爲一國至重之地，位今不及期而解散，其關係自不輕。行政官者，立法官之次也。今舉此權以畀之，其悖理亦甚矣。至選舉議員，實爲本中之本，源中之源。今之政論家，每視爲民間一瑣事，僅託司法官監督之而已，是不潔源而欲清其流也。故邊氏以爲於三權之上，必更立一政本之權，而此三職者皆自之出。

第三，論政本之職。邊氏既立政本職，以爲一國最上權，若是則此職當何屬乎？曰：能蓋此職之義務者，必在人民。於何知之？曰：徵諸理論而知之，驗之比較而知之。何謂徵之理論？夫政治固以最大多數之最大幸福爲目的者也。國中最大多數者，非人民而誰？人之本性，莫不好其利己者，而惡其害己者，故以此駐歸之，其必能盡此責任無疑也。此一證也。凡各人一己之私事，有時不能躬親，而託諸代理人，其以己意所擇之代理人，多能盡職。以此推之，則合各人以成一國，其委託公事之代理人，亦猶是矣。此二證也。何謂驗諸比較？夫以千萬人而謀千萬人之幸福，以視夫一人或數人謀之者，其宅心必較公正，而用意必較周密。彼一人之君主，數人之貴族，雖極賢智，豈顧自犧牲一己之幸福而爲人謀哉！豈顧使其他多數人之幸福加己一等哉！此三證也。故邊氏以爲政本之職，舍國民莫屬也。按邊氏謂當有政本以總此三權，其理固不可易，蓋苟鼎立而不相統，則易陷於政權分裂之弊，而危及國家前途不少也。雖然，凡諸權者，必各有代表之局院，而其權乃得實行。如國會之代表立法權，政府之代表行政權，理官之代表司法權是也。若此政本權者，將以何局院代表之耶？邊氏既謂此權在國民，然今日之國，必非能如疇昔之雅典斯巴達，集全國市民於一場也。其勢不得不選舉代議者，若是則亦與下議院性質，有何差別？徒添出一議院，而於邊氏所謂政本之意仍無當也。又按余未能得邊氏原著之書盡讀之，不過據譯本及他書所引耳，竊意邊氏必當有説以處，此姑列所疑以俟考。而近世主張君主主權説者，或遂以此最上之政本權，謂當歸於君主，而箇人之利益被蹂躪者多多矣。故立言不可以不慎也。

第四，議員全權論。邊沁曰：凡立法官必當有全權，既被舉爲議員，則其在職中不得受他人之掣肘，使之得行其志，以副一國之興望，而謀人民之利便，此爲第一要事。

第五，廢上議院論。邊沁又論議院只可有一，不能有二。其言曰：論者或謂於第一院即下議院之外，尚當別設所謂第二院即上議院者，使貴族與平民共政權。此頑舊之嚮言也。貴族之世襲壟斷此大權，有百害而無一利。夫豺狼害人者也然，時或殺之而用其皮。若夫上院之貴族，其害民甚於豺狼。無力殺之，則亦已耳。既殺之，則並其皮亦不可用也。試舉其害：一曰誤時。蓋每事必經兩院之討論，空費時日也。二曰耗費。蓋既立上院，則其任議員之貴族，勢不可不予以俸廉。以民脂而供國蠹何爲也！三曰以少數壓多數。蓋當上院多數之意見與下院多數之意見不合也，而兩院合議之，則下院亦必有少數與上院同意者。若以此護勝，是真多數爲僞多數所壓也。四曰使政界日加混雜。夫政出多門，非國家之福也。既有下院以代表民意，而復以上院掣肘之，是治絲而棼之也。其無益也如此，其有害也如彼。故吾以爲上院者，不過貴族政體之餘孽。苟在真文明之國，不可不芟夷蘊崇而勿使能殖也。按約翰彌勒李拔等，皆主張兩院之利，力駁邊氏説，語繁不録。但今六大洲中，置國會者不下七十國，除日耳曼列邦中有一二小國僅行一院制，餘則皆從二院制。蓋亦利害相權，舍此取彼耶？邊説未盡可據也。

第六，普通選舉論。下院議員之選舉權，學者有兩異説。一曰普通選舉，二曰限制選舉，而邊氏則持普通論者也。其立法論綱之緒言曰：選舉之權利，不可不公諸衆人，若曰甲宜有而乙宜無，則不可明言其可以無之之理。夫下流貧者之幸福，亦人羣幸福之一部分也，其關係於一羣之榮悴者，與彼上流富者之幸福何擇焉，而爲政者妄生差別焉。此吾所大不解也。夫所以必舉立法權而畀諸民間者何也？將以坊主治者之弄權也，而以此權獨歸於一部少數之人，其矛盾孰甚也。云云。其言可謂深切著明。雖然，邊氏之意，固非能謂全無限制者，不過其限制之法，不以貧富耳。彼又言曰：凡人不論男女，苟未成年者，不得有選舉權。其理有二，一、未成年者不能躬親各事，勢不得不怙恃他人。二、以年限不以人限，則其限不過暫時之事耳，於普通之義無悖也。既而又曰：女子及未成丁之男子，不能識字讀書者，皆不得有選舉權。此邊氏普通論中之限制論也。

第七，直接選舉論。選舉議員之法，復有兩異説。一曰直接選舉，謂由選者直接投票以舉被選者也。二曰間接選舉，謂由選者投票以舉代選者，復由代選者投票以舉被選者也。邊沁則持直接論。言間接之弊有二，曰使議員對於人民之責任較輕，弊一。間選人數，勢必較少，易生朋黨，弊二。

第八，匿名投票論。選舉法中，又有記名匿名利害之争，邊氏則主匿名論者也。彼以爲記名有兩大弊：一曰脅嚇，謂富豪之家，其手下傭役服屬之人不少，或不喜其主人而欲舉他人，則有所懾而不敢也；二曰賄囑，欲中選者輒以財力通賂，使小民貪一時之小利，以放棄正當之權利也。故其立法論綱，持秘密之論甚强。

第九，議員任期論。邊沁以爲每年選舉，於理最完，其利不一而足，而尤著者有二。一曰議員有溺職者，得早罷之，毋使久尸其位也。二曰抑制議員之野心，使其有所憚而不敢害羣也。雖然，其制亦有可難者。曰屢屢選舉，徒滋冗費，一也。選舉競争，屢生激動，二也。時期過短，或使一人不能終其議政之業，三也。故邊氏之論，各國實行之者少，而任期不許過長，實天下之通義也。

第十，論議院起案權。前此各國，或雖有議院，而議員無自起草法案之權，如古代之斯巴達，近世拿破崙時代之法國是也。邊沁以爲議院不可不有此權，其理有三，一、使起案之權，全歸行政官之手，則職員自放棄其識見。有爲之士，無從展其驥足，而議院之政治思想，日以萎微。二、起案權須在行政官，則當其欲行某弊政也，議院雖得箝制之，至欲求先事防弊之法，則議院之術窮矣。議員若無起案權，惟就行政官所提出之案討論其得失而已。則議院欲示其實力，惟有反對以廢棄原案之一法，屢激於意氣，或至並其良者而廢之。故惟使政府議院同有起案權，則此三弊者可以蠲除。

第十一，論行政官專職。邊沁以爲行政官之職，宜以一人專任一事，其理有十五。①以一人當其職，則天下之耳目集之。②禍害之責，歸於一身。③怨恨之來，無人分之。④利己之私，無人助之。⑤曠職之責，無可推諉。⑥有爲之譽，無人奪之。⑦人民愛敬，得自專之。此七者皆所以全行政官之道德者也。⑧負責任則不得不發奮，愈發奮則智慧聰明愈出焉。此開官智之妙術也。⑨數人共事，則互相推諉而必惰，一人專責，則無所逃避而自動。此勸勤勉之法門也。⑩若職權不專屬一人，則不能獨行己見。⑪不能不常詢同僚之意嚮。⑫屢受無謂之疑問。⑬屢起無益之争辯。⑭以此四障，故施政不能迅速。⑮以此五障，故屢失時耗費，爲國家之累。此六者，皆所以除行政之阻力者也。

按前述邊氏所論立法官各條，在泰西立憲國，固屬最切之問題。以今日中國觀之，則貧子説金而已，獨此條則直接以針砭中國時弊之言也。天下安有一部七長官，今制各部皆有一管部、二尚書、四侍郎。而能舉其職者哉！

第十二，行政首長論。行政官必有首長，即指君主或大統領。而此首長當由世襲乎？當由選舉乎？邊氏則主張選舉之説。其言曰：無論何種政體，其掌行政之大權者，不可不自人民出身。苟非爾者，必爲人民之敵。專制君主固敵也，立憲君主亦不免於敵。若使一國入立於其治下，是受治於敵人也。

按或有疑於此説，謂如今日英國，號稱政體最美之國。是邊氏之論，得毋太酷乎？不知英國行政之首長，實在人民出身之大宰相。若國王則有其名而無其實也。參觀《君主無實任》一篇自明。

第十三，行政官責任論。邊沁曰：凡立一法者，必以其法之實行爲目的，欲其實行，則必使之有不得不實行者，此責任之所以必當明也。苟其不明，則所謂最大多數最大幸福之宗旨，遂將掃地。明之之實奈何？

則懲罰是也。論者謂僅以賞譽，可以勸，雖然畏罰之念，過於趨賞，是人類之天性然也。故與其恃賞，毋寧恃罰。罰行政官有三法，一曰治罪，二曰贖刑，三曰褫職，是也。故必據此三要以定條例，將議院彈劾之權，著諸憲法，然後責任之實乃可舉。雖然，又不徒法律上之懲罰而已。若輿論，亦一種無形之法制也，然必在立憲之國，政治一切公布，言論一切自由，然後輿論乃有力。故苟無憲法，無民權，而欲以他力箝制行暴病民之政府，其道無由。

（清）梁啓超《飲冰室合集·文集》卷一三《近世第一大哲康德之學說·論純智》　康德曰：凡號稱權理者，必含有強制力之意義。遇有加障害於他人之自由者，則行威力以壓制之，是不得以侵人自由論也。雖然，欲使此強制力行之而適當，則第一，當使所行之地位程度，與行抑制者之自由相應；第二，則當使與受抑制者之自由相應。如債權者對於債務者之抑制，則不得云侵害債務者之自由。何也？彼其乞貸之始，訂以償期，及期不償，則任債主之處置，斯乃彼所預認也。然則非債主抑制彼，而彼躬自抑制也。故循康氏之法律學說，則雖在抑制手段之中，仍保有獨立自尊之鴻恉。此論實發前賢所未發焉矣。

康氏之政治論，殆與盧梭民約之旨全同，而更以法學原理證之。其論法理上之私有權也，曰凡私有權必起於社會制度既立以後。當其始也，衆人以土地爲公有，無或有定主以專其利。雖然，其弊也爭，爭則亂，於是乎相共而立此疆彼界各自名田之約，而此約又非公認則無其效也。於是乎必於其先而更有結羣建國之一約存焉，是即國之所由立也。故當未立國之先，所謂私有權者，不過一假定之物。其得成爲一神聖不可侵犯之權理者，則民約建國以後之事也。此等理想，殆皆祖述盧梭而加以引伸發明而已。康德又謂今之所謂國際公法者，其起原全與民法同，蓋國與國之交涉，人與人之交涉，其道一耳。國國皆自由自主，而莫或服屬於他國。甲國毋得以乙國爲自利之一手段，是國家獨立自尊之大義，而國際法所準據之原理也。康德曰：今者兩國有違言，動輒以干戈相從事，此野蠻時代之晉惡習也。凡生於今日爲各國國民之一分子者，宜各自振厲，務滌改之，以進於文明，此人道之責任也。夫野蠻時代，人與人之交涉而往往有決鬬也，以無完備之法廷以爲之裁斷也。今欲免國與國之決鬬，則不可無完備之國際法廷。今雖未能至，猶當孜孜焉準備以待來者。於是康氏乃有永世太平論之著。

永世太平論之綱要，凡五大端：一，凡邦國無論大小，不得以侵略手段或交易割讓買賣等名義，以合併於他國。二，諸邦不得置常備軍，如現時之積習。三，一國中有內訌，而他國以兵力干預之者，在所必禁。四，各國皆採民主立憲制度，以此制最合於最初民約之旨，且可以鞏固全國人自由平等之權理也。五，各獨立國相倚以組成一大聯邦，各國國民相輯和於國際法之範圍內，若有齟齬，則聯邦議會審判之。

如瑞士聯邦現行之例。或難康氏曰，兹事美則美矣，然實行之日終可得望乎？康氏曰：此則非以強力所能致者，惟民德與民智兩者日進於光明，可以得之。夫人之有欲也，斯其爭之所由起也。若智慮益進，然後知真利益之所存，乃恍然於昔之所爭者，自以爲利，而實乃害之甚者也，於是廢然返焉。故於人生有欲之中，而弭兵之萌芽乃潛滋暗長於其間，則造化之妙用也。

（清）梁啓超《飲冰室合集·文集》卷一三《政治學大家伯倫知理之學說》　伯倫知理之駁盧梭也，以爲從盧氏民約之說，則爲國民者必須具有三種性質，反是則國不可得立。三種者何？一曰，其國民皆可各自離析，隨其所欲，以進退生息於此國中也。不爾，則是強之使入，非合意之契約，不得爲民約也。雖然，人之思想與其惡欲，萬有不同者也。若使人人各如其意，乃入此約，則斷無全國人皆同一意之理。以此之故，亦斷無全國人皆同一約之理，若是乎則國終不可得立。故從盧氏之說，僅足以立一會社。即中國所謂公司也與社會不同。其會社亦不過一時之結集，變更無常，不能持久。以此而欲建一永世嗣續之國家，同心合德之國民，無有是處。二曰，其國民必悉立於平等之地位也。不爾則是有命令者，有受命者，不得爲民約也。然熟察諸國之所以建設，必賴有一二人威德巍巍，超越儕類，衆皆服從，而國礎始立。即至今日，文明極進，猶未有改。若使舉國無智無愚無賢無不肖，皆以同等之地位決議立國，無有是處。三曰，其國民必須全數盡諾也。苟有一人不盡諾，則終不能冒全國民意之名，不得謂之民約也。然一國之法制，勢固不能有全數盡諾之理，豈待問也。盧氏亦知之，乃支離其說，謂多數之意見，即不啻全體之意見。夫服從多數，雖爲政治家神聖不可侵犯之科律，而其理論獨不適於諸民約主義之國家。蓋盟約云者，人各以其意而有願與此約與否之自由權者也。彼不願與此約之少數者，而強干涉之，謂其有服從多數之約之義務，無有是處。此三義者，伯氏於國家起原論，取盧氏之立脚點而摧陷之者也。參觀《盧梭學説》篇。

伯氏又言曰：民約論之徒，不知國民與社會之别，故直認國民爲社會。其弊也使法國國礎不固，變動無常，禍亂亙百數十年而未有已。德國反是，故國一立而基大定焉。夫國民與社會，非一物也。國民者，一定不動之全體，社會則變動不居之集合體而已。國民爲法律上之一人格，社會則無有也。故號之曰國民，則始終與國相待而不可須臾離。號之曰社會，則不過多私人之結集，其必要國家與否，在論外也。此伯氏推論民約説之結果而窮極其流弊也。

中國號稱有國，而國之形體不具，則與無國同。愛國之士，睊睊然憂之，其研究學説也，實欲乞靈前哲，而求所以立國之道也。法國革命，開百年來歐洲政界之新幕，而其種子實盧梭播之。盧氏之藥，足以已病，無疑義矣。近則病既去而藥已爲筌蹄，其缺點率見是正於後人。謬想與真理所判，亦昭昭不足爲諱也。獨吾黨今日欲救吾國，其必經謬想而後入真理。以盧氏學説爲過渡時代必不可避之一階級乎？抑無須爾爾，逕向於國家之正鵠而進行乎？此一大問題也。盧氏之説，其有功於天下者固多，其誤天下者抑亦不少，今吾中國採之，將利餘於弊乎，抑弊餘於利乎？能以藥已病，而爲立國之過渡乎？抑且以藥生病，而反失立國之目的乎？此又一大問題也。深察祖國之大患，莫痛乎有部民資格，而無國民資格。以視歐洲各國，承希臘羅馬政治之團結，經中古近古政家之干涉者，其受病根原，大有所異。故我中國今日所最缺點而最急需者，在有機之統一與有力之秩序，而自由平等直其次耳。何也？必先鑄部民使成國民，然後國民之幸福乃可得言也。如伯氏言，則民約論者適於社會而不適於國家，苟弗善用之，則將散國民復爲部民，而非能鑄部民使成國民也。故以此論，藥歐洲當時干涉過度之積病，固見其效，而移植之於散無友紀之中國，未知其利害之足以相償否也。夫醉生夢死之舊學輩，吾無望矣，他日建國之大業，其責任不可不屬於青年之有新思想者。今新思想方始萌芽耳，顧已往往濫用自由平等之語，思想過度，而能力不足以副之。芸芸志士，曾不能組織一鞏固之團體，或偶成矣，而旋集旋散，誠有如近人所謂無三人以上之法團，無能支一年之黨派者。以此資格，而欲創造一國家，以立於此物競最劇之世界，能耶否耶？此其惡因，雖種之薰之在數千年，不能以爲一二人之咎，尤不能以爲一學説之罪。顧所最可懼者，既受彼遺傳之惡因，而復有不健全之思想，以盾其後而傅之翼也。故人人各以己意進退，而無復法權之統屬，無復公衆之制裁，乃至並所謂服從多數之義務而亦弁髦之。凡伯氏所指盧氏學説之缺點，今我新思想界之人人皆具備之矣。夫以今日之中國，固未有所謂統屬，未有所謂制裁，未有所謂多數，則吾國民之躑躅焉凌亂焉而靡所於從，夫亦安可深責。顧所貴乎新思想者，欲藉其感化力以造出一新世界，使之自無而之有云爾。若徒恃此不健全之新思想，果能達此目的否耶？是不可以不審也。吾非敢袒伯氏而薄盧氏，顧以爲此有力反對之一大學説，爲有志建國者所宜三復也，作伯氏學説。

（清）唐才常《唐才常集・治新學先讀古子書説》　塵塵世界，桎梏於文法，昏瞀於科目，沈冥於俗儒，如蛾趨焰，如蟻附羶。其上者能箋註蟲魚，批風抹月，人許、鄭而家徐、庾；其下則抱兔園册子，束溼老師宿儒之言，以媒通顯；或且睥睨羣倫，私尊敝帚。與之言西學，則曰異端；與之言周秦諸子，則亦曰異端。而試問彼之不異端而繩矩昌平者，糟粕而已，圈苙而已。嗚呼！孔教之晦，學派之孽，斯云劇矣。

夫孔子道大能博，有教無類，六經固改制垂世之書；即九流百家，罔弗本其緒餘以鳴於世。故《漢書・藝文志》所稱九家者流，皆七十子之流裔，雖純駁不一，而上胚皇古，下孕來茲，厥功非淺。即今之言新學者，尚將微參橐籥，證中西古學之源。彼沾沾守一先生之言者，則烏可以爲學矣！雖然，今新學家言，樊然殽矣，綜其要指，不過曰格致也，富強也，公法律例也。若《管子》，若《墨子》，若《莊》、《列》，若《淮南》，若《吕氏春秋》，其言格致富強，爲近人張自牧《瀛海論》，薛福成《四國日記》所鉤稽者，弗贅述。請言諸子大義，以爲治新學者的。

管子前乎孔子，多《周官》、《司馬法》遺言，其云量民力則無不成，不強民以其所惡，則詐僞不生，不欺其民，則下親其上。又云商無廢利，民無游日，財無坻墆，尤賅千百年保世經猷。《墨子》一書，開機器之先，悟重光之理，而宗恉尤在兼愛、尚同，矯叔世私競之風，卽宰我從井救人之仁。學儒者或過之，而西人乃師其意，以横溢五洲。夫胞與平權，本孔、孟公心，但一有等，一無等，遽以太平世之術，治據亂世，徒滋詬厲耳。《莊》、《列》、《淮南》，宗恉大同，其敝蓰〔屣〕其身，塵埃其世，近佛理，亦近格致家之論地球恒星及萬物質點。蓋皆孔門之微言，韓退之謂子夏弟子田子方，其徒流而爲莊周是也。若夫西國律例家，卽古之法家。《論語》：道之以政，齊之以刑，蓋據亂世之律例；道之以德，齊之以禮，蓋太平世之律例。宰我不知律例之源，告哀公以使民戰栗，遂伏申、韓之根。《史記》言韓非、李斯同受業荀子，楊倞謂荀子亦孔氏支流，此荀、李之變本加厲者也。西國公法家，卽古之名家。孔子曰：必也正名乎！故《春秋》爲刑書，又爲正名之書。禮者，刑之精華；刑者，禮之科條。及門諸子爲名家學者，《禮》、《春秋》而已矣。及秦任法律，則刻覈寡恩，土苴生命，班固謂謷者爲之，則鉤鈲析亂，痛乎乃自有地球之大厄哉！是故周、秦諸子，悉荄滋孔氏，而孟子、公羊子，衍太平之仁理，尋平權之墜緒，其嫡派也；墨子、莊、列，精擘天人之旨，曼衍格物之詞，其支派也；荀子開歷代網羅鉗束之術，其孽派也。故欲捄今日民窮財盡、公私窳敝之病，則必治之以管學；欲捄今日士、農、工、商各懷私心之病，則必治之以墨學；欲捄今日吏治廢弛、弄文骩法之病，則必治之以申、韓之學；欲晝五大洲大同之軌，進一千五百兆仁壽之民，則必治之以孟子、公羊之學。夫第以公法律例言，似不及格致富強之可以雄其國、智其民；然將來一統地球，捏合政教者，必公法周、律例平也。而要以力破拘攣，衝决荀、李網羅爲第一義，顧安得蚩蚩者而一振其聾聵也。

（清）唐才常《唐才常集·論公私》 五洲之國分三等：曰君主，曰民主，曰君民共主。君主鄰於私，民主、君民共主鄰於公，此自然之理勢。而不盡然也。英之君民共主，最稱公私交便。美自華盛頓以官天下之心，高唐虞之禪，至今風俗純厚，洵乎大公。若法民則以其鴟張之燄，遏抑君權，使之必爲民主以怙其私，則同是民主而有公私。俄爲君主數百年，近來其民頗染法人習氣，思抑君主而張私權，其歸俄保護之希利尼人爲尤甚，而勢且岌岌。惟吾華則姒氏以來，共主一尊，不生異議。此五洲之絶大公私，雖公法家不能劃歸一律者。然泰西大勢，孳孳矻矻，思富強其國而頂踵不恤，則無論君權民權、國會私會皆於公，爲近公法云。

夫國之賴以立者，有因衆以治己之私權，歸之於公。卽以法人之君民爭權，自遭普辱以來，上下奮勉，卒償和款，而仍爲強國，則其私猶不失爲公。若夫各國之銀行林立，國債紛如，立一公司，股貲億兆；興一大衆，軍餉騈羅，則所以相維相繫者，實有公私兩益之處。故其富商大賈，積貲千百萬，死後或入教堂，或捐建大書院，善舉之宏，各國相師，而美尤以勇義聞，洵哉其有華盛頓之心哉！至其君民各項公私之權，有國會以維持之，有議院以是非之，有公法以衡酌之，有律師以審斷之，故能民氣舒而國基固。無他，有愛力以繇之也。人人出其愛力以保國權，而國不富強者，未之有也。

中國懲於貧弱之患，屢思振作以策富強。然上下不通，官民睽隔。如鐵路輪船等事，商辦未嘗無人，而官必從而撓之曰：利權不可下移，其情似公而實私。又如獲有佳礦，西人聽民開採，華官則輒思攘利，卒之同歸折閲。官既市民以私，又何怪奸商從而乘便。如絲、茶等項，作僞市巧，一蹶不可收拾，尚不思同力合作，以振興之、整齊之，其他可知矣。是故今日之天下，官私其權，民私其力，商私其利，士私其學，而四萬萬其人，且四萬萬其心焉。愛力殺，國權散，憂時者不在羣雄之睗睒伺隙，不可終日，而在私意之横梗抑塞，自殘種教也。

嗚呼！公理之不明，羣學之失宗，仁道之絶統，雖無西人，奇憂柿矣；而況以其政教人心相觝逐者之實逼處此哉！

（清）唐才常《唐才常集·論情法》 萬國公法，西人謂爲性理之書，頗稱允當。然性理乃天然當守之分，而其斟酌人情以爲條例，則指趣較繁而事理曲當，此萬國之所以奉爲圭臬而設公法科也。虎哥云：人生在世，有理有情，事之合者當爲之，事之背者則不當爲之。賓克舍云：公法之源有二，理與例也。又云：諸國之公法，卽是諸國準情酌理所遵合也。蓋理是常理，例卽參合人情而爲之者，故又名之曰萬國律例。發得耳云：公法本原，皆從性法中推出，惟國事之變通增益，各有其宜，故以性法之同者，主二者之異，而不越情理之安。是則情法二者，固公法之精意所結也。

然西人於其本國之政務，及其相親之國之交涉，法在則治之以法，法所不通則準之於情，往往有仁至義盡之處。獨於中西交涉之案，往往以盛氣相陵，而不顧情法之安，或且屏中國於公法外，而悍然悖之，是土耳其中國也。夫公法有各國自主之權，無論生斯土者，自外來者，皆歸地方律法管鎋。今各教士之入中國者，微特中國不得筦轄之，即華民之入其教者，且得據爲逋逃藪而逸焉，中國不能自有其民矣。此特舉教務一端言，其他商務、軍務、税務、界務，中國之受制西人，處處有違公法者，難縷指述。揆之情理，安乎否乎？蓋彼既見中國鮮通公法者，遇有案件不能據理與争，至其律例若何，尤屬茫如，故得任悖繆而末如之何。

愚謂中國急宜設公法科與泰西律例之學，攷究其所以準情行法之要，相爲應付，則彼雖傲很，亦不能顯違情法矣。要之虎哥一書，雖情法奥窔，而必先自強以爲不拔之基，庶幾情法得行於中國也。

傳記

《清史列傳》卷六四《已纂未進大臣傳三·張仁黼》 五月，奏請欽派部院大臣會訂法律，略云，今東西各國，莫不號稱法治。環球法律派别之不同，蓋分四大法系。實以中國法系爲最古，謂之支那法系。其文明東漸西被，而印度法系生焉；由此播乎歐洲，爲羅馬法系，是爲私法之始；更進爲日耳曼法系，此法系復分新舊，是爲公法之始。歐美諸大國皆屬此二法系。日本法律本屬支那法系，而今則取法於德、法諸國，其國勢乃日益強。夫禮昭大信，法順人情，此心此理，原可放諸四海而準。我朝列祖列宗，制作美備，大經大法，超越前古。今更取東西法律，合諸一治。於上年有修訂法律之命，將見支那法系蔓衍爲印度、羅馬，日耳曼新舊諸法系者，復令歸於一大法系之中，而成聖朝之法治，固不僅包含德、法，甄陶英、美而已。臣今竊有請者，一國之法律，將以維持治安，擴張主權，所以垂諸久遠，推行無弊者，其爲主要者有一，而成之者有三。一、組織立法樞機也，東西各國三權分立，其立法一權，莫不寄諸議院。

故能順乎民情，合乎公理，而裁可之權，仍在君主。既採輿論之公，亦無專斷之弊。特中國政體不同，遽難倣行其法，然可稍取其意。彼公諸議院者，我則公諸羣臣。近來各部院堂官皆參預政務，臣愚以爲修訂法律，以之頒布中外，垂則萬世，若僅委諸一二人之手，天下臣民或謂朝廷有輕視法律之意，殊非所以鄭重立法之道也。擬請欽派各部院堂官，一律參預修訂法律事務，而以法部、大理院專司其事，並選通曉中外法律人員，充纂修、協修各官，均係兼差，不作額缺，另議辦事章程。如此則有議院之長而無專斷之弊，此臣所謂主要者一也。一、明訂法律宗旨也。國之所與立者惟民。一國之民必各有其特性，立法者未有拂人之性者也。西國法學家亦多主性法之説，故一國之法律必合乎一國之民情風俗。如日本刑法，本沿用我之《唐律》，今雖屢經改正，其輕重仍多近乎中律，而民法五篇，除物權、債權、財産三編採用西國私法之規定外，其親族、相續二編皆從本國舊俗。况中國文教，素甲全球，數千年來，禮陶樂淑，人人皆知尊君親上，人倫道德之觀念，最爲發達。是乃我之國粹，中國法系即以此特聞，立法者必以保存國粹爲重，而後參以各國之法補其不足。此則以支那法系爲主，而輔之以羅馬、日耳曼諸法系之宗旨也。一、講明法律性質也。中國法律惟刑法一種，而户婚田土事項亦列入刑法之中，是刑法與民法不分，每爲外人所指摘。故修訂法律，必以研究法律性質之區别爲第一義，而區别之要有四：一、國内法與國際法之别，二、成文法與不成文法之别，三、公法與私法之别，四、主法與助法之别。蓋此四者，不外乎國與國，國與人，人與人三種關繫。國與國之關繫屬乎國際公法，不在修訂法律範圍之内，如國與人之關繫則屬乎公法，人與人之關繫則屬乎私法。公法如刑法及訴訟法，是其刑事之涉乎外國人者，則爲國際刑法；私法如民法、商法，是其民事之涉乎外國人者，則爲國際私法。此二者皆於各法之總則中定之，是爲關乎撤去領事裁判權之根本，而修訂法律之最要者，則在主法與助法之别。蓋主法爲體，助法爲用，如刑法及民法爲主法，而刑事訴訟法及民事訴訟法爲助法是也。有主法而無助法，則徒法不足自行，主法雖精而助法未臻完善，其行之也猶不能無弊。此則法律性質之不可不辨者也。一、編纂法律成典也，法律之學首重統系，故欲修訂法律，必宜研究編纂之法，而法典之不可不備者，如現今審判分立，而法院編制法寂寂無聞。此所以司法與審判，權限紛議，久之而後能定也。又如近者修律大臣等所訂之民刑訴訟法，本甚簡略，而窒礙難行者，已復不少；且民事訴訟法當以民法爲依據，今既未修訂民法，則民事訴訟法將何所適從，未免先後倒置。至民法爲刑措之原，小民争端，多起於薄物細故，於此而得其平，則争端可息，不致釀爲刑事。現今各國皆注重民法，謂民法之範圍愈大，則刑法之範圍愈小，良有以也。他如商律雖有端倪，然法人之制殊未能備，而海商之法更待補葺。凡民法、商法修訂之始，皆當廣爲調查各省民情風俗，所習爲故常，而於法律不相違悖，且爲法律所許者，即前條所謂不成文法，用爲根據，加以制裁，而後能便民。此則編纂法典之要義也。以上三條，臣所謂成之有三者是也。凡此諸端，固爲修訂法律之要術，然尤在造就法律人材，務期司法之官無不通曉法律，則治法、治人二者相因爲用，夫然後可收修訂法律之效。總之法律學理精深，修訂造端閎大，非聚羣臣之討論，庶僚之蒐輯，斷不足以成一代之法典。又云：立法之要，規模不可不閎，推行必宜有漸。臣聞日本變法之初，調查編訂，閲十五年之久而後施行。其施行也，先其淺近，徐爲試驗，稍滋弊端，立即改正。審慎遲迴，逐漸推廣。迄乎今日，乃能蔚然成一代之規。我中國調查未久，商榷未精，匆遽施行，齟齬棼糾，其收效尚未可知，而困難甚於疇曩。朝廷明鑒萬里，固已燭照靡遺。夫法律之所宜修訂者，本欲撤去領事裁判權也。然而內審諸已，國勢兵力之富強若何，人民教育之程度若何，內外文武人材之擔任若何，如其尚待培養，則雖法律精允，足與列強同符，而欲各國領事裁判權遂一一撤去，不待智者而知其未易言矣。臣愚以爲今日之修訂法律，誠不可緩，而實行之期，則斷不宜急。但使大其規模，寬以歲月，務求精詳允備，釐然胥當於人心，然後擇其易曉易從者，試行一二端，以漸推而廣。即遲之十年、二十年，亦不爲晚。否則於民俗習慣未甚愜諧，而貿然頒行，將不惟齟齬棼糾而已。誠恐外國之屬人主義，其勢力日益擴張，而內國之屬地主義，其處理愈形轇轕。或遇地方有司奉行不善，因之釀患階厲，外人且將藉口干涉，其爲隱患何可勝言，是不得不深慮而熟籌者也。得旨：所有修訂法律，著法部、大理院會同詳核且奏。覆奏多循其説議行。

著録

（清）黄遵憲《日本國志》卷二七《刑法志》 日本古無刑法。上古有罪，去爪髮，誦禊詞而已。神武已平東國，使天種子命祓除人民所犯罪。害稼穡汚齋殿，謂之天罪；姦淫、蠱毒，謂之國罪，皆從其輕重徵贖物，使請神祇而解除之。至應神時，有探湯聽訟之法。以泥置釜中煑沸，令訟者手探之。直者不傷手，曲則手爛。雄略時，有焚殺黥面之刑，而武烈帝用刑峻酷，遂至刳孕婦之胎，射殺人於樹。自古刑無專官，用刑則令物部司其事，物部，古爲掌兵之官，蓋是時兵刑不分職。亦無律法。及推古時，上宫太子攝政，始作《憲法十七條》，後世以爲造律之祖。然法中僅爲禁飭語，尚非刑名律也。迨孝德朝，依倣唐制，始設刑部省，省中分二司，曰贓贖司，曰囚獄司，於是始有刑律。律分十二：一曰名例，二曰衛禁，三曰職制，四曰戶婚，五曰廄庫，六曰擅興，七曰賊盜，八曰鬬訟，九曰詐僞，十曰襍律，十一曰捕亾，十二曰斷獄。亦用五刑，雖有八虐，即後世律所謂十惡，常赦所不原者。六議即議親、議故諸條。等條，大概同唐律。其時遣唐學生頗有習律者，歸以教人，而法制頗詳明矣。及王政衰微，將軍主政，刑罰或輕或重，惟長官之意，並無頒行一定之法。數百年來，政尚嚴酷，竊盜誹謗，往往罪至於死。近年王政維新，復設刑部省。明治三年十二月，乃採用明律，頒行《新律綱領》一書，詔曰：朕敕刑部改撰律書，乃以《新律綱領》六卷奏進。朕與在廷諸臣議，宜令頒布內外有司，其遵守之。六年五月，又頒《改定律例》一書，詔曰：朕曩敕司法省，本國家之成憲，酌各國之定律，修撰《改定律例》一書，今編纂告成，朕乃與內閣諸臣辯論裁定，命之頒行。爾臣僚其遵守之。比《新律綱領》頗有斟酌損益，然大致仍同明律。八年五月，改設大審院、諸裁判所，其職務事務章程，及頒發《控訴規則》、《上告規則》，乃稍稍參用西律。十年二月，又有更改自外交條約，稱泰西流寓商民均歸領事官管轄，日本欲依通例改歸地方官。而泰西各國，咸謂日本法律不完不備，其笞杖斬殺之刑，不足以治外人。於是日本政府遂一意改用西律，敕元老院依擬佛律，略參國制，以纂定諸律。至十四年二月遂告成頒行，曰《治罪法》，曰《刑法》。

（清）黄遵憲《日本國志》卷三二《學術志一》　外史氏曰：余觀周秦間，儒者動輒曰孔墨，曰儒墨，以昌黎大儒，推尊孟氏謂不在禹下，而亦有孔必用墨，墨必用孔之言。竊意墨子之説，必有以鼓動天下之人使之尊信者。今觀於泰西之教，而乃知之矣。余考泰西之學，其源蓋出於墨子。其謂人人有自主權利，則墨子之尚同也；其謂愛汝鄰如己，則墨子之兼愛也；其謂獨尊上帝，保汝靈魂，則墨子之尊天明鬼也。至於機器之精，攻守之能，則墨子備攻備突、削鳶能飛之緒餘也。而格致之學，無不引其端於《墨子·經》上下篇。當孟子時，天下之言半歸於墨，而其教衍而爲七，門人鄧陵，禽猾之徒，且蔓延於天下。其入於泰西，源流雖不可考，而泰西之賢智推衍其説，至於今日而地球萬國行墨之道者，十居其七。距之闢之於二千餘歲之前，逮今而駸駸有東來之意。嗚呼！何其奇也。余足迹未至歐洲，又不通其語言文字，未由考其詳。顧余聞東西之人盛稱泰西者，莫不曰其國大政事、大征伐，皆舉國會議，詢謀僉同而後行；其薦賢授能，拜爵敘官，皆以公選，其君臣上下，無疾苦不達之隱，無壅遏不宣之情；其人皆樂善好施，若醫院，若義學，若孤獨園，林立於國中。其器用也，務以巧便勝；其學問也，實事求是，日進而不已。其君子小人，皆敬上帝，怵禍福；其法律，詳而必行；其武備，修而不輕言戰。余初不知其操何術致此，今而知爲用墨之效也。余讀《墨子》諸篇，每引堯舜禹湯之事以證其説。其説之善者，容亦有合於吾儒，而獨其立教之要，旨專在於尚同，兼愛，則大異。彼謂等天下而同之，撤遂萬物而利之。天下之人，喜人人得自伸其權，自謀其利，故便其説之行而樂趨之。交相愛則交相利，苟利於衆則同力合作，故事易舉；無所甚親於父兄，無所甚厚於子孫，故推其愛於一國。而君臣上下，無甚差别，相維相繫，而民氣易固。學問則相長也，工巧則相示也，故互相觀摩，互相競爭，而技藝日新。而又慮其以同裨同無所統而易於爭亂也，故稱天以臨之，使人人知所敬而不敢肆，由是而教誡修焉。明法以範之，立義以制之，使人人知所循而不敢逞；講武以防之，使人人有所憚而不敢犯，由是而政令肅焉，由是而武備修焉。彼欲行其尚同、兼愛之説，而精詳如此，行之者其效又如此，胥天下而靡然從之，固無足怪。然吾以爲其流弊不可勝言也。推尚同之説，則謂君民同權、父子同權矣；推兼愛之説，則謂父母兄弟，同於路人矣。天下之不能無尊卑、無親疏、無上下，天理之當然，人情之極則也。聖人者知其然，而序以别之，所以已亂也。今必欲強不可同，不能兼者，兼而同之，是啟爭召亂之道耳！幸而今日泰西各國，物力尚豐，民氣尚樸，其人尚能自愛，又恃其法令之明，武備之修，猶足以維持不敗。浸假而物力稍絀，民氣日囂，彼以無統一、無差等之民，各出其爭權貪利之心，佐以鬬狠好武之習，紛然其競起，天之不畏，法之不修，義之不講，卒之尚同而不能強同，兼愛而無所用愛，必推而至於極分裂，極殘暴而後已。報尚同，兼愛以責人，必有欲行均貧富、均貴賤、均勞逸之説者。吾觀歐羅巴諸國，不百年必大亂。當其亂，則視君如弈棋，視親如贅旒。而每一交鋒，蔓延數十年，伏屍百萬，流血千里，更有視人命如草菅者，豈人性殊哉？亦其教有以使之然也。前夫今日，爭亂之事，吾已見之矣。後乎今日，無道以救之，吾未知其爭亂之所底止也。然則韓子之用墨，舉其善而言之也。孟子之闢墨，舉其弊而言之也。日本之學術，先儒而後墨。余故總論其利弊如此，作《學術志》：一漢學，二西學，三文字，四學制。

（清）黄遵憲《日本國志》卷三四《禮俗志一》　外史氏曰：五帝不襲禮，三王不沿樂，此因時而異者也。百里不同風，千里不同俗，此因地而異者也。況海外之國，服食不同，梯航遠隔者乎？驟而觀人之國，見其習俗風氣，爲耳目所未經，則驚駭嘆咤，或歸而告諸友朋，以爲笑譃，人之觀吾國也亦然。彼此易觀，則彼此相笑，而問其是非美惡，各祖己國。雖聚天下萬國之聖賢於一堂，恐亦不能斷斯獄矣。一相見禮也，或拱手爲敬，或垂手爲敬，或握手爲敬，或合掌爲敬。一拜禮也，或稽首爲禮，或頓首爲禮，或俯首爲禮，或鞠躬爲禮，或拍手爲禮。究其本原之所在，則天之生人也。耳目口鼻同，即心同理同。用禮之節文以行吾敬，行吾愛，亦無不同。吾以爲異者，禮之末，同者，禮之本，其同異有不必論者。雖然，天下萬國之人之心之理，既已無不同，而稽其節文，乃南轅北轍，乖隔歧異，不可合并，至於如此，蓋各因其所習以爲之故也。禮也者，非從天降，非從地出，因人情而爲之者也。人情者何？習慣是也。光岳分區，風氣間阻，此因其所習。彼亦因其所習，日增月益，各行其道，習慣之久，至於一成而不可易，而禮與俗，皆出於其中。是故，先王之治國化民，亦慎其所習而已矣。嗟夫！風俗之端始於至微，摶之而無物，察之而無形，聽之而無聲，然一二人倡之，千百人和之，人與人相接，人與人相續，又踵而行之，及其既成，雖其極陋甚弊者，舉國之人習以爲然，上智所不能察，大力所不能挽，嚴刑峻法所不能變。夫事有是有非，有美有惡，旁觀者或一覽而知之，而彼國稱之爲禮，沿之爲俗，乃至舉國之人，展轉沈錮於其中而莫能少越，則習之囿人也大矣！古先哲王知其然也，故於習之善者導之，其可者因之，有弊者嚴禁以防之，敗壞者設法以救之，秉國鈞者其念之哉。作《禮俗志》，爲類十有四：曰朝會，曰祭祀，曰婚娶，曰喪葬，曰服飾，曰飲食，曰居處，曰歲時，曰樂舞，曰遊讌，曰神道，曰佛教，曰氏族，曰社會。

《皇朝經世文新編》卷四《法律》黄遵憲《日本刑法志序》 外史氏曰：上古之刑法簡，後世之刑法繁；上古以刑法輔道德故簡，後世以刑法爲道德故繁。中國士夫好談古治，見古人畫象示禁，刑措不用，則睪然高望，慨慕黄農虞夏之盛，欲挽末俗而趨古風，蓋所重在道德，遂以刑法爲卑卑無足道也。而泰西論者，專重刑法，謂民智日開，各思所以保其權利，則訟獄不得不滋，法令不得不密。其崇尚刑法，以爲治國保家之具，尊之乃若聖經賢傳。然同一法律，而中西立論相背馳。至於如此者，一窮其本，一究其用故也。余嘗考中國之律，魏晉密於漢，唐又密於魏晉，明又密於唐，至於我大清律例又賢於明。積世愈多，即立法愈密，事變所趨，中有不得不然之勢，雖聖君賢相，不能不因時而增益。西人所謂民智益開則國法益詳，要非無理歟？余讀歷代史西域、北狄諸傳，每稱其刑簡令行，上下一心，妄意今之泰西諸國亦當如是。既而居日本，見其學習西法如此之詳；既而居美國，見其用法施政，乃至特設議律一官，朝令夕改，以時頒布，其詳更加十百倍焉，乃始嘆嚮日所見之淺也。泰西素重法律，至法國拿破侖而益精密。其用刑之寬嚴，各隨其國俗以立之法，亦無大異。獨有所謂《治罪法》一書，自犯人之告發，罪案之搜查，判事之豫審，法廷之公判，審院之上訴，其中捕拿之法、監禁之法、質訊之法，保釋之法、以及被告辯護之法、證人傳問之法、凡一切訴訟關係之人，之文書，之物件，無不有一定之法。上有所偏重，則分權於下以輕之，彼有所獨輕，則立限於此以重之，務使上下彼此權衡悉平，毫無畸輕畸重之弊。窺其意，欲使天下無冤民，朝廷無濫獄。嗚呼！可謂精密也已。余聞泰西人好論權限二字，今讀西人法律諸書，見其反覆推闡，亦不外所謂權限者。人無論尊卑，事無論大小，悉予之權，以使之無抑；復立之限，以使之無縱，胥全國上下同受治於法律之中，舉所謂正名定分，息爭弭患，一以法行之。余觀歐美大小諸國，無論君主、君民共主，一言以蔽之，曰以法治國而已矣。自非舉世崇尚，數百年來觀摩研究、討論修改，精密至於此，能以之治國乎？嗟夫！此固古先哲王之所不及料，抑亦後世法家之所不能知者矣。作《刑法志》。

《皇朝經世文新編》卷四《法律》黄遵憲《日本鄰交志後序》 外史氏曰：泰西諸國，互相往來，凡此國商民寓彼國者，悉歸彼國地方官管轄，其領事官不過約束之、照料之而已。唯在亞細亞，理事得以己國法審斷己民，西人謂之治外法權，謂所治之地之外而有行法之權也。治外法權始於土耳其，當回部全盛時，西滅羅馬，劃其邊境與歐人通商，徒以厭外政紛紜，遂令各國理事自理己民，固非由威逼勢劫與之立約者也，故其弊猶小。而今日治外法權之毒，乃徧及於亞細亞。余考南京舊約，猶不過曰設領事官，管理商賈事宜與地方官公文往來而已，未嘗曰有犯事者歸彼懲辦也。蓋歐西之人皆知治外法權爲天下不均不平之政，故立約之始，猶不敢遽施之。我迨戊午歲，與日本定約，遂因而及我，載在盟府，至於今，而横恣之狀，有不忍言者。當日本立約時，募府官吏未諳外情，任其鼓弄。而美國公使爲定約稿，猶諄諄告之曰：此治外法權，兩國皆有所不便，而今日不能不爾，願貴國數年後急改之。其後岩倉、大久保出使，深知其弊，亟亟議改。而他國皆謂日本法律不可治外人，遷延以至於今。夫天下萬國，無論強弱，無論小大，苟爲自主，則踐我之土，即應守我之令。今乃舉十數國之法律並行於開港市場一隅之地，明明爲我管轄之土，有化外之民干犯禁令，掉臂遊行，是豈徒卧榻之側容人鼾睡乎？條約之言曰領事與地方官會同公平訊斷，無論其徇情偏縱也，即曰執法如山，假如以外國人鬭毆殺吾民，各交付其國領事，則英律禁獄三年，佛律禁錮百日，罰佛狼百；美律徒刑八十日；俄律徒刑一年；蘭律徒刑三十日。而我國殺外國人，則論抵命，且責償金矣。同罪異罰，何謂公平！假又華商英商同設一銀場，負債甚鉅，閉店歇業。彼英商者以一紙書告其領事，曰家産盡絶，彼即置身事外。而華商，則監獄追逋，或且逮其妻孥，及其兄弟矣。同事異處，又何謂公平！既已許之不由地方官管轄，刑罰固有彼輕此重之分，禁令又有彼無此有之異，利益又有彼得此失之殊，彼外人者，益便利極矣。而我之不肖奸民，冒禁貪利，圖脱刑網，輒往往依附影射，假借外人，以遂其欲。彼南洋諸島寄寓之華人，不曰英藉，則曰蘭籍，更何異於爲叢敺爵乎。此誠我之大不便者也。不公不平之事，積日愈多，則吾民之怨憤日深。通商以來三十餘年，耦俱相依，猜嫌不泯，而士大夫、細民論外事，輒張目裂眦，若争欲剚刃於外人之腹而後快心者，雖由教士之横，煙毒之深，亦未始非治外法權有以招之也。此亦似非外國之利也。雖然明知其不便，今欲改而更張之。彼外人者，習於便利，狃於故常，必有所不願。且以各國人情、風俗、宗教、政治之不同，一旦強使就我，其勢又甚難，而現行條約隱忍不改，流毒之深，安有窮期？竊以爲今日之勢，不能強彼以就我，先當移我以就彼。舉各國通行之律，譯採其書，别設一詞訟交涉之條。凡彼以是施，我以是報，我採彼法以治吾民，彼雖横恣，何容置喙？而行之一二年，彼必囂然以爲不便，然後與之共商，畧倣理藩院蒙古各盟案件，以圈禁罰贖代徒流笞杖，定一公例，彼此照辦，或庶幾其有成乎！若待吾國勢既強，則仿泰西通行之例，援南京初立之約，悉使商民歸地方官管轄，又不待言矣。至於近日租界之案，有華人與華人交訟，彼領事亦靦然面目，並坐堂皇參議聽斷者；有煙館賭博，我方厲禁，而租界爲逋逃主萃淵藪肆無忌憚者，斯又法外用法，權外縱權，爲條約之所未聞，章程之所不及。我總理衙門與英法公使議，有《洋涇濱設官章程》十條。是皆由於地方官吏巽懦瞻徇，一若舉租界之地方人民亦與别國領事共治之。吾恐各國外部且不料領事之縱恣如此也。莫急之務，尤亟當告之公使，達之外部，掃除而更張之。

（清）薛福成《庸盦文别集》卷六《繙譯歐洲和約輯要序》 黄生伯申通法國語言文字，得法蘭西人《歐洲和約輯要》一書，譯成，乞序於余。余觀歐洲立國，以傳教、通商兩大端爲樞紐；失其均平，不能不争，有所格禁，不能不解，於是争戰之後，必有盟約、和約者，固歐洲諸國得失之林也。夫前事所終，後事所始，爲源爲委，爲倚爲伏，循環曲折，怵然其可戒，戛然見其難爲，是書深得其審慎之用心焉。寡固不可以敵衆，弱固不可以敵強。夫豈無要挾恫喝，張虚聲以憑陵，失人心之公，犯隣國之怒，亦彼族之所恥也。至於陰謀遠慮，從容壇坫，而轉敗以爲功，收效於無形者，乃亦有之。唯英人據險宅幽，修政具於一國之中，窮武力於四境以外，馴致富強，隱然坐大，其諸礟艦堅利之故歟！因利乘便，投間抵隙，十常得其七八，計之上已。三百年之間，法強而蹶，英盛而久，德以弱國勃興，而彼蘭分，土耳其裂，黑海之盟敗矣，歐洲大患，將在於俄。然此亦何與於我哉？古人有言曰：天下有道，守在四夷。外患外懼，聖人藉以興。蓋未來者智士不可知，而未嘗不可覩已成之勢，微乎危乎！於是書誠有感焉爾，余既嘉黄生之意，即弁數言於簡端焉。光緒辛卯春正月無錫薛福成序於法蘭西之巴黎中國使署。

（清）沈家本《寄簃文存》卷六《序·法學通論講義序》 余恭膺簡命，偕新會伍秩庸侍郎修訂法律，並參用歐美科條，開館編纂。伍侍郎曰：法律成而無講求法律之人，施行必多阻閡，非專設學堂培養人才不可。余與館中同人僉韙其議，於是奏請撥款設立法律學堂，奉旨俞允。擇地庀材，尅日興築，而教習無其人，則講學仍託空言也。乃赴東瀛，訪求知名之士，羣推岡田博士朝太郎爲巨擘，重聘來華。松岡科長義正，司裁判者十五年，經驗家也，亦應聘而至。於光緒三十二年九月開學，學員凡數百人，昕夕講貫，晌經三學期矣。吾中國法律之學，其將由是而昌明乎。

日本之講求法律，著書立説者非一家，而岡田博士之書，最鳴於時。其所撰《法學通論講義》，吾學堂諸君子亦既面聆之而研究之矣，同人復慫恿付梓，以廣流傳。博士因裒集稿本，删訂成書，而問序於余。余維《管子》之言曰：不法法則事毋常，法不法則令不行。令而不行，則令不法也。法而不行，則修令者不審也。又曰：不明于法而欲治民一衆，猶左書而右息之。是則法之修也，不可不審，不可不明。而欲法之審，法之明，不可不窮其理。而欲窮其理，舍講學又奚由哉。顧知講學矣，而於諸法之繁賾，不能絜其綱領，析其條目，俾秩然而有序，猶未審也。且於諸法之要歸，不能抉其精微，辨其疑似，俾昭晰而無遺，猶未明也。則講學亦豈易言哉。博士天資超邁，於五洲法律之書，博學而詳説之，故能由博反約，提要鉤玄。先之以總説爲一卷，次則憲法、行政法、民法、商法、刑法、編制法、訴訟法、國際私法、國際公法各爲一卷，條分縷析，何其審且明也。方今環球學説，月異日新，苟非會而通之，又烏能折衷而歸一。是世之讀是編者，其亦深思夫會通之故，而勿視爲一家之言焉，庶法律之學日益昌明乎。松岡科長之《講義》亦將編定而公之世，以先覩爲快。光緒三十四年六月。

（清）沈家本《寄簃文存》卷六《序・法學名著序》　《管子》曰：不法法則事毋常，法不法則令不行。此言國不可無法，有法而不善，與無法等。然則議法者欲明乎事理之當然，而究其精意之所在，法學之講求，烏可緩乎。南齊孔稚珪《請置律學助教表》云：尋古之名流，多有法學。故釋之、定國，聲光漢臺。元常、文惠，績映魏閣。爾時稚珪提唱宗風，始標法學之名，以樹之的，復特引名流以爲重，其惓惓於法學之講求，意何殷也。

夫自李悝著經，蕭何造律，下及叔孫通、張湯、趙禹之儔，咸明於法，其法即其學也。迨後叔孫宣、郭令卿、馬融、鄭玄諸儒，各爲章句，凡十有餘家，家數十萬言。凡斷罪所當由用者，合二萬六千二百七十二條，七百七十三萬二千二百餘言。法學之興，於斯爲盛。鄭氏爲一代儒宗，猶爲此學，可以見此學爲當時所重，其傳授亦甚廣。魏衛覬請置律博士，轉相教授。自是之後，下迄唐、宋，代有此官，故通法學者不絶於世。洎乎元主中原，此官遂廢，臣工修律之書，屢上於朝，迄未施行。明承元制，亦不復設此官。國無專科，人多蔑視，而法學衰矣。衛覬云：刑法者，國家之所貴重，而私議之所輕賤。斯言若傷於過激。然紀文達編纂《四庫全書》，法令之書，多遭擯棄，並以刑爲盛世所不尚，所録略存梗概而已。夫以名公鉅卿，創此論於上，天下之士，又孰肯用心於法學？其衰也宜也。

近今泰西政事，純以法治，三權分立，互相維持。其學説之嬗衍，推明法理，專而能精，流風餘韻，東漸三島，何其盛也。各國法學，各自爲書，浩若烟海，譯才難得，吾國中不能多見。日本之游學歐洲者，大多學成始往，又先已通其文字，故能誦其書册，窮其學説，辨其流派，會其淵源，迨至歸國之後，出其所得者，轉相教授，研究之力，不少懈怠。是以名流輩出，著述日富。大抵專門之學，非博觀約取，其論説必不能詳，非極深研幾，其精蘊必不能罄。此固非積數十寒暑之功候不能有所成就。若第淺嘗而獵取之，遂欲折衷羣言，推行一世，難矣。

今者法治之説，洋溢乎四表，方興未艾，朝廷設館，編纂法學諸書，將改弦而更張之矣。乃世之學者，新舊紛拏，各分門户，何哉？夫吾國舊學，自成法系，精微之處，仁至義盡，新學要旨，已在包涵之内，烏可弁髦等視，不復研求。新學往往從舊學推演而出，事變愈多，法理愈密，然大要總不外情理二字。無論舊學、新學，不能舍情理而别爲法也，所貴融會而貫通之。保守經常，革除弊俗，舊不俱廢，新亦當參，但期推行盡利，正未可持門户之見也。或者議曰，以法治者，其流弊必入於申、韓，學者不可不慎。抑知申、韓之學，以刻覈爲宗旨，恃威相劫，實專制之尤。泰西之學，以保護治安爲宗旨，人人有自由之便利，仍人人不得稍越法律之範圍。二者相衡，判然各别。則以申、韓議泰西，亦未究厥宗旨耳。

此編網羅法學之書，精譯印行，其中作者並日本近世知名之士，經數十載之研稽，著爲論説，卓然成家，洵足餉遺當世。彼都人士，交相推重，非虚語也。方今憲政推行，新法令將次第頒布，得是書而講求之，法學之起衰，庶於是乎，在竊願拭目竢之。宣統三年夏五〔月〕。

（清）沈家本《寄簃文存》卷六《序・政法類典序》　昔鄒衍之談瀛海也，論者以爲虚妄，蓋驚於未見怪也。今者五洲懸絶，梯航畢通，譯寄象鞮，交錯若織，列國政教之殊途，質文之異尚，使節所至，亦既見之，且往往能言之。此固天地氣運日開，爲前古未見之變局，人不得而詆爲虚妄矣。惟是智力日出，方有進無已，天演物競，强勝乎，弱勝乎，不待明者而決之。然則處今日之變，通列國之郵，規時勢，度本末，幡然改計，發憤爲雄，將必取人之長，以補吾之短。若者益，若者損，若者先，若者後，不深究其政治之得失，又烏乎取之？顧欲究各國之政治，必先考各國政治之書，非親見之不能得其詳，非親見而精譯之不能舉其要。使節所至，見之矣，或不能譯之，即能譯之矣，而所譯者不能舉其要，則見與不見同，譯與不譯同。蓋政治之要，非深於政治者不能知，譯政治之書，非深於政治者不能通其義，則將欲取長以補短，又烏乎取之？且古治之盛，政與學爲一途，風教遠暨，王澤下究。其時學者，多究心當世得失，立言類有師法。班固謂儒家者流出於司徒之官，道家者流出於史官，法家者流出於理官，名家者流出於禮官，農家者流出於農稷之官，墨家者流出於清廟之守，雖源流不同，大抵皆本一代之治以爲學，即本一代之學以爲治。降及後世，政與學分，所學非所用，所用非所學，治化不進，非無故也。泰西各國當中土周、秦之世，學術稱盛，而希臘、羅馬亦師儒相望，已爲後世諸家專門之祖。十九世紀以來，科學大明，而研精政法者，復朋興輩作，乃能有今日之強盛，豈偶然哉。

方今中國，屢經變故，百事艱難，有志之士，當討究治道之原，旁考各國制度，觀其會通，庶幾採擷精華，稍有補於當世。東西政治之書，近數十年來，著譯甚夥，雖不乏善本，然或非出專門之手，或其言龐雜，學者無所折衷。若蒐討衆作，鑒別去取，門徑秩然，誠未易見。章君宗祥、戢君翼翬慨念及此，爰勼集同志，纂爲是編，分歷史、政治、法律、經濟四部，其輯録宏富，議論純正，文辭可觀。循是以求於今日列國之政教得失，洞若觀火，洵所謂通其義而舉其要者矣。考各國之政治者，其將於是取之乎。

（清）沈家本《寄簃文存》卷六《序·新譯法規大全序》 《管子》曰：立法以典民則祥，離法而治則不祥。又曰：以法治國，則舉錯而已。又曰：先王之治國也，使法擇人，不自舉也。使法量功，不自度也。其言與今日西人之學説，流派頗相近，是法治主義，古人早有持此説者，特宗旨不同耳。將欲明西法之宗旨，必研究西人之學，尤必編譯西人之書。説者謂西文法字，於中文有理禮、法、制之異譯，不專指刑法一端。則欲取歐美之法典而盡譯之，無論譯者之難其人，且其書汗牛充棟，亦譯不勝譯。日本則我同洲同種同文之國也，譯和文又非若西文之難也，然鴻編巨帙，正非一手足之力所能竟厥功。日本舊時制度，唐法爲多。明治以後，采用歐法，不數十年，遂爲強國，是豈徒慕歐法之形式而能若是哉？其君臣上下，同心同德，發憤爲雄，不惜財力以編譯西人之書，以研究西人之學，棄其糟粕而擷其英華，舉全國之精神，胥貫注於法律之內，故國勢日張，非偶然也。

古來法制之書，莫詳於《周官》。其後唐之《通典》，元之《至元條格》，明之《會典》，皆備載一朝之制作。我《大清會典》一編，尤爲巨搆。日本全國新制，萃於《法規大全》一書，即《周官》、《通典》、《會典》諸書之流亞也。卷帙繁重，編譯爲難。光緒辛丑，南洋公學曾譯是書，稿垂成而未遑校定。今商務印書館取其原稿，重加編纂，分門考定，爲類二十有五，凡憲法、民法、刑法、裁判法、訴訟法、商法以及官制、官規、地方制度並警察、財政、軍事、礦業、森林之法，本末洪纖，無不備舉。後附《法規解字》一編，以備檢查。任是事者，總理有人，分纂有人，討論有人，時越二年，金費鉅萬，誠盛舉也。

書成，乞序於余。余向者曾得是書，以未習和文不能讀，茲幸獲睹。是書之成而彼國之日強，并得即此而考其故，益知治之説爲不誣矣。方今朝廷孜孜求治，鋭意維新，不憚改弦而更張之，得是書爲考鏡之資，於變通盡利之方，良多裨助，以視編譯西書，事半而功倍焉。夫法者，天下之程式，萬事之儀表也。程式具矣，儀表立矣，而無真精神以運用之，則程式爲虚文，而儀表亦外觀也。古語曰：徒法不能以自行。程子曰：必有關雎、麟趾之意，然後可以行《周官》之法度。旨哉言乎，世之讀是書者，當思其精神之所在，無徒於程式儀表求之，庶不負編譯之苦心也夫！

（清）沈家本《寄簃文存》卷六《序·法學會雜誌序》 自李悝著《法經》，而法學興。秦時以吏爲師，天下之習法學者，羣集於丞相之府。西漢因之。東漢不用秦法，士之習法學者，聚徒教授。如郭弘習小杜律，郭躬傳其父業，講授徒衆，常數百人。吴雄三世爲法名家。陳咸以律令傳爲家業，其後寵、忠皆典刑法。至爲律章句者，凡十餘家，鄭康成以大儒，猶爲此學。是時雖無法學會之名，而其傳授不替，徒衆頗廣，固甚盛也。近世紀歐洲學者孟德斯鳩之倫，發明法理，立説著書，風行於世，一時學者遞衍，流派各持其是，遂相與設立協會，討論推尋，新理日出，得以改革其政治，保安其人民。流風所被，漸及東海，法學會稱極盛焉。獨吾中國寂然無聞，舉凡法家言，非名隸秋曹者，無人問津，名公鉅卿，方且以爲無足重輕之書，屏棄勿録，甚至有目爲不祥之物，遠而避之者，大可怪也。近今十年來，始有參用西法之議。余從事斯役，訪集明達諸君，分司編輯，并延東方博士，相與講求。復創設法律學堂，造就司法人才，爲他日審判之預備。規模略具，中國法學，于焉萌芽。

庚戌之冬，法律學堂學員態君煜、王君克忠諸君，勾合同志，籌設法學會，來質于余。余喜法學之甫有萌芽者，漸見滋生也，極贊成斯議，并捐資爲之助。于是冬仲月，竟克成立，會事屬汪君子健總其成。子健熱心毅力，定章程，籌經費，粗立形式。惟會甫成立，進行匪易，僉議設立短期法政研究所及月出雜誌一編，以導其先。遂於辛亥之春，設研究所於財政學堂，子健約同岡田、志田二博士，各盡義務，分班講説，並延名流數君，擔認各種雜誌，則自三月始月出一册。研究所於炎暑時暫停，雜誌則已出五期，不意八月中國事變遷，人情惶惑，事遂中輟，良可惜也。余老病侵尋，入春以後，鍵戶靜養，不復與政界相周旋。子健惜斯會之已成而中輟也，復與章仲和君重加整頓，並乞政府資助千金，斯會乃復成立。一時知名諸公，無不涖止冠裳，蹌濟盛于曩時。余雖以老病，不獲親至會所，一聆偉論，而竊喜已廢之復舉也。因述其緣起，題於雜誌卷端。自後吾中國法學昌明，政治之改革，人民之治安，胥賴于是，必不讓東西各國，競詡文明也。實馨香祝之。七十三叟沈家本。

藝文

（清）秋瑾《秋瑾集·歌·歎中國》 歎我國不及西國好，歎古時興盛現蕭條！豈是蒼蒼不鑒我？故而把這毒霧塞空霄。我同胞賦性本完美，爲何難把白人超？只因囚在這黑闇牢獄裏，把這神聖遺裔盡磨銷。

（清）秋瑾《秋瑾集·歌·我羡歐美人民啊》 得自由，享昇平，逍遙快樂過年年。國命都是千年永，人民聲氣權通連。商兵工藝日精巧，政治學術益完全。兵強財富土地廣，年盛月異日新鮮。這可不是轟轟烈烈的文明國麽？可憐今日我中國的同胞啊？遭壓力，受苦惱，國貧民病真堪憂。

（清）秋瑾《秋瑾集·歌·勉女權歌》 吾輩愛自由，勉勵自由一杯酒。男女平權天賦就，豈甘居牛後？願奮然自拔，一洗從前羞恥垢。若安作同儔，恢復江山勞素手。舊習最堪羞，女子竟同牛馬偶。曙光新放文明候，獨立占頭籌。願奴隸根除，智識學問歷練就。責任上肩頭，國民女傑期無負。

（清）秋瑾《秋瑾集·彈詞·睡國昏昏婦女痛埋黑暗獄　覺天炯炯英雌齊下白雲鄉》 造言設法把人欺，卻説道天賦男尊女本卑，外事女兒何可道。家庭中，又須夫唱婦方隨，閨門不出方爲美，內言出閫衆人譏。女子無才便是德，讀書識字不相宜。祇合中饋供飲食，搓麻織布與縫衣。三從自古牢爲例，四德由來不可移。女兒守節須從一，男子無妨置衆妻。亦有嫌妻剛烈者，誑言七出棄如遺。恍如撒下瞞天謊，無非要女子無謀服彼低。更恐怕隱謀婦女潛來聽，所以道下堂定欲佩聲鳴，保姆相隨無亂步，晚間行路必持燈。更遇昏庸李後主，荒唐作事太離經，一時間好戲偶將妃足裹，束爲新月步生金。此言一入狂夫耳，喜了欺凌婦女的人，詐言束足非凡美，方稱孃孃與婷婷。此言一出人皆效，娶妻先以小爲云。女子已成奴隸性，一身榮辱靠夫君。一聞喜小皆爭裹，纖纖束縛日求新。縱然是母親愛惜如珍實，纏足時，那管嬌兒痛與疼；淚淋淋，哀告求饒全不聽，宛然仇敵對頭人。戕殘骨肉何其忍，一似犴庭受刖刑。痛女子，自小何辜受此罪，糢糊血肉步伶仃。

（清）秋瑾《秋瑾集·彈詞·美雨歐風頓起沉疴宿疾發聾振聵造成兒女英雄》 中華黑闇數千年，女子全無尺寸權；今日辟開男女界，舞臺飛上振螺環。前文諸女所談事，料看官看了也心酸。愧無彩筆生花手，不能將女人痛苦説完全。不知缺漏多多少，總一句女子生爲牛馬般，受苦受囚還受氣，一生榮辱靠夫男。西洋人説道我國的女子，任人搬弄任人玩。若此男子低去五百級，呼牛呼馬盡無嫌。無學問，工藝學科都不學；媚男子，不悉婢膝與奴顏。聞此言，令人無限傷心甚，幾度臨風血淚彈。歎同胞，不知何事甘卑賤，爲奴爲畜也心甘。反言女子本無用，不思量亦是四肢與五官，才智何曾遜男子，不求自立但偷安。説到我國之社會，由來男女未平權。説到女人諸苦處，作書人那禁痛淚一潸潸。但祈看者須細味，莫作尋常小説看，其中血淚多多少，無非要警醒我同胞出火坎。但願我姊妹人人圖自立，勿再倚男兒作靠山。【略】

近日得觀歐美國，許多書説自由權，并言男女皆平等，天賦無偏利與權。強國強種全靠女，家庭教育盡娘傳。女子并且能自立，人人盛唱女之權。女英女傑知多少，男子猶且不及焉。學校皆同男子等，各般科學盡完全。不同我國但學經和史，彼國分門各有專：普通先學諸科目，再進高等學校間，大學專門諸學備，哲學理化學幷然，工藝更加美術畫，師範工科農業完。般般學業非常盛，男和女競勝求精日究研，所以人人能自活，獨立精神似火燃。男子尊之如貴者，見女子起立躬身禮數謙。

凡茶樓酒館，如男子先坐，見女子須起立致敬。如坐車人滿了，見女子入來，必須起身讓坐。女子則不然。彼國之女子何等尊貴？因人人能獨立，不倚靠男子，一也。凡事皆能拚命去做，所以女英雄甚多，使人生敬畏之心，二也。家庭教育非母不可，誕育國民非女不可，故文明國的男子皆明男女關係，又利權均一，三也。

此生若是結婚姻，自由自主不因親，男女無分堪作友，互相敬重不相輕，平日幷無苟且事，學堂知己結婚姻。一來是品行學部心皆曉，二來是情性志願盡知聞，愛情深切方爲偶，不比那一面無親陌路人。平日間相親相愛多尊重，自然是宜家宜室兩無嗔。更遇女權多發達，人人獨立有精神。出外經商女亦有，學堂教習更多人。養身執業全無缺，男女權衡一樣平。愛國心腸如火烈，國自強而家不貧。我國女子相比並，一居地獄一天門。相去何衹千百丈，難道是我輩生來不是人？無非自己甘卑賤，願爲奴隸牛馬羣，受他壓制甘如飴，但將那梳妝衣飾講時新。身作幽囚無怨恨，沉淪地獄不翻身。不思自己求學業，不思自立免求人；不思脱此奴隸網，不思作個女中英；不思名譽揚中外，不思勳業染丹青；不思烈烈轟轟做，使千載人俱慕姓名；不思身受千般苦，不思跳出陷人坑。妹今覺悟從前夢，遂我雄心事可行。檻鸞誰解憐文彩，有日飛騰入九冥。冲破痴迷求自立，妹今要求學向東瀛。所以今朝來問姊，未知道可肯相同一起行？　鞠瑞説罷一夕話，在座諸人喜又驚。

雜　録

《京師大學堂檔案選編·工部尚書孫家鼐奏陳遵籌京師建立學堂情形摺》　國家之大用，則非寬籌經費，分科立學不爲功。獨是京師建立學堂，爲中外通商以來僅有之創舉，苟僅如官學、義學之例，師生授受以經義帖括，獵取科名，亦復何裨大局？即如總署同文館，各省廣方言館，斤斤於文字語言，充其量不過得數十繙譯人才而止。福建之船政學堂，江南製造局學堂，南北洋各省水師武備學堂，皆囿於一材一藝，即稍有成就，多不明大體，先厭華風，故辦理垂數十年，欲求一緩急可恃之才而竟不可得，蓋所以教之之術，固未盡善也。此中國舊有之學堂，均不能仿照辦理者也。泰西各國，近今數十年，人才輩出，國勢驟興，學校遍於國中，威力行於海外，其都城之大，學堂規模閎敞，教法詳明，教習以百數，生徒以萬數，廣設中學、小學，以次遞升，與古者論秀書升之制暗相符合，敷奏明試，實事是求，不取浮文，不徇情面，故能争雄競長，凌抗中朝。由其人才奮興，非僅恃船堅礮利爲也。但各國分科立學，規制井然，而細繹其用心致力之端，終覺道器分形，略於體而偏於用，雖勵精圖治，日進富强，而雜霸規，爲終未進於三代聖王之盛治者，亦其學限之耳，況西國學校經費充裕，千狐之腋非一日所威驟，欲一蹴而幾，安能有此財力？此外國學堂亦難概行仿辦者也。臣與在局諸員悉心籌議，深知此事定制之難，創始之不易，顧當此事變日亟，需才孔殷，爲懲前毖後之方，謀蓄艾卧薪之計，亟宜採各處學堂章程，以育真才而切時用。竊謂中華堂堂大國，立學京師，四海觀瞻，萬邦屬目，一或不慎，必致徒招譏訕，無補時艱，反爲遠人所竊笑，是以早夜籌思，周諮博訪，欲立法美善，以期仰副。

又：宗旨宜先定也，中國五千年來聖神相繼，政教修明，決不能如日本之舍己芸人，盡棄其學而學西法。今京師創立大學堂，自應以中學爲主，西學爲輔；中學爲體，西學爲用；中學爲經，西學爲緯。中學有未備者，以西學補之，中學有失傳者，以西學運之。以中學包西學，不能以西學凌駕中學。此立學宗旨也。以後分科設教及推廣各省，均須抱定此意，千變萬化語不離宗。至辦法有必應變通盡利者，亦不得拘泥成規，致失因時制宜之妙。

《京師大學堂檔案選編·大學堂章程》　考東西各國，無論何等學校，斷未有盡舍本國之學，而徒講他國之學者，亦未有絶不通本國之學，而能通他國之學者。中國學人之大蔽，治中學者則絶口不言西學，治西學者亦絶口不言中學，此兩學所以終不能合，徒互相詬病，若水火不相入也。夫中學體也，西學用也，二者相需，缺一不可。體用不備，安能成才？且既不講義理，絶無根柢，則浮慕西學，必無心得，祇增習氣。前者各學堂之不能成就人才，其弊皆由於此。

《奏定獎給商勳章程・奏摺》（光緒三十二年八月二十八日具奏） 近百年來，環球各國，藝術競興，新法新器，月異而歲不同，綜其要端，舉凡農業、工藝、機器製造等事，靡不進步甚速，收並行甚鉅。中國地大物博，職明才力，不難傑出，乃通商垂數十年，雖經次第仿辦，惟咸拘守成法，莫能改良標異、推陳出新。而每辦一事，需用機器原料類須取給外洋，故進口洋貨日增而出口者僅恃生貨，一經製造，販運來華，遂獲鉅贏，坐使利源外溢，漸成漏卮。推原其故，豈皆辦理之未力，殆亦提倡之未盡其道也。

查歐美當二百年前，年有新法新器絶少發明，自英國首定創新法，制新器者，國家優予獎勵之例。自是各國踵行其獎勵，最優者乃至錫爵。此例既頒，人人争自濯磨講求藝術，每年所出新器多至千數百種論者，謂歐美實業興盛，本原皆在於是。現在臣部工藝局日漸擴充，勸工陳列所業經一辦，亟宜因勢利導，設法提倡其有創新法新器以及仿造各項工藝，確能挽回利權，足資民用者，自應分别酌予獎勵。臣等公同商酌，謹就現在亟須提倡各端，擬訂獎給商勳章程八條，各按等級給予頂戴，由臣部奏請賞給。現在中國工藝尚在幼稚之時，如章程所載製造輪船、鐵路、橋梁以及電機鋼鐵等項，一時尚難，其人不得不稍從優異，以資鼓舞振興。臣等自當隨時嚴核所造之品，果系精心自造，確能及格，方予奏請頒賞，以昭慎重。夫講求實業必有器具可驗，非等空談，似尚無虞冗濫。謹繕清單恭呈御覽，如蒙俞允，即請作爲專章由臣部分咨各直省將軍、督撫，通飭所屬，出示曉諭，以新觀聽，似於振興實業不無裨益。

（清）劉坤一《劉坤一遺集・電信》卷一《復盛京堂並寄張制軍袁中丞光緒二十六年十一月十四日》 滬元電，深佩名論。中國受病任習非所用，用非所習，有實學乃有真才。綜覽古今，參酌中外，而新政可成；不揣其本，而齊其末，害可立見，新政終不能行矣。宮府一體，尤爲扼要，是在政府得人。

（清）沈家本《寄簃文存》卷二《論・論誣指》 昔漢文帝詔誹謗勿治，史册紀其盛德；孝武有腹非之比，君子譏之。故止謗自修，聞過則喜，古聖賢多持此義。豈肯以毁損名譽之故加罪於人？自唐以來刑律中無誹毁之科，誠忠恕之道也。雖此等意解係就道德上著想，未可概語常人，然舍道德而言刑名，其刑名必不得其中。立法者可忽之乎？第今日各國刑法並設此科，英國更有誹謗外國高位人之罪，德國更有毁損一國君主榮譽之罪。關繫外交，尤爲當務之急。又未可拘泥古法致臨事無所適從，此固律之當議增者。

（清）沈家本《寄簃文存》卷三《説・死刑惟一説》 今中國欲改良刑法，而於死刑猶認斬、絞二種，以抗世界之大勢，使他日刑法告成，外人讀此律者，必以爲依然野蠻未開之法。於利權收回、條約改正之事生大阻礙也必矣。【略】

刑法乃國家懲戒之具，非私人報復之端。若欲就犯罪之手段，以分刑法之輕重，是不過私人報復之心，而絶非國家懲戒之意。自古無此法律。【略】

立法宗旨一定，不得兩歧，死刑既定爲一種，則通國中不當再有他種之死刑。【略】

今以鄙意推之，唐虞三代死刑並稱大辟。《吕刑正義》曰：辟，罪也。死，是罪之大者，故謂死刑爲大辟。即孔氏之説而尋繹其義，既以此爲罪之大者，自不能於其中再分等差。可見，死刑止用一項自古已然，不自近世也。

（清）沈家本《沈寄簃先生遺書・丁年考》 東西各國之舊説，亦謂年齡未及之人，其辨别是非之心尚未充滿，故無責任。與古義正相吻合。《唐律》：未成年者，分十五歲、十歲、七歲三等。七歲以下不加刑，十歲以下，雖反逆殺人應死，亦得上請。此上所長者，不忍以法遽加之也。十五以下，流罪收贖，此上所強者不忍以法概繩之也。蓋此相長相強者，皆上之所當教之者也。其罹乎法者，教之有未至，而仍當用其教者也。其與役事不同者，特十五以上至未滿二十者耳。然則，此相長相強之義，雖爲役事言，而刑事之義亦相通矣。近日各國學説以舊説爲腐，而别爲之説，曰：刑者乃出於不得已而爲最後之制裁也，幼者可教而不可罰，以教育涵養其德性而化其惡習，使爲善良之民。此明刑弼教之義也，其説非不正大，然此教之之意已包涵於相長相強之中，新義仍古義也。況未成年所貴乎教者，正以其識慮之未充滿，而是非或有未當也。則二義實一義也。

（清）沈家本《寄簃文存》卷三《説・死刑惟一説》 廢止死刑之説，今喧騰於歐美各洲矣，而終未能一律實行者，政教之關繫也。

（清）譚嗣同《譚嗣同全集》卷一《治言》 又西踰海而北亞美利加，其壤地不同，同於法治，其風俗不同，同於藝術。

（清）譚嗣同《譚嗣同全集》卷三《思緯一壹臺短書——報貝遠征》 進而西人政事法度之美備，更有十百於此者，無能知焉。

（清）秋瑾《秋瑾集・雜文・敬告中國二萬萬女同胞》 唉！世界上最不平的事，就是我們二萬萬女同胞了。從小生下來，遇着好老子，還説得過；遇着脾氣雜冒、不講情理的，滿嘴連説：晦氣，又是一箇没用的。恨不得拿起來摔死。總抱著將來是別人家的人這句話，冷一眼、白一眼的看待；没到幾歲，也不問好歹，就把一雙雪白粉嫩的天足腳，用白布纏着，連睡覺的時候，也不許放鬆一點，到了後來肉也爛盡了，骨也折斷了，不過討親戚、朋友、鄰居們一聲某人家姑娘腳小罷了。這還不説，到了擇親的時光，只憑着兩個不要臉媒人的話，只要男家有錢有勢，不問身家清白，男人的性情好壞、學問高低，就不知不覺應了。到了過門的時候，用一頂紅紅緑緑的花轎，坐在裏面，連氣也不能出。到了那邊，要是遇着男人雖不怎麽樣，卻還安分，這就算前生有福今生受了。遇著不好的，總不是説前生作了孽，就是説運氣不好。要是説一二句抱怨的話，或是勸了男人幾句，反了腔，就打罵俱下；別人聽見還要説：不賢惠，不曉得婦道呢！諸位聽聽，這不是有冤没處訴麽？還有一樁不公的事：男子死了，女子就要帶三年孝，不許二嫁。女子死了，男人只帶幾根藍辮線，有嫌難看的，連帶也不帶；人死還没三天，就出去偷雞摸狗；七還未盡，新娘子早已進門了。上天生人，男女原没有分別。試問天下没有女人，就生出這些人來麽？爲甚麽這樣不公道呢？那些男子，天天説心是公的，待人是要和平的，又爲甚麽把女子當作非洲的□□一樣看待，不公不平，直到這步田地呢？

諸位，你要知道天下事靠人是不行的，總要求己爲是。當初那些腐儒説甚麽男尊女卑、女子無才便是德、夫爲妻綱這些胡説，我們女子要是有志氣的，就應當號召同志與他反對。陳後主興了這纏足的例子，我們要是有羞恥的，就應當興師問罪；即不然，難道他綑着我的腿？我不會不纏的麽？男子怕我們有知識、有學問、爬上他們的頭，不准我們求學，我們難道不會和他分辯，就應了麽？這總是我們女子自已放棄責任，樣樣事體一見男子做了，自已就樂得偷懶，圖安樂。男子説我没用，我就没用；説我不行，只要保着眼前舒服，就作奴隸也不問了。自已又看看無功受禄，恐怕行不長久，一聽見男子喜歡腳小，就急急忙忙把他纏了，使男人看見喜歡，庶可以藉此吃白飯。至於不叫我們讀書、習字，這更是求之不得的，有甚麽不贊成呢？諸位想想，天下有享現成福的麽？自然是有學問、有見識、出力作事的男人得了權利，我們作他的奴隸了。既作了他的奴隸，怎麽不壓制呢？自作自受，又怎麽怨得人呢？這些事情，提起來，我也覺得難過。諸位想想總是箇中人，亦不必用我細説。

衝突分部

論説

（清）劉坤一《劉坤一遺集・奏疏》卷二九《遵旨妥籌交涉事件摺光緒二十四年十二月二十日**》** 奏爲遵旨妥籌辦理交涉事件，敬陳感悚下忱，恭摺仰祈聖鑒事：

竊臣恭閲電鈔，奉上諭：嗣後各直省將軍、督撫，均著兼總理各國事務衙門。等因，欽此。嗣又承准軍機大臣字寄：光緒二十四年十一月二十六日，奉上諭：近來各國交涉事件，日益紛繁。昨已諭令各省將軍督撫兼總理各國事務大臣，以便因應。此後遇有交涉細故，應就各該省地方情形，斟酌妥協，即行辦理，不得概從延諉。其實在關繫重要事件，必須商量總理衙門方能定議者，亦應隨時據實電咨，切勿含糊掩飾，以致往返輾轉，徒費周章。各該將軍、督撫等，身膺疆寄，責在治民，自當以守上爲重，愛民爲先，不得以孟浪爲幸作興事之謀，亦不得以推諉爲取巧卸過之地。朝廷宵旰憂勞，勤求治理，外省政事，惟疆臣是賴。該大臣等，明體達用，慮遠防微，必能共體時艱，仰副朝廷爲國爲民之苦衷也。將此通諭知之。欽此。跪聆之下，感悚莫名！

當此時局多艱，強鄰環伺，動以細故而肆要求，操切固慮啟釁端，遷就又懼乖政體，迎拒鮮當，困應殊難。臣恭綰疆符，歷有年所，未能安內攘外，仰紓朝廷宵旰之憂；迺荷聖慈，重申恩命，責任愈重，兢惕愈深。惟有殫竭血誠，勉盡心力，督率僚屬，勸諭士民，遵國家懷柔之經，貽閭閻和平之福。遇有交涉案件，隨時隨事，不激不隨，相機以爲應付。總期商旅獲益，民教相安，若事關重要者，自應電咨總理衙門，和衷商辦，冀臻妥洽；斷不敢自貽輕率之咎，亦不敢稍萌諉卸之私，藉以上副聖主殷殷垂誠奠安中外之至意。

所有微臣感悚下忱，理合恭摺且奏，伏乞皇太后、皇上聖鑒。謹奏。

（清）劉坤一《劉坤一遺集・奏疏》卷三四《時局艱危謹陳愚慮摺光緒二十六年十月二十六日》 奏爲時局艱危，恭陳愚慮，仰祈聖鑒事。【略】

一曰慎教案。拳、教交閧，固由匪徒煽惑，亦以洋教倚勢欺陵，民間蓄憤日久，倡言殺教，是以搖動人心，致有今日之禍，此後積弱益甚，教士益横，民怨沸騰，仍必鋌而走險。危機猝發，法令亦有時而窮；即使洋艦遠來彈壓，恐亦無及。在中國固無安枕之日，在各國亦無息兵之時。天下騷然，商務必臻減色，俱傷兩敗，大干天地之和。夫外人傳教，本爲勸善而來，揆厥初心，當亦不願有此。近日英國沙侯及日本宗教，皆謂西教行事，或亦不無遺憾，正可迎機善導，共泯詐虞。擬請飭下全權大臣與各國公使婉切商訂，另立專條，總以握定不得干預詞訟爲第一要義。明知戰敗議款，何能就我範圍；然非此不能相安，各國當思共保和平之局。

（清）劉坤一《劉坤一遺集・奏疏》卷三六《變通外部及出使人員章程摺光緒二十八年三月初八日》 奏爲國勢積弱，交涉重要，亟宜變通外部及出使人員章程，以固邦交而維大局，恭摺會陳，仰祈聖鑒事：

竊維天下大勢，幾同戰國，交鄰之道，關繫絶重，因應之當否，而事機之得失，國勢之安危判焉。故環球列邦，競長爭雄，莫不於交涉人員倍加之意：其未用也，皆儲之有素；其將用也，必擇之綦精；其既用也，又委之甚專而任之甚久。凡居外部、膺出使各員，既設爲額缺，復互相調用。其居外部者，大半曾經出使，其任出使者，率多選自外部，二者交資，輪替出入，職地雖異，事寄則同。終其身周歷乎交涉之途，於本國之局勢及外邦之情形，無不爛熟胸臆。而其人又率皆兼習各國語言文字，彼此聯絡，情志易通，遇事見幾，多占先著，利則陰爲規取，害則預爲防維。故外部與出使兩途，各國均視之極重，從無以茫昧扞格者廁其間也。

中國今日創鉅痛深，積弱已甚，列強環伺，事變難知，措注之機，詎堪偶誤。權力雖難並競，公理尚未全泯。亟宜慎選辦理交涉人員，妥訂章程，使其出入中外，互資閱歷，事以經練而日習，材以造就而漸多，冀可得人分任，應付咸宜，潛消陵侮之萌，預杜侵削之患，時務大政，莫要於此。擬請嗣後外務部司員各缺，由出使各國大臣在所屬參贊隨譯各員中，精揀久在外洋者，出具切實考語，保送外務部考察充補；如慮不敷，暫准由沿江沿海各督撫精揀曾經出洋之員，或遊學或學生確有考究者，一體保送外務部酌量選用。額缺之外，可作爲候補。其使館參隨各員缺，由外務部精選品端學優，能通洋文之司員前往充補；如慮不敷，暫准由翰林、部屬、府廳州縣通洋文願出洋者，呈由外務部考察，一體選派。額缺之外，亦可作爲候補。概不准以洋務隔膜之人，濫與其選。五年以後，人才日多，外無濫竽之參隨，內無隔膜之司官，則專以使館、外務部人員互相調補而已足矣。

至使館參隨等員，尤宜改作實缺，久於其任。除由外務部調用及有事故遣退外，概不准出使大臣隨意攜帶，並無故調換；有時使臣受代，所屬各員仍各照舊供職。倣照各國遣使例，立限給假休息，派員代理，缺俸仍舊，假滿復充。三載考績，按書記、繙譯、隨員、領事、參贊等缺，擇取卓異，依次遞升，出使大臣有缺，亦可於參贊中遴員請簡。務使人人久於所事，情壹志專，得以考究所駐之國風土人情，及一切政治利弊與其意嚮動靜，隨時刺探詳報外務部。庶外務部與使員呼吸相通，氣脈貫注，雖隔萬里，如聚一堂，自可內外协謀，算無遺策。而出洋各員更事既多，歷時既久，不但勝任愉快，且可應變適機，其無形之維持與隨時之補救，裨益尤非淺鮮。

臣等以時艱日棘，交涉才難，事關國計安危，斷難蹈常習，故必須變通成法，以期得人，而資救時。往復籌商，意見相同，用敢不避越俎之嫌，冒瀆聖聽。仰懇宸衷獨斷，決意施行，大局幸甚。

謹合詞恭摺具奏，伏乞皇太后、皇上聖鑒訓示。謹奏。

（清）劉坤一《劉坤一遺集・書牘》卷一六《復總署光緒四年六月十一日》　承示廣東巡船一事，委員與英領事會議章程第三條内有如香港華商船隻在香港官衙門稟訴中國税廠委員或巡船人等，由香港總督備文移送省城領事各等語，又第五條内云：遇有華商在香港控告各税廠多收及誤算等事之語，於體制未能允協，且與英約未符，誠如尊諭：惟香港久爲英屬，香港華商亦以身居英地，竟以英官爲護符。此次煙臺之議波及廣東巡船，皆香港華商嗾之使然也。然英使公然爲之出頭，李中堂亦勉爲遷就許以其會議者，無非以香港華商與通商口岸之華民不同，不得不變通辦理；否則以華商而完華税，與英人何干？

此間初與會議，英領事等總以用税務司兼管常税，且以常税改爲洋税爲詞；仰承台指，與之再三力争，漸能就緒。

所有華商不應在洋官衙門控告海關員役一節，當時曾經辨論，而羅領事等堅執香港華商與通商口岸華民不同之議，且曰：審如是説，則威公使此舉殊爲多事，於香港華商不惟無益，而並有損。蓋以香港華商在洋官處控訴，由總督移知領事，或照會關部，或申呈督撫核辦，二十年來已成定規，不肯一旦更張，轉令香港華商失所依附耳。茲荷諄囑，俟與洋官晝押時再行斟酌。而默揣事勢，循行已久，刻難挽回；且香港華商就近赴訴洋官，亦無術可以禁止。究竟此節可否量行通融之處，伏祈察奪示遵。

（清）劉坤一《劉坤一遺集・書牘》卷一七《復何子莪光緒六年七月二十七日》　台端留心時事，熟諳中外交涉情形，於受病之源，洞見癥結，於治病之法，預覓鍼砭，卓識藎籌，尤深欽佩。

溯查中國立約之初，尚未深悉外國底裏，以致急就成章，受其欺侮。厥後得步進步，幾於聽客所爲，甚至關税罰辦，亦須會訊，華人控告駐華洋人，亦須向彼赴訴，政權利權，均被移奪，致無一事可以自伸，此真堪痛恨太息者也。

日本近頗自知前失，欲將加增進口貨税，管理流寓洋人兩層，與泰西各國商辦，冀以稍自振作。此謀國者所不得不爾，亦足見彼中之有人。第恐泰西各國，持清議則咸以治外法權爲極不公平，辦條約則又不願以既得利益還之於人，必且互相推諉，不肯首先答應，以致久擱無成，此彼族之慣技，亦即彼族之深謀也。執事謂中國刻下方有俄事，未可亟亟於此，洵切時勢以立言。然日本此舉果能如願以償，他日中國踵而行之，似亦未嘗不可得手，而要必自能自強始。自強之道，必如尊議，練兵能戰始可言強，否則求保如今日之局尚不可得，遑云更改舊章乎！夫思改舊章，即知自強之機；果改舊章，即能自強之效。日本蕞爾國，尚能自奮如此；中國地大物博，乃隱忍數十年，未敢遽存此念，是必於自強之道，合力圖維，持久不變，方能有此一日。想左右當不河漢斯言也。

（清）劉坤一《劉坤一遺集・書牘》卷一七《復總署光緒六年八月初十日》　本月初七日奉到鈞函，以劼剛已將條約與俄外部談駁數端，球事已與宍戸使商辦晤談兩次，鈔寄節略，便望酌復等因。查俄外部存得步進步之心，於劼剛初次所議，自必故露難色，不肯遽允。劼剛候其議復，相機准駁，當可漸與熟商。俄人租用恰便輪船，與日前函佈租用大北電信公司輪船情事相同，此時並未失和，俄租别船，止能聽之。至英以鐵甲兩船轉售於俄，似未必然。均已飛致上海道查探馳報矣。

泰西通例，凡兩國將戰，使臣心先回國。此時中、俄公使交駐京都，彼雖狡詐，似無突如其來之理。然彼之兵輪駛駐新嘉坡、長崎、琿春等處，均可一呼即至，誠如尊示，亟應加意籌防。此間防務，江、海並重。吴淞口内水道近接上海，遠通蘇、松，其水漸次淺窄，彼之兵輪難於深入。惟有緊守吴淞以固蘇、松門戶，彼若以兵輪封我口門，我必擊之，即各國亦未必允從。從前英、法犯津，亦未封吴淞口也。長江跨連數省，在在須防，扼要尤在鵝鼻嘴、焦山等處，已迭飭水陸各營據險堵截，似彼亦驟難飛越。

日本既派宍戸使商辦球事，坤一愚見，似不妨稍予通融；若必以存球爲言，則彼絶之，我續之，益形彼之不義，彼何肯從？且彼允中國存球，又何必不自存之？彼於此實有能藩之勢。中國存球，須立球之舊君，不能另立他人。球君若遠適在外，我尚可援而納之島中；然僅此南部二島，已不足以爲國。況現在球君已被日本拘管，更何從取而立之？日本防俄甚於防中國，萬一中、俄有事，日本本可自處局外，斷不助俄使之益強，自取日後之禍，且以結怨於中國。然球事不結，彼心必不釋然。俄乘此而煽誘之，激迫之，難保其不爲所惑，是增敵也。宍戸使七月十九日照會，添出修約一層，謂球案依兩國修約始得收局。是彼見我堅持前議，用進一步逼法。台端照復，明晰開導，不令其節外生枝，誠足使彼折服。惟彼既有修約之議，則球事尤應早結，免彼夜長夢多。分島之説，出自美前總統，並非中國先有此見。地從日本交出，更非取諸球人，中國允議，各國視之，亦與不能存球並不能得地者迥殊。日本以二島歸中國，亦係亟求釋憾，始肯以既得之地讓與中國。夫球之小弱，逼處日本之側，終必被其併吞者勢也。球爲日本所滅之後，中國復欲存之，極是難事，況值此時勢乎？可否姑允所請，以了此案，即以伐俄之謀，而固日本之好，伏候鈞裁。

（清）張之洞《勸學篇》卷上《内篇・去毒》 悲哉洋煙之爲害，乃今日之洪水猛獸也，然而殆有甚焉。洪水之害，不過九載，猛獸之害，不出殷都，洋煙之害，流毒百餘年，蔓延二十二省，受其害者數十萬萬人，以後浸淫，尚未有艾，廢人才，弱兵氣，耗財力。近年進口洋貨價餘八千餘萬，出口土貨可抵五千餘萬，洋藥價，三千餘萬，則漏卮也。是中國不貧於通商，而貧於吸洋烟也。遂成爲今日中國矣，而廢害文武人才，其害較耗財而又甚焉，志氣不強，精力不充，任事不勤，日力不多，見聞不廣，遊歷不遠，用度不節，子息不蕃，更數十年，必至中國胥化而爲四裔之魑魅而後已。昔者國家嘗嚴刑峻法以禁之而不效，天禍中國誰能除之？然而吾意以爲不然。《論語》曰：齊之以刑，免而無恥；齊之以禮，有恥且格。是法所不能治者，名得而治之。顧亭林曰，以法治人，不若以名治人。《學記》曰：君子如欲化民成俗，其必由學乎。是政所不能化者，學得而化之。

（清）鄭觀應《增訂盛世危言新編》卷二《富國二・通使》 今中國與外洋各國通商立約，和誼日敦。設無使臣聯絡聲氣，則彼此之情終虞隔閡，雖有和約，何足恃，雖有公法，何足憑哉。使臣者，國家之耳目也。所駐之國，必知該國之情形，凡陸兵之數，水師之數，庫款之所入所出，交涉之何親何疏，商工船械如何精細講求。故泰西公例：凡通商各國，必有公使以總其綱，有領事以分其任，又應威權之不振，簡兵舶往來游歷，以資鎮撫，而備緩急，事或未協，彼此悉心公議，或請各國官紳裁斷，以期必協而後已。其慎重也如此。

又： 洋人每肆欺陵，無由伸理，乃仿西例，於各國設公使，於華民寄居之埠，設領事。遇事往來照會，按公法以審其是非，援和約以判其曲直。保吾民禦外侮，維和局，伸國權，使臣之所繫，不綦重歟。夫通使者，中古邦交之道也。

（清）鄭觀應《增訂盛世危言新編》卷一一《強兵四・刑法》 至于通商交涉之件，則宜全依西例。今海禁大開，外國之人無處不至，凡屬口岸無不通商，交涉之案無日無之。若仍執中國律例，則中外異法，必致齟齬。不如改用外國刑律，俾外國人亦歸我管轄，一視同仁，無分畛域。且日本東瀛一小國耳，改用西法，西人亦歸其審理，此時和約已有成言，非其明驗耶。去歲特設新例，凡爲官者必須通曉英文，凡外國人俱准游歷内地。其獨重英文，是志在推廣商務；其許入内地，則是自信其西例洞明也。何中國猶遠不及日本哉？往者中國不肯改用西法，嫌其寬待獄囚耳。乃遇交涉之案，爲外人則照外國之例而從寬，爲華人反依中國之例而從猛。是華人之生於中國，反不及洋人之來自外邦也。然中外一體，爲政無事偏私，但執公平，則無思不服。是故以德報怨，聖人不與；傷己徇物，賢哲所譏。況生於其地者，又有土著之利權，非外來者所能攙奪也。泰西國内都會，必由刑部派臬司以司鞫事。中國亦宜於中外通商之地，專設刑司以主中外上控之案。此其人必須深明中外律例，經考超等而多所歷練者，方膺是選。其審案俱以陪員主判。如外國人有久居中國行事和平者，可與中國人一律得選爲陪員。遇交涉之案，令其厠名主判，則外國人心必無不服。懷柔之道其在斯乎！

（清）鄭觀應《增訂盛世危言新編》卷一二《節流一・交涉上》 中外通商日久，交涉之案層見迭出，卒鮮有辦理公平，能折彼族之心而伸吾民之氣者，何也？以不得辦理之法，未用度外之才也。

又： 夫洋務交涉之事甚繁，約其大綱，君民兩大端而已。如殺傷、鬬毆、焚燬、搶劫、佔産、拐販、債務、辛工以及碰船、碰車諸案，皆事之小者，關華民生計者也。侵越疆界、偷漏税款、違例便己、闢埠通商以及傳教建堂、游歷殺傷諸案，皆事之大者，關國家安危者也。西人舟車所至，每以語言互異，律法不同，利己損人，任情蔑理，入國不問禁例，入鄉不知土俗，在租界外刱辦之事，亦不稟准當道而後行，慣以恫喝之詞勢迫力成，否則勒賠鉅款。是以猜嫌易啟，動至激成巨案。我中國顧全大局，忌開邊釁，官長多從遷就，士民誰敢抗衡？

又：我之待西人如此其厚，彼之待華人如此其薄，天理何存？人心何在？夫輪船飛馳於港汊，馬車衝突於通衢，無事而帶持軍器，用人而刻扣工帳，空盤倒賬，袒庇教民，包攬關捐，掠販人口，凡此種種妄爲，亦西律所必禁，公法所不容，衹以中西刑法不同，彼族反能趨避。遇有殺傷交涉事件，華官以華法治華人，抵命之外，更斷償銀；西官以西法治西人，罰鍰之數且從輕減。如華官稍持公論，執公法條約以争，西官即迴護故縱，並薄罰而不加。

又：然則洋務交涉之事，竟無善法以處之耶？曰：何爲其然也。是宜先儲善辦交涉之才，次定專辦交涉之法。取才之法必察其人品詣端正，大節無虧，入教籍及沾染嗜好者，萬不可取。熟史書，諳政體，洞悉中外律例，而又經出洋周知彼國文字、政教、風俗，著論確有見地，存心公正，無抑中揚西之習，並無我中彼西之見者，則根柢既真，措施自當。南、北洋特闢一洋務館，以收儲之。然後集羣策羣力，兼延西國著名狀師，徧考中、西律及條約公法諸書，據理持平，定爲《中西交涉則例》一書。蓋中西律例迥然不同：中國有斬罪，有杖罪，西國無此例；西國有罰鍰罪，罰作苦工罪，中國亦無此例。西例聽訟有公堂費，不論原告、被告，案定後責由曲者出費，直者不需分文，中國亦無此例也。中國辦理命案，誤傷從輕，故殺從重；乃西人於故殺，亦有從輕者。如往歲英牢頭哈金擊傷中國侍者，狀師照輕打人例，罰鍰釋放。夫擊人至死尚謂輕罪，試問以何者爲重？而訟師受賄即爲開脱，揆諸情理，豈得爲平？此皆辦理者不知西律，未能與争耳。是以西律諸書亟宜考訂，擇其通行者照會各國，商同外部，彼此蓋印頒行，勒爲通商交涉則例。凡有交涉案件，須委深通西律之員審辦，合於律例者，立即辦結，不必羈延，上下推諉，致滋口實，轉啟罰賠開埠之端；其不合乎律例者，彼公使、領事縱百計恃強要挾，官可罷，頭可斷，鐵案終不可移。彼雖狡悍，其奈我何？且以西例治西人，則彼無可規避；以西例治華人，則我亦免偏枯。每屆年終，將交涉各案如何起釁，如何定讞，删繁就簡，勒爲全编，分送各國使臣及彼外部公覽，兼發各省刑司，互相考證，庶枉直是非無能遁飾，洋人無故縱，中國亦少冤民矣。雖然知之匪艱，行之維艱。近各省偶有要案，疆吏據理而争，彼輒嗾其公使與總署爲難，甚或百端恫喝。故必當軸者洞知外事，上下一心，操縱剛柔，曲中窾要，始克收政道刑齊之實效耳。

又：溯日本始與泰西通商，西人以其刑罰嚴酷，凡有詞訟仍由駐日西官質訊科斷。强鄰壓主，與中國同受其欺。乃近年日人深悟其非，痛革積習，更定刑章，仿行西例，遂改由日官審判，彼此均無枉縱，而邦交亦由此日親。噫！今日亞細亞洲以中國爲最大，堂堂大國顧猶不如日本焉！可恥孰甚！苟能毅然改圖，一切與之更始，於治軍、經武、行政、理財、通商、惠工諸大政，破除成見，舍舊謀新。設議院以通上下之情，執公法以制西人之狡，定則例以持訟獄之平，力矯不慎不公之弊，以服其心。有時争所必争，執以西國之法，不敢稍寬；讓所應讓，給以額外之恩，不必過泥。臨時勿使我受其愚，事後勿使彼蓄其詐。庶大權不致旁落，而强鄰弗敢覬覦。不然，遇事曲從，過爲遷就。我以爲懷柔，彼以爲尊奉也；我以爲優容，彼以爲畏縮也。交涉之事日益多，辦交涉之法日益絀，能辦交涉之人日益少，忍辱含垢，民氣日靡，叢雀淵魚，民心漸去，其流禍將有不忍言者。是所望於識時務之俊傑也。

（清）嚴復《嚴復合集》卷六《政治講義·第六會》 須知政府者，一國主權之所屬。使主權而誠完全無缺，其於一國之事，固無所不當問。而問之者爲一人，爲一衆，爲通國之人，所不論矣。近世政治家，爲恐權太盛，因之而酷烈狹隘之政興也，則爲分别焉曰：某事某事，若宗教之皈依，若社會之言論，無慮數十端，皆政府之所不宜過問，而務聽其民自便者。又曰，某事某事，如兵如刑，則政府之所必宜事，而事之必甚力者，但其爲數愈少愈佳。其爲説如此，然自吾術言，則言此者將以適一社會一時代之用乎？抑以爲至理定法，各國之所宜由有耶？苟如前言，其説庶幾可用，若如後義，則大謬不可行也。何者？國於天地，以所當時勢民材之不齊，每有今所可任自由，而百年以前，乃政府之所必事者；亦有在此國可任自由，而彼國必爲政府所管理者。等而論之，斯大誤已。

即如宗教皈依自由，此至於今，幾於五洲所同認。謂政府於此，必不可稍加抑勒沮禁者。然此事雖在英國，亦至額里查白之代，乃發其端。至於法、意、西班牙諸國，則行者僅百餘年，豈彼古人皆瞶瞶者！爲國所求，端乃治安，而以保護性命財産爲最急。凡所以致此者，政府固無所不用其權力，今試問宗教自由之説，以行之於十字軍盛行之世，將歐之社會，爲安爲危，爲治爲亂，則古人所爲，未必盡無説矣。夫國當古之世，不僅合同種同文之群以爲之也；其所事之神必同，其所服膺之道理是非亦必同，不同者且不與同國，強而同之，則難作矣。且此何必遠求證乎？中國海禁開通以来，所定條約，大抵由外人作主，此亦事勢之無可如何者也。而其中之最不幸，莫若傳教之一事。夫傳教非不幸也。所不幸者，出於兵力之餘，而當治外法權未收之日，此其事驗，皆吾與諸公。所身歷親見者矣。一教案之起，文明社會人爲之悲傷，然欲求此事之不再見，不識遠在何時。除非教士相約不往内地，或吾國於教育普及四字實實辦到，而二者，又皆不可必之事也。西友密克嘗云，中國如一種沙石，而西教如水，水注入石，及冬而凍，春來齏粉矣。此真吾國莫大之隱憂也。然溯其禍始，只坐外人傳教一事。吾國有保護之責，而無准否之權。自由則誠自由矣，而其禍乃如此。不獨教士被戕者之可哀也，而某果之結於我國者，乃大哀已。

（清）嚴復《嚴復合集》卷六《政治講義·第七會》 政治寬嚴，自由多寡，其等級可以國之險易，内患外憂之緩急爲分。且各國風氣不齊，其所干涉放任之端，往往大異。譬如宗教學術，此今日歐西各國，大抵放任者也；而古歐今亞，其干涉於此二事尤深，以其事之關於風俗根本。是以自由政制，初無定程，而必以時地爲對待。夫刑律以自衛爲起點，而政令亦以存國爲首基。宗教豈不欲放任，然必國防既周民智既進之事。不然，則即取宗教干涉之，亦是國家天職。諸公倘以吾言爲疑，則請觀二百年來泰西之歷史。雖有極放任政府，基於耶蘇會Jesuitism一宗，其驅逐無不至嚴。乃至鄙人客歲到法，猶聞其議院政教分立之爭。由此可知，以吾國現在之情形，而條約任受西教諸宗，流行内地，甚至神甫牧師，怙權黨護，以致地方屢起風潮，殺官賠款，釀成交涉，奪地占港，此皆政界不公之事。以公道言，外人於此等事，必須受政府地方官約束者也。

（清）嚴復《嚴復合集》卷一三《法意上·古人以樂輔治之説·按語》

〔譯文〕《治制論》又曰：狄阿芳特法，凡雅典之工師，皆國民之奴隸。

復案：持此以與《社會通詮》所言宗法社會之制對觀，則東西二治之以發源，其大略可以見。民主之市府，以百工爲之奴隸；宗法之社會，以百工爲在官。由此而演，故後世雖民主之總統，亦爲公僕，而泰東之官吏，猶曰臣工也。

（清）嚴復《嚴復合集》卷一三《法意上·民主治制其維儉約之風又何如·按語》 復案：中國滿、漢之民，其始與古之斯巴達、雅典殆無以異。祖宗立法，所以畾其同種者，不仕則兵，固欲存尚武之精神，而倚之駕馭勝種者也。不幸數傳之餘，其意漸失。且使居齊民之上，無異使狼牧羊，狼則肥矣，然因肥而得弱。弱種流傳，獅熊洊至，往者之狼，亦羊而已。向使守來格穀士之成憲，雖至今雄長東洲無難也。

（清）嚴復《嚴復合集》卷一三《法意上·鼓舞民主精神之餘術·按語》 〔譯文〕立法不可以不相得，故民主之爲父，終身得爲其子主財，此亦羅馬之舊俗也。然亦無當於君主之精神。

復案：孟氏此章之所列，意以爲此法家維持風俗，而鼓舞民主精神之餘術也，不知所言者，乃古宗法社會之遺風，而與民主治制實爲無涉者也。社會未去宗法之時，其父兄之權皆重，君主民主，所不論矣。是故中國君主也，而有三綱，美洲民主也，而父子兄弟平等。孟氏之作，固为體大思精，然以法學開山，如斯密氏之計學，故往往所論，精確不逮後賢，此讀是書者所不可不知也。

（清）嚴復《嚴復合集》卷一三《法意上·罪之與罰宜有此例·按語》

〔譯文〕王者之赦書，君主之國之利器也，使善用之，則有得民之效。然而專制之國，無所用之，蓋以怖畏爲精神，赦宥之與怖畏相反者也，是以無此器之利用也。

復案：孟氏論赦之言淺矣，故與歷史之事不相合也。自我言之，惟有道、法立之國可以無赦。而用赦之濫，乃至爲國民大患者，皆見於專制之朝者也。夫專制之君，亦豈僅作威而已民，怒則作威，喜則作福，所以見一國之人，生死吉凶，悉由吾意，而其民之恐怖讋服乃愈至也。孟氏言赦，去於事情遠矣。

又案：中國古言刑罰之宜當罪，殆無有過於西京之張廷尉者，別理饜心，過於孟氏此章之說遠矣。三代以還，漢律最具。吾國之有漢律，猶歐洲之有羅馬律也。蕭相國明其體，而張廷尉達其用。朱博曰：太守不知經術，知有漢家三尺法而已。至哉斯言！此漢明法吏之所以衆也。王荊公變法，欲士大夫讀律，此與理財，皆爲知治之要者。蜀黨群起攻之，皆似是實非之談，至今千年，猶蒙其害。嗚呼，酷矣！

（清）嚴復《嚴復合集》卷一三《法意上・女主・按語》〔譯文〕昔在印度，其主治常樂女主，故寧置賤母所出之男，而取貴母所生之女。**【略】**然則不特居有限之權，即屬專制，彼淑女者，亦宜君宜王也。

復案：異哉，孟氏之爲此說也！彼謂女子之所以宜君者，徒以質氣柔弱之故。夫治，亦察其所當之何時耳。使專於柔，則古今歐亞二洲之間，以慈愛優柔而亂亡其國者豈少也哉？夫主治固不必嚴男女之分，然須察社會之已出宗法與否。使未離於宗法，則統之相傳，以男爲系。夫同性者既不可婚，而當璧者又爲女子，是一傳之後，繼大統者，皆他人子矣，何可行耶？

（清）嚴復《嚴復合集》卷一三《法意上・貴族常忠於君主・按語》

〔譯文〕匈牙利隸於奧大制亞，奧之皇室常取匈之群侯而困之，顧不料他日多憂之時，轉賴其力也。夫奧之所欲得於匈者，財耳，而匈之財固不富；若夫其民，則所棄者也。方諸國之群群起而分其地也，諸部相率，委而去之，捨爵貴之家，莫肯爲王死疆場者。惟茲帶礪，憤王室之見侵，仗劍枕戈，忘疇曩之身被其毒，而爲王敵愾，不獨不仇其君也，且以得歿於其事爲至榮，非誼關同禮體者，能如是乎？

復案：是在吾國，以春秋大法律之，雖齊桓、晉文，愧其語矣。顧西人於此不之貴也，且若有微辭然者。然則，謂東西二洲政教之異若霄壤，非過論也。

（清）嚴復《嚴復合集》卷一三《法意上・歐亞北部之民皆有戰勝之烈而其果大異・按語》〔譯文〕凡亞民所謂國法、家法者，自吾人視之，直暴虐侮人而已矣。自注：此論與後二十八卷第二十章所論日耳曼行杖等語不相矛盾。蓋歐之民俗，以人擊人皆爲陵侮，不計所用之爲箠、爲杖，爲鞭也。

復案：孟氏之言如此。向使游於吾都，親見刑部之所以虐其囚者，與夫州縣法官之刑訊，一切牢獄之黑暗無人理，將其說何如？更使孟氏來游，及於明代，睹當時之廷杖，與家屬發配象奴諸無道，將其說更何如？嗚呼！中國黃人，其亭法用刑之無人理，而得罪於天久矣。雖從此而蒙甚酷之罰，亦其所也，況夫猶沿用之而未革耶！噫，使天道而猶有可信者存，此種固不宜興！吾請爲同胞垂涕泣而道之。

（清）嚴復《嚴復合集》卷一四《法意下・論羅馬承襲田產法典之原始變遷・按語》 復案：讀此而反觀吾國，可悟井田古制之所由成，與其制之所由破。夫井田之制，至於春秋定、哀之間，有存蓋寡。至孟子時，掃地盡矣，故其所陳說於齊、梁諸君者，常存復古之意。江河趨下，其勢必不可挽，商君、李悝因而毀之，以收一時之利。漢世諸公，睹併兼之害，欲以限田之法救之，然無及也。唐、宋諸儒，想望太平，皆太息於先王經制之破懷，而歸獄商君。雖然，商君不任咎也。試思當日即無商君，井田之制尚克存乎？至於今世，貧富相差，其在墨守之國，猶之小耳，若夫歐、美二洲，愈益無藝，其不均者，非特田疇已也，而在工商牢筴之間。方瓦德初明汽理，奈端大啟力學，大地之上，凡人力所有事者，無所往而不可用機，於是勞力之衆，藉手成業，百倍曩時。向之旬獲十金者，今可以百，則大喜過望，以謂天下自此將無窮民。爾乃瞬息之間，貧者益衆，相懸之度尤爲古所未聞。役財收利，潮長川增，若不可極，而勞力求食者，物競日烈，恆患無以自存，於是有心人閔之，而持社會主義者乃日衆矣。今之持社會主義，即古之求均國田者也。

（清）梁啓超《飲冰室合集・文集》卷一一《答某君問德國日本裁抑民權事》 問：盛丞堂近奏有云，德意志自畢士麥以來，尊崇帝國，裁抑民權，劃然有整齊嚴肅之風。日本法之，以成明治二十年以後之政績。日德國體，與我相同，亟宜取法。其說然否，且所謂尊崇裁抑之實若何，乞登報示復，以袪疑竇。

答：此誠我國今日第一重要之問題，亟宜研究者也。雖靡盛公之奏，雖無足下之疑，固應發摘其底蘊，以與我國民共相商榷。今承明問，其敢有所隱，請竭所聞以對焉。雖然，鄙人今在旅行中，經月未讀內地報紙，於盛奏原文未獲見，未知其全體命意如何，僅就足下所徵引數言折駁之耳，抑鄙人聞之，凡論事理者不可挾意見，苟挾意見，則其論雖是，而人不樂聞。鄙人論此，不欲專持吾素昔所持之宗旨，爲一筆抹煞之言，惟平心觀察德日兩國政體所由來，及其國政之實狀，以與我中國國體相比較，想盛丞堂此摺主稿之人，必曾稍讀他國歷史者。鄙人此文所徵引，無一字無來歷，在彼當能知之，則請平心一靜察，儻鄙言亦有可採者乎。如不謂然，請賜駁義，若有一二可採也，則請其以後慎於立言，勿徒執偏端，爲模棱疑似之語以誤國計也。且吾尤望盛丞堂及當道中與丞堂同地位同意見者，一讀此焉。苟其無愛國心，徒借此以保位固寵也，則吾亦何責焉。苟真欲於國家前途有所布置也，則芻蕘之言，固不可以不留意也。

論德國之政治，不可不先明德國國體之特色。德意志者，聯邦之帝國也。故向論德國政治者，必分爲帝國政治、聯邦政治二項。聯邦二十餘，而普魯士最大。今以普代表聯邦，以下請分德意志帝國政治，普魯士王國政治兩種而論之。德意志帝國之皇帝，語其實際，雖謂今世列國中元首之權之強盛者，以彼爲最可也。何也？彼非如英國皇帝之徒擁虛位，彼非如美法各國之大統領，對於議會而負責任，彼實掌握全帝國大小政務一切實權者也。雖然，此權何自而來，及其權限之有無，不可不證諸彼國之黨法。德意志憲法，首證明其爲聯邦國，Fedural State 所以示別於合衆國 Unitary State 也。故德意志帝國之主權，非在皇帝，而在其聯邦之諸王侯及三自由市府，皇帝不過其政治團體之長官，此德國憲法精神所明示也。故其君權非無限而有限也。限之者何？即其憲法之意，明言德意志帝國，非以皇帝之特權而統治之，實以法律之力而統治之也。鄙人今在旅行中，篋中無各國憲法正文，故不能具引原文加以解釋，惟就所記憶而略述之耳。他日更當據正文而補論之。讀者諒焉。法律何自始，即各聯邦之公意是也。然則德國固亦有限君權之國，而其皇帝之權，實由各聯邦賦畀之明也。然則其皇權以何因緣而能得如此之強大，曰是有頗奇妙不可思議者。德國之主權，全在其聯邦參議院Bundesntn，而皇帝實以普魯士王之資格。德國皇位由普王世襲，讀史者當能知之，不必贅述。爲此參議院之義長。皇帝非親爲議長，實委大宰相爲之。而因以行用此主權者也，聯邦參議院者何？由各聯邦政府派出代表人，以結成此團體也。其議員共五十七人，內普魯士十七人，巴巴里亞六人，索遜及華丁比爾各四人，巴典及黑遜各三人，迷克靈卜梭威靈布闌士域各二人，其餘十七邦各一人，凡議事時之投票，不論其邦議員之數爲一人爲多人，但一邦之投票，皆須同一樣，蓋以其合體以代表本邦政府也。以此之故，故普魯士邦之意見，常得制勝於參議院。何以故？聯邦參議院之議長，必以普魯士王國之宰相即德意志帝國宰相。充之，議事時，若可否投票，兩兩相等，則取決議長。而議長一人之意見，即普魯士代表員十七人之意見也。故議長即帝國宰相，兼普魯士宰相。所發議，不待開議時，而贊成之者已定有十七人，此普魯士所以能握大權於此參議院，而亦即德皇皇權所以獨鞏固之由也。一國之主權，在聯邦參議院，聯邦參議院之權，在帝國大宰相所兼任之議長。而任免此大宰相之權在皇帝，故德國皇帝，得以此間接力而握一國之實權也。但觀於此，亦可知其權之有所受之，而非如古代所謂天賦神權者之無理取鬧亦明矣。德國大宰相之職權，與其餘各立憲國之宰相，大有所異，其名雖爲責任大臣Responsible Minister，其實非如英法等國，有所謂對國會之責任Parliamentary Responsibility 者存也。英法之政府大臣，其所建政策，必須求協贊於國會，若國會反對者居多數，則大臣不可不引責而辭職。德國不然，政府之政策，雖不可不報告於國會，然國會雖反對，而宰相可以不去其位。質而論之，則德國宰相，乃對於法律而負責任，非對於議院而負責任也。世人所謂德國君權特強者，即在此點。然德國何以如是，何以不得不如是，則亦有故。德意志帝國者，新造之國也，前此固未嘗有此國存也。前此日耳曼皇帝之位，屢爲異族所據，而十九世紀上半紀，奧大利猶握其實權。至畢士麥起，始屏奧大利於日耳曼國即德意志以外，而新造就此雄邦。德意志帝國之所以能立，皆普魯士王國之力也，故普魯士人常欲占大權於此國之中，苟其皇與宰相對於國會而負責任，則爲宰相者，安能保其必爲普魯士人。如是，則普魯士之威權，將漸墜矣。故德國之所以獨尊君權，爲普魯士計也。然則普人私乎？曰：以正理論，不得不謂之私，吾意數十年或一二百年之後，德國主權必有變動，但今非其時也。以今日國勢論之，義固不可不出此，何也？無普魯士，則無德意志也。自餘各國，若非藉普魯士之餘蔭，則至今仍爲他族所轄制，終不能爲一獨立國。又安能坐享世界第一等國國民之資格也？故諸聯邦之所以得有今日也，諸聯邦之公民所以得有今日也，皆食普魯士之賜也。故普魯士宜握帝闕之大權者一也。又使今日普魯士而將此特權拋棄讓與他小邦，則他小邦無可以保持此龐大帝國之力量，則帝國將被侵削，而仍復千八百六十六年以前之舊觀，固非普之利，亦豈他邦之利也？故普魯士宜握帝國之大權者二也。由此言之，則德國君權所自來，可以見矣。

盛奏謂德國尊崇帝國斯固然矣？至謂其裁抑民權，則吾不知何據也。凡其國苟無國會者，則民權必裁抑；其有完全之國會者，則民權未有不能伸者也。今且勿論其聯邦，仍論其帝國。德意志之立法部，以聯邦部參議院及代議院Reiel stag兩者組織而成，即所謂國會者也。據其憲法所規定，則代議院者，實代表德意志全國人民以監督政府者也。監督之道奈何？凡帝國大臣，不可不對於法律而負責任，而法律之頒定，不可不仰代議院之贊成，是即監督權之最大者也。一國民但得有此權，則他權之得與不得，猶無害也。吾聞德意志之民權，可以裁抑政府矣，未聞政府可以裁抑民權也。至宰相之去就，非議院所能左右，此其權固稍遜於英國，然彼有特別原因而出於此，前節言之詳矣，而豈畢士麥以裁抑民權爲治國之策也？

（清）梁啓超《飲冰室合集・文集》卷一一《答某君問德國日本裁抑民權事清光緒二十八年》 至語其聯邦政治，則雖謂德國民權，不讓英國焉，可也？據其帝國憲法言，德意志帝國有立法上之主權，聯邦各州惟有自治Autonomy之權而已。雖然，徵諸實際，其帝國雖承各聯邦賦與此重大無上之權，然其實行之者，不過一小部分耳。小部分者何？即監督諸邦是也。帝國所布之法律，諸聯邦所以實行之者，其範圍如何，其方法如何，一仍聽聯邦之自爲也。據憲法，則凡民法、刑法，皆由帝國頒立，則今者私法上立法之大權，仍由各邦自掌之。聯邦之自爲奈何？一皆取決於其邦之議會，實則德意志帝國，除外交軍事、郵運、財政，專指帝國府之財政。數大端外，其餘政權，仍皆在各聯邦政府之手，各聯邦政府之權，又在各聯邦公民之手，於此而猶謂德意志公民之權被裁抑也。吾不得不駭此摺捉刀人之固陋，而疾其武斷矣。

抑民權之有無，不徒在議院參政也，而尤在地方自治。地方自治之力強者，則其民權必盛，否則必衰。法國號稱民主，而其民權反遠遜英國者，以其地方自治之力微也。至於德國，則今日全世界上號稱地方制度最完備之國也。餘邦勿徧論，請專論普魯士，日耳曼人素以自由種子著聞。西人常言自由種子從日耳曼森林中發榮滋長出來，遂漸佈於全世界。其歷史上之成蹟，既歷歷不可掩，及士達因Baron Vou Stein相普，十九世紀初葉。而制度益鞏固；及一千八百七十二年之改革，而權力益擴張。今請言其略。普國地方機關，分爲五種，一曰：蒲羅温士Province 假名曰省。二曰：的士得列提Distriots，假名曰府。三曰：梭克里Cirale，假名曰縣。四曰：倫治來因德landgemeinde，假名曰鄉。五曰：士他治米因德Stadtgemeinde，假名曰市。案此省、府、縣、鄉、市之名，非確譯也，但假以爲名，下文便於措詞耳，讀者勿泥。此五者之中，惟府非自治體，其餘皆自治體，而縣實統於省，鄉市實統於縣。一省之中，其政府機關有二，一曰：專掌行政，代表國家及其監督權者，巡撫原名Superor President今亦假中國之名以之耳，讀者勿泥。主之，二曰：專掌立法，代表本省及其自治權者，省長及省立法院Provincial Ranbtay主之，二者權限劃然，絲毫不能侵越。普魯士憲法云：省也者，省之人相結合，而凡關涉於本省之事務，皆得有自治權利者也。其語意可謂分明，一省之立法院即議院，自其省中各縣之人，分區選出議員而組織之，又由此立法院公舉省長一省之長，及省行政會員，此專理自治範圍內之行政省。其民權之完備如此。其餘縣鄉市之制度，亦大略相同，特有大小殊耳。其餘各聯邦亦大略相類。夫地方自治者，民權之第一基礎也，今德國之尊重自治權也如彼，而盛摺乃謂其裁抑民權，吾誠不知其所指者何事，而所據者何史也？

至於日本，其文明程度，殊屬幼稚，遠下於歐洲數等，但今且勿具論。日本之崇拜德國，固也。雖然，亦未見如盛摺所云云也。謂日本尊崇君主則可，謂日本尊崇君權，有語病矣。至謂其裁抑民權，又夢囈之言也。日本之君權，稍優於英國，而遠遜於德國，何以言之？君權之輕重，一視其政府大臣對於議院所負之責任何如。英國政府大臣，對於議會而負完全之責任，苟不能制多數者，決不得尸其位。大臣去就之權在議院，故英之君權幾於無。德國反是，故德之君權，爲各立憲國君主之冠。若普王之權則已不如德皇矣。同一人也，其所代表者異，故其權限亦異。若日本憲法，則英國之類，而非德國之類也。日本之例，凡政府政策，如在議院被反對者，則可以請天皇解散議會，命再選舉，再選舉而再被多數之反對，則可爲政府大臣不孚與望之證，必引責辭職。此英國之先例，各國所種行，而日本亦無以易者也。英國舊例，必待再選舉開院後，果遇反對，然後大臣辭職。自格闌斯頓、的士黎里兩大政治家抗爭時代，每於解散議會後，待其再舉時，視職員中屬於我黨者幾何人，苟察其不能制多數，則不俟再開院，便先行辭職。此後以爲常例。日本當明治三十一年伊滕博文爲宰相時，以還遼之舉，大爲議院所反對，伊滕乃解散之。及再選舉時，而民間自由進步，兩黨合而爲一，以抗政府，改名憲政黨。伊藤察其必再被反對，遂引責去。而憲政黨首領繼爲宰相，即行英國格的兩相之成例也。宰相及各部大臣，爲一國行政之長官，而黜陟此長官之權，一在代表民意之議院。於此而猶謂之裁抑民權，吾不知如何而始爲伸也。但日本民智尚狹，民德未醇，故其民間所立之政黨，殊未完備，不能與藩閥老輩代興，此其所以下於英國一等也。雖然，此由其自力不足使然，優勝劣敗之公例，不得不爾，而非在上者從而裁抑之也。彼其自開國會以來，至今凡爲政黨內閣者兩次，一曰明治三十一年憲政黨之大隈內閣，一爲明治三十三年立憲政友會之伊藤內閣。然皆不過半年，遽爾崩潰。其崩潰也，皆非由反對黨推倒之也，其黨內自訌使然也。此可以爲日本政黨內力不完之明證矣。政黨不完，亦即民智民德不完之表記也。故日本民權之不逮歐美也，非有裁抑之者也，初萌始達，而未能一蹴以臻於完備之域也。然其民日斯邁而月斯征焉，吾信其此後必有能如英國之一日也。彼爲盛捉刀者，徒見日本憲法有天皇無責任、天皇神聖不可侵犯、天皇有種種特權之文，而遽曰日本尊崇君權，裁抑民權，抑何不考其立法之精神，察其現行之情實也。

又彼有以成明治二十年以後之政績一語，吾不知其所指者爲何？推其語意，殆以明治二十年以前，法國學派極盛，二十年以後，德國學派代興也。果爾，則此公必嘗稍讀日本書，略知其情者也。則吾更欲與彼一言，公所謂明治二十年以後之政績者，則孰有過於二十三年之開國會者乎？開國會爲伸民權乎？爲抑民權乎？公當能自辨，無待余喋喋者。公必以爲二十年以前則民氣囂張，以後則民氣馴靖，以是爲德國學派之明效也。不知前此之囂張，爲求民權耳。求而既得之，更何囂張之與有？雖無德國派代興，猶之馴靖也，抑前此之囂張，其爲益於日本乎？其爲害於日本乎？吾則曰其益無量也。苟非有此，則日本至今猶未開國會焉，未可知也。自板垣退助副島，種臣等請立議院，不報，旅行無書可察，不能確記其年份，大約在明治十年前後。全國議論洶湧，盧梭民約等類之書，幾於家絃戶誦。政府至將民黨中錚錚者十餘人放逐於外，而明治十三四年間，其風潮正達最高點，政府亦不得不從民欲，遂於十四年下詔，許以二十三年開國會。自是以後，舉國晏然矣。故明治二十年以後之政績，實出明治七八年至十三四年間所鼓吹之孕育之而得此者也，而要其最大關目，則不過定君權使有限，伸民權使同治而已。而盛摺之爲此言，抑何其與情實正相反背也。

盛摺又謂曰德國體，與我相同，吾滋惑焉。德爲聯邦之國，我爲大一統之國；德爲新造之國，我爲四千年古國；是皆正相反對者，其相同之點在何處，吾苦不能得也。日本宜稍相近者，然日本之王室，自二千五百來，未嘗易姓，吾昔嘗戲號為地球第一大世家。彼都人士，日沾沾焉翹以示人，自謂皇統萬世一系，其國體爲地球萬國所無，而我國則四千年來，征誅篡禪，自秦以後，未有五百年無新王興者。謂其與日本國體正同，誰能信之？推盛摺之意，必以爲同爲君主國，故曰相同，然世界中君主國亦多矣，何必偏舉此絕相反對之德日以爲此例。且公之意欲尊君權耳，然則何不舉俄羅斯？俄羅斯國土之大與我同，王統之屢易與我同，專制之久與我同。誠哉其同也，然公殆知俄羅斯政體之野蠻，不敢舉不忍舉也。是則盛丞堂之差强人意也。然則何不舉英吉利？吾以爲君主之尊榮者，莫如英吉利，君位之鞏固者，莫如英吉利，故欲尊其君者，不可不學英吉利；欲安其國者，不可不學英吉利。吾國國民程度，雖與英吉利大相遠，至如公之所謂國體者，則與德日大異而與英吉利不甚相遠，公胡不舉英吉利？

至所引盛摺末一語，謂亟宜取法德國日本，則富哉言矣。羣公如皆同此心，我后而肯採此言，斯真中國之福也？雖然，苟其法之，必當似之，法其一二而遺其十百，法其小節而遺其大端，而曰我法日本我法德國，日德不任受也，法日德奈何？亦曰法其伸民權以護君權而已。盛摺之不言法俄羅斯也，蓋猶知俄羅斯之君權，非可高枕爲樂之君權也。言國體而知日德之當法，不可不謂思想之一進步，炙乎可熱之當道，而有此思想，此吾所歡喜無量也。雖然，其必標明裁抑民權四字則何也？得毋以民權與君主不兩立耶？今且勿論英國，即以彼所舉之日本德國論，證以鄙人所徵引，其兩立耶，其不兩立耶？是亦可以鑒矣。平心論之，謂民權興而君權必無所損，此自太過之論。在專制政體之國而興民權，則必不可不將前此固有之君權，割出一部分以讓之於下，雖鄙人亦無容爲諱者也。然究其實則所損者果爲君權乎？是亦不然。專制國之君主，實非能有完全之大權也，其權或在朝臣，或在外戚，或在宦寺，我國數千年歷史，如貉一邱矣。即在今日，君權之蝕於官者幾何？君權之蝕於胥吏者幾何？質而言之，則一國之主權，君主所能有者不過十分之二三耳。苟開國會興民權之後，而君主所能有之主權，斷不止二三也。大抵今日德國君主有一國主權十之六七，日本君主有一國主權十之四五。所割出之一部分，不過自朝官胥吏之手而移諸民，非自君之手而移諸民也。然則雖謂伸民權而君權反增可也。雖然，其所異者，在一有限，一無限。君權而無限也，則有英明仁武雄才大略之主出焉，而善用之，可以驟進其國於富强。雖然，此等君主，間世而不一遇者也。苟易葉焉，傳諸其子孫，則必有濫用此權，而致一國之民不聊生者。雖然，此又豈君主之利也。既以一身攬其全權，則不可不以一身負其責任。雖法律上無責任之明文，而一國人民心目中，固不得不以此責任科君主，此事所必至，理所固然，欲避而不能者也。責任既集於一身矣，其有失政，則怨毒歸之。此革命之禍，所以不絶於四千年史册中也。而君主究何利焉？故人臣之愛其君者，苟能保其君之子孫，人人皆放勳重華，代代皆漢文唐太，則雖不言君權之有限可也。而不然者，則惟其限之，乃所以保之。爲君者亦然，苟欲自愛護其大位以傳諸無窮也，舍伸民權以自限而限其子孫，其奚術哉！其奚術哉！且人亦奚必以無限之權爲樂？若今日英國之君主，日本之君主，豈非享盡天地間第一奇福者耶？以視俄羅斯皇之朝避猛虎，夕避長蛇，何如哉？此義今在我國青年學界中，稍知外事者皆言焉，而當道有力者，猶夢夢然。語及民權二字，則畏之如蝎如蛇，是真可歎可憐者也。至如盛丞堂此摺之主稿者，謂其絶不知外事焉不可也。度其人必嘗游日本，或嘗讀日本書數種，而乃爲此影響失實之言，以惑人心而阻一國之進步。吾不知其誠何心也。其不知而誤會耶，是可恕也。讀鄙人茲篇，請君改之；其不肯服耶，請君駁之。而不然者，則必昧良心，造謡言媚當道以取富貴者也，是則可誅也。吾且更爲當道諸公一言，公等而有一二分之忠君愛國心也，則宜速擲棄其裁抑民權一語，勿使置之念頭。不然，民權之大勢，終非公等之所能敵也。昔魯仲連亦一匹夫耳，猶言吾寧蹈東海而死，吾不忍爲之民。今國中四萬萬人，寧無魯仲連其人者，公等其熟思之，善處之。

辱承下問，本擬略復數語以釋尊疑，但一執筆則如有鯁在喉，非吐之不快，故不覺縷縷數千言矣，想不厭其詞費也。十月初三夜九點鐘屬稿，寫至此已子正兩點，尚未盡言，姑止於斯。

再者，盛摺又有劃然有整齊嚴肅之風一語。甚然，甚然。非整齊嚴肅，則無以爲國也。然整齊嚴肅，豈俟裁抑民權而後得此乎？吾中國現今無民權，所謂整齊嚴肅者安在乎？英國民權最盛，其整齊嚴肅，又豈讓德日乎？惟法治國爲能整齊嚴肅。法治國者，一國之人各有權，一國之人之權各有限之謂也。故無憲法之國，斷不能整齊嚴肅。有法焉，則自由固可也，專制亦可也。人民行其自由於法律之下，則自由而非暴，政府行專制於法律之下，則專制而非苛。專制而非苛者有諸乎？曰：有，古代之斯巴達是已。斯巴達專制若彼，而民無怨者，上下有權限，而政府一切舉動，皆在法律範圍内也。中國如能有法乎？有權限乎？則雖學斯巴達可也。豈惟日本？豈惟德意志？十月四日晨起，綴此數言。

（清）汪康年《汪穰卿先生遺文·芻言報論説擷粹·借款造路平議》

幹路國有及借款造路之説，余未以爲非也。蓋統觀各省於路事，無不争競延緩，各爲其私。非改爲國有，則此交通最要之事，何日能成？且此竊彼良，此貴彼賤，何能統一？所慮者，吾國辦事人至難商辦，固腐敗官辦亦誰可恃？無已則鄭蘇堪方伯包工之説，爲最合宜。雖然，吾贊成鄭君此説，而非鄭君之説咸在贊成之列也。意所不然者不能不從容言之。前者吾讀鄭君四大幹路之説帖，而有⿰目咢眙不已。茲録其説如下。

綜　述

《清德宗實録》卷四七六《光緒二十六年十二月》　又諭：中外訂約以來，各國人民准入内地載在條約，朝廷慎固邦交，疊經諭飭各省，實力保護，乃地方官漫不經心，以致匪徒肆行，滋擾傷害人民之案屢見叠出。朕維薄德無以化導愚民，良深引疚，而地方各官平日於洋務不知講求於交涉，罔知大體以致燎原引火，貽害君國。撫心自問，當亦難安。自今以往，其各振刷精神，捐除成見，須知修好睦鄰，古今通義。遠人來華或通商以懋遷有無，或游歷以增長學識，即傳教之士亦以勸人為善為本。梯山航海，備極艱辛，我中國既稱禮義之邦，宜盡賓主之誼，況近年華民出洋者不下數十萬人，身家財產悉賴各國保全，即以報施而論，亦豈得稍存歧視？著再責成各直省文武大吏，通飭所屬，遇有各國官民入境，務須切實照料保護，儻有不逞之徒，假託義憤陵虐戕害洋人，立即馳往彈壓獲犯懲辦，不得稍涉玩延。如或漫無覺察，甚至有意縱容釀成巨案，或另有違約之行，不即時彈壓犯事之人，不立行懲辦者，將該管督撫文武大吏及地方有司各官，一概革職永不敘用，不准投效他省。希圖開復並將此次諭旨一併刊布，出示曉諭，以期官民交警，永革澆風。

（清）李鴻章《李文忠公全集·奏稿》卷一《和議會同畫押摺光緒二十七年八月初十日》 第十款

大清國國家允定兩年之久在各府、廳、州、縣，將以後所述之上諭頒行布告。一、西歷本年二月初一日，即中歷上年十二月十三日上諭，以永禁或設或入與諸國仇敵之會，違者皆斬。附件十五。二、西歷本年二月十三、二十一、四月二十九、八月十九等日，即中歷上年十二月二十五，本年正月初三、三月十一、七月初六等日上諭一道，犯罪之人如何懲辦之處，均一一載明。三、西歷本年八月十九日，即中歷七月初六日上諭，以諸國人民遇害被虐，各城鎮停止文武各等考試。四、西歷本年二月初一日，即中歷上年十二月十三日上諭，以各省督撫文武大吏暨有司各官，於所屬境內均有保平安之責，如復滋傷害諸國人民之事，或再有違約之行，必須立時彈壓懲辦。否則該管之員即行革職，永不敘用，亦不得開脱別給獎敘。附件上六。以上諭旨現於中國全境，漸次張貼。

（清）李鴻章《李文忠公全集·奏稿》卷二七《煙臺議結滇案摺光緒二年七月二十七日》 謹將與英國使臣威妥瑪議改定畫押互換條款照録，恭呈御覽。大清欽差便宜行事大臣文華殿大學士直隸總督一等肅毅伯李、大英欽差駐華便宜行事大臣勛賜二等寶星威爲會議條款事。現在本大臣等，會商一切，因本年春間威大臣接總理各國事務丞相伯爵德，上年十二月初五日來咨囑，將各節咎何辦理，其有三端：一則以滇案妥為昭雪。二則上年所定中外大臣往來相待，一節辦理，以昭信守。三則上年八月議定整頓通商事務一律辦理各等因現威大臣會同商辦，總以力守此件咨文為主，所有以上三節，威大臣前與總理衙門往返，商議各件無須贅述，今與李大臣議定辦法，分條開列於後。第一端昭雪滇案，一、威大臣另有擬作為慎案奏稿大概底本先與李大臣商定，或由總理衙門或由李大臣具奏均可，惟於出奏之前，須將摺稿交威大臣閱看會商妥當。一、奉明奉旨發鈔後，由總理衙門將摺稿諭旨恭録知照，並由總理衙門通行各省，將此次摺件諭旨詳細列入告示，一併照會威大臣查照，威大臣即照覆聲明限兩年為期，由英國駐京大臣隨時派員分往各省查看張貼告示情形，將來或由英國駐京大臣行文或札行各口領事官轉為照會，即由地方大吏派委妥員會同前往各處查看。一、所有滇省邊界與緬甸地方來往通商一節，應如何明定章程於滇案議結摺內一併請旨，飭下雲南督撫俟英國所派官員赴滇後，即選派妥幹大員會同，妥為商訂。

一、自英歷來年正月初一日，即光緒二年十一月十七日起，定以五年為限，由英國選派官員，在於滇省大理府或他處相宜地方一區，駐寓察看通商情形，俾商定章程得有把握。並於關係英國官民一切事宜，由此項官員與該省官員隨時商辦，或五年之内，或俟期滿之時，由英國斟酌訂期，開辦通商。至去年所議，由印度派員赴滇，曾經發給護照，應仍由印度節度大臣隨時定奪，派員妥辦。

一、所有在滇被害人員家屬，應給卹款以及緣滇案用過經費，並因各處官員於光緒二年以前辦理未協，有應償還英商之款，威大臣現定為擔代，共關平銀二十萬兩，由威大臣隨時兑取。

一、俟此案議結時，奉有中國朝廷惋惜滇案璽書，應即由欽派出使大臣剋期起程，前往英國。所有欽派大臣銜名及隨帶人員，均應先行知照威大臣以便咨報本國。其所齎國書底稿，亦應由總理衙門先送威大臣閲看。

第二端優待往來各節。此端即指駐京大臣等及各口領事官等，與中國官員彼此往來之禮，以及兩國審辦案件各官交涉事宜。

一、案查光緒元年九月十一日，總理衙門奏摺有云，預儲熟悉洋務人才原不僅為辦理中外交涉事務起見，而出使往來各節，均寓其中等因。現因兩國官員往來會晤，以及文移往返一切事例，京外尚有未協之處，自宜明定章程，免啟爭論，茲議應由總理衙門照會各國駐京大臣，請其會同商訂禮節條款，總期中國官員看待駐居中國各口等處外國官員之意，與泰西各與國交際情形無異，且與各國看待在外之中國官員相同。緣中國現有派員出使之舉，此項章程亟應定明，方昭妥協。

一、咸豐八年所定英國條約第十六款，所載英國民人有犯事者，皆由英國懲辦，中國人欺陵擾害英民，皆由中國地方官自行懲辦。兩國交涉事件，彼此均須會同公平審斷，以昭允當等語。查原約内英文所載係英國民人有犯事者，由英國領事官或他項奉派幹員懲辦等字樣，漢文以英國兩字包括。前經英國議有詳細章程，並添派按察司等員，在上海設立承審公堂，以便遵照和約條款辦理。目下英國適將前定章程酌量修正，以歸盡善。中國亦在上海設有會審衙門，辦理中外交涉案件，惟所派委員審斷案件，或因事權不一，或因怕招嫌怨，往往未能認真審追。茲議由總理衙門照會各國駐京大臣，請將通商口岸應如何會同總署，議定承審章程，妥為商辦，以昭公允。

一、凡遇内地各省地方或通商口岸有關繫英人命盗案件，議由英國大臣派員前往該處觀審，此事應先聲敘明白，庶免日後彼此另有異辭。威大臣即將前情備文照會，請由總理衙門照覆，以將來照辦緣由聲明備案。至中國各口審斷交涉案件，兩國法律既有不同，只能視被告者為何國之人，即赴何國官員處控告。原告為何國之人，其本國官員祇可赴承審官員處觀審。儻觀審之員，以為辦理未妥，可以逐細辯論，庶保各無向隅，各按本國法律審斷，此即條約第十六款所載會同兩字本意。以上各情，兩國官員均當遵守。

第三端通商事務。

一、所有現在通商各口岸，按前定各條約，有不應抽收洋貨釐金之界，茲由威大臣議本國准以各口租界作為免收洋貨釐金之處，俾免漫無限制，隨由中國議准，在於湖北宜昌、安徽蕪湖、浙江温州、廣東北海四處添開通商口岸，作為領事官駐紮處所，又四川重慶府可由英國派員，駐寓查看川省英商事宜。輪船未抵重慶以前，英國商民不得在彼居住開設行棧，俟輪船能上駛後再行議辦。至沿江安徽之大通、安慶，江西之湖口，湖廣之武穴、陸溪口、沙市等處均係内地處所，並非通商口岸，按長江統其章程，應不准洋商私自起下貨物。今議通融辦法，輪船准暫停泊上下客商貨物，皆用民船起卸，照内地定章辦理。除洋貨半税單照章查驗免釐，其有報單之土貨祇准上船不准卸賣外，其餘應完税釐，由地方官自行一律妥辦。外國商民不准在該處居住，開設行棧。

一、新舊各口岸，除已定有各國租界，應無庸議其租界，未定各處，應由英國領事官會商各國領事官與地方官商議，將洋人居住處所畫定界址。

一、洋藥一宗，威大臣議請本國准為另定辦法，與他項洋貨有別。令英商於販運洋藥入口時，由新關派人稽查封存棧房或躉船。俟售賣時，洋商照則完税並令買客一併在新關輸納釐税，以免偷漏其應抽收釐税若干，由各省察勘情形酌辦。

一、洋貨運入内地，請領半税單照。各國條約内原已訂明，自當遵辦。嗣後，各關發給單照，應由總理衙門核定畫一款式，不分華洋商人均可請領，並無參差。洋商將土貨由内地運往口岸上船，條約内亦有定章，英商完納子口半税，請領單照即可運往海口。若非英商自置土貨，該貨若非實在運往海關出口，不得援照辦理。所有應定章程，免致滋生弊端之處，威大臣即願會同總理衙門設法商辦。至通商善後章程第七款載明，洋貨運入内地及内地置買土貨等語，係指沿海、沿江、沿湖及陸路各處不通商口岸，皆屬内地，應由中國自行設法防弊。

一、咸豐八年所定條約第四十五款内載，英商若將已經完納税項洋貨復運外國，稟明海關監督，發給存票，他日均可持作已納税餉之據等語，原約並未定有年限，今訂明三年為期，限滿不得將此項存票持作完納税項之據。

一、香港洋面粤海關向設巡、船稽查、收税事宜，屢由香港官憲聲稱，此項巡船有擾累華民商船情事，現在議定即由英國選派領事官一員，由中國選派平等官一員，由香港選派英員會同查明核議，定章遵辦。總期於中國課餉有益，於香港地方事宜無損。

一、以上議准添開通商各口岸及沿江六處，准起卸貨物一節，應由李大臣奏奉旨，准於半年期限開辦，各口租界免洋貨釐金，及洋藥在新關併納釐税兩節，俟英國會商各國，再行定期開辦。

另議專條原議現因英國酌議派員，由中國京師啟行前往徧歷甘肅、青海一帶地方入藏，以抵印度，為探訪路程之意，所有應發護照，並知會各處地方大吏，暨駐藏大臣公文，屆時當由總理衙門妥為辦給。儻若所派之員，不由此路行走，另由印度與西藏交界地方派員前往，中國接准英國大臣知會後，即當行文駐藏大臣，派員妥為照料，並發給護照以免阻礙。

另議專條改定

現因英國酌議約在明年派員，由中國京師啟行，前往徧歷甘肅、青海一帶地方，或由內地四川等處入藏，以抵印度，為探訪路程之意，所有應發護照，並知會各處地方大吏，暨駐藏大臣公文，屆時當由總理衙門察酌情形，妥為辦給。儻若所派之員不由此路行走，另由印度與西藏交界地方派員前往，俟中國接准英國大臣知會後，即行文駐藏大臣查度情形，派員妥為照料，並由總理衙門發給護照，以免阻礙。

（清）李鴻章《李文忠公全集·奏稿》卷四九《變通朝鮮貿易章程摺光緒十年二月十六日》 變通朝鮮貿易章程摺。奏為中國朝鮮商民貿易章程第四條現應變通酌改，庶與英、德各約不致軒輊，恭摺仰祈聖鑒事。竊查光緒八年奏定《中國朝鮮商民貿易章程》，第四條內載朝鮮商民除在北京例准交易，中國商民准入朝鮮楊花津、漢城開設行棧外，不准將各色貨物運入內地，坐肆售賣等語。原因朝鮮風氣未開，若華洋各商運貨入彼內地，恐生疑阻。乃上年十月間，朝鮮與英、德新訂條約載明：英、德商民准將各貨運進內地出售，及購買一切土貨。是彼已無疑阻之心，若中國商民轉不得運往朝鮮內地，既與體制未符，亦於商情未協；且中國優待屬邦，若朝鮮商民前來中國內地賣貨，亦應視同華民，均霑利益。經臣督飭津海關道周馥悉心酌核，擬請嗣後中國商民准其持照將中國貨、洋貨運入朝鮮內地售賣，不得有遜於英、德諸商；其朝鮮商民亦准持照將朝鮮貨、洋貨運入中國內地售賣，照華商逢關納税，遇卡抽釐。近年華商運洋貨入內地，有不願逢關納税，遇卡抽釐，而願先完一子口半税者，業已准行。備朝鮮商民願領洋貨入內地，税單冀免內地釐税者，亦聽其便，以示優待一體之意。其請領執照，各按已定章程辦理，未領執照，不准擅入內地。仍禁止兩國商民不准在內地開設行棧，坐肆售賣，以示限制。至兩國商民欲入內地采買土貨，仍按原定通商章程，照納沿途應完釐税，毋庸議改。如此辦理，與待華商無分輕重，於體恤屬邦之道更加周至，而於體制名分亦相符合。查原議《中國朝鮮商民貿易章程》內開此次所定貿易章程姑從簡約，以後有須增損之處，應隨時由北洋大臣與朝鮮國王咨商妥善請。

（清）李鴻章《李文忠公全集·奏稿》卷五三《日本議立專條摺光緒十一年三月初五日》 中日約款三條：

一、議定中國撤駐紮朝鮮之兵，日本國撤在朝鮮護衛使館之兵弁。自畫押蓋印之日起，以四箇月為期限內，各行盡數撤回，以免兩國有滋端之虞。中國兵由馬山浦撤去，日本國兵由仁川港撤去。

一、兩國均允勸朝鮮國王教練兵士，足以自護治安，又由朝鮮國王選雇他外國武弁一人或數人，委以教演之事。嗣後中日兩國均勿派員在朝鮮教練。

一、將來朝鮮國若有變亂重大事件，中日兩國或一國要派兵，應先互行文知照，及其事定，仍即撤回，不再留防。

（清）李鴻章《李文忠公全集·奏稿》卷五三《法國議和定約摺光緒十一年四月二十七日》 中法約款十條。大清國大皇帝、大法民主國大伯理璽天德，前因兩國同時有事於越南，漸致齟齬。今彼此願為了結，並欲修明兩國交好通商之舊誼，訂立新約，期於兩國均有利益，即以光緒十年四月十七日在天津商訂簡明條約，光緒十一年二月二十八日奉旨允准者作為底本。為此，兩國特派全權大臣會商辦理。大清國大皇帝欽差、全權大臣、文華殿大學士、太子太傅、北洋通商大臣、直隸總督、一等肅毅伯爵李，欽差、總理各國事務大臣、刑部尚書、管理戶部三庫左翼、世職官學事務、鑲黃旗漢軍都統錫，欽差、總理各國事務大臣鴻臚寺卿鄧，大法民主國大伯理璽天德欽差、全權大臣、賞給佩四等榮光寶星並瑞典國頭等北斗寶星、駐劄中國京都總理本國事務巴德納，各將所奉全權文憑互相校閱，均屬妥協，立定條約如左：

第一款

一、越南諸省與中國邊界毗連者，其境內法國約明自行弭亂安撫。其擾害百姓之匪黨及無業流氓，悉由法國妥為設法，或應解散，或當驅逐出境，並禁其復聚為亂。惟無論遇有何事，法兵永不得過北圻與中國邊界。法國並約明必不自侵此界且保他人必不犯之。其中國其北圻交界各省境內，凡遇匪黨逃匿，即由中國設法，或應解散，或當驅逐出境。儻有匪黨在中國境內會合，意圖往擾法國所保護之民者，亦由中國設法解散。法國既擔保邊界無事，中國約明亦不派兵前赴北圻。至於中國與越南如何互交逃犯之事，中法兩國應另行議定專條。凡中國僑居人民及散勇等在越南安分守業者，無論農夫、工匠、商賈，若無可責備之處，其身家產業均得安穩，與法國所保護之人無異。

第二款

一、中國既訂明於法國所辦弭亂安撫各事，無所掣肘，凡有法國與越南自立之條約、章程，或已定者，或續立者，現時並日後均聽辦理。至中越往來言明，必不致有礙中國威望體面，亦不致有違此次之約。

第三款

一、自此次訂約畫押之後起，限六箇月期內，應由中法兩國各派官員親赴中國與北圻交界處，所會同勘定界限。儻或於界限難於辨認之處，即於其地設立標記，以明界限之所在。若因立標處所，或因北圻現在之界稍有改正，以期兩國公同有益，如彼此意見不合，應各請示於本國。

第四款

一、邊界勘定之後，凡有法國人民，及法國所保護人民，與別國居住北圻人等欲行過界入中國者，須俟法國官員請中國邊界官員，發給護照方得執持前往。儻由北圻入中國者係中國人民，祇由中國邊界官員自發憑單可也。至有中國人民欲從陸路由中國入北圻者，應由中國官請法國官發給護照，以使執持前往。

第五款

一、中國與北圻陸路交界，允准法國商人及法國保護之商人並中國商人運貨進出。其貿易應限定若干處，及在何處，俟日後體察兩國生意多寡及往來道路定奪，須照中國內地現有章程酌核辦理。總之，通商處所在中國邊界者，應指定兩處：一在保勝以上，一在諒山以北。法國商人均可在此居住，應得利益應遵章程，均與通商各口無異。中國應在此設關收稅，法國亦得在此設立領事官，其領事官應得權利與法國在通商各口之領事官無異。中國亦得與法國商酌在北圻各大城鎮揀派領事官駐紮。

第六款

一、北圻與中國之雲南、廣西、廣東各省陸路通商章程，應於此約畫押後三箇月內，兩國派員會議，另定條款，附在本約之後。所運貨物進出雲南、廣西邊界應納各稅，照現在通商稅則較減。惟由陸路運過北圻及廣東邊界，不得照此減輕稅則納稅，其減輕稅則亦與現在通商各口無涉。其販運鎗礮、軍械、軍糧、軍火等，應各照兩國界內所行之章程辦理。至洋藥進口、出口一事，應於通商章程內定一專條，其中越海路通商亦應議定專條。此未定之先，仍照現章辦理。

第七款

一、中法現立此約，其意係為鄰邦益敦和睦，推廣互市。現欲善體此意，由法國在北圻一帶開闢道路，鼓勵建設鐵路。彼此言明，日後若是中國酌擬創造鐵路時，中國自向法國業此之人商辦，其招募人工，法國無不盡力勸助。惟彼此言明，不得視此條係為法國一國獨受之利益。

第八款

一、此次所訂之條約內所載之通商各款以及將訂各項章程，應俟換約後十年之期滿，方查續修。若期將滿六箇月以前，議約之兩國彼此不預先將擬欲修約之意聲明，則通商各條約章程，仍應遵照行之，以十年為期，以後仿此。

第九款

一、此約一經彼此畫押，法軍立即奉命退出基隆，並除去在海面搜查等事。畫押後一箇月內，法兵必當從臺灣澎湖全行退盡。

第十款

一、中法兩國前立各條約章程除由現議更張外，其餘仍應一體遵守。至此條約，現由大清國大皇帝批准及大法國大伯理璽天德批准後，即在中國京都互換。

光緒十一年四月日。

西歷一千八百八十五年六月日。

大清國欽差全權大臣李。

欽差總理各國事務大臣錫。

欽差總理各國事務大臣鄧。

大法民主國欽差全權大臣巴。

（清）李鴻章《李文忠公全集·奏稿》卷五六《滇粵邊界通商議約摺光緒十二年三月二十二日》 訓示周詳，莫名欽感。嗣於上年十一月間，法國使臣戈可當擬具章程二十四條，呈經總衙門。王大臣逐條簽駁，函商到臣，經臣督飭津海關道周馥另擬章程十八條，緘請總理衙門核奪，作為底本。十二月初五日，戈可當帶同參贊等官來津拜晤，當將底本交閱。彼此意見懸殊，面談數次，萬難就緒。戈可當因與臣商訂彼此各派員先行會議大略，其關緊要及所執各異之處再行面商。臣派津海關道周馥、候選道伍廷芳、候補知州朱幹臣，戈可當派參贊卜法德，繙譯微席葉，各將彼此稿本逐條辯論。自上年十二月十二日起至本年正月十七日止，疊據周馥等與卜法德、微席葉會商多次，將彼此稿本分別刪改，另訂章程十九條。臣復於本年正月十九、二十三、二十七、三十、二月初六、初九等日，面與戈可當詳晰辯論，舌敝唇焦，始得粗有規模，經臣鈔稿寄呈總理衙門在案。竊惟滇、粵陸路通商事係創辦，敢不懍遵聖訓，悉心籌畫，詳細商議。惟此次訂章既不能稍違上年四月之新約，尤不能與咸豐八年舊約相背，彼此防損取益之處，各有援引。每因一字一句辯論多日，難就範圍。其在彼所最著意者，通商處所不能僅指兩處，雲南、廣西省城須派領事往駐。又進出口洋土貨稅須較各口減半徵收，並求在滇、粵地方開礦及製造土貨，運越南食鹽，數大端皆於彼商務自益，意在必行，爭之甚力。臣以新約第五款，雖有貿易限定若干處日後定奪之語，而下文仍載明邊界通商處所指定兩處字樣，目前斷不能另有增添。該使謂中國在北圻各大城鎮設立領事，照新約須與法國商酌，如中國許彼領事駐雲南、廣西省城，則中國在北圻城鎮設領事亦易商辦。臣以通商口岸設領事，原為照料本國商民而設，滇、桂省城係屬內地，實不便設立領事。該使又請將邊界領事准其每年分駐省城數月，察看商務。臣亦堅不允行。該使詞屈理窮，只以中國在北圻城鎮派領事一節，執定新約內商酌二字嘵嘵置辯。臣思中國此時本不必多派領事，徒增耗費，因即於第二款訂明先在河內、海防二處設立領事，其餘各大城鎮隨後商派，尚可操縱由我。至開礦、製造、運鹽各節，通商以來，各國覬覦已久，屢經總理衙門辯阻未行。該使欲於章程內添此數條，意在決我藩籬，攘奪華民生計，事關中國內政，須保我自主之權。屢經嚴詞拒絕，該使仍以奉有外部訓條必將在口製造一節添入，與臣再四磋磨，力執不允。該使因請於第三款內法國商民前來通商，均照咸豐八年五月十七日中法條約句下添入第七一款，蓋咸豐八年約內第七款有工作二字，彼欲藉此以塞外部之意。既是援引舊約，自不便拒之過甚。况自咸豐八年立約，迄今已三十年，法商並無因工作二字在各口關設製造各廠，則滇、粵界地方不能藉詞設廠製造。此法使要求各節均經詳細辯駁之大略也。至減稅一節，該使初議照現行稅則，減徵一半，其估價之貨向按值百抽五者改為值百抽二兩五錢。臣以新約第六款所載進出邊界應納各稅照現在通商稅則較減之語，不過稍為減輕，詎能驟減一半。只允按照現行稅則減去五分之一，其估價之貨援照俄國陸路章程，仍應值百抽五不能照減。該使謂俄國陸路稅則係照各海關三分減一，法國事同一律，原彼薄此，深恐貽笑鄰邦。臣謂北圻與俄國道途遠近懸殊，不能比例。辯論數日，該使悻悻形於詞色，罷議而去。當經臣商准總理衙門電覆，由臣酌量辦理。細查泰西各國通例，大都進口稅重出口稅輕無非為暢銷土貨起見。中國通商之始，未諳各國情形，所定稅則進出口均係一律，所以洋貨暢銷，土貨滯銷。但因約章久定，不能設法挽回。滇、桂地方瘠苦，物産不豐，值此邊界通商尤須維持小民生計，以期商務漸旺，稅課日增。因與戈可當籌商定為出口貨照稅則三分減一，進口貨照稅則五分減一，若估價之貨為稅則所未載者，無論進出口仍照值百抽五徵收。至洋、土各貨赴內地買賣，應完子口稅，仍照通行章程辦理，不在減徵之列。該使已一一遵允，均於第六、第七兩條載明。如此變通辦理，庶滇、桂土貨可冀暢銷，將來如欲修改各國條約，加重進口，減輕出口各稅，亦可發端於此。此分別減稅應輕、應重之要端也。至於在我所應爭者，其大要亦有數端。一為水、陸稅關分清界限。查此次陸路通商酌減稅項，係專為雲南、廣西邊界而設，新約第六款既有與通商各口無涉一語，自應切照行以免虧損。現於第八、第九兩條載明，洋、土各貨凡在邊關已完稅項，復轉運通商各海關者，均照海關稅則另收正稅，不准以邊關單作抵。其在邊關所領存票，亦只准在邊關抵稅，概不發還現銀。各守定章，可以杜絕一切影射轇轕等弊。至洋藥一項，新約載另議專條。臣查洋藥流毒已久，俄美諸國已議不准販運，即英國現議稅釐併徵，新章無非寓禁於徵之意。聞法人欲於越南廣種罌粟，而緬甸新併於英，亦恐洋藥從西侵入，偷漏更多，因於第十四條載明，洋、土各藥均不准販運買賣。至互交逃犯，新約亦載明，另議專條。查中西律例不同，交犯最多糾葛。現於第十七款内載明，儻有中國人照中國律例，無論犯何罪名，照會領事官設法拘送，庶免藉詞庇匿。又僑居越南華民，近日頗有以法人徵收身税為苦者，臣力與辯駁，該使電告本國，許以從寬辦理，請不必載入章程。因於第四款載明，中國人身家財産，法國應與最優待西國之人一律，不得有異。又於第十六款内載明，命案、賦税、詞訟等件，均與法國相待最優之國之商民無異等語，以為將來辯論地步。至土司、苗蠻地方，慮洋人前往游歷滋事，准於請護照時載明不能保護。其通商處所洋人游歷在百里以内，向不請照，今改以五十里為限。又洋人自用免税各物舊約漫無限制，今更嚴切聲明，必係洋人自用，數目無多方准免税。如入内地，仍照舊章徵税。其餘各條有參照舊約者，有較舊約稍便宜者，均經再四商辯，期於得寸則寸。内惟第十一、十二兩條，係法人在越南收税辦法，臣與詳細推敲，附於此次章程之内，亦為保衛在越華商張本。但恐愚慮所及或有未周復，將會議章程寄交總理衙門王大臣覆核，進呈御覽。旋奉電覆，章程進無改，希細酌字句照辦等因。近日戈可當又函飭駐津領事林椿，疊次謁商，請將廣西通商處所先定載入章程。臣以界務未定，不能遽許。該使遂請在第一條註語内聲明諒山以北，本年内擇定通商處所字樣，以期早日開辦。經臣電商總理衙門，允行。該使來津諄催畫押，因將稿本發繕，飭由津海關道周馥、税務司德璀琳督同中西繙譯各員，詳細校對無訛，於三月二十二日齊集公所，將中、法文章程四分，會同畫押鈐印竣事，彼此各存正副本二分。伏查此次議可章程自去冬迄今四月，於茲往復折辯，詳細電商。其要求過甚者，絶不敢稍予通融，而舊日約章所准者，亦未便概行拒絶，相機因應，煞費經營，皆由稟承廟謨，隨事與諸王大臣和衷商榷，得以從容成議。而此後恪守定章，認真籌辦，弭患無形，是尤在總理衙門暨滇、粵各督撫臣之操縱得宜也。謹將章程正本封送軍機處，進呈恭候批准，以便以屆時互换其副本，咨送總理衙門查核。臣原奉全權大臣諭旨一道，敬謹咨繳軍機處備查。所有商辦法國在滇、粵邊界陸路通商章程，畫押竣事緣由，謹繕摺由驛馳奏，伏乞皇太后、皇上聖鑒訓示，謹奏。

又：商約十九款。大清國、大法民主國，前於光緒十一年四月二十七日，即西曆一千八百八十五年六月初九日，立定條約。第六款内開北圻與中國之雲南、廣西、廣東各省陸路通商章程，兩國派員會議，另定條款附在本約之後。又第十款内開中法兩國前訂立各條約章程，除由現議更張外，其餘仍應一體遵守等語。是以大清國大皇帝欽差、全權大臣、太子太傅、文華殿大學士、北洋通商大臣會辦海軍事務、直隸總督，一等肅毅伯爵李。大法民主國大伯理璽天德欽差出使中國全權大臣，御賜佩帶榮光四等寶星，並義國冠冕二等大星，外務部交涉科侍郎戈，欽差頭等領事官幫辦議約事務，御賜佩帶瑞典國巨斯達窪薩三等寶星，並比國禮阿波勒德五等寶星卜。各將所奉全權文憑互相校閲，均屬安協議定，條款如左：

第一款

一、兩國議定按照新約第五款，現今指定兩處：一在保勝以上某處，一在諒山以北某處。中國在此設關通商，允許法國即在此兩處設立領事官。該法國領事官應得權利，即照中國待最優之國領事官無異。現在條款畫押時，兩國勘界大臣尚未定議。其諒山以北，應開通商處所本年内應由中國與法國駐華大臣互商擇定，至保勝以上應開通商處所，亦俟兩國勘界定後再行商訂。

第二款

一、中國可在河内、海防二處設立領事官，隨後與法國商酌在北圻他處各大城鎮派領事官駐紮。至法國待此等領事官並該領事官應得權利，即照法國待最優之國領事官無異，其所辦公事應與法國所派保護之大員商辦。

第三款

一、兩國議定於彼此派領事官前來駐紮時，所住公館由兩國地方官相幫照拂。至法國商民前來中國邊界通商處所，均照咸豐八年五月十七日中法條約第七、第十、十一、十二等款辦理。越南人到中國邊界通商處所中國亦一體優待。

第四款

一、越南各地方聽中國人置地建屋，開設行棧，其身家財産俱得保護安穩，決不刻待拘束，與最優待西國之人一律，不得有異。中國官商所寄往來公文、書信、電報經法國郵政電報各局一律遞送，並不阻止。中國待法國人亦照此一律優待。

第五款

一、法國人及法國所保護人與别國居住北圻人等，欲行過界入中國者，法國官查明係體面之人，即請中國邊界官員發給護照，准其執持前往，回日將照繳銷。每遇領照之人，如必應路過土司苗蠻地方，應先照上寫明該處無中國官，不能保護。至有中國内地人民，欲從陸路由中國入越南者，應由中國官查明係體面之人，請法國官發給護照，一如法國人入中國邊界辦法。至彼此所給護照，皆只為游歷而用，不准作為買賣貨物免税憑據。凡有人民之未領有護照而過邊界者，其在中國則聽中國地方官員扣留，其在北圻則聽法國官員扣留。彼此即交各本國官員酌量情形審辦。至僑居越南之中國人民，由北圻回中國者，只由中國官自發憑單准其過界。若邊界通商處所法國人等，有出外遊歷者，地在五十里内，毋庸請照。

第六款

一、凡進口之貨，由法國商民及法國保護之人運至邊界通商處所，已納進口税，即可照善後章程第七款及各海關拿地運洋貨入内地税單之定章，准其入中國内地銷賣。凡各洋貨進雲南、廣西某兩處邊關者，於到關時即將貨色、件數及運貨人姓名報明，由關派人查驗屬實，按照中國通商海關税則減五分之一收納正税。如税則未載，即按估價值百抽五徵收正税。須俟正税完清後，方准起棧過載出售。如該商願將洋貨運入内地，須再報關，照通商各海關税則收納内地子口税，不得援減五分之一之正税折半徵收。此項子口完清後，由關發給税單，准其持往所指之地方售賣。凡遇關卡概不重徵。儻無税單入内地者，應照土貨之例，逢關納税，遇卡抽釐。

第七款

一、凡法國商民及法國保護之人，赴中國内地各處，購買土貨運至邊界通商處所出口入北圻者，均可照善後章程第七款運貨出口之例辦理。凡各項土貨運出雲南、廣西某兩處通商處所，於到關時即將貨色、件數及運貨人姓名報明，由關派人查驗屬實，如係該商先領三聯單自赴内地采買，並完過内地税釐者，應照中國通商各海關税則先徵内地子口税，再照中國通商海關税則減三分之一徵出口正税。如税則未載，即按估價值百抽五徵收正税，方准起棧過載，販運出關。儻該商入内地買土貨，並未領有三聯單者，所過内地關卡仍應照完税釐，由關卡發給單票為據。其抵關時，驗有内地税釐單票，始准免子口税。凡法商等進出雲南、廣西兩邊關運貨之車輛牲口，中國商民進出北圻運貨之車輛牲口，彼此一體免收鈔銀。其進關水路通舟楫之處，彼此可照各海關例收納船鈔。以上第六、第七二款兩國議明，日後儻有他國在中國西南各陸路邊界通商，另有互訂税則，法國亦可一體辦理。

第八款

一、洋貨到此邊關已完進口正税後，復因不賣轉往彼邊關者，如在三十六箇月限内，驗明原貨並未拆動抽换，則此邊關將已收之正税，發給免單，准其持往彼邊關，以抵應繳之税。或發給存銀票，准其於三年内留抵下次應繳本關之税，概不發還現銀。若將此洋貨轉入中國通商各口，應照各海關洋貨進口另收正税，不准以此項邊關存票免單作抵，亦不准以此項邊關已完之税單作抵，以免轇轕。至已完内地子口税，仍照各口向章，概不准發給存票免單。

第九款

一、土貨已在此邊關完過子口税、出口正税，復轉往彼邊關售賣者，到彼邊關後只照原納正税之數收復進口半税，但須照各口定章，不准洋商販入内地。儻將此土貨轉入通商各海口，應概照各海關洋貨進口税則一律辦理，另徵正税。儻入内地，仍完子口税。如有土貨出中國海口進越南海口，復往中國邊界入關，應照洋貨一律徵收正税。儻入内地，仍完子口税。

第十款

一、進出口之貨至中國邊關，即請查驗，不得逾十八箇時辰。如逾期不報，每日罰銀五十兩。惟此罰銀至多不得過二百兩。凡過關報貨時，若心存欺詐，以多報少，冀減其應納税項，查有確據，即將貨物全罰入官。若無關監督准單，私自過關起卸，繞路拆賣及一切有心偷漏等弊，亦將貨物全罰入官。凡有商人報關請領内地税單，心存欺詐或捏報貨物名色、件數並所出、所往之區不符者，亦將貨物全罰入官。至其如何審辦，應照同治七年閏四月初八日章程辦理。其罰令入官之貨，如商人願將原貨作價交官，准其與中國官按照原貨估價交官亦可。至中國沿邊一帶，凡有嚴防偷漏之法，皆由中國官相度機宜，隨時便宜設法辦理。其中、法以及越南船艇上下水道，每過彼此邊關之時，儻無單貨不符等弊，可無庸卸貨登岸，只由關遣差上船查驗。

第十一款

一、中國土貨由陸路入北圻者，照法關稅則完納進口稅，若係出口，一概免稅。日後法國在北圻另定稅則章程，隨時知照中國。儻北圻境內將另定越南數種土貨製造及金銀保真等稅，中國有此等貨運入北圻，亦應照徵。

第十二款

一、凡運土貨由中國此邊關路過北圻至中國彼邊關者，或由兩邊關運出越南海口回中國者，其過北圻時應照法關稅則完納過境稅，均不得過貨值百抽二。至此項貨物於出中國後，應由法國邊關查驗給發貨單，詳開貨物名色、件數並所往之處等語。該商人執此貨單每遇法官索驗，即應沿途或抵海口後呈閱。但此項土貨運入北圻後，應先納進口正稅，以防偷漏。即由法關給發單照，以便於抵海口或至邊界時呈驗，並由法關在原納進口正稅內扣去過境稅銀，仍將餘銀給還，則該商人即將前次已領之收稅單呈繳註銷。惟此項土貨運過北圻，既係新章，儻該商報法關時心存欺詐，捏報貨物名色、件數並所出、所往之處不符，查有確據者，即將貨罰入官。其罰令入官之貨，如商人願將原貨作價交官，准其與法國官按照原貨估價交官亦可。至中國土貨出各海關運入越南海口，過北圻進邊關者，其在越南境內亦應照以上過境稅則一律辦理。

第十三款

一、凡有金銀，外國各等銀錢，麪粟、米粉，砂穀米、麪餅、熟肉、熟菜、牛奶、酥牛油、蜜餞，外國衣服、金銀首飾、攙銀器、香水、碱炭、柴薪，外國蠟燭、煙絲、煙葉，外國酒、家用雜物、船用雜物、行李、紙張、筆墨氈毯、鐵刀利器，外國自用藥料、玻璃器皿，以上各物進出口由中國邊關驗明，確係外國所産，洋人自用，數目無多，准給免稅單放行。儻不報驗，不請免稅單，私自起運者，照商貨走私例罰辦。至若運往內地，除金銀、外國銀錢、行李三項，仍無庸議外，其餘各貨即係洋人自用，數目無多，皆按稅則每貨值百兩完納內地子口稅銀二兩五錢。凡中國之出入北圻邊關者，隨身所帶銀錢、行李、衣服、首飾、紙張、筆墨、書籍及自用家伙、食物到法越關，一概免稅。至中國領事官所運自用各貨，亦一律免稅。

第十四款

一、兩國議明，洋藥、土藥均不惟由北圻與雲南、廣東廣西之陸路邊界販運買賣。

第十五款

一、米穀等糧不准販運出中國邊關。如係進關，准其免稅。至火藥、彈子、大小鎗礮、硝磺、青白鉛，一切軍器、食鹽及各項有壞人心風俗之物，均不准販運進關。違者即查拏，全罰入官。其軍火各項，如由中國官自行采辦，或由商人特奉准買，明文須由關查驗明確，方准進關。日後，可由中國大員先商法國領事官，准將兵器、軍火過北圻運進邊界，則法國關全行免稅。至一切兵器、軍火及各項有壞人心風俗之物，亦不准販運進北圻。

第十六款

一、中國商民僑居越南所有命案、賦稅、詞訟等件，均與法國相待最優之國之商民無異。其在邊關通商處所，華人與法人、越南人詞訟案件，歸中法官員會審。至法國人及法國保護人在通商處所，如有犯大小等罪，應查照咸豐八年條約第三十八、三十九等款一律辦理。

第十七款

一、中國邊界某某通商處所，儻有中國人民照中國律例，無論犯何罪名，逃入法國人，或法國所，保護人民寓所，或商船隱匿者，地方官照會領事官查明罪由，即設法拘送中國官審辦。至中國人民，因犯法逃往越南，由中國官照會法國官訪查嚴拏，查明實係罪犯，交出照法國與別國所訂互交逃犯之約最優之章辦理。其法國人民及法國保護人犯法，被告逃往中國者，法國官照會中國官查明實係罪犯，設法拘送交出法國官審辦，彼此不得稍有庇匿。

第十八款

一、此次所訂陸路通商各款如有未詳備者，應查照中通商各海關章程，與現在通行條約相符者辦理。儻再有未訂之事，應由兩國官員各請示於本國。以上各款，將來如須續修，即照新約第八款所載換約後十年之期，再行商訂。

第十九款

一、此次會議通商條款俟兩國批准後，應在中國、法國及越南頒行週知，一體遵守。仍於畫押之後，多至一年為期，在中國京都互換。

（清）劉坤一《劉坤一遺集·奏疏》卷二八《內河小輪窒礙難行請飭遵前定議章摺光緒二十四年七月初四日》 奏為內河准行小輪，洋人獲益獨厚，妨礙釐税，擾害商民，籲懇天恩，飭照第二次定章，華洋一律遵辦，恭摺仰祈聖鑒事：

竊本年三月間，准總理衙門奏准各省內河行駛輪船，鈔録原奏並總税司擬章咨行試辦前來。

臣查原奏內稱，係為擴充商務，增收税釐起見。當即詳考章程，旁稽條約，覺將通商省分內河均准華洋商輪行駛，與從前禁止之案不符。總税司議章九條，於徵收税釐未能分晰，又多牽泥之處。迭次電商，嗣經劄飭議覆，未分晰者酌加添註，易牽混者量爲修改，並准隨時續議更訂，雖則窒礙猶多，尚屬利害參半。曾幾何時，忽又咨到三次改章，頓翻原議。前之內河明指通商省分，今則謂與煙臺議約第四端所論內地二字相同，是沿海、沿江、沿河及不通商地方皆准行駛。前定税課辦法，本是華洋一律；今則謂洋商即按條約税則辦理，應遵之章須與條約相符，是內地釐税照舊徵收之權，僅能行之華商，而洋商來往可不遵完税釐，停候查驗。又長江一概不准拖帶貨船，前經通飭遵辦。今則謂若無海關特照，即不准其拖帶，是明知牌照撤發權在税司，洋商之船自必皆請特照矣！洋商獲利獨優，較議約所得之益猶有過之。查總税司覆議，亦謂華洋內河行輪本是約外之事，無非為商務興旺、税餉日增，於地方無礙起見。豈期變本加厲，困我商民至於此極！將使商務由此益衰，税餉因此愈絀，地方從此擾害無窮，造端甚微，釀禍甚鉅，敬為我皇上披瀝陳之。

查近來洋人商務較前愈盛，而各處税釐未曾因之加豐，蓋緣税則本輕，條約愈密，釐收亦隱為所占。中外窘迫情形日甚一日，竭關税以償洋款尚虞不足，復益以七處鹽貨釐金，餉源頓窮，釐收益絀，江南僅金陵一局尚可稍資彌縫，今內河准小輪駛行，洋商即率先赴淮揚、裏下河及蘇、常、鎮運河等處拖帶貨船，不僅恃單照為護符，並許照條約以辦理，匪但不完釐税，並且不服盤查。行見金陵釐捐化為烏有，仍須部臣指款撥補，否則貽誤堪虞。且長江改章甫頒，自必任其援照，新關正半各税，難免因之牽動，萬一徵收税減，洋債從何抵償？苟有責言，殊礙成約。各省緊要餉項，早已羅掘俱窮，若再有短絀之處，竟至無可挹注，安有餘力以圖富強？行此於庫帑支絀之時，臣所慮妨國計者此也。

江海輪船暢行以後，華民懋遷日絀，洋商壟斷彌工，恃其税則之輕，單照之益，往往雇民船以運貨，誘民船以挂旗，黠桀者趨之若鶩，實為關卡之巨蠹。近又獲改造土貨之益，凡海澨山陬，寸絲粒粟之利，舉皆為所網羅。今因內河行輪，遂將煙臺議款攙入此次改章。從此蔓延以入腹地，南如閩、廣、浙江，西及湘、鄂、西、皖，即非通商省分，亦復莫可遮攔。東南古稱澤國，小民多倚舟楫謀生，自為輪船所奪，其貧苦失業流為盜賊者比比皆是，私梟、會匪之充斥，職此之由。小輪便捷，內地縱橫，攘奪侵牟，不可究詰。不獨駕舟負縴者難於覓食，即在操奇計贏者亦以無以資生。聚數百萬困頓之徒而莫為之所，臣所慮礙民生者此也。

臣嘗痛心於覯閔受侮之端多由教案而起，愚頑無知，畛域難化，第逞私忿，罔恤時艱，往往釀患於不可測。夫教堂以勸人行善為懷，尚不免於猜忌；小輪是與民爭利之事，更難禁其忿爭。故初次議章甫頒而聚衆滋事之案迭見矣。三次改章未定，而拖貨闖卡之案益多矣。洋人得此約外之利，中國失其治內之權，使商民衣食之源遂失所恃，上下交困，怨讟繁興。羣不逞之徒並敢於明目張膽以隸洋籍，因而自立行號，朦領船牌，益復肆無忌憚，以詈辱關卡為得計，以魚肉商民為本圖。弱者忍之於心，悍者爭之以力，相持不下，終必激成毀輪傷人之案矣。句結莫解，並恐牽及燬堂滅教之案矣。小輪來往靡定，比保護教堂其事為尤難。各省兵勇俱裁，即責成州縣亦力有不逮。萬一啓衅強鄰，重煩宫廷旰食，即嚴譴微臣及在事各員以謝天下，面禍患尚忍言乎！臣所慮啓鄰衅者此也。

在總理衙門王大臣變諧中外，迎拒兩難，約中通融，蓋亦幾經籌度，初不料其得步進步遂至於斯。臣身任地方，感憤憂危，曷敢舍其大而圖其細。且屢承明詔，百度維新，凡有益民生、有裨商務之事，罔不竭力奉行。惟此內河行輪，窒礙太多，關係甚重，未敢隱忍不言。方今患貧已深，不可又生釁衅；積弱太甚，焉能再失人心。伏乞皇上巽命重申，敕令總理衙門劄飭總稅務司查照第二次所定九款，妥速訂正照行，尚可稍圖補救。倘荷宸斷，立敕議停，以維持國詩民生，實為上策，恭候聖裁。所有內河准行小輪妨礙釐稅、擾害商民緣由，理合恭摺具陳，抑祈皇上聖鑒訓示。謹奏。

（清）劉坤一《劉坤一遺集·電奏》卷二《寄軍機處光緒二十八年正月初九日》 接全權函，欲將俄約允許。此約也成，禍不旋踵。大局存亡所繫，敬為聖主陳之。

原函謂：俄約有礙主權各節，一概刪除，各國尚無他說。惟銀行合同，再四商改，以保權利等語。查銀行合同明係與俄專利，何得謂無礙主權！英國國家明言將與中國為難，薩使明言定向中國索償，何得謂尚無他說！

原函又謂：東三省礦務，中國自辦；如交俄辦，須中國批准，尚不失主權；至中、俄商務小事與各口岸無涉，於各國工商利益無礙，我持此議，彼未遽從等語。查礦務既聲明中國自辦，復云如交俄辦即是許俄專利之據。既禁他國來開，中國更無此力。俄有所欲，豈能不批准乎！主權已盡失矣。薩使明言此乃彌縫背約之法，是外人業已窺破，何可再持此義。

原函又謂：英、日、美但有阻緩之言，並無切實相助辦法。兩國訂約，不應他國干預，能自定為上策，請各國調停爲下策等語。查英、日等國忌俄最深，俄得志東三省，日固有唇齒之慮，英商務亦大受損。英已屢勸中國堅持；日本去秋復電允俟津兵撤後，聯英、美詰俄，語尤結實。近日英、日聯盟專為東三省事。揆之理勢則如彼，證之事實又如此，不能自持定見，乃專以不切實相助責人乎！自行訂約為上，係指尋常而言。此次俄約本與北京公約事屬一案。既有各國牽制，毅然許俄，開罪各國，實是下策。激怒之後，咸相詰問，何以應之？況日、英聯盟互保權利，我能從彼力持，即與三省有益；若墮俄計，日、英權利受損，必取償於我，利害顯然。

原函又謂：各國評斷，俄即相從，事後要索酬報，亦難徧應等語。查東三省利益，若許各國均霑，豈能再索酬報？今不慮索償而慮索謝，殊不可解。

原函又謂：擬妥定礦路章程，俄辦礦務以此為衡，他國援辦不能出此範圍等語。查自定章程，在強國為有用；今國勢至此，豈一紙礦路章程所能限制各國，且約內已明言，如交俄辦云云，將來各國援請，英於長江，德於山東，江北、河南，法於滇、桂，日於閩浙、江西，皆在意中。外人租山辦礦，原無不可；惟每省不專歸一國，則權在主人。若援俄例，則一省利權專屬一國，地產全失，兵權在人，道路阻隔，政令不行，與瓜分何異。

原函又謂：東三省為俄兵力所得。以此為言，無異召敵，各國並起而中國危矣。

坤一等反覆思維，此約萬不可許，仍以請各國公斷為妥，否則仍暫作宕局。轉瞬冰泮，先商各國撤兵，還津，再聯英、日、美詰俄，此一定之步驟，伏乞宸施行。

請代奏。坤一、之洞。

（清）劉坤一《劉坤一遺集·電奏》卷二《寄軍機處光緒二十八年七月二十四日》 英使馬凱原送商約二十四款，初以和議，允其商改，頗多奢望。迭經會籌，堅耐磋議，凡有礙政權、利權各款，嚴詞拒絕；其偏重損釐各款，設法推宕，一面自籌加稅免釐衹抵善法。計在滬議定七款，均經海寰、宣懷隨時電商之洞、坤一及有關涉各省，並請外務部酌核准駁。僅擇其無大關係之牌號、合股、存票、關棧、珠江、川江整頓行船、廣東輪船、民船一律徵稅六條及有裨國政之整頓圜法一條，先行議定。除第八款至第十三款已由鄂會同電奏外，所有第一款至第七款，理合釐訂次第，再將全文會電列款如下：

第一款，向來存票延擱，推原其故，係由此等存票由監督經理，而監督與海關相離遙遠。現議定嗣後所有存票，悉歸海關發給。自商人稟請之日起，以三禮拜為限。此等存票可用作海關通行稅票，以抵出入口貨稅，惟不得用以抵納子口半稅。至洋貨入口後，三年之內再運出外洋，其存票可由該貨人口納稅之處向海關號領取現銀，不得減扣。倘請發存票之人欲圖混騙，一經海關官員查出，須罰銀，照其所圖騙之數，不得逾五倍，或將其貨入官。

第二款，中國允願設法立定國家一律通用之銀式，即以此為合例之銀式。將來中、英兩國人民，應在中國各處用之完納各項稅餉及各項之用。

第三款，中國允許凡民船載貨，由香港往來廣東省內各通商口岸所納之稅，連釐金合算，不得少於洋關徵收輪船所載相同貨物之數。

第四款，曩者曾有因中國人民釀資附入外國人所辦之公司等舉，亦有經中國人民出資鉅數，為眾所共曉，惟是否合例，尚無明定之章。中國今允認定，不論從前、現在、將來，凡中國人民出資附入外國人所辦之公司等舉者，應均視為合例，有利共享，有害共承，始昭公信。中國更允，凡中國人民，或已附股，或此後附股英之股票公司者，既已為股友，即應為已允依從公司所訂明各章程，遵守英公堂所解說辦法；如有因前項控告公堂之事，中國公堂即應飭附股華人遵所判斷，與英人無異，不能較同附股之英人受累有多，有少。英國政府亦允凡英國人民附中國公司等舉者，亦當一體遵有利共享，有害共承之例，與華人之同附股者無異。凡以上所開各節，應與曾經呈控公堂已經判斷完結者無涉。

第五款，中國政府允於兩年內將有礙廣東珠江行船並非天生窒礙者折除。又允准將廣州口岸泊船處整頓，其如何設法整頓，由中國海關經理。其經費，准於華、英兩國商人所卸裝之貨物收捐充用，應抽若干，仍候海關與華、英商人議定。第二節，中國政府悉知宜昌至重慶一帶水勢宜整頓，以便通行輪船，又深知整頓工費浩大，且關係川、楚兩省地方百姓，所以彼此訂定：目下未能整頓以前，應准輪船聽由海關核准後，安設拖拉過灘利便之件，經費由輪船自出。該利便之件，不論輪船、民船均可任便聽用，仍須遵照海關議定章程辦理。但所設之件，不得阻礙河道及民船暢行。如須用號塔、號標，均由海關酌度何時何地相宜備設，將來如有可以條陳利於行船之法，果能無害於地方百姓，而費不由官出，中國可和平商酌。

第六款，中國允願設法在通商口岸，多給利便之方，以設關棧及將關棧所存之貨改包。又凡英國官照會請將民棧給以關棧之利益者，就中國海關驗明稱意，足以保護稅餉不致走漏，即可將民棧改為關棧。該關棧，應按海關所定之章程辦理。該章程並載取收費用，按貨物之貴賤，離洋關之遠近，與作工之時刻而定，及海關於保護稅餉之處，須寓方便下人之意。

第七款，英國政府保護中國貿易牌號，以免英國民人違犯假冒名色；中國政府亦應保護英國貿易牌號，以免中國民人違犯假冒名色。中國政府再請南、北洋大臣在各管轄境內設立局所，歸中國海關管理，以便將貿易洋牌號，可以註册。應收註册費，公道收取。

以上七款，連鄂定六款，馬使已將洋文刷印送來。除第十款、第十一款尚待另奏，又第八款英廷尚須酌妥字句另電外，其餘各款俟核准後，所在漢、洋文亟應預為校對，以免屆時忽遽錯誤。請代奏，候旨施行。坤一、之洞、海寰、宣懷。

（清）劉坤一《劉坤一遺集・電奏》卷二《寄軍機處光緒二十八年七月二十四日**》** 英使馬凱索議內港行輪、口岸利權兩條，之洞、海寰、宣懷在鄂電奏，奉旨：流弊滋多，責成坤一、之洞等再行詳慎籌商，妥議具奏等因。

查內港行輪一條，在鄂僅議一次。馬凱欲照裴、賀兩稅司所擬章程，催與定議。之洞等以內港雖本許行輪，惟防弊全在章程嚴密；見裴、賀兩稅司所擬章程未妥，當經堅持力駁，謂章程須由赫總稅司重議，此時斷不能遽定。馬無可如何，始允回滬後再行斟酌。奏旨後，經坤一會商之洞等，將小輪一款，扼定總署原訂正續章程，祇准由通商口岸入內地，不得由此不通商之內地至彼內地，並不准自建棧房，拖船船戶應歸華民充當，及不得稍損中國管轄之權。寰、宣旋滬後，遵照辦論。

又擬添一華商設立公司，祇准洋商附股，掛中國旗，歸中國註册管轄一條。與馬使會議十數次，反覆辯論，始允將原議第十款酌刪，仍照總署所訂正續章程遵行，將所與裴式楷、賀璧理兩稅司修改之本作廢，另議續章十二節，附於原章之後，一體遵守。其間有已照坤一等指駁各節全行爭回者，亦有未盡爭回而已酌改受我限制者，均隨時電請外務部分別核覆。實係磋磨再四，無可再商，應請照准。謹將第十款刪併兩條及續訂章程十二節，開列於下：

計刪併第十款之兩條。

一，茲因一千八百九十八年，內地水道已許凡特註册之中外輪船行駛，以利便各通商口岸之貿易；又因是年七月二十八號所定之章程及是年九月所續定之章程，間有於行輪未便，茲將章程彼此允願修改，附載此約之後，按照遵行，直至日後彼此允願更改為止。

一，中、英兩國再彼此議定，將口門開為通商口岸；又議定除一千八百九十七年二月九號緬甸條約專款所載各地方外，准英國輪船在下列各地，按照揚子江輪船停泊處所章程起下貨物及搭客，即北山口、羅定口、都城；又議定英國輪船准在下列廣東西江十處上落搭客，即容奇、馬寧、九江、古勞窖、永安、後瀝、禄步、悦城、六都、封川。

又續定十二節。

一，英國輪船東可向中國人民在河道兩岸租棧房及碼頭，不逾二十五年租期，如彼此兩願續租，亦可從新再議章程。倘英商不能向華民妥租棧房及碼頭，與商務局商妥後，須由地方官照時值，公道預備棧房碼頭租給，租滿之後亦可接租。如該處尚無商務局，可與商務大臣商辦。

二，靠船碼頭不得有阻水道，亦不得礙船隻通行，並須由最近海關先行查明允准；但海關亦不得苛求。

三，英國商人所租棧房及小碼頭，須納税捐如同中國人民左近相類之房屋一樣。英國商人止能用中國代理人及執事等人在該內河行輪處租房之内居住貿易；惟英商亦可隨時前往察視其生意情形，不得因此於中國管轄人民之權稍有減損或有所妨礙。

四，凡中國內港行駛之輪船，如有損傷堤岸或各項工程，責成該輪船將該堤岸工程查係損傷以及他項因傷受虧一切賠償業主。如有淺水河道恐因行輪致傷堤岸以及相連之田地，中國欲禁小輪行駛者，知會英國官員查明實有妨礙，即行禁止英輪行駛該河；但華輪亦應一律禁止。至華、洋輪船並不得在內河向有壩閘之處行駛，防有損傷該處壩閘，致礙水利。

五，英國政府欲將中國內地水道開通，行駛輪船，大意實為中外貨物運動迅速起見。如現在或日後有行駛內地水道之英輪，而該船允願將輪船轉賣於華人公司及挂中國旗號，英政府應許不加禁阻。

六，如有華人按照中國律例註册，設立內港行輪公司，而有英人附股者，不得因該公司有英股在內，遂以為該公司輪船即准挂英國旗號。

七，民船向不准装運違禁貨物，凡行駛內港輪船及該輪拖帶之船，亦均一律不准装運。如有不遵，即照違禁章程辦理，註銷所給關牌，不准行駛內港。

八，內港行輪，風氣未開，內地居民宜令其少受驚擾，故凡內港向來未經輪船行駛者，須審察商人之便，並輪船實見生意有利可圖，方可漸次開駛。如有商人欲於商船未經到之內港設輪行駛，須先向最近口岸之税務司報明，以便轉稟商務大臣會商該省督撫體察情形，迅速批准。

九，此項輪船，祇准在口岸內行駛，或由通商此口至通商彼口，或由口岸至內地，並由該內地處駛回口岸，並准報明海關在沿途此次所經貿易各埠上下客貨；但不得由此不通商口岸之內地至彼不通商口岸之內地專行往來。

十，英國輪船在中國內港行駛者，應盡力量所能到之處，方便中國郵政局運寄信件、包裹，其章程須由船東或船主與中國郵政局彼此妥商辦理。除中國現辦之郵政局信件、包裹外，凡人民或行鋪之信件不准行駛內港之輪船帶運；惟外國領事官所寄之信件及輪船本行之信箱不在此例。

十一，無論客船或貨船均為輪船拖帶。凡被拖之船隻，其船戶、水手人等均應歸華民充當，並不拘船東為何人，均須挂號，方准由口岸行駛內港。

十二，現在所定以上各章程，係補續光緒二十四年西七月、九月前後所訂內港行輪之章程。其未經此次所訂更改者，則仍舊照行；其為此次章程所改者，則以此次所定為准。此次之章程，是補續光緒二十四年前後之章程，擬視同舊章一樣，足為現時管理。此項輪船之章，嗣後倘有應行修改之處，即可隨時彼此酌情商准。

除十一款口岸一條，現尚與馬凱争持，日內即當另電具奏外，請代奏請旨施行，坤一、之洞、海寰、宣懷。

（清）劉坤一《劉坤一遺集・電奏》卷二《寄軍機處光緒二十八年七月二十五日》

英使馬凱原索商二十四款，無非損我權利，動以和議大綱十一款載明中國已允以商改利益為要挾。當經坤一等於未開議前往返電商，皆以加税免釐一事為全約主腦，復窺破馬凱用意偏重在損釐而不加税。磋商八閲月之久，聚議六十餘次之多，舌敝唇焦，始克就範。中間復以在滬不能決及議而未成者，海寰、宣懷邀同馬凱偕赴江、鄂共籌抵制，堅持力辯，務期取益防損，不致喫虧。綜計先後駁拒不議未允入約者七款：曰洋鹽進口，曰內地僑居貿易，曰郵政電報，曰設海上律例，曰整頓上海新衙門，曰口岸免釐界限，曰貨物同在一河免復進口税，歸人加税免釐款內併議。藉為抵制者五款：曰新開口岸，曰減出口税，曰三聯單，曰子口單，曰常關歸新關管理。商允改妥者十一款：曰存票，曰國幣，曰廣東民船與輪船納税一律，曰華洋合股，曰整頓珠江、川江，曰推廣關棧，曰保護牌號，曰加税免釐，曰礦務章程，曰內港行輪，曰穀米禁令。皆就馬凱原送款目而分別准駁刪改歸併者也。坤一等復向馬凱索議，彼允入約者三款：曰治外法權，曰籌議教案，曰禁莫非鴉，皆我補救國計民生要圖，幸就範圍，實有裨益。馬凱於定議後，復補請入約者兩款：曰修改税則年限，曰約文以英為憑，核係查明舊約辦理，為約中應有之義。共計十六款。其全約文本列有第十一款係口岸利權，因馬凱議定復翻，祇得照議刪除。業於徑電會奏陳明，是以剔除不計。

總之，戰後立約，彼要求多端，萬不能一無所允；然允則於彼有益，即於我有損，不得不權其輕重，設法挽回。綜核全約利益，彼此尚得其平。要皆仰賴聖明訓示，周詳用得，勉與圖成，以釋廑念。本擬專摺具奏請旨，因馬凱以事急欲回國，定期本月二十七日起程，坤一等電留不允；並聞英商多以此約於英無多利益，意圖謀阻，非趁其在滬畫押，恐馬使一行，全約或有更變，則全功盡棄，甚為可慮。謹將核定約文電呈御覽，惟有仰求迅賜核定，准飭先行畫押，一面將漢洋文約本專摺進呈。

再，立約向以洋文為準，議定後復經派員按照洋文與漢文逐加校對，雖詞句較原本間有增易，而意義則較原本仍無出入，合併陳明。

請代奏。坤一、之洞、海寰、宣懷。

（清）劉坤一《劉坤一遺集・書牘》卷一五《致王雨庵光緒二年十月二十七日》　案照瓊州海口義和等行販運芝蔴出口不完府税一案，前接閣下來函，案經辦結，府税照章徵納等因，業經批復轉飭遵照矣。

茲據丁守來稟，以前事義和等行販運土貨，本應完納府税，因牽涉輪船，免其深究。內地奸商人等，相率效尤，將來府税，必致短徵等情，稟請查辦前來。

向來華商販運土貨，本應逢關納税，遇卡抽釐，遍查條約及歷年承准總署暨南、北洋大臣節次咨行，並無華商土貨附搭輪船出口完納洋税之外准免內地各項釐税之明文。海口未經通商之前，華商販貨由海口出洋，自必於到口時先完府税，再於出口時照完關税。今因該處通商，時有輪船來往，內地奸商，以所運貨附搭輪船，止完出口之洋税，不納落地之府税，原屬意存取巧，本應追納完徵。惟該處既有番舶往來，即難保內地奸商不相句結，若操之過蹙，必且慫恿洋商，煽惑領事，狡執生端；倘聽其所為，則府税又形短絀。鄙意洋商土貨，必須運至通商口岸，始能借洋人為護符；而府税之稽徵，原不必定在通商口岸。若將税廠移出口岸界外，土貨經由該廠，照章徵税，華商自不得不遵，外人亦無從包庇。倘以界外設廠扼要為難，則多設子廠以備查驗，商販亦豈能繞越。目前辦理交涉事件，不得不審機變通。以期中外相安。並將丁守稟函，批行飭遵。務祈閣下審量事理，察看情形，督同新任段守核議章程，妥為辦理，是所至要。至移廠一説，係弟豫度之詞，倘或格礙難行，及另有辦法尤臻周妥者，即希隨時處置，亦不必拘泥遷就也。

再，海口通商口岸，前此節次批行諄囑劃清界址者，其故有數端焉：洋商貿易，祇准在通商口岸；倘於並未通商之處，私做買賣，貨物應行入官，若界址不清，即易於支飾。一也。洋商租買地段，設立行棧，祇准在通商口岸地方；凡非通商口岸，概不准行，若界址不清，即易於影射。二也。條約，洋人游歷，如在百里之內，毋庸請照。若通商口岸界址過寬，即游歷地方袤延益廣，竊恐易於滋事，難以周防。三也。近日煙臺議款，有劃清洋人租界之議，洋人意欲於租界之內，免完税釐。此時雖未明言，將來恐須照准。租界固與通口岸不同，而其地總在口岸之內。倘口岸並無定界，將租界亦因之混淆。先事以圖，固宜加慎。四也。

口岸劃分界址，事與洋人無礙，該領事與税務司必肯允行。務祈閣下即向酌商，早為定議。此事頗關大局，幸加意焉。

（清）劉坤一《劉坤一遺集・書牘》卷一五《復總署光緒二年十一月二十

六日》十一月十一日准十月十八日所發大咨，以滇案議結條款內，香港洋面粵海關所設巡船有擾累華民商船情事，議由英國選派領事官，香港選派英官各一員，由中國選派平等官一員，會同核議定章一款，咨行轉飭查明該關巡船，有無擾累商船情事，並將來應如何核議章程之處，即日咨復，以憑酌核等因。

查此事本年九月間接准大咨，即劄知英國領事官羅伯遜查照。隨據申稱，伊奉威公使委令辦理此事，請於遇便舉辦時，再行劄知，轉致香港洋官，派員前來會同辦理。並移英使威妥瑪函同前情。

坤一密查粵海關所設巡船，近年緝私，過於嚴厲，容或有之，至於擾累商船，則並無實在案據。惟在港貿易之華商，因販私被獲，動輒充分重罰，遂以巡船擾累，愬之香港洋官。洋官欲見好於華商，又不知海關常稅則例，意謂海關巡役浮徵中飽，故議結滇案條款，波及此事。威公使來函則以派委稅務司為請，羅領事面議則以改照洋稅為言，坤一與之折辯再三，始無異説。

惟此次所定章程，必須令外人曉然於心，知稅項之並無浮徵，而後內地奸商無從飾聳。因即飭委候補高道從望，會同羅領事，酌擬條款大意，擬於附近香港地方，專設一廠，徵收香港出口、進口商船稅項，廠中專派委員，不用家人、司事，仍由中國選派英人一名，在廠幫辦，並將各貨稅項數目，以及走私議罰一切則例，示諭周知。其所以議用英人在廠幫辦者，既令香港洋官灼知並無浮徵之弊，且在港貿易之華商，走漏私稅，亦可用為耳目，設法緝拏。其廠中一切事宜，言明仍由委員主政，於事體尚無大礙，似可准行。至於稅餉各項例章，本非祕而不宣之事，且深秘之而適滋藉口，不若明示之而用息羣疑，是以面諭高道，令與羅領事妥為籌畫，再由敝處劄知該領事，轉致香港英官派員前來會商，立約畫押，此現在辦理大概之情形也。

羅領事係奉威公使所委，想香港委員斷不至與參差。茲謹將所擬條款，及羅領事致高道信函，一併鈔録，密呈察覽。餘俟香港所派英官到日，會同高道及羅領事議定章程，再當咨呈尊處，核示遵辦。

再，此次香港徵稅緝私之事，威公使意欲派稅務司裴式楷兼辦，而羅領事不以為然，又不敢明出諸口。查裴式楷為人首鼠兩端，甚不可靠。即如今夏間，法商哥崧控告絲斤一事，坤一委令會審，預先誡以持平，嗣復將案情反覆駁辯，該稅司竟敢徧詢哥崧，致煩筆舌。且於海關常稅以及鹽務、釐務等事，無一不思干預，惟利是圖。今廠中議派英人幫辦，若令裴稅司濫竽其間，必致枝節叢生，莫可究詰。坤一知羅領事與裴稅司積不相能，亦即因勢利導，謂稅務司公事甚繁，恐難兼顧，不若即由羅領事另舉一人，仍由坤一札委。該領事聞之，欣然聽命。此間稅務，多係該領事斡旋，此亦羈縻之一端，庶異日易於駕馭也。

（清）劉坤一《劉坤一遺集·書牘》卷一五《復沈幼丹光緒二年十二月二十九日》　日昨接到尊處致俟星東榷使信一函，弟以郵筒釘對，必係緊要公事，當經折閱，敬悉尊處現接總署來函，以劃定租界一事，係就洋人現在居住處所而言，務須認定此意，再與領事會商。如從前已定界址者，自應照舊劃明；如未經定明者，應認定洋人現住處所作為界址，不得稍任展拓等因。

查滇案議結條款內事涉粵東者，一係北海地方添開通商口岸，一係會定香港巡船收稅章程，一係劃定洋人租界。其北海、香港兩事，先據英、法兩國領事申陳，業經分別籌辦，另行咨函達總署及尊處矣。

至租界一事，尚未接據領事申陳。弟於本年九月間，准粵海關轉准尊處咨行，當查粵省地方通商日久，道光以前，海疆無事，泰西各國來粵通商，已在省城之南租建洋行，住居屯貨，所稱十三行者是也。至咸豐七年以後，各國船運貨逕來省河，即在省城附近地方，租地賃屋，開行儲貨，挈眷久居；其地基房屋，或賃自民間，或承租官地，大抵零星散漫，與上海洋人聚居租界者情形迥不相同，必須先事確查，預為籌畫。其省外各縣之隸廣州者，亦恐所屬地方，或有洋人居住；而廣州之外，尚有潮州之汕頭、瓊州之海口，均係通商口岸，亦應一體查明。當經分飭各道府，督同各地方官，密切確查，繪圖稟覆。刻下潮、瓊兩處及廣屬各外縣均未覆到，惟省城附近各處，已據南、番二縣查覆前來。

弟復撿查咸豐七年以來歷年檔案，計洋人承租省城內外官地歲納地租者，共有六處，內除城內之總督舊署地基一處，現建教堂，又將軍署後及藩司署側空地二處改建領事官署，既非屯貨洋行，亦非洋商住處，均毋庸置議外，尚有省城外沙面一處，英、法兩國分租；十三行一處，英國承租；稅廠迤東一處，美國承租。此三處實係承租官地，歲納租銀，且沙面一處建設行棧，十三行、稅廠迤東兩處建立碼頭，均係洋貨屯積經由之處，必須界址分明。但當時均已立有合同，載明廣袤四至，將來自可按照原定界址，再與劃清。惟各國洋人，向民間租賃屋地，開行儲貨挈眷居住者，竟有百數十處之多，或相連十數間，或僅止三四間一二間不等。洋人去來無定，其屋地隨時租賃，並非聚處久居，且參錯於居民鋪戶之間，界址亦礙難分劃。將來地方官與之會議，如此等處，勢不能驅之使去；然亦不能謂之租界，竟當毋庸劃界，以杜影射，而息紛紜。此雖未敢決其必從，而揆理度情，似尚可與之折辨。

至於粵東抽釐，大抵設廠於江路扼要之區，市鎮殷繁之地。如省城外沙面十三行、稅廠迤東各處洋人所租地段之內，均未設廠收釐。如能將該三處定為租界，將界址逐一劃清，似於釐務抽收並無妨礙。

此外瓊州甫開口岸，洋人到者尚稀，劃界一層或尚易於定議。潮州、汕頭雖通商較久，而洋人所租官地，聞亦無多，若亦倣照現擬省城辦法，但以承租官地為租界，其自向民間租賃處所，概不得作為租界，則界限較易分明。弟已密切函知各該道府，轉飭地方官預先確查，稟候核飭遵照。

此時英國領事雖尚無申請會議之文，而其中一切事宜，自須先為籌度，茲謹將飭查擬辦情形，先行詳布，如或未臻周妥，伏乞鴻裁審酌，示以周行，幸甚！

除函達總署暨北洋大臣外，專此肅覆。

再，各國洋人，原不准在內地租賃房屋，設立行棧，惟廣州原係通商口岸，條約內祇聲明廣州二字，從前並未將可至何處逐一劃清，凡係廣州府所屬地方，洋人皆可影射。而咸豐七年，英、法二國踞住省城，其時各國商人之來廣州者，即在省城內外租賃房屋，開行住眷，當時既無從過問，迨繳還省城之後。城內除領事官署及教堂之外，並無洋人寄居，而附城各處居住之洋人，勢難驅逐，沿習日久，與居民鋪戶，尚屬耦居無猜，因而相率因循，置之不問。此時既有劃界之議，如能趁此與各國領事議明，另行覓地為各國洋人聚居之所，原屬一勞永逸之方。無如人數既多，需地太廣，所居之人既非一國，則所需之地不止一區，恐其選擇要求，辦理轉形棘手。所以籌思再四，僅擬於此等處不劃界址，而此外不復深求。此係粵東實在情形，謹以縷陳清聽。

（清）劉坤一《劉坤一遺集·書牘》卷一五《致總署光緒四年五月十九日》

竊照美國續增條約及祕魯國條約內均載明，除兩國民人自願往來居住外，別有招致之法，均非所准。祕國條約又聲明，現經嚴行禁止，不准在各口岸勉強誘騙中國人運載出洋；違者，其人各照本國例，嚴行懲治，至所載運之船，一併按例罰辦等因。是該各國不許來華招工，已有明文。又恐陽避招工之名，陰蹈招工之實，多方誘騙，使入牢籠，故申明別有招致之法，均非所准，立意極為嚴密，亦極詳明。

乃美國領事林幹於上年十一月十六日申陳，請出告示曉諭地方，現在該國同孚洋行輪船與祕國立約，凡有由祕國朝廷資遣華工回粵者，均由該行輪船裝載送回；並請告示內聲明祕國各埠易於覓工，其工價甚高等語。當經劄覆：同孚洋行輪船裝祕國華工回華，自係善舉。惟曉諭地方，謂祕國各埠易覓工，工價甚高等語，近於設法招致，有礙條約，未便照准在案。

茲於本年四月初六日，該領事與祕國愛公使勒謨爾一同來署，據稱此次由本國坐同孚洋行輪船來粵，順道拜望，不日便須北上，囑為函致中國出使祕魯等處大臣，約於上海與該公使面晤。坤一尚未往該公使寓所答拜，忽於四月初九日，據番禺縣及保甲局員面稟，在於城外珠光里查出招工館一所，內有華工數十名，當經全數拏獲。訊據包頭曾維邦等供稱：同孚洋行買辦陸富成即祥元，領有洋行本錢，在外招工，前往祕國，議明水腳洋銀七十五元，由該洋行墊出，俟到祕魯當工，得有工價扣還。該各華工到祕魯當工，每月可得工價數十元等語。並據各華工供亦相符，惟稱曾維邦來招工，云有地方官點名上船，以為有法保護，今始知為官所不准，當堂出具不願出洋切結存案。

正在核辦間，美國領事林幹來見，面稱：不該拏各華人。該洋行此次招工，係照條約辦理。坤一答以：條約聲明：別有招致之法，均非所准，何得尚稱許其招工。該領事則謂：此兩句與所配英文不符。又謂十六條內，聲明各國利益之事，祕國得以一律均霑，何以獨不許該國招工。坤一復答：以此等緊要之語，英文斷無不符，無難繙譯。即准招工之國，亦應照通行之二十二款，委派中外委員，設局開辦，不能私派包頭，私行設館。況該祕國不准招工。已有專條，豈有抹煞專條，而援引利益均霑之言，含糊辦理。領事無理混爭，嘵嘵不服。迨回署後，又具申陳前來；且謂番禺縣覆審之時，派美國副領事往聽口供，與該縣開呈坤一處供摺有數要款不同。經卽駁以當日該縣覆審，該國副領事及繙譯官在傍同聽，並無異言，何得於日後瀆辨。因又札委廣州府會同柏税務司再行復訊。隨據該府及税務司稟復申呈訊過各華民供詞，均與前供無異。其包頭曾維邦則供，係同孚洋行細崽陸富成，商同同孚洋行買辦，雇伊專理招尋出洋工人事務。當飭將被誘之華民四十二名，先行省釋，曾維邦仍管押，一面劄行領事，飭令同孚洋行將陸富成解質，迄今未據解到，亦無隻字申覆，坤一嗣往該領事衙門答拜愛公使，復與該領事辯論多時，又與柏務税司再三開導。該領事頗知錯誤，已復申陳，則稱搭客而不認招工。坤一知其計圖影射，遂札飭税務司與各委員，於同孚洋行各輪船出口之時，設法稽查，並飭倣照赫總税司辦理祕國帆船前在汕頭搭客章程，令各出洋華民來關報名，聽候查問是否情願出洋，是否自出水脚，是否知所往地方，將來到祕國後，或做此事，或做彼事，或在此處，或在彼處，或願回華，是否得以自由自主，如與章程相符，則由同孚洋行出具切結存案，以便將來寄往出使祕國大臣及中國所設領事官稽查。該領事仍欲將各出洋華人由同孚洋行齊集帶來查問，蓋欲預先教定口供也。

五月初三日，税務司與各委員在海關公所查問出洋華民之時，愛公使及美領事、余繙譯，並與美國兵船員弁多人，闖入海關公所，欲卽在座同聽，意在脅制，使税司委員不敢細問，該華民亦不敢供吐實情。該税司語以應否准該公使等同聽，必須請示於坤一，未敢擅專。該公司〔使〕領事憤憤不平，竟將各華民帶回同孚洋行，隨以申陳來請，經紳一嚴行駁斥。並諭以初四日，愛公使、美領事與兵船各員弁來署，往復辨論逾時之久，並諭以此項不准招工條約，係愛公使及總署及李伯相所議，甫經定局，便不肯遵，欲以搭客影射招工，中外耳目甚眾，不能欺人。不惟地方官與該領事該洋行有礙，卽愛公使北上，亦無顏以對總署及李伯相。該公使等默然以去。

至初六日，税司委員在海關公所，傳問出洋華民，始無洋官前來。是日問過四十餘名，內有鄧標等七名，則稱被人如何招誘，現在省悟，不願出洋，當將船票繳還，查閱票內，有付清水脚之語。試思此等窮民，安有數十金之水脚付給。如果係該華民自行付給，今既不願出洋，自必討還，何以竟無一語，擲票而去？其為該洋行串通本地奸民，視為奇貨，代發水脚，招誘出洋，以便將該華民販賣取償，自可想見。並有鄧標等七人供詞足憑。此七人如此，其餘亦可類推，卽使該洋行出具華民得以自由自主切結，而寄命數萬里外，且散在各埠，無論中國官不能過問，卽將來出使領事前往祕國，亦覺耳目難周。該洋行固計之熟矣，否則，何肯自耗鉅款，為此漫無把握之事。

查祕國來華招工，原有厲禁。況以搭客影射，尤屬漫無防範，流弊不可勝言。並恐古巴等處相率效尤，勢將無所底止，不得不將此案認真追究，以警其餘。查赫總税司所議辦理汕頭秘船搭客一案，內有如到船後，查出一人承工，係以搭客影射者，卽將全船華民提出等語。雖經聲明，一時辦理，未為永遠章程，第當時既經尊處照會愛公使閲核，稱為公道，則此次自可援照辦理。現經飭令税務司，將該輪船華客盡數提出，不准出洋；並照條約，將該輪船罰辦，以昭炯戒。乃該領事尚以阻撓該國貿易為言，且以賠償守候費用等詞相脅，實出情理之外。坤一如果照約罰辦，該領事未必肯遵，更難保不逞其譎妄之詞，令該國公使前來尊處嘵瀆。是以謹將此詳細情形密陳鈞聽，並鈔録全案，一併附呈，伏祈察覽示遵。

再，本月十四日二點半鐘，祕國愛公使一人，帶同美國余繙譯來署，將同孚洋行招工一事，往復辨論，至七點半鐘始去。該公使初從大處立說，設〔謂〕彼此均是大員，遇有交涉事件，為難之處，總宜設法調處，極力擔當，方為國家省口舌。現在該國優待華工迥異昔日，不可誤聽浮言。此次同孚洋行與該國立約招工，勢難中止等語。意在婉求。經坤一將此案如何格礙難行，以及前後辦理情形，逐細開導。該公使則勃然變色，硬謂按照條約，本可招工。又謂英、法各國皆可招工，獨不許該國招工，殊欠公道。復經坤一力加駁斥，該公使始謂招工縱然不可，而搭客亦不應如此盤查，近於刻薄。坤一喻以先有曾維邦設館招工，則不得不查水脚，以杜影射之弊；嗣有鄧標等混認搭客，則不得不取保結，以杜教供之弊。該公使無可置詞也。

坤一隨與柏税司詳加商酌，若照騙誘罰辦，係其領事主張，彼此多方狡賴，枝節叢生。惟將先已查問之人三十餘名，全數提回，重行查問，僅十一人取具的保，仍准出洋，其余一律扣留。該洋行自知計無可施，但請了息。據稱該輪船現無面目回秘，將於他國另覓生涯。祇合聽其所為，仍飭各處嚴行盤詰，想亦不敢再來嘗試矣。

是日欽差出使祕魯大臣陳荔秋抵省，論及此事，頗稱辦理合宜。誠恐荔秋星使行抵該國之時，不無辯論，業將全案另鈔一分，交其帶去，謹以附聞。

（清）劉坤一《劉坤一遺集·電信》卷一《寄日本富領事光緒二十七年二月十三日》 李欽差電，謂貴政府云：俄約，若全權不便交，由江、鄂交領事亦可。中國為難情形，深蒙委曲代籌。茲將俄改約十一條録下，乞密達貴政府，聯約英、美等國，方賜公評，不勝盼禱。至俄答貴國，謂無損中國主權，無礙各國利益；一經查核，難逃洞鑒，此後恐尚有甘言蜜餌向貴國嘗試者，幸貴政府加意垂察

一、俄主願表友好，不念滿州開衅之事，允將滿州全行交還中國，吏治一切照舊。

二、東省鐵路合同第六條，准該公司設兵保路。現因地方未靖，該兵不敷，須留兵一股，至地方平靖，及中國將本約末四款辦到之日為止。

三、如遇變急，留駐之兵，全力助中國彈壓。

四、此次與俄攻擊，華兵尤甚。中國為保東省路工與開辦鐵路事宜並俄交界無事起見，應與俄商定滿州兵數及駐兵地方。禁軍火入滿州，照各國公約辦理，目前暫由中國自禁。

五、中國為保安地方計，凡將軍、大員辦事不合邦交，經俄聲訴，即予調離。滿州內地可設馬步巡捕兵，與俄商定數目。地方未經全行平定以前，軍械除礮，供差祇用中國人。

六、為保安，地方官就近另立專章。

七、中國在滿州全境內，如未與俄先行商明，不允他國或他國人造路開礦及一切工商利益。

八、此次俄兵費、各國賠款，均應清還；俄名下賠款數目、期限、抵押，與各國會同辦理。

九、被毀鐵路暨公司工師被刦產業，又遲誤路工賠費，中國允照各國核准駐京各使擬定賠款意旨，與該公司商賠。

十、上項賠款，可與公司商定，將全數，或分出若干，以他項利益，可酌改舊合同，或另讓利益。

十一、九十八年九月二十八號，中國向一私家公司借款，造山海關、牛莊、新民廳等處鐵路，直至滿州，有背中、俄成約。現為酬報此層，並爲速令滿州平靖如常起見，中國允東省鐵路公司自幹路或枝路造一路至直隸、滿州交界處之長城為止，照現行合同辦理。

（清）劉坤一《劉坤一遺集·電信》卷三《寄軍機處外務部戶部直鄂川閩粵各督呂侍郎盛宮保光緒二十八年五月初五日》 查各國賠款，有約載易為金款，並用金付給字樣，銀行遂執還金應照市價付給為言。在我必當將還金二字解釋明白。今就管見，再為申辯，並表明各國立約本意，中國財力僅此各緣由，亦即鄂覺電統解為以銀折金理喻情求之意，以備採擇。閩、粵、川、直、鄂如願會電出使大臣轉商各國，並擬即作公電發寄。請速覆。電曰：

此次賠款，約載係分兩樣辦法：一係照約內已定金價算付，一係照還日市價算付。蓋中國用銀，本無金錢可還，所謂還金者，無論照已定之金價，或按還日之金價，均屬照價用銀算付，亦即係還金辦法，此本不待煩言而解。

第一法係正辦，即照約載金價算還，照定價核算，即約表所載銀數。是以第六款即首載四百五十兆之銀數款表，即照約載銀兩平色連息併計分攤，亦列明每年應還銀數，約表既已按照定價核成銀數，照所載銀數依期歸還，即屬照約辦理，甲字下所云，此四百五十兆〔兩〕，係照海關銀兩市價易為金款。此市價，即按諸國金錢之價易金如左，兩語即係解釋照定價算還之法。所謂如左之市價，即指下載各國金錢之價值而言。所謂照海關銀兩市價易金，即指應照約載之金價核算，即係約載之關平銀數亦即為易金之辦法而言。故保票直捷載明，按以上所述諸國各金錢之價易金。所謂以上所述金價，即係約票內所載各國金錢之價值。照約載金價核算應還之本銀，即係四百五十兆之關平銀數，保票亦即係此四百五十兆之關平銀數。是以約內所載金價之下復聲明，此四百五十兆，按年息四釐，分三十九年，按後附之表清還。今照約表銀數如期付給，即係照約載金價核算，

實與用金付給無異。再下所云，或按應還日期之市價易金付給，係第二法。事屬變通，故用或字，極言如不照約載金價算付，或照還日市價算付。若以上一法，即指為照市價還金，則下一法作何解釋？何以不載金數，轉載銀數，更何必並載平色，又何必兼載金價？此亦不待辯而自明。況前定賠款，承諸大國曲諒中國財力有限，將應賠之款尚復一再減釀，並細加核算，至多每年祇能籌還四十二兆，特將新舊各款併計勻攤，不使每年應還新舊各款有逾前數，以免財力為難。即約內分定兩樣辦法，亦為以後金價如較約定為廉，俾可照還日市算付，不欲以約內預定金價，使中國於賠款之外復受金價之累，亦係格外體諒厚意。今中國按照約表所載銀數付還，各省尚苦難於解足，因另籌新款多有滋生事端，地方為之不靖。蓋統全國歲入之款不過八千萬，舊債須照市價還金，鎊貴已歲增銀數百萬，深為受累，前三年又須帶還賠款首六箇月息款。現在新舊併計歲須還銀將及五千萬，可供全國用并者僅三千萬，各大國代為思之，當亦知其為難矣，若再如銀行將新賠款照約載第二法還日市價算付，又須歲增四百萬，不獨國家財力萬萬不及此，中國民多窮苦，迥非泰西殷富可比，若再向民間苛斂，民不聊生，必致激成變亂，亦甚非各大國立約定表維持中國之本意，不能不商各國，務懇始終關顧，仍照約表正辦，按所載定價銀數算還，萬勿任銀行迫令照第二變通之法，按還日市價算付，俾中國財力得以勉支還款，得以如期照付。環球幸甚！

（清）劉坤一《劉坤一遺集·電信》卷三《復張宮保光緒二十八年六月初九日》　佳辰電悉。馬開二十四條，祇有內地僑居貿易，即暗藏製造，洋商所不能與華商争者即此，在我保華商生計者亦在此。允內地製造，而僑居即寓其內，亦與全國開通無異。地方有教堂，治權已為所撓，保護已屬為難。然傳教尚無與民争利之事，其為難已復如是。若再准洋商在內地制造，直無異自殘華民生計，亦恐地方益復多事。是洋商制造，祇能照《馬關約》在口岸，斷不能允其在內地。坤一萬不敢允，還祈公一律堅拒。即兩星使亦深知此事萬無允理，惟草約稿內，雖未言明准在內地，亦無聲明祇准在於口岸，並請兩星使於約內務須聲明口岸字樣為要。

至廠稅，照日文憑，不得比中國人民所納加多，或有殊異，在我通盤籌計，亦萬不可輕。緣加稅，如或開辦時，進口洋貨必以價昂銷滯，進口稅必漸見短絀，中國地方製造必日見增多；土貨雖釐免價輕，而洋貨既多在中國製造，土貨就近多供廠用，出口亦未必再能增旺，此皆一定不易之理。如准在內地製造，且無出口稅可收，不僅廠稅輕減，將來於財源受虧已也。兩星使所擬草約，廠稅定七五，曾與言及過輕，其意加增抽十，並非難事。光緒二十二年譯署函論廠稅，謂赫言英商在華製造獲利誠厚，然祇利於寓華之英商，其本國辦貨運華者無與焉，故英國斷不因此計較云云，廠稅在我既不宜輕擬，在彼亦尚可允，自應商增，能照進口稅最妥，應請裁酌。

華商宜優恤一節，二十二年譯署函，曾謂華商果因成本稍重，實有受虧，不難會商戶部就歲收量予津貼，亦可俟定約后，援此密陳酌劑之法。此時可無慮此節，亦萬不可宣露，致為外人藉口。

製造用進口貨須還進口稅一節，論事理，貨已收造，本不應退還原稅。即如洋貨原件退回外洋，必須原色原貨毫無折動，方准給還原稅。今改造轉可退還原稅，事非平允。苟能在此與争，亦係轉銷土貨，保護華商之策。蓋稅不還，彼用洋貨製造成本較重，自必盡用土貨矣。如其萬難堅持，苟廠稅已議加增，原貨改製必有折耗，互相牽算，似尚不致倒貼。惟照草約所開十款第二節所云亦照以上所擬章程辦理，係指免完復進口半稅，出口正稅而言。其第四節所言還進口稅者，專指外洋棉花而言，自應聲明其餘製造所用洋料及一切土貨，均不得援還進出口稅，以示限制。彼族議約，每有相類甚多之事，恐用包括語，因受損較大，不允特指一二列約，俟將來再行援照，使之無詞可阻，今彼既僅云花稅，我即就此列明限制之語，以杜後來藉口之端。又有非廠用之花，保無朦報隱射圖還進口之稅，則定章不能不嚴，能於約內先列數語，將來議章稽察，較有根據。

總之，馬此來，其意在實在釐、土卡。今允其留卡改名，並不查貨，已如願而償。又向索內地製造，顯得步進步，難逃獨照。惟內地製造，無論如何要求，總求我公堅拒勿允，俾數萬萬華商生計，不致為人侵奪。大局幸甚！

（清）劉坤一《劉坤一遺集·電信》卷三《復張宮保並寄外務部呂侍郎盛宮保光緒二十八年六月二十三日》　小輪事，於禡電詳覆。養晚接鄂發兩會效電，詢係九江至殷匯三線齊阻，至今不通，由郵寄故遲，今始到。內河行輪，本係予以約外利益。二十四年先後定章，定有限制，衹准由口岸至內地，由所至內地回口岸，並非准其內地到處任意行駛。既有定章在先，誠難翻異。第事本約外通融，官民已受累不淺；若再不抱定原限，受累更無底止。無論如何要挾，必當萬變不離其宗，斷不能於原章限制稍有放鬆。至內港二字，照《煙臺約》第三端第四節所論內地二字相同，實係定章之初，為赫等欺朦所誤，今已無補救，惟有執定原章行駛為限，庶免再受虧損。此事與正經貿易之英商實無利益，徒使中國受無窮之害，不知馬使何以要求及此？即赫議二十四條內，亦謂小輪章關係不小。惟所云察看各省損益，隨地議定，亦非妥善辦法，事不可行。幸鏡翁、杏翁堅爭之際，並切向開解不必代人損我。又，不能以公道之價租得棧房，准其租地自造，尤萬萬不可。蓋租用民房，租價高下，雖同在一處，亦難有定。我以為公，彼謂不公，必欲自建，即難阻止。若小輪到處可以行駛，所至內地又可建造棧房，直是水鄉各處，即與全行開通無異。《煙臺約》，沿江六處上下大輪之貨，尚不准其設棧，豈有內地小輪運貨轉許建棧之理？況小輪從無裝運貨物，即拖帶貨船亦復罕有之事。此其意實不在儲貨乏棧，直注意在到處開通，使我不獲開通之益，實受暗為開通之累。如彼定欲議立此款，必當切實聲明，衹准由口岸至內地，並由該內地處回口岸，斷不能由此內地至彼內地任意行駛，並不准自建棧房，此為扼要之著。

至品岸一節，中國通商，始於道光年間。《江寧條約》第二款載明上海等五處港口貿易通商，此為闢口之始。通商之處所以名口岸者，以其在口之濱岸地方，便於泊船，貨物上下也。《天津約》雖有城口字樣，城口既不能作城內，大凡通商之區，多係近有城邑，所謂城口，即係城外之口之謂，亦指買賣往來而言。至於聽便居住、賃屋租地等事，本款下文即載明悉照已通商五口無異。無論英文如何，第既與五口無異，是仍衹能在港口居住貿易，尤為鐵板註脚。是以《煙臺約》第三端第二節載明新舊各口岸，除已定有各國租界，應毋庸議；其租界未定各處，應會商各國，將洋人居住處劃定界址云云。中國已開新舊各口租界，無論已定未定，而通商之區要，均在江海河濱岸之地，照《煙臺約》，已劃定者固毋庸議，未消劃定者亦不過將居住地勢廣狹，酌量商定而已。此不獨有各約可證，更有實事可憑。通商開口已數十年，久有成約成法，何能至今日由馬使強詞爭辯，希圖翻異。至《馬關約》第六款第一節所云添設口岸，均照向開通商海口或向開內地鎮市一體辦理，此指《馬關約》索添各口，應照已開各口辦理而言。《日本商約》第四款，已開及日後約開各口岸城鎮往來，賃房、租地居住、商業、工藝製作，均照現在及將來給與最優待之國臣民一律無異，亦係指照各口辦法而言。是以添開之四口，亦均在濱江臨河之處，仍照各口一律辦理，並無別有優異。足見城鎮市等字，皆屬泛指設譬，實重在一律無異四字。故《商約解義》謂日約以西約為本，比英、美等約字句雖有不同，施行要歸一律。西人應得之利益，日本無不從同；西人未得之利益，日本亦未嘗特異。各省解說，當知此意云云。今馬使議款，雖於城鎮等字藏而不露，然照所議不獨未定租界之處，將來會定必致於城內外任意擴充，即已定之處欲為翻異，亦可執後約爭擴。勢必將口岸繁盛之處為其併入界內，於口岸事利權盡失，銷場之稅亦無可抽收。前歲江寧英領即執城口二字，強欲在城內租地通商，並稱係奉公使之命。坤一執約力駁，因城外荒涼無屋可租，准領事暫在城內通融租住，商民仍照約在江邊通商。今馬又執此相爭，其意可知。彼如必欲立款，衹能照《煙臺約》聲明已定有租界者毋庸議，未定有界限者倣已定辦法，量商務衰旺，酌定廣狹，會商界址，庶得援已定之辦法，範未定界限，免致將城鎮一併牽入，此皆至要關建，未可稍退讓者。

總之，馬使前議加稅，必欲中國政府允准，照會該使，方能轉送英政府，勸請依辦。今又謂須前兩款核准，方允將加稅一起，電致英廷，得步進步，無非任意要挾。加稅以抵免釐，並非別有利益。若與稅釐毫無干涉之事，因此牽連強我受虧，實非下私所敢出此，惟任鏡翁、杏翁有以力折其非，外部主持於內，大局幸甚！

（清）劉坤一《劉坤一遺集·電信》卷三《復呂侍郎盛宮保並寄外務部張宮保光緒二十八年七月初七日》滬微電悉。馬使屢以所議之約廢棄為詞，無非意在要求。在我總當統籌權利，不致過受虧損，方能允許，否則何取乎成！

頃由駐寧英領交到馬使來函，謂武昌所定第十條行船章程，敝處不以為然。與中國欽差細心琢磨，以冀有合敝處之意。在華英國商務有振興之機，本大臣所期望者止此；否則恐商約作廢，前功盡棄。因政府與商會於貨物增抽一箇半一節，極力阻駁，想早詳悉。除非中國另給商人加增利便商務之機，定公道行船章程。章程總以中國利益無損、國權無礙表明辦法，則庶民興旺，賦税亦增。未悉敝處之意，欲將以上所商之約改訂之，抑或損壞之，請斟酌卓裁等語。函尾雖亦語藏要求，特其意亦知我權利有損，萬不能允，故復以好語餂我。現函覆該使：

武昌所商第十等款，承貴大臣與敝國兩欽差商擬，冀合鄙意，具徵盛懷。擬定公道行船之章，並示中國利益無損，國權無礙，尤具推誠平允辦法，莫名欽佩。本大臣之意，此次籌議商約，亦但求於洋商便宜，仍於中國利權勿失而已。不僅行船一款為然。而近年來小輪行船内地鬧事之案，不一而足，不獨毫無利益，抑且治權亦復為之牽掣。前承囑局員代達清聽，想貴大臣當能記憶。且詳考情事，與正經貿易之英商亦實無甚利益。祈貴大臣再行細察，當知本大臣所言非虚也。至本大臣凡遇交涉，無不竭力維持，當亦貴大臣所深悉。現在所商之約，更無不願早日有成，特如尊示，不能將國權利益過受虧損。惟望貴大臣之曲諒和商耳云云。特聞。

又前承録示與馬議定七款内第十一款銀式一條，鄙見始終不以為然，歷詳各電，嗣後亦未經兩星使電知與馬如何商議情形，此時姑不具論。第以完税之關平與庫平相較，每百關平大一兩六錢有奇。如加税之約有成，歲收洋税將五千萬，税平改照通用銀式，即歲須短收平銀將及百萬。當此財用如此支絀，豈可至處受其侵削，蓋彼明為整齊銀式，實則暗減税銀，用意可謂巧黠。不能不就管見再行陳明。

（清）劉坤一《劉坤一遺集・公牘》卷二《變通通省洋務簡要事宜條款光緒二年》　一、地方官辦理中外交涉事件，必須具稟本部堂察核，劄行各國領事官。如事關緊急，不及稟請轉劄，該州縣自行照會駐汕、省、瓊領事官，亦應將照會事由稟報本部堂察核。該州縣不得徑與香港等處各國洋官公文來往，致與條約不符。

一、外國傳教士不得在内地置買私産；其有買地建作教堂公産者，務令賣業之中國民人先赴該州縣報明。該州縣確查賣之地果係契據確鑿，界址分明，本人自願賣給，與地方並無妨礙，方可交易。其賣契内，應用賣業人姓名，祇寫立文契人某某賣為天主堂公産字樣，不得專列教士及奉教人姓名。倘内地賣業之人，並不赴官報明，私行賣給，即將賣業之人，嚴行懲處。至各屬地方，凡非通商口岸，皆係内地，外國商人不得在内地租屋，設立行棧，亦不得在内地置買私産。

一、外國人及無爵者，赴地方官控訴事件，應用稟呈，其稟函由領事官轉遞。至外國傳教士並非官員，其赴内地，祇為傳教勸善，不得干預一切别項公私事件。如有執持總理衙門諭單，用稟呈赴訴地方官，確係理直之事，立即秉公核辦。若呈遞照會文件，干預地方一切别項公私事件，無論是否真正外國教士，其文件即行退還。至内地隨同習教之人，别有不法情事，仍應照所犯之案辦理；並將所犯情由聲明與習教無干涉之處，稟報本部堂咨報總理各國事務衙門。凡民間差徭一切公費，仍令内地教民一律應差攤派；其餘如迎神演戲、賽會燒香等事，不必強其攤派。如内地教民犯案被控，地方官照例拘傳，該教民逃匿教堂，傳教士應將其人交出審辦，到案之時，跪堂聽審。

一、洋人前往各處游歷，應將執照交地方官驗明無譌放行。如其無照及其中恐有譌誤，及有不法情事，就近送交領事官懲辦；沿途止可拘禁，不可陵虐。又光緒元年十月間，承准總理衙門摘録各國游歷專條，並將條約中字義及未盡事宜，詳晰註明，咨行到粤，業經分别刊印頒發在案。各州縣案吏務宜隨時閲看，悉心體會，以免辦理失宜。至游歷之洋人，無論教士、商民，該州縣祇應保護，不得無故與之會晤往還。又日本國游歷之人，不得藉詞久住内地。各國洋人事同一律。該州縣應隨時查察，如有游歷洋人託故久住内地者，一經查出，即飛報本部堂，以憑核辦。惟傳教士安分勸善，别無他故者，不在此列。

一、洋人船隻在内地港口遭風擱淺，應即妥為救護彈壓，鄉民不得搶掠貨物，折毁船隻。倘有藉端搶毁之案，或洋船在中國洋面被盜行劫，附近文武員弁，一經聞知，立即上緊嚴拏賊匪，將追出贓物繳送領事官轉給事主收領；但不得賠給銀兩，致與條約不符。

一、無約之國，不得招工。其有約之國，欲於各州縣地方招工出洋，該州縣即查明一切事宜與同治五年總理衙門咨行招工章程二十二款並同治十二年前部堂核定招工公所事宜四款是否符合，飛速稟報本部堂，聽候核明飭遵；各州縣不得於未奉批飭之先，遽行開辦。又祕魯國雖已換約，仍不准招工。

一、英國、法國、美國（即合衆國）、俄國、比國、日本國、日國（即吕宋）、義國、奧國、和國（即荷國）、丹國、德國（即布國）、瑞威敦國、瑙威國，以上共十四國，均已立約互換，遇有交涉事件，俱應按照條約辦理。此外各國間有已立條約尚未互換者，即與無約之國同，其所立條約，不得援引。再，祕魯國現雖換約，尚未刊刻通行，其國人請照游歷，應照換約各國一律辦理。惟奧國、祕魯國條約內並無准其傳教明文。如有奧國、祕魯國人在內地傳教，該州縣即妥為阻止，一面飛稟本部堂核辦。

紀事

（清）蔣良騏《東華録》卷二三《康熙五十六年四月》 四月，兵部議覆廣東總兵陳昂疏言：天主一教，設自西洋。今各省（立壇）〔設堂〕，招集匪類，此輩居心叵測，目下廣州城設立教堂，內外布滿，加以同類洋船叢集，安知不交通生事，乞飭早爲禁絶。查康熙八年，奉旨：天主教除南懷仁等照常自行外，各省嚴行禁止。但日久法弛，應再行嚴禁。從之。

（清）許乃釗《鄉守輯要合鈔·上諭》 道光二十一年九月十二日奉上諭：自上年嘆逆犯順以來，滋擾廣東、福建、浙江三省，沿海居民慘罹鋒鏑，或被搶掠一空，或致流離失所。朕統御寰區，痌瘝在抱。每閲各處奏報，爲之寢食不安。已命奕經爲揚威將軍，特依順文蔚爲參贊大臣，調集各路精兵，剋期進剿。其沿海各處鄉村，均宜自行團練鄉勇，聯絡聲勢。上爲國家殺賊，下即自衛身家。其有奇才異能，足備禦侮之用者，許赴軍營自行投効該將軍，等量才器，使遇有出力之處。隨時保奏，候朕施恩。從前三省教匪滋事，儘有由義勇出身擢至大員者，該將軍等務當多方激勸，咸使有勇知方一技一長，無稍屈抑。沿海各督撫刊刻謄黄，遍行曉諭，用示朕外攘內安至意。欽此。

（清）曾國藩《曾文正公奏稿》卷三五《查明津案大概情形摺同治九年六月二十三日》 奏爲查明天津滋事大概情形，恭摺仰祈聖鑒事。竊臣國藩於六月初九日靜海途次，承准軍機大臣字寄，六月初八日奉上諭，曾國藩奏起程赴津籌辦情形一摺，據稱：教堂牽涉迷拐之案，訊供稍有端倪，尚未能確指證據等語。此案啟衅之由，因迷拐幼孩而起，總以有無確據爲最要關鍵，必須切實根究，則曲直既明，方可再籌辦法。至洋人傷斃多人，情節較重，若不將倡首滋事之犯懲辦，此事亦勢難了結。著曾國藩、崇厚，悉心會商，體察事機，妥籌辦理，以期早日完案，免滋後患。曾國藩擬將悮斃俄國人命及悮毁英、美兩國講堂，先行設法議結，不與法國牽混，所見甚是。著即會同崇厚妥爲商辦，以免轇轕。將此由五百里各密諭知之。欽此。臣等伏查此案起衅之由，因奸民迷拐人口，牽涉教堂，並有挖眼剖心，作爲藥材等語。遂致積疑生憤，激成大變，必須確查虛實，乃能分別是非曲直，昭示公道。臣國藩抵津以後，逐細研訊，教民迷拐人口一節，王三雖經供認授藥與武蘭珍，然尚時供時翻，又其籍在天津，與武蘭珍原供在甯津者不符，亦無教堂主使之確據。至仁慈堂查出男女一百五十餘名口，逐一訊供，均稱習教已久，其家送至堂中豢養，並無被拐情事，至挖眼剖心，則全係謠傳，毫無實據。臣國藩初入津郡，百姓攔輿遞稟數百餘人，親加推問，挖眼剖心有何實據，無一能指實者，詢之天津城內外，亦無一遺失幼孩之家控告有案者。惟此等謠傳，不特天津有之，即昔年之湖南、江西，近年之揚州天門，及本省之大名、廣平，皆有檄文揭帖，或稱教堂拐騙丁口，或稱教堂挖眼剖心，或稱教堂誘污婦女，厥後各處案雖議結，總未將檄文揭帖之虛實剖辨明白。此次詳查挖眼剖心一條，竟無確據，外間紛紛言有眼盈罈，亦無其事。蓋殺孩壞尸，採生配藥，野番兇惡之族，尚不肯爲，英、法各國乃著名大邦，豈肯爲此殘忍之行？以理決之，必無是事。天主教本係勸人爲善，聖祖仁皇帝時，久經允行，倘戕害民生若是之慘，豈能容於康熙之世？即仁慈堂之設，其初意亦與育嬰堂、養濟院略同，專以收卹窮民爲主，每年所費銀兩甚鉅，彼以仁慈爲名，而反受殘酷之謗，宜洋人之忿忿不平也。

（清）曾國藩《曾文正公奏稿》卷三五《天津府縣到案日期摺同治九年七月三十日》 奏爲提解已革天津府、縣到津日期，恭摺覆陳仰祈聖鑒事。竊臣等前奉七月十一日寄諭：曾國藩現將天津府、縣解交刑部治罪。本日軍機大臣呈遞毛昶熙信函有羅淑亞，即擬進京之語。該府、縣解送到部時，萬一羅淑亞欲到刑部親看審訊，殊屬不成事體，不若仍令張光藻等在津呈遞親供。將來定案時，仍由刑部覆核等因，欽此。又奉十二日寄諭：府縣抵償一節，萬無允准之理。昨已傳諭錢鼎銘將張光藻等解赴天津，並令曾國藩等取具該府、縣親供。今羅使既因不遂所欲，悻悻回京。此時中外一心，力拒詭謀。曾國藩等仍當飭張光藻等速遞親供，在津候質等因，欽此。仰見朝廷法外施仁，於該府、縣等曲予保全，以伸正氣而崇國體，凡在臣僚，同深感激。續奉十六日寄諭：張光藻、劉傑現在何處？已否到津？趁此洋人在京，趕緊取具親供，奏明辦理，庶其中不至爲難。

（清）曾國藩《曾文正公奏稿》卷三五《訊取天津府縣親供摺同治九年八月十四日》　奏爲訊取已革天津府縣確實親供，請旨交部核議，仰祈聖鑒事。竊臣等於七月三十日，將提解已革天津府、縣到津日期，恭摺奏報。奉上諭：羅淑亞所遞洋文，即著曾國藩等按照所指各節，逐一詳訊，取具切實親供。其事所必無者，固應明白剖晰；其情所或有者，亦不可諱飾避就。庶有以折服洋人之心，不致再滋口實等因，欽此。臣等查府縣改解津郡，朝廷權衡至當，具有深心。疊奉諭旨，催取革員等親供，以爲辨難之資。而總理衙門來書，於府縣擬抵一節，亦皆堅持定力，不肯曲從。正論持之自上，已足張國勢而懾敵情，臣等曷勝欽佩。張光藻、劉傑抵津後，即據呈遞親供，臣等彼此面商，誠恐供詞内仍有不實不盡之處，上孤聖主矜全之恩，下授洋人吹求之柄。議由臣等在津先加駁詰，凡該員等敘供，有本係疏虞意存迴護者，亦有本無大過語未分晰者，均經臣等摘出詰問，令其逐條登復。其羅淑亞所遞洋文，由總理衙門鈔寄到臣，亦令該革員等按照所指各節，一一供明。羅使照會内稱：此次洋文，業經分送各國。意謂懸之國門，垂爲定論，府縣供詞，亦必令各國共知，推問尤宜覈實。

（清）曾國藩《曾文正公奏稿》卷三五《審明津案各犯摺同治九年八月二十三日》　奏爲審明天津案内各犯分別定擬，恭摺仰祈聖鑒事。竊臣等疊奉諭旨，飭將津郡五月二十三日案内滋事兇犯迅速辦結。近又接奉八月二十日寄諭：飭將未獲各犯勒限嚴拏，現獲之犯認真研鞫，不得稍涉寬縱，致令兇徒漏網，轉滋洋人口實等因，欽此。臣等自承辦此案，久經督飭文武設法購拏，悉心研鞫。自七月下旬設局發審，嚴立限期，晝夜追求，直至中秋節前，僅得應正法者七八人，應治罪者二十餘人。臣以辦理日久，人犯無多，深負委任，更恐洋人不肯輸服，轉致枝節横生。日來激厲各員，不得稍存寬縱，務令多緝正兇，以示持平而全大局。惟此案事起倉猝，本無預先糾集之正兇，而洋人多已傷亡，又無當堂質對之苦主，各屍初入水火，旋就掩埋，並未驗傷填格，絶無形迹可爲物色兇手之資。用是漏網之犯，難於掩捕，已獲之犯，不肯認供。天津無賴之徒，有稱爲混星子者，向以能熬刑自詡。此次輒以爲出於義憤，雖酷刑而不畏，而鄰右亦不敢出而質證，恐爲輿論所譏彈，又慮仇家之報復。欲求罪當情真，定案萬難迅速，欲以無辜充數，則問心既有所不忍，而亦不足服洋人之心。棘手甚多，愈辦愈窘，反復籌思，若拘守常例，實屬窒礙難行，有不能不變通辦理者。常例，羣毆斃命，以最後下手傷重者當其重罪。此案則當時眾忿齊發，聚如雲屯，去如鳥散，事後追究，斷不能辨其孰先孰後，孰致命孰不致命。但求確係下手正兇，不復究其毆傷何處，此變通辦理之一端也。常例，斷獄決囚，必以本犯畫供爲定，其本犯供詞狡展，則有眾證確鑿，即同獄成之例。此案則各犯恃無屍親，堅不吐實，旁人又不肯輕易指質，眾證亦殊難得。臣等議定，本犯無供，但得旁證二人、三人指實，取具切結，亦即據以定案，此又變通辦理之一端也。計訊定供證確實者十一人，無供而有確證者四人，共計可以正法者十五名；擬辦軍流者四人，擬辦徒罪者十七人，共計可科輕罪者二十一名。除即日將各犯恭摺咨送總理衙門暨刑部外，謹先繕具清單，恭呈御覽。其情節較重，訊有端倪，供證均未確實者，尚有十六名，擬歸於第二批辦理。情節較重在逃未獲者，尚有十一名，一併開單先呈御覽，以釋宸廑。將來第二批奏結，或再辦首從犯各數名，或與洋人訂定抵償實數，中國如數辦到，請旨敕下總理衙門核定，行知臣等以便遵循。

（清）沈葆楨《沈文肅公政書》卷一《教堂被拆查拏各犯摺同治元年三月十三日》　奏爲法國天主教堂均被拆毁，現飭查拏首要各犯懲辦，恭摺奏聞，仰祈聖鑒事。竊照法國總理天主教務代全權大臣羅安當及通事方安之，於上年冬間先後執持憑照來至江西省城，置備筷子巷房屋住居傳教，經前署撫臣李恒附片奏明在案。茲據署南昌府知府王必達等稟稱：該教士等自抵江傳教以來，扃閉大門，由屋後小門出入，時有他處收買幼女，帶進堂内。若非素習伊教，無許進内觀看，是以如何傳教，外人不能深悉。本年二月間，忽有湖南闔省公檄二紙，痛詆該教不敬祖宗，不分男女，甚且有採生折割等事，徧貼街市。適值學臣馮譽驥示期開考，各屬生童雲集，衆論譁然。十七日，張貼匿名傳單，訂期齊集教堂與外國人理論。該府縣一聞此信，正在示諭士民毋遽輕信流言，率爾生事。不意是日二更時分，突有多人擁至筷子巷教堂及續置袁家井教堂，立時拆去，並將素習該教代爲照料之義和酒店、合太鹽店内器皿貨物一併打毁。

（清）沈葆楨《沈文肅公政書》卷一《查明教堂被毁自請嚴議摺同治元年五月十二日》　奏爲查明教堂被毁，釁由微臣不能先事豫防，滋事人犯日久無獲，請旨交部嚴加議處，恭摺由驛奏祈聖鑒事。竊照江西省城法國教堂被人拆毁，傳教士羅安當已先期他往，尚無搶物傷人情事。經臣專摺馳奏，並飭密查起釁根由，嚴拏滋事首要各犯訊辦去後。旋據署南昌府知府王必達等稟稱：羅安當到江未及三月，既無强人入教之事，亦無派費爭執之端。況經地方官疊次示諭，紳民務宜推誠相待，何致怨毒如是之深，聚衆如是之速，不期而集將教堂拆毁無遺。

（清）沈葆楨《沈文肅公政書》卷六《研訊皖南教堂滋事確情分别示懲摺光緒二年十二月二十八日》　奏爲研訊皖南教堂滋事確情，分别示懲，仰祈聖鑒事。竊本年五、六月間，皖南民教尋仇，始於建平之歐村，延至宣城、甯國、廣德教堂，均遭打燬。非惟入教者歸獄何渚，即宣城、甯國地方官初稟，咸以何渚父子爲之魁。臣一面咨呈總理衙門，一面派正定鎮吴長慶統兵馳赴甯郡，督同各印委嚴密查拏何渚父子，解省訊辦。旋據稟稱：何渚已於閏五月二十三日黎明赴縣報案，聞奉查拏，自願前來金陵，隨即帶同余應龍、吴永庭、何大田投到，其子何炳三亦遵提前來。臣飭司道隔别研訊。據供實未糾人滋事，惟變起倉卒，罪無所歸，身充董事，情甘就戮。至所控黄之紳、楊琴錫各劣跡並非汚衊，矢口不移。

（清）李鴻章《李文忠公全集・奏稿》卷八《拏獲白齊文片同治四年五月十六日》　臣查白齊文窮兇極惡，疊次甘心助賊，情罪重大，且以不准再來中國之人，仍潛入内地，蓄意從逆，謀害中國，按律久應誅殛。前緣美領事西華，强執和約由本國治罪之條嘵嘵置辯，致稽顯戮。此次由郭松林營中拏獲，若當時作爲對敵殺死，可省葛藤，該提督等因係洋人，及税務司公同盤獲，無法消彌，既經解閩訊辦，恐未便即予駢誅。惟查同治二年七月間，總理衙門照會美公使文内，聲明自應訪拏正法，或被官兵鎗礮轟斃，均罪有應得等語。嗣該逆復來中國，該公使與領事均有拘拏嚴辦之説。中國之待白齊文，恩典寬恕，已至再至三，該犯惡貫滿盈，在外國則不守法律亦非一次，實爲中外人等切齒共憤不能容留之人。應否由臣咨覆左宗棠即將白齊文正法，餘犯解交該領事嚴辦；抑俟敕下總理衙門與美公使反覆申明情節，詰以如何嚴辦，或治以死罪使其不能置辯之處。均候旨飭遵，臣未敢擅便。

（清）李鴻章《李文忠公全集・奏稿》卷一五《查覆川黔教案摺同治八年十月初三日》　奏爲欽奉疊次飭查川黔民教各案，先將大概情形並派員赴黔會查，恭摺覆陳，仰祈聖鑒事。竊九月初八日，在四川順慶府途次，承准軍機大臣字寄，同治八年八月十八日，奉上諭酉陽州團民殺斃教民，教民殺斃團民一案，著即會同崇實、吴棠，悉心籌辦等因。欽此。九月十八日，馳抵成都，因將前奉密諭事件，逐細查辦，未便遽與崇實、吴棠會商。先咨取全案卷宗，詳悉披閲，證以途間所聞，大略相同。除民教仇殺各情，業經崇實等據實奏明，並將委勘辦理情形，及民教互殺人數，造册咨送總理衙門外。卷查李國安即教士李國，確係洋人。其燒殺李國安之凶手，係已就拏獲倡亂打教焚毁教堂之首犯劉幅，審有初供可據，應俟將該犯覆訊，並飭提餘犯研究明確，即行按律治罪，以服洋人之心。至覃教士率衆殺斃平民多命之案，該教士覃輔臣，聞係川人，亦應按照條約，由中國官嚴拏審明照例治罪，以昭平允。惟據稱，主教范若瑟，七月間回國，覃教士隨之而去，未知確否，臣遵即商同崇實等，相機妥籌設法，次第辦理，似不致别生枝節。又於九月二十五、二十七等日，疊奉九月初五、十三等日寄諭：遵義教士被傷殞命，事關中外交涉要件，著即派委通曉時務之員，馳赴貴州，會同曾璧光迅速查明，秉公辦理，據實具奏。仍著總理衙門隨時咨催，妥速辦結各等因。欽此。伏查此案起衅情由，法使與貴州撫臣所稱，大相徑庭，不知實在底裏何似。臣所帶隨員無多，且乏熟悉洋務之人，惟查有按察使銜甘肅補用道余恩樞，隨臣最久，結實可靠，已派令馳往遵義一帶，察訪確情，據實稟覆。並面授機宜，飭隨時稟商撫臣曾璧光，會同該撫所派委員，督飭官紳，妥爲籌辦。黔省軍務未平，民氣浮囂，教士恣肆，若辦理稍有偏重，則仇隙必將愈深，既患民心憤激，而事變滋多，又恐教士尋衅，而禍端莫測，較他省尤爲棘手。若如法使所稱：勒令教民跨越十字架，跪寫出教甘結，及趙教士被傷殞命，梅教士恐亦被殺等情，則必先有以安撫教士之心，使不致慫慂法使在京嘵瀆，然後相機持平，從容解釋民教仇隙，庶可弭衅端而紓宸廑。案關中外交涉要件，必宜責成地方官速辦，而洋人堅韌嗜利，邊民衆憤難平，恐難剋期了結。已飛致曾璧光，囑將現辦情形先行奏咨，勿稍諉延。臣俟會同崇實、吴棠籌商就緒，即起程順往重慶，就近體察各情，再行據實奏聞。如果事機稍鬆，仍速回鄂，清理本任公事。所有川黔民教各案大概情形及派員赴黔會查緣由，合先繕摺，由驛六百里覆陳。伏乞皇太后、皇上聖鑒訓示。謹奏。

（清）李鴻章《李文忠公全集・奏稿》卷一五《酉陽州教案擬結摺同治八年十二月初二日》 兹首犯何彩解到，梅西滿意氣稍平。殺人者抵，律有明條，何彩雖因教民欺陵，膽敢糾衆入城毁堂，致斃法國教士李國及教民多人，實屬法無可貸，應照例擬以斬立决。緣法使藉詞生衅不任稍稽顯戮，業於十一月三十日訊明正法，以儆效尤；楊楨庭係下手正兇，業經病故，應毋庸議；劉幅隨同打教後，又與教民馬國應仇殺，擬以絞監候，勿庸歸入秋審，隨時酌辦；曾占敖係何彩從犯，擬以流二千里；趙三、簡弗祥隨同助勢，龍秀元綑辱何彩之母，勒倡朱永泰退婚，致激衆忿，均擬滿徒，以上各犯，分别懲辦。錫珮、田秀栗等復開導梅西滿，允將張佩超上年尾欠銀兩，先行籌墊。並告以張佩超主謀，既無證據，即何彩等供，亦無主使之説。該主教已無異辭。至法國條約第三十六款，向應行追贓，著賠者責償。該教堂既被焚燒，若不議賠，必不甘服。梅西滿初欲索銀五萬兩，臣等再三計較，斷給銀一萬八千兩，彼已願照完案。臣鴻章已於二十九日，將此案議結情形，飛速劄行漢口法領事，轉達該公使知照矣。至覃司鐸殺斃團民多命，據梅西滿疊次訴稱：因被團圍困缺食，其買糧教民，被匪截阻，護糧情急，互有傷亡，趙二亦斃等語。顯係飾詞庇護，曲爲開脱。臣飭交司鐸覃輔臣來轅質訊，伊又云：奉教皇令出洋議事，無從究詰。惟團民被害甚慘，檢查指控案據，訪問酉陽官紳，皆以教民王學鼎、張添興、易得揚、周得政、何奉祥、劉勝耀六人，同惡相濟，既係中國民人，應由地方官設法拏辦。臣等已援照約章，及羅使覆總理衙門原函，明白諭知梅西滿，暨檄飭川東道，督同該州上緊密拏，訊明後，酌照此次辦理何彩等罪名，分别重輕，立予懲辦，以昭平允而服民心。

（清）李鴻章《李文忠公全集・奏稿》卷一五《委員查辦遵義教案片同治八年十二月初二日》 再臣鴻章前奉旨，飭令派員前往貴州，會同查辦遵義教案。當經奏委甘肅補用道員余思樞往查，旋准撫臣曾璧光將該處起衅原委，辦理情形咨復前來。又據余思樞到遵後，疊次稟述各情，與曾璧光奏咨無異。趙教士實係在省身故，惟任主教謂其因傷，又不肯會驗。他處教士有謂趙司鐸前在遵時，背脇受棍傷，入省後因吐血斃命，固係傳聞一面之辭。事隔多日，未必再能檢驗，誠如聖諭，即可從此設法了結。臣已緘商曾璧光，如查係因傷，應查拏下手凶犯，照例懲辦，否則相機與該主教定議。又據余思樞訪聞，仁懷本係林司鐸，其梅教士離仁懷已久，並無被殺之事。惟遵義民情強悍，久被教害，五月滋事後，紛紛逐教，顯違和約。現雖大致平靜，必須得力官紳主持開導，查有四川即補道蹇誾籍隸遵城，公正廉明，鄉望素優。臣已檄委該員，會同余思樞等籌勸，並函請曾璧光委令總辦該郡團練，稍假事權。昨據蹇誾稟覆：遵民激於衆忿，打毁教堂，事後亦知悔懼，惟恐教士尋衅報復，其畏法之念，遂不如畏禍之深，若急以相繩，轉恐愈形扞格。現與地方官逐漸開導，曉以大義，如此次持平辦結，以後復准行教，必稟請撫臣諭商教士，明定規條，使民教一體，不至如前此之欺壓善良，把持公事，但令大衆曉然於此後並無深害，當可宛轉聽從等語。自係實在情形。第該員頗避怨謗，謙讓未遑，余思樞既已進省稟商曾璧光妥議辦結。臣查趙教士傷故，既無確證，梅教士又未被殺，是情形並非甚重。但須解勸遵民復准行教，辦人賠堂等事，自可次第就緒。此係地方官紳專責，擬請敕下撫臣曾璧光，責成遵義府縣，會同紳士蹇誾等趕緊籌辦。嗣後，遇有教民涉訟，必須查照約章，由地方官持平核辦，毫無偏縱，不准教士干預把持，及書差搕索拖累等弊，庶疑忿漸釋而後患可消。理合附片陳明，伏乞聖鑒訓示。謹奏。

（清）李鴻章《李文忠公全集・奏稿》卷一八《教案内俄案另結摺同治十年九月初七日》 臣當因事關中外交涉，派令天津府知府馬繩武，先往英領事兼法領事李蔚海暨俄領事孔氣處，告知各情。詎孔氣指出案內扎死俄人之兇犯田二等四名，央求緩决。臣查該四犯辦抵，原以償俄人被害之命，俄領事既有異詞，若遽行辦結，仍屬了而未了，又未便因此致稽全案，使法國藉爲口實。惟有仍遵諭旨分別辦理之意，即於九月二十五日，將殺死法國人之正犯馮瘸子等十六名，先行正法，其田二等四犯，監候另辦，分咨刑部暨總理衙門查照。並於閏十月十六日，奏報洋務大略附片中，聲明教案應抵兇犯，俄領事力求緩决。現飭天津道府與之妥議，容有定局，再行請旨酌奪各等因在案。

又： 臣即札行天津道府，令其再將該四犯確實供詞，詳細備具節略，照會俄領事，俾知該犯等實係真兇。並飭馬繩武往告該領事，以中國辦理命案，自有定例，本處只知遵旨執法，此非該國所得干預。該領事旋來臣行館謁見，據稱：犯供並無在何處地方殺死俄人，及何人下手，殺傷某處，首從莫分，礙難轉呈。至中國百姓，應由中國官遵定例治罪，惟望逐細研鞫實情，俾昭憑信。又該國雖被殺斃男女三命，並不計抵償之多寡，亦不在辦决之遲速等語。臣以該領事所言，尚爲得體，且深曉我國律例。即告以津民起事，只與傳教法人爲難，實與俄人無仇。奈人衆倉猝，莫由分曉，誤殺俄人，照中國誤殺比例，原未便科以死罪，只爲有關中外交涉大局，格外嚴辦。

又： 復經提犯覆鞫，據各供晰前情不諱，案無遁飾。查律載，因鬬毆而誤殺傷旁人者，以鬬殺傷論；其故殺人而誤殺旁人者，以故殺論；又鬬毆殺人者，不問手足、他物、金刃，並絞監候，故殺者斬監候；又共毆人因而致死，下手致命傷重者絞監候；又棄屍水中者，杖一百、流三千里，不失屍者減一等；又二死三流各同爲一減。注云，謂未犯斬絞死罪減一等，即坐流三千里，犯流三千里者，減一等，坐徒三年。又犯徒流而父母老疾無人侍養者，止杖一百，餘罪收贖，存留養親。又例載，流犯照數决杖枷號四十日，准存留養親各等語。此案該犯田二、張幗順、段大、項五，因聞法國人打官滋事，趕往救護，途遇俄國三人，誤認爲打官之洋人，各用刀鎗砍扎三人，致傷身死，均屬不法。查田二、段大，各斃一命，張幗順、項五，係共毆一人致斃。惟項五鎗扎左腿一傷，並非致命，張幗順用刀砍傷頂心，係致命部位，應以張幗順當其重罪。該犯等誤斃三命，雖因救護官長情切，並非挾嫌私鬬，第其所殺俱屬洋人，應如俄使所請，照所犯之輕重，分別定罪，以昭公允而敦睦誼。查張幗順與段大，棄屍不失，律應擬徒，係屬輕罪不議。惟其與田二各自用刀疊砍二傷，係屬有心欲殺，情節較重，均應按律問擬；田二、張幗順二犯，應依因故殺而誤殺旁人者，以故殺論，故殺者斬監候律，擬斬監候。請照孔領事會同該府議定稟明章程，應入三次秋審減等發遣，如遇恩赦，即予減等，毋庸計及秋審次數。段大、項五二犯，各用刀鎗砍扎，均止一傷，情節較輕，應於因鬬毆而誤殺旁人者，以鬬殺論，鬬殺者絞監候律上減一等，擬杖一百、流三千里，段大照擬發配折責安置；項五所供，母老丁單，是否屬實，應否留養，飭令天津縣傳同地族人等訊取供結，照例詳辦。該田二等，被獲到案，已及一年，只因孔領事節次會議，並由駐京公使轉申俄國京都，往返需時，以致久羈囹圄。既經會議定案，未便拘牽成法，本年秋審，現已無及，應候咨請刑部通融彙辦等情，徑詳前來。並據天津道丁壽昌會同津海關道陳欽，據情加勘轉詳，聲請奏咨辦理等情。臣覆加察核，所議尚屬平允，除將全詳供招分咨總理衙門、刑部查核外，所有天津案內誤傷俄國人致死，照例另擬四犯罪名，並先後商辦定擬各緣由，可否敕下刑部，附入本年秋審彙辦。抑請旨即將田二、張幗順二犯，照擬免句、遇赦減等之處，謹會同兩江督臣曾國藩，合詞恭摺具奏。伏乞皇太后、皇上聖鑒訓示施行。謹奏。

（清）李鴻章《李文忠公全集・奏稿》卷二一《祕魯使臣議約摺同治十二年十月十八日》 臣函商總理衙門，該使遠來，自應以禮接待，再與辯論公事。九月初二日，葛爾西耶乘輪船到津，初四日來晤。臣即於翌日前往答拜。詢悉華民陸續招往祕魯者，有十餘萬人，據稱並無陵虐情事。該國統領聞外人謠言甚多，特派大臣來華議立和約，以期共相保護。初九日，又據該使函送該國洋文公牘三件，細加繙閱，內係新立雇用華工章程，似尚妥協。臣覆以前據駐祕魯華民公稟，受苦甚多，各國新聞紙亦有記載祕魯陵虐華工情形，該國雖立有新章，恐未能實力遵辦，仍照總理衙門照覆英、美各使大意，令將所招華工全數送回，方可商辦。二十四日，葛爾西耶復來臣署，力爲剖辯。謂同治八年、十年，駐祕魯華民轉遞公稟，全是空話，不足爲憑。即上年日本扣留祕魯招工船隻，亦無船主苛待華工確證。該國既派使來華議約，如條約立定以後，必當照約保護。臣逐加駁詰，該使總稱此來專爲和約美意，若不准立約，即行回國，語殊決絶。二十六日英國駐京使臣威妥瑪，適由南洋回津，拜晤臣處，代爲極力調停。並云葛使來意甚好，原欲商議立約，保護華工，若中國置之不理，必爲各國所輕視，切不可任令回國，致難轉圜。臣因與總理衙門往復函商，祕魯本係無約之國，已招去粤、閩華民十萬餘人。該使不肯自認陵虐，而於立約一事，復堅執如初。中國向以民命爲重，自不能置之不問。應派員前往該國，查明實在有無苛待華工情事，再行設法妥辦。欲先與會議查辦章程，不即作爲條約，以冀層遞折落，或可就我範圍。十月十三日，該使葛爾西耶復遞來照會一件，詞意亢複，狡辯多端，大致謂華民在祕魯者，保護與不保護，全係立約與不立約，欲得一言以定行止。臣思急脈緩受，仍詳晰照覆該使，允先派員往查，並擬具查辦章程四條，屬再面晤商訂，俟察看該使如何答覆，函商總理衙門相機妥辦，再行具陳。除將祕魯使臣照會一件及臣照覆該使一件，鈔稿咨送軍機處備查外，所有祕魯使臣來津瀆求議約，現與辯論情形，理合繕摺，由驛馳陳，伏乞皇上聖鑒訓示。謹奏。

（清）李鴻章《李文忠公全集・奏稿》卷二三《祕魯商約定議摺同治十三年五月十三日》　彼既允定查辦資遣華工專條，是祕魯已予中國以便宜，我亦當照西國各約，允以一律。現定通商條約，除經臣删去傳教、招工兩條，不准闌入外，其十九款内，多與西約詞意略同，然亦酌量添改。如第四款，領事必須真正官員，不得委商人代理；第五款游歷執照，如運貨物，應照報單章程辦理。至遣使、通商、納税、兵船、詞訟各節，均先將中國一面敘列，皆以防流弊而維體制也。所最要者，招工弊端百出，華人受害獨深，而澳門界不中不外之交，素爲拐匪淵藪。大西洋雖已出示禁止，聞近日復有潛行販運之事。祕魯有華工十萬餘人，無非自澳門陸續販往。該民既在祕國受苦，以前雖允查辦，以後若仍開招，患將何所底止？兹與會訂第六款，上半節照美國續約，載明，除兩國人民自願往來居住外，别有招致之法，均非所准；下復添敘不准在澳門及各口岸勉強誘騙中國人運載出洋，違者其人從嚴懲治，船隻按例罰辦等語。臣爲此條反覆爭論，幾於舌敝脣焦，至往復數十次，該使始勉強遵允。嗣後尤望内外各衙門，壹意堅持照約嚴禁。將來或值修改章程，仍須重申禁令，力杜覬覦，庶可保民命而肅政體耳。

（清）李鴻章《李文忠公全集・奏稿》卷二五《祕魯換約摺光緒元年六月十一日》　現奉該國特派前來互換條約，訂期謁晤。臣即於初七日接見，初九日答拜，告以前定和約及專條，本應互換。惟去歲七月間，曾派管帶幼童出洋委員同知容閎赴該國密查月餘，據其禀覆，華工在祕魯各處山寮，仍不免有陵虐之事，須與商量辦法，再將前次議定條約一併互換。該使堅稱：奉命來華專換已定之約，不能另議他款，若必另議，須俟換約後妥商。且前定查辦華工專條内，已載明受苦華工由中國委員知照地方官，傳案訊斷，其合同期滿無力回國者，由祕國備資送回各等語。將來但有委員前往查辦，祕魯必應照約辦理。目前只求代爲具奏請旨派定換約大臣，以便迅速商辦。旋於初十日，該使復將該國批准和約及專條，並派員來華互換。上諭三件，照譯底稿函送前來。臣思條約已訂明，或在天津互換，臣又係原議之員，未便壅於上聞，致失大信。自應查照歷届成案，請旨簡派大員，就近在津與祕魯使臣將上年所立條約互換，並商辦以後保護華工事宜。仍請敕下總理各國事務衙門，知照内閣將祕魯漢洋字合訂條約及專條一分，恭用御寶，迅速發交換約大臣祇領遵辦。除將祕使鈔送該國上諭三件照鈔恭呈御覽，並咨總理衙門知照外，所有祕魯條約據情懇請互換緣由，謹繕摺馳陳，伏乞皇太后、皇上聖鑒訓示。謹奏。

（清）李鴻章《李文忠公全集・奏稿》卷二五《祕魯換約事竣摺光緒元年七月初八日》　蓋用御寶條約二本前來，當即函知祕使愛勒謨爾。該使旋於六月二十四日來謁，臣日昌與之接晤，告以祕魯華工現仍十分受虐，必須於換約時加給照會聲明，此後，當除去從前一切苛待弊端，俟覆文答應照辦，方能換約。該使始終狡執，以現奉國主之命專辦換約一事，未經換約之前，毫無事權，不惟不能備文答應，而且不能議論此事。臣日昌仍與再三辯論，該使怫然而去。嗣各國領事密妥士、畢德格等，亦復宛轉懇求，願爲擔保，謂換約後，愛使必有照覆，但事前不能先看，臣等仍以原議拒之。迨七月初一日，英國漢文正使梅輝立來謁，談及此舉，謂照萬國公法，未換約之前，使臣實無權可議論公事。其袒護之意，尤爲顯然。

又：謹將祕魯換約添議照會照覆各稿，照繕清單，恭呈御覽。

給祕魯使臣愛勒謨爾照會，爲照會事。照得本日本大臣與貴大臣已將彼此現存條約並專條憑單等件互換案。查前於十三年五月議約之後，即由本國派委員於七月間前往貴國，查明華工情形，旋據送到華民呈詞口供，以及見證人所録情形，皆經指實華工所受委曲之處。現在兩國業已立約，志在永遠和好，務望貴大臣行知貴國查照，妥將以前苛待華工弊端盡行革除，遵照專條及和約辦理，嚴令將華工身家資財，皆得保護，以昭信守。本國亦當或派欽差，或派委員前往確查，凡遇可以爲華工保護除弊之處，隨時商同貴國全力襄助，妥立章程，以歸盡善。並附去華工見證供詞一本。爲此照會貴大臣，請煩照覆施行，須至照會者，外附華工見證供詞一本。祕魯使臣愛勒謨爾照覆，爲照覆事。照得今接貴大臣來文，内開我兩國所立條約並專條兩件互換案。查前於議約之後，即由本國派委員，於七月間前往查明華工情形，旋據送到華民呈詞口供，以及見證人所録情形，皆經指實華工所受委曲之處。現在兩國業已立約，志在永遠和好，務望貴大臣行知貴國，查照等因前來。查華民在於本國傭工者，本國志在實力保護，不容稍受委曲情事。俟貴國選派欽差大臣前往本國商辦一切，本國定必實力會商華工事宜，以期爲華工盡除一切弊端，使其皆得安居，身家資財無不護全，以符條約及專條所定章程，並昭信守。現准貴大臣送來華工見證供詞一件，本大臣自當譯出轉送回國，查照辦理可也。爲此照覆貴大臣，請煩查照施行，須至照覆者。再查祕魯華工約有十餘萬人，受雇主陵虐之慘，實爲目不忍見，耳不忍聞。去年，委員容閎曾與該國官員爭論，滿工者亦即放出八十人。可知該國雖素無教化，然我苟有使臣在彼執定條約，與之斷斷相持，則華工既有呼籲之門，自可漸免欺陵之弊。前與該國所立專條條約，於保護華工一層，本已剴切言之，現在加立照會，復將除弊各層明白指出。但我若無使臣在彼，則華工相隔七八萬里，其保護與否，除弊與否烏從而知之？即知之，又烏從而拯援之乎？合無仰懇天恩，迅派正使、副使前往祕魯，按照條約等件，凡遇可以爲華工保護除弊之處，隨時商同該國妥立章程。是此日在水火十數萬之華人將死而得生，既危而復安也。伏查華民在東西南洋各島人數不下百萬，春間，王大臣等議辦海防，本有招致各島華人之議，但平時既無相爲維繫之心，則有事何以動其尊親之念？今若於祕魯、古巴各島分別遣使設官，拯其危急，從此海外華民皆知朝廷於絶島窮荒，尚不忍一夫失所。忠義之心，不禁油然而動，有稗大局，誠非淺鮮。臣等爲仰體皇仁拯援難民起見，是否有當，謹合詞附片陳明。伏乞聖鑒訓示。謹奏。

（清）李鴻章《李文忠公全集·奏稿》卷四○《答覆朝鮮所問事宜摺光緒七年二月初二日》 奉旨依議，欽此。欽遵密行知照前來。適有朝鮮國王委員李容肅隨今屆貢使來京，於正月二十日赴津稟謁。據稱專爲奉辦武備學習事，並齎呈該國請示節略一本，内載有領議政李最應奏章，頗悔去年六月堅拒美國來使爲非計，末則歸重於及今之務，莫如懷遠人而安社稷等語。又問他日不得已與各國相交先後早晚之策，又索中國與各國修好立約、通商章程、税則，帶回援照。是何如璋所稱，朝鮮國王與執政大臣決意外交，而未敢遽發，固已確有明證。臣因其節略諮商事件繁瑣，先令津海關道鄭藻如等傳詢一切，擬議大概。旋准李容肅進見，與之筆談良久。該國軍額極虚，餉力極絀，誠慮無以自立，而所據形勢實爲我東三省屏蔽，關係甚重。現其君相雖幡然變計，有聯絡外邦之意，國人議論紛歧，尚難遽決。自應乘機開誠曉喻，冀可破其成見，固我藩籬。惟該國於外交情事生疏，即如與日本通商五年，尚未設關收税，並不知税額重輕。設再與西國結約，勢必被其欺蒙，無益有損。

（清）李鴻章《李文忠公全集·奏稿》卷四二《巴西條約修改重繕摺光緒七年八月十一日》 奏爲巴西使臣商請增删原訂條約，現已修改妥協，重繕約本，會同畫押蓋印，恭摺仰祈聖鑒事。竊臣於光緒六年八月初一日，遵旨與巴西使臣喀拉多等議立通商條約，彼此畫押鈐印。嗣因禁販鴉片一節，尚未列入約内，喀拉多旋接該國電報，商請添作條款，並欲將原約少加更改，以期兩國有益。屢次會議及各條酌改字句情形，經臣於本年閏七月初八日照鈔約稿，詳細奏明在案。喀拉多八月初二日由滬回津，函稱接到本國外部電覆，謂此次所改各節，可以允行，即將新約畫押。嗣據照會禁販鴉片添作條款，現已重繕約本，酌改妥協，請定期彼此畫押蓋印，應將前次之約作爲廢紙等因。臣即照覆以中國與各國已訂之約，向不能於未换以前另議删改。今因於兩國有益，且爲通商和好起見，通融辦理。並聲明儻非該國允將禁販洋藥添入條款，臣亦未便曲徇所請等語，以備將來他國或有援引，可以設詞抵制。遂訂於八月十一日，臣督同署理津海關道周馥等，會同巴西使臣喀拉多在公所畫押蓋印，即將原約作爲廢紙。其改定條約仍配用中國文、巴西文、法國文各四紙，校對無訛，彼此各存正副本二分，以便屆時互换。除將存留條約正本及照録來往照會，備文封送軍機處代爲進呈御覽，並將條約副本咨送總理各國事務衙門查核，仍請該衙門將上年咨送巴西約本發還臣處注銷外，所有巴西商改原訂條約，會同畫押蓋印緣由，理合恭摺由驛馳陳。伏乞皇太后、皇上聖鑒訓示。謹奏。

（清）李鴻章《李文忠公全集・奏稿》卷四二《請派巴西换約大臣摺光緒八年正月十四日》　奏爲請旨欽派大臣與巴西國互换條約，恭摺仰祈聖鑒事。竊查巴西國前派使臣喀拉多穆達等來華議約，於光緒六年六月內奏奉諭旨，派臣爲全權大臣與該使臣等會議商訂。嗣因原訂約款內有應行商改之處，復於光緒七年八月內經臣遵旨與喀拉多將兩國和好通商條約會議增改畫押蓋印，並於約內第十七款載明，俟兩國御筆批准，或在上海，或在天津，彼此即行互换，疊經專摺奏明在案。兹准巴西國使臣喀拉多照會兩國條約，今奉本國外部電咨，業經批准，擬度本國約本不日可到，照請訂明互换條約，宜在何處等情前來。臣溯查同治年間，丹、荷、比、義、奥各國先後遣使來華，均蒙欽派全權大臣在天津與之議約，嗣奉御筆批准後，有在上海互换者，隨時請旨遵辦。兹查喀拉多現在上海，應否特派大員即在上海與之互换，抑應飭令來津，恭候欽派大臣互换之處。臣未敢擅擬，相應據情請旨。伏候命下，即由臣照覆該使臣欽遵辦理，並由總理各國事務衙門照案將條約原本發交换約之員，祗領遵辦。除照録巴西使臣照會恭呈御覽外，所有擬請派員互换條約緣由，理合恭摺由驛具陳。伏乞皇太后、皇上聖鑒訓示。謹奏。

（清）李鴻章《李文忠公全集・奏稿》卷四三《籌辦朝美議約摺光緒八年三月初六日》　臣二月初抵津，薛使訂期謁晤，先將伊所擬約稿由周馥譯呈，其意欲以日本條約爲藍本。臣將兩稿比較，所差甚遠，且於中國屬邦一節均未提及，將來各國效尤，久之將不知朝鮮爲我屬土。而萬國公法，凡附庸小國不得自主者，又未便與各大邦立約，是彼此均有爲難之處。臣屬周馥諷示薛使，謂約內須提明中國屬邦，政治仍得自主字樣。臣亦與金允植等議及，該陪臣翕服無異詞。因與酌量删增約稿，將各項應防之流弊，應獲之權利，一一包括在內，令周馥及道員馬建忠密交薛使閲訂，該使於各款頗有增改，大致尚無甚出入。惟於第一款聲明朝鮮爲中國屬邦，堅不允從，意甚決絶。適美國署使何天爵在京與總理衙門議添認明屬邦一節，經總署王大臣將何天爵擬改第一款照録專函知會前來。何天爵旋於二月二十五日來謁，乃謂薛斐爾堅執原議，慮於兩國平行體統有礙，且他日國會紳員亦必議駁。是以該署使在京擬改第一款未能增入。臣謂既經議定，豈可復行翻悔？該署使力稱：此事本國專派薛斐爾主政，伊僅可商辦。臣以該兩人既未敢擅允，令先電請本國核示，該署使允爲發電請示，至今尚無回報。二十七日、三月初一日，薛斐爾復偕何天爵來署商訂。此外各款，有臣處續增而該使酌改者，有該使續增而臣處酌改者，較原本似更周密，於一切取益防損之道，再三斟酌，總期於朝鮮商政有裨，將來不致爲他國肆意要求，以冀仰副朝廷軫念屬藩，維持調護之至意。此事與薛斐爾、何天爵晤商四五次，辨論二十餘日，始有成議。所訂約稿擬暫空第一款，俟美國回信再議去留。臣於稿本紙尾鈐一圖章，並邀薛斐爾簽字畫押爲據，先交朝鮮陪臣李應浚迅齎回國，以爲該國另派大員與薛使商辦之依據，並傳見金允植諭知現辦情形，告以美國若不肯將第一款添入，須於定約後另行設法聲明，以符初議。

（清）李鴻章《李文忠公全集・奏稿》卷四四《官軍平定朝鮮摺光緒八年七月二十七日》　至日本於中國勘辦朝鮮內亂，始終未敢攙越，尚屬恪遵公法。惟與朝鮮議約以焚館逐使爲言，藉端要挾，多開條款，朝鮮既自行派員赴距京八十里之仁川議事。馬建忠因朝日爲多年有約之國，其交涉之案，未便由中國顯與主持，但將其可許不可許各條，豫爲指示。又適在王京與吴長慶謀靖內亂，不遑他顧，而朝鮮大臣李裕元等已於十七日與日本定議簽押，核計約款八條，尚屬無甚流弊。惟填補日本各費至五十萬圓，爲數較多。該國王以外患內憂，事機危迫，特命其臣迅速了事，冀消鄰釁，遂有不能不甘讓之勢。猶幸中國水陸各軍，聲勢較盛，日本隱有所憚，未遽將割地、開礦及陸路通商各事，強朝鮮以必從。此朝日和約既定，暫弭釁端之大略情形也。

（清）李鴻章《李文忠公全集・奏稿》卷四四《朝鮮王妃還宫片光緒八年八月十六日》　又緝獲前此攻擊日本使館之首犯孫順吉、崔奉圭、孔致元三名。查日朝議定和約第一款，朝鮮捕獲兇徒，嚴究渠魁，從重懲辦，日本派員眼同究治等語。因令朝鮮官員邀同日使花房義質訊明正法，花房即擬數日内先行歸國，其兵隊尚未撤也。至圍犯王宮之首惡除已獲金長孫、鄭義吉二名外，尚有柳春萬、柳卜萬等仍購綫密捕，剋日捡治，以伸天討等情。除飭該提督遵旨暫留，妥爲彈壓巡防外，所有近日迎護王妃，續獲亂黨情形，理合會同署直隸督臣張樹聲合詞附片具陳。伏乞聖鑒。謹奏。

（清）李鴻章《李文忠公全集·奏稿》卷四六《定期赴津摺光緒九年六月初一日》　法使脱利古於五月二十六七日來晤，辯論各節已電達總理衙門察核。其面遞擬辦越事節略内稱：法兵在北圻所爲之事，中國約明毫無阻撓，並不顯然或暗中干預越南之事，且不稍侵甲戌條約後已有之情節。事定後，中國允開雲南通商口岸，法國約明不犯中國邊境，並願備照會切實聲明法國毫無侵佔越南土地之意等語。若照該使所擬辦法，是將越南屬國名分概行抹煞。臣與駁辯再四，該使始允將並不顯然或暗中干預越事一語刪去。甲戌法越約内，認越爲自主之國，並無統屬，最爲悖謬，中國未便顯認此約。該使又允將條約二字刪去，謂須電請該國示遵。

（清）李鴻章《李文忠公全集·奏稿》卷四九《法越交涉議定法約摺光緒十年四月十七日》　奏爲遵旨籌辦法越交涉，與法人講解議定簡明條約，畫押竣事，恭摺仰祈聖鑒事。竊臣欽奉光緒十年四月初十日上諭，目前最要者約有數端，越南世修職貢，爲我藩屬，斷不能因與法人立約，致更成憲，必與之切實辨明。通商一節，若在越南地面互市，尚無不可，如欲深入雲南内地，處處通行，將來流弊必多，亟應預爲杜絶。劉永福黑旗一軍，屢挫法兵，爲彼所深恨，蓄志驅除自在意中，豈可遂其所欲？此次法人侵佔越南，衅自彼開，我無失和之意，若再索償兵費，不特情理所必無，亦與各國公法顯背。

（清）李鴻章《李文忠公全集·奏稿》卷五〇《覆陳使命約文情形片光緒十年閏五月十三日》　臣又明知事難照行，而約款未可遽背，欲令岑毓英、潘鼎新查照調回邊界約文自行斟酌妥辦，實具委曲求全之苦衷。固未敢據以上聞，致干聖怒，亦未立即告知總理衙門，疏忽之咎，誠所難辭。迨潘鼎新以電報請示，臣即飛告總署，囑其請旨定奪，昨又將當日面駁情節詳細函達總署。法使即藉爲口實，而臣並無允即調回之詞，可以互證其質，實無絲毫含混。至謂條約法文與漢文不符，似係旁觀挑衅之論。臣本不識洋文，税務司德璀琳、道員馬建忠素精法文，皆欲成就此事。臣原令該員與法領事法蘭亭等再三校對，據稱並無舛譌。自來各國訂約，必聲明以洋文爲正，非獨此次法約爲然。而嗣後彼此辨論，又往往以漢文不符，兩相齮齕，此總理衙門與臣等所歷辦而深知者。誠如聖訓，無理取鬧，不過臨時多一辨駁，究其大旨，亦無甚出入也。

（清）李鴻章《李文忠公全集·奏稿》卷五〇《覆陳商局輪船暫售美國摺光緒十年六月三十日》　道員馬建忠素習洋文，熟諳公法，前委赴滬會查招商局務。該員就近與担文及旗昌反覆商論，担文力保中法事定可以原價收回，旗昌亦誓言決不失信，故於價值亦不計較。馬建忠偵知法事叵測，遂毅然決然獨肩其責，因與眾商定議訂立合同，將各船棧暫交旗昌代爲經管，換用美國旗幟照常駛行。兩面所押契據，銀行期票與收票，按照西國律例，均交律師担文收執，日後藉以爲憑。是戰前商船換旗出售，爲各國常有之事，中國雖屬創見，而眾商爲時勢所迫，亦屬萬不得已。至將來收回關鍵，馬建忠惟担文是問，眾商惟馬建忠是問，節節鈐制，斷不容稍有反覆也。當法使議約未成之際，軍書旁午，臣雖知商船暫換美旗，而未悉其詳，是以未遽入告。且此等事件，華商與洋商交涉，彼此全憑信義。律師既援西例擔保，而官長卻未便主議。外侮横加，商情惶迫，數千人身家關係，而官無法以保護之，更無力以賠償之。商人自設法保全成本，官尤未便抑勒。好在各省公款八十餘萬，商本四百數十萬，皆有著落，事竣可以操縱自如。但冀法約早定，船棧照議歸還中國，商務復興，更無喫虧之處。惟聞法人四處偵探，總疑商局輪船並非實售與美，尚思援西例以乘間攫拏，俾爲軍用。美國官商亦惴惴焉相與隱諱，竭力保護。

（清）李鴻章《李文忠公全集·奏稿》卷五三《日本議立專條摺光緒十一年三月初五日》　伊藤於二十七日自擬五條給臣閱看。第一條聲明嗣後兩國均不得在朝鮮國内派兵設營，乃該使臣著重之筆，餘尚無甚關係。臣於其第二條内添注，若他國與朝鮮或有戰爭，或朝鮮有叛亂情事，不在前條之例。伊使於叛亂一語堅持不允，遂各不懌而散。旋奉三月初一日電旨，撤兵可允，永不派兵不可允。萬不得已，或於第二條内無干句下添敘，兩國遇有朝鮮重大事變，各可派兵互相知照等語，尚屬可行。至教練兵士一節亦須言定，兩國均不派員爲要等因。欽此。聖謨深遠，杜漸防微，正與臣等愚慮吻合。臣復恪遵旨意，與伊藤再四磋磨，始將前議五條改爲三條：第一條，議定兩國撤兵日期。第二條，中日均勿派員在朝教練。第三條，朝鮮若有變亂重大事件，兩國或一國要派兵，應先互行文知照。句斟字酌，點易數四，乃始定議。

（清）李鴻章《李文忠公全集・奏稿》卷五三《法國議和定約摺光緒十一年四月二十七日》　臣鴻章密商詳細條約，業由總理衙門王大臣飭總税務司赫德與巴黎法外部電商辦理。巴德納至津，彼此拜晤。初未談及公事，三月十六日接奉醇親王、禮親王、慶郡王公函，以赫德面交法都所擬詳約十條，皆本上年津約之意，略有出入。現酌改數處，屬臣等再行酌度具覆，臣等當據管見臚陳。去後，嗣疊准慶郡王等密函，歷次删改，辯論之處甚多，均隨時進呈御覽，遵旨酌辦。三月二十九日，先將第一、二、四、七、八、九共六條，彼此均允照辦。四月初三、初六等日，復將第五、六條核訂，先後鈔交。臣等與巴德納督同中法繙譯官詳確考究，講解文意間有不符，復函請王大臣與赫德、丁韙良等妥細校正，寄由臣等與巴德納面定。仍請總理衙門隨時奏進，請旨遵行。四月十九日，第二、第十兩條亦經法電遵改，巴德納譯送臣等。又緘請慶郡王令赫德、丁韙良另譯進呈。二十三日奉電旨，此次議約往返電商，各條均尚得體。本日披覽改定第二、第十兩條，亦最妥協。著李鴻章等再將各條詳加核對，如意義相符，並無參錯，即著定期畫押等因。欽此。臣等復與巴德納面商，覆加核定，隨即電奏在案。該使屢催尅期畫押，訂於四月二十七日齊集公所，將中法文四分會同校對無譌，均各畫押鈐印竣事，彼此各存正副本二分。

（清）李鴻章《李文忠公全集・奏稿》卷五三《兩國交還擄掠員弁片光緒十一年四月二十七日》　照録給法國巴使照會，爲照會事：照得本年二月二十六日，貴國兵船在臺灣琅璚洋面截奪平安輪船，將該船所載中國弁兵七百餘人帶往澎湖，聞已分半載送西貢安置等情。查各國公法，凡戰時所俘獲兵士，俟和議定後，仍即交還。茲中法和約業經訂定，應請貴大臣篤念友誼，轉致貴水師提督，即將前次拏獲平安輪船之官兵七百餘人，全數釋回。其有攜往西貢者，亦即交便船載回澎湖。本大臣當咨會閩浙督部堂楊，就近派員前往澎湖領取。諒貴國必能體彼此和好之忱，迅速施行。相應照會貴大臣，請煩查照見覆，須至照會者。光緒十一年四月二十六日發。

照録法國巴使照覆，爲照覆事：接准貴大臣光緒十一年四月二十六日照會，內開法國兵船截奪平安輪船所載中國弁兵，應請轉致釋回等因前來。查我國家，想中國內地若遇有拏獲法國兵弁等，則貴國必定一律釋回。即已達致，無不應允所請。惟願於互交拏獲弁兵之餘，按照各國公法，一面亦由貴國將所有無論何國、何色之人與前釁有涉者，一體寬免追究。諒貴國必願我兩國前者參差，日後無留遺跡，即能體量此和好之忱，亦樂而施行，希即見覆可也。爲此照覆，須至照會者。光緒十一年四月二十六日發，同日到。

（清）李鴻章《李文忠公全集・奏稿》卷五七《移讓蠶池口教堂摺光緒十二年四月二十八日》　適醇親王莅津，面與籌商，以教士既願遷讓，情詞恭順，國家亦不必過爲計較，俾示大方，可照三十五萬兩定議。德璀琳係中國海關所用人員，應飭與樊教士訂立合同畫押爲據。四月二十六日，臣傳集德璀琳、樊國樑來署，將所議合同五條面加釐訂。查西什庫地方，未知方廣丈尺若干，該教士欲全行付給，臣與再四駁議，改爲將西什庫南邊地方酌給三分之二。應請飭下步軍統領地面官員早爲量度，傳諭所有樹木、甎石勿任損壞。如有民居小屋在四至以內礙事者，似應給資搬移。俟屆冬月交與教士收管，庶免藉口。又北堂所有百鳥堂內異方禽獸及一切古董物件，鐘樓內風琴、喇叭等，據樊教士稱，歷年多方覓購，實費巨款，吝不欲與。臣商令全數報效，不准遷移短少。該教士勉爲遵允，因添載末條，以免異日翻悔。當即照繕中法文，令德璀琳、樊國樑各自畫押存案。謹照譯合同，恭呈御覽。

（清）李鴻章《李文忠公全集・奏稿》卷五八《蠶池教堂完案摺光緒十二年十一月初二日》　奏爲蠶池口教堂遷移，經教皇及教會議准，續經臣與駐京法使商定互送照會完案，恭摺仰祈聖鑒事。竊本年四月間，臣飭北堂教士樊國樑訂立合同五條，擬將該教堂移建西什庫地方。奏奉批旨，現議辦法尚屬周妥，均著照所請行等因。欽此。樊教士赴羅馬後，法國正因教皇遣使來華大相齟齬。教皇以京內各堂係巴黎教會産業，允飭該會將北堂移讓，但云亦須商知法國。八月間，駐津法領事林椿疊次來署，面稱奉法廷電諭，咸豐十年續增條約第六款，聲明天主堂、學堂等件應賠還法國，駐京大臣轉交該處奉教之人。北堂既先由法使轉交，必須法國准行，非羅馬所能專主。臣謂前與該使戈可登議明，俟羅馬允定，中國當予以禮貌知照。駐京公使再奏明請旨，以全兩國交誼。林椿因將此語轉電法國去。後嗣接敦約翰羅馬來電，法廷致教皇哀的美敦書言，羅馬若派全權公使赴華管理教務，即將法羅原訂條約撤毁，並將巴黎教會每年薪俸五千萬佛郎，概停不發。各教士恐絕生路，環求教皇暫停遣使。是羅馬派使一節，祇可暫置不論。樊教士來電稱，巴黎教會總辦已允准所訂合同，惟法廷必要經手。若中國不照法國所願辦理，我教會正屬難堪。請准回華設法辦了此事。十月十六日，樊教士抵津來謁，呈出巴黎教會費雅德印函，情詞甚爲恭順。惟內云乾隆四十七年，教皇傳知法國將北堂給與本會。咸豐十一年，中國又將北堂轉交法國付給本會。法國兩次經手，求設法使各教士享平靜之益，不致另起風波等語。樊教士復再三求臣與法使商議，以全法國體面。林椿初傳法使恭思當之語，頗欲藉端要挾。臣力與駁斥，如該使不允，我國家即照教皇教會遵允之據，自行酌辦。林椿轉致恭思當勸其勿庸阻難，致傷和誼。請臣將此事原委敘一照會送給法使。頃接該使照覆，內稱法國無不依照大皇帝之意辦理，並無阻滯遷讓之處。措語亦頗得體，此事遂已定局。謹照鈔巴黎教會總統費雅德來函，並臣與法使恭思當往復照會，恭呈御覽，合無仰懇聖恩俯准該教士合同所請，明降諭旨，褒嘉法國使臣及羅馬教會恭順之忱，俾遠人咸知觀感。至該教會函稱瑣事三條內，原允銀兩不敷可否俯賜補助，當向樊教士、德璀琳等指駁。據稱此是過慮之語，日後絕不求增。臣論以銀數不減，亦斷不准添。至西什庫請留通車之路，臣查步軍統領劃給西什庫南邊之地作爲遷蓋教堂之所，據德璀琳詢樊教士云，較蠶池口原地稍狹，並該處能否通車，街南是否有小廟礙其出進，擬飭原訂合同之德璀琳赴京，偕同該教士前往詳細踏勘，由該税司稟商總理衙門酌奪辦理。至購買建堂料物，應准照各國洋人運物之例，由臣繕給護照，行知各關驗放，以示體恤。至天津三汊河教堂，係望海寺舊址，同治九年被津民焚燬，僅存高樓一角，有礙觀瞻。曾飭樊教士轉商教會拆讓。茲允我改建兵丁養病院、善堂，容再督同地方官籌辦。至原合同訂明付西什庫地方時，付給銀三分之一，現既定議，即須給地付銀。臣與林椿等議明，查照舊案，由天津税務司經手分次付給，計第一次應付庫平銀十二萬兩。可否敕下海軍衙門於各省捐款內籌撥，由臣派員領回交關轉付，嗣後過六個月付給一次，照案辦理。所有北堂遷移定議各緣由，除分咨總理海軍衙門、總理各國事務衙門查照外，謹繕摺由驛馳陳。伏乞皇太后、皇上聖鑒訓示。謹奏。

謹照鈔巴黎教會總統來函，並與法使恭思當往復照會，恭呈御覽。照譯巴黎天主增爵會及仁愛會總統費雅德來函敬肅者：竊維一百餘年，本會在中國北京居住，渥荷大清列聖幬覆，優加保護，恩賜地方並賞珍物。近今二十五年間，本會在京復建教堂，得享平順，無非仰蒙大皇帝天恩、中堂福庇及各大臣一視同仁。獲此安便，理合奉書申謝，並求奏陳皇太后、大皇帝，聲明本會感激愛戴之忱。各教士在華一切，仍仰朝廷恩周無外，嗣後永荷保全。頃悉國家欲展拓宮址，需用北堂地方，中堂命德税司商同本會，樊教士函達教皇及本總統查核辦理。教皇允諾，即知照本會將北堂地方奉讓。本會因感皇太后、大皇帝深仁厚澤，愛育無遺，能不激發天真，圖報萬一。是以本會按照樊教士來稟全行遵照，祇候施行。惟以仰承垂愛，尚有瑣事一並奉陳。一、承允發給另造北堂銀兩爲數不爲不鉅，但工程甚多，有餘、不足未能逆料。儻或稍有不敷，可否俯賜補助？二、查京城地圖，西什庫街南頭有小廟一座正值街口，車輛出進殊爲不便，不識可將該廟挪於別處否？儻不能移，擬請設法另闢一通車之路。三、修蓋新堂，凡購買一切料物須得護照，庶利遄行。此項總護照擬請俯賜發給。以上三事已與樊教士辦事之權，尚祈諭令該教士祇遵爲荷。再，查一千七百八十三年，即乾隆四十七年，教皇傳知法國將北堂給與本會。迨一千八百六十一年，即咸豐十一年，中國又將北堂轉交法國付給本會。是以法國以爲兩次經手，可以過問本會。奉中堂鈞諭，祇知報稱，未敢瞻顧。想中堂明察秋毫，當蒙鑒此衷曲，定必設法使本會各教士等享平靜之益，決不致另起風波也。再側聞中堂現辦中西書院，廣開風氣，殊深欽佩。此後如需泰西一切有益學業，本會教士中不乏明敏之材，如荷録用，無不樂從。又據樊教士聲稱，天津節署之東舊河樓一座，中堂曾諭及有礙觀瞻，本會亦不願留此牘迹。若一千八百七十年即同治元年，我中堂在津決不致有此事。爲今之計，貴處整頓海軍，軍容甚壯，若就其地建造兵丁醫養病院，則事益美備，既可化無用爲有用，變沴厲爲和祥。已諭令該教士稟承訓示，當可代爲效力。總之，本會深知朝廷仁恩普被，中堂悲惠及人，辦事公平，遠人感戴。此後，無論何事罔弗可商，尚祈鑒察。專肅鳴謝，敬頌爵祺。西曆九月十五日，即中八月十八日。巴黎斯府發。給法國使臣恭思當照會，爲照會事：照得本大臣前奉朝廷諭旨，派人赴羅馬教皇商量教務並京内北堂遷讓之事。現聆悉教皇既停派公使來華，此事自無庸再議。至於北堂移建一節，雖經教皇已允，惟稱應向貴國商明。查現在中國欲將宫禁地方開闊，而北堂切近園庭，有礙擴充，本大臣請煩貴大臣奏明貴國，請將北堂遷讓。現在兩國和好日篤，中國所需甚盼允行。因查咸豐十年條約第六款：各處教堂應賠還，交法國駐京大臣轉交該處奉教之人等語。應請貴大臣轉飭北堂主教，遵照樊教士原訂條款，將北堂遷讓移建京城内西什庫所擇地方，俾兩國友誼更昭親密。貴大臣和協邦交，益顯明恭敬我大皇帝之意，實所欣盼。爲此照會貴大臣，請煩查照見覆施行。十月二十七日。法國使臣恭思當照覆，爲照會事：照得十月二十七日接准貴大臣文，稱現在中國欲將宫禁地方開闊，而北堂切近園庭，有礙擴充，請煩奏明貴國，請將北堂遷讓等因。本大臣刻即將來文傳電至我國外務部矣。因在我國，於此件無不依照貴國大皇帝之意辦理，本大臣想此事我國並無阻滯遷讓之處，本大臣始終深切相助。貴中堂奉命之件有成，且來文情語殷殷，甚屬感激。本大臣深悉如此照辦以後，我兩國日親鞏固，和好愈敦，皆我國及本大臣之寸衷默願也。須至照會者。十月三十日。

（清）李鴻章《李文忠公全集·奏稿》卷六二《葡萄牙换約竣事摺光緒十四年三月十九日》 日在天津水師公所公同互换。屆期臣率同津海關道及天津道府通商隨員等，該使羅沙亦挈同該國領事、繙譯等，一併齊集。羅沙將葡國批准條約畫押原本交臣驗收，臣即將總理衙門發下恭用御寶條約原本交該使祇領，彼此核對無訛，仍公立换約文憑，華洋文一樣二分，畫押蓋印，各執一分，附釘原約之後，以昭信守。至原約第二款内稱：澳門地方現經商定，俟兩國派員妥爲會訂界址，再行特立專約。其未經定界以前一切事宜，俱照現時情形勿動，彼此均不得有增減改變之事等語。臣面詢羅沙，據云：澳門定界，擬俟該國續派使臣駐華另行商辦，該使於换約後即起程回國。除將條約原本並换約文憑委弁齎送總理衙門查收備案外，謹將譯録葡國批准和約原文及臣與葡使换約文憑，照繕清單，恭呈御覽。

（清）劉坤一《劉坤一遺集·奏疏》卷一九《辦結江蘇鎮江各屬教案摺光緒十七年八月初五日》 事情形輕重不一，要皆由於匪徒潛竄，捏造無根之言，煽惑愚民，聚衆滋鬧，意圖藉端肆擾，乘機焚搶，以致迭釀鉅案，此外各屬亦復謠言四起，并有張貼揭帖情事。臣等查各國教士在中國設堂傳教，爲條約准行；教堂兼辦育嬰，設立義學，亦無非好行其善。該匪徒等膽敢無端造謠，肆行竄擾，若不查拏嚴辦，解釋民疑，不獨民教難以相安，亦實爲地方之害。

據報後，節經嚴札通飭各屬，將境内所有教堂，務須實力保護；一面嚴拏造謠滋事匪犯，按律重辦。並由臣坤一迭次剴切示諭，飭令各屬傳集地方紳董，各向就地居民，傳諭誥誡，毋得輕聽浮言，妄生猜忌。各該縣未能先事預防，實屬咎有應得。蘇屬各案，係由丹陽首先滋事，將該縣查文清甄別參革。署無錫縣劉樹仁、署江陰縣孫詒紳、陽湖縣葉懷善、署金匱縣湯曜，均摘去頂戴。代理如皋縣莫炳琪到任甫及三日，予以記過。并將該管汛弁一律摘頂示懲。欽奉諭旨後，又經臣等分別詳晰出示曉諭。此等造謠滋事之匪，極爲詭秘，行蹤飄忽，緝捕較難。臣坤一復密派員弁四處訪緝，并令各州、縣清查保甲。數月以來，地方幸以安謐。竊維籌辦善後，以緝協民教爲第一要義，拏辦匪犯，必須情真罪當，方足以昭折服而安民教。據各屬先後稟報，拏獲各犯，訊係均祇在場附和，飭令會同委員一再研訊，加以刑嚇，矢口不移；現已各按情罪，分別軍流徒杖，從重定擬。各教堂燬失屋物，若待著追賠償，勢必稽延時日，無以安教士之心。已飭據常鎮通海道黄祖絡督飭印委各員，籌撥款項與各教士，分別一律議結。仍嚴飭該管道府，飭各屬勒拏首要各匪，務獲懲辦，以期仰副聖朝輯睦邦交，綏靖地方之至意。

除將辦理情形隨時咨明總理衙門外，所有江蘇各教案查辦議結緣由，理合由驛恭摺馳陳，伏乞皇上聖鑒訓示。謹奏。

（清）劉坤一《劉坤一遺集·奏疏》卷二八《酌減甯蜀地丁錢價並提平餘摺光緒二十四年三月二十一日》 奏爲遵照部議，酌減江寧等屬地丁錢價，並提解漕折平餘，湊還四國洋款，恭摺具陳，仰祈聖鑒事：

竊前准戶部咨，議覆給事中龐鴻書奏浙江等省徵收地丁條銀折價與市價懸殊，擬令各省就本地完納情形暨向來徵收章程，查明地丁、漕糧折錢較市價大有浮多者，一律酌減。又各州縣徵收糧石，通有合、勺畸零之數，或按一升計算，徵收銀兩，通有釐、毫尾零之數，或按一分計算，應請一體嚴禁。又准另咨，江西減徵丁漕錢文，加解錢價平餘，湊還四國借款，議令各省查照成案，各按原數分數減徵提用，或一、二百文，或三、四百文，分晰奏報各等因，均經轉行遵照，體察情形，妥議詳辦在案。

茲據江寧布政使松壽、江安糧道吴重憙會詳稱：江寧藩司所轄江寧、淮安、揚州、徐州、海州、通州等府州屬三十六廳、州、縣，兵燹以前，錢糧積弊本深。同治七年，議禁浮收，統查各屬進出款項，按照當時銀價原收錢數，減其太長，因其本短，分別酌量核定。蓋銀米市值既有不同，缺分情形又復互異，當日改定收價，祇能將過多者減之使少，未便將本少者增之使多，必欲折中畫一，轉有窒礙。遵行三十餘年，官民稱便。近年以來，制錢驟形缺乏，省城及淮、揚一帶通衢市面，銀價跌至每兩一千三百數十文，省外偏僻地方所報錢易銀價雖每兩仍需一千四、五、六百文不等，然較從前銀貴時，無論何處，總有節省。光緒二十二年奉文派籌俄、法、英、德四國還款，前藩司瑞璋察度司庫入不敷出，不得已議提各屬銀價盈餘，每兩飭解錢二百文，米一石解錢二百文，自是年上忙起，分別補提解司，截至上年冬季止，始催據各屬解到銀四萬餘兩，藉資湊提還款。正擬詳請奏明辦理，茲奉前因，復查江寧各屬賦額本輕，每畝完數大率分、釐、升、合、勺起科，鮮有至數錢及五升以上者，州縣經徵銀米數目亦不逮蘇屬遠甚，以是錢價雖貴，民間照舊完納，尚無異言。而州縣當此銀賤之時，大缺雖稍有盈餘，瘠區則僅資挹注。若徐、海等屬，或以費絀用宏，動形竭蹶。事同境異，亦有未可一例論者。此江寧各屬折收錢漕之實在情形也。

從來損上益下謂之益，損下益上謂之損。小民終歲勤勞，所得無幾，當此錢貴銀賤，自應減收折價以示體恤。然州縣所以牧民，一切辦公等費，實亦必不可少，若不稍留餘地，恐中材以下轉無所勸，再四籌思，欲求上益於國，下益於民而仍無礙於州縣，惟有就已議提解之數，分別減提。擬請將各屬以錢折收之條銀，按照各該處收價每兩減收錢一百文。其漕米收價循舊不減，仍於州縣實徵熟田米折盈餘項下，每石提錢二百文，解司撥濟俄、法、英、德四國還款，免致貽誤，失信外人。如此分別減提，民力既可稍紓，公款亦不無小補。漕米已從上年冬漕跟接照提，條銀即從本年上忙起照減，先由司道通飭遵辦，並出示遍貼曉諭，不准另有藉端浮收。其向來以銀完納之處，前於定章時，核明所加耗費尚不浮多，今於錢價亦無關出入，應毋庸議減議提。至徵收合、勺、釐、毫零數，本不應照一升、一分計算，寧屬向章應於每年開徵時，將各則科徵銀米折錢數目條列示諭，俾衆周知，使吏胥無從多算。現又申明定章，一併飭禁，以期嚴密等情，詳請奏咨前來。

臣等伏查江北連年災歉，民困未蘇，司庫撥款浩繁，支絀益甚。各該州縣身膺民社，目擊時艱，宜如何潔己奉公，以圖報稱。況提減銀價，本非該州縣固有之款，即不得以辦公不敷爲詞。而江寧各屬所收丁漕數目遠不逮蘇，州縣費用攸資，亦未可過爲減少。部咨行令各就完納情形與向來章程酌量辦理，蓋亦因地制宜之意。今該司道所擬減徵提解各數，尚屬妥洽，應即飭屬一體照辦，將減徵錢價實力遵行，如有違章勒取，即行從嚴參處。其漕價提款，務須隨同正項報解，以爲撥還四國洋款要需，不准稍有蒂欠。若將來銀價昂貴，再行察酌情形，請予增改免提，以昭平允。

除檄飭遵照並咨明戶部外，謹合詞恭摺具陳，伏乞皇上聖鑒訓示。謹奏。

（清）劉坤一《劉坤一遺集·奏疏》卷二八《吴淞新開商埠倣照滬界辦理片》　再，上海近來商務日盛，各項船隻由海入江，以吴淞爲要口，祇因攔江沙淤，公司輪船必須起貨轉運，致多阻滯。現值淞滬鐵路將次竣工，商貨往來自必益形繁盛，經臣商准總理衙門，將吴淞作爲海關分卡，添建驗貨廠，俾得就近起下貨物，以順商情。並於該處自開商埠，准中外商民公同居住，飭道會商稅司妥切籌議，將馬路、捕房一切工程，倣照滬界，認真辦理，期於商務地方均有裨益。俟擇定開辦日期，再行咨請總理衙門照會各國駐京公使，傳諭洋商一體知照。

謹附片具奏，伏乞聖鑒。謹奏。

（清）劉坤一《劉坤一遺集·奏疏》卷三一《請飭鐵路公司認解息銀備還洋款摺光緒二十五年九月二十八日》　奏爲洋款數鉅期迫，鐵路總公司撥用款項本息無著，請旨飭催，以免貽誤，恭摺仰祈聖鑒事：

竊照前署兩江督臣張之洞，在江南息借瑞記洋款英金一百萬鎊，訂立合同，分作二十年還清，前五年祇付全息，第六年起分還本金及餘本應得之息；並經先後奏明。前項借款，五年以内分派攤還，五年之後還數較鉅，現於借款内，提出銀二百五十萬兩，備造蘇滬鐵路，計彼時路已造成，歲可提餘利銀二十萬兩派撥應付。臣於光緒二十二年回任後，當即遴員前赴北洋察看鐵路並鈔録章程，一面派員履勘蘇滬造路基地。正在經營籌辦間，接准户部來電：吴淞至上海鐵路已歸盛宣懷辦理，前項存款二百五十萬兩，應撥交該京卿備用等因，遵即如數解交督辦鐵路總公司大臣盛宣懷接收。並由臣電明户部，瑞記洋款，指明以此項鐵路餘利湊還，現既歸該京卿接辦，應照案提還餘利。此係現存之款，蘇滬之路，自應即辦，不宜移用別處，致將來還款爲難。旋准户部咨覆：自應照案將餘利銀兩，提出備還洋款，此款專作該處鐵路之用；況關係瑞記還款，尤應先造，不得延緩，飛札該京卿遵照等因各在案。

以現成之款，造指定之工，該京卿果能遵照部咨辦理，路工固計日可成，餘利亦操券而得。乃歷時三、四年之久，所造鐵路，僅止淞滬一段，計程不過數十里；且軌道南不及淞，北不及滬，尚是未竟之功，中外商民，咸稱不便。臣以此項攸關洋款，迭次電牘咨詢，並催解息銀。該京卿始則謂鐵路未行之先，賠利亦不能多，繼則謂路利漸裕，如數撥解，終則謂部款續到，即行提還，一味宕延，毫無實際。經臣再四駁覆，後竟置之不荅。查瑞記一項，來年十一月即屆本利兼還之期，共需英金九萬餘鎊，約合銀七、八十萬兩。二十七年以後，每歲約需十二萬餘鎊，爲數尤多。債期踵至，何以應之？前項銀二百五十萬兩，若仍存洋行生息，尚可藉資湊付。乃自撥歸總公司，迄今數年，不惟無鐵路餘利可分，即應認月息，亦從未解過分文。江南此款，本由稱貸而來。該京卿綜攬利權，臣實無從深悉其底藴；惟置奏案於不顧，視部文如弁髦，徒令江南爲之籌本籌息，羅雀掘鼠，年復一年，該京卿受恩深重，素有精核之稱，當不應膜視至此。果爲力所能支，臣仍必騰挪因應；無如江南各庫早已搜括靡遺，年來艱窘情形，有非言詞所能殫述，委屬墊無可墊，籌無可籌。洋款一經到期，絲毫不能短欠，萬一貽誤，失信外人，有礙大局，臣實不敢當此重咎。總之，南洋之款，係指造蘇滬鐵路，鐵路之利，係指還瑞記洋款。既未造路，即應認息，本利皆恃此取償，萬不能虚懸無著。相應請旨飭下盛宣懷，將南洋撥款二百五十萬兩應付三年息銀迅速解清，以後源源撥解，備還洋款，以符原案而應急需。

除分咨外，理合繕摺具陳，伏乞皇太后、皇上聖鑒。謹奏。

（清）劉坤一《劉坤一遺集·書牘》卷一四《復羅領事光緒二年四月二十三日》　頃接來函，以花縣黄姓幼女亞寬被人拐至香港，經貴國巡理廳將其起出，請飭屬傳詢黄亞寬之父願否赴港認領等情，具見貴國官員一視同仁，該巡理廳辦事尤爲勤幹，本部堂甚爲欣佩。現已諭令廣府轉飭該縣查傳黄亞寬之父黄勝安詢問明白，另行辦理外，相應函復貴領事查照，轉致香港巡理廳，如查得拐匪姓名下落，即希貴領事備文知會，以憑飭拏爲望；倘該匪業經遁去，則不敢重煩心力矣。

（清）劉坤一《劉坤一遺集·書牘》卷一五《致達領事光緒二年六月二十一日》　洋盜鄔北壽等九人行劫蛋民郭嵩賢漁拖船銀物一案，現經臬司委員會同赤溪同知，按照貴領事官前此來函，逐一查明稟覆。本部堂查閲所稟，鄔北壽等在家販魚工作一節，查問附近鄉鄰，未能衆口如一。其紳耆稟保一節，該紳等或未親身赴保，或又言語游移。此係本案緊要關鍵，既已查無實據。此外種種情節，委員亦已詳細推求，欲求一鄔北壽等並未爲匪之切實憑證，竟不可得。夫往查之員，非承審之員，固可決其無所偏倚也。廣州府及讞局委員，祇係承審案件，並非原獲鄔北壽等之官，謂鄔北壽等爲真盜，承審官不能居功，謂鄔北壽等爲良民，承審官亦毋庸任咎，初不必始終堅執，必以爲行劫之匪犯而後快也。本部堂莅臨兹土，粤人皆我子民，亦決不肯預設成心，必欲置之死地也。但以案經事主指證，鄔北壽等到堂之初，亦已認供。今又委員往查，並無確係良民之真憑實據。若欲將其開脱，何以服事主之心乎？貴領事前此來函，恐其屈抑，固屬仁人之用心，即明主教函致貴領事爲之呼冤，亦未必非一時之惻隱。然鄔北壽等之行刦與否，貴領事與明主教均未目擊，明主教因鄔北壽等家屬稟求保結，爲之轉達貴領事，貴領事據其來函，爲之申請查辦，均爲慎重人命，並非袒庇教民。今已再三覆訊，委員往查，鄔北壽等雖不能開脱，而貴領事於此事已甚費心力，可以對明主教矣；明主教於此事亦甚費心力，可以對鄔北壽矣。若必謂鄔北壽等家屬之言可信，而事主之言不足信，明主教所聞者足信，而廣州府等所審者不足信，想貴領事明習事理，亦決不出此也。夫公事公辦，彼此相信無他。貴領事前此來函，意在好生，本部堂決不以爲非是；而廣州府等明刑執法，本部堂亦未便謂其不然。茲將委員來稟，劄知貴領事官，希即轉致明主教，勿聽鄔北壽等家屬一面之詞，致滋轇轕，是則本部堂之所厚望也。

（清）劉坤一《劉坤一遺集·書牘》卷一五《致總署光緒二年七月初十日》 光緒二年六月二十日，據法國領事達伯理申請，以法商哥崧控稱：伊向南海縣屬恒綸號絲行衛松石定買絲斤二百包，因絲價日昂，延不交貨，申請轉飭南海縣秉公會辦等情。查法國條約中，有中國人與法國人爭訟，領事官不能調停，即移請中國官協力辦理完結之文，經即札飭南海縣前往會辦。二十六日，復接該領事申稱：該縣與薩副領事會訊，已斷交絲一半；乃於數日後該縣又稱，難以強衛松石遵結，請傳該縣至署，與薩副領事面質；而南海縣面稟則稱並無允斷交絲之事。坤一以一經面質，難保不彼此忿爭，徒礙體制，且亦無從判其虛實。因即另委候補道顧元勳暨粵海關稅務司裴式楷前往該領事署會同覆訊核斷。七月初一日，裴稅務司於會訊後，具文申覆，意欲照薩副領事所斷，令衛松石交絲。而顧道面稟則稱：訊問兩造情詞各執，衛松石供稱，洋商定買貨物，必須面登大簿，賣者簽名其上，方足爲憑。此案洋商哥崧，衹有自登小簿，此外別無證據可憑。且會訊時，並無通事傳供，亦不知哥崧作何辯論，一時未能定斷。達領事已訂於初三日再行覆訊等語。坤一即劄知裴稅務司，以商人信義交易，一諾千金，可不必別求證據；官司定案，則必以證據爲憑。本案哥崧控情，毫無確證，即達領事前此申陳，亦謂無從剖判真僞，又謂違例強以必從，非該領事初心。茲若僅據小簿定斷，將來中外奸商捏造圖詐，又將何以處之。此案既訂於初三日覆訊，該稅務司等必須秉公辦理，使粵商折服，無可藉詞，將來亦不至有捏造流弊，方爲正辦；並添委熟習洋務尚副將昌懋、略諳洋語之沈令春輝，同往會審。初三日，顧道等至領事署中，該領事即稱尚副將、沈令二人不能會審，惟與顧道、裴稅務司訊問，兩造供仍如前。該領事復斷衛松石交絲一百五十包，與哥崧了案，裴稅務司亦隨聲附和，列銜畫押。顧道與之反覆辯論，該領事執意不從。迨顧道等將行之時，裴稅務司復語顧道云：貴道既未判斷，此案仍屬未結。此遞次會審之情形也。

初四日，該領事以案經斷結，申陳前來。坤一即以案情並無確據，被告亦未具遵，不能作爲結案，詳細劄知，並另加信函，嚴予駁斥。乃該領事始終狡執，於駁斥之處，不置一言，衹以矯強恫喝之詞，曉曉不已。查該領事前經撤任回國，不圖此次故態復萌。現聞衛松石託人自向調停，或亦不難了事。萬一該領事不能遂其谿壑之慾，難保不慫恿公使上瀆尊聽。茲謹將本案卷宗照鈔寄呈，其緊要關鍵，逐一簽出，伏祈察覽。

（清）劉坤一《劉坤一遺集·書牘》卷一五《致總署光緒二年十月二十一日》 十月十六日承准大咨：以英國威公使照會，請將楊亞茂一案咨行秉公核辦。除援引奏案照復該公使外，咨行查照等因，並鈔示照復威公使文稿；仰見燭照事機，下懷不勝欽佩。

卷查此案，香山縣人楊亞茂即楊承洸，係夥同伊弟楊俊洸販賣人口出洋之犯，同治十三年間，瑞澄泉中堂於審辦楊俊洸案內，奏明嚴緝究辦。旋據香山縣稟報：該犯楊承洸逃往香港，被李林桂在火船拏獲，該火船主反將李林桂拏解香港。並據民婦李馮氏，以伊子李林桂與楊亞茂素有嫌隙，被楊亞茂在香港洋官處誣告，勒詐拘傳訊押等情。當經澄泉中堂劄行英國領事提解訊辦，並經歷前任節次催提，數年以來，迄未交解。此本案之緣始也。

坤一抵任後，復經照案提解。至本年六月間，英國領事羅伯遜忽向面稱，楊亞茂係無罪之人，請將原案查銷，免其拏解。坤一即語以：該犯如果自問無罪，即應挺身投案，以憑查訊明確，分別辦理。今匿延不到，案未訊明，何能遽行銷案。該領事又云：如欲楊亞茂赴訊，係由副領事保護到案，訊問數語仍行帶回。坤一復告以：楊亞茂係奏明緝拏之犯，即使到案後，查訊明確，實被株累，亦須將其監候，奏乞朝廷恩施，俟欽奉諭旨，或交部議准，方可釋放。若由副領事帶同赴審，仍即帶回，實與條約不符，礙難照辦。該領事復節次申陳及函請查辦，坤一亦以函劄復之，往復再三，大約均不外此。至八月以後，該領事遂置不復言。蓋楊亞茂在港貿易多年，洋酋與之交好，故欲爲之開脫。今貴署所給該公使照會，理正詞嚴，諒彼亦不敢再行瀆擾矣。茲將坤一與該領事節次往來文稿，鈔録密呈。

再，查現在香港羈押之李林桂，向充洋人買辦，行爲亦非善類。此次往拏楊亞茂，亦爲圖利起見。英官謂其謅詐銀若干，似非全屬子虛。至楊亞茂實在香港居住多年，從前有無夥同伊兄拐賣情事，除伊弟口供外，並無別項憑據。是以坤一祇行照案提催，未曾認真向索。該領事等如請銷案，則即照約與之折辯而已。

（清）劉坤一《劉坤一遺集·書牘》卷一五《復總署光緒二年十二月十九日》　十二日接奉鈞函，以粤省教民行劫被獲一案，法國公使函請查明，勿稍寃抑，業經尊處函復，飭即早行定案，以昭折服而息紛紜等因。仰荷指示周詳，曷勝感佩。

查本案范義安、鄔北壽等九犯，被獲時原係事主指拏到案，後復提事主質訊，原屬毫無寃抑。法國教士因該犯等係屬教民，力爲庇護；而法國領事又以教士之託，嘵瀆不休。所有本年閏五月以前，一切情形，業已咨呈察覽，並即委員前往赤溪地方詳細密查。隨據該委員等將達領事來函所言各節，逐一查明稟覆。坤一即詳細劄知達領事。旋以澳門西洋官先後拏獲匪犯陳樂仔一名及吴亞華等，實係行刦郭嵩賢漁船真犯，節次申請行提，並請將郭嵩賢等暫留待質。迨據情照會澳門洋官，接據復文則稱，陳樂仔及吴亞華等並無明確證據可指爲行刦郭嵩賢漁船案犯，不肯將其解省。十一月間，達領事卸任回國，接任之領事喇克禮與繙譯官薩來恩來見，又以此事爲言，並稱伊國明主教確知本案真盗實係澳門西洋官所獲之吴亞華等，其鄔北壽等實係誤拏，請予省釋等語。坤一即折以鄔北壽等係事主指拏，並非縣營憑線緝獲，且曾經委員確查，並無誤拏之事。如必謂吴亞華等爲真盜，鄔北壽等係屬誤拏，則須澳門洋官將吴亞華等解省，提同鄔北壽等質訊，實非同夥，然後將其省釋，庶事主不致有詞。該領事因稱，伊等日内即須前赴澳門，將吴亞華等審明，再請行提到省與鄔北壽等質訊。是日争論兩時之久，其間往復之言，未能縷述。次日薩來恩一人復來，始猶恐喝多端，繼則哀祈不已，意似爲明主教所迫，有萬不得已而然者。此閏五月以後本案一切情形（也）。

坤一查鄔北壽等，係屬本案真盗，並無可疑。該領事初則指爲誤拏，希圖解免；迨節經指駁，無可支吾，則又以另有真犯爲詞，冀以李代桃，爲之脱罪。此時若將該犯等即行正法，原可以斷絶葛藤；無如該犯等已知外有護符，供詞悉皆翻異，若加之刑鞫，則他族更有所藉詞。該領事等既稱澳門已獲真犯，日内前往訊供，擬俟其訊問後，情形若何，再行酌辦。在該犯等窮凶極惡，罪不容誅，雖未便即正典刑，亦未可遽行釋放。現在監禁獄中，已諄飭管獄官，妥爲護視，勿令瘐斃，亦勿令脱逃。押虎圈狼，操縱在我，將來自當隨時辦理，期以杜外人之口，服事主之心；此時則牽持未已，格礙尚多，似未可遽行定案也。

（清）劉坤一《劉坤一遺集·書牘》卷一五《致涂閬軒光緒三年正月二十日》　正月初十日接到總署來函，以法國白公使函稱，法國和約條款，西省各州縣尚未張貼，傳教士無人保護等語，囑即出示申明條約，通飭各屬張貼曉諭等因。

查咸豐八年，天津議定法國和約内傳教各條款，先經英西林督部會同劉蔭渠中丞出示曉諭在案。今白使尚以未貼告示爲言，或係前此所發告示，張貼未能周遍，故彼得以藉詞。茲謹會列台銜，另備告示一百二十道，申明和約内傳教各條款，飭發西省各州縣照鈔多張，遍行張貼。除另備公牘送呈外，務祈閣下於接到後，迅賜會印飭發張貼曉諭，是所至要。

至近日西省地方，雖未聞民教齟齬之事，而事關交涉，似宜先事防維。州縣官於和約條款，平時多不肯留心，遇事遂無從措手。並祈密飭各屬，凡係民教事件，務須查照條約，妥爲辦理。無事則隨時保護，有事則按約持平，庶幾中外相安，可免多生枝節。

（清）劉坤一《劉坤一遺集·書牘》卷一六《復總署光緒四年六月十二日》　五月二十一日奉准大咨，以德使函催載生洋行壓水櫃一事，應由敝處查核辦理等因。

伏查此案因友山中丞於署督篆任内委派鹽大使潘露與載生洋行寫立合約，購買製造洋藥、機器等項，並無壓水櫃名目。嗣該洋行將壓水櫃運送來粤，稱爲原議所有，問之潘露，則稱並無成言。當經坤一執約力争，謂約外之物可加，則約内之物可減，從此合約竟同廢紙，何所適從？德領事索田理屈詞窮，則請將從前一切作爲罷論，此項壓水櫃從新立約購買。隨飭司局公同酌核，以壓水櫃本爲洋藥、器機所必需，該領事既不敢以原約所無強我必受，而另行立約購買，事尚可行，遂委招商員唐廷庚與之議論。而該洋行不肯稍減價值，且稱：若不如願相償，定求駐京公使作主等語。坤一以其詞不近情，正在痛予駁斥，適該洋行舊夥英人畢德衛刊行《見心録》一書，並由湖北函致敝署，大概謂該洋行德商貪鄙無恥，承辦廣東機器等項，捏稱別有開銷，暗寫信回外國囑其浮開價值，其信爲畢德衛所鈔，情願赴粵與之質證云云。

坤一查載生洋行句串弊混，早在洞鑒之中，曾奉密囑以後不與交易。至以前該洋行浮開之項，爲時已久，牽涉太多，筆舌徒煩，未必果能追繳；而畢德衛來粵質證，即使終不易詞，往返盤費，轉糜鉅款。是以一面辭謝畢德衛，以止其行，仍奬其公平，訂以後會；一面令潘露暗地告知載生洋行，現有畢德衛書函盡發該行商奸狀，該行若再以壓水櫃爲言，則敝處亦必徹底根究。意在使之退步，自行消彌。該洋行自聞此言，數月以來遂無一字及此，竟不料其早達尊聽，並敢屢瀆清神。坤一與司局熟商，前此許其另立合約購買者，爲其原案葛藤悉斷，由外通融，冀可以稍減價值也。今德使等援引原案，照會貴署，咨行前來，則此項壓水櫃爲原約所無，萬難遷就；否則彼反有所藉口，謂此櫃停待半載一年，利息太虧，並肆其譌索之計。況該洋行上年運來礟藥、礟子各數十箱，稱係西林宮保在粵時所面定，坤一以無合約，力拒始已。茲若收受此櫃，則其礟藥、礟子勢必相繼要求，更恐將來不勝其擾矣。

除俟司局具詳另備公牘呈覆外，謹將此案前後情形，先行函達尊處，並將坤一與英商畢德衛往來信函及畢德衛《見心録》鈔呈鈞覽，伏祈俯賜察核。

（清）劉坤一《劉坤一遺集·書牘》卷一六《復總署光緒四年六月十七日》

十七日祇奉鈞函，以祕國來粵招工，囑其嚴行禁止，毋任借搭客之名，爲拐騙之計等因，並承鈔寄與西使、何繙譯及裴、葛兩税司問答之詞，指示詳明，曷勝感佩。

伏查此案前後一切情形，業於五月十九、二十九等日兩次函呈尊處矣。該輪久停黄埔地方，意有所待，昨忽請單出口，仍祇載去有殷實鋪戶保結之往祕魯十餘人、往檀香山三十餘人，大概因在尊處及李中堂處探悉此事萬不能行，無所用其逗遛希冀也。

此次美國同孚洋行與祕國設立合約，每年給該洋行銀一十六萬，以五年爲率，每年該洋行輪船來粵招工兩次，每次多則千人、八百人，少亦須五百人，否則其約作爲廢紙。似此厚利所在，故挾全力而來，愛公使與美領事等官無不串通一氣，糾纏幾及兩月，鬼蜮不啻百端，迨後雖知其奸莫售，猶思別爲轉圜之地。茲經尊處智燭幾先，則彼狡獪之術已窮，想亦不敢再來瀆擾。

除與愛公使及美領事辨駮各節，並往來公牘業經前兩次函達冰案外，謹將先後所出告示鈔呈，伏祈俯賜察奪。

再，查日國和約後附專條，聲明現在該處華工務須一律優待，其有無力回籍者，則由該國家資遣等語。現有粵人接到該處華商之信，據稱該處華工惟在省城附近及有英人駐紮處所工主稍爲體恤，此外則陵虐如故，未改分毫，凡在村市所遇華工，莫不垂頭喪氣，人不聊生。此猶謂之私書，不足爲憑。至資遣一節，換約已久，何亦未見舉行？即如此次來粵輪船載回華工數十人，均係有力自備盤川水脚，無一窮苦之人在內，豈該處華工無一窮苦無一願回籍者耶？可見該國於資遣無力華工一節，視爲具文。荔秋星使，至該國時，自應與之理論；將來愛公使入都，倘向尊處饒舌，亦可以此折之也。

（清）劉坤一《劉坤一遺集·書牘》卷一六《復韓領事光緒四年八月十八日》

接閲來函，具領壹是。所有出口土貨之三聯報單以及進口洋貨之子口税單，現經本部堂諄囑俊關部並嚴催釐局，妥速商辦，刻日施行。昨晤葛税務司，據云已將柏前税務司所定章程略爲增刪，定於兩三日前赴俊關部及本部堂衙門公同斟酌，是此項單照斷不至於久延矣。前此洋商未曾請領，並非華官故事因循。及上年新開瓊、廉兩口，洋商始以此項單照爲言。創始之時何得不加慎重，以期永遠相安；無論中國防弊宜嚴，其中彼此意見不同，爲條約所不載，實有不能逐層核議者。如前後税司請將運土貨出口之三聯報單不分華洋一節，立論雖爲體恤華商起見，究與條約未符。又謂出口土貨經在香港起卸後，再運進口，即作洋貨論一節，亦與條約所載土貨復進口之款兩歧。此其所以熟思審度，本部堂未便責之以旦夕者也。

來函以香港鹽政比擬，則請就事申言之。查食鹽不准販運出口，條約本有明文。今香港公然給票，指明販入中國内地，有違條約，人莫不知，即貴國律師駭喇爾亦有是議。前此邁司輪船在石桃灣拏獲私鹽，搜出此票，本部堂未嘗以此票違約，兩相抵制，不辦該輪船越界緝私之案，亦未嘗翻論從前違約給票之事，不過請其以後勿復給票而已。迨貴港督以給票相沿已久，未能遽禁，必須奏明貴國朝廷，本部堂更未嘗以有條約可循，迫不及待，此貴署領事官所知者。蓋中外交涉，一以條約爲准，而辦理緩急鬆緊，有時不妨稍爲通融，則情理兼盡矣。

此案原與土洋貨之單照無涉，因來函道及，本部堂亦即借此以達區區，伏祈鑒諒。

（清）劉坤一《劉坤一遺集・書牘》卷一六《致總署光緒四年八月二十七日》　查日國駐紮廣州領事官多達，於六月底偕法國薩副領事來見，寒暄數語外，並無他言。坤一隨即前往答拜，亦有薩副領事在座，多領事開口便説來粤招工。坤一詰之曰：誰准貴領事前來招工？彼曰：上年所定條約，貴部堂未見乎？應曰：原因奉准條約，聲明貴國不能在粤招工，故有是問。彼曰：續有招工條約，想未遞到。應曰：實不聞有續定招工條約。以事理論，斷無甫定條約不准招工，旋即翻改。且招工與别項事體不同，亦無不先詢之地方官遽與貴國公使定約之理。多領事乃曰：此次往來拜望，本不應談公事，候我往小吕宋回粤後再行面議，大約須十四五天方可轉身云云。迨今兩月，未見多領事復來敝署，亦無隻字來提招工。惟據柏税務司面稱：多領事早在香港將該國與中國所定條約，另繙洋文，删除不能招工及出洋華民自備川資等語，以示各國官商，衆論譁然，以爲日國招工未爲違約，所以多領事初見坤一，亟説招工，無非先爲嘗試。坤一待其來則應之，外間浮言無暇與之深辯。不圖該領事反嗾該公使前來尊處，謂坤一答以並不知有條約不准粤人出洋，得毋故爲詭詞，以便施其狡獪耶！細繹日使在尊處嘖争各節，計圖改動自備川資四字，彼乃得以墊借水脚盤費，影射招工出洋，地方官無從攔阻。彼既得逞，則祕使與美領事必然反脣相稽，坤一將無詞以對。蓋前次祕、美在粤暗地招工，係援日國條約自備川資一語以拒之。今若改動此句，日國轉得爲所欲爲，則祕、美何肯甘心？一切久在洞鑒之中矣。紙墨未乾，詎容更易？伏祈尊處守定原定條約，所有往來照會，不與别立章程。凡條約中應行事宜未能詳細備載者，囑其與外間督撫籌商；或條約中未盡事宜有可變通辦理者，囑其候陳星使等從容斟酌，義自正大，詞亦圓融，想該公使無從置喙。

又，查節略内，日使謂華民出洋多係當工，並謂華民無錢出洋勢須借貸，本係實在情形。第華民自行出洋當工則可，若任洋人招之出洋，則此身屬之招主，在親友處借錢則可，若向洋人借錢則此身屬之借主，何能行止自由，以免陵虐之弊。至日使謂華民借錢出洋，不必管其借自何人何處，其意預伏洋船、洋商墊發水脚盤費之根據，更難保不襲祕使故智，以洋船墊發之項作爲華民自備川資，密教華民供認，曲爲彌縫。如日領事將來似此舞弄，坤一惟有查照前次辦法，所有華民出洋是否自備川資，必須取具的保，彼亦無所施其伎倆。

夫廣東有人滿之患，准其出洋謀生，原地方官所願意。第以日、祕兩國從前虐待華工，幾無人理。現在坤一得外洋信，祕國猶蹈前轍，日國亦未盡除，與尊處所聞相符，故於兩國來粤招工不得不從嚴查禁。倘該兩國從此優待華工與各國一體，則俟陳星使體察實情，呈明尊處，不妨與之更定條約，著照英、法兩國招工之二十二款辦理，與任其暗招而漫無防範，曷若許其明招而有可稽查也。芻蕘之見，姑待將來，是否可行，尊處自有成算。

（清）劉坤一《劉坤一遺集・書牘》卷一六《復韓領事光緒四年十一月十五日》　頃接來函，即經閲悉。查英國條約開：英國民人有犯事者，皆由英國懲辦；中國人欺陵擾害英民，皆由中國地方官自行懲辦等語。推原立約本意，自係以中西法律不同，故議各歸本國自行查辦也。

今黄帶一案，係據其夥犯陳雲笙供指，經廣州府稟請劄提。黄帶係中國之人，按照條約，自應歸中國審理。來函乃謂：黄帶係在香港犯罪，不能交别國審辦。條約内實無此明文。中國民人在香港犯事，如果並無原告具控，亦無夥黨指供，其所犯案由，中國官既無由而知，自亦無從過問。今黄帶既爲夥黨陳雲笙供指，中國官自不能諉爲不知。若以其在香港犯事，遂置而不提，設或將來中國拏獲盜犯，訊出在港行劫之案，供有夥黨潛匿港地，其能因犯事在港即免其罪名並不緝其夥黨乎？

又來函謂：中國人在港犯事，應歸英國辦理，以爲中國官毋庸過問。設或將來有英國人在中國犯事，亦將歸中國辦理，而貴國官員竟不過問乎？中國人擾害英民，按之條約，尚應由中國官自行懲辦。況此案黄帶迷竊左妹銀物，犯事者係中國之人，並受害者亦係中國之人，而謂中國官不應辦理乎？

本案九月間接貴領事官申陳，內稱：准香港總督文開：陳雲笙一犯應歸中國地方官審辦，本大臣甚以爲然等語。陳雲笙與黄帶同犯一案，陳雲笙應歸中國官審辦，何以黄帶獨不歸中國官審辦乎？此案黄帶一口係中國民婦，廣州府獲犯指供稟請劄提質訊，原屬正辦。本部堂不能必香港總督之肯爲提解，實不能不准廣州府之稟請劄提也。

接函前情，相應函覆貴領事官查照。

（清）劉坤一《劉坤一遺集・書牘》卷一六《復韓領事光緒四年十二月二十六日》 昨接來函，即經閱悉。查洋人梅列所控華民曾耀利賒欠貨帳銀兩一事，現經番禺縣提訊曾亞耀即曾耀利供稱，伊等並未賒欠洋人梅列貨銀，係因伊另案被獲，在縣管押，梅列串同捏欠控追，希圖取保等語。該縣將訊過供詞，列摺呈繳前來。本部堂核閱，如供洋人梅列始則串同曾耀利囑令認欠，以欺中國官員；繼又藉曾耀利認欠之供以欺左右。人情狡譎至此，當亦貴署領事官所不及料也。相應照鈔供摺，函覆貴領事官查照，希將梅列嚴行申飭，以儆虛誣。嗣後遇有此等事件，並希詳加審察，免爲所欺，是所至望。

（清）劉坤一《劉坤一遺集・書牘》卷一六《復陳荔秋光緒五年二月初九日》 二月初八日，日國伊公使及多領事偕來敝署，云伊公使現在奉文召還，甚盼閣下早赴該國籌商和約內一切事宜，設立古巴領事，並擬同往該處察看近來情形辦理，情詞極爲懇摯，鄙懷深以爲然，即祈刻日啓節爲禱。

查中國與日國交涉各節，均有條款可循，惟搭客與招工辨別爲難，往往滋生口舌。專候台從行抵日國，斟酌善法，而後呈請總署另議簡明章程，以期兩無抵牾，是則中外皆受厚賜矣。伊公使明白平正，與左右必能相得益彰也。

（清）劉坤一《劉坤一遺集・書牘》卷一六《致張壽泉光緒五年二月二十七日》 日國輪船搭客前往古巴一切應辦章程，業於札示內詳細敘明矣。查日國伊公使、多領事先後來署商議，無非欲以搭客影射招工；而我欲杜其弊，惟在確切訊明該輪船所搭之客是否自備川資，並取具殷實鋪戶保結，此項川資實係該客自備，尤爲緊要關鍵。蓋該船東、船主及中外包攬匪徒，往往暗地借墊川資，而令當官供認自備，使地方官不能禁阻；迨出洋後，華民因其借墊川資之故，不能不任其所爲，名爲搭客，實是招工，且與販賣豬崽無異。弟與伊公使、多領事力争此層，該公使、領事初以總署所給照會內有船東、船主借墊銀錢之語，指爲借墊搭客川資之據。弟以總署照會所謂借墊銀錢者，泛指華洋商人交易而言，至於搭客，則應遵照自備川資專條，再三剖辯，彼始無詞，而以迅速行知尊處爲請。微察其意，無非以汕頭有客頭館及賒單之事，計得因緣爲奸。務望閣下督飭各委員，並商同各國領事及稅務司嚴密稽察，設法防維爲禱。

古巴虐待華工，今不異昔。招工之事，各國深惡而痛絶之，英人尤甚。昨由總署寄來英官議禁古巴虐待華工條款，於中國亦有責詞。倘弟與左右此次辦理稍涉鬆勁，使得避其名而蹈其實，不惟無以對地方、對總署，並恐爲英人及各國所譏評也。惟熟圖之！

（清）劉坤一《劉坤一遺集・書牘》卷一六《復總署光緒五年二月二十八日》 郭筠仙寄英人議論古巴招工各款，誠如尊論與日國新換條約相發明。陳荔秋所寄新聞紙亦與此間所聞略同。坤一曾經函催陳荔秋迅赴日國，從伊使之請也。

查伊使於客臘二十一日與多領事等同來敝署，彼此寒暄，不及公事，故前次函内未瀆鈞聽。該使於本月初八日復同多領事來署面遞節略，均是招工之詞，且由公使支給盤費；經坤一痛加駁斥，該使果以尊處照會內船東、船主借墊銀錢之語藉口，拍案捶胸，憤争不已。坤一諭以總署照會內所云船東、船主借墊銀錢者，係泛指華洋商人交易而言。緣日人遠涉重洋，全憑輪船，自華人視之何一非船東、船主。日人既經來華貿易，豈無銀錢交涉。如有日人借墊之項，華人許至古巴清還，今若不肯出洋，自應由中國官追繳，此等文義最爲了然。至於搭客出洋自備川資章程內另有專條，不容牽混。反覆開導，該使默然，怏怏而去，不俟答拜即轉香港，據云於數日內起程回國。

至本月二十二日，多領事一人又來，詞氣稍平，仍出尊處照會，復經坤一重言申明，該領事竟無多談，惟請給札出示，並速行知惠潮嘉道，坤一諾之。隨即繕具札示，分途發去。另行函囑惠潮嘉張道，嚴密防維，以杜影射教供之弊，仰副廑懷。

再，奉另示鈔件，均經領悉。查粵西官兵援勦越南各處，計與法兵駐紮地方相距尚遠，似不至於別生枝節，無煩廑慮。至法使謂該國與越南立約，越南有賊應由法國保護派兵勦滅等語，殊屬大言不慙。其實越南未請法兵，而法兵亦未必真爲越南出力。外間浮言且謂法兵暗通李揚才以謀越南，蓋因李揚才初到北寧，其勢頗熾，法兵人少，旋卽退去，致生疑議。現在馮提督與越南國王似屬主客不和，竊恐將來僨事。越南國王辭馮提督而請趙道，固屬任性自由；馮提督由是不滿於心，遂欲抹煞趙道及党督帶戰功，劾其稟報不實，棄置不用，並稱越南國王爲其臣下朦蔽，亦覺措詞過當。坤一以李揚才勢已窮蹙，馮軍門亦已出關視師，正宜乘此聲威，迅圖撲滅，不可稍存意見，坐失事機，當卽分別咨覆越南國王及馮提督并經咨呈尊處。

昨復接准越南國王來咨，詞意與前略同。而馮提督則咨稱越南撤去本國防營，以致援軍備多力分，並稱該地方官不肯應付糧食，以致各營枵腹等語。所言如果屬實，將何以利征進而靖餘氛。且馮軍門所部與李揚才夥黨多是靈、欽等處熟人，官軍飽騰用命，賊必自拔來歸，否則並恐爲賊招誘，關係非小。除由坤一咨覆越南國王飭各省臣接濟援軍糧米，毋令缺乏，並激厲將士與援軍聯絡策應外，謹將兩次致馮提督函鈔呈鈞覽，伏祈俯賜察奪。

馮提督性頗倔強，未必肯納芻言；越南王南面之尊，更非區區所能動聽。倘能臨以朝命，勖令和衷，則彼此盡釋猜嫌，大功可以立就矣。

（清）劉坤一《劉坤一遺集·書牘》卷一六《復索領事光緒五年閏三月初六日》 昨接來函，即經閱悉。此案教民郭維忠等形迹本有可疑，是以事主協同營兵拏獲解縣。嗣因訊無確供，未便以事主一面之詞，使其久淹囹圄，經該縣送交貴領事官領回，已屬通融辦理。乃該教民等輒以縣差剥取衣物等語，屢瀆貴領事官函請查追，實屬得步進步。該教民等被獲解縣，既謂事主供指係一面之詞，未可據以定罪，則該教民等所指縣差剥取衣物亦屬一面之詞，又豈能遽信爲真？該縣所以遲久未覆者，大概以事無確據，一時無從追問耳。

郭維忠等雖經入教，仍與該縣差役同屬内地民人，所稱縣差剥取衣物一節，無論果否屬實，總係華民案件，應由該縣自行確查辦理，貴領事官似不必勞神也。

（清）劉坤一《劉坤一遺集·書牘》卷一六《致金廉訪光緒五年閏三月初八日》 案照各國傳教士前來内地傳教，地方官應行保護，條約本有明文。先因各國教士於各屬地方設立教堂，向未將設堂處所開報，地方官無由知悉，遇有事故，保護爲難；甚有租賃民房，鄉民難於認職。當經劄飭各國領事官查報去後。茲據英、德兩國領事查明，列單申送前來。

查各國傳教士在内地建作教堂，應由賣業之人赴官報明請示，同治四年間曾准總署照行有案。其租賃房屋，開設教堂，應如何辦理，並未定有章程，粵省亦未辦有成案。今英、德兩國教士所設教堂，是否買地建造，抑係租屋開設，該領事送來清單内均未聲明。粵省通商已久，該教士所設教堂，恐未必均在同治四年定章以後，已往之事難以深求。現已劄復英、德兩國領事官轉飭各該教士遵照，嗣後買地建堂，應照同治四年總署照行辦理；其租賃房屋開設教堂者，亦應公平議租，不得互相措勒。一面另修公牘，行由尊處轉飭各屬遵行。

惟此次飭查設堂處所，固爲地方官易於保護起見，亦藉以杜絶該教士隨意增設及包庇匪類種種弊端，意在禁其將來，非欲究其既往。尚祈閣下密飭現在設有教堂之各該州縣，查照札行事理，妥爲遵辦。所有屬内已設之教堂，無論其係於何年設立，以及是否買地建造，抑或租屋開設，均卽一體保護，不必究及從前原設之時曾否報明、請示，轉致枝節叢生，最爲至要。

（清）劉坤一《劉坤一遺集·書牘》卷一六《復總署光緒五年閏三月二十一日》 本月初八日接奉鈞函，於子口、三聯單照一事，指示周詳，曷勝銘佩。

查三聯單、子口單雖據北海及海口兩處稟明開辦日期，然未據洋商前來領單，洋商既未領單則内地税釐如故，何至盡歸無著。然英領事始終無異詞，卽威公使此次經過香港，税務司面呈此項章程，該公使亦無異詞。洋商所以不領單，大概以無便宜可占。領事、公使之所以無異詞者，大概以成言在先，且亦祇有一年限期耳。竊恐一年期滿，該領事、公使不問此項試辦章程行與未行，必請按照條約一律舉辦。楊中丞於試辦章程限定口岸、貨物，尚謂有礙內地税釐，將來一律舉辦，誠如來指所云盡歸無著矣。

此項單照載在條約，各省既經舉行，粵省不能獨異，是以爭辯兩年之久，洋人堅執不回。欲求兩全之策，惟在設法防弊。顧防弊之法，亦有兩端，可與税司、領事明定章程。防弊者，係指華商假冒洋商，或沿途折卸，內地銷售，有礙新關正半税而言。至內地税釐，業經聲明全免，且有半税相抵，如謂此項單照有礙內地税釐，仍須設法防弊，與該税司、領事另定章程，無此情理。是防偷漏洋税之弊，可與税司、領事設法。若防有礙內地税釐之弊，則在地方官自行設法，並須祕密，無授洋人口實，謂我陽免而陰收也。

廣東於北海及海口未曾稟報開辦之前，即經設法辦理出口貨之地税，入口貨之坐賈釐金，即使洋商請領此單，似亦於內地税釐無礙，廣西自可倣行。以廣西惟桂皮爲大宗，屢經函商楊中丞，先後回信，於此等防弊之法不置一詞，惟欲不發此項單照，即發亦不可令至西省。是楊中丞以爲設法防弊，事屬煩難，不若無弊可防，方爲簡捷，其如與條約不符何哉！楊中丞初次來函，且謂此項税單祇行通商口岸，不應行至廣西內地。不知領單在通商口岸，其通行原指內地而言，似楊中丞於條約尚未深悉。又謂洋商異言、異服，若入內地，必致地方驚疑。不知領單者雖有洋、有華，其入內地置貨賣貨多是華人，楊中丞於此中情形亦未深悉耳。

以目前論之，所立試辦章程，防弊尚易；且洋商並未領單，亦屬無弊可防。轉瞬一年期滿，勢必另立通行章程，其應如何防弊，免漏洋税，臨時再請訓示。若爲內地税釐計，亦在楊中丞督飭各地方官、各局卡員，查照地税坐賈，自行設法防之，不惟不可使税司、領事與聞，即坤一亦不能越俎代庖也。是否有當，伏候卓裁。

（清）劉坤一《劉坤一遺集・書牘》卷一六《致總署光緒五年四月十四日》 坤一於本月初七日十二點鐘，答拜英國韓署領事，適威公使在領事府，與之面晤。該公使論及廣東子口單、三聯單，並不以上年所擬章程爲不可行，而深咎廣西之不肯行。坤一答以廣西爲地方正在多故，而釐金有關軍需，故欲妥籌辦法。今楊中丞既已進京，如所籌辦法不符條約，則仍照章程發給税單。該公使又以汕頭民教案件內，有人命數起，謂地方官不能保護，將來難免啓釁。坤一答以業經委員田令前往潮屬會同審理；第教士所收教民，不擇良莠，復不認真約束，令其安分守法，以致滋生是非，公使應飭各教士以後自行慎重。該公使又謂，海關巡船近來並無逾界緝私之事，所收税餉亦爲中國所必須，香港洋官自不敢有干預。第香港片壤居中，而六廠圍守於外，未免偪人，有礙顔面，曷若撤五留一，由税務司經手徵收，定然有盈無絀；而於前此所議各款一字不提。坤一答以水界攸分，則界外之廠未爲相偪。常税與洋税不同，向歸海關監督自行主政。而該公使再三以此爲請，姑許與海關熟商。隨與星東榷使撿查原卷，所有設廠地方，均係赫總税司指定之處，辦理將及十載，何此時始以偪處爲嫌？恐該公使於回京時前來尊處饒舌，謹將彼此問答節略，預達鈞聽。

（清）劉坤一《劉坤一遺集・書牘》卷一六《復薩領事光緒五年四月十六日》 昨承來函，聆悉一切。查此案前據委員會同揭陽縣稟稱，教堂兩處，一係推倒圍牆，一係穿破瓦面，會勘甚爲明晰。至於吴細娘具控吴河圖等糾搶一節，吴細娘赴控原呈並無失單黏繳，堂訊時飭將被搶物件逐一查開，輒稱並不記憶等語。如果吴細娘被搶屬實，何以報案之初不將失單黏繳，堂訊之際又不能將失物查開？此次來函鈔送之失單，如係吴細娘所呈，難保非任意多開銀物，圖向吴河圖等追賠，一面之詞，恐未足據。本部堂於此等滋事百姓，從不稍涉姑容，原恐長其刁風，地方代爲受累，貴領事亦能洞悉也。

此案雖經札委各員訊明酌斷，而兩造曾否出結具遵，未據續行稟報。接函前情，姑候鈔單行縣，查明辦理。其被押之人證、地保，亦飭核明，即行省釋矣。相應函覆貴領事官查照。

（清）劉坤一《劉坤一遺集・書牘》卷一六《復李中堂光緒五年四月二十七日》 昨奉惠函，並録示總署原函及德國船隻搭客前往檀香山章程各件，囑即就近查明章程能否無弊，德船載客前往檀香山與日、祕招工事是否並無牽涉，分晰奏覆等因。查此事日前接到總署來函，業將前項章程札飭沿海各地方官確查稟覆，並先行函復總署在案。

此項新定章程，敝處未據領事申送有案。惟本年春間，德國船隻在粵搭客前往檀香山，均經委員會同税務司前往查驗，如搭客俱係自備川資，情願前往，並無被人拐騙情形，仍有殷實鋪戶保結，申繳備案，始准放行。曾詢之招商局陳、唐兩道，據稱檀香山地方並無拐買陵虐情事。惟來函詢及與日，祕招工有無牽涉，仰見知慮周詳。此間亦正以近日華民前往檀香山者極多，難保不由該處轉往日、祕等處。然此項華民一經出口，此間即力不能防。昨接駐紮美國金山總領事官陳道樹棠稟稱，經向本埠代檀香山招工各公司知照，嗣後務於招工合同内載明不得轉雇他處字樣，由領事驗明蓋印，方准出口，已由該道稟請陳星使核奪示覆照辦等由。未知中國各口，於前往檀香山之華民人等照票内應否倣照辦理。竊以爲此等事件，總須由陳荔秋星使責成經理檀香山華民事務之商董，認真防範稽查，方能有濟。否則即使於中國出口照票内聲明不得販往別處，及抵檀香山後，誰得知之、誰得禁之也。

除另具公牘咨達冰案，並通飭各地方官將前項章程查明有無流弊，稟覆到日再行奉聞外，先此泐覆。

趙道前在晚生幕下，屢共患難死生，今既知其負冤，不忍不爲之奏辯。至馮提督人甚忠勇，特意見太重，且偏聽人言。晚生不敢因其所短，没其所長，以貽誤中外大局，屢經苦口勸戒，並切實照會越南國王，設法接濟米糧，又由廣東籌撥月餉，但望飽騰用命，刻日成功，否則不獨越南蹂躪不堪，兩粵伏莽甚多，亦時虞萌動爲李揚才響應也。惟盼振軒中丞抵任，一切自易商量，晚生力所能爲，決不稍涉膜視。

前此駐京領事所遞禮賓儀節，晚生亦知爲揑造之詞。此間紀事一篇，實恐香港各日報館妄生議論，謂我不肯先施，以爲失禮，故欲先關其口，非僅慮傳聞之失實也。假蒙奬飾，彌切感慚。

許涑文可稱能品，中堂因材而篤，或可仰贊高深。肅此申謝。

（清）劉坤一《劉坤一遺集·書牘》卷一六《復王夔石光緒五年四月三十日》 伊城如能反璧，大功藉可告成，第恐索賠兵費不貲，且將來設守匪易。行省之議，固屬良圖，亦慮目前無此鉅款。

琉球立國年久，於日本爲不侵不叛之臣，無故橫加吞噬，以大字小之謂何？且琉球近託日本宇下，等於附庸，等於外府，不郡縣之亦與郡縣何異？乃必殄其宗祀，甘受惡名，爲日本計殊左矣。僅一屬國而遽滅之，非惟不仁，抑不智不武。至琉球爲我朝外藩二百餘年，極其恭順，今爲日本所併，無論有無關礙，必須仗議執言。況琉球與美、法、荷蘭均立通商之約，萬國公法具在，即各大國似亦不能無詞。想尊處與各公使早有成説，西人尚氣，當能扶弱抑強，爲我一臂之助；或以日本暱就西人，意存左袒，亦未可知。日本今王井蛙自大，而其臣下亦如雀捕螳螂，鮮顧其後。晚生前在上海及來粵東，所見日本領事、繙譯並各文武，其眉目間皆有横悍之色。來示謂其志不僅在琉球，詢爲洞燭幾先。廣東濱海幾三千里，而南澳、瓊州孤懸巨浸之中，殊慮鞭長不及。

樓次園太守樸實懇勤，自是良二千石，惟待僚屬過厚，有時不免摸稜。此間吏治因循，正坐此弊，晚生於公牘中不能不有以策勵之也。

（清）劉坤一《劉坤一遺集·書牘》卷一六《復日國領事多達光緒五年五月初二日》 頃接來函，即經閲悉。查總理衙門與貴國伊大臣議定古巴華工條款内開：嗣後既不招人出洋承工，自毋庸立約爲憑。又：兩國定准，嗣後庶民出口前往，皆以出於情甘自願爲要，總不准或在中國各口或在他處妄用勉強之法，乃施詭譎之計，誘令華民人等不出情願而往。如有民人船戶違背此約者，必將其人從嚴查辦。又中國通商各口，如有中國男女人等自備川資往古巴居住者，聽其自便各等語。是貴國船隻不得招人出洋承工，條約本有明文。今來函謂立約爲往古巴雇工章程，已屬誤會。且前項條約係由總理衙門與貴國伊大臣議定，奏奉諭旨允准頒行，永遠遵守，各港口自應一律照辦。前此本部堂所出告示，既係查照條款明白曉諭，並無阻礙之處。近閲倫敦日報内稱，華人在古巴等處傭工，不勝其苦，必須中國不使民人前往，方爲善法。是貴國招工一事，不但條約本不准行，即泰西鄰國亦以爲非是。

今閲來函所言，似貴領事官於原立條款尚未悉心體會，既與本部堂面議亦屬徒費説辭。接函前情，相應函復貴領事官查照，希將光緒三年十月内在中國京城所定條款查核明白，再行訂期晤談可也。

（清）劉坤一《劉坤一遺集·書牘》卷一六《復薩領事光緒五年五月初六日》 接閲來函，並承寄示揭帖，具悉壹是。本部堂已囑首府馳函轉飭該印委各員，速將此項揭帖查禁，一面趕緊開導地方士民，毋得再行滋事，以期民教相安；並飭該印委各員，於和教士務以貌禮相待。仍望貴領事飭和教士依照前議，所有此案教民被戕五命，是虛是實，兩造均係中國民人，應由中國官自行辦理，貴前領事喇、林兩君，皆有是言也。惠州風氣獷悍，動輒抗官拒捕，中國地方官每遇命案，尚須從容設法辦理，想在貴領事洞見之中。倘和教士此次操之過激，誠恐激之生變，在中國官及地方士民固莫不受害，即和教士亦覺有失體面，和教士當能熟思而審處之也。

(清)劉坤一《劉坤一遺集·書牘》卷一六《致總署光緒五年五月二十七日》 法國署領事施克勤，自抵粵後，辭去副領事兼繙譯官薩來恩等，以致情形不熟，遇事刁難，必如其願而後已。茲於五月二十七日下午兩點鐘來見，坤一照常以酒菓款待。接談許久，該署領事始出片紙，謂欲來粵招工六百名。坤一答以：法國招工載在條約，自有定章可循，俟接申陳，即專委員會辦。該署領事繼以匿名揭帖相示，閱係地方疵議傳教、入教之人，據稱得之南海九江地方，信口紛呶，聲色俱厲。答以：此係不懂事理愚民所爲，請以申陳前來，當飭該縣查辦。該署領事滿臉怒容，頭搖手舞，詰問能否拏獲匪徒？答以：此等匿名揭帖，蹤跡詭祕，能否拏獲，殊無把握。該署領事謂：既不能拏獲，便請回文，以憑轉報。答以：現在未接申陳，從何回文？且拏獲與否，本難預定，回文如何措詞？該署領事總以立給回文爲言，並抽出短筆一枝，口語雖不甚明，其意似欲坤一於揭帖內親註不能拏獲字樣，其要挾情形，令人難忍。復經婉勸，以外間遇有此等事件，彼此和衷商量，認真查禁，何必如此之急。如不見信，可問各國領事，即法國前任領事亦莫不然。乃該署領事眉豎眼横，謂：各國領事及法國前領事如何辦理，我不得知，我亦不問。惟此次匿名揭帖之人，如不拏獲，必須今日回文。其無理取鬧，不審其意何居？開導再三，該署領事一味強辯，不得不申飭數語，該署領事憤憤而去。誠恐慫恿法使上瀆尊聽，坤一謹具問答節略，由輪船馳陳，伏祈俯賜察核。

(清)劉坤一《劉坤一遺集·書牘》卷一六《復韓領事光緒五年六月初十日》 接誦來函，以孔季彪等五名實在有無用刑之處，再飭廣州府讞局明白稟覆，劄知貴領事官等情。本部堂查前次復函，所稱實屬均未用刑，均之云者，係承上文兩層，統指孔季彪等十三犯而言也。上文一則，孔季彪等五名，初尚狡賴，嗣經事主指證，亦各承招等語，言其所以承招者，由事主指證，非由拷訊也。一則此外兇徒直認不諱等語，言其到案，便肯直認，並未多費唇舌也。此等均未用刑之犯，原不必分別兩層，蓋欲告以當日訊供詳細情形如此，乃因中國文義曲折，重煩貴領事清神。茲再聲明，即希轉致貴署大臣爲禱。

總之，孔季彪等十三犯，所犯之事係在本鄉本族，莫不先知其姓名，識其面目，固不待用刑而後能使其認供，想貴領事及貴署大臣必能見及。

(清)劉坤一《劉坤一遺集·書牘》卷一六《復沈幼丹光緒五年八月初五日》 查德國船隻搭客前往何訥魯即檀香山一事，總署前將德國紳署使原送搭客章程函送來粵，業經粵海關監督轉致吉税司參酌改訂，弟已將改訂之條款轉咨總署查照在案。

來函所云，該章程第十一款，有受雇傭工及所雇之東人等字樣，與招工何異？囑敝處以事關裝載華工，令俟定章後再行搭往等因，仰荷誨言，曷勝欽佩。

惟現在德國船隻在粵搭客前往檀香山，屢經敝處委員查驗，各搭客均係自備川資，情願前往，取有殷實鋪戶保結，始准放行，其人並非雇工，亦非拐騙。弟於光緒三年冬間訪聞有人在香山縣地方設立豬崽館，販人前往檀香山，即經諭令前廣州府馮守密飭香山縣查封各館，並將該館頭人按名拏押。嗣於四年正月間，招商局紳唐道廷樞來省，面稟該館頭人等多係伊之親友，實攜帶鄉人前往檀香山謀生，並無拐販豬崽之事等語，隨飭該縣將其釋放。現復詢據唐道之弟唐廷庚面稟各節，亦與乃兄之言略同。惟據稱華民到檀香山之後，或回家，或往別處，甚或自往日、祕兩國，均所不免，第斷無拐販之弊等語。鄙意以廣東盜賊之多，甲於他省，推原其故，實因習於游蕩，迫於飢寒，年來誅殺之慘，時覺怛然於心。前此覆陳緝捕情形摺內，有爲鷹鸇不爲鸞鳳之語，實係根心之談。如使此等窮民、游民前往外洋謀生，而不至有日、祕兩國之阱陷，又何必錮其所往，必留之於內地爲盜受誅耶！此係粵東實在情形異於他省者。

現在德國船隻搭客前往檀香山，既非雇工，又非拐騙，且荔秋星使曾經給諭久在檀香山之紳商，令其管理華民，稽查誘拐。現在若遽行禁止，不准華民搭船前往，亦似辦理兩歧。

弟再四籌維，該處地方雖無虐待華民之事，即現在搭船往彼之華民，亦係自出川資，情願前往，並無匪徒誘拐種種弊端。第到彼處之後，或自行轉往日、祕、古巴等處，或爲匪徒誘拐轉販，均不可知，此則非有中國官紳親往該處訪查，無由得其確據。適招商局有派撥輪船搭客載貨前往檀香山之舉，經弟專札該局，飭派妥員乘坐前項輪船，前往檀香山確查該處華民共有若干人，洋官是否一律優待，以及有無流落難歸，並奸徒誘拐轉販他處情事，嗣後應否禁止華民前往，逐一查明，據實稟復。擬俟其復到，再行酌量妥辦。

至紳署使前送章程，總署現未核定，來示擬增條款，聲明德船搭客到檀香山後，如果轉運祕魯、古巴即將德船搭客一事停止云云，具見識遠慮周，慎終圖始，想總署必能照辦也。

除將派員搭坐招商局輪船前往檀香山查訪華工情形稟覆核辦各緣由另備公牘咨達冰案外，專此泐覆。

（清）劉坤一《劉坤一遺集・書牘》卷一六《致總署光緒五年八月十三日》八月初三日接奉鈞函，以一省之內，商人運貨出境、入境應完釐金幾道，以及洋貨土貨如何分別，囑即密飭承辦釐金各員查明以上各節，詳細開報，勿稍隱漏等因。坤一當即密飭釐務總局各司道確切查明，列摺呈覆前來。細加閲核，尚屬詳切。謹照鈔呈覽。

至德使以條約內洋貨止有關税，遂以抽釐爲違約。查洋貨入口時，尚在洋商手內，自係止有關税並無釐金。迨進入內地，賣與華商而又不完子口半税，則照內地章程，抽釐納税，自與洋人無涉，條約亦有明文。德使所言果否誤會，抑或故爲矯強之詞，以爲嘗試之計。

又洋藥加抽税釐，應聽中國辦理，本係載在原約，煙臺所議不過重言以申明之，並非別開生面。乃德使於釐金爲中國自主之權陰圖攙奪，威使於洋藥爲中國應得之利陽示便宜，此等伎倆，想在洞鑒之中矣。

計鈔呈清摺一扣。查廣東百貨釐金，有行釐、坐釐之別。行釐均在東、西、北三江內河各處設廠，商貨入境、出境，首經頭廠完納起釐一道，再經次廠完納驗釐一道，完過起驗兩釐之後，無論行抵何處，如仍在本省境內，查係原船原貨，概免重抽。此廣東向辦行釐章程也。坐釐抽數，照行釐減半，紙、竹、藥材等大宗二十一項，由行釐各廠帶抽；其餘各貨由各行店認繳，在省城、佛山、陳村、江門四處分別補抽。此廣東向辦坐釐章程也。通計行、坐兩釐，共完釐金兩道半。向來廠卡抽收，並無分別洋貨、土貨，均係一律辦理；且概由華商販運完釐，與洋商亦無交涉。上年辦理洋貨子口税單及土貨三聯報單兩款，議定在廉州北海、瓊州海口兩處出進，洋貨進口税單止准呢、羽、洋布、洋鐵、鋼、鉛、錫、棉紗、棉線等九款，土貨出口報單止准桂皮、糖斤兩款。自四年十二月初九日開辦，至今尚未據赴關請領税單、報單。此廣東現因洋商領單分別洋貨、土貨之實在情形也。

總之，內河設廠各處，並非通商口岸，與洋人本無干涉。現在給領單照，又經限定貨物名色及進出海口，一時似尚不至別生枝節。其外海洋藥各廠，雖係附近香港、澳門，而設廠處所均屬中國地方，且專辦洋藥一款，與百貨情形又各不同。合將廣東商貨完釐幾道及洋貨、土貨如何分別辦理各緣由，逐一查明，開列清摺併呈。

（清）劉坤一《劉坤一遺集・書牘》卷一六《復總署光緒五年八月十四日》八月初十日，接奉鈞函。查本年六月間，據廉州府具稟，教民周朝棟私買房屋，希圖建造教堂等情，當經詳晰批示，飭令督飭買賣各主，分別交出原價，退還房屋；一面傳諭公正紳耆恪遵條約，管束子弟，毋得藉端生事，致滋争端。嗣據該府先後具稟，教諭陸毓恆私匿印照，並英國北海施領事藉詞挾制各等情，又經分別批飭勒令繳出印照，妥爲辦結，並將廉州府教諭陸毓恆另行咨革各在案。

今英國威公使照會尊處，所言北海口岸釀出衅端等語，自係即指此案。緣此案正在争論之時，適該處奉文編查保甲，振頓團防，該領事懷疑誤會，謂爲發難，旋由香港撥來兵船保護，經該府與之辯明，彼此亦已釋然。惟此案內，房屋尚有一處轇轕未清，該教士不肯領回原價，退還業主。除再札催廉州府趕緊妥爲辦結，一俟稟報到日，再行馳布外，用特將廉州府來稟及該處與北海施領事往來信函等件，一併鈔録寄呈，伏祈察覽。

（清）劉坤一《劉坤一遺集・書牘》卷一六《復總署光緒五年九月二十二日》九月初二日，接奉鈞函，謹聆壹是。香港巡船章程一事，前於光緒二年，派委高道從望與羅領事酌議章程，又據香港洋官另議條款，當時往復籌商，迄無定局。嗣因羅領事回國，接署之韓領事及威公使過粵，均無一言及此，遂作罷論。現在若須再行議訂，須俟新任英國領事有雅芝到粵之後，另行派員與之會商。坤一仍遵台示，與俊權使先將一切事宜妥爲酌核。惟前案具在，洋官周知，恐亦不能出其範圍也。

又來示内云洋藥税釐並徵，擬先按照條款試辦五年等因。查此事前奉鈞函垂詢是否可行，有無流弊。坤一當與俊權使查明粤省近年徵收洋藥税釐等項數目，並其中詳細情形，於八月間肅函奉覆。今尊處擬按條款試辦五年，未審如何定議，是何章程，並坤一等前覆寸函曾否達覽，敢乞先爲示知，是所切禱。此案無論如何辦理，總宜一歸華官主持，不可使税務司經手，以致將來諸形格礙。數年以來，力持此議，該税司與英使未能如願相償，以致紛紜不已，早在洞鑒之中矣。

（清）劉坤一《劉坤一遺集·書牘》卷一六《復總署光緒五年十月初七日》九月二十九日接奉鈞函，並附鈔照録同文館譯遞新報一紙，飭將新報所稱中國招商局輪船運載華人前往檀香山島，究竟有無其事，查明聲覆等因。查本年七月間，據招商分局委員唐道廷庚具稟，擬派該局和衆輪船搭客載貨前赴檀香山埠。查檀香山卽何訥魯路國，雖未與中國立約，而中國之民在該處者極多，曾經貴署覆准陳荔秋星使給諭該處殷實華商爲之董理。近日華民搭坐德國船隻前往該處絡繹不絶，雖於出口時，委員查詢取結，以杜影射招工，並恐華民抵埠後轉販他處，又經咨請荔秋星使責成該處商董稽查禁約。惟檀香山一土與中國相距太遠，彼處情形究難深悉。今由招商局自派輪船搭客前往，固不致有拐販等弊，並可於到彼後察看華民一切情形。商之粤海關吉税務司，深以爲然，當經批准照行，並另加專札，飭該分局選派委員，乘坐和衆輪船親往檀香山地方，確查該埠現有華民若干，到檀香山後該處洋官是否優待，陳星使諭派之商董是否經理得力，逐一查明稟復核辦。並將札飭委查各緣由，先後咨呈尊處，並分咨南、北洋等處查核各在案。

嗣接南洋大臣來函，以檀香山爲無約之國，應不准其來粤招工等語。坤一以粤民往檀香山係是自謀生計，非該國來粤招工，現經招商局如何辦理，詳細作答。蓋粤中人滿爲患，似難禁其出洋，總以是否招工爲斷，以杜拐販陵虐之弊。茲查粤民前往檀香山，其川資皆由自備，取具鋪戶切結，核與向辦章程相符，不惟檀香山人及德國人從無來粤招工之事，卽此次招商分局搭客出洋，亦非在此招工，日、祕各國當亦無可藉口。雖檀香山地方未經設立領事，而陳星使業已給諭該埠殷商董理華民事件，似較之從前華民之往新嘉坡、舊金山者蹤跡尚有可查。况係招商官局輪船載客前往，卽令該局委員察看該處有無一切弊端，更足以昭慎重而一舉兩得矣。目下舊金山一路，既經該國議定章程，華民爲之裹足不前，僅此檀香山片壤尚留粤民一線生機，似未可併塞其途，使無餬口之地也。是否有當，伏乞卓裁示覆，祇遵。

（清）劉坤一《劉坤一遺集·書牘》卷一六《復總署光緒五年十月十五日》兩接鈞函，祗聆壹是。日人欲在閩、廣招工，蓄意已久。此次倭署使並邀德使前來尊處饒舌，竟以准中國人借錢知照閩、廣爲請。不思民間有無相通，事所常有，該公使等何須與聞！卽地方官亦難過問。如因此而設科條，則是明許該國來華招工，而令中國人出名代辦也。此間現在嚴查潮州、汕頭所設客頭館者，正恐日人乘間而入。尊處洞見該公使等肺腸，抱定條約自備川資一語，與之駁辯，要而不煩，且揭出賣豬崽拐匪尚須拏辦，實足關其口而奪之氣，想一時不能另起波瀾。至查拏拐匪，係中國自主之權，誠有如來諭所云者，坤一自當密飭各屬，隨地隨時稽察也。

又倭署使欲於華民出洋執照背面，添寫日文，現經尊處核定，於此項執照正面添入數語云，背面如添寫日國文字，仍以正面中國文字爲主等因，仰見藎慮周詳，莫名欽佩。查此項出洋執照，粤省係由粤海關及惠潮、雷瓊道廉州府給發。承示前因，除函致各處遵照尊處鈔寄式樣，逕行添入，如日國領事前來商酌此事，亦卽遵照來示向其告知，照此辦理外，謹肅奉覆。

（清）劉坤一《劉坤一遺集·書牘》卷一六《致法國領事施克勤光緒五年十一月初一日》揭陽一案，昨傳富委員前來查詢，據稱此案不獨貴領事前後申陳並未言及教民地畝，卽該委員於起程往潮州時，先來貴領事處面商如何辦法，當經貴領事開交五條，亦無教民地畝一款。於所失物件條下註明失地幾畝云云，既將此項地畝註於失物之下，則所賠失物銀五百元自足抵銷矣。且該委員抵揭陽時，查問此項地畝，不惟該教民無契可呈，並不能指出地畝在於何處，是以無從追給。茲若欲令吴亞徒繳驗契據，如無契據卽應入官，仍應由教民指明地在何處以及四至界限，方可按照查辦。否則，該鄉地畝甚寬，究竟應追何處契據，應以何處入官，無從著手等語，甚爲有理。貴領事如必欲追繳此項地畝契據，酌量充公，本部堂當即飭揭陽縣先傳教民到案，或派差同去，令其指出地方，以至四至，以便傳訊吳亞徒追驗地契，不得不預爲説明。

至教士所買教堂地基，無論有無關礙地方風水，第未先行呈明該縣，係屬私賣，照章自應退回，由該教士自行另買一地，由該地主先行呈明該縣，酌定蓋印，未便由該縣覓地抵换，致與定章不符也。

（清）劉坤一《劉坤一遺集・書牘》卷一六《復師領事光緒五年十二月初六日》 頃接來函，即經閲悉。現據海豐縣具稟教民蔡安德抗納錢糧，包攬詞訟，該縣將其拏獲，教士石類斯出頭干預等由，業經劄行貴署領事官轉飭該教士石類斯，務須安分傳教，毋得干預地方公私事件，並批司飭縣查辦在案矣。

兹接來函，以教士石類斯等被該縣房差毆辱等情，現已札飭該縣查明，分别辦理，據實稟復。至貴署領事官前此請發曉諭歸善縣屬民人告示，業經本部堂將外國人傳教，中國人習教，均係條約所准行；以及中國民人將地段房屋租賣與傳教士建設教堂者，應遵照節次通行事理，赴官報明請示，毋得私行出賣出租各等因，繕就告示，札發歸善縣在於稻園村等處張貼曉諭。日昨已據該縣將貼過告示處所、日期稟報前來。今來函謂教士稟稱，告示尚未張貼，恐係該教士來稟在先，該縣張貼在後，現亦札飭該縣查明稟復。至稻園村一案，前據委員會縣具稟，係議令在教民陳金幅等私地内起建房屋兩三間，以爲教士往來棲止之所。來函所謂不能起蓋者，是否即指前項房屋而言，現亦札飭該縣查明妥辦矣。

接函前情，相應函復貴署領事官查照。

（清）劉坤一《劉坤一遺集・書牘》卷一七《致總署光緒六年八月初七日》 正在繕函間，又據招商局徐道初三日來稟：本日接新嘉坡分局來信云：該處七月十八日新聞紙載，曾襲侯已到俄國，見國主一次，談論之間，詞氣俱屬和平。六月二十五日新聞紙所載，俄國後批派來兵船，已由俄京起行，現並探得俄廷已令該批兵船，不必急駛來華，且在地中海往來，以聽消息。初四日來稟：本日午後，上海接英國初三日電報載，曾襲侯到俄後，業將崇星使前議和約各條，與俄廷復議定妥，仍歸和好；惟所議各節是否循照中國，抑有稍就俄國之處，尚未詳悉。並云刻下約稿已定，須俟遞至總理衙門畫押後，乃可通行，各等情。

查徐道此次兩稟，合之鎮江關沈道前日稟陳康税司函敍各節，則俄事不至驟啓衅端似尚可信。唯俄提督里沙士幾奉其國主之命，汲汲來華，且由上海先往日本之長崎，而後來津，是否欲帶該處兵船前來，希圖恐喝，使我慑彼威勢，遷就約章，殆亦意中之事耳。

（清）劉坤一《劉坤一遺集・書牘》卷一七《復俊星東光緒六年八月初九日》 洋商領單自赴内地置土貨，久載約章，是以有三聯單辦法。江海、鎮江、江漢等關，請領最多，此外各關亦有未辦者，係洋商自不欲辦，非能禁阻之也。鎮江關因弊端日出，擬章試辦；德國巴大臣所送章程，大致亦與相倣，惟將逕繳幾倍税銀改爲罰款充公，仍照會訊章程辦理，及將各限期改寬兩層，與鎮關之章不符。前據江海、浙海等七關覆到，弟已彙核酌議，咨請總署裁定，係擇用江海關所議，請准會訊。蓋洋商違章，雖有應繳罰款，必抗不遵，終須照會領事催提，領事必請照章會訊，不允則案不能辦，更何能結。限期稍寬，亦遠勝於刻下各關之漫無限制。至由此口運彼口，亦係久經准行，斷難禁止。是以分别加徵，以資箝制。尊處關章，自屬周妥，然祇能行於一關，若此章通行，則又當改照此章，以歸一律矣。

（清）劉坤一《劉坤一遺集・書牘》卷一七《復何子莪張魯生光緒六年八月十五日》 俄國截留兵船，此間亦據各處牒報。唯新聞紙又稱近有俄船九號開往琿春等情。合肥來函則謂俄廷因聞崇地山出獄，爲之釋然；而譯署則有劼侯抵俄議約，尚無頭緒，仍宜認真籌防之語。鄙意以中國病在因循，不問俄人動静，邊備自應綢繆；而東三省較南、北洋爲尤重，朝廷近頗加意，未免臨渴掘泉，深慮鞭長不及也。

日本仍申前議，以南二島歸我。能否就此暫爲了局以伐俄交，想執事必有成算。固知以義始者不可以利終，且南二島於我何裨，徒爲日本分過。然以目前情形論，既不能問罪出師，且不能留兵久戍，舍此究有何策可以繼絶存亡？

高麗果於西洋結好，似可以杜强鄰覬覦。弟處已將尊意達之合肥，冀得始終其事。尚祈左右相機開導，設法周旋。高麗安危，即係中國榮辱，此固我輩所不敢膜視者也。

（清）劉坤一《劉坤一遺集·書牘》卷一七《復總署光緒六年十二月十二日》　十二月初八日奉到鈞函並鈔件，以美犯柏耐一案，美國安使照會銷案，當即據文駁復等因。查此案情節分明，供證確鑿，外國刑律即與中國稍殊，亦豈能任意輕縱。前據溫道等請示，該犯回國後，是否監禁，中國無從查悉，未免任其輕縱，自行鬆勁，其時尚不知安使竟欲開釋不辦也。若如所請，則該犯即不回國，亦可逍遙無事矣。誠如尊示，彼知中國不悉彼之律例，遂隨意輕重，一味袒護。竊思交涉案件，若中國能管轄洋人，如日本現在所議，則斷定罪案，中外一律，柰此層一時斷做不到。其次則另定中外交涉律例，亦可彼此均平，不致爲其所欺。查同治八年，英國修約本有另定律例之文，旋以定約未換而止。郭筠仙前請定立交涉律例，亦極有見。今惟無此律例，必如中國之律例辦理，是以彼得骫法徇私。然此案既經羅領事兩次斷令監禁，豈能以陪審意見稍有未合，遽令開釋。此後安使如再狡執，可否將此案原委函致陳荔秋星使，與美國外務衙門商辦之處，伏候酌行。

（清）劉坤一《劉坤一遺集·書牘》卷一七《致沈彥徵光緒七年二月二十八日》　通商關口洋商泊船等事，最爲棘手，非由稅司理船廳等主政不可。此案怡和行商種種抗違，即云該躉船爲救公和輪船遭損，然能由上江拖回鎮江獨不能由原處拖至北岸乎？即該行福和船不能拖往，獨不能另雇別船乎？又該船通岸橋，從前屢不遵章開啓，致礙船行，此又誰之咎乎？難得稅務司等不避嫌怨，肯爲認真，閣下自應聽其辦理。英領事袒護該商，而又以實屬違章，礙難向稅務司前代爲緩頰，因到尊處婉懇，以撓稅務司等之權，節次藉詞延宕，該船終不肯動移半步，使稅務司等無如之何。稅務司稟准總稅司，停發上下貨單，不准再泊原處，辦法雖似稍重，然照章而行，當有把握。且此等違章藐抗之商，若非如此懲辦，效尤必多。從前鎮關太古躉船不遵指泊，屢於稅務司辯論，究竟稅務司理直，太古不得不遵。與此案情形正復相似。現在赫總稅司批令稅務司請閣下將全案申報，轉咨總署，蓋既停發上下貨單，恐該商不服，必稟由領事上詳駐京公使辦論索賠，是以預先請咨，而總署亦可向總稅司詢悉一切，核定辦法。此時若再延緩，希圖領事就此轉圜，竊恐該商執拗，未必即具結認錯，萬一日後又有別行如此抗違，稅務司等難保不以此案藉口，樂得見好洋商，而轉歸過於閣下；且開彼此齟齬之端，以後更多窒礙。敝處現已將此案咨達總署。設或領事過問，尊處即以俟示遵行答之，諒彼亦無可饒舌。因公牘中尚有難盡之言，用特詳細奉佈。

（清）劉坤一《劉坤一遺集·書牘》卷一七《復陳荔秋光緒七年六月初八日》　招商分局唐道廷庚，前赴檀香山、金山、古巴等處回華，稟送局輪搭華人到檀香山章程，攬頭借銀之說。前章攬頭借銀兩層，已經吳子健中丞在署督任內批駁。弟核該道此次擬章，仍請准由攬頭借銀，實屬流弊滋多。正在批駁間，適接函示，去冬德國京杜及舌添麻等船，裝載華人到檀香山，既無中國執照，不聽商董稽查，船一到岸，即有客家攬頭限以工價，逼立合同，取上期工銀，以償船費等因，足見攬頭借銀爲害非淺，即將此層添敍批內，茲並録呈電覽。

至德船裝載華人赴檀一節，德國駐粵領事於光緒三年，即擬送在東海搭客章程，迭經更改。本年三月，又准總署來函，以德使函送駐粵領事所改章程，應即核復等因。當以所改，係加重該船罰款，無非保護搭船華人不致受苦之意。惟思此章僅言華人在船，船主應將房間、坐位、飲食、醫藥如何妥辦，而於中國所定古巴華工章程及粵民出洋新章，全未提及。萬一德船以中國允其搭裝華人出洋爲詞，而於自備川資、鋪戶保結、由關給照等事未能悉遵，恐販賣豬崽匪徒，與該船主通同句串，則誘拐之事，又將自此而加厲，是非仍照粵省定章辦理不可。爰即詳細函請總署酌復德使，並請聲明德船所裝華人，必先由華官詳細稽查，非自備川資、鋪戶出結、領有執照者，一概不准上船。倘有私行裝載，即由中國截留，仍將該船主罰辦，罰款歸中國充公等語去後。總署是否照辦，未接復音。茲讀尊函，始知德船去冬已有不遵章程搭客出洋之事，不審粵省於此數船何以皆無覺察？鄙意此事台端雖已咨會粵省查辦，似仍應函請總署照會德使轉飭德船，不得再蹈前轍，則內外並辦，弊端或可速除。

總署於五月十二日，奏請將上海出洋肄業幼童全行撤回，奉旨依議。敝處於五月二十三日，准總署恭録諭旨，鈔奏來咨，原奏聲敍有一面妥訂章程，責成該局員親自管帶各童回華，察其造詣，分配各處因材器使，等語，是尚無止撤局員，將各童交與尊處之説，想執事及子登太史均已接有總署公文，而子登太史不日即將與各童一併遄歸矣。

外國河港碰船章程已荷派員探問，如有實音，希卽迅賜譯寄。

（清）劉坤一《劉坤一遺集·書牘》卷一七《致總署光緒七年六月十三日》 洋商擬在上海設立賽奇會一事，前奉大咨，當經轉飭江海關道議復，並以洋商在中國地方開會，恐礙自主之利權，函令該關道查復，先行函致尊處在案。

茲據該關劉道來稟，洋商在租界設賽奇會，不過如賽船、賽馬，與外國賽珍大會官爲主政者不同，擬請飭令總税司准其免税，立以限制。又據另稟稱：據陳守福動、張守志均詳加訪詢，外國賽會，從無他國人在此國開會，及本國不辦聽他國人在此國開會之事。惟外國無所謂租界，現在上海有英、美、法三國租界，若阻止舉行，恐會設租界，抗不遵禁，不若示之限制，使無厚利，或可知難而退，各等情前來。

竊思通商租界之内，洋人行棧、教堂、善堂各事，本屬任其所爲。至賽奇會，各外國俱極隆重，關繫自主之權，中國既不自辦，究未便聽洋商在中國地方開辦；若經允行，恐將來援以爲例，踵事增華，更難阻止。東西兩洋既皆無別國商人在此國開會，及本國不辦聽別國商人在此國開會之事，現當赫總税司請示之時，似可據各外國之例，令其勸阻。此次係義國商人創議，似不至於硬行開辦；且此不載條約之事，諒各使亦未必代其瀆請。倘該商人執意欲行，我卽以中國將來自行開會方能免税，外國商人在中國開會不能免税告之，或亦可以知難而退。坤一實見得外國在中國商請之事，偶一通融，日後多致喧賓奪主，欲罷不能，而中國自主之權，遂爲所占。刻下賽會之事，似尚可以勸阻；卽使彼能強詞奪理，堅請允行，再照劉道予以限制辦法，勉爲允行，亦未爲遲。是否有當，伏乞酌核示復。

（清）劉坤一《劉坤一遺集·書牘》卷一七《復李丹崖光緒七年七月二十七日》 月前奉到惠書，並蒙鈔示德國行船章程及預籌《英俄戰機論》，深荷關垂。細閲德國行船章程，其帆船無論大小，概用紅緑白色號燈，顯若晝一，中國貧苦小船斷辦不到。該國章程内有指定聚泊不必懸燈之處，有指定輪帆各船緩行之地，及輪船應讓帆船，快船應讓慢船，均可酌量依據，具徵指陳明確，實於華船有裨。惟華船行駛無燈被碰，洋輪必以華船爲違章而不肯認賠，屢費唇舌。且各華船不但無力購此各燈，卽強令照用，而素未嫻熟，以難隨機應變，舉動得宜，洋輪轉以藉口責備，受累更深。近接劼剛、荔秋兩星使譯寄英、法、美國行船章程，其於帆船亦用各色號燈，無不相同。今欲改爲華洋各船畫一章程，殊屬棘手。從前黎召民京卿在津海關道任内，曾擬海河行船防碰章程，中國帆船祇有白色大玻璃燈一盞，小船卽用紙糊白燈，以防碰撞，於變通之中，寓簡便之意，華船或可一律照行。現擬轉行江海關道籌議具復，再行核定也。

德提督所撰《英俄戰機論》，深謀卓識，悉協機宜，凡有防務者，均可舉一反三。蓋大股勁旅，火輪車路，制勝兵船，以及礮臺水雷，缺一不可。中國於無事時，每以鉅款難籌，衆口交阻，往往淺嘗輒止。今雖俄約已成，球案懸擱，然不乘此悉力豫謀，各國環視見我依然故態，恐又啓其戎心。竊謂防務者，不僅防之目前，必須持之久遠。執事以此論見示，謹當時常繙閲，酌量倣行。

（清）劉坤一《劉坤一遺集·書牘》卷一七《復陳瑞蘭光緒七年七月三十日》 鴉片流毒中國，爲害日深。閣下乘此加釐之時，爲逐漸滌除之計，關心時局，力挽頽風，敬服無量。此事既經商之香港英督允奏其君並咨商印度大員，足見港督之有心相助。

惟查洋藥科徵，須在香港統辦，持此議者頗不乏人；至於遞年減箱加税，並以所加之銀分給港督，則閣下特創之議。中、英會辦事件，必照約章，英國未必肯於約章之外，貪此十餘年無名之進益而自棄久遠不絶之利源。且似此徵收，微論印度英員必不允從，中國亦從無此政體，況節目紛煩，内有許多窒礙，恐亦難於辦到。鄙人於此案早經覆奏，係請按照《煙臺條款》進口封存明文開辦，以杜偷漏，各口一律舉行。洋藥運到何口銷售，卽由何口抽釐。釐金係由買客華商照納，釐金未清，洋藥卽不放行。此係按照約章辦理，絶不溢出一絲，彼族亦無從藉口。似此辦法，洋藥不加税而加釐，或者可望有成，至此外則非所敢計也。

（清）劉坤一《劉坤一遺集·書牘》卷一七《致王爵棠光緒七年八月二十三日》 承示《柔遠全書》，誠有裨於時局。昨日欽奉寄諭，正在多方購求，彙送史館。唯弟見聞淺陋，才識平庸，又值此政務殷繁，恐未能以蠡測管窺，爲河漢高深之助；既辱台命，暫留敝處從容拜讀。

至弟承乏豫章、羊城，辦理洋務，無非恪守舊章，絶無表見之處。唯光緒三年，祕、美兩國藉條約中搭客出洋爲招工地步，並令行主、船主暗墊盤費，誘囑華人認爲自備川貲，經弟設法禁止，所有出洋華人，必須省城殷實鋪戶出具實係本人自備川貲保結，方准給照，由是奸計不行，保全粵民似屬不少。現在廣東尚在循照辦理。而弟於此事爭持兩月之久，筆秃脣焦。蓋招工爲大利所在，起初不僅税務司陰附祕、美公使、領事，即本地劣紳亦幸於中分肥也。又，四年革鎮李揚才竄擾越南，密派匪黨在於香港採辦軍火槍械，勢益披猖，中外奸民亦競趨之，居爲奇貨。經弟照會港督，即現在之燕姓兵頭，倣照通商口岸之例，必由廣東督撫咨明海關，行文香港，方准軍火槍械出口，迨越難平，而後弛禁。此係英督之賢，於中國大局不無小補。又美國前總統來華游歷，先到廣東，該國公使、領事自擬儀節，欲地方官備極尊崇。弟與剖辯再三，於賓主之體略爲變通，美前總統抵岸時，先拜地方官而後接待優渥，似尚得宜。弟深恐洋人以美總統屈尊，中國官自大爲言，因撰一紀事，刻入新聞紙，始無口舌，美人亦自欣然。粵中洋務堪備採擇者祗此。

先在江西，於洋人來省起造教堂一事，借士民之力，多方維持，麾之使去，洋人屢來屢却，至今章門尚無教堂。弟在江西十一年之久，所謂俟開導地方始可起造一説，竟至無可藉詞。其中別設方略，似有未便形諸筆墨者。承詢，謹佈區區。

彭雪帥鈔咨辭疏，可謂淋漓盡致矣。外間鈔傳另片，力薦沅帥自代，允有古大臣風，何以諱爲？朝廷倚重老成，此席未必他屬。如雪帥再不應詔，則弟所處實爲萬難。務望力爲勸駕，抵任之後，重爲沅帥推轂，無有不邀俞允也。

霆軍先後撤遣，極爲安靜，固是部中優給盤貲，而該鎮將等約束亦可謂嚴矣。

巴國换約通商之後，恐不免有暗地招工之事，以該國炎荒甚爲空曠也。

（清）劉坤一《劉坤一遺集・書牘》卷一七《復總署光緒七年十一月初四日》 十月二十五日，奉到鈞函並鈔示給德使照會一件，敬讅現已行文德使，嗣後德船搭客，悉照德國搭載章程，華民出洋，仍按粵省迭次定章，並行不悖。仰見藎籌周密，力杜弊端，欽佩無量。

坤一前見德船章程，即疑其藉此爲名，謂中國准其搭客，而該船即陰與內地匪徒句串，任意攬裝華人出洋，置粵省定章於不問，是以於肅復江字四十八號函內備言及之。嗣後接荔秋星使來函，則德船近由粵省裝載華人到檀香山，果有甫經上岸即被攬頭押去勒扣工銀、逼立合同情事，仍不免於誘販豬崽之故智。當經轉商振軒制軍，嚴密稽查，務照向章辦理，想荔秋必已佈達冰案矣。

夫保護出洋華民，乃中國應辦之事，自有之權。茲經尊處將粵省定章，剴切聲敍，不改彼章，自能保守我章，辦理確當，界限分明，料德使亦難再有他議。日內如已接有該使覆文，尚乞示知爲禱！

（清）劉坤一《劉坤一遺集・書牘》卷一七《復張藹卿觀察光緒十七年五月》 重慶地當衝要，目下闢口通商，創舉爲難，百務均需籌策。昔年洋商開行運貨，當時未能執約禁阻，以致侵蝕税釐。執事前擬停止宜關單照，各船照約辦理。敝處接到公牘，當經轉咨譯署，至今尚未核覆。商情避就，口舌之爭，在所不免。

大足民教滋事之案，執事所擬三端，義正詞嚴，洵足以資折服。歷來中外交涉，凡無益彼族之事，多方延宕，是其慣技。閣下胸有成竹，據理與爭，雖未能事事就我範圍，於民教亦深有裨益耳。

（清）劉坤一《劉坤一遺集・書牘》卷一七《復陳次亮光緒十七年七月二十七日》 蕪湖及各屬焚折教堂之案，雖經次第議結，然辦匪之外，索賠重款，賠款之後，復索地基，似此節外生枝，莫不勉強遷就，若稍與之爭論，彼即向譯署嘵嘵，語多挾制。至於善後章程，前經張香帥與趙道台在粵在揚會商該領事及教士，酌擬數條，極爲妥善；乃在京各使猶復翻異，他尚何言，從此交涉事宜，益形掣肘矣。

南洋兵輪祇可節省薪糧，冀積鉅款，以爲購製之計，未便一概撤停入塢，以致江海空虛。張朗帥所陳亦是一偏之見。中國海防在守而不在戰，若與礮臺聯絡，木殼兵輪亦可折衝禦侮。倘與西人角逐重洋，即鐵甲兵輪未必能操勝算；並慮駕馭不得其人，轉以資敵。添辦一號，便須二百萬金錢，此等糜費，不可不審顧躊躇。卓見以爲何如？

以後密電，謹照台指，推上九碼，以期慎重。

（清）劉坤一《劉坤一遺集・書牘》卷一七《復錢辛伯光緒十七年十一

月初四日》　查教士傳教，租地設堂，本屬易滋糾葛；愚民無知，又復貪利私租，及至事成，欲圖挽回，辦理更形棘手。蓋以事載條約，既不能堅執民情不願，駁令退租；卽風水方向之説，在我固可以此爲詞，在彼總以法約所無，與我多方爭執。泰州之事，昨據該署牧來稟，因事無依據，已批令勘訊。能否得如前案處結，是在該州相機因應，妥爲籌辦耳。

（清）劉坤一《劉坤一遺集・書牘》卷一七《復薛叔耘光緒十七年十一月十四日》　日前拜讀大牘，分別治本、治標二議，均係洞見癥結之言，至深欽佩。

教堂善後章程，須待譯署函電，辯論方有依據，自爲至當不易之論。目下教案未結，驟與議此，必致枝節橫生。三復來函，仰見星使遍歷周知四國之爲，用能智燭幾先，洞中窾要。自來應務之道，首在撥幾，急則生變，緩則失時。大君子成竹在胸，剛柔交濟，將來迎機善導，徐與斡旋，徵前毖後之功，悉在君卿唇舌之妙矣。

目下江西尚有教案未結；宜昌之案是否已結，亦無見聞。前於八月二十八日，得譯署來函，亦謂俟局勢大定，再請執事妥商，與尊指若合符節。鄙意就尊議可辦各節，及此間傳教弊竇，並歷來商辦情形，詳細復陳。謹將來往函稿一併鈔呈台閱。此事將來全賴執事維持大局，先爲正本清源，庶鄙人奉以周旋，得藉南鍼之示，不僅大江南北受福無量也。

（清）劉坤一《劉坤一遺集・書牘》卷一七《復張藹卿光緒十七年十二月二十六日》　貴關計自五月開徵，迄今已約得數十萬之譜，税收之旺，已見一斑。而遐邇商販，均各循章按則，帖然安服，尤非規模美備，恩信咸孚，不足以語此。

至大足一條，民教之結怨已深，仇衅之情由更鉅，而教士且多方刁難，故事遷延，旁觀者咸謂稍縱卽逝，恐易一生手，而彼將得計矣。正深疑慮，乃於月之三日接尊處來電，案已議結，不禁爲快慰者久之。閣下辦理此案，往復駁詰，動輒千萬言；當下游教堂紛紛滋鬧之時，閣下仍堅持定見，不稍游移，卒致彼族智盡詞窮，無所施其伎倆，遲之又久，而終就我範圍。方之古來之折服外人名動四夷者，無以逾此。語云：持平則允。今得閣下詞嚴義正，與之力爭，則川民之抑鬱得伸，教士之強橫稍戢，此後民教自可相安，弭隱患於無形，造福豈有涯涘哉！

（清）劉坤一《劉坤一遺集・書牘》卷一七《復楊子通光緒二十年三月》　美國迫行苛例，直欲使寓美華人進退維谷。迭經歷任照會，彼族狡詐延宕，迄無報章。執事履任之初，檢查卷宗，灼知其隱，嚴詞駁詰，力與磋磨，開誠布公以釋其疑，修約廢例以扼其要，精誠所至，金石爲開。並於舊約之外，添入寓華美民注册一條，以相抵制，權衡至當，國體益尊。茲事辦論十餘年，一旦帖然就範，前讀疏稿陳奏一切情形，陸大夫之諭南粵，富鄭公之説北蠻，時勢迥不相同，功業實足相埒，執事洵不負此行矣！

至交犯專約，誠如台指，於我內治有裨；彼族欽仰德威，當可早日議訂，尤可爲大局稱慶。

（清）劉坤一《劉坤一遺集・書牘》卷一七《致黃幼農光緒二十年七月十三日》　頃准總署來咨：准美國田署使照稱，所有現在中國之日本臣民，由美國代爲保護。查兩國開戰以後，互保人民，係照公法辦理，自應准行等因，另文行知尊處。

惟查游歷一項，刻下中、倭失和，盡人而知，該國人民游歷各處，不唯難保軍民欺侮，更恐奸細暗探軍情。既經美國允爲保護，若逕以此照會，勢必滋生口舌，自宜設法變通辦理。嗣後如有倭人請領護照，務由各關妥爲商阻，不可發給；其先經領有執照者，應由地方官曉以利害，護送通商口岸，交與美領事收管，以杜流弊而省事端。望密爲函致各關一體查照爲禱！

（清）劉坤一《劉坤一遺集・電信》卷一《寄總署光緒十七年九月二十八日》　日前聶道稟，美生案定廿七覆訊。昨午後知美案已定，擬祗監禁九箇月，殊不成事，當電聶道等商請從嚴，並不准其再行在華，以絶禍根。嗣據該道等電：本日美生自認罪求恩，臬司判定監禁九箇月，到期許覓兩保人，每人繳二千五百元，保美生以後不再犯事；有保准釋，無保遞解回國等語。餘容另稟等情。

查美生句串會匪，私運軍火，身帶炸藥，謀爲不軌，卽按西律，厥罪亦極重大；今既自認，自應按照西律嚴辦，方足以示大公。昨據余丞來稟，該犯所延律師圖達謂美帶炸藥，行爲不軌，英例止行於英，不行於中。經該丞向威律師商駮，以該律係英國總例，凡屬英民均當奉守，並未指明專行彼國，不行他方。威亦以爲然，已向圖達説明此層不辦，今竟定擬監禁九月，且准到期取保。既爲英民應照英律，如謂在別國犯事，即可不照英律，即當照別國之例，斷不能因在別國格外從輕，至失公平之道。美既有匪接濟鉅款，私購大批軍火，亦豈乏區區保銀。該犯前由總税司委以幫辦關務重任，尚欲爲匪不法，豈有區區兩保人能保其以後不再犯事。是此人若再在華，實屬防不勝防，將來中外必深受其害。能商請公使再囑從嚴懲辦固妙；否則應請即解回國監禁，永不准其來華。如或英使不允，可否電商薛大臣轉商外部。務乞鈞處酌核商辦爲禱。

（清）劉坤一《劉坤一遺集·電信》卷一《寄總署光緒十七年九月三十日》 儉電飭據聶道電覆：廿七，正刑司訊美自認罪並呈親供：五月間各處鬧事，欲知細底，佯入會爲辦軍火，用己錢買炸藥，不知定例不准攜帶，亦不解如何用法，並無害人意。香港所作事，恐會中人覺察，將錢交別人代辦，所供並非推諉。今認罪，生意不能做。在監數禮拜，苦不可言，求施恩從輕辦。刑司詢律師作何辯論，答稱：美犯法證供確鑿，請公斷。刑司謂：美所犯關係不小，不能從輕開脱。有人具洋二千五百元保以後不犯事，有保准釋，無保則驅逐回國。謹摘録先報，餘開摺另稟云。

查美所犯，有證有據。按西律，身帶炸藥，謀爲不軌，須監禁十四年。今律師既謂證供確鑿，刑師〔司〕亦知所犯關係不小，乃不按律嚴懲，又不究問匪黨，轉行從輕開脱，實不足以示公允而絶禍萌。北洋來電，亦謂能商令解回本國，庶免後患。能否照前電商令解回本國監禁，永不准來華，大局幸甚。

（清）劉坤一《劉坤一遺集·電信》卷一《寄裕澤帥光緒十七年十二月初五日》 十月間，湖北督撫院齊佳兩電，匪目高德華供，長江各會匪頭目皆奉李世忠之子李洪爲總頭目一事，曾並電尊處、敝處。現獲私運軍火洋人美生之細崽徐春庭等，訊供：會匪頭目係李洪，他的父親做過長毛被殺，李洪欲爲父報仇。核與高德華供相同。其軍火據稱由該匪之兄徐春山邀美生入會，到香港購辦，銀子是李洪出，約有二萬兩。並云今年鬧教都是李洪的黨所做的事，及餘供均與美生雜記、敝處訪聞情形相合。並獲會匪萬松亭，據稱認識李洪，並知其小名李地虎。現由皖省扣留之李顯謀，經沈仲帥訪悉其小名李小狗，並名地虎，業已派員帶同萬松亭前往面認。是李顯謀即係李洪可知。一經認明，斷難予以輕縱。惟案情重大，必須徹究明確，以憑核辦。敝處前此訪得李世忠有五子，長早故；次即顯謀，在外遊蕩，變産幾盡；三今年中副榜；四、五尚幼。是否屬實？李顯謀與其諸弟是否同母？曾否分炊？香帥前電曾云李世忠之妻，頗明大義，李洪爲匪與李世忠妻及親子無涉。蓋當時香帥止知李洪爲世忠義子，今李顯謀係屬親子，其一切作爲，究竟與諸子及世忠之妻是否無涉，均望尊處迅賜確查電示。該匪黨與遍布，辦理必須從速，務乞趕查速電，尤爲感盼之至。

（清）劉坤一《劉坤一遺集·電信》卷一《復總署光緒十八年六月二十三日》 養電敬悉。美生限滿解回，前飭聶道與商，據領事云：保人必須體面方正，爲領事深信。美生所犯，西人均以爲恥，體面英人決不肯保，無保決不釋放，當解回國。是美解回與否，須視有無保人爲斷。保人既須領事深信，則准保與否，權操領事。復飭屆時妥商在案。

招律師上控一節，復准薛使電，謂：權操在我，勿商領事。並准鈔咨與外部往來照會，又函寄洋文原稿，囑飭檢先後口供與擔文討論，均已飭道遵辦。並據該道録呈擔文節略云：美通匪無供據能證結識哥老會之原委，不能照辦。募人即係泰山雇西人數名，非得泰山親供不可。人已不知何往，難科罪。私運違禁，祇能將貨入官，無辦罪之條。又據聶道電：美難另控。已將擔文查例稟覆。應否另行延控，抑仍與擔商，請示。查薛函因擔文歷代中國辦理要案，故囑與擔文商；如擔文不能辦，另延亦無益。當電復聶道，美通匪，有副刑司前審供證可憑。募人，泰山雖已不知蹤迹，亦有前供可據。令照薛函所囑，檢齊各件，再與擔文妥爲推敲。控准雖未必加重罪，亦無非重在解回。若不能辦，控能商解回國，亦足杜後患云。現已將擔文節略咨呈，仍俟道覆電聞。

（清）劉坤一《劉坤一遺集·電信》卷一《寄廷方伯光緒二十六年六月初三日》 接榮相電，萬分焦急。今有致慶邸、端邸各一電，請照録原碼，用六百里加緊排遞爲荷。電稿如下：

王爺鈞鑒：自古兩國相戰，不罪使臣，禮也。今我先殘日官，復斃德使，爲萬國公法所不與，將視我爲無禮之國。此外各國公使，務須極力設法保全；否則各國仇我必深，攻我必急。以一弱敵衆強，安能常操勝算。萬一跌蹉，恐求和而不可得。事機間不容髮，惟王爺急圖之。

（清）劉坤一《劉坤一遺集・電信》卷一《寄張制軍盛京堂余觀察光緒二十六年六月初九日》裕使來電：江電想邀鑒。彼復云：詳閱來件，可毋庸作爲專約。如一二條内開外國人民財産，中國官員亦例應保護；現兩帥力任，各國慰甚。法政府當飭領事官接訓條後，遇事轉達華員，或有華員設防，領事可與商酌，以副美意。其九條有仍應提出聲明者列後：四，原開水手不得登岸。查各租界必須有兵保護，此節難照辦。五，沿江安靜，我亦不願派多輪，致驚疑；倘遇必須派輪，我當仍照常時辦法酌辦。緣恐言明不派，無知者轉藉此鬧事。八，偏僻地止洋人前往，但可作爲暫時辦法。九，設防保護滬租界，我亦必安靜辦理，華員儘可放心，不必過問。又，現無欽差辦事，保護責任歸兵官。倘以後有情形不同，亦可不待本國訓條，相機酌辦云。探聞彼密議，東南大帥如真能任保護，可不相擾，惟未肯明立條約云。

（清）劉坤一《劉坤一遺集・電信》卷二《復行在軍機處光緒二十七年五月二十二日》箇電悉。查改約中第四條，滿洲兵數及駐兵地方仍須與俄商定；第五條，將軍辦事不合邦交，經俄聲訴，即須調離；第七條，東三省路礦等項利益，非先與俄商明，不允讓與他國人：則是事事聽命於俄，我自主之權盡失矣。至第十二條，俄自幹路或枝路造一路至直隸滿洲交界處之長城爲止，其計甚毒，其事尤危。此約若行，則東三省地還猶未還，俄隊退猶不退。各國聞有此約，莫不譁然，競思效尤，一經畫押，即啓瓜分之漸，不僅失東三省也。江、鄂所以堅持，各疆吏各駐使皆以爲然者，誠不忍坐視祖宗發祥之地淪爲異域，全國權利爲各國分占，非故與全權爲難。日本深慮脣亡齒寒，不得不與我合；而中、俄強弱不敵，亦不能不引日本爲援。全權始終爲俄所愚，而謂江、鄂爲日本所愚乎？此事以俄約是否有礙主權、不致效尤爲斷，若有此二害，則力阻畫押，未爲失計。全權於江、鄂似有意見。時艱至此，雖戮力效忠，猶慮不能補救，何可自相水火，置國事於不顧！此次賠款，惟俄獨得聲明東三省鐵路等費在内，既在公約内同索賠款，自應與聯軍一同撤兵。且係請照會領袖公使，並非專商俄使，本是正辦，未爲謬論。商而不允，再作計議；先不肯商，其謂之何？擬請仍電全權，照會領袖，勿再偏執，至禱！

（清）梁啓超《飲冰室合集・專集》卷一《戊戌政變記》同日奉上諭：各國傳教，載在條約，迭經諭令各該督撫妥爲保護，以期民教相安。乃本年四川江北廳等處教案未了，廣西永安州復有殺斃教民之事，湖北沙市亦有因案牽連之事。總由地方官不能仰體朝廷諄諄誥誡之意，遇有民教交涉案件，非漫不經心，即意存歧視，畛域未化，斯嫌隙易生，無怪教案之層見迭出也。用是特加申諭：各直省大吏，凡有教堂州縣，務當諄飭地方官實力保護。平日如有教士謁見，不得有意拒絶，使彼此誠信相孚，從教之人，自不致藉端生事。一面開導百姓，毋以薄物細故，輕啓釁端。即使事出倉猝，該管官吏果能持平辦理，亦何難消患未萌。是在各該將軍督撫嚴飭所屬，隨時妥慎籌辦，從前未結之案，即著迅速了結。此後不准再有教案。倘仍防範不力，除將該地方官照總理各國事務衙門奏定新章從嚴懲辦外，該將軍督撫責無旁貸，亦必執法從事，勿謂言之不預也。將此通諭知之。欽此。

（清）汪康年《汪穰卿先生遺文・書牘輯存》卷上《上政府説帖》上海華人之入耶穌教會者，因見近日辰州教案大失國權，並以一二教士之故，至使官長被戮，實懷慚憤，且有礙教會聲名。爰集衆會議華教士自行傳教之法，此實弭平教案，免避外釁之一大機會。日本所爲無教案者，亦以由本國人自行傳教，受一王之制馭，不使外人得干涉也。竊謂我政府宜乘斯機會，急起圖之，宜敏速，宜慎密，宜宛轉，庶得收捷效。聞去年李提摩太入京，所陳教務頗平易可行，而外務部以恐天主教不同，嘿然無言，坐失事機莫過於此。惟此事教會與政府太不聯絡，必須有人交通其間，方可有成。

（清）汪康年《汪穰卿先生遺文・書牘輯存》卷下《致蘇松太道袁海觀觀察書》敬啓者：近見各報載耶松船廠工人被美國兵船水手打死一節，雖已向美領事署控告，惟原告無力，未延狀師，經美領事令署中人代爲伸辨。竊謂此事極有關繫，若聽美國領事自爲處置，難保無畸輕畸重之處。意謂閣下辦理交涉，極宜就此等事力爲扶助，俾以後華洋案件易於辦理。且近日洋人魚肉華民之案層見疊出，似此案尤萬不可放鬆，以爲懲一警百之計。似宜由閣下設法代請狀師，向美署伸辨，目前雖覺多費，然於辦事上爲益不淺。聞担文仍爲南洋律師，此案重大何以絶不顧問？管窺所及，謹旁及之。敬希鑒核。

雜録

（清）蔣良騏《東華録》卷二五《雍正元年十二月》 浙閩總督滿保奏：西洋人在各省起天主堂行教，人心漸被煽惑。請將各省西洋人除送京効力外，餘俱安插澳門，天主堂改爲公所，誤入其教者，嚴行禁飭。從之。

（清）郭嵩燾《郭侍郎奏疏》卷一二《請正朝鮮亂民之罪片》 再臣傳聞朝鮮國都有圍攻日本公使一案，其始由近年通商日本，漸及西洋各國考求西法，於是其國人民分黨爭勝。曰守舊黨，曰開化黨。各据所見以相詰難。

《皇朝通志》卷九三《食貨畧十三・市易》 客商姓名、貨物及收泊何處，填給船單，沿海官照單嚴查，按月册報，督撫存案。每日食米人各一升，餘米一升，防風阻。如有越額載米者治罪。其私賣船隻，偷越禁地或留在外國者，殺無赦。

（清）樊增祥《樊山政書》卷一四《批孝義廳文丞稟》 據稟已悉。何國碧如此窮兇極惡，閲稟令人髮竪。前數年被其父何光得逐出，不孝可知。罪一。被逐後潛迴安徽懷甯籍，硬賣公産，無賴可知。罪二。迨懷甯何氏續修家譜，遣何國梓、何令桐至該廳開丁序譜，並收丁費。何國碧輒挾國梓在籍攙賣公産縣庭搆訟之嫌，自稱已投洋教，訛索票銀，攘奪丁費。罪三。及其伯父何光照仗義執言，國碧輒敢以卑毆尊，打傷光照左脚。罪四。懷甯訟案，甯陝本無人知，國碧詐稱懷甯縣斷令國梓交伊洋銀三百元，書有票據，及憑衆索票閲看，則又稱不知被誰奪去，狡詐無恥。罪五。訛詐不遂，輒用其父何光得之名捏控何光成等，而光得寄光成書，自言實不知情，是其背父蔑倫已有確據。罪六。國碧到案，自稱在安慶投耶蘇教，持有十字照一張。據何令桐供此係族人何國經投教所得，國經死，遂爲國碧偷去，冒教訛人。似此種種不法，該丞俱已審訊得實，即立斃杖下，亦不爲過。乃猶輕言細語，勸其不要訛人，以致該棍徒愈肆兇頑，竟有告知教士不與該丞干休之語。該丞至此亦應少示堂威，乃猶稟請照會安慶教堂查覆，何其軟緩迂謬。萬一國碧詐稱係閻羅大王鬼卒，不將牒請城隍查覆耶？況條約具在，教民與平民搆訟，俱由地方官主斷，教堂不得干預。國碧罪難擢髮，安能請命於數千里外之教堂，始行懲辦。萬一行查去後，安慶教士就謊圓謊，謂其實係教民，該丞又將如何？仰於奉批之日立提何國碧到堂，重笞千板，用鐵杆石墩鎖繫十五年，期滿察看稟奪。仍將笞繫日期具報查考，勿稍恇怯輕縱。仍候撫憲批示。繳。

（清）許乃釗《鄉守輯要合鈔》卷九《水鄉・沿海團練説》 沿海數千里均有港汊，地廣防多，分汛兵則不足；調本省營戍守則路或數百里勞同遠征。而定例，本省不領口糧鹽菜，則勢難枵腹從事。而洋賊犯邊，往往乘風順利，我迎頭以堵則爲逆風。若乘後追擊，俟我兵集，賊帆已遠出洋數十里，不過掩飾觀聽。此堵禦之茫無勝算也。竊思以兵衛民，不若以民自衛。沿海各村無賴之徒，受賊豢爲耳目者固不乏人。而良民有室家，自營生計，不肯爲賊用者，勢必百倍無賴。近聞奸民勾結洋賊，猝至村莊將良家人口擄去，索重貲以贖，不遂意則備極酷虐。故沿邊居民莫不恨賊，而村民非奉官令，難以團練。既畏奸民報復，又恐蠹役誣以仇殺，則受累更大。故雖懷殺賊之心，莫敢先發。夫自古所藉以集事者，民心耳。乘民心憤怒，行團練之法，於沿海各莊村編戶口，十家設一旗頭，二三村設一團長，十數村設一正副團總，遴老成紳耆充之。官給軍火以時操練，令其各衛地方，防守口岸。有能殺賊立功者，立加獎賞；有奇衺之民蹤跡可疑者，縛送到官。派員專司其事，以時鼓勵，顯以作其禦侮之氣。既陰以折其作奸之萌，團練既成。寓兵於民，賊勢大則官兵應援，小則鄉勇捕斬，此禦賊衛民之上術也。

案良民多於奸民奚止百倍。沿海團長、團總以及選練民兵，皆令本地老成紳耆充當選舉，則奸民自無從混入矣。如粤東各社民兵，暎夷亦畏憚之。雖外侮可禦，況內盜乎？暎夷不靖，以後，沿海盜風又復熾矣。擄人勒贖，粤東尤甚，安得盡心民瘼之賢牧令，專司保甲團練之事，一縣辦有成效，通行各屬，如法照辦。濱海居民，庶幾其稍安乎！

（清）林則徐《林則徐集》公牘六《咨覆兩廣總督批示義律稟案稿道光十九年二月十二日》爲咨覆事：道光十九年二月十一日戌刻准貴部堂咨：據嘆咭唎國領事義律，於本月初十日上省，十一日子刻具有夷稟一件，業經本部堂明白批示，並咨明冰案。茲於未刻復據具稟一件，核其所請，現在俱難允准。所有夷稟，理合咨送察核批示等因，到本大臣。准此。查該領事義律，稟請委員到館，得以詳細陳明，此言似尚近理。然何以本日自辰至申，不特疊派廣州珠守、候補余守、佛岡劉丞、南海劉令、番禺張令，同赴洋行會館，待該夷人諭話，並藩、臬兩司亦皆至新城候信，而諸夷匿不一出，並該領事義律竟不到，是何道理？

查夷人販買鴉片，久干法紀。本大臣奉命來粵查辦，不忍不教而誅，是以先發諭帖，令其呈繳煙土，此係格外從寬。該領事若有一隙之明，當如何感激速辦。乃義律未進省以前，聞各夷人尚皆口稱願繳，不過未報實數，即顛地自知久慣販賣，不敢遽出見官，亦尚未敢逃走。詎自二月初十晚義律進省，即願引帶顛地脱逃，以阻呈繳煙土之議。若非防範嚴密，幾致兔脱狼奔。是義律如此行爲，直同鬼蜮，尚能勝領事之任乎？且一日之間，在貴部堂衙門混遞兩稟，於查禁鴉片諭令呈繳之事，一字不提，豈似無故留難者。獨不思伊果能曉諭衆夷人遵諭繳土，本大臣方嘉獎之不暇，即未能曉諭，而不敢簧惑衆心，指引逃走，亦何至撤其買辦，查其來船乎？此時抗違阻撓之人，轉不在顛地而在義律，即使本大臣曲爲寬貸，而該國人久沾廣東貿易之利垂二百年，苦被義律一人猝然阻壞，該國主豈肯姑容？從前夷官在此，有不守法者，歷經該國盡法懲治，豈義律未之聞耶？

准咨前因，應請貴部堂姑再傳諭義律，須知畏罪改悔，曉諭各夷人遵將躉船煙土迅速全繳。不但人船買辦一切照常，本大臣與貴部堂、撫部院定當不追既往，奏懇大皇帝格外施恩，從此各夷人均作正經買賣，樂利無窮。倘佯爲不知，甘心貽誤，是其孽由自作，後悔何及！附來示諭四條，除發洋行實貼外，希一併傳諭義律譯付衆夷人知之。相應咨覆。爲此合咨貴部堂，請煩查照施行。

附：示諭外商速繳鴉片煙土四條稿

道光十九年二月十二日

一、論天理應速繳也。查爾等數十年來，以害人之鴉片騙人銀錢，前後所得不知幾萬萬矣。爾則圖私而專利，人則破産以戕生，天道好還，能無報應乎？及今繳出，或可懺悔消殃，否則惡愈深而孽愈重。爾等離家數萬里，一船來去，大海茫茫，如雷霆風暴之災，蛟鱷鯨鯢之厄，刻刻危機，天譴可畏！我大皇帝威德同天，今聖意要絶鴉片，是即天意要絶鴉片也。天之所厭，誰能遠之！即如嘆國之犯内地禁令者，前在大班喇咈圖佔澳門，隨即在澳身死。道光十四年，律嘮啤闖進虎門，旋即憂懼而死。嗎哩咥暗中播弄，是年亦死。而慣賣鴉片之嘜嗌，死於自刎。此外，凡有不循法度者，或回國而遭重譴，或未回而伏冥誅，各國新聞紙中皆有記載。天朝之不可違如是，爾等可不懍懼乎！

一、論國法應速繳也。聞爾國禁，人吸食鴉片者處死，是明知鴉片之害人也。若禁食而不禁賣，殊非恕道；若禁賣而仍偷賣，是爲玩法。況天朝販賣之禁，本比吸食爲尤重。爾等雖生於外國，而身家養活全靠天朝，且住内地之日多，住爾國之日少，凡日用飲食以及積蓄家財，無非天朝恩典，比之内地百姓尤爲優待，豈爾等於天朝之法，轉不知懍畏耶？從前鴉片雖禁，尚不加以嚴刑，這是天朝寛大之政，故於爾等私下販賣，亦不十分窮究。今則大皇帝深惡而痛絶之，嗣後内地民人，不特賣鴉片者要死，吸鴉片者也要死。試思爾等若不帶鴉片來，内地民人何由而吸？是内地民人之死，都是爾等害之。豈内地民人該死，而爾等獨不該死乎？今仰體大皇帝柔遠之心，姑饒爾等之死。祇要爾等繳清煙土，出具以後永不夾帶甘結，如敢再帶，人即正法，貨盡没官。這是寛既遠而儆將來，何等包含深厚！且無論爾歷年所賣鴉片不計其數，就論上年帶來鴉片，偷賣去的諒亦不少了，僅將躉船之現存者，儘數呈繳，已極便宜，那有再讓爾等多賺銀錢，更誘内地民人買食以陷死罪之理！恭查大清律例，内載化外人有犯並依律擬斷等語。從前辦過夷人死罪，如打死人償命之類，都有成案。試思打死一命，不過釁起一時，尚當依律抵死，若販賣鴉片，真是謀財害命，況所謀所害何止一人一家，此罪該死乎，不該死乎？爾等細思之！

一、論人情應速繳也。爾等來廣東通商，利市三倍。凡爾帶來貨物，不論粗細整碎，無一不可銷售，而内地出産，不論可喫可穿可用可賣者，無不聽爾搬運。不但以爾國之貨，賺內地之財，並以內地之貨，賺各國之財。即斷了鴉片一物，而別項買賣正多，則其三倍之利自在，爾等仍可致富。既不犯法，又不造孽，何等快活！若必要做鴉片生意，必致斷爾貿易。試問普天之下，豈能更有如此之好碼頭乎？且無論大黄、茶葉，不得即無以爲生，各種絲斤，不得即無以爲織，即如食物中之白糖、冰糖、桂皮、桂子，用物中之銀硃、膽黄、白礬、樟腦等類，豈爾各國所能無者？而中原百産充盈，儘可不需外洋貨物。若因鴉片而閉市，爾等全無生計，豈非由於自取乎。況現在鴉片無人敢買，爾等寄在躉船，按月有租賃之價，日夜有防範之工，豈非多此枉費。一遇風狂火熾，浪捲潮翻，沈没燒燬，皆意中事也。何如呈繳而得優賞乎！

一、論事勢應速繳也。爾等遠涉大洋來此經營貿易，全賴與人和睦，安分保身，乃可避害得利。爾等售賣鴉片，貽害民生，正人君子，無不痛心疾首，甚至興販鴉片吸食之人死罹於罪，皆由爾等賣煙而起，即里閈小民，亦多抱不平之氣，衆怒難犯，甚可慮也。出外之人，所恃者信義耳。現在各官皆示爾等以信義，而爾等轉毫無信義，於心安乎？於勢順乎？況以本不應賣之物，當此斷不許賣之時，爾等有何爲難？有何靳惜？且爾國不食，勢難帶回，若不繳官，留之何用？至既繳之後，貿易愈旺，禮貌加優，豈非爾等之福！

本大臣與督撫兩院，皆有不忍人之心，故不憚如此苦口勸諭。禍福榮辱，皆由自取，毋謂言之不早也。

（清）林則徐《林則徐集》奏稿九《英人非不可制應嚴諭將英船新到煙土查明全繳片道光十九年七月二十四日**》** 再，臣等會辦夷務以來，竊思鴉片必要清源而邊釁亦不容輕啓，是以兼籌並顧，隨時密察夷情，乃知邊釁之有無，惟視寬嚴之當否。寬固可以弭釁，寬而失之縱弛，則貽患轉足養癰；嚴似易於啓釁，嚴而範我馳驅，以小懲即可大戒。此中操縱，貴審機宜。

夫震於嘆咭唎之名者，以其船堅礮利而稱其强，以其奢靡揮霍而艷其富。不知該夷兵船笨重喫水深至數丈，衹能取勝外洋，破浪乘風，是其長技。惟不與之在洋接仗，其技即無所施。至口內則運掉不靈，一遇水淺沙膠，萬難轉動，是以貨船進口，亦必以重貲倩土人導引，而兵船更不待言矣。從前嗶嘮啤冒昧一進虎門，旋即驚嚇破膽，回澳身死，是其明證。且夷兵除槍礮之外，擊刺步伐俱非所嫻，而其腿足裹纏，結束緊密，屈伸皆所不便，若至岸上更無能爲，是其强非不可制也。該夷性奢而貪，不務本富，專以貿易求贏，而貿易全賴中國畀以馬頭，乃得藉爲牟利之藪。設使閉關封港，不但不能購中國之貨以賺他國之財，即彼國之洋布棉花等物亦皆别無售處。故貿易者，彼國之所以爲命，而中國馬頭，又彼國貿易者之所以爲命，有斷斷不敢自絶之勢。而彼肆其貪狡，乃以鴉片漏中國之巵，歷年既深，得財無算，於是奸商黠賈，富甲諸夷。第又聞該國前因搆兵多年，大虧國用，乾隆年間於粤省夷館設立公司，抽取貿易之利，原議三十年，限滿即聽民自作買賣，迨限滿而國用無出，又展兩次限期，該國夷民遂多不服，甫於道光十四年將公司撤去。是其富亦不足誇也。

且該國所都嘓囒地方，來至中華須歷海程七萬里，中間過峽一處，風濤之惡，四海所無，行舟至此，莫不股慄。是則越國鄙遠，尤知其難，迴非西北口外得以縱轡長驅之比。又聞該國現係女主，在位四載，年僅二十，其叔父分封外埠，恒有覬覦之心。內顧不遑，窺邊何暇？惟其貿易夷商，向在他國往往争占馬頭，雖無國主之命，亦可私約兵船前往攻奪，得一新地，則許出貲之人取利三十年，乃歸其主，故於貿易之處，輒起併吞之心。如夷洋所謂新埠、新奇坡等處，皆其數十年來侵據之地，距廣東海程不過旬日。占得一處，則以夷目鎮之。蠶食之心，由是日肆，而畏强欺弱，是其秉性所成，當嘉慶十三年圖占澳門之先，曾以七船夷兵奪安南東京之地，被安南人誘入淺港，乘夜火攻，七船俱成灰燼，從此遂不敢進窺一步。今其商船條約尚有不許近安南馬頭之語，其爲創鉅痛深可知。即同在粤省貿易之咪唎𡁶等國夷人，皆言嘆國不知好醜，但受制壓，蓋亦深知其虚憍之習也。

臣等細察夷情，畧窺底蘊，知彼萬不敢以侵凌他國之術窺伺中華，而其胠篋奸謀總以鴉片爲浸淫之漸。當臣林則徐到粤之始，雷厲風行，該夷知臣等上秉天威，惟恐患不可測，故一經嚴諭，即將二萬餘箱和盤托出。嗣見稍爲寬假，未曾僇及夷人，甫定驚魂，復萌故智，遂徘徊海上，請以澳門爲馬頭，冀逃約法之嚴，兼收東隅之失。此又其情之大可見者也。

臣等前於收繳煙土册〔時〕，逐箱檢出夷票，交洋商譯書漢文，始知其按年按月計箱編號，竟有一月之内裝至一萬二千數百箱者。是牽算夷地一年所發，不下十餘萬箱，雖其售於他國者亦在此數之内，而中國總居大半。若源源再至，貽害何窮！此時絶續關頭，間不容髮，假使新煙不繳完，須遵照新例實辦一二夷人，方足以示懲創。况命案抵償，華夷通例，乃敢宣言於衆，以爲𫫇國不能與他國相同。並知臣林則徐已調兩江，私探起身何日。

值此除惡務盡之際，臣林則徐何敢意存趨避，粉飾目前？鄧廷楨職在海疆，亦豈敢稍存泄視？屢與撫臣怡良、提臣關天培，並海關監督臣豫堃，仔細熟商，咸知該夷别無伎倆，即使私約夷埠一二兵船，如前此嗹嘮啤、嗎吔喻之類，並未奉該國主調遣，擅至粤洋游奕，虛張聲勢，亦惟嚴防各口，總不與之接仗，一面斷其薪水，使之坐困。至偏僻港口，該夷大艘斷不能行，而三板小船應須防其闌入。臣等察看民情，所有沿海村莊，不但正士端人銜恨刺骨，即漁舟村店亦俱恨其强梁，必能自保身家，團練抵禦。彼見處處有備，自必不致停留。而鴉片來源非如此嚴重堅持，不能永遠斷絶。是以臣等同操定力，意見均屬相符。但該夷義律在粤多年，狡黠素著，時常購覓邸報，探聽揣摩，並習聞有邊釁二字，藉此暗爲恫喝，實則毫無影響，祇因該國相距太遠，轉得影射欺人，且密囑漢奸播散謡言，皆其慣技。凡此詭詐百出，無非希冀鴉片復行。伏乞皇上明降嚴旨，切責臣等務將夷船新煙查明全繳，如違即照新例懲辦，彼奸夷自必靡然帖服，於杜弊清源之道實爲有裨。在民生永斷病源，無非托一人之福祐，在臣等懔肩重任，尤須仗聖主之恩威。

不揣冒昧，謹合詞附片瀝陳，伏乞聖鑒。謹奏。

（清）林則徐《林則徐集》奏稿一〇《密陳辦理禁煙不能歇手片道光二十年八月一日》　再，臣渥受厚恩，天良難昧，每念一身之獲咎猶小，而國體之攸關甚大，不敢不以見聞所及，敬爲聖主陳之。

查此次𫫇逆所憾在粤省，而滋擾乃在浙省，雖變動若出於意外，其窮蹙正在於意中。蓋逆夷所不肯灰心者，以鴉片獲利之重，每歲易换紋銀出洋，多至數千萬兩，若在粤得以復興舊業，何必遠赴浙洋。現聞其於定海一帶，大張招帖，每鴉片一斤祇賣洋錢一圓，是即在該國㖊啊啦等處出産之區，尚且不敷成本，其所以甘心虧折，急於覓銷者，或云以給雇資，或云以充食用；並聞其在夷洋各埠，賃船雇兵而來，費用之繁，日以數萬金計，即礮子火藥，亦不能日久支持，窮蹙之形已可概見。又夷人向來過冬，以氈爲暖，不著皮衣，蓋其素性然也。浙省地寒，勢必不能忍受，現有夷信到粤，已言定海陰溼之氣，病死者甚多。大抵朔風戒嚴，自然捨去舟山，揚帆南竄。而各國夷商之在粤者，自六月以來，貿易爲𫫇夷所阻，亦各氣憤不平，均欲由該國派來兵船，與之講理。是該逆現有進退維谷之勢，能不内怯於心。惟其虛憍性成，愈窮蹙時，愈欲顯其桀驁，試其恫喝，甚且别生祕計，冀得陰售其奸。如一切皆不得行，仍必帖然俛伏。臣前此屢經體驗，頗悉其情。即此時不值與之海上交鋒，而第固守藩籬，亦足使之坐困也。

夫自古頑苗逆命，初無損於堯舜之朝，我皇上以堯舜之治治中外，知鴉片之爲害甚於洪水猛獸，即堯舜在今日，亦不能不爲驅除。聖人執法懲奸，實爲天下萬世計，而天下萬世之人亦斷無以鴉片爲不必禁之理。若謂夷兵之來係由禁煙而起，則彼之以鴉片入内地者，早已包藏禍心，發之於此時，與發之於異日，其輕重當必有辨矣。臣愚以爲鴉片之流毒於内地，猶癰疽之流毒於人心也，癰疽生則以漸而成膿，鴉片來則以漸而致寇，原屬意計中事。若在數十年前查辦，其時吸者尚少，禁令易行，猶如未經成膿之癰，内毒或可解散。今則毒流已久，譬諸癰疽作痛，不得不亟爲拔膿。而逆夷滋擾浙洋，即與潰膿無異。然惟膿潰而後疾去，果其如法醫治，托裹扶元，待至膿盡之時，自然結痂收口。若因腫痛而别籌消散，萬一毒邪内伏，誠恐患在養癰矣。

溯自查辦鴉片以來，幸賴乾斷嚴明，天威震疊，躉船二萬餘箱之繳，係𫫇夷領事義律自行遞稟求收，現有漢夷字原稟可查，並有夷紙印封可驗。繼而在虎門燬化煙土，先期出示，准令夷人觀看，維時來觀之夷人，有撰爲夷文數千言以紀其事者，大意謂天朝法令足服人心，今夷書中具載其文，諒外域盡能傳誦。迨後各國來船，遵具切結，寫明如有夾有帶鴉片，人即正法，船貨没官，亦以漢夷字全爲一紙。自具結之後，查驗他國夷船，皆已絶無鴉片，惟𫫇逆不遵法度，且肆鴟張，是以特奉諭旨斷其貿易。然未有浙洋之事，或尚可以仰懇恩施。今既攻占城池，戕害文武，逆情顯著，中外咸聞，非惟難許通商，自當以威服叛。第恐議者以爲内地船礮非外夷之敵，與其曠日持久，何如設法羈縻。抑知夷性無厭，得一步又進一步，若使威不能克，卽恐患無已時，且他國效尤，更不可不慮。臣之愚昧，務思上崇國體，下懾夷情，實不敢稍存游移之見也。卽以船礮而言，本爲防海必需之物，雖一時難以猝辦，而爲長久計，亦不得不先事籌維。且廣東利在通商，自道光元年至今，粵海關已徵銀三千餘萬兩，收其利者必須預防其害，若前此以關稅十分之一，製礮造船，則制夷已可裕如，何至尚形棘手。臣節次伏讀諭旨，以稅銀何足計較，仰見聖主內本外末，不言有無，誠足昭垂奕禩。但粵東關稅既比他省豐饒，則以通夷之銀量爲防夷之用，從此製礮必求極利，造船必求極堅，似經費可以酌卽籌，卽裨益實非淺鮮矣。

臣於夷務辦理不善，正在奏請治罪，何敢更獻芻蕘。然苟有裨國家，雖頂踵捐糜，亦不敢自惜。倘蒙格外天恩，寬其一綫，或令戴罪前赴浙省，隨營効力，以贖前愆，臣必當殫竭血誠，以圖克復。

至粵省各處口隘，防堵加嚴，察看現在情形，逆夷似無可乘之隙，藉堪仰慰宸懷。

謹繕片密陳，伏祈聖鑒。謹奏。

（清）沈葆楨《沈文肅公政書》卷六《皖南人心稍定洋教士迭請雪冤并擬現辦情形片同日》 再皖南人心稍定後，洋教士迭次函致地方官辦論。經皖南道上海道先後録寄前來，無非求雪黃之紳之冤，懲何渚之横，咎文武庇護之不力。所摭拾者多半教民一面之詞。獄訟自有定章，非教士所應干預，而所陳情節較重者，四條虛實均不能不爲縷晰查究。

（清）李鴻章《李文忠公全集·奏稿》卷一六《質訊津案辦法片同治九年七月初五日》 臣查外國審辦命盜重案，必以證據口供當堂質對，確實反覆研究乃能定讞，與中國明慎用刑之意略同。【略】

臣愚擬請密飭毛昶熙、崇厚等，詢明該使所聞得自何人？所查得有何據？須將如何幫同主使證據交出？由中外大員會同提集，該府縣當堂質訊，必如外國辦案，兩造俱肯認供，毫無抑勒翻異，乃可成信讞而服衆心。果該府縣有此實在重情，亦不能曲爲寬貸也。儻該使竟不交出證據，或不肯傳往會訊，是其情虛而兇焰亦當漸減。該府縣張光藻等想必遞有切實親供，應由該大臣等相機照會法使，仍趕緊訪拏真正兇犯，迅速議抵，較之空言抵制，或者稍易轉圜。

（清）李鴻章《李文忠公全集·奏稿》卷一六《起程赴津並陳教案情形摺同治九年八月十九日》 自丁日昌到後，窮搜力索，捕治已極認真。事關動衆，尤慮刑偏株連，附會羅織，致成冤獄而激衆怒。不獨非中國政體所宜，卽揆諸各國平素道理，不肯輕易殺人。【略】

若欲以示警戒，正法八人，與議罪二十餘人，辦法不爲不重，遠近必皆寒心。臣竊料以後各處不至再有此等巨案，若殺戮太過，實爲洋人永遠之患，尤非各國厚待中國百姓之心。想總理衙門王大臣必已與各國使臣詳切開導矣。臣力所能及，當隨時督飭地方官設法訪拏訊辦，斷不肯略存袒護，致令洋人含冤，亦未便過事苛求，轉令百姓解體。

（清）李鴻章《李文忠公全集·奏稿》卷一七《裁併通商大臣酌議應辦事宜摺同治九年十月二十六日》 又中外交涉案件，洋人往往矯强，有關道承上接下開諭調停，易得轉圜。不獨常洋兩稅須人專管也。

（清）李鴻章《李文忠公全集·奏稿》卷一八《日本約章繕呈底稿摺同治十年七月十五日》 第十三條載明，此國民人在彼國有犯兇盜，及諸重大案情，或聚衆十人以上，由地方官分別會辦，或逕行嚴辦等語。隱爲前明倭寇故事，預設防範。夫各國通商以後，各海口幾爲列國公共之地，絶非一國所能爲寇，而東南遺事相傳，人人談虎變色。此條設律從嚴，詳加科斷，亦足以防微杜漸，稍釋群疑。

他如第十條之戒雇主徇庇工人，有犯查拏訊辦。第十一條之戒彼此往來，不得攜帶刀械。第十六條之戒領事官辦事不合，查明撤回。悉取鑒於歷年交涉成案，求免臨時棘手。此擬定修好條規之預杜流弊者也。其章程中所籌畫者，如第一款於中國通商各處，概標以某口字樣，免似舊約有瓊州等府城口含混之弊。第五、六等款，於罰款則分別兩國數目重輕，免至各生校量。第十三款，游歷均照舊章，而執照必發給安分之人。第二十一款，預商官棧辦法，以便兩國商民。第三十二款，言及重修章程，必須彼此兩願，悉參酌於本案交涉情形，求免將來掣肘。此擬定通商章程之預防流弊者也。伏查此案，經曾國藩議以不外體制與稅務兩端，總理衙門原奏所云上無礙於國體，下有益於商民，二議實爲賅括。

（清）李鴻章《李文忠公全集·奏稿》卷一九《幼童出洋肄業事宜摺

同治十一年正月十九日》 謹將挑選幼童及駐洋應辦事宜，分條開列，恭呈御覽。

一，挑選幼童不分滿漢子弟，俱以年十二歲至二十歲爲率，收録入局。由滬局委員查考，中學、西學分别教導，將來出洋後，肄習西學，仍兼講中學，課以《孝經》、小學五經，及國朝律例等書，隨資高下，循序漸進。每遇房虚昴星等日，正副二委員傳集各童，宣講聖諭，廣訓示以尊君親上之義，庶不至囿於異學。

一，幼童選定後，取具年貌籍貫，暨親屬甘結收局注册。在滬局肄習以六箇月爲率，察看可以造就，方准資送出洋。仍由滬局造册報明通商大臣，轉咨總理衙門查考。至洋局課程以四箇月考驗一次，年終分别等第報查，其成功則以十五年爲率，中間藝成後游歷兩年，以驗所學，然後回至內地，聽候總理衙門酌量器使，奏明委用。此係選定官生，不准半途而廢，亦不准入籍外洋，學成後不准在華洋自謀别業。

（清）李鴻章《李文忠公全集・奏稿》卷一九《辯駁日使改約摺同治十一年五月二十八日》 然總以必須換約後，始可議辦爲一定之歸宿。查該國所議各件，如第一條彼國與西國修約，恐通商章程有所更易。第二條，華民在彼訟獄繁興，新派理事官，須熟察情形，未及照約訊斷，此皆須屆時相機商辦，未便預議者也。第四條，佩刀係該國禮制，不便公禁，由該理事官自行禁諭商民無犯。第五條，日本進出口税，照該國海關成規收税。此則無關輕重，應於換約後核准照辦者也。惟第三條，請將兩國遇事調處議即裁撤一節，西人揶揄在此，該國注意在此。

又：茲閱來詳，如第一條，彼國與西國換約，恐通商章程有所更易，特來預商一節。本大臣查日本遣使往議西約，此時尚無成説，何必懸擬預商，未免多此一舉。應如該道等所議，俟換約後如有必須更易之處，隨時察酌商辦。第二條，華民在彼訟獄繁興，新派理事官，須熟察情形，酌議未及能照條約訊斷一節。本大臣查中國因未換約，現未選派理事官，將來派員前往自應照約辦理。惟理事官初到彼國情形生疏，亦或不免應如該道等議。中國派理事官時，令其留心察訪，借鈔卷宗務向地方官諮詢一切，屆時再行飭遵。第三條，請將兩國遇事調處議即裁撤一節，本大臣查兩國既結和好，遇事調處誠如來文所云，雖無此條，亦有權可行。惟去歲議約時不載，則可既載復裁殊違信義，既云是係諸國通例，本無窒礙，何須裁撤？且兩國相距較近，永以爲好，尤非西洋遠邦可比。若欲裁去所謂修好者何在？應如該道所議，此條無庸置議。第四條，佩刀係彼國禮制，不便公禁一節，本大臣查佩刀既係彼國禮制，中國既與通好，自未便明爲禁阻，應如該道等所議，由日本國理事官自行禁諭商民無犯。俟換約後，彼此照會，核准通行，仍候修約屆期酌改。第五條，日本進出口税，一例照該海關成規收税一節，木大臣查日本國海關通商章程，既有不同亦可稍爲通融，應如該道等所議，俟換約後，照約商辦。總之條規既定各應信守，將來兩國和好日敦，其無關礙者，自可日後會商；其有關礙者，無論何時，斷難允從也。仰關道照覆柳原知照，仍候分别奏咨備案，繳文稿存。五月二十日批。

（清）李鴻章《李文忠公全集・奏稿》卷二五《嚴防誘拐華民片光緒元年七月初八日》 未往之華人，尤不可不預早圖維，致入陷阱。查澳門等處，向設有招工局，俗名豬仔館，愚民一入局中，遂致長逝不返。比聞澳門之大西洋官，經英人責以大義，業已停止招工，然暗中招雇，仍所不免。其次如汕頭、厦門及閩粤二省不通商口岸，往往有夾板輪船，私自前往販買人口。現在祕魯條約內，既議明别有招致之法，均非所准，并澳門及各口不准誘騙一層，地方官若能委立善法，當可潛杜奸謀。合無仰懇天恩，飭下廣東福建督撫臣督同官紳，按照條約妥擬杜弊章程，奏明實力照辦，務使內足以防誘拐之奸，而外足以杜遠人之口。至總税務司，及閩粤各口税務司，久悉誘拐確情，於杜弊之法，必有確見真知，可以兼收並采。可否？

（清）李鴻章《李文忠公全集・奏稿》卷二七《請出示保護遠人摺光緒二年七月二十七日》 供招信函等件，一併鈔送知照。查該革員李珍國及各犯等，各有供證可憑，自應酌照中國定例，分别科罪。惟據英國大臣開送節略內稱，將參贊格維訥等所報情形，逐層核對。查湖廣督臣李瀚章等，原訊供證指出李珍國等爲案內要犯，雖按中國律例可作爲定罪之據，若按英國例法評議，仍似難稱信讞。如將前項人犯治罪，英國未能視爲允協，轉恐更滋疑慮。此案被戕被阻，皆係英員因思西國理教所重，儻僅責其既往，莫若保其將來，切請將現在帶案候辦之人，毋致懲辦等語。臣欽奉諭旨，馳赴煙臺與英國大臣會商，中西律例既殊，辦法亦異，似應據情權宜擬結。除署騰越鎮總兵將宗漢，騰越廳同知吳啟亮，業經革職，毋庸議外，其已革都司李珍國及匪犯而通凹腊都等十一名，可否仰懇天恩，特施法外之仁？俯如英國大臣所請，酌予寬免罪名，伏候聖裁。

（清）李鴻章《李文忠公全集·奏稿》卷二七《請飭官吏講求條約片光緒二年七月二十七日》　上煩聖廑，各省地方官吏，於洋務隔膜既多，當此時勢艱難，又罕能爲國家分憂遠慮，儻均如岑毓英之任性貽誤，誠恐後患方長。應請旨嚴飭各直省督撫，督飭所屬地方官，講求條約，先事防維，儻遇有外國官民被戕之事，迅即飭屬查明，嚴緝真正兇犯，勒限辦結。儻有任意遷延虚飾等弊，致開邊釁，立予重懲，庶期消患未萌，免蹈前轍。臣爲事關大局，附片密陳，伏乞聖鑒訓示。謹奏。

（清）李鴻章《李文忠公全集·奏稿》卷三八《巴西議約竣事摺光緒六年八月初一日》　其關係中國權利者，皆力與辨論，變通酌訂。如第一款兩國人彼此皆可前往僑居句下，添入須由本人自願一語，即寓禁阻設法招致之弊。第三款，設立領事官，必須奉到駐紮之國批准文憑，方得視事。如辦事不合，可將批准文憑追回。本係西國通例。其立法之善有二：一則其人或非平素公正，或與我國向不浹洽，我皆可以不准；一則通商口岸或新設，人情未安，不欲領事驟至，我亦可以不准。至辦事不合，追回文憑，是予奪之權，我亦得而操之。從前中國與各國立約，因不知西例，皆未議及此層，是以各國派來領事，我竟不能過問，中國派赴各國領事則須該國准認乃得充當，殊於體制有礙。今特於巴西約內添入，俟開辦時擬由總理衙門即將批准文憑咨送南北洋大臣，發交各關道轉給，俾示維繫。惟變法之初，未可過於嚴峻。以後他國換約，修約，咸知辦理近情，而又逼於公法或可冀其仿行，不致相率堅拒。第四款游歷執照一節，洋人游歷各處，多由領事自塡執照，送請關道用印，幾若內地往來，全憑領事作主。今改爲領事照會關道請領印照，可稍助地方官之權。第五款遵守專章一節，即是德國新約第一款之義。查均霑二字，利在洋人，害在中土。設法防弊，實爲要圖。

前閱日本近與各國議改約稿，於優待別國，提明出於甘讓及互相酬報字樣。蓋曰酬報，則必彼國有利益予我，而後我國以利益酬之。即遇强國從權予以利益，彼强國亦必有益我數事，以副酬報之名。曰甘讓，則必彼此重在交誼，而非屈於勢力。果能堅守此義，則凡希冀同霑者，非先允遵守酬報之專條，我可不准；或其酬報之專條不能一體盡遵，我亦可以不准；或我所讓與別國之利益非出甘心，則局外雖欲援例同霑，我仍可以不准也。今參用此義，特爲聲明，嗣後如有優待他國利益，彼此須將互相酬報之專條或互訂之專章，一體遵守，方准同霑優待他國之利益，似較周妥。第六款本擬照德國新約酌用漏報、捏報辦法，惟巴約係仿祕魯之事查西國案件俱由地方官訊斷，領事不得干預。惟中西律法懸殊，各國不能聽地方官審辦，於是領事遂有其權。此次本擬參酌西國公法，問案專歸地方官，而科罪則各照其國律。巴西使臣既不肯首先改章，致招各國之怨，適德國公使巴蘭德過津，從旁酌商，乃定爲被告所屬之官員專司訊斷，各照本國律例定罪。蓋被告多係華民，前因會審掣肘，喫虧不少，茲由被告所屬之官訊斷，當可持平辦理。其華民在各口行棧、商船，傭工者，大都恃洋人爲護符，遇有犯案不聽傳喚，雖照會領事飭交，而洋人轉爲庇匿，窩法養奸，所關匪細。茲於第十款內議明，聽中國官員派差徑往拘傳審理，以免庇縱。又第十一款內將來另議中西交涉公律，巴國亦應照辦一節，雖公律驟難定議，究爲洋務緊要關鍵，特倡其說，以作權輿。以上各節，皆臣按照各國約章，酌議變通，期歸妥善。

（清）李鴻章《李文忠公全集·奏稿》卷三八《朝鮮通商西國片光緒六年九月二十七日》　朝鮮欲在德源埠築臺置礮，恐爲日本藉口，臣告以東西各國通商口，未有不築礮臺以自防護者，乃係自主之權。凡此皆所以破其惑而使之自强，開其意而使之自悟。該使臣似聞所未聞，中心悦服，一切俟歸報國王妥爲酌度，當不至如從前之扞格。查朝鮮三面環海，其形勢實當東北洋之衝，而爲盛京、吉林、直隸、山東數省之屏蔽，其民人能耐勞苦，物産亦非甚絀，五金煤鐵之礦未經開采。儻爲俄人佔踞，與吉林、黑龍江、俄境勢若連雞形如拊背，則我東三省及京畿重地皆岌岌不能自安，關係甚重。日本近與開埠陽爲各國先容，而陰嗾朝鮮堅拒，其意亦甚叵測。茲欲杜俄、日之隱謀，惟有與泰西各國一律通商，尚可互相牽制，孑然常存。然聞見以閱歷而始廣，風氣由倡導而漸開。該國於製器練兵既知加意講求，商務一端或終有擴充之望。

（清）李鴻章《李文忠公全集・奏稿》卷三九《妥籌球案摺光緒六年十月初九日》 聖主審於馭遠，虛衷采納，不厭精詳，易勝欽服！從前中國與英、法兩國立約，皆先兵戎而後玉帛，被其迫協兼受朦蔽，所定條款喫虧過鉅，往往有出地球公法之外者。厥後美、德諸國及荷蘭、比利時諸小國相繼來華立約。斯時中國於外務利弊未甚講求，率以利益均霑一條列入約內，一國所得，諸國安坐而享之；一國所求，諸國群起而助之。遂使協以謀我，有固結不解之勢。同治十年，日本遣使來求立約，曾國藩始建議宜將均霑一條刪去。及臣與該使臣伊達宗城往復商訂，並載明兩國商民不准入內地販運貨物，限制稍嚴。嗣後該國屢欲翻悔，均經駁斥，自是祕魯、巴西立約，亦稍異於前。誠以內治與約章相爲表裏，苟動爲外人所牽制，則中國永無自强之日。【略】臣思中國以存琉球宗社爲重，本非利其土地，今得南島以封球而球人不願，勢不能不派員管理，既蹈義始利終之嫌，不免爲日人分謗。且以有用之兵餉，守此甌脱不毛之土，勞費正自無窮，而道里遼遠，音問隔絶，實覺孤危可慮。若憚其勞費而棄之不守，適墮日人狡謀，且恐西人踞之，經營墾闢，扼我太平洋咽喉，亦非中國之利。是即使不議改約而僅分我以南島，猶恐進退兩難，致貽後悔。今彼乃議改前約，儻能竟釋球王，畀以中南兩島復爲一國，其利害尚足相抵，或可勉强允許。如其不然則彼享其利而我受其害，且並失我內地之利。

（清）李鴻章《李文忠公全集・奏稿》卷四一《巴西增删條約摺光緒七年七月初八日》 一，約內訂明巴國民人案件並不歸中國地方官審辦，可見中國絶未輕待巴人。至第十款載中國民人本身犯案，是專指中國人犯中國法者言之。中國有自行拘傳審理之權，與巴人毫不相涉，實無所謂輕待也。

一，巴人來中國通商，中國必視同凡有和約之國人民無異，約內第一款已載明，與相待最優之國民人同獲恩施利益。至在行棧、商船傳人與否，所傳係中國之民人，無關於巴國商務。如以行棧、商船聽中國自傳本國犯罪之人，爲有辱巴國，則在行棧、商船藏匿中國罪人，巴國先自取辱矣。巴國肯列此條，足見與中國倍敦友睦，何至因此生事。

一、各國每遇修約之期，均係擇要先修，不能將各條一時全改。德美兩國近來修約，雖未議及此節，日後再遇修約未必不載入約內。況美國此次在總理衙門修約，專爲華工一事而來，因及洋藥、商税等條，其餘尚未全改。蓋議修多年已成之約，與創立向來未有之約，情本自不同。即以禁運洋藥而論，貴大臣上年不肯於約內載入此條，以爲多有窒礙，而美國竟肯首先載列，則將謂美國自棄其利益乎？如美國亦謂販賣洋藥，係中國所准他國得沾之利益，必欲一體均沾，此條恐終無列入約內之日矣。運洋藥，爲有礙中國民生之事，美國肯列約嚴禁，洋商行棧徑行傳人爲有關中國政令之事，巴國不肯照行，較之美國待中國，恐亦未可調公平也。

一，禁販洋藥一條，上年貴大臣未即允定，今見美國列入約內始允照添，並非立即允許，此次議定畫押之約，本大臣已准通融改易不少，與禁販洋藥一款亦足相抵，未便再將第十條末節删除。

（清）李鴻章《李文忠公全集・奏稿》卷四二《籌議三廳改缺事摺光緒七年九月三十日》 多倫廳兼有熱河克什克騰旗蒙古地面，現改爲撫民同知，而向有蒙民交涉事件，責無旁貸，應令廳員循舊兼管。至察哈爾都統駐紮張家口，所有駐防營糧餉，商都太僕寺牧羣生息，達里崗蓋等差費，收支各款以及都署會審案件，亦應令張家口同知循舊經理，以符定制。

（清）李鴻章《李文忠公全集・奏稿》卷四三《籌辦朝美議約摺光緒八年三月初六日》 朝鮮久隸蕃屬，自應隨事維持調護，即以固我邊陲。該國如與美國訂約，則他國不至肆意要求，於大局實有關係。

（清）李鴻章《李文忠公全集・奏稿》卷四四《妥議朝鮮通商章程摺光緒八年八月二十九日》 謹將擬定中國朝鮮商民水陸貿易章程，照繕清單，恭呈御覽。

朝鮮久列藩封，典禮所關，一切均有定制，無庸更議。惟現在各國既由水路通商，自宜亟開海禁，令兩國商民一體互相貿易，共霑利益。其邊界互市之例，亦因時量爲變通。惟此次所訂水陸貿易章程，係中國優待屬邦之意，不在各與國一體均霑之列。茲定各條如左：

一，嗣後由北洋大臣札派商務委員，前往駐紮朝鮮已開口岸，專爲照料本國商民。該員與朝鮮官員往來，均屬平行優待如禮。如遇有重大事件，未便與朝鮮官員擅自定議，則詳北洋大臣，咨照朝鮮國王，轉札其政府籌辦。朝鮮國王亦遣派大員駐紮天津，並分派他員至中國已開口岸，充當商務委員。該員與道府州縣等地方官往來，亦以平行相待。如遇有疑難事件，聽其由駐津大員詳請南北洋大臣定奪。兩國商務委員應用經費，均歸自備，不得私索供億。若此等官員執意任性，辦事不合，則由北洋大臣與朝鮮國王，彼此知會，立即撤回。

一，中國商民在朝鮮口岸如自行控告，應歸中國商務委員審斷。此外財産罪犯等案，如朝鮮人民爲原告，中國人民爲被告，則應由中國商務委員追拏審斷；如中國人民爲原告，朝鮮人民爲被告，則應由朝鮮官員將被告罪犯交出，會同中國商務委員按律審斷。至朝鮮商民，在中國已開口岸所有一切財産罪犯等案，無論被告原告爲何國人民，悉由中國地方官按律審斷，並知照朝鮮委員備案。如所斷案件朝鮮人民未服，許由該國商務委員稟請大憲復訊，以昭平允。凡朝鮮人民，在其本國至中國商務委員處，或在中國至各地方官處，控告中國人民、各色衙役人等，不得私索絲毫規費，違者查出，將該管官從嚴懲辦。若兩國人民或在本國或在彼此通商口岸，有犯本國律禁私逃在彼此地界者，各地方官一經彼此商務委員知照，即設法拏交，就近商務委員押歸本國懲辦。惟於途中止可拘禁，不得陵虐。

一，兩國商船聽其駛入彼此通商口岸交易，所有卸載貨物與一切海關納税則例，悉照兩國已定章程辦理。儻在彼此海濱遭風擱淺，可隨處收泊，購買食物，修理船隻，一切經費均歸船主自備，地方官第妥爲照料。如船隻破壞，地方官當設法救護將船内客商、水手人等，送交就近口岸，彼此商務委員轉送回國，可省前此互相護送之費。若兩國商船於遭風觸損需修外，潛往未開口岸貿易者，查拏船貨入官。惟朝鮮平安、黄海道與山東奉天等省濱海地方，聽兩國漁船往來捕魚，並就岸購買食物、甜水，不得私以貨物貿易，違者船貨入官。其於所在地方有犯法等事，即由該地方官拏交就近商務委員，按第二條懲辦。至彼此漁船應徵魚税，俟遵行兩年後，再行會議酌定。查山東漁户因海濱之魚爲輪船驚至對岸，每年私至朝鮮黄海道大小青島捕魚者，歲以千計。

一，兩國商民前往彼此已開口岸貿易，如安分守法，准其租地賃房建屋，所有土産與非干例禁之貨，均許交易。除進出貨物應納貨税船鈔，悉照彼此海關通行章程完納外，其有欲將土貨由此口運往彼口者，已納出口税外，仍進口時驗單完納出口税之半。朝鮮商民除在北京例准交易，與中國商民准入朝鮮楊花津、漢城開設行棧外，不准將各色貨物運入内地，坐肆售賣。如兩國商民欲入内地采辦土貨，應稟請彼此商務委員與地方官會銜給予執照，塡明采辦處所，車馬、船隻聽該商自雇，仍照納沿途應完釐税。如有彼此入内地游歷者，應稟請商務委員與地方官會銜給予執照，然後前往。其於沿途地方有犯法等事，統由地方官押交就近通商口岸，照第二條懲辦。途中止可拘禁，不得陵虐。

一，向來兩國邊界如義州、會甯、慶源等處，例有互市，統由官員主持，每多窒礙。茲定於鴨緑江對岸柵門與義州二處，又圖們江對岸琿春與會甯二處，聽邊民隨時往來交易。兩國第於彼此開市之處，設立關卡稽察匪類，徵收税課。其所徵税則無論出入口貨，除紅蔘外，概行值百抽五。從前館宇餼廩芻糧迎送等費，悉予罷除。至邊民錢財罪犯等案，仍由彼此地方官按照定律辦理。其一切詳細章程，應俟北洋大臣與朝鮮國王派員至該處踏勘會商，稟請奏定。

一，兩國商民無論在何處口岸與邊界地方，均不准將洋藥、土藥與製成軍器販運售賣，違者查出，分別嚴加處治。至紅蔘一項，例准朝鮮商民帶入中國地界，應納税則按價值百抽十五。其有中國商民將紅蔘私運出朝鮮地界，未經政府特允者，查出將貨入官。

一，兩國驛道向由柵門陸路往來，所有供億極爲煩費。現在海禁已開，自應就便，聽由海道來往。惟朝鮮現無兵商輪船，可由朝鮮國王商請北詳大臣暫派商局輪船每月定期往返一次，由朝鮮政府協貼船費若干。此外中國兵船往朝鮮海濱游弋，並駛泊各處港口，以資捍衛，地方官所有供應一切豁除。至購辦糧物經費，均由兵船自備。該兵船自管駕官以下與朝鮮地方官俱屬平行，優禮相待。水手上岸由兵船官員嚴加約束，不准稍有騷擾滋事。

一，此次所定貿易章程，姑從簡約，兩國官民均須就已載者一體恪遵。以後有須增損之處，應隨時由北洋大臣與朝鮮國王咨商妥善，請旨定奪施行。

（清）李鴻章《李文忠公全集·奏稿》卷四五《議復張佩綸條陳六事摺光緒八年十月初五日》 借債本係常事，即中國亦屢向洋商認利借銀。臣既爲朝鮮籌議善後，勸令華商借銀，並非出自官帑，似亦情理所宜。況隱杜該國轉求日本之漸，唐廷樞與趙甯夏等已會訂合同章程，斷無失信中止之理。

（清）李鴻章《李文忠公全集・奏稿》卷四五《歸化税項援案撥補摺光緒八年九月二十九日》　前經咨請查照英約第二十八款所載，擬令各洋商此後赴歸買貨，仍在首經之歸化關輸交内地半税，以期敷衍額解。嗣准咨覆，以事關交涉，應由總理衙門核定飭遵。現經咨准總理衙門覆稱，查洋商請領報單，赴内地買土貨，應完内地半税。原約係在首經之子口輸交，後以産貨地方，未必皆有關卡，勢難一律辦理。因又增立善後條約第七款聲明，由第一子口驗貨給照至最後子口先赴出口海關報完内地税項。此章行之已久，若令於歸化一處，專歸首經之子口完納，未免辦理兩歧。惟歸化關税項，因此短絀。

（清）李鴻章《李文忠公全集・奏稿》卷四五《代朝鮮聘西士片光緒八年十月初五日》　趙甯夏復齎該國王咨文來津，内稱：各國换約在前一切交涉商辦事件，茫然不知下手，煩請酌量小邦應行時宜，代聘賢明練達之士東來，隨事指導。臣已於正摺内陳明巔末並鈔咨呈覽在案。查該國與日本定約通商七年，尚未設關徵税，將來美、德、英各國踵來换約，交涉機宜必須得人導助。

（清）李鴻章《李文忠公全集・奏稿》卷四五《朝鮮會勘邊界摺光緒八年十二月初八日》　竊維奉吉地方交涉情形及列朝法制禁令，隔省人員人地生疏，恐其未能洞悉。此次與朝鮮定章變通互市，實爲體恤屬藩禁革積弊起見，而嚴杜侵越豫防後患之處，亦當熟慮深籌。自應由該將軍府尹大臣等揀派廉正明練大員，屆期會同朝鮮陪臣魚允中踏勘妥商，各就地方情形擬議詳細章程，稟由該將軍府尹大臣公同斟酌，咨商臣處詳慎覆核定議，再行具奏，請旨遵辦。

（清）李鴻章《李文忠公全集・奏稿》卷四七《在理教請免查辦摺光緒九年七月十三日》　其教首並無大小頭目之别，各就所居附近處所，自製戒煙秘方，隨願施治，勸令改過還善。亦無妖言邪術蹤跡，詭祕誘惑愚民情事，實與白遵等教聚衆爲非者迥然不同。臣駐津年久，素有所聞，因其不爲匪，遂亦相安不擾，如有背教從匪流入鍋夥混星者，仍飭地方官嚴拏懲辦，不稍寬貸。此外，直隷各屬傳其教者尚少，恭查乾隆四十八年高宗純皇帝諭曰：各省地方遇有實係邪教，有違礙字句者，自應嚴行查辦，務絶根株，若止喫齋求福，誦習經卷，與邪教一律辦理，則又失之太過，即概予省釋等因。欽此。又向來例案如係勸人爲善，並非學習邪教者，不在禁限。

（清）李鴻章《李文忠公全集・奏稿》卷四九《變通朝鮮貿易章程摺光緒十年二月十六日》　謹將酌改中國、朝鮮商民貿易章程第四條，朝鮮國王覆文照録恭呈御覽。朝鮮國王爲咨覆事，承准貴署大臣咨開，上年朝鮮與英國、德國原議條約，只准運貨進出海口，不准運入内地。故前議中國、朝鮮水陸貿易章，於第四條内載明，朝鮮商民除在北京例准交易，與中國商民准入朝鮮楊花津、漢城開設行棧外，不准將各色貨物運入内地坐肆售賣等語。原因朝鮮風氣未開，若准華商運貨入彼内地，英、德諸國將必援引續請，徒使朝鮮多生疑阻。現在朝鮮新與英、德續議條約，既載明英、德商民准其將貨運進内地出售，而中國商民轉不得運往朝鮮内地，既與體制未符，亦於商情未協，此條自應變通，酌量更改。且中國優待屬邦，朝鮮商民前來中國内地賣貨者，中國亦應視同華民一律同霑利益。擬請嗣後中國商民，准其持照將中國貨、洋貨運入朝鮮内地售賣，不得有遜於英、德諸商；其朝鮮商民，亦准持照將朝鮮貨、洋貨運入中國内地售賣，照華商逢關納税，遇卡抽釐。近年華商運洋貨入内地，有不願逢關納税，遇卡抽釐而願先完一子口半税者，業已准行。儻朝鮮商民願領洋貨入内地，税單冀免内地釐税者，亦聽其便，以示優待一體之意。其請領執照，各按已定章程辦理，未領執照不准擅入内地。仍禁止兩國商民不准在不通商之内地開設行棧，坐肆售賣，以示限制。至兩國商民欲入内地采買土貨，仍按上年原定通商章程，照納沿途應完釐税，毋庸議改。如此辦理，與待華商無分輕重，於體恤屬邦之道更加周至，而於體制名亦相符合。合將酌議更改緣由，咨商查核辦理，見覆施行等因。准此。經發付售辦，交涉通商事務閔泳穆等覆議。兹據閔泳穆等啟稱：竊伏奉傳下北洋大臣咨商一本，謹行查閲，所有嗣後中國商民准其持照將中國貨、洋貨運入朝鮮内地售賣。朝鮮商民亦准持照將朝鮮貨、洋貨運入中國内地售賣，照華商逢關納税，遇卡抽釐。近年華商運洋貨入内地，有不願逢關納税，遇卡抽釐，而願先完一子口半税者，業已准行。儻朝鮮商民願領洋貨入内地，稅單冀免內地釐稅者，亦聽其便一節，查前年奏定中國朝鮮水陸貿易章程第四條內載，不准將各色貨物運入內地坐肆售賣等語，業經遵行。而現在英、德新約，既載明英、德商民准其將貨運進內地出售，則中國商民自應准其將貨運進朝鮮內地出售，以符體制而協商情。如此變通酌改，允合事宜。至朝鮮商民前來中國內地賣貨者，中國視同華民，一律同霑利益之處賣出。天朝體恤屬邦，無分內外之盛意，益加周摯，極庸感激。合將章程酌改案件，一體恪遵辦理，具由覆啟等情。據此核閱無異，相應咨覆貴署大臣，請煩轉奏定奪施行，須至咨覆者。光緒十年正月二十六發二月初九日接到。

（清）李鴻章《李文忠公全集·奏稿》卷四九《法越交涉議定約摺光緒十年四月十七日**》** 諭旨所云職貢一節，今約內第四款，法國約明，現與越南議改條約，決不插入傷礙中國威望體面字樣，並將以前與越南所立各約關涉東京者，盡行銷廢。蓋因臣指明，法越甲戌約內，不論何國皆無統屬，去年新約有大清國不得預及南國之政等語，顯與中國屬藩體制有礙，必須刪改。據福祿諾面稱，已電外部，令現住越南改約之巴德諾，照議刪除。彼雖不明認爲我屬邦，但無此等違悖語意，越王豈敢藉詞背畔耶！

又諭旨所云通商一節，今約內第三款，許以毗連北圻邊界，法越與內地貨物聽憑運銷，並約明，日後另遣使臣，議定詳細商約稅則。其云止圻邊界必不准深入雲南內地明矣。查向來紅江上游，中外商人運銷貨物，出入滇境，往來不絕。本未苛禁，將來互市，自可在北圻邊界，擇要設關收稅，妥立章程，似覺無甚流弊。

又諭旨所云兵費宜拒一節，該國上下處心積慮，本欲譌索兵費六百萬鎊，即各國新報私議，皆爲是言。臣預屬稅務司德璀琳，道員馬建忠等多方開導，復當面詞嚴厲色，力與駁斥。今約內載明，情願不向中國索償，尚屬恭順得體，足以風示各國。中國許以北圻邊界運銷貨物，爲有益法國商務，俾該外部得有詞以謝議紳，亦爲中法和好互讓之據。

又：據福祿諾云，此約專欲消釋中法將開之衅端，爲救急止兵起見，其餘詳細節目，應俟該國另派大臣前來會商。該外部初次電覆，此約應由議院批准，本日續電又云，押定條款無須議院覆核，福祿諾均經呈閱。

（清）李鴻章《李文忠公全集·奏稿》卷五〇《覆陳商局輪船暫售美國摺光緒十年六月三十日**》** 若將船隻避泊口內，局董唐廷樞又稱，久停則船身機器必致傷損，一切養船經費商力亦不能空賠。於是滬上紳商私相籌議，外洋商務皆憑律師主持，遂密邀招商局素雇之英國公正律師擔文，細查各國律例成案，凡本國商船改換他國旗幟，須在兩國未開衅以前。黑海之戰，俄商皆懸德美之旗。有二艘換旗於戰事三日前，遂爲法人所奪，復有二艘易旗於戰前，暗立售回之據，亦爲英國所奪。布法之戰，兩國商船多售與他國，易旗駛行，事後仍復原業。若暫行租賃，則非實在轉售，他國必不能保護，此萬國通行之公例也。先是唐廷樞在滬議交英商怡和洋行換旗代辦，擔文則謂英律煩苛難罄，美律簡易易從，美與中國交情較厚，應換美旗爲安。

（清）李鴻章《李文忠公全集·奏稿》卷五三《日本議立專條摺光緒十一年三月初五日**》** 至議處統將償卹難民二節，一非情理，一無證據，本可置之不理，惟常當時日兵被我軍擊敗，傷亡頗多，國旗既辱，軍威亦損。日本薩長諸黨深以此事爲恥，羣情洶洶，齊動公憤欲國報復。伊藤謂此二節不定辦法，既無以復君命，更無以息衆忿，亦係實情。

又：至伊所呈各口供謂有華兵殺掠日民情事，吳大徵等在朝鮮時毫無見聞，臣亦未聞他人言及，難保非彼族藉詞圖賴。但既經該國取有口供，正可就此追查，如查明實有某營某兵上街滋事，確有見證，定照軍法嚴辦，以示無私，絕無暗償可議也。以上兩節，即由臣照會伊藤，俾得轉圜完案，伊藤亦翕服無異詞。旋奉初三日電旨所定三條，著即照辦，餘依議。欽此。遂於初四日申刻彼此齊集公所，將訂立專條逐細校對，公同畫押蓋印各執一本爲據，並另給照會交伊藤收執，該使臣即於初五日起程回國。謹將約本封送軍機處進呈。

（清）李鴻章《李文忠公全集·奏稿》卷五三《兩國交還擄掠員弁片光緒十一年四月二十七日**》** 臣面商巴德納，該使謂此事尚在兩國未停戰以前，西國戰例，凡彼此損傷人貨，均不賠補。若俘獲兵可互交還，但須和約定後再議。聞廣西軍營亦有捡獲法國官兵數人，應懇發還互換。又蘇州提訊賣給法船食物之人，並被控之法館幕友張志瀛等均請釋放，以敦睦誼等情。臣查兩國和局既定，在交戰時擄獲弁兵及因戰事查拏之人，一體釋放，皆係萬國公法所應行。

（清）李鴻章《李文忠公全集・奏稿》卷五七《照譯商訂合同光緒十二年四月二十八日》天津税務司德璀琳、北堂教士樊國樑爲商議移讓北堂，在西什庫改建酌擬辦法，恭呈鈞鑒。仍應祇候大清國大皇帝、大羅馬大教皇御覽批准。謹遵奉行。事計共五端詳列於後：

一、自光緒十三年正月初一日起以二年爲限，凡北堂仁慈堂地基房屋及樹木等，均於限内交付。除傢具外，一概不准移動損壞。

二、應請於本年十一月初一日將西什庫内南邊地方酌給三分之二，丈量四至，交與北堂主教收管。該地現有樹木若干，一併交付，不可拆損移動。

三、查北堂地方係康熙年間，蒙聖祖仁皇帝賞給教士等居住，並派員相助起建大天主堂，又頒發敕建天主堂金字匾額，中外同深欽感。今因朝廷欲廣禁地，教士等遵敕移讓，復蒙賞西什庫内地方，另爲建堂。朝廷厚澤深仁，後先一轍教士等尤深感激。應請奏明，按照康熙年間辦法明降諭旨，俾中外咸知，教士等永遠遵守，則仰荷恩寵益無涯涘。

四、如蒙查照康熙年間成法辦理頒發諭旨，教士等於西什庫新堂成後，當照南堂式恭刊詔旨於碑，護以黄亭，以漢白玉製匾，以昭誠敬。至在西什庫建造大堂，自地至樑以五丈高爲度，鐘樓亦不令高出屋脊。

五、此次在西什庫改建北堂，教士等甚願，官家按照北堂仁慈堂原樣代爲蓋造。房屋一切均照原式，是爲最要。如官家不照樣代辦，祇得由教士等畫圖自行起造。此項工料銀兩，應請於付西庫地方時，付給三分之一，過六個月再付一次，又六個月付訖，分作三次，爲時十八個月，似較輕便。按此次另建北堂仁慈堂工料等項，實需用至四十五萬餘金，奉中堂諭令核減，教士等於無可減之中勉力酌減銀十萬兩，計共需庫平實銀三十五萬兩，此係格外報效。伏祈亮察。

再北堂所有百鳥堂内禽獸及一切古董物件，鐘樓内風琴喇叭等，樊教士願請教皇吩示，概行報效，奉送中國國家。光緒十二年四月二十六日。

（清）劉坤一《劉坤一遺集・奏疏》卷一《英人蠻暉解往九江道按約辦理摺同治四年九月初七日》竊臣承准軍機大臣字寄，同治四年八月二十三日，奉上諭：據總理各國事務衙門奏，江西贛州羈押英人，請按約覈辦一摺。英人瞞四輝里，被江西省指爲通賊之人，在贛州府羈押，歷經九江道行文查詢，而贛南道覆稱並無其事。惟據英國照會内實指英人之名，並瞞四輝里親筆書信為憑，並非捏造可知。英人游歷各處，本屬條約所有；即使有通賊情事，亦當按照條約辦理，何得率行羈禁！迨至九江道查詢，又恐該國不服，含糊掩飾，希圖消滅，殊失誠信相待之道。著李鴻章、劉坤一、孫長紱迅派道府大員，確切查明，英人如尚在贛州府監禁，即行按照條約，解交該省領事官訊辦，不得再事隱瞞，致生枝節。等因，欽此。

伏查前據廣饒九南道俊達稟，准英國領事官照會：頃聞贛州府有幾箇外國人已經押往，中有一名瞞四輝里，請按約移咨贛南道，轉飭送交領事官查辦，即經前護撫臣孫長紱批飭善後局行查去後。嗣據吉南贛寧道王文瑞稟覆，贛州府并無羈押外國人瞞四輝里之事。惟查統帶老湘營總兵王開琳前在福建永定縣剿賊，屢敗逆眾，僞侍王李世賢餘黨被剿窮蹙，即在王開琳軍中投誠，派委知府張鑑南查點，共計二萬四千餘名，酌給錢米，分別遣散。内有蠻暉一名，係英國蠻丑私德地方人，年二十七歲；又曹建成一名，係江蘇揚州府甘泉縣人，年十五歲。訊據曹建成供稱，先被賊匪擄至常州後逃出，投入松字營。該營有外國人羅姓製造炸礮，即跟羅姓至崐山縣充當洋兵。本年正月二十八日，與羅姓並蠻暉及同伴十三人，坐火輪船至廈門，伊隨羅姓及蠻暉等七人販運洋槍，並自來火銅冒，至漳州府城僞侍王賊營。嗣漳郡被官軍圍攻甚急，伊與蠻暉跟隨侍逆夥黨至永定地方，即在老湘營投誠，其同行外國五人，因沿途官軍追剿渡河溺斃等語。軍中未諳條約，因蠻暉係外國人，無從遣送，遂與通解洋語之曹建成暫留在營，應否將蠻暉、曹建成解省查辦，等情前來。復經孫長紱飭令刻日解交廣饒九南道，按照條約辦理，此時應已解抵潯郡。旋准總理各國事務衙門三次行查，業由孫長紱與臣先後咨覆在案。

除飭王文瑞將起解日期，並飭俊達將辦理情形稟覆再行咨報總理衙門覈辦外，所有英人蠻暉業經解赴九江按約辦理緣由，謹會同辦理通商事務大臣李鴻章恭摺覆陳，伏乞皇太后、皇上聖鑒，敕下總理各國事務衙門查照施行。謹奏。

（清）劉坤一《劉坤一遺集・奏疏》卷六《各屬教案已與各國使臣妥議完結摺同治八年十二月二十七日》臣查江西省中外交涉事件，均係隨時督飭各屬，秉公訊辦，不敢任其歧視諉延，是以未結教案，尚屬無多。欽奉前因，隨飭總局司道及廣饒九南道景福，分別委員馳往，會同各該縣趕緊妥辦。旋據詳報，已將廬陵縣考童焚毁教堂、貴溪縣紳民復欲焚搶教堂、安仁縣民鄧祖發等派教民桂員堂出錢演戲、德化縣地方派教民陳松柏等出錢敬神四案辦結，即經臣分咨總理各國事務衙門並辦理通商事務大臣查照，並由景福知會九江主教戴濟世銷案。

臣查江省自九江通商，始有洋務。紳民本非習見，易啓猜嫌，遇有中外交涉事宜，辦理已屬不易；而教民之案，尤形掣肘。緣入教之人，素日多非善類，有符可護，任意妄爲，鄉里被其欺陵，紳民交相嫉惡；地方官遇事本欲速結，而教士從中把持，務遂其欲而後已。臣以大局攸關，督飭屬吏委曲彌縫，近年幸未釀成巨案，然人情之怨憤已愈積而愈深矣。此次該使臣到省，各案雖已議結，第明年場後來省建堂，紳民能否不與抵牾，尚不敢必。臣惟有謹遵慈訓，隨事相機妥辦，上慰宵旰憂勤。

（清）劉坤一《劉坤一遺集·奏疏》卷一六《上海會審公廨委員酌擬改爲差缺片光緒六年九月十二日》 再，上海會審公廨委員，既非實缺，無俸滿升調之期，即不能與實缺官員同一遷轉，致勞績久著者，格於成例，無階可升。除現在委員陳福勳任差十二年，異常出力，經臣專摺會奏，懇恩逾格獎勵外，此後會審公廨委員，無論同、通、州、縣，選派是差，擬請均作實職會審同知，名曰差缺，由臣會同撫臣奏明派委；並自到差之日起，扣足六年期滿，實係辦理妥協，毫無貽誤，即照出洋人員異常勞績之例，專案奏奬；其廉俸等項，仍不照實缺開支。倘有辦理不善，聲名平常者，仍隨時撤換參辦。

臣爲會審公廨委員事務煩難，應示優異而昭激勸起見，理合會同北洋通商大臣直隸總督臣李鴻章、江蘇巡撫臣吴元炳，附片陳明，伏乞聖鑒訓示。謹奏。

（清）劉坤一《劉坤一遺集·奏疏》卷二九《農商報館會名不在禁例片》 再，前奉諭旨，嚴禁報館會名。臣愚以爲朝廷之意，特指士大夫言，誠不宜動輒設報、設會，以逞臆説而植黨援。至於農學會、農學報，商學會、商學報，實所以聯絡羣情，考求物産，於農務、商務不無裨益，似不在禁止之例。可否仰懇特旨，准其設報、設會，或即由臣出示曉諭，以免農商有所疑畏；仍不准其妄議時政，以杜流弊。

理合附片具陳，伏乞聖鑒訓示。謹奏。

（清）劉坤一《劉坤一遺集·奏疏》卷三六《倣照各國藍皮書辦法編訂交涉案牘片》 再，查各國外部及出使人員與他國往來文牘，率皆擇其要件，年終彙刊合爲一簿，名爲藍皮書，分發通國辦理交涉人員，俾周知本國與各友邦往來事案，遇事參互考證，得有依據，免致兩歧，立法用意頗爲精善。擬請旨飭下外務部，倣照各國藍皮書辦法，另派專員選擇該部與各國往來案牘，及各疆臣使臣交涉文件咨報外務部者，除極密之件另存外，餘皆先自近年編訂，推及遠年，依次纂輯成書，芟繁擷要，每年一簿，先呈御覽，即陸續刊發。又自本年爲始，按年編纂一次。凡疆臣、使臣以及各口關道、出洋領事人等，均各頒發一簿，用備考查，庶全國交涉事案，中外遠近皆得備悉，不難援引因應，可免杆格、齟齬、疏漏、舛誤諸弊，有裨交涉，亦非淺鮮。

是否有當，謹附片會陳，伏乞聖鑒訓示。謹奏。

（清）劉坤一《劉坤一遺集·電奏》卷二《復西安行在軍機處光緒二十六年十二月二十八日》 箇電奉旨恭悉。修改通商行船條約，載在大綱十二條，已經奉旨照允畫押。若忽生異議，不願修改，各國將疑我反覆，各款均不足信，於和局且有妨礙。原奏謂：戰事止在北方，東南通商行船一切照常，應與商免修改等語。查當日保護東南大局，原係奏明遵旨辦理，所以宣佈朝廷德意。今日議約，未便以朝廷已允之件，另起波瀾。至補救之方，謹當詳思力籌。此係善後事宜，不比議和總約。事機緊迫，惟有於商約酌細目時，視彼要索何款，相機抵制，設法保護，總以勿礙我商民生計、勿侵我自主之權利爲主。聞各國已令議院、商會，各抒所見，勢將擇其利彼損我者，合力挾求更改。蓋各國通商自有常法，修改條約必期彼此有益。中國舊約本已受虧，彼本不以各國通例待我；戰敗以後，愈改愈狠，勢所必然。倘能於和局大定之後，即行宣示整頓内政切實辦法，使各國咸知我有發憤自强之望，力除積弊之心，則籌議修約時，尚可容我置詞，不致一味聽人指揮，受人侵削。坤一、之洞擬即札飭各關道並分咨轉飭各省關道，將關繫通商行船各事宜，各具説帖，以備參酌，一面並商全權大臣，一面奏明備考。如間有京議阻格之時，再由坤一、之洞設法轉達各國公使，相機調停，以爲全權之助，或當稍有裨益。宣懷亦飭各商局預籌利弊，屆時以便隨同商酌。

請代奏。坤一、之洞、宣懷。

（清）劉坤一《劉坤一遺集・電奏》卷二《寄西安行在軍機處光緒二十七年二月初四日》　吕使勘電：

昨德相畢魯在議院宣言曰：和議最要者兩端：一，啓衅首禍，前言概治以死，今稍從寬，不分官之大小，以罪為斷。醇王來德一節，我皇甚喜，然須和局定後，方可接待。二，賠款除軍費外，商、教亦應索償。惟款須有著，而仍不傷中國財力。已與諳華情者相商，均謂不宜干預華内政，亦不宜稽查一切財項，以海關作抵為最妥。銀價已落，華已喫虧，稍加關税，亦屬所宜。至鹽釐等應否加增，須詳察再定。或謂應廢釐金者，是干預華内政，我政府不甚謂然。倘中國辦法未能盡如各國意，則各國應代籌理財善策。德兵何時可撤，以華人辦事遲速為斷。賠款有著，兵即可回。去年德、英條約，一保中國土地，二保英、德在華商務，與滿洲事無涉。德在滿洲多商務，存亡無干；然德不願中國國産任意棄置。國債甚鉅，各債主亦不願其浪擲。各有專約牽涉中國財力，我國斷不坐視。幸各國立論，均謂在華不求專利，有則公之。惟公司數家乘機索利，若不嚴阻，恐華財將盡，我無所取。華使來商滿洲事，答以歸駐京使公商為妥。有謂俄、德相持不下者，此説無稽。要知俄專注北省，與德無涉。德廷辦事，大意在保全太平，勿損己利益；各國或有争端，德必守局外例。我行我法，不為他人指使。我德總以速結華事爲宜，遇事公平妥商，如各存意見，亦必竭力排解等語。謹撮要電聞。乞代奏云。

（清）劉坤一《劉坤一遺集・電奏》卷二《寄西安行在軍機處光緒二十七年二月初四日》　英瀾侯謂俄約仍以緩允爲要，英在中國保商外無他圖，當始終以全力相助。日外部謂中國能確意拒俄，可泯各國藉口之端。是不畫押，俄雖决裂，不過緩交三省，各國斷無效尤之理。俄久據遼、瀋，與各國亦多不利，事後必有公論。若一經畫押，則德於山東必先照辦。各國執利益均霑之説，羣起紛争，即成瓜分之局。兩害相形，不畫押禍緩而輕，畫押禍急而重。俄外部不見楊使，不肯閲信，皆恫喝慣技。其逼迫畫押，無非恐各國阻撓，欲藉此箝制各國之口。俄果毫無瞻顧各國之意，則原約十二條斷不肯自行删改，此中情僞顯而易見。存亡呼吸所争止一押之間，務求朝廷堅持到底，無論俄人如何恫喝，勿稍鬆勁。現既電駐英、日、美、德各使轉商各外部代請展限，必須俟各國回信，再行定議。求電飭全權萬勿畫押，不勝迫切。

請代奏。

（清）劉坤一《劉坤一遺集・電奏》卷二《寄西安行在軍機處光緒二十七年二月初八日》　慶李魚申、陽兩奏，吕使魚電奏，想達覽。俄前拒楊甚堅，忽爾約晤，口氣鬆動，必係因日詰問，中有所餒；格使謂不懼各國，全是虚聲恫喝，斷不可爲其所動。全權力主定約，至今日亦知日本實心幫助。英瀾侯始終請我勿畫，當以公論相助。即中立觀望之德國，亦謂俄若决裂，公約在京照常辦理，尤可放心，中國開衅各國之後，不圖有此鄰助，正宜迎機善導，爲聯交自立之計。細揣英、日情形，瀾侯雖有不助兵力之言，然詰問不應，勢必不能中止；日本若不得英人助兵確據，豈敢遽然出頭。此等機倪，英可與日言之，不便明告我耳。宜飭楊使暫行停議，持以鎮静，不可輕著一語，致貽口實。我不畫押，而逼出英、日順、直退兵之言不，令楊使畫押，而又逼出日本向俄詰責之事。此時我能堅持到底，各國必出調停，東三省事勢必歸於公斷，不惟瓜分之禍可解，即三省亦可保全。萬不可將前約略爲删改，仍令畫押，又墮俄人術中，自蹈危機，不可復救。伏祈迅發電旨，飭令三全權無論俄約如何删改，總須與各國商允，方可定議。朝廷持以定力，大局必有轉機。若稍一鬆勁，日、英助我不成，轉攖兩國之怒，豈第俄約慮有枝節，更恐公約因之牽動，危可立待。機括間不容髮，伏望聖明採納，曷勝迫切之至。

請代奏。

（清）劉坤一《劉坤一遺集・書牘》卷一三《復張香濤光緒二十七年五月二十七日》　拜讀摺片各稿，並細繹馬電、箇電，仰見明公文章經濟，廣大精微，凡古今之得失，與中外之異同，互證參稽，折衷至當。竭兩月之力，成此一代典章，崇論宏議之中，猶復字斟句酌，賢勞獨任，感佩難名！

夫變法莫重於學校，科第一摺所陳，人人知爲先務。第二摺振頓中法十二條，首以崇節儉爲請，庸耳俗目或謂爲老生常譚。不思欲圖治功，先修主德，必須清心寡慾，而後可以振作有爲。況此次創巨痛深，實與亡國無異，若不刻苦自勵，何以上回天意，下協羣情。大稿引用衛文布衣帛冠，洵屬對證下藥，苦心苦口，當能默契聖懷。弟於上年奏陳四事，奉旨留中，其一卽此，蓋慮回鑾之後，大興土木之工，宮府中人或以柏梁卽災，建章是營，肆其蠱惑，不可不杜其漸。並就節儉二字，論及旗人生計，未可徒糜鉅款，轉令坐困窮城，用意與尊指同，顧未能委曲詳盡以動宸聽耳。其餘十一條及第三摺采用西法十一條，莫不中時弊而切時宜。初以去書吏、收洋藥二者，不無疑義及承明白電示，卽經逐細照繕，一一更正，俟拜發日電聞。

（清）劉坤一《劉坤一遺集·書牘》卷一四《復許星台景介臣同治六年四月十五日》 承示勸止洋人來省衍教，詞意極其婉切；其於游道宣及潯郡街市之事，更爲開導得體，處置有方，無任欽佩。弟細察章門紳民之意，於洋人終不相容。洋人如於今冬明春果來，實無調停善策，惟有拚爲地方任咎，卽有不測之禍，亦無可辭。洋人謂與弟無礙，是誠何言！夫欲仇其子弟，而置其父兄，具見洋人之愚而狡也。

游道宣案卽審結，贓亦繳還，殊無再賠銀錢之理。此端若開，將來不勝其誅求矣。俟有照會前來，請由尊處酌辦。

昨接總署咨，據英國公使申請查禁拏究饒、贛兩郡張貼揭帖之人，已經據實照覆。

（清）劉坤一《劉坤一遺集·書牘》卷一四《復景介臣同治八年十一月二十七日》 查新昌一案，業經行司委員前往該縣再行訊斷，務令持平了結，廿五函批中已具言之。南康一案，昨日亦令委員馳往該縣，妥爲辦理。其臨川饒恩榮之案，當卽趕緊諭禁，不使另生枝節。惟戴主教所請晉省蓋堂傳教之事，實屬滯礙難行。蓋省城五方雜處，風氣囂張，無論現值荒年暮歲，飢民甚衆，盜賊滋多，正在舉行團防，易於鼓譟；又吳城上下游百餘里，趁此冬晴水涸，節節興修圩堤，赴工之民，蜂屯蟻聚，倘有變動，約束爲難；兼以明春通府考試，秋間通省鄉試，生童畢集於茲，人數約增數萬，塡街塞巷，遇事生風，萬一羣起與教士爲難，再將教堂撤毀，當其事起倉卒，聲勢洶湧，手口紛拏，試問地方官從何彈壓？若欲臨之以兵，不惟衆寡不敵，且恐波及無辜，大致決裂。中國除非謀反重情，無此剿捕之法。迨其散去之後，卽無主名可指，又無贓證可搜，查緝之言，終屬虛套，不過地方官徒得處分，或者酌賠銀兩，而法國之體面已失矣。此種事關大衆，卽使法國常有兵船在省守護，臨事恐亦不便與衆爲難，事後恐亦難於緝獲真犯；而況兵船不能到省，不能常在省守護耶！夫善辦事者，在於因地制宜，見可而進。民心不能刑求勢迫，貴於默化潛移。該主教及該教士果能正大光明，使人悅服，將來推行漸廣，人人樂從，亦何爲而不可，安在爲此汲汲之舉，徒拂衆情，結仇愈深，將來解釋益難爲力。現在外屬教案甚多，全賴弟之威令以維制之。該教士若遽來省起堂傳教，勢必滋生事端，則是使弟之威令不行於近，安能及遠？從此外屬教案難結，豈不無益而有損乎？故善辦事者，必須察看難易重輕，分別剛柔緩急，方能攸往咸宜。前主教深悉此間事宜，是以數年來絕不言及。老兄前次函稱，戴主教人甚明白，今接閱鈔來信件，其言尚近情理；特其抵潯未久，未諳江省情形。弟不惜開誠布公，盡言無隱，卽請轉告該主教，當不以爲欺謬也。弟明知晉省傳教，和約本有明文，第再四籌維，實無保護善策，已將禍福付之度外。戴主教能否見諒，亦聽之耳！

再，查同治二年省城折毀之教堂、育嬰堂三所，共賠銀五千兩，議定由羅副主教另行買地建造。該副主教業經遵辦，奏明有案。是省垣並無舊存教堂地基，均祈告知戴主教爲禱！

（清）劉坤一《劉坤一遺集·書牘》卷一四《復總署同治九年四月二十一日》 頃因法人圖翻已結之案，強争南昌教內育嬰堂原地。正擬馳呈，適於四十九日，祗奉鈞函，領悉種切。遵查同治元年士民撤毀南昌教內育嬰堂等處，當由前署九江道蔡錦青與副主教羅安當熟商定議，分別賠銀完結，稟經前巡撫沈幼丹具奏摺內，聲明教堂領款，另向他處購造條款內，城內育嬰堂聲明自行買地建造，城外教堂另購寬敞處所建造等語，已邀洞鑒。現在蔡前署道改官雲南，此外別無質證。然以事關中外交涉，當時若非羅安當明白應允，前署道何敢率意具稟，前巡撫亦何敢據以具奏？此則事理之可信者也。

且條款於吳城之天主堂，原議定給還原地者卽聲明給還，又原稟內於城外之教堂議定存留原地者卽聲明存留。唯城內育嬰堂原地並無給還存留字樣，則是葛藤悉斷，參觀益明。羅公使稱教堂並未推辭此地，此何說耶！彼即索取多金，並允另自購地，則原基自已歸官，尚待教堂推辭爲哉！

羅公使又稱此項原地尚在蕭姓之手，情願奉交教堂等語。當時賠銀結案，祇知爲教堂地基已屬官物，並不問原係何姓之業。即使蕭姓係原業主，匿契未繳，亦應作爲廢紙。況查羅公使所稱蕭姓即係從教之蕭得禄，平日恃符妄爲，何難串通虚捏。

再，德繙譯稱原地現在仍歸教中收租等語。查此項地基，自結案後，即經荒廢，向有附近貧民種菜謀生，官紳嘗過問。蓋江西省城内外官地荒廢甚多，向聽窮簷開墾，唯禁建造屋宇，不獨此項地基爲然。今稱此項地基仍是教中收租，顯係藉端影射，該教士在潯並稱執有賃約，難保不私造居奇。顧豈有抹煞從前奏案，而以私造之賃約爲憑者乎？

上年羅公使及狄副領事等，因各教案晉省，並稱清理教堂原地；當經委員王守、胡令示以原奏，彼即俯首無詞，祇稱欲留教士在城另行覓地建造，該守令等喻以姑俟今年場後，彼此言猶在耳。維時代理九江主教之王吾伯與羅公使同來，教民蕭得禄亦日夜在該公使船上。如此地基果在蕭姓之手，仍係教中收租，彼時何不慫勇該公使力争，乃於事後饒舌？其譸張爲幻可想而見矣。

查王吾伯本屬教堂輿臺，蕭得禄以薙頭爲業，兩人均是無賴之徒。自王吾伯代理主教，欲尋主教戴濟世故轍，商同教民蕭得禄，藉此圖謁，遞經坤一批飭景道與之駁辯。彼唯一味狡執，旋於四月初旬，潛挾安領事復以兵船來省，行至吴城以上之洲頭擱淺始退。及其回至九江，景道向其詰問，彼兵船晉省一層，則多方掩飾，而於教堂地基仍嘵嘵不休，稱前三年尚有南昌縣斷給蕭姓之案。經景道申請，查無其事，復向安領事婉爲開導。該領事自知理屈，仍以請示羅公使爲解。現在此項地基已經分造昭忠祠宇，萬無再給教堂之理。

謹鈔呈蔡前署道原稟及景道近日來稟清摺，並祈俯賜察核。

（清）劉坤一《劉坤一遺集・書牘》卷一四《復景介臣同治九年九月初二日》

吴城、撫州兩案，責成該處地方官趕緊了結，否則從嚴撤參。撫州已拏獲滋事百姓十餘人，尚未供認；吴城亦已拏獲數名看管。黄丞有無玩視，俟結案後議之，免致脱身事外。亮勇並無來潯之説，開戰之謠，尤爲荒唐之至。試思朝廷方在議和，而外間乃敢開戰，自古及今有此事體否？且洋人並無兵在潯駐紮，又何戰之可開？倘無故戕害洋人官民，不唯國法難逃，亦非人情物理。務望閣下開導洋人，儘可安心貿易；如有敢以非禮相加，定行加倍懲處。並祈會商殿兄嚴行彈壓，妥爲曉諭，如再造謠滋事，有累兩兄也。弟已將來意嚴札黄丞，並通飭各屬矣。

（清）劉坤一《劉坤一遺集・書牘》卷一四《復總署同治十三年八月二十七日》

頃於途次接奉鈞函，以安仁縣鄧安埠教堂被焚一事，應飭承審各員，詳切根究其中有無確證，或另有别情，務須腳踏實地，勿與人以口實等因，仰蒙訓示周詳，不懷實深欽感。

伏查此案先據饒州府薛守稟報，坤一即以事關民教搆衅，案情較重，若僅令地方官集訊，恐有諱飾，當飭臬司遴委候補同知直隸州潘懿，前往會審，並於潘懿來署稟辭，復而告以查辦此案必須得實，庶免外人争論，不可稍涉偏徇，致使處置舛錯。嗣據潘牧會同署安仁縣陳友善傳集人證訊供稟覆，教堂係失火延燒，管堂之吴連生，係自行跌斃。坤一猶恐或有隱情，中外交涉，不厭精詳，批司行提人證、卷宗來省，發委南昌府覆審，並飭許升守應鏢平心靜氣，詳細研鞫。而兩造見證各供，悉與安仁縣原審相符，其爲案情確鑿無疑。是以將幫同押令王長生遊街之桂圓堂，擬以滿徒，解司提勘，詳經坤一分咨在案。

竊念案憑供定，此案見證職員黄飛鵬及肇衅之王開秀俱習天主教，見證民人趙年俚亦係甫經退教之人，如或教堂係王發生等燒毁，吴連生係王發生等殺斃，黄飛鵬等固不肯隱匿真情，轉爲鄉民脱罪，桂圓堂更何肯供認案情歷歷如繪，出具手摹，甘心辦罪不辭。且原驗吴連生心坎左一傷，由骨縫斜入肚腹，確係由上倒跌而下戳傷身死情形，是供證、屍傷均屬可據，應無枉縱之虞。

又續據饒九沈道稟稱，教士羅安當致書該道，尚爲教民飾辯，以捉禁王發生因其攘吞私和人命錢文，至於勒令出錢贖命，係勸賠前竊王教榮生薑；支離狡賴，欲蓋彌彰。惟據稱安仁鄉民，於此案提省之後，聯黨謁搶教民百餘家，指有失主姓名，贓數者五十餘家，無論虚實，自應徹究。現已飭司委員馳往安仁會同陳令逐一查明訊究，總期持平辦理，以杜藉口，而慰廑懷。

再密呈者：

安仁一案，前據印委各員面稟，及坤一閲兵經過該縣詳細訪察，所有鄧家埠教堂，本係買舊民房數椽。此次該教民當王發生等前來索人，彼此喧鬧之時，自行放火焚毁圖賴，計得援案賠修，並可將所捉之王長生一併燒死，用意極爲狡險。無奈該教民等堅不肯承，止認失火燒燬，未便刑求，是以照供定案，致啓尊處之疑。謹將實在情形密呈，伏祈察奪。

至所控謁搶一節，據聞中多子虛，已諄飭印委各員，逐一覆勘質訊，以昭折服。容另覆陳。

（清）劉坤一《劉坤一遺集·書牘》卷一四《復總署光緒元年四月初六日》 至英國馬繙譯在雲南土司境内被殺一案，詢據上海馮道及李中堂委員宋丞稟稱，威公使初欲改道由兩廣先至緬甸，後赴雲南，經該委員宋丞與之駁辨，謂宜分别請示。威公使乃允仍照原議，由蜀入滇，第云宜候印度英官來滬商酌，而後起程等語。新聞紙則稱英人歸咎緬甸，計將尋衅該國，想係擬議之詞。坤一面囑宋丞俟偕英官抵滇後，察看情形，相機妥爲辦理。

其英國澳順輪船撞沈招商局福興輪船之事，英領事已允與上海馮道會審，其意可將澳順輪船扣留抵賠招商局，此外不能别有所罰。坤一以淹斃官員及跟丁水手人等六十餘名之多，其情雖慘，要亦適逢其厄，即照中國定例，亦難議令償命。若撫卹一項，由招商局將抵賠之款，自行籌及，更爲得體。商之該道及該局員，稍留餘地，將來馬繙譯之案或可借此調停；該道等亦以爲然。

坤一旋於二十七日起程，履勘沿江礮臺及運河等處堤工。行抵瓜洲，接據江寧梅藩司及儀徵棧委員龐道稟稱，奥國公使、領事已由儀徵、江寧轉身回滬，沿途均屬安静。該公使等在儀徵時，詞氣甚和，亦謂該處傍岸實不便行走輪船，此後即當逕走江心云云。謹馳函奉聞。

（清）劉坤一《劉坤一遺集·書牘》卷一四《致馮觀察光緒元年六月》

本月初九日，尊處來文，以上年十月日本領事來文，有晉江縣人林啓陞娶日本國商磯田氏之女爲妻，照請飭知地方官歸籍，應如何辦理等情。查此等事件，即難禁止，又未便由官准行明文；若官有准行明文，恐中國人紛紛效尤，日本人亦將援例娶華女爲妻，流弊滋多，轉難禁止；惟官不與聞，日後或行或止，仍可臨時酌辦。至以後如何辦理，欲於此時先行擬議，尤難預爲籌定。中國人娶西洋之女，從未由官判斷，此事似同一律。從前涂升道與應藩司會議日本條約，曾將此事聲明應否立案，請示在案。而中國與日本修好條規，並未敍及，必係再三斟酌，行止均有窒礙，是以未經立有專條。現在即行咨請總署示遵，亦恐難於立案。似不如姑且聽之，嗣後就案之爲得也。此次公牘，現不批發矣。

至所云沈前道曾於上年十月有稟遞呈本衙門，查無此件，並附以聞。

（清）劉坤一《劉坤一遺集·書牘》卷一四《致馮觀察光緒元年九月初一日》 查洋人入内地游歷發給執照，載在條約，至傳單護照，則係條約所無。且核閣下所擬單照内有沿途地保小心照料，换船雇轎，不得擡價以及不許華民聚衆觀看等語，深恐易啓洋人挾制之漸。其改道傳單，由洋人自行填註，及各單照均無限期，尤滋流弊。至從前游歷執照，有填註游歷十八省字樣；此等執照，本應隨時駁斥，不爲蓋印。向來照内本有一年之限，十八省豈一年所能往還。近聞洋人屢有到内地打獵之事。内地居民稠密，田地毘連，打獵則踐踏禾苗，彈子傷人，最易生事。是洋人本未恪守游歷二字，而地方官亦多疏於稽查。本年日本人在江寧民人宅内居住學話，英人在寧南門外租屋行醫，節經敝署轉飭地方印委各員查禁，均以其與游歷不符，諭令起程。是此項游歷執照，關道與各地方官果能認真經理，本有限制。若漫無覺察，雖於執照外多設文告，未必有濟；況所增者不盡妥愜乎？至馬嘉理之案，此時亦未便引以爲言。馬嘉理並非民人游歷可比，所經又係邊境，且亦未嘗無護照也。外國民人照章游歷，尊處倘能於游歷照内，僅添註所經道路一層，自屬有益。祇恐英領事首先不允，徒費脣舌。刻下自應仍照舊章辦理，毋庸另添節目，轉致有損無益。若謂預防倭員混入商民之中，須知現在倭員前赴内地，中國必派員伴送，彼若見新立單照有地保沿途照料，華民不許觀看，並准其意改道，不立限期等事，則倭員更恐混入商民，以爲自便之地矣。日本通商章程第十四、十五兩款，該領事如肯刊入游歷照内，應即相機妥辦，再以公牘稟請核咨。

崑山、古巴之案，未接尊處來文，祈將案録送備查。

（清）劉坤一《劉坤一遺集・書牘》卷一四《致王雨庵光緒二年二月十六日》　頃接英國領事羅伯遜申陳內稱，伊與佛領事定於本月二十九日前往瓊州，請由尊處在海口或在瓊州覓定房屋一所，以便佛領事暫為駐紮，將來再覓衙署等語，已另備公牘轉行矣。惟各口領事官居住處所，多係洋人自行賃租，未聞地方官為之代覓。英、法兩國條約，領事官應設通商口岸地方。該領事如因人地生疏，欲求照料，亦祗應覓屋於海口，不當兼及瓊州，乃為此兩可之詞，難保非意圖影射。此時若准暫駐府城，恐因之久居，且因之建署，彼時再與辯論，轉費周章。自應按照條約，祗在海口地方代覓民房，俾其暫住；並告以此係暫住之所，將來如須建署，尚當另覓地基；即現覓之屋，亦不可粉飾鋪陳，致類公館。倘該領事欲於府城暫住，則竟云無屋可租，萬勿遷就含糊，致令異日得以藉口。以上各節，因公牘中未便明為指出，故以按約妥辦一語括之，務祈閣下轉飭該縣妥為辦理。

（清）劉坤一《劉坤一遺集・書牘》卷一五《復法國領事達伯理光緒二年五月十八日》　頃接來函並補洋文一件，即經閱悉。鄖北壽等一案，情節重大，訊鞫不厭精詳，本部堂業經諭飭臬司督同廣州府再行查訊，務得確情，以成信讞。中國慎刑敕法，凡案情稍有未確，斷不遽事刑誅。貴領事來文，亦爲慎重人命起見，現已轉飭查照矣。

（清）劉坤一《劉坤一遺集・書牘》卷一五《復翟子英軍門光緒二年六月十九日》　昨准大移，以馮參將擬派弁兵駐澳緝匪，稟請照會澳門洋官，囑為照辦等因。查該參將所稟，係為認真緝捕起見，事屬可行。惟請由洋官給發人情紙一節，頗有未協。澳門原係中國地方，西洋人租賃居住。今中國弁兵到彼緝匪，轉須洋官發給憑據，是竟以澳門屬之西洋矣。國體所關，礙難照辦。是以照會洋官文內，於此節置之不言。然弁兵常駐澳門，無此一紙，又恐別生枝節。尚祈轉諭該參將，於抵澳後，自向洋官商辦，如可無須此紙，固屬兩全；倘勢在必需，亦由該參將自行向取，不必見諸公牘。弟謂澳門為中國地係彼租住一節，為該西洋人所最忌諱，該參將切勿漏此詞意，致有抵牾，並祈密囑知照。

（清）劉坤一《劉坤一遺集・書牘》卷一五《致稅務司裴式楷光緒二年七月初四日》　查中外交易事件，既經互訟到官，即非彼此信義相與、一言爲定可比，必須有合約花押交執爲憑，方可定斷，以招折服，各口均係如此辦理。茲絲行一案，所謂小簿、電報，均係哥崧一人所爲，不足爲據。即法領事申陳，亦謂無從部判真僞，並謂違例強以必從，非該領事初心等語，前已劄復貴稅司知照矣。今衛松石尚無輸服供詞，僅憑哥崧小簿、電報，遽斷以賠絲百五十包，是即法領事所云無從剖判真僞之案違例強以必從也。無論衛松石等行商不能受此大屈，將來如有似此案件，又當如何？貴稅司公正明白，爲中國所任用之人，本部堂於此案尤所倚賴，自必有核實持平之道，可爲中外商人永遠遵守。不知昨日覆訊，究竟如何斷法，緣未接貴稅司申陳，是以專函奉詢，伏祈示復，爲禱！

（清）劉坤一《劉坤一遺集・書牘》卷一五《復達領事光緒二年七月初六日》　頃間兩接來函，本部堂均經閱悉。查中外會辦案外，應查照和約辦理。如有案件情形，和約未經登載者，則應就兩國例章，酌量妥辦。

此案哥崧所控衛松石不交買定絲斤，照中國例章，必須賣貨者寫有互約合同，蓋用店號圖記，交與買貨者收執，方爲憑據。如無確切憑據，不能照原告一面之詞，遽行定斷，強令原告具遵；原告不肯遵依，亦不能加之以罪。至於法國章程，則貴領事前此來文所言，法國律例祗有兩件大章程，一係經管領事官簽名畫押，一係兩商人各寫立單據交執，除此兩件大章程之外，無論大簿、小簿，俱不是呈官核斷之憑。是中外律例雖有不同，其必須得有確切證據，方能核斷，則並無二致也。

此案哥崧自寫小簿，自發電報，並無衛松石寫給定貨單據，是與中國例章固屬不合，即與法國章程亦復不符。貴領事斷令交絲一百五十包，衛松石並未具結遵依，揆理度情，此案礙難作爲完結。來函謂本部堂如與貴領事預先會商定斷，貴領事即無從執拗。查貴領事初次來文係請飭南海縣會辦，二次來文則欲令薩副領事與南海縣前來本衙門面質。本部堂因二人會審之時，本部堂與貴領事均未在坐，不能定其孰實孰虛，於事無益，可以不必。貴領事節次文函，均無與本部堂商辦之語，本部堂何由與貴領事先行會商耶？

至派顧道與裴稅司前來會審，本部堂以事關交涉，物議易滋；若於未審之前，諭令顧道及裴稅司作何斷結，兩造中但有不能稱願者，必謂本部堂預先授意，以致審斷不公，是以但令顧道等前往會同確訊，秉公辦結，俾知本部堂於此事毫無成見，並不預諭委員以作何辦法也。

本月初一日，接裴税司申陳會審情詞，並據顧道面稟，定於初三日九點鐘覆訊，本部堂卽劄行裴税司，以哥崧小薄、電報不足爲憑，務宜秉公辦理，使粵商折服，無可藉詞。蓋冀覆訊之時，或能審出確切證據，使衛松石無可狡辨，自然具結，遵依可以完案。乃初三日覆訊，兩造供詞仍然各執，與初審無殊。而裴税司竟與貴領事斷交絲一百五十包，衛松石仍不具遵，是並不能折服粵商，衹係意爲定斷。使如此可以完案，則薩副領事與南海縣初次會審已可斷結，何必另請委員，再三覆訊乎？裴税司向顧道言仍作未結，當可對質。

且中外交涉之案，條約內並無指明應以何人爲會訊主辦之員。來函謂會訊主辦之員斷定，毋庸於斷後更改。所謂會訊主辦之員，實不知指何人而言。今姑無論何人主斷，但總須兩造具遵，方能結案。今衛松石並未具結遵斷，此案何能作爲完結耶！如果有確切證據，衛松石固不能不遵；如不遵依，亦可繩以官法。今哥崧所控情節，並無憑據，與中國及貴國例章，俱不相符。卽使本部堂諭令地方官速飭衛松石照斷完結，衛松石不肯遵斷，地方官又將何國之法以處之乎？

本部堂辦理公事，總期持平協理，中外相安，若迫商民以威勢，強以遵從，不惟本部堂所不肯爲，想亦貴領事所不欲爲，前函固已言之矣。除另行劄覆外，相應函復貴領事查照。

（清）劉坤一《劉坤一遺集·書牘》卷一五《復達領事光緒二年七月初七日》昨夜裁復一函，計收到矣。嗣接來函，欲本部堂諭飭順興絲店遵處了結等語。本部堂以此案不合中外國例，不便由官判斷。而念衛松石與哥崧交易多年，甚願其自行了結，各具和息銷案，官亦不問其所爲，方於事體無礙；若仍由本部堂諭飭，則與官斷何異矣。

至裴税務司初次會訊後，申陳兩造情詞，經本部堂於初二日劄復，以哥崧小簿、電報不足爲憑，並告以貴領事亦有無從剖判真僞，不能違例強以必從之語。飭令於初三日覆訊，秉公核斷，務令粵商折服。及初三日覆訊後，迄今裴税務司尚無印文申陳，想亦自知所斷爲不合例，難於見諸公牘也。其對顧道，仍作未結之言，顧道聽極清楚，以該税務司熟習華言，不至錯誤。如曰順興店不肯交絲，此事仍未辦完，可謂無消説耳。

總之，此案現與國例不合，官無核斷之憑；且有小簿而無大簿，又與廣東向辦章程不符。據粵商云：初次問貨，則洋商自登小簿，二次定貨，則與華商面登大簿，其中確有分別；倘無分別，則於小簿之外，何必另設大簿。其言似非虛飾，辦理益無把握。今裴税務司不照本部堂初二日之劄，於初三日以意定斷，以致官商物議沸騰，竟謂本部堂委任非人，幸尚有不肯定斷之委員顧道在也。事關中外交涉，貴領事乃欲本部堂不拘執例章而排衆論，亦不代爲本部堂設想矣。

本部堂曾署南洋通商大臣，且在江西十年之久，該省亦有九江通商口岸，與各國公使領事辦理華洋交易之案極多，從不袒護華商，亦不遷就洋商，遇事核實持平，是以彼此均能相諒，任內並無事端，不意此間如此糾紛也。本部堂久膺疆寄，貴領事亦兩任廣東，皆爲中外商民所仰望，豈可涉於偏聽，而身冒不韙。倘因此而釀巨禍，天下自有公是公非，祗合盡其在我，聽其在人，毋庸煩瀆總署也。

（清）劉坤一《劉坤一遺集·書牘》卷一五《致總署光緒二年七月十一日》查中外通商條約，原准中國派領事官前往各國駐紮。第泰西各國遠隔重洋，華商前往貿易者寥寥無幾，自可不必設領事官，徒糜經費。卽華商輻輳之處，如英屬之印度、新嘉坡及南洋各小島，主客相安，亦可不必汲汲於此舉。惟查有美國舊金山地方及分往附近各處華民，已二十餘萬人。埃及土人，因惡華人奪其生計，請於洋官，將下逐客之令。雖經洋官設法保護，而亦不免遷就依違，齟齬頻仍，幾至決裂，其事屢見之新聞紙。詢之美國駐粵領事林幹，所稱情形亦復相同。而粵民以該處有利可圖，猶復絡繹而去。坤一初擬出示禁止，又以未奉明文，不敢涉於冒昧。據聞美國已飭駐京公使請之貴署，另立出洋章程，量予限制，未審有無是議。

竊舊金山所有華人，盡係粵產，現在該處居積致富者頗多，深以弱肉強食爲慮。其在原籍之宗族姻婭，擬請於該處援照條約，設立正副領事官，俾華人有所依賴；所需經費，卽由該處華人酌捐，約略計之，有盈無絀。復商之美國林領事及繙譯官余貞祥，均以爲然，並謂此舉若成，該處洋官亦有所憑藉以鈐制土人，保護華人更易爲力。又在古巴當工者，亦係華民，上年查辦以後，該國官商仍復爲所欲爲，而華人之受虐如故，是非設立領事官以爲之庇，終恐徒託空言。美國林領事、余繙譯咸稱，金山華商殷實，將來捐有成數，尚可分潤古巴，以爲該處領事經費，以古巴距金山水路一萬三千餘里，陸路七八千里，爲不甚遠，可以往來挹注也。前陳荔秋星使過省，匆匆北上，未及與之細談，可否仰懇貴署，於荔秋出使時，囑令便道察看情形，與該處粵人及美國、日國籌商設立金山、古巴兩處領事事宜，先行舉辦，庶粵人不至常受欺陵，而貴署亦可稍省口舌矣。坤一以該兩處均係粵民，不得不爲之請命，是否有當，伏乞酌裁。

（清）劉坤一《劉坤一遺集·書牘》卷一五《復總署光緒二年九月二十八日》九月十九日接奉鈞函，以本年六月間公文及粵字一百六十號信函，係屬兩事，一詢前此天津所定和約，當時曾否徧行；一飭將上年頒發之全分條約，刊刻咨送備查，並頒發各屬，俾得人人通曉，囑即轉致閬軒中丞，將已經刊刻之全分條約，刷印若干，分咨送查核校正。至天津所定和約，當時曾否徧行，亦即查明舊案，即行奉覆等因。

竊查咸豐十年十一月間承准咨送咸豐八年天津所定英、法兩國和約及十年所定續約到粵，當經照本刊刷，頒發各府廳州縣，一體宣布遵行，並咨呈察照。旋准廣西劉蔭渠中丞咨會：西省准兵部咨送咸豐八年所定和約及十年續約，業經行司刊刻，通行一體遵辦。此天津所定和約，廣東、廣西兩省均經刊刻遍行之原委也。

至於光緒元年八月間，粵東承准咨送各國全分條約十四本，坤一即行司派員刊刻校對，至本年三月刊刻齊全，即將條約二分共二十八本，咨送貴署備案，並分發各道府廳州縣一體遵照，遇有交涉事件，照約辦理。閏五月內承准咨覆，前項條約，業已照數收訖等因。又先於元年十月間，准蔭渠中丞咨會，承准貴署咨發各國全分條約十四本，業經飭司派員刊校，通行頒發遵照在案。此上年頒發各國全分條約，廣東、廣西兩省均經刊刷頒行，並廣東已將所刊條約刷印咨送之原委也。

至本年七月間，接奉鈞函，飭查天津所定和約是否未及徧行，當即函致閬軒中丞查明見覆。昨接其覆信，內稱貴署所頒條約，業經刊刷徧行，並將咨呈貴署文稿録寄，其文函但云條約業已刊行，並未指明天津所定和約字樣，亦未將已經刊刷之條約咨送貴署備查。坤一現已再行切實致函，囑其查明天津所定條約，當時是否實已頒行，並將已經校刊之各國全分條約，咨送貴署備查。除俟接到覆信再行詳細奉聞外，僅此肅復。

（清）劉坤一《劉坤一遺集·書牘》卷一五《致冒太守光緒三年三月初一日》前接來函，以德國兵船洋人登岸滋事，及藉稱失去旗幟，欲向地方官索償，經吉税務司調停了結各緣由，業經詳晰批覆在案。乃昨接德國領事索田申呈，復以兵船失去旗幟，請飭地方官着追；其洋人登岸滋事及税務司調停各節，一概抹煞不提，殊爲狡譎。弟思洋人反覆狡獪，若不將其隱情指破，彼且自謂得計，勢將繳繞不休。因即照尊處前稟所述情形，剳知查照，令其約束兵船人等，毋得再滋事端，並行交尊處查照矣。

第思此事，洋人強買雨傘，調戲婦女，本屬情虛。該兵船以失去旗幟爲言，不過藉以抵飾，且於未經通商口岸，插放旗幟，亦與條約不符。當時因吉税司爲之調停，姑且將就了事。今索領事仍有此件申呈，似應告知吉税務司，詰其因何翻覆。外國人最重信字，吉税務司即居間於前，諒不推諉於後也。

（清）劉坤一《劉坤一遺集·書牘》卷一五《致總署光緒三年三月初九日》查香港華商積慣走私，每年所收之税，不過十分三四，一遇拏獲被罰，輒嗾洋官出頭，或謂與例章不符，或謂其格外需索。又謂香港四面為海關巡船所圍，近於陵逼。多端架揑，口舌滋多。未有《煙臺條款》以前，該香港洋官，屢經達諸英國朝廷；幸羅領事熟習中國情形，於中頗有斡旋也。

此次與羅領事會議，擬用英人一員在廠，俾知海關辦理並非過當，奸商無施其播弄之詞。並冀英員為我耳目，在於香港收發貨物行店，逐細稽查，隨時報廠，使該奸商不得偷漏，而税務可期起色。又慮洋人借此干預，故於摺內聲明，由總署海關選派，並申明廠務由中國委員作主。夫華商常税，本係中國自主之權，儘可任我振頓，絶不許洋人與聞。第以香港屬英，久成異域，似與西洋賃居澳門及別處事體微不相同。華商貿易香港，恃有護符，似不能不稍為變通，亦無慮澳門及別處援以為例。《煙臺條款》允由香港委員及羅領事與中國會議者，莫非因此先後接到南、北洋大臣復函，尚以選派英員在廠為然。惟南洋則謂英員宜由赫税務司保薦，北洋則謂第二條內會辦宜改為幫辦，第四條宜改為英員幫查，第六條應改為由華官定斷等語，均屬有見。惟此項章程，經羅領事寄往香港，乃該港督聽信華商之言，謂羅領事意存遷就，作為罷論，由該港督另議章程，交嘉副領事呈遞前來。詳加查核，如第六條不收號鈔，與第七條由英國按察司定斷，萬不能行。因羅領事久病未痊，香港所委英員未到，尚未會議。該港督所立章程，於選派英員一層，竟置之不論。訪之嘉副領事，謂其意欲遵威公使原議，派稅務司辦理，其中諸多為難，尚費斟酌。聞俟榷使刻日回任，容俟籌商妥協，再行奉聞。

（清）劉坤一《劉坤一遺集・書牘》卷一五《復李中堂光緒三年三月初九日》　查華商常稅，本係中國自主之權，儘可任我振頓，不容洋人與聞。第以香港屬英，誠如台函所云，已成異域，似與澳門尚係租地及他處事宜不同。華商託身香港，恃有護符，以致滋生口舌。既經尊處允由洋官會議，似不得不量予變通，亦無虞澳門別處援以為請也。

選派英員在廠一節，雖由羅領事代薦，條款內隱而未言，仍聲明由總督及海關為政，並聲明廠務由中國委員作主，以杜干預。用一英員，俾為港督耳目，則奸商無所施其播弄之詞，並為我耳目，使奸商不能逞其走漏之技，計似無便於此者。

承示第二條應改為幫辦，第四條應改為幫查，第六條應改為由華官定斷，慮密智周，自當逐一遵照。

前接幼帥復函，謂此次英員必由赫總稅司代薦，總署復函甚不以選派英員為然。正在斟酌間，適港督以羅領事所立章程未善，另立條款，由嘉副領事呈遞前來，於選派英員一層，竟置不論。據嘉副領事稱，該港督欲照威公使之意，派稅務司辦理，事在必行。鄙見以常洋兩稅，併歸一手，將來轇轕更甚。至於不許另收號鈔，及由英按察司定斷兩案，尤萬難遷就耳。因羅領事久病未痊，港督亦未派員來省，致稽會議。聞俟榷使回任有期，容俟籌商定局，再請卓裁。

（清）劉坤一《劉坤一遺集・書牘》卷一五《復喇領事光緒三年三月十四日》　接閲來函，具悉一切。查哥崧絲斤一案，貴前領事在粵，亦已屢費筆舌，其中為難之處，想有往來文牘可稽。茲復為貴領事陳其大略，幸垂聽焉。

如來函謂，各口貿易不寫大簿一節。中外商人，彼此如以信義相交，則一言九鼎，固無須乎片紙雙字。若一涉爭訟，為官司者，心問有據無據，有據則貨物雖多亦可以斷，無據雖少亦不能斷。蓋以兩造各執一詞，虛實是非，從何剖判，使之折服。中國定例如此，想外國亦必如此也。

又來函謂哥崧有據一節。夫所謂據者，必彼此立有合同，或彼造所書之憑在此造之手，方足為據。今哥崧自寫小簿，並非華商所寫，此外又別無華洋商人見證，一面之詞，何足為據。設令有一洋商控稱某華商欠伊貨若干，欠伊銀若干，而以自寫之簿為據，貴領事其為斷給乎？設有一華商控稱某洋商欠伊貨若干，欠伊銀若干，而以自寫之簿為據，貴領事其能斷給乎？

本部堂以此案既屬無據，難由官斷，致礙定例。故諭該縣開導商人，自行了結，原係委曲周旋。今該商人以前此賣絲並未成交，不肯賠貨賠銀，則此無據之案，不能治以刑罰，激成事端。貴領事公正明白，華洋一視同仁，想必以此言為然也。

（清）劉坤一《劉坤一遺集・書牘》卷一五《復沈幼丹光緒三年五月》

承詢滇邊戕殺英人一案，爲緬爲華，有意無意，雖不得其底細，而總署來函，謂彥卿中丞不欲開通此路，其中委曲，想在洞鑒之中。

鄙見竊以杜漸防微，似亦不必如此決裂，轉難收拾。威使一聞此警，即向總署多端發難，並先索銀十五萬兩。總署惟允該使派人往滇觀審，囑李中堂遴員伴送，餘俱不可遷就。威使由是憤憤出京，初至上海，深藏固蔽，故示不測。及李中堂所委之宋丞抵滬，威使則令其先偕英員赴緬，而後赴滇。宋丞以與札委不符，具稟請示。威使乃准仍照原議，隨復再三推託，不即成行。現在威使已來珂鄉，與宋丞約俟回時定計。威使前在江寧，與弟辯論變關扣留洋貨及江西稽查子口稅單各節，絕口不提此案，一若有所待而後發者。此其大概情形也。

據新聞紙云云，則英人意欲歸咎緬國，以圖併吞，而於中國故作不即不離，若緩若急之語，欲使我以嫁禍爲幸，坐視緬之覆亡，迨至勢失輔車，而後横生枝節。其處心積慮，似非無因。又或謂英國已交駐紮印度之洋官查辦此案，威使不便與聞，不得不爲遷延之役。未知是否屬實耳。

馮道密稟，威使由上海貽書總署，洋洋二千餘言，追咎前此天津之案，未大懲創，以致滇邊效尤；並稱前索銀十五萬兩，本不爲過。此係洋務委員探聽之詞，未得見其底稿者。

至倭使以琉球人貢中國，斥爲背叛，竟向總署索問琉球使臣，且請發還貢物。總署婉辭拒之，令其自問琉球國王，隨卽密函知會外間查照。嗣後倭人是否與琉球爲難，雖尚無所聞，然倭人豈不知琉球臣服中國二百餘年之久，而忽有此詰責，顯係藉口生端。琉球與倭爲鄰，難免弱肉強食，不惟不能望如高麗之能守，並恐不能如安南之能和。中土皇皇，外藩岌岌，關懷時局者，同茲扼腕矣。

（清）劉坤一《劉坤一遺集·書牘》卷一五《復總署光緒三年六月十八日》 六月十一日接奉鈞函，以租界一事，如能照前此定辦三端內之第一端，於現在勘定之處即作爲各國租界，固屬甚善；如各領事必欲各分地界，應執定《煙臺條款》與之力辯。飭卽轉飭各關道，按照《煙臺條款》原意，會同領事官妥商定奪；如總稅司到各該口岸時，與之詳細商酌等因。並蒙鈔寄與英國傅公使，往來信函，暨致總稅司函各一件。仰荷指示周詳，曷勝感佩。

竊查現在外洋相繼來華，立約通商，與前此情形不同，所定租界，如必各有分土，安得如許地方。尊處擬以勘定一處，作爲各國租界，自是不易之論。廣東新開之廉州北海口及先開之潮州、瓊州兩口，該各領事於租界一事，並未催辦；如或將來會勘劃界，自當飭令該地方官，遵照此次函示，與各國領事妥商力辯。新開口岸，非舊日口岸之有租界者可比，諒亦不難辦到。

惟傅公使與尊處信函內云，蕪湖口地方官欲禁止英商不准在該口內賃屋開行，止准在租界內住居等語。查各處通商口岸，准令洋商開行賃屋，條約原有明文，即尊處定辦租界三端，亦未指明洋商不准於界外居住。今蕪湖口辦法，原是理勢應然，惟口岸地寬，而租界地狹。今以定有租界，必使洋商皆住界內，其租界之外，不許賃屋開行，拘制太嚴，恐未肯遽然就範。況新開口岸如此，舊日口岸中之有租界者又當何如？或者因此令各領事爲難，自罷租界之議，未始非計之得者。

正在熟思審處，復於十四日接奉鈞函，鈔示往來照會，謹悉壹是。似此分別辦理，凡通商口岸，所有劃定租界內，准免洋貨釐金，其居住界外者不得援以請免，既與條約條款兩無違礙，各國領事自必無詞。除將函飭事理分粵省新舊口岸各地方官密切遵照外，肅此併覆。

（清）劉坤一《劉坤一遺集·書牘》卷一五《復總署光緒三年十一月十四日》 查廣西西林縣折毀教堂一案，事在同治十年間，節據法國領事申請查辦，經各前任咨行確查辦理。本年七月間，復據法國領事喇克禮申陳，又經坤一札催西林縣趕緊查明，妥速辦結；並飭將外國傳教人等，務須按照條約，妥爲保護；仍諭令公正紳耆，約束子弟，各安本分，毋得造言生事，以期中外相安；一面會同朗軒中丞申明條約，出示曉諭各在案。

今法國白公使照會尊處所云坤一與廣州法國領事擬定西林縣辦法，自係指以上各節而言。坤一因該地方官稟請以後，華洋教士前往何處，以及人數若干，先行知會，以便保護等情，劄行法領事轉行各教士，嗣據陳覆，似亦以爲然也。

至教士前在西林縣署中毒，以及西林紳士信函係由該縣親身遞與教士兩節，經即函致朗軒中丞確查見覆。茲接其來信，云現已飭查明確，並無其事。並據西林縣鈔呈案據稟覆前來，逐細查閱，所謂在署中毒者，係屬疑詞，且出他人之口，非該司鐸本意。所謂該縣親遞信函者，更是輾轉架捏。此事一切情形，業經朗軒中丞縷達尊聽，自毋庸再事瑣陳。

除批飭西林縣將折毀教堂一案妥速辦結，仍查明該教堂地基買自何人，曾否報官查明准賣，及書寫契約是否祇寫賣與某國作教堂公產，不塡買主姓名，與游歷章程相符，另稟察核；並函致朗軒中丞一體飭催，俟辦結之後，再當另備公牘咨呈察奪外，先此肅覆。

（清）劉坤一《劉坤一遺集·書牘》卷一五《復美國領事林幹光緒三年十一月二十三日》 接閱來函，具悉壹是。查日前貴領事前來敝署，祇云同孚洋行現與祕國立有合約，凡在該國華工無力回華，應由祕國朝廷認給水脚者，均交該洋行輪船載送回。該輪船轉身出洋，順便裝載貨物，如有商民自願出洋者，亦可搭行。誠恐有人疑其販賣豬崽，請飭屬知照曉諭等語。本部堂以此係善事，又與條約相符，衆所共知，本可毋庸出示。第貴領事既以爲請，自可允從。當時並未聞有招工出洋之說。昨接貴領事申陳內稱該處其工易僱，易於尋覓，且工價亦高等語，雖無招工字樣，然照此出示，實與招致之法無異。在貴國條約及祕國條約均有不准明文，且恐此示既出，華工紛紛前往該處。萬一以人多莫雇，或工價有時而低，則已往之華工無以謀生，豈不歸怨於貴領事之申陳及本部堂之告示。是以再三思維，礙難照准，已於劄復中略言之矣。其中尚有未能詳盡之處，故復縷悉作答。祈貴領事酌核事理，確查條約文義，亦必以鄙意爲然也。

（清）劉坤一《劉坤一遺集·書牘》卷一五《復英國署領事韓仕光緒四年三月初三日》　頃接來函，並南海縣照會貴署領事官公文一件，均卽閱悉。查中國民人犯法，逃在香港，一經中國官員照會英國領事官訪查嚴拏，卽行交出，條約本有明文。惟同治年間，瑞前部堂與貴國羅前領事官酌定前往香港提犯章程，所有各屬文武員弁，前往香港提解人犯，均稟由本衙門劄行貴前領事官轉致香港貴國官員，將犯交解來省。今該縣前往香港提解兇犯鄧寄仁，何以並不稟明本部堂劄行提解？除札飭該縣查明稟覆，一面將本案緣由具稟本部堂以憑劄知將犯提解審訊，並飭嗣後遇有此等事件，務須查照瑞前部堂酌定章程辦理，毋再率忽外，相應函覆貴署領事官查照。

再，查各屬辦理中外交涉事務，除香港提犯一事必須稟明本部堂劄行提解外，其餘交涉事件，各地方官與各國領事官向有公文往來。今該南海縣照會貴署領事官赴港提犯，雖與瑞前部堂定章未符，但其文詞均係公事公言，並無欺藐貴署領事官之意。若以提犯一事與向章未符，儘可覆知該縣具稟本部堂核辦，或由貴署領事官申請本部堂札行該縣遵照；卽謂字句欠妥，未能釋然，亦祇可明白辨論。乃貴領事官於該縣照會文內輒以紅筆旁抹，此則雖中國上司之於屬員，亦無如此體制。各國領事官與中國官員，自應彼此共敦睦誼，中國地方官不得輕慢各國領事官，則各國領事官亦不可輕慢中國地方官，同一理也。

（清）劉坤一《劉坤一遺集·書牘》卷一五《復總署光緒四年四月二十三日》　查教士和類斯前往歸善縣，呈驗執照，先後兩次，照內所填名字，一係巴華，一係和類斯，先後不符，且照內均無地方官印信。法國駐京大臣，雖可發給執照，亦仍須中國地方官蓋印爲憑。該縣因該教士呈驗之照名字前後不同，且又無中國地方官之印，是以疑爲假冒。今奉鈞示，巴華、和類斯兩照，均經順天府蓋印，該縣或因順天府印係用淡臙脂水，不甚分明，是以未經看出。惟既有順天府印文，當該縣駁詰之時，不知該教士何以竟不致辯也。

至法國傳教士買屋建堂一事，同治四年三月間，粵省准南洋通商大臣咨行，以傳教士買地爲建堂之用，其賣契內祇可載明賣作天主堂公產，仍令賣業之人，報明地方官，請示酌定，方准賣給；如私行賣給，查出立卽懲處等因，通飭遵照在案。

此案和類斯呈繳之契，載明將園地賣與羅瑪堂神父管業字樣，該縣印契之時，或錯認爲民間堂名，誤行印給，亦未可知。且契內並未寫明賣作天主堂類產字樣，而該教士和類斯，竟欲將此園地建作教堂，是以該縣疑爲與定章不符也。

此案僅據該縣具稟，該領事並無申陳。除查照來示密飭該縣遵照，倘法領事於此案尚有辯論，固不可違衆而致滋事端，亦不可固執而有違條約。其教士所呈護照，務須細爲查驗，不可稍涉粗疏。一面通飭各屬，凡遇民間將田地房屋契據投税之時，必須細心驗閱，如有牽涉洋人字樣，卽詳細查明，妥爲辦理，毋稍疏忽外，謹此奉覆。

（清）劉坤一《劉坤一遺集·書牘》卷一五《復税務司柏卓安光緒四年五月初二日》　接閱來函，領悉壹是。此事具費鼎力，辦理自臻妥協。惟自行出洋華客，似應飭令先赴貴關報名，查問明白，而後准其上船，俟開行時，再行點驗，以昭周密。茲由同孚洋行將華客齊集候詢，竊恐先行告定口供，其中或有弊竇，伏祈詳加酌裁。

其普路沙輪船，由黄浦移過攔江沙，業經尊處派扦手三名住在該船，自足以資防範。敝處卽飭何都司將所帶巡船移往彼處照料，仍望指示該都司一切事宜，俾有遵守。

從前各國輪船，自非招工，並不進入省河黄浦一帶灣泊，以省河無貨可載，無客可搭也。今同孚洋行各輪船逕入省河，以載貨搭客爲名，誠恐其影射招工之事。將來應否禁止，尚候面聆台教。

祕國不准在粵招工，條約已有明文。今若自我開端，誰執其咎？且亦無顔以對廣東紳民與各大國官商。故不得不格外慎重，唯祈貴税司加意，是爲切禱！

（清）劉坤一《劉坤一遺集·書牘》卷一六《復總署光緒四年六月十一日》　查德使前後所擬捕盗章程，誠如尊諭，有礙中國自主之權。然各國條約中均有會辦捕盗之言，此時何能一筆抹撥。夫以中國沿海數千里之遥，大洋中島嶼甚多，易於納汙藏垢，斷難節節設防，使洋面肅清，無一盗船出没。又外國輪帆各船絡繹而來，無定時亦無定所，更難保其必無盗警。有時變出不虞，而欲洋人於浩渺之區，倉卒之際，坐視盗船行刦，束手以待中國官弁之自捕，中國平日如何部署，並不許其與聞，其論勢有不能，亦非和衷之道，則各國條約中有會辦捕盗之言，固事理應爾也。况英國前於江蘇、粵東兩省會辦捕盗，已有成案，德使無不知之，未可力拒其請，使之反脣相稽；惟有妥爲參酌辦法，以保中國自主之權。擬請分爲三條：第一條，則分别德使章程之可行不可行；第二條，則將不可行各條援引向章以資折辯；第三條，則定爲平日巡緝、臨時捕拏兩樣辦法，以免格礙而昭周密。是否有當，伏祈採擇施行。

再，查德使初次所遞章程中有不可行者，二次章程間有删改之處，坤一等仍行議駁，以該使二次照會並未明前次章程作爲罷論，恐其留爲口實也。

（清）劉坤一《劉坤一遺集·書牘》卷一六《復索領事光緒四年九月二十日》　頃接來函，即經閲悉。此次承辦貴署工程之人，究竟係何姓名，住址何處，迭次來函均未聲敍，又未將所立合同鈔送，僅以其人形容歷歷在目一語，請爲飭屬查辦。本部堂於貴領事官申函請辦之事，如可照行，從無不飭屬查明，妥爲辦理。今該承工之人既無姓名、住址，則其面貌若何，除貴領事官歷歷在目之外，該地方官以及英國香港官均無由而知，非惟札縣文内難以飭令查拏，即劄英國領事文内復難於聲敍。來函謂：天下同名而異人者不知凡幾，歐洲人於作工之人名姓，全無留意，惟識其形容而已等語。天下名同而人異者固多，即面貌相同者亦復不少，今若祇認面貌而不問其姓名、住址，則凡天下面貌相同之人，皆可以甲作乙，萬一誤認誤拏，豈不貽笑地方？中國向來無此辦法。該承工之人既係中國人民，又須由中國官拘拏，自不能以歐洲之法强令中國地方照辦，並非於貴領事官言未能信實也。

又來函所言：承辦人不過侵欺數百金，似屬無關緊要，誠恐復有多於此者等語。查貴領事官既令其承辦工程，當時自必有人引薦，有人作保。若以數百金付之不知來歷之人，又不問其姓名、住址，固無怪其得銀到手即行颺去矣。此次僅付數百金已有此等轇轕之事，如係重貲，尤應慎重，更豈可不問實姓名、住址乎？貴領事其留意焉。

又來函所言：此等事不盡賴華官，自行護助等語。中外交涉事件，原有條約可循，本部堂惟照約辦理，他非所知也。

（清）劉坤一《劉坤一遺集·書牘》卷一六《復喇領事光緒四年十月二十三日》　昨接來函，即經閲悉。查始興縣屬羅壩墟地方王初兆即王蝦毛古之店房，前據始興縣具稟，係於同治元年十二月間因案查封，撥作該處團練公所，飭追舊契，據供業已遺失，出具切結繳案，是該店房先經查封充公，以及舊契業已遺失各情，縣中均有案據可稽。今教民何利泰與王初兆承買該店房，何以又有舊契交執？自應拘案訊究，以昭覈實。至於何利泰與王初兆承買店房，新立契據，前據縣稟契内並無書寫教民及買作教堂字樣，自與教士唐如盛無涉。如謂何利泰承買該店房，係因教士唐如盛買作教堂，則當時並未赴縣報明，核與總署通行事理不符，事後自不能以此爲詞。

又來函所言：教士如欲會同地方官辦理教事，請飭南雄州親接面商，以禮相待等語。查地方官接見教士一事，上年七月間，接貴領事官申陳，謂本部堂示諭地方官不與教士見面等語。本部堂檢查案卷，並無此件告示、文行；惟本部堂前此通飭各屬條款有云：游歷洋人，無論教士、商民，該州縣祇應保護，不得無故與之會晤往還。條款内業經指明無故二字，則並非無論何事一概不見也。如果傳教士遇有切己緊要之事，必須面見地方官者，自當别論；若傳教士雖有切己之事，而非迫不及待者，儘可按照條約，繕用稟呈，由領事官轉遞，或自具呈詞赴訴地方官。該地方官自必秉公妥辦，固不待與之接見，面後能保護於平時，辦理於臨事也。當時業經詳細劄復，並通飭各屬遵照在案。現在自可查照辦理，毋庸再行飭遵。

至於南雄州屬夾河口地方教士被該處百姓辱詈，毁碎酒物等件，以及毁壞田地，毆打教民並驅逐婦女等情。究竟該處百姓係何姓名？教士被毁物係何名色？件數若干？貴領事官前此來文並未詳細聲敍；且僅止請飭地方官妥爲辦理，並無拏匪追贓之請，是以札行該州查明，分别林止妥辦。既曰查明妥辦，則地方官查明之後，或應拘究滋事之人，或應追償壞之物，均已包括於妥辦二字之中。來函乃謂：追賠懲究，置之不提，未免誤會矣。

接函前情，除再分别札催並另行劄復外，相應詳晰函覆貴領事官查照。

（清）劉坤一《劉坤一遺集·書牘》卷一六《復韓領事光緒四年十一月初六日》　頃接來函，即經閲悉。日前葛税務司會同委員等所擬三聯報單及子口税單章程，原係按照粵省情形，嚴防偷漏而設。查咸豐八年所定英國條約第四十六款内開：中國各口收税官員，凡有嚴防偷漏之法，均准相度機宜，隨時便宜設法辦理，以杜弊端。嗣於通商章程善後條約第十款又經聲明通商各口收税，如何嚴防偷漏，自應由中國設法辦理各等語。是中國嚴防偷漏之法，原可因地制宜，本部堂前函所云：粵省現擬先辦呢、羽等項與條約並無參差者此也。

至援引同治元年初定長江通商先辦呢、羽、鐘、表、洋布、洋本等六項之成案，不過因類而及，其實嚴防偷漏爲主。今來函謂貴國卜前大臣所定子口税單；並免單各章程，漢文與英文不符，業經傅署大臣照會總理衙門照行各關知照等語。本部堂檢查案卷，未接總署此件文行。

總之，粵省現定章程，祇係嚴防偷漏，確與條約相符；且葛税務司與委員等斟酌再三，亦與中外商人均無所損。本部堂業已照鈔章程寄呈總署察核，未便再事紛更。其中一切緣由，本部堂前函均已細陳清聽，貴署領事官復函，就淺就深之語亦以爲然，仍望借重鼎言，於威公使前轉達鄙忱，顧全大局也。

（清）劉坤一《劉坤一遺集·書牘》卷一六《致喇領事光緒四年十二月二十二日》　本月十九日繕送一函及告示八張，計收到矣。唯前函中尚有未盡事宜，兹再申論之。

查有約之國，於條約内聲明准教士在於中國内地傳教者，地方官自應認真保護，以敦睦誼。今教士和類斯如復往歸善縣地方傳教，務於所收教民先行查明身家清白，並非犯案罪人，倘係一時誤收，一經地方官傳知，立即革逐出教，不稍袒庇。又於所買修造教堂地基，必令賣主報官查明實係私業，並非公産，亦無礙於風水等項，所立買契聲明係給某國某教起造教堂。如此妥協辦理，地方百姓當不至於滋鬧，該地方官斷無有不嚴行查禁以保護該教士、教民；倘有故違和約，不肯保護者，本部堂定行將其撤參不貸。以上事理，務祈貴領事傳諭該教士知照，本部堂當嚴飭該地方官實力奉行，庶不失中外和好之至意也。

（清）劉坤一《劉坤一遺集·書牘》卷一六《致總署光緒五年正月十六日》　案照上年四月間，美國同孚洋行買辦陸富成開館招工，前往祕國，當經縣委各員查獲訊明，分别辦理。該同孚洋行又欲以搭客影射招工，復經坤一飭據税務司暨廣州府等酌議條款，於同孚洋行各輪船搭客出洋，務須飭令搭客人等取具的保並出具切結，聲明確係本人自備川資，情願出洋，方准照行，業將辦理情形，詳細布陳鈞聽。嗣接鈞函，以日國換約遷延，意在招工，囑坤一隨時防範等因，又經肅函奉復在案。

兹日國伊公使向税務司等處面稱，伊國必欲來粵招工，並須借給華工盤費，以尊處前此照覆該公使照會内有自願出洋之華人下船時，忽又不願出洋，如該船東、船主有借墊該華人銀錢若干，該關道及該地方官應令該華人將親立券約呈驗相符後，即行勒令如數繳還各等語，該公使指爲准其借給華民銀兩之據。坤一細繹尊處照覆該公使文内所言船東、船主有借墊華人銀應令人華人呈驗券約勒令繳還者，原恐洋人以借銀錢爲詞逼誘華民出洋，故勒令繳還，以杜藉口，此正係禁止華民出洋之意，豈能作爲准其借墊之憑！而該公使故作不解文義，在外昌言，察其立意蓄心，必欲在粵招工，已無疑義。

查内地出洋之人，多係貧乏之輩，如果准令船東、船主先行借墊銀兩，則愚民無識，以爲出口時不必自籌川費，到彼後又可隨處營生，勢必甘心受愚，聽其指嗾，即委員查問亦必稱自願出洋，不復能阻止矣。日國如此，祕魯等國亦將效尤。此端一開，招工之禁竟同虛設；並恐祕使追究前次辦法爲太過，嘵瀆不休。惟是聽其借墊既不可行，而禁其借墊，則該公使又借尊處照會所言，故爲繳繞。籌思再四，似宜及其未發，先事折之，可否即由尊處照會日國伊公使，將前此照會所言華工繳還借墊銀兩一節，正以杜其誘逼出洋，並非准其借墊水腳川資之處，詳細指明，以杜藉詞而免轇轕；抑俟該國來粵招工時，由坤一與之辯駁，伏祈核示祗遵。

（清）劉坤一《劉坤一遺集·書牘》卷一六《復韓領事光緒五年正月二十九日》　接閲來函，具悉一切。付來駐汕領事官致張道台公文一角，已飭交矣。

近來粵省民教不能相安，本部堂深以爲慮。貴署領事囑其妥爲料理，防患未然，具見關愛殷勤。並承念本部堂公事紛繁，尤爲感激。第查民教不能相安之事，不過數處，亦不過一時，未必闔省通同故意圖害教民。本部堂於今晨傳集在省司道、首府，並來省之惠潮嘉張道、肇羅方道，諭令督飭各屬州縣，平日則預爲開導地方士民，務將教士、教民一體相待，遇有民教互訟，即由該州縣持平審斷，不可稍涉偏倚。並由本部堂專札，嚴切告誡，鈔稿送覽，俾知本部堂於此等事件未嘗不認真辦理。仍煩貴署領事便中會商各國領事官，轉諭各傳教士，查明刁蠻各鄉，暫緩前往傳教；其可往傳教之處，亦須謹慎，不可濫收匪徒；於男女分別一層，更須留意，不可混雜，致該地方有所藉口。蓋粤省風俗獷悍，所患者盗賊，而所最忌者尤在姦污良家眷屬，往往以此生嫌，致使一唱百和，釀成衅端。本部堂夙夜焦心，竊願與中外同官時時申儆焉。

（清）劉坤一《劉坤一遺集・書牘》卷一六《致司道光緒五年二月初五日》　近來兩粤地方中外交涉案件日見其多，如民教互訟以及華民拖欠洋人錢債等案，各地方官自應持平審辦，切實著追，以期速爲了結。須知此等事件，洋人在所必争，設一味推諉濡遲，將來案件愈多，拖欠愈久，彼且別圖挾制，其曲在我，彼益得以有詞；及至事機決裂，而後設法彌縫，竊恐洋人爲所欲爲，進步不已，雲南、福建之案可爲前車之鑒也。地方官縱不知自顧考成，萬一因此貽誤和局，上煩宵旰憂勤，臣子之心其能自安乎？故遇有交涉事件，必當迅速清釐，使其無可藉口。昨聞德、美、法各國領事官及公使擬向總署饒舌，謂以後民教之案，務派洋官會辦。其説若行，將來辦理益形掣肘矣。用特專函密布，希飭所屬一體遵照，嗣後遇有中外交涉事件，必須妥速辦理，不可意存膜視，日久宕延。倘仍辦事顢頇，以致領事申陳敝署飭催，猶僅以一稟塞責，則甚非所望於賢有司矣。幸閣下爲諸君剴切言之。

（清）劉坤一《劉坤一遺集・書牘》卷一七《復總署光緒六年七月初六日》　本月二十二日奉到鈞函，以巴使前送土貨三項章程，應飭各關妥酌速詳，即行議覆等因。查此案本年四月間，子健於兩江署任内接奉鈞諭，即飭各關議覆在案。兹查江海、浙海等七關先後覆到，業經細核詳議另文咨呈冰案，因尚有未盡之言，謹附寸函，再爲縷晰陳之。

土貨報單，鎮江關沈道知其積弊已深，於赫總税司防弊章程未行之候，與該口領事擬章試辦，頗爲周密，柰各關不能倣行，致鎮關亦成孤立。巴使所送土貨報單章程九條，核與鎮關新章大致相同，其將鎮關限期改寬半年，亦屬可行，惟删去具結繳銀，改爲入官會訊，似太從寬。然會訊章程定於同治七年，各關遇有入官罰款等事，皆不能不照此辦理。鎮關新章，呈具切結，違章則照繳税銀六倍，似可逕令該商將銀繳關，不須會訊。殊不知名雖具結，並無現銀，一旦查出違章，此等商人豈皆肯照結清繳，則監督勢必照會領事催追，領事必請照章會訊。監督若拒不與訊，則案終不結。是具結繳銀雖似毋庸會訊，亦終必歸於會訊而後已。即明知一歸會訊，領事必多徇庇；然該商不肯照結繳銀，必照會領事催追，又安見其不徇庇乎？

鎮關新章，違章者繳税六倍，巴使改爲全貨入官，已屬加重；其改歸會訊，實亦不妨通融。此章一行，則内地所置土貨，總須出口運往外國，違則分别入官倍罰，不似從前各關之茫無稽考，其益一也。從前各口所發之報單，曠日持久而不運不繳者，今俱可以查銷，其益二也。限期雖稍寬，與從前之漫無限制不同，其益三也。以較鎮關新章雖似稍寬，而各關一律照辦，自較從前嚴密，其益四也。若必堅執具結繳銀，不肯會訊，則巴使必不允，此章即不行，一切裨益即不能得。江海關劉道謂具結改爲會訊可允試辦，自係通盤籌畫，悉心斟酌而有此言，實亦深盼此章速行，不值以此一事再有辨論，轉致延擱耳。

且該商應行全貨入官，或照繳税數幾倍，無非爲持已銷之單運貨及逾限貨不到口或不出口等事，此皆情弊顯然，不能掩飾，領事縱欲徇庇，恐亦無技可施，則又何憚而不會訊乎？坤一現將巴使報單章程九條，略爲酌改，即請允其試辦者此也。

至免税土物一條，則江海關赫税司復劉道一函，最爲切當。且英國善後條約第二款，免税之物載有明文，皆指外國之物而言。此條請其删除，似彼不難允從。否則詢明何物，再與妥議，諒此等土物亦無多也。

口内所買所造之貨二條，其第二條内有不用三聯之土貨一語，最易滋弊，是以略爲删改。刻下洋商入内地，從無不請聯單之事，若聽其不用聯單，則洋商皆可逕赴内地置土貨，其弊不可勝言。

其末後總結一條，劉道擬將兩國及六箇月等字樣，改爲有約各國及試辦三年，爲防各國不能盡從及從而不久起見；倘試辦三年一節彼或畏難，似亦可以減爲二年或一年。

總之，土貨報單章程，於中國奸商不便，卽與外國賣單之商不便。今巴使之章果能開辦，恐日後必被阻撓，終不能久遠行之耳。

（清）劉坤一《劉坤一遺集·書牘》卷一七《復彭雪琴光緒六年七月十七日》 本日接到日本公使何子莪來書，略言外洋之事，並有鈔件，謹呈台覽，仍祈擲還歸檔備核。

崇使續邀寬典，俄人之憤已平，新約各條，亦可由劼侯敷衍了局。所慮過於遷就，將來善後爲難。又恐事過因循，始終無自強之日，外人得步進步，動輒爲其挾制耳。此次無益之費，猶其小焉者也。

（清）劉坤一《劉坤一遺集·書牘》卷一七《復陳荔秋光緒七年八月二十六日》 古巴劉總領事，辦事細心，一切皆能應手，具徵執事任用得人。檀香山陳領事，力除積弊，乃爲販豬崽之奸商所不悅，布散謠言，顛倒是非，冀以暢其所欲，賴台端深信不疑，振軒制軍亦復知其受屈，以致奸商之謀不遂，華民之患可除。伏讀尊處致振帥書，沈痛詳盡，洵爲仁人之言。竊思奸商如譚蔭儀、古金、李六等，販人謀利，目無法紀，其人亦常回中國，粵省地方官，似不難乘其到粵，卽行嚴密查拏，照例懲辦，以儆其餘；卽有漏網之人，亦可稍知戒懼，漸戢其凶橫之鋒。

弟前函請總署酌復德使，凡德船在粵裝載華民出洋，必照粵省定章辦理各節，至今未接總署復函。此項定章，祇要粵海關稅務司並委員人等逐細稽查，凡上船出洋之貨，必憑准單上船，出洋之人，必憑執照，否則截留另辦。並先與德領事議明，中國實爲保全民命起見，凡搭德船出洋華民，均與招商局船一律照章辦理，似德領事亦難阻撓。至華民到檀之後，中國領事不准攬頭從中舞弊，亦先與島官議明，以期順手。然中國不能將此等奸商拏獲正法，終恐其怙惡不悛，日後仍不免句串爲害。玉軒星使到任非遠，想左右於以上各事，自必詳告之，俾可持久而善其後也。

（清）劉坤一《劉坤一遺集·書牘》卷一七《致劉治卿成端甫余瑞芸光緒十七年四月二十六日》 接到公牘，當經批復照辦，用五百里釘封排遞，並經立時電達譯署。昨廿五夜接譯署來電，以法使誤聽人言，謂我索傳醫婦朱氏、蘇氏未到，將管押教民作抵，此事斷不可行。並言醫婦既經保釋，洋人何肯交出，祇合姑置勿論；但將焚搶匪徒訊辦，不必再究起衅之由等語。弟已電復並無管押教民作抵之事，唯朱氏、蘇氏既係華人，未曾定供，卽經司鐸保出，自應傳集質審明確，以折服衆心；彼若始終袒庇，則焚毀之教堂亦不能賠，庶爲持平之道。未知譯署以爲然否？茲謹佈之左右，並附譯署來電，伏祈查照酌商妥辦爲禱！

（清）劉坤一《劉坤一遺集·書牘》卷一七《致李中堂光緒十七年七月初三日》 此間教堂各案，以蕪湖爲大，洋人盤馬彎弓，亦若有所待而發，而成道人過長厚，不知設法銷弭。現經治晚札委蔡道鈞前往與成道商辦，並請沈仲帥大力斡旋，尚未審能否就緒。該教士等謂必得德國巴使之言爲準，是巴使爲各國執牛耳者，此間未敢私通殷勤也。

金匱各縣之案，略就範圍，可期次第了結。將來善後，似須查照張香帥與廣東于領事、趙觀察與揚州康主教所商辦法，凡外洋教堂育嬰收養一名及病故一名，報明地方官查驗，以釋衆疑而弭衅端。特恐各處洋人未能一律遵照，究應如何籌畫方合事宜，伏祈俯賜指示。

至部議籌餉四條，係在大司農自出萬不得已，第於南、北洋事勢，似尚隔膜。除土藥釐金、鹽商捐款另行籌辦外，如裁勇撥費兩條，以南洋情形論之，現在江北盜風甚熾，江南民教失和，處處調勇駐巡，未能遽議撤遣，致滋流弊。近來購買外洋槍礮等項，有數可稽，上年祇用十餘萬金，已形拮据，從何每年節省卅萬兩，兩年便得六十萬兩之多！當飭司局議詳，尚未據覆。尊處如何覆奏，並祈示悉，俾有遵循。

（清）劉坤一《劉坤一遺集·電信》卷一《寄袁海觀觀察光緒二十七年二月十九日》 張香帥電：接滬信，新黨因俄約事，在張園集議，初次尚無謬處，二次集議數百人，滿口皆流血、自主、自由、仇俄等說。張園懸有各國旗幟，當場將俄旗撕毀，並欲立仇俄會等語。查此等議論舉動，不過借俄約爲名，其實是自主會黨，藉端煽衆，以顯國會權力，能把持國家政事，蓄謀甚深，甚險。現各國公約，請禁立仇視洋人之會，已頒嚴旨。該黨矯立此會，違旨挑衅，予俄人以口實，俄事愈難轉圜，爲害不細。日外部詞，宜決絕，語却和平二語，尊處意甚許可。張園之舉，正與相背。望密飭滬道設法阻止，以銷亂萌云。

國家大政，本無須民間代謀。矧仇洋立會，甫經嚴禁，此等舉動，不特違旨挑衅，亦復跡近煽惑。該道身膺地方，未便膜視，應設法商阻，切要。電覆。

（清）劉坤一《劉坤一遺集·電信》卷二《復盛宫保並寄外務部張宫保光緒二十七年十二月十四日》 滬函摺悉。内地雜居與民争利，既占口岸之利，又奪内地民生之謀，並撓政權，此事若允，官民交困，必當力拒。裴議既帶眷屬，許其暫居，又准展限，是即許予居住。照約，貿易並用華工，租屋辦公作棧，即暗寓製造。戴擬則直許居住貿易。若謂遇事又由領事前往查辦，觀歷來教案，能秉公否？姑不具論。即如近因英人龔茂林領照游歷，先至揚州，包討欠項，繼至淮關包攬税貨，旋至清江干預詞訟。迭令關道照商領事，今尚逗遛該處，官則彈壓保護，民則被其欺索，均已受累難堪。照約，不安本分之人，不准給照游歷。今無賴若此，辦法若此，受累若此，試問約章，洋官可憑信乎？内地准居之後，縱然遇事秉公核辦，而商民之利已爲所奪；矧欲求秉公，斷不可得。此皆欺飾之詞，無救所失。中國通商所以特限在口居住、貿易者，誠以風氣未開，情形不同，律法互異，權不我操。且因未經全國開通，致一切交涉章法權利，處處受虧。今准居住貿易，仍不得照東西各國交涉辦理，豈不更受大虧，和好通商，安有此不公之事！沿江之大通等六處，准其起下貨物，尚不准居處、開設行棧，載明《煙臺條約》，矧内地乎？《馬關約》，貨運内地時，租棧暫存。蓋入内之貨，不能無寄存之處。照約西商本亦准入内辦貨及運貨入内，是西商貨運内地及内地辦集貨物，向亦有存儲之處，日約不過揭明其義，並非別有優異，是以譯署商約解義言明比照泰西各約所有界限，日本亦不能越其範圍。今何能因日約申明西約之義，藉此以爲入内雜居貿易之計？至機匠更屬受雇而往，僅卜薪資，事事仍須聽命總辦，與商民自行攜資入内居住貿易，有害無利，萬難允從。且中國商務，英居六七，中國地方興旺，英亦大利。現眈眈者欲與英争中國商利，頗不乏人，一國准居，各國照辦，因此滋生事端，地方擾亂，於商務亦多不利。英何必爲各國争利權，損中國，自害其商務乎？若再要索，請杏兄反覆申論，推誠商阻，保我黎庶，大局幸甚！保牌一條，能將洋人得費包庇華商，冒充洋行洋旗之弊，如何設法商禁爲妥。存票一條，請就近詢滬道，期限須寬，過期萬不能算息。華洋合股，税釐不同，應如何區別限制，亦請明定。常税一條，民船完常税，縱然稍輕，惟經常關之貨抵埠，無不兼完釐金，税釐併計，實較洋税爲重，若再加重常税，商何以堪？船戶失業，即爲地方之患。能商照現章爲要。

（清）劉坤一《劉坤一遺集·電信》卷二《寄張宫保光緒二十八年正月初五日》 頃接全權密函，必並寄尊處。惟到鄂尚需數日，先擇要電達略謂：俄約四條，磋磨經年，將有礙主權各節，一概删除。各國尚無他説。惟華俄銀行議訂合同，再四商改，以保權利，較之李文忠原議，亦多删易。大意謂：東三省礦務，中國自辦；如交俄辦，必須由中國批准，尚不失主權。至所稱中、俄商務小事，與各口岸無涉，並於各國工商利益毫無損礙等語。我固力持此義，彼尚未肯遽從，到此地步，已屬爲難。合同不定，俄約虚懸，三省即不交還。根本久爲敵踞，彼方建置經營，不遺餘力，若再延宕，局勢已成，返璧無期，轉圜乏術，後患何堪設想。此次英人既與尊處提及，美、日兩使亦曾來晤，但有阻緩之言，並無切實相助辦法。兩國訂約，不應有他國干預。中國能自訂爲上策；必不得已，請各國調停爲下策。若如來電請各國評斷，恐俄未必就商；即迫於公議，降心相從，事後要索酬報，亦難偏應。合同訂後，各國援辦索償利益，不可不防。擬妥定礦路章，將祇押、抽税、分利各節，詳細聲明，無論華洋商承辦，概須遵章辦理。將來華俄銀行，攬辦東省礦務，亦以此爲衡。即他國援辦，不能出此範圍。國家得餉，民亦獲工作之利。中國礦産，如能籌資官辦，原杜覬覦；而財源枯竭，勢不能不爲此補苴。似於收地後，如他國效尤争利，尚可隱寓維持。東三省爲俄兵力所得，不稍與利益，彼豈肯交還？兩害取輕，舍比別無辦法云。

查薩使電：中國若畫此約，英國索償利益。何得謂尚無他説？銀行合同，明係予俄專利。礦務既謂歸中國自辦，又謂如交俄辦等語，即是許俄開辦之據，強弱異勢，何患中國不批准。所謂保全權利者安在？但云：如交俄辦，他國又豈肯甘心。商務小事一款，薩已指明爲彌縫背約之法，萬不可再持此義。能自訂約爲上，此指尋常而言。此次既有各國牽制，不使聞知，是即予人口實。英、美雖無切實相助辦法，而日本去秋覆電，語極結實，欲求外援，亦祇能到此地步。目下日本方力勸延緩，而我毅然定約，激怒實在意中，各國效尤更不待言；僅恃路礦章程，國弱至此，何能就我範圍。若以俄以兵得爲言，無異召敵。鄙見此事大不妥，卓見若何？祈速電示，以便電奏力争，保此危局。

（清）劉坤一《劉坤一遺集・電信》卷二《復盛宫保並寄外務部張宫保光緒二十八年正月初六日》 滬支電悉。第一條所擬傳教各節，均本條約章程立論。是條以不得由傳教者干預地方官管理民人之權一語，最爲包括扼要。推其用意，蓋恐立意過多，措詞過嚴，彼不能允，故爲此含蓄包掃之語。惟近來華民，每因犯事，投教以逃法網；甚且平民受此教之民欺陵，即投彼教，聚衆報復，兩教仇鬭之案，層見迭出。西、皖兩省，此風最甚，皆由教士濫收所致。能於條内添入：教士收人入教，必先查明其人平日安分，並未犯事，亦未涉訟，然後再收。又租地每有盗賣侵占等事，致民教結怨。美約本有無礙民居，不關方向，方能照租。能於條内添入，必須查明無侵盗糾葛，方可租買。第二條，凡華民照例不准行者，英國人民亦應一律遵守，亦屬切要之語。第三條，本於同治八年與英議而未行約内有此。第四條亦佳。應請將以上各節，酌量敍入與商。

（清）劉坤一《劉坤一遺集・電信》卷二《寄外務部光緒二十八年正月初七日》 中外通商已久，外人於我政治、法律，纖悉必知；我於各國約章、律令，亦必須詳加考究，不獨遇事因應得有依據，日後編纂商律，尤資考證，此實爲目前切要之圖。

（清）劉坤一《劉坤一遺集・電信》卷三《寄外務部張宫保吕侍郎盛宫保光緒二十八年七月初六日》 前接滬江電，先將小輪舊章由支電辦正達覽。頃再細察兩星使擬改内港行輪新章，原議專歸中國輪船行駛，如各國人民欲行小輪，衹能與華人議立合股公司，歸中國注册，填發關牌，張掛中國旗號，主權較足。今滬江電又另加一條，説明英商如願將輪船轉歸華商公司及掛中國旗號，英政府應可允許數語。夫曰英商如願，則事權在彼，此條已屬空文。且原議華洋合股之輪船一切辦法，無須英國允許，則退股專歸華商公司，掛中國旗更無須英國允許，毫無疑義。今添此一條，將來不免啓洋商置船附名華商，戳用華旗，有事英國仍可出爲干預之弊，反不如不添較妥。請兩星使再告馬使，總須得有切實辦法，將來方可據以會奏，或將此條核實改正，亦無不可，乞裁酌。

（清）劉坤一《劉坤一遺集・電信》卷三《寄外務部張宫保吕侍郎盛宫保光緒二十八年七月初八日》 准滬咨馬使照會内開，新約第四款，論及中外股東應得之干係，曾經彼此議允各節，兹特聲明：英政府於應允末段之處，雖不援引此約爲據，可預留權衡，以便將來因惠通之案，或别等相類之案，任便再動公文，作交涉辦理，附洋文一紙等語。録敍議訂原文，咨請查案駁覆。

查華洋合股，中國向不准行。惠通案，華人受虧甚鉅，前雖判結，而在英仍視爲未結。是以上臘接杏翁霰電告知，前款末擬加從前舊案，經中國曾以判結註銷者，於上列各節，無相干涉數語，英使擬照政府電意致函聲明云云。彼時敝處即慮翻惠通前案，且未知相倣者如何案情，華商斷難受此鉅累。即由巧電分達滬、鄂，請杏兄設法將函商銷，並將約後擬加之語，改爲以前之事不能援照此條辦理，免致再藉未結爲言，别滋異議。嗣後如何商辦，未得電示。大凡議訂商約宗旨，專爲以後取益防損，是所立條款，衹能管理訂後之事，從前交涉之案斷難羼入。今按滬擬該款全文，末段並未改正，款内又有中國今允認定不論從前現在將來，凡中國人民出資附入外國人所辦公司等舉者，均應視爲合例，有利共享，有害共承云云。所謂從前者，不獨關擬惠通之案，且恐各口難保無類於惠通之案，亦必盡爲牽連，此實萬萬不可。况惠通係交涉訟案，亦未便由議約大臣另送一函聲明此案。爲今之計，惟有請兩星使一面將此不論從前四字商删，以絶萌芽；並以惠通之事交涉詞訟，又經援照美商之案早已斷結，更與商約無干，馬使不能藉議約干預圖翻，將送到另函，切實駁覆。

（清）劉坤一《劉坤一遺集・電信》卷三《復張宫保吕侍郎盛宫保並寄外務部光緒二十八年七月十四日》 鄂覃、滬元二四電均悉。查税課銀兩應納平色，天津條款本已載明，毋須另定。因銀式訂入條款，又有一律通用納税字樣，語意含混，恐爲藉口減平之端，不得不辯明，自占地步。蓋外人往往因舊約一二字跡涉疑似，與我争論，辯正爲難。今多此一番推敲，彼雖不允入約，然果照覆備案，别無異詞，自可就此了結，以省煩瀆。至合股款末，已經判斷完結者無涉一語，兩星使謂凡有類於惠通之案，亦可援照。鄙見此祇能指類於惠通而已結者言，若相類而未結者即難援照明甚。原款如不商删，難免一無流弊。今兩星使謂尚無損，自必確有見地。容俟馬使銀式照覆電到，再當彙核電覆。

（清）梁啓超《飲冰室合集・專集》卷三《中國四十年來大事記》

由此觀之，則李鴻章固知今日爲三千年來一大變局，固知狃於目前之不可以苟安。固嘗有意於求後千百年安内制外之方，固知古方不可醫新症，固知非變法維新，則戰守皆不足恃。固知畛域不化，故習不除，則事無一可成，甚乃知日後之才且有甚於今日。以中國之大，而永無自強自立之時，其言沈痛。再至今讀之，則淚涔涔其承睫焉。夫以李鴻章之忠純也若彼，其明察也若此。而又久居要津柄持大權，而其成就乃有今日者何也？則以知有兵事而不知有民政，知有外交而不知有内治，知有朝廷而不知有國民。日責人昧於大局，而已於大局先自不明；日責人畛域難化故習難除，而己之畛域故習，以視彼等猶不過五十步與百步也。殊不知今日世界之競爭，不在國家而在國民，殊不知泰西諸國所以能化畛域，除故習，布新憲，致富強者，其機恆發自下而非發自上。而求其此機之何以能發，則必有一二先覺有大力者，從而導其轅，而鼓其鋒。風氣既成，然後因而用之，未有不能濟者也。李鴻章而不知此不憂此則亦已耳，亦既知之，亦既憂之，以彼之地位彼之聲望，上之可以格君心以臂使百僚，下之可以造輿論以呼起全國。而惜乎李之不能也。吾故曰：李之受病，在不學無術，故曰：爲時勢所造之英雄，非造時勢之英雄也。【略】

李鴻章之督粤也，承前督李瀚章譚鍾麟之後，百事廢弛已極，盗賊縱横，萑苻徧地。鴻章至，風行雷厲，復就地正法之例，以峻烈忍酷行之，殺戮無算，君子病焉。然羣盗懾其威名，或死或逃，地方亦賴以小安，而其最流毒於粤人者，則賭博承餉一事是也。粤中盗風之熾，其源實由賭風而來。盗未有不賭，賭未有不盗。鴻章之勸賭也，美其名曰：緝捕經費，其意謂以抽賭之金爲治盗之用也。是何異恐民之不爲盗而以是誨之。既誨之而復誅之，君子謂其無人心矣。孟子曰：及陷於罪，然後從而刑之，是罔民也。夫不教而刑，猶謂罔民，況勸之使入於刑哉。揚湯止沸，抱薪救火，其老而悖耶。不然何晚節末路，乃爲此壞道德損名譽之業，以遺後人也。或曰：鴻章知賭風之終不可絶，不如因而用之，以救政費之急。夫淫風固未易絶，而未聞官可以設女閭；盗風固未易絶，而未聞官可以設出泊。此等義理，李鴻章未必不知之，知之而復爲之，則謂之全無心肝而已。

【略】鴻章莅粤，擬行警察法於省城，蓋從黄遵憲之議也。業未竟而去。

第四，李鴻章與王安石。王荊公以新法爲世所詬病，李鴻章以洋務爲世所詬病。荊公之新法與鴻章之洋務，雖皆非完善政策，然其識見規模決非詬之者所能及也。號稱賢士大夫者，莫肯相助，且羣焉閧之，掣其肘而議其後，彼乃不得不用僉壬之人以自佐，安石鴻章之所處同也。然安石得君既專，其布畫之兢兢於民事，局面宏遠，有過於鴻章者。【略】

第十六，李鴻章與伊藤博文。李鴻章與日相伊藤，中日戰役之兩雄也，以成敗論，自當右伊而左李。雖然，伊非李之匹也。日人常評伊藤爲際遇最好之人，其言蓋當。彼當日本維新之初，本未嘗有大功，其櫛風沐雨之閲歷，既輸一籌。故伊藤之輕重於日本，不如鴻章之輕重於中國。使易地以處，吾恐其不相及也。雖然，伊有優於李者一事焉，則曾游學歐洲，知政治之本原是也。此伊所以能制定憲法，爲日本長治久安之計。李鴻章則惟彌縫補苴，畫虎效顰，而終無成就也。但日本之學如伊藤者，其同輩中不下百數，中國之才如鴻章者，其同輩中不得一人，則又不能專爲李咎者也。

（清）梁啓超《飲冰室合集・專集》卷二二《新大陸遊記節録》　當時華盛頓政府，固未嘗有所惡於華人也。而已漸爲輿論所動，始漸謀限制之法，乃與中國公使商議，令我政府以自願限禁之名義，定一條約。即光緒六年西曆千八百八十年《北京條約》是也。其第一款云：

大清國與大美國商定，如他時大美國査華工前往美國並在境内居住等，倘有妨礙美國之利益，或有騷擾境内居民等情，大清國准大美國議暫止。或定人數，或限年數，並非盡行禁絶，總須酌中定限。此是專指華人續往美國承工者而言，其餘别等華人，均不在限制之列。所有定限辦法，凡續往美國承工者，必須按限進口，不得稍有凌虐。

其第二款云：

凡中國商民及學業生徒遊歷人等，與及跟隨傭用之人，兼已在美國境内居住之華工，均可任其往來自便，同沾優待各國最厚之利益。

此約以光緒七年互换，光緒八年實行。實行以後，美國以是年西曆五月六日由議院頒限禁華人例案，凡十五款。光緒十年再改正增加，凡十七款其款繁不備録，摘其要者爲表附於下節。是爲設禁之始。

（清）汪康年《汪穰卿先生遺文・書牘輯存》卷上《上政府説帖》

一，留學生均能不爲外人所移。查我國出外之留學生，雖有和平激烈之不同，然大率因感於世變，怵於危亡，故無論宗旨如何，無不冀吾國之振興，免外人之侵侮，斷無有媚外人以求富貴者。且彼此互相稽察，亦無一人敢背衆人以行私計者。將來卒業，即可收爲國家之用，此亦事之可喜者也。

一，近日入耶穌教之中國人，因歐洲各國每因教案多所要索，中國既因此失地失權，而教中亦受惡名。故現在集議擬辦華人傳教之法，如果能辦到，則民教之事，從此易於措手，可以全力釐正法度整飭吏治。

寓南洋之工商人等，無慮千萬，殷富者極多，近因受外人之壓制，思中國之念愈切，若招使回國辦理經商開墾等事，必易奏效。惟必須孚以真誠行以實政，而又有良法經緯之，並無使姦人因以爲利，庶克有成。

一，民財猶可支持。查中國自開海禁以來，兵禍教案之賠款幾及數萬萬，商務之短絀又數萬萬，庚子拳禍官私喪耗亦數萬萬。無論何國當之，必久不支。我國現雖虚耗，然民力猶未盡竭。東南之民擅商利者，西北之民富，蓋藏者猶不可勝數。祇以國家保護無方，誠信不堅，商律不設，商利不振，故民財不出。民財不出，則市面愈形倒壞。此事急宜爲法以維持之；而民財之富厚，則固有足恃者。

（清）孫中山《孫中山文集》卷一《中國同盟會革命方略》　對外宣言

中華國民軍奉命驅除異族專制政府，建立民國；同時對於友邦各國益敦睦誼，以期維持世界之平和，增進人類之福祉。所有國民軍對外之行動，宣言如下：

一、所有中國前此與各國締結之條約，皆繼續有效。

二、償款外債照舊擔認，仍由各省洋關如數攤還。

三、所有外人之既得權利，一體保護。

四、保護外國居留軍政府佔領之域内人民財産。

五、所有清政府與各國所立條約，所許各國權利及與各國所借國債，其事件成立於此宣言之後者，軍政府既不承認。

六、外人有加助清政府以妨害國民軍政府者，概以敵視。

七、外人如有接濟清政府以可爲戰爭用之物品者，一概搜獲没收。

（清）孫中山《孫中山文集》卷一《通告各國書》　我輩中華之國民也，憤滿政府之殘戾，用是特起雄師與孽種戰，務祈推翻惡劣之政府，驅除暴戾，而建立共和國；與各友邦共結厚誼，使世界享和平之幸福，而人類躋於太平之境域，此餘終日孜孜以求之者。今僅宣告微意如下：

一、滿政府於我軍起事以前與各國所有之條約，皆作爲有效，至該政府傾覆之時爲止。

二、於我軍未起事以前滿政府所借之外債，一概承認償還，決無改議，將來以海關税款抵賠。

三、滿政府於我軍未起事以前關與各國之租界，一律保全。

四、居留中國之外人及其財産，擔任切實保護。

五、滿政府於我軍起事以後與各國所訂開之條約、租界及借款，一概永不承認。

六、各國如有助滿政府以攻我軍者，即視同敵人。

七、各國如有軍械供給滿政府，一經查獲，即行充公。

（清）孫中山《孫中山文集》卷一《與巴黎〈政治星期報〉記者的談話》　中華共和國擬維持官話，爲統一語言之基礎，而使人民研究各種實業科學，尤爲新共和國之行政入手法，英文亦可加入各種科學中，輔助華文之不足。中華共和國當編練國民軍，及組織民國完全財政部。新政府於各國通商一層，更爲注意，當棄除與外人種種不便之障礙物。而新政府應將海關税則重行編訂，務使中國有益，不能徒使西商獨受其利。總之，重訂税則亦須與西人和衷商議，決不能使中國使債主有煩言也。于滿清政府從前與各國所立條約，新政府仍然承認；雖日俄強逼清政府所訂各種不公平之和約，新政府亦依然遵守也。

清末變法分部

論説

（清）劉錦藻《皇朝續文獻通考》卷八六《選舉考三》 臣謹案：董子曰：天不變，道亦不變。而《易》則曰：窮則變，變則通，通則久。何也？蓋不能不變者法也，而不可變者道也。孔子曰：殷因於夏禮，所損益可知也。周因於殷禮，所損益可知也。因者，道也；損益者，法也。光宣之際，盛言變法，持之有故，言之成理，固未可厚非也。乃變法而並道變之，亡無日矣。廢科舉，興學堂，變法之大者也。然變其法，非變其道，當時定議諸臣未嘗不見及乎此，故其疏中於重經學、崇品行諸大端，兢兢注意。無如奉行者中無真識，盲然惟知從新，乃致法變一時，而道喪千載，固諸臣所不及料也。雖然，法之不可不變而不可妄變，必待其人而後行，亦可見矣。

《皇朝經世文新編》卷一八上《民政》韓文舉《萬國公政説》 輪舟而戰焉，鐵路而攻焉，火器而焚焉，精于器械，練於士卒，習于水陸，地無險地，城無堅城，人無寧人，視人如彘，視地如身，不仁也。以農為戰，以商為戰，以工為戰，此巧於為不仁也，而人猶以為計也。而仁人者曰：吾有法在也。使法得而易之，其禍稍戢；使法不得而易之，禍仍莫載也。夫國之強弱、大小、眾寡有間也，強得而骫之，大得而骫之，眾得而骫之。其弱小柔寡不敵者，膠秉於法而無解也。命曰：法何為也？命曰：公何為也？而人真以為可行也，不過于戰禍息其一二；於國稍裨，而于民仍無與也。禽而爭不知其何若也，獸而爭不知其何若也，蟲而爭不知其何若也。

《皇朝經世文統編》卷八《文教部八・學校》佚名《論學校為立國之本》 夫人才者，邦國之本也；學校者，培植人才者也。學校不廣，則何以得人才，乏人才則何以求富强。當世大夫，莫不亟亟於兵商，孳孳於舟車礦電，力求富强之道。然而舍本逐末，百年無效。清談之士輒曰：兵商車礦末也，議院律例本也。不求其本，徒勞無益也。而不知廣學校、變科舉、修教興學為天下之大本。大本不務，餘皆末耳。西國議員類皆學識兼優、坐言起行之士；刑司律師均係品望素著、深通法律之才。試舉四億黄人堪充斯任者，有幾人乎？苟才不敷用，雖建議院、改律例，無益也。故欲求富强，莫要於得人才；得人才莫要於變科舉；變科舉莫如廣學校。是以鑑衡得失，酌古準今，竭其曝愚，撰斯學章，以樹天下之大本。謹臚列於左，維冀采擇施行，豈非我四億蒼生之公幸也哉。

《皇朝經世文統編》卷一四《文教部十四・教法》佚名《論幼學》 西人每歲創新法，製新器者，以十萬計；著新書，得新理者，以萬計，而中國無一焉。西人每百人中識字者，自八十人至九十七人，而中國不逮三十人。頂同圓也，趾同方也，官同五也，支同四也，而懸絶若此。嗚呼！殆天之降才爾殊哉！顧吾嘗聞西人之言矣，震旦之人學於彼土者，才力智慧無一事弱於彼；其居學數歲，裒然試舉首者，往往不絶，人之度量，相越蓋不遠也。而若是者，何也？曰：春秋萬法託於始，幾何萬象起於點，人生百年立於幼學。吾鄉者觀吾鄉塾，接語其學究，蠢陋野悍、迂謬猥賤，不可嚮邇，退而傀焉，憂愀然，思無惑乎？鄉人之終身為鄉人也。既而游於它鄉而它縣而它道而它省，觀其塾，接語其學究，其蠢陋野悍、迂謬猥賤，舉無以異於嚮者之所見，退而瞠然，芒然，皇然。曰：中國四萬萬人之才之學之行之識見之志氣，其消磨於此蠢陋野悍、迂謬猥賤之人之手者，何可勝道。其幸而獲免焉者，蓋萬億中不得一二也。顧炎武曰：有亡國有亡天下。曰：强敵、權奸、流寇舉無足以亡國，惟吏胥可以亡國；外教、左道、鄉愿舉無足以亡天下，惟學究足以亡天下。欲救天下，自學究始。

《皇朝經世文統編》卷二八《内政部二・科舉》佚名《論科舉》 今内之有同文方言之館舍，外之有出洋學習之生徒。行之數十年，而國家不獲人才之用，蓋有由也。昔俄主大彼得躬游列國，擇國中俊秀子弟，使受業葡法之都，歸而貴顯之，布在朝邑，俄遂以強。日本維新之始，選高才生就學歐洲，學成反國，因才委任。今之伊藤、榎本之徒，皆昔日之學僮也。而中國所謂洋務學生者，竭其精力，廢其生業，離井去邑，逾幼涉壯，以從事於西學，幸薄有成就，謂可致身通顯，光寵族遊。及貿貿然歸，乃置散投閒，瓠落不用，往往棲遲十載，未獲一官，上不足以盡學，下不足以救饑寒，千金屠龍成亦無益。嗚呼！人亦何樂而為此勞勞哉！夫國家之教之將為用也，教而不用，則其教之之意何取也。生徒之學之，將效用也，學而不見用，則其學之之意何在也？此真吾之所不能解也。或謂此輩之中，求所謂奇才異能，可以大用者，蓋亦寡焉。斯固然矣，不知國家所重既不在是，舉國上才之人，悉已為功令所束縛，帖括所驅役，鬻身滅頂不能自拔，孰肯棄其稽古之榮，以俯焉而從事也。故當其就學之始，其與斯選者，大半僅中人之才耳。而自束髮以後，又未嘗一教以中國義理之學，徒溷身洋場，飽染習氣，及至學成，亦且視為雜流，不與士齒，其不自愛固所宜也。坐是之故，而瑋偉絶特之徒，益懲羹吹虀，羞與噲伍。是以此中人才，日就寂寥也。然二十年間，其在西國學堂中，考試前列，領有學成憑據者，往往有人。而西人之達者，亦每復嗟嘆，謂震旦人才不下彼國。然則出洋學生中之未嘗無才，昭昭然矣。

又：所謂用以更新百度，力圖富強，西方大國猶將畏之，而況於區區之日本乎！乃彼時倭文端方以理學名臣主持清議，一時不及平心詳究，遂以用夷變夏之説，抗疏力争，遽尼成議。子曰：君子一言以爲智，一言以爲不知。文端之言，其誤人家國，豈有涯耶？抑天心之未厭亂也。今夫非常之原，黎民懼焉。千數百歲之痼疾，一旦欲舉而去之，吾知其難矣。然不由此道，則終無自強之一日。雖事事模仿西式，究其成就則如邯鄲之學步，新武未習而故跡已淪。我三十年來學西法之成效已可睹矣。後之視今，猶今之視昔。悔前事之無及，思繼起之有功。嗚呼！其毋使後人而復哀後人也。

《皇朝經世文統編》卷二九《内政部三·官制》麥孟華《論中國變法必自官制始》 問中國自強之道，其通人磊士，則莫不攘臂奮舌曰：變法哉！變法哉！麥孟華曰：中國變法，蓋三十年矣，興輪船，設電線，練海軍，創船政，開總署，派公使，開煤礦，勸紡織，習洋操，購鎗礮，設同文館、武備學堂，凡仿行西法、關涉洋務之事，不一而足，而不免於今日。吾子變法之説，其謂之何？彼則曰：吾今日變法之説，則有以異於他日，他日鐵路未開也，銀行未剏也，銀幣未鑄也，礦務未闢也，制造未盛也，小輪未行也，郵政未立、學堂未設也，其類乎此之西法一切未仿行也，風氣一開，舉而措之，國不足強矣。麥孟華曰：曩昔之變法者，其心未嘗不如吾子之所言也。曰：吾變此法，而即可以強吾國也。然而不免於今日。今子之法猶彼之法也，子之言猶彼之言也。後人之視吾子，其猶視彼也。

又：今夫日之官制，固明太祖操縱之術，而前代之敝政也。然閉關之世，濡沫太平，則奉行文書，按循資格，誠爲防弊攬權之權術。若夫強鄰環睒，事變百幻，而仍此縛錮之舊，則必互相牽掣，互相推諉，延宕張皇，一事不辦。且同此善政，西人行之而大效，中國行之而滋弊，壅隔侵蝕，卒至廢輟。夫變法而不正其本，是溉枝葉而求木之茂，瀦港汊而求水之清也。董生不云乎，爲政不調甚者，乃解而更張之。無百年不敝之法。前代美治，至今猶敝，況勝朝數百年之秕政哉。強弱舉痿，振墜通塞，其政極大，其事極繁，而靡不建始于官制。然剔舉朝之宿弊，藥千年之沈痾，條理萬端，非可一言竟也。請先究其病源，修其要恉，以此醫國，庶有瘳乎。

欲治病源，一曰汰冗。善矣，夫日本之變政也，芟除冗官，以知縣直隸國主；而親王之尊，出為知縣。弛其監制，使可自達；尊其權位，使可任事，上與君近，下與民親，故情通事舉，不二十年其國遂強。今以縣親民矣，而控以本府，控以監司，控以督撫，上謁長官如覲天帝，下規民事動輒掣肘。君與臣相隔絶，官與民相隔絶，大臣小臣又相隔絶，堂陛九級，廉誠遠地矣。然噎鬱壅塞，上德何自宣，下情何自達哉！

《皇朝經世文統編》卷三一《内政部五·育才》佚名《宜倣西法以培人才論》 天下之學不興，則天下之才不成；天下之才不成，雖聖人無由致治。此不易之説也。今之籌時軸者，動曰：財未富，宜思所以富之；兵未強，宜思所以強之。而不知今日之務，蓋莫急於培人才，人才興則百事舉，而財與兵自足矣。何富與強之足籌，顧培之之道，亦極難矣。騖其名而不求其實，則無益；泥乎古而不達乎今，則不濟。國家設立學校，擇天下之俊而秀者，歲進數千百人。學校之外，各邑設立書院，又不下數千百所，月有課，歲有餼。其所以培人才者，似亦至矣。然而於今數百年，卒未聞有徵實大效，而士習且因而日下者，其故何歟？非所謂騖其名而不求其實，泥乎古而不達乎今之為乎。故竊又以為今之計，中國欲圖富強，勢不得不亟培人才，而欲培人才，勢不得不亟師西法。

《皇朝經世文統編》卷九五《格物部一・格致》佚名《論中國急宜講求格致之學》　今之談時務者，無不欲仿行西法，無論知與不知，皆以西法為精，西法為便。而究之，但得其所當然，而未得其所以然也。當時洋貨之來華，華人以為罕觀，而爭相購買，遂至利權外溢。迨吾通商後，洋貨之來華愈多，而利權之外溢愈甚。説者謂：華人既愛洋貨，當時苦其不知所製，致利之外溢；而今則悉之較詳，豈西人之所能為者，華人不能為乎？苟能一一倣而行之，則華人無須購之西人，而西人自無能攘華人之利矣。於是設商局焉，設電報焉，設鐵廠焉，一時拭目而觀者，以為從此殫精竭慮，西人之所能者華人當無不能矣。詎知商局雖設，而輪船仍購之外洋；製局亦能自造輪船，何商局之船不聞向本局定製？而鐵甲各兵艦仍向外洋以重價購買耶？且有軍務之時，軍裝器械購之外洋者，不可勝數。所購之物，且有舊物為洋人所不用者。遼東一役，皆歸咎於器具之不精，職是故也。即能自造，而鋼鐵銅鉛等料，無一非外洋所來。以此觀之，則所謂製造，仍不過得其皮毛耳。至于電報，則設電竿，置電線，打電報，華人無不能為瞬息通靈如相告語。然電線、電氣不能自造，設一旦西人不售，無線，而竿不幾同虚設乎！無電而更何從打報乎！即彼源源而來，我可源源而購，將華人所倣之法愈多，而西人得利之處愈廣。苟不竭力整頓，恐漏卮終無能塞也。

（清）馮桂芬《校邠廬抗議》卷上《公黜陟議》　今試泛論取人者，將重文字乎？將重才德乎？則必曰才德重矣。將重一二人之私見乎？將重千百人之公論乎？則必曰公論重矣。然而自漢以來，取人之法，薦剡策試百其途，要不外試之以文字，舉之以數大臣，豈不以才德虚而無據，公論又散而無紀，不得不舍之而憑文字、憑私見哉！而不知其斷不足以得人也。人第知劉蕡下第，江東不知，爲文字之不足憑。夫豈知通籍後之黜陟，乃並不足憑之文字而無之。自枚卜以下，無非取人於容貌、語言、奔走之間，例舉之而例用之。雖公論皆知爲斗筲無足算者，年遷歲擢，無何而參鼎鉉，無何而擁節旄，比比皆是。士大夫平居論説，從不聞曰某德可大貴，某才可大貴，但聞曰某命某相可大貴。夫至言命言相，而其效可覩矣。於乎，奚怪其不能得人哉！欲求變計，非虚者實之，散者一之不可。《堯典》曰：師錫。師，衆也。《禮》曰：爵人於朝，與衆共之。孔子曰：舉直錯諸枉則民服。民者，亦衆詞也。孟子曰：國人皆曰賢，然後察之，見賢焉然後用之。三代上固自有善取衆論之法，經傳文簡不可考，而孟子之言獨彰明較著，則其事可意會也。道在以明會推之法廣而用之，又以今保舉之法反而用之。會推必重臣之貴，今廣之於庶僚，保舉爲長吏之權，今移之於下位，責成京官，自中書以上，皆歲舉六部九卿一人，翰詹科道一人，外省知府以上一人。吏部籍之，以得舉多少爲先後，遇應升缺列上，其無舉者不得列。又令歲舉部院司官一人，吏部交各堂官，有請升缺，用其舉多者，若用舉少者，則必言其故，候欽定。

（清）王韜《弢園尺牘・洋務在用其所長》　今日中國之所以治内者，在練兵法，達民情，所以治外者，在禦侮而睦鄰，此四者要不過綜其大綱，其餘如通商，理財，制器，成物，亦當次第舉行。夫我中國乃天下至大之國也，幅幀遼闊，民族殷繁，物産饒富，苟能一旦奮發自雄，其坐致富強，天下當莫與頡頏。顧富強之效，則在開礦、闢地，造電氣通標，築輪車鐵路，俾中國之大，遠近可以互相聯絡，倉卒有變，調兵遣舶，數日而可至。其險要之處則以重兵扼守，汰冗軍，練勁旅，通中國之地以雄兵三十萬守之，可以無敵於天下，强鄰悍國雖有覬覦，亦不敢發，自此可措天下於磐石之安而致苞桑之固。今歐洲諸國通商中土，跋扈飛揚幾不可制，凡有所要求干請，强以必從，其驕凌桀驁之氣，常若俯視一切。何則？以交際之道未得也。苟能開誠布公，可者予之而不可者拒之，即至萬不得已而用兵，亦可有恃以無恐，能如是，諸國亦誰敢侮我者。

（清）王韜《弢園文録外編・治中》　我國今日之急務，在治中馭外而已。治中不外乎變法自強；馭外不外乎簡公使，設領事，洞達洋務，宣揚國威而已。

曩所謂變法者，在剏設局廠，鑄鎗礮，造舟艦，遣發幼童出洋肄習西國語言文字、器藝學術而已。不知此數者非不可行，而行之當無徒襲其皮毛。既有鎗礮，則當求施放之巧，既有舟艦，則當求駕駛之能；而鎗礮之命中及遠，舟艦之鞏堅神速，新法迭出，精益求精，此則尚未能也，所知者不過向日成規而已，且皆有西匠爲之指揮，一旦離之自造，則并所謂皮毛者尚覺其艱。遣發幼童出洋，當不專於一國，且與其多遣俊秀，不如並遣工匠，工匠時少而效速。此外要當變者，一曰水師宜立專局訓習技能；二曰陸營宜改營制，汰軍額，簡丁壯，厚餉糈；三曰戰船宜易帆舶爲風輪火瑄；四曰器械宜易弓矢刀矛以火器，而總不外乎以西法練兵。

（清）朱采《清芬閣集·海防議》 請言用人之要。今之世，若以禦夷滅寇危疑大事另責之一流人，而富貴爵祿則以備甲科諸途以資格而得之者享用位置之具，夫是以人才不出而時事日壞。宜丕變其局，以才德俱優能當大事，能禦大敵爲第一等，而輔以忠實果毅樸魯英鋭之士；其以勤能勞績，文翰資序進者，皆限以常調而不得特擢。使天下之士各出其心思材力以應天下之務，大才辦大事，小才辦小事，一月課一月之效，一歲程一歲之功，庶空疎庸懦者無所自容，而真實幹濟者得以彙進，若籌餉，練兵，造船，簡器諸事不待諄諄告誡而彼固措之裕如。如湘淮兩軍之平粵捻，朝廷不過與以大權，初何嘗遙爲節度？故中興機括，以皇上能破格用曾國藩，而曾國藩能破格舉左、李諸人，以成鼎足之勢而收戡定之功。今外夷鴟張，東西交鬨，或盬我腦，或據我腹，或披我與國，或蕩我邊陲。外有箍逼之勢，內有竊發之憂。而朝廷猶欲守常格，用庸人，是何異駕駑負重，陟峻坂，渡江湖，而無知風信、識水性之舵工，其有不顛蹶覆没也耶？

（清）張之洞《勸學篇》卷上《內篇·明綱》 君爲臣綱，父爲子綱，夫爲妻綱，此《白虎通》引《禮緯》之説也。董子所謂道之大原出於天。天不變，道亦不變之義本之。《論語》殷因於夏禮，周因於殷禮。註：所因謂三綱五常，此《集解》馬融之説也。朱子《集註》引之《禮記·大傳》親親也，尊尊也，長長也，男女有別，此其不可得與民變革者也。五倫之要，百行之原，相傳數千年，更無異義。聖人所以爲聖人，中國所以爲中國，實在於此。故知君臣之綱，則民權之説不可行也；知父子之綱，則父子同罪免喪廢祀之説不可行也；知夫婦之綱，則男女平權之説不可行也。嘗考西國之制，上下議院各有議事之權，而國君、總統亦有散議院之權。若國君總統不以議院爲然，則罷散之，更舉議員再議。君主民主之國略同。西國君與臣民相去甚近，威儀簡略，堂廉不遠，好惡易通。其尊嚴君上不如中國，而親愛過之。萬里之外，令行威立，不悖不欺。每見旅華西人遇其國有吉凶事，賀弔憂樂，視如切身。是西國固有君臣之倫也。摩醯《十戒》，敬天之外，以孝父母爲先。西人父母喪亦有服，服以黑色爲。緣，雖無祠廟木主，而室內案上必供奉其祖父母、父母兄弟之照像。雖不墓祭，而常有省墓之舉，以插花冢上爲敬。是西國固有父子之倫也。家富子壯則出分，秦法，西人於其子，必教以一藝，年長藝成，則使之自謀生計，別居異財。臨終分析財産，男子女子皆同。兼及親友，非不分其子也。戒淫爲十戒之一，西俗男女交際，其防檢雖視中國爲疏，然淫佚之人，國人賤之。議婚有限，父族母族之親凡在七等以內者，皆不爲婚。七等謂自父、祖、曾、高以上推至七代，母族亦然故、姑、舅、姨之子女，凡中表之親，無為婚者。惟男衣氈布，女衣絲錦，燕會賓客，女亦爲主。此小異於中國。《禮記·坊記》大饗廢夫人之禮。《左傳·昭二十七年》公如齊，齊侯請饗之。子促之子曰重，爲齊侯夫人，曰請使重見。是古有夫人與燕饗之禮。因有流弊廢之。女自擇配，亦須請命父母，且訂約，而非苟合。男不納妾，此大異於中國。然謂之男女無別則誣。且西人愛敬其妻，雖有過當，而於其國家政事、議院軍旅、商之公司、工之廠局，未嘗以婦人預之，是西國固有夫婦之倫也。聖人爲人倫之至，是以因情制禮，品節詳明。西人禮制雖略，而禮意未嘗盡廢。誠以天秩民彝，中外大同。人君非此不能立國，人師非此不能立教。乃貴洋賤華之徒，於泰西政治、學術、風俗之善者懵然不知，知亦不學，獨援其秕政敝俗，欲盡棄吾教吾政以從之。飲食服玩，閨門習尚，無一不摹仿西人。西人每譏笑之，甚至中士文學聚會之事，亦以七日禮拜之期爲節目。禮拜日亦名星期，機器局所以禮拜日停工者，以局內洋匠其日必休息，不得不然。近日微聞海濱洋界有公然創廢三綱之議者，其意欲舉世放恣黷亂而後快，怵心駭耳，無過於斯。中無此政，西無此教，所謂非驢非馬，吾恐地球萬國將眾惡而共棄之也。

（清）張之洞《勸學篇》卷下《外篇·變法》 變法者，朝廷之事也，何爲而與士民言？曰：不然。法之變與不變，操於國家之權，而實成於士民之心志議論。試觀曾文正爲侍郎時，嘗上疏言翰林考小楷詩賦之弊矣。《文集》卷一。及成功作相以後，若力持此議，當可成就近今三十年館閣之人材。然而無聞焉，何也？大亂既平，恐爲時賢所詬病也。文文忠嘗開同文館，刊公法格致各書矣。以次推行，宜可得無數使絕國識時務之才。然而曲謹自好者，相戒不入同文館，不考總署章京。京朝官講新學者，闃然無聞，何也？劫於迂陋羣儒之謬説也。夫以勛臣元老，名德重權，尚不免爲習非勝是之談所撓，而不覩其效，是亦可痛可惜者矣。又如左文襄在閩創設船政，在甘創設機器織呢羽局；沈文肅成船政，設學堂，與北洋合議設招商局；丁文誠在山東、四川皆設製造洋槍槍彈局。此皆當世所謂廉正守道之名臣也，然所經營者皆是此等事。其時皆在同治中年、光緒初年，國家閒暇之時。惜時論多加吹求，繼者又復無識，或廢閣，或減削，無能恢張之者，其效遂以不廣。夫不可變者，倫紀也，非法制也；聖道也，非器械也；心術也，非工藝也。請徵之經：窮則變，變通盡利，變通趨時，損益之道與時偕行，《易》義也。器非求舊惟新，《尚書》義也。學在四夷，《春秋傳》義也。五帝不沿樂，三王不襲禮，禮時爲大，《禮》義也。温故知新，劉楚楨《論語正義》引《漢書・成帝紀》詔曰：儒林之官，宜皆明於古今，温故知新，通達國體。《百官表》以通古今備温故知新之義，孔沖遠《禮記・敍》博物通人，知今温古，考前代之憲章，參當時之得失。是漢唐舊説，皆以温故知新爲知古、知今。三人必有我師，擇善而從，《論語》義也。時措之宜，《中庸》義也。不恥不若人，何若人有，《孟子》義也。請徵之史，封建變郡縣，辟舉變科目，府兵變召募，車戰變步騎，租庸調變兩税，歸餘變活閏，篆籀變隸楷，竹帛變雕版，籩豆變陶器，粟布變銀錢，何一是三代之舊乎？歷朝變法最著者四事：趙武靈王變法習騎射，趙邊以安；北魏孝文帝變法尚文明，魏國以治。此變而得者也。若武靈之不終，以嬖幸，魏之不永，以子孫不肖，與變法無涉。商鞅變法，廢孝弟仁義，秦先強而後促；王安石變法，專務剝民，宋因以致亂。此變而失者也。商王之失，在殘酷剝民，非不可變也。法非其法也。西法以省刑、養民兩事爲先務。請徵之本朝：關外用騎射，討三藩用南懷仁大炮，乾隆中葉，科場表判改五策，歲貢以外增優貢拔貢；嘉慶以後，緑營之外創募勇；咸豐軍興以後，關税之外抽釐金；同治以後，長江設水師，新疆、吉林改郡縣。變者多矣。即如輪船電線，創設之始，訾議繁興，此時若欲廢之，有不攘臂而争者乎？今之排斥變法者，大率三等：一爲泥古之迂儒，泥古之弊易知也。一爲苟安之俗吏，蓋以變法必勞思，必集費，必擇人，必任事，其餘昏惰、偷安、徇情、取巧之私計，皆有不便，故藉書生泥古之談，以文其猾吏苟安之智，此其隱情也。至問以中法之學術治理，則皆廢弛欺飾而一無所爲。所謂守舊，豈足信哉？又一爲苛求之談士。夫近年仿行西法而無效者，亦誠有之。然其故有四：一人顧其私，故止爲身謀而無進境，製造各局，出洋各員是也。此人之病，非法之病也。一愛惜經費，故左支右絀而不能精，船政是也。此時之病，非法之病也。一朝無定論，故旋作旋輟而無成效，學生出洋，京員遊歷是也。此浮言之病，非法之病也。一有器無人，未學工師而購機，未學艦將而購艦，海軍、各製造局是也。此先後失序之病，非法之病也。乃局外游談，不推原於國是之不定，用人之不精，責任之不專，經費之不充，講求之不力，而吹求責效，較之見彈求鴞炙，見卵求時夜，殆有甚焉。學堂甫造而責其成材，鑛山未開而責其獲利，事無定衡，人無定志，事急則無事不舉，事緩則無事不廢，一埋一搰，豈有成功哉？雖然，吾嘗以儒者之論折衷之矣。吕伯恭曰：鹵莽滅裂之學，或作或輟，不能變不美之質。此變法而無誠之藥也。曾子固曰：孔孟二子，亦將固所遇之時，所遭之變，而爲當世之法，使不失乎先王之意而已。法者，所以適變也，不必盡同；道者，所以立本也，不可不一。此變法而悖道之藥也。由吕之説，則變而有功，由曾之説，則變而無弊。夫所謂道本者，三綱四維是也。若幷此棄之，法未行而大亂作矣。若守此不失，雖孔孟復生，豈有議變法之非者哉！

（清）**張之洞《勸學篇》卷下《外篇・非弭兵》**　又有篤信公法之説者，謂公法爲可恃，其愚亦與此同。夫權力相等，則有公法，強弱不侔，法於何有？古來列國相持之世，其説曰，力均角勇，勇均角智，未聞有恃，其愚亦與此同。夫權力相等，則有公法，強弱不侔，法於何有？古來列國相持之世，其説曰：力鈞角勇，勇鈞角智，未聞有法以束之也。

（清）**薛福成《庸盦内外編・西洋諸國導民生財説》**　噫！彼以此法治民，雖人滿何嘗不富也？而況其能使不滿也。若中國之礦務、商務、工務無一振興，坐視民之困窮而不爲之所，雖人不滿，奚能不病也？而況乎日形其滿也。

（清）**鄭觀應《增訂盛世危言新編》卷一《自序》**　六十年來，萬國通商，中外汲汲，然言維新，言守舊，言洋務，言海防，或是古而非今，或逐末而忘本，求其洞見本原深明大略者，有幾人哉？孫子曰：知己知彼，百戰百勝。此言雖小，可以喻大。應雖不敏，幼獵書史，長業貿遷，憤彼族之要求，惜中朝之失策，於是學西文，涉重洋日與彼都人士交接，察其習尚，訪其政教，考其風俗利病得失盛衰之由。乃知其治亂之源，富強之本，不盡在船堅礮利，而在議院上下同心，教養得法。興學校，廣書院，重技藝，別考課，使人盡其才。講農學，利水道，化瘠土爲良田，使地盡其利。造鐵路，設電線，薄稅斂，保商務，使物暢其流。凡司其事者，必素精其事：為文官者必出自仕學院，爲武官者必出自武學堂。有升遷而無更調，各擅所長，名副其實。與我國取士之法不同。善夫張靖達公云：西人立國具有本末，雖禮樂教化遠遜中華，然其馴致富強亦具有體用。育才於學堂，論政於議院，君民一體，上下同心，務實而戒虛，謀定而後動，此其體也。輪船火礮，洋槍水雷，鐵路電線，此其用也。中國遺其體而求其用，無論竭蹶步趨常不相及，就令鐵艦成行，鐵路四達，果足恃歟！

（清）鄭觀應《增訂盛世危言新編》卷一《富國一·道器》 昔我夫子不嘗曰由博返約乎？夫博者何？西人之所騖格致諸門，如一切汽學、光學、化學、數學、重學、天學、地學、電學，而皆不能無所依據，器者是也。約者何？一語已足包性命之原而通天人之故，道者是也。今西人由外而歸中，正所謂由博返約，五方俱入中土，斯即同軌、同文、同倫之見端也。由是本末具，虛實備，理與數合，物與理融，屈計數百年後，其分歧之教必寖衰，而折入於孔孟之正趨；象數之學必研精，而潛通乎性命之樞紐，直可操券而卜之矣。《新序》曰：強必以霸服，霸必以王服。今西人所用皆霸術之緒餘耳。恭維我皇上天亶聰明，宅中馭外，守堯舜文武之法，紹危微精一之傳，憲章王道，撫輯列邦，總攬政教之權衡，博採泰西之技藝。誠使設大小學館以育英才，開上下議院以集衆益，精理商務，藉植富國之本，簡練水陸，用伐強敵之謀。建皇極於黄、農、虞、夏，責臣工以稷、契、臯、夔。由強企霸，由霸圖王，四海歸仁，萬物得所，於以拓車書大一統之宏規而無難矣。猗歟休哉！拭目而俟之已。

（清）鄭觀應《增訂盛世危言新編》卷一《富國一·西學》 誰謂中人巧思獨遜西人哉？以中國本有之學還之於中國，是猶取之外廄，納之內廄，尚鰓鰓焉。謂西人之學中國所未有，乃必歸美於西人。西人能讀中國書者不將揶揄之乎？且夫國於天地，必有與立，究其盛衰興廢，固各有所以致此之由。學校者人才所由出，人才者國勢所由強，故泰西之強強於學，非強於人也，然則欲與之爭強，非徒在槍礮戰艦也。強在學中國之學，而又學其所學也。今之學其學者，不過粗通文字語言，爲一己謀衣食，彼自有其精微廣大之處，何嘗稍涉藩籬？故善學者必先明本末，更明大本末而後可。言西學分而言之：如枚致製造等學其本也，各國最重格致之學，英國格致會頗多，獲益甚大，講求格致新法者約十萬人。語言文字其末也。合而言之，則中學其本也，西學其末也。主以中學，輔以西學，知其緩急，審其變通，操縱剛柔，洞達政體，教學之效其在茲乎。

（清）鄭觀應《增訂盛世危言新編》卷二《富國二·吏治上》 聽訟之事，派以陪審，而肆威作福之弊祛；列以見位，而妄指誣陷之弊絶。所謂爵人於朝，與衆共之，刑人於市，與衆棄之，兼聽則明，偏聽則暗者，昔聞其語，今見其事。而且，俸糈優厚，人無內顧之憂，職任精專，事有難寬之責。君民一體，上下一心，孜孜然日求有益於民，有益於國。否則，議院排之，國君斥之，不能一日居其位。此泰西諸國所以不言吏治，而吏治自蒸蒸日臻於上理者，彼此之情通，聲名之念重，而壅蔽之患除也。

又： 夫中國自秦漢以來，以文法治天下，科條非不密也，其奉行而持守之者，非不嚴且明也。及其既也，適以束縛天下之君子，而便利天下之小人。官司益多，否塞益甚，堂廉益遠，積弊益深，欲一掃而空之，誠非開設議院不可。即勢殊地限，久而難變，亦當裁汰冗員，酌增廉俸，以漸通其隔閡，而漸化其貪婪。此自治之初基，亦即自強之本計也。夫天下雖大，其州縣不過千餘，屬牧令不過千餘人，爲上者合樞垣疆帥之才力精神，以慎選之，以嚴覈之。敷奏以言，明試以功，賞必當功，罰必當罪，循名責實，至正大公，則吏治日清，民生日遂，國本日固，而何畏乎英、俄？何慮乎船礮？何患乎各國之協以謀我哉？故曰：國以民為本。而致治之道，莫切于親民之官；生亂之原，莫急於病民之政。所謂天下得人則天下治者，此之謂也。

（清）鄭觀應《增訂盛世危言新編》卷三《富國三·商戰下》 善於謀國者無不留心各國商務，使士、農、工、商投人所好，益我利源。惟中國不重商務，而士、農、工、商又各自爲謀，雖屢爲外人所欺，尚不知富強之術。籌餉則聚斂橫征，不思惠工商以興大利，練兵則購船售礮，不知廣學業以啟聰明。所謂祇知形戰而不知心戰者也。形戰者何？以爲彼有槍礮，我亦有槍礮，彼有兵艦，我亦有兵艦，是亦足相抵制矣。孰知舍其本而圖其末，遺其精義而襲其皮毛。心戰者何？西人壹志通商，欲益己以損人，興商立法則心精而力果，於是士有格致之學，工有製造之學，農有種植之學，商有商務之學，無事不學，無人不學。我國欲安內攘外，亟宜練兵將，製船礮，備有形之戰以治其標；講求泰西士、農、工、商之學，裕無形之戰以固其本。如廣設學堂，各專一藝，精益求精，仿宋之司馬光求設十科考士之法，以示鼓勵，自能人才輩出，日臻富強矣。蓋利器爲形，利用爲心，有利器而不能利用，則人如木偶，安得不以制人者而制於人？故有治法必須有治人。

又：我中國宜標本兼治，若遺其本而圖其末，貌其形而不攻其心，學業不興，才智不出，將見商敗而士農工俱敗，其孰能力與爭衡於富強之世也耶？況乎言富國者必繼以強兵，則練兵、鑄械、添船、增壘無一非耗費鉅欵。而府庫未充，賦税有限，公用支絀，民借難籌，巧婦甯能爲無米之炊？亟宜一變舊法，取法於人，以收富強之實效：一法日本振工商以求富，爲無形之戰；一法泰西講武備以圖強，爲有形之戰。知己知彼，戰守無虞，自然國富兵強，何慮慢藏誨盜？豈非深得古人能富而後可以致強，能強而後可以保富之明效也歟！

（清）鄭觀應《增訂盛世危言新編》卷四《富國四·捐納》　夫取才者視其法之真僞，以真法取才，則真才出，而僞才去矣；以僞法取才，則僞才進，而真才亡矣。今當振奮之初，事求實效必自官場始，而官尚清廉，必自廢捐納始。官之大患曰貪，捐納者輸貲於國而欲取償於民，求其不貪，安可得乎？夫國家不患有謀利之人，而特患其謀利之不善。蓋利賴不興則民生不遂，民生不遂則國勢必衰。則何不令捐官之人轉爲商賈，作商得財，人皆仰之；作官得財，人皆鄙之。孰得孰失，不待智者而自辨矣。

（清）鄭觀應《增訂盛世危言新編》卷五《開源一·公舉》　求才者未能虛心，則人才不免裹足，徒爲躁造鑽營者之資耳。故曰：欲袪官吏弄權躁進躦營夤緣之習，當必自廣開學校，教育人材，復行鄉舉里選之法始。

（清）鄭觀應《增訂盛世危言新編》卷六《開源二·訓俗》　古者懸書讀法，以士鄉禮飲酒化天下於尊親禮讓之間。所謂觀於鄉而知王道之易易者，皆有實心實政以誘掖斯民，所由俗美化行，而亂萌潛杜。秦漢以還，以文法治天下，欲盡愚黔首，以惟所欲爲，古意蕩然一無存者！我有民而不能自教，彼佛、老二氏乃得恃其天堂、地獄、修齋、懺悔之説乘隙而入之。其本意固亦勸人爲善也，而愚民靡然歸之若流水。二千年來之君若相亦自以國家之教化未足以徧及斯民，姑聽客所爲而淫祀之興遂盈於天下。自有明萬歷以後，彼天主耶穌之教亦得以勢脅利誘，肆其簧鼓而瞷我之空虛，法蘭西之君臣專以傳教亡人之國，陰謀詭計，四海皆知。既已誘致南交，取越南如反掌矣！中國之戶口四萬萬而終不自教，聽外人取而教之，恐禍患之乘更有非意料所及者。然則有民而不能自教，其病之中於內者，推原禍本，則粵、捻諸亂所由生。此前事之不可不懲也。昔年髮逆，外夷之禍，皆起自東南，今廣東賭博之盛，盜賊之多，甲於天下。若無教化，甚爲杞憂。其憂之伏於外者，環顧中區，則俄、法諸邦所同覬，此後患之不可不毖也。

（清）鄭觀應《增訂盛世危言新編》卷一一《強兵四·刑法》　今宜令各省、府、縣選立秉公人員，或數官聽訊兩造之供詞，以及律師之辯駁，審畢，審官以其案之情節申論明白，令陪員判其是非曲直，視陪員可否之人數多寡，以定從違。孟子曰：左右皆曰賢，未可也；諸大夫皆曰賢，未可也；國人皆曰賢，然後察之，見賢焉，然後用之。即西國公舉議員之意也。左右皆曰可殺，勿聽；諸大夫皆曰可殺，勿聽；國人皆曰可殺，然後察之，見可殺焉，然後殺之。即西國陪員議判之意也。若夫人非險狠，則公堂對質每多囁嚅，人若奸頑，則雖三尺當前，猶能詭辯。使無律師以代伸委曲，則審官每爲所愚。中國之問官司審，既於律法非所素嫻，而所用之刑名幕友，又於律學不輕傳授，生死繫其隻字，枉直視其片詞，稍有依違，則官司之前程難保。若無賄賂，則在訟之受屈必多，律之深文，例之繁重，皆胥吏所以優於上下其手也。非破其趨避之巧及舞弄之奸不可！案情百變，申詳之成格牢不可破，以罪就律例，非按律例以定罪犯也。故謂律必改簡明，例必廢成格。則何如明張其詞，按律辯論之爲得也。中國亦宜以狀師辦案，代爲剖折，使獄囚之寃情得以上達。至若刑者類夫秋之肅，猶賞者類夫春之温。

（清）鄭觀應《增訂盛世危言新編》卷一四《節流三・獄囚》 曾子曰：上失其道，民散久矣。如得其情，則哀矜而勿喜。哀痛惻怛，誠仁人之用心也。蓋人生不幸，父母失教，既無恒産以資事畜，復無技藝以給饔飧。貧困無聊，流入匪類，致罹法網横被官刑，土室棘垣，暗無天日，赭衣黑索，慘受拘攣。禁卒毒若虎狼，穢氣積成癘疫，自斬、絞以下諸罪人本無死法，而久繫瘐斃者往往有之，其寃慘可勝言哉？近聞各直省州、縣多設有自新所，以處輕犯，法誠善矣。倘更能參用西法以推廣之，使軍、流以下皆得自新自贖，則保全必多，辦理亦易。全政體而廣積陰功，當亦仁人所深許也。以西例較之中國，雖法有輕重，律有寬嚴，而充工一端實可補今日刑書之闕。

（清）勞乃宣《新刑律修正案彙録序》 法律何自生乎？生於政體，政體何自生乎？生於禮教。禮教何自生乎？生於風俗。風俗何自生乎？生於生計。宇內人民生計，其大類有三：曰農桑，曰獵牧，曰工商。農桑之國，田有定地，居有定所，死徙不出其鄉，一家之人，男耕女織，主伯亞旅同操一業，而聽命於父兄，故父兄爲家督而家法以立。是家法者，農桑之國風俗之大本也，其禮教政體皆自家法而生。君之於臣，如父之於子，其分嚴，而其情親。一切法律皆以維持家法爲重，家家之家治，而一國之國治矣，所謂人人親其親長，其長而天下平是也。獵牧之國，結隊野處，逐水草而徙居，非以兵法部勒不能胥匡以生，故人人服從於兵法之下。是兵法者，獵牧之國風俗之大本也，其禮教政體皆自兵法而生。君之於臣，如將帥之於士卒，其分嚴而情不甚親。一切法律皆與兵法相表裏，所謂約束徑易行，君臣簡可久，皆用兵之道也。工商之國人，不家食羣居於市，非有市政不能相安，故人人服從於商法之下。是商法者，工商之國風俗之大本也，其禮教政體皆自商法而生。君之於臣如肆主之於傭僱，其情親而分不甚嚴，君主之國如一家之商業；民主之國，如合資之公司。一切法律皆與商法相表裏，凡所爲尚平等，重契約，權利義務相爲報酬，皆商家性質也。

《記》曰中國戎夷五方之民，皆有性也，不可推移。又曰：廣谷大川異制，民生其間者異俗。修其教不易其俗，齊其政不易其宜，是故風俗者法律之母也。立法而不因其俗，其鑿枘也必矣。中國農桑之國也，故政治從家法；朔方獵牧之國也，故政治從兵；法歐美工商之國也，故政治從商法。若以中國家法政治治朔方，以朔方兵法政治治歐美，不待智者，而知其不可行也。今欲以歐美之商法政治治中國，抑獨可行之無弊乎？漢唐之臣服朔方也，從其獵牧兵法之舊，不以中國家法之治治之，元魏、遼、金、元之入主中國也。自以獵牧兵法之舊治其種人，而中國家法之治治華夏之民，凡以因其俗焉。爾我朝龍興東土，兼耕獵以立國，故八旗之制兼家法兵法，而有之定鼎之後，以兵法御朔漠，而以家法治中原，正聖人之善於因也。

法律之不能與風俗相違，非數千年來，實地試驗確有成蹟，不容以空言理想，憑虛臆斷者哉！今中國誠貧弱矣，説者乃歸咎於家法政治之不善。謂一國之民但知有家，不知有國，欲破壞依古以來家法之治，而以歐美尚平等、重權利之道易之，未始不出於救時之苦心也。然而誤矣。夫中國之民但知有家不知有國，果由於家法政治而然哉？試思春秋之世，正家法政治極盛之時也，而列國之民，無不知愛其國者。晉侯之獲於秦也，衛侯之將背晉也，皆朝國人而問之，國人莫不忘身以殉其上；弦高之犒師也，越民之事吴也，國人莫不毁家以衛其國。家法政治之下，民何嘗不愛其國哉？然則今日民之不知愛國也，何故？則秦以來專制政體之所造成也。秦併天下，焚詩書以愚其民，銷鋒鏑以弱其民。一國政權悉操諸官吏之手，而人民不得預聞，田野小氓任耰鋤供租税之外，不復知有國家之事，其愛情之所施一家之外，無所用也。則其但知有家不知有國也。不亦宜乎？今乃謂民之不愛國由於專愛家，必先禁其愛家，乃能令其愛國，亦不揣其本之論矣。且歐美之民，何嘗不愛其家哉？近人之論有云：東亞之民以一家爲單位，故與國爲間接，而愛國之情疎；西歐之民以箇人爲單位，故與國爲直接，而愛國之情切，則亦不然。彼以西人子壯，則出分爲箇人獨立之證，而忘其尚有夫婦同居不得目之爲箇人也。今使有一夫一婦，而生二子，則四人爲一家。中西所同也。而二子者各娶婦，在中國則子婦皆從父母，以六人爲一家；西國則子婦分居，而爲三家矣。二子者又生四孫，四孫又各娶婦，在中國則十四人，仍爲一家；而西國則分爲七家矣。蓋中國之家以父子爲範圍，西國之家以夫婦爲務圍。西國之所謂一家，猶中國之所謂一房。而其爲有家，則一也。今西人誠人人知愛國矣，而其愛國之所由來，則由於深明家國一體之理，知非保國，無以保家，其愛國也，正其所以愛家也。乃推廣愛家之心，以愛國非破除愛家之心，以愛國也。而其所以人人深明家國一體之理，則由於立憲政體，人人得預聞國事，是以人人與國家休戚相關。而愛國之心，自有不能已者。

今中國已預備立憲矣。地方自治之規，國民代表之制，次第發生矣。假以歲月，加以提撕，家國一體之理，漸明於天下。天下之人皆知保國正所以保家，則推其愛家之心，而愛國之心將有油然而生。不期然而然者，是上之人惟恐民之不愛家也。今乃謂必破壞家族主義，乃能成就國民主義，不亦傎乎？且夫三代以上之法，正家族主義、國民主義並重者也。封建世祿固爲家族主義矣，井田學校、非國民主義乎？寓兵於農，非今日宇內所最崇拜、最推重，人人皆兵之，軍國民主義乎！

是今之所謂新法，其法理之原，固我國之所固有也。修其廢墜，進以變通，不待外求而道在是矣，何必震於他人之赫赫，而皇皇焉？棄其所學而學之哉？至於一家之範圍？此限於父子，彼限於夫婦，則沿乎風俗，本乎生計，有未可强同者，然人子愛親之心，則根於天性，中外所同。西國以孝親著稱之，人亦所恆有有依戀其親，而終身不娶妻者，有尋親於萬里之外者，近且有家制復興，論極端主張家族制度之學説出焉，亦可見人心之同然，不以方隅習俗限矣？人方欲復興家族制度，我乃欲舉我國固有之家族制度而破壞之，亦可謂不善變矣。然則居今日而談變法，將何適之從哉曰本乎？我國固有之家族主義，修而明之，擴而充之，以期漸進於國民主義，事半功倍莫逾乎是。

（清）馬建忠《適可齋記言・記行・富民説》 治國以富強爲本，而求強以致富爲先。上溯康、乾之際，税釐不征而度支充，海市有禁而闤闠足。乃軍興以來，海關、釐金歲入多至二千餘萬，商賈互市歲至二萬萬，然戶庫形支絀，閭閻鮮蓋藏。前後百餘年間，上與下貧富情形何若是迥異哉？昔也以中國之人運中國之貨以通中國之財，即上有所需亦不過求之境內，是無異取之中府而藏之外府，循環周復而財不外散。今也不然。中外通商而後，彼易我銀之貨歲益增，我易彼銀之貨歲益減，而各直省之購礮械、購船隻又有加無已，於是進口貨之銀浮於出口貨之銀，歲不下三千萬。積三十年輸彼之銀，奚啻億萬！寶藏未開，礦山久閉，如是銀曷不罄、民曷不貧哉？然通商非中國獨也，宇內五大洲、國百數，自朝鮮立約而閉關絶使者無其國矣。若英、若美、若法、若俄、若德、若英屬之印度，無不以通商致富。嘗居其邦而考其求富之源，一以通商爲準。通商而出口貨溢於進口者利，通商而出口貨等於進口者亦利，通商而進口貨溢於出口者不利。彼英、美各國皆通商，而進出口貨不能兩盈，故開礦以取天地自然之利以補進出口貨之虧；至地利不足償，乃不憚遠涉重洋，叩關約款以取償於我華民。然則天下之大計可知矣。欲中國之富莫若使出口貨多，進口貨少。出口貨多則已散之財可復聚，進口貨少則永散之財不復散。其或散而未易聚也，莫若采取礦山自有之財。采取礦山自有之財，則工役之散不出中國，寶藏之聚無待外求，而以權百貨進出之盈虛自無不足矣，爰分陳焉。

《戊戌變法檔案史料》楊深秀《山東道監察御史楊深秀摺光緒二十四年四月十三日》 山東道監察御史臣楊深秀跪奏，爲請定國是，明賞罰，以正趨向而振國祚，恭摺仰祈聖鑒事。竊近者，外國交逼，內外臣工，講求時變，多言變法，以圖自保。然舊人多有惡爲用夷變夏者，于是守舊開新之名起焉。其守舊者，謂新法概宜屏絶，其開新者，謂舊習概宜掃除。小則見諸論説，大則形之奏牘，互相水火，有如仇讐。臣以爲理無兩可，事無中立，非定國是，無以示臣民之趨向；非明賞罰，無以爲政事之推行。躑躅歧途者不能至，首鼠兩端者不能行。午鍼未定，標向不立，議論不一，游移不斷，未有能成功者也。非徒無成而已，兩黨交争，其甚必至增內訌而召外侮，撓政事而敗國家而已。

夫當今大地既通，萬國環逼，新法日出，其不能復用元明一統之舊法甚明。伏聞皇下聖明天亶，講求變法，此祖宗艱難締造之天下，望以不墜者也。乃累奉詔書，頒行新政，而大臣置若罔聞，或閣而不宣，或宣而不行，或行而不舉，則以國是未定，賞罰未明故也。乃者詔書頻下，廢武科，裁冗兵，開學堂，舉行經濟特科及經濟常科，皇上于變法之方，既已講之明，審之決，而後行之矣。而猶未著定國是，申明賞罰，別黑白而定一尊，決嫌疑而去猶豫，致使新政不舉。台灣既割，膠變旋生，今又半年矣。是非強敵割之，而守舊者倒戈內攻而割之也；　亦非守舊者割之，而國是未定，賞罰未明割之也。夫以皇上之明，豈猶有所謂猶豫哉？

又：或以守舊者皆老成憂國而姑存之。臣愚竊以為憂國者，不當以攘夷之空言爭，而當以措施之實事見。泰西練兵，皆數百萬，鐵艦皆百數十艘，歲入皆數萬萬，農工商兵人皆知學，婦女童稚人盡知書，鐵路如網，作廠如林。而我兵皆不練，鐵艦無一，歲入僅七十萬，而國債纍纍，製造無有，器皆朽窳，士愚才乏，比較相形，貧富愚智強弱甚遠矣。今彼守舊者，當斯艱鉅，真能制梃以撻秦楚乎？故守舊之人，見外國人則極畏甚葸，撓新政則深閉固拒，此其愚蔽若此，而以之當國任政，有不速召敵侮者哉？夫守舊之人，實非不知今之宜變法也；或年老不能讀書，或氣衰不能任事。不能讀書，則難考新政；不能任事，則畏聞興作。慮新法之行於舊官必多更革，於舊人必多褫斥，於其富貴之圖，大有不便，則惟有出全力以阻撓之，造謠言以搖惑之。開新者通達中外，其人本寡，其勢甚孤；守舊者承襲舊習，其人極多，其勢甚大。以極多之黨，人咸自為私計，合成大衆，造作語言，阻撓百端，飛誣百出，務攻開新之人，務撓維新之政。皇上日開之於上，而守舊者日塞之於下，雖有詔書，而新政不行，職是故也。故開新者，皇上所大利，而守舊者所大不利也。守舊者，於皇上有大害，而守舊者之大利也。乃上託法祖之名，下據攘夷之論，陽塞開新之口，陰便身家之圖。皇上外觀時變，內察人情，豈可以天下大器，四海民命，而徇守舊者富貴之圖哉。夫使時局不危，則此輩營營，原可置之勿論。而無如膠事之後，禍變日急，推求其本，皆由議論不一，國是未定，賞罰未著，故令守舊者昌，而新政不行。

夫古今為政，未有東西未定，游移兩可者。若皇上仍主由舊，則將總署使臣航政鐵路電線郵政製造招商之局，同文方言之館盡撤之，而禁言外國之故，永錮開新之人，可也。若以夏葛冬裘，時變既易，量時審勢，必宜開新，而徘徊中立，令臣民倀倀莫適，天下趨向無定，必至一事不立，坐待削弱。膠旅之事，是其前車。臣愚謂皇上仍主守舊則已。若審觀時變，必當變法，非明降諭旨，著定國是，宣布維新之意，痛斥守舊之弊，無以定趨向，而革舊俗也。

且賞罰者，人主之大柄，所以操縱奔走天下者也。皇上有賞罰之大柄而不用，徒付之吏議。夫吏議之律，是亦守舊而已。皇上無操縱天下之權，故日欲行維新之政，而未見毫釐之效也。故從古行新法之時，未有不大用賞罰也。今開新者力任艱鉅，未見賞擢，守舊者廢格詔書，未見罷斥。開新者事勞而勢逆，守舊者事逸而勢順，是驅天下人守舊而已。昔趙武靈王之罷公叔成，秦孝公之罷甘龍，日本之君睦仁變法之罷幕府藩侯，俄彼得變法之誅近衛大臣，此皆變法已然之效也。皇上欲推行新政，速見實效，請查核內外大臣奉行甲午以來新政之諭旨，若學堂，若武備，若商務農工，何者舉行，何者廢格。嘉獎其舉行者，罷斥其廢格者，明降諭旨，雷厲風行。如此而新政不行，疆土不保者，未之有也。臣實感於時變，目擊艱危，不能自已。愚昧之見，伏乞皇上聖鑒，訓示。謹奏。

（清）嚴復《嚴復合集》卷一《嚴復文集編年一·原強修訂稿》　故中國禮俗，其貽害民力而坐令其種日偷者，由法制學問之大，以至於飲食居處之微，幾於指不勝指。而沿習至深，害效最著者，莫若吸食鴉片、女子纏足二事，此中國朝野諸公所謂至難變者也。然而夷考其實，則其說有不盡然者。今即鴉片一端而論，則官兵士子，禁例原所未用。假令天子親察二品以上之近臣大吏，必其不染者而後用之，近臣大吏各察其近屬，如是而轉相察，藩臬察郡守，郡守察州縣，州縣察佐貳，學臣之察士，將帥之察兵，亦用是術焉，務使所察者，人數至簡，以期必周。如是定相坐之法而實力行之，則官兵士子之染祛，則天下之民知染其毒者必不可以為官兵士子也，則自愛而求進者必不吸食。夫如是，則吸者日少，俟其既少，然後著令禁之，舊染漸去，新染不增，三十年之間可使鴉片之害盡絕於天下。至於纏足，本非天下女子之所樂為也，拘於習俗而無敢畔其範圍而已。假令一日者，天子下明詔，為民言纏足之害，且曰：繼自今，自某年所生女子而纏足，吾其毋封。則天下之去其習者，猶熱之去燎而寒之去翣也。夫何難變之有與！夫變俗如是二者，非難行也；不難行而不行者，以為無與國是民生之利病而已。而孰知種以之弱，國以之貧，兵以之窳，胥於上焉階之厲耶！是鴉片、纏足二事不早為之所，則變法者，皆空言而已矣。

（清）嚴復《嚴復合集》卷一《嚴復文集編年一·救亡決論》　雖然，吾與客皆過矣。運會所趨，豈斯人所能為力。天下大勢，既已日趨混同，中國民生，既已日形狹隘，而此日之人心世道，真成否極之秋，則窮變通久之圖，天已諄諄然命之矣。繼自今，中法之必變，變之而必強，昭昭更無疑義，此可知者也。至變於誰氏之手，強為何種之邦，或成五裂四分，抑或業歸一姓，此不可知者也。吾與客茫茫大海，飄飄兩萍，委心任運可耳，又何必容心於鼠肝蟲臂，而為不祥之金也哉！客言下大悟，奮袖低昂而去。

建言有之：天不變，地不變，道亦不變。此觀化不審似是實非之言也。夫始於涅菩，今成橢軌，天樞漸徙，斗分歲增，今日逐古日之熱，古晷較今晷為短，天果不變乎？炎洲群島，乃古大洲沉没之山尖；薩哈喇廣漠，乃古大海浮露之新地；江湖外齧，火山內崩，百年之間，陵谷已易，眼前指點，則勃澥舊界，乃在丁沽，地果不變乎？然則，天變地變，所不變者，獨道而已。雖然，道固有其不變者，又非俗儒之所謂道也。請言不變之道：有實而無夫處者宇，有長而無本剽者宙；三角所區，必齊兩矩；五點布位，定一割錐，此自無始來不變者也。兩間內質，無有成虧；六合中力，不經增減，此自造物來不變者也。能自存者資長養於外物，能遺種者必愛護其所生。必為我自由，而後有以厚生進化；必兼愛克己，而後有所和群利安，此自有生物生人來不變者也。此所以為不變之道也。若夫君臣之相治，刑禮之為防，政俗之所成，文字之所教，吾儒所號為治道人道，尊天柱而立地維者，皆譬諸夏葛冬裘，因時為制，目為不變，去道遠矣！第變者甚漸極微，固習拘虛，末由得覺，遂忘其變，信為恒然；更不能與時推移，進而彌上；甚且生今反古，則古昔而稱先王，有若古之治斷非後世之治所可及者，而不知其非事實也。

（清）嚴復《嚴復合集》卷一《嚴復文集編年一·擬上皇帝書》　其在內治云何？法既敝而不知變也。臣聞天下有萬世不變之道，而無百年不變之法。蓋道者，有國有民所莫能外。自皇古以至今日，由中國以訖五洲，但使有群，則莫不有其相為生養、相為保持之事。既有其相生養、相保持之事矣。則仁義、忠信、公平、廉恥之實，必行於其間。否則其羣立散，種亦寖滅。至於法則不然。蓋古之聖賢人，相一時之宜，本不變之道，制為可變之法，以利其羣之相生養、相保護而已。是以質文代變，自三代而已然。即有神聖祖宗，明諭切戒，所以期其子孫世守者，意亦曰，使內之民物，外之敵國，常無異於今，則吾之法制，固可以措天下於至安，而歷久而無弊。必不云情異事遷，世變方亟，所立之法，揆之事理，不可復通，猶責子孫令兢守其法以馴致危亡也明矣。臣嘗竊讀中外各國史書矣，見彼外洋，一國既立，為之主者，率皆一姓相傳，累千餘年而不變。即中間更制民主，置其舊君，而他日復辟，必更求其裔為之，如法蘭西前之盧夷是已。至於英、德、奥、日、義，比諸邦，則舊制未隳，為之君者，惟一家而已。獨至中國則云一姓不再興矣。三古以還，君此土者，不知幾易，治亂興廢，如循環然。此其故何哉？司馬遷曰：物窮則變，變則通，通則久。窮變通久，使民不倦。外國窮而知變，故能與世推移，而有以長存。中國倦不思通，故必新朝改物，而為之損益。果使倦而能通，取來者之所損益而豫為之，因世變化，與時俱新，則自夏禹至今，有革制而無易主，子孫蒙業千禩不墜可也；何必如漢臣劉向所言：自古及今，未有不亡之國也哉！且夫王者之大事，莫大於法祖而敬天矣。敬天則當察天意之所趨，法祖則當體貽謀之所重。天之意於何察？察之於億兆而可知。祖宗之貽謀於何體？體之於一己而可悟。近歲以來，薄海嗷嗷，扼腕叩胸，知與不知，莫不爭言變法。其且謂中國若長此終古，不復改圖，將土地有分裂之憂，臣民有奴虜之患。民情如是，則天意可知矣。且臣知陛下之所以謙讓逡巡，終不忍言變法者，重以子孫輕改祖、父之道故也。此誠陛下孝治之隆，不可及之盛德也。然而臣愚竊以（謂）〔為〕過矣。臣請得就陛下一己之意明之：設今者陛下憤因循之致弱，不得已審勢順時，制為一切之法以補救之，凡此亦陛下一時之計也。而千秋萬歲之後，陛下之聖子神孫，其所遭之世，雖其所以得救者不存，然猶兢守陛下之法，至於不可復行；其且坐法之故，使人才消乏，財賦困窮，內憂外患，坌至而不可復支，如是而猶不變，寧使宗社傾危，種姓降為皂隸，則陛下以為孝乎？且將恫其易轍改弦，以與天下更始乎？臣愚有以知陛下之必不然矣。然則皇天之意，莫急於利安元元；祖宗之貽謀，莫重於保世垂統。而既敝之法度，猶芻狗之不可重陳，惟天惟祖宗所日夜屬望陛下早為改革者也。此在常智猶能知之，而謂陛下至聖至明，庸有不知此理！今者陛下君九萬里之中國，子四百兆之人民，其為榮業可謂至矣。然而審而言之，則所承之重，實百倍於古之帝王；所遭之時，亦古無如是危急者。國之富強，民之智勇，臣愚不知忌諱，不敢徒以悅耳之言欺陛下，竊以為無一事及外洋者。而其所以獲全至今者，往者以外人不知吾虛實故耳。甲午以來，情見勢屈矣，然而未即動者，以各國之互相牽制故耳。故中國今日之大患，在使外人决知我之不能有為，而陰相約縱，以不戰而分吾國。使其約既定，雖行聖者，不能為陛下謀也。為陛下謀，務及此約未及之際，此臣所謂時至危急者也。況客歲德人之占奪膠州，則外人意之所欲為，愈明白而不待更察矣。東方俄、日洶洶，論者策其必出於戰。戰則無論孰為勝負，而我將皆有池魚之憂，伏皇天，祖宗以丕基鴻業付陛下，皇太后援立有德，原以冀宗社萬世之安。且使中國一朝而分，則此四百兆黃炎之種族，無論滿、蒙、漢人，皆將永為賤民，而為歐人之所輕蔑踐踏。陛下即敝屣萬乘，不為身謀，奈九廟在天之靈與皇太后千秋之養何？奈中國率土臣庶所以愛戴陛下之意何？此臣所謂陛下奉承之重，百倍於古之帝王者也。夫陛下所承之重如此，所遭之時，其危急又如此，然則陛下雖欲趣過目前，忍與終古，不可得矣。然而居今之日，而欲講變革，圖富強，雖臣至愚，亦深諒陛下之難為也。【略】

臣居平嘗論中國今日之法，雖已大敝，然所以成其如是者，率皆經數千載自然之勢流演而來，對待相生，牢不可破。故今者審勢相時，而思有所改革，則一行變甲，當先變乙；及思變乙，又宜變丙。由是以往，膠葛紛綸，設但支節為之，則不特徒勞無功，且所變不能久立。又況興作多端，動糜財力，使其為而寡效，則積久必至不支，此亦事之至為可慮者也。邇歲以來，朝野之間，其言變法以圖自強者，亦不少矣。或云固圉為急矣，則請練陸營而更立海軍；或云理財最要矣，則請造鐵路、開各礦而設官銀號；又以事事雇用洋人之不便也，則議廣開學館以培植人才。大抵皆務增其新，而未嘗一言變舊。夫國家歲入之度支有限，而新政之日增無窮，新舊並存，理自竭蹶。臣聞為政之道，除舊布新，相因為用者也。譬如病痞之夫，欲求強健，良醫臨證用藥，必將補瀉兼施，夫而後積邪去而元氣蘇，徐收滋補之效。使其執不可攻削，恐傷病人之說，而專補不瀉，日進參蓍，則雖所費多金，以求良藥，恐痞疾終不可瘉，積邪日以益堅，而大命之傾將無日矣。陛下試觀今日諸臣所為，何以異此？故臣竊謂前者諸事，以治標而論，則事勢太逼，恐無救於危亡；以治本而言，則積習未祛，亦無益於貧弱。其事誠皆各國所以富強之具，今日所不可不圖，第為之而不得其序，則遠之有資敵之憂，近之有糜財之患，而於自強之實，去之尚遙。何者？將以為標，則救亡圖存，事尚有亟乎此者；以之為本，則原始要終，事尚有先乎此者也。臣竊嘗自忘其愚賤，曠觀時變，蚤夜以思，既深識大局之至為難圖，又大願陛下之不可不勉。得未變法之前，陛下之所亟宜行者三；既變法之時，陛下之所先宜行者四。狂夫言焉，聖人擇焉。屈原不云乎：所非忠而言之兮，指蒼天以為正。惟陛下俯垂聖聽而已。

臣所謂未變法所亟宜行三者：一曰聯各國之歡。今夫歐洲各國之事，至紛紜矣。然而約而言之，大抵英、俄兩大權之所舉措而已。英最孤立，而俄則有法、德之連。其所以連者，以三國皆以傾英為謀故也。蓋英之海權最大，而商利獨閎。其屬地大者有五，印度、南澳洲與北美之康納達、非洲之好望角。而尤要者，則自其國繞大西洋而入地中海，出蘇爾斯、紅海，達印度洋，過新加坡北首而入吾之東海。沿途島埠，如置驛然，蟬嫣不絕，以為屯煤轉餉之資；而輔之以全球之海線，此可謂筦五洲之鎖鑰者也。餘國出而行賈，皆有仰於英，而英則無所待於餘國。然而以設埠之多也，故雖為國大費，而不能不盛設海軍而彈壓之，此則事相為表裏者也。至於俄之國勢，則與英懸殊。英島國也，而俄處大陸，地勢平衍，跨有二洲，游牧農漁之利最富，陸師額設之多，甲於天下，善治而自守，收蔥嶺以西之部落，夫已蔚為雄國矣。然自大彼得崛興以來，常以無四時不凍口門，使商利不恢，國威不暢為恨。百數十年，其君若臣所處心積慮，不遺餘力者，為斯一事而已。拓土開疆，抑其次也。波羅特海、白海皆凍，不足以蓄船；黑海寬矣，而內有君士但丁之限，外則地中海東西兩頭，皆英人司其門戶，俄不得以逞志也。前者思南通波斯、阿富汗以出印度洋矣，然此又英人所必爭、所死齗，不能入尺寸者也。咸豐末年，以中國之多故，伺隙蹈瑕，唾手而得我黑龍江之東部，於是俄肇有海參威自由之海口，而其國東方之略，亦用此為起點矣。自彼得堡以抵海參威，一經兩海，中間徑六七千迷盧，多窮徼荒寒之地，俄不惜籌數百兆之費，創為錫伯利亞之鐵路以通之。英通海而俄通陸，道成則有以奪英之商權而大得志。嗟夫！謀國如此，此可謂高掌遠蹠者矣。不幸道未成而有甲午之事，高麗失怙，而我喪師。日本荐食上國，且有以妨俄數十年慘淡經營之大業，此其勢所不能不争者也。於是俄既以助我為名矣，則英自不能不合日本；而法、德者，則俄自知兵力之單，而引以為重者也。夫法之事俄久矣，其事俄也，疾英國而思報德人也。俄一舉足，有以為二國輕重，德不能樹襟背之敵，故不得已而折入於俄。然往者俄、法衡而德、奧欲為縱矣。且使法人報德之志，日久而衰，則俄、法之交，或不可恃，大抵各適己事而已。此泰西各國之大略也。【略】

三曰破把持之局。臣聞國家變法之時，其難有二：一曰抑僥倖之門；一曰破把持之局。僥倖者，自新進而言之也。把持者，自守舊而言之也。然而抑僥倖難矣，而破把持尤難。何以知其然也？國家當奮發有為之際，勢不能不開功名之門，破常格以待非常之士。彼僥倖者，中無所有也，而有意於天子之爵禄，於是則養交游談，甚者或拜私門行苞苴以規進取。雖然進取矣，使其人之甚不肖，則受者難之，而言者或揭其短，抑或負乘而敗，則必無幸矣。故抑之雖難而實易也。至於把持之局之難破，則自古而已然。僥倖者，皆小人也，而把持之中不能君子。但使其人不知當世之務，不察理勢之真，則奮其偏見，皆可與為治者力争，雖刑黜有所不顧，其所稱引者，動緣祖宗之法制，賢聖之遺文，而人君之所宜法守者也。且人情常樂因循而憚改作，故其持論，和者常多。及其既多，則雖以人君之權，有不能與其臣下争勝者矣。趙武靈王之胡服騎射，可謂英主之壯圖，然與其臣公叔成諸人往復十餘周而後得行其意。宋王安石之新法，雖行之不皆合於道，然亦救時不得已之計也，乃一時為之助而匡輔者少，為之攻而排擊者多，於是黨論紛淆，而宋治亦終不振矣。然此猶是君子之把持也，其害國如此。至於小人之把持，則其術尤工，而其害有不勝僂指者矣。大抵君子之把持，生於智慮之有所不周，意見之有所偏激；而小人之把持，則出於營私自利而已矣。國家承平既久，則無論為中為外，舉凡一局一令，皆有緣法收利之家。且法久弊叢，則其中之收利者愈益眾，一朝而云國家欲變某法，則必有某與某者所收之利，與之偕亡。爾乃構造百端，出死力以與言變者為難矣。是故其法彌敝，則其變彌不可緩；而亦其變之彌不可緩，則其欲變彌難。蓋法之敝否，與私利之多寡為正比例；而私利之多寡，又與變之難易為正比例也。夫小人非不知變法之利國也，顧不變則通國失其公利，變則一己被其近災。公利遠而難見，近災切而可憂，則終不以之相易矣。嗟夫！此西人講群學者，所以稱必有為群捨己之人，而後群强而化進也。且今者中國變法之難，不必改用西法而後爾也。但使人失私利者多，則雖經典之所載，祖訓之所垂，不能據之以敵把持之勢。

今夫同律度量衡而謹圜法者，王者之大政也，著於禮經，載之會典。且度量不同，圜法不謹者，其國必貧，又計學之公例也。而中國此數者之放紛雜亂，為全球之所無。日者嘗有人焉，欲為陛下立圜法矣，以一兩五錢為制，色均權等，此法立則民無以滋其巧偽，而吏無以售其姦，而泉貨大通於中國，有無窮之利，此亦富國之本謀也。顧何以事經部臣議復以為多所窒礙而萬不可行乎？釐金者，天下之弊政也。吾與外洋議及加税，則英人常以為言，以謂吾不病中國之抽釐，所抽重輕，抑亦其次，但商人出本行貨，以示以一定税則，然後可以操籌計贏，不至虧折。而中國十里一卡，百里一牙，疏密重輕，毫無定制。夫取於民有制者，又百王之通義也。且賦民無法，則上之所益有限，而下之所損至多。合天下而計之，則國財之耗於無形者不少。今陛下試取其法而整頓之，而觀各省之督撫官吏以為何如？由此而推之，則陛下欲變科舉考試之法，則必有收科舉考試之利者以為不便矣。陛下欲廢弓箭，用槍炮，毁沙艇，易輪船，罷漕運，收折色，講河工，用西法，諸如此者，皆必有收前利者以後之變法為大不便。總之，如臣前言，其法愈敝，則把持愈多，而變之愈不易，不必問其為中法為西法也。孔子曰：鄙夫可與事君也與哉？【略】苟患失之，無所不至。而近人之論李斯，亦云：小人寧坐視其國之危亡，不以易其身一朝之富貴。痛矣乎，其言之也！然而臣以為彼把持者之計亦短矣。譬之樹之有蠹，人一身之有蟲，聚而嘬之，以為得計，而不念及其已甚，則樹殭人亡，而己亦與偕盡。此莊周所謂濡濡豕蝨者也。使其幡然變計，先國而後身，先群而後己，則一身雖不必利，猶可以及其子孫。況夫處富强之國，其身之未必不利也哉，特一轉移之間耳！

是以臣之愚計，以謂陛下治今日之中國，不變法則亦已矣，必變法則慎勿為私利者之所把持。夫法度立，則人無獨蒙其利者，故雖至不得已而圖改革，其於小人必有所齟齬而不安。歷代叔季之君，夫亦自知傷危而思振刷矣。使其匪所齟齬而變之不難，則古今安得有亡國哉？臣聞帝王之用心，與眾庶異。眾庶急其一身一家而已，然而仁賢之士，尚有忘己以救物者；至陛下之用心，則利社稷安元元否耳。《淮南子》有云："櫛者墮髮。然而櫛不止者，所損者少而所利者多也。尚安能以數人之私戚，而廢天下之公休也哉！故不破把持之局，則變法為虛言。陛下果有意於講變革，圖富強，亦在斷之而已。以上三端，皆未變法之先所宜亟行者也。蓋不聯各國之歡，則侮奪之事，紛至沓來，陛下雖變法而不暇；不結百姓之心，則民情離渙，士氣衰靡，無以為禦侮之資，雖聯各國之歡，亦不可恃；而不破把持之局，則搖手不得，雖欲變法而不能也。一其事在各國，二其事在萬民，而三則在陛下之一心。陛下果採臣議而次第行之，則為曠古之盛節，機關闔開，而數千年之治運轉矣，然後因勢利導。所謂既變法所宜先者，臣請竭其愚陋，繼今而言之。

（清）嚴復《嚴復合集》卷五《嚴復未刊詩文函稿及散佚著譯・論國家於未立憲以前有可以行必宜行之要政》 是故今日之事，方其為變也，所當計者法之宜變否耳。抑使一時勿變，能長此終古否？假令不能，而終出於必變矣，則與為因循以愒時，無寧斷決而作始。夫曰程度未至，情形不同，此皆畏難苟安者延宕之淫辭，夫非火屋漏舟，急起自救之義明矣。以此故立憲之議，為鄙陋所極表同情者。非敢謂以吾國今日之人才，處從古未有之變局，但曰立憲，遂能為之而皆合也。亦非謂國家有意振興，但遣大臣四五輩，周游列邦，如漢唐人遠求梵典者然，遂足以得其要領也。所冀以名始者，將以實終，方針既定之餘，將吾國上下之人，億兆一心，以求達其目的耳。

且立憲之所以救亡者，非其名也，實也。必以其名，恐雖議院沁涅特、地方自治、法權獨立，與夫西人一切之法度，悉取而立之於吾國之中，將名同實殊，無補存亡，而徒為彼族之所騰笑（本年正月《泰晤士報》有論中國將立上議院，議員以內之尚侍九卿，外之督撫為之。語极訕笑，以為騙非騙馬非馬云。）苟為其實，則立憲固善，而憲法未立之頃，其所謂當務之急何限，有不待再計而宜急急行者。此則鄙陋所欲借前箸，以代當國諸公，籌其一二者矣。無曰老生常談；天下為眾意之所同，而行之無後患者，皆老生常談也。

（清）嚴復《嚴復合集》卷八《原富上・論羅馬解紐歐洲厲農之政》

案：自古無無弊之法，方民德未進，民智未宏，則法之為弊尤众。故一法之行，皆有其便不便者，緩急輕重則有之矣。曰無不便而後可行，此何異庸醫立方，必求無毒之品，其殺人乃愈多也。知時審勢之士，為國家立一法制，其異己者，必舉其不便攻之，不知擇禍務輕，行法者固擇其輕者為之，非得已也。中國自秦以來，其立政大體多與羅馬季年相若，知防奸塞弊矣，而不知有遠且大者之邦本利源，與所塞所防者將俱去也。即如患宰相之專權矣，而不知國有緩急之無重臣；郡縣之官不用土著矣，而不知吏將視任職如傳舍；六部位同等官，至於六人，而不知官事之推諉而叢脞。三代後法，大抵以禁非有餘，而以進治不足，卒之禍常發於所慮之外，弊即伏於周防之中。而財力匱單，人才消乏，有欲圖挽救而不能者矣！可勝嘆哉！

（清）嚴復《嚴復合集》卷九《原富下・論沮抑外貨不使争銷之政》

案：斯密氏之論海運條例也，可謂自信不篤者矣。何其言之多違反耶？故後之計學家羅哲斯曰，斯密之美海運條例而不為抨駁也，殆聳於當時之議，而謙讓不發耳。以本書之例言之，則境外梢商之業，民自計其贏失而避趨之，必非政令之所能沮勸也。海運條例至一千八百五十四年盡廢，而其後海舶且日多，習海之氏亦日眾，未聞坐是以加少，而英之海權以致微也。且當戈洛摹爾之行此令也，荷蘭之海權甚張，又未嘗受其齟也，則吾不知所謂海運條例者果何所用也？往者當斯密氏時，英國家常令鋒厲軍官率數十百水勇，號壓使隊，遊行市中，強募人走海，或往印度，民於是始視海為畏途。此其有損於英之海權，過於竟廢海運條例遠矣。彼坐堂皇而議者，所見不逾庭陛間，遇一弊，不審其遠因，施一救弊之政，亦不思其遠果，故其所得乃無往不反其所期。其病國之尤，將斥之而不暇，奈之何設淫辭而助之張目耶？

（清）嚴復《嚴復合集》卷一三《法意上・思想之獄》 復案：國法之所加，必在其人所實行者，此法家至精扼要之言也。為思想，為言論，皆非刑章所當治之域。思想、言論，修己者之所嚴也，而非治人者之所當問也，問則其治淪於專制，而國民之自繇無所矣。尚憶戊戌之歲，清朝方銳意變法，而廷臣之向背不同，某侍御，主於變法者也，疏論禮部尚書許應騃腹誹新政，上令自陳，以為無罪，而某侍御遂為輿論所不直。夫其人躬言變法，而不知其所謂變者，將由法度之君主而為無法之專制乎？抑從君主之末流而蕲得自繇之幸福耶？嗚呼！可謂慎已。近世浮慕西法之徒，觀其所持論用心，與其所實見諸施行者，常每況而愈下，特奔競風氣之中，以變亂舊章為樂，取異人而已，鹵莽滅裂，豈獨某侍御言失也哉！

（清）嚴復《嚴復合集》卷一三《法意上·亞洲風土》又案：西士計其民幸福，莫不以自繇為惟一無二之宗旨。試讀歐洲歷史，觀數百年、百餘年暴君之壓制，貴族之侵陵，誠非力争自繇不可。特觀吾國今處之形，則小己之自繇，尚非所急，而所以祛異族之侵橫，求有立於天地之間，斯真不容緩之事。故所急者乃國群自繇，非小己自繇也。求國群之自繇，非合通國之群策群力不可。欲合群策群力，又非人人愛國，人人於國家皆有一部分之義務不能。欲人人皆有一部分之義務，因以生其愛國之心，非誘之使與聞國事，教之使洞達外情，又不可得也。然則，地方自治之制，乃刻不容緩者矣。竊計中國即今變法，雖不必遽開議院，然一鄉一邑之間，設為鄉局，使及格之民，推舉代表，以與國之守宰相助為理，則地方自治之基礎矣。使為之得其術，民氣不必緣此而遂囂，而於國家綱舉目張之治，豈曰小補？上無曰民愚不足任此事也，今之為此，正以瘉愚，但使人人留意於種之強弱，國之存亡，將不久其智力自進，而有以維其國於泰山之安。

（清）嚴復《嚴復合集》卷一四《法意下·三申前論》復案：法以俗為隆污，此其説固然。然而，善為治者，未有以法媚俗者也，必將使其民仰跂之，於以收進化之效。又憶吕新吾有言，國家懲一事之失，立不變之法，防一吏之奸，造非常之律，法之不良，無逾此者。夫叔季法令之所以煩苛，大都由此。此君主之法，所以常不及於立憲。立憲之國，最重造律之權，有所變更創垂，必經數十百人之詳議，議定而後呈之國主，而准駁之，此其法之所以無苟且，而下令常如流水之原也。

（清）康有爲《公車上書》養民之法：一曰務農，二曰勸工，三曰惠商，四曰恤窮。天下百物皆出於農，我皇上躬耕，皇后親蠶，董勸至矣。而田畯之官未立，土化之學不進，北方則苦水利不闢，物産無多；南方則患生齒日繁，地勢有限；遇水旱不時，流離溝壑，尤可哀痛，亟宜思良法以救之。外國講求樹畜，城邑聚落，皆有農學會，察土質，辨物宜。入會則自百穀花木果蔬牛羊牧畜，皆比其優劣，而旌其異等。田樣各等，機車各式，農夫人人可以講求。鳥糞可以肥培壅，電氣可以速長成，沸湯可以暖地脈，玻罩可以禦寒氣。刈禾則一人可兼數百工，播種則一日可以三百畝。擇種一粒，可收一萬八百料，千粒可食人一歲，二畝可養人一家。瘠壤變爲腴壤，小種變爲大種，一熟可爲數熟。吾地大物博，但講之未至。宜命使者譯其農書，徧於城鎮設爲農會，督以農官。農人力薄，國家助之。比較則棄楛而從良，鼓舞則用新而去舊，農業自盛。若絲茶爲中國獨擅，恃爲大利，而近年意大利、法蘭西、日本皆講蠶桑，印度、錫蘭茶葉與吾敵，奪我之利，致吾衰減至千餘萬。而吾養蠶未善，種茶未廣，再不講求，中國之利源塞矣。宜設絲茶局，開絲茶學會，力求振興，推行各省。其餘東南種棉蔗，西北講牧畜。棉以紡織，蔗以爲糖，牛羊之毳，可以織呢絨氈毯。以及沙漠可以開河種樹，海濱可以漁網取魚。種樹之利，俄在西伯利部歲入數百萬；漁人之計，美以爲能盡其利，所入等於舊金山之礦，宜有以鼓勸之。此務農宜行一也。

又：夫中國大病，首在壅塞，氣鬱生疾，咽塞致死。欲進補劑，宜除噎疾，使血通脈暢，體氣自强。今天下事皆文具而無實，吏皆奸詐而營私。上有德意而不宣，下有呼號而莫達。同此興作，並爲至法，外邦行之而致效，中國行之而益弊者，皆上下隔塞、民情不通所致也。夫以一省千里之地，而惟督撫一、二人僅通章奏。以百僚士庶之衆，而惟樞軸三、五人日見天顔。然且堂廉迥隔，大臣畏謹而不敢盡言；州縣專城，小民冤抑而未由呼籲。故君與臣隔絶，官與民隔絶，大臣小臣又相隔絶。如浮屠百級，級級難通，廣廈千間，重重並隔。夫天下萬物之繁，封圻千里之廣，使督撫樞軸皆是大賢，然是數人者，心思耳目所及必有未周，才力精神之運必有不逮，以之運驟四海，措置百務，已狹隘不廣矣。況知人之哲，自古爲難。唐帝失之於共兜，諸葛失之於馬謖。任用偶誤，一切乖方，而欲倚之以扶危定傾，經營八表，豈不難乎！天下人民四萬萬，庶士億萬，情僞百端，才智甚廣，皇上僅寄耳目於數人，而數人者又畏懦保禄，不敢竭盡，甚且煬竈蔽賢，壅塞聖聽。皇上雖欲通中外之故，達小民之阨，其道無由；名雖尊矣，實則獨立於上，遂致有割地棄民之舉。皇上亦何樂此獨尊爲哉？夫先王之治天下，與民共之。《洪範》之大疑大事，謀及庶人爲大同。《孟子》稱進賢殺人，待於國人之皆可。盤庚則命衆至庭，文王則與國人交。《尚書》之四目四聰，皆由闢門；《周禮》之詢謀詢遷，皆合大衆。嘗推先王之意，非徒集思廣益，通達民情；實以通憂共患，結合民志。昔漢有徵辟有道之制，宋有給事封駁之條。伏乞特詔頒行海内，令士民公舉博古今、通中外、明政體、方正直言之士，略分府縣，約十萬戶而舉一人，不論已仕未仕，皆得充選，因用漢制，名曰議郎。皇上開武英殿廣懸圖書，俾輪班入直，以備顧問。並准其隨時請對，上駁詔書，下達民詞。凡内外興革大政，籌餉事宜，皆令會議於太和門，三占從二，下部施行；所有人員，歲一更換；若民心推服，留者領班。著爲定例，宣示天下。上廣皇上之聖聰，可坐一室而知四海；下合天下之心志，可同憂樂而忘公私。皇上舉此經義，行此曠典，天下奔走鼓舞，能者竭力，富者紓財，共贊富强，君民同體，情誼交孚，中國一家，休戚與共。以之籌餉，何餉不籌？以之練兵，何兵不練？合四萬萬人之心以爲心，天下莫强焉！然後用府兵之法，而民皆知兵；講鐵艦之精，而海可以戰。於以恢復琉球，掃蕩日本，大雪國恥，耀我威棱。昔德國相臣畢士麻克，嘗以中國之大冠絶四洲，他日恐爲歐羅之患，思與諸國分之，後以中國因循不足畏，議遂中止。今若百度更新，以二萬里之地，四萬萬之人，二十六萬種之物産，力圖自强，此真日本之所大患，畢士麻克之所深忌，而歐羅巴洲諸國所竊憂也。以之西撻俄、英，南收海島而有餘；何至忍詬含恥，割地請款於日本哉！及今爲之，猶可補牢。若徘徊遲疑，苟且度日，因循守舊，坐失事機，則諸國環伺，間不容髮，遲之期月，事變必來。後欲悔而改作，大勢既壞，不可收拾，雖有聖者，無以善其後矣。

且夫天下大器也，難成而易毁；兆民大衆也，難静而易動。故先王懔朽索之馭馬，慮天命之無常，戰戰業業，若履淵冰。楚莊王之立國也，無日不訓討軍實，慮禍至之無日，戒懼之不可怠；諸葛亮之佐蜀也，工械究極，用兵不戢，屢耀其武。率皆君臣上下，振刮摩厲，乃能自立。稍有因循，即懷、愍蒙塵，徽、欽見虜矣。近者土耳其爲回教大國，不變舊法，遂爲六大國割地廢君而柄其政。日本一小島國耳，能變舊法，乃敢滅我琉球，侵我大國。前車之轍，可以爲鑒。自古非常之事，必待大有爲之君。自强爲天行之健，志剛爲大君之德。《洪範》以弱爲六極，《大易》以順爲陰德。《詩》曰：天之方懠，無爲夸毗。説者謂夸毗體柔之人也。伏惟皇上英明天亶，下武膺運，歷鑑覆轍，獨奮乾綱，勿搖於左右之言，勿惑於流俗之説，破除舊習，更新大政，宗廟幸甚！天下幸甚！夫無事之時，雖勛舊之言不能入，有事之世，雖匹夫之言或可採。舉人等草茅疏逖，何敢妄陳大計，自取罪戾，但同處一家，深慮胥溺。譬猶父有重病，庶孽知醫，雖不得湯藥親嘗，亦欲將驗方鈔進。《公羊》之義，臣子一例，用敢竭盡其愚，惟皇上採擇焉。

（清）康有爲《戊戌奏稿・請告天祖誓群臣以變法定國是摺》 奏爲決行變法，請上告天祖，大誓羣臣，以定國是而一人心，恭摺仰祈聖鑒事。竊自東事敗後，近者膠、旅繼割，國勢淩夷，瓜分日聞，幾不國矣。所以至于此者，一統閉關之治，與列國競争之治，若冬夏冰炭之相反，水陸舟車之異宜也。今我國處競争之新世，而行閉關之舊法，安得不危敗乎？夫秋扇必捐，堂簑無用，五月之裘難披，岸上之船不住，物之公理也。禮以時爲大，而孔子時聖；逆天不祥，違時必敗。若當變不變，必有代變之者矣。與其人爲變之，何如己自變之之爲安適。夫印度者，人代變者也；日本者，已自變者也。得失之，故可以鑒矣。

皇上聖明神武，奉天審時，知時變之宜民，觀會通而行禮，審得失成敗之故，決維新更始之謀，誠爲不世出而膺昌期者矣。然非常之原，黎民所懼，變易之始，守舊所疑。蓋聾者無以定韶武、鄭衛之聲，瞽無以辨采色文章之美。蜀犬見日而吠之，愚聞閉塞之夫，安其所習，毁所未見。昔滕文公、趙武靈王、魏文帝變法之時，父兄百官，蓋皆不欲，極力阻撓；俄大彼得之變法，羣臣陰欲廢之，惟賴諸主剛斷不惑羣言，故能致治强，光烈昭著。比年以來，皇上有意變法，而盈朝洶洶，不可向邇，親貴抗違，耆舊力諍，群僚面從而後言，舉政始行而中廢。乃至奉旨發議，乃推延而不議，明詔施行，乃束閣而不行。人心衆論，緝緝仳仳。譬行船駕駛，宜定方針，乃船主指之于南，而舵手推之于北，以此而求登彼岸，不亦難哉？臣愚竊竊憂之，又竊反覆爲皇上計之，若令守奮不變，而土地可保，宗社無恙，可長此終古也，則臣愚亦謂勿變也。然守舊不變之危敗，成事已見矣，故徇守舊親貴之意，則宗社土地不保。試問守舊親貴與宗社、國土孰重乎？皇上受祖宗之付託，爲國民所託命，愛宗社土地而保之乎？抑愛守舊親貴而保之乎？但以此比校，皇上今之行政若何？可以立斷矣。故今兹大變百度，非皇上乾剛睿斷不可。即皇上能奮乾剛，而非大舉誓禮，明定國是，昭示聖意，俾萬衆回首，改視易聽，不足以一人心而定步趨也。日本明治之初，决行變法，大集羣臣，以五事誓于太廟，蓋變法者，必行之途徑階級也。

皇上上法滕文公、魏文帝之英明，外採俄彼得、日本明治之政術，乞明詔天下，擇日齋沐，大集羣臣，無小無大，誓于天壇。

（清）康有爲《戊戌奏稿·請廣譯日本書派遊學摺》 竊頃東事大敗，割臺灣，賠巨萬，舉國痛之。臣以爲此非日本之勝我也，乃吾閉關之自敗，而人才之不足用也。夫中國萬里之廣土，五千年文明之古國，以文學教化，自尊矗于大地者也。以夙昔環我皆諸番野蠻未開化者，故鄙爲夷狄，又皆遺學于我，而日本政法、文學亦自我出，故足已無待，輕視一切。此中國人數千年之積習，非一日矣。其學者所事學八股試帖、讀四書五經而外，無他學矣。其號稱博學方聞之士，則有義理、考據、掌故、詞章、輿地、金石諸學，通之者郡縣寡得其人。然問以新世五洲之輿地，國土、政教、藝俗，蓋皆茫然無睹，瞪目□舌，若罔聞知，猝以投之大地交通萬國之世，以當各國之新法、新學、新器，安有不敗者哉？蓋人才之盲瞽不足用也，數千年閉關自足使然也。吾永永閉關，以爲今之世，猶古之世也，而不意自嘉慶之世，汽船驟出；道光之世，電線忽成；咸豐之代，鐵艦創行；同治之朝，鐵路交通；近乃電話四達。于是諸歐挾其異器，横行宇內，隳突全球，若天上諸星之忽下于地也，遂破吾數千年久閉之重關，驚吾久睡之大夢。入吾之門，登吾之堂，處吾之室矣。自爾之後吾中國爲列國競争之世，而非一統閉關之時矣。列國競争者，政治、工藝、文學、知識一切相通相比，始能並立，稍有不若，即在淘汰敗亡之列，而吾乃以宿昔閉關之俗對待之。天已大雪不覓爐裘，而尚葛屨履霜；前横大河，不具舟航，而以方車渡水，其有不寒斃而溺死者乎？我國今勢何以異此？日本昔亦閉關也，而早變法，早派游學，以學諸歐之政治、工藝、文學知識，早譯其書而善其治，是以有今日之强而勝我也。吾今自教之圖，豈有異術哉？亦亟變法，亟派游學，以學歐美之政治、工藝、文學知識，大譯其書以善其治。則以吾國之大，人民之多，其易致治强可倍速過于日本也。

（清）康有爲《戊戌奏稿·請厲工藝獎創新摺》 孔子時聖，以其知新，故新民為先，禮時為大。吾中國之政教風俗，數千年如一揆也，只有保守，而絶無進化者，蓋尊古守舊為之也。夫中國何為尊古守舊？蓋一統閉關，無所求望，但君主寡欲，國無兵争大亂，小民不饑不寒，仰事俛畜，養生送死無憾；教化既行，則號稱太平，登封行而頌聲作，以為郅治之極矣。故中國人語稱天下，印度、羅馬人亦語稱天下，蓋皆限于地域，聞見使然也。夫人之愿欲無窮，而治之進化無盡。雖使黄金鋪地，極樂為國，終有仇怨，未盡美善。

（清）康有爲《戊戌奏稿·請尊孔教為國教立教部會以孔子紀年為廢淫祀摺》 吾國自有教主，《春秋》作自先聖，何不直祀孔子，同奉教主，不更足以感動人之仁慈忠信哉？

聞昔在明世，民間尚有祠孔子者，至康熙時，御史吴培乃始奏禁婦女孔廟燒香。自是禁民間廟祀孔子，以為尊崇先聖，豈知聖教從此不及于民矣。聖教日微，而淫祀日盛，吴培不知大理，其罪可勝誅哉？【略】

臣竊考孔子實為中國之教主，而非謂學行高深知聖者也。昔周末大亂，諸子并興，皆創新教。孔子應天受命，以主人倫，集成三代之文，選定六經之義。其《詩》、《書》、《禮》、《樂》，因藉先生之舊而正定之，其《易》以通陰陽，《春秋》以張三世，繼周改制，號為素王，蒼帝降精，實為教主。莊子以為本天地，育萬物，大小精粗本末，四通六闢，無乎不在，推為神明聖王。子貢、有子以為生民未有，其弟子三千，徒侶六萬，分傳其教，徧於中國，皆信行之。當其時諸子争為教主者十數，而老、墨尤大。老為虚無，為我刑法之祖，其流為神仙符籙；墨為尊天，尚同兼愛之宗，其短在非樂儉觳。二大教亦徧行中國，而不若孔子之宏大周徧，又不若孔子之近人中庸，故至漢武時儒學一統，二教敗亡，孔子為中國教主，乃定一尊。

夫大地教主，未有不託神道以令人尊信者，時地為之，若不假神道而能為教主者，惟有孔子，真文明世之教主，大地所無也。及劉歆起，偽作古文經，託于周公，於是以六經為非孔子所作，但為述者。唐世遂尊周公為先聖，抑孔子為先師，於是僅以孔子為純德懿行之聖人，而不知為教主矣。近人遂妄為孔子為哲學、政治、教育家，妄言誕稱，皆緣是起，遂令中國誕育大教主而失之，豈不痛哉？臣今所編撰，特發明孔子為改制教主，六經皆孔子所作，俾國人知教主，共尊信之。皇上乙夜覽觀，知大聖之改制，審通變之宜民，所以訓諭國人，尊崇教主，必有在矣。

夫孔子之道，博大普徧，兼該人神，包羅治教，固為至矣。然因立君臣夫婦之義，則婚宦無殊；通飲食衣服之常，則齊民無異。因此之故，治教合一。奉其教者，不為僧道，只為人民。在昔一統閉關之世也，立義甚高，厲行甚嚴，固至美矣。若在今世，列國縱横，古今異宜，亦少有不必盡行者。其條頗多，舉其大者，蓋孔子立天下義，立宗族義，而今則純為國民義；此則禮律不能無少異，所謂時也。孔子自有平世之義，臣所輯《春秋筆削大義微言考》，略發明之。但今未明，若盡以據亂舊道繩人，則時義事勢不能行；若不以孔子大教為尊，則人心世道不可問。故今莫若令治教分途，則實證無礙而人心有補焉。

夫舉中國人皆孔教也，將欲令治教分途，莫若專職業以保守之，令官立教部，而地方立教會焉。首宜定制，令舉國罷棄淫祀，自京師城野省府縣鄉，皆獨立孔子廟，以孔子配天，聽人民男女皆祠謁之，釋菜奉花，必默誦聖經。所在鄉市，皆立孔子教會，公舉士人通六經、四書者為講生，以七日為休息，宣講聖經，男女皆聽。講生兼為奉祀生，掌聖廟之祭祀灑掃。鄉千百人必一廟，每廟一生，多者聽之。一司數十鄉，公舉講師若干，自講生選焉。一縣公舉大講師若干，由講師選焉，以經明行修者充之，并掌其縣司之祀，以教人士，或領學校，教經學之席。一府一省，遞公舉而益高尊，府位曰宗師，省曰大宗師，其教學校之經學亦同。此則于明經之外，為通才博學者矣。合各省大宗師公舉祭酒老師，耆碩明德，為全國教會之長，朝命即以為教部尚書，或曰大長可也。各國學校，皆隸于教，學生日必頂禮，況我孔子，向專為學校所奉哉？應密其儀節矣。至凡為傳教奉職講業之人，學業言行，悉以後漢、宋、明之儒先為法。矩矱禮法，不得少踰，執持大義，匡弼時風，雖或極迂，非政客士流所堪，難從難受，而廉恥節義，有所扶賴。政教各立，雙論并馳，既并行而不悖，亦相反而相成。國勢可張，聖教日盛，其于敬教勸學，匡謬正俗，豈少補哉？

抑臣更有請者，大地各國，皆以教主紀年。一以省人記憶之力，便于考據；一以起人信仰之心，易于尊行。日本無教主，亦以開國二千五百年紀元，與其時明治年號並行。一以貴當王，一以便考古。若吾國歷朝數十，閱帝數百，年號幾千，記述既艱，考據不便，苟非通博專門，令人不知何世。既為前代，無關尊王，不若以教主紀年，更于敬教有補。

伏惟皇上聖明，傳心先聖，敬教審時，洞達中外，乞明詔設立教部，令行省設立教會講生，令民間有廟，皆專祀孔子以配天，并行孔子紀年以崇國教。其祀典舊多誣濫；或人神雜糅，妖怪邪奇；或無功德。應令禮官，考据經典，嚴議裁汰。除各教流行久遠，聽民奉教自由，及祀典昭垂者外，所有淫祀，乞命所在有司，立行罷廢，皆以改充孔廟，或作學校，以省妄費而正教俗。

（清）康有爲《戊戌奏稿·請開制度局議行新政摺》 臣愚過慮，恐行之久而鮮效，必將為守舊者所藉口而反之也。且歐美之新法，固中國所未有，人士未習也。驟然法之，推行之初，必多致誤，即使考求極祥，施行極細，猶恐以生疏失敗，遷地難良。故在彼為良法者，在我或為苛政，此又非審慎至詳，推勘至極，不宜實施也。泥守舊諸臣，憂疑驚懼，陽為奉令，蔭實阻撓，皇上日月至明，雷霆至厲，而助舊親貴，徧于當路，似宜思有以位置安全之，免其怨望，以生危殆。比亦為政之略，宜兼籌并顧者也。

伏乞皇上躬秉乾斷，立開制度局，選一國之才，而公議定之。統籌全局，乃次第施行，其於變法，庶能少弊。若夫吾國法律，與萬國異，故治外法權，不能收復。且吾舊律，民法與刑法不分，商律與海律未備，猶非所以與萬國交通也。今國會未開，宜早派大臣及專門之士，妥為輯定，臣前所亟亟請開法律局為此也。請附于制度局並設之。

（清）康有爲《戊戌奏稿·請計全局籌鉅款以行新政筑鐵路起海陸軍摺》 今何時乎？列國交通競争，互校優勝劣敗之時也。舉其重要，莫若國防與民治也，若稍疎闕，敗亡隨之。臣猶兢兢。夫新政之初，莫先民治。若設巡警，整土田，行自治，舉郵政，開學校，定法律，改判獄，皆一日不可緩者也。非設巡警，則盜賊不戢，情僞不知，故各國改良政治者莫先焉。吾國土之大，鄉縣至疎，應用巡警幾何？需費若干？孟子言民治，先定經界。今吾國土田，幾成空籍，上承元明，莫之修也，寔數莫知，真圖不審。若不考明圖籍，則統計難辦，亦理財無從。若能實測新圖，以成新册，貨政大增，統計可算，是非各縣開局、派員測繪不可，則所費甚繁矣。

夫治國雖大，自纖悉始。孔子言治，必先自鄉，地方自治者，古鄉政也。凡道路、學校、醫學、衛生、戶籍，皆賴鄉治乃舉，否則地廣而荒，雖有萬里廣土，不啻棄之。然全國之鄉，不啻十萬，需費若干。夫人之患病，血不通也。夫郵政以通喉舌血脈者也，各國以郵政印花之税，或十倍於地租。但初辦之始，全國之大縣鄉之多，并設郵局，其費幾何？吾國法律太苛，監獄污穢，外人驚惡，故不能收治外法權，國恥未有若是之甚也。臣迭次請改法律審判監獄之法，聖明深以為然。然全國之大，府縣之多，改審判監獄之費應若干。若全國大中小校，及夫專門，皆應次第舉辦，并須鉅款，此事皆待財政當預統計，不能曰吾欲為之而可成也。

（清）康有爲《戊戌奏稿·請斷髮易服改元摺》 奏為請斷髮、易服、改元，以與國民更始，恭摺仰祈聖鑒事。

竊維非常之原，黎民所懼；易舊之事，人情所難。自古大有為之君，必善審時勢之宜，非通變不足以宜民，非通變不足以救國，且非改視易聽，不足以一國民之趨向、振國民之精神。故孔子于《禮》通三統之義，于《春秋》立三世之法。當新朝必改正朔、易服色、殊徽號、異器械。而漢武帝當守文之中世也，定禮樂而改曆服；魏文帝承祖宗之強威，遷都邑而易服色，皆以更新善治，為法後世。若夫當列國爭強之世，猶重尚武。欲舉中國儒緩之俗，一變致強，其道猶難。故趙武靈王將有事于滅胡，則變服而騎；齊桓公將欲有事于中原，則易短衣而霸；而魏文帝、趙主父變其國俗，易其祖舊，父兄群臣，守舊之彥，讜言力爭，而二主終獨斷行之，遂致治強。英風霸烈，焜燿無盡，豈非善得通變之宜哉？然是四主者，所遇之世，尚非迫于必變之時也。

今則萬國交通，一切趨于尚同。而吾以一國，衣服獨異，則情意不親，邦交不結矣。且今物質修明，猶尚機器，辮髮長垂，行動搖舞，誤纏機器，可以立死。今為機器之世，多機器則強，少機器則弱，辮髮與機器，不相容者也。且兵爭之世，執戈跨馬，辮猶不便，其勢不能不去之。歐美百數年前，人皆辮也，至近數十年，機器日新，兵事日精，乃盡剪之。今既舉國皆兵，斷髮之俗，萬國同風矣。且垂辮既易汙衣，而蓄髮猶增多垢，衣汙則觀瞻不美，沐難則衛生非宜，梳刮則費時甚多。若在外國，為外人指笑，兒童牽弄。既緣國弱，猶遭戲侮，斥為豚尾，出入不便。去之無損，留之反勞。斷髮雖始於熱地之印度，創于尚武之羅馬，而泰伯至德，端委治吳，何嘗不先行斷髮哉？

夫五帝不沿禮，三王不襲樂，但在通時變以宜民爾。故俄彼得遊歷而歸，日明治變法伊始，皆先行短髮、易服之制。豈不畏矯舊易俗之難哉？蓋欲以改民視聽，導民尚武，與歐美同俗，而習忘之，以為親好，故不憚專制強力以易之也。且夫立國之得失，在乎治法，在乎人心，誠不在乎服制也。然以數千年一統儒緩之中國裒衣博帶，長裾雅步，而施之萬國競爭之世，亦猶佩玉鳴琚，以走趨救火也，誠非所宜矣。竊聞德之冑子，以拔刀為戲，以面瘢為榮；雖好勇鬥狠，不足為訓，然其尚武至于如是也，夫是以強。然吾兵服，亦復寬衣博袖，懸于各國博物館，與金甲相比較，豈不重可怪笑哉？

夫西服未文，然衣制嚴肅，領袖白潔。衣長後衽，乃孔子三統之一；大冠似箕，為漢世士夫之遺；革舃為楚靈王之制，短衣為齊桓之服。故發尚武之風，趨尚同之俗，上法泰伯、主父、齊桓、魏文之英風，外取俄彼得、日明治之變法，皇上身先斷髮易服，詔天下同時斷髮，與民更始，令百官易服而朝，其小民一聽其便，則舉國尚武之風，躍躍欲振，更新之氣，光徹大新。雖守舊固弊之夫，覽鏡顧影，亦不得不衆俛徇維新之令而無復敢為公孫成等之阻撓矣。其于推行維新之政，猶順風而披偃草也。

抑臣更有請者。將行實政，猶在先播聲靈，元曆何關實事，而人心猶多繫之。昔日本明治大誓維新，定布五條，今皇上決行維新，亦宜大誓改元，以昭國是，定民志。伏乞大集群臣誓于大壇太廟，上告天祖，下告臣民，亦若日本布告五事。即以今年改元為維新元年，與天下更始。俾舉國臣民回首面內，改視易聽，同奉聖意，咸與維新。其與振動舉國之精神，必有大效。

（清）**康有爲《戊戌奏稿・應詔統籌全局摺》** 臣聞方今大地守舊之國，未有不分割危亡者也。有次第脅割其土地人民而亡之者，波蘭是也；有盡取其利權一舉而亡之者，緬甸是也；有盡亡者其土地人民而存其虛號者，安南是也；有收其利權而後亡之者，印度是也；有握其利權而徐分割而亡之者，土耳其、埃及是也。我今無士、無兵、無餉、無船、無械，雖名為國，而土地、鐵路、輪船、商務、銀行，惟敵之命，聽客取求，雖無亡之形，而有亡之實矣。後此之變，臣不忍言。觀大地諸國，皆以變法而強，守舊而亡，然則守舊開新之效，已斷可睹矣。以皇上之明，觀萬國之勢，能變則全，不變則亡，全變則強，小變仍亡。皇上與諸臣誠審知其病之根源，則救病之方，即在是矣。

夫方今之病，在篤守舊法而不知變，處列國競爭之世，而行一統垂裳之法，此如已夏而衣服重裘，涉水而乘高車，未有不病暍而淪胥者也。《大學》言日新又新；《孟子》稱新子之國；《論語》：孝子毋改父道，不過三年。然則三年之後，必改可知。夫物新則壯，舊則老；新則鮮，舊則腐；新則活，舊則板；新則通，舊則滯；物之理也。法既積久，弊必叢生，故無百年不變之法。況今茲之法，皆漢、唐、元、明之敝政，何嘗為祖宗之法度哉？又皆為胥吏舞文作弊之巢穴，何嘗又絲毫祖宗之初意哉？今託於祖宗之法，固已誣祖宗矣。且法者所以守地者也，今祖宗之地既不守，何有於祖宗之法乎？夫使能守祖宗之法，而不能守祖宗之地，與稍變祖宗之法，而能守祖宗之地，孰得孰失，孰重孰輕，殆不待辨矣。雖然，欲變法矣，而國是未定，眾論不一，何從而能舍舊圖新哉？

夫國之有是，猶船之有舵、方之有針，所以決一國之趨向，而定天下之從違者也。若針之子午未定，舵之東西遊移，則徘徊莫適，悵悵何之，行者不知取從，居者不知取往，放乎中流而莫知所休，指乎南北而莫知所極；以此而駕橫海之大航，破滔天之巨浪，而適遭風沙大霧之交加，安有不沉溺哉？今朝廷非不稍變法矣，然皇上行之，而大臣撓之；才士言之，而舊僚攻之；不以為用夷變夏，則以為變亂祖制，謠謗并起，水火相攻。以此而求變法之有效，猶卻行而求及前也，必不可得矣。皇上既審時勢之不能不變，知舊法之不能不除，臣請皇上斷自聖心，先定國是而已。國是既定矣，然下手之方，其本末輕重、剛柔緩急不同，措置之宜，其規模條理，綱領節目大異，稍有乖誤，亦無成功。

臣愚嘗斟酌古今，考求中外。唐、虞、三代之法度至美，但上古與今既遠，臣願皇上日讀《孟子》，師其愛民之心；漢、唐、宋、明之沿革可采，但列國與一統迥異，臣願皇上考《管子》，師其經國之意。若夫美、法民政，英、德憲法，地遠俗殊，變久跡絕。臣故請皇上以俄大彼得之心為心法，以日本明治之政為政法也。然求其時地不遠，教俗略同，成效已彰，推移即是，若名書佳畫，墨蹟尚存，而易於臨摹，如宮室衣裳，裁量恰符，而立可鋪設，則莫如取鑑於日本維新矣。

日本之始也，其守舊攘夷與我同，其幕府封建與我異，其國君守府，變法更難。然而成功甚速者，則以變法之始，趨向之方針定，措置之條理得也。考其維新之始，百度甚多，惟要義有三：一曰大誓群臣以定國是，二曰立對策所以徵賢才，三曰開制度局而定憲法。其誓文在決萬機於公論，采萬國之良法，協民國之同心，無分種族；一上下之議論，無論藩庶；令群臣咸誓言上表，革面相從，於是國是定而議論一矣。召天下之征士、貢士，咸上書於對策所，五日一見，稱旨者擢用，於是下情通而群才進矣。開制度局于宮中，選公卿、諸侯、大夫及草茅才士二十人充總裁，議定參預之任，商榷新政，草定憲法，於是謀議詳而章程密矣。日本之強，效原於此。

皇上若決定變法，請先舉三者：大集群臣於天壇太廟，或御乾清門，詔定國是，躬申誓戒，除舊布新，與民更始；令群臣具名上表，咸革舊習，唱勉維新，否則自陳免官，以激厲眾志，一定輿論。設上書所於午門，日輪派御史二人監收，許天下之民，皆得上書，其群僚言事，咸許自達，無得由堂官代遞，以致阻撓；其有稱旨者，召見察問，量才擢用，則下情咸通，群才輻輳矣。設制度局於內廷，選天下通才十數人，入直其中，王公卿士儀皆平等，譬如聖祖設南書房，世宗設軍機處例；皇上每日親臨商榷，何者宜增，何者宜改，何者當存，何者當刪，損益庶政，重定章程，然後敷布施行，乃不謬紊。

近泰西政論，皆言三權，有議政之官，有行政之官，有司法之官；三權立，然後政體備。以我朝論之，皇上則為元首，百體所從；軍機號為政府，出納王命，然跪對頃刻，未能謀議，但為喉舌之司，未嘗論思之寄。若部寺、督撫，僅為行政之官，譬於手足，但供奔持，豈預謀議？且部臣以守例為職，而以新政為之議，事既違例，勢必反駁而已，安有以手足而參謀猷哉？

近者新政多下總署，總署但任外交，豈能兼營商務？況員多年老，或兼數差，共議新政，取決俄頃，欲其詳美，勢必不能。若御史為耳目之官，刑曹當司法之寄，百官皆備，而獨無左右謀議之人，專任論思之寄。然而新政之行否，實關軍國之安危，而言者妄稱施行，主者不如別擇，無專司為之討論，無憲法為之著明，浪付有司，聽其抑揚，惡之者駁詰而不行，決之者倉卒而不盡，依違者狐疑而莫定，從之者條畫而不詳。是猶範人之形，有頭目手足口舌身體，而獨無心思，必至冥行擿埴，顛倒狂瞀而後已。以此而求新政之能行，豈可得哉？故制度之設，尤為變法之原也。然今之部寺，率皆守舊之官，驟與改革，勢實難行，既立制度局總其綱，宜立十二局分其事：

一曰法律局。外人來者，自治其民，不與我平等之權利，實為非常之國恥。彼以我刑律太重，而法規不同故也。今宜采羅馬及英、美、德、法、日本之律，重定施行。不能驟行內地，亦當先行於通商各口。其民法、民律、商法、市則、舶則、訟律、軍律、國際公法，西人皆極詳明，既不能閉關絶市，則通商交際，勢不能不概予通行。然既無律法，吏民無所率從，必致更滋百弊。且各種新法，皆我所夙無，而事勢所宜，可補我所未備。故宜有專司，採定各律以定率從。

二曰度支局。我國地比歐洲，人數倍之，然患貧實甚，所入乃下等于智利，希臘小國，無理財之政故也。西人新法，紙幣、銀行、印税、證券、訟紙、煙酒税、礦產、山林、公債，皆致萬萬，多我所無。宜開新局專任之。

三曰學校局。自京師立大學，各省立高等中學，各府縣立中小學及專門學。若海、陸、醫、律、師範各學，編譯西書，分定課級，非禮部所能辦，宜立局而責成焉。

四曰農局。舉國之農田、山林、水產、畜牧，料量甚土宜，講求其進步改良焉。

五曰工局。司舉國之製造機器美術，特許其新製而鼓厲之，其船舶、市場、新造之橋梁、堤岸、道路咸屬焉。

六曰商局。舉國之商務、商學、商會、商情、商貨、商律，專任講求激厲之。

七曰鐵路局。舉國之應修鐵路，繪圖，定例許可權咸屬焉。

八曰郵政局。舉國皆行郵政以通信，命各省府縣鄉咸立分局，并電線屬焉。

九曰礦務局。舉國之礦產、礦税、礦學屬焉。

十曰遊會局。凡舉國各政會、學會、教會、遊歷、遊學各會，司其政律而鼓舞之。

十一曰陸軍局。選編國民之兵，而司其教練。

十二曰海軍局。治鐵艦練軍之事。

十二局設，庶政可得而舉矣。然國政之立，皆以為民，民政不舉，等於具文而已。

夫地方之治，皆起於民，而縣令之下，僅一二簿尉雜流，未嘗託以民治。縣令重任而選賤，俸薄而官卑，自治獄催科外，餘皆置之度外。其上乃有藩、臬、道、府之轄，經累四重，乃至督撫，而後達於上。藩、臬、道、府，拱手無事，皆為冗員，徒增文書，費厚禄而已。一省事權，皆在督撫，然必久累資勞，乃至此位。地大事繁，年老精衰，舊制且望而生畏，望其講求新政而舉行之，必不可得。向者興學堂、農商之詔累下矣，而各直省多以空文塞責，亦可見矣。日本以知縣上隸于國，漢制百郡以太守達天子。我地大不能同日本，宜用漢制，每道設一民政局，妙選通才，督辦其事。用南書房及學政例，自一品至七品京朝官，皆可為之。准其專摺奏事，體制與督撫平等。用出使例，聽其自辟參贊隨員，俾其指臂收得人之助。其本道有才者，即可特授；否則開缺另候簡用，即以道缺給之。先撥釐税，俾其創辦新政。每縣設民政分局督辦，派員會同地方紳士治之，除刑獄、賦税暫時仍歸知縣外，凡地圖、戶口、道路、山林、學校、農工、商務、衛生、警捕，皆次第舉行。三月而備其規模，一年而責其成效。如此則內外并舉，臂指靈通，憲章草定，奉行有准，然後變法可成，新政有效也。

若夫廣遺親王大臣遊歷以通外情，大譯西書，遊學外國以得新學，厚俸禄以養廉恥，變通科舉以育人才，皆宜先行者。猶慮強鄰四逼，不能容我從容圖治也。且我民窮國匱，新政何以舉行？聞日本之變法也，先行紙幣，立銀行，財源通流，遂以足維新之用。今宜大籌數萬萬之款，立局以造紙幣，各省分設銀行，用印度田税之法，仿各國印花之税。我地大物薄，可增十倍。然後郡縣遍立各種學堂，沿海皆設武備學院，大購鐵艦五十艘，急練兵民百萬，則氣象丕變，維新有圖，雖不敢望自強，亦庶幾可以自保。臣愚夙夜憂國，統籌大局，思之至詳。其能舉而行之，惟皇上之明；其不能舉而行之，惟諸臣之罪。

（清）康有爲《戊戌奏稿·俄羅斯大彼得變政記序》　《詩緯》曰：王者三百年一變政。蓋變者天道也。天不能有晝而無夜，有寒而無暑，天以善變而能久。火山流金，滄海成田，歷陽成湖，地以善變而能久。人自童幼而壯老，形體顔色氣貌，無一不變，無刻不變。傳曰：逝者如斯。故孔子繫《易》，以變易為義。又曰：時為義大。時者寒暑裘葛，後天而奉天時，此先聖大聲疾呼以仁後王者耶。

泰西之國，一姓累敗而累興，蓋善變以應天也。中國一姓不再興者，不變而逆天也。夫新朝必變前朝之法，與民更始。蓋應三百年之運，順天者興，興其變而順天，非興其一姓也；逆天者亡，亡其不變而逆天，非亡其一姓也。一姓不自變，人將順天代變之，而一姓亡矣。一姓能順天，時時自變，則一姓雖萬世存可也。【略】

今地球萬國俄地三萬里為大，俄兵八百萬為強。割遼之事，俄一言而日歸之，吾乃以銀行、鐵路與之為德。雖然，乃考俄之始，乃以八萬兵敗于瑞典萬人，乃割邊地于瑞國。無學校，無練兵，無通商，無製造良工，愚冥狉榛，既蠢既頑，昧塞小弱，岌岌殆亡，固有甚於我中國者。大彼得知時從變，應天而作，奮其武勇，破棄千年自尊自愚之習，排卻群臣沮撓大計之説，微服作隸，學工于荷、英，徧歷諸國，不恥師學，雷動霆震，萬法并興。

昔衛文大布衣冠，務材訓農，通商惠工，敬教勸學，授材任能，是以興衛；勾踐臥薪嘗膽，躬耕，夫人織，下賢厚客，振貧弔死，同甞百姓，用以沼吴。彼得集而兼之，舉動非常，神功超越，用是數十年而文明大闢，開地萬里，為霸地球。嗚呼！雷動而草木圻，其變力大者其治功大。蒼萌億億，皆草木也，待雷而圻，于以榮華，於以參天。彼得之變力，雷力也哉！宜其圻而榮華而參天。嗚呼！凡數百年一姓之國，既危既弱者，宜鑒於斯。

（清）康有爲《戊戌奏稿·進呈日本變政考序》　臣聞，臣無大小，民無眾寡，能修其政則強，不修起政則弱。臣不敢遠述，請言至近者。明有天下，豈不龐大哉？然而聖朝龍興東土，起自旅成，遂能北收蒙古四十國，東定朝鮮，入主華夏，數月而奄有寧土。若夫近者，俄本蕞爾，自大彼得起，發憤變法而霸北球；德大非特獵，起自小普，能勝奥、俄、法而成強大；威廉第一能用俾士麥治國，今乃霸全歐；薩諦尼小侯國耳，有賢相嘉富，與其主伊曼奴核起而勝帝國之奥，遂合十一國以立意。若夫日本，地域比我四川，人民僅吾十之一；而赫然變法，遂殲吾大國之師，割我遼臺，償二萬萬。若夫印度、突厥，豈非古有名萬里大國哉？然今則夷為奴屬，或割為病夫，聽諸歐蹂躪焉。夫以普魯士、薩諦尼、日本與印度、突厥比土量民，不足一吷焉，然強弱、盛亡、榮辱若是其遠也，臣滋懼焉。况今者四海棣通，列強互競，歐美之新政、新法、新學、新器，日出曹奏，歐人乃挾其汽船鐵路，以貫通大地，囊括宙合，觸之者靡，逆之者碎。採而用之，則與化同，乃能保全。突厥至大國，守舊拒之弱削；日本小國，更新變用之則驟強。此其明效大驗，公理正則，無可遁逃者矣。

嘗考日本變法之始至難矣。與歐美語文迥殊，則欲譯書而得歐美之全狀難。帝者守府，而武門執權，列侯拱之，其孝明天皇欲作詩而無紙，則收權難。及倒幕維新，而革命四起，則靖人心難。新政初變，百度需支，頻仍變亂，兵餉交困，而國庫乏絶；初創國家銀行，資本僅得二十九萬，全國歲入，僅逾千二百萬，直至前歲，勝我之後，歲入亦僅八千萬，則籌款難。然而二十年間，遂能政法大備，盡擇歐美之文學藝術而鎔之于國民，歲養數十萬之兵，與其十數之艦，而勝吾大國。以蕞爾三島之地，治定功成，豹變龍騰，化為霸國。

若以我廣土眾民，十倍于日，皇上乾綱獨攬，號令如雷霆。無封建之強侯，更無大將軍之霸主，片紙涣汗，督撫貫行，四海無虞，民罔異志。就今歲入，已逾萬萬；若括陋規，必可得倍；若正經界，更得倍蓰；

若善銀行之用，則不可思議也。若因日本譯各書之成業，政法之成績，而妙用之，彼與我同文，則轉譯輯其成書，比其譯歐美之文，事一而功萬矣。彼與我同俗，則考其變政之次第，鑒其行事之得失，去其弊誤，取其精華，在一轉移間；而歐美之新法，日法之良規，悉發現于我神州之大陸矣。

夫凡有興作，必有失弊，幾經前車之覆，乃得後規之遒。今我有日本為嚮導之卒，為測水之竿，為探險之隊，為嘗藥之神農，為識途之老馬，我盡收其利而去其害，何樂如之？譬如作室，歐美繪型，日本為匠，而我居之也；譬如耕田，歐美覓種灌溉，日本鋤文，而我食之也。雖國勢不同，民俗少異，有不可盡用者，則斟酌補苴，彌縫救正，亦何難焉。且我數千年文明之舊，亦自有應休全者。其不能盡同，且不可盡采。奚待言哉？但藉其同文，因其變跡，規模易舉，條理易詳，比之采譯歐文之萬難，前無嚮導之盲瞽，豈不相距萬里哉！

昔在聖明御極之時，琉球被滅之際，臣有鄉人商于日本，攜示書目，臣託購求，且讀且駭，知其變政之勇猛，而成效之已著也。臣在民間，募開書局以譯之，人皆不信，事不克成。及馬江敗後，臣告長吏，開局譯日本書，亦不見信。及東事將興，舉國上下，咸昧日事，若視他星。臣曾上書言日本變法已強，將窺遼東，先謀高麗，大臣不信。猥以疎賤，九門深遠，格不上達。及東興之事，舉國人皆輕日本之小國，貿然興戎，遂致敗辱，則太不察鄰國，誤輕小邦之所由也。向使二十年前，臣譯書局成；或十年前，長吏聽臣言而譯之；或六年前，大臣信臣言而上奏，皇上亟變法而預防。有一於此，其在前乎，則國民必瞭而不朦；其在後乎，則中國已強而無患。乃皆不獲，遂至喪師辱國，割地賠款，以至乎此也。臣不能不歎息痛恨也。

（清）梁啓超《飲冰室合集・專集》卷一《戊戌政變記》 伏願皇上因膠警之變，下發憤之詔，先罪己以勵人心，次明恥以激士氣，集羣材咨問以廣聖聽，求天下上書以通下情，明定國是，與海內更始。自茲國事付國會議行，紓尊降貴，延見臣庶，盡革舊俗，一意維新，大召天下才俊，議籌款變法之方，採擇萬國律例，定憲法公私之分，大校天下官吏賢否。其疲老不才者，皆令冠帶退休，分遣親王大臣及俊才出洋。其未遊歷外國者，不得當官任政。統算地産人工，以籌歲計豫算，察閲萬國得失，以求進步改良，罷去舊例，以濟時宜，大借洋款以舉庶政。若詔旨一下，天下雷動，士氣奮躍，海內聳望，然後破資格以勵人材，厚俸禄以養廉恥，停捐納，汰冗員，專職司，以正官制；變科舉，廣學校，譯西書，以成人材。懸清秩功牌，以獎新藝新器之能，創農政商學，以爲阜財富民之本。改定地方新法，推行保民仁政，若衛生濟貧，潔監獄，免酷刑，修道路，設巡捕，整市場，鑄鈔幣，創郵船，徙貧民，開礦學，保民險，重煙税，罷釐征，以鐵路爲通，以兵船爲護。【略】。第一策曰：採法俄日以定國是。願皇上以俄國大彼得之心爲心法，以日本明治之政爲政法而已。昔彼得爲歐洲所擯，易裝游法，變政而遂覇大地。日本爲俄美所迫，步武泰西，改絃而雄視東方。此二國者，其始遭削弱與我同，其後底盛強與我異。日本地勢近我，政俗同我，成效最速，條理尤詳，取而用之，尤易措手。聞皇上垂意外交，披及西學，使臣游記，泰西纂述，幷經乙覽不廢芻蕘。若西人所著之泰西新史攬要，列國變通興盛記，尤爲得要。且於俄日二主之事，頗有發明，皇上若俛採遠人，法此二國誠令譯署進此書，幾餘披閲，職尚有日本變政之次第，若承垂採，當寫進呈，皇上勞精厲意講之於上，樞譯諸大臣各授一册講之於下，權衡在握，施行自易，起衰振靡，警瞶發聾，其舉動非常，更有迥出意外者，風聲所播海內慴聳，職可保外人改視易聽，必不敢爲無壓之求。蓋遇昧者其膽豪，見明者則氣怯。且慮我地大人衆，一旦自强，則報復更烈，非皇上洞悉敵情，無以折衝樽俎。然非皇上採法俄日，亦不能爲天下雄也。其第二策曰：大集羣才而謀變政，六部九卿諸司百執，自有才賢，咸可咨問。若內政之樞垣，外政之譯署，司計之戸部，司法之刑曹，議論之臺諫翰林尤爲要劇。宜精選長貳，逐日召見，虚己請求。若者宜革，若者宜因，若者當先，若者當後，謀議既定，次第施行，期年三月，成效必覩。

又： 謹案中國向來言西法者知有兵耳。而皇上注意富民，整飭農業，采及西法，可謂知本。

又： 謹案變法必須從本原變起，斟酌中外草定法令，勒定各衙門治事詳細規則，此本原中之本原也。康有爲曾屢上摺，請開制度局，將大徵天下之賢才，廣羅萬國之憲法，參以本邦之情形，大加審定興利除害，使之顛若劃一，有條不紊，然後見之施行。然以皇上無權不能行也。又以異邦人之在中國者，得有治外法權，不受政府之管，損辱國體，莫此爲甚。而我邦刑律太苛，不近情理，勢難强人就我。故擬采歐洲之制，先更律法以爲他日條約更正張本。至是李端棻言之，故有删改則例之諭，蓋制於西后，未敢開局大修法制，先借是爲嚆矢耳。

又：此制其有事效，同升之公。庶幾宰府多才，可助謀議。然後分遣親近王公大臣游歷以資諳練，罷去官吏謙從闒役繁重，以示親民，免嚴刑長跪，以恤民艱，厚俸禄養廉，以勸吏恥。如是則順天下之人心，發天下之民氣，合天下之知以爲知，取天下之才以爲才，天下臣庶，欣喜舞蹈，奔走動色，樂事勸功，尊君親上，然後興舉新法，經營百度，昭明融洽天下一家。無幾微之弊而不去，無幾微之利而不舉，惟皇上意之所欲爲，無不如志矣。皇上果講明不惑，斷然施行，則致力之先後，成功之期效，皆可爲皇上次第言之，先引咎罪己，以收天下之心，次賞功罰罪，以伸天下之氣。然後舉逸起廢，求言廣聽，廣顧問以盡人才，置議郎以通下情，數詔一下，天下雷動。

又：今之策中國者，必曰興民權，斯固然矣。然民權非可以旦夕而成也。權者生於智者也。有一分之權即有一分之權，有六七分之智，即有六七分之權，有十分之智，即有十分之權。是故國即亡矣。苟國人之智與滅我之國之人相等，則彼雖滅吾國，而不能滅吾權。

又：欲興民權，宜先興紳權；欲興紳權，宜以學會爲之起點，此誠中國未嘗有之事，而實千古不可易之理也。夫以數千里外渺不相屬之人，而代人理其飲食訟獄之事，雖不世出之才，其所能及者幾何矣？故三代以上，悉用鄉官。兩漢郡守，得以本郡人爲之，而功曹掾吏，皆不得用它郡人，此古法之最善者。今之西人莫不如是，唐宋以來，防弊日密，於是悉操權於有司，而民之視地方公事，如秦越人之視肥瘠矣。今欲更新百度，必自通上下之情始，欲通上下之情，則必當復古意采西法重鄉權矣。然亦有二慮焉，一曰：慮其不能任事。二曰：慮其藉此舞文也。欲救前弊，則宜開紳智，欲救後弊，則宜定權限。定權限者何？西人議事與行事分而爲二。議事之人，有定章之權，而無辦理之權，行事之人，有辦理之權，而無定章之權。將辦一事，則議員集而議其可否，既可乃議其章程，章程草定，付有司行之，有司不能擅易也。若行之而有窒礙者，則以告於議員議而改之。西人之法度所以無時不改，每改一次，則其法益密，而其於民益便。蓋以議事者爲民間所畢之人也。是故有一弊之常革，無不知也；有一利之當興，無不聞也。其或有一縣一鄉之公益，而財力不能舉者，則議員可以籌款而辦之。估計其需費之多少而醵之於民焉，及其辦成也，則將其支用款項列出清單，與衆人共見，未有不願者也。【略】。推而大之，而一縣，而一省，而一國莫不如是，西人即以此道治一國者也。吾中國非不知此法，但僅以之治一鄉治一街，未能推廣耳。故每月應籌款項，皆待命於下議院。下議院則籌之於民，雖取之極重，而民無以爲厲己者。蓋合民財以辦民事，而爲民所信也。民亦知此事之有益於己，非獨力所能辦，故無不樂輸以待上之爲我成之也。如一街四十戶，每戶月輸一百，即得四千，可以用一擊拆之人，以爲己保護財産。若非得一人總任其事，則雖每戶月自出二百，仍不能用一人。故有鄉紳爲議事，則無事不可辦，無款不可籌。而其權則不過議此事之當辦與否，及其辦法而已，及其辦之也，仍責成於有司。如是則安所容其舞文也？至於訟獄等事，事則更一委之於官，鄉紳只能爲和解，或爲陪審人員，而不能斷其讞，然則又何舞文之有乎？西人舉國而行之不聞有弊，則亦由權限之劃定而已。

又：自秦以後，國不一國，要之可名爲郡縣之世。郡縣之世，設官以治民，慮其不學也，先之以學校，慮其不才也，繼之以科舉，慮其不能也，於是有選法，慮其不法與不尚也，於是有處分之法，有大計之法，求官以治民，亦可謂至周至密至纖至悉矣。然而彼入坐堂皇，出則呵道者，吾民之疾病禍難困苦顛連，問其所以，瞠目不能答也。即官之昏明賢否勤惰清濁，詢之於民，民亦不能知也。溝而分之，界而判之，曰此官事，此民事。積日既久，官與民無一相信。【略】

嘗考其故，一則不相習也。本地之人，不得爲本地之官。自漢既有三互之法，如今之迴避，至明而有南北互選之法，赴任之官動數千里土風不諳，山川不習，一切俗禁茫然昧然。余嘗見一廣東糧道。詢其慣否，彼謂飲食衣服均不相同，嗜欲不通，言語不達，出都以後，天地異色，妻奴僮僕，日夕怨嘆，惟願北歸。以如此之人，而求其治民，能乎不能，此不相習之弊。一則不久任之弊也。今制以三年爲一任，道府以下，不離本省，是朝廷固知不久任之弊矣。然而州縣各官，員多缺少，朝令附郭，夕治邊地，或陞或遷，或調或降，或調劑或署理，或代理，或兼攝，甫知其利，甫知其弊，尚有所作爲，而舍此而他去矣。而賢長官量其時之無幾，力之所不能，亦遂斂手退縮而不敢動。又況築臺者一簣而九仞，移山者由子而逮孫。凡大政事大興革，非一朝一夕之所能爲，慮其半途而廢也，中道而止也，前功之盡棄也。則亦惟置之度外，棄之不顧耳。明之循吏，昔推況鍾，其治蘇州凡十九年，聞轅門鼓樂嫁女，乃曰吾來此時，此女甫乳哺耳。惟久於其任，乃以循吏稱，今安得有十九年之知府耶？諸君試思之，不相習與宴會時之生客何異，不久任與逆旅中之過客何異。然而皆尊之爲官矣。

又：中國向來守舊之徒自尊自大，鄙夷泰西爲夷狄者無論矣。即有一二號稱通達時務之人，如李鴻章、張之洞之流，亦謂西法之當講者，僅在兵而已，僅在外交而已。會無一人以蓄養民力，整頓内治爲要務者，此所謂不務本而欲齊其末。故雖日日言新法，而曾不見新法之效也。而彼輩病根之所在，由於不以民爲重，其一切法制，皆務壓制其民。故不肯注意於内治，蓋因欲興内治，不能不稍伸民權也。觀於湖南之事，乃知陳寶箴、黄遵憲等之見識遠過李鴻章、張之洞萬萬矣。

又：昔普之覆於法也。普不國也，時乃有良民會卒報大讎也。法之覆於普也，法不國也，時乃有記念會，不數年而法之强若疇昔也。

（清）梁啓超《飲冰室合集・文集》卷一《變法通議・論不變法之害》

天下之爲説者，動曰一勞永逸，此誤人家國之言也。今夫人一日三食，苟有持説者曰，一食永飽？雖愚者猶知其不能也，以飽之後歷數時而必飢，飢而必更求食也。今夫立法以治天下，則亦若是矣。法行十年、或數十年、或百年而必敝，敝而必更求變，天之道也，故一食而求永飽者必死，一勞而求永逸者必亡。今之爲不變之説者，實則非真有見於新法之爲民害也。夸毗成風，憚於興作，但求免過，不求有功。又經世之學，素所未講，内無宗主，相從吠聲；聽其言論，則日日痛哭，讀其詞章，則字字孤憤。叩其所以圖存之道，則眙然無所爲，對曰：天心而已，國運而已，無可爲而已。委心袖手，以待覆亡。噫！吾不解其用心何在也！

要而論之，法者，天下之公器也；變者，天下之公理也。大地既通，萬國蒸蒸，日趨於上，大勢相迫，非可閼制。變亦變，不變亦變。變而變者，變之權操諸己，可以保國，可以保種，可以保教；不變而變者，變之權讓諸人，束縛之，馳驟之。嗚呼！則非吾之所敢言矣！是故變之途有四：其一，如日本，自變者也；其二，如突厥，他人執其權而代變者也；埃及、高麗等國皆是。其三，如印度，見併於一國而代變者也；越南、緬甸等國皆是。其四，如波蘭，見分於諸國而代變者也。吉凶之故，去就之間，其何擇焉？詩曰：嗟我兄弟，邦人諸友，莫肯念亂，誰無父母！《傳》曰：嫠婦不恤其緯，而憂宗周之隕，爲將乃焉。此固四萬萬人之所同也。彼猶太之種，迫逐於歐東；非洲之奴，充斥於大地。嗚呼，夫非猶是人類也歟！

（清）梁啓超《飲冰室合集・文集》卷一《變法通議・論變法不知本原之害》 難者曰：中國之法，非不變也。中興以後，講求洋務，三十餘年，創行新政，不一而足，然屢見敗衄，莫克振救，若是乎新法之果無益於人國也。釋之曰：前此之言變者，非真能變也。即吾向者所謂補苴罅漏，彌縫蟻穴，漂搖一至，同歸死亡；而於去陳用新，改弦更張之道，未始有合也。昔同治初年，德相畢士麻克語人曰：三十年後，日本其興，中國其弱乎。日人之游歐洲者，討論學業，講求官制，歸而行之；中人之游歐洲者，詢某廠船礮之利，某廠價值之廉，購而用之。强弱之原，其在此乎！嗚呼，今雖不幸而言中矣！懲前毖後，亡羊補牢，有天下之責者，尚可以知所從也。

又：今之言變法者，其蔽有二：其一，欲以震古鑠今之事，責成於肉食官吏之手；其二，則以爲黄種之人，無一可語，委心異族，有終焉之志。夫當急則治標之時，吾固非謂西人之必不當用，雖然，則烏可以久也？中國之行新政也，用西人者，其事多成；不用西人者，其事多敗。詢其故，則曰：西人明達，華人固陋；西人奉法，華人營私也。吾聞之，日本變法之始，客卿之多，過於中國也。十年以後，按年裁減，至今一切省署，皆日人自任其事，歐洲之人，百不一存矣。今中國之言變法，亦既數十年，而猶然借材異地，乃能圖成，其可恥孰甚也！夫以西人而任中國之事，其愛中國與愛其國也孰愈？夫人而知之矣。況吾所用之西人，又未必爲彼中之賢者乎！

若夫肉食官吏之不足任事，斯固然矣。雖然吾固不盡爲斯人咎也，帖括陋劣，國家本以此取之，一旦而責以經國之遠猷，烏可得也？捐例猥雜，國家本以此市之，一旦而責以奉公之廉恥，烏可得也？一人之身，忽焉而責以治民，忽焉而責以理財，又忽焉而責以治兵，欲其條理明澈，措置悉宜，烏可得也？在在防弊，責任不專，一事必經數人，互相牽掣，互相推諉，欲其有成，烏可得也？學校不以此教，察計不以此取，任此者弗賞，弗任者弗罰，欲其振厲黽勉圖功，烏可得也？途壅俸薄，長官層累，非奔競末由得官，非貪污無以謀食，欲其忍飢寒，蠲身家，以從事於公義，自非聖者，烏可得也？今夫人之智愚賢不肖，不甚相遠也。必謂西人皆智，而華人皆愚，西人皆賢，而華人皆不肖，雖五尺之童，猶知其非。然而西官之能任事也如彼，華官之不能任事也如此，故吾曰：不能盡爲斯人咎也，法使然也。立法善者，中人之性可以賢，中人之才可以智。不善者反是。塞其耳目而使之愚，縛其手足而驅之爲不肖，故一旦有事，而無一人可爲用也。不此之變，而鰓鰓然效西人之一二事，以云自强，無惑乎言變法數十年，而利未一見，弊已百出，反爲守舊之徒抵其隙而肆其口也。

吾今爲一言以蔽之曰：變法之本，在育人才；人才之興，在開學校；學校之立，在變科舉；而一切要其大成，在變官制。

（清）梁啓超《飲冰室合集·文集》卷一《變法通議·續論變法不知本原之害》 吾深惑乎吾國之所謂開新黨者，何以於西人之言，輒深信謹奉，而不敢一致疑也。西人之政事，可以行於中國者，若練兵也，置械也，鐵路也，輪船也，開礦也，西官之在中國者，內焉聒之於吾政府，外焉聒之於吾有司，非一日也，若變科舉也，興學校也，改官制也，興工藝，開機器礦也，獎農事也，拓商務也，吾未見西人之爲我一言也。是何也？練兵而將帥之才必取於彼焉，置械而船艦槍礮之值，必歸於彼焉；通輪船、鐵路，而內地之商務，彼得流通焉，開礦而地中之蓄藏，彼得染指焉。且有一興作，而一切工料，一切匠作，無不仰給之於彼，彼之士民，得以養焉。以故鐵路、開礦諸事，其在中國，不得謂非急務也。然自西人言之，則其爲中國謀者十之一，自爲謀者十之九。若乃科舉、學校、官制、工藝、農事、商務等，斯乃立國之元，所而致强之本原也。

（清）梁啓超《飲冰室合集·文集》卷一《變法通議·學校總論》

亡而存之，廢而舉之，愚而智之，弱而强之，條理萬端，皆歸本於學校。西人學校之等差、之名號、之章程、之功課，彼士所著《德國學校》、《七國新學備要》、《文學興國策》等書，類能言之，無取吾言也。吾所欲言者，采西人之意，行中國之法，采西人之法，行中國之意。其總綱三：一曰教，二曰政，三曰藝。其分目十有八：一曰學堂，二曰科舉，三曰師範，四曰專門，五曰幼學，六曰女學，七曰藏書，八曰纂書，九曰譯書，十曰文字，十一曰藏器，十二曰報館，十三曰學會，十四曰教會，十五曰游歷，十六曰義塾，十七曰訓廢疾，十八曰訓罪人。所擬《章程》皆附於各篇之後。

今之同文館、廣方言館、水師學堂、武備學堂、自强學堂、實學館之類，其不能得異才何也？言藝之事多，言政與教之事少。其所謂藝者，又不過語言文字之淺，兵學之末，不務其大，不揣其本，即盡其道，所成已無幾矣。又其受病之根有三：一曰科舉之制不改，就學乏才也；二曰師範學堂不立，教習非人也；三曰專門之業不分，致精無自也。

（清）梁啓超《飲冰室合集·文集》卷一《變法通議·論譯書》 中國之則例律案，可謂繁矣，以視西人，則彼之繁，十倍於我而未已也。第中國之律例，一成而不易，鏤之金石，懸之國門，如斯而已。可行與否，非所問也；有司奉行與否，非所禁也。西國則不然，議法與行法，分任其人；法之既定，付所司行之，豪釐之差，不容假借；其不可行也，尅日付議而更張之。故其律例，無時而不變，亦無時而不行，各省署之章程是已。《記》曰：不知來，視諸往。西國各種之章程，類皆經數百年數百人數百事之閱歷，而講求損益，以漸進於美備者也。中國仿行西法，動多窒礙，始事之難，斯固然也。未經閱歷，於此事之層累曲折，未從識也，則莫如借他人所閱歷有得者，而因而用之，日本是也。日本法規之書，至纖至悉，皆因西人之成法而損益焉也。故今日欲舉百廢，新庶政，當以盡譯西國章程之書，爲第一義。近譯出者有《水師章程》、《德國議院章程》、《倫敦鐵路公司章程》、《航海章程》、《行船免衝章程》等，然其細已甚矣。【略】

國與國並立，而有交際，人與人相處，而有要約，政法之所由立也。中國惟不講此學，故外之不能與與國爭存，內之不能使吾民得所。夫政法者，立國之本也。日本變法，則先其本，中國變法，則務其末。是以事雖同，而效乃大異也。故今日之計，莫急於改憲法，必盡取其國律、民律、商律、刑律等書，而廣譯之。如《羅瑪律要》爲諸國定律之祖。《諸國律例異同》、《諸國商律考異》、《民主與君主經國之經》、《公法例案》備載一切交涉事件原委。《條約集成》自古迄今，字下各國，凡有條約，無不備載。譯成可三四百卷。等書，以上諸書，馬氏所畢，製造局所譯《各國交涉公法論》似即《公法例案》之節本。皆當速譯，中國舊譯，惟同文館本，多法家言，丁韙良蓋治此學也。然彼時筆受者，皆館中新學諸生，未受專門，不能深知其意，故義多闇曶。即如《法國律例》一書，歐洲亦以爲善本，而館譯之本，往往不能達其意，且常有一字一句之顛倒漏略，至與原文相反者。又律法之讀，尤重在律意，法則有時與地之各不相宜，意則古今中外之所同也。今欲變通舊制，必盡采西人律意之書，而斟酌損益之。通以歷代變遷之所自，按以今日時勢之可行，則體用備矣。舊譯無政法類之書，惟《佐治芻言》一種耳。

（清）梁啓超《飲冰室合集・文集》卷一《變法通議・論變法必自平滿漢之界始》　今滿洲某大臣之言曰：變法者，漢人之利也，而滿人之害也。滿人之阻撓變法，惑於斯言也。吾今請舉利害之事而質言之，譬之十人同附一舟，中流遇風，將就覆溺，於是附舟者呼號協力以助舵櫂之役，則於操舟之主人，爲有利乎？爲有害乎？譬之十人同旅一室，中夜遇火，將就燬燼，於是旅居者呼號協力以謀洴澼之勞，則於居室之主人，爲有利乎？爲有害乎？夫當此危急存亡之際，而舟之獲濟也，而室之獲全也，彼附舟與旅居者所得之利，則在能保生命也；而舟室主人所得之利，則既獲生命，又不失其舟，不失其室焉。是附者旅者之利一，而主人之利二也。反是則同舟而敵國，同室而操戈，未有不速其覆亡，同歸於盡者也，惟國亦然。彼漢人之日日呼號協力以求變法者，懼國之亡。而四百兆同胞之生命將不保也；若滿人能變法以圖存，則非惟生命可保，而宰治支那之光榮，猶可以不失焉。故曰：漢人之利害惟一，而滿人之利害則二也。夫以公天下之大義言之，則凡屬國民，皆有愛國憂國之職分焉，不容有滿漢君民之界也；即以家天下之理勢言之，則如孿體之人，利害相共，尤不能有滿漢君民之界也。

（清）梁啓超《飲冰室合集・文集》卷一《變法通議・論變法後安置守舊大臣之法》　變法之事，布新固急，而除舊尤急。譬猶病痞者，不去其痞，而餌以參苓，則參苓之功用，皆納受於痞之中，痞益增而死益速矣。雖然，變法之事，布新固難，而除舊尤難。譬猶患附骨之疽，欲療疽則骨不完，欲護骨則疽不治，故善醫舊國者，必有運斤成風，堊去而鼻不傷之手段，其庶幾矣。今守舊黨之阻撓變法也，非實有見於新法之害於國，病於民也，吾所挾以得科第者曰八股，今一變而務實學，則吾進身之階將絶也；吾所恃以致高位者曰資格，今一變而任才能，則吾驕人之具將窮也；吾所藉以充私囊者曰舞弊，今一變而覈名實，則吾子孫之謀將斷也。然猶不止此，吾今日所以得内位卿貳外擁封疆者，不知經若干年之資俸，經若干輩之奔競而始能獲也。今者循常習故，不辦一事，從容富貴，窮樂極欲，已可以生得大拜，死謚文端，家財溢百萬之金，兒孫皆一品之蔭，若一日變法，則凡任官者皆須辦事。吾將奉命而辦事耶，則既無學問，又無才幹，並無精力。何以能辦？將不辦耶，則安肯舍吾數十年資俸奔競，千辛萬苦所得之高官，決然引退，以避賢者之路哉？故反覆計較，莫如出死力以阻撓之。蓋全國千萬數之守舊黨人，不謀而同心，異喙而同辭，他事不顧，而惟阻撓新法之知。語曰：衆口鑠金，聚蚊成雷。不有以安頓之，則其爲變法之阻力，未有艾也。今求安頓之之法，蓋有數焉。

（清）梁啓超《飲冰室合集・文集》卷一《變法通議・論中國宜講求法律之學》　法者何？所以治其羣也。大地之中，凡有血氣者，莫不有羣，即莫不有其羣之條教部勒。大抵其羣之智愈開力愈大者，則其條教部勒愈繁。虎豹，天下之至不仁者也，而不聞自噬其同類，必其一羣之中，公立此號令而不許或犯者也。何也？以爲苟如是，則於吾之羣有大不利也。此其理至簡至淺，而天下萬世之治法學者，不外是矣。其條教部勒析之愈分明，守之愈堅定者，則其族愈强，而種之權愈遠。人之所以戰勝禽獸，文明之國所以戰勝野番，胥視此也。古之號稱神聖教主，明君賢相，劬勞於席突，咨嗟於原廟者，其最大事業，則爲民定律法而已。孔子聖之神也，而後世頌其莫大功德，在作《春秋》，文成數萬，其指數千，有治據亂世之律法，有治升平世之律法，有治太平世之律法，所以示法之當變，變而日進也。秦漢以來，此學中絶，於是種族日繁，而法律日簡，不足資約束；事理日變，而法律一成不易，守之無可守，因相率視法律如無物。於是所謂條教部勒者蕩然矣。泰西自希臘、羅馬間，治法家之學者，繼軌並作，賡續不衰。百年以來，斯義益暢，乃至以十數布衣主持天下之是非，使數十百暴主戢戢受繩墨，不敢恣所欲，而舉國君民上下，權限劃然，部寺省署，議事辦事，章程日講日密，使世界漸進於文明大同之域，斯豈非仁人君子心力之爲乎？《春秋》之記號也，有禮義者謂之中國，無禮義者謂之夷狄。禮者何？公理而已；以理釋禮，乃漢儒訓詁。本朝之焦里堂、凌次仲大闡此説。義者何？權限而已。番禺韓孔菴先生有《義説》專明此理。今吾中國聚四萬萬不明公理、不講權限之人，以與西國相處，即使高城深池，堅革多粟，亦不過如猛虎之遇獵人，猶無幸焉矣。乃以如此之國勢，如此之政體，如此之人心風俗，猶囂囂然自居於中國而夷狄人，無怪乎西人以我爲三等野番之國。謂天地間不容有此等人也。故今日非發明法律之學，不足以自存矣。抑又聞之，世界之進無窮極也，以今日之中國視泰西，中國固爲野蠻矣；以今之中國，視苗黎猺獞及非洲之黑奴，墨洲之紅人，巫來由之棕色人，則中國固文明也。以苗、黎諸種人視禽獸，則彼諸種人固亦文明也。然則文明野番之界無定者也，以此較而成耳。今泰西諸國之自命爲文明者，庸詎知數百年後，不見爲野番之尤哉？然而文明野番之界雖無定，其所以爲文明之根原則有定。有定者何？其法律愈繁備而愈公者，則愈文明；愈簡陋而愈私者，則愈野番而已。今泰西諸國，非不知公之爲美也。其仁人君子，非不竭盡心力以求大功也。而於國與國，家與家、人與人，各私其私之根原，不知所以去之，是以揆諸吾聖人大同之世，所謂至繁至公之法律，終莫得而幾也。故吾願發明西人法律之學，以文明我中國；又願發明吾聖人法律之學，以文明我地球。文明之界無盡，吾之願亦無盡也。

（清）梁啓超《飲冰室合集·文集》卷一《變法通議·論加税》 是故税而不加，固爲害也；税而能加，亦未見其爲利也。何也？彼以千餘萬之入，示德於我，而我甯能無以爲報也？由斯以談，人之親我、愛我，欲保全我也，何如矣？吾聞之公法家之言曰：凡世界之内，名之爲國者，無論爲强大，爲弱小，爲自主，爲藩屬，無不有自定税則之權，或收或免，或加或減，皆本國議定，而他國遵行之。他國或苦其所加過重，祇能飭令商人不運不售，而不能阻人國使不加；祇能倍加我國運售彼國之入口貨税以苦我，而不能因我之加税而以兵力相見。此地球萬國之所同也。是故約章與税則，兩者各不相蒙，約章者兩國之公權也，税則者一國之私權也。中國通商之始，情形未熟，英人陰謀以紿我，盛氣以劫我，令將税則，載入約章，於是私權變爲公權，自主成爲無主，以致有今日之事，人之親我、愛我、欲保全我也，又何如矣？又聞日本當通商之始，其不熟情形也與我同，其見紿、見劫而誤載税則於約章也，亦與我同。而近歲與諸國換約，税則自由，無以異於他國。而我今日者，以小國所能自有之利權，我乃低首下心，求之於人而不可得，人亦何厚於日本而薄於中國乎？

（清）梁啓超《飲冰室合集·文集》卷一《變法通議·與嚴幼陵先生書》 變法之難，先生所謂一思變甲，即須變乙，至欲變乙，又須變丙，數語盡之。啓超於此義，亦頗深知，然筆舌之間無可如何，故諸論所言，亦恒自解脱。當其論此事也，每云必此事先辦，然後他事可辦；及其論彼事也，又云必彼事先辦，然後餘事可辦。比而觀之，固已矛盾，而其實互爲先後，迭相循環，百舉畢興，而後一業可就。其指其責效之論，撫以自問，亦自笑其欺人矣。然總自持其前者椎輪、土階之言，因不復自束，徒縱其筆端之所至，以求振動已凍之腦官，故習焉於自欺而不覺也。先生以覺世之責相督，非所敢承。既承明教，此後敢益加矜慎，求副盛意耳。

（清）梁啓超《飲冰室合集·文集》卷二《論君政民政相嬗之理》

嚴復曰：歐洲政制，向分三種，曰滿那棄者，一君治民之制也；曰巫理斯托格拉時者，世族貴人共和之制也；曰德謨格拉時者，國民爲政之制也。德謨格拉時，又名公產，又名合衆，希、羅兩史，班班可稽，與前二制相爲起滅。雖其時法制未若今者之美備，然實爲後來民治濫觴。且天演之事，始於胚胎，終於成體。泰西有今日之民主，則當夏、商時含有種子以爲起點；而專行君政之國，雖演之億萬年，不能由君而入民。子之言未爲當也。啓超曰：吾既未克讀西籍，事事仰給於舌人，則於西史所闕知其淺也。乃若其所疑者，則據虚理比例以測之，以謂其國既能行民政者，必其民之智甚開，其民之力甚厚。既舉一國之民而智焉，而力焉，則必無復退而爲君權主治之理。此猶花剛石之下，不得復有煤層；煤層之下，不得復有人跡層也。至於希羅二史所稱者，其或猶火山地震噴出之石汁，而加於地層之上，則非所敢知，然終疑其爲偶然之事，且非全體也。故代闌得常得取而篡之，西史稱借民權之名以攘君位者，謂之代蘭得。其與今之民政殆相懸也。至疑西方有胚胎，而東方無起點，斯殆不然也。日本爲二千年一王主治之國，其君權之重過於我邦，而今日民義之伸不讓英德，然則民政不必待數千年前之起點明矣。蓋地球之運，將入太平，固非泰西之所得專，亦非震旦之所得避。吾知不及百年，將舉五洲而悉惟民之從，而吾中國，亦未必能獨立而不變，此亦事理之無如何者也。

（清）梁啓超《飲冰室合集·文集》卷二《讀日本書目志書後》　日本之步武泰西至速也，故自維新至今三十年，而治藝已成，大地之中，變法而驟强者，惟俄與日也。俄遠而治效不著，文字不同也。吾今取之至近之日本，察其變法之條理先後，則吾之治效，可三年而成，尤爲捷疾也。且日本文字，猶吾文字也，但稍雜空海之伊呂波文，十之三耳。泰西諸學之書，其精者，日人已略譯之矣。吾因其成功而用之，是吾以泰西爲牛，日本爲農夫，而吾坐而食之，費不千萬金，而要書畢集矣。

（清）梁啓超《飲冰室合集·文集》卷四《瓜分危言》　三曰變法不成。中國之所以弱者，不變法也。然昔者不知變而不變，則猶有望焉；今也知變而不變，變而中止，則無望焉矣。曾惠敏曾對英人大言曰：中國先睡後醒之巨物也，故英人亦有佛蘭金仙之喻。無如沈沈華胥，年復一年，磨牙之倫，已饞涎不能復忍；去歲偶一蹶起，旋復昏睡，更蒙以迷藥，尚寐無訛，即使旁觀有愛我者，欲扶而掖之，翼而行之，其奈之何？其奈之何？夫彼列國雖非有愛於我，然以商務爲性命者，未嘗不欲中國永持平和之局於東方，而彼之商務亦不致受其累也，故瓜分者，西人不得已之下策耳。但中國既不能自强，不能自保，則無論遲早，而必有爆裂之一日，故與其墮落於他日，不如及今糜爛之而更整頓之也。然則中國之能自强自保與否即爲西人瓜分實行與否之所關係，有斷然也。而去年皇上以變法被幽，新政盡廢，自强之機，已成絶望，此英俄協商之事所以起，而禹城分裂之局所以定也。此中國自取瓜分之由，其原因三也。

（清）梁啓超《飲冰室合集·文集》卷六《滅國新法論》　今日之世界，新世界也。思想新、學問新、政體新、法律新、工藝新、軍備新、社會新、人物新，凡全世界有形無形之事物，一一皆闢前古所未有，而別立一新天地。美哉新法！盛哉新法！人人知之，人人慕之，無俟吾論。吾所不能已於論者，有滅國新法在。

（清）梁啓超《飲冰室合集·文集》卷八《中國改革財政私案·改正田賦之法》　改正田賦其事最繁難，且辦理稍有失宜，動招人民之怨謗，此誠今日所未易輕言者也。雖然田賦爲國家收入一大宗，而現在制度遺利實什而六七，且負擔太不公平，其病農亦甚。故爲國家財政起見，爲國民生計起見，無論遲早，總須經一次之大改革，與其因循舊弊，年復一年，上下交病，何如乘預備立憲之始，爲一勞永逸之計乎！

（清）梁啓超《飲冰室合集·文集》卷九《論立法權》　近年以來，吾中國變法之議屢興，而效不覩者，無立法部故也。及今不此之務，吾知更閲數年、數十年，而效之不可覩，仍如故也。今日上一奏，明日下一諭，無識者歡欣鼓舞，以爲維新之治可以立見，而不知皆紙上空文，羌無故實。不寧惟是，條理錯亂，張脈僨興，宜存者革，宜革者存，宜急者緩，宜緩者急，未見其利，先受其敝。無他，徒觀夫西人政效之美，而不知其所以成其美者，有本原在也。本原維何？曰立法部而已。

（清）梁啓超《飲冰室合集·文集》卷一一《敬告我同業諸君》　二十年前，聞西學而駭者比比然也，及言變法者起，則不駭西學而駭變法矣；十年以前，聞變法而駭者比比然也，王安石變法，爲世詬病。數百年來，變法二字爲一極不美之名詞。吾於十年前在京師猶習聞此言，今則消滅久矣。及言民權者起則不駭，變法而駭民權矣；一二年前，聞民權而駭者比比然也，及言革命者起，則不駭民權而駭革命矣。今日我國學界之思潮，大抵不駭革命者，千而得一焉；駭革命不駭民權者，百而得一焉；若駭變法、駭西學者，殆幾絶矣。然則諸君之所以嚮導國民者可知矣。諸君如欲導民以變法也，則不可不駭之以民權；欲導民以民權也，則不可不駭之以革命。當革命論起，則並民權亦不暇駭，而變法無論矣。若更有可駭之論倍蓰於革命者出焉，則將並革命亦不暇駭，而民權更無論矣。大抵所駭者過兩級，然後所習者乃適得其宜。如欲其習甲，則當先駭之以乙，繼駭之以丙，然後其所習者適在甲。當其駭乙時，駭乙者十之七，而駭甲者，猶十之三。及駭之以丙，則彼將以十之七駭丙，以十之三駭乙，而甲已成爲習矣。某以爲報館之所以導國民者，不可不操此術。此雖近於芻狗萬物之言乎，然我佛説法，有實有權，衆生根器，既未成熟，苟不賴權法，則實法恐未能收其效也。故業報館者而果有愛國民之心也，必不宜有所瞻徇顧忌。吾所欲實行者不在此，則其所昌言者不可不在彼，吾昌言彼，而他日國民所實行者不在彼而在此焉。其究也不遇令後之人笑我爲無識，訾我爲偏激而已。笑我訾我，我何傷焉？而我之所期之目的則既已達矣。故欲以身救國者不可不牺牲其性命，欲以言救國者不可不犧牲其名譽。甘以一身爲萬矢的，曾不於悔，然後所志所事，乃庶有濟。雖然又非徒恃客氣也，而必當出以熱誠。大抵報館之對政府，當如嚴父之督子弟，無所假借；其對國民，當如孝子之事兩親，不忘幾諫，委曲焉，遷就焉，而務所以喻親於道，此孝子之事也。吾儕當盡之天職此其二。

（清）梁啓超《飲冰室合集·文集》卷二八《管子傳》　管子曰：驟令不行民心乃外。《版法篇》。此言可謂知治本矣。蓋國民根性久習於腐敗者，欲突然革之，匪特功不易就而流弊且往往無窮，變法之所以貴有次第也。管子之遲遲其布政者，諒不徒爲桓公也，而亦爲齊國之民。《戒篇》云：《管子》篇名，次在第二十六。三年教人，四年選賢以爲長，五年始興車踐乘。大政治家將有事於國，必先從事於國民教育，造成一國之輿論，使民服其教而安其政，然後舉而措之。孔子所以貴信而後勞其民也，管子其知此矣。

（清）梁啓超《清議報全編》卷四麦孟華《論中國國民創生於今日》

國民者，國家之主也。一變而爲客，再變而爲傭，三變而爲奴隸。既奴隸矣，而國民遂絶跡於大壤之間，此西人所以謂專制政體之下止有服從君主之人民，而必無服從國家之國民也。夫既已無民，安能立國？然一統之世，閉關獨立，其爭亂攘奪者，要不出此國土之中，故雖有移祚易姓之事，而其國終不至移於他國之手。今乃海禁大啓，忽出而遇他國之國民，一人必非國民之敵，則一敗再敗，勢驟衰而國頓危。盖今日者君權之程度，既達於極高之點，而物極必反，不能不假國民以濟其窮者也。我皇上大公遠見，因時制宜，許庶民之議政，縱言論之自由。我國民内獲二千年失奪之人權，外覩數十國之平民政治，窮則必變，欝而必發，國民之種播於戊戌，而今日不得不萌芽者也。

（清）梁啓超《清議報全編》卷一五熱血人《論維新爲國民公事》

維新之説實吾四百兆人所共有之公心，亦即吾四百兆人所難緩之公事也。即無康梁，亦當有英難救世之士，出而大聲疾呼，爲吾種力争囚奴之慘，爲吾教力挽廢滅之危。維彼康梁，特適逢其會，而爲維新之嚆矢耳。是故謂康梁爲維新不可少之人則可，謂維新皆爲康梁之私事則大不可。天下事業無限人而爲之理，有志者，任自爲之。伊尹君民堯舜之言，孔子天下有道某不與易之歎，孟子當今之世舍我其誰之論。聖賢存心，夫豈舉世有人哉？而慨然以天下自任如是，即佛氏所謂我不入地獄，誰入地獄之旨也。康梁惟洞識此旨，故去歲變法，毅然出其身，以爲天下先，淺而言□實佐我皇以代四百兆人辦公事耳。故當時人心亦不以爲私事，而以爲公事。

（清）梁啓超《清議報全編》卷一五清池女史《女子亟宜自立論》

觀諸西人皆富强，男女均自食其力故也，是貴自立焉。自立之法何？設女學、閲報章，交遊廣、知識多而已。盖欲閲報章、必由女學始，欲知識多，必由交游始也。觀諸近世女子，終日深處閨中，甘居玩物之列，遞相無及，遂成牢不可破之風。偶見一二面生之人，則進退維谷，跼蹴不安，況欲其出面問諸世乎？何可得也。故雖有能自食其力者。【略】

未有生而知之者，必教而後知也。故女學不設，目不識丁，報章又何從而識哉？迨至于歸有日，則日常操作家庭瑣事，至斯時亦皆置不問，使爲父母者，兼顧不暇，財既竭矣，力更從而竭之，且戚友有事，亦云勸理。而父母爲己辛勞，反坐視焉，忍心害理，莫此爲甚。縱使財有所不能致，抑力有所不逮歟。惟晏然深匿於閨中，徒作唏嘘之態，甚至飲食亦必父母從而進之，非如此造作，則皆指爲不知恥，習非成是。良可慨然，自幼至長，無一不竭父母之財力，無怪其諺有賠錢貨之稱。故因女子之無用，而生重男輕女之心，溺女之風未始不從兹而興也。故凡女子皆宜入塾，教之誨之，一與男子等，長則可以出而問世，坐而言者即可起而行，毋分男女之心，毋存倚人之志，平權而行，握定自然宗旨，蒸蒸日上，則將來更有勝於男者，亦未可限量也。【略】

子與氏云：夫人必自侮而後人侮之。誠至言也，且閲歷多則知識廣，知識廣則胆志自然而生矣。觀諸世俗出游建醮之恤，歲費不資，以有用之財，供無益之項，何如悉撥而設女學，則日進文明矣。故中國欲振興，必男女平權，各求自立而後可。苟有同志者，或以余言爲不妄乎。據意見之所及而言，雖爲愚者所誚笑弗車也，敢質諸有志維新者。

（清）汪康年《汪穰卿先生遺文·實務報論税彙録·中國自強策中》 中國自古獨立於亞洲之中，而其外皆蠻夷視之，素以君權爲主，務以保世滋大爲宗旨，故其治多禁防遏抑之制，而少開拓擴充之意。君恐臣之侵其權，故不使之有纖毫之權；恐臣下之結黨，故務散其黨牽掣之，使不得行其志錮蔽之，使不得極其聰以天命怵之，以鬼神懼之。臣下承之，以諱飾爲能，以敷衍爲工，以趨避諉卸爲巧。其於民也，但以壓制欺嚇爲事，無復有誠意以相孚。故吏習於弊混民，安於刁黠，士成於陋劣，兵慣於譁潰。其齊民皆以閉戶，不與外事爲祕策，以積財遺子孫爲得計，故上下之大弊不出四事，曰徇私，曰惡直，曰崇虛，曰耽逸，循習至久，全國之民皆失自主之權，無相爲之心，上下隔絶，彼此相離，民視君父如陌路，視同國若途人。夫民之弱與離，君所欲也，積至今數千年乃受其大禍，然則至今日而欲力反數千年之積弊，以求與西人相角，亦惟曰：復民權崇公理而已。其於官也，汰冗職，删儀官，使官各有事；其教人也，必使爲有用之學，毋誤用其聰明；其選人也，必使人以所學爲其官，毋使用非所學；其升補也，必依其本職，毋使朝此而夕彼；其用人也，厚其禄，過則責，故則斥，勤奮則升遷，而遞加其俸，終身無失業之虞；其定律也，依罪爲斷，必求可行，無虛設之律，無難行之例；其罪人也，訪緝密而治之，寬其讞罪也，稽罪而盡其辭；其取於民也，各以其資占税，毋倒置，毋苛索；其理財也，使財歸實用，毋糜於虛文，毋漏於中飽。昔之重文而輕武者，今必使文武並重；昔之優文士而輕吏治者，今必以吏事爲急。汰繁重以求其速捷，去虛文以貴其實效，删矯誣不實之談，斥虛僞無理之事，尚創作而賤安閒，尚改變而賤守常，以能開利源爲能，以能創新學爲優，民性必求其宣達，士氣必求其振奮。昔之不使民與國事者，今必與之共治；昔之使民安於愚弱者，今必使之極其明強，務使內之權力，在在足與外人相抵。夫如是，或可徼倖與各國相持。然此，但言其治道宗旨所在，而未言辦法之實也。

（清）汪康年《汪穰卿先生遺文·芻言報論説擷粹·雜説》 變法時代要須有開創氣象，則凡文字、詩歌、樂曲皆當以此爲標準。而今乃不然，專好爲國家點綴作衰亡氣象，尤異者好刊亡明詩文及記事之書。事跡則散渙頹敗，詩文則悲愴淒惻，於今日最爲不宜。尤可異者，乃表章及錢謙益、錢進退失據，爲顧亭林所深斥，此等人豈尚有足師法之處？縱謂其詩文佳，然有文無行益可醜鄙。近來風教衰息，氣節不振，崇獎剛正，猶懼不及，及爲此等敗類鐫刻遺集，亦何爲歟？見宣統三年四月二十六日《芻言報》。

（清）汪康年《汪穰卿先生遺文·芻言報論説擷粹·雜説》 近來吾國有新發生之危機，不可不察也。一則學堂之學生不受管束也，一則兵隊之兵動輒違犯也。而苟其滋事亦但遷就了事，未有執正法律以治之者。而美其名曰：和平了結。見之報章者，已指不勝僂；其不見報者，無論矣。吾聞兵隊中人曰：軍人偶有例外之要求，將領輒枉曲從之。如此尚保全面子，否則，彼等直自行其意，將領亦無如何也。

學生宜服從，凡閱書報宜聽校長之准許，學生不得集會，此各國普通之規則也。而我國竟不能，且報章又從而鼓吹之。軍隊宜服從尤過於學堂，而報章之論時，復違反，然則報章者鼓吹禍亂之法螺也。見宣統二年十二月初六日《芻言報》。

（清）汪康年《汪穰卿先生遺文·芻言報論説擷粹·雜説》 近來言男女平權矣，結婚自由矣。發之者，徒見外人之説新奇可喜，從而宣暢其説，而於風俗習慣之可否，移換利害禍福之關繫如何？未之審也。即於西國風俗之實際，其男女所受之影響，亦未察也，但取已則快然言之，人則快然聽之而已。顧吾有所疑者，今日自公使以至學生與外人結婚者，往往室有糟糠置諸不問，妻家勢力懸絶，莫起與抗，即在內地者亦多如是。而所謂持公道，主新説者，亦緘默不言，豈略通新學之男子即當享自由之幸福，而窮居家中之婦人并不得受平等之舊例歟？或曰：是別有故焉。一則有勢力者也，一則無勢力者也，一則有交誼者也，一則無交誼者也。嗚呼！所謂公道者，存乎勢力與交誼乎！見宣統三年七月初一日《芻言報》。

（清）汪康年《汪穰卿先生遺文·書牘輯存》卷上《上政府説帖》 一民財猶可支持。查中國自開海禁以來，兵禍、教案之賠款，幾及數萬萬；商務之短絀又數萬萬；庚子拳禍，官私喪耗亦數萬萬。無論何國當之，必久不支。我國現雖虛耗，然民力猶未盡竭，東南之民擅商利者，西北之民富蓋藏者，猶不可勝數，衹以國家保護無方，誠信不堅，商律不設，商利不振，故民財不出。民財不出，則市面愈形倒壞。此事急宜爲法以維持之，而民財之富厚，則固有足恃者。

又：政府以國內人才消乏且專門之學，因向來風氣未開，遂無學成之人。因思華人流寓南洋及各埠者，無慮百萬，其中人才必多，將招使歸國，共效馳驅，此自今日要務。惟海外人才散處各埠，或有才而未必著名，若明降諭旨，恐被舉者皆平常有場面之人，其有才者轉致沉没。竊謂宜假他事，派一深細公正之人前往察看，俟考校得實，方飭令領事保舉，如此庶得實用。

（清）汪康年《汪穰卿先生遺文·書牘輯存》卷上《上某疆臣説帖》

時事多艱，朝廷用人必時有不次超擢之舉，然虛聲純盜及貌似有才者，必首蒙異數。而洋務人才爲尤甚，以貴人不在行，不若平常吏治之易被考察也，又無可憑驗，不若工藝之可以試驗也。然此輩人特爲姦猾，營私冒功，不識大體，而大局利害更復懵如，如出使之梁誠、吴德章，在北京之沈敦和，浙江之許貞幹，貴州之劉貽汾，皆是。然以今日外交乏人，此等人方在擧用之列，將來貽誤國家必是此輩，實宜慎之。

（清）汪康年《汪穰卿先生遺文·書牘輯存》卷下《致張劭熙 朱桂辛二君書》 昨見津報，忽言朝廷擬改服色，將於明年元旦下諭旨。此事極有關繫，因亟爲此函請轉達師座謂□相國改服色一事。近人雖時言及，然弟極不視爲要圖。且朝廷果能實力變法，則改服色或足助變法之力量；若不變法，而徒改服色，則變法一事，何補存亡之毫末，徒足取笑而已。從前日人改服色，亦頗爲西人所笑。且若在從前，風氣未開阻撓者多，如朝廷毅然改革，則改服色足以示力量易視聽。今當喪禍之餘，民情趨外，即此一節，徒足表示朝廷媚悦外人之象。況此事關繫民間生業者極大，倘頓解長服而爲短衣，易綢緞而爲呢羽，則凡蠶桑繅織諸人立有擠溝壑之慮，而進口貨則所增奚止千萬。今國內虛耗，方須爲小民籌添生計，何可更爲此抑絶之法，致民生愈困，籌款愈難，尤有慮者。

（清）孫中山《孫中山文集》卷一《上李鴻章書》 顧我中國仿效西法，於今已三十餘年。育人才則有同文、方言各館，水師、武備諸學堂；裕財源則辟煤金之礦，立紡織製造之局；興商務則招商輪船、開平鐵路，已後先輝映矣。而猶不能與歐洲頡頏者，其故何哉？以不能舉此四大綱，而舉國並行之也。間嘗統籌全局，竊以中國之人民材力，而能步武泰西，參行新法，其時不過二十年，必能駕歐洲而上之，蓋謂此也。試觀日本一國，與西人通商後於我，仿效西方亦後於我，其維新之政為日幾何，而今日成效已大有可觀，以能舉此四大綱而舉國行之，而無一人阻之。夫天下之事，不患不能行，而患無行之之人。方今中國之不振，固患於能行之人少，而尤患於不知之人多，夫能行之人少，尚可借材異國以代為之行；不知之人多，則雖有人能代行，而不知之輩必竭力以阻撓。以昔日國家每舉一事，非格於成例，輒阻於群議者，此中國之極大病源也。

綜述

《皇朝經世文統編》卷四七《外交部二·通商》佚名《通商宜設立商部以浚利源》 中國自古以來重農務本，賤商抑末，方以爲天子有道，守在四夷，通商則羈縻外國之術耳。且天子不言有無，烏有膺圖受籙之君，而孳孳財利同於盜跖者哉？道光之季年，海疆事起，中外諸臣不能折衝禦侮，黄爵滋首發難端，林文忠，操之過急，而耆善、奕經、伊里布、琦英輩類以庸劣膺長子丈人之任，遂至一敗塗地，不可收拾。維時猶以講求洋務爲耻，情多隔膜，動受欺朦。迄今泰西諸邦享受和約無窮之利，事事盡佔便宜，雖曰地下之盟，急何能擇，而始作俑者，其能不遭千載之唾駡哉？昔者管子相齊，善因敗以爲功，姚崇擢入中書，人號救時之相。且困極而亨，窮久則變，天道循環之理也。泰西以全力保商，遂能馴致富强，彰彰可考。而其長技良法，不自珍祕，輒聽人之摹仿，比亦足以見歐美諸洲人性之質直矣。而近代柄政諸鉅公，惟以講求軍制兵法製造軍火爲亟，如福州船政局、上海製造機器局、金陵洋砲局、天津武備學堂軍械所等處，仿造軍艦、槍砲、藥彈，測量遠近、推算重力、壓力、速率之法。曾襲侯敏惠公著有中國先睡後醒之論，亦指中國修明武備，仿用西法槍砲及創立海軍等大政而言。而咸置商務爲緩圖，於西人保護商人講究商務之道全不詳加體會，且多置釐卡以擾累之。官商之性不通，上下之分太隔，朘削滋甚，而商賈多失業之人熟於趨避者，遂有戢用洋單挂洋行招牌情事。噫，商人惟利是圖是其本等，而爲叢敺雀，爲淵敺魚，誰之過歟？凡此數端皆不重商之咎也。誠能幡然悔悟，勿自封其步，悉屏浮議，設立商部衙門，以親王大臣總領其事，特示崇重之意。各省均置督辦商務之大員，以一事權，或即令藩司兼管各府州縣，以相其地之所宜而置官以倡率之，全照西人章程而一以保護商人爲主，商務之隆可計日而待矣。商務既興，則鐵路、礦産、機造諸項自次第舉行。商人殷富，國勢亦與之俱興，不必以講兵爲强而兵自足以無敵於天下。盖兵之强弱視乎餉項之盈絀，餉項之盈絀全視乎商民之貧富。故曰：倉廪實而知禮節，衣食足而知榮辱，禮生於有而廢於無。故君子富則好其德，小人富以適其力。淵深而魚生焉，山深而獸往焉，人富而仁義生焉。富者之得勢益彰，失勢則客無所之以而不樂。天下熙熙皆爲利來，天下攘攘皆爲利往。太史公《貨殖傳》真經國之要圖也。

（清）鄭觀應《增訂盛世危言新編》卷二《富國二·考試下》 州縣、省會、京師各有學宮書院，莫若仍其制而擴充之，仿照泰西程式稍爲變通，文武各分大中小三等，設於各州縣者爲小學，設於各府省會者爲中學，設於京師者爲大學。文學酌爲其目爲六科：一爲文學科，凡詩文、詞、賦、章奏、牋啟之類皆屬焉。一爲政事科，凡吏治、兵刑、錢穀之類皆屬焉。一爲言語科，凡各國語言、文字、律例、公法、條約、交涉、聘問之類皆屬焉。一爲格致科，凡聲學、光學、電學、化學之類皆屬焉。一爲藝學科，凡天文、地理、測算、製造之類皆屬焉。一爲雜學科，凡商務、開礦、税則、農政、醫學之類皆屬焉。武學酌分其目爲兩科：一曰陸軍科，凡槍礮、利器、兵律、營制、山川、險要及陸戰攻守各法皆屬焉。一曰海軍科，凡測量、測星、風濤、氣候、海道、沙礁、駕駛及海戰攻守各法皆屬焉。每科必分數班，歲加甄別以爲升降。延聘精通中西之學者爲學中教習，詳訂課程。三年則拔其尤者，由小學而升中學，又三年拔其尤者，由中學而升大學，然後分別任使進用之階，文武一律無所輕重。各鄉亦分設家塾、公塾，無論貧富皆可讀書習藝。即不入小學肄業者，逢小學甄别之期，亦須赴試。必先由小學考取，有名三年後始准與試。入學之始，必令於文武各科自擇一科，專其心志一其趨向。至於登進之階級如秀才、舉人、進士、翰林之類，一仍舊稱。三年一試，由朝廷命該省督撫、水陸提督會同大書院掌教校閱，廣其額，精其選，一反從前空疏無補之積習。如此變通辦理，約而計之有數善焉。從前各州縣學官僅擁虚名，幾同疣贅，若由各省督撫改擇通中西實學者以爲教習，且有已成之學宫書院可以居住，無須另籌經費，另行建築，一轉移間通國即可舉行，一善也。各分各科人得以就其質之所近，專習一業，或大成，或小就，皆得蔚然興起爲國家有用之材，二善也。學中甄别以三年爲程，士之學問淺深，平時同業諸生共聞共見，期滿考試或優或絀，參考三年之學業，可得其詳。其取人既不憑一日之短長，懷才者有必得之權，廢學者無儌倖之望，考核明而人才出矣，三善也。西法各種，西人藉以富强，已收實效，皆有程式，我步趨其後，較易見功。由西文譯作中文，以西學化爲中學，不及十年，中國人才無難與泰西相頡頏，四善也。一科有一科之用，任使務盡其所長，一人有一人之能，驅策必久於一任。將見士氣振作，人才奮興，以之製物則物精，以之製器則器利，以之治國則國富，以之治兵則兵强，以之取財則財足，以之經商則商旺，政無不理，事無不舉，五善也。

（清）劉坤一《劉坤一遺集·奏疏》卷二八《創立江省郡縣學堂摺光緒二十四年七月二十九日》 奏爲遵旨設立江南省府、縣各學堂，謹將籌辦情形，恭摺具陳，仰祈聖鑒事：

竊臣恭閲邸鈔：光緒二十四年五月二十二日奉上諭：前經降旨開辦京師大學堂，肄業者由中學、小學以次而升，必有成效可觀。惟各省中學、小學尚未一律開辦。總計各直省省會及府、廳、州、縣無不各有書院，著各該督撫督飭地方官，各將所屬書院坐落處所，經費數目，限兩個月詳查具奏，即將各省府、廳、州、縣現有之大小書院，一律改爲兼習中學、西學之學校。至於學校等級，自應以省會之大書院爲高等學，郡城之書院爲中等學，州縣之書院爲小學，皆頒給京師大學堂章程，令其倣照辦理。其地方自行捐辦之義學、社學等，亦令一律中西兼習，以廣造就。至各書院需用經費，如上海電報局、招商局及廣東闈姓間頗有溢款，此外陋規濫費當亦不少，著該督撫盡數提作各學堂經費。各省紳民如能捐建學堂，或廣爲勸募，准各省督撫按照籌辦數目，酌量奏請給奬；其有獨立措捐鉅款者，朕必予以破格之賞。所有中學、小學應讀之書，仍遵前諭由官設書局編譯中外西書，頒發遵行。至於民間祠廟，其不在祀典者，著由地方官曉諭民間，一律改爲學堂，以節糜費而隆教育。似此實力振興，庶幾風氣遍開，人無不學，學無不實，用副朝廷愛養成材至意，將此通諭知之。欽此。復於七月初四日奉電傳諭旨：前於五月二十二日降旨，諭令各省開辦學堂，限兩箇月覆奏。現在限期將屆，各省籌辦情形若何，著各督撫迅即電奏。欽此。並准總理衙門將大學堂章程咨送前來。

竊維學堂之設，爲自强根本要圖。我皇上作育人才，孜孜求治，屢發明詔，於京師創立大學堂，特派管學大臣，妥議章程，剋期舉辦，諭令各省一體實力奉行，洵足立當代之楷模，新斯民之觀聽。臣受恩深重，圖報情殷，何敢稍涉因循，自蹈咎戾。惟是造端伊始，考核不厭精詳，經費有常，籌畫尤須審慎。茲遵照大學堂定章，斟酌變通，就江寧省城先行開辦，以期迅速集事。謹將籌擬情形爲皇上詳陳之。

查江寧地方爲東南一大都會，向來江蘇、安徽兩省於茲合闈鄉試。此次設學堂係爲科舉之梯桄，俾知學術之階級，則兩省士子，自應一視同仁。擬設江南學堂一區爲高等省學堂。江寧府統轄七屬，上元、江寧兩縣本係同城，擬設中等、小學府縣學堂各一區，與京師大學堂一氣貫注，層累遞進，以符書升論秀之規，通計學堂三處，員司、教習薪水，學堂火食，書籍，紙筆，月課獎賞以及各項雜支，每年非八九萬金不足敷用，而開辦之初，如經營學舍，延聘教習，購買中外書籍，圖册儀器等項，又非十餘萬金不辦。當此費絀用宏，度支告匱，如此鉅款實苦羅掘無從；而地方應辦事宜更何敢輕言請款。伏思江南舊有儲材學堂，原議分設交涉、農政、工藝、商務四大綱，學額以一百二十名爲止。又以學生未解西書，不得不以語言文字爲塗徑。現在所學僅英、德、法、日四國語言文字，即使三年有成，不過備譯人之選，而於律例、賦税、輿圖、繙書、種植、水利、畜牧、農務、化學、汽機、礦務、工程、各國商務、中國土貨、錢幣、貨物諸學均未講求，仍須俟諸數年之後。定額既少，收效又遲，且與大學堂章程亦多不能相應。方今朝廷勵精圖治，百度維新，各省遍設學堂，一洗空疏積習，宏規茂矩，體用兼資，不患無繙譯之才，而患無會通之士。臣之至愚，應迅設省府縣各學堂以植其本，另設農、工、商等學堂以造其精。既爲普通學先立始基，即爲專門學預籌進境，庶幾人才輩出，不致遲緩費時。擬將儲材學堂改爲江南學堂，推廣學額，多延教習。其舊有學生，嚴加考核，分別去留。並將舊有之鍾山、尊經、惜陰、文正、鳳池、奎光六書院併改爲府縣各學堂，所有各該學堂書院經費悉數撥給濟用。至開辦經費，儲材學堂連年節省尚有數萬金，可以提撥，如有不敷，容臣另行籌款。現已派委道員蒯光典總司其事，次第舉行。此籌辦江南省府縣各學堂之實在情形也。

若夫外府州縣，雖已有數處設立中西學堂，而辦理未能畫一，章程難免參差。茲幸圭臬有資，自應敬謹遵守。惟各屬學額之多寡，須視地方之廣狹，經費之優絀以爲衡，礙難遽爲懸定。業經臣將大學堂章程刊印分發，嚴飭各該地方官查照速辦，將本有之書院一併改爲學堂，經費不敷仍著就地籌款，依限於一年之内一律告成。其有紳耆好義，或捐資獨建學堂，或合力分設學塾，俱照新章分別奏請獎勵，總期漸推漸廣，日起有功，仰副聖主殷殷誥誡振興實學之至意。

所有遵旨設立江南省、府、縣各學堂緣由，理合恭摺具奏，伏乞皇上聖鑒訓示。謹奏。

(清) 劉坤一《劉坤一遺集·奏疏》卷三五《變通政治籌議先務四條摺光緒二十七年五月二十七日》 奏爲變通政治，人才爲先，遵旨籌議奏陳，仰祈聖鑒事：

竊臣等欽奉光緒二十六年十二月初十日上諭：法令不更，錮習不破，欲求振作，當議更張。著軍機大臣、大學士、六部、九卿、出使各國大臣、各省督撫，各就現在情形，參酌中西政要，舉凡朝章國故、吏治民生、學校科舉、軍政財政，當因當革，當省當併，或取諸人，或求諸己，如何而國勢始興，如何而人才始出，如何而度支始裕，如何而武備始修，各舉所知，各抒所見，通限兩個月，詳悉條議以聞等因，欽此。仰見我皇太后、皇上，懲毖多難，必欲掃積習以濟時艱，感涕之餘，且愧且奮。

臣等嘗聞之，《周易》乾道變化者，行健自强之大用也；又聞之《孟子》，過然後改，困然後作，動心忍性，增益其所不能者，生於憂患之樞機也。上年京畿之變，大局幾危，其爲我中國之憂患者可謂鉅矣，其動忍我君臣士民之心性者可謂深矣，窮而不變，何以爲國？然則修中華之内政，采列國之專長，聖道執中，洵爲至當。惟是中國貧弱廢弛之弊，或相沿百餘年，或相沿二千餘年，一旦欲大加興革，必須規劃周詳，確有下手之處，然後血氣生而宿疴自去，疣癰決而元氣可支。

竊謂中國不貧於財而貧於人才，不弱於兵而弱於志氣。人才之貧，由於見聞不廣，學業不實。志氣之弱，由於苟安者無履危救亡之遠謀，自足者無發憤好學之果力。保邦致治，非人無由。謹先就育才興學之大端，參考古今，會通文武，籌擬四條：一曰設文武學堂，二曰酌改文科，三曰停罷武科，四曰獎勸遊學。敬爲聖主陳之。

一曰設文武學堂。取士之法，自漢至隋爲一類，自唐至明爲一類，無論或用選舉，或憑考試，立法雖有短長，而大意實不相遠。漢、魏至隋，選舉爲主，而亦間用考試，如董、晁、郄、杜之對策是也。唐、宋至明，考試爲主，而亦參用選舉，如溫造、种放之徵召是也。要之，皆就已有之人才而甄拔之，未嘗就未成之人才而教成之。故家塾則有課程，官學但憑考校，此皆與三代學校之制不合。現行科學章程，本是沿襲前明舊制，承平之世，其人才尚可以佐治安民；今日國蹙患深，才乏文敝，若非改絃易轍，何以拯此艱危？

然而中國見聞素狹，講求無素，即有考求時務者，不過粗知大略，於西國政治未能詳舉其章，西國學術未能身習其事。現雖舉行經濟特科，不過招賢自隗始之意，止可爲開闢風氣之資，而未必遽有因應不窮之具。考《周官》司徒之職，《小戴禮》、《學記》之文，大率皆以德行道藝兼教並學，學成而後用之。此外見於經傳者，鄉國之學皆兼六藝，大夫之職必備九能；書、禮、干戈，司成並教，寄象鞮譯，王制分官，海外圖經伯益所傳，潤色專對，《論語》所重。又按三代之制，庠序之稱曰士，卒伍之稱亦曰士，實爲文武合一，文武並重之明徵。若孔子兼通文武，學於四夷，尤聖人躬行垂教之彰彰者。此後漢舉使才，唐采回曆，《隋志・經籍》多收方言，明初文科亦兼騎射。欽惟我朝康熙年間，測天造礮，皆用西人；內府地圖，創用西法之經緯線，此圖所刻銅板，即用東洋銅板之陰陽文。尼布楚界碑兼用三體文字。乾隆年間，《西域同文志》兼列清、漢、蒙古、西番、托忒、回部之書。至於內廷功課，八旗授官，皆係文武兼習。祖宗舊制，洵足爲萬代法程。

今泰西各國學校之法，猶有三代遺意，禮失求野，或尚非誣。其立學教士之要義有三：一曰道藝兼通，二曰文武兼通，三曰內外兼通。其教法之善有四：一曰求講解不責記誦，一曰有定程亦有餘暇，一曰循序不躐等，一曰教科之書，官定頒發，通國一律。大小各學，功有淺深，意無歧異，其考校進退章程，皆用北宋國學積分升舍之法，才能優絀，切實有據，既不虞試官偏私，亦不至摸索僥誤，故其人才日多，國勢日盛。德之勢最強，而學校之制惟德最詳；日本興最驟，而學校之數在東方之國爲最多。興學之功，此其明證。

其學校教法，大率少年者先入小學堂，先教以淺近文理、算法、史事、格致之屬。小學堂又分初等、高等兩種。小學成後，選入中學堂，所學門類甚多，名曰普通學。如：國教、格致、算學、地理、史事、繪圖、體操、兵隊操、本國行文法、外國言語、文字、行文法等事，皆須全習；惟外國文字，止兼習一國。無論大小學堂皆有講國教一門，皆有學兵隊之操場。日本之教科名曰倫理科，所講皆人倫道德之事，其大義皆本《五經》、《四書》。普通學畢業後，發給憑照，升入高等學堂，習專門之學。自此以後，然後文武分途，或文或武，聽其便；惟文武皆必先習普通。至專門學習文事者，名高等學校。英分經、教、法、醫、化、工六科，又另設專門農、商、礦學。法與英略同。德又另設專門工學。日本高等學校亦分六門：一，法科；二，文科；三，工科；四，理科；五，農科；六，醫科。每科所習學業各有子目。其餘專門各有高等學校。查日本門目與中國情形較近，歐、美無學不兼講西教，日本無學不兼講倫理。習武備者，名士官學校，略分地理、戰史、戰法、軍械、測繪、工程、經理、軍醫八門，兼習外國文字、兵式體操、兵隊操、行軍操、射的、擊刺、乘騎、游水等事。射的即槍礮打靶，擊刺即短刀刺槍互擊。習文事者，高等學校畢業後發給憑照，略如中國舉人，分類量能而授以官；其願再學者，升入大學校。大學校畢業領照者，略如中國進士。習武備者，普通畢業後先入營練習半年，方入士官學校。士官學校畢業後，仍須入營練習三年，方爲畢業。第一年學爲兵，第二年學爲弁，等三年即在其營內充弁。其弁亦名下士官，其分際略如中國把總、外委、額外。此堂畢業後，發給憑照，其國家即用爲各軍少尉。自少尉以上皆名士官。大尉、中尉、少尉略如都司、守備、千總。自官少尉以後，可在本營敍勞升轉。若僅由充兵出身者，官至特務曹長爲止。曹長略如把總。僅由士官學校出身者，官至大佐爲止。大佐略如副將，中佐、少佐如參、遊。若欲爲大將、中將、少將者，仍須升少佐、中佐後，再入陸軍大學校三年。習水師者，名海軍大學校。其海、陸大學校體制與文事大學校同。大將如統兵大臣，中將、少將如提、鎮以上所舉皆日本官名，取其易曉。各國學制、教法，節目雖有小異，用意事事相同。其大中小學之年限，無論文武，大率三、四、五年不等，等級漸深者，子目亦漸加多。其東西各國，今昔章程微有不同者，大約西繁而東簡，西遲而東速，昔專壹而今變通。如西國馬上不放火槍，日本近三年始於馬上操槍之類。其學校監督皆用武官爲之，以武官於禮節規矩最爲謹嚴詳密，文職偶有脱略，武官斷不通融。此外國學校教士官人之大略也。

臣等謹參中外情形，酌擬今日設學堂辦法，擬令州縣設小學校及高等小學校。童子八歲以上入蒙學，習識字，正語音，讀蒙學歌訣諸書，除《四書》必讀外，《五經》可擇讀一二部。家塾、義塾悉聽其便，由紳董自辦，官勸導而稽其數，每年報聞上司可也。十二歲以上入小學校，習普通學兼習《五經》，先講解，後記誦。但解經書淺顯義理，兼看中外簡略地圖，學粗淺算法至開立方止，學粗淺繪圖法至畫出地面平形止，習中國歷代史事大略，本朝制度大略，習柔輭體操。三年而畢業，紳董司之，官考察之。十五歲以上入高等小學校，解經書較深之義理，學行文法，學爲策論、詞章，看中外詳細地圖，學較深算法至代數、幾何止，學較深繪圖法至畫出地上平剖面、立剖面、水底平剖面止，習中國歷史大事，外國政治學術大略，習器具體操兼習外國一國語言文字之較淺者。此學必設兵隊操場。三年而畢業，官司之，紳董佐之。畢業後本管府考之，分數及格者給予憑照，作爲附生送入府學校，分數欠者留學。府設中學校。十八歲高等小學校畢業，取爲附生者入中學校，習普通學。其有監生、世職、職銜願入普通學者亦聽，但須酌捐學費，與附生一律教課。其有營弁、營兵，文理通暢，能解算法、繪圖，考驗有據者，亦准收入此學。温習經、史、地理，仍兼習策論、詞章，並習公牘、書記文字，學精深算法至弧三角、航海駛船法止，學精深繪圖法至測算經緯度、行軍圖、目揣遠近斜度止，習中國歷史、兵事，習外國歷史、律法、格致等，學外國政治條約即附於律法之内，並講明農、工、商等學之大略，習兵式體操兼習外國一國語言文字之較深者。詞章一門，亦設教習學，生願習與否，均聽其便。弁兵入學者，專學策論，免習詞章。此學亦必設兵隊操場。三年而畢業，學政考之，給予憑照，作爲廩生，送入省城高等學校。省城應設高學學校一區，大省容二三百人，中小省容百餘人，屋舍不便者，分設兩三處亦可，但教法必須一律。非由中學校、普通學畢業者，不能收入。擬參酌東西學制，分爲七專門：一，經學，中國經學、文學皆屬焉。二，史學，中外史學，中外地理學皆屬焉。三，格致學，中外天文學、外國物理學、化學、電學、力學、光學皆屬焉。四，政治學，中外政治學、外國律法學、財政學、交涉學皆屬焉。五，兵學，外國戰法學、軍械學、經理學、軍醫學皆屬焉。六，農學。七，工學，凡測算學、繪圖學、道路、河渠、營壘、製造軍械、火藥等事皆屬焉。共七門，各認習一門；惟人人皆須兼習一國語言文字。此學亦必設兵隊操場。至醫學一門，以衛生爲義，本爲養民強國之一大端，然西醫不習風土，中醫又鮮真傳，止可從緩；惟軍醫必不可緩，故附於兵學之内。並另設農、工、商、鑛四專門學校各一區，專以考驗實事爲主，機器、藥料、試驗場皆備，亦三年而畢業。其普通學成願入此四學者聽。入此四學者，中國經學、文學皆令温習。無論何學皆有兵隊操場。其習武者，專設一武備學校，擇普通畢業之廩生願習武者送入，《四書》、中國歷史、策論，人人兼習；其餘悉依外國教課之法，並專習一國語言文字。或倣日本並設一礮工學校，專學製造槍礮之法。均三年而畢業。文學生高等學校畢業後，除農、工、商、鑛專門四學另爲章程外，此七門學生，學律法者派入交涉局學習實事，名曰練習學生。學兵法者，派入各營學習實事，亦名曰練習學生。其餘五門學生，均隨其所願派入農、工、商、鑛等局，兼習實事，名曰兼習學生。均以實在局、在營一年爲度。農、工、商、鑛四專門學三年畢業後，農學派赴本省外縣，山鄉水鄉，考驗農業；工學派赴本省外省華洋工廠，考驗製造；商學派赴南北繁盛口岸，考驗商務；鑛學派赴本省外省開鑛之山，煉鑛之廠，考驗采煉。均名曰練習學生，亦均以實在出外遊歷練習一年爲度。其武學生，武備學校畢業後，令入營學習，操練一年，半年充兵，半年充弁，以實在營一年爲度。合計在學肄業及出外練習，文武各門均四年學成，先由督撫學政考之，再由主考考之，取中者，除送入京師大學校外，或即授以官職，令其效用。大學校學業，又益加精，門目與省城所設高等專門學校同，三年學成，會試總裁考之，取中者授以官。此大、中、小學教法、門目、等級、年限之大略也。

其考用之法：高等小學學成者，本管知府考之；普通中學學成者，學政考之，均不彌封。縣送府考，府送學院考，均須詳註分數；知府、學政考取榜示，亦須註明分數，不准渾淪取進。高等專門學成者，督撫、學政分文武兩途考之，應分幾場，臨時酌定。取者作爲優貢，武者作爲武優貢。其文事由他途徑入普通中學，洊送農、工、商、鑛四專門學，非由生員者，及由普通中學畢業，徑入四門專學，非由高等學畢業者，其武事由弁兵徑送入普通學，非由生員者，一併准其與考。其優貢所取人數，視本省中額加倍。欽派考官，會同督撫、學政，亦分文、武兩途考之，應分幾場，臨時酌定。考其專門之學及各國語言文字，非優貢不得與考。大率督、撫、學政所取優貢，即係録送鄉試之意。應試人少，且諸學有須而試者，毋庸糊名易書，考中者作爲舉人；其非由生員出身及非由高等出身者，作爲副榜。擇其中式前半若干，分别送入京城文武大學校。所以止送一半入大學校者，一爲京師大學若欲全容天下舉人，費用過多，故減半送京，以節經費；一爲分半就職，俾得及時效用，以應目前急需。其有未獲送入大學校者及已經送京而不願入大學校願就職者，聽。其未送大學校而不願就職，自願留學以待下科者，亦聽。就職者，文授以七品小京官及六七品佐貳首領，分部、分省候補，或充各局委員。武授以守備、千總等官發營差委。考官照學政例，准帶幕友二三人，同考官由外省酌量訪求聘委，不拘官階，亦不必本省人員。京城設文事大學校、水軍陸軍大學校各一，學業又益加精，門目略與省城專門學校同。學成者，欽派總裁大臣考之，作爲進士。經廷試後，文授以部屬、知縣等官，武授以都司、守備等官，均令分部、分省，分標候補，優其序補班次，毋庸歸選。如朝廷需用編書修史應奉文字之詞臣，宿衛禁廷之侍衛，應隨時聽候諭旨考選，不在科舉常例之内。統計自八歲入小學起至大學校畢業止，共十七年。計十八歲爲附生，二十一歲爲廩生，二十五歲爲優貢、舉人，二十八歲爲進士，除去入學出學程途、考選日期外，亦不過三十歲内外，較之向來得科第者並不爲遲。此大、中、小學層遞考取録用之大略也。

共取中之額，即分舊日歲科考取進學額以爲學堂所取生員之額，分鄉會試中額以爲學堂所中舉人、進士之額。優貢應請新定學堂之額，大約比本省中額加倍而略多。初開辦數年，學堂未廣，取中尚少，前兩科每科分減舊日中額學額三成，第三科每科分減舊額四成，十年三科之後，舊額減盡，生員、舉人、進士皆出於學堂矣。至日久才多，以後應倣各國章程，視其學業分數以爲中額之多少，並可不拘定額，以昭核實而資策勵。總須較舊額之數有增無減。此舉堂取中額數，移撥舊額，日後並不限以定額之大略也。

或謂廢八股則人不讀經書，不遵聖賢，不宗理學。不知八股始自前明，自漢至宋皆無八股，何以傳經衛道代有名儒，忠孝節義史不絶書。即如周、程、朱、張乃理學宗主，其時未嘗有八股也。或謂廢八股，則人不能爲文。不知文章之最美者，莫如春秋之《左》、《國》，戰國之諸子，兩漢之班、馬，唐、宋之八家，其時未嘗有八股也。或謂廢八股，則舊日專攻帖括者無進身之路，不知歷來擅長八股諸名家，亦必係學贍才敏，文筆優長之士，其最著者，前明如唐順之、歸有光，國朝如韓菼、方苞輩，即不由場屋，豈患無自見之學，登進之階。故能爲好時文者，考試策論固屬優爲，兼習諸學亦非難事。無論少年易於改業，即二十五歲以上至五十歲者，除外國語言、精微算法外，何事不能通曉？若從此三科十年以後，不能中式而又不能改習諸學，則斷非有才有志之人，國家取之何益於用！然此輩仍可爲小學、中學、經書、詞章之師，其衰老不第而學行尚有可取者，可由督、撫、學政訪察、考選，朝廷優予體恤：六十歲以上者，酌給職銜；五十歲以下者，廣設其途，分别舉、貢、生員，用爲知縣、佐貳、雜職，詳見酌改文科專條，似亦足以安宿儒而慰寒畯矣。捐納既停，即中等儒生豈患無出路哉！此裁減舊日學額中額，仍將從前舉、貢、生員分别録用之大略也。

論外國設學之定法，自宜先由小學校辦起，層累而上，以至中學、高等學、大學方爲切實有序；惟經費太絀，師範難求，止可剴切勸諭，竭力陸續籌辦。若必待天下徧設數萬小學、數百中學，然後升之高等學、大學而教之用之，至速迹須十年；時事日棘，人不我待，刻舟膠柱，必致空言誤事。今日爲救時計，惟有權宜變通，先自多設中學及高等學始，選年力少壯通敏有志之生員，迅速教之，先學普通，緩習專門，應各就省城及大府酌量情形，迅速籌辦，以資目前之用。取才由粗入精，立法由疏入密，凡事何莫不然。將來小學林立，中學亦多，則循序漸進，取材既裕而教法亦不勞矣。查三十歲而入官，科名不得爲晚。自初學以至學成，十七年而成文武兼備之人才，造就不得爲遲。惟事急需才，恐難久待。查日本文武各種學校皆有速成，教法於各項功課擇要加功，於稍緩者量加省減，刻期畢業。應請旨飭出使大臣李盛鐸切託日本文部、參謀部、陸軍省，代我籌計酌擬大、中、小學各種速成教法，以應急需。此權宜救急，先設普通中學暨采訪速成教法之大略也。

惟成事必先正名，三代皆名學校，宋人始有書院之名。宋大儒胡瑗在湖州設學，分經義、治事兩齋，人稱爲湖學，並未嘗名爲書院。今日書院積習過深，假借姓名，希圖膏獎，不守規矩，動滋事端，必須正其名曰學，乃可鼓舞人心，滌除習氣。如謂學堂之名不古，似可即名曰各種學校，既合古制，且亦名實相符。

總之，中華所以立教，我朝所以立國者，不過二帝、三王之心法，周公、孔子之學術。今宗旨則不悖經書，學業則兼通文武，特以世變日多，故多設門類以教士，取其周知四國，博學無方，正與經傳所載三代教士取人之法相合，看似無事非新，實則無法非舊。且經、史、詞章仍設專門，學人、文人皆有自見之路，何得以唐人專考詞章之下策，前明八股之俳體，視爲儒者正宗哉！

臣等所擬以上辦法，不過明宗旨，標門類，分等級，計年限，籌出路，除妨礙，舉其大略如此。至於詳細章程，究應如何斟酌損益之處，應候敕議裁定。此一事爲救時首務，振作大端，伏望我皇上思危慮患，飭取日本學校章程迅速詳議，乾斷施行，收人心以固國基，四海瞻仰首在此舉矣。

一曰酌改文科。科舉一事爲自強求才之首務，時局艱危至此，斷不能不酌量變通。半年來，諮訪官紳人士，衆論僉同。兩廣督臣陶模、山東撫臣袁世凱咨來奏稿，言之甚爲懇切。改章大指，總以講求有用之學，永遠不廢經書爲宗旨。擬即照光緒二十四年臣等所奏變通科舉奉旨允准之案酌辦。原奏乃係參酌古今，求實崇正，力駁侈譚新學者之謬論，不過原本舊章，力求核實而已。大略係三場，先後互易，分場發榜，各有去取，以求核實。頭場取博學，二場取通才，三場歸純正，以期由粗入精。頭場試中國政治、史事，二場試各國政治、地理、武備、農、工、算法之類，三場試《四書》、《五經》義，經義即論説考辨之類也。頭場十倍中額，二場三倍中額。原奏經禮部通行陝西，有案可查。惟聲、光、電、化等學，場內不能試驗，擬請删去。此係原本朱子救弊須兼他科目取人之意，歐陽修隨場去留鄙惡乖誕以次先去之法，而又略倣現行府縣覆試童生、學政會考優貢之章，且可免寒士之候榜艱難，考官之疲勞草率，似乎有益無弊，簡要易行。

竊維今日育才要指，自宜多設學堂，分門講求實學，考取有據，體用兼賅，方爲有裨世用。惟數年之內，各省學堂不能多設，而人才不能一日不用；即使學堂大興，而舊日生員年歲已長，資性較鈍，不能入學堂者，亦必須爲之籌一出路，是故漸改科舉之章程，以待學堂之成就。似此辦法，策論乃諸生所能，史學、政治、時務乃三場策題所有，考生斷不致因改章而閣筆，科場更可因改章而省費；而去取漸精，學業漸實，所得人才固已較勝於前矣。茲擬將科舉略改舊章，令與學堂並行不悖，以期兩無偏廢。俟學堂人才漸多，即按科遞減科舉取士之額，爲學堂取士之額。其穎敏有志者，必已漸次改業，歸入學堂。其學優而年長者，文平而品端者，儘可寬格收羅，量才録用；或取作副榜，多取數名；或令充歲貢，倍增其額；或推廣大挑，每科一次；或特令挑作謄録，令其議敘有資；或舉人比照孝廉方正，生員比照已滿吏，准其考職，令其入官效用。宜彙總核計以上各途推廣録用之數，足以抵每科減額之數，則舊日專習時文者亦尚有進身之階。十數年以後，奮勉改業者日多，株守沈淪者日少，且仍可爲小學堂、中學堂經書、詞章之師，其衰老者可從優賞給職銜。總之，但宜多設其途，以恤中材之寒畯，而必當使舉人、進士作爲學堂出身，以勵濟世之人才。祇可稍寬停罷場屋試士之期，而不可使空疏無具者永占科目之名。果使捐納一停，則舉、貢、生員決不患其終無出路。此其兼顧統籌，潛移默化，不患其窒礙難行也。

一曰停罷武科。文武兩科並稱，而兩科之輕重利弊迥然不同。國家任官求才，無論章程如何，總之必用讀書明理之士。因近年帖括之士有文無實，故改章以求實學，先略改科舉章程以取已有之才，次廣設學堂以教未成之人才。他日專門學成，體用兼備，仍是此等讀書明理之人，其法小變，其意仍同。若武科則不然。硬弓、刀石之拙固無益於戰征，弧矢之利亦遠遜於火器；至於默寫武經，大率皆係代倩，文字且不知，何論韜略！以故軍興以來，以武科立功者概乎其未有聞。凡武生、武舉、武進士之流，不過恃符豪霸，健訟佐鬭，抗官擾民，既於國家無益，實於治理有害，此海內人人能言之，無待臣等之煩言者也。或謂武生等可使改習槍礮。不知利器散布民間，流弊太大，實無防察之法，萬不可行。或謂武生等可使入武備學堂肄業。不知學堂定法，無論水師、陸師皆必須曾讀書通文理，若不識文字者，雖有西師善教，精者不能解，粗者不能記，斷無受教之地。或謂武科所以收強梁不馴之人才。不知凡應武試者，大率小康之家子弟，椎魯游蕩，不肯讀書，乃使之習武以博科目之榮，其弓馬衣裝之費，較之文生爲多，故世俗有窮文富武之諺。夫取士求將，本欲得良善守法之士，教以禮義，授以技能，以備干城腹心之用，豈有搜羅不逞，加虎以冠。且天下盜賊，會匪亦多矣，豈武科所能網羅者哉！今日勇營甚多，其材武有力之輩皆可容納，何藉武科。或謂古今名將未必盡能知書。不知古之孫、吴、韓、岳、戚繼光，今之羅澤南、彭玉麟等，何一非學古能文之士。間有不學問而爲名將者，多由閱歷而來。故兵勇起家爲良將者有之，然在今日已不能與洋兵角勝。若應武科者，平日所習皆與兵事無涉，既不曉槍礮之精，復不諳營陣之法，及取中武科，年齒已長，習氣已深，循資數年，即可爲參、遊、都、守，何所謂閱歷哉？查國家官制，武職以行伍爲正途，八旗世家無非兵籍。此時講求兵事，必須武學，西操相資爲用。其學堂畢業入營操練精熟者，自必予以出身，洊擢官職。將來內而禁衛，外而將校，皆可於此取之。考拔擢用之法，另詳專條。若仍以循舊之武科，濫廁右職，殊於講武勵才之出路有妨。近年自故督臣沈葆楨以後，中外大臣言武科改章者甚多，蓋久已共知其弊。臣等揆之今日時勢，武科無益有損，擬請宸斷，奮然徑將武科小考、鄉、會試等場一切停罷；其舊日之武進士、武舉、兵部差官，一律發標學習，考察人材，酌量委用補署，不必按資挨次選補實缺。武生年壯有志者，令其講求武學，以備應募入伍之用；疲老者聽其改業。如此則學堂講武學者，營弁精操練者，在標有戰功勞績者，登進之途較寬，必皆鼓舞奮興；而將校皆有實用，此誠自強講武之一大關鍵也。

一曰獎勸遊學。學堂固宜速設矣，然而非多設不足以濟用。欲多設則有二難：經費鉅，一也，教習少，二也。求師之難尤甚於籌費。天下州縣皆立學堂，數必逾萬，無論大學、小學，斷無許多之師。是則惟有赴外國遊學一法。查外國學堂，法整肅而不苦，教知要而有序。爲教師者，類皆實有專長，其教人亦有專書定法。凡立一學，必先限定教至何等地位，算定幾年畢業，總計此項學業，共須幾年若干時刻方能教畢，按日排定，每日必作幾刻功夫，定爲課程，一刻不曠，如期必畢，故成效最確，學生亦願受教。而教法尤以日本爲最善，文字較近，課程較速，其盼望學生成就之心至爲懇切。傳習易，經費省，回華速，較之學於歐洲各國者，其經費可省三分之二，其學成及往返日期可速一倍。江、鄂等省學生在日本學堂者多，故臣等知之甚確。比時宜令各省分遣學生出洋遊學，文武兩途及農、工、商等專門之學，均須分門認習；但須擇其志定文通者乃可派往。學成後得有憑照，回華加以覆試，如學業與憑照相符，即按其等第作爲進士、舉、貢，以輔各省學堂之不足，最爲善策。此時日本人才已多，然現在歐洲學堂附學者尚數百人，此舉之有益可知。並宜專派若干人入其師範學堂，專學師範，以備回華充小學、中學普通教習，尤爲要著。

再，官籌學費究屬有限，擬請明諭各省士人，如有自備資斧出洋遊學，得有優等憑照者，回華後覆試相符，亦按其等第作爲進士、舉、貢。如此則游學者衆而經費不必盡由官籌。蓋游學外國者，但籌給經費，而可省無數之心力，得無數之人才，已可謂善策矣。若自備資斧遊學，業成者准按憑照優獎録用，則經費並不多籌，尤善之善者矣。

此四條爲求才圖治之首務，其間事理皆互相貫通，互相補益，故先以此四事上陳。蓋非育才不能圖存，非興學不能育才，非變通文武兩科不能興學，非遊學不能助興學之所不足。揆之今日時勢，倖無可倖，緩無可緩，仰懇宸衷獨斷，決意施行。其間條目章程自須詳議，而大綱要旨無可游移。其有爲因循遷就之説者，惟賴朝廷堅持，勿爲其所搖奪。其餘各條，另摺奏上。

臣等往復商酌，意見一切相同，未便各自具摺，轉嫌雷同重複，謹合詞恭摺覆陳，伏乞皇太后、皇上聖鑒。謹奏。

（清）張之洞《張文襄公全集》卷五三《奏議五三·遵旨籌議變法謹擬整頓中法十二條摺光緒二十七年六月初四日》 竊臣等籌擬興學育才四條，業經會同奏陳在案。竊惟治國如治疾，然陰陽之能爲患者，内有所不足也。七情不節，然後六氣感之，此因内政不修而致外患之説也。療創傷者，必先調其服食，安其藏府，行其氣血，去其腐敗，然後施以藥物鍼石而有功。此欲行新法，必先除舊弊之説也。蓋立國之道，大要有三：一曰治，二曰富，三曰強。國既治則貧弱者可以力求富強，國不治則富強者亦必轉爲貧弱。整頓中法者，所以爲治之具也；采用西法者，所以爲富強之謀也。謹將中法之必應整頓變通者酌擬十二條：一曰崇節儉，二曰破常格，三曰停捐納，四曰課官重禄，五曰去書吏，六曰去差役，七曰恤刑獄，八曰改選法，九曰籌八旗生計，十曰裁屯衛，十一曰裁緑營，十二曰簡文法。敬備朝廷采擇臚陳於左。

一崇節儉。昔《春秋傳》記衛文公之興國也，農工商學諸善政無一不舉而首先書之，曰：大布之衣，大帛之冠。是知國家當多難之際，創痛之餘，欲求振興未有不以節儉爲先務者。後世若漢晉隋唐宋之令主，皆以儉約著稱，遂興其國。伏讀我聖祖仁皇帝庭訓格言，服繭紬之衣，無兼味之饌，省宫女之數，内殿一氊用至四十年，宫闈一年之費只抵前明一月，儉德昭垂，遂以戡亂致治。今京畿彫殘，秦晉饑饉，賠款浩大，民生困窮，以後更不知如何景象。此時若欲挽回天意，激勵人心，非貶損寅畏，力行節儉不可。竊見自兩宫西幸以來，備嘗艱難，力戒靡費，今年又奉明旨，裁省例貢，並戒蹕路虚糜。仰見聖心乾惕震恐，此誠自強之基。誠慮回京以後，所司以相沿成例，一切供奉仍照成規，不能仰喻宸衷，贊成盛德。擬請明降諭旨力行節儉，始自宫廷，所有不急之務，一切停罷；無益之費，一切裁減。即不能不興之工，務從儉省。核實内務府諸臣再有營私糜費者，必重懲之。並請諭飭内外大小臣工，務從節儉，力禁奢華。所有宫室輿服，力求樸素。應酬讌會，勿得浮糜。上官歲時之供億，一概禁絶。督撫、巡閲、學政、按試，以及一切馳驛過境之貴官要差，所有舟車館舍廚傳供張，嚴禁華侈，不准需索騷擾。寬於商民，嚴於職官，有違旨者，上司立予糾条。此不惟愛惜物力之心，及所以昭不忘憂患之意。且不尚玩好則工無淫巧而併力於製造，不崇侈靡則商輕成本而增多其贏餘。官以儉而廉，民以儉而足，農多本富則有用之貨物易銷，工執正業則出口之利源日擴。是不惟務本之常經，抑亦馭外之要策也。恭讀聖諭，屢以卧薪嘗膽爲言，夫欲使天下四海見朝廷實有卧薪嘗膽之志者，必自三事始：一曰儉，二曰勤，三曰破格。三事之中，惟儉最爲顯著而易行。化臣民而阜財用，其效亦最速。必朝廷時時有不忘在莒之心，則國勢有轉否爲泰之望矣。

一破常格。從來國家開創之初，疏節闊目，上下情通，既能周悉民隱，亦能鼓舞賢才，故成功易。中葉以後，拘文牽義，上下否隔，民情多壅於上聞，人才亦難於自見，故郅治難。今外患日迫，政權漸侵，迥非光緒初年之舊。時局已非常局，則政事豈可仍拘常格？伏讀聖諭有云：積習相仍，因循粉飾，以致成此大衅，洵爲深中時弊之至論。積習莫甚於驕惰惡勞，因循莫甚於藉口舊章，粉飾莫甚於實情不上聞。若因仍舊習，文貌相承，則下欺而上不悟，民怨而官不知。敏捷者以粉飾爲能，庸懦者以無事爲福，以當羣強，必不支矣。昔漢高帝以褐衣挽輅拔婁敬，光武以披襟岸幘見馬援，唐太宗聞孔穎達上下情隔之諫，賜物二百段。又以尚書郎不解乘馬爲戒，金太祖開國之初，地坐而謀，上馬而戰，以故其兵滿萬無敵，遂成大業。今日謀國之急，交鄰之難，不准五十年前所無，且亦非歷代所有。嘗讀《周易·屯》初九之《象》曰：以貴下賤，大得民也。蓋國家當屯險多難之時，帝王羣臣皆必力求得民之道，乃能動乎險中而得亨貞之吉。竊謂此時朝廷一切舉動，宜視爲草昧締造之時，視爲與民同患之時，將一切承平安樂之繁文縟節量爲簡省變通，中外大小臣工尤以除官氣達下情爲主。應行破除常格之事甚多，茲先約舉最要者三事：一曰敷奏。奏對之際，天威咫尺，往往戰栗矜持不能盡言。至於上疏陳言，每以不能稱旨爲慮，導之使言猶多顧忌。若以折檻批鱗爲戒，則雖至於顛覆而無人爲朝廷言之矣。擬請明諭中外，凡臣工奏疏召對，務以直言正諫、指陳利害爲主，不必稍存忌諱。言事過於戇直者，體式稍有未合者，亦望朝廷曲予優容，以收從善納規之益。一曰儀文。今日文武官員官氣最重，實爲失人心，害政事之根，故大學士國藩，故巡撫胡林翼常剴切言之，文官賤視其民，罕與民接，炫之以儀從，威之以鞭扑，故罕通民隱；武將賤視其兵，罕與兵親，驅爲賤役，視爲利藪，故罕識兵情。夫不得民心而能治，不得兵心而能勝，未之有也。應請切戒文武各官，務須屏除官氣，不尚虛文，必其誠意感孚，然後兵民皆可用矣。至於上天下澤，堂高廉遠，其分不可不肅，而其情不可不通，若尊崇嚴畏之意過多，則誠懇忠愛之意漸少。必朝廷有曲體羣臣之心，有聖不自聖之意，斯臣下得進忠言，庶民皆同休戚矣。至於諭旨中所舉朝章國故，其間有無應行變通酌定之處，非臣等所敢擅擬，應請飭下，廷臣詳議，奏請聖裁。一曰用人。承平用人多計資格，所以抑躁進。時危用人必取英俊，所以濟艱難。今之仕途不必其皆下劣也，同一才具，而依流平進者，多騎牆；精力漸衰者，憚改作；資序已深者，恥下問。平日論吏才者，患更事之不多，今當變更政治之際，則惟患更事之太多。蓋其所謂更事者，不過痼習空文，於中外時局素未講求，安有閱歷，而迂談謬論，成見塞胸，不惟西法之長不能采取學步，即中法之弊亦必不肯鋭意掃除。古人有言老者謀之，壯者行之，施之今日似爲有當。或謂進用太驟易開鑽營儌幸之風，莫如略仿宋人外吏轉官須有十人薦舉之例，如其人有四五人保薦者，即破格用之，如此則徇私援引之弊除矣。如止一人保薦，則必試之以事，果有實效，然後破格用之，如此則虛聲誤采之弊免矣。若馭下但責之以文貌，用人仍困之以例章，則所得者皆尋常之俗吏而已，豈能濟非常之艱難乎？

一停捐納。捐納有害吏治，有妨正途，人人能言之。戶部徒以每年可收捐三百萬，遂致不肯停罷。查常捐若銜封、翎枝、貢監等項，本可不停，若將常捐量爲推廣，但係虛與榮名，無關實政者，皆可擴充。假如清班之銜，章服之貴，因公處分准其捐免，遊幕省分捐准服官，寄籍捐准應試，生員捐免歲考，節孝旌表捐准年限從寬以及賜匾建坊之類，似皆可酌加推廣。擬請勅下戶部，博采衆議，量爲推廣，必可抵補捐數大半，即或不敷百餘萬，然今日須籌賠款數千萬，斷不宜惜此區區以致牽絓，有妨自強要政。擬請宸衷獨斷，明降諭旨，俟此次秦晉賑捐完竣後，即行永遠停罷，以作士氣而清治源。

一課官重禄。方今事變日多，京外各衙門，斷非僅通時文、繙查成例者所能勝任。欲濟世用，非學無由。擬請京城設仕學院，外省均設教吏館，多儲中外各種政治之書。凡中外輿圖、公法、條約、學制、武備、天算、地理、農、工、商、鑛各學之書，咸萃其中，選派端正博通之員爲教習。令候補各員均入其中，分門講習，嚴定課程，切實考核，進功者給予憑照，量材任用，昏惰者懲儆留學；不可教者勒令回籍。其實缺各官，願入館討論求益者，亦聽其便。惟善教以培其材，尤須重禄以養其廉。查京職俸銀，俸米爲數無多，加以銀賤物貴，實不足以自給。而科道爲風憲之官，翰詹爲儲才之地，俸廉尤宜從優。光緒八年戶部奏定，令各省關籌解京官津貼銀二十六萬兩，乃行之一年，旋將此項撥充餉需，且原定數目較少，大小各官不能徧及，其分給者爲數亦不敷用度。今日亟宜另籌辦理，至三品以上大員，用度較繁，關繫甚重，必應一併籌及，其名目即稱爲養廉，勿庸再稱津貼，方爲名正言順。謹擬仰懇天恩，即以原議京官津貼銀二十六萬兩，仍行發給各官，至此項餉需應令各省照數另籌，奏明抵補。此外擬請即以此次奏陳裁汰屯衛各官所省之款，并衛田新擬酌捐之款發給，抑或另籌他款，應請旨飭議施行。大約必須籌款百萬，乃足敷各衙門辦公之需，杜乞貸苞苴之習。至外省若府縣等官，甘苦亦不一致。州縣有民社之寄，知府有表率之責，斷不可令其苦累。州縣瘠區則科派鬻獄而病民，衝繁則虧挪庫款而病國，不得已而爲調劑、調署之策，則傳舍無常，而國與民交病。其號稱優缺者，不過隱匿契税、雜税，減削驛站經費，甚至捏報例災。蓋州縣官卑事繁，科場考棚之攤捐，招解緝捕之繁費，驛路大差之供億，委員例差之應酬，其養廉萬不足以給用，不得不迫而出此，故州縣多一分之繁費，則國帑暗傷一分之進款。知府公費無非取給州縣，然公費多少不一，往往藉端挑剔，格外誅求。故府州縣皆須令其辦公有資，然後能盡心於國事民事。應請敕下各省，體察本省情形，省州縣之繁費，禁上司之需索。其辦公不敷者，擬爲撥給職田一法。考晉、唐、宋、明以來，郡縣等官皆有職田，明又有邊臣養廉田，此制似可仿行。查各州縣大率皆有充公之田，私墾官荒並未升科之地，及原主久亡，契據久失，地棍冒認爭訟不休之業，此類各項田地，若認真清查，一州縣至少亦有數十頃，應即將此業撥充州縣職田之用，收其租課，以資辦公。州縣即無累可言，則可令其久任，責以實政。設遇地方有重要難辦之事，只可因擇人而量移，不准因恤累而更調，一切公款責令切實報解，不得藉口侵欺。知府辦公竭蹶者，亦爲籌增公費。至增加養廉公費以後，京外各官如再有貪墨敗檢者，除条革外，仍行追罰充公。方今度支困絀之際，豈願更增用款，然果使賢才無北門貧窶之憂，當官有公爾忘私之志，則爲國家所省者多矣。

一去書吏。蠹吏害政，相沿已二千年。今仰蒙乾斷，一旦剗除，天下臣民無不欽頌。臣等歷年所見部文，不過查敘舊案，核算數目，從未論及事理，下等司官皆優爲之。其准者不過曰與某案尚屬相符，尚屬實在情形，其駁者不過曰與舊案不合，窒礙難行，間有援據古今，發爲議論，指陳事理，語有斷制者則必係司官秉筆，或經堂官改定，一望而知，决非經承稿書所能爲。然則此輩一無所長，但工作弊索賄。至外省各衙門書吏弊竇亦多，若督撫衙門之兵房，藩司之吏房、戶房，州縣之戶糧房，稅契房皆所不免。而州縣爲尤甚，緣兵燹以後，魚鱗册多已無存，催徵底册皆在書吏之手，緩欠飛灑弊混極多，把持州縣，盤剝鄉民，稅契一項包攬隱匿，官無如何。其實無論大小衙門書吏，技倆皆極庸劣，凡緊要奏牘、咨札詳禀，或本官親自屬稿，或委員幕友擬稿，從無書吏能動筆者，所能爲者不過例行公事，依様壺盧而已。若各局文件多非循例之事，則皆係委員辦稿，至清書則滿紙俗別謬誤脱落，尤爲惡劣，實於公事有妨。正擬推闡諭旨之意，將外省書吏積弊大加整飭。昨讀電傳邸鈔，已奉明諭，將各省書吏概行裁汰。自應欽遵辦理。茲擬將各省書吏一律汰除，改用委員，其額設辦稿經承，督撫、司道、知府、直隸州衙門，用本省候補佐貳、雜職爲之，稱爲稿委。繕寫清書用本省生員爲之，稱爲寫生。惟各衙門清書人數甚多，如生員可選充寫生者一時不能足數，則於生員之外，就該衙門清書中挑選謹慎守法者充作書手，稱爲貼寫生。同通州縣首領佐貳教職衙門則稿書用生員，如生員不敷，則監生、童生亦可，稱爲稿生，清書另雇讀書安分之書手爲之，亦稱爲寫生。所以必改名爲生者，以示改用士人之意。緣書吏一項，久已爲世詬病，人既視爲不足重，吏亦遂不自重而輕於犯法。今一律改用士人，優其名目，則稿生、寫生皆有顧惜廉恥之心，化去骫法營私之習。督撫、司道、知府衙門書吏向有飯食津貼各項銀兩，即以撥充稿委、寫生薪水之用，州縣等衙門應就地籌款。以臣等所到各省論之，其候補佐雜文理通暢，心地明白而無差困苦者甚多，足敷稿委之用。查委員辦稿，乃古人州郡有六曹掾屬之意，生員繕寫乃鄉會試謄録用生員之意，似此辦法中等省分可用佐雜百餘人，生員千餘人，大省加多，既可令候補人員練習公事，又可爲本省寒士開一生計，實屬一舉數善。惟此項裁除書吏，皆係世業，擬請按已滿吏加等給與官職，並將其每年應得飯食津貼之數，發給兩年，令其自謀生理，以示體恤。州縣書吏令其自行酌賞，如慮新換稿生、寫生等一時未能熟習，或由各省自行酌量情形，分爲兩年裁汰。惟各州縣戶房、糧房藏匿收徵底册，以爲居奇，最爲藐法可惡。今聞將裁汰，必多抗匿不交，甚且別造僞册，州縣按照串票原不難於清查，但恐繁細需時於催科稍有阻礙。擬請將各省州縣戶房、糧房應分爲數年裁汰，由督撫體察情形，一年先辦六七縣或十餘縣，擇其易於清理者辦起，如該吏有敢抗匿銷燬糧册者，即行奏請正法。俟辦有規模，即可一律推行，永除要官朘民之弊矣。至各部則例，亦擬請敕各部臣刪繁就簡，因時制宜，以省虚文而收實效。塵牘既省，則以吏爲師者，自無所藉口矣。

一去差役。差役之爲民害，各省皆同。必鄉里無賴始充此業，傳案之株連，過堂之勒索，看管之凌虐，相驗之科派，緝捕之淫擄，白役之助虐，其害不可殫述，民見差役無不疾首蹙額，視如虎狼蛇蝎者。差役擾民之事，其報官者，不過什之一，其報官而懲辦者，不過什之五。師徒相承，專習爲惡之事，良由换官不换差役，故根株蟠結，黨羽繁滋，旋革旋復，雖有良吏，只能遇事懲儆，稍戢其暴而已，而終不能令種種擾民害民之弊一概杜絶。蓋官署事事需差，州縣不皆久於其任，勢不能鋤而去之，別籌良法。今欽奉明諭，令將差役、白役分別裁汰，此誠恤民圖治之要端也。此事自當轉飭有司，欽遵實辦。惟州縣之聽訟、理刑、催科、緝捕等事，不能不需人以供驅使，若繁劇州縣人少亦不敷用。例定役食無多，不足以資雇募。擬令州縣自行募勇，以供驅遣，大縣百餘名，小縣數十名，以供上項各種驅使。此勇既由官選募，必自擇妥實可信之人，去留在官，自然不能把持，習氣未深，作弊不能甚巧。但使本官約束嚴明，即可不爲民害，用勇之與用差利害相去縣絶。如慮人地生疎，其查案傳人自有鄉保可以指引，如慮緝捕不知賊蹤，儘可臨時購覓眼綫。此項養勇之費，應令各州縣體察情形，就地籌辦。如州縣以無款可籌，藉口推諉，亦尚有一辦法。大率民間詞訟，必有訟費，少者錢四千，多者數十百千，不待審斷，一經過堂，即須先納此錢，訟者久已視爲成例，各處相沿皆有陋規，需索稍輕者即已欣幸。應令州縣照其舊規，量爲裁減，定一數目，以示限制，此外不准多索分文，示民周知，即以此錢爲養勇之費。民間樂於去差役之害，未有不踴躍交納者。大縣訟多，簡縣訟少，如不敷養勇之費，再行就地勸籌，民必樂從。惟繁缺州縣差役多至數百人，驟行革除，慮其流而爲盜。應請限以五年，次第裁革，並給以三年役食，令其各謀生計。去此巨害，則民氣漸紓，教養有所施矣。再者各國清查、保甲、巡街、查夜、禁暴、詰奸，皆係巡捕兵之責，其人並非下流猥賤之人，其頭目即係武弁。日本名爲警察，其頭目名爲警察長，而統之以警察部。其章程用意，大要以安民防患爲主，與保甲局及營兵堆卡略同。然警察係出於學堂，故章程甚嚴，而用意甚厚。凡一切查戶口、清道路、防火患、别良莠、詰盜賊皆此警察局爲之。聞京城現擬設立巡捕，將來外省自可仿辦。兹擬令州縣用勇即與用巡捕兵之意相近，當於繁盛城鎮，采取外國成法，並參酌本地情形，先行試辦，以次推行。警察若設，則差役之害可以永遠革除。此尤爲吏治之根基，除莠安良之長策矣。

一恤刑獄。魯曹劌之論戰也，謂小大之獄，必以情，爲可戰之具，遂一戰而勝強齊。誠以獄爲生民之大命，結民心禦強敵其端皆基於此，非迂談也。我朝列聖皆以哀矜庶獄爲心，《大清律例》較之漢、隋、唐、明之律，其仁恕寬平相去霄壤。徒以州縣有司政事過繁，文法過密，經費過絀，而實心愛民者不多，於是濫刑株累之酷，囹圄凌虐之弊，往往而有，雖有良吏，不過隨時消息，終不能盡挽頽風。外國人來華者，往往親入州縣之監獄，旁觀州縣之問案，疾首蹙額，譏爲賤視人類，驅民入教，職此之由。蓋外國百年以來，其聽訟之詳慎，刑罰之輕簡，監獄之寬舒，從無苛酷之事，以故民氣發舒，人知有恥，國勢以強。夫中外情形不同，外國案以證定，中國案以供定。若照衆證確鑿，即同獄成之例，罕有不翻控者。故外國聽訟從不用刑求，重罪罕至大辟兩端，中國遽難仿照。然而明慎用刑、不留獄《大易》之文，圜土教職事《周禮》之典，疑獄與衆共《王制》之法，此皆中國古典舊章，與西法無涉。今酌擬九條：一曰禁訟累。每有訴訟，差役、家丁必索訟費，視其家道以爲多少，至少者制錢四千，薄有田產者任意誅求，不滿其欲者，則詭曰案未傳齊，致官不能過堂。即恤民之官爲之酌減定數，不准多索，然一官所禁，後任復然，差役不革，此弊不除。至傳案株累，最爲民害。其中有原告誣攀者，亦有吏役慫恿本官者，亦必須裁去吏役，方能杜絶。二曰省文法。承審之例限處分太嚴而命盜案之報少，必俟犯已認供而後詳報。盜案之例限開參太嚴，且必獲犯過半兼獲盜首方予免議，而諱盜之事多，諱有爲無，諱刦爲竊，多爲少，各省從無一實報人數者。命案罕報罕結，則多私和人命及拖斃證人之事，民寃所以不伸也。盜案不早報不實報，則萑苻已起而上官不知，寇亂所以潛伏也。二事關繫甚大，非寬減例處，斷無禁絶拖延命案，諱飾盜案之法。至於上控之案，其官吏偏私，實有寃抑者，自應澈究嚴懲。乃近來上控者，往往有訟棍主持，意圖攀累詐索，圖告而不圖審，以致被告羈繫日久，而原告總不到案，雖有原告兩月不到將案注銷之例，而兩月之久拖累已多，即由省押發，或已經逃匿，或中途潛逃誣累害人，情尤可惡。應請明定例章，如上控案已經批發，而兩月後並不到案者，除照例注銷外，並將上控之人通緝治罪，以後再將此案上控者，亦即駁斥治罪，究出架訟之人，一律嚴辦，並請將上控承審遲延之處分，分别情節辦理。此亦省拖累之一端也。三曰省刑責。敲扑呼謈血肉横飛，最爲傷和害理，有悖民牧之義。地方官相沿已久，漠不動心，夫民雖犯法，當存哀矜，供情未定，有罪與否，尚不可知，理宜詳慎。况輕罪一眚，當時如法懲儆，日後仍望其勉爲良民，更宜存其廉恥。擬請以後除盜案、命案，證據已確而不肯認供者，准其刑嚇外，凡初次訊供時及牽連人證，斷不准輕加刑責，其笞、杖等罪，應由地方官體察情形，酌量改爲羈禁或數日或數旬，不得凌虐久繫。四曰重衆證。外國問案，專憑證人，衆證既確，即無須本犯之供。然外國問案有專官，刑律少死罪，時刻閒暇，故可以從容研求，監禁不苦，故有確證者，即不肯狡供。且警察之法最密，平日之良莠、生業、街巷、蹤跡，一一周知，故證據多。問案皆係列坐，證人從不管押，故證人易。中國州縣事繁，素無警察，而刑罰較嚴，出入甚鉅，旁人多不肯作證，本犯自必圖倖免，此刑求拖累之所由來也。今惟有申明定例一法，可以稍救此弊。查例載衆證明白，即同獄成，不須對問。然照此斷擬者，往往翻控，非誣問官受賄，即詆證人得贓，以故非有確供，不敢詳辦。於是反覆刑求，則有拷掠之慘，多人拖累，則有瘐斃之冤。擬請以後斷案，除死罪必須有輸服供詞外，其軍流以下罪名，若本犯狡供，拖延至半年以外者，果係眾證確鑿，其證人皆係公正可信，上司層遞親提覆訊，皆無疑義者，即按律定擬，奏咨立案。如再京控、上控均不准理。夫既非死罪，又有眾證，兼有覆勘，即使本犯不肯輸服，不過意有不足，斷不能全然顛倒，據此定案，則全案應訊人等，可以省釋謀生。夫爲一人之軍流而致妨廢多家之生業，拖斃無數之人命，孰得孰失？仁人良吏，必有能辨之者矣。此則省酷刑恤拖累之大端也。五曰修監羈。州縣監獄之外，又有羈所，又有交差押帶等名目，狹隘、污穢、凌虐多端，暑疫傳染多致瘐斃，仁人不忍覩聞，等之於地獄；外人尤爲痛詆，比之以番蠻。夫監獄不能無，而酷虐不可有，宜令各省設法籌款，將臬司、府、廳、州、縣各衙門內監、外監大加改修。地面務須寬敞，屋宇務須整潔，優給口食，及冬夏調理各費，禁卒凌虐，隨時嚴懲。至羈所一項，所以管押竊賊、地痞及案情干涉甚重，而供情未確，罪名未定，保人未到者，定例雖無明文，而各省州縣無處無之。蓋此等案犯，若取保則什九潛逃，斷不能行；若令還住客店，交差看守，則勒虐更甚，無從稽考。故羈所一項，其勢不能不設。查雍正三年刑部尚書勵廷儀奏：監禁宜分內外，內監以居重要人犯，外監以居見羈輕犯，並案內聽審人犯。部議從之。是今之羈所，即本勵廷儀所奏外監之意。擬請明定章程，各處羈所務須寬整、潔淨，不准虐待，亦不准多押，至傳質者歸入候審所，各省多已設立，其餘差帶官店等事務須禁絶。此事之實辦與否，有房屋可驗，不能掩飾。六曰教工藝。近年各省多有設立遷善所、改過所者，亦間教以工藝等事，然行之不廣，且教之亦不認真。應令天下各州縣有獄地方，均於內監、外監中必留一寬大空院，修工藝房一區，令其學習，將來釋放者可以謀生，改行禁繫者，亦可自給衣履。七曰恤相驗。凡有命案應相驗者，驗尸棚廠，官吏夫馬之費甚多，均取之被告家，不足則派之族鄰，小村單戶則派之一半里外之遠鄰。間有恤民之吏，自備夫馬帳棚，嚴禁差役科派，然亦不過百之一二，終無禁絶之法。查四川有三費局，由紳民糧戶捐出，一爲招解費，一爲相驗費，一爲夫馬費，民甚便之，行之已三十年。此事似宜令各州縣就地籌款，務以辦成爲度。仍責令州縣輕騎簡從，不准縱擾，違者嚴參。八曰改罰鍰。贖罰之刑，古經今律皆同有之，惟其途尚隘。查命盜案應按律治罪，竊賊、地痞、惡棍、傷人、詐騙、訟棍應量予扑責監禁，藉以儆其悍暴，昭示良民，此數項應不准罰贖。此外如戶婚、田土、家務、錢債等類之案，其中多係紳衿，且兩造必係親族鄉鄰，不宜苦辱過甚，致本人有礙上進，并使兩造子孫永爲讐隙。除按其曲直審斷外，其曲者按其罪名輕重，酌令罰繳贖罪銀若干，以爲修理監獄經費，舉貢生監職員封職犯事罪不至軍遣者，除褫革外，並罰繳修理監獄經費，看管數月，免其刑責，似於化民善俗之義有合。罰繳之數，令其詳報上司，私罰及入己者罪之。至近年流、徒各犯，率皆中途逃回，否則在配不久即逃，由於沿途押解差役無多，到配管束地保難信，逃回以後，肆惡更甚，似此有名無實，豈足以昭儆戒。查近年盜匪各案，外省多奏明改爲監禁數年，擬請以後除軍罪皆係重情照舊發遣外，其流、徒兩項，由地方官酌量情節，詳報咨部，令繳贖罪銀若干，以爲監獄經費，改爲羈禁幾年，較本例所定年限少減，則該犯有羈管之實，沿途省解送之煩，似亦兩有裨益。九曰派專官。監羈一事，固須屋宇廣潔，尤須隨時體恤，禁絶凌虐，必有專官司之，方有實濟。吏目、典史卑於州縣，不能考察。查各府皆有同知、通判，所司清軍、監捕水利等事，久成具文，一無事事。按今之通判，宋亦名通判或名簽判，明名曰推官，皆兼管獄囚、訴訟，故文人稱爲司李，俗人稱爲刑廳。擬請著爲定章，每府即派實缺同知，專司稽察各屬監獄之事。同知不同城者，派同城通判每兩箇月內徧赴所屬外縣稽察一次；同城兼有同通者兩員分往，一月稽察一次；同城縣監十日稽察一次。監獄不善凌虐未禁者，准其據實稟明督撫臬司，比照濫刑例參處。稽察府監，責成本道司監，由督撫隨時委員稽察。要之，去差役則訟累可除免，寬文法則命盜少諱延，省刑責則廉恥可培養，重眾證則無辜少拖斃，修監羈則民命可多全，教工藝則盜賊可稀少，籌驗費則鄉民免科派，改罰鍰則民俗可漸敦，設專官則獄囚受實惠。以上各弊，例禁無一不周備，而州縣無一能奉行。若不酌改例章，量籌經費，雖警以文檄，繩以處分，斷無實效，必事事皆有確實辦法，庶可以仰裨聖朝尚德緩刑之治，而驅民入教之患可漸除矣。

一改選法。古來吏部用人，名曰銓選。銓者，銓衡也。選者，選擇也。自明季以來，部選之官，皆係按班依次選用。查册之外，轉以掣籤，並無考核賢否之法。候選人員多係倩人投供，必託部吏查探，選期已近，始行親自入都，選缺到省，必令赴任。間有留省學習不過一年數月，其中多有紈袴子弟。鄉僻寒儒罕能通曉吏事，至本省情形則更茫然，每出一缺，或應外補，或應內選，或一咨一留，或兩咨一留。班次糾紛，章程繁細，各官但算計得缺之遲早，班次之通塞，心思識解，日趨鄙俗。竊擬略爲變通，以後州縣同通統歸外補，無論正途、保舉、捐納，皆令分發到省補用試用，令其學習政治，上官亦得以考核其才識之短長。遇有缺出，按照部章應補何班，即於本班內統加酌量擬補，不必拘定名次。惟到省未滿一年者，除本班無人外，不得請補。查部定委署章程，只分三班，一正途，一委用，一試用。委用即勞績也，就應用各班之中酌量遴委，不必挨次，如有重要難辦之事，並班次亦可不拘。此章最爲簡易通達，既有範圍可守，亦可因地擇人。今即略仿其意，或謂有外補無內選，則吏部之權漸輕。竊謂不然。分發到省之初，部臣查其合例核准者，始行驗看，奏請引見發往，不核准者，即駁斥不行。外省請補之時，部臣視其合例者准，不合例者駁，其權仍在吏部。夫使今日吏部選缺章程，果能裁量羣倫，分別進退，因時求才，因地擇人，與銓選之義，名實相符，豈敢輕議更張。無如選人雲集，與部臣從未謀面。月官之卷但寫履歷，無事可試，無才可見，無文可考，無勞可奬，雖有山濤之明，徐勉之正，盧承慶之恕，王翺之公，無所用之，則何如內外互相考核歷試，然後授官之爲愈乎。蓋同一按照部章外補，則於遵章之外，又多一考核酌量。督撫藩司所擬酌補之人，縱不能一一精當，亦必可十得其五。公論具在，斷不能概係偏私。況繁要之缺，自道府以至州縣皆由督撫酌補酌調，部選者皆係中簡之缺，豈有酌補繁要缺則督撫皆秉公酌補，中簡缺則督撫皆徇私乎？必不然矣。照此辦法，則所用皆係熟習地方情形之員，又有鼓勵人才之具，於吏治實有裨益。至道府兩項，應查照向章，如有補選相間者，其咨部歸選之缺，應用候選人員者，則改歸外補；應選實缺人員者，則改爲請旨簡放。所有實缺京官，向章應選道、府者，亦請改爲記名簡放，如此則內外皆有擇人之實效矣。抑臣等更有進者，古人稱吏部之善曰簡要清通，擬請敕下部臣將各項班次量加刪減歸併總以宏綱疎目爲主，俾候缺各官，但思濯磨自效，而不以計缺趨避分其心思，庶幾吏治或有起色乎。

一籌八旗生計。京外八旗生齒日繁，餉額有定，且銀價漸低，物價日貴，國家雖歲費鉅款，而旗兵、旗丁等不免拮据之憂，殊鮮飽騰之樂。自咸豐軍興以來，江甯、杭州、鎮江、乍浦、滄州等處駐防受禍甚鉅。去年聯軍之變，則京旗受害亦深。此不可不急思變計者也。伏思中國涵濡聖化二百餘年，九州四海同爲食毛踐土之人。滿蒙漢民久已互通婚媾，情同一家。考盪平髮捻以來，南北各省文武軍民團練，其竭忠戮力效命行間者，旗民皆同，並無區別。況方今中外大通，乃天子守在四裔之時，無論旗民，皆有同患難共安樂之誼。然則兩京二十一省凡有血氣者，皆是拱衛國家之人，干城腹心原不必專恃禁旅。況八旗近來文才日盛，而武勇漸遜於前，迥非國初之舊。若猶令豐鎬子弟，沿襲舊制，坐困都城，外省駐防，株守一隅，局於兵額，非所以昭同仁而規久遠也。溯查乾隆以至光緒年間，滿漢大臣言官屢有上疏，籌及旗人生計者，大率皆以出外屯墾爲言。特是荒地惟關東、口北爲多，內地罕有。且宦家兵籍，亦未必皆習於農。故屯墾一說，迄未能大加推行。竊謂朝廷養人，不必指定何項生計，但宜使之有自謀生計之才。擬請將京外八旗餉項，仍照舊額開支，惟將舊法略爲變通，寬其拘束。凡京城及駐防旗人，有願至各省隨宦遊幕，投親訪友以及農工商賈各業，悉聽其便。僑寓地方願寄籍應小考鄉試者，亦聽其便，准附入所寄居地方之籍，一律取中，但注明寄居某旗人而已。有駐防省分，或即附入駐防之額，其自願歸入民卷者，必其自揣文藝可與衆人爭衡，即不必爲之區別。寄籍者，即歸地方官與民人一體約束看待。惟出京寄籍自謀生理之人，其錢糧即行開除，不必另補，但將馬步甲兵豫定一至少減至若干之額，省出餉銀餉米，即以專充八旗廣設學堂之費。士、農、工、商、兵五門，隨所願習。惟習武備，須擇年在二十歲以下者。如本係當兵者，既入學堂，則尋常舊例操演，勿庸再到，以免分其學堂之日力。其習武備者，留以供禁旅之用，習他項者，令其爲謀生之資。所學未成不能營生之時，餉項照舊給發。五年以後，省餉日鉅，學堂日增，十年以後充兵者可以禦侮，則不患弱，改業者各有所長，則亦不患貧矣。

一裁屯衛。查全漕改折，計省出耗、折、兑、運、局棧，員紳、修河、閘壩、剝船、倉車各費，可歲贏二百餘萬。數十年來，言者多已議及，戶部屢經咨詢。查江、浙漕糧，皆係臨起運時購買，海運則於上海購米交商輪，河運則於氾水鎮購米交船戶，在民久已折徵，在官並不折解，剝船有攙水霉變之弊，花戶有盜賣囘漕之弊，暗虧尤多。旗兵得米盡以易錢，京官食米皆買北稻。然則漕運一事種種有名無實，亟應設法變通。查有漕各省，屯田爲贍運軍而設；各衛所守備、千總，本爲徵屯餉押漕運而設。今日無論折漕與否，運漕皆係輪船、民船，運軍久無其人，衛官一無所事，而屯田、屯餉弊竇尤多。一衛所屬屯田，有隔在別府者，有跨在別省者，衛官並不知其田在何處，數有若干，其册皆在該衛數書吏之手。至於荒熟豐歉，更無影響可尋，衛官但向書吏索取手例陋規而已。此等積弊各省皆同。臣等查之甚悉，計十年之中，江南、湖北各衛官，以争利謀缺訐訟滋鬧之案甚多，謬妄離奇直不知官常爲何事，不文不武，形同贅疣。若屯田、屯餉改歸所隸州縣徵收，則每年豐歉完欠皆有可考。查前明屯田立法之始，本係官田發給運丁承種納租，故定例准典而不准賣。然相沿數百年來，展轉典當，久已屢易其主，視同民業。屯戶既係用價所置，此時自不便繩以舊法。但當令其報官税契，將屯餉改爲地丁，將屯丁運軍之名，編審之例，永行删除。衛守備、衛千總等官，一概裁罷，改爲營守備、營千總，分别補用。漕督遇事可與各糧道州縣行文往來，亦不必有此衛官。民間買屯田者，既享世業之利，又除運軍編審之累，受益已多。若令其於舊章屯餉之外，每畝酌加報效銀二分，總計各省屯田二十五萬餘頃，可歲增銀五十萬兩，即有災緩，所減無多，再益以裁省衛官之費，實爲鉅款。此項係裁屯裁衛所得，擬請即以撥充加增大小京官俸廉之用。若於清理衛田一事，尚可多籌，應請一併解充京官俸廉，省枝官查贍實職，名義尤屬相宜。

一裁緑營。緑營之無用，自嘉慶初年川、楚教匪之亂而已著，自髮捻之亂而大著。故大學士曾國藩在直隸創爲練軍之議，意在加餉併營，以冀整隊勤操，誠亦苦心救弊之術，各省仿而行之。然而餉項雖加，習氣未改，親族相承，視同世業。每營人數較多，更易挾制滋事，身既懶弱，多操數刻則有怨言，性又不馴，稍施鞭笞，則必譁譟，將弁不能約束，遑論教練。至於調派出征，則聞風推諉，其不能當大敵禦外侮，固不待言，即土匪、鹽梟亦且不能勦捕。惟直隸練軍，皆係勇營規模，其中多有外省勇丁，故尚可用。此外各省積弊大率相同。至於原營零星之兵，飢困無聊，大率皆兼工藝小販，以資餬口，尤爲無用。歲糜巨餉則可惜，干城無具則可憂。三十年來，以裁汰緑營爲言者，不止數十百人。自光緒十一年奉懿旨令裁汰緑營，光緒二十二年又奉上諭裁汰緑營。各省雖已分別裁汰，然現存者尚復不少。合計各省原營額餉、挑練加餉，歲費餉銀、餉米、馬乾，照光緒十一年八月二十二日懿旨，緑營兵餉一千五百萬兩之數，核算此時尚需銀一千萬兩以外。物力艱難，年年巨耗，真不知何所底止也。或謂兵勇同是一人，何以緑營不能教練。不知勇營統帶營哨各官，可以隨時撤換，量能委用，不拘資格，勇丁可以隨時革補。重者施以軍法，舊勇疲劣可全裁此營，另募新營。若緑營官由選補，兵皆土著，兵非弁之所自招，弁非將之所親信，既無恩義，自難鈐束。以傳舍之官，馭世業之兵，亦如州縣之於吏役，欲其整飭變化，服教從風，此必無之事也。況緑營將弁皆染官場習氣，官弁且不易教，況於兵乎！或謂緑營雖無用而難遽裁，可改爲巡捕兵，以資彈壓防緝。不知緑營官弁兵丁，層層積弊，已入膏肓，既甚驕頑，又極疲弱，欲望其練成可戰之兵，固斷無其術。即改爲警察，不惰癈曠誤，則索擾生事，亦如差役、地保而已。然則既不能整頓變化而用之，自非裁汰不可。特是裁汰之要義有二：一則宜籌從容消散之方，一則宜籌抵補彈壓地方之具。夫裁兵之議已經多年，然至今未能多裁者，則以欲求近效而多裁，遂致牽制而不能裁。竊思惟有多分年限漸次裁汰一策，則無弊而必有成。擬請將各省緑營不論挑練之兵、原營之兵，不分馬步戰守，限定每年裁二十分之一。計百人裁五，統限二十年裁竣。應裁者每名發給恩餉一年，責成各省督撫藩司，每年餉銀餉米就現在應發之數，於二十成中扣發一成。其何營應開除幾名，令各該營自行按數開除。蓋無論緑營勇營，每百人中一年之內斷無不出缺數名之理，或病故，或革退，只有多於五名者，斷無更少於五名者。或謂即明定一章，以後缺額不補，自然日久減盡。不知若聽各營自行報出空額，則永遠推延，捏名接充。永無開革、病故者，惟有計成扣餉不發，最爲簡易。而分爲二十年之限，尤屬從寬。銷除有漸，改業有資，斷不至更有他虞。惟各省間有不便裁汰者，如湖南鎮筸鎮乃改土歸流之地，並無土著農民，其地除苗産外，土地皆係屯田。民人皆係兵籍，以入伍食糧爲業，其兵亦健樸可用，從前屢立戰功，綏靖鎮亦然。是以光緒二十三年裁兵案内，聲明鎮筸鎮毋庸議減，綏靖鎮只裁一成，擬請將此兩鎮兵額不再裁汰，但將緑營改爲勇營，一切營制、汛地、名目、章程，統飭辰永沅靖道會同該兩鎮酌定，將緑營舊日故套空文，攤扣積弊，永遠革除，統照勇營辦理。此外他省如實有與該兩鎮相似者，應由該省督撫臣酌辦。直隸練軍應由直隸督臣酌辦。或謂爲期過緩，所省無多。不知緑營規制，始於前明，以五百餘年養成之痼疾，若能以二十年掃除之，即已非易。假如自光緒十一年即定爲二十年裁汰之議，今已歷十七年，行將告竣矣。計十一年以後，即可歲省五百萬，二十一年以後，即可歲省一千萬矣。惟是此項省出之餉，只能改爲養緝勇、設警察之費，不能指爲充裕庫儲之計。蓋精練備戰之營，只可屯劄省城及要隘重鎮兩三處，斷不宜各處分劄，又蹈營汛之失。省外府縣亦未便聽其空虚，可即以此項省出之餉，酌設緝捕勇營派赴外府，擇要分防，并設警察之勇，歸州縣調度。不過改募勇丁，則整飭去留，其權在地方官，勇可隨時裁募，弁可隨時更换，於弭亂安民既有實際，而經費可免另籌。此即與新增巨款無異矣。至於武職大小各員缺，則擬請概勿裁汰，蓋以後無論勇營如何整飭，操法如何改練，要必有管帶之統領營哨各官。又武備學堂教練已成之學生，必有奬拔官階，以爲出路而資效用。又營弁勦匪捕盜著有勞績者，及操防出力者，亦必有武職升階以爲奬勵。然則緑營可裁而武職之缺不能裁。若至二十年以後，則從前各路軍營立功者，無論大小將弁久已凋謝無存。其實缺提鎮大員，既蒙特簡，且品秩已崇，資序已深，除才能統軍帶勇者自宜任用外，其餘即不能帶勇者，但開其缺，擬懇賞加榮銜，優其體貌，照舊支領俸廉，如日本元老院之例，至該員身故而止。至實缺副將參遊都守等官，才能帶勇者，改隸勇營；不能帶勇者，即開其缺。如識字曉事者，准其呈請降等改就文職，用以知府同通佐貳等官，如副將改用知府，以下遞推，千把改用雜職。臣等深知外省情形，緑營將弁若得改爲知府，同通佐貳，無不欣幸樂爲。其開缺而不能改文者，如係穩練勤奮之員，可令供他項差委，如緝捕、轉運、陽防等事，其平庸無能者，亦可加以升銜，量給薪水。蓋爲舊日營弁别開自效之仕途，即可騰出武缺以授有用之將士。其候補武職能改文者，或與實缺武職同，或再降實缺武職一等，不能改文而才具又無足差委者，從優資遣回籍。若照此次所奏，設文武學堂，罷武科兩條辦理，二十年以後，凡爲武職者，斷無不讀書識字之人。亦無不曉兵事不能帶勇之人，其僅存舊日緑營候補之將弁，蓋亦寥寥，每歲需費無多，不過十年，即已漸次減盡矣。似此分别位置變通，有體恤緑營將弁之方，即可無礙整軍經武之政。蓋緑營兵之不能裁，皆由於武官之把持鼓動，必將武職官弁設法體恤，使其得所，自無窒礙矣。總之，一省必有實缺武職若干員。俟緑營兵漸少以後，則通省爲兵者，止有勇營之一途，其駐紮地方，責成所在，皆非緑營營汛之舊。應如何更定營名，以符名實，即以現帶勇營之員充補，抑或酌留數缺，以位置他項武職之處，統俟隨後從容籌議。

一簡文法。恭讀此次諭旨，其要義有二：一曰簡，二曰寬。實與聖經居敬行簡、寬則得衆之旨相合，欽服莫名。竊惟立法所以防弊，而任法適以生弊。誠以文法過繁，則日力精力皆有不給，必致疲勞於虚文，而疎略於實事。吏議過密，則賢者苦於束縛，不能設施；不肖者工爲趨避，仍難指摘，以致居官者但有奉法救過之心思，並無憂國愛民之誠意。況方今事變離奇，動關大局，即晝夜精思，破格振作，猶恐無濟，若再困之於簿書期會之間，則國家利害安危無暇籌及矣。夫衡石程書專用督責，秦之所以亡也；斲雕爲朴吏治烝烝，漢之所以興也；隋以察而亂，唐以寬而治；宋以繁而敗，金以簡而勝。此治國治軍得失之定論也。簡文法約有三端：一曰省虚文。凡部院文移，外省公牘多有陳陳相因無益實政者，有册籍造繁無關利弊者，有末節細故往返駁查稽延時日者，有循舊具報結並無實事者，此類不可殫述。擬請敕下京外各衙門，通行澈查，酌量省罷。至於無謂儀節，徒致廢務妨要者，亦請查核酌改從簡。一曰省題本。查題本乃前明舊制，既有副本，又有貼黄，兼須繕寫宋字，繁複遲緩。我朝雍正年間，諭令臣工將要事改爲摺奏，簡速易覽，遠勝題本。五十年來，各省已多改題爲奏之案。上年冬間曾經行在部臣奏請，將題本暫緩辦理，此後擬請查核詳議，永遠省除，分别改爲奏咨。一曰寬例處。范仲淹之言曰：士大夫公罪不能無，私罪不可有。洵爲名論。方今吏議繁密，京外各官殆無一人無一日不干吏議者，而州縣爲尤甚。治民之本，全在州、縣，救過不暇，何暇論及教養乎！牽絓既多，於是遇事諉卸，多方彌縫。上官亦知其情多爲難，不肯苛求，姑從掩覆，既明知爲無益勸懲之事，何必存此虛文？應請敕下吏、兵兩部，都察院查核，處分舊例，分別公私輕重，量加寬減刪除。如此則臣下之於朝廷，僚屬之於上官，可以進實言辦實事矣。

以上十二條，皆中國積弱不振之故，而尤爲外國指摘詬病之端。臣等所擬辦法，或養民力，或澄官方，或作士氣，前人論及此者多矣。特以誤於弊去太甚之言，怵於諸事更張之謗，律令文告都成具文，小有設施，不規久遠。今日外患日深，其樂因循務欺飾者，動以民心固結爲言。不知近日民情，已非三十年前之舊。羨外國之富而鄙中土之貧，見外兵之強而疾官軍之懦，樂海關之平允而怨釐局之刁難，誇租界之整肅而苦吏胥之騷擾。於是民從洋教，商挂洋旗，士入洋籍，始由否隔，寖成渙散。亂民漸起，邪説乘之，邦基所關，不勝憂懼。必先將以上諸弊，一律剗除，方可冀民心永遠固結，然後親上死長禦侮捍患可得而言矣。仰懇聖明裁察施行，以爲自強之根本。其采用西法各條，另摺奏陳。所有第二次籌議各條，臣等謹合詞具奏，伏祈聖鑒。

（清）張之洞《張文襄公全集》卷五四《奏議五四·遵旨籌議變法謹擬采用西法十一條摺光緒二十七年六月初五日》

竊臣等籌擬興學育才四條及整頓中法十二條，業經兩次會同奏陳在案。竊惟取諸人以爲善，舜之聖也。多聞擇其善者而從之，多見而識之，孔子之聖也。是故舜稱大知，孔集大成。方今環球各國，日新月盛，大者兼擅富強，次者亦不至貧弱，究其政體學術，大率皆累數百年之研究，經數千百人之修改，成效既彰，轉相仿傚。美洲則采之歐洲，東洋復采之西洋。此如藥有經驗之方劑，路有熟遊之圖經，正可相我病證，以爲服藥之重輕，度我筋力，以爲行程之遲速，蓋無有便於此者。今蒙特頒明詔，鑒前事之失，破迂謬之談，將采西法以補中法之不足。虛己之衷，恢宏之度，薄海內外，無不欽仰，翹首拭目，以覲自強之政。顧西法綱要，更僕難終，情形固自有異同，行之亦必有次第。臣等謹就切要易行者，臚舉十一條：一曰廣派遊歷，二曰練外國操，三曰廣軍實，四曰修農政，五曰勸工藝，六曰定鑛律、路律、商律、交涉、刑律，七曰用銀元，八曰行印花税，九曰推行郵政，十曰官收洋藥，十一曰多譯東西各國書，大要皆以變而不失其正爲主。謹爲我皇上臚陳之：

一廣派遊歷。歐美強盛，窺伺中國已百年矣。中外通商交涉日繁，已五十年矣。然而自強無具，因應無方，馴致妄開巨衅，幾危大局者，則皆坐見聞不廣之一病。於各國疆域，政治、文學、武備茫然不知。同治季年，雖已派遊歷，設駐使，遣學生，而愚陋謬妄之人，聞出洋者之言，則詆其妄見，總署之官屬則惡其污，於是相戒以講洋務爲諱。甚至上年夏間，京外大僚猶有謂洋人不能陸行者，有謂使館、教堂既燬，洋人即從此絕跡者，錮蔽至此，致召阽危誠可痛矣。論今日育才強國之道，自以多派士人出洋遊學爲第一義。惟遊學費繁年久，其數不能過多，且有年齒較長不能入學堂者，有已經出仕不願入學堂者，欲求急救之方，惟有廣派遊歷之一法。觀其國勢，考其政事、學術，察其與我國關涉之大端，與各國離合之情事，回華後將其身經目覩者，告語親知，展轉傳説，自然羣喧頓覺，急思變計。惟遊歷之員淺學不如通才之有益，庶僚又不如親貴之更有益。蓋淺學徒眩其新奇，通才乃得其深意。親貴歸國所任皆重要之職事，所職皆在朝之達官，故其傳述啟發，尤爲得力。考之經傳，則公族、世卿時通盟聘。徵之近事，則俄儲德藩接踵東來，可見此舉爲覘國問政之要務。擬請敕派王公大臣以及宗室後進、大員子弟翰詹科道部屬各項京官，分赴各國遊歷，詢其願往者，請旨遴選酌派，不願者聽。歸國時察其實有進益之員，遊歷一年者酌奬，遊歷三年者優奬。惟西洋路遠費多，東洋路近費省，遊歷西洋者，其奬擢名次在遊歷東洋之先。其未經選派自備資斧遊歷者聽，歸國時一體考察給奬。蒙奬者量材任用。以後新派總署堂官章、京海關道員、出使大臣及隨員，必選諸曾經出洋之員。惟遊歷人員才識高下不同，未必人人皆有實濟，故必須多選數十員或百員，陸續派往，以備將來選擇拔擢，經費雖多萬不可省。至此後各省督撫、司道、府殆無一衙門無交涉事件者，若仍前拘墟固執，全無考究，必致因應失宜。即京城各部院雖各有職司，然不通外情，則處事建言，動多隔膜，此非多儲通才，無從供用。並擬請明定章程，自今日起三年以後，凡官階、資序、才品可以開坊缺、送御史、升京卿、放道員者，必須曾經出洋遊歷一次，或三年或一年均可。若未經出洋者不得開坊缺、送御史、升京卿、放道員。如此自備資斧遊歷者必多，通才日衆，而經費不勞官籌矣。至外省府廳州縣諳悉交涉者尤罕，以後內河行輪、聯單辦貨、入山開鑛、傳教、遊歷，勢將各縣皆有，尤恐動滋事端，并請敕下各省督撫選派官員出洋遊歷。實缺官願往者，免開其缺。遊歷一年者外奬，三年者奏請内奬，經費准其開支。自備資斧者從優請奬，其奬擢名次亦以西洋、東洋爲先後。惟遊歷實效，以偏遊歐、美、日本爲全功，而以先遊日本爲急務。蓋游歷者若無繙譯相隨，瞠目汎覽，仍無所得。東瀛風土文字皆與中國相近，華人僑寓者亦多，繙譯易得，便於遊覽詢問，受益較速，回華較早。且日本諸事雖仿西法，然多有參酌本國情形，斟酌改易者，亦有熟察近日利病删減變通者，與中國采用尤爲相宜。嘗考西國興盛之初，皆由游歷而起，求新地、涉冰洋、探南極、窮幽極遠，備歷艱辛，於是見聞日廣，智慧日開，遂成富強之業。今日歐、美各洲，無一水不通輪船，無一國不通鐵路，商旅如織，學校如林，有繙譯爲之傳達，有駐使爲之照料，較之西人之游歷，甘苦迥殊，取益尤易。觀其實政，覩其實效，見其新器，求其新書。凡吏治、財政、學制、兵備一一考詢記録，携之回華，以供我之采擇而仿行焉。開聰明而長志氣，無實於此，無速於此。今朝廷鋭意求治，采取西法。夫西法非數言所能盡其要領，亦非耳食所能究其異同，出洋之員既多，則互相發明，利弊自見。故今日欲起積弱而抗羣強，其開此第一扃鑰，必自游歷始。

一練外國操。伏讀諭旨有云：懿訓以爲取外國之長乃可補中國之短。夫外國之所最長者，蓋莫過於兵矣。古聖人師蟻爲陣，師蠡爲舟，取益無方正見宏大。兵事一端，尤須知己知彼，相機因應。故吴欲伐楚，則學車戰；晉欲敗狄，則改步卒；漢伐匈奴，則用越騎；晉平孫吴，則造樓船。皆係仿彼之長，補我之短。聖祖仁皇帝征三藩，則用西洋人南懷仁鑄紅夷大礮，至今礮上尚鐫有南懷仁之名。高宗純皇帝征金川，則於香山仿造石碉，令禁軍習攻碉之技。要皆用外國之利器，效敵人之專長，此則神謨武烈兼采衆長，不囿成見之明效也。今日最重善鄰，尤須固圉。若我兵力不振，則友邦亦無從扶持。西國自百年以來，日與羣強相角，故兵事講求最精，一一著有成書，迥非前代外國之比。紀律既肅，火器尤精，至於測量、繪圖，人人通曉，工、輜、醫、藥，事事周詳。查二十年來，各省練習洋操，屢奉俞旨。乃近年忽有人創爲西操不如中操之空言，槍礮不如刀矛之謬論。不知中國向無快槍、快礮、地雷、電綫、行軍鐵路等事，若只用緑營、勇營老陣，並不知此各項器具名目、形式、用法，平日何從操練？臨戰之時，敵槍敵礮發於二三里、六七里之外，刀矛只及五步之内，不待敵軍迫近，而已全軍盡没矣。與之交戰且不能，而况於取勝乎！查營制操法，歐美各洲、各國大率相同，其略有參差者，不過微末小節，良由各國相尚以兵，故推求極精，不能改易。試思環球各強國，其練兵皆同此一法，而謂中華兵力最弱之國，反能别創一器一法以取勝，此事理之所必無者也。此皆由舊日將領於新式快槍快礮既未深諳，於西法營陣、濠壘、測繪諸事尤未講習，且年力已衰，習氣已深，養驕畏難，不願降心考究。其甚不肖者，更以西法營制嚴明，不能作弊，故平日則以空言欺人，臨陣則倉卒奔潰，前鑒俱在，可謂創鉅痛深。相應請旨通諭中外統兵大臣、督撫、提鎮，嚴飭各營將士，必宜洗心滌慮，趕緊講求練習外國操之法，斷不可故見自封，再誤國事。滑惰搪塞者黜之，但學皮毛不解實用者撤之。惟是欲求實用，必須將東西洋武備諸書，詳切講明，一一照辦，斷無鹵莽捷獲之方。查各國武備學堂，其教將練兵要指約有十二：一曰教士以禮，使知有恥自重之法。一曰調護士卒居處飲食之法。一曰講明槍礮彈藥質性源流之法。一曰槍礮綫路取準之法。一曰掘濠、築壘、避槍礮之法。一曰馬、步、礮各隊擇地借勢之法。一曰測量、繪圖之法。一曰隊伍分合轉變之法。一曰守衛偵探之法。一曰行軍、工程、製造之法。一曰籌備行軍衣糧、輜重之法。一曰行軍醫藥之法。上自統領，下至哨弁，人人皆須通曉。惟西人兵制，營中從無用教習之説。營、哨官皆係讀書通文理之人，既由學堂教成，而又入營練習一兩年者，始能派充。若統領則必須由營官又入大學校學習數年，始能擢任。故學堂有教習而營中無教習。其臨敵調隊、擇地、進退，皆聽命於營官。施放槍礮之遲速，指示表尺之遠近，皆聽命於哨官。而營、哨官又豫先禀承大略於統領。其平日操場之演習，講堂之教授，皆係統領、營官、哨官、兵勇節節指授，親口自傳口令。故統領所知所能，必勝於營官，營官必勝於哨官，哨官必勝於兵勇，方能勝任。若統領、營、哨懵然不解，專恃教習教操，則雖有教法而無權力。平日操練斷無進益，臨敵仍是營、哨妄行調度，所學全歸無用。查日本設有戶山學校，因日本早年將士素以長刀擊刺爲長，不以火器、西操爲善，故特設此學，使舊日將領常至其中，看新法將兵之操練，討論如何變通改練之法，計論既久，遂漸知損棄故技。中國欲開啟宿將偏執空談之弊，此舉亦可仿行，能領悟講求者用之，不能改悟者只可任以緑營緝捕彈壓之事，不宜使帶精練備戰之軍。此時改章之初，統領、營官但須粗通文義，哨官但須略能識字。數年後武備學堂人才漸多，則非學堂出身者不得派充統領、營、哨各官，方能一氣貫注。至西人平日操練時，體恤指授之實功，臨戰應敵時鼓勇決勝之關鍵，注重全在哨官，此項人才尤宜精選。總之，今日練兵最急，練將尤急。欲得精兵，必取年在二十歲以下者教之，欲求良將，大率必取年在三十歲以下者教之，取年在四十歲以下者選擇而酌用之。若震於宿將之虚名，則武備永無起色。臣等渥荷厚恩，當此創鉅痛深之日，灼見練兵一端，必須改弦易轍，乃可圖存。不敢不力破迂妄之説，免其欺誑朝廷而終誤國家也。抑練兵尤有要者，外國於其都城皆設有專管籌畫兵事之大臣，英、法、德等國名曰總營務處，日本名曰參謀本部，略如宋人樞密院之意。專掌全國水、陸兵制，餉章，地理圖籍，操練法式，儲備糧餉，轉運車船，外交偵探等事。平日之豫籌，臨時之調度，皆以此官掌之。與今日之兵部但司冊籍者不同，與軍機處之内外文武大政無不統管者亦不同。蓋諸事豫籌則軍儲備，專官經理則考核精，全國之軍歸一衙門綜理，則餉械、操法事事畫一，大臣督察，則外省廢弛不辦者不能隱飾。中國欲練精兵，非設此衙門不可。其章程請敕出使大臣李盛鐸向日本索取譯寄，采擇用之。惟其參謀部總長須深於兵事，起自行間者，方使任之，並非僅用親貴資格。中國欲設此官，自宜先擇深於外國兵制、操法者，方爲有益。若仍以舊日軍營諸將之議論爲衡，恐反多掣肘而害事矣。中外文武大員能語此者恐不易得，擬請在京先設一參謀館，訪求各國兵書，選四、五品以下各官，令其考訂采擇，隨時函詢日本參謀部，務須盡解其精意，並隨時詢商外省督撫衆議允協，編纂成書，再由政務處奏請通飭遵辦，方免窒礙。此則慎重而求實之策也。

一廣軍實。和約雖定，戰備不可不修。我無戰具，則和局不能保矣。經費雖艱，軍械不可不製。不製軍械則將士永不知今日戰陣爲何事矣。大廠自難多開，小辦必須努力。現在外洋軍火既禁兩年，無從購辦，江、鄂兩局豈能供海内之取求。此後江、鄂兩局，除加功精究，籌款擴充，並於廠内設立學堂，以教員弁外，並擬設法籌款，自造槍機、礮機、彈機，以待各省購用學製，庶免專恃外購，仰他人之鼻息，增中土之漏卮。至直隸各局，自必設法修復。擬請將廣東、山東、四川三省製造局，極力擴充，其餘南北各省，皆令設法籌款，量力各設一製造局，款多則兼煉鋼、造槍、造彈三事，款少則兼造兩種，再少則只造彈一種。若慮機爐大工費距，則煉鋼爐每日出鋼一噸半噸者亦可，槍機每年出數百枝者亦可，槍彈機則每年出一二十萬者亦可。蓋槍礮一事，其用甚急，其理甚精，深通甚難。近年各將領諳曉新式槍礮者實不甚多，百人中不能一二，文員則千人中不能一二，此臣等所考校而深知者。若不令切實講求，則械彈潮鏽，零件損失，全然不覺，藥力、彈路相時取準全然不知，至於修理機簧，開花引信更所不解。平日不能操，臨戰不能用。故沿邊省分，必須每省量力各設一局，瘠遠省分或兩省共設一局，但令小具規模即可。並由各省派遣武員來江、鄂兩省製造局學習，如能派人赴日本各國學習尤善。庶幾督撫及將領、文員皆可切實考究，俾知新械之精，價值之貴，製造之難，練習之不易，平日則不致損傷，有事則熟諳施放，將弁之明昧可以考核，戰事之難易可以曉悟。且一年數百枝，十年則數千枝，求艾雖遲，終勝不蓄。至於自造製械之機，尤爲防患塞漏之要著。臣等當設法籌款，奏明辦理，此不特儲械之長策，兼亦練兵之實際也。

一修農政。中國以農立國，蓋以中國土地廣大，氣候温和，遠勝歐州，於農最宜，故漢人有天下大利必歸農之説。夫富民足國之道，以多出土貨爲要義。無農以爲之本，則工無所施，商無可運。近年工、商皆間有進益，惟農事最疲，有退無進。大凡農家率皆謹愿愚拙不讀書識字之人，其所種之物，種植之法，止係本鄉所見，故老所傳，斷不能考究物産，別悟新理、新法，惰陋自甘，積成貧困。今日欲圖本富，首在修農政，欲修農政，必先興農學。查外國講求農學者，以法、美爲優，然譯本尚少。近年譯出日本農務諸書數十種，明白易曉，且其土宜風俗與中國相近，可仿行者最多。其間即有轉譯西國農書，一切物性土宜之利弊，推廣肥料之新法，勸導奬勵之功效，皆備其中。查光緒二十四年九月，曾奉旨令各省設農務局。擬請再降明諭，切飭各省認真舉辦。查漢、唐以來，皆有司農專官，並請在京專設一農政大臣，掌考求督課農務之事宜，立衙門，頒印信，作額缺，不宜令他官兼之，以昭示國家敦本重農之意。責成既專，方有成效。即如我朝官制，於禮部外另設樂部，其意可師。京師農務大學校，即附設農政衙門之內。其衙門宜建於空曠處所，令其旁有隙地，以資考驗農務實事之用。勸導之法有四：一曰勸農學。學生有願赴日本農務學堂學習，學成領有憑照者，視其學業等差，分別獎給官職。赴歐洲、美洲農務學堂者，路遠日久，給獎較優。自備資斧者，又加優焉，令其充各省農務局辦事人員。一曰勸官紳。各省先將農學諸書廣爲譯刻，分發通省州、縣，由省城農務總局將農務書所載各法，本省所宜何物，擇要指出，令州、縣體察本地情形，勸諭紳董，依法試種，年終按照飭辦門目，填注一册。土俗何種相宜，何法已能仿行，何項收成最旺，通稟上司，刊布周知。有效者獎，揑報者黜。每縣設一勸農局，邀集各鄉紳董來局講求。凡穀、果、桑、棉、林木、畜牧等事，擇其與本地相宜者種之養之，向來不得法者改易之，貧民無力者助之資本，種養得法者官賞以酒肉、花紅。數年之後行之有效，紳董給獎，中者獎以督撫匾額，上者獎以銜封，出力兼捐資者獎以御書匾額。地方官有效得獎者加級，准其隨帶，公罪可從寬免，最優者獎實在升階。地方官不舉辦農政者，照溺職例參革。一曰導鄉愚。各項嘉種新器，鄉民固無從聞知，僻縣亦難於購致。宜由各省總局多方訪求，籌款購辦仿製。昔齊桓公獻戎菽，宋仁宗求占城旱稻，漢武帝令大司農從趙過造便巧田器，皆農務宜求嘉種新器之明證。應先於省城設農務學校，選中學校普通學畢業者肄業其中，並擇地爲試驗場，先行考驗實事，以備分發各縣爲教習。並將各種各器發給通省，令民間試辦，先則概不取價，有效則略取價值，務令極廉。其試辦之法，先其通用者，後其專門者，如講求各種肥料，仿造各種風車、水車，去害稼各蟲，每年換種各物，以助地力之類。先其易者，後其難者，如山鄉勸種番薯、羊芋，水澤種葦，斥鹵種稗之類。先其本輕者，後其費鉅者，如種樹先榆、柳、果實，後松、杉，畜牧先鷄、鴨、牛、羊，後騾、馬之類。先其保已有之利者，後其開未見之利者，如察病蠶，講製茶，求棉種之類。先其獲利速者，後其見效遲者，如種蒲桃取酒，種桐柏取油，種樟取腦爲先，求蜂種、求魚種爲後之類。一曰墾荒緩賦税。今日籌度支者，多以墾荒爲言。夫墾荒而責以升科，此荒之所以不墾也。計髮捻平定以後，已四十年；晉、豫大祲以後，已三十年。生齒之蕃已復其故，平原沃壤，江岸沙洲大率皆已墾種無遺，其因虧本爭訟而荒廢者，僅千百中之一二。所謂荒者，不過官吏揑飾，豪民匿報，實係未墾者，深山之巖谷，沿海之斥鹵而已。墾山地者，人勞利薄，又以村孤人少，時有不虞，故開闢有限。墾海灘者，捍潮變鹻，費多效遲，人煙稀少，守望不易，故聽其荒廢。然而材木之利必資於山，統計中國全局，仍是山嶺多於平地。至沿海北起榆關南迄通海，延袤二千餘里，若山嶺聽其爲榛莽，海濱聽其爲斥鹵，實爲可惜。今日欲興農務，惟有將墾荒升科之期格外從緩，而又設法以鼓舞之。能開山地者報官給照，寬期升科，多開者種雜糧至十石種以上，種樹至一千株以上，酌予獎賞。查各省高山，無論多土多石，皆能種樹，真係不毛者甚少。故歐、美各國，從無無樹之童山，而考課林木之實在有效與否，尤爲顯易。此事宜責成州縣，由總局委員依限往查，其山上有無樹木一覽而知，不能掩飾，如此則山地之利開矣。墾海灘者亦報官給照，資本較鉅，升科之期尤須從寬，種雜糧種草木俱聽其便，斷不必強令開作稻田。並擬采用徐貞明之説，一人能開若干頃者，獎以職銜封典，如此則海灘地之利開矣。至於沿江沿河沙洲，皆係沃壤，私墾者尺寸無遺，隨年增長，貧民畏坍漲之無常而不敢報，勢豪貪無糧之腴壤而不盡報，往往爭訟膠葛，械鬭繁滋。今宜查明實數，除已報墾納糧者不計外，亦造册給照，寬期升科，即以此田作爲試驗農學新法之地。即責成原墾之人，自願照新法試行者，呈明願種何物，或種美國肥大之棉，或種代蔗造糖之西國蘿蔔、美國蘆粟等類，或仿照美洲牧牛、牧豕、機器耕田之法，以及各種相宜之種植、畜牧。因洲田皆係水濱大地，故於西法農務相宜，數年以後，官督紳董，查明有成效者，即給予管業，且予獎賞。苟且欺飾，並不遵行者，其地本係官地，罰令入官。如此則洲地之利開矣。所有種植、畜牧各物，無論山地、海灘地、洲地，凡係新增名目，運往各處，十年之内概免釐税。地利既闢，農學之效即見，風氣一開，仿行必衆，其爲益於國家者宏且遠矣，豈在目前徵糧納税之微末乎！此外則沿海有種蠔種蜆之法，内海有捕海魚采海味之利，本多而利厚，外國最爲講求注意。近年反仰給東洋，坐失已利。應責成該處州縣，勸集公司舉辦，紳富助資借本與該公司者，分別旌獎。至東三省地方廣闊，土脈最厚，荒地尤多，然必須力強資饒才能率衆者，方能前往開墾，非零星農民所能濟事。擬請特定章程，一人能開田若干頃者，從優獎以實官，紳富助資借本者，分別旌獎，以期鼓舞。此亦實根本息盜賊之計也。再，蒙古生計以遊牧爲主，近數十年來，蒙部日貧，藩籬疎薄，亦請敕下蒙古各部落王公暨該處將軍大臣，酌擬有益牧政事宜，奏明辦理。至向章每年內地各省出口買馬者，須在兵部請領馬票，進口後仍須赴部烙驗。章程甚密，道途亦多周折，購馬之費既多，則馬價必求減省，故口馬之銷路不旺。查北省耕地兼用馬，運載多用騾，若內地馬多，於農事亦有裨益。方今蒙古之與腹省，情同一家，似不必多設限制。擬請敕部酌議，將請領馬票之例，量加改定，販馬入口貿易，商民出口購買者，均聽其便。但令販馬商民於本省報明咨部，並由各口具報一數以備稽核，則口馬之銷路既旺，而蒙古生計亦可稍紓矣。

一勸工藝。世人多謂西國之富以商，而不知西國之富實以工。蓋商者運已成之貨，工者造未成之貨，粗者使精，賤者使貴，朽廢者使有用，有工藝然後有貨物，有貨物然後商賈有販運。《考工記》曰：百工之事，皆聖人之所作。《中庸》曰：來百工則財用足。夫以足財歸之於工，此古聖人富國之要策，重工之微旨也。不惟此也，商之盛由於財力，必資本充而後盈餘厚，故計銀錢以爲本息。工之盛由於人力，有一人之技藝，則有一人之成器，故計人以爲本息。外國財多，中國人多，今日中國講富國之術，若欲以商務敵歐、美各國，此我所不能者也。若欲以工藝敵各國，此我所必能者也。勸工之道有三：一曰設工藝學堂，堂中設機器廠，擇讀書通文理之文士，教以物理學、化學、算學、機器學、繪圖學，學成使爲工師，擇聰敏少年之藝徒，教以運用機器之方，辨別物料之法，各種緊要製造之程式，鎔銅、打鐵、煉鋼、解木、柔革、燒火甎、造水泥、煉焦炭各門之實事，學成使之爲匠目。蓋外國工師皆是學人，與匠目不同，一深通其理，而亦目驗其事，一身習其事，而亦漸悟其理，學問實者，工師亦可動手作工，閱歷深者，匠目亦能自出新意。至學堂大小，工藝門類多少，則視其經費酌辦，漸次擴充，萬不可緩。一曰設勸工場。西國常有賽會之舉，聚本國他國之貨物，萃於其中，人見己國貨精工巧，則來購者多，我見他國貨精工巧，價貴銷多，則力求追步，此歐洲賽會之本意也。日本效之，故設勸工場，亦名貨物陳列所。今宜於沿江沿海及內地各省大城巨鎮，各設勸工場一區，備列本省出產貨物、工作器具，縱人入觀，外國人尤要，一以察各國之好惡，一以考工藝之優絀，使工人自相勉勵。此事並不甚難，惟在朝廷嚴飭各省，切實舉行，並將出產若干種，人工製造若干種，每年奏報。若經過海關出口之土產，名目增多，工匠製造新器增多，工廠增多者，藩司、關道有奬，不辦者予以處分，則無形之中收效多矣。一曰良工奬以官職。按《考工記》曰：國有六職，百工與居一焉。故《考工記》之官皆專門工匠也。擬懇朝廷明定章程，各學堂學成之工師及各局製造有效之匠目，准由各省考驗確實分別保奬，工師授以文職，匠目授以武弁。如有文士藝徒自備資斧，至外國學堂工廠學習有成者，驗其憑照，按其等差，分別保奬官職，尤較在中國學習者更予從優。三事並行，中國工藝自然日進。假如愚民小工一月得工錢三四千者，學成後一月可得工貲銀數十元。土貨一年出口值二百兆者，以後若能每年加增十分之一，十年以後出口之貨即可加倍，關稅之多自不待言。至於自創新法造成各種貨物者，給予牌照，准其專利若干年。凡人工所成之貨，釐稅尤須從輕。新出式樣並免釐稅三年，亦爲鼓舞工藝之要務。總之，欲養窮民，查荒地，不如勸百工。欲塞漏巵，拒外人，不如造土貨。富民富國確實可憑，如此則但患生齒之不繁耳，豈患生齒之日繁乎？

一定鑛律、路律、商律、交涉刑律。中國鑛産富饒，蘊蓄而未開，鐵路權利兼擅遲疑而未辦，二事久爲外人垂涎。近數年來，各國紛紛集股來華，知我於此等事務尚無定章，外國情形未能盡悉，乘機愚我攘利侵權，或藉開鑛而攬及鐵路，或因鐵路而涉及開鑛。此國於此省倖得利益，彼國即於他省援照均霑，動輒號稱某國公司，漫指數省地方爲其界限，祇知豫先寬指地段，不知何年方能興辦。近年法於雲、貴，德於山東，英、意於晉、豫，早有合同章程，紛歧恐未必盡能妥善。此次和議成後，各國公司更必接踵而來，各省利權將爲盡奪，中國無從自振矣。且此後內地各處鑛務、鐵路，洋人無處不有，不受地方官約束，任意欺壓平民。地方官只有保護彈壓之勞，養兵緝捕之費，無利益可霑，無抵制之術。一旦百姓不堪欺淩，或滋事端，又將株連多人，賠償巨款，爲害何可勝言。此必須訪聘著名律師，采取各國辦法，秉公妥訂鑛、路畫一章程，無論已經允開允修之鑛、路，未經議開議修之鑛、路，統行核定，務使界址有限，貲本有據，興辦有期，國家應享權利有著，地方彈壓保護有資，華洋商人一律均需。洋人有範圍則稍知歛戢，平民免欺侮則漸泯猜嫌，至滋生事端。公司受累，亦須分別有因無因；辦犯賠償，亦須預定限制。庶中國自然之大利，不至爲中國無窮之大害，尤今日之急務也。再，互市以來，大宗生意全係洋商，華商不過坐賈零販，推原其故，蓋由中外貿遷，機器製造均非一二人之財力所能，所有洋行皆勢力雄厚，集千百家而爲公司者。歐、美商律最爲詳明，其國家又多方護持，是以商務日興。中國素輕商賈，不講商律，於是市井之徒苟圖私利，彼此相欺，巧者虧逃，拙者受累，以故視集股爲畏途，遂不能與洋商爭衡。況凡遇商務訟案，華欠洋商，則領事任意要索，洋欠華商，則領事每多偏袒。於是華商或附洋行股分，略分餘利，或雇無賴流氓爲護符，假冒洋行。若再不急加維持，勢必至華商盡爲洋商之役而後已。必中國定有商律，則華商有恃無恐，販運之大公司可成，製造之大工廠可設，假冒之洋行可杜。華商情形較熟，工價較輕，費用較省，十年以後，華商即可自立，駸駸乎並可與洋商相角矣。且徵收印花税，其公司工廠行棧掛號等費，皆係與商律相輔而行之事，必有商律方能興辦，故又不可不急行編定也。至刑律中外迥異，猝難改定，然交涉之案，華民西人所辦之罪輕重不同，審訊之法亦多偏重。除重大教案，新約已有專條，無從更定外，此外尚有交涉雜案及教案尚未釀大事者，亦宜酌定一交涉刑律，令民心稍平，後患稍減，則亦不無小補。擬請由總署電致各國駐使，訪求各國著名律師，每大國一名，來華充當該衙門編纂律法教習，博采各國鑛務律、鐵路律、商務律、刑律諸書，爲中國編纂簡明鑛律、路律、商律、交涉刑律若干條，分列綱目，限一年内纂成。由該衙門大臣斟酌妥善，請旨核定，照會各國，頒行天下，一體遵守。惟所有各國律師，必須確係律學著名曾辦大事之人。不妨優給薪水，庶各國聞名敬服，知中國鑛、路、商各律及交涉刑律，係其訂定，不致爭執妄駁，方爲有益。此項教習，其合同内須議定歸鑛路商務大臣節制，並隨事與該衙門提調商辦，一面於該衙門内設立鑛律、路律、商律、交涉刑律等學堂，選職官及進士、舉、貢充當學生，纂律時幫同繙譯繕寫，纂成後隨同各該教習再行講習律法，學習審判一兩年。四律既定，各省凡有關涉開鑛山、修鐵路以及公司、工廠、華洋錢債之事及其他交涉雜案，悉按所定新律審斷。兩造如有不服，止可上控京城鑛路商務衙門或在京審斷，或即派編纂律法教習前往該省會同關道審斷。一經京署及律法教習覆審，即爲定讞，再無翻異。京城學生畢業，并須隨同洋員學習審判此等案件，學成後即派往各口充審判官，隨時添選學生接續學習，以期多儲人才，取用不竭。各洋教習既爲我編纂四項新律，兼能教授學生，即可長留在京，以備諮訪，而資教授。果能及早定此四律，非特興利之先資，實爲防害之要著矣。

一用銀元。銀元之利有三：平色畫一，出納分明，吏胥不能舞弊勒索，官民不致貼補受累，一也。商賈交易簡捷無欺，駔儈無權，既益於行旅，亦便於匯兑，二也。官款收發全用銀元，以大元爲母，小元爲子，相輔而行，工火局用外，尚有盈餘，三也。惟官發之款，若係采辦官物製造工料等事，商民物價，工價必然暗加其中，且出納皆以大元爲主，小元不能過多。然鑄數、發數既多，盈餘亦尚不少，此爲整齊銀幣之善政，尚不在有無盈餘也。惟有最要兩義，或謂中國用銀以兩計，各國洋銀皆係七錢二分，宜每元改爲一兩，方爲整齊適用。此論未嘗無見，特是錢幣之制，權量之法，必先有雄厚之力，乃能操轉移之權。中國財窘商弱，不能自爲風氣，以後尤甚。若銀元輕重恰與洋銀相同，尚可依傍洋銀而行，設改爲一兩，與洋銀數目參差，恐沿江沿海洋行不肯行用。商埠不行，内地必阻，故仍須鑄七錢二分者，方有暢行之益。或又謂官收則按庫平庫色補足，官發則以銀元當紋銀計算，不必補水，部庫可歲得鉅款。此則萬萬不可，出納必須一律，商民方能流通。蓋交官之款，自必指定專收中國龍紋銀元。然則收款所進之龍元，仍是官局發出之原物，必官先發一萬，然後民間有交官之一萬，是官款發出時，已先將此一萬之盈餘扣收在庫矣。果能收發一律，則商民信用不疑。散布天下，或辦貨或積存，周轉不已，大率皆在民間，豈能將每年發出之數全以繳納官款還之於庫乎！若出納不一，則民間亦以九成視之，其勢斷斷不能通行。且爲英國、墨西哥、日本諸國銀元所軋，必致從而壓價，每元尚不及九成之實數。華商自行壓價，何論洋商商埠！既須折算，民間安肯收用，壅滯虧折，其損多矣，尚何盈餘之有乎？昔咸豐年間嘗行鈔票矣，徒以計臣不知理財之大道，不考宋人交子、會子之用法，不籌票本，其意但欲出空紙以換實銀，於是出納兩歧，發款搭成多，收款搭成少，或收款全不准搭，或發款全用鈔票。戶部既不視爲實銀，民間亦遂視爲虛器，數年之後，壅廢不行，鈔票一百值銀二兩，此乃前車之鑒，萬不宜以此自阻銀元之銷路也。

一行印花税。查外國征商之政，除煙、酒、洋藥外，大率皆無關税，其巨款全在印花税。凡有關銀錢、物業之契約、單據領用官局印花黏貼其上，其大意在抽銀不抽貨，抽已賣之貨，不抽未賣之貨，抽四民百業凡有進項之人，不僅抽商賈貿易之人。故西人解印花税之義曰：此乃銀錢税也。今日籌款，此事似可仿行。且洋關現議加税，外人必欲免内地釐金，若行印花税尚可藉資抵補。查各國印花税章程，光緒二十二年曾經總署飭各駐使向各國查取譯送，惟英國印税章程最爲詳密，且係參贊馬格里所譯，解説亦較明晰。日本於前三年新經改定，於東方情形爲較近，但中外情形略有不同。外國商富民饒，産業價值貴，銀錢往來多，故所抽鉅。中國商貪民苦，本業既微，轉移亦少，如契約、合同、股票、匯票、期票、提單之類，皆屬有限。其遺産一項，英國最爲鉅款，其重税全在旁支承受，親友分得，每年總數收十四兆餘鎊，而遺産一項多至八兆餘鎊。中國産業本廉，又係子孫相繼，故此税勢不能多。然中國若能辦成，即較英國得二十分之一，亦可徵銀五六百萬，但其查考領用之法，分别差等之數，甚爲繁細。查英、法徵收印花税，初辦時亦多梗阻，皆係第二次改章始克暢行。中國初辦之時，隱匿必多，推敲過細，不免紛擾，只可稍爲從寬，不求算無遺策，必須十年八年以後，稽核之法漸周，自然日臻暢旺矣。應請敕查各國章程，斟酌妥議舉辦。

一推行郵政。查外洋各國郵政，爲籌款一大端，大率歲入皆銀數千萬兩，而遞信最速。中國驛站爲耗財一大端，歲費約三百萬兩，而文報最遲。盈虧相反，遲速亦相反。然則此事必宜變通可知，其故由於有驛州、縣馬必缺額，又復疲瘦，州縣以此爲津貼，管驛家丁以此爲利藪，故文報必致遲延。官紳書信間有外加馬封附文遞送者，有驛官以其非例准之條，又係不費之惠，故既不駁回，亦不收費，浮沈聽之州縣。不當驛路者設鋪司，武官文報交塘汛，其延閣更甚於驛站。中國既無郵局，於是英、德、美、日本諸國，在中國自設信局，侵我利權，實非萬國通例。自光緒二十一年奉旨飭催總税務司赫德辦理，光緒二十二年沿海沿江漸設郵局，附於海關税務司兼辦，於是沿江沿海公文私信，迅速勝前而信資極省。因税務司禁信局由輪船寄信，而又慮信局滋鬧，故内地信函，仍由信局轉遞轉交。其章程，每代信局寄信一包，重一磅者，收費一角。而信局一磅重之包封，其包内之信少者二三十封，多者五六十封，其收民間之費，每信一封至少須制錢一百，故税司所設之郵局，用費不敷尚多。此蓋因壟斷而生調停，因調停而致賠累。今擬於各省、州、縣徧設郵政局，即令州縣管理，由省城總局妥定章程，刊發印花領用黏貼，用過照數報銷，即以原有驛站、鋪司各經費撥充局用。内河内地分别設立快划、快馬、健夫馳遞，明定章程，准帶官民私信。所有京外文武衙門文報、書信統歸此局遞送。其文報責成仍照驛站向章，其信資務宜從省，以廣招徠。如有欲匯寄銀錢及匯票者，亦准附帶，但須照海關郵局章程，每信一封至多准寄或洋銀十元，或銀七兩。其原有信局，聽其自然。民間帶信，或託官局，或託商局，均聽其便。官局若費省而迅速，自然來者日多。查核該縣官局，每年用去印花之數，即知所收信資之數，計該縣一年收費若干，即於次年發驛鋪經費時扣除若干。行之既久，信資日增，驛費日減。十年之後專取信資即敷局費，驛鋪各費可以全行省出。惟外國識字人多，故書信多；中國識字人少，故書信少。此等創辦之事，不能遽計贏餘，但使驛鋪經費專取之於信資，則每年可省用款三百萬矣。至該縣地勢不同，或馬，或船，或夫，或水陸互用，統由該縣酌量，不爲遥制，但以妥速爲主。其局費統於驛鋪經費内，自行酌劑支用。其局即設衙署内，並無另需費用，並須於境内大鎮酌設分局。此局不須多人，亦無多事，但派一人駐於客棧即可，或附於店鋪代辦亦可，但經管發印花、收信函、收信資而已，並無多費。未收信資之先，絶不裁減驛費，亦不再發一錢。此事於國有益，於民亦便，於商局無傷，於州縣亦毫無所損。以後該州縣所收信資，如已敷向來請領驛鋪經費之數，其贏餘者，解歸省局充公，仍提三成作爲該州縣獎勵，以爲創辦奮勉者勸。統計各省繁盛城鎮，約有二百餘處，驛費既敷，以後每年亦可得進款二三十萬。此時沿江沿海地方，其由輪船者暫歸税司。内河無論輪船、民船及岸上陸行者統歸州縣。暢行以後，再行體察情形，如能並江海輪船郵局亦歸之州縣，勿庸税務司兼管，尤爲善策。至與各國商明，中國亦入郵政公會一節，此時華洋人寄信不多，尚可從緩。惟各省郵局應名曰驛政局，以免與税司之郵政局相混。應由各省督撫飭臬司，責成州縣設局辦理，省出之費，彙解藩司。並不需用洋員，以杜干預内政之漸，且免與有驛州縣遞送文報膠葛窒礙。海關郵局未歸州縣之先，郵政局與驛政局彼此互相代寄信件，內地寄內地者，祇貼驛局印花；內地寄通商各口者，加貼郵局印花一分；通商各口寄內地者，加貼驛局印花一分。其驛局與驛局彼此往來交易一切細章，隨後詳酌。至鐵路通行之處，所有鐵路常年受國家保護維持，應爲國家遞送書信，微伸報效之忱。沿路各州縣應得專差附搭火車，往來經管信件，不取車費。惟萬不可將公文信件交與鐵路公司經管，致啟授權外國之弊。總之，此事若歸州縣兼辦，則費不另籌，局由州縣酌設，進退裕如，即無大益，亦無所損，即或無贏，亦必無絀。若另行委員設局，則廷寄、奏報要件，設有遲誤，必多推諉，故惟有責成州縣之無弊也。

一官收洋藥。方今籌餉最急，然而零星羅掘，難得鉅款。釐金將撤，礙難再加，鹽價屢加亦難過重，惟有加價於洋藥，則不病民而增鉅餉。查法國及西班牙運售火柴、呂宋煙，日本在臺灣收售洋藥、土藥，皆由公家收買分銷，今擬仿照其法。檢海關貿易册，光緒二十五年洋藥進口銷售者，五萬九千一百六十一擔，溯查以前五年，大率五萬擔上下，最多者六萬三千一百餘擔，最少者四萬八千九百餘擔，每擔一百斤，以六萬餘擔計，合九千六百萬兩。現在時價，每兩價銀五錢，姑以大率作一萬萬兩計算，共計價銀五千萬兩，稅釐在內。擬以後由官設局，在各關進口時，全行收買，然後轉發散商，分銷各省。照時價加二成發商轉運轉售，除稅釐照數撥還海關外，計每年可得盈餘一千萬兩。官局先向洋商總收，繼聽華商領運。發商以後，運赴何路，價值低昂，銷數盈絀，全不過問，尤爲簡易。但每兩五錢係華商轉售之價，其中必有餘利，然則買價尚可在五千萬兩之內。惟香港及沿海一帶，須設巡緝小兵輪數艘。光緒十三年，赫德開辦洋藥稅釐併徵時，創設巡輪，其船式、船數、地段、經費及巡緝之法，總署均有奏案可考。上海宜設總局，各海關進口處所宜設分局，計巡船及總分局委員、司事人役經費，約計需銀二百萬兩以內。開辦之初，須籌銀一千萬兩以爲資本，即向外國銀行息借應用，分爲十年歸還。此乃有著之還款，利息必輕。先與議定總數，隨時陸續提用起息，除去巡船局費歲還借款本息，實可得銀七百萬。十年後借款還清，即可歲贏八百萬，洵爲鉅款。先行試辦一年，辦有成效，一年後再加價一成，則盈餘更鉅。若華商運銷暢順，以後售價仍可相時酌加，即加價五六成以至加倍，亦於良民無損。設或因加價滯銷，候至半年尚無起色，則酌量減價，極之仍照向來售價，自可銷出，亦必無賠折之理。向來洋藥到口，未必立時全行銷去，今由官全數收買，亦於洋商有益。可與該洋商議明，每年共分幾批，每批貨到，立時付定銀二三成，其餘付給三箇月期票，三月以後自然華商分來領運，即以商資轉付洋商。惟初行加價轉售之章，華商必然觀望，希圖減價，不及半年，存貨已盡，斷不能始終把持，故必須寬籌半年資本，方能堅持定價。然洋商既可收期票，故只須籌三箇月之費，即已足敷周轉。自去年土藥加稅三成以後，土藥運銷之數並未減少，然則洋藥加價二三成，亦必無礙。藥商未必始終抗阻，至內地土藥業經加收稅釐三成，則英商當亦無所藉口。若各官局有未經照加者，應查明切飭，一律實加三成。其巡船未造成之先，可暫以南北洋兵輪充用，經費亦可稍省。此舉應先與英國商明，訂立專約，每年包銷六萬擔，不准多運來華。包收二年，二年後體察情形，再訂續約。近十年銷數不旺，至光緒二十五年而始多。今每年有切實銷數，英人當亦樂從。惟華商出洋私運進口不可不防，若非英國實力助我防察，斷難盡行杜絕。除巡船稽察外，應與英國切實議定，只有各口官收，英商不准絲毫私售華商，以杜影射。如查出有華商私買私運，重立罰約。印度若不濫售，則偷運之弊立窮。在我防之則甚難，在英人禁之則甚易，此爲第一關鍵。若英肯訂約實辦，則此舉之有益，巨餉確有把握矣。擬請欽派大臣一員駐滬辦理此事，名爲總理藥務大臣。此事任重款鉅，而其事甚簡，只須操守廉正，確實可信，於外國情形不隔閡者，即可勝任。其各口分局委員，即統聽該大臣選派考核，隨時偶一分往巡察。此舉在中法則無害於民生，在西法則無礙於商務，應請朝廷飭議迅速施行。

一多譯東西各國書。今日欲采取各國之法，自宜多譯外國政術學術之書。譯書約有三法：一令各省訪求譯刻，譯多者准請獎，然經費有限，書不能多也。一請明諭各省舉、貢、生員，如有能譯出外國有用之書者，呈由京外大臣奏聞，從優獎以實官，或獎以從優虛銜，發交各省刊行，如此則費省矣。然外國要書流播入中國者，無幾不能精也。一請敕令出使大臣訪求該國新出最精最要之書，聘募該國通人爲正繙譯官，即責令所帶隨員、學生助之。通洋文而文理深者，充副繙譯官；文理優而洋文淺者，充幫辦繙譯官；其全不通洋文而文理平常者，不准充出洋隨員、學生，以杜濫竽糜費之弊。限三年之內，每人譯書若干種，每種若干字，回華繳呈，不得短缺。短缺及過少者，不准保舉。如此則去時洋文雖淺，歸時洋文必深，於隨員、學生之學業，暗中多所成就，而所譯皆切用之書矣。然猶不能速也，并擬請敕令出使日本大臣，多帶隨員、學生，准增其經費，倍其員額，廣蒐要籍，分門繙譯，譯成隨時寄回刊布。緣日本言政言學各書，有自創自纂者，有轉譯西國書者，有就西國書重加刪訂酌改者，與中國時令、土宜、國勢、民風大率相近。且東文東語通曉較易，文理優長者欲學繙譯東書，半年即成，鑿鑿有據，如此則既精而且速矣。

以上各條，皆舉其切要而又不可不急行者，布告天下則不至於駭俗，施之實政則不至於病民。至若康有爲之邪說謬論，但以傳康教爲宗旨，亂紀綱爲詭謀，其實於西政西學之精要全未通曉。茲所擬各條，皆與之判然不同，且大率皆三十年來已經奉旨陸續舉辦者，此不過推廣力行，冀紓急難，而大指尤在考西人富強之本源，繹西人立法之深意。伏望聖明深察遠覽，早賜施行，使各國見中華有奮發爲雄之志，則鄙我侮我之念漸消；使天下士民知朝廷有改絃更張之心，則頑固者化其謬，望治者效其忠，而犯上作亂之邪說可以不作，天下幸甚。所有第三次籌議各條，臣等謹合詞恭摺具奏，伏祈聖鑒。

（清）梁啓超《飲冰室合集·文集》卷一《變法通議·論不變法之害》

難者曰：法固因時而易，亦因地而行。今子所謂新法者，西人習而安之，故能有功，苟遷其地則非良矣。釋之曰：泰西治國之道，富強之原，非振古如茲也，蓋自百年以來焉耳。舉官新制，起於嘉慶十七年。先是歐洲舉議院及地方官惟擁厚貲者能有此權，是年拿破崙變西班牙之政，始令人人可以舉官。民兵之制，起於嘉慶十七年。工藝會所，起於道光四年。農學會，起於道光二十八年。國家撥款以興學校，起於道光十三年。報紙免稅之議，起於道光十六年。郵政售票，起於道光十七年。輕減刑律，起於嘉慶二十五年。汽機之制，起於乾隆三十四年。行海輪船，起於嘉慶十二年。鐵路起於道光十年。電線起於道光十七年。自餘一切保國之經，利民之策，相因而至，大率皆在中朝嘉道之間。蓋自法皇拿破崙倡禍以後，歐洲忽生動力，因以更新。至其前此之舊俗，則視今日之中國無以遠過。英人李提摩太近譯《泰西新史攬要》言之最詳。惟其幡然而變，不百年間，乃浡然而興矣。然則吾所謂新法者，皆非西人所故有，而實爲西人所改造。改而施之西方，與改而施之東方，其情形不殊，蓋無疑矣。况蒸蒸然起於東土者，尚明有因變致強之日本乎。

（清）梁啓超《飲冰室合集·文集》卷一《變法通議·論科舉》　故欲興學校，養人才，以強中國，惟變科舉爲第一義。大變則大效，小變則小效。綜而論之，有三策焉：何謂上策？遠法三代，近采泰西，合科舉於學校。自京師以訖州縣，以次立大學小學，聚天下之才，教而後用之。入小學者比諸生，入大學者比舉人，大學學成比進士，選其尤異者，出洋學習，比庶吉士。其餘歸內外戶刑工商各部任用，比部曹。庶吉士出洋三年，學成而歸者，授職比編檢。學生業有定課，考有定格，在學四年而大試之；以教習爲試官，不限額，不糊名。凡自明以來，取士之具，取士之法，千年積弊，一旦廓清而辭闢之，則天下之士，靡然向風，八年之後，人才盈廷矣。

何謂中策？若積習既久，未即遽除，取士之具，未能盡變，科舉學校，未能遂合，則莫如用漢唐之法，多設諸科，與今日帖括一科並行。昔聖祖高宗兩開博學鴻詞，網羅俊良，激厲後進，故國朝人才，以康乾兩世爲最盛，此即吾向者多途勝於一途之說也。今請雜取前代之制，立明經一科，以暢達教旨，闡發大義，能以今日新政，證合古經者爲及格。明算一科，以通中外算術，引申其理，神明其法者爲及格。明字一科，以通中外語言文字，能互繙者爲及格。明法一科，以能通中外刑律，斟酌適用者爲及格。使絕域一科，以能通各國公法，各國條約章程，才辯開敏者爲及格。通禮一科，以能讀皇朝三通、《大清會典》、《大清通禮》諳習掌故者爲及格。技藝一科，以能明格致製造之理，自著新書，製新器者爲及格。學究一科，以能通教學童之法者爲及格。明醫一科，以能通全體學，識萬國藥方，知中西病名證治者爲及格。兵法一科，以能諳操練法程，識天下險要，通船械製法者爲及格。至其取之之法，或如康乾鴻博故事，特詔舉試，或如近世算學舉人，按省附考。而要之必予以出身，示以榮途，給以翰林進士舉人之名，准到一體鄉會朝殿之實，著書可以入翰林，上策可以蒙召見，告之以用意之所重，導之以利祿之所存，則巖穴之間，鄉邑之內，與夫西學諸館，及出洋學習之學生，皆可因此以自達。其未有成就者，亦可以益厲於實學，以爲天下用，則其事甚順，而其效亦甚捷。

何謂下策？一仍今日取士之法，而略變其取士之具。童子試非取録經古者不得入學。而經古一場，必試以中外政治得失、時務要事、算法格致等藝學。鄉會試必三場並重，第一場試四書文、五經文、試帖各一首；第二場試中外史學三首，專問歷代五洲各亂存亡之故；第三場試天算地輿聲光化電農礦商兵等專門，聽人自擇一門，分題試之，各三首。殿試一依漢策賢良故事，專問當世之務，對策者不拘格式，不論楷法。考試學差試差，亦試以時務藝學各一篇，破除成格，一如殿試。如是則向之攻八股哦八韻者，必將稍稍捐其故業以從事於實學，而得才必盛於向日。

上策者，三代之制也；中策者，漢唐之法也；下策者，宋元之遺也。由上策者強，由中策者安，由下策者存。若夫守晚明之弊制，棄歷朝之鴻矩，狃百載之積習，憚千夫之目議，違作人之公理，踵愚黔之故智，則雖鐵艦闐海，誰與爲戰；槍礮如林，誰與爲用；數萬里地，誰與爲守；數百兆人，誰與爲理。傳曰：子有美錦，不使人學制焉。言不學之人，不可以共政事也。今其用之也在彼，而取之也在此，是猶蒸沙而欲其成飯；適燕而南其轅也。豈不慎哉！豈不慎哉！昔同治初葉，恭新王等曾請選編檢庶常，並五品以下由進士出身之京外各官，及舉人恩拔副歲優供等，入同文館學習西藝，給以廩俸，予以升途。

（清）梁啓超《飲冰室合集·文集》卷一《變法通議·學校餘論》

今之以學校爲第一義者，豈不以育人才乎哉？雖然，彼向之同文館、水師學堂等，其設心也，曷嘗不惟育才之爲務。然至今數十年，未嘗有非常之才出乎其間，以效用於天下，天下所共聞也。今之興學堂者，其意寧不曰：吾今之爲此，必有以異於彼所云也。然而吾竊量其他日之所成就，必無以遠過於彼，且猶或弗逮。何也？表正者影直，表趨者景邪，此公理之易明者也。彼同文館等之設，其原奏檔案，所稱不過以交涉日夥，覲寄需人，思通其語言，毋受矇蔽。故其所成就，上焉者足備總署使館之繙譯，下焉者可充海關洋行之通事。彼其所求之者，固如是而已。故雖以丁韙良、傅蘭雅等爲之教習，不可謂非彼中文學之士，然而所成卒不過是。何也？所以爲教者未得其道也。今教之之道，舉無以過於彼；而教習之才，又遠出丁傅下。其聘用西人者，半屬無賴之工匠，不學之教士；其用華人者，則皆向者諸館之學生，學焉而未成，成焉而不適於用者也；其尤下者，香港甯波之衣食於西人者也。教之之道既如彼，教之之人復如此，以故吾敢量其它日之所成，且或弗逮也。夫所謂教之未得其道者何也？自古未有不通他國之學，而能通本國之學者；亦未有不通本國之學，而能通他國之學者。西人之教也，先學本國文法，乃進求萬國文法；先受本國輿地、史志、教宗、性理，乃進求萬國輿地、史志、教宗、性理，此各國學校之所同也。今中國之爲洋學者，其能識華字，聯綴書成俗語者，十而四五焉；其能通華文文法者，百而四五焉；其能言中國輿地、史志、教宗、性理者，殆幾絶也。此其故何也？彼設學之始，其意以爲吾之教此輩也，不過責之以譯文傳語，爲交涉之間所有事；若夫經世之義，修齊治平之道，別有所謂揣摩講章，唾掇甲第之人，以講求之，而不必以望於此輩。故其學中所設，雖有華文功課一門，不過循例奉行，苟以塞責，實則視爲無足重輕之事。其西文總教習等，既於中學毫髮未有所聞；而其所謂華文分教習者，又大半鄉曲學究，抱兔園册子，謂爲絶學。以此而欲造人才，烏可得也？然使於中學雖不甚厝意，而於西學實有所大成，猶可言也。凡學西文者，大率五六年後，乃始能盡通其文規，可以讀其書，知其義，無所於閡。而今之治此學者，往往學四五年，輒以譯人之才，囂然自大，出而謀衣食。自此以往，即與學絶，而究其前數年所學者，不過語句、拼字、文法之類，去西學尚遠甚。今夫能作華語，粗解華文之人，不能命爲中學之人才，此五尺之童之所共明也。然則能作西語，粗解西文之人，不能命爲西學之人才昭昭然矣。故恒有彝其語，彝其服，日以西學自鳴於口岸，而叩以彼中政治學術形勢情實，其所見聞，視我輩之待命舌人者，尚或有間。何則？學與不學之異也。夫此四五年之間，於中國之學，既已循例若贅，閣束一切，則其所誦經書，衹能謂之認字；其所課策論，衹能謂之習文法，而絶不能謂之中學。其西學亦然。極其能事，乃亦不過在認字與習文法二事，是直謂之未學焉可已。今以國家之所旁求，天下之所側望，翹首企踵，以謂他日撥亂反正之才，將取於是，而其究竟，乃卒歸於未學。此余所以悁悁而悲也。然則奈何？曰：無徒重西文教習而必聘通儒爲華文教習，以立其本；無僅學西文而必各持一專門之西學，以致其用。斯二義者立，夫乃謂之學。今日之學，當以政學爲主義，以藝學爲附庸。政學之成較易，藝學之成較難；政學之用較廣，藝學之用較狹。使其國有政才而無藝才也，則行政之人，振興藝事，直易易耳。即不爾而借才異地，用客卿而操縱之，無所不可也。使其國有藝才而無政才也，則絶技雖多，執政者不知所以用之，其終也，必爲他人所用。今之中國，其習專門之業，稍有成就，散而處於歐墨各國者，固不乏人。獨其講求古今中外治天下之道，深知其意者，殆不多見。此所以雖有一二藝才而卒無用也。抑欲爲藝學者，奉一專門名家之西人以爲師，雖於中國之學不識一字可也。欲爲政學者，必於中國前古之積弊，知其所以然，近今之情勢，知其所終極，故非深於中學者不能治此業。彼夫西人之著書爲我借箸者，與今世所謂洋務中人，介於達官市儈之間，而日日攘臂言新法者，其於西政非不少有所知也。而於吾中國之情勢政俗，未嘗通習，則其言也，必窒礙不可行。非不可行也，行之而不知其本，不以其道也。於是有志經世者，或取其言而試行之，一行而不效，則反以爲新法之罪。近今之大局，未始不壞於此也。故今日欲儲人才，必以通習六經經世之義，歷代掌故之迹，知其所以然之故，而參合之於西政，以求致用者爲第一等。求之古人，則有若漢之長沙、子政、武侯，秦之景略，後周之王朴，宋之荆公、夾漈、永嘉，元之貴與，明之姚江，國朝之船山、梨洲、亭林、默深，庶幾近之。求之西域，則彼中政治學院之制，略以公理公法之書爲經，以希臘、羅馬古史爲緯，以近政近事爲用。其學焉而成者，則於治天下之道，及古人治天下之法，與夫治今日之天下所當有事，若集兩造而辨曲直，陳緇素而指白黑，故入官以後，敷政優優。所謂學其所用，用其所學，以故逢掖之間無棄才，而國家收養士之效。日本之當路知此義，變法則獨先學校。學校則首重政治，采歐洲之法，而行之以日本之道，是以不三十年而崛起於東瀛也。今中國而不思自強則已，苟猶思之，其必自興政學始。宜以六經諸子爲經，經學必以子學相輔，然後知經學之用。諸子亦皆欲以所學易天下者也。而以西人公理公法之書輔之，以求治天下之道。

（清）梁啓超《飲冰室合集·文集》卷一一《敬告當道者》 某竊觀一二年以來，諸君中仰首伸眉言維新、言改革者踵相接，吾不禁躍然以喜，乃日日延頸以企，拭目以俟。一一詳考君所行維新改革之實際，吾不禁衋然以憂。此一喜一憂，諒非獨某一人之私言，當亦舉國之所同感矣。顧吾所最不解諸君之日日爲此言者，其果何所爲耶？爲富貴耶？君既有之。爲權力耶？君既尸之。爲買洋人之歡心耶？則縱拳之首領，今猶可靦然握一國之實權，而諸君何有也。爲結人民之聲望耶？諸君心目中恐未必以輿論爲可敬可畏可奉承也。吾意諸君必有答我之一言，曰出於愛國心。某平心論之，諸君之所以言維新言改革者，其原因甚複雜，不可一概論，而愛國心亦當與居一焉。諸君而既略有此心也，且自言有此心也，則吾將與諸君論愛國之道。

某聞改革者以實不以文，以全不以偏，以決斷不以優柔。苟文而不實，偏而不全，優柔焉而不斷，則未有不爲大亂之階者也。謂余不信，請讀世界史。昔者英王查理士第一嘗改革矣，當千六百二十八年，批准《權利請願》The Petitions of Right，予民以權，後乃背之，十一年不開國會，民乃大憤，國會軍起，克林威爾振臂一呼，全國響應卒俘查理士而馘之，改立共和政治。英國長期國會之革命，實查理士第一之僞改革爲之也。昔者法王路易第十六嘗改革矣，即位之始，下詔更新百度，當千七百九十二年，盡罷斥誤國舊臣而代之以民黨名士，組織政府。然而優柔不斷，彌縫爲務，羅蘭夫人瞋目一喝，新政府紛紛辭職，卒乃帝后對簿，貴族駢首，白虹貫日，紅血成河，演出有史以來空前絶後之慘劇。法國之大革命實路易第十六之僞改革爲之也。昔者奥王腓的南第五嘗改革矣，當一千八百四十八年許匈加利自治，其民間志士所擬改革案悉予裁可，予之以自立政府之權，乃未幾而悔之，陰煽其民，使自相鬩冀收漁人之利，卒乃內亂蠭起，全國彫敝，終失其國權之大半。奥大利之擾亂，實腓的南佛蘭西士兩代之僞改革爲之也。昔者意大利之諸侯王嘗改革矣，當千八百四十六年羅馬教皇皮阿士第九改政體，開會議，頒憲法，而達士卡尼倫巴的諸王，及其餘諸小國争踵繼之，大改行政制度，然皆迫於不得已耳。事過境遷則食言而肥，腐敗猶昔，卒爲公敵所鉗制者數十年，待撒的尼亞之四傑起，始復見天日，而諸小國之王統俱絶矣。意大利諸侯王所以滅亡，羅馬教皇權力所以墜地，皆由其僞改革之爲之也。昔者日本大將軍德川氏嘗改革矣，天保十二年道光二十一年水野越前守執政，更張百度，法令如雨，其後幕府末葉而阿部伊勢井伊直弼，猶支持危局，條理整然，徒以不順輿情，所改革者偏而不全，卒至國論洶湧，浮浪四起，三百年幕府之威嚴，掃地以盡。德川氏之亡，皆由其末葉諸臣之僞改革爲之也。昔者俄皇亞歷山大第二嘗改革矣，千八百六十一年，下詔放免奴隸，越三年開地方議會，令民選議員，又改司法制度，全國耳目一新，徒以臣下奉行不力，有名無實，民心大怨，於是虚無黨始起而皇卒以刺死。俄國虚無黨之猖獗，實亞歷山大第二時代之僞改革爲之也。由此言之，僞改革之成效，章章可覩矣。吾有一言，敢斷言之而不疑，曰：僞改革者，革命之媒，自古及今，天下萬國未有能避者也。今試問諸君之所謂改革者，其有能如英王之許民以權利，奥王之許民以自治者乎？無有也。其有能如路易十六時代盡退位以讓賢路者乎？無有也。其有能如意大利諸國發布憲法者乎？無有也。其有能如俄皇之開地方自治者乎？無有也。其有能如水野越前井伊直弼之鞠躬盡瘁，百廢具舉者乎？無有也。質而論之，則諸君所謂改革者，以視吾前所列舉諸國，其程度殆尚下十數等而未有已也。而彼諸國者以十數倍於諸君之改革，徒以文而不實，偏而不全，優柔而不決斷，而其改革之結果遂不免若此。嗚呼！諸君諸君，可以鑒矣。

（清）汪康年《汪穰卿先生遺文·實務報論説彙録·中國自強策下》

請實言辦理之法。今使上赫然下明詔，告天下以力圖自振之故，而使士民之明秀者互相舉爲議員，使至京入議院，而使中外大員，自三品以上，俱入上議院。議院既立，則立相以總内外之務，立户部以掌財用之出入，立刑部以掌天下之獄訟及巡捕之事，立商部以興商賈並掌税則，及考察工作物産之事，立農部以教種植，立外部以理交涉之事，立兵部以掌兵事，立工部以掌營造之事，立郵政部以理道路、河渠、輪車、輪船、郵遞之事，立民部以掌各處地方之事，立海部以掌海軍之事，立教部以掌學校之事。俟議員舉定相臣，則由相臣自擇用諸部大臣，及各省之長。大臣及長，又各舉其屬，而皆決於議院。十年之後，則議員及各官，皆取於學校。如西國之法，設吏治局於京師，徵天下賢能之吏，使學習治法，而分派之於各省，以教諸地方官。十年以後，亦皆取之學校。各省提鎮選於兵部，而提鎮又遞選其屬。十年之後，始取之水陸武備學堂。外部及出使大臣，必取精西文通西事者。十年之後，始取之使才學堂。京師立各種學校，精選中西之能者教之，以遞及於各省府州縣。十年之後，始取之師範學堂。宰相與各大臣既舉定，則遣使與各國立力保亞洲太平之約，而大改上下内外之體制，務從簡易，悉去趨蹌拜跪之節。復立憲報館，凡新政改革之意，及中外交涉之故悉載之。各種振興之政，乘時並舉。且捐納停，冗員裁，調濟安插之途廢，資格班次之説止。既無無事之官，復無無官之事。局中之人，可因官以展其才，局外之人，可因事以責其效，則職無不舉矣。一事一官，既無旁貸之方，一官一事，又無叢脞之慮，則人勤於職矣。在事之人，有治事之權，事外之人，有監察之權，而又有議員以鉗制之，有日報以舉發之，則官邪息矣。厚俸禄而革陋規，入官之日，予以裝錢，辭官之日，予以恩俸，或給終身，或逮子孫。辦公有費，登程有資，則人興於廉矣。改衙署之制，速咨稟之法，汰酬應之煩，删迎送之禮，則官敏於事，勤於察矣。省府州縣各設議員，以與官相抵，官不能專其事，則民困蘇矣。因其事以設之官，因其官以爲之學，因其學以定所取。入官之後，非罪不斥，心不枉耗，才不虚糜，人無失所，官不易方，則人知專所學矣。取士多途，學堂徧設，由都會以及州縣，由州縣以逮鄉閭，人無廢才，才無滯用，則人勸於學矣。釐定文字，使歸淺近，多撰教化之書，使人易曉，而徧設義塾教堂，以教齊民，則尋常之人，皆可讀書明理矣。凡刊刻書籍，由官准駁，其便用者，準其專利，則要用之書，不日可得矣。嚴户口之册，定鄉里之制，産業生死，婚姻必注，零户必禁。城鎮無雜處之虞，鄉里無散居之慮，而又徧設巡捕，並設包探，則逋逃清，邪民無所匿矣。律法從平，無有偏頗，重則絞殺，輕則禁罰，則罪易辨，而情易得矣。刑官治獄，不兼他事，復有會審，以察其虚誣，有律師以伸其辨説，無刑求之苦，無拖累之患，則枉濫息矣。吏皆有禄，役皆受緡，既無藉口之資，即無婪賄之弊。如此則獄訟易矣。有不率教者，輒禁錮終身。動其羞恥，嚴其禁防，則人恥於爲非矣。平道路，濬江河，開鐵軌，通電報，招商以成之，借債以足之。且路燈、自來水，在在設立，使往來便捷，消息靈通，則用兵賑災，經商行旅便矣。礦務開，銀行設，然後鑄金銀銅三等之幣，齊其輕重，又製鈔票，而禁兑换銀錢之店，以便行，使税餉出入，一律行用。三年之後，度新幣已足，則悉禁舊錢，則錢法行，而人便於用矣。製鈔幣，立銀行，正税則，嚴中飽，則國用可足矣。立商部，定商制，嚴賠償之法，定詐騙之條，除釐稅之苛，捷不陸之途，考求各國之物産，察勘各地之工作，內江外海，準行輪舶，能糾合公司者獎之，商之成本重者許以補助，則商勸矣。能效法泰西製造各物者，賞之並許專利，能以新法製器者，給以功牌，則工勸矣。税以資算，富重而貧輕，税以息計，商多而農少，蓄洩有資，種植有法，則民勸於田畝矣。停無用之武試，開水陸學堂，令凡能武事者，不與齊民齒，則人競於武矣。精選而厚其餉，嚴教而重其防，老休則廪以終身，戰死則恤其子孫，則兵皆能戰，而平時不敢滋事矣。防兵周於水陸，兵將悉由考試，定平時遣調之法，定臨事招募之方，炮械必精，雷艦必備，醫藥必贍，兵法既嫻，軍律尤峻，則武備嚴矣。釐定祀典，公私無名之祀，悉行停止，一切虛誣術數之説，皆不得行，則邪説息而正務舉矣。設報館以達民隱，凡中外交涉、選舉、獄訟、報銷，悉由官登之報。新理、新法及一切民間之事，及其冤抑，無不可登報，則上下之情通矣。定齊民之等級，以有能者爲上，有業者次之，游惰爲下，則民勤於所事矣。而又設輿圖局以測全國之形勢，設繙譯館以收各國之書籍，設製造軍火局以給軍用。如此行之十年，國以富，兵以強，始可收回已失之權利，除租界之法，改進口之税，定管轄異邦人之制，而與泰西各國相抗衡。若夫施治之宜，敍次之方，新舊交替之法，則當俟辦理之時議之，非一時所能決也。

（清）汪康年《汪穰卿先生遺文・實務報論説彙録・以愛力轉國運説》

國者何也？以其能自完固也。質點相切而成物，若未受空氣之改變而質點未相離，則同類之物，必無能損之理。若金類然，必已鏽蝕而後見殘於同類之金，否則必有刃而後能錘銼之也。若木類然，必已腐朽而後見殘於同類之木，否則必施以斲削而後能錘擊之也。惟國亦然，與他國同立於地球之上而獨見弱於他國，則必其本質已有內離者矣。內離者何？失愛力是也。夫起於相忘者，終於相絶；起於相愛者，終於相成。是故農與農相愛，則通力合作，轉相告語，凡播種辨土，可以新法行之矣。工與工相愛，則居肆成事，互相勸勉，凡購器造物事事可仿製矣。商與商相愛，則集貲易廣，謀事易就，凡公司行棧可如林而立矣。士與士相愛，則得失相較，善否相示，凡置售立會可並時而起矣。官與官相愛，則善法相告，過失相救，凡興利除弊之事可一旦行之矣。疆臣相愛，則救災捕盜，設防治水之政，不分畛域，而彼此形跡之見可盡除矣。卒與卒相愛，則勝相讓，敗相救，而失伍棄軍之事可免矣。將與將相愛，則進止攻守，互相應援，而無彼此不相顧之患矣。若夫上惟愛其下也，則恩威互用，而下必不忍蔽其上。官惟愛其民也，則寬猛相濟，而民必不忍疾視其官。將惟愛其卒也，則賞罰平均，而卒必不忍輕棄其將。且以全國之愛力愛其君，則君益尊；以全國之愛力愛其國，則國益固。以攻則克，以戰則勝，以守則完，相愛而後能相羣，相羣而後能相固，是以愛力生強者也。

夫責國之強，必求器械之利，士卒之勇，將帥之武，糧糈之足。然是四者，咸強國之末務也，非本務也。鷹之鷙由於嘴爪，然使安嘴爪於燕雀，必頓失其鷙，則以嘴爪是也，其所以用此嘴爪者，非也。鷹之全體固皆與嘴爪稱者也。犀之猛由於齒角，然使安齒角於麋鹿，必頓失其猛，則以齒角是也，其所以用此齒角者，非也。犀之全體固皆與齒角副者也。然則不以全體之愛力生強，而但求強於整軍經武得乎？項羽百戰百克，而卒見滅於漢，則以項羽之愛力不如漢也。竇建德王世充之徒，非不足以抗唐也，而愛力不若唐，則卒併於唐。故英之保黨、公黨設心不同，而其爲英則同。美之共和黨、合衆黨議論不同，而其欲富強美則同。普已蹶而忽興，法將亡而復振，以國勢雖衰而愛力如故也。蓋惟其相愛也，則必求所以相存，求相存則必求所以自強。是故農夫荷畚執鍤之時，工人審曲面勢之時，商人操奇計贏之時，雖各營其私，而心思所注射，咸在於國。雖以傭貿販豎之微，咸不敢以國事爲後，於是必思所以旋轉此國事者，必思所以改革此政法者，必思所以監察此用事之人者，如此則雖欲不強不可得矣。夫相愛也者，非僅相愛而已也。有相愛之意，則行事相勸，利弊相告，進止相助，艱阻相扶，過相隱，善相稱，得相賀，失相矜，成功相期，同類相助。如此則不期成而自成矣。相忘也者，非僅相忘而已也。有相忘之意，則行事相阻，利弊相隱，進止相撓，艱阻相傾，過相計，善相誣，得相惡，失相幸，成功相忌，同類相離，如此則不期於絶而自絶矣。然則察善敗之由，審勸導之宜，有國者宜何從焉。

中國迭更艱阻而猶晏然無振作之意，説者謂其守舊法也，謂其多掣肘也，謂其意見之歧也。吾以爲由於不相愛也。其仕者以爲我惟求敷衍抵塞終身不失官而已，遑恤其他；士以爲我工制舉業即足以自進，何必勞心於他學；商以爲我得新法當以自利，何故公之人；工以爲有利便之法，宜祕不示人；富者以爲他人之危急無與於我，何必勞心以爲人。是以通商數十年來，坐視強族之逼，處國勢之危險，利權之全失，而未有共謀一事特創一業，以開維新之景象者。公司屢創而屢蹶，商會雖有而如無，至若學會公會則尤未有見端。蓋西人之事皆賴衆人之心力而後能成之，而中國則斷無合衆人心力以成一事者。嗚呼！愛力之失人心之亡也，人心既亡，欲求國勢之能振，將何所必乎。

今夫中國之人不能食於故土，流離海外，幸而成立又不得保護，有被侵奪於他國者，如此則失愛力於我之旅民矣。編戶之民，賦稅未缺平居則官吏侵擾過當，饑饉則任其轉徙而莫或過問，如此則失愛力於我之居民矣。工商以其巧力餬口，而釐税無定章，保護無定法，以致折閱失資，無算如此，則失愛力於工商矣。隸名卒伍，無事則尅其名糧，有事則驅之前敵，罷歸則任其流徙，甚有爲丐盜者，如此則失愛力於武士矣。士讀書求官，然濫其取而狹其入官之途，有窮老不能自存者，如此則失愛力於士子矣。求俊秀之人，行之海外而資之學，學成則不復問，使求食於他國，如此則失愛力於學人矣。嘗以資藉得策名仕版，然屢改其銓選之方又不思所以維繫之，以致不能活八口，如此則失愛力於入仕之人矣。有位於朝者，既已委之事而寵之官，然禄不足以給用，使不能無他營，如此則失愛力於在朝之人矣。用是之故，有權藉者專爲欺蔽侵漁而不顧其上，富者寧懷金待寇而不肯以資軍實，士以不與外事爲賢良，民以苟免爲得計。甚至比鄰不相知，聞北方饑寇而南方鐘鼓，貧賤之人聞富貴者之傾覆則引爲慶幸，同國之人而相待乃如此，環顧全球諸國未有如是者也。夫愛力甚者先自愛其國，内其國而外諸夏，内諸夏而外彝狄，《春秋》之義也。是以《春秋》内大惡諱，内大夫卒日，凡以殊異於外也。孔子曰：不愛其親而愛他人者謂之悖德。然則不愛己國之人而愛他國之人者，獨不爲悖乎？然而今日之事有異於此。西商正税值百抽五，華商完釐則有例内之追求，有例外之苛索。西人日用物皆得不税，華人仿造乃復從而徵之。華船挂洋旗則遇關卡無敢過問，華店用西商牌號則雖越禁踰制無所妨礙，華商託西人報關則無羈滯之苦，反是則留難訛索，將不可言狀。延請西士不惜重金禮聘，華人即才技與相齊等亦必薄其廩餼，異其禮貌。購物於西商惟取求不敢與諧價，入華人之肆則百端吹求必欲抑價短值而後快，甚至有俟其折閱而冀其賤售者。夫如是是驅舉國之人而使有外心也，夫有外心則無内矣。

夫以是解散涣釋之心，而欲使成事，是必一人可爲之事而後能成也。若多至二三人，則不能成矣。又多至千百人及億兆人，則愈不能成矣。今使開行棧立公司皆千人以上，練軍旅飭捕務皆萬人以上，設學會建議院皆億兆人以上，然而以彼此不相顧之人處之，縱使明立規條，選用賢哲，亦必俄頃之間變故紛起。局内則自相忌嫉，局外則互相疑阻，始而意見各執，繼而彼此傾軋，終且推諉避嫌而置正事於不問。以軍則不武，以財則不富，以商則不能擴充，以工則不能新異。是何也？以其不相愛也。不相愛則相爭，方自相敗壞之不暇，何暇爲集事計。然則有國者必行其愛之之心，盡其愛之之實以生其相愛之意，於是相切愈密，相附愈堅，可以致富，可以致強，舍是則何以焉。

（清）汪康年《汪穰卿先生遺文·實務報論説彙録·論中國求富強宜籌易行之法》 今必欲籌全局乎，則必官同心，士同志，工商同法，此徒滋論議而積久不能成一事矣。今必欲正本源乎，則必設議院，定官制，盡改政法，此又徒滋論議而積久不能成一事矣。小水之相會也，非欲成大川也，然而成大川之道在此矣。衆聲之相和也，非欲成大響也，然而相和已多則成大響矣。治水者自流，伐木者披枝，事固有由散而後得整，由流而後及源者。今天下雖未能一旦更變，然内之部院，外之督撫，監司，固有就其職所能及，幡然以圖更變者，其郎曹守令及其居鄉搢紳亦有就其力之所堪而毅然以成事爲己責者。今且無言高遠也，但就各人願力之所及，隨其事之大小難易而合力以圖之，則安知數年之後，維新之盛業不於此基之哉。

今日振興之策，首在育人才，育人才則必新學術，新學術則必改科舉，設學堂，立學會，建藏書樓。然改科舉必將官制、政法盡行改革，非旦夕所能期。泰西學堂之制最爲美備，有大學堂、中學堂、小學堂，而武備、水師、醫生、律師又各有專門學堂，别有師範學堂以教爲師者。其學堂規制，大者工費至數十萬鎊，小者亦數萬鎊，延師購書之費，稱是此必非一時之力所能舉辦。泰西各種學問皆有學會，蓋以講學之人多，故學會可偏設也。泰西之藏書樓藏書至數十百萬卷，備各國文字之書。是三者皆興國之盛舉也，而非今日所能行也。今日之務，一在立小學堂，堂中延一教西文師，延一教算學師，延一教中文，並各種初學書之師，而成材之，願學者附入焉。一開小學會。凡士子欲講求時務、政法、算學、輿地者，可各聯一會，購置會中應用書籍，一月數聚，自三人以上即可創辦，以漸增加。一建小藏書樓。各州縣應醵貲購中西各種學問切要之書，置諸樓中，使人掌其籍，願學者可就觀之而限以時刻。一各處書院應兼試時務、藝學，不能作或作而不當者，不得居前列。一凡秀異之才無貲讀書者，可以公中之財資之學，學成則行之海外以博其學識。一宜多撰問答體之各種啟蒙書，附以圖說，使觀者易曉。一宜多譯西人專門學問政法之書，由淺而深，又多譯章程之書，以便倣行。一宜用西人燈影法講各種學問，使人樂觀而易曉。凡此數者，自四士以上即有可爲之事，而官紳亦可各以其權力所及而爲之。此不待巨款，不勞聚論，而即可行者。

振興之要又在阜財用，阜財用則必興商務，興商務則必定商政，改稅則，立公司，鑄金幣，設銀行，開鐵路。然定商政必由朝廷採取西法，設立商部大臣，無論變更成法，非一時所能行，且或立法未善，或不得其人，則益滋流弊。西人稅則出口輕而進口重，此非今日國勢所能行仿。西法鑄金幣，誠今日提挈商務之要舉，然事既創舉，且國家賦入賦出之法將因之盡變，亦難猝辦。設銀行，則可握利權阜商本，而事亦浩大。鐵路既開，則中原之物產可盡出，程途輕捷，轉運便利，而非刻期可待之事。立公司則貲本殷實，布置周徧，可與西商相角，然華人自爲者多罕能共濟。凡茲數者，皆繁重而難舉，非可必之於今日者也。今日之務，宜籌商人能自行之法，各業能自振之方。一宜立商會，凡通商大埠爲商務聚會之區者，宜立總商會，專考求商務盈虧之故，而籌更變之策。而各業又自立會，凡美善之法，必宜師之，其疵病弊端，必盡去之，庶物易銷售，而西人不能抑勒矣。一宜仿泰西製造各物，本國銷售使財不外溢，並可漸行之各國。一宜擇中國之物爲西人所樂用者，精其製造以便行銷。一宜定專利之法，使創造者不致有徒費之虞。一凡新造之物，宜減輕其釐稅。一應由商會派人考求各處物產。一應設商務報專報以上各款之事。然商賈阜通貨賄者也，而貨賄非造於人則出於地，然則不講求農工而但求諸商務，豈非務末而忘本乎？故宜設驗工會，凡通商大埠應立驗工會，凡製作精工過於他肆及能自創新物者，獎之或許專利。又設務農會，凡農蠶種畜之事，悉心考求，辨物土之宜，求孳乳之法。以上二事可隨地設之，有所得則附登商務報，各州縣行之，各省行之，不數年而物產豐饒，利源推廣矣。凡此數事，人人可行，事事可行，無多待於上，並不見掣於外。苟行之數年，未有不見富庶之效者也。

至若禦外侮，尊國權，則必講武備。然整頓水師、陸軍，延西將，練洋操，購船礮，此皆國家之事，非常人所當與聞。若夫改武試則變更舊制，難期准行，繪輿圖則繁費不易。行常人所可講求者，一宜立兵學會。凡夙負材勇之士，宜入此會，會中應購備各式槍礮及武備書籍，以資考求。一宜多譯書籍。一宜選士之精細者，專考求修造鎗礮之法，或竟入西國名廠中肄習。一宜選士之有謀略者，專考求西人行軍步伍行陣之法，及其號令擊刺。一宜考求中國沿海內地攻守險要之所在及敵人進兵之路。凡若此者，苟以精心毅力行之，大固可備將帥之才，小亦足備一方之患，此則在下位者皆可勉力爲之者也。

抑是三者，固非煩勞難行之事，然舊習不除，則雖有良法美意，亦必阻格不行。中國舊習好矜己事而罕察外情，一則以爲中國之舊法已善矣，一則以爲我之行事已善矣。如此則忠告不至，無從取正，一也。好聽諛言而惡逆耳，不知得諛多者受蔽亦愈甚，二也。怠於作事而妬人成功，見他人有所造作輒以私意排詆之，甚至甲作則乙斥之，乙作則甲又斥之，終於無成，三也。意見各執，抗不相下，寧敗成功，不肯遷就，四也。退後之談，非無正論，及見當局，則心中所不然，及於理不合者，皆置不言，而專用揣測迎合之說，五也。見他人之得則思排擠，見他人之失則思推避，不相扶救，六也。袪是六失，宜崇五善。一宜虛心聽受，二宜廣采直言，三宜互相扶救，四宜論列以實不得以私意非毀，五宜作事必要其成，不得有所畏憚，而又必立簡法，以免紆回。求速捷以懲迂緩，勤事爲以防廢弛，限時刻以定作息，則庶乎諸務克舉而功效可覩矣。

（清）汪康年《汪穰卿先生遺文·實務報論説彙録·論華民宜速籌自相保護之法》 夫今之人亦非盡無所聳懼也，然而一則曰：是運數使然，非人力所能挽。一則曰：變革之權當操之上，下民何能爲。一則曰：國家之事國家受之，與民何涉。嗚呼！爲是數説者，殆自比於癡頑不慧之人也。夫遇焚者疾趨過，壞屋者亟蒙其首，初何嘗聽之天與上哉。西人之治屬地也，以嚴禁黨會爲要法，以勸令遷徙爲深謀，以使習己國語言文字爲至計。其政治刑法名爲公平，而一皆以扶同抑異，爲事於是。吾華人之旅西國屬地者，商則處後，役則處先，利則處輕，罪則處重，訟則處曲，工則處拙。昔魯仲連之言曰：秦若無已而帝，則思變易諸侯之大臣，廢其所謂不肖，而予其所謂賢，奪其所憎，而予其所愛。嗚呼！今日西人奚啻什伯於秦，而華人玩視若此，豈不可憫歟。

試更質言其至可慮者。夫中國富人之所恃者，除官商外鹽當關吏而已，法制一更則官與關吏不可以得利，而向之食於關吏者，一旦將夷爲平人，則已去富人之半矣。引岸之法改則鹽商之利失，拍賣之法行則當商之利失。且華商之所以獲利者，得人自爲制，不必聽命於上，究其所爲，多不合於公理。票號、銀號之流，皆是也。其他商人大率導源於農工。夫畜植製造及成本之巨，運動之捷，中國皆遠遜於外人，然則不數年後，恐大宗之生意，將盡歸於外人，而零售之肆，乃有中國人爲之。其貧者猶可供役於外人，其富者且將轉於溝壑之間。嗟乎！吾中國人何不及此時而慮之歟！

夫日本之初與外人通商也，與中國若雁行耳，已而尊攘之事起，已而變革之事起，蓬蓬然，勃勃然，忽已躋於隆盛之治，微特政法之盡變也，即工商農業及其技藝亦無不盡變。凡西人能製之物，彼無不能製也，西人能爲之業，彼無不能爲也，西人能至之地，彼無不能至也。吾聞日本之經營商務，固不遺餘力，而互相保護之法亦無微不至。凡各學校各工廠，始延西人教習者，一有日本人能及其藝業，則即去西人而延日本人，而薪俸不減，故學者競勉。又昔有學操舟術者，術成將以爲船主，英之驗船師不許，詰其故曰：日本人爲船主，則保險公司將不肯保險。日人聞之，惡其挾制，遂遽自籌款而立保險公司，謂英人曰：我船主所駕之船，我國自能保險，不煩汝驗也。於是英人嗒然若喪而罷。今則郵船會社之船主皆日本人爲之，無復英人之迹。嗚呼！彼知自相保護，則其政若此，我民何熟視無覩乎？

夫苟惕於將來之禍，則必於目前先爲之計，於是互相教誨，互相資藉，互相勸勉，雖未能遽與外人相敵，然而可以開智識，裕生計，却欺陵，而遠謀至計亦即在於是。今試列其目於左。

一曰宜多以官話創爲書報，使凡稍識字者讀而知之，不識字者亦聞人説而知之。一曰識字書，一曰名物書，一曰儒教書，一曰輿地書，一曰中西史學書，一曰儀則書，一曰演義報。以時事及論議并各種新法爲主。又隨在用土音改正，以便土人觀讀則人人皆可以知時事矣。

一曰宜購各種學問之幻燈照片而講示之於四方。西人於天文、地理及植物、動物並蠶農各業，莫不有幻燈照片，大率燈每具三十餘元，照片每張不過數十文及二三角耳。假令購數十分，而每爲之説，因貸於人，且令習演試誦論説，即徧走於各行省及各州縣市鎮於夜演試之，併僱土人誦其説，則遠近雅俗之人皆得知西人藝學之大凡矣。

一曰宜多設鄉塾教中文外復教以西文，使略識西文，習西語，而止使由此可入農務工藝各學堂。

一曰宜設農會、農報、農務學堂、農學試驗場，並製肥料及殺蟲藥，以勸導農民。中國農業尚爲講求，然泥於成法不思變通，其器輕窳，其法舊拙，其於辨土宜興水利防災患之道，咸未講求，故必集東西之良法，擇其可者試行之，使遠近農民得所仿效而興地利。

一曰宜立工藝會、工藝報、工藝學堂，以勸導百工。前人謂中國以有用之銀錢購西國奇技淫巧之物，以爲至歎，不知今日舉凡紗布針釘及諸日用之物，無不購諸西國，其爲可歎，抑又甚焉。且購而用之者比比皆是，至其如何製造，用何物料，成本如何，則莫或過問也。夫凡事必迭相更代，中國絲茶之利日微，自當講求各種可行銷之物以爲抵補之計，而十餘年來卒未嘗見新出之貨物。蓋中人狃於成見，其富者以爲我按本計利已足用矣，何必求此不可必之利哉。其平常商人則曰：我將本求利錙銖不可失，何可求此難必之利哉。故宜立會以講求之，立報以宣示之，立學堂以肄習之。中國人多工賤，以用人工機器爲宜，當取易於行銷之物，先爲肄習，習成則又輾轉分教於各省，俟用者衆，則更自製機器，以杜漏卮。如此則中國日用之物中國足以自給，且可行銷於各國矣。

一曰宜立商會及商務報以興商務也。西人於本國商務皆由商會主持，凡官設商律、定税則，皆必與商會相商，故商會之權最大。中國則不然，凡各大埠皆西商爲主，而華商聽其調度，凡市面行情銀價，一皆聽命於西人，可不深悲也哉。又中人之性欲速之念多而考求之功少，故始則鹵莽而爲之覩，其一敗遽倉卒而去之，而市面且大爲震動。又創辦之始彼此無從相知，故每多同日並建，以致偕覆，前此之倒閉者比比然也，故必立會，以集商議，以重商權。又必立報，以考究各處行銷何物及各物之行情，又凡新創行棧必登之報，使人共曉。如此則商務漸有起色矣。

一曰於歐美大都市設立中國公司，凡華商欲售物於外國者，先寄樣於公司，審其可售則使依樣發貨，囤於公司及貨出則酌提若干爲行用。其制約如在中國之洋行，前時嘗有爲之者，以折閱而止，後遂無取爲者。然彼以立法不善，用費過鉅所致，非不可爲也。蓋必如是則華貨始有行銷之法，免抑勒之患，至若特造輪船爲運貨之資，則當在公司大效之後，非一時所能辦矣。

一曰宜設生物陳列所、手製物陳列所、機器製造物陳列所。凡陳列所有五益：比較以知其同異，陳設以知其美惡，巧者得所勸，拙者知所效，購者知所擇，故東西各國皆競爲之。中國各處物產至爲豐盛，而卒無一總匯之處，使人艱於考求，故宜設陳列所於上海。凡各處天生之物皆列於是，其缺者隨時增入，至若江西之磁器，杭湖之綢縐，蘇湘之繡貨，廣州之牙器，皆精妙爲西人所豔稱，其餘尚有爲西人所不知者，可於上海設手製物陳列所，以觀示之。中國機器之物，必不能及西人，若手製物，猶有爲西人所不及者，不得不以此彌其缺陷也。至機器製物，現雖不多，亦以漸而興，但當區別仿造及獨創，二者並由會中評察，果係合式，始准陳列，並爲登報，如此則人勸於興作矣。

一曰宜於絲茶出口之地仿日本驗茶之法，設立察驗絲茶所。蓋絲茶等貨向無察驗之法，於是苟且目前之商人不免以低僞各物攙雜其中，西人藉此爲抑勒之地，於是絲茶生意年虧歲減，商人折耗日甚。今宜由兩業中人設公所於出口之地，選公正人嚴行簡汰。凡絲商出口，民必先送公所察驗，有不合者即行剔去，合式者給以已經察驗之憑據，每擔約抽銀若干爲察驗之費。凡出口大宗貨物之屢爲西人挑剔者，皆可仿此。如此則商業庶有起色而西人無從抑勒矣。

以上諸事有益富教，宜所在次第舉行，然今日之事，人才爲要，學堂雖根本之事，然由小學而中學而大學必十年方能學成，故所宜急行培植人才之法，又有三端焉：一曰宜設政務學堂。聞法國有政務學堂，由商人籌款開設，內分法律、交涉、理財、商務四大宗。今宜仿其法，選已成才之子弟入堂肄業，專以辦事爲主，不以學業爲要，不三年而仿行西政可得其人矣。

一曰宜選略通東文之子弟赴日本學堂肄習學業。中國大學堂既籌建不易，若赴歐美讀書，不特資費太重，且路太窵遠，若日本則數日可達，學中所需每歲才一百八十元，脩金及食宿均在內。而所學亦不遜於歐美，此固切近易行者也。

一曰宜籌款，使通識之士游歷內地及各國。古人以游學爲重，西人亦然。故士之游歷者可取資於會中，游歷既竣則以所得告於會中，或著爲書，或登之報。日本間有之。蓋游歷內地則可察物產、審疾苦，游歷外國則可察政俗、益智識，故不吝巨款也。中國若能仿行是會，則游歷之人漸多，而風氣易開矣。

以上各節皆民間所能自辦之事，所慮智識不足以及此則力不能合，不能持之以恒則不能持久，事前則考察不精，臨事則意見各執，創辦既難，未久旋罷，誠可虞也。故又宜立一總會，選各地公正明通之人入其中，凡地方有須興辦之事，必須由總會議其事之可辦與否，並其人之能辦與否，及其章程之善否，然後許行，並由總會助其籌款。又辦事各有人而考求稽察則歸之總會，如此則事有歸宿，有稽考，不至使庸濫之徒藉端斂貲，而外人亦易於相信。如是則民間智識漸開，學業漸興，商務漸盛，有志之士欲有所施措則可得所藉手矣。

《戊戌變法檔案史料》張元濟《總理各國事務衙門章京張元濟摺》

臣嘗讀五月二十八日上諭：至每待臣下以誠，而竟不以誠相應二語。未嘗不痛哭流涕，以爲有君如此，臣雖粉身碎骨，亦何足以爲報，諸臣乃置若罔聞，其心抑何忍耶。臣嘗悉心體察，知其中有受病最深之處，非洞見癥結，抉發掃除，雖日言變法，終涉皮毛而不能得其實際也。凡行事有一定之次序，非豫爲布置，握要以圖，雖日詔諸臣，力改積習，終有所扞格而不能行也。此其故廷臣豈不知之，而不肯爲我皇上言之者，其實則有漠視朝廷之心，以爲舊法終不能廢新政終不能行，任我皇上一人憂勞於上，久將必倦，倦則舊法復，新政廢，而彼乃快償其願也。彼亦豈不知外患內憂相逼而至，而年已老耄，轉瞬凋零，但求敷衍數年，生不復見。即不幸猶存，而若輩赧顔，何所不可。惟我皇上春秋正富，來日方長，設有意外，何堪設想。微臣日夕憂懼，罔知所措。謹就管見所及，冒死上陳，敬備聖明採擇，以爲救亡拯急之助。

再近來臣工條奏凡有交議，廷臣多不能仰體聖意切實議行，或詭稱已辦，或極稱不便。無非欲暗行駁斥，即有一二議准，亦復支吾影射，貌合神離，迴失原奏本意。蓋諸臣賢愚不一，新舊殊途，各懷一兩不相下之心，而又不能獨行其是，故成此不痛不癢之公事，此近來變法之實在情形也。

臣所條奏係爲變法正本清源起見，如蒙皇上採納，可否仰求宸衷獨斷，勿交廷臣核議，以免阻格之處，出自聖裁。除將微臣管見逐款開呈外，謹繕摺密陳，伏乞皇上聖鑒訓示。謹奏。謹將微臣管見總綱五條、細目四十條，逐款開列恭呈御覽。

一曰設議政局以總變法之事。泰西各國行政與議政判爲兩事，意至良法至美也。中國則不然，以行政之人操議政之權，今日我議之，明日即我行之，豈能不豫留地步以爲自便之計，故政爲彼之所慣行者必不廢，廢則無以抑新進之輩矣。政爲彼之所未行者必不興，興則顯形其前事之非矣。我皇上欲去一舊法，則多方阻撓，欲舉一新政，則故意延宕，未始不由於此。且變法之事亦非可易爲也。必將徹究其終始，融貫其往來，斟酌其後先，權衡其緩急，而後能施之無弊，行之有功。不見夫良醫之治疾，大匠之築室乎，審脈察情而後定藥焉，繪圖布算而後施工焉，故病無不治而室無不成。今我皇上日日變法，而相與審脈察情者誰乎？繪圖布算者誰乎？夫一事之行，其起點甚微及其究竟交相引攝者，正不知幾千萬緒，稍一不慎敗覆隨之矣。我皇上自四月二十三日明定國是以來，百廢具舉，事固無不當行者，而行之有效與否，亦恐未必確有把握。然則如之何而後可，曰必於事之未來，預爲之計算，必於所行之事，統籌其全局。然欲以此責之樞部諸臣，而諸臣年躋耄耋，精力衰頽，且各有官守，兼差無算，往來奔走，簿書勞形，豈復能耽精研思，從容討論。且其中多有不願奉行新政之人，面從心違，於事何濟。我皇上真欲變法，不先設一議政局，以握其綱領不可也。請言設局之事。

一，此局宜仿懋勤殿南書房之例，設內廷。

一，以年富力強通達時務奮發有爲者，充局員。統請特旨簡派。

一，局事至繁，約以二十人爲額，如不足請旨添派。

一，在局諸員，每日輪流以數人一班，隨軍機大臣之後，聽候召見。

一，請皇上於萬幾之暇，隨時臨幸局中，考核各員所辦之事。

一，遇有要事，諭知在局各員全數齊集，屆日請皇上駕幸局中，聽諸臣詳細核議。

一，臣工條陳時事，及各衙門請旨之件，概行交局核議，准駁各隨所見，議上請旨施行。至士民條陳，以後必多，亦可先交該局閲看。

一，凡今日所應改應增之事，責令各員先期擬定辦法及詳細章程，隨時進呈御覽，恭候欽定。

一，現在已行新政，如學堂報館輪船鐵路郵政電報礦務工廠銀行，商會均不過大略章程，並未垂爲國憲，故辦法多不畫一。宜令在局各員，詳考西國制度，參酌現在情形，擬具則例，呈請欽定頒行。

一曰融滿漢之見。國初定制，滿漢殊途，設官分職，有專用旗員者，有旗漢勿論者，有旗漢並列者。當日因時制宜，意至深遠，沿至今日，流弊轉盛。事關旗制，漢則曰不便措詞，事屬漢股，旗則曰可勿過問，此今日之常談也。亦有貌爲和衷者，實則依回遷就，敷衍了事，而形格勢禁，終有此疆彼界之嫌，此弊之見於上者也。其見於下者，駐防省分，旗漢互爭，該管官各有袒護，於是積不相能，乖氣致戾，夫非閭閻之隱患乎。不獨此也。害更有獨中於滿人者。滿人入仕較漢爲早，且有未及歲已充兵者，故就學期短，而文學之事遂遜於漢人一也。塞外苦寒荒瘠之區，官司守戍，多滿人任之，而漢人不與二也。滿人擅自離旗有禁，出外經商又有禁，故生計較漢人爲絀三也。此其故實由於滿漢之分，夫萬物之公理，可分者，未必不可合。何以知滿漢之可合也？咸同之際粵捻各匪蹂躪海內，其時我皇太后垂簾聽政，知人善任，削平大難，蔚成中興之治。當時論功行賞，實惟漢人爲多。聖人在上，天下一家，中國一人，固無有滿漢之見矣。則皇上於此，稟承慈訓，合滿漢而一之，抑又何難。方今海外各國，莫不聯盟合羣以攻我，而我於滿漢之間轉不能融洽一氣，化盡町畦。抑何不善自爲謀也。我朝定鼎二百餘年矣，祖宗德澤，淪浹海宇，皇上憂國勤民，天下共見。凡內地各省，食毛踐土之輩，感戴皇仁之不暇，豈忍自外生成。即旗民雜居內地，亦久與漢人情形相習，果一旦特頒明詔，合而同之，當必能仰體聖懷，胥忘形迹。然使僅發一詔旨，切責滿漢諸臣不宜各分畛域，而不變通成法，以實力行之，則此弊亦終不能除。臣知此爲我國家受病最深之處，而又痛在廷諸臣祇知忌諱，罔顧大局，莫肯一言痛憤，既久不能復隱，謹昧死直陳，並擬定辦法如左，伏候宸斷。

一，內地之滿蒙各旗，統宜編入民籍，歸地方官管轄，惟宗室爲天潢貴胄，不宜與凡民並列。請悉仍舊制。

一，上節云云，一時如不能辦到，則莫若令旗漢互通婚姻，並弛出外商賈之禁，任旗民自謀衣食。有願留居他處者，准呈明所在地方官編入民籍。

一，各衙門堂官，有滿漢並列者，統宜裁減，祇留一人，滿而賢能，去漢留滿，漢而賢能，去滿留漢。

一，旗民生計艱難，就令編入民籍，現在所有錢糧，亦宜悉仍其舊，勿稍裁減。惟缺出不補。

一，京師及駐防省分，宜速設勸工學堂，專教旗民之失業者。

一，內外蒙古及新疆青海等處，一切制度，現時均勿更動，俟內地辦有端緒，再議舉行。

一曰通上下之情，請言一身肢體運動，全恃血脈之流通貫注，一有窒滯，未有不病者也。再言一家主人，足不出戶，僅責僮僕理治外事，未有不因緣爲奸者也。國何獨不然，泰西各國君，常巡行於外，得以周知各事，故臣不敢欺其君，又常與民相見，故民親其上，今我獨反其道而行之，皇上勵精圖治，力行新法，其日日相與討論者，不過三五老臣而已。至於小臣，不能常常見也。除在京各衙門司員外，外官及士民言事，仍須由本管督撫都察院代奏，其有不奏皇上，烏從而知之也。乘輿無事不出，出則除道警蹕，驅逐行人，不使下民得瞻雲日，且亦不許自陳其疾苦也。舊制之蕩然無存者多矣。而諸臣於此，獨競競奉行，而不少失者，豈真有尊崇帝制之心哉。不過欲束縛我皇上之手足，蔽塞我皇上之聰明，以自便其罔上營私之計耳。今歲廣東大疫死者十萬人，東南各省每石米幾值銀十元，此亦可謂非常之變矣。皇上其知之乎？臣竊料各省督撫未必爲我皇上告也。臣誠痛我皇上之束溥〔縛〕弊塞，而不能驟脫此牢籠，然以我皇上之英武，又何難盡破此錮習。伏讀本月十四日上諭，內外諸臣不准藉口體制攸關，多方阻格，此誠變法扼要之論。十六日又諭各衙門堂官，凡司員條陳事件，原封呈進，毋庸拆看。此亦近來變法最爲有力之處，皇上果能推廣此意，以求上下之情，臣可決於一年之內，全國之事，朝廷瞭如指掌矣。謹舉其辦法如左：

一，京師各衙門，暨新設之各學堂，辦理新政各局所，請皇上隨時臨幸，親加考察。將來風氣大開，規模畢備，並請巡幸各省，遊歷外洋。

一，改早朝爲午朝，今諸臣秉燭入直，倉皇視事，神氣不清，豈能振作，且起居失宜，亦非保護聖明之道。説者曰，夜半視朝，爲本朝家法，用意至善，豈可輕改。不知法久則敝生，現在皇上每日召見大臣，皆係辦昨日之事，而非辦本日之事，是欲速而反遲，欲勤而反怠也。則何如改爲午朝，猶可辦本日午前之事乎。

一，朝時既改，並請准遞重要事件，隨時請旨進見。

一，臣工入覲，莫不有拜跪之文，少壯者猶可，耆年高秩，屈膝數時，豈復能從容論道，裨益聖聽。且臣子忠愛之忱，斷不在此區區末節。除大典禮外，尋常覲見，應請立而不跪，親重老臣，則錫之坐位，以示優禮。

一，請許士民言事，均得逕達御前。

一，各省州縣官，每年每省，酌調若干人來京召見，既可察其才能，亦藉以知民間疾苦。

一，請飭下總理衙門，將中國所有新報各備一分，統以原本逐日進呈御覽，不准擇要選録，以杜壅蔽之漸。

一曰定用人之格，今之策時事者，動曰人才缺乏，臣則以爲人才自在不善用之，故有才如無才耳。今之官吏上焉者不過循分供職，餘皆殃民蠹國之徒耳。我皇上痛加裁撤，誠大快事，然新政待人而理，既裁之後，尤當籌善用之法，謹擬定辦法如左：

一，現在宜多裁舊衙門，增設新政衙門，有軍機處，何必有內閣，有大學堂何必有國子監，皆重沓無謂。翰林院人員最衆，所辦事件，與國計民生毫無關係，大常寺專司祀典，亦可併入禮部，或恐此項人員廢棄可惜，則拔其才可用者，入新政衙門當差；

一，舊存暨新設各衙門，所有官制，應請飭下議政局，重加釐定，請旨施行。

一，以數人共一事，意見不同，必至無一人辦事而後止。故各衙門祇設堂官一人，爲之副者一人，受堂官節制，屬員亦均由堂官辟薦，請旨擢用，或謂如此必攬權舞弊，不知任用與覺察權，皆在我皇上，且有百官以爲皇上之耳目，又孰能攬權舞弊哉。各省督撫，皆以一人辦全省之事，何不疑之，而猶疑於爲堂官者乎。

一，以一人兼數事，精力有限，必至無一事能辦而後止，故人必專司一事，不得兼他項差使。

一，命官之始，量材授職，既習其事即宜與此事相終始，可以遞陞，不可遷調。今日兵刑，明日錢穀，於事固無裨也；

一，官方之壞，大都由於賞多罰少，現既裁官，所有前者保獎章程統宜停止，另行核定。各官之不能奉行新政妄肆阻撓者，尤應治以違旨之罪。

一，增禄俸。量其職之大小，事之繁簡，分別酌定，務必逾於其所需之數。

一，停捐納。捐納之弊，不待煩言。今果大加整頓，清釐出入款目，何在不可得此二百萬金。且既經裁官裁差，捐數亦必大絀。西人多誚中國鬻賣官爵，皇上欲圖自強，必不使外人輕侮而後可，則特頒明詔，永遠停捐，最爲要著矣。

一，廢科舉。今之裁官爲其人冗糜帑也。若科舉不停，三年之後文武又增數百人矣。何必多此一番裁撤哉。或謂科舉廢則賢才無由表見，不知已奉旨設立學堂，明明有進身之路，此本疊牀架屋之事也。故裁冗員，不能不廢常科。

一，京外大小各官，均令陳明，願行新政與否，不必曲從。其不願者，以原品致仕，三品以上廕一子入大學堂肄業，俾得及時自效。其夙著勤勞者，並賞食全俸。

一，除致仕者外，願行新政之人，仍必不少，京官各堂官，外官三品以上，特旨録用。此外京官由本署堂官，外官由本省督撫，切實甄別，足額爲止。餘令回籍，聽候咨調。

一，外省各官，除藩臬以上，可勿拘外。餘均宜用本省人爲之，熟諳風土，可免胥吏之欺朦，敬恭桑梓，更有親朋之責備，勝於用外省人多矣。然不改抑官權，删降體制，亦難有效。

一，今之牧令，職分太卑，重重束縛，徒有親民之責，毫無行政之權。宜升其階秩，並照京員言事之例，條陳事件，由督撫原封呈遞。再裁去道府等官，以省壓制，職事較繁者，並添設佐貳，以爲之輔。

一，調署州縣最爲惡習，豈真爲地擇人哉，亦不過調劑屬員耳。署事之人，亦知不能久於其任，但求敷衍一年，飽其囊橐而去足矣。吏治如此，安有起色。宜別定章程，凡州縣各官賢者，但能晉秩不許離任，不肖者，即予黜革，不得降調。

一曰善理財之策，中國自乙未償款以後，計臣日日言理財，凡商務銀行鐵路礦務等事，莫不一一舉行，迄今三年仰屋興嗟，依然故我，由於未能徹底清釐也。以中國幅員之廣，民物之衆，决無患貧之理。然徒事搜括，徒事裁減，亦决非致富之方。總之以今之人理今之財，自私自利之不違，豈能於公家有所裨益。茲事體大，非深知其底藴，不敢臆度。謹略擬辦法如左，然必須先行以上四條，方能措手，否亦徒託空言矣。

一，請簡派數員，將戸部及各省之出入款項數目，徹底清查。然後通盤籌算，詳議辦法。

一，請飭下戸部，速將歲出歲入款目。自前十年爲始，切實稽覈，詳細開列，撰爲表譜，頒示民間。

一，整圜法，中國所用銀銅，而以銅錢最盛行，然當十錢，離京數十里即不用。銀則粵閩皖鄂有鑄錢行用，北洋亦鑄之京師即不通行。聞今年春間，廣東解交戸部銀圓三十萬，迄今尚未議定頒用之法。比其阻滯之故，由於收發官款，多以銀兩爲準，何以喜用銀兩，爲其有平餘，有成色，司其事者，可以從中漁利也。於是奸商操其奇贏，而國家之權盡失矣。今宜盡廢銀塊不用，設鑄幣局於京師，專鑄金銀錢，參用西制，酌定分兩成色。並兑換行用之法，頒之全國，定期施行。庶幾圜法整齊，而銀行可設，錢票可行，商務大興矣。此事爲國家命脈所繫，不可目爲瑣屑而忽之也。

一，重商權，今日爲商戰世界，中國向有貴農賤商之説，故無商學，無商學故無不敗。今知重商矣。又好爲官督商辦之説，不知官也者，昔日日以朘商爲事者也。故富人無肯出鉅資以辦商務者。今京師既設工農商總局，宜責其掃除官氣，實力保護，不得稍有抑制，無論商民有事，許逕稟總局，總局辦理不善，許援士民言事之例，直達御前。商律亦關緊要，宜速行議定，俾資遵守，如此而商務不旺者，未之有也。

雜録

（清）郭嵩燾《郭侍郎奏疏》卷一二《因法事條陳時政疏》 嵩燾論洋務數犯天下之不韙，侃侃言之，一無顧忌，非獨自信，能通知洋情而已。其自南來以前，上推至北宋，又上推至漢唐，又上推至三代，源流本末，利病得失，皆頗窺見一二。下視明以來議論不顧國勢之强弱，不論事理之順逆，襲取南宋諸君子之唾餘，侈口言戰，自詡忠憤，若蚊蚋之紛擾，於吾前不足一與校論。惟見之明，是以能言之無忌也。

《京師大學堂檔案選編・著明定國是變法維新諭旨光緒二十四年四月二十三日》 數年以來，中外臣工講求時務，多主變法自强。邇者詔書數下，如開特科，裁冗兵，改武科制度，立大小學堂，皆經再三審定，籌之至熟，甫議施行。惟是風氣尚未大開，論説莫衷一是，或託於老成憂國，以為舊章必應墨守，新法必當擯除，衆喙嘵嘵，空言無補。試問今日時局如此，國勢如此，若仍以不練之兵，有限之餉，士無實學，工無良師，强弱相形，貧富懸絶，豈真能制梃以撻堅甲利兵乎？朕惟國是不定，則號令不行，極其流弊必至，門户紛爭，互相水火，徒蹈宋明積習，於時政毫無裨益。即以中國大經大法而論，五帝三王不相沿襲，譬之冬裘夏葛，勢不兩存用，特明白宣示：嗣後中外大小諸臣，自王公以及士庶，各宜努力向上，發憤為雄。以聖賢義理之學，植其根本，又須博采西學之切，於時務者實力講求，以救空疏迂謬之弊，專心致志，精益求精，毋徒襲其皮毛，毋競騰其口説。總期化無用為有用，以成通經濟變之才。

《京師大學堂檔案選編・京師大學堂章程光緒二十八年七月十二日》 第一節　京師大學堂之設，所以激發忠愛開通智慧，振興實業，謹遵此次諭旨，端正趨向，造就通才。為全學之綱領。

第二節　中國聖經垂訓，以倫常道德為先。外國學堂於知育體育之外，尤重德育。中外立教，本有相同之理，今無論京外大小學堂，於修身倫理一門，視他學科更宜注意。為培植人材之始基。

第三節　歐美日本所以立國，國各不同。中國政教風俗亦自有所以立國之本。所有學堂人等自教習、總辦、提調、學生諸人，有明倡異説，干犯國憲，及與名教綱常顯相違背者，查有實據，輕則斥退，重則究辦。

第四節　京師大學堂主持教育宜合通國之精神脈絡，而統籌之。

《商部開辦章程・奏摺光緒二十九年八月初六日》 立法尤宜防弊，任事要在得人。現當創役之初，必須明定章程，妥籌良法，然後可期經久。臣等詳加核議，綜其要旨，約有數端。一曰通下情。中國風氣未開，官商每多隔膜。馴至牽制抑勒，百弊叢生。今欲俾隔者，而使之通合渙者，而使之聚成效，實非易。睹則各項公司及商律，商報館不可不設也。一曰定官制。我朝設官分職，具有成規。近來若外務部分司設缺，升轉不出一途，立法盡善，亟宜仿行。至於商情所在，若不予以爵秩之榮，誠恐商人中之志切忠誠欲圖效用者，仍復裹足不前。是宜於慎重之中，稍寓變通之義，則各司官之與商董不得不分途並用也。一曰立課程。六部衙門積弊，在一切檔案，稿件皆歸吏胥經理，遂得上下其手。今臣部必使司官親手辦事，一人可抵數人之用。倘有商人赴署求見，不得有絲毫之阻隔。推之收發檔、批示、稟牘，亦不容有斯須之逗留。斯課程宜厘訂也。一曰嚴賞罰。商務爲得源所在，弊竇易乘，欲使各司官等砥礪廉隅，專心壹志，非厚給廉俸不足以激勵清流。然獎勸之餘，尤須用法，使知儆畏。庶人人爭自濯磨，盡祛招搖牟利之弊。斯賞罰宜嚴明也。總之，當此振興庶務之時，務使中外商人咸曉然于國家設立商部之本意，要在保護、開通，決不與商民爭利。

《奏定商會簡明章程・奏摺光緒二十九年十一月初二十四日》 竊維泰西向重商學，列爲專門。其爲商人者，皆以經營貿易之圖，視同身心性命之事，用能任重致遠，凌駕五洲。日本地處亞東，風氣早辟，雖其物産之盛不逮中國遠甚，而商業蒸蒸日上，亦頗足與歐美抗衡。縱覽東西諸國，交通互市，殆莫不以商戰角勝，馴至富強。而揆厥由來，實皆得力於商會。商會者，所以通商情，保商利，有聯絡而無傾軋，有信義而無詐虞。各國之能孜孜講求者，其商務之興，如操左券。

中國歷來商務素未講求，不特官與商隔閡，即商與商亦不相聞問。不特彼業與此業隔閡，即同業之商亦不相聞問。計近數十年間，開闢商埠至三十餘處，各國群趨爭利，而華商勢涣力微，相形見絀，坐使利權旁落，浸成絶漏巵故。論商務於今日，實與海禁未弛以前情事迥異。

臣等忝膺恩命及思振興商政，上慰宸廑，現在體察情形，力除隔閡，必先使各商有整齊畫一之規，而後臣部可以盡保護維持之力，則今日當務之急，非設立商會不爲功夫。商會之要義約有二端，一曰剔除内弊，一曰考察外情。中國商人積習識見狹小，心志不齊，各懷其私，罔顧大局，即如絲茶兩項爲出口貨之大宗，往往以散商急思出脱，跌盤争售，而一二殷實鉅商亦爲牽累。其他貨物之作，爲攙雜卒至虧本者，難以枚舉。有商會，則及宜聲明罰例儆戒，將來此則易除内弊之説也。

中國地大物博，百貨殷闐。特以制造未精，販運不廣，利歸外溢，及待挽回，即如玻璃、紙張、洋蠟、肥皂之類，凡洋貨之適於民用者，皆華商力能仿造之貨。如果辦理得法，逐漸擴充，不徒自造自用，並可詳探各國市情，以廣銷路。有商會則必應議設公司，藉圖抵制。此則考察外情之説也。

《獎勵華商公司章程·奏摺光緒三十三年八月十三日**》** 五洲列國其國本之強弱，大抵視實業之盛衰，以爲衡朝廷注念商途，特飭訂定獎章，所以激勸而倡提之者無微不至，惟是四方殷富，能以萬億資本創興實業者，雖聞風興起未必乏人，而當此商力薄弱之時，大抵以中人之貲，現一時之利，散之若尋常之營業，聚之即莫大之利源。既均爲廛市之編氓，即同在朝廷之涵，覆亟應區分等次，以期沾溉恩榮。臣等公同商酌，擬援照軍功外奬酌給功牌成例，别爲三等，曰七品奬牌，八品奬牌，九品奬牌，以備隨時給發。凡商人出貲營業，自一萬圓以至八萬圓以上，著有實效者，由臣部查核無異，擬即分别酌給此項奬牌頂戴，用昭激勸。

（清）劉坤一《劉坤一遺集·清史本傳》 二十七年，上以欲求振作，當議更張，詔中外大臣，各摅所見。坤一偕湖廣總督張之洞三疏奏請變法：一，育才興學之大端，宜參考古今，會通文武者四：曰設文武學堂，曰酌改文科，曰停罷武試，曰獎勵遊學。一，中法之必應整頓變通者十二：曰崇節儉，曰破常格，曰停納捐，曰課官重禄，曰去書吏，曰考差役，曰恤刑獄，曰改選法，曰籌八旗生計，曰裁屯衛，曰裁緑營，曰簡文法。一，西法之必應兼采並用者十一：曰廣派遊歷，曰練外國操，曰廣軍實，曰修農政，曰勸工藝，曰定鑛律、路律、商律、交涉刑律，曰用銀圓，曰行印花税，曰推行郵政，曰官收洋藥，曰多譯東西各國書。

（清）李鴻章《李文忠公全集·奏稿》卷三《請設外國語言文字學館摺同治二年正月二十二日**》** 京師同文館之設，實爲良法，行之既久，必有正人君子、奇尤異敏之士出乎其中，然後盡得西人之要領，而思所以駕馭之，綏靖邊陲之原本，實在於此。

又：愚擬請仿照同文館之例，於上海添設外國語言文字學館，選近郡年十四歲以下資稟穎悟，根器端静之文童，聘西人教習。兼聘内地品學兼優之舉貢生員，課以經史文藝，學成之後，送本省督撫考驗，作爲該縣附學生，准其應試其候補佐貳佐雜等官。

（清）李鴻章《李文忠公全集·奏稿》卷二八《閩廠學生出洋學習摺光緒二年十一月二十九日**》** 奉旨依議。欽此。欽遵在案。旋因臺灣有事，倥偬未及定議。上年臣等籌議海防摺内，於出洋學習一事斷斷焉不謀同辭。及臣日昌、臣贊誠先後接辦船政，察看前後堂學生内秀傑之士，於西人造駛諸法多能悉心研究，亟應遣令出洋學習，以期精益求精。臣等往返函商，竊謂西洋製造之精，實源本於測算格致之學，奇才疊出，月異日新，即如造船一事，近時輪機鐵脅一變前模，船身愈堅，用煤愈省，而行駛愈速。中國仿造皆其初時舊式，良由師資不廣，見聞不多，官廠藝徒雖已放手自製止能循規蹈矩，不能繼長增高，即使訪詢新式，孜孜效法，數年而後，西人别出新奇，中國又成故步。所謂隨人作計，終後人也。若不前赴西廠觀摩考索，終難探製作之源。至如駕駛之法，近日華員亦能自行管駕，涉歷風濤，惟測量天文沙線，遇風保險等事，仍未得其深際。

又：近自同治十二年籌遣幼童赴美學習之後，上年日意格回國，臣葆楨遣學生數名隨往遊學。本年臣鴻章又遣卞長勝等赴德學習，此次又派李鳳苞等率領學生分赴英法兩國。從此中國端緒漸引，風氣漸開，雖未必人人能成，亦可拔十得五，實於海防自强之基，不無裨益。

（清）劉坤一《劉坤一遺集・書牘》卷一二《復向子振觀察光緒二十四年七月》 交涉一節，蔡道屢日往商，未得要領，無妨再俟機便，力圖轉圜。

伊藤持論切實可行，足見彼國人才外渾内明，非好名高而鮮實濟者。五月分《亞東報》謂：中國之人，聽其議論，忠憤激烈，觀其行事，卑吝汙穢。以此等人而爲變法之倡首，中國之自強猶遠矣等語。係暗指康有爲，正與伊藤所言不約而同。彼時逆跡未彰，已爲外人窺破。至同洲唇齒之説，自非戇言，惟我不能自強，難免不別生變故。來示修武求才，潛消隱患，洵不易之論。惟鄙人耆及智衰，不足語此耳。

（清）劉坤一《劉坤一遺集・書牘》卷一七《復黎召民光緒七年正月二十一日》 承教以開西學館及合股出洋貿易兩事爲言，尚有不能不仰求指導者。如語言、文字，已有都中之同文館及各省之同文館並上海之廣方言館，固不必另開局面矣。尊意所謂開西學館，自不在外洋語言文字之末，以力求實濟爲是。

竊查外洋所學，以律例爲重，次則天文、兵法以及製造、駕駛並礦學、化學、汽學、重學之類。中國學西洋之學，似不以律例爲先，究竟應由何項入手？一也。福建藝學館中是何章程，有無應行變通之處，以及該藝學開辦多年，有無學成人員堪爲教習。又次，閩廠出洋學生，接准丹崖星使咨稱，某精於開採、烹煉，某精於駕駛、戰攻，某精於製造，某精於算計，究竟果否可靠，堪充各西學館教習，不至取材外洋？二也。張振帥奏開西學館，而指明先學製造。然温飏園所辦之局非製造而何？何以不就現在振頓，而必另開一館，是否別有深意？三也。此三者務望詳晰指教。夫事必慎始，乃克善終。弟欲深得其中委曲，而後舉行。至所需之經費，尚不難於籌措。

（清）劉坤一《劉坤一遺集・電信》卷一《寄榮中華中堂光緒二十四年七月二十一日》 自我皇太后訓政，於變法各事，應辦者仍辦，停者即停，措置合宜，天下欣然望治。我皇上恭己以聽，仰見兩宫慈孝相孚，始終無間。我公與禮邸、慶邸從中調護，永保安全，外議紛紜，無可藉口，是皆社稷之福，始得有此轉機。現聞康逆監禁香港獄中，似可將其惡跡宣布各國，照會英使交犯懲辦，伏祈卓裁，並候電覆。

（清）譚嗣同《譚嗣同全集》卷一《試行印花税條説》 西國税法，皆取於坐賈，不取於行商，最合中國之古法。

（清）康有爲《公車上書》 夫治天下者勢也，可靜而不可動，如箭之在栝，如馬之在埒，如决堰陂之水，如運高山之石，稍有發動，不可禁壓。當其無事，相視莫敢發難，當其更變，朽株盡可爲患。昔者辛巳以前，吾屬國無恙也。自日本滅琉球，吾不敢問，於是法取越南，英滅緬甸，朝鮮通商，而暹羅半剪，不過三四年間，而吾屬國盡矣。甲午以前，吾内地無恙也，今東邊及臺灣一割，法窺滇、桂，英窺滇、粤及西藏，俄窺新疆及吉林、黑龍江，必接踵而來，豈肯遲遲以禮讓爲國哉？况數十國之逐逐於後乎？譬大病後，元氣既弱，外邪易侵，變症百作，豈與同治之時，吾國勢猶盛，外夷窺伺情形未洽比哉！且民心既解，散勇無歸，外患内訌，禍在旦夕，而欲苟借和款求安目前，亡無日矣！今乃始基耳。症脈俱見，不待盧扁，此舉人等所爲日夜憂懼，不憚僭越，而謀及大計也。夫言戰者，固結民心，力籌大局，可以圖存；言和者，解散民體，鼓舞夷心，更速其亡。以皇上聖明，反覆講辯，孰利孰害，孰得孰失，必當獨斷聖衷翻然變計者。不揣狂愚，統籌大計：近之爲可戰可和而必不致割地棄民之策，遠之爲可富可强而必無敵國外患之來。伏乞皇上下詔鼓天下之氣，遷都定天下之本，練兵强天下之勢，變法成天下之治而已。

（清）梁啓超《飲冰室合集・專集》卷一《戊戌政變記》 請皇上統籌全局，商定政體。自百司庶政，用人外交，並草具綱領條目。然後涣汗大號乃與施行，本末並舉，首尾無缺，治具畢張，乃收成效。

又：其有不率予之休免，其有造謠興謗，不奉新政者，上用盤庚劓滅之刑，旁採泰西謠謗之律，明罰勅法，刑兹無赦。庶幾浮言可靖，衆志乃一，國是既定，而大勢咸趨。臣所請御，門誓衆者此也。

又：謹按：專制之國家，最惡報館，此不獨中國惟然，而中國尤甚者也。往者各省報館多禁發刊，故各報皆借西人爲護符，而報章亦罕有佳者。乙未和議成後，康有爲、黄遵憲等開强學會，刊《强學報》，旋被封禁。丙申間黄遵憲、梁啓超、汪康年等，乃續開《時務報》於上海，大聲疾呼，讀者頗爲感動，士論一變。至今年六月皇上命取《時務報》呈覽，至是特設官報，派通才督辦，蓋洞知各國民智之開，皆由報館。故於維新之始，首注意於是也。至於各處報章，悉令進呈，並命臚陳利弊，據實昌言，毋有忌諱，雖古聖之縣鞀設鐸，豈能比之哉？雖泰西立憲政治之國，亦不過是也。

又：同日上諭：李端棻奏請刪改則例等語，各衙門咸有例案，勒爲成書，顜若畫一，不特易於遵守，兼可杜吏胥任意准駁之弊，法至善也。乃閲時既久，各衙門例案太煩，堂司各官不能盡記，吏胥因緣爲奸，舞文弄法，無所不至。時或舍例引案，尤多牽混附會，無論或准或駁，皆恃例案爲藏身之固，是非大加刪訂，使之歸於簡易不可。著各部院堂官督飭司員，各將該衙門舊例，細心紬繹，其有語涉兩歧，易滋弊混，或貌似詳細，揆之情理實多窒礙者，概行刪去。另定簡明則例，奏准施行，尤不得藉口無例可援，濫引成案，致啓弊端。如有事屬創辦，不能以成例相繩者，准該衙門隨時據實聲明，請旨辦理。仍按衙門煩簡，立定限期，督飭司員，迅速辦竣具奏，將此通諭知之。欽此。

又：十六日上諭：吏部、戶部奏遵旨刪訂則例，具奏辦理情形各一摺。各衙門例案太煩，業經諭令迅速刪訂。吏部銓選處分二項，頭緒紛紜。戶部收支款項，名自繁多，一切章程，難免歧異。著各該堂官督飭司員悉心刪訂，務極簡明，將核定例章，仿照史表分門別類，列爲一表，俾閲者一目了然，吏胥無從舞文弄法。至此項底本，即著該堂官公同核辦，戶部所請專派堂官一員勘定之處，應毋庸議。欽此。

十七日上諭：昨據吏部、戶部奏刪訂則例辦理情形，當經諭令將核定例章，仿照史表分門别類，列爲一表，使人易曉。因思刪訂則例，各衙門均當照此辦理，以歸畫一，著該堂官等督飭司員息心編輯，毋稍紛歧。欽此。

又：二十七日上諭：國家振興庶政，兼采西法，誠以爲民立政，中西所同。而西人考究較勤，故可以補我所未及。今士大夫昧於域外之觀者，幾若彼中全無條教，不知西國政治之學，千端萬緒，主於爲民開其智慧，裕其身家，其精者乃能美人性質，延人壽命，凡生人應得之利益，務令其推廣無遺。

（清）汪康年《汪穰卿先生遺文・書牘輯存》卷上《上政府説帖》

近來風氣，凡大員遇繁難之事，輒喜延外人爲之。又凡見一外人，輒妄謂其才必無所不能。竟有尋常一工役，一無學問教士，而頓請爲教習或局廠總辦者，糜款廢事，且貽笑外人。宜飭令大員慎於選擇，嚴訂合同，分別權限，其薪水及激勸之法，宜略仿外國體制。其華人中有才與相埒者，待之宜與外人相等，不可使稍遜。如此庶外人受雇者不得驕倨把持，而華人亦有所激勸矣。

（清）汪康年《汪穰卿先生遺文・書牘輯存》卷上《上某疆臣説帖》

廣搜人才。本省人才必苦不足於用，自宜竭力搜羅有用之才，以襄治理。現今人才雖極寡乏，然極意搜求，亦足一二省之用。惟一時徵聘，必致驚疑，法應以漸延致，且勿輕用奏調，以杜羣疑。

清末修律分部

論説

《清末籌備立憲檔案史料》第二編張仁黼《大理院正卿張仁黼奏修訂法律宜妥慎進行不能操之過急片光緒三十三年五月初一日》再，立法之要，規模不可不閎，推行必宜有漸，臣聞日本變法之初，調查編訂閲十五年之久，而後施行。其施行也，先其淺近，徐爲試驗，稍滋弊端，立卽改正，審慎遲迴，逐漸推廣，迄乎今日乃能蔚然成一時強盛之規。我中國調查未久，商榷未精，忽遽施行，齟齬棼糾，其收效尚未可知，而困難甚於疇曩，朝廷明鑒萬里，固已燭照靡遺。夫法律之所宜修訂者，本欲收回治外法權也，然而内審諸己，國勢兵力之富強若何？人民教育之程度若何？内外文武人材之擔任若何？如其尚待培養，則雖法律精允，足與列強同符，而欲治外法權遂能一一收回，不待智者而知其未易言矣。

臣愚以爲今日之修訂法律誠不可緩，峨實行之期則斷不宜急。但使大其規模，寬其歲月，務求精詳允備，釐然胥當於人心，然後擇其易曉易從者，試行一二端，以漸推而廣焉。卽遲之十年二十年，亦不爲晚，否則於民俗習慣未甚愜諧，而貿然頒行，將不惟齟齬紛糾而已，誠恐治外無期，實先無以治內。夫至於無以治內，或遇地方有司奉行不善因之釀患階厲，外人且將藉口干涉，其爲隱患何可勝言，是不得不深慮而熟籌者也。臣爲豫防流弊起見，謹附片具陳，伏乞聖鑒。謹奏。

《清末籌備立憲檔案史料》第二編沈家本《修訂法律大臣沈家本奏修訂法律情形並請歸併法部大理院會同辦理摺光緒三十三年五月十八日》

修訂法律大臣法部右侍郎臣沈家本跪奏，爲瀝陳修訂法律情形，擬請歸併法部、大理院會同辦理，恭摺仰祈聖鑒事。

准法部咨稱：本年五月初一日軍機處交出大理院正卿張仁黼奏，請派部院大臣會訂法律各摺片，奉旨：所有修訂法律，著法部、大理院會同詳覈妥擬具奏。欽此。相應恭録諭旨，連原奏各摺片，録送查照等因。查原奏所稱修訂法律事體重大，擬請欽派部院大臣會訂，而以法部、大理院專司其事，並選通曉中外法律人員充纂修協修各官，將法律館改爲修訂法律院，均屬切要之言。臣前奉恩命，將一切現行律例，按照交涉情形，參酌各國法律，妥爲擬議，計自開館以來，殫竭愚悃，黽勉圖成，而翫歲愒時，程功遲緩，每一循省，時切疚心，謹將歷年辦理情形，爲我皇太后、皇上敬陳之。

參酌各國法律，首重翻譯，而譯書以法律爲最難，語意之緩急輕重，紀述之詳略偏全，抉擇未精，舛訛立見。從前日本譯述西洋各國法律多尚意譯，後因訛誤，改歸直譯，中國名詞未定，迻譯更不易言。臣深虞失實，務令譯員力求信達，先後譯成法蘭西刑法、德意志刑法、俄羅斯刑法、和蘭刑法、意大利刑法、法蘭西印刷律、德國民事訴訟法、日本刑法、日本改正刑法、日本海軍刑法、日本陸軍刑法、日本刑法論、普魯士司法制度、日本裁構成法、日本監獄訪問録、日本新刑法草案、法典論、日本刑法義解、日本監獄法、監獄學、獄事譚、日本刑事訴訟法、日本裁判所編制立法論，共二十六種。又已譯未完者，德意志民法、德意志舊民事訴訟法、比利時刑法論、比利時監獄則、比利時刑法、美國刑法、美國刑事訴訟法、瑞士刑法、芬蘭刑法、刑法之私法觀，共十種。每成一種，臣與原譯之員，逐句逐字，反覆研究，務得其解，而限於財力，未能多聘通才，潤色刪訂之功，猶有所待。此翻譯之宜再講求也。與譯事並重者則爲調查，近年留學外洋人數衆多，輯譯法政各書，層見疊出，雖有可採之處，而或守一家學說，或非現行法制，羼出其間，未可據爲典要。臣上年奏派刑部候補郎中董康等，前赴日本考察法制，以經費未充，僅將裁判、監獄兩項查明歸國，而考察歐美法制，力更未及。此調查之應籌推廣也。

綜翻譯調查之全者，則爲編纂古律，敍次具有義例，名例本刑名法例之約詞，與各國刑法總則無異，北齊律十二章，隱以國政民事分編，與各國刑律目次頗合，臣與館員參考古今，擬準齊律之目，兼採各國律意，析爲總則、分則各編，今館員依類編纂，臣司彙覈，所有總則一編，由臣妥訂後，擬卽繕具清單，恭呈御覽。此外分則各編，初稿已具，必須悉心推勘，方可成書。此編纂之尚待詳覈也。

以上各端，臣就才力所及，夙夜籌畫，不敢習爲敷衍，上負聖明。伏念修律事宜關係至鉅，任其責者，必於古今中外法律本原，心知其意，始能融會羣言，折衷一是。如提挈綱要不得其人，但令尋常定讞之才，與夫法政速成之選，輕率從事，恐枝節而爲，顧此失彼，一知半解，扞格難通。臣學識淺薄，本未能勝此重任，加以近來精力日遜，每與館員討論過久，及削稿稍多，卽覺心思渙散，不能凝聚，深懼審定未當，貽誤匪輕。再四籌思，惟有仰懇天恩，開去臣修訂法律差使，歸併法部、大理院會同辦理，廣集衆思，較有把握。如蒙俞允，臣卽將編譯各稿，飭繕清本，並將動用款項開單奏銷，限三箇月內一併交代，出自逾格鴻慈。

所有瀝陳修訂法律情形，擬請歸併法部、大理院會同辦理各緣由，謹恭摺具陳，伏乞皇太后、皇上聖鑒訓示。謹奏。

《清末籌備立憲檔案史料》第二編戴鴻慈《法部尚書戴鴻慈等奏擬修訂法律辦法摺光緒三十三年六月初九日》

經筵講官法部尚書臣戴鴻慈等謹奏，爲妥擬修訂法律辦法，請旨遵辦，恭摺仰祈聖鑒事。

光緒三十三年五月初一日准軍機處交片，本日大理院正卿張仁黼奏請欽派部院大臣會議法律各摺片，奉旨：所有修訂法律，著法部大理院詳覈妥擬具奏。欽此。初二日又准軍機處交片，本日兩廣總督岑春煊陳請修訂法律以伸法權一節，奉旨：該衙門議奏。欽此。等因。仰見朝廷鄭重法權，恢張治理之至意。查原奏各摺片稱：組織立法機關，明定法律宗旨，講明法律性質，編纂法律成典，以及陳請欽派大臣，並延聘外國法律名家，以備詢問等語。振興法治，實屬當今切要之圖，立憲之預備，此爲最急。臣等再三循繹，謹就原有各節，籌擬辦法，敬爲我皇太后、皇上縷晰陳之。

夫立憲爲國家之利，薄海臣民莫不周知，然必須十年、二十年而後能實行者，則以各法成典未能確定故也。蓋立憲之精意，即以國家統治之權，分配於立法、行政、司法之三機關，並保障國民之公權及私權，而後國家之土地、人民、政事三者於以相維相繫而永固。夫國家機關之組織作用及國民公私之權，非依法律規定之，不能得應用之依據，及保民之實效，而法律之規定，因世界之進步而日增，苟非編纂成文，不能洪纖畢舉，此則編纂法典，乃預備立憲最要之階級也。惟是編纂之事，關係重大，必有主事之政策，行事之機關，議事之方式，又必有先事之預備，臨事之秩序，已事之設施，而後持之以毅力，運之以精心，廣之以衆長。夫如是期之十年或二十年，朝野上下，一志同心，民度日高，國是以定。迨夫法典告成，憲政卓立，國家億萬年有道之長，實基於此。臣等考之東西各國，所以能臻於強盛者，莫不經歷法典編纂時期，而其政策則各有不同。普魯士之編纂普通國法，以守成爲主，置法典改正事務局閱三十一年之久，逮普法戰爭以還，德意志有統一聯邦之心，設立法曹協會，而帝國法律卒竟厥功，其民法一編，乃閱十三年之久而後有成。英吉利於本國不爲法典編纂，而一握印度政權，鋭意發布印度法典，亦閱十有三年。意大利編纂法典，於歐洲爲最著，其調和各國法典而整齊之，使歸於一，蓋閱十有四年。日本變政，百度維新，自明治八年司法大臣江藤新平建議各法同時編纂，於二十年間次第公布。其民法、商法、訴訟法等，或委法人，或委德人，用之起草，而改正則委諸本國人。當時機關，或屬司法省，或屬內閣，大率以高等行政官、高等裁判官、大學法科教習及在野法律家組織之。伏維我朝，自開國以來三百餘年，民心擁戴，皆因立法精詳，故能卜世永久。今我皇太后、皇上天亶聰明，講求新政，以長駕遠馭之資，任啟後承先之重，允宜採取各國之法，編纂大清國法律全典，於守成、統一、更新三主義兼而有之。此臣等所謂主事之政策也。

若夫編纂之事，委諸一二人，固覺精神不能專注，即增加數人，亦未足當此重任。現在司法所需，其闕焉未修者如法院編制法、民法，修而未備者如商法，舊法尚待改正者如刑法，新法未能適於用者如民刑訴訟法。此外如陸海軍治罪法，以及各法之附屬法，實屬體大思精，非特設立法機關，不足以資修訂。應請特開修訂法律館，以示全國法律之所從出，將來無論何種法律，皆須由法律館編纂及提議改正，以期法律之統一。其組織之法，原奏請以法部、大理院專司其事，自係爲便於管理起見。臣等職掌攸關，何敢自寬其責。特事當創始，不厭求詳，所有修訂法律，除由臣等詳慎辦理外，應請欽派王大臣爲總裁，其各部院堂官，應如原奏請旨特派會訂法律大臣。至各督撫、將軍，有推行法律之責，亦應一律請旨特派參訂法律大臣。此下編纂員等，應請設提調、一二三等纂修、總校、分校、內外調查、繙譯、書記、會計各員，容臣等擇尤開單請派，仍以原官選充，酌定津貼，以資鼓勵。此外延聘東西法律名家，比照各學堂外國教習之待遇，按私法契約之類，以一私人資格訂立合同，使之繙譯各國法律條文及有名之判決例，解釋法律正當理由，比較各國法律異同優劣，著之於書，以備採用，不得干預立法之事。此臣等所謂行事之機關也。

方今世界文明日進，法律之發達，已將造乎其極，有趨於世界統一之觀。中國編纂法典最後，以理論言之，不難採取各國最新之法而集其大成，爲世界最完備之法典。然以實際言之，蓋非立法之難，乃立法而能適於用之爲難也。夫立法而無理由，則不適於用，有理由而非正當者，亦不適於用。乃若理由雖屬正當，而猶不能適用者，則有數端：安常守故，見小欲速，此其一，舊法積久弊生，新法弗便於私，此其二，法理精微，莫明解釋，此其三，外國據屬人主義與內國屬地主義相衝突，此其四。故法之實施，每多扞格。大抵編纂法典，必須實施派及延期派之紛議生乎其間，然法律之真理，亦於是乎出。按各國法律皆須經議會之協贊，乃由君主裁可而公布之，然後法律之效力始生。此次編纂法律，應由修訂大臣督同纂修員起草，無論何種法律，凡未經議決者，皆謂之法律草案，草案之後，各附理由書。每草案成，由會訂大臣逐條議之，其各督撫、將軍有參訂之責，亦應隨時特派司道大員來京會議，參照議院法，分議決爲認可及否決兩種，皆從多數爲斷。其否决者，必須聲明正當理由，修訂大臣應令纂修員改正再議，議决後由修訂大臣奏請欽派軍機大臣審定，再行請旨頒布。此臣等所謂議事之方式也。

至若先事之預備，則在調查習慣，臨事之秩序，則在分配職務，已事之設施，則在實行方法，及撤去領事裁判權，改正條約等。要之，此舉關係國家法權，實屬不朽之盛業，非網羅人才，不能贊襄其事。臣等非敢稍涉張皇，然編纂法典，爲各國之所注視，欲求公認，自不宜草率從事。此臣等所擬辦法之大略也。

以上各節，如蒙俞允，合無仰懇天恩明降諭旨，分飭臣等遵照辦理，以後開辦事宜，容臣等陸續具奏。

所有議覆緣由，是否有當，謹繕摺會陳，伏乞皇太后、皇上聖鑒訓示。

再，原奏大臣張仁黼因係遵旨詳覈，是以仍應會銜，合併聲明。謹奏。

《清末籌備立憲檔案史料》第二編陳夔龍《湖廣總督陳夔龍覆奏新訂刑律與政教難符應詳加修改摺宣統元年二月初十日》 湖廣總督臣陳夔龍跪奏，爲刑律草案，詳加參考，分條籤註，開單恭摺具陳，仰祈聖鑒事。

竊於宣統元年正月二十六日電傳欽奉上諭：臣遵查此案，前准憲政編查館，先後咨送刑律總則，分則各草案，均經前督臣趙爾巽行司飭屬一體參考，妥加籤註。臣到任後，又經照案行催在案。伏查新訂刑律草案，原爲憲政始基，自應從速核辦，未便稍事延緩。隨又督飭臬司反復推求，以資考訂。

竊惟律設大法，制貴因時，方今列強環伺，每以中外刑律互異，奪我主權，亟應與時變通，以爲收回治外法權之計。綜覈新訂草案，詳稽博考，類晰條分，大要在改異從同，刪繁就簡，其強盜搶奪發塚等項，一時驟難輕減者，原奏亦擬別輯暫行章程，以存其舊，參訂本已詳盡。惟是中外風俗不無異宜，人民程度亦多差等，似有不得不就政教民情再加討論者。如刪除比附以杜意爲重輕，而情僞萬殊，條目不足以賅事變，且審判人才缺乏，如憑審判官就各刑上下之限，臨時審定，恐程度不及，亦不免援引失當，出入人罪。他如刑事丁年斷自十六歲以上，礙難施諸強迫教育未行以前。徒罪囚人雖得許假出獄，亦應按其所犯重輕酌示限制。五倫首重君親，設有殺傷，不得以過失而寬減。叛逆大干法紀，若係首要，應處以唯一之死刑。至強姦不科死罪，親屬相姦未著專條，亦無以維名教之大防。其餘如反獄、刦囚、詐僞等項，亦多從輕減，恐不免水濡民玩之虞，似應與強盜搶奪發塚諸條同輯暫行章程，以懲兇暴而保治安。並聲明此項章程專爲治本國痞匪淫兇而設，不在總則第一章範圍之內，以免改正條約時爲外人所藉口。俟人民程度進步，再行一體改從新律，庶於斟酌輕重之中，仍寓權衡緩急之意。蓋此次改訂憲章，固應博采東西各國律法，詳加參酌，而仍求合於國家政教大綱，乃可收變法而不廢法之效。據湖北按察使楊文鼎詳請具奏前來。

臣覆核無異，除咨法部暨憲政編查館查照外，理合分條籤註，彙繕清單，恭摺具陳，伏祈皇上聖鑒謹奏。

硃批：著修訂法律大臣、法部彙同京外各衙門條奏，詳慎斟酌，另訂具奏。

《清末籌備立憲檔案史料》第二編寶棻《山西巡撫寶棻奏刑律草案籤註呈覽並陳名教綱常宜特立防閑摺宣統元年閏二月二十日》 山西巡撫奴才寶棻跪奏，爲參考刑律草案，照章籤註開單，恭摺仰祈聖鑒事。

竊於宣統元年正月二十六日電傳欽奉上諭：戴鴻慈等奏，請飭催京外各衙門籤註新訂刑律草案一摺，著京外各衙門照章籤註，分別咨送，以憑核訂而昭畫一等因。欽此。奴才查此案前承准憲政編查館王大臣先後咨送刑律總則，分則草案，行令討論，參考籤註，咨覆彙核等因。當經轉行臬司志森遵照辦理，茲據該臬司分條籤註，詳請覆核奏咨前來。

竊維律設大法，其輕重繁簡，均視時代爲轉移，現當變法圖強，籌備立憲，自不得不取各國大同之規，詳加修訂，以期變通宜民。今按刑律草案，採東西之成法，詳古今之沿革，發明註意，詮述理由，要在改異而從同，刪繁以就簡，纂訂實具苦心。其所定條文，有應酌改及增補之處，謹就該臬司所參考，詳加覆核，分條籤註，以備採擇。惟是中外習尚，各有不同，名教綱常，爲我數千年來相傳之國粹，古先帝王之制治，聖人賢人之垂訓，莫不以是爲先，必宜特立防閑，兢兢保守。伏讀本年正月二十七日諭旨：中國素重綱常，凡我舊律義關倫常諸條，不可率行變革等因。

欽此。天語煌煌，允足昭示萬世，欽服莫名。今分則草案，以關於帝室之罪首列簡端，立義洵爲正大。但尊君親上，名教之大防，苟有危害殺傷，不得因過失而輒予寬減，叛逆不道，國法所不容，但係首魁要犯，均應盡法嚴懲。至騷擾地方，暴行脅迫，以及姦盜各項，亦宜從重治罪，以資儆儆。又總則著明律無正條，不得爲罪，蓋欲删除比附，以免意爲輕重。然條目不足以盡事變，適足開奸人趨避之門。其罪名等差，又設爲某刑至某刑數等，上下懸殊，悉聽裁判者之自爲審定。方今裁判人材缺乏，於法律素未諳習，竊恐任意高下，處斷難平。

以上數端，皆關係重要，不復逐一籤註，而特揭其大旨，可否酌量修訂，擇其重要各條，别輯暫行章程，照舊辦理。而用刑上下之等，亦應於各條下詳著其所由，俾裁判者有所依據，免致罪名出入之差。大抵刑罰與教育互爲消長，各國法典成立，皆在教育大興之後，人格均已養成，故刑讞多用輕典。中國人民，向來懾於法令，一旦禁網疎闊，則犯上作亂，公然冒天下之不韙，罔知顧忌，故不得不酌立制防，以冀扶翼綱常，禁抑強暴。此後教育普及，人民程度日有進步，又須監獄改良，巡警完備，有以化凶頑而保治安，然後新訂刑律，可以一律頒行。此中遲速之序，推行有漸，固非一蹴可幾者也。

所有刑律草案照章籤註緣由，除咨修訂法律大臣彙核，並分咨查照外，理合恭摺具陳，並繕清單，恭呈御覽，伏乞皇上聖鑒訓示。謹奏。

硃批：修訂法律大臣、法部彙議具奏，單併發。（單從略）

（清）勞乃宣《新刑律修正案彙録序》　先朝立憲，明詔所謂兼採列邦之良規，無違中國之禮教。今上修律諭旨，所謂凡我舊律義關倫常諸條，不可率行變革，庶以維天理民彝於不敝，胥是道也。新刑律之編肇始於壬寅四月之旨，丁未八月十一月，總則、分則草案告成，由憲政編查館分咨京外討論、參考，陸續籤復。戊申五月復奉旨交法律大臣會同法部修改删併。己酉十二月，修正草案告成。復由法律大臣會同法部奏呈奉旨交憲政編查館核復。乃宣從事館中，得而讀之，見其於主張國民主義之中，寓有維持家族主義之意，尚非專主破壞者，惟四百餘條中，有數條於父子之倫長幼之序、男女之别，頗有所妨，未能允當於人心。乃於館中具説帖，修正見採一二，未克全從。庚戌十月，憲政編查館核訂告竣，奏交資政院歸入議案議決。乃宣忝爲議員，又本愚見所及，倡議提出修正案贊成之員一百五人會議之際，否決一條，可決一條，餘者未暇議及而已閉會照章應留待來年開會再議，彼時之效果何如，今尚未可知也。前者政府特派員楊君於議場説明主旨時，以破除家族主義，成就國民主義，立言甚至謂家之孝子慈父，即非國之忠臣。聞者頗議其非，因而疑及新刑律亦以破壞家族爲宗旨，實則新刑律中保存家法之處甚多，特尚未能盡善耳，不致如楊君所言之甚也。乃宣之具説帖於憲館也。沈大臣有酌擬辦法之作，乃宣復就管見以聲明之。於是陳閣學有平議，有説赫教習，有問答、有論楊君之言出。而林氏、江氏相繼有作金匱，楊氏復以陳請呈文進，並作請修改説以申之。諸家之論，義藴閎深，中西兼採，精到之處，各擅其長。皆足以闡我所欲言，補我所未至，爲刑律之諍友，禮教之功臣。吾友張君彦雲曾與乃宣先後付印，以廣流傳，藉資鼓吹修正案，贊成之衆未始，非得其力。今以閉會期迫，全案未獲一律成立，來年開會，正賴同志者衆，方足收得道多助之益。爰以歷次鄙説，及諸家之言，彙録付印，以公諸世。庶幾好禮之儒，明法之士傳播而發明之，俾公是公非大白於天下，則我國數千年禮教綱常之幸也。編輯既竟舉法律、政體、禮教、風俗、生計，本末同異，相因相倚之理，弁諸其首，而述其緣起。如此惟海内君子有以教之。

（清）勞乃宣《新刑律修正案彙録·修正刑律草案説貼》　溯查宣統元年正月二十七日奉上諭：前據修訂法律大臣奏呈刑律草案，當經憲政編查館分咨内外各衙門討論參考，以期至當。嗣據學部及直隸、兩廣、安徽各督撫先後奏請，將中國舊律與新律詳慎互校，再行妥訂，以維倫紀而保治安。復經諭令修訂法律大臣會同法部詳慎斟酌，修改删併，奏明辦理上年所頒立憲籌備事宜。新刑律限本年核定，來年頒布。事關憲政，不容稍事緩圖。著修訂法律大臣會同法部迅遵前旨修改删併，尅日進呈，以期不誤核定頒布之限。惟是刑法之源本乎禮教，中外各國禮教不同，故刑法亦因之而異。中國素重綱常，故於干犯名義之條，立法特爲嚴重。良以三綱五品闡自唐虞，聖帝明王兢兢保守，實爲數千年相傳之國粹，立國之大本。今寰海大通，國際每多交涉，固不宜墨守故常，致失通變宜民之意。但祇可採彼所長，益我所短，凡我舊律義關倫常諸條，不可率行變革，庶以維天理民彝於不敝。該大臣等務本此意以爲修改宗旨，是爲至要等因。欽此。

是則修正刑律自應遵此宗旨辦理。今查法律大臣會同法部奏進修正刑律草案於義關倫常諸條，並未按照舊律修入正文，但於附則第二條聲稱，中國宗教遵孔，向以綱常禮教爲重。况奉上諭再三告誡，自應恪爲遵守。如《大清律》中十惡、親屬容隱、干名犯義、存留養親以及親屬相姦、相盜、相毆，並發塚、犯姦各條，均有關於倫紀禮教，未便蔑棄。如中國人有犯以上各罪，應仍照舊律辦法，另輯單行法以昭懲創等語。竊維修訂新刑律本爲籌備立憲，統一法權之計。凡中國人及在中國居住之外國人，皆應服從同一法律。是此法律本當以治中國人爲主，特外國人亦在其內，不能異視耳。非專爲外國人設也。今乃按照舊律另輯中國人單行法，是視此新刑律專爲外國人設矣。本末倒置，莫此爲甚。謂宜將舊律中義關倫常諸條，逐一修入新刑律正文之內，方爲不悖。

（清）勞乃宣《新刑律修正案彙録・聲明管見説帖》

《周官》八刑，一曰不孝之刑，俄國刑法亦有呈送忤逆之條。謂違犯教令全是教育之事，無關刑民事件，殆不其然感化院之類，天下千餘州縣，一時何能徧設？若子孫觸忤祖父母、父母，官府無懲治之法，祖若父無呈送之所，實爲大拂民情之事。且律中即有此條，於收回裁判權決無干礙，何也？呈送出於其祖、其父。若外國人不以子孫違犯爲罪，儘可不來呈送。此條存於律中，於彼固毫無妨損也。此條甚有關係，仍應照增，萬不可删。

（清）勞乃宣《新刑律修正案彙録・陳閣學新刑律無夫姦罪説》

新刑律草案於無夫姦罪之宜規定與否，或主禮教，或張法理，互相非難，未有定説。竊謂法律之範圍，固不能與禮教同論，而法律之適用，不能不以事實爲衡斟酌。夫國情民俗，而因革損益於其間，有時舍理論而就事實，亦立法之公例也。則試就此罪規定之有無，而論其事實之利害如左：

主無夫姦罪不必規定之説者，謂此事非法律所能爲力，不關規定之有無。然而按之今日中國則殊不爾。中國於無夫姦之爲罪深入人心，雖非純藉法律之力，而究因律有明文，鄉曲細民益知茲事之不可犯，是於道德之外，多一法律以爲後盾，未始非無形之補助也。夫使中國舊律所本無，則人情相與淡忘，誠亦無所關係。以數千年固有之律法，一旦革除之，謹飭之士不知律意所在，或且疑爲誨淫；無知之氓莫明法理之原，遂直視爲弛禁。甚謂國家崇尚新法，貞節不重，佻達無傷，一歧百誤，隄決流倒，有非首議之人所能預料者。蓋社會之情形，率原於歷史之沿襲，不藉其歷史以爲引導，遽以新理想行之，必與其社會不相副。與社會不相副之法律，無益有害。故無夫姦之規定，在中國有之無赫赫之功，無之則滋烈之害者，從來之國情民俗使之然也。顧或謂姦罪之有無，在乎禮教及輿論。去刑律之規定，而責實禮教養成，輿論使人懷恥而不懷刑，其收效有在於刑律外者。觀於法律無罰浮浪之科條，而在乎强制勞働；亦無禁高利貸之效果，而在乎經營經濟，其理均也。獨是禮教、輿論與刑律相爲更迭之際，不能不視其速率之遲速以爲權衡。夫以中國數千年聖經賢傳之漸漬，猶有踰禮越畔陽奉而陰違者。禮教、輿論之爲功緩而難見，如此當此禮教、輿論之力未有加於前時，而先自抉其藩籬，蕩踰偭越之風豈可復遏？竊恐當法律甫革之時，遂無餘地以事禮教之修明，輿論之成立，而一瞬之間，一落千丈，於法律則明縱之，而欲以禮教、輿論逆挽之，不亦難乎？彼浮浪之害，中材所知，重利之爲，無貲不達。固可無事嚴防，徐圖他策。又其强制勞働，補助經濟之法，强行扼要，功到效隨。姦罪既人情易縱，教化又遠，效難期以彼例，此情事殊矣。或謂中國舊律有規定之文，而此事無地蔑，有則反爲比例。豈必因而增加？不知罪名著之於律，即有形格勢禁之益。無論何等之姦，不畏人言，而畏捉獲，即其明證。假於律無文，則雖直系尊親，亦屬無權監察，强者公然無忌，弱者苟且陰行，將何以待之？本律於販賣猥褻之書畫或物品者加以制裁，亦曰能引起姦罪，害風俗耳。此之予人以犯姦之機會，較之何如？凡害個人利益、社會治安者，刑法所禁。姦有夫之婦，以其損害本夫也，而罰之至無夫婦女本人與其親屬不各有名譽之關係乎？不以此爲損害則必先破名節之見而後可。名節不足重，而後損名節爲無傷。則試問億萬人之心理，其果以名節爲無關榮辱重輕乎？况夫門風、家法、親族誼有攸關，中國方行家族制度，害一人名譽即害及一家。即謂中國異日終須脱去家族制度，然亦非三數年内之所能。而新刑律之實行，則在宣統五年。而謂姦無夫婦女者，家族不能過問，試問能利便乎？此猶就個人利益言也，至於因姦而犯他罪，妬爭誘拐，甚而鬭殺，其害社會治安，無夫姦與有夫姦等。而無夫姦律無正條，則犯者尤易，因而致犯他罪者，較有夫姦必多。與其以他罪罰之，何如以罰姦罪防之，猶合於刑期無刑之義也。不然，則社會之紛擾淆亂實害叢生，是去一罪名，而生種種罪名之事實也，豈立法政策所宜出此？或謂按之法理，法律不罰此等非行，與不罰泥飲惰眠等。不知泥飲惰眠自適己事，與犯罪無密切之關係。然而學堂規則犯此未有不加以制裁者，則以其有妨秩序也。國家設法律與學堂定規則，用意有以異乎？或又謂法律不能罰人之爲非行，猶之不能罰人之不爲善舉。慈善事業，美事也，而不爲者法律不能强。犯姦，惡行也，而法律不能禁。不知慈善事業，人所樂爲，無待法律之策其後；姦僻之事，衆所易犯，不能無賴法律之遏其流。況中國舊峻其防，驟事弛張，横決尤甚。則以無夫姦罪與法律不相響應者，理論雖高，按之事實有罅漏矣。今議者之意，若以法律革新，甯同勿異。此條若仍吾國之舊新律，必貽外人之譏。抑聞西人有言，泰西各國法律多同，良由於宗教之無大異。其立法家嘗謂令耶教之精神，與舊來之習慣而爲一，則法律與國教正屬息息相關，非謂拔本塞源，一切爲舍己從人之計。其論泰西所以於無夫姦無規定之故，半因於婚姻年齡制限太過，又其婚姻皆屬自由，如必網密秋荼，勢將人多得罪。乃彼方且權時適變，而爲宜民通俗之謀。吾乃膠柱鼓絃，以蹈削足適屨之病，使其所關非鉅則亦從衆，何傷？顧方今新律猶未頒行時，流言論之間，已有禮教不爲我設之概。則以此等新説，持之有力故也。若于禮教有關之地概從改革，定爲憲章，以國力行之，則亦何所不至？當局者，似不能不爲慎微慮遠之思也。

以上皆就無規定之弊害言之。若其主張法理以相勝者，知必更有二説：一曰强制法無慣習，謂言中國無夫姦之宜規定者，以法律可本慣習也。抑知由慣習而爲法律者，皆屬於任意法（民法），無屬於强制法（刑法）者。夫自來定慣習之標準，或以由於人民之確信，及永續行之者，或以由於主權者，與裁判官之認定，未聞其區别强制法與任意法也。吾國人民於無夫姦之爲非法，確信而慣行之，已非一日矣。舊律定之，地方長官咸據以成讞，亦既爲主權者與裁判官所認定矣。備此條件而更合於公秩良俗，卽可以爲規定。新刑律之根源論者，泥于刑法中，無有慣習者，從慣習之文，遂謂慣習爲任意法（民法）之所。獨不知民法，揭從慣習爲法文，刑法則採取慣習爲法意。民法以一地方之慣習爲慣習，故以明文揭之以杜争。而刑法則以一國之慣習爲慣習，定爲律文，之後凡受治此法律者，無不悉受制裁，固不必以明文著矣。且强制法之或原於慣習，固信而有徵也。英蘭有娶妻之姊妹爲亂倫之律。此律於一九零七年始經議會決議刪除。而法國則凡本夫於家内蓄妾者，其妻犯姦不許告訴，此非二國之特别慣習乎？而何以皆規定之刑法中也。果謂强制法祇有法理，而無慣習，則宜各國刑法之規定，必屬同一，何以又自爲差互乎？若謂此非關於慣習之不同，而由於法理根據之差異，則吾國無夫姦之律，刑法史上固有確不可易之根據在，豈能摧陷而掃除之也？

（清）勞乃宣《新刑律修正案彙録・德儒赫氏中國新刑律論》《書》曰：刑期於無刑，民協於中。至哉言乎！可爲地球上各國之典型矣。推而行之，無餘事矣。余到中國日淺，於中國立法一事，不敢妄生末議。惟余見今日中國自置其本國古先哲王之良法美意於弗顧，而專求之於外國，竊爲惜之。夫學與時新，法隨世易。余非謂外國之不可求也，要在以本國爲主，必於本國有益，而後舍己以從人。以本國國民之道德爲主，必與本國國民之道德不悖，而後可趨時而應變。如勞提學之説帖，陳閣學之平議，俱極精當。余雖多覽法學家書，所見亦不能越乎！其上而仍不能默然者，蓋欲見此心此理，無間於中西也。其問題爲和姦無夫婦女與子孫違犯教令之有無罪名，按勞提學所擬如下：

一，凡和姦，處五等有期徒刑。有夫者，處四等以下有期徒刑。待其尊親屬及本夫之告訴，始論其罪。

二，凡子孫違祖父母、父母教令，及奉養有缺者，處拘役。屢次觸犯者，處一等有期徒刑。皆祖父母、父母親告乃坐。如祖父母、父母代爲求請減少期限或寬免者，聽。

（清）勞乃宣《新刑律修正案彙録・林氏辨明國家主義與家族主義不容兩立説》 近日資政院討論新刑律議案，政府員某君説明新律主旨牽涉國家主義與家族主義，謂各國禮教法律，皆以國家主義爲精神。我國則但知有家族主義，而不知有國家主義，實爲積弱之根本原因。又謂國家與家族主義斷無兩存之理。其意蓋以中國之所以弱，由於人民無國家思想，人民所以無國家思想，由於人人但知有家族，不知有國家。欲强國家，必先改舊有之族制。故斷爲國家主義與家族主義不能兩立。

夫國家主義之宜提倡，是也。而國家主義與家族制度是否不容兩立，實爲本問題最要之點，玆略就鄙見所及，略陳如下：

凡一民族之團結，必有其所以團結之社會基礎。而當其團結力漸涣之際，欲破壞舊社會之基礎易，而成立新社會之基礎難。以我國今日之人心一言，遺棄家族，減輕負累，誰不樂爲？某君勿憂中國家族制度之不亡也。試問既亡之後，果何補於中國？夫欲使一國之中，無復有家族之一級，而以個人直接於國家，則必個人之經濟能力足以自立。若我國今日而遽言破壞家族制度，則多數之老弱，惟有轉死溝壑之一途。舊有社會存立之基礎既已破壞，而新社會所以存立之基礎又未確立，此新舊遞嬗之間，無以養成國民。斯言也，殆未知我國今日之家族制度與歐洲古代家族制度之不同。歐洲族制淵源羅馬，家主之權尊無與比，家族絶對服從於家主權力之下。一族之中，只有家主權，而無所謂親權與夫權。家人對於家主不能主張其財産權、自由權、生命權。質而言之，即一族之中，只家主有人格，而家衆無人格也。惟其家主權無制限，故漸變爲個人主義，蓋亦壓力反動之結果。若夫我國今日之家族，則既無民法上規定之家主權，所謂家族團體，僅在親族範圍之内。非特一家之生命權、自由權，不屬於家主，即舊律子孫無私蓄之文，亦屬有名而無實，個人私有財産得以自由處置，普通習慣上並未設有限制。今日我國只有親權，而無所謂家主權，將來定民法或反不免有家主權之明文。故只可謂之親族制度，而不可謂之家族制度。家族制度者，遠系親屬可爲家主，而有祖父所不能有之權力。親族者，以血統及愛情之關係而定尊卑之統屬，成一家之組織。前者羅馬及古代中國、印度等處皆行之，其爲制實與國家主義不相容。而後者則雖今日之西國猶未悉廢也。泰西各國無家族，有親族。説詳《内外論叢》第四卷第一號、《法學志林》第八卷第三號，日本岡村博士論文。而獨謂我國今日之族制不能與國家主義並存，詎非誣哉？論者必謂家族主義與國家主義無兩存之理，甚謂國家之貪官污吏，即家族之慈父孝子，斯言固不足辯。凡我國所謂資於事父以事君，以孝事君則忠之舊訓，想皆某君所不屑道。今即証諸西儒學説及立法例，亦未見族制與國家主義之必不能兩存也。法國社會學、經濟學大家路布列氏之家制復興論極端主張家族制度，其言曰：欲成堅實社會，必自家制始。社會者，非孤立獨存之個人所能成立者也。社會腐敗之根源，皆由近世個人主義爲之也。路氏，法國人也。法國固國家主義之國，而其制度則極端排斥族制，而取個人主義者也。法國民法子婚，則去其親而獨成一家，親死而家亡，子死則其所成之家又亡，故法國全國無數十年不散之家，可謂無家人而皆國民矣。而路氏痛心疾首於本國之腐敗，乃曰其根源皆由於個人主義也，非擴張族制則不能爲根本上之改良。何其言與某君適相反耶？次舉西國擴張族制之法例，即一千九百零七年之《瑞士新民法》是也，其起草者夫伯爾博士力倡家族制度之宜維持，所定新民法第二節家權，第三節家産，實取歐洲久經廢棄之家權，從而恢復之。俾與親權對立，實爲廿世紀立法史上之一新例，爲法學界所注目。論者謂是。蓋個人主義之反動而成族制維持主義，他如美國之家産法，法國之新家産法案，皆注重於維持家族制度。彼蓋已漸見族制衰頽之弊，而思所以挽救之道。我則但言族制之害，而不知其利。天下事每誤於得半之説，爲可歎也。

（清）勞乃宣《新刑律修正案彙録·江氏刑律争論平議》 刑者，禮之弼也。禮之推諸百王而準驗諸萬國而同者，其大經凡三，曰：親親也，尊尊也，賢賢也。

三者常並行不悖於天地之間。惟其當王之時代，則各有偏勝，其偏勝之遞更，亦必有次序。所謂次序，則進化之説也。

昔者當中國封建之世，蓋親親時代。其列藩而公侯伯子男焉者，皆其伯叔甥舅。否則其前代之伯叔甥舅而遺存焉者也。其制本於太古之酋長部落。而其弊也，常使一國之權利偏於少數之家族。雖以孔孟之聖賢間生其世，曾不得立錐之地，以達其所欲爲。周自春秋以後，所謂千八百國者，而百二十國焉，而七國焉，至秦崛興而統於一，是爲親親時代與尊尊時代揖讓之期。

尊尊時代，即專制之時代也。其制統於一尊，而其遞降以爲尊者，自宰相大臣以至郡縣之令，則皆一尊所命令之人。親可也，而不必皆親；賢可也，而不必皆賢。舉國之人徒以其尊而伏焉。其制本於秦，其利能使天下豪傑知能之士，自奮以求結於上；而其弊也，則以積壓之太重，所謂豪傑知能之士，亦僅能償其爵禄名譽之俗以去。雖以最愜當之心，期最文明之學説，亦以有所顧忌而不敢言。而不肖者，則竊假所尊之命令以賊其羣。羣之日弱，而外寇乘之。而所謂外者，又適當其蜕於封建專制之第三期之最文明之賢賢時代相遇而敗也，亦固其宜當斯時而罷專制之威，採進化之義，尚賢賢之制。

明詔立憲，與國更新，非誠應天順時，制禮定律之大聖人者之爲乎。故曰親親、尊尊、賢賢皆禮也。禮也，大經也，而時代有偏勝焉，進化有次序焉，聖者不可逭也。

夫國之大經，既有此親親、尊尊、賢賢三者偏勝之時代，則其地方之制之應時而生，相輔以行者，亦有此三者之別異乎？曰：有之。則宗子時代，族長、鄉紳時代，與今後城鎮鄉自治會之董事時代是也。

（清）勞乃宣**《新刑律修正案彙録·楊氏陳請變通新刑律以維風化呈文》** 具呈江蘇金匱縣拔貢生楊鍾鈺謹呈爲陳請變通新刑律，以維風化事。竊維明刑所以弼教，未有法律與禮教背馳而可以立國者。至罰鍰以科輕罪，如背倫紀蠹風俗亦准罰金，則紈綺子弟、鉅商豪賈將惟所欲爲。恭讀光緒三十三年十一月二十日上諭：各國從無以破壞綱紀，干犯名義爲立憲者。況中國從來敦崇禮教名分，謹嚴采列邦之良規，仍宜存本國之禮教等因。欽此。仰見先朝慎重禮教至意。又恭讀宣統元年二月初三日上諭：刑法之源本乎禮教，中外各國禮教不同，故刑法亦因之而異。中國素重綱常，故於干犯名義之條，立法特爲嚴重。良以三綱五常闡自唐虞，聖帝明王，兢兢保守，實爲數千年相傳之國粹，立國之大本。今寰海大通，國際每多交涉，固不宜墨守故常，致失通變宜民之意。但祇可采彼所長，益我所短，凡我舊律義關倫常諸條，不可率行變革等因。欽此。仰見我皇上於改良刑律之中，兢兢以維持名教爲重，此堯舜三王之用心也。修律諸臣自應凜遵明詔，以爲修改宗旨，以副朝廷刑期無刑至意。

惟兹事體大，討論不厭，其詳刑律之輕重，關係全國風俗人心，謹遵院章第二十五條抒陳末議以備採擇。

一，無夫姦宜定罪名也。中國教化最先易稱有夫婦，然後有父子。《記》稱男女有別，不可與民變革。夫外内無別，則夫婦之倫斁，而五倫皆廢。故聖王重之禮，男女不同席，不共食，非行媒不相知名，非授幣不交不親，不以無夫之女而決其藩籬也。婦人之義，從一而終，衛共姜、紀叔姬，皆矢死靡慝，焜燿簡編，不以無夫之婦而輕其節操也。我朝旌表節烈，而再醮之婦不得膺封誥之榮。誠以節婦與忠臣孝子並峙爲三綱，故重之如此。重貞節則刑以防淫，自不可廢。今新律無夫姦無罪，是等閨女、孀婦於娼妓也。風聲一播，浪子、棍徒調戲、勾引，顧忌毫無，是教猱升木也。中國禮教深入人心，風俗習慣與泰西迥殊。女喪貞，婦失節，則州鄉訕笑，戚鄰包羞，女之父兄、婦之翁，若子更以爲非常恥辱。西人視名譽爲第二之生命，敗人名譽者，罪無赦。我國和姦爲敗人名譽之尤惡，得無罪？脱使無罪，則佻達少年一唱百和，勢必歲增無數命案。或婦女懼玷門風，自經溝瀆；或引誘曲從，事覺而羞忿自盡；或女之父兄，婦之翁，若子告官無效，挺刃尋讐，殺機一開，接踵效尤，不復可遏。《易》稱小懲誡，《書》稱辟以止辟。寬狂且之輕罪，而啓無窮之殺機，智者不爲也。以五千年秉禮之邦，而使采蘭贈芍，相習成風，同於桑間濮上，仁者亦不爲也。夫蕩棄禮教，以冀外人就我範圍，非惟得不償失，且將貽笑全球。查德國刑法第四條云：外人未入籍者犯法，如外國律輕於内國律，則從輕處斷。我如採用此條，則禮教法權兩無妨碍，而無夫姦之宜定罪，更無疑義矣。

一，得罪尊親屬不宜罰金也。經云：五刑之屬三千，而罪莫大於不孝。《大清現行律》於得罪祖父母、父母各條立法森嚴，乃新律三百十一條、三百十九條、三百五十五條，於尊親屬或加强暴，或加毁辱，或過失殺傷，皆有罰金，悖倫傷教，莫此爲甚。《禮》子婦無私貨，無私蓄。我朝孝治天下，父有財產傳之於子，或親老家貧，則勤力節用以養父母，以報顧復教養罔極之恩。其父子異居，奉養有缺者，以不孝論。是祖父子孫財產共之，罰子孫與罰祖父何異？有人於此家貲鉅萬，子孫羅列，則其祖若父，雖日被毆辱毁傷，皆可以罰金了之，成何政體？如令父子分產，則耰耡德色，子壯出分，乃亡秦粃政，豈可爲訓？此罰金之宜去者一也。

一，姦非各條不宜罰金也。《現行律》姦幼女、幼童，充發烟瘴。私買或媒合良家婦女爲娼，擬徒。今新律二百七十七條、二百七十八條、二百八十二條，或誘迫幼男女爲猥褻行爲，或誘良家婦女賣姦，皆有罰金，何以儆淫兇而維風化？查德、法、日本、瑞士、荷蘭各國刑法，於猥褻誘姦諸條，皆科以懲役、禁錮，並無罰金。此罰金之宜去者又一也。

以上三則關係全國風俗人心，實非淺鮮，爲此陳請鈞院核議施行。謹呈。

（清）勞乃宣《新刑律修正案彙録·楊氏新刑律姦非罪擬請修改説》

中國今日政治、學術，事事皆不如人，其尚有一事爲各國所不及者，則婦女之名節是已。顧亭林有言：東漢節義之風，光武明章，數百年培養之而不足，曹操一人敗壞之而有餘。竊見新刑律姦非罪一章，其所規定，實足敗壞數千年名節之大防，而使貞潔廉恥之風，掃地以盡。

鈞院代表輿論，爲立法機關，竊願爲中國維此名節，而無使異日有亭林其人者太息痛恨於宣統二年之資政院也。然今日輿論皆謂不可，而外間不敢輕議修改者，則有説焉。曰反對新刑律爲無法律知識。然生竊考各國立法之意，實不如是。卽以新刑律草案而論，亦頗自相矛盾，陳請書中，以限於篇幅未能詳盡，謹申其説，惟垂察焉。

各國刑法於姦非之罪，皆以妨害風俗標題。既以妨害風俗爲立法之準繩，則其國風俗以爲無碍者，自可不加處罰。此各國刑法所以不盡有無夫姦之罪名也。中國風俗則不然，社會習慣以姦與盜並稱。處女、孀婦有指爲犯姦者，至羞忿自戕而不悔。設論者以種風俗爲中國之污點也，則生不敢復言。若猶以爲善良風俗也，則苟有敗壞此風俗者，其必受國家刑罰之制裁，可無疑矣。

（清）汪康年《汪穰卿先生遺文·芻言報論説擷粹·痛論頒行新律之宜慎》

今敢敬告我監國攝政王，敬告我政府，敬告我資政院之欽選、民選議員曰：今者朝廷命修律大臣修改刑律，我輩草野之臣，以爲改正舊律而已。以爲舊律之不能行者，輕之；舊律之未嘗行者，删之而已。然以今者道路所喧譁，報章所騰播，則非僅修改律法問題，而爲變動三千年來立國基礎問題，改變數千年相承習慣問題，廢滅國教問題。

吾國人勿謂吾國立國之基礎爲無足觀也。試思自秦漢一統以後，失抵抗力幾二千餘年。雖屢生禍亂，而風教不改，故得一明主起而董理之，無幾時已復舊矣。夫以失抵抗力如此之久，而能凝而不散，植而不傾，是必有物焉鎮定而聯固之，乃能如是也。是何物也？卽所謂禮教是也。蓋古之聖人知爲治者，莫如使民自爲治。自爲治奈何？則莫如使民相愛，始欲使民相愛莫如使一家之人自相愛始。而所以維繫之者，則一寄之於禮教。蓋自父子、兄弟、夫婦相愛，以及於宗族，以及於鄉黨，以及於國家，遂使極大極散之人羣能團合而爲一。自秦漢以後，咸以此爲重，六朝雖亂，而君臣咸以此爲意。綿綿延延，以至於今雖世衰道微，而民間猶賴宗法維繫，得以循習苟安。吾輩陰受其福而不自覺，遂棄己之寶鼎，而羡人之康瓠，則請諸君勿震於列國之隆盛也。試使任取一國使獨立於世界，其能安擾如是乎？試使倫敦、紐約一旦撤去警察，能如吾從前都城之鎮靜乎？又假使歐美各國忽變而爲一統，或全改爲民主，實行弭兵主義，試思彼時景象何如乎？必至政黨爭於上，無政府黨起於下，禍亂大作，有非人力所能撲滅者。且今者各國非吾輩所目爲政治修明乎！然禍亂之端，幾無國蔑，有奇慘之事，歲必二三。至其風俗偷薄，姦僞滋彰，見留學生所述西報所載，指不勝屈。而吾乃欲棄固有之善以就之，其亦傎矣。

今修律大臣非果欲改善良之風俗也，非果敢於變國教也，殊不知禮教與刑律互相維繫，未有刑律廢之，而禮教能存之也。今如所傳寡婦、處女姦罪無治罪之條，則編民必相謂朝廷準許姦淫矣。毆殺等罪，不視服制爲輕重，則謂朝廷許其平生平等矣，至尊長施之幼弱，與幼弱施之尊長齊等，則謂父兄無管束卑幼之權。而從前聽命家長之語，可置之腦後矣。夫此等習慣，江浙繁華浮薄之地，或幾忘之，然內地則固崇奉也，而鄉僻之地尤甚，而北方各省尤甚。今若以此等怪習灌注入之，使之家自相鬥，人自相角，自來種禍促亂，未有過於此者。

今勿謂風俗敗壞之不易也。自上海租界設立，淫靡之風日甚。自無知識之時流，好以自由、平等爲口實，而暴慢之俗益長。加以各處小學、女學，但事放縱，不嚴管束，故惡劣之風徧於家，肆於鄉。及其結果必至子弟既不宗仰其父兄，父兄亦不顧戀其子弟，而親戚、宗族更無論矣。夫如是而謂忽能合而愛其國者，吾未之前聞也。

今之人但知傾向於西，輒欲吐棄一切以就之。不知器械可改也，規則法度可改也，卽政體亦可改也，而數千年相沿習之政教必不可改。諸君疑吾言乎？試觀各國變法，有併變其教者乎？截趾適履，蓋無過於此者。

或謂刑禮不相關，刑雖删除，而民家可各自嚴其禮防，有何妨礙？

按此邪説也，刑禮一氣相生，未有刑律不注重，而禮教猶能立者。今新刑律未頒也，而民間幾有家長不能管束其家之勢，則以新説之主持者甚力也。若更以國家之力助之，則向來所有孝弟之説且一掃而空。而方將引爲笑端。謂此非二十世紀應有之言，如此則生民之爲禍烈矣。

吾但聞治國者，就其向來政俗以策勵之。未聞鏟除舊時政俗，而别覓新種於他人也。若謂取則異國，亦當精加選擇。况夫各國爲法亦不同，且有因於從前習慣，姑沿之者；又有因於情勢，不得已而爲之者。而吾乃不辨宜否，一概抄襲，亦可怪矣。且禮教中事，日前即有一疑難問題。聞粤之諮議局呈請禁止自由結婚，此在禮教所極應準許，而與新法恐不免衝突，不知傾向西法者，將何術處之？見宣統二年十月初六日《芻言報》。

（清）汪康年《汪穰卿先生遺文・芻言報論説擷粹・續論頒行新律之宜慎》 前者不自揣量，輒爲一文曰《痛論頒行新刑律之宜慎》。聞時賢多不謂然者，此不怪也。凡人之知識萬有不齊，即一人之身而前後多異其識見者，何能強人之同我哉？顧有一大問題焉，敢以質諸時賢。夫今者，諸賢以羣策羣力，力扶墜鼎，其將使吾國重新鍛鍊成爲與歐美同一無二之國歟？抑將使成爲歐美之外，東方一大國，使吾國人永永自知爲伏羲、神農、黄帝、堯、舜以來遞嬗之國，吾人爲太古以來，諸聖帝賢王之胄裔乎？若曰直欲舍己而從人，則不知應擇何國仿效之，何則各國之教既異，而新出之學説又極紛。既難兼師，又難偏擇，至内之種種阻礙，不必言矣。若欲使爲地球上特出之一國，則必求吾國精神之所寄，而合吾今日諸賢豪之精神以赴之，無有歧趨，無有惑志，則世界上或猶有所謂吾國者在。否則殆矣。

綜　述

（清）劉錦藻《皇朝續文獻通考》卷一二五《職官考十一》 又法部遵議御史俾壽奏請派御史陪審以資監督一摺略稱：從前刑部舊例，遇民命重事，本有都察院、大理寺會鞫之條，然亦僅施之大辟案件，並非事事得而會審之也。上年九月間欽奉諭旨，刑部改爲法部，大理寺改爲大理院，司法分權，釐然獨立。是以臣部與大理院會奏暫緩交代，摺内聲明罪應斬絞重案，即照覆核各省彙奏定章，毋庸會同法司辦理等因。仰邀俞允在案，茲據該御史奏稱：審判廳甫經成立，擬請添設御史陪審等語。查陪審之制始於英國，嗣法、德諸國遞相倣效，已嫌流弊之多。蓋其人非盡諳法律，強以莅庭陪審，勢必各持意見，室礙滋生。是欲取各國之長，即不必沿各國之短。如謂各廳甫經開辦監審，無人慮其營私，情弊不知。審判廳制自下級以至上級，本互相維繫。而各廳檢察各官復專爲稽察定讞而設，果有枉縱，自當據事理以糾正之。果有冤抑又得因陳訴而平反之，節節防維，慎之又慎。况臣部實有監督各級審判之責，更可隨時考察執法勸懲，似定制不爲不密。果如所奏，以御史居陪審之員，權限既涉於紛歧，體制亦嫌其糅雜，且各級審判分庭不下二十餘處，更番研鞫，往往至夜未休。而御史止六十四人，一人而莅一庭，既苦太勞，一庭而置數人，尤虞不給。揣情度勢，均有未協。要之，臺諫之設固以監察爲職，然當盡者糾彈之責，不可侵者官守之權。若於改良審判之初，即爲妨礙法權之舉，揆諸司法獨立殊有未符，該御史所擬，應請毋庸置議。至中國法學尚少專門之材，原奏稱有立律而無行律之人，洵係實在情形。臣等惟有因材器使，並督率各廳秉公持法，以仰副朝廷矜慎庶獄之至意。

（清）劉錦藻《皇朝續文獻通考》卷二四四《刑考三》 又沈家本等覆奏原任江督劉坤一、湖督張之洞會奏變法第二摺恤刑獄一條内稱：重衆證，修監羈，派專官三項。臣等查外國案以證定，中國案以供定，中外情形不同。近來各州縣遇有狡供之犯，輒非刑拷掠，慘不忍聞。其或犯供忽認忽翻，案懸莫結，必至妨廢多家之生業，牽連無數之旁人。迨犯供輸服，而拖斃者已纍纍矣。况乎三木之下，何求不得？且恐有畏刑誣服者，供以刑求，流弊滋多。例内本有實在刁健，堅不承招，如犯該杖罪以上，取具衆證明文。原奏所稱，惟有申明定例可以補救其弊等語，真爲確切之論。臣等公同酌議，應如該督等所奏，嗣後斷案，除死罪必須取具輸服供詞外，其徒流以下罪名，若本犯狡供不認，果衆證確鑿，其證人皆係公正可信，上司層遞、親提、覆訊皆無疑義者，即按律定擬，奏咨立案。如再京控、上控均不准理，假此則聽訟不用刑訊，無辜免受拖累。

修監羈一條，該督等原奏於監獄之弊，抉摘無遺，應如所奏，請旨飭下各省設法籌款，將臬司、府廳、州縣等衙門內監、外監，一律大加修改。地面務須寬敞，房屋務宜整潔，一洗從前積弊。並優加口食及冬夏調理各費，以示體恤禁卒人等。倘有凌虐情弊，卽行從嚴懲治。羈所務宜寬整潔淨，不准虐待，亦不准多押。違者比照凌虐罪囚及淹禁律分別加等治罪。其臬司提案候審者，歸入待質公所。此外如差帶官店、食鋪、班房等名，一律嚴行禁絶。

派專官一條，定例本極周密，無如府廳州縣奉行不力，日久視爲具文。其有濫禁、淹禁及凌虐情弊，該管巡道亦習而忘之，而大吏更無從知覺。至該道因公巡歷親提點驗，更屬事不恆有，例成虛設，亟應酌量變通。應如該督等所奏，嗣後每府卽派實缺同知專司稽察各屬監羈之事，同知不同城者，派同城通判，每兩箇月內偏赴所屬外縣稽察一次。如有監羈未善、凌虐未禁者，准其據實稟督撫、臬司，比照濫刑例參處。稽察府監，責成本道司監，由督撫隨時委員稽察，並令該同通將每月每次稽察各縣監羈，有無淹禁、濫押及凌虐情弊，逐一詳細註明，按半年申報該督撫、臬司查核。倘該同通稽察不實，及徇隱不舉者，卽據實一併參處，仍令年終彙報刑部，以備稽察。以上三條奏奉上諭准行。

臣謹案：審案，中國重供，外國重證，苟不得其人，均有流弊。中國重供，其弊至於問官，恣其威虐，酷刑拷掠，致有畏刑誣服之慘。然外國重證，其弊獄以賄成，證人以賄之多少定事之曲直，問官受其欺朦，而善良反遭誣噬。是在良有司酌中秉公，虛心研求，苟於中法、外法先無偏袒之成見，斯善矣。

又修律大臣伍廷芳等覆奏：御史劉彭年奏禁止刑訊有無窒礙，請再加詳慎一摺，略稱查原奏內稱刑訊爲東西各國所竊笑。卽中國政治法律家久已心知其非，而不敢議改者，誠以中國人心不古，一切治具又復疏節闊目，不能察及隱微，徒慕外國之不用刑訊，而不深求其所以不用刑訊之故。官吏不善奉行，誠恐有如上諭所云陽奉陰違者。按外國不用刑訊，以其有裁判訴訟各法也，犯人未獲之前，有警察包探以偵犯人到案，以後有辯護人、陪審員以聽之，自豫審至公判，旁徵於衆證，不取供於犯人，供證確鑿，罪名立定。今中國改定刑法方有端倪，聽訟之法一切未備。有刑而不輕用，犯人雖狡，尚有畏刑之心。若驟然禁止刑訊，則無所畏懼，孰肯供吐實情？問刑衙門窮於究詰，必致積壓案件，經年不結，拖累羈留，轉於矜恤庶獄之法，有所窒礙。臣愚以爲禁止刑訊，須俟裁判、訴訟各法俱備後，方可實見施行。抑更有請者東西各國裁判所，原係民事刑事分設，中國民刑不分，至有錢債、細故、田産分争，亦復妄加刑嚇。問刑之法，假應酌核情節以示區別，所有戶婚、田産、錢債等事不准刑訊，無待游移至於人命。盗賊以及情罪較重之案，似未便遽免刑訊。相應請旨飭下修律大臣體察時勢，再行詳慎，並飭於刑法及刑事訴訟法告成後，卽將民法及民事訴訟法剋期纂訂以成，則領事裁判權可以收回等語。

臣等查該御史所奏自係爲慎重刑獄，恐有窒礙起見，惟泰西各國無論各法是否俱備，無論刑事、民事大小各案，均不用刑訊。此次修訂法律原爲收回領事裁判權起見，故齊一法制，取彼之長，補我之短，實爲開辦第一要義。惟中外法制之最不相同者，莫如刑訊一端。臣等前奏申明舊例略爲變通，其實與西法無涉也。原奏又謂驟然禁止刑訊，則犯人無所畏懼，孰肯供吐實情，必致積壓拖累等語。豈一用刑訊便可免積壓拖累也？何以從前各省積壓之案，有數年及數十年不結者，且有拖累無辜瘐斃多命者，其將何説以處此？又如原奏一則曰刑訊爲各國所竊笑，再則曰中國政治家久已心知其非。夫既爲外人所竊笑矣，既心知其非矣，卽應奮然禁絶，無待躊躇。乃又謂俟裁判訴訟各法俱備後，方可實見施行，是明知非義而不速改，不更爲東西各國所竊笑乎？查各國編纂法律，大率於新法未頒之前，設單行法，去其太甚，急所當先。況值百度維新之際，因革損益，難緩須臾。必待各法備後，始去刑訊，曠日持久，收效何時？設將來裁判、訴訟諸法同時頒布，羣情狃於習慣，仍以去刑訊爲不便，將武健嚴酷之風終無禁絶之日。於此而欲收回領事裁判權，其可得哉？夫今日中國刑訊之弊非一端矣，原奏所謂中國民事、刑事不分，至有錢債、細故、田産分争，亦復妄加刑嚇，洵屬歷來之錮習，又其甚者，竟至波及案外無辜，横加敲扑。小民遇有訟事，無計避地方官之拷責，寃抑莫伸，鋌而走險，淵魚叢雀驅之者誰興言及？此可爲寒心。原奏乃謂有刑訊則犯人尚有畏刑之心，去刑訊則部官窮於究詰，徒責小民之無良，而不計問官之殘酷。揆諸公理，已覺背弛。況自來懦弱者往往畏刑自誣，兇暴者往往茹刑不吐，徒恃刑求，必不免有枉濫者。至原奏謂中國人心不古，一切治具又復疎節闊目，不能察及隱微，亦未爲篤論。臣廷芳徧歷歐美，深知彼中風俗，凡有血氣心理皆同，中外民情無甚懸絶，雖政教稍異，而今日各國法制之完備，皆由逐漸改革而成，並非一蹴所能幾及。所以臣等奏請教工藝，辦警察，興學堂，無非欲進之以漸。而於該議，劉坤一等原摺内復申明：訴訟裁判諸法將來應仿照各國，另設專章，俟參酌妥當，再行奏明辦理。並非謂一去刑訊，此外遂無餘事也。更以臣廷芳身所親歷者證之，查香港一島，内地商民僑居於此者，不下三十萬人，昔年臣廷芳在該港任理刑事，維時規制未備，凡審判事宜，係用英法專憑證佐，不事刑求，隨訊隨結，案件從無積壓，實無庸鰓鰓過慮也。所有該御史奏請人命、賊盜及倩罪較重之案，未便遽免刑訊之處，應無庸議，下政務處、刑部知之。

臣謹案：《易》之革卦，既曰已日乃革，又曰革言三就。可見變法之道，宜漸不宜速也。笞杖之刑，中國沿用四千餘年，一旦革除，易作罰金，行之固屬不易，而審案又停止刑訊，更不免諸多窒礙。該御史奏請再加詳慎，不爲無見。伍廷芳極力駁斥，未免意氣用事。該大臣生長外國，不知中國風俗，一旦身任修律，遽欲取中國數千年習慣之法，埽而空之。雖係力求自强之計，但改革太速，實難推行盡利。諭旨不批議行，僅令政務處、刑部知之，其意微矣。

又刑部奏請將州縣自理刑名案内，笞杖改爲罰金一項，酌提解部。略稱辦公以籌款爲先，而籌款尤以經久爲要，見在户部庫帑支絀既無專款可撥，而臣部例禁需索，分文入己，即以贓論，無私可化，自不待言。於此而欲籌公費，其難可知，不得不於無可籌措之中，預謀一經久之計。查新章笞杖改爲罰金，此項新案罰金似可藉此挹注以濟臣部要需，於言固順於理。亦安擬請將外省、州、縣自理刑名，案内笞杖改爲罰金一項提解到部，以資辦公。酌定每一州縣每年解銀一百兩，按半年解銀五十兩，每年分爲兩次，由各該督撫彙齊解部，年清年款，不得蒂欠分釐，並不得藉口修改監獄及設立習藝所，留作地方之用。至各州縣審理笞杖人犯，折罰銀兩每年斷不止此數。除解部一百兩外，其有餘之款以及奏咨案内笞杖折罰銀兩，應令各該省年終彙案一併册報户部，並分咨臣部，以便稽核。如議行。

又：又諭外務部呈遞周馥電據稱：上海會審公堂擬變通刑章，以期華洋輕重略均等語，著刑部迅速議奏。尋據奏稱：上海華洋雜處，詞訟繁多，其原訂會審公堂章程，如案内全係華人，歸華官審辦一條，固已畫明權限。如果該公堂先事圖維創建牢獄，並設立習藝工廠，何致有婦女羈禁西牢之案？至中外刑章不同，彼寬此嚴。此次黎黄氏被誣管押西牢，蓋積漸使然也。刑章爲法權所繫，亟宜酌量變通，俾輕重略劑其平。茲據該署督電稱笞杖改爲罰金，惟貧民無錢可罰，工藝廠尚未開辦，無工可作，見時到案人犯擬分罪名爲五等，臣等詳加酌核，如差帶取保省釋，並公堂暫押取保及交縣管束，此三等尚屬周妥，應如所擬辦理。惟笞罪改押公堂，杖罪改爲監禁，如按笞杖實數作爲押禁日期，未免過重。查奏定章程，無力完納罰金，應罰金一兩折作工四日，以次遞加至十五兩，折作工六十日而止等。因該公堂因未開辦罪犯習藝公廠，擬請代以押禁，應照原定折工日期，分别代以押禁，以昭平允。所稱今欲自建一牢，經費無著，此時監禁之犯，不能不暫借西牢，應由讞員批明非兇犯及瘋病，不加刑具等語。該讞員務須切實遵辦，仍令趕緊設法創辦習藝工廠。該署督又稱：女犯向押公堂，擬將罪輕者交親族或的保管束。如拐帶誑騙之案，訂明管押押期以十日及百日爲止等語。所擬尚屬允協，仍令查照《婦女贖罪新章》分别辦理。至洋員陪審，既經准免長跪聽審，則定案判詞亦應免其跪聽，以歸一律。如議行。

臣謹案：以上兩條，係變通婦女犯罪之法，舊律分作三項。最重者實發，次重責打，輕者贖罪。見免其發遣，廢除笞杖，一律改令工作。罰金以罪之輕重分别工作之期限，罰金之多寡，未設工藝廠之前暫行監禁，詳見《後見行刑律》五刑内。

又：又刑部都察院奏法律大臣沈家本等奏見行律内虚擬死罪分别改爲流徒一摺。臣等查律載因戲而殺傷人，因鬭而誤殺傷旁人者，各以鬭傷論。註云：死者並絞傷者，驗輕重坐罪。又罪人已就拘執及不拒捕，而擅殺之，或折傷者，各以鬭殺傷論。又例載戲殺、誤殺問擬絞候，應入緩決之犯，朝審一次後，刑部查核戲殺、誤殺之犯改爲流三千里，其誤殺案内，所殺係其人之祖父母、父母、伯叔父母、妻、兄、弟、子孫、在室女者俱俟查辦緩決時，再行照例辦理。又擅殺問擬絞候，入於秋審緩決辦理之犯，除謀故火器殺人，或連斃兩命，及各斃各命，致斃人數在四名以上者，均不准一次減等外，其餘俱於緩決一次後，卽予減等發落各等語。推原例意：戲、誤、擅三項，絞候人犯該辦秋審時，雖同一例緩，而准減不准減，則視情節之輕重，以爲衡例內界畫秩。然臣等查戲殺一項，唐律減鬭殺二等，罪止滿徒。今律雖照鬭殺擬絞，秋審向不議實，亦無緩決一次不准減等明文。誠以戲殺與過失相近，律於過失殺人准鬭殺罪收贖追銀後，便無餘罪，則戲殺不當過嚴。若因鬭誤殺旁人，雖衅起鬭毆，而死非互鬭之人，實出於鬭者意外。核與同謀共毆致被糾之人毆死，非其所欲謀毆之人情事相等。查同謀共毆如被糾之人毆殺非其所欲謀毆之人，例於起意糾毆之犯，得照原謀改徒，卽被糾毆之人毆死其所欲謀毆之人，而起意糾毆之犯，亦止照律滿流比例參觀。似因鬭誤殺旁人一項，亦當詳核案情，量從輕典。至擅殺姦盜各項罪人，或激於一時之義忿，或出於臨時之追毆。此等應入秋審之犯，較戲、誤兩項人數稍多。若查其事非得已，情有可原者，倘係合於緩決一次，卽予減等之例，似應一併略迹原心，與戲殺、誤殺各罪，均無庸虛擬死罪，用彰聖世寬仁之治。擬請嗣後戲殺、誤殺、擅殺三項人犯，凡秋審例准緩決一次，卽予減等者，戲殺改爲徒三年；因鬭誤殺旁人並擅殺各項罪人，律例應擬絞候者，一律改爲流三千里。其見行例內誤殺其人之父母、兄弟等項，並擅殺二命以上，及謀故火器擅殺各項，凡秋審不准一次減等者，情節較重若亦徑行改流不足以示懲儆，應請仍照向例辦理。至戲傷、誤傷、並擅傷例不至死者，核其情罪，尤可矜原。各於本罪上遞減一等，以示區別。再擅殺案內餘人，及擅傷別項罪人，均有應科罪名，亦應於本罪上遞減一等，庶免參差。如議行。

臣謹案：六殺之中，戲、誤、擅三項最輕舊律仍擬絞者。以其關係人命，使小民知所畏懼也。然雖擬絞秋審，並不實抵。故謂之虛擬死罪不過較流罪多一二年監禁耳，見在新章減輕死罪，凡斬改絞立決，改監候秋審應入實者，多改緩決。若將此數項例應緩決入矜者，不予末減，殊不足以昭平允。故均免其死罪之名，分別情節輕重減流、減徒，俾得早出囹圄，亦仁恕之一端也。

又：兩湖總督張之洞奏言：法律本原與經術相表裏，其最著者，親親之義，男女之別，天經地義，萬古不刊。乃閱訴訟法所纂：父子必異財，兄弟必析產，夫婦必分資，甚至婦人、女子責令到堂作證。襲西俗財產之制，壞中國名教之防，啟男女平等之風，悖聖賢修齊之教綱，淪法斁。隱患實深至於家室。婚姻爲人倫之始，子孫嗣續爲宗法所關，古經今律皆甚重之。中國舊日律例，如果審訊之案爲條例所未及，往往援三禮以證之。本法闕焉不及無論勉强驟行，人情惶惑，且失聖朝明刑弼教之至意。夫立法貴乎因時而經國，必先布置，值此環球交通，從前舊法不能不量加變更，東西各國政法取其所長補我所短，揆時度勢，誠不可緩。然必須將中國民情、風俗、法令源流，通籌熟計，然後量爲變通。在法律大臣之意變通訴訟制度，以冀撤去領事裁判權，意亦甚善。惟是各國僑民所以不守中國法律者，半由於中國裁判之不足以服其心，半由於中國制度之不能保其身家財產。外國人民冒險遠至，其本國欲盡保護之職分，不得不計其身家性命之安危。乃因各省伏莽充斥，盜賊橫行，官吏雖多，而不能保民；警察雖設，而不能徧及，致爲外人所竊笑。而謂變通訴訟之法，卽可就我範圍，彼族能聽命乎？縱使所定訴訟法體例精詳，亦必指瑕索瘢，借端責難，又安能饜其欲耶？矧所纂各條，按之西律，不無疏漏混淆之處。近年與英美日本訂立商約，彼國雖允棄其領事裁判權，然皆聲明俟查悉中國律例情形、審斷辦法及一切相關事宜，皆臻妥善等語。是已失之法權不能僅恃本法爲挽救，其理甚明。所謂一切相關事宜皆臻妥善十字包括甚廣，若果不察情勢，貿然舉行，而自承審官、陪審員以至律師、證人等，無專門學問，無公共道德，驟欲行此規模，勢必良懦冤抑，强暴縱恣，盜已起而莫懲，案久懸而不結。且西洋各國皆先有刑法、民法，然後有刑事、民事訴訟法。卽日本維新之初，亟亟於編纂法典，亦未聞訴訟法首先頒行。竊維編纂法律先體後用，其勢乃行。見行律例以吏、戶、禮、兵、刑、工分類，本沿明律之舊官制，改後名實已乖。近年新法增行，交涉日繁，實非舊例所能賅括。卽如輪船、鐵路、電報、郵政、印花、鈔票，在外國莫不嚴妨礙交通之罪，設侵害信用之防。又如殺傷外國使臣句，通外國軍隊，僞造外國通行貨幣，違背戰時中立條規，有一於此，定礙邦交，在外國莫不特設專條，預爲防範。至如商務之別，有商法、軍政之別，有陸軍刑法，各國已爲通例，未有與刑法相混者。而民法一項尤爲法律主要，與刑法並行。今欲修改法律，自應博採東西諸國法律，詳加參酌，從速釐訂。而仍求合於國家政教大綱方爲妥善，辦法條例定後，再將刑事、民事訴訟法妥爲議定，則由本及支，次第秩然矣。至目前審判之法，祇可暫行《訴訟法試辦章程》，亦期於民情風俗一無阻礙，而後可擬。請飭下法律大臣，先就所纂各條内，擇其相宜者，暫爲修訂章程，請旨遵行。一面速將各項法律選集，精於各門律學大小臣工，分門修纂各編，專書頒行遵守。然後再議刑事、民事訴訟法。庶可收變法而不廢法之效。下法部議奏。

臣謹案：此因修律大臣所纂新訴訟法不合本國風俗，故有此奏。通篇議論通達，宗旨純正，可爲千古變法圭臬。西國法家有言：無論何國法令，須合本國人情。若舍己芸人，效顰學步，必貽削足就履之議，不適於用云云，正與此摺所陳不謀而合。可見無論中外，法條雖殊，法理則同。修律諸臣若肯守定此旨，何至新律草案一出，招令内外臣工紛紛駮斥，貽後來之流弊乎？備録於册，足見老成謀國，深心遠慮，與新進少年，喜事更張者異矣。

（清）劉錦藻《皇朝續文獻通考》卷二四五《刑考四》　又法部奏據升任湖廣總督大學士張之洞奏稱，《見行律》内虚擬死罪各項，就實際論，誠與流罪無殊。定例之所以必俟秋審減等者，蓋衡情執法，必如是而始平。若以省併繁文，竟將虚擬死罪除去，不獨情法不得其平，且恐民風强悍，地方誤爲殺人罪不至死，好勇鬭很殘殺之風，由斯而熾。擬請由絞改流之犯，於工作時令著赭衣，其由絞改徒者並於衣上揭示罪名；由絞改流者，即書曰絞罪改流之犯；由絞改徒者，即書曰絞罪改徒之犯。倘果工作勤奮，有心向善，俟滿一二年後，酌予銷除。似於舊例新章均無妨礙，而名義亦正。至於工作年限，若照尋常，流徒各犯一律，未免漫無區别，擬請於新章習藝期限外，流罪加苦工一年，徒罪加工作六月等語。查《見行律例》内虚擬死罪各項，係議覆。法律大臣沈家本等奏請將戲、誤、擅殺三項分别改爲流、徒，一係議覆。前兩江督臣周馥咨稱：秋審可矜人犯援照戲、誤、擅殺新章，分别改爲流、徒，均經臣部奏奉諭旨通行在案。該大學士所奏各節臣等公同商酌，擬請凡誤殺、擅殺兩項及新章應准可矜人犯，如經臣部核覆改流者，應准如所奏。即於收所習藝時，一律查照定例，均著赭衣。並各於右臂膊衣袖加釘白布一條，書曰：絞罪改流之犯。其由絞改徒者，如戲殺及應准可矜人犯一經臣部核覆，亦各於常服右臂膊衣袖加釘白布一條，書曰：絞罪改徒之犯。如此量爲變通，庶罪犯咸知警惕，而新章益加周備。如果該犯等工作勤奮，力圖愧悔，俟滿一二年後，應由該管獄官體察情形，酌予銷除。再查《奏定習藝章程》，流三千里者，限工作十年。徒罪人犯即按應徒年限責令工作。該大學士請於限外酌加苦工一節，雖係意在區别罪囚，惟此項改流改徒人犯本係原情量減，較之尋常流徒，罪不至死，而情節較重者，似尤在輕比之例。況折磨苦工，本以待强盗棍徒，未可於此項人犯復行加重，致與定章窒礙。原奏擬於習藝期限，外流罪加苦工一年，徒罪加工作六月之處，應請毋庸置議。如議行。

臣謹案：此因累次減除，虚擬死罪太多。恐民間誤會，以爲殺人不予抵命，反啟殘殺之風，故復制此法，仍留絞罪之名，使之望而生畏也。

又修訂法律大臣沈家本等奏：准《見行律例》，凡罪名滿漢歧異者，固應改歸一律。即無關罪名，而辦法不同者，亦應量爲變通。除笞杖已改罰金，旗人鞭責業經一體辦理外。擬請嗣後旗人犯罪，俱照民人各本律本例科斷，概歸各級審判廳審理。所有旗人折枷各制並滿漢罪名畸輕畸重及辦法殊異之處，應删除者删除，應移改者移改，應修改者修改，應併除者修併，共五十條。通行内外問刑衙門，一體遵行。再在外蒙古案件，應按蒙古例問擬者，事隸理藩部。此時未便遽議更張，應仍照舊辦理。

臣謹案：從前滿漢刑罰異制，民人應笞、杖、徒、流者，旗人折以鞭責、枷號。旗人罪犯不准州縣官審理，各省另設理事、同知，專審旗人案件。見在改歸一律，以示大公無我之義。若京旗蒙古亦照此例，一律辦理。惟外藩蒙古言語不通，風俗異，宜另有《蒙古律例》，仍從習慣舊法，未可一概更張。知此則外律不適中國之用，可類推矣。

又法部會奏議覆東三省總督徐世昌奏：吉省擬設檢驗學習所，改仵作爲檢驗吏，給予出身。略稱檢傷之法，外國責之法醫，中國付之仵作。法醫係專門學問，必先由學堂畢業，故業此者自待不輕，則人亦無敢賤視。而仵作則私相傳授，率皆椎魯無學。平昔於宋慈《洗冤録》一書，句讀且難，遑言討論，各州縣既視爲無足重輕。故例内所載，選明白刑書逐細講解之事，歷久幾等具文。遇相驗之事，但令當場喝報，即以爲事可立辦。甚至本地並無仵作，移借鄰封，而工食之微，置之不論。於是若輩亦遂甘處下流，咸以命案爲市，而注傷填格，本重報輕者有之，增少作多者有之，種種弊端，不可究詰。馴至案懸經歲，屍屬忿爭，朽骼腐胔，或且誤遭蒸檢。雖盡法以繩其後，而生者已控無可控，死者實冤益加冤。茲據該督等請設所學習，並改原仵作爲檢驗吏，優給工食等語，係爲慎重民命起見。惟查相驗一事，係檢察官應盡職權。該省既設檢察一廳，自應責成檢察長妥爲經理。所稱照各國設立專科，一年畢業，恐爲時過促，未必有成績可觀。不如略仿師範初級簡易科辦法，以一年半爲期，仍於卒業時，嚴加甄擇。合格者，派撥各州縣承充，不及格者，即令留所補習。嗣後，凡設有審判等廳省分，應於上級廳內附設檢驗學習所。一區調取識字仵作，並招考本省聰穎子弟若干名，責令檢察長督同入所肄習，仍照例各給《洗冤録》一部，派員講解。此外生理解剖等學，亦應擇其普通淺近，關係檢驗者，附入課程。並陳列骨殖模型標本，藉資考證。畢業後，發給文憑，分派各州縣，專司相驗等事。舊日仵作名目，即改爲檢驗吏，優給工食，並照刑科吏員一體給予出身。准照各省吏員考職之例，以從九品、未入流兩項，送部註册選用。先在京城設立一區，以慎庶獄而儲吏才。依議行。

臣謹案：舊律設有檢驗屍傷不實一門，於驗屍之法詳舉無遺，大要責成驗屍官不避污臭，親身細檢，仵作不過據傷詳報而已。若驗屍官員不親身細檢，委之仵作開報。微論仵作弊端百出，即改爲檢驗吏，亦未必能弊絶風清。況此事全在經驗，非盡關乎學問。從前疑難大案，往往調取鄰封老仵作開驗者，以其經驗最深也。見擬招考學習並給予出身，僅以一年半之功，欲令收效，恐徒多此煩擾，於實事仍無濟也。此亦喜事更張之一端也。

（清）劉錦藻《皇朝續文獻通考》卷二四七《刑考六》 又學部覆奏：《新刑律草案》有妨禮教。略稱古昔聖王因倫制禮，準禮制刑。《書》曰：明於五刑，以弼五教。《王制》曰：凡聽五刑之訟，必原父子之親，立君臣之義以權之。我國以立綱爲教，故無禮於君父者，罪罰至重。西國以平等爲教，故父子可以同罪，叛逆可以不死。此各因其政教、習俗而異，萬難强合。今將《新定刑律草案》與《見行律例》大相刺謬者，條舉於左：

一，中國制刑以明君臣之倫。舊律凡謀反大逆者，不問首從，凌遲處死，《新律草案》則於顛覆政府、僭竊土地者，雖爲魁首，或不處以死刑。凡侵入太廟、宫殿等處，射箭放彈者，或科以一百元以上之罰金。此皆罪重法輕，與君爲臣綱之義大相刺謬者也。一，中國制刑以明父子之倫。舊律凡毆祖父母、父母者死，毆殺子孫者杖。《新律草案》則凡傷害尊親屬，因而致死或篤疾者，或不科以死刑，是視父母與路人無異，與父爲子綱之義大相刺謬者也。一，中國制刑以明夫婦之倫。舊律妻毆夫者杖，夫毆妻者非折傷勿論；妻毆殺夫者斬，夫毆殺妻者絞。而條例中婦人有犯罪，坐夫男者獨多，法意極爲精微。《新律草案》則並無妻妾毆夫之條，等之於凡人之例，是與夫爲妻綱之義大相刺謬者也。一，中國制刑以明男女之別。舊律犯姦者杖，行强者死。《新律草案》則親屬相姦，與平民無別。對於未滿十二歲以下之男女爲猥褻之行爲者，或處以三十圓以上之罰金，行强者或處以二等以下有期徒刑。且曰：犯姦之罪與泥飲惰眠同例，非刑罰所能爲力。即無刑法制裁，此種非行亦未必因是增加。是足以破壞男女之別，而有餘也。一，中國制刑以明尊卑長幼之序。舊律凡毆尊長者，加凡人一等或數等。干名犯義諸條，立法尤爲嚴重。《新律草案》則並無卑幼毆殺尊長之條，等之於凡人之例，是足以破壞尊卑長幼之序，而有餘也。又查原奏更定刑名一條，改舊律之笞、杖、徒、流、死爲死刑、徒刑、拘留、罰金四種。按今日交通日便，流刑自是可除，而笞杖則有不能盡廢者，罰金則有不盡可行者。如差役等犯法，惟笞杖爲宜。至於罰金本古贖刑之遺制，所以養人愧恥，以爲改過之地。《新律草案》於凡因過失之危害於乘輿車駕者；凡侵入太廟、宫殿等處，射箭放彈者；凡因過失致尊親屬於死或篤疾者，亦以罰金之例行之。則饒於貲者，必輕於法。此刑名之未可全改者也。又原奏酌減死罪一條，有萬不可減者。如謀反者，卑幼毆殺尊長者，强姦婦女者，强盗於盗所强姦者，發塚見屍者，發尊親屬塚見屍者，放火決水者，不置之死，何以戢暴？原奏稱每年秋審實決者，十不逮一，不知刑部鬬殺之案，分別實緩，酌核經年，減軍、減流必遇恩赦。計算該犯監禁，少亦數年。若遽定以不死之刑，人更視人命爲兒戲。衙門辦案本多化重爲輕，若開此方便之門，以授權於審判官，則官吏受賄，民間仇殺之風必熾，此死罪之未可過減也。又原奏死刑惟一一條案，《明律》斬絞分立決、監候，具有深意，國朝因之。《新律草案》稱死刑僅用絞刑一種，大逆、逆倫重案俱用斬刑，見當斬刑未廢，如載律用絞是等君父於路人。將來流弊所極，有非臣子所忍言者。該大臣原奏亦謂大逆、逆倫等條，俱屬罪大惡極，別輯專例通行等語。應卽先行提出，趕緊擬定，以維國紀而順人心，此死刑之未可唯一也。又原奏刪除比附一條，尤爲矛盾。據稱比附易啟意爲輕重之弊，此誠不免。但由審判官臨時判斷，獨不虞其意爲輕重耶？引律比附尚有依據，臨時判斷直無限制，卽如罰金一項，多或數千元，少或數十元，上下更易出入，必多且所定各條，多有同一罪而定。三種之刑，悉任裁判官定擬，範圍太廣，流弊甚大，此比附之未可盡除也。又原奏懲治教育一條用意甚善可以仿行。惟原定凡犯罪在十六歲以下，不論大小輕重，皆無刑事上之一切責任，一以懲治教育處之，限年太寬，恐滋流弊。此懲治教育之尚須酌定年限也。又原奏所注意者，祇收回治外法權一事，自是今日急務。查外人所以深詆中國法律必須改訂者，約有數事。一，刑訊無辜；一，非刑慘酷；一，拘傳過多；一，問官武斷；一，監羈凌虐；一，拖累破家。果能將此數端積弊嚴禁痛改，而國勢實力日見强盛，然後屬地主義之説可以施行，外人自不能干我裁判之權。並非必須將中國舊律精義棄置不顧，全襲外國格式文法，卽可立覩收回治外法權之效也。蓋收回治外法權，其效力有在法律中者，其實力有在法律外者。日本改律，在明治二十三直至明治二十七年，以後各國始允其請。是其明證依屬地主義，除君主、大統領、公使之家屬從官及經承認之軍隊、軍艦有治外法權，其餘僑居本國之人民，悉尊本國刑律管轄，不應由各國領事裁判。是所當收回者爲領事裁判權。今欲收回此權，則於舊律之有礙治外法權者，自不能不酌加刪改。然原奏又云：統計法系約分英、法、德三派，是同於英者，未必同於法，同於法者未必同於德。日本改律，初採法國制度，繼又改用德制。夫英、法、德，既各用其國律，而無礙於完全之法權。日本採用各國法律，亦不能事事盡同於各國，仍無礙於收回已失之法權。可見我國今日改定刑律，於中國綱常倫紀之大有關繫者，其罪名輕重卽使與各國有所異同，似亦無礙於收回此項法權也。竊意今日改律之要，當刪繁減輕。減輕一節已經明諭罷除凌遲、梟首等刑，而且停止刑訊，整頓監獄，已爲各國所欽仰。至於刪繁一節，前此修律大臣奏請刪定見行法律，實爲扼要辦法。擬請飭下該大臣將中國舊律、舊例逐條詳審，何者應存，何者應刪。再將此項《新律草案》與舊有律例逐條比較。其無傷禮教，祇關罪名輕重者，斟酌至當擇善而從。其有關倫紀之處，應全行改正。總以按切時勢，而仍不背於禮教爲主。庶幾收變法之益，而不貽變法之害。奏奉旨學部奏請將中國舊律與《新律草案》詳慎互校，斟酌修改，刪併，以維倫紀，而保治安一摺，著修訂法律大臣會同法部按照所陳各節，再行詳慎斟酌、修改、刪併，奏明辦理。

又：又兩廣總督張人駿覆奏《新刑律草案法》。略稱：法制損益，固當因時。方今時會所迫，誠不能墨守舊章，朝廷特命專官修訂法律，將以定折中之制度，收治外之法權。臣讀《刑律草案》，參互考訂，具見苦心。惟中外風俗異，宜文詞各別，專事仿效，窒礙滋多，約舉數端：一曰：正文義。法律者，所以範圍天下，必須官民共喻，然後共知遵守。今草案悉仿東瀛，名辭新異，語復拗折，如所謂行爲、結果、執行、身分、地位、著手之屬，皆中國衢巷俚俗之談。又如猶豫、行刑、假出獄，與夫精神疾病暨視能、聽能、語能、機能、陰騭之類。以特議一代之憲章，乃全襲他人之文法，似非政體所宜。且更訂刑律，期與各國政治躋於大同。今專仿東瀛，實與歐西迥異，非政體所宜。非獨中國臣民素所未習，凡通商諸國亦無一與之同文。與其效法一國，而令各國莫能相通，何如仍用中文，而另備譯本之爲愈？此應改者一。一曰：明等差。五刑之制，由來已久，後復加入軍、遣等差。詳審總則草案，擬改刑名爲死刑、徒刑、拘留、罰金四種。徒刑又分無期、有期。無期者，懲役終身，以抵軍遣。有期者，區爲五等，以抵徒流。拘留專科輕罪，以抵笞杖。罰本贖刑舊制，而介於有期徒刑與拘留之間，規畫良周，用意誠善。惟死刑有斬、絞之分，有立決、監候之殊，情實、人緩之判。今廢斬用絞，停止秋讞，未免輕重無別，緩速同科。至有期徒刑於罰金額數均各爲上下之限，以取裁於審判之官。每罪之中連舉數刑，更不知若何應輕，若何應重。迴非斠若畫一之義，易滋出入、故縱之虞，此應改者二。一曰：重名教。中國刑罰，實與禮教相維，舉凡倫紀綱常所關，莫不正名定分，懔然不踰。故《名例》十惡之條，首嚴干犯君親之律，今分則《草案》以關於帝室之罪弁髦簡端，事關大逆，寥寥數言，立法不免稍疏。且增入過失一條，處罰較寬，似未足以昭懲戒。至殺祖父母、父母及期親尊長，見諸第三百節，雖處死刑，仍與謀殺凡人無殊。竊恐世薄天親，人忘其本，此應改者三。一曰：尊國制。律嚴詐僞，法重防奸。如《草案》所列僞造制書並御璽印文、文書與夫通用貨幣，皆屬奸僞之尤，按諸定律、定例無不罪應斬絞。今乃悉處徒刑，重者極於無期，輕者僅及四等，未免輕重失宜，公私無別，此應改者四。一曰：慎機務。朝廷內政外交動關重要，漏洩機密，失誤堪虞。故交結近侍官員及漏洩軍情大事，凡有干犯，定律皆處駢首。今《草案》於漏洩機務之罪，僅處三四等有期徒刑，甚因漏洩而致與外國紛議戰争，亦罪至無期徒刑爲止。似未可概從弛縱，貽君父之憂，此應改者五。一曰：維風俗。《見行律例》雖於姦盗不盡從嚴，一有行强，則悉問斬絞。今《草案》於强姦、强盗之罪，僅處二三等以上有期徒刑。且或强盗而並强姦，猶復罪不至死。水懦民玩，兇頑愈張，良懦益苦，此應改者六。以上皆就其至重極要者而言，其他窒礙多端，尚難悉數。仰懇勅下憲政編查館會同法部，將《刑律草案》總分各則按照《見行律例》悉心比勘，詳加更訂，先去新異之名詞文理，再核重要之條目，罪名務期輕重有權，情法悉當。且宜仍存條例爲律輔助，得旨著修訂法律大臣暨法部彙同學部前奏詳慎斟酌，另訂具奏。

又安徽巡撫馮煦覆奏：《新刑律草案法》，略稱：修律大臣進呈刑律草案，臣悉心研究，陳義至高，取材極博，若能推行無礙，藉以收回法權，豈非朝野所甚願？考領事裁判權，西人初行於土耳其，繼行於我國，又繼行於日本。惟日本已與各國改約撤退，實由軍事進步，非僅恃法律修明已也。即以法律論，必實行於本國，而後能見信於外人。若專務文明之名，於本國歷史、人情、風俗、習慣一切相違，竊恐人民之程度不及，非徒無益，而轉有損。中國刑法至唐大備，純用懲戒主義；元明之閒復參報復主義，國朝因明舊制，法律兼懲戒報復，秋審制度又參用感化主義。今日東西各國刑法皆取感化，不用報復。《草案》即以此爲圭臬，夫報復之説，本非刑律之平，爲今日議法律者所鄙。然並懲戒而不用，專欲以感化爲能，恐於今日人民情勢未能適合。如《總則》內第十一條，凡未滿十六歲之行爲不爲罪；及第十二章《猶豫行刑》，第十三章《假出獄》各條，皆偏重感化主義。以中國社會不良，凡十五六歲之童子，幾於無罪不可犯，若猶不論其罪，則幼年子弟必至無所忌憚。是欲以道德化民，轉足以壞其道德。日本舊刑法十二歲以下不論罪，十二歲以上，有宥恕減輕之例。較今律固已不同。俟將來教育廣播，年齡責任漸次從寬，尚未爲晚。猶豫行刑及假出獄二者，以情相感，收效必多。然提法司未改，審判廳未立，巡警未能普及，監獄未能改良，亦必遲之數年，始能施行。此宜斟酌者一。又以立法之內容言，西人用人格主義，不用家族主義，日本新刑法亦然。中國則以家族團體爲國家之根本。若將家族主義驟然改破，則全國人民，國家之觀念既淺，家族之範圍復弛。恐人心之渙散，更無術可以結合。《草案》非無重視家族之精意，尚缺重視家族之明文。如《分則》第一章，關於帝室之罪既立專章，而君親並重，宜仿日本舊刑法意，將關於祖父母、父母之罪，另立專章，並附載不得援引，不論罪及宥恕減輕之文，保持家族維繫人心。不宜以犯殺傷尊親屬罪者，與犯殺傷凡人罪者並列，此宜斟酌者又一。若夫名節之防，中國女子習俗相沿，有臨難殉身者，有被辱自盡者，此皆我國女子美德。如《分則》內第二百七十四條，强姦婦女僅處二等以上有期徒刑。又第三百五十四條第三項，於盗所强姦婦女而不列於第三百五十五條之內，此等重犯尚不加以死刑，輕重未免失宜，此宜斟酌者又一。至於名詞文法，似宜精益求精，不宜專採日本。日人以西書名詞翻我國漢字，有淵源故書而確有考據者，有摭拾俗字而失其真義者。我國修訂法律，取捨之閒，應有權衡。典雅之字不妨相仍，桀驁之詞概宜屏去。若條文詞義與本國文學或相背戾，解釋不易，奉行遂難。且西人文學分古代、近世二種，古代文學以羅馬拉丁文字爲宗，音義源流皆能考訂。近世文學，英人能以羅馬拉丁變爲英文，法人能以羅馬拉丁變爲法文，俄、德亦然，皆不使本國文字爲外國文字所混。我國文字誠能考求字書，推闡文義，何求不得？即法律名詞宜因者因，宜創者創，並非難能之事。若似中非中，似西非西之日本文法斷不可摹仿，使其浸入我國。倘更編諸法典，恐舞文弄法者，又將利用此等文法，自便私圖，流弊不可勝言。總之，今日立法怵於國際，懲於教案，萬不能守我國獨有。而共和可行之法，亦不能重違民俗，專爲舍己芸人之計。故修改本國之法，則貴汰其惡，而留其良。採取外國之法，尤宜節其長，而去其短。是在立法者斟酌盡善，而尤臣所殷殷祈禱者也。得旨著修訂法律大臣法部議奏。

署直隸總督楊士驤覆奏：刑律總分則《草案》略稱，竊維古今法制代有損益，皆期適合乎民俗而止。各國立法之權委諸國會，亦以法律與人民關係至爲切合，因民制法，具有深意。我國舊時刑律與見今情事勢難墨守，如海禁改爲《保護商律別輯專條》之類，其應行酌改者正多。此項《新刑律草案》經修訂法律大臣採取各國成法，逐條詳考沿革，詮述大要，並著引用之法，纂訂至爲精博。惟茲事體大，不厭詳求，有不能已於言者，人民之受治法律程度固分高下，俗尚尤有異同。各國訂定法律，莫不各就本國風俗習慣，纂成一國之憲典。我國最重家族，故舊律於干犯倫紀諸條科之特嚴。又齊民之具，以禮爲本，以利爲末。其姦誘諸罪，駭禮潰義，敗壞名教，爲人心所同惡，即爲國法所不容。修訂之初稍有不當，既無以止暴而禁奸，且不免驚世而駭俗。《草案》如謀爲大逆過失者，亦許罰金；傷害尊親屬，雖致殘廢，仍貸死罪；和姦則僅科及有夫之婦；誘拐則不禁二十歲以上之人，似此有悖禮教化之條不勝枚舉。夫中國治民之道斷不能離倫常而言文明，舍禮制而別求教化。今徒騖一時之風尚，襲他國之名詞，强令全數國民以就性質不同之法律，在執筆者以爲時令既趨於大同，法典宜取乎公共。不知師長去短則可，削足適履則不可。若以中國數千年尊君親上之大防、制民過俗之情意廢棄不顧，恐法權未收，防閑已潰，必致奸慝放恣不可收拾。其他寬嚴，輕重，互有出入之處甚多。茲舉最要數條贈加案語，謹繕清單以備聖明甄擇。總之弼教明刑可以與時爲變通，不容數典而忘祖，必幾經審愼體驗而後扞格始通。查本年正月間，修訂法律大臣等因《新刑律草案》雖經編擬，而一時教育、審判、警察、監獄各項規制尚未完善，急切難見實行。援日本從前新律綱領暨改定律例辦法，奏請編定《見行刑律》，分删除總目，釐正刑名，節取新章，删併例文四項此係新舊遞嬗，一定不易之次序。仰懇勅下憲政編查館會同修訂法律大臣暨法部，趕將《見行刑律》編定頒行，以爲推行新律之預備。一面將《新刑律草案》覆加考核，妥愼釐訂，期與中國人情、風俗、禮法、政教悉相符合。其公訴、時效、猶豫、行刑等類，以及民、刑訴訟法內有未能通行者，一併參酌舊章，折衷至當，以仰副朝廷明罰勅法之至意。下所司議奏。

又法部等奏據東三省總督徐世昌等奏稱：遣犯一項，與日本之無期流刑相仿。尤以俄羅斯發遣之法爲最善。攷俄國發遣，一往西伯利亞，一往高加索山，均作無限苦工，十年始准編入農籍，並無釋回之文。黑龍江左岸俄地屯戶較多，半由於此。江省幅員太廣，從前邊禁未開，旗屯聚處，平民不容雜居，是以罪犯遣發到江，不得不留於各城安置。麕聚既多，節經嘉慶十七年奏准，將遣犯分別改發，續又奏准停止發遣。道光年間壅積爲之一疏。咸豐二年酌復舊例，給披甲爲奴者八條。又因新疆遣犯壅滯，改發黑龍江者十三條。此外應發新疆者，亦酌量改發黑龍江。同治四年，復因遣犯過多，將應發黑龍江人犯，改發各省駐防，及極邊足四千里充軍。此皆因時變通，互爲消息。伏念江省土地之廣，人民之稀，舍殖民實邊，實無二策。因思遣犯每歲不少，似不如將情輕遣犯歸復舊例，仍發黑龍江，其家屬願隨者聽爲奴，人犯改爲充當苦工，五年安置。人犯充當苦工一年，到配時酌撥各地方官管束，年滿察其人尚安靜，酌撥邊境，編入農藉，計口授田。其實發煙瘴及常赦所不原應發極邊各犯，亦可一律辦理等因。臣等竊維罪人實邊，漢宋以來皆用此法，用意深遠。近如俄羅斯之發遣西伯利亞及高加索二區，實與中國古制駱合。溯查國初定例，情重各犯，除流徒尚陽堡及打牲烏喇甯古塔等處外，多係發黑龍江爲奴。嗣因麕積過多，始分別改發、減發，旋又酌復舊例。同治九年，復將應發累龍江者，改爲實發雲、貴、兩廣極邊、煙瘴充軍。在當日經畫苦心，固係與時消息。該處停發計已三十餘年，籌邊之方亦應量爲通變。該督等擬請規復舊制，係爲愼重邊防起見。惟例內應發黑龍江等處遣犯，大半係兇悍之徒，按照臣部議覆升任山西巡撫趙爾巽奏《罪犯習藝章程》內，如强盜、會匪、棍徒、搶奪等項，到配尚須監禁十年，再行充當苦工，以二十年爲限。卽非上項致罪，而爲常數不原者，亦應工作十年。今遽責令歸農，未必爲其所習。且該省鬍匪未靖，縱羣不逞之囚徒，散處其間，防範未周，難保不句結爲患。見計死罪減流各犯數目較多，且與實在兇徒有間，若輩有室家者，十居八九，以之助興屯政，洵屬相宜。顧或謂黑龍江所發，係屬外遣。今擬將隨案減流之犯投之遠方，似覺過重。不知此係實邊之計，並非科罪之差。古有遷平民以置邊徼者矣，況其爲罪犯耶！且遣，軍各犯，其罪尚不至死，而由死罪減流者，其罪本應擬絞，輕重亦當有辨。或又謂此項流犯新章，在本省習藝，與例應發配者不同。不知殺人移鄉，古有正律，與其長留本境，或致刺釁以尋仇，何如遷徙他方，尚得安居而樂業。且工與農同一保民要政，作工者效在異日，力農者利在目前。一轉移間，本犯不費一粟一錢，有田可耕，室家完聚，何憚不爲？即謂人情不願去鄉，未容强以所難。或於定案時詳細詢明，較爲周切。至此，外軍流等犯願否赴邊，亦應一律核辦。仍於軍流之中，略予區分，以昭平允。擬請嗣後遇有擅殺、誤殺及鬬殺情有可矜各犯，凡罪應減流者，均於定案時，取具確供。如有情願赴邊謀生者，免其在本地作工，准即帶同妻子發往黑龍江。設有州縣地方編入民籍，酌撥種地，由官資送。其有老弱不能任事者，仍按向章收所習藝。尋常軍流等犯爲常赦所得原者，流犯照前辦理，軍犯毋庸查詢，即行僉發。倘有脱逃滋事别情，照原擬軍流應得工作年限，責令充當苦工，限滿安置。案係免罪實邊，所有該督等擬請將爲奴安置人犯分别充當苦工五年、一年。並常赦不原各犯，一律照辦之處，均毋庸議。擬先就京師及直隸、山東、山西、河南案犯試辦。俟數年後果無滯礙，再行推廣各省。如蒙俞允，即行交該督等遵照，並令妥定詳細章程，另行奏明。再由臣部分咨直隸總督，山東、山西、河南各巡撫及大理院、順天府尹，一體查照辦理。如議行。

又：又覆奏御史王履康奏請將官媒永遠禁革，改設婦女待質所一片，略稱：查例載，婦女有犯姦、盜、人命等重情及别案牽連，除正犯仍行提審，其餘小事牽連，提子姪兄弟代審。又婦女除實犯死罪，例應收禁者，另設女監羈禁外，其非實犯死罪，承審官拘提、録供後，即交親族保領，聽候發落。不得一概羈禁各等語。誠以婦女名節爲重，非實犯姦盜及案内正犯，概不輕予提審。非實犯死罪，於提審録供後，即交親族保領，概不輕予羈押。至官媒一項，除例載婦女犯斬、絞重罪，應行解勘者，於經過地方派撥伴送外，並無准其將涉訟婦女發交看管明文。例載當官嫁賣婦女歷來辦法，雖由官媒承領，此項犯姦婦女故判罪後，交其領賣。並非尋常婦女，一經涉訟，即使之收押也。無如日久弊生，州縣既憚於交保之煩，書差更樂於看管之便。官媒從而居間，婦女無所伸寃，一經涉訟，輕則傾家破産，重且含垢蒙羞。該御史所奏，係爲矜恤婦女起見。惟是除弊莫先於太甚，而徒法究難以自行。溯查待質所之設，係由前貴州撫臣黎培敬奏准通行，見已奉旨禁革，自未便驟議仿行。擬請嗣後凡婦女涉訟，除實犯姦、盜、人命及一切死罪，例應收禁者，即仿照臣部並大理院及各審判廳辦法，設立女看守所另行羈禁外。其非以上情罪，及因案牽連、備質，承審官拘提録供後，即交親族保領，聽候發落。如已訊未結，一律交保候訊。若無親屬，即由地方官取具妥保，保候審理。倘有不肖官員擅用官媒，仍將婦女交押，致被索詐，或淹斃者，該督撫指名嚴參。至解審斬、絞重罪婦女應由地方官另僱年老穩練之婦派撥伴送，不准再用官媒。如遇有當官嫁賣婦女，准由地方官擇交妥實地保、族鄰公同辦理，亦不得再令官媒承領。其舊日官媒名目，永遠革除。如議行。

臣謹案：官媒之弊，誠如御史所云，急當改革。但古今無不敝之法，不得其人，則良法亦成粃政。去官媒，而設待質所後，以有弊而禁革見，又改設看守所，又改官媒，另雇年老穩練之婦。若無認真督察者，則看守所仍依然一待質所；而年老穩練之婦，亦依然舊官媒也。孟子云：徒法不能以自行。孔子云：其人亡，則其政息。信哉！

又：又憲政編查館覆奏《國籍條例》略稱：國以得民爲本。自來言戶籍者，不過稽其衆寡，辨其老幼，以令貢賦而已。國籍之法，則操縱出入之間。上係國權之得失，下關民志之從違。方今列國並爭，日以闢土殖民，互相雄長。而中國獨以人民繁庶，貿遷耕墾，偏於重瀛。固不必以招徠歸附爲先要，當以懷保流移爲貴。原奏所稱各國國籍法有地脈系、血脈系，即是屬地、屬人主義，兩義相持，必生抵觸。故雖各有注重之端，而不能無折衷之制。然各國即取折衷主義，而仍不出於屬地、屬人二者範圍以内。故當施行之際，往往易生辨難之端。各國通例，必先定一法律，以保護己國人民與限制他國人民。但準乎本國情勢之所宜，而固不能期他國之盡相合也。今原奏擬訂《國籍條例》四章，以國籍、入籍、出籍、復籍爲綱，而獨採折衷主義中注重血脈系之辨法，條理分明，取裁允當。所擬施行細則，亦係參照歷年交涉情形，藉免牴牾起見，謹督館員逐條核議，尚屬可行。惟是法律務期久遠，推求不壓精詳。見在我國民法尚未頒布，領事裁判權尚未收回，惟恃此項條例與爲維繫，必須行之以簡，而事無不賅；持之以通，而勢無或阻。下可副編氓歸嚮之忱，上可彰法律修明之效。庶幾推行盡利，内外相安。臣等謹本此義，量爲增損，改爲《國籍條例二十四條施行細則》十條，繕單呈覽，伏候欽定頒行。依議。

又：又修訂法律大臣法部右侍郎臣沈家本等奏請編定《見行刑律》，以立推行新律基礎。據稱：新政之要，不外因革兩端。然二者相衡，革難而因易。誠以慣習本自傳遺，損益宜分次第，初非旦夕所能責望也。方今瀛海交通，儼同比伍，權力稍有參差，强弱因之立判，職是之故。舉凡政令、學術、兵制、商務，幾有日趨於同一之勢。上年進呈《新刑律草案》，專以折衝樽俎、模範列强爲宗旨。惟是刑罰與教育互爲盈朒，如教育未能普及，驟行輕典，似難收弼教之功。且審判之人才，警察之規程，監獄之制度，在在與刑法相維繫。雖經漸次培養設立，究未悉臻完善。論遞嬗之理，新律固爲後日所必行，而實施之期，殊非急迫可以從事。考日本未行新刑法以前，折衷我國刑律，頒行《新律綱領》，一洗幕府武健嚴酷之風。繼復酌採歐制，頒行改定律例三百餘條以補綱領所未備，維持於新舊之間，成效昭著。見在新律之頒布，尚須時日，則舊律之刪訂，萬難再緩。擬請踵續其事，以竟前功，並酌擬辦法四則：一，總目宜刪除也。刑律承明之舊，以六曹分職，蓋沿用《元聖政治典章》及《經世大典》諸書，揆諸名義，本嫌未安。見今官制或已改名，或經歸併，與前迥異，自難仍繩舊式。茲擬將吏、戶、禮、兵、刑、工諸目，一律刪除，以昭畫一。一，刑名宜釐正也。律以笞、杖、徒、流、死爲五等，而例則於流之外，復增外遣、充軍二項。自光緒二十九年奏請刪除充軍名目，改爲安置，軍流徒酌改工藝，改笞杖爲罰金，秋審可矜人犯隨案改流，並將例緩人犯免入秋審等，因各在案，疊屆變通，漸趨寬簡。質言之，即死刑、安置、工作、罰金四項而已。茲擬將律例内各項罪名概從新章釐訂，以免分歧。一，新章宜節取也。新章本爲未纂定之例文。惟自同治九年以來垂四十年，通行章程不下百餘條，閲時既久，未必盡合於今。茲擬分別去留。其爲舊例所無，如毀壞電杆、私鑄銀圓之類，擇出纂爲定例。若係申明舊例，或無關議擬罪名，或所定罪名復經加減者，無庸編輯。一，例文宜簡易也。律文垂一定之制，例則因一時權宜，量加增損。故列代文法之名，唐於律之外有令及格式，宋有編敕，自明以《大誥》、《會典》、《問刑條例》附入律後，律例始合而爲一。歷年增輯至今，幾及二千條。科條既失之浩繁，研索自艱於日力。雖經節次刪除，尚不逮十之二三，擬請酌加刪併，務歸簡易。以上四者，係大體言之。其餘應行刊改之處，臨時酌覈辦理，定其名曰《見行刑律》。一俟新律頒布之日，此項刑律再行作廢。持之以恒，行之以漸，則他日推暨新律，不致有扞格之虞矣。奉旨：憲政編查館會同法部議奏。

又憲政編查館覆奏侍郎沈家本等奏編定《見行刑律》一摺，略稱：查閲原卷各節，因《新刑律草案》雖經編擬，而一時教育、審判、警察、監獄各項規制諸未完善，急切恐難實行。故援日本從前《新律綱領》及改定律例之辦法，刪訂舊律以利變通，係爲循序漸進起見。所擬修訂章程分刪除總目，釐正刑名，節取新章，刪併例文四項。臣等公同商酌，刪除總目一節，蓋亦因時制宜之辦法。查六官分治，爲成周之舊制，夷考列代律目，漢魏以降，大率有篇目而無總目；《唐律》及《宋刑統》均同；《元典章》目録始以《詔令》、《聖政》、《朝綱》、《臺綱》居前，而吏、戶、禮、兵、刑、工六部，分列於後；洎明洪武時廢中書省，政歸六部，故修律亦分六曹，我朝相承未改。近今官制更張，已與前代不同，事例既增，自非舊日總目所能賅載。今律篇目分名例、職制、公式、戶役、田宅、婚姻、倉庫、課程、錢債、市廛、祭祀、儀制、宫衛、軍政、關津、廄牧、郵驛、盜賊、人命、鬬毆、罵詈、訴訟、受贓、詐僞、犯姦、雜犯、捕亡、斷獄、營造、河防，凡三十門，條舉已詳。即無總目，已便檢查，仍照今律三十門分隸，而刪除六律之名，以昭核實。又釐正刑名一節，自係循名責實之意。惟查刑部奏請刪除充軍名目章程，附近、近邊、邊遠併入三流，極邊、極邊烟瘴改爲安置。又議覆升任山西巡撫趙爾巽條奏《習藝章程》，工作，兼指遣、軍、流、徒四項，僅於懲處之法，略分輕重之等。是軍罪雖經刪除，遣流尚存。仍應於死刑之次，增入遣罪；安置之次，增入流罪，以存其實。至節取見在奏定新章，刪併例文各節，俱係修律向章，應請照原奏所擬辦理。抑臣等更有請者，方今朝廷庶政咸新，羣彙繁阜。有昔爲厲禁，今已漸次解除者；有昔爲附例，今已别輯專條者，即如民人出海例禁綦嚴，今則易爲保護；各省礦山，向多封閉，今則咸議開採；以及結社、集會、發行報紙之類，均非舊時律例範圍所能限制。以上各項，均應薈萃參考，以免牴牾。如議行。

（清）劉錦藻《皇朝續文獻通考》卷二四八《刑考七》 法部郎中吉同鈞論《大清律》與《新刑律》並行不悖説帖呈堂代奏，據稱：刑法之用，因地而異，因人而異，兼之因時而異。時未至而强變，與時既至而不變，其失均也。何謂因地而異也？夫治蜀用嚴治，吴用寬，見於史册，彰彰可考。試以見今而論，《大清律例》通行二十行省，然以治外藩蒙古，則格格不入，而必另設《理藩院則例》者，地不同也。如《大清律》嚴懲姦匪，以端禮俗，而《蒙古例》不重姦罪，且因黄教盛行，生齒稀少，反有導之使姦之法，如各旗之麻哈拉廟是也。《大清律》用笞、杖、徒、流，而《蒙古例》易以鞭責折罰三九畜牲，且有對神發誓之律，爲中律所未經見。然此猶論邊外也。卽以内地言之，猶是强盗，而京城加梟；猶是竊盗，而直隸加枷，兩廣加帶鐵桿；猶是鬭毆，而沿江濱海加重擬軍；猶是秋審鬭殺，而潁屬汝屬加嚴。地有不同，刑卽各異。《孟子》所謂易地皆然者，此也。何謂因人而異也？《禮記》稱：五方之民，各有性也，不可轉移。《周禮》稱：山林之民宅而方，川澤之民黑而津，皆其明徵。試仍以《大清律》論之，旗、蒙、回、漢、苗、猺、蠻、獞，種類不一，刑法各殊。民人用笞、杖者，旗、蒙以鞭代之；民人用徒、流者，旗蒙以枷號折之。至於苗、猺、蠻、獞，輕則折枷，重則遷徙，均無實流、實徒之法。非但此也，同一犯罪，民人用笞、杖者，職官代以罰俸、降級；民人用流、徒者，職官發往軍臺；新疆民人死罪分實、緩者，職官一概入實；而書吏革兵有加等之例；差役有不准留養之例；僧尼道冠有納贖還俗之例；老幼婦女有收贖之例；宗室有折罰錢糧圈禁之例，種種刑法因人而異施。《中庸》所謂以人治人者，此也。若夫因時之説，更爲修訂刑法一大原因。嘗覽古今雄略之主，莫如漢明二祖，漢高約法三章，節目闊疏者，繼始皇虐戾之後也。明祖《大誥》一書法令森嚴者，承順帝寬縱之餘也。他如漢宣繼文帝仁柔之後，而刑用猛。宋祖承五代殘酷之餘，而政尚寬。皆時爲之也。卽如我朝順治初年，爲反側未靖之時，利用明之嚴刑。康雍而後，爲天下太平之時，隨卽改尚寬典，如叛逆緣坐之決斬改爲閹割發遣。强盗之不分首從皆斬，改爲法無可貸，情有可原。其大端也。咸同以來，髮逆起事，其時盗賊充斥，故復改寬爲嚴，强盗仍用明律。搶奪、竊盗、持鎗、加梟、捉人、發塚重案均照强盗決斬，一切重法相因而起。迄至庚子而後，其時和局已定，新政迭興，故删除緣坐、凌遲、梟示各項酷刑。以迄於今，不但枷號、笞杖、刺字廢除，卽徒、流、軍遣諸刑與舊律辦法，均不相同。更可異者，昔年閉關之時，違禁下海、傳習天主諸教者，均處死罪。見在出洋視爲坦途，習教聽其自便。非但不以爲罪，並且視爲固然，是知時之所趨，雖聖人不得不受其轉移。時哉！時哉！孔子所以再三興嘆也。明乎以上三端，乃可決定《大清律》與《新刑律草案》之從違。夫《大清律》者，乃歷代相傳之法典，斟酌乎天理人情，以治中華禮教之民，猶外國之有習慣法、普通法也。《刑律草案》者，乃豫備收回領事裁判權，辦理華洋交涉之案，猶外國之有特别法及成文法也。醫家之用藥也，寒熱燥濕因人而施。華洋交涉案件而繩以大清之律，使强就我服制禮教範圍之中，是猶以參附治實熱之證，必益其疾。若審理内地人民，而驟用草案之法，强姦、强盗不處死罪，弑父、弑母等諸凡人，是猶以硝黄治虚寒之人，反速之斃。再者《刑律草案》與憲法相爲附麗者也，《大清律例》與經傳相爲附麗者也。憲法成立以後，官民知識均換新理，國家制度頓改舊規，逆計彼時經傳，且爲陳迹，遑論舊律，故必《草案》繼之，非此則憲法不能完備。若尚在憲法甫萌之時，搢紳心胸猶有舊書餘味，草茅傳誦尚知儒術爲高。則我《大清律》者，仍在當可謂時之列。而驟施以《草案》之法，鮮不羣相非笑矣。當此新舊交訌之際，舊學以《草案》爲敗俗、爲放倫，新學又以《大清律》爲嚴酷，爲迂腐。雖持論不爲無理，而其拘於一偏，則一也。苟用當其可，二書皆不可廢。蓋治内地，可用《大清律》；而租界華洋雜處之地，則宜《草案》。治國人可用《大清律》，而旅居中國之外人則宜《草案》。且見時可遵用《大清律》，而數十年後，憲法完備之時，則可參用《草案》。然其用《草案》也，立法之權歸諸議院，須經上下議院公同認可，否則仍無效力，此其所以爲憲法也。夫《易》卦之《噬嗑》《豐》《旅》皆言刑法，而其中仍寓變動不居之妙，如《豐》之折獄致刑則曰與時消息。《旅》之明慎用刑則曰時之義大。經訓昭然，顯示準繩。故曰明乎此義，乃可決定《大清律》與《刑律草案》之從違也。

又： 又江蘇巡撫陳啟泰奏新訂《刑律草案》約有三失：一，失之太輕。《見行律》死刑七百六十條，《草案》處死刑者僅四十六條，甚至謀反、叛逆、强盗、强姦尚有不死者。而各項之未遂罪，皆得以罰金了之。恐水懦民玩，犯法者更多。一，失於太混。《草案》每條文於罪名之等級，往往設爲某等刑至某等刑上下，或併處以罰金，而罰金之數又定爲數千以下至數百以上，上下起訖相去太懸。即以第一百八十二條内云：處死刑、無期徒刑或一等有期徒刑。同一罪狀，而論刑則分三等。凡此之類，不勝枚舉。當此裁判之才缺乏，官吏於法律未盡熟諳，勢必至高下任意，處斷難平。一，失於太疏。《禮》曰：聽訟，必察大小之比。《周書》上下比罪。可見比附援引之法，三代已行之。考諸外國法律，非無比較參照之辦法，即《草案》内亦當有準照某條適用之文。乃獨於第五條著明凡律例無正條者，不論何種行爲，不得爲罪。轉似明導以作奸趨避之路。他若枉法贓之不著以死法，和姦罪之不及於室女，殺傷外國代表，既以傷害尊屬論，而殺制使及本管官，轉概於普通殺人之列，子孫謀殺父祖，既僅處以死刑。而父祖之殺子孫，轉與凡人同論。此尤關於政體名教，大有世道人心之憂。

又湖廣總督陳夔龍奏：《新定刑律草案》參訂本已詳盡，惟中外風俗不無異宜，人民程度亦多差等，似有不得不就政教、民情再加討論者。如删除比附，以杜意爲輕重，而情僞萬殊，條目不足以賅事變。且審判人才缺乏，如憑審判官就各刑上下之限，臨時審定，恐程度不及，亦不免援引失當，出入人罪。他如刑事丁年，斷自十六歲以上，礙難施諸强迫教育未行以前。徒罪囚人雖得許假出獄，亦應按其所犯重輕，酌示限制。五倫首重尊親，設有殺傷，不得以過失而寬減。叛逆大干紀律，若係首要，應處以惟一之死刑。至强姦不科死罪，親屬相姦未著專條，亦無以維名教之大防。其餘如反獄、劫囚、詐僞等項，亦多從輕減。恐不免水懦民玩之虞，似應與强盗、搶奪、發塚諸條同輯暫行章程，並聲明此等章程專爲治本國痞匪淫兇而設，不在總則第一章範圍之内，以免改正條約時爲外人所藉口。俟人民程度進步，再行一體改從新律，庶於斟酌輕重之中，仍寓權衡緩急之意。

又： 又陝西巡撫恩壽奏參考《刑律草案》分條簽註，略稱：國法與天理人情相表裏。中外風俗互異，刑律自難强同。近來國界交通，時異事殊，更有不能不變通之處。然取人所長，補我所短，必於中國風俗不相背馳，始能行之無礙。若風俗如此，而刑罰如彼，雖綱目俱備適成一家之言，而與人情不相洽，必於天理失其中，即爲國法所不容。况倫紀綱常，實爲禮教之本，尤不可不審慎顧慮，竭力扶持。此項新訂草案，經修訂法律大臣採取各國成法，斟酌纂訂，用意精博。惟兹事體大，推原溯本，不厭詳求。如君民、共和、父子、自由、夫婦平權，在列邦視爲故常。在中國則論以悖謬，甚至危犯乘輿、大逆不道及傷害尊親之罪，亦從輕減。雖比平人稍有區别，而相去無幾，於名教所關非淺。又如無夫婦女不科和姦，年及二十不爲拐誘，强姦、强盗之重犯，止於徒刑，聚衆爲暴之惡人減至四等，未免有失防閑。如謂法尚從同，無取獨異，不妨聲明此項見行法律，暫爲懲戒一時末俗澆風而設。俟將來人民程度增高，再行一體改從新律。抑奴才更有進者，舊律於罪刑等級，一字必嚴，不可移易。然尚有疑難之案，久而不決者，若於各種罪名概用渾括、籠罩之詞，而每一罪下刑必數等，在能者用之，審情定罪，固爲甚便。然使鹵莽者，因而誤斷偏私者，藉以濟奸及至失出、失入，反得援律以自飾，則疑獄多而結案難矣。至其名詞文義，多用東文意義，近於拘執，似不若改用通行習慣文詞較爲明顯。凡此愚見所及，用敢縷效壤土涓流之助。下修訂法律大臣法部彙核具奏。

又山東巡撫袁樹勳奏刑律實行宜分期籌備。略稱：細譯修律大臣所訂《刑律草案》變通之事例凡五。内如酌減死罪，或議其太輕，删除比附，或疑其太混。其所以酌減及删除之理由，實皆採取歐美列邦之學説，參以中國舊時之習慣，斟酌損益，頗具苦心。臣竊竊然議且疑者，則不在枝葉上之討論，而在根本上之解決。根本維何？中國如不改訂法律，尚能適存於列强競争之世紀否？尚能範圍此住居衣食之人民否？我國見用刑律已成何等時代？我國今日時代應適用何等刑律？原奏於不可適用之處，則别爲暫行章程。又恐暫行章程之或有窒礙也，則曰舉行警察爲之防範，普及監獄爲之教養。罪重法輕之弊，可無顧慮。不知臣之顧慮即在此矣。夫各省舉辦警察，僅存形式耳，或併於形式而未備耳，其弊尤甚於巡警之不完備也。刑律枝葉之討論總極完密，事實之障礙固已多矣。臣聞刑法之沿革，先由報復時代進於峻刑時代，由峻刑時代進於博愛時代。我國數千年來相承之刑律，其爲峻刑時代，固無可諱。而外人則且持博愛主義，馴進於科學主義，其不能忍讓吾國以峻刑相殘也。非人事爲之，亦天道使然也。原奏所謂警察爲之防範，監獄爲之教養，即由峻刑而進於博愛之證也。論者不揣改訂刑律主義之所在，而毛舉峻刑時代之習慣，瑕指而瘢索之，毋怪格不相入也。故爲我國今日計，既不能自狃於峻刑主義，則不能不採取博愛主義。警察所以强制未犯罪之人不得爲非，監獄則並教養已犯罪之人復歸於善。是二者在刑法上爲旁義，而在新刑律實行之先，非有切實之籌備，則新刑律終不可得而施。我國新政變甲而不變乙，並甲亦不效，大都然也。就東省情形而論，曹兖數府以强悍聞，殺人越貨相習成風，治斯土者，亦惟嗜殺爲能，殺愈多，而盗亦並不減少。夫刑罰者，最後之制裁也。日以刑罰加諸民，則制裁之道窮，而樂生之意少。老子曰：民不畏死，奈何以死畏之？故峻刑主義之不得不轉入博愛，理有固然；亦勢有必至也。臣疆寄忝膺，不敢爲苟且之圖，亦不取凌躐之見。擬在東省擇地先辦一寬大監獄，惟經營伊始難在籌款，尤難在得人。蓋必須擇宅心公正，具有慈善之願力，而尤樸實耐勞，有監獄之經驗學識者，經理其事，始不至視爲例差。臣智短才疏，不敢謂辦理必有效果，而默察施行新刑律之入手，非經此階級不可。無論東省財政如何支絀，然上體天心之仁愛，下傷民命之顛連，蕩滌瑕垢，咸與維新。臣斷不敢不勉爲其難，一俟計畫稍有端倪，另摺奏報。

又：臣謹案：以上三篇，係因新律尚難實行，舊律多不適用。另修訂此編，以備新舊過渡時代之用，名曰《見行律》。舉舊例之不合時用，及繁重複雜之處，刪繁就簡，減重從輕。一本唐律之平恕，參用外國之新法，共刪除律文二十餘條，例文四百餘，酌古今而得中，合中外爲一爐，洵善本也。然其中有可議者，亦有數項。查舊律緣坐之法，所以懲亂臣賊子，用意深遠。自漢迄明，相沿不廢。《見律》删除此法，遂致匪黨肆行無忌，不惜犧牲一身以亂天下。致有安徽、湖南、廣東，殺官焚署之事。使不廢緣坐之法，該匪顧惜親屬，或畏忌而中止，或親屬恐被株連，先事告發，亦可遏亂未萌，何至釀成巨患，勢如燎原？此其一也。又卑高以陳而貴賤斯位，乃天地不易之理。故《易》曰：君子以辨上下定民志。舊律設良賤相犯之條，凡婢、妾、奴、雇工犯家長及家長毆婢、妾、奴、雇，均有加重、減輕之條。《見行律》一概刪除，不分貴賤尊卑，均同凡論。故近年奪嫡欺主之案，層見迭出，漸至目無君長，犯上作亂，皆由律無治罪之條所致。此又其一也。若夫民生於三事之如一。《禮》云：師道立，則善人多。故舊律有干犯業師照干犯胞伯治罪之條。國朝尊崇儒道，律外又設專例：凡儒師弟子相犯，比照期親定罪。僧道、百工、師徒相犯，比照大功定罪。重師尊儒越唐明而上之，《見行律》廢除此例。凡僧道徒相犯，尚有加重減輕之法，而儒師弟子反從凡論。流弊所及，既不尊師，漸至不尊君親。此又破壞世道人心之一節也。至於笞杖之刑，所以懲警梗頑，雖唐虞盛世不廢鞭扑。歷代刑制不一，要皆以杖爲常刑，《見刑律》廢除笞杖，盡改罰金。凡雄於資財之徒，可以任意凌虐貧窮，助兇惡而長刁風，其流弊實非淺鮮。以上數端，皆《見行律》可議之處。雖較之《新刑律》尚爲利多害少，然刑罰關係世道之盛衰，人心之治亂。《見行律》大端平允，而小有瑕疵，猶生種種弊端。況新律盡廢綱常禮教，將來實行更不知伊於胡底矣。此中華數千年未有之奇變，非止一代一朝之因革損益而已也。

又：臣謹案：五刑始於《虞書》，詳於《吕刑》，秦漢而後屢經變易，至隋唐始以笞杖徒流死定爲五刑，歷宋元明以迄於今，相沿不改。馬氏《刑考》云：笞杖徒流死，此五者即有虞所謂鞭扑宅流，雖聖人復起不可偏廢也。又云：慕輕刑之名，而不恤惠姦之患。俾無辜罹毒虐者，抱沈冤而莫伸，而舞文賄賂者，無後患之可惕。則亦非聖人明刑弼教之本意云云。此可見舊律五刑之制，缺一不可，增一亦不可也。今《見行律》廢除笞杖，增入遣罪，大變數千年之良法。笞杖之不可廢，前條已詳言之。遣罪創自明世，比流罪地方較遠，亦屬流罪之一種。況舊律流、徒均行發配，見在徒罪既不發配，流罪發配者，僅寥寥數項，餘均留於本地工作。是有流、徒之名，並無流、徒之實。死刑既除，凌遲、梟示見又並斬罪而多廢之，大半改絞，雖較新刑律稍留一線國粹，然古法已蕩然矣。況僅限二三年短期實行，至六年即行新律，於時局亦何補哉？

又：又都察院奏：《刑律草案》未盡完善，請下法律大臣覆加核訂，以防流弊。一，洋律科罪太輕，可參用而不必盡用。一，斷罪宜歸一定，不便游移其詞，以防舞弊。一，參用洋律，仍宜以中文達之，不必襲用外洋文法。以上三端，皆其大致之不甚合宜者，故敢約略陳之。得旨著法律大臣法部會同京外各條奏，另訂具奏。又閩浙總督松壽奏：參考《刑律草案》，應請詳加釐訂，略稱：我朝《大清律例》一書，寬嚴得中，繁簡適宜，悉準於天理人情之中，洵足爲禁奸止暴之用。惟是今昔情形不同，溯自中外互市以來，外人之僑居中國者實繁有徒，辦理交涉，動多棘手。自應改絃更張，取法律於大同，藉收領事裁判權。見經修訂法律大臣採取各國成規，參考《見行律例》編訂新律。總則、分則共三百八十七條，更復詮述理由，發明注意，體裁正大，論列精詳。但核諸見在風俗民情，尚有未盡妥洽之處，有不得不陳請更訂者。中國君親並重，爲名教之大防，不容稍有侵犯，所以敦治化而重綱常。今《草案》加害於乘輿車駕，而增人過失一層。傷害祖父母、父母至於篤疾、廢疾，猶不處以惟一之死罪。且立法太輕，徒博寬厚哀矜之名，適啟大逆不孝之漸。他如犯姦之罪不及處女、孀居，犯姦之行比於惰眠泥飲。內亂則關於十惡，既未明定專條，强盗而姦淫婦女並不加以重典，何以肅法紀而保治安？綜核全篇，更有二説。蓋有期徒刑與罰金額數往往以某等至某等，有上下之分；某數至某數，無一定之罰。在良吏衡情斷獄，尚恐無所適從。而不肖者因緣爲奸，亦必高下其手，流弊滋多，殊爲民害。此徒刑等差與罰金數目，亟宜明晰更定也。又各新律名詞悉仿照日本，按其文義，拗折難通。凡所謂精神病視能、語能、聽能、機能、陰陽等類，中國本有明白曉暢字義，何必襲取外國俚俗之文，致多費解。此則文詞尤宜更定也。總之，中外禮教不同，未可削足適履。若一味減輕刑罰，恐未收領事裁判權，而先失內治之本。况見在教育、審判、警察、監獄各規則均未完備，新律又須釐正改訂，勢難急切舉行。惟有請將《見行律例》編定頒行，以爲推行新律之豫備。奉旨著法部修訂法律大臣彙核具奏。

（清）劉錦藻《皇朝續文獻通考》卷二四九《刑考八》　臣謹案：太史公曰：法令者，治之具，而非致治清濁之原。是以虞廷九官，士師僅居其一，《周禮》六官，司寇僅居其一，自漢迄今未之或易。今倣外國三權鼎立之制，司法與行政截然對峙，是以一秋官而與天、地、春、夏、冬五官爲對待之勢，豈非重其所輕，而輕其所重哉？從前刑部爲天下刑名總匯，凡內外罪犯，俱歸刑部定奪。其京師各罪犯，凡檢驗、審判以及執行，俱歸刑部一處辦理。未聞有積壓沈滯之虞。見在改刑部爲法部，部外又設大理院，院以下又設高等、地方、初級三等審判廳。大理院及各級審判廳外，又各設檢察廳。是京師司法官廳，已有十餘處之多矣。京外各省會以及各道、各縣均擬設審判檢察衙門，專理刑名，與地方行政官分權而治。平空於舊制外添出無數官署，無數法官，合全國計添官署不下三千餘所，官員倍之，吏役又倍之。一切建設修造等費，以及官員俸薪、吏役口食，所費不可以億萬計。無論財力不給而設官愈多，擾民愈甚。值此財窮民困之際，何堪當此變動紛擾？是猶治絲而棼，自召其亂也。此摺大致既分部院權限，又分審判與檢察權限。每一重案先由總檢察廳起訴，再交大理院審判，判定後，又奏交法部覆核，法部核後，復交總檢察執行。是從前刑部一署之事，今須經轉三署，曲折愈多，延擱愈久而民間之受害愈深，立法本爲便民，似此法制，不惟不便於民，且轉而病民也。試觀以後成效，其得失自可見矣。

又：臣謹案：此因新定《法院編制法》，平空內外添出二千數百法官之缺。故特設法官考試，以備司法人材之用，實創從來未有之局。古來鄉舉里選之法廢。自漢以來考試，或用策論，或用經義，或用詩賦，明以後專用制藝，雖名目不同，皆以聖賢經義爲主。經義者，真才所由出也。法律雖爲專門之學，而其原皆本於經義，未有經術不通，而能折獄斷大事者。《易》之《訟》《豐》《噬嗑》，《書》之臯陶《吕刑》，《周禮·司寇》一篇，皆法律精義之鼻祖。見在文官考試既趨重外國科學，而法官考試又不用中國舊律。周、孔之傳既絶，聖賢之路盡塞。僅憑此不中不西之法典，以作考試主要科之資，所取之人材可知將來辦事之程度更可想矣。此亦關係世道人心之一大端，故備録之。

（清）劉錦藻《皇朝續文獻通考》卷二五〇《刑考九》　臣謹案：徒、流爲五刑之二，馬貴與謂笞、杖、徒、流、死五刑之制，聖人復起不能復易。此篇僅舉徒、流，而不及死罪與笞杖者，蓋罪莫重於死。死罪之次，即爲流，言流可以包死。唐律所謂舉輕以見重也。罪莫輕於笞杖，笞杖之上即爲徒，言徒可包笞杖。唐律所謂舉重以見輕也。此馬氏以徒、流名篇之意也。夫徒、流之由來遠矣。必先考其源，知古人立法之善，乃可窮其流，知末世變更之失。

徒者，奴也，以奴辱之，使知所愧。夏商以前，尚無其名，其法始於《周官·大司寇》凡萬民之有罪過者，役。諸司空重罪坐朞役，其次九月役，其次七月役，其次五月役，其下罪三月役。又司圜凡害人者，任之以事，能改者，上罪三年而舍，中罪二年而舍，下罪一年而舍，此卽徒罪之嚆矢。漢律謂之一歲、二歲、三歲、四歲、五歲刑。一歲司寇作謂隸臣妾也；二歲耐作。《淮南傳》注：耐者，能任其罪也。《説文》耐，不髡髮，止取鬚，亦謂之完；三歲鬼薪白粲。註：鬼薪，取薪給宗廟。白粲，擇米使正白也；四歲完城旦舂。注：城旦者，旦起治城也。舂者，婦女不預外徭，但舂作米也；五歲髡鉗城旦舂。注：鉗以鐵爲之，在頸曰鉗。又女子犯罪作如徒已論決得歸家，出錢雇人於山伐薪，曰雇山云云。由一歲至五歲，分爲五等，雖輕重不同，總謂之徒。此卽後世五徒之嚆矢，魏晉以後相沿不廢。至隋唐始定爲五等徒刑，以半年爲一等，自一年起至三年止。宋又分爲七等，徒三年外益以四年五年。元仍定爲五等，惟徒外又分別加杖。徒一年，加杖六十七；徒一年半，加杖七十七；徒二年，加杖八十七；徒二年半，加杖九十七；徒三年，加杖一百七。明仍其舊而於杖罪刪去零七之數。國朝因之，故見律徒罪加杖，係採用元律見例。徒四年，徒五年，係採用宋律，而其大綱則均本自唐律，此徒之沿革也。

流者，不忍加誅，則放流之，使之一去不反也。《虞書》曰：五流有宅。又曰流宥五刑，所謂五刑之流，各有所居。大罪四裔，次九州之外，次千里之外。《禹貢》又曰五百里流。可見流罪不止一處也。殷周不詳其法，然殷之移郊、移遂，《周禮》之避諸海外，避諸千里之外，亦可見當日流罪之遺意。漢律改流爲徙，分徙遠郡、徙邊二等。六朝互有變易。隋始定爲三等：曰流一千里，流一千五百里，流二千里。唐改爲二千里、二千五百里、三千里。宋因之，元變其法，改爲流遼陽，流湖廣，流迤北。明雖改從唐律，而三流均加杖一百，則又與唐略有不同。國朝因之不改，而三流之外，又有雜犯流罪，准徒四年。及流罪加徒之法，亦卽唐律加役流之制。此流之沿革也。

自明以前，徒流以上卽入死罪。自明以後，死流中間又加入軍、遣二罪。國朝因明之制，大加充擴，軍罪分五等，附近、近邊、邊遠、極邊、足四千里，及雲貴、兩廣、烟瘴共五項。附近二千里，近邊二千五百里，邊遠三千里。地方遠近雖與三流相同，惟流罪到配官爲管束，仍令其自謀生計，軍罪則編入軍伍當兵，此流與軍之分別也。遣分二項，一發新疆，一發吉林、黑龍江。軍罪雖發極邊烟瘴，仍在內地，遣罪則發於邊外極苦之地。所謂屏諸四裔，不與同中國者，此軍與遣之分別也。且同一遣罪又分數等，有到配種地者，有當折磨差使者，有給披甲人爲奴者，有遇赦准釋回者，又有終身不准釋回者。皆係教案及反叛案內之子孫等項也。此外又有官犯一項定章：凡職官犯罪，按民人應擬徒者，職官從重，發往軍臺效力；按民人應擬流者，職官從重發往新疆效力，以其知法犯法，故較民人加重數等，以警官邪。此遣罪中之分別也。凡律文止有流罪，而無軍罪，例中軍罪多於流罪數倍。定章，有例不准引律，故辦案擬軍、遣者甚多，而擬流者寥寥。是流雖正刑，漸爲軍、遣所奪矣。至於徒罪，原係發往本省五百里州縣，交驛站差遣，近來裁撤驛站，無差可遣，而日久弊生，往往未解到配，多行潛逃，是徒罪亦有名無實矣。故近日修訂《見行律》，將遣罪列入正刑，徒流仍其舊制。惟徒罪停其外發，留於本地作工，與舊制稍異。而新刑律又除去流刑，止有徒刑。且所謂徒者，非特不外發也，而年限又與舊律大相懸絶。舊律五徒自半年起，至三年爲止。新律徒罪自二月以上，遽加至十五年。且有終身作徒者，雖時勢所趨，不得不變，然變通盡利，可也；變本加厲，不可也。若借收回治外法權之名，致數千年良法美意一旦摧殘殆盡，雖利多而害少，君子猶或惜之，況乎其未必然耶。

（清）劉錦藻《皇朝續文獻通考》卷二五一《刑考十》 法部郎中吉同鈞論中外徒刑重輕異同説，略稱：嘗考古今中外刑法，種類多端。而其爲古今中外所共認者，莫如徒刑。按之各國，日本始曰徒刑，見改其名曰懲役，分有期、無期兩等。有期自一月以上，十五年以下。所謂懲役者，拘置於監獄，使服定役也。德國亦名懲役，有處於懲役場內使服定役者，亦有於場外服役，如公役或官吏監視之役均是，亦分有期、無期。而有期多至十五年，少至一年，與日本一月以上者不同。法國仍名曰徒刑，而有徒刑、徒役之分。徒刑分有期、無期，有期多至二十年，少至五年。徒刑使服至苦之役，並繫彈於兩脚，或兩人用鎖聯繫。徒役不然，僅於場內服役而已，其期少則五年，多則十年。俄國名曰罰作苦工，以四年以上，二十年以下，共分七等，分別發往邊地，工滿安置，永遠不准釋回。英國亦曰徒刑，而有輕重之分。此各國徒刑之分別也。合而觀之，日德曰懲役，英法曰徒刑，俄曰作苦工，中律其名曰徒，實則收所作工。名雖各殊，事則無異。而其中略有不同者，法德均於本地服役，惟俄則發往邊外作工。蓋俄國地廣人稀，藉此以行殖民實邊之策。日本舊亦發往北海荒島，後因荒島開闢，故見在停止發往，入於本地服役。我國地廣人稠，而東西邊外一片荒蕪，正宜採用俄法，移置罪犯於邊外，使之開墾實邊，乃計不出此。舊日之發配五百里者，今反留於本地收所工作，聚罪犯於輦轂，一旦有事，勢必相聚爲亂，可豫决也。夫情形同於俄，而反採用日本之法，豈知日本迫於地狹，無邊可以安置。而我坐任邊外荒蕪，不思移民實邊，以爲禦侮之計，無怪外人狡焉思啟也。至於徒刑年限，各國多至十五年，且有二十年者，中律止於三年，特别徒刑不過五年，即重至遣罪，亦至於十二年爲止。此亦各因習慣，不必强同，亦不妨獨異也。

(清) 劉錦藻《皇朝續文獻通考》卷二五二《刑考十一》 臣謹案：見因朝廷鋭意變法，採取外國司法獨立制度，新設《法院編制法》通行各省。諸疆臣紛紛詳報籌設審檢廳辦法，以立將來詳讞之基。兹僅録浙江、廣東二省原奏，以存梗概。其餘各省皆大同小異，可以類推。查浙江一省，據該撫所報，合計通省應設審檢廳三百餘所，共需員二千餘人。此外法政學堂教員，模範監獄管理員尚不在此數。查浙省州縣佐雜等員不過二百餘缺，而法官竟多至十倍。浙江如此，合計中國二十餘省，則應設四五萬法官矣。昔人謂設官之繁，比之十羊九牧，以此較之，不啻十羊九十牧矣。至於建築之費及官員薪俸，據廣東所報，見僅省城、南海、番禺及三水、合浦、澄海、瓊山各商埠，共設審判廳七所，每年即需銀五十二萬八千九百餘兩。若各縣城鄉一律成立，當有三百餘所，每年需銀當在三千萬兩上下矣。竭合省一年之地丁錢糧尚不足供司法一部分需用之半，尚何有餘財以備本省行政及軍餉乎？又何有餘財以供京餉乎？廣東如此，他省可知。似此制度，勢非剝盡民膏，刮及骨髓，不足應其供求。雖愚人亦知其難行，而當道猶欣欣然，自詡文明，催促籌辦之不已，詎非喪心病狂，自取敗亡乎？備録於此，以俟後之謀國者鑒諸。

又： 又奏覆核修訂法律大臣奏變通秋審覆核舊制，略稱：今東西各國，重司法之權，法官所判，無論何官不得更議。原奏聲明秋審之不可廢，允協慎重民命之經。復瀝陳覆核之宜變通，臚舉三端，皆中竅要。覆核之例，始於近代。唐宋以前，惟有中書、門下於重罪可以參預取旨外，則方鎮經撫，無所不總。故皆干涉刑名，實與覆核秋審者有間。今既明定司法權限，凡判罪一切自須責成專官。且歷來秋、朝審覆判之時，供勘紛繁，晷刻迫促，在未習律例者，固難置一詞，即稍明法理者，亦難於定斷。是以朝審之覆核大臣及九卿駁正者，恒不多見，久同虚設。外省督撫、布政司各道之與秋審者，更不過在例公坐。其臨時改定罪名者，亦罕所聞，實與刑名鮮有裨益。擬請照該大臣所請，外省秋審由督撫、布政司會審，京師朝審派覆核大臣及會同九卿審録之制，均即停止。至原奏內稱秋審由按察司或提法司審勘，申呈法部核議；朝審概由法部核議，刊刻招册，進呈黄册各節，皆以統一法權，酌存舊制。查臣館議覆死罪施行摺內曾聲明：京外高等地方審判各廳所定死罪案件，係監候人犯在京，由法部彙案辦理，在外由提法司分别實、緩彙案，申報法部核辦等。因業奉諭旨允准通行。是已設審判廳地方已無覆核解勘之制；其未設審判廳之處，若概將秋審人犯解司審勘，不無煩累。且舊例距省窵遠之府、廳、州、縣，秋審人犯本皆免其解省，見擬推廣，以期逕捷。所有未設審判廳地方，秋審人犯皆由提法司或按察司就原案核辦，秋審後尾申報法部彙奏，毋庸解省審勘。俾省繁文，而昭畫一。如議行。

臣謹案：此因新刑律尚未實行，秋、朝審未便，遽廢先將舊日外省解勘會審及京師九卿會審之制，盡行停止。從此累朝詳讞之法，蕩然無存，猶曰慎重民命，豈其然乎？

(清) 劉錦藻《皇朝續文獻通考》卷二五四《刑考十三》 臣謹案：舊律訴訟一門，肇自唐律，歷宋及明，相沿不改。國朝又詳添條例數十條，何等意美法良。見廢舊律，改用日本法，名曰《新刑律》。此復另設訴訟法，以與《新刑律》相輔而行。聞此册係修律大臣伍廷芳所草。該大臣在美國學堂畢業，授爲博士，回中國後，歷官至外部侍郎，後調刑部侍郎兼修律大臣。此章全係繙譯美法，匪但與中國習慣不合，且刑法既抄襲日本，而訴訟又襲美法，狐裘羔袖亦非一色。按其大旨，一則重設陪審，二則重用律師。陪審取諸紳士，流弊甚多，業經各省奏駁，請暫緩設置。律師，舊例名爲訟棍，懸爲厲禁，茲反加以美名，授以文憑，勢在必行。又細按條文，半皆瑣屑細碎，如鄉村條規、衙署簿記之類，中律所吐棄不屑者，乃竟雜湊成篇，名之曰法。是屈子所謂舍芳蘭不佩，而蘇糞壤以充幃也。恐反爲歐州諸國所竊笑矣。

（清）奕劻等《核訂現行刑律》 臣奕劻跪奏爲遵旨核議，具奏恭摺，仰祈聖鑒事。本年八月二十九日欽奉諭旨：沈家本等奏編定《現行刑律》告竣，繕具黄册，恭候欽定一摺，著憲政編查館核議具奏，欽此。臣等檢閲原奏及案語，大致彙輯新章，删約舊例，統計律文四百十四條，例文一千六十六條，並於每條博考源流，詮識要義。該大臣等以年餘蒇事程功迅速，具見苦心。惟其中尚有應行斟酌者數端：一，五刑名目照新章更定，本綜核名實之道，乃罰金之名改爲罰刑，似尚未協。查罰金始於漢律，沿於六朝，其源最古。自笞杖改制以來，久已中外通行，今併省其詞，轉滋疑義。且罰之與刑，文義相類，各刑初莫非懲罰之用也，自應仍用罰金標目爲宜。再罰金之刑施之於輕罪人犯，全其廉恥即以啟其羞惡。而於有關十惡及犯姦等條，恐不足以昭儆戒，應另輯專條，實罰工作不准以罰金完結，以嚴風紀。一，買賣人口，久爲環球所指摘，而與立憲政體保護人民權利之旨尤相背馳。此次編訂未經議及，良以屬稿在未奉明詔之先。本月臣等議覆前署兩江總督周馥、監察御史吴緯炳等條奏，業經奉旨禁革，欽遵在案，自應將律内有關買賣人口及奴僕、奴婢諸條一律删除改定，以昭仁政。一，舊律以六曹分類，多攟摭各部則例取盈篇幅，已於體例不符，且庶政日新，今昔迥異而存此條文於例内，轉致引斷失宜。現既删除總目，改稱《現行刑律》，則所附之條自當以有刑名者爲斷。原本於無關引用諸條，雖經删除尚有未盡，自應再行酌核芟薙。惟此項附存之例，未知各部則例有無正文，現在是否有資援引，應俟命下後由館繕具清單，咨行各衙門，量加甄擇，輯入則例，庶免遺漏。一，典章制度隨世而殊，損益變通宜循時尚，律文沿自前明，其中如文官不許封公侯，朝見留難多與今制不合。至稱乘輿車駕，制書有違，詐傳詔旨等條内兼及皇太子，尤背列聖相傳家法。以上各律宜從删削。一，律文詞旨簡嚴，故死刑不註監候字樣者概爲立決。原本凡凌遲所改各條概大書立決，其絞決所改各條概大書監候，入實雖爲詳著本罪起見，究乖義例，仍宜分别節删或改小註，以期全體一貫。一，流徒等刑從前襲用遷徙之制，自改工藝，概須於監獄執行，即與獄囚無殊。凡有逃亡，自應以在監人論。考各國獄制，分既決未決二種。既決者收容服役之犯，未決者收容逮捕之刑事被告人。名稱雖有不同，其爲監獄則一，原本仍沿舊日辦法，並以晝夜分别輕重。揆諸法理，多所未安，茲採用唐律加役之法，藉資懲肅而杜紛歧。一，梟磔等刑久經停止，死刑僅分斬決、絞決、絞候、情實絞候四種決罰之。如何應權衡情罪之重輕？乃原本於殺一家三人門内增入請旨即行正法各條。查此項罪名，舊例專用於强盗條内遣流脱逃之犯，本一時權宜之計。其餘如逞忿支解及卑幼因姦盗拒斃緦尊等條大率因一時一事而加重，究非法定常刑，不足據爲典要。且絞候入實與絞決相去僅止一間，似不宜於二者之間復設等差。果其情節較重，不妨予以立決。若罪有所止，亦可援名例從重或從一之例，擬以監候其名，立決其實未免治絲而棼。凡此之類，宜予逐一釐正删減以歸畫一。一，本年十二月法部議覆郵傳部奏請定竊毁鐵路要件治罪專條，奉旨允准，係在編訂以後自應續行纂入，以資引用。以上就其大者言之，此外文義未協及罪名繁複之處，督飭館員分篇勘正，統計二百六十一條。原本體例分修改、修併、移併、續纂、删除各類，今查有原本删除而體察情形仍應列入者數條，因又增修復類共爲六類，逐條加具案語。臣等復加審訂，謹繕黄册，分裝二函，並將原書凡修正之處，黏貼黄籤，一併敬呈御覽，恭候欽定。如蒙俞允，即由臣館將前後黄册，咨交修訂法律大臣，將律例正文依類排比，遵照向章，另繕黄册。會同臣館請旨刊印頒行，以資遵守。所有遵旨核議緣由理合恭摺具陳，伏乞皇上聖鑒。謹奏。

宣統元年十二月

《清末籌備立憲檔案史料》第二編張仁黼《大理院正卿張仁黼奏修訂法律請派大臣會訂摺光緒三十三年五月初一日》 大理院正卿臣張仁黼跪奏，爲修訂法律事體重大，擬請欽派部院大臣會訂，以臻明備而便風行事。竊惟法律者立國之基，致治之本，方今東西各國法學昌明，莫不號稱法治，綴學之士精研環球法律派别之不同，蓋分四大法系，實以中國法系爲最古，謂之支那法系，其文明東漸西被，而印度法系生焉。由此播乎歐洲爲羅馬法系，是爲私法之始，更進爲日耳曼法系，此法系復分新舊，是爲公法之始，歐美諸大國皆屬此二法系，日本法律本屬支那法系，而今則取法於德、法諸國，其國勢乃日益强。夫禮昭大信，法順人情，此心此理，原可放諸四海而準，先王法制，本足涵蓋寰宇。我朝列祖列宗，制作美備，大經大法，超越前古，今我皇太后、皇上更取東西法律合諸一冶，於上年有修訂法律之命，將見支那法系，曼衍爲印度、羅馬、日耳曼新舊諸法系者，復會歸於一大法系之中，而成聖朝之法治，固不僅包含法、德，甄陶英、美而已。惟日本特爲東亞之先趨，爲足以備聖明之採擇。臣今日竊有請者，一國之法律，將以維持治安，擴張主權，所以垂諸久遠，推行無弊者，其爲主要者有一，而成之者有三，敬爲我皇太后、皇上縷析陳之。

一，組織立法之機關也。東西各國三權分立，其立法一權莫不寄諸議院，故能順乎民情，合乎公理，而裁可之權仍在君主，既採輿論之公，亦無專斷之弊。特中國政體不同，遽難倣行其法，然可稍取其意。彼公諸議院者，我則公諸羣臣，近來各部院堂官，皆得參預政務。臣愚以爲修訂法律，以之頒布中外，垂則萬世，若僅委諸一二人之手，天下臣民，或謂朝廷有輕視法律之意。甚且謂爲某某氏之法律，非出自朝廷之制作，殊非所以鄭重立法之道也。擬請欽派各部院堂官，一律參預修訂法律事務，而以法部大理院專司其事，並選通曉中外法律人員，充纂修協修各官，將法律館改爲修訂法律院，所有各員均係兼差，不作額缺，另議辦事章程。如此則有議院之長，而無專斷之弊。此臣所謂主要者一也。

一，明訂法律宗旨也。國之所與立者惟民，一國之民必各有其特性，立法者未有拂人之性者也。西國法學家，亦多主性法之説，故一國之法律，必合乎一國之民情風俗，如日本刑法，本沿用我之唐明律，今雖累經改正，其輕重仍多近乎中律。而民法五編，除物權、債權、財産三編，採用西國私法之規定外，其親族、相續二編，皆從本國舊俗。中國文教素甲全球，數千年來禮陶樂淑，人人皆知尊君親上，人倫道德之觀念，最爲發達，是乃我之國粹，中國法系卽以此。特聞立法者，必以保全國粹爲重，而後參以各國之法，補其不足。此則以支那法系爲主，而輔之以羅馬、日耳曼諸法系之宗旨也。

一，講明法律性質也。中國法律，惟刑法一種，而戶婚、田土事項，亦列入刑法之中，是法律既不完備，而刑法與民法不分，尤爲外人所指摘。故修訂法律，必以研究法律性質之區别爲第一義，而區别之要有四：一，四内法與國際法之别。二，成文法與不成文法之别。三，公法與私法之别。四，主法與助法之别。蓋此四者不外乎國與國，國與人，人與人三種關繫。國與國之關繫，屬乎國際公法，不在修訂法律範圍之内，如國與人之關繫，則屬乎公法，人與人之關繫，則屬乎私法。公法如刑法及訴訟法是，其刑事之涉乎外國人者，則爲國際刑法，私法如民法、商法是，其民事之涉乎外國人者，則爲國際私法，此二者皆於各法之總則中定之，是爲關乎撤去領事裁判權之根本。而修訂法律之最要者，則在主法與助法之别，蓋主法爲體，助法爲用，如刑法及民法爲主法，而刑事訴訟法及民事訴訟法爲助法是也。有主法而無助法，則徒法固不足自行，主法雖精，而助法未臻完善，其行之也猶不能無弊。且也主法不可紛更，而助法則可以屢變，蓋主法一有改移，則於人民權利之得失多少，罪罰之輕重出入，卽相懸殊，屢事紛更，是使民無所措手足也。至助法乃辦事之次第，人民本當隨時隨事，聽命於官。其法之變也，必將變而之善，而無淆亂聽聞之懼。此則法律性質之不可不辨者也。

一，編纂法律成典也。法律之學，首重統系，由一本而析爲萬殊，端緒雖多，仍屬有條不紊，中國法律外人譏爲列記主義，蓋無總則以提挈之也。故欲修訂法律，必宜研究編纂之法，而法典之不可不備者，如現今審判分立，而法院編制法寂寂無聞，此所以司法與審判權限紛議久之而後能定也。然其中細目尚多，胥由此法規定，修訂實宜亟亟。又如近者修律大臣等所訂之民刑訴訟法，本甚簡略，而窒礙難行者，已復不少。且民事訴訟法，當以民法爲依據，今既未修訂民法，則民事訴訟法將何所適從，未免先後倒置。至民法爲刑措之原，小民争端多起於輕微細故，於此而得其平，則争端可息，不致釀爲刑事。現今各國皆注重民法，謂民法之範圍愈大，則刑法之範圍愈小，良有以也。他如商律，雖有端倪，然法人之制，殊未能備，而海商之法，更待補葺。凡民法商法修訂之始，皆當廣爲調查各省民情風俗所習爲故常，而於法律不相違悖，且爲法律所許者，卽前條所謂不成文法，用爲根據，加以制裁，而後能便民。此則編纂法典之要義也。

以上三條，臣所謂成之有三者是也。凡此諸端，固爲修訂法律之要術，然尤在造就法律人材，務期司法之官無不通曉法律，則治法治人二者相因爲用，夫然後可收修訂法律之效。總之，法律學理精深，修訂造端閎大，將使率土之内，悉主悉臣，於以昭法權之統一，則必兼貫古今，博徵中外，上自朝廷，下及黎庶，靡不相維相繫，各得其所。此非聚羣臣之討論，庶僚之蒐輯，斷不足以資修訂一代之法典者也。

所有擬請欽派部院大臣會訂法律緣由，是否有當，伏乞皇太后、皇上聖鑒訓示。謹奏。

《清末籌備立憲檔案史料》第二編奕劻《憲政編查館大臣奕劻等奏議覆修訂法律辦法摺光緒三十三年九月初五日》 臣奕劻等跪奏，爲遵旨議覆，恭摺仰祈聖鑒事。

本年六月初九日，准軍機處片交本日法部、大理院會奏，妥擬修訂法律辦法一摺，奉旨：著考察政治館議奏。欽此。等因。鈔交前來。

臣等伏查原奏内稱：編纂法典，爲預備立憲最要之階級，編纂之事，必有主事之政策，行事之機關，議事之方式各等語。造端宏大，自係爲鄭重立法起見。所稱主事之政策，在兼用守成、統一、更新三主義，參酌古今，以期蔚成大清法律全典，洵屬至當之論，允宜定爲準則，昭示中外，爲他日收回法權地步。

又所稱行事之機關，請特開修訂法律館，以法部、大理院專司其事，並請欽派王大臣爲總裁，各部院堂官爲會訂法律大臣，各督撫將軍爲參訂法律大臣各節。查編纂法典，與訂立單行法不同，法典之大者，如民法、商法、刑法、民事訴訟法、刑事訴訟法諸種，考之各國成例，大率多或千餘條，少亦數百條，取材宏富，定例精嚴，非如單行法之可以剋日成事。蓋單行法不過爲一事或一地方而設，法典則包含一切關涉全國之事。故各國編纂法典，大都設立專所，不與行政官署相混，遴選國中法律專家，相與討論，研究其範圍，率以法典爲限，而不及各種單行法。誠以編纂法典，事務浩繁，故不能不專一辦理。原奏所請特開修訂法律館，無論何種法律，均歸編纂一節。範圍太廣，擬請仿照各國辦法，除刑法一門，業由現在修訂法律大臣沈家本奏明草案不日告成外，應以編纂民法、商法、民事訴訟法、刑事訴訟法諸法典及附屬法爲主，以三年爲限，所有上列各項草案，一律告成。其餘各項單行法，應仍由各該管衙門，擬具草案，遵照臣館奏定章程，於草案成後，奏交臣館，統歸臣館考覆，請旨施行，以期統一。其所請欽派王大臣爲總裁一節。查修訂法律館之設，專爲編纂法典草案起見，將來尚須由臣館覈定，該館似可無庸再由王大臣管理，免致重複。又所請以法部、大理院專司其事一節。查立憲各國，以立法、行政、司法三項分立爲第一要義。原奏亦謂立憲之精義，在以國家統治之權，分配於立法、行政、司法三機關。今若以修訂法律館歸該部院管理，是以立法機關混入行政及司法機關之内，殊背三權分立之義。近世憲法學家，嘗謂立法之事，必宜獨立，若隸屬行政或司法機關之内，必致徒徇行政及司法上之便利，而有任意規定之弊，於法律之進步實多妨礙。臣等公同商酌，擬照原奏，變通辦法，請將修訂法律館仍歸獨立，與部院不相統屬。所有修訂大臣，擬請旨專派明通法律之大員二三人充任。應修各項法典，先編草案，奏交臣館考覈，一面由臣館分咨在京各部堂官，在外各省督撫，酌立限期，討論參考，分別籤註，咨覆臣館，彙擇覈定，請旨頒行。

又所請以各部堂官爲會訂法律大臣，各督撫將軍爲參訂法律大臣一節。查各國編纂法典，草案成後，大都由議院議決。現在資政院已奉旨設立，俟將來該院辦法完全，各部、各省明通法政人員，均列院中，自無庸分送各部、各省討論，即由臣館逕送資政院集議，取決後，移交臣館，覆加覈定，請旨頒布，以期簡捷而昭鄭重。所請另加會訂，及參訂各名目，應毋庸議。至所請分派提調、纂修等員，及延聘東西法律名家各節。自係應有之義，應俟開館後，由該大臣等擬具章程，奏明辦理。

又所稱議事之方式，擬參照議院辦法，分議決爲認可與否決兩種，皆從多數爲準，其否決者，必須聲明理由各節。均係正當辦法，應俟將來資政院議決時，參酌辦理。

所有臣等議覆修訂法律緣由，是否有當，謹具摺奏陳，伏乞皇太后、皇上聖鑒。謹奏。

《清末籌備立憲檔案史料》第二編吴重憙《河南巡撫吴重憙奏簽註刑律草案繕單呈覽並陳制律應顧立國本原摺宣統元年五月初六日》 河南巡撫兼管河工事務臣吴重憙跪奏，爲簽註刑律草案，擇要繕具清單，並陳管見，恭摺仰祈聖鑒事。

竊於宣統元年正月二十六日電奉上諭：戴鴻慈等奏，請飭催京外各衙門簽註新訂刑律草案一摺，著京外各衙門照章簽註咨送，毋稍延緩，以憑核定而昭劃一。欽此。等因。遵查此案，前准憲政編查館先後咨到刑律總分則草案，均經升任撫臣林紹年檄行官報局，排印多分，行司飭屬並仕學館學員一體參考簽註。臣到任後，又經疊次行催，茲據按察使惠森暨該學員等分別簽註呈送前來。

竊維刑之原則與禮相爲維繫，《白虎通》曰：禮爲有知設，刑爲無知設，出乎禮則入乎刑，此大較也。唐代制律，猶承此旨，故論者亦謂唐律一準乎禮，以爲出入得古今之平。前明刑法雖峻，未戾唐制，我朝因之，斟酌損益，與時變通，如秋審制度之規定，已具博愛主義，近年復免除凌遲梟示，停止緣坐笞杖，文明增進，薄海同欽。惟自中外交通，刑法互異，通商口岸，裁判之權移於領事，誠如原奏有不得不改之勢。然於立國之本原，與夫人民之程度，尤當並顧兼籌。欽奉明詔，既揭示之以修改宗旨，中外大臣，又條舉件繫詳加糾正，如臣愚昧，何庸贅述。但其中有證之理論，按之時地尚多不盡適用及不可偏廢者，謹舉數端爲我皇上陳之。

一曰流刑暫緩廢止也。總則主刑之種類，死刑之下直接徒刑，徒刑分無期、有期，俱禁之獄，定其勞役。其無期徒刑監禁逾十年以上，仍許假出獄。此係採用日本最新學説，一以防止人民薰染其習，一以不絶犯人改悔之路，意非不善。第查日本舊時刑法，徒流人犯，不分無期、有期，概移居島地，後以發遣多不實行，始經停止。中國幅隕寥廓，情勢與日本不同，腹地諸省生齒日繁，犯罪人數歲益加增，邊省戶口畸零，地多遺利。上年東三省督臣徐世昌等，奏准軍流人犯移以實邊，誠爲因地制宜之辦法。蓋此項囚徒，罪既不至於死，禁之内地督令服役，無非漸移其殘忍之性，何如流諸邊境，俾充墾荒開礦等苦工，較爲有益。若但據學理上之解釋，不憑事實上之研究，毅然廢止，恐難適當。臣愚以爲無期徒刑，不如改爲無期流刑，其配所除東三省外，新疆、藏、蒙亦一律遣派。其情節實在凶惡者，或到配後酌加監禁年限，或以兵法部勒之。其有期徒刑之最長期以下，不妨執行之於内地監獄，似此規定，庶與《現行刑律》不相違背。

一曰比附未可删除也。比罪之法，其制最古，亦以人情萬變，科條所不能賅，而始設爲此例。沿及於唐，出罪舉重明輕，入罪舉輕明重，誠不能無愛憎之弊。明律力救其失，改爲《引律比附》，加減定擬，問刑者有所依據，以律爲衡，即不能憑空比引，恣爲出入。我朝益昭慎重，凡援引比附者，均請旨遵行，司法者更無從稍越立法之範圍。原奏採用日法，指斥比附，於第十條明定律無正條，不論何種行爲，概不爲罪，亦慮執簡御繁，不無滲漏，遂於一罪懸數等之刑，並列數十元以至數千元之罰，則由裁判官伸縮於臨時。竊恐本案頒行後，不肖官吏，初無畏難苟安之心，轉有骫法營私之便。救弊之弊將滋甚，不待智者可決其非。應復加編訂，以存其舊，方不至窒礙難行。

一曰罰金不合定爲主刑也。《現行律例》於收贖諸條，大率施之於情節較輕及應受笞杖人犯，其常赦所不原者，概不准收贖。《草案》於罰金一項，定爲主刑。凡因過失致危害於乘輿車駕，及因過失致尊親屬於死或篤疾者，按照律例，俱在不原之列，悉以罰金科之，既失之寬，而於俱發罪之執行，刑期有以罰金與拘留徒刑併科者，又失之嚴。如四十三條之例，受五等有期徒刑及拘留，得以一日折算一元，易以罰金，刑既可以易金。四十五條之第二項，罰金確定後，無資力完納者，以一日折算半元易以監禁，金又可以易刑。是使豪於財者玩於法，絀於貲者罹於刑，止奸不足，長惡有餘。且監禁日數不得逾三年，罰金定額多至三千元，以半元折一日計算，三千元之罰，應處六千日之監禁，乃以不過三年爲限，負罰愈巨，處分愈輕，尤非情罰之平。急應更定刑名，改正條例，以免畸輕畸重之弊。

其他關於帝室之罪，姦非之罪，殺傷之罪，修訂者芸人舍己，未免自壞禮防，簽註者義正詞嚴，所以力持名教，是非得失，自在人心。顧或者以爲此皆毛舉峻刑時代之習慣，瑕指瘢索，不解新訂刑律主義之所在。殊不思中國開化最早，去古愈遠，民俗日偷，聖君賢相，鑒於一代之弊，隨時變更法令，始臻完密。東西各國開化未久，其宗教不同，風俗互異，施單簡之法，即足以致治。然其改正草案，猶日異月新，規則條例，相資爲用，已漸趨於繁密，本案乘繁密之後，驟易單簡之刑，其勢已處於不順。若復不計國本所在，抉破藩籬，以求合於人國之階級，恐不免削足適履之譏。即如警察完備，祇能禁暴於將發之時，監獄改良，無非感化於犯罪以後，根本中之根本，要以實施教養爲先務。但使人民知識日進，游惰者少，不至輕罹刑網，目關節疏，或能適用。否則刑罰不中，民之手足且無所措，遑論有裨時艱。善夫日本政治家市島謙吉之言曰，編制法律，必使此條與彼條不相矛盾，現制律與現行律不相背戾，乃可頒行，洵爲扼要之論，足資考鏡者也。

所有照章簽註刑律草案，並陳管見緣由，除分咨查照外，理合謹繕清單恭摺具陳，伏乞皇上聖鑒訓示。謹奏。

硃批：修訂法律大臣、法部彙核另奏，單併發。（單從略）

《清末籌備立憲檔案史料》第二編奕劻《內閣總理大臣奕劻等奏請飭各衙門編纂現行法規及具奏辦法摺附清單宣統三年閏六月二十九日》 臣奕劻等跪奏，爲請旨飭下各衙門編纂現行法規，並釐訂具奏法，以重法制而謀統一，恭摺具陳，仰祈聖鑒事。

竊查內閣法制院官制第一條內載，各項法規整理編纂事件，法規者即包含法律命令及一切章程規則而言，質言之，即向來律例館之編纂律例及各部之編纂則例是也。向例律例編纂之法，有大修、小修之殊，其各部則例，則每届十年纂修一次。自光緒二十五年重修會典告成以後，迄今又十餘年，所有各部欽奉諭旨及內外臣工條奏，經部議准者，積案已多。又近年籌備立憲，新政繁興，或由京部奏准通行，或由各省奏准施行，成案紛繁，亟應另行整頓，續爲編纂，以期劃一。

查內閣辦事暫行章程第六條第三項稱：前項重要事件及尋常事件，應由內閣總理大臣、協理大臣會同各部大臣，分別規定，奏請聖裁。又第八條稱：內外行政各衙門，應奏不應奏事件，除陸軍部、海軍部外，由內閣總理大臣、協理大臣另擬章程，奏請聖裁等語。查律稱應奏不應奏事件，範圍雖寬，而標準究有一定，蓋應不應之區別，純以法令有無明文爲限，非隨時隨事而於法令外有所重輕也。此項章程，若但臚舉事例，終有挂一漏百之虞，現正遵照內閣辦事暫行章程，將應奏事件分別規定，另擬章程。然欲澈底劃清，必一面整理現行例案，釐爲法規，務使辦法各有一定，庶大權不致下移，而政令可期一貫。此修訂現行法規與內閣辦事章程實行之關係一也。

又查欽定修正逐年籌備事宜清單，宣統三年頒布行政審判院法，設立行政審判院。此項法制，業由臣等督飭法制院迅速釐訂。惟查各國通例，行政審判事件，皆以法令分別指定，而此項事件必係法令著有明文，定有辦法者，起訴之時方有所遵循，審判之時亦有所依據。現在例案紛如牛毛，臨事比引，未能劃一。不惟何項事件應許行政訴訟，尚難規定，即強爲規定，而審判之際，法令未能劃一，評定亦無所適從。設或意爲重輕，適啟官民猜疑之漸，流弊將不可勝言。此修訂現行法規與行政審判法編訂之關係二也。

又查日本憲法第七十六條內載：憲法施行之日，所有現行法令，無論用何名稱，但與憲法不相矛盾者，一律有遵由之効力等語。此爲新舊過渡時代必不可少之辦法，蓋非是則憲法實行以後，所有向來法令若歸廢止，則國家政令將不能舉，我國憲法雖未頒布此條，似應仿行。然若現在各項法令，不及時整理編纂，則形式不具，將來勢不能以摺片所陳，指爲法令，蓋摺片所陳，往往有同此一事，而前後奏擬辦法，不免抵觸，並存則適用之日抉擇爲難，並廢則事機之來應付無術。凡此皆法令之形式不完，必至憲法施行，而舊日各項奏案難於適用，窒礙且因而環生。此修訂現行法規與憲法施行之關係三也。

查光緒二十七年四月欽奉上諭：各衙門事務，積久生弊，屢經降旨整頓，京師兵燹之後，各部案卷散失不全，復諭掃除銷燬，原以歧出之案牘甚多，亟應力除積弊。若有關考察及舊例所無，隨時新增成案，應由各部堂官，派出司員逐一查明，分別開單咨送政務處覆核。其應存者，一併纂入則例，以歸劃一而杜兩歧，其應去者，即一律銷除，務使損益得中，俾中外昭然共守，不至再蹈從前積習，用副朝廷孜孜求治之意等因。業經前政務處大臣將各部妥定簡明章程覆核奏准，通行在案。仰見先朝注重法規，允爲憲政推行之所本。惟纂例之事，現又將及十年，今昔情勢不同，尤宜與時變通，兹既擬就新舊例案，統釐爲現行法規，則編纂體裁，應求與新頒法令一律。查律例有新置，故《會典》定有明文，實符立憲各國法令從新之義，惟從前每次編纂，率多新舊雜陳，一事而有兩例之不同，引用殊多不便。此次編纂體裁，應即力矯前失，凡一事而有兩例者，則以後例爲準，一事而有兩奏者，則以後奏爲準。由各部及各衙門分任編纂，各就主管事務，酌量分類，每件例案，以類相從，均冠以各項法令名稱。無論從前通行例案，或歷年奏咨成案，概將所定辦法列爲條文，凡有重複抵觸之處，悉予銷除，以昭畫一。其有認爲應行及時增改者，得隨時另案辦理，其未經改定以前，仍應一律纂入，俾免遺漏。至編纂人員及編纂期限，均關重要，亦應量爲規定，庶通力合作，可免稽延之弊。其在此項法規未經編定以前，各衙門應辦事宜，及隨時應以法令規定之件，仍應照常辦理。兹擬定編纂現行法規章程十五條，繕單恭呈御覽。如蒙俞允，應即通行，欽遵辦理。

抑臣等更有進者，立憲國家，凡主權者對於臣民公布之文告，必具有法律或命令之形式，而後遵守之力乃強。我國向來除律令外，多不臚列條款，歷查近年以來，内外臣工遇有應以法令規定之件，或循用摺奏體裁，或逕以附片具陳請旨，辦法與理由雜陳並舉，殊於立法體例，多有未合。查内閣法制院官制所稱法律命令，考其性質，凡從前業有定例須改定辦法，或向無定例應行新定辦法者，不惟明定章程臚列條款之件，應屬法令範圍，即以摺奏或附片具陳，亦應在法令範圍以内，性質本極分明，則體裁自應劃一。擬請嗣後京外各衙門，除現應循例奏報奏聞事件外，所有關於法令性質應具奏請旨者，無論新定辦法，或改定辦法，係特旨交由内閣會議事件，及内閣主管事件，或内閣總協理大臣認爲應以法令規定事件，由内閣法制院撰擬。其屬於一部主管，或他部兼管者，由各該部分别擬具草案，均應逐款臚列，定爲條文。不論條數之多寡，均須按照此次章程所定，冠以法律、條例、章程、規則等名稱，一律咨送内閣，由法制院審查覆核，均由該院具案呈經臣等查核，分别會同繕單具奏。其摺片所陳，只應申明條款之理由，不得或紊體例，致滋歧誤。此項條款奉旨施行之後，即應一律欽遵辦理，即由該管大臣逐件交登官報公布，以利施行，並由内閣隨時增訂於法令全書之内，庶幾國家政令，薄海得以周知，昭代典章，來許於焉遵守，法治之精義不外於此。

臣等爲整理法規劃一辦法起見，所有請飭各衙門編纂現行法規，並釐訂具奏辦法各緣由，是否有當，謹恭摺具陳，伏乞皇上聖鑒訓示。謹奏。

附清單

謹將編纂現行法規章程繕具清單，恭呈御鑒。計開：

第一條　現行法規由閣部及其他各衙門按照現行例案編纂辦法，依照本章程辦理。

第二條　各部編纂法規以各部向來主管事務爲限，會奏事件由各該部分别辦理，其屬於内閣總理大臣所掌事務，由内閣法制院編纂。不屬閣部主管事務另有主管衙門者，由該衙門自行編纂，照章送交内閣法制院覆核。

第三條　編纂人員除前條規定外，各部由參議、參事等官及主任人員會同辦理，其他各衙門酌派主任人員辦理。

第四條　各衙門編纂法規應就各主管事務酌量分類，逐類分件，其每件標目所用名稱如左：

一、法，二、律，三、條例，四、章程，五、規則。

第五條　編纂時無論何件法規，均用第某條字樣，其僅能列爲一條者，則用一某某等字樣。

第六條　編纂時凡欽奉諭旨關係法令者，及各衙門定例或通行成案並歷年奏咨案件，均只摘敍辦法列爲條文，其原案聲敍理由之處，概從删節。前項原案所敍理由如應作爲本件法規按語者，得摘要附入本件或各本條之後，但不得攙入正條。

第七條　各衙門依類編成之法規，應逐件編立號數，其次第以施行先後爲準。

第八條　每件法規應將奏准施行年月日揭載於本件標目之下，其係咨案編入者亦同。

第九條　凡事件有新例者，舊例概從删除，奏咨各案亦同。前項有新置故之件，應將新舊沿革敍入按語。

第十條　凡例辦事件現已奏改辦法者，均從奏案，其與該奏案歧異之例，一律删除。咨案與奏案抵觸者，仍從奏案。凡從奏案之件應將舊例及咨案沿革敍入按語。

第十一條　關係每件法規之表式及文書格式，均附編於本件之後。

第十二條　奏咨案之編入法規以定有辦法者爲限，其尋常奏報、咨報事件無關引用者不得編入。

第十三條　編纂期限以宣統四年七月爲止。自本章程奏准一月後，各衙門應於每月上旬將上月已編成之件咨送内閣，由法制院審查。

第十四條　此項法規未經編竣以前，各衙門所有新頒法令均應依類編入。

第十五條　各衙門編纂完畢，由內閣法制院彙齊覆核具案呈經閣議後，即將此項現行法規繕册進呈欽定頒行。

（清）唐才常《唐才常集·擬開中西條例館條例》　刑律之設，以理大戛而順人情。秦、漢與明，極爲酷烈，殊失先王之意。國朝罪疑惟輕，涵濡衆類，雖唐、虞、三代，蔑以過兹。西人亦最講求律法，然矜慎太過，極重不過禁錮終身而已。自入中國設教堂後，中國不肖之徒，往往以爲逋逃藪，無論作奸犯科之奚若，中國不能過問。雖曰中國積弱使然，亦以未列公法之故；又無深諳公法之人，據理與争。故遇有交涉事件，往往受屈於西人而末如何。不知公法明云：凡疆内産業，植物動物，無論生斯土者，自外來者，按理皆當歸地方律法管轄。又云：無論是己民與否，非現住疆内者，各國不能以律法制之。若然，則吾民雖入彼教而現住疆内，豈有不能自治之理？噫！吾華至此，不國甚矣！然則公法所云數國律法不合而起争端，别有條款以息之，名曰私條者，不能已於講求也。蓋公法所以明各國交際之例，而私條所以變通各國律法之不合，而酌而著之曰例。遂遵其意而名之曰中西條例館。其所以設此條例館之條例，另擬於後：

一、各國律法不同，必豫請各國律師，公訂一至中至正之法，如公法所云者，乃能行之久遠而不敝。

一、律法由换和約時酌定，使臣宜力争教民之仍歸中國管轄，乃可徐議一切條例。

一、中西條例，雖已有定章，入館者仍當深習中國律法，廣求各國律法，或遇事出定章外者，即可合中西律法以争。

一、演習中西條例者，當由刑部課其成，命之曰律學科，使其自吏胥至司員，自司員至尚、侍，終身不易其途，庶爲專門之學。

一、條例館學生，並宜練習各國語言文字，有成則隨出使大臣，察閲各國風俗人心，即將來議律時，或有疑難之處，不至茫無把握。

（清）唐才常《唐才常集·學新法須有次第不可太驟説》　中國受創以來，深識之士，日望中國之毅然變法，以弱强，以危安，以骨肉。然如學校、郵政、鐵路諸大端，當軸遲回審顧，重於一舉者，何也？豈陰狃於桎民之習，恐民智開而狂瀾沸耶？抑虞一變之後，士民失業，蒽而未發耶？

夫英吉利於百年前欲行新法，臣民無不尼之者，惟堅惟忍，立起沈痾。若俄羅斯之頑獷，日本之悍勁，各國所無，然昔之彼得，今之睦仁，何興之暴也？中國神聖相傳，風俗純厚，無希利尼、薩摩之强族，多瑞士、日耳曼之秀民。若洗其夸大虚誣之習，蕲諸實際；振其疲苶惰歸之氣，進以干城，安知不爲地球望國？乃猶因循疲薾，坐失事機，誠不能爲當世士夫解也。

然而新法之行，貴有次第，不可緩亦不可驟。何者？中國之弱，弱於貧，中國之貧弱，貧弱於新學之未興。欲興新學，宜特設學部大臣於京師，以綱領大學之事；又於各直省多建中等下等格致書院，聘西師華師，分門課實，即以其遞升之差，爲科目之的。則始雖借才異地，不十年而吾學校中人，足以肆應天下之求。人才既出，自强始墻有其基，然而鐵軌、輪船、礦務、郵政四者，似不能因人才未出，再涉游移。何也？筋脈不通，則手足坐廢；衣食將竭，則禮義安施也？

若夫商政宜修，先於農政。蓋中國之農，尚稱勤作，商則散無友紀，日見消亡。歲輸英人五千餘萬兩，未有抵制之術，將爲印度者數十年，尚夷然以冠帶自居，此開闢以來之奇憂也。非亟立商會維持之，腦存而髓亡，國存而權絶，其若之何！工政宜修，先於軍政。土耳其素稱能戰，惟製造未廣，機器未興，日蹂躪於英、俄而末如何。中國四十年來，槍械船礮，夥於阿僧祇，而國且日弱者，徒恃殺人心器，而忘製器之原也。報館宜立，先於議院。蓋此時風氣未齊，人心多惑，驟開議院，必如意、法、奥之叫囂，不可遏抑。惟先廣報館以啟愚頑，以振聾聵，則遇有大政，不至行之者一，泥之者百。公法律例之學宜明，先於議和議戰。蓋中西棘手之案，固由國威未振，亦由情法不通。如能酌修條例，入公法及弭兵大會，未必無闇然自修之日。界務税務之學宜講，先於禁煙辦教。蓋强鄰睗睒，四方而至。黑龍江、帕米爾，及夫緬甸、安南之前車，在在寒心。界務不明，蹙國何底？釐政至今，深爲民病，愚智皆知。非急研税務，則呰窳滋甚，脂膏滋竭，國不國矣。銀行宜設，先於國債。泰西國債多，民心益固，驟難望之疑信參半之華民，必用機器多鑄銀錢，由三庫通行各省，則示信於民而國債可興。

若夫親王大臣，出洋學習俄、日，以建維新之治，尤爲今日策時第一義。至於中西相接，化其偏私之見，去其鄙夷之心，凡內外臣工，皆宜恪遵此義，而西鄰責言，庶不至無故而生。然無論何等學術，皆先以廣立學會爲宗，則所以公天下之羣義，而萃人心之奇策也。此舉行新法大概情形，可約略言者。

或曰：今天下病尪瘠矣，非澈底澄清，同時並舉，加以雷厲風行，萬無成效。雖驟，庸何傷？而不然也。即以病喻：精氣鑠於內，痿痺見於外，調其榮衛，通其筋絡，養其靈魂，或能補救於萬一；驟用猛濟，必無幸焉。今之積重難挽之勢，而欲步武泰西，經緯萬端，微論其治絲而棼，即每年賦税所入，不逮英、法三分之一，而洋債累累，何從籌鉅款以行新政？其不能太驟一；中國士子，久錮時文詩賦之中，遽廢科舉，游民滋興，其不能太驟二；至西例賦税極重，華民贍其身家而不足，安能出餘貲以維國力，其不能太驟三；中國最重男女之別，非先嚴纏足之禁，而廣設女學堂，必多未便，其不能太驟四。是故深明其不可驟之故，而後轉移鼓舞之，微權可得而用也。

紀事

（清）劉錦藻《皇朝續文獻通考》卷一二五《職官考十一·刑部》

二十八年諭：見在通商交涉事益繁多，著派沈家本、伍廷芳將一切見行律例，按照交涉情形，參酌各國法律，悉心考訂，妥爲擬議，務期中外通行，有裨治理。俟修定呈覽，候旨頒行。

（清）劉錦藻《皇朝續文獻通考》卷一二五《職官考十一·法部》

三十二年九月改刑部爲法部。十二月奏定官制，略稱：理刑一官，關繫重大，見今易名法部，範圍更廣。《欽定大清律例》一書原有吏律、戶律、兵律、工律，名目精深閎遠，無乎不賅。第時代既易，商律、路律諸端尚未議及。近今東西各國則有公法、私法、行政法，國際法，以及民法、民事訴訟法，刑法、刑事訴訟法類，皆萃全國議會之精神，參以百年民情之習慣，斟酌妥善，都歸實一。司法衙門乃總匯而實行之。臣等深維今昔之事勢，熟審中外之機宜，謹縷晰陳之。一，在申明權限也。比者，法部專任司法，大理院專掌審判，明諭煌煌，固已釐然。悉當凡司法官吏之進退，刑殺判決之執行，廳局轄地之區分，司直警察之調度，皆係法部專政之事。應由臣衙門隨時奏明辦理。至於直省刑事稿件原議官制法部及大理院均有覆核明文，擬由各省分達部院，經大理院覆判後，咨部核定，請旨施行。如有情罪未符，仍咨回大理院自行駁正。一，在分定職掌也。刑部向設十七司，分掌各省刑事。原議改爲六司，恐滋竭蹶。茲擬遵設承政、參議兩廳，綜轄部務，設參事四員襄理，外設八司，每司設郎中三人員，外主事各四人，按省按事酌量分股，各專責成。其繁雜難，以類從者設一收發所以包括之至，應設之七、八、九品京官録事。除由臣部筆帖式考選改充外，量才委用。一，在廣行調查也。日本明治初政注意於法律之改良，分遣賢能徧遊歐美，歸而釐定法制，驟進富强。中國此時舉辦新政，若禁刑訊，若重證人，各直省讞局之積習若何？各地方監獄之內容若何？擬選明達司員，委令同籍分行查察，擇尤派歷東西各國，絜短較長，取彼所優補我不足，以宏探討，而備觀摩。一，在彙訂法律也。各部院改定官制，舊時法律互相抵觸者，在所不免。且航路、電礦、工商律，日有發明。若不求畫一之規則，受治者將無所適從，舞文者得任意出入。查美國官制，各部皆有法官協同經理立法。誠善中國法學尚鮮專長，不必慕其名而在師其意。且與律例一書有吏、戶、兵、工諸律之旨相合。擬請飭下各部院衙門，將見行則例全咨法部由臣等派員詳細稽核，如有牴牾之處，會同該部院堂官酌改，以歸統一。

（清）劉錦藻《皇朝續文獻通考》卷二四四《刑考三》〔光緒〕三十一年，修訂法律大臣等奏進呈訴訟，擬請先行試辦。略稱：查中國訴訟，斷獄附見刑律，沿用唐明舊制，用意重在簡括。揆諸今日情形，亟應擴充，以期詳備。泰西各國訴訟之法，均係另輯專書，復析爲民事、刑事二項。凡關於錢債、房屋、地畝、契約及索取賠償者，隸諸民事裁判。關於叛逆、詐譌、人命、盜賊及他項，應遵刑律定擬者，隸諸刑事裁判。日本舊行中律，維新而後踵武泰西，先後頒行民事、刑事訴訟等法。卒使各國僑民歸其鈐束，藉以挽回法權。中國華洋訟案日益繁多，外人以我審判與彼不同，時存歧視，商民又不諳外國法制，往往疑爲偏袒，積不能平，每因尋常訟案釀成交涉。若不變通訴訟之法，縱令事事規仿於法政，仍屬無濟中國舊制。刑部專理刑名，戶部專理錢債、田產，微有分析刑事、民事之意。若外省州縣俱係以一身兼行政、司法之權，官制攸關，未能驟改。然民事、刑事性質各異，雖同一法庭，而辦法宜有區別。臣等從事編輯，悉心比絜，謹就中國見時之程度公同商定《簡明訴訟法》，分別刑事、民事。其中有爲各國通例，而我國亟應取法者有二：一，宜設陪審員。嗣後各省會並通商鉅埠及會審公堂，應延訪紳富商民人等，造具陪審員清册，遇有應行陪審案件，依本法臨時分別試辦。一，宜用律師。按律師一名代言人。日本謂之辯護士，蓋人因訟對簿公庭，言詞每多失措，故用律師代理一切質問、對詰、覆問各事，宜各國俱以法律學堂畢業者，給以文憑，充補是職。嗣後凡法律學堂俱培養律師人才，卒業後考驗合格，給予文憑，分撥各省以備辯案。綜計全編分爲五章，繕單呈覽。奉上諭：法律大臣沈家本、伍廷芳等奏刑事、民事訴訟各法擬請先行試辦一摺，法律關係重要。該大臣所纂各條，究竟於見在民情風俗能否通行，著該將軍督撫都統等體察情形，悉心研究其中有無扞格之處，即行縷析條分，據實具奏，嗣經議定奏准通行。

臣謹案：此爲改變舊律，修訂新法入手第一著。畫出舊律訴訟、斷獄兩門，統名爲訴訟法。又畫出舊律戶律各條，名曰民事訴訟法，與刑事訴訟截然分立。一切仿照日本法規，行政、司法各分權限，不容混淆。至陪審一項，使富商、紳民參預審判之列，又設律師代言申辯等項，其於中國民情風俗是否適宜，上諭飭令體察研究，洵慎重變法之意也。嗣以陪審一項，各省以爲扞格，暫免設置。

又：〔光緒〕三十二年，沈家本、伍廷芳等奏：前奉上諭，見在通商事益繁多，著派沈家本、伍廷芳將一切見行律例，按照交涉情形，參酌各國法律，悉心考訂，妥爲擬議，務期中外通行，有裨治理等因。當經臣等酌擬大概辦法，並遴選諳習中西律例司員，分任纂輯。竊以中國法律與各國參互考證，中重而西輕者爲多。中國之法重，西人每訾爲不仁，其旅居中國者，皆藉口於此，不受中國約束。夫西國首重法權，隨一國之疆域爲界限。甲國之人僑寓乙國，即受乙國之裁判，獨於中國不受裁判，轉予我以不仁之名，此亟當幡然變計者也。方今改訂商約，英、美、日、葡四國均允中國修訂法律，首先收回領事裁判權，實變法自强之樞紐。然則刑法之當改重爲輕，固今日之仁政之要務，即修訂之宗旨也。《見行律例》款目極繁，而最重之法應先刪除者，有三：曰凌遲、梟首、戮屍，曰緣坐，曰刺字，以上三事皆中法之重者，外人議爲不仁，亦惟此數端爲最甚。查各國修訂法律，大率於新法未布，設單行法，或淘汰舊法之太甚者，或參考外國之可行者，先布告國中，以新耳目，是以略採其意，請將重法數端先行刪除，以明示天下宗旨之所在。奏奉上諭：我朝入關之初，立刑以斬罪爲極重。順治年間修訂律例，沿用前明舊制，始有凌遲等極刑。雖以懲警兇頑，究非國家法外施仁之本意。見在改定法律，嗣後凡死罪至斬決而止。凌遲及梟首、戮屍三項著即永遠刪除，所有《見行律例》內凌遲、斬梟各條，均改爲斬決，其斬決各條俱改爲絞決，絞決各條俱改爲絞監候。入於秋審情實斬監候各條，俱改爲絞監候與絞候。人犯仍入於秋審，分別實緩辦理。至緣坐各條，除知情者仍治罪外，餘著悉予寬免。其刺字等項亦著概行革除。此外當因當革應行變通之處，著再悉心甄採，從速纂訂。務期酌法準情，折衷至當。

臣謹案：凌遲之法創於西遼，寸而磔之，支解節分，最爲殘酷。梟示雖創於周，懸首白旄，梟示天下，但暫用於一時，並非常法，唐律不載此刑。元明以來始採入律，國朝因之不改。又加戮屍，剉屍之條，以其倖逃顯戮，復剉戮死屍，以昭炯戒。至於緣坐更非古法，夫罰弗及嗣，載之《虞書》。罪人不孥，見諸周制，漢唐始有此法。一案株連，動至數百十人。明又有夷及三族、九族之嚴酷。國朝遵用唐律，惟謀反、謀叛及造畜、蠱毒、採生折害割等項，有緣坐之法。近例更加繁密，凡邪教、奸黨亦緣坐其妻孥，此辟以止辟之義也。然歐西殘酷舊律後，乃漸經改盡其意，亦可師焉者。從前羅馬法，有碎身投獸之刑，法有抉眼及鐵衣束囚之法，英法傷人者割其臂，毆人者浸於海，俄有犂舌、剖腹、折解諸刑，與中國同一嚴厲，近俱一律廢除。若刺字之法，即《呂刑》墨、辟之遺，漢文廢之，六朝復用，唐律除之，五代石晉復用，宋及元明相沿至今，愈加繁瑣，刺面而外又加刺臂，既刺事由又刺地名。屬氏《通考》、邱氏《大學術義》均言其失，《宋志》有言：面目一壞，誰復顧惜？强者適長威力有過，無由自新。長安薛氏著《讀例存疑》一書，亦屢釐正其失。見與凌遲緣坐等項，一概删除。

（清）劉錦藻《皇朝續文獻通考》卷二四五《刑考四》光緒三十三年，法部奏議復變枷號並除苛刑，略稱：據署順天府尹孫寶琦奏請將枷號人犯，比照笞杖，贖金折罰，並除去苛刑一摺。臣等竊維古無枷號之刑。北周保定三年頒《枷刑律》，遂爲通用枷號之始。明萬歷十五年，重修《會典》，定一切枷號之制。我朝沿明舊制，損益得中，其於枷號一項，猶存其法者，意在書罪示衆，使之自警以警人。熱審期内，例准暫行保釋，秋後再行補枷。患病者，亦即取保醫治，痊日再補。特是此等枷犯，少或數月，多則經年，大都氣體久受損傷，已難免瘐斃之慮。若再加以枷號，纍纍荷校，寢饋愈難，各犯甫有生機，又罹死法。該署府尹謂笞杖痛苦不過一時，枷號則晝夜不得休息，洵非過激之論。方今德音頒布，豫儲立憲。國民之資格，顧茲氓庶，亟應養其廉恥，使曉然於人格之可貴。況凌遲、梟首、戮屍重法均已奉旨删除，即笞杖輕罪亦均改爲折罰，則此項枷號之刑，若不量予變通，殊不足以廣皇仁而示體恤。該署府尹擬請枷號人犯比照笞杖，贖金之例，折罰釋放，並以無力完納者解所習藝充工等語，係爲因時制宜起見。惟立法必規於久遠，而治罪在去其煩苛。枷號一端，本非五刑之正，如例文所載有由笞罪加枷者，有由杖罪加枷者，有由徒罪加枷者，有由流罪加枷者，有由軍罪加枷者，有因丁單留養照原犯徒流軍笞各本罪分别枷號者，此皆指情輕人犯而言。有由軍流調發加枷者，有因遣犯在配脱逃被獲不服拘管加枷者，有因積匪、猾賊在配復竊加枷者，有因新疆當差爲奴改發煙瘴加枷者，此皆指情重人犯而言。以犯罪之重輕分枷號之久暫。本東西各國所謂附加刑，中國沿用有年，既難概予廢棄，顧其中或以日計，或以月計，或以年計，或以五日爲加等，或以十日爲加等，或以一月、兩月、三月爲加等，或以一年、兩年、三年及永遠爲加等款目，本極複雜，辦法亦甚參差。若必援笞杖之例，概予罰金，其在情輕人犯爲日無多，尚無難酌中定制；而情重者，限期過久，即折罰愈增，不惟數鉅款繁，平允匪易。且此輩類多窮苦，又何能責令繳償？似非分别情罪重輕，酌量辦理，仍恐不無窒礙。查奏定婦女罰贖章程，凡犯該枷號，不論日數多寡，俱酌加罰金五兩，以示區别，此雖爲矜恤婦女起見，但所稱不論日數，頗足省轇轕而免參差，則凡由笞、杖、徒、流、軍所附加之枷，及留養等犯，既已科其本罪，似亦可不拘月日若干倣照折罰。其調發改發及一應情重加枷各犯，或則身罹重罪，或則怙惡不悛，滋事脱逃，層見迭出。議罰既苦於無力工作，又無地可容。此項匪徒本無所用其顧恤，所有應擬枷號之處，自無庸另議更張。俾照懲創至旗人犯軍、流、徒罪，不至銷檔實發者，皆按律折枷。自徒一年折枷廿日起至極邊軍九十日而止。查乾隆十九年及三十五、三十九等年，定有毆死卑幼，情節殘忍，不准枷責完結各條。並道光五年定有窩竊、窩娼、窩賭等項，均銷除本身旗檔各例。於是旗人有犯，靡不與民人同科，而實行按律折枷者較少，倘並此亦加更變，勢必如原奏改爲折罰作工無論。折罰一層，按照《奏定軍流徒贖罪章程》，銀數過多，萬難辦到。即使代以工作，如《定章》内所載，徒犯按所徒年限，收所習藝，流罪自六年起以至十年，罪犯即照滿年限科算。既與原定枷期相去懸絶，且以未經銷檔之犯，與例應銷檔者，無所區别，亦與定律之本意未符。至若土司苗民，向係照旗人折枷之律定擬。原以土苗等地居邊徼徒，則本地無役可充軍流，又未便安置内地，惟折枷用意至爲深遠。如亦量爲裁改，將責其罰贖，固非所以示懷柔，即强令作工未必安於服習，此尤不能妄議紛更者。總之枷號雖爲辱身之具要，皆律例内定罪之差等。以上數端或爲附科，或爲改折，既據該署府尹奏請量予變通，則其中有當變通者，固應亟予更新。而其不可變者，似不妨仍循其舊。臣等公同商酌，嗣後罪應枷號人犯，除折枷律有正條，及例内載明調發改發，並一應情節較重者，仍照定律定例定章辦理外。其由笞杖徒流軍罪所附加之枷及丁單留養擬枷各犯，俱比照婦女罰贖章程，不論月日多寡，各罰折枷銀五兩。如無力完繳者，仍折作工二十日。似此分别定擬，庶與律例不至顯相牴牾，而匪徒益知懲勸矣。該署府尹又稱各省問刑衙門向有站籠、挺棍、天平架、老虎凳、單跨、搖天幌等刑具，每遇疑難案件，猝難得供，往往任意濫用等語。查非刑之設，例禁綦嚴司讞者，宜如何詳慎用刑，平情推鞫。況見經奉旨停止刑訊，該州縣具有天良，尤應仰體朝廷矜恤之意。若如所奏是直視人命如草芥，法令若弁髦，既與明詔有違，重貽遠人譏議，尚復成何事體？擬請將上項刑具，一律銷燬淨盡，如有私用者，照例參處。如議行。

臣謹案枷號即易荷校之遺意，以補笞杖所不及。笞杖施之常犯，枷號施諸積猾兇徒。但見在笞杖既去枷號，似難存留。法部斟酌輕重，僅留數項，以待怙惡匪徒，其餘改令工作，並刪除一切非刑，亦革弊先從其重之意也。

（清）劉錦藻《皇朝續文獻通考》卷二四八《刑考七》 宣統元年諭：前據修訂法律大臣奏呈《刑律草案》，當經憲政編查館分咨內外各衙門討論參攷，以期至當。嗣據學部及直隸、兩廣、安徽各督撫，先後奏請將中國舊律與新律詳慎互校，再行妥訂，以維倫紀而保治安。復經諭令修訂法律大臣會同法部詳慎斟酌，修改刪併，奏明辦理。上年所頒立憲籌備事宜，新刑律限本年核定，來年頒布，事關憲政不容稍事緩圖，著修訂法律大臣會同法部迅遵前旨修改刪併，剋日進呈。以期不誤核定頒布之限。惟是刑法之源，本乎禮教。中外各國禮教不同，故刑法亦因之而異。中國案重綱常，故於干犯名義之條，立法特爲嚴重，良以三綱五品闡自唐虞，聖帝明王，兢兢保守，實爲數千年相傳之國粹，立國之大本。今寰海大通，國際每多交涉，固不宜墨守。故常致失通變宜民之意。但祇可採彼所長，益我所短。凡我舊律義關倫常諸條，不可率行變革，庶以維天理民彝於不敝。該大臣等務本此意以爲修改宗旨，是爲至要。至該大臣前奏請編訂《見行刑律》，已由憲政編查館核議，著一併從速編訂，請旨頒行，以示朝廷變通法律，循序漸進之至意。

（清）劉錦藻《皇朝續文獻通考》卷二四九《刑考八》 宣統二年，憲政編查館奏覆核法部奏酌擬死罪以下施行辦法一摺。略稱：查外國刑事制度，凡死罪確定後，檢察官將原案始末申報司法大臣，非得司法大臣之命令不得施行。推其立法之意，審判官之職權僅於按律定罪而止，而定罪後上奏施行審察事務，則純屬行政範圍。見值行政司法分權伊始，該部院固不可無互相維繫之方，亦不應有互相侵越之舉。非將部院具奏事件嚴重聲明使施行之權掌於法部，定罪之權寄於院廳，無以收審判改良之效。又查《法院編制法》所載：檢察各廳有監察判斷之執行權。是按律定罪爲審判上之事。而依法行刑實爲檢察上之事。職務既應獨立，範圍當以法律爲準。若徒斤斤於部院權限之閒，而置總檢察廳於不問，殊失定制之本旨。蓋督理雖由法部而奉行，究隸於檢察廳。嗣後大理院見審死罪，先由總檢廳依法起訴，由院審判，該院於判決後，一面將全案供勘連同人犯移交總檢察廳，一面具奏請旨飭下法部施行。奉旨後，即日由該院咨報法部，係監候人犯由法部照例辦理，係立決人犯由法部即日劄令總檢察廳行刑處決後，由部按月彙案奏聞。其該院覆判外省專奏彙奏死罪案件，仍行奏請飭下法部施行。奉旨後由該院將全案供勘咨報法部，由該部行文，各該省照例辦理。毋庸經由總檢察廳，以省繁複。如此分別辦理，既符死囚奏報之舊制，亦合審判獨立之精神。死罪之辦法既定，則遣流以下各罪，亦皆立待施行。查死囚必待奏報，刑律固有明條。而遣、流以下，例准各該衙門依限行文配發，舊例除候部覆外，並無別項限制。且徒罪多歸外結彙咨，已成具文，笞杖向無奏咨專案。茲既統改罰金追徵，尤貴捷速。若施行必待部覆，誠恐遷延拖累，貽害無窮。擬請嗣後大理院暨京外高等地方審判各廳所定罪該遣、流案件，於判決確定後，録具供勘，移交各該檢察廳依法執行。應發者由該廳行文發遣，發後查照此次奏定報部之法，分別按月彙報法部存案。如係徒罪案件，按季彙報，各初級審判廳判決。刑事案件除移文執行後，年終彙報法部存案。至審判籌辦之初，考績爲目前之急，一切行政上調查、執行各項統由法部總理主持。該部調查京外已設各審判衙門，每月見審案件分別已、未判決，照從前見審月摺例，改爲司法彙報，統由法部按季奏陳，以資比較，而驗成績。且該部年終辦理司法統計之時，亦不患無所取材，斯爲一舉兩得之道。至外省未設審判廳地方，所有遣、流以下案件例應咨候部覆者，仍由各督撫咨報大理院。俟該院核定咨部後，即由該部轉咨施行。如有任意不報，或不實不盡者，由部據實參處。至大理院見審案件，既不適用非常上告之制，竊恐推事之員額有限，案牘之待理無窮，勢必有竭蹶叢脞之日。臣等再四審度，擬請嗣後屬於大理院特別權限之案，應以宗室犯罪在流、遣以上，及凡犯謀反、謀叛、謀大逆各罪，與特旨交審重要官犯，暨未設審判廳地方京控案件四項爲限。凡從前例歸民政部奏交之案，既應各按區域，分別由內外城巡警總廳送交。例歸步軍統領衙門奏交之案，該衙門逕行咨送京師地方檢察廳起訴，由地方審判廳依法判決，以便層遞上控。庶與《法院編制法》所定管轄權限相符。

（清）劉錦藻《皇朝續文獻通考》卷二五一《刑考十》　宣統元年，修律大臣沈家本奏妥議化除滿漢畛域，請將旗人犯遣、軍、流、徒各罪，照民人實行發配，刪除舊例折枷各條。恭讀上諭：我朝以仁厚開基，滿漢臣民從無歧視。近來任用大小臣工卽將軍、都統，亦不分滿漢，均已量材器使。朝廷一秉大公，當爲天下所共信。際茲時事多艱，凡我臣民方宜各切憂危，同心挽救，豈可猶存成見，自相紛擾，不思聯爲一氣，共保安全？見在滿漢畛域，究應如何全行化除？著各衙門各抒所見，將切實辦法妥議具奏。仰見我皇上一視同仁，懲前毖後之至意。竊維爲政之道首在立法。法不一，則民志疑。斯一切索隱行怪之徒，皆得乘瑕而蹈隙。故欲安民和衆，必立法之先統於一。法一則民志自靖。舉凡一切奇袤之説，自不足以惑人心。查律載凡旗人犯罪，笞杖各照數鞭責，軍、流、徒免發遣，分別枷號等語。緣我朝入關之初，八旗生齒未臻繁盛，軍伍有空虛之慮，差務有延誤之虞，故凡八旗之人犯軍流徒者，特設此折枷之制，免其發配。原爲供差務、實軍伍起見。初非區滿人與漢人而歧視之。迨乾隆二十一年，始定有旗人毆死有服卑幼，情節慘甚者，不准枷責完結之例。三十二年，又有旗人罪名實係寡廉鮮恥，有玷旗籍，削去戶籍，依律發遣之例。三十七年，又有莊頭鷹戶、海戶人等如犯軍、遣、流、徒等罪，照民人定擬，不得折枷完結之例。四十二年，又有莊屯旗人并駐防無差使者，軍遣流徒，照民人一例辦理之例。道光五年，又定有旗人窩竊、窩娼、窩賭及誣告、訛詐，行同無賴，不顧行止等項，銷除本身旗檔，分別發配，不准折枷之例。自以上各例通行以後，旗人犯罪照民人一體定擬者日見其多，並不一例折枷矣。見既欽奉明詔，化除滿漢畛域，若舊日兩歧之法，仍因循不改，何以昭大信而釋羣疑？伏思今日八旗丁口日益蕃昌，與昔日情形迥異。若將旗人犯罪應發配者，概與民人一體辦理，亦無慮軍伍差務之乏人。如謂新章之監禁期長，舊例之折枷期短，重輕懸絶，不甚相宜。抑知畛域之未能化除，正在此等重輕懸絶之處。盡人在覆幬之內，而一輕一重，此成見之所以未能盡融也。臣默覘世運，慨念時艱，欲籌挽救之方，不得不變通辦理。擬請嗣後旗人犯遣、軍、流、徒各罪，照民人一體同科，實行發配。《見行律例》折枷各條，概行刪除，以昭統一，而化畛域。

（清）劉錦藻《皇朝續文獻通考》卷二五三《刑考十二》　宣統二年，法部奏爲編輯《秋審條款》告成。略稱：竊維一定者法，不定者情，權衡於情法之間，惟秋審舊制，最足以劑其平。查秋審條款初定於乾隆三十二年，爾時因各司定擬實、緩每不畫一，酌定比對條款四十則頒行，以爲勘擬之用。四十九年復加增輯，分職官、服制、人命、姦盜、搶竊、雜犯、矜緩、比較五門。都凡一百八十五條，其書本與律例相輔而行。律例既改，如條款仍舊，恐紛歧滋甚，亭比無從。此次修正大旨，約分爲三：一曰刪約舊文。條款不過備擬勘之用，並非官撰，以故詞旨繁冗，與律例不同，歷久未修。有列爲專條，而案不經見者；有迭奉新章，原例罪名改定者；有《見行刑律》業經節併或刪除者；亦閒有前後歧出者。凡此均依據新制更正，以期一貫。一曰纂集新事。秋審之範圍，專以監候爲主。近年有因變通刑制，改爲監候者；有因定章減科改爲監候者；其例有明文，而條款漏未輯訂，歷年僅憑成案核擬實、緩者。凡此俱應逐一酌定實、緩，藉昭賅備而資援引。一曰折衷平恕。刑爲範世之具，惟顴一良規，斯能推諸久遠。條款於職官犯罪不問情節，如何概擬情實？他若回民、僧人等項，亦較常人加嚴。以人之品類，強爲軒輊，殊乖協中之意。而於立憲國保護權利之説，尤屬背馳。凡此應加校正，一以平恕爲主，亦可爲將來溝通新舊之資。此外律例內著明實、緩，既垂永制，可備遵循。又常年例實案內有情節可原，於黄册內出語聲敍者，然應否句決，出自聖裁，似不宜豫爲擅定。均請照定例定章辦理，無庸列入。惟服制人犯，雖列情實，向俱邀恩，免句以情輕之故而原之也。自光緒三十一年奉旨刪除重刑，絞決遞減絞候入實。服制之案，因是而獲量減者，不乏其例。秋讞衡情，固不能濫廁，情實常犯册內，置尊卑名分於不顧。如列服制册內，一律同邀寬典，又與原情量減者，有霄壤之別。是以特定從嚴聲敍一條，以杜輕縱。輯録既竣，仍加具案語，略釋要旨，由臣等逐條詳核，細加推勘，剖析毫芒期歸至當。共訂定爲一百六十五條，以資遵守。奉諭：法部奏編輯《秋審條款》告成，繕單呈覽一摺，《秋審條款》一書本與刑律相輔而行，《見行刑律》業經詳加修訂。所有《秋審條款》自應按照《見行刑律》，妥速釐正，免致紛歧。茲據法部會同修訂法律大臣奏稱：編輯告竣，共訂定爲一百六十五條，加具按語，進呈。朕詳細披覽，尚屬周妥。著卽與《見行刑律》一律頒行。新刑律未經實行以前，凡有應歸入秋審核辦案件，均即遵照此次所定條款，悉心擬勘，毋得少有出入，以昭畫一，而利推行。

臣謹案：秋審、朝審雖創始於前明，當時但略具規模，尚無條款可循。至我朝乾隆三十二年，始訂有條款四十條。至四十九年更加詳密，增爲一百八十五條。此後永遠遵守，至今不改。見因減輕刑法，另修《見行律》。舊律立決多改爲監候，監候多減爲軍流，《秋審條款》原隨律例爲轉移，律例既改從輕，條款自不適用，故從新修改約爲一百六十五條，詳録於册，以備考核。

（清）劉錦藻《皇朝續文獻通考》卷二五四《刑考十三》 宣統三年，修律大臣奏爲刑事、民事訴訟各法編纂告成。略稱：法律一道，因時制宜，大致以刑法爲體，以訴訟法爲用。體不全無以標立法之宗旨，用不備無以收行法之實功。二者相因，不容偏廢。是以上年臣等議覆御史劉彭年停止刑訊摺内擬請先行編輯《簡明訴訟法》等因奏明在案。查中國訴訟、斷獄，附《見刑律》，沿用唐明舊制，用意重在簡括。揆諸今日情形，亟應擴充，以期詳備。泰西各國訴訟之法，均係另輯專書，復析爲民事、刑事二項。凡關於錢債、房屋、地畝、契約及索取賠償者，隸諸民事裁判。關於叛逆，僞造貨幣、官印，謀殺，故殺，强刼，竊盜，詐欺，恐嚇取財及他項應遵刑律定擬者，隸諸刑事裁判。以故斷弊之制，秩序井然，平理之功，如執符契。日本舊行中律，維新而後踵武泰西，先後頒行民事、刑事訴訟等法，卒使各國僑民歸其鈐束，藉以挽回法權。推原其故，未始不由於裁判訴訟，咸得其宜。中國華洋訟案日益繁多，外人以我審判與彼不同，時存歧視。商民又不諳外國法制，往往疑爲偏袒，積不能平。每因尋常爭訟細故，釀成交涉問題。比年以來，更僕難數。若不變通訴訟之法，縱令事事規仿，極力追步。真體雖充，大用未妙，於法政仍無濟也。中國舊制，刑部專理刑名，戶部專理錢債、田産，微有分析刑事、民事之意。若外省州縣，俱係以一身兼行政、司法之權，官制攸關，未能驟改。然民事、刑事性質各異，雖同一法庭，而辦法要宜有區別。臣等從事編輯，悉心比絜，考歐美之規制，款目繁多，於中國之情形未能盡合。謹就中國見時之程度，公同商定《簡明訴訟法》，分別刑事、民事，探討日久，始克告成。惟其中有爲各國通例，而我國亟應取法者，厥有二端。一，宜設陪審員也。考《周禮·秋官》司刺掌三刺之法，三刺曰：訊萬民，必萬民皆以爲可殺，然後施上服下服之刑，此法與《孟子》國人殺之之旨隱相脗合，實爲陪審員之權輿。秦漢以來，不聞斯制。今東西各國行之，實與中國古法相近。誠以國家設立刑法，原欲保良善而警兇頑。然人情譸張爲幻，司法者一人知識有限，未易周知，宜賴衆人爲之聽察，斯真僞易明。若不肖刑官或有賄縱曲庇，任情判斷及舞文誣陷等弊，尤宜糾察其是非。擬請嗣後各省會並通商鉅埠及會審公堂，應延訪紳富商民人等，造具陪審員清册。遇有應行陪審案件，依本法臨時分別試辦，如地方僻小，尚無合格之人，准其暫緩。俟教育普被，一體舉行，庶裁判悉秉公理輕重，胥協輿評，自無枉縱深故之虞矣。一，宜用律師也。按律師，一名代言人，日本謂之辯護士。蓋人因訟對簿公庭，惶悚之下，言詞每多失措，故用律師代理一切質問、對詰、覆問各事宜。各國俱以法律學堂畢業者，給予文憑，充補是職。若遇重大案件，則由國家撥予律師。貧民或由救助會派律師，代申權利，不取報酬。補助於公私之交，實非淺鮮。中國近來通商各埠已准外國律師辯案，甚至公署間亦引諸顧問之列。夫以華人訟案，藉外人辯護，已覺扞格不通。即使遇有交涉事件，請其伸訴，亦斷無助他人而抑同類之理。且領事裁判之權因之更形滋蔓，後患何堪設想？嗣後凡各省法律學堂俱培養律師人才，擇其節操端嚴，法學淵深，額定律師若干員。卒業後，考驗合格，給予文憑。然後分撥各省，以備辯案之用。如各學堂驟難造就，即遴選各該省刑幕之合格者，撥入學堂專精斯業，俟考取後，酌量録用，並給予官階，以資鼓勵。總之，國家多一公正之律師，即異日多一練習之審官也。以上二者，俱我法所未備，尤爲挽回法權最要之端，是以一併纂入。綜計全編分爲五章，凡二百六十條。繕具清單，謹奏。如議行。

（清）劉錦藻《皇朝續文獻通考》卷三九三《憲政考一》 光緒二十七年，慈禧皇太后懿旨：自經播越，一載於兹，幸賴社稷之靈，還京有日，卧薪嘗膽，無時可忘。推積弱所由來，歎振興之不早。近者特設政務處，集思廣益，博採羣言，逐漸施行。擇西法之善者，不難舍己從人，救中法之敝者，統歸實事求是。數月以來，興革各事，已降旨飭行。惟其中以條目繁重，須待考求，或事屬刱舉，須加參酌。回鑾以後，尤宜分別緩急，銳意圖成。茲據政務處大臣榮録等面奏，變法一事，關係甚重，請重誡諭，示天下以朝廷立意堅定，志在必行。並飭政務處隨時督催，務使中外同心合力，期於必成用。是特頒懿旨嚴加責成，爾中外臣工須知國勢至此，斷非苟且補苴所能挽回厄運，惟有變法自强，爲國家安危之命脈，亦卽中國生民之轉機。予與皇帝爲宗廟計，爲臣民計，舍此更無他策。爾諸臣受恩深重，務當將應行變通興革諸事力任其難，破除積習，以期補救時艱。昨據劉坤一、張之洞會奏，整頓中法，仿行西法各條，事多可行。卽當按照所陳，隨時設法，擇要舉辦。各省疆吏，亦應一律通籌，切實舉行。太要不外言歸於實，用得其人。予與皇帝宵旰焦勞，母子一心，力圖興復。大小臣工其各實力奉行，以稱予意。將此通諭知之。

《大清法規大全・上諭》 上諭：前據修訂法律大臣奏呈《刑律草案》，當經憲政編查館分咨內外各衙門討論參考，以期至當。嗣據學部及直隸、兩廣、安徽各督撫先後奏請，將中國舊律與新律詳慎互校，再行妥訂，以維倫紀而保治安。復經諭令修訂法律大臣會同法部，詳慎斟酌，修改刪併，奏明辦理。上年所頒立憲籌備事宜，新刑律限本年核定，來年頒布，事關憲政，不容稍事緩圖。著修訂法律大臣會同法部，迅遵前旨修改刪併，尅日進呈，以期不誤核定頒布之限。惟是刑法之源本乎禮教。中外各國禮教不同，故刑法亦因之而異。中國素重綱常，故於干犯名義之條，立法特為嚴重。良以三綱五常，闡自唐虞，聖帝明王，兢兢保守，實為數千年相傳之國粹，立國之大本。今寰海大通，國際每多交涉，固不宜墨守，故常致失通變宜民之意。但祇可採彼所長，益我所短。凡我舊律義關倫常諸條，不可率行變革，庶以維天理民彝於不敝。該大臣等務本此意以為修改宗旨，是為至要。至該大臣前奏請編訂《現行刑律》，已由憲政編查館核議，著一併從速編訂，請旨頒行，以示朝廷變通法律循序漸進之至意。欽此。宣統元年正月二十七日。

《清憲政編查館奏稿匯訂・第十八號奏稿光緒三十三年九月五日》 奏為遵旨議覆恭，仰祈聖鑒事。本年六月初九日准軍機處片，交本日法部大理院會奏，妥擬修訂法律辦法一摺，奉旨著考察政治館議奏，欽此。等因。鈔交前來。臣等伏查原奏內稱：編纂法典為預備立憲最要之階級。編纂之事必有主事之政策，行事之機關，議事之方式各等語。造端宏大，自係為鄭重立法起見。其所稱主事之政策，在兼用守成、統一、更新三主義，參酌古今，以期蔚成大清法律全典，洵屬至當之論，允宜定為準則，昭示中外，為他日收回法權地步。又所稱行事之機關，請特開修訂法律館，以法部大理院專司其事，並請欽派王大臣為總裁，各部院堂官為會訂法律大臣，各督撫將軍為參訂法律大臣各節。查編纂法典與訂立單行法不同，法典之大者，如民法、商法、刑法、民事訴訟法、刑事訴訟法諸種。攷之各國成例，大率多或千餘條，少亦數百條，取材宏富，定例精嚴，非如單行法之可以尅日成事。蓋單行法不過為一事，或一地方而設，法典則包含一切，關涉全國之事。故各國編纂法典，大都設立專所，不與行政官署相混，遴選國中法律專家相與討論研究，其範圍率以法典為限，而不及各種單行法。誠以編纂法典事務浩繁，故不能不專一辦理。原奏所請特開修訂法律館，無論何種法律，均歸編纂一節，範圍太廣，擬請仿照各國辦法，除刑法一門業由現在修訂法律大臣沈家本奏明草案不日告成外，應以編纂民法、商法、民事訴訟法、刑事訴訟法，諸法典及附屬法為主，以三年為限，所有上列各項草案一律告成。其餘各項單行法，應仍由各該管衙門擬具草案，遵照臣館奏定章程。於草案成後，奏交臣館，統歸臣館考核，請旨施行，以期統一。其所請欽派王大臣為總裁一節，查修訂法律館之設，專為編纂法典草案起見，將來尚須由臣館核定，該館似可無庸再由王大臣管理，免致重複。又所請以法部大理院專司其事一節，查立憲各國以立法、行政、司法三項分立為第一要義。原奏亦謂立憲之精義在以國家統治之權分配於立法、行政、司法三機關。今若以修訂法律館歸該部院管理，是以立法機關混入行政及司法機關之內，殊背三權分立之義。近世憲法學家嘗謂立法之事必宜獨立，若隸屬行政或司法機關之內，必致徒徇行政及司法上之便利，而有任意規定之弊，於法律之進步實多妨碍。臣等公同商酌，擬照原奏變通辦法，請將修訂法律館仍歸獨立，與部院不相統屬。所有修訂大臣擬請旨專派明通法律之大員二三人充任，應修各項法典，先編草案，奏交臣館考核。一面由臣館分咨在京各部堂官，在外各省督撫酌立限期，訂論參考，分別籤註，咨覆臣館，彙擇核定，請旨頒行。又所請以各部堂官為會訂法律大臣，各督撫將軍為參訂法律大臣一節，查各國編纂法典草案成後，大都由議院議決。現在資政院已奉旨設立，俟將來該院辦法完全，各部各省明通法政人員，均列院中。自無庸分送各部各省討論，即由臣館逕送資政院集議取決後，移交臣館覆加核定，請旨頒布，以期簡捷，而昭鄭重。所請另加會訂及參訂各名目，應毋庸議。至所請分派提調、纂修等員，及延聘東西法律名家各節，自係應有之義。應俟開館後，由該大臣等擬具章程，奏明辦理。又所稱議事之方式，擬參照議院辦法，分議決為認可與否決兩種，皆從多數為準。其否決者，必須聲明理由。各節均係正當辦法，應俟將來資政院議決時，參酌辦理。所有臣等議覆修訂法律緣由是否有當，謹具摺奏陳。伏乞皇太后、皇上聖鑒。謹奏。光緒三十三年八月。

（清）劉坤一《劉坤一遺集·奏疏》卷一八《議覆陳寶琛條奏洋務情形摺光緒七年十一月初二日》 參訂中、西律例一節，前出使英國大臣侍郎郭嵩燾曾有是議，臣亦深以爲然。查同治八年所修英約，亦有會定通商律例之言。第西律與中律不同，此國又與彼國不同。中律則分別治罪，西律則多半罰銀，必須延請各國有名律師，公同斟酌。而西學以律例爲最重，西土以律師爲最尊，此輩刁狡異常，難免各存意見。如由中國專辦，不獨費財費力，並恐格礙良多。臣愚以爲，應由總理衙門先行商允各國使臣，自派律師或刑名人員，與中國委員會辦；而此項中國委員，亦必參用熟悉公法西律之人，如李鴻章所用隨員伍廷芳之類，庶易集事。

（清）勞乃宣《新刑律修正案彙録·諭旨》 光緒二十八年四月初六日奉上諭：現在通商交涉事益繁多，著派沈家本、伍廷芳將一切現行律例按照交涉情形，參酌各國法律，悉心考訂，妥爲擬議，務期中外通行。欽此。

光緒三十三年八月二十六日修訂法律大臣沈家本奏《刑律草案》分期繕單呈覽一摺。奉旨憲政編查館知道單併發。欽此。

光緒三十三年九月初五日奉上諭：憲政編查館奏請派修訂法律大臣一摺，著派沈家本、俞廉三、英瑞充修訂法律大臣，參考各國成法，體察中國禮教民情，會通參酌，妥慎修訂，奏明辦理。欽此。

光緒三十三年十一月二十六日修訂法律大臣沈家本奏《刑律分則草案》告成，繕單呈覽一摺。奉旨憲政編查館知道單併發。欽此。

光緒三十四年五月初七日奉諭旨：學部奏請將中國舊律與《新律草案》詳慎互校斟酌，修改刪併，以維倫紀而保治安一摺。著修訂法律大臣會同法部按照所陳各節，再行詳慎修改刪併，奏明辦理。欽此。

宣統元年正月二十七日上諭：前據修訂法律大臣奏呈《刑律草案》，當經憲政編查館分咨內外各衙門討論參考，以期至當。嗣據學部及直隸、兩廣、安徽各督撫先後奏請，將中國舊律與新律詳慎互校，再行妥訂，以維倫紀而保治安。復經諭令修訂法律大臣會同法部詳慎斟酌，修改刪併，奏明辦理。上年所頒立憲籌備事宜，新刑律限本年核定，來年頒布，事關憲政，不容稍事緩圖。著修訂法律大臣會同法部迅遵前旨，修改刪併，尅日進呈，以期不誤核定頒布之限。惟是刑法之源本乎禮教。中外各國禮教不同，故刑法亦因之而異。中國素重綱常，故於干犯名義之條，立法特爲嚴重，良以三綱五品，闡自唐虞，聖帝明王，兢兢保守，實爲數千年相傳之國粹，立國之大本。今寰海大通，國際每多交涉，固不宜墨守，故常致失通變宜民之意。但祇可採彼所長，益我所短。凡我舊律義關倫常諸條，不可率行變革，庶以維天理民彝於不敝。該大臣等務本此意以爲修改宗旨，是爲至要。至該大臣前奏請編訂《現行刑律》，已由憲政編查館核議，著一併從速編訂，請旨頒行，以示朝廷變通法律循序漸進之至意。欽此。

宣統元年十二月二十三日奉諭旨修訂法律大臣會同法部具奏修正《刑律草案》告成，繕單呈覽一摺。著憲政編查館查覈覆奏。欽此。

宣統二年十月初四日奉諭旨憲政編查館奏核訂新刑律告竣繕單呈覽一摺。著依議。欽此。

謹案：光緒二十八年四月，派沈大臣等將現行律例參酌各國法律，考訂擬議，是爲新刑律編輯之始。三十年四月開館，三十三年八月《總則草案》告成，十一月《分則草案》告成。憲政編查館奏明，由館分咨在京各部堂官，在外各省督撫討論參考，分別籤註，咨覆到館，彙擇核定。請旨頒行。嗣經各部各省陸續籤復。三十四年五月，學部以新定《刑律草案》多與中國禮教有妨，分條聲明奏請飭下修律大臣，將中國舊律與新律草案，詳慎互校，斟酌修改刪併，以維倫紀而保治安。乃奉會同法部再行詳慎修改刪併，奏明辦理之旨。宣統元年正月又特降明諭申明：凡我舊律，義關倫常諸條，不可率行變革。務本此意以爲修改宗旨。是年十二月法律大臣會同法部奏進修正草案，奉旨交憲政編查館，查覈覆奏。二年十月，憲政編查館考訂完竣，繕單奏呈，請勅下資政院歸入議案。於議決後，奏請欽定頒布。施行交院之後，先付法典股審查，繼付議場會議議決二百餘條。而已屆閉會，未竟全功，留待明年開會再議。此新刑律歷次修訂之梗概也。茲恭録歷年欽奉。

雜録

（清）劉錦藻《皇朝續文獻通考》卷二二《錢幣考四》　又財政處、戶部奏：臣部前因銀行業經開辦，奏明派員前往日本考查紙幣印刷事宜，誠以紙幣一經作僞，其害不可勝言。果其立法之初，詳求盡善，必能有利無害。

（清）劉錦藻《皇朝續文獻通考》卷一二五《職官考十一》　臣謹案：刑部尚書始於隋，夏殷司寇，周秋官大司寇卿也。侍郎亦始於隋，分左右始於明，秋官、小司寇中大夫也。官制雖有沿革，舊章罔不率由。自改刑部爲法部，設審判廳、檢察廳，號司法之獨立，增無數之枝官，歷朝成憲澌滅幾盡。可慨也。

（清）劉錦藻《皇朝續文獻通考》卷二四二《刑考一》　臣謹案：制刑之道有因地、因人、因時三義。而因時制宜，尤爲刑法中一大關鍵。我朝未入關以前，刑制止斬決、鞭責兩項。自世祖定鼎燕京，統一寰區，命儒臣詳定刑法，一沿前明舊律略加條例。歷聖祖、世宗、高宗三朝，久道化成，幾於刑措不用，雍雍乎三代之休風焉，故刑法迭次減輕，一革國初嚴重之例。如强盜分別斬、遣，反逆子孫改斬爲遣之類。其間因革損益，折衷至當。前考已詳舉無遺，茲不復贅。自仁宗御極後，承平日久，法令縱弛，地大物衆，孽牙其間，於是川楚教匪突起，蔓延十餘年，俶擾四五省。繼以宣宗末年，夷氛方熾，粵匪肇亂。歷文宗、穆宗二十年來，兵革不息，奸宄蜂起，不得不用嚴法以示懲創，故刑法復由輕入重。如强盜復改歸皆斬。舊律嚴懲搶奪、發塚、捉人勒贖、賣人口入洋等項之類。迨及德宗內憂雖息，外患迭起，刑法愈趨嚴重，章程繁密，較前加倍。然大經大法完全無缺，仍不失爲金科玉律。至光緒三十年後，朝命變法一時，新學當道，傚外國三權鼎足，司法獨立之制。特設《法院編置法》，內則三法司裁去都察院，改刑部爲法部，改大理寺爲大理院，外則改按察使爲提法司。內外均設審判廳，分高等、地方、初級三等。各審判廳外又設檢察廳，大理院外設總檢察廳。所有訴訟外則均歸審判官審理，州縣不得干預。內則歸審判廳、大理院審理，法部不能干涉。此改革刑官之大概也。其刑法則聘用日本博士岡田，舉歷代舊律、大清條例一概廢除，全依日本法修訂，名曰新刑法。不惟文義名詞盡倣外洋，並舉歷代之服制、名分、禮教一掃而空。草案一出，舉國譁然。內則九卿科道，外則各省督撫，羣相詬病，紛紛奏參。朝廷迫於公論，慮其窒礙難行，復飭法律大臣另修《見行律》，以備新舊過渡時代之用，此改革刑法之大概也。查《見行律》删去律文數十條，例文數百條，從前之緣坐、凌遲、梟示、戮尸、枷號、刺字、鞭責、鐵桿、石墩、笞杖，諸法盡行删除。又改死罪爲流徒者數十項，以致法輕易犯，利弊參半。然先王之遺制猶有存焉，若《新刑律》則三綱淪，九法斁，其弊不可勝言矣。謹依前考作《刑制》八卷，其餘徒流詳讞，贖刑，赦宥以次編入。

（清）劉錦藻《皇朝續文獻通考》卷二四七《刑考六》　臣謹案：舊律有人戶以籍爲定之條，所以懲夫輕棄鄉土及跨籍冒考等項。然僅施之本國各省州縣，見在海禁大開，中外商人彼此入籍、出籍者，層見迭出。國籍之法必不可少。故仿照外國之法制爲國籍四章，以備採用，亦因時制宜之道也。

（清）劉錦藻《皇朝續文獻通考》卷三九三《憲政考一》　又憲政編查館奏法部大理院會奏妥擬修訂法律辦法一摺，查原奏內稱：編纂法典爲預備立憲最要之階級。編纂之事必有主事之政策，行事之機關，議事之方式各等語。其所稱主事之政策，在兼用守成、統一、更新之主義，參酌古今，以期蔚成大清法律全典，爲他日收回法權地步。又所稱行事之機關，請特開修訂法律館，以法部大理院專司其事，並請欽派王大臣爲總裁各節。查法典與單行法不同，法典之大者，如民法、商法、刑法、民事訴訟法、刑事訴訟法諸種。各國成例，大率多或千餘條，少亦數百條，取材宏富，定例積嚴。各國編纂法典，大都設立專所，遴國中法律專家，討論研究其範圍，率以法典爲限，而不及各種單行法。誠以事務浩繁，不能不專一辦理。原奏所請特開修訂法律館，無論何種法律，均歸編纂，範圍太廣。請仿照各國辦法，除刑法一門業由見在修訂法律大臣沈家本奏明草案不日告成，應以編纂民法、商法、民事訴訟法、刑事訴訟法，諸法典及附屬法爲主，以三年為限，一律告成。其餘各項單行法，應仍由各該管衙門擬具草案，遵照臣館奏定章程，於草案成後，奏交臣館考核，請旨施行，以期統一。所請欽派王大臣爲總裁一節，查編纂法典草案，將來尚須由臣館核定，似可無庸再由王大臣管理，免致重複。所請以法部大理院專司其事一節，查立憲各國以立法、行政、司法三項分立，爲第一要義。原奏亦謂立憲之精義在以國家統治之權，分配於立法、行政、司法三機關。今若以修訂法律館歸該部院管理，是以立法機關混入行政及司法機關之内，殊背三權分立之義。近世憲法學家嘗謂：立法之事必宜獨立。若隸屬行政或司法機關之内，必致徒徇行政及司法上之便利，而任意規定，轉於法律進步實多妨礙。擬照原奏變通辦法，請將修訂法律館仍歸獨立，與部院不相統屬。所有修訂大臣請旨專派明通法律之大員二三人充任，應修各項法典先編草案，奏交臣館考核。又所請以各部堂官爲會訂法律大臣，各督撫將軍爲參訂法律大臣一節，查各國編纂法典草案成後，大都由議員議決，資政院見已設立，將來該院辦法完全，各部各省明通法政人員，均列院中，自無庸分送討論。即由臣館逕送資政院集議，取決後移交臣館核定，請旨頒行，以期簡捷。所請另加會訂、參訂各名目，應毋庸議。至所請分派提調、纂修等員，及延聘東西法律名家各節，自係應有之義，應俟開館後，由該大臣等擬具章程奏明辦理。又所稱議事之方式擬參照議院辦法，分議決、否決兩種，皆從多數爲準。其否決者，必須聲明理由，各節均係正當辦法，應俟將來資政院議決時，參酌辦理。奉諭憲政編查館奏請派修訂法律大員一摺：著派沈家本、俞廉三、英瑞充修訂法律大臣，參考各國成法，體察中國禮教民情，會通參酌，妥慎修訂，奏明辦理。

（清）樊增祥《樊山政書》卷六《甲辰年變通奏報章程十一條序四》

舉凡兵制、學制、錢法、鹽法、税則及一切農工商務，其陳腐刓弊闒冗而無用者，方將立新法以善其後，而每撓於守舊者之護前。今日更之，明日復之，此人是之，彼人非之。所謂改者見於文告，未必見之於事實，見於在上之謀議，未嘗見於在下之奉行。日日言變法，而陳腐刓敝者如故，人人言改過，而闒冗無用者如故。此可爲傷心流涕仰屋而長嗟者也！夫使天下之人皆能如兩太守之和衷，與三大令之勇改，凡事勿論新舊，但論是非，盡去其護前之私，而一以求是爲本，則豈惟區區報章而已，中國何法不行，天下何事不治，四彝何人不服？海内外諸報館無論其爲通人，爲人通人，爲亂臣賊子，更復何隙之可抵，而何喙之敢置？

（清）樊增祥《樊山政書》卷一八《批涇陽縣蔡令寶善稟》　單稟確有見地。近日者内而改輕刑律，外而考察憲法，來牘所謂風潮鼓蕩，難緩須臾，亦屬理有固然而勢所必至。鄙意非不主變法也，惟凡事須循序漸進，爲政亦因時因地而各制其宜，未有不問士民之品第何如而遽以西法概中人，且以一成不易之法概施於二十一行省，萬有不齊之人者，必欲行之，必在教育普及，民智大開以後。蓋必士民中多有明是非、識道理之人，然後天下有議員，有議員而後可以開議院，上下議院皆得其人，然後憲法乃立。迨至人格日臻完粹，則刑罰不求輕而自輕。來牘謂改輕刑法爲立憲之本源，曾亦思刑法者上以是施諸民者也，憲法者君與民共之者也。今之民若馬賊，若會匪，若梟匪，若訟棍，若土豪，幾於充塞天下，而欲併五等之刑一切免之，且即以是爲立憲之基礎，則是朝廷與亂人共治天下，不惟黄帝堯舜以來之中國無此政法，即歐美諸邦亦豈有此憲法哉？不揣其本而齊其末，此可爲痛哭長歎者也！賢者出宰數月，裁判數十百案矣，試問不用笞杖，能結案否？兩造立談，能吐實否？處處設鄉官，人才足用否？事事與民同之，能事事如我意又如人意否？吾有以知其必不能也。今之新學大抵聰明者多，彼豈不知現在之人格萬不足以語此，而姑且先伸民權以爲快用，是益擴其議論自由之勢力，而陰遂其劫持官吏冒上亡等之私心，何嘗取天下人格而秤量之哉？吾非不以憲法爲是，特以時未至而强爲之，猶飯未熟而加餐，必爲臓腑之患，兵未練而浪戰，必貽軍國之災，此吾所以學堂、工藝、巡警、路礦以及常備新軍無一不實力舉行，而法政獨從其後也。惟課吏館本有法政一科，來牘謂延請精通法政之教員來秦講授，乃應有盡有之議。俟稟商撫憲再奪。此繳。

（清）樊增祥《樊山政書》卷二〇《批揀選知縣馬象雍等稟》　若必盡改中國之法律，而以外國自治其民者治吾之民，是猶男穿女衣，俗戴僧帽，吾未見其有合也。法政誠不可不學，中律亦不可盡棄。將來審判既設，對於外人當用公法，對於吾民誰敢廢《大清律例》者？既不可廢，則須兼習矣。且州縣終年聽訟，其按律詳辦之案至多不過十餘起，中簡州縣有終年不辦一案者，其所聽之訟皆戶婚田土、詐僞欺愚，貴在酌理準情，片言立斷，不但不能照西法，亦並不必用中律。作吏者明敏能斷，則拖累少而受福者多；優柔不決，雖心地好而作孽不淺。大抵審判之事，一要天分，二要學問，三要閱歷，四要存心公恕，不貪，不酷，不偏，然後可爲折獄之良吏。世嘗有讀書萬卷而坐衙不能一言，治律專家而作官不了一案者。該令等謂六個月畢業，即可養成無數人才，天下果有此等幸事乎？吾禱祀以求矣。准如來禀立案。繳，清摺存。

《清憲政編查館奏稿匯訂·第十七號奏稿光緒三十三年九月五日》 奏爲援案，請頒書籍事。竊惟法政之學，以知古知今爲要。方今東西各國新理日出，彼所詫爲神奇，而求之中國古籍，往往有可發明印証之處。蓋中西學理之同無古今一也。臣館職司編查，凡憲法法典及一切行政法規，均歸編纂，考定條件既繁，蒐羅宜富。查一國之法政典章，皆與一國之歷史有密切關繫。自非網羅舊聞，蒐集掌故，博觀精取，酌古準今，不能勒成一代大同之政典。前經考察政治大臣移送東西各國書七百餘種，亟宜遴擇精要，編譯刊行。此外，中外圖籍，凡有資考訂者，自應搜采美備以擴見聞而資考核。除各省所印官書，由臣館隨時咨取其私家撰述刊行之籍，有裨參攷者，並擇要廣購外。恭查《欽定古今圖書集成》一書，蒐輯繁富，囊括百家，雖非政治專書，而學理無不該括。前由外務部石印存儲，曾經修訂法律大臣、郵傳部先後奏請，頒發有案。臣館為憲典總滙之區，理宜恭備，應即援案。仰懇天恩飭下外務部檢發《圖書集成》一部交臣館敬謹儲藏，以光典策而供考證。所有援案請頒書籍，緣由謹恭摺具奏。伏乞。皇太后、皇上聖鑒。謹奏。

光緒三十三年八月。

（清）勞乃宣《新刑律修正案彙録·沈大臣酌擬辦法説帖》 古無罪人留養之法，北魏太和中始著之令格。《金史·世宗紀》大定十三年，尚書省奏鄧州民范三毆殺人當死，而親老無侍。上曰：在醜不争謂之孝，孝然後能養斯人，以一朝之忿忘其身而有事親之心乎？可論如法，其親官與養濟。是此法之未盡合理，前人有議之者矣。又嘉慶六年上諭論承祀、留養兩條。有云：凶惡之徒，稔知律有明條，自恃身係單丁，有犯不死，竟至逞兇肆惡。是承祀、留養非以施仁，實以長姦，轉似誘人犯法等語。是我朝祖訓亦嘗申言其弊，此所當敬謹尋繹者也。此法不編入《草案》，似尚無悖於禮教。

（清）勞乃宣《新刑律修正案彙録·德國法科進士赫善心氏與蔣員外楷問答》 問泰西同等國有彼此兩國因法律不同，而争論者否？

赫曰：數百年前有之。近來各國法律相差祇一二等，從無不承認者。

問：此國所視爲甚重者，彼國不以爲然，則何如？

赫曰：法律以民情爲根柢，西教同出於耶穌，西律同出於羅馬，故無懸絶之事。

問：前所送交之《新刑律草案》與《現行律》案語及核訂各書，曾一譯究否？

赫曰：《大清律》有英法各譯本。《現行律》是就原本改訂，所訂各條甚當。《新刑律草案》是日本律，非大清律也。請問今之修正刑律以《大清律》爲本乎？抑以《新刑律草案》爲本乎？

以《新刑律草案》爲本。

赫曰：將來收效必難。

問：日本何以收效？

赫曰：日本無法律，向用中國律，繼鈔法國律，近則直鈔德國律，以其中無所主，故外來得而據之。若中國律自爲系統，與羅馬律之系統並峙。一旦盡棄所有，强百姓以必行，則窒礙甚多，決不如日本收效之捷。

問：《大清律》有好處否？

赫曰：千八百十年時，距今百年。有法學大家，謂人曰：汝等笑《大清律》，不知中有極精處，將來泰西尚有當改而從之者云云。中國此時宜就《大清律》改訂，與泰西不甚相違。泰西近年改律，亦有與中律相近者，將來必有合龍之日。若全改，甚非所宜。

問：通姦無夫婦女，泰西不以爲罪，何也？

赫曰：在泰西不得不然，因婚嫁太晚，又係婚嫁自由，故不得以之爲罪。中國由父母主政，過二十歲者甚少，其有違悖禮法，自不能與泰西同論。

問：以此訂律，能不爲泰西所詬病否？

赫曰：訂律自無不可但刪去有夫字樣，籠統訂罪，則不宜。蓋姦有夫之婦，其婦與其夫皆不得爲人。得罪兩方面。姦無夫之女，則衹得罪一方面。其女是自願也。似應較輕一等。若行强則自有本律。

問：子孫未能自主時，有違犯教令者，何以處之？

赫曰：小過由家庭管教，大過由其祖其父送裁判所，由裁判所送感化院。感化院須由裁判送入，不能自送也。

問：近人謂西律源於社會律，源於禮教。然否？

赫曰：悖於禮教，未有不礙於社會者；礙於社會，未有不悖於禮教者。總之，齊之以刑不如齊之以禮。孔子之言可行於萬國也。

所談各節請録出，並舉西國法學大家之説以證。

赫謂即當録學説呈上並附以所見云云。

（清）汪康年《汪穰卿先生遺文・書牘輯存》卷上《上政府説帖》

處置盛氏

盛氏乘我國未立商部，未定商律，舉朝大臣不識商法之時，乘時巧竊規占諸權以爲己有。所攬利權，可謂極亘古全球所未有。自鐵廠、電報、輪船、鐵路、絲廠、紗廠、鐵礦皆足籠全國之大利。且陸行則鐵路，水運則輪船，通信則有電報及德律風，教育則有天津大學堂及南洋公學，則不特財政，即他種權亦均在其掌握。所惜彼惟有巧猾之才，足以創事而不足以成事，所用之人大半宵小，因緣爲姦。其家中上下皆崇尚淫侈，故稍有知識者，皆識其必敗。惟挾權既多，若一時倒敗，必致貽累大局，且恐將所辦之事，暗中抵押與外人。宜將所辦之事，以次清釐定一商辦官查之法此須查各國商例。令彼不得擅行調撥。又輪電兩局積弊叢生，如尋常電報分局，動輒每年數千或至萬金，而輪船買辦，大率輪巨金於盛氏乃得之。

清末憲政和法治部

綜論分部

論説

《清末籌備立憲檔案史料》第二編閔荷生《戶部員外郎閔荷生建言官制不必多所更張呈光緒三十二年八月初三日》 戶部廣東司員外郎閔荷生謹稟，爲呈請代奏事。

職竊維雲鳥紀官，權與攸肇，唐虞稽古，内外相維，周監夏商二代，厥制彌宏，官有公孤六卿，歷代參仿，洎明太祖罷中書而散柄六曹，嘉靖中葉，復歸内閣。本朝世廟設軍機，而大權總攬，樞府近臣遂爲腹心。然愛惜言官，科道從無誅責，討論庶政，部議至於再三，斯實兼專制、立憲之美意，具仰列聖御宇之宏規。乃者兩宫軫念時艱，諭更官制，酌古準今，纖悉無遺，凡屬臣民，思補萬一。職愚以爲官人之不甚得力，非果設官之未盡善，則以文臣計資甄敍，或欠歷練也，資格拘限豪俊，又未免過嚴也，任子多虛糜廪禄，貲郎尤罕識詩書也，或徇情面，或行賄賂也，此等久在聖明洞鑒之中，職何敢更爲冒瀆。其所欲言，則吏、戶、禮、兵、刑、工六部，請一仍舊，略增事任，以存古制宜今時而已。外務部之前宜設内務部，總内閣、軍機處、政務處、考察政治館而一之，有若公孤，不必員多，惟在得人，以爲中央政府。次則外務部，可附以理藩院及凡非内政。若吏部則古冢宰統百官者也，當重其權，雖内務、宗人等府，皆歸其考察，不使京外各衙門自爲黜陟，而朝廷以尊。戶部以清查天下戶口爲最急，所謂擾兆民，而大司農久典會計，則財政處、稅務、銀行均附焉。禮部原管學校、祭祀，學部可併，太常、光禄、鴻臚三寺可裁，翰林、文學可隸宗伯，冀使神人治上下和。兵部兼太僕寺、練兵處，八旗海陸各軍爲宜，足以一事權而平邦國。刑部職掌邦禁，有詰奸、刑暴之義，大理寺所事，暨審判、裁判已在其内，即步軍衙門、巡警部亦似可無庸另設。至若工部以居四民時地利爲職，詎止如今專覈工程，要在無曠土，無游民，内而商部路鑛，外而農工商務，允宜萃於茲部。此亦斟酌古今官制，因革損益之大凡也。

雖然庶事集於八部矣。古者工虞水火，不廢納言，唐虞成周，咸有四岳。方今指陳政事得失，不可無人，遵守朝章推行盡利，尤不可無人，人多則言雜，請即以都察院爲會議之地，進言之官不必裁員，但精其選。人微則權輕，故總督之設，亦宜稍變通，請於大河以北，山西、直隸、東三省設一員駐天津，大河以南，新、甘、陝、豫、山東等省，設一員駐開封，長江上游，兩湖、四川、滇、黔等省，設一員駐武昌，長江下游，兩江、兩廣、閩、浙等省，設一員駐金陵。儼然如古方岳，後代四鎮故事，内防奸臣，外制强敵，近衛畿甸，遠播皇威。其各省無總督處設巡撫，督撫皆管軍民，督以軍事爲重，撫以民事爲重，督兼轄撫，撫必咨督，皆以省會爲集權中央，司道大員爲之輔。設司之意擬仿八部，巡道分布四方，令就近實行糾察府廳州縣，不至千里迢迢與省隔絶，民隱難通，大以統小，小以承大，官必擇人，人必稱職。他如鄉官之設，原本《周禮》，事屬可行，仍應俟煙戶册齊，學校林立，仍能議設。此則官制雖不大爲變易，亦自宏通無礙，或者更張太驟，錯亂複雜，未甚典要，非獨恐有類偏安竊據之規模，稗官小説之紀録，取譏將來。且水旱遍地，人心動摇，方議停捐，多有觖望，復何堪此紛紛也。宋太祖詔有曰：吏員冗多難以求其治，俸禄鮮薄而未可責以廉，與其冗員而重費，不若省官而益俸。斯言殆又澄敍官方要旨歟。

職一介書生，所見何裨萬一，然狂夫之言，聖人擇焉。伏乞俯賜鑒覈，代爲奏陳，職不勝惶感之至。爲此謹稟。

《清末籌備立憲檔案史料》第二編許玨《候選道許玨陳言宜先清吏治呈光緒三十二年八月初九日》 具呈二品頂戴四品卿銜候選道許玨，爲敬陳管見，呈請代奏，仰祈聖鑒事。

竊職近閲邸鈔，恭讀七月十三日上諭：欽奉皇太后懿旨，前簡派大臣分赴各國考察政治，現載澤等回國陳奏，皆以國勢不振，實由於上下相睽，內外隔閡，官不知所以保民，民不知所以衛國等因。欽此。竊維典謨垂訓，首重安民，風雅陳詩，先資問俗。自昔帝王圖治，罔不顧畏民嵒，我我開國以來，列聖相承，咸以勤恤民隱爲先務。溯查康熙、雍正、乾隆年間，海宇承平，其時吏畏民懷，何嘗有上下相睽，內外隔閡之事。自嘉慶以後，人才稍不如前，吏治因之日敝。然同治初元，親賢夾輔，將相得人，猶能佐定中興，乂安海內，是則國勢不振，不過近三十年耳，當深求致此之由，不得盡咎法制之敝也。

若夫官不知所以保民，則由捐例屢開，流品日雜，仕途壅塞，賢者不免沈滯，不肖者巧肆貪緣，情既切於營私，政何能以澤物，此病在捐例，非官之盡不才也。民不知所以衛國，則由鴉片流毒將及百年，海內虛耗，十室九空，洋藥浸灌未已，土藥種植加繁，士人眈此則無廉恥之心，農工商眈此並失資生之策，一身不保，遑論國家，此禍在鴉片，非民之本無良也。茲聞戶部已奏奉諭旨停止實官捐升，又恭讀本月初三日上諭，限十年以內將土地藥之害一律革除淨盡，綸音疊沛，薄海同歡。從此整飭官常，湔除民病，但能堅持不懈，自然國勢日強。《詩》言：宜民宜人，受祿于天。竊謂天人感應之理，可操券而驗矣。

伏讀懿旨，時處今日，惟有仿行憲政，大權統於朝廷，庶政公諸輿論，此聖人如天覆幬之量，即大舜善與人同，舍己從人之意也。職考經傳所載，洪範稽疑，謀及庶人，周官外朝之位，衆庶得從三公之後，推之芻蕘獻説，工瞽陳規，何嘗不明目達聰，博觀兼聽。然而名分至嚴，易履象傳上天下澤，君子以定民志，聖人防微杜漸之意，可謂豫矣。職于役歐、美兩洲前後十有一年，詳考彼國設立議院之初，大抵由於國家苛政，民不聊生，上下乖離，禍變之極，迫而出此，所以削政府專制之權，求民間自由之福，積之既久，遂成風尚，然且不免各有流弊，中國情形實異於此。本朝撫有方夏，發政施仁，視前代尤爲寬厚。職悉心體察，今日中國之不如外國者，不在法制，而在人才，士大夫一入仕途，祇知以富貴爲心，不復有功名道德之念。而外國人才雖未足以語道德，尚能奮於功名，即如上年日俄之戰，日本所以勝者，由於文官不愛錢，武官不怕死，彼固不以富貴爲心也。惟不以富貴爲心，故能國而忘家，蹈死不悔，意氣所激，衆志成城，苟反其道而行之，人心之私僞，即足致國勢之阽危。竊謂今日中國士大夫，如不洗心滌慮，澄敍官方，雖欲仿行外國憲政，亦無所施。蓋官方不飭，即改定官制，不過易一官名，何裨實事。縱使勉強仿行，亦所謂有形勢而無精神，仍於國計民生無絲毫之益。且中西立國不同，即日本同處亞東，其憲政亦非中仿行，猶憶昔年候補京堂吴汝綸至東洋考求學制，其文部大臣嘗告以歸國後不可盡仿日本制度，總宜自出心裁，求一對峙各國之法，以爲定制。職深佩其言，謂得相時補救之意。舉此以推，則目前改定官制，當就列朝成憲，兼參中外時勢，以爲損益。

總之，所改於中法者，救弊補偏，變通盡利，非掃除而更張之也。所取於西法者，得其精意，因地制宜，非尺寸而摹仿之也。京外官逾萬數，非全無可以變通之處，然綱紀相維，亦有精意，苟未貫徹始終，而遽紛然改作，竊恐成效未彰，弊端已見。茲事體大，固非一時所能詳盡，而綜其得失，要不外是。當茲肇端伊始，竊願朝廷一秉虛公，而大臣倍加慎重。古人有言：天下大器必置諸至安之地。務當求詳於先事，毋致貽悔於將來，國家幸甚，天下幸甚。

職奉使歸來，本無言責，竊自循省，曩以候選冗員，蒙恩拔擢，三年使臣，未效涓埃，茲值政法更新之始，既有所見，義難緘默，用是積思累日，輒就一得之愚，披瀝上陳，伏乞代奏皇太后、皇上聖鑒。謹呈。

《清末籌備立憲檔案史料》第二編

周克寬《翰林院侍讀學士周克寬奏更改官制祇各易新名實不如舊制摺光緒三十二年八月十三日》

日講起居注官翰林院侍讀學士臣周克寬跪奏，爲敬陳管見，仰祈聖鑒事。

竊臣恭讀七月十三、十四兩日諭旨，祇悉朝廷仿行憲政，明定責成，先從釐定官制入手，聖謨宏遠，欽服難名。本月初七日復由考察政治館將御史王步瀛奏准更定官制兼采衆議一條，知照翰林院衙門，令各抒所見，仰見宸衷撝挹，詢及芻蕘。臣詞館備員，例得與議，謹即利弊所在，切實發明，恭摺具陳，用備采擇。臣惟我朝官制，經列祖列宗參考數千年聖君賢相之遺，因革損益，折衷至當，自非才德優於列聖，何敢輕議更張。且外洋官制大半襲我名稱，我顧忍違祖制，摹擬外洋，而爲之説曰，舊法之精意浸失，以致人無專事，事無專責，此次釐定，期於各副責成。殊不知《皇朝通典》、《通志》、《通考》及《大清會典》諸編所載，大小官員各有職守，權限分明，無事無專任之官，即無官無應辦之事。長官不肯破除情面嚴定考成，玩愒因循，漸成廢弛，病根在此，不從此痛下鍼砭，而以不對證之洋制醫之，試問外洋富強，在官制乎，抑在爲官擇人乎？如在爲官擇人，所不提議，各衙門既無人才可從裁併。如第爲異己故，而以爲所司者祖宗之法，非外洋之法，所行者祖宗之政，非外洋之政，投之不死不生之地，聽其浮沉，不相聞問，未免屈抑人才。所量予安置各人員，亦第爲異己故，而大臣豢養以終之，小臣排擠以去之，煌煌帝京，曹署一空，亦復不成景象。聖明在上，豈宜有此畸重畸輕之政體，以致人心震動，因而疑議沸騰。然所訂果百利而無一弊之存，人言原可不恤，今細繹中央政府官制、地方官制、内外司法官制、地方自治官制四大綱，祇於各易新名，實係不如舊制。謹爲我皇太后、皇上詳晰陳之。

臣伏考國朝定制之初，内閣職任綦重，自雍十年設軍權處辦理密行要件，内閣之事稍分。而傳宣綸綍，表率寅僚，撰擬表箋，收掌圖籍，各有專司，並無閒冗。庚子後，内政、外交日益繁雜，仿宋三司置條例司遺意，另設政務處，以軍機大臣領之，各部尚書多兼斯選，排日入直，密勿同參，此之五日一對，尤爲切近。今議併軍機、政務於内閣，而設三大臣以擔全國之責成，官少事煩，恐雖才力兼人，亦未易愉快勝任。此利在交益，而移并之弊也。

部院堂司各員，滿漢並用，所以示天下之公，尚、侍必有六人，所以防臣下之專，三百年無一權臣，實由於此。而泄沓因之，不歸咎於委用之疏，别簡賢能，剗除積習，而矯之以減尚、侍，增丞、參，尚、侍藉以息肩，各司掌印、主稿之員亦即以無所責成，偷安長惰，大權悉入丞、參之手，重要事件，侍郎至有時亦不與聞。上年會議議停，有鑒於此，言猶在耳。又議此減而彼增，既貽朝令夕改之譏，而魁柄下移，久之將尾大不掉。此利在仍舊，而圖新之弊也。

《虞書》以稷名官，農爲中國本計，海禁既弛，商戰方殷，朘我脂膏，工藝尤甚。我朝以戶賅農，以工兼藝，處此競争時代，已覺非宜。今議併三事於一部，而責之以修舉實業，收復利權，一時固綜攬無人，上下數千年，縱横五大洲，恐亦乏此全才，副兹重寄。此利在分立，而强合之弊也。

巡警爲萬事階梯，外洋庶政修明，得力於此。日本幅員非廣，號令易行，警政可併於内務。中國地大物博，既廢刑訊，又乏偵探，弭盜安良，全資巡警。外省以額兵改充警卒，流弊滋多，京師新政次第舉行，惟巡警頗著效果。一旦改屬内政，責分勢涣，外省無從遥制，京師必照舊含糊，功敗垂成，殊爲可惜。此利在獨立，而强同之弊也。

都察院爲監察之司，職兼彈奏，凡不法之官，病民之政，朝廷耳目所不及，藉臺諫敷陳之力，纖悉周知。我朝言路宏開，直前代所未有。今議員尚難合格，言官遽擬全裁，輿論壅於上聞，宫禁勢成孤立，臣民驚懼，懔若冰淵。此利在緩辦，而驟辦之弊也。

州縣爲親民之官，品秩過崇，障隔逾甚，無知府爲之表率，廉明者固守官箴，貪酷者即恣爲民害。憲政尚無基礎，州縣非屬於知府，必至驕横自便，取督撫一人之悦，責閭閻十倍之償，爲所欲爲，肆無忌憚。此利在受制，而專制之弊也。

至禮部之改爲院，理藩之改爲殖務，兵、刑之改爲軍、爲法，職掌如舊，名稱取新，辭不雅馴，事同兒戲，徒滋擾亂，胥動浮言，雖多過當之辭，究有宜杜之漸。

臣愚以爲改官制爲行憲政，即官制不改，亦斷無妨害憲政之官，破壞憲政，何必多一紛更之迹，轉致難爲阻礙之防，惟冀恪守前模，認真整頓，渾化中西之見，永懷遠大之圖，以濟艱難，而臻上理，庶我國家億萬年有道之長基此矣。

臣愚昧之見，謹恭摺具陳，是否有當，伏乞皇太后、皇上聖鑒。謹奏。

《清末籌備立憲檔案史料》第二編劉汝驥《御史劉汝驥奏總理大臣不可輕設以杜大權旁落摺光緒三十二年八月十三日》　掌江西道監察御史臣劉汝驥跪奏，爲大權不可旁落，總理大臣不可輕設，恭摺瀝陳，仰祈聖鑒事。

竊臣伏讀七月十四日上諭：釐定官制事關重要，必當酌古準今等因。欽此。仰見宵旰憂勞，其難其慎之至意。臣至愚極陋，何敢與參末議，然臣竊見載澤密陳大計摺内，有君主無責任一語。臣百思之而不得其解，已竊竊疑之。繼聞釐定官制大臣，有設總理大臣一人之議，是置丞相也。是避丞相之名，而其權且十倍於丞相也。歐美之伯理璽天德譯爲大總統，抑何弗直名之爲總統乎？其誰與畫此策者，臣竊期期以爲不可。臣請爲我皇太后、皇上披瀝陳之。

臣考歷代官制本不相沿襲，然其大旨不外乎六卿分職，各率其屬二語。故有中央集權之政府，斷無太阿倒持之政府，政府者，天子發號施令所從出之地也。一夫不獲，曰罪在朕躬，百姓有過，曰在予一人。非好名也，縈懷杌隉，實隱繫之，蓋其責任有如此者。世徒見有明一代多秕政，遂歸咎於太祖之罷丞相，豈通論哉。官不必備，惟其人，蓋自成周而已然矣。且夫堯之禪舜也，命曰總朕師，然臣考其時已在耄期倦勤之歲。殷高宗之得説也，命曰總百官，然臣考其時乃在亮陰宅憂之日。苟非其時，臣知舜、説謙讓未遑矣，故虞舜大聖，傅説大賢。伊尹之相太甲，周公之輔成王也，百官皆總己以聽，然臣考其時乃在沖人嗣位之年，推伊、周之志，雖植腹委裘可也。苟非其人，有謀廢立稱居攝者矣。故伊尹非霍光可學，周公非新莽可爲。至於伴食中書，萬歲閣老，則自檜以下，臣何譏焉，蓋相業之荒也久矣。

若夫我皇上春秋鼎盛，未明而求衣，既旰而忘食，上承慈闈之訓迪，下采薄海之視聽，方孜孜望治如不及，乃創爲君主無責任之説，直以總理大臣一人任之，然則禹、湯何必罪己，文、景何必自咎。然則我皇太后、皇上孤立於上，雖深宮曲巷，錦衣玉食，獨安樂之。且試問内而藩邸，外而封疆，孰勝任而愉快者乎？此非臣之所敢知也。且我朝受命之初，有議政王之設矣，然入則比肩長跽，出則同寅協恭，非一人所得專擅也。嗣去議政虛銜而立軍機處，非獨重其權也，蓋猶是出納備顧問，義取迅速而已。乾隆十四年御史馮元欽請改軍機處爲樞密院，我高宗純皇帝且以未識體要斥之。蓋我朝家法至精至要，惟其超越往古，破迂儒之瞽説者，尤莫如不建儲，不置首相二事。煌煌祖訓，載在金縢，可謂深切著明矣。

然如聖祖仁皇帝之朝，而猶有鼇拜、明珠之喪心病狂。世宗憲皇帝之朝，而猶有年羹堯、隆科多之大逆不道。高宗純皇帝之朝，而猶有和珅、福長安之朋比爲奸。彼結黨擅權，鞅鞅非少主臣者，何代蔑有。萬一我皇太后、皇上信任過專，始因其小忠小信而姑許之，繼乃把持朝局，紊亂朝綱，盈廷諾諾，惟總理大臣一人之意旨是向，且羣以伊、周公頌之，天下事尚可問乎。竊鉤者誅，竊國者侯，假王者烹，直王者賞。然則八枋可以下移，九錫可以自加，天子可以復下堂之禮，將軍可以有宇宙之稱。《易》曰：履霜堅冰至。《詩》曰：相彼雨雪，先集維霰。臣謂率天下士夫，内背朝廷，因甲於内亂者必由此也。

抑臣更有言者，好惡之公與天下共之，爵賞之柄則自上操之，中外古今更無二理，故俾士麥之相德，嘉富洱之相奧，伊藤博文之相日本，皆力持其尊君權之主義，用能成霸業而享大名。今所謂大權統於朝廷者安在乎，以臨軒策士爲不足信，乃取之外國文憑，以吏部官人爲不足信，乃託諸自行徵辟，共隸版圖，東三省乃自爲風氣，共勞王事，巡警部乃自定養廉。大學士之俸薪不敵一書記，是朔饑而侏飽，大司農之會計不及一客卿，是鄭昭而宋聾。夕微員而旦卿貳者夥矣，問簡在帝心者幾人乎。朝走卒而暮軍符者多矣，問曾經戰事者幾人乎。地方自治善矣，豈命官皆跖、蹻，鄉官皆曾、閔乎。各國游學善矣，豈留學生皆救時之彦，不世出之材，而舊日之舉貢生員，皆太倉之蠹，滄海之蜉蝣乎。不揣其本，而齊其末，放飯流歠，而問無齒決，此所謂倒行而逆施者也。猶且日日言維新，日日主變法，今日設某官，明日裁某署，小則啓門户之爭，大則釀蕭墻之亂。宋人議論未定，而金兵已渡河而南，此臣所日夜思之而慄慄危懼者也。

臣憂憤填胸，焚草者再，繼念睿照無私，洞見萬里，則又何疑何懼而不敢言，無任悚惶戰慄之至。伏乞皇太后、皇上聖鑒。謹奏。

《清末籌備立憲檔案史料》第二編張世培《御史張世培奏改革官制不可輕棄舊章摺光緒三十二年八月二十五日》

《清末籌備立憲檔案史料》第二編張世培《御史張世培奏改革官制不可輕棄舊章摺光緒三十二年八月二十五日》

掌廣西道監察御史臣張世培跪奏，爲變通官制宜酌量裁併添設，以專責成，而維政體，恭摺仰祈聖鑒事。

竊臣恭讀七月十四日諭旨，飭令釐定官制，必當酌古准今，上稽本朝法度之精，旁參列邦規制之善。臣維國家立法，在因地制宜，而效法外人，在取長補短，蓋變法者貴有治法有治人，尤貴不惟其名，惟其實也。考之東西各國政法不同，故官制迥異，而同進於富強者，其大要在以進出保守爲主義而已。可知外人之互相效法，從不輕棄舊章，惟其進取之心愈勇，斯其保守之心亦愈堅固，非徒務虛名，聳當世之觀聽已也。朝廷舉行新政以來，孜孜求治，日昃不遑，而內政、外交，諸臣動多束手，實以官職太多，事權不一故也。去年振貝子奏改官制一疏，言之至詳且備，而推究官守之弊，曰推諉，曰牽掣。因請仿行各國專任之法，將中央官制改而更張之，庶以植新政之初基，而自立於競爭之世。其改訂各部院官制，改訂各旗官制，或應存，或裁併，或添設，無不條分縷析，籌畫精詳，蓋其所陳者不在專改名稱，而在變通實際也。

臣愚以爲各署之中，尤不應裁者爲吏部，蓋吏部古冢宰，相人君用人者也。人君以用人爲職，職者權所在也。古者以參預賞罰爲侵權，若各部皆預用人之權，是吏部直成虛設矣。自鄉舉里選之制廢，於是用籤掣選授之法，期於有公無私。今外、商、警、學各部，五品以下人員，均歸該堂官奏補，概不經由吏部，是不特開引用私人之端，抑且無此政體，蓋權不可分也。擬請嗣後變通吏部章程，就各班之內選用專門，如長於外交選外部，長於商學選商部，他部準此，均於注選時聲明，似較奏補爲公允，且以專吏部責成。此外於內政最關係者，莫如郵政，辦法不同，然皆視爲重要，且規例極嚴，必重臣總司其事。中國將來郵政通行之後，勢必改驛歸郵，若久假手於外人，其貽患有不可思議者。亟應簡派郵政大臣握其權利，宜與鐵路、電報均隸商部，蓋交通之事雖繁，似無須另設專署，因經費難籌，不如統於他部爲得也。

若此者雖事更張，絕鮮紛擾，無抑中揚外之過，更無數典忘祖之譏。若謂署猶是署，官猶是官，不改用新名，必難聳新天下耳目。不知變法者循名責實，不必舍己從人，果能上下一體，無曠厥官，日後民智大開，自蘄至富強之域。是法之行不行，不在名之改不改也。宋王安石之變也，泥古而不通今，遂以亂有宋之天下。今當初定官制，若胥數百年成憲，悉取而弁髦之，恐截指適屨，築室道謀，而國是反無從定矣。臣不揣冒昧，勉効涓埃，可否將該貝子原摺及臣之管見核議施行之處，出自聖裁，臣不勝激切屏營之至。

是否有當，伏乞皇太后、皇上聖鑒。謹奏。

《清末籌備立憲檔案史料》第二編涂國盛《御史涂國盛奏請勿遽改官制摺光緒三十二年八月二十九日》　三品銜掌廣東道監察御史臣涂國盛跪奏，爲官制仍宜法祖，更名不如覈實，請勿遽改，計出萬全，恭摺仰祈聖鑒事。

竊思政貴因時損益，原操於上，而官遵定制，中西各安其民。臣於本年七月十三日恭讀上諭，有先將官制分別議定次第更張，并將各項法律詳慎釐訂，而又廣興教育，清理財政，整飭武備，普設巡警。使紳民明悉國政，以預備立憲基礎等因。欽此。欽遵。仰見我皇上監於成憲，因時制宜，有仰承祖宗締造之精心，普慰臣民治平之至意，凡屬臣民，無不欽感。嗣於本年七月十四日復恭讀上諭，有更定官制，事關重要，必當酌古準今，上稽本朝法度之精，旁參列邦規制之善，折衷至當，庶幾推行盡利，并欽派王大臣等，公同編纂，總司覈定，候旨遵行等因。欽此。欽遵。仰見我皇上以更改官制，事關重要，再三詳慎，有不敢輕改之至意。凡屬臣民，無不尤爲感泣。敬維祖宗定制，監於前代，因革損益，無不酌中，歷二百餘年行之尚無流弊者，官制特其一端。試即京內百官，敬爲我皇太后、皇上縷晰陳之。

如內閣六部與夫滿漢各署，無不秩序昭然，各有專職，加以軍機處仰承諭旨，夙夜宣勤，中外臣民，無不敬謹遵循，此官制之昭垂已久而不紊者也。至今時事日非，憂患迫切，非由官制之不善，有以致之，實由官之辦理不善者，有以釀之。譬彼泉水，其源不清，其流必濁，今欲廓清積弊，力圖富強，必先教以實心愛國，實事求是，而後帑不虛糜，富可漸圖，兵非虛練，強可馴致。如慮其顛危，急於更名，似乎積弊可以頓除，孰知本實已經先撥。昔王安石在宋時學問經濟，號爲名儒，其酌改祖制，原欲外禦強鄰，內富本國。迨後一意紛更，而朝野騷然，泯泯紛紛，遂釀成南宋之禍，前車之鑒，曷可忽諸。

今國步雖艱，而民心尚固，皆原祖宗之良法美意，厚澤深仁，有以涵濡而維繫之。敬乞我皇太后、皇上神明默運，計出萬全，於軍機、內閣六部則仍專責成，以端表率。於滿漢各署之公事稍簡者，則酌量歸併，庶事無大小，得人而理。國本不搖，民心益固。加以興學、理財、練兵、巡警，與夫恤商民、開礦路諸要政，無不實心辦理，倘有貪庸欺罔者，查明立予嚴懲。諒外人有知，必謂中國之官能愛民，民能愛國，君臣一德，官民同心，庶幾信義相安，和平共守，各泯覬覦，勿相殘賊，富強之計可見諸實行，而立憲亦有本矣。

臣愚昧之見，謹披瀝陳之。理合繕摺具陳，伏乞皇太后、皇上聖鑒。謹奏。

《清末籌備立憲檔案史料》第二編**貴秀**《**御史貴秀奏改訂官制首宜破除新舊黨界摺**光緒三十二年八月二十九日》 掌江南道監察御史奴才貴秀跪奏，爲改訂官制首宜破除黨界，以端治本而裨新政，恭摺具陳，仰祈聖鑒事。

竊謂設官分職，治法資乎治人，必臣心無蹈於偏頗，斯治道可臻於上理。方今朝廷鋭意圖強，派大臣出洋考察政治，采列強之精華，爲立憲之預備，挈領提綱，先從改訂官制入手，仰見聖謨高遠，會極用中，議政大臣復能和衷參酌，務求美善，斯官無曠職，政可觀成矣。奴才愚以爲古今來黨字爲害，始則誤貽政事，究必累及國家，史鑑昭垂，萬世之戒。立憲政體，端資羣策羣力，爲上下除隔閡，内不能不設議院，爲地方謀自治，外不能不設鄉官。自近年舉行新政以來，政界之中遂分爲新舊兩黨。官制一經釐定，内外大小，有職任自有責成，使猶分新舊之界，各執一偏，勢必至所謂守舊者頑固自封，易生阻力，自命維新者名詞是好，竟蹈囂張，微論於新政無裨，必至僨事。夫國家變法自強，原是取人之長，補己之短，初非吐棄一切，好事更張，窮變通久，時勢必然，無所謂新，自無所謂舊也。改訂伊始，相應請旨飭下京外臣工，務蠲除成見，相勗以公忠，自官無虚設，政有必舉，我國家轉弱爲強之道基此矣。

奴才愚昧之見，是否有當，伏乞皇太后、皇上聖鑒訓示。謹奏。

《清末籌備立憲檔案史料》第二編**麒德**《**内閣學士麒德奏請徐圖立憲不可輕改官制摺**光緒三十二年九月三日》 内閣學士兼禮部侍郎銜奴才宗室麒德跪奏，爲敬陳管見，恭摺仰祈聖鑒事。

竊奴才恭讀本年七月十三日懿旨，朝廷鋭意圖新，於振興庶務之時，仍寓範圍莫越之意，聖謨深遠，欽佩莫名。夫立憲必先預備基礎，官制必須次第更張，天語煌煌，本極剴切。乃近日道路之喧傳，報紙之騰説，竟有慶賀立憲及紊淆官制之舉動，殊與諭旨所云有迥乎不相合者。奴才竊有慮焉，不得不爲皇太后、皇上陳之。

查各國之憲法，亦猶中國之例章，政策之大端，例章則垂爲國典，憲法則出自議員。各國之議員，類具普通之知識，惟其見理也明，斯其議事也當，故雖權操自下，不至以私害公。中國民智未開，選舉無其人，堪膺選舉者更無其人，執途人而語之，亦徒見辯言亂政耳。今之輕言立憲者，夫豈真知憲法哉？在上者非阿諛以徇衆，即見異而思遷，在下者利於議院速成，置身議員，藉圖干預，實有迫脅朝廷以不得不然之勢。徒有倡言立憲之人，並無預備立憲之實，萬一勉強施行，致令不諳政治之小臣亦得妄干國家之大計，必至横生阻力，太阿倒持。雖欲公諸輿論，而輿論已不能行，將仍統於朝廷，而朝廷亦難收其效，此區區愚忱所爲鰓鰓過慮者也。

至於設官分職，原與時爲變通，我朝率沿明制，而損益得中，立法不爲不善，乃奉行日久，或冗員充斥，或虚設曹司，亟議裁併，詎曰不宜。第中外政法不同，即中外官制亦異。衹應就中國舊有之官制悉心分別，孰爲當因，孰爲當革，初不必盡取外國之名稱強爲粘合。若事事襲其皮毛，不惟與現行新政裨益毫無，轉將舊有之典章概從廢棄，甚非計之得也。即或議應新建，而開辦之初，經費浩繁，豈能同時並設，惟應急其所當先，緩其所當後，次第舉行，方無窒礙。

奴才尤願皇太后、皇上宸衷獨斷，屏息浮言，於立憲則慎終於始，必徐覘進止之機，於官制則擇善而從，並可泯新舊之見。則天下幸甚，臣民幸甚。

愚昧之見，是否有當，伏乞皇太后、皇上聖鑒。謹奏。

《清末籌備立憲檔案史料》第一編**江春霖**《**御史江春霖奏立憲宜先務理財並宜變通學制酌定律例消弭黨禍等事摺**光緒三十三年七月初二日》 掌新疆道監察御史臣江春霖跪奏，爲應詔陳言，仰祈聖鑒事。

竊臣恭讀本年五月二十八日上諭：欽奉皇太后懿旨，直省官制已據王大臣擬議飭行試辦矣。惟立憲之道全在上下同心，内外一氣，去私秉公，共圖治理。自今以後，應如何切實預備，乃不徒託空言，宜如何逐漸推行，乃能確有成效，亟宜博訪周諮，集思廣益，凡有實知所以預備之方推行之序者，准各條舉以聞等因。欽此。臣謹按東西憲法互有不同，而下順民志，上仍不失主權者，當以日本所定七章七十六條爲切近，其大旨則不外君使臣以禮，臣事君以忠。民之所好好之，民之所惡惡之。欲行則行，無所用備，行則俱行，無所謂漸，特是法者形器，而行此法者精神作用。《孟子》曰：徒法不能以自行。又曰：當務之爲急。此則預備逐漸之謂也。不揣愚昧，敢以未載憲法而與憲法隱相維繫者，敬爲我皇太后、皇上條舉言之。

《王制》冢宰制國用，必量入以爲出，立憲則量出爲入，憲法所以貴豫算也。然直省自攤還賠款，舉行新政以來，用如泥沙，取盡錙銖，搜括已不留餘力。設更額外科派，無論民不堪命，或激事變，即踴躍輸將，亦如羅雀掘鼠，必有雀鼠俱盡之一日，是宜以節財用爲首。超出之數，不派田賦，則派捐税，而田賦之欺隱拖累，事非一朝，捐税之浮收匿報，弊更百出。貧富久失平均，多寡並無定準，畸輕畸重，舊貫難仍，孰減孰增，新章未訂，款若不敷，算何從起，則稽賦税次之。憲法文武之俸給，定自國君，我國舊時廉俸雖薄，内外之以優差美缺致富者未乏也。而此請津貼，彼請公費，羸餘歸公，聞者蓋尠，浮費增多，向隅之歎轉甚，相形見絀，奔競之習遂成，既壞官方，復縻帑藏，按之於法，殊不謂然，則清陋規定正俸又次之。凡此皆理財之事，即日本憲法第六章之會計，顧乃立在先者，譬之富室陵替，罄竭蓄積以營商業，而物價不知，費用無節，豪奴刁僕冒濫開支，不至於破家蕩産不止，遑論其他。臣所謂日夜思維，沾沾以此爲先務也。

雖然當務止此而已乎？未也。臣請更遂條舉之：其一則變通學制。今言立憲者亦以民智未開，籌及強迫教育矣。抑思向時蒙學所需無幾，民猶多不識字，矧學堂之費倍蓰於昔乎，不富未有能教者也。計惟稍寬獎格，訂淺近教科之書，徧頒中外，選村居生童之秀，俾任師資。其實無力入學者，則略仿宣講行之，庶教育可期普及，不同言大而夸耳。其二則酌定律例。行政、司法必區以別，稍知憲法者皆能言之，而刑事、民事之裁判，互相駁詰而莫衷一是。今雖議改按察使爲提法使，由東三省先行試辦，而律例未定，舊者習煩苛而不知變，新者務寬大而不足懲，設非參酌中西，寬猛互濟，庸有裨乎。其三則簡約警章。設巡警道俾司警政，詰奸緝盜，計無逾此，然城市人煙稠密，經費已苦難籌，推之僻遠鄉村，貧瘠何能供給。靖豪強而不足，擾良懦而有餘，除城市外，亦衹就舊有保甲量爲推廣改良可矣，盡用警兵害多而利少也。其四則折衷公論。設鄉官立議會，皆立憲所不可緩，然程度未足，遽行設立，上蔑長吏，下陵鄉里，勢所必至。謂宜先令道府州縣，遇有重要事件，皆許紳民陳論，擇善而從，善鈞從衆，貪酷無所容其私，即地方不啻於自治，斯鄉官議會之權輿也。其五則挽回風氣。論治於今，皆謂習尚愈侈，人格愈高，以費廣財散，而貧民得分其利也。然爲守錢虜言，似亦近理，獨無解出於士大夫之口耳。居位無能，宰相已稱伴食，朘民蠹國，不知是何居心，此風不革，長此安窮，斯侈靡之俗宜變也。其六則愛惜土物。保存國粹之説時有所聞矣，而器具外洋，衣服外洋，飲食外洋，戲玩外洋，甚至珍禽奇獸，昔人貢而不受者，亦於外洋購之。就令事事物物皆勝於我，耳目口體之奉，所益幾何，矧更有損而無益乎。國粹不保，棄其禮義，土物不愛，失其權利，相提並論，其害維均，此詭異之好宜禁也。其七則消弭黨禍。始議立憲未及二年，炸彈起於車站，洋鎗發於學堂，而金華捦獲之王秋氏，且以女流而爲刺客，黨羽散布，可爲寒心。然來歙遇刺，何傷於漢，元衡被擊，未損於唐。嚴加防範，徐圖解散，無能爲耳。激之生變，勢且燎原，斯靜鎮之道，無用張皇也。其八則責成功效。倡行新政，諸臣興一事必曰試辦，立一法必曰試行，用一人必曰試署，意謂當如古之明試以功矣。乃事尚未辦，法尚未行，而所用之人，由試署而實授者有之，由實授而升遷者有之，由彼調此，由此調彼者又有之，名曰選用專門，實則夤緣捷徑，不責成效，安得真才，斯考績之事，不容寬假也。以上各條，雖與憲法或不相涉，要之立憲止求富強，此而不講，恐求富強愈益貧弱，臣所謂隱相維繫者此也。

抑臣更有請者，王者勞於求賢，而逸於任人，尚侍得人，則一部事治，督撫得人，則一省事治，軍機得人，則因數人而得數十百人，而天下事無不治。人於何得，采輿論，察素行，綜核名實，信賞必罰而已。功效顯著，疏賤必庸，罪狀昭彰，親貴不貸，鍼灸治病，刳割去毒，寒熱不消，元氣不復，腐爛不盡，血肉不生，弗忍支體之痛，而貽腹心之憂，當斷不斷，自古及今未有能治者也。

臣學識迂疏，極知無補，詔旨垂詢，難容緘默，冒昧上陳，伏乞皇太后、皇上聖鑒。謹奏。

《清末籌備立憲檔案史料》第二編江春霖《御史江春霖奏不宜輕改都察院摺光緒三十三年八月二十六日》掌新疆道監察御史臣江春霖跪奏，爲立憲宜組織議院，不宜輕改都察院，擬請旨飭緩議，恭摺抑祈聖鑒事。

竊臣謹按上年九月間，政治館擬請釐定都察院官制説帖内稱：查都察院掌糾劾官邪，條陳治理，匡正之力可及於朝廷，彈劾之權不懾於顯貴。特立於行政各官之外，而有監督行政之權，此實中國制度之特色，亦爲東西各國所交稱，風憲所關，無可裁併等語。東西皆立憲國，即皆有議院國，而猶交口稱之，則議院雖立，都察院尚不宜輕改，而議院未立之先，更無論矣。

乃本月二十二日都察院堂期，臣隨同列謁見長官，宣言立憲必設議院，議院立則本院應裁，業已奏請改作下議院基礎，以爲保存地步，奉旨交議，閣臣意亦謂然。臣始聞而信，繼而疑，歸而思之終夜，乃大以爲不可。夫自都御史至監察御史六十七人耳，果能立憲法，設議院，政平訟理，官清民安，則四百兆之衆皆已醉飽太平矣，豈六十七人投閒置散，獨憂窮餓乎？儻或憲法未能遽立，議院未能遽設，則匡正彈劾，一日必不可無，六十七人尚嫌其少，豈有議裁之理。就謂意在省費，都察院公費津貼合計僅七萬金，朝廷增一衙門，辦一新政，皆糜巨帑，亦何惜此區區七萬金，不以留特色交稱之制度，而顧煩患得患失爲耶？

且都察院與議院似同而異，言官保自大臣，議董則必由公舉，言官不拘省分，議董則以人定額，言官奏事不時，議董則會集有定，言官據理論事，議董則但從多數，言官封章可用單銜，議董則領班必推首領，非首領不得面奏，此皆體制截然不容相假者。而欲以甲混乙，無論權歸長官，易生壅蔽，即以公議而論，六十七人之少數，豈足以服四百兆之衆耶？臣愚以爲議院果立，都察院可裁可併，設使議院未立而輕改之，極言其利，不過上爲國家歲省七萬金，下爲六十七人保禄位而止。而其害必至於權奸竊弄，而不知億兆顛連而無告，否泰之幾，將由於此。應請諭飭緩議，亟先組織議院，俟議院成立後，察看情形，再定都察院裁併，庶讜言不壅於上聞，而立憲仍無失爲預備。臣於此事已四疏言之，非不知煩瀆見厭，獨念古人於事所必爭有章十九上待詔百餘日者。忝居諫諍之班，敢陳戆直之論。

是否有當，伏乞皇太后、皇上聖鑒訓示。謹奏。

《清末籌備立憲檔案史料》第一編俾壽《御史俾壽奏法爲治本請切實施行摺光緒三十四年七月初七日》 花翎掌雲南道監察御史奴才俾壽跪奏，爲法爲治本，擬請切實施行，以端趨向，而培盛治，恭摺仰祈聖鑒事。

竊維國無法不立，民無法不行，法者自朝廷以至庶民，所當共認者也。近來講求立憲者雖多，而不先思立法，是欲建築宫室而不知鞏固基礎者也。伏查東西各國，無不以立法爲圖治之本。原一官也，必擇其才之優者而任之，一事也，必期其理之當者而行之。無曠官，無廢事，公論具在。父不得私其子，兄不得私其弟，朋友不得私其所親，無他，法以爲宜則宜耳。今中國動言立憲，而中外實缺候補者，舉不盡才，人力居其多數，強半雜以年資，又不諳治畧，威福自居，勢力相尚，欲去壓力而以抑制行其私，欲託公道而以情面遂其志，坐食俸薪，優遊宴樂，逐逐利途，毫不知恥，得之則喜，失之則謗，大員束手無策，小臣阿附取容，僅以成效昭著一語，美其觀聽，不知將誰欺乎。

今欲爲自強之計，興學則當立興學之法，治軍則當立治軍之法，理財則當立理財之法，推之各政，無不各有其法，尤必以選舉得人爲立法之要。蓋有治法尤貴有治人，曠觀古今中外，不聞以冗員能肩重任者也。若惟知迎合敷衍，外似講求，内實粉飾，恐立憲之期已屆，而預備之效無聞，則貽誤於此輩爲不少也。

東西各國，憎於做官，樂於行商，以行商有自然之權利，而做官實責任之無窮。中國人民樂於做官，憎於行商，以做官有權利之無窮，行商多剝奪之顧忌也。外國務在保商，力求商權發達，邊防鐵路，必皆商股，一旦有事，偶有損毁，無論何國，皆當認爲賠修，即有戰事，亦必以商意爲準。中國商務無利則已，有則必歸官辦，故有力者不敢輕動其資財，無力者不敢妄用其智慧，黠者因人成事，倚爲護符，皆不肯自立一業，自成一枝，於是聚千百萬冗員，咸以官爲謀食之藪，以其身榮而利厚也。如此而欲其治法日新，商業日振，愚者亦知其無能爲力耳。

擬請飭下中外大臣，循名責實，詳定官制，嚴立選舉之法，擇能而使，務以勝任爲主，差委即儲才之選，能者留之，不能者去之，勿存一己偏私之見，勿聽羣小謠啄之言，尤必折節下人，虚心延攬，庶可舉皆盡職，國無曠官。至於提倡商務乃自強之要，凡一技一藝，使之各盡其能，勿使利盡歸官，民多失業，苟人人皆知競爭，商界方收富強之效。今國民程度如羣居野處，茫無統屬，果能以法率之，則法所當爲者，卽義所當爲，無論爲官爲民，孰不知以一命爲榮，以一藝爲本哉，立憲預備基於此矣。

奴才愚昧之見，是否有當，謹恭摺具陳，伏乞皇太后、皇上聖鑒。謹奏。

《清末籌備立憲檔案史料》第一編世續《資政院總裁世續等請速開黨禁以收合人心摺宣統三年九月初八日》 資政院總裁大學士臣世續等跪奏，爲請速開黨禁，以示寬大而固人心，恭摺仰祈聖鑒事。

竊惟弭亂之本，在於收拾人心，而士者民之倡導，未有士心不固而民心能固者也。我朝本無黨禁之説。自海通以來，世界政治學識到處播殖，因借鏡之資，以見吾國政府之窳敗。有心者或欲起而改革，不逞者遂潰出於範圍，以致獲罪中朝，亡命絶域，外邦庇之爲政犯，天下目之爲黨人。其中固有一二桀黠之輩，簧鼓革命，爲中國害。然亦有睠懷祖國，感激舊恩，忠愛之忱，歷久不變者。至於僅冒嫌疑，並無實跡，痛心永棄，企望見收者，亦復不少。

臣等以爲憲政之立，與民更始。考各國立憲成例，未有不於開國會時大弛黨禁者。今吾國距國會之開僅及一年，儻於此時宏頒涣號，與以更新，使人民復公權之平等，國家得政黨之互劑。匪特借表真誠，抑亦可收實益。此爲實行憲政起見，不可不速開黨禁者也。

近今中國人才消乏已甚，爲上者所亟宜維持。黨人中實有文章學問度越恒流，而且艱阻備嘗，深增閲歷，無論躋之政界，置之社會，出其藴抱，必足仰助休明。如赦使來歸，將見人望所存，風從者衆，彙征之吉，卽爲消長之機。此爲護惜人才起見，不可不速開黨禁者也。

自古寇賊之起，每招叛亡以爲謀主，漢失中行，宋棄二憾，皆其明徵。蓋人心望之餘，往往鋌而走險。方今亂象滋蔓，士類危疑，宜乘威信之猶孚，使識聖明之可恃。況匪黨脅從者已奉明詔准其投誠，則與亂事無涉之黨，更無不許自新之理。此爲消解禍亂起見，不可不速開黨禁者也。

擬請我皇上特沛德音，凡因戊戌政變而獲咎者，與前後因犯革命嫌疑懼罪逃匿者，以及此次亂事雖被脅附而自拔來歸者，悉皆赦其既往，俾齒齊民。並請申明，所有大清帝國臣民，苟不越法律範圍之中，本皆在國家保護之列。嗣後，地方官吏自非根據法律不得以嫌疑之故逮捕無辜。如是，則天下曉然於皇恩之浩蕩，悔禍者深自祓濯，觀望者無復猜疑。士心一固，民心自固。今日弭亂根本之圖，誠無有切於此者矣。

臣院會議，多數議員意見相同，當場議決，謹遵議事細則第一百六條恭摺具奏，請旨裁奪。伏乞皇上聖鑒訓示。謹奏。

《皇朝經世文統編》卷三七《内政部十一·議院》佚名《論中國富強之疏當先設議院以握其綱》 今日之盱衡時局者，衆説紛紜，僉謂中國事事宜仿行西法，始得以長治而久安。洵乎嘉謨嘉猷徧於朝野矣，一切利國利民之舉，無不苦口婆心，諄諄告誡，然未能總其大綱，得其要領。故創始實非易易，倡其議者一人，阻其議者百人。雖有極好機會，絶大美利往往為之梗阻而不行，當事者又因循苟安，憚勢作為，不能奮發行之。即行矣，而上下壅塞，弊竇叢生，徒耗金貲，終無實效。噫！此中國之所以不能驟振而富強之説之徒託空言也。為今之計，不欲仿行西法以致富強則已，苟欲仿行西法以致富強，莫如胥效泰西諸國，設立上下議院。議院既設，然後上下之情通，可以百廢俱舉。凡有利於國計長生者，均得以參酌可否，暢行而無阻，而欺飾之借亦可以不生。

《皇朝經世文新編》卷一八上《民政》麥孟華《論中國宜尊君權》 今之通人則曰：中國之弱，君權重也，民權輕也。善謀國者因泰西之道輕其所重，而重其所輕，斯國強矣。麥孟華曰：不然，中國非民權不立之為患，而君權不立之為患。是故横盡五洲，竪盡前古君權之輕者，莫今日之中國。若君權之重者，莫今日之泰西。

《皇朝經世文新編》卷一九《教宗》佚名《孔教大行於諸國攷》 變民主。民主之制，孔子倡於始，孟子要於終，周秦諸子敷其義。如《孝經緯》云：天子，爵稱也。天子而有爵與民為一體也。故《孟子》曰：天子一位與公侯之爵同。《尚書》曰：天佑下民，作之君。又曰：簡代夏作民主。民主者，君民共主之辭也。故《孟子》曰：民為貴，社稷次之，君為輕。此其大畧也。且《尚書》託始唐虞，而訟獄謳歌共隨民便。成湯伐夏救民，而《虺誥》一篇猶有慙德。則陰陽平等，鐵案難移。後世不明此義，以為天下利害之權皆歸於我，遂欲決生民之脈命，以博我一人之歡心；割天下之脂膏，以厚我一人之產業。而孔子因民之制，孟子重民之説，皆廢而不講。

彼此自視其國爲萬國之一，可相維繫而不能相統屬者也。可相維繫者何？合性法例法言之謂。夫語言文字、政教風俗固難強同，而是非好惡之公不甚相遠，故有通使之法，有通商之法，有合盟合會之法。俗有殊尚，非法不聯。不能相統屬者何？專主性法言之謂。夫各國之權利，無論爲君主，爲民主，爲君民共主，皆其所自有，他人不得侵奪。良以性法中決無可以奪人與甘爲人奪之理，故有均勢之法，有互相保護之法。國無大小，非法不立。《爾雅・釋訓》云：法，常也，可常守也。《釋名》曰：法，偪也，偪之使有所限也。列邦雄長，各君其國，各子其民，不有常法以範圍之，其何以大小相維，永敦輯睦？彼遵此例以待我，亦望我守此例以待彼也。且以天下之公好惡爲衡，而事之曲直登諸日報，載之史鑑，以褒貶爲榮辱，亦擁護公法之干城。故曰：公法者，萬國一大和約也。

（清）鄭觀應《增訂盛世危言新編》卷五《開源一・日報上》 古之時，謗有木，諫有鼓，善有旌，太史采風，行人問俗，所以求通民隱、達民情者。如是其亟亟也。自秦焚書坑儒以愚黔首，欲籠天下於智取術馭、刑驅勢迫之中，酷烈熏爍，天下並起而亡之。漢、魏而還，人主喜秦法之便於一人也，明詆其非，暗襲其意，陵夷而肇中原陸沈之禍。唐、宋代有賢君，乃始設給諫、侍御諸言官以防壅蔽，而清議始彰。然以云民隱悉通，民情悉達，則猶未也。欲通之達之，則莫如廣設日報矣。

泰西各國上議院、下議院，各省、各府、各縣議政局、商務局、各衙門大小案件，及分駐各國通使、領事，歲報新藝商務情形，凡獻替之謨，興革之事，其君相舉動之是非，議員辨論之高下，內外工商之衰旺，悉聽報館照録登報。主筆者觸類引伸，撰爲論説，使知議員之優劣，政事之從違。故日報盛行，不脛而走。

（清）鄭觀應《增訂盛世危言新編》卷五《開源一・日報下》 新政論議云：宏日報，以廣言路。是日報者，即古鄉校之遺意，今西國議院之濫觴，爲公是公非之所繫，衆好衆惡之所彰。故西國日報之設，上則裨於軍國，下則益於編氓。如一鄉一邑，凡公約條議各節會議時，諸員之言詞舉動皆列於報章，詳其得失，而民隱無不通，民情無不達也。一案一訟，凡兩造律師所辨之事，以及判斷時陪員之可否如何，皆登諸報紙，記其精詳，而民心無不愜，民志無不伸也。

（清）譚嗣同《譚嗣同全集》卷一《治言》 惟其出一令而舉國奉之若神明，立一法而舉國循之若準繩，君與民而相聯若項領，名與實而相副若形影。

（清）譚嗣同《譚嗣同全集》卷三《上歐陽瓣薑師書二十二》 《春秋》授之公羊，故《公羊傳》多微言。其於《尹氏》章云：譏世卿也。卿且不可世，又況於君乎？諸如此類，興民權之説，不一而足；且其戰例，亦往往與今之萬國公法合。故公羊春秋，確爲孔氏之真傳。

（清）嚴復《嚴復全集》卷三《政治講義・第五會》 西國學堂，每講政治，淺學之人，多嫌沈悶，必待論及民權自由，聽者始有興會。夫使西國如此，其於吾人可知。況近歲以來，士大夫喜聞新異之説，一若舊法無可復陳，必其咸與維新，而吾國庶幾有豸，則無怪其崇拜自由也。獨惜政治所明，乃是管理之術，管理與自由，義本反對。自由者，唯箇人之所欲為，管理者，箇人必屈其所欲為，以為社會之公益，所謂捨己為群是也。是故自由誠最高之幸福，但人既入群，而欲享幸福之實，所謂使最多數人民，得最大幸福者，其物須與治理並施。純乎治理而無自由，其社會無從發達，既純自由而無治理，其社會且不得安居。而斟酌二者之間，使相劑而不相妨者，此政治家之事業，而即我輩今日之問題也。

案政界中自由之義，原為我國所不談，即自唐虞三代，至於今時，中國言治之書，浩如煙海，亦未聞有持民得自由，即為治道之盛者。自不佞所知者言，只有揚雄法言周人多行，秦人多病二語。行病對舉，所謂行者，當是自由之意。捨此而外，不少概見矣。且中國治世，多在綱舉目張風同道一之時，而黃老清靜無擾之術，間一用之，非其常道。最可異者，近世新學之士，一言及西國自由之説，深表同情，一道及本國黃老之談，痛加詆毀。以矛陷盾，杳不自知，篤而論之，此等論家，於兩義均無所知而已。西人之言治也，謂政府初立，唯恐機關不靈，不靈則政不舉。及政舉而機關靈矣，則又慮其權力之太大，侵奪個人自主之權，使一切皆聽命於政府。當此之時，使暴君酷吏乘之，將使民生不得喘息。此等現象，見於歐洲之十世紀者最多。故著論者大聲疾呼，無往不持自由主義。或祀以爲神，或表爲徽幟。諸君試察墨西哥洋錢，其一面爲飛鷹，爪棘銜蛇，其一面狀如石塊，周圍有森森如劍戟者，即係當時人所戴之自由帽，其作作有芒，乃以示榮華之意，非石塊劍戟也。其爲崇拜主義如此。然羅蘭夫人則云，自由自由，天下許多之事，假子而行矣。自西力東漸，政論日變，至於今日，其變愈亟。深恐此等名詞主義，後此傳諸口耳者，必日益多。夫其物之美惡，因果之利害，姑未暇言，但其字既為常用若此，我輩既治此學，自不得不深考而微論之，觀其實義之所屬。故今夕僕與諸公所談，將捨自由而外無他物也。

言西政治誠不可不深論自由，但欲言之得理，自不能不先言管轄。管轄者，政府之專職，而自由之反對也。政治之論政府，猶計學之論財，焉有不先政府而先自由之理。故我輩於前數會，先將各式政府，略有分晰，而後及此。且實告諸公，即此考論自由，亦係區別國家體驗政府性情之事，諸公入後，將自見之。【略】

蓋政界自由，其義與倫學中個人自由不同。僕前譯穆勒《群己權界論》，其中所論，而係個人對於社會之自由，非政界自由。政界自由，與管束爲反對。政治學所論者，一群人民，爲政府所管轄，惟管轄而過，於是反抗之，自由主義生焉。若夫權界論所指，乃以個人言行，而爲社會中眾口眾力所劫持，此其事甚巨，且亦有時關涉政府，然非直接正論，故可緩言也。

今欲問民有自由，政府以其應得法權。所可行之，而置個人之自由於不顧者，其界限立於何處？又各種國家，其權限大小出入何如？此其解答，亦惟自歷史中求之而已。

考希臘、拉丁時，自由名詞與奴隸對。蓋其時民有資格之殊，一等之民有資格者，謂之自由平民；其無此者，則爲奴隸。此猶浙有墮民，閩有漁户，粤有蜒家，故自由如此用者，此政治名詞，乃法典名詞。何以言之？因所著分別，非國民對於政府之分別，乃民與民之分別。其一有國民資格，其一無之。後世言論，有訾政府壓力太重者，動云奴隸之民，其實此係喻詞，猶臣下之稱犬馬，有意取此相仿，見不得自由，有似當時之奴虜，鋃鐺衣赭，以工作於貴族外戚田畝之中，非實境也。夫奴隸一物，自其實境言，則不獨為歐洲之所無，即在今中之中國，捨女子作為妾婢，及滿人旗僕朝廷閹官而外，亦無有也。且真奴隸，亦不必與困苦凌虐之事，常並著而不可離。奴隸誠有被虐者，然而蒙被受寵，有過平人，威福擅專，熱堪炙手，常有之矣。特苦樂雖殊，而其人之為奴隸自若；何者？其資格固然也。

由是言之，人動謂居於暴虐政府之下者，爲奴隸國民，一若政府暴虐，則國民既無自由之事者，此於事實亦未盡符。蓋使其民生逢仁愛國家，以父母斯民自任，然而耕則爲定播穫之時，商則為制庸贏之率，工則與之以規矩，士則教其所率由，其於民也，若緣負而繩牽之，毫末無所用其發己之志慮。嗟乎！此在中國或將奉其上以神明父母之稱，以其身所遭，為千載一時之嘉遇。顧彼西民，則以如是之政府，為真奪其自由而已。所居者，乃真無殊於奴隸。故西語所謂父母政府者，非嘉號也。夫父母慈祥之政府，既能奪其民之自由，則反是而觀，暴虐虎狼之政府，即有不奪其民之自由者，此在歷史之中，真不止一二覯，而所見於亞者，尤多於歐也。諸公倘信之乎？

則當元明間，俄國見轄於蒙古，史言其慘虐不仁，殆古今所未曾有。顧其時俄民，則所享之自由獨多。往往耕鑿其中，不知政府爲何等物者。蒙古之眾，自擇都邑，居於盧幕之中，歲時或出而行掠奪，餘則若與相忘；但莫斯科公與腦高路市邑之眾，以時朝覲獻天可汗，為不侵不叛之臣足矣。如此之政府，至不仁矣，而國民乃至自由。餘則突厥之帝國亦然。景教諸部，隸其治者，亦甚自由而暴虐則甚。至今乃知鼓腹含哺，帝力何有，不僅唐堯之世乃有此也。

至政府號慈仁，而國民則不自由之證請舉百年前之南美洲。當其時，西班牙新通其地未久，殖民之國，爲耶穌會天主教士所管轄。孟德斯鳩《法意》嘗論之。其地名為巴拉奎，其政府爲政，無一不本於慈祥惠愛，真所謂民之父母者矣。然其於民也，作君作師，取其身心而並束之。云為動作，無所往而許自由，即至日用常行，皆為立至纖至悉之法度。吾聞其國，雖男女飲食之事，他國所必任其民自主者，而教會政府，既自任以先覺先知之責，惟恐其民不慎容止，而陷於邪，則為立章程，而有搖鈴撞鐘之號令。瑣細幽隱，一切整齊。夫政府之於民也，如保赤子如此，此以中國法家之言律之，可謂不溺天職者矣。顧使有行其法於英法德奥間者，其必為民之所深惡痛絶無疑也。且就令其政為民所容納，將其效果，徒使民不得自奮天能，終為弱國，又可知耳。總之，若謂自由之義，乃與暴虐不仁為對者，則巴拉奎政府宜稱自由政府。脱其不然，則與前俄之蒙古政府，二者合證，知民之自由與否，與政府之仁暴，乃絶然兩事者矣。

然則政界自由，乃與管束太深為反對。即謂奴隸為無自由者，亦謂奴隸之人。其頂踵身心，皆受無限之管束。至我輩常人，固不能無受人管束之時，然其事或由法律，或由契約，或由然諸者，無文字之契約也。近而譬之，即如不佞，既許青年會諸公，於每拜五夕由八鐘起來講政治，八次而止；既諾之後，每逢此時刻，即斷斷不得自由。倘猶自由，便乖人理。此文明之民，所以重約也。雖然，此皆有限制事，惟奴隸不然。終其身自無由之日，而必惟主命之承，其可哀在此。今假政府之於民也，惟所欲為，凡百姓之日時，百姓之筋力，乃至百姓之財産妻努〔孥〕，皆惟上之所命，欲求免此，捨逆命造反而外，無可據之法典。以與之争；如是者，其政府之專制，其百姓謂之無自由，謂之奴隸。立憲者，立法也，非立所以治民之刑法也。何者，如是之法？即未立憲，固已有之。立憲者，即立吾儕小人所一日可據以與君上為争之法典耳。其無此者，皆無所謂立憲。君上仁暴非所關於毫末也。【略】

是故民權政府之易為其過多，猶之君權政府之易為其太少。以此驗之於歐洲諸國，則所見尤真。自十八世紀以來，民權日以增長，其政界彌變，其法制彌多，其治民亦彌密。雖論者大聲疾呼，計哲諸家力持放任主義；顧今日諸國家，其法制之繁，機關之緊，方之十八世紀，真十倍不止也。若認自由為不受拘束之義，彼民所得自由於政界者，可謂極少者矣。

夫民權政府所事之過多，與專制政府所事之過少，二者為利為害，今且未暇深言，但略而論之，則不佞於歐政府，當以清淨無為為箴；而於亞政府，則以磅礴彌綸為勗。往者法國大政家托克斐de Toqueville嘗論其革命以前之政府矣。其言曰：專制政府雖驕，實多膽怯；民權則不然。故專制之不事事，不獨因其無所利也，高高在上，與民情懸隔，將有所為，又若闇於事實情形，如人夜行山澤間者。民權政府既悉其事實情形矣，而又常有一衆之人，為之後盾，此所以心雄膽奮也。【略】

通觀前説，諸公將見此自由名詞中，所含二義，一為政令寬簡，一為有代表議院。是二議者，不但不能相合，實且幾於相滅。相合云者，如國有議院，其政令即當寬簡；或由政令寬簡，便可卜知其國之有議院是也。乃今既證不然，則雖常俗言語，於二物同稱自由；而吾黨政學中語，必不能用。將於二義，一留一去。今夫國有代表議院者，其效果無他，不過政府所行，必受察於國民之大衆耳。夫苟如此，則又何必定用自由名詞，而稱其國衆為自由之國衆乎！但云其國所建，乃有責任政府足矣。蓋政府無責云者，專制政府，惟所欲為，即至辱國累民，賠款割地，其高高在上，而安享富貴也自若，即有責任，亦對於更上之君權，或對於其國鄰敵，其對於百姓，以法制言，固無責也。一有議院，則議院之權，得以更置政府，故名有責政府也。夫此名既立，則自由二字，合依最切之義，定為與政令煩苛，或管治太過，對立之名詞。

從其常用字義言之，自由亦無安舒、暢樂，不苦諸意義。自由云者，不過云由我作主，為所欲為云爾。其字與受管為反對，不與受虐為反對。虐政自有惡果，然但云破壞自由，實與美、法仁政無消區別。虐政、仁政，皆政也，吾既受政矣，則吾不得自由甚明。故自由與受管為反對。受管者，受政府之管也。故自由與政府為反對。然則自由，充類至盡，不止與政令煩苛、管治太過為反對也，實與政令管治為反對。是故人生無完全十足之自由。假使有之，是無政府，亦無國家。無政府，無國家，則無治人，治於人之事。是謂君臣倫毀，且不止君臣倫毀，將父子夫婦一切之五倫莫不毀。此乃用名學之例，逐層推勘，萬萬無可解免者也。

故吾輩每言某國之民自由，某國之民不自由，其本旨非指完全自由之事。乃謂一人之身，既入國群之後，其一一之動作云為，常分兩部。其一受命於他人之心志，其一自制於一己之心志。以各國政治不齊，是兩部者，常為消長。有多受命於外志者，有多自制於己志者。後者謂之自由之民，前者謂之不自由之民。非言有無，乃論多寡。此如格物家，呼某物為寒非真寒也，特熱少未耳，物有無熱者也。

故釋政自由之義，可云其最初義，為無拘束、無管治；其引申義，為拘束者少，而管治不苛。此第二引申義，即國民所實享之自由。但考論各國所實享自由時，不當問其法令之良窳，亦不當問其國政為操於議院民權，抑操於專制君權。蓋此等歧異，雖所關甚鉅，而實與自由無涉。時人著論演説，好取自由名詞，感慨欷歔道之。一若民既自由，則國無不强，民無不富，而公道大申也者。習之既久，二意遂不可分離。但諸公既聞前言，則知此非科學家事。科學家於物，皆有品量之分。品者問其物之何如，量者課其物之幾許。民之自由與否，其於法令也，關乎其量，不關其品也。所問者，民之行事，有其干涉者乎？得為其所欲為者乎？抑既干涉矣，而法令之施，是否一一由於不得已，而一切可以予民者，莫不予民也。使其應曰然，則其民自由。雖有暴君，雖有弊政，其民之自由自若也。使其應曰否，則雖有堯舜之世，其民不自由也。

吾欲諸公別義之分明，故特為此危切之語氣，頗慮諸公，以吾言與所素聞者大異。將起而吾詰曰，信如吾子言，則自由豈得為幸福乎？請應之曰，以自由為幸福者，有時而然，而自由為災害者，亦有時而然。自其本體，無所謂幸福，亦無所謂災害，視用之者何如耳。使其用之過早，抑用之過當，甚為災害，殆可決也。獨至當為災害之時，喜自由之説者將曰，此非自由，乃放肆耳。雖然，自不佞言，真不識二者之深別也。嗟乎！唯歐民氣質之異於吾亞，故當深壓力之際，輒復建自由之號，以召群倫。夫既建之以為號矣，則自不得不揚之於九天之上，一若其物為無可疵瑕也者。而其民緣此而實受其福者，誠史不絶書。夫國民非自由之為難，為其程度使可享自由之福之為難；吾未見程度既至，而不享其福者也。

（清）嚴復《嚴復全集》卷六《政治講義·第七會》　吾黨以自由區別國家，其所為者具如此。乃今更即歷史中所此名詞，以稱某國自由，某國不自由者。回顧所為，似覺尚有未盡之處。如史稱英民自由。萌芽森林之中，直至十七世紀國憲之成，而後自由言之有物。又云自法民革命，而後大陸各國，普享自由之實云云。凡此皆與吾人，所定政法寬簡之義，不盡比附者也。將此謂自由，果前定之義訓所可賅，抑尚有他義，而為吾等之所忽耶？此又不可不細勘明矣。固知十七世紀以來，各國政家，常論政界寬狹，而亦以此為一大問題。顧其稱自由之頃，其意若不盡主政權之縮小，而常主政權施用之不同。是之不同同，其事安在。今請取大較言之。則所指在議院法權，常無疑義。其稱自由也，其第一義，固黜無謂之干涉，而其第二義，則禁專制，而防怙權之獨治也。由此言之：則又須反本歸原，提及雅里氏成説。彼謂眾治少治者有自由，而獨治之政無自由矣。且近世以來，政家所謂自由，乃專屬於眾治者。即以少治，若其政為貴族體制，亦未聞以此名屬之。如英國議院，其中議員，雖不得云通國代表，顧其所代表者民數實多。乾隆嘉慶問，雖所代表，比今為少，而比餘國民權，則為甚大，此所以群奉英民以自由之號。觀孟德斯鳩所言，大可見矣。但自由二字，雖於此用法不同，而其為比較之名詞則一。何以言之？英國固用民權，然其議員所代表者，非通國之民。女子固不必論，即在男子，亦立無數之限制。必資格恰合者，而後有選舉之權利。自乾隆以來，該國經數番推廣，所收猶大，如進工農。然而至今，尚非通國皆舉。顧不得以此之故，遂謂其國人為非自由之民。何則？比較故也。大抵一自由國之議院，其所代表民數必多；但不必盡若古世市府之事。市府者，奴隸而外，必合通國之民，而不用代表，而後稱自由之實也。

如此而用自由，雖與前立定議有異，顧其中有實事真理。請考諸《社會通詮》可也。

雖其制發現之遲如此，而至今日，則已成長最要之機關。此在英國，當一千六百八十八年，其所代表，雖有缺漏不完，而民權則因之大立。比英國所以獨享自由之號也。至法民革命，大陸民權始興；而代表議院，至一千八百四十八年而後立。至於今，若以選舉權利而論，德法民所有，且過於英。總之，自市府國家，不足自存，而民會廢；中經千年專制貴族之治，至有元之世，歐洲之民權復萌。其所以萌，由用代表。代表須所代者之推舉，推舉之眾，各國資格不同。享用此權，數有多寡，而政家遂以此覘各國自由程度焉。

（清）嚴復《嚴復全集》卷六《政治講義·第八會》　夫獨治者，以一人而治億兆，非今日五洲通稱專制者耶？此自今人視之，有若人類之一厄，純由小役大，弱役強而有如是之一果。是以政界之中，一言民權自由，而無所往而非福，一乃獨治專制，直無所遇而非殃。然而力征經營，奴用虜使，專制之治，固時有然。但我輩讀史論世，覺獨治之制，亦有不盡然者。諸公應許吾前會標一公例，謂國家治權輕重，因之自由多寡，常與國之外患內憂，比例而立。今言專制，比例又可見矣。蓋專制之立，必有其所以立者。究其原因，起於卵翼小民，不使為强暴所魚肉者轉多，為一國之中，强桀小侯林立，必天王專制於上，尊無與並，而後國民有一息之安。羅馬凱撒、英吉利圖德 Tudor 諸王，荷蘭之沃郎支 Prince of Orange，法蘭西元世諸王，皆以彈壓群雄，為國民可歸命，即因之而擅專制之柄。舊史具在，可覆案也。即今俄國，國民方爭立憲，其國往者，固專制中最堅之形式。國民附有沙皇 Tsar 者最久。夷考其兵由，亦以非尊主權，無以制壓布哇爾 Boyars 諸商之故。當日有女主名安那者，以受布哇爾憲法，國民轉群起叛之。必待毀此，而後相安。何者？彼知使俄皇而不專制，但為群下傀儡，則國民無喘息之時故也。即論今日之事。群下洶洶，篤而言之，亦非以尼古拉第二專制也；乃緣大柄旁落，為群臣藩鎮之所囚拘，侵剝下民，敗壞國事。諸公既治此學，遇此等處，正宜細為分別，不可隨眾依人為議論也。

往者吾論自由，至於其終，揭言自由，有不必為福之時。而今言專制，又云專制有時，且有庇民之實。此與諸公今日所聞諸學生志士者無乃異歟？雖然，歷史事實，不可盡誣。而不佞亦非為頑固者游説。須知民權機關，非經久久過渡時代，民智稍高，或因一時事勢會合，未由成立。而當其未立，地廣民稠，欲免於群豪之暴橫，勢欲求治，不得不集最大之威權，以付諸一人之手，使鎮撫之。此其為危制，而非長治久寄之局，固也。然在當時，則亦不得已而思其次者矣。

更有進者：欲知專制一名詞，所以為西人言治所深惡而痛絕者。宜察其中，尚有他説存焉。蓋西人以治權之出，有二本之不同；而不佞具以為一本而已。請先明二本之説：二本者，彼謂治權之出，有自上而達下者，有自下而逮上者，二者釐然，若旦夜之不可合。入繼大統，纘承丕基，以厥先祖父，受命自天，奄有此國。故詔書稱制，各國皆稱奉天，威令之行，群下無敢越志。如此治權，當民情極為愛戴之時，則曰民之父母，名正言順。此所謂自上達下者也。顧今之議者則曰：國民非王者之子女，即如前言，亦必亶聰明首出庶物，而後作民父母，乃生帷幬而長阿保者，果賣聰明而首出庶物矣乎？必不然矣。是故其説不足存也。曰自下逮上者，彼人君之有權，不過為國權之所託付者耳。元后者，一國之公僕也。國有兆民，舉其分子雖甚賤，而其合體則至尊。小而譬之，國之君王，正如會邸公司之有經理領袖書記等。乃社眾界之以權，取達社眾之目的。非其人本有權利，而應為一公司一會邸之長魁也。假使其人行事，與社眾之主義背馳，至群情不合者過半，斯其人義應告休，否則逐之可也。此等義説，盧梭《民約》，推勘最詳。自其説興，革命風潮大起。此所謂國民無上之旨是已。故晚近歐洲，以民主為最正之治制。乃至革命之世，兵權既盛，不乏專制之夫。如英之可侖漠爾 Cromwell、法之拿破侖，其侵奪黔首自由，豈異察理第一、路易十四。而人丕之攻者，則以謂彼之得權，乃民自與之，彼之行權，亦為民而後爾。與舊君保其世及之權，而自上達下者異耳。【略】

由前所言，而二公例可立：一、凡獨治之權，未有不賴群扶而克立者。此群扶之力，其士大夫可也，其豪傑可也，其民可也，其兵可也，甚至由於他國之眾，如印度國家，其扶立者非印民也，乃英兵也。二、即在有機體國家，亦常有專制之形式。此種國家，雖無議院，其有待於國民之扶立則同。但所謂國民，亦必大眾，而在一部分之中。此一部分，大抵皆國民之秀，而有國家思想者。諸公開此，回家時，於故書中，試檢《蘇子瞻志林戰國任俠》一篇看之，將悟其説。與此有互相發明者。

諸公聞此將曰：此真異聞。天下安有為國民而扶立專制，甘為奴隸者乎？使叩其民情，而不願得議院者也。吾應之曰：此在歷史，亦不盡然。蓋事勢不同，民有欲立議院而不可者。此如俄國安那皇后（康雍間即位當國時），欲立國會，捨貴族可集為議員者。民以與為其受貴族魚肉，轉不如任至尊之專制，且約，必大權不復旁落而後戴之。此其證也。乃至戰爭之世，其黜眾治而用專制者尤多。蓋當此之時，以求存立為先，一切國民利益，眾皆視為後圖，而群附於戰勝攻取之能者。使其事暫，將所推戴之人亦暫。使其事常，如國處難守衝散之地，則如普魯士與路易十四以前之法國，必待邊線已立，國有四塞之固，而後可議其餘。不然，專制之治，不可以已。歷史中，如路易、如伏烈大帝、如拿破侖，其得位行權，皆由此理。不過當知此等專制，一立之後，雖事勢變遷，其權無由解散。雖其始有救亡之用，而其終常為殃民之資。此其制所以為千古之詬厲耳。

但不佞所為諸公辨晰者，固不止於黜舊説，乃在於進新知。舊説謂專制之權，由上及下，眾治之權，由下及上。吾所發明，乃謂專制之權，亦係由下而成，使不由下，不能存立。然則舊之界説，不可復用明矣。雖然，專制衆治，固自有別，而其異果安在耶？此是八會結穴問題。所謂圖窮而匕首見者，不得不為諸公鄭重出之。又近者，吾國國家方議立憲，立憲非他，即是衆治。衆治則不得不用從衆、代表二制，凡此皆相因而生，無由解免。故不佞繼此，所敬為諸公發明者，乃中國此後國家，與前此數千載國家之區別。不佞鄭重以言諸公不可不鄭重以聽也。

則問立憲國家，與專制國家，其最要分殊，在於何者？此誠不易解決之問題也。政治之為科學，與他科學不同者？他科學如動植之類，吾輩之治之也，如堂上人聽堂下之曲直，而政治不然。吾人身與其利害，而衡鑒以淆，一也；況所治之物，自鳴各殊，而不必皆實，二也；今所動物學家，欲為衆生別類，彼懦懦戢戢者，方引首争鳴，吾為何等何科，有機無機，彼治其學者，未必不以所聞，轉以茫然。今日世界國民，正復如是。吾近於街頭，曾見《憲法古義》一書。意謂凡西人所謂憲法，皆吾古先所已有者。大抵吾人本其愛國之意，每見外人好處，總不肯説此為吾國所無，而十三經、廿七史，皆其傅會材料。名為尊我，實則大惑。又使諸公取前問題，而叩之西人，彼亦將人言人異。試舉一二：

彼將曰：立憲要點，其異專制者，以下議院獨有財政賦税之權。非國民所允諾，毫釐之利，不得横取諸民。此謂橐法權Right of Purse云云。雖然，其説誤也。蓋使下議院之勢誠重，所操法權，且不止此；若其誠輕，將並此無之。夫既有國家，辦事不能無費。西國上古王公，自有産業，山澤苑囿，遍於國中，無俟取於民而後足。此所謂水衡之錢是已。當此之時，雖有囊橐法權，不足窘政府也。且政府所為多矣，今置他端不問，而獨禁其取財，亦未見其財之果可保也。不知此乃當時君民争執之項，彼民見此為其上之所急，得挾此以要之，取以達其最大之目的。後之論者，乃即術為鵠，失之遠矣。

或又曰：立憲之與專制異者，在立法與行法，權界分明之要點。議院，主於立法者也；國君、宰相、下至百執事，行法者也。唐人有言，不經鳳閣鸞臺何名敕，而西人亦云非經國會公允，不得稱制，著乃律令。十七世紀英國風潮，所争即此立法權獨立之事。此其立説，較前為優，但未盡合。夫三權分立，孟德斯鳩《法意》論之詳矣。故法國初立議院，凡行政諸官，不得列坐其中。然而立政機關，因此大窒，此於事理，至為易明。假如將為理財立法，而擯戶部，是戶部所歷甘苦，於議法時毫無用處。又如將為教育立法，而擯學務大臣，其所立章程，亦豈有當。夫前事不忘，後事之師，使此言而信，則此等權界，且不可立。總之於此等處，各國議院法制，各有不同，而民權所伸，亦以大異。中間可以諦論者極多，惜非此時，所能為諸公推竟耳。

（清）康有爲《戊戌奏稿·請君民合治滿漢不分摺》 竊惟東西各國之所以致強者，非其政治之善、軍兵炮械之精也，在其舉國君民合為一體，無有二心也。夫合數千百萬之人爲一身，合數千百萬人心爲一心，其強大至矣。不必大國，雖比利時、荷蘭、丹麥、瑞典之小，而亦治強也。近者歐美，尤留意於民族之治，凡語言政俗，同爲國民，務合一之。近者日本以之，日本地與民數，僅此吾四川一省，而今強盛若彼矣。蓋民合于一，而立憲法以同受其治，有國會以會合其議，有司法以保護其民，有責任政府以推行其政故也。

吾國人主，撫有其國，僅與數大臣共治之，或十數疆臣分治之，雖有多民，僅供租税，不得預政事焉。其視國家國土，若秦越人相視之肥瘠也。苟不及其鄉土，親受奴虐，皆無關焉。甚且民既不預國事，惟知身家親族而已，餘皆外視。故其甚者，姓與姓分，鄉與鄉分，縣與縣分，省與省分。國朝龍興東土，奄有中夏，兼定蒙古，準回、衛藏，爲大一統，皆因其舊俗而治之。【略】

方今絶海棣通，列強鄰迫，宜合舉國之民心，以為對外之政策，而不宜于一國民之内，示有異同。若疆界既分，即生彼此，屬當國家危難，反側生心，扇動搖惑，甚非所以置國家于磐石之安也。夫分則弱，合則強，治法之公理也。武王有臣三千人爲一心故勝，紂臣萬億爲萬億心故亡。然則國無小大，人無多寡，視其分合如何而已。

今吾國有四萬萬之民衆，大地莫多焉，而不開國會，雖有四萬萬人，而不預政事，視國事如秦越，是有衆民而棄之。然且令省與省分界，滿與漢異名，務在削大使小，汰多使寡，多立彼疆此界之名，以薄其扶助親愛之意。但一君主與數大臣爲政，尊則尊矣，制則制矣，然孤寡若此，而與列強合數千百萬人爲一者，相校相遇，安得不敗？不然，安有以萬里之大國，四萬萬之衆民，而敗于日本者哉？論者不深察本末，而妄言治體，繁爲條陳。夫天下豈有本不立，而能舉其末者哉？即末治能舉，亦何益矣。《易》曰：正其本，萬事理。臣昧昧思之，早夜籌之，爲中國計，而求其治本，惟有君民合治、滿漢不分而已。定其治本以爲國是，乃可以一人心而求治理。【略】

伏願皇上垂察。君民合體、滿漢不分之言，念茲在茲，釋茲在茲，所以發爲治本者，必有以超絶前古，垂範後世，爲中國數千年未有之聖。以上繼堯舜、軼駕歐日者，非臣之愚所能頌發休美矣。

若聖意既定，立裁滿、漢之名，行同民之寔，則所以考定立憲國會之法，三權鼎立之義。凡司法獨立，責任政府之例，議院選舉之法，各國通例其存，但命議官偏採而慎擇之，在皇上一轉移間耳。合舉國四萬萬人之身爲一體，合四萬萬人之心爲一心，其誰與吾敵，而豈復四顧旁皇，瞻畏鄰敵哉？

抑臣更有請者，中國向用朝號，乃以易姓改物，對于前代耳。若其對外交鄰，自古皆稱中國。今東西國稱我，皆曰支那，而我經典無此二文。臣細繹音義，支那盖即諸夏之音，或即中華之轉也。古稱諸夏，或曰諸華，頻見傳記。盖華、夏音近，而中、諸音轉。其蒙、回、衛、藏，咸令設校，教以經書、文字、語言、風俗，悉合同于中土，免有歧趨。伏惟今定國號，因于外稱，順乎文史，莫若用中華二字。

（清）梁啓超《飲冰室合集·專集》卷二《自由書》 夫西國之强，由於人民篤信天道，由於人民有自主之權，由於政寛法公。

又： 然則，專制國遂絶無使法必行之法乎？曰：亦有之，上戴英斷之君主，而佐以公忠明察之宰相，則法亦可以使必行。君相苟非其人，而復無國會，則凡百之法皆益亂者也。

（清）梁啓超《飲冰室合集·專集》卷三《中國四十年來大事記》 中國爲專制政體之國，天下所聞知也。雖然，其專制政體亦循進化之公理，以漸發達，至今代而始完滿，故權臣之權，迄今而剝蝕幾盡。

（清）梁啓超《飲冰室合集·專集》卷一一《意大利建國三傑傳》 且立憲國有兩事最不可缺：其一，則君主不敢任意蹂躪憲法；其二，則國民知憲法之可寶貴是也。凡己有特權者，誰樂分之以與人？故民間無革命思想，則君主斷不能以完全之憲法與民，一也。凡得之太易者，則視之不重，視之不重者，則守之不牢。故民間苟非以千血萬淚易得憲法，則雖君主三揖三讓以畀之，而亦不能食其利，二也。故無論欲革命者當言革命，卽欲立憲者固不可不言革命。卽已不欲言，亦不可不望有他人焉。言之無革命之立憲，則高麗是已。高麗於光緒二十三年自稱爲立憲之國，其憲法無一非擁護君主權利也。

（清）梁啓超《飲冰室合集·專集》卷一三《英國巨人克林威爾傳》 競起以鳴政府之不法，其條件不下數百十，而爭論殆逾浹旬，卒乃提出弊政匡救案，上奏於王。一曰，政府視成文法若無物，不經國會協贊，而擅徵租稅；二曰，政府違反法律，妄逮捕無罪者；三曰，政府不問人民之願否，而擅屯兵隊於民宅；四曰，政府非有内憂外患，而妄行軍政於國中。凡此諸端，皆對於神聖之國民而犯大不敬之條者也。自今以往，以國王之誓，勿復蹈之。此卽所謂有名之權利請願 The Petitions of Right，而後此英國憲法之源泉也。

又：附言：不出代議士不納租稅之一格言，實各國民求自由之最要關鍵也。蓋專制政府雖極狠毒，無租稅則一事不能辦，故民得以持其急以有所易也。以租稅挾制政府之思想，吾中國人有之乎？曰：有之矣。有之而何以不能有所易？曰：我不納租稅，而政府可以强迫使納，彼則不能，此其所以爲異也。抑吾之不受强迫者且有焉矣？其對之之法奈何？小則罷市，而大則揭竿也。罷市一偏區之影響耳，無足以嚇中央政府也；揭竿極矣，然亂事既定，而租稅仍一惟他之强有力者所命，無以異於未揭竿以前。則安用此擾擾爲也？一言蔽之，則惟知逃義務而不知以權利爲義務之報酬，實中國人之最大缺點也。自其始未嘗曰：吾將有所易。故其究竟不能有所易，此因果必至之符也，安足怪耶！吾國人不改此舊思想，則自由之福終無幸矣。如其改之，則雖爲無血之革命焉，可也。

（清）梁啓超《飲冰室合集·專集》卷一五《斯巴達小志》 凡世界之文明國，未有不爲法治國Constitutional State者也。但其民智開，民德盛者，則其民不假他力而能自範於法之中，故監督之責，可以稍殺。其民智稚，民德弱者，則其民未能由自力以與法相浹，故監督之權，不得不嚴。但使其法爲衆人而立，經衆人所認，而與衆人共守之，則以專制之手段行法，乃正所以進其民而成就其可享自由之人格而已。中國以專制聞於天下，然專制尚非所患，所患者，彼非有法之專制，而無法之專制也。故四萬萬人，若散沙然，暴君汙吏，得以左右其手，強鄰外敵，得以吮剝其膚。然則救今日之中國，莫急於納一國國民於法之中。夫古今中外之法治國，其整齊嚴肅，秩然不可亂，凜然不可犯者，孰有過於斯巴達乎？斯巴達實今日中國第一良藥也。

又：案凡所謂國家者，必立法、行法、司法三機關具備。若缺一者，不得爲真國家也。中國數千年來無立法之事，惟姬公之《周禮》頗近之。然亦僅有行政法之一部，不足爲國法之全體也。歐西則當數千年前，即有來喀瓦士、梭倫兩人傑，專任立法，其政治之日漸發達，不亦宜乎！

又：斯巴達之政權機關有四：一曰王、二曰元老議會、三曰國民議會、四曰執政官。而王有二人，執政官有五人焉，皆來喀瓦士之憲法所明定者也。【略】

四、執政官。執政官號曰埃科亞士Ephors 譯言監督也。凡五員，任一年爲期，每歲由人民公舉之。此官自昔已有，後經來喀新法，職掌大變，權力益加，主擁護國法，監督國家一切公私權，以維持公共之秩序。檢察羣吏，有賞罰之全權，審判民事，斷重大之訴案，乃至人民日用飲食之事，一切得干預之。可以隨時召集元老、國民兩議會，提出種種法案，凡國家財政、外交一切最高權，均歸其掌握。國王每日必向埃科亞士以守憲法行特權自誓。埃科亞士則代表國民而奉答曰：王若不背此誓，我等決不侵犯王權。如是者以爲常，又每九年，則以王之有無過舉，筮諸神祇。若有災異，則埃科亞士提議，使元老議會糾察王慝，國中一私人，皆有權訟王於埃科亞士。埃科亞士有權聽其訟，且得據法律停王權若干月、若干年，其重者或逮王而寘諸理。王之見埃科亞士，例須起立。當埃科亞士任內，其權蓋無限也。然所以限之者，則其任期不得過一年也，非五人悉盡諾，不能辦理各事也。要其立法之主腦，在張民權而已。

又：斯巴達之土地財產，皆公物也。人民不有私財，故法律不禁盜竊，非惟不禁，且獎勵之。蓋將以此練其術智云。但盜竊而爲人所覺，則責其不智，而嚴罰之。嘗有一少年竊一狐，隱諸懷中，至被狐抓破其臟腑，終不肯放露之使人見。泰西至今，傳爲談柄。

案此等法律，真非異邦人言思擬議之所能及。然其人重名譽尊法律之心，亦可見一班矣。

（清）梁啓超《飲冰室合集·專集》卷一六《雅典小史》　案：法律公布，實爲保護國民權利之最要著。能得良法律者上也，即不能，猶勝於無法而任暴君汙吏之意也。蓋法律既已公布，則無論治人者與治於人者，皆不得不同受治於法律之下。孟子曰：夫舜惡得而禁之，夫有所受之也。即其義也。我國民間俗諺有二語云：天子犯法，庶民同罪。此語實含至理。惜乎！吾國未嘗勒定一君民共守之法律，如何而謂之法，如何而謂之犯，其界説漠然不分明，故此言不過一空言耳。故泰西國民之争權利者，必以求得一公布之法律爲起點。希臘羅馬之前事，莫不皆然矣。羅馬自立十二銅表，頒行法律後，民政乃立，國日以強。近世各國之流血以争憲法，亦推此意而光大之者也。故英國有大憲章、權利法典等，而立憲之基礎以成。匈加利有金牛憲章，而自治之根芽不滅。推原其始，皆由治於人者與治人者争權限，而經千辛萬苦以得之者也。而今日歐美國民所以日進者，實皆賴是矣。吾國《周禮》言縣法象魏，使民讀之。《左傳》鄭子産答晉韓起語，亦言國君有與商人立約事。蓋春秋以前，其法律尚時或有與民同之之意焉，洎後世專制政體日益進化，馴至一朝律例，不許民間窺誦，則非直君權無限，並吏權亦無限矣。

（清）梁啓超《飲冰室合集·專集》卷二二《新大陸遊記節録》　美國大統領之性質，其最與他國首長相逕庭者有一焉，則在平時其權力甚小，在戰時其權力甚大是也。蓋在平時，國内行政大部分之權在各省政府，即聯邦之諸政務，論美國政治者，當於各省政府與聯邦政府劃清界限。本書末章已論之。亦大率由立法部即上下議院之法律所規定，故行政部即大統領所屬無自由行動之餘地。若一旦與外國宣戰，或國中内亂起，則大統領據其總督海陸軍之權，且實行其效忠法律之義務，可以將一切權力悉入掌握中。【略】美國大統領與立法部之關係，以視英王與立法部之關係，大有所異。彼英王者以形式上言之，則立法部之一員也。何以故？彼英國憲法本以國會爲王所召集，以王爲會議長，以聽人民之疾苦，而制定匡救之法律者也。今事實上實非爾爾，但其由來則如是耳。故現今英國重要之法律，大率皆由政府大臣奉王之名提出於國會，以求其協贊。美國則不然，彼大統領非立法部之一員也，故其憲法不許大統領及其閣臣提出法律案於議會，何以故？彼等無列議於國會之權利故。此亦政法上一有趣味之問題也。蓋美國者實行孟德斯鳩三權鼎立之義，而界限極分明者也。美國何以能如此？則以英國之憲法由天然發達，而美國則全加以人力也。

又：案：布氏所論，可謂窮形盡相矣。準是以談，則大統領者，殆不免爲黨派中之一傀儡，其廢置一在黨中策士之手。既傀儡矣，則其好用庸才也亦宜。難者曰：若英國亦非無黨派，何故其大宰相不用傀儡？曰：其情實不同也。英國黨派之勝敗，於選舉議員時決之。美國黨派之勝敗，於選舉大統領時決之。英國但求黨員在議院中占多數耳。既占多數，則其黨魁自得爲大宰相，而莫與争，故所争者非在宰相其人也。美國反是，勝敗之機，專在一著，夫安得不於此兢兢也！夫美國争總統之弊，豈直此而已？其他種種黑闇情狀，不可枚舉。吾遊美國而深歎共和政體實不如君主立憲者之流弊少而運用靈也。

又：歐洲日本諸立憲國，其選舉區與被選舉人，常不相屬。甲地之人，可以運動乙地以競選舉，甚自由也。惟美國不然，此省之票，決不投彼省人；彼市之票，決不投此市人。此亦美國與諸國相異處也。此皆由聯邦政治各自保其邦之權利然也。

（清）梁啓超《飲冰室合集・專集》卷二六《德育鑑》 啓超又案：竊嘗以治國譬治心，良知其猶憲法也。奉之爲萬事之標準，毋得有違，大本立矣。存養工夫，則猶官吏人民各盡其義務以擁護憲法也。省察工夫，則猶警察也，居常無事，置警察以維持治安，稍遇有違憲舉動者，則糾正之，此普通的省察也。或一時一地，遇有大故，則益增加警察，厚集其力以爲坊，此特别的省察也。克治工夫，則刑事也。違憲舉動爲警察所發見者，則懲艾之，必不使其容留以爲社會蠹。其有微過隱惡，捜之必盡。其猶繁難之案，用偵探也。知此義也，可以清心矣。

（清）梁啓超《飲冰室合集・專集》卷二七《王荊公》 法治固急矣，然行法者人也，制法者，亦人也。故公既以法度爲本原，又以人才爲本原之本原。夫法治國，固以大多數之人民爲元氣者也。此公之意也。

（清）梁啓超《飲冰室合集・專集》卷二八《管子傳》 法治精神曷爲如此其急也？曰：考諸國家之性質，而可知也。國家之要素三：曰土地，曰人民，曰主權。三者具，然後國家之形以成。有土地、人民而無主權，則地雖廣，人雖衆，終不過一社會而不得字以國家。主權者何？最高而無上，唯一而不可分，有强制執行之力，得反乎人民之意志而使之服從者也。近世國法學者所説大略如此。而此主權者，則於國家成立之始，同時而存在者也。主權之表示於外者，謂之法。故有國，斯有法；無法，斯無國。故言治國而欲廢法者，非直迂於事理，亦勢之必不可得致者也。

又：凡法治國，莫貴乎有責任大臣。蓋君主之責任，非臣下所能糾問，糾問之，則君主之威嚴損矣。然以行政之首長，而無人焉敢糾問其責任，則國之危莫甚焉，故必委權於大臣，使之代負責任，此所以維持法治精神於不敝之道也。而管子則固已知之，故其言曰：道德出於君，制令傳於相。主畫之，相守之。《君臣篇上》。又曰：大夫比官中之事，不言其外，而相爲常具以給之，房注具，謂衆官之法制也。相總要者。房注相，無常職，所以總統百吏之要。君南面而受要，是以上有餘日而官勝其任。唯此，上有法制，下有分職也。同上。又曰：君者執本，相執要，大夫執法，以牧其羣臣。《君臣篇下》。此與今世立憲國内閣之制正相合。相者，總理大臣，大夫則各部大臣也，羣臣則下此之百司也。

（清）梁啓超《飲冰室合集・專集》卷二九《雙濤閣日記》 日本人之論，每謂中國欲行憲政，當廢都察院。而我國學子，亦多有附和其説者。夫以法理論之，則立憲國有國會與政府相對峙。政府事事須對於國會而負責任，誠無取都察院以蝨於其間。而臺諫動以箇人無責任之言，牽掣當道，亦不能謂絶無流弊。雖然，臺諫之言采用與否，其權固在君主，非如國會對抗政府之力，有憲法以爲之規定，蔑視國會卽爲違憲也。然則臺諫雖稍讙呶，於政體抑有何障害？視之與報館之言論等，不亦可乎？竊謂政治上之監督機關，與其闕也，毋寧稍濫。我國將來，若能如英國行完全之政黨政治，則都察院洵爲無用之長物。若猶是大權政治，則此機關未可輕議廢棄也。抑此又爲八年以後言之耳，若在今日，則政治上獨一之監督機關，惟有此院。院中諸君子，實應行將來國會所行義務之一部分，國家前途於茲託命焉。諸君子其思所以自處矣。

（清）梁啓超《飲冰室合集・文集》卷二《論君政民政相嬗之理》

春秋張三世之義也，治天下者有三世：一曰多君爲政之世，二曰一君爲政之世，三曰民爲政之世。多君世之别又有二：一曰酋長之世，二曰封建及世卿之世。一君世之别又有二：一曰君主之世，二曰君民共主之世。民政世之别亦有二：一曰有總統之世，二曰無總統之世。多君者，據亂世之政也。一君者，升平世之政也。民者，太平世之政也。此三世六别者，與地球始有人類以來之年限有相關之理，未及其世，不能躐之；既及其世，不能闕之。

（清）梁啓超《飲冰室合集·文集》卷二《湖南時務學堂學約》　居今日而言經世，與唐宋以來之言經世者又稍異。必深通六經制作之精意，證以周秦諸子及西人公理、公法之書，以爲之經，以求治天下之理。必博觀歷朝掌故沿革得失，證以泰西希臘、羅馬諸古史，以爲之緯，以求古人治天下之法。必細察今日天下郡國利病，知其積弱之由，及其可以圖强之道，證以西國近史憲法章程之書，及各國報章以爲之用，以求治今日之天下所當有事。夫然後可以言經世。而游歷講論二者，又其筦鑰也。今中國所患者，無政才也。記曰：授之以政，不達，雖多，亦奚以爲？今中學以經義掌故爲主，西學以憲法官制爲歸，遠法安定經義治事之規，近采西人政治學院之意。

（清）梁啓超《飲冰室合集·文集》卷三《國民十大元氣論》　所謂精神者何？即國民之元氣是矣。自衣服、飲食、器械、宮室，乃至政治法律，皆耳目之所得聞見者也。故皆謂之形質，而形質之中，亦有虚實之異焉。如政治法律，雖耳可聞，目可見，然以手不可握之，以錢不可購之，故其得之也亦稍難。故衣食器械者，可謂形質之形質，而政治法律者，可謂形質之精神也。若夫國民元氣，則非一朝一夕之所可致，非一人一家之所可成，非政府之力所能強逼，非宗門之教所能勸導。孟子曰：以直養而無害，則塞於天地之間，是之謂精神之精神。求精神之精神者，必以精神感召之。若支支節節，模範其形質，終不能成。語曰：國於天地，必有與立。國所與立者何？曰：民而已。民所以立者何？曰：氣而已。故吾今者舉國民元氣十大端，次第論之，冀我同胞賜省覽而自興起焉。

又：國者何？積民而成也。國政者何？民自治其事也。愛國者何？民自愛其身也。故民權興，則國權立；民權滅，則國權亡。爲君相者，而務壓民之權，是之謂自棄其國；爲民者，而不務各伸其權，是之謂自棄其身。故言愛國必自興民權始。

又：問者曰：子不以尊皇爲宗旨乎？今以民權號召天下，將置皇上於何地矣？答之曰：子言何其狂悖之甚？子未嘗一讀西國之書，一審西國之事，並名義而不知之，盍速緘爾口矣。夫民權與民主二者，其訓詁絶異。英國者，民權發達最早，而民政體段最完備者也。歐美諸國皆師而效之。而其今女皇，安富尊榮，爲天下第一有福人。其登極五十年也，英人祝賀之盛，六洲五洋，礮聲相聞，旗影相望。日本，東方民權之先進國也。國會開設以來，鞏自治之基，厲政黨之風，進步改良，躡迹歐美，而國民於其天皇戴之如天，奉之如神，憲法中定爲神聖不可犯之條。傳於無窮。然則興民權爲君主之利乎？爲君主之害乎？法王路易，務防其民，自尊無限，卒激成革命戰栗時代，去衮冕之位，伏尸市曹，法民莫憐。俄皇亞歷山尼古剌，堅持專制政體，不許開設議院，卒至父子相繼陷於匕首，或憂忡以至死亡。然則壓制民權，又爲君主之利乎？爲君主之害乎？彼英國當一千八百十六七年之際，民間議論喧豗，舉動踔厲，革命大禍，懸於眉睫。日本當明治七八年乃至十四五年之間，共和政體之論，偏滿於國中，氣燄熏天，殆將爆裂。向使彼兩國者，非深觀大勢，開放民權，持之稍蹙，吾恐法國一千七百八十九年之慘劇，將再演於海東西之兩島國矣。今惟以民權之故，而國基之鞏固，君位之尊榮，視前此加數倍焉。然則保國尊皇之政策，豈有急於興民權者哉？而彼愚而自用之輩，混民權與民主爲一途，因視之爲蜂蠆，爲毒蛇，以熒惑君相之聽，以窒天賦人權之利益，而斲喪國家之元氣，使不可復救。吾不能不切齒痛恨於胡廣馮道之流，不知西法而自命維新者也。

（清）梁啓超《飲冰室合集·文集》卷四《商會議》　商會者，何欲採泰西地方自治之政體，以行於海外各埠也？西人論國之政體有二端：一曰中央集權，二曰地方自治。中央集權者，一國之有政府，綜攬國之大事，整齊而畫一之是也。地方自治者，每府、每州、每縣、每鄉、每埠，各合其力以辦其本府、本州、本縣、本鄉、本埠所應辦之事是也，西人亦目之爲國内小國。集權與自治，二者相依相輔，相維相繫，然後一國之體乃完。如車之兩輪，鳥之雙翼，缺一不可。就天下萬國比較之，大抵其地方自治之力愈厚者，則其國基愈鞏固，而國民愈文明，何以故？蓋國也者，積民而成者也，積府、州、縣、鄉、埠、面成者也。如人身合五官百骸而成，官骸各盡其職效其力，則膚革充盈，人道乃備，有一痹廢，若失職者，則體必不立。惟國亦然，欲國之强必自全國之民各合其力，以辦其所當辦之事始。地方自治者，民生自然之理也。不獨西國有之，即中國亦固有之。今且勿論他省，即以廣東言之，每一鄉必有鄉社，有事集紳耆而議之，一地方之議會也。議定則交里長而行之，一地方自置之行政官也。鄉間有訟獄，非大事則不入公堂，惟控訴於紳耆而決之，一地方之裁判也。鄉中應辦之事，需財力者，則集鄉人而共科課之，一地方之租稅也。有警則各鄉自辦團練，一地方之兵制也。其市集之地，每一街有一街之坊約焉，即一街之自治也。每一行，有一行之會館焉，即一行之自治也。然則吾中國於地方自治之制，實已與西國暗合。具體而微，行之不知，習矣不察，故吾所謂設商會以行自治者，非創舉也。不過因所固有而更圖擴充云爾。雖然，所以不可不擴充者，其原因有三端焉：

一曰，世界之文明日進，則民生所應辦之事日增，不可不擴充其條理也；

二曰，各地雖能自治，而散處遼遠，不相聞問，不相友助，不可不擴充其聯絡之法也；

三曰，中國之積弱日益甚，而外國之逼迫日益急，非合羣力，不能自保，不可不擴充其力量也。

（清）梁啓超《飲冰室合集·文集》卷四《各國憲法異同論》 法律云者，雖爲總括國家一切法制規則之稱，然於立憲國則惟以經國會議定者稱爲法律。至於君主及政府大臣所發布之法制規則，則別稱之爲命令，而就中又分勅令、省令等名稱。

以此之故，立憲國之法律，無不經國會議定者。又於法律之外，預算歲出歲入之一事，亦政府提出之，國會議定之。惟國會議定預算案之權利，各國亦有異同，或得委曲詳細以議之或否。

又所定法律之界，各國亦有異同，雖難一定，合得舉其重要者，曰民法，曰民事訴訟法，曰刑法，曰刑事訴訟法，曰政法，曰收税法，曰會計法，曰徵兵法，及定一切官民相接之分宜等之規則是也。英國法律之種類最多，法國最少，德國在其中云。

（清）梁啓超《飲冰室合集·文集》卷六《霍布士學案》 霍布士既謂邦國成立之後，所以護持此自然之法律者當用威力。但此所謂威力者，誰用之乎？將由官吏之專制乎？抑由人民之合議乎？霍布士當時爲英王查理第二之師，大見尊寵。於是乎，獻媚一人而主張君主專制政體，是實可謂一言之失，千古遺恨也。

霍布士之意，以爲若欲建設威力，使能統攝國人而無爭，則必使衆意上同於一意然後可。如是則衆人各抛其意欲，而委任於一人之意欲，亦政約所不得已也。其相約之意若曰：吾等各抛棄己權，以託君主某，故亦要使吾等相安而享利益云爾。

此約一成，衆庶皆相牽聯而無分離固也。雖然，霍布士既使臣庶盡行束縛於君主，而君主則毫無所束縛，是君主於臣庶無一事不可要求，而臣庶之於君主，則無一事可要求。天下果有如是之條約乎？君主之權限如此其廣大，則行義可也，行不義亦可也。寖假而君主使人子弑其父，亦不可謂之非理；寖假而君主將國人之生命財産盡奪而歸於己手，亦爲所欲爲。故如霍布士之説，則君主實在世之造物主也。

或問曰：國民既抛棄其權而委之於君主之手，一旦欲恢復之，果能達其志乎？霍布士則曰：不能也。使衆人一日得復其權，則君主之權終不專，而條約不能確定，利益不能永保也。故民約一立，雖歷千萬年而不容變更者，是霍布士之意也。乃至我祖若父抛棄其權以奉於君主，及我生長之後，欲變壞祖父之約，而亦有所不可。嗟乎！我父雖好自爲之，而我則未嘗預其事也。然而强我必從我父之約，而罔敢或違。天下有是理乎？霍布士之説，於是乎窮！

要之，霍布士政術之原，與其性惡之論相表裏。雖然，吾以爲即如霍氏之所説，人人惟利是圖，絶無道德，而所以整齊之之政術，亦不必以君主專制爲務也。蓋苟人人各知自謀其利益，因以知謀全體之利益，則必以自由制度爲長，且自由制度又不惟人民全體之利而已，又政府主權者之大利也。何也？政府之權限，惟在保護國民之自由權，擁衛其所立之民約，而此外無所干預，則輿情自安，而禍亂亦可以不萌。此近世政學之士，所以取霍氏民約之義功利之説，而屏棄其專制政體之論也。

更綜論之，霍布士之政論，可分爲二大段，而兩段截然不相聯屬。其第一段謂衆人皆欲出争鬭之地，入和平之域，故相約而建設邦國也。其第二段謂衆人皆委棄其權，而一歸君主之掌握也。審如此言，衆人既舉一身以奉君主，君主以無限之權肆意使令之，所謂契約者果安在乎？所謂公衆之利益者果安在乎？第一段所持論，第二段躬自破壞之。以霍布士之才識，而致有此紕繆之言者，無他，媚其主而已。雖然，民約之義一出，而後之學士往往祖述其意，去瑕存瑾，發揮而光大之，以致開十九世紀之新世界新學理。霍布士之功，又可没耶？

（清）梁啓超《飲冰室合集・文集》卷六《盧梭學案》 盧梭曰：衆人相聚而謀曰，吾儕願成一團聚，以衆力而擁護各人之性命財産，勿使蒙他族之侵害。相聚以後，人人皆屬從於他之衆人，而實毫不損其固有之自由權，與未相聚之前無以異。若此者，即邦國所由立之本旨也。而民約者，即所以達行此本旨之具也。

盧氏此言可謂深切著明矣。凡兩人或數人欲共爲一事，而彼此皆有平等之自由權，則非共立一約不能也。審如是，則一國中人人相交之際，無論欲爲何事，皆當由契約之手段亦明矣。人人交際，既不可不由契約，則邦國之設立，其必由契約，又豈待知者而決乎？

夫一人或數人之交際，一事或數事之契約，此契約之小焉者也。若邦國之民約，則契約之最大者，而國内人人小契約之所託命也。譬之民約如一大圓線，人人之私約如無數小圓線，大圓線先定其位置，於是小圓線在其内或占左位，或占右位，以成種種結構。大圓之體，遂完足而無憾。

民約所以生之原因既明，又當論民約所生之結果。盧梭以爲民約之目的，決非使各人盡入於奴隸之境。故民約既成之後，苟有一人敢統御衆人而役使之，則其民約非復真契約，不過獨夫之暴行耳。且即使人人甘心崇奉一人，而自供其役使，其所謂民約者亦已不正，而前後互相矛盾，不可爲訓矣。要而論之，則民約云者，必人人自由，人人平等。苟使有君主臣庶之别，則無論由於君主之威力，由於臣民之好意，皆悖於事理者也。故前此霍布士及格魯西亞，皆以爲民約既成，衆人皆當損棄己之權利，而託諸一人或數人之手。盧梭則言，凡棄己之自由權者，即棄其所以爲人之具也，旨哉言乎！

又：人人既相約爲羣，以建設所謂政府者，則其最上之主權當何屬乎？盧梭以爲民約未立以前，人人皆自有主權，而此權與自由權合爲一體；及約之既成，則主權不在於一人之手，而在此衆人之意，而所謂公意者是也。

盧梭以爲，凡邦國，皆藉衆人之自由權而建設者也。故其權惟當屬之衆人，而不能屬之一人若數人。質而言之，則主權者，邦國之所有。邦國者，衆人之所有。主權之形所發於外者，則衆人共同制定之法律是也。

盧梭又以爲所謂公意者，非徒指多數人之所欲而已，必全國人之所欲而後可。故其言曰：凡議事之時，相約以三占從二決可否，固屬不得不然之事。然爲此約之前，必須得全員之許諾而後可。是每決一事，皆不啻全員之同意也，不寧惟是。所謂公意者，非徒指現時國人之所欲而已，又並後人之所欲而言之，何也？現時全國人之所欲，在於現時，洵所謂公矣。及其與後代全國人之所欲不相合時，則已不得謂之公意。是故今日以全國人之議而決定者，明日亦可以全國人之議而改之。不然，則豫以今日之所欲而束縛他日之所欲，豈理也哉？

由是觀之，則盧梭所謂公意，極活潑自由，自發起之，自改正之，自變革之，日征月邁，有進無已，夫乃謂之公意。且公意既如此其廣博矣，則必惟屬於各人所自有，而不可屬於他人。故盧梭又言曰：國民之主權，不可讓與者也。今有人於此而曰，某甲今日之所欲，吾亦欲之，斯可也。若曰，某甲明日之所欲，吾亦欲之，斯大不可。何則？意欲者，非可自束縛者也。故凡涉於將來之事，皆不得豫定。反此者，是謂我侵我之自由權。

又：盧梭以前諸學者，往往以國民之主權，與政府之主權，混淆爲一。及盧梭出，始别白之，以爲主權者，惟國民獨掌之。若政府，則不過承國民之命，以行其意欲之委員耳。其言曰：政府者何也？即居於掌握主權者即國民全體與服從主權者即各人之中間，而贊助其交際，且施行法律以防護公衆之自由權者也。更質言之，則國民者，主人也。而官吏者，其所傭之工人而執其役者也。

夫政府之爲物，既不過受民之委託以施行其公意之一機關。則其所當循守之責任，可知矣。故凡可以傷國民自由權之全部若一部之事，皆當避之。故無論何種政體，苟使國民不能自行其現時之意欲，與將來之意欲者，皆謂之不正。何也？苟國民常不能掌握主權，則背於立國之大本也。

盧梭乃斷言曰：凡政體之合於真理者，惟民主之制爲然耳。

是故盧梭以爲政體種類之差别，不過因施法權之分配如何而強爲之名耳。非謂立法權之分配，可以相異也。蓋立法權者，必常在全國之人手，而萬無可以分配之理。若不爾，則一人或數人握之，已反於民約之本義，而尚何政體之足云。所謂施法權之分配者，或以全國人而施行全國人之所欲，或以一人而施行全國人之所欲，或以若干人而施行全國人之所欲，卽世俗所謂君主政體、少數政體、民主政體之分也。若夫發表意欲，卽立法權。必屬於全國人之責任，無可移者。且彼之任施法權者，無論爲一人，爲若干人，皆不過一時偶受委託。苟有過舉，則國人皆得責罰之，罷黜之。

（清）梁啓超《飲冰室合集・文集》卷九《教育政策私議》 養成地方自治之風，爲強國之起點也。今日欲立國於大地，舍公民自治，其無術矣。雖然，驟舉今日歐美日本所謂地方自治之權利義務，悉以畀之責之於我國民。無論爲政府所不欲，恐吾民亦未能受之而推行盡善也。故莫如先從教育著手，凡一區域内關涉教育之事，悉歸會議所之自治，人民借此閲歷，得以練習團體行政之法。此後漸次授以他事，使自經理。自可不迷厥途，而政府亦可以知地方自治之事。雖屬民權，而於君權，國權，不特無傷，且能爲國家分任艱鉅，興舉庶務。而此後集權分權之政治，可以確立。此又不徒爲教育計，亦爲一切政體之本原計也。

（清）梁啓超《飲冰室合集・文集》卷九《中國專制政治進化史論》

中國自古及今，惟有一政體，故政體分類之説，中國人腦識中所未嘗有也。今請先述泰西分類之説，及其變遷發達之形，以資比較焉。

第一：理論上之分類

以理論分別政體種類者，起於希臘大哲亞里士多德，因主權者之人數而區爲三種，每種復爲正變二體，今以表示之如左：

政體
- 君主政體Monarchy
  - 正體
  - 變體（暴君政體）Tyranny
- 貴族政體Aristocracy
  - 正體
  - 變體（寡人政體）Origarchy
- 民主政體Democracy
  - 正體
  - 變體（暴民政體）Demogogy or Othlocracy

於此正變各三體之外，復有一焉，號曰混合政體Mixed State 卽和合君主、貴族、民主三者而爲一者也。此論傳數千年，至今學者誦法之。雖小有損益，然大端無以易也。十八世紀法國大哲孟德斯鳩之分類如左：

一、主權者以名譽爲主義，謂之君主政體；

二、主權者以道德爲主義，謂之民主政體；

三、主權者以温和爲主義，謂之貴族政體；

四、主權者以脅嚇爲主義，謂之專制政體；

此分類法後人多有駁之者，其實第一類與第二類，蓋同物而二名耳。

近儒墺斯陳之分類如下：

政體
- 一人政體（主權在一人者）（甲）
- 數人政體（主權在二人以上者）
  - 少數政體
    - 同質（寡人政體）（乙）
    - 異質（少數共和政體）（丙）
  - 多數政體
    - 同質（民主政體）（丁）
    - 異質（君民共主政體）（戊）

日本博士一木喜德郎復爲如左之分類：

政體
- 獨任政體
  - 獨任君主政體
    - 專制獨任君主政體（中國 俄國）（一）
    - 立憲獨任君主政體（英國 日本 普國）（二）
  - 獨任共和政體（法國 美國）（三）
- 合議政體
  - 合議君主政體
    - 專制合議君主政體（無）（四）
    - 立憲合議君主政體（德意志帝國）（五）
  - 合議共和政體（瑞士 德意志聯邦内之三共和國）（六）

此分類者，蓋就近世之國家言之，故貴族政體不另爲一種云。

第二：歷史上之分類

法國博士喇京所著《政治學》，就歷史上區別政體如左：

政體
- 古代政體
  - 族制政體（一）
  - 神權政體（二）
  - 市府政體（三）
  - 封建政體（四）
- 近世政體
  - 近世專制君主政體（五）
  - 立憲君主政體（六）
  - 代議共和政體（七）
  - 聯邦政體（八）

綜以上五表論之，則我中國所曾有者，第一表之第一、君主政體變體第二貴族政體變體。兩種也。第二表之第一、君主第三、貴族第四專制三種也。第三表之第一、一人政體第二寡人政體兩種也。第四表之第一種專制獨任君主政體也。第五表之第一、族制政體第二、神權政體第四、封建政體第五近世專制君主政體四種也。

（清）梁啓超《飲冰室合集・文集》卷九《論立法權》 立法、行政、司法，諸權分立，在歐美日本既成陳言，婦孺盡解矣。然吾中國立國數千年，於此等政學原理，尚未有發明之者。故今以粗淺平易之文，略詮演之，以期政治思想普及國民。篇中雖間祖述泰西學説，然所論者，大率皆西人不待論而明之理。自稍通此學者觀之，殆如遼東之豕，宋人之曝，祇覺詞費耳。然我四萬萬同胞中，並此等至粗極淺之義而不解者，殆十而八九焉，吾又安敢避詞費而默然也。學者苟因此以益求精焉，深焉者，則菅蒯之棄，固所願矣。

又： 吾中國建國數千年，而立法之業，曾無一人留意者也。《周官》一書，頗有立法之意，歲正懸法象魏，使民讀之，雖非制之自民，猶有與民同之之意焉。漢興蕭何制律，雖其書今佚，不知所制者爲何如。然卽漢制之散見於羣書者觀之，其爲因沿秦舊，無大損益，可斷言也。魏明帝時，曾議大集朝臣，審定法制，亦不果行。北周宇文時，蘇綽得君，斐然有制度考文之意，而所務惟在皮毛，不切實用。蓋自周公迄今三千餘年，惟王荊公創設制置條例三司，能别立法於行政，自爲一部，實爲吾中國立法權現影一瞥之時代。惜其所用非人，而頑固虚憍之徒又羣焉掣其肘，故斯業一墜千年，無復過問者。嗚呼！荀卿有治人無治法一言，誤盡天下，遂使吾中華數千年，國爲無法之國，民爲無法之民；並立法部而無之，而其權之何屬，更靡論也；並法而無之，而法之善不善，更靡論也。

夫立法者，國家之意志也。就一人論之，昨日之意志與今日之意志，今日之意志與明日之意志常不能相同，何也？或内界之識相變遷焉，或外界之境遇殊别焉。人之不能以數年前或數十年前之意志以束縛今日，甚明也。惟國亦然，故必須常置立法部，因事勢，從民欲，而立制改度，以利國民。各國之有議會也，或年年開之，或間年開之，誠以事勢日日不同，故法度亦屢屢修改也。乃吾中國，則今日之法，沿明之法也。明之法沿唐宋之法也，唐宋之法沿漢之法也，漢之法沿秦之法也。秦之距今二千年矣，而法則猶是，是何異三十壯年，而被之以錦綳之服，導之以象勺之舞也。此其敝皆生於無立法部，君相既因循苟且，憚於改措，復見識隘陋，不能遠圖。民間則不在其位，莫敢代謀，如塗附塗，日復一日，此真中國特有之現象，而腐敗之根原所從出也。

又： 夫立法則政治之本原也，故國民之能得幸福與否，得之者爲多數人與否，皆不可不於立法決定之。夫利己者人之性也，故操有立法權者，必務立其有利於己之法，此理勢所不能免者也。然則使一人操其權，則所立之法必利一人；使衆人操其權，則所立之法必利衆人。吏之與民亦然，少數之與多數亦然，此事固非可以公私論善惡也。一人之自利固私，衆人之自利亦何嘗非私。然而善惡判焉者，循所謂最多數最大幸福之正鵠，則衆人之利重於一人，民之利重於吏，多數之利重於少數，昭昭明甚也。夫誹謗偶語者棄市，謀逆者夷三族，此不問而知爲專制君主所立之法也。婦人可有七出，一夫可有數妻，此不問而知爲男子所立之法也。奴隸不入公民，農傭隨田而鬻，俄國舊例如此。此不問而知爲貴族所立之法也。信教不許自由，祭司别有權利，此不問而知爲教會所立之法也。以今日文明之眼視之，其爲惡法，固無待言。雖然，亦不過立法者之自顧其利益而已。若今世所稱文明之法，如人民參政權，服官權，言論、結集、出版、遷移、信教，各種之自由權等，亦何嘗非由立法人自顧其利益而來。而一文一野，判若天淵者，以前者之私利，與政治正鵠相反；而後者之私利與政治正鵠相合耳。故今日各文明國，皆以立法權屬於多數之國民。

然則雖以一二人操立法權，亦豈必無賢君哲相，忘私利而求國民之公益者？曰：斯固然也。然論事者語其常，不語其變。恃此千載一遇之賢君哲相，其不如民之自恃也，明矣。且記不云乎，代大匠斲者必傷其手。即使有賢君哲相以代民爲謀，其必不能如民之自謀之尤周密而詳善，有斷然也。且立法權屬於民，非徒爲國民個人之利益而已，而實爲國家本體之利益，何則？國也者，積民而成，國民之幸福，即國家之幸福也。國多貧民，必爲貧國；國多富民，必爲富國。推之百事，莫不皆然。美儒斯達因曰：國家發達之程度，依於一個人之發達而定者也。故多數人共謀其私，而大公出焉矣；合多數人私利之法，而公益之法存焉矣。

立法者，國家之意志也。昔以國家爲君主所私有，則君主之意志即爲國家之意志，其立法權專屬於君主固宜。今則政學大明，知國家爲一國人之公產矣，且內外時勢，寖逼寖劇，自今以往，彼一人私有之國家，終不可以立優勝劣敗之世界。然則今日而求國家意志之所在，舍國民奚屬哉？況以立法權畀國民，其實於君主之尊嚴，非有所損也。英國日本，是其明證也。君主依國家而尊嚴，國家依國民之幸福而得幸福。故今日之君主，不特爲公益計，當畀國民以立法權；即爲私利計，亦當爾爾也。苟不畀之，而民終必有知此權爲彼所應有之一日，及其自知之而自求之。

（清）梁啓超《飲冰室合集·文集》卷一〇《論政府與人民之權限》

天下未有無人民而可稱之爲國家者，亦未有無政府而可稱之爲國家者。政府與人民皆構造國家之要具也。故謂政府爲人民所有也不可，謂人民爲政府所有也尤不可。蓋政府人民之上，別有所謂人格人格之義屢見別篇。之國家者，以團之統之。國家握獨一最高之主權，而政府人民皆生息於其下者也。重視人民者，謂國家不過人民之結集體，國家之主權即在箇人。謂一箇人也。其說之極端，使人民之權無限，其弊也，陷於無政府黨，率國民而復歸於野蠻。重視政府者，謂政府者，國家之代表也，活用國家之意志，而使現諸實者也。故國家之主權，即在政府。其說之極端，使政府之權無限，其弊也。陷於專制主義，困國民永不得進於文明，故構成一完全至善之國家，必以明政府與人民之權限爲第一義。

因人民之權無限以害及國家者，泰西近世，間或有之，如十八世紀末德國革命之初期是也。雖然，此其事甚罕見，而縱觀數千年之史乘，大率由政府濫用權限，侵越其民，以致衰致亂者，殆十而八九焉。若中國又其尤甚者也。故本論之宗旨，以政府對人民之權限爲主眼，以人民對政府之權限爲附庸。

政府之所以成立，其原理何在乎？曰：在民約。民約之義，法國碩儒盧梭倡之，近儒每駁其誤，但謂此義爲反於國家起原之歷史則可，謂其謬於國家成立之原理則不可。雖憎盧梭者，亦無以難也。人非羣則不能使內界發達，人非羣則不能與外界競爭，故一面爲獨立自營之箇人，一面爲通力合作之羣體。或言由獨立自營進爲通力合作，此語於論理上有缺點，蓋人者能羣之動物，自最初即有羣性，非待國羣成立之後而始通合也。既通合之後，仍常有獨立自營者存其獨性不消滅也。故隨獨隨羣，即羣即獨，人之所以貴於萬物也。此天演之公例，不得不然者也。既爲羣矣，則一羣之務，不可不共任其責固也。雖然，人人皆費其時與力於羣務，則其自營之道，必有所不及。民乃相語曰：吾方爲農，吾方爲工，吾方爲商，吾方爲學，無暇日無餘力以治羣事也。吾無寧於吾羣中選若干人而一以託之焉，斯則政府之義也。政府者，代民以任羣治者也。故欲求政府所當盡之義務，與其所應得之權利，皆不可不以此原理爲斷。

然則政府之正鵠何在乎？曰：在公益。公益之道不一，要以能發達於內界而競爭於外界爲歸。故事有一人之力所不能爲者，則政府任之；有一人之舉動妨及他人者，則政府彈壓之。政府之義務雖千端萬緒，要可括以兩言：一曰助人民自營力所不逮，二曰防人民自由權之被侵而已。率由是而綱維是，此政府之所以可貴也。苟不爾爾，則有政府如無政府。又其甚者，非惟不能助民自營力而反窒之，非唯不能保民自由權而又自侵之，則有政府或不如其無政府。數千年來民生之所以多艱，而政府所以不能與天地長久者，皆此之由。

政府之正鵠不變者也，至其權限則隨民族文野之差而變，變而務適合於其時之正鵠。譬諸父兄之於子弟，以導之使成完人爲正鵠。當其孩幼也，父兄之權限極大，一言一動，一飲一食，皆干涉之，蓋非是則不能使之成長也。子弟之智德才力，隨年而加，則父兄之干涉範圍，隨年而減。使在弱冠强仕之年，而父母猶待以乳哺孩抱時之資格，一一干涉之，則於其子弟成立之前途，必有大害。夫人而知矣，國民亦然。當人羣幼稚時代，其民之力未能自營，非有以督之，則散漫無紀，而利用厚生之道不興也。其民之德未能自治，非有以箝之，則互相侵越，而欺凌殺奪之禍無窮也。當其時也，政府之權限不可不强且大。及其由撥亂而進升平也，民既能自營矣，自治矣。而猶欲以野蠻時代政府之權以待之，則其俗强武者，必將憤激思亂，使政府岌岌不可終日；其俗柔懦者，必將消縮萎敗，毫無生氣，而他羣且乘之而權其權，地其地，奴其民，而政府亦隨以成灰燼。故政府之權限，與人民之進化成反比例，此日張則彼日縮，而其縮之乃正所以張之也。何也？政府依人民之富以爲富，依人民之强以爲强，依人民之利以爲利，依人民之權以爲權。彼文明國政府，對於其本國人民之權，雖日有讓步，然與野蠻國之政府比較，其尊嚴榮光，則過之萬萬也。今地球中除棕黑紅三蠻種外，大率皆開化之民矣。然則其政府之權限當如何？曰：凡人民之行事，有侵他人之自由權者，則政府干涉之。苟非爾者，則一任民之自由，政府宜勿過問也。所謂侵人自由者有兩種：一曰侵一人之自由者，一曰侵公衆之自由者。侵一人自由者，以私法制裁之；侵公衆自由者以公法制裁之。私法、公法，皆以一國之主權而制定者也。主權或在君，或在民，或君民皆同有，以其國體何所屬而生差别。而率行之者，則政府也。最文明之國民，能自立法而自守之，其侵人自由者益希，故政府制裁之事，用力更少。史稱堯舜無爲而治，若今日立憲國之政府，真所謂無爲而治也？不然者，政府方日禁人民之互侵自由，而政府先自侵人民之自由，是政府自己蹈天下第一大罪惡。西哲常言天下罪惡之大，未有過於侵人自由權者。而欲以令於民，何可得也？且人民之互相侵也，有裁制之者，而政府之侵民也，無裁制之者，是人民之罪惡可望日減，而政府之罪惡且將日增也。故定政府之權限，非徒爲人民之利益，而實爲政府之利益也。

又：或者曰：在昔專制政行，君主知有己不知有民，則限制其權誠非得已。今者民政漸昌，一國之元首，元首者兼君主國之君主，民主國之大統領而言。殆皆由人民公選而推戴之者，可以使之欲民所欲，而利民所利。暴虐之事，當可不起。然則雖不爲限制亦可乎？曰：是不然。雖民政之國，苟其政府權限不定，則人民終不得自由，何也？民政之國，雖云人皆自治而非治於人，其實决不然。一國之中，非能人人皆有行政權，必有治者與被治者之分，其所施政令，雖云從民所欲，然所謂民欲者，非能全國人之所同欲也，實則其多數者之所欲而已。按：民政國必有政黨，其黨能在議院占多數者即握政府之權。故政治者實從國民多數之所欲也。往昔政學家謂政治當以求國民全體之幸福爲正鵠，至碩儒邊沁始改稱以最大多數之最大幸福爲正鵠。蓋其事勢之究竟僅能如是也。苟無限制，則多數之一半，必壓抑少數之一半，彼少數勢弱之人民，行將失其自由，而此多數之專制，比於君主之專制其害時有更甚者。故政府與人民之權限，無論何種政體之國，皆不可不明辨者也。

由此觀之，雖在民權極盛之國，而權限之不容已，猶且若是，况於民治未開者耶？記不云乎，天生民而立之君，使司牧之，豈其使一人肆於民上也！故文明之國家，無一人可以肆焉者。民也如是，君也如是；少數也如是，多數也如是。何也？人各有權，權各有限也。權限云者，所以限人不使濫用其自由也。濫用其自由，必侵人自由，是謂野蠻之自由。無一人能濫用其自由，則人人皆得全其自由，謂文明之自由。非得文明之自由，則國家未有能成立者也。

中國先哲言仁政，泰西近儒倡自由，此兩者其形質同而精神迥異，其精神異而正鵠仍同。何也？仁政必言保民，必言牧民。牧之保之云者，其權無限也。故言仁政者，只能論其當如是，而無術以使之必如是。雖以孔孟之至聖大賢，嘵音瘏口以道之，而不能禁二千年來暴君賊臣之繼出踵起，魚肉我民，何也？治人者有權，而治於人者無權。其施仁也，常有鞭長莫及有名無實之憂，且不移時而熄焉。其行暴也，則窮凶極惡，無從限制，流毒及全國，亘百年而未有艾也。聖君賢相既已千載不一遇，故治日常少而亂日常多。若夫貴自由定權限者，一國之事，其責任不專在一二人，分功而事易舉。其有善政，莫不徧及，欲行暴者，隨時隨事，皆有所牽制。非惟不敢，抑亦不能，以故一治而不復亂也。是故言政府與人民之權限者，謂政府與人民立於平等之地位，相約而定其界也，非謂政府畀民以權也。凡人必自有此物，然後可以畀人民權者，非政府所自有也，何從畀之？孟子曰：天子不能以天下與人，亦以天下非天子所能有故也。趙孟之所貴，趙孟能賤之；政府若能畀民權，則亦能奪民權。吾所謂形質同而精神迥異者，此也。然則吾先聖昔賢所垂訓，竟不及泰西之唾餘乎？是又不然。彼其時不同也。吾固言政府之權限，因其人民文野之程度以爲比例差，當二千年前，正人羣進化第一期。如扶牀之童，事事皆須藉父兄之顧復。故孔孟以仁政爲獨一無二之大義，彼其時政府所應有之權，與其所應盡之責任固當如是也。政治之正鵠，在公益而已。今以自由爲公益之本，昔以仁政爲公益之門，所謂精神異而正鵠仍同者，此也。但我輩既生於今日，經二千年之涵濡進步，儼然棄童心而爲成人，脱蠻俗以進文界矣。豈可不求自養自治之道，而猶學呱呱小兒仰哺於保姆耶？抑有政府之權者，又豈可終以我民爲弄兒也？權限乎，建國之本，太平之原，舍是曷由哉？

（清）梁啓超《飲冰室合集·文集》卷一〇《政治學理摭言》　凡立憲君主國之憲法，皆特著一條曰：君主無責任，君主神聖不可侵犯。此其義何？曰：此過渡時代之絶妙法門也，此防杜革命之第一要著也。君主者，一國之元首而當行政機關之衝者也。凡行政者不可不負責任。行政者而不負責任，則雖有立法機關，亦爲虚設。所公立之法度，終必有被蹂躪之一日。而治者與被治者之間，終不得協和。是立憲國所大忌也。然則行政首長之君主，反著明其無責任，以使之得自恣，毋乃與立憲精神相矛盾耶。而豈知立憲政體之所以爲美妙者，皆在於此！

憲政之母，厥惟英國。英國人有恒言曰：君主不能爲惡。以皮相論之，此可謂極無理之言也。夫君主亦猶人耳，人性而可使爲不善也。豈其履此九五而遂有異也？雖然，考諸英國今日之實情，則此言良信矣。於何證之？夫所謂君主之惡者，則任用不孚民望之大臣以病民一也，民所欲之善政而不舉二也，民所惡之秕政而强行三也。英國則何如？英國憲法皆不成文，故各種權力範圍之消長，其沿革不可不徵諸歷史。今考英國任命大臣之成例，自千六百八十九年維廉第三納桑達侖之言，命下議院中最占多數之黨派之首領，使組織政府。以後沿爲成案，凡非得議院多數之贊成者，不得在政府。至后安時代，茲例益定。當時首相瑪波羅，本保守黨首領，及戰事起，保守黨雖反對，而進步黨贊成之，政府卒不更易，是其證也。及占士第三，雖欲自攬政權，任用私人，卒爲議會所抗，不能行其志。至占士第四維廉第四時，王權之限制益嚴，逮前皇維多利亞六十年中，此例益鐵案如山，不能動矣。爾後格蘭斯頓的士黎里兩雄角立時代，每當總選舉時，在朝黨察視議會中不及敵黨之多數，即不待開國會，而自行辭職。由此觀之，英國政府各大臣，非得以君主之意而任免之者也。其任免之權，皆在國民。是君主不能任用失民望之大臣以病民，有斷然也。其不能爲惡者一也。英國當查里士第二、維廉第二時代，凡政府會議，則君主亦列席而置可否焉。占士第一以後，此例遂廢。一切政略，由大臣行之，君主絶不過問。夫大臣之辦理政務，非經君主畫諾，不能施行，固也。雖然，若大臣以不能實行其政略之故，欲去其職，而國會贊成大臣，必欲要求其實行，乃至各選舉區，皆贊成國會之要求，則君主例不得拒之。故名士安遜嘗言：英國自一千七百十四年以後，君主與大臣，其實權易位，前者則君主經大臣之手以治國，後此則大臣經君主之手以治國也。云云。由此觀之，則英國君主不能阻民所欲行之善政，有斷然也。其不能爲惡者二也。自亨利第八以來，君主屢獨斷以辦外交之事。及占士第三以後，至於今日，凡君主引見外國使臣，必以外務大臣陪席，其與外國君主來往書簡，非經首相或外務大臣一覽，不能發出，而君主特權之自由，殆皆喪失。又不徒於外交爲然耳，於内治亦然。占士第四時，嘗有愛爾蘭人受死罪之公判者，王欲自行特權，命愛爾蘭總督赦之，首相羅拔比爾反對之，謂非經責任大臣之手，不能行此權，其事遂止。自茲以往，王者益無敢自恣矣。由此觀之，則英國君主不能强行民所惡之秕政，有斷然也。其不能爲惡者三也。質而言之，則英國君主，豈徒不能爲惡而已？雖善亦不能爲。顧稱此不稱彼者，惡則歸大臣，善則歸其君耳。雖然，彼君主者既肯盡委其權於國民所信用之大臣，而不與之争，斯即善之大者也。則雖謂英國君主能爲善不能爲惡，誰曰不宜？

夫人至於不能爲善不能爲惡，則其萬事毫無責任，豈待問哉！故英國國民無貴無賤，無貧無富，無老無幼，無男無女，無不皆有責任，惟君主則真無責任。英國憲政，各國憲政之母也。故凡立憲國之有君主者，莫不以無責任之一語泐爲憲文。雖其行用特權之範圍，不無廣狹之殊，要其精神，則皆自英國來也。所謂君主無責任者，如是而已，如是而已。

君主所以必使之無責任者何？曰：避革命也。此義本甚淺顯，人人意中所有也。而在立憲君主國之學者，多不肯揭破言之。日本人尤大忌焉，則美其名曰：君主神聖故無責任，有特權故無責任。凡有責任者，不盡其責則去，不盡其責而不去，則夫立於監督之地位者，例得科其罪而放逐之。此天地之通義也。儒教之言君主政體，則有責任之君主也。故曰：殘賊之人，謂之一夫，聞誅一夫，未聞弑君。故曰：君之視臣如土芥，則臣視君如寇讎。故曰：湯武革命，順乎天而應乎人。春秋之義，凡君主爲孔子所絶者，不一而足。絶之者皆以其不盡責任也。孟子言責任之義尤深切著明，其語齊王云：友人凍餒，妻子則如之何？士師不能，治事則如之何？四境之内，不治則如之何？皆以唤醒責任觀念也。又云：求牧與芻而不得，則反諸其人乎，抑亦立而視其死與？皆責任之義也。凡以示夫監督人所應行之權利也，夫代表一國而當行政之衝者，其責任非猶夫尋常責任也，十事九盡責而一不盡焉，則固已不可以尸其位。而彼君主者，終其身而當此衝者也，短者數年，長者數十年，雖舜禹復生，豈能保無百一之失乎？有之而民隱忍焉，今日可隱忍其一，他日卽可隱忍其百。而政其紊國其頹矣，有之而民不隱忍焉，則是革命終無已時也。夫一人之身，數十年之久，而其責任之難完，固已如是，而況乎世及以爲禮，卜世至數十，卜年至數百者耶？若是乎，君主與責任，勢固不能並行。重視君主，則不可不犧牲責任；重視責任，又不可不犧牲君主。而孔孟乃欲兩利而俱存之，此所以中國數千年君主有責任之名，無責任之實，而革命之禍，亦不絶於歷史也。

泰西之民知其然也，以爲凡掌一國行政之實權者，不可不負責任。既負責任，則必隨時可以去之留之，而不能以一人一姓永尸其位。而所謂實權者，或在元首焉，或在元首之輔佐焉。苟在元首，則其元首不可不定一任期，及期而代，如古羅馬之孔蘇，今合衆國法蘭西之伯理璽天德是也。苟欲元首之不屢易，則其實權不可不移諸元首以下之一位，今世立憲君主國所謂責任大臣是也。故夫一國之元首惟無實權者，乃可以有定位。惟無定位者，乃可以有實權。二者任取一焉，皆可以立國。混而兼之，國未有能立者也。卽立矣，未有能久存於今日物競天擇之場者也。善哉！君主無責任。黠哉！君主無責任。

君主無責任，故其責皆在大臣。凡君主之制一法，布一令，非有大臣之副署，副於君主以署名也。則不能實行。故其法令之不愜民望者，民得而攻難之，曰：吾君本不能爲惡也，今其爲惡，皆副署者長之逢之也。故雖指斥其政，而不爲不敬，廢置其人而不爲犯上。而彼副署者，亦不得不兢兢於十目十手之下，以自檢自黽。而一國之政務乃完善之至也，君主無責任使然也。

或曰：漢制，有災異則策免三公。孔子之義，凡君主皆對於天而負責任，故有災異則君主當恐懼修省。是非責任大臣之意乎？其與歐洲今制將毋同，曰：是不然。必君主無責任然後可以責諸大臣。若漢制者，是抗世子法於伯禽之類也。周公輔成王，成王有過，則撻伯禽。夫伯禽非有力以禁成王之過者也，使成王而不賢，則伯禽將終日被撻，冤哉禽矣。漢制，君主獨裁於上，宰相不過出納喉舌，及其叔季，且並此出納之權，而移於尚書，移於中書，而三公獨李代桃僵焉，冤之至也。若立憲國之責任大臣，則君主非特不得而尼之，抑亦不得而助之。彼憲政最完之英國無論矣，卽如德國，君權較盛者也。德國宰相不以議政之多數少數爲進退。而一千八百八十二年八月，宰相俾士麥請德皇下詔勅以自固其位，反對黨首領波因氏，卽在議院斥其自卸責任，而以皇室爲怨府，其後俾士麥卽失輿望，而不得不避賢路。日本以皇統一系自誇耀，人民尊王心最盛者也。而去年二三月間，伊藤内閣因貴族院反對議院案，乞日皇手論勸解，舉國萬口沸騰，謂其違犯憲法，假皇權以自擁護。未幾伊藤遂乞骸骨。是皆君主不許助大臣之成例也。若英國議院，則例不准稱君主之名，述君主之意，以法議案。有者則爲大不敬，其所以爲坊尤至矣。蓋不如是，則責任大臣之實效，未有能舉者也。

曰：若是乎，立憲國之君主，其爲虚器也章章矣！顧猶懸兹而勿革何爲也？曰：是過渡時代實然。天下爲公，選賢與能，固百世之大經也。雖然，諸民族之性質境遇，萬有不齊。有宜於民主者，有未能遽宜於民主者。既未宜焉，則君固不可以不立。君既立矣，則欲其安而不危也，欲其治而不亂也，舍此將奚以哉？況責任大臣之制，有時固更優於民主者乎？余别有論。

君主無責任也，君主神聖不可侵犯也，二者蓋異名同實也。惟其無責任，故可以不侵犯，惟其不可侵犯，故不可以有責任。《易》文言之釋亢龍曰：貴而無位，高而無民，是以動而有悔也。蓋立憲君主之象也。無動則無悔，無責任則無侵犯也。而不然者，不病君則病國，不病國則病君。嘻，殆哉岌岌乎！

（清）梁啓超《飲冰室合集・文集》卷一一《敬告我同業諸君》 所謂監督政府者何也？世非太平，人性固不能盡善。凡庶務之所以克舉，羣治之所以日進，大率皆藉夫對待者旁觀者之監督，然後人人之義務乃稍完。監督之道不一，約而論之，則法律上之監督，宗教上之監督，名譽上之監督，是也。法律監督者，以法律强制之力，明示其人曰，爾必當如此，爾必不可如彼。苟不爾者，將隨之以刑罰。此監督權之最有力者也。宗教監督者，雖不能行刑罰於現在，而曰善不善報於而身後，或曰善不善報於而後身，而使中人以下咸有所警焉。報於身後之説，中土宗教家言是也。所謂積善之家有餘慶，積不善之家有餘殃，皆言因果之在子孫也。報於後身者，西方宗教家言。如佛如耶皆是也，謂人雖死而魂不滅，因果業報應之來生也。比兩義皆監督人類之一大法門。今以非本論目的，不詳論之。此亦監督權之次有力者也。名譽者，不能如前兩者之使人服從，使人信仰，使人畏憚。然隱然示人曰：爾必當如此，爾必不可如彼。苟不爾者，則爾將不見容於社會，而於爾之樂利有所損。此其監督之實權，亦有不讓於彼兩途者。此種監督權誰操之？曰輿論操之。輿論無形，而發揮之代表之者，莫若報館。雖謂報館爲人道之總監督可也。政府者受公衆之委託，而辦理最高團體今世政學家謂國家爲人類最高之團體。之事業者也，非授以全權，則事固不可得舉。然權力既如此重且大，苟復無所以限制之，則雖有聖智，其不免於濫用其權，情之常也。故數百年來，政治學者之所討論，列國國民之所競爭，莫不汲汲焉以確立此監督權爲務。若立法司法兩權之獨立，政黨之對峙，皆其監督之最有效者也。猶慮其力之薄弱也，於是必以輿論爲之後援。西人有恆言曰：言論自由、出版自由爲一切自由之保障。誠以此兩自由苟失墜，則行政之權限萬不能立，國民之權利萬不能完也。而報館者即據言論、出版兩自由，以襲行監督政府之天職者也。故一國之業報館者，苟認定此天職而實踐之，則良政治必於是出焉。拿破侖常言：有一反對報館，則其勢力之可畏，視四千枝毛瑟槍殆加甚焉！誠哉！報館者，摧陷專制之戈矛，防衛國民之甲胄也。在泰西諸國，立法權、司法權既已分立，政黨既已確定者，而其關係之重大猶且若是。而況於我國之百事未舉，惟恃報館爲獨一無二之政監者乎？故今日吾國政治之或進化，或墮落，其功罪不可不專屬諸報館。我同業諸君，其知此乎？其念此乎？當必有瞿然於吾儕之地位如此其居要，吾儕之責任如此其重大者，其尚忍以文字爲兒戲也？抑吾中國前此之報館，固亦自知其與政府有關係焉矣。然其意曰：吾將爲政府之顧問焉，吾將爲政府之拾遺補闕焉。若此者，吾不敢謂非報館之一職。雖然，謂吾職而盡於是焉，非我等之所以自處也，何也？報館者，非政府之臣屬，而與政府立於平等之地位者也。不寧惟是，政府受國民之委託，是國民之雇傭也。而報館則代表國民發公意以爲公言者也。故報館之視政府，當如父兄之視子弟。其不解事也，則教導之，其有過失也，則扑責之。而豈以主文譎諫畢乃事也？夫吾之爲此言，非謂必事事而與政府爲難也，教導與扑責同時並行，而一皆以誠心出之，雖有頑童，終必有所感動。

（清）梁啓超《飲冰室合集・文集》卷一二《亞里士多德之政治學説》

亞氏又論政體腐敗之由，及其革命循環之狀。以爲凡一國之始立也，其最初之政體，必爲君主政體，所謂武人爲於大君也。以其强有力故，故能統率羣落，掌握主權，整齊團結之以成一國之形，此爲第一級。即君主政體。及後此傳國於子孫，子孫漸忘開創之艱，不率由祖法，以謀國家人民之公益，專制恣行，民不堪命，此爲第二級。即霸主政體。專制之弊既極，於是其臣下有起與爲難者，叛亂滋生。其結果也，倡亂之諸首領，代起以掌握政權，市筐篋之恩，結人民之歡，以自固其位，此爲第三級。即貴族政體。及貴族政體既確立，漸無籍人民之助，於是益恣肆以徇私利。其黨與多，其團體大，故其害人民之自由，壞羣治之秩序，此於一人之君主，其禍尤烈，此爲第四級。即豪族政體。及其極也，民不聊生，於是多數者相率蹶起，致成劇烈之革命。革命以後，除公害，興公益，國乃大治，是爲第五級。即民主政體。及其末流，民主之治，漸老且衰，國民漸失其敬重法律之念，漓其平和禮讓之風，馴至於無政府之慘狀，此爲第六級。即暴民政體。於斯時也，有一二梟雄桀黠者起焉，煽惑愚民，自植權力，羽翼已就，遂覬天位。至是復迴轉於第一級，而君主專制政體再興。而革命循環之圈一周，君主政復興之後，其第二次循環，亦復如是。善惡相續，治亂相尋，如是遞嬗以至無窮。

按：亞氏此論，與孟子所謂天下之生久矣，一治一亂者，其理想正同。雖然，此未足以爲政治之真相也。此蓋亞氏據其有生以前所經之歷史，而推測將來耳。實則後此地球上諸國，從未有依此定例以爲循環者。夫創業者多善政，繼體者多弊舉。此在君主、貴族兩政體或有然，至於民主之治，其現象適與此相反。草創伊始，民未習於自治，法律未備，風俗未醇，往往罅漏百出焉。行之數十年百年，經驗日多，逐漸改良，遂能成爲完全真民主之治。此近世歐洲諸國之明效大驗也。亞氏所謂由第五級變爲第六級者，在古代希臘羅馬雖嘗有之，然彼非真行民政耳。苟真行民政，則進矣斷未有能退者也。吾請更以佛理譬之。學佛者，以成佛爲究竟。當其未成佛也，則輪迴循環於天人六道中，或受天身，或受龍身，或受人身，或受餓鬼畜生身。於彼於此，其變相不可究詰，亦無一定升降之次第，而惟視其所造業以獲報果。苟一旦成佛矣，則斷未有復能墮落者也。苟猶墮落，則必其所到者仍非佛地也。政治亦然，政體以民主爲究竟，當其未至民主也，則沈噎循環於民賊之下。或遇仁君而爲君主政，或遇暴君而爲霸主政，或遇共和而爲貴族政，或遇横强而爲豪族政，或遇亂賊而爲暴民政，於彼於此，其變相不可究詰，亦無一定進退之例。而惟應其時勢以生波瀾，苟一旦成民主矣，則斷未有能復墮落者也。苟猶墮落，則必其所行者仍非民主也。不觀夫美、法二國之比較乎，美國自獨立以來，所行者真民主也。吾敢信其自今以往，更歷千萬年，斷未有轉爲君主政體成貴族政體者也。法國大革命之時，所行者非真民主也，故自一七八九年至一八七零年，凡八十年中，復戴君主者三度，改易憲法者二十一次，大亂棼棼，幾無寧歲。無他，未至其究竟則然耳。故孟子一治一亂之言，非吾所敢從也。吾以爲不治則已，苟治未有復能亂者也。（雖美國今日之治猶未可謂之郅治。再以佛語譬之，則美國殆已到辟支獨覺位，猶未能到佛菩薩位也。）使治而復亂，則所謂治者必非真治也。今日進化之學理大明，知一切有機體之物，莫不循進化公例。國家一有機體也，夫焉能獨戾此例乎？進化與循環，正兩反對之現象也。知此則亞氏政體循環之説，不攻自破矣。至其前此之有循環，則亦不過循環於進化之中。特其圈太大，易被眩惑，故誤此爲彼耳。

又案亞氏所謂由民主而復變爲君主者，在泰西往往有之，希臘列國，既數見不鮮矣。後此如羅馬之該撒，法蘭西之拿破崙第一、拿破崙第三，皆其最著者也。民智民德之程度，未至於可以爲民主之域，而貿然行之，此最險事。言政治者所不可不熟鑑也。至其言君主貴族民主遞嬗之理，在疇昔泰西諸國，亦屢見焉。但其論斷不可通於今日。今彼之貴族政體，殆如死灰之不可復燃矣。如彼俄羅斯者，今世界上第一專制國也，使其將來果有破壞今制之一日，試問能如亞氏之例，復移於貴族之一階級乎？必不然矣。

然則亞氏於諸種政體之中，以何者爲最良乎？亞氏之説道德也，最尊中庸，其言曰：真勇在亂暴與卑怯之間，真仁在吝嗇與奢侈之間。故彼亦據此意以論政治，亞氏乃言曰：無論何國之民，大率可區爲三級：一曰富而貴者，假名曰上等社會；二曰貧而賤者，假名曰下等社會；三曰在富與貧、貴與賤之間者，假名曰中等社會。一國之中上等社會常最少數，下等社會常最多數，而中等社會亦常在其中。苟一國政權而在彼最少數者，彼等驕奢淫迭，不事民事，甚者朘括人民之脂膏以爲己肥，其害國莫大焉。反是而在彼最多數者，彼等無學識，無經驗，不能事事，甚則虜掠富者之財産，陷於無政府之慘狀，其害國亦莫大焉。故莫如執兩端而用其中，使國之政權常在次多數之中等社會，則常能調和彼兩階級，而國本以固矣。

按：亞氏此言，至當不易之言也。今日歐美諸立憲國，皆遵此道也。其所以能破壞專制，確立自由，其始亦未有不賴中等社會之功者也。最大多數最大幸福一語，誠可爲政治界之金科玉律。然今猶未至其時也，今世各國之社會黨，挾持此議以號召於天下，然其弊往往陷於無政府主義。此固不可以立，即立矣，而亦不可以久也。雖然，亞氏之言在歐西，則甚易領會，自中國人讀之，則苦難索解矣。何也？中國數千年來，只有一人政體，而更無所謂寡人政體、多人政體者。不問其爲上等社會、中等社會、下等社會，皆戢戢然，同蜷伏於一尊之下，而更何從於此三者之間，而下比較也。噫！（又案亞氏祇比較少數多數，而不論及君主者，當時希臘君主政體殆全絶矣。）

立法、行政、司法三權分析之論，亦自亞氏始也。亞氏之言曰：一國之政治樞機有三：第一，討議國事之權也；第二，官吏之資格及其職權也；第三，司法權限也。其第一項所掌者，凡國中宣戰、媾和、締結同盟、解散同盟諸大政，以及制定法律、監督會計、審定死刑、放逐、没收等諸大獄，按：（此屬於司法範圍之事，當時希臘人皆以衆議決之。）此等權力當以歸諸全體之人民，或人民中之一部分。其歸諸全體之人民者，民主制之特質也。至人民參與政治之方法亦不一，有爲一總團體合而議之者，有不能爲總團體，故輪班而議之者。案：亞氏當時未有代議之制，故有輪班之例以濟其窮。實則此兩法皆不可行於今日也。然其權限惟在選舉官吏，議准法律，決定和戰，稽查國計，犖犖數大端足矣。其餘一切行政事務，當委託於當局官吏。若行政權盡吸集於議會之手，此實最惡濫之民主制，非國家之福也。

案：英國長期國會之末路，及法國大革命時代，皆吸集行政權於議會。其弊有不可勝言者，亞氏早道破之矣。其第二項，亞氏提出種種之問題，曰：官吏之數當幾何乎？曰：官吏所當管理者爲何等事務乎？曰：其在職之任期當若何？將終其身乎？抑有期限乎？其期限宜長乎，宜短乎？一人可得再任乎？將不得乎？曰：任命官吏之法當若何？其任之之權當在何人乎？其可以被任者，當屬何等人乎？一切人民皆可以在用官吏，且被任用爲官吏乎？抑於人民中立特別之等級，別之限制，惟某種人得有任官權，惟某種人得有被任爲官之權，而他皆不得乎？其任之之時，當用選舉法乎？抑用抽籤法乎？亞氏乃參伍錯綜之，而列爲十二種格式，各順應於其政體以爲適宜。其論民主政體所當行者，則一切人民，皆得選官吏，一切人民皆得爲官吏。而其任用之法，或選舉，或抽籤，隨其所司之職爲區别是也。

按：抽籤官之法，頗駭聽聞。蓋當時希臘諸邦，面積極小，而有公民權者，其人數亦更有限，且尋常官吏，酬俸至薄，人不樂爲。特以維持國家之義務，不可不强羣中若干人使從事耳。故當時亦兼採用此法。

其第三項，亦提出三種問題，曰：當以何等人任法官乎？法官之職掌如何乎？其任命之方法如何乎？亦順應於三種政體而論之，兹不具引。

（清）梁啓超《飲冰室合集·文集》卷一三《法理學大家孟德斯鳩之學説》孟氏學説，最爲爲政治學家所祖尚者，其政體論是也。政體種類之區别，起於亞里士多德，而孟氏剖之更詳。其言以爲萬國政體，可以三大别概括之：一曰專制政體，二曰立君政體，三曰共和政體。凡邦國之初立也，人民皆慴伏於君主威制之下，不能少伸其自由權謂之專制政體。及民智大開，不復統於一人。惟相與議定法律而共遵之，是謂共和政體。此二者其體裁正相反，而介於其間者，則有立君政體。有君以莅於民上，然其威權受法律之節制，非無限之權是也。

既明其區别，乃論其得失。孟氏以爲專制政體，絶無法律之力行於其間。君主專尚武力以懾其民，故此種之政，以使民畏懼爲宗旨。雖美其名曰輯和萬民，實則斲喪元氣，必至舉其所賴以立國之大本而盡失之。昔有路伊沙奴之野蠻，見樹果纍纍，攀折不獲，則以斧斫其樹而捋取之。專制政治，殆類是也。然民之受治於其下者，輒曰：但使國祚尚有三數十年，吾輩且假日婾樂，及吾死後，則大亂雖作，復何恤焉？然則專制國民之姑息偷靡，不慮其後，亦與彼蠻民之斫樹採果者無異矣。

孟氏又曰：凡專制之君主，動曰輯和其民，其實非真能輯和也。何也？以彼奪民自由權使民畏懼爲本旨故也。夫民者，固有求自保之性者也。而畏懼之心，與求自保之性，又常不相容。然則專制之國，必至官與民各失其所願望而後已，無他，其中之機關本自有相牴牾者存也。故只能謂之苟安，不能謂之輯和。輯和者，人人各有所恃，以相處而安其生也。苟安者，一時無戰亂而已。故專制國所謂太平，其中常隱然含擾亂之種子。

又曰：凡專制之國，必禁遏一切新奇議論，使國民隤然不動，如木偶。然其政府守一二陳腐主義，有倡他義者，則謂之爲畔道，爲逆謀。何也？彼其宗旨固以偷一時之安爲極則也。以故務馴擾其民，若禽獸然，時時鞭撻之，使習一二技藝以效己用。民既冥頑如禽獸矣，則其中有一極獰惡而善威嚇者，則足以統御之。不寧惟是，乃至不必以人爲君，而治之有餘。昔瑞典王查理第十二，嘗有所命於元老院，元老院不奉詔，王曰：卿等若猶不從，朕將以一履强命卿等。元老遂唯唯不敢違。由此觀之，一履猶可以御民，故曰不必以人爲君而治之有餘也。

孟氏論專制之弊，大略如是。可謂深切著明也矣。至其論專制與立君兩體之比較，則以爲專制之國君主肆意所欲，絶無一定之法律。然行之既久，漸有相沿成習之法以御衆。此爲政治沿革之第二期。此種政體，威力與法律並行，蓋專制之稍殺者也。雖然，其法律非因民之所欲而制定，未可稱爲真法律，只能謂之例案而已。而此例案者，果何物乎？則舊制相沿。國王之下，有若干之世臣巨室，皆有其先世所傳之規例，君主或自恣過甚，若輩輒援例以争，藉以限制君權者，如斯而已。

孟氏又曰：立君政體，國之機關。其所以運轉自如不至破壞者，有一術焉。蓋以一種矯僞之氣習，銘刻臣僚之腦髓，牢不可破，即以人爵爲莫大之榮是也。惟其然也，故孜孜焉各競其職，莫敢或怠。以官階之高下，禄俸之多寡，互相夸耀，因此一念，羣臣皆自修飾。其甚者或致身效死，以徼身後之榮者，蓋亦有人矣。而要之不外一種矯僞之氣，驅而役之者也。

又曰：立君政體之國，苟欲不速滅亡，必其君主有好名之心，有自重之意，以己身之光榮與國家之光榮視同一體。如是則必將希合民心，勉强行道，而其國亦得以小康。雖然，君主好名之極，而世臣巨室或不能限制其威權，則君主必自視如鬼神，而一無所顧忌。此孟氏論立君政體之大略也。約而言之，則强暴之威力，與一定之規則，相混合而已。然則此政體者，亦專制、共和兩政間之過渡時代也。

次乃論共和民主之政，孟氏以爲民政未立以前，必有一種半君半民之政，以介其間，若是者謂之貴族政治。蓋以國中若干人獨掌政柄，實君主之餘習也。若夫共和政治，則人人皆治人者，人人皆治於人者。蓋各以己意投票選舉，以議行一國之政。故曰：人人皆治人。既選定之司法官，則謹遵其令，而莫或違。故曰：人人皆治於人。而其本旨之最要者，則人民皆自定法律，自選官吏。無論立法、行法，其主權皆國民自握之，而不容或喪者也。

孟氏又謂民主國所最要者，在凡百聽民自爲。其不能躬親者，則選官吏以任之。民各行其權以選吏，其明鑒自有令人不得不歎服者。何也？民非必皆鍊達事務，而於他人之鍊達與否，辨之最明。身經百戰者，必被舉爲武員，學問湛深者，恆被舉爲文職。餘事皆然，蓋有莫之致而致者焉。欲求國事之無失職者，莫善於此途矣。

孟氏論三種政體之元氣，其説有特精者，即專制國尚力，立君國尚名，共和國尚德是也。而其所謂德者，非如道學家之所恆言，非如宗教家之所勸化，亦曰愛國家尚平等之公德而已。孟氏以爲專制立君等國，其國人無須乎廉潔正直，何以故？彼立君之國，以君主之威，助以法律之力，足以統攝羣下而有餘。專制之國倚刑戮之權，更可以威脅臣庶而無不足。若共和國，則不然。人人據自由權，非有公德以自戒飭，而國將無以立也。

孟氏又曰：立君之國，或間有賢明之主。而臣民之有德者，則甚希。試徵諸歷史，凡君主之國，其朝夕侍君側號爲近臣者，大率皆庸陋惡劣，見之令人作嘔者也。何也？彼其坐於廟堂，衣租食税，不營産業，其皇皇焉日夕所求不過爵位而已，利禄而已。其氣傲，其行鄙。遇上於己者，則又卑屈無恥；遇有直言之士，則忌之特甚。聽其言則阿諛反覆，詐僞無信。故遇仁聖之君，則惡其明察；遇庸暗之主，則貪其易欺。君主之倖臣，莫不如是。此古今東西之所同也。不寧惟是，苟在上者多行不義，而居下者守正不阿，貴族專尚詐虞，而平民獨崇廉恥，則下民將益爲官長所欺詐，所魚肉矣。故君主之國，無論上下貴賤，一皆以變詐傾巧相遇，蓋有迫之使不得不然者也。若是，君主之國固無所用其德義，昭昭甚也！

孟氏又嘗著《波斯寓言》一書，以諷當時專制政治。蓋其時歐洲惟荷蘭、瑞士行民主政，頗爲各國所重。而亞洲各國莫不畏之。故託諸波斯人語，謂荷、瑞不置君主，爲歐洲最劣之國。然户口殷息，莫踰二邦云云。篇末遂自伸己意，謂有真光榮，真名譽，真德義者，惟民主國爲然。一國之人可稱爲國民者，亦惟民主國爲然。其推崇民主制如是。

雖然，孟氏於民主政治之精義，尚有見之未瑩者。蓋其於法律與自由兩者之關係及其界限，未能分明故也。孟氏謂法治之國，以法律施治謂之法治。人人得以爲其所當爲，而不能强其所不可爲，此自由權所在也云云。顧所謂當爲者，其意甚晦，何則？政府者非能舉人人所負之責任，而一一干預之也。特責任之關於義者，可以强之使行。其關於仁者，政府初不得而問也。孟氏又謂，凡法律之所聽皆得爲之，若此者謂之自由云云。雖然，此特指自由之關於法律者言之，未得爲仁義中正之自由也。何也？所謂法律者，固非盡合於道也。故一國之中，雖人人服從法律，而未可謂真自由。何則？所謂法律者，誰創之耶？其法律果何如耶？是未可知也。夫法律縱爲美備，若創法者爲不稱其職之人，而强行於國中，是亦不正也。即創法者悉稱其職，一由國民之公議，然苟有背於自由平等之理，猶之不正也。孟氏於此義未盡瀏亮，故每以法律與自由併爲一譚。此亦千慮之一失也。故孟氏雖推崇民主政體，然頗以不能持久爲疑。蓋猶囿於當時學者之所見，以古代希臘羅馬之制爲民主政之極則，而於法治之真精神，尚一間未達也。

孟氏既敘述各種政體，乃論各政體所由立之本原。於是舉英國政體，謂此所謂立憲政體，最適於用，而施行亦易，實堪爲各國模範。其言曰：苟欲創設自由政治，必政府中之一部，亦不越其職而後可。然居其職者，往往越職，此亦人之常情，而古今之通弊也。故設官分職，各司其事，必使互相牽制，不至互相侵越，於是孟氏遂創爲三權分立之説。曰：立法權，曰行法權，曰司法權，均宜分立，不能相混。此孟氏之所創也。

孟氏謂立法、行法二權，若同歸於一人，或同歸於一部，則國人必不能保其自由權。何也？兩權相合，則或藉立法之權以設苛法，又藉其行法之權而施此苛法，其弊何可勝言！如政府中一部有行法之權者，而欲奪國人之財産，乃先賴立法之權，豫定法律，命各人財産皆可歸之政府，再藉其行法之權以奪之，則爲國人者雖起而與之争論，而力不能敵，亦無可奈何。故國人當選舉官吏之際，而以立法、行法二權歸於一部，是猶自縛其手足，而舉其身以納之政府也。

又謂司法之權，若與立法權或與行法權同歸於一人，或同歸於一部，則亦有害於國人之自由權。蓋司法權與立法權合，則國人之性命及自由權必至危殆，蓋司法官吏得自定法律故也。司法權與行法權合，則司法官吏將藉其行法之權，以恣苛虐故也。若司法、立法、行法三權合而爲一，則其害更甚，自不待言。故尚自由之國，必設司法之制，使司法官吏無罷黜之患者，何也？蓋司法官獨立不羈，惟法律是依，固不聽行法各官之指揮者也。

孟氏此言，其所以分離三權，而不使相混者，蓋以國人選舉官吏固以一己之事，使之代理，因分任其事於各人，而不使踰越，故三權鼎立，使勢均力敵，互相牽制而各得其所，此孟氏創見千古不朽者也。

雖然，三權之所以設立者，蓋出於官民之互相契約。一則託以自由之權，一則受之。此其故孟氏實未之知。故其所論之旨趣，不能出代議政體之外。蓋在代議政體，則任此三權者，實代民而任之者也。故必設法以防制之者，勢也。若夫民主國，則任此三權者不過受百姓一時之託，苟有不滿於民者，則罷黜之而已。

孟氏又謂，自由之國，其國人苟有精神之自由者，則國人皆可以自治而不必仰庇於人。故國人相聚爲一，據立法之權以自守之可也。然此事頗難施行，在大國則必不可行，在小國亦不免流弊，故必選舉若干人以代理之云云。

觀孟氏此言，其意蓋在代議政體，而未知民主之真精神也。盧梭駁之，曰：所謂代理人者，將乘國人之信己，而藉口於代理國人，以肆行無忌，是猶畫押於紙以授之也。夫官民之交涉，契約而已，故任立法之權者，止可云受託者而已，未可謂代理人也。

孟氏首舉立法權而歸之國民，誠當矣。次論行法權，則謂立法、行法不可不分，而行法權宜歸統一。苟不爾，則事或滯而不行，且不免錯雜之弊也。然其論所以統一之法，則以爲舍君主末由。此蓋猶拘墟於一時之耳目，而未達法治之大原也。不觀諸美國乎？行法之權統於一人，所謂大統領也。而大統領之性質，與君主自殊科矣。何也？彼固未嘗有特權也。孟氏必欲舉行法權，歸諸累世相承不受譴責之君主，又欲調劑二權，置貴族於君民之間，以成所謂混合政體者。此由心醉英風太甚，而不知英國此等現象，實過渡時代不得不然，非政法之極則也。孟氏之論貴族，亦不免於謬戾。彼謂取人之材能勳績，或練達事務而選舉之者，貴族政治之本旨也。蓋彼之意，以爲民主之本旨，則以抽籤之法爲選舉，貴族之本旨則以考績之法爲選舉。夫一國之中，設有特權，與一國之中人人平等者，本不相同。貴族之制，或因門第，或因財産，而握有特權，異於平民。民主之制，則無論其材能如何，勳績如何，初不因此而握特權。苟願效力於其國者，則以一己之自由權，自行表薦，而國人亦以其自由權而選拔之。故彼此均有自由權，以互相爲約。此即民主政治之本旨也。美國之上院即然，其不得以此爲貴族之制亦明矣。

孟氏之所以致誤之由，蓋不知平等之議故耳。其意若曰民主國之平等，不過無所區別，而一切賢愚均無所表異而已。是未真知平等之義者也。所謂平等者，尊重各人之自由權，及由自由權所生之各權無所等差。雖有奇材異能者，不得自恃其長，以制御衆人，亦不得因此而有特權。唯以其自由權，自白其所長，以取信於衆人，而衆人亦以自由權選舉之，如是而已。若夫材能勳績，絶無所表異於衆，要非平等之本旨也。

至其論法律制度，則孟氏所見，有極偉者。厥後法國改革制度，出於孟氏之功爲多。十八世紀攻擊奴隸惡習不遺餘力者，莫先於孟氏。當時薄休惠及其他教徒等，均以奴隸爲不當廢。孟氏獨闢之，又哥魯智斯以戰爭爲奴隸所由出，其言曰：戰勝者固得殺獲其敵人，於是宥其敵而使之爲奴，固無所不可。其他學者又謂主人與奴隸互相契約，此奴隸所由出也云云。孟氏於此等邪説，皆一一駁正之。今摘《萬法精理》中數節如左：

戰爭之時，苟非萬不得已，勝者固不能殺其敵人。且人虜他人以爲奴，輒曰：吾當時萬不得已，固欲殺之，尋又宥之，因以爲奴。然爲斯言者，果誰信之耶？蓋彼誠萬不得已，何不殺之？既可宥之，非真不得已也。

凡有所賣者，必有所自利。既自鬻以爲他人奴，則非真出於賣買明矣。何則？一爲人奴，則身命財産皆爲人有。則爲主人者一無所施，爲奴者一無所得，天下有如是之賣買者乎？夫各人所有之自由權，即衆人所有自由權之一部，各人固不得而棄之也。

夫人不得自鬻其身，以棄其自由權。乃其所生之子，豫爲設法，以棄其自由權，有是理耶？戰勝者不得以所敗之敵人爲奴，乃并舉敵人所生之子以爲吾奴，其背於理亦明矣云云。

當時歐人蓄奴自利之風正盛，學者或文致其理以媚權貴，所以迴護奴制。持之有故言之成理者甚夥。然以遇孟氏之説，則如湯沃雪，如日照螢矣。故真理一昌，不過百年而奴隸之制遂絶跡於天壤。斯豈非仁人君子心力之爲乎？

孟氏又倡議改革刑法，實爲近世文明各國之所宗。先是蒙吞士當十六世紀，嘗論刑罰過嚴，謂爲悖理。然聞者習焉不察。若李翕留所定刑典，則慘酷殘忍，殆無人理。又路易第十四之勅令，更增揭死刑無算，拷訊之制視爲戲樂，犯者一罪而受者兩刑，一時恬然，莫以爲怪者。孟氏乃首唱廢拷訊、設陪審、寬刑律諸大義。昭昭乎！若揭日月而行。哲理一明，惡風丕變矣！

孟氏以爲凡民政之國，其人皆有愛國之念與自重之心。苟非至兇極暴之人，斷不至於犯法，故每以惡名之暴露，爲譴罰之極點。在此等國，僅恃民法之力，已足窒邪慝而遏惡心，彼暴力固在所不需也。故文明國之制刑，不在懲惡而在勸善，所以防未然，易風俗而已。辟以止辟，刑期無刑，此立理官之原意也。

又謂凡法制之所以亂，罪犯之所以滋者，非由刑罰之寬，有以致之也。惟有罪者，得宜其罰，故雖嚴而不懲，苟廷尉良得其平，則畫象而不犯。又謂刑罰過嚴之弊，足以敗壞人心，使喪其廉恥，而自甘卑汚。蓋國之所以亂，其故有二：一由民之不守法律，一由法律不善。毆民日趨於惡，夫民不守法，猶可教也，猶可坊也。若法不善，而毆民於惡，則國非其國矣。何也？病之病可以藥治之，由藥生病，則愈病愈藥，愈藥愈病，不至於死亡而不止也。

自孟氏此論出世後，白加掠復祖述其意，著《刑法論》，發揮而光大之，流澤生民，日進月善。孟氏亦人道之明星哉！孟氏於富國之學，亦能别創意見。彼謂自由之權，與平等之義相應。而財産之厚薄相去過遠，則平等之義終不可保。何則？貧者與富者相並，其勢不能無所屈。故孟氏欲新制法律，務使一國之貨財，散布於衆人，而不使聚於數人。又欲禁造無益之貨物，使不害有益。此孟氏之論平準，所由以節約爲主。而又欲舉古昔民主國租賦之法數條，使復行於今日也。

孟氏之論租賦，謂民之所以出租税者，無他，蓋分其財産之一分，而使其餘之財産得藉此安固而已。故定租賦之額者，須將政府每年所需幾何，與百姓每人所需幾何，詳爲核算。若剝國人有用之財，以棄國人無用之費，非自由之道也。

又定租賦之基本，須通國人之財産，分之爲三：一曰國人所不可一日無者；二曰國人有之，得藉此以圖利者；三曰即國人有之，亦不必有益於國人者。故第一分則爲政府者决不得而税之，第二分則不妨税之，第三分則税之不妨稍重。蓋使租税之額有輕重，以求合於平等。要之，從百姓財産之厚薄，以爲其負擔之輕重差，以上下其租税也。

孟氏又論政府調濟貧人之法，其語亦有獨到者。彼云所謂真富者，有業之民而已。所謂真貧者，無業之民而已。其意蓋謂人雖絶無所有，未足爲貧，唯無業者乃爲貧耳。

又謂撫恤鰥寡孤獨廢疾者，若但給以衣食，雖曰仁慈，非政策也。政府當務之急，在使一國之人，各得其所，衣必煖，食必飽，而無饑寒、疾病之患。此正爲政府者之所當有事也。若夫姑息之計，不過好施者之所爲，知政者所不取也。故凡無所業者，則與之。其未知所業者，則教之。如是而已。

孟氏一切議論，深切著明，大率類是。雖後之論者，謂其於意欲自由之理，見之未瑩。故其論道德法律也，能知其主義，不能知主義中之主義，能語其本原，不能語本原之本原，故可謂之法律史學，而未可謂之法律理學云。雖然，作始者難爲功，繼事者易爲力。自孟氏以後，法理學大家陸續輩出，如奥斯陳伯倫知理之徒，或其博雅明辨，駕孟氏而上之。雖然，皆孟氏之子孫也，承其先業而匡救其失。此正後學者之所當有事，而曾何足以爲前輩玷耶？若孟德斯鳩者，真造時勢之英雄哉！

孟氏以千七百五十五年卒，得年六十六歲。卒後二十年，而美利堅合衆國獨立。三十四年，而法國大革命起。四十九年，而拿破崙大法典成。一百十年，而美國南北戰亂平，頒禁奴令於國中，著爲憲法。

（清）梁啓超《飲冰室合集·文集》卷一三《樂利主義泰斗邊沁之學説》　邊沁之學説，其影響於社會最大者，則政法論也。今一一略敍之。**【略】**第十四，論選擇司法官之法。邊沁曰：使人民自選立法官，宜也。使之並選司法官，非所宜也。蓋司法官之性質能力，孰適孰否，決非人民所能知也。苟使其選之，則一政黨之首領必有與法官相結託而謀其私利之事，是實公益之蟊賊也。或有謂使議院公舉之者，邊氏以爲議院不能知司法官性質能力之適否，與人民同。又有謂由行政官委任之者，邊氏謂其弊有三：一，行政官決不能知誰某之可當此職；二，使行政官選司法官則權力集於一處，其危害莫大焉；三，行政官與司法官相結，則立法權必爲所蹂躪。故邊氏謂必當定一資格，而使法官中合於此資格者一人或數人專任選舉之事。雖然，彼又論法官若有失職者，則當由人民投票以彈劾之，罷免之。然約翰彌勒謂此論流弊甚多，反開法官以趨避之路云。

第十五，論陪審官。陪審官之制，孟德斯鳩、李拔等皆極稱道之。惟邊沁則大以爲不可，其言曰：裁判之有陪審，非無利益，然利不足以償弊也。故非萬不得已，必不可用。請舉其弊：一，使法廷有纏擾紛雜之憂也；二，使法官對於公衆而輕其責任也；三，選擇陪審人，甚覺繁難，徒使一人或衆人卽指陪審者。空費其日力也；四，訟獄不得速決，使原被兩造，俱生煩厭也。邊沁於是別立准陪審官之法，卽於每府縣中定一資格，擇出若干人，以抽籤之法，使應其役。苟遇疑難之案，則徵集之云。

此邊沁氏政法之大概也，要之邊氏著書雖數十種，其宗旨無一不歸於樂利主義。如項莊舞劍意在沛公，如常山蛇陣，首尾相應，圓滿周徧，盛水不漏。雖謂樂利主義之集大成可也，更以一言概括之，則邊氏之意，以爲凡舉一事，立一法，不論間接直接，苟能使過半之人民得利益者，皆可取之；其使過半之人民蒙損害者，皆可捨之。無論世俗所稱，若何大聖，若何鴻哲，若何賢相，苟其所發論所措施，與此正鵠相繆戾者，則昌言排擊之，無所顧戀，無所徇避，快刀斷亂麻，一拳碎黄鶴。善哉！善哉！此所以邊氏之論一出，而全地球之道學界政治界，劃然爲一新紀元，蓋有由也。更質言之，則邊沁實英國學派一重要之代表人也。英國今日樂利之結果，其食邊沁之賜者，非一二也。邊氏亦人傑哉！若夫貌襲其似，不究其原，以獨樂獨利，而自託於邊氏之徒。恐邊氏有知，必當戟手於九原曰：是非吾徒，吾賊也。

（清）梁啓超《飲冰室合集·專集》卷一三《政治學大家伯倫知理之學説》　夫共和國者，於人民之上，別無獨立之國權者也，故調和各種利害之責任，不得不還求之於人民自己之中，必無使甲之利害，能強壓乙之利害。而諸種之關係，常克相互平等，而自保其權衡。若此者，惟彼盎格魯撒遜人種富於自治性質，常肯裁抑黨見以伸公益，以故能行之而綽綽有餘。若夫數百年卵翼於專制政體之人民，既乏自治之習慣，復不識團體之公益，惟知持個人主義以各營其私，其在此等之國，破此權衡也最易。既破之後而欲人民以自力調和平復之，此必不可得之數也。其究極也，社會險象，層見疊出，民無寧歲，終不得不舉其政治上之自由，更委諸一人之手，而自帖耳復爲其奴隸，以圖性命財産之安全。此則民主專制政體所由生也。按：民主專制政體之原因、結果，下文詳之。又別有一種之國家，其於享受共和政之資格，雖一不具，以多數土著人種爲基礎，而少數之歐羅巴人立於其上。而此少數者，亦未嘗有政治思想及其能力，純然爲一無秩序之社會。若此者，自當以君主專制政體爲最宜者也。雖然，以其爲殖民地之故，欲置立君主，而無歷史上之基礎，乃不自量而妄效美國，侈共和之美名。按：此指南美、中美洲諸國也。雖然，彼高尚完美之共和制，與此等之國程度不相應，以故累衝突以衝突，重革命以革命。而彼之所謂革命者，又非起於人民之萬不得已也，徒爲二三覇者之私門而已。一勝之將，假共和之形式以笞其畜民；不旋踵而他將代之。起仆興亡，迄無寧日。國民進步之障礙，莫大於是。

波氏又曰：因於習慣而得共和政體者常安，因於革命而得共和政體者常危。請言其理。夫既以革命之力一掃古來相傳之國憲，取國家最高之目的，而置之於人民仔肩之上矣。而承此大暴動之後，以激烈之黨爭，四分五裂之人民，而欲使之保持社會勢力之平衡，此又必不可得之數也。於斯時也，其勢力最猖獗者，即彼鼓吹革命率先破壞之一團也。而此黨派，大率屬於無資産之下等社會，其所舉措往往不利於上流。作始猶簡，將畢乃鉅。其力既無所限制，自必日走於極端，而遂取滅亡。彼曷爲而致滅亡？夫既已自紊歷史上之權利，自傷政權之神聖，一旦得志，而欲以我新獲之權利，造成歷史的之根柢，雖百般擁護，未有能濟者也。於是乎，社會階級之爭奪遂相互迭起，而靡有窮。按：自此以下數節大率皆借法國立論，其性質與南美諸國略異。

爭奪之極，其得最後之勝利者，則彼從夢中驚起之富豪階級也。然彼等雖勝利而已厭政權，何也？當彼之時，其握政權者常危殆也。彼等欲得政治上之權利，不過以保其生命財産之安全云爾。其既得之也，則必孳孳然復自營其生計，不惜出無量之代價，以購求和平。而社會棼亂疲敝之既極，非更有獨立强大之主權，則終不能以奠定。故君權思想之復活，實剝復之道所必至也。然歷史上之國家，既已覆滅。今欲使一姓再興，重復其舊，則其結果更釀百弊。欲别擁新主，而無一人可認其固有之權利，即勉戴之以行君主議院制度。終覺其主權微弱，不足以救濟沈痼瘡痍之社會也。於是乎，民主專制政體應運生焉。若此者，於古代之羅馬見之，於近世之法蘭西見之。

民主專制政體之所由起，必其始焉有一非常之豪傑。先假軍隊之力，以攬收一國實權。然此際之新主治者，必非以此單純之實力而能爲功也。而自顧已所有之權利，以比諸他國神聖不可侵犯之君主，而覺其淺薄無根柢也。於是不得不求法律上之名義，即國民普通投票之選舉是也。彼篡奪者按：即所謂一非常之豪傑。既已於實際掌握國權，必盡全力以求得選。而當此全社會渴望救濟之頃，萬衆之視線咸集於彼一身，故常以可驚之大多數，歡迎此篡奪者。而芸芸億衆，不惜舉其血淚所易之自由，一旦而委諸其手，又事所必至理所固然也。何也？彼時之國民，固已厭自由如腐鼠，畏自由如蛇蠍也。

此篡奪者之名，無論爲大統領，爲帝王，而其實必出於專制。彼時之民，亦或强自虚飾，謂我並非以本身之權利，盡讓於此一人。而所定憲法，亦嘗置所謂國民代議院，謂以此相限制也。而實則此等議院，其權能遠在立憲君主國議院之下。何也？君主國之議院，代表民意者也。君主而拂議院，是拂民也。此等之議院，則與彼新主權者，即篡奪者。同受權於民。而一則受之於各小部分，一則受之於最大多數。故彼新主權者常得行長官之强權。不寧惟是，議院之所恃以對抗於彼者，賴憲法明文之保障耳。而彼自以國民驕子之資格，可以隨時提出憲法改正案，不經議會而直求協贊於國民。權利之伸縮悉聽其自由。故民主專制政體之議院，實伴食之議院也。其議院之自由，則貓口之鼠之自由也。

君主專制國，其諸臣對於國民無責任，惟對於君主有責任。按：君主對於國民本非無責任也。然其責任不分明，故馴至於無。君主立憲國，君主無責任，惟議院政府諸員按：如英國之制，政府即議院之多數者也，故兩者並舉。對於國民而代負責任。獨民主專制國不然，惟民主按：波氏所謂民主者，兼大統領及帝王。言之拿破侖兩帝亦此類之民主也。讀者勿誤。對於國民而負責任，他皆無之。雖然，所謂責任者，亦不過憲法上一空文耳。夫既已以永續世襲之最高權委託之於彼，此後而欲糾問其責任，則亦惟視其力所能及，更破壞此憲法，而移置其主權耳。質而言之，則舍再革命外，無他途也。要之，此專制民主猶在，而欲與彼立憲君主政體之國民，與純粹共和政體之國民，享同等自由之幸福，勢固不能。

譯者曰：吾心醉共和政體也有年。國中愛國踸踔之士之一部分，其與吾相印契而心醉共和政體者亦既有年。吾今讀伯波兩博士之所論，不禁冷水澆背，一旦盡失其所據，皇皇然不知何途之從而可也！如兩博士所述，共和國民應有之資格，我同胞雖一不具，且歷史上遺傳性習適與彼成反比例。此吾黨所不能爲諱者也。今吾强欲行之，無論其行而不至也。即至矣，吾將學法蘭西乎？吾將學南美諸國乎？彼歷史之告我者，抑何其森嚴而可畏也！豈惟歷史，即理論吾其能逃難耶！吾黨之醉共和，夢共和，歌舞共和，尸祝共和，豈有他哉？爲幸福耳，爲自由耳。而孰意稽之歷史，乃將不得幸福而得亂亡。徵諸理論，乃將不得自由而得專制。然則吾於共和何求哉？何樂哉？吾乃自解曰：犧牲現在以利方來，社會進化之大經也。吾盡吾對於吾子孫之義務，吾今之苦痛，能無忍焉？而彼歷史與理論之兩巨靈又從而難余，曰：南美諸邦人之子孫，藏其自由鐵券於數十層僵石之下，誰敢定其出世之當在何日也？曰：法蘭西自一七九三年獻納犧牲以後，直至一八七〇年始獲饗焉。而所饗者，猶非其所期也。今以無量苦痛之代價，而市七十年以後未可必得之自由，即幸得矣。而汝祖國更何在也？嗚呼，痛哉！吾十年來所醉所夢所歌舞所尸祝之共和，竟絶我耶！吾與君別，吾涕滂沱。吾見吾之親友昔爲君之親友者，而或將亦與君別，吾涕滂沱。吾見吾之親友昔爲君之親友，而遂顛倒失戀不肯與君別者，吾涕滂沱。嗚呼！共和，共和，吾愛汝也，然不如其愛祖國，吾愛汝也，然不如其愛自由。吾祖國，吾自由，其終不能由他途以回復也，則天也；吾祖國，吾自由，而斷送於汝之手也，則人也。嗚呼！共和，共和，吾不忍再汚點汝之美名，使後之論政體者復添一左證焉以詛咒汝。吾與汝長別矣。問者曰：然則子主張君主立憲者矣。答曰：不然。吾之思想退步不可思議，吾亦不自知其何以鋭退如此其疾也。吾自美國來，而夢俄羅斯者也。吾知昔之與吾同友共和者，其將唾余。雖然，若語於實際上預備，則不在多言，顧力行何如耳。若夫理論，則吾生平最慣與輿論挑戰，且不憚以今日之我與昔日之我挑戰者也。吾布熱誠，以俟君子。

（清）梁啓超《飲冰室合集·文集》卷一四《服從釋義》

西儒之言曰：能得良法者上也；苟無良法，則惡法猶瘉於無法。羅蘭夫人之言曰：嗚呼自由！天下幾多之罪惡，假汝之名而行。嗚呼！何其言之危苦也。彼歐人者日用飲食於自由之中，以自由爲第二性命。自由之所在，雖破壞和平以購之，損糜頂踵以赴之，毅然曾不少悔。寧不深痛惡法之縛束弛驟，而猶必眀眀有所顧惜哉。彼深知人與人相處，必有法焉檢束而整齊之，以維持其秩序，然後其羣乃能成立。否則，人縱其私，蕩然無紀，自由將爲天下毒，而羣且立涣而見隸於他羣。與其蕩焉以涣其羣，無寧縛焉猶有所維繫，以徐謀他日之改良。蓋彼非愛惡法，而惡自由，惡夫假自由以濟其私者，其弊更甚於惡法。恣睢暴亂，毒自由以毒天下，其敗壞將不可收拾也。

故夫真愛自由者，未有不真能服從者也。人者固非可孤立生存於世界也，必有羣然後人格始能立，亦必有法然後羣治能完。而法者非得羣內人人之服從，則其法終虚懸而無實效。惟必人人尊奉其法，人人尊重其羣，各割其私人一部分之自由貢獻於團體之中，以爲全體自由之保障，然後團體之自由始張，然後個人之自由始固。然則，服從者，實自由之母，真愛自由者，固未有不真能服從者也。

然我中國民族固非以服從聞於世界耶？上之君主所獎厲，下之聖哲所教育，內之父師所訓勉，外之羣俗所摩盪，無不以服從爲唯一主義。積二千餘年之摧盪刓劘，舉國皆習而化之，咸以服從爲人生之天職。但有挾威權而臨於其上，則雖嚮之詆爲叛逆，惡爲盜賊，敵爲仇讎，鄙爲夷狄者，亦罔不戢戢於其指揮之下，戴爲父母，崇爲神聖，慄慄焉惟命是從。雖極凶虐無理之舉動，蹴踏而鞭苔之，他人所不能一息忍受者，彼乃怡色順受而無忤容，俯首瞑目而無抗阻，舉國而甘爲奴隸。於是外人遂鷹至蝟集而争爲其主人。而我國人行將移其事舊主者以從新君，無怍容亦無憤氣。服從性質，至斯而極。嗚呼！他人以服從而保自由者，我國乃以服從而得奴隸。然則服從者固毀腐我民族之毒藥，而刈獮我國家之利刃也。

然而歐美自由之風潮，捲地滔天，絶太平洋而蕩撼亞陸。憂時愛國之士，知此固醫國之聖藥，而防腐之神劑也。於是攘臂奮起，日揭櫫獨立自由之主義，奔走呼號於國中，務輸入歐美立國之精神，以翦拔我國人奴隸之根性。於是二千年陰曀之長夜，始復有一線之光明。然而烈藥之可以起死者，有時亦足以殺人。必調劑使適其宜，而後能全其藥之用。故天下最良之主義，苟取其半而遺其半，則流弊必不可勝言。今日人士，其能自拔於腐敗舊習之外者，固莫不競倡獨立自由矣。熱誠君子，恫人心之萎靡，積懣激憤，既不免有矯枉過正之言。數年以來，風潮簸盪，廣袖高髻，變而加厲，人人有獨立不羈之精神，人人有唯我獨尊之氣概。夫誠能獨立自尊，豈不甚善？然徒摭前賢學説之一偏，漸至爲虚憍恣睢者藏身之地，盡撤藩籬，甚囂塵上。是以同任一事，則必求總攬大權，否則以爲服從他人而爲其奴隸也。同組一黨，則必求自爲黨魁，否則以爲服從他人而爲其奴隸也。大權、黨魁止有此數，豈能人人各如所欲？我既不能從人，人亦豈能從我，於是始則競争，中則衝突，終且傾軋。寧犧牲公共之利益，而必求伸張個人之權利。乃至無三人以上之團體，無能支一年之黨派。今日同志，明日仇敵；今日結會，明日解散。遂使反對者聞而快心，仇我者藉爲口實，而旁觀之人亦且引爲前車之鑒。視此最良之主義，乃如蛇蝎疫種，動色相戒而不敢復言。嗚呼！個人者，不能離羣以獨立者也。必自固其羣，然後個人乃有所附麗。故己與羣異其利害，則必當絀己以伸羣。蓋己固羣中之一分子，伸羣固所以自伸也。若必各競私利而不相統一，各持私見而不相屈服，吾恐他羣之眈視其旁者，且乘我之散涣而屈服我，統一我。夫至爲他羣所屈服統一，則豈獨力所能支！吾恐以自由其羣始者，行將以奴隸其羣終也。

曰：服從者固奴隸矣，不服從者亦將奴隸。吾人其何擇焉？曰：服從者最劣之根性，國民必不可有者也；服從者亦最良之根性，國民必不可缺者也。今請略陳其義：

一曰，不可服從强權，而不可不服從公理。人羣之進化也，始爲酋長政治，繼爲專制政治，洎乎文化漸進，然後代議共和政體乃興。夫專制不可行於今日，而共和亦不能行於蠻世者，何哉？蓋野蠻之人，紛然殺亂，知有私而不知有公，知有欲而不知有理。人人對抗，不相統屬；人人孤立，不相結合。争奪相殺，無有已時。惟有雄武强有力者起，挾莫大之權力以鞭撻之，然後屏息斂手，慄慄受命於其指揮之下，而其羣始漸能團合。若夫文明之世，則人人皆有制裁，人人皆能自治。不待他人之强制，莫不絀私見而從公義，以維持一羣之秩序。故其時盡人可爲治者，亦盡人可爲被治者。今吾國之改革者，莫不曰代議共和矣。然吾聞共和政體以道德爲元氣者也。苟脱威力之制裁，而别無道德之制裁以統一之，則人各立於平等之地，人各濫用其無限之權，挾懷私見，相持不下。脱軸之機輪，不羈之野馬，勢必横决紛亂，其羣不能一日安，亂亦烏可久也！則必有雄武强力者，乘其弊而羈縛之，遂如法國之革命，經恐怖之慘劇，而卒以武人政治終。除專制而復得一專制，則亦何取而多此一擾亂，多此一破壞也！西人之詆我中人謂爲服從强者之人種，是誠吾國民之恥辱，而我歷史之污點矣。今日人士，奮起而求雪斯恥。强立不撓，意氣豈不甚盛！然以此之故，至以服從爲一大戒。於是以意氣而梗敗其團體，而曰我能不服從，以子弟而不遜悌於父兄，而亦曰我能不服從。嗚呼！服從云者寧必卑屈奴隸乎哉？既有人際之交涉，自不能無公義之制裁。而此制裁者，固非壓以勢力，脅以威權，但出於人人良心所同然，爲人道所必不能外。若必并此制裁而抉去之，然後能滿其自由獨立之量，則是率其羣而退爲孤立狂遌之野蠻。吾恐其歷千刼而永無獨立自由之一日也。故曰不可服從强權，而不可不服從公理。

一曰，不可服從私人之命令，而不可不服從公定之法律。欲維持國家之秩序，必以服從法律爲第一義。欲保護個人之自由，亦必以服從法律爲第一義。蓋法律者，所以畫自由之界限，裁抑强者之專横，即伸張弱者之權利，務使人人皆立於平等，不令一人屈服於他人者也。然法律者，紙上之空文，必得衆人之服從，然後始生效力。文明之人，知我有服從法律之義務也，則莫不强自制裁，置其身於規律之内，乃至一舉一動，一言一事，皆若有監督而命令之者，懔懔然不敢少越其範圍。自其表面觀之，則其尺步繩趨，以視野蠻人之汗漫恣睢，豈不反增束縛哉！然而文明之人終不以彼易此者，蓋深知法律者人羣之保障。故寧絀其一部之自由以護其全體之權利也。是故人羣愈進於文明，則其法律愈以繁密，其人民之遵守法律愈以謹嚴，而其自由亦愈以張盛。徵之世界之民族，服從性質，以盎格魯撒遜人爲最富，而自由幸福，亦以盎格魯撒遜人爲最優。是固其明效大驗矣。然而法律有二：成於大衆之同意者曰公，出於一人之獨斷者曰私。夫以私人之意見，强大衆以服從，以喜怒爲從違，以愛憎爲賞罰，舉公衆天賦之人權，聽其操縱而任其蹂躪是固箝束而奴隸我矣，我而不甘爲奴隸，要其更定可也，起而抵抗可也。乃至大蹂大搏，摧陷而廓清之，滌其舊法而代以新法，無不可也。若夫公定之法律，則固自制而自守之，非一人專斷以羈軛我也。人人欲保其秩序，知法律爲羣治所必需，乃制是以樹公衆同守之防閑，以謀公衆莫大之幸福。故無論其爲國家，其爲團體，苟有公定之法，則必神聖而擁護之，尊敬而遵守之。然後國家乃興，團體乃固。若猶必厭其限制，苦其束縛，不肯俯首聽命，而必軼蕩其範圍，則是我固未有自治之力尚無以異於野蠻之汗漫恣睢也。夫我之大蹂大搏必欲摧陷，廓清此舊法者，寧非惡其法之惡而不良，不足以護此秩序自由哉。乃我方抗其惡法，而先自陷於無法律之域，相率而汗漫恣睢，是其羣之秩序自由，縛於惡法而尚有生機者，蕩於無法而反無萌孽也。況夫一羣之內，既無法以相團，人皆無所遵守，則各逞其私意以爲羣內之競爭，一團散沙，內亂不暇，更安有大力以競争於羣外，抗此私人之命令而改革之耶？力既不足以建設，乃并破壞而亦有所不能。則雖意氣激昂，仍不能不蜷伏於私人命令之下，是則誰之咎也？故曰：不可服從私人之命令，而不可不服從公定之法律。

一曰，不可服從少數之專制，而不可不服從多數之議決。一團體之成立也，必有所以搏合而統一之者，然後內之可以整理內治，外之可以抗禦他羣。故貴族專制之國，統一於少數之人，立憲民主之國則統一於多數之人。其統一之者雖不同，然散渙紛亂之不足爲治，則固事理所必然者也。夫以少數之人，盤踞團體之上，一人發令，萬衆受命，挈其羣而左右之，其範圍，伸一人而詘萬夫。理勢均有所不順，識者憤懣不平，務欲抗而屈之，均而齊之，固其所矣。然欲抗屈此專制者，固惡其統一之非其道，非謂團體當分攜角立，人人各行其志，各逞其欲，不必復相統一也。吾觀文明諸國之爲羣也，上自一國之國會，下至一事之法團，乃至一政黨之組織，一地方之議會，莫不採用少數服從多數之制。立一法，議一事，必命大衆以討論之。人人各抒其意見，意見固不能盡同矣，則必取決於多數。既以多數議決，則雖反對之黨有力之人，亦皆屈己以從衆，遵行其議，而莫之違。彼蓋知羣之不能無所統一，故不惜絀小己以申大羣也。夫語人類全體之幸福，則以多數而制少數，與以少數而制多數，要不過彼善於此，未足以云大同。且或以多數之患者，制少數之智者，則多數議決固非必無弊。然大同之義既不能實行於今日，弊取其輕，則多數議決之制固亦可謂治之最善，法之最公者矣。今日吾國之爲羣者，固非不謂結合團體，易吾國散漫之弊風也。然獨立自尊之癖見，久已横梗於胸中，故立一法也，議一事也，人人各挾一主義，人人各懷一意見。吾且勿問其主義、意見之爲公、爲私也，一人一義，十人十義，各非其非，而是其是，必不肯舍己以從人，甚或不問事理，但逞意氣以加人；不察情勢，務標高論以求勝。百議沸騰，相持不下，卒至以一二人而梗撓公議，以一二人而武斷羣事。雖以寥寥百十之人，已水火冰炭而不能相合。以此謀國更安能戮力同心，合大衆以成大業哉？方將犧牲身命以貢獻於其羣，顧先不能犧牲此區區之意見，其有規以大義者，彼且謂吾固不能爲奴隸。嗚呼！服從多數而亦曰奴隸，是文明諸國之國會政黨，固皆奴隸之制，而亦不足法也。則無亦陳義之太高邪，故曰：可不服從於少數之專制，而不可不服從於多數之議決。

由是觀之，服從者固非必奴隸，服從强者之惡性必不可有，而服從良心之美性必不可無也。故欲合大羣，不可不養其服從之美性；欲養服從之美性，則宜培其美性之根原。美性之根原何也？

一曰公益心。人能自拔於腐敗風氣之外，毅然思所以易之，則其人必傑出於常人者也。其人既傑出於常人，則必有馳驟縱横不可羈勒之雄心，必有天上地下惟我獨尊之盛氣，必不肯依傍門戶拘守規律，屈己見而就人範圍。然所貴乎豪傑者，非謂其有桀驁驍鷙之才，足以推倒他人，巋然獨雄於羣上也。固謂其能謀團體之幸福，以一羣之公益爲目的也。夫誠以公益爲目的，則必合力以禦羣外之公敵，而不肯妄生意見，别增羣內之私敵。一志以擴一羣之公利，而不肯騁其野心，别謀一身之私利，兢兢然謹守其羣之法律，以維持其羣之秩序，務團結以厚其內力，以求勝於羣外之競爭。雖有不可羈勒之雄心，唯我獨尊之盛氣，然一制以公益之主義，自能屈服其不馴之性，不能下人之氣。聯鎖衆傑而使之同出一途，蓋彼深知我固團體中之一分子，我既以公益爲目的，則不能不減其一部分之獨立以保其團體之獨立，割其一部分之自由以增其團體之自由也。夫航舟於驚濤駭浪之中，則雖妄人暴夫不敢不聽船長之指揮。蓋非是，則全舟沈没矣。血戰於深陷重圍之際，則雖驕將悍卒不能不受軍律之節制。蓋非是，則全軍覆敗矣。若寧没其全舟，而必不可聽指揮；寧覆其全軍，而必不可受節制，則其人必不諳時勢，不服公理，徒藉獨立自由以肆其恣睢，而未嘗有拯溺禦敵之公心者也。彼富於共同之觀念者，必不忍爲對內之競爭也。

一曰制裁力。一國民權之盛衰，自由之完缺，憲法之固否，恆視其民族裁制力之大小，以爲比例差。英人之建設立憲也，數百年而無所變動，循用至今，而日以鞏固。

（清）梁啓超《飲冰室合集・文集》卷一四《敬告我國國民》　今執一人而聒之曰：汝其速救而國。人將曰：吾固願救，然吾日日願救，今遂可救乎？此實一最難駁解之問題也。顧吾以爲今日即未能爲救國之實事，然不可不爲救國之預備。天下固未有無預備而能成實事者也。今日我輩所以欲救國而無其道者，正坐前此預備工夫之太缺乏。今日所應爲之事，宜以前十年、二十年而整備之者也。惟前此不爲，故不得不窘我於今日。今日而猶不爲焉，則他日欲有所爲，其窘我者猶今也。日復一日，而國遂以淪亡。今憂國者動輒曰：政府壓制，故民間不能展其力也。斯固然也。然使政府壓力頓去，我國民遂能組織一完備之國家乎？吾有以知其不能也，勿徵他事，請觀兩年以來民間之言教育者。夫今之政府，百端皆壓制矣。若夫教育事業，勿論其精神，而論其形式，彼固日日下諸諭旨，上諸奏牘，汲汲以此事獎厲民間者也。使吾民之能力果能及此，則雖省省、府府、州州、縣縣、市市、村村、坊坊、街街各置一私立學校，吾信政府必不之禁。使吾民之能力果能及此，則無論其所立學校中設何等之學科，闡何等之哲理，吾信政府必不之干涉。然則吾民雖無他種之自由，而立學之自由未嘗不如人也。雖無他種之民權，而教育之民權未嘗不如人也。顧何以兩年來私立學校，屈指可數，其有一二，亦凌亂萎靡，而幾於不能成立也？茲事雖小，亦可見我國民自治力之甚弱，而非可徒以政府壓制爲解免，明矣。不寧惟是，以今政府行政機關之不整備，其壓制力所能及之範圍，固自有限。民間除租稅、訟獄兩事外，往往經十年、二十年，與政府無一交涉。使我民之能力能及條頓民族之一二，則地方自治之規模，固可以大備。而何以至今泯泯棼棼也？此猶曰在內地爲然也。若夫海外商民，殆四五百萬。若此者，其爲政府壓力所不能及明矣。苟其政治思想稍發達者，安在不可以成一鞏固秩序之團體，爲祖國模範？乃其文明程度，往往視祖國猶有遜色焉，是安可以不自愧也？以是例之，且使今日政府幡然改焉，頒憲法，行民政，舉立法、行政、司法諸大權，而一旦還諸我國民，我國民遂能受之而運用自如耶？其有以愈於今日所享有之教育權者幾何也？其有以愈於前此山谷之民、海外之民所享有之自治權者幾何也？故吾輩今勿徒豔羨民權，而必當預備其可以享受民權之資格。此格既備，雖百千路易十四爲之君，百千梅特涅爲之相，未有能壓制焉者也。此格不備，雖無壓制又將奈何？吾以爲自由權者必非他人所能壓也，惟有棄之者。斯有奪之者，我既棄矣，人亦何憚而不奪？雖不奪矣，我獨能自有乎？故我國民勿徒怨政府，詈政府而已。今之政府，實皆公等所自造，公等不好造良政府，而好造惡政府，其又誰尤也？又今憂國者率分兩派：一曰持温和主義者，二曰持破壞主義者。持温和主義者，爲以破壞之可懼也。雖然，有一問題焉，我不破壞，果能禁腐敗官吏無知小民之不破壞乎？破壞之爲利爲害於中國，今暫勿論。且使自今以往，而吾國中所謂無意識之破壞者，層見疊出，山崩地坼。試問我國民將復何以待之？或曰：今政府之力，禦外患不足，戡内亂有餘，此區區者不足爲病也。然廣西之亂，今已垂兩年，四川之亂，亦九十閱月矣，豈嘗見政府之能定之？即歲年以後，幸而定矣，而定於此者復起於彼，定於今者復起於後。以數百年來所含擾亂之種子，磅礴以發洩於今日，其終非現時漂搖脆弱之政府所能善其後。有識者所同信也。夫今日萬國比鄰之時代，必非許吾國長此沈沈於擾亂之歲月，有斷然矣。政府既不能定亂，則此後所以定之者惟有二途：一曰國民，二曰外國。今我國民果能應此時勢，而有定之之能力否乎？是吾所不能無疑也。吾固懼破壞，不忍爲天下發難。然寧能謂舉國之大，舍吾以外遂無一人能破壞者，彼不能爲大破壞，未必不能爲小破壞；不能爲有意識之破壞，未必不能爲無意識之破壞。苟此等之破壞起矣，寧得曰我非戎首，而僅以歎息詬詈之數言，卸我責也。嗚呼！我國民其念諸，此後之中國其所謂小破壞，無意識之破壞者，不出五年，而必將徧於國内。其時若能以政府之力平定之，善也。政府不能，則定之者不可不賴國民。國民猶不能則定之者，不得不賴外國。彼外國豈其有所規避，有所揖讓，而以喧賓奪主自引嫌也。至於賴外國以定内亂，吾族尚可問耶？吾族尚可問耶？

（清）梁啓超《飲冰室合集・文集》卷一五《中國法理學發達史論》

當我國法治主義之興，萌芽於春秋之初，而大盛於戰國之末。其時與之對峙者，有四：曰放任主義，曰人治主義，曰禮治主義，曰勢治主義。而四者皆不足以救時弊，於是法治主義應運而興焉。今請語其差異之點。

第一節　放任主義與法治主義

放任主義者，以不治爲治者也。然欲此主義之實現，必以使民無欲爲前提，否亦以使民寡欲爲前提。然有欲之民，能使之無乎？多欲之民，能使之寡乎？此必不可得之數也。必不可得，而猶謂放任可以治天下，是此主義已從根本上被破壞而不得存立也。今述當時難放任主義之説。

放任主義者流，既以無治爲主義，故主人治、主禮治、主勢治、主法治者交敵之。《荀子》《性惡篇》曰：

今人之性，生而有好利焉，順是故争奪生而辭讓亡焉；生而有疾惡焉，順是故殘賊生而忠信亡焉；生而有耳目之欲，有好聲色焉，順是故淫亂生而禮義文理亡焉。然則從人之性，順人之情，必出於争奪，合於犯分亂理，而歸於暴。

此論已足摧破放任主義説而有餘。而《韓非子》《五蠹篇》亦云：

古者不事力而養足，人民少而財有餘，故民不争，是以厚賞不行，重罰不用，而民自治。今人民衆而貨財寡，事力勞而供養薄，故民争，雖倍賞累罰，而不免於亂。

此緣老莊一派，好稱道上古郅治。故爲述社會變遷之勢，謂在古代可以放任。而世運愈進，愈不可以放任，此亦其駁論之最有力者也。若其謂法治足以救之者何也？則《慎子》馬氏《意林》引曰：

一兔走，百人追之。積兔於市，過而不顧。非不欲兔，分定不可争也。

《尹文子》《大道上》曰：

名定則物不競，分明則私不行。物不競非無心，由名定故無所措其心；私不行非無欲，由分明故無所措其欲。然則心欲人人有之，而得同於無心無欲者，制之有道也。

持放任主義者，必以不私不競爲前提，而不私不競必以無心無欲爲前提。而法家則謂無心無欲，萬不可致。而使之不争不競者，乃别有道，則權利之確定是也。慎子、尹文子此語，實權利觀念之濫觴也。《荀子》《正名篇》又曰：

凡語治而待去欲者，無以道案同導欲而困於有欲者也；凡語治而待寡欲者，無以節欲而困於多欲者也。

荀子此語，難道家之欲祛私欲而無其道。而荀子所謂道之節之者，則分也。分即法也。《尹文子》《大道上》又曰：

道行於世，則貧賤者不怨，富貴者不驕，愚弱者不懾，智勇者不陵。法行於世，則貧賤者不敢怨富貴，富貴者不敢陵貧賤，愚弱者不敢冀智勇，智勇者不敢鄙愚弱。

《管子》《明法解》亦曰：

故貧者非不欲奪富者財也，然而不敢者，法不使也。强者非不欲暴弱也，然而不敢者，畏法誅也。

此言道德與法律之區别，其義最明。蓋持放任主義者，認意志之自由，而行爲之自由隨之。故所以規律一般行爲者，不得不悉仰諸良心之制裁。持法治主義者，雖認意志之自由，而行爲之自由非絶對的承認。故所以規律一般行爲者，壹委諸法力之制裁。此道家與法家之大别也。夫以良心自制裁者，必非盡人而能之明矣。於是乎，道德説勢不能普及，而將有所窮。此法家之所以代興也。《尹文子》同上又曰：

爲善使人不能得從，此獨善也；爲巧不能使人得從，此獨巧也。未盡善巧之理。爲善與衆行之，爲巧與衆能之，此善之善巧之巧者也。所貴聖人之治，不貴其獨治，貴其能與衆共治；貴工倕之巧，不貴其獨巧，貴其能與衆共巧也。今世之人，行欲獨賢，事欲獨能，辯欲出羣，勇欲絶衆。獨行之賢不足以成化，獨能之事不足以周務，出羣之辯不可以户説，絶衆之勇不可以征陣。

《韓非子》《五蠹篇》亦曰：

微妙之言，上智之所難知也。今爲衆人法，而以上智之所難知，則民無從識之矣。故糟糠不飽者，不務粱肉；裋褐不完者，不待文繡。夫治世之事，急者不得，則緩者非所務也。今所治之政，民間之事，夫婦所明知者，不用。而慕上智之論，則其於治反矣。故微妙之言，非民務也。

凡此皆謂徒任道德，不足以治國而利羣也。由此觀之，法家固未嘗盡蔑視道德，惟以爲道德者，只能規律於内，不能規律於外；只能規律一部分之人，不能規律全部分之人。故所當標以律民者，非道德而法律也。法家語固多有排斥道德者，然辨論之餘，走於極端，殆非其本意也。而法家言所以不能久者，亦以此。

第二節　人治主義與法治主義

凡社會之初形成國家，其創造之而維持之者，恆藉一英雄或數英雄之力。故古代人民其崇拜英雄之念特甚，謂一切幸福惟英雄爲能我賜，一切患害惟英雄爲能我捍。於是英雄萬能、聖賢萬能之觀念發生焉。而不知英雄聖賢，固大有造於國家。然其所以能大有造於國家者，非僅恃英雄聖賢自身之力，而更賴有法以盾其後也。由前之説，謂之人治主義，由後之説，謂之法治主義。

儒家，固甚尊人治者也。而其所以尊之者，非以其人，仍以其法。蓋儒家崇拜古聖人者，謂古聖人爲能知自然法，能應用自然法以制人定法也。故儒家者非持簡單膚淺的人治主義，而實合人治法治以調和之者也。

《孟子》《離婁上》曰：

離婁之明，公輸子之巧，不以規矩，不能成方圓；師曠之聰，不以六律，不能正五音；堯舜之道，不以仁政，不能平治天下。今有仁心仁聞而民不被其澤，不可法於後世者，不行先王之道也。故曰，徒善不足以爲政，徒法不能以自行。（中略）故曰，爲高必因丘陵，爲下必因川澤。爲政不因先王之道，可謂智乎？是以惟仁者宜在高位，不仁而在高位，是播其惡於衆也。

徒善不可，謂當以法治濟人治之窮也；徒法不可，謂當以人治濟法之窮也。故既言不因先王之道不可謂智，又言惟仁者宜在高位，是人與法兩相須，實儒家中庸之大義也。

逮法家興，則排斥人治主義，而獨任法治主義。

《尹文子》《大道下》曰：

田子案：田子，田駢也。讀書曰：堯時太平。宋子案：宋子，宋鈃也。曰：聖人之治以致此乎？彭蒙在側，越次答曰：聖法之治以致此，非聖人之治也。宋子曰：聖人與聖法何以異？彭蒙曰：子之亂名甚矣。聖人者，自己出也。聖法者，自理出也。理出於己，己非理也；己能出理，理非己也。故聖人之治，獨治者也；聖法之治，則無不治矣。

此言可謂至言，謂治由聖人出者，具體的直覺的也；謂治由聖法出者，抽象的研究的也。理出於己，而己非理；己能出理，而理非己。此實論理學上正名之要指，而治科學者所最當審也。如國家由君主統治，而君主非國家；君主能統治國家，而國家非君主。毫釐之辨，而根本觀念，大相反焉，不可不審也。然此義，儒家亦能知之。故《孟子》曰：聖人先得我心之所同然耳。凡儒家之尊聖人，皆尊其法，非尊其人也。

《尹文子》《大道上》又曰：

聖王知民情之易動，故作樂以和之，制禮以節之。在下者，不得用其私，故禮樂獨行；禮樂獨行，則私欲寢廢；私欲寢廢，則遭賢之與遭愚均矣。若使遭賢則治，遭愚則亂，是治亂續於賢愚，不係於禮樂。是聖人之術，與聖主而俱没。治世之法，逮易世而莫用，則亂多而治寡；亂多而治寡，則賢無所貴，愚無所賤矣。

此其言尤爲博深切明。夫專制國，則治亂續於賢愚者也。而立憲國，則遭賢與遭愚均者也。必遭賢與遭愚均，然後可以厝國於不敝。若此者，非法治無以得之。《尹文子》此文謂禮治也。然與法治對舉，則禮治、法治爲别物，與人治對舉，則禮治、法治爲同物。此先秦諸哲之所同也。尹文此言，文則禮治，而意則法治也。所貴乎賢者，以其能厝國於不敝也，故必爲國立法，斯乃可貴。此尹文之意也。

《韓非子》《難勢篇》亦曰：

且夫堯、舜、桀、紂，千世而一出，反是比肩隨踵而生也。世之治者不絶於中，吾所以爲言勢者中也。中者，上不及堯、舜，而下亦不爲桀、紂，抱法處勢則治，背法去勢則亂。今廢勢背法而待堯、舜，堯、舜至乃治，是千世亂而一治也；抱法處勢而待桀、紂，桀、紂至乃亂，是千世治而一亂也。且夫治千而亂一，與治一而亂千也，是猶乘驥駬而分馳也，相去亦遠矣。

此言難人治主義説最爲有力。蓋言人類至賢不肖者尠，惟中人最多，有法則賢者益賢，而中人亦可以循法而不失爲賢；無法則惟賢者能賢，而中人則以靡法可循而即於不肖。此立憲與專制得失之林也。前此所言，皆謂人治之不能久，而法治之可以常也。而韓子復論人治之不能周，而法治之可以徧。其言《難一篇》曰：

歷山之農者侵畔，舜往耕焉，期年甽畝正；河濱之漁者争坻，舜往漁焉，期年而讓長；東夷之陶者器苦窳，舜往陶焉，期年而器牢。仲尼歎曰：耕漁與陶，非舜官也，而舜往爲之者，所以救敗也。舜其信仁乎？乃躬耕處苦而民從之，故曰：聖人之德化乎。（中略）或問儒者曰：（中略）且舜救敗，期年已一過，三年已三過。案：已止也。舜有盡，壽有盡，天下過無已者，以有盡遂無已，所止者寡矣。賞罰使天下必行之，令曰：中程者賞，弗中程者誅。今朝至暮變，暮至朝變，十日而海內畢矣，奚待期年？舜猶不以此説堯令從，己乃躬親，不亦無術乎！且夫以身爲苦而後化民者，堯、舜之所難也；處勢而令下者，庸主之所易也。將治天下，釋庸主之所易，道堯、舜之所難，未可與爲政也。

有難法治説，謂雖有良法，苟不得賢才以用之，而法將無效者。韓子則釋之《難勢篇》曰

（前略）夫曰：良馬固車，臧獲御之，則爲人笑，王良御之，則日取乎千里。吾不以爲然。夫待越人之善海游者以救中國之溺人，越人善游矣，而溺者不濟矣。夫待古之王良以馭今之馬，亦猶越人救溺之説也，不可亦明矣。夫良馬固車，五十里而一置，使中手御之，追速致遠，可以及也，而千里可日致也，何必待古之王良乎！且御非使王良也，則必使臧獲敗之；治非使堯、舜也，則必使桀、紂亂之。此則積辯累辭、離理失實，兩末之議也。

此言任人不任法者，人無必得之券，則國無必治之符，所待之人未至，而國已先亂亡矣。任法不任人者，法固中材之所能守，而不必有所待也。此摯論也。

《尹文子》《大道上》亦云：

萬事皆歸於一，百度皆準於法。歸一者，簡之至；準法者，易之極。如此頑嚚聾瞽，可與察慧聰明同其治也。

故韓子又言，苟非以法治者，雖偶治而不可謂之真治，何也？未嘗有必治之券存也。其言《問辯篇》曰：

夫言行者，以功用爲之的彀者也。夫砥礪殺矢而以妄發，其端未嘗不中秋毫也；然而不可謂善射者，無常儀的也。設五寸之的，引十步之遠，非羿、逢蒙不能必中者，有常也。故有常則羿、逢蒙以五寸的爲功，無常則以妄發之中秋毫爲拙。

此言專制國雖或偶得英明神武之主，行開明專制，國運驟進。然不能以此自安，以其不能常也。法治國雖進不必驟，而得寸得尺，計日程功。兩者比較，惟法治可以爲安也。故法家之論，謂人主無論智愚賢不肖，皆不可不行動於法之範圍内。此至精之論也。

又：第五節　法治主義之發生及其衰滅

法治主義起於春秋中葉，逮戰國而大盛。而其所以然者，皆緣社會現象與前古絶異。一大革命之起，迫於眉睫，故當時政治家，不得不應此時勢以講救濟之道。鄭子産鑄刑鼎，晉叔向難之，子産曰：僑不才，不能及子孫，吾以救世也。《左傳・昭六年》救世一語，可謂當時法治家唯一之精神。蓋認爲一種之方便法門也。當時論法律學研究之必要者尚多，今更舉之：

《商君書・開塞篇》今世强國事兼并，弱國務力守。上不及虞夏之時，下不修湯武之法，故萬乘莫不戰，千乘莫不守，此道之塞久矣，而世主莫之能廢也。故三代不四，非明主莫有能聽也。古之民樸以厚，今之民巧以僞。故效於大者，先德而治；效於今者，前刑而法，此俗之所惑也。

《韓非子・五蠹篇》夫古今異俗，新故異備。如欲以寬緩之政，治急世之民，猶無轡策而御馬，此不知之患也。

《淮南子・要略》齊桓公之時，天子卑弱，諸侯力征，南夷北狄交伐中國，中國之不絶如綫。齊國之地，東負海而北彰河，地狹田少，而民多智巧。桓公憂中國之患，苦夷狄之亂，欲以存亡繼絶。故管子之書生焉。（中略）申子者，韓昭釐之佐。韓，晉别國也，地徼民險，而介於大國之間。晉國之故禮未滅，韓國之新法重出，先君之令未收，後君之令又下。新故相反，前後相繆，百官背亂，不知所用。故刑名之書生焉。秦國之俗，貪狼强力，寡義而趨利。可威以刑，而不可化以善；可勸以賞，不可厲以名。被險而帶河，四塞以爲固，地利形便，畜積殷富。孝公欲以虎狼之勢而吞諸侯，故商鞅之法生焉。

當時諸家書言法治主義之萬不容已者尚多，匪暇枚舉。若《淮南子》此論，於其所以然之故，最能道破矣。大抵當時法治主義之動機有二：一曰消極的動機，二曰積極的動機。消極的動機者何？其在國家内部，階級制度之敝已達極點，貴族之專横，爲施政上一大障礙，非用嚴正之法治，不足以維持一國之秩序。故商君變法，劓公子虔而黥公孫賈。其他如子産、李悝、申不害之流，皆莫不首鋤貴族。蓋非是，而國家内部之統一將不可望也。積極的動機者何？當時交通既開，兼并盛行，小國寡民萬

不足以立於物競界。故大政治家，莫不取殖産主義與軍國民主義，即所謂富國强兵者是也。而欲舉富國强兵之實，惟法治爲能致之。蓋非是，而國家外部之膨脹將不可望也。由是觀之，則法治主義者，實應於當時之時代的要求。雖欲不發生焉，而不可得者也。

故法治主義對於其他諸主義，最爲後起，而最適於國家的治術。今比較而示其位置：

治術
- 放任主義
- 非放任主義
  - 人治主義
  - 非人治主義
    - 禮治主義
    - 非禮治主義
      - 勢治主義
      - 非勢治主義（即法治主義）

法治主義對於放任主義，則彼乃不治的，而此乃治的也。其對於人治主義，則彼乃無格式的，而此乃有格式的也。其對於禮治主義，則彼乃無强制力的，而此乃有强制力的也。其對於勢治主義，則彼乃無限制的，而此乃有限制的也。此法治主義之位置也。

附言：勢治主義與人治主義略相類，似不得區別。惟人治主義，墨家及儒家中一部分所主張也。墨家专標尚賢爲一宗旨，明是人治主義。儒家中則荀子實持人治主義者也。勢治主義，法家中一部分所主張也。言人治主義者，徒恃感化力，而不恃制裁力。言勢治主義者，則以制裁力爲神聖，而謂此力由自然人之君主而來者也。法治主義亦認此力由君主而來，而屬諸國家機關的君主，不屬諸自然人的君主矣。此其所以異也。

夫以法治主義之適於國家的治術，既已若此，宜其一度發生之後，則繼長增高，有進無已。乃其占勢力於政界者，不過百數十年。不移時而遂歸澌滅者何也？吾推求其原因，有三端焉。秦漢以還，驟開布衣帝王、布衣卿相之局。所謂貴族階級者消滅殆無復痕跡，而天下一家，又非復列國並立，弱肉强食之舊，於是所謂時代之要求者，就消極積極兩方面觀之，其需要法治之亟，已不如其前。故戰國時句出萌達之國家觀念，漸成秋扇，而固有之社會觀念復起而代之。夫法治主義與國家觀念，密切而不可離者也。國家觀念衰，則法治主義隨之。此其衰滅之原因一也。我國人最富於保守性質，而儒家學說，適與之相應；法家學說，適與之相盭。儒家既緣舊社會之慣習，而加以損益，有以合於一般之心理。而派中復多好學深思之士，能繼續其學以發揮光大之。法家既以後起，其劇烈之改革逆乎人心，而其中實行家多，理論家少，秦漢以還無復有能衍其學說以與舊派對抗者。此其衰滅之原因二也。法律原與道德相互爲用，蓋社會之制裁力與國家之强制力是一非二，故近今法治國之法律，莫不採人道主義。雖謂法律爲道德之補助品焉，可也。然則謂有法律而可以無道德焉，其不當也明甚；謂有法律而不許復有道德焉，其滋不當也明甚。而法家一部分之説，動走於極端，認道德之性質與法律之性質爲不相容，以排斥道德爲一種戰術。夫即以今世之法治國，使其舉一切教育事業悉蔑棄之，僅以法律爲維持社會秩序唯一之器械，則其社會現象復當何如？太史公曰：法令者，治之具，而非制治清濁之原。斯言諒矣！以今世之法治國，有完全之國家根本法者，而徒法猶且不可，况乎戰國時代所謂法治？其機關之整備，其權限之嚴明，遠不如今時，而乃先取道德而擠排之，雖足以救一時，而其道之不可久，有斷然矣。此其衰滅之原因三也。

綜此三因，故法治主義雖極盛於戰國之季，然不移時而遽就滅亡。秦并六國，大一統，主政者實爲李斯。李斯本荀卿之徒，而應於時代之要求，不得不采用法家説。以荀卿之人治主義與不完全的法治主義相和合，則成爲勢治主義而已。其於法治主義之真精神，去之遠矣。然則，李斯實用術者，而非用法者也。參觀附。故謂法治主義逮李斯而已亡，可也。及漢之興，蕭何用刀筆吏佐新命，入關首收秦律，因沿以制漢律，然簡單已甚。張蒼以明律爲丞相，然寡所設施。《史記·張丞相列傳》云：是時蕭何爲相國，而張蒼乃自秦時爲柱下史，明習天下圖書計籍，蒼又善用算律曆，故令蒼以列侯居相府。然則蕭何律殆由蒼起草耶！其大師見於史者，惟有一張恢。《史記·鼂錯列傳》云：學申商刑名於軹，張恢生所。《索隱》云軹，縣人張恢先生，與洛陽宋孟及劉禮同師，然則張恢必當時法學大師也。其勢力固已不逮儒家遠甚。孝文雖好之，《史記·儒林傳》云：孝文好刑名之言。然方欲與天下休息，未遑實行，竇太后又好黄老術。亦見《儒林傳》。蓋文景間實放任主義制勝之時代也。孝武即位，雜用儒法，互相水火，今傳《鹽鐵論》一書，後漢桓寬撰。乃敍述始元六年，丞相御史與所舉賢良文學論辨鹽鐵均輸之利害者也。兩黨各持一見，互相詰難。洋洋十數萬言，實儒法興亡之一大公案也。其事雖在昭帝時，實則兩家衝突之局當武帝時代最甚也。卒乃表章六藝，罷黜百家。儒術立於學官，尊爲國教。自兹以往，法治主義，殆見擯於學界外矣。其後雖大儒馬、鄭二君，亦著漢律章句，魏明帝時曾置律博士，《晉書·刑法志》云：叔孫宣郭令卿馬融、鄭玄諸儒章句，十有餘家，家數十萬言。又云：衛覬請置律博士，轉相教授，事遂施行。然皆屬於解釋派，非復戰國法家之舊，且其學不昌。蓋自漢以來，法治主義陵夷衰微，以迄於今日。

附言：當時法家言，以法術對舉，《韓非子·定法篇》云：申不害言術，而公孫鞅爲法。又云：徒法而無術，徒術而無法，不可。蓋法與術非同物甚明，法乃具體的，而術乃抽象的也。若李斯，謂之能用術則有之，謂之能用法則未可也。故不可指爲純粹的法家也。

（清）梁啓超《飲冰室合集·文集》卷一八《駁某報之土地國有論》

夫政府既出代價以收買之，則所有權純移於國家之手，國家自由處分之已耳。何取法定？據彼報第十二號第三十一葉所言，謂：經國家定地價之後，則地主止能收前此原有之租額。而因於文明進步所增加之租額，則歸國家。似此解釋其所謂法定之意義也。信如此言，則所有權仍屬私人，仍有收租之地主，何云國有？而其下文第七十四、七十五葉，述國家種種自由處分土地之政策，國家既非全有所有權，則安所得而自由處分之？【略】當其初行此制度之第一年，政府必不名一錢，何也？第一年地主所收之租額，必卽爲國家法定價格之原額故也。而試問亘一年間不名一錢之政府，果尚能繼續存在否也？且吾以爲若用彼法定價格之説，則政府將永遠不名一錢，非獨一年而已。何以言之？蓋政府所取於地主者，爲其法定租額之贏，而地主所收之租果有贏於法定租額之外與否？則亦憑地主之自任而已。以今日各文明國法律之精密，而於所得税、營業税等之以多報少，猶苦於無術以爲防，況乃彼共和政府之草創耶！欲派員一一而稽核之，其手續之煩費騷擾，甚且或詭詐激變，固無論矣。而雖有幹員，決無從稽核以得。其真相，充其量不過憑小作之租券以爲據耳。

又：謂土地本當屬於社會者，根據自然法以立言，而謂土地私有制度背反於自然法也。此實蔑視歷史之妄言也。夫所謂自然法者，不過歷史之一産物耳。十八世紀之思想家，盛稱自然法之存在。及近世社會學上歷史的研究大行，自然法之存在，久被否認。所謂規律，所謂公正，不過社會變遷直接之結果，而非如自然法家所云，别有規律公正其物者，萬古不易也。卽如土地私有制度，實亦歷史之産物。其在太古，土地雖屬人類公有，及經濟上、社會上幾許變遷，爲增進社會一般幸福起見，馴致認私有制度之必要，故否認自然法之存在，實今日思想家之公言。而土地自共有制度遞嬗而爲私有制度，實有歷史上之理由，而非可蔑棄者也。【略】日本之電燈價貴，美國之電燈價賤，然在日本，勢不能不用日本之電燈，是其例也。此在邑地固爲此例所支配，其在野地則不然。甲地地主若索過昂之地代，則可以轉而耕乙地，而地代之爲物。既爲自然法則所限，則甲地主雖欲昂於其過當之限，不可得也。此其獨占之性質不完全者三也。準是以談，則謂土地以含獨占的性質，故應爲國有。持此以衡邑地，誠哉其然；持此以衡野地未可云當。然一國中野地多而邑地少，以少概多，其失之不亦遠耶！此彼報所持主義不能成立者十七也。

又：然則彼所謂共和國民之資格，殆卽以自由、平等博愛公法觀念、國家觀念等爲標準也。夫彼謂我國民既有此等等，吾固不能爲絶對的承認，然比較的可以承認。然如彼説，謂有此等等，而遂可命之爲共和國國之資格乎？此似是而非之言也。【略】言立法論者乃不許從政治上觀察判斷，微論者，吾安得聞此前古未聞之奇論也。夫立法之政策，原屬政治學部門。蓋立法之學與成法之學異，爲立法論者，未有不合法理政治兩方面研究者也。豈惟政治，凡屬社會現象如經濟現象等皆其研究之範圍矣。如論者言，則不知國法學政治學之區别者，豈惟鄙人，凡各國古今之立法家皆然矣。如論者言，則立法者不過一鈔胥之業，取外國法搬字過紙而已足。苟有他及者，遂不免如論者所謂非馬非驢之類矣。吾爲中國前途共和憲法着想，見其若立甲種之共和憲法，則政治趨勢不勝其敝也若彼；若立乙種之共和憲法，則政治趨勢不勝其敝也又若此。而因以斷言共和憲法之不適用於我國今日，而爲我國立法家所不可採，此正言立法者所最當論及，且不可不論及者也。若夫語具體的共和憲法之性質若何？則屬於純粹法理論，而非政治學部門中之立法論矣。論者謂吾不知二者之區别，其果誰知之而誰不知之耶？論者一篇之中，頻以此語相誚。然由前段所辨之説觀之，則吾並無此言，而論者强代吾言以故入吾罪。就此段所辨之説觀之，則論者與吾之説孰得孰失，稍治政法學者當能爲公正的批評也。

（清）梁啓超《飲冰室合集・文集》卷二〇《世界大勢及中國前途》

國家者，人類最高之社會也。當其未成國家以前，實經過種種形式之社會進化而來，進而至於國家極矣。然世界上諸國並立，其發達有先後、遲速之不齊，此不齊或由天然或由人事。於是有已成熟之國焉，有未成熟而方在進化半途中之國焉。何謂已成熟之國？內部之組織已完，必用之機關咸備，政治修明，民力充實。如人之已達成年，膚革益實，官能效靈，意思行爲，皆無待於外而能自立者也。未成熟之國，則內部之組織未完，各部之機關未備，或雖備矣，而未能盡其用。如彼孩童然，對內對外，而種種未能自立者也。現今世界諸國，則此兩種類可以盡之，不屬於甲，必屬於乙。或謂於此兩種之外，別有所謂衰老國者。吾以爲不然。凡人必經過壯年乃能達於老境，國亦當然。國若何而始爲壯？即吾所謂組織已完，機關咸備者是也。試問今世通稱老大帝國老大王國者曾經過此時代否也？雖建國歷數千歲，亦只能與未成年之兒童同視而已。此等國家苟無外力摧折之，則永劫之後，亦當有終達於成熟之一日。但時不待人，未到其期而遇狂風横雨，中道夭折者，比比然耳。吾今爲行文之便，命前者曰優國，命此者曰劣國。

哀哉，物競之禍也！凡生物莫不有然，而行於人類者爲尤劇。凡社會莫不有然，而行於國家者爲尤劇。一國家既成熟之後，內部藉善良法規之維繫，秩序嚴整，既無爭奪相殺之禍，加以種種行政機關發達，能爲民捍天然之患，水旱疾疫，無自相攖。休養生息，而人口日滋，又教育整備，而民之智力日以富焉；機械利用，而民之資力日以溢焉。智力與資力愈進，則其欲望之程度愈高，欲望者，經濟上之名詞也。《荀子》曰：人生而有欲，欲而不得，則不得無求。即此物也。而饜之也愈難。以日滋之人口，挾日進之欲望，而所以營養之之土地，不增於昔，則國家之基本將摇動而破壞也。故已成熟之國家，不得不求尾閭於外。非誠好之，勢使然也。國際競爭之動機，實起於是。

（清）梁啓超《飲冰室合集・文集》卷二〇《城鎮鄉自治章程質疑》

光緒三十四年十二月所頒之《城鎮鄉自治章程》，大率取日本之市制及町村制綜合而迻譯之。其果能適用於我國與否？蓋各條中應商搉之點甚多，未暇具論。今專就其大體而評騭之，則吾所最懷疑而亟思質正者有三端焉：

第一　自治章程之名稱果適當否乎？

第二　城、鎮、鄉三者能同適用一種之章程乎？

第三　城、鎮、鄉之名稱及其分類果適當否乎？

第一　城、鎮、鄉爲地方自治團體，固也。然同時又爲國家行政區域，故其所辦之事，可分爲兩種：一曰，本團體固有之事務；二曰，國家所委辦之事務。國家委辦事務者何？如代收國税，執行徵兵令，執行國會及諮議局乃至廳州縣議事會之選舉，執行各種民事、商事之注册，乃至以鄉董而兼爲刑事上之起訴人等類。凡此皆與本團體之利害無關，而以國家行政區城之資格受委任而行之者也。故日本但稱爲市制、町村制而不名爲市町村自治制，所以避罣漏也。今名曰《自治章程》，得無意義不甚明瞭，而易起權限之争議或致職務之放棄乎！

（清）梁啓超《飲冰室合集・文集》卷二一《論國民宜急求財政常識》

國家一切政治，其舉之也，罔不需財。故不問任何職司，苟於財政學之綱要，一無所知，則終末由以善其事。或不量國家財力所能及，而妄事興作，則中途竭蹶，而不克底於成；或國家刻不容緩之政務，徒以無術以求得相當之財源，廢而不舉。兩者有一於此，國遂緣以病矣。不寧惟是，一國理財之司，非一二人所能悉躬親也。其佐理分任之屬吏散在內外者，何啻數萬？雖曰其職在服從法令，不必自有所計畫，然會計出納之間，皆有一定之原則以綱維之。不明此原則，將無往而不貽誤。又況乎爲財政之主體者？不獨國家而已，國內多數之地方自治團體，莫不各有其財政。而此地方財政，一方面既爲該地方利害所關；一方面又爲全國利害所關。故凡各地方大小官吏，於財政學之原則，皆不可以不粗知其概。此各國之所同也，而在我國更有甚者。則以我國中央集權之實未舉，財政出納其什九皆由各省尸之，各省財政紊亂則中央財政更無整飭之期。故使各省官吏咸解財政學，實今日謀國之第一義也。

又： 夫財政學關係之重大，既已若是。而試問今日舉國中，上自執政，下逮氓庶，其能略具此學之常識者，果有幾人？又豈惟俗吏與愚氓爲然耳？即號稱先覺之士，主持一國言論者，亦罕能好學深思以深知其意。毋亦以此爲專門之學。非就傅受講，末由窺其堂奧，乃相與望洋興歎已耳！殊不知，此學在諸種科學中，實比較的簡明易曉而富於趣味，苟得一二良著而獨學之，則明其原則而適用於實際，爲事實絶非難。烏可以無師而自棄也？愛國君子，其知所勉矣。

（清）梁啓超《飲冰室合集・文集》卷二一《敬告中國之談實業者》股份有限公司必在强有力之法治國之下，乃能生存，中國則不知法治爲何物也。**【略】**

然則中國欲振興實業，其道何由？曰：首須確定立憲政體，舉法治國之實，使國民咸安習於法律狀態；次則立教育方針，養成國民公德，使責任心日以發達；次則將企業必需之機關，一一整備之無使缺；次則用種種方法，隨時掖進國民企業能力。四者有一不舉，而嘵嘵然言振興實業，皆夢囈之言也。然養公德、整機關、獎能力之三事，皆非藉善良之政治不能爲功，故前一事又爲後三事之母也。昔有人問拿破侖以戰勝之術，拿破侖答之，一則曰金；再則曰金；三則亦曰金。試有人問我以中國振興實業之第一義從何下手，吾必答曰改良政治組織。然則第二義從何下手，吾亦答曰改良政治組織。然則第三義從何下手，吾亦惟答曰改良政治組織。蓋政治組織誠能改良，則一切應舉者自相次畢舉。政治組織不能改良，則多舉一事即多叢一弊。與其舉之也，不如其廢之也。然則所謂改良政治組織者，奈何？曰：國會而已矣，責任内閣而已矣。

今之中國，苟實業更不振興，則出三年，全國必破産，四萬萬人必餓死過半。吾既已屢言之，國中人亦多見及之。顧現在競談實業，而於阻礙實業之痼疾，不深探其源而思所以抉除之，則所謂振興實業者，適以爲速國家破産之一手段。吾國民苟非於此中消息，參之至透，辨之至晰，憂之至深，救之至勇。則吾見我父老兄弟甥舅，不及五稔，皆轉死於溝壑而已。嗚呼！吾口已瘏，吾淚已竭，我父老兄弟甥舅，其亦有聞而動淚於厥心者否耶？

（清）梁啓超《飲冰室合集・文集》卷二五上《讀度支部奏定試辦預算大概情形摺及册式書後》行省之自治預算，既已獨立，則當先經諮議局之議决，然後報部，此事理之順序也。蓋國家既畫出政務之一部分，責人民以自治，則於其自治範圍内，國家原不强予干涉，惟於其所議决有違法者，或以地方之利益妨及全國之利益者，則間施監督耳。就中關於財政事項，人民以本地方之財，治本地方之事，中央政府尤當聽其自爲，勿稍侵軼。故各國法制，其對於地方議會，最尊重其財政之議决權，蓋有由也。

（清）梁啓超《飲冰室合集・文集》卷二五上《臺諫近事感言》東西立憲各國，有國會以糾察政府，通達民情。又有行政裁判院，以司行政之訴訟，左右維持，勢無偏重。我列祖列宗以來，許臺臣風聞言事者，深念民人疾苦，非是無以周知；官吏貪横，非是無以禁止。法良意美，行之二百餘年。

（清）梁啓超《飲冰室合集・文集》卷二五上《讀幣制則例及度支部籌辦諸摺書後》國家立法，將以垂諸久遠。是故欲幣制之確定，必須使此則例第十一條確生效力。然此則例第十一條如何而始能確生效力，則非采輔幣納税無制限之法焉不可也。

（清）梁啓超《飲冰室合集・文集》卷二五上《讀十月初三日上諭感言》西方學者有恒言，法律現象與政治現象不可混爲一譚也。夫在西方諸法治國，其法律之效力，至强且固者，猶且有然，而况於今日之中國耶？我國上諭及其他奏定之文牘，就理論上言之，誠與今世各國所謂法律者，有同一之效力。雖然，以政府大臣而視聖訓及上諭爲弁髦者，其事日有所見，以上諭比諸外國君主裁可之法律，爲事本已不倫。夫以外國之法律，猶不能束縛政治現象，而况僅於一種之文告？其平昔所發生之效力，遠不逮法律者耶！謂以此而可以定一國政治之運命，其亦誤解政治之性質也已矣。蓋法律文告者，結晶體之物也，而政治者，活物也。故法律文告之現象，譬之則猶器械，在人所製造、所變置、所利用，不能以自伸縮。政治現象，譬之則猶人之知覺運動，常能製造、變置、利用彼器械，而流動不可方物。是故國民而不嫻於政治者，雖有至善良完備之法律文告，亦等於廢紙。國民而嫻於政治者，雖法律文告至惡極劣，曾不足以爲其前途之障也。此不必遠徵他國，即以我國數年來之事實論之，前此之法律文告本無所謂立憲政體也，何以今忽有焉？本無所謂資政院諮議局也，何以今忽有焉？本無所謂國會責任内閣也，何以今忽有焉？乃至國會及責任内閣，據法律文告所指，則當期成於六七年以後也，何以今忽先焉？昔無而今忽有，有其不得不有者存也，昔後而今忽先，有其不得不先者存也。所謂不得不有、不得不先者，誰實爲之？則政治現象是已。

是知前此之法律文告，決不能束縛現在之政治現象，而現在之政治現象，實能改廢前此之法律文告，且能孕育將來之法律文告。明於此義，則吾國民今後所當有事者，從可知耳。

（清）梁啓超《飲冰室合集·文集》卷二五上《評一萬萬元之新外債》

就法律上評此次外債之性質。政府果有以單獨意思而借此外債之權能乎？此法律上之問題也。據資政院章程第十四條第三項，凡公債事件，資政院應行議決，資政院章程非他，欽定之法律也。今此一萬萬圓之新外債，雖有巧辯，亦不能强指爲非公債也明矣。而其議借也，固在資政院成立之後，不能以法律效力未發生爲辭，且正在召集開議期中，更不容援事後解除責任之例。而試問此次借債之案，果曾提出院中而經議決乎？豈惟未提出，未議決，蓋諱之莫如深也，是明明視欽定法律爲無物。苟有不便於己，則蹴踏之如草芥也。吾欲問政府，凡我大清帝國臣民，是否應有服從欽定法律之義務？違法者是否有罪？若云無之，則頒各種法律何爲？若云有之，則公等之罪該當何等。夫政府既不提出以求議決矣，資政院復不要求其提出以付議決，是政府積極的蔑視法律，而資政院亦消極的蔑視法律也。吾誠非有所惡於政府，有所愛於資政院。吾惟知欽定法律之神聖，但使當已頒定而未經改正之時，有犯之者，則爲亂臣賊子而已。政府而惡資政院之不便於己也，則當其欲借債之前，先請旨將《章程》第十四條第三項削去可也，或更請旨將資政院停辦，取其《章程》盡行燒棄可也。資政院一日尚在，《欽定資政院章程》一日尚在，而於應行議決之事，不付議決是非侮資政院也，侮皇上耳！侮國家耳！

（清）梁啓超《飲冰室合集·文集》卷二五上《評新官制之副大臣》

彼立法者，豈不以各立憲國各部大臣之下，多有次官，因爲此以擬之耶！夫名爲副大臣與名爲次官，雖不必斷斷計較，然我國之設副大臣與人國之設次官，其精神截然不同，則天下所共見也。人國之次官，爲事而設者也；我國之副大臣，爲人而設者也。顧亭林有言，小官多者其世盛，大官多者其世衰。我國今日，盈天下皆大官也。彼車載斗量之大官，明明與立憲國之行政組織異。雖然，犧牲國家可也，犧牲大官之地位焉不可也？此副大臣所由立也，豈惟副大臣，全部新官制之旨趣皆在是耳！

（清）梁啓超《飲冰室合集·文集》卷二五上《將來百論》

司法獨立，號稱今年實行，又將爲各省奏報憲政成績之一資料矣。然其結果如何，又不待智者而決也。欲使國民沐司法獨立之澤，第一，當求所司之法善美完備，實足以爲人民公私權之保障；第二，當求司法官有相當之法律智識，且有獨立不撓之氣節。第一事非一蹴可幾，今且勿論，但使司法官得人，則神明於法理以爲比決，雖法文未具，而效固可漸覩。日本當民法未布以前，其法官率以法蘭西民法爲條理，日本明治八年布告云：法律無成文，則依慣習。成文慣習並缺，則推條理以爲裁判。條理者，司法官所認爲有當於法意者也。如漢代之以春秋折獄矣。是其例也。我國今日法文之闊疏、陳舊、陋劣雖可患，而尚非不治之病，獨至法官不得人，則微論法之不善。如今日也，即有良法，其異於故紙者幾何！

去年試驗法官，及第者數百人以上，其人則前此刑幕及候補官吏什之九，留學生及各省法政學生什之一。採用舊官吏及刑幕以充法官，驟視之若甚當於理。雖然，刑幕及舊官吏，什九皆人格卑劣，幾等於社會之蠹賊。其中固非無自愛者，此但就多數言耳。今賦以獨立權，得毋更爲虎傅翼乎！採用彼輩，謂其於舊法律之智識養之較有素也。然按諸實際，果爾爾乎？且法律各有系統，不能相蒙。今國家方將采歐美新法系，期與現社會相應，與彼輩之舊思想能相容乎？彼輩以啗飯爲惟一之目的，且皆已逾中年，能望其於法理咀嚼有得乎？干進之念，日横胸中，能望其不長强禦以保司法之神聖乎？是皆不可望。然則司法獨立，不過爲無數老猾闢一仕進之途已耳。

欲使司法獨立而民受其賜，其必自獎厲私立法律學校始矣。

（清）梁啓超《飲冰室合集·文集》卷二五下《論政府違法借債之罪》

中國是否宜借外債，爲一問題。現政府是否爲能利用外債之政府，爲一問題。外債當用之何途，又爲一問題。此三者，皆政治上之問題也。凡政治問題，全憑各人抽象的判斷，而兩端皆可以各持一是，今無取深辨也。中國借債，當經何機關？用何方式？此法律上之問題也。法律問題，當法律未頒布、未施行以前，固無從而起。若儼然既有一久經施行之法律存矣，則全國君民上下對於此法律，皆有具體的應遵之義務，而絕無絲毫容疑議之餘地者也。今中國宜借外債，吾能承認之。外債用以改革幣制、振興實業、推廣鐵路，其用途之適當，吾亦承認之。謂現政府爲能利用外債之政府，吾雖絶對的不承認，然政府必自謂爲能，吾亦無暇與辨也。【略】夫借債不成，政府且無以卒歲，斯固然也。雖然，當知國家非特無財之爲大患，而無法之尤爲大患。法未立，不可謂之無法。不成文之慣習法皆法也。法立而不行乃真無法。無財之國貧弱而已，無法之國必至亂亡。今試問國家之頒法律，爲美觀耶？爲兒戲耶？抑將使民共守之耶？抑又將凡名爲民者則當守，凡名爲官者則不當守耶？使政府以欲擅借此債之故，先行奏請將《資政院章程》改正，削去第十四條第三項，而得旨裁可，則吾民更無異言。今又不爾，煌煌《欽定章程》固在也，而政府視欽定二字，其賤乃如麗足之泥塗，任意蹴踏之而無所顧忌。我民自今以往，乃知經先帝垂統。今上繼志之法令文告，其價值乃不過如是。自始固以爲美觀，爲兒戲，而未言期以實行也。則凡百之法令文告，何一不例此者？千百道上諭，皆具文也。千百種章程，皆廢紙也。吾儕之所以樂有國者，以其能庇我也。國之所以能庇我者，以其有法以規定公私之權利義務而保其秩序也。今也法皆爲具文，爲廢紙，國家最高機關以身作則，明教我以不必遵守，則吾亦何苦更遵守者？其不至秩序全破，變成爲無國之部落蠻民而不止也。

（清）梁啓超《飲冰室合集・文集》卷二六《中國前途之希望與國民責任》 夫所謂完全之國家者，惟國家有統治權。而凡立於此統治權之下者，其公權私權，一切平等。夫然後可以使人人各盡其才。【略】今世法學之大義，所謂在法律之下人人平等者，我國當之矣。其中如皇族有特別法等，此亦凡今世君主國所不能免。其範圍甚狹，不足爲病也。況各國之特別法，猶不止此數。如軍人、僧侶等，皆有之，豈足爲法律上人人平等之疵累耶？ 而此種善美之理想所以得現於實者，實我國民固有此善美之性使然也。【略】今我國得毋亦以久習於平等之故，無競而失其中堅，以致有今日之罷敝矣乎！【略】我國民二千年來養成此四民平等之良習，實爲今後之政治家省卻無數難關，無可疑也。

又：明水曰國家也者，對於外而不羈之獨立權，對於內而有最高之統治權者也。我國以大一統之故，其對外思想之不發達，固無足怪；而對內政治之進化，則亦無可表見，何也？【略】吾蓋赧然無以應也。且立國於今日，其萬不能不采用立憲政體。既爲有識者所共覩，而立憲政體果能適用於中國乎？世人且多以爲疑。【略】夫立憲政治，質言之，則人民政治而已。使大多數之人民，而無政治上之智識，無政治上之能力，無政治上興味，則立憲之元氣不具。雖襲其貌，徒增敝耳。夫今後中國之存亡，以憲政能否成立爲斷。而憲政能否成立，則以人民能否運用憲政爲斷。【略】於斯時也，其政治遷化之狀態，惟有兩途：其一則如希臘，令新闢之殖民地，純然離母國而獨立。母國與屬地，各在其所宅之小區域內，設政府議會以行民權政治，而不相統攝。若是者，民權固能常保矣。而統一强固之國家終末由建設，忽遇强敵，遂見摧拉而莫能禦，其非國家之福，不俟論矣。其一則如羅馬，集其權於中央，使全國各地方如身之使臂，臂之使指，則能使國力大莫與京，然而政體遂不得不趨於專制。夫我國過去之歷史，則正與羅馬同其塗轍者也。【略】我國雖云專制政體，然其政治之精神有與歐洲古昔之專制政體迥異也者。其行使專制權之形式雖同，而此專制權發生之淵源乃絶異也。歐洲前此之言君權者，謂君主之地位乃生而受之於天，君主與皇族所以不可侵犯者，以此族本來爲一特別之階級，天生之使爲治人者，而與彼被治者絶非同類也。【略】彼中所謂專制權力之淵源，大略如此。我國不然，我國雖亦言君權爲天所授，然與彼大異者。彼言天常私於一姓，我則言天道無親，惟德是輔。【略】天以專制權授諸君，而所授者恒必爲人民所願戴者也。是故由歐洲之君權説，其正當之釋義，則誠有如法王路易所謂朕即國家。由中國之君權説，其正當之釋義，乃實有如普王腓力特列所謂朕乃國民公僕也。夫君主既爲國民公僕，其有不盡職者，或濫用其職權以痛毒於民者，民固得起而責之。責之不改，固得從而廢置之。故《書》曰：用顧畏於民碞。《易》曰：湯武革命，順乎天而應乎人。《孟子》曰：殘賊之人，謂之一夫。聞誅一夫紂矣，未聞弑君也。是故人民選擇其所好者，然後戴之以爲君。其所惡者，則廢黜之，甚且誅戮之。在我國認此爲倫理上之一大原則，認此爲人民正當之權利。此非吾牽合虛造之言，試一繙六經諸子，凡言論之涉於政治者，豈非以此大義一貫乎其間也哉？故歐美、日本人常稱我爲民主的君主國體。此其命名雖似詭異，然實甚有見於其真也。夫一方面既主張君主專制，一方面復主張民權自由。驟視之，若極相矛盾，而持之不能有故，言之不能成理。雖然，此何足異者？【略】我國數千年相傳之政治，論其大本大原所在，與今世所謂立憲政治者無一不同。所異者，其具有未備耳，質而言之，則缺一民選之制限機關即國會而已。而此機關所以久缺之故，又非吾先民智慮有所未周也，固亦嘗竭無限心力以圖建設。如上文所述，朝士詢萬民及誹謗木、敢諫鼓、瞽史誦詩、士傳民語等，皆是後世之黄門給事中、御史臺等尤其具體者也。而所以不就者，乃緣時勢地勢使然，良不足以爲先民咎也。

（清）梁啓超《清議報全編》卷一歐榘甲《論中國當知自由之理》

又按：行爲之自由，思想之自由，言論之自由，三者並重，然行爲或限于國家公同之法律。主于口舌者，天之所賦以明義理也；心思者，天之所寄以推無窮也。二者均有無限之權，如歐西孟的斯鳩、盧騷、彌兒諸政治家之書，在今日咸尊爲山斗。而當是時，目之爲妖言惑衆，與中國亦無以異也。然彼雖抑于當時，而各國均稱其説，以致政界之日明，則未有燒燬禁書之例也。若如中國有關涉時事者，則燒燬之。後世雖欲考究其説之可行與否，無可得而稽焉。即或有益于政治國家之大，而無其文，何由發其義！燒書之罪過于坑儒倍蓰矣！中國干禁書目致數千卷，皆遭焚燬。其未登者，尚不知幾許。嗚呼！人民之自由言論尤爲關係！焚書壓制人民之自由，尤爲公理所不容。蓋言論而果公也，雖抑之必行，言論而果私也，不燬之必滅。若徒以其有及于一人一家之私者，而以爲違礙，獨不思以一人一家而違礙天下之公之大不可乎！歷代有君無民，以國家爲君之私業，實自秦開之。獨不思合民爲國，剖國而均分之。有一民即有國之一分，君者亦祇有國之一分耳。烏能以己之一分爲公，而謂其他之萬分皆爲私乎？民之各有國之一分，各應以其聰明才力圖良改進，以保持其國家，修理其政治，日進公同之利益與爲君者不異，此國家之所以名也。若祇有君發議，而無民之參議，則祇一家之長耳，一族之長耳，不得目之爲國也。容衆人之財産身家而成國家，亦容衆人之思想智識言論而成政治。然政治非有實像之可憑，非有測量之可定，非有格致之可傳，故或其所言遠見數世而後，當時不能知之，或詆爲迂濶難行，或疑爲妖妄異説。及夫幾經研究，歷次辨詰，而真理始見，實用始出。歐美之致治經濟學者，往往有之，況夫未開之國哉？以此觀之，妖言者，特有國者堵塞民智之具耳。否則，未驗其實效耳，非定論也。

（清）梁啓超《清議報全編》卷一歐榘甲《中國歷代革命説畧》

蓋天之生人也，人人賦之以自由之權，獨立之性。人人盡其自由之權，獨立之性，而不相侵，斯謂能守其職。人人捐其自由之權，獨立之性，而不相吝，斯謂之能成公益。如是則均平，則安榮，無偏無頗，衆民欣和。若夫縱一己之自由，而壓衆人之自由，伸一己之獨立，而縮衆人之獨立，是視己如天，視人如畜。衆民者已供其身家財産，而身又陷于犬馬奴隸之籍，終其身無一日生人之樂焉。夫以犬馬奴隸待人，實悖天道，實害人理。以犬馬奴隸自待，亦悖天道，亦害人理。如是則不均，不平，不安，不樂，雷霆撼天，水中生火。如是不革命則爲黑暗之世，地獄之世。

（清）汪康年《汪穰卿先生遺文・實務報論説彙録・中國自強策上》

惟我永不自振，則彼惟恐爲人所得，必將争先以取之。然則我國振興之政，不於今日，則無及矣。夫中國利之宜興，弊之宜除，誰不知之，而卒無定論者。蓋食於弊者太多，則必多爲之説以亂之，多出其途以撓之。蓋非不明不強之患，而由於權無所歸，則無人焉，爲發光與力之地也。夫國朝承明之後，懲於擅權朋黨之禍。故執政之臣，名曰軍機大臣，人多而權不一，但能唯諾於上前而不能堅持其意也，但能恭擬諭旨而不能自發號令也。然則苟欲聚其權以辦庶務，舍立相莫由矣。顧今日而驟然立相，竊恐但有牽掣阻礙之苦，而無行權決策之效。則非先立議院不可矣。或曰：立相則不免擅權之慮。開議院則權在下，且散而不合，徒滋論議於事非。便不知有議院以與相相持，則相不能擅權。議院之人多矣，且有議事、舉人之權，而無行事之權。雖在下何病？又議院論雖不一，西例必擇其多者從之，何嚻雜之患？且凡事初行必多漏略要，在隨時審正耳。若其成規，則西人之議院章程可擇而行也。至於開辦維新之政，則有三大端焉：一曰齊天下之論。今天下之論至不一矣，政府不擇而用之，或朝暮更易，或南北互異，必當論定一格以便施行。二曰慰天下及各國之望。維新之政，中國望之不應則離，西國望之不應則侮。宜明詔天下，以舍舊從新之故，而與各國立力保太平之約，並方便予以權利，且聘其賢豪與之參定法制。則中外始有更新之望矣。三曰安天下官吏士兵之心。維新政行，則宗室、旗丁、冗員、士人、胥吏、軍士皆有失所之慮，始而以言語相煽惑，繼而以全力相阻撓。宜預籌安插之法，宗室、旗丁除作官當兵外，或與以利益，或弛其禁防。新改立之官，除總理之人，必拔用能者，其餘仍以舊官依班補敍。學校新設，必十年方能選用。則從前士人在十年之内，仍可補官。胥吏、軍士，汰賸者可補充諸役。如此則各人無失業之憂，即新政無阻撓之患矣。然此但言創始之大要，而未及其所行之事也。

（清）汪康年《汪穰卿先生遺文·實務報論説彙録·中國自強策中》

中國自古獨立於亞洲之中，而其外皆變夷視之，素以君權爲主務以保世滋大爲宗旨。故其治多禁防、遏抑之制，而少開拓擴充之意。君恐臣之侵其權，故不使之有纖毫之權；恐臣下之結黨，故務散其黨，牽掣之使不得行其志，錮蔽之使不得極其聰，以天命怵之，以鬼神懼之。臣下承之，以諱飾爲能，以敷衍爲工，以趨避諉卸爲巧。其於民也，但以壓制欺嚇爲事，無復有誠意以相孚。故吏習於弊混，民安於刁翫，士成於陋劣，兵慣於譁潰。其齊民，皆以閉戶不與外事爲秘策，以積財遺子孫爲得計。故上下之大弊，不出四事：曰徇私，曰惡直，曰崇虛，曰耽逸。循習至久，全國之民皆失自主之權，無相爲之心。上下隔絶，彼此相離，民視君父如陌路，視同國若途人。夫民之弱與離，君所欲也。積至今數千年，乃受其大禍。然則至今日，而欲力反數千年之積弊，以求與西人相角，亦惟曰復民權，崇公理而已。其於官也，汰冗職刪儀官，使官各有事；其教人也，必使爲有用之學，毋誤用其聰明；其選人也，必使以所學爲其官，毋使用非所學；其升補也，必依其本職，毋使朝此而夕彼；其用人也，厚其禄，過則責，故則斥，勤奮則升遷，而遞加其俸，終身無失業之虞；其定律也，依罪爲斷，必求可行，無虛設之律，無難行之例；其罪人也，訪緝密而治之，寬其讞罪也，稽罪而盡其辭；其取於民也，各以其資占税，毋倒置，毋苛索；其理財也，使財歸實用，毋糜於虛文，毋漏於中飽。昔之重文而輕武者，今必使文武並重；昔之優文士而輕吏治者，今必以吏事爲急。汰繁重以求其速捷，去虛文以貴其實效，刪矯誣不實之談，斥虛僞無理之事；尚創作而賤安閒，尚改變而賤守常；以能開利源爲能，以能創新學爲優。民性必求其宣達，士氣必求其振奮。昔之不使民與國事者，今必與之共治；昔之使民安於愚弱者，今必使之極其明強，務使内之權力在在足與外人相抵。夫如是，或可徼倖與各國相持。然此但言其治道宗旨所在，而未言辦法之實也。

（清）汪康年《汪穰卿先生遺文·實務報論説彙録·中國自強策下》

請實言辦理之法。今使上赫然下明詔，告天下，以力圖自振之。故而使士民之明秀者，互相舉爲議員，使至京入議院，而使中外大員自三品以上俱入上議院。議院既立，則立相以總内外之務，立戶部以掌財用之出入，立刑部以掌天下之獄訟及巡捕之事，立商部以興商賈並掌税則及考察工作物産之事，立農部以教種植，立外部以理交涉之事，立兵部以掌兵事，立工部以掌營造之事，立郵政部以理道路、河渠、輪車、輪船、郵遞之事，立民部以掌各處地方之事，立海部以掌海軍之事，立教部以掌學校之事。俟議員舉定相臣，則由相臣自擇用諸部大臣及各省之長，大臣及長又各舉其屬，而皆決於議院。十年之後，則議員及各官，皆取於學校。如西國之法，設吏治局於京師，徵天下賢能之吏，使學習治法，而分派之於各省，以教諸地方官。十年以後，亦皆取之學校。各省提鎮選於兵部，而提鎮又遞選其屬，十年之後，始取之水陸武備學堂。外部及出使大臣必取精西文、通西事者，十年之後，始取之使才學堂。京師立各種學校，精選中西之能者教之，以遞及於各省府州縣，十年之後，始取之師範學堂。宰相與各大臣既舉定，則遣使與各國，立力保亞洲太平之約，而大改上下内外之體制，務從簡易，悉去趨蹌拜跪之節。復立憲報館，凡新政改革之意，及中外交涉之故，悉載之，各種振興之政，乘時並舉。且捐納停，冗員裁，調濟安插之途廢，資格班次之説止，既無無事之官，復無無官之事。局中之人可因官以展其才，局外之人可因事以責其效，則職無不舉矣。一事一官，既無旁貸之方，一官一事又無叢脞之慮，則人勤於職矣。在事之人有治事之權，事外之人有監察之權，而又有議員以鉗制之，有日報以舉發之，則官邪息矣。厚俸禄而革陋規，入官之日予以裝錢，辭官之日予以恩俸，或給終身，或逮子孫。辦公有費，登程有資，則人興於廉矣。改衙署之制，速咨稟之法，汰酬應之煩，刪迎送之禮，則官敏於事，勤於察矣。省府州縣各設議員，以與官相抵，官不能專其事，則民困蘇矣。因其事以設之官，因其官以爲之學，因其學以定所取，入官之後，非罪不斥，心不枉耗，才不虛糜，人無失所，官不易方，則人知專所學矣。取士多途，學堂徧設，由都會以及州縣，由州縣以逮鄉閭。人無廢才，才無滯用，則人勸於學矣。釐定文字，使歸淺近，多撰教化之書，使人易曉，而徧設義塾教堂，以教齊民，則尋常之人皆可讀書明理矣。凡刊刻書籍，由官准駁，其便用者準其專利，則要用之書，不日可得矣。嚴戶口之册，定鄉里之制，產業、生死、婚姻必注，零戶必禁，城鎮無雜處之虞，鄉里無散居之慮，而又偏設巡捕，並設包探，則逋逃清，邪民無所匿矣。律法從平，無有偏頗，重則絞殺，輕則禁罰，則罪易辦而情易得矣。刑官治獄不兼他事，復有會審以察其虛誣，有律師以伸其辨説，無刑求之苦，無拖累之患，則枉濫息矣。吏皆有祿，役皆受糈，既無藉口之資，即無婪賄之弊，如此則獄訟易矣。有不率教者，輒禁錮終身，動其羞恥，嚴其禁防，則人恥於爲非矣。平道路，濬江河，開鐵軌，通電報，招商以成之，借債以足之。且路燈、自來水在在設立，使往來便捷，消息靈通，則用兵、賑災、經商，行旅便矣。礦務開，銀行設，然後鑄金、銀、銅三等之幣，齊其輕重，又製鈔票而禁兑換銀錢之店，以便行使稅餉出入一律，行用三年之後，度新幣已足，則悉禁舊錢，則錢法行而人便於用矣。製鈔幣，立銀行，正稅則，嚴中飽，則國用可足矣。立商部，定商制，嚴賠償之法，定詐騙之條，除釐稅之苛，捷水陸之途，考求各國之物產，察勘各地之工作，內江外海準行輪船，能糾合公司者獎之，商之成本重者許以補助，則商勸矣。能效法泰西，製造各物者賞之并許專利，能以新法製器者給以功牌，則工勸矣。稅以資算，富重而貧輕，稅以息計，商多而農少，蓄洩有資，種植有法，則民勸於田畝矣。停無用之武，試開水陸學堂，令凡能武事者不與齊民齒，則人競於武矣。精選而厚其餉，嚴教而重其防，老休則廩以終身，戰死則恤其子孫，則兵皆能戰而平時不敢滋事矣。防兵周於水陸，兵將悉由考試，定平時遣調之法，定臨事招募之方，炮械必精，雷艦必備，醫藥必贍，兵法既嫻，軍律尤峻，則武備嚴矣。釐定祀典，公私無名之祀悉行停止，一切虛誣術數之説皆不得行，則邪説息而正務舉矣。設報館以達民隱，凡中外交涉、選舉、獄訟、報銷悉由官登之報，新理新法及一切民間之事，及其冤抑，無不可登報，則上下之情通矣。定齊民之等級，以有能者爲上，有業者次之，游惰爲下，則民勤於所事矣。而又設興圖局，以測全國之形勢。設繙譯館，以收各國之書籍。設製造軍火局，以給軍用。如此行之十年，國以富，兵以強，始可收回已失之權利，除租界之法，改進口之稅，定管轄異邦人之制，而與泰西各國相抗衡。若夫施治之宜，敍次之方，新舊交替之法，則當俟辦理之時議之，非一時所能決也。

《蘇報案紀事》鄒容《革命軍》　一國之政治機關，一國之人共司之。苟不能司政治機關，參預行政權者，不得謂之國，不得謂之國民，此世界之公理，萬國所同然也。今試游於華盛頓、巴黎、倫敦之市，執途人而問之曰：汝國中執政者，爲同胞歟？抑異種歟？必答曰：同胞，同胞，豈有異種執吾國政權之理！又問之曰：汝國人有參預行政權否？必答曰：國者，積人而成者也。吾亦國人之分子，故國事爲己事，吾應得參預焉。乃轉詰我同胞，何一一與之大相反對也耶。謹就賊滿人待我同胞之政策，爲同胞述之。

滿洲人之在中國，不過十八行省中之一最小部分耳。而其官於朝野者，則以一最小部分敵十八行省而有餘。今試以京官滿漢缺額觀之，自大學士、尚書、侍郎滿漢二缺平列外，如內閣衙門，則滿學士六，漢學士四，滿蒙侍讀學士六，漢軍漢侍讀學士二，滿侍讀十二，漢侍讀二，滿蒙中書九十四，漢中書三十；又如六部衙門，則滿郎中員外主事缺額約四百名，吏部三十餘，戶部百餘，禮部三十餘，兵部四十，刑部七十餘，工部八十餘，其餘各部堂主事皆滿人，無一漢人，而漢郎中員外主事缺額不過一百六十二名。每季搢紳録中，於職官總目下，只標出漢郎中員外主事若干人，而渾滿缺於不言。殆有不能示天下之隱衷也。是六部，滿缺司員幾視漢缺司員而三倍（筆帖式尚不在此數）。而各省府道實缺，又多由六部司員外放，何怪滿人之爲道府者布滿國中也！若理藩院衙門，則自尚書侍郎迄主事司庫，皆滿人任之，無一漢人錯其間（理藩之事惟滿人能爲之咄咄怪事）。其餘掌院學士、宗人府、都察院、通政司、大理寺、太常寺、太僕寺、光祿寺、鴻臚寺、國子監、鑾儀衛諸衙門缺額，未暇細數。要之，皆滿缺多於漢缺，無一得附平等之義者。是其出仕之途，以漢視滿，不啻霄壤之别焉。故常有滿漢人同官同年同署，漢人則積滯數十載不得遷轉，滿人則俄而侍郎，俄而尚書，俄而大學士矣。縱曰滿洲正氣所鍾，如漢之沛，明之濠，然未有綿延數百年，定爲成例，竟以王者一隅，抹煞天下之人才，至於斯極者也。向使嘉、道、咸、同以來，其手奏中興之績者，非出自漢人之手，則各省督撫、府道之實缺其不爲滿人攫盡也，幾希矣。又使非軍興以來，雜以保舉軍功，捐納以争各部滿司員之權利，則漢人幾絶於仕途矣。至於科舉清要之選，雖漢人居十之七八，然主事則多額外，翰林則益清貧。補缺難於登天，開坊類乎超海，不過設法虚糜之，以戢其異心。又多設各省主考學政，及州縣教官等職，俾以無用之人，治無用之事而已。即幸而億萬人中有竟登至大學士、尚書、侍郎之位者，又皆頭白齒落，垂老氣盡，分餘瀝於滿人之手。然定例漢人必由翰林出身，始堪大拜，而滿人則無論出身如何，均能資兼文武，位兼將相，其中蓋有深意存焉。嗚呼！我漢人最不平之事，孰有過於此者？雖然，同種待異種，是亦天演之公例也。

又：一，當知中國者，中國人之中國也。中國之一塊土，爲我始祖黄帝所遺傳，子子孫孫，綿綿延延，生於斯，長於斯，衣食於斯，當共守其勿替。有異種賤族，染指於我中國，侵佔我皇漢民族之一切權利者，吾同胞當不惜生命共逐之，以復我權利。

一，人人當知平等自由之大義。有生之初，無人不自由，即無人不平等。初無所謂君也，所謂臣也。若堯舜，若禹稷，其能盡義務於同胞，開莫大之利益，以孝敬於同胞，故吾同胞視之爲代表，尊之爲君，實不過一團體之頭領耳，而平等，自由也自若。後世之人，不知此義，一任無數之民賊獨夫，大盗鉅寇，舉衆人所有而獨有之，以爲一家一姓之私産，而自尊曰君，曰皇帝，使天下之人無一平等，無一自由。甚至使成吉斯汗、覺羅福臨等，以游牧賤族入主我中國，以羞我始祖黄帝於九原。故我同胞今日之革命，當共逐君臨我之異種，殺盡專制我之君主，以復我天賦之人權，以立於性天智日之下，以與我同胞熙熙攘攘，游幸於平等自由城郭之中。

一，當有政治法律之觀念。政治者，一國辦事之總機關也，非一二人所得有之事也。譬如機器，各機之能運動，要在一總樞紐，倘使餘機有損，則樞紐不靈。人民之於政治，亦猶是也。然人民無政治上之觀念，則滅亡隨之，鑑於印度，鑑於波蘭，鑑於已亡之國，罔不然。法律者，所以範圍我同胞，使之相無過失耳。聞之野蠻人無自由，野蠻人何以無自由，無法律之謂耳？我能殺人，人亦能殺我，是兩不自由也。條頓人之自治力，駕於他種人者何？有法律之觀念故耳。

由斯三義更生四種：

一曰養成上天下地，惟我自尊，獨立不羈之精神；

一曰養成冒險取進，赴湯蹈火，樂死不罷之氣概；

一曰養成相親相愛，愛羣敬己，盡瘁義務之公德；

一曰養成個人自治，團體自治，以進人格之人羣。

《民報》第壹號孫文《發刊詞》 余維歐美之進化，凡以三大主義：曰民族，曰民權，曰民生。羅馬之亡，民族主義興，而歐洲各國以獨立。洎自帝其國，威行專制，在下者不堪其苦，則民權主義起。十八世之末十九世紀之初，專制仆而立憲政體殖焉。世界開化，人智益蒸，物質發舒，百年鋭於千載，經濟問題繼政治問題之後，則民生主義躍躍然動。二十世紀，不得不爲民生主義之擅場時代也。是三大主義，皆基本於民，遞嬗變易，而歐美之人種胥治化焉。其他旋維於小己大羣之間，而成爲故説者，皆此三者之充滿發揮而旁及者耳。今者中國以千年專制之毒而不解，異種殘之，外邦逼之，民族主義，民權主義，殆不可以須臾緩。而民生主義，歐美所慮積重難返者，中國獨受病未深，而去之易。是故，或於人爲既往之陳跡，或於我爲方來之大患，要爲繕吾羣所有事，則不可不并時而弛張之。嗟夫！所陟卑者，其所視不遠；遊五都之市，見美服而求之，忘其身之未稱也，又但以當前者爲至美。近時志士，舌敝唇枯，惟企强中國以比歐美。然而歐美强矣，其民實困，觀大同盟罷工，與無政府黨社會黨之日熾，社會革命其將不遠。吾國縱能媲跡於歐美，猶不能免於第二次之革命，而况追逐於人已然之末軌者之終無成耶！夫歐美社會之禍，伏之數十年，及今而後發見之，又不能使之遽去。吾國治民生主義者，發達最先，睹其禍害於未萌，誠可舉政治革命、社會革命，畢其功於一役。還視歐美，彼且瞠乎後也。翳我祖國，以最大之民族，聰明强力，超絶等倫，而沈夢不起，萬事墮壞，幸爲風潮所激，醒其渴睡旦夕之間。奮發振强，勵精不已，則半事倍功，良非誇嫚。惟夫一羣之中，有少數最良之心理，能策其羣而進之，使最宜之治法適應於吾羣。吾羣之進步，適應於世界，此先知先覺之天職，而吾《民報》所爲作也。抑非常革新之學説，其理想輸灌於人心而化爲常識，則其去實行也近。吾於《民報》之出世覘之。

《民報》第壹號汪精衛《民族的國民》 民族之結合，必非偶然。其歷史上有相沿之共通關係，因而成不可破之共同團體，故能爲永久的結合。偶然之聚散，非民族也。

國民云者，法學上之用語也。自事實論以言，則國民者，搆成國家之分子也。葢國家者，團體也。而國民爲其團體之單位，故曰國家之搆成分子。自法理論言，則國民者，有國法上之人格者也。自其箇人的方面觀之，則獨立自由，無所服從；自其對於國家的方面觀之，則以一部對於全部，而有權利義務，此國民之真諦也。此惟立憲國之國民惟然，專制國則其國民奴隸而已，以其無國法上之人格也。

準是，則民族者自族類的方面言，國民者自政治的方面言，二者非同物也，而有一共通之問題焉。則同一之民族，果必爲同一之國民否，同一之國民，果必爲同一之民族否是也。

解決此問題有二大例：

一，以一民族爲一國民。凡民族必被同一之感，蒙具同一之知覺，既相親比以謀生活矣。其生活之最大者，爲政治上之生活，故富於政治能力之民族，莫不守形造民族的國家之主義，此之主義名民族主義。蓋民族的國家，其特質有二：一曰平等。自有人類，即有戰爭，戰勝民族對於戰敗民族，牛馬畜之，不齒人類。古之希臘，所征服者，悉以爲奴隸，是其例也。若一民族則所比肩者皆兄弟也，是爲天然之平等。二曰自由。非我族類，其心必異。戰勝民族對於戰敗民族，必束縛壓抑之，不聊其生而死其心，以求必逞。若一民族，則艱難締造，同瘁心力，故自由之分配必均。以是之故，民族主義爲人性所固有，即或民族中更變亂，爲强所弱，四五分裂不能自存，而民族主義淬而愈厲，困苦百折，卒達其目的而後已。舉例以言，羅馬帝國瓦解後，民族主義代世界主義而興，英吉利之亨利八世及大僧正威爾些之事業，法蘭西之路易十一世之事業，大僧正里些流之事業，及亨利四世之事業，皆貫徹此主義者也。十九世紀之初，日耳曼民族分屬聯邦，無統一之觀念，遭法蘭西蹂躪，憬然思變，實行民族主義，卒合二十五聯邦，而成德意志帝國。意太利民族自帝國破滅後，邦分離析，受軛制於奧太利，惟能實行民族主義，卒合十一邦而成意太利帝國。此其犖犖大者也。其他諸國受此思潮，理想丕變，此主義遂磅礴全歐，其結果也進步而爲民族帝國主義。

《民報》第壹號陳天華《論中國宜改民主政體》 法人孟德斯鳩恫法政之不如英善也，爲《萬法精理》一書，演三權分立之理，而歸宿於共和。美利堅采之以立國。故近世言政治比較者，自非有國，拘流梏之見存，則莫不曰共和善，共和善。中共沈淪，奴伏於異種之下者二百數十年。邇來民族主義日昌，苟革彼羶穢殘惡舊政府之命，而求乎最美最宜之政體，亦宜莫共和若，何也？朱明爲漢敺元，一家天下，滿洲從而攘之，以民族之公而行其私。君主專制，政敝而不能久存也。而況虎視鷹瞵，環于四鄰者，其爲優勝百倍滿蒙，奈何爲之敝耶？且以一大民族形成國家，其間至平等耳，而欲以一人擅神聖不犯之號，以一姓專國家統治之權，以勢以情，殆皆不順。然則言中國變革，而盛誦夫君主立憲之美者，爲彼少數異種方握政權者計，而非爲我漢族光復於將來者計也。顧其間反對共和之説者，要以就程度立言者爲最堅。貌爲持重，善於附會，而怠乎方張鋭進之人心，其最不可不辨也。

持程度之見者曰：國之治化，其進在羣。羣之爲道，其時以漸。躐等而求之，則反蹶而仆，或且失其最初之位置。法蘭西之革命，流血至多，而卒不若英國民權之固，由程度之不逮也。中國經二十餘朝之獨夫民賊，閉塞其聰明，箝制其言論，靈根盡去，錮疾久成。是雖塊然七尺之軀乎，而其能力之弱，則與未成年者相差無幾。遽欲與他人之成年者同享自由之福，其可得乎？其不可得乎！此殆爲當今切要之問題也。【略】

拿坡崙曰：將來世界或爲支那民族所支配，亦不可知。夫以能支配世界之民族，而不能享有世界最上之權利，有是理乎？吾儕以爲，中國國民能享有完全之權利者此也。夫以中國國民之能力可以回復，並可以至短之期限回復。能享有完全權利之證據，又確鑿如是。而猶曰：歐美可以言民權，中國不可以言民權；歐美可以行民主，中國不可以行民主。爲是言者，無論何人，皆知其失。然而庸俗之見以爲列强環伺，羣志未孚，專制行之，猶恐不濟，況啓紛議之端來解散之象，不與救時之旨相悖乎？是殆誤認吾儕之所主持爲無政府主義，而以民主政治爲取放任者也。不知吾儕原不欲爲過高之論，不切時宜之談，以誤我國民之視聽。固按時勢求其可行者言之也。彼無政府之主義，寧吾儕今日之所主持乎？至於以民主政治爲取放任，則曷不取法美清俄四國現時之行政。而比較之，教育之强迫，內政之整飭，秩序之維持，孰能實行，孰不能實行，當不待智者而辨也。使中國而改共和也，當興立興，當革立革，雷厲風行，毫無假借，豈若今政府之泄泄乎？吾儕求總體之自由者也，非求箇人之自由者也。以箇體之自由解共和，毫釐而千里也。共和者，亦爲多數人計，而不得不限制少數人之自由。且當利未見，害未形之時，自非一般人所能分曉。於是公舉程度較高於一般人者，爲之代表，以興利於見，除害於未形。當其始也，似若甚拂衆人之欲者，及其既也，乃皆衆人之所欲興欲除者也。政府之制治同，而其所以制治者異也。不問政府之內容，而一概排斥之，是不得謂爲真愛自由者也。惟欲求總體之自由，故不能無對於箇人之干涉。然而以望之現政府不可也。現政府之所爲，無一不爲個人專制强橫專制者。其干涉也，非以爲總體之自由，而但以爲私人之自利。今以政府爲不可少，干涉爲不可無也。彼乃變易面目，陰濟其私，是無異教猱升木，助桀爲虐也。現政府之不足與有爲也，殆已成鐵據。其一，由於歷史。中國未有於一朝之內，自能掃其積弊者也。必有代之者起，於以除舊布新，然後積穢盡去，民困克蘇，不革命而能行改革，烏頭可白，馬角可生，此事斷無有也。第二，由於種族。今之政府，非漢族之政府，而異族之政府也。利害既相反，則其所操之方針，不得不互異。吾方日日望其融和，彼乃日日深其猜忌，外示以親善，而牢籠欺詐，毒計愈深。黨獄之起，未央之誅，指顧間之事。諸君不信，請讀康、雍、乾三朝之史，觀光緒戊戌庚子之事，可以知往而則來矣。傳曰：非我族類，其心必異。又曰：戎狄豺狼，不可親也。諸君欲認賊爲父，竊恐徒足以取辱，而無秋毫之補也。日本之奏維新之功也，由於尊王傾幕。而吾之王室既亡於二百餘年之前，現之政府，則正德川氏之類也。幕不傾，則日本不能有今日；滿不去，則中國不能以復興。此吾儕之所以不欲如日本之君主立憲，而必主張民主立憲者，實中國之勢宜爾也。中國舍改爲民主之外，其亦更有良策以自立乎？諒諸君亦無以對也。無已則惟有苟且偷安，任滿政府轉售之於人耳。是則非吾儕之所欲聞也。吾儕既認定此主義，以爲欲救中國惟有興民權改民主。而入手之方，則先之以開明專制，以爲興民權改民主之豫備。最初之手段，則革命也。寧舉吾儕盡犧牲之，此目的不可不達。嗚呼！吾欲彼志行薄弱者，姑緘其口，拭目以俟吾人之效果也！而何有程度之足云哉！何有程度之足云哉！

《民報》第壹號陳天華《中國革命史論》 革命前之秦國三代之政治，一貴族之政治也。君主之專制，實不能完全發達，受多少之限制，民在其間，頗有左右，足則爲重輕之勢。而臣之欲篡其國者，輒預見好於民。如公子鮑之於宋，陳氏之於齊，其明徵也。而晉靈公之不君，其則趙盾因得以弒之。當時民氣之隆，雖不能如今日之歐洲，亦非後世所能望。其所以致此者，一由於有言論自由權。工執藝事以諫，遒人以木鐸狗於路，上之求言，固如不及。他若鄭人遊於鄉校，以詆毀時政，時制毫不禁之。其有一度禁止之者，如周厲王設衛巫以監謗者，而召公以爲防民之口甚於防川，卒之流王於彘，後無敢再爲之者。故曰有言論自由權也。二由於有著述自由權。當時史官，振筆直書，無所徇隱，固也。如《老子》等諸書非薄禮義，純取自然，自當時觀之亦可謂非聖無法矣，而不遭當世之文網。故曰有著述自由權也。三由於有集會自由權。孔子以文會友而至有弟子三千，率之以周遊列國，實爲當時一大學會，一大政黨，而列國君長爭歡迎之，不聞有議其非者，以視後世以講學獲罪，而燬及書院譴及門徒，相去何止天壤！故曰有集會自由權也。四由於人民有參政權。《洪範》：謀及庶人，《周禮》：每歲召萬民而詢之，晉文聽輿人之誦，以卜軍之進退。其他經傳所舉，若此類不勝枚數，要非盡虛擬文詞。當時之人民，雖無議院，亦獲與聞時政矣。五由於君權不甚重。天子一位，公一位，侯一位，伯一位，子男同一位。天子特高於公一等耳。而當時之公侯伯子男所領之地，不過百數十里，猶今之州縣巡檢司耳，而皆直接於天子。公侯伯子男之下有鄉大夫士，則猶今之鄉紳耳，而皆有其職守。天子之權受限制於諸侯，諸侯之權受限制於鄉大夫士，而操縱之者，國民也。故天子欲與諸侯爭權，諸侯欲與鄉大夫士爭權者，以民之從違爲勝負，而民之權乃昌大無比也。六由於教育普及。不識不知，順帝之則，此君主之所以貴有愚民也。至三代而庠序之制，漸已完備。不學者少，如丈人荷蕢者流。雖處下賤，而皆有超世之識。不滿於君主政治，則君主之威嚴不得不因之而損。民之不易侮，殆由是也。七由於兵民不分也。三代兵農合一，失其民者，失其兵也。其何所恃以加於民耶？民之所以能禦上，上之所以不得不俯首以聽命於民，胥以此也。若後世兵與農分，民即怨之，其若之何？此君權民權隆替之大原因也。八由於均地權也。井田之制，人皆受田百畝。民無甚富，而亦無甚貧。以其餘假致力於學，無所須於人，而自尊自立之風由之養成。歐美視之，猶有愧色也。有此八因，雖未進於昇平，而爲據亂也，得保民權之一部分。其於自由，猶庶幾也。不幸而至於戰國，井田之制先廢而兼併之風起，兵農又漸分離，教育亦多不振。七雄相争，版圖日大，而君主之尊嚴甚矣。集權中央，政主獨斷，而人民之參政權無矣。然而處士橫議之風亦浸熾，貧賤驕人之輩，往往氣折王侯。而言論、著述、集會之自由，尚獲保存。中國學術之昌明，實於斯時達其極點。物質上之自由雖感多少之損失，精神上之自由，則轉見其有所增加，猶十八世紀之歐洲。不意學界之聲光，不足當政界之兇焰，有秦政其人者出，以梟悍雄傑之資，乘六世之餘烈，執長鞭以御宇內，吞噬六國。大揉大搏，震天撼地，舉前聖之精意，屢代之典章，掃盪無餘，猶懸河以瀉火，猶倒東海以傾大地。雖山川如故，而景物全非，廻如隔世。自羲黄以來，二三千年之舊制，至此結一大局，爲一大頓挫，而另開一大生面，爲後此二千餘年政界之新紀元。亞歷山大歟，大彼得歟，雄猛則有之，暴猶不及也。噫嘻！以歐洲之十八世紀，而産出十九世紀之自由；以中國之戰國，而産出秦之專制。始皇之能力爲之乎？抑由於當時無盧騷、孟德斯鳩其人乎？殆皆非也。當時國民之能力不如今世之歐洲，而始皇之威權更甚於路易十四，李斯之徒復無異於梅特涅。此專制之所以達於極點也，不特此也。歐洲各國，勢力平均，不能由一國一統。國際之争甚，則務智其民，而國内之專制有難行者。惟六國皆非秦敵，見併於秦，莫予敢侮。所患者，民智而思抵抗耳。舉其心目之所營，皆用之於所以愚弱其民者，他更無足以勞其心者也。夫無外界競争者，以共和行之，則愈趨於共和；以專制行之，則愈趨於專制。事有必至，理有固然。故始皇之政策，首在剝奪人民言論、著述、集會三大自由。始皇置酒咸陽宮，僕射周青臣進頌曰：陛下平定海内，以諸侯爲郡縣，上古所不及。始皇悦，博士淳于越曰：殷周之王千餘歲封子弟功臣自爲枝輔。今陛下有四海而子弟爲匹夫，卒有田恒、六卿之臣何以相救？事不師古而能長久，非所聞也。始皇下其議，丞相李斯言：五帝不相復，三王不相襲，越言乃三代之事，何足法也？異時諸侯並争，厚招遊學。今天下已定，法合出一。諸生不師今而學古，聞令下則各以學議之，入則心非，出則巷議，誇主以爲名，異趣以爲高，率羣下以造謗。如此弗禁，則主勢降乎上，黨與成乎下。臣請史官非秦紀皆燒之，非博士官所職，天下有藏詩書百家語者，皆詣守尉雜燒之。偶語詩書者，棄市；以古非今者，族；吏見知不舉，與同罪。令下三十日不燒，黥爲城旦。所不去者，醫藥、卜筮、種樹之書，欲學法令者，以吏爲師，制曰可。然後可以予智自雄，人莫能非之，爲專制一進步。改封建爲郡縣，削地方自治之權，銷兵器，徙豪富於咸陽，爲强幹弱枝之計，丞相綰等言，諸侯初破，不置王，無以鎮之，請立諸子。始皇下其議，李斯議置諸侯不便。始皇曰：天下共苦，戰鬭不休，以有侯王。賴宗廟，天下初定。又復立國，是樹兵也。而求其寧息，豈不難哉？廷尉議：是分天下爲三十六郡，郡置守尉，收天下兵器聚咸陽，銷以爲鍾鐻、金人，一法度衡石丈石，徙天下豪富於咸陽十二萬户。爲專制一進步。若此者，皆非一統之後不能也。彼自以爲功兼三皇，德並五帝，改號皇帝，示古今無與爲儔。路易十四朕即國家之言，殆爲彼之代表，國民爲其所束縛馳驟，實無異於牛馬之受羈絏。史稱其修阿房，築長城，民疲於奔命，而不知不自由之苦。更有遠甚於此者語，曰不自由毋寧死。爲秦之民者，不自由甚矣。始皇雖神聖，國民即微小。準諸足寒傷心，民怨傷國之理，能無有羣蟻潰堤之日耶？故博浪之錐見於始皇當世，身死無幾，所慘澹經營之天下欲留爲子孫萬世之業者，已土崩瓦解矣。

《民報》第貳號汪精衛《民族的國民其二》　吾前著論《民族的國民》，其所言者，種族之方面爲多，於政治之方面未及詳也。今兹就於政治方面而欲一言。

考之吾國之歷史，六千年來之政治，可名曰君權專制政治，二百六十年來之政治可名曰貴族政治。

請先言二百六十年來之貴族政治

貴族政治，世界各國必歷之階級也。觀乎歐洲，貴族政治緜亙千年，至十七八世紀以來，摧陷震盪，靡有孑遺。其國法上皆以國民平等爲原則，其中雖猶有留貴族之位置者，然特歷史上未削除之餘孽耳。反觀吾國三代以前，猶有貴族之性質，至戰國則已破之。炎宋既踣，元胡篡統，而貴族政治遂興，以豪古人爲第一級，以契丹人爲第二級，而我民族乃居第三級。嗚呼！此有史以來，未有之奇辱也。三代以上之貴族政治，於同民族中分階級。若元胡時代之貴族政治，則因民族不同，而戰勝民族鄙夷戰敗民族，斥爲賤種，不與爲伍。此其慘戾，寧有人道！有明奮興，蕩此惡垢，復吾舊觀，而何意僅三百餘年，我民族再降列賤種，與元代若同一轍耶！

夫貴族政治，不平等之政治也。自來學者有辨護專制政治者，而決無辨護貴族政治者。蓋人類當一切平等，乃於其中橫生階級，貴者不得降躋，賤者不得仰跂，權利義務相去懸絕，此其逆天理，悖人道而不容有於人間世。凡有血氣，疇不同認？故國法學者，論次國家於貴族國體，多鄙不欲道，以爲是已絶迹十九世紀之天壤也。乃不謂二十世紀中，四萬萬之民族，二百萬方里之領土，巍然爲東亞一大國者，其政治猶爲貴族之政治。【略】

今欲述二百六十年來之貴族政治，則將舉滿族漢族其權利義務之不相同者，類次而論之。强分二項：一、公權之不平等；二、私權之不平等。公權云者，以搆成國家機關之資格而獲之權利也；私權云者，以箇人之資格而獲之權利也。人民於一方爲搆成國家之分子，於他方有自由獨立之人格。其權利義務悉規定於國法。以公理言，宜皆平等，無參歧也。然中遭同種相戕，或異種相競，優勝劣敗之結果，而疆界分，一切生活異其程度，而於公權尤側重焉。蓋非是，則終於相鬨，而優勝之地位不可永保。彼滿族者，既薦食上國，其大願在以其本族全握政權。然以蕞爾毳裘，而欲星羅棋布於禹域，固有限之使不能者。於是遂不能不分其權於漢人，而又慮其啓戎心也，故權之不可分者，則全握之。權之不能不分者，則務占優勢，且於其間行鈐制之術焉，行偵覗之術焉。故二百六十年來之政治，幾無一非貴族政治。其機關之組織與搆成機關之分子，顯有軒輊，使之然也。至於私權，其重要遜於公權遠甚。第以已爲貴族，宜享高等生活，而劣等生活則以予戰敗民族而已。【略】

如上所述，滿清之貴族政治，可見一斑矣。今欲破此貴族政治，别無他道，唯恃民族主義而已。夫民族主義，由種族觀念而生者也。設有他族來盗吾國，而殘吾種，則必達驅除之目的而後已。即使其屈意交驩，博施仁政，亦决不恕，必如是然後不爲孑義煦仁所浸淫，而搖惑失志。是故我民族在今日，當困心橫慮，以求民族主義之能達。民族主義充達之日，即貴族政治顛覆之日。蓋民族主義之目的，不僅在於顛覆貴族政治，然本實既撥，枝葉必盡，我民族而能實行此主義乎！可以決胡運之終窮也。

若夫六千年來之君權專制政治，則我民族之自演，而非由外鑠者。雖二百六十年來，專制政治益以進化，此由演而愈進，非滿人之專咎也。故建民族主義，可以顛覆貴族政治，而決不能顛覆君權專制政治，使我民族而僅知民族主義也。即目的既達，而君權專制政治曾不足損其毫末，亦猶明之取元而代之，於種族界生變動，而未於政治界生變動也。蓋二百六十年來之政治，實承六千年君權專制政治之舊，而於其中更加以貴族政治。譬如因人之平地，而建樓臺於其上，以峻崇其階級。民族主義平此階級者也，若夫基址，則非民族主義所能動搖，是故欲顛覆二百六十年來之貴族政治，當建民族主義；欲顛覆六千年來之君權專制政治，當建國民主義。國民者何？搆成國家之分子也。以自由、平等、博愛相結合，本此精神以爲國法。法者，國民之總意也。政府者，國法所委任者也。故曰法治國，故曰立憲政體。由之而政治根本，與專制大異。自國家機關觀之，專制則以一機關用事，而無他之機關，與之分權立憲，則其機關爲統一的分科，立於分功之地位，而非立於越俎之地位者也，立於關係之地位，而非立於鈐制之地位者也。自箇人權利觀之，專制必不認人民之自由。故國家對於箇人祇有權利，而無義務；箇人對於國家祇有義務，而無權利。若立憲，則國家與箇人皆有其權利，有其義務者也。此其相去，何啻逕庭！而立憲政體，有君權立憲、民權立憲二種語。君權立憲之由來，大抵其政體本爲君權專制。迫國民主義日發達，政府人民互相反抗，而求相調和，乃立憲法。是故立憲君權國之憲法，其中根據事實，而不合法理之汚點，皆國民所未嘗以血滌而去之者也。我民族而持民族主義與國民主義以向於吾國之前途也，則其結果必爲民權立憲政體可預決也。

雖然，有至難解之問題焉，民權非能驟然發生者也。其發生也有由來，而其進也以漸。觀乎歐洲，古代爲國家專制時代。古代非無主張民權者，然與近世民權學説，不可謂同。日本法學博士筧克彦所著《法學發達史》云，古代個人主義之發達，雖有遜勝於近世之初期中期者，然其箇人主義，非能如近世之伴自覺之人格之觀念，此其根本的之相異。此最精語。降乎中世，則爲寺院專制時代。迨近世，因古文復興，宗教改革之結果，而箇人之自由發達趨於積極。至十八世紀而奏革命之功，至十九世紀而食民權之果。其間遞演遞進，皆有階級途徑之可尋。今吾中國以六千年之慣習，而欲其於旦暮之間遽翻前轍，而别開一新紀元。毋乃求治太急，而不慮其躐等而蹶乎。雖然，爲斯論者，慮則甚遠，而見有未至也。夫國民所恃以爲國者有二：一曰歷史，二曰愛情。因歷史而生愛情，復以愛情而造歷史。蓋國民固有歷史的遺傳性，然必其所際遇，與古人同。然後樂於因循。若其遭值者，世局人心均開前古所未有，而外緣之感觸，有以濬發其愛情，則因比較心而生取舍心，因取舍心而生模倣心。其變至繁，其進必烈。中國與西洋相交際，視日本爲先，而其革新，後於日本，坐地廣人衆，未易普及耳。循是以往，危亡則已，否則必變無可疑也。是惟當濬國民之愛情，以新國民之歷史，求所以濬其愛情者。自心理以言，則爲教育；自事實以言，則爲革命。顧教育爲衆所咸韙，而革命則有遲疑不敢額者。以謂革命之際，國民心理，自由觸發，不成，則爲恐怖時代，即成矣，而其結果，奚啻不如所靳。且有與所靳相違者，求共和而復歸專制，何樂而爲此耶？此其言誠當於理勢，下流者有見於此，則姑求一日之富貴；有志者有見於此，則旁皇憂慮而無復之。民氣之不振，此説爲之也。顧以余所聞諸孫逸仙先生者，則足以破此疑問，請以轉語我民族。先生今去東京文成不獲往質，有誤會否，不敢知也。先生之言曰：革命以民權爲目的。而其結果，不逮所靳者非必本願，勢使然也。革命之志，在獲民權，而革命之際，必重兵權，二者常相牴牾者也。使其抑兵權歟，則脆弱而足以集事；使其抑民權歟，則正軍政府所優爲者。宰制一切，無所掣肘，於軍事甚便，而民權爲所掩抑，不可復伸。天下大定，欲軍政府解兵權以讓民權，不可能之事也。是故華盛頓與拿破崙，易地則皆然。美之獨立，華盛頓被命專征，而民政府輒持短長，不能行其志，其後民政府爲英軍所掃蕩。華盛頓乃得發舒，及乎功成，一軍皆思擁戴，華盛頓持不可，蓋民權之國，必不容有帝制。非惟心所不欲，而亦勢所不許也。拿破崙生大革命之後，寧不知民權之大義，然不掌兵權，不能秉政權，不秉政權，不能伸民權。彼既藉兵權之力，取政府之權力以爲己有矣，則其不能解之於民者，騎虎之勢也。而當其將即位也，下令國中，民主與帝制惟所擇，主張帝制者十人而九。是故使華盛頓處法蘭西，則不能不爲拿破崙；使拿破崙處美利堅，則不能不爲華盛頓。君權、政權之消長，非一朝一夕之故，亦非一二人所能爲也。中國革命成功之英雄，若漢高祖、唐太宗、宋藝祖、明太祖之流，一邱之貉，不尋其所以致此之由，而徒斥一二人之專制。後之革命者，雖有高尚之目的，而其結果將不免仍蹈前轍，此宜早爲計者也。察君權民權之轉捩，其樞機所在，爲革命之際，先定兵權與民權之關係。蓋其時用兵貴有專權，而民權諸事草創，資格未粹，使不相侵，而務相維。兵權漲一度，則民權亦漲一度，逮乎事定，解兵權以授民權天下晏如矣。定此關係，厥爲約法。革命之始必立軍政府，此軍政府既有兵事專權，復秉政權。譬如既定一縣，則軍政府與人民相約，凡軍政府對于人民之權利義務，人民對于軍政府之權利義務，其犖犖大者悉規定之。軍政府發命令組織地方行政官廳，遣吏治之；而人民組織地方議會，其議會非遽若今共和國之議會也。第監視軍政府之果循約法與否，是其重職。他日既定乙縣，則甲縣與之相聯，而共守約法。復定丙縣則甲乙縣又與丙縣相聯，而共守約法。推之各省、各府，亦如是。使國民而背約法，則軍政府可以强制；使軍政府而背約法，則所得之地咸相聯合，不負當履行之義務，而不認軍政府所有之權利。如是則革命之始根本未定，寇氛至强，雖至愚者不内自戕也。洎乎功成，則十八省之議會，盾乎其後，軍政府即欲專擅其道無繇。而發難以來，國民瘁力於地方自治，其繕性操心之日已久，有以陶冶其成共和國民之資格。一旦根本約法以爲憲法，民權立憲政體有磐石之安，無漂搖之慮矣。先生之言，大略如是。嗟夫！自今以往，無其正之革命軍則已，苟其有之，其必由斯道，以達國民主義之目的。我國民當沈毅用壯以向於將來，毋自餒也。嗚呼！吾願我民族實行民族主義，以顛覆二百六十年來之貴族政治！嗚呼！吾願我民族實行國民主義，以顛覆六千年來之君權專制政治！

《民報》第貳號陳天華《中國革命史論續第一號》　蓋立憲國三權鼎立，君主有行政之權，而無司法之權。殺一平民，必其顯犯法典，經司法者合議其刑，覆審無誤，然後付之司獄。否則雖以君主之詔勅，不能加人以罪也。況於皇子公主之尊乎！使秦而如今之立憲國也，君之命亦必以法典限制之。越法典者無効，又何至以一宦官得假其命令，以殲其嗣哉？是故始若爲民，終以自全者，立憲國也。初若有利，繼以自禍者，專制國也。始皇恐民權盛，而君位不克世守也，其所以保持其君權者無不至，而不知人即以其君權殺其子女。作法自斃，其始皇之謂乎！始皇以一秦而滅六國，胡亥以天下而不能敵漁陽之戍卒。兵甲之堅，將帥之武，舉不始皇時若耶？陳勝、吴廣、劉邦、項羽之儔，其智識力量皆超於六國之君若臣耶？殆皆不然也。當日六國之所以虐其民者亦如秦，民未習聞國民之主義，以爲特君主之奴隸耳，相率而服從强者。及見秦之虐更甚於六國，萃所以怨六國之君者而鍾於一秦。故一夫發難，四隅響應，如爆發物然。始皇滿實其藥，而特以導火之線授勝廣，豈勝廣之力哉？始皇使之也。吾觀於趙高之所以朦蔽二世者，而歎專制君主，爲臣下所愚，古今一轍也。蓋專制之君主，不欲分權於民而已，身又欲行樂，憚執國事，於是暗以其權與之近倖，迨至大權已去，則身命隨之。二世未伏國民之誅，而先死於趙高之手，趙高欲專秦權，恐羣臣不聽，乃持鹿獻於二世曰馬也。二世笑曰：丞相誤耶，謂鹿爲馬。問左右，或默或言鹿。高因陰中諸言鹿者以法，後羣臣皆畏之，莫敢言其過。高前數言關東盜無能爲，及沛公已破武關，二世使責讓高。高懼，使其婿咸陽令閻樂弑二世於望夷宮。此之故也。豈必待子嬰之素車白馬而始知秦之不祀哉？嗟乎！嗟乎！始皇欲遺其業於萬世，不三世而亡。世之欲以專制保其君統者，可以返矣。【略】

有國民之革命，有英雄之革命。革命而出於國民也，革命之後，宣布自由，設立共和，其幸福較之未革命之前增進萬倍。如近日泰西諸國之革命是也。革命而出於英雄也，一專制去而一專制來，雖或有去舊更新之實，究之出於權術者多，出於真自由者少，或則羣雄角逐，戰爭無已，相持至數十百年，而後始底於一。幸福之得，不足以償其痛苦。中國歷來之革命是也。【略】

中國古來君之所以綏其民，下之所以要其上，皆不外消極之方法，從未有持積極之方法者。况於暴秦之後，而有人焉？輕其負擔，減其束縛，有不感激涕零者乎？史稱漢高寬仁大度，除秦苛法，天下歸心，大業以立，樹四百年有道之長基者，端於此是賴。抑知漢高果爲寬仁大度之人，而能除秦苛法者耶？他勿論，挾書之律，誹謗之誅，夷族之法，終漢高之世，未嘗去也。民之所獲自由者有幾？胡亦饑者易爲食，渴者易爲飲之類耳！【略】

始皇、漢高相異之大點，在於始皇燒詩書，而漢高求詩書。吾以爲此漢高之大作用也。夫禮，非僅朝儀也。漢高於他之儀制，闕焉不講，而首命叔孫通創朝儀，以定皇帝之貴，嚴堂陛之辨。其求詩書也，度亦猶是耳。有利於君權者存之，其不利於君權者仍禁之。始皇之燒詩書，以極迂濶之手段愚民，故不三十年，而消滅；漢高之求詩書，利用詩書以愚民，二千年尚保其薪傳。始皇之政策在一時，漢高之流毒在千古矣。綜而論之，始皇之惡在剛，漢高之惡在柔。心術之光明，度有不始皇若者。始皇有征匈奴，闢疆土之功，而漢高貽和親之辱，據此而論，漢高之罪浮於始皇矣。至於論專制之宗法，則吾寧祧始皇而詛漢高，世之識者，或不以予言爲謬乎！

《民報》第貳號胡漢民《述侯官嚴氏最近之政見》　中國則二千年來，政界沈沈，更無進化，内力荼弱，至爲他族陵逼者，可綜括爲二大原因：一曰，不知個人之有自由獨立；二曰，不知機關之性質。不知箇人有自由獨立，故飲食教誨惟所命之。其始如器械，惟工者之使用雕琢，而良楛不自謀也；其繼亦如牛羊，惟牧者之指揮，而意志不能自由也。故以能盡服從奉事之職者，爲上治之民；反是，則有如韓愈氏所謂民不出粟以事上，則誅而已。坐是而機關設置之必要，爲社會心理綜合各個人之意力，從於秩序分配以成者。莫辨所由來，而以爲天定，雖以莊周之明達，猶謂君臣之義無所逃於天地間。而王夫之氏諸人又悉以亡國之悲，而爲易朝之痛，良由不知機關之性質。則其權責無所限制，而分配之不均亦無如何。故欲明國家之性質，其最重者爲分子團體間之關係。而吾國政界之蒙昧，亦於此點爲最甚。詔以有機體説，則團體分子，知其不能判離，而可免散沙之誚矣。然以爲物質法則之支配，而不以爲心理法則之支配。重自然必至之關係，而輕人爲之自由，則所以爲對症發藥者，將益其疾而不治。

《民報》第三號胡漢民《民報之六大主義》　民報之主義有其順序，今亦依其順序以解釋之：

一、傾覆現今之惡劣政府。【略】

二、建設共和政体。有破壞而無建設曰無意識之破壞，此盡人所知也。然所謂建設者，决不可以後時。故先有建設之豫備，而後動，抑吾人之所以異於無政府黨也。吾人信今日支那國民之程度，不可以無政府。惟舊日之爲異族政府所有者，固當傾覆之。而數千年君主專制之政府，亦必同時政造，而後可以保種而競存。夫君主專制政体之不宜於今世，無待辨者。而覘國者且問其政体之尚含有專制性質與否，以爲其文明程度之高下。然則二十世紀苟創設新政體者，必思滌除專制惟恐不盡。中國前此屢起革命，而卒無大良果，則以政体之不能改造。故有明之勝元，不滿三百年，而漢族復衰，異族之政府去矣，而代之者，雖爲同種人，而專制如舊，則必非國民心理之所欲也。普通政治之論，反乎君主專制者，爲共和。故共和政体，廣義有三：曰貴族政体，曰民權政体，曰民權立憲政体。兹之所云，蓋指民權立憲之政，非獨不同於貴族，抑與民權專制者亦大有別也。今之僉人，動言我民族歷史無有民權之習慣，以是而摧傷愛國志士之氣。嗚呼！是非惟不知政治學也，又不足與言歷史。夫各國立憲之難，未有難於以平民而當戰勝君主貴族之兩階級者也。故美洲獨立，惟有平民，其立憲乃獨易，而民權亦最伸。吾國之貴族階級，自秦漢而來，久已絶滅，此誠政治史上一大特色其元胡滿清，以異種爲制，行貴族階級者不足算。今惟撲滿，而一切之階級無不平美國猶有經濟的階級，而中國亦無之。其立憲也，視之各國，有其易耳，無難焉也。且吾人聞最新法學者之言，謂立憲之先，必有開明專制時代。所謂開明專制時代者，其君以植民權爲目的。而用民權爲手段，訓練其民，使有立憲國民之資格者，如拿破崙之於法是也。以言中國則漢唐盛時，亦爲開明專制時代説本日本法學博士筧克彥。準是以言，則中國之爲開明專制已久。雖中經異族之亂，而根株不盡斲喪。今曰徵以歷史，而斷言我民族不可以爲共和立憲，不知何據。嗟乎！此輩即薄志弱行，亦惟緘口待盡可耳，何取爲邪説以誣毁我先民也？斯賓爾以生物之幹局已成難與改組者，比國家成制改革之難，惟吾人之意亦然。故必革命而後可言立憲。而一度革命，更不可不求至公至良之政体，而留改革之遺憾。故言專制，則無論其爲君權專制、民權專制，皆無道不平之政體也。而言立憲，則君主立憲，其治人者與治於人者，等差釐然各殊，其愛情亦從而生階級。民權立憲，則并此無之，而壹是平等。惟我漢族，民族思想與民權思想發達充滿，故能排滿，能立國。而既已能排滿立國，則探乎一般社會之心理，必無有舍至平等之制不用，而猶留治人者與治於人者之階級也。若慮夫革命之際，兵極與民權相抵觸，而無以定之，則孫逸仙先生之言約法精矣。

三、土地國有。近世文明國家所病者，非政治的階級，而經濟的階級也，於是而發生社會主義。其學説雖繁，而皆以平經濟的階級爲主。言其大别，則分共産主義與國産主義。而土地國有，又國産主義之一部也。世界惟民權立憲國，可行國産主義。蓋其統治權在國家，其國家總攬机關爲人民代表之議會，則社會心理反映於上，而國家以之爲國民謀其幸福，無乎不公！無乎不平！非稍有政治階級者所能比也。【略】

四、維持世界真正之平和。【略】

五、主張中國日本兩國之國民的連合。【略】

六、要求世界列國贊成中國革新之事業。【略】

以上六主義，得分之爲二：曰顛覆現今之惡劣政府，曰建設共和政体，曰土地國有，所以對内也；曰維持世界真正之平和，曰主張中國日本兩國之國民的連合，曰要求世界列國贊成中國之革新事業，所以對外也。而又得合爲一大主義，則革命也。爲革命言，爲知革命言，故革命所挾持之目的，所預備之實力，及其進行之事業，不可不避之手段，爲種種方面之研究，而俱函括於六主義之内。非惟應用於主觀，而施得其當。即客觀者能知其意，其與革命之事亦大有功也。孫逸仙先生之叙《民報》也，曰非常革新之學説，輸灌於人心，而化爲常識，則其去實行也近。然則能誦《民報》，知《民報》之主義，則革命可能。然哉！然哉！

《民報》第伍號朱執信《論社會革命當與政治革命並行》 社會革命者，於廣義則凡社會上組織爲急激生大變動皆可言之。故政治革命，亦可謂社會革命之一種。今所言者，社會經濟組織上之革命而已。故可謂之狹義的社會革命。

社會革命與政治革命當並行者，吾人所夙主張者也。方將著爲長之論文備究其相關係各方面之利害，且付於其施行之各政策之得失，加以批評。使我國民咸瞭於此義，則當與政治革命並行之旨亦自明瞭，不俟别爲之論。第此其程功不得甚速，而恐未之知者議議蠭起。故先簡短言之，其詳仍俟他日也。

近日《新民叢報》於本誌土地國有之主張，恣爲譏彈。本論實亦感之而作，然本論之主旨，在使人曉然於社會革命當與政治革命並行之理由，不專爲對彼辨論而作。故篇中皆以主張爲答辨，不與馳逐於末點也。【略】

既曰以並行爲便矣，則其並行後見如何之效果乎，決不可不一言者。然此當注意者，並行之効果，謂社會革命及於政治革命之影響，政治革命及於社會革命之影響也。若政治革命、社會革命自身之效果，則非今所論也。難並行者之説者曰：充公等之所望成矣，取中央政府而代之矣，而其結果則正如波倫哈克之説，謂最初握權者爲無資産之下等社會，而此後反動復反動，皆當循波氏所述之軌道而行。其最後能出一偉大之專制民主耶，則人民雖不得自由，而秩序猶可以恢復，國猶可以不亡；若無其人耶，則國遂永墜九淵矣。即有其人焉，或出現稍遲，而外力已侵入，而蟠其中央無復容其出現之餘地，國亦億刼而不可復矣。此彼所以爲最後之論點者也。而吾不得不驚條理之錯亂，論據之自相繆反。蓋論者之旨，以爲並行則秩序紛亂，而外力侵入也。其所言雖若兩，而實則根據於一。破其秩序紛亂之説，則外力侵入之説亦無從立也。乃問其言秩序紛亂之由，不出波倫哈克數語，此可謂奇謬矣。夫波倫哈克之説久爲學者所擯固無論，今假波倫哈克之説爲正，亦政足以爲社會革命當與政治革命並行之証左，而不得以爲政之之器械。何則？波氏所論爲未行社會革命之前之國家故也。波氏之所根據者，法國之歷史也。而法國之大革命，絶無社會革命之分子存於其間者也不惟然，且有助長競爭及絶對承認私有財産權之點，此可從《人權宣言》中見之者也。惟未爲社會革命，故有貧富階級代嬗以秉政權之説也。社會革命以階級競爭爲手段，及其既成功則經濟上無有階級。雖受富之分配較多者，亦與受少同等，不成爲特别階級，故絶不能言一階級經濟的握有政權，更不能言自此階級移之彼階級，由其無兩，故不得稱階級，亦無彼此可言也。故決不能由波氏之説，以證社會革命有害於政治上秩序。則波氏之言之本不實乃更無庸辯也。

以余輩觀之，則社會革命與政治革命並行，有相利而無相害。此可分兩方面言之：甲，社會革命及於政治革命之影響，此質言之，則政策不受社會經濟上勢力之搖動，而無爲一私人經濟上利益犧牲爲大多數幸福計之政策之事，是經濟階級不存之所利也。

綜　述

（清）康有爲《大同書》乙部《去國界合大地》　一、各國力量同等，體制自同等，則聯邦政府之體，不設總統，但設議員，故不可謂之公政府，但謂之公議政府。且各國主權甚大，公政府不過爲遣使常駐常議之體，體稍近瑞士，不能如美也，地隔甚遠，又不如瑞士也。

一、公議政府執政議事者，其始必從各國選派，或每國一人，或每國數人，或視國之大小為派人之多少如德制。然恐大國益強，此制或未能行也，此為第二三等國言也。

一、各國主權甚大，公政府不能設總統，並不能立總理，但立議長，於派遣各員中公舉爲之，以舉者多數充選，如聯軍之有統帥也。然議長並無權，不過處衆人之中，凡兩議人相等者，多一人之數以決所從耳。自爾之後，公政府體裁堅定，孔子曰：見羣龍無首，吉。乾元用九，天下治也。

公議政府專議萬國交通之大同　公議政府當各國主權甚大之時，則專議各國交通之大綱，其餘政事皆聽本國之自主，略如德國之各邦萬國交通同一之議。

第一，議定各國公律。凡國與國之交，各國人民與各國人民之交，因今國際公法而確定之，務求精詳，一以公平為宗旨。各議員隨時提議，由各國認可，施行全地焉。

第二，各國有交涉之事，按公法而判決之，議員公議，從其多數。既公議定後，各國不得不從。

第三，凡關税之出入，當漸求其平，不得限制他國及以一國壟斷。

第四，各國度量衡之名稱、長短、大小、輕重當力求劃一，以免參差而煩計算以損人腦。

第五，各國語言文字，當力求新法，務令劃一，以便交通，以免全世界無量學者兼學無用之各國語言文字，費歲月而損腦筋。若定爲一，增人有用之年歲，公益之學問，其益無窮。夫語言文字出於人爲耳，無體不可，但取易簡，便於交通者足矣，非如數學、律學、哲學之有一定而人所必須也，故以删汰其繁而劣者，同定於一爲要義。但各國並立，國界未除，則各國教育，當存其本國語言文字，以教其愛國心，爲立國之根本也。故一時慮未能廢去，但當定一萬國通行之語言文字，令全地各國人人皆學此一種以爲交通，則人人但學本國語言文字及全地能行語言文字二種而已，可省無限之歲月，可養無限之腦力，以從事於其他有用之學矣，所謂不作無益害有益也。且移無用之歲年爲有用之歲年，移空費之腦力爲實益之腦力，合世界人計之，其餘賸年月腦力，巧曆不能算其數；以爲非常之學思，創非常之器藝，其文明進化之急，豈可量哉！及國界已除、種界已除後，乃併本國、本種之語言而並捨之，其文字則留爲博古者之用，如今之希臘、拉丁文及古文篆隸、印之霸厘及山士諾烈可也。中國文乃有韻味者，不易去也。

第六，各國有不公不平不文明之舉動，公議院得移書責之，令其更改。

第七，各國有大破壞文明及公共之安樂，背萬國之公法者，公議院得以公調合各國之兵彈禁之。若仍不從，則同攻伐其國土，改易其政府。

第八，公議政府有預算之貲，當由各國公力供給，各國當依歲定之數撥給之。

第九，公議政府當有公地，其人民來住公地者，許脱其國籍，准其爲世界公政府之人民。

第十，各小國有願歸公議政府保護者，其土地人民皆歸公議政府派人立小政府。

第十一，各國甌脱之地，皆歸公政府派人管理。

第十二，大地之海，除各國三十里海界外，皆歸公政府管理，其海作爲公政府之地。凡未闢之島皆爲公地，居者卽爲公民。其漁於海者，其舟之自此詣彼經過公海者，皆納税焉。

第十三，各國所舉公議員每歲一易，惟不得名大臣，以其入公政府時卽脱本國之管轄。蓋雖某國之人爲某國所遣而實圖全地之益也，與國會議員之舉於其鄉而不受其鄉之責任同也。此義於今君主國暫未能行，惟民國既多，行之漸衆則必行。

第十四，各國公議員可留於公地爲公民，或復其本國，皆聽其自由。

第十五，海既爲公地，公議政府得爲海軍六艦，分出各國以備彈壓。各國爭戰，若有敢迎拒者，卽爲與全地萬國作公敵也，公政府得破其國取其地以爲公地，取其民以爲公民。其海艦，海軍之數，隨時議增。

第十六，公議政府以弭各國兵争爲宗旨，各國現有兵數，軍械及械廠、戰艦，皆應報告公政府。除其國必應自保外，有議增者，公議政府得干預之，太多者得禁止之，並歲議減兵之法。其兩國交界，彼此重兵嚴防者，公政府既有公地公民，當練公兵代爲鎮守兩界之間，以免兩國之互嚴防争，則兵數可以日減矣。

第十七，各國屬地自治之區有願投歸公政府者，卽作爲公地，歸公議政府派小政府統轄。

第十八，公地之民，不論何種何國，一律平等。

第十九，各國不得别偕結約及秘密條約。

第二十，各國人民聽其意入各國籍，不得以民族之殊限制禁格。

又：若能立公議政府，行各法，不及數十年，各國聯邦必成矣；各國聯邦法必固，各國損人利己之心必減，各國凌奪人以自利之事必少。以公地既立，公民日多，投歸公政府之自治地必無數。各大國勢力必日分日弱，各國民權團體必更熾，各國政府主權必漸削，如美國聯邦矣；各國公議政府必漸成中央集權，如華盛頓矣。卽各國雖有世襲君主，亦必如德之職邦各國，各國之自治政體，則如美國諸州、瑞士諸鄉，雖有强大之國不能争亂，不能吞并焉。至於是時，則全地公政府之大勢成矣，全地大同政府之基礎固矣，大公政府之大權行矣。

又：大同合國三世表

	大同始基之據亂世。	大同漸行之升平世。	大同成就之太平世。
二、	聯合舊國。	造新公國。	無國而爲世界。
三、	各國政府握全權，萬國公會，各國各派議使公議。	開始立公政府，有議員。有行政官，以統各國。	全地皆爲公政府，有行政官行政，有議員議政，而無有國界。

四、有公議會，無公政府。	割其國地或海上島為公政府。	世界全地盡為公國。
五、陸地各歸本國，海上無政府。	海上為公政府之地，小島嶼亦然。	全地海陸皆歸公地。
六、各國隨時附入公會集議。	各國可隨時附入公國，不得以兩國合成一國，惟許以一國分作數國。	各國皆歸併公政府，裁去國字。
七、民服於舊國。	人民漸脱舊國之權，歸於統一公政府。	無舊國，人民皆為世界公民，以公議為權。
八、公議會有議長，無統領。	公政府有議長，無統領，更無帝王，亦不得以各國帝王充議長，或不設議長。	公政府只有議員，無行政官，無議長，無統領，更無帝王，大事從多數决之。
九、各國有帝王統領，各有自立權。	各國多為統領，亦略有帝王而統於公政府。	無各國、各地，只有統領而統於公政府。
十、各國全權自治，公會但有集議。	各國限權自治，大事歸於公政府。	罷國，悉由民公舉自治，而全統於公政府。
十一、無公政府，但有公議會，不能徵用各國人民官吏。	公政府得徵用各國人民官吏，聽其自便。	無國，人民合為一公政府而公任其事。
十二、有公議院，無公政府之地。	有公政府，其設都會，駐官司，造船、立庫、購用各國地，皆由各國許諾，其規則隨時議定。	公政府可在任何地設都會，駐官司，造船，立庫。
十三、公議會不及各國內治，故各國內治全權無限。	公政府雖不及各國內治，而兵税、郵電、法律大政，皆有權限。	無國，而各地小政府與公政府各有權限，隨時議定。
十四、公議會有調和維持各國之責。	公政府有保護各國之責，鎮撫其內亂，調和其外争。	無國，公政府統治各界度。
十五、公議會條例為公法，駕各國法律之上。	公政府法律在各國法律之上，各國法律不得背反之。	全世界皆同屬公法律。
十六、各國聽公議會之法律審判。	議院法律證明各國之法律。	統歸公政府法律。
十七、各國聯盟條約。	各國半條約半憲法。	無國，但有憲法。
十八、各國可結條約，各國可別訂同盟。	各國不許別結條約，各國不許別結同盟。	無國，無條約可稱，無國、無同盟可言。
十九、公議會無權力限禁各國。	公政府有權限禁各國。	雖為公政府，而各界各度自治，不待限禁。
二十、聯邦政權及於各國，不及於民。	公國政權達於各國，漸達於民。	無各國，不分土，不分民，但合為一以治之。
廿一、各國自有權，不歸於公議會。	各國政權皆視為公政府所出。	無國，同出於公政府。

廿二、不入公議會而駁攻者，不得爲公議員。	叛公政府而駁攻者，爲最大罪。	人人皆公政府公民，無攻駁者。
廿三、國有不入公議會者，擯之不與公法之權利。	國有稱兵犯公政府者，視爲叛國。	凡人背公政府，有謀據地作亂、稱帝王君長之尊號及欲復世爵者，皆爲叛逆最大罪。
廿四、各國自有法律出於公政府之外，公政府無大權。	各國法律不能出公政府之外，公政府有無限之權。	無各國，法律同出於公政府，公政府復散權於各界各度。
一、各國立法權各在本國，不歸公議會，公議會但議國際法。	各國立法權雖歸各國，而全地公法權歸公政府上下議院。	各地亦有立法自治權，而全地法律歸公政府之上下議院公議立法。
二、公議會議各國所提出交涉公法之大案：各國皆可隨時提出政法事理案於公議院議之。	有公政府並公議院，議各國法律不定不一之案及有缺謬之案。	議定法律而通行之世界，政事有變，可歲歲提議。
三、公議會之例，各國議員議定，各國君主總統簽名宣布之。	公政府之法律，各議員政長同署名，以多數宣布之，或待各國君主總統之允然後宣布。	公政府之法律，各政長同署名，以多數宣布之。
四、公議會員有三分二改法則可改，各國政府有三分二改公法則可改。	各國立法部有三分二改公法則可改，公議員有三分二改公法則可改。	無各國，只有公議院及各地公院，議員立法從人數多者。
五、公議會數年一集，或有大事各國有請集議者則開議。	議院每歲一開，各國有過半數請集議者則開議。	議院終歲常開，有公舉，無集散，其各地有集有散。
六、有議會而無上下議院，候本國政府簽名。	有上下議院，須兩院畫諾乃行，不畫諾不行，或候各國政府簽名乃行。	同上，惟無國、無所，候議定即行。
七、議員派於政府，必由政府官吏。	上議院由政府，下議院由公舉，官吏人民各半。	議員皆由人民公舉，悉爲人民。
八、議員由各國政府派出或聽其兼使。	議員必用本國人居於本國者，不得以他國人充。	議員由各地公舉其久居本地之人。
九、議員由各國政府派一人充使，或大國三人，中國一人，如德國之制，隨時議定。	上議員，政府或議院舉每國二人；下議員，以各人民多寡爲率，略由人民公舉。	無國，上議員以每界每度舉之，下議員以人民多寡出之。
十、議員爲本國之代表。	上議員爲本國之代表，下議員爲世界之代表。	議員但爲世界人民之代表。
十一、公議會派員無年限。	各國議員或每年一選舉，或三年一選舉，隨時議定。	議員各地三年一舉，或每年一舉，隨時議定。
十二、公議會可立議長。	公議會不立議長，以多數取決。	議院不立議長，以多數決從違。
十三、選議長及書記皆由公定。	同上。	無議長，一切由公選。
決數以多數定之。	同上。	同上。

十四、議員有本國之祿。	議員受公政府之俸。	同上。
十五、議員合格與否由本國政府查，有罪由本國政府判決。	議員合格否，由公議院自查，有罪由公議院判決。	同上。
十六、議員於本國受告訴，有責任。	於本國不受告訴，不受責任。	不受法院告訴場外之責任。
議員一切罪犯，除本國召還外，所在之地不得治罪。	議員有犯，本國不得召還治罪，一切由議院公議。	議員有過誤，法官不得治，由議院公議。
十七、議使有罪，由本國罰之。	議員有罪，公議院得治其罪，不須待其本國，然必議員三分有二乃得施行。	同上。
十八、各國議使若有事故或謬誤病疫，由其本國政府再派員補充。	各國議員有事故病疫，由本國選舉人補充。議院選上議員，人民舉下議員，或議院閉時由政府派充暫署。	各國議員有事故病疫，由其本地公民再行公舉。
十九、公議會有各國公議員，無行政官。	公政府行政官皆由各國議員公選，每人至少有三國人合舉，若大地尚有多國則須五國並舉，其有強大之國，或如德國聯邦例，許有議員多人者，或許用一人。	公政府行政官卽由上下議員公舉。
議員皆各國所派，惟各國大臣可列席聽議，表本國之意見。	各國大臣議員皆得列席，可表本國之意見。	全世界名譽人皆得列席表其意見。
二十、公議會無官吏。	公政府有官吏，皆聽政長之任免黜陟，然於其本國職任權利無損。	公政府官吏皆聽長黜陟，無國，亦無本國權利。
一、海上判事聽兩國公議，判可移於公議會。	公政府法官聽海上之判事，凡海權全歸公政府。	大地皆歸公政府，無海陸之異。
二、凡國訟，提案到公議院審之。	公政府可派員至各國審訟。	無國，大案由其上控。
三、人民不敢控告其君主、統領於議會。	人民得控訴其君主、統領於公議院。	人民得控其長於公議院。
四、公議會得判各國之事而不能審判各國君主。	公議院得判各國之事，君主有罪，亦得審判之，然非三分有二不得作定。其科罪，或減名譽，削權，卽奪職位，隨時勢議定，君主亦得訴告再決。	上議院得審判全地之事，所有權要重貴之人之事，皆得科罪。
五、裁判事規則不盡同，契約法、刑法、商法、證書法、治罪法、訴訟法、公議會不預聞。	裁判事規則略同，公政府議定契約法、刑法、商法、證書法、治罪法、訴訟法，大略各國從同而斟酌之。	無國界，裁判、法律皆同。無國界，法律隨時議定而施行大同。

六、非犯罪不得奪人自由。訟事審理不速，無陪審人，無辯護人。	雖犯罪亦許自由。訟事要審，而審理必速，被訟人有用證人、辯證人之權。	人不犯罪，無訟、亦無審官、辯護人，只有公論人。
七、有罪罰金可重，施酷刑。	大罪不罰重金，大罪不施酷刑。	無刑罰，但有恥辱，人民無罪無刑。
八、罪人之身可殺，不可兩次受辱。	無殺刑，一次亦無苦。	刑措，人皆安樂無苦痛。
九、刑有死罪。	不立死罪，但設永監。	刑罰皆措，但有恥辱。
一、各國人民一律保護雜居營業，而服官、參政有限制，或不能雜居營業。	各國公民權無差異，各國人民彼此可互居營業，服官、參政，保護一體無異。	同爲大同人，無疆界，權利即無別異。
二、人民權利為本國及各外國制限。	民有公政府之權利，不許為本國及外國所制限。	無國，權利自由，但受公議法律之制限。
三、遷徙住居自本國，他國不得自由。	遷徙住居各國，可以自由。	無國界，人民聽其遷徙住居。
四、各國人民於各國無有特權、特許，各國人犯逃他國者可不交。	各國人民可受各國特權、特許，各國人犯互交。	大地人民所在之地權利同一，無國犯而有公犯。
五、救濟本國貧民，亦時及外國。	公政府救助貧民，無分本國外國。	貧民歸政府恤養。
六、治本國之病者，間及外國。	在外國病者，一律治療。	病者皆歸公醫院治之。
七、埋葬本國死亡，間及外國。	本國外國死者一律埋葬。	死者歸考終院料理喪葬。
人民各有私產，官收之必給價。	非有大故不得收人民私產。	人民無私產。
八、人民之身體、家宅、文書、財產，無故不受人搜索、押收，雖官府亦必形跡可憑乃能搜押。	化行俗美，然時有搜索、押收之事。	人民風俗全美，無有待搜索、押收之事。
九、人民不盡有保身體自立之權。	人民皆有保身體自立之權，非萬不得已不得侵奪。	人民各得有保身自立之權，自然無罪，不待侵奪。
限禁人民權利。	不限人民權利。	權利皆一切自由。
十、各國人民權利不平等。	各國人民漸平等而種未平等。	無國界，無種界，人民平等。
人民聽國取稅。	人民擔負國税。	人民養於公，無擔負。
人民不盡有公權。	人民有罪削公權。	人民無罪，皆有公權。
有事求民供應。	不求民供應。	舉國人皆平等，無供應。
十一、公民因人種、奴隸、婦女而異視。	公民不得因人種、形體而異視。	公民不因婦女，形體而異視。
十二、甲國之奴而逃於他國，即不為奴。	各國盡禁奴。	無國，人類平等，無奴。
十三、各國有奴而漸放之。	各國禁奴而不禁人服役。	各國人民平等，無人服役。

十四、國教各聽自由，公會不定之。	公商教義，尊天，而兼采諸聖之長以配天，以爲新教。	大地諸先哲及諸新義，皆公尊之，不獨尊一教而兼取其義。
十五、尊天而更尊各神。	各神皆不尊而稱尊天。	天亦不尊，但尊先哲及各人之神。
十六、專為一國者為小人。	爲大同者爲大人。	人人皆大同至公，是爲天民。
十七、各國有帝王、君主位號、權力。	漸削帝王、君主位號，改爲總統、議長。	無帝王、總統位號，人民平等，只有議長。
有世爵、貴族、平民、奴隸之別。	無奴隸，而世爵、貴族漸除而未盡。	無世爵、貴族，盡爲平等。

(清)孫中山《孫中山文集》卷一《致港督卜力書》 二、於都內立一中央政府，以總其成；于各省立一自治政府，以資分理。

所謂中央政府者，舉民望所歸之人為之首，統轄水陸各軍，宰理交涉事務。惟其主權仍在憲法權限之內，設立議會，由各省貢士若干名以充議員，以駐京公使為暫時顧問局員。

所謂自治政府者，由中央政府選派駐省總督一人，以為一省之首。設立省議會，由各縣貢士若干名以為議員。所有該省之一切政治、徵收、正供，皆有全權自理，不受中央政府遙制。惟於年中所人之款，按額撥解中央政府，以為清洋債、供軍餉及宮中府中費用。省內之民兵隊及警察部，俱歸自治政府節制。以本省人為本省官，然必由省議會內公舉。至於會內之代議士，本由民間選定；惟新定之始，法未大備，暫由自治政府擇之，俟至若干年始歸民間選舉。以目前各國之總領事，為暫時顧問局員。

三、公權利於天下。

如關稅等類，如有增改，必先與別國妥議而行。又如鐵路、礦產、船政、工商各業，均宜分沾利權。教士、旅店，一體保護。【略】

五、平其政刑。

大小訟務，仿歐美之法，立陪審人員，許律師代理，務為平允。不以殘刑致死，不以拷打取供。

(清)孫中山《孫中山文集》卷一《中國同盟會革命方略》 所謂國民革命者，一國之人皆有自由、平等、博愛之精神，即皆負革命之責任，軍政府特為其樞機而已。自今已往，國民之責任即軍政府之責任，軍政府之功即國民之功，軍政府與國民同心戮力，以盡責任。用特披露腹心，以今日革命之經綸暨將來治國之大本，佈告天下：

一、驅除韃虜 今之滿洲，本塞外東胡。昔在明朝，屢為邊患。後乘中國多事，長驅入關，滅我中國，據我政府，迫我漢人為其奴隸，有不從者，殺戮億萬。我漢人為亡國之民者二百六十年於斯，滿政府窮兇極惡，今已貫盈。義師所指，覆彼政府，還我主權。其滿洲漢軍人等，如悔悟來降者，免其罪；敢有抵抗，殺無赦！漢人有為滿奴以作漢奸者，亦如之。

二、恢復中華 中國者，中國人之中國；中國之政治，中國人任之。驅除韃虜之後，光復我民族的國家。敢有為石敬塘、吴三桂之所為者，天下共擊之！

三、建立民國 今者由平民革命以建國民政府，凡為國民皆平等以有參政權。大總統由國民公舉。議會以國民公舉之議員構成之。製定中華民國憲法，人人共守。敢有帝制自為者，天下共擊之！

四、平均地權 文明之福祉，國民平等以享之。當改良社會經濟組織，核定天下地價。其現有之地價，仍屬原主所有；其革命後社會改良進步之增價，則歸於國家，為國民所共享。肇造社會的國家，俾家給人足，四海之內無一夫不獲其所。敢有壟斷以制國民之生命者，與眾棄之！

右四綱，其措施之次序則分三期：第一期為軍法之治。義師既起，各地反正，土地人民新脱滿洲之羈絆，其臨敵者宜同仇敵愾，内輯族人，外禦寇仇，軍隊與人民同受治於軍法之下。軍隊為人民戮力破敵，人民供軍隊之需要及不妨其安寧。既破敵者及未破敵者，地方行政，軍政府總攝之，以次掃除積弊。政治之害，如政府之壓制、官吏之貪婪、差役之勒索、刑罰之殘酷、抽捐之横暴、辮髮之屈辱，與滿洲勢力同時斬絶。風俗之害，如奴婢之畜養、纏足之殘忍、鴉片之流毒、風水之阻害，亦一切禁止。並施教育，修道路，設警察、衛生之制，興起農工商實業之利源。每一縣以三年為限，其未及三年已有成效者，皆解軍法，布約法。第二期為約法之治。每一縣既解軍法之後，軍政府以地方自治權歸之其地之人民，地方議會議員及地方行政官皆由人民選舉。凡軍政府對於人民之權利義務，及人民對於軍政府之權利義務，悉規定與約法，軍政府與地方議會及人民各循守之，有違法者，負其責任。以天下平定後六年為限，始解約法，布憲法。第三期為憲法之治。全國行約法六年後，制定憲法，軍政府解兵權、行政權，國民公選大總統及公舉議員以組織國會。一國之政事，依於憲法以行之。此三期，第一期為軍政府督率國民掃除舊污之時代；第二期為軍政府授地方自治權於人民，而自總攬國事之時代；第三為軍政府解除權柄，憲法上國家機關分掌國家之時代。俾我國民循序以進，養成自由平等之資格，中華民國之根本胥於是乎在焉。

又：今軍政府與我國民驅除韃虜，恢復中華，大兵所至，舉滿洲政府不平等之政治，摧廓振蕩，無俾遺孽。凡租税厘捐一切不便於民者，悉掃除之，俾我國民得怡然于光天化日之下。俟天下大定，當制定中華民國之憲法，與民共守。其與虜朝相異之處，可預為國民言之：在昔虜朝貴滿而賤漢，滿人坐食，漢人納糧；民國則以四萬萬人一切平等，國民之權利義務無有貴賤之差、貧富之别，輕重厚薄，無稍不均。是為國民平等之制。在昔虜朝行暴君專制之政，以國家為君主一人之私産，人民為其僕隸，身家性命悉在君主之手，故君主雖窮民之力，民不敢不從；民國則以國家為人民之公産，凡人民之事，人民公理之。由人民選舉議員，以開國會，代表人民議定租税，編為法律。政府每年預算國用，須得國會許可，依之而行；復以決算佈告國會，待其監查，以昭信實，如是則國家之財政實為國民所自理，國會代表人民之公意，而政府執行之。譬如家人，既理家事，必備家用，輕重緩急，參酌得宜。較之暴君專制，横徵暴斂，民不堪命者，真有主僕之分，天壤之别。是為國民參政之制。是故民國既立，則四萬萬人無一不得其所，非惟除滿洲二百六十年之苛政，且舉中國數千年來君主專制之治一掃空之。斯誠國家之光榮，人民之幸福也。願我國民，各殫乃心，勉成大業！

雜　録

《清末籌備立憲檔案史料》第一編《派載澤等分赴東西洋考察政治諭光緒三十一年六月十四日》 光緒三十一年六月十四日内閣奉上諭：方今時局艱難，百端待理，朝廷屢下明詔，力圖變法，鋭意振興，數年以來，規模雖具而實效未彰，總由承辦人員向無講求，未能洞達原委，似此因循敷衍，何由起衰弱而救顛危。兹特簡載澤、戴鴻慈、徐世昌、端方等，隨帶人員，分赴東西洋各國考求一切政治，以期擇善而從。嗣後再行選派分班前往，其各隨事諏詢，悉心體察，用備甄采，毋負委任。所有各員經費如何撥給，著外務部、户部議奏。欽此。

《清末籌備立憲檔案史料》第一編載澤《出使各國考察政治大臣載澤等奏出洋考察政治請調員隨同差委摺光緒三十一年七月二十八日》 臣載澤、臣戴鴻慈、臣徐世昌、臣端方、臣紹英跪奏，爲尊旨考察政治，調員差委，仰祈聖鑒事。

竊臣等恭奉本年六月十四日上諭〔論文見前〕。旋於六月二十五日准軍機處片交面奉諭旨：著派商部右丞紹英隨同出洋考察各國政治。欽此。仰見朝廷鋭意圖強，實事求是之至意。

臣等伏維通變化裁，古有明訓，方今各國政治藝術，日新月異，進步甚速，博采而參觀之，取善從長，良多裨益。顧我中華近十餘年來，非不派學生出洋，遣員遊歷，卒未聞卓著成效者，則由於提倡之不力，研究之不精，是以風氣雖開，而持論者或參成見，規模雖剏，而任事者絶少專門，僅襲皮毛，難言實濟。今朝廷洞鑒於此，特命臣等分赴各國考察一切，以爲先路之導，俾海内人民咸曉然於我皇太后、皇上宵旰焦勞，將實行其因革損益之方，以收富國強兵之效，大局幸甚，天下幸甚。第臣等自顧駑庸，愧無識略，渥膺寵命，隕越深虞，惟有勉竭血誠，恪遵聖諭，於應行考察諸事，博訪詳諮，悉心體察，以期有裨萬一，上副聖廑。

至此次所帶人員，必須擇其心地純正，識見開通者，方足以分任其事。現經迭次公同酌商，各據所知，詳加選擇，謹將所調京外文武各員彙繕名單，恭呈御覽。俟奉旨允准後，即由臣等分別行知在京各衙門及各省督撫，迅飭各該員剋日治裝。查向章隨帶京外各員免扣資俸，候選者免其投供，仍應照章辦理，以便分帶前往。其餘各員應由臣等另行咨調。

所有遵旨酌調隨帶人員緣由，理合恭摺具陳，伏乞皇太后、皇上聖鑒訓示。謹奏。（單從略）

《清末籌備立憲檔案史料》第一編戴鴻慈《出使各國考察政治大臣戴鴻慈等奏進呈所編歐美政治要義以備立憲采用摺光緒三十二年九月初六日》

出使各國考察政治大臣、禮部尚書臣戴鴻慈、出使各國考察政治大臣、兩江總督臣端方跪奏，爲敬編歐美政治要義，恭録成册，進呈御覽，仰祈聖鑒事。

竊臣等此次前赴歐美各國考察政治，爲期較促，歷國甚多，深恐博覽周咨，不免掛一漏萬。是以放洋之後，即注意於采譯書籍，誠以耳目所得，常不敵公私著述之切實可稽，詳盡無憾。惟是譯材較少，政典彌繁，參隨各員間有口譯，筆受者又往往得其一端，未能綜括全體，且各國分譯，亦不能貫串成編，上備朝廷采擇。因特就各國政體，薈萃編爲歐美政治要義一書，酌派妥員，專司纂輯，去其繁雜，擷其精華，似於政治大端，業已粲然具備。現奉明詔，預備立憲，各國政體，自應兼搜並采，以備考求。謹將臣等所編，恭録成册，先行進呈，用備幾餘省覽。至參隨各員編譯各書，門類甚夥，現正詳加排比，分別部居，頭緒紛繁，審定尚須時日，容俟編齊後，陸續咨送考察政治館查核，再行呈進。其未經譯出之各國政書，有由臣等購買者，有係各國贈送者，名類更繁，篇帙頗富，亦經飭員譯出書目，開列清單，一併咨交政治館收録，以俟擇要編譯，俾成鉅觀。所有敬編政治要義成書，恭呈御覽各緣由，謹繕摺具奏，伏祈皇太后、皇上聖鑒。謹奏。

《清末籌備立憲檔案史料》第二編程德全《黑龍江巡撫程德全請速開國會以救時艱片光緒三十三年八月十一日》再，國會一議，現在地方自治程度尚未完全，責任内閣亦未組織成立，自不能大啟宏規，轉滋凌亂囂張之弊。惟必須議定選舉規則，先立國會議員之名，俾盡監督行政之責，且有國會則地方自治既可藉資考查，責任内閣亦可藉以維持。臣之議設國會者，非欲伸張民權也，良以詢於芻蕘，載在典籍，謀及庶人，曩哲所稱。此之瀆陳，無非冀此後當局措注，漸有合於人心，以挽全國泄沓之風，藉免斯世阽危之禍，我皇太后、皇上果欲通上下而知情變，其道不外此矣。微臣熟思審處，今日舍國會外，更無聯國家與人民合爲一事之長策。上年釐定官制王大臣所訂《資政院章程》，用意最善，惟選舉之途略狹，權責之寄太輕，是宜廣選英賢，逕開國會，以救時難而支危局。蓋大勢日偪一日，若必待事事皆有程度可言，則竟將無一事可辦矣。所有亟宜速開國會緣由，謹附片續陳，伏乞聖鑒訓示。謹奏。

《清末籌備立憲檔案史料》第一編程德全《暫署黑龍江巡撫程德全奏請行憲政融滿漢開國會導人才片光緒三十三年八月十一日》再，比年以來，負笈東洋諸生率多誘於邪説，近則海外之風潮日劇，中原之黨禍方興，上年京城吴樾之事，本年安徽徐錫麟之事，莘莘學子，寖成匪徒，誰實激之，禍乃至此。臣嘗究心歷史，細溯根源，竊謂辦理此等事件，首宜修明百政，以安反側之心，不宜薙獮株連，以成鈎黨之禍，蓋此輩宗旨以激成禍變爲樂，以前仆後繼爲能。我若懲辦過嚴，適以成彼黨之名，彰國家之過，究何利焉。昔漢、宋、明之末季，顧厨、元祐、東林朋黨迭興，凡皆政治窳敗，故生厲階。我朝仁厚開基，近際時勢變遷，並無深文苛政，若因此搜捕太過，竊恐多生枝節，爲患益深。伏冀皇太后、皇上行憲政，融滿漢，以安天下之心，開國會，導人才，以作徙薪之計，固不必懲禍變而悔行新政，尤不必因牽累而過事誅求也。譬諸良醫治疾，只求元氣充足，百病自可全消，若攻伐之劑過多，必將病入膏肓，本根日削，雖和緩不能治矣。抑臣聞彼黨之言曰，不破壞不能完全。是在我苟急圖完全之謀，則在彼勢難行破壞之事，臣願聖朝尚寬仁而敦致本者此也。謹附片密陳，伏乞聖鑒。訓示。謹奏。

光緒三十三年八月十一日奉硃批：覽。欽此。

《清末籌備立憲檔案史料》第一編《重申仍以宣統八年爲限實行憲政諭光緒三十四年十一月初十日》十一月初十日内閣奉上諭：朕纘承大統，登極禮成，追念前謨，彌深乾惕。仰維列聖相傳之治法，無非敬天法祖，勤政愛民，凡先朝未竟之功，莫不敬謹繼述。本年八月初一日，大行皇帝欽奉大行太皇太后懿旨，嚴飭内外臣工務在第九年内將各項籌備事宜一律辦齊，屆時即行頒布欽定憲法，並頒布召集議員之詔各等諭。煌煌聖訓，薄海同欽。自朕以及大小臣工均應恪遵前次懿旨，仍以宣統八年爲限，理無反汗，期在必行。内外諸臣斷不准觀望遷延，貽誤事機，尚其激發忠義，淬厲精神，使憲政成立，朝野乂安，以仰慰大行太皇太后、大行皇帝在天之靈，而鞏億萬年郅治之基，朕有厚望焉。欽此。

《清末籌備立憲檔案史料》第一編《重申實行預備立憲諭宣統元年二月十五日**》** 宣統元年二月十五日内閣奉上諭：國家預備憲政，變法維新，疊奉先朝明諭，分年預備，切實施行。朕御極後，復行申諭依限籌辦，毋得延緩，今特將朝廷一定實行預備立憲維新圖治之宗旨，再行明白宣示。總之，國是已定，期在必成，嗣後内外大小臣工皆當共體此意，翊贊新猷。其有言責諸臣，亦當慎體朕殷殷求言之至意，於一切新政得失利病，剴切敷陳，俾臻上理。儻敢私心揣摹，意存嘗試，摭拾腐敗浮言，淆亂聰明，亦有應得之咎也。將此通諭知之。欽此。

《清末籌備立憲檔案史料》第二編李家駒《資政院總裁李家駒等奏請速開國會以符立憲政體摺宣統三年九月十五日**》** 資政院總裁・内閣法制院院使臣李家駒等跪奏，爲請速開國會以符立憲政體，恭摺仰祈聖鑒事。

竊臣院奏准信條既爲憲法之標準，則國民代表之確正機關尤應早日成立，以期立憲政體之完成。所有議院法、選舉法擬由臣院徵集軍民意見詳慎議訂，奏請頒布，以便即時選舉，於數月之内召集國會。事關大局，無任迫切待命之至，伏乞皇上聖鑒訓示。謹奏。

（清）譚嗣同《譚嗣同全集》卷三《思緯壹壺臺短書——報貝遠征》

祖父之産，身後不悉歸於子孫，猶然民主之法之推也，是永無兄弟骨肉争産之訟，與奪嫡争繼之訟。

（清）孫中山《孫中山文集》卷一《支那保全分割合論》 支那國制，自秦政滅六國，廢封建而為郡縣，焚書坑儒，務愚黔首，以行專制。歷代因之，視國家為一人之産業，制度立法，多在防範人民，以保全此私産；而民生庶務，與一姓之存亡無關者，政府置而不問，人民亦從無監督政府之措施者。故國自為國，民自為民，國政庶事，儼分兩途，大有風馬牛不相及之别。政府與人民之交涉，只有收納賦税之一事，如地主之于佃人，惟其租税無欠則兩不過問矣。【略】

則漢人者，失國二百餘年，猶不忘恢復之心，思脱異種之厄；況今天下交通，文明漸啟，光氣大開，各國人民唱自由之義，講民權之風以日而盛，而謂支那人獨無觀感奮圖獨立者乎！即如是矣，而謂其肯甘受列強之分割，再負他族之新軛而不出死力以抗者，恐無是理也！【略】

若以一國逞蓋世威武，托吊民罰罪之名，入而廢易其朝主，厚撫其人民，併吞而獨有之，以憲法而統治之，或有可行之理也；雖然，得失其能償乎，于人道文明為有功乎，未敢言也。

（清）孫中山《孫中山文集》卷一《在東京〈民報〉創刊周年慶祝大會的演説》 今天這會，是祝《民報》的紀元節。《民報》所講的是中國民族前途的問題，諸君今天到來，一定是人人把中國民族前途的問題横在心上，要趁這會子大家研究的。兄弟想《民報》發刊以來已經一年，所講的是三大主義：第一是民族主義，第二是民權主義，第三是民生主義。

那民族主義，卻不必要什麽研究才會曉得的，譬如一個人，見著父母總是認得，決不會把他當做路人，也決不會把路人當做父母；民族主義也是這樣，這是從種性發出來，人人都是一樣的。滿洲入關到如今已有二百六十多年，我們漢人就是小孩子，見著滿人也是認得，總不會把來當做漢人。這就是民族主義的根本。

但是有最要緊一層不可不知：民族主義，並非是遇著不同族的人便要排斥他，是不許那不同族的人來奪我民族的政權。因為我漢人有政權才是有國，假如政權被不同族的人所把持，那就雖是有國，卻已經不是我漢人的國了。我們想一想，現在國在那裏？政權在那裏？我們已經成了亡國之民了！地球上人數不過一千幾百兆，我們漢人有四百兆，占了四分之一，算得地球上最大的民族，且是地球上最老最文明的民族。到了今天，卻成爲亡國之民，這不是大可怪的嗎？那非洲杜國不過二十多萬人，英國去滅他，尚且相争至三年之久；非律賓島不過數百萬人，美國去滅他，尚且相持數歲；難道我們漢人，就甘心於亡國！想起我漢族亡國時代，我們祖宗是不肯服從滿洲的。閉眼想想歷史上我們祖宗流血成河、伏屍蔽野的光景，我們祖宗很對得住子孫，所難過的，就是我們做子孫的人。再想亡國以後滿洲政府愚民時代，我們漢人面子上從他，心裏還是不願的，所以有幾回的起義。到了今日，我們漢人民族革命的風潮，一日千丈。那滿洲人也倡排漢主義，他們的口頭話是說他的祖宗有團結力，有武力，故此制服漢人；他們要長保這力量，以便永居人上。他們這幾句話本是不錯，然而還有一個最大的原因，是漢人無團體。我們漢人有了團體，這力量定比他大幾千萬倍，民族革命的事不怕不成功。

惟是兄弟曾聽見人說，民族革命是要盡滅滿洲民族，這話大錯。民族革命的原故，是不甘心滿洲人滅我們的國，主我們的政，定要撲滅他的政府，光復我們民族的國家。這樣看來，我們並不是恨滿洲人，是恨害漢人的滿洲人。假如我們實行革命的時候，那滿洲人不來阻害我們，決無尋仇之理。他當初滅漢族的時候，攻城破了，還要大殺十日才肯封刀，這不是人類所為，我們決不如此。惟有他來阻害我們，那就盡力懲治，不能與他並立。照現在看起來，滿洲政府要實行排漢主義，謀中央集權，拿憲法做愚民的器具。他的心事，真是一天毒一天。然而他所以死命把持政權的原故，未必不是怕我漢人要剿絕他，故此騎虎難下。所以我們總要把民族革命的目的認得清楚，如果滿人始終執迷，仍然要把持政權，制馭漢族，那就漢族一日不死，一日不能坐視的！想來諸君亦同此意。

民族革命的大要如此。

至於民權主義，就是政治革命的根本。將來民族革命實行以後，現在的惡劣政治固然可以一掃而盡，卻是還有那惡劣政治的根本，不可不去。中國數千年來都是君主專制政體，這種政體，不是平等自由的國民所堪受的。要去這政體，不是專靠民族革命可以成功。試想明太祖驅除蒙古，恢復中國，民族革命已經做成，他的政治卻不過依然同漢、唐、宋相近。故此三百年後，復被外人侵入，這由政體不好的原故，不是〔做〕政治革命是斷斷不行的。研究政治革命的工夫，煞費經營。至於著手的時候，卻是同民族革命並行。我們推到滿洲政府，從驅除滿人那一面說是民族革命，從顛覆君主政體那一面說是政治革命，並不是把來分作兩次去做。講到那政治革命的結果，是建立民主立憲政體。照現在這樣的政治論起來，就算漢人為君主，也不能不革命。佛蘭西大革命及俄羅斯革命，本没有種族問題，卻純是政治問題，佛蘭西民主政治〔體〕已經成立，俄羅斯虛無黨也終要達這目的。中國革命之後，這種政體最為相宜，這也是人人曉得的。

憲政分部

論説

《清末籌備立憲檔案史料》第一編王步瀛《御史王步瀛奏改良政治必先統一事權摺光緒三十二年五月十一日》

四品銜掌浙江道監察御史王步瀛跪奏，爲考察政治將見實行，擬請豫籌辦法，以免窒礙而集事權，恭摺仰祈聖鑒事。

竊維國家之安危，視於政治，政治之樞紐，必在中央。我皇太后、皇上勵精圖治，去歲既派五大臣出洋考察，旋復設政治館以爲改良之基礎，仰見聖明洞悉富強之本，與時變通，如臣之愚，亦何敢妄贊一詞，惟一得之慮，有不能已於言者。臣聞西哲樂倫氏有言，爲今日大公法家者，必碩學之士乎，知己國內政之蘊微，以應外人，非政家其誰耶。由此觀之，專修外交，猶不可不悉內政，況將取外人之政治與我國所固有者，鎔陶而損益之，顧於我國之地理、民情、風俗、習慣與政治一切之關係，茫然罔知，遽昧昧然懸一高尚之目的，微論東西之制，不盡脗合於中國，即中國之制，亦斷難畫一於行省，何也？地大物博，風氣互殊，一方所謂利者，遷地或即以貽害，此處所當興者，彼處或不可不革。惟在捨短從長，師意去迹，因地施宜，揆勢立法，則非久於其土與士民相親者未易從事矣。況行政之要，貴於敏速剛斷，權歸統一。故西國之制，一部必有長官，長官必以一人，尚慮其不統一也，又置一人爲內閣總理，對於議院而負責任。誠以政權若不統一，則多滯礙難行之處，非立法必須公議者比也。

前者我國部臣於各省之情形素未講求，故請旨施行之事件，不必悉宜於通國，往往疆臣持其短長，直以萬難遵辦相覆，或則陽奉陰違，名實不副，部臣亦無可如何。既乖令出惟行之旨，亦非集權中央之道，而按諸地方情形，則實有不能一律者，亦非盡疆臣跋扈因循之咎也。今者百度維新，萬方聳視，若蹈前此之積習，將貽列邦之訕笑，諸凡舉措何望有成。即大臣顧念及此，以一省之利弊，詢該省之疆臣，無論往返稽延時日，且其中之周折隱微，有爲督撫之所不欲言，更有督撫所不及知。求其熟悉於地理、民情、風俗、習慣，足以孚士民之心，而收指臂之效者，實莫若本地學品兼優之紳，與本省才能素著之官。臣愚擬請旨將臣此摺交政務處及考察政治館大臣迅速核議，妥訂辦法，奏候聖裁。並請飭下各直省將軍、督撫，慎選本省留心時事閱歷有得之道府州縣，並令闔省紳民公舉識見宏通人望素孚之紳士各一員，奏派政治館顧問官，爲一省之代表。遇有該省疑難之問題，即向該員就近諏詢，其有於本省情形必不能行者，亦許該員有抗議之權。庶集思廣益，兼聽則聰，下令於流水之原，不至貽反汗之羞，奠國安民，在此一舉。往者商部設立伊始，即訂商律，咨訪未周，調查不備，倉猝從事，遺漏良多，識者惜焉。《中庸》云：凡事豫則立，不豫則廢。故改絃更張之際，不可不早爲之所也。

臣爲改良政治必先統一事權起見，是否有當，謹恭摺具陳，伏乞皇太后、皇上聖鑒訓示。謹奏。

《清末籌備立憲檔案史料》第一編陳夔龍《江蘇巡撫陳夔龍奏報紙電訊集會演説宜範圍於法律之内摺光緒三十二年八月二十八日》江蘇巡撫臣陳夔龍跪奏，爲開通民智，宜範圍於法律之内，以正人心，而端趨向，恭摺仰祈聖鑒事。

本年七月十三日奉上諭：著各省將軍、督撫曉諭士庶人等，尊崇秩序，保守和平，以預儲立憲國民之資格等因。欽此。詔書愷惻，讀者莫不感動。臣受恩深重，忝任疆圻，策勵國民之進步，責無旁貸。竊見各處報紙、電信、演説、開會等事，皆爲廣開民智之階梯，得其道則裨益良多，失其道則阻礙特甚，請縷陳之。

報紙上宣國是，下達民情，旁及各國時局，士民閲之，可以增長智識。外國報館林立，多者萬餘家，從未有本國新聞紙借外國人出名保護者，其立論皆有愛國之思想，每次出報必受官吏之檢視，故報館有利而無弊。中國報業原不乏明通之士，惟於軍國大計，未經宣布，無從探悉者，往往附會其詞，任意譏評，以訛傳訛，胥用浮言，熒良懦之聰，生莠民之心，流傳海外，益啓外人輕視中國之心。此報紙之阻礙立憲進步也。擬請飭下外務部與各國公使，特訂專條，凡通商口岸開設華字報者，勿論華股、洋股，悉應遵守中國報律。買辦何人，主筆何人，必須先赴有司衙門註册，查有不合，該印委有即刻禁止出報之權，情罪較重者，由中國自行處治，外人毋得干預，以免妨害治安。

電報之設，使京外一氣靈通，無悞事機，而商民轉輸貿易，亦藉以速達。近年官督商辦，餘利甚豐，惟章程尚有宜酌者，商電密碼，價止加倍，匪黨編成暗號，透漏消息，屢有所聞，然此固電局所無從覺察也。乃有假公濟私，逞忿攻訐，甚至妄議大政，動稱學界全體、商界全體，或臚多名，逕達政府各部，意存恫喝，及事後查辦，莫得主名。此電信之阻礙立憲進步也。擬請飭下電政大臣，通行各省商電局，凡有以上情事者到局發電，必須令其妥覓的保，方准代傳。否則勿貪電費小利，即可直言拒卻，倘扶同隱飾，一經發覺，即惟該局委員是問。

外國凡有聚集，即可演説，中國近亦所在仿行，果係宣明公理，啓發新知，可以助教育之普及，此亦竭力提倡者也。以臣所聞各處演説，事關公益者，固居多數，而出於私見小忿，妄逞臆説，簧鼓聽聞，以致激成事端者，亦在所不免。署督臣周馥，前經定章，凡演説聚集十五人以上者，須報明地方印委查考，惟遵行者實不多見。若漫無稽核，勢必横議成風，妄言妄聽，職爲亂階。此演説之阻礙立憲進步也。朝廷政存寬大，良民開會，本所不禁，近世譯書，盛言團體，各省風氣所趨，商有商會，學有學會，其餘凡有一事，必有一會。其所組織自治規則，果屬完善，遇事輔助官力所不及，此亦應竭力提倡者也。惟間有設會意在斂費，人類良莠不齊，地方一切公事，越俎攙與，甚且恃衆抵抗，又或此會與彼會參商，各植黨類，假公益以便私圖。此開會之阻礙立憲進步也。擬請飭下巡警部，妥立演説則例、開會則例，請旨通飭各督撫同巡警委員，切實檢查，不得視爲具文，有名無實，致滋流弊。

臣聞法學家之言曰：臣民對於行政機關，各有懍懍森森之氣象，斯可謂之法治國。又考日本憲法第二章，臣民言論、出版、集會、結社，皆不得出於法律範圍之外等語。臣爲預備起見，以上數端，匪特於現在地方之治安，防其捐害，實欲使將來國民之程度，進於文明。

是否有當，謹恭摺具陳，伏祈皇太后、皇上聖鑒訓示。謹奏。

光緒三十二年九月初九日奉硃批：該衙門查核辦理。欽此。

《清末籌備立憲檔案史料》第一編袁世凱《直隸總督袁世凱請派大臣赴德日詳考憲法並派王公近支赴英德學習政治兵備片光緒三十三年六月十九日》

再，立憲綱目，端緒至繁，近數十年來，環球各國無不頒布憲法，顧國既有情勢之不同，則法亦有範圍之互異。況憲法一定，永永不易，則所以綢繆未雨，斟酌而別擇之者，非假以歲月不爲功。前者載澤等奉使出洋，原爲考求一切政治，本非專意憲法，且往返僅八閱月，當無暇洞見源流。臣聞日本之預備立憲也，遣伊藤博文等周遊歐美視察憲政，綿歷九年，始宣布七十六條之憲法。各國政體，以德意志、日本爲近似吾國，現奉詔切實預備立憲，柯則具在，詢度攸資。擬請特簡明達治體之大臣，分赴德、日兩國，會同出使大臣專就憲法一門，詳細調查，博訪通人，詳徵故事，何者爲入手之始，何者爲收效之時，縣鑑照形，立竿取影，分別後先緩急，隨時呈報政府核交資政院會議定奪，請旨施行。政府居出治之地，資政院當發軔之初，遇有疑難，正可與該大臣函電相商，使其發明真理。至該大臣回國之期，不必預定，總以調查完竣鉅細不遺爲斷，庶可由淺及深，隨時蒐録，俾憲法未定以前，折衷至當，層遞推行，模範既良，釐訂自易。

抑臣更有請者，宗支之盛衰，動關國本之強弱，國朝舊制，每以王公首領樞廷，親賢夾輔，鞏我皇基。比者朝廷鋭意圖強，親貴屢膺專使，但皆交鄰之聘問，未聞求學之勤劬。若歐洲各國往往遣皇子游學異邦，或入軍隊，或入學堂，將以裒與國之專長，起國民之觀感，而傳所謂苦其心志勞其筋骨者，亦於此寓焉。擬請簡擇王公近支聰穎特出者，遣赴英、德兩國學習政治、兵備，不限員數，多多益善。每員慎選精通漢文、洋文之隨員各一人，衹帶僕從二三人，毋取儀從煊赫之華，力屏貴遊驕惰之習，務與游學士紳相去不遠，乃得專精學業，而不至旁騖於酬應之繁。此外貴胄廷臣，亦宜輪流選派游歷，以祛錮蔽，而廓見聞。

或謂逆黨方張，嘯聚海外，乘間竊發，危險堪虞。不知逆黨陰謀，深恐立憲既成，絶其生路，故乘此人心未定之日，以恫嚇爲阻撓，如果因噎廢食，憚此一行，詎非墮脅制之奸謀，長猖狂之聲勢。且上年載澤等續派出洋，在都門炸藥轟發之後，而東西徂征，往返固皆無恙。今若游學英、德，該兩國警察嚴密，防範甚周，似亦無庸過慮也。謹附片具陳，伏乞聖鑒訓示。謹奏。

《清末籌備立憲檔案史料》第一編端方《兩江總督端方奏請迅將帝國憲法及皇室典範編定頒布以息排滿之説摺光緒三十三年七月初七日》

頭品頂戴兩江總督奴才端方跪奏，爲憲法與典範相輔爲用，懇請迅飭編定頒布，以維國本，而遏亂萌，恭摺瀝陳，仰祈聖鑒事。

竊自去年七月，欽奉明綸，宣示立憲之預備，中外臣庶，懽忭同深。復讀本年五月二十八日諭旨，立憲之道，凡有實知所以預備之方施行之序者，准各條舉以聞。仰見我皇太后、皇上，博訪周諮，務求實際之至意。

伏查各國之立憲，制各不同，由專制朝廷頒行憲法者，謂之君主立憲，其君主爲萬世不易之統，日本天皇常握全國最高之統治權是也。考日本憲政本源，一在萬機決於公論，與人民以參議之權，一在振起皇基，使天主之權力不可侵犯，故其帝國憲法與皇室典範，相輔而行。明治二十二年，發布憲法敕語，大致謂本祖宗所授之大權，對於現在及將來之臣民制定大憲，以示率由。子係當循行不愆，臣民當永遠從順。其皇室典範，自皇位繼承，以及皇室經費，條目雖多，其綱要不外推本治謀，總攬治統，以示相承一系，傳之無窮。此即全國公奉君主一姓爲永遠不移之皇室，其所占之地位，實有確不可拔之基。我朝聖聖相承，聰聽彝訓，宵衣旰食，庶政親裁，立國之體，與君主立憲國意義多同。至於制節謹度，杜漸防微，其典則之詳明，與宫廷之節儉，亦復洪纖畢貫，薄海同欽。祇以向來未有專書，臣民無從研究，兹當舉行立憲之初，固應原本典章，垂爲模範，上以昭祖宗之家法，下以作萬世之規型。

近年不逞之徒，倡爲排滿之説，與立憲爲正反對。奴才愚見，以爲宜俯從多數希望立憲之人心，以弭少數鼓動排滿之亂黨。擬請飭下廷臣，迅將我大清帝國憲法及皇室典範二大端，提議編纂，布告天下，必可永固皇基，常昭法守。至各省紳商所設地方議會，實有關於立憲基本者，如主持得人，宗旨甚正，似可加以考察，量爲扶助，使信從漸廣，皆趨於憲政之一途，亂黨煽惑愚氓之力，當不戢而自銷。嘗考古今制法之原，在乎合一國之人，能自部勒，以立紀綱，日進於不可侮辱之域。現在内患外侮，極爲可憂，苟中外臣工仍以敷衍苟安爲計，以傾軋排擠爲能，恐安危之數，不在黨徒之煽亂，而在政論之紛歧。伏願我皇太后、皇上施剛斷之天聰，責憲政之實際，申儆臣工，力圖挽救，以鞏聖祚，以遏亂萌，天下幸甚。奴才一得之愚，謹恭摺披瀝具陳，伏乞皇太后、皇上聖鑒訓示。謹奏。

光緒三十三年七月十八日奉硃批：憲政編查館知道。欽此。

《清末籌備立憲檔案史料》第一編黃運藩《候補内閣中書黃運藩陳請卽罷議立憲呈光緒三十三年七月十八日》 具呈員外郎銜候補内閣中書黃運藩，爲擬請罷議立憲，應詔陳言，懇請核准代奏事。

竊職伏讀五月二十八日上諭：欽奉懿旨，立憲之道，全在上下同心，内外一氣，去私秉公，共圖治理，應如何切實預備，乃不徒託空言，有實知預備之方施行之序者，准各條舉以聞等因。欽此。仰見兩宫因時制宜，博訪周諮之至意。惟職一隅之見，覺中國原自有憲，無庸仿傚外人，未能緘默，請直陳之。

大抵中西立國本原，絶乎不同。中國盛時，禮教修明，人物豐熾，君臣交儆，朝野蕩平，淫巧奇技爲上所禁，異端邪説不期自絶。内無吠犬之驚，外少謀夏之寇，其有臣而言利民而奸義者，國家賤惡之。蓋五帝三王之治中國也，無非胥一世而納之禮讓之中，自兩漢至今，範圍不踰，民生日用而不覺，故卽時當末造，土地可亡，而人心之廉恥不喪，所謂兵食去而信斷不可無，其道足以防範萬世，而魯秉周禮，卽以戢強鄰之窺伺，非無術也。今東西各國君臣上下悻悻謀利，陰謀篡奪，不遑不止，故國愈富強者，其趣利如鷙鳥猛獸之博噬，相角而相亂。而不知其實爲中國所不取，蓋其爲國本猶去開闢之時不遠，草昧荒忽，禍亂相尋，卽有漸立之憲能自治其國耳矣，烏足以爲中國師哉。且查各國所有稍近文明之事，率多本之中土，而其人之自中土歸者，又未嘗不推我國爲教化之最先，風俗政教，信多非彼國所及，使臣筆記，口語流傳，不可誣也。

職竊揣主張立憲之諸大臣，特擬以師其富強耳，故諭旨亦以馴致富強爲訓。夫中國自道、咸以來，本號貧弱，既貧且弱矣，烏得不勉圖富強。職則以爲中國自有可富可強之道，而亦爲本富本強之國。阮元、林則徐、達洪阿、姚瑩、徐廣縉、左宗棠，彭玉麐等用之則富且強也，琦善、耆英、伊里布、桂良、花沙納、牛鑑、葉名琛、譚廷襄、李鴻章等用之則覺貧且弱，蓋富強固存乎其人也。今卽外患棘矣，國勢危矣，人心日囂矣，乃不揣其本，而欲一一師法乎人，且似非立憲則猶未造其極者，職誠疑之。疑今所辦新政，已非一端，而富強之效，胡茫若捕風也。又況男不尊君嚴父，女不敬父從夫，綱紀陵夷，怪變横出，至四品大員有敢於槍斃本管疆臣而圖叛逆之事，此等風尚，猶可與圖富強哉？或者且謂惟立憲可以已之矣。此尤謬説。夫憲非法之謂而已乎，憲又有大且要於中國之所謂三綱五常者乎？堯、舜、禹、湯、文、武數聖人，所以治中國之天下，而可儀型夫億萬世者，胥恃此焉耳。今男無君父，女無夫，當更取何者爲憲，而必中國之剏立之耶？豈不知破壞中國之憲以致壞亂者，實由事必學人而致然乎？今乃謂可藉立憲以定中國之亂，是欲以召亂賊者定亂賊耳，可乎否也？

頃見大學士湖廣總督張之洞覆王大臣改官制電：考各國立憲本旨，不外達民情、采公論兩議，此乃中國聖賢經傳立政之本原，唐虞三代神聖帝王馭世之正軌，心同理同，中外且有殊異。其語不啻爲職言引其端。且又云憲法精義不外好惡同民，此大學平天下章民好好之，民惡惡之本旨，苟求立憲，一絜矩而卽得之，又何待外求也哉。職伏願朝廷今且稍示鎮定，但取祖宗成憲，切實行之，而又戒官司以節用，勿假新政而爲聚斂之謀，抑強暴而安民，勿苟目前而致本根之撥，補闕修廢，毖後懲前，是卽爲立憲。萬不必動於異説，别剏一新奇名目，以淆亂人人之耳目，而震蕩其心。且多一變更，必多一擾攘，必多一煩費，必多一搜括，中國此時之民尚堪此耶。人心一去而天下土崩瓦解矣，諸主張立憲各大臣料難擔任其咎。

至於海軍當立，實爲今日禦侮之要圖，萬難稍緩，卽今籌款維艱，亦宜裁省他務注重於此，而又以撙節行之，實心任之，則自成效可期，而款歸實用矣。

職不勝憤奮惶迫之至，謹具呈懇請代奏，果能卽行罷議立憲，斯億萬年有道之長基此乎。謹呈。

《清末籌備立憲檔案史料》第一編李頤《湖南試用道李頤請徐圖立憲呈光緒三十三年七月二十八日》 三品銜湖南試用道臣李頤跪奏，爲應詔陳言，亟籌安内禦外以紓隱患，恭摺呈請代奏，仰祈聖鑒事。

竊臣恭讀光緒三十三年五月二十八日上諭，轉奉皇太后懿旨，立憲之道，亟應博訪周諮，集思廣益，凡有實知所以預備之方施行之序者，准各條舉以聞。欽此。等因。奉此。仰見朝廷勵精圖治，鋭意求言至意，欽佩莫名。夫今天下大勢，正内憂外侮相逼而來之時也。漠視者遂謂無術自強，付之無可如何，憂國者又過於激烈，急思立憲，以挽危局，臣愚皆未敢以爲然也。我朝幅員數萬里，帶甲百萬，天下最強之國也，雖内外交乘，自有修攘之道，何至莫展一籌。若憲法本爲自強要義，但愚民尚苦於不知，過激轉形其擾，奸黨正圖謀不軌，紛更適爲之資。懿旨指示預備之方施行之序，正深明立憲緩急之道也。究之今日所急而不可緩者，欲遏亂萌，亟宜講求治理，治理無他，其要在安内禦外二者而已。

臣請先言安内。夫安内必先審其不安之故，而後可謀所以安之，正不必諱莫如深也。雜税日增，民心不安，科舉全廢，士心不安，新學多偏，衆心不安，官制屢變，官心不安，舊營全易，兵心不安，洋貨爭衡，商心不安。夫我朝厚澤深仁，人心固結已久，其所以不安者，國家變法定章本善，因奉行不善者，強迫以致於此。任事者不肯任咎，必諱不安以爲安，臣恐内亂生，外侮至，危殆在旦夕間，直貽朝廷憂耳。智者料事未然，況必然耶。故今日之勢，惟以安内爲先，各省行政糜費過鉅，一律裁節，部派亦可酌減，則用少而苛税可除，陽奉陰違者罪之，民心安矣。學堂非生員不准考，鄉會試可廢，提學使歲科試不可廢，取作生員仍如舊額，留備學堂之選，士心安矣。學堂重中學，以四書五經爲本，仍設東西學科以精技能，内本外末，士習必純，人材必盛，衆心安矣。破格用奇才，常例容多士，斟酌既定，歷久不更，官心安矣。徵兵召募，因地制宜，兩者並行，無所勉強，訓練則仍一律，兵心安矣。廣興商會，大闢銷場，有害必除，有謀必達，商心安矣。如此而天下舉安矣。人心既安，徐求立憲之法，程度日深一日，十年之後，再議立憲，可行所無事也。如不求天下之安，但求行我憲法，所謂自治適以自亂，天下騷然，後悔無及，臣願求安内者，審慎圖之可也。

臣請更言禦外。夫禦外必先悉其難禦之勢，而後可求所以禦之，亦猶安内之法也。外人有欲必遂，難禦者人材，敵國彼此相聯，難禦者協約，府庫儲蓄最富，難禦者財政，水陸師船兼勝，難禦者兵威，貨物珍奇麕至，難禦者商戰，條約權利並爭，難禦者狡謀。集此難禦之狀，而加以列強之多，鷹瞵虎視，日危一日。若我不能自振，徒爲因應對付，國勢亦日弱一日，則禦之之法，必心入各國之中，而力求抵制，又必心超各國之外，而別運雄圖。故今日之勢，總以禦外爲要。運籌帷幄，決勝千里，天下不乏異才，求之卽至，人才可禦矣。先圖富強，繼圖聯合，待之以誠，折之以義，運之以智，示之以威，協約可禦矣。廣行紙幣，大利遽興，官運官督，鹽課加倍，免釐加税，巨款必增，出洋人税，公使分勸，開源節流，財政可禦矣。陸軍海軍核實精練，購船製炮，勿惜重資，選用名將，必無弱兵，水陸兼籌，屹然雄鎮，兵威可禦矣。工藝盛行，土貨日旺，船行外洋，銷路愈廣，兵輪保護，萬里戶庭，商戰可禦矣。國勢既強，交涉必少，爭之口舌，已落下乘，成算在胸，狡謀可禦矣。如此而各國悦服，以言禦之而有餘，以力禦之而無不足。故中國相司馬，敵人戒勿犯邊，良用由也。内外協和，從容立憲，何所阻礙，正不必亟亟於目前。外人懼我民心之固，慫恿從速立憲，使之相疑，内難既作，彼乃有可挑之釁，奸徒亦藉此公理，競逞私圖，大吏多因而惑之，不可不察也。臣願求禦外者，再三計之可也。

本此安内、禦外二者，而精神專注，乃不至淆亂羣言，效驗分呈，亦不至徘徊中路。且相因而善，内安而外釁自銷，無隙可乘，外禦而内憂亦靖，鎮之以靜，守之以恒，處之以明，持之以慎，核之以實，本之以公，天下事皆當就理，又何内患外憂之可虞哉。

臣世受國恩，涓埃未報，因念時艱孔亟，幸逢明詔求言，理合披瀝上陳呈請代奏，藉紓聖慮，以冀稍酬高厚於萬一。是否有當，伏希皇太后、皇上聖鑒。飭下王大臣核議施行天下幸甚。臣謹奏。

《清末籌備立憲檔案史料》第二編慕壽祺

《舉人慕壽祺爲學説紛出宗教不明請飭尊孔以立憲政基礎呈光緒三十三年七月二十八日》

甘肅涇州鎮原縣舉人慕壽祺，爲學説紛出，宗教不明，士氣因以浮囂，可否請旨飭下直省學臣，務期實尊孔子，以正全國之人心，以立行憲之基礎，恭懇代奏，仰祈聖鑒事。

竊維立憲政體，各國互異，中國自派員考察政治以還，早注意於立憲，近復明詔宣布次第舉行，富强不難立致，而要非可以徒法行也。伏讀五月二十八日上諭：凡有實知所以預備之方施行之序者，准各條舉以聞。仰見聖懷謙沖，邇言是察。謹就管見所及，簡切敷陳，恭呈代奏，用備采擇。

查世界立憲各國，所以上下同心，共圖治理者，殆由教育普及，養成道德國民，有以去其偏私之見，化其囂張之氣，故人人知愛國家，各盡義務。方今實行預備，綸音叠沛，内外臣工，宜從本原處求之。如第曰結團體、倡平權、設議員、開國會、定公法、重鄉官，而於宗教所在，或未能極力振興，是猶塞源而欲流長，斧根而求枝茂，其勢不可得也。中國所稱爲儒教之宗，與天地同不朽，與日月合其明，集羣聖而爲一大聖教，一世以至於萬世，雖運會時有變遷，而其道以愈晦而愈顯於天下者，至矣，其惟孔子乎。今觀《論語》一書，大義炳然，如布帛菽粟之不可一日或無，不可一人或廢，其曰弟子入則孝，汎愛衆，教術也，而治術寓焉。蓋自古未有孝於親而不忠於其君者，亦未有愛及衆人而不知愛其國者，人知忠君愛國，斯可以奉行憲法矣。且其删定詩書，所言關雎、麟趾之精意，二帝、三王治天下之大經大法，皆足爲立憲準繩。特自變法以來，士子標新領異，一意講求科學，視尼山著述，幾成具文，甚至有議廢四書五經者。將使幾千年道統所傳，億萬姓風化所關，廿餘省學堂所造就，舉無所恃以爲之本，竊爲國家憂之。

我朝崇儒重道，二百餘年，得人之盛，駕漢、唐而上，近年變通學校，聖訓煌煌，其大綱則在於崇正學，明人倫，去冬升先師爲大祀，盛典崇隆，尤爲歷代所未有。今之爲學生者，向皆讀聖賢書，而行憲之始，又將取材於學堂，宜如何黽勉從事，以仰副皇上柄用儒術之至意。乃何以植黨營私，干名犯分，與夫荒經蔑古之流，猶未斂迹於天下，則以朝廷有推尊孔子之實，而學堂終乏願學孔子之徒也。夫正學一日不興，則邪説一日不息，邪説一日不息，則人倫或將至於淪棄。時勢如此，人心如此，斯文一線，流弊百出，膺教育之責者，不聞竭力補救，爲吾道壯干城，雖民智不無開通，文明漸以發達，終非正本清源之計也。昔者禹抑洪水，周公驅猛獸，至今猶稱頌其功，豈知洪水猛獸不除，害僅及乎人身，孔子之道不著，患直中乎人心，人心不古，恐世道之變，甚於洪水猛獸，其禍將不可勝言。可否諭令直省大吏以及各提學使，亟宜維持名教，培養風俗，無論何等學堂，必使恪遵夫法言法行，俟根柢既厚，而又通達時務，以蔚爲有用之材，非魯論所謂温故而知新耶。草野多一經術湛深之士，國家即得一心地純正之臣，於政界固大有裨益。且自中外交通，天將使孔子之教遍行於地球，吾國果善爲提倡，不特免忘祖之譏，而異族同文之盛，或得於斯時親見之歟。

舉人邊鄙下士，見聞孤陋，何敢妄瀆宸聰，惟是當今之世，時局危，民生蹙，師道廢，異説横，非教以忠孝諸大端，則人心益囂然其不靖，將憲法所謂地方自治，或藉以爲倡亂之資，故宣明聖道，實爲本原中第一要領，其取徑似迂，其收效無窮。頃者學部考覈品行，川督請修禮教，鄂督保存國粹，豫撫設尊經學堂，乘此風氣之轉移，逐漸推廣，務使尊孔子者力求實際，不似向日之陽奉陰違。庶幾學術純則任事有餘，宗教明則真才日出，得半部論語，亦足以治天下，而一切風潮，可以盡息，憲政基礎，亦於是乎立矣。

芻蕘末議，是否有當，恭呈代奏，伏乞皇太后、皇上聖鑒。謹呈。

《清末籌備立憲檔案史料》第一編尚其亨《福建布政使尚其亨奏憲法立則公法行公法行則外侮靖摺光緒三十三年八月十二日》　頭品頂戴新授福建布政使奴才尚其亨跪奏，爲憲法即公法之權輿，憲法立則公法行，公法行則外侮靖，謹就管見所及，恭摺具陳仰祈聖鑒事。

欽惟我國家聖聖相承，厚澤深仁，二百餘年，迄於今日。我皇太后以慈惠視兆民，皇上以仁孝治天下，愛人勤政，惟日孜孜，不肖官吏，則明罰以黜之，水旱偏災，則内帑以振之。制度恪遵祖訓，行政一秉大公，何時何事，不以敬民事順輿情爲先務，又何有侵人自由之虐政，而必以立憲爲請者，是豈戴天而不知高耶？蓋實迫於列强競争之時局，必置我國度於高等之地位，對他國有平等之權力，而後外侮不侵，國勢乃振。夫外交之難易，視内政之得失，内政之得失，視民格之高下，憲法者實能造國民品格進於文明，居於不可侮辱之境，而張我國勢，固我國權者也。

考泰西各國憲法之原起，在十八世紀以前，强者每擴張其權利以侵人自由，弱者欲伸其自由以保其權利，互相競争，而憲法出焉。憲法者有限制之義，人與人交際各有限制，不得侵他人之自由，國與國交際各有限制，不得侵他國之自由。一國共守之法曰憲法，萬國共守之法曰公法，其義實相通焉。我國之君且不能侵國民之自由，而謂他國之君能侵我國之自由乎？故曰憲法卽公法之權輿也。況所謂限制者，非國君自棄其權，自由者，非國民任踰其檢閑，實有法律以範圍之。限制者，限制其法律之外，自由者，自由於法律之中，各保主權，各享利益，上不凌下，下不犯上。始也上下一心，共守此法以成政，繼也上下一德，共保其國於治安。《荀子·議兵篇》曰：秦之鋭士不可以當桓文之節制，桓文之節制不可以敵湯武之仁義。西士布倫氏公法第六十一章曰：國必自護，公法方護之。是皆能治其國家孰敢侮之之微義。泰西各國疆域密接匕鬯無驚者，胥賴此法以維繫之也。

至於憲法之實際，惟是廣〔教〕育以開民智，理財政以厚民生，開會議以通民情，公裁判以伸民氣，保商、惠工以操利益之勝算，製造、開采以資利用於無窮，海陸軍隊以禦外侮，警察、官吏以靖内亂，講求醫藥以除疢疾，交通舟車以便行旅，郵政、電報以通消息，歌舞、遊覽以舒抑鬱。裕其學識，足其財用，則民有禮而知恥，教養兼施，保衛周至，則民樂利而日進，是皆造國民之品格，使進於不可侮辱之境者也。應如何明主權之所在，定立法、司法、行政三權之作用，是在我皇太后、皇上以精心運之而已。

奴才行將啟程，心戀闕廷，謹就檮昧之見，敬效愚忠，是否有當，伏乞皇太后、皇上聖鑒。謹奏。

《清末籌備立憲檔案史料》第二編張瑞蔭《御史張瑞蔭奏軍機處關係君權不可裁併摺光緒三十二年八月二十二日》 掌山西道監察御史臣張瑞蔭跪奏，爲軍機處關係至大，不可裁併，恭摺仰祈聖鑒事。

臣聞變法者，貴去其弊，未聞無弊而去也。今軍機處，其地至要，其弊極少，較諸漢相國府，唐之中書、門下，宋之三省，明之内閣，有利無弊，盡善盡美，苟無大故，未可易也。考我朝開國之初，沿用明制，事歸内閣。世祖章皇帝日至内閣票本房，大學士在御前票擬，至康熙時擬旨歸南書房，其機事仍屬内閣。至雍正七年青海用兵，以内閣在太和門外，儤直者多慮漏泄事機，始設軍機房於隆宗門内。乾隆初，遂名軍機處，其大臣例司繕寫諭旨，其權一歸於上，非内閣比也。内閣之制，在前明有嚴嵩之奸，張居正之專擅，周延儒、温體仁之邪佞傾國。及至本朝，乾綱自秉，舊染一新，然以聖祖仁皇帝之天亶聰明，猶有鼇拜、明珠、索額圖之小作威福。自設軍機處，名臣賢相不勝指屈，類皆小心敬慎，奉公守法，其弊不過有庸臣，斷不至有權臣。

今東西各國相臣之權最尊，亦名内閣，卽中國前代内閣之制而威權過之。用人偶失，必出權臣，東漢鑒王莽之患，不敢立相，至末世只有一相，則爲曹操。明太祖鑒胡惟庸之禍，不敢立相，事歸内閣，及至中葉，則有嚴嵩。大抵天下之權，惟皇上可以操之，非臣下所宜擅也。軍機處雖爲政府，其權屬於君，若内閣則權屬於臣，不過遇事請旨耳，視前明之内閣票擬何異。若謂大權仍不下移，其誰信之。今之稍通新學者，多謂軍機權輕，不得辦事，豈知高宗純皇帝之十全武功，穆宗毅皇帝之撥亂返正，何事不出於軍機，謂之不能辦事，不足信也。或謂東西各國權歸内閣，不聞專權，不知泰西無論何等憲法，皆民爲主，其君權輕，其臣無從專擅。然羅馬之革老丟斯，不免受制於親臣，法國之武額加頗多，亦曾廢王自立。日本實爲君主立憲，國勢日盛，自無他虞，然百年以前，陪臣執命，太政攬權，豈無人耶。概謂無弊，亦不足信。

當兹整頓之時，如必須事歸内閣，則政務處可以歸併，軍機處自宜並存，以分其勢。大致如宋之樞密主兵權，中書主内治，漢之丞相秉政，太尉典兵，事有攸分，權無偏重。若謂軍機不勝其任，則大臣之不稱職者不妨屏斥，而軍機處之制自不可廢。朱子曰：今世有二弊，時弊、法弊，更改之却甚易，時弊則皆在人。今之軍機處乃時弊，非法弊也。

事關至重，未敢緘默，愚昧之見，是否有當，理合恭摺具陳，伏祈皇太后、皇上聖鑒。謹奏。

《清末籌備立憲檔案史料》第二编忠廉《掌印給事中忠廉等奏下議院亟須特别設立不可以都察院更改摺光緒三十三年八月二十九日》 掌印給事中臣忠廉等跪奏，爲下議院亟須特别設立，斷不可以都察院更改，致失立憲之精意，恭摺仰祈聖鑒事。

竊以立憲政體，累萬語千言而不能罄，惟其要在使民參政而已。民人參預政治，必須組織議院，西儒美良房曰：議院之於國民，猶地圖之於土地，有議院而國民之利病畢見，猶有地圖而山川、都邑悉陳也。歷考君主各國憲法，推英國最爲完善。由其國先有議會，其憲法皆自國民提議，經君主承認，故爲各國所不及。中國今日甫議立憲，輸入國民政治之知識，訂定國家完全之憲法，實以組織議院爲要著。近日恭奉明詔，設立資政院以爲議院基礎，他國臣民所競争而不能得者，我皇太后、皇上毅然行之，薄海聞風，歡聲雷動。惟一院制與兩院制，各國政治家多研究之，辨端陟兒豪諸儒主一院制，自美國大統領亞登士倡兩院議，乾德小彌爾諸儒繼之。謂一院制論説專一，無人挽救，易流偏激，儻有人植黨營私，摧陷公法，壓制人權，莫可詰責，爲患曷極，不如兩院制得所調和，可免專一之弊。德儒伯倫知理，極論兩院制之善，尤爲明辨以析，各國宗之，多行兩院制。歐墨小國雖有行一院制者，然彼之所謂一院制止立一下議院，若立一上院而無下院，古今萬國無此制也。故國會之權偏重下院，蓋下院者代表全國之輿情，其組織之法無國不用民選，特有單選、複選之差别耳。單選者謂國民自行投票，直選代議士是也。複選者謂國民先選選舉人，而令其代選代議士是也。中國組織下議院，立法之始萬不可失民選之義，宜用複選法，先定選人資格，令其選舉郡縣議士，由郡縣議士選舉省諮議會員，由諮議會員各舉代表組織國會，行此三級選法，使民間聲氣層層相通，行之十年或十餘年，尚可得立憲之真相。而議者有以都察院代國會，以保薦代投票之説，臣等竊以爲差之毫釐失之千里矣。

請將議院、察院之性質分晰言之。國會議員由民間公舉，科道人員由大臣保送，國會議長以選票最多數之人由君主敕任，都察院臺長皆循資按格，照例遷擢，國會議事，定期召集，察院言事，隨時具摺，性質不同，作用絶異。欲以都察院之實，强附下議院之名，不惟不得下議院之精神，且必失都察院之作用。夫都察院今日之不可驟撤者，正以國會權力尚未鞏固耳。各國國會特權有三：一、檢查歲用，二、彈劾政府，三、監督官吏。中國幣制、賦則皆未畫一，預算、決算不能驟辦，財用出入誰能稽查。此實國會權力不能鞏固之一原因。政府未負責任，雖有違法失政，無從究詰。此實國會權力不能鞏固之二原因。他國官吏皆經兩種試驗，行政司法權限不混，中國官吏品彙太雜，司法獨立尚未實行，官權過重，民氣難伸。此實國會權力不能鞏固之三原因。有此三端，謂今日國會即可與政府對立，必不能之勢也。尚賴有都察院風聞彈事，藉君上之威靈，拯民間之疾苦。儻混而一之，人將以國會合議爲詞，禁止言官專摺奏事。是國會權力尚未鞏固，察院制度先經破壞。而所謂議員者，稍有心肝，必被解散，其不肖者，或反資爲權貴之利用。將見君主孤立於上，官吏横行於下，上下隔絶，民不聊生，舊日之君主專制，忽變而爲貴族專制，西史謂之寡人政體。必有以争民權更憲法爲名，釀出英、法大革命之事，内亂紛滋，外人干預，瓜分之禍，即在眉睫，臣等爲中國危，臣等爲生民慟矣。亟應請旨飭令會議王大臣詳議組織國會之法，酌定召集國會之期，掃除一切以察院代國會以保薦代投票之謬説，務使下議院特别設立，不失民選之義。一面整齊財政，統一賦税，酌立責任政府，實行司法獨立，各項官吏必經普通、高等兩試驗，嚴杜濫冒，以清仕途。俟國會各種權力逐漸鞏固，都察院應否歸併裁撤，届時開國會議決之。慎勿畫蛇以爲龍，指鹿以爲馬，小則遺他國之笑談，大則釀中原之實禍，天下幸甚，大局幸甚。

所有下議院亟須特别設立緣由，合詞恭摺具陳，是否有當，伏乞皇太后、皇上聖鑒訓示。謹奏。

《清末籌備立憲檔案史料》第一編朱福詵《翰林院侍講學士朱福詵奏立憲取法日本應擇善而從摺光緒三十三年九月初八日**》**日講起居注官翰林院侍講學士臣朱福詵跪奏，爲預備立憲首當明定宗旨，以平政黨，而慰輿情，恭摺仰祈聖鑒事。

竊維宫廷勵精求治，鋭意圖新，自上年七月以來，累沛德音，布告立憲。一則曰庶政公諸輿論，再則曰立憲政體取決公論。詳繹旨意，實欲施行歐美之憲法，以爲人民參預政務之機關。懇切求治之誠，薄海臣民，共深感幸。伏見改易官制諸條，大都取法日本，誠以日本持立憲帝國主義，與我國政體爲最近，堪爲前事之師，即法後王之義。惟考日本豫備立憲之經過事實，有可取以爲法者，有當引以爲戒者。矧我之與日國體本有不同，若不分别抉擇，而但於其陳迹所留，刻畫求似，不獨膠柱鼓瑟，抑且買櫝還珠，臣謹爲我皇上縷晰陳之。

按日之初設議政官，其權甚大，原欲假之爲後援，以固政府之基礎，迨政府之基漸固，則公議輿論，亦漸疏外，當時政府初建，不得不爲此權宜之計。我國三權未分，行政官勢力獨盛，何所用其假借，且樹援或以樹敵，以僞不如以誠。此所當戒者一也。日之元老院議員即立法官，當時多以府縣知事老朽者充之，議事則服從於內閣，因有老翁廢棄所之稱，爲明治政治史之一污點。我之資政院議員，將以代表輿論，監督政府，若用平庸衰老之員，何能任事。此所當戒者又一也。日政府之於輿論，雖亦時輕時重，然如板垣退助、木戶孝允，有急進漸進之不同，而其抱民權主議則一，餘則後藤、大隈並持此義，其時政黨絕盛，公論卒以獲伸。我國此事尚在萌芽，無赫赫者爲之宗主，此當輔助之時，而非可摧抑之時。則所當戒者又一也。日之設地方官會議，以國民之程度不一，而官吏之資格較深，不得已而以會議之制先行於官，然大爲民黨所攻擊，加之壓制，其勢反張。中國官場積習深錮，絜其高下，官民不甚相縣，不得援日本爲口實。則所當戒者又一也。

然其憲法所以成立之故，厥有數端。日本明治元年以五事誓天，並發布政體書，欲實行歐美立憲，其後雖間有阻力，而抱此宗旨，期於必達，政府行極端之急進主義，各政黨或以贊成，或以反激，無非扶助政府之速行。此所當法者一也。明治維新，得人最盛，自西鄉隆盛以下蓋數十人，至今伊藤諸人尚存，內安外攘皆其政策，而東鄉平八郎實出西鄉之門。當明治初，詔臣工以保舉人才，首戒徇私納賄，英儁咸集，職是之由。今欲延攬人才，當以賄賂人情爲大戒，而又泯新舊之見，絕門戶之私，劑寬猛之度，一秉至公，期收羣策。此所當法者又一也。日之各政黨組織雖有反對者，所爭衹在急漸遲速之間，大旨初無歧異，卽政府亦非謂議院可不設也，故得進於大同，收此效果。此所當法者又一也。日第四次改定官制，廢太政大臣、參議、各省卿，更置內閣總理大臣及外部等十大臣，是爲法律上內閣之始，發自三條實美，而實伊藤氏數年所籌畫，至是實行，以爲國會之準備。此所當法者又一也。歐美各國非立憲政體，其會計未有宣示者，日自大隈重信之見込會計表公示於衆，其後改爲預算表，至十二年始公布八年度之決算，此實預備時代之善政。其所當法者又一也。

綜此數者，實爲日本興盛之大原因。伏願皇太后、皇上迅定大綱，深維至計，鑒往車之已折，思成法之可師，擇善而從，不善而改，安見我國憲法之成立，不超越乎德、日諸國之上者哉。若政府以因循爲得計，臣工以傾軋爲競爭，外患迭乘，內憂洊至，臣不知所税駕矣。

臣憂心如焚，情詞迫切，謹繕摺具陳，伏乞皇太后、皇上聖鑒訓示。謹奏。

《清末籌備立憲檔案史料》第一編朱興汾《內閣候補中書朱興汾請設立各級憲政編查館彙集中外法律以釐定立憲草案呈光緒三十三年九月二十二日》

立各級憲政編查館彙集中外法律以釐定立憲草案呈光緒三十三年九月二十二日

內閣候補中書朱興汾謹呈，爲立憲豫備，敬陳管見，懇請代奏事。

竊見朝廷鋭意維新，自去年七月間恭奉諭旨，布告立憲，時時爲豫備之計。近日伏讀上諭，政治館著改爲憲政編查館，又飭派汪大燮等出使英、日、德三國攷察憲政，具見宮廷博采周諮，集思廣益之至意。竊維英、日、德三國爲君主立憲之國，而德、日又與英異，以其持立憲帝國主義也，又英爲不成文憲法，德、日則爲成文憲法。查日本豫備立憲時之階級，具見於政治法制史，大約始則借輿論以鞏固政府，迨至兩院成立，各府縣會議員各自議其地方之行政費用，而憲法乃臻完備。我國雖以日本爲法，亦不必於其所歷之程途，爲刻舟求劍之計。惟日本立憲，雖遣伊藤等至外洋攷察頻年，歸而改制，然一切憲法仍以日本向來之國體爲主，此日之憲法，非但與英不同，亦且與德有異也。我國地大物博，一十二行省，形勢既甚渙散，而風俗又多歧異，其人民之性質又復微有不同，不獨與東西洋各國情形迥別也，而我國所有法律財政諸書，合之憲法，多未完備，不足以爲大同之準。除已派大臣出洋攷察憲政外，內地應設之編查局，洵爲不可緩之舉。中書之愚見，擬請將憲政編查館作爲中央編查館，各省另設調查局，名爲地方編查局。其調查各員，可令各省地方官保舉熟於地方情形及諳法律者若干員，官紳各舉其半，別爲等級。以上級之少數官紳充地方編查局員，同時再於各州縣自治團體中附設憲法研究會，以調查地方情形爲責任，州縣官須與聞其事，額定十人或二十人。自治團體未立以前，卽附屬於中小學堂內，先由攷察大臣及編查館王大臣，將行政機〔關〕所應有之法典別爲門類、章節、子目若干條，交由各省編查局分給各州縣按條加註。有中國法律向所規定者詳之，無則記其類似者，或但有向來之習慣，或竟從無此事例，一一條陳呈之各省局。再由各省局釐訂後彙呈中央編查館寄與攷察大臣，攷察大臣再逐條註以各國法律，以資比較。門類既定，卽可按月查寄，以後研究漸熟，調查亦易，半年以後，調查之件皆可倍於從前，各大臣亦不致久滯外洋，大約二三年後必已事畢回華。將所有調查之案交之編查館，該館平時已得外洋及地方之報告研究有素，再得各大臣回華面商要義，則全書不難告成，恭呈聖鑒。釐定後即作爲立憲之草案，析分憲法、法律二種，憲法則一成不變，法律可隨時改更。此日之法典所以於法律獨詳，而憲法則揭舉大綱。今之立法擬即仿此。法典既定，而立憲之精神亦不外是矣。

中書管窺蠡測，罔識精微，謹獻一得之愚，恭候采擇，伏乞代奏。謹呈。

《清末籌備立憲檔案史料》第二編蕭鶴祥《舉人蕭鶴祥請速開國會呈光緒三十三年十月》 具呈湖南舉人蕭鶴祥爲應詔陳言，懇開國會，尊君主以奠邦基，順民心而端治本，呈請代奏事。

竊聞爲治之道首在得民，天生民而立之君，自古迄今，未有遺民而可成治者也。《皋陶謨》：天聰明，自我民聰明，天明威，自我民明威。《大禹謨》：罔違道以干譽，罔咈百姓以從己。蓋天從民所欲，君代天而理物，古帝王本性理以爲治法如此。《大學》：民所好好之，民所惡惡之，此之謂民父母。《孟子》：得其心有道，所欲與聚，所惡勿施。又言：左右諸大夫、國人皆曰，然後察之。古聖賢本學説以論治道如此，後王後賢不必述矣。我朝垂治二百餘年，國家荷列祖列宗、皇太后、皇上深仁厚澤亦已久矣，率土臣民，尊君親上，愛戴皇室，亦云至矣，而何以上下終形隔絶，朝野未得同情，其故安在歟？方今時事多艱，兩宫廑念，日求君民相安之道。近奉明詔實行立憲，於是薄海内外，喁喁望治，羣以開國會爲哀籲。此誠憲政之初基，爲政治家所有事，而非法學家之常言也。

夫憲法何法乎？豈東西各國皆有，而我國獨無乎？我中華開國以來近五千載矣，考之史籍，德莫高於堯、舜，治莫盛於唐、虞，孔子稱其大哉爲君，無爲而治，豈無故而然也。間嘗取二典讀之，而曉然於宅百揆，熙帝載之説，即内閣總理之職務也，官牧亮功，府事允治之説，即行政作用之效果也，皋陶爲士，臣庶罔干之説，即司法獨立之證據也。夫以堯、舜稽古同天，乃聖乃神，而於用人行政，猶且兢兢業業以官人安民爲難。觀其詢岳闢門，明目達聰，可以爲開議會之先例矣，帝咨臣薦，益推伯讓，可以爲公選舉之先例矣。其後河圖、洛書，聖衍爲範。謀及卿士，則今上議院所託始也，謀及庶人，則今下議院所託始也。憲理渾涵，高矣美矣，豈歐美所能幾及。惟是議院選舉當時無其制，後雖周孔代興，未遑制作，無怪歷朝以來，一治一亂，未有長治久安之策者也。

近三百年，英吉利以一島邦，獨先天下而開帝國會議之局，豈盡氣數使然歟，蓋亦有人事焉。夫英以不成文法爲近代各立憲國之母，我堯、舜實以未成文法爲皇古立憲國之祖，而今日强弱異形，相去不止千百倍，豈非國會有無之故耶。今如創兩議院，以彌我闕典，規模英制，不必成文，斯帝者之上儀也，其他國法又何足儌哉。且夫國會中人與政府中人，皆君父之臣子也，聖人大道爲公，選賢舉能，何私於政府，何疏於國會。有政府以爲君主信用，有國會以爲人民代表，而後上下不至隔絶，朝野乃得同情。三代而後，君與民遠，是由於有政府而無國會也。近世各國君與民親，是由於有國會以維持政府也。而或者疑國會開則君權太輕，其説非也。凡國會協議一事，必經君主許可而後議案乃能成立，是協贊之權雖在人民，而批准之權仍在君主，神聖不可侵犯，君主之尊榮何如也。或又疑國會開則民權太漲，其説亦非也。凡國會公立一法，必由官廳發動，而後空言乃見諸施爲，是言論之權雖予人民，而執行之權仍在官吏，權限各有規定，臣民之受制裁何如也。且有兩院制，則議院勢力不虞過重，倘一院專横，一院得而制壓之，一方衝突，一院得而調和之，此兩院之利也。有公選制，則投票秘密，無所瞻徇，被選舉者既不得由賄賂而來，即選舉人亦可以恩怨兩化，此公選之利也。

夫人民何以必參與政事乎？以人民所應盡者義務也，不盡義務，斯可以不參與矣。君主何以必取決於議會乎？以君主所代謀者公益也，不謀公益，則亦無須議會矣。今論者有謂先地方自治以爲下院基礎，設資政院以爲上院基礎，不知自治局者與議會相輔而行者也，資政院者即貴族異名而立者也。無國會則地方無保障，雖欲自治而人民仍不知有權力，無國會則政府無監督，雖有資政而君主誰與分負擔。固不敢謂政府少數皆非，國會多數皆是也。人民來自田間，新出聞政，設有不諳治體者，政府得而開導之，或作爲報告以曉喻之，而民智日益進矣，亦未可謂政府上級皆智，國會下級皆愚也。三代所行直道猶在斯民，設有不適法律者，議院得而發表之，且破除情面以研究之，而公理日益明矣。然則國會一開，議院與政府兩方面智識以漸演而漸高，程度以愈進而愈遠，同心協力，不數年而國富兵强可立待矣。匹夫不放棄責任，斯君主乃得樂有國民，君主不出私命令，斯人民乃得知有國家。君主享憲法之安榮，臣民受憲民（法）之保護，此團體競爭之世，共同生活之道也。否則君主無國民，人民無國家，極其結果，不至君民同受其禍不止，稍知忠君愛國仁民愛物者，能勿痛哭流涕耶？

吾國自來政體雖曰專制，其實我皇太后、皇上臨朝聽政，何嘗獨行獨斷不肯俯納羣言，而究之衆志不齊，國是無定，君民阻格，國力散漫，推其原因，總由無國會之所致。《書》曰：可愛非君，可畏非民，衆非元后曷戴，后非衆罔與守邦。凡此天經地義之文，聖經賢傳之旨，無論如何，憲法舉在其中，國家當承平無事，而欲圖萬年有道之基，尚必出此，况在今日。職竊見內憂外患，國勢日危，聖主焦勞，樞臣失措，朝廷方議改憲政館組織新內閣以爲預備，然天下學者則請以開國會爲立憲之根本。職故謹就《尚書》詮釋，參以新學之法度，以復我舊有之精神，伏願皇太后、皇上曲順輿情，準今法古，補堯、舜之所未備，行孔、孟之所已言，建此機關，以安上而全下，則我國家之幸福也。

職草茅下士，愧乏聞知，幸逢聖詔廣開言路，敢據立憲根本法，敬爲我皇太后、皇上披瀝陳之。干冒宸嚴，不勝戰慄隕越之至。謹呈。

《清末籌備立憲檔案史料》第一編奕劻《憲正編查館大臣奕劻等代遞吴壽全呈請宣示憲法規則以杜民氣囂張摺光緒三十三年十二月十一日》

臣奕劻等跪奏，爲代遞出使參贊條陳憲政，恭摺奏聞，仰祈聖鑒事。

竊臣部接據出使美國二等參贊官分省補用知府吴壽全呈稱：爲應詔條陳，伏乞代奏事。竊參贊恭讀光緒三十三年五月二十八日上諭：朕欽奉慈禧端佑康頤昭豫莊誠壽恭欽獻崇熙皇太后懿旨，立憲之道全在上下一心，內外一氣，去私秉公，共圖治理。自今以後，應如何切實預備，乃不徒托空言，宜如何逐漸施行，乃能確有成效，亟宜博訪周諮，集思廣益，凡有實知所以立憲之方者，准各條舉以聞。欽此。仰見聖朝立法行政審慎周詳之至意，欽感莫名。

伏維我朝法制昭垂，政治隆美，實足超越前古，優勝全球，一旦設議院開國會，地方自治教育普及，卽爲完全立憲國。然議院之設，國會之開，自治之方，教育之廣，皆當求之於下，是以立憲之基礎，不難在朝廷，而難在百姓，何則？立憲人民必須曾受教育，略曉法律，而後能公舉代表以爲議員，而無所私。故人民之意見以議員爲衡，而議員之辯論以多數爲斷，此一國之事采之衆論，而無龐雜之虞也。然有時衆論雖同，苟與朝廷之建議或有歧異，則君主有解散議院之權，解散之者，使其議不得行也，此君主最上之威權也。又官吏之任免，條約之締結，惟君主一人獨主之，此又君主獨有之權也。凡天下立憲國，莫不皆然也。至於政府保護人民，共享自由之幸福，人民輔助政府，保持上下之安全，各有應得之權利，卽各有應盡之義務，誠如上諭所謂上下一心，內外一氣，去私秉公，共圖治理也。乃見近日朝廷殷殷博訪輿論，優予民權，而人民學習未充，程度尚淺，當此議院未立之時，庶民皆以發言爲己責，而未知權限之分，幾有處處皆議院，人人盡議員之勢。而朝廷將無可俯從，甚至長官而可以不公認，政府而可以不服從，此尤參贊十餘年來三繞地球，而目所未覩，耳所未聞，恐於立憲前途，大有窒礙。昔拏破侖第三有言：議員太多，徒生喧囂。夫議員過多，猶恐其喧囂，則散處四方之人民紛紛建議，當爲立憲國所不取矣。又查和國憲法第一百條，下議院於君主議案意見不同，須按例文奏上君主。其例文曰：國會之下院感戴吾王，注意全國公益之厚情，敬謹上請將該議案付於再議。上議院之例文亦如之。是則議院成立，其對於政府有意見相歧者，猶且委婉其詞，而無直斥之理，况非全國之代表乎。

竊以爲現當預備立憲之際，一時未能舉憲政之全體而實行之，惟有先將憲法規則迅速宣示，使天下咸知法律範圍，自由權限，固有萬不能稍爲侵越者。嘗考英、德、日本憲法大指，首言君權，次言民權，次言議院權，此外如司法權、行政權，與夫地方自治之條規，臣民應擔之責任，約舉大綱，不過百餘條。擬請飭下憲政編查館詳細核議，應如何條列憲法規則，迅速請旨宣示，以別權限，而靖人心，似於立憲之道，尤爲當務之急也。雖議院一門現時尚未成立，而憲法之屬於議院者，似不妨預爲釐訂，同時宣布，隨後實行。參贊爲憲法未布，民氣囂張，亟須預防，以杜後患起見，是否有當，伏乞代奏等情。呈請前來。

臣等查該參贊條陳憲政事宜，不爲無見，未敢壅於上聞，理合恭摺代奏，伏乞皇太后、皇上聖鑒。謹奏。

《清末籌備立憲檔案史料》第一編于式枚《出使德國考察憲政大臣于

式枚奏立憲不可躁進不必預定年限摺光緒三十三年十月二十四日》出使德國考察憲政大臣郵傳部右侍郎臣于式枚跪奏，爲赴德考察憲政，謹擬辦法宗旨，恭摺仰祈聖鑒事。

伏惟朝廷鋭意維新，勤求治理，於五大臣考察政治回國之後，復派臣等分赴英、德、日三國考察憲法，詔書昭示，中外聳觀。臣以迂生，忝膺專使，才輕任重，深懼弗勝。奉命以來，日與憲政館諸臣詳細討論，擬定門類，鈔閲京外條奏，博訪中西論説及新譯各國書籍，各處報章，分别部居，以資考證。憲法之用，各國不同，日本多用德國之制，與中國政體最爲相近，誠如袁世凱原奏所謂，柯則不遠，詢度攸資者也。然日本變法之初，德先主告日臣青木，即謂其國之法有與日本不能强同者，而日人所撰《憲法略論》，謂取法歐美，舍短用長，蘄於適用，尤在取日本風俗習慣以爲基礎等語。是知必以本國所有者爲根據，而采取他國所有以輔益之，在求其實而不徒震其名。中國舊章，本來立憲，皇朝制度，尤極修明。周官言憲法，言憲令，言憲禁，言憲邦。傳稱監於先王成憲，仲尼損益四代之制，以垂萬世之憲。憲法爲中國之名古矣。殷人作誓，漢代約法，尤與歐美所云立憲者相似，唐宋迄明，規模具在，其能貽數百年之基業，成數十年之太平者，無不以順民情申清議爲致治之本原。皇朝道監百王，治隆三代，科條律令備極精詳，行政皆守部章，風聞亦許言事，刑掌予奪，曾不自私。朝廷雖有特旨之允行，所司能舉定例以更正，若有大政事大興革，内則集廷臣之議，外或待疆吏之章，且有下及儒官，詢於庠士，所以勤求民隱博采公論者，與立憲之制無不相符。神聖相承，士民相習，上有教戒而無約誓，下有遵守而無要求，不言專制而權不下移，不言自由而情能上達。至於日久官吏失職，但有奉行之不善，而不能謂法之不良，又以近年海國開通，本爲事例之所無，更不能謂法之不備，自可因時損益，並非變法更張，惟風氣之開闢日新，則人心之趨向各異。當光緒初年，故侍郎臣郭嵩燾嘗言西法，人所駭怪，知爲中國所固有，則無可驚疑。今則不然，告以堯、舜、禹、湯、文、武、周、孔之道，漢、唐、宋、明賢君哲相之治，則皆以爲不足法，或竟不知有其人。近日南中刋布立憲頌詞，至有四千年史埽空之語，惟告以英、德、法、美之制度，拿破崙、華盛頓所創造，盧梭、邊沁、孟德斯鳩之論説，而日本之所模仿，伊藤、青木諸人訪求而後得者也，則心悦誠服，以爲當行，前後二十餘年，風氣之殊如此。

朝廷深觀時變，俯順羣情，既有宣布立憲之文，復有特派考察之舉，事關重大，不憚詳求。查日本維新之初，即宣言立憲之意，分遣各使周歷外邦，最先整理行政及司法制度，其次整理地方行政制度。後八年乃設元老院及大審院，後十四年乃發布開設國會之勅諭，而先開設地方議會。又以教育未能普及，即與國民以參政權，最爲危險，乃先改定普通教育制度，又先設裁判所構成法，設會計檢查院，越二十年而後頒行憲法。蓋預備如此其詳密，而實行如此其遲迴，不知者輒以限年爲迂遠之談，遽以宣布爲實行之證，人情易動，則靖之實難，民智已開，則愚之無術。自辛丑始昌言變法，至丙午遂定議立憲，其初心本出於望治之切，其流弊乃漸失權限之分。横議者自謂國民，聚衆者輒云團體，數年之中，内治、外交、用人、行政皆有干預之想，動以立憲爲詞，紛馳電函，歷抵樞部，上廑宸慮，屢動詔書，來日方長，堅冰可懼。夫不知立憲爲我所自有，而以爲西國之專名，舍本隨人，其關於學術者固貽譏於荒陋。又以立憲爲即可施行，並不審東洋之近事，冥行躁進，其關於政術者尤有害於治安。惟在朝廷有一定之指歸，齊萬衆之心志，固不可因羣言淆亂，遂有急就之思，亦不可因民氣喧囂，致有疑阻之意。但當預爲籌備，循序漸進，先設京師議院以定從違，舉辦地方自治以植根本，而尤要者，在廣興教育，儲備人材。此外凡與憲政相輔而行者，均當先事綢繆，而不容遲緩者也。

臣前隨故大學士臣李鴻章歷聘各國，曾至柏林，見其國勢民風，駿厲嚴肅，議院雖設而主權甚專，政府所行與民情不悖，頗有合於尊主庇民之義，列於歐美最爲雄强。所惜僅駐兩旬，不過略觀大概，何幸仰承特簡，再莅是邦，寬以歲時，詳加研究。駐德使臣孫寶琦究心西政，才識開明，陳請立憲最先，一切可資商搉，當如袁世凱原奏所請，會同詳細調查，博訪通人，詳稽故事，不必預定年限，總期完密不遺。除將考察情形隨時咨報憲政館外，尤欲得以暇日，鉤稽所得，薈萃衆説，勒成一編，窮究源流變遷，參合中西同異，推原經訓，博徵史書，歸極於皇朝之典章，蘄合於内地之情形，庶言皆有本，而事屬可行，不使泥於守舊者有變夏之疑，急於趨新者有蔑古之慮。漢文帝有言：卑無高論，令今可行。班固所云極以世之眩耀，折以今之法度者也。是臣區區愚忱之所至願。

所有微臣赴德考察憲法，擬定辦法宗旨緣由，理合恭摺具陳，伏乞皇太后、皇上聖鑒訓示。謹奏。

《清末籌備立憲檔案史料》第一編于式枚《考察憲政大臣于式枚奏立憲必先正名不須求之外國摺光緒三十四年三月十七日》 考察憲政大臣禮部左侍郎臣于式枚跪奏，爲立憲必先正名，名正然後分定，以釋羣疑，而弭後患，恭摺仰祈聖鑒事。

竊臣愚以爲憲法自在中國，不須求之外洋。近來訪察羣情，詳加研究，徧考東西之歷史，深知中外之異詞。中法皆定自上，而下奉行。西法則定自下，而上遵守。此實振古未聞之事，乃爲近日新説所宗。臣歷取各國憲法條文，逐處參較，有其法爲中國所本無，而不必仿造者，有鄙陋可笑者，有悖誕可駭者，有此國所拒，而彼國所許者，有前日所是，而後日所非者。固緣時勢爲遷移，亦因政教之歧異。

惟日本憲法，纂自日臣伊藤博文，雖西國之名詞，仍東洋之性質，自爲義解，頗具深心。其采取則普魯士爲多，其本原則德君臣所定，名爲欽定憲法，實與他國不同。而論者乃以爲此三國憲法，皆乘戰勝之餘威，實非通行之定制。法儒孟德斯鳩之言憲法，最爲和平，猶以為是專制之良，而非立憲之正。蓋雖不敢如法、美之昌言民主，而實注意於英、荷之張大民權。近見南中刊布今年國民爲國會請願文一篇，尤可駭詫。有云：今學堂布滿全國，報館盤踞要津，較日本明治二十二年人民程度，不能比例。又云：憲政所以能實行者，必由國民有一運動極烈之年月，蓋不經此，不足摧專制之鋒等語。近日東南各處，新學日盛，逆黨潛滋，此等詖言，最易煽惑。

竊維各國立憲，多由羣下要求，求而不得則爭，爭而不已則亂。夫國之所以立者曰政，政之所以行者曰權，權之所歸，即利之所在，定於一則無非分之想，散於衆則有競進之心。其名至爲公平，其勢最爲危險。行之而善，則爲日本之維新，行之不善，則爲法國之革命。昔法之大將辣飛葉，助美洲獨立，成大功，負盛名者也。歸而不忍法民之荼毒，倡言立憲，欲以治美者，移而治法，而不知情勢之不同，一發而不能收，遂致滔天之禍。即日本之立憲，亦屢經擾動矣。亂民四起，異黨朋興。其十四年日皇下書國中，有人心偏進，時會競速，浮言相動之言，有故争躁急，煽變害安，處以國典之禁。次年，乃遣伊藤赴歐調查憲法。又次年回國，始草憲法。當遣使訪查之際，即政黨最熾之時。而其十七年至二十年，猶復嚴治黨員，大石正已諸人，相繼下獄。後藤唱國家危亡之論，星亨受侮辱官吏之刑，變動紛然，僅而後定。蓋法國則當屢世苛虐之後，民困已深，欲以立憲救亡，而不知適促其亂。日本則當尊王傾幕之時，本由民力，故以立憲爲報，而猶須屢緩其期，上有不得已之情，下有不可遏之勢，情勢所迫，不得不然。

至於我國臣民，本來無此思想。中國名義最重，政治最寬，國體尊嚴，人情安習，既無法國怨毒之積，又非日本改造之初。我皇太后、皇上，曲體輿情，俯從廷議，特允非常之舉，實爲莫大之恩。還降諭旨，既極周詳，分定年期，尤爲明畫。應如何感頌奮勉，以待推行，豈容欲速等於索償，求全同於諧價。況令之言立憲□國會者，實爲利而不爲害，且在士而不在民。其所言報館、學堂，不農不工不商，但可強名曰士，未嘗任納税當兵之責，乃欲干外交、内治之權。至敢言監督朝廷，或一又云推倒政府。讀詔書，則妄加箋注。見律令，則至肆譏彈。□動浮言，幾同亂黨。故觀於法國之事，則知發端甚巨，固禍變之宜防。又觀於日本之事，則知變法方新，亦人情所恆有。惟須亟籌補救之政，乃不至成潰決之憂。惟在朝廷力圖富強，廣興教育，用人行政，一秉大公，不稍予以指摘之端，自無從爲煽惑之計。至東南各省疆吏，尤當慎擇有□力知大體者，隨時勸導，遇事彈壓，庶不致別滋事端。當此十年預備之期，最爲大局安危所繫，當使知上下之分，須先明憲法之名。日皇所謂組織權限由朕親裁，德相所謂法定於君非民可解。故必正名定分，然後措正施行。孟子之言治亂，歸於正人心，息邪説，拒詖行。禮經之言節制，所以決嫌疑，別同異，明是非。此皆先哲之至言，實爲近今之急務。憲政編查館開列各條問目，皆憲政應詳之事，考察固須明備，抉擇尤貴精嚴。將來各處奏報到齊，必須慎擇□賢，詳加編訂。於西法不必刻畫求似，但期於中正無弊，切實可行。

臣自愧迂疎，濫膺考察，不惟此日觀瞻所繫，即是異時責備所歸。自當博訪周諮，正□詳説。斷不敢導揚異學，附會時趨，貽誤國家，得罪名教。除俟考察各節，隨時奏咨外，理合先行恭摺具陳，伏乞皇太后、皇上聖鑒。謹奏。

光緒三十四年五月二十日奉硃批：憲政編查館知道。欽此。

《清末籌備立憲檔案史料》第二編朱福詵《侍講學士朱福詵請開設議會以維國勢而固人心摺光緒三十四年五月二十六日》 經筵日講起居注官・侍講學士臣朱福詵跪奏，爲時局日艱，叩求恩諭開設議會，以維國勢而固人心，恭摺仰祈聖鑒事。

竊惟近年以來，宫廷鋭意求新，勵精圖治，薄海内外，莫不歡欣鼓舞，想望治安。然而外交多見失敗，内政日益紛更，甚至上下交征，公私俱困。獸鋌狼顧，事變堪虞。中外諸臣，蓋無不心知之，而以保全禄位之心，莫肯爲朝廷一言者，臣竊痛之。

竊計近來外交諸事，其大者如日、俄戰後之議約，東三省之主權，其小者如各省之路鑛，西江之捕務，無一非退讓不遑，坐失權利。當軸每以國勢太弱，無可與争爲言。臣以爲正維國弱，不能不以文字口舌争耳。他黎蘭之於法，加富爾之於意，皆所謂受任敗軍之際，奉命危難之間者也。他黎蘭之言曰：國無論大小强弱，而權力不能不均，卒以挫敗之法並列於四强國之間。加富爾外交英、法，内結國民，卒能力抗强隣，以漸成意大利統一之業。向使二人以國弱不争，則法、意一蹶而不復振矣。

又外務部近有漏洩密電一案，牽涉至多。此種要電，何能委之學生之手，疏忽之咎，豈得復以國勢爲解。臣又觀外部之於交涉，每以延宕爲詞。不知外交轇轕，不早予解決，即多所要求。前定各國約章，本多不合之處，竊謂國際公私法不能不早定也。

臣觀近世紀中各國政策，皆在工商競争，即日本維新，亦以殖物産、興國益爲首務。我國首設商部，復改爲農工商部，後又設郵傳部各衙門，最爲得其要領。然各部初建，不爲民人興利，不爲國家理財，而但爲衙門籌經費。至其所辦之事，非取財於民，即與民争利。按斯密氏《原富》之言曰，商人之事，應聽商人自爲之，即史遷所謂上者因之也。今非但不因之而已，即凡利導整齊教誨之事，一概不爲，而惟攘奪商民之利以爲己利，所謂最下與之争也，此豈我皇太后、皇上增設各部之本意哉。教育之事貴於普及，今於農工商實業甫在萌芽，而成立之學校，畢業之生徒，人材難得，流弊滋多，京官子弟至有以入學堂爲戒者。民政一部，經費至繁，考其設施，多未完備，即如衛生之事，消防之隊，尤爲切要，乃者火災屢告，疾疫頻興，絶不聞有所戒備。至於探訪一局，尤開告訐之門，以視東西警章，利害相去懸絶。綜而論之，各衙門辦事之失宜，由於其始用人之不當。自設立新部以來，人人争言運動，其所用之人，非紈袴即市井耳。其中津貼最多者，所營之事惟修飾車馬衣服及徵逐冶遊豪賭耳。在朝廷不惜寬籌經費以行新政，破除資格以求人材，而適以便諸臣植黨營私之計，爲若輩居官行樂之方，臣所爲痛心疾首者此也。

抑臣更有請者，凡内外官方之不飭，各衙門之事所以紛亂無紀者，由無法律以爲之範圍耳。夫惟法治之國，用人行政一一皆在法律之内，而欲爲法治之國，則非議院、國會不爲功。臣請得而條舉之。

前聞海牙平和會，欲抑使中國降等，藉口於法律之不完，中國方汲汲修律，而民刑訴訟動遭掊擊，刑法草案復見吹求，所謂築室道謀終於無成者也。况民商私法，尤中國所不經見，鄉曲之士必且駭怪。將來編定六法，惟於議會通過，則各直省自可一律推行。此議會之利一也。

今天下所重者財政耳，無論民窮財盡，勢將生變，竭澤而漁，源且立涸。既設議會以後，人人知租税之出，所以保治安，則取之而不爲怨，且地方自治，必先振興實業，則可以取之不竭，用之不窮。此議會之利又一也。

國家銀行與夫交通、儲蓄、勸業銀行之設，以集資本爲第一義，必有議會而後銀幣、鈔票可以得國民之信用，如此則財用足而實業興。此議會之利又一也。

且議會能監督行政，非人民能監督行政也，乃以國家之法律監督行政也。此與昔之諫臣所謂言及廟堂宰相待罪者，其體制尤爲過之，各國政府所稱爲法律上之内閣，即此義也。此議會之利又一也。

議會之參預政務者，但有其議論耳。夫以鄭國僑之賢，而不毁鄉校，以諸葛亮之宏毅忠壯忘身憂國，而猶開誠布公集思廣益。使政府而開明也，固樂得議會之贊成，政府而未盡開明也，亦正賴議會之攻錯。總之，議會者所以助政府之進行者也。此議會之利又一也。

或謂今之國民皆持排外主義，恐其干涉國際，臣竊以爲過矣。春秋之義，内其國而外諸夏，排外者我孔子春秋之旨也。今歐美、日本國民無一不排外者，是排外者又國民之性質也。且使議會文明，排外不過託諸空言，但足爲政府之後盾，而決不能礙政府之方針。即如近者津浦之約已愈於滬寧，江浙之約又勝於津浦，使非國民力争，未必其肯讓步也。西江捕權之案，日人頗非議其政府，使非國民力争，彼豈肯翹其政府之短，以啓我民仇視之心哉。若是合羣之力之有效也。此議會之利又一也。

各省徵兵，無外國徵兵之資格，而以外國徵兵之身分自居，平日奉之有如驕子，屢與警兵衝突滋事，勇於私鬬必怯於公戰。設有議會，則無人不入學堂，當兵乃其義務，有軍國民之人格，斯能收軍國民之實效。此議會之利又一也。

今之議者輒謂國民程度不足，不知議院、國會皆從民間選舉而來，非人人得參預也，既被選舉之員，則程度之優可知。或又謂下議院當設而國會不可開，不知國會者，民選議員所從出也，無國會是無議院也。臣以爲預備立憲，則議院、國會有利無害。又今州縣方將停選，寄其責於外省，有議會則君權獨尊，而必無外重内輕之弊。我國家億萬年有道之長，方基於此，當出自宸衷之獨斷，而不待外省之請求，矧今各省之請開國會者已接踵而至哉。

臣蒿目時艱，蓄懷日久，今以衰病之身退就農畝，惓惓之忱，不能自已，用敢刳肝瀝膽，獻其一得之愚。是否有當，伏乞皇太后、皇上聖鑒訓示。謹奏。

《清末籌備立憲檔案史料》第一編《九年預備立憲逐年推行籌備事宜諭光緒三十四年八月初一日》 光緒三十四年八月初一日内閣奉上諭：朕欽奉慈禧端佑康頤昭豫莊誠壽恭欽獻崇熙皇太后懿旨，憲政編查館、資政院王大臣奕劻、溥倫等會奏進呈憲法，議院、選舉各綱要暨議院未開以前逐年應行籌備事宜一摺。現值國勢積弱，事變紛乘，非朝野同心，不足以圖存立，非紀綱整肅，不足以保治安，非官民交勉，互相匡正，不足以促進步而收實效。該王大臣所擬憲法暨議院、選舉各綱要，條理詳密，權限分明，兼采列邦之良規，無違中國之禮教，要不外乎前次迭降明諭，大權統於朝廷，庶政公諸輿論之宗旨。將來編纂憲法暨議院、選舉各法，即以此作爲準則，所有權限悉應固守，勿得稍有侵越。其憲法未頒議院未開以前，悉遵現行制度，靜候朝廷依次籌辦，如期施行。至單開逐年應行籌備事宜，均屬立憲國應有之要政，必須秉公認真次第推行。著該館院將此項清單，附於此次所降諭旨之後，刊印謄黄，呈請蓋用御寶，分發在京各衙門，在外各督撫、府尹、司道，敬謹懸掛堂上，即責成内外臣工遵照單開各節依限舉辦。每屆六箇月，將籌辦成績臚列奏聞，並咨報憲政編查館查核。各部院領袖堂官，各省督撫及府尹，遇有交替，後任人員應會同前任將前任辦理情形，詳細奏明，以期各有考成，免涉諉卸。凡各部及外省同辦事宜，部臣本有糾察外省之責，應嚴定殿最分別奏聞。並著該館院王大臣奏設專科切實考核。在京言路諸臣亦當留心察訪，儻有逾限不辦，或陽奉陰違，或有名無實，均得指名據實糾參，定按溺職例議處。該王大臣等若敢扶同諱飾，貽誤國事，朝廷亦決不寬假。當此危急存亡之秋，内外臣工同受國恩，均當警覺沈迷，掃除積習。如仍泄沓坐誤，豈復尚有天良。該館院王大臣，休戚相關，任寄尤重，儻竟因循瞻庇，詎能無疚神明。所有人民應行練學自治教育各事宜，在京由該管衙門，在外由各督撫，督飭各屬隨時催辦，勿任玩延。

至開設議院，應以逐年籌備各事辦理完竣爲期，自本年起，務在第九年内交各項籌備事宜一律辦齊，屆時即行頒布欽定憲法，並頒布〔召〕集議員之詔。

凡我臣民皆應淬厲精神，贊成郅治，如有不靖之徒附會名義，藉端搆煽，或躁妄生事，紊亂秩序，朝廷惟有執法懲儆，斷不能任其妨害治安。總期國勢日臻鞏固，民生永保昇平，上慰宗廟社稷之靈，下答薄海臣民之望。將此通諭知之。欽此。

《清末籌備立憲檔案史料》第二編文耀《都察院代遞文耀等懇請速開國會呈宣統元年十二月二十日》 呈爲事機益迫，時局瀕危，籲懇速開國會，以圖挽救，合詞呈請代奏事。

竊維去年八月初一日，德宗景皇帝欽奉孝欽顯皇后懿旨，明定國是，宣布召集國會之期限，並設資政院及各省諮議局，以立國會之基礎。十一月初十日，皇上明詔，重申前定年限，期在必行。朝廷期望國會之心，已爲薄海臣民共聞共見。所以期至九年者，將以積漸之推行，爲完全之籌備，圖終慎始，有不得已者存也。文耀等年餘以來，伏察外界之趨勢，益以進行，内治之現象，日見退步，以言籌備，形式雖具而精神不充，以言更革，大利未興而弊端先見，無一非啟人民感然興憂之具，即無一非促朝廷翻然變計之機。是故居今日而言國會，雖在一年，猶懼其晚，況至九年，能無歎其不及？文耀等蒿目時艱，不勝憂憤。竊以爲非速開國會，不足以振積弱之勢而立圖治之本，謹就一得之愚，爲我皇上披瀝陳之。

一在國之關係。今日之國勢，不可不謂之危矣。以政治大臣無一定之方針，庶吏無共同之趨向，責任不專而上下相諉，事權不一而人自爲謀，法令非不具也，執以施行者乏人，治道非不善也，見諸實效者無幾。支離雜錯，莫可究詰，百孔千瘡，不堪逼視。是以政事日墮，吏治日疏，權利日失，地方日敝。推原其故，皆由監督之機關未立，而官吏不負責任使然也。如使國會成立，則責任內閣亦必與之俱立，以國會監督內閣，而放棄責任之弊去，以內閣統一庶政，而盡心職守之力生，全國之政，如身使臂，如臂使指，有運用靈活之美，無行動牽滯之患。而後以言行政，則政無不舉，以言用人，則人必盡職，以言興利，則利溥無疆，以言除弊，則弊乃潛消，行之數年，天下治矣。若視爲緩圖，因循不舉，誠恐滄海横流，江河日下，後雖欲行，恐亦無能爲力。此國會之關於政治，不可不速開者也。以國際言之，自海禁開通以來，列强之侮我至矣。割我土地，攘我利權，欺凌我官吏，戮辱我人民，一言之不合，責言立至，一事之未允，兵艦忽來，要挾恫嚇之言，無日不聞，無所不至。此固由於國勢積弱，不得不然，要亦政體不同有以致之。蓋立憲國之於外交也，莫不以政府爲先鋒，國民爲後勁，勢厚力宏，其手腕之强硬，權力之伸張也，固宜。我國之外交，祇恃一二外交官，以口舌強辯之功，爲樽俎折衝之用，無國民爲之後援，是以全體國民至堅至厚之勢來，我以一二人至薄至弱之力應，衆寡懸絶，强弱大異，竟致人佔優勝，而我歸失敗也。使國會成立，則人民有代表機關，以爲政府之後盾，實力既充，手腕斯硬，於以折無理之要求，拒虚聲之恫嚇，所不難矣。若不速開國會，則人進我退，人取我與，再過數年，國勢恐更不及今日。此國會之開，關於國際，不可不速者也。

一在民力之關係。我國地大物博，民向殷富，自通商以來，各國以其消費之品，淫巧之物，窺吾所缺，投吾所好，一轉移間而坐獲厚利，於是人民之力一敝。外債累數萬萬，國庫空虚，司農仰屋，不得已而取之於民，賦斂繁興，搜括備至，取之盡涓滴，泄之如尾閭，於是人民之力再敝。且財政之組織不完，官吏之奉行不善，每有征取，輒至擾累，於是人民之力又敝。加之水旱頻年，災疫迭起，閭閻困苦，生業荒蕪，於是人民之力又敝。坐受數敝，民力蓋將絶矣。若不於此時速開國會，以培養元氣，迨至民力銷蝕已盡，而始圖之，機關雖具，政治雖良，而財殫力盡之餘，凡百庶胥，無以爲舉辦之資矣。此國會之關於民力，不可不速開者也。

抑文耀等更有進者，東西各國憲法，其於君主之尊嚴及權力，所以保護者綦至，一則曰君主神聖不可侵犯，再則曰君主不負責任，再則曰君主總攬統治權。有此規定，則君主有無上之尊，至高之權，決無一毫之危險。其人民以君主不負責任之故，雖有不平，亦祇申訴於國會，而於君主無與焉。此各國已然之效，亦我國必至之符也。是故有國會，則朝廷益尊，皇基愈固，治平之盛，垂於永久，聖德之美，徧敷中外，爲古今所罕遇也。且我朝二百餘年，深仁厚澤，淪洽肌髓，孝欽顯皇后、德宗景皇帝更創數千年未有之盛舉，毅然改行立憲政體，勵精圖治，厪念時艱，立萬年有道之基，造兆民無量之福。皇上沖齡入承大統，監國攝政王以周公之謙光，受阿衡之重畀，天下喁喁，想望太平，正宜乘此時機，速開國會，上以終先朝未竟之志，下以慰億兆望治之心。何必以變更年限爲嫌，而期期待至九年之後？此關於根本至計，尤不可不速開國會者也。

文耀等八旗世僕，受恩最深，管見所及，不敢不冒斧鉞，痛哭直陳，惟願一年之內，召集國會，以冀治臻上理，共享昇平。伏乞代奏。謹呈。

宣統元年十二月二十日奉上諭，已録。

《清末籌備立憲檔案史料》第二編温肅《御史温肅奏議院選舉宜使秩崇税多者優異逾常摺宣統二年十月初六日》 掌湖北道監察御史臣温肅跪奏，爲議院選舉宜籌善法，敬陳管見，恭摺仰祈聖鑒事。

竊伏讀本月初三日上諭，着於宣統五年實行開設議院，並將議員選舉法提前編訂。仰見聖主好惡同民之盛德，欽服莫名。臣竊維議院之有無成效，全視選舉之當否爲斷，苟選舉不得其人，則極美之名可變爲極弊之藪，此臣所以鰓鰓過慮而不容已於言者也。夫所貴乎議院者，謂其能代表輿論，擔任賦税，衆所信服也。今之爲民代表請開國會者，其同鄉且不識其姓名，所謂代表者何在。匪特此也，各省之諮議局、地方自治會，本議院之基礎也，而求其資格能副是選者，恐去之尚遠。其故良由地方官於調查選員資格時，未能逐一分別，一委之調查員。其充調查員者，率皆窟穴於報館、學堂之無聊人員，稍負鄉望者，遂有羞與爲伍之意。民間見其然，亦復因疑生沮，於是資格聽人自塡，稽察豪無責任，良莠雜出，假公營私。此等情形，萬方一概，而究其弊之所伏，實由規定選員章程時只求規仿之似，未得鼓舞之神，篤於信外國而疎於察內情，此亦今之君子之通病也。

臣維中國風尚所重者功名，所信者殷富，民間行事，恆視此爲向背，而其中等級亦自分明。若照地方自治選舉法，人納二元之租税或公益費，一律可充議員，則紳富中之豪者，便以無所優異而不樂就。此時教育既未能普及，又無多數之法政人員，家喻戶曉，使人皆知國民之義務，則提倡勸導之責，將於誰屬？擬請將來編訂選員法，除以普通税率規定外，其在籍舉貢以上及實缺人員，或一人可佔二票，或票數略等，先准其被選，納税多者亦如之。其秩較崇税較多者，並以次遞加，總使其優異逾常，以爲衆勸，所謂巨室所慕一國慕之也。否則如現在之自治會，自好者既以不與聞爲高，無識者又將以貽後患爲懼，及其所得，不過二三好事之徒，但解要求，毫無擔任，國家亦何利有此議院爲耶。臣非好爲過慮，特以籌辦自治之始已有此流弊，將來召集議院，難保不再蹈前車，是用縷陳，不覺辭費。

抑臣更有請者，議院名議既以監督政府自居，必不予以指摘之端，而後可以收相濟之益。倘或意見不同，因而徒黨各立，深恐議院成立之後，重煩宵旰調停。臣於九月二十八日摺中請責成樞臣，已略陳梗概，伏望聖明留意。

所有議院選舉辦法並臚陳管見，是否有當，請飭下憲政編查館妥籌辦理，臣不勝激切屏營之至。伏乞皇上聖鑒訓示。謹奏。

《清末籌備立憲檔案史料》第二編增輯《浙江巡撫增韞條陳內閣國會事宜摺宣統二年十一月十一日》 浙江巡撫臣增韞跪奏，爲條陳內閣、國會事宜，恭摺仰祈聖鑒事。

竊臣於九月二十二四日奏陳審判各項事宜，分列九摺陸續進呈，其宗旨在謀各政之統一，其辦法在助各政之進行。欲各政之統一，必先有負完全之責任者，內閣是已。欲各政之進行，必更有具監督之能力者，國會是已。夫內閣、國會之有利而無弊，前經東三省督臣錫良等兩次聯銜電奏，披瀝上陳，仰荷天恩俯允諸臣之請，縮短國會年限，預即組織內閣，薄海臣民，驩舞跳躍。伏讀十月初二日上諭：迅速遵照欽定憲法大綱，編訂憲法條款，並將議院法、上下議員選舉法，及有關於憲法範圍以內必須提前趕辦，均著同時並舉，於召集議院以前，一律完備等因。欽此。是朝廷於內閣、國會事宜，已有確切之預備。惟是造端宏大，政體攸關，萬一立法之初稍未研究，將來一切之施設，必致障礙滋多。謹就所知，略陳愚慮，上備聖明採擇。

其關於內閣者有二：一則總理大臣宜設一人也。查各國內閣制度，皆設總理大臣一人以爲領袖，謂之首相。其組織內閣，各國務大臣之政見，率與首相趨於同一，故首相一有更動，則各國務大臣亦皆相率易人，雖政界不免呈一時紛更之象，然必使同政見之人共同組織，以保持行政上一定之方針，此所以爲美制也。我國各部長官，等於各國之國務大臣，而軍機爲之領袖，亦略同總理大臣之職。今欲組織內閣，議者率拘牽舊制，以軍機處有四人，擬卽於總理大臣一人外，再設副總理大臣一二人以輔助之。此大誤也。若副總理大臣之政見與總理大臣相同也，於政治上固無礙進行，然不免有伴食之誚，反是則各欲自樹一幟，必至內閣隨時底於潰敗。臣愚以爲內閣總理大臣，祇宜仿照各國成例設置一人，不宜有副總理大臣之制，庶免外則統一，內實紛歧之弊。一各省督撫與國務大臣之地位宜確定也。查各國地方官治制度，除聯邦之國外，率皆受成於內務大臣，非殖民地及邊遠地方，皆無督撫之制。我國幅員遼闊，交通機關亦未發達，省制既不能破除，則督撫對於行政上之地位，卽不能不特定範圍。今議者謂內閣設立後，各督撫均應受成於民政部，仿日本府縣知事直轄於內務省之制。其立論雖有根據，然按諸我國現勢，極爲不合。督撫既屬中央之官，卽應預議全國重大事務，與內閣運帶負責。無論交通不便，勢不可行，電報往來，亦稽時日，且內閣一有變更，各省督撫亦必相率辭職，我國政界尚未鞏固，危險孰大。於是臣愚以爲各省督撫，宜爲地方行政長官，對於各該省行政事宜負完全之責任，庶免利害不相共，名實不相副之弊。其關於國會者亦有二：一則選舉法宜規定也。查選舉法有直選、複選之別。直選者以合格之選舉人直接投票，選出國會議員是也。複選者以合格之有選舉權者選出選舉人，再由選舉人複行投票，選出國會議員是也。英、法、德、美、日本諸國，現皆採用直選法，誠以直接投票，易表示人民共同之意識。無論選舉區域之大小，則人口代表主義莫不與地方團體相結合。我國諮議局議員採用複選法選出之議員，往往與人民共同之意識相反，徒滋紛擾，無益治理。臣愚以爲選舉國會議員，宜仿照各國成規，採用直選法，庶有一氣相銜共同維持之益。一則宜定議員名額之標準也。查各國議員之名額，無不以人口比例爲標準，最多之比例爲美利堅，十九萬人得選一議員，最少之比例爲瑞士，二萬人即得選一議員。我國人口號稱四萬萬，試以每五十萬人選一議員之比例，則議員之名額當爲八百人，而各國議員名額，英則六百七十人，法則五百八十四人，若以我國之人庶與之較，則議員八百之名額，似不能再行縮減，即宜以各省之人數分配之，行直接之選舉。我國諮議局議員名額，係參酌各省取進學額及漕糧之數以定多寡，誠當時不得已之辦法。現在各省戶數既已調查明確，口數當可得其大略，臣愚以爲國會議員之名額，必以人口比例爲標準，始不失代議之原則，且可得各省均平無稍偏畸之益。以上所陳，應請敕下內閣會議政務處王大臣等，於編定法制之先，詳加核議，似於憲政不無裨益。

抑臣更有陳者，法制之國以法爲本，其於各種法典非常審慎，蓋非此無以操馭世之大柄，而納人民於軌範之中也。現在國會既經縮短年限，若民律、商律、刑事民事訴訟律等法典不能先期編訂，恐舊法既不適用，新法又無可實施，綱紀蕩然，秩序凌亂，立憲前途，何堪設想。應請敕下憲政編查館，將各種法典提前趕辦，早日頒布。如有以立法之初須調查本國習慣，不能悉合外國立法例爲請者，此則老成持重之見。新進理想之談，按諸近世文明各國之法律，有世界統一之漸，實有不能不強我就彼者。況領事裁判權尚未收回，尤宜與各國法律有相因而無相背，方足以昭大信而鞏法權，並懇皇上宸衷獨斷，不爲衆論所淆，天下臣民曷勝大幸。所有條陳內閣、國會事宜緣由，理合恭摺具陳，伏乞皇上聖鑒訓示。謹奏。

《清末籌備立憲檔案史料》第二編胡思敬《御史胡思敬奏官制未可偏信一二留學生剿襲日本成法輕議更張摺宣統三年正月十七日》掌廣東道監察御史臣胡思敬跪奏，爲官制重要，未可偏信一二留學生剿襲日本成法輕議更張，恭摺仰祈聖鑒事。

竊維我朝舊制，以疆事責之督撫，而受成於六部，部臣遵守例案，請命而行，無敢專擅。國有大疑，集廷臣會議，朝有闕失，許言路糾彈。卿、寺、翰、詹皆儲才要地，假以暇日，使得研究古今中外政治得失，不徒責以簿書期會之勞，用意至爲深遠。去歲憲政編查館所擬行政綱目，聞出自提調李家駒一人之手，並未與同僚商酌，該提調一意阿時，懵不曉事，徒襲東洋皮毛，將官制分爲四級機關：一曰直接官治，二曰間接官治，三曰地方官治，四曰地方自治。所列表文如治絲而棼，立說至爲紕繆。自綱目刊行之後，人情洶洶，有謂翰林院、禮部皆將裁撤者，有謂吏部將歸并新內閣者，有謂都察院將改爲行政裁判院者，有謂各衙門長官自辟僚屬，三品以下皆不由朝廷簡任者。訛言日興，內外百官皆惴惴不自保，賢者引身而思退，不肖者求捷徑而先趨，拙者遇事推諉而存五日京兆之心，巧者遇貨貪婪而爲日暮途窮之計，蓋不待新制實行而亂機湊泊，已傀然如不終日矣。

夫所謂直接官治者，即中央集權之説，所謂地方自治者，即民權之説。前説行則督撫無可察之吏，後説行則州縣無可牧之民。臣曾於去歲兩次痛陳其弊。前史所載，若漢之王莽，宋之王安石、蔡京，皆以輕變官制致亂。事遠且勿具論，丙午之役，袁世凱挾兵入京，用二三浮薄小人倉卒起草，百端恫喝，欲傾翻政府而代其位，潛擬疏稿，授已故尚書張百熙保己爲總理大臣，由是立憲議起，而籌備單出，遂成今日不可收拾之勢，此監國攝政王所親見也。今袁世凱雖罷，憲政編查館起草各員如汪榮寶、吴廷燮、章宗祥等，何一非丙午遺孽，又益以楊度，使實行革命於政治之中，故彼黨談新政者，皆言變法當從官制入手，蓋官制既亂，傾去舊臣，援用私黨，使布居要地，乃得盡逞其謀。戊戌康黨之變，擬設十二制度局暗奪軍機六部之權，即此術也。

自來用人之法無有公於我朝，資格未破之先，雖樞府大臣敢有安置一私人於司曹者乎？自六官變爲十一部，內而丞參，外而提學、提法、巡警，勸業，鹽務各官，半由夤緣而得，參事以下，一紙奏調，動輒數十百員，胥吏工賈雜出其中，屢見廷臣參奏，用人如此，行政則又可知。民政部號令不出一城，以親貴大臣而下侵地方有司之職，已屬可笑。農工商部坐食無聊，則設計而謀開賭。郵傳部事權盡萃於鐵路一局，其餘半屬閒曹。學部徒覈獎勵，獎勵停而部職廢矣。古兵部之職總核天下兵馬錢糧，非欲驅之行陣也。陸軍大臣廕昌歸自海邦，翦髮易服作西裝，入朝則戴假辮，變卿貳爲統領，全署司曹將盡成武弁，實創千古未有之奇。至海軍捕風捉影，無一可恃之艦，無一可守之港，則亦徒供玩弄耳。是皆近數年來，新設各署利害之灼然可見者如此。誰與畫此策者不急圖挽救，反瞽議銓曹詞館爲外洋所無之官，妄欲有所處置，盜憎主人，不亦顛倒太甚乎？外洋雖皆立憲，官制亦各不同，日本事事規橅泰西，而我又事事步趨日本，尾道旁行乞之人，沾其餘瀝，其所獲幾何，則亦愈趨而愈下矣。

陛下所恃以立國者曰民，所與治民者曰官，蓋自新刑律成而民亂於下，新官制成而官亂於上，上下交亂，彼等狼狽爲奸，引進海外黨魁，以陛下爲孤注之一擲，陛下高拱深宮，其果能收萬世一姓之效乎？臣愚以爲新官不可濫設，舊官不可盡裁，起草應用正人，須行當采衆議。擬請乾綱獨斷，嚴飭館臣不得援引日本法規擾亂大局，實爲天下蒼生之福。是否有當，伏乞皇上聖鑒訓示。謹奏。

《清末籌備立憲檔案史料》第二編張蔭棠《出使美墨秘古國大臣張蔭棠奏內閣總理應由朝廷任命並請早定憲法速開國會摺宣統三年二月二十日》

出使美、墨、秘、古國大臣臣張蔭棠跪奏，爲請旨任命大臣授權組織內閣，明定責任，表示政策，開法治以圖自強，恭摺仰祈聖鑒事。

竊臣伏讀十月初三日上諭：著縮於宣統五年實行開設議院，先將官制釐訂提前頒布試辦，預即組織內閣等因。欽此。具見我皇上勵精圖治之至意。雖請開國會者人心競於急焦，或未盡饜願望之勤，然准酌時宜，緩急適中，宸衷具有權衡，尚亦爲薄海臣民所共仰。

又聞朝廷意旨期於明年設立憲政內閣，而內閣總理有將廷推會選之説，雖得自報紙傳聞，未足深信，然事關大計，臣子管窺所及，亦不敢不言。我朝樞機之職，本由內閣而移於軍機處，即一內閣也。而近年所設之會議政務處，亦一內閣也。然不能舉集權施攻之大效者，則以組織之法有未當，而於責任亦未明故也。夫會選之説，或有取於明代廷推首輔之法，而未審於各國憲政制度與現時吾國之情狀者也。考任命內閣總理大臣之職，非獨立憲之國此權悉屬君主，即共和之國此權亦屬於總統。法制又鑒無取立異，若必以廷推會選爲公，不獨使朝廷拋棄大權，無此治體。又因此而縱朋比營私之弊，開夤緣奔競之門，巽懦者隨順若脂韋，強忮者始爭成水火，一時姑息，隱禍無窮，築室道謀，成效蓋寡，今欲立新內閣，其總理大臣之任所以必要簡在帝心出自朝命者此也。

至於組織之法又取一貫，庶可收指臂聯使之效，君主以己所信任而授職權於總理大臣之一人，總理大臣又以己之所信任而推薦各部大臣請於君主登任之。若在專制之國，則此制不得謂之無弊，震主之威，跋扈之行，利少害多，勢有必至。惟在今日憲政制度發明之國，既有議會以操議政之權，監督之責，民具爾瞻，輿論難欺，而海陸軍大元帥之職君主自領之，所發軍令無須大臣副署，則前代權臣挾兵力以抗朝廷者可無慮。司法獨立，則前代權臣以嚴刑劫持人心者可無慮。豫算有案，則前代權臣以暴斂痛毒天下者可無慮。故爲立憲國總理大臣者，雖不必人人有諸葛亮之忠，司馬光之純，然以無才而溺職者有之，不道而獲罪者，殆可決其爲必無之事，臣所以翹望於宸衷獨斷力排浮議而定組織之法者此也。

內閣大臣之有責任云者，乃對於議院而負責任之謂也。立憲之國君主不可侵犯，君主無責任，故君主對於國務之行爲，必使大臣副署而負其責任，所以無損君主神聖之威嚴，而能收令順民心之實效，法至善也。對於全般政務，則內閣大臣連帶而負責任，於一部之政務，則該部大臣對行爲自負責任。然則誰有能使大臣負責任之權力者乎？無他，即受憲法上之裁制是矣。若大臣有違背憲法，或有害於國利民福之行爲，議院可以彈劾罷職而止其害，可以否決政府法律案、預算案，而表示其不信用。今日我國議院未開，憲法未頒，似可以資政院暫行議院之權監督大臣，以致獨是今日之資政院，其性質果當爲上院乎？抑當爲下院乎？抑當上下兩院之合體乎？固無明文。臣觀美國報紙則俱目之爲元老院。夫美國之有元老院者，所以代表各州，有代議院者，所以代表國民，而各國之有貴族院者，所以代表特別階級，有代議院者，所以代表多數人民。未有無下院而可有上院之立憲國，然則美人加吾國資政院以元老院之稱，非適當之名號也。要之，憲法一日未定，國會一日未成，即無從舉責任內閣之實，此臣所以於叩請組織內閣之中而仍殷殷企望於國會之速開憲法之早定，伏願聖明督勵臣子以勉力可赴之程，而不必區區以年度爲限者此也。

抑臣更有請者，規畫法制不難悉臻美備，而措施政務尤貴動愜機宜。考日本設立內閣之始，亦在未召集國會以前，其國王特命伊藤博文組織成立之。內閣未立以前有太政官，略如吾國軍機處、會議政務處等職。當時三條實美爲太政大臣，先上表自請辭職，而盡裁太政官省缺，專以內閣爲宰臣會議奏事御前之所，施政統一，因成維新之功。我國既從新組織責任內閣，則軍機處、會議政務處自在裁撤之列，似應另設內廷大臣、內廷顧問官，以處親貴耆碩。樞部舊臣，諳練國聞宣力有素者，及博識明通之士，無定員，不隸於內閣。其餘各部以尚書爲長官，或仍原稱，或改稱大臣，而裁管部之職，侍郎爲次官，或仍原稱，或改稱副大臣，惟每部以長官一人入閣辦事。內閣總理大臣似可兼一部長官，如英國內閣會議通例，總理常兼度支，如佛國大臣會議通例，議長多兼外務，但非定例，吾國可準酌行之。組織一成，樞機運用煥然更新，然後以準備改良條約責諸於外務，以完成自治制度責諸於民政，以清理財政責諸於度支，以編纂法典責諸於法部，以完備教育制度責諸於學部。至整頓海陸軍務，振興農工商業，擴充郵政，敷設鐵道，諸部各專任責成。而於內閣中置法制局，分行政、法制、司法各部，掌法律、命令之起草，司行政裁判之事，設文官登用試驗規則，釐定新官制，次第實行，大綱畢舉，國計通籌，一切政策乃可以握定方計，而施有程效赴功之日。臣愚一得之見，是否有當，謹具摺恭陳，伏乞皇上聖鑒，訓示施行。謹奏。

宣統三年二月二十日奉硃批：憲政編查館知道。欽此。

《清末籌備立憲檔案史料》第二編歐家廉《御史歐家廉奏內閣官制宜詳慎定擬以防攬權竊政摺宣統三年三月十二日**》** 協理遼瀋道監察御史臣歐家廉跪奏，爲內閣官制將屆頒布，請飭下館臣詳慎定擬預防流弊，並將草案發交臣工會議，以免專擅而危大局，恭摺仰祈聖鑒事。

竊自上年疊奉明諭縮短預備立憲年限，並飭憲政編查館、會議政務處將內閣各項官制提前纂擬，仰見聖朝勵行憲政至意，欽感莫名。伏查責任內閣之制，內總全國政令，外司百寮進止，即吾古者宰相之職，然至唐已分爲三省，至宋已并爲二府，明更輪召諸臣入閣辦事，大權不及內閣之半而已，防其偏重矣。至外國閣制亦漸不同，英法用民政，故進退於議院，德主聯邦，美主分權，故雖進退於議院，而實由大統領操之。日本則但聽命於君主，任免由於上，可否由於上，而又有樞密院以分其謀議，有會計檢查院以覈其出入，有行政裁判所以糾其非違，已隱鑒歐人之失權而漸趨中國之專制。我朝內閣初沿前明舊例，令大學士票擬，後遂移併軍機處，親賢並用，權力至平，而復內有部院百司，外有督撫大吏，其相維相繫之制，較諸前代疏密固殊，較諸東西各國得失亦復百倍。今欲舉而改爲之，百度各更其故，則恐治絲而棼，諸弊頓弛其防，則恐決隄而潰，其損益取舍有不容不慎之又慎者。

臣愚所慮即有數端：一、大臣不可無正副。無正副則庸者寡助，才者擅權，則言日本無副大臣者不可從也。一、內閣以外不可無他獨立衙門。無他獨立衙門則朝論委靡，有利不能興，有弊不能革，則言盡裁非行政衙門者不可從也。一、自各部大臣以下不可經由總理大臣始得入奏，會同總理大臣始得進見。諸臣不得入奏不得進見，則耳目壅蔽，一人孤立於上，羣臣橫行於下，則言規定奏事各權者不可從也。一、總理及各部大臣不可由議院舉措。由議院舉措則予奪在人，君不得有其臣，臣不得有其政，則以攻擊政府爲事者不可從也。一、總理及各部大臣不可負連帶責任。負連帶責任則俱進俱退，小則開富貴攀附之風，大則釀朋黨爭奪之禍，則明目張膽以組織政黨爲事者不可從也。

此數者他國或可用而吾國決其不宜，淺者以爲言，而識者知其不可。現在國中程度不一，民智未開，儻餂於君主不負責任之言，以政權付內閣，以內閣付議院，設有一黠桀者乘之而起，上不聽命於朝廷，下不受制於議會，尾大不掉，將如之何。即或議院可用矣，而又有黠桀者驅以勢利，結爲腹心，與相首尾，又如之何。與其悔之於終，無寧慎之於始。現聞內閣官制將屆頒布，可否飭下館臣詳慎定擬，未求有功，先求無過，以防流弊。並請按照向來六部九卿翰詹科道會議之例，將此項官制草案發交各衙門臣工會議，用收明日達聰之效，而免攬權竊政之虞，大局幸甚。

臣愚昧之見，是否有當，伏乞皇上聖鑒。訓示。謹奏。

《清末籌備立憲檔案史料》第一編盧靜遠《軍諮處第一廳廳長盧靜遠奏中央集權地方分權應因地制宜摺宣統三年四月初三日》

副都統銜陸軍正參領軍諮處第一廳廳長臣盧靜遠跪奏，爲敬陳軍國大計，請旨裁奪，恭摺仰祈聖鑒事。

竊維立法之要，貴乎因時，而救時之方，莫如善變。況值積弊已深之際，處危機日迫之交，外患既相逼而來，内政復廢而不舉，非力破舊有之障礙，不足以振作新機，非速建不拔之根基，不足以保持獨立，故居今日而爲固本自強之計，必先通全局，而爲補偏救敝之謀。臣竊見近年以來，朝野上下皆以勵行新政爲汲汲，然一令之頒，出國門而輒阻，一事之舉，因費鉅而不行，以致部臣、疆臣顯分畛域，疆臣之所管轄，部臣不得而干涉之，部臣之所籌劃，疆臣或從而抵抗之。政出多門，權無專屬，故論者有鑒於此，有主張中央集權之説者。又有謂各省督撫實操辦事之實權，中央集權之説，爲今日所萬不能行者。不知中國地廣人衆，甲於全球，鐵軌航線之聯貫横亙於境内者，尚不及十之三四，而又甲省與乙省風氣互殊，腹地與邊地情形各别。必舉内外數十行省，皆使與部臣直接，事事聽命於中央，則聲息既不靈通，事機必多牽制，邊遠各省將有鞭長莫及之虞。若仍守從前分設督撫之法，使之劃疆分治，各自爲政，則一出都門，便成無數小國，意見各執，政令難行，亦不足以絶分歧而謀統一。是故主絶對集權之説者，第知尊中央而無以固邊圉，主絶對分權之説者，第知重疆寄而無以一主權。臣嘗斟酌於二者之間，而熟籌乎天下之勢，竊以爲欲收内外相維之效，必先爲枝幹並固之謀，欲利推行盡利之規，必參以因地制宜之意。故就今日情形而論，有宜全用集權之制者，有宜參用集權、分權之制者，有宜全用分權之制者，謹推本斯義爲我皇上縷晣陳之。

夫邦畿千里，爲羣治從出之原，即爲四方取則之地，故古者近畿之政，皆直隸於中央。今則中央政府所直接管轄者，不過京師百里之地面而已，其他則部臣委之疆臣，疆臣寄之百司，政令之是否實行，僚屬之是否盡職，不得而知也。雖有督催，亦第空文一紙，雖有黜陟，全憑長吏一言，故京師行政各衙門，名爲總匯之區，實則閒散無事，蓋轄境大小則權限甚微，亦勢之所必然者。臣愚以爲中央行政之範圍，亟宜有以推廣之，惟此時交通不便，財力不充，不能擴張太遠，祇得劃定最近之區域以小試其端。如長城以南，黄河以北，渤海以西，太行山脈以東，皆所謂近畿之地也。以此劃歸中央，定爲行政區域，則面積已足與法國相埒，凡屬區域以内之政治，概歸中央籌辦，則大權操之在上，各省可由此觀型。故中央政府對於近畿各地有完全董理之責，對於腹地各省有隨時督率之權，以視近日條教所施，不能出國門一步者，其得失固較然矣。此臣所謂宜全用集權之制者也。

近畿各地既隸於中央，其稍遠者如山西、陝西、湖北、湖南、江蘇、安徽、江西各省，以及黄河以南之山東、河南諸地，雖不屬中央，亦所謂腹地也。腹地之一切政令，本應歸中央直轄，惟當試辦之始，兼顧良難，擬以屬於民政之事，暫歸各地方自行舉辦，仍各留一巡撫，以爲民政長官。巡撫以下分設各司，以資參贊，而以府廳州縣爲下級理民之官。蓋治民之權不妨分，能分權而後治法可以密也。至關於國防及軍事上之動作，則概歸中央主持，其舊設總督之兼領軍事者，悉裁撤之，使各省軍政統於一尊，而不得自爲風氣。庶平時可以統籌全局，擇要駐兵，蒐討訓練，號令齊一，有事則居中調度，首尾策應，有朝發夕至之便，無此疆爾界之殊。蓋治兵之權不宜分，能集權而後軍政可以肅也。此臣所謂宜參用集權、分權之制者也。

至於沿邊各省如滿洲、蒙古、甘、新、川、藏、雲、貴、閩、浙、兩粤，皆地居偏遠，逼近強鄰，軍事之整理，國防之籌劃，其情形迥與内地不同。且財政艱難，時資接濟，道途險阻，不便運輸，非特簡重臣坐鎮其間，不足濟艱危而絶窺伺，非特假以便宜行事之權，使之斟酌盈虚，從容布置，亦無以操勝算而遏亂萌。臣愚以爲宜裁去舊有之將軍、都統、總督、巡撫及辦事大臣，而仿各國邊境設都督府之制，分設各路陸軍都督：東北陸軍都督府兼轄奉、吉、黑三省，北路陸軍都督府兼轄内外蒙古，西北陸軍都督府兼轄伊犂、新疆、甘肅、青海，西路陸軍都督府兼轄川、藏，東南陸軍都督府兼轄閩、浙、廣東，西南陸軍都督府兼轄雲南、貴州、廣西，均擇各路適中之區以爲駐紮之地。都督之任，仿照各國成例，必以陸軍出身或於軍事深有經驗者充之。其職權可以統理區域内一切政務，而尤以軍事爲主要，凡關於軍隊駐所之配備，餉械之輸送、補充，以及防禦、作戰各種計劃，概由其酌量規定，而隨時報告於軍諮處及陸軍部。遇有緊急事變，亦得權宜處置之。惟都督轄地太遠，地方民事有難於兼籌並顧者，應就從前將軍、都統、總督、巡撫及辦事大臣屯駐之處，體察情形，分設民政長官，長官以下所屬府廳州縣，悉仍其舊。若蒙、藏之向無府廳州縣者，亦宜酌參原有之機關略事變通，以便治理，而重大之事，仍受成於都督。蓋邊境幅員遼廓，列強環伺，練兵籌餉責之一人，則權限攸歸，無從諉卸。利一。周歷四境，情勢瞭然，布設方略，必中窾要。利二。任用既專，威令易行，遇有危疑，迎機立斷，無牽制束縛之弊。利三。邊防既固，則覬覦不生，可以壯國威，即可以弭外患。利四。或謂晉設州軍，唐置藩鎮，重外輕內，釀禍無窮，今設都督府而特重其權，將毋爲後車之覆。不知都督係特簡重臣，實爲朝廷所親任，即有時權宜處置，仍必稟承廟算，敬謹遵行，設有違法之行爲，侵權之舉動，立時罷黜，固自無難。況憲法施行則邦基鞏固，國是既歸於大定，即反側無自而生心，是魁柄下移之患與尾大不掉之虞，皆可消弭於無形，不必鰓鰓過慮矣。此臣所謂宜全用分權之制者也。

以上所陳各節，雖非立憲國完全之制度，然按切現今時勢，必有此過渡辦法，然後可以振紀綱之廢墜，而促憲政之進行。況禍變之紛乘日甚一日，邊備之廢弛年復一年，時已往而不可追，機一失而不可返，及今猶不亟圖變計，將見因循敷衍，苶然不振，內無可操之威柄，外無可固之藩籬，異日分崩離析，大局難支，恐有欲謀改革而不可得者。臣蒿目時難，杞憂日迫，用是不揣檮昧，敬獻芻蕘。可否飭下軍諮處會同會議政務處、憲政編查館，核議具奏請旨施行之處，伏候聖裁。

所有敬陳軍國大計請旨裁奪緣由，理合恭摺具陳，伏乞皇上聖鑒訓示。謹奏。

《清末籌備立憲檔案史料》第一編歐家廉**《御史歐家廉奏立憲應以官民程度爲準並請依君主立憲政體嚴定限制摺**宣統三年五月二十三日**》**掌湖南道監察御史臣歐家廉跪奏，爲編纂憲法宜按中國程度爲準，並請恪遵欽定君主立憲政體，嚴定限制，以免踰越，恭摺仰祈聖鑒事。

竊自去年恭奉明詔縮短立憲年限，薄海臣民，歡呼感泣。然臣伏讀諭旨，有曰：第恐民智未盡開通，財力又不敷分布。然後知朝廷籌備於事先者，如此其慎也。又曰：必於人民應擔之義務確有把握，然後知朝廷期望於事後者，如此其重也。乃臣愚耳目所及，並察地方情形所在，恐尚不能副皇上期望之意，非惟不能副而已，且恐愈去愈遠，有不可以道里計者。若不於立法之始，事爲之制，曲爲之防，爲患曷既。

語曰：知彼知己。言自審也。又曰：深則厲，淺則揭。言事之不可泥也。然則今日言立憲，亦惟自審而不可泥而已。論者皆曰立憲程度特患不行，不患不足，此言似也。顧今之明明不足，則有無可諱者。今試問鄉僻之民，露體塗足，目不識一字，何從有國家思想。鳩形鵠面，日不得一飽，何從知國民義務。三家之村，五家之市，無一椽瓦之屋，十里、八里無一成聚之鄉，何從設議董事會。辦一學堂，抽捐若干，辦一巡警，抽捐若干，辦一工藝局，抽捐若干。甚至刁生、劣監攘據公款，佔僧尼廟宇，奪孤寡田產，鄉民俯受魚肉，魚肉至不可忍則起而爲亂，紛擾如此，何從得地方自治。此人民程度明明不足也。十金買一票，百金買一票，運動選舉，何足爲議員。以私利而託公議，以一二人之意而冒全體之名，何足爲代表。事事要求，事事請願，一言不合，輒請收回成命，一語不合，輒請誅斥大臣，何足預聞政事。其在諮議局則言停會，言辭職，日與疆吏爲難。其在資政院則言剪髮易服，言赦黨人，言劾軍機，日與政府爲難。甚至昌言無忌，以道德爲亡國之具，以孝弟爲不忠之媒，狂悖如此，何足取證輿論。此議員程度明明不足也。州縣礙於考成，照式填表，何嘗有事實，督撫限於部章，按季造報，何嘗有成績。易私塾門榜即爲學堂，改親兵衣飾即爲巡警，建一二洋式衙署，用一二留學生，即爲崇奉西法。甚至清理財政而漏卮愈大，編練新軍而譁兵愈衆，改輕刑律而斷獄愈多，事事有盡更其故之思，人人有不如其初之慨，腐敗如此，何嘗見政治發達。此官吏程度明明不足也。故曰自審而已矣。以人民、議員程度如此，則知參預立法之不易。以官吏程度如此，則知輔佐行政之不易。井蛙不可語海，夏蟲不可語冰，事有宜有不宜也，故又曰不可泥而已矣。知參預立法之不易，則權利、義務之分配，議事之權限，不得過濫。知輔佐行政之不易，則庶事之籌備，不得過速。烏獲百鈞，童子一羽，力有至有不至也。是故同一立憲之國，德不必如英，日不必如德。同一本國之法，英之藩屬，不必如內地，日之現制，不必如初規。而我顧昧然不辨黑白，欲以一切施之。博者不問勝負，盡舉所有以供一擲，謂之孤注。爲國者亦不問成敗，也。

抑臣更有慮者，吾國既欽定爲君主立憲政體，方且明示宗旨，不得誤會，而二三不軌之徒，乃日以結黨横行爲事，見朝廷優容之也，於是肆無忌憚，今日求立憲，明日求國會，呼號搶攘而不可止。見朝廷之又優容之也，於是益無忌憚，今日劾督撫，明日劾軍機，蜩螗沸羹而不可制。倘再無以防之，竊恐狡心愈生，國會未開，則劾督撫，劾軍機，國會既開，則將劾内閣。夫立憲之國，内閣行政，議院監督，劾之誠是也。然此非劾其不職，乃劾其不黨，劾之不已，則大臣必退。一退再退之不已，則黨人者内結奥援，外託民譽，乘間抵隙，必躍然而登，此必至之勢。黨人既登，侵犯者隆君主之名，而以不負任者去君主之實，其實既去，則在若存若亡之間。其奉之也如贅旒，其棄之也如敝屣，此亦必至之勢。如是則明效日本，陰法泰西，明託君主立憲之名，陰行民主立憲之實。中國政見幼穉，其賢者未必得人，其不賢者則將爲格朗、羅伯、但吞之續，英之共和政府，法之恐怖時代，皆由於此。今雖未必至是，然表之不正，其景必邪，始之不圖，後將何及，不可不慎也。

抑臣尤有慮者，吾國既縮短立憲年限，方且與民更始，而二三不軌之徒，乃日以導亂爲事，學堂停課，商會罷市，議員開會演説，且以不納税不當兵爲正當辦法。更有喪心病狂主張合邦者，有明目張膽提倡民主者。犯上作亂之事，昔出於密謀，今見於公議，無父無君之論，昔起於匪類，今創於縉紳，世變之奇，至此已極，異日之患，臣不忍言，此亦不可不慎也。詩曰：相彼雨雪，先集維霰。又曰：民之訛言，寧莫之懲。以上二者，其爲霰與訛言亦已多矣。

現當造端伊始，一切制度尚待釐訂，伏願飭下編纂諸臣，凡關於憲法各事，皆當擇中國所宜及力所能行者，按程度之高下，以爲立法之詳略，併恪遵欽定君主立憲政體，嚴定限制，勿使踰越。尤願我皇上内修政事，外正紀綱，以成萬年有道之基，而勿爲一日苟且之治，不勝幸甚。臣豈不知各國富強可慕，憲法成文可遵可守，所以鰓鰓過慮者，蓋如醫然，不問寒温，概投以參苓則必斃，如升階然，一步百級則必顛，不斃不顛，然後醫可爲階可升也。

臣爲慎重憲政起見，區區愚誠，伏乞聖鑒訓示。謹奏。

宣統三年五月廿三日奉硃批：纂擬憲法大臣知道。欽此。

《清末籌備立憲檔案史料》第二編袁金鎧《各省諮議局議長議員袁金鎧等爲皇族内閣不合立憲公例請另組責任内閣呈宣統三年六月初九日》

具呈直省諮議局議員：奉天諮議局副議長袁金鎧、議員曾有嚴，吉林諮議局議長慶康、議員何印川，黑龍江諮議局議長李伯荊、議員韋景文，直隸諮議局議長閻鳳閣、副議長王振垚、議員梁庭華、王邦屏、張汝桐、丁宗嶧、孫洪伊，江蘇諮議局議員汪秉忠、金詠榴、張家鎮，安徽諮議局副議長竇以珏、議員陶冠禹、武炎康，山東諮議局副議長王景禧、于普源，山西諮議局議長梁善濟，河南諮議局副議長方貞，陝西諮議局副議長李良材，福建諮議局議長高登鯉、議員張道南，浙江諮議局議長陳黻宸、議員余敏時，江西諮議局議長謝遠涵、議員郭志仁，湖北諮議局議長湯化龍、副議長張國溶、議員陳登山、鄭萬瞻、胡瑞霖，湖南諮議局議長譚延闓、議員周煦埏，四川諮議局副議長蕭湘，廣西諮議局議長甘德蕃、議員蒙經，貴州諮議局議員楊壽籛，雲南諮議局副議長段宇清等呈，爲皇族組織内閣不合君主立憲公例，失臣民立憲之希望，仍請明降諭旨另行組織，以重憲政而固國本，恭請據情代奏事。

竊議員等前以組織内閣之主體不宜以皇族充任，呈請代奏，請取消内閣暫行章程，另簡大臣組織，未奉明旨。芻蕘之言，不足以動天聽，惴惴待罪，罔知所措。伏念議員等伏闕請願，以達國民之公意，既不得邀俯察，何敢再行瀆請。惟議員等愛我國家，愛我皇上，懼愚誠之未至，使人民對於政府生希望斷絶之感，實非國家前途之福，不避斧鑕，謹再爲我皇上縷陳之。

君主不擔負責任，皇族不組織内閣，爲君主立憲國唯一之原則，世界各國苟號稱立憲，即無一不求此與原則相脗合。今中國之改設内閣，變舊内閣之官制而另定官制，改軍機處之舊名而更定新名，其爲實行憲政特設之機關，固天下臣民所共見，而第一次組織内閣之總理，適與立憲國之原則相違反。國外報紙屢肆譏評，以全國政治之中樞而受外論之抨擊，已有妨於國體，猶曰外人不知内情，可以置之不論也。自先朝頒布立憲之詔，天下喁喁望憲政久矣，請國會之早開，以求實行憲政也，責軍機之不負責，亦以求實行憲政也。天下臣民求實行憲政之心日積日高，希望政府之心卽日益日熾，挾最高最熾之希望，一覩新發布之內閣組織之總理，乃於東西各立憲國外開一未有之創例，方疑朝廷於立憲之旨有根本取消之意，希望之隱變爲疑阻，政府之信用一失，憲政之進行益難，未識朝廷何以處之。

內閣之責任顯於彈劾，終於懲戒。各國內閣大臣懲戒之例，若英內閣之曾受彈劾而宣死刑，意內閣之曾受彈劾而致流放，惟其絶非皇族，故於國家大本無所動也。今以皇族當其衝，懲之則於親親之仁不能無所顧惜，不懲則全國民之攻點交集於君主之身，國本動搖，實大變之所伏。此雖杞人之過慮，然既爲歷史之所有，不能保事實之必無，萬一此種事實發生，未識朝廷何以處之。

內閣總理大臣任命於君主，以組織內閣，故責任聯帶，實以總理爲中心。其能聯帶負職之原因，必在總理大臣與組織之國務大臣爲同一政治方針之黨派。君主無偏無黨，操黜陟之權以臨之，故元首超然而大權益固。若以皇族總理組織內閣，大權之行使欲爲懿親留餘地，必生進退爲難之現象。卽乾綱長振，不至生此現象，而皇族懸內閣之希冀，國中黨派將有附和皇族以爲政黨之中權者。皇族既涉政治，不能禁政黨之附和，政黨各爲附和，不能不生黨派之競争，及至釀成競争，爲患何堪設想。幾雖不必驟動，弊實中於隱微，萬一此種事實發生，未識朝廷何以處之。

四月十二日慶親王奕劻奏內閣總理大臣斷難勝任，仍懇收回成命一摺。奉上諭：倘至數月以後，精力實有難勝，彼時再候諭旨等因。欽此。恭繹聖訓，亦知慶親王內閣原出於暫時之權宜。然既開皇族內閣之端，卽易啟臣民之誤會，第二次總理仍將爲皇族之風説，漸傳播於人口，雖屬盲瞽之擬議，決非朝廷之意，而以前次議員等呈請代奏未奉明諭，實爲誤會之大因，且既設內閣，而奏尚留中，卽爲內閣輔弼之無狀。蓋內閣責任緣署名而生，署名則責在大臣，留中則內閣大臣均處於消極之地位，而以責任純歸於皇上。既設內閣，重之以同負責任之明旨，署名與留中斷無並存之理。內閣成立以後，奏摺留中者凡數見，此天下臣民所以益不信內閣而妄測朝廷之意旨也。

議員等入都以來，聞諸中朝士夫多謂皇族組織內閣，原非朝廷本意，實有不得已之苦衷。果如所言，朝廷真有不得已之苦衷，正當明布綵綸，期與臣民共見，不宜以焦勞獨貽君父。議員等抱忠君愛國之隱，爲披肝瀝膽之詞，仍請皇上明降諭旨，於皇族外另簡大臣組織責任內閣，以符君主立憲之公例，以饜臣民立憲之希望，不勝悚惶待命之至。伏乞代奏。謹呈。

《清末籌備立憲檔案史料》第一編張蔭棠《出使美墨秘古國大臣張蔭棠爲時局危亟請速行憲政摺宣統三年七月十五日》 出使美墨秘古國大臣臣張蔭棠跪奏，爲時局危亟，敵侮民離，請明定國是，勵行憲政，持急進以救危殆，恭摺仰祈聖鑒事。

竊以吾國承積弱之後，當更新之時，由專治（制）而進於立憲，舉凡內政外交，無一事不關係重要，卽能廣集才智，奮發精神以當其衝，尚虞隕越。乃今春俄約之事，俄國要索六款，挾以戰書，限期答覆，我朝慎顧邦交，不得不曲徇所請。外侮方殷，內訌又起，山西、湖南、廣東、蒙古同時電傳有叛亂之事。而蒙古之亂，聞叛黨得俄人濟以軍火，煽使搆難。敵侮民離，國事日亟。臣夙夜焦思，無所爲計，只望速定立憲政體，庶幾上下一心，以救危亂。邇者國會之設，縮限三年預備之案，概從速辦，朝旨所在，萬目共瞻，臣豈不知而敢爲瀆請。特以時局危亟，存亡絶續，在此數年，非進則退，非富強則滅亡，勢無苟安，事無中立。夫以我孝欽顯皇后更事之久，我德宗景皇帝求治之誠，於國家大計，寧不熟籌審慮，而顧決然變更舊制，取法列邦，建立憲之基礎者，亦以大勢所趨，非此不足以繫四海之民心，挽歷年之危局也。獨是國交之事，瞬息百變，自日俄協約以後，併吞高麗之事遂行，遼、瀋、蒙、疆又將淪陷矣。英、德、法各強國皆據有屯兵，港口砲台、軍艦棊布星羅，門戶大開，勢力遍及於堂閫，不僅藏衛、川、滇、黔、桂、閩、粵鄰邊之地在在可虞也。內顧己國兵力微薄，人無固志，官不保民，民亦不能自保。加以熒惑之言叢興，排革之説風行，稍一擾亂，則外族乘機而入，強權是與，誰爲善鄰，大利所關，寧辨公理，無一地不可以瓜分，無一時不可以瓜分，千鈞一髮之機，僅繫於憲政之實行而已。

吾國自鴉片戰爭以後，與外族遇，無有不敗，國威不振，垂七十年。

戊戌變法，新機一開，聳動鄰邦之觀聽，外人與吾國商民遇者，握手稱慶，望中邦之將爲強國，遭拳亂而機一窒，貽誤軍國之罪魁終於就戮，兩宮回鑾復行新政，國是既定。立憲之業乃先朝所示，以繫四海之觀聽者也。我皇上沖齡踐阼，監國攝政王以親賢輔相，繼志述事，勵精圖強，臣雖檮昧，固無慮國是之復有變更。但在位諸臣，人各有心，或陽奉而陰違，或始勤而終怠，行之不力，則功墮半途，民心難繫而易離，時會難得而易失，非乾綱獨斷，知人善任，振勵精神，急起直追，固不能救今日之危殆也。

竊計內外臣僚，久已習爲輭媚，逆耳苦口之論，非惟不發，抑亦不聞，飾爲已治已安，晏然無事。豈知自外人之眼觀之，則法度之不立如故，政事之不脩如故，官方之不肅如故，民治之不興如故。邇者外國政治大家，當世偉人，或前爲共和總統，或曾任內閣總理者，皆昌言吾國今日不復成爲國家，演説於會堂，刊布於報紙，絕無所諱。微臣聞之，既慙且懼，抑藥石之言，實亦足鍼膏肓之疾也。吾國言維新，言立憲，亦既有言，法令如毛，不得樞要，雖變猶不變也，且其弊或尤甚於不變。以虎皮羊質之具員，襲有名無實之新政，舉國皇皇，無負擔責任之大臣，無統系一貫之政策，無監督行政發表公意之機關，以此而當列強併吞國際競爭之潮流，危險何如？以故自存之權，領土之權，日被侵削，則亦無怪於外人之指斥爲不成國家矣。抑船不堅，砲不利，兵士不武者，當世之所引爲深憂，而非臣之所憂也。幣不充，餉不繼，國庫不裕者，當局之所視爲大懼，而非臣之所懼也。臣之所憂所懼也，則在於憲政名實之不副，而君臣上下之志睽也。在朝廷頒布憲法大綱，縮減籌備年限，於代議之制，參政之權，豈有靳而不予之意？顧時論或有以國人議政，則民氣囂張君權旁落爲慮者，習非成是，阻梗憲政，必自此始矣。臣不避煩瀆，略釋其疑。

夫自來民氣不靖，莫如暴政苛法，壓制過甚，民怨沸騰，無所宣洩，禍機一發，遂不可制。故善治國者，導民而使之言，輿論藉以發揚，公意有所表見。以議場投票和平之競爭，化干戈相尋流血之慘劇，此歐美百餘年來代議政體之功，施及國家，不可没也，誠有畏民氣之囂張而欲平之者乎，當速宣之於議院而已。昔日本甲午戰役之前，議院與政府不諧，屢次解散，而豫算案不能通過。論者遂臆斷其政府無術籌餉以事戰務。乃一得吾國有開仗消息，開臨時會議，以五分鐘決議，任籌二萬萬圓之軍餉，通場一至無有異辭，議院之功效，灼然可見者如此。

顧如阻梗憲政者之説，必將以民氣爲有礙於君權，斯真大惑不解者矣。抑奸而託於忠，詐而託於信，竊位之工，藏身之固，尤不可以不辨。百官在位，果有實心誠意欲保君權者乎，請勿日日鬻權於外人，勿日日攬權於私室，則我皇上之大權，固金甌無恙也。假使如論者言大權有旁落之患，又豈一二諂媚臣僚之功力所能保，豈一二迂腐章奏之言論所能保，臣以爲欲保君權，當速求之於憲法而已。自來專制之朝，君權無限，然亦惟一二雄武之主，能自把持之，其餘非奪於母后，則奪於貴戚，非奪於貴戚，則奪於宦官，非奪於宦官，則奪於權臣，豈如立憲國家元首之大權，爲憲法所規定所護持，而莫能侵越者乎。

且立憲政體之善，在於合君民上下而範圍於法律之中，使民知國家者，君與己共之，愛國之心油然而生，然後肯犧牲財產以供租稅，犧牲身命以爲兵役，故欲強兵當先強軍國民之心，欲富國當先富經濟界之源。竊觀近日吾國所爲，何其與富強之道相反之甚也。對內強而對外弱，厚於鄰而薄於民，根本先撥，措置乖方，政散民離，斯真不治之病矣。臣不敢遠引，試舉一現事言之，譬如外債非不可借也，然因借外債之故，而許外人得操縱吾國幣制之權，因操縱幣制之權而泛及於財政，因泛及財政，則將牽涉政府之用人，國民之財產，如是必至國權陵替，不可挽救，在作始之人，初不料其貽害如此之鉅也。貪目前之微潤，忘百年之大計，其結果固必至是矣。

抑吾國之大患，豈真在貧？信用制度之待興，交通機關之待設，地寶膏腴，農、商、工、礦百業之待發，得其道以馭之，乘其機而用之，吾國何嘗患貧。所最可惜者，在於當道官吏務使朝廷與國民分離，上下志睽，然後居中者得遂其營私罔利之計。今當千鈞一髮之危局，尚有阻梗憲政熒惑聖聽者，其人必無一毫愛國之心，而爲工於營私舞弊之流也。

今欲轉危爲安，其機在於得民，欲布順民之政，在我監國攝政王輔翊皇上，决以明見，行以大權，勿爲臣下所撓。舉國會與責任內閣之事，先立其基，速定憲法，以釋危疑，此內閣多數臣民所引領翹望者也。我監國攝政王前聘歐洲大陸，博訪周諮，於立憲政體之如何利益於國家，專制政體之不能適存於現代，亦既見之明而知之熟矣。今何憚而不斷以雄心，將以勇氣奮然興起，以成就先帝未竟之業乎。昔孫權拔劍斷案，以勵羣臣，項籍破釜沈舟，而勝前敵，必有決心，乃成大業。督勵自上，臣下風從，易危爲安，化弱爲强，一轉移間事耳。若猶俯仰因循，對付調停，國事不定，法令不行，知賢而不能用，知不肖而不能去，則内外臣僚亦將有妄窺朝旨，造作浮言，阻梗憲政，自便私圖者矣。民心日離，外侮紛乘。四海揭竿，蔽聽者可諱爲小盗，國權賣盡，媚外者可飾爲睦鄰。以龐然萬里之大國，豈不足供列强數十年之割度，其時竊位誤國者流，骨朽已久，所不可知者，則上何以對列祖列宗，下何以謝億萬子孫臣庶而已。袁安念王室而流涕，賈誼陳治安而痛哭，臣雖乏昔賢救時之略，而同抱此耿耿之愚。恭摺具陳，干冒宸嚴，不勝悚惶待罪之至。伏乞皇上聖鑒。謹奏。

《清末籌備立憲檔案史料》第二編高潤生《給事中高潤生奏資政院會期在卽請飭内閣預編議案免致猝難應付摺宣統三年八月二十六日》給事中臣高潤生跪奏，爲資政院會期在卽，請特飭内閣預編切要議案，提交該院妥議，以明權限而肅綱維，恭摺仰祈聖鑒事。

竊維資政院爲國會基礎，國會爲憲政機關，各國立憲有君權、民權之不同，而要其實，則操縱之機發之自上，雖不言君權而君權自固，操縱之機發之自下，雖不言民權而民權已成。我國憲政前途正在發達，去年資政院開會伊始，因新内閣未立，各部大臣提出議案，率皆以例行公事敷衍塞責，致各議員紛紛陳請，馴至指摘政府，溢量要求，並迭次質問軍機大臣，該大臣等窘迫萬狀，耽延推宕，閉會之期已迫，而豫算要案反以草草通過，至今不能確實成立，皆政府不能操縱輿論之貽之戚也。

現在會期又屆，此次議員所亟思提爲議案者，諒必以借款、收路與親貴内閣爲三大問題。借款一項，臣於四月初十日曾奏請俟資政院開會之時，將開支表册卽行交議，並速立審計院，俾與該院合而爲完全監督財政機關，既以服國民之心，且以杜外人之口。蓋恭繹上諭，竭力慎節，實事求是之至意。竊以爲檢察决算，不得不然。收路一項，定爲政策，自難再議更張，然亦須統籌全局，妥商辦法，總以不失信於民，不巧取於民爲最要。似不得任首發難端、力護前過之一二大臣，主張不恤人言，專恃壓力，一有激動，相持不下，反致無可轉圜，川路已然，可爲前鑒。至親貴内閣一項，用人大權本非臣民所應妄議，惟具瞻所在，似亦必兼採衆望，不拘一格，並明定責任與聯帶責任，以饜服天下之心。果使輔弼得人，權衡至當，事無可議，想臣民當亦不敢多求，所謂羣言淆亂折衷於聖者此也。

以上三項，臣愚擬請特飭總協理大臣與各國務大臣，詳籌妥訂，編成議案，作爲政府提出之件，於資政院開會之初，卽先行交議，令議員等從容議决，免致事機落後，又聽該議員等隳突叫囂，或復共迫議長指參政府，以至上瀆宸聽，下乖國體。其餘一切有關籌備事宜及應隨時定爲政策各要件，亦皆酌由政府提議。總期輿論與朝權兩無窒礙，且免臨時議員質問，猝難應付，或答覆倉皇，轉滋叢脞。要之，上有道揆，則下知法守，樞機之發，主動地位與受動地位，其優劣勝敗之數，固未可同日語也。

臣爲立憲前鞏固君權起見，是否有當，伏乞皇上聖鑒訓示。

再，此次改訂院章，或議員有不樂承之處，則内閣宜飭特派員詳述理由，和平解釋，不得如去年之激切忿争，適騰訕笑，此亦該院秩序所關，合併陳明。謹奏。

《清末籌備立憲檔案史料》第一編世續《資政院總裁世續等奏請本標兼治以救危局摺宣統三年九月初五日》資政院總裁大學士臣世續等跪奏，爲内憂外患，懇請本標兼治，以救危局，恭摺具陳，仰祈聖鑒事。

竊維方今時局，内憂外患日迫一日，四川、湖北風鶴頻驚，大局幾爲搖動。臣等以爲欲遏亂萌，必先勤求治理，用是仰體先朝庶政公諸輿論之意，暨我皇上網開一面之仁，立本以植萬年之基，治標以濟一時之急，敬爲我皇上披瀝陳之。

所謂治標以濟一時之急者，道在寬猛之各當耳。今郵傳大臣盛宣懷主張鐵道國有，無鐵道國有法案及鐵道公債條例奏交臣院議决，徒以一紙朦奏，令川、粤諸省商民咸憤政府失信，以致四川肇變於先，湖北繼亂於後。而四川總督趙爾豐先時極意贊助保路同志會，旋誣保路同志會爲匪，誘拘諮議局議長及保路同志會紳商，川民疑懼，激成事變。又已革湖廣總督瑞澂，於未事之先毫無防範，且首先棄城遁船，武漢遂以不守。之三人者，或則視議院如弁髦，或則視人民如土芥，或則視職守如傳舍，罪魁禍首，輿論譁然。擬請乾綱獨斷，按律嚴懲，以謝天下而明國典。此以猛治標之大略也。鐵道國有必有精密之籌畫，公平之處理，定爲法案。然後觖望不生，猜疑盡釋。應請一面於資政院會期中飭下郵傳部妥擬鐵道國有法案，及鐵路公債條例，迅交臣院會議。一面特頒明詔，釋放四川諮議局議長等，促令照章開局議事，以慰人心。至於川、鄂亂民，按諸法律自應嚴誅。然該亂民皆係朝廷赤子，黨羽衆多，勦不勝勦。擬請諭令各該大臣多方招撫，設法解散，以示寬大而廣皇仁。此皆以寬治標之大略也。

所謂治本以植萬年之基者，道在一與誠而已矣。內閣爲行政根本，內閣若無統一政策，則各省行政勢必日見紛歧。擬請朝廷斟酌情勢，迅速組織完全責任內閣，以一事權而明責任。並於明年提前召集國會，共籌大局，俾人心有所維繫。凡此皆以一治本之大略也。內閣國會爲行政立法之根本，而憲法尤爲行政立法上根本之根本，關繫綦重。與其以少數人意思編纂憲法，使天下之民不能諒聖朝實行立憲之苦心，致將來不免陳請改正，互生猜忌，曷若仿照泰西立憲各國通例，准議院得以協定。擬請飭下纂擬憲法大臣，將所擬憲法初稿即交臣院會議，廣集王公士庶，悉心討論，縱有不能仰贊高深之處，仍可隨時交院覆議，恭候欽裁。總期軍民一心，悉臻美善而後已。凡此皆以誠治本之大略也。

臣等內察輿情，外覘大勢，忠愛所迫，不敢稍顧忌諱，緘默不言。如左右之臣或以處變過寬致長浮囂之氣，或以憲法協議似侵君主大權，熒惑聖聰，莫回天聽。誠恐人心一去，時局愈難挽回，事變所極，有非臣等所能逆料者。

臣等爲內憂外患，懇請本標兼治，以救危局起見，是否有當，謹按照議事細則第一百六條，恭摺具陳，伏乞皇上聖鑒訓示。謹奏。

《清末籌備立憲檔案史料》第一編《實行憲政諭宣統三年九月初九日》

內閣奉上諭：朕纘承大統，於今三載，兢兢業業，期與士庶同登上理。而用人無方，施治寡術。政地多用親貴，則顯戾憲章，路事朦於僉壬，則動違輿論。促行新治，而官紳或藉爲網利之圖，更改舊制，而權豪或祗爲自便之計。民財之取已多，而未辦一利民之事，司法之詔屢下，而實無一守法之人。馴致怨積於下而朕不知，禍迫於前而朕不覺。川亂首發，鄂亂繼之。今則陝、湘警報迭聞，廣、贛變端又見，區夏騰沸，人心動搖，九廟神靈，不安歆饗，無限蒸庶，塗炭可虞。此皆朕一人之咎也。

茲特布告天下，誓與我國軍民維新更始，實行憲政。凡法制之損益利病之興革，皆博采輿論，定其從違。以前舊制舊法有不合於憲法者，悉皆除罷。化除旗漢，屢奉先朝諭旨，務即實行。鄂、湘亂事，雖涉軍隊，實由瑞澂等乖於撫馭，激變棄軍，與無端搆亂者不同。朕維自咎用瑞澂之不宜，軍民何罪，果能翻然歸正，決不追究既往。朕以眇眇之躬，立於臣民之上，禍變至此，幾使列聖之偉烈貽謀顛墜於地，悼心失圖，悔其何及。尚賴國民扶持，軍人翼戴，期納我億兆生靈之幸福，而鞏我萬世一系之皇基。使憲政成立，因亂而圖存，轉危而爲安，端恃全國軍民之忠誠，朕實嘉賴於無窮。此時財政、外交困難已極，我君民同心一德，猶懼顛危，儻我人民不顧大局，輕聽匪徒煽惑，致釀滔天之禍，我中國前途更復何堪設想。朕深憂極慮，夙夜旁皇，惟望天下臣民共喻此意。將此通諭知之。欽此。

《清末籌備立憲檔案史料》第一編張紹曾《陸軍統制官張紹曾等奏陳請願意見政綱十二條摺宣統三年九月十三日》 奏爲禍亂紛乘，人心遑迫，披瀝意見，請速詔行，以定國危，而弭亂端事。

竊臣等伏讀連日詔勅，武昌不守，大軍南下，驚心動魄，以爲世界革命之慘史，行將復演於國中，瀰漫而未有極也。伏維此次變亂起原，其肇因雖有萬端，消(歸)納言之，政治之無條理，及立憲之假籌備所産出之結果已耳。夫國家當禍變之時，其治亂也，亦猶醫者之治毒疾，一面防其腐蔓，一面拔其癥結，標本兼治，方可奏効，否則，一誤再誤，死亡隨之。今鄂變告警，事機迫切，一般人民，方竊窺朝廷之舉動，戰局之勝負，以爲轉移。乃旬日以來，中央政策，兵力而外，未聞於致亂之本源上大加改造，以懈其已發，而遏其將萌，循是以往，人懷疑阻，禍恐益深。曠觀地球各國革命歷史，經政府一度之殺戮者，其革命之運動愈烈，其國家之危亡愈迫，其君主之慘禍亦愈甚。即論吾國年來黨人之被誅鋤者亦夥矣，而前仆後起，曾不稍形怯退，馴至愈演愈進，以有今日。微論現在兵力之能勝與否也，即令力戰倖勝，勢必釀成流寇，分竄東南，塗炭萬里，財賦灰燼，國力消竭，外人乘之，豆剖瓜子，不堪設想。此則臣等所爲痛念國家前途，而不禁椎心泣血者也。

抑臣等更有不敢不瀝陳者，臣等忝膺戎寄，現值國家多難，正爲疆埸効命之秋，自宜秣馬厲兵，聽候驅策，何敢妄干時政，越職建言。無如警耗頻傳，軍情浮動，時聞耳語，各有心憂。臣等疊經召集各部隊人等，反復開導，曉以忠君愛國大義，乃據各將士等環陳意見，臚列政綱，以改革政治諸端，要求代奏。覽其大旨，僉以皇位之統宜定，人民之權利宜尊，軍隊之作用宜明，國會之權限宜大，内閣之責任宜專，殘暴之苛政宜除，種族之界限宜泯，而歸本於改定憲法，以英國之君主憲章爲準的。臣等再三詳繹，立言雖或過激，而究非狂悖之談，抑壓既有所不能，解譬復苦於無術。當此時局岌岌，億衆之向背，實爲可虞，萬一中路遄征，軍心不固，大局益陷於不可收拾之地，卽治臣等以應得之罪，臣等一身不足惜，如宗社何？如天下何？夫民猶水也，可載亦可覆，兵猶火也，不戢將自焚。今日軍民所仰望要求者，惟在於改革政體而已，爲朝廷計，與其遲徊不決，以啟天下之疑，何如明示政綱，以箝黨人之口。又況要求之改革目的，於我皇上地位之尊榮，無絲毫之損，而於我國家基礎之鞏固，有邱山之益。所不便者，獨革黨與朝貴耳。蓋革黨持極端主義，一新政體，則黨援之携貳必多，朝貴懷壟斷私心，一經立憲，則個人之利益足慮。臣等明知此言一上，必有熒惑聖聽，以百端阻撓者。臣等敢更進一言曰，破壞我朝廷萬世之大業，人民永遠之幸福者，革黨之煽亂猶小，而製造革黨之政體實大也。古人有言，一言可以興邦，一言可以喪邦。今日君主存廢問題，國家興亡問題，胥於此一言決之矣。

所有各該軍等具陳請願意見政綱十二條，附摺恭繕，爲此冒死據情代奏，伏乞宸衷獨斷，立決可否，迅卽頒諭旨，明白宣示，導軍心於一致，堅億衆之信從，則革黨無自而煽，大亂由此而息。微特武昌匪禍，可以刻日就平，抑且政策一新，可使列強改視，雖令臣等赴湯蹈火，亦所不辭。如以臣等之言爲欺枉，亦請治臣等以狂妄之罪，明正典刑，死亦無怨。

再，此次奏稿，經臣等往返商酌，意見相同，並鈐用臣二十鎮統制官關防，合併陳明。謹奏。

《清末籌備立憲檔案史料》第一編**胡思敬《御史胡思敬奏立憲之弊摺　宣統二年九月二十五日》**　掌廣東道監察御史臣胡思敬跪奏，爲内外交訌，國勢垂危，謹密陳立憲隱患，並籌獻三策，請急修内政以杜邪謀，恭摺仰祈聖鑒事。

竊維歐西政體，有立憲、專制之分，其由專制趨於立憲，必上下相爭，大亂數十年而後定，蓋鳥窮則攫，獸窮則鬬，非是不足以圖存也。使我國專制，亦如曩之英、法，賦税無定，則徭役無定期，刑罰無定律，强凌弱，衆暴寡，貴族蹂藉平民，途窮反噬，立憲可也。使今日要求立憲之人，果係閭閻供租税勤本業之民，痛切於身，公推其長老豪傑，呼籲君門，冀解倒懸之阨，立憲亦可也。兩者一無所出，剸高馬而適卑車，削附踝而納褊履，盈廷聚訟，舉國若狂，何其言之不祥也。

立憲之法，以位予君，以權予内閣，君不負責任，責在總理大臣，又設國會以監督之，會黨尋隙相攻，總理輒引身而退，此上下互相劫制之道，爭競之禍愈烈，荼毒之害愈深。君子而充議員，黨孤力怯，將屏息不敢出聲。小人而充議員，上藉抵抗官長之力，卽下可魚肉鄉愚。總理大臣而賢，牽掣多而一事無成，將有席不暇暖之勢。總理大臣而不賢，勾通政黨，且潛生睥睨神器之思。其謀甚拙，其勢甚險。初由一二留學生斂錢設社研究，起發於上海，報館助之，乃漸漬於學堂。袁世凱與鐵良不合，欲藉是以傾政府，端方以維新自豪，欲藉是以要時譽，兩奸比謀，漸達天聽。二三浮薄希寵之徒，如吳廷燮、張一麐、楊度等，相與鼓煽其間，五大臣歸自海邦，皆知有隙可乘，遂一發不可收拾。今且援三年無改之義，上誣先朝。彼僉人乘時徼利，固有所圖，孤憤憂時之士，迷溺其中，亦有時不能自堅其説者，其故何哉？蓋自丙午變亂六官以來，名器之濫，征斂之苛，古所未有。刑罰之不中，賄賂之公行，内外私相指目，無可如何。窮民轉死溝壑，而官吏恣爲淫侈，權歸私室，政出多門，國其有不亂者乎？病勢至此，雖明知烏堇有毒，咸思徼倖一試以驗其方，其術雖疎，其心不無可諒。陛下誠發憤爲雄，政府誠返躬自問，使彼黨無所藉口，邪説將不闢自息，而誰敢和之？衛成公被逐，而求反國，私於甯喜曰：政由甯氏，祭則寡人。此君主不負責任之説也。倒持太阿，而授人以柄。此内閣負責任之説也。使雍正、乾隆之朝而有是言，兩觀之誅，何以逃罪。今衆口併爲一談，牢不可破，轉視持重老臣若升允、張人駿諸人，皆負大不韙之惡名，羣起而相詬厲。物必先腐，而後蟲生，其由來非一朝一夕矣。政府諸公，亦自知立憲爲倒行逆施之道，然徒恃九年籌備之策，迂緩其途，冀及身不當其阨，是徒計一己之利害，輕擲民命以爲之障也。請開國會之書，已竊名兩次上訴，朝廷不彰示威信，而設爲淟涊之詞以相籠絡。今資政院又將以是言進矣。此亦主憂臣辱之時，謹冒死擬三策以獻。上策：取消九年籌備清單，停辦新政，寬一切無藝之征，下詔罪己，訪賢才，廣言路，整軍政，裁冗官，杜倖進，復科舉，黜陟羣吏不職者，降罰有差，貪黷營私者，殺無赦。明降諭旨，宣明國會以下劫上，長奸墮威，大亂天下之道不可行。自申諭之後，毋得瀆請，瀆請者付所司案治。民情疾苦，許人民陳訴，都察院卽據情上聞。中策：查察各省現行新政，凡害已形而利未著者，一切次第罷去，停辦海軍，並力專練陸師。徇資政院之請，明年九月召集國會，予以議政之權，凡國會所議，移交上議院議決，再行入奏。監國攝政王暫負總理責任，朝政闕失，經兩議院駁詰，卽時改正。兩年後國會無弊，再設內閣，如實於國體有礙，民艱無補，卽時遣散閉會，違抗者罪之。下策：分別緩急，改正九年籌備單，藉紓民力，縮短立憲期限約二三年，以塞資政院之口。違此不用，仍持九年籌備之說，堅執不變，不唯無策，亂且大起。

夫立憲機關，不外召集國會、組織內閣兩端。各省所行新政，有百弊而無一利，與立憲判爲兩途，毒害甚劇，實爲政黨指摘之根。祖制未墮以前，國無非常之變，民無思亂之心，未嘗不可有爲。甲午、庚子兩挫於敵，咎豈在法，蓋亦人謀之不臧。謂交通不便，鐵路既已開矣，謂器械不精，極力講求製造可也。列國新法，既已仿行殆盡，所欠者只國會耳。國會既開，圖窮匕見，當更無救藥下手之方。保民而王，莫之能禦，要在戰勝廟堂而已。

所有微臣密陳立憲隱患緣由，是否有當，伏乞皇上聖鑒訓示。謹奏。

《清末籌備立憲檔案史料》第一編譚學衡《兼署海軍大臣譚學衡等請將憲法重大信條早日頒布摺宣統三年九月二十八日》兼署海軍大臣海軍部副大臣海軍副都統臣譚學衡等跪奏，爲亂事紛乘，禍變日亟，擬請將憲法重大信條早日宣誓太廟，以定國是而靖人心，恭摺仰祈聖鑒事。

竊臣等恭讀本年九月十三日上諭：資政院奏，采用君主立憲主義，並先擬具信條十九條，繕單呈覽，懇請宣誓太廟，布告臣民，以固邦本而維皇室一摺。朕詳加披覽，均屬扼要。著卽照准。一面擇期宣誓太廟，將重要信條立卽頒布，刊刻謄黃，宣示天下等因。欽此。仰見我皇上一秉大公，實心與民更始之至意，欽服莫名。惟自奉諭以來，各省仍紛紛告警，險象環生。似此羣情俶擾，將治安先不能保，憲政何由實行。竊維憲法重大信條十九條，於政治改革已臻圓滿。各省人士，其宗旨與之不合者雖屬有人，然願遵守者實居大多數。擬請早日宣誓太廟，頒布天下，以示朝廷明定國是，斷無反汗之理。則宗旨背馳之人無從煽惑，人心自可安靖，憲政庶易進行。

臣等經與同鄉京官資政院總裁李家駒、署理郵傳部大臣梁士詒、宗人府府丞許秉琦、大清銀行副監督陳錦濤、度支部左參議曾習經、海軍正參領曹汝英、蔡廷幹、陸軍副參領馮耿光、京畿道監察御史麥秩嚴、翰林編修朱汝珍、李翹燊、陳啟煇、刁作謙、林葆恆、外務部參議上行走廖恩燾、陸軍部司長何守仁、海軍部司長關景賢、郵傳部僉事葉恭綽、關賡麟、陸軍協參領吳爲雨、法部參事潘元枚、郎中饒寶書、張丕基、元章、范家駒、大理院總檢察官胡蓉第、推事吳尚廉、王克忠、員外郎梁志文、游敬森、陳芝昌、吳昌華、梁廣照、顏紹澤、陳慶佑、資政議員劉曜垣、黃毓棠、劉述堯、京師地方審判廳推事蕭日炎、彭光瑩、高等審判廳推事朱珩、前幫辦推事潘譽恩、高等檢察官朱崇年、地方檢察官區孝達、主事任文燦、談道隆、黃慶元、姚梓芳、何若水、何晉梯、潘斯熾、林汝魁、郭寶兹、魏琦、鄭懋修、吳之傑、鄭增熙、郭經、楊毓燾、許秉璜、梁鳴治、謝榮熙、戴增誠、羅正階、鄭文傑、任士鏗、初級檢察官鄧昀、海軍部科長招瑞聲、何嘉蘭、梁宓、科員劉國楨、莫嵩福、羅濟恆、陸軍協軍校梁廣謙、軍諮府科員溫應星、裁缺內閣中書羅昌、羅翽雲、小京官陳伯騶、陸鋆、伍文祥、龍學兢、周明泉、馮懿同、陳培琛、何蔚、王國樑、大理院正七品推事區樞、所官區孝适、學部書記官胡樹勳等會商，意見相同。謹合詞籲懇，不勝惶悚之至。伏乞皇上聖鑒訓示。謹奏。

《辛亥革命資料叢刊》第四册張謇《清廷預備立憲·熱河都統溥頲山東巡撫孫寶琦江蘇巡撫程德全會同奏請改組內閣宣布立憲疏辛亥八月二十五日》竊自川亂未平，鄂難繼作，將士攜貳，官吏逃亡，鶴唳風聲，警聞四播，沿江各省，處處戒嚴。朝廷分飭廕昌、薩鎮冰統率軍隊，水陸並進，並召用袁世凱、岑春煊總督川鄂，剿撫兼施，其煩聖明南顧之憂者亦至矣。而民之訛言，日甚一日，或謂某處兵變，或謂某處匪作，其故由於沿江梟盜本多，加之本年水災，橫連數省，失所之民，窮而思亂，止無可止，防不勝防，沸羹之勢將成，曲突之謀已晚。論者僉謂緩急之圖，必須標本兼治，治標之法，曰剿，曰撫，治本之法，不外同民好惡，實行憲政。臣某臣某亦曾以是概要，上瀆明聽。顧臣等今日廣徵輿論，體察情形，標本之治，無事分途，但得治本有方，即治標可以一貫。臣等受國厚恩，忝膺疆寄，國危至此，無可諱飾，謹更披瀝爲我皇帝陳之。自內政不修，外交失策，民生日蹙，國恥日深，於是海內人士，愁憤之氣，雷動霧結，而政治革命之論出。一聞先皇上頒布立憲之詔，和平者固企踵而望治理，激烈者亦降心而待化成；雖有時因外侮之侵陵，不無憂危之陳請，然其原本忠愛，別無貳心，已爲朝廷所矜諒。惟是籌備憲政以來，立法施令，名實既不盡符，而內閣成立以後，行政用人，舉措尤多失當。在當事或亦有操縱爲國之思，在人民但見有權利不平之迹，志士由此灰心，奸鄰從而煽動。於是政治革命之説，一變而爲種族革命之狂，比先禍乃烈矣。積此恶感，騰爲謬説，愚民易惑，和者日多。今若用治標之法，必先用剿，然安徽廣州之事，既再見三見，前仆後起，愍不畏死。即此次武昌之變，督臣瑞澂夙抱公忠，其事前之防範，何嘗不密？臨時之戒備，何嘗不嚴？而皆變生倉卒，潰若決川，恃將而將有異心，恃兵而兵不用命。即使大兵雲集，聚黨而殲，而已見之患易除，方來之患仍伏，有形之法可按，無形之法難施。以朝廷而屢用威於人民，則威褻；用威而萬有一損，則威尤褻，是剿有時而窮。繼剿而撫，惟有寬典好言，寬典則啟其玩，好言則近於虛，縱可安反側於一時，終難導人心於大順。況自息借商款，昭信股票等事，失信於人民者，已非一端。今欲對積疑懷貳之徒，而矢以皎日丹青之信，則信已褻，不信而有違言，則信尤褻，是撫亦有時而窮。故臣等之愚，必先加意於治本。蓋治病必察其脈，導水必溯其源。種族革命之謬説，既由政治革命而變成，必能饜其希望政治之心，乃可泯其歧視種族之見。然苟無實事之施行，仍不足昭渙號之大信。今輿論所集，如親貴不宜組織內閣，如閣臣應負完全責任，既已萬口一聲，即此次釀亂之人，亦爲天下人民所共指目，擬請宸衷獨斷，上紹祖宗之成法，旁師列國之良規，先將現在親貴內閣解職，特簡賢能，另行組織，代君上確負責任，庶永保皇族之尊嚴，不致當政鋒之衝突。其釀亂首禍之人，並請明降諭旨，予以處分，以謝天下。然後定期告廟誓民，提前宣布憲法，與天下更始，庶簧鼓如流之説，藉口無資；潢池盜弄之兵，回心而釋，用剿易散，用撫易安。否則伏莽消息其機牙，強敵徘徊於堂奧，民氣囂而不能遽靖，人心渙而不能遽收，眉睫之禍，勢已燎原，膏肓之疾，醫將束手。雖以袁世凱、岑春煊之威望夙著，恐亦窮於措施，微論臣等！臣等亦知急迫之言，非朝廷所樂聞，然區區血忱，實念國業艱難已甚，民情趨向所歸，既無名譽可沽，惟有顛隮是懼。是以甘冒斧鉞，不遑顧忌。如尚不蒙聖明垂察，則負戾滋重，惟有懇恩立予罷斥，敬避賢路，免誤國家，臣等不勝激切屏營待罪之至。

《皇朝經世文新編》卷一八上《民政》麥孟華《民意總論》　今天下魁桀之士能深知自強之道者，皆必睊睊於民權之宜重，是誠可謂知本矣。然彼之眵眵動色者，莫不曰欲重民權，先立議院。中國君權素尊，令行禁止，事議於下，權將移奪議院，善矣。上能讓權以利民乎？中國文學未昌，風氣未闢，民智未開，民事未習，千百鄉愚，將成鬨市。議院啟矣，民能建議以善事乎？不知其不能而強行之，則今尚非時，止足取亂；知其不能而強聒之，則徒陳高義，於事無裨。夫為其難而倡此無成之事，孰與為其易而復其本有之權哉。故今欲振中國在復民權，欲復民權在舉其分所，當為力所能及之事。事者，民之事也。民不任則權之君，民能任則歸之民。以家人而復親家事，則米鹽部署不遺，瑣屑手足經營不慮，隔絕實心，講求不憂，膜視不及，十年必著大效。夫人私其家，計及箕帚，豈自有之大利而顧棄之哉。擴其私家之心，精其私家之術，此歐美之國自百年以來所由富強莫敵者也。故以國為國者罔不弱，以家為國者罔不強。

西國之君其有權也，如彼中國之君其無權也。如此凡百庶政，罔不類是。

《皇朝經世文新編》卷一八上《民政》麥孟華《論中國宜尊君權》

千舌萬筆，匪可殫論。故極其無權之敝，乃至天子之尊不能爵一士，必俟其自賈科第，自鑽保舉，自累資格。苟不由此，則君不得而庸也。天子之威不能殺一人，雖敗軍之將，失地之官，婪贓之吏，經年監候，君不得而主戮也。事無大小，皆下部議，君不得而獨斷也。政無巨細，皆援成例，君不得而獨創也。今夫中外古今之所謂大權者，豈不以能創制立事而生殺人乎哉？豈不以能箝勒天下之舉動，整齊天下之耳目乎哉？以西君例中君，以中民例西民，則孰為重而孰為輕矣乎？先王之治天下也，以其民為子，而自為其父母；以其民為弟子，而自為其師。取民之衣服飲食，居處語默，昏姻喪祭，生死疾病，家人婦子，井竈六畜，靡巨靡纖，靡繁靡簡，而一一自掌之，自消息之，於是乎君有權。後世則不然，一一以其民為越人，一一以其民為土芥。今夫父母之權得以行於其子，師之權得以行於其弟子，雖有魁桀威力，而其權必不能行於土芥越人，於是乎君無權。人有恒言曰：事權。事權，故夫事者權之母也。事一身之事者，有一身之權。天君泰然，百體從令，心有權也。患心疾者，舉動失度，言笑無常，則官骸有權而心無權。事一家之事者，有一家之權。父兄教先，子弟率謹，宗子之權也。室老昏耄，倦勤廢事，米鹽偷漏，僕役恣庇，則支庶奴隸有權而宗子無權。事天下之事者有天下之權。一人有慶兆民賴之，君之權也。朝廷不肅，業脞於上，噎塞於中，權決於下，則賊官毒吏有權而君無權，無權非所以為國也。賊官毒吏有權非國之福也。民之秀者起而倡論，使人人各自事其事，人人各自有其權，於是乎命之曰：民權。民權惡乎起？起於君之不事民事也。鄉之民賊聞是說也，瞿然曰是實奪吾權。於是乎，竭其力而仇之，而摧之，而獮之，而不自知其權之中落，固已久矣。權非可奪之物，夫非自棄之而誰得而奪之。然則民權不亦善乎？麥孟華曰：事者權之母也。中國之民未能自事其事，即不能自有其權。未能事事而畀以權，則權不在秀民而在莠民。故今日之中國，莫若尊君權便君權之黨，大索權於國中，十日而不得。君子曰：盍事其事矣。

（清）張之洞《勸學篇》卷上《內篇・正權》　今日憤世疾俗之士，恨外人之欺凌也，將士之不能戰也，大臣之不變法也，官師之不興學也，百司之不講求工商也，於是倡爲民權之議，以求合羣而自振。嗟乎！安得此召亂之言哉！民權之說，無一益而有百害。將立議院歟？中國士民，至今安於固陋者尚多，環球之大勢不知，國家之經制不曉，外國興學、立政、練兵、製器之要不聞，即聚膠膠擾擾之人於一室，明者一，闇者百，游談囈語，將焉用之？且外國籌款等事，重在下議院；立法等事，重在上議院。

又：況兵必需餉，無國法豈能抽釐捐？非國家擔保，豈能借洋債？此無益者四。方今中華誠非雄強，然百姓尚能自安其業者，由朝廷之法維繫之也。使民權之說一倡，愚民必喜，亂民必作，紀綱不行，大亂四起。倡此議者，豈得獨安獨活？且必將劫掠市鎮，焚毀教堂。吾恐外洋各國，必藉保護爲名，兵船陸軍深入占踞，全局拱手而屬之他人。是民權之說，固敵人所願聞者矣。或謂朝廷於非理要求，可諉之民權不願，此大誤也。若我自云國家法令不能制服，彼將自以兵力脅之。昔法國承暴君虐政之後，舉國怨憤，上下相攻，始改爲民主之國。我朝深仁厚澤，朝無苛政，何苦倡此亂階，以禍其身而并禍天下哉！此所謂有百害者也。考外洋民權之說所由來，其意不過曰：國有議院，民間可以發公論達衆情而已。但欲民申其情，非欲民攬其權。譯者變其文曰民權，誤矣！美國人來華者自言其國議院公舉之弊，下挾私，上偏徇，深以爲患。華人之稱美者，皆不加深考之談耳。近日摭拾西說者甚至謂人人有自主之權，益爲怪妄。此語出於彼教之書，其意言上帝予人以性靈，人人各有智慮聰明，皆可有爲耳。譯者竟釋爲人人有自主之權，尤大誤矣。泰西諸國，無論君主民主君民共主，國必有政，政必有法。官有官律，兵有兵律，工有工律，商有商律。律師習之，法官掌之，君民皆不得違其法。政府員得而駁之，議院所定，朝廷得而散之。謂之人人無自主之權則可，安得曰人人自主哉！夫一鬨之市必有平，羣盜之中必有長，若人皆自主，家私其家，鄉私其鄉，士願坐食，農願蠲租，商願專利，行願高價，無業貧民願劫奪，子不從父，弟不尊師，婦不從夫，賤不服貴，弱肉強食，不盡滅人類不止。環球萬國，必無此政。生番蠻獠，亦必無此俗。至外國今有自由黨，西語實曰里勃而特，猶言事事公道，於衆有益，譯爲公論黨可也，譯爲自由非也。若強中禦外之策，惟有以忠義號召合天下之心，以朝廷威靈合九州之力，乃天經地義之道，古今中外不易之理。昔盜跖才武擁衆，而不能據一邑。田疇德望服人，而不能拒烏桓。祖逖智勇善戰，在中原不能自立，南依於晉，而遂足以禦石勒。宋棄汴京而南渡，中原數千里之遺民，人人可以自主矣。然兩河結寨，陝州嬰城，莫能自保。宋用韓岳爲大將，而成破金之功。八字軍，亦太行民寨義勇也，先以不能戰爲人欺，劉錡用之，而有順昌之捷。趙宗印起義兵於關中，連戰破敵。王師敗於富平，其衆遂散，迨宋用吳玠吳璘爲將，而後保全蜀之險。蓋惟國權能禦敵國，民權斷不能禦敵國，勢固然也。曾文正名爲起家辦團練矣，其實自與髮匪接戰以來，皆是募勇營，造師船，濟以國家之餉需，勵以國家之賞罰，而以耿耿忠義百折不回之志氣，激厲三軍，感發海內，故能成戡定之功。豈團練哉？豈民權哉？

或曰：民權固有弊矣，議院獨不可設乎？曰民權不可僭，公議不可無，凡遇有大政事，詔旨交廷臣會議，外吏令紳局公議，中國舊章所有也。即或諮詢所不及，一省有大事，紳民得以公呈達於院司道府，甚至聯名公呈於都察院；國家有大事，京朝官可陳奏，可呈請代奏。方今朝政清明，果有忠愛之心，治安之策，何患其不能上達？如其事可見施行，固朝廷所樂聞者，但建議在下，裁擇在上，庶乎收羣策之益，而無沸羹之弊，何必襲議院之名哉！此時縱欲開議院，其如無議員何，此必俟學堂大興，人才日盛，然後議之，今非其時也。

（清）鄭觀應《增訂盛世危言新編》卷五《開源一・議院上》　泰西各國咸設議院，每有舉錯，詢謀僉同，民以爲不便者不必行，民以爲不可者不得強。朝野上下，同德同心，此所以交際鄰封，有我薄人，無人薄我。人第見其士馬之強壯，船礮之堅利，器用之新奇，用以雄視宇內，不知其折衝禦侮，合衆志以成城，致治固有本也。考議政院各國微有不同，大約不離乎分上下院者。近是上院以國之宗室勳戚及各部大臣任之，取其近於君也。下院以紳耆士商才優望重者充之，取其近於民也。選舉之法惟從公衆，遇有國事先令下院議定，達之上院，上院議定，奏聞國君以決從違。如意見參差，則兩院重議，務臻妥協而後從之。凡軍國大政，君秉其權，轉餉度支，民肩其任，無論籌費若干，議院定之，庶民從之。縱徵賦過重民無怨，咨以爲當共仔肩。襄辦軍務，設無議院，民志能如是乎？

又：然博采旁參美國議院，則民權過重，因其本民主也。法國議院不免叫囂之風，其人習氣使然。斟酌損益，適中經久者，則莫如英德兩國議院之制。英之上議院，人無定額多寡之數，因時損益。蓋官不必備，惟其賢也，其員皆以王公、侯伯、子男及大教師與蘇格蘭世爵爲之。每七年逐漸更易，世爵則任之終身。下議院議員則皆由民間公舉，舉員之數視地之大小民之多寡。舉而不公，亦可廢其例，停其舉，以示薄罰。下議院爲政令之所出，其事最繁，員亦較多，大約以四五百人爲率。惟禮拜日得告休沐，餘日悉開院議事，大暑前後則散院避暑於鄉間，立冬或立春則再開院。議員無論早暮皆得見君主，上議院人員獨見，下議院人員旅見。議院坐次，宰相大臣等同心者居院長之右，不同心者居左，中立者則居前横坐，各國公使入聽者皆坐樓上。德之規制大概亦同。蓋有議院攬庶政之綱領，而後君相臣民之氣通，上下堂廉之隔去，舉國之心志如一，百端皆有條不紊，爲其君者恭己南面而已。故自有議院而昏暴之君無所施其虐，跋扈之臣無所擅其權，大小官司無所卸其責，草野小民無所積其怨。故斷不至數代而亡，一朝而滅也。

又：中國歷代帝王繼統，分有常尊，然而明良喜起吁咈賡歌，往往略分言情，各抒所見，所以洪範稽疑，謀及庶人，盤庚遷都，咨于有衆。蓋上下交則爲泰，不交則爲否。天生民而立之君，君猶舟也，民猶水也，水能載舟，亦能覆舟，伊古以來盛衰治亂之機總此矣。況今日中原大局，列國通商，勢難拒絶，則不得不律之以公法。欲公法之足恃，必先立議院，達民情，而後能張國威，禦外侮。孫子曰：道者使民與上同欲，可與之死，可與之生，而不畏危也。即英國而論，蕞爾三島，地不足當中國數省之大，民不足當中國數省之繁，而土宇日闢，威行四海，卓然爲歐西首國者，豈有他哉，議院興而民志合，民氣強耳！

又：中國戸口不下四萬萬，果能設立議院聯絡衆情，如身使臂，如臂使指，合四萬萬之衆如一人，雖以并吞四海，無難也。何至坐視彼族越九萬里而羣起披猖，肆其非分之請，要以無禮之求，事無大小，一有齟齬，動輒稱戈，顯違公法哉！故議院者大用之，則大效；小用之，則小效者也。

又：夫國之盛衰係乎人才，人才之賢否視乎選舉。議院爲國人所設，議員卽爲國人所舉。舉自一人賢否或有阿私，舉自衆人賢否難逃公論。且選舉雖曰從衆而舉主非人本籍，至十年以後，及年屆三十，並有財産身家，善讀書，負名望者，亦不得出名保舉。議員其杜弊之嚴又如此。考泰西定例，議員之論，刋布無隱，朝議一事，夕登日報，俾衆咸知，論是則交譽之，論非則羣毁之。本斯民直道之公，爲一國取賢之準，人才輩出，國之興也勃焉。誠能本中國鄉舉里選之制，參泰西投匭公舉之法，以遴議員之才望，復於各省多設報館，以昭議院之是非，則天下英奇之士，才智之民，皆得竭其忠誠，伸其抱負。君不至獨任其勞，民不至偏居於逸，君民相洽，情誼交孚。天下有公是非，亦卽有公賞罰，而四海之大，萬民之衆，同甘共苦，先憂後樂，上下一心，君民一體，尚何敵國外患之敢相陵侮哉！

又：或曰：漢之議郎，唐宋以來之臺諫御史，非即今西國之議員乎？不知爵禄錫諸君上，則未必能盡知人之明；品第出於高門，則不能悉通斯民之隱。而素行不可考，智愚賢否不能一律，則營私植黨，沽名罔利之弊生焉。何若議院官紳均匀，普徧舉自民間，則草茅之疾苦周知，彼此之偏私悉泯。其情通而不鬱其意，公而無私，諸利皆興，而諸弊皆去乎。故欲行公法，莫要於張國勢；欲張國勢，莫要於得民心；欲得民心，莫要於通下情；欲通下情，莫要於設議院。中華而自安卑弱，不欲富國強兵爲天下之望國也，則亦已耳。苟欲安内攘外，君國子民持公法以永保昇平之局，其必自設立議院始矣。

又：今之公卿大夫，墨守陳編，知古而不知今；游士後生，浪讀西書，知今而不知古；二者偏執，交相弊也。夫中國生齒四百兆，其中豈無一二通才洞悉古今利弊，統籌中外局勢，思欲斟酌損益，爲國家立富強之基？顧其人類多斧柯，莫假見用，無由即幸而事權在握，自謂可一展其才。然和衷少而掣肘多，往往創辦一事，聚議盈廷，是非莫决，甚且謂其更張成法，蜚語中傷，讒書滿篋。於是不得不出之，因循粉飾，以求苟安。卒之豪傑灰心，而國勢亦日趨於不振矣。西人謂我中國人材通病，京官曰畏葸，曰瑣屑；外官曰敷衍，曰顢頇。畏葸者同官互相推諉，不肯任怨，遇事動輒請旨，不肯任咎是也。顢頇者利析錙銖，察及毫末，自負精明，不顧大局是也。敷衍者蒙頭蓋面，但計目前剜肉補瘡，祇貪小利是也。顢頇者徒具外貌，實無把握，空言塞責，不切事情是也。夫畏葸也，瑣屑也，敷衍也，顢頇也，皆弊之太甚，而不可不去者也。去之之道奈何？請一言以蔽之曰：是非設議院不爲功。

（清）鄭觀應《增訂盛世危言新編》卷五《開源一·議院下》 或謂議政院宜西不宜中，宜古不宜今。此不識大局，未深知中外利病者之言耳。余嘗閲萬國史鑑，考究各國得失盛衰，而深思其故。蓋五大洲有君主之國，有民主之國，有君民共主之國。君主者權偏於上，民主者權偏於下，君民共主者權得其平。凡事雖由上下院議定，仍奏其君裁奪，君謂然，即簽名准行，君謂否，則發下再議，其立法之善，思慮之密，要皆由於上下相權，輕重得平，乃克臻此。此制既立，實合億萬人爲一心矣。試觀英國彈丸之地，女主當國，用人行政皆恃上下院議員經理，比年得人土地已二十倍其本國。議院之明效，大驗有如此者。日本行之，亦勃然興起，步趨西國，陵侮中華。而猶謂議院不可行哉，惟必須行於廣開學校，人材輩出之後，而非可即日圖功也。何則？泰西各國近代學校盛行，無人不學。且中外利弊登諸日報，婦孺皆知。凡有病於民者，如公稟政府改革，無不俯順輿情，非昔日祇顧在上者之權勢，而不顧其民之疾苦也。

又：議院之設，原以示大公無我，上下一體也。西國以公議堂爲政事之根本，既有議院，君不得虐民，而民自忠於奉上，猗歟休哉。此三代以上之遺風也。

又：泰西各國之創有議院，其所從來者久矣。夷考泰西上古，創業垂統計有三國，曰希臘，曰羅馬，曰德多尼。然年代有先後，而政教有尚文、尚武、尚格致之不同。凡今歐西各國政教、禮俗、律例、官制，無不本於此三國，而希臘一國實爲之始。考希臘國史，其政分有四類。一國聽於王，是謂王政。一國聽於紳，是謂至善者之政。一國聽於民，是謂民政。此三者皆與希臘俗不悖，其有悖於希臘俗者名爲代蘭得之政。所謂代蘭得者，謂操有一國之權而可以獨斷獨行者也。當時紳政則以斯巴達城爲最勝，民政則以雅典城爲至當。前此雅典國政，惟貴紳甫獲參議，至梭倫乃改定雅典舊例，諸貴紳外，除生而不爲奴者，無論誰氏，舉可議論國事，皆有可以指陳是非可否之權，凡遇國事，民皆得憑一己之見，投黑白石子於櫃，或高舉一手以明是非。與鄰國言戰言和，可否一聽於民。民會之外更有一議事會，爲紳董四百員主持。民會有何建白，務先於紳董議會商明，准許而後可。其四百議員盡由民會選立，一歲期滿，別有一次更易。此即今日泰西各國上下議院之權輿也。

（清）鄭觀應《增訂盛世危言新編》卷五《開源一·公舉》 公舉之法，即鄉舉里選之遺意也。漢代行之，得人稱盛。蓋使士崇秋實不尚春華，人務經綸不争詞采，而化行俗美端賴乎此。中國取士以科第，專尚時文，較所舉賢良方正孝弟力田，先器識而後文藝者，相去遠矣。近代設官之意，惟重杜弊。如以此省之人往彼省而筮仕，彼省之人來此省而爲官。似欲陰脅其人，使不能贍宗植黨，以厚施要結民心；又欲明制其人，使不能洩怨報恩，借公事愉快已意。控馭之法，似爲得宜，不知朘剥百姓，貽誤地方，呼籲無門，最爲下策。何則？凡人性情，作客者不如桑梓之真摯，況言語殊異，不若同聲相應之投機。人地既已生疏，情意不相聯屬，休戚無關，肥瘠莫問。充其量也，官見民而生憎，民見官而生畏，名爲民之父母，實則民之寇讐。故今之官剥民則無微不至，不計其至再至三也，保民則始終膜視，不聞其興利除弊也。夫設官所以安百姓，而非所以危百姓，所以利地方，而非所以害地方。今乃特設一法，必使易地服官而利害安危仍不免於参半且變本加厲，則安在其爲善法也？法之善者，必使有安無危，有利無害，衆心共愜，人地相宜，可大可久而不可廢者，其惟公舉之一法乎。

《皇朝經世文新編》卷一八上《民政》佚名《平權説》 薰煦之和不被一彙，霡霂之澤不私一物，推暨天下者不嵩恣一人。是以人主貴用天下也，以天下之耳目為我之耳目，耳目不虞其聵霧也；以天下之喉舌為我之喉舌，喉舌不虞其祕澀也；以天下之手足為我之手足，手足不虞其痺委也；以天下之腹心為我之腹心，腹心不虞其畛格也。我蔀耳目胥天下之耳目而蔀之，我捫喉舌胥天下之喉舌而捫之，我蹺手足胥天下之手足而蹺之，我虧腹心胥天下之腹心而虧之。是我有耳目而仍無耳目也，我有喉舌而仍無喉舌也，我有手足而仍無手足也，我有腹心而仍無腹心也。責天下無耳目之人而曰：爾何不聆鈴衔焉，爾何不覩詔策焉？責天下無喉舌之人而曰：爾何不宣韜鐸焉，爾何不鳴鐘鼓焉？責天下無手足之人而曰：爾何不衛社稷焉，爾何不扞牧圉焉？責天下無腹心之人而曰：爾何不瀝誠欵焉，爾何不憤孤脏焉？是蓄腐窳之物而欲其芬苾也，是硾溺者之石而哂其不離巨浸也，是療垂死之病而飲之以烏堇也。且夫義之量莫大乎利人，仁之量莫極乎愛物，法之量莫美乎平權。

《皇朝經世文新編》卷一八上《民政》佚名《民主表》 屏億兆京垓人之人，而主一二人之人，私之至也。萃億兆京垓人之人，即主億兆京垓人之人，公之至也。予痛悉其利弊，為天下告曰：公天下者愛力天下，私天下者儀狄天下。局鐍天下者天下盗之矣，愚罔天下者天下暴之矣。堯舜揖讓，湯武征誅，其事不同，順民一也。順民何犇然不一脉也？天地不樂一脉耶？鬼神不享一脉耶？

《行政綱目·總論》 謹按，憲法大綱君主立憲政體，君上有統治國家之大權。凡立法、行政、司法皆歸總攬，而以議院協贊立法，以政府輔弼行政，以法院遵律司法等語。是所謂政府者及君主行使大權所設機關之一，決非以君主爲政府之長。所謂君主無責任也，惟君主無責任，斯必有負責任之政府。又必先將政府事務分配明確，始知責任之何所屬也。凡一國之事務大别有二：一曰國家事務，一曰皇室事務。立憲政體必先於此二者分别規定，是爲第一要義。中國政治自昔宫府不分，國朝雖設内務府以領左右諸司，而所司職掌謹當今世各國宫内省之一部分，此外特設衙門處所及事之散隸於各部院者尚多。將來固應與皇室大典别爲規定，兹謹先就國家行政事務，分别部居條分而縷析之計，爲表十有二，各附以説，全國行政綱目略具於是。由是規定官制，清理財政，編制法令，悉將依此爲準，而諮議局、資政院議事之許可權，亦有一定之範圍矣。

《戊戌變法》第三册趙而霖《開議院論》 古昔盛時，工賈進規，矇瞍獻頌，凡在臣民，皆得言事，以故上下之情無弗通，門户之見無不化也。泰西變通古法，創立議政院，分上下二門，上自君主，下自縉紳，皆得演説機要，互相辯論，國有大事，尤於此定其操縱之權。雖君主不得而相強，而君民之間，仍復浹洽，耳目最近，喘息必聞，凡申詳反覆之繁難，胥吏挾持之弊竇，皆一洗而空之。以故國家無難決之疑，言路無壅蔽之患，内政既清，外侮不作，而西人於是乎横矣。

中國文法太密，禮法太嚴，其能定大計，決大疑者，亦祇一二三公孤，略爲商榷。所謂藏於九淵，發於九天，樞密之地，不可出以示人也。然歷朝以來，屢次下詔求言，令大小臣工，悉去忌諱，而上封者動輒牽條引例，千百爲詞，一經違忤，則終身結舌。若國朝恩禮大臣，未嘗誅一言者，而條陳時事，不過人云亦云。一二有深遠識者，又或有所顧忌，而不敢言；或過於激烈，而不善言。改抹塗飾，盡失本真，求其如西人言路之公，而亦不可得，甚非所以籌時務也。

今夫渟瀦瀹論，不能宣洩以通之，徒積土石以爲障，則鬱怒薄射，潰決而益肆矣。又如人身之有竅，不可稍有壅塞也。日填其竅，烏得不病？既病矣，而猶以通利之劑爲迂談，是猶止兒啼而塞其口，非不遽止，而其死可立而待矣。中國名分素嚴，而政治仍多隔閡，若不急開議院，則上下之情不通，卽門戶之見不化，又安望有富強之一日耶？顧有難者曰：議院之開，雖集芻蕘之益，然創立之初，條例斷難盡善，或挾恩怨而回護，或受賄囑以營私，甚至以羣言爲徒亂人意，別開聚訟之門，以衆論爲難於折衷，遂啟紛爭之漸，則偏重之勢成，而壅蔽之起如故矣。

昔日本明治二十年二月九號，有茨本縣人青木氏，摑議員井上五郎之頰。又某年某月，總理大臣山縣伯方議要政，衆議員羣起排擊，騷擾紛更，致罷所議。蓋日本議院，事屬創始，小民何知，詫爲怪誕，中國苟倣而行之，其能不駭人聽聞乎？不知同文方言之館，何一非西人開其端？水師武備之堂，何一非西人衍其緒？中土仿行西法，已歷年所，華人視之，且相忘於固然，何獨於創立議院，竟相聚譁然乎？況中國文牒太繁，動煩部議，展轉駁詰，毫髮皆病。若不急於變法，其流弊將何所底止？

昔黃帝立明臺之議，晉文聽輿人之誦，皆集公論之明證也，而亦竊竊然短之耶？顧難者又曰：中國積習，莫如各執成見，設互相齟齬，激成朋黨，言龐政雜，口舌相窮，則鸞鳳之鳴，雜以雅鵲之噪，將黑白兩存而不論乎？抑委曲調停，以求其平乎？試觀光緒十一年，法國開議院之期，喀薩雅克等之右黨，葛來孟叟等之左黨，且多至于八十餘人，或三百餘人矣。越南之役，裴理逞其簧鼓，煽惑議員，興兵搆怨，迨至諒山受挫，國人大譁，各議員數其罪而黜之，而裴理之黨，亦不與議員之選矣。政出多門，各逞異議，雖折以雷霆之怒，怵以碪斧之威，而亦不能稍奪其談，是烏可不引爲殷鑑也耶？

然而朋黨之交訌，前代皆有載在史書，斑斑可考。唐時無議院，何以有牛李之黨？明時無議院，何以有東林之黨？而且《漢書》有《黨錮傳》，元祐有黨人碑，爾時皆無議院也。平心論之，由於紀綱不飭，激之使然，若徒歸咎於議院，則是畏兵變而並止招募，鑒加賦而並禁催科，不亦顛乎？俄羅斯，強國也，大權獨操自君主，惟其無議院，故與各國異。而其有黨人，則又較法國多，抑又何說？方今外夷耽耽，協以謀我，而我不能集思廣益，以應天下之變。無怪乎一言不合，動成水火，意見一勝，彼此鑿枘，遂使吾道之內，矛戟森立，歧畛攸分，而卑之無甚高論者，不得不粉飾太平。徒以爲政不在多言一語，互相諉卸也。善乎汪應辰之言曰，和議不諧非所患，和議諧矣，而因循無備深可畏；異議不息非所患，異議息矣，而上下相蒙深可畏；殆不啻爲今日痛下一鍼。噫，時事多艱，民情間隔，軍國事體重大，徒決於一二權臣之手，而是非不復公之天下，安得闢門集議，而與之和衷商榷也哉。見光緒二十四年二月十一日《時務報》第五十三冊。

（清）嚴復《嚴復合集》卷一《嚴復文集編年一·闢韓》 然則及今而棄吾君臣，可乎？曰：是大不可。何則？其時未至，其俗未成，其民不足以自治也。彼西洋之善國且不能，而況中國乎！今夫西洋者，一國之大公事，民之相與自為者居其七，由朝廷而為之者居其三，而其中之犖犖尤大者，則明刑、治兵兩大事而已。何則？是二者，民之所仰於其國之最急者也。昔漢高入關，約法三章耳，而秦民大服。知民所求於上者，保其性命財產，不過如是而已。更騖其餘，所謂代大匠斲，未有不傷指者也。是故使今日而中國有聖人興，彼將曰：吾之以藐藐之身托於億兆人之上者，不得已也，民弗能自治故也。民之弗能自治者，才未逮，力未長，德未和也。乃今將早夜以孳孳求所以進吾民之才、德、力者，去其所以困吾民之才、德、力者，使其無相欺、相奪而相患害也，吾將悉聽其自由。民之自由，天之所畀也，吾又烏得而靳之！如是，幸而民至於能自治也，吾將悉復而與之矣。唯一國之日進富強，余一人與吾子孫尚亦有利焉，吾曷貴私天下哉！誠如是，三十年而民不大和，治不大進，六十年而中國有不克與歐洲各國方富而比強者，正吾莠言亂政之罪可也。彼英、法、德、美諸邦之進於今治者，要不外百餘年、數十年間耳。況夫彼為其難，吾為其易也。

嗟夫！有此無不有之國，無不能之民，用庸人之論，忌諱虛驕，至於貧且弱焉以亡，天下恨事孰過此者！是故考西洋各國，當知富強之甚難也，我何可以苟安？考西洋各國，又當知富強之易易也，我不可以自餒，道在去其害富害強，而日求其能與民共治而已。語有之曰：曲士不可與語道者，束於教也。苟求自強，則六經且有不可用者，況夫秦以來之法制！如彼韓子，徒見秦以來之為君。秦以來之為君，正所謂大盜竊國者耳。國誰竊？轉相竊之於民而已。既已竊之矣，又惴惴然恐其主之或覺而復之也，於是其法與令蝟毛而起，質而論之，其什八九皆所以壞民之才，散民之力，漓民之德者也。斯民也，固斯天下之真主也，必弱而愚之，使其常不覺，常不足以有為，而後吾可以長保所竊而永世。嗟乎！夫誰知患常出於所慮之外也哉？此莊周所以有胠篋之説也。是故西洋之言治者曰：國者，斯民之公產也，王侯將相者，通國之公僕隸也。而中國之尊王者曰：天子富有四海，臣妾億兆。臣妾者，其文之故訓猶奴虜也。夫如是則西洋之民，其尊且貴也，過於王侯將相，而我中國之民，其卑且賤，皆奴產子也。設有戰鬥之事，彼其民為公產公利自為鬥也，而中國則奴為其主鬥耳。夫驅奴虜以鬥貴人，固何所往而不敗？

（清）嚴復《嚴復合集》卷二《嚴復文集編年二・論英國憲政兩權未嘗分立》　夫所謂政治之學者，其始必以歷史為據依，終之乃用公例以貫通史事。議院者，歷史之一大問題也。其制度之所從起，其權力之所由增，與有時其制之所以變滅，西史所書，大半謂此事耳。且所謂民權自由者，亦以此為之職志，故英史自約翰大策（Magna Charta）至於維多利亞之變更事例（Reform Bill），法史自大革命至於民主之近制，與中間一切政黨之爭，其所爭，約而言之，實不外議院之進退。歐之舊史，所載者王朝之獨治，與市府之衆治，相為起滅而已。《講義》欲籀一最通公例，以為讀史者覘國論世之慧鐙，但自初學觀之，則亦有不盡密合者。此不必遠引，但即英之施爵耳（Stuart）朝代，已若如是。故欲明其例之無以易，且訂俗説之多疏，則莫如即英倫之憲史而詳論之。庶幾學者於立憲精旨，釐然涣然，不致更墜雲霧，而生心害政也。

則請取《講義》所發明者而復理之：一、《講義》所及，皆自然有機體之國家，故其物與時偕行，獨治衆治，當與民群天演之淺深相得。二、議院為衆治之機關，國家得此，其群扶之力，乃有所宣達。群扶之力者，能使政府從無而為有，既有而延長，抑自有而之無，由生而為滅。三、政府雖甚專制，其群扶之力，必不能無。特有議院為之機關者，其力顯而可駁；無議院為之機關者，其力隱而難知，此中國政家所由以天位為至危，而有朽索民喦之説也。雖然，是三説者，必至近世而後大明。若議院初具形體之日，如英史之十七世紀，非深思見微之識，不能見其例之行也。蓋常人之論，皆云英之革命，乃在一千六百八十八年。此是所爭，在下議院之立仆已耳。雖幸而立，未嘗即具能力，得以破壞更立其國之政府也。其有所廢立固然，但其為此，必經大亂而後濟，未見其能變置政府，若行其所無事如今日者。

是故英制之所以善，其理在目前耳。其分憲政二權，而不使混，固也。顧議法之際，則必使諳於其政者，參其列以為顧問之資，抒其議論可也。至決議出占之頃，則其為此者，不以其為主庶政之閣部大臣，而以其兼州、郡地方之代表，此其所以通立、行法二柄之郵，而又不使混之術也。

彼或人之説英制具如此，自以為得其精要，較之前説，不啻進一籌矣，顧不悟其説之猶非實也。果如若言，將英制又無以收利行之果效，何則？英之宰相與各部臣之入議院，乃以具官而入議院，非以兼為地方之代表，幸分一席，而入議院也。如或人言，則閣部之不得議法，與前説同。其得參末議者，獨以其人兼代表耳。以代表而入議院者，雖其人在行政為宰相，而其議法出占之權力，乃泯然無異於衆人，而為六百七十衆中之一分子，與聞論議。而所論者，乃其所躬歷而熟知，爾乃忍俊不禁，開口發議，求以祛衆人之惑。而是衆人者，亦以其諳曉事勢，而重其言，獨至判決之頃，則所出者不外一占而已。今試以此問英之時相，彼有不捧腹軒渠者乎！蓋後説之誤，方之前説，真五十步之於百步耳。

為揣前之説所以誤，坐徒見英制之形式，而不求其真。夫謂英之宰相大藏卿諸人，於下議院，無特進之專位，而其有位，以兼地方代表而然。此誠如是。然遂謂英閣部之入議院，不以其官，而以代表，則大謬之説也。彼宰相之與議，實公然以首輔而綱紀此六百七十人，而大藏卿亦公然以計相，而宣一年之豫計。當此之時，以行政官入院行權，為一院之衆所同認無異辭。且一日當職，則為一切政策之發起人，有所施行，有所更張，悉從數公為之作始，惟此而後有政府之實，是故從其實而言之，彼以英之下議院為立法曹，而閣部以其當職，貢其所學所知，以備國會之裁酌採擇。雖主民權者之所喜言，然而實大誤。何則？以大失英制機關之作用也。必知議院遇有聚議，其行政之政府，當公然以其所主張之政策，宣示國衆，覘群下之從違，如是言之，乃為合耳。

是故百餘年以往，美與法議立憲，皆以英之制度為模型，然而卒不合者，其為失不但絶憲、政二柄之通，置閣部之閲歷於無用也，且不悟英之憲法，其樞機妙用，即在此以行政之政府，為立法議衆之紀綱。而議院之所皇皇，亦即此交於行政者之法令。法之初為革命。米拉保（Mirabeau）以冠倫之姿，為民黨之魁宿矣，而弼德（Pitt）同時以仍世相業，率全英之兵賦，抵制法國之風潮，顧終之弼德有以伸其志業，而米拉保有大才而無成績，身去之後，路易之世，亦從以傾，其原因皆坐此。蓋弼德入則為一院之領袖，出則為行政之樞機，而米拉保欲為是而不能者，坐法之憲，政二權，分立不相謀故也，欲為弼德之業者，為宰相而不預議，不可也；予議矣，而非公然以宰相之官予議，亦不可也。必為宰相，而且以宰相領袖綱紀乎全國之民表，而後可。嗚乎！此英倫所演成憲法之秘扃也。

【略】

且必以議院為立憲權乎？則請觀其所日孜孜以何事為最重，得無曰主每歲豫計，以定通國所出賦額也耶！一議眾之集，自始至終，其所有事者，大都以此為之經緯。即原其最初之義，王集議院，未嘗曰：立法之事，寡人惛不能進於是矣，爾有眾其為我明而議立之也。乃曰：不穀有兵戎土木之費，爾國民其為我共出之耳。民亦曰：吾儕小民，有所疾苦，苦於法敝，惟大王更張之。蓋立法者王之所自為，而與所收之賦稅相市者也。是故民聚而評其緩急多寡，相與棘棘然而爭之，且由是而政黨興焉。有與政府為和同，惟奉命之恐後，有與政府為立異，則以無藝之賦，為下民所不堪，相與抑揚操縱之，各挾所有，而相為易，賦之出者幾何民主之，法之改建者幾何王主之，此議院初立之情形，所考諸歷史而可見者也。《社會通詮》述之甚詳。今夫法令之改建，於以蘇國民之困者，謂之立法可也；至於出賦，於以供國家之經費者，謂之立法不可也。即有法家擴充其界説，謂成賦之事，為立法之一宗。然則立法一言，無乃與行法混，而不識二者分際在何所歟？且定賦額，使民出財，既謂之立法矣，則定戰媾，驅其民使執兵者，不謂之立法，殆不可也。然而英之兵制，又非議院之事也。交涉事起，為戰為媾，王與政府決之，未嘗咨諸議院也。故不佞所斤斤，非曰成賦、詰戎之二政。孰宜為議院之所與聞，乃問向所謂政府行法，議院立法，使其籌及兵食，則其所據為別而分立者，果安在也。是知議院之所為，其第一事即非立法，而其民視之不殊立法者，亦以其出議院，乃不得不名其事為立法耳。總之，以名學之所推究言，或將謂成賦之政，與時推移，不足以為立法，又不然，則詰戎經武之事，皆為立法。而宰相兵部向所謂行法權者，乃今侵及立法，而議院第一要政，轉在行法之林。為彼為此，二者必居一而無可逃。是所謂二權分立者，徒虛語耳。

又拿破侖第一之起而與法之國會爭權也，嘗寓書於總統西哀埃（Abbe Sie Yes）曰：立法權之獨立，固吾所尊重而不敢侵，然既曰立法權，則國之度支，非其職矣，且立法之事，又何涉於彈劾？故以正法言，英議院之所為，百九十九，皆逾其權限。以僕之意，立法者既欲獨立，則求平恕，亦當顧全行法權之獨立，而勿相侵，諸議員本於學理，姑為國立公平可久之法可耳，至於行政之彈劾，財賦之因時為重輕，實皆非立法者之所宜問也。

觀於前二事，則向者三權分立此篇所及僅在憲政二權，其司法刑權以其易明，置之。其為説之生心害政，大可見矣！蓋其説二本，若閣部與議院之所為，中劃鴻溝，絕不相及也者。而不知英之治制，至於今日，乃天演之所成，由於一本。閣部議院，雖若分職，而其實於國家要政，初無畛域可言。孤連維、弼德既強為分別，而拿破侖則借權限之説，以濟其私，凡此，皆分立之舊説誤之也。實則英政府之所為，乃無一焉不經議院所討論。一官之除拜，一令之風施，議院無不當問者。閣部諸大臣，列坐其次，議員起而有所詰，必對惟謹。未聞有人焉告議長曰：此乃下官行政權之所及，非議院立法所得過問者。果其或然，雖有強相，鮮不立敗。故議院於立法之權嚴矣！而於稽察行政之權，乃尤嚴，此不可掩之事實也。

英之政權，首推閣部。顧閣部之所孳孳，亦豈僅循議院所立法，而以奉行無違，為了職乎？甚不然矣！每一新政府之成也，朝野喁喁，必望新政。曰：彼之宗旨政策，對於時局者云何？凡新相之所建白，必一一宣於議院之中，使六百七十人者，熟議其可否，果眾謀而僉同則遂立之，以為一朝之法度。創其新者可也，革其舊者可也，此宰相事也。假令有人焉，詰政府以不事事，行且誤國家，宰相起而對曰：某不敏，幸得待罪樞廷，奉職率成法，猶懼不及，何敢議更張。且此固立法權事，某任閣部，閣部行法者也，僕幸以某地代表，隨諸公後，為議員之一，凡遇立法，亦盡其一分子之所得為陳議出占而已，烏知其餘？吾不知一院之眾與一國之人，聞若此言，其對於此相之感情又何若也。

是故英之閣部，是名行政，而立法之權，實重且大於議院之名立法者。議院之於立法也，議之而已，各示之以己意之從違而已。至閣部之於一法也，必為之發起焉，必為之計畫焉，至於至纖至悉而後已，此於法度大者，莫不然矣，非不知一法之立，無間大小，必經議院多數之所贊成，而後稱制。顧其建白之行否，則宰相與其所闢置之部省，存亡仆視之。蓋閣部是謂政府，而一政府之得位行權，以其議院中有多數人焉，為之豫附故也，自非然者勢不得為其時之政府。是故宰相有欲立之大法度，欲行之大宗旨，無異其業為議員所默許者。若發表之日，而忽有牴牾，其政府立廢。宰相有大建白，而不為議院所贊成者，事無異議院逐政府也。孔子有言：所謂大臣者，從道事君，不可則止。英相之事議院也亦然，有所建白，議院所得以出入增減，特小小者耳，至於大經大義，宗旨所存，三占兩違，即宜辭位。議院示異同者，無異逐其舊而謀其新。而宰相亦斷無見道不行，猶思保位持禄之事。但英議院中，此事頗不數見，何者？以其中常有政黨之對待，使議院而逐其舊，則新相必反對者之黨魁。而議員多數，皆本附於現行政府，而異於反對之黨人者。方彼之見舉於地方也，亦本以助政府而禦反對，故前事於理勢，不能數見也。彼謂議院為立法權，意故謂一法之立，議衆得以己意為准駁也，乃今總前事而核之，則議院之衆，所離於宰相部省，而自具之立法權，餘者幾何？無亦宰相所謂立者斯立，所謂廢者斯廢，或更張，或循守，維行宰相之意已乎？以云其重，蓋亦重矣。雖然，議院自有權耳。其權惟何？曰：使宰相而漸變宗旨，不足以獻酬群心，彼將寧退其所豫附，而進其所反對者。是故宰相之權雖盛，必有所底，而非不制之權也。顧議院如是之權，雖名立法，其實則禁制已。禁制西語曰威朵（veto），孟德斯鳩言立憲，以威朵屬國王。乃今國王無用之者，獨議院間或用之，然亦不數見也。而英制之持重難棼亦由此，此覘國言制者所宜知也。

總之，主三權分立之説者，謂議院為立法權，非行法。乃今考其事實，則議院所謂立法者，但存於禁制。禁制之權，又必不得已而復用之，其於宰相所欲立，僅得以其細微，則議院於立法之權亦僅耳。然議院莫大之權，轉在監督行政之事，時與誰何，甚則劾治之，此其權不亦近行政耶！且主三權分立之説者，又以閣部為行法權，非立法。然行法矣，乃在在為議院所程督，惟於立法之爭，則所為獨多。議院固亦立法，而所得為，乃稟於宰相。然則總而覈之，閣部以行法，而受制於議院者也。議院以立法，而稟承於閣部者也。

俗説之所由誤，正緣英制閣部大臣常兼地方代表之故。故謂立法之權，閣部之所由得與者以其代表，非由行政，此近似而不察事實之論也。即往者公司會邸之喻，亦大謬而不可從。蓋以議院為社會，而宰相等為社會之書記幹事員者。會員為主，而書記幹事員為之公僕，所以守其公立之法，以達會員之目的者也。乃英國之宰相不然。英之宰相，非議院之公僕也，乃議院之王，之令尹。其所立而行者，非議院之目的也，乃宰相之目的。使宰相自棄其目的，而以殉議院之目的，是喪其所守，而溺其天職者。太上守位而行道，其次失位，最下失道極矣。

夫宰相為王，為令尹，而非議院之公僕，固矣。然何以處議院？曰：議院如前《講義》言，固所以建立維持而破壞政府之機關也，故議院得以相時所宜，以擁戴，以扶持，以罷廢其王、其令尹。王與令尹出令者也，非聽令者也，罷之可也，易之可也，不能禁之使勿出令也。故曰議院立法，名然而實不然，而宰相之為立法主者，其權又從議院而得之。

然則三權分立之説，果無所可用矣乎？曰：有之。若美利堅者，真三權分立之憲法也。伯理璽以四年為任，為通國所推立，立則闢其輔相，與一切之部省，是為行法權。而所謂立法權者，則國會也。司法權者，全國訟獄之官也。以美憲法三權之間，異於英如此。故英美二國之民情，其對於議院，乃大有異。政治國家之思想，英之民若最富然。報章之所登載，街談巷議之所喧騰，皆議院之辭頭駁辨也。法王路易斐立嘗言：使法民如英民，酒半餐餘，必談朝政，其革命之舉，當又稍稀。而衛樂孫亦謂美國之民，從不讀國會之駁議，此非美人闕國家思想也。因美國會雖有駁議，而所議者，不過科條而已，如中國刑部之駁議然，非業刑名者，不於此而留意也。若夫英議院之駁議，則政府之堅脆立仆，視之兩黨對峙，抵隙蹈瑕，其終也必一勝而一負。負則舉國之官吏，以之變置；對外之政策，以之改圖，其所繫至重。今夫一賽馬競舟之微，民之權之也，且為空巷，矧乎二政黨之為競，而所繫若此重者乎？故民於所議之端，其關心猶後也。知一法將立，有開必先使宰相倡其議，而和者寂然，則現行之政府必廢，而明日新政府之組織，民生國計，咸從之以變遷也。且由是而英民進矣，亦則是而英之政府，有常惺之風，難以腐敗，此亦政界最微之消息也。

是故此篇所言，謂英制非三權分立者，乃近百年之實事，有斷然不可誣者。若孟德斯鳩三權分立之説，所以成法美之憲法者，即在當日之英制，已不盡然。雖然，英議院之權力，所以為成毁政府之機關者，當孟之時，特胚胎耳，固難見也。且當日之宰相如戈多爾芬（Godolphin）、威勒波爾（Walpole）等，皆國王之所除拜，其待命於議院，不如今日之亟亟也。美國獨立，在十八世紀之末年，其時造立憲法，雖以祖國為前規，固不審君權之已衰，而政府之責，將萃於宰相。然則舊説之誤，無怪其然，特學者相傳不察，或用之以議今世之立憲，則毫釐千里，未為無弊。故不辭繁複，為之論以辨之，庶言政治者有考焉。

（清）嚴復《嚴復合集》卷二《嚴復文集編年二·憲法大義》 按憲法二字連用，古所無有。以吾國訓詁言仲尼憲章文武，注家云憲章者近守具法。可知憲即是法，二字連用，於辭為贅。今日新名詞，由日本稗販而來者，每多此病。如立憲，其立名較為無疵，質而解之，即同立法。吾國近年以來，朝野之間，知與不知，皆談立憲。立憲既同立法，則自五帝三王至於今日，驟聽其説，一若從無有法，必待往歐美考察而歸，然後為有法度也者，此雖五尺之童，皆知其言之謬妄矣。是知立憲、憲法諸名詞，其所謂法者，別有所指。新學家之意，其法乃吾國所舊無，而為西人道國之制，吾今學步取而立之。然究竟此法，吾國舊日為無為有，或古用而今廢，或名異而實同，凡此皆待討論思辨而後可決。故其名為立憲，而不能再加分別者，以詞窮也。

憲法西文曰Constitution，此為懸意名物字，由云謂字Constitute而來。其義本為建立合成之事，故不獨國家可以言之，即一切動植物體，乃至局社官司，凡有體段形幹可言者，皆有Constitution。今譯文憲法二字，可用於國家之法制，至於官司局社尚可用之，獨至人身草木，言其形幹，必不能猶稱憲法。以此推勘，即見原譯此名，不為精審。譯事之難，即在此等。但其名自輸入以來，流傳已廣，且屢見朝廷詔書，殆無由改，只得沿而用之。異日於他處遇此等字，再行別譯新名而已。

以上所言，乃推敲憲法二字名義。今將論憲法實事，自不得不從原頭説起。案西國分析治制之書，最古者莫如雅理斯多德。其分世界治體，約舉三科：一曰獨治；二曰賢政；三曰民主。至孟德斯鳩《法意》出，則又分為三：一曰民主；二曰獨治；三曰專制。而置賢政，不為另立。雅理氏之為分，專以操治權之人數立別，自係無關要旨，是以後賢多棄其説。孟氏之分，不嫥嫥於人數，而兼察精神形制之殊，較雅理氏為得理。其二三兩制，皆以一君托於國民之上，其形制固同，而精神大異。蓋專制自孟氏之意言之，直是國無常法，惟元首所欲為，一切憑其喜怒；至於獨治，乃有一王之法，不得悉由己意。此在吾國約略分之，則為無道有道。此獨治與專制之大殊也。至於孟氏之民主，亦與雅理氏民主不同。雅理氏之民主，以一國之平民，同執政權，以時與議者也。孟氏之民主，有少數多數之分。少數當國，即雅理氏之賢政；多數當國，即雅理氏之民主。而二者為有法之治則同。自孟氏言，民主精神高於獨治。民主之精神在德，獨治之精神在禮，專制之精神在刑。故前二制同為有道之治，而專制則為無道。所謂道非他，有法度而已。專制非無法度也，雖有法度，其君超於法外，民由而已不必由也。

則由是立憲之説始濫觴矣。民主、獨治二制，雖執政人數多少不同，而皆有上下同守共由之法，如此者謂之立憲政府。其所守所由，犖犖大經，必不可畔者，斯為憲法，惟專制無之。諸君須知生當今世，政治一學，最為糾紛。言政治者，不可但舉其名，且須詳求其實，乃得言下了然。即如立憲一言，本有深淺精粗之異，自其粗者、淺者、普通者而言之，則天下古今真實專制之國，本不多有。而吾國自唐虞三代以來，人主豈盡自由？歷代法律，豈盡憑其喜怒？且至本朝祖宗家法，尤為隆重。蚤朝晏罷，名為至尊，謂之最不自由之人可也。夫如是言，則吾國本來其為立憲之國久矣，則《法意》所稱之獨治，西語所謂蒙納基是也。夫使中國既為立憲，則今日朝野紛紛，傳言五大臣之所考查，明詔所云預備，若必期於久道而後化成得。其所黽勉求立之憲，果何憲耶？可知今日吾人所謂立憲，並非泛言法典，亦非如《法意》中所云，有法為君民上下共守而已。其所謂立憲者，乃自其深者、精者、特別者而言之，乃將採歐美文明諸邦所現行立國之法制，以為吾政界之改良。故今日立憲云者，無異云以英、法、德、意之政體，變中國之政體。然而此數國之政體，其所以成於今日之形式精神，非一朝一夕之事。專歸其功於天運，固不可，專歸於人治，亦不可；天人交濟，各成專規。且須略言其變遷，於其制乃得明也。

制無美惡，期於適時；變無遲速，要在當可。即如專制，其為政家詬厲久矣。然亦問專此制者爲何等人？其所以專之者，心乎國與民乎？抑心乎己與子孫乎？心夫國民，普魯士之伏烈大力嘗行之矣。心夫己與子孫，中國之秦政、隋廣嘗行之矣。此今人所以有開明專制最利中國之論也。且立憲之形式精神，亦有分殊差等。姑無論異國之不同，如法、美同民主，英、德、奧、意同獨治，具〔俱〕不可同而論之，無殊雞鶩之異體。諸君他日治其歷史，當能自見。即以一國之前後言，如英倫為歐洲立憲模範之國，二百年以往，其權在國王；百年以往，其權在貴族；五十年以往，其權在富人；直至於今，始漸有民權之實。是故覘國程度而言，法制必不可徇名而不求其實。夫苟以名，則試問古之羅馬，今之瑞士、威匿思，北美合衆與墨西哥，此五者皆民主國，而豈有幾微相似之處？稱為民主，不過言其中主治之家，非一姓之世及，即異觀同，如是而已。

盧梭之為《民約論》也，其全書宗旨，實本於英之洛克，而取材於郝伯思。洛克於英人逐主之秋，著《民政論》，郝氏著《來比阿丹》，二者皆西籍言治之先河也。然自吾輩觀之，則盧梭書中無棄之言，皆吾國孟子所已發。問古今之倡民權者，有重於民為重，社稷次之，君為輕之三語者乎？殆無有也。盧謂治國務明主權之誰屬，而政府者，主權用事之機關也。主權所以出治，而通國之民，自其全體訢合而言之，為主權之真主；自其個人一一而言之，則處受治之地位。同是民也，合則為君，分則為臣，此政家所以有國民自治之名詞也。政府者，立於二者之中，而為承宣之樞紐，主權立法，而政府奉而行之，是為行法。又有司法者焉，以糾察裁判，其於法之離合用此。外對於鄰敵，為獨立之民群，此全體之自由也；内對於法律，為平等之民庶，此政令之自由也。居政府而執政者，謂之君王，謂之官吏，使一切之權集一人之藐躬，而群下權由之而後有者，如是謂之獨治，謂之君主之國。若出治者居少數，受治者居多數，此制善，謂之賢政之治，以賢治不肖者也。不善，名曰貴族之治，以貴治賤者也。又使多數之民合而出治，如是者，謂之民主。雖然，盧梭之所謂民主者，直接而操議政之權，非舉人代議之制。故其言又曰：民主之制，利用小國，猶君主之制，利用大邦，是故有公例焉，曰：至尊出治之人數與受治人數之多寡為反比例。由盧梭之説言之，吾國向者以四萬萬而戴一君，正其宜耳。然而盧梭又曰：尚有他因果，宜察立制之道，不可以一例概也。

代議之制，其詳具《社會通詮》中。國大民衆，而行憲法，代議所不能不用者也。顧盧梭氏則不甚喜此法，故嘗謂英民自由為虚語，除六七年一次更舉議員之時，其餘時皆伏於他人權力之下。真民主制，人人自操立法之權，不由代議；然又謂其制過高，非尋常國民程度所可及。蓋不用代議，必幅員褊小，戶口無多，民人大抵相識，而風俗敦厚簡易，開口見心，民之地望財産相若，而不足以相凌駕者而後能之。其論獨治之制，所必遜於民主者，以民主之國，民略平等，威惕利疚之意較微，當其合詞舉人以當行法，常取正士哲人以為愉快；至於人君在上，往往讒諂面諛之衆，驕偽傾巧之夫，易邀寵眷，而邦國之事，乃以荒矣。故曰：獨任之易於失賢，猶衆舉之易於察不肖，此兩制優劣之大凡也。至少數治衆，其類有三：一以武力相雄長也；二以令德而被公推也；三以世封而役其衆也。第一為草昧時代有之。第二最美，斯為賢政。第三最劣，其腐敗虐民，往往而是。觀於《漢書》諸王之傳，可以見矣。政治目的，萬語千言，要不外求賢事國。立憲宗旨，亦猶是耳，無甚深難明之義也。

言憲法制度之大體，諸公欲知其源流本末，求之《社會通詮》、《政治講義》二書，十可得八九。今夕匆匆，恐不能細言。其大較，則一須知國中三權之異。三權者，前已及之，立法權，行法權，司法權也。中國自古至今，與歐洲二百年以往之治，此三者，大抵不分而合為一。至孟德斯鳩《法意》書出，始有分立之談，為各國所謹守，以為稍混則壓力大行，民無息肩之所。顧考之實事，亦不盡然。如英國今日之行法權，乃以首相為代表，而各部院地方輔之，通為一曹，由於一黨。然宰相實亦領袖，議院立法之權有所更革釐定，宰相發其端，而議院可否之。大義而否，是為寡助，寡助之相，即行告退，而新相乃入而組織新政府矣。

立法權，以法典言，凡遇有所議立，貴族、平民兩院，分執議權，議定而國王可否之者也。故論者謂英立法權鼎足而立，缺一不可。雖然，至於今日，則英立法之權，因緣事變，已為下議院所獨操。凡事之經下院議定者，上院雖有此權，未嘗議駁，猶國王之權，雖可准駁，而亦悉可無否，此已習為故常，殆難變易；易之，將有革命之憂。故立法權自英制言，實總於下議院，其國民權之重，可想見矣。

自國主下至於百執事，皆行法權也。英制宰相獨重，大抵國民舉議員，而議員舉宰相，由宰相而用內外百執事，是為政府。是非有議院大眾所崇拜推服之黨魁，其人不得為宰相也。雖然，院中之員七百餘人，不盡由於一黨。常有反對之員，與為對待，即以稽察現行政府之舉措。宰相有一建白，而為議眾多數所不贊成者，則有兩種辦法：一是奉身而退，讓反對者更舉彼黨之魁，立新政府，此常法也；一是請國主之命，解散現有議院，使國民更舉新員，用以更議所建白者，此不常用之法也。蓋宰相欲行第二法，須深知通國意向，與院中議眾之旨已有不合而後可；不然，則新集之眾，依然與之反對，祇自辱耳，無所益也。

至於司法之權，立憲所與舊制異者，立憲之法司，謂之無上法廷。裁斷曲直，從不受行法權之牽掣，一也。罪有公私之分，公罪如擾害治安，殺人放火，此歸孤理密律，國家不待人告發，可以徑問；私罪如負債、占產，財利交涉，此歸司域爾律，原告興訟，理官為之持平裁判，二也。訟者兩曹可以各雇知律者為之辯護，而斷獄之廷又有助理陪審之人，以可否法官之所裁判者，而後定讞。故西國之獄，絕少冤濫，而法官無得賄鬻獄枉法之事。訊鞫之時，又無用於刑訊。此立憲司法之制，所以為不可及，而吾國所不可不學者，此其最矣。

立憲治體，所謂三權之異，具如此。顧所言者，乃英國之制，演成最早，而為諸國之所師。至於法、美諸國，所謂民主立憲，德、義諸國，所謂君主立憲，皆有異同，不盡相合。諸公他日治學，自然一一及之，非今夕所能罄盡。但以上所言，猶是立憲之體式。至於其用，則以代表、從眾、分黨三物，經緯其間，其制乃行。夫此三者之利弊短長，政家論之審矣。顧法窮於此，捨之則憲法不和。即如朋黨，本吾國古人之所惡，而君上尤恨之，乃西人則賴此而後成政。且憲法英之所以為最優者，因其國中只有兩黨，渾而言之，則一主守舊，一主開新。他國則不盡然，有主張民主、王制，社會諸派，宗旨既異，門戶遂分，而國論亦淆而難定，此其所以不及英也。

諸公勿視立憲為甚高難行之制。篤而論之，其制無論大小社會，隨地可行；行之而善，皆可以收群力群策之效，且有以泯人心之不平。今欲諸公深明此制，則請以本安徽高等學堂為喻。今此校立有年矣，其中有監督，有教、齋、庶三長，有管理者，有教導者，中聚學生二百餘人，有本籍、有客籍。此下尚有聽差，廚役人等合成團體，以共為此教育之一事，故曰此亦一社會也。是一社會，則必有制度機關，而後可以存立，其制度機關奈何？則現行章程規則所云云是已。雖然，是現行之規則，為何等制歟？曰：其制非他，專制之制也。何以知其為專制耶？曰：學生人員在受治之位，章程非學生所議立。先有立者，而全校受之。監督意有所欲為，則隨時可以酌改頒行，以求全校之公益，非以利己私，故雖專制，猶得為開明之專制，則如此校是已。假令後本校日益發達，學生人數日多，且人人皆有學費，而欲改為民主立憲，則其事將何如？曰：此無難。學生人數既多，不得盡合而議也，則人人有選舉代議員之資格；丁役人等，無選舉代議員之資格也。且本籍客籍權利不同，各成一眾，以舉議員，分為兩廳，此則猶外國之有兩議院矣。英國有兩議院，其初亦非定制。英有二，大陸諸國有三，而瑞典則有四，僧侶也，世爵也，城邑也，鄉農也。民之品流難合，則其議眾輒分，英之為二，亦偶然耳，非定制也。議眾既立之後，則公舉管理全校之監督，為之年限以任之。所以為之年限，恐所舉而誤，權難猝收，故為之期限焉。使其勢之有所終極也。監督既立，則用其所知者，以為教習管理諸員，而釐定一切治校之規則章程。每有所立，則付之兩廳而公議之。其許可者，即垂為法。方監督之為大家擁戴也，則有所置立，大眾將莫不贊成矣。使其反此，則凡所欲為，眾將反對。若循英制，監督即同宰相，勢須退避，以讓他賢為新監督。自監督三長以下，則皆此校行法之權，而諸生所設之兩議廳，則立法權之地，獨有司法一權，尚未議及。今設以本校之監學官，為司法權，則學生有過，果否與章程違背，量其輕重，分別記過記罰，皆監學官之事。監學裁判之後，移其讞語於齋務長而行之。何則？齋務長乃行法之權故也。此為吾輩學堂之立憲，言其大略，如是而已。有何甚高難行之有哉！

君國自三古以來，所用者為有法之專制，縣官以一體而兼三權，故法制有分部、分官而無分柄。設庶職資選舉，以招天下之人才，即以此為與民公治之具，其法制本為至密。言其所短，則其有待於君者過重，其有待於民者過輕。假使吾國世世皆有賢聖之君，其利用可謂無匹，而無如其不能也。是故民才以莫之用而日短，國事以莫或恤而日瘝。自海禁既開，持此以與彼族群扶之國相遇，日形其短，無怪其然。乃今皤然而議立憲，思有以挽國運於衰頹，此豈非黃人之幸福！顧欲為立憲之國，必先有立憲之君，又必有立憲之民而後可。立憲之君者，知其身為天下之公僕，眼光心計，動及千年，而不計一姓一人之私利。立憲之民者，各有國家思想，知愛國為天職之最隆，又濟之以普通之知識，凡此皆非不學未受文明教育者之所能辨明矣。且僕聞之，改革之頃，破壞非難也，號召新力亦非難也，難在乎平亭古法舊俗，知何者之當革，不革則進步難圖；又知何者之當因，不因則由變得亂。一善制之立，一美俗之成，動千百年而後有，奈之何棄其所故有，而昧昧於來者之不可知耶？是故陶鑄國民，使之利行新制者，教育之大責，此則僕與同學諸子所宜共勉者矣。

（清）嚴復《嚴復合集》卷二《嚴復文集編年二·續論英國憲政兩權未嘗分立》　前篇論英政府雖有三權，卻非分立。其中辨析甚細，頗慮為粗心人之所忽。蓋其制即自西人言，亦以為立法之權為下議院之所獨握。上議院與國主，名分其權，已成虛設。況宰相乃公推之公僕，其仰成於議院而不敢有所咈否可知。顧吾黨獨去宰相當職之權，乃為至重。近之則為議院之綱紀，遠之則為全國所待命。其於一國之政，猶王者然。但立憲議院，所大異於中國前任之議曹者，其為時相之所君臨固也。然立君復君權操自彼而已。聞者曰：夫使議眾權重如此，將宰相綱紀議院之名，無乃虛乎？蓋其人榮辱成敗，既出於議院之所為，如有萬分一而持祿保位者出於其中，其勢不能不媚此議眾。向也榮辱生殺之權在國主，則宰相必媚於一人；今也榮辱進退之權在議員，則宰相必媚於有眾。然則議院君，而宰相臣也。烏得謂時相有君臨議眾，惟所欲行之事乎？

此其説甚辯。雖然，請徐復之，將吾説之無以易，可共見也。蓋天下之絕不可同者，代表之與差使也。國民所舉之議員，皆代表而非差使。方其舉之也，固謂將以達一方之民隱，而以其眾心為心。雖然，非禁代表者使汩其本心之良而不得用也。且地方之舉，舉其良也。良者之心同於舉眾，固最善。假使所持之政見不幸而與其眾異同，當此之時，有宜去者，有不必去者。然未可自棄其灼然所持之政見，而苟然和光同塵，自媚於眾甚明。是故為人代表，非奴役也。地方之眾以其明於政而舉之，此無異孟子言，使玉人雕琢玉也。則遇一切有政代表者，固將自用其明，其地方之眾亦不得使棄其明而從舉者之意，如齊王之謂玉人曰，姑捨汝所學，以從我也。

知此則立憲宰相之職愈益見。方其始也，彼固與議院意合，此其所以得為宰相，而有組織新政府之事。雖然，宰相固自有其所懷抱，而議眾之擁而立之也，非以其圓通熟媚，而心恂恂如也，又能以虛受人，一切自周於眾而已也。果如此，則其國危。故立憲議院之宰相也，必主強幹前識，過於人人，而國事緩急可依倚者。夫立憲之宰相，固無甚愚甚不肖者，而但使其人不具主張，徒瞻望於眾人之意向，甚或本志變化。其政策一聽群情之依違，夫如是之政府，往往腐敗，此各國歷史所特出不一書者也。

且國何以危，政府何以腐敗？夫使議院君，而宰相為之臣，則奉令承教，恪恭將命，雖未合於吾所謂大臣之誼，而其事要為臣下之通職，而未可以為大戾明矣。顧立憲宰相之職乃大異，此其為院眾之所推立固也。其推而立之也，乃使之治其眾，非使之事其眾也。此如春秋晉臣之迎周子，西漢將相之擁代王，乃立之以出令，非立之使聽令也。且宰相正名定分，固國主之輔弼，非議院之陪臣，然則君臨議院宜矣。若曰，以議院有變置其名位之權力，其勢不能無待命於其所臨莅者，則由形而言，何必宰相？一國歸往之謂王，親戚離畔謂之獨夫。即在事王矣。此不佞前者《講義》所反復推明者也。特立憲之機關，有其所大便者，責在宰相，既有以避國主之至尊，而一切變置之所為，集甚重於至輕，為權難於至易。事同革命，而匕鬯不驚，天下如故，是則立憲而已矣。

變置政府之能力，無論何制皆有所伏。顧非立憲，則無其用事之機關。故其發也，常在壓力甚重之秋，而又有人事天時之交逼。此所以常為暴動，而國以之危。前者言凡國以眾人而參預政事者，此眾即為製造政府之機關。而吾黨所標舉以為法式之英政府，不過其一端已耳。第此一端，有獨具之特色，則其廢仆政府之方，在於所持重要之議，不與之以大眾之贊成。今夫國之制於眾治者不一，而具如是特色者，英倫而外，惟歐陸二三國規仿英倫以立憲者。至於餘國不然。然則是製造政府之機關，其用事常法果何若耶？今欲解此問題，則請先置一二難者，以俟別論。而先取尋常之立憲，若君主，若民主，著其所行之政，可以見其事雖異，而理固同也。

夫考政治而欲得其真，則勿熒於形表，而必辨無實之名。此如英制議院所共推之宰相，至於今固儼然一朝之選主，與美法之伯理璽無以異也。顧以其名則宰相矣。宰相，王者之臣，受命焉而股肱其治者也。若曰：是非君也。使其為君，則英倫固有世及之國主，彼議院又安得隨時而立之？更安得集眾而廢之？議院之力雖神，而王者受命自天，固尊嚴不可侵犯者也。使學者必殉於名，而以故見自封，如此英制之真，即不可見。必不聽熒於名，而確然深究於情實，夫而後知曩所謂宰相，所謂大臣，其名惟然，而實則國政所從出。政所從出，故為國主。而如是之國主，固議院所得以擁立，所得以罷廢者也。

蓋英倫治制之天演所可深察者兩途：一曰議院，二百餘年而得此興廢政府之權力；一曰宰相，以國主之不可侵犯，以王者之無過，於是以宰相之可侵犯而有過，轉為政柄之所歸。故二者而外，又當知英制之所以成其如是者，以有政黨之代興，如寒暑晝夜之遞嬗，而宰相用權，又依於黨派之規則。凡此皆其絕異，不僅為東洲之所無有也，即在餘國，議院權尊矣，而宰相不必理國萬幾而代其國主也；其議院中領袖，亦不必與行政之閣部意見盡皆相合。是故欲明英制，必統三事以為言。裁決萬事，皆定於代表議眾之占，一也；名為獨治王制，而閣部行政之權無限，二也；其中有獨異之黨派，凡在國民，非此即彼，三也。歐洲大陸無此，其稍近似者，則如挽近規仿英制之比利時，義大里是已。顧其中黨派門戶紛紜，又不能如英之中分為兩，力敵勢均也。

他國之立憲也，凡英所以間接而易者，彼則往往以直接而難。蓋英之所推立名宰相，非國主也，而其權則有主國之實。他國之所推立，真國主也，非宰相也，如是者謂之民主。顧既主之後，以真國主而變置難，不慎且亂。夫其人已為通國所擁進，而親統其一切之政權矣。夫如是，雖有不法之行，事之是非又烏得取而究鞫之乎？故不得已而制為年任，若流官然。為此制者，亦若曰，一時所推立，以知人之難，與人道之善變，固未必可保其為明主。然而雖有桀紂，使為暴有極，民尚可以忍也。此十八世紀間美民叛英，自立其長華盛頓所親定之制，自以為得英制之善，而無其委曲繁重者也，則通國所共立之伯理璽是已。美制之議眾，不曰議院，而曰恭孤烈思，譯言國會。夫必學英制，則伯理璽之推立，付之國會可耳。彼則謂伯理璽固君臨億兆之人，故其立也，亦必由億兆之擁戴，使人人得以出占，斯為最公之制。其立之也如此。至於其廢之也，固有法典。然猶以為未足，故限其任，為四年乃更舉。然則所遇，縱極不仁，彼被其殃者，猶於中國最為短祚之皇帝。

西史所謂自由時代，若雅典羅馬之民主，其治制大都如此。其始為獨治，為專制，已而轉為民主。雖民主不能無君，則相與立一年之選舉，此古代立憲也。雅典與羅馬民主制稍不同，今請置雅典而言羅馬，見其制亦為吾例之行也。

羅馬之國會曰康密沙。康密沙有三，其一最古而早廢，其餘二亦少有不同。然今可勿論。三國會之外，尚有所謂恭西勒者，以議國之要政。其眾之舉，不由民舉，似英之上議院，號沁涅特，英法今皆為之，東譯所謂元老院是已。以上諸制均詳孟德斯鳩《法意》。

羅馬政權當為民主，大抵在國會。而沁涅特則為特別權力，有時出民會。若取羅馬民會以與今日立憲之議院較，則其所主者，若不僅立法權蓋羅馬國會歲舉地方守宰者也。英民亦有推舉權利，顧所推舉者大殊。英民所舉者，議眾也。是謂代表。羅馬時，代表之政未興，方為民主，實人人為議員，其所舉者非沁涅特，而在一切之行政權，則守宰是已。此羅馬國會之大事也。

夫如是言，則羅馬國會固亦製造政府之機關耳，至於立法，羅馬國會所具之權，亦莫〔略〕與英之議院相若。何以言之？英議院之立法也，以閣部諸行法權為之領袖，而議院則裁決而贊成，反對之。羅馬亦然。為之領袖，則諸方之守宰也。其國會相與為吁咈，不事為提倡也。英之成壞政府也，不居其名，而陰行於贊成、反對之間。羅馬之國會，則居其名矣。何則？每歲有推舉行政守宰之要政也。故拉丁文之康密沙，其本義為國會，其引申義又為推舉也。康密沙之製造羅馬政府既如是，顧有破壞現有政府者乎？曰：無之。何以知其無耶？曰：當是之是，羅馬之行政權，乃每歲而一舉。其為任也只一歲，為時至暫，若美之伯理璽然，本無所用其破壞故也。且國會之舉置者，固不止於守宰。考其歷史，若總統，若内閣，若廷尉，若司隸，若將作諸監，若少府，若護民之官，所不由國會舉置者，特直指剌奸已耳。故羅馬官吏之任行政權也，其為時乃至暫。明暫故權專而重，若中國明代之巡按。然羅馬一守宰之所決，民往往無所告愬。他若法典，訟獄之事，廷尉主之。其受任之始，多所更張，條教所下，雖盡反故事可也。專且重如此，雖然，五日京兆耳。此中國言官權之暫，而西人亦有四十日專制之故實。彼之反前人者，後之人又得而反之。且彼知其事權之暫也，雖有野心，不樂自恣。羅馬免於行政權之為暴以此，而其不得收人才之益也，亦坐此，道固不得兩隆也。

凡國家法制之變也，必以漸而無頓，此其理至易明也。蓋雖專制之國，主治者無獨斷之實，而恆左右於其國人之思想。思想發為清議，清議更張，紹述必得其一分。其始更張少，而紹述多；繼則二力均平，其爭最厲；已而主紹述者日少，而主更張者日多，於是乎有變法之事。羅馬古初固一王之獨治也，由獨治而成於眾治，於是乎有若前之制。此其遞變之跡，至今史乘缺有間，不可考矣。後之史家謂羅馬前之專制，盡於撻爾昆之見逐，國人決策，更定民主之規。此其所言，要為無據，不必盡符於事實也。曩嘗謂獨治眾治，無力發自上自下之殊，是故兩者同出而異名。且史家言撻爾昆見逐之後，其同姓有歌拉丁奴者立而為首任之總統。已而歌拉丁奴又見逐，此正如挽近法國之事。一千八百三十年其故王布爾滂廢矣，其同姓之路易斐立白嗣位，凡十八年而革命之事又見。故以理勢言，撻爾昆既逐，歌拉丁奴以旁支而執國柄，當此之時，即偪於群下，而去王號。然所謂總統者，其必非一年為任明矣，故其國史於歌拉氏之起訖，亦無從而指。實意者歌之代立，必仍王制。已而人心既去，獨治之制不行，若春秋之魯昭然，雖欲去大夫之偪，勢無由也。故歌拉丁奴國柄雖去，或仍王號，即不然而稱總統，亦不必遂以一年為總統之任期。其制之成於如是也，必經累世積時之淩遲。是以後之總統權殺任暫矣，而王者之表形名器猶自若也。約而言之，羅馬之變制，其政界天演，有二事之可言：由世及之位，而轉為選主，此一事也；由終身之任，而限為期月，此又一事也。二者皆有漸而無頓，是則灼然不惑者耳。此讀古史者之所宜明也。

由此觀之，前謂眾治之國，其異於獨治者無他，在製造政府機關之已未發達而用事，其理至明，不僅證以今英之事為然，而察之古之羅馬又如此。故繼自今，吾輩言羅馬政界之演進，將不曰：君主制毀而民主制成，直將曰：以羅馬扶傾其政府之機關，有其進步氣候已成之故，其國主乃化家而為官，其立也由眾舉，其任事也有限年。

顧羅馬政界之天演，自足異者焉。蓋眾治之制，以機關之不完，歷久而又即於腐敗，於是而獨治之制又成。沃古制達之欲專國權也，則令其國民歲必舉己，以陽合其國之舊制，實則先取其限年之大法而弁髦之，已則自立為皇帝，而閣部以下，凡以翼輔其行政權者，亦相率而無限年。沃古斯達之造國幣也，於第十載則為之文曰：即位十次。此由唐代宰相之有中書者矣。

羅馬與英同用民權機關，顧其效之不同如此。今請反觀英制初成之始，以證驗其演進之情狀為何如。方英議院之肇立也，其權力實微。國主召聚豪杰之民及父老，而詔之各輸財力紓國難而已。其裁決國政如後之所為，殆未始夢見也。故民被舉赴，方以為苦，避之弗遑，則安得有推立國相之事？又安能取當柄之時相而廢之？其遂有此權也，自抵抗專制之時始，此事見於一千六百八十八年，史家所謂英民革命者也。顧當此時，議院之人，不自知其有成傾之權力也。豈惟不自知，實且不敢作此想。其人情僅以為主上為虐已甚，使事儕生不自聊，乃本其宗教之公理，出九死不顧一生之計，以抗雷霆之威。不自意濟，而它日五洲最良之政制，乃以此為濫觴，使為人主者知法典為物，乃君民同有之範圍，非作法者遂可以自犯。於是乎有立憲之大義。夫如是言將立憲云者，要在國君守法已耳。不必以立憲，而代表之議眾遂成一製造破壞之機關也。顧自吾黨言，則專制立憲之分端，以此等之機關有無為斷。前後若不相合意，或者吾説尚有未盡者歟？此又不可不徐理者也。

（清）嚴復《嚴復合集》卷六《政治講義·第八會》　是故有無議院國會，為造立破壞政府之機關。專制、立憲二政府，不同在此。不佞於政治，本非專門。承諸公厚愛，為此八夕討論。然此中多採近世西儒成説，而為眾論所推服者，非敢臆造。所惜八會為時過促，於諸制尚不能詳。今請為諸公總前所言，而立政治要例十二條如左：

一、凡有政府，則有結束。結束必以壓力無自由者。

二、政府以專制為常，以衆治為變，如軍中惟一主將，法廷惟一士師。

三、然以一身而御衆人，其力當不足者也；故其勢不能無待於群扶。

四、群扶之力，必自靖自獻而後可；至其為此之義利公私，乃所不論。

五、故一國之中，不僅治人、治於人二方面而止，而常有扶持政府者為之居間，成三方面：治者，扶治，受治。

六、既能扶之，斯能傾之，亦能造之。是故扶持政府之權力，即建造政府之權力，破壞政府之權力也。

七、但此種權力，常無機關。或有機關矣，而未正名，為扶持政府之用者如法之路易十四，幾為全國民心之所歸，然我機關，而達群扶之力。英之克倫謨爾，以兵衆自輔，可謂有機關矣，然其名則為他用，不曰扶持克之政府者也。此二現象，見於專制之國最多，於吾中國，正復如是。

八、政界天演程度既高，則其國不獨有扶傾政府之權力也，而又有扶傾政府之機關，以宣達扶傾政府之權力。

九、機關未具，則扶傾政府之權力，其用事也，常至於橫決；此一治一亂之局之所以成，而皇室無不終於傾覆之理。機關既具，前之權力，不但宣達有從，又可測視，得以及時為之劑洩，而亂無由作。此立憲之國，所以無革命，而代表之皇室可不傾也。

十、立憲之國會，於國事無所不問者也。其實乃無所問，要在建造、扶持、破壞見行之政府，以此為天職而已。

十一、機關未具，扶傾政府之權力，每患不偏不公，或現或隱。其政府有獨治一國之外形，不知其力之起於下也，則轉以扶持者為忠順，破壞者為叛逆，具以其物為天，命之所扶，而一切矯誣符命之事起實矣。

十二、如此者，謂之君主，謂之專制；而若前所言者，謂之衆治，謂之立憲。

（清）嚴復《嚴復合集》卷八《原富上・論羅馬解紐時城邑利權所由起・按語》 案：觀此知歐洲議院之制其來至為久遠，民習而用之，國久而安之，此其所以能便國而無弊也。今日中國言變法者，徒見其能，而不知其所由能，動欲國家之立議院，此無論吾民之智不足以與之也。就令能之，而議院由國家立者，未見其為真議院也。徒多盈廷之莠言，於國事究何裨乎！然則，彼日本何以能之？曰：彼日本之君固新自無權而為有權者也。權孰與之？曰：民與之。其民之得議，不亦宜乎。雖然，彼日本之議院，至今猶未為便國之制也。繼今以往，漸為善制，則未可知耳。

（清）嚴復《嚴復合集》卷九《原富下・論新地寖盛之由・按語》

案：國即為民主矣，則人類平等，有雇役而無奴虜，而後其義始純，無牴牾之弊。設有奴婢，則民以貴賤為差而轉相隸，必統於一尊，為君主後後可也。故嘗謂古無民主，若希臘，若羅馬之舊制，乃以權力之均，不相統屬，不得已聚族而為之，此謂合衆可，謂之民主不可。何則？以其有奴婢故也。又以知民主之制，乃民智最深民德最優時事。且既為民主，亦無轉為君主之勢。由君主轉為民主可，由民主而轉為君主不可，其轉為君主者，皆合衆非真民主也。（又，最與民主背馳者，莫若兵制，故當戰伐紛紜，國有額兵動數十萬者，亦無真民主之治。）

（清）嚴復《嚴復合集》卷一二《社會通詮・國家之議制權分第十二・按語》 嚴復曰：作者推原議院始制，謂其事有諸現之必承，無權利之應享，故不可指為民權見端。此徵實之談，無可復議。雖然，自不佞觀之，則於此等處，正見歐洲阿利安種人民權根本之盛大，而斷非吾種之所幾及者也。蓋彼雖當中葉黑暗時代，其拓土開國之人，暴戾橫恣，著自古昔。然莫不知賦稅財物者，本民之所有，至吾欲取而用之，雖有設官所以治民，養兵所以衛民可以借口，然而皆不足，必待民之既諾，而後乃可取也。故雖召集通國之民，其事至為煩費，且有時或動民嵒，顧其勢不可以已，不如此者，賦不可加，財不可得也。乃今試執此義，而求之於神洲震旦間，而為考之於古以來聖經賢傳之繁富，其有曰君欲賦民，必待民諾者乎？至於韓愈之《原道篇》則曰：民不出租賦則誅而已。嗚呼！

（清）嚴復《嚴復合集》卷一二《社會通詮・國制不同分第十四・按語》 嚴復曰：地方自治之制，為中國從古之所無。三代封建，拂特之制耳，非自治也。秦、漢以還，郡縣之制日密，雖微末如簿尉，澹泊如學官，皆總之於吏部。其用人也，以年格而非以才；其行政也，守成例而非應變。此吾國之治，所以久輒腐敗，乃至新朝更始，亦未見其內治之盛也。總之，中西政想，有絶不同者。夫謂治人之人，即治於人者之所推舉，此即求之於古聖之胸中，前賢之腦海，吾敢決其無此議也。往者，羅馬之盛，官吏出民推擇者大半。至於叔季，君士丹丁之後，必命於朝。其時之説，謂得官必富貴有勢力者之所賜，而後為榮寵，若夫小民之所推擇，此為傭丐領袖可耳，何足卲乎？使今以此語之吾國之人，吾知其必有合也。考為上而為其下所推立者，於中國歷史，惟唐代之藩鎮，顧彼所推立者，為武人，非文吏也，故其事為亂制。往顧亭林嘗有以郡縣封建之義，其説甚健，然以較歐洲地方自治之制，則去之猶甚遠也。

（清）嚴復《嚴復合集》卷一三《法意上·民主形質·按語》 復案：沁涅特者，公治最尊之國會也，可謂政府，可謂內閣，可謂元老院，可謂上議院。雖然，諸譯無一脗合者，蓋其員數之多，過於內閣，而其權又重於元老院，上議院諸制。選於貴族豪宗、秀民富戶，而兼有議法、行法之二權，其衆為國民所公舉，而員數常多，是則沁涅特而已矣。

（清）嚴復《嚴復合集》卷一三《法意上·專制形質·按語》 復案：孟氏之所以言專制之治者，可謂痛心疾首者矣。若以是而加諸中國之治制，不必盡如其言也，亦不必盡不如其言。夫法度之朝無論已，上有宵衣旰食之君，下有俯思待旦之臣，所日孳孳者，皆先朝之成憲，其異於孟氏此篇所言者超乎遠矣！雖然，及其叔季，若東京之桓、靈，若陳、隋之寶、廣，乃至有明之世，其君或十餘載不窺朝堂，閹人口銜天憲，宰輔以封事自通，則亦何以異於孟氏此篇之所言者。故使孟氏之界説，得有恆舊立之法度，而即為立憲，則中國立憲，固已四千餘年。然而不必可與今日歐洲諸立憲國同日而語者，今日所謂立憲，不止有恆久之法度已也，將必有其民權與君權分立並用焉。有民權之用，故法之既立，雖天子不可以不循也。使法立矣，而其循在或然或不然之數，是則專制之尤者耳。有累作之聖君，無一朝之法憲，如吾中國者，不以為專制，而以為立憲，殆未可歟！

又孟氏所分治制，公治、獨治、專制三者。其所稱之獨治，於中本無民權，亦非有限君權，但云有法之君主而已。使譯人知立憲之目，常以稱英、德、奧、義諸邦，名經久用，意有專指，便不宜更譯此書之蒙納基為立憲，以致學者誤會也。乃操譯政者，既翻之為立憲矣，其意中必懸一英、德、奧、義之勝制，於是遇原文所及獨治之微辭，輒奮臆私，篡為褒語，其失真乃益遠矣。不佞見立憲二字，意義葛藤如此，遂於此譯，悉屏不用。遇原文蒙納基，則如其義，但翻君主，或翻獨治，誠有所不得已也。

（清）嚴復《嚴復合集》卷一三《法意上·民之治制，其立平等之基何如·按語》 復案：由此觀之，則中國古之井田，固民主之政矣。而其時有諸侯君主者，蓋緣宗法社會而兼民主之制也。季氏之伐顓臾，併兼之事也，故孔子曰：有國有家者，不患寡而患不均，不患貧而患不安。蓋均無貧，和無寡，安無傾。凡此皆民主平等之法言，而孔子舉而誦之耳。

（清）嚴復《嚴復合集》卷一三《法意上·賢政之法典所與其精神合者何如·按語》 復案：古希臘政家之論治制也，大體分為二宗，曰獨治，曰公治而已。獨治之善者，立法度，順民情，而不憑一己之喜怒。至於其敝，而專制之治出焉。公治之善者，為平等，崇儉樸，而政柄則操於其國之賢豪。至於其敝，而愚賤者亂法度。是故自亞理斯多德言之，賢政為公治之善，猶之立憲為獨治之善者也，而民主庶建為公治之末流，猶之專制霸朝為獨治之極變也。雖然，古則如是矣。而政論世異，至於今，自英之洛克，法之孟，盧諸家説出，世乃以庶建民主為治國正軌。而賢政不曰賢政，謂之貴族之治，惡其不平，非所尚矣。即今之所謂立憲者，亦與古殊。今之立憲，用獨治之名，而雜之以賢政庶建之實者也。古之立憲，以一人獨治，而率由憲章者也。若立憲但如孟氏本書所稱者言之，則中國之為立憲久矣，安用更求所謂立憲者乎！故孟氏所稱四制，古今之義大殊。即由孟氏以至於今，其為用亦稍異。此學者所不可不謹為微辨者也。

（清）嚴復《嚴復合集》卷一三《法意上·威柄之遞及·按語》 復案：孟氏之區四制也，意若曰，凡治之以恐懼為精神，以意旨為憲法者，專制而已。雖然，吾嘗思之，天下古今，果有如是之治制，而久立於天地者乎？殆無有也。雖有亞西之國，桀紂之君，彼之號於天下也，必不曰，吾之為治，憑所欲為憲法，以恐懼為精神也，必將曰，吾奉天而法祖，吾勤政而愛民，吾即有所欲，而因物付物，未嘗逾矩也。民即或恐懼，法不可以不行，治不可以不肅也。且有時則威克厥愛矣，有時則猛以濟寬矣。甚且曰，治亂國，不得不從重典矣。彼雖萬其所為，將皆有其可據者，又安肯坦然以專制之治自居也哉！然則孟氏此書，所謂專制，苟自其名以求之，固無此國，而自其實，則一切之君主，微民權之既伸，皆此物也。其幸而戴仁君，則有道之立憲也。（此立憲但作有法度例，故言不可與今世英、德諸制混。）不幸而遇中主，皆可為無道之專制。其專制也，君主之制，本可專也。其立憲也，君主之仁，樂有憲也。此不必其為兩世也，雖一人之身，始於立憲，終於專制可耳。漢成唐、元，非其例歟？其法典非無常也，國之人皆有常，而在彼獨可以無常也。夫立憲、專制，既惟其所欲矣，又何必斤斤然，為謹其分於有法無法也哉？此吾譯孟氏此編，所至今未解者也。若夫今世歐洲之立憲，憲非其君之所立也，其民既立之，或君與民共立之，而君與民共守之者也。夫以民而與於憲，則憲之未立，其權必先立也。

（清）嚴復《嚴復合集》卷一三《法意上・民主精神之敝・按語》

復案：民主者，治制之極盛也。使五洲而有郅治之一日，其民主乎？雖然，其制有至難用者。何則？斯民之智、德、力常不逮此制也。夫民主之所以為民主者，以平等，故班丹（亦譯邊沁）之言曰：人人得一，亦不過一。此平等之的義也。顧平等必有所以為平者，非可強而平之也，必其力平，必其智平，必其德平。使是三得平，則郅治之民主至矣。不然，使未至而強平之，是不肖者不服乎賢，愚者不令於智，而弱者不役於強也。夫有道之君主，其富者非徒富也，以勤業而富，以知趨時而富，以節欲而富。其貴者亦非徒貴也，以有德而貴，以有功勞而貴，以多才能而貴。乃強為平者曰：是皆不道，吾必剗之以與吾平。夫如是，則無富貴矣，而併亡其所以為富貴者矣。夫國無富貴者可也，無所以為富貴者不可也。無所以為富貴者之民，而立於五洲異種之中，則安能不為其至貧？又安得不為其至賤者乎？

（清）嚴復《嚴復合集》卷一三《法意上・必何等之政府而後民不病其加賦・按語》 復案：今日中國之時勢，所最難為者，其惟國用乎？對於外侮，武備誠不可以不修，而兵之為物，固耗國之尤者也。然則其加賦乎？夫賦固已加矣。髮捻之亂，則有釐金，甲午敗而東償於倭，庚子亂而西償於歐，為數十餘萬萬，為時三、四十年，輦億兆之膏脂，所以仰事父母、長養子孫者，致之海外，問所由然，則專制政府之債事也。敲骨吸髓，所餘幾何，乃今而猶言加賦，忍乎！雖然，賦猶非不可加也，特制之何如耳。使其參用民權，民知公産之危，雖毀私家，不可以不救。其立法也，為之以代表之議院，其行法也，責之以自治之地方，是其出財也，民自諸而自徵之，則所出雖重，猶可以無亂。然而政府所不為也。不收民權為助，曰是區區者吾將自取之，吾見其無往而不蹶矣！

（清）嚴復《嚴復合集》卷一四《法意下・蠻狄國俗・按語》 復案：十八世紀著政論言民權者，多與孟氏此章之言同其失實。自舟車大通，蠻夷幽敻之阻，皆為耳目之所周，然後知初民生事至劣，以強役弱，小己之自繇既微，國群之自繇更少。觀《社會通詮》所言蠻夷社會可以證矣。往者，盧梭《民約論》其開卷第一語即云：斯民生而自繇。此義大為後賢所抨擊。赫胥黎氏謂，初生之孩，非母不活，無思想，無氣力，口不能言，足不能行，其生理之微，不殊蟲豸，苦樂死生，悉由外力，萬物之至不自繇者也。其駁之當矣。且夫自繇，心德之事也，故雖狹隘之國，賢豪處之而或行；寬大之群，愚昧居之而或病。吾未見民智既開，民德既烝之國，其治猶可為專制者也。由是言之，彼蠻狄之眾，尚安得有自繇之幸福，而又享其最大者乎？

（清）嚴復《嚴復合集》卷一四《法意下・論風俗、民德之陶鑄於法典者・按語》 復案：英國以富而為強者，三四百祀於茲矣。非富而為強也，實以立憲之美為強也。惟美、惟法、惟德莫不強者，而皆立憲而後有此。向者，法敗於普，所償軍費，京垓以上，顧不十年悉償，而法且加富。向非民主，能如是乎？己亥英國南非脱蘭斯哇之役，所費亦至不貲，終不支，而英亦未聞以此役而受莫大之損也。至今，故相張伯倫欲行保商加稅之法，而以用自繇商法之久且堅，民猶未從其議也。

又： 復案：夫謂立憲之國，不勞民以事攻取之遠略，此其説誠有然者。顧言攻人則然，至於自守之殷，實過專制。又以此言英，非事實。英之拓國也，於東則有印度、澳洲，於西則有北美，是三得之幅員，皆與中國埒，故十九世紀之三島，其富天下莫與京，非此效歟？時至今日，雖以美國之民主，德國之重自守，皆一變故策，而力行帝國主義矣。自谿之國，固不樂於奪人，而天與者，又何為而不取？況均勢平權之説，乃今日所最重者耶？故由前之説，使中國知及時而自強，其勢猶可以無恐；由後之説，使終古不化，則其事有難言者矣。

（清）嚴復《嚴復合集》卷一四《法意下・論宗教尊宿・按語》 復案：孟謂立憲之柄利於分，專利之柄利於合，此誠破的之論。今者，吾國議立憲矣，又云豫備立憲矣，假其誠然，則所謂豫備者，將正在此分合之間，雖不能分，要常以他日可分為祈嚮焉可耳。

（清）康有爲《大同書》乙部《去國界合大地》 民權自下而上爲大同之先驅。民權進化自上而上，理之自然也。故美國既立，法之大革命繼起而各國隨之；於是立憲偏行，共和大盛，均産説出，工黨日興。夫國有君權，自各私而難合；若但爲民權，則聯合亦易。蓋民自求利益，則仁人倡大同之樂利，自能合乎人心；大勢既倡，人望趨之如流水之就下。故民權之起，憲不之興，合羣均産之説，皆爲大同之先聲也。若立憲，君主既已無權，亦與民主等耳；他日君銜亦必徐徐盡廢而歸於大同耳。

又： 合國有三體。今欲至大同，先自弭兵會倡之，次以聯盟國緯之，繼以公讓會導之，次第以赴，蓋有必至大同之一日焉。夫聯合邦國之體有三，有各國平等聯盟之體；有各聯邦自行内治而大政統一於大政府之體；有削除邦國之號域，各建自立州郡而統一於公政府之體。凡此三體，皆因時勢之自然以爲推遷，而不能一時强合者也。

（清）康有爲《大同書》戊部《去行界保獨立》 人人有天授之體，卽人人有天授自由之權。故凡爲人者，學問可以自學，言語可以自發，遊觀可以自如，宴饗可以自樂，出入可以自行，交合可以自主，此人人公有之權利也。

（清）康有爲《大同書》辛部《去亂界治太平》 夫何爲於每度立一政府也？凡行政之區，有上達下達之異，皆視其國土之大小以爲分析之廣狹，大概其域大者其治疏，其域小者其治密，而其層級多者其治塞，其層級小者其治通，自治之制，則又無大小通塞之分，惟視有國與否以定，其自治之權不得不縮。此不特君主國爲然，卽民主之國亦不得不然也，勢也。大同之世，全地皆爲自治，官卽民也，本無大小之分，若以一鄉落數十里之地爲一政府，未嘗不可也，以今分國分洲之勢，以洲或國置一大自治政府，亦未嘗不可也，然皆非大同之宜也。蓋以一鄉落爲一政府，則大才仍少，物力不足，其於振興爲難；在公政府統之則百千萬數，苦其太繁而難綜理，在議院選人則百千萬數，苦其太多而難舉，標名識號，紛錯浩浩，亦爲無術，故不可行也。若以一洲或今一國爲之，則其下必多置分治之分政府，然與公政府隔絶疏邈矣，等級之勢又將漸生而不平又出矣；大同之世，全地皆爲自治，全地一切大政皆人民公議，電話四達，處處交通，人人直達，何事多立此分洲分國之分政府乎！惟一度之地，以之上通全地公政府，下合人民，大小得宜，多寡適當，故可立爲自治之小政府也。

又： 政黨之事，惟競争乃能進化，不競争則不進，然競争則壞人心術矣。今立憲之政體，其行政之諸長皆出於全國政黨競争，大昏博夜，喧走道途，號召徒黨，密謀相攻，或至動兵行刺；若議舉之先，兆人萬衆旁皇奔走，大羅酒食以媚庶人，所取既未必公，卽公亦出大争，壞人心術，侵入根種，此大不可。大同之世，無有國争，無秘謀，大舉須假權於行政之長及立統領之人。萬幾、百政、法律、章程，皆由大地大衆公議，餘事則各度小政府專行，事事皆由公舉。公政府名雖總統，其實無權，不過坐受各度之成而司會計、品節、獎勵之事而已，故無須有一人爲之總統之理。各部長不能由一人選派，皆由各度各曹自舉。選舉之日，以電話立問立復，皆從其多者而用之，無有競争諠譁之事，更無有互攻刺殺之事，則無傷於心術，其視今政黨之争，將以爲野蠻之舉動而笑之者矣。且各曹長被舉之人，亦必須讓三讓再以副舉賢若夔龍之美事，及再三爲大衆所推乃得受之，以弘讓德而銷嚻争焉。凡各度公舉一切曹司，皆當類是，其有不讓者，則爲醜德，清議所不容焉。是時人性固美，德教固盛，而事權實在公衆，公政府諸長雖有責任而實極小，不過以高譽盛德坐領職司，爲名譽之事而已，則高陳三讓亦自易事。

凡大小政府議院之員，雖許慷慨陳詞，抑揚透闢，而辭輯辭懌，皆有脊倫，言笑晏晏，皆有程度，而擇善從之。若如今政黨議員，互攻激刺，大笑喧嘩，失儀無節，乃野蠻之至，可爲大恥，則必糾儀彈之，清議不齒。然太平世人德至美，教學尤深，議員爲賢哲高流，固無此野蠻之舉動也。太平之世只此公政府、各度政府、地方自治局三級。地方自治局，鄉也，各度政府，邑也；人類不能無者也。只此院、場、廠、館諸司之主、伯、亞、旅、府、史、胥、徒，故大同之世，無有民也。舉世界之人公營全世界之事，如以一家之父子兄弟，無有官也。其職雖有上下，但於職事中行之，若在職事之外，則全世界人皆平等，無爵位之殊，無輿服之異，無儀從之別。惟仁智之人特許殊榮者，以致進化而防退化耳，益同胞而福大衆，其功德固宜殊異也。

（清）康有爲《戊戌奏稿·請定立憲開議會摺》 竊頃者東敗于日，遼臺既割，膠旅繼踵，臣每憂國危。【略】

臣竊聞東西各國之强，皆以立憲法，開國會之故。國會者，君與國民共議一國之政法也，蓋自三權鼎立之説出，以國會立法，以法官司法，以政府行政，而人主總之，立定憲法，同受治焉。人主尊爲神聖，不受責任，而政府代之。東西各國，皆行此政體，故人君與千百萬之國民合爲一體，國安得不强？吾國行專制政體，一君與大臣數人共治其國，國安得不弱？蓋千百萬之人，勝于數人者，自然之數矣。其在吾國之義，則曰天視自我民視，天聽自我民聽，故民之所好好之，民之所惡惡之。是故黄帝清問下民，則有合宫；堯、舜詢于芻蕘，則有總章；《盤庚》命衆至庭，《周禮》詢國危疑；《洪範》稱謀及卿士，謀及庶人；孟子稱大夫皆曰，國人皆曰，蓋皆爲國會之前型，而分上下議院之意焉。春秋改制，即立憲法，後王奉之，以至于今。蓋吾國君民，久皆在法治之中，惜無國會以維持之耳。今各國所行，實得吾先聖之經義，故以致强；吾有經義，存空文而不行，故以致弱。然此實治國之大經，爲政之公理，不可易。

（清）康有爲《戊戌奏稿·謝賞編書銀兩請預定開國會並先選才議政許民上書事摺》 蓋自黄帝有合宫，堯、舜闢四門，殷有總章，周有明堂，齊桓公有嘖室，《洪範》謀及卿士、庶人，《盤庚》命衆至庭，《論語》曰：舜何爲哉？恭己正南面而已。今歐日之强，皆以開國會行立憲之故。

皇上翕受嘉謨，毅然斷行，此中國之福也，生民之幸也。請即定立憲爲國體，預定國會之期，明詔布告天下。然憲法國會條例至繁，尚待選集，取資各國。今未開國會之先，請採用國會之畫：一曰集一國人才而與之議定政制，一曰聽天下人民而許其上書言事，臣今敢以報堯、舜之君者，在此二者而已。國朝官制，資格太分，召對者只限堂官，上奏者只許御史，外官司道以下，朝官京卿以下，不得上言。而尚、侍、督、撫，非資深年耆不得至，政繁事劇，精衰力于頹，其一世界新學，各國新政，翻譯新書，皆未暇講讀，遂至朦然罔知，無可如何。其所謂才練公忠者，皆不出閉聞之舊法。投之今日，若以車渡水，而以扇禦寒也。

皇上欲更新百度，而左右顧視，謀謨贊襄者，誰與應清問哉？然則居今而明揚側陋，旁求俊乂，詢于芻蕘，非止爲謀及庶人，實以爲達聰明目也。日本未開國會之先，亦先徵一國之人才，以議政事，于是大久保利通、木戶孝允等出。臣所寫進《日本變法考》已發明之。伏乞皇上特下明詔，令羣臣各薦才俊，府必一人，不問已仕未仕，概行徵集闕下；大開懋勤殿，令入直行走，懸百國之圖，備中外之籍，分列百政，各設專科，派以鳩集東西，斟酌今古，編纂政法，以備施行；日輪二十人，置之左右，以備顧問。或賜茶果，優假顏色，其有大政，或其近地，或其專科，與之商略，或發與議定，既可覘其才識，亦以贊助聖謨；其有才者，即權充內外使任，其外僚微末，士庶專門，各有專長，各有聞見。吾國地大物庶，俗變民情，皆非君門萬里所能具知也。故各國議院、學校、農工、商礦之人皆預選焉。今未開國會，一時難解，請明詔特下，許令天下人民上書，聽其所言。所在有司長官，必當代遞，無得抑壓；有阻遏者，以违制論。如此，則國才咸集，下情無壅，舉國人士，必回首面內，歡欣踴躍，以贊新政。其于維新致治，必有大益。

（清）梁啓超《飲冰室合集·專集》卷一《戊戌政變記》 泰西政論，皆言三權，有議政之官，有行政之官，有司法之官。三權立，然後政體備。以我朝論之，皇上則爲元首，百體所從，軍機號爲政府，出納王命。然跪對頃刻，未能謀議，但爲喉舌之司，未嘗論思之寄。若部寺督撫，僅爲行政之官，譬於手足，但供奔持，豈預謀議。且部臣以守例爲職，而以新政與之議，事既違例，必反駁而已，安有以手足而參謀猷哉？近者新政多下總署，總署但任外交，豈能兼管？況員多年老，或兼數差，共議新政，取決俄頃，欲其詳美，勢必不能。若御史爲耳目之官，刑曹當司法之寄，百官皆備，而獨無左右謀議之人，專任論思之寄。然而新政之行否，實關軍國之安危，而言者妄請施行，主者不知別擇。無專司爲之討論，無憲法爲之著明，浪付有司，聽其抑揚。惡之者駁詰而不行，決之者倉卒而不盡，依違者狐疑而莫定，從之者條畫而不詳，是猶範人之形，有頭目手足口舌身體，而獨無心思，必至冥行擿埴，顛倒狂瞀而後已。以此而求新政之能行，豈可得哉？故制度局之設，尤爲變法之原也。然今之部寺，率皆守舊之官，驟予改革，勢難實行。既立制度局總其綱，宜立十二局分其事，一曰法律局，外人來者自治其民，不與我平等之權利，實爲非常之國恥。彼以我刑律太重，而法規不同故也。今宜採羅馬及英美德法日本之律，重定施行。不能驟行內地，亦當先行於通商各口。其民法民律，商法市則舶則，訟律軍律，國際公法，西人皆極詳明。既不能閉關絕市，則通商交際，勢不能不概予通行。然既無律法，吏民無所率從，必致更滋百弊，且各種新法，皆我所夙無，而事勢所宜，可補我所未備，故宜有專司，採定各律，以定率從。

（清）梁啓超《飲冰室合集・專集》卷二《自由書》　民受生於天，天賦之以能力，使之博碩豐大，以遂厥生，於是有民權焉。民權者，君不能奪之臣，父不能奪之子，兄不能奪之弟，父不能奪之婦，是猶水之於魚，養氣之於鳥獸，土壤之於草木。故其在一人，保斯權而不失，是爲全天；其在國家，重斯權而不侵，是爲順天。勿能保於天則爲棄，疾視而侵之於天則爲背，全順者受其福，而背棄者集其殃，何者？民與權俱起，其源在乎政府以前。彼憲法云，律令云，特所以維持之，使無失墜，非有憲法律令而後有民權也。故國人皆曰政府可設，而後政府設，國人皆曰政府可廢，而後政府廢，國人皆曰憲法律令可行，而後憲法律令行，國人皆曰憲法律令可革，而後憲法律令革，國家大事，措施得失，闔四境之民平議而行，其權盛矣！唯人心之不同，利害交錯，莫能畫一。且各有生產作業，不能親政，爲古今通患。於是立賢者，以爲之王，以爲之輔相，假之以柄，以整齊天下，故君相之權，固假之萬民，非自有其權也。柳宗元曰：吏於上者，民之役而非以役民而已。西人之諺曰：官吏者天下之公僕也，若以民之役役民，以奴僕鞭箠其主人，則不倫孰大於是，余竊觀中國古聖賢創業垂訓，具合於泰西民權之宗旨，蓋公理無東西，而大道無古今。凡有血氣，其積思所至均也。堯舜官天下，求賢禪讓，何與美利堅合衆國公舉總統之制類也。湯武順天應人，以放伐獨夫，代膺大位，何與歐洲列國之民迫其政府更革政治類也。孔子以哀公曰：百姓足，君孰與不足。孟軻以君爲輕，民爲貴，發明民權，豈有彰明較著於此者哉！意者孔孟之時，距三代不遠，堯舜之道，布在方策。今夫一聖一賢，得志於當時，有所成就，蓋有難測者矣。惜乎！後世昧於聖哲本旨，不能擴充闡明以成太平，至於大道晦冥，冠履倒置。自秦漢以降，淪胥至今，風氣之不開，紀綱之不肅，國本之不固，宮闈之不清，民力之不厚，士氣之不振，是由上有背天之政府，而無順天之君，下有棄天之人，而無敬天之民。今欲舉秦漢以來積敝，摧陷而廓清之，以舉自强維新之政，則必自恢復民權始。

又：古今東西，一治一亂，盛衰之變，不能百年。今歐美諸邦日躋强隆治之域，國運蒸蒸乎，不知其艾期。是其故何也？不治民而與民共治也。曷言乎民也，專制爲治，獨裁爲政，有賢明之君在上，則國富兵强，有暗愚之君在上，則國貧兵弱。所謂其人存則其政擧，其人亡則其政息，盛衰興亡之幾繫在一人，自古賢君少而暗主多，此所以東洋諸國常不振也。曷言乎與民共治也，公議爲治，集思爲政，擧國中之良，選而委以政焉。故雖有幽厲不能行其暴，雖有管蔡不能逞其奸，盛衰興亡，與一國人心相表裏，此所以泰西諸國近大振也。夫人情靡弗，好强而惡弱，愛治而忌亂焉。而東洋諸國之遂不免夫亂與貧者，獨有尚古薄今之弊，根柢人心，牢乎不拔也。中國儒者開口輒言許身稷契，致君堯舜，嗚呼！周漢以來，論治道者，疇不以堯舜禹湯爲指歸哉。而唐虞三代之隆治，竟不可得者，非特民心日澆，風氣日薄故也。彼唯貌似聖人而忽聖人本旨，故汲汲然揭三代以為旗職，而三代之治愈遠也。余嘗讀史，漢以下歷朝帝王不下數百人，而求其聰明叡知爲天下真主者，百中僅得一二耳。中材之君，則百五六，庸劣之主，則百九十矣。故天下百年，而無十年之治，天災人禍，接踵而至，生靈魚肉，肝腦塗地，宗社亦隨而亡。歷朝相襲，如環之無端。天下搢紳章甫之士，獨不能鑑於前轍，沈溺二典，歌頌三代，以待聖人之出，其愚豈止待河清之比哉！若有人於此，其力能擺脫三千年宿弊，變專制獨裁之治，作衆思公議之政，中國之天下不足治也。

又：或難余説曰：民權説頗善，然似不與君權相容，爲之何如？

曰：君依民爲重，民依君爲重，上下一德，君臣一體，無相侵之理，是爲共治之要道。今世界諸國重民權者莫英國若焉，國中四民皆仰英王如父母，君臣之間，無纖芥之嫌。去年政府舉女王卽位五十年慶節，舉國歡勝，皆祈王之萬年，以至神明，忠愛之忱淪浹於民心，未聞民權之侵害王權也。世界諸國崇君權者莫突厥若焉，箕斂頭會以貪民利箝口結舌以禁謗言，國民視王如仇讎，寇亂數起，上下解體。彼以君權爲維持尊嚴之具，而不知啓民心渙散之漸，今以英國比突厥，其王室之崇卑相距以爲何如乎？自古一國之主，親裁萬機，權不旁落，名實兩爲天子者，唯創業垂統之君爲然。至乎中材以下，則皆以政柄委其臣下，有君權之名，而無君權之實，況於庸劣之主乎。故權不歸宰輔則歸外戚，不歸外戚則歸宦寺，不歸宦寺則歸藩鎮，君唯垂拱擁虛器耳。令宰輔爲伊周，外戚爲霍光竇武，宦寺爲張承業張永，藩鎮爲郭子儀田弘正，猶有專權之嫌。若令宰輔爲莽操卓懿，外戚爲賈充武三思，宦寺爲仇士良魏忠賢，藩鎮爲李師道朱全忠，其爲禍將不勝言矣。故其末造有繞柱而走者，有飲鴆投繯者，有比山雀者，有以世世不生天家爲禱者，以萬乘之貴，求爲匹夫而不可得也。英國儒士彌兒曰：獨裁國無愛國之人，有一人，乃其君是耳。夫獨裁專制之君，以天下爲家，宜愛其國。既愛其國，宜舉其國之賢者委以政事，今顧偏信左右，聽於佞倖，以至喪其宗祀者何也？則明有所不見，而聰有所不聞也。昔唐德宗謂李泌曰：人皆以盧杞爲姦，而朕遂不知杞之爲姦也。德宗非下材之主，猶有此言，難哉人主知人之智乎！若能以所聽於左右者聽於國中，以所選於寡者選於衆，以所分於宰輔外戚宦寺藩鎮者分於億兆，與之共治天下，何患其不治也。夫從衆君德也，雖專制獨裁之主，其初非得衆心，則無以取大位，況於發憤自强與歐美爭雄得乎！何以削君權爲介介哉？

又：余以爲一國之憲法及其附屬法律，必須與本國之歷史及國體有同一之精神、同一之性質。苟不爾者，則當其憲法法律實施之時，其困難必不可思議，終不能達立憲之目的而已。余懷此意見既久，故曩者會與駐英之日本公使森有禮氏有所語，謂日本若欲制定憲法，必當採漸進保守主義，以本國之歷史習慣爲基礎，而旁採歐美各國之所長，使日本遺傳之政體與歐美立憲主義相調和，此其最要也。若破壞舊體，而創設新制，則殊非我之所望。何則？以物質界論之，凡齎外國之草木以移殖於本國者，勢不能與外國結同一之花實，此植物學之原理也，惟憲法亦然。歐美諸國之憲法，各各因其國體歷史及習慣而成立，決非取他國之法文，翻譯之而執行之也。余當是所以語森氏者若此，今見足下所示之日本憲法，讀其註解，知一本於日本古來之歷史習慣，以漸進保守主義爲宗，此余之所最贊成也。顧吾更有一言，欲爲日本政府告者，則將來實行此憲法，比於制定憲法時，尤爲困難，此不可不深察也。制定憲法者，不過以少數人士之精勤而可以成就，若實行憲法，則國民全體之大事業，其難有什伯倍於其初者。試以美國之實例證明之，美國憲法之精神，在人民平等，上下皆有同一之權利，乃行之數十年。而美之憲法政治，漸集於政黨之掌握中，其政黨亦多由政治家之利己主義，良民不勝其苦。質而言之，美國人於憲法之空文上，得有平等之權利，其在事實上，乃不得享之也。以政治學之原理論之，政府之事業當漸次輕減，使人民各以個人自營之，故政府最終之目的，則放任主義也。此論爲余生平所最主張，君之所知也。雖然，以今日社會之實際，未足語於是。放任主義者，不過立乎今日以指將來，謂具足圓滿之世界當如是耳。故論政府權力範圍之廣狹，必使國民人人皆養成自立自働之精神，無需政府之誘導，而自能各守其義務，又無須政府之禁遏，而自能不使他人之權利不害社會之安寧。夫如是，則政府之事業，可以縮至極狹隘之區域。於是乎，政治學之原理，乃可實行。誠以埃及金字塔譬之，則未開化國之政府，猶塔之初階也，余所主張放任主義之政府，猶塔之絕頂也。政治之進路，由初階漸次以達絕頂，其進步程度，一依其國民智德力之程度以爲定。欲不經初級二級三級之順序，一躍而達於絕頂，勢固不可得達，卽達矣亦隨而躓耳。故吾所望於貴國政府者，依此學理而熟察日本國現時之地位，在金字塔之第幾級，據現在所立之地而漸升焉。苟欲爲躐等之進步，不特於憲法之實行，諸多窒礙，而其不利於國家及國民者，更遠且大也。

又：《商君書·畫策篇》云：國之亂也，非其亂法也，非法無用也。國皆有法，而無使法必行之法。嗚呼！何其一似爲今日言之也！數年來新頒之法令，亦既如牛毛矣，其法之良否勿論，要之諸法皆有，惟使法必行之法則無之。夫法而可以不必行，是亦等於無法而已，是法治之根本已，撥而枝葉更安麗也。中國而長此不變，則法愈多愈速其亂而已。然則使法必行之法維何，則君民共守之憲法是已。而舉其實必賴國會。

又：君主無責任，爲近世立憲政體之一大義。而我國周秦諸子實已發明之。《慎子》云：君臣之道，臣有事而君無事也，君逸樂而臣任勞，臣盡智力以善其事，君無與焉仰成而已。事無不治，治之正道然也。人君自任而務先下，則是代下負任蒙勞也，臣反逸矣。故曰：君人者好爲善以先下，則下不敢與君爭善以先君矣，皆稱所知以自掩覆，有過則臣反責君，逆亂之道也。君之智未必最賢於衆也，以未最賢而欲善盡被下，則下不贍矣。苟君之智最賢，以一君而盡贍下則勞，勞則有倦，倦則衰，衰則復返於人，不贍之道也。是故人君自任而躬事，則臣不事事也，是君臣易位也，謂之倒逆，倒逆則亂矣。《民雜篇》。《尸子》曰：夫使衆者，詔作則遲，分地則速？是何也？無所逃其罪也，言亦有地，不可不分也，君臣同地，則臣有所逃其罪矣。《發蒙篇》。《管子》亦云：心不爲五竅，五竅治，君子不爲五官，五官治。《九守篇》。又云：以上及下事謂之矯。又云：爲人君者，下及官中之事，則有司不任。俱《君臣篇》。今日中國之患，全在有司不任而有所逃其罪，非直逃其罪，乃反責過於君，而其所以致此者，則以君臣同地，而君代下負任蒙勞故也。三子之言，於君主所以必須無責任之故，發揮無餘蘊矣。

（清）梁啓超《飲冰室合集·專集》卷四《新民説》　今夫人之生息於一羣也，安享其本羣之權利，卽有常盡於其本羣之義務。苟不爾者，則直爲羣之蠹而已。彼持束身寡過主義者，以爲吾雖無益於羣，亦無害於羣，庸詎知無益之卽爲害乎？何則？羣有以益我，而我無以益羣，是我逋羣之負而不償也。夫一私人與他私人交涉，而逋其所應償之負，於私德必爲罪矣，謂其害之將及於他人也。而逋羣負者，乃反得冒善人之名，何也？使一羣之人皆相率而逋焉。彼一羣之血本，能有幾何？而此無窮之債客，日夜蠹蝕之而瓜分之，有消耗無增補，何可長也？然則其羣必爲逋負者所拽倒，與私人之受累者同一結果，此理勢之所必然矣。今吾中國所以日卽衰落者，豈有他哉？束身寡過之善士太多，享權利而不盡義務，人人視其所負於羣者如無有焉。人雖多，曾不能爲羣之利，而反爲羣之累，夫安得不日蹙也。

又：人人對於人而有當盡之責任，人人對於我而有當盡之責任，對人而不盡責任者，謂之間接以害羣，對我而不盡責任者，謂之直接以害羣。何也？對人而不盡責任，譬之則殺人也，對我而不盡責任，譬之則自殺也。一人自殺，則羣中少一人，舉一羣之人而皆自殺，則不啻其羣之自殺也。

又：權利思想之強弱，實爲其人品格之所關。彼夫爲臧獲者，雖以窮卑極恥之事廷辱之，其受也泰然。若在高尚之武士，則雖擲頭顱以抗雪其名譽，所不辭矣。爲穿窬者，雖以至醜極垢之名過毀之，其居也恬然。若在純潔之商人，則雖傾萬金以表白其信用，所不辭矣。何也？當其受侵受壓受誣也，其精神上無形之苦痛，直感覺而不能自已。彼誤解權利之真相者，以爲是不過於形骸上物質上之利益，齗齗計較焉。嘻！鄙哉！其爲淺丈夫之言也。譬諸我有是物而橫奪於人，被奪者奮然抗爭於法廷，彼其所爭之目的，非在此物也，在此物之主權也。故常有訴訟之先，聲言他日訟直所得之利益，悉以充慈善事業之用者，苟其志而在利也，則此胡爲者。故此等之訴訟，可謂之道德上問題，而不可謂算學上之問題。苟爲算學上之問題，則必先持籌而計之，曰吾訴訟費之所損，可以償訟直之所得乎。能償則爲之，不能則已之，此鄙夫之行也。夫此等計算者，對於無意識之損害，可以用之。譬如墜物於淵，欲傭人而索之，因預算其物值與傭值之相償，是理之當然也，其目的在得物之利益也。爭權利則不然，其目的非在得物之利益也。故權利與利益，其性質正相反對。貪目前之苟安，計錙銖之小費者，其勢必至視權利如弁髦，此正人格高下垢淨所由分也。

又：楊朱曰：人人不損一毫，人人不利天下，天下治矣。吾疇昔最深惡痛恨其言，由今思之，蓋亦有所見焉矣。其所謂人人不利天下，固公德之蟊賊，其所謂人人不損一毫，抑亦權利之保障也。《列子·楊朱篇》記楊徒孟孫陽與墨徒禽滑釐問答之言云：孟孫陽難禽子曰：有侵若肌膚獲萬金者爲之乎？曰：爲之。孟孫陽曰：有斷若一節得一國，子爲之乎？禽子默然。有間，孟孫陽曰：一毛微於肌膚，肌膚微於一節，省矣。然則積一毛以成肌膚，積肌膚以成一節，一毛固一體萬分中之一物，奈何輕之乎？此語與前所引英人爭數喜林之事及爲一方里地而構兵之事，正同一理。蓋哲學開派一大師之言，其持論必有所根據，非徒放誕縱樂而已。不然，其言何以能盈天下而與儒墨鼎足爲三也。然則楊朱者，實主強權利之哲學家，而亦中國求時一良方也，不過其論有雜駁焉得耳。夫人雖至鄙吝，至不肖，亦何至愛及一毫。而顧斷斷焉争之者，非争此一毫，争夫人之損我一毫所有權也。所有權卽主權。是推權利思想充類至義之盡者也，一部分之權利，合之卽爲全體之權利，一私人之權利思想，積之卽爲一國家之權利思想。故欲養成此思想，必自個人始。人人皆不肯損一毫，則亦誰復敢攖他人之鋒而損其一毫者。故曰天下治矣，非虚言也。西哲名言曰：人人自由而以他人之自由爲界，實卽人人不損一毫之義也。不過其語有完有不完者耳。雖然，楊朱非能解權利之真相者也，彼知權利當保守而勿失，而不知權利以進取而始生。放佚也，媮樂也，任運也，厭世也，皆殺權利之劊子手也。而楊朱日昌言之，以是求權利，則何異飲鴆以祈永年也。此吾中國所以雖盛行楊學，而惟熏染其人人不利天下之流毒，而不能實行其人人不損一毫之理想也，權利思想薄弱使然也。

權利思想者，非徒我對於我應盡之義務而已，實亦一私人對於一公羣應盡之義務也。譬之兩陣交綏，同隊之人，皆賭生命以當公敵，而一人獨貪安逸避競争，曳兵而走焉，此人之犧牲其名譽，不待言矣。而試思此人何以能幸保首領，且其禍仍未延乃於全羣者，毋亦恃同隊之人，有代己而抗敵者耳。使全軍將卒，皆與此怯夫同流，望風争逃，則此怯夫與其羣，非悉爲敵所屠而同歸於盡不止也。彼一私人自抛棄其權利者，與此逃亡之弱卒何擇也。不寧惟是，權利得常受外界之侵害而無已時者也。故亦必常出内力之抵抗而無已時，然後權利始成立，抵抗力厚薄，卽爲權利强弱比例差。試更以前喻明之，夫以千人之隊，則其間一卒之去就，微末亦甚矣。然使百人乃至數百人，脱隊而逃，則其結果如何，其所餘不逃之卒，必不可不加數倍之苦戰，代此逃者而荷其負擔，雖復忠勇義烈，而其力亦有所不逮矣。是何異逃者親揕不逃者之胸而剚以刃也。夫權利之競争，亦若是則已耳。國民者協力各盡其分内競争之責任，則侵壓自不得行。設有苟免倖脱而避其衝者，是不啻對於國民全體而爲叛逆也。何也？是使公敵增其力，而跳梁暴尊之所由行也。彼淺見者，以爲一私人之放棄權利，不過其本身之受虧披害，而影響不及於他人，何其傎也。

權利競争之不已，而確立之保障之者厥恃法律。故有權利思想者，必以爭立法權爲第一要義，凡一羣之有法律，無論爲良爲惡，而皆由操立法權之人制定之以自護其權利者也。强於權利思想之國民，其法律必屢屢變更，而日進於善。蓋其始由少數之人，出其强權以自利，其後由多數之人，復出其强權相抵制，而亦以自利。余所署《飲冰室自由書》論强權一條參觀。權利思想愈發達，則人人務爲强者，强與强相遇，權與權相衡，於是平和善美之新法律乃成。雖然，當新法律與舊法律相嬗之際，常爲最慘之競争，蓋一新法律出，則前此之憑藉舊法律，以享特别之權利者，必受異常之侵害。故倡議制新法律者，不啻對於舊有權力之人而下宣戰書也。夫是以動力與反動力相搏，而大争起焉，此實生物天演之公例也。當此時也，新權利新法律之能成就與否，全視乎抗戰者之力之強弱以爲斷，而道理之優劣不與焉。而此過渡時代，則倚舊者與倡新者，皆不可不受大損害。試一讀歐美諸國法律發達史，如立憲政，廢奴隸，釋傭農，勞力自由，信教自由等，諸大法律何一不自血風肉雨中薰浴而來，使倡之者有所媮有所憚有所姑息，而稍稍遷就於其間乎。則此退一步，彼進一步。而所謂新權利者，亦必終歸於滅亡而已。吾中國人數千年來不識權利之爲何狀，亦未始不由迂儒煦煦之説階之厲也。質而言之，則權利之誕生，與人類之誕生略同，分娩拆副之苦痛，勢所不免。惟其得之也艱，故其護之也力，遂使國民與權利之間，其愛情一如母子之關係，母之生子也，實自以其性命爲孤注，故其愛有非他人他事所能易者也。權利之不經艱苦而得者，如飛鴻之遺雛，猛鷙狡狐，時或得而攫之。若慈母懷中之愛兒，雖千百狐鷙，豈能褫也。故權利之薰浴於血風肉雨而來者，既得之後，而永不可復失焉。謂余不信，請觀日本人民擁護憲法之能力，與英美人民之能力相比較，其強弱之率何如矣？若是乎專言仁政者，果不足以語於立國之道，而人民之望仁政以得一支半節之權利者，實含有亡國民之根性明也。

夫專言仁政猶且不可，而虐政更何論焉。大抵人生之有權利思想也，天賦之良知良能也。而其或強或弱或隱伏或澌亡至不齊者何也，則常緣其國家之歷史政治之浸潤以爲差。孟子牛山之喻，先我言之矣。非無萌蘖，牛羊又從而牧之，是以若彼濯濯也。歷覽東西古今亡國之史乘，其始非無一二抵抗暴制以求自由者，一鋤之，三四鋤之，漸萎廢，漸衰頹，漸銷鑠，久之而猛烈沈醲之權利思想，愈制而愈馴，愈沖而愈淡，乃至回復之望絶。而受羈受軛，以爲固然，積之數十年百年，每下愈況，而常至澌亡。此固由其人民能力之薄弱，而政府之罪，又烏可逭也。夫此等政府，豈嘗有一焉能嗣續其命脈以存於今日者，即有一二，亦不過風燭殘年，旦夕待死而已。政府以此道殺人，毋乃適爲自殺之利刃乎。政府之自殺，已作之而已受之，其又奚尤。顧所最痛者，其禍乃延及於國家全體而不能救也。國民者，一私人之所結集也，國權者，一私人之權利所團成也，故欲求國民之思想之感覺之行爲，舍其分子之各私人之思想感覺行爲而終不可得見。其民強者謂之強國，其民弱者謂之弱國，其民富者謂之富國，其民貧者謂之貧國，其民有權者謂之有權國，其民無恥者謂之無恥國。夫至以無恥國三字成一名詞，而猶欲其國之立於天地，有是理耶，有是理耶。其能受閹宦差役之婪，索一錢而安之者，必其能受外國之割一省而亦安之者也。其能現奴顔婢膝昏暮乞憐於權貴之間者，必其能懸順民之旗簞食壺漿以迎他族之師者也。譬之器然，其完固者，無論何物，不能滲也。苟有穴焉，有罅焉，我能滲之，他人亦能滲之。夫安知乎虐政所從入之門，乃即外寇所從入之門也。挑鄰婦而利其從我，乃爲我婦，則欲其爲我詈人，安可得人。平昔之待其民也，鞭之撻之，敲之削之，戮之辱之，積千數百年霸者之餘威，以震蕩摧鋤天下之廉恥，既殄既獮既夷。一旦敵國之艨艟鹵集於海疆，寇仇之貔貅迫臨於城下，而後欲藉人民之力以捍衛是而綱維是，是何異不胎而求子，蒸沙而求飯也？嗟夫嗟夫！前車之覆者，不知幾何矣。而獨不解丁茲陽九者，曾一自審焉否也。

重爲言曰，國家譬猶樹也，權利思想譬猶根也，其根既撥，雖復榦植崔嵬，華葉蓊鬱，而必歸於槁亡。遇疾風橫雨，則摧落更速焉。即不爾，而早暵之所暴炙，其萎黄彫敝，亦須時耳。國民無權利思想者以之當外患，則槁木遇風雨之類也。即外患不來，亦遇旱暵之類，吾見夫全地球千五兆生靈中，除印度非洲南洋之黑蠻外，其權利思想之薄弱，未有吾國人若者也。孟子有言，逸居而無教，則近於禽獸。若取羅馬法之法理，而以論理解釋之，則豈惟近法而已。一國之大，而僅有四萬萬禽獸居焉，天下之可恥，孰過是也，我同胞其恥之乎。爲政治家者，以勿摧壓權利思想爲第一義；爲教育家者，以養成權利思想爲第一義；爲一私人者，無論士焉農焉工焉商焉男焉女焉，各以自堅持權利思想勝局爲第一義。國民不能得權利於政府也，則争之，政府見國民之争權利也，則讓之。欲使吾國之國權與他國之國權平等，必先使吾國中人人固有之權皆平等，必先使于國民在我國所享之權利與他國民在彼國所享之權利相平等。若是者國庶有瘳，若是者國庶有瘳。

又：自由者，奴隸之對待也。綜觀歐美自由發達史，其所争者不出四端：一曰政治上之自由，二曰宗教上之自由，三曰民族上之自由，四曰生計上之自由。即日本所謂經濟上自由。政治上之自由者，人民對於政府而保其自由也。宗教上之自由者，教徒對於教會而保其自由也。民族上之自由者，本國對於外國而保其自由也。生計上之自由者，資本家與勞力者相互而保其自由也。而政治上之自由，復分爲三：一曰平民對於貴族而保其自由，二曰國民全體對於政府而保其自由，三曰殖民地對於母國而保其自由。是也，自由之徵諸實行者，不外是矣。

又：自由之界説曰，人人自由而以不侵人之自由爲界。夫既不許侵人自由，則其不自由亦甚矣。而顧謂此爲自由之極則者，何也？自由云者，團體之自由，非個人之自由也。野蠻時代個人之自由勝，而團體之自由亡，文明時代團體之自由强，而個人之自由減。斯二者蓋有一定之比例，而分毫不容忒者焉。使其以個人之自由爲自由也，則天下享自由之福者，宜莫今日之中國人若也。紳士武斷於鄉曲，受魚肉者莫能抗也。駔商逋債而不償，受欺騙者莫能責也。夫人人皆可以爲紳士，人人皆可以爲駔商，則人人之自由亦甚矣。不寧惟是，首善之區，而男婦以官道爲圊腧，何其自由也！市邑之間，而老稚以鴉片爲菽粟，何其自由也！若在文明國，輕則罰鍰，重則輸城旦矣。諸類此者，若悉數之，則更十僕而不能盡。由是言之，中國人自由乎？他國人自由乎？顧識者楬櫫自由之國，不於此而於彼者，何也？野蠻自由，正文明自由之蟊賊也。文明自由者，自由於法律之下，其一舉一動，如機器之節腠，其一進一退，如軍隊之步武。自野蠻人視之，則以爲天下之不自由，莫此甚也。夫其所以必若是者何也？天下未有内不自整，而能與外爲競者。外界之競争無已時，則内界之所以團其競争之具者，亦無已時。使濫用其自由，而侵他人之自由焉？而侵團體之自由焉，則其羣固已不克自立，而將爲他羣之奴隸。夫復何自由之能幾也，故真自由者，必能服從。服從者何？服法律也。法律者，我所制定之，以保護我自由，而亦以箝束我自由者也。彼英人是已。天下民族中，最富於服從性質者莫如英人，其最享自由幸福者亦莫如英人。夫安知乎服從之卽爲自由母也。嗟夫！今世少年，莫不囂囂言自由矣。其言之者，固自謂有文明思想矣，曾不審夫泰西之所謂自由者。在前此之諸大問題，無一役非爲團體公益計，而決非一私人之放恣桀驁者所可託以藏身也。今不用之向上以求憲法，不用之排外以伸國權，而徒耳食一二學説之半面，取便私圖，破壞公德，自返於野蠻之野蠻。有規語之者，猶敢覥然抗説曰：吾自由，吾自由！吾甚懼乎自由二字，不徒爲專制黨之口實，而實爲中國前途之公敵也。

又：然則自由之義，竟不可行於個人乎？曰惡。是何言，團體自由者，個人自由之積也，人不能離團體而自生存。團體不保其自由，則將有他團焉自外而侵之壓之奪之，則個人之自由更何有也。譬之一身，任口之自由也，不擇物而食焉，大病浸起，而口所固有之自由亦失矣。任手之自由也，持梃而殺人焉，大罰浸至，而手所固有之自由亦失矣。故夫一飲一食，一舉一動，而皆若節制之師者，正百體所以各永保其自由之道也。此猶其與他人他體相交涉者，吾請更言一身自由之事。

又：一曰，求一羣之自治，國有憲法，國民之自治也，州郡鄉市有議會，地方之自治也。凡善良之政體，未有不從自治來也。一人之自治其身，數人或十數人之自治其家，數百數千人之自治其鄉其市，數萬乃至數十萬數百萬數千萬數萬萬人之自治其國。雖其自治之範圍廣狹不同，其精神則一也。一者何？一於法律而已。管子曰：鄉與朝争治。又曰：朝不合衆，鄉分治也。西人言政者，謂莫要於國内小國，國内小國者，一省，一府，一州，一縣，一鄉，一市，一公司，一學校，莫不儼然具有一國之形。省、府、州、縣、鄉、市、公司、學構者，不過國家之縮圖。而國家者，不過省、府、州、縣、鄉、市、公司、學校之放大影片也。故於其小焉者能自治，則其大焉者舉而措之矣。不然者，則不得不仰治於人。仰治於人，則人之撫我也亦聽之，人之虐我也亦聽之，同族之豪强者據而專也聽之，異族之横暴者紾而奪也亦聽之。如是，則人之所以爲人之具，其塗地矣。抑彼西人之所以得此者，何也？曰：有制裁，有秩序，有法律，以爲自治之精神也。真能自治者，他人欲干涉焉而不可得。不能自治者，他人欲無干涉焉而亦不可得也。此其事固有絲毫不容假借者。我國民仰治於人，數千年矣，幾以此爲天賦之義務，而莫敢萌他想，曾亦思本身之樂利，豈旁觀者所能代謀？而當今之時局，又豈散漫者可以收拾也？

抑今士大夫言民權，言自由，言平等，言立憲，言議會，言分治者，亦漸有其人矣。而吾民將來能享民權、自由、平等之福與否，能行立憲、議會、分治之制與否，一視其自治力之大小强弱定不定以爲差。吾民乎！吾民乎！勿以此爲細碎，勿以此爲迂腐，勿徒以之責望諸團體，而先以之責望諸個人。吾試先舉吾身而自治焉，試合身與爲一小羣而自治焉，更合羣與羣爲一大羣而自治焉，更合大羣與大羣爲一更大之羣而自治焉，則一完全高尚之自由國、平等國、獨立國、自主國出焉矣。而不然者，則自亂而已矣。自治與自亂，事不兩存，勢不中立，二者必居一於是，惟我國民自訟之，惟我國民自擇之。

又：天生人而賦之以權利，且賦之以擴充此權利之智識，保護此權利之能力。故聽民之自由焉，自治焉，則羣治必蒸蒸日上。有桎梏之戕賊之者，始焉窒其生機，繼焉失其本性，而人道乃幾乎息矣。

又：立憲國之政黨政治也，彼其黨人，固非必皆秉公心稟公德也，固未嘗不自爲私名私計也。雖然，專制國之求勢利者，則媚於一人。立憲國之求勢利者，則媚於庶人。媚一也，而民益之，進不進，於此判焉。政黨之治，凡國必有兩黨以上，其一在朝，其他在野。在野黨欲傾在朝黨而代之也，於是自布其政策，以掊擊在朝黨之政策。曰：使吾黨得政，則吾所施設者如是如是，某事爲民除公害，某事爲民增公益，民悦之也。而得占多數於議院，而果與前此之在朝黨易位，則不得不實行其所布之政策，以副民望而保大權，而羣治進一級焉矣。前此之在朝黨，既幡而在野，欲恢復其已失之權力也，又不得勤察民隱，悉心布畫，求更新更美之政策而布之曰：彼黨之所謂除公害培公益者，猶未盡也，使吾黨而再爲之，則將如是如是。民悦之也。然後國家之前途愈益向上，而復占多數於議院，復與代興之在朝黨易位，而亦不得不實行其所布之政策，以副民望而保大權，而羣治又進一級焉矣。如是相競相軋，相增相長，以至無窮。其競愈烈者，則其進愈速，歐美各國政治遷移之大勢，大率由此也。是故，無論其爲公也，卽爲私焉，而其有造於國民固已大矣。若夫專制之國，雖有一二聖君賢相，徇公廢私，爲國民全體謀利益，而一國之大，鞭長難及，其澤之真能遍逮者，固已希矣，就令能之。而所謂聖君賢相者，曠百世不一遇，而桓靈京檜，項背相望於歷史。故中國常語稱一治一亂，又曰治日少而亂日多，豈無萌蘖，其奈此連番之狂風横雨何哉？進也以寸，而退也以尺，進也以一，而退也以十，所以歷千百年而每下愈況也。

又：三曰無規則。凡一羣之立也，少至二三人，多至千百兆，莫不賴有法律以維持之，其法律或起於命令或生於契約。以學理言，則由契約出者謂之正謂之善，由命令出者謂之不正謂之不善。以事勢言，則能有正且善之法律尚也。若其不能，則不正不善之法律，猶勝於無法律。此羣學家、政學家所同認也。今志士之倡合羣者，豈不以不正不善之法律之病民弱國，而思所以易之耶。乃夷考其實，或反自陷於無法律之域，幾何不爲彼輩所藉口以相鋤也。不寧惟是，而使本羣中亦無所可恃以相團結，已集者望望然去，未來者裹足不前，旁觀者引爲大戒，則羣力安得擴張，而目的何日能達也？吾觀文明國人之善爲羣者，小而一地一事之法團，大而一國之議會，莫不行少數服從多數之律，而百事資以取決。乃今之爲羣者，或以一二人之意見武斷焉梗議焉，其無規則者一也。善爲羣者，必委立一首長，使之代表全羣，執行事務，授以全權，聽其指揮。乃今之爲羣者，只知有自由，不知有制裁，其無規則者二也。叩其故，則曰：以少數服從於多數，是爲多數之奴隸也。以黨員服從於代表人，是爲代表人之奴隸也。嘻！是豈奴隸之云乎！人不可以奴隸於人，顧不可以不奴隸於羣。不奴隸於本羣，勢必至奴隸於他羣。服從多數，服從職權，即代表人正所以保護其羣而勿使墜也。而不然者，人人對抗，不肯相下，人人孤立，無所統一，其勢必相率爲野蠻之自由，與未爲羣之前相等。雖無公敵，猶不足以自立，而況夫日有反對者之乘其後也，此爲不能合羣之第三病。

又：義務與權利對待者也，人人生而有應得之權利，即人人生而有應盡之義務，二者其量適相均。其在野蠻之世，彼有權利無義務，有義務無權利之人，蓋有焉矣。然此其不正者也，不正者固不可以久。苟世界漸趨於文明，則斷無無權利之義務，亦斷無無義務之權利。惟無無權利之義務也，故盡瘁焉者不必有所懼。惟無無義務之權利也，故自逸焉者不必有所歉。

夫不正之權利義務而不可以久者，何也？物競天擇之公理不許爾爾也。權利何自起，起於勝而被擇。勝何自起，起於競而獲優。優者何，亦其所盡義務之分量，有以軼於常人耳。難者曰：天演力之行，匪獨今也，彼前此所謂有權利無義務、有義務無權利者，亦不可謂非優劣之結果也，彼其未嘗爲人羣盡絲毫義務，而靦然擁其優勝之資格，以睥睨一切者，方棄塞於歷史，而子乃以義務爲優勝之因，不亦迂乎？應之曰：不然。凡天下無論正不正之權利，當其初得之之始，必其曾盡特别之義務，而乃以相償者也。即如世襲之君權，至不正者也，然其始烏乎得之。民初爲羣，散漫柔弱，於是時也，有能富於膂力，爲衆人捍禽獸之患，挫外敵之暴者，乃從而君之。又或紀綱混亂，無所統一，於是時也，有能運其心思才力，爲衆人制法立度，調和其争者，乃從而君之。又或前朝不綱，海宇鼎沸，於是時也，有能以隻手削平大難，使民安其業者，乃從而君之。若是夫彼所盡於一羣之義務，固有以異於常人也。故推原其朔，不得謂之不正。不正者，在後此之襲而受之者云爾。篡弒得國者，雖易姓而其威權，實憑藉於前代，故可視之與世襲者同例。至外族奪國之事，下文論之。彼憑藉此既得之權利而濫用之，因以反抗天演大例，使競争力不能遵常軌，然後一切權利義務乃不相應。故專制政體之國，必束縛其民之心思才力於無可争之地。若中國之以科舉取士，以資格任官，皆是也，非此則其不正之權利無由保也。雖然，天演固非可久抗者，譬諸水然，爲堤以障之，固未嘗不可使之改其常度，移時則或溢而出焉，或決而潰焉，而水之性，終必復舊。故夫權利義務，兩端平等而相應者，其本性也。故近今歐美諸國所謂不正之權利義務，殆既絶跡。而此後之中國，亦豈能久抗焉，豈能久障焉？新民子曰：自今以往，苟盡義務者，其勿患無權利焉爾；苟不盡義務者，其勿妄希冀權利焉爾。

附記：或難吾權利初起皆得自義務之説，謂即以君權論，若彼外族之奪我國土，而久享此無義務之權利者，其謂之何？應之曰：此有兩説，其一，仍由於承襲者，蓋承數千年不正之君權積威約之漸，苟篡得此位，即承襲其餘蔭也。其二，則國民義務思相太淺薄，故人得乘虚而入也。夫朝綱紊亂，從而正之者，國民之義務也；國中有亂，從而戡之者，國民之義務也。而皆不能焉，是舉國中皆放棄其義務矣。既放棄其義務，自不能復有其權利，正天演之公例也。而彼外族者反入而代我還定安集之，彼雖非爲我盡義務，然與我比較，其所盡抑猶優於我矣。彼外族入主中夏而能卜世稍久者，皆此之由也。彼雖不正，然我祇當自怨，寧能怨人。【略】

恫哉！吾國民義務思想之薄弱也。吾昔著論權利思想之切要，吾知聞者必將喜焉，則囂囂然起曰：我其争權利，我其争權利。雖然，吾所謂權利思想者，蓋深恨吾國數千年來有人焉長擁此無義務之權利，而謀所以抗之也。而誤聽事言者，乃或欲自求彼無義務之權利。且率一國人而胥求，無義務之權利，是何異磨甎以求鏡，炊沙以求飯也？吾請申言權利與義務相待之義，父母之於子也，蚤年有養子之義務，故晚年有受養於子之權利；夫之於妻也，有保護之義務，故有使妻從我之權利；傭之於主也，有盡瘁執事之義務，故有要求薪俸之權利。此其最淺者也。爲子者必能自盡其爲人之義務，而無藉父母之代勞，然後得要求父母許以自由之權利，亦其義也。然此不過就一私人與一私人之交涉言耳，若夫相聚而成一羣，所以樂有羣者，爲羣既立，而我可藉羣之力，以得種種之權利也。然羣非漫然而能立得也，必循生計學上分勞任，功之大例，一羣之人，咸各亹亹焉。羣之匱乏，我既補之，羣之急難，我既赴之，則羣之安富尊榮，我固得自享之，是謂無權利之義務。使羣中之人，有一焉游手而無業者，則其羣之實力少一分；使羣中之人而皆爾焉，則是羣之自殺也。故羣中之有業者，雖取彼無業者飲食之權利而並奪之，亦不得謂之非理，何也？是債主對於負債者所得行之手段也。食羣之毛，踐羣之土，乃逋羣負而不償，則羣中之權利，豈復彼所得過問也，是謂無無義務之權利。

又：今吾不急養義務思想，則雖日言權利思想，亦爲不完全之權利思想而已。是猶頑童欲勿勞而又貪父母之養也，是猶惰傭不力作而欲受給於主人也，吾見今之言權利者，頗有類於是焉矣。日歆羨他人之自由民權，而不考其所以得此之由。他人求之而獲，而我則望其自來也；他人以血以淚購之，而我欲以口以舌爲易。他人一國中無大無小、無貴無賤、無富無貧，而皆各自認其相當之義務。反之，吾國若者爲官司吏之義務，若得爲士君子之義務，若者爲農工商之義務，若者爲軍人之義務，若者爲保守黨之義務，若者爲維新黨之義務，若者爲温和派之義務，若者爲急激派之義務，若者爲青年之義務，若者爲少年之義務，若者爲婦女之義務，聞有一人焉，審諸自己之地位，按諸自己之才力，而敢自信爲已盡之而無所欠缺者乎？無有也。雖有七子之母，而無一人顧其養焉，雖謂之無子焉可也。雖有四萬萬人之國，而無一人以國家之義務爲義務，雖謂之無民焉可也。無民之國，何以能國？

（清）梁啓超《飲冰室合集·專集》卷二一《新大陸遊記節録》 夫自由云立憲，云共和，云是多數政體之總稱也。而中國之多數大多數最大多數，如是如是。故吾今若採多數政體，是無以異於自殺其國也。自由云，立憲云，共和云，如冬之葛，如夏之裘，美非不美，其如於我不適何。吾今其毋眩空華，吾今其勿圓好夢，一言以蔽之，則今日中國國民，只可以受專制，不可以享自由。

（清）梁啓超《飲冰室合集·專集》卷二七《王荆公》 夫國家之對於人民，有命令服從之關係者也，其統治權至尊無上而不可抗者也。非惟專制國有然，即立憲國亦有然。夫苟不可行者則勿著爲令已耳，既著爲令而可以不行，則是瀆國家之神聖也。後此元祐諸君子，以阻撓新法貶謫遷徙，而積怨發憤於荆公，曾亦思管子之治齊也，曰：虧令者死，益令者死，不行令者死，留令者死，不從令者死。荆公之所以失敗，正坐姑息，不能踐此書之言而已。

（清）梁啓超《飲冰室合集·專集》卷二八《管子傳》 今世立憲之國家，學者稱爲法治國。法治國者，謂以法爲治之國也。夫世界將來之政治，其有能更孅於今日之立憲政治者與否，吾不敢知，藉曰有之。而要不能舍法以爲治，則吾所敢斷言也。故法治者，治之極軌也，而通五洲萬國數千年間，其最初發明此法治主義以成一家言者誰乎？則我國之管子也。

立憲國之純任法治，夫人而知之矣。即在專制國，亦未有舍法家之精神而能爲治者也。泰西前事，且勿具徵，即以我國歷史訓之。自管子而後，以政治家聞者，若鄭之子産，若秦之商君，若漢之諸葛武侯，若宋之王荆公，若明之張江陵，若近世之胡文忠，何一非有得於法家言者。能革舊法之弊而建設新法者，第一流之政治家也。因舊法而補救其偏弊者，第二流也。以身舉法而使其僚罔敢不奉法者，第三流也。

又：國家未建以前，無所謂正不正，無所謂善惡。夫今日吾儕所謂正而善者，謂葆吾固有之權利而踐吾當行之義務也。其所謂不正而惡者，謂放棄吾當行之義務而侵人固有之權利也。雖然，國家未建以前，無權利義務之可言。蓋人之情願生而惡死，好樂而憚苦，此受之於天者也。故人人咸有趨生避死、舍苦就樂之權利，凡一切外物，苟可以贍吾生而資吾樂者，皆得而取之，此實萬人平等之權利也。夫既已萬人同一權利，則亦無一人有權利焉矣。甲曰此物當屬於我也，乙亦曰此物當屬於我也，人人威力相同，其對於外物之權利相同。而同一物也，同時各欲得之，則非戰鬭之結果，終莫能決此物之究當誰屬也。當此時也，無所謂正不正，無所謂善惡，惟以勇力與詐謀爲唯一之道德。雖然，此現象不可以久也，彼其所以日相戰鬭者，凡以爲趨生而避死，舍苦而就樂耳。然長此蜩唐沸羹，則生日與死鄰，而樂不償所苦，人人有鑒於此。於是胥謀給契約以建國，國建而法制生。於是人人之權利，各有所限，不能相侵。於是正不正之名詞，始出焉矣。

（清）梁啓超《飲冰室合集・專集》卷二九《雙濤閣日記》〔宣統二年二月十五日〕立憲之政，惟其實不惟其名。苟實不舉，而徒欲襲此名，以上下相蒙，未有能濟者也。夫國家之有政治，猶輪船汽車之有機器也。機器事件有一不具，或雖具而稍有銹壞，則不能以運行。以甲種機器移置於乙種機器，則枘鑿而不相入，其究也歸於兩敗。故古今中外之圖治者，莫急於統籌全局，綱舉然後目張。而我國今日之籌備憲政，譬諸用銹壞之舊機器，雜取他機器之一二事件以攙入之，而又不能具者也。夫自籌備憲政以來，亦既若上下戮力，惟日不足而某顧乃以此比之者何也？蓋無論欲舉何政，必委諸行政機關而任之者，則在司此行政機關之人，今試以我國行政機關，比之東西諸立憲國，其有一相類者乎？以我國行政機關之人，比諸東西諸立憲國，其又有一相類者乎？以行政機關論之，則京署與外署不相連絡，京署之中，各部與各部不相連絡，外署之中，各省府州縣互不相連絡。而無論京署外署，其署內職司，復各不相連絡，責任無所歸，功過無所考，冗員充牣，糜帑而不事事，此我國現在行政機關之情狀也。以司機關之人論之，則内外羣僚，共乃心國家，忠於職務者，千萬人中不得一二焉。卽有一二又未必明於世界大勢，知立憲國官吏所當有事，惟蹈常習故，致謹於簿書期會之閒已身。然此已其最賢者也，其他則大率恃苞苴奔競以進，視官職爲市易之具，巧立名目，罔利自肥，一節要政，悉以敷衍了之，此我國現在司行政機關之人之情狀也。夫以機關則如彼，以司機關之人則如此，此如董仲舒所謂琴瑟不調，甚者必改絃更張，然後可鼓。苟非挈裘振領，正本清源，於整飭紀綱澄肅吏治之道，痛下一番工夫，而務舉其實，則復何一事之能辦者。

（清）梁啓超《飲冰室合集・文集》卷一《變法通議・古議院考》問泰西各國何以强？曰：議院哉，議院哉。問議院之立，其意何在？曰：君權與民權合，則情易通，議法與行法分，則事易就，二者斯强矣。問子言西政，必推本於古，以求其從同之迹。敢問議院，於古有徵乎？曰：法先王者法其意，議院之名，古雖無之，若其意則在昔哲王所恃以均天下也。其在《易》曰：上下交泰，上下不交否。其在《書》曰：詢謀僉同。又曰：謀及卿士，謀及庶人。其在《周官》曰：詢事之朝，小司寇掌其政，以致萬人而詢焉。一曰詢國危，二曰詢國遷，三曰詢立君。以衆輔志而蔽謀。其在《記》曰：與國人交止於信。又曰：民之所好好之，民之所惡惡之，此之謂民之父母。好民之所惡，惡民之所好，是謂拂人之性，災必逮乎身。其在《孟子》曰：國人皆曰賢，然後察之；國人皆曰不可，然後察之；國人皆曰可殺，然後殺之。《洪範》之卿士，《孟子》諸大夫，上議院也。《洪範》之庶人，《孟子》之國人，下議院也。苟不由此，何以能詢，苟不由此，何以能交，苟不由此，何以能見民之所好惡。故雖無議院之名而有其實也。

（清）梁啓超《飲冰室合集・文集》卷一《變法通議・與嚴幼陵先生書》古議院考，乃數年前讀史時偶有劄記，遊戲之作。彼時歸粤，倚裝匆匆，不能作文，故以此塞責，實則啓超生平最惡人引中國古事以證西政，謂彼之所長，皆我所有，此實吾國虚憍之結習。初不欲蹈之，然在報中爲中等人説法，又往往自不免。得先生此論以權爲斷，因證中國歷古之無是物，益自知其説之訛謬矣，然又有疑者。先生謂黄種之所以衰，雖千因萬緣，皆可歸獄於君主，此誠懸之日月不刊之言矣。顧以爲中國歷古無民主，而西國有之，啓超頗不謂然。西史謂民主之局，起於希臘羅馬，啓超以爲彼之世非民主也。若以彼爲民主也，則吾中國古時亦可謂有民主也。

又：故啓超以爲此皆多君之世，去民主尚隔兩層，此似與先生議院在權之論復相應，先生以爲何如？地學家言土中層累，皆有一定，不聞花剛石之下有物迹層，不聞飛鼉大鳥世界以前復有人類，惟政亦爾。既有民權以後，不應改有君權。故民主之局，乃地球萬國古來所未有，不獨中國也，西人百年以來，民氣大伸，遂爾浡興，中國苟自今日昌明斯義，則數十年其強亦與西國同在此百年内進於文明耳。故就今日視之，則泰西與支那，誠有天淵之異，其實只有先後，並無低昂。而此先後之差，自地球視之，猶旦暮也。地球既入文明之運，則蒸蒸相逼，不得不變，不特中國民權之説卽當大行，卽各地土番野猺亦當丕變。其不變者卽澌滅以至於盡，此又不易之理也。

又：國之强弱，悉推原於民主，民主斯固然矣。君主者何，私而已矣；民主者何，公而已矣。然公固爲人治之極，則私亦爲人類所由存，譬之禁攻寢兵公理也。而秦檜之議和，不得不謂之誤國，視人如己公理也。而赫德之定税則不能不謂之欺君。《天演論》云：克己太深而自營盡泯者，其羣亦未嘗不敗。然則公私之不可偏用，亦物理之無如何者矣，今之論且無隧及此。但中國今日民智極塞，民情極渙，將欲通之，必先合之。合之之術，必擇衆人目光心力所最趨注者而舉之，以爲的，則可合。既合之矣，然後因而旁及於所舉之的之外，以漸而大，則人易信而事易成。譬猶民主，固救時之善圖也，然今日民義未講，則無甯先藉君權以轉移之。彼言教者，其意亦若是而已。

（清）梁啓超《飲冰室合集·文集》卷三《論湖南應辦之事》　今之策中國者，必曰興民權。興民權斯固然矣，然民權非可以旦夕而成也。權者生於智者也，有一分之智，卽有一分之權，有六七分之智，卽有六七分之權，有十分之智，卽有十分之權。是故國卽亡矣。苟國人之智，與滅我之國之人相等，則彼雖滅吾國，而不能滅吾權。阿爾蘭之見併於英人是也，今英倫人應享利益，阿爾蘭人無不均霑也。卽吾民之智，不能與滅我之國之人相等，但使其智日進者，則其權亦日進。

又：是故權之與智相倚者也，昔之欲抑民權，必以塞民智爲第一義，今日欲伸民權，必以廣民智爲第一義。

（清）梁啓超《飲冰室合集·文集》卷三《論中國人種之將來》　西人之言曰：凡國民向有自治權之習慣，不大經政府之干涉者，其要求參政權之會必不甚盛。我中國國民自古以來，未有如歐西各國倡自由争政權之風者，其故未始不因此也。今者全世界文明進化之運，相逼而來，自由平等之義，已浸入中國人腦中。他日獨立之基礎既定，采西人之政體而行之，其成就之速，必有可驚者。蓋有古來習慣之自治權，以爲之基一蹴可以立至矣，此中國人種之將强，其原因一也。

（清）梁啓超《飲冰室合集·文集》卷四《各國憲法異同論》　憲法者英語稱爲Constitution，其義蓋謂可爲國家一切法律根本之大典也。故苟凡屬國家之大典，無論其爲專制政體舊譯爲君主之國，爲立憲政體舊譯爲君民共主之國，爲共和政體舊譯爲民主之國，似皆可稱爲憲法。雖然，近日政治家之通稱。

又：政體之種類，昔人雖分爲多種，然按之今日之各國，實不外君主國與共和國之二大類而已。其中於君主國之内，又分爲專制君主立憲君主之二小類。但就其名而言之，則共和國不與立憲國同類。就其實而言之，則今日之共和國，皆有議院之國也，故通稱之爲立憲政體，無不可也。故此篇所述，專就立憲君主國與共和國論之，而專制君主國不與焉。

又：行政、立法、司法，三權鼎立，不相侵軼，以防政府之專恣，以保人民之自由。此説也，自法國碩學孟德斯鳩始倡之，孟氏外察英國政治之情形，内參以學治之公理，故其説遂爲後人所莫易。今日凡立憲之國，必分立三大權，行政權則政府大臣輔佐君主而掌之，立法權則君主與國會卽議院也。同掌之，司法權則法院承君主之命而掌之，而三權皆統一於君主焉。雖然，其實際則不能盡如此，如英國之巴力門，卽英之國會也。有黜陟政府大臣之權，凡憲法政府大臣之進退，其權皆歸君主。蓋行政立法二權，全歸國會之手。故英國之諺有之曰：國會之權，無事不可爲，除非使男變女，女化男乃做不到耳。觀此可知其權力之大矣。惟司法之權，則仍歸於法院也。

其餘各國，凡有政黨習氣之國，其國會之權力亦甚大，不特能壓倒行政官而已，亦時時能黜陟之。若奥大利德意志及日耳曼之各邦，爲無政黨習氣之國，則反是。又如美國雖屬共和政體，然其行政之大權，實歸大統領之掌握。其政府大臣，大統領得任意黜陟之。蓋行政官之權力比於政黨習氣之君主反有加云。

孟德斯鳩又云行政權卽行法權也，後世學者多誦此語，各國之憲法亦多引用之。是蓋懲於前者君主與政府之專制，欲裁抑其權力，故謂君主及政府之職。但常奉行國會所議之法律而已，殆有爲而發也。平心論之，國家之政務，决非徒執行法律，遂可以盡其責也。故近世學者，頗有辨此語之非者。又康士湯竟、弗郎等諸碩學，别言國家之權力，爲四大權，以行政權爲最重，而隸於行政權之下者，有立法司法兵馬三大權云。從來三權鼎立之説，皆以爲兵馬權包含於行政權之中。雖然兵馬權之性質，與行政權實有異，康氏弗氏之説，亦不爲無見也。

又孟德斯鳩以爲三大權必須分立，不相統攝，然後可保人民之自由。有碩學布龍哲駁其説，以爲三權全分離，則國家將有不能統一之患，故三權决不可分，而亦不可不分，惟於統一之下而歧分之，最爲完善云。

（清）梁啓超《飲冰室合集·文集》卷五《立憲法議》 有土地人民立於大地者謂之國，世界之國有二種，一曰君主之國，二曰民主之國。設制度施號令以治其土地人民謂之政，世界之政有二種，一曰有憲法之政，亦名立憲之政。二曰無憲法之政。亦名專制之政。採一定之政治以治國民謂之政體，世界之政體有三種，一曰君主專制政體，二曰君主立憲政體，三曰民主立憲政體。今日全地球號稱强國者十數，除俄羅斯爲君主專制政體，美利堅法蘭西爲民主立憲政體外，自餘各國則皆君主立憲政體也。君主立憲者，政體之最良者也。民主立憲政體，其施政之方略，變易太數，選舉總統時，競争太烈，於國家幸福，未嘗不間有阻力。君主專制政體，朝廷之視民如草芥，而其防之如盜賊，民之畏朝廷如獄吏，而其嫉之如仇讎，故其民極苦，而其君與大臣亦極危。如彼俄羅斯者，雖有虎狼之威於一時，而其國中實杌隉而不可終日也。是故君主立憲者，政體之最良者也。地球各國既行之而有效，而按之中國歷古之風俗，與今日之時勢，又採之而無弊者也。三種政體舊譯爲君主、民主、君民共主，名義不合，故更定今名。

憲法者何物也，立萬世不易之憲典。而一國之人，無論爲君主爲官吏爲人民，皆共守之者也。爲國家一切不度之根源，此後無論出何令，更何法，百變而不許離其宗者也。西語原字爲THE CONSTITUTION，譯意猶言元氣也，蓋謂憲法者一國之元氣也。

立憲政體，亦名爲有限權之政體。專制政體，亦名爲無限權之政體。有限權云者，君有君之權，權有限；官有官之權，權有限；民有民之權，權有限。故各國憲法，皆首言君主統治之大權，及皇位繼襲之典例，明君之權限也。次言政府及地方政治之職分，明官之權限也；次言議會職分及人民自由之事件，明民之權限也。我中國學者，驟聞君權有限之義，多有色然而驚者，其意若曰：君也者，一國之尊無二上者也，臣民皆其隸屬者也。只聞君能限臣民，豈聞臣民能限君。臣民而限君，不幾於叛逆乎。不知君權有限云者，非臣民限之，而憲法限之也。且中國固亦有此義矣，王者之立也，郊天而薦之。其崩也，稱天而謚之，非以天爲限乎。言必稱先王，行必法祖宗，非以祖爲限乎。然則古來之聖師哲王，未有不以君權有限，爲至當不易之理者。卽歷代君主，苟非殘悍如秦政隋煬，亦斷無敢以君權無限自居者。乃數千年來，雖有其意而未舉其實者，何也？則以無憲法故也。以天爲限，而天不言，以祖宗爲限，而祖宗之法，不過因襲前代舊規，未嘗採天下之公理。因國民之所欲，而勒爲至善無弊之大典，是故中國之君權非無限也。欲有限，而不知所以爲限之道也。今也內有愛民如子勵精圖治之聖君，外有文明先導可師可法之友國，於以定百世可知之成憲，立萬年不拔之遠猷。其在斯時乎，其在斯時乎！

各國憲法既明君與官之權限，而又必明民之權限者，何也？民權者，所以擁護憲法而不使敗壞者也。使天下古今之君主，其仁慈睿智，皆如我今上皇帝，則求助於民可也，不求助於民亦可也。雖然以禹湯之聖，而不能保子孫無桀紂，以高光之明，而不能保子孫我桓靈，此實千古之通軌，不足爲諱者矣。使不幸而有如桀紂者出，濫用大權，恣其暴戾，以蹂躪意法，將何以待之。使不幸而有如桓靈者出，旁落大權，奸雄竊取，以蹂躪憲法，又將何以待之。故苟無民權，則雖有至良極美之憲法，亦不過一紙空文，毫無補濟，其事至易明也。不特此也，卽使代代之君主，聖皆如湯禹，明皆如高光然一國之大，非能一人獨治之也，必假手於官吏。官吏又非區區少數之人已也，乃至千萬焉億兆焉。天下上聖少而中材多，是故勉善難而從惡易。其所以不敢爲非者，有法以限之而已。其所以不敢不守法者，有人以監之而已。乃中國未嘗無法以限官吏，亦未嘗不設人以監官吏之守法。而卒無效者，何也？則所以監之者非其道也，懼州縣之不守法也，而設道府以監之，道府不守法，又將若何？懼道府之不守法也，而設督撫以監之，督撫不守法，又將若何？所謂法者既不盡可行，而監之之人，又未必賢於其所監者。掣肘則有萬能，救弊則無一效。監者愈多，而治體愈亂，有法如無法，法乃窮。是故監督官吏之事，其勢不得不責成於人民。蓋由利害關切於己身，必不肯有所徇庇。耳目皆屬於衆論，更無所容其舞文也。是故欲君權之有限也，不可不用民權，欲官權之有限也，更不可不用民權。憲法與民權，二者不可相離，此實不易之理，而萬國所經驗而得之也。

孟子曰：天下之生久矣，一治一亂。此爲專制之國言之耳。若夫立憲之國，則一治而不能復亂。專制之國，遇令辟則治，遇中主則衰，遇暴君卽亂，卽不遇暴君，而中主與中主相繼，因循廢弛之既久，而亦足以致亂。是故治日常少，而亂日常多。歷觀中國數千年致亂之道，有亂之自君者，如嫡庶争立，母后擅權，暴君無道等是也。有亂之自臣者，如權相簒弑藩鎮跋扈等是也。有亂之自民者，或爲暴政所迫，或爲饑饉所驅，要之皆朝廷先亂然後民亂也。若立憲之國，則無慮是。君位之承襲，主權之所屬，皆有一定，而豈有僉壬得乘隙以爲奸者乎。大臣之進退，一由議院贊助之多寡，君主察民心之所向，然後授之，豈有操莽安史之徒，能坐大於其間者乎。且君主之發一政、施一令，必謀及庶人，因國民之所欲，經議院之協贊。其有民所未喻者，則由大臣反覆宣布於議院，必求多數之共贊而後行。民間有疾苦之事，皆得提訴於議院，更張而利便之，而豈有民之怨其上得乎。故立憲政體者，永絶亂萌之政體也。

又：若立憲政體，真可謂國家億萬年有道之長矣。卽如今日英美德日諸國，吾敢保其自今以往，直至天荒地老，而國中必無內亂之憂也。然則謀國者亦何憚而不採此政體乎。吾儕之昌言民權，十年於兹矣，當道者憂之嫉之畏之，如洪水猛獸然。此無怪其然也，蓋由不知民權與民主之别，而謂言民權者必與彼所戴之君主爲仇，則其憂之嫉之畏之也固宜。不知有君主之立憲，有民主之立憲，兩者同爲民權，而所以馴致之途，亦有由焉。凡國之變民主也，必有迫之使不得已者也。使英人非虐待美屬，則今日之美國，猶澳洲加拿大也。使法王非壓制其民，則今日之法國，猶波旁氏之朝廷也。故欲翊戴君主者，莫如興民權。不觀英國乎。英國者，世界中民權最盛之國也，而民之愛其皇若父母焉，使英廷以疇昔之待美屬者待其民，則英之爲美續久矣。不觀日本乎。日本者，亞洲民權濫觴之國也，而民之敬其皇若帝天焉，使日皇如法國路易第十四之待其民，則日本之爲法續久矣。一得一失，一榮一瘁，爲君者宜何擇焉，愛其君者宜何擇焉。

抑今日之世界，實專制立憲兩政體新陳嬗代之時也。按之公理，凡兩種反比例之事物相嬗代，必有争，争則舊者必敗而新者必勝。故地球各國，必一切同歸於立憲而後已。此理勢所必至也。以人力而欲與理勢爲敵，譬猶以卵投石，以蜉撼樹，徒見其不知量耳。昔距今百年以前，歐洲各國，除英國外，皆專制也。壓之既極，法國大革命，忽焉爆裂，聲震天地，怒濤遂波及全歐，民間求立憲者，各國皆然。俄普奧三國之帝，結同盟以制其民，有內亂則互相援助，而奧相梅特涅，以陰鷙狡悍之才，執歐洲大陸牛耳四十年，日以壓民權爲事，卒不能敵，身敗名裂。距今五十年頃，而全歐皆立憲矣。尚餘一土耳其，則各國目之爲病夫，日思豆剖而瓜分之者也。尚餘一俄羅斯，雖國威赫赫於外，然其帝王之遇刺者三世矣，至今猶鉏魔滿地，寢息不安，爲君之難，一至於此，容何樂耶。故百年以來，地球各國之轉變，凡有四别。其一，君主順時勢而立憲法者，則其君安榮，其國寧息，如普奧日本等國是也。其二，君主不肯立憲，民迫而自立，遂變爲民主立憲者，如法國及南美洲諸國是也。其三，民思立憲，君主不許，而民間又無力革命，乃日以謀刺君相爲事者，如俄羅斯是也。其四，則君民皆不知立憲之美，舉國昏蒙，百政廢弛，遂爲他族夷而滅之者，如印度安南諸國是也。四者之中孰吉孰凶，何去何從，不待智者而決矣。如彼普奧之君相，初以爲立憲之有大害於己也，故出死力以争之。及既立憲之後，始知非惟無害，又大利焉，應爽然失笑，悔前者之自尋煩惱矣。然猶勝於法國之路易第十六，欲悔而無及也。今西方之嬗代，既已定矣，其風潮遂環捲而及於東土。日本得風氣之先，趨善若渴，元氣一立，遂以稱強。中國彼昏日醉，陵夷衰微，情見勢絀，至今而極矣。日本之役一棒之，膠旅之警一喝之，團匪之禍一拶之，識者已知國家元氣爲須臾不可緩。

蓋今日實中國立憲之時機已到矣，當局者雖欲阻之，烏從而阻之。頃當局者既知興學育才之爲務矣，學校中多一少年卽國民中多一立憲黨，何也？彼其人苟有愛國心而略知西人富强所由來者，未有不以此事爲第一義也。故中國究竟必與地球文明國同歸於立憲，無可疑也。特今日而立之，則國民之蒙福更早，而諸先輩尸其功。今日而沮之，則國家之進步稍遲，而後起者爲其難，如斯而已。苟真有愛君愛國心者，不可不熟察鄙言也。

問者曰：然則中國今日遂可行立憲政體乎？曰：是不能立憲政體者，必民智稍開而後能行之。日本維新在明治初元，而憲法實施在二十年後，此其證也。中國最速亦須十年或十五年，始可以語於此。問者曰：今日既不可遽行，而子汲汲然論之，何也？曰：行之在十年以後，則定之當在十年以前。夫一國猶一身也，人之初就學也，必先定吾將來欲執何業，然後一切學識，一切材料，皆儲之爲此業之用。故醫士必於未行醫之前數年而自定爲醫，商人必於未經商之前數年而自定爲商，此事之至淺者也。惟國亦然，必先定吾國將來採用何種政體，然後凡百之布置，凡百之預備，皆從此而生焉。苟不爾爾，則如航海而無南針，縫衣而無量尺，亂流而渡，不知所向，彌縫補苴，不成片段，未有能濟者也。故採定政體，決行立憲，實維新開宗明義第一事，而不容稍緩者也。

既定立憲矣，則其立之之次第當如何？曰：憲法者，萬世不易者也，一切法度之根源也。故當其初立之也，不可不精詳審慎，而務止於至善。日本之實行憲法也，在明治二十三年，其頒布憲法也，在明治十三年，而其草創憲法也，在明治五年。當其草創之始，特派大臣五人遊歷歐洲，考察各國憲法之同異，斟酌其得失，既歸而後開局以制作之。蓋其慎之又慎，豫之又豫也如此。今中國而欲行之，則吾以爲其辦理次第當如左。

一　首請皇上渙降明詔，普告臣民，定中國爲君主立憲之帝國，萬世不替。

次二　宜派重臣三人遊歷歐洲各國及美國日本，考其憲法之同異得失。何者宜於中國，何者當增，何者當棄，帶領通曉英法德日語言文字之隨員十餘人同往。其人必須有學識，不徒解方言者，並許隨時向各國聘請通人以爲參贊，以一年差滿回國。又此次所派考察憲法之重臣隨員，宜並各種法律，如行政法、民法、商法、刑法之類，皆悉心考究。

次三　所派之員既歸，卽當開一立法局於宮中，草定憲法，隨時是呈御覽。

次四　各國憲法原文，及解釋憲法之名著，當由立法局譯出，頒布天下，使國民咸知其來由，亦得增長學識，以爲獻替之助。

次五　草稿既成，未卽以爲定本，先頒之於官報局，令全國士民皆得辨難討論，或著書，或登新聞紙，或演説，或上書於立法局，逐條析辯。如是者五年或十年，然後損益制定之。定本既頒，則以後非經全國人投票，不得擅行更改憲法。

次六　自下詔定政體之日始，以二十年爲實行憲法之期。

（清）梁啓超《飲冰室合集·文集》卷五《十種德性相反相成義》

自由者，權利之表證也。凡人所以爲人者有二大要件，一曰生命，二曰權利。二者缺一，時乃非人。故自由者亦精神界之生命也。文明國民每不惜擲多少形質界之生命，以易此精神界之生命，爲其重也。我中國謂其無自由乎？則交通之自由，官吏不禁也；住居行動之自由，官吏不禁也；置管産業之自由，官吏不禁也；信教之自由，官吏不禁也；書信秘密之自由，官吏不禁也；集會言論之自由，官吏不禁也。近雖禁其一部分，然比之前世紀法普奧等國相去遠甚。凡各國憲法，所定形式上之自由，幾皆有之。雖然吾不敢謂之爲自由者何也，有自由之俗，而無自由之德也。自由之德者，非他人所能予奪，乃我自得之而自享之者也。故文明國之得享用自由也。

（清）梁啓超《飲冰室合集·文集》卷九《論專制政體有百害而無一利》

今民間稍有知識者，莫不痛心疾首於專制政體。其惡之也，殆以此爲吾害也。至如君主，若君主之私人，則莫不殫其精竭其術，以維持迴護專制政體。其愛之也，殆以此爲吾利也。夫趨所利而去所害，人類之公性情然矣。使其果爲利也，則吾亦何敢拂戾此公性情。爲與虎謀皮之舉，以曉瀆於炙手可熱者之側，雖然其實際固非爾爾，吾思之，吾重思之，竊以爲專制政體之毒，其害民者一，而害君主者常二。民之受害者，有時而可避，君主之受害者，無地而可逃。民受害而他人猶以相憐，君主受害而後世且以爲快。故吾敢斷言曰，專制政體之於君主，有百害而無一利，謂余不信，請詶諸史。

中國數千年君統，所以屢經衰亂滅絶者，其厲階有十，而外夷構釁，流賊揭竿，兩者不與焉。一曰貴族專政，二曰女主擅權，三曰嫡庶爭位，四曰統絶擁立，五曰宗藩移國，六曰權臣篡弑，七曰軍人跋扈，如唐藩鎮之類。八曰外戚横恣，九曰僉壬朘削，如李林甫盧杞之類。十曰官寺盜柄。此十者，殆歷代所以亡國之根原。凡叔季之朝廷，未有不居一於是者也。至求此十種惡現象所以發生之由，莫不在專制政體。專制政體者，實數千年來破家亡國之總根原也。

又：中國君統之亂本何在？在彼十種惡業十種惡業之亂。本何在？在專制政體。專制政體一去，則彼十種者無所附以自存，不必以人力防之也。

又：專制政體之爲害於君主既若此矣，然使其別有所大利焉，或足以與所害相償，則冒險以趨之，亦無足怪者。雖然其所謂利者果安在乎。專制政體之利君主者有二，其一，則意欲上之自由，一人爲剛，萬夫爲柔，作盛作福，頤指氣使，所謂于無樂乎爲君。惟其言而莫予違也。其二，則軀殼上之自由，玉食萬方，便嬖滿前，宫妾數千，窮奢極樂，所謂非以一人治天下，實以天下奉一人也。吾今請取兩者而細論之。

中國以專制最久聞，自秦以來，爲君主者不下千數。問其能實行完全圓兩滿之專制者，能有幾人乎？吾竊嘗區二千年來君主之權力爲四種，第一，有全權親裁萬機，毫不被掣肘於他人者，凡得二十二人。曰秦始皇，曰漢高祖、武帝、光武、昭烈，曰吴大帝，曰秦苻堅，曰宋武帝，曰齊高帝，曰北魏孝文帝，曰北周孝武帝，曰唐太宗，曰周世宗，曰宋太祖，神宗，曰西夏李元昊，曰元世祖，曰明太祖、成祖，曰本朝聖祖、世宗、高宗。第二，其權力雖不如第一種之强盛，而承襲先業，繼體守文，亦不甚被掣肘於人者，凡得十二人。曰漢文帝、明帝、章帝，景帝不列者，以其常被制於竇太后也。宣帝不列者，以其常被制於霍氏也。曰魏文帝、明帝，曰陳宣帝，曰宋太宗、真宗、仁宗，曰本朝仁宗、宣宗、文宗。世祖不列者，以其時睿親王秉政也。第三，初時行其全權，或窮侈極欲，自奉一人，或窮兇極暴，震慄天下，後卒身危國削，身弑國亡者，凡得十一人。曰新莽，曰吴孫皓，曰宋廢帝，曰齊明帝，曰梁武帝，曰陳後主，曰隋文帝、煬帝，曰唐玄宗、憲宗，曰宋徽宗。第四，則不能自有其全權，或委政於母后，或委政於外戚，或委政於權臣僉壬宦寺。雖其間安危異數，榮辱殊途，大抵危而辱者十之七八，安而榮者十之一二，要之其不能自有專制權則一也。凡前所列諸帝以外之君主，皆屬此種。由此言之，君主千數，而能真行專政體者，不過此三四十人。其因此而釀弑亡之禍者，尚三之一焉。自餘則雖擁有普天率土之名，而實則唯諸守府，祭則寡人，其甚者，則身處樊籠，背懸芒刺，其困阨苦難不自由，有甚於吾儕小民十倍者。專制云，專制云，卻笑年年壓金線，爲他人作嫁衣裳，吾不知於君主果何利也。

若夫欲藉此專制權以窮極耳目之欲者，則吾見夫爲君主者，無此心則已。苟有此心，則其專制權終不能一朝居也。夫不必其瘁心力以顧公益爲民事也。即使欲保其産業以長子孫焉，固已不可不劬勞於在原。咨嗟於在廟，宵衣旰食，日昃不遑，昔人大寶之箴，帝範之鑑，迂儒腐生，皆能言之矣。乾隆御製詩有云：不及江南一富翁，日高三尺猶鋪被。誠哉其閲歷心得親切有味之言也。黄梨洲《原君篇》又云：夫以千萬保之勤勞，而已又不享其利，必非天下之人情所欲居也。故古之人君，量而不欲入者，許由務光是也。入而又去之者，堯舜是也。初不欲入而不得去者，禹是也。豈古之人有所異哉！好逸惡勞，亦猶夫人之情也。故吾以爲人而不欲求耳目之樂已耳。苟其欲之，則他種地位皆可居，而惟專制君主之地位萬不可居。苟居之，則樂未極而哀已來，欲未滿而身爲僇矣。專制云，專制云！地下若逢陳後主，豈宜重問後庭花。吾不知於君主果何利也。

（清）梁啓超《飲冰室合集·文集》卷九《論立法權》 國家者人格也。有人之資格謂之人格。凡人必有意志然後有行爲。無意志而有行爲者，必瘋疾之人也。否則其夢囈時也。國家之行爲何，行政是已。國家之意志何，立法是已。

又：立法行政分權之事，泰西早已行之。及法儒孟德斯鳩，益闡明其理，確定其範圍。各國政治，乃益進化焉，二者之宜分不宜合，其事本甚易明。人之有心魂以司意志，有官肢以司行爲，兩各有職而不能混者也。彼人格之國家，何獨不然。雖然，其利害所存，猶不止此。

又： 吾中國之官制，亦最講牽制防弊之法。然皆同其職而掣肘之，非能釐其職而均平之。如一部而有七堂官，一省而有督有撫有兩司有諸道皆以防侵越相牽制也。而不知徒相掣肘相推諉，一事不舉，而弊亦卒不可防。西人不然，凡行政之事，每一職必專任一人，授以全權，使盡其才以治其事，功罪悉以屬之。夫是謂有責任之政府。若其所以防之者，則以立法司法兩權相爲掎角。司法權别論之。立法部議定之法律，經元首裁可，然後下諸所司之行政官，使率循之。行政官欲有所興作，必陳其意見於立法部，得其決議，乃能施行。其有於未定之法而任意恣行者，是謂侵職，侵職罪也。其有於已定之法而奉行不力者，是謂溺職，溺職亦罪也。但使立法之權確定，所立之法善良，則行政官斷無可以病國萬民之理，所謂其源潔者其流必澄，何必一一而防之。故兩者分權，實爲制治最要之原也。

吾中國本並立法之事無之，則其無分權，更何待言。然古者猶有言，坐而論道，謂之三公。作而行之，謂之有司。亦似稍知兩權之界限者然，漢制有議郎，有博士，專司討議。但其秩抑末，其權抑微矣。夫所謂分立者，必彼此之權，互相均平。行政者不能强立法者以從我。若宋之制置條例司，雖可謂之有立法部，而未可謂之有立法權也。何也？其立法部不過政府之所設爲行政官之附庸，而分權對峙之態度，一無所存也。唐代之給事中，常有封還詔書之權，其所以對抗於行政官，使不得專其威柄者，善矣美矣。然所司者非立法權，僅能摭拾一二小故，救其末流，而不能善其本也。若近世遇有大事，亦常下大學士六部九卿翰詹科道督撫將軍會議。然各皆有權，各皆無權，既非立法，亦非行政，名實混淆，不可思議。故今日欲興新治，非劃清立法之權而注重之不能爲功也。

（清）梁啓超《飲冰室合集·文集》卷二〇《政治與人民》 夫政治之爲物，不能自現，而行之也必以人。人類之普通性，趨於下流其道易，勉而向上其道難。一私人之德業，苟無父兄師友之督責，而能緝熙於光明者蓋寡焉。况乃今之持政權者，沿歷史上久習之積威，假法制上無上之權力，傫然自恣，而無人惎乎其旁，其良也。勢力不緣以加崇，其不良也。而地位不緣以喪失，則不良焉者。項背相望，而良焉者。累千載不一遇，固其所也。故欲求政治之能良，莫急於有監督機關以與執行機關相對立。執行機關者何，政府是也。監督機關者何，國會是也。故國會者，良政治之源泉也。今世立憲國，惟知此義也。故一切政治，非得國會多數之贊許者，不能施行者，不能施行。坐是而執政之人，非得國會多數之後援者，不能安於其位。夫國會者，以人民之選舉而成立者也。其性質既已爲代表國民之意思，而申其利益矣。

又： 夫立憲政治之所以良於專制者，不過曰國民對於政府而常施監督，斯政府對於國民而常負責任云爾。然必國民能確認政治爲於己身有極重極切之關係，然後其監督政府也能不怠。而政府乃不敢反於民，之所欲以自恣斯良政治於以發生。

（清）梁啓超《飲冰室合集·文集》卷二〇《政聞社宣言書》 正式之表示當若何，曰必當有團體焉，以爲表示之機關。夫團體之爲物，恆以其團體員合成之意思爲意思，此通義也。故其團體員苟占國民之一小部分者，則其團體所表示之意思，即爲此一小部分國民所表示之意思。其團體苟占國民之大多數者，則其團體所表示之意思，即爲大多數國民所表示這意思。夫如是，則所謂國民意思者，乃有具體的之可尋而現於實矣。國民意思既現於實，則必非漫然表示之而已，必且求其貫徹焉。國民誠能表示其反對專制之意思，而且必欲貫徹之，則專制政府前此所恃默認之後援，既已失據。於此而猶欲寶其敝帚，以抗此新潮，其道無由。所謂國民恆立於其所欲立之地位者，此之謂也。吾黨同人，誠有反對專制政體之意思，而必欲爲正式的表示，而又信我國民中其同有此意思同欲爲正式的表示者，大不乏人。彼此皆徒以無表示之機關，而形跡幾等於默認。夫本反對而成爲默認，本欲爲立憲政治之忠僕，而反變爲專制政治之後援，是自汚也。夫自汚則安可忍也，此又政聞社之所由發生也。

夫所謂改造政府，所謂反對專制，申言之，則不外求立憲政治之成立而已。立憲政治非他，即國民政治之謂也。欲國民政治之現於實，且常保持之而勿失墜，善運用之而日向榮，則其原動力不可不還求諸國民之自身。其第一著，當使國民勿漠視政治，而常引爲己任。其第二著，當使國民對於政治之適否，而有判斷之常識。其第三著，當使國民具足政治上之能力，常能自起而當其衝。夫國民必備此三種資格，然後立憲政治乃能化成。又必先建設立憲政治，然後國民此三種資格乃能進步。謂國民程度不足，坐待其足然後立憲者妄也。但高談立憲，而於國民程度，不一厝意者，亦妄也。

又：一曰實行國會制度，建設責任政府。

吾固言之矣，凡政府之能良者，必其爲國民的政府者也。曷爲謂之國民的政府，卽對於國民而負責任之政府也。國民則夥矣，政府安能一一對之而負責任？曰：對於國民所選舉之國會而負責任，是卽對於國民而負責任也。故無國會之國，則責任政府終古不成立。責任政府不成立，則政體終古不脱於專制。今者朝廷鑒宇內之勢，知立憲之萬不容已。亦既涣汗大號，表示其意思以告吾民。然横覽天下，從未聞有無國會之立憲國。故吾黨所主張，惟在速開國會，以證明立憲之詔，非爲具文。吾黨主張立憲政體，同時主張君主國體，然察現今中央政治機關之組織，與世界一般立憲君主國所採用之原則，正相反背。彼則君主無責任，而政府大臣代負其責任，君主代政府負責任之結果。一方面使政府有所諉卸，而政治末從改良；一方面使君主叢怨於人民，而國本將生搖動。故必崇君主於政府以外，然後明定政府之責任，使對於國會，而功過皆自受之。此根本主義也。

二曰釐訂法律鞏固司法權之獨立。

國家之目的，一方面謀國家自身之發達，一方面謀國中人民之安寧幸福。而人民之安寧幸福，又爲國家發達之源泉。故最當首注意焉，人民公權私權，有一見權抑，則民日以瘁，而國亦隨之。然欲保人民權利，罔俾侵犯，則其一，須有完備之法律，規定焉以爲保障；其二，須有獨立之裁判官廳，得守法而無所瞻徇。今中國法律，大率沿千年之舊，與現在社會情態，强半不相應。又規定簡略，惟恃判例以爲補助，夥如牛毛，棼如亂絲，吏民莫知所適從。重以行政司法兩權，以一機關行之。從事折獄者，往往爲他力所左右，爲安固其地位起見。而執法力乃不克强。坐是之故，人民生命財産，常厝於不安之地，舉國儳然若不可終日。社會上種種現象，緣此而沮其發榮滋長之機，其影響所及，更使外人不措信於我國家。設領事裁判權於我領土，而內治之困難，益加其焉。故吾黨以釐訂法律鞏固司法權之獨立，爲次於國會制度最要之政綱也。

三曰確立地方自治，正中央地方之權限。

地方團體自治者，國家一種之政治機關也。就一方面觀之，省中央政府之干涉及其負擔，使就近而自爲謀。其謀也，必視中央代謀者爲易周。此其利益之及於地方團體自身者也。就他方面觀之，使人民在小團體中，爲政治之練習，能喚起其對於政治之興味，而養成其行於政治上之良習慣。此其利益之及於國家者。蓋益深且大，世界諸立憲國，恒以地方自治爲基礎。卽前此久經專制之俄羅斯，其自治制亦蚤已頒布，誠有由也。我國幅員遼廓，在世界諸立憲國中，未見其比，而國家之基礎，又非以聯邦而成，在低級之地方團體，其施政之範圍，雖與他國之地方團體不相遠，在高級之地方團體，其施政之範圍，殆埒他國之國家。故我國今日，須完備適當之地方自治制度，且正中央與地方之權限，實爲最困難而最切要之問題。今地方自治之一語，舉國中幾於耳熟能詳，而政府泄泄沓沓，無何種之設施，國民亦袖手坐待，而罔或自起而謀之。此吾黨所以不能不自有所主張而期其貫徹也。

（清）梁啓超《飲冰室合集·文集》卷二〇《城鎮鄉自治章程質疑》

大都市之行政，所以必用合議制者，爲其事務多且規模大，故加慎重也。小鄉村所以用獨裁制者，爲其事簡無取冗員，且人材難得也。其地方已具都市之資格者，不宜以鄉村之法治之，其地方僅具鄉村之資格者，亦不有以都市之法治之，惟所適而已。故日本之制，市得變爲町村，町村亦得進而爲市。今本章程以城鎮爲一類，模倣日本之市，以鄉爲一類，模倣日本之町村。而第二條云，凡府廳州縣治城廂地方爲城，是城之資格有一定，而其定之也，以行政官所駐在地爲唯一之條件。夫山州下縣，其城廂人口不過千數百，而財政一無所出者，往往有矣。黑龍江省之省城，尚一望可盡，況下此者哉。而使之設多數之總董，董事，名譽董事，及二十名之議事會員，無事可辦，而徒耗薪水，費時日。且獎厲人民以華而不實之風，甚無謂也。竊以爲此分類之標準，極不適當，若不以此爲分類之標準，則並城之名稱，亦不能用矣。

（清）梁啓超《飲冰室合集·文集》卷二三《論請願國會當與請願政府並行》

資政院議員對於國會問題，有其特別責任，抑章章矣。吾以爲資政院議員對於此事之責任，蓋有二端。一曰直接之責任，二曰間接之責任。直接之責任者何，政府對於資政院，其本意不過以爲裝飾品而已。雖然，亦既設之，則固不能視同無物，其章程所列權限，雖復鹵莽滅裂，不成片段，然既已見畀者，其勢固不易反汗。苟議員能將章程内之職權，堅抱之而莫肯放棄，則其效力比諸御史之封奏報館之論文固自稍優，政府亦不能不稍有所慴，而秕政或可減殺於萬一。況乎政治上勢力之消長，原非法律條文所得而限，各國憲政發達之結果，能使裁抑民權之法規成爲僵石者，比比然也。資政院議員若能抱定諭旨中國會基礎一語以爲宗旨，在在以國會之精神行之，則此雖鷄肋，固未易輕棄也。資政院議員之責任，吾别爲文論之。間接之責任者，則院章中本有受理人民請願之一。

（清）梁啓超《飲冰室合集・文集》卷二三《憲政淺説》 今舉國競言憲政。政府曰，自今以往，吾將爲立憲國之政府也。國民曰，自今以往，吾將爲立憲國之國民也。然還觀上下之所舉措及其言論，則無一焉與當世諸立憲國相類。匪惟不相類，而且適得其反。夫天下事物，必先具其體乃能致其用。玉輅誠美，苟輻轂不備，則致遠之效不如椎輪。衮冕誠華，苟幅領不完，則章身之施，不如短褐。夫專制政體雖可厭惡乎。然猶且積數千年之斟酌損益，有種種機關，種種精神，以互相維繫，確然成爲具體之一事物。而吾民之習而安之也亦已久。此如車之有椎輪，衣之有短褐也。今以其不適於時勢，故革焉而易之以立憲。夫革焉而易之，宜矣。然立憲政體，又别有其種種機關，種種精神，以相維繫然後體始具。而其機關其精神，又無一可與專制政體相襲者也。今不務所以整飭此機關，發育此精神，而惟竊其名。名者實之賓也，實之不存。而名顧可以久竊乎。況夫所假之名未歸，而固有之實先喪，新機關新精神百不建設，而舊機關舊精神，惟取其惡劣者保存而滋長之。其善良者則破壞而無所復餘，此如壽陵餘子學步於邯鄲，新步未成，而故步全失，不至匍匐而歸焉不止也。吾思之，吾重思之，今吾國人言憲政者，雖甚囂塵上，而其能識憲政爲何物者，度千百中不過一二。其餘則皆耳食雷同不求甚解得也。夫未能知而責以行，此必不可得之數矣。吾思之，吾重思之，吾國人講治國平天下之術，已數千年，其政治能力決非弱於他國。而今也迫於内憂外患，上下矍然而起，乃始舍其舊而新是謀，其中誠大有不得已得存。然則凡今之言憲政者，其汲汲然亟欲知憲政之爲何物，度必有若飢渴之於飲食者矣。而國中先覺之士，於兹事寡所論述，籍曰有之，則或專明一義，偏而不全，或馳騖學理，博而寡要。夫天下事理恆相待而始成立，不舉大體而欲專明一義，則並此義而不能明。有固然矣。若夫侈陳奥衍之學理，則人將視爲專門之業，望洋而歎。其能精讀而徹解者，復幾人哉。吾國人所以不能得憲政常識，而立憲國民之資格久而不具者，皆此之由。吾爲此懼，不揣固陋，輒述所知，演爲淺説，非敢效敝帚之享千金，亦庶幾鉛刀之資一割云耳。

又： 國家須有權力，蓋以多數人民同處於一方域之内。其利害相同者固多，而相異者亦不少。使人人各利其利而莫能相下，此之所欲彼，或撓之彼，之所惡此，或主之，任情以行，無所統屬，則野蠻之羣聚耳，豈復成國。國也者，必統一有秩序而始成立者也。如何而後能使之統一而有秩序，必也有命令焉者。有服從焉者，以我之命令，而强制人使不得不服從，謂之權力。國家具有此權力，謂之統治權。無統治權者，則非國家。亦惟國家始能有統治權，無論何人，皆不能强制他人。人之得强制他人者，必其爲國家機關而代國家行此權者也。如君主及一切文武官吏是也。否則由國家法律賦與以此權者也。

又： 國家既爲一團體，然團體之意思行爲，賴有機關而始得見者也。故次當論國家機關。機關者何，如輪船火車之有機器也，團體曷爲而必賴有機關。蓋團體者，法律上之人格而視之與人同類者也。既曰與人同類，則必有意思焉，有行爲焉，而能爲權利義務之主體然。人也者，有形之人格也。故無所待於外，而能自決其意思自運其行爲。團體不然，集多數之分子而成，而又自爲獨立之一體，與其分子不同物，漠然而無實形之可指也。故其意思其行爲，必假諸有形之人以寄而達之。其所假之人，即其機關也。此徵諸股分公司而最易見也。凡公司皆自有其債權債務，而與股東之債務不相蒙，是其獨立而爲權利義務之主體也。凡公司皆有其所向之目的，所定之計畫，是公司自有其意思也，恆從其目的、依其計畫汲汲以經營之。是公司有其行爲也，是其性質與有形人絲毫無異者也。獨所異者，公司不能自表其意思，而必賴股東總會以表之。公司不能自運其行爲，而必賴司理監查及一切執事人以運之。股東總會諸股東以及司理監查一切執事人，皆以有形人而司公司之機關者也。凡團體機關，其性質皆準是，惟國家亦然。君主也，大統領也，國務大臣也，一切行政司法大小官吏也，國會也，行選舉權之公民也，皆國家之機關也。

國家機關，可分兩種。一曰直接機關，二曰間接機關。直接機關者，司機關之人，非受他機關所委任，乃直接從憲法所規定，緣法律事實之發生，或經法律行爲之順序，而自然得其地位者也。此語頗晦然，其義必如此，乃備覩下文自明。例如公司之股東總會，從商法所規定，公司一成，卽隨之而存立者也。其在國家，則君主大統領及國會議會，皆屬於此種。蓋君主之嗣統，其權利本於憲法及皇室大典，遇有先君崩殂之一種法律事實，則從而得之。議員之就職，其權利本於憲法及議院法，經過投票選擧之一種法律行爲，則從而得之。是皆非由他機關所委任者也。間接機關則不然，司機關之人，則他機關所委任。而受委任之人，更得擧其職權內之事務，轉委任於他機關。例如公司之司理人，受委任於股東總會，而一切執事，又受委任於司理人也。其在國家，則自國務大臣以下，一切文武內外大小官吏，皆屬於此種。

凡國家機關，無論爲直接者爲間接者，其法律上皆無人格而不得爲權利義務之主體。蓋機關不過供國家使用之一器具，以國家之目的爲目的，而非別自有其目的者也。故機關與司機關之人，其界限必須分明。司機關之人，其本身則有人格而能爲權利義務之主體者也。非惟對於箇人有之，卽對於國家亦有之。如官吏有受廉俸之權，議員有受歲費及特別保護之權，此皆對於國家而官吏議員本身之權利也。雖然，官吏代國家以命令人民，徵租税焉，課徭役焉，此非官吏本身之權利，而行國家之權利也。議員議決法律，協贊豫算，亦非議員本身之權利，而行國家之權利也。卽君主亦然。君主有受皇室經費之權，有神聖不可侵犯之種種特權，此其本身之權利也。至其爲國家機關而行統治權，則所行者亦非其本身之權利，而國家之權利也。吾國人疇昔於此義辨之不具，故往往公私混淆。而種種秕政，緣之而起。言憲政者不可以不留意也。

各機關有以一人獨裁而司之者，有以多人合議而司之者。一人獨裁者，如君主，大統領，及各官署之惟有一長官者是也。多人合議者，如國會，察計院，合議裁判所，及我國一部中而有尚書侍郎數人者是也。何種機關當用何式，此俟下方各章分論之。但無論爲獨裁爲合議，而機關之性質，不緣此而生差別。

間接機關，一國中恆有多數，可勿具論。直接機關，則一國中不可無一箇，而又不可多於二箇。其僅有一箇者，則君主是也。其兼有兩箇者，則君主與國會或大統領與國會是也。緣直接機關之或僅一個或兼兩個，而政體之差別生焉。其有兩箇直接機關者，則兩者權力之大小，決不容平等，平等則無從統一矣。故其中必有一焉爲最高機關。緣最高機關之所在有異同，而國體之差別生焉。今別分節以釋之。

又：立法、行政、司法，總名曰統治權。統治權之體不可分，可分者乃其用耳。故有君主以立乎國會國務大臣審判廳之上以總攬此權。君主之行立法權，則以國會協贊之形式出之。君主之行行政權，則以大臣副署之形式出之。君主之行司法權，則以審判廳獨立之形式出之。斯乃所謂立憲也。故三權之體，皆筦於君主，此專制國與立憲國之所同也。三權之用，其在專制國之君主，則率其所欲，徑遂而直行之。其在立憲國之君主，則分寄之於此三機關者，以一定之節制而行之。此則其所以異也。此亦言乎君主國也。若在民主立憲國，則此三權之體，筦於國民，而其用之分寄，亦與此同。

明乎此，則政體之區別，從可識矣。若夫立憲政體優於專制政體之故，則次章論之。

又：夫統治權既以强制爲用，則國人皆當服從，斯不自由莫甚焉。而一國中有司國家機關而行强制權者，有僅服從於國家而被强制者，斯不平等莫甚焉。於是有謂國家之建置，僅以擁强者之權利。而以弱者爲其芻狗者，無政府黨之所以欲破壞國家，殆爲此也。雖然，謂不自由不平等之所攸起。由於有國家，而國家强制力消滅後，則自由平等之幸福立見，此大惑也。夫物之不齊，物之情矣。當國家未建之始，其强陵弱衆暴寡智欺愚勇威怯之象，視今日蓋數倍焉。人見國家雖建，而國中仍不乏無告之民，而不知苟無國家，則無告者乃真無告也。復次，國家既建，則箇人之自由，每被限制固也。雖然，自由之範圍，雖視前爲狹。而範圍內之自由，確實之程度，則視前爲增。蓋國家者，所以確定箇人自由之界而爲之保障者也。使自由而無界，人人各得隨其力之所及而伸縮之，則社會之劣而弱者，將常爲强而優者之魚肉而無所逃矣。由此言之，則社會中劣弱之階級，其深賴有國家也甚明。然則，國家得毋不利於優強之階級乎，是又不然。前此之强者，不過有事實上之權力而已，及經國家承認以後，則變爲法律上之權利。僅恃事實上之權力，一旦衆弱聯合而踣之，未可知也。既爲法律上之權利，苟蒙不當之反抗，則又可以求保護於國家矣。是故無國家，則弱者強者舉受其敝，有國家，則強者弱者舉蒙其利。此國家功用之存於箇人方面者也。

（清）梁啓超《飲冰室合集·文集》卷二三《國會與義務》 政治上之權利同時即爲政治上之義務，此實學理上之一大原則，放諸四海而皆準者也。既爲本國人民，應得與聞本國政事。故得選舉議員與得被選舉爲議員，固可稱之爲人民一種之權利。既爲本國人民，不容置本國政事於不問。故選舉者必躬自投票，被選舉者必須常列席，亦可稱之爲人民一種之義務。然則國家之設國會，謂之賦人民以新權利焉可也，謂之課人民以新義務焉亦可也。而所課之新義務非他，乃即存於國會其物之自身者也。夫國會其物之自身，本已含有義務之性質，而乃云以之與他種義務相交换，是以義務爲義務之代價也，其不詞亦甚矣。人民既負擔應與國政之義務，同時，又負擔應納租税之義務。此兩種義務，皆不容逃避，而各自獨立並存，彼此絶無因果之關係。指納租税爲開國會之代價，是無異指服兵役爲納租税之代價。稍解事理者，當知其非矣。

（清）梁啓超《飲冰室合集·文集》卷二三《立憲政體與政治道德》

我國政體之趨於立憲也，時勢所不得不然也。今五大部洲中，無復能有一國焉率專制之舊而自立於天地者。故處士號呼之於下，而先帝英斷之於上。今者立憲之一語，亦既人口誦而家耳熟。而朝野上下，亦且謂八年以往。吾國之方英美駕德日，可操券而待矣。雖然，吾嘗聞諸法儒孟德斯鳩曰：凡一國之立，必有所恃。專制政體之國恃威力，少數政體之國恃名譽，而立憲政體所恃以立國者則道德也。夫道德之爲物，無論何國，固不可以斯須去。而孟氏獨於立憲國三致意者，豈不以他種政體，尚有他術焉可以濟道德之窮。而立憲政體，則舍此而悉無所麗也。請言其理，立憲政體之最可貴者，在其權限之嚴明。然正以權限嚴明故，故行政部有莫大之威權，非他種政體所可同年而語。立乎其上者，雖有一君主，而君主以神聖不可侵之資格不負政治上之責任，勢固不容察察爲明，一一綜核政府之設施，而代之受過。故得以限制政府之威權而使軌於正者，惟恃一國會。然國會之對於政府，僅能爲立法上之監督與政治上之監督而已。若行政上之監督，在法固非國會之所得施。而國家諸種行爲中，其與國利民福關係最繁而影響最捷者，實莫如行政。就令政治之方針不誤，法制之大體適宜，而奉行之勤怠虚實，與夫寬猛緩急之間，其結果之良惡，可以懸殊。夫奉公於行政部之人，則亦多矣。上自國務大臣，下逮庶人，在官者，靡所不統有一失職民害乃滋。故立憲國之行政官吏，各對於其職務而負嚴重之責任，以受上級官廳之監督。其上級者又受其更上級者之監督。夫必事事毛舉而監督之，亦何術可以克周者。必也一切官吏，先皆有忠於職務之誠意，斷不至爲大德之踰閑，然後於其所不逮者，及其所失誤者，而指揮之。是正之云爾。若一國官吏悉自忘其身之爲國民公僕，而惟思假公職以牟私利，恬然不以爲恥，一邱之貉，而監督又安得施？此普通官吏之道德繫國家安危者一也。下僚之不德，長官得而糾之。長官不德，而糾之之道殆窮。夫一國之行政部，必有其最高機關。在東西各國，則中央内閣諸大臣也。在我國現制，則中央各部尚書侍郎，復益以各督撫也。此皆舍君主及國會以外，無一人能糾其責任者。而立憲國之君主，既已以垂拱爲治，則國會實爲唯一之督責機關。靡論此最高官吏者，常得藉口於行政職權之獨立，以逃國會之干涉也。就令政治上之德義問題，爲國會所得干涉。然國會之召集，期限有定，閉會中瀆職之舉，俟下次開會而始圖匡正，已等於亡羊。而貽國家以不可復之損失者，抑既多矣。况乎執政以彈劾獲罪，在泰西憲法史中，目爲不祥，其事固不可以屢見。然使袞袞當道，舉皆以德義爲弁髦，則雖劾一人而去之，繼其後者猶吾大夫崔子，則多此一次之擾擾，果何爲也。又况國會之力能進退執政與否，又視乎其國之憲法條文及其政治習慣何如，而决非新進之立憲國所能望也。故夫今世立憲國國會之監督執政也，必其執政先有恤民憂國之誠意，其所設施固無一不以國利民福爲前提，特其政策之權衡於先後輕重緩急間者。見智見仁，利害可一言而决，則占之輿論以定其從違云耳。若執政心目中，本無國家無國民，其所以誤國病民者，不在措施之失宜，而在行誼之負慝。於此而欲籍國會以爲匡救，其所能匡救者幾何哉。此執政方鎮之道德繫國家安危者二也。然此猶爲國會議員能盡其識者言之耳。使議員各能金玉自守，不淫於富貴，不屈於威武，代表正當之輿論，爲國民後援，則雖有不肖之執政猶將有所憚而不敢自恣，且或畏民喦而思引退焉。而不然者，誘之以利祿，怵之以禍害，能使之幡然盡棄其所守以黨於敵，則國會以及一切地方議會，乃不啻爲蠹國殃民之官吏傅之翼。前此失政溺職，尚或狼顧而懼清議之隨其後。今乃得明目張膽而號於衆曰：吾種種穢德罪業，皆從國民之所欲而行之者也。是何異國民自舉代表人授之刃而使揕吾胸也，是恐一虎之擇肉有所未盡，而復豢羣狼以爲之扈從也，是故人民所舉議員，苟得其人，則常能閑節政府使軌於正，詒人民以莫大之利。苟非其人，則緣此所蒙之害亦如之。此國會及地方議會議員之道德繫國家安危者三也。由是言之，則孟氏謂立憲政體惟恃道德以立國者，豈其欺我哉。

今之設辭以撓憲政者，輒鰓鰓然以程度不足爲憂，唯吾固亦憂之。雖然，彼所憂者曰人民程度問題，吾所憂者，則官吏與人民共通之程度問題也。彼所憂者曰智識程度問題，吾所憂者，則道德程度問題也。夫使官吏之程度已足，惟人民之程度不足，則策厲陶冶以助之長，至易易耳。彼二十年前之日本，豈不然哉。若乃官吏之程度，萬不能爲立憲國之官吏，則吾真不知如之何而可也。使道德之程度已足，惟智識之程度不足，則甘受和白受采，稍傅益之，將日進而無疆焉。若乃道德之程度，與立憲國所需者相背而馳，則朽木不可雕，糞牆不可圬，吾又安知其所終極也。今之立憲而曰預備也，豈非懼程度之未足。故少遼緩之以期諸將來也，顧將來可以增進者智識程度耳。若道德程度，則豈有所待焉。人人誠能以自厲，雖一躍而凌駕世界諸先進國可也。而不然者，雖預備數十百年，吾敢必其無寸效之可睹，而何有於八年哉。又況乎持吾之所謂道德程度者以繩我國人，不惟不見其日進也，而反見其日退。今且若此，則江河日下，以迄於八年，吾更安知其作何狀也。

（清）梁啓超《飲冰室合集・文集》卷二三《責任内閣與政治家》

今日建設責任内閣之議，漸成爲朝野之輿論，國民譟之於下，督撫争之於外，而資政院主之於中。雖宫廷樞府，亦漸漸爲所動。夫曩昔吾國人固莫或知責任内閣之爲急也，今則全國人憔悴虐政，宛轉就死，窮而返本，知致我於死者之由何道矣。資政院開，有所謂政府委員者出，謂足以爲院中質問之鵠，而其等於兒戲。抑衆所共覩，資政院以不得要領之故，不得不窮極其敝矣。督撫前本與各尚侍立於同等之地位，除循例奉行之細故外，罕能掣其肘。今則中央集權之説昌，各部動下訓令，督撫非復前此之能孤行其志。而各部令如雨下，無所統一，朝頒夕改，此矛彼盾，實無以爲奉行之準。於是始思所以顧其咎者矣。由此言之，責任内閣者，實應於今日時勢最急之要求，人人心目中所希望，若飢渴之於飲食。事勢既已至此，則朝廷雖有雷霆萬鈞之力，固無道以遏之。故責任内閣之名稱之出現於中國，殆旦夕間事，此吾所敢决言也。雖然，是遂足以爲中國之福乎，吾不能無疑。責任内閣者何，舉全國之政治而負其責任也。惟政治家爲能負政治之責，故必有政治家，然後責任内閣得立。而今也舉國中有足稱爲政治家者與否，吾實不能無疑，今請遵嚴格以論列政治家之定義，而勘以國中人物，果有足以當此焉者否也。

又：要而論之，一國之政治，一國國民所公同造出也。一國政治上之責任，一國國民所公同負荷也。有在野之政治家，不患無在朝之政治家。有負責任之國民，不患無負責任之政府。吾願談責任内閣者，於此中三致意也。

（清）梁啓超《飲冰室合集・文集》卷二四《中國國會制度私議》

則國會權限之所及，如此其廣漠而複雜，且各國憲法所賦與於彼者，其廣狹又萬有不齊。然則就所有權限以類列國家機關，而欲確指國會之屬於何類，蓋亦難矣。雖然，若棄小異取大同略形式稱精神，抽象的以求各國國會普通之地位性質，則亦有焉。曰國會者，爲制限機關以與主動機關相對峙是已。凡立憲之國家，必有兩直接獨立之機關相對峙，而此兩機關者，其中必有一焉，能以自力發動國權，對於人民而使生拘束力。若此者謂之主動機關，又必有一焉，不能以自己之意思，直接以生拘束國民之力。顧能以其力制限主動機關之發動國權，非得其同意，則不能有效。若此者謂之制限機關，其在前者，則元首也，其在後者，則國會也。故苟無制限主動機關之權者，必非國會，惟有此權者，乃爲國會。此又萬國國會共通之性質也。

又：故就政治上以論國會，則國會者代表全國人民各方面之勢力者也，惟其代表人民之勢力也。故不可不以民選舉爲原則，惟其代表全國各方面之勢力也。故國中若有他種特別勢力，亦不可以不網羅之。其網羅之也，或用特別之選舉法，或用選舉以外之他法，則因其所宜，此皆例外也。各國國會之組織，其內容雖各各不同，至其爲代表全國人民各方面之政治的勢力，則無不同也。

又：然則欲建設理想的善良政治，勢不可不以國民全體之意思爲國家意思，而合國民全體以聚議於一堂。在今日之國家，勢所不逮。故不得不以代議制度而自卽安。代議制度，果足以成真正之國家意思，爲絶對的善良之制度乎，是非所敢言。然以不完全之人類，安從得完全之政治。故謂代議制度，爲現在所有最良之制度，决非過言。

代議制度之精神，其一則在國民全體之意思爲國家意思也，其二則在使之能以適當之方法，發表其意思也。爲達第一目的，則不可不使社會各方面，皆有代表人。爲達第二目的，尤不可不設置適當之機關，以調和代表人之意思。而二院制者，實應於此二目的之必要而起者也。無論何國，其國內必包含種種分子，其分子皆各有其特殊之利益。既有特殊之利益，則此之所利，或卽彼之所害。而利益之衝突生，苟無以調和之，則所謂真正國家之意思者，終不可得見。雖然，爲調和此等利益起見，而欲設許多之獨立機關，使各自代表其利益。非惟事實上萬不能致，抑許多獨立機關，雜然並陳，非惟不能調和也，而愈以獎衝突。故於一方面，使之各代表其利益，同時於他方面，爲設一範圍，以範圍內之壓制爲調和，此二院所由建也。默察今世各國情實，大抵於其國中有互相矛盾之二大主義存焉。其在歷史上本有貴族之國，其最相衝突者，則貴族主義與平民主義也。在聯邦制度之國，其最相衝突者，則聯邦主義與國民主義也。如英如日，屬於前者，如美如德，屬於後者。而二院制卽以代表此二大主義而成立者也。英日之上院，代表貴族主義，其下院則代表平民主義也。德美之上院，代表聯邦主義，其下院，則代表國民主義也。此二院制第一之理由也。

然則其國苟無此特别理由者，遂無取於二院乎？曰：是，又不然。二院制之利，尚有其通於各國者四焉，請一一舉之。一曰可以免國會之專横也。吾黨固絶對的主張國會，而又絶對的不主張專制。君主專制固專制，而國會專制亦專制也。以一院而成國會，最易爲黨派所支配，苟政黨之道德不完全，則易成爲國會專制，而其弊不可勝言。有兩院則彼此互相監督，而其弊可以減殺也。二曰可以防輕躁之行動也。以今日人類之德智，其程度猶遠未完全。僅以一個之立法體，爲國家意思機關，則或認不確之證據以爲事實，或蔽於感情而持偏見，往往難免。若有二院，雖非謂能盡矯正此弊，而所裨固已多多矣。蓋常能以甲院之異同，而促乙院之反省，彼此互競，而事理可趨於正確，意見可趨於公平。三曰可以調和國會與他機關之牴觸也。國家分設諸機關，原出於不得已。而諸機關之互相聯絡，各保平衡，實爲維持國家秩序之第一義。而監督機關之國會，與執行機關之政府，常相衝突，又事理所必至也。其衝突若過甚，則爲兩虎相鬥，必有一斃。或國會强政府爲其奴隸，充其量可以流於無政府，或政府强國會爲其奴隸，充其量可以返於專制，此皆歷史上數見不鮮之前車也。二院制雖亦非能盡免此弊，然以校一院則固減殺矣。四曰可使優等之少數者得機會以發揮其能力於政治上也。凡一院制之國會，勢不得不以民選之唯一方法組織而成。而僅恃民選之一方法，則有時或因選舉人耳目之遺漏，或優秀之人物不願競争選舉，或以不投身政黨故，而選舉不能制勝。以及其他種種理由，致優等之少數者，不得立於政界。故必更有一院焉，其議員資格不必純由民選以發生，然後能網羅全國之勢力，以集於國會也。合此數端視之，則二院制確有其政治上之理由，而不得以偶然現象目之也甚明。

至二院制之害，則爲議事遲緩也，國費增加也，有少數壓多數之虞也，缺統一也，此十九世紀前半紀法國人力主一院制時學者所藉之爲口實也。然兩害相權取其輕，兩利相權取其重，近世學者，辯之甚明，今不必枚舉之。

又：二院制殆成各國國會普通原則。既已若是，而論者對於中國將來之國會猶有主張一院制者，吾蓋習聞之。而日本之博士有賀長雄氏，亦其一人也，問其理由，不過曰：中國之國體，既非如英日之有貴族，亦非如德美之爲聯邦，既無分立二院之必要。且除人民平等選舉以外，亦更無他種要素以别成一院也。吾以爲此似是而非之言也。無論二院之利，有通於萬國者，如前所述。卽專就我國論，亦不能謂無特别必要之理由也。請以次舉之。我國貴族制度，自秦以來，幾度淘汰，至本朝而殆盡，故以貴族爲組織上院之要素，吾黨所最反對也。别詳本章第二節第二款。雖然，吾國固君主國也，既爲君主國，自不能絶對的無所謂特别階級者存。而國會者，以代表全國各方面之勢力爲目的者也。既有此特别階級，雖其勢力範圍不大，固不可不謀所以代表之。且中國國會者，非本部二十二行省之國會，而全帝國之國會也。本部之外，尚有兩大區域焉，其面積埒於本部者，曰蒙古，曰西藏。本部階級制度，雖消滅殆盡，而彼兩部乃適得其反，舍特別階級外，更無勢力之可言。使國會議員，純由人民平等選舉之一方法以發生，則此兩部者，將永見屏於國會之外。非所以保國家之統一也，此吾國國會應采二院制之理由一也。

我國雖非聯邦制，然以幅員太大，國情之復雜特甚。即以本部及滿洲二十二行省論，其氣候兼跨温熱二帶，其地勢兼山谷平原海瀕三種，各省利害，絶非同一。且其衝突之點甚多，非有以代表而調和之，不足以副國家意思機關之實。在人民選舉之下院，其員額比例於人口，大省之人口數十倍於小省而未已，則各省所出議員之數，勢不得不相懸絶。雖以法理論，國會當代表全國，而非代表地方，然豐於所昵而儉於所疏，人之常情，爲議員者亦安能免。如是則難保無以大省之利益，犧牲小省之利益，而國家均衡，或自此破焉。故於比例人口以行選舉之一院外，尤必須有平均代表各省之一機關，然後兩者相劑，而適得其平，此我國國會應采二院制之理由二也。

又：今世之國家，除中國及列强之屬國外，殆無不有國會。雖然等是國會也，而其職權之廣狹强弱萬有不齊。廣狹云者，就其職權所行之範圍言之也。例如甲國之國會，僅有立法權。乙國之國會，或兼有一部分之行政權、司法權是也。强弱云者，就其職權所生之效力言之。例如甲國國會不通過之法案，政府絶對的不能執行。乙國則或有他法以執行之。又如甲國國會通過之法案立刻即生效力，乙國則尚須加以他機關之行爲始生效力等是也。此等職權之廣狹强弱，有由法文上之規定而生者，有由政治上之沿革而生者。法文上之規定者，憲法著爲明條，而國會權限根據之以存立者也。於成文憲法之國多見之。政治上之沿革者，無憲法明條可依據，而國會權限，惟發達於歷史上之事實者也。於不文憲法之國多見之。雖然法律者死物也，而人類之意力，則活物也。故法文所規定，其效果恆不敵政治慣習之强，政治慣習即歷史上事實之發達也。非獨不文憲法之國爲然耳。即在成文憲法之國，其法文無論若何精嚴，而總有容廣義狹義解釋之餘地。故同一條文，政府據之以削減國會之權限，同是國會即據之以自擴充其權限，而各皆持之有故言之成理者，比比然也。要而論之，國會者，國民意識能力之返影也，使國民之意識能力强，則雖欲强以法文所規定者縮減國會之權限，而有所不能。蓋不適於時勢之法規，决不能保其效力，行當修正廢棄耳。即暫時尚存，亦東閣不用，等於殭石耳。例如英國憲法，其國王對於國會所議决之法律，得有不裁可權，由此言之，國會職權之效力蓋甚弱，然國王此權，經二百六十餘年未嘗一行之，則英國國會之職權，不緣此法文而減殺明矣。使國民之意識昧能力薄，則雖法文所規定，予國會以極廣之權限，亦不過紙上空文。例如我國現行諮議局章程，權限雖不可云極廣，然其應有之權，而各省議員，忽視而放棄之者，已不知凡幾也。由此言之，欲比較各國國會職權之廣狹强弱，實屬至難之業。蓋徒沾滯於法文之解釋，勢固不足以得其真相，而其政治上之沿革，事實上之發達，又且變動不居。而運用之妙，更往往爲皮相者所難窺及，故自昔學者恆苦於論斷也。

又：國會職權之分野其相對者，有兩界。一曰以地方議員之職權爲界，二曰以元首之職權爲界。地方議員之職權廣者，則國會之職權狹，國會之職權廣者，則地方議會之職權狹。此二種也。元首之職權廣者，則國會之職權狹，國會之職權廣者，則元首之職權狹。此又一種也。如國土然，此所割讓之部分，即爲彼所占領之部分，其强弱之相爲消長也，則亦有然。各國之差别，其事項與其程度，皆至複雜，殆非巧歷所能算也。然則國會職權所及之範圍，當以何爲廣狹適中，國會職權所生之效力，當以何爲强弱得宜，其問亦有一定之標準可得確指乎？曰：是殆難之。蓋政治無絶對之美，而惟適之爲貴。甲國所適，未必爲乙國所適，甲時代所適，未必爲乙時代適，欲通於各國各時代而求一公共正當之標準焉，不可得也。然則欲規定吾國將來國會之職權，亦有道乎？曰：博考各國差别之相，而求其所以然之故，乃返按諸吾國之情實，效其相類者而棄其不相類者，采其可行者而去其不可行者。其有吾國之情實爲他國所無，則職權之斷制，亦自我作古也。此本章之旨也。

抑吾更欲有言者，吾之所陳説，乃立法論也，靡論其將來能見，采擇與否，所不敢知。即見采擇，而所期之效，仍視乎人民之所以運用之者何如。蓋政治者，活力也，實權之消長，恆視實力以盾乎其後。我國民如欲得正當之實權，亦惟務養正當之實力而已矣。

又：夫憲法既貴簡單，多留餘地以待普通法律，彼兩種權者又法律之支與流裔。而法律則必須經國會参與者也，則我國會所當有之参與立法權，其廣大可概見矣。此在凡單一之立憲國，莫不有然，而我亦非能立異者也。

（清）梁啓超《飲冰室合集・文集》卷二五上《諮議局權限職務十論》

竊以爲我國憲政之最大問題，則將來中央集權與地方分權之程度是已。無論何國之政治，斷未有能爲絶對的集權者，亦斷未有能爲絶對的分權者。然程度之或畸於此，或畸於彼，則緣國情而各有所宜。我中國將來究當以何者爲正鵠，此非一言可決，吾將别論之。雖然有一原則焉，無論何國無論何時皆可以適用者。曰：中央議會與地方議會權限之大小，當視中央行政機關與地方行政機關權限之大小爲比例是也。

（清）梁啓超《飲冰室合集・文集》卷二五上《論政府阻撓國會之非》

軍機大臣署名之上諭又云，論議院之地位，在憲法中衹爲参預立法之一機關耳。其與議院相輔相成之事，何一不關重要，非盡議院所能参預。而謂議院一開，即足竟全功而臻郅治，古今中外，亦無此理。嗚呼！讀此而政府諸臣煬蔽聖明之罪，昭然若揭矣。夫謂議院議院即國會也，此從諭旨之文。爲参預立法之機關是也，下衹字一耳字。一若議院舍此别無他職權，則大非也。欲明議院之性質，必合法理上及政治上兩方面以觀察之，而始得其全。以云法理耶，則我憲法今尚未頒定，無成文之法理以資解釋，所能論據者，惟比較各國成法，以求其公共之原則而已。考各國議院，其職權之大小廣狹，千差萬别，莫或相同。有以議院爲單獨之大權機關，其權非惟在政府之上，且在君主之上者，如德意志帝國及比利時是也。有與他機關共同而組成大權機關者，如英國、美國、法國等是也。有兼爲司法機關者，如英國之貴族院，德國之聯邦参議院，美國、法國、意國之元老院是也。有兼爲行政機關者，如德國之聯邦参議院，美國之元老院是也。参觀第八號拙著《中國國會制度私議》第七葉至第十葉。第此勿深論，專就各國議院共通之職權論之，則一，参預改正憲法之權；二，提出法律議決法律之權；三，議決預算審查決算之權；四，事後承諾之權；五，質問政府之權；六，上奏彈劾之權；七，受理請願之權。此七者，無論何國之議院，咸所具有。故就比較法理言之，即謂此爲萬國議院共通之職權可也。即謂此種職權，苟缺其一，即不成爲國會可也。今乃云議院衹爲参預立法之一機關，將其他職權盡爲削去，此則無論徵諸何國憲法之法理而皆牴牾者也。名國會爲立法機關，此本於孟德斯鳩三權鼎立之説，其實今世各國立法事業非悉經國會，而國會職權不僅立法權。對的三權鼎立之説，久爲學者所料正矣。。以云政治耶，則議院最重之職務，在於代表民意監督政府，即参預立法之權。其根本精神，亦在於是。並非謂人民所選舉之議員，其立法上之智識，必能視政府爲優也。今世立憲國之法案，由政府提出者什而八九，由議員提出者不過一二，顧不聞緣是而謂議院参預立法之權可以輕視者。蓋非是則無以防政府立法上之專横，而所立之法，必不能順民所欲也。夫當順民所欲而防政府之專横者，豈惟在立法而已。

又：國會與編纂法典。國會與編纂法典，絶無因果之關係者也。蓋法律之應否編爲成典，至今尚爲世界學者論争之一問題。若謂必須法典完成之後，乃能開國會也，則如彼英、美等諸不典國，將永世無開國會之期矣。不典國與成典國相對待。成典國者，將民、刑、商、訴等重要之法律，以系統的組織編爲成書也。不典國者，國中惟有許多單行法而未嘗編爲成書也。今世界上無所謂英國民法、美國民法等，蓋英美皆不典國也。即在采成典主義之國，亦從未聞必先有法典然後可以有國會。法國國會，起於一七八九年，其民法頒於一八〇四年；德國國會，濫觴於一八四八年，大成於一八七一年，其民法頒於一八九七年；日本國會，開設於明治二十四年，其民法頒於明治二十八年。其他諸法，無論何國，大率皆成就於國會既開之後。故開設國會與編纂法典，可謂之絶無關係。若必曰有關係者，則謂當先開國會而後頒法典，猶爲近之，此不徒徵諸各國成例爲然也。蓋法典之爲物，其效力視普通之單行法爲尤强。國民公私權，於兹託命焉，國會以参預立法爲一重要之職務。若民刑商訴諸大法典，未經國會議決而遂頒布，是舉國民参預立法權之一大部分，而剝奪之也。是故籌備案以編纂法典列於召集國會之前，實爲大悖論理。至謂非俟編纂法典事業籌備完全之後，不能開設國會，則更夢囈矣。

又：國會與憲法。宜先有憲法而後有國會耶？宜先有國會而後有憲法耶？抑國會憲法宜同時成立耶？此我國人亟欲研究之問題也。當世諸立憲國中，國會與憲法同時成立者居多數。吾國采此主義未始不可。雖然，謂非有憲法卽不能有國會，此大謬也。英國爲立憲政體之祖國，其國會建設，已數百年，而至今尚無成文憲法。使國會必有待於憲法，則英何以稱焉。不獨英也，法國先有國民議會然後有憲法，美國先有十三州議會然後有憲法，德國先有聯邦議會然後有憲法。自餘諸國，率皆類是。蓋雖兩者同時成立，然猶必召集國會後，乃頒布憲法。觀各國憲法條文，其發端皆有經國會協贊字樣，斯可證也。惟日本以有特別之國情故，先頒布憲法，乃始召集國會。然國情異於日本者，固非可以漫然學步。卽以日本論，彼中有識之學者，於此舉猶多腹誹。蓋憲法既頒於未有國會以前，斯不得不用君主單獨之名義，而用君主單獨之名義以頒布憲法，其憲法之硬性過甚，雖時勢變遷，而改正不易，非國家之福也。故吾黨所主張，謂宜先制定憲法草案，而暫勿頒布，俟國會第一次開會，交草案提出，經協贊然後布之。此既符合國通例，亦適應我國國情者也。夫憲法之與國會，誠有密切之因果關係，制定草案誠不可不先時籌備。然以一年之力爲之，亦既優優有餘，謂徒以此而必須費九年之光陰，甚無理也。

又： 國會與議院法選舉法。非有議院法選舉法，則國會決不能發生，不能存在。當召集國會前必須籌備者，惟此一事而已。然此則何難之有？以憲政編查館之濟濟多才，數日半月可了矣。況關於諮議局之種種法規，皆足以爲先河。及今籌備，其事已因而非創乎。謂此區區者而須期以九年，尤無理也。

（清）梁啓超《飲冰室合集·文集》卷二五上《資政院章程質疑》

凡法規之文，在今日已別成爲一種專門之文體，非可苟焉已也。所以者何？蓋今世國家，以法治主義相尚，每頒一法規，則或人民之新權利新義務從此發生，或國家機關内部之組織及事務範圍，受其影響。是故制定法規者，不獨於實質上當折衷學理斟酌國情以期達福國利民之目的而已。卽其形式上卽文義上，亦當嚴守論理學之法則，力求明確，然後官民始有所持循。故英儒邊沁，嘗以法律文體比諸精金粹玉，其意蓋謂他種文雖詭異連犿，或不爲病，法律之文，苟有瑕疵，則其效力遂將減殺，或且全喪失也。法律文體之要件多端，然其最要者，第一，當求意義正確。所下字句，樹義謹嚴，毋或爲模棱騎墻之語以淆觀聽。第二，當求文義一貫。無或與他種法律或本法律他條之文相矛盾，此兩禁苟犯其一，則法律不復成文也已矣。我國近二三年來，法如牛毛，官民上下，亦既窮於應接，然什九皆成紙上具文者。語其遠因，雖由與法相維之機關，種種不備，語其近因，則法律之不完善，亦有以致之。所謂法律不完善者，則實質上之不完善居其半，形式上之不完善亦居其半。實質上之不完善，則由立法者不通學理，不審國情使然也。形式上之不完善，則由立法者不遵論理，不識文體使然也。

又： 以中國通行文義論之，則憲典、令典，皆法律之通名。故大清會典，可以大清法規之意義解釋之。則法律與法典，義蓋無擇。雖然，若就今世法學上通行之術語言之，則法律與法典，其範圍廣狹，大相逕庭。法律之語源，本於羅馬語之周士Jus，法典之語源，本於羅馬語之哥狄克士Codez。法律可以包法典，法典不能包法律。法典者，與單行法對舉者也。編纂法典Codifeation一語創自英之邊沁，卽襲哥狄克士之名而名之者也。羅馬之周士的尼安帝將前此種種單獨頒行之法律輯爲一編，命曰哥狄克士，後此遂爲專名以別於單行法單行法則，英語之Commen Laws也。故今世術語，惟民法、商法、刑法、民事刑事訴訟法、法院搆成法及成文之意法，以系統組織的方法編纂成帙者，始命之曰法典，其他皆不名法典。

又： 第二十條云：資政院於各衙門行政事件及内閣會議、政務處議決事件。如有疑問，得由總裁副總裁咨請答覆。此條所規定，根本於各國議院之質問權，意至善也。雖然，各國所謂質問權者，議員中任舉一人，皆可向政府委員，以口舌當場質問，不必用公文，尤不必經議決。蓋凡議院開會時，行政大臣或親臨會所，或派員代表，故議員對於政府政策，有所懷疑，自可以當場往復問難，爲勢甚順也。今本條所規定，限以由總裁副總裁咨請，則議員對於莅會之政府代表，不能面詰一辭。世界各國議院，豈聞有此辦法。而所謂總裁副總裁咨請云者，例必須經全院議決而後得行也。考本章程第三十六條云：資政院自行提議事件，非有議員三十人以上之同意，不得作爲議案。然則議員有欲質問政府者，必須先求得三十人以上贊成提議，再經多數議決，然後得由總裁咨請。明矣，似此僕僕，則一會期中所能質問者幾事。嗚呼！是不啻剝奪資政院之質問權而已矣。

又： 吾國人於立法上之智識，太過缺乏。而當立法之衝者，又莫或肯以忠實之心將之，徒取外國之法文，東塗西抹，苟塞篇幅而已。故一篇之中，其法理互相枘鑿者，往往而有。甚且以事實上所萬不能行者，貿然規定之於法文之內。謂其有意惡作劇耶，殆未必然，不過輕心以掉之耳。近數年來，法令如牛毛，夷考其實，大率皆此類也。在立法者之意，吾姑臚列數十條以炫人耳目，内容良窳，孰能糾我。殊不思法律之爲物，非以爲裝飾品也，期於實行也。一及實行，而有不可行者在，則立且閡窒廢置。此如機器然，全副事件，有一缺損或枘鑿者，則雖有良工，無從運用矣。則其勢必變爲裝飾品也，亦何足怪。西儒有言：國之治亂，亦於其人民習安法律狀態與否，覘之而已。夫必法律先使人有可習安之道，然後習安乃始可。期若騎墻矛盾之法文，則其本身先自不安者也。中國法治之效不覩，其原因雖多端，而此亦其一也。吾故借端以論及之，豈獨爲資政院章程言哉。

（清）梁啓超《飲冰室合集·文集》卷二五上《論資政院之天職》

議院最大之職權有二，曰參預立法也，曰監督行政也。其在今世實施憲政之國，則以前者爲重。既參預立法，則監督行政之實自舉也。其在我國今日，則以後者爲重。非監督行政，則參預立法之效悉虚也。歐美諸先進國，法治主義久已深入人心，舉國上下咸認法律爲神聖不可侵犯。是故凡百事項不著諸法律則已，既已著諸法律，經裁可而宣布之，雖君主且恪守罔越，而政府斷不敢發違法之命令。苟其發之，屬僚可以不奉行也，苟其奉行，人民可以起行政訴訟也。故立不一善，而國利民福，思過半矣。中國不然，《大清會典》、《大清律例》，以及歷年詔勑與奏定章程，其位置本與各國法律等也，而各行政官視同無物。今者號稱預備立憲，一一襲外國形式，於是變其名曰法律，然而視同無物如故也。頒布自頒布，違反自違反，上下恬然，不以爲怪，而國家威信益掃地以盡。非匡正此弊，則法治安有成立之期。而今日匡正之責，舍資政院信無屬也。

又：今日之要，最要使政府知法律之非同兒戲。當其未頒也，先預計將來所以實施者如何，苟財力不能實施，人才不能實施，事勢不能實施，則毋甯勿頒也。則法雖不完不備，而有一法卽可收一法之効。然則今日資政院所當率之職如何？一曰調查。將已頒之法規，一一調查其曾否實行也。二曰質問。於其不實行之事項，嚴重詰責，問其所以不實行之故也。三曰彈劾。揭政府違法大不敬之罪，求君上裁判也。若資政院議案能注重於此方面乎，則國其或有瘳。不然者，政府方提出無數法案，議員復提出無數法案，而其結果不過併九十日之力，孳孳以製造殭石，甚無謂也。

（清）梁啓超《飲冰室合集·文集》卷二五上《硃論與立憲政體》

若近世之立憲國，則凡政治上之詔勑，不經國務大臣副署者，不認爲有效。非削君主之權也，法理之結果，不得不然也。英國者，立憲政體之祖國也，而其諺曰：君主不能爲惡。夫人性可以爲善，可以爲不善。君主亦猶是人也，而曰不能爲惡也何居？學者解之曰：君主者，以一自然人而爲國家之最高機關者也。就其爲一自然人之地位言之，則固與其他之自然人同，能爲善亦能爲惡者也，就其爲國家最高機關之地位言之，則只能爲善而不能爲惡。蓋此機關實絶對的不能爲惡之機關也。

又：凡君主皆舉一國立法、行政、司法三大權而總攬之，然皆不以自專，而分使他機關參預。司法權則法院以君主之名行之者也，立法權則議會協贊君主以行之者也，行政權則國務大臣輔弼君主以行之者也。故君主之一機關，曾無單獨自動之事，其有動，則必挾他機關以動者也。夫既挾他機關而始動，苟其動而惡也，是亦他機關有以成之耳。大臣副署制所以爲立憲政治之命脉者，其精神皆在於是。故近世各立憲國，苟其詔勑有不經大臣副署者，祇認爲君主以自然人之資格而發私牘，不認其爲以國家機關之資格而發公文，此不必君主爲然也，卽以普通官吏論。無論何人，皆不能無私牘，然體制總不能與公文相混。既名曰公文，則必有畫行用印等種種條件。條件有一不具，卽失其爲公文之用，此事理之至淺者也。立憲國詔勑必以大臣副署爲成立之條件，其作用亦猶是耳。既有此條件，則責任自有所歸，蓋雖有違法違憲之詔勑，苟非大臣副署，則不成其爲詔勑。使君主違法違憲之舉得現於實者，皆副署之大臣成之也。所謂大臣負責任者，非責任本在君主而大臣代負之也，君主本無責任，而責任實全存於大臣之自身也。淺識者流，或以爲君主並非不能爲惡，徒以其神聖不可侵犯，雖有過舉而勿宜問，故移而尸之於大臣。如周公抗法於伯禽，如魏絳戮揚干之僕。此大謬也。夫臣民之尊君親上，以實不以文，故以足蹴路馬芻有誅，齒路馬有誅，謂其嫌於偪君也。若明明以君爲過舉，徒束於名分不敢議，而議其所親暱，以使之聞之則，其與於不敬，抑又甚矣。今立憲國之精神則異是。君主者，常立於無過之地者也，其所謂不能爲惡，非理想上之不能，而事實上之不能也。何也？苟其爲惡，非副署之大臣長之逢之，則無所取塗以現於實，故惡惟在大臣，而決不在君主也。明乎此義，則今世各立憲國，斷不肯用不經大臣副署之內勅，其故可思矣。其所以以大臣副署爲詔勅成立之必要條件者，凡以使君主常立於無過之地，而臣民之愛戴君主得出於至誠云爾。

（清）梁啓超《飲冰室合集・文集》卷二五上《評資政院》 我國官吏，伊古以來，未嘗認法規爲神聖不可侵犯。屬吏對於長官之命令，大臣對於君上之訓誥，殆無一不弁髦視之。而資政院之言論，更何有焉。而今日全國人所爲斯飢斯渴以冀憲政之一日實行者，凡欲進吾國於法治國而已。若有資政院而猶不能擁護法規，則他更何望而將來雖開國會，其有以愈於今日者幾何。故及今請旨申明議決權之效力，實院中第一天職也。

（清）梁啓超《飲冰室合集・文集》卷二六《政黨與政治上之信條》 今之政府，全不識立憲政體爲何物。以上諸信條，未嘗有一焉懸其心目中者。法律與命令之區別及其範圍，漫不省也，一切用上諭之舊形式頒布之而已。故有種種事項，在立憲各國例須以法律規定者，而始終不以提出於資政院。或資政院否決之法案，不轉瞬而發上諭施行之。其可決之法案，動輒留中不發也。雖前此早經裁可公布之法律，政府公然違反之，恬然不爲怪也。則雖有極大之政黨，終不能得絲毫之勢力以左右政治。政府則非惟不必聯絡政黨，並不必操縱政黨過抑政黨，聽其自生自滅而已。久而久之，人心厭倦，人才益去政黨而他適，政黨之命脈，日漸澌絶，立憲徒存虛名，而國命遂將永斬矣。

（清）梁啓超《飲冰室合集・文集》卷二六《立憲國詔旨之種類及其在國法上之地位》 立憲政體，以君主不負政治上之責任爲一大原則，其所以示別於專制政體者，惟在此點。然當由何道，乃能舉君主不負責任之實，此非明詔旨之種類及其在國法上之地位焉不可也。我政府絶不知此義，故動則假詔旨爲護符，以自卸責任。我國民對於此義，亦不甚明瞭，故一遇政府假詔旨爲護符，輒不敢復糾問其責任。苟循此不變，則所謂責任內閣者，永無成立之時。而君主以一身當人民責備之衝，一無以異於專制時代，則立憲政體之精神，遂從根本破壞以盡。是故吾對於此事，不能無言。

今世立憲君主國亦多矣，其憲政精神之完缺，憲政程度之高下，等差至多。其上焉者且勿具舉，若日本者，歐美人所指爲半專制的立憲國也。憲政精神之不完，憲政程度之劣下，至日本而極矣。苟更下於此，則殊不能復謂之憲政。今我政府乃至曲學阿世之新進，動輒以效法日本憲政爲詞，此其適應於我國情與否且勿論。然既曰效日本矣，則亦當知日本之制度，固自有其相維於不敝者。若徒取其便於己者而效之，其不便者則隱而不言，是又得爲效日本矣乎。今試取日本各種詔旨之種類及其性質而論列之。

又： 吾固嘗言之矣，立憲政體非他，君權有限而已。此非吾私言，天下學者之公言也。故英人之諺曰：君主不能爲惡。夫人之性固可以爲惡，君主亦人耳，而胡爲獨不能？豈知彼固真有所不能者存，非英民之虛搆此言以貢諛也。蓋君主一言一話，無關於政治則已，稍有關者，則非經大臣副署不能有效。然則君主雖欲爲惡，苟非大臣長之逢之，又安得成乎惡者。則惡之所歸，宜在大臣而不在君主明矣。夫此實保持君主尊嚴之不二法門也。如吾前文所論列，政治上之詔旨，其易惹起責任問題者有三大端，其一，則違憲責任也，其二，則違法責任也，其三，則失政責任也。夫違憲違法之責任，苟非冥頑不靈，暴戾無狀如我政府者，自不至於屢犯，可勿深論。若夫失政責任，則無論何國，無論何時皆所常起之問題也。《書》不云乎：夏暑雨，小民惟曰怨咨。冬祁寒，小民亦惟曰怨咨。凡政治之爲物，有一利必有一害與之相緣，欲求絶對之美，勢固不可。而稍有闕失，即爲衆怨之府，以君主而當此衝，則皇室之危，豈堪設想。夫既爲君主國體，則庶政不能不以詔旨行之明矣。苟非使副署詔旨之大臣悉任其責，則當夫詔旨之或違憲或違法或失政也，人民置而不問耶，則國家之本將撥。其起而問之耶，則是與君主爲難耳。故詔旨中一字一句，皆由副署大臣負完全責任，而人民亦繩愆糾繆，不肯絲毫放過。皇室之保世滋大，國家之長治久安，皆恃此也。

又： 今之政府，蠢如鹿豕，曾不解憲政之爲何物，曾不解副署之有何作用，其平居失政之罪，既罄南山之竹不足以書之矣。不寧惟是，猶復日日悍然敢於違法而無所顧忌。今尚無憲之可違耳。而今日敢於違法者，何也？即他日敢於違憲者也。一遇輿論攻擊，則假詔旨爲護符，曰：非我欲之，吾奉令承教耳。而輿論之所以待之者，則亦奉一詔旨，相率以箝口而奪氣矣。夫此本出於尊君親上之誠，寧不可敬，不知此非所以行其尊親，乃適以陷君上於危而已矣。夫政府之諉過於君上，其罪本爲大不敬，故雖以俾斯麥之有大勳於德國，其在議院中，偶出一語，借德皇爲護符，則全院唾駡，卒服罪然後釋之。所謂見無禮於其君者誅之如鷹鸇之逐鳥雀，不當如是耶。今我國民坐視政府之不負責任諉過君上，而戢戢焉不敢起而詰之，是無異與政府狼狽以行大不敬也。曾是尊君親上者而宜如是耶，率此不變，其不至毆全國憔悴虐政之民盡移其嫉視政府之心以嫉視皇室焉而不止也。

夫政府則何足責，而我國民之見愚弄見脅制於政府而若失其對待之力者，毋亦於立憲國詔旨之種類性質而不甚明瞭，不知政治上詔旨與普通詔旨之別，遂乃聽政府之狐假虎威以怙其惡，而莫敢誰何也。吾故有不能已於言者。

（清）梁啓超《飲冰室合集·文集》卷二六《敬告國人之誤解憲政者》

學者言憲政之所以示別於非憲政者有三，民選議院其一也，責任内閣其二也，司法獨立其三也。然司法之事，與政治别爲系統，其關係於政體變遷者非甚密切，故語憲政之特色，實維前二義。所謂君主立憲之異乎。君主專制者，其在專制之國，則立憲與行政兩大權，皆由君主獨斷而躬行之。立憲國不爾，立法權則君主待議院協贊而行之，行政權則君主命大臣負責任而行之。質言之，則專制國之君權，無限制者也，立憲國之君權，有限制者也。立憲之與專制，所争祗此一點，而我國人士所最苦於索解者，亦即在此一點。蓋我國數千年來之視君權應無限制，幾若天經地義，故一聞限制君權之説，即疑與侵犯君權同義，此最不可不辯也。試舉國權以明其例。夫國之立於天地之間，必恃有完全獨立之主權，反是則不成爲國，此盡人所知也。然不能謂此主權之行使絶無限制。各國所公認之國際公法，及甲乙兩國互締結之條約，即其限制也，雖有至强之國，終不能明犯國際法及條約所規定而專欲以行其志。非限制而何，然此得指爲國權之不完全乎？曰：决不然。蓋承認此國際法與否，締結此條約與否，純出於國家之自由意志，絶非他國之所能强。既已承認矣，締結矣，則此後惟於國際法及條約之範圍内行其國權，不能軼乎其外。若此者限制則誠限制矣，然實自己限制自己，而非受限制於他國。苟我軼此範圍外以行國權，而他國起而責我撓我，則亦其義所宜然，不能謂彼之侵犯我明矣。君權亦然。君主國之君權，其性質宜完全獨立，而絶不容或侵犯者也。雖然，其行使之也，得立限制。雖立限制，而於其完全獨立之本性，曾無所損。何也？立憲君主國所以行使君權之法式，皆以憲法規定之，而其憲法或由君主獨斷制定，或由君主諮詢人民，從其所欲以協和制定，要之制定之者恆在君主。故無論其於行使君權之形式設何種限制，要之皆君主限制自己，而絶非受限制於臣民。此如承認國際法或締結條約以自限制其國權，全出本國之自爲，非他國所得而限制我也。則於其完全獨立之本性，豈損毫末焉？况乎限制云者，决非放棄之謂，雖以條約限制國權之行使，然苟屬獨立國，則决無或以放棄君權之文句入憲法中者。此自然之理也。是故立憲國之君主，其行使立法大權，與專制國無以異也。所異者則以經議院協贊爲限制而已。而議院所决議之事件，非得君主裁可，不成爲法律，議院欲稍侵君主大權而不得也。其行使行政大權，亦與專制國無異也。所異者則以副署大臣負責任爲限制而已。而任免大臣，惟君主所欲，内閣欲稍侵君主大權而不得也。故曰非放棄也。然既已立憲，則斷無或不經議院而專行立法權者，斷無或不經内閣而徑行行政權者，故曰限制也。議院與内閣，實立憲國君主所自設之以爲限制自己之機關，其所以與專制異者，徒視此君主限制自己之機關之有無而已。故學者或稱專制政體爲君權無限之政體，而稱立憲政體爲君權有限之政體，斯真可謂片言居要者矣。

又：夫君權行使自立限制與否，純由君主所自主。既已若彼，然則今世各立憲國之君主，曷爲必設此限制以自束縛耶？曰：此則非法理上之問題，而事實上之問題也。

（清）梁啓超《飲冰室合集·文集》卷二七《責任内閣釋義》：内閣云者，非指内閣衙門所管政務之範圍而已。各國通例，亦往往將不便隸屬於諸部之政務，編歸内閣所管，如日本内閣所管有法制局、賞勳局、印刷局、鐵道院、拓植院等是也。行政法上所謂内閣者指此。然内閣重要之性質，顧不在是，所重者在政治上之性質也。政治上所謂内閣，不能求之於具體的，而祇能求之於抽象的。蓋內閣閣員，以一身而兼有爲國務大臣與爲各部行政長官之兩種資格。當其以國務大臣之資格，相集而爲一無形之團體，卽內閣也。故內閣之爲物，指各大臣之個人以當之，固不可也。指內閣及各部之官廳以當之，亦不可也。官廳之意義，本已爲抽象的內閣，則又於抽象中更抽象也。卽謂各大臣或各官廳相加而成，仍未可也。彼蓋爲統一而分化之一體，存乎各大臣與各官廳之中，而又立乎各大臣與各官廳之上，明乎此義，而取次章所論地位職權等證之，則庶幾可得其概矣。

附言：我國人於國家機關之一觀念，已不甚明瞭。以機關本爲抽象的觀念也，況內閣之一機關，尤爲抽象中之抽象乎。今驟語人以內閣爲統一分化之一體，聞者將茫然不知所措。此無他故，蓋我國向爲專制政體，政治上之統一，惟存於君主之本身，於君主之下而別有統一機關。吾國多數人所苦難索解也。然既以君主爲統一機關，而於其下雜置多數之機關以分掌各部分之行政。君主與各部，爲上級機關與下級機關之關係，則又非以一機關而分化者矣。內閣之爲物，總理大臣與各部大臣，立於同等之地位，各有所職，而其中自有統一者存，求諸我國前古制度，未有一焉能與脗合者也。今者新內閣，行將取軍機大臣與各部尚書相加，數學上之加法。而命以此名。夫雜排多數之絲縷不能指爲帛，雜堆多數之瓦石不能指爲室，以其非組織體也。非組織體之內閣，又可以冒內閣之名乎哉。

又：近世各國內閣之組織，其內部節目固不能從同，然有兩原則爲萬國所共遵者焉。其一，以內閣爲行政之府故，恆必以各部行政長官組織之。各國內閣，皆取法英國，而英國內閣，爲樞密院之化身。既如前述，樞密院之初建，凡百政務，由院總領，初無分司。至愛德華第六時一五五三年，明嘉靖三十二年。始分遼爲五部，每部置委員會，此卽今日行政各部之濫觴也。后安時一五五六年病王室與樞密閡隔，乃由后自派秘書官五人入院，其後遂爲各部之委員長，此卽今日各部大臣之濫觴也。夫內閣爲一國政令所從出，必籌畫之人，同時卽爲執行之人，然後事無扞格，而責有所歸。故各國通例，必以各部行政長官組織內閣，其閣臣不領部者，雖間有之，然亦希矣。【略】其二，以內閣爲政治之府故，故恆采合議制度，置總理大臣一人以爲之長，而閣僚悉由總理大臣延攬汲引。夫內閣者，由各大臣以其爲國務大臣之資格，相集而爲統一分化之一團體。吾既言之矣，夫行政機關之組織，常以獨裁制度爲善，署中置一長官，而其下僚屬惟受其指揮，謂之獨裁制行政機關皆常如此。我國一部置堂官數人行合議制戾此原則矣。而內閣獨采合議制者，以內閣本爲政治機關，與普通之行政機關有異。而各大臣皆有輔弼君主經綸國務之責任，其地位無所高下也。然聚多數地位相等之人於一堂，而無所以統一之，則政且棼而不可理，故總理尚焉。總理若何而能統一其僚，則非由彼自延攬同主義同政見之人以組織之，不可得也。然則內閣之必須由總理組織，實事勢之不可避者矣。

又：憲政編查館會奏遵擬內閣官制摺云：查各立憲國內閣之設，在負國務之責任。而對於何者應負責任，各國立法，又復不同。恭繹欽定憲法大綱，統治之權，屬諸君上，則內閣官制，自以參仿日德兩國爲合宜。日本憲法，各大臣輔弼天皇任其責，以國務大臣責任。關於輔弼之任務而生，故對於君主負責任，而國務大臣任免黜陟，君主皆得自由，與英法之注重議院者不同，與德意志宰相對於其君負責任非對於議會負責任者則相類。我國已確定爲君主立憲政體，則國務大臣責任所負，自當用對於君上主義，任免進退，皆在朝廷，方符君主立憲宗旨。議院有彈劾之權，而不得干黜陟之柄。此其言，將法理論與政治論併爲一談，支離滅裂，不可究詰。卽以文理論，亦前後不相銜接，絕似頑鈍學童之學作搭截題之八股文者，不暇深論。但取其文中對於何者應負責任一語，疏通證明之。

國務大臣果對於誰而負責任乎？此在稍治國法學稍明國家性質者視之，實不成問題。蓋茲義可一言而決曰：對於國家負責任而已。曲學阿世之徒，無端造爲對君主負責任之說，其陋固不值一笑。而矯之者則曰：是對於議院而負責任也。按諸法理，則其不完亦正相等。所謂楚固失而齊亦未爲得，是故予曲學之輩以口實，而詭辯無已時也。我國多數人於國家性質，所見未瑩，故此種誤解，得而中之。今不避複沓，先簡單論述國家性質以爲論據焉。

又：夫謂大臣對於君主而負責任，此其義在專制政體之國誠無以易；若以之解釋立憲政體之責任內閣，此惟日本陋儒之囈言耳，歐美無有也。若美國之采絕對的三權分立主義，不行責任內閣制者，又當別論。日本陋儒，認國家爲一物，而不認之爲一人。質言之，則彼蓋視國家如一什器然。而謂此器卽屬於君主之私產也，世界學者皆謂國家爲統治權之主體，而日本陋儒則有指爲統治權之客體者。夫一切權利之主體皆人也，一切權利之客體皆物也。國家者，本爲有人格而能統治之人也。日本陋儒則指爲無人格而謂爲被統治之死物也。彼亦明知此說之不能通也，乃爲之詞曰：日本國體，爲世界所無。故在他國，則應以國家爲人格，而以君主爲國家之機關。在日本，則應以君主爲人格，而以國家爲君主所統治之物也。嘻，甚矣其傎也。既命曰國家，則必凡國家共通之現象，悉已具備，然後能錫以此名。所謂共通現象者，萬國之所同，而決非一國之所能獨外也。謂日本國家而與他國家異其性質，則必日本國非國家焉，然後可耳。夫謂國家而非有人格，謂國家而非統治權之主體，則以推諸一切法律現象、政治現象，將無一而可通。彼陋儒之說，自謂將以此尊其君主，而不知乃適以蠛其國家。故彼中稍有識者，已抨擊此邪說不遺餘力，而舉國中亦殆無復更爲所惑者矣。顧不料我國之小人儒，乃復有摭此糞土之言以慫其簧鼓者也。夫使國家而果爲君主私產，則君主固自應非國家機關。即政府議會等，亦不過爲君主之機關，而非國家之機關。吾國古代稱王之喉舌稱臣，作朕股肱耳目，正指百執事皆爲君主機關者也。則語責任內閣問題，其結論必歸宿於以君主負責任，固其所也。然此說究可通乎？如曰君主非國家機關，而國家爲君主所有也，則必君主得任意割裂國家，如人之析產以授諸子焉然後可；則必君主得任意舉全國以畀人，如人之以己物餽贈朋友焉然後可；則必舊君殂落而一國家隨以亡，新君即位而一國家隨以建焉然後可。此非惟天下萬國，無此事理，即按諸吾中國古訓，其不相容亦明矣。故孔子曰：天生民而立之君，使司牧之，豈其使一人肆於民上。此以言乎君主實爲國家一機關，其義最著明者也。晏子曰：君人者豈以陵民，社稷是主。臣君者豈爲其口實，社稷是養。故君爲社稷，死則死之，爲社稷亡則亡之。若爲己死而爲己亡，非其私暱，誰敢任之。此以言乎大臣惟對於國家而負責任，非對於君主而負責任，其義最著者也。若曰大臣惟當對於君主負責任乎，則凡君主之所欲行，大臣有將順而成遂之而已。脫有君主於此，如漢哀帝之欲禪位董賢，則若何而策加九錫，若何而勸進，若何而築壇墠授璽綬，正大臣之責任也。脫有君主於此，如石敬塘之欲以燕雲十六州贈契丹，則若何而繪圖，若何而繕表，若何而遣使畫界，正大臣之責任也。脫有君主於此，若金海陵之嗜淫嗜殺非此不歡，則若何而爲之物色妖冶擄掠良家，若何而爲之張鉗網礪刀鋸陳鼎鑊，正大臣之責任也。此非吾好爲詭激之言也，蓋盡責任云者。質言之，則忠於所職而已。既對於君主負責任，則無論君主命以何職，皆當忠之。賢主命以爲善之職，則務成其善，乃其責任；暴主命以爲惡之職，則務盈其惡，亦其責任。論理學上正當之結論，固應如是也。是故龍逢比干，則對於君主最不盡責之人也；蔡京秦檜劉瑾魏忠賢，則對於君主最盡責任之人也。如曰大臣僅對於君主負責任，而可以爲治也，則必君主皆堯舜湯武焉然後可也。夫使君主誠皆堯舜湯武，則專制豈不更有利於國，而何取乎立憲。所貴於立憲者，徒以堯舜湯武，不能代有其人，故於君主之下，而別置一機關焉，使對於國家負政治上之責任。立憲國之所以示異於專制者，全在此耳。如曰大臣惟對於君主而負責任也，則是取立憲政體之原則翻根柢以破壞之，而復返於專制。故曰：此陋儒之邪說也。

然則爲對於議會負責任乎？是又不然。凡兩人格者以事相委托，則此對於彼之責任得以發生。此如某甲以其財產委某乙經理，則乙必對於甲而負責任。今議會亦機關耳，非人格也。國家非議會所有，國事非議會私事，故議會不能使政府對於己而負責任，亦猶君主不能使政府對於己而負責任也。是故謂政府對於君主負責任，則無以解於大臣之可以拒絶副署。謂政府對議會負責任，則無以解於大臣之可以奏請解散議會。要之，此兩說者，皆由誤認國家機關爲一獨立之人格，忘卻人格之主體惟在國家，忘卻機關之不能離人格而獨存，故無適而可也。夫國家之有議會，猶公司之有監查員也。監查員雖應糾察總理之責任，而總理非對於監查員負責任也，對於公司負責任而已。議會雖應糾察政府之責任，而政府非對於議會負責任也，對於國家負責任而已。

又：其所以異於專制國者，專制國之機關，以惟一之系統而成立。立憲國之機關，則於此系統更有其獨立之別系統焉。別系統惟何，即議會是也。議會最要之功用，則在其能糾察政府之責任而已矣。夫糾察政府責任之權，原不必專畀諸議會也。苟使有他機關可以行此權而收效更多於議會者，則國家固不憚畀之。然無如其不可得也，將以托諸君主耶，臨之以尊嚴，而隨之以賞罰，宜若最宜矣。然以君主生深宮之中，堂上百里，階前萬里，其地位果能舉糾察政府之實耶。使其能之，則歷代大臣之欺罔專恣史不絶書，又何以稱焉。然則將別置一機關妙選官吏使助君主以行糾察耶。古代之御史臺今兹之都察院皆是矣，而其人之得列於此機關者，則皆由政府所拔擢也。以政府所拔擢之人，其又能舉糾察政府之實耶。使其能之，則歷代權奸，當以臺諫爲鷹犬，而今者豺狼當道，寒蟬俱噤，又何以稱焉。將汎然托諸與人之誦耶，則彼固不成爲國家機關，又安有力以實行其糾察者。若是乎糾察之道殆窮，其不得不以此權托諸議會，此實東西諸國積數百年經驗之結果。而始得此法，而以吾國數千年經驗之結果反證之，而益當信其法之無以易也。是故今日而欲舉責任之實，則首當問者，爲内閣責任果需人糾察與否。然此殆可一言而決，蓋非有嚴重之糾察，則責任決難期實踐，事理之至易見者也。次所當問者，則當使何機關糾察之。彼曲學阿世之徒，則曰君主糾察之而已足也。而公明正直之學者，則曰君主最不適於行此權，惟議會適於行此權也。兩説之孰是孰非，我國民試平心以斷之。

彼曲學阿世者，動則以危言悚聽曰，謂政府非對於君主負責任，則是蔑君主之神聖也，謂政府對於議會負責任，則政府將夷爲議會之隸屬也。而民黨之主張對議會負責任者，其義雖極正當，而措詞不免有語病，徒使彼輩有所遁飾以助其燄。若首明乎對國家負責任之義，次明乎責任必藉糾察而始舉其實，次明乎國家之設議會，實用之以爲糾察政府之責任之機關，則彼曲學阿世者，其將何説之辭。

又：論我國所當采之制，則於用對於君主上主義一語下，緊接以任免進退皆在朝廷二語，謂以符君主立憲宗旨。玩其語氣，一若苟非行此對君上負責任主義，則君主任免大臣之權立即失墜者，一若英皇與法大統領，在憲法上無任免大臣之權者。嘻！吾不知館臣所據者爲何項之法文，而所宗者爲誰氏之法理也。英國爲不文憲法，故任免大臣權之安屬，不能於法文中求之。然向來研究英國憲法者，皆以爲除大憲章權利請願、權利法典所明列限制得之外，自餘權利，一切保留於君主手中。故英王任免大臣，有完全之自由，絶非他機關所得干預。此全世界法學者所同認也。

又：真正之立憲政治，亦務於憲法法理範圍内養成憲法的習慣而已，此徵諸日本憲法而最易見者也。據日本憲法，則天皇雖解散議會幾何次，惟其所欲，對於議會議決之法案，可以行其不裁可權，議會不通過之法律，得發緊急命令或獨立命令以補之。議會不肯協贊預算，得施行前年度預算，又認爲必要時，得爲豫算外之支出。欲任命何人爲國務大臣，全屬天皇之自由。又大臣雖被彈劾，可以不去其位。凡此皆日本憲法上所表現之法理也。若一一適用之，則所謂立憲精神者，將從根柢破壞以盡。並國會可以不設，並憲政之名可以摧棄矣。何也？苟不阿附政府之國會，則累解散以解散。與政府意見不合之法案，則行不裁可權以抑之。既可濫發緊急勅令獨立命令，而爲國務大臣者無論遇國民若何抵抗，猶戀其職而不肯去，如是則純粹的專制政治耳。而復何立憲之可云，而或者猶爲之辯護曰，是固未嘗違背憲法法理也，是徒知有法律學而不知有政治學，適成其爲陋儒之論而已。

又：今憲政編查館館員，所爲刻意模仿，惟恐不肖者，乃欲利用最無聊最無價值之法理，以文飾其最惡劣之政治習慣。其與他國殷殷求治之心，不亦相反耶。吾請爲一言以正告館中起草員曰：貴館中老朽大員，本未嘗夢見憲政之爲何物，不足責也。若公等則大率皆嘗留學東西洋，以博學達識聞於時者也，否則曾歷聘外國，考察憲政，飫聞其賢士大夫之言論者也，豈其於此至淺之理論而無所知焉。苟能出其絲毫愛國之良心，舉所學以忠告當道，或未始不可冀其一窮。若終不見采，則潔身而退，亦可以告無罪於天下。而徒徇區區薄禄，倡邪説以受天下萬世之唾罵，竊爲公等惜之。夫國民所爲想望憲政，先朝所謂斷行憲政者，豈不以有鑒於專制之極敝，知非此不足以轉危爲安耶。夫憲政之所以能成立，全恃上下有交讓之精神，而不然者，勢必出於革命而已。前此未嘗以立憲號於衆，國民猶冀其一旦幡然而改也。今乃假立憲之名以行專制之實，而公等復杜撰支離滅裂之法理以逢其惡，則國民益何望哉。嗚呼！公等而猶有人心者，其庶幾改之。【略】

内閣是否代君主負責任，此就法理上以明内閣責任之所從出也。疇昔學者，多有謂責任本在君主，特以君主神聖不可侵犯之故，不能以他機關起而問其責。於是乎，別置内閣之一機關以代之，此責任内閣之義所由生也。而各國憲法，甚且有以代君主之一語著於正文中者。徵諸我國，則如周公抗法於伯禽，如魏絳戮楊千之僕，如商君黥太子之傅，凡此之類，皆以法不可枉，而又不可加諸尊者，故權宜以出此兩全之策。是説也，其足以説明責任內閣之真意義乎，此治國法學者所欲深論也。

又：由是言之，則大臣代君主負責任之説，其不衷於理論也甚明。蓋責任內閣制與君主無責任之大義，實相依而不可離。使大臣而爲代君主負責任也，則是君主本有責任，而名義上移之於大臣云爾。而議會之糾問大臣責任者，實則本當糾問君主責任，徒以君主不可斥言，姑以大臣尸其名云爾。此義非是。蓋罪惡之爲物，自作者宜自當之，在法不容諉諸他人，常有人然。即君臣之際，亦何莫不然。昔周太史勸楚昭王禳災以移諸令尹司馬，昭王猶以爲不可，使君主果有過舉，而大臣尸咎，揆諸法理，豈得曰平。且君主神聖，不可侵犯，各國無不明著諸憲法。夫不可侵犯云者，非徒不許有侵犯之迹而已，抑亦不許開侵犯之門。故《禮》曰：以足蹴路馬芻有誅，齒路馬有誅，謂其嫌其逼君也。使過責本在君主，而人民徒以畏憚尊嚴之故，集矢於其所信任之大臣而使之聞之，則先自有褻其君之心，而何神聖之可言。彼豫讓擊趙襄子之衣，以寄其報仇之宿志，謂豫讓未嘗加無禮於襄子焉，不可得也。然則大臣代君主負責之説，其不能貫徹君主神聖之本旨，蓋可見矣。立憲國之法理，則使君主無責任一語，成爲顛撲不破之事實，而絶非虛搆擬議之辭。夫如是，然後君主神聖不可侵犯，亦成顛撲不破之事實，而絶非循例頌揚之比。立憲國皇室所以安如磐石者，道皆在是也。語其樞竅，則亦曰以大臣副署爲君主行爲成立所必須之條件，苟無副署，則君主雖欲爲惡而不成於惡。更易詞以申明之，則國中無論何人，皆可以獨力爲惡事，惟君主不爾。君主苟非得大臣之協助，則在理在勢，皆斷不能爲惡事者也。非惟不能爲違法之惡事，抑且不能爲失政之惡事。其有幾微之違法失政，則罔不由協助之大臣成之。故大臣責任，實其本身所固有，絶非由代君主而始發生也。

夫曰代君主負責，猶且乖於法理，況於言對君主負責任乎。夫使大臣爲對於君主負責，則誰歟爲對於國家負責者。據論理學以窮其旨歸，則責仍在君主而已。如是則於立憲國法理上，所謂君主無責任君主神聖不可侵犯之兩大原則，益枘鑿而不能相容，則立憲國與專制，更奚擇哉。此義言之已屢，今不復沓述也。

（清）梁啓超《飲冰室合集・文集》卷二七《新中國建設問題》 蓋吾疇昔確信美法之民主共和制，決不適於中國，欲躋國於治安，宜效英之存虛君。而事勢之最順者，似莫如就現皇統而虛存之。

夫國家之建設組織，必以民衆意嚮爲歸。民之所厭，雖與之天下，豈能一朝居。嗚呼！以萬國經驗最良之虛君共和制，吾國民熟知之，而今日殆無道以適用之，誰之罪也？是真可爲長太息也。

（清）梁啓超《飲冰室合集・文集》卷二七《違制論》 若夫其有關於政治，對於臣民而生具體的拘束力者，則常以法律或勅令之體裁行之。法律勅令雖亦必冠以詔旨，然其語甚簡單肅括，斷不予民以瑕疵之可指。至於法律勅令之內容，雖或甚複雜，然法律則必先以提出，或由政府或由議院次以議定，由議院然後以國務大臣副署頒之。勅令則亦必以國務大臣副署頒之，而其內容之利害得失，則副署大臣全負責任，君主無與焉。人民議其利害得失，則議大臣耳，非議君主也。甚或攻擊之不遺餘力，亦攻擊大臣耳，非攻擊有君主也。君主既無專欲之咎，人民無偪上之嫌，輿論以相淬厲而得健全，政府以畏民嵓而不敢恣，治化之所以蒸蒸日進，皆恃此也。是故今世各立憲國，聞有違憲問題矣，有違法問題矣，有違令問題矣，而從未聞有違制問題，何也？其制詔本甚少。即偶有之，而其內容則決無從違犯故也。

今我國而欲實行憲政耶，則嚴定公文格式，而絶對的不發政治上之制詔，此其第一義矣。夫我國以制詔出政令之習慣，行之已數千年，驟聞吾此言，計未有不駭怪而卻走者，殊不知現今各立憲國皆然，毫不足奇。而此中實含有無數之精理妙用，不可不深察也。不然，則可駭怪之事，孰有過於改專制以爲立憲者。既改專制以爲立憲，則固已破數千年習慣矣。專制政體，自有其全部組織以相維繫。立憲政體，又別自有其全部組織以相維繫。治國者無論采用何種皆可也，但既已采用其一種，則必須將此種之全部組織而悉采用之。夫君主無責任之一大義，實立憲政體之中堅，其全部組織之一切條理，皆從此義引出。而不發政治上之制詔，即所以舉君主無責任之實，而爲條理中之最要者也。

又：抑吾更有不能已於言者，凡文告之直接以拘束力及於臣民者，其用語不可不力求明確，如教育勅語、軍人勅語之類，其功用在感化力，非拘束力也。即云有拘束力，亦間接而非直接。故必當以法規的形式行之。我國詔旨之文多近於論説文體，而非法規文體。而關於刑事上罪名之規定，尤當謹嚴。否則官吏得以上下其手，輕入人罪，而民將無所措手足矣。即如此次諭旨云，煽惑抵抗，以違制論。夫違制之罪爲大不敬，據國法宜處以極刑者也。而煽惑抵抗四字，果足以成罪名耶。若云成罪名，則必以何種程度之行爲始構成此罪耶。更質言之，則若何而始爲煽惑耶，若何而始爲抵抗耶。此最不可不審也。例如有臚述學理，旁證各國先例，攻擊國有鐵路政策，謂其弊餘於利者，如此則認爲煽惑抵抗否耶。有指陳前此國有諸路之弊竇，證明此政策之不宜於中國者，如此則認爲煽惑抵抗否耶。有攻擊郵傳部當局，謂其人非能行此政策之人，如此則認爲煽惑抵抗否耶。將來收回此諸路之辦法，今尚未發表，萬一發表後，而其辦法實有病民之處，民爲自衛權利起見，不得不力争，如此則認爲煽惑抵抗否耶。緣以上各種理由，而人民開集會演説以講明其得失，如此則認爲煽惑抵抗否耶。如曰此皆非煽惑抵抗也，則請政府别臚舉事項，規定煽惑抵抗之界説，使吾民知所趨避。如曰此卽爲煽惑抵抗也，則與欽定憲法大綱中，所謂臣民有言論集會之自由者，所謂臣民之財産不加侵擾者，正相反對。我臣民固有不許違制之義務，不知政府亦有不許違憲之義務焉否也。夫在立憲國，君主違憲，猶且不可，遑論政府。若政府自行違憲之實，而反嫁君主以違憲之名者，其罪又當居何等也。

夫國有鐵路政策之是非得失，此自爲别問題。參觀前號論説門收回鐵路幹線問題篇。然無論如何，總不宜出以詔旨，陷我皇上於政争漩渦中。尤不應以此種束縛馳驟之言，入於詔旨，致臣民疑朝廷之有意違憲，此則副署大臣不能辭其咎者也。

《民報》第壹號朱執信《論滿政府雖欲立憲而不能》　今之非革命者，則曰：立憲易，革命難。嗚呼！是烏知立憲，是烏知革命。夫歐美孰有不革命而能立憲者，况中國之立憲不可同于歐美也。

吾今正告天下曰：中國立憲難。能立憲者，惟我漢人。漢人欲立憲，則必革命。彼滿洲即欲立憲，亦非其所能也。

今之爲争者，斤斤於滿洲之欲立憲否，以爲立憲之難易。此所以一聞賤種二三轉移之言，而遽信立憲之易。前之辯者不能折，則又從而是之也。是皆坐不知立憲之過也。夫先于欲立憲否之問題，有能立憲否之問題。今之滿洲，不能立憲者也。不能立憲，則無問其欲否也。求魚于樵，求木于漁，彼雖欲，如無以應，吾求何？

今之爲論者，意若惟不欲之患，而無不能之患。此未嘗更事變而姑以其所欲名爲能耳。夫誠欲實施，未有不先察於其可能否，而問其欲不欲也。夫滿洲縱欲而不能行之者，民族實爲之也。夫立憲者，非其條文是尚也。其民協同而能自治，然後憲法生。故能憲治者，惟民族之同。今之滿洲與我漢族，其相視爲何如乎？而謂其能同立一憲法之下乎？其不能，憲從何以立焉？【略】

夫今日滿人之政權，百倍漢族，束髮爲吏，無大過失，則黑首卿相可坐致也。以是誤天下而肥己，無所能則以謟爲工。其所志無過金玉侈靡，則不憚以貪婪爲業。天下之塗毒，一切由之。夫立憲則此爲必革之制，明也。生而仰給于政府，以逮其死，竭天下之力以供之，號曰爲兵，而不可以一用，坐病黔首，莫之恤也。而旗民生事，以爲朝廷之大計。夫立憲則不容有此，又易知者也。今立憲而使滿洲之民與我漢齊等，毋特任以官，特廩以禄。使自以其才能進，則彼必無從得政權。使彼自爲生，則必無從得營業。坐至于奴隸餓餒，彼固不知自咎，則惟漢人怨而已。此滿洲之自離，可必者也。【略】

故民族之界限，滿洲不能立憲之本也。雖欲之，固無從耳。而彼之欲否，固非今所論矣。由是更有兩種病焉：曰對外之難，曰對内之難。對外之難奈何？滿洲之治，不足以信外人久矣。彼日聲言望滿洲之改革，而實則意其無能爲也。而改革固取其實，而不必務其聲。顧其能博外人之信，則其著手自易。使中國而有革命，新爲組織，則其感足及于外，于時而立憲法，則衆之所屬目而料其良者也。使出自滿洲，則正無異於土耳其屢敗之後，爲無聊之頒布以自文飾也。彼以土耳之改革視中國，則惟已便利是圖，固當然者。如是則爲其立憲阻礙雖微，而其見輕不得同情，視前屬望傾耳者，國際上之地位，相去益遠矣。

由是更有對内之難。對内之難者，施治之人之危也，非不得于君之爲患也。使不平等，則無以謝漢族；使平等，則無以解于滿洲也。夫事專制者，得君而惟所欲爲。雖然，於民族之間，蓋不可以此爲例也。崔浩之仕拓跋，與崔暹之仕高氏，亦不可以不謂知遇也，然終至于殘死。彼二人者，亦固未嘗有忠于漢族之心，其所行意不出整齊其部落以便專制耳，其難猶若此。則今日之難之倍蓰，亦可以測而知矣。夫憲法，非可使君主與其二三孽佞定者也。彼詹詹然望治于滿洲之一人，微論其不足爲治，即有魏明高澄之風，能任人以治，亦復如其不能爲治何。

凡此諸難，一以民族不同之故而起，則欲救其難，舍革命更無他術。革命者，以去滿人爲第一目的，以去暴政爲第二目的。而是二者，固相連屬，第一目的既達，第二目的自達。何則？其難既已去也。

要之，論立憲之難易，當先其能不能，而後其欲不欲。能立憲者，惟我漢人。而漢人能革命，始能爲立憲。則欲以立憲對抗于革命者，可以廢而返矣。

《民報》第貳號馬君武《帝民説》　盧騷著民約論，倡帝民之説，以爲國家之活力，當以人民之公意直接運動之，而圖普社會之公益。帝權者，由人民，而後有人民所不可自放棄者也。帝權即主權也。主權在人民之説，發生雖早，然至盧氏始明白抉出之。其風潮之初起也，爲一七八九年之法蘭西大革命，人人倡公衆自由popular freedom之説。全歐效之，文明之世界遂新始出現矣。

今請叙盧騷學説之淵源，以明帝民説之所自出。

盧騷之學，實獨得於希臘柏拉圖、亞里斯多德之遺説，及希臘羅馬古制之影響。然希臘羅馬之古政，每以國家爲重，箇人爲輕。故其時之所謂公民Citizen者，所有人權極微，服從輿論，奉受國教。柏拉圖、亞里斯多德之書，亦仍緣希臘國制之遺影而不改。公民者，固帝體之一部分。然能享公民之權者，惟國中所謂自由人Freemen之一貴族級而止。其服工役爲奴僕者，皆毫無公民權也。

帝民説之始發現者，當推柏拉圖。蘇格拉第謂人民不可不順從政府。法律雖惡，不可逃囹圄而去，惟安受其不正之裁判而已。依是説，是人民乃奴隸，非帝王也。柏拉圖出，乃以爲社會及國家皆相交輔，相需賴而後有者也，因孤獨索居，必不能應人欲之所需求，故合箇人而成社會。柏拉圖論公民教育之制，略與盧騷之爾米勒Emile同。

柏拉圖主公妻公産，其論高遠而不可實行。亞里斯多德作政治學，始根極於純正之科學，而歸諸實際，始以政治與道德分離。其言曰：人常爲私慾之所束制，而理性不足以敵之，必須國家教育之裁制。如斯馬達然。但政治之社會，建立已固，則更不需裁制爲矣。國家者，興民德最要之社會也。箇人最高尚之幸福，及完全之樂利，將惟國家是賴。故必須有更良之憲法，及至當之立法制度焉。然國因家而成，合數家而成一村，各有血脈之關係。故當順從數家最善良之長老，合村成國。國也者，天然獨立自足之有机體也，箇人及家庭發達之最完全者也。國家爲全體箇人爲分子。所不同者，家族服從於家長，國家之政府既定憲法，其人民自由而各自與主治者平等。人之所以必相合而成國者，蓋人本自然有合羣之性，而又爲互相益利之所驅迫故也。質而言之，人也者，自然之政治動物也。政治集合，固天然之勢。而最初必有特别之人出而爲之。

立國所以與結公司不同者，公司既集，亦可任意分散之。而國不然，野蠻無城郭之人無道理以相集。而公民不然，國中之人，無限其才。各不同相聚，而出其才各司其職。而國家成立，有力以保固安寧矣。柏拉圖已發明國家如一身體，各分相合，以共達公同之目的。但拉氏主公産，亞氏主私産。其是非，今尚未易定也。

亞氏分政體爲三，曰：君主、貴族、共和。其變政體三曰專制，曰少數，曰民主。是以權在一人數人或衆多人之手分之，又以其目的在利少數或多數分之。然無論何種政體，皆有行政、立法、司法之三部。所謂公民權者，非謂其徒居於是市，而有地方權已也，必其有裁判權及服官權之謂也。衆人雖愚，然比之少數者必更賢智。最善之政體，在使平等社會不甚貧不甚富者管制政體。因其數居多，其理解之力必優也。一國之主權，必以公民之多數，操之民主。建國之基，在使人人平等而重各箇人之自由，人人可被選舉爲國之主治者。主治者管制被治者，被治者亦管制主治者，而人民永寧矣。亞氏之説，實與帝民説合。但謂以中等貴族主治政府，其義仍不免於狹耳。蘇格拉第、柏拉圖皆以民主政體爲非善。柏拉圖謂立國當如希臘之小市然，其大僅足獨立，其小可以使各公民相熟識親愛。此皆非今日之通論也。

《民報》第三號汪精衛《希望滿洲立憲者盍聽諸》　自滿政府使其大臣五人出洋考察政治，於是希望立憲者，咸大歡悦，以爲此天可汗之福我也。及其啓行，烈士吳君樾投爆裂彈於車驛，五鼠震縮，伏不敢出。希望立憲者又大憂恐，以爲是負吾望治之殷也。悲夫！吳君一擊，足以寒滿奴之膽申志士之氣，而不足以醒頑錮者之夢。吾以其希望之誠，而未可猝以理喻也。於五大臣之再出，甚望其饜飽而歸，舉行立憲政治之實，然後公等希望乃得實踐。即之而後艱，履之而後形。蓋人莫不能自覺，特有遲早之差耳，自非大愚安有終身不靈者。故吾於公等固甚屬念而姑欲無言，惟吾則無言。而彼出洋大臣之所聞，則必公等所欲傾耳者。蓋彼大臣將挾其所聞歸，而實施不可不先覩爲快也。

陽歷正月二十八日，日本伊藤博文氏在芝離宮講演憲政，聽講者爲滿洲皇族載澤，大臣李盛鐸尚其亨，及其參隨之能知英日語者。伊藤氏以英語講演，口譯者爲參贊柏鋭，筆述者爲隨員錢承誌，其全文如左。【略】

右伊藤氏所言，祇日本憲法中關於君王大權之規定，畧舉條文，落落數語，本無評論之價值。惟吾有不能已於言者。此言非爲伊藤氏而發，非爲載澤等而發，乃爲一般希望立憲者而發也。夫公等非以爲立憲之後，則可申民權乎？可得自由乎？可得平等乎？然使如伊藤氏所教，如載澤等而果從伊藤氏所教，則公等之希望，將無一能達。此非誣也。觀其言曰：日本憲法中，言君主大權之事，共有十七條。貴國爲君主國，以上所論種種大權，將來施行憲法之時，必須歸之君主，而不可旁落者也。夫以日本君權，與他國大統領或君主相較，蓋無若其重者。先以與大統領相較，不第此由選舉而彼由世襲也。大統領非國家最高機關，國家意思之决定在於議會，而大統領無與焉。北米合衆國之大統領，關於憲法改正無裁可權。通常立法，無發案權，無裁可權，唯有停止的不認可權。至於召集議會，乃其例外，若原則議會不須大統領之召集也。至解散之權，則全無之。佛國之大統領，憲法之改正屬于議會之專權，大統領不得參與。雖有召集議會之權，然議會能不俟召集於每年定期，自爲集會。至於法律，大統領無裁可權，唯得求再議。以較日本君主之大權，相去懸遠矣。此猶曰以民權國之大統領，與君權國之君主相較，宜其不侔也。試以英國君主之權相較，輕重懸絶，不可枚舉。舉其一例，法律以國會之名而發布，國會，謂以君主及上下兩院而組織之國會。非僅以君主之名而發布也。視日本君主之權，不如遠矣。蓋日本憲法，模範普國。然以論君權，則較普爲尤重。普國等君主所發命令，除執行法律外，非因法律之委任，不得獨立而發命令。而日本憲法第九條，君主得獨立而發命令。一也。日本憲法第六十七條，本於君主大權所定之歲出，議會不得動之。此爲議會豫算議定權之制限。雖在普國，無是法也。二也。憲法改正之發案權，惟君主有之。此亦他國所無也。三也。以上本日本美濃部達吉氏《國法學》。故日本君權之重，幾同專制。所異者，專制時代，其宰制純乎自由。有憲法後，則當據憲法而活動耳。雖然，若高語及此，則公等將曰：吾儕所望不奢，使清之憲法能如日本是亦足矣。如是，則聞伊藤氏之言，當亦莫逆於心。然吾敢决，果如伊藤氏所云，則并欲模範日本憲法而不能。彼其論大權也，最可笑者，舉其内容而不舉其制限。如云議會召集權、解散權當在君主，而其制限不言及也；其制限在憲法四十一條及四十五條。云官吏任命權當在君主，而其制限不言及也。其制限在憲法第十條但書。此猶曰勿略。至於所云自由，乃法律所定出於政府之畀與，非人民之可隨意自由。則真不堪一噱。夫既云法律所定矣，則不當更云政府畀與。政府二字，見日本憲法第八條第二項及第六十七條，學者解釋有謂包涵天皇及國務大臣者；有謂天皇立乎政府之上，政府專指國務大臣者。要之，政府自在議會之外甚明，而法律必經議會之協贊，憲法第五條第三十七條。人民權利義務以法律定之。憲法第二章。安得曰自由爲政府所畀與乎？人民自由爲政府所畀與，則自由寧復有碩果之存耶？且以自由爲法律畀與，亦不通之論也。自由者，人天然而有，非因法律而始獲。法律唯對于其天然之自由加以必要之制限，非定人之自由之範圍也。人非於法律之範圍内享有自由，乃於法律之制限外享有完全之自由也。語本日本美濃部博士，其義至奥，非數語所能窮也。謂自由爲法律所畀與，猶且不可，况謂自由爲政府所畀與耶？又云：民主國以平等爲主義，大統領退職之後，與平民無異。君主之國，必有幾種階級以表異於齊民。故爵位勛章，其他封典之授與，其權必操諸君主。夫爵位勛章其他榮典授與之事，民主國亦屬於大統領之權。如佛國憲法所明揭是也。此爲榮譽所關，而與平等階級等語無涉。顧伊藤氏之爲此語何也？則以彼憲法十五條所云，爵位勛章榮典包含增置貴族故也。日本末岡精一氏《比較國法學》下此解釋。日本憲法第十九條，國民皆平等，然尚有皇族華族二者，故不得謂無階級。使滿洲而果效法乎，此則滿洲人當爲貴族，蒙古漢軍其次也，公等當在最下等。嘻！公等乃夢想立憲之後國民平等乎！且日本天皇萬世一系，民之戴之，猶可自解。公等宗祖不武，爲外族所制服二百六十年於茲。今乃謀永久推戴以靦然冀少餕其餘，吾實爲公等羞之。

以上對於伊藤氏所講演畧下短評。以吾度之，載澤等聞伊藤氏所言，必驩然喜，以爲立憲不過如是也。即公等聞伊藤氏所言，當亦必驩然喜，以爲立憲誠如是也。而吾乃爲此冷嘲，殊殺風景矣。雖然，吾當更進而爲棒喝曰：滿洲決不能如日本之立憲。彼之立憲，若能如土耳其至矣盡矣，蔑以加矣。請爲言其故。

凡言立憲，必有制定憲法者。世界各國憲法之制定凡四。

第一，民定憲法。謂國民破壞舊政體，組織新政體，而制定之者也。佛國革命時代之憲法，即屬此種。

第二，欽定憲法。此非譊語，日本法學者所常用。有賀長雄氏《國法學》美濃部達吉氏《成文憲法論》皆用之。君主自制限其統治之方法及保障其秩序，對于臣民而發布者也。佛國路易十八世於一千八百十四年所發布之憲法，普國一千八百五十年所發布之普魯西王國憲法，日本明治二十三年所發布之帝國憲法，皆屬此種。

第三，民衆獨立欲組織新國時所協定之憲法。一千七百九十年以後美國諸州之憲法，比利時離荷蘭而獨立最初所定之憲法，皆屬此種。

第四，數國聯合而爲一國所協定之憲法，曰聯合憲法。北美合衆國憲法，瑞士憲法，德意志憲法，皆屬此種。

上以四種，皆成文憲法也。其不勒法典者，曰不成文憲法。英國是已。凡此憲法，皆非能驟然發生，其原因結果詳在憲法史欲言之，更僕未可終也。參考羣書譯述於左方。【略】

綜上所述而觀之，則憲法之制定，率由於人民之力。大抵國家時代，民權孳孕已富奮起與角。彼專制者，必不遽讓也，且力與民權相抵。猶兩物相持，此進一步，彼朒一步。其民權鋭進而君權萎縮，以至於盡者，佛蘭西也。其民權鋭進君權鋭退，遂以相安，於是民權之區域長而君權之區域蹙者，英吉利也。其民權鋭進而君權力禦之，卒乃稍示讓步以求相安，於是君權之區域長而民權之區域蹙者，普魯士日本也。要之，君權在專制時代決不無故而自爲制限。其不能不自爲制限者，以民權逼之使然也。民權既奮，若不相讓，終必糜碎。故不如制限之爲愈也。英固然，普何獨不然。所殊者程度之深淺耳。是故聞因有民權而有憲法者矣，未聞因有憲法而有民權者也。何也？以民權能製造憲法，法不能産出民權也。雖然，無民權而有憲法者，亦有之矣，土耳其是也。彼慕文明之名，而工牢籠之術，故樂於爲此。然國法學者，政治學者咸曰：土耳特有憲法之條文耳，仍不失爲專制政體。公等亦當聞此語乎。今日公等能奮其權力以角滿洲，使不能不退讓乎。然則今日滿洲之立憲與英普日本類乎？抑與土耳其類乎？想公等雖好辨，亦無以自解也。且公等之望滿洲立憲，非如土耳其人之望土耳其立憲也，乃如埃及人之望土耳其立憲也。何也？種不同國不同故也。雖然，吾知公等必有以難我矣。公等將曰：君言無民權不能立憲，然則無民權遂能革命乎？則將應之曰：民權者，自生之自長之者也，非他人授與之者也。公等誠生長其民權，則可以革命矣。若望立憲，則是望人以民權授我也。英人、法人、普人日本人奮其民權，而其結果，或爲民權立憲，或爲君權立憲。由所遇之敵，其與爲因應者不同，要其民權，則固自内發而非由外鑠者也。然公等必又有以難我曰：然則吾曹生養民權，以與專制爲敵，其能退讓，則立憲。否則革命可耳。何必以革命爲宗旨乎？則將應之曰：吾所期於公等者，非第國民主義已也，同時並有民族主義。故日本人、普人可求其君之立憲，而公等必不可求滿洲之立憲也。猶之比利時之被割於荷蘭，知求獨立，不知求立憲也。噫！公等而無以難吾乎。則吾將斷言曰：滿洲之立憲，土耳其之立憲也，公等之望立憲，埃及人之望土耳其立憲也。

《民報》第三號朱執信《駁法律新聞之論清廷立憲》　滿洲日言立憲，欲以爲愚弄一世，具藉保其大位也。夫其言之甚甘，且示以將實行之形，則昧昧者信之宜也。夫漢族且然，抑又何怪於外國之人。五臣之使，列國傾心迎之，亦謂改革之機，誠在是也。是故欺售而謗日以消，譽日以來。夫寧無高矚曠瞻，豫識其無足爲道者。顧一般之論，悉爲所轉移，彼縱未得内盡閉塞吾人之聰明，而以是挾有外人之同情，令無與於在野之黨，則爲彼聲助計亦甚得矣。矧吾漢族近頃之知進而自新者，其源實遠汲於歐米。日本使其知識之所從來者，已加贊與焉。則其流所及，亦復可使新進之士氣坐短。是亦亡胡死不擇陰之計，害未始不甚深也。余居日本，見其所頃對於此事，一般輿論所趨，强半背於事理，而尤加曲譽且獻擘畫者，則爲法律新聞近出之文。其題爲清廷其先公表立憲之誓約乎？其立論之蓄慮何似，所不敢知，抑無庸辯。第彼所主張之理由，近真而逾易疑衆，故不惜繁言以破其説，詰之於我國人，亦以釋友邦名賢之惑也。【略】

夫令是立憲制者，誠爲基於國民精神，則是憲法固非滿族之所得而制定也。奉若是之憲法，猶曰基於國民精神，是乃苟且猥賤之士，所以自文者，非智者之所宜出也。言立憲制者，其名、函義亦至複雜。顧自政治上以言，決非指有具一二空文，而無實際之憲法者明也。故政治學者常言，組織之完全，而不任獨夫之自由意思以運轉統治權，即有監督機關也。而其爲監督機關，又以獨立而有實力爲要素。其言若是，則滿洲之爲律制，雖標憲法之詞，又安得篡取立憲之名哉！抑亦既知不立憲而妄行中央集權，禍若是其亟矣，曷又不思其憲法之爲何等，乃瞀然而謂既立憲則不如是，何也？夫於中國中央集權，何以不可强行，此亦當爲筆者所知也。民族之間，界限劃然，久而愈睽。五十年來，兵事頻仍，地方之權亦日重，而滿族無從爲控御。目下操切之令，徒懸空文而已。故雖欲爲中央集權，數所不可得也。是豈可以一二空文變之者。則以謂憲法立而優得收滿漢一家之効，足利用國民之自覺心者，無亦循名而不覈其實之過也歟。【略】

中國國勢與日本殊，日本天皇宣誓五條，及十年後開國會之詔勅，可以定一時之民志。是有由也。其民素無惡於君，所爲敵者，閥閲耳。民協於君，交相賴，則其相信深也。中國之民，久受困苦於此惡劣政府，且習知其食言，又安從信之。抑吾中國所求者，非虛名之立憲已也。所以謀革命之理由，在洒世仇而報虐遇。是之不解決，革命末由而止。彼其公表者，即盟之載書徵之天日，所爲信者，只其立一法名憲法耳。其憲法之内容，固未嘗定也。我漢人又安用此空言慰藉爲也。【略】

要之，爲此種之論者，其言恒謂中國前途若是其危，不可不立憲。而於所謂立憲之内容，一不加察也，因生種種之誤謬，猶不自覺，而心以爲吾輩對中國有指導之責任，必如是乃得爲盡之也。然亦曷試返觀其所標之理由乎？夫其所標以爲當指導中國之理由者，不過於二：一謂酬往者文明輸入之惠。一爲同文之國宜相爲傾助也。是其所謂文明輸入者，誰實尸之，非我漢族耶。言同文者，豈謂與彼韃虜同鳥獸之跡耶。故苟加報酬者，當對我漢人而不當對滿人也。故贊我漢族而覆滿廷，暴其狡戾之真於天下者，爲報酬所應爾也。反之，而與其所恩者之仇讎，以仇其所恩，而曰報，曰助，其相去豈不甚遠？抑或以爲此外交上策畧然。然則爲利害而忘義，所謂大國民風者，其又何在也，其又何在也！

抑更有爲我同胞告者。近頃風氣漸開，然隨之有輕信易搖，不能葆其所守之病。每聞人言，輒甘而不之察。辨理心之薄弱於國民心理，乃爲大玷，不可不急去也。去之必慎於始，始有所信，必深審其由。既詳其顛涯，則外論無自惑之也。藉令不然，則終身爲人所轉而無所得，重失敗而已。法律新聞此文，度内地必有翻譯而稱述之者，以爲贊己説有人矣，因以便其私。然其影響所及，被其搖惑者，恐正不鮮。嗟夫！吾雖欲不爲之辨，又安能耶？

《民報》第肆號胡漢民《排外與國際法》 夫以其激動國民排外心如彼，而其所以喻止排外者，又如此故。吾人爲國民深計熟慮，而得根本解決之惟一方法，曰：

欲達吾人主張權利之目的，則莫如撲滿革命。

此其義，得分兩方面説明之。

甲，對於滿洲政府。夫異族政府，爲謀不忠，當然之結果也。我不能有真正之政府而以彼虜爲代表。其無惡意之際，則沾丐餕餘，所獲無幾。而其有惡意，則必以我利益爲彼犧牲。吾國民前兹之對彼有所請求者，毋亦實力未具，不得已而思其救濟之方法耳。而不見聽用，亦無如何。故其得了不可知。今則並以爲干預外交妄生議論，更若不悛，必將以煽惑播弄之罪，而尸以奸人匪類之名。是並此之言論自由而無之，則翻然改圖，不待再計。且吾國人所主張權利，對於既往現在將來者，就虜廷之外交觀之，則可決其止有退步而無進行。而其所以致是者，要不出不爲與不能之兩點。其不爲耶，則吾所謂不可不代以吾民族之真正政府，而撲此去之也。其不能耶，則吾國人又何取此劣敗無能力之政府以坐斃也。故吾國人苟不欲主張一切之權利則已，如欲主張之，則對於滿廷與爲無實力之要求，不如行急激之改革。而以國際上言，則與其以無實力之要求丐彼異族政府爲我主張，不如改造共和立憲政府，而得以國民之心理，表現於上而主張之也。前者惟不得政府之爲我主張與無主張之能力，然後有挺而走險之人改造政府。一反其所爲。正如日本明治維新以後，其對於各國所喪失權利，一一能回復無遺。而今且日謀伸張不已也。如是，則言排外者必日少也。

乙、就吾國民之方面。吾國民所失於滿洲之權利，未有大焉者矣。以與其他較衡，則一踞吾上而惟所魚肉。一伺吾側而有所覬覦，其輕重利害迥不侔也。故吾人言排外則宜先求所以去滿者，事之先後次序當爾也。而我不靖其感情怒室色市，使虜廷有所藉口而謂夫持民族主義者，莫不好排外，利用外人之感情以延其將盡之殘喘。是斷非持民族主義者所願出也，即專爲主張國際上之權利計，亦斷非支離滅裂之舉勸之可以成功，而無國力以隨其後，則多一排外必多一損失。而彼虜更將有辭諉爲釁自我開而不負其責任，是再失計。故必并力一致進行於革命之方面，異族政府既去，然後可以靖全國民之氣，不使横溢。即國際上之權利，亦漸可副吾人之希望也。

由是，則根本之問題，固以革命而解決，無事他求矣。然聞者於是必猶不能無疑，以所解答偏於排外之最遠，因而其次。遠因之所伏，能使人觸近因。而輒生衝突者，不可不詳知。又吾國人近今對外手段之所以不可能，而必收拾以歸於革命之故，不與解説，則前説亦將不信。何也？彼以爲其舉動未必皆謬，則時時出其小不忍以亂謀，而更以先撲滿而後達其目的者，爲間接不能待也。惟然，吾於是有是篇之作。

《民報》第七號葉夏聲《時評無政府黨與革命黨之説明》 某報有論人格者曰：西儒之言曰惡政府，誠不如善政府，然猶愈於無政府。惡法律誠不如善法律，然猶愈於無法律云。彼西儒之爲是言也，乃對無政府黨而加非難者也。彼無政府黨重個人而輕政府，惡政府而欲廢絶之，其有激而爲是言。誠不能謂不當者。若以此言而詆革命，則知二五而不知一十，無敵而放矢者也。彼革命黨者，以爲政府而若惡也，則吾人當共起而革之，革之而且新之焉。是則其主義在顛覆現今之惡劣政府，而建設新政府也。非謂顛覆之而有鑒於前之惡劣乃廢滅政府也。若欲以惡政府，誠不如善政府。然有政府存在，則莫如因之而不革之言，勸告一般之談革命者，則無異謂有疾病誠不如無疾病。然病既生矣，則不如放任之而不治療。世寧有是不通者耶？然則此説也，可云非正確之理論，而不可以非難革命也。雖然世猶有疑吾言爲誣者，則請証之其第二之詞。曰：惡法律，誠不如善法律，然猶愈於無法律云。夫革命黨而革命，斷無有排除法律者。觀前文之論革命，則可知矣。而無政府黨，則有謂法律者剝奪吾人之權利者也。然則彼西儒之言，可証其爲非難。無政府黨而非指革命黨者也。若其以蔑法律詈革命黨，則請問法國革命後，何以最偉之民法遂成也？且法國革命而後民心趨於共和立憲，至今成効炳然，豈無故耶？然則謂革命黨而無視法律者，其謬彰矣。已則不智，而漫以誣人。烏乎可哉！烏乎可哉！

《蘇報案紀事》鄒容《革命軍》 一、建立中央政府，全國辦事之總機關。

一、驅分省分，於各省中投票公舉一總議員，由各省中投票公舉一人爲暫行大總統，爲全國之代表人。又舉一人爲副總統。各州縣府，又舉議員若干。

一、全國無論男女，皆爲國民。

一、全國男子，有軍國民之義務。

一、人人有承擔國税之義務。

一、人人當致忠於此所新建國家之義務。

一、凡爲國人，男女一律平等，無上下貴賤之分。

一、各人不可奪之權利，皆由天授。

一、生命自由，及一切利益之事，皆屬天付之權利。

一、不得侵人自由，如言論，思想，出版等事。

一、各人權利，必需保護。須經人民公許，建設政府，而各假以權，專掌保護人民權利之事。

一、無論何時，政府所爲有干犯人民權利之事，人民即可革命。推倒舊日之政府，而求遂其安全康樂之心。迨其既得安全康樂之後，經承公議，整頓權利，更立新政府。亦爲人民應辦之權利。

若建立政府之後，少有不洽衆望，即欲羣起革命，朝更夕改，如弈棋之不定。固非新建國家之道，天下事不能無弊，要能以平和爲貴，使弊不致大害人民。則與其顛覆昔日之政府，而求伸其權利，毋寧平和之爲愈。

然政府之中，日持其弊端暴政，相繼施行。舉一國人民悉措諸專制政體之下，則人民起而顛覆之，更立新政府，以求遂其保全權利之心，豈非人民至大之權利？且爲人民自重之義務哉！我中國人之忍苦受困已至是而極矣，今既革命獨立，而猶爲專制政體所苦，則萬不得甘心者矣。此所以不得不變昔日之政體也。

一、定名中華共和國。（清爲一朝之名號，支那爲外人呼我之詞。）

一、中華共和國爲自由獨立之國。

一、自由獨立國中，所有宣戰議和、訂盟通商及獨立國一切應爲之事，俱有十分權利與各大國平等。

一、立憲法悉照美國憲法，參照中國性質立定。

一、自治之法律，悉照美國自治法律。

一、凡關全體個人之事，及交涉之事，及設官分職國家上之事，悉準美國辦理。皇天后土，實共鑒之。

《皇朝經世文新編》卷一八上《民政》汪康年《論中國參用民權之制度》 中國之言治者曰：以君治民而已，至泰西而有民主之國，又有君民共主之國，中國之儒者，莫不駭且怪之。雖然，何足怪哉！古之言治者，莫不下及於民，是以《尚書·洪範》曰：謀及庶人。《吕刑》曰：皇帝清問下民，《周禮》小司寇掌外朝之政，以致萬民而詢焉。朝士左九棘孤卿大夫位焉，羣吏在其後右九棘，公侯伯子男位焉，州長衆庶在其後。孟子曰：國人皆曰賢，然後用之，國人皆曰不可，然後去之，國人皆曰可殺，然後殺之。其他見於經典者可不僂指數，是古之爲國未嘗不欲與民共治也。

顧或患權之下移，不知君民共主之國，凡國有大事下諸議院，議院議之斷之，君而行之。官君有不同，可使復議，議不能定，可更置議員，是大權仍操之君。或曰用民權則桀黠得志，豪強橫行，亂且未已，不知民但能舉俊秀以入議院，而不能肆行己志。議員但能議其事，而不能必其行，何肆横之有？或曰權在上則聚，在下則散，散不可以爲國。不知議員人雖多，必精其選，議雖雜，必擇其多，選精則少謬誤之論，擇多必顧行者衆。是三者皆非足置慮者也。

且夫居今日而參用民權，有三大善焉：蓋從前泰西君權過重民，民權伸而君權稍替；中國君權漸失，必民權復而君稍替；中國君權漸失，必民權復而君權始能行。何則？中國雖法制禁令號出於君，顧前代爲君者，深恐後世子孫不知事體，或有恣肆暴横之事，故再三申之，凡事必以先代爲法，毋得專擅改易。故舉措一斷之例，大臣皆奉行文書，百官有司咸依故事爲斷，而熟諳則例之吏，乃得陰持其短長。故國之大柄，上不在君，中不在官，下不在民，而獨操之吏。吏志在得財傳子孫，初無大志，故骫利營私叢弊如毛，良法美意泯焉漸滅。且不特此也，君獨立於百官兆民之上，則聰察不能下逮，而力亦有所不及，是以會計隱没，上勿如也；刑獄過知，上勿察也；工作窳敝，上勿聞也。屢戒徇私，而下之用情如故；屢飭潔已，而下之貪賄如故；屢飭守法，而下之作弊如故。詔書嚴切官吏，貌若悚惶，而卒之無纖毫之悛改，猶得謂之君有權乎？惟參用民權，則千耳萬目無可蒙蔽，千夫所指無可趨避，令行禁止，惟上之從，雖曰參用民權，則君權之行莫此若也。

且夫民無權，則不知國爲民所共有，而與上相睽；民有權，則民知以國爲國，而與上相親。蓋人所以相親者，事相謀，情相接，志相通也。若夫君隆然，若夫人民爾然如草芥，民以爲天下四海皆君之物，我輩但爲君之奴僕而已，平日政事舉措漠不相聞，一旦變故起，相率委而去之，但知咎君之不能保護己，而不知纖毫盡心力於君。惟與民共治之國，民之與君聲氣相接，親愛之心油然自生。故西國之民，見君則免冠爲禮；每飲酒，必爲君祝福；國有大事，則羣起而謀；其故蓋必使民共樂，民然後樂其樂；使民共憂，民然後憂其憂，必然之理也。

若夫處今日之國勢，則民權之行尤有宜亟者，蓋以君權與外人相敵，力單則易爲所挾；以民權與外人相持，力厚則易於措辭。西人與中國互市，動輒挾我國君之權力，以制我之民。中國欲拒之，則我之權不足；欲以民欲辭，則中國久無民權之説，無可借語。是以增訂條約，不謀之民而輒許之。索租界，索賠款，亦不謀之民而輒與之。其他一切有損於國者、損於民之事，皆惟西人所欲應之如響。有司奉令承教，爲之惟恐不速，於是乎仇視西人之餘，轉而仇視有司。夫天下之權勢，出於一則弱，出於億兆人則強，此理之斷斷然者。且夫羣各行省之人而使謀事，則氣聚，否則散，使士商氓庶皆得慮國之危難，則民智，否則愚。然則反散爲聚，反愚爲智，非用民權不可，夫豈有防害哉！吾見制古復，則主權尊國勢固也。

《蘇報案紀事》章太炎《駁革命駁議》 昨讀某報《革命駁議》，自謂主張維新，而不主張革命。大致以今日革命之難，一在外界干涉，一在內容腐敗，故不如降心壹志研究實學，以爲異日輔佐君國興起宗邦之用。語多鶻突，未有分析明了，不知異日獲用，將以立憲政體輔佐君國興起宗邦乎？抑將小小變法補苴罅漏，而遂可以輔佐君國興起宗邦乎？若僅變法而已，康有爲戊戌之事，成鑒未遠，誠使胡牝就戮，明辟當陽，百日新政，延至百歲。而外人之侵犯國權，要求割地，果能禦之與否？若言立憲，某報既知人心腐敗，以鑿井耕田爲本分，輸租納税爲常職。初不知何者爲自由，何者爲不自由矣。而欲其决議税則規復權利，此又必不可得之數也。夫小小變法，不過欺飾觀聽，而無救於中國之亡。立憲足以救中國之亡，又非不知自由者所能就。然則研究實學，果安所用耶？然而維新之極點，則必以立憲爲歸矣。彼所以侈陳維新，諱言革命者，非謂革命之舉，必伏尸百萬，流血千里，大蹂大搏以與凶頑争命，而維新可從容晏坐以得之耶？夫各國新政，無不從革命而成。【略】及大功告成，天下已定而後，實行其共和主義之政策，恢復我完全無缺之金甌。則所革者，政治之命耳。而社會之命，未始不隨之而革也。若夫維新則必以立憲爲始革基，立憲則必以人人能守自治之法律，人人能有擔任憲政之資格，然後得以公布憲法，爲舉國所同認。

（清）于右任《于右任先生文集·社説·論近日朝政之顛倒》 今日中國之政體，無論以何種眼光觀察之，要不得不名之曰立憲與專制雜糅之政體。此在新舊過渡之時代，有時不得不變通以善其用，即執政者，亦可無庸諱言。第所謂變通者，苟不能適合乎用途，則其術亦足以誤國。且其流毒，視昔日純粹之專制爲尤大，吾蓋觀於最近之朝政而不能已于言也。夫以今之國勢衡之，朝廷專制之威不宜施之於人民，而不妨用之於官吏，此有識者所同認矣。乃今朝廷之設施，則絶對與此例相反。其對於人民惟恐不能達專制之極致，故凡權利之所在，恆剝奪之，而不使有孑遺。其對於官吏，則明知其奸回險詖，而終不肯伸專制之國法，以從而聲罪致討。若惟恐訐發太過，則足以彰朝廷之醜也者。嗚呼！是則元氣所以斲喪，蘊毒所以滋長，而議者所爲憂傷、憫惻、竊歎，以爲內政亡國之一大元因也。【略】

要而言之：則皆所謂顛倒而已矣。顛倒者，內亂之所由胎息，而亡國之一大元因也。嗚呼！我爲此懼。

（清）于右任《于右任先生文集·天聲人語·憲法問題》 憲法大臣，政府選擇而又選擇，派出讀萬卷書行萬里路識字極多之倫澤二親貴，憲法萬歲。國民山呼矣。

漢大臣中無一人有此資望，無一人有此學識，而且識字無多，恐他日憲法上白字出現，故不許參預其列。天王聖明，憲法萬歲，國民山呼矣。

記者敬告國民曰，憲法問題者，國民生死問題也，請國民注意，請國民研究，勿爲有憲法愈於無憲法之謬詮所誤，則庶幾可享憲法之幸福矣，中國幸甚。

（清）于右任《于右任先生文集·天聲人語·敬現一言》 自憲法大臣簡派倫澤以後，而國民熙熙如登春臺，其愚也可憐。

以四萬萬人托命之憲法，而國家纂訂，無一代表，其權利義務之不平等也可想。

記者此言，非排滿漢惡感，實欲得良憲法也，故吾人而欲得良憲法，對於此不可不要求。或曰，將保數人以參預也。記者曰，吾羞聞此言。

（清）于右任《于右任先生文集·天聲人語·議員對於道德上之責任》 議會之不自由，不如無議會。議員之不自由，不如無議員。

就法理上觀之，有自由之責任，然就道德上觀之，惟其自由，則對道德上之責任愈重。

故議員而無道德心，則其爲惡亦與專制之君主同，而議會專制更有甚焉，此昔人所謂合百人而成一怪物也。

雖然議會專制，在吾國不可無慮，惟議員中之有學識者少，盲從者多，一能言者倡之，衆不能言者和之，將變爲一無意識之專制，此可慮者也。

不以道德心維繫自由，於是有以意氣用事者，有以感情用事者，而種種怪象現矣，此其故，皆因盲從者多，有以致之。

即以公論報事論，故入人罪，謂其所畫幾條狗，爲罵二百議員，試問一條狗能代表數十議員乎，意氣用事，可笑。

劉廷琛固有罪矣，然其是非在天下，自有聲其罪者。試問有議場亂罵劉爲無恥小人，議員諸公在議會乎，在罵會乎，爲議員乎，爲罵議員乎，意氣用事，可笑。

因反對劉而遷怒於大學堂，倡議裁其經費，試問反對劉乎，反對大學堂乎，有一念爲教育前途計乎，意氣用事，可笑。

因痛惡梁士詒，遂裁鐵路局。試問數年種種作惡，梁士詒之惡乎，鐵路局之惡乎，因梁士詒而裁鐵路局，假使他日有一種種作惡之議員，亦可裁議院乎，意氣用事，可笑。

（清）孫中山《孫中山文集》卷一《駁保皇報書一九〇四年一月》 彼既曰：革命之結果，為民主政體也。胡又曰：有建設者謂之有意識之破壞，無建設者謂之無意識之破壞，彼等是否建設，吾不敢知云云。夫革命〔者〕，破壞也；民主政體者，建設也。既明明於革命之先，定為民主政體矣，非意識如〔為〕何？曰政曰體，非建設如〔為〕何？**【略】**

彼又嘗謂中國人無自由民權之性質，僕曾力斥其謬，引中國鄉族之自治，如自行斷訟、自行保衛、自行教育、自行修理道路等事，雖不及今日西政之美，然可證中國人稟有民權之性質也。又中國人民向來不受政府干涉，來往自如，出人不問；婚姻生死，不報於官；戶口門牌，鮮注於册；甚至兩鄰機門，為所欲為：此本于自由之性質也。彼則反唇相稽曰：此種野蠻之自由，非文明之自由也。此又何待彼言？僕既云性質矣，夫天生自然謂之性，純樸不文謂之質；有野蠻之自由，則便有自由之性質也，何得謂無？夫性質與事體異，發現於外謂之事體，稟賦於中謂之性質；中國民權自由之事體，未及西國之有條不紊，界限軼〔秩〕然，然何得謂之無自由民權之性質乎？惟中國今日富於此野蠻之自由，則他日容易變為文明之自由。倘無此性質，何由而變？是猶琢玉，必其石具有玉質，乃能琢之成玉器，若無其質，雖琢無成也。

彼又曰：中國人富於服從權勢之性質，而非富於服從法律之性質。試問無權勢可以行法律乎？今如檀島，若政府無權勢以拘禁處罰於犯法之人，其法律尚成為法律乎？夫法律者，治之體也，權勢者，治之用也，體用相因，不相判也。今該主筆強别服從法律與服從權勢而為二事，是可知彼於政治之學毫無所知也！

彼又曰：立憲者，過渡之時代也；共和者，最後之結果也。此又可見彼不知立憲為何物，而牽強附會也。夫立憲者，西語曰Constitution，乃一定不易之常經，非革命不能改也。過渡者，西語曰Transition，乃變更之謂也。此二名辭皆從西文譯出，中國無此成語也。該主筆強不知以為知，而妄曰Constitution乃Transition時代，一何可笑也。推彼之意，必當先經立憲君主，而後可成立憲民主，乃合進化之次序也。而不知天下之事，其為破天荒者則然耳。若世間已有其事，且行之已收大效者，則我可以取法而為後來居上也。試觀中國向未有火車，近日始興建，皆取最新之式得。若照彼之意，則中國今日為火車萌芽之時代，當用英美數十年前之舊物，然後漸漸更换新物，至最終之結果乃可用今日之新式火車，方合進化之次序也。世上有如是之理乎？人間有如是之愚乎？今彼以君主立憲為過渡之時代，以民主立憲為最終之結果，是要行二次之破壞，而始得至於民主之域也。以其行二次，何如行一次之為便耶？夫破壞者，非得已之事也，一次已嫌其多矣，又何必故意以行二次？夫今日專制之時代也，必先破壞此專制，乃得行君主或民主之立憲也。既有力以破壞之，則君主民主隨我所擇。如過渡焉，以其滯手〔乎〕中流，何不一掉〔棹〕而登彼岸，為一勞永逸之計也。使該主筆若不知民生為最終之結果，其倡君主立憲猶可説也。乃彼既知為美政，而又認為最終之結果，胡為如此矯強支離，多端辨難也？得毋以此事雖善，誠為救中國之良劑，但其始不倡於吾師，其終亦不成於吾手，天下上等之事必不讓他人為之。故必竭力阻止，以致不成而後已，是重私心而忘公義也。

（清）孫中山《孫中山文集》卷一《與劉成禺的談話》 予常與留日本、歐美習政治法律學生談倡建五權之原則，聞者駭異曰：吾人未聞各大學教授有此講義。立法、司法、行政三權鼎立，倡自法儒孟德斯鳩，君主民主立憲國奉為金科玉律，〔任〕何人不敢持異議。今先生欲變世界共尊之憲法，增而為五，未免矜奇立異，為世界學者所不許。

予駁之曰：三權憲法，人皆知為孟德斯鳩所倡，三權以後不得增為五權。不知孟德斯鳩以前一權皆無，又不知何以得成立三權也。憲法者，為中國民族歷史風俗習慣所必需之法。三權為歐美所超需要，故三權風行歐美。五權為中國所需要，故獨有於中國。諸君先當知為中國人，中國人不能為歐美人，猶歐美人不能為中國人，憲法亦猶是也。適於民情國史，適於數千年之國與民，即一國千古不變之憲法。吾不過增益中國數千年來所能，歐美所不能者，為吾國獨有之憲法。如諸君言歐美所無，中國即不能損益，中國立憲何不將歐美任一國之憲法抄來一通，曰孟德斯鳩所定，不能增損者也！歐美、日本留學生如此，其故在不研究中國歷史風俗民情，奉歐美為至上。他日引歐美以亂中國，其此輩賤中國書之人也。【略】

曰監察權。自唐虞賡歌颺拜以來，左史記言，右史記事，行人采風之官，百二十國寶書之藏，所以立綱紀，通民情也。自兹以降，漢重御史大夫之制，唐重分司禦史之職，宋有禦史中丞、殿中丞。明清兩代禦史，官品雖小而權重內外，上自君相，下及微職，儆惕惶恐，不敢犯法。禦史自有特權，受廷杖、受譴責在所不計，何等風節，何等氣概！譬如美國彈劾權，付之立法上議院議決，上議院三分之二裁可，此等案件開國以來不過數起，他則付諸司法巡迴裁判官之處理貪官污吏而已。英國彈劾亦在貴族、平民兩院，開於皇室則在禦前議政院，亦付諸立法也。如我中國，本歷史習慣彈劾鼎立為五權之監察院，代表人民國家之正氣，此數千年制度可為世界進化之先覺。

曰考試〔權〕。中國歷代考試制度不但合乎平民政治，且突過現代之民主政治。中國自世卿貴族門閥薦舉制度推翻，唐宋厲行考試，明清尤峻法執行，無論試詩賦、策論、八股文，人才輩出。雖所試科目不合時用，制度則昭若日月。朝為平民，一試得第，暮登台省，世家貴族所不能得，平民一舉而得之。謂非民主國之人民極端平等政治，不可得也！美國考試均由學校教育付諸各省，中央不過設一教育局，管理整齊。故官吏非由考試，而由一黨之推用，唯司法有終身保障。英國永久官吏制度，近乎中國之衙門書吏制度，非考試制度。唯唐宋以來，官吏均由考試出身。科場條例，任何權力不能干涉。一經派為主考學政，為君主所欽命，獨立之權高於一切。官吏非由此出身，不能稱正途。士子等萃萃向學，納人才於興奮，無奔競，無繳〔徼〕幸。此予酌古酌今，為吾國獨有，而世界所無也。

立法、司法、行政三權，為世界國家所有；監察、考試兩權，為中國歷史所獨有。他日五權風靡世界，當改進而奉行之，亦孟德斯鳩不可改易之三權憲法也。

綜述

《清末籌備立憲檔案史料》第一編劉汝驥《御史劉汝驥奏請張君權摺光緒三十一年十二月二十日》江西道監察御史臣劉汝驥跪奏，爲異説囂張，是非糅雜，請明定國是，以正學術而遏亂萌，恭摺仰祈聖鑒事。

竊維庶民邪慝正諸經，羣言淆亂宗諸聖。聖人所以惡夫異端曲説，斷斷而排之者，非攻異己也，懼夫是非不明，而天下之亂將由此出也。貞元會合之交，造物者若故爲長夜漫漫以韜光而養晦，而非聖無法者流，遂挾其爝火篝狐號召於晨光熹微之際。少年學子喜其説之便於弋富貴釣名譽也，遂丐其賸馥殘膏，昌言而無所於諱。四維不張，十日並出，此不獨紫色鄭聲之淆人視聽，廩廩有毀冠裂冕之懼焉，此不可不察也。

查近今之政治家，其論國體也有三：曰君主，曰民主，曰君民共主。其論國政也亦有三：曰專制，曰立憲，或曰共和立憲。大旨在抑君權以張民權。自其表觀之，專制之不若立憲，夫人而知之矣。雖然，君子之謀國也，必先究其受病之根源，以爲下藥之次序。歐洲百年前，其君暴戾恣睢，殘民以逞，其病蓋中於專制，以立憲醫之當也。而我則官驕吏窳，兵疲民困，百孔千瘡，其病總由於君權之不振，何有於專，更何有於制。知立憲之利，而不知立憲之害，彼曰立憲，我亦張皇其説曰立憲。是猶之醫者不尋其脈理，不察其癥結，見萎弱之病夫，遽施以烏堇猛烈之劑也，奚其可？且夫立憲之説行之彼國，猶利害相兼者也，施之我國，則有百害而無一利。奚以明其然也？曰政治之不同也，宗教俗尚之各異也，民智未開，議員未設，人民程度優劣之懸殊也。此猶其顯然者也。一鄉校也，然明以爲奸民之藪，國僑以爲執政之師。一共和也，周、召行之則中興，莽、操託之則大亂。天下是非之所在，往往毫釐之差，謬以千里，而作法以自斃，緣飾以文奸者，又比比然也。專制惡謚也，乃德之卑士麥卒持其尊君權之義，以擯奧於日耳曼之外，而聯邦之偉業成。立憲美名也，乃美之加弗林肯，法之路易十六，卒以總統之尊，授首於平民，爲天下笑。孟德斯鳩倡無門閥無特權之説，此立憲之萌芽也，而革命黨、公産黨、無政府黨之效果，遂滋蔓而不可圖。黄宗羲創天下爲主君爲客之説，此立憲之嫡乳也，不軌之士心醉神眩，又從而叫囂之，遂釀成戊戌黨人之禍。蓋是非之明也久矣，而追維禍始，實士大夫之議論囂張，有以啓之，前車不遠，來軫方遒，此可引爲殷鑒者也，故曰有害而無利。難之者曰，日本以立憲勝，俄以專制敗，方今地球萬國，未有不以此爲比例者也，豈我國而獨異，且憲既立，則萬統一系可傳之世世至於無窮。是説也，臣尤以爲大謬不然。夫我國固立憲之祖國也，臣雖檮昧，亦嘗蒐討而紬繹之矣。二典、三謨之紀載，夏書、商誓、周禮六官之典要，世閲數十紀，文成數萬言，其授受心法大旨，不外乎民爲邦本、君爲司牧二語。孔子雖不得位，而春秋一書，扶周室抑僭竊，尤爲憲法精義。孟子以闢楊、墨自任，其維繫之功亦不在禹下。自軒轅迄今，其破壞我憲法者，惟祖龍、新莽、高洋、朱温數人耳。然天相中國，神聖代興，我朝受命以來，我世祖章皇帝更集其成而光大之，我聖祖仁皇帝永不加賦之論，垂爲家法，實中外歷史所未有之曠典。蓋民之淪肌浹髓，戴皇天而履后土也已數百年於兹矣。我皇太后、皇上宵旰憂勞，尤兢兢以天畏民碞爲懼。近者禁貢獻，赦黨籍，去笞杖，裁書吏，詔書一下，歡聲雷動，異域之可汗，外藩之酋長，且聞風而敬禮有加，不可謂非環球中憲法完全無缺之第一國也。而議者乃欲舍我之憲法以模仿彼之所謂憲法者，將謂政由甯氏，祭則寡人乎？抑下堂而見諸侯，解職而爲市民，始合萬國之通例乎？將謂寡人中此與君代興乎？抑出其太倉紅朽，内府羡餘，以運動富豪，要結工黨，始保守其位而勿失乎？此臣之大惑而不解者也。

且我皇太后、皇上亦知日本自強之所由來乎？天智聖武而降藤原，以外戚持太阿者歷四百餘載，馴至盜賊蜂起，武人横行，平氏、源氏以迄德川氏，其以將軍執魁柄而相傾相軋者又六七百載，蓋民之知有幕府不知有王室也久矣。明治之中興也，蓋自德氏奉還政權始也，政權既復，則王室尊，王室尊，則治内治外之法權自釐然有條而不紊。讀日本國史，明治元年詔曰：大小政令自天子出。若夫議院之設，國會之開，乃遲遲至十年、二十年以後，則雖謂明治爲專制之君可也，而世不察，妬之爲天驕，譽之爲立憲也，不亦傎乎。然則毋遽言立憲也，言君權而已，毋遽言君主、民主也，言君權、民權之比較而已。君者，積民之權以爲權者也，故君爲本位，而民爲動位者，分君之權以爲權者也，故民爲分子，君爲分母，未有君權朒而民權獨贏者也。故觀人國者恆以君權之消長爲斷，入其國而法度修明，百廢具舉，必其君之駿發嚴肅，神聖而不可侵犯者也。不然，埃及之衰，波蘭之亡，西班牙之弱，皆有立憲之歷史者也。彼豈無一二頑民義士收合餘燼，謀古巴之獨立者乎，何以君權既一蹶不振，而所謂民權者亦爲蟲沙，爲幺匿，爲烏託之邦也。此又今之高談立憲者不可不瞿然思也。

臣更有不已於言者，政無新舊，惟順乎民情，學無中西，惟求諸實事。試進而考諸中古，賢能有書，奇衺有辠，則人民有選舉權也可知。謀及庶人，詢于芻蕘，則人民有議政權也可知。稷、契、皋、益終身不遷一官，不易一秩，則行政權、司法權不相假借也可知。又近而考諸歐美治安之策，莫要於警察，則我國匡人、撢人之職也。理財之法莫要於決算、豫算，則我國九賦、九式之遺也。彼國魁壘之士，類能讀聖經賢傳，搜中原文獻以證得失，而考異同，而我國煙霧之士，秕國粹而醉歐風，則又囂囂然號於衆曰吾西學，吾新政，彼隆準虬髯者，幾何不睨笑其旁乎。學宗諸先聖，則士夫之氣平。國統於一尊，則巨室之覬覦靖。是非正則學術明，學術明則民志定，民志定則君權不至旁落。臣得一言以蔽之曰：亦在朝廷之斷行而已矣。

方今陽九運終，萬幾更始，既特簡親貴大臣出洋考察政治，旋奉諭旨特設政治館以備顧問，聖謨深遠，宙合盧牟，此轉禍爲福，易危爲安之管鍵也。而政界、學界聚訟盈廷，皆以爲我國將立憲。臣非敢阻撓大計也，特是非之間，君權、民權之界限，不敢不辨，擬請斷自宸衷，堅持宗旨，以定國是，而息紛争，天下幸甚。臣誠惶誠恐，不知所裁，伏祈皇太后、皇上聖鑒。謹奏。

《清末籌備立憲檔案史料》第一編載澤《出使各國考察政治大臣載澤等奏請以五年爲期改行立憲政體摺光緒三十一年》竊臣等伏讀諭旨，特派親貴大臣，分赴東西各國考求政治，本年八月二十日欽奉上諭：前有旨派載澤等分赴各國考察政治，該大臣等各至一國，著各該駐使大臣，會同博采，悉心考證，以資詳密。欽此。伏維我皇太后、皇上，勵精圖治，奮發爲雄，薄海臣民，固已慶鴻業之有基，冀幸福於無旣。而海國士夫，亦以我將立憲，法令伊始，必將日强，爭相走告，臣等耳聞目見，尤不覺忭慶逾恆。

竊維憲法者，所以安宇内，禦外侮，固邦基，而保人民者也。濫觴於英倫，踵行於法、美，近百年間，環球諸君主國，無不次第舉行。竊跡前事，大抵弱小之國，立憲恆先，瑞典處北海，逼强俄，則先立，葡萄牙見迫於西，則次之，比利時、荷蘭，壤地褊小，介居兩大，則次之，日本僻在東瀛，通市之初，外患内訌，國脈如縷，則次之。而俄羅斯處負嵎之勢，兵力素强，得以安常習故，不與風會爲轉移，乃近以遼瀋戰爭，水陸交困，國中有識之士，聚衆請求，今亦立布憲法矣。最强之國，所以立憲最後者，其受外來之震撼輕，故其動本國之感情緩。然而强大如俄，猶激動於東方戰敗，計無復之，不得不出於立憲，以冀挽回國勢。觀於今日，國無强弱，無大小，先後一揆，全出憲法一途，天下大計，居可知矣。

且夫立憲政體，利於君，利於民，而獨不便於庶官者也。考各國憲法，皆有君位尊嚴無對，君統萬世不易，君權神聖不可侵犯諸條，而凡安樂尊榮之典，君得獨享其成，艱鉅疑難之事，君不必獨肩其責。民間之利，則租税得平均也，訟獄得控訴也，下情得上達也，身命財産得保護也，地方政事得參預補救也。之數者，皆公共之利權，而受治於法律範圍之下。至臣工則自首揆以至鄉官，或特簡，或公推，無不有一定之責成，聽上下之監督，其貪墨疲冗、敗常溺職者，上得而罷斥之，下得而攻退之。東西諸國，大軍大政，更易内閣，解散國會，習爲常事，而指視所集，從未及於國君。此憲法利君利民，不便庶官之説也。而諸國臣工，方以致君澤民，視爲義務，未聞有以一己之私，阻撓至計者。

我國東鄰强日，北界强俄，歐美諸邦，環伺逼處，岌岌然不可終日。言外交，則民氣不可爲後援，言内政，則官常不足資治理，言練兵，則少敵愾同仇之志，言理財，則有剜肉補瘡之虞。循是以往，再閲五年，日本之元氣已復，俄國之憲政已成，法國之鐵道已通，英國之藏情已熟，美國之屬島已治，德國之海力已充，棼然交集，有觸卽發，安危機關，豈待著蔡。臣等反復衡量，百憂交集，竊以爲環球大勢如彼，憲法可行如此，保邦致治，非此莫由。惟是大律大法，必須預示指歸，而後趨向有準。開風氣之先，肅綱紀之始，有萬不可緩，宜先舉行者三事：

一曰宣示宗旨。日本初行新政，祭天誓誥，内外肅然，宜略仿其意，將朝廷立憲大綱，列爲條款，謄黄刊貼，使全國臣民，奉公治事，一以憲法意義爲宗，不得稍有違悖。

二曰布地方自治之制。今州縣轄境，大逾千里，小亦數百里，以異省之人，任牧民之職，庶務叢集，更調頻仍，欲臻上理，戛乎其難。各國郡邑轄境，以戶口計，其大者亦僅當小縣之半，鄉官恆數十人，必由郡邑會議公舉，如周官鄉大夫之制，庶官任其責，議會董其成，有休戚相關之情，無扞格不入之苦，是以事無不舉，民安其業。宜取各國地方自治制度，擇其尤便者，酌訂專書，著爲令典，尅日頒發，各省督撫分別照行，限期蕆事。

三曰定集會、言論、出版之律。集會、言論、出版三者，諸國所許民間之自由，而民間亦以得自由爲幸福。然集會受警察之稽察，報章聽官吏之檢視，實有種種防維之法，非若我國空懸禁令，轉得法外之自由。與其漫無限制，益生厲階，何如勒以章程，咸納軌物。宜采取英、德、日本諸君主國現行條例，編爲集會律、言論律、出版律，迅卽頒行，以一趨向而定民志。

以上三者，實憲政之津髓，而富强之綱紐。臣等待罪海外，見聞較切，受恩深重，緘默難安，用敢不避斧誅，合詞籲懇，伏願我皇太后、皇上宸衷獨斷，特降綸音，期以五年改行立憲政體。一面飭下考察政治大臣，與英、德、日本諸君主國憲政名家，詳詢博訪，斟酌至當，合擬稿本，進呈御覽。並請特簡通達時事、公忠體國之親賢大臣，開館編輯大清帝國憲法，頒行天下。一面將臣等所陳三端，預爲施行，以樹基礎。從此南針有定，歧路不迷，我聖清國祚，垂於無窮，皇太后、皇上鴻名，施於萬世，羣黎益行忠愛，外人立息覬覦，宗社幸甚，天下幸甚。臣等不勝屏營戰慄之至。謹奏。

《清末籌備立憲檔案史料》第一編唐景崇《江蘇學政唐景崇奏預籌立憲大要四條摺光緒三十二年閏四月十六日**》** 工部左侍郎江蘇學政臣唐景崇跪奏，爲立憲政策豫籌大要，恭摺仰祈聖鑒事。

竊維上年皇太后、皇上特簡派五大臣分赴東西各國考察政治，仰見朝廷奮發圖強，更興百度，與天下臣民共治之至意，薄海内外，罔不歡欣鼓舞，僉謂將舉行憲政，握富強之本原，以臻文明之極則，聖清億萬年有道之長卽基於此。臣維今日時勢，海禁既啓，五洲大通，交涉之事日難，應付之機愈棘，惟有修明政治，以立憲爲第一要義。但事端宏大，此舉爲歐美各國所觀瞻，經始之時，宜審之又審。伏念皇太后、皇上宵旰勤勞，統籌全局，加以諸臣之周諮博訪，斟酌權衡，將來憲法頒行，凡所以策海宇之治安，固蒼桑之至計者，廟謨申儆，當有百利而無一弊矣。如臣至愚，何足以窺萬一。顧憲法綱要，更僕難終，情形固有異同，采擇貴無偏倚，謹就管見酌擬數條，敬爲皇太后、皇上陳之。

一曰先發明立憲宗旨也。中國數千年來，聖神迭出，政教昌明，至我朝肇興東土，治邁唐虞，列祖列宗家法相承，鉅典宏猷益臻美備，普天率土，涵濡聖澤二百餘年，莫不懍大經大法，以循循於五裕之歸，非泰東西諸國所能企及也。今一旦驟語更張，忽創爲立憲之説，其錮蔽守舊者必將色然以駭，謂用夷變夏，非中國所宜，於是横生阻力，使憲法不便施行。其謬託維新者久灌於詖邪之議，益生其蕩軼之心，必至弁髦舊典，衝決藩籬，其勢不可以復遏。不知我國立憲，凡累朝聖君賢相經畫之宏，國計民生系賴之遠，所萬萬不能更易者，豈能數典而貽忘祖之譏。其偶有闕略者，當因時制宜，采他國以資吾未逮，千經萬緯，辦法不離其宗。當頒布憲法之前，必先參酌本國情形，熟察近年利病，應仿日本明治元年五大誓文之例，請旨徧諭通國人民，聲明此舉並非破壞舊章，輕更祖制。惟是君民同心協力以争存世界，政治卽以本國沿用之法，則如日本之定爲慣習，憲法藉祛數百年中有司舞弊，胥吏玩法，上下不通之積習。於是朝野皆曉然於宗旨之所歸，而無所用其阻礙，綸音一布，先定人心，其餘諸政次第措之裕如矣。此宗旨之宜發明者一也。

一曰當斷定立憲主權也。查各國憲法有君主憲法，有民主憲法。若英吉利、德意志、意大利、葡萄牙、比利時、荷蘭等國，及東亞之日本，皆君主憲法，此主權在君也。若法蘭西、美利堅皆民主憲法，此主權在民也。二者截然不同。考憲法者，當先清其界限。竊謂我國而行立憲，當仿日本爲宜。昔日相伊藤博文言：曾奉使歐洲，每謂可采列邦成憲定爲行政之原，不知外國憲法習尚各殊，未必適合日本之俗。又言：日本須以君主政體立爲制度，不敢上侵君權，是爲握要。至哉日相斯言，可謂酌中損益，洞然利弊，而適合於我國今日之情勢者矣。查日本憲法大綱其第五條云：天皇以帝國議會之協贊行立法權。第六條云：天皇裁可法律，以命令公布執行。是提議法案、裁可法案、公布法令之主權屬君主〔者〕一也。第七條云：議會之召集，開會、閉會、停會及衆議院之解散，皆以天皇之命。是議會之主權屬君主者二也。第十條云：天皇定行政各部官制及文武官之俸給，且任免文武官。是任官、免官之主權屬君主者三也。第十一條云：天皇統帥海陸軍。十三條云：天皇宣戰、媾和及締結諸條約。是和戰之主權屬君主者四也。夫日本乃東洋一島國耳，而其七十六條憲章整齊畫一，君權既固，君統愈尊若此。英國憲法發明在數百年以前，為全歐立憲之祖。其國主似握全國大權，而政府國會爲其運動機關，其實政權全歸國會，凡不經國會許可，如有施法、廢法之爲，以違法論，此偏重之弊，有斷不能采行者。矧我朝二百餘年來煌煌帝制，天澤之名分最嚴，此次創立憲法，量予變通，參以民族主義，但一尊既定，應請事事斷自宸衷，下情不可不通，而體統不可不肅，有爲平權自由之言者，凛然無從煽惑矣。論者謂行政之權既歸君主，何以各國憲法各載大臣負責任一條？不知大臣負責任者，非君主讓其權於大臣，乃大臣對於議院負責任也。夫國家政務千條萬緒，安能事事盡愜民心，果有一二事之未愜歟，惟大臣擔其咎，當其衝，議院可以詰責大臣，彈劾大臣，君主常脱然于責任之外。求諸前代，如漢制，遇有事變，宰相避位，史册傳爲美談。證之各國，如普魯士憲法，凡關於政務之公文，國王必令責任大臣一名連署。日本憲法，國務大臣輔弼天皇，且任其責，凡關於法律、敕令及其他國務之詔敕，要國務大臣副署。比利時憲法，國王不可犯，其責任皆國王之大臣代負之。凡在君主立憲之國，無有不以此爲通例者也。夫如是，大臣之責守專斷，無偭規越矩之爲，而君主最高之威權，益覺尊嚴無上，况以今兩宫之聖哲英明爲中外古今所未有。此主權之當斷定者二也。

一曰國民普及教育，所以造成立憲資格也。查各國憲法條例，皆主治者代謀被治者之安全，如民有害己之事訴於國家以求保護，謂之赴訴權，有利己之事訴於國家以求援助，謂之鳴願權。日本宣布憲法有不侵人民住宅之權利，不侵人民信堂之權利，不害人民財〔産〕之權利，人民有不受非法逮捕之權利，有印行、言論、著作、集會之權利，逐條分晰，悉載入憲法文中。即荷蘭一小國，憲法第三條云：凡居王國之民，不問其國内、國外財産，皆受保護。比利時建國尚新，憲法極臻完密，第七條明人身之自主，第十條明住居之不可侵。誠哉憲法之於人民如此其愛重，如此其保全，可謂無微不至矣。惟各國以教育爲主，意無人不受教育，無人不陶鎔於法律之中，用能互相維持，互相親愛，全國之人皆服從於數十條規則之下，而人格不得不自尊。蓋國民有應享之權利，必有應守之職分，否則其人但有權利，而職分並不肯懍遵，則蕩檢踰閑，借此以自便私圖，弊有不可勝言者。況議院者立憲之先聲，泰西國政均許民間代議，日本於華族院外，別置衆議院以參與政權，若以未經教育之人同廁議院，則築室道旁，三年無成，徒然擾亂，無益於治。今者我國之人民程度智識猶未大開，公德猶未盡立，其稍黠者或從洋教，或託洋商，或隸洋籍，卒之民與民紛爭，風氣遂囂然不靖，其稍戇而弱者，又懾伏於官吏之積威，莫籌所以自立之策。試詢以憲法成立後，百姓之對付於國家當有如何關係，如何擔負，如何責任，則蚩蚩未必盡有此政治思想也，亦何取是組織憲法爲哉。故今日而不行憲法則已，其必行憲法也，應以普及教育爲入手之方。士耳其領土最大，以無教育之故，憲法不成，國勢至於削弱。俄爲歐洲雄國，顧教育闕如，民無公德，憲法不修，與日本一交綏而立蹶，此其成迹較然者也。必教育普及而憲法乃有樹立之時，竊謂中國近年學校方興，士人喁喁爭以教育改良相勉勵。擬請旨飭下各督撫再趕緊設法，於省、府、廳、州、縣徧立專門政法學堂，其要尤在各處府、州、縣責成地方紳士用義務教育，以極淺顯之詞，開導下級平民，告以立憲上種種之公德，立憲後種種之利益，使之保障生存，以盡對社會對國家之觀念。如此家喻戶曉，視聽一傾，憲法之成自然推行盡利矣。此教育之當普及者三也。

一曰地方自治政策，所以培成立憲基礎，乃今日所最宜注重者也。查東西各國商業之發達，製造之精巧，鐵道、汽船之交通，森林、礦山之日闢，以及學務、兵務、警務，無不秩然有序，進步文明，何哉？惟其民間富於地方自治力耳。我國二十餘省中設官定例，其大者如督撫，如布政使、按察使，如各巡道，次者如府廳州縣，又次者如佐貳官。無論其有庸庸溺職也，使盡人而爲賢吏，必事事責之於地方官，而精神智慮亦斷斷乎未逮，況當百務待興之際乎。然則今日而欲創辦憲法，舍國民自治其奚屬哉。歐人有言，立憲之國，行政須從一小部分起。又曰平野廣多之國，有中央統治主義，山岳羅列之國，有地方分治主義。中國幅隕面積有四百餘萬英里之多，全國山脈爲阿爾泰、崑崙、希馬拉亞三大山，故所在皆多山岳，當以分治爲宜。夫分治者，並非侵越中央政府，貿然上攬其柄權也。譬如一市焉，一鄉焉，一縣焉，利當興者興，弊當革者革，而國力、官力有所未逮者，則分力於箇人，分之既多，合無數之聰明材力，興辦一方之公事，結成鞏固之範圍。推而至於一郡、一省、一國，脈絡貫通，上下一氣，人人有捍衛桑梓，建立事業，顧全大局之精神，即今世界大通，必不容外人之干涉。如是内政修而外侮弭，民心固而國勢強，誠立憲之絶大根源哉。惟自治制度，各國互有異同，論者謂英國條例複雜，未能審察於利害之間，美雖民主國，地方自治講求最先，然政治機關悉握於地方政府之掌中，而中央毫無管轄，此又斷難采行者。似宜近采日本，如府縣郡市町村之制，選定市町村長，市之行政，府縣知事監督之，再上内務大臣監督之，町村之行政，郡長監督之，再上府縣知事監督之。故内務大臣有解散市町村會之權。但使無礙定章，無妨公理，一切悉聽民間自爲，不必施以阻壓，其意甚美而法頗良。夫中國今日凡關於地方公舉，何嘗不紳議其事，官總其成，似乎有自治模範矣。然而恃符豪霸，抗官擾民者，所在不免，故地方自治殊乏起色。竊以爲及今施行憲法，請先酌定區域之廣狹，飭下地方興設議會，凡各項應辦事宜，許民間開會集議，其有才識學行爲地方所公認者，應由朝廷特予鄉官榮銜，以示風勵，以專議會責成，而仍以地方官監督之。至選舉鄉官之法，當采日本市町村制用單選法，郡制、府縣制用複選法，再由國家宣明定律，如有把持武斷，或蹈從前劣紳行爲者，當嚴懲不宥，決不准有一人濫竽其間，如此選格極嚴，鄉政徧舉，而憲法之始基真安固不搖矣。此自治政策之宜注重者四也。

以上四端，略舉大要，其間事理或互相貫通，或互相維繫，似爲今日立憲之本原。總之各國憲法不同，得失未免參半，臣維日本憲法，其宏綱要旨，無非上保皇室之尊榮，下予人民以幸福，施之我國，至爲合宜。伏望聖心權衡至當，允執厥中，先設法律院於京師，特簡通達政體嚴明剛直學行俱懋之大臣爲高等司法官，提綱挈領，海内耳目一新。此外行政各官，即認定憲法遵行，其有事涉違憲章行不力者，由司法官糾正之。大本即端，收效自捷，憲法之完備，誠駸駸乎冠冕全球矣。

臣爲將來頒布立憲政策豫籌大要起見，是否有當，恭候聖明采擇。謹繕摺恭陳，伏祈皇太后、皇上聖鑒訓示。謹奏。

光緒三十二年閏四月二十二日奉硃批：政務處知道。欽此。

《清末籌備立憲檔案史料》第一編劉坦《内閣中書劉坦條陳預備立憲之法呈光緒三十二年六月初九日》 花翎知府銜在任候選道内閣中書劉坦，爲呈請代奏條陳立憲事。

竊近年以來，内外臣工奏請立憲之説，喧傳道路。伏讀光緒三十一年六月上諭，派遣考察各國政治大臣，旋又設立政治館，纂輯各國法制，仰見我皇太后、皇上籌畫之精，求治之切，一旦頒立憲之詔，立萬年有道之基，天下精神爲之一振，自強大計無過於斯。今五大臣取次歸國，亟須編纂憲法。竊維立憲之道，務廣羣言，方今聖明在躬，芻蕘必采，是以不揣冒昧，敢獻一得之愚，爲我皇太后、皇上陳之。

今之歐美大國，無一非立憲國家，即素稱專制如俄，近亦頒布憲法，是居今日而謂必當立憲，殆衆論所同，且終不能不立憲，乃勢所必至。惟徒知立憲之當急，而不察人民之智愚，則程度不足，即使頒布憲法，亦僅成一紙空文，反至凌躐淆亂，不可收拾。若憚民智之難開，委於時機未至，則因循遲誤，又不免因噎廢食之譏。夫立憲急務也，固不得謂爲尚早，而遺誤方來，並不宜料其未至，而謀爲展緩。苟能鑒其尚早而預先設備，乘其未至而誘使速成，亦時機之甚順而不可失者也。豈徒曰人民程度尚低，不適於立憲資格，遂可不言立憲哉。日本明治六年確定立憲政體，十二年開地方議會，二十二年始發布憲法於全國，自創議至於成功，蓋十餘年焉。英吉利爲立憲之祖國，其憲法經數百年之遷移嬗變，而後成今日之憲政，則立憲之舉，非一二年所可期成，尤非數十人所能輕定。夫既不可驟言立憲，又不能終不立憲，則將欲立憲而爲立憲之預備，人民之智識未聖，則加以教育，使其速進於開明之域，誠當今之急務矣。竊以預備立憲之法有四：

一曰先行地方自治。讀各國立憲史，觀其組織立憲之際，必與議院相維，人民朝考夕稽，地方自治之制早已完密，英國當七世紀，他文瑟佈勒定地方自治制度，爲立憲機關之基礎。中國人民尚無選舉議員之知識，亦無可任議員之人才，則先行地方自治爲教育陶鑄之法。蓋地方自治之議會組織及投票選舉，實爲議院之權輿，人民之知識，因練習而漸熟，不難養成適於立憲國民之資格。請飭政務處速定地方自治規則，頒發各省，剋日舉行，則數年之後，立憲之基礎定矣。

二曰編輯憲法説明書。言定國是，而有憲法，臚舉政體之大綱，明定於條文之内，君民世代共守之，乃中國古代未有之舉，非博識之士鮮知源委，昧然頒布憲法，必成具文而已。夫各國立憲政體之美，非徒有憲法條文也，舉國人民無論智愚婦孺，皆洞悉其國憲之精神，熟知憲法之條款，故因勢利導，即勃焉以興。今吾民之無立憲知識，非不能也，蓋不知也。請飭政治館纂定憲法説明書，説明憲法之原理及各國憲法之異同，頒發各省，責成督撫通飭所屬，均派宣講員按日宣講，一以防邪説謬解之歧入，一以爲立憲變政之先河。人民習聞立憲之説，明乎立憲之故，默化潛移，風俗丕變，及至憲法頒布，已習焉不驚，自能喻化遵守，共臻隆盛之治矣。

三曰各學堂增設憲法教科。自來解釋法律歧説百出，現今各國亦不能免，而一國憲政萬不宜有異同。中國風氣初開，衆口龐雜，苟不設法使之統一，勢必分派攻擊，養成政黨之禍。請飭各省無論官私立大中小各學堂，均令增設憲法一科爲特別教授，並一律以憲法説明書爲教授之根據，不得歧異。則學生畢業皆明憲法之旨，統一而不亂矣。

四曰各省官紳設憲法研究所。一國政務賴官紳之執行，而憲法之精神與百執事，均有相維之勢。今之官紳能明立憲之旨者，恐必不多，即使頒布憲法，亦猶有舟而無楫。雖各省已設法政學堂，而額數有限，未能普及，請飭各省設立憲法研究所，通省文武官紳皆令入研究所講求憲法，庶幾頒布憲法之後，百執事之措置不背立憲之本旨。

以上四法，僅爲預備立憲之先導，預備之功深，則立憲之資格必具。徒驟言立憲固不可行，謂程度未至而視爲緩圖，亦以爲未當。謹獻預備立憲四策，伏乞代奏。謹呈。

《清末籌備立憲檔案史料》第一編王步瀛《御史王步瀛奏改官制開議

院投票舉員地方自治之弊摺光緒三十二年六月十九日》四品銜掌浙江道監察御史臣王步瀛跪奏，爲考察政治極力維新，仍應上懔祖訓，豫防流弊，恭摺仰祈聖鑒事。

竊聞道路傳言，方今朝廷政治，凡政務處所議，猶爲舊中之新，將來考察政治館所辦，則爲新中之新，相與拭目，仰覿新猷。臣愚以爲政治應行考察，無過改官制，開議院，投票舉員，地方自治數大端。然利益所在，弊害卽隱伏其中，祖宗聖明相繼，更事既久，慮患甚深，故其所垂明訓，若有豫知今日之事者。如《御批歷代通鑑輯覽》所載，明建文朝用方孝孺等議，內外品官階勳，悉仿周禮更定。御批云：設官原以董事，豈係名目。此以知今日斟酌中外詳定官制之不易也。

又洪熙一朝，詔法司慎刑。御批云：法令之當否，詳審至於再三，斯已可矣，卽虞廷克允，亦惟殺之三、宥之三而止。必令法司五奏，往復雖多，徒滋煩冗，究之五又何異於三。且人主詳求庶獄，反復披覽，輕重自無遁情，卽介於微曖疑似之間，或覆勘以得其平，或集議以衷於是，自不致猶有枉縱。如必待臣下執奏乃允，則明慎之謂何，而權勢下移，又開其漸。此可見凡事必經議院而後定，恐轉滋紛擾也。

又嘉靖朝以吏部尚書嚴訥、禮部尚書李春芳並兼武英殿大學士，預機務。御批云：簡擢出自廷推，實爲明代弊政。嘉靖以特旨還除，能矯其失，蓋用人乃馭下大權，太阿豈宜旁落。且命出於上，卽所用未能盡當，而失不過一二人，其患小。若事出於下，無論推讓未必皆公，縱所舉果盡得人，而黨援倖進之風，將自此而啓，其患大。命官立政可不慎於公私輕重之間。此又可見投票舉員之未足盡恃也。

又洪武朝給致仕官誥敕復其家。御批云：明季紳士歸田，肆行鄉曲，百姓不敢與之相抗，皆此舉有以釀成之。此則地方自治必用鄉官難免窒礙也。

前者科舉驟停，未及三科遞減，衆論已嫌其遽難於教育普及。今茲政治多主立憲，事體何等重大，似宜益加詳慎，規畫久遠。我朝之視明代本如周監於殷，祖宗家法尤爲曠古所未有，深冀兩宮取各國之長，以去吾國之短，尤望體列聖之意，以立於羣競之時。孔子曰：一變至道。孟子曰：明其政刑。伏爲聖明誦之。

臣管見所及，明知不足仰贊高深，而葵藿微忱，不能自已，謹繕摺恭呈御覽。儻荷聖慈以臣議爲有可采，懇恩飭下政務處及考察政治館核議施行，大局幸甚。

是否有當，伏乞皇太后、皇上聖鑒訓示。謹奏。

《清末籌備立憲檔案史料》第一編趙炳麟《御史趙炳麟奏立憲有大臣陵君郡縣專横之弊並擬預備立憲六事摺光緒三十二年八月二十一日》福建道監察御史臣趙炳麟跪奏，爲立憲預防流弊，恭摺仰祈聖鑒事。

竊讀《管子·立政篇》云：首憲既布，然後可以布憲，首事既布，然後可以布事。忕忕慎者在立法之始。日本方立憲時，明治帝敕國人曰，憲法初步宜慎始慎終，倘遺忘大計，因誤國運進張之機，非朕奉祀祖宗之制，而收立憲美果之道。集思廣益，務極周詳，此流弊所以寡也。我皇太后、皇上遠稽往古，旁采列邦，將與天下臣民變通政體，勵精圖治，超越漢唐。臣愚竊鰓鰓過慮，以爲立憲之始，有當預防者，謹爲聖主詳陳之。

凡君主立憲國，其君有統一之大權，一切關於政治之事，不經君主裁正，不能施行。而君主所以鞏固其權力者，在有下議院以監督其行政諸臣，故政府權雖重，而軍政、財政議院不承認，政府無從逞其强權，雖有梟雄不敢上陵君而下虐民者，羣策羣力有以制之。今議者雖云採君主立憲制度，然其辦法臣猶有未解者。民智未開，下議院一時未能成立，則無以爲行政之監督，一切大權皆授諸二三大臣之手。內而各部，外而諸省，皆二三大臣之黨羽布置要區。臣亦知聖朝厚澤深仁，爲大臣者自有天良，斷無異志，然行之日久，內外皆知有二三大臣，不知有天子。雖曰二三大臣之進退操於君主，而黨羽既成，根柢深固，天子號令不出一城，雖欲進退之，烏從下手，是流弊必至陵君。此未解者一也。

且也郡縣貪暴，民受其虐，今已甚矣，而議者猶欲重郡縣權。台諫之職罷，疾苦既無由上聞，監司之官裁，寃抑又無從上訴。雖有高等裁判，將以制守令之不平，然郡縣離省數千里，離京數萬里者，鐵軌不通，輪舟不到，欲其案之達於省中、京中，無論貧弱之必不能也。卽有力者能達矣，而其人之死於監獄，白骨已朽，其家之耗於官府，黄金亦盡，况郡縣全歸奏任，任守令者，非外政府之親朋，則內政府之戚黨也。專摺直達君主者，外僅一總督，內僅數大臣，民雖欲赴君門而訴之，何從上達耶？

貪酷橫行，暗無天日，必千百倍於今朝，是流弊必至虐民。此未解者二也。

夫立憲本欲尊君，而其弊乃至陵君，立憲本欲保民，而其弊乃至虐民，此所謂大臣專制政體也。民不堪其虐，揭竿起事，海外會黨利而用之，必有以更憲法伸民權爲名，陰行其革命之術者。興言及此，臣爲中國危，臣爲民生慟矣。故今日而言立憲必自地方官自治始，使地方議會組織完密，逐漸而組織下議院，一面就内外官制因名核實，各定辦事之權限，無事過爲紛更也。今日欲爲立憲之基礎，首當豫備者略有六端：

一、正綱紀。《記》曰：聖人作爲，父子君臣以爲紀綱，紀綱既正，天下大定。宋朱熹曰：人君爲治之本在立紀綱，網無綱而不張，絲無紀而不理，一家有一家之綱紀，一國有一國之綱紀，人君正一國之綱紀，在乎馭大臣而已。故德之立憲，必統一列邦，日之立憲，必傾倒幕府，斷無綱紀不正而可立憲者。近日朝廷於大臣優容過當，有賞無罰，有恩無威，以致各省封疆自爲風氣，爵賞廢置，生殺予奪，爲所欲爲，司道以下感恩私室，各樹黨羽，暗竊朝權。幸祖宗法制未盡破壞，尚無敢明目張膽顯爲不臣者。並此禮法而盡去之，不有漢末割據之憂，必有唐季藩鎮之禍，應請皇太后、皇上力正綱紀，權不下移，於大小臣工，信賞必罰，用人惟其才，不必盡謀於臣下，刑人惟其罪，不可偏寬於貴顯。司馬光曰：人君能有其臣民者八柄存乎已也。苟或捨之，彼此勢均，何以使其下哉。蓋人君馭大臣嚴明，則大臣不敢爲私，如是可養成人民之公德，然後憲法可行。當豫備者一也。

二、重法令。管子曰：國君重器莫如令，令重則君尊，君尊則國安，令輕則君卑，君卑則國危。申子曰：君之所以尊者令，令而不行是無君也，故明君愼之。今日法令亦甚輕矣，軍機處之行政也，内下部院，外下督撫，發諭之後，不計其他。法所已斥之人，而督撫差委如故，法所嚴禁之事，而臣民行之無忌，各部則例視其人爲轉移，行法如此，雖予以完全憲政，能一日守之乎？應請諭令行政諸臣，凡發一令，立一法，統計始終，綜覈名實，奉旨之後，事在必行，不奉法者，罪在不宥。凡法律不合吾國程度者，毋輕列法典，以免立法不行，啓國人之輕法。西國政治家恆曰：立法不善，弊甚無法，故必明立法權之所屬，有法不行，與無法等，故必定司法官之權限，違法不懲，法良無用，故必嚴行法官之責任。數語者，立憲之要着也。如是可養成國人之守法心，然後憲法可行。當豫備者二也。

三、養廉恥。昔康澄嘗告唐明宗以六可畏，廉恥道消居其一，蓋廉恥國人之生氣也。有廉恥之世，官必勤於職，弗得其職則恥，士必勤於學，弗得其學則恥，民必勤於業，弗得其業則恥。其當爲也，雖白刃不能阻，其不當爲也，雖萬鍾不能誘，於是民氣強而國事舉。無廉恥之世，官則泄泄沓沓，竊位以爲榮，士則仳仳洩洩，干祿以爲志，民則侁侁攘攘，苟安以爲樂，於是民氣弱而國事廢。今日廉恥之道微矣，權勢之家趨者如蟻，一旦得志，憑社假威，狗苟蠅營，名曰運動，至有賄賂運動、游説運動等方法。其人但可以致富貴，雖異種殊方，巨奸大猾，俯首搖尾，不以爲辱，如此人格，其合立憲之國民乎？應請我皇太后、皇上進用篤實，屏斥浮囂，重廉靜之儒，杜苞苴之路，如是可養成臣民高尚特立之志，然後憲法可行。當豫備者三也。

四、抑倖進。傳曰：惟名與器不可假人。聖人非吝名器也，慮夫名器濫，不足以鼓舞人，用人之術窮矣。日本變法之初，詔謂濫舉人才，實乖政體，必詳考其性行事業，以愼登庸，此重名器之遺意也。近日朝廷用人過於驟升，自微員而遽陟大僚，由雜吏而忽登卿貳，一疆臣保，疏逖者遂參樞密，一新部開，下流者亦列冠裳。現以官制變更，而京外官之無行及游學生之干進者，尤以聯絡權貴爲終南捷徑。在我皇太后、皇上求賢若渴，破格待人，固欲以勸勵人才，贊襄庶政，然非常之典，宜待非常之人。倘臣下皆懷躁進之心，斯仕途彌盛奔緣之習，受官王室，奔走私門，風俗所以日卽囂凌，人心所以日趨險詐。

應請我皇太后、皇上用人授職，稍循資序，大臣有密保者必試以事，效則擢之，不效責原保者。如是可洗濯臣庶患得患失之心，然後憲法可行。當豫備者四也。

五、懲貪墨。古之懲貪嚴，故貪吏少，今之懲貪寬，故貪吏多。漢時贓罪被劾，或死獄中，或道自殺。唐宋制度，贓罪朝堂決殺，不與大赦。我朝雍、乾時督撫大臣犯贓罪者尚棄市，近日待臣下過厚，貪墨被劾者，輕則革職，重則戍邊。而囊橐充盈，神通廣大，革職者加倍捐復，或賄疆臣以保用，戍邊者捐交臺費，或賂大吏以奏留。甚有擁巨貲，結外人，逍遥滬漢，雖去一官，獲利千倍，何怪宦場如壟斷哉。應請特旨定懲貪之例，凡贓罪被斥者，百金以外必籍其家，千金以外必殺無赦。此項人員無論如何大臣奏保者必科之罪，如是可祛除臣下自私自利之心，然後憲法可行。當豫備者五也。

六，設鄉職。鄉官之議，雍正時御史龔建颺請行，世宗卽欲建置，旋爲鄂爾泰等議格乃寢。日本明治七年開地方官會議爲自治基礎，十二年開府縣會，十八年始組織新内閣，二十二年遂實行憲政。彼其立憲起點，因從地方自治始，我皇太后、皇上仿行憲政，亦必以地方自治爲根基。應請飭下政治館定鄉官位置、郡縣議會章程，頒行天下，諭各省督撫選正紳分充鄉職，開地方議會，及內地外洋畢業各學生，並請分三等試職：一等十之一，試各部職，二等十之二，試各省職，三等十之七，咨回原籍分補鄉官。政治實業用視其學，變通郡縣舊章，准以本省之人補省守令，情形熟則易見效，聲氣通則不擾民，如是可立民選議院之本基，然後憲法可行。當豫備者六也。

以上六端，雖係空理，要皆立憲之精神。凡事不講求精神，徒見人有一官，我易一官之號，人有一署，我增一署之名，猶襲泥馬以學良驥，人皆知其必不行也。

臣於光緒二十八年七月進呈防亂論籲求立憲，又於光緒三十一年六月條陳國本請孜察憲政，臣非阻撓立憲彰彰明矣。今明諭豫備立憲，臣恐立憲之初，稍有疏忽，足致禍亂，用示（不）揣檮昧，泥首陳詞，不勝悚惶待命之至。伏乞皇太后、皇上聖鑒訓示。謹奏。

《清末籌備立憲檔案史料》第一編戴鴻慈《出使各國考察政治大臣戴鴻慈等奏請以取法德國爲主改革軍政摺光緒三十二年八月二十六日》 出使各國考察政治大臣禮部尚書臣戴鴻慈、兩江總督臣端方跪奏，爲時局艱危，軍政重要，擬請擇要取法各國制度，以圖進步，恭摺臚陳，仰祈聖鑒事。

竊惟德國陸軍發端最早，自彼之先皇菲哩特威廉以來，代有英主，經營軍事，迄今八世，歷三百年之久，逐漸改良，屢有進步。官署則兵部、參謀部，一切經畫機關與夫各隊總監章程，教育則自武中學堂、士官學堂以至專科大學，皆累經釐改，以底完全，故挫奥報法，世稱雄國，而其陸軍之制，亦幾爲天下之所師法。卽爲仇讐之法蘭西，新自建立之義大利，素號强大之俄羅斯，整軍經武，皆不能出其範圍。而效之最著者，尤莫如崛然興起之日本。日本軍事無論事之鉅細，無不奉德國爲師，甲午之役，既經戰勝，去歲復挫强俄。其效法之誠，進步之猛，固由日本國民素有愛國思想，加以教育普及，人人知當兵爲應盡之義務，故其氣象奮發，踔厲無前，亦由取法甚高，追步不懈，經十數年之教練考求，始得坐收實效。中國知德軍制之善久矣，而軍事程度去日本尚遠，當此屢經挫失，互啓猜疑，餉械空虛，將才缺乏，深知朝廷力圖整頓，煞費經營。然使數年後無特立之精神，無實行之進步，則人皆能量吾之所至，而終不能收取威定霸之功，國之存亡正未可料。此次臣等在德最久，於德之軍政考察尤詳。又見各國之所以謀國，無不以軍事爲第一要圖，因詳考各國制度，以德國為主，以各國為輔，妥籌辦法，爲我皇太后、皇上縷晰陳之。

一、軍事大政，謹擬恭請皇上親御戎服以振士氣也。臣等所至各國考核軍政，凡技術之美，器械之精，雖由於工藝科學之發達，未易遽行企及。而軍容之何由嚴整，士氣之何由奮發，則固不容緩圖。蓋軍事至危，士氣不揚，軍心必先自挫。是故東西洋各國治軍之法，於技藝學術之外，提倡士氣，尤屬不遺餘力。其提倡之道，各國雖不一致，而無論君主、民主，則無不戎裝軍服，身爲海陸軍之總統，以督率行間者，誠以軍政本君主之大權，非臣下所能干涉。以臣等所見，如德皇親率一協之軍，指揮演習，俄皇亦躬冒風雨校閲新軍，其軍士無不激勵歡呼，聲聞四野。他如各國覲見宴會之日，君主亦莫不戎服從事。一國之君如此，臣民靡焉向風，惟先有榮於入伍之心，故必無怯於臨事之患，國勢強盛，誠由此也。中國三代以來，蒐苗獮狩，猶有尚武遺意。我朝列祖列宗，親習騎射，秋獮盛典，昭示來兹，爲曠古所未有。近年外患迭起，國人思與世界競爭，破除右文積習，學堂頒布宗旨，亦有尚武一條，精神爲之一振。上年北洋秋操，不過初具規模，然臣等於覲見各國君主之時，無不殷殷下詢，見臣等所帶武員冠服新制，又皆嘖嘖稱美，是知我國稍事變易，彼等無不觸目警心，固唯恐練兵或有成績，莫敢余侮也。現在立憲預備伊始，皇上實統有海陸軍之大權，若蒙敕下練兵處參考古今中外戎服制度，敬備御用軍服一襲，恭呈欽定，爲天下臣民所瞻仰。遇有覲見外國使臣大典，時一進御，並爲親臨校閲軍政之需，則不獨軍界中人咸仰聖武，而思振奮，皆以得入行伍爲榮，卽環海各邦，均知我皇上提倡士氣，跨越列強，慮無不敬畏震服者，自強之基，固莫捷於此矣。

一、軍事行政宜重加釐定機關也。夫治軍之術，其道有二，制度與學問而已。制度者，編定規畫之法，學問者，運用教練之方也。臣等查各國〔軍〕政必分經理、參謀、教育爲三端，各有專司，各奉其職，不相雜厠，而缺一不可，誠以經理爲國務行政之一端，而參謀與教育則又軍事行政之要點也。故各國海陸軍部大臣，分內閣之一職，而參謀總長與教育總監，則每以事體重大，直隸國皇，或自爲特別機關，如德，如日，如義，如奥，比比然也。俄以參謀、教育隸諸兵部，然事多廢弛，政不克舉。日俄之役，其經大挫，而受痛創，説者歸咎於軍事機關之不宜爲原因之大者，近亦紛然議改矣。日本前主合辦，而研究其理，則以分治爲宜，故亦劃然不紊。中國兵學幼穉特甚，考究固不厭精詳，而改良亦不應猶豫。臣等請改官制摺中，曾舉兵部與練兵處合併爲陸軍部，此卽各國國務行政之一部，自應妥爲併設。而練兵之軍令司，則應抽出爲參謀本部，別置總長以監督之。內分四小部：第一部專司本國戰時各事，第二部專考外國軍政，第三部則司內國設施及參謀人員之修學養成事宜，第四部則司操練及要塞事務。各置一長，分科設官，以治其事。至於教育一項，中國人材尚少，似不能盡仿德、日辦法，擬請暫設陸軍教育處一所，置總監督一員，分馬、步、礮、工程、輜重、交通六課，課設監督一員，各司本課教育，且管本隊專科學堂事務。又別設陸軍教育高等委員，以訂定全軍教育之方針，並隨時與各課監督會議，整理一切教育事宜。陸軍學生考試委員，以試驗入士官學堂之學生，及考試此項學生畢業時之成績。武中學堂、陸軍小學堂委員，以專管全國此項學堂教育事務，並有整齊畫一之責。以上諸務皆東西各國辦有成效，羣相仿行，中國整頓之際，不容自爲風氣者也。

一、海軍制度宜次第籌畫規復也。查各國注重海軍，尤視陸軍爲甚，誠以處列強競爭之世，不能閉關自守，一旦有事，赴敵應援，皆惟艦隊是賴，海軍之不立，不徒無軍，是不有其海也。歐美各國視海權與國權等重，軍港、艦隊經營不遺餘力，下至測量海線之法，駕駛風濤之方，亦無不分科講求，蔚爲專門之學。中國海軍自甲午一役，挫失無遺，人財並窮，規復難望。膠州、旅順軍港，爲人所租借，論者謂中國幾於無海，可爲寒心。然當此時局艱窘之秋，不得不爲未雨綢繆之計，夫以海面綿遠爲各國之所無，若陸軍漸有規模，獨海軍不謀成立，譬如築室者外無牆垣，雖有守御之人，仍不免於重困。今爲規復之計，宜略分次第辦法。查各國歲入款項耗於海陸軍者居其強半，而其預算之法約有二端：一則逐年統籌，一則隨時增進。中國財政短絀，勢艱與各國相衡，然宜指定一款爲分年籌畫之需，大抵先以五年爲期，造就軍官若干人，兵艦若干隻，軍港若干處，工廠衙署若干所。逐款預計，決一定數，分年而籌，卽分年而舉，不至有枝枝節節之苦。此款既定，不准挪移，一年有一年之收數，一年卽有一年之成績，更不至有半塗中輟之虞。然後培養人材，廣立軍港，擴充船廠，皆得循序漸進，徐事經營。蓋海軍在各國爲將臻完備之期，在我國祇可謂初有萌芽之候，不當糜費，又不當惜錢，固宜謀定後動，慎之又慎者也。

一、徵兵之法宜實行全國也。查徵兵之制，起於二百年前歐洲三十年戰爭之際，厥后戰事日劇，兵額日多，德國首先行之，全歐各邦羣相仿效，至於今日，殆無國不然矣。誠以兵力與國力互爲輕重，兵力不足，則國力必不可恃，國力愈大，則兵力亦必須遞增。國家歲入有常，勢不能悉數以充兵費，而徵兵之善，則逐年退伍，逐年徵召，平時可以少數之費，養戰時多數之兵。譬如養兵經費以四十萬爲定額，十年之後戰時人員可得百八十萬，而費則猶是四十萬也。二十年後戰時人員且三百數十萬，而費亦猶是四十萬也。二三十年之間，兵數十百於前，費用則毫無增益，而其學問程度，較諸倉卒招募者，不可同年而語。是以各國行之，莫不相易，不知實吾古者寓兵於農之成法也。中國練兵處奏定軍制，寓募於徵，北洋剏辦於前，各省踵行於後，較之向來募兵之法，自爲妥善，而於舉國皆兵之意，似尚未能實行。蓋應徵者多屬單寒，不及富家，貴族則仍有鄙夷不屑之見，而全失各盡義務之心。應請明降諭旨，仿照各國徵兵之法，頒定實行，使人人皆知當兵爲國民義務，雖富者不許雇代，貴者不得邀除。而兵制餉章，全仿德、日成法，酌量釐定，庶幾天下之士，聞風嚮慕，不復以當兵爲苦累矣。

一、軍事教育宜明示方鍼也。近來朝廷鋭意練兵，技術已進於嫻整，然有練而無訓，於德育、智育，不免稍形欠缺。且非徒訓而已也，宗旨不一，精神不完，猶未見其有益。昔普國受創於威廉第一，思雪其憤，刱訓兵之旨，以保守其尺寸土地爲先，設爲盡忠義、正禮義、尚武勇三條，而注意於仇法，故一戰而勝法。日本維新以來，宣布敕令二次，爲全國軍人共守之訓。其中亦分盡忠節、正禮儀、尚武勇、崇信義、守質素五條，尤以守質素一條爲東方之國粹。日人常取敕訓各條，作爲精神教育，教科書反覆詳解，軍人奉之如金科玉律，故一戰而勝俄。中國當屢敗之後，士氣久餒，若但練習形式，而不淬厲精神，縱使約束嚴明，猶恐未能一戰。蓋人之精神奮發，培養全在平時，要必夙有講貫之功，浸灌之具，臨事始能沛然而莫禦。擬請敕下練兵處，釐定宗旨，撮舉大綱，編爲訓戒軍人之書，頒示天下，以爲方鍼。上師句踐式鼃之風，近法威廉仇敵之意，十年教訓，用之一戰，或可與世界强國互相抗衡。至於軍事教育，本可補助普通教育所不及，是以各國軍學於教育之道，組織甚爲完全，故雖退伍之時，亦能樂羣敬業。德國今日社會氣象之整齊者，實由徵兵所致，使全國既辦徵兵，而於教育又復留意，則國家籌款徵兵，即不啻籌款興學，一舉兩得，計尤莫便於此。

一、高等兵學宜速成脩習也。查德國陸軍各級學堂，具有深意。武中學堂爲士官學生出身之地，士官學堂爲初級武員養成之所，專科學堂則分習步、馬、礮、工各專科，大學堂則教以帥兵、參謀諸要務，秩然不紊，各有專長。中國兵學久荒，人材因之缺少，近年改易軍制，由學堂出身人員較多，然於帥兵、參謀諸學術，大半詣力未底完全，且各省所練新軍，行將增備，而學堂則衹士官粗有規制，餘均未能舉行。夫國家欲練數十萬大軍，凡職任之重輕，自當以學術高低爲差等，今之材智固不足用，即處置亦未必合宜，竊恐軍政日以擴張，人才亦日虞不足。擬請先於京師設速成陸軍大學堂一所，取各省軍隊人員入堂學習，期以速成，期滿即令歸隊，以所學程度，轉相教授。一面照奏定陸軍學堂辦法，速開各學堂，俟士官學校辦有成效，再將速成名目取銷，按照德國辦法專設大學堂以教士官學生，俾養成帥兵、參謀之資格。庶乎分途並進，各有適用之材，學者固不至有躐等倖進之思，用之者亦必無僨事敗謀之慮。否則程度不一，駑驥同駕，辦事既不免參差，高下倒置，趨功則尤難振奮，欲求軍事之整理，必無效矣。

一、貴胄子弟宜出洋入伍也。夫出洋游學之益，盡人知之，惟中國右文而不尚武，數千年習慣已成風氣。近年各省所派陸軍學生，出洋後稍知軍之可貴，但不能循級求學，徒事囂張，又專以外國武員驕貴豪侈之習轉相仿效，致慕其名而不能務其實耳。竊惟風氣之開，全賴在上者有以倡率，臣等愚見，不如選派宗室貴胄，先赴德、日等國游學，馬、步、礮、工各隊，任學一科，皆須親身入伍肄業，歸國之後與陸軍學生一例行用。查德國自皇子、親王以及貴族子弟，無不入伍從軍者，士民供職軍伍，則鄉里咸以爲榮。此次臣等所見，如德國亨利親王，現充海軍二等提督，而德皇二皇子亦均在陸軍充中佐、少尉等職，身爲貴胄，位在偏裨，聲譽之隆，轉由此起，是以舉國材智，無不争趨於軍界，國安得而不强？日本曾師此意，所派親王、貴族往歐洲習海陸軍者，趾踵相接，學成則名隸軍隊，士氣爲之大振。日俄之役，有栖川宫親王督戰於旅順海口，閑院宫親王復襲破俄軍預備隊，海陸並捷，克建殊勳，而伏見宫親王、黎本宫親王，亦皆軍人中之錚錚者，至於彰仁宫親王，尤爲軍界所崇奉，尊若孔、孟者也。我朝龍興遼瀋，入關之日，皆以親王、貝勒典軍，迄於雍、乾之際，武功猶爲鼎盛，士氣之頹敝，曾不及百年耳。如蒙宸衷獨斷，派遣年望稍輕之王公、貝勒出洋入伍肄習，以迪前光而作士氣，則天下之士必愈加感奮而不能自已，而外人之敬畏不待言矣。

一、軍火器械宜建廠自辦也。國家養兵，本屬耗財之事，而東西各國百計經營不遑朝夕者，誠爲世運所鼓盪，弱肉强食，世界所同，存亡之機，間不容髮。查美法律有云：凡美國軍備，必以美國材物脩之。德人亦云：德軍衣食、器械，未嘗購自國外。意大利能造萬餘噸之戰艦，日本能造中口徑之巨礮，皆近年之進步也。至如奥大利、俄羅斯、丹馬、瑞典等國，兵備强弱不同，財力厚薄亦異，要皆無不有製造槍械、船艦各廠。而以美、德兩國財力最爲雄富，規模亦最爲宏大，蓋其用意，實有兩端：一以供戰時之取求，一以防利權之外溢。是以官廠而外，亦聽商家自爲建造，自爲經營。德之克虜伯廠，聲動環球，爲海内第一名廠，亦商辦之廠也。中國製造廠，僅有上海、漢陽兩處，工業未經發達，製造多不精良。從前遇有戰事，皆自外洋購買，倉卒之際，不濟於用，加以經手之人，全未考校，往往買舊式朽鈍之器以充數。笑柄嘩傳，可爲髮指。近年教練新軍，增購槍礮，亦皆各省各自爲政，不能盡歸畫一。至子彈、火藥之需，在軍中尤有性命關係，得之則生，不得則死。無論臨時購備種種困難，而以性命屬諸他人，豈復可以自保？臣等思之，每用危悚。擬請敕下練兵處，統籌全局，約計每年各省所練之兵，需用槍礮若干，子藥若干，劃爲定數，更酌定地段，分設各廠，多造子藥，以備不虞。亦如籌畫海軍之法，逐年預備的款，不得挪移動用，經費或由各省攤派，軍械亦准各省領支，並設一軍器總監所，酌定額缺監督其事。一面培養工廠人材，倘有商家願立民廠製造者，由總監所定章監督，官力既可稍紓，軍儲不致資敵，十數年後，漏卮盡塞，而軍實亦充矣。

一、戰時計畫宜預先籌備也。查各國軍政有所謂動員計劃一端，事涉機密，秘而不宣，故其詳細情形，無從刺探。然其大要，在舉戰時事宜，皆一一預爲準備，先行計畫而已。預備之法，大自馬匹、器械、衣履、戰具，子藥、餉糈、醫藥，小而篷帳、炊器，車輛、什物以及裹創之紙藥，紉裂之針線，無不在籌備之列。至於現在軍隊與預備各軍，如何接濟補充，轉運輸送，國中所有軍需，能應若干軍之求，所出軍火，能敷若干日之用，某地徵馬若干，某地徵車若干，某處可作營柵馬廐，某處可容借宿會食，事無鉅細緩急，皆須規畫井井，一目瞭然，一旦有事，應付始可裕如。若營官隊長，凡百有司，則無論其籍隸現預，職司大小，皆令於戰時應行籌畫諸端，立説作表，詳陳辦法，以覘其學識深淺，謀畫長短，故能好謀而成，不致進退失據。中國此次教練各軍，其收效在於能戰，使平時於戰備一層，不能討求，殊恐難協機謀。擬請敕下各省，照各國辦法，凡已練之軍，皆當妥籌戰備，逐年計畫，詳著表説，呈由軍令司查覈。即以每年表説計畫之疏密，定各省新軍成績之等差，擇其最完善者量加獎勵，傳示各省。一面由軍令司派員檢查其實在準備，是否與其計畫相符，如此行之數年後，新軍規爲必可大備，即使事起倉卒，亦可稍有把握，紙上談兵之誚，庶可免也。

一、軍人位置宜優定章程也。處今日尚武時代，爲軍官者大抵皆有科學完全之智識，乃能訓練士卒，戰勝強鄰。其對於國家，則擔荷保國衛民之責任，忠君親上之義務，故不得不出於優待者，勢使然也。查德國優待軍人，無微不至，國家除賞卹特典外，其佩勳章而服軍服者，在朝則榮寵有加，在野則禮敬不懈。推之營中之酒食、器具，則有半價之特章，輪船、汽車、戲場、照像館，則有減價之利益，年老則有養老之典，身後則有撫卹之恩。各國大概相同，無稍軒輊。而軍人之貴爲執政者，則昔之德相畢斯馬，今之日相桂太郎，尤爲人所稱羨。中國習尚不同，閭里瑣屑之事，或者俟民智稍開，再加誘勸，免使眼前無學軍隊滋生事端。至於賞卹恩給，大典攸關，似應早爲頒示。擬請敕下練兵處，查照各國章程，分別釐定，凡平時、戰時著有功績，以及能發明新械、新學有裨軍政者，不論將士弁兵，或授以勳章，或加以恩給，皆稍寓特別從優之意，俾興其互相觀感之誠。其有學問深純，才猷卓越者，並由朝廷廣加擢用，使贊戎機。庶天下之士，皆曉然於文武兩途，絕無畸重畸輕之見，而往日不屑當兵之謬説，概可剗除。舉國上下之姿，必無不以身許國而研求軍政者，如此則兵力可恃，而國基亦於以永奠矣。

以上各條，皆就中國現行軍政應加輔助者擇要言之。臣等伏念今日舉國關係，莫重於軍，數十年來外患迭興，國勢日蹙，蓋已岌岌不可終日，幸值國家閒暇，得以整飭軍政，若訓練不能有功，將一蹶必難復振，故無論朝朝上下，皆當注力於此。而其切要方法，仍在不徒求形式而激勵精神，不自恃完全而力求進步。有精神，有進步，則雖兵少餉單亦可謂之有效，無精神，無進步，則雖兵多餉足亦可決其無功。且中國今日不重在有兵，而重在能戰，此後事變之起，雖不必輕言用兵，而至外侮相逼之時，亦難置兵而不用，是預備雖在於平日，而收效實在於將來，斷不容塗飾外觀，不加儆懼，區區之忱，惟在於此。是否有當，伏祈皇太后、皇上聖鑒施行。謹奏。

《清末籌備立憲檔案史料》第一編載澤《出使各國考察政治大臣載澤奏請宣布立憲密摺光緒三十二年》 竊奴才前次回京，曾具一摺，籲懇改行立憲政體，以定人心，而維國勢。仰蒙兩次召見，垂詢本末，並諭以朝廷原無成見，至誠擇善，大知用中，奴才不勝欣感。旬日以來，夙夜籌慮，以爲憲法之行，利於國，利於民，而最不利於官。若非公忠謀國之臣，化私心，破成見，則必有多爲之説，以熒惑聖聽者。蓋憲法既立，在外各督撫，在内諸大臣，其權必不如往日之重，其利必不如往日之優，於是設爲疑似之詞，故作異同之論，以阻撓於無形。彼其心，非有所愛於朝廷也，保一己之利權而已，護一己之私利而已。顧其立言則必曰防損主權。不知君主立憲，大意在於尊崇國體，鞏固君權，並無損之可言。以日本憲法考之，證以伊藤侯爵之所指陳，穗積博士之所講説，君主統治大權，凡十七條：

一曰，裁可法律，公布法律，執行法律，由君主。

一曰，召集議會，開會，閉會，停會，及解散議會，由君主。

一曰，以緊急敕令代法律，由君主。

一曰，發布命令，由君主。

一曰，任官免官，由君主。

一曰，統帥海陸軍，由君主。

一曰，編制海陸軍常備兵額，由君主。

一曰，宣戰，講和，締約，由君主。

一曰，宣告戒嚴，由君主。

一曰，授與爵位，勳章及其他榮典，由君主。

一曰，大赦，特赦，減刑及復權，由君主。

一曰，戰時及國家事變，非常施行，由君主。

一曰，貴族院組織，由君主。

一曰，議會展期，由君主。

一曰，議會臨時召集，由君主。

一曰，財政上必要緊急處分，由君主。

一曰，憲法改正發議，由君主。

以上言之，凡國之内政外交，軍備財政，賞罰黜陟，生殺予奪，以及操縱議會，君主皆有權以統治之。論其君權之完全嚴密，而無有絲毫下移，蓋有過於中國者矣。

以今日之時勢言之，立憲之利有最重要者三端：一曰皇位永固。立憲之國君主，神聖不可侵犯，故於行政不負責任，由大臣代負之。即偶有行政失宜，或議會與之反對，或經議院彈劾，不過政府各大臣辭職，别立一新政府而已。故相位旦夕可遷，君位萬世不改。大利一。一曰外患漸輕。今日外人之侮我，雖由我國勢之弱，亦由我政體之殊，故謂爲專制，謂爲半開化，而不以同等之國相待。一旦改行憲政，則鄙我者轉而敬我，將變其侵略之政策爲平和之邦交。大利二。一曰内亂可弭。海濱洋界，會黨縱橫，甚者倡爲革命之説，顧其所以煽惑人心者，則曰政體專務壓制，官皆民賊，吏盡貪人，民爲魚肉，無以聊生，故從之者衆。今改行憲政，則世界所稱公平之正理，文明之極軌，彼雖欲造言，而無詞可藉，欲倡亂，而人不肯從，無事緝捕搜拿，自然冰消瓦解。大利三。

立憲之利如此，及時行之，何嫌何疑。而或有謂程度不足者，不知今日宣布立憲，不過明示宗旨爲立憲之預備。至於實行之期，原可寬立年限。日本於明治十四年宣布憲政，二十二年始開國會，已然之效，可仿而行也。且中國必待有完全之程度，而後頒布立憲明詔，竊恐於預備期内，其知識未完者，固待陶鎔，其知識已啓者，先生觖望，至激成異端邪説，紊亂法紀。蓋人民之進於高尚，其漲率不能同時一致，惟先宣布立憲明文，樹之風聲，庶心思可以定一，耳目無或他歧，既有以維繫望治之人心，即所以養成受治之人格。是今日宜宣布立憲明詔，不可以程度不到爲之阻撓也。

又或有爲滿漢之説者，以爲憲政既行，於滿人利益有損耳。奴才至愚，以爲今日之情形，與國初入關時有異。當時官缺分立滿漢，各省設置駐防者，以中原時有反側，故駕馭亦用微權。今寰宇涵濡聖澤，近三百年，從前粤捻回之亂，勘定之功，將率兵卒，皆漢人居多，更無界限之可言。近年以來，皇太后、皇上迭布綸音，諭滿漢聯姻，裁海關，裁織造，副都統並用漢人，普天下，歌頌同聲，在聖德如地如天，安有私覆私載。方今列強逼迫，合中國全體之力，尚不足以禦之，豈有四海一家，自分畛域之理。至於計較滿漢之差缺，競争權利之多寡，則聽見甚卑，不知大體者也。夫擇賢而任，擇能而使，古今中外，此理大同。使滿人果賢，何患推選之不至，登進之無門，如其不肖，則亦宜在屏棄之列。且官無倖進，正可激勵人才，使之向上，獲益更多。此舉爲盛衰興廢所關，若守一隅之見，爲拘攣之語，不爲國家建萬年久長之祚，而爲滿人謀一身一家之私，則亦不權輕重，不審大小之甚矣，在忠於謀國者，決不出此。

奴才誼屬宗支，休戚之事，與國共之。便茫無所見，萬不敢於重大之事，鹵莽陳言。誠以徧觀各國，激刺在心，若不竭盡其愚，實屬辜負天恩，無以對皇太后、皇上。伏乞聖明獨斷，決於幾先，不爲衆論所移，不爲浮言所動，實宗社無疆之休，天下生民之幸。事關大計，可否一由宸衷，乞無露奴才此奏。奴才不勝憂懣迫切。謹奏。

《清末籌備立憲檔案史料》第二編徐定超《御史徐定超請速設議院保護華僑以維人心弭民變摺光緒三十三年七月初四日》 掌江西道監察御史臣徐定超跪奏，爲人心浮動，匪黨蔓滋，謹擬消弭大計，請旨飭議施行，以維民心而固國本，恭摺仰祈聖鑒事。

竊惟今日時局阽危，內憂外患，時勢宸慮，然欲弭外患必先弭內亂，譬如醫者治病，痼疾未除，元氣必不能復。伏讀上年七月十三日及本年五月二十八日上諭預備立憲，有上下一心，君民一體之語。煌煌聖訓，誠古今不易之治法，萬世保邦之要圖也。中國自唐虞三代以迄今日，無不以民心之去就，覘國運之盛衰，但君民之何以一體，上下之何以一心，必有所以激發維繫之道。比來王大臣等釐定官制，改革庶政，所以振作圖強者，固已不遺餘力。乃外省官制之議下，而各省督撫有奏請宜緩者矣，刑民訴訟之法頒，各省督撫有奏請難行者矣。或謂國民程度之未合，或謂地方情形之不同，此非君民之不能一體，上下之不能一心也。蓋謀未定而先動，議未集而欲行，譬猶刻舟以求劍，膠柱而鼓瑟，其事必不能通。近日人心不靖，匪徒蠢動，皖省竟有鎗斃巡撫之事，遷流日下，大局何堪設想。故爲今之計，必以先弭內亂爲急務。臣謹擬弭亂之策厥有二端：

一曰迅設上下議院。前廣東督臣岑春煊奏，請擬預備立憲階級，有設立資政院，開都察院定議以代下議院，及各省設諮議局會議，各屬設議事會，迄今尚未施行，其實則可總名之曰議院，特有上下之分耳。臣謂議院之設其便有六：中國幅員遼濶，邊省腹地情形不同，今自省會以至州縣各設議會，令地方公舉議員，則以本省之人議本省之事，剛柔強弱，風俗習慣，斟酌而行，因地制宜，悉無窒礙。便一。歐風東漸，民智已開，投之閒散，久則生變。若才識稍優者悉充議員，則責任既重，議論自馴，官紳聯絡，互相監督，不逞之徒莫施其技。便二。議員有議事之權，無行政、司法之實，魁柄不移，不得竊弄威福。便三。立憲基礎以地方自治爲要點，既以議會議地方之事，則何者當興，何者當革，何者當益，何者當損，反覆磋議，措置自宜，百廢具舉，足紓宸慮。便四。泰西各國，凡用人行政，必下國會公議，國會認可，然後施行，更無中變，即有不善，可由政府隨時酌改。便五。周厲弭謗，弊甚防川，臧孫詰盜，魯轉多盜，天下事遏之使壅，不如宣之使通。年來各省警察雖已林立，然可以制其動，不可以制其靜，可以戢其形，而不可以戢其心，如以議院通達下情，則民氣畢伸，宵小自難鼓煽。便六。

一曰保護華僑。華民僑居外洋者數以億萬計，中國向來僅以公使兼護，形格勢禁，既屬孤單，又非專責。近雖設立領事，然爲數寥寥，保護仍多未至，向背悉任自由。查孫文在新加坡一帶皆以僑民爲羽翼，我既自棄其民，毋怪彼收其用，風潮之起，職此之由。近來民政部調查戶口，雖已注意華僑，然所以管理之法仍未之講。竊謂保護華僑其法有三：一宜多設領事。聞日本僑民在英倫三島者不過百人，而設領事四人，美國金山總處日僑不及千人，而領署几案簿册累累，悉皆僑民案牘。中國僑民較日本何啻倍蓰，而領事署中几案無塵，相對茶話，此非領事之不力，誠以設領不多，勢力單薄，僑民有事赴訴，亦難全力保護，而領事轉爲贅旒。今宜力祛積弊，增添領事，略仿日本辦法而專責成於公使，遇事保護，既不見凌於外國，自可尊重國權，僑民託庇，隱消反側。一也。一宜廣設僑民學堂。查華僑在外洋者或數十年，或二三世，其子弟悉習外洋文字語言，爲中國之民，鮮祖國之誼，奸民煽誘，易爲搖惑。宜飭學部派委教員，多設蒙塾，教以國文，曉以國粹。其畢業後文理通順者選入內地肄業，一體獎以出身，則僑民胥知自愛，既可以廣我殖民，自不致爲淵敺魚。二也。一宜以華僑爲領事。僑民既受教育，才俊必多，擬即以所居某地之民，爲某地之領事，風土人情周知熟悉，交涉自不隔膜，各有身家性命財產之責，保護尤無不力，即有時事關內地，更可稟承公使商酌辦理，不失祖國主權。三也。

凡茲六便三法，皆消弭內亂之大計，而實立憲國不容緩之要政也。蓋常人之情，莫不惡亂而思治，惟有所求而不得，則亂心生矣。亦莫不好生而惡死，惟有所鬱而不舒，則蹈死甘矣。臣攷東西洋立憲各國，君主之於臣民，猶身之使臂，臂之使指，而臣民之與君上，猶四肢之捍衛頭目。其全國之人各有擔負國家之義務，即僑居異域者，亦無不聯絡一氣，呼吸相通，此非性質之特異也。蓋有國會以聯絡其情，有領事以保護其身命財產，一有不便於民，務必隨時磋議，歸於至當而後已。一爲外人所虐待，尤必反覆辯争，務求不失國權而後已。然則欲聯上下爲一心，合君民爲一體，正本清源，消弭内患，舍是其道何由。

臣怵於内亂，謹擬消弭大計，請旨飭議施行各緣由，恭摺具陳，伏乞皇太后、皇上聖鑒訓示。謹奏。

《清末籌備立憲檔案史料》第一編郭曾炘《裁缺通政使郭曾炘奏宜徐議憲政摺光緒三十三年七月初五日》 侍郎銜裁缺通政使司通政使臣郭曾炘跪奏，爲敬陳管見，仰祈聖鑒事。

竊臣恭讀本年五月二十八日奉上諭：朕欽奉慈禧端佑康頤昭豫莊誠壽恭欽獻崇熙皇太后懿旨，立憲之道全在上下一心，内外一氣，去私秉公，共圖治理。自今以後，應如何切實預備，乃不徒託空言，宜如何逐漸施行，乃能確有成效，亟宜博訪周諮，集思廣益，凡有實知所以預備之方者，准各條舉以聞。欽此。仰見聖朝虚己求言，勵精圖治之至意。臣才識迂闇，於東西各國憲政始末，未嘗身親研究，不敢摭拾浮詞，上瀆宸聽。惟盱衡時局，默揣事機，國是多紛，亂萌未靖，必先有以植邦本而固人心者，乃可以徐議其後。謹就管見所及條舉陳文。

一曰信詔令。竊觀近年以來，屢奉明詔，鋭意振新，薄海士民，喁喁望治。乃或言之而未見實行，行之而莫覩成效，則改革未衷其要，轉滋無識之疑，推行不本諸誠，易動有司之玩。試思百姓所依賴者朝廷，而朝廷所以取信於四方者惟命令，故《書》曰：王言如絲，其出如綸。王言如綸，其出如綍。又曰：令出惟行，不惟反。而《大學》亦致戒於所令，反其所好。今當預備立憲之時，要在開誠布公，實事求是，事有疑不妨博參羣議，令既布必當堅持一心，使天下之人曉然知宗旨之所在，而後衆志可齊也。

一曰籌大計。大學論絜矩之道，而終於理財，其言曰：財聚則民散，財散則民聚。前代賦税，嘗有上供、送使、留州名目，而泰西各國納税，亦分國家税、地方税爲兩事。曩者拳匪之禍，肇亂者近畿，而賠款遍攤於十八行省，民間已嘖有煩言。近則新政所需，無不用其攤派，計臣但知提撥，不問款項之何來，疆吏無計搜羅，且復刻剝以塞責。須知斂財之術雖巧，不得謂之理財，分外之供既疲，勢必弛其分内，州縣私憂虧累，閭閻已罄蓋藏。工廠未興，農林未闢，萃千百萬游食之徒莫爲之所，而欲其各循秩序，講公德而圖治安，此必不可得之數。若非將財政大加整理，預算、決算立表分明，酌盈劑虚，互爲挹注，恐上下交困，政策終有所窮也。

一曰挽積習。中國日言變法，所變者形式而已，而數百年相沿之錮習未嘗變也。以柔靡爲道德，以粉飾爲事功，蒙蔽拘攣，以有今日。其尤爲人心世道之憂者，則在於貪冒而不知恥，苞苴饋遺，竿牘夤緣，百計鑽營，昌言運動，斂民財以媚貴要，侵公帑以飽私囊，搢紳半駔儈之流，小説有現形之記，雖言之不無已甚，而事或未盡無因。夫習俗移人，賢者有所不免，名節掃地，好官誰不願爲，隨波逐流，安知所屆，以聖明在上，衆正盈廷，崇奬廉隅，轉移風氣，夫豈無術。管子所謂禮、義、廉、恥國之四維者，其言可深長思也。

一曰融成見。今煽亂之徒，倡言排滿，特假以爲名耳，以近事證之，湘、淮起團練鄉兵，未藉八旗之禁旅，遼、瀋建中書行省，已非昔日之陪都，因時制宜，起有成格。臣以爲方今事局危棘至此，非惟滿漢不宜分畛域，凡中外臣工，皆不可稍存彼己之見，外患、内訌交迫而來，推賢讓能，共濟時艱，猶恐不及，而默觀朝士，尚或狃拘墟之故智，忘厝火之殷憂，事非同利，親舊之界立分，論或效忠，萋斐之言旋入。徒使宵旰焦勞於上，曲意調停，昔人謂去河北賊易，去中朝朋黨難，意見之禍人國，誠可畏也。今資政院雖未遽立，而政務會議已有常期，擬請飭諭諸臣各矢公忠，從容商搉，深思違覆得中之益，毋蹈面從後言之習。其已經決議條目，卽隨時刊布，俾衆皆知，公事公言，無所用其祕密，似亦稍釋猜嫌之一道也。

一曰明學術。孟子距楊、墨，比於抑洪水驅猛獸，如是其難也。彼邪説之移惑人心，蓋亦持之有故，而吾國士大夫讀聖賢書，莫審所用，儒術久淪陳腐，初未聞實踐之功，經義但弋科名，轉弗堅後生之信，習見鄙夷，故詖淫之辭得乘其機而中之。夫時勢非前人所逆料，使孔、孟復生今日，亦不能不研新理謀變法。然誠正治平，本末有序，綱常名教，亘古不易，今學堂功課日不暇給，人倫道德徒演空言。似宜延訪通儒，取古今學派異同，編緝成書，講明而切究之，以踐履爲倡導，以志節相切磋，庶可振起頹風，扶持正教，事有似迂而實急者此也。

臣愚昧之見，鰓鰓過計，是否有當，伏乞皇太后、皇上聖鑒，謹奏。

《清末籌備立憲檔案史料》第一編褚子臨《揀選知縣舉人褚子臨等條陳憲政八十錯十可慮呈光緒三十三年七月十八日》

具呈揀選知縣舉人褚子臨、吏部謄録廩生陳景周、揀選知縣舉人王平仲、候選府經歷監生李以恆，爲敬陳管見，懇請代奏事。

伏讀五月二十八日上諭：凡有實知所以豫備之方施行之序者，准各條舉以聞等因。仰見朝廷憂念時艱，勤求上理，虛衷延納，不遺芻蕘，眷眷焉有欲盡天下之公之意。職員伏處草野，學至庸陋，然於古今中外盛衰安危之故，亦曾探其原委而究其失得。竊以爲昔日之亂在國計，今則並在民生，昔日之亂在世俗，今則並在人心，昔日之亂在政治，今則並在學術。夫人心之亂在一時，學術之亂在萬世，而國計民生，亦蹙蹙不能爲旦夕之謀。以職員平時所聞見，苛政之亟行，羣黎之雕敝，怨憤抑鬱，隱隱有潰決不可收拾之勢。而諸臣猶復以前事爲未工，更爲是奮不思難之舉，以搖撼而挑激之，是何異厝火積薪而寢其上者之自投於灰燼而莫之寤也。職員竊以釐定官制，試行新政，凡以補救偏弊，而朝廷於舉行之初，猶復兼采羣議如此，此殆欲一聞草野無忌諱之言，以博采其利害也。職員謹就今所爲憲政官制，參之東西洋諸國所紀，其中有大錯者八，有大可慮者十，明知其錯與可慮而猶飾詞附會，其害有不可勝言者。職員披肝瀝膽，敢因明詔所及，一一陳之。

今論者皆謂憲政一行，可以強國，固以義分一明，則人人皆有以身殉國之志，而積弱可爲之一振也。不知國以衆強，尤易以衆敗，如臘丁史所記連合部之亂，七山城之役，禍鍾都畿，擾及方域，羅馬之瀕於亡者亦數矣，則皆憲政之階之厲也。大錯一。論者又謂憲政一行，可以尊主，此尤謬之甚者。蓋憲政之起，激於君權之太盛，而挾民力以削之，一事之不合，則環視而争，未有不釀成大患者也。如英巴力門之叛，法改革諸黨之變，王殲國滅，宗社爲屋，以及羣兇得志，恣意殺戮，兵禍相尋，至於百數十年而未有已也。大錯二。論者又謂國家有急，則上以事諮於下，下以財奉於上，雖重課之，而民不怨，其說似也。然以職員所聞，衆不和而激成大變者亦有矣，以致征取無藝，羣情怨毒，如昔尼羅之課稅，而召高盧、西班牙之兵，英王之徵費，而激亞美十三州之叛，兵挫地削，幾至覆國，此尤非我中國之所能支也。大錯三。論者又謂戎政寬弛，刑威不肅，皆由憲法不明，憲法一明，則人樂於爲兵，兵皆勇於赴敵，其説亦似也。然小人性於勇而嗇於釁，不善用之而因以反中其身者亦有矣。以職員所聞，雅典、馬其頓諸國以兵強，亦以兵亡，而羅馬親衛軍之弊，廢立恣其胸臆，威福出於睚眦，其受禍未有慘於此者也。大錯四。論者又謂憲政一行，則職守可定，官方自敍，其效可操券責也。然以職員所聞，歐洲自立憲以來，如亞爾干、公修爾之設，大總管之選，或以年計，或以月計，位同傳舍，事多眊廢，而威權偏重，庶民嗟怨。至蘇押、馬黎約之徒出，同室操戈，三軍暴骨，而貿首之仇，殘及手足，則紳民傾覆之禍，未有甚於立憲者也。大錯五。論者又以憲政一行，則祚延百世，而援羅馬立國二千餘年爲證。然以職員所聞，則有大謬不然者，方紀元前後王政中坼，豪族擅治，威權下移，内訌迭起，爲禍亦烈矣。其後屋大維以梟雄之資，乘隙據位，然德聲靡聞，佚君屢作，或數世一易主，或數年一易主，或數月一易主，職員觀臘丁史所載，禍難之殷，篡逆之慘，未有甚於此者也。大錯六。論者又以英、法立國千數百年則猶前志也。伏查英自維廉勝主以長才大略號稱極治，然勢門豪右，身汚寄治，以致庶民重困，國勢中蹙，斷代而言其世紀有不足道者。至高盧開國，威稜震叠，可謂盛矣。然以職員所聞，墨羅彬一朝二百餘年，加魯令一朝二百餘年，瓦羅斯一朝百餘年，加北珍兩朝乃三百餘年，期短祚微，遠遜漢、唐。及路易不君，兇黨蠭起，誅鋤異己，喋血都市，而干戈之禍波及全歐，其易姓改物，亦何異於傭徒鬻價之爲，而説者也貪其名之美，而不顧其害之烈，可謂大惑不解者矣。大錯七。論者又以日本一姓歷千餘年，享國之久，非列強所及。然其大經大法，皆原本中朝，故能雄據一隅，延祚永世，初無所爲憲政也。改行憲政自今明治始，究其改憲之故，則以政歸私門，主擁虛器，不得已以權道行之。假憲政以收人心，卽借衆力以傾幕府，大數既得，觀釁海澨，近幷朝鮮，遠摧鄂羅，傳所謂再實之木，其根必傷者也。其能保世與否，則不可必也。大錯八。

然此數端猶借鑒往事，據理以斷者也。若其與憲政相表裏，而新政所已行，其致亂而防不勝防者，可慮殆有甚焉。西土以商戰國，中土以農戰國，勢不侔也。故中土之農，忍詬而易使，自近時新政試行，於是立學之費取之農，練兵之費取之農，其他雜款加税，無一不取之農，而未嘗出怨言，以負有司之令，此西〔土〕所歎爲四千年王化之盛者也。今顧以爲未善，而又欲設官以督之，置吏以擾之，是使吾之農將無所措其手足也。設有勝、廣之徒，輟耕太息，則恐國家之旰食也。可慮者一。西土之商處於朝，中土之商處於市，分不同也，故中土之商安賤而畏法。自近世新政試行，徵調煩重，凡農力所不能給者，則一切劫於商以足之，於是昔之單税今則複之，今之複税後又倍之。其他辱處賤業，前世寬之以養細民者，今則搜括無遺，甚至不肖之徒，假公司之名，攘商人之業。如煤鐵之礦，蠶織之利，凡爲吾民所自爲者，今則奪而官之，以仕宦之重而躬賤夫之壟斷，是絶商民之生計也。設有桀黠之徒，倡細工均財之説，爲加命頒田之計，則鼓力販繒皆奮然有風塵之思也。可慮者二。西土之教以基督，中土之教以儒道，固不同也。自近世歐教東行，官爲保護，於是奸宄負罪者入焉，繼則愚懦避役者亦入焉。今日入教，明日抗官，徵發不敢役也，詞訟不敢詰也，是多一教民，即少一良民也。今復以憲法歆動之，使吾人飫於西制之美，而迷於宗教之説，一事不合，動與官爭。如西土青緑之黨，宗教流血之難，則異時患害將更甚於洪楊教匪之亂也。可慮者三。西土之學在功利，中土之學在義理，操術固不同也。自近時改建學堂，崇高西法，以爲他日富強之基也。然質性端慤守舊不變者，卽不肯爲此，而爲之者皆儇薄輕險，行誼不齒於鄉里之徒，以故一旦入學，内之則陵父兄，外之則忤師長，上之則挾制官府，甚至悖誼絶理，公爲革命排滿之説。以簪纓之胄，而懷叛逆之心，交通盜賊，煽結黨與，其喪心昧良亦已甚矣。今不爲之所，而復以憲政之行尉薦之，則聲生勢長，是率天下而出於叛也。可慮者四。國之典禮，莫重於章服，而今之章服之紊亦已甚矣。以職員所涉歷，車於陸，舟於水，皆洋式也，酒於觚，肉於俎，皆洋食也，倭其冠，洋其履，德、法其衣裳，皆洋工也。其始商民之買於洋者，竊爲之猶可言也，其繼士大夫之習於洋者，公效之不可言也。以致王化銷微，廉恥道喪，服洋服，言洋言，於市於朝，無復有知其非者，又何怪庠序子弟，毁服童髮，蔑棄禮法，相率而入於大逆不道，雖至萬被誅僇而莫之卹也。可慮者五。民之惡其上久矣，自近世吏治寬弛，梟孽萌芽，於是白蓮教匪以外，又有清淨、五葷道教等目，添弟會匪以外，又有在理、安親以及三點、八系等目。兇醜朋挺，矯稱蠭出，地方官吏雖知之莫敢誰何也，計存首施，但苟目前，以幸在我之得免而已。重以洋教日熾，所在繹騷，於是教脅官以凌民，民結會以抗官，而奸人游匪又以盧騷之民約、斯賓塞爾之合羣以諷示而激聒之，則民氣日嚚，黨會滋盛，而他日隱患更不知所終也。可慮者六。而不但已也，自道、咸以來，疆場日駭，賦調殷廣，民力刓敝，然以時危莫能卹也。悃愊之吏不能任，則選取少年厲鋒氣者以幸集事，甚至官勢之所不及，則縱爪牙之吏以搏噬之，吏力之所不至，則又結桀惡之搢紳以羽翼之。征斂煩苛，國家所獲不過一二，而官則倍焉，吏則十焉，紳士則百焉。以今日之民，供今日之官，猶懼其不能勝，而況從而益之耶？若憲政果行，縣置多官，則刁生劣監，皆得與於田畯之任，游徼之秩，而恣其谿壑，則非窮黎所能堪也。設如漢亡徒蘇令之叛，魏鎮啟曷、杜諸族之亂，横潰四出，則噬臍之悔不可復也。可慮者七。國之大事首在戎政，所以威不軌而銷逆萌也。自近時列強環伺，衛兵寡弱，於是寬籌款項，别練鎮軍，以及設立巡警，肅清街市，皆憲政中之最要者，其用心不可謂不忠也。然以職員所聞，軍政方立，弊端百出，朝之所募，夕或逃焉，夕之所招，朝或散焉。優厚之餉，徒以饜無良之將，而坐作之勤，難望於欲潰之兵。至於巡警之設，本以伺察非常，而自成軍以來，厲民病商，或苛留行客，或妄入人家，以及夫之責妻，父之訓子，皆以違章受罰，而輦轂之下騷然矣。夫兵猶火也，不戢將自焚也。以今兇悖之徒，蓄謀叵測，藉詞訓練，潛相煽結。設如昔衛軍譟於營次，降虜起於幄外，則肘腋之禍，固不可量也。可慮者八。至於出洋遊歷，其害更始數人而已，及今在事諸臣派員備資遣赴各國肄業，大省百餘人，小省亦不下六七十人。其心固爲國育材也，至其叛道離經，則非意所及也。以職員所聞，出洋諸生漸染異俗，性情頓變，固有改裝自髠，自棄其家而不一顧者矣，又有結黨背公，潛謀不軌以幸一逞者矣。至於重臣出使，炸彈竊發，疆臣閲操，火槍致命，所稱身爲戎首者，不出學堂之外，則皆新政之明效大驗也。執典刑以誅敗類，猶懼其未也，若畏其持刺而加意以撫之，是賞奸而獎亂也。如是則荆、聶之謀，日伏兩柱之間，而隱娘、李龜壽之流，且接踵於世也，是羣天下之學者，而相率爲盗賊之歸也。可慮者九。至於外官改制，其弊更有重者焉。先是歐洲之人之旅於内地者，每笑十八省爲十八國，蓋外重内輕之勢，西人固有窺於其微者矣。洎咸、同以後，海氛日棘，疆臣柄任益隆，文武大員向不准奏調者，今皆可專疏保用，銓曹不能以例駁也，租賦定額向不准議增者，今皆可緣事變通，計臣不能從中覆也，是擅主權而干不畜之誡也。然瞻徇之私，臺諫或齮齕之，奏報之不實，戶曹或指摘之，固猶有所憚而不敢逞也。若憲政一行，則司道束手，州縣承風，而内政之不便於己者，且可派官抗議，其威力權勢固過於前代諸道藩鎮萬萬也。設有雄才大略，如羅馬之綳標、愷薩，以及法之拿波崙，英之格朗空，搖毒肆蠚，逞其狂悖，則大亂之剡，匪伊朝夕。即不然如唐之魏博，宋之靈夏，皆以奸梟之才，負隅弄兵，與朝廷抗衡，則非今時勢之所能支也。可慮者十。

夫以可慮之情形如此，而考之羅馬、英、法相傳之憲法，其舛錯不合之實又如此。此固非職員一二人獨知之也，蓋天下之人皆知之也，亦非徒在下之人皆知之也，即在上之人亦未嘗不知之也，特知之而不能言，言之而又不實不盡也。於此而爲豫備之謀，施行之序，深權密幾，以爲善建不拔之計，其道蓋有四要焉。以今政令日紛，物議方讙，朝野憂疑，危甚委轡。爲調停之説者，以爲不逆其意，則謀可緩，而持離間之論者，又以爲不棄其人，而寵秩之則黨可解。然至匪徒魁横，竊發無時，則防備實難，而所爲調停、離間諸一切法，皆適足以亢不衷而獎亂人也。爲今之計，而求所以爲持危定傾之道之要，則固未有出於四端外者。上之則在定國是。示以典章，使之凜然知其不可違，則衆議息而人心自靖也。次之則在尊主權。威福之重，操之於上，使之肅然知其不可干，則逆萌戢而紀綱自正也。次之則在端學術。凡爲異言異服之禁，嚴定科條，使之沐浴典訓，慎持崖檢，則品學正而亂黨自削也。又次之則在飭吏治。凡爲官人、刑人之事，申明舊章，不准絲毫專擅，使之恪居官次，愛育民萌，則官方肅而跋扈不臣之習自除也。至於國是既定，主權既尊，學術吏治，既端以飭，然後剔除弊端，去其泰甚。凡學堂課程之不便於人者，皆須精加釐正，原本中學，使之曉然於經術之重，以便酌量情形，規行舊制，使提學司舉行歲科二試，使學堂與家塾並行應考，則人無觖望，士有奮心，計固無善於此者。至於地方大吏，積重已久，因仍習慣，漸至驕悖，亦勢之所必至也。改官之初，應舉行舊制，使藩司各舉其職，以符定章，而分權限，則包攬把持之風，可以盡息，尤善之善者也。信如是修舉廢墮，滌除煩苛，然後考求東西洋憲政，擇其有益於吾國吾民者而審慎以圖之，則事得其理，人安其政，既無羅馬公修爾與大總管威權之盛，亦不至招英巴力門之叛與法改革諸黨之亂。以中國政寬斂薄，民心固結，雖有材略偉異，權勢赫奕，擅強大，覬非望，如昔蘇押、馬黎約以及綳標、愷薩之徒，不敢潛萌異志，而英將格朗空、法將拿波崙，因緣事會，擁兵擅國，如使置之中土，則雖材武，亦將困於無所助而不得施也。職員淺陋之見，竊以爲當今之要務莫大於是，苟能悉心殫慮，舉而行之，内撫疲氓，外禦強敵，究時俗之患源，振海内之昏敝，則天下數十年危急存亡之局，可一措之於安全之地，而長策遠馭，固足以絣萬世而揚休烈也。

職員竊以豫備憲政，其要無逾於此。是否有當，伏乞代奏，不勝悚惶感激之至。謹呈。

《清末籌備立憲檔案史料》第一編王繼志《舉人王繼志請禁外債杜倖**進防争權重議院呈**光緒三十三年七月二十八日》

甘肅蘭州府靖遠縣舉人王繼志，爲遵旨陳言，復譯憲法，謹擇其切合中國可以施行者條呈管見，呈懇核奪代奏，仰祈聖鑒事。

竊舉人於六月三十日遵旨在都察院衙門恭上條陳，已備選録在案。惟當時恭讀詔旨，不得摭拾陳言，亦無取煩文詞費，只要切合時勢實在可行者，逐一具陳，以便省覽。是以舉人近察時事，以爲今日之急務，莫切於正本根而端始基，故約其言爲三條而上之。然言不盡意，已覺字數過多，深恐再言詞費，而平日報國之下忱，又復不能已已。遂乃不揣冒昧，復譯憲法求其切合中國實在可行者，約舉二端，分以八條，仍赴原呈衙門而懇請核奪代奏焉。

竊聞治天下者如築室，然非址基傾壞，則修葺之而已，不更造也。中國之經法，經歷代聖君賢輔及我列祖列宗創垂制定，至今炳若日星，且於各國憲法多有符合，惟積久弊生，是司法、行政者之過，非法之不善也。但取其害法者而剔除之，則中國立憲自有成效。誠如聖諭：上下同心，内外一氣，去私秉公，共圖治理。大哉皇言，只十六字已括五洲憲政之精，而立萬世憲法之本。《易》所謂乾以易知，坤以簡能，固無事紛更，而可大可久之業基此矣。然乾之上九曰：亢龍有悔。坤之初六曰：履霜堅冰至。誠慮上下不交，漸至大往小來，動必有悔也。故防悔吝而保貞吉，則今日立憲有二道焉，一在通上下之情，一在杜否塞之漸。人必有不敝之精神，而後可以致陶猗之富，賁育之强，若斵喪其元氣，至於痿痺不仁，則保身之不能，安能强作有爲乎。爲治者何莫不然，不去其病國之端，終難立其國於完全之界也。故譯憲法擬决否之條三：一曰禁借債。謹考憲法獨立，君主有不受他國干預之權，外債者干預之媒也。近證埃及自濟度君卒，至於威斯明流嗣位，廣借外債，大興利益，卒之爲英干預，其所興利益，茫如捕風，而所借國債，已成禍水，殷鑒不遠，可爲寒心。今行立憲必求完全主權，遇不得已尚可仿借國民，蓋思其患而預防之，則政可省，費可裁，而外債甚不可借也。二曰杜倖進。考立憲各國議員有公舉法，法官有選任法，大臣有協議任用法，凡以汰庸劣而求能自治以治人者也。中國自廢選舉，庸人倖位，賢士每多沈淪，於是評論人才者，每發爲實命不猶之歎，遂爲西儒所詬病。蓋西儒論世以有能必有用，何有命限，豈知此言不可以概中國乎。然中國科目掄才，拔十或稱得五焉，科目停而登進愈廣，幾乎有人浮於事之虞，乃更行以捐納，遂令識字太少納貲較多者，亦儼然而臨民，而夤緣得法，且可登薦牘而謀升遷。雖不盡然，然流品既愈雜，仕途即愈不易清，昔人譬之縱虎狼於山林，可不慮哉。今欲澄叙官方，宜仿憲法重公論以慎選任，雖需才孔亟，而名器必不可濫，雖偏災籌賑，而捐例再不宜開也。三曰杜争權。考憲例立法用財必經議院，雖行政大臣不得自專，蓋深慮酷吏緣法以爲奸，貪吏假公以肥己，意至善也。其有不善者，或以重權之故，致成政黨之攻擊。雖曰君子無黨，而宵小之伺隙而附者，已成門戶之見，而國家遂承其弊。蓋爲官不盡有公忠之志，而盡有可欺君虐民之權，至於欺君虐民，更出於黨羽之權私，則民之叛官者且波及於君矣。故或論中國之亂，不在君，不在民，而往往在官，歷觀往史，用是慨然。宜采立憲通例，大小臣工參列議席，不兼議員之條，使憲法所立民與政府交相維持，必人人有法可守，無權可私，而後争競泯，而朋比銷，民情上達，聖化可以下究矣。凡此三條皆所以杜否塞之漸也。

夫以四十餘萬方里之廣，四百餘兆人民之多，必如何開其鬱結，達其脈理，而後上下通，而其志同也，則曰莫如重議院。蓋議院者上下之樞，交泰之紐也。謹譯憲法擬以五條。其一、以議院爲講學之地也。在鄉曰鄉學議院，在國曰國學議院。蓋觀立憲日淺之國，民智每患太穉，今以議院爲學，則所學即所用，而以古今中外國家利病之方開其智，以學爲議院，則所議即所學，而以經史百家制治保邦之道補其偏，此經義治事理想界中所以多名臣，而代議政體立憲國民所以精義務也。其二、即議院以行選舉之法也。考各國選舉議員有一選法，有複選法，而丹麥以三十以上品行端方爲資格，其選法尤善於諸邦，而近於中國三代之制，今宜仿之，參以鄉舉里選遺意，以孝友睦婣爲資，德行道藝爲格，合政界、學界、四民界以大旁求，則人才出而君子道長，議院風人皆有尊親之思想矣。其三、修議院之禮儀也。吉、凶、軍、嘉、賓，禮之大者也，登、降、拜、跪，禮之小者也。議院當爲禮法之地，議員即講禮法之人，烏可沿前日之陋習，任自放誕。彼憲法有所謂自由之權者，而入吾議院，須使人人自由於禮法之中，不得自由於禮法外。宜仿憲法，令政法諸官，每月輪班入院參議，即躬會議員行朝會禮，又必派糾儀之官修儀文而重禮典，則官民之情，可以禮合，而文化治術，可以禮成。夫禮文本西人所弗尚，而究之無不可以禮意格，故自古聖人御世宰物，莫不恭敬篤行以維持者，以天理之節文，人事之儀則，施之中國而治，放之四海而準也，修而明之，其禮義邦之憲法乎。其四、立考課以杜龐言也。自大吏以至州縣，各有司法、行政之責，議院毋煩代庖也，而兵刑、錢穀之要，不可不令議院聞。使議員各考其地方利弊興除大端述爲問題，即照科場射策，各出其才力聰明而討論之，舉蓄道德而能文章者，相與就質以評甲乙，合衆人之議，棄短取長，以爲立法出政之助，防其司法、行政之失。果行有實效，尤必書其言，紀其次，表章其善，諸爲他日决疑定計之才，正論伸而龐言自熄，誠無有善於此者。此即憲法贊成法律之例，亦帝王敷奏以言之遺也。其五、明義務之非民權也。中國立法、行政皆歸仁厚，本非專制之可比，而近日之倡言民權者，亦未明國民之義務也。考列邦憲政重大問題，惟下議院議之决之，可與政府相抗，然細繹其意，其能實行議决者，立法、監財二權而已，蓋惟此二事，深防官吏不肖蠹國殃民也。其餘一切論多屬空言，一切行政仍不干預，卽立法、監財，亦謂其必由議院議，非謂議院必操司法、行政之權也，此足破民權之惑矣。惟中國民不能盡其義務，而爲官吏者旣司法有權，則公論難伸，冤抑者衆也，旣出納有權，而君民不知，侵漁者多也。又其甚鍛鍊成獄，知縣之權力直可滅門，敲剝入私，蠹税之外，銷數倍正供，其背謬憲法，固莫此爲甚矣。彼立憲諸邦，行法者不敢濫法，用財者不敢侵財，蓋有以隱分官吏之權，斯有以明致富強之效。中國誠欲仿行也，擬以兵刑之任責之官，而其不法、不公，公論是求，凡百政務皆需財，而於豫算、決算，議院是察。然後民不侵官權，而義務可盡，官顧畏民碞，而朝廷愈尊，亂源於是清，成效於是著。是卽合於明詔上下同心，内外一氣，去私秉公，共圖治理之聖謨也。故曰五者皆所以通上下之情也。

要之非決否塞之端，則上下之交難通，非重議院之條，則否塞之漸難除，於此而言立憲，正如築室道謀，適以形其紛擾，終難必其有成也。草茅之士，罔識忌諱，惟食毛踐土二百餘年，值邇言之路闢，欲緘默而難安。然以言報國，其效已淺，言不可行，滋罪愈深，是以管窺所及，非民義相關者，不敢妄議，非草野所望者，不敢妄陳焉。

芻蕘末議，是否有當，謹呈憲核代奏，伏乞皇太后、皇上聖鑒。謹呈。

《清末籌備立憲檔案史料》第一編陳發檀《留學生陳發檀請速立憲法振興海陸軍呈光緒三十三年八月初八日》 留學日本東京帝國大學法科大學生陳發檀謹呈，爲時局危急，請速立憲法，振興海陸軍，以圖自強，呈請代奏事。

生聞國家之富強在修明憲法，整頓武備，未有憲法未定，武備不修，而能自強者也。今日本虎視於東方，英、法、德、俄鷹瞵於西土，眈眈逐逐，皆欲食我神洲大陸之肉而吮其血。天降之災，國步艱難，使皇太后、皇上臥薪嘗膽，宵衣旰食，生每念及此，未嘗不痛哭流涕而不能自已者也。今者日法，日俄條約已成，可爲寒心。孟子曰：夫人必自侮，而後人侮之。賈誼曰：滅六國者非秦也，六國自滅也。夫國於天下必有與立，我朝開國修明法制，而崇尚武備，故能綏靖内外，讋服天驕。顧一治一亂，世運之循環，盛衰興亡，古今之常態，惟大聖人乃能不爲世運所阨，而常戰勝乎世運，撥亂反治，致盛起衰。生惟皇太后、皇上聖德昭明，行之有餘，而無不足。恭讀去年七月十三日預備上諭，皇太后、皇上之誠意變法，已曉然大白於天下，而生猶諰諰然以爲慮者，則以各國進步一日千里，我卽數百里猶不能與之并駕齊驅，況數十里哉。

世界大勢不強則亡，不爲對等國則爲被保護國，未有弱國而能獨立存在者也。且夫德，日非新強之國哉。德國自梯爾切條約，被法之辱可謂甚矣。自改革社會制度及行自治機關，嘉慶十八年遂定全國皆兵之制，及威廉一世再改革兵制，一舉而勝法，爲一等強國。今德皇猶以爲未足，嘗宣言曰：朕之生涯在海。故其海軍長足進步，何其偉也。日本自覆幕勤王實行憲法，而海陸軍亦大加擴張，一舉勝我，再舉勝俄。生願皇太后、皇上以此二國爲法，以四萬萬人民之衆，五百萬方里土地之廣，伯業可期，而牛耳可執，列強不足道也。生故曰今日變法宜急而不宜緩，規模宜大而不宜小，洪波巨浪之間而浮扁舟，非決計斷帆，不得登彼岸之樂，驟雨狂風之下而蓋大廈，非鞏固基礎，不足奠磐石之安。以皇太后、皇上之聖明，斷行立憲，維持國本，此固歐西千萬輩百數十年要求而不得者。皇太后、皇上一旦毅然爲之，雖寬以期限，與以預備，莫非慮終於始，慎重周詳之至計。而生猶以爲未盡者，曠觀各國，其憲法當將定未定之際，其國勢亦異常動搖，及憲法大定，國基亦固。俄但小行改革，而憲法未定，外則被折於日，内則變亂迭起，殆無停歲，成敗之數莫不皆然。中國外憂内患危機一髮，改革不急，内無以靖人心，外無以禦外侮，規模不大，則枝枝節節而爲之，微特不足以補救大局，反足以招致大亂。然則爲皇太后、皇上計，惟有亟行立憲，則大政一定，内憂外患自消於無形。

夫知立憲之足以醫國，而待之他年，猶知大黄、芒硝之足以醫急病，而遲之異日，及病者旣危，乃欲以此進，雖悔曷及哉。生所以懇請速立憲者此也。或曰人民知識程度不足以議國家大政，此言似是而非。夫強將之下無弱兵，聖君之下無愚民，在爲上者提倡之教導之耳。觀於各國由君主設立憲法，則事易舉而禍患少，由人民要求憲法，則功難成而變亂多。生以爲國民程度不足，惟立憲乃足以教育之，使知國爲己之國，君爲己之君，愛國忠君之念油然而自生矣。且國會制度，下院有過則内閣可解散之，上院可干涉之，卽上諭所謂大權統於朝廷，而庶政公諸輿論者也。雖國家大政非朝夕所能美善，然處薪火之上，急何能待，大綱既立，細目自舉，期之數年，必臻完備。又宜多派留學生專調查各國憲法及地方自治規則，以圖改良，此皆今日之要務也。

至於陸海軍則又國家之血脈，列強之所以侮辱我，剗削我者，無他，數百隻之軍艦，數百萬之精兵而已。故自帝國主義發生，列國政策皆以侵略併吞爲主，彼此競造艟艨，訓練士卒，皇皇焉惟恐不及。覽各國海陸軍表，而回觀中國，誠足令人不堪安居於一日者。夫俄之海軍雖敗於日，而今已將恢復，我自甲午以後，鮮有倡言振興海軍者。然世界大勢榮枯興亡，皆決於海軍之有無，英爲最強之國，其海軍費每年至於數千萬磅，其戰鬬艦、海防艦、巡洋艦、砲艦、驅逐艇、水雷艇、潛航艇等有五百餘隻之多。德、法、美、日、俄亦競驅争先。日本效法歐美不過數十年，而今能造二萬噸之巨艦，其軍艦、水雷艇等共百餘隻，日人常謂我國無軍艦，而毫無恐懼，誠彼等像想所不及。然則揆之大勢，非振興海軍不足以圖強，彰彰明矣。興海軍之要有四端：

一曰海軍部之宜速設。自北洋艦隊被滅於日，現存者不過數隻巡洋艦而已。今海軍不設專部，僅爲陸軍之附屬物，責任不專，指揮不便，雖欲擴充，其道無由，豈尚以海權爲不足争，而籌海軍爲第二政策哉。請宜速設海軍部，責成海軍部大臣一面向各國購造軍艦，一面在國内設海軍造兵廠，造船廠，限若干年成若干萬噸軍艦，無論如何困難，而志在必成，不出十年，我海軍之恢復可望矣。

二曰海軍港之宜速定。軍港者，海軍之根據地也。聞現已定象山、榮成，舟山，北海灣等處爲軍港，而尚有可爲軍港者瓊崖島之榆林港是也。此地雖僻處極南，而各國必由之要津，南洋之門戶，法人覬覦之者已有年矣。據去年巴里殖民新聞之報告，法之上下議院協議，苟法國際於世界大戰欲充其實力，不可不佔領瓊島。彼昔之欲取則不敢者，恐英、日干涉之耳。今則與英、日交際異常和睦，我若無所防備，無所經營，彼一旦出兵佔領瓊崖，易如反掌。此島被佔，各國不能袖手旁觀，膠州失而威海衛、廣州灣隨之，是其前例也。生非但爲瓊崖一島起見，誠以此地重要，牽一髮而全身動爲可畏耳。兩廣總督岑春煊奏稱，有崖州處瓊郡極南，榆林港尤爲扼要，洋人時往遊歷，輪艘間或經行，邊備海防責任綦重等語。且此島天然物産極富，若及時定爲軍港，勸商民造鐵路以輔之，闢商埠，開五礦，墾荒地，興魚鹽之業，山林之利，一則杜法人之經營以救危局，一則擴充海軍以圖自強，一舉二得，此之謂也。且日本雖小，而有横須賀、吳港、佐世保、舞鶴、室蘭之五海軍港，各置鎮守府以爲出師之準備。中國如此之大，非多設軍港，似非衛國之道。擬請明下諭旨派人查勘此地，是否允合與象山、榮成等處同時速設軍港，以固疆圉，而保門戶。

三曰宜速設海軍學校及多派海軍留學生。夫興海軍之難，不在軍艦而在海軍將官，譬有機器焉而無管理機器之人，等於無耳。或管理人不得其當，反壞其機關，而折其輪條，其爲害也尤在。甲午之敗，正坐此弊。然則欲興海軍，非造就海軍人材不可，造就之道，在乎學校，故各國有海軍大學校、海軍兵學校、海軍機關學校、海軍醫學校、海軍砲術水雷學校，以造就海軍人材。請亟預備開此等學校，又多派貴胄子弟及全國英俊留學各國海軍，處心積慮以圖之，堅忍勉強以成之，優禮厚禄以養之，不出數年，我海軍人材不可勝用矣。

四曰商船之必要。商船者，無事則通商而發展其貿易，有事則運兵、運糧而援助其戰争。英國商船至於千餘萬噸之多，日本通商未久，而亦有百萬噸，彼等船舶出入我海港，且航行我内河，我招商局之船數有限，曷克與競。我商業日形憔悴，職是之故。今列強之所以不即瓜分我者，欲以商業吸我之膏血，令我自斃耳，失今不圖，禍必難支。請由政府設商船公司，又獎勵富商有能開最大商船公司者，授以最高之爵賞，平時則從通商之業，一朝有事，擇其尤者，施以武備而爲軍艦之補助。日本郵船會社之船，皆與海軍有密接之關係，其功尤爲不少，商船之宜興者此也。美海軍將馬翰曰：一國之盛衰，在制海權之得喪。生願皇太后、皇上合四者以圖之，併一心以赴之，君臣上下日夜孜孜以圖海事，以皇太后、皇上智勇天錫，而又承列聖之武功，握海上伯權不難耳。

若夫陸軍，今則有南北洋之數鎮新式兵，然以中國地廣民衆，與此數鎮兵比較，猶九牛之一毛，僅恃此數卽足與各國馳驅於戎馬之間，生知其不可也。夫中國大於德、法幾二十倍，而德國平時兵員六十萬七千八百七十二人，戰時兵員三百萬人以上，法國平時兵員五十萬三千八百三十三人，戰時兵員四百萬人，以此比例，我平時兵員非數百萬，戰時非數千萬不可。昔普魯士既敗於法，普王威廉第三改革陸軍，作鐵十字勳章以勵國民，下令全國壯丁盡力國事，又下國民及軍人之二詔，遂敗法軍，所謂國民戰爭於來帕志者是也。法國自敗於德之後，其政府日警戒其國民，無忘師丹之辱，今法國陸軍不下德國，此皆上下一致愛國精神所盤結鬱積者也。中國士大夫靡靡素以談兵爲恥，浸假而成爲風俗，爲兵者皆下等社會之流，又皆自傭募而來，曷有君國之念，以傭兵國與國民皆兵國戰，不待戰而勝敗決矣。願皇太后、皇上明下諭旨，崇尚武之風，行全國皆兵之制，定各省練若干鎮新式兵，而蒙古、青海、西藏皆改爲行省，開爲通商地，以杜各國之覬覦。皇太后、皇上而無意於自強則已，有意於自強，捨此其道無由。至於軍略機關，則參謀本部尤爲重要，日本參謀部總長爲天皇之親任官，凡關於國防及用兵計畫，由參謀長定之，經天皇許可，然後由陸軍大臣而達於團隊。各國軍事，參謀部皆派人偵探之，故軍情無不周知，而作戰亦精備而神速，戰勝之結果，皆其功也。夫天下可百年無戰，不可一日無備，擬請速設參謀部，講求軍略，與陸軍部相爲表裏。至於陸軍大學之宜速開，陸軍留學生之宜多派，皆振興陸軍之要務也。

夫海陸軍宜興矣，而所以興之者是在經費，今日財政困難，司農仰屋，而欲興海陸軍，猶無米而欲爲炊，無布而欲爲衣也。查英國歲入十餘萬萬磅，日本亦數萬萬圓，中國歲入僅一萬萬兩，百事待舉，而僅有此數，曷克興海陸軍哉。今日籌款之法，一在興實業，一在加税則。實業不興則民力不足，而從事搜括，既非理財之道，税則不加則經費不支，而束手待斃，亦非經國之方。振興實業已經諭旨三令五申，而無實效者，科學不明故也。德國實業學校以數百計，日本自去年以來，其教育宗旨，偏重實業，故實業學校陸續加增，擬請於各府州縣開實業學堂，按地方人民文化之優劣，定學校程度之高下。又速立憲法，招集各省議員大開國會，由政府提出海陸軍擴張案，使上下二院討論籌款之法，仿照各國現行營業、所得、煙酒、家屋、印紙、相續等税，體察情勢而行之。又劃定皇室費及各部各省行政費，宣布於民，使民知納税之義務，乃以保護國家。如此而謂經費不可籌，海陸軍不可興者，生不信也。

以上速立憲法，以靖人心，振興海陸軍，以強國勢，生細考各國大勢，詳察中國內情，統籌全局，欲爲皇太后、皇上謀久遠之策者也。願皇太后、皇上念列聖付託之重，國民希望之深，速行立憲，斷自聖意。蓋立憲則百事俱舉，海陸軍可興，滿漢之界可除，農工商業可振，教育可普及，而經費可籌，以皇太后、皇上之聖，何事不成，何功不克哉。

生草野愚賤，罔識忌諱。又讀五月二十八日上諭，知聖衷求言之切，故敢披竭愚誠，冀以報效於萬一。倘蒙采擇，必詳細以陳。干冒宸嚴，惶恐待罪，伏乞代奏皇太后、皇上聖鑒。謹呈。

《清末籌備立憲檔案史料》第一編程德全

《暫署黑龍江巡撫程德全奏陳預備立憲之方及施行憲政之序辦法八條摺光緒三十三年八月十一日》

副都統銜暫署黑龍江巡撫臣程德全跪奏，爲遵旨臚陳管見，敬備采擇，恭摺仰祈聖鑒事。

竊臣恭讀邸抄，欽奉光緒三十三年五月二十八日上諭：欽奉慈禧端佑康頤昭豫莊誠壽恭欽獻崇熙皇太后懿旨，直省官制已據王大臣議擬飭行試辦。惟立憲之道全在上下同心，內外一氣，去私秉公，共圖治理。自今以後，應如何切實預備，乃不徒託空言，宜如何逐漸施行，乃能確有成效，亟應博訪周諮，集思廣益，凡有實知所以預備之方施行之序者，准各條舉以聞等因。欽此。仰見我皇太后、皇上宵旰圖強，求言若渴之至意，欽仰莫名。竊維立憲之道，非徒編纂官制，修改法典，遽可謂畢乃事也。必上下先有同心，而後咸視國家如己事，必內外聯合一氣，而後推行法令如風霆，聖訓淵深，實已隱括綱要。顧日言預備，而禍黨適以繁興，豈辦法總未切實歟？日言施行，而政治茫無寸效，豈秩序尚多紊亂歟？微臣待罪窮邊，悼心時變，讀詔書之剴切，敢忘主憂臣辱之言，披胸臆以直陳，竊附千慮一得之義，謹遵旨就立憲預備之方，施行之序，粗擬八條，敬爲我聖明縷晰陳之。

一、政府必負責任以合立憲制度也。竊維立憲國之內閣大臣，其對於君主，對於國民，皆擔負至重之責任，故當國政不修，輿論囂然，內閣大臣即有肅職之例。我國僅以朝廷督責政府，大權統於至尊，當日時勢不同，本無流弊。惟以一人監督行政機關，以求合億萬人之心，與以億萬人監督行政機關，以求合億萬人之心，似其中疏密詳略，不無差別。目前我國民智雖未大開，然縉紳中深明時勢謀國公忠者，亦不乏人。應請詔示天下，查照上年改官制成案，速將新內閣組織成立，並刱立國會，以重監

〔督〕政府之權，妙選英才，以盡從容論議之長，特創立法，以符三權鼎立之制。必使政治得失有衆論以爲準繩，而後政府之裁行得以適當，蓋惟政府之裁行適當，則國家之運祚亦隨與爲無窮，此事爲立憲最要關鍵。倘有以國民程度太低，故爲阻厄者，伏維聖明乾綱獨斷，毅然決行，蓋非此則上下之情仍多隔閡，固無望憲政之或有效也。

一、府縣宜會議以備國會擴張也。地方團體爲立憲制度之精神，昔美立憲法先有十三州之聯合，普設國會先有州會之基礎，日本明治十年詔開府縣會，以爲開設國會之先聲，借鑒返觀，取則不遠。且自治行政事項，其中官吏之職務若何，公民之資格若何，機關之組織若何，若非先爲研究，臨事何以實行，況選舉區域如何規定，教育普及如何擴充，尤應預爲計劃。前准政治館咨行奏定外省官制，各府廳縣議事會、董事會，均准設立。但時機危迫，刻難再緩，擬請飭下各省督撫，轉行各屬一律速設府廳州縣議事各會，並由民政部早爲詳定規制，奏明通行，俾收集思廣益之功，而無凌亂偏私之弊矣。

一、調查國內習慣以資采用也。凡製定一國之法典，必外徵列邦之法律，內參本國之習慣，融會通貫，乃克有成。良以積習相沿，挽回非易，故法蘭西貴族勢重，至今猶存其餘風，俄羅斯憲法雖行，終竟難回其舊俗。查日本立憲之初，嘗置制度取調局，以調查歐西憲法，我朝自上年欽派王大臣考查東西洋憲政，靡不賅備，而獨於國內習慣，尚未詳晰查明，誠恐驟議施行，猶多未當。蓋教育、租税一切行政，皆當因地制宜，各有不同。除關乎憲政最要者，當一律通行以圖劃一外，擬請各行省皆各設調查局，一區專派員調查政治風俗上之習慣，良者因之，窳者更之，宜融合者因勢而參酌之，以期釐定完密，否則僅以一二人之心思，有限之時日，預測未來之事實，決不能網羅無遺也。

一、學科宜增法制以充智識也。泰西各國咸以法律學爲權利義務之學，其人有不知義務權利者，羣視爲未開化之民，蓋立憲政體下固不能容彼孱民跧伏也。英人權利思想最重，故經濟戰勝於五洲，日人義務責任最大，故民氣鬱勃於世界，此其性豈由天賦哉？法律思想之普及然也。我國能解權利義務者，百無一人，今若實行憲政，竊恐責以納税之義務，則以爲煩苛，課以兵役之義務，更以爲紛擾，且畀以選舉、被選舉諸權利，亦將委棄而不知惜。擬請於各學堂普通科學中添設法制一門，則國民皆知汲汲焉自保權利，自盡義務，合全國以研精法律，抵制列邦，臣知治化必日臻進步矣。以上四端爲立憲預備之方。

一、請法行自近以動天下觀瞻也。昔越王嘗膽以沼吳，衛文布衣以興國，近者彼得遊歐洲，身入工廠，明治行新法，始自宮庭，凡皆先以躬行，用能激厲人心，挽回世運。我皇太后、皇上愴念多艱，比者遇事皆經停罷筵宴，宮中用費悉從省嗇，其憂勤惕厲，薄海臣民，莫不具瞻。惟立憲國之財政，貴統一不貴紛歧，忌放任尤忌弊混，故日本自皇室經費以次，其支費皆定有常額，既便所司預算，又足昭示民間。我國皇室經費雖有定程，近多未能悉遵定章，且未經詳晰宣布，其各官經費暨各省局款項，尤多紊亂不清。且泰西公款有國家、地方之分，中國有內結、外銷之異，但一則公家確知其定數，一則司農莫究其實存。擬請嚴飭各省速將我國向有內結、外銷各款，即照國家税、地方税劃分清晰，其關乎國家者，自不容由外間稍挪分毫，其關乎地方者，尤不得由內間故爲牽制。惟敝習相承已久，雖前經度支部奏請查明詳報，恐亦徒託空言，擬請我皇太后、皇上先飭內務府、度支部，將現用皇室一切經費妥爲核定，張示民間。如此躬親履行，則天下皆望風思治，然後責成各臣工釐清各省財政，以漸幾立憲國之文明，其治理之效，固有隨聖心之久暫厚薄而應之者矣。

一、請實行憲政以化滿漢界限也。國家御宇二百餘年，漢人身受國恩，踐土食毛，已與滿人無異。乃比者不逞之徒，倡爲排滿革命之説，意在身爲禍首，擾亂治安，值此時艱，徒事鬩牆之爭，不思同族之誼，途窮反噬，良足痛心。此時欲行消弭，亦無他策，惟有實行憲政，以冀逐漸化除而已。蓋立憲政體，向無種族之別，擬請明詔海內，自今後無論滿人、漢人，皆一律稱爲國民，不得仍存滿漢名目，先化畛域之名，自足漸消相斫之禍。至向日將軍、都統及旗佐等名稱，並請悉予裁改，其切要辦法，現經遵旨另摺奏陳。臣惟立憲精義，必須全國人心皆思鞏固邦本，乃或有瘳，今國內骨肉相殘至此，尚何冀憲政之成立乎？故渾融滿漢，尤立憲政體亟當視爲先務者也。

一、速設憲政研究所俾資講求也。立憲一事，論內閣之擔負責任則利於君，論國民之參與政權則利於民，論政體之齊一人心則利於國，獨不利者官耳。蓋衆目相矚，事理畢彰，欲徇私則既畏譏彈，欲貪婪則更多顧忌，此憲政實行所以諸者什一，阻者什九也。伏維我聖慈上年屢詔宣布立憲，望治之切，環海同欽，惟論議紛紛，誠恐宗旨未明，日後或致方針不定，擬請自京師暨各省皆設憲政研究所，遴選京外各員，皆令入所專心研究憲法，俾人人皆知其利於家國，則阻力或可漸輕，是亦挽回積習之一道乎？

一、請分別緩急以免顛倒秩序也。竊以今日刱行憲政，急起直追，已患不遑，但若任漫無次第，則前後倒置，似亦非政體所宜。故就臣所陳各端而言，府縣會其要也，而開設國會尤爲最要。調查局其要也，而法制普及尤爲最要。憲政研究所其要也，而我皇太后、皇上躬親作則，破除舊習，尤爲要中之要。論者多謂驟設國會勢有難，幾不知若無國會以通輿論而參政權，則憲政之精髓不存，新機之萌芽安望。是前之纂訂官制改易名稱，已爲綱舉目張矣，我皇太后、皇上何又慇慇以求言爲急哉。況立法、司法、行政三者，東西各國皆截然分離，不容含混，蓋非先由立法機關議定法律，則司法機關既無所遵守，行政機關更無所適用。吾國民智雖云未充，然苟無以植其先基，又安冀後日政界之發達耶？至普通學科增課法制，實行憲政始自宮闈，是又皆宜及早推行不容或緩者也。以上四端爲施行憲政之序。

右共八條，僅止綜括大綱，未及詳細規則，伏維我皇太后、皇上深思遠覽，擇其要者飭下內閣憲政館迅擬章制早見施行，大局幸甚。

抑臣尤有進者，臣所言者理論也，卽舉而措之模型也，而我皇太后、皇上督飭於上者精神也。臣嘗謂無中外無古今無新舊，總須處處認真，事事核實。所謂認真核實者，卽行政之精神也。我聖慈試思自宣布立憲以來，果能處處認真否，果能事事核實否？當此國步日艱，必我皇太后、皇上時時有抱冰握火之心，必諸臣時時有憂國忘家之心，必國民時時有親上愛國之心。然欲國民之有是心，必自諸臣先有是心，欲諸臣之有是心，又必自朝廷之先有是心也。微臣久處邊陲，見聞僻陋，頻年目擊兩強攫我東方權利，深爲怵心。況自日俄協約、日法協約屢見報章，彼皆棄仇尋好，協以相謀，侵偪之來，豈必在遠。我若不於此時大闢新規，實行憲政，開國會以大伸民氣，先躬行以激動人心，不惟有他族吞噬之憂，抑將有自相魚肉之禍，此則臣睠念家國而不能不激切上陳者也。

所有遵旨敬抒管見緣由，恭摺臚陳，伏乞皇太后、皇上聖鑒訓示。謹奏。

光緒三十三年八月十一日奉硃批：會議政務處議奏，片三件併發。欽此。

《清末籌備立憲檔案史料》第一編端方《兩江總督端方代奏徐敬熙呈整飭行政立法司法機關摺光緒三十三年八月十八日》 頭品頂戴兩江總督奴才端方跪奏，爲遵旨甄核條陳選録代奏，恭摺仰祈聖鑒事。

竊據候選內閣中書江西副貢徐敬熙呈稱：伏讀五月二十八日上諭：立憲之道全在上下同心，共圖治理，應如何切實預備逐漸施行，亟應博訪周諮，集思廣益，凡有實知所以預備之方施行之序者，准各條舉以聞等因。欽此。仰見朝廷孜孜求治，詢及芻蕘，莫名欽感。竊維治國之道，首定國是，國是之定，在於成信，今憲政固已預備，官制固已改革，不惟無尺寸之功，乃益形棼亂者，有變法之名，無變法之實故也。上以實求，下以實應，官制改矣，而其重要樞紐仍如故也，祇取無甚關係一二部分，裁汰之合併之已耳。立憲之明詔頒矣，而頑固臣僚尚有以似是而非之辭，熒惑聖聽。刑律改良之德音亦早下矣，而有司陽奉陰違，且以濫用非刑，貽譏他族。蓋中國積弊相沿，非因循卽粉飾，一言以蔽之曰不誠不信。不誠不信，匹夫當不可行，況定天下之大計哉？海內皇皇，竊見朝廷用人之不專，施政之未定，羣增於懼，有謂科舉將復而學堂必廢者，有謂煩禁亦必弛者，人心惶惑，莫此爲甚。夫至一國之人舉於其上，此國家之大患也，況協以謀我者方日伺於外乎。然則如之何而可？曰速定國是而已。朝廷既明明以立憲爲國是矣，慮其程度未至，寬假時期，則一日未立憲，卽一日在預備之中，而非以爲偷安者息肩之地也。凡承一令，行一政，必以憲法精義運於其間，而不容妄作，在與立憲宗旨相背而馳也，有一於此，不得謂之定國是。夫定國是在上自朝廷下至百官，兢兢業業，念茲在茲，鼓其勇往宜〔直〕前之心，搏以堅忍不拔之操，雖經若何層累曲折，不達其所期之地位不止，精神既具，而其預備之方法可得言矣。夫今日而言預備，千頭萬緒，然其施行次第，必先擇其綱要以全力赴之，則其節目可迎刃而解矣。所謂綱要有三：

一曰行政機關宜整理也。夫行政者，國家執行之職務，欲其圓滿而無滯，欲其完全而無缺，如人身營養機關循環貫通，無一時之或息也。中央行政機關爲地方行政之樞紐，内閣行政機關又爲中央行政之樞紐，宜改軍機處、政務處爲内閣，以謀政令之統一，明責任之專歸，立憲各國皆有内閣政廳，無政廳者必非立憲之國。夫中國欲改造一新内閣，直改造之已耳，固無假斯須之預備也，更何憚而不爲？

二曰立法機關宜組織也。各國憲法著有明文，立法之權操於議院，現在中國人民誠不能盡有政治上能力，然必待人人俱有此種能力，不惟中國將永無建議院開國會之一日，卽歐美號爲文明各國，亦難期其一一具有此能力之國民，且人人具有此能力矣，直接議事可耳，又何煩代議士之選舉爲？中國各行省其開通較早之區，與邊遠樸僿之域，其人具有政治能力者，第有多數、少數之區別，有多數能力者，選舉多數議員，有少數能力者，選舉少數議員，此公例也。朝廷以立憲詔天下，而臣工猶以人民參預政權爲諱言，豈知憲法要義，卽在於上下一心，内外一氣，成一有機體，國家無議院，是無憲法也。若先令各省選舉具有政治能力富於經驗之紳董，籌辦地方自治事宜，備官長顧問，凡關於法令之施行及歲計之預算，俾令核議。機關既立，有責任之機能，日益精練，無責任之議論，日益銷滅，爲國家前途計，無以易此。

三曰司法機關宜獨立也。司法不獨立，則獄訟無由平，刑罰無由當，此猶就本國統治權言之。至於欲伸張國權，必先收回治外法權，必先改良刑律，欲改良刑律，必先使司法獨立，其致力也近，其成功也遠，且司法機關獨立，固著明於憲法，而爲萬國所通行者也。

夫所謂預備者，必心目中先懸有一標準，而後從而規倣之，三權者立憲之標準也，標準既定，推行盡利，固舍此而無所爲預備矣。若夫教育、行政機關不備，國民之知識何由而增進，地方自治機關不立，國民之能力何由而歷練，則實行強迫教育與辨明自治之性質與權限，亦均不容稍緩者也。

嘗考日本維新之初，廷臣阻撓於上，黨派紛争於下，其狀況與我同也，而卒毅然改革，首以五事自誓，明定立憲年限，及期而憲法以成，不數年間遂爲第一強國。中國土地最廣，文化最古，朝廷勵精圖治，不緩於明治維新，徒以行政方鍼未定，廷臣玩愒泄沓，貽誤至今。欲定大計首定國是，欲定國是在率下以誠，馭下以信。擬請頒布詔旨，明定立憲年限，期以十年或十五年，先以憲法要義條示大綱公布海内，使臣民咸曉然於宫廷意旨之所在，以堅其信用，無敢以似是而非之莠言進者，天下幸甚。至詳細節目，當博采各國現行法律，參酌中國實在情形，非一時所能畢其説。職賦性愚直，罔識忌諱，謹請代奏，無任戰慄隕越之至等語。

奴才詳加甄核，該中書所言於預備立憲之方，尚能確有所見，用敢代爲陳奏，上備聖明采擇。所有遵旨甄核條陳選録代奏緣由，謹恭摺具奏，伏乞皇太后、皇上聖鑒。謹奏。

光緒三十三年八月十八日奉硃批：憲政編查館知道。欽此。

《清末籌備立憲檔案史料》第一編陳澹然《江蘇補用知縣陳澹然條陳消弭外憂内患之策並進原人憲本二書呈光緒三十三年八月二十八日》 具呈指分江蘇補用知縣陳澹然，爲内外急策條晰成書，應詔謹陳，呈請代奏事。

竊當内外交訌，國勢日岌，非毅然立憲，使上下一心，貴賤一體，無可圖存。疊奉明詔，令臣民條陳憲法，命内閣編查，化滿漢以消畛域，仰見聖明虚己求言至意。職維天下無論何法，全視人心，人心之變，莫捷於書報。辛丑變法，西人卽謂中國人心不變，雖變法終難自保，今變法數年，内外之禍益棘，其明驗矣。雖然豈獨中國然哉，外國之變益甚，新黨之禍，何一不自書報煽惑而來，不卽其法以治人心，雖憲法又焉能治，敢卽其法而切籌之。

一、西哲之興，盡驅古説，舉凡人倫羣義，權利競争，平等自由，國際種族，凡百名詞，無一不與古聖賢相反。其始曷嘗不傷心人類，冀化干戈，而謬解流傳，轉以私己滅人爲天職，於是始於人倫，終於國族，内外上下争殺爲豪，公理不明，人心焉知所極，嗚乎，此内外奇變所由來也。職謬著《原人》一書，剖明公理，本縱横之術，運哲學之談，考古驗今，證據明確。使知滅人所以自滅，存人所以自存，化種族之私，折強權之氣，外可佐平和會救公法之窮，内可作倫理教科爲憲法之助，此《原人》一書所以正萬國人心也。更有進者，西教方横，東教復入，深憂之士已就上海創萬國公教會，爲抵制之謀。職以爲起之民則難，倡之國則易，因勢利導，實爲交涉大關。考東西各教，無不重倫紀，愛人羣，化争殺以平天下，流行展轉，遂至紛歧，非其教之過也。今文化未通，不得不各就其教以爲感格，擬請飭下外務部照會各國，擇外國教士賢者與中國賢而深明教説者主之。待以賓師，重其廩餼，取中外教之精者，刪潤成編，略如原人之意，以哲明教，以政行之。作報著書，譯行萬國，與平和會相應和，凡有交涉剖其是非，以平和會判外交之事，以公教會化外交之心，彼見吾尊其教，必將欣悦不遑，不至更生猜忌。苟有煩棘，陰擇教士賢者游説其間，内可平民教之爭，外可解瓜分之禍。今萬國競求新理，一書剏説，萬報從風，後説果精，人心立變，彼既見重列國，固可因而用之也。此職區區安萬國以安中國之微意也。

一、奉明詔預籌立憲，萬國咸欽，中外大臣或慮民德多乖，不敢驟行自治，豈外國之民皆聖賢，中國之民皆盜賊哉。外國文字易通，民輒自明公理，中國文字隱奥，民皆聽命士紳。變法已來，學堂、農礦多屬士紳，已肇地方自治，而競爭私利，無不結黨虐民，脱令執公權以治其鄉，久且有拏坡崙者，假國會結黨徒以圖自王，大亂其可忍言。然當内外交攻，不立憲以結民心，大禍更將立致，今空言預備，不思速化紳民，蹉跎誰待？計非剏國報以製議員，剏演説以鑄國民不可。何則？一國文字實爲一國精神，精粹流傳，即一國人性命存亡所繫。俄滅波蘭實先滅其文字，使其人忘祖國而不知。今學校專崇西語，書報更嗜東文，樂其文必樂其言，遂至渾忘不覺，聖經賢傳，棄等弁髦，君父尊親，視同仇敵。雖明詔尊孔尊君，保存國粹，每思執古籍以化其偏，譬若病狂既久，不治其病，但思補以參茸，有不唾焉棄擲者哉。且所謂粹者，謂其至精至簡，存實用而去虚文，非謂古人一字一言皆國粹也。職謬著《憲本》一書，發明報義，以保粹之方，寓正心之術，首創國報新法，本著書之體以化士夫，而别爲演説新法以開愚賤，務使耳目一新，淺深並達，别爲哲俠辨以化新舊之偏，平國議以融滿漢之界，末爲憲政補要，條實政而杜欺朦，行此一年，上下必將丕變。此憲本一書所以正中國人心也。然内患既深，此豈旦夕所能效，則莫若早開資政院以靖人心。自去秋詔籌立憲，電祝紛呈，民情可見。厥後部官授缺，漢少滿多，新黨鬨然，爭疑排漢，積疑成忿，排滿益深，江、皖供詞可驗。今雖詔陳憲法，論者輒謂調停新黨，仍屬空談，其何以信天下。夫舉國之望立憲者，豈有他哉，徒以官紳欺朦，下情不達，用人立法多悖民情耳。誠得早開資政院以達下情，羣相研究，先布憲綱，天下復何疑議。此安民急策也。自破格用人，不求實驗，大臣一語，立致公卿，在朝廷本以求賢，而權門遂多植黨。士人未出，舍著書無以見其才，心術性情明者無難共見。誠仿國初之制，不拘忌諱，不准苛求，呈書果精，立予召見，則真才必出。此求賢急策也。自古立法必順民情，今立法非恃京曹，即求留學，其人皆遠於民，商律、刑章徒鈔外國，紛紛駁還，尤傷國體。誠取著書明政久處民間者，必能斟酌古今，推行盡利。此立法急策也。憲政良否，全視議員，必其人近民而遠官，乃可直陳而無回護。若令疆臣保送，官尊必待鑽營，若令省會公推，不過黨援推引。則莫若同鄉京官，名位未尊，見聞較確，擬請明詔先令在都京外各官，三品以下，除本管長官外，各舉資政院長，總理大臣各一人，設金匱於内閣，定期投票，請皇太后、皇上御殿對衆宣示。先立院長以振其綱，再令御史、翰林、部曹各舉同鄉未仕著書深明中外政治者，代呈其書，不拘鈔刻，述其行誼，並陳都察院或學部鑒覈咨詢，高者入資政院爲國會議員，餘入本省諮議院，均援京秩，示天下與民相親，然後由京至省，下逮州縣，通設議會。自古未有臣民上下真理未明而可辦其事者，更未有身辦其事而不護其私者。應請專取不與公事不入學堂之人，仿憲本之法，通行報説。外國辦報，非大臣退老，即著書成家，故言重一國。《中庸》有言：不尊不信，不信弗從。應請主京報省，榮以卿銜，外報必加京秩，苟有立法，務令各報磋磨，多數從同，再行宣布，各報監以御史，上達宫廷，必能上下一心，貴賤一體。日本始籌立憲，先剏各報以通上下之情，不取報金派行推廣，遂致輿夫、僕隸閲報成風。俄戰方興，婦女變飾助軍，囑夫死戰，彼豈别有異術哉？報説爲之也。今欲求立憲不寬報律，徒禁報章，必至洋報流行，隱憂更劇。此職區區銷内患以安中國之微意也。

以上二條職所硜硜自効者，文字而已。顧蜀能敵魏，而後可結強援，湯選伊尹，而後不仁自遠，此豈文字所能爲哉？是在朝廷之舉措矣。至於賜姓連姻，不過袪滿漢之形式，必均利權同賞罰，而後可化囂爭。嚴防重戮，實以激新黨之隂謀，必通民隱保國權，而後可銷怨讟。譬若子病狂暴，父不察其受病之原爲之療治，而遽操刀以喝之，有不愈激愈怒子父俱斃乎哉。當此存亡危急之秋，皇太后、皇上宜切慮澄思，簡除苛禮，復三公坐論之儀，特詔議政大臣，並以後召見，概令坐論，以盡其言。循例疏章，悉付樞臣，無煩聖慮。惟條陳政法及化除滿漢、應付外交，必宜親覽。尤有陳者，求言之法貴在實行，同治初下詔求言，黎庶昌以諸生上書，特賞知縣發江南，以風厲天下，故一時忠直之士，敢諫成風。應請凡有條陳，均求批示，善者召見立行，並請特旨褒揚，鼓天下忠愛之氣。當此時局正臥薪嘗膽之時，大臣思保國而後可保身，急宜親賢納諫，士民思保身而後能保國，急宜獻策効忠，自非上下相親，終不足銷內外交閧之禍也。

職研求兵政之學三十年，著書二百餘卷，甲午一投禮部，遂臥荒江，更十餘年，不求仕進。徒以疊更水患，因前皖撫保送入都，勉圖外吏，豈復他求。惟久處田間，深知官紳壅蔽，民隱莫伸，實滋內亂，愛國微忱，不能自默。謹條陳內外急策，鈔呈新著《原人》、《憲本》二書凡四册，如蒙采擇，再將理財、興學、經武、安邊諸大政，擇要上陳，伏乞代奏皇太后、皇上聖鑒。謹呈。

《清末籌備立憲檔案史料》第二編熊范輿《湖南即用知縣熊范輿等請速設民選議院呈光緒三十三年八月二十八日》 湖南即用知縣熊范輿、法部主事沈鈞儒、花翎應封宗室恒鈞、附生雷光宇，爲外憂內患，時局日艱，懇請開設民選議院，以固國本而挽阽危，聯名呈請代奏事。

職等竊維國家不可以孤立，政治不可以獨裁，孤立者國必亡，獨裁者民必亂，東西列國，往述昭然，治亂興亡，罔不由此。今地球之上以大國計者十數，雖國體互異，歷史各殊，然無不設立民選議院者，豈必其政府之不欲專制歟？良以世局日新，國家生存之競爭益歸激烈，非上下同負責任，則國力不厚，無以禦外侮而圖自存，非人民參預政權，則國本不立，無以靖內訌而孚輿望，此近世以來代議制度所以競行於各國也。

中國數千年來政體素爲專制，故封豕長蛇之患常起於外，揭竿斬木之憂常興於內。然當閉關自守之時，國際尚未交通，民智尚未發達，故猶可以補苴掇拾，苟且偷安。今則國際之勢力與人民之思想均非昔比，苟非上下一心，君民一德，則內訌外患必愈相乘而至。職等恭讀去年七月十三日上諭有曰：實行憲法取決公論。又曰：大權統於朝廷，庶政公諸輿論。今年五月二十八日上諭有曰：上下一心，內外一氣。又曰：官民各負責任。仰見我皇太后、皇上聖明獨照，洞悉孤立之國家與獨裁之政體，不足以圖存於內外交迫之日，廟謨所運，獨見本源。然內外臣工不能將順聖意，仰體綸音，俾民選議院及早開設，以固國本而挽阽危，此天下臣民所爲撫心泣血而爲中國前途長太息者也。夫今日之中國，本千鈞一髮之際，存亡危急之秋，以言乎外，則機會均等之政策並起於列強，以言乎內，則革命排滿之風潮流行於薄海，禍機已兆，後患難言，及今不圖，恐三數年後，燎原莫救，即欲行今日之計，亦不可得。職等目擊時艱，不勝悲憤，竊以爲非即開設民選議院，則孤立之患不除，外憂終不能弭，獨裁之弊不去，內患終不能平。謹就下忱所及，爲我皇太后、皇上陳之。

中國地大民衆，凌駕列邦，顧自海禁大開以後，外交失敗，不可勝言。累歲以來，兩宮聖人宵旰於上，樞臣疆吏奔走於下，而外侮愈迫國勢愈危者，則以民選議院未立，而國家成爲孤立之勢故也。夫天下大事，國家大業，非數人所得自私，亦非數人所能獨任。專制國中，人民無參政之權，國家對於人民，既以干預政務爲越權，人民對於國家，亦以不聞國事爲本分。是故政府孤立於上，人民漠視於下，此等政體在於昔日藉以鎮壓國內則有餘，在於今日用以抵禦他人則不足。方今世界大通，列強之間，因迫於國際團體之競爭，愈促其內部團結之鞏固，處此時勢，猶欲以孤立之國家與列強相抗衡，其可得乎？今之言對外者動曰外交，曰軍備。不觀於日、俄之往事，日以全國一心而勝，俄以上下分離而敗，得失利害，已可瞭然。今中國孤立之勢，與前日之俄羅斯等，而外患之急迫則百什倍之，非即行開設民選議院，使國家內部無上無下，同心協力，共濟艱難，則國家終無自強之機，外患終無杜絶之日。所謂民選議院不立，外憂即不能弭者此也。

中國近數年來，人心思亂，禍變迭興，萬里神州，幾成亂藪。雖朝廷累施恤民之政，而不能收拾人心，官吏横加殺戮之威，而反使效尤愈衆者，則以民選議院未立，而獨裁之政體有以釀成之也。自中東戰後，憂時之士，知外禍之頻仍，由於內治之不整，於是政治改革之思想流行於內外。然因國家無代議之機關，人民無參政之權利，故輿論不能成爲國是，下情不能達於朝廷。海內人民，始而發憤，繼而失望，終而怨望，乃不惜鋌而走險，洩其不平，以身試法，無所顧慮。曾未數年，蔓延日衆，上自監司大員，下迄無知會黨，連爲一氣，互相聲援，沿海沿江，時聞警報。政府方以人民爲不法而誅戮備至；人民復以政府爲專斷而憤慨愈深，上下睽離，互相疑忌，而受其禍者獨在國家。推原禍本，非皆由專制政體階之厲乎？今非開設民選議院，使萬幾決於公論，政權廣及齊民，則獨裁之弊不除，內亂之源不塞，阻礙民權之發達，違背世界之公理，土崩瓦解，岌岌可危，即無外憂，而天下前途已不堪設想矣。所謂民選議院不立，內患終不能平者此也。

雖然中國孤立獨裁之政治傳之已數千年矣，今欲以數百人代表之機關，革數千年遺留之積弊，知必有致疑於立言之太易，而收效之難期者。不知治網必提其綱，振裘必挈其領。中國國家所以成爲孤立，政體之所以成爲獨裁者，皆由於無民選議院之所致耳。民選議院設立，則綱領既得，國家一切政務自有可以解決之道。謹再就其中利害得失之關係，及中國現在之情形，敬一一爲我皇太后、皇上縷晰陳之。

責任政府爲立憲制度之精神，故政府職權之所在，亦即責任之所在，政之理也，政府原無可詡之功，政之弛也，政府亦無可逃之咎。專制國則不然，大小臣工互相推諉，及乎事敗，責無所歸，怨謗所集，皆在君主，而彼反得置身於責任之外，是以專制國之政治，無不腐敗放任者，以無責任政府故也。然而政府之責任，必與民選議院相待而生，民選議院一日不立，則責任政府一日不成。今中國艱難日亟，百務待興，我皇太后、皇上勵精圖治，廑念時艱，督飭臣工，不遺餘力。然而政府諸臣均不能上體宸衷，振興庶務，旅進旅退，不痛不癢，使天下萬事隳廢於冥冥之中。雖朝廷累下督責之詔，人民時聞怨謗之聲，而廷臣竟無一人引爲己責者，此豈中國之政府獨不賢歟，無民選議院故耳。無民選議院，故一方無人民以爲之監督，則精神易懈，一方無輿論以爲之聲援，則阻礙易生。惟設立民選議院，則國會與政府立於對待之地位，一人失職，彈劾之書立上，一事失宜，質問之聲即起。夫而後官無尸位，責有專歸，一切放棄因循之弊，乃可以悉免矣。此民選議院之不可不開者一也。

國家政務，百度殷繁，非有統一之方針，必召無端之叢脞，立憲國中，凡新內閣成立，必宣示其大政之方嚮者，蓋非是無以統一全國之行政故也。今政府諸臣大政之方針若何，統一之政策安在，各行其是，不相統屬。自改革官制以來，幾及一年，擾亂紛歧，毫無定見。惟時聞軍機各部互多牽制，廷臣疆吏彼此爭執，往往因私人意見之參差，生政務濡遲之弊害，如此而欲求行政之統一，安可得耶？然而職等不敢以此爲諸臣咎者，則以中國之政府無民選議院以盾乎其後，故盈廷之上，人人可以主張，臨事之時，在在可以掣肘，紀綱紊亂，事事廢弛。惟開設民選議院，則政府宣示方針之後，議會即準此以爲監督之具，故大臣不得以個人之意思自爲行動，致令政策矛盾，彼此紛爭。而一切官吏又不能不遵由一定法規，執行政務亦不至自由出入，任意變更，立憲國家所以能收行政統一之效者，皆由有民選議院之故也。此民選議院之不可不開者二也。

世運進步則政務之範圍日見擴張，即財政之支出日益加鉅，此各國之公例也。中國當此庶政不振之秋，欲圖生存競爭之道，則整理內務，充實軍備，籌償國債，振興實業，在在皆爲急切之措施，即在在皆需莫大之經費。此後度支大政，若不使人民與聞，誠恐財政當局者，非退縮不前，以阻礙國家之發展，即橫徵暴斂，以斷絕賦稅之淵源，此等危險之情形，今日已兆其端緒，況大興改革之日乎。惟有開設民選議院，使國民代表參預財政，則國家當行之政務，既經國會所贊同，國民經濟之盈虛，復爲國會所深悉，是故對於行政之費用，必不至惟求減縮，以貽誤於國家，對於收入之來源，亦必能斟酌事情，以調和乎民力。東西各國國富而民不窮，政修而財不困，其國民每歲之負擔，常十數倍於我國，而全國無怨稅源不竭者，有民選議院以爲之樞紐故耳。且預算先於下院，故人不疑其私，協贊出於事先，故民不議其後。所以人民怨謗抗拒之事，可以絕於下，官吏肥私中飽之弊，可以清於上。此民選議院之不可不開者三也。

國家成立，端賴法律以維持，世界之列強，均有一成之法典。中國疆域遼遠，風俗各殊，朝廷既無一定之法文，民間又無共通之習慣，紛雜混亂，爲世界所僅有，非使立法機關及早成立，必不能保國家之畫一，而促社會之進步。且不僅此也，數載以來，內患頻興，訛言四起，官吏日以防亂爲事，人民日以避禍爲憂，恐慌紛擾，勢將激成大亂。惟有召集民選議院，使制定民刑各法，以爲司法獨立之地步，則人民之生命財產有所保護，社會之安全秩序或可維持。夫而後民情乃可以即時靜鎮，法權亦可以設法收回，此尤國家莫大之幸也。夫三權分立，爲各國通行之制度，即爲將來立憲之本原，今行政各部方始更革，若開設國會以爲立法機關，則司法旋可完全獨立，是亦豫備立憲之緩急先後也。此民選議院之不可不開者四也。

國家之強弱，常以國民之國家思想與政治能力爲標準，列國興亡，已成公例，東西學說，早有定評。中國今日之國民，除少數優秀者外，多不知國家爲何物，政治爲何事者，則以數千年來生息於專制政體之下，無聞國政之事，自無從啟發其憂樂與共之心，無參議國政之途，自無從增益其發展國家之力。故其國家思想與政治能力，所以至於今日尚不能發達者，非其先天之缺乏，實由專制政體有以致之。爲今之計，惟有即行開設民選議院，以啟發人民之國家思想，增益人民之政治能力，庶幾國家全局之大勢如何，列強對我之陰謀如何，爲人民者既身當參預國政之衝，自必有休戚相關之感，而後國家大計始有可圖。此民選議院之不可不開者五也。

中國種族複雜，自古爲然，然既居於同一政府之下，自無有此畛彼域之殊。我朝定鼎以來，因襲歷代政策，無以異也。至於近歲，人民迫於外憂，返圖內治，徒以政治不平之故，致啟種族猜貳之嫌。八旗防兵制度，自一方面觀之，不必爲農，不必爲工，不必爲商，而惟是坐食餉糈，是爲特別之權利。又自一方面觀之，無營業自由，無居住自由，無移轉自由，而惟是世充兵役，又爲特別之義務。因此政治上權利義務不平等之故，遂涉及種族問題。平民以爲旗人之權利獨優，旗人又以爲旗人之義務獨重，互相疑忌，強立異同，始僅流行於細民之口，繼乃出之於政界之中，今不早爲之所，則將有不可收拾之勢。惟有開設民選議院，使滿、漢、蒙、回、藏各族之人民，處於同一之地位，擔負同一之職務。權利、義務一切平均，種族猜疑自然融化。且人民既可以參政，則無論何種何族，皆必活動於同一政見之下，利害得失與同政見者共之。如此則雖有黨派異同之分，自無種族狹隘之見，感情主義相習相摩，行動既已共同，精神自歸統一。此民選議院之不可不開者六也。

凡此數端，就時勢所急，略陳一二，其餘書生迂執之見，與法家破碎之言，皆不敢以上瀆天聽。然而職等竊恐廷臣中不免有以膠執之說上蔽聖聽，致令我皇太后、皇上倣行代議政治之美意，不能立刻見諸實行者。請就見聞所及，略籌利害，以閒執異議者之口，愚者一得，或亦聖明所不棄也。

今議者動謂憲法尚未頒布，議會不能先開。不知憲法雖爲國家之根本，而運用之妙與保障之法，則全恃夫議會。故英吉利世所謂憲政之母國也，然至今尚無成文之憲法，普魯士所謂欽定憲法之模範國也，然憲法頒布以前已先召集議會。日本則議會開設之日期，雖在憲法成立之後，而議會開設之決定，實在憲法制定之先，況日本當時外無列強一致之侵凌，內無革命稱兵之禍亂，故得從容閒暇，假以歲月，俟憲〔法〕成立，始與人民以實際參政之權。今中國惟因人民無參政權關之故，故外憂之迫如此，內患之亟如此，若必遲之又久，待憲法頒布，始開設議會，竊恐憲法尚未成立，而外憂內患之交迫已將有不忍言之危險矣。

議者又謂人民程度尚有未及，即令開設民選議院，亦無實效。此則最普通之說而尤爲謬誤者也。夫人民程度有自然發達者，有助長而使之增高者。東西各立憲國，惟英吉利之國會，由人民程度之自然發達而來，除此以外，無論何國其初開國會時，人民之程度皆非即如今日之優，特因有國會以助長之，乃得至於今日耳。故以我國今日之人民程度比較歐美，彼以有國會之故，訓練既熟，經驗既久，兩者相形，自不免有高下之殊，然比於其國會開設之初，則固未見其遠遜。設以爲今日之人民程度有所未逮，故不開國會，然遲之十年數十年，人民以無參政機關助長其發達之故，則其程度仍無以異於今日，不幾永無可以開設國會之期乎。且以人民程度而論，則今日尤有一奇怪之現狀，不可不爲熟思審慮者。內地之農民與譾陋之學究，未知國家爲何物，政治爲何事，而其受外界之潮流者，見時局之不可爲，而己志之不能發抒也，又每欲破除國界，均一財產，其言論思想，往往逸出事實之外。故非開設民選議院，不能使不及者仰而進於公民之域，好高者馴而至於常軌之中。人民程度之不齊，非爲不可開設民選議院之原因，實爲不可不開設民選議院之原因也。

議者又謂地方自治尚未舉行，國民教育尚未普及，一旦開設民選議院，不免全無預備。不知議會者一方爲立法機關，一方又爲整理行政之根本。中國言變法者久矣，何以地方自治至今尚未舉行，國民教育至今尚未普及，即由於無民選議院以爲整理行政之根本故耳。今惟有開設民選議院，則根本既立，枝葉自茂，一切行政庶可振作。決不可藉口於整理庶政，以阻撓民選議院之開設，致使本末顛倒，緩急不分，以誤大局而禍國家也。

議者又謂中國自有史以來，君臣之義素嚴，天澤之分久定，若開設民選議院，則朝廷之行動，勢必須議會之贊同，恐於至尊之威嚴，不無冒瀆。不知帝王不可侵犯，各國憲典皆有明文，責任負諸大臣，彈劾止於政府，其安富尊榮比於專制國之君主，實又過之。且君位之繼承有一定，攝政之順序有一定，成法所在，規定綦嚴。我皇太后、皇上聰明仁聖，四海同欽，凡在臣民，咸身愛戴，乘此時開設民選議院，則上足以永宗社萬年之業，下足以貽本支百世之安，豈不懿歟？

以上諸端，均無足慮，伏乞速頒詔旨，曉示天下，督飭廷臣遵去年七月十三日上諭，發布選舉制度，確定召集期間，於一二年内即行開設民選議院，俾全國人民得以勉參國政，協贊鴻圖，同德一心，合力禦外。庶列強知中國之不可以侮，人民知國家之尚有可圖，外無相逼而來之憂，内無鋌而走險之患，天下幸甚，中國幸甚。職等顧念時局，實深危懼，謹□人民請願之義，瀝陳草茅衷訴之忱，仰懇皇太后、皇上下體輿情，早定大計，俯賜採納，降旨施行，天下臣民不勝企幸歡忭之至。謹聯名呈請代奏。

職等均留學海外，未能全體歸國，特由湖南即用知縣熊范輿、法部主事沈鈞儒、花翎應封宗室恆鈞、附生雷光宇呈遞，合併聲明。謹呈。

《清末籌備立憲檔案史料》第一編徐惠棟《監生徐惠棟條陳振舉綱維規定權限修明軍政培養民生爲立政大綱呈光緒三十三年九月》 具呈部司務銜安徽監生徐惠棟，爲應詔陳言，謹先擬立政大綱，以固邦基，而維國脈，籲懇代奏，仰祈聖鑒事。

竊生伏讀五月二十八日上諭：立憲之道全在上下同心，内外一氣，去私秉公，共圖治理，急應博訪周諮，集思廣益，凡有實知預備之方施行之序者，准各條舉以聞。官民在京呈由都察院衙門，在外呈由各地方大吏選録代奏，以便省覽，而資采擇。欽此。等因。仰見朝廷鋭意圖治，勤求芻言之至意。竊維立憲之方，當由精神以成面目，勿因面目以求精神，不推求本原切實預備，但略變舊日之名目以爲勝任而愉快，不獨於實事上毫無利益，恐中國前途必將隱受其弊也。生不揣愚陋，晝夜籌維，思盡子弟之職，一分君父之憂，用敢干犯忌諱，謹獻芻蕘，敬爲我皇太后、皇上陳之。

一、振舉綱維。《詩》曰：勉勉我王，綱紀四方。蓋人主以一身而居乎萬民之上，臨制四海之廣，必綱紀嚴肅，秩序分明，而後天下皆服從教令，自不至別生禍患，以妨遠圖。頃年以來，朝廷之間議論太多，或一事而甲可乙否，或一人而朝由暮跖，是非淆於脣吻，用舍決於愛憎，政多變更，事無統紀。生愚以爲值此萬變錯綜應接不暇之際，非破除常例，舉大賞罰，以鼓盪一世之精神，改易萬衆之觀聽，竊恐中國官場延宕推卸之風依然如故，而所謂維新變法之事，愈進而愈不可得而見其實也。伏願我皇太后、皇上奮乾綱之斷，普離照之明，躬率王公百官，祭告郊廟，大赦天下，凡朝夕之燕衎，内外之貢獻，一概屏絶，即事關典禮萬不容廢者，亦宜悉從儉約，刑賞一歸諸公道，不必曲循乎私情，政令須斷自宸衷，勿致紛更於浮議。並請飭下各部院衙門，一切政務既奉明旨，尤宜上緊奉行，各省州縣亦應分別事情緩急，道里遠近，立定限期，違者從實查參，嚴法不貸。觀感之間，風動神速，賢者既有可圖效而自奮於前，愚者亦有所鼓舞而樂從於後，大綱小紀，次第並張，中國轉弱爲強之機，其在斯時乎。

一、規定權限。立憲政體所善者，即在明定一國各部機關之編制及權限，嚴禁其相侵，使各部得以操縱如意，而事之成否，亦惟其一身任之，而不得旁貸。中國今日大患，莫甚於内外之權限纏繞而不劃明，論其表面，似皆有其職權，究其實際，實各脱離其責任。樞臣闇於各省情勢，有所措施，不得不責之疆吏，疆吏既須受制於樞臣，不得不遵照部章委曲求全，以爲息事寧人之計。且更調太繁，遷轉太驟，新者既已受任，而苦於地方情形之未諳，舊者爲日無多，方躊躇交代之未遑，何暇經營庶務。責成既無所專，事權又無統屬，百官有司，亦皆舍其職任出位是思，官守既失，事何由舉，十餘年來内政之紛更，外交之失敗，軍力之委靡，財政之繁苛，謂非權限不分貽之咎哉。竊以爲内而樞密，宜參照唐臣張説成法，列數房於政事堂之後，招致四方賢才，分曹以主衆務，欽派一二重臣爲之班首，名曰國務大臣。以各部大臣爲統治客體，得陳述意見，爲國務大臣翊助，以國務大臣爲統治主體，得參酌各部長官意旨，以定施行方針。國務大臣除行政外不能有他權，各部長官除綜理部務補助國務大臣外，亦不能有他權。一以保內閣之統一，而除推托牽制之弊，一以重大臣之權職，而免尸位曠官之憂。至各省督撫，既經聖旨簡放，即須定以三年、五年期限，非有大故不得輕於移易，予以相當之權力，使其兵馬、糧餉內足自守，外足禦敵。不然藩籬盡撤，大權集於中央，各省平時既無周至之準備，臨事安能爲敏速之活動耶。內外臣工進退，悉由聖裁，樞臣得通行意旨於疆吏，而不能任意黜陟以便其私圖，疆吏遇事可互商樞臣，亦無須附和攀援取容於權要。小官下吏，亦明定章程，不可越於權限之外，則上下之分義明，中外之血脈通，而無痿痺壅隔之弊矣。

一、修明軍政。處競爭最烈之世，自衛全賴乎兵力，而練兵過多，勢不能不寬籌餉項，二者相因而至也。古者衛所屯田，相爲表裏，一鎮之兵，足守一鎮之地，一軍之餉，足供一軍之用。至於今日客兵坐食者衆，行防口糧銷費無數，且各地之營伍空虛，一邊有事，不得不調各邊之軍，既調各邊之軍，不得不用此邊之餉，舊兵不歸，新兵不得不補，補一名又添一名之餉，是一人而兼數人之食也，其何能支哉。夫朝廷之養兵，究不如民之自養較易爲力，而土兵之桑梓情殷，亦不至〔如〕客兵爲患之劇，中國憲政方立，民智未開，驟行全國皆兵之制，窒礙殊多。當就各省現時情狀，酌量變通，或三十戶而出一兵，或五十家而養一卒，今天下當不下六七千萬戶，平均計算，一廳州縣當得五六萬戶，一縣養兵五百，一千五百餘州縣養兵七十餘萬矣。夫三十戶而出一兵，其役不爲重，五十家而養一卒，其費不爲難，朝廷不費一文，而通國已得數十萬精勁之軍，天下之事孰有便於此哉？規模既定，則設練軍使於各省，擇老於戎行者任之，省會設練兵總局，州縣創立分局，分徵發、教練、守衛之兵各若干，次年以教練之兵而爲徵發，又次年以徵發者而爲守衛。二十歲而入伍，名爲國民軍，四十、五十而不能充役者，聽其告退而歸民籍，除伍無老弱之兵，軍營無逃亡之患，家自爲戰，人盡知軍，不特外人莫之敢窺，腹裏之奸宄，亦隱然有所畏讋而不敢逞矣。此外畿輔之內，召募十餘萬人，更番入衛而已足，不必悉萃自京師，蓋政權分則事無統，兵權專則事必變，三代以上兵權皆散於有司者，豈無故哉。

一、培養民生。古者君主之德在善政，善政之要在養民，與近世國法以謀發達國民之生活爲治國之本原，其揆一也。中國人民繁庶甲於各國，各省州縣又無詳明統計之可檢，故各地經濟界之消退，莫能窺其底蘊。至於今日大戶落而爲中戶，中戶落而爲貧民，貧民化而爲盜賊羣，一世之人憔悴於生計，再閱數十年後，默念中國將成若何景象耶。生竊以爲時勢至此，內外官吏皆當以養民厚生爲要圖，地方官到任後，先調查其戶口，比較盜賊之數，罪犯之數，疾疫之數，歲增歲減，設法振興工商，獎勵殖民，爲酌盈劑虛之用。地方一切無益款項，涓滴歸公，開設轉利局，使窮民以公家之款而營生計，次年即以所獲之利銀，酌提一二成以歸諸公家，公家復以所完之款發商生息，以備勞力者不時之需。至於紡紗、織布、火柴、造紙等廠，費用浩繁，一鄉之力不足，則合數鄉之力爲之，一縣之力不足，則合數縣之力爲之。無業游民，酌量分配，多備機械，以出產力之多寡，定勞力者報酬之等差。數年之後，分業日盛，生產日多，即擇腹地交通鎮市創設萃賣廠，以各人所作之物品互相交易，化無益爲有用，以有餘補不足，竭全國之力而從事於實業，中國經濟界之增長，必有月異而歲不同者。夫未流之民，既有所仰以全其生，已流之編氓，則宜使之屯種於邊，若西藏，若蒙古，若奉天，若吉林，山深林箐，多未開闢之地，於彼山地安插之，使刀耕火種，各成聚落，擇地而立之邑，授土而奠之耕，皆可化疲頑爲率教之氓，易窮荒爲繡壤之國。顧亭林有言：人聚於鄉則治，聚於城則亂。十餘年來，哥老會匪盤踞都會，輾轉勾引，日聚日衆，踪迹詭祕，不可窮詰，而各省之劇賊積盜竊伏充斥，在在堪虞。此時不思安撫人心，消弭大患，設朝廷一旦有事，必皆乘間竊發，揭竿而起，遠稽流寇之事，近覘拳匪之變，殊爲隱憂。伏願我皇太后、皇上加惠邦本，軫念民艱，簡派親貴大臣周歷各省，督率地方官隨事勸懲，妥籌善後之方，少一游民，即可爲國家多造一憲民資格。且非特殖民發達，抵制外患，而內部會黨，亦可因而潛消。

方今憲務殷繁，可言之事甚多，而生鰓鰓以此四者爲請，誠以積習不除，官常不立，邦本不厚，則爲之而必不可成，成之而必不可久也。愚昧之見，是否有當，恭呈代奏，伏乞皇太后、皇上聖鑒訓示。謹呈。

《清末籌備立憲檔案史料》第一編李翰芬《署理廣西提學使李翰芬條

陳五年預備立憲及速立內閣等事宜摺光緒三十三年十月初五日》署理廣西提學使道員用臣李翰芬跪奏，爲應詔陳言，謹將憲政預備施行管見，恭摺具陳，仰祈聖鑒事。

竊臣恭讀本年五月二十八日上諭：朕欽奉慈禧端佑康頤昭豫莊誠壽恭欽獻崇熙皇太后懿旨，直省官制已據王大臣議擬飭行試辦。惟立憲之道全在上下同心，內外一氣，去私秉公，共圖治理。自今以後，應如何切實預備，乃不徒托空言，宜如何逐漸施行，乃能確有成效，亟應博訪周諮，集思廣益，凡有實知所以預備之方施行之序者，准各條舉以聞。除原許專摺奏事各員外，其餘在京呈由都察院衙門，在外呈由各地方大吏，詳加甄核，取其切實正大者，選録代奏。但不得摭拾陳言，亦無取煩文詞費，只要切合時勢實在可行者，逐一具陳，以便省覽，而資采擇。總之此事既官民各有責任，卽官民均應講求，務使事事悉合憲法，以馴致富強，實有厚望焉。欽此。仰見廟謨深遠，明目達聰，期於天下臣民，共襄郅治，曷勝欽忭。臣惟憲政之行，關係至鉅，必有範人之法，尤必有行法之人，乃能上下內外相維相貫。至於預備之方，在包括綱條，不能舉一而廢百，施行之序，在體察時勢，不必舍己而從人，而尤貴振刷精神，埽除積習，新中外之耳目，而慰薄海之人心。不揣愚昧，謹將憲政預備施行管見擬列八條，敬爲我皇太后、皇上陳之。

一、實行憲政期限宜速也。方今時局艱危，事機日亟，外人每以憲政之成否占中國之存亡，若必預備於十數年前，施行於十數年後，雖緩急不容不審，而收效實覺過遲。論者謂國民程度尚低，資格尚淺，未可輕率從事。抑知程度以造就而益高，資格以歷練而漸進，東西國民程度資格不同，而其爲立憲則一，又豈有一定標準哉。先預備，後施行，年復一年，不免有苟且因循之患。卽施行，卽預備，急所當急，乃以收倍道兼進之功。日本立憲之議，雖萌於明治初年，而自明敕國人預備立憲，以至開國會、布憲法，其間不過十載，而亦因日本當時尚未確信憲政之可行於東方民族，故遲回詳慎，乃抵於實行。今則立憲爲中國救時之惟一要政，中外通人已無疑義，而變鉅期迫，又非可待十年，擬請明降諭旨，於光緒三十七年頒布憲法，開上下議院，有五年爲之綢繆預備，則各省之議局，各府州縣之議事會，漸多合格之議員，而兩院不難成立，卽憲法亦必編纂完善行之有效矣。

一、內閣宜速立也。君主立憲國以君主爲統治權主體，而必有行使統治權之機關，其機關之最重要者實惟內閣。蓋今日憲法上之內閣，上對君主，下對議院，均負絶大之責任，故必內閣已立，而後憲政乃有統系。查各國內閣皆各部大臣組織而成，若日本、丁抹、諸威則別置內閣總理大臣，若英、美、普、法則不置總理大臣，而卽以首席之一部大臣當其任。中國分部已多，政治繁賾，自宜設內閣總理大臣主持行政。查各國總理大臣之任，未有以親王當之者，此由尊敬皇室之故，蓋君主神聖不可侵犯，載之憲法，凡皇族亦援此例而尊敬之。親王爲總理大臣，必負責任，若政策不善，必受國民指摘，從民意而黜之，則失皇族之尊敬，不黜則或至叢怨於君主，皆於神聖不可侵犯之主體大有損礙。伏維我朝世祖奠基，康、乾郅治，咸、同中興，近日新政，無不藉親王之英輔，匡濟艱難，則總理大臣自不能不先明載憲法條文，與其他之總理大臣同負責任上之處置，庶四海臣民咸曉然於朝廷用意之所在耳。

一、請設樞密院也。樞密院以備皇太后、皇上之顧問，從前編制大臣原議本省置樞密院一條，其性質作用如何，微臣竊未詳諗。今擬略仿日本辦法，查歐洲各國於國會決議之範圍甚廣，立法之外，卽行政、司法所關諸事，往往經國會議決而行，故君主不必更有所諮訪，而憲法上亦大概不認有樞密顧問之權限。日本則君主大權事項，悉出君主親裁，惟特置樞密院上佐君主之籌畫。吾國若取則日本，則大權事項必出皇太后、皇上親裁，似亦宜置樞密院以備顧問，兼爲萬幾餘暇典學侍從之資。其院員之組織，大約院長以勳望素高之大臣充之，院長以下應置院員，以海內通儒畢業學生，學有經法通達時務者充之。其權限則除恭對皇太后、皇上諮詢講讀外，不得自陳意見，不得干預施政，不得行命令於一切官民，不得受理官民之請願上書及通信等，院員不得兼任他官。惟內閣大臣才望極著者，或許兼任院長。伏考我朝南書房之設，自部院堂官以至編檢，皆得詔入行走爲侍從清貴之臣。今樞密院擬卽以南書房改置，而卽爲憲政之一重要機關，以備內閣議院之所不及。凡舊日經筵講讀隆重之典，悉統屬之，則顯以贊新政於九重，實隱以存舊制於一綫。

一、各省官制宜速實行改革也。凡舉一事，大抵由不完善而漸進於完善，若必籌度萬全而後舉，恐終無舉行之期，卽如今日外官制已經編定，議者主於一二省先行試辦，老成持重，具見苦心。然此一二省之官已用新制，其裁撤之腐敗俗吏，必改之他省逋逃淵藪，究竟受害者仍在國在民。況此一二省大吏，或措施之機宜未協，稍起風潮，或人民之程度尚差，未大效驗，則頑固者必藉口於憲政之無益而竊肆阻撓，此尤不可不慮者也。竊謂新定官制，宜卽日實行，其有未備事宜，應酌察情形，隨時損益。或慮陵躐貽誤，不知提學司僚屬，純用新政制，毫無窒礙，則督撫、藩臬二司之幕職，府廳州縣之佐官，其必可依新官制可知。或慮無才可用，則宜就各省官大舉甄别，可用者用之，可造就者，與設法政速成研究所以造就之。其毫無足取者，嚴加淘汰。爬羅磨刮，非必無可取之人，且地方員紳可備幕職佐官者不少，要視用人者何如耳。或慮經費難籌，不知舉辦之初，事務尚簡，宜不必備，但求稍規模具，可爲逐漸擴充之資，況裁併局所，提撥羨餘，挹彼注兹，儘敷展布。各直省督撫、司道，同在一署辦公，如京師各部衙門之例，此項經費所省亦多，倘事事認真，涓滴歸公，尤足收改制之實益。此新官制之斷然可行不必疑慮者也。

一、宜推行憲政教育也。國家既設資政院、省議局、州縣議事會，以爲監督行政之機關，則必造就議員之資格，而所以造就此資格者，舍教育不爲功。一國國民教育，必有特别之精神，此精神有本其固有性質而發達之者，有卽其最缺乏之性質而補助之者。英之殖民思想，日本之武士道，皆特别精神也。三代治法用禮官制極有立憲精意，自秦、漢以後，君民懸隔，日卽陵夷，故憲法精神在吾國古時爲固有，在今日爲缺乏，挽回補救，非學何從。前者學部通行天下實行強迫教育，遵奉明詔令各省切實研究憲政，皆與預備立憲關係至深。伏查欽定學堂章程，高等學堂、優級師範、中學堂，皆有法律一科，惟僅講授法制總論及民法。臣愚以爲各學堂所有法律課程，及初級師範、簡易師範等學堂原無法律者，宜一律加課憲法，將來教習高等小學須講憲法大端，庶使初受教育之國民，咸有憲政思想。至省府州縣所立之教育會，本應附設宣講所，擬由各省憲政研究所，編纂憲政白話説帖，付宣講所演之，使學堂以外之人，亦曉然立憲之不容緩。其從前各省設立之法政學堂，宜極力推廣以造就議員之資格，兼培養自治之人材。以上數端，請飭下學部核議通行，則前次諭旨所謂議員資格

日進高明者，將自此基之矣。

一、憲法及各法宜妥速編定也。憲法爲國家之根本法，其所規定有諸國所普通者，有一國所特别者，如關於君權之規定，君主神聖不可侵犯者其普通，而統治權之廣狹則特别也。關於臣民權利義務之規定，納税者其普通，當兵役與否則特别也。推之議會、司法、會計、繼承、攝政、皇族種種之規定，莫不皆然。夫普通者可取法諸國，而特别者則各因其國之歷史、民族而不同，故今日制定憲法，雖取東西諸國，而仍必以中國大經、我朝家法爲據依，庶於國俗民情無所窒礙。然憲法者，僅規定運用大政之綱領，至其條目，則宜寄之於各法，而各法之亟宜編定者，一曰行政法規，凡改訂官制及任用章程隸之，一曰法典，凡民法、商法、刑法、民事訴訟法、刑事訴訟法隸之。然後臣民有所遵守，不敢以言論爲是非，内外有所率循，不至以意見爲輕重。兹事體大，必參酌中外因革損益，乃能行之天下而無弊。近者政治館已改爲憲政編查館，請諭飭刻期調查提議，次第付資政院議決。除憲法應定期宣布外，其餘諸法隨時請旨頒行，以速憲政之發達。

一、宜速行自治議會也。臣查天津、上海等處，近年舉行自治，設參事、董事等會，爲立法、行法之權輿，頗著成效。此外開通州縣，間有擬辦自治章程者，或議之而未行，行之而未效，良以所訂規則未盡合宜。自治雖國民職任，而程度幼穉時代，必藉官吏爲之提倡，擬請由民政部速妥定地方自治章程，頒行天下，以地方之貧富，風氣之開閉，分省爲數等。一省中之府州縣，復以地方之貧富風氣之開閉分爲數級，雖下等之省，下級之州縣，而城邑所在，必令設立自治議會。至高等之省與高級之州縣，並宜由城而市，由市而鄉，層累推廣，要必使地方先有一自治之模範，則四鄉不難摹倣舉行。各省所設之法政學堂，陸續畢業，及此次遵辦之憲法研究〔所〕，合力講求，必不乏人才，堪以派充自治師資之選。又查各州縣城鄉多有公所、公局，類皆假辦理事務之名，肆魚肉鄉民之慾，若繩以文明規律，使變爲自治局所，則除害卽以興利，一舉而兩善得焉。惟應請旨飭各省大吏，以地方自治之發達爲州縣之考成，庶責任專而效驗易期耳。

一、宜特設憲法報章也。普及教育、憲政教育固爲預備立憲之大原，

然其範圍專屬學堂之學生，官紳，則限於人，專寄於研究所、宣講所，則限於地。臣愚以爲不拘人地，可統上、中、下三等社會而陶鑄之者，報紙是也。應請於內閣或資政院附設憲政官報局，此報編纂之法，首恭録關於憲政之上諭，次列現行之新章，次記各省試辦自治之情形，次采擇京外臣工關於立憲之奏摺、條陳，及海內通人之論著，次編譯各國立憲之法典與其一切自治之內容，復折衷而論斷之，務期宗旨純正，切合中國數千年歷史之習慣，與夫現今國民之程度，而一切支辭謬説，力與破除。此報發行任人購閲外，仍配銷於京外大小實缺候補供差人員，庶得實力研求，增廣智識，並由民政部通行國中報館有勢力者，凡關於立憲之歷史之辦法之利益諸端，演爲白話，逐日登報，於以發蒙化俗，尤易奏功矣。

臣伏見近日憲政綱要次第飭行，以上所陳管見八條，或尚未擬議，或議而未決，或議雖決而未盡實行。臣之愚則竊以爲憲政籌預備之力，施行之序，使上下內外維持不敝者，莫要於此。

抑臣尤有請者，立憲政體爲中國數千年來有天下者之所未覩，即爲我朝億萬年有道之統之所由基，夫欲建非常之功，先有非常之舉，宣一人之精神，聳兆姓之觀聽，所關至鉅也。唐憲宗平淮蔡，其臣韓愈頌之曰：不赦不疑，由天子明，凡此蔡功，惟斷乃成。臣伏覩我皇太后、皇上已確見立憲政體之可行於中國，叠賁綸音，宣誥中外，聖明乾斷，率土同遵。臣嘗恭稽掌故，我太祖高皇帝以七事告天，明誓將士，遂啓皇基。又考明治初年，其天皇以五條御文誓於天地神明，播告衆庶，用能君臣一德，蔚爲强國。臣所謂非常之舉者此類是也。伏懇我皇太后、皇上遠法太祖創業之聖烈，近參東鄰變法之成規，昭告天地、祖宗，誓行憲政，則薄海臣民益不敢不勉竭忠誠，贊襄盛業矣。

微臣才識迂陋，何敢妄參大計，然竊念忝列學司，例許專奏，且恭繹諭旨庶政公之輿論之言，不敢自安緘默，有負生成。敬陳管見，是否有當，伏乞皇太后、皇上聖鑒。謹奏。

光緒三十三年十一月十四日奉硃批：憲政編查館知道。欽此。

《清末籌備立憲檔案史料》第一編劉寶和《學部主事劉寶和條陳立憲

預備施行大綱以通上下之情明上下之權呈光緒三十三年十二月十八日》

具呈學部主事劉寶和，爲應召陳言，敬攄管見，懇請代奏事。

竊職伏讀本年五月二十八日上諭：立憲之道全在上下同心，內外一氣，去私秉公，共圖治理。自今以後，應如何切實預備，乃不徒託空言，宜如何逐漸施行，乃能確有成效，亟宜博訪周諮，集思廣益，凡有實知所以預備之方施行之序者，准各條舉以聞等因。欽此。仰見聖朝明定國是，旁采羣言之至意，欽服莫名。職維中國今日不患無憲法，而患無憲政，蓋法爲政之所生，若無政而徒有法，則法亦不能自行。倘虚飾外觀，但以各國之憲法爲衡，則國與國各有情勢之不同，不獨歐美列邦之憲法我不能盡倣之，即日本之憲法，我亦不能襲用之也。故欲籌預備之方，不在徒慕立憲之美名，而貴求憲政之實際，論施行之序，不在專模立憲之形式，而當造憲政之精神。若官吏之行爲，人民之知識，皆漸脱離專制時代之習慣以進乎立憲之程途，則發達擴充，憲法自然有成立之一日。值兹預備之初，施行之始，當融取各國憲法之學理，按照我之國勢民情，立一憲政模範，使事事從實際之經驗與精神之所注，累改革以求其適宜。職一得之愚，竊謂預備之大綱有二，曰勵學，曰宣講。施行之大綱有二，曰昭大信，曰重實行。綜此四綱之本尤有二，曰通上下之情，曰明上下之權。謹爲我皇太后、皇上敬陳之。

一、勵學。預備立憲，必先求國民教育之普及，此實根本之圖，顧教育普及之説言之甚易，而行之實難。試舉直隸一省爲例，近年學堂極爲擴張，然以全省人口三千三百八十餘萬計之，每千人中就學者不過四人，若欲使全國之民，人人受國民教育，盡有普通知識，各具一完全之人格，其功效必非三數年內所能驟見，是不得不先造成官紳之賢者與士民之秀者，以爲經營憲政之基。蓋今日維新諸事業，無一不有待於學問，其成敗可兩言而決，有學問者其事成，無學問者其事敗。昔孟子論國之災害，而以下無學爲憂。書言學古入官議事以制。禮言化民成俗必由學。是學之裨於時政，自古已然。今特簡重臣輪日進講，深宮念典，薄海同欽。凡在敷天率土之中，苟念切時艱，孰不愧勵思奮。頃者欽奉諭旨：著在京各部院，在外各督撫，迅將君主立憲國政體，督率所屬各員分別切實研究等因。欽此。欽遵在案。職愚以爲學者，學爲世用而已，能言而不能行，此章句之學，非經世之學也。擬請飭下在京各部院，在外各督撫，各於公署內特設憲政研究所，間日一次，召集所屬人員分班研究。如內政、外交、軍事、財政、學校、巡警、農工、商務、民刑訴訟之類，在京各部院則以本署之所職掌爲限，在外各督撫則以本省之所管轄爲程，分而研究之，合而討論之，以詳探其利害得失之由，藉爲坐言起行之助。其各省紳衿士民，應由官家提倡，令其各就本地情形，廣設自治學會或法政講習會，舉凡朝章國故、律例章程，及一切約章、税則諸書，皆當證以現今之風俗人情、地方利弊，切實研究，以期學識並進，養成議員資格。使之移其有用之精神，肆力於法律、政治之學，風會所趨，皆曉然於國民程度日漸增高，無學無識決不能自託於立憲國民之上，求庇於立憲政體之下。庶官紳之智大開，各奮其急公益祛私利之心，以爲庶民之先導，然後普及教育，乃可有所藉手以推行。職所謂勵學者此也。

一、宣講。我國比年以來頒行新政，若興學，若勸工，若重農，若保商，若巡警，若郵傳，似此之類，史不絶書，而蚩蚩之民曾不知新政爲何事，即知之亦不能言其命意之所在，欲其行之有效，必無幸矣。自來朝廷發號施令所賴以宣布全國者，内則僅寄之於閣鈔，外則僅寄之於各署公牘，以及京内外之官報，迄乎行之州縣，一紙公文，已成故事。其間得以與聞者，不過州縣之幕僚，衙署之書吏，而民間無與焉。即如煌煌詔書，蠲租減賦，其刊刻謄黄，徧行張貼，已須遲至奉文數月之後，遑論其他。故朝廷每舉一事，行一政，僅僅國門以内，及各省大都會，得以共見共聞，此外則不能盡人皆知，安望官吏懇懇以新政之精意，使民間家喻而戶曉也。今既預備立憲，則一切政治，除關乎軍事交涉，必須秘密者外，其餘皆宜公布於天下。舊制州縣各里，皆設申明亭，凡欽奉教民敕諭，該督撫督率屬員繕寫刊刻，敬謹懸掛於申明亭，並將舊有一切條約，悉行刊刻木牓曉諭，實合周官懸象月吉讀法之意。日本維新時，曾遣明法博士分六道講新令，故能與民更始，翕然成風。上年學部奏定各省勸學所章程，雖立有實行宣講專條，然以勸學爲本旨，不准涉及政治，其範圍稍狹。職愚以爲預備立憲之時，所貴乎宣講者，當就本國之政法、禮俗及社會習慣，與夫民生利弊，剴切申明，反復詳説，使人人有法律政治之思想，以造成立憲國民。擬請飭下會議政務處妥訂宣講憲政章程，頒發通行，凡近年欽奉諭旨舉辦新政，皆應由憲政編查館按年彙輯，賡續分編，發交順天府及各省督撫，轉飭各府廳州縣，選派通曉時務之官紳，分赴各村鎮集市廣爲宣講，以次巡而徧，有續行新政，則爲一編，令宣講如故。其費由官家支給，或以地方公款備辦，不得所至地方紳民有所需索，違者重懲之。宣講新政之外，並將會典、律例、則例、賦役全書、海關税則、中外通商議和約章、路鑛專約、商律商勳章程等類，擇其切於時用者，節取精要，各自爲編，由各省刊印頒發，一併宣講，或分給各地方能讀書識字之民，令其轉相講述。如此則海澨山陬，莫不共喻朝廷音旨，人情大順，下令有如流水之源矣。職所謂宣講者此也。

一、昭大信。庚子以還，朝廷鋭意圖強，力行新政，各省一二繁盛區域固已煥然改觀，迨詳察夫内地之民風與邊省之治象，則固蔽依然。民間猝語以新政，且有聞而不敢輕信者，非盡民之無良，感之而不知應，皆因地方官吏不能奉宣朝廷德意，遂使國家大信無由昭示於民。試以近事言之，書吏裁矣，而各省衙署之經承盤踞如故也。刑訊廢矣，而各省承審官之扑責如故也。保舉嚴定限制矣，而河工賑捐以及中立救濟各案之冒濫如故也。猶曰埽除積弊，其誰信之。即如停罷科舉，興辦學堂，明詔迭頒，已歷數稔，上年立憲諭旨，並有廣興教育之文。乃竟有以請復科舉，限制學堂種種謬説，率行陳奏，熒惑聖聽者，以致人心驚疑，漸有輕量朝廷之意，豈得謂言者無罪乎。擬請飭諭大小臣工，凡上疏陳言，務以指陳時弊求合憲法爲主，不得與上年立憲諭旨相背。如有前項辯言亂政，故拂輿論之奏，應請嚴旨申飭，以正觀聽，而定民志。又近日各督撫有所陳請，有例可援則引例，例不可通則引案。往往同一人也，彼劾而此舉，同一事也，此准而彼駁。恩威並用，在聖心自有權衡，而輿論不察，輒以爲建言者勢分既有重輕，故言之行否，不能無異，然行政用人，動關國家大計，一彼一此，實非政體所宜。謹案會典刑部聽斷條内載：奉特旨斷罪臨時處治者，不爲定律成案，未通行者，不得援引等語。仰窺聖作明述之精意，道原一貫，當不獨刑律爲然。考之日本憲法所稱，天皇不得以命令變更法律及國會閉後所發之敕令，至下屆會期議會不承諾，則政府公布失其效力各節。竊謂列聖創垂成法，允爲先覺先知，擬請諭飭軍機大臣申戒京外文武大員，嗣後有所陳請，凡從前特旨允准之案，概不得援引爲例，犯者以違制論，庶可杜悠謬之口，使益服朝廷予奪之公。至融化滿漢，業經迭奉諭旨，各部院官缺滿漢已一律渾合，而内閣大學士以下員缺，軍機章京之分班，仍沿滿漢之舊，竊恐中外臣民未喻斯意，無以垂法來兹。應如何酌量變通，擬請飭下廷臣詳議具奏，恭候欽定。總之，朝廷持大信以待天下，天下自必殫竭智慮以上報朝廷。《禮》云：王言如絲，其出如綸。王言如綸，其出如綍。《書》云：令出惟行，弗惟反，民其永懷。伏願我皇太后、皇上特沛綸音，不時申儆京外大小臣工，以此次仿行憲政，實爲全國命脈所關，斷不容襲故蹈常，仍以文告相欺飾，斯民無疑阻，而一切法治乃可次第以施行。職所謂昭大信者此也。

一、重實行。自來國家行政，固皆先理論而後事實，然徒有理論而無事實以繼之，則理論終歸於無效。我國今日內外病源，大率坐此。朝廷頒布一令，政府則恭録諭旨寄之督撫，督撫下之司道，以施行於各府廳州縣，而政府之能事畢矣。其行之有效與否，政府不復過問也。部臣議上一事，則鈔録奏稿，刷印章程，咨行京外各衙門下所司施行，而部臣之能事畢矣。其行之果無滯礙與否，部臣不暇深求也。前者既未實行，後者又復踵至，積重難返，雖以奉旨交辦之件，延擱數載，亦遂久而若忘，因循廢弛，遂以不振。昔漢申公之言曰：爲治不在多言，顧力行如何耳。職愚以爲今日施行憲政，將以起廢疾鍼膏肓，當自重實行始。擬請諭飭軍機處、會議政務處，恭輯庚子以來諭旨，並類次內外臣工條奏，曾經奉旨允准之件，何者已行，何者未行，分別摘由，彙齊恭呈御覽。懇祈飭下各部院及各省督撫，詳細查明，分別已辦未辦，予限一個月迅速覆奏。其有確係地方情形不同，或與近日時勢不合，滯礙難行之處，准其據實奏陳，請旨定奪。嗣後籌辦各項新政，均應一律勒限奏報，不得任意延擱。現今京外往來通電極捷，詔旨朝頒，電音夕至，凡明降諭旨之件，在京在外統限一個月，將籌辦大概情形，先行奏報，其欽部事件，應於奉文一個月內具奏。但各省官吏行事，往往襲取虛聲，粉飾於章奏文牘之上，每值新舊交替，前任交卸以前，必歷舉其累年所辦之成績以爲功，後任接收之後，則又歷揭前任之所爲，皆籌而未辦，而有待於後人之補苴。究厥所由，皆迫於功令，而以空文塞責，初無實心實政之可言。擬請飭下各部及各督撫，凡府廳州縣具報舉辦事項，本省督撫宜派員隨時考察，或即由本管司道大員不時巡視，以憑舉劾。各部於所屬事務，每歲應奏派丞參或各司人員，分赴各省視察，報告到部，分別奬罰，以示勸懲，庶地方官吏各奮其實事求是之心，而不敢塗飾耳目。此項視察人員，在京派出者，由各部支給川資，在外派出者，由本省督撫酌給公費，概不得濫受地方供給，妄有需索，違者嚴行參處。至此次宣布立憲，凡清釐財政，普設巡警，通籌教育普及善法，妥擬地方自治章程，以及諮議局、議事會之類，均係特旨飭辦之件，擬請朝廷重申誥誡，期在必行，責成所司諸臣，迅速籌議覆奏，以慰宸廑。俾天下臣民，懔然於朝命之嚴，共知憲政之施行，即此犖犖數大端，實爲嚆矢，自今以往，凡有設施，皆可不煩言而解矣。職所謂重實行者此也。

一、通上下之情。立憲政治乃輿論之政治也。朝廷不能以一身治理萬民，故不能不以治理之事委之官吏，而官吏治理之善否，朝廷究無從而盡知之。上下隔絶，於是下所甚苦之政，而上例行之，甚者風行雷厲以督之。下所甚惡之人，而上例用之，甚者推心置腹以任之。德意不下究，民隱不上達，怨謗叢起，歸諸朝廷，皆官吏尸其咎也。古之時懸鞀建鐸，以待天下，太史陳詩，庶人傳語，無非求所以通上下之情。近今立憲各國，議會得收受人民之請願書，關於一國公共利害之事，謂之公請願，關於一人或一方利害之事，謂之私請願。英國議會每一會期，由議會了決請願之事項，達萬件以上。又人民對於官吏行政有受其損害處，得呈出訴願於議會，此與我國舊制一省大事紳民得以公呈達於院司道府，官民寃枉許赴都察院陳愬，用意相同，但彼能實行，我則已成虛語耳。今既迭奉諭旨，著各省設諮議局及各府州縣議事會，以爲采取輿論之所。擬請飭下各省督撫通諭紳民，凡地方利弊，吏治隆汚，民生疾苦，諮議局及議事會，皆得直達於本省督撫。其有關係一省，或全國事項，各省諮議局得直達於資政院，奏請聖裁，以期壅蔽胥除，而無不達之隱。又今世各部院堂官習與京朝官處，絶不知外省情事，封疆大吏習與僚屬處，絶不知地方情事，甚至州縣各官習與僚友吏胥處，亦絶不知民間情事，此皆上下不通之弊。擬請諭飭內外臣工，皆宜虛心延訪，體察輿情，在內應擇各省京員之開通者以備諮詢，在外應選本地鄉紳之公正者以資顧問，庶免上下相暌，內外隔閡。職所謂通上下情者此也。

一、明上下之權。君主立憲國之政體，統治之權操之君主，參政之權付之人民。其所謂官吏者，不過爲國家行政之機關，故君民有權，而官無權焉。朝廷設官分職，皆以爲民，乃積習相沿，寖失本意，上有利民之政，朝廷曰可，官吏曰不可，則竟不可矣，而人民之可否不問也。下有利國之策，人民曰可，官吏曰不可，則亦竟不可矣，而朝廷之可否不計也。試觀近年部臣之核議，疆臣之陳奏，其所謂行之便而可行，與行之不便而不可行者，果皆徵諸輿論而後定乎？抑僅憑長官與屬員一二人之意見，而卽屬稿也？夫以一國之命，寄之各部，以一省之命，寄之督撫，以一邑之命，寄之州縣，權之所集，欲左則左，欲右則右，法戮而上不知，卽下亦不敢言，於是官吏之權獨重，此所以肆行無忌也。《書》曰：天視自我民視，天聽自我民聽。《傳》曰：民之所好好之，民之所惡惡之。《記》曰：爵人於朝，與衆共之，刑人於市，與衆棄之。《周官》外朝詢衆庶。《洪範》謀及庶人。是以推之古者，國有大事，莫不取決於民，實有上下議院互相維持之義。恭繹上年立憲諭旨，大權統於朝廷，庶政公諸輿論，固已明白宣示，以統治之權歸之君上，以參政之權公之國民，欣際聖朝，明目達聰，俾海内人民，共有與聞國政之責。擬請飭下資政院及憲政編查館，凡修訂一切法律，如商務、工業、礦産、鐵路之類，先以草案徧示各省諮議局，令各議員詳核具覆，以憑定奪。若地方議事會於此種草案條件中，見爲有利害之時，亦准通告於本省諮議局，藉備甄録。蓋立憲國之人民，皆當有議決法律之權，我國人民程度不齊，雖國會一時不能驟開，尚不足與言議決法律，不可不予以與聞法律之權。況建議自下，采擇自上，斯制定法律皆出自全國公論，而非成於十數官吏之手，則事事可以見諸實踐，而君權益尊。此不過於官權稍有削損，而朝廷綜攬統治之權，特立於立法、行政、司法三權之上，全國人民無貴無賤，皆得有參政之權，以效忠於憲政之下。君民一體，上下一心，權限既明，自可以歷百世而無弊。職所謂明上下之權者此也。

抑職更有欲言者，天生民而立之君，使司牧之，故弱而不可輕者民也。孟子言：民爲貴。《國策》言：苟無民，何有君？誠以積民而成國，民爲邦本，本固而邦乃安，是以古之人君曰敬民，曰畏民。我列祖列宗，創垂繼序，凡有大政治，大興革，無不勤求民瘼，保乂民生，厚澤深仁，浹肌淪髓。今我皇太后、皇上渙汗大號，仿行憲政，諭旨中又剴切以官不知所以保民，民不知所以衛國爲言。究厥致弊之由，實緣官先不知有民，以致民遂不知有國。昔年故兩江總督劉坤一等籌議變法第二摺内稱：外患日深，其樂因循務欺飾者，動以民心固結爲言。不知近日民情已非三十年前之舊，羨外國之富，而鄙中土之貧，見外兵之強，而疾官軍之懦，樂海關之平允，而怨釐局之刁難，誇租界之整肅，而苦吏胥之騷擾。於是民從洋教，商掛洋旗，士入洋籍，始由否隔，寖成渙散，亂民漸起，邪説乘之，邦基所關，不勝憂懼等語。老成謀國，洞中時弊，其論及民心向背，可爲寒心。近年賠款之數與年遞增，而新政又不可一日或緩，各省羅掘俱窮，而官吏猶各懷自私自利之心，罔念民艱，弗恤輿論。卽如各省若洋務局，若籌款局，若財政局，若支應局，若善後局，若賑撫局，若河工局，若水利局，若巡警局，若工藝局，若農務局，若禁煙局，若銀元局，若工程局，若釐捐局，若保工局，若清丈局，若糧餉局，若軍械局，若轉運局，似此之類，指不勝屈。一局之中，曰總辦，曰會辦，曰幫辦，曰隨辦，甚至加督辦名目於其上，其他提調、稽察、差遣之屬，又不下數十人，而各局之會辦、幫辦，尤爲冗濫，無非位置閒員，上耗國帑，下朘民膏。當此民窮財盡之秋，與其以有用之財，養無業之官，曷若留其有餘，切實以舉辦地方新政。伏願我皇太后、皇上特申乾斷，嚴飭各省督撫，所有各項局所，可裁則裁，可併則併。凡關於交涉、財政、實業、驛傳、河防、巡警等事，改歸本省實缺監司道府管理，各以類從，遵奉新定各省官制辦理，迅將各局所督辦、會辦各項冗員，一律沙汰。嗣後不得濫設局所，多立名目，以爲安插候補道府人員，開支薪費，營謀保獎之地。一面遵照新章，多設地方佐治之員，使其盡心民事，以官保民，卽以民衛國。凡屬大小官吏，如有上妨國計下害民生者，應痛懲以法，以謝天下。我皇太后、皇上承祖宗付託之重，受億兆推戴之尊，必不忍聽數百輩庸庸官吏各便私圖，而令全國四萬萬人民蒙其實害。

幸值我皇太后、皇上擴天地覆載之量，博采芻蕘，用敢殫竭愚誠，冒犯雷霆之威，不避斧鉞之誅，昧死上陳，伏乞皇太后、皇上聖鑒。懇請代奏，爲此謹呈。

《清末籌備立憲檔案史料》第一編劉檮《前工部員外郎劉檮條陳預備立憲之事應實力舉辦呈光緒三十四年五月二十四日》　前工部員外郎劉檮謹呈，爲近日預備立憲精神疏懈，謹臚列應行預備事宜，請旨飭下内外大臣議決施行，以植憲政，而固邦基，呈請代奏事。

竊維近歲以來，時艱益棘，各國協約成立，虎視鷹瞵，協以謀我。日本號稱同文同種之國，自水戶寬人提倡侵略支那主義，彼邦人士每謂中國危弱，萬難振救，勢須及早經營，免落列強之後，附和演説，聞者悸魄。其新定小學教科書地理一門，添入東三省，近且議添設殖民部，雄心所注，路人皆知，此誠我國存亡危急之秋也。前年奉上諭預備立憲，薄海内外，額手懽呼，爰是改官制，設資政院，設憲政編查館，設各省諮議局，雖成效尚遥，而天下曉然於朝廷有實行立憲之意，鼓舞軒蹇，精神一振。乃者諮議局章程久未議定，資政院名爲議院基礎，有名無實，一事未辦，地方自治制度亦未經籌定施行。所謂上下一心共謀立憲者，前時猶漸次進行，近日似微覺停滯。在諸大臣盡慮周詳，不肯求治太急，自係慎終於始之意，而喁喁望治之民，則不免略生疑沮，深恐憲政無實行之期，則人民無救亡之望。故今日必應將預備事宜實力舉辦，振吾民之精神，即以杜强鄰之窺伺。預備之事，紛繁複雜，謹舉其犖犖大者，爲我皇太后、皇上剴切陳之。

一、各省督撫權限宜確定也。東三省現行官制，大致無舛，將來推行各省，當無沮礙。惟按日本制度，彼之郡猶我之州縣，彼之府縣猶我之直省。日本府縣知事統屬於内務省，則我之各省督撫應統屬於民政部，而今各省督撫，固與民政部尚書立於平等地位，勢均力埒。倘抑其權位使相統屬，則督撫之權太輕，地大事繁，恐難鎮攝。若仍現今平等之制，則督撫之權太重，各治一方，省自爲制，與聯邦政體無異，恐難收中央統一之效。此行政機關最重大之問題，應請旨飭下廷臣集議籌決，此議一決，則憲政之大體確定，其他易於著手矣。

一、資政院事務宜切實舉辦也。資政院設立以來，性質若何，權限若何，應選者何員，應辦者何事，外人既概未聞悉，當局亦虚與委蛇。然上年上諭，固明明言中國上下議院，一時未能成立，急應設立資政院以爲議院基礎。是資政院係采取泰西一院制，合上下議院爲一治，國會之先聲，而立法之關鍵也。現在組織之方法，與將來上下議院分設之規模，對於公論，何以不至遏抑，對於政府，何以實行監督，必先無敷衍之章程，而後有堅確之基礎，否則精神内茶，形式空在，徒造成一種似是而非之議院而已。原奏資政院節略有云：若仍用保舉徵辟之法，與原設政務處無異，即與諭旨公諸輿論之意不合。誠哉是言，抱定此義，庶不患有毫釐千里之差矣。

一、各省議會宜先行舉辦也。我國上下議院現未成立，幅員遼廓，交通不便，議員入都大非易事。欲求輕而易舉，莫急於設省會，現各省諮議局雖經漸次籌設，而性質若何，權限若何，尚未確定，與資政院無以異，或遂有以下議院當之者，不知下議院設於京都，不應設於省會，則諮議局確係最上級地方議會，即所謂省會是也。查日本於帝國議會定有選舉專章，地方議會選舉法祇包含於府縣郡市町村制之中，大約帝國議會議員多取通曉法律者，地方議會議員多取通曉財政者，以各有所宜也。今宜迅定諮議局章程，切實舉辦，務期勢能獨立，雖由督撫主持，不受督撫壓制，方不失采取輿論之本意。

一、法律内之集會結社不宜禁止也。查日本集會結社取締規則，軍人、教員、學生、僧侶、女子等，不得爲政社社員，然學生刱立一會以研求各種學術，固在所不禁也。其非軍人、教員、學生等，結合一社以研求各項政治，亦在所不禁也。上年奉上諭，著憲政編查館會同民政部，將關於政事結社條規妥擬限制，原恐人心浮動，士氣囂張，不得不稍加裁抑，此以禁止法律外之糾集。果於法律無所忤犯，固不在厲禁之列，而官吏誤會，士民氣懾，遂羣以社爲嫌，以會爲諱，懼觸刑章，一律解散，似非預備立憲氣象。應請諭令集會結社不違背法律者，仍舊舉行，惟不得肆意簧鼓，擾害治安，庶研精政學者可收觀摩之益，而好事之徒亦無從胥動浮言，致釀禍變，實於憲政前途大有裨益。

一、地方自治制度宜迅速議行也。今謀國者曰教育普及、地方自治，此天下所公認也。顧人咸謂必俟教育普及，而後可言地方自治，職則謂必辦地方自治，而後可言教育普及。何以言之？學區之劃分，學費之擔任，皆惟地方是賴。近者興學之寡效，正坐地方制度尚未成立之故，非辦理不力之咎也。其他編查戶籍，選舉議員，禁種罌粟，徵收租税，凡百要政，莫不從地方自治入手，此誠最要最切，速宜籌定辦法，請旨頒行，不容刻緩者也。或慮程度不齊，未能驟舉，不知完全自治原非一蹴可幾，要當先劃區域，犆定規模，漸次擴充，自饒進步，即行之不效，亦不過如現在紳辨情形，斷無別項流弊。不然三年之艾，終身不得，徒因循坐誤而已。

以上五端，皆關於憲政之大者，振國維，達民隱，遏亂萌，消外侮，蓋莫要於此矣。

抑職更有請者，數十年前，我國與日本同時號稱變法，論者咸謂我國地大財裕，必遠駕日本之上，不謂邇年來彼已雄長東亞，抗席列強，我則時受侵陵，日即危弱，今益情見勢絀，無能曲諱矣。推原其故，彼則仿效良法，急取直追，不遺餘力，我則審慎遲迴，長慮卻顧，每不肯放手爲之，茲所以一有效，一無效也。我國每舉一事，必曰試辦。若憲法者，泰西行之而效，日本師之而亦效，聖人復起，不易斯制。但當實力舉行，不必姑爲嘗試，譬諸病證已審，方書已具，藥力一到，沈疴立起，亦何容稍事疑畏以自誤乎。以我皇太后、皇上宵旰之憂勤，執政諸大臣謀國之忠勇，知必能主持憲政，日起有功，此天下臣民日夕禱祝者也。又東西各國所以維持不敝者，不恃有完全之法律，而恃有多數通曉法律之人。我國版圖式廓，除西藏、蒙古，必須特別規定治法外，其二十二行省府廳州縣如同時舉行憲政，必得數萬諳習法律實心任事之人，方能奏效。至國用出納，尤爲憲政首務，現在整飭財政，廓清積弊，及將來接收海關，開辦審計院，編製預算，決算表册，在在需才，非得多數精研計學之人，亦難勝任。應請諭飭京外各處，多設法律學堂並財政研究會，庶實行立憲之年，不至有任事乏材之慮。

職識闇才庸，何敢妄陳大計，實因強鄰逼處，時局阽危，拯溺救焚，迫不及待，是以不避斧鑕之誅，冒昧上陳，伏乞代奏。謹呈。

《清末籌備立憲檔案史料》第一編達壽《考察憲政大臣達壽奏考察日本憲政情形摺光緒三十四年七月十一日**》**　奏爲恭報考察日本憲政情形，具陳管見，仰祈聖鑒事。

竊奴才於上年十月，恭荷恩命，出使日本考察憲政，迄今半載，覘其經國治民之規模，叩其學士大夫之議論，隨時記録，積有成篇，業經繕寫清本，分訂成册，進呈御覽。惟時日短淺，所得無多，而綜此半年考察之情形，參以奴才管蠡之窺測，有不能不爲我皇太后、皇上縷晰陳之者。

數年以來，朝野上下，鑒於時局之阽危，謂救亡之方祗在立憲。上則奏牘之所敷陳，下則報章之所論列，莫不以此爲請。朝廷亦既宣布詔書，明定立憲期限，此真非常之功，震鑠前古，薄海內外，感戴同深。然則我國家將來之必爲立憲政體，無可疑矣。雖然，立憲之爲利爲害，不可以不明，期限之宜短宜長，不可以不審。苟其本源之未澈，必至議論之多歧，挾成見者固可以危辭而惑聖聽，昧大局者又將以目論而敗至計，盈廷聚訟，一是莫衷，此則不可以不辨者也。夫世運未有不由鄙野而進於開明，國家未有不由弱小而臻於強大，而求其致此之故，則端在於政體之改良。故萬車連軌，不能容一乘之退行，列國爭強，不能聽一邦之終弱。苟其外與世運對逞，必召陰謀，內與民意相違，終成暴動。東西歷史，具有明徵，緬前事而堪師，實近今之宜法。奴才竊願我皇太后、皇上今日所宜綜覽時勢亟仰宸斷者，有二事焉，一曰政體之急宜立憲也，一曰憲法之亟當欽定也。政體取於立憲，則國本固而皇室安。憲法由於欽定，則國體存而主權固。此皆有百利而無一害之事。敬爲我皇太后、皇上剴切陳之。

夫所謂政體者何也？政體云者，蓋別乎國體而言。所謂國體者，指國家統治之權，或在君主之手，或在人民之手。統治權在君主之手者，謂之君主國體，統治權在人民之手者，謂之民主國體。而所謂政體者，不過立憲與專制之分耳。國體根於歷史以爲斷，不因政體之變革而相妨。政體視乎時勢以轉移，非如國體之固定而難改。例如日本，君主國體也，一姓相傳，已歷千載，而維新之明治，雖盡變其歷古相承之制度，究之大權總攬，仍在天皇，故政體雖盡其翻變之奇，而國體實未有毫髮之損。我國之爲君主國體，數千年於茲矣。《易》曰：天尊地卑，乾坤定矣。《春秋》曰：天生民而樹之君，使司牧焉。五倫之訓，首曰君臣。此皆我國爲君主國體之明證也。國體既爲君主，則無論其政體爲專制，爲立憲，而大權在上，皆無旁落之憂。蓋國體者，根於歷史而固定者也。政體者，隨乎時勢而流動者也。世或以政體之變更，而憂國體之搖撼，於是視立憲爲君權下移之漸，疑國會爲民權上逼之階，猶豫狐疑，色同談虎，此皆大誤者也。

國體、政體之辨既明，然則奴才所謂政體之必宜立憲者何也？考歐洲憲法之發生，其淵源有二：一由於歷史之沿革，一由於學説之闡明。而其結果，皆爲人民反抗其君，流血漂杵而得者也。歐洲中古，本爲封建制度，各私其土，各子其民，威福日增，漸流橫暴。其在英也，則有英王約翰、英王查理斯、英王威廉三次之革命，遂訂權利法章、准權大典、權利請願三次之憲章。其在美也，則因英國賦斂殖民之虐，遂起脱離母國之心，十三洲逼而稱兵，華盛頓舉爲領袖，糜財鉅萬，血戰七年，卒開獨立之廳，遂定成文之法，統領由於公選，政治取於分權。其在法也，則其憲法之完成，實經三次之革命，爲禍最烈，流血獨多，影響遍於歐洲，蔓延及於列國，斯固未有之奇禍也。考法蘭西第一次之革命，實由路易十四世而發生，暴横甚於嬴秦，殘酷浮於桀紂，觀其朕卽國家之語，實背民爲邦本之經，於是三級人民大開會議，自《人權宣言》之發布，實立憲政體之初基。後以路易背約，更逞陰謀，通款外邦，欲引回紇而平安史，大招民憤，乃合孟津而誓諸侯。此第一次之革命也。其第二次之革命，則因查理斯十世解散國會，壓制平民，廢印刷之自由，削議會之權利，於是報館學生及勞動者，集一萬之衆，建三色之旗，占據市街，攻毁牢獄，闔城鼎沸，舉國驛騷，衛人起逐其君，厲王出奔於彘。史家所稱巴黎七月大革命者是也。其第三次之革命，則因人民要求改正選舉法而起。其時適當二月二十二日，學生勞動者集衆數萬，會於廣場，高唱改正萬歲，大收武器，直逼王宫，逼王退位，别立新君，以臨時政府之委員，革民主共和之憲法，統領之任，定爲四年，選舉之方，取於直接，帝政既倒，民權益張。史家所稱巴黎二月大革命者是也。法蘭西既有第三次之革命，而影響所及，遍於普、比、奧、意諸邦，如火燎原，不可遏抑。其在普也，則有柏林三月之變，柏林六月之變，其後普王雖欽定憲法，採用民權，而當國會修政之時，正君民争權之際，幾經協議，僅乃成功。其在奥也，以梅特涅爲宰相，實專制界之巨魁，鞫獄之酷，過於張湯，法網之嚴，甚於羅織，禁同偶語，剝言論之自由，律等挾書，奪出版之權利。然而丈水決防，自然汎濫，同盟雖聖，終乃無功，避朱泚而幸奉天，罷林甫以謝天下，乃頒欽定之憲法，意欲修好於國民。大亂初平，王又背約，後因一敗於意，再敗於普，王乃鑒外交之逼迫，悟民意之難違，終發布憲法焉。其在意也，則有加富爾、加里波的、瑪志尼等共謀建國，統一諸州，轉戰數年，乃告獨立。黨名燒炭，終揚羅馬之光，人慕自由，共奉沙王爲主，頒布憲法，行之到今。其在比也，則始因人種問題，久思脱荷蘭之軛，繼受巴黎影響，乃謀興革命之軍，悉逐防師，一清境土。是時荷蘭請援於普，比亦請援於法，然普爲封建之制，其應募者盡屬傭兵，法乃共和之邦，其來援者全爲義旅，卒之兵未交戰，勝敗已分，經五國之調停，許比人以獨立。歐洲憲政，其淵源於歷史之沿革者既已如是，而所謂淵源於學說之闡明者何也？自十八世紀以來，歐洲人士競談新學，所謂權利、自由、獨立、平等諸説，次第而興，當時之君固亦視同妖言，斥爲邪説，其後大勢所趨，終難箝塞矣。英國首採其説，疊次改正憲法，如臣民權利自由之保障也，裁判官之獨立也，國會參與立法議決預算也，徵收租税必依法律也，國務大臣負責任也，君主無責任也，凡此犖犖大端，莫非創始於英國，而實以學者之議論，爲之先河。其後法人孟德斯鳩，考究英國政治，著《法意》一書，創三權分立之論。而盧梭又著《民約論》繼之。三權分立者，謂行政、立法、司法三權，宜各由特别之機關，獨立對峙，互相節制之謂也。而《民約論》之大旨，則主張天賦人權，謂人本生而自由，不受壓制，惟當共結社會契約，以社會之總意，分配權利於人民，人民對於總意，受其拘束，此外悉可自由。此二氏立論之大概也。自孟德斯鳩之書成，而歐洲列國之政體，咸以是爲基礎。自盧梭之論出，而拉丁民族之國體，咸因此而變更。蓋學説之力足以激動人心左右世界者，有如此矣。考之歷史則如彼，徵之學説則如此，本理論而遂生事實，藉争鬭而乃得自由，觀其數十之條文，實捐萬民之身命，緬懷列國，真可寒心，而於是日本之睦仁天皇乃應運而起矣。

考日本昔爲封建制度，幕府專政，垂數百年，歷代天皇，虚擁神器，其去東遷之周室，未造之炎劉，殆無幾也。自美艦東來，要求開港，幕府既與結約，遂失民心，守蛙見而始欲攘夷，咎戎首而轉思覆幕。迨至將軍歸政，王室復興，志士尊王，列藩奉籍，於是朝廷之上忽分二黨，卽王政復古黨與王政維新黨是也。其主張復古者，卽前之攘夷派也。其主張維新者，亦前之攘夷派，後知夷不可攘，乃思應時會而亟謀變法者也。復古黨以國粹爲重，誤以變更政體爲有礙名分之尊。維新黨以國體自存，今卽百度更新，實無損秉乾之治。卒賴天皇果敢，英斷獨抒，先酌古而斟今，決從人而捨己，乃遣其臣木戸孝允、大久保利通、伊藤博文等，先後馳赴歐美，考察憲政。當其瓣香告廟，特頒五誓之文，戒旦臨朝，未許萬機之暇，求賢等於飢渴，圖治同以勵精，上下同心，君臣一體，其如火如荼之氣象，覘國者早決其必強矣。雖然，民心猶水，就下之勢難防，時運如花，向春之苞難遏，當豫備立憲之日，正民權最盛之時，守舊者方執口實以聳朝廷，維新者欲憑威權而謀鎮壓，鹿兒犯命，藩士伏尸，江戶陳書，黨人下獄，斯時日本之國勢，蓋岌岌乎殆哉。然而人民之於君，猶赤子之於父母也，索餅餌而遽施以夏楚，則啼哭愈以不休，請權利而轉壓以威稜，則叫囂決其益甚。於是御前會議，乾斷獨裁，縮短發布憲法之期，亟定開設國會之限，詔書一下，萬姓歡呼。乃於明治二十二年布憲法，二十三年開國會焉。蓋自伊藤博文等考察憲政歸朝以來，相距不及七年耳。於是一戰而勝，再戰而勝，名譽隆於全球，位次躋於頭等，非小國能戰勝於大國，實立憲能戰勝於專制也。

綜觀以上之所陳，則世界立憲之大概，與日本立憲之情形，可以得矣。而奴才顧謂立憲可以固國體者何也？今天下一國際競爭之天下也。國際競爭者，非甲國之君與乙國之君競爭，實甲國之民與乙國之民競爭也。故凡欲立國於現世界之上者，非先厚其國民之競爭力不可。國民之競爭力有三：一曰戰鬭之競爭力，一曰財富之競爭力，一曰文化之競爭力。備此三者而後帝國主義可行。帝國主義者，聚全國人民之眼光使之射於世界之上，高掌遠蹠，不爲人侮而常欲侮人，不爲人侵而常欲侵人，故軍國主義者，即戰鬭之帝國主義也。殖民政策也，勢力範圍也，門戶開放也，利益均霑也，關稅同盟也，即財富之帝國主義也。宗教之傳播，國語之擴張，風俗習慣之外展，即文化之帝國主義也。今之列國，或於此三主義中取其二焉，或並取其三焉，而要以戰鬭、財富爲尤重。大抵欲行帝國主義者，咸以財富、文化爲先鋒，而以戰鬭爲後盾，此爲今日世界列國之公例。循是者興，反是者亡，無可逃矣。立憲政體者，所以厚國民之競爭力，使國家能進而行帝國主義者也。何以言之？中國古時鎖國閉關，獨自爲治，其所稱爲外患者，不過沿邊之小部落，而又以越國鄙遠爲戒，故其時常重內患而略外憂。雖得君如秦皇、漢武、唐太宗、元世祖，得臣如張騫、甘英、房、杜、耶律楚材等，而文化祇及於域中，武功終屈於海外，何也？蓋無國家主義之競爭，無國民主義之行動，只須一二之賢君相指揮號令於上，而是時之民不過作君相之機械而已。今也不然，八宇交通，萬國並峙，其競爭也，常取於國家主義，其行動也，常取於國民主義。苟其國家國民依然祇有機械之資格，則欲以一君一相最少數之人，而與五洲萬國無量沙數之人對抗，以云鬭力，不啻莛之撞鐘，以云鬭智，湯武其猶病之，此固可以斷言者矣。然則立憲政體之所以必能厚國民之競爭力者則又何也？夫立憲之國家，其人民皆有納稅、當兵之義務，以此二義務，易一參政之權利，君主得彼之二義務，則權利可以發展，國民得此一權利，則國家思想可以養成。斯時也，君主又爲之定憲法爲臣民權利之保障，而臣民又得於國會協贊君主之立法，及監督國家之財政，上下共謀，朝野一氣，一休一戚，匪不相關，如家人父子者焉。夫如是也，以云戰鬭，則舉國團結一致，爲對外之舉，所謂臣三千惟一心者是也，而戰鬭力足矣。以云財富主義，則平日君主政府常藉國力以獎勵其殖民，保護其貿易，戰時則以國家之信用，募集內國之國債，而人民因欲保其身命財產也，不得不先割其財產之一部，以應國家之要需，所謂百姓足君孰與不足者是也，而財富充矣。以云文化，則教育之事，地方可以各出財力以自謀，政府常爲監督而獎勵之，義務教育既易於普及，則進而上之，爲文學，爲宗教，爲道德，爲風俗，爲言論，發揮其固有，鎔鑄其新知，聖學逐漸以昌明，異端無庸於置喙，寖假行於全國焉，寖假行於各藩屬焉，寖假行於本洲焉，所謂聲教訖於四海者是也，而文化盛矣。夫戰鬭、財富、文化既爲帝國主義之要端，而是三者則斷非不立憲之國所可以夢想而幸獲。何也？不立憲，則其國家之機關不完，其在上也，不能謀國民之發達，而下之國民，亦因被上之拘束，不能自謀其發達。夫國民之不能發達，則其競爭力不厚，競爭力不厚，則不足以立於國際競爭之場，而於此獨謂能行其國家主義者，此地球之上未曾有也。昔奧大利曾謀久以專制立國，結神聖之同盟，卒之一敗於意，再敗於普。俄國爲世界著名之專制大國，一遇彈丸黑子之日本，竟至喪師。今則普、奧二國既先後立憲矣。普自勝奧勝法之後，鐵血宰相之政略，久足以懾寰球，而俾士麥則亟亟於發布德意志帝國之憲法。日本自幕府歸政以來，版籍奉還，廢藩置縣，中央集權，日形鞏固，亦何嘗樂於立憲哉？然外有國際競爭之劇烈，知非立憲而謀國民之發達，則不足以圖存，蓋大勢所趨，終難久抗，祇因其見機之早，故不必如歐洲列國之革命流血，竟告成功，此誠其大幸者也。夫日本之立憲，距今將二十年矣。此二十年來，世界列強政局又屢變不一，而今日之亞東大陸，適爲環球視線所趨，當此之日，縱使憲政卽行，而事既後於日本二十年，機又危於日本數十倍，將來成敗，猶未可知，况乎兵欲渡河，猶作宋人之議論哉？

以上所陳，皆立憲可以固國本之説也。而奴才更謂立憲可以安皇室者又何也？夫專制之國，其皇室每與國家相牽連，故往往國家有變，其影響必及於皇室。日本從前亦復如是。觀其大寶令之所載，可以知矣。自維新以後，大改制度，凡於人民發達有直接關係之事，則移諸國家，而於天皇有直接關係之事，則歸諸皇室。皇室、國家之劃分，純以責任爲標準。有責任者，天皇使國務大臣負之，無責任者，則命宫內大臣任之。蓋政治之事，依於國民之狀態而時有變遷，國務大臣隨其變遷而達政治上之目的。而皇室之事，則關係天皇，永無改變，並無責任之問題，故以宫內大臣掌之。日本宫內省官制，凡涉及國家之事，宫內大臣與國務大臣協議而行，而令國務大臣負其責任。所以然者，蓋恐宫內大臣若對國家而負責任，一有不慎，或貽皇室之憂，以是之故，宫內大臣之職務，全超然於國家政治之外。宫中官吏有時被選爲貴族院議員者，則祇許其擇就一職，所以防國家政治上之風波，影響及於皇室也。凡此區分，名曰間接政治。間接政治者，謂依據憲法以組織施行之機關，由此機關間接以行政治也。蓋君主國體，皇位本爲世襲，其間難保無一二失德之主，若非行間接政治，則施發號令一拂民情，便危皇位，故一夫不獲，時予之辜，萬方有罪，罪在一人，在昔方引爲美談。而其實以君主一人自任天下之重，苟非堯、舜，則未有不危殆者。吾國自湯、武以來，征誅之局成爲慣例者，大率以此。而現今立憲各國，則內閣旦夕有更迭之事，君主萬年無易位之憂，責任所關，可以睹矣。或謂若行間接政治，則君主所管者祇有皇室事務，而國家事務全在大臣之手，如是，則君主不將徒擁虛位，而大臣不將竊弄權柄乎？斯言也奴才竊亦疑之，及詳細考究而知其不然。試引一例以言之。今有一商人，其先第就家室之內經營商業，久之家政與商業相混，於是家之存亡，一係於商之贏絀。後知其法之不善，乃别設公司於外。公司之中，有理事，有株主，商人出居公司，則居於理事長之地位，入居家室，則居於家督之地位，公司有公司之章程，家室有家室之規矩，家政商業，兩不相關。如是，則公司雖有虧折之虞，而理事、株主人人有責，彼商人之家室固毫無影響也。惟國亦然。皇室者家室也，國家者公司也。君主對於皇室所處之事務，亦猶商人對於家室所處之事務。君主對於國家所處之事務，亦猶商人對於公司所處之事務。商人經營公司，可以居理事長之地位。君主創業垂統，自當握總攬之大權，皇室則愈見安全，權力固未嘗減少。考諸憲法之實際，足以徵信而無疑。

舊時憲法之精神，在於三權之分立。三權分立之説，在昔孟德斯鳩本有誤解，彼之所言，謂國家立法、行政、司法三大權，宜各設特別之機關而行使之，互相獨立，不受牽掣。是説由今觀之，不能無弊。何也？夫所貴乎國家者，以有統治之權力也。統治權係惟一不可分之權，若其可分，則國家亦分裂矣。故擘分國家主權爲三事，而使分任之者，各自爲其權力之主體，此種理論，實爲國權統一之原則。大抵近今立憲國家，固以孟氏之論爲基礎，然捨美國實行分權制度外，餘則未有不曲加改良者。其在日本，則如司法之裁判所，其法律本爲君主所定，裁判官特以君主之名，執行法律，故裁判官直轄於天皇，不受他機關之節制，以此謂之司法獨立。非謂裁判所别有法律，雖天皇不得干預其事也。此司法獨立之未嘗減少君權者一也。至於立法之議會，在日本議會，不過有協贊立法之權耳，其裁決與否，屬天皇之大權。至法律案關係重要者，政府猶得用種種之方法，操縱議員，以求其通過，而最終尚有命其解散或停會之權。其議會提出法案，雖亦憲法所許，然其議決上奏者，天皇可下內閣審議，內閣若以爲有礙政府施政之方針，則不奏請裁可，於是議會提案，遂以未經裁可，不得成爲法律。此立法獨立之未嘗減少君權者二也。若夫行政之內閣，則尤爲完全屬於天皇施政之機關。自表面觀之，內閣大臣事事宜負責任，其權似較天皇爲尤大，而實際則不然。日本憲法，國務大臣之負責任也，非對於議會負責任，實對於天皇負責任，故天皇有任命大臣更迭內閣之權。而關於皇室國家之事務，其應如何區分，一任天皇自由之判别，天皇對於皇室之事，固可自由處置，而對於國家之事，苟其不背憲法之條規，皆得以命令其內閣。內閣大臣對於國家之事務，苟其稍涉重大，則無一不宜奏請而後施行。夫英國，議院內閣也。其內閣大臣權力，宜較大於日本矣，然千八百五十年，宰相巴氏因未經奏聞，擅認拿破崙三世爲帝，女王維多利亞遂罷免其職。英國如此，日本可知。此行政未嘗減少君權者三也。君權未嘗減少，而此間接政治，既可以安皇室，又可以利國家，元首爲其總攬機關，皇室超然於國家之上，法之完全，無過此者。以上所陳者，皆立憲可以安皇室之説，奴才所謂政體急宜立憲者此也。

所謂憲法之必當欽定者何也？考憲法制定之歷史，有東西各國之不同。就形式以爲言，有三種之區別，即欽定憲法、協定憲法、民定憲法是也。欽定憲法出於君主之親裁。協定憲法由於君民之共議。民定憲法則制定之權利在下，而遵行之義務在君。大抵君主國體未經改革，或改革未成之國家，其憲法仍由欽定，如日本與俄是也。已經改革，或經小變亂，而未變其君主國體之國家，其憲法多由協定，如英、普、奥是也。既經改革，而又盡變其君主國體，或脱離羈絆，宣告獨立之國家，其憲法多由民定，如法如美如比是也。憲法制定之形式既有三種，而政治運行之實際，亦遂不同，即學者所稱大權政治、議院政治、分權政治是也。大權政治者，謂以君主爲權力之中心，故其機關雖分爲三，而其大權則統於一。其對於内閣也，得以一己信任之厚薄，自由進退其大臣。其對於議會也，則君主自爲立法之主體，而議會不過有參與之權，議會雖有參與之權，而君主實仍操裁可之柄。其對於裁判所也，其裁判權雖寄於裁判所，而大赦、特赦、減刑、復權之事，仍屬天皇之自由。此大權政治之大概也。議院政治者，以議會爲權力之中心，立法之權既全歸於議院，而行政之權亦間接而把持。君主行政，必須内閣大臣之同意，而内閣大臣之進退，又視政黨意見之從違，蓋立法行政之權，皆混同於議會之内矣。此議院政治之大概也。分權政治者，其大統領則有行政權而無立法權，其議院則只知立法而不問行政，界限分畫，兩不相侵。此分權政治之大概也。雖然，後之三種政治，實與前之三種憲法有因果之關繫焉。何也？蓋憲法由於欽定者，未有不取大權政治者也。憲法由於協定者，未嘗不欲行大權政治，其終未有不流於議院政治者也。憲法由於民定者，則大權政治、議院政治皆所不取，蓋皆行分權政治者也。故日本之憲法，欽定也，而大權政治生焉。普國之憲法，協定也，而不能行大權政治。英國之憲法，亦協定也，而議院政治生焉。法、美之憲法，民定也，而分權政治生焉。

考此三種之政治，不能卒斷其短長，儻持國體以爲衡，實以大權爲最善。而欲行大權之政治，必爲欽定之憲章。夫憲法之中有大端，即君主、臣民、政府、議會、軍隊是也。此五大端者，皆無害於國體，而無損於主權。然憲法苟非由於欽定，則此五者皆不免爲流弊之滋。何則？查歐洲各國君主，雖亦稱爲皇帝，實不過其歷史相沿之敬稱，而未必即爲握有主權之元首，例如德國君主，亦皇帝也，而其實際，乃聯邦最高之機關，皇帝與帝國議會，聯邦議會，實立於同等之地位。比利時憲法，認主權出自人民，故其國王大權每爲憲法所制。其他法蘭西諸國，係君主之地位，大抵與比利時相同。推其原因，皆其憲法咸出於協定，咸出於民定耳。惟日本憲法由於欽定，開章明義，首於天皇，而特權大權，又多列記。匪特列記已也，即其未經列記之事，亦爲天皇固有之權。今試就其列記者言之：一曰裁可法律之大權，二曰召集議會及開閉解散之大權，三曰發行法律敕令之大權，四曰發行政命令之大權，五曰定行政各部官制及任免文武之大權，六曰統帥海陸軍定其編制及常備兵額之大權，七曰宣戰媾和及締結條約之大權，八曰宣告戒嚴之大權，九曰授與榮典之大權，十曰恩赦之大權，十一曰非常處分之大權，十二曰發議改正憲法之大權。凡此大權，皆爲歐洲各國憲法所罕有，而日本學者尚謂有漏未規定時啓疑問之端。中國制定憲法，於君主大權，無妨援列記之法，詳細規定，既免將來疑問之端，亦不致於開設國會時爲法律所制限。此欽定可以存國體而鞏主權者一也。

至於臣民之權利，規定於憲法内者，實自美國始，而法國繼之。自後歐洲、日本制定憲法，皆專設爲一章，如所謂身體自由、居住移轉自由、信書祕密自由、信教請願自由、言論結社自由、住所不可侵、所有權不可侵，不知者方謂其民權之伸張，已達極點，充其所至，實可貽犯上作亂之憂。而豈知日本憲法，其揭載臣民權利自由者，莫不限之以法律。如言論出版結社集會之自由也，則歸於法律範圍内有之，是則出乎法律範圍外者，可以禁止無疑矣。如所有權之不可侵也，則解之曰認爲公益必要之時，當依法律所定，則是必無關於公益必要者，方許以不可侵之權無疑矣。其他如住所如信書祕密，亦必以無反法律之所定，方許其爲不可侵。信教自由，必限以無背義務，無害安寧。請願自由，必從別定之規程，守相當之敬禮，而際戰時及國家事變之頃，猶有不得礙天皇施行大權之明文。據此而言，則臣民權利自由，實不過徒飾憲法上之外觀，聊備體裁，以慰民望已耳。何也？臣民之權利自由，必間接而得法律命令之規定，非可由憲法上直接生其效力也。且立憲國家未有不重行政之命令處分者。當行政權行使之時，臣民未嘗不負服從之義務，故臣民權利，受其限制者極多。英國，民權發達之國也，而治安判事，尚兼行政司法裁判之職權，遇有違反行政規則者，得行其強制之力，所謂強制權者是也。而日本之行政執行法，亦於明治二十三年以法律敕令明定之。此國家對於臣民有強制權之明證也。強制權之外，又有所謂非常權。非常權者，謂人民苟以暴力抵抗命令之時，事小者用警察，稍大用憲兵，再大者用軍隊，尤大者，天皇可以宣告戒嚴焉。當施行戒嚴令之時，則舉其平日歸於司法行政所保護之臣民權利自由，一切置諸軍隊處分之下。以民權最大之法國，猶為此戒嚴制度之濫觴，是後各國，從而仿之。此國家對於臣民有非常權之明證也。或疑中國人民，本來安靜，一言權利，未免囂張。不知歐洲各國之憲法，或協定，或民定，其人民權利既無制限，而義務亦多自由。日本爲欽定憲法，苟不規定臣民權利，既違憲法之原則，亦何以責其納税當兵之義務乎？且其所謂權利者，如居住，如轉移，如言論，如信教等，皆中國所視爲固有之權利，而日本皆定憲法之中，其操縱之意可知矣。雖中國制定臣民權利不必盡如日本，而操縱之法，則必使出於上之賜與，萬不可待臣民之要求。此欽定可以存國體而鞏主權者二也。

政府者，政治之府也。在立憲國之政府，必置國務大臣，又以國務大臣組織內閣，而國家行政上之機關乃備。自表面而觀，國務大臣之權似爲甚大，而不知立憲政體之妙用即在此焉。蓋君主神聖不可侵，既爲憲法上之原則，倘萬幾自負責任，則苟有違憲之事，必爲指摘所歸，故日本憲法明定國務大臣有輔弼天皇之責任，而一切命令，均副署焉。蓋不明定於憲法，則責任不能專，責任不能專者，政府即不能成立，而在上或不免專斷之失，而在下者更難免委卸之心矣。且國務大臣雖爲輔弼君主之重臣，而君主毫不受其拘束。英國，議院政治也，而凡內閣決議之事，一切均須上奏。美國，分權政治也，而任免大臣之權，仍操於大統領之手。比利時憲法純爲民定，而比王對於憲法上所定大權範圍之內，尚得自由行其方鍼，如國防也，海外貿易也，殖民政策也，皆自選英賢，詢以大計，而內閣向不與聞。夫以議院政治、分權政治之英、美、法、比等國，其君主對於大臣，猶有莫大之權，而所謂大權政治之日本，益可知矣。日本之國務大臣，不對議會而負責任，乃對天皇而負責任。大臣失政，則天皇自由罷免之，大臣奏事，則天皇自由准駁之。其所以異於專制國者，則大臣若以天皇所下命令有背憲法，不敢擔負責任，可以拒其副署，不經大臣之副署，則天皇命令終不得施行。此則所以防專制之弊者也。雖然，不經鳳閣鸞臺，不得爲敕，我國自古封還詔書及署紙尾之事，已數見而不鮮，史家皆傳爲美談，明主亦樂其獻替，可見中西制度，不謀而同。今日若設內閣，不過復中書省之舊制而已，豈有損君權於萬一哉？此欽定可以存國體而鞏主權者三也。

大凡君主國體而取大權政治者，其國會與民主國體取分權政治或君主國體而取議院政治者，判然不同。英國國會實握有立法、司法、行政之三權，故有萬能議院之目，名爲立憲，實則國會專制之政治也。如美如法如比利時，亦皆以國會種種之權，列諸憲法之上，而有未曾列記者，亦視爲國會固有之權。蓋民主國以主權在民，故以代表人民之議會爲主權之主體。而君主國則主權在君，人民實居於客體，雖以代表人民之國會，亦不得不居於主權之客體焉。且也歐洲各國，其國會恆與君主立同等之地位，共握有立法權者，亦各有其歷史之關繫，餘波流衍，以至於今，故君主與國會，猶平分其立法之權利。英國如是，法美可知。苟其國體向爲君主，則國會之權限，萬不能與君主相侔。昔普魯士因預算案一事，議院欲上奏彈劾政府，普相俾士麥揚言於議場曰：國會苟以此上奏，是要求普魯士王室舉其憲法上之權利，讓於國會也。此亦可以見普國國會之權限矣。日本國會權限，舍憲法上所規定者外，別無他權，其所定於憲法上者，一則協贊立法權，一則議決預算案。其餘如上案，如建議，如受理請願，雖屬國會之職權，而其採納與否，權在天皇，非國會所得以要挾也。法律案之提議，國會雖亦有之，而裁可仍聽之天皇。至於改正憲法之權，解釋憲法之權，亦全操於天皇，非國會所能置喙。蓋天皇統治權之行使，爲國會所參與者，實不過法律與預算而已。若夫開會、閉會、停會、解散、緊急命令、獨立命令，無一不屬於天皇之大權。若非純粹欽定憲法，安得有此。世或有疑國會可以侵君主之權，掣政府之肘者，誠知其一而不知其二矣。此欽定可以存國體而鞏主權者四也。

夫國家之不能無軍隊，此其故亦無待煩言矣。雖然，軍隊之經營，國家之經營也，軍隊之行政，國家之行政也。行政之事屬於政府，行政責任屬於國務大臣，而國務大臣之職守，與軍隊之目的，乃常生扞格之勢，何也？國務大臣之職守，以發達國民爲目的，務在省其經費，以輕國民之負擔，而軍隊所需之經費，則務在求多。此扞格一也。國務大臣之職守，以力圖國内生産爲目的，故凡可爲生産之要素，全國壯丁，募集務求其可，而軍隊目的，則常欲厚其兵額以固國防。此其扞格二也。抑國家事務無論大小，其責任皆國務大臣負擔之，而協贊、預算之權，亦專屬於國會，此二者，立憲之大原則也。今苟以軍隊行政權屬於國務大臣行政權之下，則軍隊之勢力，必有流於薄弱之憂，如美如法，是其例也。若以軍隊統帥權置諸國務大臣管轄之外，苟其常備兵額漫無制限，而預算所繫，又安能以責任委諸國務大臣？故欲定兩者關繫之何如，其問題實爲最困難矣。查美國之制，文武不分，大統領以文職統帥陸海軍，陸海軍之將校，亦皆文職，其平時兵額不過六萬，猶不及日本警察官之總數，且其兵爲義勇，介於僱傭之間，非視爲國民當盡之義務，以是之故，美之兵力最爲薄弱，倘遇戰爭，易敗難勝。其所恃無恐者，則因財力雄厚，雖經一二挫敗，猶可以爲持久之謀。法國自定共和政體以來，軍隊之權屬於行政權之下，其大統領雖有統帥權，常令陸海軍大臣當指揮之任，於是統帥事務亦屬之國務大臣，故其軍人反對此等制度，而國會則贊成之。且恐國家多啟戰爭，增長軍隊勢力，以爲苟又有拿破崙之雄主，則難保不改弦易轍，重其統帥之權，以覆共和之政體也。英國軍隊本屬王家，自克林威爾内閣以來，乃以軍隊置諸國務大臣監督之下。自古利米亞戰争以後，議院又有特設調查軍隊之委員，於是軍隊又間接而受議院之監督矣。以上代國王統率之司令官，猶須隸屬於國務大臣職權之下，故層層掣肘，全失軍隊行動之自由。要而言之，英之憲法由於協定，萬能國會常攬大權，其統帥權之不能獨立者，實受議院之監督也。若美若法，民定憲法，其用意更别有在。日本之憲法，欽定者也。故其憲法第十一條曰：天皇統帥海陸軍。第十二條曰：天皇定陸海軍之編制及常備兵額。第十三條曰：天皇宣戰媾和及締結各種條約。觀此三條，則知日本軍隊統帥之權，全握於天皇一人之手，蓋以國家事務與統率事務互相獨立，而使戴同一之首領，以調和聯絡於兩者之間。其軍隊之行政事務，雖屬於國家事務，而天皇則本爲國家之元首矣。其軍隊之統帥事務，不可以附麗於國務大臣也，而天皇則實爲軍隊大元帥矣。維持二者之權衡，聯絡二者之關繫，立於國家元首之地位，則行其國家行政之大權，立於軍隊大元帥之地位，則行其軍隊統帥之大權。而又恐文武兼裁，力有未及，於是置國務大臣、樞密顧問以輔文治，設軍事參議院、陸軍參謀本部、海軍軍令部以佐戎機。本其萬乘無對之尊，立於補助機關之上，下則分途共治，上則挈領提綱，界限分明，事權統一，此其制度之善，實爲各國所無，日本之所以克強者，全在乎是矣。夫我朝兵制，超越前古，統帥之權，本在皇帝，而軍隊行政，分寄之部臣疆臣，不獨前代藩鎮之弊可掃除，即日本憲法所謂天皇有統帥海陸軍大權者，我列聖天錫智勇，固已開之先例矣。自咸、同軍興，曾、左、胡、岑諸臣，督師剿匪，而疆臣間掣其肘，遂以兵權委之督撫，其後遂成慣例，循此以往，則統帥權與行政，必致兩相混淆，蹈美、法諸國之弊。今若採鄰邦之新制，復列聖之成規，收此統帥之大權，載諸欽定憲法，則機關敏捷，既足徵武備之修，帷幄運籌，實可卜國防之固。此欽定可以存國體而鞏主權者五也。

抑奴才尤有請者，憲法者，國家之根本法也。是一言國家而皇帝亦包括在内，故歐洲各國凡關於皇室之事，或詳定於憲法之内，或不見於憲法之中，此由國體不同，故制定之法亦異。日本參酌二者之間，憲法第二條，止載皇位繼承以皇男子孫之一語，而繼承之法，以皇室典範另詳之，皇族之事，以皇室令規定之。蓋以皇位爲國家之主體，亦即憲法所由來，不將皇位明定於憲法之中，即不能劃分皇室於國家之外。其分於國家之外者，所以保皇室之安寧，其存於憲法之中者，所以明國家之統緒。故日本臣民對於皇室典範，與日本憲法同視爲國家根本法者此也。中國自禹、湯以來，已開家天下之局，故國家之治亂，即爲皇室之安危。日本國體，舊與中國相同，而其皇室未嘗改移者，實以大權之不在君主。及明治廢藩，大權獨攬，似乎可仍前例矣，乃因内鑒於本國諸侯之興替，外觀於各國皇室之永存，毅然決然，改從新制，此其故可深長思矣。國家制定憲法，則皇室之事自應與憲法同時制定，以爲國家之根本法，或詳載於憲法之内，或如日本，另以皇室典範規定之，非奴才所敢妄議。惟兹事重大，國本攸關，擬請慎擇廷臣，多設顧問。又開皇族會議，原本我朝之家法，參酌列國之新章，損益因時，折衷至當，恭候我皇太后、皇上欽定，垂爲典要，與憲法同尊，則我國家萬年有道之長，豈止比隆周、漢也。

奴才身受厚恩，躬膺寵命，簡書在畏，本未敢以懷歸，邦國所覘，亦有聞而必録。情既通乎彼己，事每較其短長，確知非實行立憲，無以弭內憂，亦無以消外患，非欽定憲法，無以固國本而安皇室，亦無以存國體而鞏主權。大權政治，不可不仿行，皇室典章，不可不並重。伏願我皇太后、皇上，覽此國家多難之時期，深維祖宗創業之匪易，大施英斷，咸與維新，措天下於治安，與黎民而更始。

所有奴才考察日本憲政情形，恭摺具陳，伏乞皇太后、皇上聖鑒。謹奏。

《清末籌備立憲檔案史料》第二編孫洪伊《都察院代遞孫洪伊等懇請速開國會呈宣統元年十二月二十日》

呈爲時局阽危，非速開國會，不足救急，合詞懇請代奏事。

竊查上年夏秋之際，各直省人民始有伏闕請開國會之舉，雖未獲明奉諭旨，訓示施行，然天高聽卑，六月二十四日、八月初一日孝欽顯皇后之懿旨，德宗景皇帝之上諭，固已明定國是，頒布憲法大綱，開設資政院及各省諮議局，以造議院之基礎。標準既定，天下知朝廷早以國會爲圖治之本，所兢兢致慎者，不過遲早數年之別耳。夫使冰霜未兆，時尚寬閒，憲政按照期限與年俱進，詎非循序圖功之道。無如內覘國本，外察邦交，無一不足增皇上之殷憂，即無一非加重監國攝政王之負擔。大臣咨嗟於上，人民歎息於下，一年現象，即已如此，推之九年，能無懔栗。夫憲政之當行，國會之當立，朝野上下，本無異詞，今洪伊等之所欲言者，在乎速開國會而已。蓋拯溺救焚，刻不容緩，其激切有非上年請願所能比者，謹爲我皇上披瀝陳之。

一在內政。內政之改革視乎機關之善不善。機關一日未善，則政令一日不得實行，九年籌備之事，一切將等諸具文。國會者，憲政機關之要部。有國會，然後政府乃有催促之機，庶政始有更張之本。不然者，無提挈綱領之所，畛域各分，十一部不相統一也，上下相諉，地方官無可執行也。仍向來所有之舊制，責以向來未有之設施，此必無可行之事。計自籌備以來，按照清單所列，京內外衙門業已奉行矣，類有文書之移，幾無可覩之效。蓋機關之不完善，方針之不確定，雖有忠藎之臣，勤敏之士，無以盡其職而期其功也。以程度論，則長此籌備，九年後之國步，未必進於今日。以時機言，則從容坐失，九年後之危局，不知又當如何，豈徒虛擲此九年之歲月而已。資政院之設，其制亦略似國會，然國會之權限，規定於議院法。依各國議院法之通例，政府對於國會，當負責任，今資政院章程，絶不見有責任之政府，政府無責任，則資政院何能爲？欲藉此以督促政治之統一，振起國民之精神，必無國會之效。如其有效，則長此制度可也，又何必期以九年更立國會乎？此內政中關於機關之改革，不可不速開國會者也。內政之舉，又視乎財政，古今中外，斷無府藏空虛，庶政棘手而其國能久存者。我國自甲午、庚子以後，至輦天下之財，以應賠款，而歲入止此，抵質已窮，過此三十一年，不知何以爲計。籌備之事，合十一部之新政，責各省以施行，舉凡國家行政之經費，其用又將何出？自各省諮議局成立，參稽互證，竭蹶皆同，相顧憂惶，無從措手，剜肉醫瘡，既有必窮之勢，量出爲入，復無可恃之源。循此以往，將內之無以爲興革之資，而憲政之前途可危，外之無以償積年之負，而列強之干涉尤可懼。欲亟紓內外之交困，必先求上下之大通，通億兆人之好惡於各省諮議局，而範圍祇限於一方，何如通各省諮議局之計慮於國會，而精神貫及於全國。國會者，人民與聞政治之所也。必人民得有公舉代表與聞政治之權，國家乃能加以增重負擔以紓國難之責。與其待之九年之後，涣散而難與圖功，何如行之九年之前，鼓舞而期其自效。此內政中關於財政之籌畫，不可不速開國會者也。機關能立，財政能裕，然後乃有籌備之可言。否則不利之器，無米之炊，豈能舉其事而收其功者。此國會之關於內政，一日而不可緩者也。

一在外交。外交之難處，即以強盛之國，有時迫於事勢，稍稍退讓，國人尚起反抗之聲，政府且爲叢怨之地。況我國自有交涉以來，始以闇於外情，操縱失策，繼以勢成積弱，因應彌艱，政府受困於上，國民不滿於下，每締一約，事前則秘密萬端，事後則虧損百出，忽而蹙地，忽而負債，政府之作用，人民不知也，政府之苦衷，人民不喻也。條約出之一二人之手，負擔加之億萬人之身，設使易地而觀，安得不爲怨府？既致怨矣，何從求諒？凡人對不諒之人，其助力必寡，政府處寡助之地，則因應愈難。苟有國會，則國際交涉無論如何困難，政府即有不得已之衷，不能盡喻於國民者，國會猶可以代白，國民即有不可忍之痛，不能直達於政府者，國會亦可與代陳。且各國之於我立憲，其注視甚勤，和平者期我有同等之政治，雄猜者忌我無可攘之利權。是以著論贊譽者有之，宣言輕量者有之，乘我國會之尚未成立，而公然自由行動於我域內者有之，慮我國會之終不成立，而必至財政紊亂不可收拾者亦有之。有國會，則對於全國爲政府交通之郵，對於列邦爲政府文明之幟，上下相通，猜疑自泯，邦交既正，民氣自和，非獨證世界公理之同，且可保東亞和平之局。若更徘徊之九年，九年之中，患機叵測，設使雄猜者得遂其進步，且恐和平者亦易其方針，外交必更顛危，民怨必更劇烈，萬一有僨車之羣蠢，得無懼覆轍之蹈前。此國會之關於外交，一日而不可緩者也。

抑洪伊等更有迫切不得已於言者，東西各國，凡君主立憲國，其皇位之繼承，以及親王之攝政，皆有國家根本之法定之於前，人民愛戴之誠衛之於後，而其君主又處最高不負責任之地，臨以神聖不可侵犯之尊，故宮府安而國家盛也。我國憲法大綱本已取法於是，而孝欽顯皇后、德宗景皇帝不及親見憲政之實施，國會之成立，此薄海臣民之所共痛，欲攀龍馭而無從者。皇上沖齡入承大統，監國攝政王以周公之謙光，受阿衡之重畀，而適當此內外交困，上下未通之時，以言憲政，則甫有大綱，而責任內閣未立也，皇室典範未定也，內無可以表彰尊親之宜，外無可以代負人民之責，設使內政外交之際，百密偶有一疏，則怨歸於朝廷，望輕於監國攝政王。監國攝政王受先帝之付託，而孤立於廟堂之上，坐撫四百兆渙散之人民，而莫能得其助。而四百兆之人民，雖共有忠君愛國之忱，欲爲皇上爲監國攝政王之輿衛，亦以渙散而莫能效助於分毫，甚非所以鞏固皇祚，而措國家於磐石之安也。有國會，則與之對待之責任內閣始能成立。國會有議政之權，然後內閣得盡其職務，內閣負全國之責，然後皇上益處於尊榮，顯可以末慮助聖主之聰明，隱可以公論消奸人之反側。人情一日不安食，則必易其食，一夕不安寢，則必易其寢，寧有國本之安於岌岌可危之日，而必遲遲至於九年之後。此爲根本中之根本計，宜速開國會者也。

論者或謂九年籌備之旨，降自先朝，不宜輕有更易。洪伊等誠愚又以爲不然。夫先朝既以國會爲必當開，則我監國攝政王正宜體皇上繼志述事之心，速開國會，以慰先朝在天之靈。如曰縮短其期，即爲背旨，是謂先朝有意濡滯，不欲國運之早進步，皇室之早奠安也。是厚誣先聖，非我皇上及我監國攝政王之所忍出也。抑朝廷周詳慎審，惟恐人民程度不及，不可謂非聖主之至仁，然及與不及，必試之而後見，不試之而強抑之，毋乃寃吾民乎，且所謂不及者，必有一標準，今日不及之標準安在？謂恐其葸茶耶，則有法律爲之根據，而餒者壯矣。謂恐其叫囂耶，則有法律爲之範圍，而激者隨矣。謂恐其智識不足耶，則磨厲之而聰明出矣。今年各省諮議局既小試之矣，曷嘗累聖明重宵旰之憂乎。洪伊等伏願皇上速降諭旨，頒布議院法及選舉法，期以一年之內，召集國會，含創忍痛，共圖補救，俾盡協贊之忠，而收輿論之效。此誠國家之至計，安危之所繫，惟我皇上以孝欽顯皇后、德宗景皇帝之心爲心，俯鑒人民憂國之愚悃，宸衷獨斷，毅然行之，天下幸甚。謹冒死以聞，伏乞代奏，謹呈。

宣統元年十二月二十日奉上諭。已録。

《清末籌備立憲檔案史料》第一編柯劭忞《學部丞參上行走柯劭忞奏籌備立憲宜防大臣跋扈民衆暴動組織政黨等弊摺宣統三年正月初七日》 學部丞參上行走臣柯劭忞跪奏，爲籌備立憲宜預防用人行政之弊，恭摺仰祈聖鑒事。

竊維中國二千餘年之政體相仍已久，一旦改爲外國立憲之法，更張太驟，慮患宜深，謹就臣管見所及，一一爲我皇上陳之。

一、宜防內閣大臣代負責任之弊。臣維作福作威，操之君上，臣作福威，凶家害國，經有明訓，千古常經。雖君主立憲有命令之權，然政柄既已下移，將並其命令之權而亦移之，陽爲君主之命令，陰實權臣之主使，莽、卓、操、懿，皆其前鑒。今使內閣大臣代負朝廷責任，萬一主權稍替，有鷹揚跋扈之臣專吾政柄，密布腹心於各部大臣，廣樹黨援於上下議院，履霜之漸，不審朝廷何以制之。查君主立憲，德意志、日本二國俱略倣其法，然國勢方強，君主之權暫不至於淩替。吾中國積弱如此，而頓革其二千餘年專制之舊法。此臣所私憂過計者一也。

一、宜防國會既開，奸民暴動之弊。查去冬天津各處要求速開國會，奸民煽惑聚衆橫行，幾至釀成大變。況上下議院成立之後，設有不安本分者，羼入其中，遇事生風，藉口公義以簧鼓愚民，禍機猝發，恐有出尋常意計之外者。近日本東京以日、俄戰事，議院與政府抵牾，聚衆萬餘，焚燒官廨，君臣屏息，莫敢誰何。況吾中國創辦之初，規則未能完備，尤易滋生事端。此臣所私憂過計者二也。

一、宜防國民擔負義務之弊。查立憲之國國民義務：一當兵，一籌款。籌款之法經上下議院認可，即責令國民擔負。近日民窮財盡，各省皆然，幾有無從羅掘之勢。然舉辦新政，如地方自治，如巡警，如學堂，不能不資民力，以一省言之，一旦驟增百餘萬之鉅款，百姓何從擔負。去年因新政籌捐而釀地方之亂者，各省相望，異日踵事增加，情形必尤危險。百姓歸怨於議員，則議員不保其身家，歸怨於地方官，則地方官不保其考成，新政之效未見其一二，而天下已騷然不靖矣。此臣所私憂過計者三也。

一、宜防組織政黨之弊。外國之政府必樹黨援，以抵制議院之衝突，然其分黨也，猶爲政見之異同。中國近年以來，官常日紊，運動鑽營，無所不至，如再以組織政黨爲柄臣自固之基礎，則內閣大臣之所用者，無非奔走夤緣之士，有効其援引私人者，彼必曰此與吾政見不合者也。不然必排擠吾之政黨，而不利於吾者也。雖有法家拂士，不足以回其聽而覺其迷，信用一非，弊端百出。此臣所私憂過計者四也。

一、宜防中央集權之弊。國家幅員廣闊，其邊遠省分交通尤不利便，如盡奪督撫之權而歸之中央政府，恐鞭長莫及，易出情形。即以兵事言之，以三十六鎮之兵而統歸陸軍部大臣之管轄，無論訓練之是否切實，將弁之是否得力，該大臣耳目難周，設一旦邊疆有警，盜賊竊發，該督撫非請命朝廷，經陸軍部之認可，不能調一兵一將，豈不坐誤事機，況將弁不歸節制，必不能其指縱進退，俾張其僨事決矣。昔道光中承平日久，督撫調五百兵以上即應奏請，摺件往來，動需時日，盜賊不能速剿，實由於此，終致洪、楊之亂，蔓延天下，前車不遠，覆轍猶存。此臣所私憂過計者五也。

一、宜防司法、行政分權之弊。查三權鼎立之説，東西政治家已多不以爲非，如施於中國之外省，則尤多窒礙。今各省既有府廳州縣之地方官，又設審判官以治訟獄之事。查親民之官，聽斷是其專責，若不聽詞訟，則州縣各官幾同虛設，豈不徒糜廉俸。況審判官權既不重，易生刁民玩視之心，控告滋繁，良懦受累，其弊有不可勝言者。至該員等粗通日本之法典，於公事毫無閱歷，操刀割手，異日吏治民生大局不堪設想。此臣所私憂過計者六也。

臣竊謂立憲之要義，在於舉錯發明，黜貪汚，抑奔競，與民同好惡，共是非，使上下之情通，遠近忘服，不在舉東西洋之規則而一一摹倣之也。臣慺慺之愚，伏願皇上敕下政務大臣，將微臣之所竊慮者，悉心斟酌，預爲曲突徙薪之計，庶幾實行憲政有百利而無一害。是則區區葵藿之忱，竊効於萬一者也。是否有當，伏乞聖鑒訓示。謹奏。

（清）梁啓超《飲冰室合集·文集》卷四《各國憲法異同論》 古代國會體裁未完備，有分爲數院即議院者，亦有惟置一院者，今日則除日耳曼之數小邦，及瑞士之數小邦，惟置一院外，其餘各國，無不有上下二院。蓋兩院並置，其益甚多，既可以防議事之疎漏，而加鄭重綿密，又能使進步，保守兩黨之宗旨，保其平均，蓋上院之員每多保守黨，下院之員每多進步黨也。

上院之制度，各國不同。如英國全以王族及貴族及高等之教士充之，而貴族之內，有世襲者，有選舉者。奧國、普國及日耳曼各邦，其制雖互有小異，然皆以王族一，貴族二，高等教士三，有功於國事、有功於學術者四，富有田産者五，大學之代表者六，代表猶頭領之意，然亦稍異。蓋衆人之意皆可託此人以代宣之，則謂之代表大都會之代表者七，充之。意大利、西班牙、葡萄牙亦大略相同。比利時、荷蘭、瑞典、嗹國，則少異，上院議員獨重納税多者，其數每更多於他類云。挪威之制度，下院議員選舉既定，乃選拔其四分之一，以爲上院議員。

各國上院之制，大略如右。要而論之，凡君主國之上院，其選員約分三種類：一專取貴族者，一專取多納税者，一兼合數種者。惟德意志帝國因聯邦而立，故其上院由各邦政府派全權委員以充之。

至於共和政治國舊稱民主國上院之制度，法國則於各縣由選舉委員所選舉之議員充之。美國及瑞士，皆以聯邦而立，上院議員，則各國之代表也。其選舉之法，美國則由各邦之邦會公舉，瑞士之選舉，又分爲二種，其中有數邦由人民選舉，有數邦由邦會選舉。

上院之制，隨各國之國體而異，既已詳之。至下院之制則不然，無論君主國、共和國，雖國體大異，其制皆如出一轍，皆由人民之公舉，爲人民之代表。至如英國有云某大學之代表者，則因其大學有許多土地故耳。下院議員選舉之法，大率分國内爲數區，名之曰選舉區。其每區得舉若干人，皆有定額。至如何然後可以被舉，如何然後可以舉人，其權利則各國小有異同。要而論之，可分爲有限制、無限制之二種。無限制者，凡男子及歲，悉與以選舉權，除瘋癲及刑人不在内法國、德國、瑞士是也。其餘各國多爲有限制者，其限制或以年齡，或以財産，或以納税，種種不等。其寬嚴亦各國不同，而英國之制限最寬焉。又選舉之例，有直選、間選二類。直選者，直由人民公舉議員也。間選者，先由人民公舉選舉員，然後再由選舉員公舉議員也。英國、法國、德意志帝國、比利時、意大利、瑞士、美國皆用直選法。普魯士、西班牙及日耳曼列國中之數小邦，皆用間選法。

以上所言，皆可以舉人之權也。至可以被舉之權，則亦有以年齡、財産、納税爲制限者，亦有許及年卽得被舉者。惟現任官吏許被舉爲議員否，則各國不同。又有指名某官許被舉，某官不許被舉者。其滿任之年數，亦各國相異。最長者爲英法兩國，英七年，法六年，其他則皆以三年或四年爲度。滿任之時，或同時全院易人，或易其半，留其半，或易其三分之一，亦各不等。

此憲政國上下兩院選任議員之大概也。要之，上院多以王族、貴族、教士、功臣及富人等充之，下院則爲一切人民之代表。故吾前者謂上院多保守黨，下院多進步黨，此實自然必至之勢也。雖有不敢謂上院必無進步黨，下院必無保守黨，然其畸重之勢，十居八九矣。夫有保守而無進步，不足以立國，斯固然矣。然有進步而無保守，有時恃氣急進，或亦誤國家之大事，昔法國革命大亂之時，深受此弊。故現時各國，因經許多之試驗，皆以兼置兩院爲最善也。

國會之權利，凡自政府提出之改正憲法案件、法律案件、預算案件，預算如《王制》所謂冢宰於歲杪制國用也。皆歸其議定。惟美國、瑞士，遇有憲法當改正者，不由國會議定，而別開一改定憲法會，由人民另舉員以議定之。國會之權力，有政黨習氣之國則加大，往往可以黜陟政府，然非憲法所定本有之權，不過侵軼他權耳。

國會又有監督政府之權利。大臣有違法之事，可訐告之於兩院。而其制亦微有少異，或兩院皆可受訐告，或惟下院可受。又受其訐告以後，審判之權，或委之上院，或委之國事法院。英國則訐告之於下院，而審判之於上院，美國亦然。法國、比利時、荷蘭審判之權，皆歸國事法院。

又：君主者，立憲政體之國，世襲繼統者也。而其繼襲之法，或專許男子繼統者，如普魯士、瑞典、比利時是也；或兼許女子繼統者，如荷蘭、日耳曼各邦及英國、西班牙、葡萄牙是也。荷蘭、日耳曼，必本系支系俱無男子，然後以女子入繼。英、西、葡等，則本系苟無男子，雖支系有男子，亦不許立，而惟立本系之女子。

共和國之大統領，必由公舉，定期更任。而其選舉之法，法國、瑞士則由國會，美國則特開選舉統領會以舉之。凡奉天主教之各國，其憲法必言國王之身神聖也，不可侵犯云云，奥大利、巴威里、西班牙各國皆然。奉耶穌教之各國，則删去神聖之語，但云國王之身不可侵犯，普魯士、荷蘭等皆然。

又各國皆於憲法上聲明國王無有責任。雖然，又聲明政府大臣有責任，夫大臣所以輔佐君主者也，君主不得大臣之承宣，則不能發制誥而施法律。故君主之責任，卽大臣之責任也。惟拿破侖第三所定之憲法，不許君主無責任，其意殆欲以矯法國前朝之弊也。雖然，彼且不能躬踐其實，卒爲人民所放逐，不得其死，然則立此虚法何爲乎！但君主之私産，則必當遵守民法，不能踰越，惟於行政上及刑法上，可邀特免耳。然其於民法上之關係，凡涉於訴訟規矩，仍與常人大有異。

至共和國之大統領，則無論何國，皆有責任。故共和國者，大統領與政府人員，同肩責任者也。而美國及瑞士皆有違法之處分，其審判不由法院，而由上議院。法國則稍異，大統領非犯叛逆之罪，不受審判。

凡各國君主皆稱大元帥，有統率陸海軍並總管軍令之大權。然共和國則總管軍令之權，歸於國會。故美國大統領，惟有指揮預備兵之權耳，其他權利，必經國會委任之然後能有。瑞士亦然。法國之大統領，有司軍令之權。雖然，不得稱大元帥統率陸海軍。凡君主皆有宣戰、媾和及與他國訂立條約之權，共和國之大統領則無此權。美國宣戰之權，國會掌之；

搆和及訂約之權，由大統領請上院之批准而施行之。瑞士則一切權利皆掌握於國會。

凡君主有改正憲法及准駁法律之權利。德國憲法，則惟關於陸海軍及關税等之法律，皇帝得准駁之。至共和國則大異，美國之大統領，雖非無准駁改正憲法法律之權，惟須經國會再議，三占從二。苟議員有三分之二以爲可，則大統領不能駁之。瑞士則大統領全無駁案之權利。又以上所言君主駁案之權利，雖著有明文，然用之者甚少。蓋英國二百年以來，未曾有議院議准而君主駁案者云。

凡君主有召集國會及開院、閉院、停會、延會幷解散下議院等之權利。但當命令解散之時，必先定期，使新舉之議員，於何時再開院。蓋此解散之權利，不免有拂逆輿論之虞，故定期再集，不可缺也。至共和國之大統領，則無此等之權利。

凡君主有發布法律敕令，施行一切政務之權。又法院必奉君主之名，執行司法權。又特赦、減刑之權利，亦有所限制。

屬於君主及大統領之權利猶多，今惟舉其重要者，其餘姑略之。

（清）梁啓超《飲冰室合集・文集》卷九《論專制政體有百害於君主而無一利》 然則爲國民者，當視專制政體爲大衆之公敵；爲君主者，當視專制政體爲一己之私仇。彼其毒種盤踞於我本羣者雖已數千年，合上下而敵之仇之，則未有不能去者也。雖然，若君主及君主之私人而不肯仇彼焉，從而愛惜之，增長之，則他日受毒最烈者，不在國民而在君主及其私人也。按諸公理，凡兩種反比例之事物不相容，則必有争，争則舊者必敗而新者必勝。專制政體之不能生存於今世界，此理勢所必至也。以人力而欲與理勢爲禦，譬猶以卵投石，以螳當車，多見其不知量而已。故吾國民終必有脱離專制苦海之一日，吾敢信之，吾敢言之。而其中有一機關焉，君主及其私人而與民同敵也，則安富焉，尊榮焉，英國、日本，實將來中國之倒影也。君主及其私人而認賊作子也，則國民仇專制政體，而不得不並仇及專制政權之保護主，法國、美國，實將來中國之前車也。夫爲英日與爲法美，在我國民則何擇焉，所最難堪者，自居於國民以外之人耳。《易》曰：井渫不食，爲我心惻，可以汲，王明並受其福。君子讀《史記・屈原列傳》，而不禁廢書而歎也。

（清）梁啓超《飲冰室合集・文集》卷一七《開明專制論》 制者何？發表其權力於形式，以束縛人一部分之自由者也。以其束縛人自由，故曰裁制，曰禁制，曰壓制；以其所束縛者爲自由之一部分，故曰限制，曰節制；以其用權力以束縛，故曰強制；其權力之發表於形式者，曰制度，曰法制。

附注：制者之權力，僅能束縛被制者一部分之自由，而必非能束縛其全部分者。文明之法制無論矣，即最野蠻之壓制，縱能舉一切行爲之自由而悉制之，而意志之自由，終在所制之外也，則亦仍爲一部分也。

又：制必與權力相緣，故凡制皆強制也。今爲行文之便，時亦用強制二字。

制烏乎起？起於競争。有以強制爲調和競争之具者，有以強制爲助長競争之具者，今分論之。

競争有二：一，異種類之競争；二，同種類之競争。二者常並時而行，如人類對於其他衆生，則認彼衆生爲異種類。文明人對於野蠻人，則認野蠻人爲異種類。文明人相互之間，甲團對於乙團，則彼此交認爲異種類。如此者精密分析之，殆不能盡，而於一方面爲異種類之競争，於一方面又爲同種類之競争。如人類方與衆生競也，而人與人亦同時相競。文明人方與野蠻人競也，而文明人與文明人亦同時相競。甲團方與乙團競也，而甲乙之内部亦各各同時相競。於彼時也，其同種類之間，各么匿體，能行競争於秩序的，則其對於異種類之競争，必獲優勝，否則劣敗。何以故？必有秩序然後彼此之行爲，可以豫測其結果而不至衝突故。必内部無衝突，然後能相結集以對外故。雖然，所謂秩序云者，非自始焉放任之而可以自致者也。其得之也，必以強制。強制者，實社會所以自存之一要素也。所謂以強制助長競争者，此也。

附注：或謂人類自然能調和，不待強制而可以爲平和的發達，此中國老莊一派之理想。泰西上古諸哲亦常有持此説者，是未嘗爲歷史的研究，誤解古代社會之情形耳。或又謂自然界有天然之公例，可以有調和而無軋轢，人類亦當有然。此亦由前此自然科學尚屬幼稚，於自然界生存競争相續不斷之一大現象，未嘗見及耳。今此兩説已屬陳言，久爲學界所否定。

若是夫有强制則社會存，無之則社會亡。就社會一方而言之，則雖曰强制者神聖也可也。雖然，有制者，有被制者，其爲不平等之現象明甚也。於是乎被制者或立於不利之地位，輒相疑曰：强制者，對於社會雖神聖，對於個人則蟊賊也。然此知其一未知其二也。夫不平等者，人間世必然之現象也。雖無强制的組織，而其不平等之各分子，卒未嘗滅。以不平等之現象爲由强制而來，是倒果爲因也。社會之有强制的組織，其性質原所以干涉社會中諸種不平等之關係。但其干涉也，時或以人爲淘汰之作用，助長其不平等者，使益趨於不平等，雖未始無之。要其普通所行，則多以調和不平等者，而使之漸趨於平等，有斷然也。今羣多數之個人以立於社會，使無所謂强制的組織以臨其上，則其間弱者之境遇，必更有不忍言者。何也？彼强者得伸其權力於無限，而弱者遂無術以自存也。故夫有强制的組織，則個人之自由，雖不得不視前此而較狹，而在此狹範圍內，能藉强制之保障，使其自由之程度，視前此反更確實利害，正相抵也。所謂以强制調和競争者，此也。

附注：如前段所言，則此文所謂强制者，專指立於社會之上的權力而言，可知非謂社會中之各個人，甲强制乙，乙强制丙也。故文中屢稱强制的組織，質而言之，則指社會上之最高權力也。

又：因不平等故生强制，非因强制故生不平等。使人道本來平等，則無所用於强制者，抑無能行强制者，故論者之所説，實倒果爲因也。

又：社會多數之個人中，有强者，有弱者，甚不平等，且其不平等也無界線。自有强制的組織，而强者弱者皆爲被制者，不過强者所占地位廣，弱者所占地位狹耳。其廣狹之懸絶，充其量至於如一分與九十九分之比例，可謂極矣。然以有强制的組織，故此一分之狹地位，仍得保障，故强制有益於弱者也。若夫强者之地位，前此不過爲事實的行爲，及得强制的組織，而始變爲適法的行爲，故强制有益於强者也。故曰調和也。

又：問者曰，此皆就被制者一方面言之耳。若夫制者即握社會上最高權力者，寧非得伸其權力於無限乎？應之曰：斯固然也。此其解釋非屬於制與不制之問題，而屬於專制與非專制之問題，故次章更論之。

又：若夫被征服之社會，而征服者行强制於其全部，此所謂競争優勝之結果所獲權利也。雖然，實則强制之效用，亦不外前此兩端。蓋征服者之意，不過欲吸納彼被征服者使爲我用，蓋加入之於同種類者之一部分其以若何之地位處置之，勿論。要之，總欲使爲同種類之一部分也。而復以對於他之異種類也，此所謂助長的也。而被征服者之地位，無論低微至若何程度，但既有强制的組織以爲保障，則固能立於其所立之地位，此所謂調和的也。

由是觀之，則强制的組織無論對於社會，對於個人，皆不可須臾離也明甚。然必有所謂國家者，乃得行完全之强制的組織。而既能行完全之强制的組織者，即其既有國家之實者也。故言制必與國家相緣。

又：有國家然後能制，能制斯謂之國家，故得以制者之種類，分别國家之種類。

國家之種類，大别凡二：一曰非專制的國家，二曰專制的國家。

曷謂非專制的國家？一國中人人皆爲制者，同時人人皆爲被制者是也。小别復三：一曰君主貴族人民合體的非專制國家，二曰君主人民合體的非專制國家，三曰人民的非專制國家。

曷謂專制的國家？一國中有制者有被制者，而制者全立於被制者之外，爲相對的地位者是也。小别復三，一曰君主的專制國家，二曰貴族的專制國家，三曰民主的專制國家。

君主的專制者，普通所稱專制國，如今之中國、土耳其、俄羅斯等是也；貴族的專制者，如古代之斯巴達，及希臘羅馬史上所常現之寡人政治是也；民主的專制者，如克林威爾時代之英國，馬拉、丹頓、羅拔士比時代之法國，乃至大拿破崙任執政官時代、小拿破崙任大統領時代之法國，皆是也。其外形不同，而其爲專制的性質則同。

附注：國家之分類，泰西學者，歷數千年，迄無定論。亞里士多德分爲君主國、貴族國、民主國，孟德斯鳩分爲公治國、君主國、專主國名稱依嚴譯《法意》皆其最有名者也。而近世學者，述近世國家之分類，大率分爲專制君主國、立憲君主國、立憲民主國，吾以爲此分類甚不正確。何以故？專制者不獨君主國，而民主國亦有非立憲者有立憲之名，無立憲之實，則等於非立憲也。故以論理學律之，實多剌謬也。吾之分類法，與前此東西學者之分類，皆有異同。其下專制的與非專制的之定義，亦異於先輩。

又：民主的非專制國家尚有多種，一曰人民全體有直接參政權者，二曰不有直接參政權而惟選出代議士者。乙種之中，復分兩種：一曰普通選舉者，二曰限制選舉者。此分類不獨民主的非專制國家有之，即其他非專制國家亦皆有之。今所論者專制也，故不詳及。

又：克林威爾時代，大拿破崙爲執政官、小拿破崙爲大統領時代，所以命之曰民主的專制者，以其得任意蹂躪憲法也。專制與非專制，一以憲法之有無爲斷。

由此觀之，專制者非必限於一人而已。或一人，或二人以上，純立於制者之地位，而超然不爲被制者，皆謂之專制。

附注：此所謂二人以上者，其範圍甚廣，如斯巴達握專制之權者凡萬人，要不可謂非專制也。

又：雖在非專制國，而其所謂統治者，仍超然立於被制者以外，而不受他之束縛。雖然，不可謂之爲專制。何也？彼超然立於被制者以外者，乃指行使統治權之法人，而非指自然人也。法律家言，謂尋常人類曰自然人，法律所認爲與自然人同一資格者，曰法人。如國家者，法人也。國家之元首及執政官，自然人也。國家之統治權無制限，國家之元首及執政官，當其代國家行使統治權之時，亦可以無制限。然彼元首及執政官，以自然人的資格立於國家之時，固不得不受國家之制限也。如彼欽定憲法之國家例如日本，其憲法由元首頒布，似無制限矣。然其所以能頒布此憲法者，以其代表國家統治權而行使之。所謂無制限者，屬於國家統治權耳，非屬於元首也。若元首則當憲法既頒布以後，不得不行動於憲法範圍之內，夫固明有被制者存矣。故更得申言之曰：不能以自然人之資格，超然立於被制地位以外者，謂之非專制；能以自然人之資格，超然立於被制地位以外者，謂之專制。

夫既能以一人或二人以上，純立於制者之地位，而超然不爲被制者，則其人必能任意自伸其權力於無限。制者之權力，既能任意伸之於無限，則被制者之地位，隨而不能得確實之保障。專制的國家，所以劣於非專制的國家者，其原理將毋在？是雖然，專制尚有附加之定義，必悉舉其定義，然後其真性質乃可得言。

專制者，一國中有制者有被制者，制者全立於被制者之外，而專斷以規定國家機關之行動者也。以其立於被制者之外而專斷也，故謂之專；以其規定國家機關之行動也，故謂之制。夫制之定義，吾既言之矣，曰：發表其權力於形式，以束縛人一部分之自由者也。此定義無論專制的，非專制的皆適用，特因其發表之之根本權所從出，而别冠以專不專之名云爾。若夫權力之必現於形式，固兩者所同也。權力既現於形式，則但使此形式一日未變更，則其行使此權力，必一日遵此形式，循一定之軌道以行，而於此形式外，不復加他種不正當之抑壓於人民，此所謂規定國家機關之行動者也。必如此，乃謂之制。其由專斷以得此者，謂之專制。

附注：所謂不正當之抑壓者，謂形式所規定以外，復加他種之抑壓也。其形式所規定抑壓之程度若何不必論，就令所規定者爲日殺一人，則每年例殺三百六十人，亦謂之正當。若殺至三百六十一人，斯不正當矣。但使能於所規定形式外，不别加不正當之抑壓，則被制者之地位，仍可謂之有保障也。

是故有完全之專制，有不完全之專制。不完全之專制，復分二種：甲種，則未嘗規定國家機關之行動者也；乙種，則雖規定之而僅屬空文，未嘗實力奉行者也。甲種則其勢力之體不完全，乙種則其勢力之用不完全。不完全之專制，非專制也。何也？專則有之，制則未也。

附注：今日之中國，可謂之不完全之專制，蓋體用兩不備也。故今日之中國，未可稱爲專制國。

故欲爲政論，當先論有制與無制之優劣，次乃及專與不專之優劣。無制則國家一日不能存立，故必期於有制，不俟論也。有不完全之專制，亦有不完全之非專制，苟爲不完全，則無論專與非專，而皆同於無制。其比較之優劣，無可言者。苟完全矣，則專與非專之異點，非在所發表之形式，而在發表之之根本權所從出。夫以形式論，則非專制者固能發表極良之形式；專制者亦能發表極良之形式；專制者固能發表極不良之形式，非專制者亦能發表極不良之形式，其優劣無可言也。惟究極之於發表之根本權所從出，則專制者，雖有極良之形式，一旦破壞之，而被制者無如何也。雖有極不良之形式，繼續保守之，而被制者無如何也。非專制者則反是，非專制之所以優於專制者，在此點而已。

附注：今日中國之政府，爲不完全的專制。今日中國之國民，乃欲求得不完全之非專制，兩者皆同以無制爲歸宿也。唯之與阿，相去幾何？一歎。

又：發表其權力於形式，以束縛人一部分之自由，謂之制。據此定義，更進而研究其所發表之形式，則良焉者謂之開明制，不良焉者謂之野蠻制。由專斷而以不良的形式發表其權力，謂之野蠻專制。由專斷而以良的形式發表其權力，謂之開明專制。

附注：開明制野蠻制，不惟專制的國家有之而已。以公意發表良形式者，謂之開明的非專制，以公意發表不良之形式者，謂之野蠻的非專制。如美國當南北戰爭以前之奴隸制度，即所謂野蠻的非專制也。

然則何所據以鑑定其形式之良不良，實續起之一最要問題也。欲解決此問題，則不能專求諸形式，而當求諸形式所自出之精神。國家所貴乎有制者，以其内之可以調和競争，外之可以助長競争也。二者實相因爲用，故可以一貫之，而命之曰國家立制之精神。其所發表之形式，遵此精神者，謂之良。其所發表之形式，反此精神者，謂之不良。更申言之，則其立制之精神，在正定各個人之自由範圍，使有所限而不至生衝突者，良也。雖有所限，而仍使之各綽綽然有自由競争之餘地，而不妨害其正當的競争者，良也。抑或雖甚妨害其正當的競争，幾奪其自由之大部分乃至全部分，而其立制之精神，乃出於國家自衛所萬不容已，則亦良也。如是者謂之良，反是者謂之不良。於專制國有然，於非專制國亦有然。

附注：内而調和競争，外而助長競争，其精神實相一貫。内有秩序，然後能競於外，調和所以爲助長之手段，前既言之矣。然一社會之所以必競於外者，大率有兩原因：一爲積極的，即進取的；二爲消極的，即防衛的。何以有進取的？蓋緣本社會内物力已竭，無所復容自由競争之餘地，苟不拓之於外，則内部之軋轢，將遂不免也。何以有防衛的？蓋緣他社會相逼而來，苟不排去之，則一旦侵入，而内部固有之調和，遂將被破壞也。然則助長外競，實亦調和内競之一手段也。故此二者之精神本一貫也。

又：所謂甚妨害其正當的競争者，如政府重課租税或收種種事業專賣之權，於經濟界之競争自由，甚加妨害。然爲國家財政上自活之必要，時或行之。所謂奪其自由之大部分乃至全部分者，如人民有服兵役之義務，苟當服從年限内，不能有就他種事業之自由，是奪其大部分也。戰事起，驅國民以赴之，犧牲生命，動至十數萬，是奪其全部分也。然爲國家自身之存立，時或行之，故不能以侵奪人民自由與否，以鑑定政治之良不良。所當察者，其目的何在耳？若非國家自衛上所萬不容已，而濫行侵奪，則謂之惡政。如美國前此蓄奴之制。非國家自衛上所不容已也，於何知之？於其廢此制後而未嘗傷及國家之生存知之。故彼制度謂之惡政也。

故在專制的國家，其立制者，以自然人的一己之利益爲標準，則其制必不良；以法人的國家之利益爲標準，則其制必良。何以故？以一自然人之利益範圍，無論如何，總不能與國家之利益範圍適相脗合，故若其全部分不相合，則其利害全部分相矛盾也。若其一部分不相合，則其利害亦一部分相矛盾也。既矛盾，則利於此必不利於彼，故若以自然人之利益爲標準以立法制，無論如何，必其有一部分不利於國家，或全部分不利於國家也。故吾得斷言曰：凡專制者，以能專制之主體的利益爲標準，謂之野蠻專制；以所專制之客體的利益爲標準，謂之開明專制。

附注：此論惟適於專制的國家，不適於非專制的國家。蓋在非專制的國家，則能制之主體，即所制之客體也。故雖以主體之利益爲標準，不害爲開明也。

吾欲申言野蠻專制與開明專制之異同，吾得古人兩語焉以爲之證。法王路易第十四曰：朕即國家也。（L'Etat c'est Moi.）此語也，有代表野蠻專制之精神者也。普王腓力特列曰：國王者，國家公僕之首長也。（Der König ist der erste Dieme des Staats.）此語也，則代表開明專制之精神者也。

附注：腓力特列時代之普國，固爲千古開明專制之模範；路易十四時代之法國，則非全屬於野蠻專制者，不過其言爲野蠻專制之言耳，當分别觀之。

準是以談，則國家所最希望者，在其制之開明而非野蠻耳。誠爲開明，則專與非專，固可勿問。何也？其所受之結果無差别也。但非專制的國家，其得開明制也易，既得而失之也難；專制的國家，其得開明制也難，既得而失之也易。非專制之所以優於專制者，在此點而已。

又：中國今日，固號稱專制君主國也，於此而欲易以共和立憲制，則必先以革命。然革命決非能得共和，而反以得專制。此其理，德人波侖哈克之說，最能爲確實的證明。吾昔譯之，今不避駢枝，再一述焉。

波氏曰：共和國者，於人民之上別無獨立之國權者也。故調和各種利害之責任，不得不還求之於人民自己之中，必無使甲之利害，能强壓乙之利害，而諸種之關係，常克相互平等，而自保其權衡。若此者，惟彼盎格魯撒遜人種，富於自治性質，常肯裁抑黨見以伸公益，以故能行之而綽綽有餘。若夫數百年卵翼於專制政體之人民，既乏自治之習慣，又不識團體之公益，惟知持各人主義以各營其私，其在此等之國，破此權衡也最易。既破之後，而欲人民以自力調和平復之，必不可得之數也。其究極也，社會險象，層見疊出，民無寧歲，終不得不舉其政治上之自由，更委諸一人之手，而自帖耳復爲其奴隸。此則民主專制政體之所由生也。

凡因習慣而得共和政體者常安，因革命而得共和政體者常危。請言其理。夫既以革命之力，一掃古來相傳之國憲，取國家最高之目的，而置諸人民之仔肩矣。而承此大暴動之後，以激烈之黨爭，四分五裂之人民，而欲使之保持社會勢力之平衡，此又必不可得之數也。於斯時也，其勢力最猖獗者，即彼鼓吹革命率先破壞之一團也。而此黨派大率屬於無資產之下等社會，其所舉措，往往不利於上流。作始猶簡，將畢乃鉅，其力既無所限制，自必日走於極端，而遂取滅亡。彼曷爲而致滅亡？夫既已自紊歷史上之權利，自傷政權之神聖，一旦得志，而欲以我新獲之權利，造成歷史的之根柢，雖百般擁護，未有能濟者也。於是乎社會階級之爭奪，遂相互迭起而靡有窮。

爭奪之極，其得最後之勝利者，則彼從夢中驚起之富豪階級也。然彼等雖勝利而已厭政權。何也？當彼之時，其握政權者常危殆也。彼等欲得政治上之權利，不過以保其生命財產之安全云爾。其既得之也，則必孳孳然復自營其生計，不惜出無量之代價以購求平和。而社會棼亂疲敝之已極，非更有獨立强大之主權，則終不能以奠定。故君權思想之復活，實剝復之道所必至也。然歷史上之國家，既已覆滅，今欲使一姓再興，重復其舊，則其結果更釀百弊。欲別擁新主，而無一人可認其固有之權利，即勉戴之以行君主議院制度，終覺其主權微弱，不足以拯沈痼瘡痍之社會也。於是乎民主專制政體，應運生焉。若此者，於古代之羅馬見之，於近世之法蘭西見之。

民主專制政體之所由起，必其始焉有一非常之豪傑，先假軍隊之力，以攬收一國實權。然此際之新主治者，必非以此單純之實力而能爲功也。而自顧己所有之權利，以比諸他國神聖不可侵犯之君主，而覺其淺薄無根柢也。於是不得不求法律上之名義，即國民普通投票之選舉是也。彼篡奪者，既已於實際掌握國權，必盡全力以求得選。而當此全社會渴望救濟之頃，萬衆之視線，咸集於彼之一身，故常以可驚之大多數，歡迎此篡奪者。而芸芸億衆，不惜舉其所血淚易得之自由，一旦而委諸其手，又事所必至，理所固然也。何也？彼時之國民，固已厭自由如腐鼠，畏自由如蛇蝎也。

此篡奪者之名，無論爲大統領爲帝王，而其實必出於專制。彼時之民，亦或强自虛飾，謂我並非以本身之權利，盡讓於此一人。而所定憲法，亦常置所謂國民代議院，謂以此相限制也。而實則此等議院，其權能遠在立憲君主國議院之下。何也？君主國議院，代表民意者也。君而拂議院，是拂民也。此等議院，則與彼新主權者，同受權於民，而一則受之於各小部分，一則受之於最大多數。故彼新主權者，常得行長官之强權。不寧惟是，議院所恃以與彼對抗者，憲法明文之保障耳。而彼自以爲國民驕子之資格，可以隨時提出憲法改正案，不經議會而直求協贊於國民，權利之伸縮，悉聽其自由。故民主專制政體之議院，伴食之議院也。其議院之自由，則貓口之鼠之自由也。

君主專制國，其諸臣對於國民無責任，惟對於君主有責任。君主立憲國，君主無責任，惟政府大臣對於國民而代負責任。民主專制國不然，惟新主權之民主，對於國民而負責任，他皆無之。雖然，所謂責任者，亦憲法上一空文耳。夫既已以永續世襲之最高權，委託之於彼，此後而欲糾問其責任，則亦惟視其力所能及，更破壞此憲法，而移置其主權耳。質而言之，則舍再革命外，無他途也。要之，此專制民主猶在，而欲與彼立憲君主政體之國民與純粹共和政體之國民，享同等自由之幸福，勢固不能。

波氏之說，就論理的方面觀之，其壁壘之森嚴也如此。就歷史的方面觀之，其左證之確鑿也如彼，雖有蘇張之舌，吾信其決不能難也。故持革命論者，如其假共和立憲之美名以爲護符，毋寧簡易直捷以號於衆曰：

吾欲爲劉邦，吾欲爲朱元璋。則吾猶壯其志服其膽，而嘉其主義之可以一貫也。而必曰：共和焉，共和焉。苟非欺人，必其未嘗學問者也。夫卽欲爲劉邦、朱元璋，則又何足諱者？亦視其力能致焉否耳。能致與否，一在自力，一在他力。他力者，則當還問諸社會。審中國今後社會能許容劉邦、朱元璋出現與否。苟能致焉，則或能緣此而得純良之開明專制，寧非中國之福？而必曰：共和焉，共和焉。吾信其持之不能成理也。無已，則其爲曹操、劉裕乎？揖讓於中央，而社會全體之秩序不破，則無有如波氏所云云者，如其欲共和，則或可以達於共和。顧吾信今之未必有其人也！卽有其人焉，則與其共和，不如君主立憲，與其君主立憲，又不如開明專制。

抑吾聞持革命論者，固有詞矣。曰：君權民權之轉捩，其樞機所在，爲革命之際，先定兵權與民權之關係。蓋其時用兵貴有專權，而民權諸事草創，資格未粹，使不相侵而務相維。兵權漲一度，民權亦漲一度。逮乎事定，解兵權以授民權，天下晏如矣。定此關係，厥惟約法。革命之始，必立軍政府。此軍政府既有兵事專權，復秉政權。譬如既定一縣，則軍政府與人民相約，凡軍政府對於人民之權利義務，人民對於軍政府之權利義務，其犖犖大者，悉規定之。軍政府發令組織地方行政官廳，遣吏治之，而人民組織地方議會。其議會非遽若今共和國之議會也，第監視軍政府之果循約法與否，是其重職。他日既定乙縣，則甲縣與之相聯，而共守此約法。復定丙縣，則甲乙縣又與丙縣相聯，而共守約法。推之各省、各府亦如是。使國民而背約法，則軍政府可以强制；使軍政府而背約法，則所得之地咸相聯合，不負當履行之義務，而不認軍政府之權利，如是則革命之始，根本未定，寇氛至强，雖至愚者不內自戕也。洎乎功成，則十八省議會，盾乎其後，軍政府卽欲專擅，其道無由。而發難以來，國民瘁力於地方自治，其繕性操心之日已久，有以陶冶其成共和國民之資格。一旦根本約法，以爲憲法，民權立憲政體有磐石之安，無漂搖之慮矣。節録某報述某氏之言。此其言若甚辯，若其諸前提果悉爲正確者，則其斷案亦當爲正確。顧吾試一一詰之。彼首難革命者，其果能有此優美高尚之人格，汲汲於民事乎？若非其人，則一切成反對之結果矣。而論者必曰：吾所希望者，謂有此人也。且子寧能輕量天下士？今讓一步，如論者言，果有此人矣，然事非一人所能集也，必有佐命者。佐命者果能皆有此優美高尚之人格乎？皆能以此人之心爲心乎？吾見其百千人而不得一也。卽論者亦言，狂放躁進之士，不知革命而言革命，罪不容於誅，是論者亦認有此等人也。而此等人，或其於首難以前，有大勳勞於煽動者也，首難以後，能毋與共事乎？若與共事，萬一破壞我約法，以凌踏吾民，奈何？有一於此，則軍政府之信用遂墜也。論者謂根本未定，雖至愚者不內自戕，恐彼輩之愚，或有非論者測算所及也。且論者如專語道德上責任，謂革命軍人及其所遣之吏，皆神聖焉，而必不肯自犯約法，斯其説差完耳。若語利害上比較，而曰軍政府雖欲自犯約法，恐緣此失其已有之權利，故有所憚而不敢爾爾，而此憚心卽人民權利之保障，此欺人之言也。夫人民所有此區區之權利，出自軍政府之殊恩，非自初有所挾，而使軍政府不得不予我者也。軍政府欲奪回之，隨時可以奪回之，此正波氏所謂貓口之鼠之權利也。人民所恃以抵抗惟一之武器，毋過不納租税，卽論者所謂不負當履行之義務也。而軍政府屯一小隊以督收，其何術以不應？彼英國一六四二年之役，人民苟非有國會軍以盾其後，其亦安能不任其誅求也？若謂軍政府不肯悖初心，則此一念誠足爲保障矣。若曰不敢內自戕，則此非所謂自戕也。何也？此不足以損軍政府而壞其成功也。我國數千年革命家，孰非如是，而敗者自敗，成者自成矣。故欲完論者之説，則非人人皆有道德責任心不可，而革命黨員，能如此耶？是吾之所疑也。而論者必曰：若有此種不道德之人，吾決不與共事，或既共事而干軍紀者，吾可與衆棄之。今復讓一步，如論者言，與衆棄之矣，一二人誠易易，若多數將若之何？可勝誅乎？且人才得毋不給乎？而論者必曰：吾黨率皆優美高尚之人，敗類決不至多數。有一二焉，懲以警百，其他中才，畏此簡書，雖欲干，寧敢也？今復讓一步，如論者言，人材如林，悉神聖矣。若是乎主觀方面。既已圓滿無遺憾，然尚有客觀方面，所謂客觀方面者，非指舊政府也。吾中國歷史上慣例，凡有一有力之革命軍起，其勢既能披靡一省以上者，則必有多數之革命軍，蠭起而響應於他方，此當爲論者所能知也。能保他之革命軍，皆服從於我軍政府，爲同一之組織乎？使其手段與我反對，而其勢優勝於我，則將若何？此未可援華盛頓以爲例，謂祇有唯一之革命軍而他無之也。華盛頓受十三省政府之委任，非可與起草澤者同年而語也。而論者必曰：是殆無之，若有之，則今何故不起？今不起是不能起也。蓋非如吾黨之人才衆多，布置周密者，以云起，談何容易？是必待我之起，奔走來同已耳。吾以爲此非篤論。無陳涉、李密而秦隋晏然，一涉一密起，而百涉百密繼，不得謂前無有者，後卽無有也。且《兵志》曰：毋恃不來，恃有以待之。夫安得以殆無云云逃難也。論者將曰：吾以大義曉之，當相從。不從奈何？伐之耶？是生第二敵也。不伐之耶？養其勢將不可撲滅，益生第二敵。而論者必曰：吾無待伐之，我厚於民，民必歸我。彼將自滅。且彼中若無豪傑耶，其勢必不能張。彼中若有豪傑耶，豈有不表同情於我軍政府之共和主義者？其偏裨且將捧其元以輸我矣。若猶跳梁一方，則待我倒中央政府後，繫豕於其牢耳。吾以爲此亦未必然也。民，無力者也，苟彼軍勢盛，雖欲歸我，其安可得？故民可無論。彼無豪傑，則勢不張，固也。然豪傑不必皆聖賢，彼以邦璋主義，攀龍鱗附鳳翼者集焉，亦何嘗不可以得豪傑之死力？論者將曰：此非今世之豪傑，不適將不能生存。雖然，亦安知今世之豪傑，不有與吾同一頑固，謂中國萬不能共和立憲，惟當用開明專制者，思戴一劉邦、朱元璋以期實行？孰爲適，孰爲不適，未可知也。今又連讓數步，如論者言，必無他革命軍起矣；有起，喻以大義而能從矣；不從，劣敗而淘汰矣，於是乎舍舊政府外更無第二敵。雖然，尚有他之客觀一方面焉，人民是也。人民果最初而能安軍政府之政耶？政府新建，百事需財，而況方在用軍，其所取於民者必奢，無待言也。我國民義務觀念素未發達，軍政府語之曰：汝其忍一時苦痛，以易無量幸福。無量幸福在將來，彼未之見；一時苦痛在今日，固已切膚也。若最初不肯受軍政府之約法奈何？受矣而背之奈何？論者必曰：吾政府有强制力。强制之程度奈何？薄則狎而不懲，厚則憚而滋怨。於彼時也，軍政府所遣之吏，有一焉稍任血氣，而所行强制，或出於原約權利義務範圍外者，則約遂破而軍政府之信用遂墜。此事勢相逼，無論何人，不能謂其必無者也？故吾謂寧學前代之野蠻革命，所過鹵掠，猶可以給軍實而成大業，逆取而順守焉。事定與之休息，民亦司空見慣，不能無受。若自始而與言權利焉，義務焉，導以半明半昧之識想，及政府有不給，勢將行動於所約權義範圍以外，吾見其滋自困也。而論者必曰：子何敢侮蔑我國民，我以仁義之師，拯諸水火，而且吾常有辯才之士焉，集所治而教誨之，義務觀念，可驟生也。況吾黨孔僅、劉晏之才，車載斗量，能以間接税或其他方法整理財政，使吾民不感苦痛也。夫當戎馬倥偬、交通榛塞、商業頽敗之際，其果能得多數之間接税與否？吾蓋疑之。抑吾聞論者一派所主張，於民族主義、國民主義以外，尚有所謂民生主義者，摭拾布魯東、仙士門、麥喀等架空理想之唾餘，欲奪富人所有以均諸貧民，卽其機關報所標六主義之一云土地國有者是也。夫以歐美貧富極懸絶之社會，故此主義常足以煽下流。若其終不可以現於實際，卽現矣而非千數百年以內所能致，此世界學者之公論，非吾一人私言也。論者所戴之首領，其或偶涉西史，偶踐西土，見夫各國煽動家利用此主義而常有效也，羡西子之顰而自捧心焉，吾不知其將來之軍政府，與其將來之領土內人民所約法者如何？度此主義亦其一也。而土地國有之單獨税，卽軍政府莫大之財源，而恃以給軍實、興民治者也。信如是也，吾竊以爲誤矣。昔洪秀全所以致敗者不一端，而最失計者，莫如政治革命與宗教革命並行。曾胡諸公，所以死抗，半亦宗教之觀念驅之，如舟行逆風而張兩帆，一之已甚，兩則更安能勝也。故雖有表同情於甲主義者，若乙主義不得不相敵，敵之所以滋多也。而敵其乙主義者，又多屬於上流社會之人，故立於必敗之地也。今論者得毋亦欲張兩帆乎？政治革命與社會革命並行，并種族革命而三帆矣。信如是也，則吾信其與甲縣約法之後，而乙丙諸縣，雖如晚明之揚州、嘉定而不能下也。苟能下焉，則必乙丙等縣之游蕩無賴子乃至乞丐罪囚之類，豔羡富民之財產，可以均占，利用新政府之主義，而屠上流社會之族，瀦上流社會之室，而挾此功以來降也。信如是也，民則與其歡迎此神聖之革命家，毋寧歡迎李自成、張獻忠之爲愈也。且其所謂地方議會者，若何組織乎？普通選舉耶？制限選舉耶？若行彼所謂民生主義，吾知其議會議員，必皆爲家無儋石、目不識丁者而已，以此簧鼓莠民，景從者豈患不衆，但不知議會果復成何議會，而政府果復成何政府也。夫彼所戴之首領，吾固嘗識之矣。彼所持三大主義，固嘗與吾言之矣。吾叩其何以以社會革命同時並行，彼曰：緩則無及也。大革命後，四萬萬人必殘其半，少亦殘其三之一，積屍滿地，榛莽成林。十餘年後，大難削平，田土之無主者十而七八，夫是以能一舉而收之。余所以必主張大流血者，誠以非此不足以達此目的也。吾當時聞其言，惡其不仁，且憫其不智，而彼今猶揭櫫此義以號於天下，明目張膽以欺學識幼稚之人，卽論者當亦親炙之而與聞其政策之所存矣。而獨怪其昔之所以語我者，曰四萬萬人死亡過半後，此主義最利於實行。今之所以語論者，曰軍政府徇得一縣卽立一縣之地方議會，其已變前説耶？卽所謂民生主義，所謂社會革命者，固大張於其機關報中，其未變前説耶？吾不識此兩現象何以能相容也。嗚呼，豈憔悴之未極，寧滅亡之不亟，其忍更以此至劇烈至危險之藥以毒之而速其死也。故吾於他端可以讓步焉，若此一端則寸毫不能讓也。非吾之不讓，而論者斷無從自完其説也。而論者或曰：吾別有良法，組織地方議會，使民悦服，非汝淺識所知。若是則吾更讓一步，如論者言地方議會成矣。洎乎功成，十八省議會盾其後矣，而自發難以暨止戈，遂能陶冶成其共和國民之資格乎？此真非一言所能盡也。嘗察社會之進步，恆在平和時代，此徵諸中外歷史而可信者也。而戰亂亦時有助長進步者，蓋社會以惰力充塞，無道以振之，經一度戰亂後，或能滌淤血而生新血焉。如論者所謂革命與教育同功，其言固含有一面真理，吾不能抹煞也。社會惰力之理論者，未嘗言及吾所言，其卽論者之意與否，不可知。吾意則謂戰亂足以助長進步者，惟此一端而已。顧同一戰亂，其能生良結果，或生惡結果，則視主治者所以救濟之手段何如，與夫國外之他力所以相加者何如。不能謂戰亂必助長進步，故曰一面真理也。然此一面真理，猶有界説。謂戰亂助長進步者，進步之機，雖或與戰亂同時發生，而進步之效，必在戰亂經過後良久良久而乃可見。故以外形論之，仍得曰社會之進步，恆在平和時代也。所以然者何也？凡人必先於生命之安全，得確實保證，然後乃能營心目於他事；次則勞力所入，足以飽暖其軀而卵翼其孥，然後乃克進而謀優美之生活；次則本羣之人，其生命財產之現象，能與我得同樣之安適，然後秩序生而相與駢進。若戰亂時，則此三者皆不易見也。如論者言，徇一縣規興一縣之自治，無論主治者未必皆賢，不能以法制爲彼平和之保障也，卽皆賢矣，皆能矣，而能保敵軍之不來侵乎？此生命之不確實者一。能保亂民之不竄入滋擾乎？此生命之不確實者二。雖侵者擾者，軍政府能防禦撲滅之，然民固日懷鬼胎，不能卽安，此亦無如何者也。生命且不確實，他更無論矣。卽漸就奠定，此兩者皆不足患，而其壯丁大率服兵役義務，餘老弱以居守，則農工業必荒落；風塵澒洞，干戈滿地，九州豺虎，交通道絶，則商業必彫敝。而新政府以有限之領土，負莫大之軍資，不取諸民，將焉取之？竭澤而漁，良亦難已；玄黄之馬，而負以重而致諸遠，庸能堪乎？故民之所入，恆不能有餘於自養，又勢所必至也。比戶彫殘，相濡以沫之不給，而與之言權利義務，言秩序規律，言地方公益，言國家大計，其安能入也？論者試平心思之，此現象其果戰亂中必至之符否也？若是乎，吾以爲雖有軍政府之勸導以設立地方議會，此議會終不過與前此一鄉局公所等，必無補於民權思想之漲進，而能力更無論也。而論者或曰：吾有超羣絶倫之政治家，能使戰亂中一如平和時，由種種方面以助長其發達。吾以爲既命曰人，則度量相越不遠，苟非帝實相之，則人力斷不能至也。論者又云：求所以濬國民之愛情者，自心理以言，則爲教育。自事實以言，則爲革命。革命與濬國民愛情，兩者於論理學上有何聯鎖，願論者有以語我來。則又復讓一步，如論者言能致矣，則吾將與之計其時日。論者不云乎，陶冶成共和國民之資格也，吾不知所謂資格者以何爲標準。諒南美中美，一邱之貉，必非所望也。然則其必北美合衆國，次亦法蘭西。論者其亦思合衆國之共和國民資格，養成之者幾何歲月乎？受之於英者數百年，免父母之懷而爲獨立生活者又數百年也。新英倫諸州，當十七世紀而已儼成一政府之形也。當獨立軍起時，而十三省既早有憲法、有政府、有議會也。夫是以一脱英軛，舉而措之。若法蘭西則自十字軍以前，卽有所謂地方評議會者，直至大革命時代未嘗中斬，然猶演此慘劇，七十年中政體六變，至今其能成共和國民資格與否，猶未能信之。論者如曰：不必有共和國民資格，而何以成共和國也。或曰：中國人生而有共和國民資格，無待養也。則吾靡從難焉。如曰養也，則試問自揭竿以迄洗甲，歷年幾何？吾以爲今後之中國，不容有三年以上之戰亂，有之則國必亡矣。今讓數步，五年耶，十年耶，二十年耶，極矣！以十年二十年之學力，而謂可以與他人學數百年者有同一之成績，吾不知其誰欺也！而謂軍政府雖欲專擅，其道無由，吾又不知其誰欺也！吾頗聞論者所戴之首領，嘗揚言於衆曰：中國可以一蹴而至共和，不必由君主立憲以進於共和。如鐵路之汽車始極粗惡，繼漸改良，中國而修鐵路也，將用其最初粗惡之汽車乎？抑用其最近改良之汽車乎？嘻，何來此異言也！夫謂國家非由君主立憲以進於共和立憲，可也，兩者原不相蒙也。若乃鐵路汽車之喻，則真聞所未聞也。夫所謂良也惡也，本屬抽象的觀念，非具體的觀念，語政體之良惡，而離夫人與地與時三者，而漫然曰，孰爲良，孰爲惡，此夢囈之言也。故達爾文言優勝劣敗，而斯賓塞易以適者生存，誠以主觀的良惡無定形，而必麗之於客觀的適不適以爲斷也。故彼以君主立憲爲粗惡，以共和爲改良，其前提已極不正確。今讓一步，如彼言共和果良於君主立憲矣，然果如彼言，我欲改良卽改良之，如改惡汽車爲良汽車之易易乎？國家有機體也，信如彼言，則何不曰他樹已綴實，此樹可以毋綻花而穫果也？何不曰人子已有室，我子可以未髫齔而爲之娶也？如曰有機體説，太蔑人演，不足以例國家，則國家者人類心理的集合體也，宜無以爲難也。信如彼言，則何不曰，世界既有詩古文詞，吾可以毋學識字造句而能爲李太白、韓昌黎也？則何不曰，世界既有比例開方，吾可以毋學加減乘除而能爲梅宣城、李壬叔也？夫十七八世紀學者，迷於空華，醉於噩夢，謂國家如一器械焉，吾欲製則製之，欲改則改之，吾憑吾心之規矩，以正其方圓，斯足矣。近今數十年，好學深思之士，遠鑑歷史，近徵事實，然後知其事非若是之易易，蘄拾級而升焉。國家器械説之銷匿聲跡，蓋亦久矣。而豈圖彼人乃摭棄置之唾餘，復贅以不倫之取譬，彼演説語，尚有云各國發明械器者，皆積數十百年始能成一物，仿而造之者，歲月之功已足，此正是最膚淺之國家器械説，不知物質現象與心理現象之差別者也。敢公然演説於號稱文明社會之學界，而學界中以之爲蝦而自爲之水母者，且若干焉。在彼人果目無餘子，欺人太甚，而我文明社會之程度，抑一何可哀也！夫彼人則吾何必與爲難，但其説既足以愚弄一部分之人，其所説者又如促人登樓而不以梯也，吾恐其隕而墜者紛紛也。夫安得不一辨也！吾今絮絮千言，皆駁發難以來陶冶成共和國民資格一語，論者其可以心折乎？

而論者或將曰：所謂共和國民資格者，不必程度若彼其高也，但成一雛形焉，遂以建一共和政府，使民躬其事。有錦而學製焉，夫亦愈知治矣。吾今則爲最後之讓步，姑以雛形而建共和政府矣。但所建設者爲何種類之共和政府，論者及其所戴之首領亦曾計及否耶？世界共和立憲國數十，其性質決非同一，且有絕相反者。中美、南美可勿論，其最有名而可供模範者，宜無若美、法、瑞士三國。三國政體，其相同之點固多，其相異之點，抑亦不少。今勿語他事，惟語其中央政府，又非能詳語也，惟語其略。瑞士純粹之共和制也，其立法部代議制與直接制並行。代議立法制者，國民選舉議員以組成議院，而議院行立法權也，現今歐美各國所行是也。直接立法制者，人民各自有立法權也。古代希臘各邦，中世各自由市所行是也。瑞士每人口二萬舉議員一人，以組織代議院，通常法律於此採決焉。而其憲法第八十九條云，凡重要之法律，須行全國普通投票以取決，此則直接制也。法律之爲通常、爲重要，於何定之？則有公民權者三萬人連署認爲重要，斯有重要之資格，必付諸直接取決矣。其行政部，非如他國之有一首長，惟置行政委員會，委員七人，而其委員長於國際上代表瑞士。他國所認爲瑞士大統領者，卽此委員長也，與其他共和國大統領，性質絕異。行政委員純立於立法部之下，立法部以上下兩院構成，上院代表各聯邦，下院代表人民。受立法部指揮，其餘各行政官有由立法部任命者，有由人民直接選舉者，此其大略也。美國憲法，採絕對的三權鼎立之制，立法部、行政部之人，決不許相雜廁，以元老院、代議院組織立法部，而行政部則大統領爲之首長。其國務大臣，則大統領之高等官，其位置與尋常官吏同，而與其餘立憲國之國務大臣異。大臣對於議會不負責任，惟大統領對於國民負責任。大統領及大臣皆不能列席於議會，故立法部與行政部常缺聯絡。而其憲法所規定行政部之權限甚狹，行政首長及其官屬不能提出法律案於立法部。大統領惟於兩院所議決之法案，有拒不署名之權，不署名則不爲法律。雖然，當其拒之也，將案付兩院再議，若有三分之二贊成，則不得再拒。故行政首長有所懷抱之政策，不能自行之，惟密授意於立法部，求其提議。而行政首長又無解散議會之權，議會亦無令行政首長辭職之權。故立法部常可以制行政部之死命，而行政部不得不仰其鼻息。立法部内有委員會四十八種之多，行政實權殆全歸其手，故學者或稱美國政治爲委員會政治，此其大略也。法國又與美國異，置大統領，名爲行政部首長，而又稱國家元首，無責任，美國大統領絕對的負責任，可受審判，與常人無異。有停止議會、解散議會之權。其下置國務大臣，名爲大統領任命，實則進退之權，全在立法部。國務大臣對於議會，絕對的負責任，初受職必先發布政綱，其政綱經議會多數認可則就職，否則或大臣辭職，或解散議會。就職以後，每遇一問題，議會對於國務大臣所發表之政策，隨時起質問，隨時行信任投票。信任投票，一旦以多數否決，則或辭職或解散，亦如之。國務大臣得以立法部議員爲之，其非議員者亦得列席於議會，此其大略也。綜以上三國之異點，則行政首長爲一人爲多人，一也；行政部爲立法部之委任機關，抑離立法部而獨立，二也；行政部首長能否有解散停止立法部之權，三也；能否以一人而兼奉職於立法、行政兩部，四也；國務大臣是否隱於行政首長責任之下，抑別對於立法部而自負責任，申言之，則立法部能否有迫令國務大臣辭職之權，五也；行政部能否直接提出意見於立法部，六也；行政首長，是否適用元首無責任之通例，七也。以上七端，不過舉其犖犖大者，其他爲一國獨有，萬不能行於他國者，勿舉之。如瑞士之直接立法制。今論者自言建共和政府，則於此種種歧異且反對之成例中，將何所擇而何所從耶？此吾所亟欲聞也。論者其或不屑與吾言耶。夫既以能破壞能建設自命，則其所謂建設者，殆必有成竹在胸，雖不爲吾一人言之，毋亦當發表之於國中，待輿論之評判而廣收同情也。就吾之末學譾識，從種種方面推演之，若美國行政部、立法部同受委任於國民，職權不相攙越，而任期復有一定，行政部不能令立法部解散，立法部不能使行政部辭職，則更迭不致頻繁，而政治得永續性，是其所長也。然此當視其行政部權限範圍廣狹何如。範圍太狹，則一切被束縛於立法部之意見，不能自由以行其政策；範圍太廣，則將濫用其職權，無所限制，而反於共和政治之本意。夫所謂廣其範圍者，何也？如彼立憲君主國，有所謂緊急命令、獨立命令之大權者是已。然此只能行諸君主國，不能行諸如美國之共和國。其故何由？君主國有責任大臣之制，議會對於政府，可隨時就政治上、法律上糾其責任而退其職，故不得以自恣。若如美國制，則大統領一任四年，而國務大臣，又大統領私屬之官吏耳。倘憲法上許其有發表命令之權，則其所發表命令，就法律方面，雖可以監督之，如不得以命令變更法律。而就政治方面，無術以監督之。議會不能有因政治上過失而付大統領於裁判之權也。美國大審院有審判大統領之權，審判有罪，可退其職，然非謂政治上之過失，亦得以爲刑事犯罪，以司法權糾問之者也。如是，則彼於在職期限中，可以爲所欲爲，如法國大革命時代之十二行政委員是也。中國若於新革命後而採此制以立憲法，則其慘劇或將甚於法國，而行之久而敝亦益甚。然則仿純粹之美國制，以憲法限定行政首長之職權，其憲法無明文者，一切不得專擅。如是，則大統領勢將變爲立法部之奴隸，苟非伺兩院之眼波，雖有賢才，不能行其志。夫向者東京留學生設總會館，墨守孟氏三權鼎立之意，而執行部幹事，常被束縛於評議部議員。此雖小劇，亦一般鑒也。於斯時也，苟立法部與行政部生衝突，則國事將無一能辦。何也？無立乎其上以調和之、判斷之者也。故雖以美國之老於共和，而迄今已不得不變成議會專制，勢使然也。夫兩部之常有衝突，無論何國，不能免也，而程度幼稚之國爲尤甚。我國今日若革命而行共和制，則其議會中人，非頑固之老輩，則一知半解之新進也。於此行政首長而不得人耶，則與之俱敝；行政首長而得人耶，則因衝突而束手以終其任期耳。故純粹之美國制，若爲國家永遠計，固萬不可採，以其戾於主權不可分之原理也。此世界學者能説明之者也。若爲中國革命後新造計，則尤不可採，此吾鑒於我國民現在之程度而敢決言之者也。然則其學法國乎？法國有一無責任之大統領立於兩部之上，能有彈力性以爲之調和，故國務大臣對於議會而負責任。議會可要求大統領退大臣之職，大臣亦可要求大統領解散議會。而或退職，或解散，惟大統領所欲。故可以使行政部之在職者，嘗得立法部多數之贊同，不至如美國之相持而莫能下，此其所長也。然一度解散議會之後，苟再選舉，而議員仍要求大臣退職，則大統領遂不得不屈於議會，此共和制之性質使然也。英國亦有此習慣，然英不過習慣耳。法則不得不爾，蓋君主與共和根本的差異也。夫議會既有進退國務大臣之權，則其結果之良否，不可不還求諸議會之自身。英法兩國，其國務大臣與議會之關係，表面略相似也，而英國之結果常良，法國之結果常惡。英則一內閣或亘十年二十年，其政策常持久而一貫；法則自第三共和以來，未有亘二年不易內閣者，或乃一年而更迭數四焉。英則國務大臣，常指導議會；法則伺議會之顰笑惟謹，不惜降志辱身以求容，故論者比諸古代之横議政治，Government by mass meeting 而法人中改正憲法之論，且日盛也。此何以故？其原因實存於議會之自身，而其最高之原因，則又存於國民之自身。質而言之，則法國國民，未有運用此種政治之能力而已。故其制度雖稍優於美國，而其成績反在美國下也。綜美、法、瑞三國，其異點雖有多端，而有一大同者焉，曰議院政治。政權全在議院，謂之議院政治。是也。瑞則憲法上、事實上皆爲議院政治，無論矣。美則憲法上不許爲議院政治。法則憲法上可以不爲議院政治，而事實上固皆已爲議院政治，共和之性質使然也。君主立憲國，其憲法上皆可以不爲議院政治，而事實上有爲議院政治者，如英國。有不爲議院政治者。如德國、日本。共和國則無論其憲法如何，而必出於此一途，性質上根本之差異使然也。共和立憲國既終必歸於議院政治，吾於是得一前提焉，曰凡國民有可以行議院政治之能力者，卽其有可以爲共和國民之資格者也。夫議院政治之美，其誰不豔羨焉。然如德國，如日本，其間非無卓拔之政治家與明達之學者，而不肯主張此最美之政治者，何也？內自審其民，而知時有所未可也。凡議院政治，恆以議院之多助寡助，黜陟政府，故議院大多數人，有批判政治得失之常識，此第一要件也。夫使普國而爲議院政治，則當普奧將宣戰時，俾士麥不得不辭職，而後此之德意志帝國，何從湧現也？語曰：非常之原，黎民懼焉。又曰：凡民可與樂成，難與慮始。故大經世家萬里之志，百年之計，常未必爲流俗之所喻。反是，而野心薄倖者流，常能投合一般淺識者之感情，以煽動而弋一時非常之廣譽。苟其藉多數而卽可以篡政柄焉，此羅拔士比、馬拉所以涸巴黎之血，而奇亞尼所以以一無賴子而覆加富寬尼之憲法也。以吾今日之中國而欲行議院政治乎？吾固言之矣，非頑固之老輩，則一知半解之新進也，此非吾敢爲輕薄之言，實則平心論之，其程度不過如是也。苟老輩者多數焉，則復八股之議案，可以通過也；苟新進多數焉，則盡阬滿洲人之議案，可以通過也。而政府若否認其議案，則頃刻不能安其位，而彼之首領且將代之而實行之也。夫今之北京政府，以羣耄當艱鉅，人人謂中國前途危險，不可思議，而不知今易以議院政治，其險亦猶是，而或乃更甚也。謂余不信，試觀去年東京罷學事件與上海罷市事件何如矣！又議院政治，既恆以議院之多助寡助，黜陟政府，而多寡之數，與黨派有密切關係，故有發達完備之政黨，其第二要件也。日本小野塚博士論政黨發達之條件有七：一，政治上之大原動力，舍政黨以外，他無所存。二，僅有二大政黨。三，二大政黨，由歷史上發達而來，基礎鞏固。四，政治才悉網羅於二大政黨中。五，二大政黨之意見，皆極穩和，且二黨略有共通之基礎。六，二大政黨，皆有訓練，富於責任觀念。七，二大政黨所認爲內閣交迭問題以相爭者，必屬於重要事件。今請略詮其義。夫使政黨以外，尚有他種之政治上大原動力，則雖非被敵黨所攻，而自黨常或不足以擁護自黨之政府。夫此種原動力，非必其出於議院也。如日本之藩閥是。於是議院政治之基礎不固。若乃必貴乎二大政黨者，何也？夫弈者舉棋不定，不勝其耦，況乃政治上計畫爲國家前途計者，舉一事也，或期其效於數年，或期其效於數十年，必久任而後盡其才。而五日京兆，必無良績，此中外之通議矣。政治交迭頻數，其非國家之福也，明甚。然在大權政治之國，則得君專者可以行政久。而議院政治，其權既在多數，故惟能常保多數者爲久任，又事理之易明者也。欲常保多數，其道何由？曰：當常恃自力而無恃他力。何謂他力？如一院中有若干黨，地醜德齊，無論何黨，皆不足以制多數。吾於此而欲得政權也，則與就中二三黨密相提攜焉。或借一問題以刺激餘黨之感情，使忽表同情於我，則吾本不得多數者，有此外助，而驟成多數矣，於是吾黨遂入而受政。雖然，此策也，我能用之，人亦能用之，我所密相提攜之黨，其分子之結合，本不鞏固，一旦可以崩潰而別與他黨提攜。而我能借一問題以刺激餘黨使爲我援者，人亦能借一問題以刺激餘黨使爲我敵。不轉瞬復成少數，而政柄不能不解矣。故在小黨派林立之國，其議院所謂多數少數者，一歲之間，恆三盈而三虛，而政府亦變置如弈棋。故執政者不得不伺人色笑，或乃至枉其政策以求容，其黠者則嗾羣黨相鬩，而自收漁人利已耳。法之現象，殆若是矣。故其民厭議院政治，如鯁在喉也。英則不然，國中惟有兩大政黨，勢力恆足以相頡頏。自餘小黨一二，其細已甚，舉足左右，不足爲輕重。故常能以自力制確實之多數，而基礎不至動搖。而甲黨既得政，其乙黨之在野者，惟立於監督之地位，苟非遇極重要事件，則不起野心而争交迭。故政府黨既不敢自恣，而亦不至常自危，得以實行其所懷抱以福國家也。然此惟英美兩國能有之，而他國皆不能，何也？則小野塚氏所舉第三、四、五、六項，實盎格魯撒遜人種之特長，而所以有此特長者，則第三項尤要焉，蓋歷史上發達使然也。彼其浴立憲之澤者已數百年，而自餘諸國學其步者，乃不過一世紀內，或且不滿半世紀也。由此觀之，此資格之養成，其難也如此。使如論者所戴首領之言曰：既有良汽車，吾不必用粗惡之汽車也。則知有良汽車者，豈惟足下，而德國、日本，必以粗惡者自安，其愚何可及也？而法國之乘良汽車者何如矣？而中美、南美諸國之乘良汽車者又何如矣？夫非議院政治者，又非政府對於議會而不負責任之謂也。議會爲監督機關，立於補助地位，而非爲指揮機關，立於主動地位，則既已得人而任政府，其人固不敢自恣，而亦不至常自危。苟國民程度，未能誕育完美之政黨如英國者，則惟此乃適，惟此乃能生存也。而還視我中國，則何如矣？人亦有言，今之中國，無三人以上之團體，無能支一年之黨派。雖今後或者稍進乎？然亦僅矣！憲法既布，則無論爲君主爲共和，而政黨必句出萌達。於彼時也，試想我議院黨派之情狀何如矣？今世界號稱政黨最多者，莫如奧大利，其占席於議院者，凡十八黨，議員總數四百二十五人中，其最大黨不過占六十人，其最小黨乃至占四人，天下稱奇焉。若我國而開議院也，議院而有五百人也，吾敢信其黨數必過百，而最大黨所占無過二三十，而一黨得一人者乃最多也。經開明專制訓練後，十年乃開議院，可不至有此。若今卽革命，革命後召集議院，此現象必不能免也。於此而用爲監督補助機關，使其習而漸進焉，猶利多而弊少。若用爲指揮主動機關以左右政府，苟其採法國制，則浹旬之間，內閣可以更迭十次；苟其採美國制，則將今日出一政策焉，命大統領執行，明日出一正反對之政策焉，又命大統領執行，否則相持而一事不能辦，一律不能頒也。信如是也，吾不知政府復成何政府，而國家復成何國家也。吾於是復得一前提曰：今日中國國民未有可以行議院政治之能力者也。吾於是敢毅然下一斷案曰：故今日中國國民，非有可以爲共和國民之資格者也。今日中國政治，非可採用共和立憲制者也。論者謂事定功成，卽解兵柄，而建共和政府。夫誠欲建共和政府，則非事定功成而卽解兵柄，固不可也，不然則爲克林威爾也。卽解兵柄，頒憲法，則雖舊軍政府之首領，復被舉爲行政首長，而亦必須行動於新憲法權限之內，不然，則違憲也，大逆不道也。而此新憲法者，無論採美國、採法國、採瑞士，而其議院政治，皆足以苦行政首長。行政首長引身而退耶？高則高矣，而坐視國民塗炭，將釀第二次革命，功不足以償其罪也。從而干涉之耶？則又違憲也，大逆不道也。然則其所定憲法，廣行政部之權限，認議會爲補助機關耶？則大反共和之精神，用之一時，雖或有利，然憲法者，比較的有固定之性質者也，非可以輕爲變置者也。既號共和國，而以反於共和精神之憲法予之，使根本動搖，貽患無窮，功又不足以償其罪也。故吾爲革命後建設共和國政府者計，百轉迴腸，而終不得所以處之之道，論者其何以教我耶？吾之此論，謹守論理，嚴據歷史，未敢有一言憑臆見，任意氣也。論者所戴首領，其不知此理而爲此言耶？則吾勸其學成乃語天下事；其明知此理而爲此言耶？則是欺四萬萬人皆無目也。抑吾今並對於論者之説，固已連讓十餘步，乃達此最後之結論矣。使前所讓者，有一非如論者言，則不必達於最後一問題，而論者之説，固既可以拉雜摧燒之。卽使前所讓者，皆如論者言，苟不能解此最後一問題，則論者之説，猶當拉雜摧燒之。

附注：某報有一文，題曰：《論中國宜改創共和政體》者，其大端在駁鄙人前譯波侖哈克之説。其言曰：欲解決此問題，當有三前提：第一、能力果絶對不可回復乎？抑尚可以回復乎？第二、回復之時期，能以至短之期限回復之乎？抑必須長久之歲月乎？第三、回復之後，卽能復有完全之權利乎？彼其所以解此三問題者，凡數千言，若甚辯者然。吾以謂彼之第三問題之解決，吾所絶對的承認者也。雖然，必其第一、第二前提既已正確，然後第三前提有可言。否則第三前提，無辯論之價值也。今案其所以解釋第一前提者曰：天下事惟無者不易使之有，有者斷難使之消滅。此二語又吾所願承認者也。然惟承認之，正可以彼之矛，陷彼之盾。蓋此二語，不足以證實彼説，而反足以證實我説也。何則？惟本已有而今暫無者，乃可云回復，若本無而今欲使之爲有者，則發生之謂也，非回復之謂也。夫就性質上言之，謂吾國民將來有可爲共和國民之能力，則吾無以難焉。若就事實上言之，而謂吾國民前此既已有爲共和國民之能力，此則吾雖極敬愛吾國民，而萬不敢作此語以自欺者也。蓋語本來之性質，則既名之曰人類，自有人類之普通性。既有其普通性，則必可以相學而能相肖。以此言之，豈惟吾國民能爲共和，凡屬圓顱方趾者，未有終不能爲共和者也。然此發生之云，非回復之云也。更精密言之，則本能有而疇昔尚未有者，可以使之發生。本能有且疇昔已有而忽以他故偶無者，可以使之回復。故能使中國國民發生共和資格與否，是可以成一問題也。而此問題解答甚易易，吾敢一言斷之曰能也。而發生期限之長短，則屬於別問題，若夫能使中國國民回復共和資格與否，是不可以成一問題也。譬如一常人於此，而曰此其人能發生其膂力使若賁獲否，此可以成一問題。若曰此其人能復回其膂力使若賁獲否，是不可以成一問題也。然則吾國民之共和資格，其本能有之，雖不俟論，若其在疇昔已有之耶？抑尚未有之耶？是先不可以不論定也。若鄙人則認其前此未嘗有者也。論者謂：當鴻昧初起，文明未開之際，吾民族已能嶄然見頭角，能力之偉大，可想。雖然，以此能力，即爲其已能建設共和之據，吾未見其確也。不然，則如印度、埃及、巴比倫、敘利亞、波斯諸族，其嶄然現頭角也，豈不甚早，然謂彼已能建設共和政治得乎？論者又摭引一二現象，謂吾國民自治團體之組織，有可驚者，以證吾民已能自治。姑無論吾國今日所謂地方自治，其性質及其方法，與當世法治國所謂地方自治者，截然殊科也。抑尤當知地方自治與中央共和，其性質又自有不同。蓋中央共和，最高主權在國民，（最高主權在國家，而國民即代國家行使主權者，故亦可謂之在國民。）此外并無他機關焉。超然於國民自身之上者，則調和其利害衝突也甚難。地方自治，則别有掌握最高主權之中央政府以臨其上，則調和其利害衝突也較易。故能爲中央共和者，必能爲地方自治；而能爲地方自治者，未必能爲中央共和。夫法國之有地方評議會，蓋自十字軍以前矣，而直至十八九世紀，猶不能有完全共和國民資格，則又何也？一言蔽之，則其已能行議院多數政治者，其已有共和國民之資格者也。而吾國民前此未嘗能行議院多數政治，故吾認吾國民前此實未嘗有共和國民之資格者也。既未有焉，則今所研究者，爲能否發生之問題，而非能否回復之問題也。夫發生問題，則吾固絶對的承認其必能矣。何也？苟未進爲人類之下等動物，其能否吾不敢決言，既名曰人，則未有不能至者也。於是則當入於論者所舉之第二前提，即遲速問題也。而此前提已不得不稍易其詞，當云：能以至短之期限發生之乎？抑必須長久之歲月乎？必以發生易回復，然後乃可成問題也。論者謂期限可以至短，吾謂長短者，比較之詞也。云至短，則所謂至者，殆無復比較之可言。無論如何，而皆有語病。今且勿摭拾字句，計較小節，而其論之最有力者，則曰：歐美積數百年始克致之者，日本以四十年追及之，而我輩亦可以同比例求之也。曰：以教育爲例，未成年與成年者不同。教育成年者，可採特别速成法，縮短十餘年爲二三年，其程度亦略相等。不能謂已經開化之國民，其進步之速度，與未曾開化者同一濡滯也。據彼所言，則其所謂至短者，殆如日本之四十年也。而其所設譬，亦確含一面真理，吾所願承認也。於斯所當辨别者，則又在其所希望程度之高下若何，與所施教法之優劣若何。夫曰雖速可成，吾靡以爲難也。然速成之程度，必有一消極的界限，如肄速成政法者，謂其能得有政法學之一般常識，吾敢言也。謂其必能與法學大博士有同一之學力，吾信其不能也。夫共和政治則政法學大博士之學力之類也，故謂以特别速成法，使一般人民，能立於國家之監督補助機關的地位而完其責，此吾所敢言也。若謂以特别速成法，使一般人民，遽能立於國家之指揮主動機關的地位而完其責，此吾所不敢言也。雖然，使其法果良，則雖不可以驟至，猶未嘗不可以較速，而良不良之間，則所最當審也。日本以四十年之學力，遂有今日，抑亦思日本此四十年中，所行者何事乎？彼蓋由純粹的開明專制，漸移於變相的開明專制也。以日本爲例，則益知開明專制者，最良之速成教法也。使日本不用開明專制，而於顛覆幕府後即行共和政治，而謂其能有今日乎？必不能矣！又謂彼當尊王討幕輿論蜩螗沸羹時代，即能於冥冥中養成共和國民之資格乎？必不能矣！夫既以共和爲政綱，則必其破壞後第一次之建設，而即行共和也。吾以爲必建設以後，然後可以實行速成教法，教法既行，然後成不成、速不速之問題，乃有可言。今之持革命共和論者，則謂未教而可以成也，是不得以速成學科爲喻也。故欲完論者之説，必謂當革命軍騷擾時代，即爲速成就學時代然後可。質言之，則謂暴動即教育也。然暴動果足以代教育乎？以暴動爲速成共和之階梯，是得爲善良之速成教法乎？吾有以知其必不然矣。故論者之説，斷不足以難吾説也。又此論文之末段云：吾儕既認定此主義，以爲欲救中國，惟有興民權、改民主。而入手之方，則先以開明專制，以爲興民權、改民主之預備。最初之手段，則革命也。此其説較諸前論者所述某氏之説爲稍完。蓋如此則工夫分三級，其第一級則革命，其第二級則開明專制，其第三級乃共和立憲也。非如某氏謂革命與共和同時成功，一解兵柄，而共和遂有磐石之安也。若夫暴動革命後，適於行開明專制乎？且能行開明專制乎？此又不可不審也。夫革命後行開明專制，將以君主之資格行之乎？抑將以大統領（或執政官、護民官等名義）之資格行之乎？若以君主之資格行之，則當最初革命軍發難時，不可不先標君主之旗幟。若最初以共和號於衆，及功成而易以君主，則必不爲舉國所承認，而其業且潰。若最初標君主之旗幟，是又與前代革命者爲一丘之貉，其業又必不可得就，然則此事殆不必論。既最初標共和之旗幟矣，夫未有無憲法而能爲共和者，而開明專制，則必其未有憲法（如腓力特列）；或有憲法之名義，而無其實質者也（如拿破崙）。吾試爲革命後不立君主而欲行開明專制者計之，將發布憲法耶？抑不發布憲法耶？若不發布憲法，則國家機關之權力，將以何者爲淵源，而共和新政府，何從成立耶？若發布憲法，則此種共和制憲法，萬不能由大統領欽定。苟若此者，是大反於共和精神矣。然由人民公定之憲法，果復許政府行開明專制否耶？是吾所不能無疑也。卽讓一步，謂於彼時，以大統領之權力，行變相的開明專制，則不外仍繼續軍政，暫勿施行民政。質言之，則與凡立憲國之發布戒嚴令時，無以異也。顧以吾度之，今日中國卽欲建設一與日本、普魯士同程度之立憲政治，已非二十年不能爲功。（説詳次段）若欲建設一與英國、美國同程度之立憲政治，則其所需期限更倍蓰，亦可推見矣。如論者之説，以革命爲第一級，以開明專制爲第二級，以共和爲第三級，然則其第二級經過之時日，不可不甚長，而戒嚴令政治（卽軍政）繼續至二十年以外，是得爲政體矣乎？況乎戒嚴令政治，最束縛人民自由，而足使人民自治力萎縮憔悴者也。若行戒嚴令的開明專制，是果能緣是以養成國民共和資格乎？吾恐不惟不能長養之，且斲喪之耳。而既建設共和立憲政府後，復欲行開明專制，則舍軍政（戒嚴令）外，更有何道乎？吾苦不得其途也。又況乎卽欲行完備之戒嚴令政治，又非行政機關已大設備，不能爲功，而新共和政府初立後，吾恐其並此正當之戒嚴令政治而無從設施也。故吾以爲開明專制者，決非新經破壞後所能行也。惟中央政府以固有之權力，循序漸進以實行之，其庶可致。若新經破壞後，則欲專制者，勢不可不假强大之武力，以擁護其未定之地位，故舍立君主以外，實無可以得之之理由，否則行武人專制政治而已。而此二者之危險，皆不可思議。論者其亦有見於此否耶？吾謂暴動革命後之開明專制，必須經一度極棼擾、極慘酷之結果，如法國之恐怖時代者，及人心既倦之後，有如拿破崙者出焉，然後開明專制，乃可期耳。然此果爲國家之福耶？抑國家之禍耶？願愛國之士，平心察之。

某報凡刊兩號，而其文殆無不自相矛盾，如此文與前述某氏之説，卽其極矛盾者也。一謂軍事倥偬中，卽可以養成共和國民資格，一謂須經一度開明專制然後養成，其矛盾一也。一謂倒中央政府後卽解兵柄，一謂建設後仍行軍政，其矛盾二也。而兩説者皆脆而易破之論理。今持乙説者，其人既已辭此世間矣，彼繼續主持某報之人，能並代彼賜答辯否耶？

吾今請更以一言忠告於論者及其所戴首領乃至其黨派之人士，曰：公等言革命耶，其勿並張種族革命、政治革命、社會革命之三帆。公等欲言社會革命也，則姑言之以自娱。能更發明新學理，補麥喀所不逮，以待數百年後文明社會之採擇，亦一奇功也。若乃欲以野蠻之力殺四萬萬人之半，奪其田而有之，則靡特人道不應有此豺性，卽社會主義之先輩亦不聞有此學説。麥喀謂田主及資本家皆盜也，今以此手段取之，則國家其無乃先盜矣乎！人之言土地國有者，謂漸以收之，仍有所以爲償。而識者猶笑爲烏托邦之論，顧未聞有謂宜竟紾之臂而奪之者也。此自别問題非本論所宜及，惟公等欲以之與普通之革命論並提，利用此以博一般下等社會之同情，冀賭徒、光棍、大盗、小偷、乞丐、流氓、獄囚之悉爲我用，懼赤眉、黄巾之不滋蔓，而復從而煽之，其必無成而徒荼毒一方，固無論也。卽充公等之所望，成矣，取中央政府而代之矣，而其結果則正如波侖哈克之説，謂最初握權者爲無資産之下等社會，而此後反動復反動，皆當循波氏所述之軌道而行。其最後能出一偉大之專制民主耶，則人民雖不得自由，而秩序猶可以恢復，國猶可以不亡；若無其人耶，則國遂永墜九淵矣。卽有其人焉，或出現稍遲，而外力已侵入而蟠其中央，無復容其出現之餘地，則國亦億劫不可復矣。故雖以匕首揕吾胸，吾猶必大聲疾呼曰：敢有言以社會革命（卽土地國有制）與他種革命同時並行者，其人卽黄帝之逆子，中國之罪人也，雖與四萬萬人共誅之可也。復次，公等欲言種族革命也，則請昌言之，且實力預備之。公等既持復仇主義，而曰：國可亡，仇不可不復。吾哀其志而壯其氣也。雖然，公等切勿更言政治革命。夫政治革命者，革專制而爲立憲云爾。君主立憲耶，則俟公等破秦、滅項，縶彭、醢韓，歸豐沛歌大風之時，言之未晚。共和立憲耶，則請先將波侖哈克説及此數紙中狂夫之言，一一遵論理、據歷史、推現象以賜答辯。答辯本章固所歡迎，若欲駁《開明專制論》者，則俟全文出版，乃賜教言，否則恐枉筆墨也。若不能答辯，或答辯不自完其説，或摭拾一二字句典故之間以相詆諆，及支出題外，遁詞逃難而不能解結要害者，則請自今以往還倡公等之復仇主義，無爲更牽入政治問題，作繭自縛也。復次，公等欲言政治革命也，則今日之中國，望公等如望歲也。如欲爲政治革命也，則暫勿問今之高踞中央者爲誰何，翼其左右者爲誰何，吾友也不加親，吾仇也不加怒，吾惟懸一政治之鵠焉，得此則止，不得勿休。有時對於彼幾諫焉，如子之於父母；有時對於彼督責焉，如父母之於其子。然此猶言而已。若其實行，則對於彼而要索焉，如債權者之於債務者，不得，則盡吾力所能及，加相當之懲罰以使之警，此各國爲政治革命者之成例也。然要索必當量彼所能以予我者，夫然後所要索爲不虛。懲罰必當告以我索汝某事，夫既先語汝而汝不我應，故懲汝以警汝及汝之儕輩，使今後無復爾爾。夫然後所懲罰爲有效。如誨孩童焉，授以業，量其腦力所能受者而責以答案，一度不答，再度不答，而威以夏楚焉。若其必不能作答者，責之至死，猶之無益也。若突然撲之，而不示以所犯何事，甚者以擊蒙爲出氣或快心之具，則彼雖日受百鞭，而亦不知改，蓋不知何改而可也。夫語滿洲人曰：爾其還我河山。此責彼以所必不能應者也。並未嘗提出條件以告之曰：我所欲者如此如此，汝所當行者如此如此。而徒日日唾罵，不共戴天而已，時或狙擊一二渺不相屬之人，則就令彼欲釋我怒，亦不知何途之從而可也。不寧惟是，我徒恃單獨主義，謂必去彼而已，其目前失政，吾不暇與言，亦不屑與言。待吾去彼，而失政隨之去矣。甚或謂彼之失政，吾之利也。吾何爲而匡正彼，乃吾之去彼，渺未可期，而彼先以吾不暇言、不屑言之故，反得卸其責任，而我將來之幸福，已不知斷送幾許矣。不寧惟是，彼知我之所欲得於彼者，必非其所能應也，而舍此以外，又無足以饜吾欲也，則困獸猶鬭，而况於人。我排彼以言，彼排我以實。勝負未决，而漁人笑於其旁矣。凡此皆欲爲政治革命而不以其道，是以及此，自今以往，其果有真愛國者乎？相率而爲正當的政治革命焉，則中國其或有瘳也。夫此固又別問題，非本論所宜及也。吾下筆不能自休，而遂逸其軌也。吾更爲二語以結本段曰：

欲爲種族革命者，宜主專制而勿主共和；

欲爲政治革命者，宜以要求而勿以暴動。

又：中國今日尚未能行君主立憲制之理由。

既萬不能行共和立憲制，而國家又非可以專制終也，則所餘者惟有君主立憲之一途。君主立憲，固吾黨所標政綱，蘄必得之而後已者也。然謂其今日尚未能行者，何也？請就兩方面說明之。

甲：人民程度未及格。

立憲制之綱領不一端，而議院之開設，當其最重要之一也。問者曰：議院不能不立於指揮主動之地位，國民程度幼稚者，不足以語此。既聞命矣，其在立憲君主國，議院可以立於監督補助之地位，然則何時而不可？且如今日國中未嘗無輿論，就中發表輿論之報館，亦對於政府而立於監督補助之地位者也。國民程度既可以有報館，曷爲不可以有議院？應之曰：不然。輿論者無責任之監督，而議院者有責任之監督也。申言之，則輿論非爲國家之一機關，而議院則爲國家之一機關也。既爲國家之一機關，而有法律上應享之權利，隨卽有法律上應盡之義務。苟不完此義務，而權利或將以消極的而澌亡。申言之，則議院若不能行完全正當的監督，則其地位將下墜，而影響且及於憲法之全部也。請言其故。夫中國他日果制定何種類之憲法，今莫或知，卽應制定何種之憲法，今亦未易言。要之，既名曰憲法，則凡各國憲法之共通原則，如國務大臣對於議會而負責任，議會有協贊法律豫算權，議院院內之自治，人民之選舉權等，殆必其不能缺者也。卽以此諸端論之，國務大臣對於議會而負責任，非必議會能進退之也，而可以質問焉，可以彈劾焉。但使所質問者洞中癥結，政府卽國務大臣也。以行文之便，代以此。若有隱慝，能覺察之；政府若有失策，能指摘之。政府乃重其言而不敢藐，有所憚而不敢恣，則質問爲有效矣。反是，若無鑑別政治得失之識力，所質者皆薄物細故，或於其極正當之行動而故爲責備，而其有干法越權及其他失政，或反熟視無覩，不予糾正，則政府視議會易與，謂其言一無價值，生輕蔑心，而議會之神聖損矣。此雖不至搖動及憲法，然養成此習慣，非立憲國之福也。又彈劾當如善養蒙者，不輕施夏楚，若有過舉，確認爲不可恕者，痛懲一次，則當收莫大之效。議會之彈劾權不濫用，用之，必有其正當不容已之理由，則就法律上雖未必以彈劾而定黜政府也。而事實上令君主感動，察民碞之有因；令政府悚惶，識輿論之真價，則無論或黜或留，而彈劾皆有效。反是若彈劾之無價值，與前所舉質問同，則元首厭之，政府侮之矣。不寧惟是，彈劾無效，則議院勢不得不被解散。屢濫用彈劾，則重解散以解散，而議院將雖有若無。萬一國民厭於選舉，或君主怠於召集，則憲法根本爲之搖動矣。夫學識幼稚之民，往往沐猴而冠，沾沾自憙，有權而濫用焉，其常態矣。故吾以爲今日中國之民，非稍經訓練後，其必不免此弊也。復次，協贊法律、協贊豫算之權，亦當用之於正當。各國通例，政府及兩院，皆有提出法律案之權，提出後經兩院可決，復由元首裁可而後施行。若議院中人政治智識甚幼稚，則其對於法律案也，有三種怪象：甲，政府所提出者，盲從焉，不能贊一詞。乙，政府所提出，或有極良之法案，不能知其精神所在，漫爲反對。丙，自提出或偏畸或危險或無謂或不可行之法案，而自議決之。其在甲，則政府法案，雖有缺點，不能匡救，議會成贅疣，毫不盡監督之責任；其在乙，則良法美意，不能施行，阻一國之進步；其在丙，或頒不適之法，紊一國之秩序。然在甲，則不過有議會如無議會耳，影響尚不波及憲法。若乙丙之現象而屢見焉，則或重解散以解散，甚且怠於召集，而憲法動搖矣。或厭其久悶，不待議決而裁可施行焉，而憲法又動搖矣。至於豫算，政府常欲膨脹，人民常欲節減，此普通之現象也。議會以代表人民之資格，常思限制政府，亦恆情也。雖然，固不可强國民以所不能負擔，亦不可不爲國民謀助長其進步，故當協贊豫算案時，最宜有圓滿緻密之政治上知識，察社會生計之實情，鑑內外政局之大勢，非可先橫一成見於胸中以從事也。而程度幼稚之民，動偏於一端，而在中國義務思想未發達之人民，尤汲汲以輕擔負爲務。頗聞去年東京留學生總會館議豫算案，經數會期不決，而評議部挑剔節減，乃至原案屋租若干元亦修正而減給之，並屋主之允否不計及。此雖近於游戲，非可例他日，然亦未免模效人國而太求似矣。如此，則恐豫算不成立之現象，年年續見。若將來所定憲法如日本焉，謂豫算否決，可用前年度豫算，則尚不生困難。不然，則全國機關，爲之動搖矣。然若如日本之憲法，則間年偶見，可以彌縫，若年年否決，則政府將見提出豫算毫無結果，或遂厭之而竟濫行豫算外之歲出入焉，則影響又及於憲法矣。又議院院內之自治，如院內警察權歸議長也。非得議院許諾，政府不能逮捕議員也。凡此皆各國通例，所以保議院之神聖也。然在程度幼稚之民，往往因辨論而生意見，因意見而生仇讎，故吾中國向來議事之場，動則揮拳拔刀，數見不鮮矣。夫各國議院，雖亦不能無騷擾，然整理議場之職，議長任之，議員皆有服從議長之習慣，故權可不假於外。若萬一滋擾過甚，議長不能節制，致警察入而干涉焉，其或在院中犯現行罪而致逮捕焉，則應享之特別權利掃地盡矣。若屢演此惡劇，而議院之地位遂危。以現在中國人民程度組織議院，吾不敢保此種惡劇之必無也。以上所舉，不過以爲例耳，若逐一數之者，更僕難盡。吾之意以爲議院不開則已，既開矣，則其於法律上神聖之地位，不可以不確保，其於政治上優越之勢力，不可以不常存。而能否確保之常存之，則其原因恆在議員之自身。議員品格卑，而地位乃汚衊矣。議員見識陋，而勢力乃陵夷矣。夫偶被汚衊，偶見陵夷，似未甚爲害，數年後久習之而改良焉，毋乃亦可，而不知其影響往往牽及憲法也。即不牽及憲法，而苟使政府與國民有藐議會厭議會之習慣，其於立憲之精神，已大剌謬也。故與其太速而資格缺，毋寧稍遲而資格完也。此以言夫議員也，若選舉議員之人民，亦不可不略有其程度，如1. 選舉權者，含有義務性質之權利也，不可以放棄，而在程度幼稚之國民，往往視此權若弁髦也。日本初行憲政時，人民尚多有放棄選舉權者，今則殆無矣。2. 選舉必當以自由意志舉其欲舉者，而在程度幼稚之國民，往往受賄賂被脅迫，不得爲本意之投票也。此弊雖程度極高之民，猶不能盡免，然愈幼稚者，則其弊愈甚。3. 選舉不免競爭，而競爭必須行於正當，在程度幼稚之國民，或至用武力以破壞秩序也。4. 議員名爲代議士，取代表之意，然所代表者，人民總體之意見，非選舉者個人之意見也。而在程度幼稚之國民，往往自以其私人之利害或地方小局部之利害，而責望所選舉之代議士爲之建議，不得，則或且相怨而相仇也。諸如此類，不可枚舉。要之，苟非養之有素，則利恆不足以償其害，有斷然矣。

乙：施政機關未整備。

前所言，猶其理論也，而今日於實際上，有未能行立憲政治者，則施政機關之未整備是也。試略論之。如議會選舉人、被選舉人，必當有資格，其最重要者，則必其人爲中國人也，而1. 今者國籍法尚未編定，中國人之界説且未分明也。又初立憲時，殆萬不能用普通選舉，必出於制限選舉，各國通行之制限，大率以所受教育之程度，或所有財產之稅率爲衡，而2. 今者學校尚未徧立，義務教育尚未厲行，教育程度，於何測之？然此猶較易，若夫3. 稅率之多寡，則今者租稅法尚未備，徵收之方，亦不正確，於何定之？4. 選舉必有選舉區，而我今未劃定，何由施行？且選舉區非可漫然劃定也，必比例於人口之多寡與道里之遠近，而5. 今者戶口之統計，地圖之測量，均不確實，即以制定選舉區一事，已非數年不能爲功也。各國選舉，率以鄉官市官主之，中國地大人衆，選舉區萬不能太大，如欲以一縣爲一區，則鄉僻之民，何從至縣城投票？且使悉至，而城亦不能容也。故以鄙見度之，大約今之一縣，其爲區者當數十，而6.今者地方自治制度未頒，鄉官市官鄉會市會未立，然則選舉其誰司之？選舉競爭，最易騷擾，各國普通之現象也。維持秩序，端賴警察，而7.今者警察未普及，能保不害及治安乎？果爾，恐民將談選舉而色變也。競争之結果，往往起訴訟，而8.今者訴訟法未定，能息争乎？各國通例，議會大率年開一次，而選舉後最遲不過一兩月即開會，而9.今者鐵路未多，交通不便，蜀涼滇黔，或半歲乃達京師，然則開會延至何時？而一歲往返，豈不疲奔命於道路耶？立憲精神不一端，而保護人民權利，其最重要之一也，故常以條文規定之。憲法一經實施，則必爲絶對的保障，乃可以信於民，而10.今者民法未制定，權利以何者爲標準而能確實耶？民非犯法網不得擅逮捕，此保障自由之一要件，而各國率皆規定之於條文者也。而11.今者刑法未制定，以何者爲法網乎？有司能無上下其手乎？苟有之，則憲法無效也。且人民之護符恃法律，而法律之執行者惟法官，無良法官，則民終不能完其權利，而12.今者行政司法，混爲一鑪，絶未嘗爲養成裁判官之預備，民果能食憲法之賜乎？對於行政處分之不當者而得起訴訟，又人民所以自全其權利之一要件也。而13.今者行政法未頒，行政裁判所未構成，有見屈者，將何所控愬乎？而憲法又無效矣。夫諸法固可與憲法同時頒行，吾非謂必當先有諸法而後有憲法，然諸法之條理，恆千端萬緒，非績學不能運施，故欲使憲法一經布告實施以後，而國家諸機關，先自保無違憲之舉動以示信於民，則必當先頒諸法，且預養成用法之人才，亦理論上之次第所宜爾也。以上所舉，隨念所及，拉雜舉之，若悉數者，恐數十條不能盡也。但即就此諸端觀之，已可見憲法者，决非一紙空文所能立，朝欲之而夕致之也。夫人民程度之一問題，各人有各人之主觀的判斷，吾以爲未可，人以爲已可，是非終未易决也。若夫機關整備與否，則全屬客觀的事實，雖好立異，寧能否認焉？吾以爲但就以上所舉諸端，苟欲其規模觕具者，雖在承平之時，有一强有力之中央政府，網羅一國上才以集其間，急起直追，殫精竭慮，汲汲準備，而最速猶非十年乃至十五年不能致也。而彼持極端破壞論者，乃謂於干戈倥偬、血肉狼籍、生計顚頷、神魂駭喪之餘，不數年而可以躋於完全優美之共和，一何不思之甚！嗚呼，我青年之眩於空華、困於噩夢者，其醒耶未耶？而附和君主立憲者，亦一若於數條憲法正文之外，更無餘事，其可憐而可笑，亦正與彼破壞論者相類。使如彼等政策，抄譯一二國成文憲法而布之也，則一二小時可了耳，何難之與有？且就令能制定極完美而適於我國之憲法，未及其時，而貿貿然布之，顧以種種障礙；一切不能實行，而徒使天下失望，則雖謂爲立憲主義之罪人可也。世誠有忠於立憲主義者乎？則必當知今日之未能實行，既忠焉而又知其未能實行，則必知所以待之者矣。

（清）梁啓超《飲冰室合集·文集》卷一九《申論種族革命與政治革命之得失》

立憲有兩種，一曰君主立憲，二曰共和立憲。苟得其一，皆可命曰政治革命，則試先取人民以武力顛覆中央政府之一概念，與君主立憲之一概念，而求其因果之關係。君主立憲，必以先有君主爲前提，而革命前之舊君主既滅，則所謂君主者，其必革命後之新君主也。革命後以何因緣而得有新君主，則吾中國二千年來歷史上之成例，不可枚舉。一言蔽之，則陳君所謂同時並起，勢均力敵，莫肯相下，非羣雄盡滅，一雄獨存，而生民之禍終不得息。以數私人之競争，而流無數國民之血，若是則亡中國者，革命之人也。擷述君所著《中國革命史》第□章第三節中語。可謂盡抉其弊矣。信如是也，則立憲二字，將來能至與否未可期。而君主二字，當下已先受其毒也。信如是也，則無論彼欲爲君主之人，未必誠有將來立憲之志願，即使誠有之，竊恐志願未償，而中國已先亡也。若是乎，人民以武力顛覆中央政府，其與君主立憲制無一毫因果之關係，此吾所敢斷言，而當亦凡持種族革命論者之所同認也。故此問題殊不必辨，而所餘者惟共和立憲制之一途。

人民以武力顛覆中央政府，其與共和立憲制，有無正當之因果關係，此其現象甚複雜，非可以一言决也。吾於所著之《開明專制論》第八章，剖析既略盡，今更補其所未及。

欲决此論，又不可不先取共和立憲之概念而確定之，吾示有界説二：

一，共和立憲制，其根本精神，不可不採盧梭之國民總意説。蓋一切立法行政，苟非原本於國民總意，不足爲純粹的共和也。

二，共和立憲制，其統治形式，不可不採孟德斯鳩之三權分立論。蓋非三權分立，遂不免於一機關之專制也。

以上二端，精神形式，結合爲一，遂成一共和立憲之概念。此概念諒爲言共和立憲者所能承認矣。既承認矣，則吾將論此概念之能實現與否，及其能行於種族革命後之中國與否。

第一　盧梭之國民總意説

此説萬不能實現者也。夫所謂國民總意者，當由何術而求得之乎？用代議制度耶？決不可。今世各國行代議制度者，非謂以被選舉人代表選舉人之意見也，故代議士之意見，與選舉代議士之人之意見，常未必相同。然則以代議士之意卽爲國民總意，不可也。故欲求總意，則舉凡立法行政，皆不可不付諸直接投票。盧梭亦以爲必如瑞士乃可謂之真共和，亦以此也。雖然，瑞士蕞爾國也，而內部復析爲聯邦之本位者二十二，夫是以能行直接投票，顧猶不能常行。若在他稍大之國，能行之乎？必不能矣。故國民總意之難實現者一也。復次，卽行直接投票，又必須極公平而自由。萬一於有形無形間，有威逼之者，有愚弄之者，使其不得爲本意之投票，則所謂總意者，繆以千里矣。故國民總意之難實現者二也。復次，卽直接爲公平自由之投票矣，遂能真得總意乎？總之云者，論理學上之全稱命題也，必舉國中無一人不同此意，然後可；苟有一人焉，仍不得冒總之名也。而試問橫盡虛空，豎盡來劫，曾有一國焉，其國民悉同一意見，而無一人之或歧者乎？必不能也。不能，則所謂總者仍不過多數與少數之比例，多數而命之曰總，論理學上所決不許也。故國民總意之終不能實現者三也。於是乎所謂國民總意説，不得不棄甲曳兵，設遁詞焉，而變爲國民多數説。

則又詰之曰：所貴乎國民多數者何爲乎？彼必曰：多數之所在，卽國利民福之所在也。雖然，此前提果正確乎？吾以爲多數之所在，時或爲國利民福之所在，而決不能謂必爲國利民福之所在。集一小學校數百學童而詢之曰：若好弄乎？若好學乎？而使之以自由意志投票，吾知其好弄者必占大多數也。而以多數之故，謂好弄卽爲學校之利、學童之福焉，決不得也。蓋國家自身，别有一偉大目的焉，高立於各人民零碎目的之上，而斷不能取此零碎目的捆爲一團。卽與此偉大目的同物，尤不能謂零碎目的之多數，卽與此偉大目的同物也。故國民總意，微論其不能實現，卽實現矣，而未必遂可爲政治之鵠。若夫國民多數，固可以實現，然遂以爲政治之鵠，則其於理論上基礎屬於抽象的觀念，而多數果足爲政治之鵠與否，更當就其國民自身之程度以求之，非可漫然下簡單的斷案也。【略】

第二　孟德斯鳩之三權分立説

此説亦萬不能實現者也。此其理，近世學者固多言之。吾於所著《開明專制論》第七章，亦曾述之。然尋常學者之言其流弊也，不過謂機關軋轢而缺調和，謂施政牽制而欠圓活，夫此猶爲民政基礎已定之國言之耳。若新造時，則其弊猶不止此。蓋危險有不可思議者焉，請言其故。凡一國家，必有其最高主權。最高主權者，唯一而不可分者也。今之權既分矣，所謂最高主權者，三機關靡一焉得占之，然則竟無最高主權乎？曰仍在國民之自身而已。於是不得不復返於國民總意之説。所謂國民總意，卽最高主權也。總意既不能得，則國民多數，卽最高主權也。於是多數之國民，對於立法、行政、司法之三機關，而皆可以行其總攬之權，何也？彼諸機關皆吾所命耳，一且拂吾意焉，吾卽可以易置之。蓋其根本精神，應如是也。論者或責備去年東京學界中人，謂總會館之幹事也，評議員也，皆吾等以自由意志用多數投票而公舉者也。既舉之矣，而不肯服從其意見，何也？吾以爲此所謂責其不當責者也。夫謂吾既舉之而卽當服從之者，霍布士之説也，最高主權移於他方也。若盧梭説，則最高主權，無論何時，而皆保存於國民之自身也。夫既已三權分立矣，則最高主權，非在國民自身而何在也？故吾昨日可以自由意志選舉者，明日卽可以自由意志而取消也。故如瑞士之制，隨時得以國民五萬人之同意，遂行全國普通投票，得多數取決，卽可取國法根本法而變更之，蓋共和制之真精神，實在是也。然此惟如瑞士者能行之耳。若夫在不慣民政而黨派分歧、階級分歧、省界分歧種種方面利害互相衝突之國，則惟有日以此最高主權爲投地之骨，羣犬狺狺焉競之，而彼三機關者，廢置如弈棋，無一日焉得以自安已耳。蓋隨時拈一問題，可以爲競爭之鵠，而國民無復判斷真是真非利害之能力，野心家利用而播弄之，略施小伎倆，卽可以刺戟其感情，而舉國若狂。故所謂多數者，一月之間，恆三盈而三虛，彼恃多數之後援以執政權者，時時皆有朝不保暮之心，人人皆懷五日京兆之想，其復何國利民福之能務也。夫去年東京留學生總會館之舊政府，其初意豈料以區區文部省令之問題，而遂致顛覆也，而竟以顛覆也。蓋千金之堤，潰於蟻穴，非人力之所能慮及也。夫留學生總會館之政府，惟有義務而無權利，故人無所歆焉爾。若夫一國之政權，無論文明國、野蠻國之人皆所同欲也，而況在教育未興、民德未淳之國，人人率皆先其私利而後國家之公益。今也傾軋他人而自代之也，既如此其易，夫安有不生心者乎？更槩括言之，則三權分立之政治，即最高主權在國民之政治也。而最高主權在國民之政治，決非久困專制驟獲自由之民所能運用而無弊也。準是以談，則雖當革命後新建共和政府之時，幸免於循環反動以取滅亡，而此政體，終無術以持久，斷斷然矣！不持久奈何？其終必復返於專制，或返於共和專制，或返於君主專制。然則其去政治革命以救國之目的，不亦遠乎？

（清）梁啓超《飲冰室合集·文集》卷二三《憲政淺説》　政體之區別，以直接機關之單複爲標準。其僅有一直接機關，而行使國權絶無制限者，謂之專制政體。其有兩直接機關，而行使國權互相制限者，謂之立憲政體。大抵專制政體，則君主國行之最多，如我國數千年來所行者是也。雖然，民主國亦非無專制者。若僅有一國會而立法、行政、司法之大權皆自出焉，則其國會雖由人民選舉而成者，亦謂之專制，如歐洲古代斯巴達，羅馬之元老院皆是也。又使雖有行政首長與國會兩者並立，而國會毫無權力徒爲行政首長之奴隸者，則亦謂之專制，如羅馬之該撒，屋大維爲公修爾公修爾者，羅馬行政首長之名。時代，英國克林威爾、法國拿破崙第一爲執政官時代，法國拿破侖第三爲大統領時代，皆是也。故立憲與專制之異，不在乎國體之爲君主民主，而在乎國權行使之有無限制。夫制限之表示於形式者，則兩直接機關對峙而各行其權是也。今就現世之君主立憲國而舉其特色，則有三焉。

第一　民選議會　議會謂國會也。凡立憲國必有國會，以多數議員組織成之。其議員或全部分由人民選舉，最少亦須一大部分由人民選舉。國會之職權，雖各國廣狹不同，而其最要而不可闕者有二：一曰議決法律，二曰監督財政。法律非經國會贊成不能頒布，豫算非經國會畫諾不能施行。凡所以限制君主之權，無使濫用也。是故無國會不得爲立憲；有國會而非由民選，不得爲立憲；雖有民選國會，而此兩種權力不圓滿具足，仍不得爲立憲。

第二　大臣副署　凡立憲國君主之詔勅，必須由國務大臣署名，然後效力乃發生。署名者，以定責任之所攸歸也。蓋立憲國之君主，神聖不可侵犯，一切政治不能負責，故違憲失政之舉，皆以大臣尸其咎。善則歸君，過則歸己，義宜爾也。故爲大臣者，遇有違憲失政之詔勅，則宜力争，争之不得，則宜辭職。苟不争不辭，而貿貿然署名，則其輔弼無狀明矣，故人人得起而責之。此立憲國最要之一條件也。若夫雖署名而僅自處於奉令承教，動輒諉過君上者，則不得爲立憲。

第三　司法獨立　凡立憲國皆有獨立之審判廳以行司法權。何謂司法？謂遵法律以聽獄訟也。何謂獨立？使審判官於法律範圍之内，能自行其志，而不爲行政官所束縛也。審判官如何然後能不爲行政官所束縛？凡任此者必終身在其職，苟非犯法或自行乞休，則雖以法部大臣，亦不能褫革之左遷之，如是則無所顧忌，而審判始得公平，人民權利，始獲保障矣。此又立憲國之一重要條件也。

（清）梁啓超《飲冰室合集·文集》卷二六《政黨與政治上之信條》

然則立憲政治之信條，何自生乎？其一由於憲法，其二由於政治上之習慣。憲法則有形之信條也，政治上習慣，則無形之信條也。是故凡立憲國民之活動於政界也，其第一義，須確認憲法，共信憲法爲神聖不可侵犯，雖君主猶不敢爲違憲之舉動，國中無論何人，其有違憲者，盡人得而誅之也。其第二義，則或憲法未嘗有明文規定者；或雖有規定，而中含疑義，可容解釋之餘地者；或雖無疑義，而當其行使此權利，有可容伸縮之餘地者。例如君主對於議院議決之議案有不裁可權，然君主不行用此權，不爲違憲也。又如人民有選舉權，然人民不行用此權，亦不爲違憲也。此所謂容伸縮之餘地也。凡此則皆由政治上之習慣。積累而醖釀之，醖釀既熟，則亦深入人心而莫之敢犯。試舉他例以明之。如朝會必具衣冠，此有形之信條也；稠坐不宜袒裼，此無形之信條也；居喪必當衰服，此有形之信條也；喪中不宜宴樂，此無形之信條也。兩者之効力相等而無形者之宰制人心，時或視有形者爲更甚。以立憲政治之信條論之，則憲法與政治習慣，迭相生而迭相成，兩者和合，自産出種種條件，而畫然以示異於非立憲之政。凡立憲國臣民之活動於政界者，莫不明遵之而默認之，無或敢悍然與此信條抗。其有抗者，則立即爲全國政界所嘩，而頓失其活動之力，立憲政治之所以勿壞，皆賴是也。試舉其目。

一、凡加束縛於人民公私權者，或新課人民以負擔者，皆須以法律定之。

二、凡法律必須提出於議會，經多數可決而始成立，否則不能施行。

三、凡命令不能侵法律範圍，不能以命令變更法律。

四、凡豫算非經議會可決，不能施行。豫算外不能擅行支銷。豫算各項，不得挪用。

五、凡議會必須每年召集。

六、凡議會閉會中，政府雖得發緊急勅令以代法律，雖得爲豫算外之緊急支出，然必須於次會期提出於議會，求事後承諾。不承諾則須將前案撤銷。

七、凡議會議決之法案，君主照例裁可公布之。

八、凡君主對於政治上之行爲或不行爲，行爲如發勅諭之類，不行爲如不裁可法律之類。一切皆由國務大臣負其責任。

九、凡政府與議會衝突，則或政府辭職，或解散議會，二者必居其一。

十、凡國務大臣，必須常赴議會演説政見，答辨質問。

其他信條尚多，不能備舉，此特其最著者耳。而凡在號稱立憲之國，則此諸條者，其朝野政客，皆視之若日月經天，江河行地，凜乎莫敢或犯。脱有犯之，則必全國人所集矢，不能一日安於其地位，夫如是然後政黨之勢力得以發生。人民前此有不慊於君主者，非革命不能易之，今則無須爾也。君主在法律不能爲惡，但責問大臣足矣。前此大臣不愜輿望者，非暗殺不能去之，今則無須爾也。所提出之法律案、豫算案，不予通過，緊急勅令、緊急支出，不予承諾，更甚則或爲不信任投票，或上奏彈劾，則大臣無所容其戀棧矣。是故在野之俊秀，懷抱政見而欲實行之者，但使能結集爲一大黨，占多數於議院，則政府固不得不唯唯聽命，而怙權之政府，勢亦不得不植大黨以自固。即不爾，亦須與一二黨提攜，採用其政見，務使得多助於議院，然後即安。故曰：非有政黨，不能運用立憲政治。蓋謂是也。是故在英、美等國，其政府員必須從政黨出者，固無論矣。即如德、日等國，其政府員雖亦常以超然不黨自號於衆。然語其實際，則苟非擇一二黨與之交歡，則安能一日尸其位。質而言之，則凡在立憲國，未有失議會多數後援之内閣而猶能存續者，立憲所以異於專制者全在此，政黨所以能爲立憲政體之中堅者亦全在此。是故雖有狡猾頑強之内閣，不過弄陰謀以操縱議會之政黨而已，不過解散議會干涉選舉而已。彼曷爲而操縱，曷爲而干涉，凡欲以得多助於議會也。彼確知非得多助於議會，則法律豫算不能通過，勅令不能得承諾，而被彈劾以辭職，終不能免也。

又：夫立憲政治之信條，其養成之雖非一日，而助長之亦非無道。則今年資政院之舉動，所關最鉅矣。竊謂開院伊始，宜將無關重要之議案，暫行閣置。惟注全力督促政府，使承諾立憲政治之諸大原則，略舉其要者如下：

一、严定法律命令之範圍，及其效力等差。

二、分別詔旨種類，勿以政治責任瀆君上。

三、確定事後承諾之作用，杜政府之取巧。

四、議案之留中者，須大臣説明理由，以防不裁可權之濫用。

五、強迫大臣臨院，毋許規避。

六、閣院衝突，則辭職解散，務行其一。

（清）梁啓超《飲冰室合集·文集》卷二七《新中國建設問題》

采聯邦制所當審慎之諸端【略】

第一　聯邦首長之資格

聯邦之各邦，實具體而微之國家也。凡國家所有之機關，不可以不備，則首長其最要矣。今世各聯邦首長之資格，其種類有三：

一　世襲者。德意志聯邦除三自由市外，其餘各邦是。

二　由本地方人民公舉者。北美聯邦、瑞士聯邦是。

三　由中央首長任命者。英屬加拿大聯邦、澳洲聯邦是。

第一種絶非我所能效，可勿具論。第二種按諸理論，最爲正當，然行之恐多流弊。蓋以吾國向來政治習慣，驟使人民全體投票以舉首長，則或失之太冷，徒受運動而盲從；或失之太熱，緣劇爭而釀亂。謂公舉必能得國民所真好惡，實空想耳。此義當於次節論民主共和制項下詳發之，今不先贅。夫全國閱數年舉一民主，識者猶憂其險艱，況各邦又各自公舉哉。藉曰無險艱，而爲國民者，既須舉中央首長，舉中央國會兩院議員，復須舉各邦首長及邦會議員，其下地方團體之公職尚不計，是每歲平均當行選舉數次，勞費不亦甚乎。然則必不得已而行聯邦制，似惟當采第三種之法而已。加拿大、澳洲各有一總督，總督下有巡撫，加拿大七，澳洲六。皆由倫頓政府任命，然皆不負政治上之責任，各自有其國務大臣代負之，實一種之君主立憲制也。可以保威嚴，可以杜爭競，爲法最良。但中國將來苟非立君，或恐難采此法。無已，則猶當由中央共和政府任命，使之對於各該邦之議會負責任。雖然，信如是也，則中央政府之權力甚重，各邦獨立之範圍僅矣，名則聯邦，實與今之行省相去一間耳。顧吾以爲中國國家之組織，實當如是，吾於完全之聯邦精神，蓋不敢妄贊也。

第二　聯邦與中央之權限

聯邦之爲物，其統治全權，本爲各小邦之所固有，及聯羣小爲一大，乃將此權割出一部分，獻諸中央。其所割獻者，列舉於憲法正文。憲法所未舉者，則各邦之所保留也，如德國、美國是。若純粹之單一國，則中央所賦予地方之權限，僅用地方自治法規定之，而不以著諸憲法，如英、法、日本等國是。亦有在兩者之中者，中央權限，地方權限，各各列舉於憲法中，加奧大利是。我國於此三者，當何擇乎？以吾平素所持論，則謂必當采英、法、日之制。然此則已非複聯邦矣。若用奧制，驟視若兩無偏畸。然天下事理，非列舉所能罄，有列舉必有罣漏，兩方列舉，則其罣漏者不知應保留於何方，權限之紛議必生。無已，其仍用德、美制乎？若事勢必至爾爾，則當制定憲法時，各省人士，萬不可存猜忌中央之心，不可務削減中央之權以自廣。蓋處今日國競至劇之世，苟非得强有力之中央政府，國無道以圖存也。昔美國之始制憲法，地方感情較强，限制中央過甚，後卒釀南北戰爭。至今盧斯福所倡新國家主義，即欲以藥斯病，蓋其沮滯美國之進步，不爲少矣。我國民愛鄉之念甚摯，豐於所昵，亦情之恒。且中央專制，久攖衆忌，難保無主極端分權之論，指爲與人民幸福最相應者。雖然，吾望我國民其毋爾也。彼美國之憲法，根於彼之歷史，非我所能學也。況彼猶且不勝其弊，我何爲效之。治今日之中國，實當以整齊嚴肅爲第一義，若鑑舊朝中央集權之弊而務矯之，安見其可！彼舊朝豈識機關之集權，但有私人之攘奪耳！夫安可因彼之噎，而廢我之食。夫軍政、外交、司法之必當集中無論矣，即如財政政策、工商政策、交通政策、教育政策等，全國方針，安可以不定於一。質言之，則各部之事，其行政上應分權者雖甚多，其立法上應分權者實甚少。以吾之意，竊謂苟不得已而用聯邦制，則憲法之規定，當與美相反。對於各邦權限，取列舉主舉；其不列舉者，盡保留於中央。夫似此則已幾於非聯邦矣。所異於英、法、日諸國者，彼以普通法律列舉之，我則以憲法列舉之，輕重微有別耳。

第三　聯邦之區域

若必采聯邦制，則即以今之行省爲聯邦區域乎？抑別定聯邦區域乎？此一問題也。吾屢言我國聯邦無歷史上之根柢，若必於無中而强求其有，則惟行省差爲近之。雖然，省界思想，本足以爲統一之梗，今方當同袍敵愾之時，此種病徵，似不發現，或緣此事變而革除之，誠國家前途莫大之幸。然底定之後，能否長爾爾，實盡人所難斷言也。今締造新國，誠不可不注意此事，將各種行政區域，錯綜而溝通之，實融合之一種手段也。今若仍各省之舊，而範之以聯邦，得毋助長此餤乎？斯不可不熟計也。且現在行省之區分，其幅員大小，境界系屬，實多不適，允宜修正。域以聯邦，毋乃增障。故吾於行省聯邦説，不敢深贊也。若別畫疆而新造之，則爲道又益艱矣。

抑既稱爲聯邦，必須將其所得行之統治權，充分以行於境內。質言之，則各邦政府，必須能有實力以圓滿宰制其本邦也。以今者各省改造之新邦，其果能有此實力乎？將來當用何道可以得此實力乎？此國民所當熟審也。萬一力薄不任，而於大聯邦内復分爲小聯邦，小聯邦内復分爲更小聯邦，則中國成齏粉矣。吾固日祝我國民之決不爾爾。雖然，凡當革命之際，人民距心力恆發動甚劇，而向心力每爲所抑，此徵諸各國歷史而皆然者也。我國民不可不引爲深戒也。

第四　聯邦與舊朝

謂聯邦可以暫容舊朝使之加入，此亦出於調和之苦心。雖然，吾以爲直幻想耳。中國聯邦，而使舊朝擁片土爲普魯士，謂我國民能承認之乎？

使能承認者，則又不如行虛君共和制之爲得策矣。若以此爲應行聯邦制之理由，則吾疑其無理由也。

第五　聯邦與藩疆

聯邦制所最難處置者，則蒙回藏諸藩疆也，使彼等能各自爲邦以加入聯邦中，豈非大善。然平心論其程度，實未足以語於建國，此爲所困衡也。或曰，如美國雖爲聯邦，固多中央政府之直轄地，今之阿拉士加及菲律賓無論矣，即如阿利根、華盛頓、新墨西哥、夏威夷諸州，前此皆不認爲邦，而認爲屬郡。我今效之，何爲不可！斯固然也，然我諸藩疆與本部之關係，平昔本已閡隔。爾來强鄰介煽，久已生心外向。今若非別有道以維繫之，則惟有俟戡難之後，陳兵鎮撫。竊恐此願未償，而物已非我有矣。此憂國之士所最宜兢兢也。

或者謂歐洲諸國，壤地率皆比我數郡，猶能泱泱稱雄。我但擁十八省舊疆，安在不可以立國？况地大難治，甫田莠驕，稍縮政區，易收臂使，即暫時放棄諸藩疆，未足爲病也。雖然，今列國方以機會均等相揭櫫，我一放棄，則諸藩不能自保，勢必將有所屬。泰東之均勢一破，則本部金甌，又安能保？况人滿之患，我亦猶人，移植之圖，急不容緩。人方不惜靡爛其民以求闢新地，我安可舉所固有而棄若弁髦，故今者建設伊始，當刻刻以蒙回藏疆爲念，務使不自屏於中國之外。而不然者，則對內成功奏凱之時，即對外一敗塗地之時也。

要之，吾國今日所要求者，首在得一强固統一之中央政府。今采聯邦制，若能用德國式，則此願誠易償，然事勢既不許爾爾。若用美國式，則無論若何，而於强固統一之程度，總有所不慊。吾所以始終不能釋然於聯邦制者以此。今所最當熟審者，則今日之中國是否必須經過聯邦之一階級乃能進於單一，此則須俟全國俊傑之公判，非不佞所能臆斷也。若將來事勢所趨，可以毋經此級，吾所馨香以禱也。若必須經者，則吾願當草制時，於其流弊三致意也。

又： 今後新中國之當采用共和政體，殆已成爲多數之輿論，顧等是共和政體也。其種類復千差萬别，我國將何所適從，是當臚察其利害而慎所擇也。【略】右六種共和政體中，我國人所最熟知者，則美法兩國之式。其尤想望者，則美國式也。實則六者各有所長，而後進國擇所倣效，要當以適於己國情形爲斷。就中第六種，不行於完全之獨立國。我國除非采聯邦制，以施諸各邦，即今之各省容有商榷之餘地耳，今勿具論。請得取前五種比較其利病。

第一　人民選舉終身大統領之共和政體何如

此共和政體之最可厭惡者也。何以故？以他種皆爲共和立憲政體，獨此種爲共和專制政體。故謂此種政體可采，度國民必唾吾面。雖然，西哲有恆言，政治無絶對之美。不能謂立憲之必爲美，而專制之必爲惡也。凡行此種政體之國，其被舉爲終身大統領者，必爲雄才大略之怪傑，內之則實行開明專制以整齊其民，外之則揚國威於四海。苟中國今日而有其人，則正最適應於時勢之要求者也。雖然，此其人固可遇而不可求。苟其有之，則彼自能取之，無勞我輩之商榷，故可置勿論也。

又此種政體最後之結果，必變爲君主專制政體，果復爲因，因復生果，必釀第二次革命。墨之爹亞士，其近證之最切著者也。故吾國若有此人，固足以求時；竟無此人，亦國家之福也。

或曰，欲防選舉大統領紛爭之弊，任舉一中材爲終身大統領，使之如法國制不負責任，似亦一法。答之曰，此殆不可行。一國元首，恆情所同歆也。世襲君主，視爲固然，故雖童騃，或不爲怪。既屬公舉，而使庸才終身在人上，勢所不克致也。

第二　不置首長之共和政體何如

此惟極小國若瑞士者，乃能行之而無弊。瑞士一切中央機關，權力皆甚微弱。稍重大之法案，國會輒不敢擅決，以付諸國民投票，不獨執行機關爲然也。彼爲永世中立國，絶無外患，內之則地狹民寡，而自治之習甚完，無取夫有强大之政府也。我國今日，非得一極强有力之中央政府。何以爲國？而以合議機關充一國元首，則於强有力之道，最相反者也。其不足采，蓋無俟辯。

第三　人民公舉大統領而大統領掌行政實權之共和政體何如

此北美合衆國排英獨立後，根據孟德斯鳩三權鼎立説所創之新政體，我國民所最豔羨也。而常人所知之共和政體，大都亦僅在此一種。雖然，此可謂諸種共和政體中之最拙劣者，只可以行諸聯邦國，而萬不能行諸單一國，惟美國人能運用之，而他國人決不能運用。我國而貿然欲效之，非惟不能致治，而必至於釀亂，請言其理。

其一，凡立憲國，於元首之下，必別置行政府，對於立法府而負責任，兩府相節相濟，而治以康。獨美國不然，彼固有行政府之國務大臣也，然惟對於大統領負僚屬之責任，未嘗對於議會而負責任，蓋其系統各不相蒙也。然則爲行政首長之大統領，亦對於議會負責任乎？曰否否。議會由人民選舉，大統領亦由人民選舉，所自受者同，不得而相凌也。故美國政府，實無責任之政府，而與歐洲立憲國所謂責任內閣之大義正相反對者也。然則彼曷爲而不流於專制耶，美國政府聯邦之國也。政權之大部分，爲各州政府所保留。其割愛以獻諸中央政府者，實至微末耳。而即此微末之政權，其立法權之全部在兩議院。行政府並提案權與不裁可權而兩皆無之也。所餘行政權之重要部分，上院猶得掣肘之。故美國行政府實權限至狹，權力至脆之行政府也。我國而欲效彼耶？則亦必如彼之廣賦政權於聯邦，嚴畫界限於兩院，使政府無多地足供回旋，庶幾可以寡弊。而試問此種政府，果適於今之中國否耶？今盧斯福輩日日號呼於衆者，即欲革此制度，而別建一強有力之政府，蓋深知非是無以競於外也。我熟覩其覆轍，寧容蹈之。

其二，然則即用此制，而賦予大統領以廣大之權限何如？曰：固可也。然勢則必返於專制，此徵諸中美、南美諸國而最可見也。彼諸國皆襲取美國之成文憲法以建國者也，顧名則民主共和，而民之憔悴虐政，乃甚於君主專制。其最爲我國人所新能記憶者，宜莫如數月前墨西哥被革之統領爹亞士矣，彼專制墨國垂三十年，路易十四、拿破崙未能彷彿其什一也。其他中南美諸邦，皆類是耳。夫彼諸邦之憲法，與美同系，而所演之結果乃若是相反何也？美國政治之大部分，出於聯邦各州，而彼諸國則全集於中央，大權所集，而他機關末由問其責任，欲其不專制焉，安可得也！今我新共和國之憲法，將純效北美合衆國耶？則政府權限太狹，不適於時勢。將效中美、南美耶？則政府權力太橫，必返於專制。故以美洲之法系施諸我國，實無一而可也。

其三，吾既屢言冀得強有力之政府，然若采用美洲法系，而強有力之政府，適以爲繼續革命之媒介已矣。彼中美、南美諸國，革命慘劇，幾於無歲無之，此稍治國聞者所能知也。即如墨西哥，彼馬德羅之革爹亞士而代爲大統領，距今三月前事耳。今巴拉拉又起而革馬德羅，掠地得半國，迫墨京而要求遜位矣。謂拉丁民族程度劣下，不能運用憲政，斯固然矣。然歐洲拉丁民族之憲政國固不少，何以劇爭不如彼其甚？此其源亦半由於立法不善，不可不察也。歐洲諸國，有元首超然於政府之上，政府則對國會負責任，人民不慊於政府，則政府辭職已耳。政府更迭太頻繁，雖已非國家之福，然猶不至破壞秩序，危及國本也。美洲諸國，大統領即爲行政府之首長，而任期有定，不以議會之從違爲進退。人民不慊於政府，舍革命何以哉！夫國家元首與行政部首長，以一人之身兼之，此實天下最險之事。專制君主國所以易釀革命者以此，美洲諸共和民主國所以易釀革命者，亦以此也。是故歐系之憲法其體圓，美系之憲法其體方，歐系之憲法其用活，美系之憲法其用死。而其相異之機括，全在此著。吾願世之心醉美憲者，一味吾言。吾願將來有編纂憲法之責者，務慎所擇，毋貿貿然效顰，而貽國家以無窮之戚也。

其四，法國之舉大統領，民夷然視之，其鄭重僅視舉議員稍加一等耳。美國舉大統領，則兩黨肉薄，全國騷然，幾類戒嚴，賄賂苞苴，動逾億兆。若中美、南美，則每屆改選，未或不殺人盈野，非擁重兵，不能得之。等是民主共和也，而相去懸絶若彼，其故可思也。法之大統領，全摹仿歐洲各國君主，不躬親政治以負責任，美其名，則曰神聖不可侵犯也。質言之，則無用之裝飾品也，不能直接用一人，不能直接行一政，政權所出，全在內閣總理，故野心家不樂争此以為重。美洲諸國不然。美國行政府之權，雖云狹矣，然其權限内所屬之官吏，悉由大統領進退，雖憲法上規定必須得元老院同意，然事實上皆大統領專行。故每一次改選大統領，苟繼任者非其同黨，則上自閣僚公使，下逮郵政腳夫、税關驗丁，盡行易人，此曾游美國者所能熟知也。彼候選大統領之人，雖或廓然大公，其奈攀鱗附翼之徒太多，挾之使出于激烈卑劣之一途。彼美國幸而為清教徒所建設，道德較優美，自治之習甚完，全國僅兩大黨，故雖劇争而不至召亂耳。不然，其有以異於中南美者幾何也，若中南美，則大統領之權愈崇，人之欲得之也愈甚，而其人民又乏自治之素養，缺政黨之訓練，争之不已，惟力是視，卒成為軍人自治，前后相屠，國家永沈九淵，累劫不能自拔。嗚呼！我國民而安欲效顰美國也，吾懼此禍水行滔没吾神州也。彼諸國大率僅比我一郡，其元首比我古代一小侯耳，而慘争猶若彼。今若以四萬萬人之投票決此一席，再益以各省聯邦首長，亦用此法决之，則其慘劇之比例，又當若何？言念寇此，可為寒心。

吾知聞吾言者，必按劍疾視曰：汝何人，乃敢侮國民，汝何由知吾民程度必不如北美，而猥以比諸中美南美！夫吾固非敢侮國民也，然又安敢面諛國民？彼條頓民族所演之英美兩國，最富於自治力，最善訓練政黨，最能爲秩序之政争。舉全球各國，莫或能及之者，此天下公言也。謂我民程度能與彼抗顔行，徒自欺耳。自欺將焉取之！側聞比者武漢首事諸君子，頗能相下，有趙卻廉藺之風，此誠極可喜之現象也。然聞之議道自己而制法以民，凡立法當爲百年之計，使常人皆可以率循。方今大敵在前，同袍敵愾，内訌固可冀不起，而後此變遷，亦安可以不預防？昔法國大革命伊始，狄郎的士黨實爲首義。未幾乃見屠於山嶽黨。山嶽黨中，羅拔士比爾、馬拉、丹頓輩，又展轉互屠。夫自始曷嘗非戮力共事之人哉？而後乃若彼者，勢則然耳。吾固祝吾國永無此等不祥之事，然吾尤願締造之始，勿以立法之不臧，助長其勢也。

且尤有一義爲吾國民不可不深念者，吾屢言吾國今日所最渴望者，在得一強有力之中央政府，蓋非是則不能整齊畫一其民，以圖競勝於外，此義當爲全國稍有識者所同許也。然既已如此，則無異於共和政體之下而行開明專制，質言之，則爹亞士之奠安墨西哥，卽操兹術也。然似此實最易釀成第二次革命，此我國民所最不可不留意也。爹亞士前此所以能久於其位者，以其承百餘年大亂之後，人心思治已極，不惜犧牲一切，以求得一專制之元首。蓋與法國經大革命恐怖時代後，拿破崙應運而興者無異矣。及今年馬德羅革爹亞士後不數月，而第二次革命起，則時勢不同也。

是故北美合衆國所以能久安長治而中美、南美則頻年戰亂者，北美人民程度優於中美、南美，固其一端也。然亦由國家組織法之根本差異有以致之。差異云何？則聯邦分權與中央集權是也。使中美、南美各國中央權限之狹一如北美，或未始不可以小康。使北美合衆國中央權限之廣一如中美、南美，亦安見其必無争亂也。故專以人民程度問題爲北中南美政治現象差別之根原，所謂知其一未知其二也。而中南美諸國所以不能行聯邦分權制者，實歷史上之根柢使然，雖強欲效顰北美而不可得也。吾願賢士夫之心儀美制者，且勿問吾民程度視美何如，尤當問吾國國勢視美何如耳。

綜而論之，吾國若欲采用美制，則有種種先决問題必須研究者。第一，美國之中央共和政府，實建設於聯邦共和政府之上，而彼之聯邦，乃積數百年習慣而成。我國能以此至短之日月，産出彼鞏固之聯邦乎？第二，美國政權之大部分，皆在聯邦各州，其所割出以賦與中央者，不過一小部分。我國效之，能適於今日之時勢乎？第三，美國行絶對的三權分立主義，中央立法之權，行政部不能過問，此制果可稱爲善良之制乎？我國用之，能致國家於盛強乎？第四，美國由英之清教徒移植，養成兩大政黨之風，故政争之秩序井然。我國人能視彼無遜色乎？第五，美國初建國時，地僅十三州，民僅三百萬。其選舉機關，夙已完備。我國今日情形，與彼同乎異乎？吾願心儀美制者，於此諸問題一加之意也。

第四　國會公舉大統領而大統領無責任之共和政體何如

此法國之制也，其優於美制者四：

一　選舉大統領，不用全國投票，紛争之範圍較狹。

二　其大統領與君主立憲國之君主等，緣無責任故無權力，人不樂争之，故紛擾之程度減。

三　大統領既超然政府之外，政治有不慊於民心者，其極至政府辭職而止，非如美洲法系之將大統領與政府合爲一體，施政不平，動釀革命。

四　政府由國會多數黨組織，立法部與行政部常保聯絡，非如美國極端三權分立之拙滯。

此其所長也，蓋法人所以創爲此制者。其一，法之共和政，成立在美後，鋻鑒於中美南美之流弊，且亦積八十年間屢次内亂之經驗，不得已而出於此也。其二，地在歐洲，蒙諸君主立憲國之影響，故晦其名而用其實也。若我國而必采用民主共和制，則師法其優於師美矣。然法制之劣於美制者亦有一焉：美之政府，與大統領同體，而大統領任期一定，對於國會不負責任，故常能繼續實行其政見，不致屢屢搖動，以久任而見效。法則大統領雖端拱不遷，而政府更迭頻繁，法之不競，頗由於此。雖然，法制行之而不善，其極則足以致弱耳；美制行之而不善，則足以取亂亡，何也？凡用美國法系之國，苟政府不爲多數人民所信任，則非革命不能易之也。此無他故焉，歐洲法系，以國會監督政府，國會與政府之聯絡甚密。美洲法系，政府與國會同受權於選民，離立而不相攝也。

法制與美制比較，其優劣既如彼。若以與英制比較，其劣於英者復有二焉。

一　英王與法大統領，其超然立於政府與國會之外也雖同，然英王不加入政黨，法大統領則藉政黨之力以得選。使大統領與總理大臣常爲同黨，則固無甚窒礙，然此實絕無僅有之事耳。法內閣每數月必更迭一次，安所得常與大統領同黨者。苟非同黨，則大統領常能用其法定之權，或明或暗，以牽制總理大臣。彼麥馬韓第三共和時代之第二大統領之陰謀不軌，遵是道也。而後此且數見不鮮，法國政界，常有杌隉之象，此亦其一原因也。

二　英王名雖爲王，實則土偶，此種位置，惟以紈袴世胄處之最宜。法大統領既由選舉，其人非一國之才望，不能中選。既爲一國之才望，乃投閑置散，使充數年間之裝飾品，未免爲國家惜。昔拿破崙一世初被選爲執政官時，憤然語人曰，吾不願爲受豢之肥豚，卽此意也。

準此以談，則法制之視美制，雖有一日之長，以云盡善，則猶未也。

最近葡萄牙之共和憲法，最稱後起，欲並取美法之長而去其短，然其大體實同於美。不過美大統領由人民選舉，葡則采法制，由兩議院選舉耳。美制固有之諸弊，葡終不能免也。

第五　虛戴君主之共和政體何如

此雖未敢稱爲最良之政體，而就現行諸種政體比較之，則圓妙無出其右者矣。此制濫觴英國，全由習慣積漸而成。其後比利時著之成文憲法，遂爲全歐列邦之模範。其爲制也，有一世襲君主稱尊號於兆民之上，與專制君主國無異也，而政無大小皆自內閣出，內閣則必得國會多數信任於始成立者也。國會則由人民公舉，代表國民總意者也。其實際與美法等國之主權在民者絲毫無異，故言國法學者，或以編入共和政體之列。獨其所以異者，則戴一世襲之大爵主爲裝飾品，國民待以殊體，且歲供皇室費若干以豢養之而已。夫歐人果何取乎此裝飾品，而全國人屈己以禮之，且出其血汗金錢以豢之也？以其可以杜內爭而定民志也。夫以法國大革命恐怖時代，全國民死亡將半，爭亂經八十餘年而始定；以中美、南美之每改選大統領一次輒起革命一次，試問國家所損失爲數幾何？以區區之皇室費與照例尊崇之虛文易之，天下代價之廉莫過是也。是故十九世紀歐洲諸國，無國不經革命，夫革命固未有不與君主爲敵者矣，及其成功也，則仍莫不虛戴一君主。其尤取巧者，則不戴本國人爲君主，迎一異國異種之人而立之，但使之宣誓入籍宣誓守憲而已。若比利時，若布加利牙，若羅馬尼亞，若希臘，若那威，皆其例也。夫豈其國中無一才智之人可任大統領，而顧出於此迂遠愚謬之舉，此其故可思也。中南美諸國所以革命相尋無已時，而彼諸國所以一革之後邦基永定者，其操術之巧拙異也。

且在今日國競極劇之世，苟非得強有力之政府，則其國未有不式微者。而在美洲法系之國，大統領既與政府同體，且同受權於國民。國會不能問其責任，苟非以憲法極力裁減其權，勢必流於專制。故美國政府，不能列席於國會，不能提出法案於國會，不能解散國會，惟奉行國會所立之法而已。夫政治貴有計畫，而計畫之人卽爲執行之人，然後可以察責任而課功罪也。美制不然，國會計畫之，而政府執行之，兩不相接，而各有所諉，非所以圖治也。在前此墨守門羅主義，與列強罕相角，固可以卽安，在今日則大不適於時勢矣。此盧斯福之新國家主義所由倡也。歐洲之虛君共和制則異是，英人之諺曰，國會之權力，除卻使男女易體外，無一事不能爲。國會之權，如彼其重也。而內閣總理大臣，惟國會多數黨首領爲能尸之，故國會常爲政府之擁護者。國會之權，卽政府之權也。然則政府之權力，亦除卻使男女易體外，無一事不能爲也。所謂強有力之政府，莫過是矣。然則曷爲而不流於專制，則以非得多數於國會者不能執政，而國會實由人民選舉，其得多數者，必其順民心者也。此制也，在專制君主國固不能行之，卽在德日等之大權立憲國仍未能行之。若在美洲之諸民主共和國，尤絕對的不能行之。能行之者，惟虛君共和國而已，此論政體者所以推此爲極軌也。

（清）孫中山《孫中山文集》卷一《在東京民報創刊周年慶祝大會的演說》

憲法二字，近時人人樂道，便是滿洲政府也曉得派些奴才出洋考察政治，弄些預備立憲的上諭，自驚自擾。那中華民國的憲法，更是要講求的，不用說了。兄弟曆觀各國的憲法，有文憲法是美國最好，無文憲法是英國最好。英是不能學的，美是不必學的。英的憲法所謂三權分立，行政權，立法權，裁判權各不相統，這是從六七百年前由漸而生，成了習慣，但界限還没有清楚。後來法國孟德斯鳩將英國制度作為根本，參合自己的理想，成為一家之學。美國憲法又將孟氏學説作爲根本，把那三權界限更分得清楚，在一百年前算是最完美的了。一百二十年以來，雖數次修改，那大體仍然是未變的。但是這百餘年間，美國文明日日進步，土地財産也是增加不已，當時的憲法現在已經是不適用的了。兄弟的意思，將來中華民國的憲法是要創一種新主義，叫做五權分立。

那五權除剛才所説三權之外，尚有兩權。一是考選權。平等自由原是國民的權利，但官吏卻是國民公僕。美國官吏有由選舉得來的，有由委任得來的。從前本無考試的制度，所以無論是選舉、是委任，皆有狠大的流弊。就選舉上説，那些略有口才的人，便去巴結國民，運動選舉；那些學問思想高尚的人，反都因訥於口才，没有人去物色他。所以美國代表院中，往往有愚蠢無知的人夾雜在内，那歷史實在可笑。就委任上説，凡是委任官都是跟著大統領進退。美國共和黨、民主黨向來是迭相興廢，遇著換了大統領，由内閣至郵政局長不下六七萬人，同時俱换。所以美國政治腐敗散漫，是各國所没有的。這樣看來，都是考選制度不發達的原故。考選本是中國始創的，可惜那制度不好，卻被外國學去，改良之後成了美制。英國首先仿行考選制度，美國也漸取法，大凡下級官吏，必要考試合格，方得委任。自從行了此制，美國政治方有起色。但是他只能用於下級官吏，並且考選之權仍然在行政部之下，雖少有補救，也是不完全的。所以將來中華民國憲法，必要設獨立機關，專掌考選權。大小官吏必須考試，定了他的資格，無論那官吏是由選舉的抑或由委任的，必須合格之人，方得有效。這法可以除卻盲從濫舉及任用私人的流弊。中國向來銓選，最重資格，這本是美意，但是在君主專制國中，黜陟人才悉憑君主一人的喜怒，所以雖講資格，也是虚文。至於社會共和的政體，這資格的法子正是合用。因為那官吏不是君主的私人，是國民的公僕，必須十分稱職，方可任用。但是這考選權如果屬於行政部，那權限未免太廣，流弊反多，所以必須成了獨立機關才得妥當。

一為糾察權，專管監督彈劾的事。這機關是無論何國皆必有的，其理為人所易曉。但是中華民國憲法，這機關定要獨立。中國從古以來，本有禦史臺主持風憲，然亦不過君主的奴僕，没有中用的道理。就是現在立憲各國，没有不是立法機關兼有監督的權限，那權限雖然有強有弱，總是不能獨立，因此生出無數弊病。比方美國糾察權歸議院掌握，往往擅用此權，挾制行政機關，使他不得不頫首總命，因此常成為議院專制；除非有雄才大略的大總統，如林肯、麥堅尼、羅斯威等，才能達行政獨立之目的。況且照正理上説，裁判人民的機關已經獨立，裁判官吏的機關卻仍在別的機關之下，這也是論理上説不去的，故此這機關也要獨立。

合上四權，共成為五權分立。這不但是各國制度上所未有，便是學説上也不多見，可謂破天荒的政體。兄弟如今發明這基礎，至於那詳細的條理，完全的結構，要望大眾同志盡力研究，匡所不逮，以成將來中華民國的憲法。這便是民族的國家、國民的國家、社會的國家皆得完全無缺的治理，這是我漢族四萬萬人最大的幸福了。想諸君必肯擔任，共成此舉，是兄弟所最希望的。

紀事

《清史列傳》卷六四《已纂未進大臣傳三·戴鴻慈》〔光緒〕三十一年，有旨命五大臣分赴東西洋各國考求政治，鴻慈與焉。將發，有奸人懷炸藥登車狙擊，同行被創，衆懼。鴻慈從容詣宫門取進止，兩宫慰諭至泣下。時謠言蠭起，聞者危之。鴻慈謂人臣以身許國，義無反顧，卒行。凡八閲月，歷十五邦，以明年六月歸國。裒其所得，成《列國政要》百三十三卷。另纂録《歐美政治要義》十八章進呈，因奏言：各國大勢情形，雖間有不同，而治理則大略相類。觀其政體，美爲合衆而專重民權，德本聯邦而實爲君主，奥匈同盟，仍各用其制度，法、義同族，不免偏於集權，惟英人循秩序而不好激進，故其憲法出於自然之發達，行之百年而無弊。反乎此者，有憲法不連合之國，如瑞典、挪威，則分離矣；有憲法不完全之國，如土耳其、埃及，則衰弱矣；有憲法不平允之國，如俄羅斯，則擾亂無已時矣。種因既殊，結果亦異。故有雖改革而適以召亂者，此政體之不同也。覘其國力，陸軍之强莫如德，海軍之强莫如英，國民之富莫如美，此國力之不同也。窺其政略，則俄、法同盟，英、日同盟，德、奥、義同盟，既互相倚助，以求國勢之穩固，德、法，摩洛哥之會議，英、俄，東亞之協商，其對於中國者，德、美海軍之擴張，美、法屯軍之增額，又各審利害以爲商業之競争，蓋列强對峙之中，無有一國孤立可以圖存者，勢使然也。况人民生殖日繁，知識日開，内力亦愈以澎漲，故各國政策或因殖民而造西伯利亞之鐵路，或因商務而開巴拿馬之運河，或因富國而投資本於世界，均有深意存焉。此政略之不同也。驗其民氣，俄民志偉大而少秩序，其國失之無教；法民好美術而流晏逸，其國失之過奢；德民性倔强而尚勇武，其國失之太驕；美民喜自由而多放任，其國失之復雜；義民尚功利而近貪詐，其國失之困貧；惟英人富於自治自營之精神，有獨立不羈之氣象，人格之高，風俗之厚，爲各國所不及。此民氣之不同也。臣等觀於各國之大勢既如此，又參綜比較，窮其得失之源，實不外君臣一心，上下相維，然後可收舉國一致之益。否則名實相懸，有可以斷其無效者，約有三端：一曰無開誠之心者國必危，西班牙苛待殖民，致有斐律賓、古巴之財；英鑒於美民反抗，而於澳洲、坎拿大兩域予人民以自治之權，致有今日之强盛，開誠故也。俄滅波蘭，而用嚴法以禁其語言，今揭竿而起，要求權利者，即波蘭人也。又於興學練兵，皆以專制爲目的，今滿洲之役，不戰先潰，莫斯科、聖彼得堡之暴動，即出於軍人與學生也。防之愈密，而禍即伏於所防之中，患更發於所防之外，不開誠故也。二曰無慮遠之識者國必弱。俄以交通之不便而用中央集權，故其地方之自治日以不整；美以疆域之大而用地方分權，故其中央與地方之機關同時進步。治大國與治小國固不侔也，德以日耳曼法系趨於地方分權，雖爲君主之國，而人民有參與政治之資格；法以羅馬法系趨於中央集權，雖爲民主之國，而政務操之官吏之手，人民反無自治之能力。兩相比較，法弱於德，有由來矣。三曰無同化之力者國必擾。美以共和政體重視人民權利，雖人種繁雜而同化力甚强，故能上下相安於無事。土耳其一國之中分十數種族，語言宗教各不相同，又無統一之機關，致有今日之衰弱。俄則種族尤雜，不下百數，語言亦分四十餘種，其政府又多歧視之意見，致有今日之紛亂。奥、匈兩國雖同戴一君主，而兩族之容貌、俗尚、語言、情性迥殊，故時起事端，將來恐不免分離之患。蓋法制不一，畛域不化，顯然標其名爲兩種族之國，未有能享平和、臻富强者矣。此考察各國所得之實在情形也。竊維學問以相摩而益善，國勢以相競而益强。中國地處亞東，又爲數千年文化之古國，不免挾尊己卑人之見，未嘗取世界列國之變遷而比較之。甲午以前，南北洋海陸各軍製造各廠，同時而興，聲勢一振。例之各省，差占優勝矣。然未嘗取列國之情狀而比較之也。故比較對於内，則滿盈自阻之心日長；比較對於外，則争存進取之志益堅。然則謀國者亦善用其比較而已。又奏：臣等曠觀世界大勢，深察中國近情，非定國是，無以安大計。國是之要，約有六事：一曰舉國臣民立於同等法制之下，以破除一切畛域；二曰國事採決於公論；三曰集中外之所長，以謀國家與人民之安全發達；四曰明宫府之體制；五曰定中央與地方之權限；六曰公布國用及諸政務。以上六事，擬請明降諭旨，宣示天下，以定國是。約於十五年或二十年頒布憲法，召集國會，實行一切立憲制度。又奏：實行立憲，既請明定期限，則此十數年間苟不先籌預備，轉瞬屆期，必至茫無所措。今欲廓清積弊，明定責成，必先從官制入手。擬請參酌中外，統籌大局，改定全國官制，爲立憲之預備。均奉俞旨採納。至是，立憲政體乃確定而不疑，而憲政之措施亦始有條理之可循，而無冥行擿埴之患矣。

《清末籌備立憲檔案史料》第一編陳夔龍《江蘇巡撫陳夔龍奏新政請毋庸擴充立憲變法或暫緩施行摺光緒三十三年二月二十二日》 江蘇巡撫臣陳夔龍跪奏，爲民生困苦，人心浮動，亟宜與民休息，以培元氣而弭隱患，恭摺密陳，仰祈聖鑒事。

竊惟大江南北，本年米糧價貴，甫交春令，而饑民爬搶之案，即已時有所聞。臣已會同兩江督臣端方，通飭文武嚴切查拏，並出示曉諭，遇有恃衆逞强持械拒捕者，准其格殺勿論，拏獲到案，訊係爲首，即予就地懲辦。誠以四方多事，不但治亂用重刑，期無刑，即揆諸荒政之常經，亦有不得不然者，雖然此特急則治標之計，而非務本之圖也。救荒之策不止一端，大抵以保全民食爲最要。上年各屬災重之區，議振議蠲，籌辦已不遺餘力，其勘不成災及收成中稔之處，亦以儲蓄不充，生寡食衆，交春以後，同一拮据，是以叠次電奏請買洋米，請借漕糧，並飭地方有司酌動積穀，籌辦平糶，補苴罅漏，百計維持，不可謂非本圖矣，然猶是本中之標，而非本中之本也。臣夙夜憂惶，盱衡時局，竊有千慮之一得，實爲弭亂之本圖，敬爲我皇太后、皇上據實陳之。

就目下情形而論，鮮不謂饑民滋事，由於歲事之不登，然而上年江北各屬紛紛搶米，事在夏間，其時尚未告災也。近來廣東、浙江等處，均有匪徒蠢動，大都藉米爲名，其地並無大災也。即以蘇省言之，臣訪諸二三父老，僉謂數十年前，斗米曾售至千錢，而民間並不因此滋事。近日人心不靖，固由於饑饉之洊臻，而要之民氣日囂，實由於民生日困，非一朝一夕之故也。民生何以困，物産虛耗，百貨踊貴，而民困隨之矣。物産何以虛耗，百貨何以踊貴，用之如泥沙，而虛耗之弊中之矣，取之盡錙銖，而踊貴之弊乘之矣。

慨自甲午而後，繼以庚子之役，償款數鉅期迫，財力竭於外輸。其原因一也。內外亟圖自強，百度同時並舉，他不具論，即練兵、興學兩大端，歲支之款殆不可以數計。其原因二也。各省籌款之法不必盡同，要以征榷爲大宗，説者每謂征榷取之於商，固勝取之於農，不知商人重利，斷不肯坐受虧耗，於是加其售價以取償，而四民胥受其累矣。管氏之言曰：倉廩實而知禮節。民生既困，民氣然（安）得不囂。東南江海之區支絀如此，則他省可知。風氣柔弱之邦騷動如此，則他省又可知。爲今之計，縱不能盡罷一切征榷，亦必務存節制，庶可補救於什一，而其勢有所不行者，則以償款無著，而新政未由措手也。

夫償款無論已，即一切新政，如練兵以經武，興學以育才，臣雖至愚，亦何敢謂爲無關至計哉。惟念爲政之道，足兵仍以足食爲先，保庶有方，加教必在加富之後。況今日之陸軍，是否果能禦侮折衝，今日之學堂，是否果能振民育德，恐不獨駑鈍如臣不敢自信，即才力勝臣十倍者，亦恐難居之不疑。特以事會所乘，計非是已，倘此時停辦庶政，則朝令夕更，既於政體有礙，而情見勢絀，亦爲外人所輕。然使循是不變，則悉索之物力有限，而推廣之經費無窮，必將有僨焉不可終日者。惟有仰懇天恩，密飭在廷諸臣將陸軍學堂諸事從容措理，勿事急促，一面密飭各省疆臣體察地方情形，如實力有未逮，准就已練之兵，已興之學，認真整頓，毋庸汲汲擴充。其餘新政事同一律，冀以稍紓財力，與民休息，俟數年之後，閭閻元氣大復，庶幾民和政舉。

抑猶有進者，近來預備立憲之舉，頗爲海內歡迎，而歡迎之故，無非歆動於地方自治之一言。其實程度未到，自治恐爲召亂之階。即僅僅更改官制，似無大弊，而多更一制，即多一耗財之地，多設一官，轉多一倖進之門，部臣籌費無出，責之疆吏，疆吏責之州縣，州縣舍百姓將誰責耶。惟有仰祈宸衷獨斷，凡一切改弦更張之舉，已經宣布者不論，其尚未宣布者，暫緩施行，未始非隱培元氣之一道。當此天下靡然，無人不言變法，無人不講維新，而臣獨爲此迂闊之論，豈非不識時務，甘冒天下之不韙哉？然則靜觀人事，實有積薪厝火之危，默察天時，宜防履霜堅冰之漸，自維受恩深重，何敢緘默不言。況以皇太后、皇上宵衣旰食，軫念民依，不惜發帑蠲租，爲窮檐力謀生聚，而內外臣工仍徒事塗飾耳目，不知思患預防，萬一萌蘗不已，將尋斧柯，其何以仰副朝廷付託之重？用敢披瀝直陳，恭候聖明采擇。不勝惶悚之至。理合繕摺密陳，伏乞皇太后、皇上聖鑒。謹奏。

《清憲政編查館奏稿匯訂·第十四號奏稿光緒三十三年七月五日》奏為請旨改設憲政編查館，恭摺仰祈聖鑒事。竊自上年恭奉懿旨預備立憲以來，天下臣民喁喁望治。現在入手辦法，總以研究為主。研究之要，不外編譯東西洋各國憲法以為借鏡之資，調查中國各行省政俗以為更張之漸。凡此兩端，皆為至當不易，刻不容緩之事。擬請旨將考察政治館改為憲政編查館，以便切實開辦。所有軍機大臣、大學士、參預政務大臣會議事宜，應請改由內閣辦理，其會議一切章程即由內閣酌定。如蒙俞允，憲政編查館應請旨由軍機處王大臣總理其事，仍設提調二員，即以原派之提調改充，專辦編制法規，統計政要各事項。嗣後遇有關繫憲政及各種法規條陳，並請飭交該館議覆，以歸一律。至館中應辦之事，俟命下之日，再由臣等督飭館員詳定妥章，認真經理，以副朝廷實行憲政之至意。是否有當，伏乞皇太后、皇上聖鑒訓示。謹奏。

《清憲政編查館奏稿匯訂·第十五號奏稿光緒三十三年七月十六日》奏為謹擬憲政編查館辦事章程，繕具清單，恭摺仰祈聖鑒事。光緒三十三年七月初五日，欽奉懿旨：考察政治館即改為憲政編查館，暫由軍機處王大臣督飭原派該館提調，詳細調查編定，以期次第施行等因。欽此。仰見朝廷注重憲政，切實豫備之至意。臣等竊維上年考察政治館之設，原以編查憲政為宗旨。惟事當剏始，名義尚未指明，其範圍亦難確定。今奉明詔，宣布薄海臣民，咸知臣館為憲政之樞紐。責望之殷，當更過於前日；而責任愈重，一切組織自不能不力求完備。伏查立憲各國，無不以法治為主義，而欲達法治之域，非先統一法制不可。各項法制規模大具，然後憲法始有成立之期。故各國政府大都附設法制局，以備考核各處法案而統一之，法案核定以後，始付議院議決。臣館職司編制，應一面調查各國憲法成例，擬訂草案；一面於各部院、各省所訂各項法制，悉心參考，漸謀統一方法。俟資政院設立後，隨時將臣館核定之稿，送由院中陸續議決。蓋一司編纂，一主贊定，庶政府盡提議法案之責，而國民有參預議法之機。立憲之基，將由此以鞏固。至統計一項，所以驗國計盈絀、國勢强弱，參互比較，以定施政之方。故宜内考全國之情勢，外覘世界之競爭。此後各部院、各省應就其所管之事，詳細列表，按期咨送臣館。臣館總彙各表，即以推知國家現勢之若何。攷各國每年有統計年鑑之刋，彙集各項統計，俾人民可以一覽而知庶政，釐然法良意美。臣館擬俟各種事項搜輯完備，即行仿照辦理。凡此兩大端，頭緒紛繁，關繫重大，於憲政為經始之圖，於臣館為應盡之務。查日本明治初年曾設立憲法取調局，其現在内閣則附設法制統計等局。臣館既兼有日本新舊辦法，自不得不明定職掌，以專責成。臣等公同商酌，擬參用設局分科之法。謹遵諭旨所指編制法規，統計政要事項，於臣館分設編制、統計兩局，各派局長及科員等員，分理其事，而以提調總司其成。謹擬具辦事章程十六條，繕呈御覽。如蒙俞允，再由臣等就原調館員並廣選通材，充當其事，仍隨時奏明辦理。其館中歲需經費，擬請飭下度支，由專使考察政治項下，隨時撥給。仍飭該提調等撙節動用，勿得虛糜。至臣館前奏辦政治官報，現在機器業將陸續運齊，亦即剋期開辦，合併陳明。所有謹擬臣館辦事章程緣由，是否有當，伏乞皇太后、皇上聖鑒訓示。謹奏。

光緒三十三年七月十六日具奏，奉旨依議。欽此。

《清末籌備立憲檔案史料》第二編錫良**《東三省總督錫良奏奉省紳民呈請明年即開國會摺宣統二年十一月初六日》** 東三省總督錫良跪奏，爲奉天全省各界紳民，因時局迫不及待，呈請代奏，明年即開國會，以救危亡，恭摺仰祈聖鑒事。

竊本月初三、初五等日，有各界紳民一萬餘人，手執請開國會旗幟，伏泣於公署之前，求爲代奏。先經各司道婉加勸慰，仍不肯散。當由臣傳見各代表，將憲政應如何預備，國會應如何組織，反覆曉諭，以朝廷所定宣統五年，時間已極縮短，不必再生異議。當據代表諮議局議長吴景濂等面遞公呈，大意則以東省大勢，較三次上書時日俄協約、日韓合邦情形，更有迫不容待者。日則安奉寬軌日夜併工，聞於明年即擬告成，沿路線内移民日多，且以協剿鬍匪挾我外部。俄則以侵蝕甌脱擴張交通爲政策，移民之謀更亟於日，不惟航權界約狡執無方，且陰以誘我邊民，藉窺蒙古，是危機之伏，已岌岌不可終日。誠俟至宣統五年，而此土尚爲我有與否已不可知。現今朝野上下，無不公認國會爲救亡之良藥。果無此良藥則已，既有此良藥，則早服一日即早救一日之亡。乃猶紆徐以待，坐使良藥不能即時收效，以致三省坐亡，牽及全國，此所由焦心沸血而不能已於再請縮短者也。況籌備之事，如官制、内閣、議院法、選舉法、憲法，緩圖之即三年未必完全，急圖之雖數月亦可蕆事。仍懇奏請明年八九月召集議院，以繫人心而維大局。其情詞迫切，出於至誠。萬餘人伏地悲泣，至有搏顙流血，聲嘶力竭不能自已者。

臣維東三省自甲午、甲辰以後，受强鄰之激刺，生國家之思想，人民知身家性命非合羣不能自保。復目覩朝鮮亡國慘狀，甚恐三省版圖首淪異域，即萬劫不能自拔。其切膚之痛，較之各行省有特别之危險，不能不有特别之請求。臣莅東以來，默察今日大勢，欲求所以捍三省之危亡者，一無可恃，所恃者民心不死，皆知崇戴朝廷耳。夫以萬餘里朝縱夕横僅餘此殘缺不完之土地，與三百年深仁厚澤得來固結不解之民心，忍令轉瞬之間拱手授之他人，爲朝鮮之續乎。總之，時危勢迫，爲民人之大患，亦朝廷所深恫，何必靳此區區二年之時間，不與萬姓更始耶？

臣待罪邊陲，奉職無狀，上無以匡國是，下無以慰輿情。伏乞聖明俯允所請，再降諭旨，定於明年召集國會，大局幸甚。如以臣言爲欺飾，請先褫臣職，另簡賢能大員，以紓邊禍，臣不勝迫切待命之至。伏乞皇上聖鑒。謹代奏。

宣統二年十一月初十日奉硃批：縮改開設議院年限，前經廷議詳酌，已降旨明白宣示，不應再奏。東三省地方重要，該督有治事安民之責任，值此時艱，尤應力任其難，毋許藉詞諉卸，致負委任。

雜録

（清）劉錦藻《皇朝續文獻通考》卷三九三《憲政考一》 臣謹案：《周禮》言憲令，言憲禁，言邦憲，此爲中國憲政之句萌。降及東周，管子以憲法治齊，《立政篇》首憲章之言曰：正月之朔，百官在朝，君乃出令布憲於國。憲既布，有不行憲者，罪死不赦。考憲而有不合於太府之籍者，侈曰專制，不足曰虧令。《任法篇》曰：君臣上下貴賤皆從法，此之謂大治。重法律，故重主權；重主權，故重操握主權之人。管子惟尊視法律，益以尊視君權。然則憲法者，民權之護符，而亦君權之後盾。商君爲秦立法，其《修權篇》之言曰：法者，君臣之所共操也。權者，君之所獨操也。以人君操國家之主權，而非以人君爲國家之主體，斯與伯倫知理國家法人語，若合符節。又《墨子·非命上篇》云：先王之國，所以出國家布施百姓者，憲也。陸子静曰：典憲二字甚大，惟知道者能明之。此皆吾國言憲法者，是憲法爲吾國固有，不必震而驚之也。但能擇善而從，循序漸進，選舉合宜，未始不可圖治。乃上欲資以救亡，下偏藉以植黨。當日大臣豈無一二識其微者，而結舌不言，蓋奪於衆多之口，懼其身之不容於時。苟以便其身圖，禍乃至於滔天。而不救此，吾國十餘年來之痛史也。前考各門，無可附麗，特標之曰憲政，彙而録之，以著治亂存亡之機，有國者可以鑒焉。

又： 又諭奉懿旨，我朝自開國以來，列聖相承，謨烈昭垂，無不因時損益，著爲憲典。見在各國交通，政治、法度，皆有彼此相因之勢，而我國政令積久相仍，日處阽危，受患迫切，非廣求智識更訂法制，上無以承祖宗締造之心，下無以慰臣庶平治之望。是以前簡派大臣分赴各國，考查政治。見載澤等回國陳奏，深以國勢不振，實由於上下相睽，內外隔閡，官不知所以保民，民不知所以衛國。而各國之所以富强者，實由於實行憲法取決公論，軍民一體，呼吸相通，博採衆長。明定政體，以及籌備財政、經畫政務，無不公之於黎庶。又在各國相師變通盡利，政通民和，有由來矣。時處今日，惟有及時詳晰甄核，仿行憲政，大權統於朝廷，庶政公諸輿論，以立國家萬年有道之基。但目前規制未備，民智未開，若操切從事，徒飾空文，何以對國民而昭大信？故廓清積弊，明定責成，必從官制入手，亟應先將官制分別議定，次第更張。並將各項法律詳慎釐訂，而又廣興教育，清釐財政，整頓武備，普設巡警，使紳民明悉國政，以預備立憲基礎。著內外臣工，切實振興，力求成效。俟數年後，規模粗具，查看情形，參用各國成法，妥議立憲實行期限，再行宣布天下，視進步之遲速，定期限之遠近。著各省將軍督撫曉諭士庶人等發憤爲學，各明忠君愛國之義，合羣進化之理，勿以私見害公益，勿以小忿敗大謀。尊崇秩序，保守和平，以預儲立憲國民之資格，有厚望焉！

又： 又軍機處王大臣奏擬訂憲政編查館辦事章程，略稱查立憲各國，必先統一法制，憲法始可成立。故各國政府大都附設法制局，以備考核各處法案。法案核定，始付議院議决。臣館職司編制，應一面調查各國憲法成例，擬訂草案；一面於各部院、各省所訂各項法制，悉心參考，漸謀統一方法。俟資政院設立後，將臣館核定之稿送院議决。蓋一司編纂，一主贊定。庶政府盡提議法案之責，而國民有參預議决之機。立憲之基，由此鞏固。至統計一項，所以驗國計盈絀，國勢强弱，參互比較以定施政之方。故宜內考全國之情勢，外覘世界之競爭，此後各部院、各省應就所管之事，詳細列表，按期咨送。臣館總彙各表，即以推知國家見勢。考各國每年有統計年鑑之刊，彙集各項統計，俾人民可以一覽而知。臣館擬俟各項搜輯完備，即行仿照辦理。凡此兩大端，於憲政爲經始之圖，於臣館爲應盡之務。分設編制、統計兩局，各派局長及科員等分理其事，而以提調總司其成。謹擬辦事章程十六條呈，覽其館中歲需經費，擬請飭下度支部，由專供考察政治項下隨時撥給。至臣館前奏辦政治官報，見在機器陸續運齊，亦即剋期開辦，合併陳明。再臣館見謀法制統一辦法應自改設日起遇有各衙門、各省奏定章程規則，均請飭交臣館覆加考核，然後奏請施行。外省改革官制尤易參差，其應由各部另訂職掌各條亦須有一彙總之地，庶足收整齊畫一之功，擬併由臣館核議。前議直省官制，所有直隸州廳，暨各州縣佐治員缺考取委用章程，原請由考察政治館會同各部議訂者，應一併由臣館接續辦理。

又： 又御史趙炳麟奏，組織內閣宜確定責任制度，以爲立憲之精神，而免專權之流弊。略稱臣素持議院與內閣同時成立之説。蓋以議院司監督，內閣負責任，二者並立，方免偏重。今既決意先立內閣矣，惟監督機關必須設立。請詳陳之。夫立憲國之貴有政府者，貴其有責任制度也。欲責任制度之確立，必有司督責之柄者。故東西各國政治家皆以英內閣代表全球，曰責任內閣，亦曰正統內閣。其制度之發明當初，有通常會議及永久會議，議員皆帶監督行政之職守，終遂輔弼君主而司政治。後乃特選數人開樞密會議，通常、永久兩會皆失勢力，全權歸於樞密。久之，君主以樞密不便，更選人入內閣，始有喀賓內閣之名。初無所謂黨，及威廉三世時，政黨角立，互相爭執，君主揀會中多數黨派，使爲內閣，而行其政見。政黨內閣濫觴於此。其內閣大臣對任命之君主有責任外，下爲議會多數反對，即不能居其位，別易一新政黨以隨其後。故日本憲法第五十五條大書特書曰：國務大臣輔弼天皇，如失其道，任其重責。伊藤博文解其義曰：大臣掌行政强權，不獨在於將順參贊之職，又居於匡救矯正之地，宜以躬任其責。若大臣而無責任之義，是行政權力得踰法律之外，而法律徒爲空文。故大臣責任，實爲立憲及法律之根據也。臣謹就確立責任之義條陳於左。一、政權、兵權不可混合。內閣總理大臣權勢極重，惟不掌海陸軍而已。萬國憲法皆以統帥海陸軍之權專屬君主，無論皇族分掌，將領分掌，但爲內閣總理者，即不得兼掌海陸軍，此不易之理也。漢時丞相掌政權，太尉掌兵權，御史臺掌言論權，此中國政治上之三權，未可稍混。王莽以大司馬而秉政，則漢移於新；曹操以丞相而專兵，則漢絶於魏。乃知政權兵權混合，皇室失其尊榮而陷於至危，小民受其壓制，而無所控訴，患孰甚也。宜明定限制，凡爲內閣總理大臣及副大臣者，不得兼海陸軍與參謀本部之任，永著爲例。俾大臣得專心於輔弼，而君民得實施其監督，誠第一要著也。一、資政院宜實有議院之性質。議院者，立於人民之地位，而監督政府者也。中國國會未立，資政院宜豫備爲上議院，須別以議院法令定之，與官制之性質迥相逕庭。宜與政府分離，不爲政府兼併。宜就欽選、會推、保薦三法，選通達治體，極言敢諫之人，組織是院。凡院中所陳，得過半人數同意之決定者，政府不得拒絶。政府如違法失政，得院中人數過半同意之彈劾者，必付行政裁判官評議。其重大者，政府不得居其位。彼此相維，躋於完善。故資政院必須先內閣而建也。一、審計院及行政裁判院宜同時設立。君民所以實握督責之機關者，曰檢查歲用，曰行政訴訟。審計院不立，則行政官之歲入歲出，借貸國債，皆無人過問，而財政上之責任弛矣。行政裁判院不立，則行政官之畸重畸輕，違背憲法，皆無人評定，而法律上之責任弛矣。欲行責任制度，必立監督機關。宜照光緒三十二年編定官制原案，將審計院及行政裁判院同時設立，以堅國民之信服，以制行政之專橫，庶責任機關較爲完備。一、都察院必須整頓。我國國會未立，資政院勢力尚在幼弱，恃以操責任之實權者，在乎都察院，給事中、御史等官，不可撤其奏事之權，以備君上之耳目。宜照編制局所定都察院原案，切實施行。並宜仿會推保薦之法，選明達正直人員，以充是職。見在院中有不合言職者，酌量改外，特寬其格。在京歷奉六年，准其保送以道員，分省候補；不滿六年，准以知府，分省候補。滿漢一律，嚴加甄選，使與資政院同立於監督行政之地位。他日國會成立，此院裁撤，未爲晚也。一、內閣大臣必定任限。權勢既重，責任又嚴，過久恐其有專横之憂。且精神亦或不濟，過暫不能收措施之效。且政本亦多動搖，應酌定任限。凡內閣大臣，無論總副，皆以三年爲一任，良者再任，不得連三任。閒一任或二任後，仍可復任。其退任者，或留京備顧問之資，或退息遂山林之樂，聽其自便。若有大不當之事，被資政、都察兩院過半同意之糾彈者，付行政裁判評定，而行罷黜之典。如有小過，施以正當之處分，不宜輕忽易相，以致政事之無效也。以上五條，明定責任之制度，確立監督之機關，如組織內閣，似皆不可偏廢，方能維持秩序，而無患氣之乘。倘各種監督機關全不豫立，驟建此無限制之政府，臣恐大權久假不歸，君上將擁虛位，議院無期成立，小民莫可誰何？顛覆之憂，將在眉睫。此固非朝廷之福，又豈政府諸大臣之福哉！

又： 又諭奉懿旨，上年降旨宣布憲政，業經明白申諭，視進步之遲速，定期限之遠近。朝廷廑懷憲政，盼望至殷。近已降旨，先設資政院以立議院基礎，顧議院言論之得失，全視議員程度之高下。非教育普及，則民智何由啓發；非地方自治，則人才無從歷練。至教育宗旨，必以忠君愛國、屏除邪説爲歸；自治法規，必以選舉賢能、力謀公益爲主。著學部通籌普及善法，編輯精要課本，以便通行。並著民政部妥擬自治章程，請旨飭下各省督撫擇地依次試辦。並由該部隨時切實稽查，立爲考成，勿任空文塞責，務使議員資格日進高明。庶議院早日成立，憲政可期實行。

又：又諭奉懿旨，前經降旨，豫備立憲原以君主立憲爲吾國政體所最宜，薄海臣民，咸當確切辨明，免涉誤會。內外百官俱有長民之責，尤須認真講明，以示趨向。著在京各部院、在外各督撫，迅即將君主立憲國政體博考各國成案，慎選名人論説，督率所屬各員分班切實研究，務期宗旨純正，事理明通。其有力學精思貫通治術有裨時用者，該管長官據實保薦，聽候擢用。其不能切實研究於治理毫無體會者，亦應隨時董戒，俾各勉爲通才，共濟時艱。倘或誤入歧途，倡爲謬説，淆亂國是，必須嚴查禁止，以杜流弊。

又：又奏立憲必先正名。略稱憲法自在中國，不須求之外洋。偏考東西歷史，深知中外異詞。中法皆定自上，而下奉行，西法則定自下，而上遵守，此爲近日新説所宗。臣歷取各國憲法條文，逐處參較，有其法爲中國所已有而不須申明者，有其事爲中國所本無而不必仿造者；有鄙陋可笑者，有悖誕可駭者；有此國所拒而彼國所許者，有前日所是而後日所非者。固緣時勢爲遷移，亦因政教之歧異。惟日本憲法纂自日本伊藤博文，雖西國之名詞，仍東洋之性質，自爲義解，頗具深心。其採取則普魯士爲多，其本原則德君臣所定，名爲欽定憲法，實與他國不同。論者乃謂此二國憲法皆非通行之定制。法儒孟德斯鳩之言憲法最爲和平，猶以爲是專制之良，而非立憲之正。蓋雖不敢如法美之昌言民主，而實注意於英荷之張大民權。近見南中刊布國會請願文一篇，尤可駭詫。有云今學堂布滿全國，報館盤踞要津，較日本明治二十二年人民程度不能比例。又云憲政所以能實行者，必由國民有一運動極烈之年月。蓋不經此不足摧專制之鋒等語。近日東南各處，新學日盛，逆黨潛滋，此等訛言，最易煽惑。竊維各國立憲，多由羣下要求。國之所以立者曰政，政之所以行者曰權。定於一則無非分之想，散於衆則有競進之心。其名至爲公平，其勢最爲危險。行之而善，則爲日本之維新；行之不善，則爲法國之革命。昔法之大將辣飛葉助美洲獨立，負盛名者也。歸而不忍法民之荼毒，倡言立憲，欲以治美者移而治法，而不知情勢不同，一發而不能收，遂致滔天之禍。即日本之立憲，亦屢經擾動矣。亂民四起，異黨朋興。其十四年，日皇下書，國中有故爭躁急煽變害安，處以國典之禁。次年，乃遣伊藤赴歐調查憲政。又次年回國始草憲法。當遣使訪查之際，即政黨最熾之時，而其十七年至二十年猶復嚴治黨員，大石正已諸人相繼下獄，變動紛然，僅而後定。蓋法國則當屢世苛虐之後，民困已深，欲以立憲救亡，而不知適促其亂。日本則當尊王傾幕之時，本由民力，故以立憲爲報，而猶須屢緩其期。至於我國，臣民本無此思想，中國名義最重，政治最寬，國體尊嚴，人情安習。既無國法怨毒之積，又非日本改造之初。我皇太后皇上曲體輿情，附從廷議。特允非常之舉，實爲莫大之恩。迭降諭旨，既極周詳，分定年期，尤爲明盡。應如何感頌奮勉，以待推行，豈容欲速等於索償，求治同於論價？況今之言立憲、請國會者，實爲害而不爲利，且在士而不在民。其所言報館學堂，不農不工不商，但可强名爲未嘗任納税當兵之責，乃欲干外交內治之權，至敢言監督朝廷，又或云推倒政府，讀詔書則妄加箋注，見律令則曲肆譏彈。胥動浮言，淆亂國是。故觀於法國之事，則知發端甚巨，固禍變之宜防；又觀於日本之事，則知變法方新亦人情所恆有，惟須急籌補救之策，乃不至成潰決之憂。惟在朝廷力圖富强，廣興教育，用人行政，一秉大公。不稍予以指摘之端，自無從爲煽惑之計。至東南各省疆吏尤當慎擇，有風力知大體者，隨時勸導，遇事彈壓，庶不至別滋事端。當此十年預備之期，爲大局安危所繫。當使知上下之分，須先明憲法之名。日皇所謂組織權限由朕親裁，德相所謂法定於君非民可解。故必正名定分，然後措正施行。憲政編查館開列各條問目，皆憲政應詳之事。考察固須詳備，抉擇尤貴精嚴。將來各處奏報到齊，必須慎擇賢才，詳加編訂。於西法不必刻畫求似，但期於中正無弊，切實可行。

又：又資政院奏訂資政院章。略稱立憲國之有議院，所以代表民情，其議員多由人民公舉。凡立法及預算決算，必經議院協贊，方足啓國人信服之心。昔先哲王致萬民於外朝，實開各國議會之先聲。日本在預備立憲之時，於明治四年設左右院，七年開地方會議，八年立元老院，至二十三年遂頒憲法而開國會。其所以籌立議會之基者，至詳且備。皇太后皇上本先聖之緒言，採列邦之法制，特設資政院，立上下議院之基礎。臣等敬體斯義，謹擬資政院章程目次，首總綱，次選舉，次職掌，次資政院與行政衙門之關繫，次資政院與各省諮議局之關繫，次資政院與人民之關繫，次會議，次紀律，次祕書廳官制，次經費，凡十章，以爲他日議院法之初基。見在第一章總綱，第二章選舉，業經詳慎擬訂。其餘八章，俟臣等會同妥議，逐次釐訂後，陸續奏聞。奉旨依議，其餘八章著即迅速妥訂，具奏請旨。院章宣統三年改訂，詳《職官考·資政院》。

又：又考察憲政大臣達壽奏考察日本憲政情形。略稱數年以來，朝野上下鑒於時局之阽危，謂救亡之方祇在立憲。朝廷亦既宣布詔書，明定立憲期限。然立憲之利害不可不明，期限之短長不可不審。綜覽時勢，仰賴宸斷者有二：一曰政體之亟宜立憲也；一曰憲法之亟當欽定也。今天下，一國際競爭之天下也。欲立國於世界之上，非厚其國民之競爭力不可。國民之競爭力有三：一曰戰鬭之競爭力，一曰財富之競爭力，一曰文化之競爭力。三者備，而後帝國主義可行。故軍國主義，即戰鬭之帝國主義也。殖民政策，勢力范圍，門戶開放，利益均霑，關稅同盟，即財富之帝國主義也。宗教之傳播，國語之擴張，風俗習慣之外展，即文化之帝國主義也。東西列國或取其二，或並取其三，而要以戰鬭財富爲尤重。大抵欲行帝國主義者，咸以財富文化爲先導，而以戰鬭爲後盾，此爲今日世界列國之公例。循是者興，反是者亡。所謂政體急宜立憲者，此也。考憲法制定之歷史，東西各國不同。就形式言之，有三種之區別，即欽定憲法、協定憲法、民定憲法是也。欽定憲法，出於君主之親裁；協定憲法，由於君民之共議；民定憲法，則制定之權利在下，而遵行之義務在君。大抵君主國體未經改革，或改革未成之國家，其憲法仍由欽定，如日本與俄是也。已經改革，或經小變亂而未變其君主國體之國家，其憲法多由協定，如英普奧是也。既經改革而又盡變其君主國體，或脱離羈絆宣告獨立之國家，其憲法多由民定，如法如米如比是也。形式既有三種，政治之實際亦遂不同。即學者所稱大權政治、議院政治、分權政治是也。大權政治者，以君主爲權力之中心，其機關雖分爲三，其大權則統於一；議院政治者，以議會爲權力之中心，立法之權即全歸於議院，行政之權亦間接而把持，君主行政必須內閣大臣之同意，而內閣大臣之進退又視政黨意見之從違，蓋立法、行政之權皆混合於議會之內矣；分權政治者，其大統領則有行政權而無立法權，其議院則祇知立法而不問行政，界限分畫，兩不相侵。然三種政治，實與三種憲法有因果之關繫，何也？憲法由於欽定，未有不取大權政治者也；憲法由於協定，未嘗不欲行大權政治，其終未有不流於議院政治者也；憲法由於民定，則大權政治、議院政治皆所不取，蓋實行分權政治者也。故日本之憲法，欽定也，而大權政治生焉。普國之憲法，協定也，而不能行大權政治；英國之憲法，亦協定也，而議院政治生焉。法米之憲法，民定也，而分權政治生焉。綜此三種政治，不能猝斷其短長。倘持國體以爲衡，實以大權爲最善，而欲行大權之政治，必須欽定之憲法。其中五大端，如君主、臣民、政府、議會、軍隊是也，苟非由於欽定，即此五者皆不免於流弊。查歐洲各國君主，雖亦稱爲皇帝，實不過其歷史相沿之尊稱，而未必即爲握有主權之元首。例如德國君主，亦皇帝也，而其實際乃聯邦最高之機關，皇帝與帝國議會、聯邦議會實立於同等之地位。比利時憲法認主權出自人民，故其國王大權每爲憲法所制。其他法蘭西諸國，君主地位大抵與比利時相同。推其原因，皆由憲法咸出於協定、民定耳。惟日本憲法則由欽定，開章明義，首重天皇。而特權大權，又多外記，即其未經外記之事，亦爲天皇固有之權。今試就其外記言之：一曰裁可法律之大權，二曰召集議會及開閉解散之大權，三曰發行法律敕令之大權，四曰發行政命令之大權，五曰定行政各部官制及任免文武之大權，六曰統帥海陸軍定其編制及常備兵額之大權，七曰宣戰媾和及締結條約之大權，八曰宣告戒嚴之大權，九曰授與榮典之大權，十曰恩赦之大權，十一曰非常處分之大權，十二曰發議改正憲法之大權。此皆歐洲各國憲法所罕有，而日本學者尚謂有漏未規定，時啟疑問之端。中國制定憲法，於君主大權無妨援外記之法，詳細規定。既免將來疑問之端，亦不致於開設國會時爲法律所制限。此欽定可以存國體而鞏主權者一也。至於臣民之權利，規定於憲法內者，實自美國始，而法國繼之。自後歐洲、日本制定憲法，皆專設爲一章，如所謂身體自由、居住移轉自由、信書祕密自由、信教請願自由、言論結社自由、住所不可侵、所有權不可侵。不知者，方謂其民權伸張已極充，其所至實貽犯上作亂之憂，而豈知日本憲法其揭載臣民權利自由，莫不限之以法律，蓋必間接而得法律命令之規定，非可由憲法直接而生其效力也。且立憲國家未有不重行政之命令者。當行政權行使之時，臣民未嘗不負服從之義務，故臣民權利受其限制者極多。英國民權發達，而治安判事尚兼行政司法裁判之職權，遇有違反行政規則者，得行其强制之力。日本之行政執行法，亦明治二十三年以法律敕令明定之。此國家對於臣民有强制權之明證也。强制權之外，又有所謂非常權。人民若以暴力抵抗命令，事小者，用警察；稍大者，用憲兵；再大者，用軍隊；尤大者，天皇可宣告戒嚴。戒嚴令一施行，則平日司法行政所保護之臣民權利自由，皆置諸軍隊處分之下。以民權最大之法國，尚用戒嚴令，各國胥從而仿之。此國家對於臣民有非常權之明證也。此欽定可以存國體而鞏主權者二也。立憲國政府，必置國務大臣，又以國務大臣組織内閣，而國家行政上之機關乃備。日本憲法明定國務大臣有輔弼天皇之責任，而一切命令均副署焉。英國，議院政治也，凡内閣決議之事，均須上奏。美國，分權政治也，任免大臣之權仍操於大統領之手。比利時憲法純爲民定，而比王對於憲法上所定大權範圍之内尚得以自由行其方鍼。如國防、如海外貿易、如殖民政策，皆自選英賢，詢以大計，内閣向不與聞。日本之國務大臣，不對議會負責任，乃對天皇負責任。大臣失政，天皇自由罷免之；大臣奏事，天皇自由准駮之。其所以異於專制國者，大臣若以天皇所下命令有背憲法，可以拒其副署。不經大臣之副署，則天皇命令不得施行。與我國古時封還詔書及署紙尾之事，不謀而同。今日若設内閣，不過復中書省之舊制而已。此欽定可以存國體而鞏主權者三也。歐洲各國，其國會恒與君主立同等地位，共握立法權，各由其歷史之關繫餘波衍至於今，英國如是，法美可知。其國體向爲君主，則國會之權限萬不能與君主相侔。昔普魯士因預算案一事，議院欲上奏彈劾政府，普相俾士麥揚言於議場曰：國會苟以此上奏，是要求普魯士王室舉其憲法上之權利讓於國會也。此可見普國國會之權限矣。日本國會權限除憲法所規定者外，别無他權。其所定於憲法者，一則協贊立法權，一則議決預算案，其餘如上案，如建議，如受理請願，雖屬國會之職權，而採納與否權在天皇，非國會所得以要挾也。法律案之提議，國會雖亦有之，而裁可仍聽之天皇。至於改正憲法之權，解釋憲法之權，亦全操於天皇，非國會所能置喙。蓋天皇統治權之行使，爲國會所參與者，實不過法律與預算而已。此欽定可以存國體而鞏主權者四也。夫國家之不能無軍隊，勢也。查美國之制，文武不分，大統領以文權統帥海陸軍，海陸軍之將校亦皆文職。平時兵額不過六萬，猶不及日本警察官之總數。且其兵爲義勇，介於雇傭之間，非視爲國民當盡之義務，是以美之兵力最爲薄弱。其所恃以無恐者，則因財力雄厚，雖經一二挫敗，猶可爲持久之謀。法國自共和以來，軍隊之權屬於行政權之下，其大統領雖有統帥權，常令海陸軍大臣當指揮之任，於是統帥事務亦屬之國務大臣。英國軍隊本屬王家，自克林威爾内閣以來，乃以軍隊置諸國務大臣監督之下。自古利米亞戰争以後，議院又有特設調查軍隊之委員，於是軍隊又間接而受議院之監督矣。日本之憲法，欽定者也，故其憲法第十一條曰：天皇統帥海陸軍。第十二條曰：天皇定海陸軍之編制及常備兵額。第十三條曰：天皇宣戰媾和及締結各種條約。則知日本軍隊統帥之權，全握於天皇一人之手。制度之善，實爲各國所無。日本之所以克强，全在乎是。我朝兵制統帥之權，本在皇帝，而軍隊行政分寄之部臣疆臣，不獨前代藩鎮之弊可以埽除，即日本憲法所謂天皇有統帥海陸軍之大權，我列聖固已開之先例矣。自咸同軍興曾左胡岑諸臣督師勦匪，疆臣閒掣其肘，遂以兵權委之督撫。其後遂成慣例。循此以往，則統帥權與行政權必致兩相混淆，蹈美法諸國之弊。今若採鄰邦之新制，復列聖之成規，收統帥之大權，載諸欽定憲法，則機關敏捷，必可專固國防。此欽定可以存國體而鞏主權者五也。抑更有請者，憲法者，國家之根本法也。歐洲各國凡關於皇室之事，或詳定於憲法之内，或不見於憲法之中，此由國體不同，故定法亦異。日本參酌二者之閒，憲法第二條止載皇位繼承以皇男子孫之一語。而繼承之法，以皇室典範另詳之；皇族之事，以皇室令規定之。蓋以皇位爲國家之主體，亦即憲法所由來。不將皇位明定於憲法之中，即不能畫分皇室於國家之外。其分於國家之外者，所以保皇室之安甯，其存於憲法之中者，所以明國家之統緒。故日本臣民對於皇室典範與日本憲法，同視爲國家根本法者，此也。中國自禹湯以來，已開家天下之局，國家之治亂即爲皇室之安危。日本國體舊與中國相同，而其皇室未嘗改移者，實以大權之不在君主。及明治廢藩，大權獨攬，似乎可仍前例矣。乃因内鑒於本國諸侯之興替，外觀於各國皇室之永存，毅然決然改從新制。此其故可深長思矣。國家制定憲法，皇室之事自應與憲法同時制定，以爲國家之根本法。或詳載於憲法之内，或如日本另以皇室典範規定之，非奴才所敢妄議。惟兹事重大，國本攸關，擬請慎擇廷臣，多設顧問，又開皇族會議，原本我朝之家法，參酌列國之新章，損益因時，折衷至當。恭候皇太后皇上欽定，垂爲典要，與憲法同尊。則我國家萬年有道之長，豈止比隆周漢也！

又： 又奏國會年限無妨預定。略稱今日朝野上下對於開設國會年限，有主急者，有主緩者。主急者所擬自二年至於五年；主緩者所擬自六年八年十年以至二十年。主急者則謂時勢逼迫，非合上下之力不足以國存；主緩者則謂程度尚低，非待教育普及未可以猛進。而時勢之説亦爲主緩者所認。所争者，不過程度之問題耳。據奴才愚見，以爲國會開設之遲早與人民程度之高低可決其全無關係，何也？有國會，則有議員。議員係全國少數之人，且其人非地方紳士亦必稍有資望，學問與今日之官吏較量，程度雖不敢云其增高，亦或不至於低讓。以之代表人民，更何必執普通人民之程度以相指摘之乎？夫人民權利，本以憲法爲保障。今憲法未定，則保障無存，權利何有？此國會之不能先憲法而關設者一也。議員在議院有言論之自由，有訴訟法上之特利，不得加以誹謗侮辱，或暴行逼脅，憲法上皆一一明定而爲之保護。若憲法未定，則將來議員必有因發抒意見、表決議案，得罪政府，紛紛下縲絏帶枷鎖，而演出萬國稀有之奇劇者。此國會之不能先憲法而開設者二也。夫所貴有議院者，謂議員有應守之職權，可參與立法、監督財政者也。今若憲法不宣布，則議員之職權且不知何若，遑論參與監督乎？卽參與矣，監督矣，若唯唯否否，惟政府之命是從，則議院雖有如無，安用此選舉開會爲也？此國會之不能先憲法而開設者三也。三者皆國會與憲法之關係，然欲言國會，必言選舉；欲言選舉，必言戸口。蓋戸口之多少，與議員之多少爲比例，則戸口之先宜清查者一；國會選舉必言税法，蓋納税之多少與選舉權之有無亦爲比例，則税法之先宜整頓者二；國會選舉必言選舉區，蓋選舉區之大小與議員數之多少亦爲比例，則選舉區之先宜分畫者三；全國方言不止南北異音，卽一省之中各府州縣亦多殊異，爲省二十一，至少有百種以上之方言，會議一堂，不通款曲，則言語之宜先謀統一者四；國境之大，二萬方里，道路跋涉，累月經時，將來雲貴新疆之議員，欲應國會之召集，求其準期大非易事，則交通之宜先圖便利者五；國家財政紊亂至此，豫算尚未確立，政府無案，何以提出於議會，則豫算之宜先行編制者六。以上六者，皆國會與豫備之關係。豫備雖非一端，而最要者，莫如擴張軍備爲立憲要圖。立國於今之世界，苟無重大之海陸軍以爲國防，則憲政之根基不固。若國會既開，則海陸軍之豫算不能不經議會之協贊。而反對軍費又各國所同，此軍備之必先擴張者一也。立憲國家合全國爲內，對外國爲外。故官制以職權而別，不以內外而分。中國幅員遼闊，欲如日本之全國政務俱屬於內務省，似覺不易。然國家行政與地方行政，果能畫分高等文官與普通文官，均歸試驗，免保舉銓選之例，分司法行政之權，則官制必先制定者二也。既畫分行政權限矣，而地方行政尤以自治團體爲之基。教育之普及也，警察之保衛也，風俗之改良也，國税與地方税之區分也，皆地方自治之要圖，缺一不備，卽不足爲立憲國民，卽難施以立憲政體者三也。此外更有三要端：一、領土之問題。憲法以適用於本國領土爲限，而領土則宜以法律規定之。以法律規定者，例如新得領土與新失領土，而憲法之應否改正，遂生種種困難之端。日本領土不規定於憲法之中，實取侵略主義，而於憲法亦無妨。中國，如蒙、藏、新疆皆爲緊要之區，雖不適用憲法，而規定於憲法上以示保全，似不宜取法日本也。一、治外法權之問題。憲法既定，則宜收回治外法權。然中國之刑法、民法俱未規定，將來發布憲法，實多困難。日本收回治外法權，雖在發布憲法之後，而制定刑法、民法則在發布憲法之前。若憲法發布一國之中，常有兩種法權則憲法爲無效，此治外法權所急宜收回之證也。一、臣民之問題。憲法以適用於本國臣民爲限，而臣民之要素，又有屬人、屬地兩主義。中國惟無國籍法，故僑居華民皆受治於外人法律之下，或同時而有兩國籍。將來發布憲法，如海外僑民究以能受本國憲法之保護與否爲最要。況法律多分貴賤，憲法則無等差。日本除琉球北海道人民不視爲平等，不得有憲法上之利益，其日本臣民皆無等差，於憲法皆有效用。我國如藏番回蠻土司等人種甚多，將來是否持同化主義，均視爲一律，同受憲法之利益，此又不可不早定者也。總之，憲法爲各法之根本，憲法不定，則議院法、選舉法、會計法不能單獨施行。歐洲各國其有先開國會後立憲法，大抵皆因革命之故。若其國體本爲君主，又未遇改革之禍，則鮮有不先布憲法後開國會者。如德如日，其已事矣。各國國會之開設，多出於臣民要求，幾成立憲之公例。又往往以要求過甚，致生暴動。日本立憲最爲和平，當請求開會之時，日皇問廷臣能否擔負責任，後經廷臣以責任負擔，定十年期限。乃昭示臣民，令其靜俟時期，而臣民亦無反對者。我國今日外患內憂十倍日本，各省請求國會之代表紛紛赴京，已不可遏。奴才愚見，莫如仿照日本辦法，大集在廷諸臣，開御前會議。先就應行預備事件，按年計畫，以若干年可以備齊，即以備齊之年爲開設國會之日。廷臣苟能擔此責任，則國會可以預定。雖五年、六年不爲速，十年、二十年不爲遲。然後明降諭旨，昭示時期，令其靜候，毋再瀆請。其應歸政府預備者，則政府負擔之；歸地方預備者，則地方負擔之。責任分之自下，恩澤沛之自天。弭隱患而順輿情，憲政可次第進行，計未有便於此者。否則，徒言預備，責任莫擔，內外狐疑，要求過甚，區區愚誠，有不免私憂過計者矣。以上大綱既定，尚有二事欲陳：一則預備立憲時，請選廷臣進講憲法；一則編制憲法事宜，飭廷臣力守祕密。奴才自赴日本以後，日與其臣伊籐博文、伊東已代治，及其學者穗積八束，有賀長雄等相討論，咸謂憲法一字出入，關繫至鉅。必須出自至尊親裁斷，非廷臣所敢擅擬。從前日本明治天皇當預備立憲制定憲法之時，特於宮中設一齋房，選廷臣深通憲法者，按日進講，日昃退朝，夜分始寐。始則周諮博訪，繼則執兩用中。故率能啟沃乃心，定茲大典。咸謂日皇不特爲維新之賢君，且爲淹博之學者，朝野上下傳爲美談。中國當預備立憲之時，皇太后皇上能於萬幾餘暇，慎選廷臣進講各國憲法，則細流不擇，葑菲有資，當足以輔聖明於萬一，實於欽定憲法有裨。且我朝列聖相承，皆重問學。即值國勢艱難，宵旰憂勞，亦尚不撤經筵，稍荒聖學，儒臣進講，代有所聞。際茲參訂典謨，倘能會萃列邦之成憲，調查各國之條文。本宣尼禮失求野之心，法虞舜樂取於人之事。簡擇通曉憲政之廷臣，隨時進講，藉備諮詢，似不可少。此預備立憲時最要之事也。至於制定憲法，據日臣伊東已代治之言，當日本起草憲法時，天皇以此事專任伊籐博文一人，使綜理一切。凡各項調查，各處建議，均歸一手經理，以專責任而免意見。迨憲法草案既定，復由天皇慎選重臣參列會議，嚴守祕密。蓋所以防物議而遏暴動也。夫立憲爲國家萬年大計，當此制定憲法之始，其在下也爭論必力，而在上也對付易窮。放任不能，干涉不可。朝廷若採英德協定之成例，自不必言；若採日本純粹欽定之制，則法定於君，斷非臣下所能參議。然苟非祕密從事，則報章流布，妄肆議評，鼓吹人心，煽動全國，士夫奔走，伏闕上書，即使禍亂不萌，亦雖免一時紛擾，此又不可不預防者也。

又奏，先立內閣統一中央行政機關。略稱立憲政體，雖云三權分立，實則司法無關政策，故獨立無妨，而國會與政府常處於對待之地位。人但云國會監督政府，而不知政府亦所以監督國會也。有政府而無國會，則政府無後援；有國會而無政府，則國會亦專制。二者常相維繫，亦常起衝突。政界之紛擾，政黨之競爭，多由此起。故立憲君主國家必置內閣者，非欲使內閣專權，實使內閣上對君主負其責，下對國會當其衝，而君主以大權調和於二者之間也。然國會職權各國不一，英法等國則國會干涉行政權，日德等國則國會只有參與立法與預算決算權，其所以不使干涉者，由於未開國會以前，凡定法律制預算政府行政機關整頓官職權限，皆同心合意以一定之方鍼竭力爲之，故不禁其干涉，而實無可干涉。日本雖於明治二十三年開國會，而十八年先組織內閣者，即此意也。竊聞今之請開國會者，其意因近年政府於法律、預算、行政機關、官職權限，未加整理，思先開國會代政府決定方鍼，而使政府與地方執行之。其意未嘗非顧全大局，然一或不慎，即流爲英法議院政治，與奴才所考察者微有不同。故今日急務，莫要於先立內閣，統一中央行政機關。凡內外應興應革之事實力舉行，無留人指摘之地，庶足以保全大權政治。否則，政府憚於改革，無一定之方鍼，將來國會既開，興革之事，議會以多數議決，政府雖欲不行而不能，則行政權永爲立法權所干涉，其困難有不可勝言者矣！

（清）劉錦藻《皇朝續文獻通考》卷三九四《憲政考二》 又憲政編查館奏定結社集會律三十五條。除各省會黨顯干例禁，均仍照刑律嚴行懲辦外，其餘各種結社集會，凡與政治及公事無關者，皆可照常設立，毋庸呈報。其關係政治者，非呈報有案不得設立；關係公事者，雖不必一一呈報，而官吏諭令呈報者，亦當遵照辦理。如果辦理合法，即不在禁止之列；若宗旨不正，違犯規則，或有滋生事端，妨害民俗者，均責成該管衙門，認真稽察，輕則解散，重則罰懲。庶於提倡輿論之中，不失納民軌物之意。

又會奏各省諮議局章程及選舉章程。略稱立憲政體之要義，在予民人以與聞政事之權，而使爲行政官吏之監察。故不可無議院以爲人民聞政之地。東西立憲各國，雖國體不同，法制各異，而無不設立議院，使人民選舉議員代表輿論。中國向無議院，今議倡設，若不嚴定規則，流弊不可勝言。今奉明綸於京師設立資政院外，復令各省均在省會設立諮議局，以爲採取輿論之所，並爲資政院儲才之階。諮議局卽議院之先聲，自當上承德意，下體輿情，將規則妥爲釐定，以期有利無弊。伏查各國立憲制度，皆設上下議院於國都，其下多直接地方自治之議會。惟聯邦之制，各邦自有國會，帝國但總其大綱。中國地大民衆，分省而治，各省之政主於督撫。與各國地方之治直接國都者不同，而郡縣之制異於封建督撫，仍事事受命於朝廷，亦與聯邦之各爲法制者不同。諮議局之設，爲地方自治與中央集權之樞紐，必使下足以裒集一省之輿論，而上無妨於國家統一之大權，此其要義一也。夫議院乃民權所在，然議政之權雖在議院，而行政之權仍在政府。卽如外國監督政府之說，民權似極强矣，而議院攻擊政府，但有言辭並無實力。但有政府自行求退，議院並不能驅之使行。普魯士、日本憲法且明載進退宰相、任免文武官之權在於其君，此足見民權之是言非行矣。況諮議局僅爲一省言論之匯歸，尚非中央議院之比，則其言行界限，尤須確切訂明，不容稍有踰越。此其要義二也。敕定憲法之國，必先期宣布開設議院年限。今資政院諮議局已次第建立，爲議院之基礎矣。朝廷自將宣布年限，以定人心而促進步。此日各省諮議局辦法，必須與異日京師議院辦法，有相成而無相悖。宣布年限之後，局中議員卽當隨時爲選入議院之預備。故議院資格，議事權限皆當於此時早爲釐定。此其要義三也。兹經臣等擬成各省諮議局章程十二章六十二條，其議員選舉事宜端緒繁雜，非局章所能備載，若不另定專條，誠恐辦理紛歧。故別爲選舉章程一百十五條，以與局章相輔而行。擬請明降諭旨，頒行各省，卽由臣館分咨各督撫欽遵辦理。奉諭，朕奉懿旨，憲政編查館資政院王大臣奕劻、溥倫等會奏，擬呈各省諮議局及議員選舉各章程一摺。諮議局爲採取輿論之所，並爲資政院豫備議員之階，議院基礎卽肇於此，事體重大，亟宜詳慎釐定。兹據該王大臣擬呈各項章程，詳加披閱，尚屬周妥，均照所議辦理。卽著各督撫迅速舉辦，實力奉行。自奉到章程之日起，限一年內一律辦齊。朝廷軫念民依，將來使國民與聞政事，以示大公。因先於各省設諮議局，以資歷練。凡我士庶，均當共體時艱，同攄忠愛。於本省地方應興應革之利弊，切實指陳；於國民應盡之義務，應循之秩序，竭誠踐守。勿挾私心以妨公益，勿逞意氣以紊成規，勿見事太易而議論稍涉囂張，勿權限不明而定法致滋侵越。總期民情不虞壅蔽，國憲咸知遵循。各該督撫等，亦當本集思廣益之懷，行好惡同民之政，虛公審察，惟善是從。庶幾上下一心，漸臻上理。至於選舉議員，尤宜督率各該地方有司，認真監督，精擇慎取，斷不准使心術不正、行止有虧之人，託足其內，致妨治安。該王大臣所陳要義三端，甚爲中肯。如宣布開設議院年限一節，自是立憲國必有之義。但各國憲政本難强同，要不外乎行政之權在官吏，建言之權在議員。而大經大法，上以之執行罔越，下以之遵奉勿違。中國立憲政體，前已降旨宣示，必須切實預備，慎始圖終，方不至託空言而鮮實效。著憲政編查館資政院王大臣，督同館院諳習法政人員，甄採列邦之良規，折衷本國之成憲，迅將君主憲法大綱暨議院選舉各法擇要編輯，並將議院未開以前逐年應行籌備各事，分期擬議，臚列具奏，呈覽朝廷親裁後，當卽將開設議院年限欽定宣布，以立臣民進行之準則，而副吾民望治之殷懷，並使天下臣民曉然於朝廷因時制宜，變法圖强之至意。

又：又憲政編查館資政院會奏，遵擬憲法大綱暨議院選舉各法，並逐年籌備事宜。略稱東西各國立憲政體，有成於下者，有成於上者，而莫不有憲法，莫不有議院。成於下者，始於君民之相争，而終於君民之相讓；成於上者，必先制定國家統治之大權，而後錫予人民聞政之利益。各國制度，憲法有欽定、民定之別，議會有一院、兩院之殊。今朝廷採取其長，以爲施行之則要，當内審國體，下察民情而後出之。大凡立憲自上之國，統治根本在於朝廷，宜使議院由憲法而生，不宜使憲法由議院而出。中國國體必用欽定憲法。故欲開設議院，必以編纂憲法爲預備之要圖，必憲法告成先行頒布，然後可召集議院。憲法爲國家不刊之大典，一經制定，不得變更，非如他項法律可以隨時增删，修改。編纂之初，尤非假以時日詳細研求，不足以昭慎重，惟閎綱所在，自應預爲籌定，以爲編纂之準則。夫憲法者，國家之根本法也。自天子以至於庶人，皆當率循，不容踰越。東西君主立憲各國國體不同，憲法互異，論其最精之大義，不外數端：一曰君主神聖不可侵犯；二曰君主總攬統治權，按照憲法行之；三曰臣民按照法律，有應盡之權利義務而已。自餘節目，皆以此爲根本。其必以政府受議院責難者，卽君主神聖不可侵犯之義，必議院協贊立法監察財政者，卽保障臣民權利義務之義；必特設各級審判官以行司法權者，卽保障法律之義。而立法、行政、司法，則皆綜攬於君上統治之大權。臣等謹本斯義，輯成憲法大綱一章，首列大權以明君爲臣綱之義，次列臣民權利義務，以示民爲邦本之義。雖君民上下同處於法律範圍之內，而大權仍統於朝廷。至議院選舉各法，均與憲法相輔而行。凡議事權限，選舉被選舉資格，亦應檃括大意，豫爲籌定，以便將來纂輯條文有所依據。謹分輯議院要領及選舉要領各一章附焉，其中細目尚未議及。一俟奉旨裁定，卽當督飭在事各員，按照大綱要領所列各端，編定詳細條款。但必寬以歲時，從容討論，以期精密無遺。他日編纂告成，再行進呈，恭候欽定以憑頒行遵守。至開設議院以前，應行籌備各事，頭緒至繁，辦理宜循次第。綜其大綱，預備自上者，則以清釐財政、編查戶籍爲最要，而融化滿漢畛域、釐定官制、編纂法典、籌設各級審判廳次之。預備自下者，則以普及教育，增進智能爲最要，而練習自治事宜次之。凡此諸大端，若預備未齊，遽開議院，則預算決算尚無實據，議院憑何監察戶口？財產尚無確數，議員從何選舉？一切法度尚未完全，與聞政事者何所考核？人民程度尚有未及，何以副選舉被選舉之資格？地方自治尚無規模，何以享受權利，擔任義務？是徒慕開設議院之虛名，而並無裨益政事之實濟也。竊謂年限之遠近，至速固非三五年所能有成，極遲亦斷不至延至十年之久。臣等公同商酌，擬自本年光緒三十四年起，至四十一年止，限定九年將預備各事一律辦齊，謹分別年限，臚列上陳，其應行召集議院之期，自應恭候欽定。抑臣等更有請者，邇歲以來，國勢阽危，人心浮動，內憂外患，岌岌堪虞。卽無議院監察，亦當一洗敷衍因循之習。至安上全下，尤莫要於紀綱整飭忱悃交孚。臣等所議各項綱要，權限所定，不可侵越絲毫。其逐年應辦事宜，須責成內外臣工實力奉行，不得稍有推宕。應請特旨申儆天下臣民，務各確守規繩，交相鞭策，以收日進無疆之效。奉諭奉懿旨，奕劻、溥倫等會奏進呈憲法、議院、選舉各綱要，暨議院未開以前逐年應行籌備事宜一摺。見值國勢積弱，事變紛乘，非朝野同心，不足以圖存立；非紀綱整肅，不足以保治安；非官民交勉互相匡正，不足以促進步而收實效。該王大臣所擬憲法暨議院、選舉各綱要，條理詳密，權限分明，兼采列邦之良規，無違中國之禮教。要不外乎前次迭降明諭，大權統於朝廷，庶政公諸輿論之宗旨。將來編纂憲法暨議院選舉各法，以此作爲準則。所有權限悉應固守，勿得稍有侵越。其憲法未頒，議院未開以前，悉遵見行制度，靜候朝廷次第籌辦，如期施行。至單開逐年應行籌備事宜，均屬立憲國應有要政，必須認真次第推行。著該館院將此項清單附於此次所降諭旨之後，刊印謄黃，呈請蓋用御寶，分發在京各衙門，在外各督撫、府尹、司道。敬謹懸掛堂上，卽責成內外臣工遵照單開各節依限舉辦。每屆六個月，將籌辦成績臚列奏聞，並咨報憲政編查館查核。各部院領袖堂官，各省督撫及府尹遇有交替，後任人員應會同前任將前任辦理情形詳細奏明，以期各有考成，免涉諉卸。凡各部及外省同辦事宜，部臣本有糾察外省之責，應嚴定殿最，分別奏聞。並著該館院王大臣奏設專科，切實考核，在京言路諸臣亦當留心察訪，倘有逾限不辦，或陽奉陰違，或有名無實，均得指名據實糾參，定按溺職例議處。該王大臣等若敢扶同諱飾，貽誤國事，朝廷亦決不寬假。當此危急存亡之秋，內外臣工同受國恩，均當警覺沈迷，掃除積習。如仍泄沓坐誤，豈復尚有天良？該館院王大臣休戚相關，任寄尤重。倘竟因循瞻庇，詎能無疚神明？所有人民應行練習自治教育各事宜，在京由該管衙門，在外由各督撫督飭。各屬隨時催辦，勿任玩延。至開設議院，應以逐年籌備各事辦理完竣爲期，自本年起務在第九年內將各項籌備事宜一律辦齊。屆時卽行頒布欽定憲法，並頒布召集議員之詔。凡我臣民皆應淬厲精神，贊成郅治，總期國勢日臻鞏固，民生永保昇平。上慰宗廟社稷之靈，下荅薄海臣民之望。將此通諭知之。

又：又諭憲政編查館奏核議民政部奏城鎮鄉地方自治，並另擬選舉章程一摺。地方自治爲立憲之根本，城鎮鄉又爲自治之初基，誠非首先開辦不可。著民政部及各省督撫督飭所屬地方官選擇正紳，按照此次所定章程，將城鎮鄉自治各事宜，迅卽籌辦，實力奉行，不准稍有延誤。尤須將朝廷愛惠閭閻，官民共濟之意，剴切曉諭，使知地方自治乃輔官治之所不及，仍統於官治之內，並非離官治而獨立之詞。周之比閭族黨，漢之三老嗇夫，其來自古。惟選舉自治之職員，責在州縣，而選擇州縣，責在督撫。官紳皆得其人，方能有實效而無流弊。此外，憲政館奏定各衙門應歸第一年籌辦之事，見已據陸續具奏。至明年以後，所有分年應行籌備各事，並著內外各衙門按限妥籌，次第舉辦，毋得始勤終懈，以致貽誤實行立憲之期。

（清）劉錦藻《皇朝續文獻通考》卷三九五《憲政考三》 又民政部奏調查戶口章程摺。略稱竊維立憲政體，以建設議院爲成效，而採用兩院制度之國，其議員必有半數以上出於民間之公選，額數之分配不可不以人口之多寡爲衡。而選舉權及被選舉權之限制，又不可不以年齡、職業、籍貫、住址等資格爲準。若戶籍登記之法不能實行，則議員選舉之事必多窒礙。此外，如畫分自治區域，普及教育，徵集民兵，整理租税等項，凡豫備立憲應行籌及之事，無不以戶籍爲根本，非有執簡馭繁之術，決不能收循序漸進之功。東西各國以戶口爲內務行政之大端，有戶籍公所以爲處理之地，有戶籍吏以當執行之任，有身分登記簿以詳一人之履歷，有戶籍簿以詳家族之關繫。觀其所行戶籍法，詳細精密，誠我國所宜則傚，而曲折繁重亦非一時所能遽行。故籌備事宜單內，以編訂戶籍法列於第三年內，而於第一年先頒布調配戶口章程。由淺入深，誠爲至當不易之序。臣部前於光緒三十二年奏請試辦清查京城戶籍，及於三十三年奏請再行詳查丁口，清查各省戶口，頒發表式各在案。試辦年餘，尚無阻礙。謹參考東西各國之良規，並依據疊次奏辦之成案，督飭員司詳細編訂，計成章程十一章四十條，表式五件。自本年起，調查戶數以第三年十月以前爲報齊之期。調查口數以第五年十月以前爲報齊之期。務除從前各省保甲填寫門牌奉行故事之積習，以植將來實行戶籍法選舉議員之始基。臣部並應隨時派員親赴各省，切實考察，以期實行，而免延誤。

（清）劉錦藻《皇朝續文獻通考》卷三九六《憲政考四》 又奏查地方自治之制，雖東西各國一律通行，而溯厥由來，實分二派，有由市府而自然發達者，有由國家立憲而漸次推行者。今當中國剏行自治之始，皆本預備立憲而生。臣等前奏覆核城鎮鄉地方自治章程，首以源淵國權對待官制，鄭重剖析，玆據民政部擬定自治研究所各條，均屬簡要可行，謹就原章推闡共訂爲十四條，伏候頒行各省一體遵照辦理。

又： 又奏近世選舉法不出三端：曰從衆，曰從賢，曰從其勢之所重。從衆者，普通選舉是也。從賢者，適與相反，顧若何而後爲賢，必先求一至公無私、網羅無遺之格，絕營運僥倖，去偏徇劇爭，而後名實相符。若從重勢者，其勢本起於自然，而法乃從之，不問賢愚衆寡也。財力聚於少數人，則勢重而法亦玩。故從衆從賢或有弊，能以選舉法救之；從勢之弊，則非選舉所能救者矣。今之多數投票選舉法，最宜於新立憲國。普國上下院選舉法皆不用從衆之制，上院以從勢爲主，而參用賢制；下院三級法，實矯貴族民黨兩偏重之勢而一以貧富爲斷，則其法亦不純。竊謂當以有無財產爲有無選舉權，而不以財產多寡爲選舉權，多寡則持平矣。

又： 又奏見所定各省諮議局章程權限與普國地方議會制度不符。查憲政編查館原奏所稱，各國皆設上下議院於國都，即指資政院也。又稱其下直接地方議會，即指諮議局也。夫國會爲參與立法之地，而地方議會僅其一部，無立法之權，於國家行政得述意見，不得決可否；於自治行政得決可否，不得與執行，卽國會亦無裁判官吏之權。今細核諮議局章程條文，直以資政院爲一國行政最上裁判之司，而諮議局立於一省行政唯一監督之地，又內外聯絡，國政民事皆入範圍。徵之各君主立憲國，無類此者。原奏謂議院代表輿論，又謂民權所在等語。攷各國學説代表國民全體者，一則見非一部分人私意，一則見議員不可徇一部分人私意。論國權者，有君主、國民、國家各主體，未聞有議院主體也。今以民權解輿論，又以議院爲民權所在之地，將來對國家則以民權抗政府，對國民又以議院概輿論，所必至矣。原奏謂民權者言之權，非行之權。而按語乃曰資政院實行解決之權，諮議局與督撫不得異議，何相剌謬也。原奏又謂議院攻擊政府，但有言詞，普魯士、日本憲法載任免之權在君等語。查日本不認議院有彈劾之權，普國彈劾一條未嘗實行。議院既得攻繫，又得裁判地方行政，是原告與法官同一人矣。原奏又謂諮議局爲地方自治與中央集權之樞紐等語。夫中央政府總監督全國行政，無論上級下級國政自治莫不奉行，此總監督權，即地方分治與中央集權之樞紐也。今以諮議局當之耶，將合地方之權歸之資政院，則資政院既爲中央國會，又爲中央政府矣。將移督撫之權歸之中央政府耶，則諮議局既爲中央政府之分體，而又自合於中央國會，不受政府干涉，以賣中央監督權，直民主聯合國中一國家之資格矣。章程第三章常駐議員若云，比普國參事會，各種委員會均有不合。第六章職任權限第二十一條中論議決權，尤無限制，第四十六條諮議局議決之案，督撫不得駁。再一駁則受資政院裁判，而資政院皆諮議局所舉之人，是不啻自爲裁判矣。總其權限之大者言之：一、於財政有監察權，有承諾租税權；一、於督撫有彈劾權，有任免權；一、於立法有參與權，有審查權。若督撫不爲之屈，則必至鬨争。若聽其自爲，則或多要挾，未有能善其後者也。然而頒行已半年，而中外無異議者，何也？近日西風益競，而西術尤疏，以爲必西國所通行耳。臣見普國諸博士閲此章程，莫不駭笑。臣今所陳非一人之言，皆西國法學家之説，乃辯護西法，非詆訾西法也。得旨，憲政編查館妥議具奏。

又： 又奏攷查日本司法制度編成二册呈進。略稱查司法獨立之制剏始於法蘭西，厥後歐洲大陸諸國迭相仿效，遂爲各國通行不易之規。蓋司法獨立，則裁判事務悉委諸裁判官，司法大臣不得干預。然其中亦自有辨者，則司法權與司法行政之關係也。裁判民事、刑事之權，謂之司法權；而關於司法之行政事務，則謂之司法行政。司法大臣雖不得干預裁判，而有監督行政之權，此司法獨立之性質也。日本維新之初，司法行政雜糅不分，各項法典無一完善。各國領事駐在日本，皆有裁判。朝野上下，引爲深恥。乃鋭意以整飭司法，編定法典爲事。計其司法制度改進，共分四期，乃完全而無遺憾。至編纂典法，事尤繁難，刑法改正四次，民法三易稿而成，商法再易稿而成，民刑訴訟亦屢經手續。此日本司法制度之沿革也。明治二十七年，司法制度規模已具，於是首與英國改訂條約，使英國僑民悉服從日本法律。其後德、法、美、奥諸國相繼行之。三十二年以後，日本司法權對内對外完全獨立，此日本司法獨立之效果也。我國見當預備立憲，握要以圖約有數事：一、審判獨立宜切實籌辦，一、審判人員宜加意培植，一、編定刑律宜分期進行，一、民律商律宜調查習慣，一、民刑訴訟律宜從速編纂。

又： 臣謹案宣統初元紹述先朝催促立憲，泰半循例之文。各督撫隨聲阿附，遵照頒發表册填寫塞責，蓋均無誠意寓乎其間，譬諸通都設肆，資本將竭，羨他人之獲利者，而襲取焉。皇皇然金碧其門楣，相揭櫫其商標，謂可並駕以居奇，而人則猶是人，貨則猶是貨。竊恐空費鋪張，折閲愈甚耳。升允孤忠耿耿，皓然不欺，心所謂危，不敢不告，乃不罪以阻撓，而但責其負氣，似憲政之可行與否，尚在疑慮中也。飾外觀尠誠意，賈用不售，而况朝政乎？

（清）劉錦藻《皇朝續文獻通考》卷三九七《憲政考五》 又奏吉省剏設行政會議處。略稱法政二者，名義雖分，然必互相聯絡，其用乃宏。今者諮議局將次成立，固已建設一省之立法機關。則凡該局提議各事及議決後執行各件，條理萬端。若行政官廳無一議事機關以爲樞紐，推行何能悉當。查奏定官制第六條，各省督撫應於本署設會議廳，傳集司道以下各官會議緊要事件，決定施行。如有關地方之事，亦可由官酌擇公正鄉紳與議，是本行政會議而復參有立法性質者也。今年諮議局成立之後，立法別樹機關，鄉紳已有與聞政事之地，則會議廳即可專爲行政而設。考東西各國制度，凡一議事會成立，必有一參事會以執行之。雖其組織之人員不同，權限之廣狹互異，而互相維繫監督，不至失其議決執行之作用，則一也。今擬略師其意，即於吉林行省公署立一行政會議處，分設正副兩項議員，以見任司道及旗務、蒙務處總理充正議員，以嫻習法政，富於經驗之人員充副議員，而臣等爲之議長。凡本省行政重要事件，諮議局議決執行事件，及應宜付諮議局籌議各種議案，概交該處開會集議，約分最要、次要、尋常三等。最要者，開全體會議；次要者，先交副議員決議，後交正議員復議；尋常者，則交副議員會議。必使一省政治，悉臻完善，憲政前途乃可日有進步。

（清）劉錦藻《皇朝續文獻通考》卷三九八《憲政考六》 又奏行政事務宜明定權限，酌擬辦法。略稱兩年以來，立法司法兩端，基礎已具。若行政機關不設法整理，匪惟不利推行，且恐滋生弊害。敬縷晰陳之：一曰行政權將爲立法權所操縱也。三權惟司法獨立，其處於對待之地位者，立法與行政而已。然徵諸實事，在議院政治之國，則議會操縱政府；在大權政治之國，則政府操縱議會。不於此則於彼，東西各國有明徵矣。我國憲法既採大權政治主義，則於議院政治絶不相容。故造端之始，三權機關必須同時設立。一曰行政之統系及責任不分明也。凡國家行政同一之事務，必以同一之官府統之。統系既明，責任自專，方能定趨嚮而促進行。見制有一事而分隸數部者，有一官而兼轄諸務者，互相牽制則召争，互相推諉則廢事。至於宫府不分，皇室事務與國家事務混而爲一，職掌未定，常設機關與特設機關動行牴牾。綜此數端，是行政之機關整理愈不容緩。一曰國家行政與地方行政界限不明也。行政事務何者應歸中央直轄，何者應歸地方管理，不容牽混。見制每有應歸中央直轄之要務，而舉以責諸地方者。上年各省諮議局開會亦以界限不明，動輒侵越權限，迭經各督撫以國家行政與地方行政作何區別電詢，臣館亦因標準未定，不能詳晰指明。本年資政院召集在邇，若不先期規定，尤恐爭執無已。一曰行政事類不分，則財政無從清理也。籌備事宜既有國家財政與地方財政之分，則國家行政事類與地方行政事類必先逐一畫分，然後行政經費始可分配，清理財政始能措手，預算決算乃可實行。今則各部之計畫，各省之措施，遇有要政，往往以無款可籌，因以不行，關係之鉅，若此，則整理機關不容置爲緩圖，整理之法必先規定職掌，以明權限所在，方能收整齊畫一之效。考行政之要義有二：一、區分事務之性質，二、區分執行之機關。國家行政事務本極繁賾，必辨其類以區之，立爲部之統之。行政事類大別有五：曰內務行政，曰外務行政，曰財政，曰軍政，曰司法行政。其他事務不在國家行政之列，即不屬國務統系之中。至分部之法，各國多寡不同。我國見制設有外務部掌外務，行政度支部掌財政，陸軍部掌軍政，法部掌司法行政，而民政部、學部、農工商部、郵傳部、理藩部分掌內務行政。較之各國編制，雖有異同，揆諸國情，折衷允當。至於執行機關，約分四級：一曰直接官治。由中央政府依據法令直接管轄，或由部特設專員分赴各省辦理，直達於部者也。二曰間接官治。由中央政府委任各省官吏，遵照法令執行，不再由部特設專員者也。三曰地方官治。由各省官吏，遵照法令奉行者也。四曰地方自治。由各自治職遵照法令奉行者也。凡中央集權之國，不須設地方官治一級，以事統於民部之故。凡地方分權之國，不須設間接官治一級，以事分隸於地方之故。我國情形不同，純然中央集權與純然地方分權之制均難適用。揆時度勢，似以四級具備爲宜。臣等擬以各部現行職掌爲經，以四級機關爲緯，分別部居，列爲簡表，遇有應行改併增減之處，附加按語，纂成行政綱目一編，繕本呈覽。俟命下後，即由臣館咨送各該衙門逐條核酌，如須變通損益及事隸兩部或數部者，由各該衙門分別會商，詳細簽注，限兩月內咨覆到館，再由臣館詳訂，會同內閣會議政務處具奏請旨實行。

又：臣謹案：國朝三百數十年，康熙、乾隆兩朝久道化成，文物典章，燦然大備，人民享昇平之福，幾與唐虞之際同一樂利。此人人所共聞共見，而無稍異同者也。乃自憲政議起，一若從前法制均無當於文明，無可節取，日敦促其所議舉者，旦暮立成，文誥紛馳，日不暇給。吾民未得絲毫之實惠，徒增額外之浮費。未來之效，茫如捕風；無藝之征，幾於竭澤。所訂民刑訴訟諸律，雖次第頒布，均經社會駁詰，迄未實行，則亦何益之有哉！

（清）劉錦藻《皇朝續文獻通考》卷三九九《憲政考七》 又廣西巡撫張鳴岐奏，籌備憲政當從本原入手，曰責任內閣，曰國會，曰司法獨立，一一實見施行，則正本清源之道已足。查見行九年籌備各事，惟清理財政、調查戶口、改訂官制、編纂各項章程法典，實爲籌備之要端。至如教育、巡警、自治，則當屬普通行政範圍。無論立憲以前，立憲以後，可視民力之盈虛爲進行之遲速。且皆累世莫究，百年莫殫之事業，非九年限內所可剋期告成。請飭憲政編查館會議政務處王大臣，將清單酌議修改，抑或提交資政院悉心核議，分別緩急辦理，以紓民力而固邦本。

又：又御史溫肅奏議院之有無成效，全視選舉之當否爲斷。苟選舉不得其人，則極美之名可變爲極弊之藪。此臣所以鰓鰓過慮而不容已於言者也。夫所貴乎議院者，謂其能代表輿論，擔任賦稅，衆所信服也。今之爲民代表請開國會者，其同鄉且不識其姓名，所謂代表者何在？匪特此也，各省之諮議局、地方自治會，本議院之基礎也，而求其資格，能副是選者，恐去之尚遠。其故由地方官於調查選員資格時，未能逐一分別，一委之調查員。其充調查員者，率皆窟穴於報館學堂之無聊人員，稍負鄉望者，遂有羞與爲伍之意，民間見其然，亦復因疑生沮。於是資格聽人自填，稽察毫無責任，良莠雜出，假公營私。此等情形，萬方一概。而究其弊之所伏，實由規定選員章程時，只求規仿之似，未得鼓舞之神。篤於信外國，而疏於察內情，此亦今之君子之通病也。臣維中國風尚所重者，功名；所信者，殷富。民間行事恆視此爲向背，而其中等級亦自分明。若照北方自治選舉法，人納二圓之租稅或公益費，一律可充議員。則紳富中之豪者，便以無所優異而不樂就。此時，教育既未能普及，又無多數之法政人員家喻戶曉，使人皆知國民之義務。則提倡勸導之責，將於誰屬？

擬請將來編定選員法，除以普通税率規定外，其在籍舉貢以上及實缺人員，或一人可占二票，或票數略等，先准其被選。納税多者，亦如之。其秩較崇税較多者，並以次遞加總，使其優異逾常，以爲衆勸。所謂巨室所慕，一國慕之也。否則，如見在之自治會，自好者既以不與聞爲高，無識者又將以貽後患爲懼。及其所得，不過二三好事之徒，但解要求，毫無擔任，國家亦何利有此議院爲耶？臣非好爲過慮，特以籌辦自治之始已有此流弊，將來召集議院，難保不再蹈前車。是用縷陳，不覺辭費。抑臣更有請者，議員名義既以監督政府自居，必不予以指摘之端，而後可以收相濟之益。倘或意見不同，因而徒黨各立。深恐議院成立之後，重煩宵旰調停。請飭憲政編查館妥籌辦理。

又：臣謹案：法令典章鉅細，必相聯屬，一法雖善，不能獨行，必與他法爲表裏。憲政頭緒紛繁，九年已慮其逼迫，况五年乎？不解各督撫聯銜奏請，其於籌備各事俱有把握乎？至於人民奔走呼號，不憚再三瀆者，其心亦不可測度，或曰此皆熱忱愛國所致。彼革命之流，方懼立憲告成，邦基永固。五大臣出洋而炸彈發，其明證也。或曰彼實假名於立憲，速開國會，內外交鬨，可乘機以遂其野心，波譎雲詭，若輩固不足責，第怪執政者既以憲政爲可行，何不俯允所請，立設議院。而偏不即許，似於請者有所疑也，有所疑何不明斥之，仍遵前旨而又縮改五年。一若以調人自處，罷之固不可，行之又不可，斥之亦不可，情見勢絀，未有甚於此時者，是惑也，是授之口實，而速之亂也。可痛也夫！

又：又御史溫肅奏憲政首重立法，而立法之要在定官制。官制定，則行政範圍亦定。今以立法權獨委之憲政編查館，然館臣皆兼軍機要差，其餘外國憲法無暇研究，夫固人所共知，亦人所共諒。其一切章程，皆三數司員爲之耳。司員曰如此則是立憲國制度，如彼則非立憲國制度。諸大臣不敢駁焉，慮人譏其隔膜也。及章程奏定，便成法律後，雖有命令亦不能變更。故近年事關憲政奉行者，如束溼薪，疆吏之粉飾敷衍，求脗合於籌備清單，與夫資政院之吹毛求疵，彈疆臣，彈樞臣，以争執權限，皆章程未詳審之故也。今之改官制又將類是。事本正大，而故出以祕密，使局外無從置議。及至發出，則以案經奏准，箝天下之口，而事勢之有無窒礙，皆所不計。此正歷來變法之覆轍，奈何蹈之乎？臣以爲，法無中外，公則明，偏則姦。外國人民知識優，故立法權操之議院，而行政官不與焉。中國人民向無政治智識，故一切法制，皆以行政官之富於經驗者定之。往時，大政交內閣六部九卿會議；近今，設會議政務處，准各司員呈遞説帖。尤重要者，通飭督撫核議，安有事關數百年興革，而操諸一二人之手？各部大臣、各省督撫無從預知，以至舉朝皇皇如擯逐之在卽。試問成何景象乎？臣以爲官制一事，應飭令該館先將草案具奏，隨下部院諸臣及各省督撫詳細簽注，限期覆奏。以後如有憲政要件，亦請照此辦理。並派疆臣中之老成歷練者，爲參預政務大臣，如前兩江總督劉坤一、兩湖總督張之洞之例。如有會議事件，會銜入奏，尤足收內外交贊之效。

又學部奏擬將學務法律命令，參照中日制度，分別釐訂。略稱法律命令之分，根本於立憲政體。而法律命令範圍之廣狹，又視乎國情之若何。初無一定之標準，其在歐洲如英吉利國，雖稱君主立憲政體，法律之範圍甚廣，則以其實權操於議院，隱具民主政體之精神也。至於德意志國，君權較尊，則命令範圍亦較大，然亦祇限於緊急命令、執行命令、委任命令三者而已。德國學者深鑒於政治上之困難，因有四種命令之説，於三者之外，更益以補充命令，亦謂之獨立命令。日本伊藤博文赴歐考察憲政之時，採用其説，歸而編纂日本憲法，詳爲規定。其第九條有曰：天皇爲保持公共之安甯秩序，及增進臣民之幸福，得發必要之命令，或使發之，卽所謂獨立命令也。蓋以新建立憲之國，法律多未完備，而每年議院開會爲期不過三月，所協贊之法律案勢不能多，而國家重要事務繁興，將以未定法律之故滯而不行，則國家之主旨不能達矣。故於已有法律者，則從法律，若法律未具，則先以命令補充之，惟仍以不得變更法律爲限，意至周焉。日本憲法既如此規定，故凡關於重要之法規，皆並揭法律與命令，如刑法、民法各條文內，均以法令並舉，是其命令之效力殆與法律無異。蓋日本所採用者，固以法律、命令並重爲原則也。即就教育法規一類言之，大率以敕命或文部省令規定者爲多，其以法律規定者十數而已。今我國尚未宣布憲法，而憲法大綱早經先朝欽定，大致與日本憲法精神相近，其法律命令並重之意，亦正相符合。見在籌備年限業經縮短，似應詳加區畫，以爲準則。臣部職司教育，一切法令關係綦重。其已定者，應加修改；未定者，亟待編訂，均屬刻不容緩之圖。茲謹將歷年奏定學務章程，區別性質，參稽日本教育法令，列表對照繕册，恭候欽定。其應以法律規定者，將來當由臣部奏交資政院議決。該院亦得照章提案，奏請裁奪。其應以命令規定者，悉由臣部分别擬訂，請旨施行，無庸奏交院議，以清界限，而杜紛歧。

又： 又軍機處代呈廕昌、壽勳説帖，君主立憲政體，立法雖屬之議會，然亦有一定權限，不能舉全國法制悉聽主裁。今資政院爲議會始基，開院以來，所議殊多踰越。若不及時預爲限制，將來國會成立，必至與政府衝突無已，因以釀亂召亡。遠則法之路易十六，近則土其耳葡萄牙，皆我之殷鑒也。

又： 又考察日本國憲政大臣李家駒奏，立憲要義在明宫府之分，而欲維持皇室之尊嚴，尤以財政獨立爲首務。蓋皇室之所患者，在財政不能獨立，一切費用仰給於國家，而皇室財政遂爲國家財政之所左右。近聞度支部清理出入款項，應歸皇室經費者爲數七百餘萬。將來釐定官制，凡故事之當改隸，與新職之當增加者，事務愈多，經費亦必愈巨，亟宜分别清理。清理之策有三：一、設立皇室財政調查局，二、設立皇室審計院，三、設立皇室財政會議。此三者，爲今日清理皇室財政必要之布置，而後二者又爲他日維持皇室財政不可缺之機關。如及今不加清理，則皇室財政永無獨立之望。他日議院既開，一切財政均歸監督，屆時始圖清理，掣肘孔多。

又： 又都察院奏，近者朝廷縮改立憲期限，於宣統五年實行開設議院。議院之職，以人民所出之代議士，協贊法律，監督政府，與言官之職任爲君上耳目喉舌者，地位不同。查光緒三十三年内閣會議政務處議覆都御史陸寶忠等，請改都察院各摺内稱，斯署之設，上承列聖倚畀之重，下繫臣民是非之公。即異時上下議院規模完備，議員皆有合格之人，而都察院係獨立衙門，爲國家廣開言路，亦不可輕議更張。奉旨依議。臣等公同討論，以爲言官職任有爲議員所不及者，有爲議院所未備者。若遽予裁撤，則中國五千年賢主誼辟立法之精意，從此蕩然泯滅。蓋因事命官，因時立制，不可徒鈔譯籍，以爲外國之所無，遂爲中國所不可獨有也。查議院議事，非全體議員三分之二或半數以上到會，方能開議。每年議事多不過百餘日，每一議題必經多數贊成，然後上奏。其委曲繁重，遷延遲滯，爲如何故？惟國家經常法律，歲計出入，利用此制。若因事效忠，拾遺補闕，不若言官，人人有言事之責，日日皆可言之時。自君德之大至閭閻之細，朝有所聞，夕以入告。呼吸通於帝座，影響捷於轉圜。此機關敏捷，實爲議院所不及也。議院議事既有定時，彈劾之案，非政府大臣顯背法律，不能提議上奏。事經裁可，則政府必易位，議院必解散，故糾察之事，祇能及其大，而不能及其細；能爲其暫，而不能爲其常。若言官，則自在京各部院堂司及在外各督撫，以至州縣佐貳，凡有枉法營私，即可隨時入奏，或交該長官查察，或派大臣審辦。中外臣工所以奉法唯謹者，皆有猛虎在山，藜藿不採之意。此範圍詳密，足補議院所未備也。臣等再四思，維言路既爲上下相通之樞，實爲朝廷整肅紀綱之要，自應酌留其制，以爲尊重君上大權。惟職掌權限應如何變通釐定，非臣等所敢定擬。可否飭會議政務處、憲政編查館會同臣等妥議，伏候聖裁。

（清）劉錦藻《皇朝續文獻通考》卷四〇〇《憲政考八》 又翰林院侍講文斌奏，略稱資政院開院以來，所議決重要之議案，除速開國會外，他無所聞。而此一案又下借内外臣工之陳請，上賴皇上聖明獨斷，與時會爲轉移。該院固不能貪天之功以爲己力，尤可駭者，則彈劾軍機大臣，事關君上用人大權，乃該院忽而提議，忽而取銷。以爲不應彈劾也，即不應提議；以爲應彈劾也，則不應取銷。在議員不過借彈劾政府以邀譽。而軍機大臣遂挾辭職以要君，玩視紀綱，直同兒戲。剪髮一事，上關國憲，倡議已非一日，竟不早爲陳奏，恭候聖裁，以定一是。至請開黨禁出諸臣民之陳請，原爲赦黨求才，以彰我德宗景皇帝之聖治，以廣我皇上之至仁，忠愛之忱，不可没也。乃該院輕於提議，遲於奏聞。又況每日開會逾時，議事毫無次第，隨意來去，晚至早歸。或投僞票，或報私仇。議長不知維持秩序，議員毫無程度可言。在議員等方自謂各有宗旨，各有政策，勝於政府各大臣之無宗旨，無政策。臣以爲非特其無宗旨、無政策，彼此相同，即其各圖私利，不顧國家，議員與政府亦無異也。

又： 又都察院代奏直省諮議局議員呈稱，皇族内閣不合君主立憲公例，失臣民立憲之希望。仍請另行組織，以重憲政而固國本。奉諭：黜陟百司，係君上大權，載在先朝欽定憲法大綱，並註明議員不得干預。值兹預備立憲之時，凡我君民上下，何得稍出乎大綱範圍之外？乃該議員等一再陳請議論，漸近囂張，若不亟爲申明，日久恐滋流弊。朝廷用人，審時度勢，一秉大公，爾臣民等均當懍遵欽定憲法大綱，不得率行干請，以符君主立憲之本旨。

（清）譚嗣同《譚嗣同全集》卷一《仁學上》 民權興，得以從容謀議，各遂其生，各均其利。

又： 孔學衍爲兩大支：一爲曾子傳子思而至孟子，孟故暢宣民主之理，以竟孔之志；一由子夏傳田子方而至莊子，莊故痛詆君主，自堯舜以上，莫或免焉。不幸此兩支皆絕不傳。

（清）譚嗣同《譚嗣同全集》卷一《壯飛樓治事十篇·治事篇第五·平權》 則何莫平其權於學會，使熟議其是非得失，曉然與衆共之！官不至罔於措法，民不至壅於控訴。宓子單父之治，師事者若而人，友交者若而人，卽學會通情平權之謂也。且平權，平其議事之權而已。辦事之權仍官操之，無官令，民不敢干也。官又無所於侵權之爲慮也。西國於議事辦事，分別最嚴。議院議事者也，官府辦事者也。各不相侵，亦無偏重。明示大公，陰互牽制。治法之最善而無弊者也。

（清）譚嗣同《譚嗣同全集》卷一《論學者不當驕人》 卽如民主、君民共主，豈非倫常中之大公者乎？

（清）譚嗣同《譚嗣同全集》卷三《上歐陽瓣薑師書十》 嗣同嘗私計，卽不能興民權，亦當畀紳耆議事之權。辦其地之事，而不令其人與謀，此何理也？夫苟有紳權，卽不必有議院之名已有議院之實矣。

（清）譚嗣同《譚嗣同全集》卷三《上歐陽瓣薑師書二十二》 原夫生民之初，必無所謂君臣，各各不能相治，於是共舉一人以爲君。夫曰共舉之，亦必可共廢之，故君也者，爲天下人辦事者，非竭天下之身命膏血，供其驕奢淫縱者也。供一身之不足，又欲爲子孫萬世之計，而一切酷烈鉗制之法，乃繁然興矣。

又： 惟國初船山先生，純是興民權之微旨；次則黄梨洲明夷待訪録，亦具此義；顧亭林之學，殆無足觀。

（清）譚嗣同《譚嗣同全集》卷三《思緯一壹臺短書——報貝遠征》 大開議院，有一官一邑卽有議院，而民氣通。

（清）梁啓超《飲冰室合集·文集》卷二七《責任內閣釋義》 夫有治人，無治法。今以彼哉彼哉尸內閣之位，內閣復有何可語？故在今日而徒論閣制，當若何組織？實無價值之閑言語耳。

（清）梁啓超《飲冰室合集·文集》卷二七《時事雜感》 自今以往，我國民其無望能監督政府，其毋望能覩立憲之治，何則？不出代議士不納税，此促成憲政惟一之武器也。

（清）孫中山《孫中山文集》卷一《與宮崎寅藏平山周的談話》

孫：余以人群自治為政治之極則，故于政治之精神，執共和主義。夫共和主義豈平手而可得，余以此一事而直有革命之責任者也。況羈勒於異種之下，而並不止經過君民相争之一階級者乎。清虜執政於兹三百年矣，以愚弄漢人為治世第一義，吸漢人之膏血，錮漢人之手足，為滿奴升遷調補之符。認賊作父之既久，舉世皆忘其本來，經滿政府多方面之摧殘籠絡，致民間無一毫之反動力，以釀成今日之衰敗。沃野好山，任人割取，靈苗智種，任人踐蹈，此所以陷於悲境而無如何也。方今世界文明日益增進，國皆自主，人盡獨立，獨我漢種每况愈下，濱於死亡。（丁）〔於〕斯時也，苟非涼血部之動物，安忍坐圈此三等奴隸之獄以與終古？是以小子不自量力，欲乘變亂推翻逆胡，力圖自主。徒以時機未至，横遭蹉跌，以至於是。【略】

且夫共和政治不僅為政體之極則，而適合於支那國民之故，而又有革命上之便利者也。觀支那古來之歷史，凡國經一次之擾亂，地方豪傑互争雄長，亙數十年不能統一，無辜之民為之受禍者不知幾許。其所以然者，皆由於舉事者無共和之思想，而為之盟主者亦絶無共和憲法之發佈也。故各窮逞一己之兵力，非至併吞獨一之勢不止。因有此傾向，卽盜賊胡虜，極其兵力之所至，居然可以為全國之共主。嗚呼！吾同胞之受禍，豈偶然哉！今欲求辟禍之道，惟有行此迅雷不及掩耳之革命之一法；而與革命同行者，又必在使英雄各充其野心。充其野心之方法，唯作聯邦共和之名之下，其夙著聲望者使為一部之長，以盡其材，然後建中央政府以（賀）〔駕〕馭之，而作聯邦之樞紐。方今公理大明，吾既實行此主義，必不至如前此野蠻割據之紛擾，綿延數紀，而梟雄有非分之希望，以乘機竊發，殃以無辜。此所謂共和政治有命（革）〔革命〕之便利者也。

（清）孫中山《孫中山文集》卷一《在檀香山正埠的演説》 我們一

定要在非滿族的中國人中間發揚民族主義精神，這是我畢生的職責。這種精神一經喚起，中華民族必將使其四億人民的力量奮起並永遠推翻滿清王朝。然後將建立共和政體，因為中國各大行省有如美利堅合衆國諸州，我們所需要的是一位治理衆人之事的總統。

我們許多人都擔心列強要瓜分中國。可是，我們如不幫助他們，他們將無法實現瓜分。有人說我們需要君主立憲政體，這是不可能的。沒有理由說我們不能建立共和制度。中國已經具備了共和政體的雛形。

（清）孫中山《孫中山文集》卷一《在東京中國留學生歡迎大會的演說》 又有說歐米共和的政治，我們中國此時尚不能合用的，蓋由野蠻而專制，由專制而立憲，由立憲而共和，這是天然的順序，不可躁進的；我們中國的改革最宜於君主立憲，萬不能共和，殊不知此說大謬。我們中國的前途如修鐵路，然此時若修鐵路，還是用最初發明的汽車，還是用近日改良利便之汽車，此雖婦孺亦明其利鈍。所以君主立憲之不合用於中國，不待智者而後決。【略】

若創造這立憲共和二等的政體，不是在別的緣故上分判，總在志士的經營。百姓無所知，要在志士的提倡；志士的思想高，則百姓的程度高。所以我們為志士的，總要擇地球上最文明的政治法律來救我們中國，最優等的人格來待我們四萬萬同胞。

若單說立憲，此時全國的大權都落在人家手裏，我們要立憲，也是要從人家手裏奪來。與其能奪來成立憲國，又何必不奪來成共和國呢？

（清）孫中山《孫中山文集》卷一《與該魯學尼等的談話》 孫逸仙：希望在中國實施的共和政治，是除立法、司法、行政三權外還有考選權和糾察權的五權分立的共和政治。

該魯學尼：糾察權本屬於國民，並非由議會行使。中國為什麼需要特別設立這種制度呢？況且，考選事務不是作為行政的一部分就夠了嗎？憑什麼理由還需要單獨設立呢？

孫逸仙：因為要通過考試制度來挑選國家人才。我期望能根據這種辦法，最嚴密、最公平地選拔人才，使優秀人士掌管國務。如今天的一般共和民主國家，卻將國務當作政黨所一手包辦的事業，每當更迭國務長官，甚且下至勤雜敲鐘之類的小吏也隨著全部更換，這不僅不勝其煩，而且有很大的流弊。再者，單憑選舉來任命國家公僕，從表面看來似乎公平，其實不然。因為單純通過選舉來録用人才而完全不用考試的辦法，就往往會使那些有口才的人在選民中間運動，以佔有其地位，而那些無口才但有學問思想的人卻被閒置。美國國會內有不少蠢貨，就足以證明選舉的弊病。

至於糾察制度，是除了要監督議會外，還要專門監督國家政治，以糾正其所犯錯誤，並解決今天共和政治的不足處。而無論任何國家，只要是立憲國家，糾察權歸議會掌管，但其權限也因國家不同而有強弱之別，由此產生出無數弊端。況且從正理上說，裁判人民的司法權獨立，裁判官吏的糾察權反而隸屬於其他機關之下，這是不恰當的。

考選制和糾察制本是我中國固有的兩大優良制度，但考選制度被惡劣政府所濫用，糾察制度又被長期埋沒而不為所用，這是極可痛惜的。我期望在我們的共和政治中復活這些優良制度，分立五權，創立各國至今所未有的政治學說，創建破天荒的政體，以使各機關能充分發揮它們的效能。

法治分部

論　說

《清末籌備立憲檔案史料》第一編文海《內閣學士文海奏立憲有六大錯請查核五大臣所考政治並即裁撤釐定官制館摺光緒三十二年八月二十二日》

內閣學士、兼禮部侍郎銜奴才文海跪奏，爲謹遵政治館傳知會議官制，恐誤大局，所繫匪輕，謹據實直陳，恭摺仰祈聖鑒事：

竊前簡五大臣赴各國考察政治，並設考察政治館，原以知己知彼，參酌得失，修我政治也。當時明降諭旨考察政治，並未專指立憲而言，乃該大臣回國覆奏，竟以立憲爲請。細繹立憲各節，並無裕國便民之計，似有削奪君主之權。此大錯一也。

其言立憲也，率云取法日本，不知日本明治以前，權在大將軍，其主僅稱守府，故其國不能治，自明治收回主權，力圖專制，而國乃驟強。今議者欲去軍機大臣，而設大總理以爲立憲之地，是欲學從前之日本權在大將軍也，敗壞國家，莫此爲甚。此大錯二也。

中國內而部院各衙門，外而督撫以下各官，相爲維繫，各有職守，積久弊生，乃人不能舉其職之故，非法之不善也。今不咎人不能舉職，而但云法盡不善，欲逞私智以事紛更，更不知中國法度，乃歷代聖神文武創垂後世，我朝列祖列宗，損益至三。試問欲行立憲諸臣，其學識才力，果能突過前人乎？今以數千年聖君賢相訂定之良法，積久尚多弊端，而該大臣等，並無悉心考究，分別損益，派令少年多人，名曰起草，名曰評議，撏爲典要，恐誤大局不可收拾。此大錯三也。

古人云：琴瑟不調者，則解而更張之。夫所謂解而更張者，乃就原有之琴瑟而更張其弦耳，非並琴瑟而亦易之也。三代殷因夏禮，周因殷禮，尚不能不相因，古時如是，況今日乎？外洋各國欲變其法，亦非盡棄其本，各國如是，況中國乎？今主議者欲盡去舊法，僅圖一己維新之名，而以中國之法度，欲比照各國之法度，豈不知風土人情各異，不可同日而語也。此大錯四也。

每定一法，君臣合德，屢經考究，始能就緒。今欲變法而欲速成，不論事情利弊，竟逞一己之見，臣民恐懼，內外不安。此大錯五也。

自庚子後，我國君臣臥薪嘗膽，勵精圖治，如籌餉、練兵諸政，已有起色，由此循序，救弊補偏，自能振興。乃因此次會議官制，致已整頓者，作而復輟，未整頓者，棄而不顧，所謂庸人自擾，志士灰心也。此大錯六也。

夫此六大錯者，人所共知也，會議諸臣亦所共知也，會議諸臣有勢成指鹿爲馬而不敢言也。爲今之計，應請明降諭旨，將五大臣所考政治仍交政治館逐條按照本國政治細加查核，分別某法可以參用，某法可以不用，條分縷晰，勒成一編，再呈軍機大臣、各部院大臣等，統籌全局，酌量可否，庶不致破壞橫决，內而貽誤於己，外而見笑於人。所有釐定官制館應請卽行裁撤，並請飭下直隸總督袁世凱速回本任，以重職守。

抑奴才更有請者，現在時勢艱難，列強環伺，民氣旣囂，士習尤壞，苟復以立憲改官諸說生其奸心，則主權日削，國是益淆，而外人之從旁覬覦，將防之不勝防矣。區區之愚，是否有當，伏乞皇太后、皇上聖鑒。謹奏。

《清末籌備立憲檔案史料》第二編趙炳麟《御史趙炳麟奏新編官制權歸內閣流弊太多摺光緒三十二年八月二十五日》　福建道監察御史臣趙炳麟跪奏，爲新編官制流弊太多，恭摺仰祈聖鑒事。

竊臣伏讀本年七月十三日上諭，預備立憲先將官制分別議定。恭繹是日詔旨，大權統於朝廷，庶政公諸輿論二語，最合君主立憲國政體，大義微言，昭示天下，使編制諸臣仰承詔旨之義，體會周詳，何有流弊。不謂其所編官制，乃大權操於大臣一二人，而庶政則私諸十員參事官也。臣於本月二十一日具摺預防流弊，係言其理由，未嘗逐條辯晰。今謹將新編官制流弊，再縷陳之。

臣聞該大臣等所擬內閣官制，開宗明義卽謂內閣政務大臣輔弼君上代負責任。此語非常狂悖。蓋責任二字，有對待之義，人所責我者而我自任，故東西各國責任二字專屬政府，當不敢指斥君主，矧我朝立國體制，君父至尊與天無極，夫誰敢責之，又對誰任之。其措語已屬不道，然猶得曰祇文字之秕謬也，至其實權所在，則尤有駭人聽聞者。夫我朝定制，凡可言事之官，皆許單銜奏事，無庸關白閣臣及軍機處大臣。凡召對臣工，雖在疏遠小臣，亦與獨對，內而閹寺，外而大臣，皆不許參侍其間。原使人對者無所顧忌，可以得盡所言，所以防壅蔽通耳目也，立法之善，遠軼上古。是以惟在國初議政大臣如鼇拜、明珠諸人，聲勢炫赫，然言路之糾彈，廷臣之抗論，尚有以折其氣而銷亂萌。誠以其時朝廷股肱尚多，雖一二人盜竊威柄，其力固不足箝天下之口，以張其燄也。

頃臣聞擬訂內閣官制條目有曰，內閣大臣具奏事件，其關涉行政全體者，由內閣總理大臣、左右副大臣，會同各部尚書連銜具奏，其關涉數部變更者，由總理大臣、左右副大臣，會同各該部尚書連銜具奏，其關涉一部變更者，由總理大臣、左右副大臣，會同該部尚書連銜具奏，其專屬一部行政事務者，由該部尚書單銜具奏等語。夫曰一部行政事件，蓋卽一部之例行事件而已。茲惟例行事件，方許該部尚書單銜具奏，其稍有關涉稍覺特別之事，苟非經閣議，則每部尚書必不能具奏，即先開閣議，成議以後，苟非與內閣總理左右等大臣連銜，仍不得具奏，是每部大臣雖具單銜奏事之名，其權限固已微矣。夫我朝六部、九卿、科道各衙門，皆能奏事之官也，然言路尚慮不寬。茲經新擬官制，京秩衙門已多裁併，則得以專銜言事之官已汰大半，而收其權於內閣及各部大臣共十四人，是言路隘之又隘，流弊已不可勝言。況於此十四人中，其尚書十一人復受監督於閣臣，以限制其言事之權，而惟二三閣臣爲朝廷專寄耳目，非特前古所無，恐五洲萬國亦無此政體也。

再，臣又聞內閣官制條目有曰，總理大臣、左右副大臣仍逐日入對，各部尚書五日入閣會議一次，遇有本部重要事件，即日呈遞膳牌，隨同總理大臣、左右副大臣入對。各部尚書如有緊急事件，亦可隨時自請入對等語。然此則是收中外各衙門事權於十一部，而十一部所有事務，非先開閣議，經內閣大臣允諾，苟非隨同內閣大臣，仍不能入對，雖有自請入對之文，然苟不經閣議，不隨同內閣大臣而自請獨對，則在內閣大臣必以是爲反對內閣之舉，此必不避見怒閣臣之人，而後敢毅然以請，恐由此而大臣敢自請入對者，蓋亦寡矣。是請對一條，殆亦徒設虛文，以塗飾耳目，照此則內閣之勢力，非特可監督諸臣之奏事，並得監督諸臣之奏對。設閣議之制，以限制各部院具奏之權，立隨同入對之條，以破壞祖制召見獨對之法，臣不知此次該大臣等所擬官制，將置朝廷於何地也。然此猶從其對於同官言之也。若照所擬官制，其對於君上，亦不外一專字。是以一則曰，凡用人行政一切重要事宜，均由內閣大臣承旨施行。再則曰，內閣各大臣恭奉諭旨，皆有署名之責。夫定制，凡奉上諭事件，有發內閣轉行者，有交軍機處字寄者。其發軍機處者，實即直下各部院、各疆臣之諭旨，軍機處特職在字寄而已，有承發之責，無施行之權。蓋自前明洪武時，胡惟庸以誅敗，遂廢丞相府，置內閣以掌機務，承旨而已，施行之權則分寄於六部，所以杜專政之漸也，我朝因之。及雍正時設立軍機處，特改題本爲摺奏，期於文字簡易，於軍事爲便，其範圍與內閣固無大異同。頃擬合承旨施行而一之，則朝命不得直宣，凡京外一切衙門皆屬於內閣，以承其令，內外一應庶政，皆仰於內閣，以受其成，是直恢復前明初年丞相府之權限。歷稽掌故，國初時議政大臣之勢力，尚不至此也。至各國詔敕署名之舉，則各國國體不同，政俗亦異，故其君主且自署御名，而政務大臣亦隨以署名。我朝名分最嚴，天澤之分，冠履之辨，斷無臣下署名諭旨之理，應仍舊稱某衙門奉上諭爲正，此則名義所在，亦即預防專政之萌者也。

若夫用人之柄，尤爲君上之特權，非臣下所敢干，現在擬改官制，則議設之各部三四品請簡官，實即曩者三四品京堂之職，自應照應升此項官階，或稱此等職事者，普通開單，由上特簡。乃臣聞所擬各部官制通則第二十四條稱：有各部請簡官，由本部尚書商同左右侍郎，選擬相當三人，開單經閣議後，請旨簡授等語。是直限制君上簡授之人，不得出此三人之外，而此三人者，苟非習於部臣，必不與於開單，苟非習於閣臣，必見屏於閣議，公權日輕，私權日重，殆莫此爲甚。夫易警履霜，詩戒鳴鳩，臣念編制諸臣，何以甘潰國家之大防而不卹，敢背七月十三日之諭旨而不顧，豈不謂此各國通例則然，各國行之而富強，我國背之而貧弱，作此危言以聳羣聽。臣意提倡此議者，不過新進無職，不知大體之數留學生，適有主持是事之人，樂聞是説，以逞其私，而編制諸臣，亦相顧結舌而莫之敢抗也。

竊查此次所擬內閣官制，大率取裁日本職員録之內閣編制，而其權力又加甚焉。夫各國政府權力之重，原過於君主，故名之曰責任政府，其各部院大臣及地方長官，非與政府黨派相同，不能居其位。故各國皆有政黨之目，每易政府，則各部院大臣及地方長官必相率俱退，即易一新政黨以乘其後，此各國通例也。日本雖君主立憲，然政府進退亦同此例，此在我國萬不能行。然各國政黨雖紛，而其君臣上下固相安於無事，君主雖不負責任，而常定於一尊，未聞其有跋扈之臣致起蕭牆之禍者，則以其下有議院爲之監督也。政府箝制議院，議院亦監督政府，政府有解散議院之權，議院亦有糾彈政府之權，且有拒絶政府提議並否決歲費之權，上下相維，而其皇室尊嚴轉居定位，固非一任政府操無上之權而莫之或問也。且各國政黨，蓋公黨非私黨，以政見相同，遂結爲黨援，以求得伸其説。設其黨中首領自犯不韙之事，抑或心迹不明，爲其黨人所覺，則其黨立即解散，且討詰其罪，故其黨有政見固結之權，而無同惡相濟之患。我國教育未興，率有私黨無公黨，原無政界思想，祇以富貴相求，富貴所在，即聲氣所通，故在朝祇有私黨之營，在野絶無政黨之固，上下議院不克成立者以此，責任政府不能仿行者亦以此。若貿然爲之，不揣其本，而齊其末，遽立此無監督之責任政府，恐患氣之乘不在敵國外憂，而在邦域之内也。

臣又查泰西各國無論君主、民主、君民共主，其爲治皆分立法、司法、行政三大權，三權鼎立，而國以安，未有合三權而畀之一人者也。即此次編制諸臣，亦明謂除立法、司法各官外，僅分別擬立行政官制，似亦不失三權鼎立之意。然臣聞擬訂内閣階級，除總理大臣仿日本太政官，左右副大臣仿其左右大臣，係其明治初年官制以外，其餘皆仿日本現行辦法。故日本内閣設五局，現擬官制亦設五局，其主要所在，則在第三之編制局，即日本内閣五局中之法制局也。日本法制局設參事十人，現擬設之内閣編制局亦擬設參事十人，相其形貌，亦大率從同，然性質則迥相逕庭。蓋日本法制局參事所起草之法律命令案，爲已經議會所議定之法律，或擬交議會提議應行修改之法律，自與立法不相干涉。而我編制局所擬訂之各行政法規草案，爲未經集議會議決之法規草案，且亦不交集議會協議之法規草案，是立法、行政直出一人。且即使交集議會公議矣，然臣聞内閣官制條目稱，有凡政府交集議院公議之法律草案，開閣議決之，以總理大臣爲議長等語。夫提出法律草案交集議院公議者内閣也，經集議院公議後而操決議之權者仍内閣也，其居議長之席者則内閣總理大臣也。自行交議，又自行議決，而自作議長，是總理大臣非特上對君上代負行政之全權，並下代議院兼操立法之實際，而集議院徒作贅疣，甚或資爲政府之傀儡，操立法、行政兩大權，則司法之權可不言自在其中。此等威勢權力，非特我朝三百年來未有，亦自周、秦以來三千年所未有，非特日本維新以後之所無，亦亞、澳、歐、美列邦殊風異俗之所無也。明居行政之名，而陰攘立法、司法之柄，分寓於條目章制之中，而一網羅致，一手握定。若據此推行，恐大權久假不歸，君上將擁虛位，議院無期成立，下民莫敢誰何，顛覆之憂，將在眉睫，此固非朝廷之福，恐亦非該責任大臣之福也。

臣竊謂兹事體大，政本所關，斷非憑一二人之臆見，數十日之程限所能釐定。亦斷不能不論國體若何，人情若何，國民程度若何，遂抄胥各國官制成文，遽將三百年來奉行之成法，一旦盡翻全局，臣愚以爲天運以不息而成，時序以積漸而轉，審詳持重，所全實多。以現在官制而論，則如輪船、鐵道、電線、郵政皆屬新政，無所隸屬，積弊所叢，莫與稽核。此交通部所應設立者也。立國之本，農、工、商並重，中土原稱農國，工業尤爲富源。此農工商部所應設立者也。巡警一項，僅内政之一端，而户籍之稽，建筑之掌，皆屬内治。此内政部亟宜設立以容納警部者也。預算、決算整齊天下之財政，而治國第一要着。此户部、財政處之宜聯合整頓者也。緑營未盡裁，新軍日加多，教練之法日新，管理之法亦異。此兵部練兵處之宜歸併擴充者也。青、藏、蒙古爲我邊疆，視作領土，乃爲我有，名以藩屬，便啓戎心。此理藩院應大加整頓而並去藩稱，竟編入各部，而一律視同内地者也。其餘各部，皆有專掌，宜整飭調理，綱舉目張，自徵成效。以上皆行政衙門。

臣愚以爲遠鑒前明内閣改設之意，近維我朝議政大臣顛蹶之由，旁考各國議院政府維繫之故，似行政機關仍應暫歸各部，而裁併，增置，大加釐訂，亦即氣象一新，已足塞各國之觀瞻，慰臣民之跂望。立法一權無所歸屬，宜遵祖制，以專銜言事屬之御史，講官及四品以上京堂，分任立法之職務，藉通國民之聲氣。其内閣、軍機處，無論歸併與否，並易何種名稱，應暫仍舊制，以爲承旨傳宣之地位，不作總挈行政之樞機。一俟上下議院成立之日，乃爲責任政府設置之時，現在惟以全力獎勵自治，提倡教育，以儲紳民政治之知識，以爲立憲政法之基礎。明示天下，無論如何，必使上下議院與責任政府同時設立，以免偏重。此則於本年七月十三日上諭最相脗合，而政柄之倒持，權臣之專國，可自此而息，此臣區區之愚，所以上陳君父者也。

抑臣更有請者，臣聞此次編定官制，雖經簡親王、大學士、軍機大臣、政務大臣、各部尚書及直隸總督等公同編訂，然主其事者不過一二人，而主筆起草亦祇憑新進日本留學生十數人。此等留學生原無學問根底，亦未受普通教育，且率爲其父兄不能拘管之人，乃縱之東渡。及至東京，粗習東文、東語，遽受選科學業，不三數年，遂哀乞各該校校長，優予畢業文憑，或僞受休業文憑，以爲内渡投入權勢門户，獵取官資之地，敢爲大言，以肆欺罔。此次編制率出其手，於本國國體人情及數千年官制因革之故，並我朝開國以來成法精意之存，茫然莫解。即於東西各國官制，亦墨守一孔之言，罔知體要所在，是以此次編制隨員中之文學生蓋以日本職員録二本爲秘鑰，武學生則以日本陸軍成規類聚一冊爲金科。夫職員録者，即日本每歲刊行之搢紳也，成規類聚者，即日陸軍省歲集之例案也。臣嘗以此兩種與所聞擬訂官制逐節比對，其符合者凡十之九，即間有出入之處，蓋亦承受一二當道意旨，爲推廣其權力起見，即臣所謂權力又加甚焉者也。竊惟我國有大變革，有大制作，豈藉一二部日本搢紳成案與十數名留學生所能訂定？我皇太后、皇上仁孝爲懷，不忍以聖祖高宗經營完善之天下，一旦亂於十數乳臭小兒之手，應請於該大臣等編定奏呈以後，其宏綱所在，朝廷自有權衡。若其各部節目條分縷晰之處，具體雖微，關係極重，應請飭令京外各大臣各舉所知，須博通中外之故諳習古今之變名儒宿學，送入政治館，令以現所擬定官制各條，詳爲磨核推究，申明理由，悉心釐訂，庶幾切實可行，不得即以一二留學生塞責，則於訂定官制必有裨益。

臣爲嚴杜流弊起見，不覺言之痛切，理合具摺密陳，是否有當，伏乞皇太后、皇上聖鑒訓示。謹奏。

《清末籌備立憲檔案史料》第二編胡思敬《吏部主事胡思敬陳言不可輕易改革官制呈光緒三十二年八月二十五日》 吏部稽勳司主事胡思敬謹呈，爲敬陳管見，呈請代奏事。

頃五大臣考察政治歸自海邦，采摭中外浮言，議大更制度，以作立憲基礎。聖懷謙讓，既明降諭旨，簡派親貴大臣，和衷商辦，復俯從御史王步瀛之請，令大小臣工各抒所見，如江淮設行省故事。苟有一得之愚，何敢緘默自安，上負聖明，下慚衾影。竊維今日改官制之議，有不可不慎重者八，有不能不變通者三。謹就見聞所及，一一縷晰陳之。

累葉相承之法，經緯萬端，非目論小儒所能窺見萬一。法未敗而欲掃除更張，竊外國之皮毛，紛更制度，惑亂天下之心，此職員所大懼也。春秋之末，諸侯惡周籍害己而私去之，遂大亂殘殺不止。今改變官制，則必破壞會典，銷毀則例，一切以意爲之，蕩然無復限制，強者出其堅僻自是之見，以逞其才，弱者守其持禄保妻子之心，以營其私。各部自闢規模，各省自爲風氣，不必骫法，而可行一己之愛憎，不必舞文，而可弄朝廷之威福。驅踶齧不羈之馬登臨險阻，又自弛其韁轡，雖三尺童子知其必僨，僉人瞰車中重載，欲乘其既敗而攘取之，此不可不慎重者一也。

商部初興，籌欵數十百萬，學部、警部繼之，費用更不知凡幾。搜括新法，愈出愈奇，徵賭不已，變而徵娼，教猱升木，國體何存？東西濱江各埠，因抗捐罷市，日有所聞。罄數百萬窮民終歲胼胝負戴所獲，不足供倖臣一夕之豪舉。今而舍舊圖新，經營創造，料非徒手可成。乃者湘、粵、蘇、豫同時大水，飢民嗷嗷待哺，僵仆載道，淮南、遼東大風，濟南、浙東大火，壞田廬，牲畜以億計。百物踊貴，土貨不流，若欲於敲膚吸髓之餘，更謀巧斂之術，鳥窮則啄，獸窮則攫，民不聊生，如水斯決。此不可不慎重者二也。

禮義既衰，邪説方熾，維新黨派昌言物競天擇，各磨礪齒牙以争利禄，資格一破，人人有徼幸之思，夤緣請託輻輳於公卿之門，君子難進易退，恥與噲伍，舉倦思歸。祇此二三攀附勢力之徒，依戀闕下，平時既剝喪生民以自奉，臨變即賣君父以邀功，九重孤立，誰與圖存。此不可不慎重者三也。

軍機處不設定員，同堂議事，無論官職崇卑，不相統攝。今而議立總理大臣，統一樞務，無論用親藩，用滿漢大臣，皆可恣睢自擅，竊弄權柄，啓奸人窺伺之漸。若更假以兵柄，如漢時吕産以相國兼統南北兩軍，傅翼而飛，恐生他變。日本維新之初，傾幕府，廢將軍，收王室已替之權還之人主。我國事事效人，反樹立權臣，釀成幕府將軍之局，異時羽毛豐滿，咄咄逼人，欲藉外諸侯兵力翦之，拒虎進狼，噬臍何及。此不可不慎重者四也。

滿漢御史共五十六員，給事中二十四員，秩皆五品，資淺而近民，則耳目易周，位卑而禄薄，則顧惜之心不甚重。數十年來臺諫雖不甚得人，貪官墨吏被劾去位者纍纍相望，況懲一警百，隱然收效於無形者，又有藜藿不采之勢也。以我幅員之廣，人民之衆，祇此數十人者備員左右，職司糾彈，必挫折之摧殘之，今日議汰，明日議裁，將求通上下之情，而先塞人主之聰。揆之古人懸韶置鐸之心固不合，即質之諸臣要求立憲之意，亦豈有當乎？此不可不慎重者五也。

人才雜沓並進，不嚴定銓選之格，何以靖天下之人心，官常敗壞不堪，不慎操考察之權，何以肅朝廷之綱紀。會典載，內外官缺凡二萬七千餘員，合之候選候補當不下二十萬人。倘誤信奮言，仿東西洋規制，不設吏曹，悉解散其權，倒柄而授之督撫，一切升遷降罰，恣意任情，毋敢操成法以議其後，天下衣冠士族盡奔走效用於私門。遠則如戰國諸公子樹恩市義，招集四方遊士，各騁其縱横捭闔之論，强私室而傾公家。近則如唐末藩鎮將吏，感主帥煦濡飲食之恩，但傾心節度使，不復知有朝廷。天子端拱於上，號令不出一城，不待四鄰分割，已先成華離破碎之區，此不可不慎重者六也。

地方官屬之有州縣、府道、院司，猶軍營之有哨官、營官、統領也。今裁去府道以州縣直達院司，大省如直隸一百二十五縣、十七州、六廳，四川一百十二縣、十一州、十三廳，以督撫一人管轄於上，姓氏且不能盡記，尚能察其孰爲貪廉，孰賢孰不肖乎？邊地如甘肅安西州屬，去省會二千餘里，內地如江蘇徐州府屬、江西南安府屬，去省會亦皆千二三百里，聲息且不易通，其能收身使臂臂使指之效乎？將謂上遵兩漢，漢制縣令長之上有郡國，守相，郡國、守相之上有部刺史，與今制不甚懸殊。今之巡撫用關防，稱爲部院，本屬欽差，不過漢時差遣之刺史，官職畧卑，如今科道，我朝差遣之巡撫，官職較大，乃用副都御史。漢初承秦制，祇三十六郡，不得不重守相之權，今疆域廣，督撫位尊，知府之權遂稍替耳。將謂遠法日本，島國方輿，僅抵我四川一省，全國分爲三府、三十七縣，而上隸於內務省，省卿猶我國之督撫也。裁判、税賦各總其成於司法，大藏二省，省卿猶我國之藩臬也。立名雖各不同，命意未嘗少異，求治而自棼之，毋乃愈求而愈遠乎？此不可不慎重者七也。

談新法者又言宜規橅東洋州縣，各設專官分理裁判、警察、賦税、學堂，舊制知縣以下有縣丞以督糧，有典史以督捕，有教官以勸學，此等官未嘗不備。今欲改立名目，將仍受制於州若縣乎？權力既不能自伸，今日之裁判、警察等官，安知不成爲異時之縣丞、典史、教諭。徒爲此紛紛擾擾，亂人耳目，駭人聽聞，暮四朝三，曾何補益。將重其權與州縣并行不相統轄乎？縱數十萬虎狼於山林，各憑藉勢力生事擾民，今日逐户苛斂，招無數惡少以充警兵，明日履畝加徵，集無數狂狡以充學徒，使四境之民如鳥獸駭散，非迫爲盜劫，卽流爲餓莩。縱有一二賢明之吏，徒爲同僚牽掣，袖手莫可如何。此不可不慎重者八也。

惟是法非成於一手，時會變遷，不無一二疏節闊目之處，樞庭贊襄密勿，六曹事務無所不統，從容論思，理宜予以逸暇。自雍正至今數百年，簡陋相因，尚以他官兼攝，諸大臣資望既深，精力就疲，多者兼八九差，少亦四五差，蚤夜奔馳，曷能有濟。是故一人而兼數差，勢必至勤者敷衍，惰者廢弛，一差而派數人，勢必至狡者傾軋，闇者推諉。此不能不變通者一也。

官俸太薄，廉吏不足自存，近歲新設四衙門，寛籌津貼，一郎中歲給三千餘金，而大學士春秋二俸祇三百金，猶按成減放。外缺肥瘠不同，疆吏爲人擇地，更調紛紛，名爲調劑。夫不能養其身家，而徒責以廉隅，雖堯舜在上，勢所難行。邇來學務大興，外洋游學生近二萬人，半屬官家資遣，總計內外學費，歲竭生民膏血不減庚子賠款。國家養一宰相，不及一平權自由之學生，事之駭絶可怪，孰有甚於是者乎？此不能不變通者二也。

以禹、皋、稷、契之才，終其身祇任一事。今之尚、侍，刑部之律未諳，俄而調理財政，户部之席未煖，俄而又掌銓衡。以孔子之聖，自云三年有成，今之督撫朝由陝、甘度隴入關，而遷閩、浙，夕又由閩、浙涉江泛湖，而量移雲、貴。下至州縣末吏，或補缺十餘年，終身未蒞本任，親朋僕從奔走役役於道途，誰不視一官爲傳舍。此不能不變通者三也。

若欲過此而事新奇，鹵莽圖功，禍可立至。夫以祖宗完全無缺之天下，庚子以前經一二執迷不悟大臣玩弄揣摩，浸成不可收拾之勢。今又以危言聳動聖聽，謂不立憲必亡，不變官制末由立憲。我國立憲在歐美未開闢以前，我朝立憲在英、德、美、日未興之先，諸臣生長中土，服官數十年，問以六典要政，列聖斟酌損益，內外相維，大小相制之法度，眙目不能言。竭數月之力，遠涉重洋，環游一周，憑二三檮昧舌人，遂謂得鄰邦祕鑰，載寶而歸，此不足以惑愚蒙，更何能以欺聖主？謂舊署閑冗無事，名實不相符，則宜解練兵處之權以還兵部，解財政處之權以還户部，解學部之權以還禮部，舉鐵路、礦務、電政、船廠、製造局之權以畀工部，舉封駁之權以畀六科。謂舊人皆不可用，悉罷斥之，別舉所謂喜功好事强幹有氣力者，置之卿貳司曹可也。何爲顛倒殽亂，遠效新莽，近循元豐之軌轍乎？舉棋一誤，大局全輸，官亂於上，民變於下，海外黨徒，長江會匪，東三省馬賊，環伺而起，外夷乘之，措手莫及。糜爛之後，疆臣擁兵自衛，各私其領土，朝臣偷生忍恥，不難效張禹、孔光之爲，前車可鑒，能勿寒心。

疎逖小臣，罔知忌諱，但求有補於國，不惜糜碎其躬。用是仰首哀鳴，席藁待罪，伏乞代奏皇太后、皇上聖鑒。謹呈。

《清末籌備立憲檔案史料》第一編劉彭年《給事中劉彭年奏立憲宜教育財政法律三者並舉摺光緒三十二年九月初二日》 三品銜、戶科給事中臣劉彭年跪奏，爲立憲事大，異論紛歧，請斷自宸衷，實行預備，恭摺仰祈聖鑒事。

竊讀七月十三日諭旨，憲法有益人國，固已在聖明洞鑒之中。嗣由考察政治館王大臣知照各衙門各抒所見，在朝廷集思廣益，不厭求詳，而一二老成，謂新法之宜行，究不若舊法之盡善，甚且謂君上不負責任爲大權旁落，總理大臣事權太重，恐啓覬覦非分之漸，此皆未深明各國憲法者也。謹按各國憲法皆言天子神聖不可侵犯，因不可侵犯，故有不負責任之語。夫不負責任非放棄主權之謂，試觀日本憲法，凡黜陟、賞罰、宣戰、媾和、統率海陸軍、召集國會、解散議院一切大權，悉由天皇操之。設措施未協輿情，總理大臣代任其咎，此不負責任之確解也。且總理大臣之行政，天子照臨於上，萬民監視於下。稍不稱職則辭位，即事事盡職，亦有三年一任之限，欲求如中國歷代宰相之跋扈專恣，久於其位，何可得哉？此憲法有以制之也。

夫憲法所亟宜預備者有三：曰教育，曰財政，曰法律。試言教育。中國文字之繁雜，各國所無，童年入學，即識字一門，已耗數年之腦力，欲教育之速成難矣。日用所需單簡之字盈千已足，是宜編成讀本授諸蒙小學堂，由形求音，由音行義，日以十字計之。不過百日，可以周知，可以牢記，既識字而屬文有其本矣。漢文通然後可以游學，可以譯書，而人材輩出矣。推之女子知書，而家庭有母教，盲啞入學，而國民無棄材。此教育之亟宜預備者一也。再言財政。查各國賦税重於中國，然多取而民不怨者，以地方之財辦地方之事，涓滴歸公，毫無中飽故也。日本大藏省總理財政，而銀錢出入則帝國銀行掌之，會計檢查院以時稽核，又有儲蓄銀行以存民間之財，不問多寡咸收納入，按日拆息，國家可得鉅款以資周轉，官民兩益。我國藏富於民，但足取信則集款易易耳，所尤要者須預算、決算程式，歲入歲出，咸令聞知。此財政之亟宜預備者一也。再言法律。西諺有云：生於法律，活於法律，動作於法律，言法律一日不可離也。中國無完全現行之法律，專心法學者亦乏其人。前曾開法律館，民事訴訟法、刑事訴訟法已經編纂，未見施行，究之不講民法而講民事訴訟，不講刑法而講刑事訴訟，是先用而後體，次序紊矣。是宜博采各國法典，先憲法、刑法、民法、商法，而後刑事訴訟法、民事訴訟法，並類及裁判所構成法、監獄管理法，條分目晰，次第成編，俾海內人士咸知遵守，此法律之亟宜預備者一也。

若是三者，就臣愚見所及，不能道其萬一。其尤關重要者，期內外之相維，定中央集權之制，開府縣之議會，立地方自治之基，以啓民智，則郵政宜全國交通，以捍強隣，則海軍宜及時興復，凡此憲政之大綱，亟應同時並舉，實行預備，不得謂釐訂官制遂畢乃事也。時不可失，機有可乘，兆民所具瞻在此，列國所注視亦在此。否則或言之而不見實行，或行之而徒應故事，馴至民窮財竭，憂患迭生。論者或歸咎於立憲之貽禍，豈知立憲何禍，立憲而猶懷觀望，則禍不旋踵矣。大計所關，不爲羣言所惑，轉弱爲強，有利無害，深望乾綱之獨斷耳。

臣在日本考察政治，於各國憲法研究較確，謹就管見所及，冒昧上陳，伏乞皇太后、皇上聖鑒訓示。謹奏。

《清末籌備立憲檔案史料》第一編王金鎔《給事中王金鎔奏預備立憲宜罷畝捐禁駮審定軍裝禁遊蕩摺光緒三十三年四月初三日》 四品銜、給事中臣王金鎔跪奏，爲敬陳管見，用備采擇，恭摺仰祈聖鑒事。

竊維現在舉行新政，凡事關富強堪爲立憲之預備者，原爲天下臣民共欽仰，然其間亦似有尚需整頓者。臣不揣譾陋，謹擬管見四條，爲我皇太后、皇上縷晰陳之。

一曰罷畝捐以恤農艱。畝捐一事，各省辦法不同，其爲籌款則一。無論如陝西扶風等縣，因畝捐而激變農民，致殺多命者之不可也，即農民俯首聽命，亦思天下之事莫苦於農，天下之利亦莫微於農，而天下人之所賴以生者更莫重於農。是以祖宗有永不加賦之訓，今不加賦而辦畝捐，不知畝捐即加賦之別名，且有較加賦而更重者，是不特阻農之生路，並阻天下人之生路也。如謂舉行新政，款無所出，儘可就商家富戶以及別項雜捐抽取。即萬不得已，亦宜分別田畝多寡，必其家有田百畝內外，方可議捐，若薄田數畝，僅敷餬口，亟應概予免捐。擬請飭下度支部會同民政部妥定章程，奏請通行各省遵照，庶籌款之中，仍寓恤農之意，似於國計民生均有關係。

二曰禁駁審以清冤獄。一人含冤，行路爲之太息，近年如直隸撫寧縣民王維勤謀殺李姓一家十六命之案，由縣而府而道而省而京控，迄無一衙門爲之昭雪，輒即駁回。幸工巡局收審送部，大冤得伸。在各衙門每謂民之上控，率係逞刁，不知案情或有欺飾，人命豈能揑造，若仍駁交原審官訊辦，小民尚有見天日時耶？竊恐各省案件之控而不理，與案懸未結經年累月者不知凡幾，此最民所痛心疾首之事也。昔齊婦含冤，天爲三年不雨，曹劌論長勺之戰，魯可勝齊，祇在小大之獄必以情一事，可見民冤不伸，則鬱憤之氣直上干天和，民冤既伸，則輸服之情且樂敵王愾，其利害固顯而易見也。擬請飭下京外各問刑衙門清釐庶獄，遇有控訴冤枉者，立予提審平反，不得駁回原審處，致滋冤濫。如妄控不實，即坐以誣告之罪，庶無枉無縱，情法兩得其平矣。

三曰定軍裝以一體制。兵之冠服、髮辮應歸一律，若此處之兵冠服、髮辮遵用國制，彼處冠服又改用洋式，髮辮亦翦去大半，不但雜亂無章，有礙觀瞻，且揆之書同文、行同倫之義，亦嫌未協。擬請飭下陸軍部會同禮部、民政部，將軍人冠服、髮辮議定畫一章程，奏明通行各省遵守，勿任彼此參差，自爲風氣，庶於尊崇國體、整飭戎行，兩有裨益。

四曰戒遊蕩以汰浮費。現在物力艱難，宫庭尚崇節儉，爲地方官者，宜如何務本節用，力挽頽風。乃巡警總廳竟有准演電影戲，並議設公園之事，在該總廳或以爲此係仿照外洋，亦新政之一端也。臣愚以爲仿行新政，宜分別輕重緩急，如果於練兵、籌餉、農工商礦諸要政，均已辦有成效，即准演電影戲，議設公園，亦尚無妨，今強鄰環伺於外，黨會蠢動於内，百廢待舉，茫無頭緒，加以賠款之多，洋債之鉅，各項新政經費之繁，内而司農，外而疆吏，幾於羅掘一空。近年水旱頻仍，江北等處，數十萬飢民方慮無以爲賑，當此官民交困，即極力撙節受養，尚恐時艱款絀，未易挽回。今不顧時事之艱危，民生之凋敝，遽行准演電影戲，並議及公園，疲精神於遊戲之場，擲金錢於無用之地，不但與朝廷力圖富強之宗旨不合，亦與該民政部歷次教民勤儉謹守禮法之告示自相矛盾。於臥薪嘗膽之時，爲遊目騁懷之舉，燕雀處堂，忘憂樂禍，此不待智者而知其不可，何該總廳儼然民上而竟作無益以害有益也。豈以爲現今當務之急，無有過於此者耶？不然地方之事應整頓者多矣，何獨亟亟於此二事也。名爲仿行新政，實則耗財荒業，蠹國殃民，蓋未有導民遊蕩而俗不流於貧弱者也，亦未有民既貧弱而國家獨能富強者也。如此仿行新政，恐適以禍天下耳。擬請諭旨申明從前外城戲園不准開演夜戲舊章，將電影戲停演，並公園亦暫從緩議，地方幸甚。

臣愚昧之見，是否有當，謹繕摺具陳，伏乞皇太后皇上聖鑒。謹奏。

《清末籌備立憲檔案史料》第二編《會議政務處議奏都察院不可輕議更張摺光緒三十三年九月十六日》 會議政務處奏：本年八月十八日准軍機處片交都御史陸寶忠等奏請改都察院爲國會以立下議院基礎一摺。奉旨：會議政務處議奏。欽此。竊維都察院職司風憲，關係至重。恭讀順治十二年上諭：凡事關朕躬，何令不信，何政有差。諸王貝勒在事諸臣曠職之愆，叢弊之處，及内外各司何害未除，何利未興，言官各據見聞，直言無隱等因。欽此。康熙三十六年上諭：國家設立都御史及科道官員，以建白爲專責，所以達下情而袪壅蔽，職任至重，使言官皆能奉法秉公，實心盡職，則閭閻疾苦，何一不上聞，官吏貪邪，何一不釐剔，故廣開言路爲圖治第一要務等因。欽此。乾隆元年上諭：國家設科道官，原以發抒忠悃，隨時獻替爲專職，而進諫之道，莫大乎繩愆糾繆，上佐君德，其規切用人行政指陳吏治民生者次之。此古名臣之所以志在格君，而嘉猷碩畫有造於國是民依也等因。欽此。仰見列聖貽謀，首開言路，煌煌祖訓，著在臺規，實爲萬禩不刊之令典。

竊嘗考其官守，上則匡益君德，論議政事，次則糾覈官邪，通達民隱。蓋統括立法、司法、行政之機關，有東西各國議院之長，而無其黨與競爭之弊，故法制之美備，爲中外所同欽。苟舉彼國兩院之制以相衡，則固判然不合。且其所以設下議院者，緣全國人民之意見無由自達於君上，故因公舉少數之議員，以代多數人民之陳説。而國民義務以納税爲大宗，故其選舉之額，各隨府縣而定其資格，則以年齡及納税之多寡爲衡。此所謂民選議員者也。

朝廷施行憲政，首立資政院以爲議院始基。查去年所擬官制清單，如議員之由欽選會推者，既略取上議院之意，其由保薦者，又隱然合通國人民以行選舉之法。原其規則，殆參合上下兩院之制而成，蓋在憲法預備之時，自有此必循之階級，所以不遽議開國會者，非靳之也，蓋有待也。

今該都御史等請將都察院改爲國議會，雖爲推廣輿論起見，不知諫官之與議員體制不同，萬難合混。抑臣等以爲斯署之設，上承列聖倚任之重，下繫臣民是非之公，卽異時上下議院規模完備，議員皆有合格之人，而都察院係獨立之衙門，爲國家廣開言路，亦不可輕議更張，所有該都御史等原奏，應請無庸置議。

再，臣等正在議覆間，准軍機處先後片交御史江春霖一摺，給事中忠廉等一摺。均奉旨：會議政務處議奏。欽此。查該御史等陳奏各節，與臣等意見大致相同。惟所請設立議院一節，查資政院現已設立，正在議擬章程，廣選外省官紳入院與議，本已包括下議院辦法大指在内，應俟資政院辦有規模，再當審時度勢，次第進行。

《清末籌備立憲檔案史料》第一編程湝《分省補用道程湝條陳開民智興實業裕財政等項呈光緒三十三年九月二十二日》 花翎分省補用道程湝，爲應詔陳言，懇請代奏事。

伏讀光緒三十三年五月二十八日懿旨：立憲之道全在上下同心，内外一氣，去私秉公，共圖治理。自今以後，應如何切實預備，乃不徒託空言，宜如何逐漸施行，乃能確有成效，亟應博訪周諮，集思廣益，凡有實知所以預備之方施行之序者，准各條舉以聞。除原許專摺奏事各員外，其餘在京呈由都察院衙門，在外呈由各地方大吏，詳加甄核，取其切實正大者，選録代奏等因。欽此。洵懸鞀置鐸，明目達聰，邇言必察，芻蕘俯詢之至意也。竊維古語有之：猛虎迫於後，弱者越澗而過，泰山頽於前，跛者崛起而馳。危險及於眉睫，盲者亦爲瞪瞬，喑者亦爲叫號，無他，惟其迫切之狀況能瞭然於心，故不期然而自奮。勢處今日，猶因循敷衍漠然無動於中者，皆其未知中國之弱，瓜分豆剖之禍在目前者也。苟其知之，凡在國民同負責任，未有不殫智竭慮，奔走呼號，求所以補救於萬一者。自來國之大患，不在於力絀，而在於心死，一切無精神無條理，人民無學識以任事，雖日言立憲，終恐徒托空言，難期確有成效。是以振興中國首須大開民智，養成國家觀念，而興實業，講製造，裕財政，皆爲急切難緩之圖。茲謹就平昔所見及遊歷所得，恪遵聖諭，將切合時勢實在可行者，逐一具陳，以備省覽，而資采擇。

一，實行尊孔宜重以樂歌瞻禮也。必人人存上帝臨汝日監在茲之心，乃可收戒慎不覩恐懼不聞之效。西國教士無間險阻，無間寒暑，日持彼之聖經以聒人聽聞，早晚必祈禱，七日必禮拜，凡欲使人顧諟明威，無敢戲豫而已。吾國孔教本以敬天爲要義，爾室屋漏之相，十目十手之嚴，所以檢束身心者，無微不至。顧國人名奉孔教，實則四百兆衆除最少數之士子外，幾無識孔教真相者，而士子除入學簪花日外，亦永無拜孔子時。曩日羣相崇奉者，尚有文昌、呂祖、城隍諸神，惕於陰隲果報之説，不敢濳作非爲。自學堂林立，科學雖未大明，而刀山劍樹之説，早不足以懾若輩，人心日壞，民氣日囂，不有以檢束其身心，恣其野蠻自由，日益踰閑蕩檢，國本攸關，將有不忍言者。英國大學每週必禮拜教主，竊謂爲正人心計，亟宜仿英大學辦法，令各學堂於禮拜停課日，由提學使及學堂教員率同學生赴文廟行謁聖禮，作頌歌，推闡四子六經，摘其忠君愛國合羣自強諸要義，以極淺顯之文詞編繹之，懇切宣講，商人均得入廟旁聽。其鄉僻村壤無孔廟處所，則設孔子位於學堂而羅拜之，務令肅穆盡禮。我朝康熙三十四年聖祖仁皇帝命大臣吴涵爲民祈福於孔子，實行尊孔，卽所以恭法祖制。今京外學堂逢禮拜日必皆停課，夫西人所謂禮拜日，乃以是日禮拜教主也。中國既無禮拜之實，胡襲禮拜之名，惟行此法則名實允符，收效必速。向惟不能實行尊孔，不能先入爲主，故外教得以乘之。曩曾入禮拜堂，見西人男女禮拜，秩然肅然，不禁慨然於孔教之衰，而尊孔之心油然以生。中國屢以教案釀亂，近日人又議在各省傳教，有此舉則可抵制外教，而日本人所謂孔子之教，中國震其名，日人務其實者，亦無從復肆其詆諆。查基督全教轄地至三百九十七兆方里，儒、釋、道、回教轄地僅八十一兆方里，雖因乎國力之強弱，亦由傳教之士能赴湯蹈火，真實懇摯有以致之。然則我國不能實行尊孔，人人禮拜孔子，傳孔子之道，徒齗齗於大祀、中祀奚益哉。俗儒驟聞此議，必羣駭詫，以爲奇談，實則尊孔卽所以尊國，他時程度日高，必有公認爲天經地義不刊之論者。

一，報紙言論宜收爲憲政機關也。各國文野比例，率視其報紙之銷數以爲衡。官吏致仕，恆入報館主持國是，國家或地方有大會議，必爲新聞記者特設一席，蓋報紙爲輿論之代表，東西各國皆政府直接，如普法之役，美西之役，由報紙鼓吹成之。日俄之役，始由日本各大報紙鼓動公憤，繼復爲之固結人心，一切軍需籌集及軍人淩厲無前之氣，報紙皆有激勵之功。迨戰事既畢，戰死者家屬之恤兵等會，亦由報紙提倡，遂以集成鉅款。明治維新之始，若進步，若改進，若帝政諸黨，皆以入政府辦事爲先聲，而以報紙之鼓吹爲後勁。昔德相俾思麥當國，全國之大新聞紙皆其機關報，每辦一事，報紙必先爲鼓吹，輿論既動，反對黨遂退處於無權。今各國有所謂半官報者，政府中皆有補助費陰爲維持，如日本之中央新聞，日日新聞，國民新聞及大阪之每日新聞等，或歸國家，或歸政黨，皆半官報之極有勢力者，日銷數十萬紙。現内務大臣原敬，與議院議員之竹越與三郎、德富猪一郎及東京市長尾崎行雄等，皆爲報館有名之主筆。又現内閣爲政友會，政友會者，合帝政、自由二黨成之，故全國無論何處，皆有政友會暗中補助之機關新聞，是以政府之設施，報館之言論既同聲一致，輿論亦不致紛歧。本年五月間，日本全國新聞記者大會於東京，到者四百餘人，由大隈伯爵主席演説報紙關繫，併籌改良之方，日本天皇特派人導之徧游離宫，以示矜寵。凡有見於報紙之用，實有促進文明，成偉業之異常效果也。我國官吏之與報紙隔膜殊甚，官吏不以報紙之言論爲然，報紙不以官吏之設施爲當，於是各報紙譏彈笑駡無所不至。法皇拿破崙云：數葉反對之報紙，較千枝銃鎗尤爲可畏。某西哲云：無論何等專制國之君主，不能當日日新聞紙之謾駡。長此不變，政界與報界隔膜日甚，輿論亦因之變易，足以涣全國之人心。昔韓信困項羽於垓下，張良以一洞簫吹散八千子弟之心，使頓興離鄉背井之感，而項羽以一世之雄，束手受縛。報紙之力，何止一簫，言念及此，可爲寒心。伏讀懿旨，立憲之道全在上下同心，内外一氣。竊謂欲收同心一氣之效，其用未有神於報紙者，雖報紙持論未嘗無悖謬偏激之處，然如懿旨所謂切合時勢者，亦往往有之。但使推誠相與，各報執筆均係赤心愛國之士，斷無於國家進步轉意存妨阻者。日本人云，日本全國之報紙，皆政府之御用新聞也。似宜遠師歐美，近法日本，亟籌利用報紙之策，以爲鼓吹憲政之助。

一、人才缺乏宜擇名實兼備者破格録用也。臯陶振褐而不仁者遠，寇公入相而遐裔色變，人存政舉，古有明訓。今以二萬萬方里，四百兆人民之大國，而割地賠款，受侮外人，豈果人才乏絶乎？由用者未必才，才者未必用耳。科舉捐納之弊，盡人知之，懲其弊而用保舉，部院督撫紛紛奏調，舉曩日班次資望，拘文牽義之説，一掃而空之，宜可收得人之效矣。然小人倖進之風因之轉盛，而凡精於外交、内治各人才，轉因種種鉗制，不能有所展布，而棄官以歸者有之，微員擢任監司，而堅辭不就者有之，部院多方羅致，而趦趄不前者有之，則所以用之者未得其道也。誠能專考有名譽有事實之人才，如辦理交涉成效卓著者，重用之而使任外交之職，辦理實業成效卓著者，重用之而使爲農工商務之官，辦理學堂成效卓著者，重用之而使任學部之官，精於法律確有展布者，重用之而使任司法之官。畀以全權，不加牽掣，克稱職者受不次之賞，有僨事者予不測之誅，行見三載考績，維新政治必有名實兼副者。否則事權不一，更易頻仍，虛名之鉗制既多，局外之吹求甚盛，稍有志節者方且引避若浼，安有實效可收，不可不幡然變計也。

一、結合民志宜實行統一語言也。一國之中，楚、夏異音，則四韻皆同虛設，王者之治，文軌大同，則方言豈可紛歧？是以昔賢有云：通天下之志，必自發言始也。蓋語言所以代表思想，語言不一，則情意隔閡而無感觸，志趣涣散而難團結。如德意志聯邦，美利堅聯邦，皆合二三十國之語言整齊之，而使歸一致。日本封建時代，方言亦各處不同，明治維新遂以統一語言爲要政，學堂教授寧省他項課程，而必增國語一科。中國各省言語各不相通，以閩、粤之人而適燕、齊，儼如游歷外邦，對面不能通語。方今世界日進文明，西人於聾啞教育且甚爲注意，是卽聾卽啞者，猶必設法教之通語。明明能説能聽，顧任其言語各不相通，詎非憾事。查南北洋及奉天已盛行官話拚音字母，外人震驚，以爲由此入手，普通教育進化必速，是宜飭查創辦此舉之人，破格獎勵，一面責令竭力推廣。就北京官話學堂學生之已畢業者，派赴各省辦理，再就各省之官話畢業者，派赴各府州縣辦理，務將口音辨別正確，不令稍有土音夾雜。仍於各小學校俱增國語一科，或仿日本辦法，將全國小學教科書一律改用官話，所有學堂師生講授、質疑，一切語言，悉用官音問答。合二十二省統令歸於一致，則聲氣易通，情志不隔，全國團體結合自堅，此各國行之已有成效之事，萬不可視爲艱困難行而生遲疑。

一、宜注重精神教育使人人有國家觀念也。德敗於地，繪敗軍狀，作雪恥歌，學堂教員日以之詔學生，人心奮激，遂勝法國。甲午之後，日本爲俄、法、德所制，不獲逞志於東三省，特立紀念會以誌憾，且與俄吞樺太一事，悉編入初學教科書。迨既勝俄，其教員詔學生曰，俄傾全國之師以報仇，吾國亡無日矣，卧薪嘗膽，庶可圖存。其小學校課程，多以兵艦存没爲習算加減之問題，兒童新歲嬉戲所用以博勝負之具，率以滿洲旅順、大連之得失爲識别。各校學生人人服海軍之服，全國學童以郵便儲金製戰艦以表愛國，各物書陸軍戰勝、海軍戰勝之紀念字樣，無論城鄉村鎮，靡不戶懸國旗，故雖三尺童子，皆知戰勝攻取，對内對外之理由，得力於精神教育也。聞彼國有編輯教科書一册，獲獎金三萬元者，因以之爲全國學堂課本，可獲極大影響也。歐美教育家言，常心與常識，不可不養之於素，故教育之道不可不講。中國教科課本，有精神者寥寥不可多覯。京師之酒肆、飯莊，今尚粘莫談國事之條，甚有官吏欲禁商人插國徽以免褻瀆者，禁學生服體操服裝，謂爲近於洋服者，停止全省體育會，謂爲可以弭亂者，程度如此，宜養成封之不痛，剮之不覺之國民，或且爲虎倀狐媚於外族也。是皆未知愛國卽所以保國，愛國之精神欲深入於人心，必非教育不爲功也，似宜由學部懸重賞募編教科書籍，激發國恥，提倡各種精神教育，俾人人有國家觀念，收效必極遠大。

一、強迫教育先施官場及其子弟也。古者因事設官，量能授職。如《周官》之黨正卽一黨之帥，州長卽一州之帥，下至比長、閭胥，上之爲鄉遂、大夫，莫不皆然。蓋役之則爲民，教之則爲士，官之則爲吏，均是人也。自秦、漢以降，儒與吏始異趨，政與教如殊途，而於是所用非所習，所習非所用矣。故今日而言普及民智，非先從官吏入手不可。我國仕途紛雜，官吏無普通知識，欲開民智，宜先開官智，歷觀環球各邦，斷無民智不開而國連可以倖進之理。今以舊習慣之官吏，強其執行新政，學非素具，非阻礙卽敷衍，卽有欲竭力辦事者，亦苦無正當辦法，故新政雖頒，上行而下不能效。擬請飭下各省將課吏館與政法專門學堂相輔而行，考取文理通順具有血性之員入館肄習，不求陳義太高，但擇淺顯切實可以實行之事，令有學問者爲之講演，如提學使在日本文部省聽講然。凡内政外交，國勢民情，以及學務、路礦、實業等，權利所關，外人對我如何，我對外如何，政教所關，上對朝廷如何，下對人民如何，務爲誠懇痛切，以激發其固有之天良，而旁及報章小説，以感觸其天然之興趣。至尋常一定學科，則以政法爲之綱要，一二年卒業，委以差缺出省，其實心辦事，雖難盡冀，然必較有希望。又學部近擬劃分學區實行強迫教育，然時機未至，教員既乏，經費又絀，斷非朝夕可期。官爲民表，今擬從官場子弟入手，將省城各省會館改爲各省學堂，無會館省分，子弟歸併入學。將會館團拜、演劇、讌會各費一律革除，經費卽由實缺候補人員量力攤派，不准缺少分文。子弟有及學齡不入學者，必予嚴懲，以爲董戒。具事簡而易行，強迫亦應有之義，惟宜妥定章程教法，寄宿舍管理尤須十分完善，俾差缺出省之子弟，留校可以安心，務得實益。官場子弟，往往未及成童，已爲捐納官職，近年停捐之際，有其人尚無子嗣，已預捐道府州縣者，獨於教育一端，絕不留意，似宜嚴定章程，凡若干歲以下之員非學堂出身者，一概不准入官，否則出身臨民，流毒地方可勝言哉。

一、各省宜開辦白話演説各報以補學堂之不及也。各國教育普及，就學者平均百人中皆有九十五六之數，中國則百僅六七，無教育無理解，以致仇教革命諸説得以乘之，重爲隱患，性習相染，大不便於政教設施，是特患無有以正當之理由，日強聒於其耳，日接觸於其目耳。昔普法戰爭時，普以國恥演説，卒能勝法，迨法敗後，法亦以國恥演説速償賠款，卒能獨立。此外事之可證者。内地各省城鄉彈唱稗官野史者流，如《三國志》説唐、説岳之類，每逢鼓板登場，聽者塞座，驗其實效，雖事隔久遠，間涉荒唐，然無論婦孺皆知某也忠，某也奸，瞭如指掌。此習慣之可證者。往年都中京話日報，專以演講爲重，而猝能號召國民捐至數十萬之鉅款。此又近事之可證者。然今各省尚未能利用推行，其原因實阻於頑蔽之官紳及無知之款謗，而新學士子又不能因勢利導，轉尚詖衺，以致演説二字懸爲厲禁。近學部已有觀學所之設，民政部亦議辦宣講所，擬請重之以特詔部，飭令各省學務處開辦白話演説報，凡忠君愛國，自立自強，興學理財，改良風俗等事，於報章切實發揮。省垣由提學使，省外由州縣學官督飭士紳，無論城鎮鄉社持報演説，此實爲輸入人民以普通知識之緊要辦法，足以補教育之不及。中國普通國民類不知對内對外所以圖存救危自立之道，似此因襲故常，茫無感覺，究其流極，終等於畫餅療饑。故爲今日之人心國本計，惟在使全國之官紳士庶，咸具有自立之心，雪恥之志，則講報演説一端，實轉捩全國之無上關鍵。又各省既有勸學所，宜大開學術演説會，凡績學之士及東西各國教習、游歷員，均請其到會演説。上海格致書院教士李佳白，每星期定期演講，沾溉頗廣。前游日本，見學術演説之會隨處皆有，似宜由各省提學使主任提倡，但令嚴加閑檢，不准稍參悖謬奇衺之論，斷可無虞流弊之生。

一、女學宜注重職業與男學並重也。《内則》一篇，本重姆教，曹氏垂訓，復言四德，伊古以來於女子教育，固未嘗偏廢。且西哲有言，欲獲人才，須造良家庭，得賢母。拿破崙亦云：幼兒之命運全係於其母之智愚。而日本人亦言，劣等生之不受教育，皆由家庭教育缺乏故。然則女子苟無教育，安望其能誕育佳兒，且爲家庭間天然之師表，以此知女子爲國民之母，女子之教育，卽亦爲國民教育之母也。故處今日而言普及教育，女學實宜與男學並重。自昔西陵氏教民蠶桑以來，男耕女織，亙古相沿。《漢書》有言，冬民既入，婦女同巷，相從夜績，女工一月得四十五日。獨至晚近，而女子類無職業，間有躬操井臼者，已競著爲美談。以全國四萬萬人口，分利之女子居其半，皆仰食於男子，倘更重以男子之游手好閒，安得不百事隳廢而日卽於退化。故處今日而言女子教育，尤當注重於職業，擬請飭下各省著爲令典，凡女學未興之處，亟宜推廣徧設，而女學之課程除普通學外，尤以家事、裁縫、手藝與修身並重。日本女學課程，其家事一科，凡浣衣烹割，掃除衛生，養老育兒，簿記出納之法，悉實習之。裁縫一科，凡裁製衣服之法，悉實習之，手工一科，凡編物、組絲、囊物、刺繡、造花之法，悉實習之。其他看護婦、產婆等，均有專校，故畢業出校，皆可自營生業，足以自立，收效至爲遠大。宜令各省於女子教育職業各事，因地制宜，盡力擴充，程度不求過高，但期普及切於實用。外國語言文字，非女子人人所必需，各省私立學校有視爲重要學科者，似可斟酌去留，免費日力。至幼稚園爲蒙養初基，日本國内往往以二三姊妹組織一幼稚園，以爲入小學之基礎，經費無多，獲益甚大，似宜并飭興辦，以端始基。

一、宜破除迷信以免無形之衝突也。學堂廣設，科學日明，地球掩月而月蝕，月球掩日而日蝕，水汽上蒸而爲雲，遇冷下墜而爲雨，學部審定教科書中詮發至明，五尺之童，靡不灼知其故。而救護日月之典，祈雨禱晴之事，官吏猶循成例舉行，其子弟斥爲怪誕不經，曰學堂課本言之至明晰也，而父兄所爲，乃與其學説相背謬，曰成例具在，不能自我作輟也，新舊隱相激戰，實足以啓無形之衝突。以歷史地理言之，大抵北方高燥恆患暵，南方低窪恆患潦，山西自古苦旱，西人測量謂其地高出海面二千六百尺，而又少森林之故。如誠雨而可求，胡山西戊（己）〔戌〕、庚子之旱，地方官未嘗不奔走禱祀，而毫無影響。今年晉、豫俱旱，祈禱後何故晉雨而豫久不雨，是可知久旱必雨，有時則竟不雨，禱而雨者適逢其會耳。《春秋》所載日食之鼓，大雩之祀，神道設教，古代則然。今地文之學已大發明，率由舊章，不第眩惑學子，抑且貽笑外人。至日月干支，生尅衰旺，久爲儒者所不談，而時憲書中仍著入學上官出行宜忌等字，尤惑視聽而淆耳目。維新庶政，開智最亟，似宜速爲改良，以一視聽。

一、亟宜造就專門學人才以資應用也。日本維新得力於蘭學，而所謂蘭學者，實首從醫科、工科入手。蓋醫與工皆實業之有速效可見者，有速效可見，則可堅人信嚮之心，由是而兵、農、商、礦、製造、理化等學，爭相研究，國步之進其速率遂出人意表，則務實之效也。中國今日急務首在培養專門學人才以資應用，宜在通商各埠，招考中西學確有根柢者，派令出洋入各國專門學堂肄業，畢業歸國卽令辦理專門學堂，人數不必多而遴選務嚴，力以濫派爲大戒。日本曩年於高等女子師範學校僅派一卒業女學生赴美學習專門體操，學成回國，充高等女子師範學校義務教員，數年以來，傳授殆數百人，全國學堂居然足用，專精之效如此。中國出洋學生從事實業者寥寥可數，間有在英、美從事路礦畢業回國者，不令辦理學堂，俾傳授所學普及全國，顧僅令專營一部分之事業，殊非所以造就人才之道也。可知欲收款不虛糜之效，一人得一人之用，必以從嚴抉擇爲第一義。至既畢業後，除習速成普通學獲文憑獵衣食者，未便一概予獎外，如試驗確有成績，必應優予獎勵，自費者尤宜破格録用。從前所派西洋官費學生，往往有中國不能用，轉爲外人所用者，使早設法招徠，令以一人所學傳授多人，則人才必濟濟矣。至各省紳商有能獨力創辦專門學堂成效卓著者，應由大吏從優保獎，庶羣策羣力，萬事無不畢舉。

一、宜專派學生出洋學習鍊鋼以立製造基礎也。合地球各國，鍊鋼廠之大，首推英之阿模士莊，而德之克虜伯次之。阿模士莊之工廠凡十所，克虜伯之工廠凡四所，廠中自各種戰鬬艦、砲彈及各工廠機械，靡不製造。日本海軍之各戰鬬巡洋艦，皆由阿模士莊代造，以其鍊鋼獨擅勝塲也。其廠内之西門斯馬汀鍊鋼鑪，星羅棊布，不勝枚舉，大抵每一西門斯馬汀鑪可鍊鋼六七十噸，每星期可鍊一千二百噸，所鍊厚七寸之鋼甲，每一方尺可禦壓力一萬二千六百七十二噸，厚十二寸之鋼甲，每一方尺可禦壓力五萬零六十六噸。英吉利之以海軍稱雄，賴有阿模士莊也。立國之要，在使人人有國家思想，尚武精神，顧有此思想，有此精神，而無堅利可用之器，必不能占優勝於槍林彈雨之中。今我國疆吏咸注意於設廠製械，顧製械必從鍊鋼入手，既設專廠乃向外國購所鍊之鋼以應用非計也。鍊鋼原料曰煤，曰鐵，似宜亟由陸軍部提倡，酌撥官款，或招商承辦，就山西通鐵路而兼產煤鐵之平定州設鍊鋼大廠，爲製造一切之基本。而招考英、德文語嫻熟及化學、繪圖、算術均有程度之學生，或出洋華商之子弟，分别派往阿模士莊、克虜伯等廠實地練習，所見所聞，無事無時，均以筆記，學成歸國，予以高官厚禄，畀以全權，俾可專力壹心，勇猛將事。日本人云，東亞尚無鍊鋼好手，西人亦不傳此法，日本有工學博士悟得新法，不令外人觀看。然則且恐無我國學生留學之處，是在學生之好學明敏，因應適宜耳。製造之本，武庫之充，胥將於此舉期之。

一、宜大招出洋華商開辦晉礦以救全國之貧也。中國財政困難，年須付賠款二千餘萬、公債二千餘萬，國用不敷尚三千餘萬。各項新政率因款絀無力舉辦，其萬不得已者，非事搜括爲竭澤之漁，即貸洋債而飲鴆止渴，至天產地利隨處皆有，則獨未能盡力采取。西人言中國富源首在開礦，辦理得法，日可增銀一百兆兩，山西礦產，尤爲一國之寶藏，富甲全球，西報至豔稱爲可供全球一千五百年之用。曠觀各國大率有煤處所未必有鐵，有鐵處所未必有煤，山西煤鐵兼饒，蘊蓄至厚，有此天產地利，顧日患貧，何異紅朽在倉，乃呼庚癸。是故裕國匪難，礦開自富，開礦匪難，衆擎自舉。惟晉省風氣錮塞，才力薄弱，土著斷無大舉集股自行開采之能力，坐棄大利，妨阻實多，且晉礦國富所關，應請仿照各國辦法，由官商集股爲全國經營之財政，酌給英商費用，務將前約取銷。際此工商競勝之世，各國罔不以競爭外利爲至計，我國縱不能競爭外利，即此絶無僅有磅礴鬱積之富源，猶不能盡力圖維，屢爲外人覬覦之媒介，天與不取，何以圖存。應請大招出洋華商厚集資本，妥定章程，與晉省土著合股開采，並撥庫帑作爲官股，以資提倡。自古晉饑不能不乞糴外省，誠能大興礦務，微第礦產運銷外省，可移粟於山西，而招本省無業之窮民充當礦工，亦藉裕小民生計。西人學説以兼併野蠻半化之人開其富源，使無曠土無游民爲天職，我置自然之利而不興，適啓外人垂涎，惟大合官商財力從事開采，既興大利，又絶覬覦，富國上策，殆無逾此。

一、宜就產煤鐵處所設立北廠以製造軍械也。自強莫亟於練兵，鎗械實練兵所必需，購之外國，價值昂貴，設局自造，策殊不易。自兩湖督臣建言移局内地，上年練兵處遂會同南北洋大臣定分建兩廠之議，並奏撥江南製造局每年節省經費七十萬兩，計五年共三百五十萬兩以爲開辦之費。現在北廠迄未勘定，外間傳説，或云道口，或云彰德。竊思道口雖屬通衢，不產煤鐵，彰德雖有煤礦，並無鐵礦，因地制宜，莫如就山西平定州擇其山勢蜿蜒高堅平廣之地，以爲北廠基址。此處有鐵道可通，有煤鐵可就，造成鎗械，北濟滿蒙，西餉秦隴，東與京津聯絡貫注，實較道口、彰德尤爲便利，似宜援英阿模士莊船砲廠例，招殷實商人承辦，而輔以官本，監以官司，辦事悉遵公司規則。聞上海製造局機械，近有購自德國絇赫絇脱廠者，新穎堅利至可寶。北廠開辦首宜派員赴各廠悉心調查，凡廠地建築，購機用人，治事考工一切，均諮詢於西國製造專門技師，一面派人分赴阿模士莊、克虜伯等廠實地練習。此後廠中用人當以學生爲貴，廠匠次之，員司爲輕。非學生不得爲廠匠，非廠匠不得爲員司。全廠以兵法部勒，號令裝束，一遵兵工隊規則，而蠲去總辦、提調諸名色，動以厚禄，繩以峻法，製作之品，務與各西廠所造不讓秒忽，陳列比較，力研其深，如是實力辦理，收效必有令人可驚者。

一、宜大招商人承辦各項工廠以免徒糜官款也。中國地大物博，生貨產額，遠邁歐洲，乃日用所需，大率取資外國，洋貨輸入歲益增加，漏卮不塞，長此曷極？查日本維新，每舉一事，必有官辦工廠附屬之，以製造應用各物。如内閣所屬則有印刷局，大藏省所屬則有造幣局及造幣支局、煙草製造所，陸軍省所屬則有製械所，海軍省所屬則有海軍造兵廠、火藥製造所、海軍工廠，農商務省所屬則有製鐵所，遞信省所屬則有電信、燈台用品製造所，鐵道作業局，所以防利源外溢。我國則興學堂而學校用品一切購之外國，修武備而軍裝、兵艦一切購之外國，築鐵路而機械，車輛一切購之外國，通電信而電機、電線一切購之外國。多一新政即多一利源外溢，國安得不窮？似宜速援此例，將一切官家應辦工廠悉招商人承辦，或由國家補助，或全行招商辦理，官任稽察，保護之責，商民祇須貨可暢銷，靡不踴躍從事。自來中國官辦各廠，如湖北之鐵政局、絲麻紗布各局，福州之船政局，江南之製造局，及其他各省官辦各局廠，大抵糜費重，習氣深，而獲利綦難，商辦則核實而無弊，如此一轉移間，保全庫帑每年實不在少數。又中國目前尚無發明新製物品之程度，除通商大埠之外，內地商人有能仿造洋貨，改良土貨，興辦實業各廠者，專利之許，必宜從濫，俟工廠大興，然後嚴定章程，不稍假借。其勸工場陳列所，尤宜實力辦理，每一星期用各國實業工廠之幻燈影片演放演説，務令人人有實業思想，一切能自製造，以馴致不用洋貨爲目的。今中國各省通商場市廛林立，無一非外來之物。日本東京、大坂等處百貨充牣，無一非自製之物。然則我國輸出之資烏可數計。古語有之：倉廩實而知禮節，衣食足而知榮辱。實業興則游手好閑之人少，盜賊之風自熄，不第塞漏卮而開富源也。

一、宜酌派出洋學習工藝學生以求實效也。各省現均派有出洋學習工藝學生，惟所派皆毫無閲歷之書生或紈袴之子弟，不耐勞苦。某省所派學習製紙之學生，有并硫酸二字亦不識者，則與我國不識字之工人何異。所習工藝，又類非該生梓鄉所固有，事非素習，則情形隔膜。欲收事半功倍之效，除各種專門學業應派程度較高之學生留學外，其餘莫如改派素營是業之工人，如素業製瓷者，使出洋留學製瓷，素業造紙者，使出洋留學造紙，素業染織者，使出洋留學染織。此外如木工、金工、漆工、冶工，各以所素習者出洋留學，爲高因邱，爲下因澤，領悟之速，必有神於學生者。應請飭下各省挑選工人之年少聰穎者，先習普通中文、東文各一二年，派往日本工廠專門學業，一俟學成回國，即令就所素習者切實改良，力求進步，著有成效，優予獎勵，自費者尤特別優獎，風聲所樹，推廣必速。中國各省所辦新政，大率有名無實，似此則款不虛糜，可收實效。

一、各省宜合力開內國博覽會於上海以促全國工商之進步也。考之於古，則禹貢八州之方物，絲、漆、鹽、絺、璆鐵、銀鏤、織貝、纖縞、元纁、璣組，精粗俱備，徵之於今，則無論東西洋各國，其視我國之尊彝器缶，類皆珍同拱璧，以此知日省月試餼廩勸工，自昔講求已臻盛軌。獨至晚近，而物品趨於窳陋，人情亦日即於惰偷，豪奢僭侈，惟知以外物相爭耀，朘脂削膏，何以自立於工商競勝時代，況各國之陳列所及博覽會等，皆臚列我國粗劣物品，高下相形，辱國尤甚。今北洋之勸工場、工商演説會等，逐漸舉辦，仿造洋貨改良土貨之物，亦漸加多。南省本爲物産薈萃之地，雖驟未能一一改良，而今夏上海所辦之萬國賽珍會，其中所列之中國物品，不及數日銷售至八萬餘元之多，即以爲准海水災賑款。當時西人之來會購求者爭先恐後，綜計每日赴會之人不下萬餘。惟學藝以切磋而愈進，知識以比擬而益增，馳域外之大觀，擴拘墟之陋識，尤今日不可緩之急務。擬請飭下農工商部核議咨商各省合力創設第一回內國博覽會，即就上海商務最盛之地設法開辦，選舉極有名譽之紳商主持其事。按照各國博覽會章程，總裁以親藩充之，副總裁以農工商部大臣充之，酌設會長、事務長、事務員、技師、書記、技手、評議員等各若干員，懸商勳獎牌，以爲董勸。札飭各省商務議員將製造物品送會陳列，並派明敏殷實之紳商到會參觀，責以改良進步之事，一切款項即由各省會合力籌措，節無益之糜費，促實業之競爭，裨益實非淺鮮。中國工藝之不發達，由於民智之未開，豈可聽其固陋自安，長此終古。雖風氣稍開之地，人人有改良進取之心，奈輒苦無則效以爲從事之資，鼓舞而振興之，俾一新耳目，不及數年，成效必能大見。

一、宜統籌全局整頓全國租税以清償賠款也。以羡補不足，多取之而不爲虐，自昔聖賢恆以爲言，惟在酌盈劑虛，權其輕重而已。且世運日進，需用益繁，故各國國民負擔納税義務，每年每人平均之額英二十七元，俄二十五元，日本十七元，而中國僅約四元。西人言中國税則甚輕，而籌款則屢致暴動，一由人民無愛國心，一由辦理不得其法，官司吏役侵蝕浮冒，積弊太深故也。我國庚子賠款四百五十兆，以不能一次清償，延三十餘年之久，而本利應償九百九十餘兆，此賠出之款，何莫非我國人民之脂膏，若以此款興辦全國農、工、商、礦及各種新政之用，獲利且什百千倍，今則損失烏可以計。欲籌從速清償賠款之策，莫如破格録用辦理實業成效大見聲望卓著之人才，整頓全國農、工、商、礦爲民興利，將見期月已，可三年有成。一面將全國郵政及地租，所得、消費、印花、營業等稅，實力整頓。查我國地租合納銀、納穀二者，總計每年不過二千九百餘萬兩，然民猶苦稅重者，則以中飽者多，小民實納之正供，固數倍於此而未已。是宜將每年所賦表示人民，庶官吏不敢浮收，而即此地租之折色、火耗諸名，悉化虛爲實，涓滴歸公，則租稅已可驟入數倍，一轉移間上下交受其益矣。至所得稅，凡東西各國無國無之，甚且有不納他稅，而專行唯一所得稅之國，限於每年每人所得三百元以上者課之，蓋地租之範圍尚狹，而所得之範圍則愈廣也，至消費稅項，尤爲各國歲入鉅款，於服御奢侈者，科以重稅既無所傷，而因稅重之故，並可藉以養節儉之風，於政教兼有裨益。其他若營業、登録、印花等稅，凡在保護之中，即宜有納稅之義務。至病民之稅，均宜一律革除。如日用之米、鹽，各國向無科稅之例，蓋貧民日入幾何，此而有稅，則業此者仍以此取之於民，民何以堪？是在將應增各稅核實加徵，而米、鹽稅不必徵而自有所出。要之國家之賦其民，非爲私也，將以取之於民者，還爲其民而已。故賦無厚薄，惟視民力之如何，力而能勝，雖厚猶薄，力而不勝，雖薄猶厚。今日而言整理稅項，亦惟在取其有餘而已，取其有餘則既不病民，且能裕國，何患賠款巨額延久不能清償哉。夫以今日商戰之劇烈，各國師不出境，兵不血刃，已可促我國之瘠羸而有餘。故爲救貧計，賠款不可以不先償，爲興利計，賠款尤不可以不先去。否則元氣已衰，脂膏既竭，舊債未清，新債踵至，雖有賢者，無以善其後也。

一、宜優卹爲公益死事之教員、學生以維繫人心也。昔齊桓公內政之法，君親問於鄉長曰：於子之鄉有好學慈孝聰慧質仁者，有而不以告謂之蔽明，其罪五，有忠勇股肱之力秀出於衆者，有而不以告謂之蔽賢，其罪五。於是五屬大夫退而脩屬，屬退而脩縣，縣退而脩鄉，鄉退而脩卒，卒退而脩邑，邑退而脩家，而齊乃大治。蓋勸賞黜陟，王者之妙用，而用之於生存死亡，固無一非維繫人心之道也。語云：得道者多助，多助之至，天下順之。又曰：得人者昌，失人者亡。今循例旌卹之典，關於民生國計甚小，而熱心於國家公益之志士，轉煙没而不彰，於維繫人心之至計，竊以爲未備也。查近年來，迫於愛國之熱忱與觸於外界之激刺，不惜犧牲身命以衛國家，以警告人民者，殆指不勝屈。如杭州駐防女士名惠興者，因興學苦無經費而殉身以求助款。如直隸官派學生名潘宗禮者，因回國時道過仁川港，鑒韓國之衰替，痛中國之前途，遂蹈海以死，遺書同學以告國人。如山西官費學生名李培仁者，因省礦產將入外人之手，憤本省人士不知開采，坐棄寶藏，致啓覬覦，遂亦蹈海，而遺書以勸同人爲維持礦務之計。又如近日上海川沙學堂之管理名陳天聽者，因辦學經費無著，致夙願不償，激而出於一死。其他或爲公益，或爲義憤，甘以一身爲社會之捍衛者，尚有陳氏、姚氏、馮氏及爲人所不及知者。以上或已由大吏卹其家屬，或賚志以逝而淹没無聞，其死事雖不同，顯晦雖不同，要皆激發人愛國之念，似較之婦女之死節有關尤鉅。擬請敕下各省督撫確實查明其死事之原委，與生前之宗旨行事，據實奏陳，給予旌表，揆之揚清激濁之道，亦屬應有之義。

一、宜酌譯西教之書頒行各省以一視聽而息教案也。愈相隔膜愈相猜疑，彼此深知灼見，則詐虞悉泯，自來萬事靡不如斯。孔子之道，旨深理淵，冠絶古今，西教士來華者以八元、十元之月薪，傭村學究授中國語言文字，藉其途徑以讀孔、孟子書。彼學究者於孔教高深已尚全未領略，安能以詔外人，而西人不知也，兩三年後粗識中國語文，輒以爲道在是矣。著書立說，肆其此評，轉輾傳述并爲一談，而中西教門戶之見以深，實則宮牆美富，彼固未窺萬一也，則譯者之咎也。西教各書文理之佳，在西文書中向推第一，然順西文文法以譯成華文文法，則詞不達意之處甚多，良由教士率泥聖經文字先後不可更易之見，文體不同，語氣易失，而書中又多寓言，有衹可譯其意，不可直譯其名詞者。一直譯之，便不成文，言之不文，士大夫均不欲觀，加以東西風俗各殊，學問好尚輒爲內地人民所不經見，於是因種種之猜疑而目爲邪教者有之，則亦譯者之咎也。溯我國自唐代佛經流入中國，經學士文人譯以淵懿精妙之筆，於是理學大儒晚年有逃於佛者，因其味深長有可玩者在也。誠能使中國人之視西教與儒、釋、道教等，則教案何自而起。應請飭下學部遴選中西學問俱極博通之人，將基督教書擇其精要以至優美之華文譯之，其有與孔教暗合者，即以四子六經成語彼此互證，貫串成文，篇幅不宜冗長，俾得卒讀。精譯、精印頒行各省學堂、官署，俾閱者咸知西教不外墨子兼愛勸人爲善之旨，則一切猜嫌均可涣然冰釋，而教士、教民有踰閑蕩檢者，即可援引其説糾正而範圍之。凡人遇昧者則膽豪，見明者則氣怯，此實息教案之本原辦法。又内地今尚流傳《經世文编》、《海國圖志》等書，其中仇教語甚多，實爲種禍之原因，似宜通飭各省即行刪汰，以免爲外人藉口。方今教堂林立，人心不靖，無日無時不可鬬教，此舉成則教案之少可斷言者。

以上愚昧之見，是否有當，伏乞訓示代奏施行。謹呈。

《洋務運動》容閎《西學東漸記》　宜禁止教會干涉人民詞訟，以防外力之侵入。蓋今日外人勢力之放恣，已漸有入中國越俎代謀之象，苟留心一察天主教情形，即可知予言之非謬。彼天主教士在中國勢力，已不僅限於宗教範圍，其對於奉教之中國人，幾有管轄全權，教徒遇有民刑訴訟事件，竟由教會自由裁判，不經中國法庭訊理，是我自有之主權，已於法律上奪去一部也。是實不正當手段，若不急謀防範，則涓涓不塞，將成江河，故政府當設法禁止，以後無論何國教會，除關於宗教者外，皆不得有權以管理奉教之中國人。

（清）嚴復《嚴復合集》卷一《群己權界論・譯凡例》　中文自繇，常含放誕、恣睢、無忌憚諸劣義。然此自是後起附屬之詁，與初義無涉。初義但云不為外物拘牽而已，無勝義亦無劣義也。夫人而自繇，固不必須以為惡，即欲為善，亦須自繇。其字義訓，本為最寬，自繇者凡所欲為，理無不可，此如有人獨居世外，其自繇界越，豈有限制？為善為惡，一切皆自本身起義，誰復禁之！但自入群而後，我自繇者人亦自繇，使無限制約束，便入強權世界，而相衝突。故曰人得自繇，而必以他人之自繇為界，此則《大學》絜矩之道，君子所恃以平天下者矣。穆勒此書，即為人分别何者必宜自繇，何者不可自繇也。

斯賓塞《倫理學》《説公》(Justice in principle of Ethics)一篇，言人道所以必得自繇者，蓋不自繇則善惡功罪，皆非己出，而僅有幸不幸可言，而民德亦無由演進。故惟與以自繇，而天擇為用，斯郅治有必成之一日。佛言：一切衆生，皆轉於物，若能轉物，即同如來。能轉物者，真自繇也。是以西哲又謂：真實完全自繇，形氣中本無此物，惟上帝真神，乃能享之。禽獸下生，驅於形氣，一切不由自主，則無自繇，而皆束縛。獨人道介於天物之間，有自繇亦有束縛。治化天演，程度愈高，其所得以自繇自主之事愈衆。由此可知自繇之樂，惟自治力大者為能享之，而氣稟嗜欲之中，所以纏縛驅迫者，方至衆也。盧梭《民約》，其開宗明義，謂斯民生而自繇，此語大為後賢所呵，亦謂初生小兒，法同禽獸，生死飢飽，權非己操，斷斷乎不得以自繇論也。【略】

由、繇二字，古相通假，今此譯遇自繇字，皆作自繇，不作自由者，非以為古也，視其字依西文規例，本一玄名，非虚乃實，寫為自繇，欲略示區别而已。

原書文理頗深，意繁句重，若依文作譯，必至難索解人，故不得不略為顛倒，此以中文譯西書定法也。西人文法本與中國迥殊，如此書穆勒原序一篇可見。海内讀吾譯者，往往以不可猝解，訾其艱深，不知原書之難，且實過之，理本奥衍，與不佞文字固無涉也。

貴族之治，則民對貴族而争自繇；專制之治，則民對君上而争自繇；乃至立憲民主，其所對而争自繇者，非貴族非君上。貴族君上，於此之時，同束於法制之中，固無從以肆虐。故所與争者乃在社會，乃在國群，乃在流俗。穆勒此篇，本為英民説法，故所重者，在小己國群之分界，然其所論，理通他制，使其事宜任小己之自繇，則無間君上貴族社會，皆不得干涉者也。

西國言論，最難自繇者，莫若宗教，故穆勒持論，多取宗教為喻。中國事與相方者，乃在綱常名教。事關綱常名教，其言論不容自繇，殆過西國之宗教。觀明季李贄、桑悦、葛寅亮諸人，至今稱名教罪人，可以見矣。雖然，吾觀韓退之《伯夷頌》，美其特立獨行，雖天下非之不顧。王介甫亦謂聖賢必不徇流俗，此亦可謂自繇之至者矣。至朱晦翁謂雖孔子所言，亦須明白討個是非，則尤為卓犖俊偉之言。誰謂吾學界中無言論自繇乎？

須知言論自繇，只是平實地説實話求真理，一不為古人所欺，二不為權勢所屈而已。使理真事實，雖出之仇敵，不可廢也。使理謬事誣，雖以君父，不可從也。此之謂自繇。亞理斯多德嘗言：吾愛吾師柏拉圖，勝於餘物，然吾愛真理，勝於吾師。即此義耳。蓋世間一切法，惟至誠大公，可以建天地不悖，俟百世不惑，未有不重此得為聖賢，亦未有倍此而終不敗者也。使中國民智民德而有進今之一時，則必自寶愛真理始。仁勇智術，忠孝節廉，亦皆根此而生，然後為有物也。

（清）嚴復《嚴復合集》卷一三《法意上・民主之勝家・按語》 復案：若加達支之所為，使泰東而有之，必權奸內處，或陰結於敵，自壞長城，或忌害功臣，誅鋤異己，不然，則安有自翦爪牙，而為采藜藿者毆猛虎乎？雖然，彼哈奴非權奸也，而沁涅特亦非自翦爪牙也。其欲獻韓尼伯於羅馬而不為濟師者，無他，知韓尼伯之聲威日加，成功之餘，必一人專制，而毀民主之局而已。是以，行至不道之事而若有可言。甚矣，民主、君主二制之為道異也！然而，讀史而訟韓尼伯者則有人矣。夫羅馬之於加達支，不兩立者也，而羅馬又非弱國也，加達支不忍滅藩之恥，使廷之辱，譁然公決，出於一戰。彼韓尼伯者，為國提一旅之師，親冒矢石，跨大海，逾白山，萬里長驅，罙入其阻，此雖為一己之功名，而於國之威靈，所增亦不細矣。乃哈奴以宗旨之異，廷議以未然之疑，遽奪後繼，委肉於餓虎之隈，若必死其身而後快，其所以爲民主計者則得矣。而豪傑出萬死，不顧一生之計，上為國家削積恥而驅除難者，論其所遇，無乃太酷矣乎！苟必以哈奴、沁涅特之議爲然，則必天下後世為民主之國者，雖有寇仇鄰敵之侵陵，必皆容忍無用兵而後可。或用矣，則必蘄其敗績。即不然，可小勝而必不可以大勝。凡此皆說之至不可通者也，是故，加達支政府之所為，其慮即有合於當時，而於公理則大謬。何以言其慮之世合耶？蓋韓尼伯之為人，求之吾史，淮陰、魏武、桓温、劉裕似之，而求之歐洲近世，則法之拿破崙尤似之。拿破崙提民主數萬之師，馳驅大洲，所當皆破，歸則奪其政府之權，自為大都護，未幾且效夏芒律而自為西帝，法之政府，當時無哈奴耳，拿破崙爲法民所傾向，其沁涅特欲為加達支之事而不能耳。夫以平等自繇之義號天下，終乃爲其專制之尤，使韓尼伯而大得志，羅馬且不支，加達支豈有幸哉！吾故曰，其慮則有合也。嗟乎！民主者，天下至精之制也，然欲其制之有立而長久，必其時上下之民德足以副之。夫倡義聲於天下，身率平等之衆，誠意足以感孚，力任其難，功成治定之餘，拂衣歸田，身仍一民而已，其心存於救世，固何嘗欲取同類而陵駕噢咻之哉！此吾所以低徊流連於美之華盛頓也。人稱其邁百王，誠哉，其邁百王也。嗚呼！此宗教之力也。

（清）嚴復《嚴復合集》卷一三《法意上・羅馬藩部之政・按語》 復案：此驚心動魄之言也。何則？由此可知，雖有至仁之國，必不能爲所勝亡國之民立仁制也。夫制之所以仁者，必其民自為之，使其民而不自為，徒坐待他人之仁我，不必蘄之而不可得也。就令得之，顧其君則誠仁矣，而制則猶未仁也。使暴者得而用之，向之所以爲吾慈母者，乃今為之豺狼可也。嗚呼！國之所以常以常處於安，民之所以常免於暴者，亦恃制而已，非恃其人之仁也。恃其欲爲不仁而不可得也，權在我者也。使彼而能吾仁，即亦可以吾不仁，權在彼者也。在我者，自繇之民也；在彼者，所勝之民也。必在我，無在彼，此之謂民權。彼所勝者，尚安得有權也哉！

（清）嚴復《嚴復合集》卷一四《法意下・改易風俗其自然之術如何・按語》 復案：此其故甚易明。蓋民所不得自繇者，必其事之出乎己，而及乎社會者也。至於小己之所為，苟無涉於人事，雖不必善，固可自繇。法律之所禁，皆其事之害人者。而風俗之成，其事常關於小己，此如婦女入廟燒香，又如浮薄少年，垂髮覆額，至種種衣飾好尚，凡此皆關風俗，皆關小己，為民上者，必不宜與聚賭訛詐之類等量齊觀，施以法典之禁。何則？燒香束髮，人人皆有行己之自繇也。

（清）嚴復《嚴復合集》卷一四《法意下・公債之所以償還・按語》 復案：義務者，與權利相對待而有之詞也，故民有可據之權利，而後應盡之義務生焉。無權利，而責民以義務者，非義務也，直奴分耳。是故若右之術，惟立憲民主之國而後可行。立憲之民，有囊橐主權，而可以監督國家之財政者也。吾國輓近言政法者，往往見外國一二政利，遂囂然欲仿而行之，而不知其立法本原之大異。自庚辛以還，國之所議行者亦衆矣，然決知其於國終無補者，職此故耳。

（清）嚴復《嚴復合集》卷一四《法意下・民群之法常與自然之法相舛・按語》 復案：治國之法，為民而立者也，故其行也，求便於民。亂國之法，為上而立者也，故其行也，求利於上。夫求利於上，而不求便其民，斯法因人立，其不悖於天理人性者寡矣。雖然，既不便民矣，將法雖立，而其國必不安。未有國不安而其上或利者也。嗚呼！今之哲學言為善所由古之言爲善殊者，古之言為善也，以為利人而己無與也，今之言為善也，以不如是，且於己大不利也。知為善之所以利己而去惡且不止於利人，庶幾民樂從教，而不禍仁義也，亦庶幾國法之成，無往而不與天理人情合也。

綜述

（清）劉錦藻《皇朝續文獻通考》卷一二七《職官考十三》 二年，法部奏：大理院爲最高審判衙門，其推事各官非精通法律經練有得者，不能勝任。查吏部每次京官分發時，有簽分大理院之員，此項人員未經法官考試，於任用章程不合。請嗣後無論何項出身人員，均無庸簽分大理院，統俟臣部詳訂考試任用細則，奏明請旨施行。如該院有需用審判人材時，應隨時咨商臣部，照章辦理。此後，凡全國任用法官等項，均歸臣部總理主持。

《清末籌備立憲檔案史料》第二編蔡金臺《御史蔡金臺奏改革官制宜限制閣部督撫州縣權限摺光緒三十二年八月十一日》 掌湖廣道監察御史臣蔡金臺跪奏，爲采擇官制，宜防其損，而得其精，恭摺仰祈聖鑒事。

欽維我皇太后、皇上躬上聖之姿，闢大同之治，特詔定國是，謀立憲之預，而以釐定官制爲先，謨烈昭垂，震爍今古。臣考中外設官，大略相仿，而彼獨優勝於我者，一言以蔽之，曰權限分明而已。蓋事之治，治於有權，權之專，專於有限。惟有權即必有限，亦有限乃能有權，理勢之相因有如此者。今既欲事更張，自應力求美備。夫用宏必賴取精，而求益必先防損。臣謹擇要權之。

一、限閣部之權。我朝懲於前代權奸怙勢之弊，乃多其副貳以分之，如軍機之有數大臣，部院之有六堂官是也。而其弊又移於諉掣，賢者苦其掣而不能有爲，不肖者又有所諉而不肯爲，且或至於無所不爲。政之不舉實由於此。今欲掃除更張，自應遠采古昔三公之制，近仿各國組織內閣之法，屬其權於大臣數人，以專責成，而去阻礙。惟其權既增，則必仿其行政議政分途對峙之制，而以監督之權付之議院，又必仿其以民助君之意，而以選舉之權授之民間，猶防川之必資乎隄，猶救焚之必資乎水。若使防弊之人悉舉由作弊之人，則是以水濟水，以膏沃焚，勢且益張，禍更滋甚。夫漢有議郎而不能止操、莽之篡，唐置諫議而不能戢藩鎮之横，前事昭然，可爲殷鑒。各國之臣權百倍於我，而絶無內重外重之弊者，則民選議院之效也。臣愚以爲此時仿辦，但可狹其範圍，不可誤其宗旨，但可暫以此權付之與民相近之士，斷不可誤以此權屬之勢莫與京之官，此則姑徇民智未開之議論，而但冀本根不壞，則枝葉易繁。若使官權因此而益增，則不惟基礎未端，而魁柄可慮，此則微臣之所大懼，而不敢避忌諱而不言者也。伏冀乾斷，飭議施行，大局幸甚。

一、限督撫之權。督撫肇自前明，我朝始定爲實職，始但爲軍務而設，後乃爲地方之官。然其兵部之加銜，必由吏部之請旨，可知予奪尚待權衡，不似今日徒成故事。至若升學道爲學院，司鄉舉於試官，悉是聖人之微權，實爲深遠之至計。昔故兩江督臣曾國藩奏稱：疆臣既有征伐之權，不當更與黜陟之事，恐啓斯世爭權競世之風，兼防異日外重內輕之漸。當時傳爲名論，諭旨尤奬其忠純。今其權勢何如，諒在聖明洞鑒，履霜堅冰，可爲危悚。竊維督撫大權無過兵、財兩政，將事裁抑，此爲最先。且今之貧弱正坐紛歧，譬猶手足之不仁，必責中樞之不建，故中央集權實爲因時之要義，而兵財并治，尤在今日爲要圖。查各國任用將弁，莫不由軍部主持。而我之兵曹但操例選，練兵處之制雖極精詳，而命將之權仍在各省，徒有空文之咨達，斷難指臂以相聯。又如柯逢時之税土藥，四川爭之，兩廣尼之，各護所私，勢難一貫。以此圖強，強於何有，以此謀富，富更可知。此則整頓之無由，非獨外重之可慮，惟積重者難返，遠馭者難周，若不逐漸徐行，亦慮形隔勢阻，蓋必妥貼之易施，乃可收回於不覺。臣愚以爲除財政原有區別，應照各國例，劃清界限，各自持權外，其兵權則即用加銜舊制，必因人地而施，不可如前普及，宜即先從近省入手，俟其軍隊完全，由部自度權力可及，即奏請撤其兼銜，歸權於部。其地雖近而關係緊要者，由特旨加銜，不爲常例，或仿日制，時由本部尚、侍中簡任，以期一氣。一面由部制定軍鎮分駐各省，每組織一省定，即將其加銜奏撤，兵權收回，仍許其遇有事變，可請專防之鎮隊處分。其邊遠省分雖暫得兼銜，然亦宜慎簡知兵之員，或亦時以本部大臣出守，蓋邊帥兵畧爲重，其他民政則有司存也。又各省無論遠近，皆必設軍令專司，必由本部選員派往。其武備大小學校及船砲各廠，亦必監以本部軍學等司之員，亦許督撫舉人，惟必來京在各司學習後，由部專札委用。臣惟各國之經武，咸注意於此數端，故日本仿之而設參謀、教育部監，但令通國將卒悉出於此，則部權自隱然獨操。今藉此以收易收之權，卽以齊難齊之制，振武在此，杜弊亦在此，似一舉而兩得，非窒礙而難行。是否有當，伏候睿裁。

一、限州縣之權。夫天下者，州縣所積而成者也。故論治必自州縣始，卽必自重任知州、知縣始，由周及唐，此官特重，史稱漢宣帝之親見問，唐太宗之記姓名，上下堂廉洞達無阻，故能爭勵循良，弼成郅治，自長官日多，君門日遠，品既益卽於卑微，事卽敗壞於牽掣，吏治之壞，多由於此。故今有裁撤道府而仿日本知事直隸國主之義，意在汰冗而去蔽，使能俯注而仰承。然吾壤地太寥，輪路未徧，州縣治距省遠者或過二千餘里，往來恆須數十旬，聲息既不易通，檢查卽不易及。而此時官場流品之不齊，情僞之百出，雖道府在邇，猶難周知，雖彈劾頻加，尚不知儆。至於民間之寃苦，尤虞控訴之無門，若更撤去藩籬，更不知所底止。且其上司雖減，僚佐必增，僅制祿一端而力已苦不給，若祿薄如故，則婪索更復何難。頓令一縣之內，忽多此權重稍賤之官，是去有限之虎，而進無數之狼，民何能堪，禍必踵至。臣愚則以爲既確知道府阻掣之害，而亟亟去之，卽必計及州縣，放縱之易，布置之難，而亟亟圖之。然則使其有所顧忌，而又易於建置者，殆莫如設鄉官矣。建此議者多矣，而以前駐法使臣孫寶琦之奏爲最切，以前山東莒州知州蔣楷上直隸督臣袁世凱之議爲最詳，臣不複論。論其與州縣相關者，夫漢之守令所以能爲賢良者，以有三老、嗇夫之屬爲之小吏耳。日本之知事所以不虞專制者，以有郡町村長及各種會議爲之匡勅耳。蓋以鄉治鄉，情誼既易於相洽，利弊尤易於洞明，而其不出里門，無所浮費，故千金之奉客，官受之而尚形不足，土著得半而卽覺有餘，而以少數之款養多數之官，亦似甚爲得計。且昔之猾吏、劣紳，實激於人之不齒，又干與公事，士律所羞，故正士必不入公門，而公門卽必無正士。今既榮以官名，又明許以共事，則中人有自愛之思，端人亦有難卸之責。故臣妄以爲鄉官既定，轉能使宿弊悉消也。各國立憲之初，未有不自地方自治始者，卽未有不自設鄉官開鄉議始者，此尤關於昭示詔旨之必信，又非獨爲補助州縣計也。其應如何定制之處，蔣楷條議極詳，應請飭下袁世凱交由王大臣公同閱看，并稽合中外擇善妥訂，天下幸甚。

夫閣部者，奉君治官之官也。督撫州縣者，由官及民之官也。此三級者有一權不足，則其機不靈，有一限不明，則其軌必出，各國之所斤斤者，舉不外此。

臣爲求益防損起見，謹擇要據實具陳，伏乞皇太后、皇上聖鑒。謹奏。

《清末籌備立憲檔案史料》第一編王寶田等**《内閣中書王寶田等條陳立憲更改官制之弊呈光緒三十二年八月二十八日》** 具呈内閣中書王寶田、戶部筆帖式忠文、戶部郎中李經野、兵部員外郎馬毓楨等，爲國勢寖削，主權宜慎，謹攄管見，呈請代奏事。

竊維一代之興，其官法制度皆非一時所能定也。自其初累世經營，皆身歷而手訂之，以積久而馴至於大備。雖後間有變革，而要不過進退損益於其間，故自秦、漢以訖於今，上下二千餘年，設官分職，相循不易，故語所謂其或繼周，百世可知也。及至世變多故，禍難繁興，亦時有自奮私智以投時宜者，然其爲政終不可行，卽行之亦終不可久，苟強爲之，亦未有不大敗者。如唐之兵制，自張説而改，宋之新法，自王安石而行。其人皆學問深博，通曉古今，又值積弊之後，與可爲之時，故專行不顧，欲改成法，以邀一切之功，而軍弱民敝，卒以釀異日藩鎮擅兵、宗社傾覆之禍。此其尤大彰明較著者也。然究唐與宋之所改，不過數端而已，其爲禍之烈已如是。若如今立憲之議，則是舉歷世相承之官法制度，盡取而紛更之，其造端之大，固十百於唐宋也。其處心積慮欲以振國勢，而勢愈微，欲以尊主權，而權愈削，至其微削之極，則權與勢不移之於下，卽奪之於外。而顧悻悻然執詞牢固，將以上蔽朝廷，下箝羣議，而天下大局之潰敗決裂，其後患固有不可量者，則職員區區所大惑不解者也。職員竊於本月初奉到本衙門行知御史王步瀛奏，令司員各抒所見。又據政治館行下官制通則草案。職員恭讀一過，仰見朝廷憂念時艱，虛衷研究，而在事諸臣，深權密幾，改紀政事，惶惶焉亦自有不安於中者也。夫國家大政，本非小臣所能與，而狂愚悲憤之忱，亦時欲貢其所慮之一得，以庶幾爲壤流萬一之助。謹考東西洋各國立憲始末，揆之中土形勢，竊謂其中有大謬者四端，可慮者六弊，不可不防者四患。其他悖誼絶理支離乖忤而不可施之於天下者，又悉數之而不可終也。職員敢披瀝肝膽，爲我國家一陳之。

竊維近日五大臣持節歷聘諸國，其涉心注意成於立憲者，固以日本以立憲而致富強也。而考日本國紀固與諸臣所見聞有大異者。何以言其然也？伏查日本自後鳥羽以來，主幼時艱，昏弱相繼，皆以丙壬促齡，致國統之屢易，朝綱中坼，政歸私門，源氏以總捕之使，遂竊大柄。其後北條氏、足利氏、織田氏，以及豐田、德川，皆以大將軍專總朝政，刑賞自操，一不關白。日王僅擁虛器，訖六百餘載，國祚之僅僅不斷，蓋亦會有天幸耳。洎明治卽位，以豪雄之資躬親庶政，知大將軍專僭，非國民之所與也，於是假憲法以收人心，卽藉民力以傾幕府。至於大數既得整軍經武，討慶喜以收旁落之權，罷藩封以定一尊之義，以致廢三職八局，置議政行政國計諸官，所有一切設施皆以獨斷行之。至於建立學校，尊用儒術，尤以聖學爲本，而以歐羅諸科學輔之，以故朝廷之上，公卿庶僚，皆私淑程朱，躬行實踐，以弼成大業。而水陸將弁，又以陽明氏良知之學私相砥礪，以養其心源，而發之於武事，故其兵鋒所指，雄張海澨，一戰而收朝鮮，再戰而摧鄂羅，亞洲之國能自立者，蓋未有能先之者也。是故論日本之政，其所以致富強者，以其能振主權而伸國威也。今之議者不察其本，而切切以立憲爲務，是殆欲奪我自有之權，而假之以自便其私也，是蹈日本已往之覆轍，而益厲其來軫也。夫日本以收將權而存其國，今我國以限君權而速其禍，不可謂善謀國者也。大謬一。

近世歐土諸國兵之強者稱德意智，此亦我之所欲取以爲法者，乃考德國之政，則亦與今立憲之説有不合也。何以言其然也？德國自維廉第三以不忍小忿挑釁強隣，伊耶拿奧耶蘇達之役，全軍覆敗，疆域頓削，其不至亡國者亦幸耳。及至和議一成，志切仇恥，簡任賢材，整齊法度，一時大臣如綳蘇旦、巴甸伯之徒，勸農惠商，愛育民萌，然以束縛於憲政之中，而未能一如其願也。洎布倫士維廉以介弟攝位，稟承家訓，勵精政治，遂報強敵以稱先志，固所謂一世之雄也。至究其爲政之本，執經典以訓民，作長歌以喻意，其雄才偉畧，實能自奮於不足之中。而俾思麥、福恩倫更以剛明魁傑非常之才左右之，釐革弊法，尤以廢立憲政體，去國民把持國計之權爲競競，故其爲相二次，解散會議，以張君威，而破積習。以故北抗鄂羅，南摧奧帝，兵勢既振，疆宇遂拓，遂併日耳曼諸部總爲一國。問罪法蘭，耀兵巴黎，威棱震疊，稱雄全歐，使高盧屈服，不敢一萌報施之志。其所以轉至弱爲至強者，固以能不爲憲政所牽制也。夫德人以不縛於憲政而成其功，而我之學德者，乃欲自拘於憲政，以孤其主之勢，是卻行而求及前人也。大謬二。

至俄羅斯土宇廣邈，跨有三洲，西人所稱大邦也。近時師旅外挫，賊民內訌，日迫朝廷以立憲，固我所深援以爲戒者也。然我之所欲爲，皆俄之所以亂，此又事之不可解者也。何以言其然也？俄自尼哥勞第二卽位，暗懦無斷，大權旁落，戚畹宗藩，干預朝政，乃復疲竭根本，以事遠畧，既據我旅順，復侵我奉天，日人惡之，遂構兵端，苦戰經年，暴骨原野，此殆天之假手於倭以降之罰之也。至於兵挐不解，物力凋敝，餉需不繼，益爲苛剝，以求一當，以致下不堪命，遠近憤怨，而草野豪暴之徒，遂持憲法以與政府相抗，而亂萌不復可遏矣。然考其立國之初，其主之聰明才傑固有不可没者，自宜萬初興，定獨立之制，大權自持，密給爾・帖阿多爾微都繼之，於是定商税之例，作經國之書，君主規模，粲然俱備。洎彼得帝以英邁之資，承積弊之後，通曉科學，憤然欲與斯民更始，微服遠涉，備歷諸艱，盡得英、荷諸國工商制作之法，用是歸國創行新制，一改舊規，峻用威刑，不避親貴，一時所用將相，列福多、綿果西夫，皆拔自寒微，驟躋樞要，而材兼文武，用能戡定內亂，輔成帝業。於是削破約連預政之條，除親衛軍謀叛之變，益用酷刑以威國人，而內外震懾，無一敢復抗違者，以故主權益尊，國勢更振。乃始用兵於外，一攻亞速城，而奪黑海之鎖鑰，再戰於波爾多瓦，而挫瑞典甲列之鋒，其後遂并芬蘭，破高加索，泛舟海壖，以臨土疆，雖以英、法強大，亦不得不憚懾之。此其獨奮威武，以縱橫於亞、歐二洲，固其宜也。是則俄國之所以興者，以能躬攬大政，擊滅強宗，以自保其主權也。後之所以敗者，以君懦政秕，委權於下，至於兵敗民困，而匪徒乃敢執立憲之説以脅之也。夫以俄之主之前後得失如此，今我之所爲，不求其所以得，而顧欲迹其所以失，不幾爲外人所笑乎。大謬三。

夫日本、德、俄羅斯情形如此，此可以得其畧矣，然第舉此，猶恐不足以折議者之心而屈其説也。以現在諸臣所涉歷而考察者當有數國，然其詳非下臣所能知也。無已，則就歐土建國，紀元前後數千年，盛衰存亡之故，撮要刪繁，一一陳之。伏查西土峨特諸族之興也，其政皆本之羅馬，羅馬之王也，其政又本之希臘，希臘所有制度，則又自埃及天方諸國，以漸而西者也。其大端有三：有君主政，有民主政，有共和主政。此今之所援以爲典要者。然考紀元前數百年間，希臘之雅典國廢其王而設亞爾干，亞爾干卽總理之説也。羅馬廢其王而立公修爾，公修爾亦總理之説也。其又以有事而設總管，爲期六月，則大總理之説也。然雅典以廢王之故，刑政不修，卒併於士帕太，而羅馬貴族擅權，虐役其民，以致衆怨沸騰，相率而叛之，積而至於同室操戈，大肆屠戮，禍難相尋，數百年不止，則所謂設總理之效亦可覩矣。當其梭倫之執雅典政也，立議事之官，分都人之等，遷都人年二十以上者，皆得參議事，又置審官執行法律，而以踐履端直爲衆所服者充之，與國人約守其法百年。利古爾尼之執士帕太政也，立西那多以議事，而以貴族賢者年六十以下爲之，又開民會，而以都人年三十以上者爲之，更置司法五員以糾其違，既定遂去國，後人哀之，相與守其法不變，此卽後憲政之所由起也。此固與廢王立總理，固判然爲二事也，今議者併爲一端，則又謬之謬者也。及羅馬氏衰，各族崛興，日耳曼諸國相繼而起，尤以英吉利、法蘭西爲最著。然其立國之初，政法宗教，一皆源於羅馬，而以希臘爲學術文字之所自出，故上下議院，各國皆有，雖明知其非而不革也。故君與民不和，民與民不合，西土之亂，皆起於此，則皆憲政一端階之厲也。至英一千六百四十四年之亂，查爾斯第一以驕暴失民，與其貴族巴力門治兵相攻，而叛將格朗乞助之，遂使王師大奔，身爲俘虜。故逆徒弑君專國，廢上議院，定合衆政，而格朗乞獨秉大權，威振遠邇，英國之無君者至十餘年，則皆立憲之所由致也。至法國之亂，則更有甚於此者，路易第十四以雄豪之資，據無上之尊，窮兵黷貨，衆心怨叛，僅得没身，嗣王遂罹其難。及國法議會起，矯稱蠭出，而諸乘騷擾，逞其所爲者，互募黨援，所在集會，論説時事，煽動人心，於是有改革黨，有守舊黨。其繼又有裴蘭的黨，有約各伯黨，而約各伯又分二黨，曰及倫的黨，曰山岳黨。襲政府，藉王宮傳檄四方，大倡同等自主之説，以故奥、普、英、俄、西、葡、撒、拿諸君，連盟伐法，而全歐兵禍於是起。及拿破侖得志，戰勝攻取，孤軍深入，一挫奥將伯奥流之師，再破撒丁王維克多亞馬丟之兵，大小百餘戰，威振西土。於是立撒賓共和府於倫巴多，捕教皇彪斯第六，立統領治於義大利，進併瑞、西，又立共和府於赫爾勿蔞，以故兵禍波及全歐。而法國諸黨驛騷，排擠傾軋，迭仆迭起，以至百餘年之久，卒爲英、普所破，焚殺屠戮，宗社邱墟，自古得禍之慘，未有甚於此者也。至此外諸國有青緑之黨，有冠帽之黨，紛紛四出，則皆憲法有以激之也。夫以西國之立憲者如此，設總理者如此，亦可以得其概矣。而今之議者顧欲效而尤之，其涉心殆不可問也。大謬四。

至我中國疆理，肇自上古，固非歐洲諸國所可並論也，蓋歐洲諸國出於商，商者以利爲本，故其政主於豐財和衆。中國出於士，士者以禮爲本，故其政主於尊尊親親。尊親之道一成而不易，而衆與財之治，則必屢遷之以求其宜，而終不可以久。故中國自太昊氏以來，皆以君主爲政，而歐洲則君主、民主與統領共和之主，迭盛互衰，自紀元前千數百年以訖今，其爲治亂亦已多矣。歐洲之人方自苦其憲政之非，而不知計之所出，而今中國乃復從而慕效之，執不信之民，而強之以素所不習之事，未有不駭怪乖剌以至激而相持者也。夫以中國大一統之治，自棄其法紀，而相與爲西那多、巴力門之名目，如是則強族持權，庶民觖望，將使羅馬蘇拉、馬黎約諸將治兵相攻之患復見於中土，而英之高門乞，法之守舊、改革諸黨，窮兇極惡，以覆國祚者，亦將紛紜四出，而不可禦也。又況歐洲之政累世相承，猶無以善其後，而我乃於旦夕之間媮爲一切，以徼不可必之功，而貽無涯之戚，亦可謂拙謀之尤者也。可慮者一。

六官之制肇於羲軒，而大備於成周，下洎漢、晉，以訖宋、明，綿絡百代，而官制終未能稍更。至我朝龍興，混一區宇，而内外官吏之設一循明舊，誠以湯割夏而反夏政，武伐商而反商政，其於國之大經大法，雖時移世易，而有不能一違者，先後聖千載同符，固如是其慎重也。故此六官之設，實總天下萬事萬物之本，有一不備，不可以國。至其爲制之宏闊深遠，雖歷代修之，而不能究其義竟其功。而士大夫之官於此，自非學識精博，而又久於其任，專治其事，雖日勤心於職守，亦不能言其制之利害之萬一也。今議者不此之察，乃取四千年相承不變之官制一舉而改易之，使五六不更事少年，假託西法，逞其狂悖，用夷變夏，亂國法而壞人心，其爲患固未知所終也。可慮者二。

而不但已也，國家之分內閣以置軍機也，蓋有監於勝國票擬之重，與嚴，張諸臣之專横而削而歸之於上也。自此以後威柄自持，密勿諸臣，但職傳宣，百餘年來固無擅威福以自恣者，其立制之善固與前代相萬也。今之議者乃欲於內閣置總理，是忌軍機之守之謹而不能自恣也，是名爲復內閣之舊，而實以藉以自便其私也。而不知軍機上稟聖斷，下佐戎政，調娱維持，不失宜稱，其關於軍國綦重，今之假內閣以去之，是陽以分軍機之任，而實陰以奪朝廷之權也。且其所謂總理者，歐洲近無此官，苟求之於古，則必如昔之雅典之亞爾干始可以當此，否則如昔羅馬之公修爾，亦可以當此。然考二官之設皆以共和爲治，故公選於衆，畀以重任，而以施之於中土，則不免於僭也。卽不然如日本之大將軍，位尊勢重，禮絶羣后，其爲職固與總理不異，然下開幕府，上擁虛位，雖猶愈於雅典、羅馬之無君，而聲威氣燄，則固軼於亞爾干、公修爾之上也。夫以日人之强，猶不能以爲一日之安，而我顧設之以成不畜之憂，其爲計固未有悖於此者也。傳曰：人臣無將，將則必誅。今之議者，毋亦誤聽而非，果有將之一念，而考之不審，以致陷於不道之中，則固無怪也。可慮者三。

國家之權莫大於用人、理財二端，選舉考試雖代有不同，而爵人於朝之制，則百世不易，至於商戰爲國，尤以財用爲急，綜覈不精，則貨賂不贍，而大命將泛。我朝以銓政付吏部，以財政付戶部，使二部得人，則內而臺閣，外而行省，以及州郡牧守，莫不聽進退准駁，於是而不敢以一人一財自私者，自雖肺腑重臣，柄任隆重，而二百年來委命下吏，固無擅制干紀以負禁而撓部章者也。又考歐洲官制，選授尤重一官一邑，皆求其材之能稱而又爲衆所可者以與之。故朝無倖位，而職事修舉。至於度支，所關會計尤精，量歲出入以爲輕重，故税雖苛而下不怨，然其爲法繁密，非中國之民所能任也。今之議者於歐洲之制既未深考，而於中國之部務亦未能盡悉，特以吏、戶二部所守，不便於其所爲，故建議改之。銓選之政既分之於部院，又散之於各行省，則選司無權。而於戶部外設民部，又設農工商部，以爲農商皆民也，戶亦民也，令他部職其名籍，而本部典其税額，則名予而實奪之。如是則吏、戶二部不改自廢，而地方官吏皆能擅取予之柄，以放其無等之欲，而與人主爭黔首。可慮者四。

禮官之設，昉自伯夷，其由來尚矣，降及後代，雖沿襲不同，而職守則未有易也。故記謂安上治民，莫善於禮。誠以禮之用，固總貫夫君與民之紀，而立治安之本。而傳又謂天道曰祥，地道曰義，人道曰禮。則禮者又蟠際於天道、地道之中，而以立人道之極者也。禮亡則人亡，人亡則國亡，而天地亦幾於息矣。故歷代皆設禮官，而我朝尤重，故自宫府之上，朝祭之重，與夫諸部寺院章服之分，等威之別，皆關掌於儀制一司，以及督撫大吏牧令諸職，謹守法度，無敢隕越，所以助成教化，宣美風俗，固無出禮之外者。而乾、嘉以後威刑不肅，綱紀寬弛，藩臣戚畹，因緣恩澤，雖有假藉寵靈竊張恩威，而終無敢擅强大覬非分者，則以約束於禮教者深且久也。伏考日本禮儀既彙有成書，神祇又設有專官，其於禮遵守尤虔。而歐洲諸國卽位有儀，加冕有儀，至於大祭尤稱嚴重，莫不設官守之。特以事有繁簡，故制有隆殺，其士大夫尤以守禮爲務，一切章服物采，苟有稍渝本分改從異俗者，則以爲大戾，而爲國人所不齒。其法之嚴如是。今之議者不察其本末，而妄謂禮部職務清閒，其所典守又皆疏闊，無甚關係，遂謂可盡行裁併。如是是不知禮法一廢，人懷縱恣，一二險果猖狂無知之徒，且將逞其冒上無等之意，而且爲東西洋諸國所非笑也。可慮者五。

至六部以外，都察院最重，誠以風憲之臣，固國家耳目所寄也。自昔人臣納忠補過，所在多有，而御史尤專諫争之任。我朝察院尤與部曹大異，院長雖設，不立堂屬，所以養其風采，使不至銷萎也。許以風聞，俾盡其詞，而不以虛枉稍加罪責，所以培其氣節，使不至畏忌也。所言一關地方，量遣查辦，慎覈功罪，以持其平，所以申明憲度而銷不軌之萌也。自康、雍以來，忠清骨鯁之臣如魏裔介、趙鵬、郭琇之徒，指切是非，盡言無隱，其文章風節播於當代者，蓋亦多矣。其後若孫嘉淦、李紱、錢澧、吴可讀，章疏數上，皆正大剴切，而彈劾權要，舉發奸貪，使遠近震悚，豪貴斂迹。雖其言間有觸忤，而未嘗深責，卽責之亦未嘗不復用，而湔洗拔擢，所以養我忠直之臣之氣，固至厚也。故當時在位諸臣，雖有强梁縱恣，不過恣意聲色，從無希冀非分集醜於身以放命而干紀者，則臺諫威約之漸之有以懾之也。故間散或有可裁，而都察院斷無可裁之理。又考日本藤原鎌足拜佛之論，藤原藤房獻馬之諫，國人皆垂之簡册，以爲勸誡。而西洋自羅馬以來，尤知褒崇直節，黜遠奸佞之事蹟皆有可徵。今之議者乃欲去都察院，未知考察諸臣果何所據，要其平日所爲必有不堪告人者，故大懼諸御史之多言而發其奸也，即諸御史不言，亦恐後之言者之一知而糾其隱也。可慮者六。

凡此以上諸條皆就中外政體有關時局者言之。至其可防之患，則又有大者焉。自庚子一役，遠近驛騷，民氣之不靖，亦已甚矣。妖匪内煽，强敵外陵，方域震擾，戎心時啓，在事諸臣以賠款重巨，乃於地方貨物一切諸税逐條加徵，而皆以擊斷行之，物力殫竭，衆怨沸騰。方且候望風塵，欲負有司之禁，以幸一逞，而上復以立憲之説歆動之，鄉里少年，兇暴之徒，動以憲法劫制令長，一不如意則相挺而起，小則爲亡徒蘇令之叛，大則爲秦季勝、廣，隋季王、翟之亂，而寇盜陸梁，覆没城塹，則噬臍之悔不可復也。即使幸而免此，而民日以憲繩其官，官即以憲求解於民，威禁不行，匪徒魁横，如日本之自由黨，法蘭西之細民黨，藐法弄兵，終至潰亂而不可收拾也。此不可不防之患之一端也。

今士氣之囂亦已甚矣。自諸洋通商，海疆日棘，一時士大夫長慮却顧，崇尚西學，方賓賓焉以開民智結團體風勵學者，獎誘後進，其用心亦不謂不苦也。然考近時所設措，未有以大異於昔也，而毁服童髮以自即於夷者有矣，結黨背公以謀大逆者又有矣，甚至重臣出使，炸彈竊發，搖毒肆蠹，以逞狂悖者又有矣。此其意之動於惡，非痛以威之不能弭也，奈何在事之臣計不出此，乃謀立憲以慰安之，以幸旦夕無事。如是則輕險之徒益無所忌，而聲生勢長，且將鼓其邪説，以煽惑愚蒙，搖動官府，而官長不得不聽其指撝，朝廷亦不得不伺其動息，其爲禍之烈，且更過於法、俄諸黨之縱恣也，是何異養其外而食其内者之速之使亡也。此不可不防之患之又一端也。

今之議者固謂立憲洋人之所欲也，如不立則將有擁衆以迫我政府者，故當先立以伐其謀。此真不通之説也。夫我國雖弱，洋人雖强，然内政固非所能預也，整齊庶務，我自主之權固自在也。若立一法，行一令，而逆揣外人之喜怒，偶有窒礙，而列强環伺，各以其忿好以制我之動静，則我不可國矣。至於充類至盡，使外人迫我以避位，我即避位以聽之，外人迫我以讓國，我即讓國以奉之，此必窮之術也。信如是則平日所爲講求法度，力圖振作，自負其材以爲足以抵制隣敵者，皆飾詞以欺朝廷，而忘耻事仇以外，固别無所謂經濟也。而論者又以外患既深，内憂亦重，不於此時立憲，則地方兇黨如革命排滿之倫，將有先我而爲之者。此又贅慝庇奸之説也。古之時異服有誅，羣飲有殺，小罪蔽以大刑，其斷而不疑者，誠以除惡之必當盡也。今之執法縱不如古，亦何至畏而不敢孰何也。至如議者之説，則豈惟不敢孰何而已，且將以言餂之，以事餌之，以禄位固結之，而紛紛制作，是率天下而出於叛也。此又不可不防之患之兩端也。

凡此以上諸條，皆必至之勢，而切近之災也。夫以立憲之患如此，改官之弊如此，而考之西國如日、俄、德、法等處，其大謬不然之實又如此。此其情形固夫人之所知也，特知之而不肯言，言之而又不實不盡也。傳曰：非天子不議禮，不制度，不考文，蓋以禮度與夫國家之大典，皆當出於天子，非臣下之所能妄預也。而《穀梁傳》又謂君子之於天也以道受命，於人也以言受命，故君子莫大乎受命。蓋以出於上者爲言，受於下者爲命，苟或反是，則是自悖其人紀，而大棄其所受於天之分也。今議者所稱立憲改官制，其事固重於議禮制度，而傳之所謂宜受言於上以爲之者也。今會議之臣，私派心腹，妄加編纂，自以其意之忿好，制諸官之去留，近者不能裁其然否，遠者不能究其終始，憑臆妄決，不但於外國之情形，既非其所素習，亦且於中朝之官方，更非其所能知，其悖謬固未有甚於此者也。原初建議者之心，亦豈料其至於是哉，而卒至於是，則亦平日不學無術，本不足决定大計，而惑於左右奸讒之説，遂爲是立憲改官之紛紛也。而險詖猥瑣，行檢不齒於鄉里之徒，妄意富貴，遂持巧辯以中之，其始亦若有可爲，及勢不可行，則又以爲業已建之，乃欲持威權以相争，而倒行逆施，其隱憂遺禍有不可勝道者矣。

竊維釐改官制，非操刺者所能定，應須從長計議。至近歲壽款練兵，興學育才，皆目前急務，苟能認真整頓，勿求小利，勿急近功，勿飾過以自功，勿護前以拒諫，則所謂抵制外洋者，其道亦不出此也。而區區之心，更有進於是者，則以主權宜尊，而奸雄不敢妄窺也。國是宜一，而衆説不致熒聽也。民力宜寬，所有雜税須量予核減也。士習宜端，所有邪説激論宜嚴行禁斷也。章服宜嚴，以崇國體，所有歐洲衣冠，不許士民任便仿效，有違者則科其罪，誠以此等被服不但外人笑之，即吾人亦自輕之，故惡習不可不革也。會黨宜禁，以弭亂萌，所有出洋子弟不許入革命諸黨，嘯聚醜類，有不遵者則峻其罰，誠以此等敗類寬之則益驕，嚴之則知懼，故邪説不可不除也。滌除煩苛，以蔽吏治，自近世餉需不繼，地方官吏皆以催科爲材，於是民生重困，而税課益劇，以至盜賊滋熾，而更刻剝良懦以驅之。故今日大患在吏治之不修，不在部務之不理，則澄敍之方宜先講也。培植人材，以端治本，自五洲通商，列強環伺，善覘國者，皆以有人與否以决内治之安危，故徒善不足爲政，徒法不能自行，苟崇任輕浮，簡棄老成，將倖門大開，官方更紊，則作養之道更不容忽也。凡此八事，淺陋之見，竊以爲當今之務，莫大於是。苟能審所先後而悉心以圖之，則政自上出，人無異望，所以制禦隣敵，支持危疆，亦足以振天下積弱之氣，而措之於安全之地，是猶泰山而四維之也。又況時勢雖衰，紀綱猶在，執斯道以爲之，亦自易易，奈何以大有可爲之時，而顧爲此必不可成之計，而循默畏慎，一任猖狂妄行者之輕議改制，以養成外重内輕之勢，此則不得不爲我國家惜此舉動也。

職員管見如是，是否有當，謹一一歷陳，伏乞代奏，不勝惶悚感激之至。謹呈。

《清末籌備立憲檔案史料》第一編吴劍豐《候選道吴劍豐條陳改良財政言路吏治學務陸海軍警察等六事呈光緒三十三年三月十三日》　具呈留日警務畢業生兼商業科畢業生候選道吴劍豐，爲敬陳要政，呈請代奏事。

竊職去年留學東瀛，恭讀七月十三日宣布立憲諭旨，薄海驩騰，爲數千年未有之盛事，仰見皇太后、皇上大公無我之心，踰唐軼宋，駕美越歐，天語温綸，無非與中國臣民相見以心，共圖治安，增進幸福之至意，苟有天良，孰不奮發。諭旨有謂：大權統於朝廷，庶政公諸輿論。職雖至庸極陋，敢不罄竭愚誠，上備聖明采擇。竊以爲强弱之機正在此時，倘此次尚難振興，則内無以慰中國臣民之望，外不足以抑强鄰窺伺之心，亟應痛除積弊，恆與維新。然政體固宜改良，人心尤宜知警，中國之壞，壞於人心兩種。一爲大臣託迹持重，因循敷衍，以苟且而誤國家，推其心迹，不過首鼠兩端，保全禄位而已，苟有忠愛之忱，雖事各有權限，而獻言豈可無心，舉凡吏治之不良，教育之不善，財政之失算，交涉之不平，人才黜陟之不當，人心風俗之不美，陸軍之不擴張，海軍之不興辦，警察之腐敗，農工商業之不發達，罪犯殘疾游蕩之失所。教養當如疾痛在身，補救不暇，必陳詞入告，不憚再三之瀆，不避斧鉞之誅，方爲無忝厥職。《書》曰：爾有嘉謀嘉猷，入告爾后於内。豈待朝廷垂詢殷勤哉。然每讀諭旨之下，必交各部、各督撫議奏，具見朝廷籲俊求言之至意。然内而樞密、台諫，外而將軍、督撫，大率就事論事，可可否否，或謹守迂闊以自憙，或捕拏會黨以邀功，或依違兩可，不論是非，或好任意氣，排斥異己，揣摩迎合，無所不至。至於委曲調護，規畫大局骨鯁直言者，殊乏其人，即有二三疆吏，發憤圖强，卒招政府忌嫉。值此時危勢逼，尚復争持意氣，泄沓相仍，居危如安，所謂天王明聖，臣罪待誅。每一政治之不良，士民無識，第知責難於君父，不知朝廷立意未嘗不善，特官吏障蔽，使恩澤不能下逮，疾苦不能上達，孰非行政者之咎。《莊子》云：哀莫大於心死。謀國不忠，深堪悲慟。一爲書生竊號憂時，或厭薄官場之腐敗，或悲憤國勢之危弱，暴動浮言，以激烈而成犯亂，聚集浮浪之徒，詡詡然以國民自命。倡言革命，指斥奴隸，思竊非常之名，謬作破壞之想，擾亂人民秩序，阻礙學界進争，其罪更甚，其禍尤深。二者交害，故紛擾多而成功少，將有不可挽救之勢，仰首烏烏，無涕可揮。

欲戢斯亂，非實行變法不可，然變惟其實，不惟其名，變惟其要，不惟其繁。朝廷用人行政，悉以大公至正爲主，如子弟縱不孝，爲父母者不可不慈，子弟縱有私，爲父母者不可不公。竊觀日本尊皇之念若成性生，婦人、孺子無不從同，使有戲語辱其天皇，則必聲色俱厲，固其教育之善，亦政治之深洽人心也。覩其國俗，益滋悲感，孰非國也，何獨不然。如中國果能實行憲政，開誠布公，萬事决於公議，使庸臣無可容身，亂黨無可藉口，上下一心，鋭意振興，坐言起行，何所弱於人國。惟當憲政預備，法律亟尚文明，其不妨害民間安謐者，宜悉以寬大相待，即曾有文字獲罪者，果能革面洗心，應請一體開釋。但求政治日有起色，無專捕拏以擾人心，否則新黨倡言，謂名爲立憲，實便其私，名爲國家，實爲滿人。夫必不利於滿人，固屬亂黨，而專求利於滿人，亦非忠言。皇太后、皇上本中國君主，不私於漢，不偏於滿，倘多一息保滿之心，即堅一分排滿之見，反動之力相激而成，融化此界，當自聖德廣運始。現在種族之説，漸入人心，愈延愈廣，勢必誅不勝誅，禁不及禁，一旦殺機大動，玉石難分，慘何可言。孰非皇太后、皇上赤子，何忍設想及此。明知朝廷至誠無私，昭如日月，竊恐大小臣工，未能深明此義。嘗聞大禹下車泣罪，文王視民如傷，聖人之心，無所不至。現在各處小有蠢動，其實行倡亂之犯，自應明正典刑，若其迫脅從事，則可概免株連，所謂殲厥渠魁，脅從罔治之意。其中或年少無知，或饑寒所迫，或偶然誤入旋即自新，或惑於邪説不知向背，雖屬罪有應得，究亦情殊可憫，必平日官長之疏於教養所致。故曰如得其情，則哀矜勿喜。所慮地方官貪圖立功，無賴之徒希望得獎，則挾嫌誣控，累及無辜，在所難免。果有誣陷良善，益足激動人心，職本迂愚，何所私愛其間，誠以國家之事，貴識大體，教育未善，咎在長官，不教而殺，甚非文明之治。伏望明降諭旨，將滿漢之界，忠奸之辨，剴切慈祥，曲爲解説，亂民固應刑誅，良善尤宜保護，飭地方官一體曉諭。並刊刷單行本頒發各學堂，各軍隊，各警察，令各官長教習演説，務使中國臣民人人以國家爲念，但求政治之平，無家人自相殘害，朝廷一以仁愛爲治，斷不計較瑣屑，亦如天地載覆之量，夏暑冬寒，任民怨咨，初無損於化育之大也。

現在憲政預備，萬事待治，至爲繁劇。然國家用人，不患有權臣，患無獨擔責任之臣，凡百庶政，責成固有攸歸，全局尤宜統籌，蓋一國雖大，苟得其人，提綱挈領，知人善任，一二人治之而有餘，一事雖細，若此推彼卸，瞻前顧後，即羣天下人謀之不足。故商有伊、萊而國脈永，漢得蕭、張而帝業成，孝昭以霍光而治復文、景，昭烈得孔明而繼起偏安。如宋仁宗朝劉太后用王曾、吕夷簡而朝綱正，宋哲宗朝宣仁太后用司馬光而中外讋。我朝中興，運籌勝算，不過曾國藩、胡林翼數人而已。德用一畢士麻克而德興，日本用西鄉隆盛、伊藤博文數人而日本強。凡古今中外，不外得人則治，不得則亂，然使信用不專，事權不一，雖有賢者無所施其技。伏望聖裁，特簡親信大臣，立有丞相，或名爲總理大臣，上可分宵旰憂勞，下可資羣僚表率。然必其人有公忠無二之操，有果敢擔當之氣，通中外之情，而能識其大，洞萬物之情，而能化其私。有虚衷求賢之情，有包容毁譽之度，不偏不倚，無伐無矜，則得一人而賢能興紀綱立矣。所謂丞相者，不必予以辦事專責，當有遇事參預獻替之權。然自古權臣招忌，位高謗興，尤貴朝廷慎擇於始，不可輕疑於終，否則人將以爲危地而不敢居矣。現在內外諸臣，其心迹正而賢能著者，當在聖明洞鑒之中，以外各省督撫尤宜慎擇，蓋疑則不用，用則不疑。如知其賢，萬不可輕易調動，如其不賢，雖調無益。每辦一事，欲期成效，非數年不可，一事未就，又交後任，不免更張，前功盡棄，殊爲可惜。朝廷則好調督撫，督撫則好調州縣，同一蔽也，故政治絕無起色。職疏遠小臣，安敢謬陳大計，良以在下者以盡言爲忠，謹竭千慮之愚，冀收一得之效，蓋君父之前，苟懷忌諱之私，必有未盡之隱，故曰君仁則臣直，苟下無慚於方寸，即上可質諸聖明。職自愧疏愚，既苦不學，又不能文，惟忠孝之愚不能自已，竭是非之知，盡臣子之分，冒死狂言，逼於憂憤，初非傲倖干進，更非激烈近名，以爲苟有利於國家，雖捐軀殞首，一身之禍患，復何足惜，若其無濟，即獲公侯之賞，不過文仲竊位，適爲賢者所羞，而貽天下後世之罵，此職所絕無希冀，亦絕無顧忌也。所有條議改良數大事，謹披瀝爲我皇太后、皇上陳之。

一曰改良財政。論中國土地之廣，人民之衆，物産之豐饒，當爲地球之冠，而現在國勢危弱，事事落人後著，竟爲地球劣等之國。如日本同洲同種，而國小於我者十數倍，居然駕我之上，苟有人心，誰不思憤。推原其故，疇不曰陸海軍之不振興也，學校教育之不普及也，農工商業之不發達也。而究其所以不振興，不普及，不發達之故，豈謀國者故欲貽誤耶？無非出一策則以籌款無著而中止，辦一事則以經費過鉅而縮小，因陋就簡，挖肉補瘡，但以敷衍目前而已。如議改官制，湖廣督臣張之洞議覆一電，一則曰財力竭蹷，再則曰經費太鉅，三則曰安有餘力籌款等語。是雖有良策美意，不過以無錢二字即可搪塞一切，以張之洞老臣謀國，辦事局面尚爲宏廓，其言且如此，遑問其他。故日日言變法，而不振興如故，日日言改良，而其腐敗又如故，枝枝節節，莫知所謂。每讀諭旨催辦各事，明知事所當辦，督撫則傳司道會議，謂經費如何籌，司道則答以籌款無策奈何，百方設計，遂以一摺陳奏聊藉敷衍逃其責備已耳。興言及此，不勝悲慟。中國偏地皆官，其深究生財之道者，殊乏其人，然又人人以爲未嘗不言財也。其不肖肥身者無論矣，即自詡深謀遠算，不過以搜括爲開源，而〔民〕不聊生，以裁併爲節流，而事益廢弛，此即行之十年、二十年，仍無補於毫末，而國已不可爲矣。各國財政經濟皆爲科學，商業則有高等專門，故各國學者論爲商戰之世。中國無財政學，亦無商學，凡商業者，必資質魯劣不能讀書者爲之，國家既無重視之心，商人更少擴張之智，業商者營箇人之利，且虞不足，遑問國家。而政治之家又從而剝奪之，商既不暢，利於何有，欲不上下交困得乎？國家惟無財政，故事事不能開辦，生齒日繁，人無執業，民益坐困，盜賊匪類勢所必至，遽以殺戮止之可乎？蓋國必富而後強，中國之不強，皆無財政階之厲也。夫財不患寡，而患不均，不患散於民，患流於外，不患財之多用，患用之不足以發達生產之力。凡欲推廣國家財政，當自推廣民間財政始，故曰：百姓足，君孰與不足。百姓不足，君孰與足。二語足以盡之。約言財政之要有八：

一、定度量衡以歸劃一也。《書》曰：同律度量衡。《禮》曰：頒度量而天下大服。古先王治世之經，莫先於此。中國尺寸長短，既無一定，而平碼斤兩斗秤，尤不一律，如銀一兩，則有庫平、京平、曹平、市平、規平、湘平、漢平各種名色，不勝枚舉。而洋圓銀價又復時有增減，各處不一，不僅此省與彼省不合，即此縣與彼縣亦異，而且一城之中，一家有一家之價。而洋元各省鑄造，先分省界，行使皆不靈通，如江南則不用廣西而用湖北，如湖南、廣西則用者必加斧戳，不能行及他省，出入異形，滯塞非常，究非成色優劣確有考證，無非任聽商賈意爲輕重。一國之畛域不化，猶一身之血脈不靈，身則必病，國則必亡，故不先將度量衡劃一，而欲商業發達，銀行通行不能也。商業既不發達，銀行復不通行，則財政必不活動，而欲諸事振興，其道安由？如施網者不提其綱，導流者不清其源，此決不可行之勢。現在稍知銀行之利，而辦理究未暢行，無非信用不立，銀價不一，平色不一，省界各分，又無商業銀行以資周轉，故不能推行盡利。如日本則通國無二價，此財政機關所以靈通。應請飭度支部將度量衡酌擬劃一定制，通國一律，由部用機器製造精良頒發各省，各州縣定一適當價值，諭令民間購買。其各省請倣照製造度量衡者，准由商部注册，悉照頒發格式定制，不得稍有增減。凡購買需酌定印花税章程，無印花者作爲僞造，此項利益爲數甚鉅，亦可聊濟目前之急。自新制頒行後，准以六箇月爲限，所有舊制一概設局收繳銷燬，由警察檢查，凡於度量衡有意爲長短輕重大小者，即科以永遠監禁，并由部分派廉正之員，按各省地方調查其有不合者，按律治罪，決無寬貸。此則一國之內無不一律，而銀行紙幣自可周轉利便，其原先債務債權，應照新定價值折扣，撰定民法頒行各省。自發行新制之後，無論何種貿易，其新行交涉者，無得折扣。合金、銀、銅三項，當以銀爲本位，如銀每兩一千五百文，作洋元一元五角，洋錢每元作錢一千文，小角每角作錢一百文，銅角每角作錢十文，不及十文者用平常小錢，日本無小錢，僅有五釐錢，此較日本更便。無論現洋、紙幣，不准零奇折扣。又請倣造日本白銅小洋作錢五十文。所有從前一元現洋，皆一體收回，改鑄大清銀元，必與墨西哥鳥洋分量大小齊一，寧稍加重，不可稍輕，以冀通行各國，爲預備歸還國債購買原料之用。其散銀皆鑄造成塊，由官銀行監造，印以精細花紋，通作一兩一件，凡有零奇尾數，皆用洋錢找補。并發行銀票，如五兩、十兩、五十兩、百兩之類，倣照紙幣印刷精緻，如現在實紋則有五十兩有餘者，亦有不足者，既無定法，自有種種流弊，故宜改爲劃一。又添鑄金錢，如日本金錢有十元、二十元、五十元、百元之類，皆無折無扣。合計以上五種，皆彼此兑換一律，如以金錢換銀元同價，以銀塊換洋元及紙幣同價，以銀元換銅元小錢無不同價。凡收釐，收捐，地丁錢糧及發餉，給俸，上下出入，無不一律，則金、銀、銅與紙幣自然周轉活動，則銀行可以暢辦，而一切解銀、解餉之繁難可免矣。務宜酌定章程，一體大張曉諭，并刊布度量衡及金銀錢用法，由地方官發給各鄉民，使通國無不周知，無不一律，並密派多員查訪，其有市儈從中取巧作弊者，按律治罪。或謂金銀錢既有定價，則錢店營業者無利可圖。此乃縱商作僞，聽民受欺之説。蓋商業以信用爲主，以劃一爲利便，信用既虧，商安能暢。惟需嚴定章程，凡銀行、錢店兑換出入，每千錢取錢四文爲用錢，日本名爲手數料，此乃彰明較著，彼此無詐無虞，則一舉而上下利賴無窮矣。一、推廣銀行，所有戶部銀行，宜各省各設支店也。以上海爲本店，此外各商埠如漢口、湘潭、煙台、鎮江、天津、沙市、香港等處，外國如各國都城及新加坡等處，其資本以部庫及各省地丁錢糧、鹽課、釐金，合全國之財皆列爲統計表。凡宫中、府中之財，皆可存歸銀行生息。又廣招商股以厚資本，合計正貨幣若干，發行紙幣可加一倍。各督撫凡有應請撥款之事，即發行紙幣，准其實銷實報。各商民有創立公司，開辦農工商實業各事，准其以擔保品及擔保人息借。其商人有照開銀行者，一體保護，并定獎勵之法。蓋銀行利益，全在貸出之數多，然風氣未開，商人所見甚小，故宜別定章程，凡各種公司有息借銀行資本者，准負債人報明商務局，如銀行有貸出十萬金者，准照捐章以萬金請奬虛銜封典。以此類推，以資鼓勵，冀以發達商民借貸之心，以擴張營業之力。如日本鐵道、電車、郵船、水道、石油，皆係社會所辦，故能日臻強盛。至銀行之性質、利害、辦法，又與各商不同。請言性質也。兼中國之匯號、錢店、當店而成，有其長而無其短。平日匯號專主匯兑銀錢，不及行用紙幣，銀行則發行銀票，到處可匯兑，而且匯費極輕，更有不取費者。平日錢店則專駐一地，而無遠近兑換之法，銀行則有本店、支店，到處可以通行。平日當店則僅抵押零星貨物，不受田產、屋宇重大之件，銀行則凡動產、不動產，皆可抵押。所謂動產者如公債證據、有價貨物、鐵路股票、公司股票是也，不動產者如田地、屋宇是也。既兼三者性質而利益之宏遠過之。請言銀行之利有六：其機關活動，可應國家鉅大之用，如日本日俄之戰甚資接濟，緩急可以應用，凡興辦海陸軍，振興學堂，擴充農工商實業，推廣礦產、鐵路、電綫、輪船、槍礮製造，種種要務，皆可同時並舉。其利一。以府庫之財及民間之財皆流通周轉，生生無窮，平日中國府庫之財，外人笑我爲死藏金銀，如銀行發達，則無用之財，皆變爲有用。其利二。平日商人僅營箇人之業，斷難及於社會，銀行設凡有遠大營業，但有抵押之物及信用擔當之人皆可借貸，絶大資本便可推廣生産之力。其利三。平日民間之財，凡零星金銀，每苦無處可存，存之每苦難於收回，若儲蓄銀行，則自一角以上皆可存儲，不拘遠近可以取本取利，此可聚散爲整，并奬勵小販商人厚積資本。其利四。各國紙幣通行，浸我利權，如英之匯豐，德之德華，日本之正金，比之華比，美之花旗，及麥加利、匯理、寶興各銀行，皆有紙幣行我内地，彼以一紙換我現銀，人何其巧，我何其拙。若自己銀行發達，紙幣通行，亦可行於各國，彼此兑換，則從前國債皆可籌還改爲民債，使利益不至外流。其利五。中國餉銀各省起解驚擾多而轉運遲，銀行設則一電可達，商賈行人往來取攜甚便，人皆樂用紙幣不用現銀。其利六。其餘利益之無關大要者，不必枚舉，卽此數項，已立國家永久無窮之業，何事不可辦，何利不可興，尚何貧之足憂。故日本國雖小，而銀行多至二千三百餘家，資本共五億二千數百萬元，而利息年增，此國所以強也。請言銀行之患有四：銀行以互相流通爲主，如中央銀行壟斷其利，則商業銀行必不發達，而銀行已成單獨，不僅利益不能宏遠，而且阻礙甚多，信用不大。其患一。銀行本以紙幣代用現金，若收釐收捐，不能利用商家銀票，則商家利益不長，卽金銀之機關不靈，不能擴張商業，仍無補於窮窘。其患二。凡銀行不能全無恐慌，若中央銀行與商家銀行無共同救濟之法，則一家搖動，衆商受傷，銀行之信用不可復振。其患三。凡銀行以擇選人才爲第一義，故各國銀行有大吏退職爲銀行監督者，或以入股多數者爲之，又分有限責任、無限責任，故必養成人員以資應用，若濫用人才，則信用不立，將來斷難發達。其患四。然世之言紙幣之害者，每舉閩省初行鈔票，垂爲殷鑒。究之彼係一省單獨，不能共同救濟，一遇恐慌，遂至傾庫兑鈔，此可知單獨之爲害也。必嚴防以上四患，則六利可以並興，謂國不立強其誰之信。然發行紙幣之法有二：一爲中央集權，一爲地方分權。現在户部銀行擬專紙幣之利，是爲中央集權。然銀行全未發達，風氣未開，商人無利可圖，何足以資鼓勵，則以地方分權爲是。又需略有限制，惟統由中央銀行代造紙幣，注明某銀行字樣，酌收税銀。如各銀行請商部注册資本金三十萬，則代造紙幣以三十萬爲度，此三十萬則國家許爲保護，酌收税銀，其餘祇准發行期票、兑票。又宜仿日本另設兑換店，在日本名爲兩替。凡紙幣在銀行，但可以整兑散，以散兑整。其取現銀皆由兑換店，每元另出用錢四文爲手數料，而有無兑換，該店不負責任，皆係各商店帶辦，在銀行亦免恐慌之一端，既有整散紙幣互用，信用既立，所需現銀亦復無幾。現在銀行既已開辦，應請變其壟斷之計，而加以奬勵、保護、救濟之法，廣爲曉諭，激發商人，去其弊而利可立興。至日本銀行簿記之學，其法甚繁，然好處在入付清楚，辦事人不能舞弊。如日記表、月記表、傳票，分貸出、借入等法，多可采用。至各種公司之性質，如合名、合資株式會社及各種手形、切手、預金、割引，爲替各名詞，在師其法，不必襲其名可矣。此推廣銀行之大略辦法也。一、請倣造石油也。石油銷路之廣，幾與食鹽同，無論窮鄉僻壤無處不用，此項漏巵何可算計。日本自開辦石油會社以來，已減美貨之半，尚苦油井無多，僅有北海道一隅，已著成效。中國石油已經發現者，如四川、甘肅兩處，然各省未經查勘，未必止此。查在日本石油會社於鑿井、熬油已經畢業者兩人，一張鴻藻、一葛崑，雖所學未必遽精，然以資購辦機械，開辦局廠，聘用工人，當能勝任。該學生等已撰有石油工業課本，因無經費，未及刊刻，此事不辦，坐失利權，深爲可惜。擬請於四川富順縣油井地方開辦，以資逐漸推廣，次及甘肅油井，請飭四川督臣就近設法籌辦，以塞漏卮。一、請改良稅則，專設稅關學堂也。稅關爲交通大事利權機關，使不講明條約，諳熟各國語言商情，精研國際公法私法，則必事事讓人，著著落後，若請外人代辦，則尤以柄授人，何能改良稅則。至各國稅則，考求最精，暗寓獎勵商人之意，如本國人民必用之物，則進口稅則減輕，若無益玩品及防害民生之物，則稅則加重，此爲對外。凡煙酒玩好非人民必用之品，則行銷內地稅重，出口稅輕，所以使商人利於銷外，而不銷內也。凡研究財政之學說，以自己造作之物供自己玩用者，爲銷費而非生産，凡以重大資本造作貨物專售外人者，則爲生産而非銷費。如係養命衛生之物，雖日有銷費，亦謂之生産，以爲非此不能營業也。當此地球交通，使不深究稅關之學，欲塞漏卮，從何下手。此稅關所以急宜專設學堂，以冀改良稅則也。一、請統查荒地，講求殖民政策，以蘇民困也。中國地大物博，人所共知，然有人煙稠密，本地所産不足供本地食用，亦有人迹稀少，如廣西兵災之後，而荒地甚多者，至於各處童山無一草一木者，所在皆有。凡有土地皆可生財，棄而不用，深爲可惜，惟地方官不能清查勸導，愚民安知推廣擴張，所以地不盡墾，而民苦困窮，故曰無曠土無遊民有相因而成者。應請飭地方官詳細查明，將地方人口地土出産及有無荒地繪圖帖説，由度支部合爲統計表，量爲移植，各辦土宜，以廣種植。嚴查遊蕩，編集成伍，分派開墾，則地無棄財，民無菜色，游蕩安業，而盜賊匪類清其本源，世無有不治者。孔子言治先曰足食，必衣食足而後禮義興。地方自治之策，無先於此者。一、請振興實業，創設大工廠於上海，兼招學生精研各種製造也。如各種強水、電學、鐘表、紙業、鉛筆、皮業、外國呢、玻璃及各種藥水也。強水爲化學必用之物，如提鍊石油，製造火藥，鍍金漂白，無不需用，若不自己製造，則涓滴皆需購自外洋。電學爲用尤宏，無綫電則爲陸海軍必備之物，全軍性命所係，非細事也，其餘應用無窮，此急宜發明者。鐘表爲人人必用之具，當鐘表初入中國，聖祖仁皇帝首先發明，故使宮中人人有用，仰見先聖之心，無微不至，現在下至庶民賤隸，無不購用鐘表，固其價廉，足見銷路之廣。如日本人則多用本國之表，中國則通用東西洋表，無一自製者，積微成鉅，此無形漏卮也。紙業一項，日本最精，價廉而紙良，如紙幣、文憑兩種銷用日廣，而且可作靴鞋、皮箱，其利甚大。若聽學生自學，則自費者不能久留，所學必不精，而且資本必薄，勢難擴張。鉛筆雖小，而學堂日增，銷用日廣。皮業則尤爲大利，中國牛皮多而價賤，如製造靴鞋、皮箱，足以收回漏卮。外國呢現在銷路最廣，因陸軍、警察及各學堂皆用，以賤價購中國羽毛，轉售於中國，故急宜倣造者。玻璃爲化學必用之具，日本玻璃甚爲發達，銷用最廣，宜研究而資進化。各種藥水有爲製造用者，有爲醫藥用者，本爲化學專門，施用最宏。以上各種，皆必需應用之物，凡物不在價貴而在銷暢，不在遽獲大利而在事經久遠，如能設一總廠，內分門類招考學生，廣聘教習，一面學習，一面製造，不數年而利益宏遠矣。一、開日本航路，添造招商輪船，減輕長江船價也。凡本國之船宜較各國船價稍廉，現在招商船價較各國獨貴，人有坐候各國船者。若將船價酌減，添造商船數號，以冀收回利權，凡上下往來客貨，中國不止十之九，各國不及十之一，而我以船少價昂，逼之使坐外國商船，其所用心可謂至愚極陋。凡爲國家謀利，當通盤合算，毋以多取於民爲得計也。現雖開通蘆漢鐵路，然行李不便，長江往來未必遽減，如日本往來歐美及中國皆自己郵船、商船，中國往日本則無一船，堂堂大國，殊難自解。此急宜通開航路，添造商船也。一、請賽千年大會也。各國賽會之舉，美國則爲大利所在，日本近亦講求，以令商業競爭而資進化，如中國初次倣行，必獲大利。擇上海交通地方爲會場，先年通飭各省，并照會各國預備明年賽會，飭地方官曉諭商民，凡熟貨生貨奇巧精良，許其入場發行，惟酌定印花稅章程，凡各國各省遊客，准其購買入場券，場中應分別種類，有條不紊，如日本今年賽會自三月至九月止，極力經營，可謂善營利者。我亦國也，何獨不然。論發達商人競爭之心，莫急如此。以上八項粗言大略，不及詳盡，明知一人之所見有限，一時之思想難周，然財政大旨，當不外此，如能實力舉辦，自然民富國強，不讓東西諸大國矣。

二曰廣開言路。凡天下人情愈隔閡則愈疑忌，況國家大政，本朝廷與人民共之。現當立憲預備，必使人民欲望足以上達朝廷，此諭旨中所謂取決公論，君民一體是也。《書》曰：詢謀僉同，謀及庶人。古之王者政德既成，又聽於民。我皇太后、皇上洞燭萬物，無微不照，不惜博采兼收，伏望明降諭旨，准官商庶士上書言事。其在官者由該管督撫代奏，或都察院及各堂官均可，在籍者由原籍督撫或各道御史代奏，其在東西洋留學者由各使臣代奏。但需酌定格式與以限制，注明年籍三代及現在職守、住址，其謬妄不經者不准，其摭拾空言無當實事者不准，其文字不通順者不准。如無以上不合之處，使因該管官有所不便因而阻遏者，則爲該管官阻塞言路，應予以罰俸處分，此則擁塞悉通，蒙蔽自去，有數利而無一害。一、可破專制之名也。使亂黨無可藉口。既人人有發言之權，則上下痛癢相關，惟保長久治安消其破壞之想。凡言之可行者，無論出於士庶，亦行其言，且優加獎勵，以資激勸，使人人有鼓舞奮興之機，通儒宿學得以研究學説，以端風氣，而異端邪説可以息。其利一。一、可觀人民程度也。現當憲政預備，其未能實行者，無非以人民程度太低，使上下不相問，則程度何由調查。如言路開，則人民各思自獻，其思想自然發達。其利二。一、可徵拔人才也。中國之大，未必無廉潔正直之才，忠勇憤發之士，爲選舉所不及者。平日各督撫保舉人才多屬左右近習，未有留心考求及於疏遠者，故議改官制則謂無人可用，平時既無造就之方，臨事又無宏獎之雅，宜其闃無聞見也。古所謂以人事君之臣，近世自胡林翼以後未聞其人，如言路開，則潔身自愛之士，亦可一展素抱，發揮所見。縱言論與行事未必一致，然言者心之聲，果其立言得體，論事悉當，其平日學問心術可知。如其言有可采，再飭原籍地方官調查其平日行止鄉望，出具切實考語，以驗賢否，則可拔十得五，舉一人而士心可以奮興。其利三。一、可研究政治也。現改專制而言憲法，將使人人有自治之心，人人有擔任國家之責，當此改良伊始，議院雖難遽行，亦可以人民之議論，觀人民之欲望，及各省之風俗習慣。中國地廣民衆，事理至繁，下情每難上達，故集思廣益，諮訪不厭求詳，諭旨所謂庶政公諸輿論，合觀民心之向背，則出治益有把握。其利四。有此數利，則國家遠大之業，悉自此始，所慮各督撫長官，慮其發己之私，多方阻擾，又不可不預爲嚴飭也。

三曰整頓吏治，當統提陋規加重廉俸也。養廉者必使廉足自養，若平日京内之官異常清苦，則有炭敬、別敬之説，其收受苞苴不與焉，非京官之不肖，實廉不足以養也。除各部司員一切閒曹酌改裁減外，凡在京供職者，應請一體加重廉俸，嚴禁諸弊。外官自督撫以至佐雜，無一不有陋規，其多寡肥瘠，到處不同，若專恃養廉，幾難自存。至道府州縣各缺，則優劣相去懸殊，至因肥瘠之故，而爲調劑之具，使州縣更番調動，有補缺數年不到本任者，調動不時，人人有五日京兆之心，安望其能整頓？而且前任一政令，後任即舉而更張之，出治無常，安有起色？州縣肥瘠之故，如漕米一項向收折色，往年米賤，每石折收三千數百文，則州縣購米大有盈餘，漕米愈多，則官愈肥。現在米價騰踴，州縣虧累有至數萬金者，而且相戒不願得委，其情可想。昔之州縣，多獲鉅資以去，今之州縣，則虧累至於傾家，昔之多所盈餘，爲下之欺上，今之聽其虧累，爲上之欺下，平日督撫無有議及者，上下相蒙，若成性生。上司每以愛憎喜怒爲委署優劣，或聽屬吏之自爲運動，或任州縣之剝取民財，不公不實，莫此爲甚。蓋官有大小，廉俸當有等差，凡屬公者應准實銷實報，其以少報多者，按律治罪。所有一切陋規，嚴切查明，提出統籌合算，以地方之大小，官階之高下，定廉俸之重輕。如督撫一缺，每年除辦公外至少需五萬金，州縣一缺，除辦公外至少當五千金，以次類推酌擬。凡到任之官，其性慣揮霍者無論矣，即清慎自矢，然往來路費、衣服、器用，爲費不資，明知不足，何能聽其自取，故不如彰明較著，垂一定規。否則廉者適以自苦，貪者反得幸福，備極宮室、妻妾、衣服、飲食之欲，且誇耀鄉黨里閭，是使人人相戒爲廉吏，相勸爲貪吏矣，而欲吏治之振興得乎？平日督撫不過到任以後，照例參撤，其考語則多影響之詞，如操守難信、聲名平常等語。其意以爲清查陋規，或有不便於己，故明知流弊，不及救正，今請先查陋規，次定廉俸，務令力崇節儉。平日官場之壞，一衣服、一酒席足破中人之産，而且牌風之熾，不可思擬，至有以牌局邀結上官者，無非冀得優缺，即可遽獲鉅資，固官場流品之雜，亦督撫司道考察無法，未能整躬率屬也。所有一切奢侈風氣，及辦差、門包、饋送年壽禮諸惡習，宜一體嚴禁。廉俸既定，陋規悉提，使自愛者足以自給，不肖者息其奢望。凡實缺即宜久任，果有益地方者，當不次超擢。平日州縣亦有官聲卓著，十數年無一升階者，無非以傳旨加獎蔭兹虛美而已，無破格之賞，安足以得非常之士。至候補人員名爲試用，有候之十年不得一委署者，如其不肖甚則參革，輕則令其回籍，另謀生理，如堪造就，則應委署以資歷練。如欲疏通宦途，凡到省一年後，即令委署一次，不能者立予參撤，賢者存記以次輪委。此則苦樂平均，賢者自伸，不肖者自屈，不患吏治之不振興也。世之言吏治者，動謂清流品莫如停捐輸，職謂官場之肅不肅，在督撫考察之嚴不嚴，不關捐輸之停不停也。使考察無法，則昔日之科甲保舉，及今日之學生，豈盡賢者耶？至於捐輸之錢，初無咨嗟怨嘆之財，較加釐加捐，其法稍良，所謂不治其本，而治其末無益也。所不可者，花樣一層當悉除去，不能以銀數之多寡，定補缺之後先，蓋人才賢否，不能定格以求，無論何種中人，有賢者，亦有不肖者，舉善教不能則勸，全在上官進退黜陟一轉移間耳。

四曰調查學務。現在留學日本者，有萬數千人，急宜整頓，而不宜限制也。國勢之強由於人民思想之發達，欲其發達，莫如使人人向學，現正預備立憲，惟急求人民進步，豈可閉塞聰明，而內地學堂有限，少年子弟尚苦無處可投，遑問長老，科舉既停，學堂又不能入，不得已而自費出洋。當辛丑年湖廣督臣張之洞變法三摺，尚有請自費出洋逾格優獎者，正獎勵之不暇，而反限制之可乎？誠欲限制，必使內地徧設學堂，無論老少皆有學堂可入。否則但言限制，誠不知所用心，無非因革命黨多出留學界上，此乃因噎廢食之言。革命黨誠有，不過最少數耳，安得以少數而害及多數，且一經限制，內地學堂又未增加，人無去路，益將怨及朝廷，弱者忍饑待斃，強者犯上作亂，此不可不慮及者也。至於革命黨號稱多數，實因孫文在日本東京開會演説，入場觀聽者頗爲擁擠，多係無知之徒，皆屬被動，毫無主見，隨聲附和，聞登台演説者，究無幾人，已可知其大概。惟孫文等竄身海外，自恃捕拏所不及，極力煽惑，嗾人犧牲性命，成彼逆名。在被其煽惑者，其罪可誅，其愚可憫，而學界惟無查考，故流弊滋甚。日本學堂惟振武、成城管理最嚴，餘則可以自由，雖其中堅苦向學者不乏其人，而徒博留學之名者亦所常有。或官費得之數年，而無一學堂畢業者，或一年而易數學堂者，或平日並不聽講，臨期考試請人代理者，種種怪象，在所不免，皆以無人考察約束之故。無論官費、私費，皆屬中國之財，殊爲可惜。現在統計不下萬六七千人，每人一年至少以三百元計算，則年需數百萬元，不可謂不鉅矣。若所學有得，則今日之銷費尚小，異日之發達無窮，故宜切實考察，定以規則，凡年紀過小，中學無根柢者，祇准學普通，不准學速成，師範、法政、警察等科。其餘實業如理化、槍礮、電學、鐵道、郵政、稅關、石油、紙業、硫酸、玻璃、瓷器各項，凡中國之缺點，皆應就留日學生中考選送入，特別交涉。凡自費出洋留學者，准其一體往公使報告，注明家族、住址及何學堂，皆得發給紹介書。惟入法政、警察、師範者，當略有中學根柢，如無科甲，當試驗中文策問一道。現在公使雖不紹介，而日本學堂仍行收受，反漫無稽查，此自欺之道也。凡各學堂畢業者，由公使咨明學部注册，並分別咨回原籍督撫，以資應用。現日本學界雖加派副監督一人以之經理，官費則力所能及，至於考查各學生，則學生多至萬數千人，四處分散，一二人之精力，勢必難於兼顧，必至有考查之名，而無考查之實，非各省添派分監督不可。在監督均應有革退補充之權，否則形同贅疣，徒供學生欺侮。總監督者不過與日本文部省交涉及關於國際者爲之，副監督者不過可以稽查各監督辦事優劣。必有各省監督方可直接學生，然宜官不宜紳，紳則同鄉情誼，動多顧忌，惟需明白學務毫無官氣者，方能勝任，否則與學生隔閡，甚不相宜。各監督當密派妥人於各學堂循環稽查其品行、學課，如有行止不正，上課不勤，議論狂悖者，即行革退，不可以專查革命黨爲名，徒使學生衝突也。此則學歸實際，益見發達，爲造就人才之大端，亦預備憲政之實行也。

五曰擴張陸軍，興辦海軍。現在陸軍自改練標營以來，漸有起色，連年秋操，軍容甚壯，雖各省未能齊一，要皆風氣漸開，規模大具。然論中國地面之大，大省當練六鎮，小省當練四鎮，現在小省有不及一協者，兵力不充，遇事受制於人，設一旦內亂未靖，而外侮乘之，將有首尾難顧之勢。日本原有十三師團，自戰勝俄國後，又添四師團，可謂自強不息矣。聞現在日本陸軍學堂，於我學生進聯隊、入士官限制甚嚴。東斌學堂雖屬陸軍，不能入聯隊士官，本我自主之事，無故受人壓制，不肯自辦，誠不可解。中國自送日本學習陸軍以來，先後畢業者已不乏人，而各省陸軍學堂亦開辦有年，應可仿照辦理，宜飭各省各辦陸軍學堂，以幼年學校五年卒業者入聯隊，一年後入士官，入士官後一年合格者入見習士官，又六月後合格者入陸軍大學。其餘凡中學校卒業者，皆可入聯隊進士官。現在我各省新軍即聯隊也，開練已久，應可附操學生，宜將各省陸軍學生畢業後，先入聯隊操練一年，即入士官學校。各省各添設士官學校一所，擇選留日陸軍畢業生爲教習，或現在新軍供差者，亦可兼充，則我自行教練，不至寄人籬下，蓋依賴於人，乃一時權宜之計，非長久可恃之策。若現在添練陸軍，則人才必不敷用，是不可過拘資格，至統兵大員必忠勇性成，能知方略者，方能勝用，不可拘定學生。如從前之著名宿將，本可料敵制勝，豈可令其投閒置散，宜於練兵處添設統將教練所，咨調各武職大員，不拘年紀，但需精力強健，入所學習，以三月畢業，專教指揮命令聯隊以上教練，及教育、檢查、賞典、禮式、刑罰各門。其文員有自請學習者聽。蓋平日武勳，即屬戰功卓著，以之遽統新軍，未必悉合機宜，故宜特別教練，庶與新軍辦法，不相扞格。現在陸軍學生傑出之才，當不乏人，然歷練尚不甚深，或有中學不甚優，或有宗旨不甚正，雖賢愚互見，而用之不可不審。凡用人之道，不可迂泥一格，有謂宿將不可用，而必用學生者，有謂學生不可恃，而必用宿將者，皆屬一隅之見。如日本之兒玉大將，則出自行伍，而非出於學堂，而日俄之戰，厥功甚偉。如德之畢士麻克、毛奇，日本之大山巖、乃木、東鄉平八郎，皆出自學堂而優於學問者，足見人才不可以一格求也。若其學術不深，智略不高，則雖爲學生，不過苦守繩墨，未必推陳出新，別有勝人之技。考日本兵學之發明，根源於中國之王學，知但精操法僅治其形者，尚非無敵之將也。如平日軍隊中及提鎮各標營中，不拘在任候補人員，有文理疏通聰明勇敢年力尚堪造就者，應准自請該管長官保送學堂，考驗合格者，一體加以教練，自此自辦聯隊士官，廣爲教練，則將才日出，可以擴張陸軍也。又宜各省各設憲兵司令部一所，教練憲兵，因警不能干涉軍人，必有憲兵方資軍人模範。中國有警察，陸軍而無憲兵，是爲缺點，故江南警察與徵兵衝突，幾釀大事，以無憲兵故也。職在日本曾商請東京警務學堂開辦憲兵學生一班，已經教練有日，應請各省一體辦理，以補其缺。至於海軍本與陸軍相依爲命，英以海濱三島，雄視五洲，日本蕞爾彈丸，居然蹶中蹈俄，孰非海軍之利。泰西如美如法如德，無不殫精竭力興辦海軍，未有如我中國，撫茲廣宇，而海軍全無布置，以故藩籬盡撤，將及堂奧，海軍不振，雖有陸軍亦難深恃。現我中國留日海軍學生，皆在商船學校，未入彼國軍港，而且日本學生欺侮中國學生特甚，隔閡既形，安能得其精要，急宜自辦海軍學堂於天津、上海、福建沿〔海〕等處。又宜定造兵輪，擇地添造船塢，宜責成海軍總統提督薩鎮冰督辦海軍事宜，歸練兵處節制，以一事權，而資整頓。其應如何添設學堂，聘請教習，造戰艦，修船塢，諭飭薩鎮冰詳細條議。該提督深於海軍，素性廉潔忠勇，身受國恩，備極優渥，當此興復海軍，爲該提督所不能辭其責。而造船與設學堂二者不相先後，不先辦學堂，則雖有巨艦苦無人用，不急造戰艦，雖有學生亦難實行練習，此二者相需而成者也。蓋今日戰局，陸軍利守，海軍利攻，然不能攻者，亦並不能守，此所以不能偏廢也。

六曰調查警察，並設水上警察及地方官監督演説也。各省警察開辦已久，其辦理粗有成效者固有，而敷衍因循者尤所難免，或表面完善，而內容不足，或名色雖具，而辦事皆非，應請飭民政部分派妥員，往各省各州縣調查，以資催辦，而判優劣。又宜添設水上警察，如東南數省，枝河港汊，在在皆有，若僅辦岸上，則水上遂爲逋逃藪矣。雖各省皆有水師，然水師所以防禦匪盜，用於臨時，警察則隨時檢查，預防危害，全賴平日檢查船貨行李，嚴防槍礮、火藥、凶器違禁之物。即各處巡防隊，亦宜改成巡警隊，參以警察性質，有(遂)〔隨〕時檢查預防危害之法，務先令官長、兵丁加以警察教育，此所以補助警察所不足也。各省督撫有慮地方自治無人可用者，然專論日本留學法政、警察先後畢業者，各省皆有，不下數千人，每苦無處投効，雖其中不盡美才，而其尚堪造者，當不乏人。上官既無求才之心，士類自無見用之地，但見其東犇西走，絕無生路，留日總監督既不咨回原籍，原籍長官亦不過問學生，中國上下不相問，不僅施於警察，尤不僅對於學生也。警察爲內治之本，若能認真辦理，則盜賊匪類無處藏身。尤宜嚴查遊蕩，編集成伍，勒令作工，或修築道路，或開墾荒地，或挑挖河堤，或收入監獄勒令作木竹磚瓦各項小工，一體施以教育，嚴禁煙賭花會，務使莠民變爲良民，自無盜匪之患。或經費難籌，則廣勸富室捐助，仍以取於民者保民，而殘疾無告之民，又宜設法收養醫治，使愚夫愚婦各得其所，即治天下不難矣。地方風俗之變，固宜人人能識文字，方使人人能受教育，然驟而求之，不免甚難，如平日告示、報章，愚民皆所勿識，遽欲輸入文明普及教育，其道安由？惟有飭地方官聘請學識通達品行端正之人，按期輪流於各鄉演説，由上開支。因現在憲政將行，鄉間愚民安識此義，而革命黨匪類又復煽惑其間，愚民不知向背，貿貿然從之，誤蹈殺戮之罪而不自知，咎在官吏。無政無教，實非保民如赤之治，蓋煽惑者不一其説，而教導者則無一言，欲其不亂也得乎？故不教而殺謂之虐，此皆行政之咎，惟演説則老幼男女皆能動聽，務需先定規則，編成淺説語曲爲解説。如邪正忠奸之辨，利害從違之故，地球大勢，各國大勢，中國大勢，憲法意義與新定法律及地方自治之法。人無法律外之自由，故君子乾惕無咎。人惟法律無不平等，故君子所以懷刑。嚴申洋煙、牌賭之禁，獎勵忠信篤敬之人，務令各明公理，各存公德，各謀公益，講求農工商業，勸勉節儉興學。如有地方學者提倡正學，及紳士維持風氣能演説者，由地方官以禮貌敦請演説，凡地方官如非公事忙逼，即當按期入場監視，或自演説。若有紳董請特别開會演説者，務將演説宗旨，報明地方官及該處警察，届日由地方官、警察監督。如其宗旨不正，地方官於散會後，宜指拏發起之人，此則移風易俗，捷如影響，爲消患無形之計，普及教育之法也。

以上六事均屬自衛之策，以爲對内且不足，烏足以言對外，惟兹事體大，其中詳細條目，尚多缺漏。此外如法律不能改定，則領事裁判權不能收回，鐵道不盡交通，則沿邊疆域不能自固，文武地方官不知講求國際公法私法，則外交無不棘手。當此官制尚未改定，臣庶皆在觀望，而朝廷行政，不可執成見，不可無定見，諮訪固宜周，宸斷尤宜嚴，兼收博采，謀定後行，持以堅久之力，矢以必成之心，治亂存亡，争在此時。伏懇聖明俯采狂言，敕下廷臣分别覈議施行，實爲天下蒼生幸福。謹呈。

《清末籌備立憲檔案史料》第一編鮑心增《章京鮑心增條陳護惜三綱振興吏治等項不必泥言立憲呈光緒三十三年七月十七日》　章京鮑心增呈，爲遵旨陳言，敬請代奏事。

竊章京備員郎署，將及廿年，供職樞垣，亦且十稔，竊禄太倉，愧無涓埃之報。五月初六日因截取召見，仰蒙温諭垂詢，昔年隨扈，又一再諭以時事艱難，要大家盡力。跪聆之下，感激憂憤交迫寸衷，正擬勉陳時務，又恭讀是月二十八日因立憲求言懿旨。伏念職分雖有崇卑，而效忠要無殊致，章京愚憒，未能識天下大計，然本來自田間，近又居鄉四載，於現時草野情形，稍覺體驗親切。夫政以宜民，合天下之私情，即成天下之公理。竊謂今日圖治，固非蹈常襲故所能奏功，然必一切須異標新，大局且恐愈敝。要期本立憲精意，而因地制宜，因時制宜，以神明而變化之，雖不泥言立憲，而事事無非立憲，乃可以救今日之弊，而立自強之基。請爲我皇太后、皇上披瀝陳之。

一、三綱必宜護惜也。人道所以參天地而立極者曰五常，五常之要爲三綱。聖王之治天下，知刑不足威，賞不能勸也，乃以綱常範天下於秩敍之中，斯冠履之分嚴，而亂賊不敢作，此天之經地之義，而聖人之大用也。昔西漢之季，逢萌謂三綱絶矣，決知天下將亂，其消息之微顯如是。自新學争騰邪説，父子平權，男女平權，而極之於革命，三綱已幾乎熄。當此天理民彝絶續存亡之際，縱賴聖主賢臣力爲護持，猶恐不勝，迺近日東三省及陸軍部，均奏請准以持服未滿人員署缺，衆情甚爲駭異。查金革無避，載在禮經，實指身在行間，言乎變非言乎常也。寒素之士哀泣未已，出門謀生，此誠痛心疾首不得已之恨事，乃至富貴之家，大臣之子，几筵未撤，而受爵不讓，且以不祥之身，謝恩禁内。今時勢雖危，猶未聞鼓鼙而交鋒鏑，天下萬世謂朝廷何。昔咸豐間，湖北撫臣胡林翼當用兵之際，力辭奪情，屢詔未起。聞李續賓三河之敗，則不待朝命，星夜赴營，力搘危局。惟非背親而忘義，自能移孝以作忠，倘事親業已不子，而事君無愧爲臣者，衡之常理，殆所難信。至以旗員及軍營人員，比例似亦未審。恭查《欽定吏部則例》，凡外任旗員丁憂，除百日後回原衙門行走外，其開缺回旗起復，均與漢員無異。京職滿官丁憂，除百日後回原任職外，二十七月内遇有升遷，仍停其開列升轉。仰見聖朝教孝教忠，於滿漢原無殊致，蓋必父得有其子，而後君乃得有其臣也。又恭查咸豐九年十二月初三日奉上諭：軍務省分丁憂差委人員，即打仗出力，亦不准請署實缺等因。今各部新設丞參，果原任而非升轉乎？抑遠過打仗出力乎？嗚呼，當局縱忍爲之，旁觀不忍言之矣。獨惜狂瀾方激，復煽其波，中國三綱之防，將自此決裂無餘，關乎治亂者甚大，良可痛耳。且禮部方奏開禮學館，若三綱不存，禮於何附。應否請旨飭議停止陸軍部及東三省所請，以存三綱之處，伏候聖裁。

一、吏治宜設法振興也。天下爲州縣之積，未有州縣悉治，而猶患天下之亂者，近年各省屢有匪徒暴動，可爲寒心，勘亂之功雖在臨時，弭亂之方宜在平日。又自銅元價跌，江、浙、皖等省州縣，多苦賠累，每一掛牌，相率求免，似此情形，固非地方之幸，亦豈國家之福。今謹擬振興之法，可行於久遠者二，可行於目前者一。上年政治館通飭各州縣造具州縣事實册，今已知其難據，似不如改由各省京官據實開報。除平等外，其優劣兩等，均須詳注實事，每年九月中由各該省官爵最崇者彙齊呈送政治館，該館王大臣分省具奏，由軍機處擇其優劣兩等，寄交各督撫切實查覆。見聞之確，取諸鄉紳，黜陟之權，仍歸疆吏，如京員顛倒黑白，照例反坐，似確實而無流弊。查從前巡按之設，本屬善政，及定爲經制，始利弊參半，近如福建銅幣廠虧案，亦由考察大臣查出，可知偶然行之有效無弊。似可仿巡按御史之意，每年或間年特遣廉正科道一二員，按查數省或一二省，以疏民氣，而通脈絡，兩法並行，則階前無殊萬里，而呼吸胥通帝座。此可行於久遠者也。直省賠款本係加派，而鎊虧四分之一，又加派外之加派，今幸鎊價跌落，此項餘款歲數百萬，竊謂亟宜減派，各省原係按糧捐集者還諸民，原由平餘提取者還之官，恤官仍恤民也。如部臣以豫防鎊貴爲詞，則既可分攤於前，何不可再攤於後，事至萬不得已，天下皆諒朝廷之苦衷矣。此可行於目前者也。

一、言路宜切實推廣也。近世綱紀稍陵替矣，而恃爲聖主之耳目國家之爪牙者科道耳。然天下甚大，僅恃數十言官彌縫匡救，實苦不足，近日恭奉懿旨，准京外各官呈請代奏，可謂千載一時之遇。第明詔所指專注立憲之事，且由長官詳加甄核選録代奏，猶恐直言讜論，不無阻遏之慮。似不如變通舊章，京員則無論實缺、候補，均准其或由堂官，或由都察院代奏，外官道府縣則以實缺爲斷，准由督撫代奏，倘督撫阻遏，准其密封郵呈都察院代奏。其署任及候補各員，果確有所見，亦准督撫破格代陳，仍概不拘有關立憲與否，如此則忠義之氣伸，而壅閼之弊去，其於大局所裨必多矣。夫疏逖小臣，進言非易，雖誘之使言，仍恐畏縮者多，決不虞其煩數也。

一、政務處宜廣設議員也。各部院正卿，現均兼參預政務大臣，以時會議於政務處，善矣。惜有大臣而無議員，近有請以科道會議代下議院者，然科道中漠視國事自同寒蟬者亦復不少，亦非人人可用。似不如擇廉正通達抗直敢言之科道，再責其同僚同鄉保任有十人以上者，准兼充政務處議員，合滿漢約可得三十人，不足則暫闕。有要政先令各抒所見，分別可否，然後諸大臣綜合會議，而折衷於宸斷，此合外洋公舉議院兩法而會通之，簡捷易行，略無流弊。蓋事貴略形式而取精意，中國議院目前斷難成立，此法所用雖止三十員，而保任者數逾十倍，且衆目具瞻，一有偏私，參劾隨之，所用者卽不啻千數百人。而折衷以定行止，仍在宮廷與樞輔，是盈廷少聚訟之紛，而至尊無孤危之慮，此真立憲精意萬善之本也。倘此數十員不能用，尚能用千萬人乎，勢必徒屬空言矣。

一、賞罰宜伸大權也。近日督撫舉劾一疏，或至數十員，奏上奉旨，中外亦爲驚心。然此乃督撫仰藉聖主威靈，以行其政，仍督撫之賞罰，非朝廷之賞罰也。謹按嘉、道以前，如藩臬獲罪，督撫必爲任過，誠以同城僚屬，非黨惡朋欺，何至不能覺察，督撫而黨惡朋欺，朝廷將何所倚賴乎。賞罰之大者，其在是矣。近日江寧、福建銅幣廠皆出巨案，而委用之督撫，概未深究，此疆臣所由罔知謹懍，而無以大畏民志也。現時世局可謂存亡危急之秋，一牧令不得其人，則一州、一縣立可致亂，況在道府藩臬乎。本年二月十九日召見新授慶遠府知府全興，奉旨令張鳴岐察看是否勝任，竊不禁感嘆我皇太后、皇上爲百姓勞心至矣。倘督撫悉能仰體宵旰焦勞，當用人之始，在在爲官擇人，不爲人擇官，則宮廷之勞心，賴有所分，而天下不難大治。惟朝廷專以僚屬之功罪，爲督撫之賞罰，應否一律嚴定責成，伏候聖裁。

一、人才宜豫爲甄擇也。聖人對魯君曰：舉直錯諸枉，則民服。舉枉錯諸直，則民不服。言用人之得失，關乎通國民心之向背，其重大可知。而今日中國用人行政，尤爲五洲各國所環覘而密伺，用得其人，則覬覦潛消，用失其人，則陰謀益亟，其關係重大更何如乎。今居高位受重任者，爲部院大臣及各省將軍、督撫，不過數十人耳，未知其中爲皇太后、皇上所深信公忠廉直，能爲國家殫血誠任艱鉅者，居多數乎，抑少數乎？如並少數而亦不能深信，豈不可危。夫大臣、督撫不過三十餘人，而儲才之數，必常有餘於用才之數。從前翰詹科道，遞升卿貳，而部曹不與，既失之偏，今則專拔自丞參，或春爲郎員，而冬爲尚侍，其偏愈甚。至督撫率自藩臬擢用，而今日藩臬之賢否，率決於督撫之褒貶，其不可恃亦多矣。又出使各國大臣，爲國家外交之代表，比諸出師命將，同爲重任，今不問其居心之忠僞，制行之廉污，而第取能外國語言者用之，且概由一人列保，遂多不符人望。竊謂中國議院未立，決難用外洋公舉之法，然時勢危急，進退人才，爲天下存亡所係，任私不如任公，信寡不如信衆，紛更於已用之後，不如慎重於未用之先。凡大臣、督撫有所保薦，無論爲丞參，爲出使，爲藩臬道府，凡經奉旨存記者，似均可懸其名於政治館，俾各大臣及議員詳加考察，限於半年内，或公揭，或單銜，聲明可否，上備睿裁。如此則聖心不勞，而有虞舜知人之哲，徼倖既絶，而庶績可以咸熙矣。

一、宜均禄而懲貪墨也。中國自元、明以後，官俸太薄，百弊叢滋，近以外洋相形見絀，優給養廉是也。然聞外洋官俸資用有餘，從無因官致富之事，而日本俸給尤遜西洋，今我新設各署，一司官月給數百金，毋乃太過。至外省州縣優缺，有歲入數萬金者，似宜提出分貼瘠缺，令至優之缺，歲入勿過萬金其亦足矣。湖北淮鹽督銷局一差，歲入六萬金，督撫之清廉者，斷無此入款，豈得爲平。至今日職官犯贓之案，罕見抄没，殊不足以示懲，即如五月二十九日郵傳部尚書陳璧奏參京漢鐵路監督柯鴻年，稱其坐擁厚資百萬。此須切實查明，如其致富非由鐵路，雖千萬何傷，非然者豈宜徒以革職了結。又聞前吉林長春府知府王昌熾，當俄、日交戰時，獨能據約争收牛馬税，其辦事不爲無才。然道路之言，謂其除交例額四千金外，入私橐者二百餘萬，即其自言亦謂有七八十萬，此雖與貪墨剝民者有别，而不可謂之非假公濟私。此兩員者，似可仿乾隆以前成案，飭於京漢一路及吉林省各認修支路一段，以用銀五十萬爲率，而王昌熾特免處分，似情理持平，而官方可飭矣。

一、財用宜同心節省也。近百年以來，中國金銀流出外洋，難以億萬計，故今日民窮財匱，乃實境非虚言也。而最可患者，設遇有大興作，需款數百千萬，國家責之部臣，部臣攤派各省，不問其如何籌集也。苟常以此法展轉取盈，恐大亂可翹足徒。此一患也。又新學家不揣本而齊末，動以外洋爲比，謂中國之財本多，但立憲一成，即取不盡用不竭，此真聖人所謂一言喪邦者，萬一邪人以此言求媚，而朝廷誤爲所惑，則天下危矣。此又一患也。然則今日理財莫貴於取天地自然之財與外洋争回之財，而顛撲不破之要道，莫如同心節省。舉上年一二事證之，考察政治原可責諸出使各大臣，乃專使特出而費以百萬計，秋操似非急務，乃歲歲舉行，所費又以百萬計，以此推之，可節省者何限。又前月十六日賞加内閣等衙門辦公經費，聖恩浩蕩，感激同深，惟舊署已加，而新署未減，度支部常年添支四十萬亦未免甚費籌畫。夫天下猶一身，偏肢全體，利病同之，惟各部臣與各疆臣互相體恤，互相補救，而同以節省爲歸，此今日救弊之至計也。

一、新政宜推行有序也。近年新政，足感天心，維國脈，全民命者，有二焉，則停捐與禁烟是也。此兩事深望朝廷堅持勿懈，以底成功，此外多粉飾外觀，且不無流弊。且如京師路政、警政，非不成可觀，然拆毁民房太多，開支經費過鉅，所恃輦轂之下，威令易行，而供支不敢緩，以此例諸各省，必立滋事端矣。至如多爇路燈，而所銷者洋油也，多鑄銅元，而所購者洋機也，多練新軍，而所資者洋械也。又如立農業試驗場者，而養及外洋之虎、豹、犀、象，則尤理所難通。每舉一新政，即添一絶大漏卮，此不戰而自斃之道也。蓋聞古人謀國，必有天下之憂，而後能舉一官之職，必有百年之慮，而後可就一時之功。若第囿於一時，泥乎一事，並不通籌全局，計及久遠，必致利害不敵，而本末失序，即明明良法美意，而往往即爲亂階，自古然矣。惟熟權輕重緩急以漸行之，且無失乎因時因地之義，氣則可静不可動，財則可儉不可侈，規模可變通以盡利，而不可掃除以更張，庶乎新政可圖，而元氣不傷矣。

一、部議宜慎重考核也。部臣爲國家守法之官，向來一切政事，多交部議，各行省所賴以稍有節制防閑者在此，職綦重也。近則舊部尚多謹慎，而新設各署多不屑受法度範圍，用人行政直不啻自爲風氣，雖流弊迭見，仍無悛改。至羣臣條奏，奉旨交議者，往往顛倒是非，巧詞駁斥，於原奏中要語，任意節去，以蔽聖聰。所以然者，每部率有一二丞參或一二司員，肆其臆説，堂官未必覺察。又恃聖主敬禮大臣，奏上多奉旨依議，遂自陷於欺罔而不復爲維持大體計，於是守法之官，轉多壞法之事。伏讀上年七月十三日懿旨，大權統於朝廷，庶政公諸輿論，聖訓煌煌，實爲立憲要綱。擬請飭嗣後各部議覆要件，概將原奏另爲一摺，逐條分析，全録原文，而覆奏另爲一摺，亦逐節注明第幾條，庶幾參證互觀，益便宸覽。

其有關紀綱，有涉改革者，再交政治館公同覆校，令各議員分別籤明，大臣秉公覈斷具奏，則是非大明，而誣罔可絶。章京謂設政治館議員爲萬善之本者，此亦一端也。

一、宜審察外情也。如英、德、法、俄，莫不鷹瞵虎視，有分割中國之心。而其陰險狠鷙，最爲切近之患者，尤莫如日本，平日甘言相餌，無非離間中國人心，吸取中國脂膏之計，東省交涉更難於俄，且又紛紛與各國約盟，無非欲協以謀我。從前中國交際，與我惡者畏之，與我善者忽之，故爲各國所輕，而善者亦變而爲惡，惟施報各如其分，斯好我者有所勸，而惡我者不至以我爲愚。至日本君臣多講陽明之學，泰西各國士風，作官者必實心爲國辦事，一犯贓私，即通國不齒，終身廢棄，實勝於中國近今風氣多矣。

一、宜使羣臣不忘國恥也。《孟子》云：生於憂患，敗於安樂。今中國憂患極矣，乃徒聞皇太后，皇上宵旰焦勞於上，百姓困苦呼號於下，而泛觀京外仕路人情，薰心富貴，殆與處安樂時無異。意者憂勤惕厲，常情所難，有待於朝廷之提撕警覺乎。昔少康復殷，宣王興周，句踐霸越，非獨其君及左右大臣嘗膽臥薪，時時以復讎雪恥爲念，即其通國臣民，亦實有捐頂縻踵爲國效死之心，用能因敗爲功，轉禍爲福。近世法爲德敗，輒自繪其戰敗死亡種種慘狀，張之畫圖，演爲戲劇，以激發國民之志氣，其用心實與古暗合。溯查庚子洋兵入京一役，中國恥辱甚矣，綜其最甚者，倭兵破齊化門將我門額取去，各國兵隊直穿宮禁一過，雖名爲保護，實不免震驚九廟。而天壇爲列聖祀天之處，洋兵盤居甚久，其無禮作踐之狀，尤臣子所不忍言。堂子重地爲彼拆毁，改造洋屋，各使館拓地築圍如城，前門迤東一帶禁城儼爲所據，於其中擅穿一門，額書洋字，又向北暗築砲台，遙擬大內，此等情形，揆諸主憂臣辱，主辱臣死之義，豈中國臣民所能恝忘。考西國於創鉅痛深之事，皆務使通國上下常懸心目而不自諱，其雖敗而能自強者在此。章京謂西法之精神最可則效者，亦正在此。儻蒙特旨飭史館諸臣，據實蒐輯，勒爲一書，頒示中外大臣，懸諸公堂，飭僚屬時時披覽，庶忠憤之心，自然激發，復讎縱不敢言，雪恥其何能恝。且俱曉然今日爲憂患而非安樂，今日作官爲受責任而非享富貴，臣子託庇君父，必有國而後有家，苟大廈不支，將身家安保。如是則朝氣常新，人心不死，必有以佐國家中興之功，而壯宇內河山之氣矣。

以上所陳未嘗泥定立憲，然苟求服民心而聯衆志，如是則公，否則私，如是則通，否則隔，公而無私，通而不隔，立憲之精意盡於此矣。所謂以天下之目視，則無不明，以天下之耳聽，則無不聰，以天下之心思才力應事，則無不精審而曲當，九重何慮孤危，百爾何從欺罔，兆庶何由顛連而失所，人心既奮，即天運可回矣。

又敬思之，恭讀五月二十八日懿旨：立憲之道全在上下同心，內外一氣，去私秉公，共圖治理等因。欽此。實爲立憲之本。又恭查光緒二十七年八月二十日恭奉懿旨：予與皇帝宵旰焦勞，母子一心，力圖興復等因。欽此。敬繹聖謨，實尤爲立憲本中之本。章京每觀臣庶之家，父慈子孝，根於天性，而曾經患難閱歷崎嶇，則慈孝愈摯，而家人子孫亦愈同心努力以禦外侮，其家運必勃然興起不可遏抑。伏惟我皇太后天下之祖父母也，皇上天下之父母也，聖慈聖孝，本超隆古，而又經歷患難崎嶇，歷有年所，諒我皇太后必時時俯鑒皇上之孝，我皇上必時時仰體皇太后之慈，宮庭之內，太和翔洽，聖母、聖子一心以保全祖宗之天下爲念。皇太后、皇上聖念之動，上通蒼昊，況天下臣民有如家人子孫，愈必同心努力以禦外侮，而中國之勃興，可計日待，此尤天下臣民所仰望而頌禱者也。

章京幸際特詔求言之時，用敢披瀝肝鬲，謹貢愚忱，無任戰慄待罪之至。伏祈代奏。謹呈。

《清末籌備立憲檔案史料》第一編閻毓善《舉人閻毓善條陳預備立憲應先剔除吏治積弊八策呈光緒三十三年八月初八日》

具呈籤分直隸試用知縣甘肅舉人閻毓善，爲預備立憲，應先剔除積弊，以增進官吏程度，爲轉移人心風俗之本，遵旨條陳去弊八策，呈請代奏，仰祈聖鑒事。

伏讀五月二十八日上諭：立憲之道全在上下同心，內外一氣，去私秉公，共圖治理。自今以後，應如何切實預備，乃不徒託空言，宜如何逐漸施行，乃能確有成效，亟宜博訪周諮，集思廣益，凡有實知所以預備之方施行之序者，惟各條舉以聞。除原許專摺奏事各員外，其餘在京呈由都察院衙門，在外呈由各地方大吏，詳加甄核，取其切實正大者，選録代奏等因。欽此。仰見聖謨宏深，邇言必察，薄海臣民，同深欽感。竊維中國今日非實行立憲，不足以圖存，蓋時勢所趨，漸進大同，統治法權，愈

（妍）〔研〕愈密，必上下同心，始可言治，必内外一氣，始能自強，必人人視國如家，而後國體乃固，必人人先公後私，而後邦本不搖，則啓牖人心改良風俗之道，不可不亟亟講求也。然人心風俗恆視官吏程度之高下以爲轉移，蓋官吏者，士民之表率，而牧令爲親民之官，尤朝廷所最注意者也。而求之一省之中，其實心任事無愧循良者，十中僅得二三焉，其次則循分自守，碌碌無所表見者，居其半焉，其次則媚上厲民，鑽營傾軋，金玉其外，敗絮其中，比比皆然，自詡得計。正如《管子》所云：十至私人之門，不一至其庭，百慮其家，不一慮國。此則可爲太息痛恨者也。

查官吏登進之方曰科甲，曰學堂，曰保舉，曰捐納。立賢無方，何途無可用之才，今吏部設學治館，各省亦曾設有課吏館、法政學堂，現又訂外省官制，似於講求吏治之道不遺餘力矣。而人才之消乏如此，局外之指摘如彼，幾疑一入宦境而人品心術遂墮壞於冥冥之中，即居恆謀猷自好，氣節自矜者，雖不至大改素操，亦多旅進旅退，不克自拔。故清介之士，或鄙夷而不屑爲官，或蒙恥救民，而事與心違，廢然思返。以莅民治事之地，爲徵逐利禄之場，牧令如斯，而欲國民程度漸入文明，爲立憲之預備，是猶欲立而冀影端，噤聲而望響應，藏身不恕而能喻諸人者，未之有也。

然使舉今日人心風俗之弊，盡歸咎於牧令，今豈足以服其心耶？遷調頻仍，則難於求治。官累過重，則難以責廉。習氣相沿，則官民日見隔閡。供應繁多，則庶務不暇就理。缺分之優瘠迥異，則奔競成風。遠省之言語不通，則情誼不屬。更有爲前任督撫所保，而爲後任所劾，或爲此省督撫所劾，而爲彼省所保，是以情面爲是非，喜怒爲賞罰也。候補人員，或一人而身任數事，其才豈必兼人，或數年而不獲一差，上官猶難一見，則正士爲人之灰心，而僉壬且因而肆志也。坐此八弊，相沿不改，故吏治日就疲茶，民生日以窮蹙，國勢日即凌夷。遂若國家設官僅懸利禄之的以相招，而爲牧令者，亦若忘其爲舉行庶政而設，心目中祇知承奉上官，不復知顧畏民碞，祇歲入豐儉之是計，而地方利弊不暇究，所謂知州事、知縣事者，亦不能顧名而思義也。昔人謂天下安危繫於牧令，若皆不卹時艱，相率爲僞，設使民不聊生，寇盜蠭起，恐亦不能長保其禄位矣。故今日不主忠愛，不顧大局，而罔上營私，厚自封殖者，誠天下之至愚也。

職西陲末學，甫登仕籍，何敢妄陳末議。伏念立憲之國，舉國之人對於國家而悉負責任，且自束髮受書，即常究心時局。近年以來，竊見強鄰相逼，内訌迭生，憂心如熏，不能自已。每思捧土以增泰岱，挈榼以益滄海，而耿耿愚忠，欲陳無路，今幸明詔下頒，旁諮立憲之策，中國自強，實基於是。然必以轉移人心風俗，爲預備之方，以增進官吏程度，爲施行之序，二者事實相因，而正本清源，則尤在於剔除積弊，蓋積弊除而官常澄敘，上行下效，自可收化民成俗之功，扼要以圖，不外是也。職不揣冒昧，罔識忌諱，謹援知無不言之義，恭繹上諭去私秉公共圖治理之聖訓，縷陳去弊八策於左，恭呈代奏，伏乞皇太后、皇上聖鑒訓示。謹呈。

一、請久任州縣以責成功也。查定例實缺州縣六年俸滿，爲時已不可謂久，而署任以一年爲期，則遷調頻仍，流弊滋多。夫以由、求之賢，有勇足民，期以三年之久。況今日新政涣行，才力稍鈍，竭蹶實多，而猶官如傳舍，不能久任，將賢者不克盡其才，不肖者益得操切敷衍，飽朘民膏而去。昔左雄疏請久任，故東漢吏治稍近於古。應請旨飭下各省督撫，除州縣不克稱職者，隨時嚴查撤參，不容遷就外，其在任各員如能卓著政聲，人地相宜，實缺則俸滿之後，臚陳實在政績，保薦升階，仍請留任。其署任一年，如能將學務實業各端實行舉辦，勿得輕於更調，俾竟其功。若紳民稟留上官，亦憲法議院公舉好惡同民之義，如察其無授意情事，似不必拘守定例，批飭不准。蓋必民情愛戴，而後借寇攀轅，若貪吏則唯恐去之不速，誰肯聯名稟留以干衆怒耶？至州縣新舊交替之時，前任所業經舉辦及見到未辦各事，均令稟陳督撫存案，如繼其任者，意存反對，有意廢弛，即行嚴參，以懲新舊界限之弊。

一、請酌免部捐各項以輕官累也。國家設官所以治民，雖不能如古之幣帛徵聘，或鄉舉里選，以示鄭重，亦不宜於入仕之始，多立捐項名目，以重其累。而今日部捐各項有應行變通豁免者厥有三端。彼捐納人員，挾巨貲以求官者無論已。正途、勞績兩項，其歸部候選，而選缺無期者甚多，各項人員不甘沉滯，呈請分發，尚須繳分發銀兩，或候選原有三班，仍須捐分發三班，加以京官印結，所費不貲。有志寒儒選缺則無望，分發則無資，虚耗壯歲，幾致廢棄。此應變通者一。至保舉豈可捐免，即爲籌款計，可就始終動捐人員收此捐款，乃有原係捐納而旋經得保者，已列入勞績班矣，何以於分發之時，仍須繳捐免保舉銀兩。此應變通者二。外官到省，如得升階，須繳留省銀兩，夫使其人地未宜，雖多出捐款，亦不應遷就留省，否則過班之後，仍留原省，情勢甚順。今乃收留省銀兩，若以爲一經過班，卽須離省也者，揆之於理，豈得爲平。此應變通者三。凡若此類，不可枚舉，要之戶部得各項捐款，歲不過數十萬金，而虧政體，重官累，貽害已多。正途人員既已選舉於前，仍須捐款於後，以負累之身，出而臨民，其能砥礪廉隅者幾何矣。應請旨飭下吏部、戶部，凡正途候選人員呈請分發者，免繳分發銀兩，勞績減半，其有原係捐班曾得保案一層，卽免繳捐免保舉銀兩。至留省銀兩，名目甚陋，應一律豁免。如此則官累既輕，吏治自有起色，乃可講求憲政也。

一、請禁除官習以期與民相親也。中國官民隔閡，由於習氣太深，州縣爲親民之官，猶深居簡出，厲色宣威，必使蚩蚩之氓，凜然而不敢犯，以肆其壓力，大吏更無論已。夫使政平訟理，雖自視與民平等，民亦不敢輕侮，否則外強中乾，又何取自尊爲也。昔龔遂守渤海，單車獨行，爲民興利，故帶牛佩犢，傳爲美談。唐張全義爲河南尹，行政寬簡，見嘉禾、良繭則笑。古之循良，今不易覯，則以習氣相沿，不聯合民情故也。應請旨飭下各省督撫通飭地方官吏，每日親蒞大堂一次，民間詞訟，當堂呈遞，薄物細故，隨卽判決，其有重大案件，日訊一次，總期早爲結案，以免拖累。再不時周歷各村鎮，減從輕騎，自攜食用，一草一木，均照市價發給。所至之地，傳集紳民，令其環坐，以聽演説禮教忠愛，以結民心，勸導學務農商，以開民智。總期官民相忘，藹然相親，如家人父子，毫無間隔，如此而民隱不達，民事不舉者未之有也。夫中國地方官吏，民呼之爲父母，亦當保民如赤子，父母於子必以養以教，煦而育之，則子於父母亦必畏而愛之。彼淺中薄植，不思爲地方造福，而靦然自居民上者，其有愧父母之職任多矣。故議行憲法，首在融官民界限也。

一、請減免州縣供億以期專心民事也。查各省簡缺州縣，地僻款絀，供應尚少，惟省會之區，衝要之地，供張迎送，啓處不遑，幾若僕役。各省大員到境或亦要索多端，稍有不遂，輒思中傷，疆臣礙於情面，每有以支差未善而致參撤者。夫大吏操進退人才之權，何欲不遂，何求不得。至於本管屬吏，尤奔走承奉之不暇，踵事增華，遑惜小費，而行之既久，視若定例。上以博大吏之歡心，卽下以竭小民之膏血，惡僕蠹役所暴殄中飽之物，無非耕夫織婦所窮年勤劬節縮之資。大吏若體恤民情，約己馭下，供億毫奢，當遭譴斥，而無如今不多覯也。夫州縣入款有限，用既濫，其取必奢，人生精力無多，有所專必有所忽，今乃以供應紛繁，失時耗費，其不重剝民財貽誤民事者幾希矣。應請旨飭下各省督撫，凡州縣供應本省上司及外省過境大吏，均應妥定新章，概從儉約，相沿陋規，一律革除，毋得濫索濫支，仍蹈積習。若於新章之外橫肆要索，及僕役人等擾累地方情事，准其據實徑禀，從嚴參辦。州縣或有意藐視上官，不能照章供給，亦治以應得處分。如此則官志既定，上下相維，於地方要政始得壹意興辦，蓋立憲之國，人人俱受制於法律之下，決不容以名位尊嚴，遂得規求無度，害政擾民。方今皇太后、皇上力崇節儉，爲天下先，疆吏監司，亦有儀型百僚之責，自應節用愛民，宏濟時艱，稍有人心者，必不忍豪侈相尚，俾官民俱受其累也。

一、應均州縣缺分優瘠以絶奔競也。《大學》之平天下，在於絜矩，必平其不平者而使之平，乃絜矩之實用也。孔子曰：不患寡而患不均。蓋不均不平，則天下必不可治。今之牧令其營營於缺分之優瘠，而患得患失無所不至者，亦由同一職守，而歲入之數彼此相較大相懸殊耳。缺分不均，則人心不平，優者或歲得累萬，恣豪華而有餘，瘠苦之區，每至於負累從公，不能贍其身家，何能責以治績，此學務、警察各新政所以屢催罔應，終難普及也。上年直隸各屬奏均缺分優瘠定爲公費，各省亦應參酌仿行，庶無畸重畸輕之弊，而各州縣應得之禄，亦可轉曖昧爲光明，奔競之風，將不禁而自絶矣。

一、地方官應用近省人員，並請免迴避本省，以期情誼相屬也。中國各省自爲風氣，而南北之言語不通，則聽斷不便，詞訟最關重要，必聽諸傳語之人，每滋流弊。且遠省服官於民生休戚，如秦人視越人之肥瘠，漠然不甚相關，又何能洞悉利弊也。查漢時選任牧令，至遠不得過三十驛，蓋以州縣日與庶民相接，言語不通，風氣迥異，則情誼亦未易融洽。當此改訂官制之時，似應變通舊例，以期利於推行，應由吏部核定新章，凡嗣後候選分發各員，均准告近。其有呈請指省者，並免捐指省銀兩，蓋指省各員，或以親老家貧，遠遊不便，或以遠省爲官，人地未宜，必自審其得有展布，始敢毅然請行，若並此而勒收捐款，則束縛過甚，求治實難。至於以本省之人，任本省之州縣各官，其便有四：生長於斯，必周知地方利弊，則人不能欺，而易於興革。其便一。言語既同，風氣相近，民情自易於上達，且桑梓恭敬之心，鄰境親睦之誼，人孰無良，必思振作，以爲宗族交遊光寵。其便二。人容有不愛全國，未有不愛本省者，容有不畏輿論，未有不畏鄉評者，西人謂名譽重於生命，若本省爲官，則父兄之督責，里老之譏評，稍知自好必不敢任意妄作。其便三。現在直隸、江蘇已試辦地方自治，本省爲官與地方自治相輔而適相成。其便四。有此四便，則迴避本省之例，更應破除。中國事事重在防弊，而不知弊即伏於所防之中，蓋人心苟無他，雖任原籍州縣，必不以情面妨公理，若根本既差，雖萬里遠宦，亦有以營私敗者，況立憲之後，地方政事由議院公認而後行，更無所用其防弊之術矣。

一、督撫舉劾州縣，宜明定是非，以公賞罰也。人之是非，必有定評，乃猶是人也，或前任督撫奏保於先，而繼其任者又參劾於後，或此省督撫因案參革，而彼省督撫則設便開復，紛紜錯亂，豈盡因公？是非不明，則賞罰無定。良由論功過者，但求諸有象之馳驅，而不重無形之維持，核臧否者，但據諸衆口之美詆，而不憑寸心之燭照。一任賢也，受公朝之爵，而感私門之恩，一去邪也，計一家之哭，而不顧一路之哭，事安得不挫，國安得不危，此所以維新數年，百度紛更而終鮮實效也。夫自古郅治之道，首在用人，用人之道，在察心術，心術不正，雖緩急足恃，可小知而不可大受。若忠愛成性，悃愊無華，於心無愧，初不求諒於人，於事有濟，不必功出自己，得如此官吏布滿天下，雖欲不自強，不可得矣。況督撫有黜陟屬吏之權，若舉直錯枉，黜華崇實，用羣策羣力，何事不舉，何政不修。特以前後任每各持意見，此省與彼省又自爲風氣，是非由情面而淆，賞罰以喜怒而定，舉劾未能盡當，職是故耳。上年恭奉諭旨，凡督撫舉劾屬員，必臚陳實在事蹟，不得用朦混考語。又蒙諭飭各省督撫，凡地方大小官員，必先之以教誨而後繼之以參劾。仰見聖明遠燭，於整飭吏治之中，仍寓成就人才之意。兩年以來，或未能切實奉行，仍請重申前次諭旨，令各省督撫凜遵辦理，則舉劾當而真才出矣。

一、各省候補人員應秉公試委差缺，以資歷練而免向隅也。查近年仕途日雜，各省候補人員異常擁擠，誠有人浮於事之虞。近以舉貢考職，各直省報到者，驟增數千人，差缺如舊，位置尤難。於無可設法之中，爲造就疏通之計，惟有仿京員不准兼差之例，凡有身任數事者，開去兼差，令其專精一事，騰出各差試委新到正佐各員，俾得各効所長，藉資歷練。至佐貳到省，有數年未一見督撫者，其中豈無賢能，特沉淪於末吏，亦可惜也。若於無事之時，概免衙參，輪班通見一二次，察其言論舉止，以覘學識而定升黜，則選朱邑於嗇夫，識伏伽於令史，未始非愛惜人才之意也。

以上八條，或有內外各員言之於先，而未能實行者，或有心知其弊，而未肯明言者。要之實行立憲，經緯萬端，然非整頓吏治，必不能漸進有功。近歲背逆謬妄之徒，藉口於吏治不修，倡言革命，窮苦無告之民或爲所惑，若官不徇私，人知愛國，憲政既舉，法律普及，則一切亂源，亦將如熸火之自息矣。